체부

韓國 近 · 現代 郵便史 懲毖 史料集

1884~1948

나봉주 편저

박영사

1900년 당시 대한제국 체전부(遞傳夫)

A Korean postman with his umbrella, pipe and mailbag, circa 1900.

체부 遞夫

1884~1948

대조선국

대한제국

일제강점기

미군정기

부록

'체부(遞夫)'를 펴내면서

'체부(遞夫)' 원제(原題)는 '한국 근 · 현대 우편사 징비 사료집'이다.
나의 어린 시절에 정겹게 부르던 '아저씨'라는 호칭이 있었는데, 그 아저씨가 바로 '체부' 아저씨다. 그 분은 나에게는 항상 반갑고 기다려지는 대상이었다. 두 손에는 한 웅큼 편지 다발을 움켜 쥐고 우리집 대문에 들어설 때마다 내 가슴은 두근거렸다. 왜냐하면 '체성회'에서 보내주는 새로 나온 우표를 받아보는 기쁨으로 설레었기 때문이다. 그 시절이 나에게는 처음으로 통신판매제도를 이용한 때이기도 하다.
체부 아저씨는 이 세상에서 가장 고맙고 천사 같은 분으로 오랜 세월이 지난 지금도 내 마음 속에 동화처럼 남아 있다. 그 때 그 아저씨에게 감사함을 표하는 심정으로, 본 사료집 제명을 '체부(遞夫)'로 이름 지었다.

140여 년이 지난 구한말 우편사 자료를 수집하는 과정에서 비운의 피침 역사와 잊혀져 가는 대한제국과 일제강점기 쓰라린 역사를 '체부'를 통하여 다각적으로 살펴보기로 하였다.
서애 유성룡 '징비록'을 생각했다. 임진왜란을 교훈으로 하여 후대에 다시는 치욕적인 역사가 반복되어서는 안 된다는 유서애 심경으로 우표를 선별하고 원고를 정리했다. 이는 진심이다. 이 작업이 대한제국과 식민시대 참담하고 혼탁한 역사를 일깨우고 바르게 알아서 향후 우리 마음가짐을 새롭게 하는 데에 일조할 수만 있다면 보람이 될 것이다.
수집한 자료들은 우리 모두 것으로, 그 누구 소유이든 간에 소중한 것이라 생각하며, 귀하게 보존되어 우리 문화유산으로 후자에게 물려주어야 된다는 마음가짐으로 엮어 보았다.
또한 자료로서 소중한 가치를 아는 사람이 가져야 되며, 그 가치를 아는 사람에게 보존되는 것이 마땅하다고 생각한다. 하지만 그 자료들을 장롱에 넣어두고 혼자만 살펴보는 것이 아니라, 뜻있는 이들에게 또한 널리 알려야 할 소명도 있을 것이다.
우편사 자료의 소중함이 휴지조각처럼 사라지는 비운의 운명이 되어서는 안 된다.
본 사료집을 펴내면서 수많은 항일 독립운동가와 애국 선열들, 특히 단재 신채호 선생 '역사를 잊은 민족에게 미래는 없다'는 말씀을 상기한다. 치욕적인 과거를 외면한다면 그 불행한 역사는 반복될 수밖에 없다.

대조선국 대청천지(大清天地) 이소사대(以小事大).(청나라가 중심이 된 세상, 작은 나라가 큰 나라를 섬기는 사대주의) 대한제국 비운(悲運)과 나약성(懦弱性), 일제강점기 수난과 수탈 역사를 가슴 속 깊이 새기며 '체부'를 통하여 잊혀져 가는 치욕적 역사를 돌이켜 보았다.

본 사료집에 수록된 우편사 실체 자료들은 본인이 직접 수집한 것들어서 낡은 우표 한 장 한 장이 내겐 소중하고 애착이 가는 것들이다. 한 장이라도 더 모을 수 있었는데 하는 아쉬움이 남는다. 첫 페이지부터 마지막 페이지까지 한 자 한 자 본인이 직접 엑셀 워드로 작업하여 이를 한글 워드로 전환하는 과정에 수많은 문장과 도안이 깨지기도 하여 얼마나 애를 태웠는지 모른다. 원고실체 봉피와 우표를 스캔 받아 도안하여 수십 차례 교정과 수정을 수 년간에 걸쳐 반복하고 또 반복하기를 거듭하였다. 사무실 한 켠에서 이 작업에 매달리며 몇 해를 넘기는 동안 너무 힘들어서 손을 놓고 싶을 때가 한두 번이 아니었음을 고백한다.

일제강점기 당시 사사건건 그 시대 매국적 비행 사실과 일제 군복에 총과 칼을 차고 일본제국 군인으로, 일제 고등계 형사 앞잡이 노릇으로 치부하던 친일 경찰과 밀정들, 그리고 일제에 아부하며 거액을 갖다 바치고 훈장 받으면 가문에 영광이 되던 식민지시대 현실, 팬으로 일제를 찬양하던 문인들과 일부 언론인들 행적을 다 옮기지 못한 것이 못내 아쉽기만하다. 역사 앞에 반성하고 사죄하기를 거부하는 무리들이 아직도 이 땅에는 주류로 존재한다는 사실이 서글프다.

독립운동하면 3대가 풍비박산 가난에 시달리고, 친일하면 3대에 걸쳐 호의호식하며 떵떵거린다고 하였다.

그 어느 정치인이 '행동하지 않는 양심은 악의 편이다'고 했듯이 그저 애석하고 부끄럽고 씁쓸하다.

첨부된 역사적 사실들은 출처를 명시하였고, 부분적으로 본인 느낀 생각을 첨부하였다.

졸고이나마 성의를 생각하여 책장을 넘겨 주신다면 감사할 따름이다.

2016년 7월

나 봉 주

이 책을 안내하며

우표에 미친 나봉주 선생
그 외롭고 힘든 길을 내다

우남일

시베리아 바이칼에서 만나 양평과 춘천을 오가며 나봉주 선생을 지기(知己)로 사귄 지 어언 20년 가까이 되었다. 필자야 삼십 년이 넘도록 분필가루를 만지다가 퇴직한 백면서생이요, 나봉주 선생은 중소기업을 운영하는 사업주이다. 그리고 고희를 넘어선 나보다 세 살 위인 형님뻘 되시는 분이다. 워낙 소탈하고 솔직하고 직선적 성품이어서, 에둘러 표현하는 법이 없는 나선생이다. 한번 결단하면 실천에 옮기고마는 그의 특장이 마침내 이 책을 발간하게 된다. 우표수집을 평생을 걸쳐 진행하다가 드디어 노년기의 삶에 이 한 권의 서적에다 그는 삶의 방점을 찍었다.

우리만한 나이에 초중등 시절 우표수집 한번 안 해 본 사람이 어디 있겠는가. 각종 행사 기념우표, 시리즈로 나오는 우표시트를 모아 사진첩 사이사이 끼워넣어 두었던 그 우표들이 이제는 종적도, 관심도 없는 차제에 문호리 강변에 자리한 나선생댁을 찾았다. 그는 보물을 소중히 꺼내놓듯이 내게 그 동안 평생을 두고 수집한 우표앨범을 보여 주셨다. 한 장 한 장 책장을 넘기며 갈피처럼 끼워진 우표를 친절히 설명하며 넘기던 그 진지한 모습을 잊을 수가 없다. 처자식을 저 우표처럼 애지중지하였을까 싶을 만큼 평생을 우표수집에 온 정성과 영혼을 쏟아 부어낸 그이다. 내게 고백하기로, 반평생 우표를 수집하기 위해 수소문하여 전국 각처로, 세계 각국으로 미친듯이 쏘다닌 것이다. 새 우표 발행일이면 새벽부터 우체국에 가서 줄서기하던 일이 다반사가 되었고, 경매로 나온 우표가 행여 다른 이의 손에 들어갈까 노심초사하기도 한두 번이 아니었으며, 희귀한 우표라 치면 해외직구 싸이트를 통한 구입도 마다하지 않았단다. 옷 사 입고 치장할 돈은 아까워도 우표를 사는 데는 아깝지가 않다는데, 가히 우표수집이 생활 자체인 셈이다.

'논어(論語)''옹야(雍也)'편 공자의 유명한 말씀을 인용한다.'知之者 不如好之者 好之者 不如樂之者 樂之者 不如狂之者'(아는 것은 좋아하는 것만 못하고, 좋아하는 것은 즐거워하는 것만 못하며, 즐거워하는 것은 미치는 것만 못하다.)

나선생의 우표수집에 대한 집착은 공자의 말씀을 빌려 '미쳤다'고 달리 표현할 방법이 없다. 거듭 실례되는 표현이지만 우표에 대한 열정은 가히 편집광적이다. 수많은 시간과 금전을 오롯이 우표에다 바친 것이다. 부모로부터 물려받은 유산 한 푼 없이 부부가 빈손으로 시작하여 그저 성실하게 기업체를 일구어나가고 있는 나선생 집안을 필자는 잘 알고 있다. 땀흘려 정직하게 벌어들인 소득의 거의를 우표에 바쳤으니, 그 동안 우표 수집에 들어간 돈이 시쳇말로 아파트 몇 채 값이겠으며, 책을 내기 위해 자료를 모으려고 여기저기 뛰어다니기가 얼마나 되겠으며, 이 방대한 원고를 쓰느라고 밤잠을 설친 날들이 얼마나 되겠는가. 미치지 않고서는 도저히 할 수 없는 일이다. 우취(philately)의 단계를 넘어선 것이다.

나선생이 편저한 이 책은 단순히 우표를 진열한 stock book이 아니다. 한 마디로 제명을 붙이자면, 우표로 본 한국 근·현대 이면의 역사서다. 그는 우표를 통해 사회를 분석하고 역사를 판독한다. 구한말 대한제국과 일제식민지 치하의 역사적 사건들을 그 당시 발행한 우표와 관련하여 치밀하게 제시한다. 거기에 항일 저항의 애국지사와 친일파의 이름과 얼굴을 가감없이 기술하고 있으며, 일제의 수탈정책과 사회상의 전개 과정을 당시 조선총독부 산하 기관 단체의 통계자료들을 찾아 제시하고 있다. 심지어 지역사회 인구 동향, 산업과 교육, 문화시설, 직업분포에 이르기까지 연대별로 통계 자료를 모아 놓았다. 우표에 나타난 대중문화의 양상과 그 변천과정에 대한 서술도 고명처럼 얹어 놓았다. 가히 파란만장한 한국 근현대사를 우표와 관련하여 엮어낸 것이다. 나선생의 치열한 역사의식, 곧 한민족의 수난과 고통이 결코 반복되어서는 안 된다는 의지가 곳곳에서 읽혀진다.

소설처럼 단숨에 통독할 책이 아니다. 우표에 전문적인 식견을 지니지 않은 필자와 같은 일반인들이 꼼꼼하게 정독하기에도 지루하다. 생각날 때마다 조금씩조금씩 간식을 들 듯 양지 바른 곳에 앉아 햇볕을 쬐가며 책장을 몇 날 넘기는 것도 휴식에 운치를 더할 것이다. 대한제국시대와 일제강점기에 발행된 우표들을 마치 미술서적을 넘기듯 그 당시의 시대상을 화보로 대하는 것도 좋다. 1900년대 이후 우리 조부모님들의 코흘리개 시절, 이 한반도의 생활상을 들여다보게 될 것이고, 그 안에서 민족의 아픔을 느낀다면, 나선생과 생각을 같이 하는 것이다. 이 책을 대하는 독자 저마다 우표박물관을 집안에 상설한 셈이고, 희귀본 우표앨범을 서가에 꽂아둔 것이다.

나선생의 우표수집벽을 간송 전형필 선생의 문화재 수집에 견주어도 괜찮을 성 싶은 이유가 있다. 간송은 일제시대 수많은 국보급문화재가 해외로 반출되는 것을 막기 위해 경매 낙찰이나 고가(高價)로 우리 문화재를 사들여 보관한 애국민족정신이 그 바탕이었다는 것은 주지의 사실이다. 아마 나선생이 편저한 이 책장을 넘겨 보시면 아실 것이다. 구한말 열강의 세력 다툼의 각축장이 되었던 이 한반도 격변의 역사시기와 일제 식민지 치하 국권침탈기의 비운의 우리 역사를 우표로 통해 편저 기술한 나선생의 의도를 충분히 읽어 내리시라 생각한다. 이 20세기 초, 이 한반도의 격랑의 역사, 그 비극의 역사를 눈을 부릅뜨고 지켜보며, 민족의 한이 되풀이되지 않기를 염원하는 나선생의 뜻을 간파하기에 어렵지 않다. 대한제국과 식민지 시절 관청에서 발행한 이 우표들을 통해 역사의 아픔을 반증해낸 나선생의 역사의식이 오롯이 담겨 있는 것이다.

특히 일제가 서구 문물을 이 땅에 끌어들이고, 철도를 개설하고 학교를 세우는 등 소위 근대화 명분이 기실 식민정책의 원활한 수행과 일본제국을 위한 이용 수단이었다는 것을 나선생은 우표 해설로 밝혀내고 있다. 일제가 각종 홍보용 행사 우표를 발행하면서, 한반도의 근대화를 찬양하고 있는 표면의 사실을 직시하면서, 그것이 식민지 수탈정책의 일환으로 이루어졌다는 이면의 진실을 밝혀내는 데 나선생의 의도가 그대로 읽혀지기에 충분하다. 나선생의 우표수집은 단순히 호사가들의 취미활동이 아니며, 경제적 투자 수단은 더더욱 아니다. 우표를 취급하는 일은 나선생에 있어 한장한장 살아 숨쉬는 생명체를 다루는 작업이요, 땅 속에 묻힌 역사의 유물을 붓끝으로 정성껏 조심스럽게 벗겨내는 문화재 발굴작업의 정성에 비견된다.

일제 식민사관을 그대로 원용, 답습하여 일제의 간교한 술책에 의해 식민지 치하 궁핍한 삶을 벗어나기 위해 강제 징용, 위안부로 팔려나간 이 비참한 민중들의 삶을 호도시켜 여론을 왜곡하는 일부 교수와 학자들이 버젓이 준동하고 있는 21세기 한국 사회를 우리는 보고 있다. 자신들의 사고가 마치 사실(史實)에 합당하며 정당한 것인 양 위장하여 강변하고 있는 이 세력들을 볼 때 우리가 바로잡아야 할 역사의 굽은 길은 아직도 멀고 아득하다는 생각이 들지 않을 수 없다. 그래서 나선생의 작업이 한층 소중한 것이다. 8.15 해방과 정부수립 과정에서 일제의 어두운 시대를 청산하지 못한 정치적 전개를 누구보다도 안타까워하는 분이기도 하다. 사석에서 오가는 이런 대화들이 편저 의도를 짐작케 했다. 구한말 전라도 영광에서 의병 활동에 가담한 조부의 후손인 나선생으로서 어쩌면 당연한 것이리라. 치욕의 역사 앞에선 분노할 줄 아는 민족이라야 그 정체성을 잃지 않는다.
이 책은 나선생이 누구의 도움도 받지 않고 본인이 편저하여 자비 출판했다. 그리고 책에 실린 우표들은 모두 본인이 수장하고 있는 것들이다. 국회, 대학, 공공도서관, 학술기관과 해당 관청을 찾아다니며 서고에서, 자료보관소에서 먼지가 묻은 자료들을 찾아내고, 인터넷을 뒤적이며 자료를 수집하기를 십수 년이 넘었다. 이 방대한 원고 집필 작업만도 햇수로 6년이 지났다. 미치지 않고서는 할 수 없는 벅찬 작업들이다. 이 엄청난 분량의 전문서적을 시중에다 판매한다 한들 얼마나 제작비를 건져 내겠는가. 애시당초 미쳐서 시작한 일이 아닌가. 나선생은 이를 잘 알고 있다. 공공도서관과 특히 이 한반도의 동량이 될 청소년들을 위해 학교에 기증하겠다는 생각도 세우셨다. 누군가 개인이라도 해야 할 일이라고 결심해서 책을 낸 것이다.
문물의 가속적인 변화와 함께 통신 수단도 급변하는 속성사회 속에서 우리는 살고 있다. 우편물 배낭을 메고 자전거를 타고 다니다가 집앞에 놓인 빨간 우체통에 편지와 소포를 넣던 우체부의 모습, 그 아날로그 시대는 추억처럼 점차 자취를 감추고 있다. 이 디지털 시대에는 통신수단도 손바닥만한 휴대폰 안에 담겨 있어, 직접 영상통화를 하고, 쇼핑, 메시지, 카톡으로 대화는 물론이요 이메일로 청첩장까지 주고받는 시대를 살면서 우체통은 찾기 힘들어졌고, 일부인이 찍힌 우표는 이제 세월의 뒤안길로 들어서는 느낌이다.
그러나 고속철이 달리는 철로변에도 느릿느릿 자전거를 타는 현대인이 있기 마련이다. 각국의 주요 행사, 역사적 사건과 인물들, 고유 문화형, 주요 동식물, 예술품, 명승고적 등등 핵심을 효과적으로 체득할 수 있는 것은 우표 이상이 아직 없다. 특히 학창시절을 보내는 청소년들에게는 우표수집은 각 나라의 문화와 역사를 학습할 수 있는 기회를 제공한다. 우표는 통신수단의 기능을 뛰어넘어 이제 각 나라의 귀중한 문화유산으로 자리잡게 되었다.
한국근현대사를 우표에 접목하여 기술한다는 것은 사실 비전문가가 다루기 힘든 영역이다. 국가나 학술단체의 지원하에 한국현대사를 전공하는 전문인력이 집필해야 할 일이다. 나선생은 학자가 아니다. 문필가도 아니어서, 이 책장을 넘기는 이들은 비전공자의 한계와 서투른 표현력을 여기저기서 발견할 것이다. 여기서 시작이다.
우리나라에 우표를 집대성한 전문서적의 발간은 전인미답이다. 그 길을 나선생이 개척하고 나섰다. 나선생이 도전한 손길에는 오류도 있고 미흡한 부분도 많다. 그러나 그러한 결함들이 나선생의 수고와 열정을 결코 상쇄시킬 수는 없다. 이러한 결함을 보정하고 수선하는 일들은 후학들의 몫이리라.

필자: 전 숭의여자고등학교장

1884 Inauguration of the Korean Postal System

By Robert Neff

On Thursday, Dec. 4, 1884, Horace N. Allen, an American missionary doctor, noted in his diary that the streets of Seoul were quiet and deserted when he returned home at 9 p.m. after visiting a nearby friend's house. It was such a bright, picturesque moonlit night that he had contemplated going out with his young wife to see the city "before the moon ceased shining." It was fortunate for them that they remained inside, for Seoul that night would be anything but quiet.

As Allen was returning home, others were celebrating. A banquet was being held at the newly-established post office to celebrate the inauguration of Korea's modern postal service. It began at about 7 p.m. and was catered by Rokugyoshia, a Japanese restaurant that specialized in Western cuisine.

Most of the handful of Westerners residing in Seoul(mainly diplomats), Chen Shu-t'ang(Chinese minister to Korea), and a number of Korean officials, including Hong Yong-sik(postmaster general), Pak Yong-hyo, Kim Ok-kuin and Prince Min Yong-ik, were present at the event. The Japanese Minister to Korea Takezoe Shinichiro did not attend as he was "indisposed," so in his stead he sent the secretary of the legation, Shimamura Hisashi, a man with a "reputation of savoring intrigue."

The American Minister to Korea Lucius H. Foote tried to liven up the "stiff, formal atmosphere" of the party by entertaining the group with humorous anecdotes, but despite his efforts the atmosphere remained heavy and forced. Only a month earlier, at a party hosted at the Japanese legation, the Japanese interpreter, feigning drunkenness, had loudly insulted and made veiled threats against Chen Shu-t'ang and the Chinese.

Kim Ok-kuin, who was sitting next to Takezoe, further provoked the uneasiness of the gathering with his nervousness and frequent jaunts outside. While most of the guests were unaware of the events getting ready to unfold, it appears that at least a few of the postal employees were aware that something was going to happen.

When Sugi, the proprietor of Rokugyosha restaurant, had brought the food earlier that evening, he warned the Japanese employees at the post office to be careful. Later, when they went to bathe, they noticed that there was increased activity at the Japanese legation, which they thought was rather strange.

It was around 10 o'clock, just as the last course was being served, that the shout of "fire" was heard from outside. The guests rushed to the window and saw flames engulfing a nearby building. Prince Min Yong-ik(whose duty it was to help organize firefighting efforts) and his servant raced to the door but as they stepped outside they were beset upon by a sword-wielding assassin. Min's servant desperately tried to defend his master but was hacked down – his arm chopped cleanly off with a single blow. Min was severely wounded and staggered back into the post office.

Pandemonium ensued. At Changdeok Palace, a giant of a woman – said to be 7 feet tall – began setting off dynamite to keep the palace guards occupied. At the post office, the Koreans involved in the plot disappeared in the confusion to carry out their missions while those who were not part of the plot stripped away their official garments in an attempt to make themselves less obvious targets, and fled home to safety. Many of them would not survive the night. Only the Western diplomats and Min were left in the post office. Thus began the Gapsin Coup.

While Dec. 4 was the official inauguration, the Korean Postal Bureau was actually established earlier that year on April 22 when Hong Yong-sik was appointed the postmaster general. He hired Obi Sukeaki as an advisor and three other Japanese men to help train and assist the Korean postal employees.

In late 1883, Joseph Haas, Austro-Hungarian consul in Shanghai, took a year's leave-of-absence from his duties so that he could come to Korea as the commissioner of Korean customs in Seoul. As part of his work for the Korean government, he arranged for 2,800,000 postage stamps – in five denominations: 5, 10, 25, 50 and 100 mun – to be printed in Japan and shipped to Korea.

Postal operations began on Nov. 18 when the post offices in Seoul and Jemulpo(what is today Incheon) were opened. Only two denominations were available at the time – the 5 and 10 mun stamps(a total of 15,000 stamps) – the rest would not arrive in

Korea until early 1885 – after the postal service ceased to exist.
Mail was gathered in Seoul in the morning by 10 and then transported 26 miles to Jemulpo – probably on foot as there were no steamships or railways operating between the two cities at that time. We don't know how many mailmen were employed or the amount of mail they carried as the records were all destroyed during the Gapsin Coup.
It is clear, however, that mail was not a luxury the average Korean could have easily afforded. Letters and packages weighing less than an eighth of an ounce mailed within the cities cost 5 mun(about 1/2 US cent) and intercity mail 10 mun, or about one American cent. Another 10 mun was added for each additional eighth of an ounce. The average Korean worker only made about 12-15 cents a day.
Even though the Gapsin Coup began in the post office on Dec. 4, mail service continued for another day or so until the Japanese employees, fearing for their lives, fled with the rest of the Japanese population to Jemulpo and then onto Japan. Once they left the post office was ransacked and, except for the main hall, burned by an angry Korean mob.
Only about 500 stamps were issued and used, the rest appear to have been stolen during the ransacking of the post office and later sold to George Foulk, a naval officer in charge of the American legation. According to Foulk, he paid three dollars for some 15,000 stamps, "from a wretch who could give no account on how he got them."
Foulk went on to say: "I meant to return them to the Korean government if it opened a new post office, but since then I have learned it will have an entire issue of new stamps if an office is opened, and ignores the old and first issue as the handiwork of the conspirators. Under the circumstances, I am going to pocket the pool."

This first postal experience for Korea was quite expensive. When the rest of the 2.8 million stamps arrived in early 1885, the Korean government was forced to pay for the unwanted stamps and promptly sold them to a German trading company operating out of Jemulpo. This company then sold the stamps to collectors around the world. Korea's first attempt at a postal system failed at its inauguration, and mail operations were turned over to the Japanese.
In July 1895, Korea once again established a postal service between Jemulpo and Seoul. The stamp plates were made in the United States and within the first month, 616 pieces of mail were delivered.
According to the Korean Repository: "The [Jeongdong] rounds are made at 7 a.m. and 4 p.m. The mail to [Jemulpo] closes at 9 a.m. and arrives from Jemulpo at 5 p.m. Letters in the city require 10 poon or 2 sen stamps."
The postal service was soon a success and extended to other cities and, in 1900, began an international service as well. About 192,000 pieces of mail were handled in 1895; by 1901, more than 1.7 million pieces of mail. Of course there were some who felt that the post office had too many employees. In 1895, there were 29 postal employees and the Korean Repository opined that, "The aim we fear is not to make the service effective as to give rank and an easy berth to a large number of men."
While postal employees were paid fairly well, their job was not without its risks. A number of postmen were attacked and robbed, post offices were ransacked during political unrest and employees were severely punished for infractions. They could be fined 2-40 dollars, receive 10-100 lashes and prison terms of one month to three years.
Despite the risks, it was seen as a profitable career and, in 1903, the number of people employed by the Korean postal service was more than 1,400. Working for the postal service continues to be a desirable occupation. Currently there are about 43,000 people employed in Korea's modern postal service.

1884년 대한제국 우정총국 출범

1884년 12월 4일 목요일, 호레이스 N. 미국인 선교사 알렌은 일기장에 인근 친구 집을 방문한 뒤 오후 9시에 집으로 돌아왔을 때 서울의 거리는 조용하고 인적이 끊겼다고 적었다. 너무나 밝고 그림 같은 달빛이 비치는 밤이어서 그는 근처 '달빛이 사라지기 전의' 도시를 보기 위해 젊은 아내와 함께 외출하는 것을 고려했었다. 그러나 그들이 집안에 남아 있었 든 것은 다행스러운 일이었고, 그날 밤은 그저 조용하기만 하였다.

새로 설치된 우정총국에서는 한국의 근대 우정총국 출범을 축하하는 연회가 열리고 있었다. 저녁 7시쯤 시작돼 서양 요리를 전문으로 하는 일식집 'Rokugayoshia'가 직접 음식을 만들었다. 이날 행사에는 서울에 거주하는 소수의 서양인(주로 외교관)과 천수탕(청국 관리), 홍영식(우정총국 총판), 박영효, 김옥균, 민용익 등 한국 측 인사들이 대거 참석했다. 다케조 시니치로 주한 일본대사는 신변상 이유로 참석하지 않아 대신 '음모하는 음모를 되뇌이는 자'인 시마무라 히사시 공사관을 보냈다. 주한 미국 장관 루시우스 H. 풋은 익살스러운 일화로 일행들을 즐겁게 해주며 파티가 '유쾌하고 격식 있는 분위기'로 살리고자 했지만, 그의 노력에도 불구하고 분위기는 무겁고 강압적이었다. 불과 한 달 전, 일본 공사관에서 열린 파티에서 일본 통역관은 술에 취한 척 큰 소리로 모욕하고 천수탕과 중국인들에게 협박을 했다. 타케조 옆에 앉아 있던 김옥균은 긴장한 나머지 바깥에서 자주 재잘거리는 투로 모임의 불안을 더욱 자극했다. 대부분의 손님들은 정변이 일어날 것을 모르고 있었지만, 우정총국 직원들 중 적어도 몇 명은 무슨 일이 일어날 것이라는 것을 알고 있었던 것으로 보인다. 그날 저녁 일찍 로쿠요샤레스토랑의 주인 수기가 음식을 가지고 왔을 때, 그는 우정총국에 있는 일본인 직원들에게 넌지시 조심하라고 경고했다. 나중에 그들이 목욕을 하러 갔을 때, 그들은 일본 공사관에서 활동이 증가했다는 것을 알아차렸는데, 그것은 오히려 이상하다고 생각했다. 마지막 코스가 제공되고 있을 때 밖에서 '불'하는 함성이 들렸다. 손님들은 창가로 달려갔고 불길이 인근 건물을 뒤덮고 있는 것을 보았다. 민용익과 그의 하인은 문으로 달려갔으나, 칼을 휘두르는 검객에게 습격당했다. 민씨의 하인은 필사적으로 주인을 지키려 했지만, 그의 팔이 단 한 번에 깨끗하게 잘려나갔다. 민씨는 중상을 입고 비틀거리며 다시 우정총국으로 들어갔다. 대혼란이 일어났다. 창덕궁에서 키가 7피트 정도되는 한 거대한 여성이 궁궐 경비대원들에게 지시하여 다이너마이트를 터뜨리기 시작했다. 우정총국에서는 음모에 가담한 관리들이 임무 수행에 혼선을 빚으면서 자취를 감췄고, 음모에 가담하지 않은 관리들은 화를 면하기 위하여 관복을 벗어버리고, 안전한 곳으로 피신했다. 그들 중 다수는 그날 밤 살아남지 못할 것이다. 우정총국에는 서방 외교관들과 민씨만 남아 있었다. 그리하여 갑신정변이 시작되었다. 12월 4일이 공식 취임식이었던 반면, 실제로 우정총국은 그해 초 홍영식이 우정총국 총판으로 임명된 4월 22일에 설립되었다. 그는 오미 스케아키를 고문으로 고용하고 다른 세 명의 일본인을 고용하여 한국 우체국 직원들의 우정 업무를 도왔다. 1883년 말, 상하이 주재 오스트리아-헝가리 영사 조셉 하스는 서울에서 한국해관장으로 한국에 올 수 있도록 1년간의 직무 유예를 했다. 한국 정부를 위한 그의 업무의 일환으로, 그는 일본에서 인쇄되어 한국으로 운송될 5 · 10 · 25 · 50 · 100문의 5 종류 280만 장의 우표를 준비했다. 우편 운영은 11월 18일 서울과 제물포(인천)의 우체국이 문을 열면서 시작되었다. 당시 5문과 10문 우표(총 1만5000장) 등 2종의 우표만이 사용 가능했다. 나머지는 1885년 초가 되어서야 한국에 도착할 수 있었다. 우편물은 오전 10시까지 접수하여 제물포까지 26마일을 이동했다. 아마도 그 당시 두 도시 사이에는 자동차나 철도가 운행되지 않았기 때문에 도보로 이동했을 것이다. 갑신정변 때 기록물이 모두 소실되면서 얼마나 많은 집배원이 고용됐는지, 우편 물량이 얼마나 되는지 알 수 없다. 그러나 우편 이용이 일반 한국인들이 쉽게 이용할 수 있었던 것은 아닌 게 분명하였다. 도시 내에서 우편으로 발송되는 1온스의 8분의 1도 안 되는 편지와 소포는 5문(약 1/2 미국 센트), 시외 우편은 10문(약 1 미국 센트)이다. 8온스당 10문이 더해졌다. 평균적인 한국인 우체부는 하루에 12-15센트밖에 벌지 못했다. 갑신정변이 12월

4일 우정총국에서 시작되었음에도 불구하고, 일본인 고용원들의 신변이 위태로워 제물포로 도망친 뒤 일본으로 건너갈 때까지 우편 서비스는 하루 정도 더 계속되었다. 우정총국은 뒤범벅이 되었고, 본관을 제외한 나머지 건물들은 분노한 경비병에 의해 불탔다. 단지 500여장의 우표만 사용되었고, 나머지는 우정총국 소탕 도중 도난당한 것으로 보이며, 나중에 미국 공사관을 책임지고 있는 해군 장교 조지 파울크에게 팔린 것으로 보인다. 파울크에 따르면 그는 우표 1만 5000여 장을 사는데 3달러(약 3만5000원)를 지불했다. 파울크는 이어 "우정총국이 새로 문을 열면 한국 정부에 돌려주겠다는 뜻이었지만 이후 우정총국이 열리면 새로운 우표 발행 전체를 갖게 된다는 것을 알게 되었다"고 말했다. 한국의 첫 우표는 꽤 비쌌다. 1885년 초 나머지 280만 장의 우표가 도착하자 한국 정부는 불필요한 우표 제작 대금을 지불할 수밖에 없었고, 제물포에서 영업 중인 독일 무역회사에 즉시 팔았다. 이 회사는 그 우표를 전세계 수집가들에게 팔았다. 한국의 첫 우편 시스템 시도는 취임식에서 실패했고, 우편 업무는 일본인에게 넘겨졌다. 1895년 7월, 한국은 제물포와 서울 사이에 다시 우편 업무를 개시했다. 우표는 미국에서 만들어졌고 첫 달에 616개의 우편물이 배달되었다. 한국기록원에 따르면 [정동] 라운드는 오전 7시와 오후 4시에 이뤄진다. [제물포]로 부치는 우편물은 오전 9시에 마감하고 오후 5시에 제물포에 도착한다. 우편 서비스는 곧 성공했고 다른 도시들로 확장되었고, 1900년에 국제 우편 서비스도 시작했다. 1895년에 약 19만2천개의 우편물이 처리되었다. 1901년까지 170만 개 이상의 우편물이 처리되었다. 우체국 직원이 너무 많다고 느끼는 사람들도 있었다. 1895년에 우체국 직원은 29명이었고, 한국기록원은 "우리가 두려워하는 것은 많은 사람들에게 지위를 주고 쉽게 자리를 주는 서비스를 효과적으로 만드는 것이 아니다"라고 말했다. 우체국 직원들은 급여가 상당히 높은 반면에 그들의 직장이 위험이 없는 것은 아니었다. 많은 우체부들이 공격을 받고 강도를 당했으며, 정치적 불안으로 우체국은 소란스러웠고, 직원들은 위법으로 중징계를 받았다. 그들은 2-40달러의 벌금과 10-100대의 태형을 받을 수 있고 1개월에서 3년의 징역형을 받을 수 있다. 이러한 위험에도 불구하고, 그것은 보장성 있는 직업으로 여겨졌고, 1903년에 한국 우체국에 고용된 사람들의 수는 1,400명 이상이었다. 우체국에서 일하는 것은 계속해서 바람직한 직업이다. 현재 한국의 현대 우편 서비스에는 약 4만 3천 명의 사람들이 고용되어 있다.

출처: 2013. 12. 3 Lifestyle에 게재된 기사.

注: 호레이스 N. 미국인 선교사 알렌(호러스 뉴턴 앨런(Horace Newton Allen, 1858년 4월 23일 - 1932년 12월 11일))은 미국의 조선 주재 외교관, 선교사로, 한국어 이름은 안련(安連)이다. 그 일기장을 근거로 Robert Neff 이 우정총국 축하연과 갑신정변 전·후 및 우편 재개 시기인 1895년 우편 상황을 기술한 내용이다.

목차(目次)

체부(遞夫)

대조선국 大朝鮮國(1884~1897)

대한제국 Empire Of TAIHAN(1897-1910)

일제강점기(1910~1945)

일제강점기 통계엽서

미군정기 (1945-1948)

부록

대조선국

1884-1897

大朝鮮國

Kingdom of Choseon

대조선국
大朝鮮國
Kingdom Of Cheseon
한성우체사
김옥균 서광범 박영효 홍영식
COREAN
문
십
洪州郵遞司

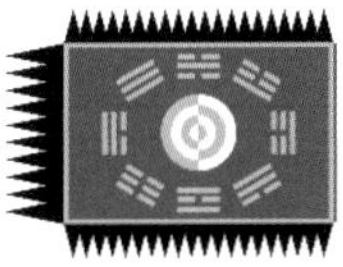

어기

대조선국
Kingdom Of Choseon
1884-1897

조선국왕의 보

조선(朝鮮, 1392년~1897년)은 이성계가 세운 나라이며, 500여 년간 26명 왕이 한반도를 통치하였다. 공식 명칭으로 조선국(朝鮮國)이라 하였으며, 때로 대조선국(大朝鮮國)이라는 명칭을 어보(御寶), 국서(國書)등에 사용하였다. 흔히 조선, 혹은 조선왕조(朝鮮王朝)라고 부르며, 일제강점기에는 이씨조선(李氏朝鮮) 또는 이왕조(李王朝), 이조(李朝)라고 격하하여 부르기도 하였다. 1897년, 광무개혁(光武改革)으로 고종이 대한제국(大韓帝國)을 선포하였다. 조선은 유교 성리학의 충효사상을 통치 이념으로 삼아 기본적으로 임금과 신하에 의한 치를 중요시했다. 조선이 통치하는 동안 한반도에서는 훈민정음 창제와 과학 기술 및 농업 기술 발달 등이 이루워졌으며, 임진왜란과 병자호란을 비롯한 여러 외침을 극복하고, 오늘날 한국 문화의 직접적 전통 기반을 형성한 시기이기도 하다.

조선국 ▶ 대한제국

정치

공용어	한국어
정부 형태	군주제

통화

문(文) 1633~1892
양(兩) 1897~1902

주요 국왕

태조 1392년~1398년
태종 1400년~1418년
세종 1418년~1450년
정조 1776년~1800년
고종 1863년~1897년

지리 · 면적 222,300Km^2

역사

조선건국	1392년 8월 5일
훈민정음 반포	1446년 10월 9일
임진왜란	1592년~1598년
정묘호란	1627년
병자호란	1636년~1637년
나선정벌	1652년~1689년
병인양요	1866년
신미양요	1871년
태극기 제작	1882년
청일전쟁	1894년~1895년
명성황후 시해	1895년 10월 8일
대한제국 선포	1897년 10월 12일

태조 이성계(李成桂)

본명	이단(李旦) 초명 이성계(李成桂)
재위	1392년 8월 5일 ~ 1398년 10월 14일
종교	불교
출생	1335년 10월 27일
출생지	고려 함경도 화령군 영흥 흑석리
사망일	1408년 6월 18일(72세)
사망지	조선 한성부 창덕궁 광연루 별전
매장지	건원릉(대한민국 경기도 구리시 동구릉)
왕비	신의왕후·신덕 왕후
자녀	총 13명 중 대군(大君) 8명, 공주(公主) 2명, 옹주(翁主) 3명

1276~1730

역제(驛制) 시초 마패(馬牌)

사진출처: 조선통신사업연혁소사

마패(馬牌): 역마(驛馬) 지급을 규정하는 패

발마패(發馬牌)라고도 한다.

조선시대에는 공무로 출장가는 관원은 주로 역마를 이용하였다. 이 때 상서원으로부터 발급하는 마패를 증표로 삼았다. 이와 같은 마패의 연혁은 고려 원종 때에 포마법(鋪馬法)을 실시하면서 구체화되었다. 원나라의 간섭기인 1276년(충렬왕 2)에는 포마차자색(鋪馬箚子色)을 설치, 다루가치(達魯花赤)의 규제를 받았다. 조선시대에 들어와 1410년(태종 10)에는 이른바 포마기발법(鋪馬起發法)을 실시하였다. 이어 1414년에 공역서인(供譯署印) 대신에 병조의 관할 아래에 있는 상서원에서 발급하는 마패를 사용하도록 하였다. 이 같은 규정이 그 뒤 『경국대전』에 법제화되었다.

마패는 재료에 따라 목조마패·철제마패·동제마패로 구분되며, 그 형태는 원형이다. 초기에는 나무로 만들었으나 파손이 심해 1434년(세종16) 2월에 철로 제조하였다. 그 뒤 『경국대전』 반포 시기에는 구리로 만들어 상용되었다. 마패의 한 면에는 대소 관원의 등급에 따라 마필의 수효를 새기고 다른 한 면에는 자호(字號)와 연·월 및 상서원인(尙瑞院印)이라는 글자를 새겼다. 한편 왕족인 경우에는 산유자(山柚子)로 만든 원패(圓牌)로 한 면에는 말의 수, 이면에는 사용할 숫자대로 '馬(마)'자만을 새겨넣어 사용하였다. 마패의 발급절차는 초기인 1410년 4월의 기록에 의하면 의정부에서 병조에 이문(移文)하면 병조에서 기마문자(起馬文字), 즉 마문(馬文)을 주고, 출사(出使)하는 관원은 승정원에 나아가서 마패를 받도록 하였다. 그러나 그 뒤 『경국대전』에서는 중앙의 경우 무릇 왕명을 받들고 다니는 관원은 병조에서 그 등수에 따라 증서(帖文)을 발급하면 상서원에서 왕에게 보고해 마패를 발급한다고 규정되었다. 반면에 지방에서는 감사·병사·수사 등이 마패를 지급받아 계문(啓聞)이나 진상(進上) 등 필요한 때에 말을 이용하였다. 군사 사정으로 긴급한 경우는 쌍마(雙馬)를 이용, '緊急事(긴급사)'라는 글자를 새겨 주야로 달리게 하였다. 한편 마패를 파손한 자는 장(杖)80, 도(徒) 2년의 형벌이나 사형에 처하도록 규정되었다. 그러나 1511년(중종 6) 12월의 기록에 보이는 상서원의 서리(書吏)로 근무하던 최맹손(崔孟孫)과 같이 마패를 도둑질해 기마(起馬)의 목적 이외의 주식(酒食)과 바꾸어 먹는 사례가 허다하였다. 이와 같이 제 규정이 잘 지켜지지 않아 역마의 남승 폐단과 함께 많은 문제점을 노출하기도 하였다. 또 중국의 왕조가 바뀌면 대개 자호 즉 연호를 바꾸었으므로 마패 또한 자주 개조되었다. 1730년(영조 6) 6월 영의정 홍치중(洪致中)은 마패의 개조 문제를 논하면서 당시 사용되고 있는 마패의 총 수효를 지적하였다. 이에 따르면 각 지방에 160여개, 중앙에 500여개, 모두 670여개의 마패를 주조해 사용하고 있음을 알 수 있다.

출처: 위키백과

1861

단기 4194년/철종 12년

근대우편 실시 이전 통신수단 우역(郵驛)과 마패(馬牌)

관원(官員)이 공무(公務)로 지방에 나갈 때 역마(驛馬)를 징발할 수 있는 증표(證票)로 사용하던 패(牌) 우리나라 관용우편제도는 서기 487년경에 확립되었는데 이 제도 목적은 중앙정부가 지방관청에 명령을 하달하는 데 있었다. 이것을 가리켜 우역제도라고 부른다. 우역제도는 임진왜란 때까지 계속되다가 명군(明軍)이 조선을 도우러 들어오면서 군용파발(軍用擺撥) 제도를 가져옴으로써 이 때부터 우리나라에도 파발제도가 도입되었다. 역마편(驛馬便)과 인부편(人夫便)이 있었는데 이것을 기발(騎撥)과 보발(步撥)로 부르기도 한다. 또 중앙정부의 고관이 지방출장 중에 중앙이나 다른 지방으로 서신을 보낼 때에는 그 신분을 증명키 위해 마패(馬牌)로 봉투 위나, 서신 또는 공문서 위에 찍어 보내기도 했다.

역졸 2명 조태현-7월 16일

마패(馬牌)

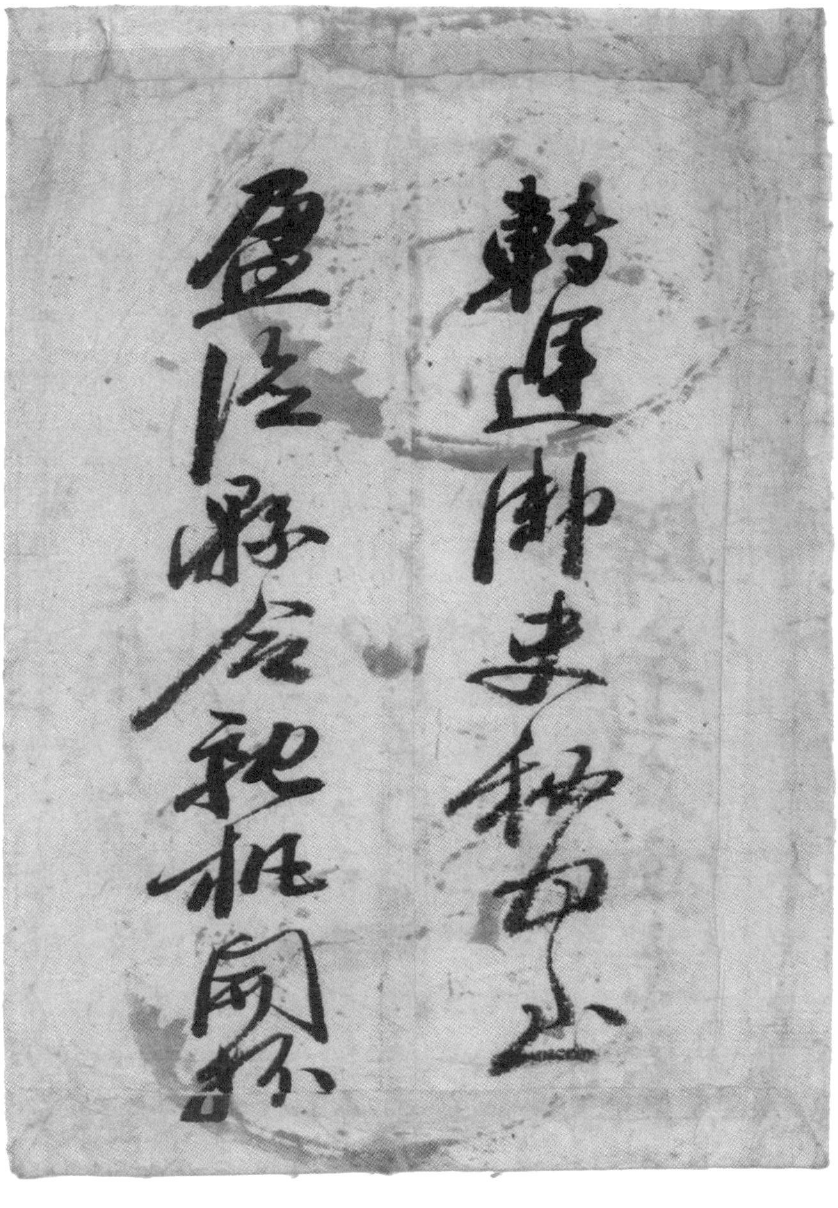

마패(馬牌)는 조선 상서원(尙書院)에서 발행한 둥근 동판 표지이다. 관리들이 공무로 지방 출장을 갈 때 역(驛)에서 말을 징빙할 수 있는 일종의 증빙 수단이었다. 표면에 1 ~ 10마리 말을 새겨 그 수효에 따라 말을 내 주었다. 하지만 실제로 말 10마리가 찍힌 마패는 임금이 사용하는 마패이므로 일반 관리들은 사용할 수 없고 암행어사들은 그보다 말의 숫자가 적은 마패를 사용한다. 지름이 10cm 정도이며 한쪽 면에는 상서원인(印) 자호(字號)와 연월일을 새기고 다른 한쪽에는 말을 새긴 것으로, 어사가 이것을 인장(印章)으로 쓰기도 하였다. 출처: 위키백과

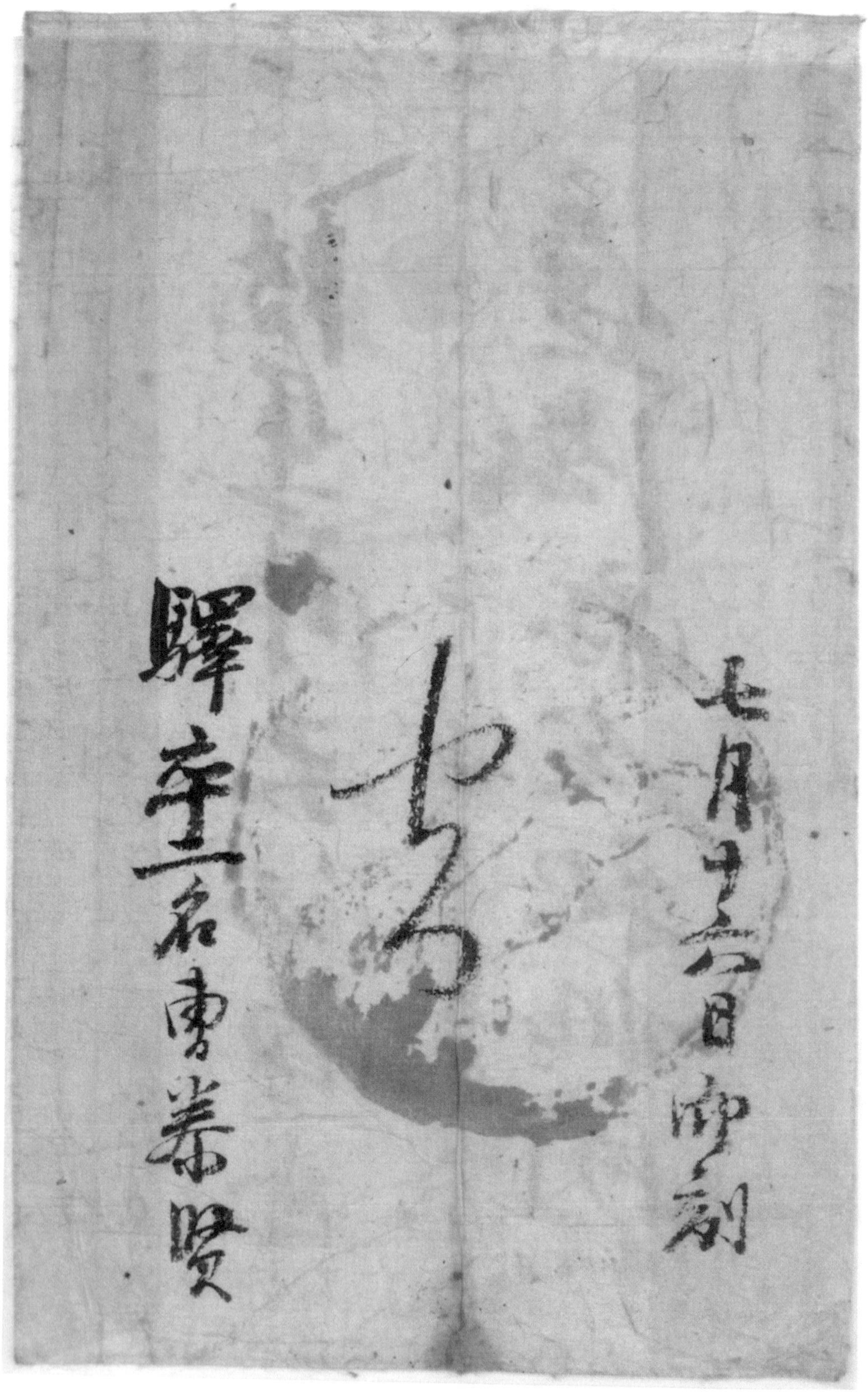

역참(驛站)

조선시대 공공 업무를 수행하기 위하여 설치된 교통 통신기관

신사유람단(紳士遊覽團) 개요

1881년 4월/고종 18년

조사시찰단(朝士視察團)은 1881년(고종 18년) 4월 10일부터 윤 7월 2일까지 김홍집의 주장에 따라 수신사에 이어 일본제국에 파견되었던 단체이다. 과거에는 신사유람단(紳士遊覽團)이라고 지칭하였으나 한국사 용어 수정안에 따라 조사시찰단으로 바꾸어 부른다.

신사유람단이라는 명칭은 당시 조선 내에서 외래 문물 수용에 부정적인 목소리가 높았기 때문에 이를 숨기기 위하여 사용된 명칭이다.

강화도조약이 체결(1876년)된 뒤 수신사인 김기수와 김홍집은 일본에 다녀온 뒤, 서양의 근대 문명과 일본의 문물제도를 배워야 한다고 주장하였다. 박정양·엄세영(嚴世永)·조병직(趙秉稷)·민종묵·조준영(趙準永)·심상학(沈相學)·어윤중·홍영식·이원회(李元會)·이헌영·김옥균 등을 정식위원으로 삼고, 이들을 보조하는 수원(隨員), 통사(通事), 종인(從人)으로 조사시찰단을 편성하여 일본에 파견하였다. 조사시찰단은 약 4개월 동안 일본에 머물면서 도쿄, 오사카를 주로 하고 때로는 인접 지방까지 가서 문교, 내무, 농상, 외무, 대장, 군부 등 각 성(省)의 시설과 세관, 조폐 등의 중요 부문 및 제사(製絲), 잠업(蠶業) 등에 이르기까지 고루 시찰하고 귀국했다. 이때 윤치호는 어윤중의 수원(隨員) 유길준도 수원이었다. 조선정부는 새로운 문물제도를 시찰케 한다는 명목으로 일본에 조사시찰단을 파견하였지만, 일본은 이전에 수신사를 매수하여 친일파로 만든 수법을 재활용하여, 조사시찰단으로 일본에 온 이들도 역시 친일파로 변절시켰다

출처: 한국우정사

(1) 구성과 담당 부 면(업무)

조사(朝士)		수원(隨員: 수행원)		담당관서(擔當官署)
조준영(趙準永)	참판(參判)	이봉식(李鳳植)	참봉(參奉)	문부성(文部省)
		서상직(徐相稙)	사인(士人)	
박정양(朴定陽)	참판(參判)	왕제응(王濟應)	참봉(參奉)	내무성(內務省)·농상무성(農商務省)
		이상재(李商在)	사인(士人)	
엄세영(嚴世永)	승지(承旨)	엄석주(嚴錫周)	사과(司果)	사법성(司法省)
		최성대(崔成大)	오위장(五衛將)	
강문형(姜文馨)	승지(承旨)	강진형(姜晋馨)	오위장(五衛將)	공부성(工部省)
		변택호(邊宅浩)	동래리(東來吏)	
조병직(趙秉稷)	승지(承旨)	안종수(安宗洙)	사인(士人)	
		유기환(俞箕煥)	사인(士人)	
민종묵(閔種默)	승지(承旨)	민재후(閔載厚)	사인(士人)	외무성(外務省)
		박회식(朴會植)	동래리(東來吏)	
이헌영(李憲永)	승지(承旨)	이필영(李弼永)	오위장(五衛將)	세관(稅關)
		민건호(閔建鎬)	사과(司果)	
심상학(心相學)	참의(參議)	유진태(俞鎭泰)	진사(進士)	
		이종빈(李種彬)	부장(部將)	
홍영식(洪英植)	참의(參議)	고영희(高永喜)	주부(主簿)	육군(陸軍)
		성낙기(成洛基)	참봉(參奉)	
		김낙운(金洛雲)		
어윤중(魚允中)	교리(校理)	유길준(俞吉濬)	사인(士人)	대장성(大藏省)
		유정수(柳定秀)	사인(士人)	
		윤치호(尹致昊)	사인(士人)	
		김양한(金亮漢)		
이원회(李元會)	부사(府使)	송헌빈(宋憲斌)	사인(士人)	
		심의영(沈宜永)	무과(武科)	
김용원(金鏞元)		손붕구(孫鵬九)	사인(士人)	

(2) 시찰 견문 범위

[시설(施設)] 포병 공창(砲兵工廠), 진대(鎭臺), 조선소(造船所), 조화소(造靴所), 조폐국(造幣局), 인쇄국(印刷局), 방직공장(紡織工場), 제사소(製絲所), 양잠소(養蠶所), 광산(鑛山), 도기소(陶器所), 초자 제조소(硝子製造所), 피혁공장(皮革工場), 화약제작소(火藥製作所), 육종장(育種場)

[문물(文物)] 도서관(圖書館), 서림(書林), 박물원(博物院), 박람현(博覽會), 맹아원(盲啞院), 병원(病院), 신문(新聞), 화폐(貨幣), 우편(郵便), 전신(電信), 전기(電氣), 등대(燈臺), 천문소(天文所), 각종 학교(大學校), 사범학교(師範學校), 외국어학교(外國語學校), 여공장(女紅場), 여학교(女學校), 사관학교(士官學校), 도야마학교(戸山學校), 해군병학교(海軍兵學校), 공부대학교(工部大學校), 농학교(農學校), 기관학교(機關學校).

[제도(制度)] 관제[官制: 3원. 10성. 3부. 37현(三院十省三府三十七縣), 개척사(開拓史), 군제[軍制: 육군, 해군, 세제, [稅制], 구제 개혁(舊制改革), 조세법(租稅法), 공법(貢法), 관세(關稅), 상세(商稅), 세관(稅關), 통상지법(通商之法), 척제 [尺制: 도량형(度量衡), 형법(刑法), 경찰 제도(警察制度), 감옥(監獄) 등이었다.

1884

단기 4217년/고종 21년

우정총국 설립·한국 최초 우표 발행·갑신정변 발발

구한말(舊韓末) 최초 우초(郵鈔)

문위보통우표(文位普通郵票) 'Moon' Unit Series

1884년 발행

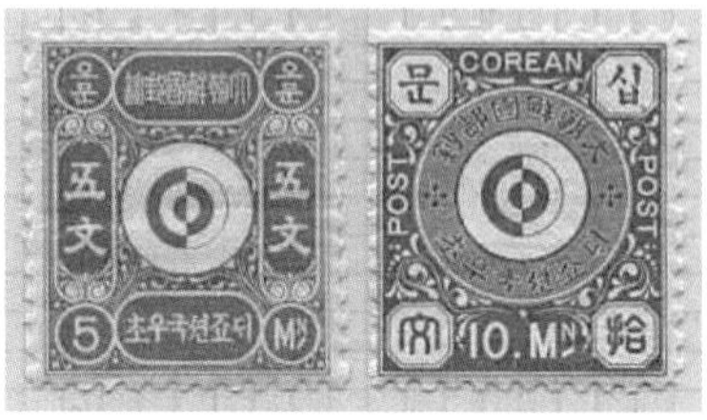

1. 태극문양. 5문 2. 태극문양. 10문

Perf. 8 1/2~11 1/2 및 복합
Pt. 凸판(Typographed)
전지 구성: 10x8, Wmk. 무투문용지(Unwmkd)
명판 위치: 75·76.
Ps: 일본제국정부 대장성 인쇄국
발행 매수: 5문 50만 매, 10문 100만 매

구한말 최초 일부인(日附印)

간지연호형(干支年號型)

인천우체사

간지연호형 일부인은 대한제국 우정규칙 제35조에 규정되어 있다.

우정총국(郵征總局)의 창설	1884. 3. 27	고종 21년
우체 업무 개시	1884. 10. 1	인천 우정분국 동시 업무 개시
우정국 개설 축하연	1884. 10. 17	갑신정변 발발
한성우체사(Hansung)	1895. 5. 27	경기도 경성부 본정1정목
	1905. 7. 1	경성우편국으로 개칭(한일합동통신 체결 이후)
인천우체사(Incheon)	1884. 11. 18	우정총국 인천분국 설치 인천부 신포동 감리서 터로 추정

문위보통 미사용 우표

The following 3 remained unissued, as printing was not finished before opening.

문위우표 미사용 3종은 1884년 12월 갑신정변 실패로 우정총국이 폐쇄된 후인 1885년 2월에 우리 정부에 전달되긴 하였으나, 우표로서 가치를 상실하여 미사용 우표로 분류되었다.

U1 태극 문양 25문 U2 태극 문양 50문 U3 태극 문양 100문

1884

구한말(舊韓末) 최초 일부인

인천우체사 일부인

U1 태극 문양 5문

문위우표와 간지연호형(干支年號型) 일부인

대한제국 근대 우정 업무는 1884년 11월 18일(양 10월 1일)
문위우표 5문, 10문 2종의 우표를 발행한 후 한성과 인천에서
약 21일간 사용하였다. 이때 사용한 원일형 일부인에 간지(干支) 연호가 새겨 있다.
간지형 일부인은 '대한제국 우정규칙 제35조'에 규정되어있다.

인천우체사 일부인

최초 우표 원도(原圖)

사료(史料)의 멸실(滅失)로 그 당시 실정을 밝힐 수는 없으나 '인천부사(仁川府史)'(1933년 간행) 기록에 의하면 우리나라에서 작성한 우표 원도는 태극기를 주도안으로 한 것임을 알 수가 있다. 이 원도(原圖)에 그려진 태극기(太極旗) 양식(음양(陰陽), 4괘(四掛) 배치)은 현행 국기(國旗)와 같게되어 있는 점도 주의를 요한다.

이조말기(李朝末期) 태극기 양식이 각양각색으로 통일성이 없는 중에서도 현재 국기와 같은 양식은 이 우표 원도(郵票原圖)외 다른 문헌에서 발견할 수 없다. 다만 음양 홍색(紅色)을 묵색(墨色)으로 표시함이 오늘과 상반되나 유길준(俞吉濬)이 그린 별개 태극도본(太極圖本)에 의하면 그 시대에는 이와 같이 관용(寬容)된 것 같다.

이 원도(原圖)는 그대로 우표에 쓰여 지지는 않고 도안이 수정되어 나왔으나 갑신정변(甲申政變)으로 한동안 중단되었다가 1896년 다시 우편사업을 시작할 때 미국에서 제조한 우표에 이 원도(原圖) 아이디어가 채택되었고 대한민국 수립 후에도 이와 비슷한 국기우표(國旗郵票)를 발행한 사실이 있음을 보면 한국인이 태극에 대한 애착이 대단함을 알 수 있다. 이 우표 원도(郵票原圖)는 먼저 상해(上海)에 보내졌고 도안 자체도 중국의 해관우표(海關郵票)를 다분히 본 딴 점은 흥미있는 일이며 홍영식(洪英植)이 처음에 우편사업을 계획할 때에는 1882년에 총세무사(總稅務司)가 되어 온 '뮐렌도르프'(한국명 목인덕 穆麟德) 또는 그가 동반한 홍콩우체국 부우정장(副郵政長)을 지낸 바 있는 '허치슨' 등의 조언도 들은 것 같으나 친청파(親淸派)로 지목되는 이들과는 불화를 일으켜 그 후로는 전적으로 일본에 의존하였음은 미묘한 정치정세하의 정책 전환이 아니었던가로도 추측된다.

출처: 구한국시대 우표와 우정 1964 진기홍. 민국일보 1962. 2. 25일자

1884

대조선국 최초 우초(郵鈔)

문위(文位)우표–5문(五文) · 10문(拾文) 10 매 블럭 및 Pair

大日本帝國政府大藏省印刷局製造

Perf. 8 1/2~11 1/2 및 복합
Pt. 凸판(Typographed)
전지 구성 : 10x8, Wmk. 무투문용지 Unwmkd)
명판 위치: 75·76.
Ps : 일본제국정부 대장성 인쇄국
발행 매수 : 50만 매

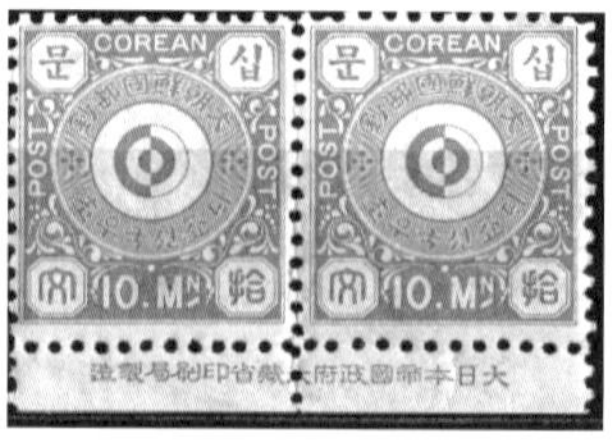

大日本帝國政府大藏省印刷局製造

Perf. 8 1/2~11 1/2 및 복합
Pt. 凸판(Typographed)
전지 구성: 10x8, Wmk. 무투문용지(Unwmkd)
명판 위치: 75·76.
Ps : 일본제국정부 대장성 인쇄국
발행 매수 : 100만매

문위우표(文位郵票) 오문(5M) 24매 전지

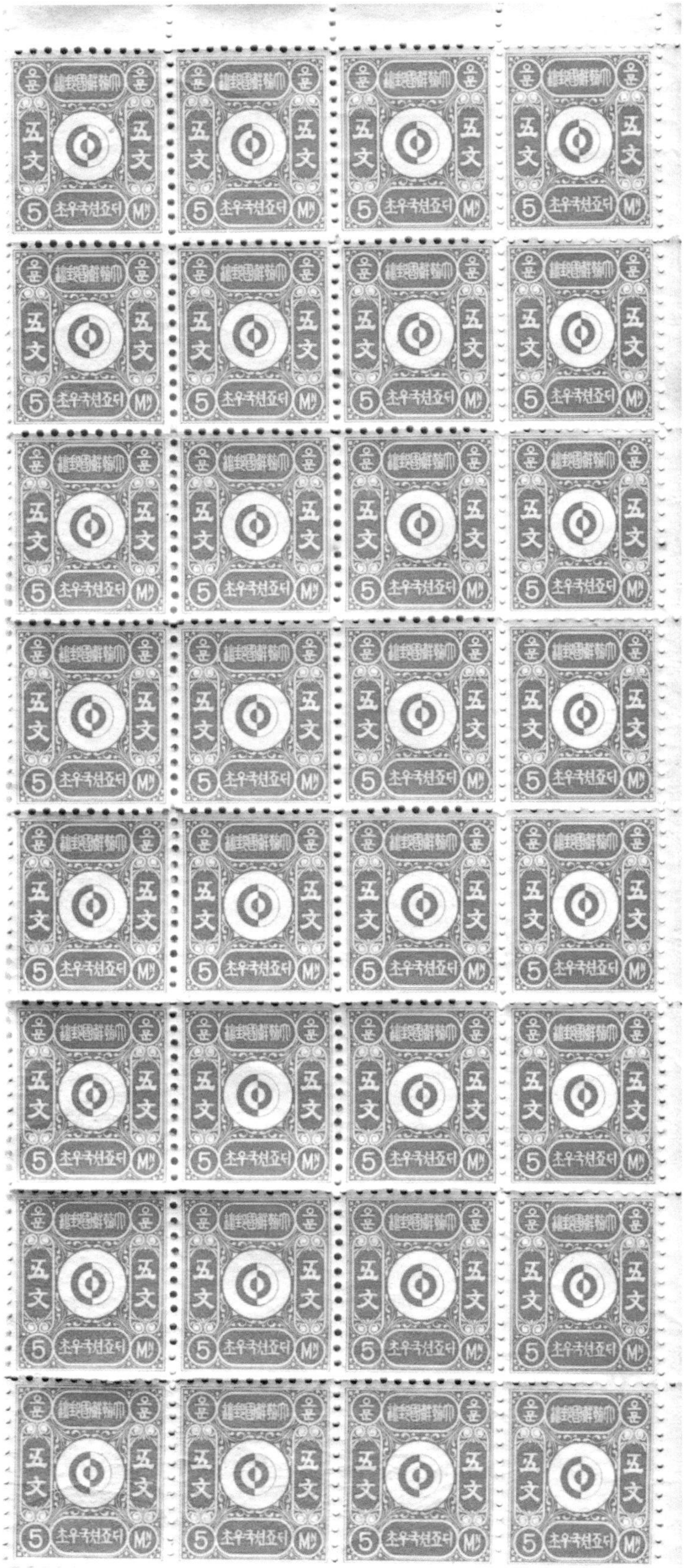

전지구성:10x8. 명판: 일본제국정부 대장성 인쇄국 110x245mm
Wmk무투문(Unwmkd) pt. 凸版(Typographed) 발행량: 50만 매

문위우표(文位郵票) 십문(10M) 전지

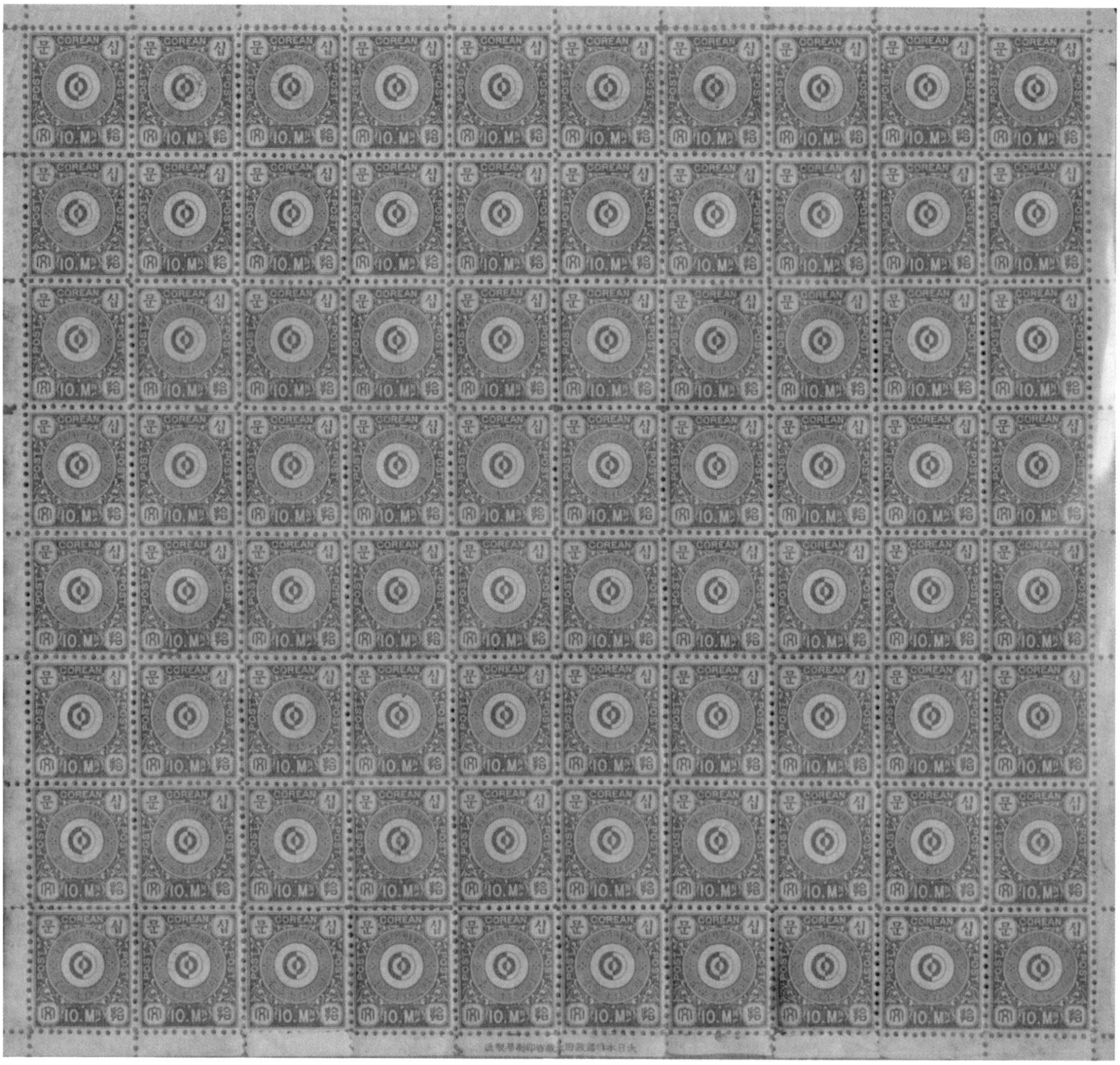

전지구성:10x8. 명판: 일본제국정부 대장성 인쇄국. Wmk. 무투문(Unwmkd) pt. 凸版(Typographed) 발행량: 100만 매

243x265mm

문위우표(文位郵票) 이십오문(25M) 전지

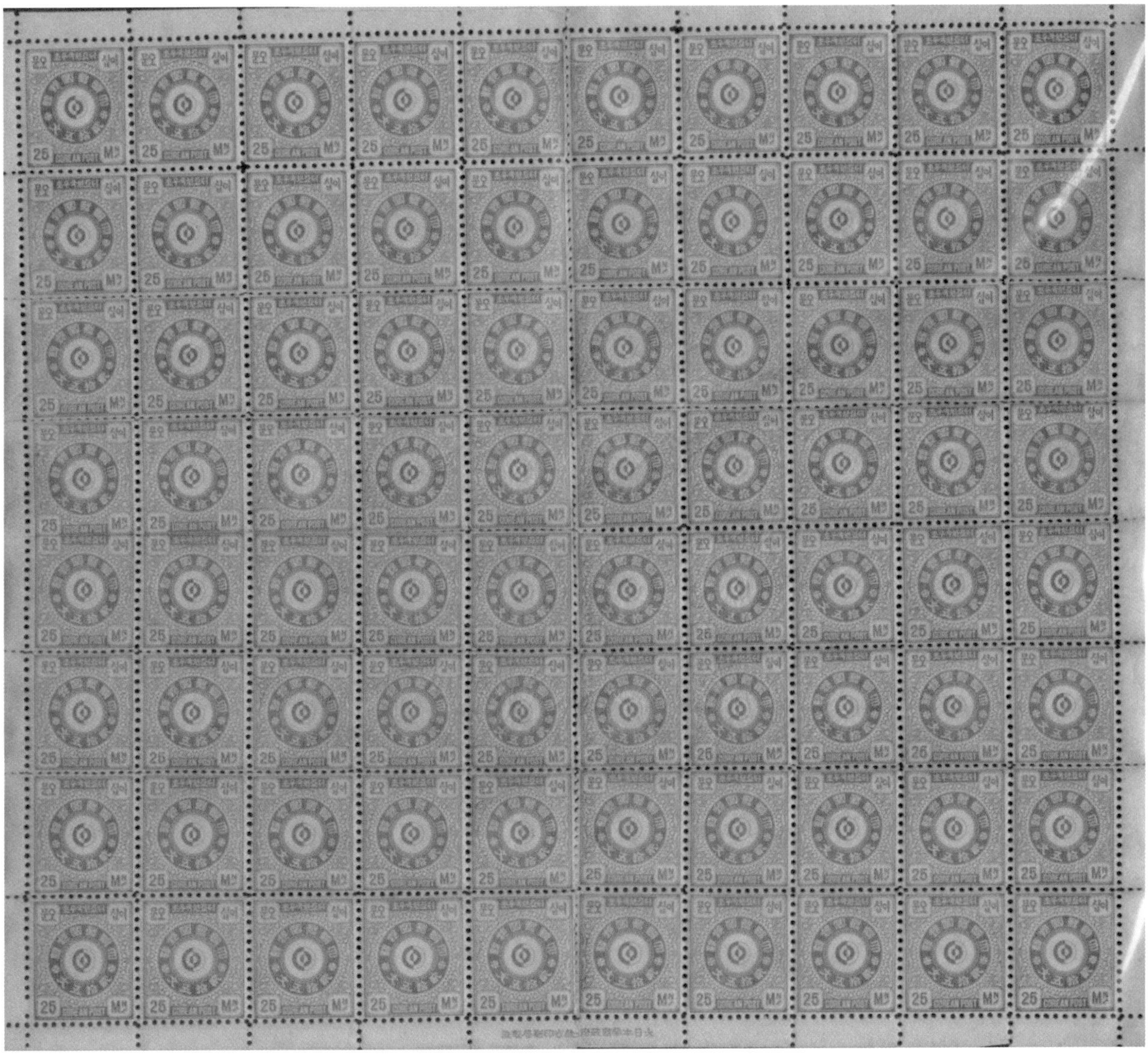

전지구성:10x8. 명판: 일본제국정부 대장성 인쇄국. Wmk. 무투문(Unwmkd) pt. 凸版(Typographed) 발행량: 50만 매 243x265mm

문위우표(文位郵票) 오십문(50M) 전지

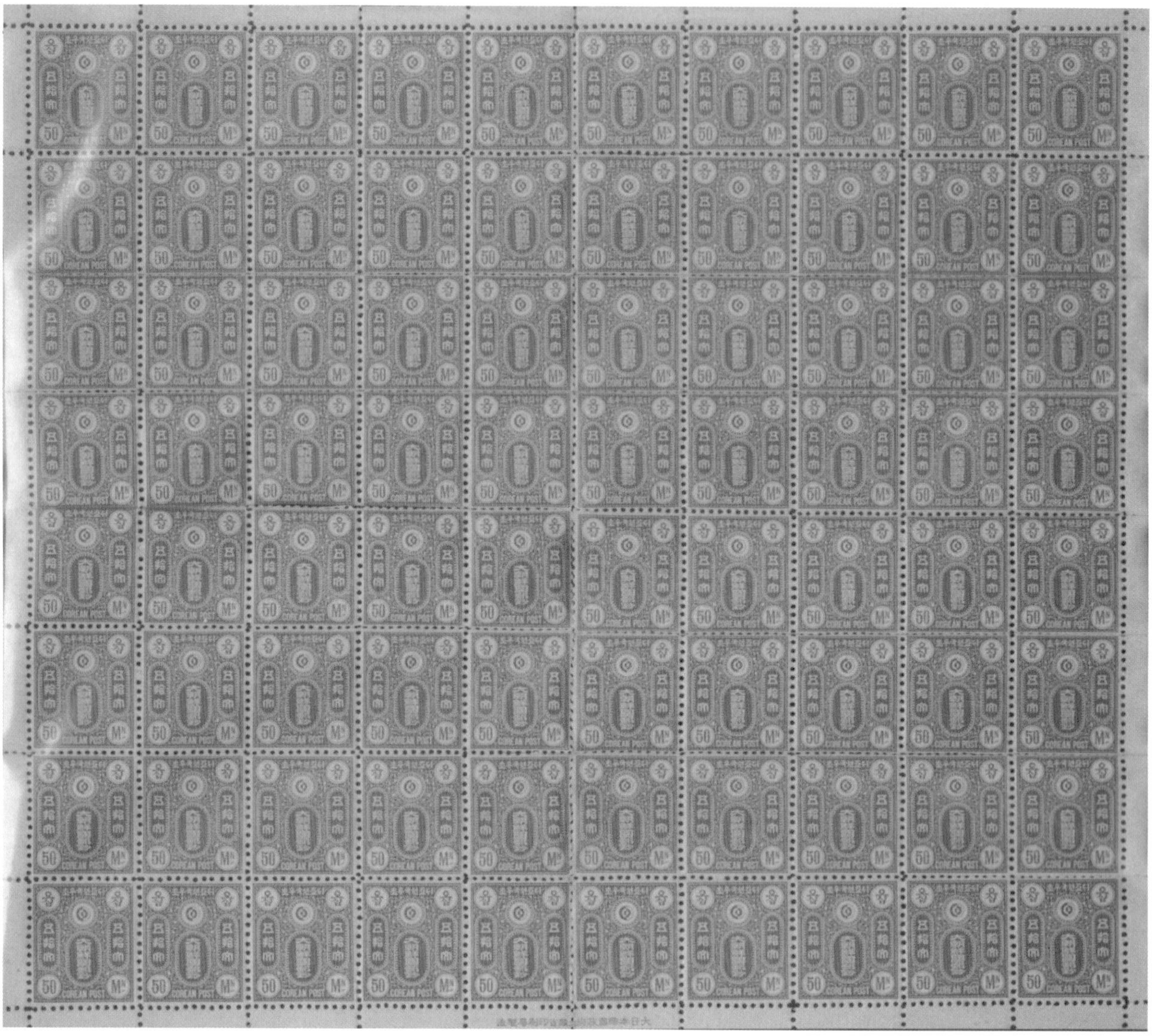

전지구성·10x8. 명판: 일본제국정부 대장성 인쇄국. Wmk. 무투문(Unwmkd). pt. 凸版(Typographed). 발행량: 50만 매 243x265mm

문위우표(文位郵票) 백문(100M) 전지

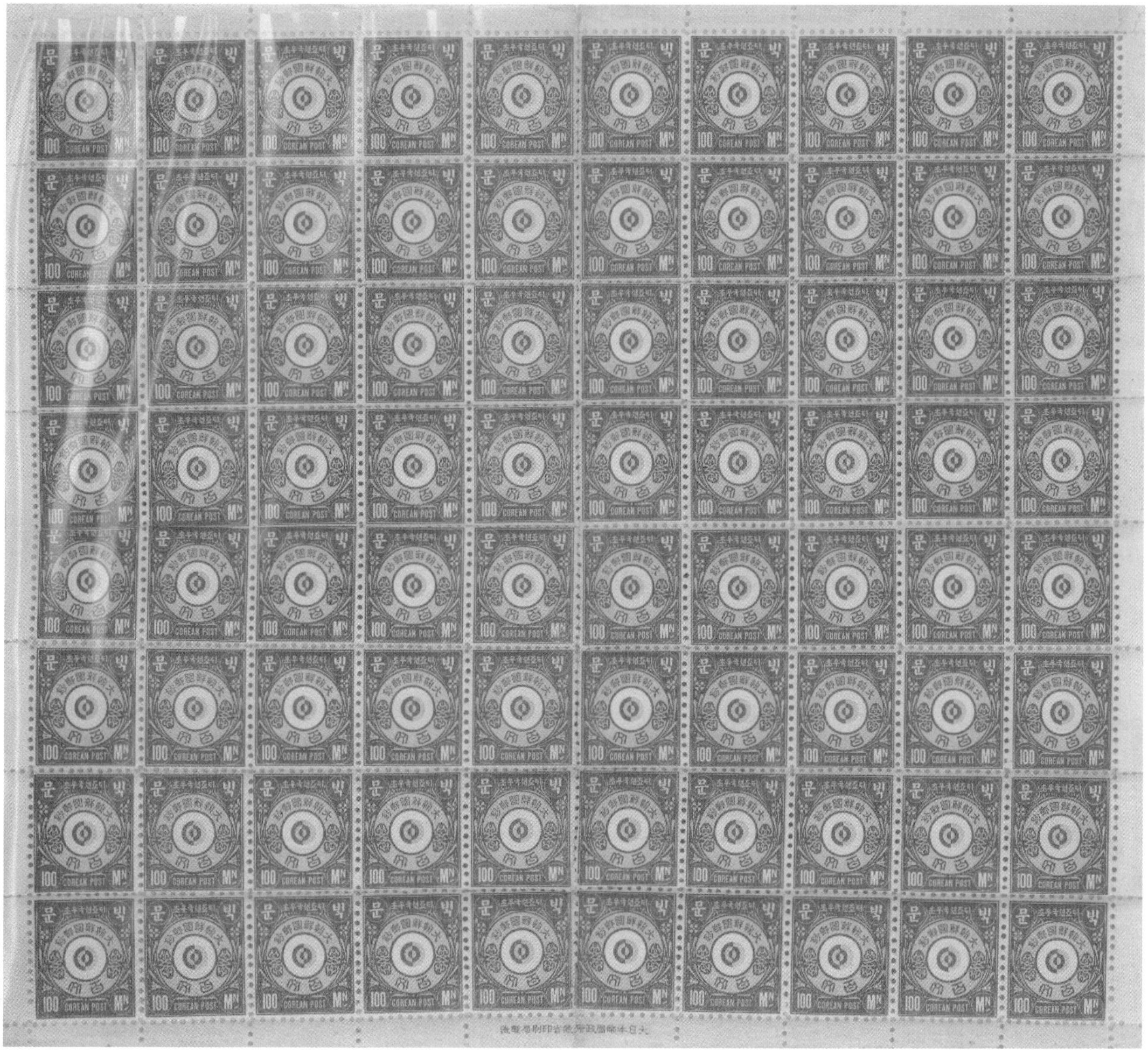

전지구성·10x8. 명판: 일본제국정부 대장성 인쇄국. Wmk. 무투문(Unwmkd) pt. 凸版(Typographed) 발행량: 30만 매 243x265mm

1884

우정총국(郵征總局)

좌측(앞줄) 전권대사 민영익
우측(앞) 홍영식

우정총국(郵征總局)은 조선시대 후기 우체업무를 담당하던 관청으로 한국 역사상 최초의 우체국이다.
1882년 12월 통리교섭통상사무아문(統理交涉通商事務衙門) 내에 우정사(郵征司)가 설치되었다.
조선 정부는 처음으로 일본, 영국, 홍콩 등 외국과 우편물 교환 협정을 체결하고, 11월 18일(음력 10월 1일) 최초로 근대적인 우편 활동을 시작하였다. 우정총국은 조선 말기 우체 업무를 담당하던 관청이었다. 우정총국은 고종 21년(1884년) 4월 22일(음력 3월 27일)에 재래의 역전법(驛傳法)을 근대식 우편제도로 고쳐 설치되어, 4월 23일(음력 3월 28일) 책임자로 홍영식(洪英植, 1855~1884)이 임명되어 우정총국 법령을 마련하는 등 개국 준비를 하였으며, 같은 해 11월 18일(음력 10월 1일) 처음으로 우체 업무를 시작하였다. 12월 4일(음력 10월 17일) 우정총국 청사의 낙성 및 개설 축하연을 이용해 개화파들이 갑신정변(甲申政變)을 일으켰으나 실패하여 12월 8일 폐지되었다. 폐지된 이후에도 우체 업무는 계속되다가, 실제로 우체 업무가 폐쇄된 것은 1885년 1월 5일(1884년 음 11월 20일)이었다. 우정총국 낙성식을 대비하여 다섯 종류의 우표인 문위우표(오문 · 십문 · 이십오문 · 오십문 · 백문)를 발행하기도 하였지만 5문, 10문 2종류만 한성- 제물포간에 잠시 사용하였다.
우정총국 건물은 지하철 안국역 서쪽 안국동 사거리에서 남쪽의 종각 방향으로 난 우정국로를 따라 내려가면 오른쪽에 위치하고 있다. 조선시대 궁중에서 쓰이는 의약을 제조하고 약재를 재배하던 전의감(典醫監)자리. 이 건물은 근대식 우편 제도를 처음으로 국내에 도입한 개화기의 한 상징물로, 원래 여러 동이 있었던 것으로 추측된다. 현재의 건물은 도리칸 5칸, 보칸 3칸 규모이며 남향을 하였다. 내부 천정은 내진 부분을 소란우물반자로, 외진을 연등천장으로 꾸몄고, 바닥은 대리석을 깔았다. 현재 지붕의 합각면이 있는 처마 아래에는 '郵征總局' 현판이 걸려있고, 도로면을 향하고 있다. 건물의 남쪽 양 모서리와 북쪽면의 기둥은 모두 원기둥이고, 나머지는 사각기둥. 정면 가운데 칸에는 두짝 문을 내었고, 나머지 칸에는 모두 사분합창을 내었으며, 상부는 모두 빛살 광창을 설치했다. 처마는 홑처마이고, 단청을 하였다. 무출목 초익공계 건물이며, 지붕은 팔작지붕이고 합각면은 전벽돌로 처리되었다. 이곳에는 한어학교(漢語學校)가 들어서기도 했으며 이어서 중동학교(中東學校)가 사용하기도 했다. 1972년 12월 4일 체신부가 인수하여 우정총국 체신기념관으로 개관하였으며, 1987년 5월 건물의 대대적인 보수공사를 하고 현재의 모습으로 건물과 주변이 조성되었다. 지금의 건물은 기념관의 기능에 따라 일부가 고쳐진 것으로 원래의 형상은 아니다.

우정총국과 홍영식
1997년 1월 1일 발행

보빙사(報聘使)

보빙사(報聘使)는 조선에서는 최초로 미국 등 서방 세계에 파견된 외교 사절단이다.
1882년 조미수호통상조약의 체결로 1883년 주한(駐韓) 공사 루시어스푸트(Foote, L. H.)가 조선에 부임하였다. 이에 고종은 임오군란 이후 비대해진 청나라의 세력을 견제한다는 뜻에서 1883년 5월 정사(正使)에 민영익(閔泳翊), 부사(副使)에 홍영식(洪英植), 서기관은 서광범(徐光範), 수행원은 변수(邊樹, 邊燧), 유길준(兪吉濬) 등 개화파 인사들을 대동시킨 친선 사절단을 서방 세계에 파견하였다. 사절단은 퍼시벌로웰(Percival Lawrence Lowell)과 통역관 미야오카츠네지로(宮岡恒次郎)의 인도 하에, 태평양을 건너 샌프란시스코에 도착하여 미 대륙을 횡단한 다음 워싱턴을 거쳐 뉴욕에서 미국 대통령 체스터 A. 아서(Arthur, C. A.)와 2 차례 회동하고 국서를 전하고 양국간의 우호와 교역에 관하여 논의하였다. 대통령과의 회동에서 보여준 한국식 전통 절의 예법은 다소 충격을 주기도 했다. 이어 세계박람회, 시범농장, 방직공장, 의약제조회사, 해군연병장, 병원, 전기회사, 철도회사, 소방서, 육군사관학교 등 공공기관을 시찰하였다. 특히, 워싱턴에서 내무성 교육국국장 이튼(Eaton, J.)을 방문하여 미국의 교육제도에 대하여 소개받았다. 뒤에 교육국사(敎育局史)와 연보를 기증받았다. 그밖에 우편제도, 전기시설, 농업기술에 관심을 보였는데, 뒤에 우정국 설치, 경복궁의 전기설비, 육영공원(育英公院), 농무목축시험장(農務牧畜試驗場) 등의 실현 계기가 되었다.

1884

대조선국 우정규칙

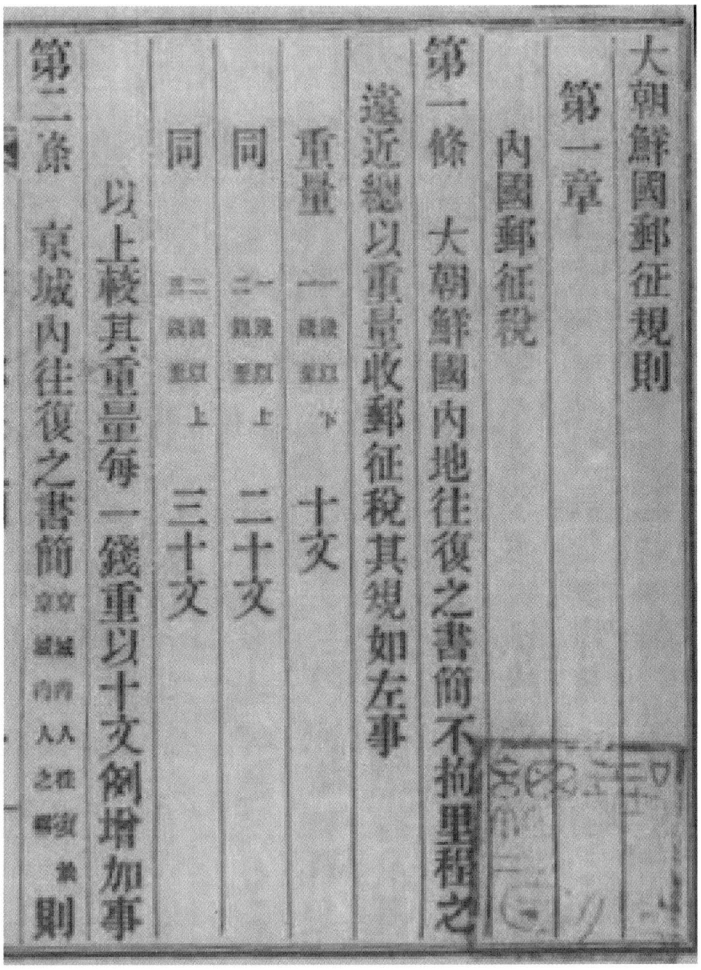
大朝鮮國郵征規則

第一章

內國郵征稅

第一條 大朝鮮國內地往復之書簡不拘里程之

遠近總以重量收郵征稅其規如左事

重量 十文

同 二十文

同 三十文

以上較其重量每一錢重以十文例增加事

第二條 京城內往復之書簡 則

대조선국 우정규칙(大朝鮮國 郵征規則)

제1장 국내우편
국내우편 요금과 요금 징수 방법

제2장 면세우편
우편요금이 면제되는 경우에 대한 규정

제3장 관보 및 서적류의 요금 및 발송 규법
관보나 서적의 요금과 징수 방법

제4장 등기우편
보내는 사람과 받는 사람을 기록하는 등기 우편에 대한 규정

제5장 우표
우표 발행 및 판매, 우표의 사용 방법과 효력에 대한 규정.

제6장 잡칙
우편물의 분실, 우편 발송이 안 되는 물품의 종류, 서간을 발송할 때 유의 사항, 우표 부착 방법 등

우정사업본부가 최근 1884년 근대 우편제도의 시행을 위해 만든 '대조선국우정규칙(大朝鮮國郵規)'을 완역했다. 대조선국 우정규칙은 당시 고종이 새로운 근대 우편 제도를 시행하기 위해 홍영식을 우정총판으로 임명하고 최초의 우체국인 우정총국을 설치했다. 그에 따른 우편업무 규칙을 만든 것이다. 그간 세부적인 연구와 한글 번역이 안 돼 일반인들은 쉽게 이해하기 어려웠다.

대조선국 우정 규칙은 국내우편, 면세우편, 관보 및 서적류의 요금 및 발송 규법, 등기우편, 우표, 잡칙 등 총 6장으로 구성되어128년 전에 만들어져 지금의 우편법과는 다른 점이 있다. 당시의 시대 상황을 반영했기 때문으로 풀이된다. 먼저 봉투에 우표를 붙일 때는 '절대 물로 붙이지 말고 침으로 붙여야 한다'는 조항이 있다. 물을 사용할 경우 우표 인쇄가 손상되고 떨어질 수 있기 때문이라고 한다. 또 보내는 사람, 받는 사람의 이름을 쓰는 규정도 있었다. 반드시 이름을 써야 하지만, 관직이 있는 사람일 경우에 관직, 성, 이름 순으로 기재하여야 한다. 128년 전에 통조림이 있었다는 것이 신기하다. 또 음란, 외설한 문서, 그림 및 기구 등 민심을 현혹하는 것도 발송이 금지됐다. 금지 우편물에 통조림이 포함돼 있었다. 우체국 휴일은 1년에 한 번, 정월 초 하루만으로 정해져 있다. 휴일이 하루인 이유를 정확하게 알 수는 없지만 지금과 비교해 보면 집배원 등 직원들, 업무가 과중해 보인다. 대조선국 우정규칙의 원본은 천안에 있는 우정박물관에 소장돼 있고 우정총국 우체국에 사본이 전시돼 있다.

출처: 우정마을

1884

구한말 우정기장(舊韓末 郵征旗章)

우정총국이 창설되면서 제작된 '우'기로 추정
사진출처: 조선통신사업연혁소사

갑신정변 전후 주요 사건들

1884. 3. 26	홍영식(洪英植) 우정총국 총판(總辦)에 임명
1884. 3. 27	우정총국(郵征總局) 창설. 인천분국(仁川分局) 설치
1884. 4. 10	독판(督辦) 김병시(金炳始) 우정총국 창립을 미·영 공관에 통고함
1884. 5. 15	우정총국, 신설개략장정(新設槪略章程)을 상계함
1884. 7. 1	우정총국, 일본인 오노 및 미야자끼와 고용 계약함
1884. 8 9	일본대장성인쇄국에 수탁(受託)한 한국우표 백문등 5종의 원판 완성
1884. 8. 21	우정국사사 이상만(李象萬) · 이상재(李商在) · 남궁억(南宮億) 등 14명을 임명
1884. 9. 3	우정총국사사(郵征總局司事) 성익영(成翊永) 임명
1884.9.11	우정국사무장정(郵征局事務章程)·우정국직제장정(郵征局職制章程), 대조선국우정규칙(大朝鮮國郵征規則)·경성내우정복개설규범(京城內郵征復開設規範) 경성·인천간왕복우정규범(京城仁川間往復郵征規範) 이상 입계(入啓)
1884. 9. 22	청(淸)·일(日)·법(法)·미(美)·영(英)·덕(德) 등 각국 공관에 10월 1일부터 우정사무 개시함을 통고하고 우정규칙 등 각 법규를 부송
1884. 10. 1	우정총국 신식우체업무(新式郵遞業務) 개시, 인천 우정총국 인천분국(仁川分局: 분국장 월남 이상재(李商在) 국기우표(國旗郵票: 문위우표) 5종 발행
1884. 10. 17	우정총국(郵征總局) 개설 축하연, 갑신정변(甲申政變) 일어남
1884. 10. 19	우정총국으로부터 최초이며 단 한번인 외국우편물이 미국·독일 공관에 배달됨
1884. 10. 2	우정총국(郵征總局) 혁파(革罷)
1884. 12. 1	전 인천우정분국의 우초(郵鈔)및 일체 비품을 정리 보고하도록 인천감리(仁川監吏)에게 훈령
1884. 12. 31	홍영식(洪英植) 가족 처벌
1885. 3. 3	전년도에 주문하였던 우초(郵鈔) 대소 2과 일본에서 들여와 동고(東庫)에 수장(收藏)함
1885. 7. 11	일본공사, 우표제조비 및 기타 비용, [은화 758원 92전, 지폐 15원 11전 1리] 상환을 최촉(催促)
1885. 7. 21	우표제조비는 구약(舊約)대로 상환하겠으나 우편을 다시 설치함은 미결이라고 일관에 통고
1900. 11. 14	우기(郵旗) 제정을 의정부(議政府)에 제안
1900. 11. 21	우기(郵旗) 제정
1900. 12. 3	우기도식(郵旗圖式) 실시
1901. 1. 14	각 우체사가 우기(郵旗)의 현표(懸表)를 각 부 ·군 ·원 ·청에 통고

이중원형 일부인 연대 표기 방법과 사용 기간

사용 기간: 1895년 6월 1일~1898년

개국 506년 광무 원년 광무 2년
대조선 504년(1895. 6. 1~11. 16)
대조선 건양 원년(1896. 1. 1~12. 31) 이하 양력 사용
대조선 건양 2년(1897. 1. 1~8. 12)
대조선 506년(1897. 8. 13~8. 15)
대조선 광무 원년(1897. 8. 16~12. 31)
광무 2년(1898. 1. 1~1. 8)

1895년 주요 우편사

3월 25일 농상아문(農商衙門)과 공무아문(工務衙門)을 통합하여 농상공부(農商工部)로 개편(改編) 후 통신국(通信局)을 설치토록 하는 신관제(新官制)를 반포하였다

4월 1일 농상공부 관제 시행. 김가진(金嘉鎭) 농상공부 대신·이채연(李采淵)·동 협판 조병교(趙秉敎) 동 체신국장, 농상공부 기수(技手) 김남식(金南軾) 등 12명 임명. 농상공부 주사 최문현(崔文鉉) 등 18명 임명

4월 22일 농상공부 분과 규정(分課規定) 반포 후 통신국에 체신과, 관선과(官船課)를 설치함

5월 22일 외부(外部), 해관우편(海關郵便) 철혁 조치(撤革措置)하라고 통고

5월 25일 우부(郵夫) 8명을 진고개(泥峴) 일본우편국에 윤회 견습(輪回見習)하도록 조처

5월 26일 국내 우체 규칙 반포. [칙령 제124호 80조]. 우체사 관제 반포. [칙령 제125호 12조] 우체 기수, 기수보 봉급 건 반포 [칙령 제126호]

5월 27일 6월 1일부터 한성·인천간 우체 개설. 공고 부령 2호, 우체사 소관 구역 공고 [부령 2호] 한성사(漢城司) : 한성 성내외. 인천사(仁川司): 제물포항 및 인천읍 내

5월 28일 한성·인천 간 우체물 체송법 제정. 우체 사무 세칙(107조)공고 [우표 매하소 허가법, 우표 매하인 규칙(18조), 집신법(集信法), 분전법(分傳法), 체송법(遞送法) 제정. 농상공부 훈령 제131호

6월 1일 한성·인천간 우체 사무 개시, 국내 우체 규칙, 우체사 관제 등 시행. 국기우표(國旗우표) 4종 [5푼·1돈·2돈5푼·5돈] 발행 [태극보통 초판]

우취 문화 해설 시리즈

세계 최초 우표

세계 최초의 우표
1페니(1penny)와 2펜스(2pence)

영국에서 실시된 근대적 우편제도는 점차 유럽을 중심으로 세계 각국으로 퍼져 나갔고, 1874년에는 국가 간 우편물 교환을 위한 스위스 베른에서 22개국의 대표가 모여 만국우편연합(U.P.U.)을 탄생시켰다. 만국우편연합은 우편물 교환에 대한 국제적인 표준을 마련하여 현재 190여 개국 이상이 가맹국으로 활동하며 전 세계 어디서라도 자유롭게 우편물을 교환할 수 있는 토대를 마련하였다. 만국우편연합에서는 세계 모든 나라에서 발행하는 우표에는 영문자로 국명을 표기하도록 규정 하고 있으나, 영국만은 최초로 우표를 발행한 나라로 예외가 인정되어 우표에 국명을 표기하지 않는 유일한 국가이다.

이중원형 일부인 국별 표기(한문 · 영문)

일부인	우체사명		설치 일시	참고사항
	한문	영문		대한제국-일제강점기 설치된 우체사 및 우편국
京	京城	Kyungsung(Seoul)		
京	漢城	Hansung(Seoul)	1895.5.27	경기도 경성부 본정 1정목. 1905. 7. 1 경성 우편국으로 개칭
仁	仁川	Inchon(Chemulpo)	1884.11.18	우정총국 인천분국(위치: 인천부 신포동 인천감리서 터로 추정)
開	開城	Gaesung	1895.8.1	황해도 개성에 우체사 설치
水	水原	Suweon	1895.9.28	경기도 수원군 수원읍. 한성 우체국 수원지사로 개설
安	安東	Andong	1895.12.7	경상북도 안동군 안동면 동부동. 안동우편국 1922. 2. 16. 총독부 고시 제24호. 전화 교환 업무
忠	忠州	Choongju	1895.10.21	충청북도 충주에 우체사 설치
邱	大邱	Daegu	1895.10.21	경상북도 대구부 대구 금정 1정목. 대구우편국 1911. 3. 30. 총독부 고시 제87호. 우편 위체 사무
東	東萊	Dongnae(Fusan)	1904.3.16	동래우체국 우편 취급소로 개설
公	公州	Gongju	1896.2.28	충청남도 공주군. 공주우편국 1911. 3. 10. 총독부 고시 제54호. 전화 교환·가입·전보 취급 업무
南	南原	Namweon	1896.2.28	전라북도 남원군 남원면 하정리 남원우편국. 1922. 2. 16. 총독부 고시 제24호. 전화 교환 업무
羅	羅州	Naju	1896.2.28	전라남도 나주군 나주읍. 나주우편소 1911. 5. 15. 총독부 고시 제127호. 전화 가입, 교환 업무
平	平壤	Pyungyang	1896.4.25	평안남도 평양부 평양남문통 3정목. 평양 대동문우편소 설치 1911. 12. 10. 총독부 고시 제362호
義	義州	Uiju	1896.4.25	평안북도 의주군 의주읍. 의주우편국 1911. 3. 30. 총독부 고시 제87호. 우편 위체 사무 개시
全	全州	Jeonju	1896.2.28	전라북도 전주군 전주면 본정 2정목. 전주본정우편소 설치 1925. 6. 26. 총독부 고시 제162호
春	春川	Chuncheon	1896.6.5	강원도 춘천군 춘천읍. 춘천우편국 1911. 5. 15. 총독부 고시 제127호. 전화 가입·교환 업무 개시
元	元山	Woensan	1895.6.5	함경남도 원산부 행정. 원산신정우편소 1914. 8. 1. 총독부 고시 제273호. 원산행정우편소로 개정
咸	咸興	Hamheung	1896.6.5	함경남도 함흥부 황금정 2정목. 함흥 황금정우편소 설치 1937. 3. 26. 총독부 고시 제177호
海	海州	Haeju	1896.6.5	황해도 해주군 해주읍 남욱정. 해주 남욱정우편소 설치 1933. 3. 21. 총독부 고시 제86호
洪	洪州	Hongju	1896.6.5	충청남도 홍성군 홍주면 오관리. 홍성우편소 설치 1932. 3. 1. 총독부 고시 제90호
鏡	鏡城	Gyungsung	1896.6.15	함경북도 경성군 경성읍. 경성우편국 1911. 3. 30. 총독부 고시 제87호. 우편 위체 사무 개시
界	江界	Ganggye	1896.6.15	평안북도 강계군 강계면 동부동. 강계우편국 1923.2.1. 총독부 고시 제13호. 전화 교환 업무 개시
晉	晋州	Jinju	1895.6.1	경상남도 진주군 진주읍 금정. 진주 금정우편소 설치 1938. 3. 6. 총독부 고시 제163호
定	定州	Jongju	1896.10.5	전라북도 정읍군 정읍읍. 정읍우편소 설치 1910. 9. 26. 총독부 고시 제219호
尙	尙州	Sangju	1898.3.25	경상북도 상주군 상주읍. 상주우편국 1912. 2. 16. 총독부 고시 제34호. 전화 통화 업무 개시
慶	慶興	Kyungheung	1896.12.27	함경북도 경흥군 경흥읍 경흥우편국. 1912. 9. 16. 총독부 고시 제274호. 전화 통화 사무 개시

대한제국 우체사와 임시우체사 · 지사와 우체물 영수소

1895년 우편사업이 재개된 후 대한제국 당시 우체국 명칭은 '우체사'라 칭했다. 당시 대한제국에서 처음 설치한 우체국은 한성우체사와 인천우체사였다. 1895년 8월에는 한성우체사 수원지사가 수원에 설치되었으나 최초의 분국(지사)은 1884년 11월 18일 우정총국 인천분국(분국장: 월남 이상재)이었다. 1898년 임시우체사라는 명칭으로 대한제국 전국의 각 군(郡)에 우체사를 설치하였다. 명칭으로는 당시 우체사 이외에 간이 우체 업무를 담당했던 우체물영수소가 설치 운영되었는데 단순한 우편물 접수만 담당했다. 오늘날의 주요 거리에 설치된 우체통과 상충되는 것으로 보인다.

현재 확인된 우체물영수소는 마포우체물영수소·은산우체물영수소·초량우체물영수소이다. 우체물영수소의 설치 시기는 정확하지 않으나, 본 자료에 수록된 은산우체물영수소의 경우 1904년(광무 8)11월 22일자 소인(청색) 은산우체물에서 Spain(서반아)으로 체송된(외체인) 대한제국에서 발행된 우편엽서이다. 대한제국 시대의 우체국은 우체국과 임시우체사이다. 우체사, 지사와 우체물영수소가 설치되었음을 알 수 있다. 일제강점시기에는 우체사가 우편국, 취급소로 개칭되고 전신·무선취급소·무선전신국 ·순라선철도우편취급소·군사우편소·I.J.P.O. 등이 운영되었다.

우체사(郵遞司)는 조선 말기 체신 행정을 맡아보던 관서다.

갑오개혁 때 설치된 우편 업무를 관장하던 농상공부 소속의 관청. 갑신정변으로 우정총국(郵征總局)이 없어졌다.

갑신정변으로 우정총국이 막을 내리는 관계로 1895년 우체사가 설치될 때까지 10년 동안은 구제도인 역참제에 의해 시행되었다. 1895년(고종 32) 6월 1일 한성과 인천(제물포) 등 24개소에 설치하기로 하고 우정총국을 설치했을 때와 마찬가지로 당시에도 한성 과 인천 두 곳에만 우체사를 설치하고 우편 업무를 시작했다. 바로 그 해 우체사 관제를 제정하여 전국적으로 24개 지역에 우체사를 설치하기로 했다. 우체국의 효시는 1884년 우정총국과 인천분국의 설치이며, 1895년 농상공부의 통신국 밑에 24개의 우체사가 있었고 1900년 한성우체사를 총사로 승격시켜 전국의 우체사를 관장하도록 하였다. 한성의 한성우체총사를 중심으로 지방에 일등 우체사와 이등 우체사를 두었다.

※임시우체사: 큰 우체사에서 20리(8Km) 이상 떨어진 곳. 구역 외 라는 뜻

[우체국 역사기행] 1. 대한제국시대 우편제도

1896년 춘천에 도내 첫 우체사 설치

출처: 강원도민일보 2011년 05월 30일(월) 김기섭

우표 이용 · 우편 노선시간 설정 등 근대식 제도 정착

강원도에서 최초로 우편업무를 시작한 해가 1896년, 지금으로부터 115년 전의 일이다. 그 긴 세월 동안 일제강점기와 6·25 전쟁 등 가슴 아픈 시련의 역사도 있었다. 하지만 위기의 순간에도 우체국은 지역과 지역, 사람과 사람을 잇는 중요한 역할을 해왔다. 강원도민일보는 도민들 가슴속에 있는 우체국 혹은 편지에 대한 아련한 추억을 되살려 보기 위해 앞으로 8회에 걸쳐 우체국 역사기행을 싣는다.

조선 태종 13년부터 시작된, 우리에겐 너무나 익숙한 전국 8도의 지방행정조직은 조선 말기까지 이어왔으나 1895년 을미개혁에 의해 전국을 23부로 나누는 대개편이 이뤄지면서 강원도는 영동지방은 강릉부, 영서는 춘천부로 나뉘어졌다. 23부제는 이듬해인 1896년 폐지되고 다시 전국을 13개도로 개편했는데 이때 도청소재지가 원주에서 춘천으로 변경됐다. 이와 비슷한 시기에 갑신정변 이후 중지됐던 우편업무가 1895년 7월 한성과 인천간에 재개됐고 1896년 6월 춘천에 정부의 우체사 설치명령이 내려지면서 강원도 최초로 우편업무가 시작됐다. 춘천우체사가 설치되면서 이전 역참에 인부를 둬 공문을 전달하던 방식에서 벗어나 우표를 통해 우편 이용에 대한 댓가를 지불했으며 각종 법규를 정비해 우편의 노선 시간과 순서를 정하는 등 근대식 우편제도가 시작됐다. 당시 춘천우체사는 1일 1회 오전 9시에 한성으로 우편물을 발송했고 소요일수는 2일로 정해놓았으며 전문교육을 받은 주사, 기수, 기수보, 체전부 등이 배치됐다. 춘천우체사의 최고 관리자는 우체주사 유상범 씨로 강원지역 최초의 우체국장이다. 춘천우체사에서 취급하던 우편물의 종류는 서신과 신문 등 보통우편과 배달내용을 기록하는 등기우편으로 구분, 지금처럼 부가서비스가 다양하지 못했다. 또한 금지우편물은 품명을 일일이 열거하지 않고 '폭발하기 쉬운 물품'등과 같이 포괄적으로 표기했다. 도내 최초로 금융업무가 시작된 곳도 바로 춘천이다. 115년전 몇 통의 편지, 몇 푼 안되는 금액으로 작게 출발했으나 지금은 도내에 176개 우체국이 설치돼 소식과 정보, 농특산물을 취급하는 강원도민들에게 없어서는 안되는 메신저 역할을 하고 있다. 지금 춘천 중도에 가면 앙증맞게 꾸며 놓은 '사랑의 우체국'이 있다. 평소 지인에게 하고 싶은 이야기를 써 우체통에 넣으면 수신자에게 이를 알려준다고 한다. 투명한 수채화 같은 도시 춘천, 그곳 중도에 가서 고마운 사람에게 한 통의 편지를 쓰는 것은 어떨까?

1884~1909

대한제국 연대 대조표

서기	단기	조선력	일본력	비고
1884	4217	개국 493	명치 17 11. 18	(음력 10.1). 우정총국 개국
1893	4226	개국 502	명치 26 8. 17	(음력 6.1) 우편 사업 부활
1895	4228	개국 504	명치 287. 22	(음력 6.1) 우편 사업 개시
1896	4229	개국 505	명치 29	11. 16일까지 음력 사용
		건양 원년		양력 사용 11. 17일을 1월 1일로
		건양 2년	명치 30	건양은 8. 12일까지 사용
		개국 506		개국은 8. 13일부터 8. 15일까지 사용
1897	4230	광무 원년	명치 30	광무 연호는 8. 15일부터 사용. 10. 12일 국호 '조선국'을 '대한제국'으로 개칭
1898	4231	광무 2년	명치 31	프랑스 우편 전신국의 J. V. E. CLEMENCET를 대한제국 우체 교사로 초빙
1900	4233	광무 4년	명치 33	대한제국 U.P.U. 가입. 외국 우편 업무 개시. 5. 10 최초 엽서 발행
1905	4238	광무 9년	명치 38	4. 1일 한·일통신합동조약 체결
1909	4242	융희 3년	명치 42	잠정적으로 사용하던 한국 우표 사용 금지

이화보통우표(14종) 발행 일람표

우표번호	액면가	발행일시	발행량	전지구성	비고
13	2리(厘)	1900. 5.	910,000매	10x10	명판 유·무
14	1전(錢)	1900. 5.	19 640,000매	10x10	명판 유·무
15	2전(錢)	1900. 1. 5	560,000매	10x10	태극 문양 중앙
16	2전(錢)	1901. 3. 15	10x10	명판 유·무	
17	3전(錢)	1900. 1. 15	1,470,000매	10x10	명판 무
18	4전(錢)	1900. 7. 5	160,000매	10x10	명판 유·무
19	5전(錢)	1900. 7. 5	190,000매	10x10	명판 유·무
20	6전(錢)	1900. 7. 5	130,000매	10x10	명판 유·무
21	10전(錢)	1901. 3. 15	270,000매	10x10	명판 유·무
22	15전(錢)	1900. 10. 1	115,000매	10x10	명판 유
23	20전(錢)	1900. 11. 15	115,000매	10x10	명판 유
24	50전(錢)	1901. 6. 1	8,300매	?	?
25	1원(圓)	1901. 6. 1	4,800매	?	?
26	2원(圓)	1901. 6. 1	4,100매	?	?

한국 최초로 제작한 우표 – 이화보통우표 시리즈(14종)

1900년 1월 1일 대한제국이 U.P.U.(만국우편연합)에 가입함으로써 국제간 우편 교류가 시작되었다.
이에 따라 다양한 요금의 우표가 필요하게 됨으로써 발행한 우표로 1900년 1월부터 11월까지 액면별로 2리(厘)부터 2원(圓) 까지 13종, 1901년 3월 15일 2전 우표의 도안을 수정하여 추가 발행함으로써 총 14종이 발행되었다. 이 우표는 도안이 섬세하고 액면이 다양하며 인쇄 선명도 등은 지금까지 발행된 어떤 우표보다 훌륭한 우표로서 평가된다. 인쇄는 농상공부가 1896년(건양 원년) 2월 2일 우표와 수입인지를 인쇄할 목적으로 독일과 석판 인쇄 시설을 설치 계약하고 2년 후인 1898년 상해를 경유하여 수입함과 동시에 일본에서 조각사와 인쇄 기술자를 초빙하여 운영하는 방식으로 우표를 제작하였다.
인쇄처:(전기) 대한제국 농상공부 인쇄국 (후기) 대한제국 전환국 인쇄국

출처: 인터넷우체국

1884년 구한말 최초 우표 탄생

한국 최초 우표 문위우표 'MOON' Unit Series

출처: 위키백과

우리나라 최초 우표로서 액면 금액이 당시의 통용 화폐인 '문(文)'으로 표시되어 있어 문위우표라고 한다. 당시 발행된 우표는 5문, 10문, 25문, 50문, 100문의5종이며 발행 년·월일은 1884년 음력 10월 1일. 이 우표들 가운데 5문과 10문은 예정대로 발행되었고, 나머지 3종은 우정총국이 폐쇄된 이후에 도착했기 때문에 발행되지 못했다. 또한 발행된 우표들 역시 발행 후 21일 만에 우정총국이 폐지되면서 사용이 중지되는 비운의 우표가 되고, 이 우표는 일본의 대장성에 위탁하여 제조한 것으로 우표 전지 주위 여백에 '대일본국정부대장성인쇄국제조'라고 씌어 있다. 다른 4종 우표는 단색으로 인쇄한 것들이다. 이 우표들 가운데 100문은 2색 인쇄를 한 반면, 다른 우표에는 '대조선국(大朝鮮國)'으로 씌여 있다. 또한 5문(五文) 우표를 제외한 나머지 4종 우표에는 영문자로 'COREAN POST'라는 영문자도 표기되어 있다.

한국 최초 우표 탄생

홍영식(洪英植)에 의하여 1884년 4월22일(음력 3월 7일) 고종황제 칙령으로 우정총국이 설치되고 1884년11월 18일(음력 10월 1일) 우정총국이 업무를 개시함으로써 우리나라 최초로 우표가 탄생하게 되었다. 이때 발행된 우표가 문위우표이다. 문위우표란 당시 화폐 단위가 '문'(文) 이었기 때문에 후에 수집가들에 의해 붙여진 이름이다. 문위우표는 5문, 10문, 25문, 50문, 100문 5종으로 일본정부(일본대장성인쇄국)에 의뢰, 제작하여 우정총국 개시와 함께 판매할 예정이었으나 우정총국 개시일까지 5문과 10문만 도착하고 나머지 25문, 50문, 100문은 도착되지 않았다. 문위우표 5문, 10문은 최초로 우정업무가 개시된 한성과 인천(제물포)사이에 오고 간 우편물에 사용되었을 뿐 나머지 25문과 50문, 100문은 우정총국 개국일까지 도착되지 않아 미발행에 그치고 말았다. 1884년 11월18일 우편업무가 개시, 같은 해 12월 4일 우정총국 개국 축하연을 계기로 개화파의 김옥균·박영효·홍영식·서광범·서재필·박영교 등이 일으킨 갑신정변이 3일만에 실패함으로써 모처럼 이룩한 신식 우편제도가 애석하게도1884년 12월 6일에 폐지되고 말았다. 그 후 10년이란 긴 세월, 공백 기간을 거쳐 1895년 우편업무가 다시 시작되어 일제강점기를 거쳐 현재에 이르고 있다.

문위우표 내역

문위우표는 1884년 음력 10월 1일(양력11월18일) 우정국 개국을 맞이하여 발행된 우표로서 한국 최초 우표이다.

당시에는 '대조선국우초'라고 불렸으며, 문위우표는 우표 수집가들이 붙인 이름이다. 1884년 11월 18일 우정총국을 개국하여 우표를 만들게 되었다. 이것은 당초에 미국과 수교를 한 다음 처음으로 사절을 보낸 데서 비롯, 부사로 갔던 홍영식이 귀국하여 그것에서 본 우편제도를 국내에서도 실시하자고 고종에게 건의하여 고종은 홍영식을 우정총국 총판으로 임명한다. 홍영식은 우정총국 청사를 지금의 견지동에 짓고 각종 규정을 제정하여 필요한 인원을 선발해 배치하였다. 도안은 고종과 홍영식이 합작하여 만들었으며, 오늘날 남아 있는 태극우표와 비슷했다. 조선에는 인쇄 시설이 없었으므로 일본에 우표 인쇄를 의뢰하였다. 그것을 일본에서 임의로 수정하여 태극기의 태극문양을 주돈이 음양 태극장으로 바꾸어 버린다. 그렇게 만들어진 우표는 가로23mm, 세로26mm였다. 종류는 오문, 십문·이십오문·오십문·백문 다섯 가지였고, 문(文)은 화폐 단위로서 1푼을 뜻한다. 백문 우표만 2색이고 나머지는 단색이었다. 가운데 주돈이 음양 태극장이 있고, 둘레를 당초문양으로 꾸몄다. 위쪽에는'大朝鮮國郵鈔'라고 씌어 있고, 아래쪽에는 'ᄃᆡ죠션국우쵸' 라고 되어있다. 총 280만 장이 인쇄되었으며, 우정국 개국일인 음력 10월 1일에는 2만 장이 도착하였다. 나머지는 갑신정변이 일어난 지 다섯 달 뒤인 1885년에야 일본에서 도착하여 정식 발행되지 않았다. 일본은 의뢰인 요구를 제대로 지키지도 않은 그 우표를 보내고 인쇄대금을 요구하였고, 조선정부에서는 지불할 돈이 없어 1886년1월 '세창양행'에 그 우표를 주고 대납케 하였다.

세창양행(世昌洋行)

출처: 우리역사 내

1883년(고종 20) 독일 마이어상사가 인천에 설치한 무역 상사 지점. 세창양행은 독일 함부르크 출신 에드발드 마이어(Edward Meyer)가 세운 무역회사로 1873년 중국 텐진(天津), 1881년 홍콩에 지점을 설치, 동아시아 무역에 진출했다. 1883년 인천이 개항되자 서양 무역회사로는 최초로 인천에 지점을 설립, 2층 서양식 건물로 주재원 숙소를 건축, 1885년에는 차관으로 은 10만 냥을 제공하는 조건으로 조선 정부로부터 목포에서 인친간 곡물 운빈권을 획득했다. 1886년〈한성순보〉에 한국 최초로 광고를 게재했다. 세창양행의 조선 진출은 당시 조선 정부의 외교 고문으로 있던 독일인 묄렌도르프(Paul George von Möllendorf, 1848~1901)의 영향력이었다. 세창양행은 조선 정부 위탁으로 전환국에서 사용할 화폐 주조 기계와 탄환 등 무기를 수입했고, 인천에 화약창고를 보유하였다. 인삼 등을 수출하고 각종 서양 상품을 수입하여 판매했다. 1899년에는 한국 국기를 상표로 사용할 것을 요청하였으나 조선 정부로부터 거절당했다.

'역사의 산 기록' 우표 내역

대한제국에서는 1884년부터 사용

출처: 동아일보 1959년 5월 24일자(6면) 기사 발췌

영국 '로랜드 힐'경의 제안으로 우편물 균일요금제를 실시하기 위하여 하나의 증표가 창안된 것은 서기 1840년 5월 7일이었다. 1패니 와 2패니의 두 가지 우표가 세상에 나왔는데 이것이 우표의 효시이다. 그 후 우리나라에 우표가 전래된 것은 서기 1884년 즉 세계 최초 우표가 탄생한 지 44년만인 고종 21년인데 서구 문명을 따라 우정총국을 창설하고 5문, 10문, 25문, 50문, 100문의 문위 우표 5종을 일본에 주문하여 발매한 것으로, 이 문위우표야말로 우리나라 우정사상 역사적인 증표인 것이다. 한국 최초 문위우표가 신문명의 여명기에 우리 사회에 퍼진 이래 우표 역사는 기구한 운명을 밟아 왔었다. 이것은 우리나라 근세사에 점철된 민족 수난과 같은 것으로 곧 구한말 비운이었던 것이다.

구한말 시대 것 모두 52종

구한말에 나타난 우표는 모두 합하여 52종이며 혹자는 3종을 추가하여 55종이라고 주장하나 3종은 구한국 시대것이 아니고 한·일병합 후 것이다. 순전히 구한국 시대 우표는 52종뿐이었다. 제3회 우편주간을 맞이하여 세상에 널리 알려지지 않은 구한국 시대 대표적인 우표 여덟 가지를 소개하여 우표가 지닌 문화적 배경을 단편적으로나마 추려보기로 한다.

비운의 역사 속에 쓰다만 것도

'우표는 산 역사 기록이라'한다. 세계 각국이 오늘날까지 발행한 우표의 종류는 15만종에 달하고 있다고 하는데 이러한 우표를 하나하나 연구해 본다면 그 우표들은 모두 그 우표가 나오게 된 시대적 의의가 새겨 있다. 그 시대적으로는 정치적인 것, 사회적인 것, 문화적인 것 등 여러가지의 깊은 의미를 표시하고 있다.

'문화의 꽃'이라고 사료로 중시

이러한 우표 가치를 '문화의 꽃'이라고 부르고 이것을 수집하고 사랑하며 역사의 체취를 몸소 느끼고 있는 것이다. 우리도 지나간 구한말의 역사를 우표를 통해서 잠시나마 살펴보기로 하자. 구한국 시대 우표 52종 중 ①문위우표 ②태극우표 ③대한 가쇄우표 ④소형우표 ⑤기념우표 ⑥대형우표 ⑦요금개정우표 2종 대표적인 여덟 가지의 우표를 골라서 그 우표가 탄생한 후 걸어온 하나하나 운명을 사료를 통해서 소개하기로 한다.

문위우표(文位郵票)

처음엔 문위우표

서기 1884년때 유교에 젖은 완고한 우리 조상들도 흐르는 시대 조류에는 어쩔 수 없어서 서기 1876년에 한·일수호조약을 맺은 후 1882년에는 미국과 한·미수호통상조약을 맺음으로써 개국하여 서구식 신문명이 전하여짐에 따라 우정국이 설치되어 한국 최초 우표인 문위우표 5종이 일본에서 인쇄되었다.

태극우표(太極郵票)

갑신정변 이후 신문명을 반대하는 수구파들이 실권을 잡고 있을 때 10년 동안은 우편 사업이 좌절된 우편 암흑 시대였다. 그 후 1895년에야 비로소 미국인 우체고문인 '그레일 하우스'씨가 우표를 만들 것을 권하여 태극기를 도안으로 한 태극우표 4종 팔백만매를 미국에 주문하였다. 이 우표는 순조롭게 도입되었고 국내에서 거의 전부가 소화된 행운의 우표인데 지금 시세로는 한벌에 삼천환 정도라고 하지만 초판은 더 비싸다 한다.

대형우표(大型郵票)

이 우표는 13종이나 발행되었다. 당시 불란서 정부 인쇄국에서 인쇄된 것이다. 우표 발행 매수는 확실하지 않지만 공식 기록에는 96상자가 들어왔다고 하는 정도만 알려져 있다. 이 우표가 발행된 경위는 우리 나라 인쇄국에서는 인쇄 직공을 채용하고 있었는데 프랑스인 고문이 인쇄공들이 우표를 훔쳐낸다고 의심을 품고 그들을 믿을 수 없다고 하여 우리 정부에 역설하여 불국(佛國) 정부에 인쇄를 위탁한 것이다. 우표는13종이 모두 같은 도안인 독수리 한마리가 한쪽에 칼을 들고 한쪽에 지구의(地球儀)를 들고 있고 중 아래에 태극과 8괘(掛)를 표시한 것이다. 이 도안은 서구식 도안으로는 최초의 것이다. 그러나 이 우표가 만들어지기에는 3년이란 오랜 세월이 흘렀고 실제 써진 것은 불과 1년밖에 안되는데 1905년4월 한. 일간에 통신이 합동되어 일본측이 실권을 잡자 960만매의 우표 중 대부분이 일본측에 인계되어 매우 박명한 우표가 된다.

일본에서 찍어다 쓴 것은 거의 없어

당시 우리나라에는 인쇄 시설이 없었으므로. 이 우표는 30만 내지 백만 매까지 인쇄된 것이라고 하는데 실제 우리나라에서 사용된 것은 거의 없었다고 한다. 그 까닭은 갑신정변 때문에 이 우표는 약탈당했다고도 하고 민간에 불하한 것이 아닌가 보고 있다. 이 우표가 사용된 것으로 현재까지 2매는 확인되어 있으며 대개 10매 이내는 사용된 것이 아직 남아 있을 것이라 한다. 실제 사용된 것 2매는 미국인 2명이 가지고 있는데 30년전 영국인 우표 수집가 '우드워드'씨는 1매에 일천팔백달러를 평가한 적이 있다. 만약 이 우표가 사용한 봉투에 붙은 채로 세상에 아직 남아있다면 그 값은 세계에서도 가장 값비싼 우표 중 하나가 될 것이며 수만달러를 호가할 것이라 한다. 대게 보통 우표는 사용하지 않은 것이 값이 있지만 이것은 사용한 것이 도리어 값이 있는 좋은 예의 하나이다. 왜 그렇게 값이 나가는가 하면 이 우표는 한국 최초의 우표이며 동시에 공식 기록에는 발행 후 17일간 사용한 것으로 되어 있지만 단지 단 하루를 썼다는 설도 있을 정도로 제일 진귀한 우표이기 때문이다. 그러나 미사용의 것은 5종 한벌에 삼천환 정도면 구할 수 있다고 한다.

대한가쇄우표(大韓加刷郵票)

이 우표는 1897년 10월 고종이 황제로 등극하고 국호를 대한제국으로 개칭할 때 과거에 만들어진 '조선우표'라는 인쇄 글자를 국호 개칭에 따라 '大韓'이란 글자로 도장을 찍어서 정정한 것이다. 이 정정은 주색과 흑색 두가지로 나누어져있다. 이 우표가 실제로 어느 정도나 우리 사회에서 사용된 것인지는 분명치 않으나 값은 현재 시세로 매우 비싸다. 우표 수집가들은 이 우표에 가쇄한 것이 진짜인지 가짜인지 그 진위를 믿기도 어려운데 비싼 돈을 내야만 하기에 하나의 두통거리라고 한다. 흑색가쇄는 4종 한벌에 사만환까지 호가하고 있어서 돈이 있어도 구할 수 없을 정도로 귀한 것이다. 그러나 주색우표는 싯가 팔천환 정도이며 이것도 입수하기에는 흑색우표와 같이 구할 수 없을 정도로 거의 없다.

소형우표(小型郵票)

서기 1900년부터 1901년까지 발행한 것이 이 소형 우표이다.

과거 우표는 모두 외국에서 인쇄한 것인데 이 우표는(이화 보통우표) 처음으로 국내에서 인쇄한 것으로 그 의의가 매우 크다. 3년 동안이나 걸려서 독일제 인쇄기를 도입하고 '농상공부 인쇄국'으로 발족하여 일본인 기술자의 손으로 인쇄된 것이다. 또 이 우표 도안은 처음으로 서화가 지백송(池白松) 화백의 손으로 그려진 가장 섬세하고 다채로운 우표로서 수집가들의 사랑을 받고 있는 우표이다. 발행 매수는 오천 매 이상이라고 하며 종류는 14종이나 된다고 하는데 50전, 일원, 이원짜리 우표 3종류는 아주 귀한 것으로 가장 비싸다. 즉, 3가지만을 5천매 정도만 인쇄되었기 때문이라고 한다. 14종 한벌에 이만오천환 정도이다.

기념우표(記念郵票)

이 우표는 고종황제가 서기 1902년에 등극 40년과 망육순을 축하하는 뜻으로 구한말 유일한 기념우표를 만든 것이다. 그리하여 5만매를 국내에서 인쇄하였다. 1902년 10월 18일에 올릴 기념식과 동시에 발행하려고 한 것. 기념식이 다음해로 연기되었다가 이 우표만 남게 된 비운이 있다. 그때 기념 사업으로 세워진 기념비각은 지금도 뭇 사람들이 볼 수 있는 세종로 네거리에 있다. 이 우표에는 처음으로 불어(佛語)가 씌여 있다.

그것은 당시 우체고문인 불란서인 끌레망세가 계획한 것으로 이 우표가 실제로 사용되었는지는 아직 발견되지 않았으나 수집가들은 사용치 않은 것을 팔기도 하고 소장하고 있기도 한다. 시세는 1장에 일천오백환 정도이다.

요금개정우표(料金改正郵票)

이 우표에는 여러가지가 있는데 이 우표들은 우표 액면을 개정한 우표들이다.

그 중 대표적인 것으로 일자첨쇄와 전위첨쇄 우표 두 가지만 예를 들기로 한다. 일자첨쇄 우표는 1900년과 1903년 사이에 태극우표 2전 오푼짜리와 오전짜리를 일푼짜리로 개칭하여 잠간 쓴 것이다. 이것은 당시 신문발송에 쓰기 위하여 글자 1자를 정정하여 싼 우표를 만든 것이라 한다. 이 우표는 세계에서 가장 저액 우표의 하나로 관심을 끄는 것이다. 즉, 이때도 신문의 중요성을 알고 보호한 것이다. 이 우표야말로 구 한국 시대 우표 중 제일 비싼 우표로 오늘날 시세를 호가하고 있는데 일매에 일만오천환 정도이다.

엽서(葉書)

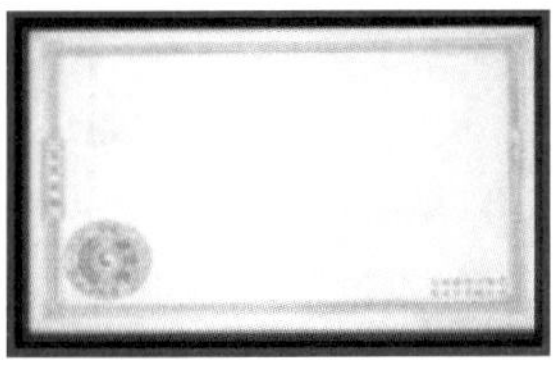

전기한 바와 같은 구한국 시대 우표 외에 엽서로는 9종이있다.

한국 최초 농상공부 엽서

발행 일시 1900. 5. 10 발행국 대한제국농상공부인쇄국 크기 90x140mm

한국 최초 문위(文位)보통우표 발행 일람표

우표번호			액면	발행일	도안	발행량	인쇄	천공수	전지	인쇄처	용지
KPC	우본	Scott,s				(장)	판식				
1	1	1	5문(文)	1984.11.18	태극	50만	凸판	8 1/2~ 11 1/2,복합	10x8 (80장)	일본 대장성	무투문 Unwmkd
2	2	2	10문(文)	1984.11.18	태극	100만	凸판	8 1/2~ 11 1/2,복합	10x8 (80장)	일본 대장성	무투문 Unwmkd
U1			25문(文)	미발행	태극	50만	凸판	8 1/2~10	10x8	일본	무투문
U2			50문(文)	미발행	태극	50만	凸판	복합	(80장)	대장성	Unwmkd
U3			100문(文)	미발행	태극	30만	凸판				

태극보통우표 발행 일람표

우표번호			액면	발행일	도안	발행량	인쇄	천공수	전지	인쇄처	용지
KPC	우본	Scott,s				(장)	판식				
3	6	6	5 푼	1895. 7. 22	태극	4종 800만	凸판	11 1/2.12 12 1/2.13	10x10 (100장)	Andrew B.Graham Bank Notes Bonds ETC Washington D.C. U.S.A	무투문 Unwmkd
4	7	7	10 푼	1895. 7. 22	태극	100만	凸판	11 1/2.12 12 1/2.13	10x10 (100장)		
5	8	8	25 푼	1895. 7. 22	태극	50만	凸판	11 1/2.12 12 1/2.13	10x10 (100장)		
6	9	9	50 푼	1895. 7. 22	태극	50만	凸판	11 1/2.12 12 1/2.13	10x10 (100장)		

문위우표 복합 천공(穿孔) 분류

액면/천공	8.1/2과9	9와9.1/2	9.1/2과10
5문	o	–	o
10문	–	o	–
25문	–	o	o
50문	o	o	o
100문	o	–	o

문위우표 천공(穿孔) 분류

액면/천공	8.1/2	8.1/2x9	9x8.1/2	9	9x9.1/2	9.1/2x9	9.1/2	9.1/2x10	10x9.1/2	10	11	11x11.1/2	11x1/2x11	11.1/2
5문	o	o	o	o	–	–	o	o	o	o	o	o	o	o
10문	o	o	o	o	o	o	o	o	o	o	o	–	–	o
25문	o	o	o	o	o	o	o	o	o	o	–	–	–	–
50문	o	o	o	o	o	o	o	o	o	o	–	–	–	–
100문	o	o	o	o	–	–	o	o	o	o	–	–	–	–

구한국 우표가액 일람표

종류	문위보통 文位普通	태극보통 太極普通	일자첨쇄 一字添刷	이화보통 李花普通	어극기념 禦極記念	전위첨쇄 錢位添刷	독수리보통 鷲-普通
발행연대	1884년	1895년	1900년	1900-1901년	1902년	1902-1903년	1903년
2리/厘			1분/分 1 Poon	2리/厘 2 ri			2리/厘 2 ri
1전/錢 1Cheon	5문/文 5 Moon	5분/分 5 Poon		1전/錢 1Cheon		1전/전 1Cheon	1전/錢 1Cheon
2전/錢 2 Cheon	10문/文 10 Moon	1전/錢 10 Poon		2전/錢 2 Cheon		2전/錢 2 Cheon	2전/錢 2 Cheon
3전/錢 3 Cheon				3전/錢 3 Cheon	3전/錢 3 Cheon	3전/錢 3 Cheon	3전/錢 3 Cheon
4전/錢 4 Cheon				4전/錢 4 Cheon			4전/錢 4 Cheon
5전/錢 5 Cheon	25문/文 25Moon	2錢5分 25 Poon		5전/錢 5 Cheon			5전/錢 5 Cheon
6전/錢 6 Cheon				6전/錢 6 Cheon			6전/錢 6 Cheon
10전/錢 10 Cheon	50문/文 50 Moon	5전/錢 50 Poon		10전/錢 10 Cheon			10전/錢 10 Cheon
15전/錢 15 Cheon				15전/錢 15 Cheon			15전/錢 15 Cheon
20전/錢 20 Cheon	100문/文 100Moon			20전/錢 20 Cheon			20전/錢 20 Cheon
50전/錢 50 Cheon				50전/錢 50 Cheon			50전/錢 50 Cheon
1원/圜 1 Won				1원/圜 1 Won			1원/圜 1 Won
2원/圜 2Won				2원/圜 2Won			2원/圜 2Won

한국 최초 우편 요금표

개국 494년(1884년) 갑신. 10. 1~11. 17

시행 연월일	서신	관보, 서적류	등기	분전 요증(별배달)
1884년 10월 1일	한성·인천간 1전중(3.75g)마다 10분 한성시내 1전중 마다 5문	한성·인천간 8전중(30g)마다 10문 한성시내 8전중 마다 5문	한성·인천간 1통 60문 한성시내 1통 30문	경성·인천시내 1통 20문 시외 10리마다 30문

1전중(錢重)=3.75g, 1량중(兩重)=10전중(錢重) 10리(里)=4Km

1884

단기 4217년/고종 21년
우정총국 설립·한국 최초 우표 발행·갑신정변 발발

청일전쟁 시기

조선 경성 I.J.P.O.▶일본으로 체송된 엽서

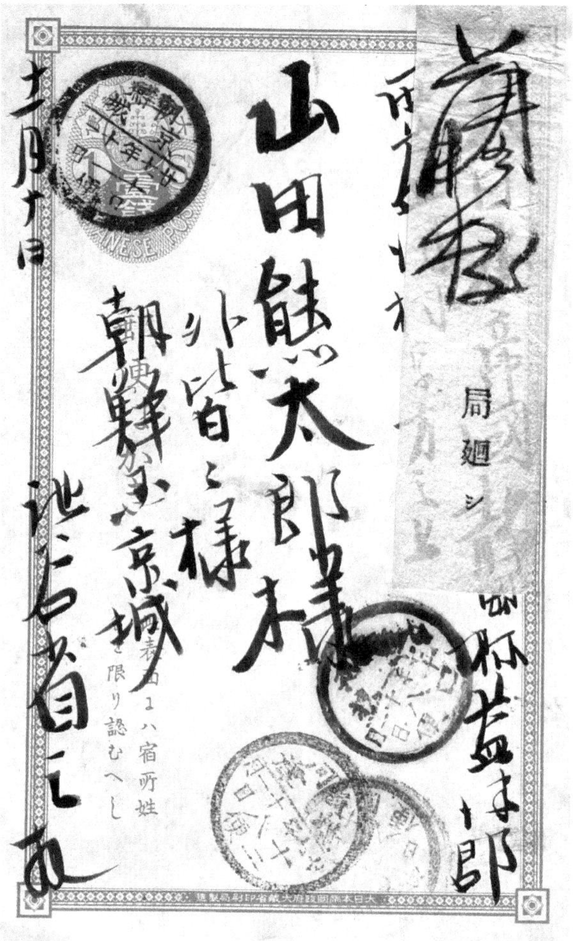

1884. 11. 11 조선 경성 재한일본우편국-1884. 11. 18 일본 도착

김옥균 암살 사건

일본 망명 중의 김옥균

김옥균 암살사건(金玉均暗殺事件)은 1894년(고종 31년) 3월 28일 조선 개화파 거물김옥균이 청나라 상하이(上海)에서 홍종우(洪鍾宇)에 의해 저격, 피살된 사건이다.

갑신정변으로 일대 타격을 받은 민씨 척족 정권은 정변 실패 후 일본에 망명한 김옥균·박영효(朴泳孝)·서광범(徐光範)·서재필(徐載弼) 등의 주모자들을 대역부도(大逆不道) 죄인으로 규정하였다. 그리고 조선 정부는 그들의 체포 및 송환을 일본 정부에 요구하였다. 그러나 일본 정부는 조선과 범죄인도협정이 체결되어 있지 않을 뿐 아니라, 만국 공법에 의해 망명 정치범을 송환할 수 없다는 이유를 내세워 조선 정부의 요구를 거절하였다. 1885년 말 망명 중인 김옥균이 일본의 구자유당계(舊自由黨系) 불평정객 및 낭인들과 결탁해 조선을 침공하려 한다는 소문이 떠돌자, 조선 정부는 그의 송환을 다시 요구하는 한편 1886년 5월 통리군국사무아문(統理軍國事務衙門)의 주사(主事) 지운영(池運永)을 일본에 보내 김옥균을 암살하려 하였다. 그러나 이 기도는 사전에 발각되어 실패하였다. 이 일로 조선과 일본간에 외교 분규가 발생하자 일본 정부는 지운영을 조선으로 돌려보내고, 1886년 8월 김옥균을 태평양의 절해고도(絕海孤島)인 오가사와라 섬(小笠原島)으로 강제 추방하였다. 이곳에서 약 2년간의 유배 생활로 건강이 악화된 김옥균은 그 뒤 홋카이도(北海道)로 옮겨져 1890년에 이르러서야 비로소 내지 귀환(內地歸還)의 허가를 받아 도쿄에 돌아올 수 있었다

출처: 위키백과

1885 텐진조약(天津條約)

1885년(고종 22) 4월 18일, 청과 일본이 갑신정변 사후 처리를 위해 체결한 조약

1882년 청은 임오군란 진압을 명분으로 조선에 군대를 주둔시킨 후, 조선에 대한 내정 간섭을 강화하였다. 1884년 12월 4일, 급진개화파가 주도한 갑신정변이 발발하자 청은 청국 군대를 출동시켜 정변 세력을 진압했다. 일본은 정변을 피하여 귀국한 다케조에 신이치로(竹添進一郎) 공사를 다시 보내어 조선과 교섭하게 하였으나, 친청 세력이 재집권한 조선 정부는 일본이 정변 주동자들을 비호하였고, 그들을 일본으로 피신시킨 책임이 크다고 주장하였다. 이에 일본 정부는 외무경 이노우에 가오루(井上馨)와 함께 2개 대대 병력을 보내어 조선 정부가 협상에 응하도록 위협하였고, 오히려 갑신정변 과정에서 일본 측이 입은 피해에 대해 보상받는 내용을 포함시킨 한성조약(漢城條約)을 체결하였다. 양국 군대가 조선에 동시에 주둔하게 되면서 개전의 가능성이 높아졌다. 이와 같은 상황에서 일본이 먼저 전권대사 이토 히로부미(伊藤博文, 1941~1909)를 직예총독 이홍장(李鴻章, 1823~1901)에게 보내어 두 나라 군대를 철수해 충돌을 막자고 제안하였다. 청 정부는 처음에는 철군을 주저하였으나, 당시 청프 전쟁이 종결되지 않은 상황에서 일본과 충돌하는 것이 불리하다고 판단하여 결국 일본 제안을 받아들였다. 그러나 양측은 공동 철병에 관해서는 기본적으로 합의했으나 그 시기와 규모를 놓고 대립했다. 이때 영국이 러시아의 남하를 저지하기 위해 조선의 거문도를 점령하는 사건이 발생했고, 러시아가 남하할 것을 우려한 청과 일본도 서둘러 교섭을 마무리 짓고 1885년 4월 텐진 조약을 체결했다.

출처: 국사편찬위원회 우리역사넷

1885

단기 4218년/고종 22년

재한 일본우편국(I.J.P.O.) 조선국 인천항

재한일본우편국은 조·일수호조규(강화도조약. 1882년) 이후에 부산·원산 ·인천에 일본우편국을 설치하여 이중원 일부인을 사용하였다.

인천항 ▶ Kobe ▶ Yokohama경유 ▶ 미국행

149x66mm

조선국 인천항. 1885. 8-Via Kobe 1885. 8. 29-Yokohama. 1885. 9. 1-San Francisco 1885. 9. 15- W. Va. U.S.A. 1885. 9. 21. 도착

발신인 미상(당시 조선에 체류중이던 미국인으로 영사관이나 특파원, 선교사로 추정된다) 당시 조선에는 우편국이 없었으므로 외국인은 재한일본우편국을 이용했다.

수신인 Miss Leallic Leuris, west-Liberty, W. Va. United Stated of America.

체송 기간 인천항에서 미국 버지니아까지 25일 간 소요. 인천항→Kobe 경유(3일간으로 추정)→Yokohama(3일)→San Francisco(15일)→W. Va(7일)

※ 첩부(貼付)된 일본 우표(10sen)는 1877년 6월 29일에 발행된 우표이다.

※ 재한 인천일본우편국(I.J.P.O) 개설: 1883년 12월

대한제국 정동 외국 공사관 현황

(당시 수호통상을 체결한 국가) 출처: 위키백과

국가명		체결연도	공사관 소재지	참고사항
일본	日本	1876	1880.11.16 돈의문 밖 청수장	조일수호조규(朝日修好條規) 또는 강화도조약은 1876년 2월 27일 체결(고종 13)된 조선과 일본 사이에 체결된 불평등 조약
			1885년 남산 왜성대	
			1896년 충무로1가 현 신세계백화점	
미국	美國	1882	정동 10번지. 현 미국대사관저	건축년도: 1883년 5월. 중구 정동 10번지
영국	英國	1883	정동 4번지	
독일	獨逸	1883	서소문동 38번지	
이탈리아	伊太利	1884	서소문동 41번지	
러시아	露西亞	1884	정동 15번지	1885년 공사관 건축, 1890년 준공
			사적 제253호, 러시아공사관	
프랑스	佛蘭西	1886	정동 28번지	1896년 공사관 신축
오스트리아	墺地利	1892		
청국	淸國	1889	명동1가 18번지(현 중국대사관)	1906년 청국 총영사관 설치(영사 마정량)
벨기에	白耳義	1901	정동 18번지	
덴마크	丁抹	1902		

1885

단기 4218년/고종 22년

영국 해군 거문도 불법 점령/미국 기독교 감리회 선교사 아팬젤러가 배재학당 설립/ 우정총국의 우편업무 폐지/텐진조약 체결/칼 벤츠가 최초의 가솔린차 제작 시연/이토히로부미 초대 총리 부임/청나라가 민비정권을 견제하고자 3년전 임오군란 시 납치했던 흥선대원군(이하응)을 조선으로 귀국시킴

H. G. Appenzeller 에게 체송된 서신

주소 수정 후 체송된 실체 봉피: Nagasaki Japan ▶Corea · Japan

Lancaster. PA. U.S.A. 11 Jul 1885 -Via San Francisco 18 Jul - Yokohama 11 Aug 1885 - Nagasaki 17 Aug 1885 - Nagasaki 21 Aug 1885 - 조선국 인천항 도착 소인 체송 기간: 45일 136x160mm

조선국 인천항

재한 일본우편국 도착 일부인

1800년대 말 외국 서신 주소 표기 오기(誤記) 사용 예
1885년 미국·조선 인천항. Nagasaki Japan – 수정 후 – Corea
1890년 미국·조선 인천항. Seoul Korea Yokohama Japan – Yokohama 삭제
1890년 미국·조선 인천. Seoul Corea(정상)

재한 일본우편국 이중원형(二重圓形) 일부인

구한말 이중원형 일부인은 1895년부터 1898년까지 사용된 것으로 보아 본 실체봉피에 소인된 일부인은 재한일본우편국에서 제작사용한 일부인이다.

재한 일본우편국 일부인 변경: 조선국 인천 ▶ 조선국 인천항

1885년 재한 일본우편국에서
사용한 이중원형 일부인

조선국 인천항

접수일시, 시각 누락
재한 인천일본우편국 일부인. 1885. 8.

1885년 조선국 인천항 이중원형 일부인

개항지(개항일 1883년) 인천에 맨처음 세워진 우체국은 조선정부가 아닌 일본영사관 내 임시우편국이다.
개항지 인천에서 우체국 업무를 먼저 시작한 것은 일본이었다. 일본인은 인천이 공식적으로 개항되기 전부터 왕래했는데 그들을 위하여 일본영사관은 1882년 일본 영사관내에서 우편사무를 취급하기 시작했다. 당시 인천에 거주하는 일본인이 극소수여서 공문서를 제외하면 취급해야 할 우편물이 거의 없었다. 이듬 해 인천이 개항되고 일본인들의 이주가 본격화되자 그해 12월 우편 업무를 개시한다고 공포하고 1884년 4월 우편국을 설치했다. 당시에는 영사관 관사의 빈 공간을 골라 제 9호동을 우편국으로 사용하고 우편국 책임자를 영사가 겸임했다. 인천영사관 내 우편국은 한성에 있는 일본 공사관에 출장소를 설치하고 한성에 거주하는 일본인에게 이용토록 했다. 그 당시 조선정부에서는 우편제도가 실시되지 않고 있던 때라 국내에 거주하는 외국인들도 일본우편국을 이용하였다. 그 뒤 일본 우편국에서는 전신업무까지 취급하여 1896년경에 인천 영사관 내 우편국은 청사를 신축했다. 일본영사관내의 우편국 우편 업무뿐이 아니라 대한제국의 정치상황 및 민간의 모든 분야의 정보를 수집하여 본국으로 보내는 역할을 담당했을 것으로 본다. 대한제국의 우정총국은 1884년 11월 18일에 한성우체사와 인천우체사를 설치했다. 인천우체사는 우정총국의 인천분국(분국장: 월남 이상재)이며 갑신정변의 실패로 말미암아 3일만에 우정총국이 폐쇄되면서 인천분국도 자동으로 폐쇄되고, 대한제국은 이후 10년간의 우편 공백기에 접어 들었다.

인천우체사(INCHEON)

대한제국 인천우체사   설립 일시. 1884년 11월 18일

재한 일본우편국(I.J.P.O)

재한 일본우편국(在韓日本郵便局)은 대한제국의 승인없이 불법으로 세워진 우편 기관이다. 한국우정사(체신부 발행) 연표의 기록을 살펴보면 1876년 11월에 재한일본우편국을 개설하여 부산과 나가사끼(長崎) 사이를 미쓰비시 회사 소속인 기선(汽船)을 이용, 매월 정기적으로 우선(郵船)을 운항했다. 1877년 2월 부산·장기 간 선로가 기선(郵船)이 징발당하면서 잠시 단절되었다가 동년 9월 11일에 재개됐다. 이후 1880년 5월 1일에 원산 일본우편국이 개설되었고, 1891년 12월 19일에는 일본영사관에서 동년 12월 16일에 인천우편국 우편물이 한성으로 체송 도중 피습, 약탈 당했다고 우리 정부에 항의하는 일도 있었다. 1894년 6월에는 일본군 야전우편국을 처음으로 실시하면서 야전우편국·소를 설치하였는데 이 또한 불법으로 자행한 것이다. 곧 이어 1894년 12월 1일에는 일본군 군용(軍用)전신국·공중전신을 개시하였고, 1899년 7월 진남포일본우편국, 11월에는 군산에 목포우편국 출장소 개설, 마산에 부산 일본 우편국 출장소를 개설하였고, 1901년 3월 성진(城津) 일본우편국 경성출장소 개설, 경성 일본우편국을 불법 개설하였다. 1901년 6월 평양 일본우편국, 1902년 4월 1일에는 개성 일본우편국이 우편 업무를 개시하였다. 우리 정부의 불법 우편국을 철거하라는 수차의 항의에도 일본은 무시하고 계속 우편망을 확대하여 나갔다.

신미양요(辛未洋擾)

1871년 6월 1일에 발생한 조선과 미국 간 전쟁
제너럴 셔먼 호 사건 책임과 통상 교섭을 명분으로 조선 주요 수로였던 강화도와 김포 사이 강화해협을 거슬러 올라왔고, 조선 측 거부를 무시하고 무력으로 탐침을 시도하여 교전이 일어났다. 3일간 교전 결과 조선은 광성보가 함락되고 순무중군 어재연을 비롯한 수비 병력 대다수가 사망하였다. 미해군은 20일간 통상을 요구하며 주둔하였으나 조선이 완강한 쇄국정책으로 아무런 협상을 하지 못하고 철수하였다. 신미양요 이후 조선은 척화비를 세우고 쇄국 정책을 강화하였다.
신미양요는 1871년 조선과 미국사이에 발생한 군사적 충돌로서, 조선측에서는 이를 신미양요라 하여 신미년 조선과 서양, 즉 미국사이에 발생한 전쟁 또는 소동이란 의미를 갖고 있다. 반면 미국은 이 사건을 1871년 한국 계몽운동(Korean Campaign 1871) 또는 1871년 미·한 전쟁(United States-Korea War of 1871)이라고 부른다.

출처: 위키백과

지명 수정 후 체송된 실체 봉피

Nagasaki Japan ▶ Corea · Japan

1885년 당시 조선(Coree)이라는 나라는 국제적으로 외교 및 통상, 교역 등이 전무했기 때문에 그 존재 여부를 알 수가 없었을 것이다.
다만 군사·외교 부문에서 미국·영국·불란서·중국·일본 등의 몇몇 나라들만이 조선의 존재를 알았을 뿐 대부분 국가들이 조선(朝鮮 Coree)이라는 나라가 존재하는지조차도 몰랐을 것이다. 본 서신은 미국인이(아펜젤러 가족으로 추정, 펜실바니아 주 Lancaster, 발신지가 아펜젤러가 태어난 수더튼(Souderton)과 가까운 거리에 있음) 조선에 체류하고 있는 아펜젤러에게 보낸 주소 표기를 참고해본다. 아펜젤러가 처음으로 제물포항에 도착한 것이 1884. 4. 5일인데 이 서신의 발신일이 7. 11일로 3개월여만에 서신을 보낸 것으로 보아 가족(지인)의 안부 편지인 듯하다. 당시의 아펜젤러 나이가 26세였다. 130여년 전 미국인들은 과연 조선(Coree)이라는 나라를 알고 있었을까?

대한제국 최초 감리교 선교사

Rev, H. G. Appenzeller

출생 1858. 2. 6 미국펜실베니아주 서더튼(Souderton, Pennsylvania)

사망 1902. 6. 11. 전북 군산 인근 어청도(당시 44세)

헨리 게르하르트 아펜젤러는 미국 출생으로 1885. 4. 5일 조선 제물포항을 통하여 대한제국에 입국한 대한제국 최초 감리교 선교사이다. 그는 선교사가 설립한 최초의 근대사학인 배재학당을 세운 설립자이며, 대한제국 최초로 기독교를 전파했다. 그의 아들 헨리 다지 아펜젤러는 교장으로 취임 후, 교육에 헌신하였고, 딸 엘리스 레베카 아팬젤러 역시 이화학당을 발전시키는데 큰 업적을 남겼다. 1902년 제물포에서 목포로 가던 중 선박 충돌사고로 침몰하면서 군산의 인근 어청도 부근에서 익사 직전의 조선인 여학생을 구하려다 익사하였다.

아펜젤러(H. G. Appenzeller)

1858년 2월 6일 미국 펜실베니아에서 스위스계 아버지와 독일계 어머니로부터 출생, 미국 플랭크린 마샬대학을 졸업(1878)했다. 드루신학교에 진학(1882), 1884년 엘라 닫지(Ella Dodge)와 결혼 1876년 10월 6일 웨스터체스트의 장로교회에서 봉사하던 풀턴의 설교를 듣고 회심, 1879년 4월에 좀더 활동적인 신앙생활을 위해 감리교회로 교적을 옮겼다. 1878년 프랭클린 마샬대학을 졸업 후 드루신학교에서 수학하였으며, 1881년경부터 인도 선교의 비전을 갖고 있던 중 파울러 감독의 요청으로 선교지를 한국으로 정하여 1885년 2월 1일 스크랜튼, 언더우드와 더불어 부산으로 출발하여 4월 2일에 도착하였고, 4월 5일 부활주일에 제물포 항구를 통하여 입국하였다. 아팬젤러는 성서를 번역하였고 (마태복음, 마가복음, 고린도전후서) 감리교 인쇄 출판소를 확장하여 각종 선교잡지를 발행하기도 했고, 1885년 8월 3일 배재학당을 설립하여 교육과 선교에 힘쓰는 한편 1895년 정동교회를 설립하였다. 이보다 앞서 인천 내리교회가 설립되었다는 주장이 있다. 내리교회의 설립에 대한 정확한 자료는 없으나 1885년 4월 5일 부활절에 아펜젤러 미국 감리교 선교사가 제물포 항에 도착했는데, 이 때에 약 45일 동안 제물포에 체류했다. 이것이 교회의 시초라는 것이다. 교회의 창립 기념일은 1885년 7월 29일로 지키고 있다. 정동교회 에서는 서재필, 이승만, 윤치호, 주시경, 이상재, 남궁억 등이 중심이 되어 독립협회 지회가 결성되었다.

선교 130주년, 아펜젤러 기도를 다시 쓸 때 출처: 뉴스앤조이(옥성득)

"우리는 부활절에 이곳에 도착했습니다. 오늘 사랑의 빗장을 산산이 깨트리시고 부활하신 주께서 이 나라 백성들을 얽매고 있는 굴레를 끊으시고 그들에게 하나님의 자녀가 누리는 빛 과 자유를 허락해 주시옵소서"(1885. 4. 9 아펜젤러의 첫 보고서 마지막에 있는 기도문)

130년 전 4월 9일 밤

언더우드가 한양성 안으로 들어가 광혜원에서 일을 시작할 무렵, 며칠 동안 제물포항을 서성이던 아펜젤러는 9일 목요일 밤 등불을 켜고 호텔방 책상에 앉아 펜과 편지지를 꺼내어 펜에 잉크를 적시고 뉴욕 선교 본부에 보내는 긴 보고서를 쓴다. 일본에서 한국 선교를 준비한 이야기, 부산을 거쳐 한국에 오게 된 과정, 한국의 정세 등 편지가 길어지면서 밤도 깊어 갔다. 낯선 항구에서 보내는 다섯 번째 밤, 가까운 해변에서 파도 소리와 함께 짙은 갯내음이 몰려왔다. 첫 감리회 선교사로 파송을 받았으나 임명지인 서울에 갈 수 없게 된 현실 앞에, 그는 글을 쓰던 펜을 내려놓고 조용히 무릎을 꿇었다. 그리고 기도했다. '주님, 저는 할 수 없습니다. 그러나 부활하신 주께서는 이 칠흑같이 어두운 조선 땅에 빛과 자유를 주실 수 있나이다. 주여! 저를 사용해 주옵소서! 하루에도 수천 명, 주님의 복음을 모르고 죽어 가는 이 백성들을 불쌍히 여겨 주옵소서,' 130년 전 1885년 4월 9일 저녁, 아펜젤러가 제물포항 일본인 소유 대불(大佛)호텔에서 쓴 편지 보고서의 마지막 구절은 그렇게 기록되었다. 지난 130년간 4월 첫 주일이 되면 늘 다시 인용되고 드려진 유명한 첫 기도요, 개신교가 한국에 '빛과 자유'를 주기 위해 '어둠과 압제'와 투쟁하면서 늘 내세웠던 역사의 지남철과 같은 기도였다.
130년 전 부활절 오후 3시, 20대 중반의 세 선교사 언더우드와 아펜젤러 부부가 제물포항에 도착했다.
독신인 언더우드는 바로 마포를 거쳐 한성 도성 안으로 들어왔다. 그러나 12월 갑신정변이 끝난지 만 4개월밖에 되지 않아 중국 병사들이 서울을 점령하고 있었지만, 정변 때 살해된 대신들의 집에는 아직도 그 때 뿌려진 피가 곳곳에 남아 있었고 분위기는 여전히 뒤숭숭했다. 미국 공사 푸트는 아펜젤러가 임신한 부인을 데리고 오는 것은 위험하다고 경고했다. 아펜젤러는 제물포 대불호텔에 1주일간 머물다가 어쩔 수 없이 나가사키로 철수했다가, 5월 7일 서울에 입성한 스크랜턴 의사에 뒤이어 그 가족과 함께 6월 20일 다시 제물포에 도착했다. 그러나 거주할 집을 마련하는 동안 다시 40일간 제물포에 체류하면서 기다린 뒤 7월말에야 한성에 들어가게 된다.

1887

단기 4220년/고종 24년

부산포(釜山浦) 일본우편국

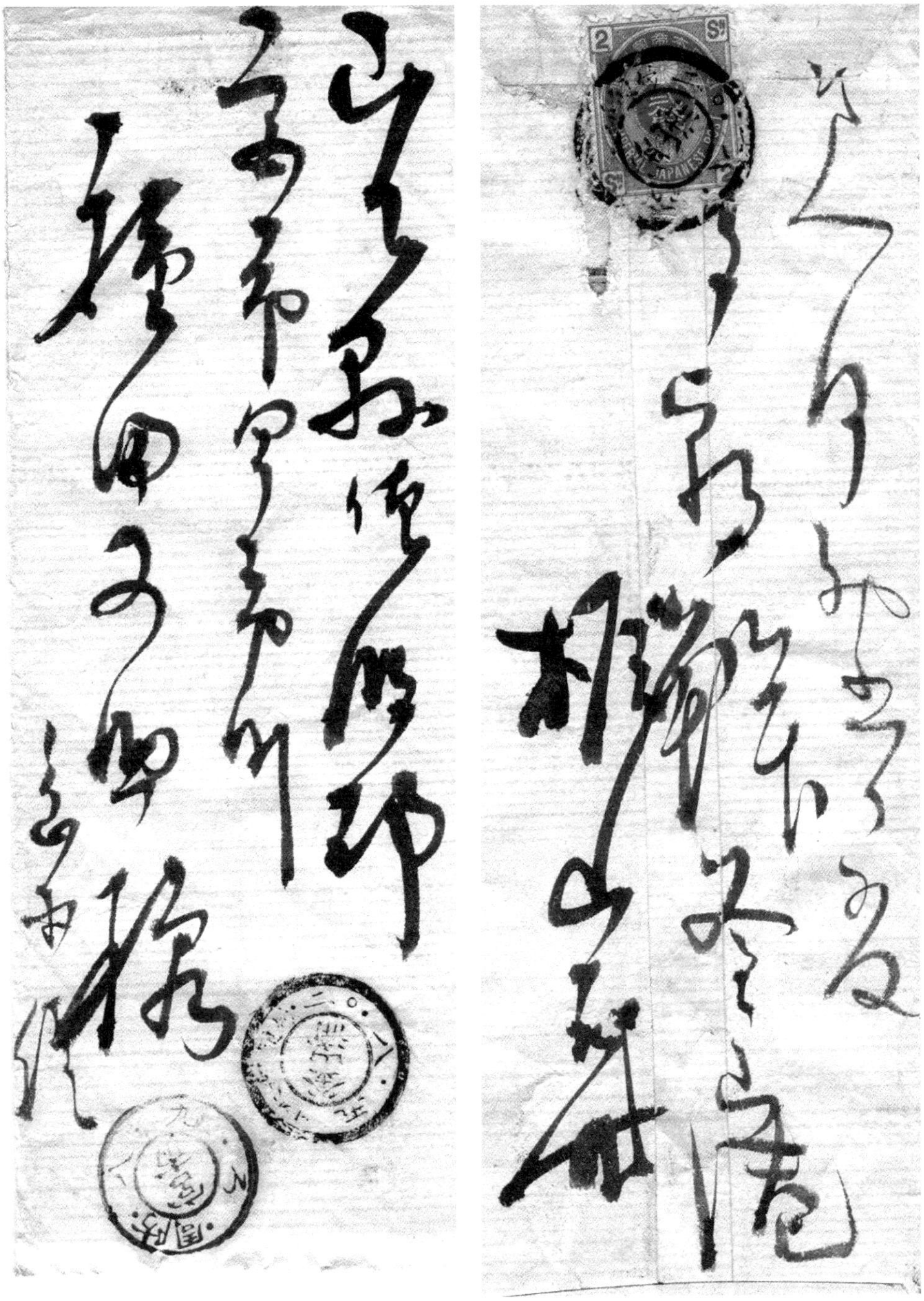

1887년 8월 5일 부산포- 8월 9일 일본 궁시(宮市로 체송)
일본우편국이 이중원 일부인을 1887년 3월부터 1888년까지 부산포·원산진·인천항에서 사용하였다.
본 실체는 이중원 사용시기 초기에 사용된 실체이다.

1889

단기 4222년/조선 고종 26년

미국 The North American 일간지에서 대한제국 왕실 교관(Dr. John G. Lee)에게 보낸 서신

The Military Service of Majesty

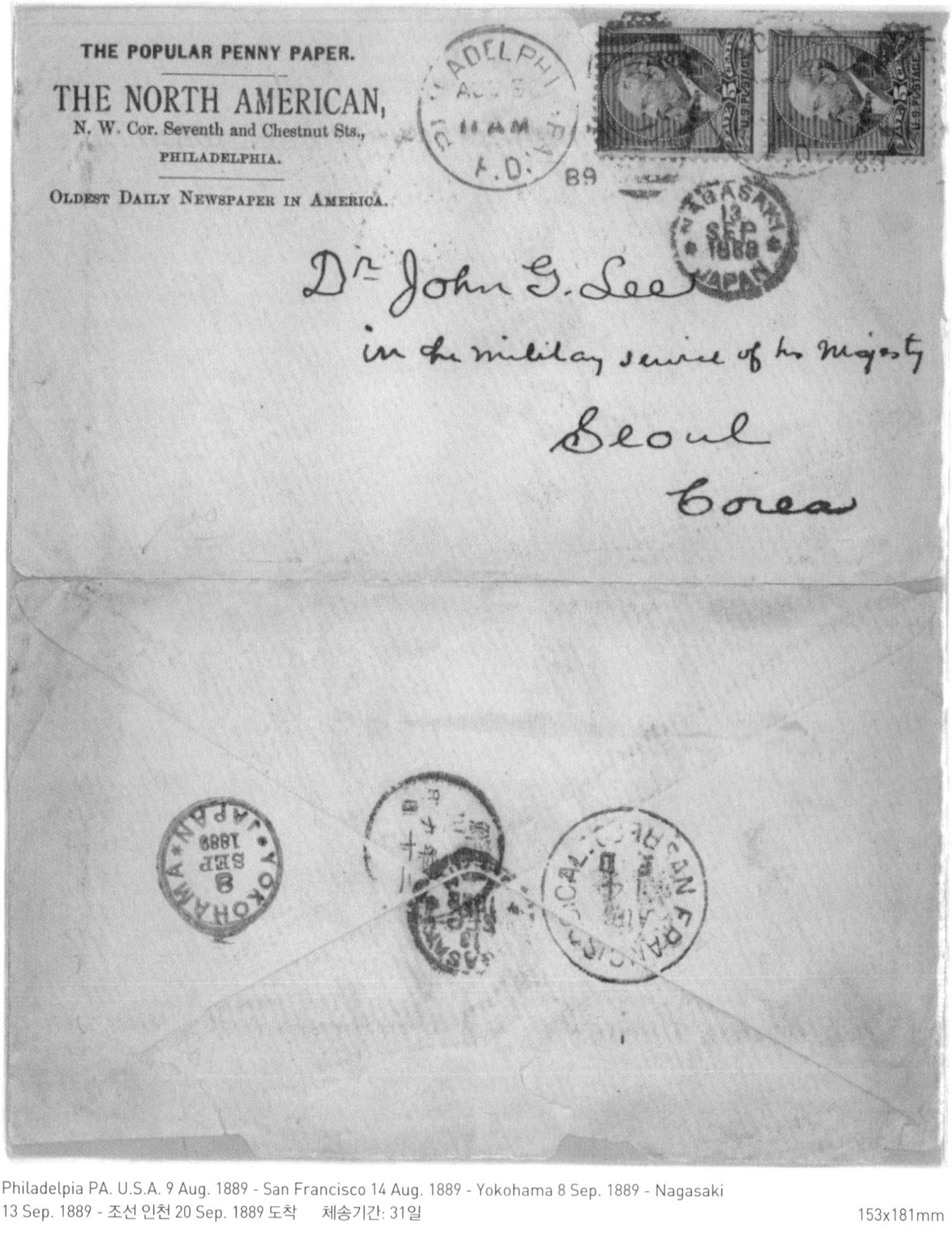

Philadelpia PA. U.S.A. 9 Aug. 1889 - San Francisco 14 Aug. 1889 - Yokohama 8 Sep. 1889 - Nagasaki 13 Sep. 1889 - 조선 인천 20 Sep. 1889 도착 체송기간: 31일 153x181mm

조선 인천 재한일본우편국 도착 일부인

본 실체 봉피는 1888년 4월 28일 대한제국 군사 교관(軍事敎官)으로 미국인(美國人) 다이(Dye) 장군 일행이 대한제국에 입경(入京)했다. 본 서신은 그 일행 중 한 명이 Dr. John G. Lee 라고 추정해 본다.

※ William Dye 장군은 1895년 을미사변 당시 경복궁내 조선 궁궐을 지키는 경비대장이었다.

※ 1888년(고종 25) 4. 28일 한국 우정 연표에 의하면 군사 교관 미국인 다이(Dye) 장군 등이 내도(來到) 했다고 기록하고 있다.

1890

단기 4223년/조선 고종 27년

영국 성공회 소속 찰스 존 코르프(한국명: 고요한) 주교가 조선 선교를 목적으로 인천항으로 입국하였다.

미 하원(House Of Representatives)에서 H. G. Appenzeller 에게 보낸 서신

특이 사항: 주소표기, Seoul Korea Yokohama Japan - Yokohama 삭제

도착인: 조선 인천·명치 23년 10월 27일(일본우편국 소인)

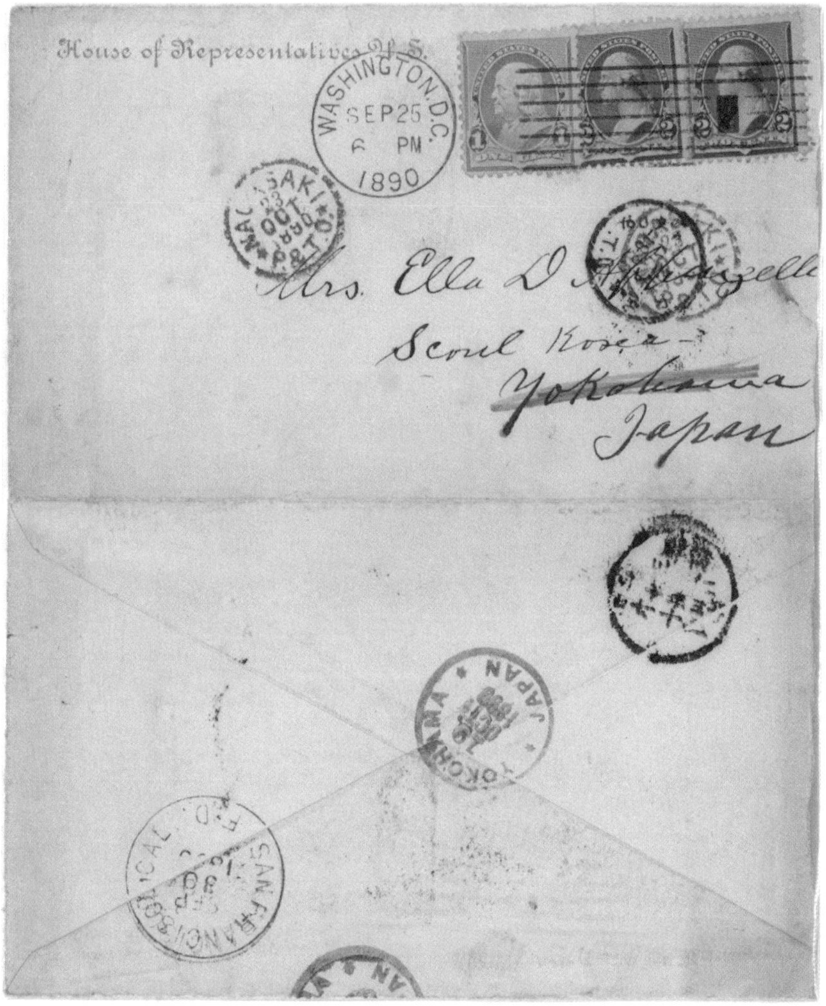

Washington. D. C, SEP. 25 1890 - San Francisco. SEP. 30 1890 - Yokohama. 19 OCT. 1890 - & T.O. 1890·월·일 식별 불능) - Nagasaki. 23 OCT. 1890 - 조선 인천. 1890. 명치 23. 10. 27 도착

체송 기간: 32일, 142x169mm

홍종우(洪鍾宇)

1850~1913. 경기도 안산 출생, 대한제국 최초 프랑스 유학.

조선의 문신이자, 대한제국 근왕주의 개화파 정치인이다.

1894년 중국 상해에서 급진 개화파의 거두인 김옥균(金玉均)을 저격하고.

황국협회 회원으로 개화파와 독립협회의 활동을 탄압하였으며, 이승만을 체포하여 재판하기도 했다.

1892

단기4225/고종29년

교조신원운동: 동학 교조 최제우 신원을 회복하기 위해 동학교도가 벌인 운동

영덕현령(盈德縣令) · 의정부(議政府)

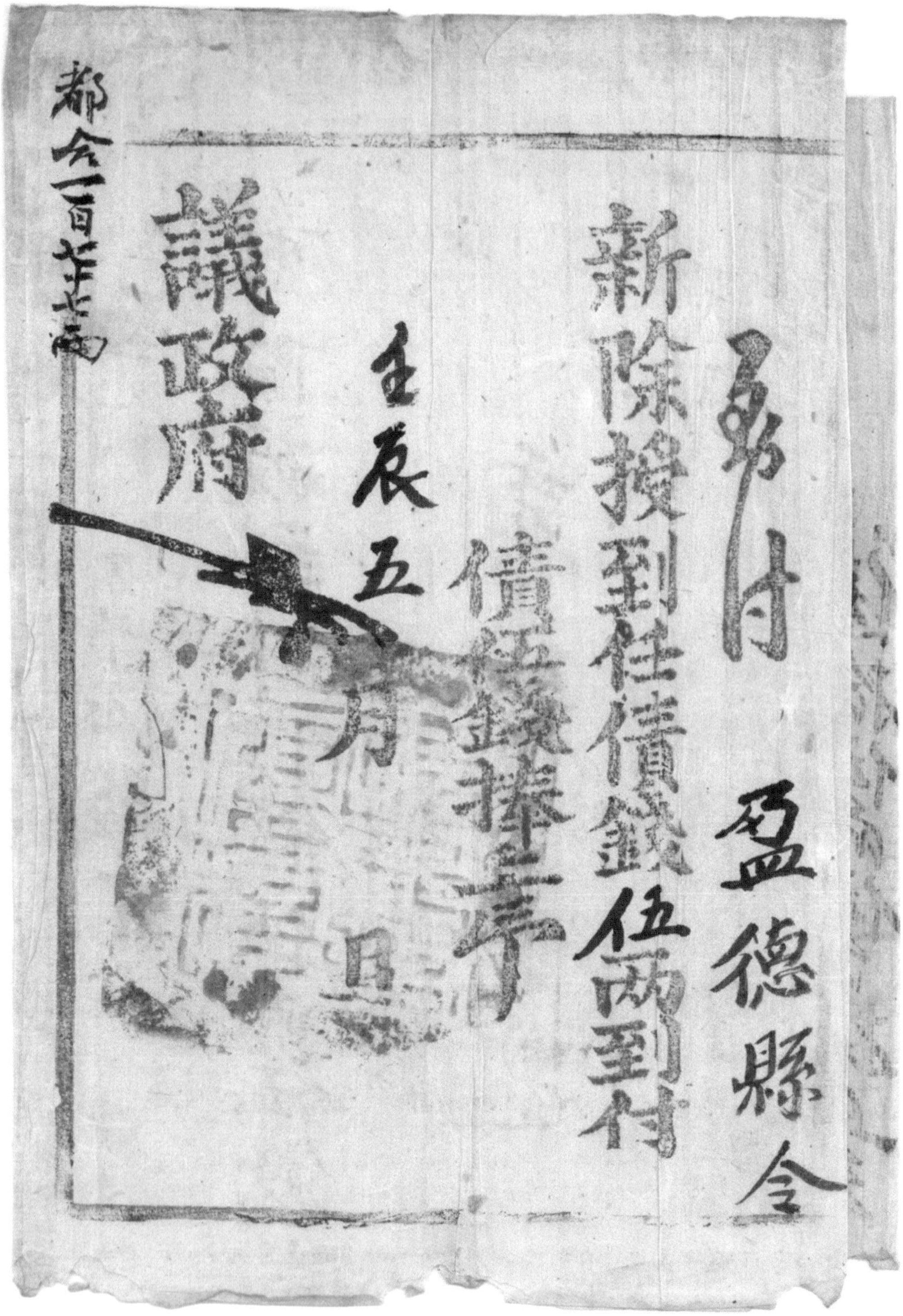

1892 단기 4225년/고종 29년

영덕현령(盈德縣令) · 내무부(內務府)

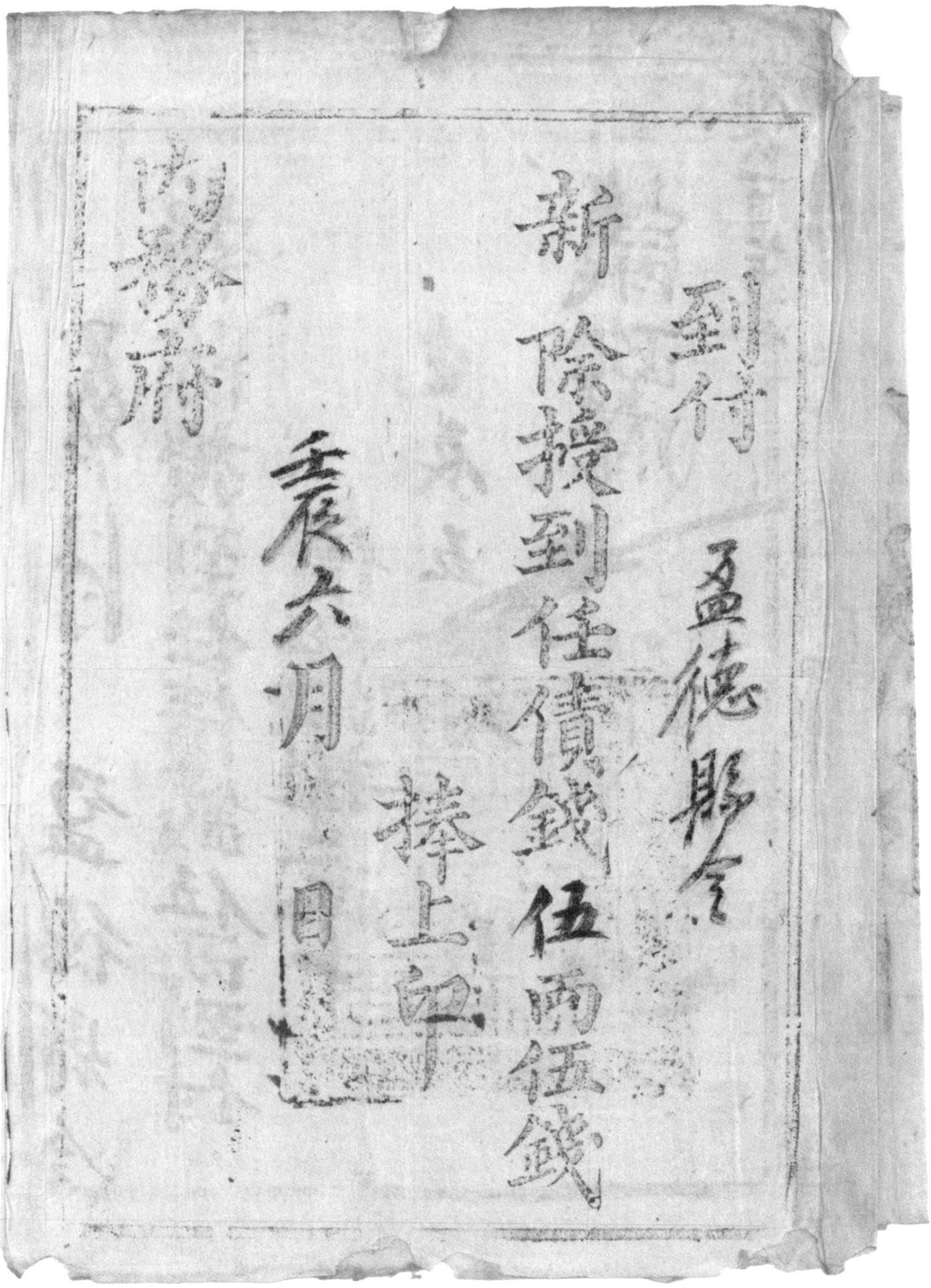

1894

단기 4227년/조선 개국 503년/고종 31년

프랑스 Le Petit Journal 지(誌) 기사

일본군에 의한 청나라 선박 파괴

LES EVENEMENTS DE COREE/un vaisseau chinols coule par les Japonais

LES ÉVÉNEMENTS DE CORÉE
Un vaisseau chinois coulé par les Japonais

Le Petit Journal 지 Moïse Polydore Millaud가 창안한 보수적인 일간지 파리 신문.(1863~1944)

일본군에 의한 청나라 선박 파괴(1894년)

동학 농민 봉기를 진압하고자 대한제국은 청나라에 구원을 요청하게 되고, 청군 2,400여 명이 아산만(牙山灣)에 상륙하자, 일본도 각의에서 조선 파병을 의결. 청일전쟁(淸日戰爭)이 발발하게 된다. 그림은 청나라 선박의 인명을 프랑스 해군이 구조하는 장면이다.

1894년 우편사

1월 민상호(閔商鎬), 전우총국(電郵總局)의 국제우편과장으로 재임명됨.

1월 27일 만국우편연합에의 가입 의사를 주미공사를 통해 스위스연방정부에 통고, U.P.U. 가맹 신청 스위스정부에 송치됨.

6월 25일 김가진(金嘉鎭) 전우총국총판(電郵總局總辦), 전우사무(電郵事務)에 임명됨.

1894

단기 4227년/조선 개국 503년/고종 31년

프랑스 Le Petit Journal 지(誌) 기사

대한제국 혼돈

13 AOUT 1894 Les EVENEMENTS DE COREE. agitation a seoul 120x170mm

Le Petit Journal

TOUS LES JOURS
Le Petit Journal
5 Centimes

SUPPLÉMENT ILLUSTRÉ
Huit pages : CINQ centimes

TOUS LES DIMANCHES
Le Supplément illustré
5 Centimes

Cinquième année — LUNDI 13 AOUT 1894 — Numero 195

LES ÉVÉNEMENTS DE CORÉE
Agitation à Seoul

Le Petit Journal 지 Moïse Polydore Millaud가 창안 한 보수적 인 일간지 파리 신문.(1863~1944)

대한제국 혼돈(1894년)

그림 제목은 'Les evenements de COREE-agitation a seoul'로 대한제국 서울에서 있었던 혼란 상황을 그린 것이다. 이 시기 혼란이라면 '갑오경장(甲午更張)' '동학농민봉기' '청일전쟁' 등이다. 대한제국 한성에 주재했던 여러 국가 관리 또는 주재원들이 이 상황에 놀라고 있는 듯한 모습.

1894. 2. 15 동학 농민운동 발발 1894. 6. 25 갑오경장(甲午更張)

1894. 7. 26 조일동맹조약(朝日同盟條約) 체결 1894. 12. 12 홍범(洪範) 제14조 공포

1894

단기 4227년/조선 개국 503년/고종 31년

조선 인천▶일본행

인천 I.J.P.O(재한 인천우편국)

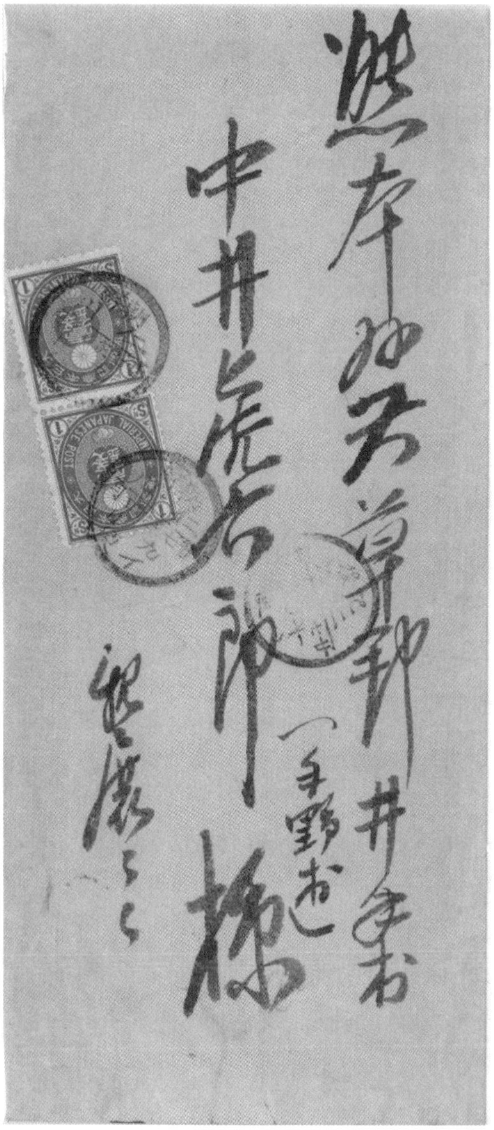

조선 인천 1894(명치 27) 4. 9. 조선 인천 접수인-일본행 83x195mm

동학농민운동 발발

1894. 2. 15~1894. 12. 28

1894년 동학 지도자들과 동학 교도 및 농민들에 의해 일어난 민중 무장 봉기 운동이다.

제1차 전라북도 고부 봉기
제2차 전주성 봉기
제3차 전주·광주 궐기

교조 최제우 신원 외에도 기존 조선 양반 관리들 탐욕과 부패, 사회 혼란에 대한 불만이 쌓이다가1882년(고종 19년) 전라도 고부군에 투입된 조병갑의 비리와 남형이 도화선이 되어 일어났다. 부패의 척결과 내정 개혁, 그리고 동학 교조 신원 등의 기치로 일어선 동학농민군 중 일부는 흥선대원군·, 이준용 등과도 결탁했다. 전봉준은 대원군을 반신 반의 하면서도 명성황후와 민씨 세력의 축출을 위해 대원군과 손을 잡았다. 대원군 역시 명성황후의 제거를 위한 무력집단이 필요했고, 동학농민군과 제휴하게 된다. 동학농민군 중 일부는 탐관오리 처벌과 개혁 외에 대원군의 섭정(攝政)까지도 거병의 명분으로 삼은 바 있었다. 한편 동학 농민군의 지도자들 중에는 전봉준·김개남 외에도 손화중·이방언 등 농민군 남접 최고 지도자들 상당수가 흥선대원군과 연결되어 있었다. 한편 흥선대원군과의 연대를 못마땅하게 여긴 김개남은 수시로 전봉준과 충돌하다가 독자적인 행동을 하기도 했다. 이방언은 농민운동 진압 직후 흥선대원군이 특별히 사면을 청하여 석방되었으나 민씨 계열의 관군에 의해 살해된다. 그밖에 최시형, 손병희 등 북접의 지도자들은 남접의 거병에 쉽게 호응하지 않다가 그해 9월의 3차 봉기 때부터 움직이기 시작한다. 한편 개화파 지도자이자 망명 정객인 윤치호는 동학농민운동을 적극 지지하여 화제가 되었다. 동학난, 동비의 난으로 불리다가 1910년 대한제국 멸망 이후 농민운동, 농민혁명으로 격상된다. 동학농민군을 진압하기 위해 민씨 정권에서는 청나라군과 일본군을 번갈아 끌어들여 결국, 농민운동 진압 후 청일전쟁의 직접적인 원인이 되었다.

전봉준(全琫準) 1854~1895

조선의 농민 운동가,
동학의 종교 지도자
전봉준은 키가 작아 별명인 '녹두장군'으로 불린다.

김개남(金開南 1853~1894)

1894년 동학농민선언 지도자이자 혁명가로서 불꽃같은 삶을 살다 간 사람이다.

교과서 등에서는 전봉준· 손화중과 동학농민군 3대 지도자 한 사람으로 소개하고 있다. 족보에 실린 이름은 영주(永疇), 어릴적 이름은 기선(琪先), 성인이 되어 기범(箕範), 본관은 도강(道康)이다. 동학에 입도한 후 동학 교리에 따라 태평천국으로 밝은 이상적인 나라를 남쪽으로부터 연다는 뜻으로 호를 개남(開南)으로 정했다. 동학농민혁명기에는 김개남대접주, 개남장(開南丈) 또는 개남장군(開南將軍)으로 불리었다고 한다. 전주화약이후 전봉준은 금구·원평에 대도소를 설치하여 전라우도를 호령하였고, 김개남은 남원에 대도소를 설치하여, 무주·진안·용담·장수·순천·낙안·고흥 등을 비롯한 전라좌도를 호령하였다. 또한 김개남은 휘하 김인배로 하여금 순천에 영호도회소(嶺湖都會所)를 설치하게 하여 하동·진주 등 영남의 서남부지방까지 그 세를 떨쳤다.

1894

단기 4227년/조선 개국 503년/고종 31년

재한일본인천우편국(Ninsen I.J.P.O)▶Via Kobe▶Yokohama▶Germany행 우편 엽서

특이 사항: 접수인 날자 NINSEN I.J.P.O. 11월 18일-KOBE 경유인 11월 17일, KOBE 우편국 경유인이 일부인 날자의 착오로 추정함. 인천에서 보낸 사람이 Chemulpo 30 XII 94로 씌여있다.

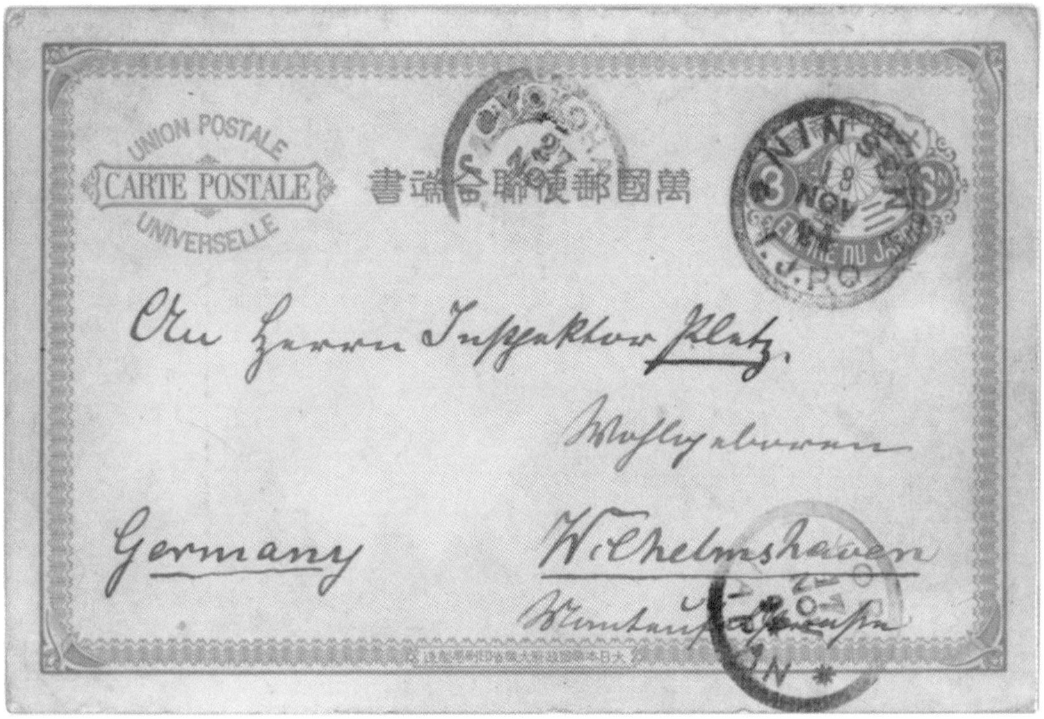

NINSEN NOV. 11 1894 - KOBE 17 NOV. 1894 - YOKOHAMA 27 NOV. 1894. 139x89mm

재한일본우편국(I.J.P.O)-인천우편국 경성출장소

1891년(명치 24) 11월 1일(일본 체신청 고시 제207호): 우편 저금과 위체 업무 개시
1894년(명치 27) 12월 1일: 전신·전보 업무 개시
일본은 1888년(명치 21) 7월 11일 경성의 일본 공사관 방 한 칸에서 인천우편국 경성출장소 형식으로 우편 업무를 개시하였으나, 이는 조선 정부의 사전 허가도 없이 암암리에 우편 업무까지 수행한 불법적인 것이었다.

우취 문화 해설 시리즈

우표 역사

출처: 우정사업본부 우표문화 길잡이

1. 우표 탄생

인류 역사와 함께 발전해 온 편지 역사는 각 나라 또는 지역 환경, 문화에 따라 다양한 전달 수단으로 발전하였으며, 이것이 오늘날 우편이라는 제도로 변천하게 되었다. 우리나라에서는 신라 소지왕 9년(487년) 군사적·통치적 목적으로 각 지방에 우역(郵驛)을 설치한 것이 우편 제도의 시초로 기록되어 있다. 이후 고려·조선 시대로 이어지며 다양한 통신수단(봉수·마패·파발 등)이 군사나 관용에 활용되면서 동시에 발달되었다. 이와 같이 우편제도는 초기에 국방이나 관공서간의 업무용으로 활용되었으며, 이후 그 필요성과 유익함 때문에 도시의 발전과 더불어 민간부문으로 확산되어 나갔다. 우편물이 배달되는 과정에서 일어날 수 있는 여러 상황에 따라 우편 요금이 달라지기 때문에 받는 사람의 형편에 따라 우편물을 받을 수 없는 경우도 흔하게 발생하였다. 이러한 우편제도를 개선하기 위하여 개발해 낸 것이 '균일 우편요금 제도'이며, 영국의 로랜드 힐 경에 의해서 우편요금을 미리 냈음을 증명하는 증표인 최초 '우표'가 탄생하게 되었다. 우표(郵票, Postage Stamp)는 편지나 소포 등 우편물에 붙여 우편 요금을 냈음을 증명하는 증표로서 정부 또는 정부로부터 허가받은 기관에서 발행하는데, 우리나라 우표는 지식경제부 우정사업본부가 발행하고 있다.

대한제국 관보 제86호

개국 504년 6월 11일 농상공부 고시 제3호(1895년)에 의하면,

"漢城郵遞司는 通信局內에 開設 ᄒᆞ얏고 仁川郵遞司는 仁川港丑峴西阪下前利運社內로 開設 ᄒᆞ얏스니 漢城仁川間에寄信 ᄒᆞ기를 要 ᄒᆞ는 時는 此를 認 ᄒᆞ야 遲誤를 免 ᄒᆞ미 可홈."

한성우체사는 통신국 내에 개설하였고 인천우체사는 인천항 축현 서판하 이운사 내로 개설하였으니 한성- 인천 간에 편지를 보낼 필요가 있으면 이용하기를 바란다는 내용이다.'

한국우정사에서는 이운사(利運司)의 위치가 구체적으로 어디인지 밝히기 힘들다라고 기술하고 있다. 참고 자료로 인천부사(仁川府史)에는 인천우체사의 최초 건물 소재지가 외리(外里) 226번지 이원준(李原晙)집이었으나, 후일 내리(內里) 113번지로 이전되었다고 보이고, 이외에 위에 말한 바에 의하여 인천 경무청(警務廳)의 청사를 사용하였을 가능성 등을 비정(批正)하는 노력이 앞으로 요망된다.'고 명시하고 있다.

대한제국 관보 제92호

개국 504년 9월 18일 광고.(1895년)에 의하면,

우체물 집분 발착표

한성부(漢城府) 내

집신 매일 오전 7시 20분

분전 매일 오전 9시, 매일 오후 6시,

한성 인천 간 매일 오후 5시, 매일 오전 9시 발송, 집신은 접수 시각을 말하며, 분전은 발송시각을 말하는 것으로 보인다.

대한제국 관보 제98호

개국 504년 6월 23일(1895년)에 의하면,

한성내의 우표매하소(판매소)

제1구 자교 4가 서 남우 시민(慈橋四街西南隅市民) 김종식(金宗植)
북부 신문외 북변 제2가(新門外北邊第2家)
서부 대정동 5궁대 4가 북서변(大貞洞5宮垈4家北西邊)

제2구 남문내 동변 제4가 지전 재가(紙廛在家) 이승태(李承泰)
남부 종로 은국전가승도중(銀麴廛家僧都中) 홍종걸(洪鐘杰)
중부 죽동 영희전 후월변 동우약국(永禧殿後越邊東隅藥局) 이희일(李熙一)

제3구 동문외 북동교(東門外 福東橋) 김기호(金基鎬)
동문외 북동교(東門外 福東橋) 이유선(李裕善)
동부 성균비관 석후약국(東部 成均碑館 石後藥局)

개국 504년 7월 28일
농상공부 대신 김가진

대한제국 농상공부 고시 제6호

개국 504년 7월 28일(1895년)에 의하면 증설된 한성 내 우표 매하소

농상공부 고시 제6호. 한성 내 우표 매하소를 증설 ᄒᆞ니 基郵函掛置(기 우함 괘치) 한 각 매하소는 좌기와 如(여)함.

제1구 내사전 미전(內司前 米廛) 노덕인(盧德仁)
자암약국(慈巖藥局) 이덕영(李德榮)
소정동 지전(小貞洞 紙廛) 김영표(金永杓)

제2구 동현 남우약국(銅峴南隅藥局) 김후영(金厚永)
북동 미전(싸전) 김우현(金禹鉉)
장창교 동우 어물전(長昌橋 東隅 魚物廛) 채영석(蔡永錫)
장통방 포전 병내 미전(長通坊 布廛㨢內米廛) 박창식(朴昌植)
남부 회현방 낙동(南部會賢坊駱洞) 잡철전(雜鐵廛) 최치선(崔致善)

제3구 동문외 북동교(東門外 福東橋) 김기호(金基鎬)
동문외 북동교(東門外 福東橋) 이유선(李裕善)
동부 성균비관 석후약국(東部 成均碑館 石後藥局)

개국 504년 7월 28일
농상공부 대신 김가진

1895

단기 4228년/조선 개국 504년/고종 32년

태극보통(太極普通) 초판

'Tae-Geuk' Series(1st Issue)

1895. 7. 22 시쇄(試刷 Proof)

태극보통 한돈(10 Poon), 오푼(5 Poon) 시세

시쇄(試刷) 우표 개요

시쇄라면 정식인쇄에 들어가기 전에 시험삼아 찍어본 것을 말한다.
상식적으로는 시중에 나오지 않아야 되는데 6·25 한국 전쟁, 즉 혼란기에는 엄격한 감독이나 제한이 해이했기 때문인지 시중에 나도는 것이 있었다. 더욱이 한국조폐공사에서 찍기 이전의 우표, 즉 조선 서적이나 고려문화사, 동양정판사에서 인쇄했을 때의 것이 종종 있었다. 필자의 생각으로는 그 당시의 수집가가 인쇄소에 연관되었거나 일부러 인쇄할 때 입회(?)해서 만들어 낸 것은 아니지 않나 생각한다. 필자는 1951년 당시 6·25 한국전쟁 참전우표가 봉투에 붙여진 걸 받아 보았을 때 정상우표 보다 크기가 하도 커서 그걸 소중히 떼어내서 갖기 시작한것이 우표수집 시초가 되었다. 그 이전에는 스페인 우표 등이 미려해서 몇 장 가지고 있던 정도에 불과했다. 그리고 공교롭게도 육군본부 정훈감실에 근무하며 '육군화보'를 편집하며 다름 아닌 동양정판사 인쇄공장에 가서 시세를 하는 등 계속 연관됐었다. 그 당시 1951년도에 발행된 '동양정판사 백지우표를 인쇄한 곳도 동양정판사였다. 1951년 10월경엔 인쇄소가 부산에 있었고 인쇄가 무사히 시작될 때까지 지켜보고 있다가 근처 2층의 대포집에 가곤 했었다. 그 후 1952년에 들어서서 동양정판사는 서울 종로3가 파출소 뒷골목에 있었고 밤 늦게까지 '육군화보' 시세품을 이렇게도 찍어보고 저렇게도 찍어보곤 했었다. 그 당시까지도 색도 분해를 못해서 흑백 사진에 어떤 색을 넣을 것, 말 것을 제판부에 주문을 하고 시쇄 과정을 지켜보다가 다시 찍어 보곤 했었다. 바로 이즈음 같은데서 우표를 찍곤 했으나 왜 그 때엔 우표 수집에 대해 등한시했나 하고 약간 후회가 되기도 했다.

출처: 우표진품명품(6)-시쇄우표 글. 김성환(화가. 갑신우표회)

1895. 7. 22

6장 블록 전지 나눔자리 변지 넓음. 우 변지
인천 이중원형

함흥(咸興) 원일형 일부인

태극보통 25푼(25 Poon)
광무 7년 3월 18일, 갑체
함흥우체사
1896년 6월 5일
함경남도 함흥에 설치된 우편 업무 관서

1895 단기 4228년/조선 개국 504년/고종 32년

태극보통(太極普通) 초판

" Tae-Geuk " Series(1st Issue)

1895. 7. 22

이중원형 일부인(Double Circle Postmark)

태극오푼 Proof, 경성, 대조선 504년 6월초 1일

태극오푼 Proof, 인천

태극 25푼, 함흥

태극오푼 Proof, 인천

태극 오푼, 수원

태극 두돈 오푼, 인천

태극 오푼 Proof, 인천

태극보통 한돈,
정주(定州) 이중원 일부인
대조선 6월 6일
정주우체사
1896년 10월 5일
평안북도 정주에 개설한
우편 업무 기관

태극보통(太極普通) 초판

Tae-Geuk Series(1st Issue)

1895. 7. 22[慶]

경흥우체사(慶興郵遞司)

1896년 12월 27일
함경북도 경흥에 설치한
우편 업무 기관

현재 우리나라에서 최고가인 편지 봉투로 추정

한국 우편사료 중 가장 희귀하고 값비싼 경흥우체사 실제 봉투와 이 봉투가 보관되어 있었던 일본 우표 박물관
지금 이 봉투는 국내 우취가가 해외 옥션에서 구입하여 소장하고 있다. 출처: 주간경향(2016. 11. 25, 1201호) 이종탁

11월 18일은 달력에 아무런 표시가 없다. 그러므로 국경일도 기념일도 아니다. 그러나 우리나라 근대 우정사에 있어 이 날은 역사적인 날이다. 최초의 우정관청인 우정총국이 업무를 시작한 것이 1884년 이날이기 때문이다. (한국우정사/체신부 발행. 1884년 10월 1일이 업무 개시일로 되어 있음) 우정사업본부가 '정보통신의 날'로 정해 기념하는 날은 4월22일이다. 1884년 고종이 우정총국을 세우라는 내용의 전교(傳敎)를 내린 날이다. 우정총국의 설립 근거가 된 날이 공식 기념일이라면 실제 업무개시일은 비공식 생일로 볼 수 있다. 눈에 띄는 것은 고종의 지시가 있고 우정총국이 업무를 개시하기까지 걸린 시간이 7개월밖에 안된다는 점이다. 당시 조정의 분위기가 근대 우편제도 도입에 매우 적극적이었음을 시사하는 대목이다. 문제는 이렇게 의욕적으로 출발한 우정제도가 예기치 않은 정치적 격변에 휩쓸려 초기에 좌초됐다는 점이다. 우정총국 설치를 고종에게 건의했고 초대 총판(지금의 장관급)으로 임명되기도 한 홍영식이 쿠데타(갑신정변)를 일으켰다가 참형을 당하면서 우정총국 또한 20일만에 폐지된 것이다. 그로부터 우정제도가 재개되는 데는 10년이란 세월이 걸렸으니 우정사 최대의 불행이다. 또 이 기간에 많은 사료(史料)가 사라지면서 우정사에 공백이 생긴 것도 비극이다. 우표의 가치는 우선적으로 희소성에서 비롯되지만 형태별의 사용필(畢) 우표가 미사용 우표보다, 편지봉투에 붙어있는 우표가 봉투와 분리돼 있는 것보다 가치가 더 높다. 우리나라 최초의 우표인 문위우표의 가격도 이 원칙에서 조금도 벗어나 있지 않다. 같은 문위우표라도 사용되지 않은 것은 유통 물량이 많아 지금도 큰 돈을 주지 않고 구할 수 있다. 그러나 사용필 문위우표는 남아 있는 것이 17장 정도밖에 안되는 것으로 알려져 있다. 그렇다면 문위우표가 편지에 그대로 붙어있는 실체 봉투는 어떨까 정확한 가격을 누구도 알 수 없다. 지금까지 세상에 나온 적이 없기 때문이다. 과거 신문에 '문위우표 실체봉투가 나왔다'는 기사가 몇 번 실린 적이 있으나 번번이 가짜로 판명됐다. 진짜 실물이 나온다면 적어도 10억원을 상회하는 거래를 할 수 있으리라는 것이 일반적인 예상이다. 현존하는 한국 우편물 가운데 가장 값나가는 것은 함경도 경흥우체사 소인이 찍힌 태극우표 실체봉투다. 이 편지봉투는 1993년 5월 스위스 루가노에서 열린 국제우표경매에서 일본우취협회장인 미즈하라 메이소가 수수료 15%를 포함해 20만7000 스위스 프랑(당시 약 1억5000만원)을 지불하고 낙찰 받았다. 이 실체봉투를 낙찰 받은 미즈하라는 '1971년 헝가리 국제우표전시회에서 이 편지봉투를 처음 본 순간 놀라움에 떨리는 심정을 도무지 주체할 수 없었다'고 한다. 이후 국제전시회가 열릴 때 마다 이 경흥우체사 봉투가 나오기를 학수 고대했다고 자신의 저서 '조선근대우편사'에서 털어 놓았다. 이 편지는 옛 러시아 정부가 서울의 러시아 공사에 보낸 공문서를 러시아 관리가 함북 경흥으로 가져와 한성으로 부친 것이다. 1897년 1월28일자 경흥우체사 소인과 2월20일자 한성우체사 소인이 태극보통 우표 2푼짜리와 25푼짜리에 찍혀 있으며, 뒷면에는 한글로 '서울 황제 아라사 공사 귀하'라고 쓰여 있다. 그가 이 봉투를 얼마나 귀하게 여겼는지는 구입 경위만 보아도 짐작할 수 있다. 이 봉투의 소유자인 러시아인이 스위스 경매에 내놓았을 때 미즈하라는 병상에 있었다. 미즈하라는 경매 소식을 듣고 현장에 달려가려 했으나 의사는 비행기를 탈 몸이 아니라며 반대했다. 결국 그는 국제전화로 입찰에 참여했고, 파격적인 가격을 써내 넣었다고 우취 컬럼니스트 여해룡씨는 설명했다. 미즈하라는 이 희귀품을 손에 넣은 지 6개월만인 1993년 11월 69세의 나이로 숨을 거뒀다. 그래서 이 봉투는 미즈하라가 생전에 사재를 털어 도쿄에 설립한 우표 박물관에 보관돼 있다. 한국 최고의 우편자료가 일본인에게 넘어 가게 된 것이다.

1895

단기 4228년/조선 개국 504년/고종 32년

프랑스 Le Petit Parisien 지(誌) 기사

명성황후 민비(閔妃)

LA REINE DE COREE

Le Petit Journal 지의 화보. Moïse Polydore Millaud가 창안한 보수적인 일간지 파리 신문(1863~1944) 120x170mm

명성황후 민비 1895년

조선 제26대 왕이며 대한제국을 선포한 고종 황제 비(妃)인 명성황후 그림이다.
제목은 'La Reine De Coree' - 대한제국 여왕
그림은 1895년 프랑스 파리 '르 프티 파리지엔 Le Petti Parisien 지' 부록으로 발간된
[1895, unidentified issue] 344페이지에 인물화로 실렸던 명성황후 민비 모습이다.
내포되는 풍모와 복식이 지금까지 우리가 알고 있는 명성황후에 대한 이미지와는 매우 다르다.
Title: La reine de Coree. Tranlated Title: The Queen of Korea. Date: 1895. Description: Portraying Min Yi.

1895

단기 4228년/조선 개국 504년/고종 32년

프랑스 Le Petit Parisien지에 게재된 '대한제국 여왕'

LA REINE DE COREE 1895년 10월 27일자

1895년 10월27일자 프랑스 Le Petit Parisien지에 게제된 대한제국의 여왕 삽화는 명성황후(민비)를 그린 것으로 보이나, 그린 화가가 대한제국과 청나라를 구분하는 식별력이 없었던 것으로 보여진다.
복식과 머리 모양이 흡사 중국인을 연상한 것으로 대한제국 왕비 모습이 전혀 달라 보인다.
본 삽화는 1895년10월8일 명성황후가 일본낭인과 친일파에 의하여 살해된 을미사변이 일어난 직후에 그려져 신문에 게재된 것으로 보아 당시 한성 주재 특파원이 본 사건을 통하여 살해된 대한제국 황후를 이슈화하여 게재한 것으로 추정한다.

삽화 크기:91x131mm

제너럴셔먼(General Sherman)호 사건

1866년(조선 고종 3년, 미국 앤드루 존슨 대통령 2년) 음력 7월 12일(양력 8월 21일) 평양 군민(軍民)들이 미국 상선(商船) 제너럴셔먼호(General Sherman호)를 응징하여 불에 태워버린 사건이다. 이 배는 대동강을 거슬러 올라가 평양에서 통상을 요구하다가 거절당하자 행패를 부렸는데, 이에 박규수 지휘 하에 관민들 저항으로 배는 소각되고, 선원들은 처형되었다. 이 사건은 신미양요 원인이 되었다.

1895

단기 4228년/조선 개국 504년/고종 32년

프랑스 'Paris-Match/L'illustration'지(誌) 기사

제물포 일제군 상륙

La gguerre Sino-Japonaise: Occupation de Tchemoulpo Par les forces du Japon

120x90mm

제물포 일제군 상륙

대한제국 제물포(인천)를 통해 청일전쟁을 위한 일제 군사와 전쟁 물자들이 들어오는 장면이다.
위의 사진은 프랑스 잡지 파리 마치(Paris-Match) 일뤼스트라시옹(L'illustration) 1895년 2월 발간지 114페이지에 실렸던 사진이다.
Title: La gguerre Sino-Japonaise: Occupation de Tchemoulpo Par les forces du Japon Date: 1895
The Sino-Japanese War.Occupation of Chemulpo. Translated Title: The Sino-Japanese War.Occupation of Chemulpo
Work Type: newspapers Dimensions: 40x28Cm Location: Subject. Incheon, Korea(south)
Topics: Sino-Japanese War, 1894-1895, harbors, armies Related Work: Part of Images of colonialism collection(Asia Series)
From L' illustration(Paris, France), 53 annee, no.2711,9 fevrier 1895, P114

제물포조약

1882년 8월 30일(고종 19년 음 7월 17일) 임오군란의 사후 처리를 위해 조선과 일본제국 사이에 체결된 불평등 조약이다.
조·일강화조약(朝日講和條約)이라고 부르기도 한다. 일본제국은 임오군란때 피해 보상을 요구한다는 명목으로 하나 부사 요시모토 공사를 파견, 강력한 육해군의 시위 아래 제물포항에 상륙했다. 청나라는 영선사 김윤식 의견을 청취하고 속국을 보호한다는 대의명분을 내세워 오장경으로 하여금 군사를 거느리고 재빨리 출동케 했다. 이때 청나라에서는 사태가 확대되는 것을 우려해 일본 공사를 자중시키는 한편, 조선 정부의 태도를 완화시켜 양국 사이에 제물포에서 회담을 열어 제물포조약을 맺었다. 이에 따라 조선정부는 배상금을 지불하게 되고 일본 공사관에 일본 경비병을 주둔시키게 되었다. 임오군란에 개입한 일본은 조선에 책임을 물어 일본 측 대표 하나 부사 공사와 조선의 김홍집 사이에 맺어진 조약이다. 본조약 6개조와 조일수호조규 속 약 2개조가 각각 조인되었다. 그 내용은 다음과 같은 것이 그 핵심을 이룬다.

- 조선에서 50만원 배상
- 일본 공사관의 일본 경비병 주둔
- 조선 정부의 공식 사과를 위한 수신사 파견
- 임오군란의 주모자 처벌
- 일본인 피해자 유족에게는 위문금 지불

일본에 대한 배상을 일본으로부터 외채를 빌려 차입하여 충당하도록 일본측과 밀약하고 조약문서에 조인, 이로써 일본이 조선을 강탈할 수 있는 미끼를 제공했다. 일본은 조선에서의 지위를 구미 열강으로부터 인정받게 하였다.

수신사: 박영효, 김만식이 수신사로, 홍영식과 서광범이 수행원, 국왕의 밀명을 띤 민영익, 김옥균 등 15명

1895

단기 4228년/조선 개국 504년/고종 32년

1895.8.16 나가사키-부산간 해저전선 완공/1895.10.8 명성황후가 일본 낭인에 의해 살해된 을미사변 발생. 1895.10.21 청일전쟁 결과 타이완이 청나라로부터 분리돼 일본에 병합되고 대만총독부가 설치됨.

태극(초판)보통우표 첩부 국내 등기

태극보통우표 발행일: 1895. 7. 22. 사용일: 1895. 10. 6
이중원형 일부인 사용 기간: 1895. 6. 1~1898년

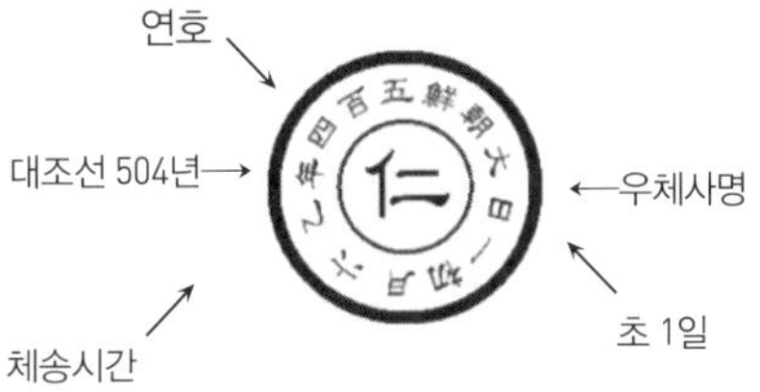

1895년 당시 국내 우편 요금
40푼(5푼+10푼+25푼). 국내 요금 7.5 grams. 10푼+등기 요금 30푼

인천 1895. 10. 6 이중원형 접수인 140x79mm

1895년 당시 국내 우편 요금표(1895. 1. 1~1900. 6. 16)

종류	제1종	제2종		제3종	등기 요금
시행 기간	편지	간행물, 공문서, 팜플릿, 신문	책, 인쇄물, 견본, 상업서류		
1895. 1. 1-1897. 3. 15	10푼 7.5 grams	5푼 60 grams		10푼 30 grams	30푼. 건당
1897. 3. 16-1900. 6. 16	한성 5푼 7.5 grams	5푼 60 grams		5푼 60 grams	30푼. 건당
	기타 지역 10푼 7.5 grams	10푼 60 grams		10푼 60 grams	배달 증명. 건당 20푼 추가

1895. 5. 26 국내우체규칙 반포. [칙령 제124호 80조]. 우체사(郵遞司) 관제 반포

1895. 5. 28 한성·인천간 우체물 체송법 제정. 우체사무세칙(107조) 공고. 우표 매하인 허가법, 우표 매하인 규칙(18조).
집신법(集信法), 분전법(分傳法), 체송법(遞送法)제정(농상공부 훈령 제131호)

1895. 10. 8 을미사변(乙未事變) 발생

1895. 11. 15 연호를 건양(建陽)으로 사용

1895

단기 4228년/조선 개국 504년/고종 32년

Singapore ▶ Hong Kong ▶ Nagasaki ▶ Gensan행

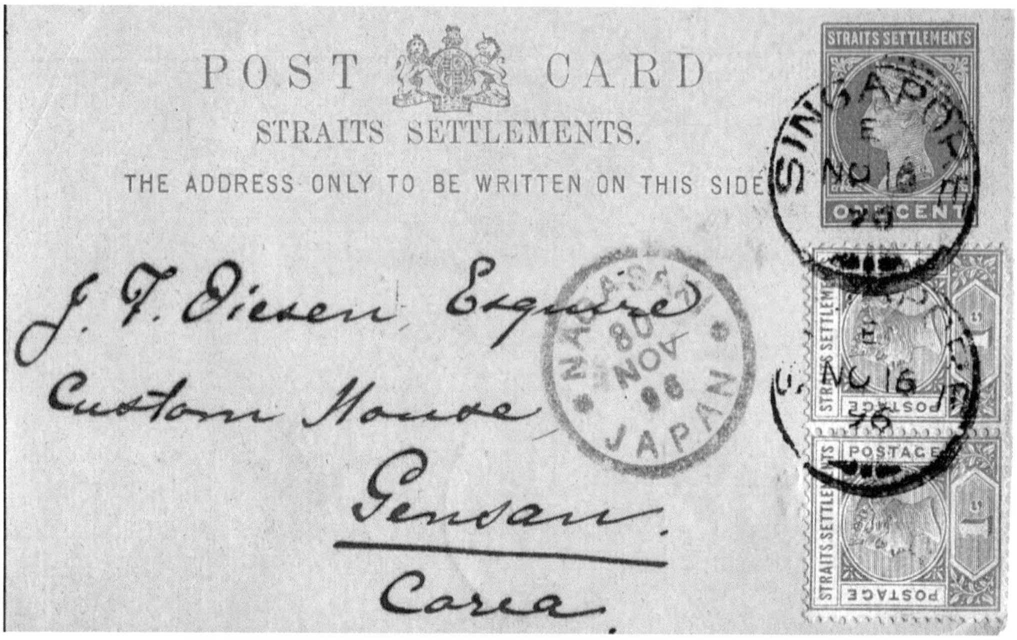

1896. 11. 16 Singapore-1896.11.24-Nagasaki, Japan(경유인의 날자는 미 확인)-1896. 12.6. 원산 도착

1895

단기 4228년/조선 개국 504년/고종 32년

재한일본우편국 SEOUL일부인

SEOUL ▶ JINSEN, COREA ▶ NEW YORK ▶ GERMANY행 등기

1895 Korea/Imperial Korea/Germany/Japan/New York Registered mail Cover

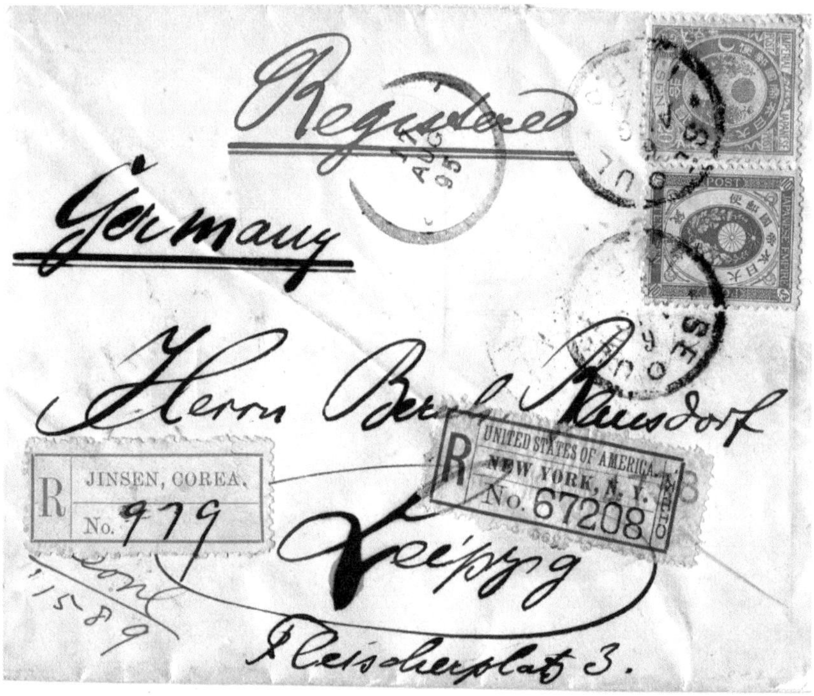

Jinsen, Corea R.979, New York R.67208
1985.8.6 Seoul-1985.8.17-1985.8.31 San Francisco-1895.9.6-1985.9.7 New York-Germany

1896

단기 4229년/조선 건양 원년/고종 33년

조선 그레고리력 채용/고종이 신변의 위협을 느껴 아관파천(1896.2.11-1897.2.20까지 1년간 고종과 세자가 경복궁을 떠나 어가를 러시아제국 공사관으로 옮긴 사건)감행/그리스 아테네 제 1회 하계올림픽 개최/서재필·유길준·윤치호·주시경 등이 독립신문 창간/덕수궁 함녕전에 자석식 전화기가 설치되어 고종이 자주 이용하였다/서재필·윤치호·이상재·이승만 등이 독립협회 결성

군사우편

한국 경성(鏡城) 일본우편국▶일본행

1896년 4월 18일 한국 경성(鏡城-1896년 4월 27일 일본 도착)

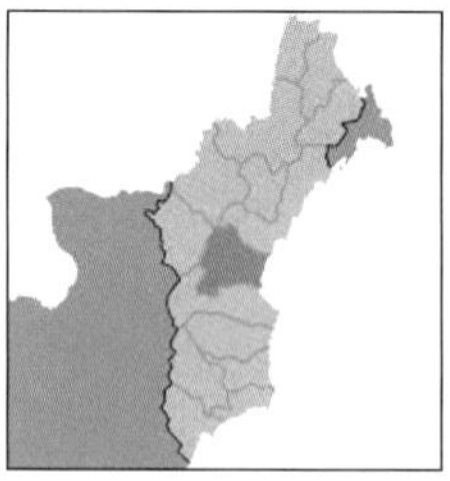

함경북도 경성군(황색) 위치도

경성군(鏡城郡)은 함경북도 중부에 있는 군이다

1896년 - 경성에 함경북도 관찰부가 설치되었다.

1940년 3월 - 경성군 나남읍, 용성면(수성)이 청진부에 편입되었다.

1943년 10월 1일 - 주을온천면을 주을읍으로, 어랑면 일부를 어대진읍으로 승격하였다.

서쪽과 남서쪽은 함경산맥(咸鏡山脈)이 위치해 있어 전반적으로 높으며, 특히 함경산맥에는 한반도에서 두 번째로 높은 산인 관모봉(冠帽峰, 2,541m)이 있다. 동쪽은 동해에 접하며, 경성평야 등이 있어 해안 평야 지대를 이루고 있다. 주요 하천으로는 어랑천(漁郎川), 주북천(朱北川), 보로천(甫老川), 주을온천(朱乙溫川), 오촌천(梧村川)이 있으며, 주요 호수로는 장연호(長淵湖), 무계호(武溪湖) 등이 있다.

경성군의 80%는 숲으로 이루어져 있다. 동쪽 평야 지대에서는 주로 논농사를 짓고, 과수원 농사로는 배가 주요 농작물이다. 해안의 어촌에서는 소규모의 어업도 행해지고 있다. 경성군 생기령(生氣嶺)은 고령토의 산지이기 때문에, 이 지방은 도자기 공업이 발달하였다. 교통으로는 평라선 철도가 지나며, 관내의 역으로는 봉강역, 어대진역, 어랑역, 용현역, 경성역, 생기령역, 승암역이 있다. 관광지로는 국경 수비를 위해 쓰여온 경성읍성과 경성남문이 승암로동자구에 있다. 이 지방은 주을온천이 있어 예부터 온천으로도 유명했다

1896

단기 4229년/조선 개국 505년/고종 33년

한일통신합동 이전 재한 일본인천우편국 실체

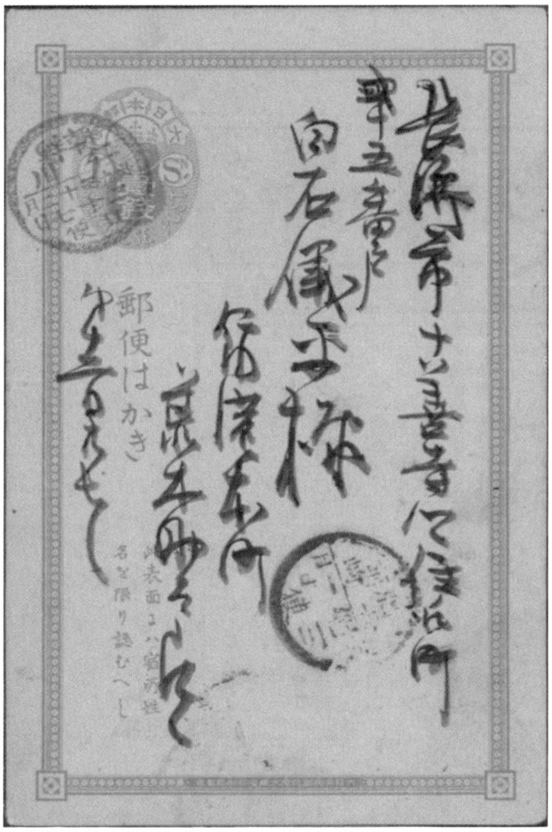

조선 인천 1896. 12. 27 - 일본 장기 1897. 1. 2 체송 기간: 7일간

90x142mm

조선 국호 사용기 일부인(주색 소인)
조선 인천 1896년 12월 27일
접수인. 조선 인천. 도착인 장기(長崎)
명치 29. 12. 27.

1896년 주요 우편사

1월 4일 고영희(高永喜) 농상공부협판에 피임.

1월 7일 김창한(金彰漢) 인천 우체사장에 피임.
(김낙집은 농상공부 기사로 전임)

1월 20일 건양(建陽) 원년 농상공부 예산 관보에 공고.
제2관 사업비: 147,322원, 우체사 인비: 51,322원
전신 인비: 90,933원, 제 사업비: 5,000원

1월 24일 미국에 주문하여 내송 중 요꼬하마에 임치된 우표 2상자와 미국에 남은 우표를 조속 송치하라고 외부(外部) 송치하라고 외부(外部)에 통고

2월 3일 농상공부, 석판인쇄 기계 등의 구입을 내각에 청의

2월 5일 공주·전주·남원·나주에우체사 설치 후 2월 16일부터 우무개시 공고 [부령 제1호]

2월 11일 이완용(李完用) 농상공부대신 임시 서리로 피임.

2월 13일 관보(官報), 안동-대구 간에서 22, 23일에 우편물 탈취되었음을 공고

3월 26일 농상공부, 우표를 자조(自造)하려고 외부에서 보관중이던 우초 철판(갑신 당시의 것)을 찾아옴

4월 2일 일본, 경응의숙(慶應義塾)유학생 중 80여명을 전신우체 기술자로 속성 훈련 귀국케 하는 데 일본 공사관의 협력을 요청

4월 8일 미국에 주문 인쇄해 온 우표 2상자의 면세를 해관에 요청

독립신문 창간 100주년 기념 우표

The Centennial of the Tongnip Shinmun

발행일 1996. 4. 6
액면 150원
우표 번호 C1405
디자인 원인재
도안 독립신문 창간호·논설문과 서재필

내선일체(內鮮一體)

일본제국이 일제강점기 조선을 일본에 완전히 통합하고자 내세운 표어로, 곧 내지(內, 일본)와 조선(朝鮮)이 한 몸이라는 뜻을 담고 있다. 이는 조선인의 민족 정체성을 사라지게 하여 일본으로 편입시키려 한 민족말살정책의 일환으로 평가받는다. 비슷한 구호로, 선만일여(鮮滿一如), 내선융화(內鮮融和), 일시동인(一視同仁) 등이 있다.

일제는 조선을 합병한 후 점차 조선에서 일본어 교육을 실시해나갔으며, 모든 민족적인 문화활동을 금지하고 자신들의 언어 교육을 강요함으로써 민족성을 말살하려고 획책했다. 이러한 탄압은 중일전쟁 이후에 더욱 강화되어, 1938년 이후 '국어 상용화 정책'을 실시하여 부분적으로 시행되던 조선어 교육을 폐지하고, 일본어의 사용을 강제하여 조선어의 말살을 꾀하였다. 이와 함께 동아일보, 조선일보 등 한글로 발간되는 신문과《문장》등의 한글로 된 잡지를 전면 폐간시켰으며, 조선어학회 사건을 조작해 조선어학회 간부들을 모두 잡아들였다. 특히 일선동조론을 통해 일본과 조선 민족이 본래 같다는 논리로 조선 고유의 민족성을 부정한 것 역시 내선일체와 맥락을 같이 하였다. 이외에 조선인들의 이름을 일본식 성명으로 변경시킨 창씨개명, 천황에 대한 숭배를 강요한 황민화 정책 역시 내선일체의 구호 아래 행해진 일체화 정책이었다.

출처: 위키백과

1896

단기 4229년/조선 건양 원년/고종 33년

독립신문(獨立新聞) 한글판

독립신문(獨立新聞)은 1896년 4월 7일에 한국에서 최초로 발간된 민간 신문이자 한글, 영문판 신문이었다.

발간자는 미국에서 귀국한 서재필이 중심이 되어, 독립협회(獨立協會)의 기관지로 발간되었다. 서재필은 당시 4,400원을 발급받고 또 조선정부의 지원을 받아 4월 7일에 처음 발간했다. 4면 중 3면은 순 국문 1면은 영문으로 문장을 썼다. 필진으로는 유길준, 윤치호, 이상재, 주시경 등이 참여하였다. 서재필을 중심으로 발간했으나 그가 미국으로 망명한 뒤에 헨리 아펜젤러를 발행인으로 하여 윤치호가 맡아 발행하다가 독립협회의 해산과 함께 폐간되었다. 독립신문은 최초의 순 한글체 신문이자 한국 최초의 영자 신문이었으며, 신분 지위고하를 막론하고 칼럼을 투고할 수 있었다. 1957년 4월 7일 한국신문편집인협회는 독립신문 창립일을 신문의 날로 지정하였다.[1]

1896

단기 4229년/조선 건양 원년/고종 33년

독립신문(獨立新聞) 한글판

부 대신 리완용씨와 궁닉부 대신 리재순씨와 그외 고등관들을 맛나 보시고 이십륙일 아참 열시에 대군쥬 폐하씌 폐현 ᄒᆞ고 이왕 삼극부 압희셔 쳔위 대ᄉᆞ듸 대오듸 죠련 ᄒᆞᄂᆞᆫ거슬 구경 ᄒᆞ셧다더라

○십월 이십 삼일 셔학재 리한군의 열살 된 ᄋᆞ히와 신셩슈의 열살 된 계집ᄋᆞ히가 궁교시 뒤에 흙 구덩이 아래셔 놀다가 흙 언덕이 헐어져 죽어다니 그흙 구멍이를 속히 메이면 죠흘듯 ᄒᆞ더라

○십월 이십 삼일 셔쇼문 밧 듁계우물씌 사ᄂᆞᆫ 홍두쥰의 아ᄃᆞᆯ 샹동이가 저의 집안 우물 가에셔 놀다가 ᄲᅡ져 죽어다더라

○십월 이십 삼일 야쥬긔 최인식이가 술을 취 ᄒᆞ고 쳥파계 아비 집에 가셔 재아비를 ᄯᅥ린 죄로 최인식을 경무쳥에셔 잡아 가두엇다더라

○남별궁 뒤 관립 쇼학교에 잇ᄂᆞᆫ 박교원이 학교 규칙에 업ᄂᆞᆫ 매를 심히 쓰ᄂᆞᆫ듸 일젼에 어린 ᄋᆞ히 들을 몹시 매를 ᄯᅥ리고 한명슈이란 학원을 별노 잘못ᄒᆞᆫ 일도 업시 매를 ᄯᅥ리라고 ᄒᆞ다가 듯지 안 ᄒᆞ니ᄭᅡ 그 학원의 부친을 불너 다가 대단히 쥰칙을 ᄒᆞ엿단 말이 잇다더라

○경긔 관찰ᄉᆞ 오의영씨가 미일 쟝취 ᄒᆞ야 슐노 관찰ᄉᆞ 노릇슬 ᄒᆞ고 쥬졍으로 직무를 ᄒᆞ니 슈원 인민들이 오 관찰ᄉᆞ가 왓ᄂᆞᆫ줄 알아더니 쥬 관찰ᄉᆞ가 왓다고 말들이 잇다니 이말이 ᄎᆞᆷ말인지 모롤네라

○향쟈에 샤영 군슈 리경셔이가 닉부에 보보고에 도장이 리경셔이가 아니오 문영근의 도쟝이더라

○강원도 춘쳔 쇼딕장 합은쥰씨가 도쳐에 비도를 쳐멸ᄒᆞ고 ᄉᆞ졸노 고락을 ᄒᆞᆷ씌 ᄒᆞ고 은혜와 위엄을 ᆺ치 베프러 가ᄂᆞᆫ곳마다 ᄉᆞ졸이 츄호도 불법 ᄒᆞᆫ 리민이 열복ᄒᆞ야 단ᄉᆞ호쟝으로 마져 원슈 ᄒᆞ고 거리 거리 돌노 각흘 숑덕비가 셧다더라

○향쟈에 션혀쳥 지물 일흔 사ᄅᆞᆷ으로 츙슐파 슐검이 면관파 파면이 되앗ᄂᆞᆫ듸 슐검은 도로 ᄉᆞ역을 시힌단 말이 잇거니와 문안에 슐도ᄂᆞᆫ 충슐은 슐 잘못 돈 허물이 잇다고 ᄒᆞ려니와 문 밧씌 슐도ᄂᆞᆫ 충슐이야 션혀쳥과 샹관이 업ᄂᆞᆫ듸 억울라고 셰샹에 말들이 잇시되 그 츙슐들노 그도적을 잡으라고 ᄒᆞ야 만일 잡지 못ᄒᆞ면 면관 식히ᄂᆞᆫ 거슨 가커니와 이런 말도 업시 면관을 억울케 식힌다고 말들이 여항에 잇다더라

○닉부 쥬ᄉᆞ 리복영이가 작년 십월에 젼나도 좌슈영 시찰관으로 나려 가셔 슈영 운쥬현에 좌졍 ᄒᆞ고 [illegible] 폐문 ᄒᆞ며 기성 슉쳐 ᄒᆞ며 기공을 다리고 강산 구경 다니며 그젼 슈ᄉᆞ로 힐령 ᄒᆞ며 송ᄉᆞ를 결쳐 ᄒᆞ셔 인민들을 츄착 ᄒᆞ야 악형을 ᄒᆞᄂᆞᆫ듸 그ᄯᅢ에 감목관 면지철의 아오 제우가 궁닉부 훈령을 위조 ᄒᆞ여 가지고 거그 역답들을 복구 ᄒᆞ라고 ᄒᆞ미 리복영이가 면제우를 잡아다가 매를 몃 빅도를 ᄯᅢ리고 훈령을 ᄲᅢ셔셔 닉부에 올녀 보니엿기로 닉부에셔 궁닉부에 알아 본즉 위조가 분명 ᄒᆞ기로 그 위조 훈령을 법부로 보내여 면제우 죄를 다ᄉᆞ리라고 ᄒᆞ엿ᄂᆞᆫ지라 그후 면지철이가 리복영이를 보고 네가 엇지 내 아오를 ᄯᅥ려ᄂᆞ냐고 ᄒᆞ고 요강과 좌쟝으로 무슈히 치다가 문 밧긔로 ᄭᅳ러내야 나무 우희 놋코 불을 노흘서 본군슈가 급히 나와 아젼들노 구완 ᄒᆞ라 ᄒᆞ니 라방 리영쥬가 리복영이를 구호 ᄒᆞ야 오셰 붓ᄂᆞᆫ 불을 ᄭᅳ고 재 오슐 입히고 교군과 로비를 주어 호송 ᄒᆞ엿더니 츄후 리복영이가 다시 좌슈영에 와셔 나졸 슈빅명으로 군긔를 가지고 면지철을 잡아다 무슈히 악형 ᄒᆞ니 면지철이가 악형을 견듸지 못 ᄒᆞ야 슉여셔 말ᄒᆞ되 본군 리방과 도셔원의 쥬촉을 듯고 그리 ᄒᆞ엿다고 ᄒᆞᄂᆞᆫ지라 리복영이가 셔울 올나 와셔 그일노 고등 지판쇼에 졍쇼 ᄒᆞᆷ셔 지판졍에셔 셔졔 보고 안질 피우를 달나고 ᄒᆞ면셔 훈령을 ᄒᆞ고 관졍에셔 거만 된 태도와 발악이 심 ᄒᆞᆷ븐더러 고등 지판쇼에셔 시심 지판을 ᄒᆞ여 본쥬 원고도 피고와 ᆺ치 죄가 잇기로 가두고 닉부에 알게 ᄒᆞ랴고 ᄒᆞᆫ던차에 닉부에셔 쥬ᄉᆞ 일원이 와셔 남의 마을 관원을 가두고 알게도 아니 ᄒᆞ엿나냐고 지금ᄭᆞ지 말이 된다더라

○리셰린의 편지가 신문샤에 왓ᄂᆞᆫ듸 신창군 북면 홍ᄭᅢ 원닉 신녀 셰동리가 바다 죠셕 동에 면답이 포락 되어 빅셩이 이산 ᄒᆞ고 돈 일만 오쳔 이십냥 팔젼을 모화 디경이 되엿ᄂᆞᆫ듸 그젼답 쥬인들이 의론 아산군 임치제의 논 칠두락과 김셕우의 논 삼심 오두락을 쳔냥을 주고 사셔 리셰리를 맛겨 굴포 ᄒᆞ엿더니 아산 리운중이가 엄치삼과 리쥰영을 부동 ᄒᆞ야 공쥬 관찰ᄉᆞ 리건하씨가 죠손 향열이 된 줄셰 ᄒᆞ고 닙안을 내고 관찰ᄉᆞᄂᆞᆫ 아산군 신챵군에 감결 ᄒᆞ고 억지로 완문 내여 ᄲᆡᆺ기로 고동 지판쇼에 졍 ᄒᆞ고 ᄯᅩ 리건하의 졍치를 말 ᄒᆞ엿ᄂᆞᆫ듸 각읍에 감결 ᄒᆞ야 각항 영납을 녯 규식으로 밧치라 ᄒᆞ니 관하 각군이 부지 ᄒᆞ기 어렵고 슈령 연명을 치진 공쟝을 여젼이 ᄒᆞ니 인민이 부지 ᄒᆞᆯ슈업셔 원망이 챵텬ᄒᆞ다고 ᄒᆞ니 이진가를 모로겟더라

1895년 조선으로 귀국한 서재필은 조선에도 신문을 발행하여 국민을 계몽할 것을 계획한다. 동시에 신문 발간의 필요성을 절감하던 유길준, 박정양 등은 서재필이 자신들과 같은 생각을 하고 있다는 것을 알게 되자 이를 적극 지지하고 고종에게 신문 발간을 건의하여 허락받는다. 1894년 박영효를 만난 서재필은 다시 조선을 개혁해 보겠다는 생각을 품게 된다. 서재필은 박영효의 권유로 망명. 10년만인 1895년 12월 배를 타고 하와이와 일본 도쿄를 경유하여 조선으로 귀환하였다. 그는 조선으로 돌아오는 길에 일본을 경유할 때 일본 동경의 모교 토야마 사관학교를 방문하였고, 후쿠자와유키치를 만났으며, 다시 일본 나가사키를 출발하여 배편으로 12월 25일 인천 제물포에 도착하였다.[2]

1896

단기 4229년/조선 건양 원년/고종 33년

독립신문(獨立新聞) 영문판

VOL. I. **THE INDEPENDENT.** No. 90.

(明治廿九年九月十四日遞信省認可) SEOUL, KOREA, SATURDAY, OCTOBER 31st, 1896. $1.30 per annum

The Independent.

A Journal of Korean Commerce, Politics, Literature.
History and Art.
ISSUED EVERY TUESDAY, THURSDAY AND SATURDAY
W. H. Smith. Agent for China.
Shanghai.

NOTICE TO CORRESPONDENTS.

No attention will be paid to anonymous communications. All letters or communications should be addressed to THE INDEPENDENT, Seoul, Korea, and all remitances should be made to the same. Delivered free anywhere in Seoul. For all points outside the postage will be extra.

NOTICE.

As we are about to begin a new issue of our English section from the first of January, we would like to settle our accounts before the new issue begins. We request that our subscribers who have not yet paid us will be kind enough to remit the subscription at the rate of 12 cents per month to the 1st of January.

EDITORIAL.

The foreign cemetery in Yang-Wha-Chin presents a most sorrowful appearance. It looks sorrowful not only because it is a place where the dear ones are laid to rest, but because the way in which it has been neglected is truly mournful. The cemetery is in one of the most beautiful spots along the river bank, where the natural advantages require very little outlay of money to make the place worthy of being called the cemetery of the citizens of the enlightened nations. This is the only foreign burial ground near Seoul; it is not personal property, but it belongs to all foreigners in this community. Of course we all hope that none of us will have occasion to use the grounds for the sad purpose to which it is dedicated; but we ought to take a tender, though, perchance, sad interest, in the last earthly resting place of the ones who are gone. The wall round the cemetery has so fallen that dogs and fowls of the Korean villages near by make use of the grounds as a rendevous for their battles or frolics. The rank weeds and wild briars have grown unhindered, and have crowded out the patches of sod that have been placed there. The foreigners have shown the Koreans that they live better than the natives; but the Koreans would say that they take better care of their dead than the foreigners. Koreans take pride in keeping the burial grounds of their relatives and friends in better condition than their own dwelling places. We must show them that we think as tenderly of our dead as we do of our living. The foreign community has become so large that it ought to be able to keep its cemetery in a respectable condition. It is true, the community has appointed a committee to look after the cemetery, and the committee has done all it could for the good of the place. But one or two members alone cannot keep the place in order without the support of the community at large. It seems that there is an entire lack of interest with many foreigners here in regard to the cemetery; at least we surmise it is so, from the neglected aspect of the place. Chemulpo has only a dozen or so foreign residents; but the cemetery at the West end of the town is a credit to them. It is neatly enclosed with a substantially built wall, and the road that leads to it has been improved so that a carriage can be driven on it. Inside the wall the ground is well sodded, so that the whole place presents an appearance of respectability and cleanliness. Of course, Chemulpo has an advantage over Seoul on account of its Municipal Council having enough funds for such purposes; but Seoul has more residents; which fact ought to counter-balance it;—that is, if the community takes an interest in the improvement of the cemetery here. We suggest that the committee on cemetery will call a mass meeting of foreign residents at an early date, and make some arrangements by which the cemetery in Yang-Wha-Chin can be made respectable.

LOCAL ITEMS.

It is a matter of congratulation to the foreign community in Seoul for having with us the new British Consul-General Mr. Jordan and Mrs. Jordan who will be, no doubt, popular members of society. Mr. Jordan is a refined and cultivated gentleman, cordial in manner and is an entertaining conversationalist. He has been in the diplomatic service for twenty-one years, and just before he came here he was the Secreary in the British Legation in Peking. It is quite an interesting fact that Mr. Jordan succeeded Mr. Hillier in Peking as the Secretary after Mr. Hillier was promoted to Consul General in Korea. Now he has succeeded Mr. Hillier again to the present position in Seoul. Mrs. Jordan is said to be one of the most charming of hostesses and was very popular among the foreign community in Peking. In speaking to the representative of the *Independent* Mr. Jordan says that he is very much impressed with Korea as to its physical character and the people. He thinks Koreans have a far more progressive spirit than the Chinese, and the Capital itself is much cleaner than Peking. There is no high Chinese official who speaks a foreign language, but he found quite a number of Korean officials who speak English. And the streets in Seoul are far superior to those of Peking. He thinks the industrial and commercial developments of the country are more important than political reformation. When foreign Capitalists invest their money in Korea the country will gradually become steady and politics will cut a less prominent figure. He hopes that the merchants and other enterprising men of the British Empire will look into the country and do their share of helping the development of industry and commerce in Korea.

There is a big ditch in the middle of the South gate street near Kuri-Kai which causes any amount of trouble to the people and the horses. We hope this will be either filled up or made an underground sewer.

The Japanese cruiser *Matsushima* has arrived in Chemulpo. On board the vessel there is a Japanese Prince but he will not come up to Seoul. Six officers of the ship arrived at the Japanese Legation on Thursday for a visit.

DEPARTMENT NEWS.

The Prime Minister sent in another resignation, but His Majesty firmly declined to accept it.

The Home Department received a dispatch from the Governor of Pyeng An Do stating that there has been a riot in Eui-Ju but the leader of the mob was captured by the local troops and shot. The rest have baen driven out of the district and some of them have been captured.

Magistrate of Ham Heung reports that a band of rebels entered his district and threatened the people by saying that their leader has gone to China to bring out several Chinese troops for the purpose of destroying the Government. So the people must feed them now and make friends with them. The local militia gave them a sharp fight and killed twenty-two and captured several. The leaders Choi Mun Whan and Min Yong Ho are still at large.

A shopkeeper, Kim Won Sik, built a stand on Bell Street without obtaining a "permit" from the Governor. When a policeman made an attempt to stop him from completing the construction, he threatened the police that he will have him discharged through his influential friend in the Home Dep't. The police reported the case to the Governor of Seoul who ordered the police to tear the shop down within twenty-four hours. Good for you, Mr. Governor.

Won Sang Hyen of Tai-An forged an order of the Finance Department and collected $4,000 of the Government revenue from the Magistrate of Tai-An. He was captured by the detectives of the Finance Dep't who turned him over to the Seoul Court for trial.

EXCHANGE.

The *London Times* states that owing to Lord Rosebery's suggestion that Mr. Asquith should be his successor as Leader of the Liberal Party, and to the certain opposition of Sir William V. Harcourt, the situation is complicated, and that Mr. Gladstone's return is seriously advocated.

The *Novoe Vremya* says that the changed tone displayed by England will materially facilitate united European action with regard to Porte.

It has been officially stated in Paris that China has entrusted Frenchmen with the reconstruction of the Foochow Dockyard, and that the contract was signed at Peking on the 11th inst.

The Republican estimate is that Major McKinley commands 170 electoral votes, Mr. Bryan 110 votes, and that 67 votes are doubtful.

In a recent speech Sir Micheal Hicks-Beach, Chancellor of the Exchequer, denounced the connivance of the Sultan and of the Porte in the late massacres, but stated that Russia, Austria, and Germany were determined to uphold the *status quo* in Turkey, and that therefore the British policy consists in promoting concerted action by the Powers with a view to advising and, if necessary, compelling reforms. He stated that Dongola was the stepping-stone to a further advance when the time was ripe.

The Right Hon. G. N. Curzon, speaking at Glasgow, said that the Nile task would be incomplete until the Egyptian flag was hoisted again at Khartoum. Referring to Armenia he said that he deprecated agitation as long as Great Britian did not intend to go to war on behalf of Armenia.

GOVERNMENT GAZETTE.

OCT. 29th.

Appointments—Ass't Judge of the Supreme Court, Kim Ki Chun.

OCT. 30th.

By a special edict the officials who took part in the special sacrifice that has been offered to the spirit of Her Majesty, the late Queen, are rewarded by each being given a horse. Waiters at the Sacrifice, Min Yung Chan, Yi Sung Yul be given the second rank; Do Sul Ni, Pak Yi Ho be raised to the first rank.

LATEST TELEGRAMS.

London, 21st Oct.—Reports from Paris and Berlin foreshadow the joint diplomatic action of Britain, France, and Russia to secure the opening of the Dardanelles to foreign war-ships, the Sultan's personal protection being guaranteed. The Sultan is not averse to this proposal, which will necessitate a European conference.

Trafalgar day was largely celebrated in London. The Nelson Column was decorated with wreaths from top to bottom. Large crowds assembled in Trafalgar Square, where patriotic speeches were delivered. The newspapers concur in the opinion that nothing hostile to foreigners was implied by the celebration. It was only a sign of the awakening of the nation to the importance of the navy.

The reported cession of Kassala to Britain is declared to be unfounded.

It is reported from Washington that President Cleveland, in his next message to Congress, will announce the amicable settlement of the Venezuelan question.

The French Minister of the Interior has announced that the Government programme to be submitted to the Deputies will include proposals for the creation of a colonial army

당시 내각을 맡고 있던 유길준은 서재필을 초빙형식으로 귀국시키는 데 노력하였다.

서울대 사학과 명예교수 신용하에 따르면 갑신정변이 민중의 지지가 결여되었기에 실패했던 교훈을 되새긴 유길준은 민중을 계몽하는 사업으로 신문 창간이 절박했다. 갑오경장이 개화파 내각의 주도로 제도 개혁을 하면서 일본측의 한성신보에 대항할 신문을 만들 한국인을 물색했는데, 그가 서재필이었다는 것이다.

그에 의하면 유길준은 유길준대로 개혁과 민중을 계몽하는 사업으로 신문 창간이 절박했고, 일본은 일본대로 1895년 무렵부터 조선에 신문 창간을 후원한다는 명목으로 신문 개설을 권고하였고, 이에 내부대신 유길준은 미국인으로 귀화하여 의사 생활을 하던 필립 제이슨을 초빙하기에 이르렀다는 것이다.

서재필은 귀국 직후 신문 창간을 준비하였으나, 일본의 협력 거부와 자금 조달의 어려움으로 실패하고 만다.[3]

1896

단기 4229년/조선 건양 원년/고종 33년

독립신문(獨立新聞) 영문판

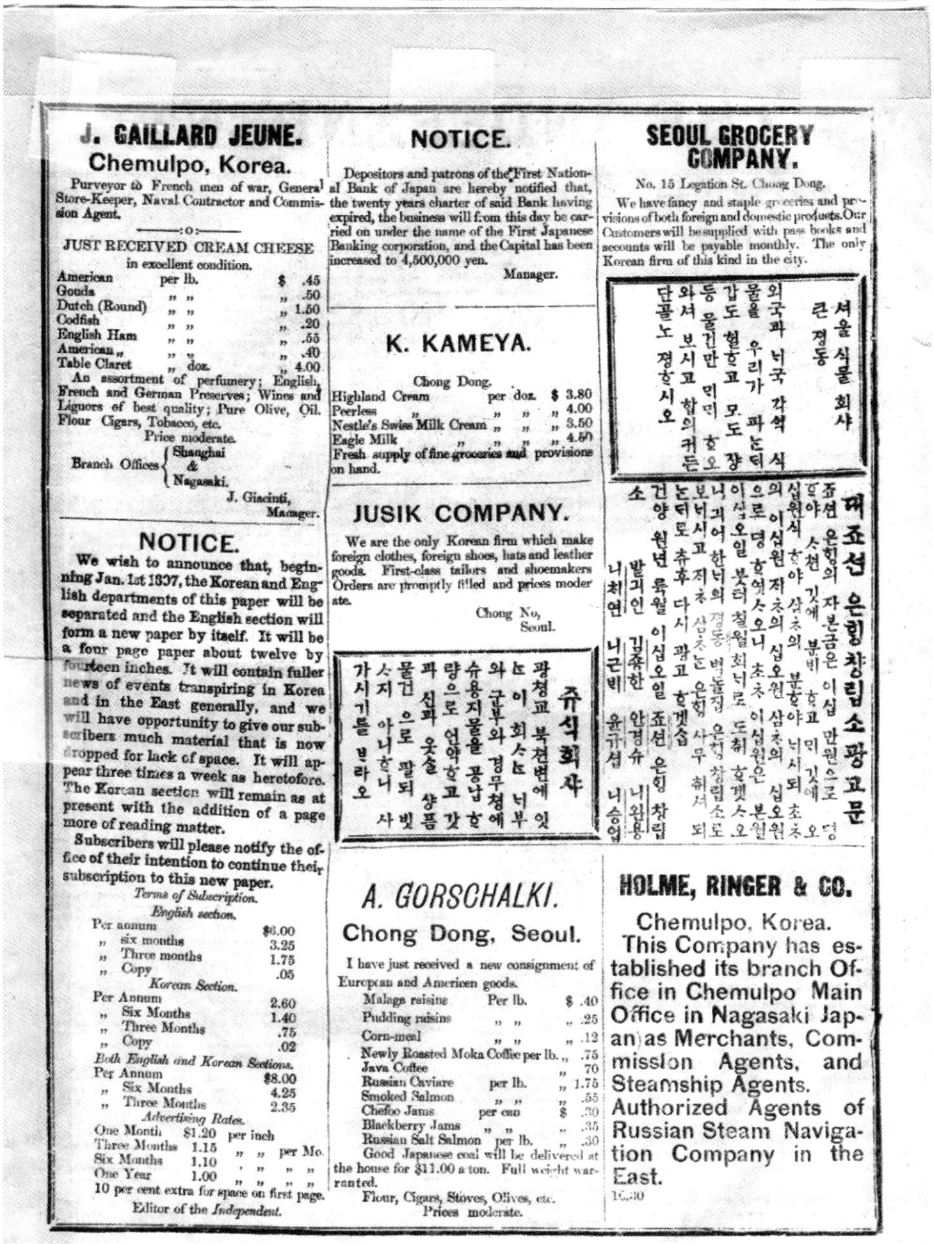

J. GAILLARD JEUNE.
Chemulpo, Korea.

Purveyor to French men of war, General Store-Keeper, Naval Contractor and Commission Agent.

———:o:———

JUST RECEIVED CREAM CHEESE in excellent condition.

American	per lb.	$ .45
Gouda	" "	" .50
Dutch (Round)	" "	" 1.50
Codfish	" "	" .20
English Ham	" "	" .55
American "	" "	" .40
Table Claret	" doz.	" 4.00

An assortment of perfumery; English, French and German Preserves; Wines and Liguors of best quality; Pure Olive, Oil. Flour Cigars, Tobacco, etc.

Price moderate.

Branch Offices { Shanghai & Nagasaki.

J. Giacinti, Manager.

NOTICE.

We wish to announce that, beginning Jan. 1st 1897, the Korean and English departments of this paper will be separated and the English section will form a new paper by itself. It will be a four page paper about twelve by fourteen inches. It will contain fuller news of events transpiring in Korea and in the East generally, and we will have opportunity to give our subscribers much material that is now dropped for lack of space. It will appear three times a week as heretofore. The Korean section will remain as at present with the addition of a page more of reading matter.

Subscribers will please notify the office of their intention to continue their subscription to this new paper.

Terms of Subscription.

English section.

Per annum	$6.00
" six months	3.25
" Three months	1.75
" Copy	.05

Korean Section.

Per Annum	2.60
" Six Months	1.40
" Three Months	.75
" Copy	.02

Both English and Korean Sections.

Per Annum	$8.00
" Six Months	4.25
" Three Months	2.35

Advertising Rates.

One Month	$1.20	per inch
Three Months	1.15	" " per Mo.
Six Months	1.10	" " "
One Year	1.00	" " " "

10 per cent extra for space on first page.

Editor of the *Independent.*

NOTICE.

Depositors and patrons of the First National Bank of Japan are hereby notified that, the twenty years charter of said Bank having expired, the business will from this day be carried on under the name of the First Japanese Banking corporation, and the Capital has been increased to 4,500,000 yen.

Manager.

K. KAMEYA.

Chong Dong.

Highland Cream	per doz.	$ 3.80
Peerless	" " "	" 4.00
Nestle's Swiss Milk Cream	" " "	" 3.50
Eagle Milk	" " "	" 4.50

Fresh supply of fine groceries and provisions on hand.

JUSIK COMPANY.

We are the only Korean firm which make foreign clothes, foreign shoes, hats and leather goods. First-class tailors and shoemakers Orders are promptly filled and prices moderate.

Chong No, Seoul.

쥬식회샤

광쳥교 북쳔변에 잇ᄂᆞᆫ 이 회ᄉᆞᄂᆞᆫ 닉부와 군부와 경무쳥에 슈용지물을 공납ᄒᆞ량으로 언약ᄒᆞ고 갓파 신과 옷술 샹픔 물건으로 팔되 빗ᄉᆞ지 아니ᄒᆞ니 사가시기를 ᄇᆞ라오

A. GORSCHALKI.
Chong Dong, Seoul.

I have just received a new consignment of European and Americen goods.

Malaga raisins	Per lb.	$ .40
Pudding raisins	" "	" .25
Corn-meal	" "	" .12
Newly Roasted Moka Coffie per lb.		" .75
Java Coffee		" 70
Russian Caviare	per lb.	" 1.75
Smoked Salmon	" "	" .55
Chefoo Jams	per can	$ .30
Blackberry Jams	" "	" .35
Russian Salt Salmon	per lb.	" .30

Good Japanese coal will be delivered at the house for $11.00 a ton. Full weight warranted.

Flour, Cigars, Stoves, Olives, etc.

Prices moderate.

SEOUL GROCERY COMPANY.

No. 15 Legation St. Chong Dong.

We have fancy and staple groceries and provisions of both foreign and domestic products. Our Customers will be supplied with pass books and accounts will be payable monthly. The only Korean firm of this kind in the city.

셔울 식물 회샤

큰 졍동

외국과 ᄂᆡ국 각셕 물을 우리가 파ᄂᆞᆫ 뒤 갑도 헐ᄒᆞ고 모도 쟝등 물건만 ᄆᆡᄆᆡᄒᆞ오 와셔 보시고 합의ᄒᆞ거든 단골노 졍ᄒᆞ시오

대죠션 은힝 창립소 광고문

죠션 은힝의 자본금은 이십 만원으로 뎡ᄒᆞ야 ᄉᆞ쳔 깃에 분비ᄒᆞ고 ᄆᆡ 깃에 오십원식 ᄒᆞ야 삼ᄎᆞ의 분ᄒᆞ야 ᄂᆡ시되 초ᄎᆞ의 이십원 지ᄎᆞ의 십오원 삼ᄎᆞ의 십오원으로 뎡ᄒᆞ엿ᄉᆞ오니 초ᄎᆞ 이십원은 본월 이십오일 붓터 칠월 회ᄂᆡ로 도취ᄒᆞ겟ᄉᆞ오니 긔어ᄒᆞᆫ ᄂᆡ의 졍동 벽돌집 은힝 창립소로 보ᄂᆡ시고 지ᄎᆞ 삼ᄎᆞᄂᆞᆫ 은힝 사무 취서 되ᄂᆞᆫ 뒤로 츄후 다시 광고 ᄒᆞ겟ᄉᆞᆸ

건양 원년 륙월 이십오일 죠션 은힝 창립소

발긔인 김죵한 안경슈 니완용 니최연 니근비 윤규셥 니승업

HOLME, RINGER & CO.

Chemulpo, Korea.

This Company has established its branch Office in Chemulpo Main Office in Nagasaki Japan as Merchants, Commission Agents, and Steamship Agents.

Authorized Agents of Russian Steam Navigation Company in the East.

10.30

귀국 직후 시도했던 신문 간행이 일본에 의해 좌절될 뻔했을 때 서재필의 상심을 들어주던 유일한 대화 상대는 윤치호였다. 윤치호는 아관파천 직후 신문 간행을 위해 분주하게 움직이던 서재필을 돕고 싶었지만, 이미 민영환을 수행해 러시아에 다녀오라는 고종의 명을 받았기에 도울 수 없었다. 1895년 서재필은 유길준의 벼슬 권고를 사양하였다. '갑신정변이 민중에 뿌리를 박지 못해서 실패했다'고 느껴 민중 계몽 사업을 하겠다며 조용히 거절했다. 이후 서재필은 박영효, 박정양 등을 찾아가 신문 개설에 필요한 자금을 내줄 것을 호소하였다.

결국 1895년 봄, 서재필은 신문 창립 비용으로 국고에서 3천원을 지원받고, 별도의 정착 자금으로 1,400원 등 4,400원을 받았으며, 월 300원씩 10년간 중추원 고문직을 맡기로 하였다.[4]

1896

단기 4229년/조선 건양 원년/고종 33년

대한제국 우체사

한성우체사

개설 일시 1895년 6월 1일. 고종 32년

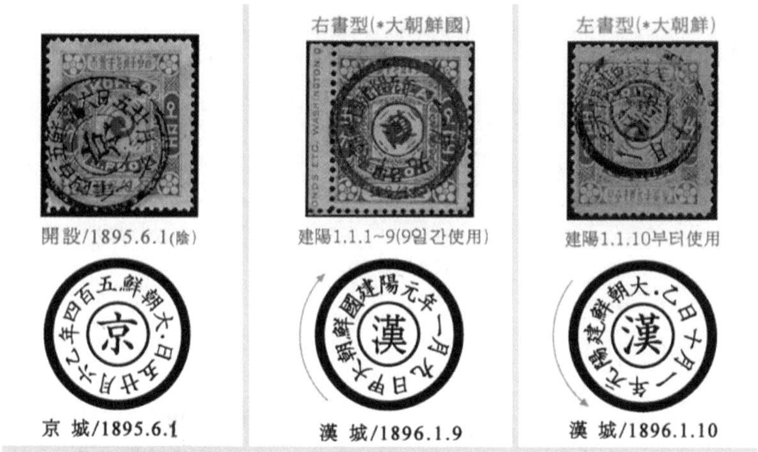

漢城

한성우체사가 설치되어 소멸할 때까지의 11년간 사용한 일부인을 살펴보면 이중원형 일부인이 세 번 바뀌었고, 원일형 일부인과 영문인은 일관되게 사용하였다. 이중원형 일부인은 개국 504년(1895년) 6월 1일(양력 7. 22)부터 1897년 12월 31일까지 공식적으로 사용하였다.

최초의 한성우체사의 이중원형 일부인은 우체사명 표기가 경(京)이었는데 어떠한 연유로 한(漢)으로 표기하지 않고 경(京)으로 표기하였는지가 고찰의 대상이다. 그 후 우체사가 증가함에 따라 우체사 명칭의 첫 자 만으로는 표기가 불가능하게 되면서 우체사 명칭을 거의 나타낼 수 있도록 대체적으로 두자를 쓰는 원일형 일부인으로 바뀌게 되었다. 원일형 일부인은 문서의 월일이 음력에서 양력으로 변경된 다음해인 1898년 1월 1일부터 한일통신합동조약으로 경성우체국에 승계된 날인 1905년 5월 18일까지 사용하였다.

출처:위키백과

1896년 우편사 [1]

출처: 우정사(郵征司) 연표

1월 4일 고영희(高永喜), 농상공부 협판에 피임, 우체주사 강용희 이하 우체기수보 다수 임명

1월 6일 공주사판위원(公州査辦委員), 역토(驛土)의 양안(量案)도 없고 진폐(陳廢)등으로 역민(驛民)의 작간(作奸)이 심하다고 보고

1896

단기 4229년/조선 건양 원년/고종 33년

대한제국 우체사

인천우체사

開設/1895.6.1(陰)

仁川

仁 川/1895.6.25

개설 일시 1895년 6월 1일

인천우체사는 한성우체사와 함께 1884년 10월 1일(양력11월 18일) 우편 제도의 도입에 따라 처음으로 개설되었으나 우정총국 사건을 계기로 한 갑신정변의 실패로 짧은 기간 존속하다가 혁파, 소멸되었다가 10여년이 지난 개국 504년 6월 1일(양력 1895년 7월 22일) 한성우체사와 함께 재개되어 광무 9년 5월 20일 재한 일본 인천 우체국에 승계될 때까지 존속하였다. 외체용 일부인에는 당해 우체사 명을 사용 하지 아니하고 직접적으로 당해 우체사에 속한 항구명을 사용하여 제물포(CHEMULPO)라고 표기하였다. 인천은 고구려 때 매소홀현(買召忽縣), 신라 경덕왕 때는 소성(邵城)이라 개칭하여 율진군(栗津郡)에, 1018년(고려 현종 9년) 에는 수주(樹州)에 속하였다가, 숙종 때에는 인예왕후(仁睿王后)의 고향이어서 경원군(慶源郡)으로 승격되었으며, 인종 때에는 순덕왕후 이씨의 고향인 까닭에 인주(仁州)로 개칭하였다가 1290년(공양왕 2년) 경원부(京源府)가 되었다. 조선조에 이르러서는 1392년(태조 1년)에 다시 인주(仁州)가 되었고, 1423년(태종 13년) 인천이라 고 칭하였다가, 1461년(세조 7년) 소헌왕후의 외향(外鄕)인 관계로 도호부(都護府)로 승격하였다. 인천이 역사 상으로 중요시된 것은 조선조 말부터다. 이때까지 제물포(濟物浦)라는 작은 어촌에 불과하던 곳이 지형상 서울의 관문이고, 외국 무역의 거점으로 좋은 조건을 가지고 있어 일찍부터 외국 세력에 의하여 주목을 받아왔었다. 1875년 운양호(雲揚號)사건을 계기로 강화도조약이 체결되어 인천의 문호가 개방되고, 뒤이어 제물포조약의 결과 1883년(고종 20년) 1월에는 인천항이 개항되었다. 인천은 해방 후 1949년에 시, 1981년 1월 1일 인천직할시, 다시 1995년 1월 인천광역시로 승격했다.

이중원형 일부인 사용 우체사(24개소)

사용 기간 1895년 6월 1일~1898년

인천우체사	개성우체사	수원우체사	안동우체사	충주우체사	대구우체사
동래우체사	공주우체사	남원우체사	나주우체사	평양우체사	의주우체사
전주우체사	춘천우체사	원산우체사	함흥우체사	해주우체사	홍주우체사
경성(鏡城)우체사	강계우체사	진주우체사	정주우체사	상주우체사	경흥우체사

1896년 우편사 [2]

1월 7일 김창한(金彰漢), 인천우체사장에 피임.(김낙집은 농상공부 기사로 전임)

1월 14일 내년도부터 각 부군(府郡) 관보 우송을 무료로 함을 공고

1월 18일 역제[驛制, 각역 찰방(察訪) 및 역속(驛屬)] 폐지. 칙령 제 9호

1월 20일 건양(建陽) 원년도 농상공부 소관 예산 관보에 공고
제2관 사업비 147,322원
제 1항 우체사 인비(人費) 51,322원
제 2항 전신 인비(人費) 90,933원
제 3항 제 사업비 5,000원

1월 21일 우체사관제 개정. 칙령 10호. 제 7조, '8등이'를 '대우'로.

1월 24일 미국에 주문하여 내송 중(內送中), 요꼬하마에 임치(任置)된 우표 2 상자와 미국에 남겨진 우표를 조속 송치하라고 외부(外部)에 통고

1월 권세연(權世淵) 안동에서 의병을 일으킴. 노응규(盧應圭) 진주에서 의거

1896

단기 4229년/조선 건양 원년/고종 33년

대한제국 우체사

나주우체사

대한제국 농상공부 통신국 산하 24곳 중 하나인 나주우체사

開設/1896.2.16

개설 일시 1896년 2월 16일
대한제국농상공부령 제 1호 고시 제1호에 의거
1898년 12월 25일 나주우체국사 설립
1907. 3. 1
나주 임시 우체국사 설립
남평군에 남평임시우체국사 설치

1940년경 나주우체사 건물로 추정,
현 농협중앙회 나주시지부에 일제강점기
나주우체국이 소재했던 것으로 추정하는 건물

羅 州/1896.8.14 나주우체사의 이중원형 일부인

나주(羅州)는 삼한시대 때에는 불미지국(不彌之國)이었으며, 삼국시대 때에는 발라(發羅) 또는 통의(通義)라고도 하였고, 통일신라시대 때에는 금산(錦山) 또는 금성(錦城)으로 개칭되기도 하였다. 견훤(甄萱)이 이곳에서부터 후백제를 세웠으나, 궁예(弓裔)가 왕건(王建)으로 하여금 이곳을 뺏은 이후 나주라 하였다.

1010년(고려 현종 1)에 나주목으로 승격한 후 1895년 8도를 23 관칠부로 개편할 때 나주 관찰부로 되어 나주목은 나주군으로 되었다. 1981년 금성시로 승격하였으며, 1929년 나주면이 나산면을 흡수하고, 1937년 나주읍으로 1981년 금성시로 승격하였으며, 1995년 나주시로 개칭하였다.

이중원형 일부인 사용 우체사(24개소)

사용 기간 1895년 6월 1일~1898년

인천우체사	개성우체사	수원우체사	안동우체사	충주우체사	대구우체사
동래우체사	공주우체사	남원우체사	나주우체사	평양우체사	의주우체사
전주우체사	춘천우체사	원산우체사	함흥우체사	해주우체사	홍주우체사
경성(鏡城)우체사	강계우체사	진주우체사	정주우체사	상주우체사	경흥우체사

1896년 우편사 [3]

1월 25일 외부(外部), 주일공관에 요꼬하마 임치(任置)의 우표 2 상자 조속히 송치하라고 훈령
외부(外部), 주미공관에 남은 우표와 인쇄판을 송치하도록 훈령

1월 29일 안동우체사, 지방 소요로 문경(聞慶)에 이첩(移牒)하였음을 확인

2월 3일 농상공부, 석판 인쇄기계 등의 구입을 내각에 청의

2월 5일 공주·전주, 남원, 나주우체사 설치. 2월 16일부터 우무 개시 공고 [농상공부령 1호]
한성-나주간 우체물 체송법 제정 [훈령 302호]
위의 4 사의 우체물 집신, 분전은 매일 2회로 하고 그 시간은 적의토록 함 [훈령 288호]

2월 11일 이완용, 농상공부대신 임시서리로 피임

2월 12일 고영희 협판 농상공부 대신서리로 피임

2월 13일 관보 공고, 안동-대구간에서 1월 22일, 23일에 우편물 탈취되었음을 알림

1896 단기 4229년/조선 건양 원년/고종 33년

대한제국 우체사

남원우체사 대한제국 농상공부 통신국 산하 24곳 중 하나인 남원우체사

開設/1896.2.16

개설 일시 1896년 2월 16일
남원우체사는 칙령 제 125호(개국 504 윤 5.26)에 의하여 관제가 설립되고, 칙령 제 42호(건양 1. 8. 5)에 의하여 2등사로 되었다가, 광무 9년. 6.10. 군산 우편국 남원출장소에 승계되어 소멸하였다.

南 原/1896.9.14

남원우체사의 이중원형 일부인은 외원(外圓)의 직경은 24mm이고, 두께는 1.5mm이다.
내원(内圓)의 직경은 9mm이고, 두께는 0.5mm이다.
원일형 일부인의 우체사명은 "남원"이며 외체인은 항구사가 아닌 관계로 존재하지 아니한다.

이중원형 일부인 사용 우체사(24개소)

사용 기간 1895년 6월 1일~1898년

인천우체사	개성우체사	수원우체사	안동우체사	충주우체사	대구우체사
동래우체사	공주우체사	남원우체사	나주우체사	평양우체사	의주우체사
전주우체사	춘천우체사	원산우체사	함흥우체사	해주우체사	홍주우체사
경성(鏡城)우체사	강계우체사	진주우체사	정주우체사	상주우체사	경흥우체사

1896년 우편사 [4]

2월 11일 아관파천(俄館播遷) 임시 내각 설립
2월 14일 일본영사, 인천-한성간에서 우체물 도난 많으니 엄금하라고 요구
3월 8일 우체주사, 김복균 등 15인과 우체기사보 임영진 등 8인 임명
3월 11일 이병달 전주우체사장 피임. 각 지방 우체사 경비 중 우선 경상비라도 각 부군(府郡) 공전(公錢) 중 출급토록 탁지부에 요청
3월 13일 우체물 집분, 발착시간 개정표 공고. [관보 272호]
3월 23일 이채연, 농상공부 협판 피명
3월 26일 농상송부, 우표를 자조(自造)하려고 외부에서 보관중이던 우초 철판(郵鈔凸版) [갑신 당시의 것]을 찾아옴
4월 2일 일본 경응의숙(慶應義塾) 유학생 중 80여 명을 전신 우체 기술자로 속성 훈련 귀국케 하는데 일본공사관의 협력을 요청
4월 4일 통신국 고원(雇員) 가또오 해약
4월 8일 미국에 주문 인쇄해 온 우표 2 상자의 면세를 해관(海關)에 요청
4월 11일 평양, 의주에 우체사 설치코 4월 25일부터 우무 개시 공고. [농상공부령 2호 고시]
4월 7일 독립신문(獨立新聞) 창간, 영국인 브라운 [J. Meleany Brown. 柏卓安] 재정 고문에 임명됨
4월 24일 농상공부, 일본인 신문인 한성신보(漢城新報)의 우송을 거절 [인가취소]한 뜻을 외부에 통고
4월 25일 평양, 의주우체사 우무 개시
4월 29일 한성, 개성, 평양, 의주간 우체물 집분, 발착 시간 공고. [한성-평양간 발송 매일 오전 9시, 도착 매일 오후 2시 30분, 평양-의주간 발송 5일마다 오전 9시, 도착 역시 오후 2시 30분]
4월 30일 오세창, 통신국장 사임 [통신국장 임시 대판 최문현]
안동 우체주사 김재담 인민 봉기때에 살해되었음을 공고

1896

단기 4229년/조선 건양 원년/고종 33년

대한제국 우체사

전주우체사

開設/1896.2.16 全州/1896.8.25

전주우체사는 칙령 제 125호(개국 504. 윤 5.26)로 관제가 이루어졌고, 부령 제1호(건양 1.2.5)에 의하여 설치되어 건양 1년 2월 16일에 업무를 개시하였다.

칙령 제 42호(건양 1.8.5)에 의하여 1등사가 되었다가 광무 9년 6월 2일에 군산 우편국 전주출장소에 승계되어 소멸되었다. 전주우체사의 이중원형 일부인은 외원(外圓)의 직경이 25mm이고 두께는 1.5mm이다. 내원(內圓)의 직경은 9mm이고 두께는0.1mm이다. 원일형 일부인은 상단에 '全州'라 되어 있고, 외체인은 항구사가 아닌 관계로 존재하지 아니한다. 전주는 삼한시대 때 마한(馬韓)의 땅으로 북쪽 20km 지점에 마한이 도읍하였다. 전주는 본래 백제의 완산(完山-比斯伐-比自火)으로 554년(위덕왕 1) 주를 두어 완산주라 하였다가 564년(위덕왕 11)에 주를 폐하였다. 백제가 신라에 패망한 후 685년(신라 신문왕 5)에 완산주라 하였다가 757년(경덕왕 16)에 전주로 개칭하였다. 936년(고려 태조19)에 안남도호부로 개칭, 940년(태조 23) 다시 전주로 환원, 993년(성종 12) 승화절도안무사로 개칭, 1018년(현종 9) 안남대도호부로 승격, 1355년(공민왕 4) 원나라 사신을 가두었던 곳이라 하여 강등되어 부곡(部曲: 향(鄕) 또는 소(所)를 일컫는 뜻)이 되었으나, 곧 완산부로 복구되었다.

1392년(조선 태조 1) 이곳이 태조의 본관이라 하여 완산 유수부로 승격, 1403년(태종 3) 전주부로 개칭하고, 1914.10.1. 전주면을 설치하고, 1931. 4. 1. 전주읍으로 승격, 1935. 10. 1. 전주부로 승격, 1948. 8. 15. 전주시로 개칭되었다.

이중원형 일부인 사용 우체사(24개소)

사용 기간 1895년 6월 1일~1898년

인천우체사	개성우체사	수원우체사	안동우체사	충주우체사	대구우체사
동래우체사	공주우체사	남원우체사	나주우체사	평양우체사	의주우체사
전주우체사	춘천우체사	원산우체사	함흥우체사	해주우체사	홍주우체사
경성(鏡城)우체사	강계우체사	진주우체사	정주우체사	상주우체사	경흥우체사

1896년 우편사 [5]

5월 1일 농상공부, 안동우체사를 상주군에 임시 개설하니 협조하라고 안동부에 훈령

5월 3일 농상공부, 소요때에 물러난 충주우체사 관원을 파송하니 우무 재개에 협조하라고 충주부에 훈령

5월 6일 농상공부, 우체사무의 확장에 맞추어 만국통우합동공법(萬國通郵合同公法)을 외부로부터 차수(借受) 고열(考閱-자세히 살펴보거나 점검하면서 읽음.)

5월 8일 관보, 5월 5일자에 소원 수지현(小原水遲峴)에서 우체물 약탈되었음을 관고함

5월 14일 한성에 주재하고 있는 일본 아라사공사 한성각서(漢城覺書) [4조] 체약. 일본군 주둔 용인

5월 28일 춘천, 원산, 함흥, 해주, 홍주에 우체사 설치. 6월 5일부터 우무 개시 공고 [부령 3호 고시]
경성(鏡城), 강계(江界)우체사 설치. 6월 15일부터 우무 개시 공고 [부령 4호 고시]

5월 30일 변종헌(卞鍾獻) 통신국장 피임

6월 3일 해주, 홍주, 춘천, 함흥, 원산, 경성(鏡城), 강계등 우체사 우체물 집분, 발착시간 공고
[함흥, 경성(鏡城)간, 평양, 강계간은 5일마다 1회, 기타 구간은 매일 1회]

6월 5일 춘천, 원산, 함흥, 해주, 홍주우체사 우무 개시

6월 6일 관보, 5월 3일자에 연풍(延豊), 안보(安保)에서의 우체물 약탈 공고

1896

단기 4229년/조선 건양 원년/고종 33년

대한제국 우체사

공주우체사

開設/1896.2.16

公州(大)/1896.11.1

공주우체사는 칙령 제125호(개국 504 윤 5. 26)에 의하여 관제가 설립되었고, 부령 제1호(건양 1.2.5)에 의하여 설치되어 건양 1. 2. 16에 업무를 개시하였다. 칙령 제42호(건양 1.8.5) 관제개정으로 1등사가 되었다가 광무 9년 5. 21 군산우편국 공주출장소에 승계되어 소멸하였다.

공주우체사의 이중원형 일부인은 외원(外圓)의 직경이 25mm이고, 두께는 1.5mm이며 내원(內圓)의 직경은 충주우체사와 정주우체사와 같이 길이 13mm로서 대형인 것이 특징이고 두께는 1mm이다.

원일형 일부인의 우체사의 명칭은 '공주'이고, 외체인은 항구사가 아니므로 존재하지 않는다.

공주는 백제 시대 때 웅천(熊川)으로서 475년(백제 문주왕 원년) 하남 위례성에서 이곳으로 천도하였다. 538년(성왕 16) 백제를 중흥할 목적으로 웅천에서 사비(泗沘: 현재의 부여)로 천도할 때까지 64년간 왕도였다. 백제가 멸망한 후 당나라가 웅진도독부(熊鎭都督府)를 두었다가 신라가 차지한 후 686년(신문왕 6) 웅천주(熊川州)로 고쳤고, 757년(경덕왕 16) 웅주(熊州)로 개칭하였으며, 940년(고려 태조 23) 공주(公州)로 개칭하여 도호부(都護府)를 두었다. 995년(성종 2) 행정 구역 수정으로 지산군으로 강등하였다가 1341년(충혜왕 2) 원(元)나라의 평장사(平章事) 활활적(闊闊赤)의 처 경화옹주(敬和翁主)의 고향인 탓으로 공주목(公州牧)으로 승격시켰다. 1670년(조선 현종 11) 공주현(公州縣)으로 강등하였다가, 1679년(숙종 5) 다시 공주목으로 된 다음 1895년(고종 32) 공주부로 개칭하였고, 해방 후 공주읍(公州邑)으로 되었다가 1981. 7. 1 공주시(公州市)로 승격하였다.

이중원형 일부인 사용 우체사(24개소)

사용 기간 1895년 6월 1일~1898년

인천우체사	개성우체사	수원우체사	안동우체사	충주우체사	대구우체사
동래우체사	공주우체사	남원우체사	나주우체사	평양우체사	의주우체사
전주우체사	춘천우체사	원산우체사	함흥우체사	해주우체사	홍주우체사
경성[鏡城]우체사	강계우체사	진주우체사	정주우체사	상주우체사	경흥우체사

1896년 우편사 [6]

6월 8일 농상공부 사판위원 동화부(東華府)에서 역토사판(驛土査辦)을 역속들이 방훼한다고 보고

6월 미륜사(彌綸斯·j. S. Meuhlensteth. 1855~1915)를 전보교사(傳報敎師)로 초빙

6월 15일 경성(鏡城), 강계(江界)우체사 우무 개시

7월 2일 독립협회(獨立協會) 결성

7월 3일 진주(晋州)우체사 설치. 7월 25일부터 우무 개시 공고. [부령 5호 고시] 지방 소요시 철수하였던 나주우체사에 관원 파견

7월 13일 법규우편(法規郵便) 간행

7월 17일 안동우체사 상주에 임시 개설하고 8월 10일부터 우무 개시 공고. [부령 6호]

1896

단기 4229년/조선 건양 원년/고종 33년

대한제국 우체사

동래 · 부산우체사

開設/1895.10.21(験)

東 萊/1896.6.3

개설 일시 1895년 10월 21일

동래우체사는 한성-동래 간 우체선로 확장 정책의 마지막 기착지로 칙령 제125호(개국 504, 윤5. 26)에 의하여 관제를 확립하고, 부령 제10호(개국 504. 10. 9)에 의하여 설치되어 개국 504년 10. 21 개사(開司)하여 업무를 시작하였다.

관제 개정인 칙령 제42호(건양 원년 8. 5)에 의하여 1등사로 됨과 동시에 우체사명을 부산우체사로 개칭하였다.

동래우체사에는 이중원형 일부인만이 존재하고 원일형 일부인은 없다. 또한 부산우체사는 원일형 일부인만 존재하고 이중원형 일부인은 발견된 바가 없다. 개칭 시기만을 본다면 부산우체사의 경우는 원일형 일부인의 사용 시기가 광무 2년 9(1898년) 1월 1일이므로 개칭된 시기가 1896. 8. 5이므로 1년 4개월 정도의 이중원형 일부인의 사용기간이 있었는데 발견되지 아나하는 것은 미스테리다. 동래우체사의 이중원형 일부인은 동래의 첫 글자 '東'으로 되어 있으며, 외원(外圓)은 직경이 25mm이고, 두께는 2mm이며, 내원(内圓)은 직경이 10mm이고 두께는 05mm이며 인육의 색은 자갈색이다. 원일형 일부인의 우체사명은 '釜山'으로 되어 있으며, 외체인은 'FUSAN'으로 되어 있다.

동래는 삼한시대 때 변한의 1국으로 독로국(瀆盧國) 또는 장산국(萇山國)이라고 불리고, 한때는 거칠산국(居漆山國)의 치소로서 후에 신라가 정복하여 거칠산군(居漆山郡)을 두었고, 756년(경덕왕 16) 동래군(東萊郡)이라고 고쳤다가 1018년(고려 현종 9) 울주(蔚州)에 예속되었다가 1397년(조선 태조 6) 진(鎭)을 설치하고, 1547년(명종 2) 도호부(都護府)로 승격되었다가 임진왜란 때 최초의 패전지라는 이유로 현(縣)으로 격하되었다. 1599년(선조 32) 다시 도호부로 승격하였다.

1910년 한·일합방이 되자 부산부(釜山府)에 속하였다가, 1914년 부·군 통폐합 때에는 부산부를 제외한 부분과 기장군(機長郡) 전부와 양산군의 일부를 흡수하여 동래군이 되었다가 1942년 부산부의 확장으로 동래군의 대부분이 부산부에 흡수되어 현재는 동래구(東萊區)로서 명맥을 유지하고 있다.

부산(釜山)은 1949년 8월 15일 시(市)로 개칭되고, 1963년 1월 1일 직할시(直割市)로 승격되었고 1995년 지방자치법 개정으로 광역시(廣域市)로 개칭되었다.

이중원형 일부인 사용 우체사(24개소)

사용 기간 1895년 6월 1일~1898년

인천우체사	개성우체사	수원우체사	안동우체사	충주우체사	대구우체사
동래우체사	공주우체사	남원우체사	나주우체사	평양우체사	의주우체사
전주우체사	춘천우체사	원산우체사	함흥우체사	해주우체사	홍주우체사
경성(鏡城)우체사	강계우체사	진주우체사	정주우체사	상주우체사	경흥우체사

1895년 우편사 [7]

3월 25일 농상아문(農商衙門)과 공무아문(工務衙門)을 통합하여 농상공부(農商工部)로 개편하여 통신국(通信局)을 설치토록 하는 신관제(新官制) 반포

3월 17일 대한제국의 예산(豫算) 최초로 편성

3월 동학당(東學黨) 전봉준(全琫準) 처형

4월 1일 농상공부 관제 시행. 김가진 농상공부 대신·이채연 동 협판·조병교 동 체신국장·농상공부 기수 김남식 등 12명 임명. 농상공부 주사 최문헌 등 18명 임명

4월 5일 인천에 통신분국 설치 예정으로 인천 경무청(警務廳) 청사의 사용을 교섭

4월 19일 농상공부 본부는 전 농상아문에, 동부(東府) 통신국은 전 공무아문에 설치키로함

4월 22일 농상공부 분과규정(分課規定) 반포

외부(外部), 해관우편(海關郵便) 철혁조치(撤革措置)하라고 통고

1896

단기 4229년/조선 건양 원년/고종 33년

대한제국 우체사

대구우체사

開設/1895.10.21(陰)

大邱/1896.6.27

개설 일시 1895년 10월 21일

대구우체사는 한성-동래 간 우체선로 확장 정책에 따라 충주. 안동. 동래우체사와 함께 칙령 125호(개국 504. 5. 26)에 의하여 관제를 확립하고, 부령 제10호(개국 504년 10. 9)에 의하여 개국 504년 10월 21일 설치되어 업무를 시작하였고, 관제 개정인 칙령 제42호(건양 1년 8. 5)에 의하여 1등사가 되였다가 1905년(광무 9). 5. 22 재한일본 부산우편국 대구출장소에 승계되어 소멸하였다. 대구우체사의 이중원형 일부인은 내원(內圓)에 대구의 첫 글자가 아닌 끝 글자인 '邱'로 되어 있고, 강계우체사도 끝 글자로 되어 있어 흥미롭다.

외원(外圓)은 직경이 25mm이고, 두께는 2mm이며, 내원(內圓)은 직경이 10mm이고 두께는 0.5mm이다.

원일형 일부인의 우체사명은 '大邱'로 되어 있으며, 외체인은 항구사가 아닌 관계로 존재하지 아니하였다

대구는 그 지역에서 출토되는 무문토기와 같은 유물로 보아 대략 3,000년 전 청동기 시대인 서기 7세기 무렵부터 인간이 거주하였던 것으로 추정되고, 또 지금까지 남아있는 지석묘. 석관묘. 석실분 등 당시 세력 집단들에 의한 여러 무덤 유적을 볼 때 세력 통합 운동이 일어나 성읍 국가와 같은 소국으로 정확한 국가명은 알 수 없으나 삼한시대의 변진 24국 가운데 하나였을 것으로 추정된다 신라의 군현체제에서 대구는 위화군과 달구화현(達丘火縣)으로 나뉘어져 있었는데 57년(경덕왕 16)에 위화군은 수창군(壽昌郡)으로 달구화현은 대구현(大丘縣)으로 개명되어 수창군의 영현으로 삼았다. 달구화현은 달불성(達弗城)이라 부르기도 했다 1018년(고려 현종 9)에 경산부(京山府)에 속했다가 1143년(인종 21) 현령우였고, 1419년(세종 1) 5월 대구군으로 승격되었다. 1466년(세조 12)에 진(鎭)을 설치하여 도호부로 하고 경주에 있던 경상도 관찰사영을 대구로 옮겼다. 1895년(고종 32)에는 부(府)로 되었다가 1949년에는 시(市)로 승격하였고, 1981년 7월 1일 대구직할시로 승격하고, 1995년 1월 광역시로 개칭하였다. 대구의 한자 표기가 '大丘'에서 '大邱'로 바뀐 것은 1780년대부터다. 이보다 이전인 1750년(영조 26) 대구의 유생 이양채(李亮采)가 '丘' 자는 대성공자의 휘(諱)자이므로 개칭하여야 한다는 상소를 올렸으나 왕의 승낙을 얻지 못하다가 1980년대부터 점차 '大邱'로 쓰이기 시작하였다.

이중원형 일부인 사용 우체사(24개소)

사용 기간 1895년 6월 1일~1898년

인천우체사	개성우체사	수원우체사	안동우체사	충주우체사	대구우체사
동래우체사	공주우체사	남원우체사	나주우체사	평양우체사	의주우체사
전주우체사	춘천우체사	원산우체사	함흥우체사	해주우체사	홍주우체사
경성(鏡城)우체사	강계우체사	진주우체사	징주우체사	상주우체사	경흥우체사

1895년 우편사 [8]

5월 3일 정병하(鄭秉夏) 농상공부 협판에 임명

5월 25일 우부(郵夫) 8명을 진고개(泥峴) 일본우편국에 윤회경습(輪回見習)토록 조치

6월 1일 국내 우체규칙, 우체사 관제 등 시행
한성-인천간 우체 사무 개시
국기우표(國旗郵票) 4종, [5푼, 1돈, 2돈5푼, 5돈] 발행 [태극보통우표]

6월 5일 통신국내에, 인천우체사를 인천항(仁川港) 축현(丑峴) 서쪽 언덕 밑 전 이운사(利運社) 내에 설치
[농상공부 고시 제 3호]

6월 19일 관보, 내년(1896) 4월에 워싱턴에서 만국우편연합회의(萬國郵便聯合會議) 개최를 보도

1896

단기 4229년/조선 건양 원년/고종 33년

대한제국 우체사

안동우체사

(소장/강윤홍/사진복제)
開設/1895.10.21(陰)

(소장/이종구/실물촬영)

安東/1896.1.9

安東/1896.1.17

개설 일시 1895년 10월 21일

안동우체사는 개국 504년 閏 5월 26일 칙령 제125호로 관제가 설립되어 같은 해 부령 제10호(개국 504년 10. 9)에 의하여 같은 해 10월 21일 설치하여 업무를 개시하였다. 그러나 안동우체사는 우체사 중 가장 파란 만장한 우체사이고 유일하게 단명한 우체사이다. 왜냐하면 민비의 시해와 그 후에 강요된 단발령 등 일본제국주의 침략에 항거하는 의혈 난동으로 안동우체사가 건양 원년 1월 27일부터 소재 불명된 후 마침내 문경(聞慶)으로 옮겨졌다가 건양 원년 8월 10일 부령 6호(건양 1. 7. 17)에 의하여 법령상으로 상주에 임시 이설하였다고 되어 있으나, 상주우체사의 사용 필 우표(尙州郵遞司 때 사진 게재)에 의하면 그 사용필 우표에 나타난 날짜가 건양 원년 8월로 되어 있어 임시 이설 즉시 폐지된 것이나 다름없고 법령상으로는 건양(建陽) 2년 3월 23일 칙령 17호(건양2. 3. 23)에 의하여 관제상 폐지되었고, 같은 날, 같은 칙령에 의하여 상주우체사가 개설된 것으로 되어 있다. 안동우체사의 이중원형 일부인은 사용 기간이 3개월 정도에 불과하여 매우 희귀한 자료이다. 그런 관계로 외원과 내원의 크기와 두께를 규명하기가 난이하다.

안동은 본래 고창녕국(古昌寧國)이었는데 신라 때 고타야군(古拖耶郡)으로 되었다가 경덕왕 때 고창군(古昌郡)으로 고쳤다. 고려 태조 때 이곳에서 후백제의 견훤과 싸울 때 이 곳 사람 김선평(金宣平), 김행(金幸), 장길(張吉)이 태조를 도운 공으로 부로 승격시키고, 안동으로 고쳤다가 영가군(永嘉郡), 정종 때에는 길주(吉州)로 고치고 다시 안동부(安東府)로 고쳤다. 명종 때에 김삼(金三), 효심(孝心)의 난을 평정한 공으로 도호부로 승격되었다. 신종 때 동경(東京-慶州)의 야별초(夜別抄)등이 난을 일으키자 군사를 보내어 토벌할 때 안동부 사람들이 공을 세웠으므로 대도호부로 승격되었다. 충열왕 때 복주목(福州牧)으로 고치고, 공민왕 때 홍두적을 피하여 이곳에 머무를 때 왕을 잘 모신 공으로 다시 대도호부로 승격되었다. 1576년(선조 9) 현(縣)으로 강등했다가 1785년(선조14)에 부로 하고, 1776년(영조) 현으로 강등하였다가 1785년(정조 9) 다시 부로 승격하였다. 1895년(고종 32)에 군이 되었다가 1963년 시로 승격하였다.

이중원형 일부인 사용 우체사(24개소)

사용 기간	1895년 6월 일~1898년				
인천우체사	개성우체사	수원우체사	안동우체사	충주우체사	대구우체사
동래우체사	공주우체사	남원우체사	나주우체사	평양우체사	의주우체사
전주우체사	춘천우체사	원산우체사	함흥우체사	해주우체사	홍주우체사
경성(鏡城)우체사	강계우체사	진주우체사	정주우체사	상주우체사	경흥우체사

1895년 우편사 [9]

6월 18일 한성부 내 [집신 오전 7시 20분-오후 5시, 분전 오전 9시-오후 6시] 및 한성-인천간 우체물 집분발착 시간 오전 9시 발송, 오후 6시 귀착

관보, 한성우체사 6월 1일부터 15일까지의 우체물 취급수 공고 [집신 137, 분전 147, 발송 113도착 133]

6월 23일 한성내의 우표매하소 10개소 및 우체함(郵遞函) 위치 공고 [고시 4호]

6월 각 역(驛)에 입마(入馬)를 폐지하고 인부(人夫)로 대체시킴

7월 7일 미국에 위탁 제조한 우표 및 기타물의 조속 송치와 해관우편의 즉시 혁파를 외부에 독촉

7월 18일 우체 사업비 부족조로 증액된 6,438원 40전의 예산외(豫算外) 지출 결정

7월 28일 8월 1일부터 개성우체사(開城郵遞司) 개설 공고 [농상공부령 제 4호]

8월 1일 개성(開城)에 우체함 설치하고 우표매하소 3개소 허가. 수원(水原)에 한성우체지사(漢城郵遞支司) 개설 공고 [농상공부령 제 5호]

8월 7일 한성-수원간 우체물 체송법 제정 [농상공부 훈령 제297호]

8월 10일 수원내에 우체함 3개소, 우표매하소 2개소 허가

8월 20일 을미사변 발생

1896

단기 4229년/조선 건양 원년/고종 33년

대한제국 우체사

충주우체사

開設/1895.10.21(陰)

忠州(小)/1896.1.6 忠州(大)/1897.9. .

개설 일시 1895년 10월 21일

충주우체사는 1895년 윤(閏)5월 26일 칙령 1125호로 관제를 확립하고, 같은 해 10월 21 일 설치되어 업무를 개시하였다가 1896년 8월 5일 관제 개정에 따라 이등사로 되었다. 1905년 6월 15일 경성 우편국 충주출장소에 승계되어 소멸하였다 충주우체사는 업무개시 때부터 원일형 일부인을 사용하기 전까지 이중원형 일부인을 사용하였는 바, 충주우체사가 사용한 이중원형 일부인은 외원(外圓)의 직경이 25mm, 두께가 2mm이고 내원(內圓)에 대하여는 두 가지가 있다. 그 하나는 내원(內圓)의 직경이 13mm, 두께가 1mm이고, 다른 하나는 내원의 직경이 9mm, 두께는 0.5mm이다. 내원 안에는 충주의 머릿 글자 '忠'이 각인되어 있다.

충주는 고구려 때에는 국원성(國原城) 또는 미을성(未乙省), 난장성(亂長城)이라고도 불렀다. 진흥왕 때 공략하여 소경(小京)을 설치하고, 경덕왕 때 중원경(中原京)으로 개명하였다. 고려 태조 때 충주라고 하고 목사를 두었다가 절도사를 주재시키고 고려 성종 14년 전국을 10도로 구분할 때 중원도(中原道)에 예속시켰다 1254년 고종 41 국원경(國原京.)으로 승격하고 그 후 다시 목(牧)으로 되었다가 1449년 세종 31에 관찰사를 두어 판목사(判牧使)를 겸임하였다. 세조 때 진(鎭)을 설치하여 충북의 제일 가는 도청소재지가 되었으나 1908년 도청이 청주로 이전 1956년 7월 시로 승격하여 현재에 이른다.

이중원형 일부인 사용 우체사(24개소)

사용 기간	1895년 6월 일~1898년				
인천우체사	개성우체사	수원우체사	안동우체사	충주우체사	대구우체사
동래우체사	공주우체사	남원우체사	나주우체사	평양우체사	의주우체사
전주우체사	춘천우체사	원산우체사	함흥우체사	해주우체사	홍주우체사
경성(鏡城)우체사	강계우체사	진주우체사	정주우체사	상주우체사	경흥우체사

1895년 우편사 [10]

9월 12일 농상공부, 재차 우표 송교를 독촉, 외부, 다시 미공관에 통고

9월 20일 관보, 우표 매하 수입액 공고 [6월 362원 97전, 7월 175원 39전, 8월 375원 68전]

9월 22일 우체사무세칙 제 54조에 연운이(沿運) 우체사 체송 규정 삽입하여 7개조를 추가 개정

9월 24일 농상공부, 각 역전답(驛田畓) 사명(査明) 코자 사판위원을 파송

9월 26일 농상공부, 인천항 및 인항우선회사의 전마(電碼) 2장을 외부에 기탁 [우선 동일 12시 발신 예정]

10월 21일부터 우무 개시 공고. [농상공부령 10호] 10월 9일 충주, 안동, 대구, 동래에 우체사 설치

한성·동래간 우체물 체송법 제정

[양단간(兩端間) 매일 1회 발착, 소요 일수 11일, 소요 인부 22명] [훈령 470호]

위의 4사 우체사 우체물 집신, 분전은 매월 2회로 하고 그 시간은 적의 토록함 [훈령 제471, 480호]

1896

단기 4229년/조선 건양 원년/고종 33년

대한제국 우체사

수원우체사

開設/1895.8.10(陰)

水 原/1896.5.22

개설 일시 1895년 8월 10일

수원우체사는 1895년 개국 504년 음력 8월 1일 부령 제5호에 의하여 한성 우체사 지사로 설치되고 같은 해 음력 8월 10일(부령 제6호 개국504년 8월 7일) 개국하였고, 1896년(건양 원년) 8월 5일 칙령 제42호에 의하여 2등사인 우체사로 승격하였다가 1905년(광무 9년) 6월 12일 경성 우편국 수원부출장소에 승계되어 소멸. 수원우체사가 개국되어 원일형 일부인이 사용되기 전날까지 사용한 이중원형 일부인은 외원의 직경이 24mm, 두께는 1.5mm인 그 때 당시로서는 평범한 형태이나, 내원은 직경이 9mm이고 두께도 0.2mm에 불과하는 특이하고 유일한 형태이다. 내원 안에는 수원의 첫글자인 '水'가 각인되어 있다. 원일형 일부인은 다른 우체사와 마찬가지로 1898년(광무 2년) 1월 1일부터 수원우체사가 소멸될 때까지 원형 위쪽에 '水原'이라고 각인하여 사용하였으나, 외체인은 항구사가 아닌 관계로 존재하지 않는다.

수원은 경기도 남서부에 위치한 도시다. 고구려 때에는 매홀군(買忽郡)이였으나 신라 경덕왕 때 양인의 귀순한 공으로 수주(水州)로 승격 1271년(원종 12)에 몽고병이 대부도에 침입하여 도민들을 노략질하므로 도민들이 발분하여 몽고병 6명을 죽이고 반역하였을 때 수주부사 안열(安悅)이 평정한 공으로 수원이라 개칭하여 도호부를 두었다가 그 후에 수원목이라 하였다. 1310년(충선왕 2년)에는 수원부로 승격하였으나, 1362년(공민왕 11) 목사가 홍적에게 투항한 이유로 수원군으로 강등하였다. 후에 지방민의 요청으로 수원부로 환원되었다. 1789년(정조 13) 관아를 팔달산 밑으로 옮기고 광주군의 2개 면을 편입시켰다. 1949년 수원읍은 분리하여 시로 승격하고 나머지는 화성군으로 편입되었다.

이중원형 일부인 사용 우체사(24개소)

사용 기간	1895년 6월 일~1898년				
인천우체사	개성우체사	수원우체사	안동우체사	충주우체사	대구우체사
동래우체사	공주우체사	남원우체사	나주우체사	평양우체사	의주우체사
전주우체사	춘천우체사	원산우체사	함흥우체사	해주우체사	홍주우체사
경성(鏡城)우체사	강계우체사	진주우체사	정주우체사	상주우체사	경흥우체사

1895년 우편사 [11]

10월 21일 충주, 안동, 대구, 동래우체사 우체 사무 개시

10월 25일 한성, 동래간 우체물 집신, 분전 발착 시각 공고 [매일 오전 9시 발송, 오후 3시 귀착]

11월 3일 향약판무규정(鄉約辦務規定) [7조] 제정

11월 9일 이능화(李能和) 농상공부 주사로 피임

11월 11일 농상공부, 한성등 8개처 우체사를 개설하였으니, 공문(公文)을 역체 인부에 송치하지 말고 우체사로 보내라고 각 부에 통고

11월 15일 정병하(鄭秉夏), 농상공부 대신으로 피명

1896

단기 4229년/조선 건양 원년/고종 33년

대한제국 우체사

개성우체사

開設/1895.8.1(陰)

開 城/1895.9.30

개설 일시 1895년 8월 1일

개성우체사는 개국 504년(서기 1895년) 윤(閏) 5월 26일(음력) 칙령 제 125호로 관제를 마련하고 같은 해 7월 28일 부령 제 4호로 설치하여, 1895년 8월 1일 개국하였다. 건양 원년(서기 1896년) 8월 5일 칙령 42호의 관제 개정에 따라 일등사로 되었다가 광무 9년(서기 1905년) 5월 20일 일제강점기 경성 우편국 개성출장소에 승계되어 소멸하였다.

개성우체사가 개국하여 원일형 일부인을 사용하기 전까지는 이중원형 일부인을 사용하였다. 개성우체사의 이중원형 일부인은 외원의 직경이 24mm, 두께는 2mm이며, 내원은 직경이 10mm, 두께는 0.5mm로서 내원의 안에는 개성우체사의 첫 글자 '開'가 각인되어 있다. 여기에서 우취인들의 관심을 끌고 있는 것은 각인되어 있는 '開'의 자체가 다른 두 가지의 인형이 존재하고 있다는 점이다. 대부분의 사용필 우표는 '開'로서, '開'의 자체에서 '門'을 제거하면 대부분의 사용필 우표는 '開'로서, '開'의 자체에서 '門'을 제거 하면 "형태로서 마지막 획이 곧게 아래로 뻗어 것과" 형태로서 마지막 획이 곧게 뻗다가 오른쪽으로 수평으로 휘어 마감되는 있다. 시대적으로는 마지막 획이 곧게 아래로 뻗은 것이 초기에 사용한 것이나 마지막 획이 구부러진 자체의 사용시기는 연구 대상이다. 원일형 일부인은 다른 우체사와 마찬가지로 1898년(광무2년) 1월 1일부터 개성우체사가 소멸될 원형 위쪽에 '開城'이라고 각인하여 사용하였다.

이중원형 일부인 사용 우체사(24개소)

사용 기간	1895년 6월 일~1898년				
인천우체사	개성우체사	수원우체사	안동우체사	충주우체사	대구우체사
동래우체사	공주우체사	남원우체사	나주우체사	평양우체사	의주우체사
전주우체사	춘천우체사	원산우체사	함흥우체사	해주우체사	홍주우체사
경성(鏡城)우체사	강계우체사	진주우체사	정주우체사	상주우체사	경흥우체사

우체사(郵遞司) 개요

1895년(고종 32)에 한성을 필두로 농상공부(農商工部) 소속의 우체사(郵遞司)가
전국 각지에 설치되어 우편 사무를 담당하였다.
전국 우체사는 게속 증설되어 1900년에는 모두 38곳으로 증설되었다.
1900년 3월 광무개혁 진행 중에 우체사는 신설된 통신원(通信院)으로 이관되었으며,
우체사는 1905년 4월 일본에게 통신권이 강탈되면서 우편국으로 바뀌었다.

구한말 원일형 일부인

한성 1호 한성 2호 한성 3호 한성

사용 시기 1898~1905년

원일형 일부인은 1898년부터 1905년까지 사용한 일부인으로 1898년에 들어와 전국 300여 도읍에까지 우체망이 급속히 확충됨에 따라 종전에 사용하던 이중원형 일부인으로는 우체국의 구별이 난이해짐에 따라 원일형 일부인으로 개정하여 원의 중앙에 4:6 비율로 횡선으로 '—'을 긋고 상단에는 우체사명을, 하단에는 연호, 발송 년·월·일과 발송편을 표기하였다. 한성·인천간은 갑·을·병·정 4편이였고 기타 국은 갑·을 2편이었다.

외체 일부인

Seoul Coree Seoul No.1 Coree Chemulpo Coree

1900년 1월 1일 U.P.U. 가입으로 외국간 우편업무가 시작되면서 사용한 일부인으로 1905년 6월 30일 한·일통신합동에 의하여 대한제국 우체국이 일본에 강제 접수 당할 때까지 사용하였다. 1905년 이후 이 일부인 실체 봉피가 다수 발견된 것으로 보아 한·일통신합동 후에도 의도적으로 사용한 것으로 추측된다.

SEOUL(한성)·SEOUL.NO.1(한성지사 1호)
FUSAN(부산)·CHEMULPO(인천)·KIEGHUNG(경흥)·GENSAN(원산)
GWENDOLINE(은산우체물영수소)·MOKPO(무안)·KUNSAN(옥구) ·
MASANPO(창원)·CHINAMPO(삼화).

우취 문화 해설 시리즈

2. 세계 최초 우표

출처: 우정사업본부 우표문화 길잡이

세계 최초 우표는 영국의 교육자이자 개혁가이며 근대우편의 아버지라고 불리는 로랜드 힐 경(Sir. Rowland Hill, 1795~1879)의 제안에 의하여 1840년 5월 6일 세상에 태어났다. 당시 영국에서는 우편 제도 개혁과 더불어 우표가 발행되기 이전에는 우편 요금을 거리와 중량, 우편물 종류에 따라 우편물을 받는 사람이 요금을 지불하고 받게 되어 있었다. 따라서 받는 사람이 요금을 지불할 의사가 없을 경우 우편불을 반송할 수밖에 없는 폐단이 발생되었을 뿐만 아니라 고의적으로 우편물을 받지 않는 경우도 종종 있었다고 한다. 이러한 제도를 개선하기 위해 고안한것이 '균일우편 요금 제도'이다. 이와 더불어 우편물을 발송하는 사람이 우편 요금을 미리 지불함으로써 우편물을 받는 사람의 부담을 덜고 수취 거부의 폐단을 없애기 위해 고안된 것이 바로 우표이다. 이때 만들어진 우표가 1페니(Penny)의 흑색 우표(페니 블랙, Penny Black)와 2펜스의 청색 우표(펜스 블루, Pence Blue)이다. 페니 블랙과, 펜스 블루란 말은 우표 색상을 보고 우표 수집가들이 붙인 이름이다.

대한제국

1897-1910

大韓帝國

The Daehan Empire

대한제국
EBS
경복궁의 눈물
아버지 고종과 똑 닮은 덕혜옹주
皇城新聞
군부대신 이근택
농상대신 권중현
외부대신 박제순
학부대신 이완용
내부대신 이지용
아펜젤러
더우드
控訴中의 金祉燮
監房에서 斷食
四日間繼續, 瀕死狀態

국기

대한제국

Empire Of TAIHAN

1897-1910

국장

대한제국은1897년(광무 원년) 10월 12일부터 1910년 8월 29일까지 한반도와 그 부속 도서를 통치하였던 전제군주제 국가이다.
대한제국 공식 약칭은 대한(大韓), 한국(韓國)이다. 때때로 대한민국과 구별하고자 구한국(舊韓國), 구한말(舊韓末)이라는 표현을 쓰기도 한다.
광무 개혁 등 근대화를 추진했으나 1910년 일본 제국에 의해 멸망하였다. 이 나라 이름에 사용된 '대한'은 오늘날 대한민국 국호의 근간이 되었다.

대조선국▶ 대한제국▶ 일제강점기

정치

공용어	한국어
정부 형태	전제군주
황제	고종 광무제(1897~1907)
	순종 융희제(1907~1910)

통화

양(兩) 1897~1902
원(圓) 1902~1910

지리
면적 222,300Km^2

역사

광무 건원	1897년 8월 17일
제국 성립	1897년 10월 13일
대한국 국제 반포	1899년 8월 17일
청일전쟁	1894년~1895년
러일전쟁	1904년 2월~1905년
을사조약	1905년11월17일
안중근, 이토히로부미 사살	1909년 10월 26일
국권 피탈	1910년 8월 29일

대한제국 국권 피탈 과정

1904년 2월	한일의정서 체결
1904년 8월	제1차 한일협약
1905년 11월	제2차 한일협약
1907년 7월	한일 신협약
1909년 7월	기유각서 체결
1910년 8월	한일 병합

인구

1910년 약 1,742만명
인구밀도 78명/Km^2

대한제국과 수교한 국가

일본	1876~1910	미국	1882~1905
영국	1882~1905	독일	1883~1905
이탈리아	1884~1905	러시아	1884~1905
프랑스	1886~1905	오스트리아	1892~1905
헝가리	1892~1905	벨기에	1901~1905
덴마크	1902~1905	청	1899~1905

대한제국 고종 광무 태황제

조선 제26대 국왕

대한제국의 초대 황제, 대한제국의 초대 황실 수장

본명 재황(載晃) 희(熙)	황후 명성황후 민비
재위 기간 1863년~1907년	부친 흥선대원군 이하응
종교 유교	모친 여흥부대부
출생일 1852년 9월(운현궁)	이전 왕 철종
사망일 1919년 1월	다음 황제 순종 융희
사망지 경성부 덕수궁 함녕전	연호 개국, 건양, 광무

대한제국 고종황제

고종(高宗) 1852년 9월 8일(음7월25일)~1919년 1월 21일
대한제국의 건국조, 초대 황제 광무 태황제(光武 太皇帝)
재위 기간: 1897년～1907년
출생: 1852년 9월 8일 조선 한성 정선방 흥선군 사저
사망: 1919년 1월 21일 조선 경성부 덕수궁 함녕전
배우자: 명성황후(1873~1895)
자녀: 대한제국 마지막 황제 순종, 덕혜옹주, 의민태자, 의친왕, 완친왕, 이육, 이문용, 이우
부모: 흥선 대원군 이하응, 여흥부 대부인
손주: 의민태자, 이우, 이구, 이석, 이진, 마사에
이름은 희(熙), 초명은 재황(載晃), 아명은 명복(命福), 초자(初字)는 명부(明夫), 본관은 전주(全州),
자는 성림(聖臨), 호는 주연(珠淵)
정식 시호(諡號)는 '고종통천융운조극돈륜정성광의명공대덕요준순휘우모탕경응명입기지화신열외훈홍업계기선력건행곤정영의홍휴수강문헌무장인익 정효광무태황제'이다.

연호 개국(開國), 건양(建陽), 광무(光武)흥선대원군과 여흥부대부인의 둘째 아들로, 생부 흥선대원군 이하응과 현종의 모후 조대비와의 약속으로 삼종숙부(三從叔父)인 추존임금 익종의 양자로 입양되어 익종의 양자 자격으로 조선의 왕위를 계승되었다. 즉위 초기10년은 대원군의 섭정 단계였고, 친정 이후에는 민씨 일가의 집권과 부패에 시달렸다. 1800년대 이후 서양 제국주의 열강의 개항 요구와 개항하는 즉시 청·일·러 3국의 3파전이 치열한 가운데 국권(國權)을 보존하려 노력했고 고종 태황제는 강력한 개혁 군주로 변모를 시도했다. 아시아에서 최초로 전차를 들여오며 한양 안에서 전등을 밝히는 등 개혁을 펼쳤다. 그러나 1907년 헤이그 밀사사건을 구실로 일본 제국에 의해 강제로 퇴위(退位)되고 1910년에는 이태왕이 되었다. 1919년 1월 21일에 사망한 뒤 고종 독살설이 시중에 유포되기도 했는데 윤치호에 의해 그 기록으로 전한다 하였다. 2008년 12월에 고종 황제가 사용하였다고 알려진 옥쇄가 발굴되었다. 1863년부터 1864년까지 대원군(興宣大院君)이 10여 년간 섭정을 하였으며, 1873년부터 1907년 퇴임할 때까지 친정을 하였다. 2009년 일본 국회 헌정자료실에서, '조선 총독 데라우치 마사타케가 식혜에 독약을 탔다'는 주장이 적혀 있는 일본 궁내성 관리 유자부로(통감부 궁내성 재실회계심사국 장관) 일기 사본이 발견되었다.

고종 재위 기간 중 주요 사건 일지(1897~1907)

윤요호사건과 개항, 임오군란, 갑신정변, 동학농민운동, 청일전쟁, 갑오개혁, 을미사변, 아관파천, 독립협회 결성, 광무개혁, 대한제국 선포, 러일전쟁, 을사조약, 헤이그특사파견, 퇴위

고종 황제 평가

고종 사망 이후 잔존한 유림들 사이에선 대소동이 벌어졌다. 고종 사망 이후 일부 유림들이 '우리는 대한제국 황제 신하들이지, 일본 이태왕의 신하는 한 적 없었다! 그러므로 우리는 절 할 수 없다!'라고 고종에게 절하기를 거부한 것이다. 이 때문에 한 동안 유림계는 고종에게 절하는 게 맞는가 아닌가를 두고 서로 싸우게 되었다. 그런데 경성에서 고종이 일본에게 저항하다가 독살되었단 소식이 들어오자, 그렇다면 고종은 친일을 한 것이 아닌 것이 된다고 하여 고종에게 알현하기로 합의했다. 이후 유림계는 '고종께서는 무능하셨다. 그런데 그것이 오직 그 분의 책임인가? 우리도 여러 실책을 하여 나라가 망한 것이니 우리에게도 책임이 있다.'라는 결론을 내렸다. 결국 간재 전우 등의 강경파를 제외한 대다수 유림들은 3.1운동 등에 참여해 다른 종교인들과도 연대하고, 파리 장서사건을 모의하는 등 독립운동에 투신하게 되었다.
"그는 무능하지 않았지만 유능하지도 않았고, 약하지도 않았지만 강하지도 않았으며, 정치 감각이 없지는 않았지만 뛰어나지는 못하였으며, 일에 핵심에 있으면서도 핵심이 어디인지 혼동하였으며, 둔하지도 않았지만 민첩하지도 않았고 인사를 알고 있었음에도 인사를 몰랐으며, 자신의 시대가 근대화라는 것을 알았지만 전근대적으로 행동했다."

출처: 위키백과

군복의 고종 황제

정장 차림의 고종 황제

곤룡포를 입은 고종 황제

고종과 영친왕

- 고종(高宗, 1852년 9월 8일(음력 7월 25일 ~ 1919년 1월 21일)은 조선의 제26대 왕(재위: 1864년 1월 21일(음력 1863년 12월 13일 ~ 1897년 10월 12일)
- 의민태자(懿愍太子, 1897년 10월 20일 ~ 1970년 5월 1일)는 대한제국 마지막 황태자(영친왕)

1897

단기 4230년/광무 원년/고종 34년

Berlin ▶ Norfolk ▶ Caston ▶ Cerea ▶ Nagasaki ▶ I.J.P.O Fusan

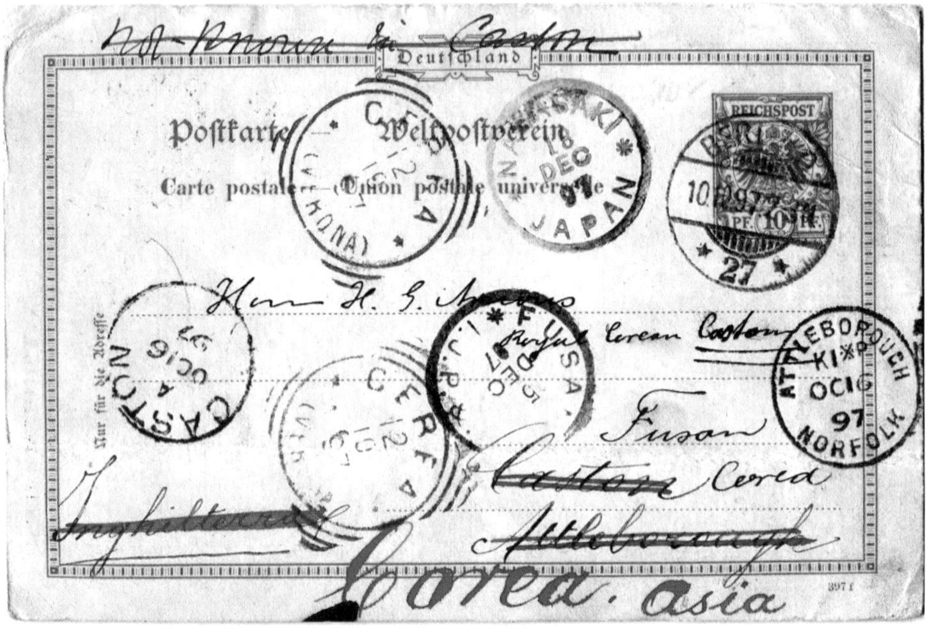

1879.10.10 Berlin- 1897.10.16 Norfolk1897.10. Caston-1897.10.12 Cerea-Nagasaki-I.J.P.O FUSAN 도착

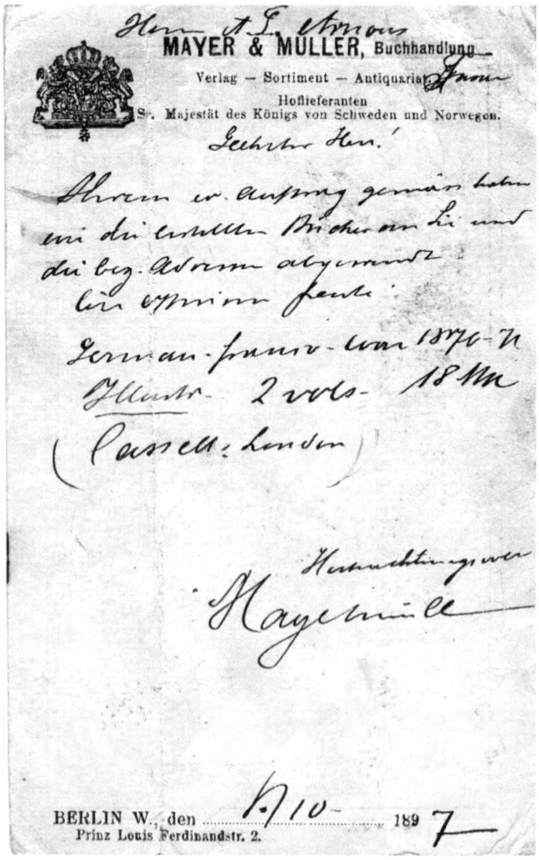
MAYER & MÜLLER, Buchhandlung
Verlag – Sortiment – Antiquariat
Hoflieferanten
Sr. Majestät des Königs von Schweden und Norwegen.

BERLIN W., den 10 189 7
Prinz Louis Ferdinandstr. 2.

Mayer and Murller는 서점명
Dear Sir
그들이 스웨덴 왕과 노르웨이 왕에게 배달하였습니다.
저희는 당신이 주문하신 책들을 이 주소로 보냈습니다. .
당신의 친애하는 Mayer Mueller

1897

단기 4230년/광무 원년/고종 34년

Monaco ▶ Hong Kong ▶ Nagasaki ▶ I.J.P.O. Ninsen(Chemulpo) 도착

11 SEP. 97 Monaco- 10 OCT 97 Hong Kong-28 Oct. 97-26 Oct. 97 I.J.P.O. Ninsen

1897년 MONACO에서 인천으로 체송된 엽서

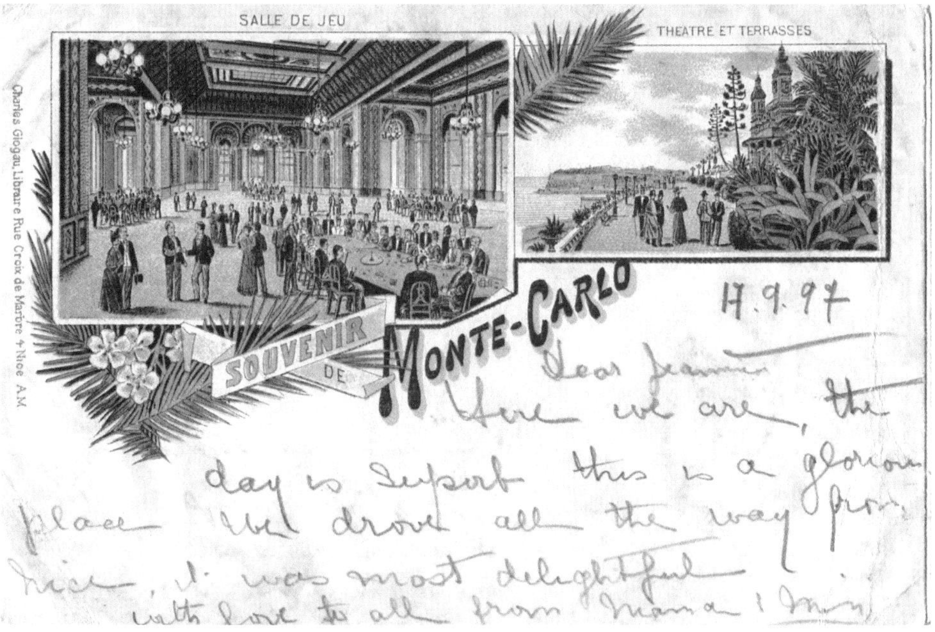

SEPT. 1897. Monaco – 10 OC. 1897 Hong Kong – 23 OCT 1897 Nagasaki – 26 OCT. 1897 NINSEN(Chemulpo) 도착

1897

단기 4230년/건양 2년/광무 원년/고종 34년

일본 장기(長崎)▶부산 I.J.P.O 도착 우편엽서

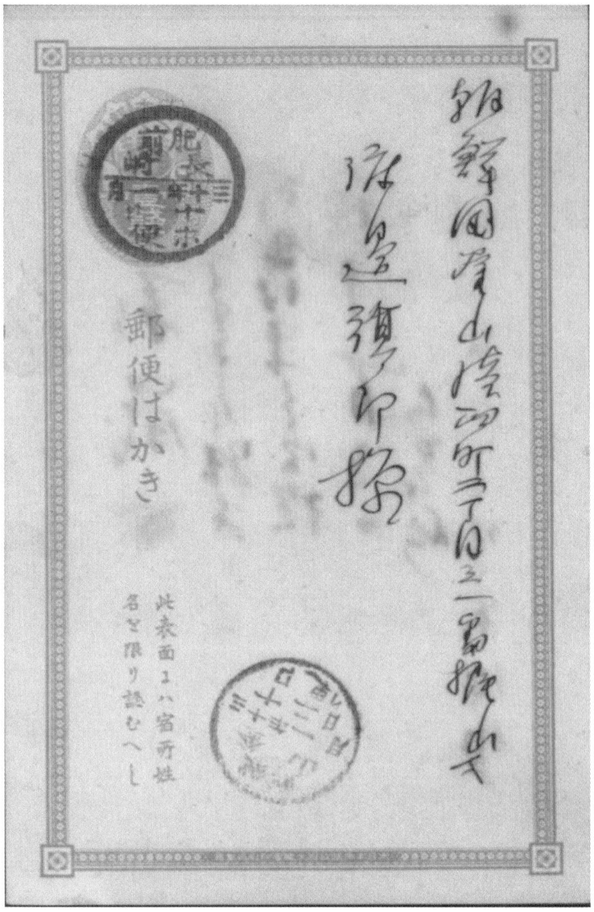

체송 기간: 23일간 90x140mm

I.J.P.O: Imperial Japaness Post Office

1897년 주요 역사

출처: 위키백과

2월 11일 대한제국 고종이 재한 재정 러시아 공사관에서 경운궁으로 1년만에 환궁 단행

6월 19일 대한제국 최초의 체육대회가 훈련원 터(구 동대문운동장)에서 개최

10월 1일 조선 목포항 개항

10월 11일 조선 국호를 '대한제국'으로 변경, 광무 개혁의 시작

10월 12일 대한제국 건국, 고종이 초대 황제로 등극

11월 20일 독립문 완공

독립문(獨立門)

조선 후기 건축물로 1896년 11월에 준공되어 1897년에 완공되었다. 독립협회가 중심이 되어 조선이 청나라 책봉 체제에서 독립한 것을 상징하기 위하여 영은문을 무너뜨리고 그 터에 지은 문으로 서재필의 주도로 건립되고, 서재필의 기획을 바탕으로 아파나시 세레딘 사바틴(Середин-Сабатин士巴津(사파진), Sabatin, 흔히 사바틴)이 설계·시공했고, 독립문 현판은 김가진 작품이다.

장기 1897년(명치 30) 1.10 - 한국 부산 I.J.P.O 1897. 1. 23. 도착

동농 김가진

김가진(金嘉鎭)

1846년(헌종 12)~1922. 조선 말기 문신. 아호 동농.

구한말 주일본공사를 역임한 외교통이다.

일본제국으로부터 남작 작위를 받았지만 그 후 독립운동에 헌신하던 중 대동단 총재로 상해 임시정부를 지원했다. 갑오개혁 때 군국기무처회의원(軍國機務處會議員)이 되어 내정 개혁, 독립협회에 참여했고, 대한협회회장으로 한일합방을 주장하는 일진회와 대립했다. 일제강점기 조선귀족령에 의해 남작 작위가 주어졌으나, 이후 대외활동을 하지 않았다. 1919년 의친왕 망명 기도 사건에 가담하였고, 자신 역시 탈출하여, 대한민국 임시정부에 참여하였다.

1897

단기 4230년/건양 2년/광무 원년/고종 34년

대한제국 우체사

은산우체물영수소(殷山郵遞物領收所)

개설 일시: 광무 5년(1897) 7월 1일

은산우체물영수소 일부인

간이 우체국 형태 우체물영수소(郵遞物領受所)다.
우체물영수소는 우편물 수집과 배달 업무는 취급하지 않고 우편물 접수 업무만을 취급하는 우체사로 뒷날 무집배(無集配) 우체국과 비슷한 형태였다.
지금까지 확인된 우체물영수소는 마포와 은산, 초량 3개소였다.
우체물영수소 설치 시기는 정확히 알 수 없으나, 마포우체물영수소 경우 1901년인 것으로 추정된다. 대한제국 시대 우체국은 크게 우체사와 임시 우체사로 나눌 수 있고, 그 하부기관으로 지사와 우체물영수소를 설치했음을 알 수 있다.

평안남도 은산군

고구려 때 흥덕군(興德郡)이라 하였고 983년 은주(殷州), 1278년(고려 충렬왕 4년) 은산현(殷山縣)이 되었다.
1414년(조선 태종 14년) 자산군에 폐합되었으나 다음해 복귀되었다.
1895년 은산군이 되었다. 1898년에 영국인에게 금광 채굴권을 빼앗겼다.
1908년에 자산군과 함께 순천군에 통합되어 폐지되었으며, 이후 광복 때까지 순천군에 속하게 되었다.

은산우체물영수소 실체 엽서

광무 8년 11월 22일 은산우체물영수소-Spain행 실체 엽서

1898

단기 4231년/광무 2년/고종 35년

관보(官報) 1137호

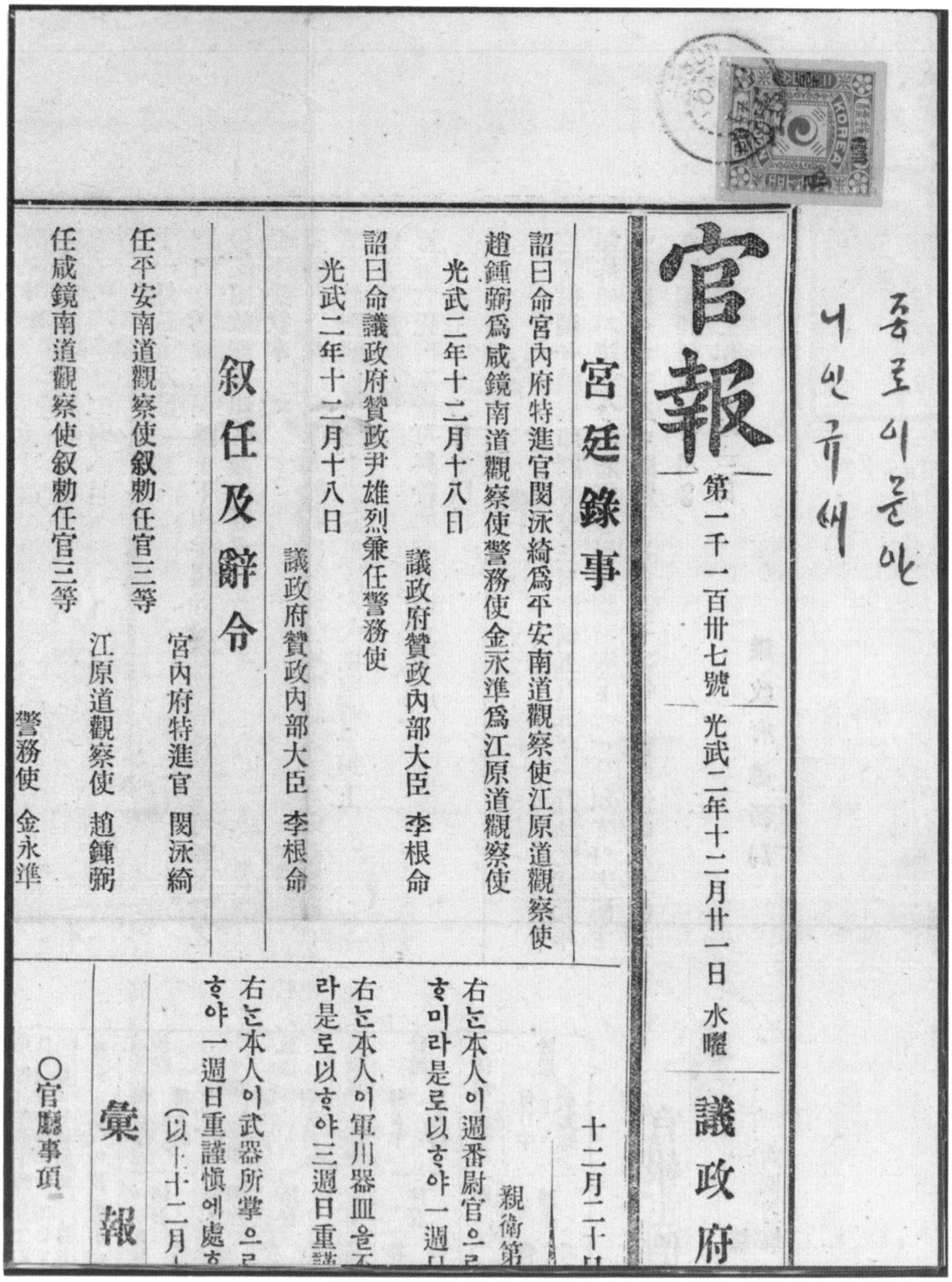

官報

第一千一百卅七號 光武二年十二月廿一日 水曜

宮廷錄事

詔曰命宮內府特進官閔泳綺爲平安南道觀察使江原道觀察使趙鍾弼爲咸鏡南道觀察使警務使金永準爲江原道觀察使

光武二年十二月十八日 議政府贊政內部大臣 李根命

詔曰命議政府贊政尹雄烈兼任警務使

光武二年十二月十八日 議政府贊政內部大臣 李根命

敍任及辭令

宮內府特進官 閔泳綺
任平安南道觀察使敍勅任官三等

江原道觀察使 趙鍾弼
任咸鏡南道觀察使敍勅任官三等

警務使 金永準

議政府

十二月二十日

親衛第

右ᄂᆞᆫ本人이週番尉官으로

ᄒᆞ미라是로以ᄒᆞ야一週日

右ᄂᆞᆫ本人이軍用器皿을

라是로以ᄒᆞ야三週日重謹

右ᄂᆞᆫ本人이武器所掌으로

ᄒᆞ야一週日重謹愼에處ᄒᆞ

(以上十二月十

彙報

○官廳事項

제 1137호, 광무 2년 12월 21일, 수요, 의정부 총무국 관보과

1898

단기 4231년/광무 2년/고종 35년

부산▶제물포

부산. 광무 2년(1898) 2월 19일-제물포

※ Shang-Hai Local Post 1Cents에 태극보통우표 5푼이 첩부 된 실체로, 부산(釜山) 원일형 일부인이 날인되어 있다. 재한 중국 해관(海關) 일부인의 날인이 안된 것이 아쉬운 실체이다.
청국(淸國)은 1889년 인천에 해관을 설치하고 우편업무를 시작하여 1900년까지 존속하였다.
본 실체는 중국인이 부산에서 Shang-Hai Local Post 봉합엽서에 태극보통우표를 첩부하여 제물포로 보낸 서신으로 추정한다.

대한제국 총세무사(總稅務士)

개항기에 해관(海關)과 관련된 모든 업무를 관장하던 총책임자.
1883년 해관 창설
역대 총세무사는 묄렌도르프(Paul Georg von Möllendorff, 穆麟德, 1882. 4~1895. 9.),
스트리플링(Alfred B. Stripling, 薛必林, 1885. 9~1885. 10 총세무사 대리),
메릴(Henry F. Merill, 墨賢理, 1885. 10~1889. 11.),
쉐니케(J. F. Schoenike, 史納機, 1889. 11~1892. 9., 총세무사 대리),
모건(F. A. Morgan, 馬根, 1892. 9. 1893. 8., 총세무사 대리),
브라운(J. McLeavy Brown, 柏卓安, 1893. 8. 1905. 11.) 등이다.

1898

단기 4231년/광무 2년/고종 35년

진주▶창원(진주 향교 통문) 원일형 일부인

흥선대원군(興宣大院君) 서거

흥선대원군(興宣大院君, 1821년 1월 24일(음력 1820년 12월 21일) ~ 1898년 2월 22일(음력 2월 2일))은 조선 후기 왕족이자 정치가. 대한제국 추존왕(흥선헌의대원왕, 興宣獻懿大院王)이다. 본명은 이하응(李昰應)이다. 부인은 여흥부대부인 민씨이다. 남연군(원래는 인평대군의 6대손이나 후에 양자 입적)과 군부인 민씨의 넷째 아들이며, 대한제국 고종 황제의 친아버지이다. 영향력이 각기각기 있었던 풍양 조씨 세도 집안과 양주 조씨 고급 관료 집안과 안동 김씨 세도 집안에게 각기각기 서예를 써서 바치고 서화 등을 그려다가 바쳐 보신책을 강구한 그는 1864년 1월 21일 어린 고종을 대신하여 국정을 이끌었으며, 안으로는 유교의 위민정치를 내세워 전제왕권의 재확립을 위한 정책을 과단성 있게 추진하였고, 밖으로는 개항을 요구하는 서구 열강의 침략적 자세에 대하여 척왜강경정책으로 대응하였다. 한성 출신으로 자는 시백(時伯), 호는 석파(石坡)·해동거사(海東居士)이며, 본관은 전주(全州)이다. 1907년 10월 1일 대원왕(大院王)으로 추봉되었고 헌의(獻懿)를 시호로 받아 흥선헌의대원왕(興宣獻懿大院王)이 되었다

출처: 위키백과

1898

단기 4231년/광무 2년/고종 35년

한성▶평양 원일형 일부인

본 실체 봉피에 대한 추정

한성(漢城)에서 평양(平壤. Ping Yang)으로 체송된 것인데 봉피 뒷면에 '헬'이라고 붓글씨체가 씌어 있다.

'헬'을 한국명으로 '한목사'로 칭하였으며 헬은 평양에 체류하는 선교사로 추정한다.

그 '헬'이 홀 선교사(Rev. William James Hall M.D)가 아닌가 추정해 보았으나, 원일형 일부인의 사용시기가 1898년부터 사용되었고, 홀 선교사는 1894년 11월 병사로 사망하였으므로 본 실체 봉피는 홀 선교사에게 체송된 것이 아니다.

William James Hall(1860-1894, Canada) 선교사이자 의사

1894년 4월 미국 북감리교회 선교사이자 의사인 홀(W. J. Hall) 이 기독교 선교와 신교육을 목적으로 평양에서 사숙(私塾) 을 설립하였다.

홀은 소년 13명을 모집하여 한글·한문·성경 등을 가르쳤으나, 설립한 지 몇 달도 되지 않은 1894년 11월 홀이 병사하자 사숙은 유명무실하게 되었다.

그 뒤 1903년 5월 선교사 무어(J. Z. Moore, 한국명 문요한) 가 홀의 유지를 이어 평양성 서문 밖 가맛골에 2층 양옥 건물을 지어 격물학당(格物學堂) 이라 명명하고, 초등과와 고등과를 두어 수업을 실시하였다. 1907년 고등과 제1회 졸업생 8명을 배출하였으며, 1910년 7월 대한제국 학부로부터 사립학교 인가를 받아 근대식 학교로서의 면모를 갖추게 되었다. 1918년 4월 광성고등보통학교로 교명을 변경하였고, 1921년 10월평양 경창리에 교사를 신축하여 이전하였다. 1930년부터 대강당·체육관·과학관·무도관 등을 차례로 준공하였으며, 1938년 5년제 광성중학교로 개편되었다. 1943년에 일제가 교명 '광성'이 민족정신을 고취하는 뜻을 지녔다고 하여 교명을 경창중학교(景昌中學校)로 변경하였다.

출처: 위키백과

1898

단기 4231년/광무 2년/고종 35년

I.J.P.O. International Japanese Post Office

Seoul I.J.P.O ▶ via Yokohama ▶ Kobe ▶ H.K ▶ Simala, India행

Seoul I.J.P.O. 10, Jul. 1898-via Yokohama. 14, Jul. 1898-Kobe. 15, Jul. 1898-Hong Kong. 26, Jul-Simila, India. 17, Aug. 1898 착. 만국우편연합 단서. Union Postale Universelle. CAETE POSTALE.

대불호텔(大佛호텔)

1883년 4월 개관

개항기(開港期) 제물포에 호텔이 들어섰다. 그러나 그 호텔은 사라졌고 기록만 몇 줄 남아 있다.

당시 배에서 내린 외래인들은 서울까지 가는 차편이 마땅치 않았기에 항구에서 하루를 묵어야만 했다. 숙소가 필요하게 된 것이다. 1883년 4월 '대불호텔'이 문을 열었다. 일본 명으로 '다이부츠(大佛, DAIBUTSU) 호텔'이었다. 선박을 상대로 식료품 등 물자 공급 업자로 치부한 호리 리키타로(掘力太郎)가 세우고 운영하는 호텔이었다. 뚱뚱했던 호리는 다이부츠라고 불렸는데, 그 별명을 그대로 호텔 이름으로 정했다고 한다. 호리는 인천이 개항되자 부산에서 인천으로 이주했다. 호리는 1884년 11월 3일 고바야시(小林) 영사의 보고서에 처음 언급되었다. 이주지는 제물포 개항장 일본 거류지 제 11호지(강점기, 본정 1-1번지)였다.

아펜젤러 목사는 개항 2년 후인 1885년 4월 5일 인천항에 첫발을 내디뎠는데, 그날 비망록에서 "일본인·중국인 그리고 한국인들 한복판에서 짐들이 옮겨지고 있었다. 사이부쭈(대불)호텔로 향했다. 잠은 잘 잤다. 비록 미국 호텔만큼 원기를 회복시켜 주지는 않았지만 기선보다는 한결 나았다." 고 하고 있다.(아펜젤러, 이만열 편, 『한국에 온 첫 선교사』, 270쪽, 연세대학교 출판부, 1985). 이어 아펜젤러의 다른 자료(아펜젤러, 『캘리포니아 크리스천의 주장』, 롯데호텔 30주년 자료 54쪽)는, "호텔방은 편안할 정도로 컸다. 그러나 몹시 더웠다. 저녁 식사를 위해 우리는 식당으로 내려갔다. 테이블에 앉은 우리 앞으로 서양 음식이 놓였다"고 기술했다. 대불호텔의 방은 그런대로 괜찮았던 것 같다. 서양식 운영을 하고 있었는데 호텔은 침대, 의자식이었고, 영어가 통하고, 미국식 음식을 내놨다. 식당은 아마도 1층에 있었던 것 같다. 호텔이 성업하자 호텔 주인은 호텔을 조금 더 크게 고쳐 지었다. 『인천부사』(1933.8)는 이 호텔 건물을 호리상회의 주인 호리 리키타로가 1887년 착공, 1888년 준공한 것으로 기록하고 있다.(현재의 인천광역시 중구 중앙동 1가 18번지 일대). 지상 3층 벽돌 건물로 객실 11개를 갖춘 것이다. 객실의 등급은 3등급으로 숙박 요금은 상등 2원 50 전, 중등 2원, 하등 1원 50전이었다.

출처: 근대건축사 기행

1898

단기 4231년/광무 2년/고종 35년

9월 11일 - 대한제국과 청나라, 통상조약 체결/ 9월18일 대한제국 최초의 철도노선인 경인선이 노량진-인천구간(33.2Km) 개통

태극보통 5P+10P · 부산 원일형(주색-朱色)

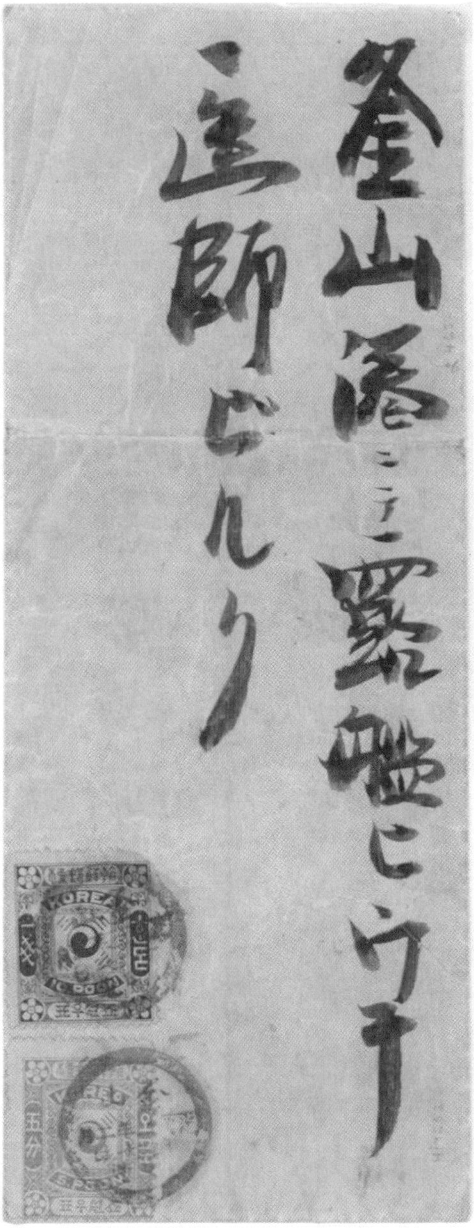

광무 2년(1898) 2월 10일. 부산 원일형. 갑체 75x197mm

1898년 준공된 명동성당
명동성당은 한국 카톨릭 교회의 상징이다.
1898년 5월 29일 준공되었다.
성당이 궁궐을 내려다 본다는 이유로 조선
정부와 분쟁이 일어나기도 했다.

1898년 1월 26일 한성전기회사 설립

한성전기회사 설립

1898년 오늘, 우리나라 최초 전력회사인 한성전기회사가 설립됐다. 고종과 황실이 단독으로 자금을 내 서울시내 전차·전등 그리고 전화 시설 및 운영권을 허가 받아 세운 기업이다. 그러나 자본과 기술 부족 탓에 운영권이 미국 콜로라도 중부철도 회사 사장을 지낸 콜브란에게 넘어갔다. 이 회사는 전차 운행에 필요한 선로 부설공사에 돌입, 이듬해인 1899년 우리나라 최초 전차 구간을 정식 개통했다. 이때 건설된 구간은 서대문~종로~동대문~청량리를 연결하는 약 8㎞의 단선 궤도였다.

이후 민간에도 전기를 공급하기 시작해 일반인들도 전기를 사용할 수 있게 됐다. 1904년 한성 전기회사는 한미전기회사로 회사 이름을 바꿨으며, 1909년 일본 국책 회사인 일한와사회사 소유가 됐다.

출처: 위키백과

1898년 우편사

1월 4일	강릉우체사(江陵郵遞司) 1월 5일부터, 영변우체사(寧邊郵遞司) 1월 15일부터 우무 개시 공고 [부령 24호 고시]
2월 25일	안성(安城), 청주우체지사(淸州郵遞支司) 우무 개시
3월 19일	우체사관제 개정. [칙령 7호]. 김성(金城) 2등사를 철원(鐵原)으로 옮김
3월 23일	안동우체지사(安東郵遞支社), 25일부터, 북청우체지사(北淸郵遞支社) 26일부터 우무 실시 공고 [부령 26호 고시]
3월 29일	4월 1일부터 경기도내 임시 우체 실시 공고 [부령 27호 고시]

1898

단기 4231년/광무 2년/고종 35년

이화보통우표 3전·Plum blossoms Series

한성▶무안 목포전신사 원일형 일부인

mokpo telegraphs office

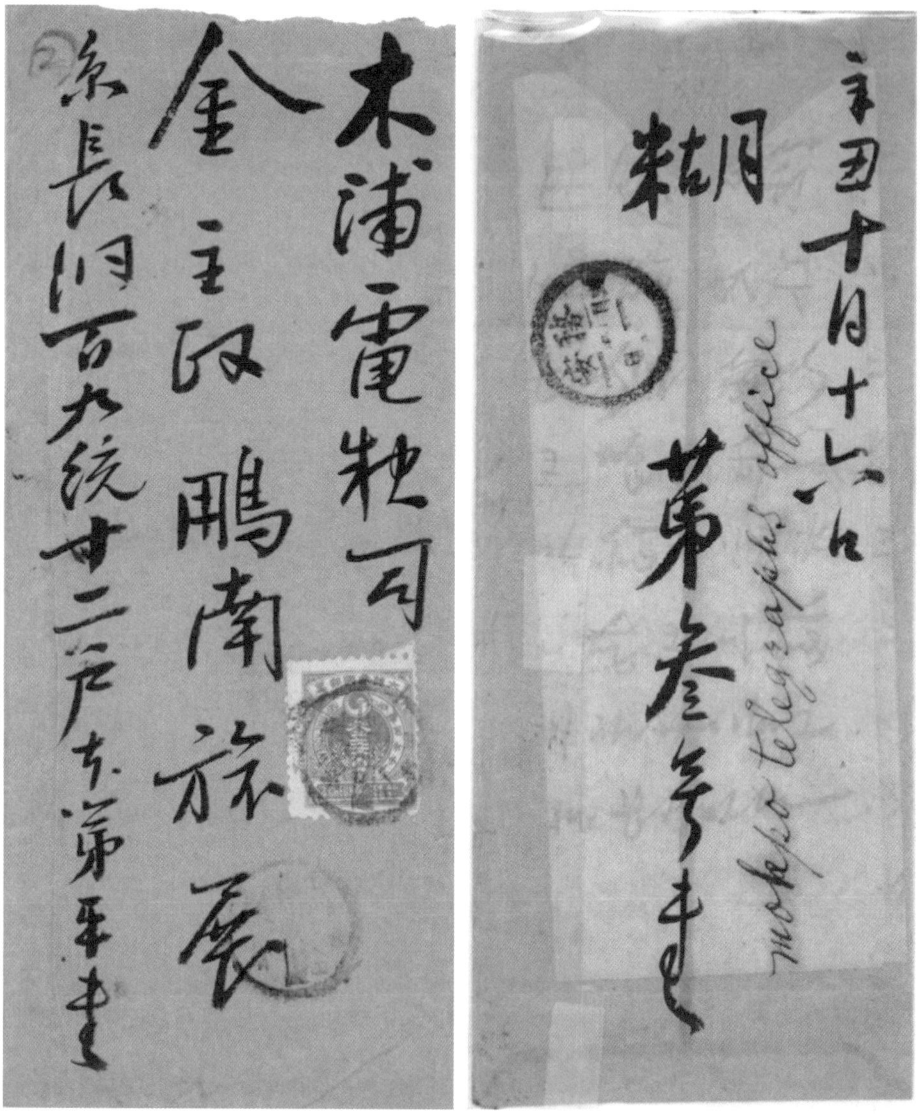

한성 광무 2년(1898)10. 28 - 무안. mokpo telegraphs office

75x184mm

무안(務安)우체사

1897년 9월 12일 대한제국 칙령 제43호. 우체사 설치 예정 고시

1897년 11월 1일 대한제국 농상공부령 제17호. 우체사 설치 착수 고시

1897년 12월 29일 대한제국 농공상공부령 제23호, 고시 23호. 우체사 개국

목포무선전신국 전라남도 목포부 항정. 1925. 5. 1. 조선총독부 고시 제101호. 무선국 설치

무안우편취급소 1935. 3. 20 전라남도 무안군 금성면 성내리.

조선총독부 고시 제163호. 취급소 폐지 후 무안우편소로 승계

대한제국 U.P.U. 가입

Universal Postal Union만국우편연합(萬國郵便聯合, Union postale universelle, 영어: Universal Postal Union, U.P.U.)은 우편물에 대한 유엔 산하의 국제기구이다.

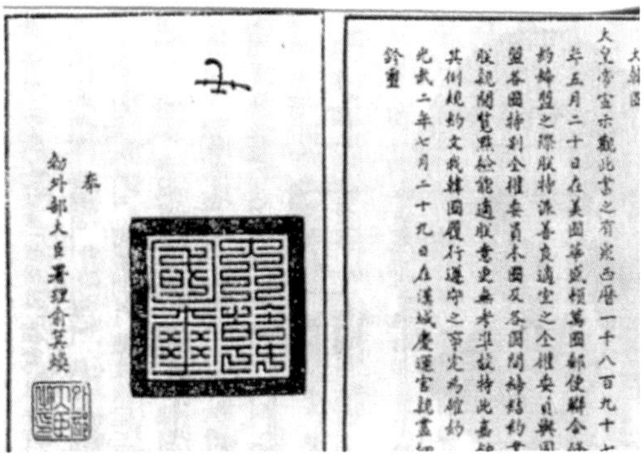

1898. 7. 29 가입
대한제국 U.P.U 가입 비준서

대한제국 U.P.U. 가입 연혁

1894. 1. 27	대한제국은 만국우편연합(萬國郵便聯合)에 가입 의사를 주미공사(駐美公使)를 통해 스위스연방정부에 통고하였다
1894. 2.	U.P.U. 가맹 신청서를 스위스정부에 송치됨
1894. 6. 20	스위스정부가 대한제국에 대하여 U.P.U. 가입에 실시 사무의 범위등 4개 항목을 회답하라는 통고 옴
1894. 6. 27	주미(駐美), 스위스공사, 본국에 일본공사의 대한제국 U.P.U. 가맹을 방훼 공작한다고 보고함
1896. 12. 17	미공관(美公館), 워싱턴 제5회 만국우편연합총회(萬國郵便聯合總會)에 1897년 5월 제 1수요일에 파원(派員) 할 것을 권유함
1896. 12. 22	외부(外部), 만국우회(萬國郵會) 참가 권고 감사하고 파원 성명을 뒷날 통지하겠다고 통고함
1897. 1. 3	외부(外部), 농상공부에 워싱턴 U.P.U.에 파원(派員) 참가토록하고 그 성명을 먼저 명시(明示)토록 통고
1897. 1. 23	미 공관(美公館), 워싱턴 U.P.U. 참가위원은 전권위원(全權委員)으로 파송토록 요청
1897. 2. 19	민상호(閔商鎬) 제5회 U.P.U. 전권위원(全權委員)에 피임
1897. 3. 6	민상호외 주미 전권공사 이범진을 만국우편연합총회 1등 전권위원 임명을 미공사관(美公使館)에 통고
1897. 3. 11	농상공부(農商工部), U.P.U.가입 대비 국내우체규칙(國內郵遞規則) 개정을 의정부에 청의
1879. 3. 13	1894년 6월 20일 주미 스위스공사(西瑞) 타볼리의 U.P.U. 가입에 대한 질문. [가입 종류 ·서신류 ·실시기일]
1899.1.1.	환율, 불란서 은화(銀貨) 25선 마(銑)=동화(銅貨) 25푼 5돈, U.P.U. 비용 보조, 7동국]
1897. 3. 18	U.P.U.총회 전권위원 민상호 파견비 1,000원 지출 결정. U.P.U.총회 2등 전권위원 민상호 출발
1897. 3. 22	주미 전권공사 이범진(李範晉) U.P.U.총회 1등 전권위원에 피명
1897. 4. 29	이범진 주미공사, 호이트(John. W. Hoyt) 의 한국 사절단의 고문 및 U.P.U. 특별 고문 임명을 미 국무대관(美國務代官)에 통고
1897. 4. 30	주미 스위스공사를 통해 1894년 6월 20일자 스위스정부의 질문에 대하여 회답을 전함. U.P.U.가맹의 합법적 절차를 마침
1897. 5. 1	제 5차 U.P.U. 총회 워싱턴에서 개최
1897. 5. 20	이범진, 민상호 양 대표 U.P.U.에 참가하여 가맹(加盟)을 선언함
1897. 6. 15	이범진, 민상호 양 대표 U.P.U.조약 원본에 서명 [미 Jhon W. Hoyt 대행]
1897. 6. 18	농상공부 민상호 영국 향발 후, 이범진 공사가 U.P.U.건 전담케 됨을 인준
1897. 6. 24	스위스정부, 조선의 U.P.U. 가입을 연합제국(聯合諸國)에 고지하는 초본(抄本)을 우리 정부에 보내옴
1897. 7. 15	U.P.U. 조약 조인
1897. 7. 29	농상공부, U.P.U.가입에 대해서 주미공관 보고와 민위원 보고가 일치하고 스위스정부에 대한 회답 통고 건은 다시 협상하겠다고 외부에 회답
1897. 7. 30	독립신문, 민상호 위원이 U.P.U.가입에 있어 가장 시급한 것은 우선회사(郵船會社)와 약정하여 우체물을 외국에 체송하는 일이라는 서한 요지를 게재함
1897. 8. 5	주미공사 이범진, 6월 15일에 U.P.U. 조약 원본에 가입 서명했다는 보고 옴
1897. 8. 11	스위스정부 조선의 U.P.U. 가입을 일본에 통고함
1987. 8. 29	스위스정부, 조선의 U.P.U. 가입한것을 각국에 고지하는 공문 초본이 옴
1897. 9. 27	미공사관, 본국에서 보내온 U.P.U. 장정(章程) 1책(一册)을 외부에 송교
1897. 10. 27	주미공사, 미국 우정성에서 은조훈장(銀條勳章)과 U.P.U.기념사진등을 송급(送給)했음과, U.P.U.장정을 11, 12월 사이에 스위스정부에서 인행(印行)하여 각국에 분송(分送)한다는 보고 옴
1898. 6. 7	주미공관, U.P.U. 조약을 기한인 명년 1월 1일내에 환약(煥約) 조치토록 독촉
1898. 7. 29	U.P.U조약 [1897년 5월 조인]에 황제 비준(批准) 함
1898. 8. 26	미공사관, U.P.U. 상정(商定) 강목(綱目) [31조] 포명(佈明)
1898. 8. 30	U.P.U. 조약 비준서를 재미 전권위원에게 보내어 환약(換約)토록 조치

1899

단기 4232년/광무 3년/고종 36년

재한 일본우편국 한국 경성우편국 등기

한국경성(京城)▶via Nagasaki▶Yokohama▶Germany행 등기

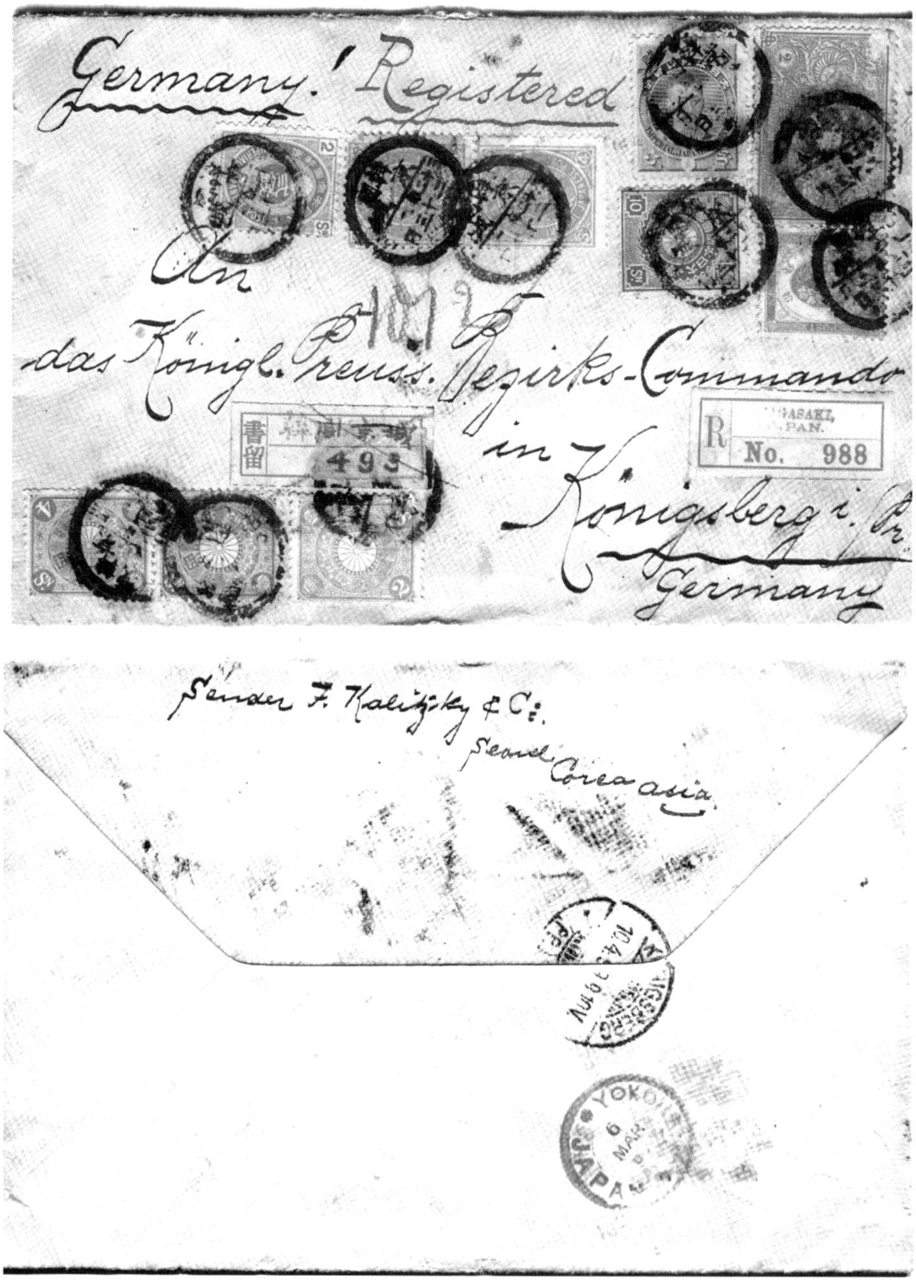

1899.2.23 한국경성 등기 R. 493 재한일본우편국-Nagasaki R.988-1899.3.6 Yokohama-1899.4.10 Germany 도착

1899

단기 4232년/광무 3년/고종 36년

한성▶인천항 화평국(和平局)

인천 원일형 일부인

1885년 8월 19일　　한성전보총국(漢城電報總局) 화전국(華電局) 개설

1899

단기 4232년/광무 3년/고종 36년

한성▶공주(공주 강경동 법국 주교사 전)

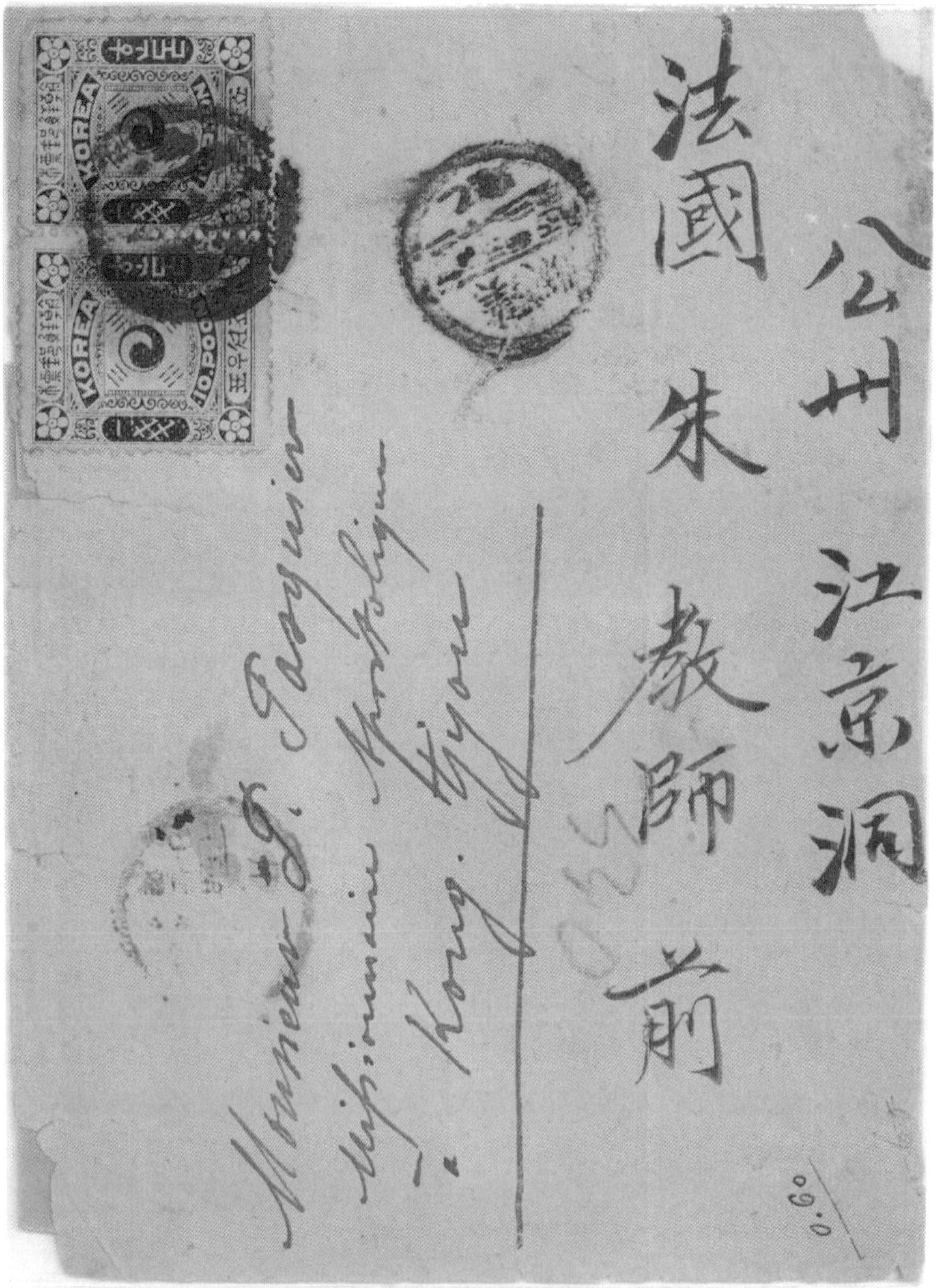

한성, 광무 3년 5월 23일-공주행

1899

단기 4232년/광무 3년/고종 36년

대한주색가쇄 보통우표 50 P(5전)

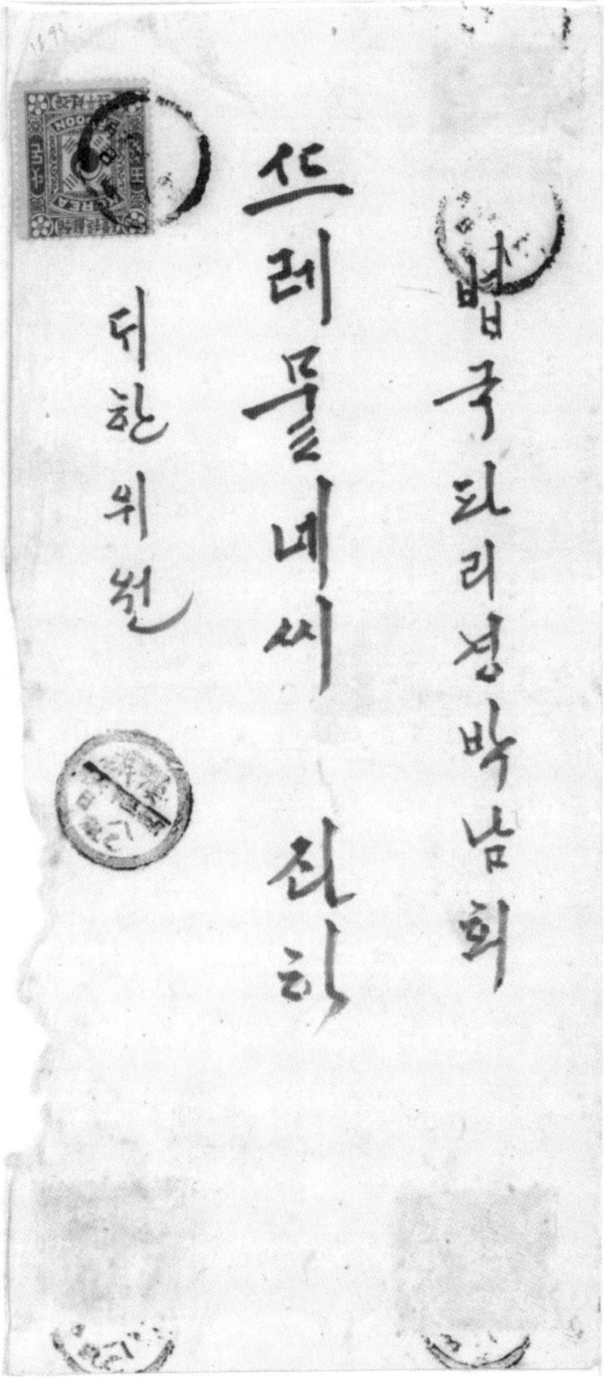

1900년 파리만국박람회 대한제국 참가

Exposition Universlle 1900-Paris

1900. 4. 14~11. 12

1899

단기 4232년/광무 3년/고종 36년

대구우체사 ▶ 한성행

태극보통 한돈(10 Poon)

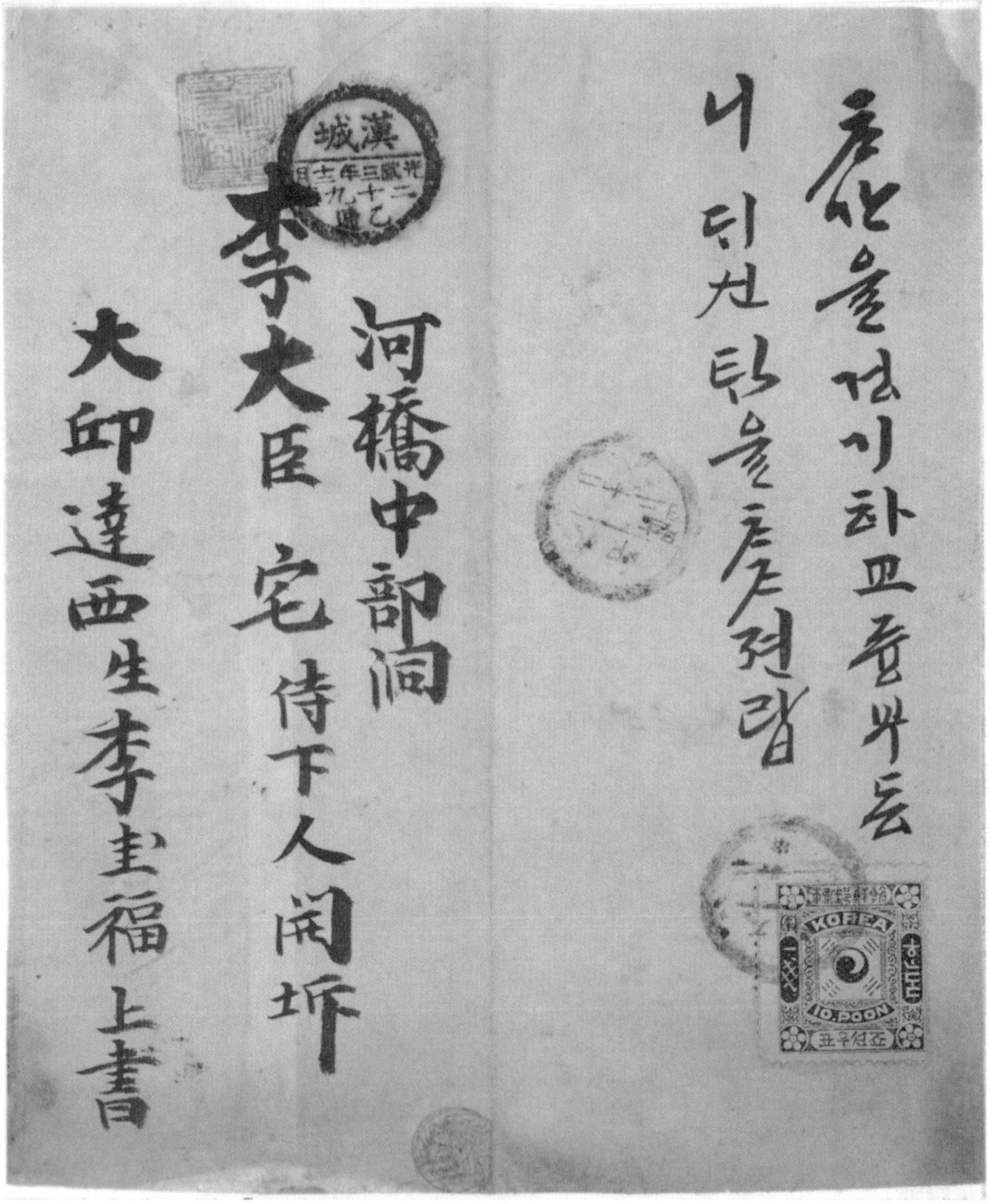

대구. 1899. 12. 22 - 한성. 1899. 12. 29　　체송 기간: 8일　148x183mm

1899

단기 4232년/광무 3년/고종 36년

한국 경성(I.J.P.O) 원일형 일부인. 일본 우표 5전+4매 첩부

주한 미공사관▶Yokohama경유▶미국행
한국 경성(京城) I.J.P.O.

한국 경성(I.J.P.O). 1899. 1. 28-Yokohama. Feb. 4, 1899. -Springfield, ILL, U.S.A. Feb.27, 1899
체송 기간: 31일 105x160mm
발신인 U.S. Legation. Seoul, Korea.(주한 미국 공사관)
수신인 Alf. O.Peterson Ergf., National bank, Springfield, Illinois, U.S.A.

1889년 주요 우편사

1. 12 한성우체사, 학도(學徒) 8인을 법어(法語) 학도 중에서 선발 보충

1. 20. 우체기선회사(郵遞汽船會社)에서 사들인 일본 선박 다가지마마루(堂島丸)에게 즉각 운행증을 발급하도록 총관(總關)에 훈령

1. 26 독립신문, 우체사업 확장으로 작년도 우체 사업세 73,000원 외에 22,000원을 예비비 중에서 지출 보도

2.1. 독립신문, 광무3년도 예산 보도
세입 6,473,222원
세출 6,471,132원
세입여액 2,090원

2.12 대한제국 U.P.U. 가입 관련 외체 실시되었음을 가맹 각국에 알렸다는 스위스연방 정부로부터 회답 옴

2. 14 주미 공관, U.P.U.조약 비준서 도착하여 미국 국무성과 가맹 각국에 통지하겠다고 보고(報告)

2. 20 독립신문, 우체의 중요성을 강조하고, 주소, 성명을 분명히 하라고 계몽 보도

2. 25 3월 1일부터 한성-인천간 우체물 발송 하루 두 번씩 오전 9시 30분, 오후 7시 실시 공고 [부령 33호]

3. 17 독립신문, 우표를 농상공부에서 제조 중이라고 보도

3. 22 황성신문, 신문 우송료를 1장에 엽전 1푼으로 결정했다고 보도

4. 21 독립신문, 각국 우편 다수 열거하고 문명의 높고 낮음은 우편국수로 짐작된다고 설명
최고 미국: 69,805개소
일본: 4,250개소

5. 25 옥구, 창원, 성진우체사 설치 공고 [부령 35호]

1899

단기 4232년/광무 3년/고종 36년

9월11일 대한제국과 청나라가 통상조약 체결/9월18일 대한제국 최초의 철도노선인 경인선이 노량진-인천간 33.2Km 개통
9월11일 제2차 보어전쟁 발발

태극보통우표 10 Poon

한성으로 시집간 딸이 인천 친정 어머니에게 보낸 서신
한국 경성(京城)▶인천

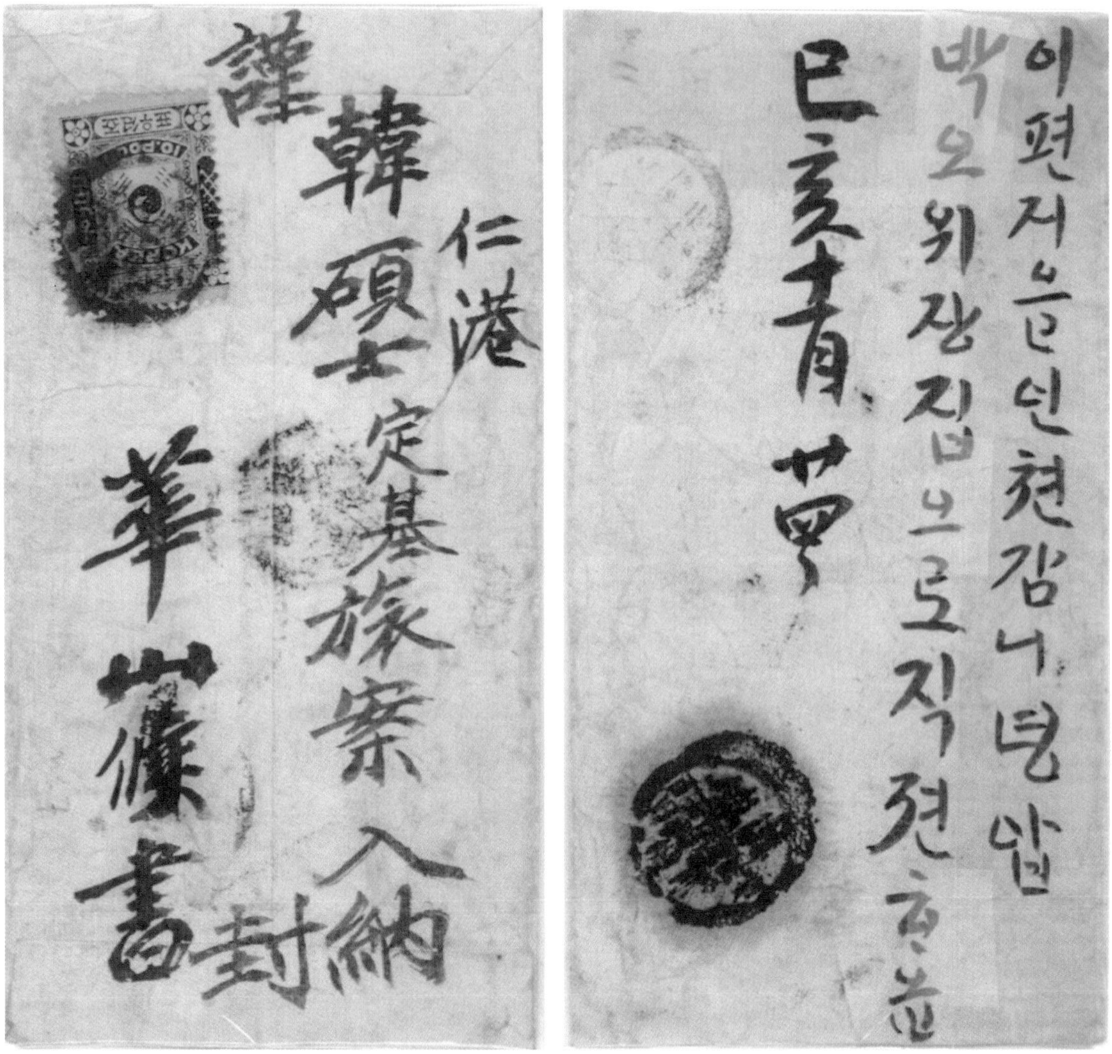

한국 경성 1899.11.24 - 인천 1899.11
발신인 이 편지을 인천감니녕 앞 박오위장집으로 직전 ᄒᆞ옵/ 己亥十一月二十四日
수신인 인항 한석사 정기 여안 입납. 화산조 서(仁港 韓碩士 定基 旅案 入納. 華山條 書)

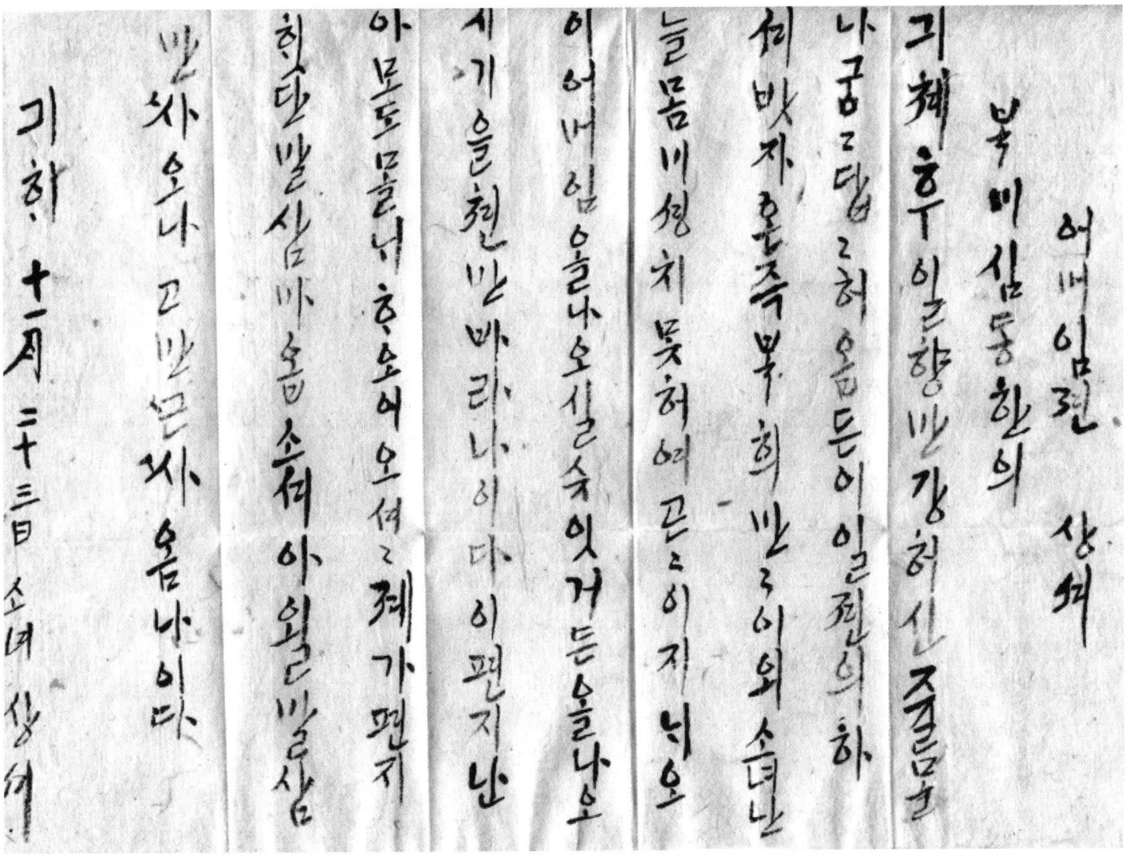

편지 내용

어머임전 상서
복내 심동한의 긔체후일향만강허신 쥴 몰나 궁금답답허 옵든이 일전의 하셔 밧자온즉 복희 만만이외 소녀난 늘 몸이 성치 못하여 곤곤이지니오이 어머임 올나오실슈 잇거든 올나오시기을 천만바라나이다. 이 편지난 아모도 몰ᄂᆡ ᄒᆞ오이 곤오셔셔 제가 편지 힛단말삼 마옵쇼셔 아월말삼 만싸오나 고만 쓴싸옴나이다.

긔하 十一月二十三日 소녀 상서

출가한 딸은 예나 지금이나 친정 어머니를 의지하며 살아가는 것은 변함이 없는 것 같다.

우리나라 신식 우체 사업 시초

1. 우정사(郵征司) 설치

우리 나라에 있어서의 근대적 신식 우체 제도의 창시(創始)는 지금으로부터 134년 전인 고종(高宗) 21년(1884년, 갑신) 10월 1일에 홍영식(洪英植)에 의하여 우정총국(郵征總局)이 개국됨으로써 비롯하였고 그것은 바로 홍영식·김옥균(金玉均) 등 이른바 개화파가 주동이 된 갑신정변(甲申政變)으로 말미암아 불과 17일 만에 혁파(革罷)의 비운을 면치 못한 이후 10여 년간 중단되었음은 주지(周知)의 사실이다.

그러나, 고종 21년 이전에 이미 근대적 신식 우편 제도를 도입 개설하려는 맹아(萌芽: 사물의 시초가 되는 것)와 노력이 상당히 거듭되었다. 그것은 여타(餘他)의 근대 문명 시설 도입과 같이, 1876년(고종13년, 병자) 2월에 일제의 강박(强迫)으로 병자수호조약(丙子修好條約-江華島條約)을 체결하여, 오랫 동안 굳게 닫았던 우리 나라의 문호(門戶)를 일본에게 개방함과 더불어 시작되었다. 수호조약 체결 이후 최초, 일본에 사신(使臣)으로 간 김기수(金綺秀)는 각 방면에 걸처 새로운 문물을 널리 관찰하고 특히 전신(電信) 사업을 위주로, 체신 분야에서도 그 시설의 편리하고 긴요함을 어느 정도 간취(看取)한 뒤 이를 정부에 보고하였다. 한편 일제는 이 때 재빨리, 부산항(釜山港)의 개항에 따르는 그들 거류민의 편의 도모라는 구실을 붙여, 그 해11월 1일자로 부산일본제국우편국(釜山日本帝國郵便局)을 개설하였다. 일본은 이미 1871년(명치4) 1월 동경-대판(東京-大阪)사이에 신식 우편을 실시하고, 이듬해 7월에는 이를 전국에 보편화(普遍化)시켰으며, 1875년에는 보통우편 외에 우편환(郵便換)과 우편 저금은 물론, 나아가서 국제 우편(國際郵便)까지 개설하였다. 기록상 최초로 우리 나라 사람으로서 직접 근대 신식 우편 사업에 관심을 갖고, 그의 도입에 힘쓴 사람은 홍영식이다. 홍영식은 김기수(金綺秀)의 일본 사행(日本使行) 후 4년을 지나 1880년(高宗 17년, 경진) 8월 제 2차 수신사(2次修信使) 김굉집(金宏集)을 따라 일본에 갔었다. 이 때 홍영식이 어떠한 경로와 자격으로 그 일행에 참가하게 되었는지는 현재 자세하지 아니하나, 여하튼 그는 이 때 약 4개월 머무는 동안에 특히 당시 일본 우정 사업의 총본산(總本山)인 농상공부 역체료(農商工部驛遞寮)의 요두(寮頭)인 마에지마(前島密)를 찾아가 우편 사업을 도입하기 위한 비상한 관심을 나타내었다. 당시의 정경(情景)을 마에지마(前島密)는 후일 그의 회고담(回顧談)에서 다음과 같이 전하고 있다.

그 후 명치 13년(1880년)이 었다고 생각된다.

조선으로부터 정치상의 시찰원(視察員)을 일본에 보내왔다. 그 가운데 홍영식이라는 사람이 있었는데, 역체국(驛遞局)에 와서 우편에 관한 일들을 질문하였다. 그러므로, 나는 관계되는 모든 서류를 증정(贈呈)하고 속관(屬官)으로 하여금 그 실무의 실지를 설명시켰으며, 나 자신도 홍씨와 만나서 우편의 요의(要義)를 설명하면서 빨리 우편을 개설하도록 권고하였다. 또 나는 말하기를 지나(支那: 淸國)에 우편이 설치되어 있지 않음은 유감된 일이다. 귀국(貴國)은 지나를 스승으로 섬겨, 만사를 모두 이에 따르는 형편이므로 우편도 언제 개설될른지 알 수 없다고 짐작하고 있었다. 다행히 오늘날 그대의 이와 같은 질문이 있음은, 곧 귀국에서 우편 설치의 시기가 가까워진 바이라고 생각된다. 진실로 경하할 일이라고 하였던 바 그도 크게 감격한 모양이었다. 그의 질문 중에 일본이 조선에 송달하는 우편세, 요금을 내국세(內國稅)와 동액으로 한 까닭은 어떠한 이유인가 하고 얼굴색을 달리하며 물었다. 나는 이에 대하여 답하기를 다른 이유는 없고 다같은 일본 한 나라의 사업으로서 관장(管掌)하기 때문이다. 이 뒤 조선에서도 우편을 개설하여 일본과 교환 조약(交換條約)을 맺게 되면 각각 그 나라에서 내국세를 받을 터이다. 그 때에 이르러 양국의 요금액을 그 금액을 합산한 수를 표준으로 하여 새로이 세액을 정할 것이라고 설명을 하였더니 그도 이해하고 안심한 모양이었다. 위의 기록으로 우리는 홍영식이 당시에 이미 우체 상업의 개설을 마음 깊이 굳게 다짐하고, 그 사전 준비로 자진하여 일본 우편 관계자를 찾아갔음을 알 수 있다. 특히 그가 일본이 조선에 송배(送配)하는 우편 요금에 관하여 질문한 바는 당시 부산에 설치되어 있었던 일본 우편국은 외지의 우편국인 만큼 그 요금을 일본의 그것과는 달리하여야 마땅함에도 그러하지 않음을 탓한 바이다. 이로 미루어 그가 이미 우체 사업상의 국제 규례(國際規例)와 나아가서 체신 업무를 통한 국권의 확립까지를 선각하고 있었음을 짐작할 수 있다.

김홍집은 돌아와서 주일 청국 공사관 참사관 황준헌(駐日淸國公使館參事官黃遵憲)이 지은〈사의 조선 책략(私擬朝鮮策略)〉을 조정에 바침으로서 개화파와 수구 세력의 대립에 큰 파문을 던졌거니와, 대세(大勢)는 역시 대원군의 반동을 봉쇄하려는 척족 민씨정권(戚族閔氏政權)의 저의(底意)와 부국 강병(富國强兵)을 이룩하려는 청년 군주(青年君主) 고종의 의욕을 뒷받침으로 신문명의 도입은 날로 촉진되어 갔다. 이리하여, 같은 해 12월에는 통리기무아문(機務衙門)을 설치하여, 문호 개방 이후 새로이 전개되는 대외 관계를 중심으로 변모되는 외교 및 정치 경제에 대응하였고, 다음 해(1881년, 고종18년) 봄에는 이른바 신사유람단(紳士遊覽團)을 일본에, 그리고 가을에는 영선사 김윤식(領選使 金允植)이 거느린 청년 학도(靑年學徒)를 청국 천진(天津)으로 보내어, 신문화에 대한 지식을 높이고, 그 원리와 기술을 직접 습득 실용하려고 애썼다.

신사유람단은 참판 조준영(趙準永) 및 박정양(朴定陽) 이하 12명의 조사(朝士)를 중추로 하고, 이에 이상재(李商在), 유길준(俞吉濬) 등 26명의 수원(隨員)과, 또 거의 동수의 통사(通士: 通譯)와 하인으로 구성되었다. 대략 동년 4월부터 약 3개월 동안 동경을 중심으로 일본의 조야(朝野)를 시찰하고 돌아왔는데, 박정양은 내무성(內務省)과 농상무성(農商務省), 어윤중(魚允中)은 대장성(大藏省), 홍영식(洪英植)은 육군성(陸軍省) 등으로크게 관서(官署)를 나누어 행동했다. 이때 전화(電話)와 아울러 우체 사업도 그들의 시찰 범위에 들었음은 물론이다. 홍영식은 이 때에도 열심히 이 방면에 노력을 했겠으나, 그는 군부(軍部)를 담당한 탓인지 그가 이 방면에 남긴 견문기(見聞記)는 없고, 장문형의 수원 강진형(姜晉馨)이 남긴〈견문사건(見聞事件)〉끝에 다음과 같은 구절이 보인다.

"역체국(驛遞局)을 설치하여 관리(官吏)와 우졸(郵卒)을 두어 공사(公私)의 통보를 편리하게 한다.
그 법은 각 네거리마다 우편통(郵便筒)을 세워 두고, 그것은 구리(銅)로 주조(鑄造)한 것도 있고 돌로 만든 것도 있다. 서신을 부치고자 하는 사람은 원근(遠近)을 가릴 것 없이, 오직 그가 보내는 지명과 성명을 봉면에 쓰고 전표(錢票)를 붙인 다음, 이를 우통(郵通)에 집어넣는다. 그러면 우졸들이 때때로 와서 이를 모아가 각기 지방을 따라 그 다음 우통에 분치(分置)하고 그 다음 우통 소재의 우졸이 또한 찾아서 다음으로 전한다. 이렇게 준칙을 세워 하루 동안에 100리에 달(達)하고, 외국의 요원한 지역에까지 송달되지 않는 곳이 없다. 만일, 바다를 건너게 되면, 이를 실은 선주(船主)가 또한 가져가서 신실(信實)하게 전한다. 이는 비단 정한 바 규율이 엄한 데 얽메여 부침(浮沈)하는 바가 없을 뿐만 아니라, 또한 나라와 국민의 이익 도모에도 크게 관계되는 바이다. 생각하건데 이 법은 정부에서 먼저 고저액(高低額)의 각종 전표(錢票)를 만들고 서신을 부치는 사람들은 그 서신의 경중(輕重)에 맞추어 그에 합당하는 돈표를 사서 붙인다. 예컨데, 서신의 무게가 1 돈금(1錢)이면 10 전표(錢票), 2 돈금이면 20 전표(錢票)를 붙이고, 무게가 3 돈(錢) 이상이면 그 값을 배로 한다. 이리하여 일본의 역체국에서 파는 우표 대금(郵票代金)이 지세 수입(地稅收入) 과 비등하다고 한다. 이는 한 가지 일을 통지하기 위하여 한 사람을 일부러 수고시키는 괴로움을 덜고 통신할 수 있으니, 과연 양법(良法)이다. 그러므로 정부에서 한 조각 종이[郵票]로써 거만금(巨萬金)을 거둬들여도 사람들이 원망하지 않는다"

이 기사를 통하여 우리는 그 때의 시찰원들이 우표 사용에 의한 근대 신식 우편 제도가 이법(利法)임을 이해하였음을 엿볼 수 있다. 이외 조사(朝士) 박정양은 일본국 농상무성 각국 규칙(各國規則)을 전사(轉寫)하는 중에 우체국 각 규칙도 옮겨와 신식 우편 제도 운영상의 직제(職制) 기타 보고하였다. 이 기록은 아마 그의 수행원이며 뒷날 초대 인천 우정분국장(初代仁川郵征分局長)이 된 이상재(李商在)의 손으로 이루워졌으리라 추측하고 후술(後述)하는 갑신년 당시에 우리 우정총국(郵征總局)의 직제 등과 비교하여 볼 때, 크게 영향을 주었음을 알 수 있다. 이 외에도 조사 강문형(姜文馨), 민종묵(閔種默), 이관영(李鏡永), 조준영(趙準永), 수원(隨員) 송헌빈(宋憲斌)등 도 각기 기록을 남기어, 그들이 견문한 우편 및 전신에 관한 지견(智見)을 전하고 있다. 신사유람단(紳士遊覽團)의 파견은 결과적으로 개화파의 세력을 증대시켰다. 조사, 수행원, 합하여 약 40명에 달하는 양반 청장년층이 직접 신문물에 접하게 되어, 그만큼 개화의 기운을 고취(鼓吹)하였을 것이다. 이러한 정세 진전을 배경으로 동년 11월에는 앞서 설치된 통리 기무 아눈의 기구를 12사(12司)에서 7사(7司)로 개편하고, 그 실무자 급에는거의 상기 조사들로서 임명하였다. 이와 같이 개화의 세력이 날로 늘어나자, 그만큼 이를 저지 배제하려는 수구세력파(守舊勢力波)의 움직임도 치열하여 다음 해 1882(壬午年) 6월에는 마침내 임오군란(壬午軍亂)이 발발하였다. 임오군란을 계기로 쇄국주의를 고수하였던 대원군이 이에 동조하던 전통적 선비[儒林] 세력을 주축으로 하고 구군대(舊軍隊)를 선봉(先鋒)으로 삼아 일시 그들의 승리를 이끌어 모든 새로운 시설은 일시에 혁파(革罷)되었다. 하지만 대원군의 재집권은 당시 민씨 척족 정권과 손잡은 청국(淸國)의 간섭으로 말미암아 약 1개월 후에 그가 청국에 연행됨으로써, 여지없이 무너지고, 새로운 여러 시설은 부설(復設)되었다. 이러한 기운(機運)에서 동년(1882년) 7월에 일단 혁파되었던 통리기무아문의 후신으로 기무처(機務處)가 설립되고, 이는 11월 통리 아문으로 개편된 다음, 다시 12월에 통리교섭통상국사무아문(統理交涉通商局事務衙門)과 통리국군사무아문(統理國軍事務衙門)으로 분립되었다. 이때 통리 교섭 통상국 사무 아문이야말로 근대적인 대외 관계를 표방하는 관서였다. 이 안에 우정사(郵征司)가 설치됨으로써, 우리 나라 체신 사업에 있어서 획기적인 조치, 즉 최초의 체계적인 체신 사업 전담(專擔)의 기구가 성립되게 된 것이다.
우정사(郵征司)에 대하여는 현재 남아 있는 통서장정(統署章程)을 통하여 그 대강(大綱)을 짐작할 수 있다. 이에 의하면
"우정사(郵程司)는 장문사(掌文司), 정교사(征榷司), 부교사(副敎司)와 더불어 통리교섭통상사무아문의 4사(4司)를 이루고, 운송도(교통·체신)에 관한 사무, 예컨데 전보, 역전 철도(電報驛傳鐵道)에 관한 일을 맡아 본다. 관영과 민영을 가릴 것 없이 관계 규정을 개정하여 법으로서 보호하고 점차 이를 확장(擴張) 하도록 한다."
함에 있었으며, 그 실무를 담당한 주사(主事)의 직무에 관하여는 "본국의 지도와 하천과 내륙(內陸)의 운도(運道)의 원근(遠近), 관협(寬狹), 험이(險夷) 등에 관한 일을 관장하며 이를 일률적으로 수정(修整) 함으로써 왕래를 편리하게 한다"고 규정하고 있다. 그리고 통서(統署)의 총령관(總領官)으로 독판(督辦), 각사(各司)의 책임자로 협판(協辦). 그 관하에 참의(參議), 주사(主事)를 두었다. 우정사 협판에는 홍영식, 참의에는 이교영(李敎榮), 주사에는 정만조(鄭滿潮)가 각각 임명되었다. 위와 같이 우정사라는 체신 업무 전담의 한 기구가 설치되게 되었음은 앞서 말한 바, 홍영식을 위시한 주로 일본에서 지견(智見)을 넓힌 개화파 인사들의 진력(盡力)에 의한 결실일 것이다. 이 외 1882년 12월의 통리교섭통상사무 아문의 설치 당시 이 땅에 크게 세력을 떨친 청국의 북양대신 이홍장(北洋大臣李鴻章)의 천거로 동 아문의 현판으로 임명된 독일인 묄렌돌프(麟德: P. G. Ven Moellendorf) 의 진언(眞言) 에 힘입은 바가 많았으리라는 설이 있다. 그것은 홍콩에서 우체국장을 역임한 영국인 허치슨(W. D. F. Hutchison) 을 비서로 동한 사실로 추측된다. 그러나, 이때에 목민덕이 동 아문에서 차지하고 있던 높은 비중에 비추어 우정사의 설치에 간여했으리라는 추측은 타당하겠지만, 허치슨을 데리고 온 것을 근거로 한 설명은 허치슨의 한국 내임(來任)한 때가 1884년(高宗 21년) 여름에 있었다는사실에 비추어 수긍하기 힘들다. 어떻든 이와 같이 하여 우정사는 정식으로 설치되었고, 이후 교통과 체신에 관한 업무를 관장하였다.
하지만 1883년 1월에 일본과 부산의 해저전신조관(海底電信條款)을 체결할 때에 홍영식이 우정사 협판의 직함으로 참가한 사실과 또 동 조약의 제 3조에 조선의 우정사에서 관영 전신선(官營電信線)을 개설할 경우에 그 후 우정사에서 실지로 수행한 실적 기록은 전혀 나타나지 않는다.
1883년(고종 20년)에 접어들어, 홍영식은 동년 6월에 또다시, 전년 3월에 체결된 조·미통상조약(朝美通商條約)에 따른 보빙 정사 민영익(閔泳翊)을 따라 부사(副使)의 자격으로 미국에 건너갔다. 역시 그는 이 때에도 우정 제도(郵征制度)의 시찰에 특별한 관심을 서부연합 전신국(西部聯合電信局)과 기울여서 동년 9월에는 서부 연합 전신국과 뉴우요오크 우체국을 방문하여 깊은 감명을 받았고, 귀국하면 소규모나마 우체 사업을 기필 실현시키려는 확안(確案)을 얻었다 한다. 한편 홍영식의 이 같은 노력이 거듭되는 동안 임오군란 이후 청국에 더욱 의존하기 시작한 민씨 척족 정권은 한층 사대 수구(事大守舊)로 기울어져 갔다. 이에 김옥균, 홍영식, 박영효 등 이른바 신진 소장 개화파들은 이를 크게 반대하고 일본을 전범(典範)으로 삼아 개화와 독립을 이룩하려고 힘썼다. 그들의 노력으로 1883년 7월에 박문국(博文局)이 창설되었고, 박문국에서는 동년 10월부터 〈한성순보(漢城旬報)〉를 발간(發刊)하기에 이르렀다. 〈한성순보〉는 주지하는 바와 같이 순보(旬報)인 위에 관보(官報)적인 것이었으나, 최초의 근대적 신문이었다. 다른 문명이기(文明利己)에 관한 소개와 더불어 우통 해문(郵筒該聞) [1884년 2월 1일 13호], 태서 우제(泰西郵制) [1884년 2월 21일 15호], 영국 우정(英國郵政) [동년 3월 11일 17호, 일본국 역체국(日本局驛遞局) [동상], 덕국 우편(德國郵便), [동상], 미국 우정(美國郵程) [21호], 오국 우편 수입(墺國郵便收入) [23호], 영국우편 예산(英國郵便豫算) [30호], 각국 우체국수지(各國郵遞局數誌) [33호], 각국 우편 수입표(各國郵便收入表)

[35호] 등 제목하에, 발달된 영국 우정을 중심으로 근대적 신식 제도의 실제를 소개하고, 실시의 중요성을 역설하면서 우정 총국의 개설을 축하 고무하였다.

2. 우정총국 개설

1) 설치와 개국

드디어 고종 21년(1884년. 갑신) 3월 27일에 이르러 국왕의 칙명으로 우정총국이 설치되었다.
이는 그 동안 꾸준히 계속된 홍영식을 중심으로 한 개화파들의 노력의 결실이었던 것이다. 비록 일본보다 10여 년 뒤떨어졌으나, 아직 청국(淸國)에서도 시작되지 않았고, 또 우리 국내의 여타 근대 문명의 도입에 비추어 보아도 확실히 전진적인 조치였다. 당시 고종은 동 부승지(同副承旨) 윤정구(尹定求)에게 하교하기를.

"각국과 더불어 통상(通商)한 이래, 내외의 관섭이 날로 증가하고, 관상(官商)의 신식(信息)이 따라서 은번(殷繁)하여지니 진실로 그 신식을 적의(適宜) 체전(遞傳)하지 않으면 서로 성기(聲氣)를 연락하고 하이(遐邇: 멀고 가까운 곳)가 일체(一體)로 될 수 없다. 이에 명령하노니, 우정총국을 설립하여 각 항구에 왕래하는 신서(信書)를 관판(管辦)하도록 하고, 내지(內地) 우편도 또한 점차, 확장하도록 하여 공사(公私)의 이익을 거두도록 하라. 병조 참판 홍영식을 우정 총판으로 임명하여 우정 총국을 판리(辦理)하게 하고, 동국(同局)에서 마땅히 시행하여야 할 장정(章程)과 필요한 인원은 모두 홍총판(洪總辦)으로 하여금 품결(稟決) 시행토록 할 것을 군국 아문과 통신 아문에 분부하도록 하라"

이 같은 명령에 따라 이튿날 28일에 홍영식은 우정국 총판으로 임명되었다.
여기에서 우리는 우선 두 가지 사실에 대하여 주목하여야 할 것이다. 첫째는, 흔히 우리는 우정총국의 개설이 마치 갑신년 10월 1일(양. 11월 17일)이나 10월 17일(양 12월 4일)에 비롯된 것으로 인식하기 쉬우나, 10월 1일은 처음으로 업무를 개시한 날이고, 10월 17일은 우정총국 개설연(開設宴)이, 다시 말하여 그 연회를 계기로 이른바 갑신정변이 일어난 날에 불가하고, 실제 우정총국의 설치는 그 이전 반년을 더 앞선 1884년 3월 27일에 있었음을 분명히 인식하여야 할 것이다. 둘째는, 이 때 우정 사업 개설의 제일 목적이 국내 우편(內遞)보다도 국제 우편(外遞)에 있었음을 간취(看取) 할 수 있는 점이다. 즉 위에 적은 하교(下敎)는 국내 우편보다도 외국과의 통상에 따르는 교신(交信)의 필요성을 역설(力說)하고, 연안 각항(沿岸各港)에서 서신 왕래에 역점(力點)이 두어져 있다. 이 점은 후술하는 바, 동년 4월 초순에 이미 일본·미국·영국의 각 공사관을 통하여 각기 우편물 교환 조약의 약정(約定)과 만국우편연합(萬國郵便聯合: U.P.U) 에의 가입을 추진한 바로써 더욱 분명하거니와, 또 나아가 우리의 우편 제도의 실시를 보라. 곧 이 땅에 설치되었던 일본 우편 선로를 철폐시키고, 우리의 우편 조직으로 단일화하려던 계획과 아울러, 홍영식을 비롯한 당시 관계자들의 포부외 식견이 크게 개방적이며, 웅대하였음을 짐작하게 한다. 그러나, 이 때에 설치되었던 우정총국은 그것이 독립 기구임을 가히 짐작할 수는 있어도, 타 관청과의 관계가 분명하지 않으며, 또 총판(總辦)외의 다른 관원의 임명이 전혀 보이지 않는다. 그 까닭은 아마 우정총국이 이 때에 체모를 갖추어 창설되었다기보다, 홍영식으로 하여금 앞으로 우정총국의 개설을 사실상 허용한 바로 해석함이 타당할 것 같다.
이 후 우정총국은 업무 개시, 즉 개국을 위하여 준비를 거듭하였다. 전해오는 사료(史料)를 통하여 그의 중요 사항을 차례대로 들어 보면 다음과 같다.
창설 4일만인 4월 1일자에 〈한성순보〉에다 상기(上記) 3월 27일자 국왕의 칙유 전문(國王勅諭全文)을 실어 우정총국 설립의 필요성을 널리 주지시켰고, 4월 9일에는 일본영사관, 다음 10일에는 영국과 미국공사관에 통리교섭통상사무아문(統理交涉通商事務衙門)을 통하여 역시 상기 국왕의 칙유문 전문을 통고하였다. 이어 일본과 영국의 홍콩 우정국과 우편물 교환 약정(交換約定)을 맺는 한편, 만국 우편 연합에 가입하고자 하는 뜻을 전달하여 각 공사로부터 축하와 격려의 회답을 받았다.
약 한 달 지나 5월 15일에 이르러, 우정총국 신설에 따르는〈개략 장정(槪略章程)〉을 국왕에게 보고하게 되었다.
이는 그 동안 홍영식에 의하여 이루워진 그 구상이 비로소 구체화되기 시작한 것인데, 그 내용은 지금 전해지고 있지 않으나, 아마 후술하는 바 9월 11일에 재가(裁可)를 얻게 되는 각종 장정(章程) 등의 대체적인 골격을 이루었을 것이다. 이와 같은 대체적인 테두리의 실정과 더불어, 다시 약 1개월을 지나는 동안에 우정 업무에 직접 종사할 외국인의 고빙(雇聘)과, 연안(沿岸)에서 우체물을 운송할 우선(郵船)확보까지도 배려(配慮)한 것 같다. 즉, 동년 5월 9일(음 7월1일)에 우정국 총판 홍영식 명의로 비직 5등 역체관(非職5等驛遞官) 오미(小尾輔明)와, 전 외무부 출사(外務部出仕) 미야자끼(宮崎言成)의 2인을 3년 기한부로 초빙하였다. 그 임무는 아래와 같다.
"오미(小尾輔明)는 우정총판을 장관으로 받들고, 그 명령에 따라 조선국의 우정 사무를 수행하며, 미야자끼(宮崎言成)는 장관 및 오미(小尾)의 명령에 좇아 우정 사무에 관하여 영어로 된 각종 조약을 번역하는 일을 말한다" 라고 하였다.
우선(郵船)을 확보하기 위한 배려는 미국인 미들톤(Middeton: 密得頓) 등이 그 무렵 통선회사(通船會社)의 설립 허가를 얻어, 정부와 연해 강포(沿海江浦) 등지를 운항하는 계약을 맺게 되었는데, 우체물에 대하여는 그 운반비를 일체 면제하기로 약정한 것으로 알 수 있다. 오미(小尾)·미야자끼(宮崎)등 외국인 전문가의 고빙(雇聘)은 개국 준비를 한층 본격화시켰을 터이며, 그리하여 8월 21일에는 이상만(李象萬), 김낙집(金樂集), 안종수(安宗洙), 박영효(朴泳孝), 심상기(心相耆), 서재창(徐載昌), 홍병후(洪昺厚), 서광숙(徐光肅), 조한상(趙漢尙), 이상재(李商在), 신낙균(申洛均), 남궁억(南宮檍), 조창교(趙昌敎), 안욱상(安昱相) 등 14명을, 그리고 9월 3일에는 성익영(成翊泳)을 우정총국 사사(郵政總局司事)로 임명하였다. 이 때(9월 3일)에 우정 분국(分局)을 장차 설립할 터인데, 속원(屬員)이 부족하다고 한 점은 특히 주목하여야 할 바라고 믿는다. 위에 보이는 명단 중 월남 이상재(月南 李商在)와 기정 안종수(安宗洙)는 앞서 신사유람단에 수행한 인사이다. 이상재(李商在)는 미구(未久)에 초임 인천분국장(初任仁川分局長)의 임(任)을 맡았고, 또 그는 남궁억(南宮檍)과 더불어 한말(韓末)의 정계(政界), 언론계(言論界) 및 종교계에 커다란 족적(足跡)을 남긴 인물이었다. 남궁억(南宮檍)은 우리나라 최초 우표 수집가(郵票蒐集家)로도 알려져 있다. 이리하여, 드디어 동년 9월 1일에는 업무 관계의 대비(對備)에 있어서, 가징 중요한 각종 규칙과 장정(章程)을 상주(上奏)하여 재가(裁可)를 얻기에 이르렀다. 즉 우정국직제장정(郵征局職制章程) 동 사무장정(同事務章程), 대조선국우정규칙(大朝鮮局郵征規則), 경성내우정왕복개설법(京城內郵征往復開設法), 경성 -인천간 왕복우정규법(京城仁川間往復郵征規法)등 여러 규칙 장정의 구체적 내용에 대하여는 뒤에서 상술하기로 한다. 이러한 개설 준비의 진척에 따라 10월 1일을 개국일(開局日)로 정하고, 이 사실을 9월 23. 24 양일에 걸쳐 청국, 일본, 미국, 영국, 독일 등 각국 공사 및 영사관에 알림과 동시에 상기(上記) 우정 규칙 이하 3종(3種)의 법규를 송교(送交)했다. 특히 일본공사에게는 인천 거류민들에게도 우리의 우정 사업을 준행(遵行)하도록 조치하라고 통고하였으며, 이 통고에 접한 각국의 공사 및 영사들은 다같이 사업 개설에 대하여 축의(祝意)를 표하였다. 예정된 개국 절차는 제대로 진행을 보아 마침내 9월 말일에는 우정국 사사(司事)들이 각 과의 업무 분장(分掌) 및 입직절차(入直節次)의 결정을 마치고, 다시 우정 업무의 수행에 있어서, 필요한 우기(郵旗)까지도 제정하여, 다시 한번 10월 1일부터 우정 업무를 개시한다고 왕에게 다짐하였다. 이때 좌부승지 김학수(金學洙)등이 왕에게 제청한 바를 보면 "우정국의 상언을 계문하기를 본국 사사(司事)들이 각과에서 맡은 사무 분담서를 올립니다. 또, 우정 총국의 상언을 계문하기를 "우정 사무를 10월 초하루부터 개시합니다." 또 우정 총국의 상언을 계문하기를 "우정 사무를 장차 시행될 터인데, 우정국이 설치되는 장소와 우정 화물을 운반할 때는 기장(旗章)으로 표시를 하지 않을 수 없습니다. 그러므로 여기에 사용한 기장(旗章)을 올립니다." 또 우정 총국의 상언을 계문하기를, "본국 사사가 금 10월 초하루부터 교대로 임직할것을 아룁니다"

이리하여 한국의 근대 신식 우정 업무는 동년 10월1일 그 역사적인 막을 올렸던 것이다.

1884년 10월 1일에 우선 한성-인천간에 업무를 개시한 우정 총국은 주지하다시피 불과 17일 만에 이른바 갑신정변(甲申政變)을 겪고, 이어 동월 21일에 애석하게도 혁파의 비운을 면치 못하였다. 그러므로, 종래 10월 1일 이후 실지로 우편 업무의 취급이 있었으며, 따라서 당시의 우표 [문위우표(文位郵票)]로 실지 사용된 것이 있었는가 하는 것이 의심되어 왔다. 그러나 이 점에 대하여, 이미 진기홍(陳錤洪-우취연구가)씨에 의하여 당시의 일부인(日附印)으로 소인(消印)된 3매의 사용필 우표(使用畢郵票)가 발견되었고, 또 늦어도 동월 19일(양력12월 6일)까지에는 두 개의 우편 행낭(郵便行囊)이 왕복된 사실을 들어서, 실지 업무 수행이 이루워졌음을 충분히 밝힌 바 있다. 여기에서는 다만 그 때에 오미(小尾), 미야자끼(宮崎)와 더불어 우정 총국에 빙용(聘傭: 예를 갖추어서 사람을 맞아 씀.) 되었다고 하는 일본인 스가노(菅野)가 겪은 체험담을 다음과 같이 소개하기로 한다.

[전략] 한력(韓歷) 10월 1일(양력 11월 17일)로써 경성으로부터 인천간에 선로(線路)를 개설하고, 나아가서 한력 신년 정월 2일 안으로 경성-부산간 선로를 설치하려고, 오미(小尾)는 본월 중순부터 그 지리를 실험(踏査)하기 위하여 우정국 사사 신낙균(申洛均)과 함께 부산으로 험로를 무릅쓰고 출발할 터였다. 하지만 당시까지 인천의 일본 영사관에서 취급하던 우편 사무를 우정총국에서 인수 취급(引受取扱)하는 수속을 먼저 하기 위하여 그 달 1일 우선 인천항(仁川港)으로 떠났다. 그런데, 4월에 이르러 갑자기 우정국 개업식이 당일 저녁에 열린다는 소문이 있음을 듣고,…. [중략, 갑신정변의 소개-필자] …….…다음 5일도 시중(市中)은 들떠 혼잡하여 온평하지 못한 형세로 보였지만 별달리 이렇다 할 정도의 이상은 없었으므로, 스가노(菅野) 및 우정국에 관계 있는 사람들은 동국(同局)에 나가서 평상과 같이 그 시간내에 우편물을 차립(差立) 하고…..[중략]…..6일 역시 오전 10시에 우편도 통상과 같이 차립하였지만, 그 후 시내 곳곳에서 총을 맨 지나병(支那兵)이 배회하는 등 불온한 이상(異狀)을 나타내었다. 오후에 이르러서는 통상 오후 5시에 하던 집신(集信)을 앞당겨 4시에 차립(差立)할 정도였는데, 그 체부(遞夫)가 돌아와서 집신대(集信袋)를 내던지고 도주하였다. 이 때에 한 사람의 사사(司事)가 말하기를 지금 바로 왕궁(王宮)에 변사(變事)가 있음으로, 나는 이제 곧 갈터이라고 하면서 떠나갔다. 이에 스가노(菅野)씨는 우정국의 문을 닫은 후 공사관으로 가려고 뒷문으로부터 나왔는데……[하략] 이 기록에 의하면 갑신정변이 있었던 10월17일(양 12월 4일) 이전은 물론 그 후18일(양 5일)과 19일(양 6일) 오후의 집신(集信)까지도 수행하였고, 우정국 업무가 사실상 완전 폐무(廢務)된 때는 11월 20일(양 12월 7일)부터임이 분명하다. 뿐만 아니라 당시의 우정 총국에서는 이미 경성시내 및 경성-인천간의 왕복에만 그치지 않고, 멀리 부산에까지도 이듬해 1월 1일을 기하여 우편을 개설할 준비를 추진 중에 있었고, 또 10월 14일(양12월 1일)부터는 이미 인천의 일본영사관내에 설치된 인천 일본 우편국의 업무를 인수하려고 착수하였음을 알수 있다.

인천일본우편국의 업무 인수 계획은 〈인천일본우체국연혁초(仁川日本郵遞局沿革抄)〉에도 "1885년 1월(양) 일시 본방(本邦) 이외의 인민 앞 우편물은 조선 우정국에 교부한다." 라고 한 바로써 더욱 확실히 짐작될 수 있다.

이에 우리는 홍영식 등 당시의 관계관들이 국내 우체의 실시에만 그치지 않고, 오히려 부산, 인천 등 항구를 통하여 국제우편의 조속한 실시를 본격적으로 서둘렀으며, 나아가서 이 땅에 불법으로 설치된 외국(日本) 우편국을 인수, 철폐하도록 조치한 점, 다시 말해서 우체 사업에 있어서의 국권의 확립을 기(期)한 점을 특히 높이 평가할 수 있다. 이는 물론 홍 총판 등이 이른바 개화파 인물로서 일본과 기맥(氣脈)을 통하였고, 또 오노(小尾) 이하 중요 업무의 실지 담당자가 고빙(雇聘)된 일본 사람이었다는 점에서 쉬이 이루워질 수 있었다고 생각할 수 있다. 하지만 거꾸로 그들이 청일·러일의 양 전쟁(靑日. 露日兩戰爭)을 거쳐, 광무, 융희(光武. 隆熙) 말년의 한말 정국(韓末政局)에 나타난, 문자 그대로의 친일파(親日派)에 그쳤던들 도리어 오히려 사업권의 인수는 엄두도 내지 못하였을 것이다. 사실상 국제 우편(外遞)은 훗날 우체 사업이 재개된 이후도 수 년간에 걸친 여러 난관을 겪고, 1900년에야 겨우 그 실시를 보았고, 이 땅에 불법으로 설치된 일본 우편국의 존재는 광무 연간에 이르러, 우리 우체 사업에 크나큰 암적 존재로 화하였지만, 일본은 끝내 우리의 정당하고도 합법적인 철거 요구에 응하지 않았다. 뿐만 아니라, 그들은 불법으로 설치, 확장되어간 그들의 우체·전신망을 바탕으로 하여, 마침내는 우리의 통신 사업권을 뿌리째 빼앗아간 엄연한 사실에 비추어, 한층 깊은 감명을 느끼게 한다.

어떻던, 우정총국은 개설 17일만에 그 축하연을 전동 소재의 청사내에서 가져야 하였다. 이를 계기로 한 갑신정변으로 동월 21일에 우정총국은 혁파(혁파: 묵은 기구·제도·법령 따위가 없어지다)의 비운을 맞이하였으며, 인천 분국도 동년 12월 1일까지에는 완전 폐쇄되기에 이르렀다. 김옥균, 홍영식, 박영효 등 신진 정객(新進政客)들이 일본과의 제휴 후에 따로 수구(守舊)와 사대 정책으로만 기우러저저 가던 민씨 척족 정권을 전복하려고 쿠데타, 즉 갑신정변을 일으키게 된 사정과, 일본측 [공사(公使) 다께조에]의 배신적 행위로 말미암아 삼일 천하로 그치지 만 전후 경위에 관하여는 여기에서 상론할 필요는 없다. 우리 우체사업에 있어서 잊지 못할 은인(恩人) 홍영식은 그 달 19일(양12월 6일)에 창덕궁 뒷산 넘어 북묘(北廟) 근처 옥류천 상류(玉流川上流: 지금의 성북동 상곡(城北洞上谷)에서 박영효(朴泳孝)의 형 박영교(朴泳敎)와 더불어 30세의 젊은 나이로 청병(靑兵)의 손에 일생을 마치고 천추의 한을 남기었다. 우리의 우체 사업 창시(創始)에 있어서의 이와 같은 비극은 한편으로 생각하면, 우체 사업이 갑신정변의 주동 인물인 홍영식 등에 의하여 추진되었고, 그것은 어디까지나 그들이 기원(祈願)하여 마지 않았던 조국의 개화라는 큰 포부를 실현하기 위한 시책의 일환이었던 만큼, 그들의 정치 생명과 운명을 같이하였음은 오히려 피할 수 없는 숙명적 인연이었을 것이다.
홍영식(洪英植)은 남양인(南陽人)으로 영의정 홍순목(洪淳穆)의 둘째 아들이었는데, 철종(哲宗) 6년(1855년) 12월 29일에 태어났다. 자(字)를 중육(仲育), 호(號)를 금석(琴石), 16세에 문과(文科)에 급제하였는데, 그는 비범한 재능과 뛰어난 가벌(家閥)을 지반으로 일찍부터 위에서 본 바와 같은 선구적 활동을 전개할 수 있었던 것이다.

2) 직제(職制)와 우정규칙

비록 20일 안팎에 그친 짧은 기간이었으나, 그 동안에 실시된 우편 업무의 실제는 전술한 바, 그 해 10월 9일에 재가(裁可)된 우정 규칙 이하의 각종 규정을 통하여 그 대략을 살필 수 있을 것이다. 하지만 그 동안 우정국 사무 장정과 직제 장정(職制章程) [규장각 도서 7328]은 서울대학교 중앙 도서관에 수장되어 있어서, 그 내용이 널리 알려져 온다. 우정 업무의 실제를 살피는 데에 가장 긴요한 '우정 규칙'과 '경성내 우정 왕복 개설 규법(京城內仁川間往復郵征規法)' 및 '경성인천간왕복우정규법(京城仁川間往復郵征規法)'은 1967년 8월까지 그 전존(傳存)이 세상에 알려지지 않았다. 다행히 그 동안 진기홍(陳錤洪)씨가 〈일본역체국보(日本驛遞局報)〉 [명치 18년 1월 7일자 1호로부터 동년 2월 2일자 8호에 걸쳐, 그 '외보난(外報欄)'에 분재(分載)되었음]에 수록된 것을 구득(求得)하고, 이에 약간의 교정(矯正)과 해제(解題)를 붙여 진기홍씨의 고정본으로 출간하였다.
이 발견은 이번 우정 사업사(郵政事業史) 편찬을 계기로 얻어진 진기하고 의의깊은 수확의 하나이다. 우정 규칙과 장정 등은 모두 일본의 우체국 규칙에서 많이 영향받은 듯한데, 이는 우정 총국의 개설 경륜(經綸)에 비추어 당연한 귀결이라 하겠다.

3) 대조선우정총국직제장정(大朝鮮郵征總局職制章程)

직제상 우정총국에는 우정 사무의 일체를 총괄, 전재(總括轉載)하는 총판과 그 다음으로 총판 유고시(有故時)에 이를 대행하는 방판(幫辦), 그리고 각과의 업무를 장리(掌理)하는 과장(課長) 및 과중(課中)의 사무를 수행하는 과원이 있었다 그 정원수는 사무 장정에 의하여 총판 1인, 방판 1인, 과장 3인이고 과원의 정수는 알 수 없으며, 또 총판(總辦) 홍영식 외에는 방판과 과장및 과원으로 임명된 구체적 인물은 아직 밝혀지지 않고 있다. 다만, 이는 논술한 바에 의하여, 당시 사사(司事)로 임명된 전후 15인의 명단을 알 수 있고, 또 이를 통하여 사사(司事)는 과장과 과원에 임명되는 국원(局員)의 동칭이었다고 짐작되며, 그 중 인천 분국장만은 이상재(李商在)가 임명되었음이 분명하다. 인천 분국의 직제 역시 밝혀진 바 없다.

4) 대조선국우정국사무장정(大朝鮮局郵征局事務章程)

우정 총국은 모든 역전(驛傳) 및 우송(郵送)에 관한 일체 사무를 총괄하는 아문(衙門)이며, 사무 분장(分掌)은, 규획과(規劃課) 직무부(職務部)·선로부(線路部)·지지부(地誌部)·설명부(說明部)·발착과(發着課) 점사부(點査部)·압인부(押印部)·구분부(區分部)·등기부(謄記部)·집분부(集分部)·시한부(時限部)·우초 매하부(郵鈔賣下部)계산과(計算課) 초출납부(郵鈔出納部)·검사감정부부(檢査 勘定簿部)·전화출납부(電話出納部)·기계부(器械部) 등과 같이 3과 15부로 나누어 이를 집행하였다.
규획과는 우정분국 우정수취소(郵征分局郵征受取所), 우초매하소(郵鈔賣下所)의 위치를 배정하고, 관원들의 등급과 진퇴 임면(進退任免)과 급료 등을 모두 조사하며, 각 분국에서 행할 집신방법규법(集信方法規法)의 사정(査定)과 우정통행선로(郵征通行線路)의 획정(劃定)과 우정 지지(郵征地誌) 및 지도(地圖)의 작성과 이정 원근(里程遠近)의 산정(算定)과 우정규칙(郵征規則)의 설명 등에 관한 업무를 장리(掌理)한다. 무릇 우정 업무에 관한 것은 모두 총활적으로 규제획량(規制劃量)한다 하고 상기(上記) 4부를 두었다.
발착과(發着課)는 우정물(郵征物)의 발송 도착과 우체 분전(分傳)의 시각(時刻)을 관장하고 아울러 이를 감독한다.
또한 우초매하(郵鈔賣下) 사무를 맡았는데 7부(部)를 두었다.
계산과(計算課)는 우초 출납과 각 분국에 대한 급여, 경비(經費) 및 우세(郵稅: 우표 판매 대금)의 수납, 그리고 우체 업무수행에 필요한 모든 기구(器具)와 청사(廳舍)의 건축 수선 등 사무를 관장하는데 이를 4부로 나누었다. 이 사무 장정을 통하여 우리는 당시 인천 이외에는 실천을 보지 못하였지만, 전국 각지에 분국과 우정수취소(郵征受取所) 및 우초매하소(郵鈔賣下所) [당시 경성내의 10개처는 하기(下記)의 경성내우정왕복규법(京城內郵征往復規法)에 보임]를 설치할 계획이었다. 그러므로 당시에 규정된 우체 업무의 감독 및 현업 기관은(現業機關)은 우정총국(郵征總局)은 우정분국(郵征分局), 우정수취소(郵征受取所), 우초매하소(郵鈔賣下所)로 구성되었으며, 또 위에 나오는 우정 규칙의 제3조 및 37조에 의하여 우정국은 1. 2. 3등국으로 나누어졌음을 알 수 있다. 이런 점은 흔히 갑신년 당시의 우정 사업이라 하면, 처음부터 경성과 인천에 국한된 것이라고 인식하기 쉬운 선입견(先入見)을 바로잡는 데 특히 중요한 사실이라고 믿는다.

5) 대조국 우정규칙(大朝鮮國 郵征規則)

우정 규칙은 전문 7장 46조로 되어 있다.
제1장은 내국 우정세(內國郵征稅) 즉 국내 우편요금에 관한 것으로, 우체물은 오직 중량에 의해서만 요금이 좌우되고, 거리의 원근(遠近)에는 관계가 없는 바 균일 요금제를 체택하였다.

서간(書簡)은 중량(重量)
1 돈(錢) 이하 1 돈(錢) 까지 10 문(文)
1 돈 이상 2 돈 까지 20 문(文)
2 돈 이상 3돈 까지 30 문(文)
그리고, 무게 1 돈중(一錢重) 증가마다 10 문씩 증수(增收) 한다고 규정하였다. 하지만, 경성내 왕복 서간(書信)에 대하여는 그 요금을 각각 반감(半減) 하기로 하였으니, 반균일(半均一) 요금제라 할 수 있다. [1. 2조], 이어 별분전(別分傳: 특별 배달)의 실시를 이미 규정하였는데, 봉피(封皮)에는 반드시 '별분전'이라 주기(朱記)하고, 그 요금은 중량에 구애됨이 없이 매 1봉(枚一封)에 제 1등 우정국지] 20 문, 제 2등 우정국지 10문, 제 3등 우정국지 5 문, 그리고 우정국의 개설 없는 지방에서는 매 10리에 30문씩을 가수(加收)하였다. [3. 4조]. 요금 미납 및 부족 우체물은 미납 또는 부족한 요금의 배액(倍額)을 수취인 혹은 발송인으로부터 징수하기로 하였고 [5. 6. 7. 8조], 모든 우체 요금의 납입은 반드시 우표로써 첨부하고, 현금(正錢)으로는 부송할 수 없으며, [9조], 어떠한 물품이든지 그 전체를 봉함(封緘)하면 그 물품 종류의 여하를 막론하고 고율(高率)인 서간(書簡) 요금을 납입하여야 하였다. [제 10조]. 단, 엽서(葉書)의 시행은 아직 규정되어 있지 않았다.

제2장은 면세 우정(免稅郵征), 즉 요금 면제 우체물(料金免除郵遞物)에 관한 규정이다.
우정 사무로 인하여 우정국으로부터 인민, 또는 각 관청 상호간에 왕복하는 우체물은 그 요금을 면제하였다. 다만 반드시 '면세 우정(免稅郵征)'이라 봉피에 주기(朱記)하여야 하고, 또 그 중량이 6돈중(六錢重)을 초과할 수 없었다.
[제 11~14조].

제3장은 관보(官報) 및 서적류에 관한 것이다.
그 요금은 1개당 중량
8 돈 이하 8 돈까지 10 문
8 돈 이상 6 돈까지 20 문
1 량 6 돈 이상 2 량 6 돈까지 30 문
8 돈중 증가마다 10 문 증수(增收)이나, 역시 경성 내의 왕복분에 대하여는 이를 반감하였다. [15. 16조]. 이 종류의 우체물에 있어서도 요금 미납, 요금 부족 또는 별분전 우체물을 취급하였는데, 그 요금의 수납 관계는 상기 사간류(書簡類)에서 본 바와 같았다.(17. 20. 21조) 이런 종류의 우체물은 그 포장을 견고하게 하되, 반드시 그 물품 내용을 검사하기 편리하여야 하고, 또 통신 성질의 문자를 기입할 수 없다. 만약 이에 위배하면 위법으로 간주하여 그 부족 요금의 배액을 징수하였다.(17. 18조) 그리고, 당시에 있어서 관보류라 함은 주보(週報), 순보(旬報), 월지(月誌), 보고서(報告書) 등과 이에 따르는 부록(附錄) 이고, 서적류는 인쇄 및 필사(筆寫)로 된 가본철(假本綴), 저서(著書), 원고(原稿), 금전출납부(金錢出納簿), 사진(寫眞), 병풍서화(屛風書畵)는 물론 영업품(營業品)의 견본(見本) 추형류(雛形類: 소형 포장물), 토석(土石), 죽목(竹木), 무명(綿) 등 장차 백성에게 이익을 줄 수 있는 제품 원료 등의 모든 것을 포함하는 극히 넓은 범위의 것이었다.(15조)

제4장은 등기 우정(登記郵征)으로 그 요금은 매(每) 1 개당 중량에 구애됨이 없이 60 문씩 가수(加收)하나, 경성 내 왕복분은 역시 반감되었다.(22. 23조). 등기 우체물을 분실하였을 경우 그 원인이 관원의 부주의로 말미암았고 또 변상하기 어렵지 않는 종류의 물품일 경우에는 그 분실 관원으로 하여금 이를 변상케 하였다.
등기 우체물은 '등기(登記)'라고 봉피(封皮)에 주서(朱書)함은 물론, 반드시 우정국에 가서 발송하여야 하고, 이를 우정상(郵征箱)에 투입(投入)하거나, 미납(未納)으로 발송할 수 없다.(25. 26조).

제5장은 우정 초표(郵征鈔標) 즉 우표(郵票)에 관한 규정이다.
우표는 반드시 우정 총국에서 발행하고 [27조], 우표의 매매는 우정 총판의 허가를 얻고 '우정 초표 매하소(郵征鈔標買下所)'라는 괘판(掛板)을 건 곳에서만 가능하였다. [28조]. 우표의 판매 가격은 표기액(表記額)보다 증감(增減)할 수 없었고 [29조], 표면에 오반(汚斑), 훼손 소인(毁損消印)등 흔적이 있는 것은 사용할 수 없었다. [30조].

제6장은 잡칙으로, 손실된 우체물에 대해서는 원칙적으로 변상하는 규정이 없었다. [31조].
길이(長) 한자 다섯치
너비(廣) 곡척(曲尺) 한자 다섯치
두께(厚) 곡척 일곱치
무게(重量) 곡척 100 량을 초과할 수 없었고 [32. 33조],

금지 물품은,
(1) 독약(毒藥), 극약(劇藥) 등 쉬이 중독할 우려가 있는 것.
(2) 술(酒), 간장(醬油), 식초(醋水), 연유(煉乳) 등 흘러내리기 쉬운 것.
(3) 밀납(臘), 설탕(砂糖), 고약(膏藥) 등 유동 流動) 하기 쉬운 것.
(4) 유황(硫黃), 염초(焰硝), 성냥(合藥褶附木) 등 발화(發火) 하기 쉬운 것.
(5) 조수(鳥獸), 어충(魚蟲) 의 살(肉) 과 소채, 과물(果物), 병선(餅饍: 떡과 찬 종류) 등 부패하기 쉬운 것.
(6) 새, 짐승, 벌레 등 움직이는 것.
(7) 초목(草木), 식물 등 보호하기 어려운 것.
(8) 대소(大小 의 칼, 송곳, 바늘, 가위, 자도(刺刀)) 등 자상(自傷) 하기 쉬운 것.
(9) 통조림, 유리, 도자기(陶磁器) 등 파괴되기 쉬운 것.
(10) 음분(淫奔), 외설(猥褻) 한 문서(文書), 그림 및 그 기구(器具) 등 인심을 오혹(汚惑) 하기 쉬운 것.
(11) 금은 보옥류(金銀寶玉類) 및 금은 동화(金銀銅貨) 의 화폐로 사람의 양심을 해치기 쉬운 것의 11 종이 었다. [34조].
그리고 서간(관보, 서적류도 포함) 발송에 있어서는 다음 5 항(項)에 특히 유의하도록 규정하였다.

(1) 요금의 과중(過重)을 염려하여, 서봉(書封)의 크기를 작게 하면 우초(郵鈔) 및 일부인(日附印)을 첩날(貼捺)할 곳이 없고, 겉봉의 문자도 알아보기 힘듬으로, 길이 곡척(曲尺) 5치, 너비 1치 5푼내지 2치가 적당하다.
(2) 주소 성명의 표기는 반드시 '어느 곳(何方), 누구(何姓名)'로 쓰고, '아무 성(性) 무슨 벼슬'로 써선 안 된다. 예컨데, '장군 김OO, 박사 이OO' 로 씀이 옳고 '김 장군, 이 박사'로 써서는 분전(分傳) 하기 곤란하다.
(3) 우초는 표면에 첨부함이 원칙이나, 표기(表記) 문자가 많아서 여백이 없을 경우에는 뒷면을 이용하여도 무방하고, 우표 첩부 시에는 반드시 침(唾液) 을 바른다.
(4) 서간 표면에는 반드시 수납인(收納印) 의 거주 성명을, 그 뒷면에는 발송인의 거주 성명을 표기함으로써 구분에 편리하게 한다.
(5) 우표 첨부는 그 한 장으로 액면이 해당 요금에 부족할 때는 2-3장을 함께 붙여도 무방하다.
[35조]. 주소 성명의 표기 불명으로 수납인과 발송인에게 다 같이 송부하기 어려운 우체물은 몰서(沒書)'라 하여 관에서 몰수한다. [36. 38조] 우정국을 1등, 2등, 3등의 3 등급으로 나누어, 설치시에는 이를 포고(布告)하기로 하였으며 [37조]. 1년 중 정월 초하룻날만을 쉬게 하였다. [39조].

제7장은 외국 우정에 관한 것이다.
국제우편(外遞)의 개설에는 반드시 각국과 조약을 맺어 조선국(朝鮮國)의 우초로써 세계 어느 곳에서든지 통용(通用)하게 할 수 있으나, 아직 관계 조약을 체결하지 않았으므로, 인천, 부산, 원산의 3항(三港)에 설립된 일본 우체국을 경유하여 체전하게 하고, 요금은 위의 3개항까지는 국내 요금을, 그리고 해외는 해외 요금을 징수한다. [40조].
해외 요금 중 일본행(日本行) 요금은,
서간 중량 2돈중마다 20 문
관보류 중량 1량 6 돈중마다 20 문
서적류 중량 1량 6 돈중마다 20 문
등기료 1개 마다 60문이었고 [45조]. 일본 경유 세계 각국행의 요금은 별표(別表)로 표시하였다. [46조]. 외국행 우체요금 중 해외요금에 해당하는 몫은 반드시 일본 우표를 첩부함이 원칙이나, 우정국에서 이용자의 편모하여 조선국 우초를 첩부하여도 무방하도록 조치하였다. [42조]. 국제 우체물의 발송에 있어서는 미납은 고사하고, 부족료 우체물도 발송을 허가하지 않았고, 도착한 우체물의 분전에 있어서도 미납 및 부족 요금의 배액을 징수하는 일이 있을 수 없었다. [43. 44조].
이상 우리 나라 최초의 우정 규칙인 위에 원문이 한문(漢文)이기에 그 대강을 번역하였다. 이에서 우리는 다음과 같은 점이 더욱 주목된다.
즉, 당시에 이미 국내우편뿐 아니라 국제우편도 개설되었고, 업무 종류로는 통상 우편 외에 별분전(別分傳), 등기 우편이 실시되었다. 우편물의 종류는 서간(書簡)과 관보 및 서적류로 나뉘었고, 금지 우편물은 독약 등 11종이었다. 요금은 균일 요금제를 원칙으로 하였으나, 경성내는 반감하는 예외도 있었다. 국내우편에 있어서는 미납과 부족료 우체물을 모두 접수하였고, 손실 우체물에 대하여는 원칙적으로 국가에 변상 책임을 지지 않았고, 주소 성명이 불명한 우체물은 국가에서 몰수하였다. 우체 업무의 휴무(休務)는 정월 초하루의 하루뿐이었고, 우체국은 3 등급으로 나뉘었다. 국제 우편에 있어서는 인천, 부산, 원산의 3항(三港)에 설치된 일본 우편국을 이용하기로 하여, 3항까지는 국내요금, 항(港) 외는 해외요금을 징수하고, 미납과 부족료 우체물은 취급하지 않았다.
하나 더 강조할 것은, 간편한 통신 방법인 엽서보다 별분전이라는 등기우편이 먼저 시행된 것이다. 이는 당시의 통신 수요자가 주로 양반층이었고, 그들의 근봉(謹封) 전인통신(傳人通信)하던 관습에 맞추려는 시책인 듯하다. 참고로 일본에서는 1873년 말부터 발행된 우편엽서가 우리 나라에서는 1900년 5월에야 비롯되었다. 우정국 등급을 우정 규칙에서 규정한 점 등은 다음에 기술할 두 개의 왕복 규법(往復規法) 외체 규칙과 아울러 후일 우체 사업 재개기(1895년 이후)에 나타나는 우체사 관제, 우체 규칙, 우체 세칙(郵遞細則) 및 외체규칙 등 우체 사업 관제의 여러 규정이 아직 미분화(未分化) 상태에서 우체 규칙의 이름으로 통틀어 규정한 것으로 보여진다.

6) 경성 내 우정왕복개설규법(京城 内 郵征往復開設規法)

이 규법은 경성 시내 우체물의 체송을 규정한 것인데 다음 각 5항(項)으로 나누었다.

(1) 갑신년 10월 1일부터 경성 내 우정 왕복을 개시한다.

(2) 전동(典洞) 에 있는 우정 총국에서 매일 오전 오후 2회씩 집신인(集信人) 과 분전인(分傳人) 을 출발시키는데 그 시산은 아래와 같다.

집신(集信): 개함 오전 7시부터 8시까지 귀국 오전 8시 10분까지
개함 오후 5시부터 5시 반까지 귀국 오후 5시 40분까지
분전(分傳) 오전 8시 반부터 9시 반까지 귀국 오전 9시 45분까지
오후 6시부터 7시까지 귀국 오후 7시 15분까지

(3) 우표매화소에는 반드시 우정괘함(郵征掛函: 우체함) 을 설치하는데, 그 위치(10개소) 와 집신인 3인의 담당 구역은 다음과 같다.

종로 십자가(鍾路十字街) 모퉁이(角) 담당 1명
삼간정동(三間井洞) 노변(路邊)
돈의문(敦義門: 서대문) 문안
수표교(水標橋) 노변 담당 1명
진고개 노변
남대문(南大門) 문안
제동(齋洞) 노변 담당 1명
교동(校洞) 일본 공사관 앞
수문동(水門洞) 궐문(闕門) 앞
동대문(東大門) 문안

(4) 우체함의 개금(開金: 열쇠) 은 집신인에게 맡겨, 각기 담당 구역내 우체함의 우체물을 거두어 오게 한다.

(5) 분전인은 원칙상 성내 5부(城内五部), 즉, 동. 서. 남. 북 중부에 각 1명씩 배정하였다.

(5) 경성 - 인천간 왕복우정규법

이것은 경성·인천간의 체송법인데 그 내용은,

(1) 매일 오전 9시에 경성과 인천의 양 우체사에서 각각 우체군(郵遞軍: 체송부) 1명을 출발시켜, 신장기(新場基: 오류동) 에서 만나, 우체낭을 서로 교환한다.

(2) 우체군의 행주(行走) 는 매시간에 10리로 정하고, 양 국에서 신장기(오류동)까지는 다 같이 40리이다.

(3) 신장기에서의 우체낭 교환 시간은 20분으로 정한다. 따라서 각 우체국은 왕복에 8시간 20분이 소요된다. 그러므로, 우체군은 각자 하오 5시 20분에 귀국하는데, 인천 분국에서는 귀국 즉시 경성에서는 하오 6시의 분전 시간을 기다려 함께 분전한다.

이상 두 왕복 규법이 필요하였던 까닭은 우체 규칙에 우편의 전국적인 실시를 규정하였으나, 당시는 아직 경성과 인천 시내 및 경인간(京仁間)에만 설치하였을 뿐이므로, 이에 필요한 분전, 집신, 체송 등의 세칙(細則)을 따로 규정한 것으로 생각된다. 이는 1895년 6월 우편 사업이 재개된 이후에도 우편 사업을 실시하는 지방이 증가함에 따라, 그때그때 분전·집신·체송법을 재정한 사실에 비추어서도 능히 짐작할 수 있다. 하지만, 인천 내 우정 왕복 개설 규법이 없는 까닭은 이해하기 힘든다. 이는 인천에는 분국 이외에 우초 매하소, 따라서 우정 괘함의 설치가 없었으므로 집신의 필요는 처음부터 없었고, 분전은 경성 우체물의 도착을 기다려, 즉 매일 하오 5시 20분경에 한 차례 외체는 선박의 발착에 맞추어 행하면 되었었기 때문이라고 짐작된다. 그리고 경성 인천간 왕복 우정 규법은 우체 사업 재개시에 마련된 경성 ·인천간 우체물 체송법과 그 내용이 거의 동일하다.

7) 청사

우정 총국의 청사는 전동(典洞)에 자리잡고 있었다. 그것은 이 청사에서 갑신정변(甲申政變)이 일어났다는 사실로써 이미 널리 알려진 바이다. 하지만 이 사실을 밝힌 우정 관제의 직접 사료(史料)는 잘 밝혀져 있지 않은데, 아래의 사료가 이를 명시한다. 우선 '경성내우정왕복개설규법'의 제2항에 전동 우정총국에서라는 말이 나타나고 또 후술하는 바 1885년 초 오미(小尾輔明)와 미야자끼(宮崎言成)의 2인이 우리 정부에 대하여 여러 가지를 요구하던 중에 양인의 소지품을 전동 우정국 관사에 두었다.' 운운하는 대목을 들 수 있다. 그 건물은 당시 견평방(堅平坊) 전동(典洞)[혹은 전의감계(典醫監契)]에 위치하여 [지금의 종로구 견지동(堅志洞) 39의3 및 7번지] 건평 약 35평으로 지금도 남아 있다. 원래 전의감으로 쓰이던 것을 우정총국으로 사용하였다 한다. 그 창건 연대는 동대문 및 동묘[관왕묘(關王廟)]와 같이 임진란 직후(16세기 말, 17세기 초)로 추측되며, 우정국 혁파 후에는 의학교(醫學校), 법어학교(法語學校) 등으로 쓰여진 듯하다. 일제 치하에는 일본인의 손에 들어갔다가, 1956년에 체신부의 조치로 체신부의 소유가 되어 보존되고 있다. 이 건물은 우정국 청사일뿐더러 갑신정변의 발생지이며, 충정공 민영환 열사(忠正公閔泳煥烈士)의 구거지(舊居地)(구거지: 견지동 29의2)와도 인접하여 있어서 한말 개화기의 정치 및 체신 사상 유서가 깊을 뿐만 아니라, 동양은 물론 전 세계적으로 가장 오래된 우정 청사라 할 수 있다.

1970년 10월 22일 사적(史蹟) 제213호로서 문화재로 지정되었고, 장차 체신박물관으로 활용할 계획이다. 그리고, 갑신년 당시의 인천 분국의 위치는 〈대한 민국 체신 사업 연혁사〉에 인천 감리청(監理廳)과 같은 청사로 추정한 바 있으나, 아직 그 근거가 분명히 제시되어 있지 않다.

8) 우표일부인

근대적 신식 우체 사업의 개선에 있어서 그 전제로 절대 긴요한 우표 및 일부인에 관하여는 진기홍씨에 의해 따로이 상술될 터이므로 여기서는 몇 가지 사항만 지적함에 그친다.

당시의 우표는 오늘날 문위우표(文位郵票)라고 통칭하는데, 5 문(五文)·10 문(十文)·25 문·50 문·100 문의 5종이며, 그것은 일본에 주문 제조한 것이었다. 일부인은 그 사용이 우정 규칙 제 35조에 규정되어 있을뿐더러 갑신년 10월 3일자의 인형(印形)이 현재 남아 있는데, 이는 간지연호형(干支年號型) 일부인이라고 부른다. 그리고, 일부인 외의 별분전, 부세우정(負稅郵征), 등기 등의 우체인은 사용하지 않았고, 주서(朱書)로 이를 표기하도록 하였다. [우정 규칙 3. 13. 25조]. 그리고 이미 본 바와 같이 우체기(郵遞旗) 역시 제정되어 있었으나, 오늘날 그 실물이나 도형(圖形)이 전혀 전존(傳存)하지 않음은 매우 애석한 일이다. 이상으로 대략 갑신년 당시의 우체 업무를 논술하였다. 당시의 체신 관계 용어(用語)의 제정에 있어서, 우리 국권(國權)의 자주 독립을 전지하여, 적절한 용어를 창안(創案)하였다는 점이다. 무엇보다도 우표에는 반드시 '대조선국 우초(大朝鮮國郵鈔)' 라고 명기하였으며, 각종 규정에도 예컨데 대조선국 우정 총국 직제 장정' 등으로 반드시 '대조선(大朝鮮)' 3자를 명기하였다. 이러한 사례는 고종 25년(1888)에 제정된 전보 식지(전보식지)에도 보이는 바로서, 청국(淸國) 측의 엄중한 항의까지 받은 바 있다. 갑오경장 이후 체신 사업이 재개된 이후부터는 우표, 전보 식지, 관계 규법 등 모든 문건(文件)에 '대조선' 3자는 일체 나타나지 않는 데 비추어 크게 감명 깊다. 또, 당시 제도 수입(制度收入)에 있어서, 일본의 영향을 크게 받았는데도 우정(郵征: 우편(郵便), 우초(郵鈔. 절수(切手)) 우표(郵票), 등기(登記. 서류(書類), 별분전(別分傳: 특사배달(特使配達), 우정 괘함(郵征掛函: 우편상(郵便箱), 우체군(郵遞軍: 배달부(配達夫), 체전부(遞傳夫)와 집신(集信), 분전(分傳), 우낭(郵囊) 등 전문 술어를 독창적으로 적의 안출(適宜案出) 하여 외국 용어의 직수입 사용을 지양하였던 것이다.

9) 일본인 우체 고문 해약

그 당시 고빙(雇聘)중이던 우체 고문의 처우와 일본에 주문하였던 우표의 도착에 따른 대금 지불이 크게 문제되었다.

우정 총국의 개설 준비를 서두른 갑신년 5월 9일(양7월 1일)에 일본인 오미(小尾輔明)와 미야자끼(宮崎言成)의 양인을 고빙하였고, 그들은 구다노, 오미와 더불어 갑신정변이 발발한 후에도 11월 19일(양 12월 4일) 하오까지 우정총국 업무에 종사하고 있었음을 상기한다. 하지만, 그들도 다음날 20일에는 경성 일본 거류민과 함께 인천으로 난을 피하였다. 뒤이어, 갑신정변이 완전 실패로 돌아가고, 우정총국의 혁파령(革罷令)이 내린 다음 약 40일을 지나, (인천 분국의 잔무 정리를 서두를 무렵) 양국의 교섭 관계도 어느 정도 재개되었던 모양으로, 일본 공사관에서는 오미, 미야자끼의 제청으로, 고빙 약정(雇聘約定)의 초본(初本)을 제시하면서, 우정 업무가 정지되고 있으니 그들의 미불 임금의 지불, 계속 고빙 여부 등을 조사 선처하여 달라고 우리 정부의 통서 독판(統緖督辦)에게 요구하였다. 이에 대하여 외무 독관 김윤식은 양인의 고용을 당시의 우정국 총판 홍영식이 홀로 처리하고, 통서로서는 전혀 관여하지 않았으므로 그 내용은 알 수 없는 터인데다가, 이번에 제시된 약정문은 원본이 아니니, 약정문 원본을 제시하라고 다음과 같은 회답을 보냈다.

"배계(拜啓: 절하고 아뢴다는 뜻으로, 편지 첫머리에 쓰는 말.) 방금 서한을 받았습니다. 우정국의 고원(雇員)을 사문(査問: 조사하여 캐물음)한 일은 본서(本署)에서는 당초 관여치 않았고, 약문(約文)에 대해서도 모두 우정 총국 총판이 스스로 처리하였기에 본인은 전혀 아는 바 없습니다. 본 대신은 약정의 일찍이 서명 날인한 원문을 한번 보고자 하니 양해(諒解) 하시기 바랍니다. 귀처(貴處)의 서리 공사는 귀찮으시더라도 양인에게 알려서 원문을 본 대신에게 보여주시면 일차 검조(檢照: 검토) 하겠습니다. 일안을 빕니다." 라 하였다. [12월 19일]

일본 대리 공사 곤도오(近藤眞助)는 이튿날 다시 두 사람은 갑신정변 당시 겨우 몸만 빠져나오고 의복 등 소지품을 모두 잃었기 때문에 계약 원본은 불타 없어졌고, 이번에 송교(送交)한 계약 초본도 실은 그들이 앞서 본 공사관에 제출하여 두었던 초본을 다시 초록(抄錄: 필요한 부분만을 뽑아서 적음)한 것이니, 이 점 양해하여, 그 초본에 의하여 속히 처리하여 달라고 요구 하였다.

그 때 제출된 초본에 의한 양인의 고용 약정은 다음과 같다.

오미(小尾輔明)·미야자끼(宮崎言成) 고빙약정서(雇聘約定書)

조선국 우정 총판 홍영식은 정부의 명령을 받들어, 일본국 비직(非職) 5등 역체관 오미(小尾輔明)를 고용하여 그로 하여금 조선국 우정 사무를 판리(辦理) 시행하게 하고, 아울러 미야자끼(宮崎言成)를 고용하여 우정 사무에 관계되는 영어(英語)로 된 문자를 번역하게 하도록 약정을 맺는 바 그 각항을 다음에 개진한다. 1. 오미(小尾輔明)는 우정 총판을 장관(長官)으로 모시고, 그 명령을 받들어, 맡은 바 직(職)을 관리 시행하며, 미야자끼(宮崎言成)는 장관 및 오미의 명령을 받들어 그 직무에 종사한다. 2. 우정 총판은 금년 윤 5월 초1일부터 3년간 기한으로 오미와 미야자끼 2인을 고용한다. 기간 중에 그들이 태타(怠惰: 몹시 게으름), 폭행(暴行)하거나, 그 임무를 감내(堪耐)하지 못하는 외에, 우정 총판의 사정에 의하여 해고될 경우에는 이 약정에 규정한 기한 동안의 고은(雇銀: 급료)을 급(給) 하여야 한다. 3. 상기 기한 내에 우정 총판은 매월 16일에 1개월분 급여로 130원(圓)을 오미에게, 70원을 미야자끼에게 지급한다. 만약 두 사람이 신병으로 100일 이상 직무를 수행 못할 경우에는 월급의 3분의 1을 지급하고, 200일을 초과할 경우에는 병이 나아 다시 직무에 종사할 때까지 급료를 지급하지 않는다. 4. 우정 총판은 오미 및 미야자끼가 일본으로부터 조선에 오는 여비와 고용 기한의 만료 혹은 해고로 인해 귀국할 때에 여비를 지급한다. 단, 그 지급 기준은 일본국에서 봉직하던 때의 관등(官等)에 비추어 계산한다. 5. 오미와 미야자끼가 그 직무와 관련하여 조선 내지(朝鮮內地)에 유력(遊歷: 여러 고장을 두루 돌아다님)할 때에는 우정 총판은 그 노비(路費)를 지급한다. 6. 우정 총판은 오미와 미야자끼가 일본으로부터 조선에 오는 행장(行裝)을 마련하는 데 쓰게 하기 위하여 2인에게 1개월 월급을 지급한다. 7. 우정 총판은 오미와 미야자끼가 거처할 방옥(房屋)을 공(供)하고 이를 수리한다. 8. 우정 총판은 오미와 미야자끼가 매 일요일에 휴무함을 허락하고 아울러 1년 중 하절 휴가(夏節休暇)를 적의 허용한다. 이에 각각 서명 날인하여, 이상 각조(各條)가 확실함을 증명하고, 아울러 약정한 바에 양측이 모두 이의(異意)가 없다는 근거로 삼는다.
대조선국 개국 493년 갑신 윤 5월 초9일
우정총판 홍영식 대 일본 명치 17년 7월 초1일
비직(非職) 5등 역체관 오미(小尾輔明)
전 외무출사(前外務出仕) 미야자끼(宮崎言成)

이러한 교섭이 진행되는 동안, 오미와 미야자끼 2인은 조선 정부에 의하여 계속 고용될 것을 전제로, 동년 12월 17일(양 2월 1일)에 일본 공사를 통하여
(1) 갑신년 8월부터 12월까지 5개 월간 밀린 2인의 월급(930원) 과 그 동안의 출장 여비(54원 40전) 합계 984원 40전을 지급하고(여비 명세서 별도 첨부)
(2) 우정 업무 수행상에 필요한 서적과 표식류(表式類) 를 갑신정변때 모두 분실당하였으므로 이를 등사 정비(謄寫整備) 하기 위하여, 양인이 모두 1차 동경에 갔다 와야 하겠으며,
(3) 동경 체류 기간은 왕복에 필요한 날수를 제하고 3개월을 요하며,
(4) 이에 필요한 2인의 여비 합계액 700원을 지급하고(明細 添附),
(5) 양인에게 앞으로 6개월(을유년 1월-6월) 간의 월급 계액 1,200원을 선불하며,
(6) 제1, 4, 5항에서 요구한 금액 총계 2,884원 40전을 오는 양 2월 10일 경에 떠나는 기선에 탈 수 있도록 본월 7일까지 은화(銀貨) 로 지급할 것.
단, 향후 6개월간 월급의 선불을 요구하는(5항) 까닭은 양인이 전동 우정국(典洞郵政局)내 관사에 수장하여 두었던 소지품을 모두 갑신정변 때 분실하였으므로, 이번 동경 출장 시에 구입하고자 하기 때문이라고 요구하였다.
이러한 요구는 대체로 그들의 일방적인 무리한 요구로 짐작되는데, 특히 갑신년 양 8월부터 12월에 이르기까지 5개월간의 월급과 여비를 전혀 지급받지 못하였다 함은 이해하기 힘든다.
우선 우정 사무에 전력하던 홍총판이 그렇게 처우하였으리라고는 생각되기 힘들거니와, 만약 사실이 위와 같았다면 그들은 고용된 이후 조선에 와서는 한 푼의 지급도 받지 못한 셈이니, 그렇게 참았으리라고는 더욱 믿어지지 않는다. 처음 이 문제를 일본측에서 제기하였을 때에 독판 김윤식이 그 진부(眞否)를 의심하면서 약정서 원본을 제시하라고 한 까닭도 실은 위와 같다는 그들의 회계 관계를 미심(未審)하게 생각한 때문이라고 여겨진다. 위와 같은 양인의 요구에 대하여, 우리 정부에서 구체적으로 어떻게 대응하였는가는 현재 자세하지 않으나, 어떻던 12월 21일에 이르러 독판 김윤식은 5개월간 밀린 월급을 지급하고 해약하도록 하겠다고 다음과 같이 일본 공사에게 통고하였다.
" 대조선 독판 교섭통상사무(大朝鮮督辦交涉通商事務) 김윤식이 통고합니다.
앞서 우정국에서 초빙한 귀국인 오미와 미야자끼는 그간 사고 [갑신정변]로 인하여 우정국 업무가 수 개월간 정지하고 있기에 지금 두 사람과 합의 해약하고 앞서 지급치 못한 5개월분 월급을 액수대로 지급 청산함. 이 양인이 그동안 우정국의 업무 수행에 있어서 근로하였음을 우리 정부는 깊이 감사하고 있습니다. 이제 해약하여 2인이 고국으로 돌아가는데 있어서 통고를 보내오니 귀 서리공사(署理公使)께서는 번거러움을 무릅쓰고(필히 이 사실을) 양인에게 전지(轉知)케 조처하시기를 청합니다."
일본 공사 또한 그날로 위의 통지에 만족함을 표시하였다.
이로써 양인은 정식으로 해고되었고, 그들이 요구하던 조건 중 월급 추불(月給追拂) 외에는 수락하지 아니한 것으로 짐작된다.

3. 우표표(郵票慓) 청산 및 불하

갑신년 10월 당시에 발행된 우표의 종류는 5종이었고, 그 도안은 음양 태극장(陰陽太極章)이었으며, 처음 발주 시기는 확실하지 않으나, 일본에 위탁하여 제조하였다.
그 수량은 총 280만매(대금 銀貨 780원 92전)과 지폐(紙幣) 15원 11전 1리)로 업무 개시 전에 견본으로 들어온 것이 2만 매이고, 우정총국 혁파 후 이듬해 3월에 도착한 것이 278만 매였으니, 그것은 결국 불하될 도리 밖에 없었다. 이러한 사실에 대하여는 이미 진기홍씨에 의하여 그동안 이루워진 이우승(李愚勝)씨를 비롯한 여러 인사의 연구 결과와 일본 대장성 인쇄국(日本大藏省印刷局)의 기록 등을 널리 섭렵(涉獵)하여 상세히 밝혀진 바 있다. 우정국이 혁파된 후 약 5개월을 지난 고종 22년(1885. 을유년) 3월 3일에 통리교섭통상사무아문(統理交涉通商事務衙門)은 일본 공사관으로부터 크고 작은 두 괘짝의 우표를 인수하고, 그 대금 지불을 요구받았다. 이 때 도착한 우표는 280만 매 중 전년에 들어온 것을 제외한 278만 매이며, 인쇄에 착수한 시기는 갑신년 12월 8일(음 11월 21일)로, 우리 나라에서는 이미 우정 사업이 중단된 때였다. 갑신정변이 12월 4일(음 11월 17일)이니, 당시의 통신 형편으로는 일본에서는 조선의 정세 변화를 잘 모르고 인쇄에 착수하였을 터이고, 착수한 이상 이미 이루워진 계약을 앞세워 우리 나라에 제조 송치한 것이라고 생각된다. 하지만, 우리 정부로서는 우정 사업을 쉬이 재개할 계획이 없었으므로 이를 달가와할 리 만무하였고, 따라서 대금 청산에 난감하였을 것으로 추측된다.

이리하여 일본 공사는 동년 7월 11일에 이르러 다시 본국 대장성 인쇄국의 회계 정리상 지장이 많으므로, 우표 제조및 기타 각 비조(費條)로서 은화 758원 92전과 지폐 15원 71전 1리를 직속 송교(直速送交)를 독촉하면서, 아울러 조선에서 우편 사업을 재개할 용의는 없느냐고 문의하여 왔는데 그것을 옮겨 보면,

“ 배계(拜啓: 절하고 아뢴다는 뜻으로, 편지 첫머리에 쓰는 말.), 금년 4월 곤도오(近藤) 공사는, 작년 귀국 정부에서 부탁한 우표 제조비와 기타 각 비용의 청구서를 귀국의 차비관(差備官)에게 교부하여 귀아문(貴衙門)에 전송토록 하고 아울러 신속히 상환(償還)할 것을 요청한 바 있습니다. 이제 우리 외무성(外務省)에서 공함(公函)을 보내 조선 정부가 위탁한 우표 제조 등 비용의 상환을 요구한 바 대장성 인쇄국의 회계 정리와 관계되니, 귀 공사(公使)는 번거로우나 조선 정부를 독촉하여 신속히 처리토록 하라고 지시하였습니다. 이에 먼저 사실과 아울러 귀 독판(督辦)에게 급히 통고하오니 청컨데 속히 상환하기 앙망합니다.
갖고 있는 명세(明細)를 초록(抄錄)하여 송부합니다.
은화 758원 92전, 지폐 15원 71전 1리” 와 같다.
위에 말하는 기타 각종 비용이란 일부인·인주·식지(日附印 .印朱. 式紙) 기타 우편 용구의 비입비(備入費)였을 것이며, 우체 사업 여부를 문의한 까닭은 휴지화된 우표의 대금 독촉이 겸연쩍어서 행한 바라 생각되기도 한다.
정부는 10일 후에 우표 대금은 전에 이를 관장하던 우정국이 없어졌지만 전납(前納)이 있는 이상 지불하지 않을 리 있겠으며, 우편 사업 부설 여부는 아직 미정이라고 다음과 같이 답하였다.
“ 회답, 금월 10일에 내함(來函)을 받고 내용에 적힌 바를 알았습니다.
생각컨데 우표 건은 전일의 우정국에서 취급했는데 지금은 우정 당국이 없어졌습니다. 유독 우표가 뒤늦게 도착했으나 구약(舊約)이 있는 이상 어찌 그 값을 상환치 않겠습니까. 우편을 다시 설치하는 일은 본국 정부에서 상의하여 정하지 못했으니, 어느 쪽으로든지 정해지는 대로 곧 통보하겠습니다. 이 뜻을 양해하시고 귀 정부에도 전품(轉稟)토록 청하여 일안(日安)을 빕니다.
을유 7월 21일 김윤식(金允植)이라 하여 지불을 확약하였지만, 앞으로 완전히 휴지화할 우표의 대금으로 750여 원을 염출한다는 것은 쉬운 문제는 아니었을 것이다. 일본측도 그러한 사정 즉 우표의 휴지화를 뻔히 아는 터, 그 청구를 심히 독촉하지는 못하였던 모양으로, 별다른 교섭 없이 그 해를 넘기게 되었다. 이듬해 고종 23년(1886년 병술)에 접어들면서, 그 대금 조달의 한 방책으로 우표를 총세무사(總稅務司) 메릴(默賢理)을 통하여 인천에 이미 자리잡고 있던 외국 상사 세창양행(世昌洋行)에 불하하기로 하고, 이를 동년 1월 17일에 통고했다. 이때 통고한 내용은 다음과 같다.

“세창양행(世昌洋行) 빙거(憑據: 사실을 증명할 근거를 댐. 또는 그 근거.) 광서(光緖) 10년(1884년) 조선국(朝鮮國)은 서신관(書信館)을 건립하고 봉조(封條) 130만 매를 제조하여 서신관 개설 시 쓰려고 하였다.
[25문(文) 50만, 50문 50만, 100문 30만]. 불칙하게도 의외의 일이 일어나 이 서신관은 문(門) 열지 못하니, 제조한 봉조는 쓰지 못하게 되어, 모두 세창양행에 팔기로 하였다. 이 우표 130만 이외는 동양(同樣)의 봉조를 만들지 않았으니, 금후 영원히 이 같은 인판(印板)으로 찍은 우표를 인쇄하지 않겠다. [화압 개인(畵押蓋印)된 것은 묵관(默館)에 보냈다] ” 그러나 이 결정에 대해서는 고종황제의 '우리의 우표를 타국에 발매(發賣)할 필요는 없다'는 반대로 일시 취소되기도 하였으나 상당한 논란이 있은 듯하니 다음과 같은 서한이 보인다. “묵관(默館)에 서함(書函)을 보내다. 전일(前日) 우초 발매(郵鈔發賣)의 건은 증서(證書)에 날인(捺印)하여 송고하였다. 그러나 방금 상감께서 말씀하시기를 우초를 타국에 팔지 말고 다음 날 즉시 환수하라고 하였다. 그러므로 곧 서함으로 알리니 청컨데 먼저 보낸 증서(證書)를 추환 교송(追還繳送)하기 바란다.” 그러나 동월 27일에 이르러서는 마침내 우표 발매(拂下)를 위한 정식 계약서에 서명 날인하여 메릴 총세무사에게 하송하였다. 우표 130만 매를 세창양행에 불하한 대금이 얼마나 되었는지는 알 수 없으나, 통리교섭통상아문에서 3일 후인 1월 30일에 우표 대금 758원 92전을 본 아문에서 책임져야 하는데, 먼젓번에 상송(上送)한 500원 은표(銀表)를 제하고 아직도 부족한 274원 3전 1리를 곧 주선해 올리도록 메릴에게 통지하였다. 묵관(默館: 메릴이 주관하는 인천세관)에서는 2월 1일에 은화 부족분 258원 92전 외에 지화(紙貨) 15원 11전 1리까지를 합한 274원 3전 1리의 은표를 상송하였다. 통서(統署)는 이를 가지고 2월 3일에 일본 측과 청산하고 통서에 일본의 대장성 인쇄국에서 보관하고 있던 우표 인판(郵票印版)을 보내라고 다끼히라(高平) 대리 대사에게 보낸 공함을 보면, “배복(拜復), 전일 귀국(貴國)의 대리 공사(代理公使)가 보낸 서함을 받았는데 우초에 관한 내용에 있었습니다. 이제 어음 두 장을 보내드리는 바, 1장은 묵양은(默洋銀) 500원, 1장은 묵양은 274원 63전 1리, 합계 묵양은(默洋銀) 774 원 63 전 1리, 지폐(紙幣) 15원이 함께 귀 대리 공사께 청컨데 인천(仁川)의 귀국 영사(領事)에게 알려 이 어음을 제일은행(第一銀行)에 교부하고 액면데로 돈을 찾아서 귀국 정부에 전송하도록 바랍니다. 인쇄국에 보관되어있는 본국의 우초 인판(郵鈔印版)을 본아문(本衙門)에게 송교(送交)하여 소훼(銷毁)에 편하도록 주선하여 주십시오. [은표(銀表) 2장 송부(送付)]” 로 되어 있다. 이상과 같이 하여 현안의 우표 대금은 약 1년만에 완결된 셈이다. 묵관(默館)에서 상송한 전기(前記) 금액이 우표의 불하 대금으로 짐작되나, 앞으로 상고(詳考)할 바다. 또 우표 인판의 송부를 이 때에서야 요구하게 된 까닭도 그 동안에 대금을 완불하지 못하였기 때문이라고 여겨지나, 역시 재삼 고구(考究)하여야 할 문제이다. 우표 인판(郵票印版)은 약 2개 월을 더 경과한 동년 4월 15일에 일본 공사관으로부터 송부 통고를 받고, 동월 19일 안으로 대소 인판 18개를 영수하였으며, 그 운송비 72전도 동년 7월 28일에 송교함으로써 주문 우표에 관한 모든 문제를 완전히 일단락 지웠다. 다시 우표 관계로 내왕한 공함으로는 마지막 것으로 보이는 7월 28일의 서한을 소개하면 아래와 같다.
“ 우표 인판 운비건 제30호(郵票印版運費件第30號): 거반(去般) 귀부(貴部)에 부송(付送)한 우표 인판의 운비건(運費件)은 외무성의 통신을 기다렸다가 통지하겠다고 알린 바 있습니다.

그 비용은 일본국에서 인천항(仁川港)까지 72전이라니 우 금액을 갚아주시면 고맙겠습니다.”
이와 같은 총 결산으로 우표는 외상(外商)에게 불하되고, 그 원판만 외부(外部)에 보존하게 되었다. 이 원판은 그 후 1885년의 우체 사업 재개와 더불어 우체 업무 주관청이던 농상공부로 인계되고, 다시 통신원(通信院) 소관으로 옮겨진 후 1905년 5월에 이르러 통신 사업권이 일제(日帝)에게 강탈당한 후 다시 일본인의 손으로 넘어갔다. 원판 18개는 일제 통치 기간 그들의 수중에 그 행방을 감추고 말았으니 애석한 일이다.

4. 전우총국(電郵總局) 설치

1) 우정총국 부활 논의

홍영식(洪英植)을 중심으로 한 선각자들이 근대 문명 시설을 위해 애써 도입 개설(導入開設)한 우정총국(郵征總局)은 바로 그들이 이 사회의 문명개화를 보다 촉진시키기 위하여 정치의 성급한 실권을 얻으려고 일으킨 갑신정변(甲申政變)으로 말미암아, 20일도 못되는 단명(短命)으로 신문명 시설의 하나였던 박문국(博文局)과 함께 혁파(革罷)의 참운을 불면하였다. 그 후 박문국은 1885년 3월에 다시 설치되었으나, 우체 사업은 10년 후인 고종 30년(1893년, 계사) 8월에야 '전우 총국(電郵總局)'이 설치됨으로써 비로소 재개의 움직임이 구체화하였고, 그 실현은 다시 갑오경장이라는 대 변동을 겪은 2년 후인 1895년(乙未) 6월에 이르러서야 결실을 보았던 것이다. 하지만, 전우총국의 설치 이전에도 우정국의 부설(復設)이 수차 논의된 적이 없지 않았다. 즉, 이미 본 바와 같이 1885년 7월에 일본 공사는 앞서 송치(送致)한 우표 대금의 청산을 요구하면서 우편 업무를 부설할 용의(用意)는 없느냐고 문의하였고, 정부는 이에 대하여 이 문제는 아직 어떻게 처리할 것인지 논의되지 않았다고 답하였다. 그리고, 이 때 일본측이 우리에게 우편 사업의 복개(復開)를 권고한 까닭은 휴지화할 우표 대금을 청산하도록 독촉함에 있어서 미안한 감을 이기지 못한 까닭이 아닌가고 추측한 바 있다. 그 후 우표 대금도 모두 청산한 후인 고종 24년(1887년, 정해) 5월 13일에 일본 공사는 당시 그들이 독촉하여 마지 않았던 한성-동래간(漢城東來間)의 이른바 남로전선(南路電線) 가설용 전신자재(電信資材)의 도입 시기를 문의함과 아울러 우정국 개설은 끝내 어떻게 처리할 것인가고 문의하였다. 또 하술하는 바 6월 19일(양 8월 8일)의 통고문에도 지금 전하는 우편국 개설에 관한 해석문(解釋文)은 실려 있는데, 앞서 김독판(金督辦)에게 보낸 것과 다름이 없다고 한 것으로 보아 이 이전에 이미 모종의 교섭이 있었던 것 같다. 그러나, 이에 관한 기록을 아직 발견하지 못하였음므로, 그 경위를 자세히 밝힐 수 없다. 어떻든, 우리 정부는 이 때에도 우편국에 관한 일은 아직 정론(定論)이 없어 무어라 답변하기 곤란하다고 일단 거절하였다. 다시 약 1개월을 지나 6월 19일 일본 공사는 외무 독판(外務督辦)에게 우편국 개설에 관한 통고문 번역문을 초정(抄呈)하니 널리 상의한 후, 그 결과를 회답하여 달라고 요구하면서,

" 금일(今日) 통서(統署)로 귀하를 배방(拜訪)할 예정이었으나, 사정에 의하여 후일로 미룬다." 고 제의하였다. 이 때에도 우리 정부는 그날로 본국에서 특별 우편국의 개설을 갑작스럽게 논의함은 곤란하다고 거부하였다. 당황한 일본공사는 그 다음날 우편국 개설의 건(件)은 이미 전임 김독판과 논의하였지만 오직 그 회답만 받지못하였는 터이므로, 신임 독판과 상의하고자 하던 바인데. 이를 무조건 거절함은 부당하므로, 일본 공사로서는 이 거절 회답을 받을 수 없어 환송(還送)하니 다시 만나서 상론(詳論)하자고 요구하였다. 이후 이 요구를 받아들여 면담이 이루워졌는지, 그 결과가 어떻게 나타났었는지는 기록이 없어 무어라 논급할 수 없다. 그런데 1887년 5월 이후의 위에 적은 교섭은 다시 생각하면 일본측에서 우리의 우편 사업을 복설하도록 권유한 것이 그들은 우리 나라 안에 일본 우편국을 개설하겠다는 요구로도 해석되나, 1876년 11월에 있었던 부산(釜山)의 일본 우편국(日本郵便局) 개설 이래, 그들이 거리낌 없이 우편국을 불법으로 개설한 엄연한 사실에 비추어 본다면 위에서 보는 바와 같이 이때에만 유독 우리 정부의 동의를 애써 얻으려고 힘썼으리라고도 믿어지지 않는다.
또, 동년 6월 8일에 통서독판(統署督辦) 서상우(徐相雨)가 미국 공사관에 회답한 것 중에
"우리 정부는 우정 업무를 혁파하였으므로 초통(鈔筒), 우초(郵鈔), 우체함(郵遞函) 등 일체가 요긴하게 쓰이지 않고 있다." 고 한 바 있다.
전후 사실이 분명하지 않아 확언할 수는 없으나, 상기한 사실을 종합하여 볼 때 이 무렵 미국측은 우리 정부에서 우체사업을 재개할 계획이 있음을 알고 우표와 우체함을 주선하려고 하지 않았나 추측된다. 일본측은 우편국 부설에 관한 교섭을 벌인 후 다시 1년을 지나 고종 25년(1888년) 4월 15일에는 각항(各港)에 설치된 일본 우편국의 수용물(需用物에 대하여도 부산 일본전신국(釜山日本電信局)의 예외 따라서 면세(免稅) 조치하라고 요구하였다. 그 면세조치는 1883년 1월에 맺어진 이른바 부산구설 전신 조관(釜山口設電信條款)에 규정된 바이다. 그러나 각 항구의 일본 우편국은 부산 본일 전신국과는 달리, 그의 설치부터가 불법인 위에 동 조관과는 아무런 관계가 없으므로, 우리 정부에서는 단연코 이를 거절하였다. 그러나, 동년 7월 7일에 총세무사(總稅務司) 메릴이 각 항구의 일본 우편국은 일본뿐만 아니라, 본국과 각국에 모두 편리한 존재이며, 또 수용 물건의 수량이 대단하지 않으므로, 이를 인허(認許)하자고 주장하여 그대로 시행하였다.

2) 역제 조폐(驛制凋廢)와 해외 발신

1884년 10월의 우정국 혁파 이후 우정 사업은 1893년 8월의 전우총국(前郵總局)의 설치, 아니 1895년 6월의 우체 사업의 재개에 이르도록 10여 년간 중단되었다.
그 동안 국내및 해외 통신은 어떻게 이루워졌는가? 국내 통신은 종전의 역체 조직(驛遞組織)으로 다시 되돌아간 것이며, 해외 통신은 외국 기관을 약간이나마 왕래된 것 같다. 특히, 국내 통신은 우역제(郵驛制)로 환원하였다기보다도 우정총국의 개설과 더불어 비록 그 사무장정(事務章程)에, 우정국은 모든 역전(驛傳)과 우송(郵送)에 관한 일체의 사무를 통할(統轄)했다고 하였으나, 사실상 역제(驛制)를 폐지한 바 없으므로, 그동안 아무런 변동 없이 존속하였다고 함이 더욱 적절한 표현일 것이다. 그러나, 역체제는 날로 조폐하여 갔고, 외국 기관의 이용에는 그만큼 불편과 곤란이 수반되었던 것 같다.
이에, 1883년(고종 20년. 계미) 9월 23일, 충청좌도(忠淸左道) 암행어사의 보고에는 "의정부(議政府)에서 제청하기를 충청 좌도 암행어사(忠淸左道暗行御史) 유석(柳奭)의 별단(別單)을 보니….[중략]….그 하나는 각 역(各驛)이 조잔(凋殘)하여 역참(驛站)이 거의 절멸(絕滅)할 지경에 이르렀습니다. 대소 공행(大小公行)의 사행(使行)이 마필(馬匹)을 함부로 징발하고 각 영(各營)의 하속(下屬)들이 초료(草料)도 없이 내왕하며 마필과 음식을 강요합니다.

이른바 외역 도장(外驛都長)은 본시 넉넉하지 않는데 병방배(兵房輩)들이 필채(筆債)를 빙자하고 금품을 억지로 빼앗으며 모든 공물(公物)을 탈취합니다. 입마시(立馬時)에 뇌물(賂物)이 있으면 능히 배값(倍價)으로 팔 수 있으나 부탁(付託)할 곳이 없으면 한 푼의 값도 없습니다. 금후(今後) 각역(各驛)에 엄명(嚴命)을 내리시와 지난날의 잘못을 통렬(痛烈)히 개혁하고 만약 다시 이런 폐단이 있으면 찰방을 적발 계보(摘發啓報)토록 해야겠습니다. 만약, 다시 이런 폐단이 있으면 당지의 찰방은 모두 계문 파감(啓聞罷勘)하고 남파(濫把)와 토색(討索)하는 부하는 절대로 용서치 말아야 합니다."

또 21년 2월에도 함경도 유학(幼學) 이면후(李冕厚)등은 우참 남기 지폐(郵站濫騎之弊)가 본도내의 가장 큰 폐단 15종중의 하나라고 상소하였다. 이어, 고종 26년(1889년. 기축) 3월에는 전철원부사(前鐵原府使)가 경기도에서 기마(騎馬)를 사사로이 남기(濫騎)하면서 악형(惡刑)을 베풀고, 인민을 괴롭힌다고 의정에서 다음과 같이 계정하고 있다.

"충청감사(忠淸監司)의 보고를 보니 철원(鐵原)의 전 부사(前府使)가 과천(果川)에서 역마를 남파(濫把)하여 성환(成歡)에 가서 함부로 악형을 행하고 마세(馬貰)를 토색(討索)하다가 드디어 역민들의 도전을 받아 마침내 인명(人命)을 상(傷)하기까지에 이르렀다 합니다. 밀부(密符)나 마패를 갖지 않고도 사사로이 역마를 타는 것이 국법(國法)에 저촉되는데 항차 사인교(四人轎)를 스스로의 관품에 어긋나게 함부로 탄단 말입니까."

고종 29년(1892년. 임진) 7월에는 의정부에서 우역(郵驛)이 모두 조잔(凋殘)하여 절참하는 지경에 이르렀는데, 그 원인은 역마의 남파와 역전(驛田)의 매토(賣土)와 호수(戶首)의 빈번한 체임(滯賃)이 있다고 다음과 같이 상소하고 있다.

"의정부에서 제청하기를 ……[중략]…….그 하나로 우역은 거개가 조잔하여 왕왕 절참(絶站)하는데 그 까닭은 불법으로 역마를 타는 데 연유합니다. 관찰사에게 따로 명하여 각 역(驛)이 감히 그릇된 일을 답습치 못하게 해야 합니다. 근래 지방 각역이 모두 조폐하였는데, 그 폐단으로 말하자면 남파(濫把)를 빈번히 차출하는 것입니다. 남파와 매토와 호수(戶首)를 자주 체임하는데 있습니다. 남파와 매토에 대한 조정의 전후 금령이 아주 엄정하였는데도 무엇이 두려워 이를 금치 못하여 마침내 역참이 전멸하는 상태에 이르게 하였습니다. 금후(今後)로는 따로이 징계(懲戒)를 가해야 하고, 마호(馬戶)에 대한 조개 모차(朝改暮差)는 우관(郵官)이 법규를 경시하는 까닭이니 어찌 통탄치 않으리요. 끝까지 염탐(廉探)하여 법률대로 엄명하여 주소서."

이듬해(고종 30년) 10월에는 영의정 심순택(沈舜澤)이 경시관(京試官)들의 서예 교정(書隷轎丁)들에 대한 토색(討索) 과 마위 전답(馬位田畓)을 사사로이 점(占)하는 폐가 심하여 각 역은 곤폐 막심(困弊莫甚)으로 미구에 무역 지경(無驛地境)에 이를 것이라고 우려하는 실정이었다. 한편 외국 우편 기관의 이용 상황을 보건데, 고종 22년 8월 29일에는 인천 일본 영사관을 통하여, 동년 7월 30일에는 미국 사람 담우손(淡于孫)의 귀국편(歸國便)을 이용하여, 이듬해(고종 23년) 5월 16일에는 주화 이태리 공사(駐華義太利公使)의 중국 귀임편에, 고종 25년 6월 14일에는 그 동안 밀린 우초값을 청산 송교(送交)하면서 미국 공사관을 통해 우체물을 발송하였다. 그리고 같은 해 4월 8일과 고종 30년 7월에는 외국행 우초값의 하사(下賜) 내지는 송달을 전하는 분명한 기록이 나타난다. 고종 30년(1893년. 계사) 8월에는 전우총국(電郵總局)으로의 개편이 이루워진 것 같다.

3) 전우총국(電郵總局)

전우총국은 우체 사업을 재개할 목적으로 당시 우리 나라에 이미 설치되어 있었던 '조선전보총국(朝鮮電報總局)'을 개편한 것이다.
조선 전보 총국 [약칭: 남전국(南電局)은 1883년 6월에 흔히 남로전선(南路電線)이라고 불리어지는 한성(漢城) - 전주(全州) - 공주(公州) - 대구(大邱)를 잇는 전신(電信)의 개설을 계기로 설치된 것으로, 그것은 1885년 8월에 설치된 인천(仁川) - 한성(漢城) - 평양(平壤) - 의주 간(義州間)의 이른 바 서로전선(西路電線)을 관장하던 한성전보총국(漢城電報總局: 화전국(華電局)]과는 염연히 구별되는 우리의 전신 사업 기관(電信事業機關)이었다. 이와 같이 전우총국은 전신 업무와 우정 역무를 합설(合設)하여 동일 관청(同一官廳)에서 관활토록 하였다. 그 직제는 관리(官吏)를 최고 책임자로 하고, 그 아레에 총판(總辦)과 회판(會辦)을 두되, 총판은 국내 체신, 회판은 국외체신을 맡게 하였다.
그 구체적 인선(人選)으로는, 초대 관리전우사무(初代管理電郵事務)에 조병직(趙秉稷), 형조판서(刑曹判書), 총판내체우신사무(總辦內遞郵信事務)에 이용직(李容稙). 외무협판(外務協辦), 회판 외체우신사무(會辦外遞郵信事務)에 미국인 구례(具禮), 내무협판(內務協辦)을 각각 임명하였다. 그런데, 전우총국의 직제는 위의 해석과는 달리 전신 업무 관계는 종전대로 총판과 회판이 있어서 그대로 맡고, 새로 실시하는 우체 업무를 위하여 판과 회판을 각각 한 사람씩 더 두되, 총판은 국내 우편, 회판은 국제 우편 사무를 맡게 하고, 전신과 우체의 양자를 총할하는 전우 업무의 최고 책임자로 관리(管理)를 두었다고도 해석된다. 그 근거는 위에 보이는 직함에서 '우신(郵信)'이라 하여 전신(電信)과는 다르게 말한 바와 하주(下註)에서 볼 수 있는 것과 같이 구례(具禮)는 우체 사무에만 종사하고 전신 사무에는 관여하지 않는다고한 바로써, 또 〈알렌 연표(Allen年表)에 그가 우정 총국에 취임하였다고 한 전국)〉에 대한 해석이 옳은 듯하다. 하지만 구례(具禮) 운운은 어디까지나 화전국(華電局)과, 위와 같은 일시적인 답변에 불과하였을 것이며, 더욱이 당시의 기록 중, 전신 관계의 총판과 우체 관계의 총판의 두 사람이 있었던 흔적을 찾기 힘든다. 앞으로의 고구(古究)에 기대할 과제이다.
이와 같은 조선 전보총국의 전우 총국에로의 개편에 대하여 청국측(淸國側)에서는 적지 않은 의구심을 품고 크게 경계하였다.
그 까닭은 1885년 6월에 서로전선(西路電線)의 가설을 전제로 그들과 맺은 '의주전선합동[義州電線合同] 조·청전선조약(朝淸電線條約)]의 제 3조에' 조선정부는 화전국[華電局: 한성전보총국(漢城電報總局)]의 호의(好意)에 보답하는 뜻에서 전선 개통일로부터 향후 25년간은 해륙전신선(海陸電信線)의 부설권(敷設權)을 타국 정부나 각국(各國) 공사(公司)에게 허여하지 않는다. 또 조선 정부에서 전선을 확대, 증설할 경우에는 반드시 화전국의 승인을 얻어서. 행한다'고 한 바와, 그 후 우리 정부가 일본 정부의 요구를 받아들여 이른바 "남로전선(南路電線)을 가설함에 있어서 청국측과 맺은 중국대판조선육로전선속관합동(中國代辦朝鮮陸路電線續款合同. 1886.1) 및 중국 윤양 조선 자설 부산지한성육로전선의정합동(中國允讓朝鮮自設釜山至漢城陸路電線議定合同. 1887년 3월)의 제 2조에 한성 -부산간에 4분국을 설치하고, 각국(各國)은 조선 정부가 관원을 파견하여 관장한다. 가설을 위하여 임시로 양장(洋匠)한 사람을 고용하되, 준공 후에는 곧 해고시키고 화전국 양장의 지도에 따르도록 한다. 각 국(局)의 사사(司事)의 학생 등은 모두 본국인 아니면 중국인민 채용하고, 타국인의 고용은 절대 엄금한다."고 약정한 바에 비추어, 이때에 조선 전보총국은 그들과의 아무런 사전 양해도 없이 조선 정부의 독단으로 '전우 총국'으로 개편한 것은 1885년 이래 적어도 25년간은 조선의 전신 사업을 완전히 장악하고 있다고 믿고 있던 그들에게 하나의 충격적이며, 도전적 조치이며 더욱이 청국인이나 화전국 양장이 아닌 미국인 구례(具禮)를 채용한 사실은 크게 부당하다고 생각되었기 때문인 것 같다. 동년 9월 7일자 화전국의 조회(통고)에 "이번 조치는 앞서 체결한 조약 내용과 전혀 부합하지 않는다." 라고 한 조약은 곧 앞에 말한 '의주전선합동' 등을 가리키는 것이다. 이리하여, 그들은 이번 개편에 따르는 전우총국의 장정(章程)과 구례(具禮)는 우정에만 관계하고 전신 업무에는 전혀 간여하지 않는다는 사유를 조선 정부에서 즉각 청국 북양 대신(淸國北洋大臣) 이홍장(李鴻章)에게 보고하여 그 승인을 얻은 후 행하라고 요구하고, 이어 동월 27일에도 이와 같이 계속 독촉하였다. 이에 우리 정부는 동년 10월1일에 구례(具禮)의 직무는 오직 외국 우체에만 한하고 전신 업무에는 전혀 간섭하지 않으며, 또 전신과 우체 업무를 합설(合設)하도록 개편한 까닭은 오직 기구의 간소화를 위한 처사이니, 별로 의아할 바 없다고 밝힘으로써 청국측의 양해를 얻게 되었던 같다. 이러한 곡절을 겪어, 전우총국은 점차 업무를 본격화하여 동년 12월 1일에는 인신(印信)등을 주조(鑄造)하였고, 사업 재개를 위하여 하술하는 바와 같이 만국우편(萬國郵聯: U.P.U.)에의 가입, 우표 주문 등을 추진하였다. 하지만, 채 1년도 못 되어 일제의 침략으로 이른바 청일전쟁(淸日戰爭), 갑오경장(甲午更張) 등이 계속 일어남으로써, 끝내 우체 사업은 재개하지 못하고, 전우총국이 고종 31년(1894년, 갑오) 6월 25일에 이르러, 군국기무처(軍國機務處) 의 발족과 더불어 사실상 그 기능을 잃고 만 것 같다. 뿐만아니라, 그간의 직제와 인사 이동에 있어서도 분명하지 않은 점이 많다. 즉 현재 기록에 남아 있는 바로는 1893년 11월 9일에 단성 현감(丹城縣監) 이채연(李采淵)이 전우총국방판(電郵總局幫辦)으로 임명되었고, 이듬해 1894년 4월 30일에 개성 유수(開城留守) 이용직(李容稙)이 전우총국 총판으로 재임되었으며, 동년 6월 25일에는 조병직(趙秉稙)이 관리전우사무(管理電郵事務)를 그만두고, 그 대신 외무협판 김학진(金鶴鎭)이 총판 전우 사무에 임명되었음을 알 수 있을 따름이다. 그러나 이채연이 임명된 방판은 업무 팽창에 따라서 그 동안 새로 생긴 직제라고 해석되더라도, 이용직이 언제 총판을 그만두고 개성 유수로 임명되었으며, 또 이용직이 환임(還任)도기 전의 총판은 누구였고, '관리전우사무' 와 '총판 전우 사무'는 어떻게 구별되는가 하는 문제 등은 앞에 적은 계사년(癸巳年) 8월의 발족 당시의 전우 총국의 직제와 아울러 의문이 아닐 수 없다.

4) 우표 주문과 U.P.U 가입 제청

전우총국(電郵總局)에서 그 동안에 추천한 우정 사업으로 주목할 것은 우표의 주문과 만국 우편 연맹(U.P.U)에의 가입을 위한 노력이다.
이는 모두 미국을 통하여 추진되었는데, 그 까닭은 회판 우체우신사무(會辦郵遞郵信事務)를 맡은 구례(具禮)가 미국인이었던 때문인 것이다. 당시 어떠한 경로와 어느 때 어떤 수량으로 미국에 어떤 우표를 주문하였는지는 기록이 발견되지 않는다. 그러나, 1895년 6월에 우체 사업이 재개된 후 우표 사용이 급박(急迫)하여 미국 정부에 독촉한 내용을 보면, 5 푼, 1 돈, 2 돈 5 푼, 5 돈의 4종으로, 수량은 모두 800만 매, 가격은 1,080 원(元) 20 전(錢)이었다. 그것이 실제 우리 나라에 도착한 때는 1895년부터 1900년에 이르는 기간이었는데, 그 대금 청산과 아울러 오랫 동안을 끌었다. 이 우표는 흔히 태극우표(太極郵票)라 불리는데, 국기우표(國旗郵票)라 개칭함이 옳고, 1895년 6월부터 광무 년대(光武年代)까지 사용되었다.
다음 U.P.U.에의 가입 제청 역시 사료(史料)가 없어 경위를 밝히기 힘들다. 갑신년에 우정 사업을 시작할 때부터 국제우편(外遞)의 개설에 보다 주력하였고, 특히 동년 4월 9일에 이미 일본을 비롯한 각국 공사에게 U.P.U. 가입 주선을 바라는 뜻을 나타낸 사실은 이미 앞에서 살펴보았다.
그리하여, 1893년의 전우 총국 설치시에도 우선 U.P.U. 가입을 힘쓴 것 같고, 그러한 까닭에 구례(具禮)와 같은 구미인(歐美人)의 채용이 필요하였던 모양이다. 1893년 8월 이후 U.P.U. 가입의 준비는 어느 정도 진행된 듯하다. 1894년 1월 27일에 독판 교섭통상사무 조병직(趙秉稙)의 명의로 왕명에 의하여 대조선국의 만국 우편 엽합에의 가입을 신청함과 동시, 조약에 규정된 모든 이권(利權)이 허용되기를 바라고, 아울러 특히 왕께서 우정 업무의 재편성을 명하는 유지(諭旨)를 내려, 국내의 국제 우편 업무의 집행에 만전을 기하라는 뜻을 주미 우리 나라 공사(駐美我國公使)를 시켜 주미 스위스 공사(駐美西瑞公使)를 통해 U.P.U.의 행정 사무를 맡고 있는 스위스 연방정부 의무 민관(西瑞聯邦政府外務民官)앞으로 전달하였다. 그런데, 어떠한 이유에서였던지 위에 적은 연합의 가맹 신청은 동년 2월 4일에 주미 스위스 공사에게 수교(手交)되었는데도, 두 달 후인 4월 24일에야 비로소 스위스정부에 송치되고, 동 정부는 연합 당국과 협의 끝에 실시 업무의 범위, 실시 일자, 화폐 등가(貨幣等價), 경비 부담 등급 등 4개 항목을 6월 20일자로 주미 공사를 통하여 우리 정부에 문의하여 왔다. 그러나, 이 문서가 우리 정부에 도착되었을 무렵에는 이미 청일전쟁이 일어나, 한반도는 사실상 일본 군대의 점령하에 놓이게 되어, 정부는 친일 일색(親日一色)으로 개편되고, 일본의 강압으로 국가 주권의 행사마저 불가능한 처지였기 때문에, U.P.U.에의 가맹 문제도 유야무야로 묻혀지고 말았다. 더욱이, 주미 스위스 공사 하아벨이 동년 6월 27일자로 본국 정부에 보고한 내용을 보면, 조선의 연합 가맹 기색(氣色)을 탐지한 주미 일본 공사는 뻔뻔스럽게도 일본이 불법적으로 우리 땅에 설치한 재외 우체국의 기득권을 주장하고, 일본의 권익 침해라는 억지 구실(口實)을 부려 우리의 연합 가입에 반대 공작을 전개한 사실이 드러나고 있음을 지적, 그러므로 조선 정부의 회답이 늦어진 것이라고 말했다. 위와 같은 일제의 침략적 강압으로 인하여 규정상으로는 가맹 의사, 표시만으로 가맹의 법적 효력을 얻게 되었는데도, 미비 사항 [즉 스위스 정부의 4개 문의 사항]에 대하여 가부간 어떠한 의사 표시를 하지 못함으로써, 실질상의 가맹은 이루워지지 못하였던 것이다. 그 후 우체 사업이 재개되고(1895년 6월) 이른바 1896년 2월 아관파천(俄館播遷)을 겪음으로써, 잠시 일본 세력이 후퇴한 1897년 2월에 이르러서야 비로소 문의 사항에 대한 회답을 보내게 된 것이다.

ㅁ 대한제국의 국제우편엽합 가입 일시: 1900년 1월 1일

연도별 각 우체사 개국 현황

1895년 한성우체사·인천우체사(1897년 한성우체사는 한성우체총사로 승격)

1896년 개성우체사·수원지사·충주우체사·안동우체사·대구우체사·부산우체사·공주우체사·전주우체사·남원우체사·평양우체사·의주우체사·춘천우체사·원산우체사·함흥우체사·해주우체사·홍주우체사·경성우체사·강계우체사·진주우체사·상주우체사

1897년 수원우체사(수원지사가 2등사로 승격), 정주지사·경흥우체사

1898년 삼화(진남포)우체사·무안(목포)우체사·김성우체사·나주우체사가 광주우체사로 이설, 강릉우체사·영변우체사·안성우체사·청주우체사·안동우체사·북청우체사

1899년 전국적으로 임시우체사 조직 구성

1900년 옥구우체사·창원(마산)우체사·성진우체사

1901년 외체제도 실시

1902년 한성경교(서대문)지사

1903년 은진(강경)우체사·경주우체사·장흥우체사·서흥우체사·벽동우체사·제주우체사

1904년 한성마포지사·초량우체물영수소·은산우체물영수소·한성도동지사·시흥지사. 진위(성환)우체사

총사(總司) 1, 1등사 15, 2등사 27, 지사 3, 영수소 2, 임시우체소 343개의 우체 조직이 구성

구한말 각 우체사 설치 예정·착수·개국 일람표

출처: 한국우정사[1]

우체사 명	예정	설치 착수	개국
한성(漢城)우체사	1896. 5. 26. 칙령 125호	1895 .6. 1. 농상공부령 2호, 고시 2호	1895. 6. 1. 농상공부령 2호, 고시 2호
인천(仁川)우체사	1896. 5. 26. 칙령 125호	1895 .6. 1. 농상공부령 2호, 고시 2호	1895. 6. 1. 농상공부령 2호, 고시 2호
충주(忠州)우체사	1896. 5. 26. 칙령 125호	1895. 10. 21. 농상공부령 10호, 고시 10호	1895. 10. 21. 농상공부령 10호, 고시 10호
홍주(洪州)우체사	1896. 5. 26. 칙령 125호	1896. 6. 5. 농상공부령 3호, 고시 3호	1896. 6. 5. 농상공부령 3호, 고시 3호
공주(公州)우체사	1896. 5. 26. 칙령 125호	1896. 2. 16. 농상공부령 1호, 고시 1호	1896. 2. 16. 농상공부령 1호, 고시 1호
전주(全州)우체사	1896. 5. 26. 칙령 125호	1896. 2. 16. 농상공부령 1호, 고시 1호	1896. 2. 16. 농상공부령 1호, 고시 1호
남원(南原)우체사	1896. 5. 26. 칙령 125호	1896. 2. 16. 농상공부령 1호, 고시 1호	1896. 2. 16. 농상공부령 1호, 고시 1호
나주(羅州)우체사	1896. 5. 26. 칙령 125호	1896. 2. 16. 농상공부령 1호, 고시 1호	1896. 2. 16. 농상공부령 1호, 고시 1호 1897. 3. 28 광주우체사로 이관
제주(濟州)우체사	1896. 5. 26. 칙령 125호	1902. 7. 5. 통신원령 6호	1902. 8. 15. 통신원 고시 7호
진주(晋州)우체사	1896. 5. 26. 칙령 125호	1896. 7. 25. 농상공부령 5호, 고시 5호	1896. 7. 25. 농상공부령 5호, 고시 5호
동래(東萊)우체사	1896. 5. 26. 칙령 125호	1895. 10. 21. 농상공부령 10호, 고시 10호	1895. 10. 21. 농상공부령 10호, 고시 10호
대구(大邱)우체사	1896. 5. 26. 칙령 125호	1895. 10. 21. 농상공부령 10호, 고시 10호	1895. 10. 21. 농상공부령 10호, 고시 10호
안동(安東)우체사	1896. 5. 26. 칙령 125호	1895. 10. 21. 농상공부령 10호, 고시 10호	1895. 10. 21. 농상공부령 10호, 고시 10호 1896. 8. 10. 상주우체사로 이관
강릉(江陵)우체사	1896. 5. 26. 칙령 125호	1897. 12. 3. 농상부령 20호	1898. 1. 5. 농상공부령 24호, 고시 24호
춘천(春川)우체사	1896. 5. 26. 칙령 125호	1896. 6. 5. 농상공부령 3호, 고시 3호	1895. 6. 5. 농상공부령 3호, 고시 3호
개성(開城)우체사	1896. 5. 26. 칙령 125호	1895. 8. 1. 농상부령 4호, 고시 5호	1895. 8. 1. 농상부령 4호, 고시 5호
해주(海州)우체사	1896. 5. 26. 칙령 125호	1895. 6. 5. 농상공부령 3호, 고시 3호	1895. 6. 5. 농상공부령 3호, 고시 3호
평양(平壤)우체사	1896. 5. 26. 칙령 125호	1895. 4. 25. 농상공부령 2호, 고시 2호	1895. 4. 25. 농상공부령 2호, 고시 2호
의주(義州)우체사	1896. 5. 26. 칙령 125호	1895. 4. 25. 농상공부령 2호, 고시 2호	1895. 4. 25. 농상공부령 2호, 고시 2호
강계(江界)우체사	1896. 5. 26. 칙령 125호	1896. 6. 15. 농상공부령 4호, 고시 4호	1896. 6. 15. 농상공부령 4호, 고시 4호
함흥(咸興)우체사	1896. 5. 26. 칙령 125호	1896. 6. 5. 농상공부령 3호, 고시 3호	1896. 6. 5. 농상공부령 3호, 고시 3호
갑산(甲山)우체사	1896. 5. 26. 칙령 125호	1896. 6. 5. 농상공부령 3호, 고시 3호	1896. 6. 5. 농상공부령 3호, 고시 3호
경성(鏡城)우체사	1896. 5. 26. 칙령 125호	1896. 6. 15. 농상공부령 4호, 고시 4호	1896. 6. 15. 농상공부령 4호, 고시 4호
원산(元山)우체사	1896. 5. 26. 칙령 125호	1896. 6. 5. 농상공부령 3호, 고시 3호	1896. 6. 5. 농상공부령 3호, 고시 3호
수원(水原)우체사	1896. 5. 26. 칙령 125호	1895. 8. 1. 농상공부령 5호. 한성지사로 이관	1895. 8. 10. 농상공부령 6호
광주(光州)우체사	1896. 5. 26. 칙령 125호	1897. 11. 1. 농상공부령 17호. 나주에서 이설	1897. 12. 25. 농상공부령 21호, 고시 21호
영변(寧邊)우체사	1896. 5. 26. 칙령 125호	1897. 12. 3. 농상공부령 20호	1898. 1. 15. 농상공부령 24호, 고시 24호
상주(尙州)우체사	1896. 5. 26. 칙령 125호	1896. 8. 10. 농상공부령 6호, 고시 6호	1896. 8. 10. 농상공부령 6호, 고시 6호
경흥(慶興)우체사	1896. 5. 26. 칙령 125호	1896. 11. 11. 농상공부령 10호	1896. 12. 27. 농상공부령 11호, 고시 11호 경성(鏡城)지사로 이설

우체사 명	예정	설치 착수	개국
	1897. 9. 12/칙령 43호	1897. 11. 1. 농상공부령 17호	1897. 12. 15. 농상부령 21호, 고시 21호
무안(務安)우체사	1897. 9. 12/칙령 43호	1897. 11. 1. 농상공부령 17호	1897. 12. 29. 농상공부령 23호, 고시 23호
김성(金城)우체사	1897. 9. 12/칙령 43호	1897. 12. 3. 농상부령 20호	철원우체소로 이설
철원(鐵原)우체사	1898. 3. 19. 칙령 7호	1898. 3. 19. 김성우체사에서 이설	
옥구(沃溝)우체사	1899. 5. 22. 칙령 25호	1899. 5. 25. 농상공부령 35호	1899. 7. 25. 농상공부 고시
창원(昌原)우체사	1899. 5. 22. 칙령 25호	1899. 5. 25. 농상공부령 35호	1899. 8. 20. 농상공부 고시
성진(城津)우체사	1899. 5. 22. 칙령 25호	1899. 5. 25. 농상공부령 35호	1899. 9. 10. 농상공부 고시
안동(安東)우체사	1900. 7. 25. 칙령 28호	1897. 12. 31. 농상공부령 23호, 상주지사로 이설	1898. 3. 25. 농상공부령 26호, 고시 26호
정주(定州)우체사	1900. 7. 25. 칙령 28호	1896. 8. 25. 농상공부령 8호, 평양지사로 이설	1896. 10. 5. 농상공부령 9호, 고시 9호
청주(淸州)우체사	1900. 7. 25. 칙령 28호	1897. 12. 31. 농상공부령 23호, 충주지사로 이설	1898. 2. 25. 농상공부령 25호, 고시 23호
안성(安城)우체사	1900. 7. 25. 칙령 28호	1897. 12. 31. 농상공부령 23호, 수원지사로 이설	1898. 2. 25. 농상공부령 25호, 고시 23호
북청(北淸)우체사	1900. 7. 25. 칙령 28호	1897. 12. 31. 농상공부령 23호, 함흥지사로 이설	1898. 3. 26. 농상공부령 26호, 고시 26호
은진(恩津)우체사	1902. 10. 30. 칙령 19호	1902. 5. 28. 통신원령 3호	1902. 7. 10. 통신원령 고시 5호
경주(慶州)우체사	1902. 10. 30. 칙령 19호	1902. 7. 5. 통신원령 5호, 대구지사로 이설	1902. 8. 15. 통신원령 고시 6호
장흥(長興)우체사	1902. 10. 30. 칙령 19호	1902. 7. 5. 통신원령 5호, 광주지사로 이설	1902. 8. 15. 통신원령 고시 6호
서흥(瑞興)우체사	1902. 10. 30. 칙령 19호	1902. 7. 5. 통신원령 5호, 해주지사로 이설	1902. 8. 15. 통신원령 고시 6호
벽동(碧潼)우체사	1902. 10. 30. 칙령 19호	1902. 7. 5. 통신원령 5호, 의주지사로 이설	1902. 8. 15. 통신원령 고시 6호
안주(安州)우체사	1902. 10. 30. 칙령 19호		
종성(鐘城)우체사	1904. 3. 12. 칙령 5호	1904. 5. 26. 통신원령 5호	
진위(振威)우체사	1904. 3. 12. 칙령 5호	1904. 5. 21. 통신원령 3호	1904. 7. 10. 통신원령 고시 2호
황간(黃澗)우체사	1904. 3. 12. 칙령 5호	1904. 5. 21. 통신원령 3호	1904. 7. 10. 통신원령 고시 2호
시흥(始興)우체사	1904. 3. 12. 칙령 5호	1904. 5. 21. 통신원령 3호	1904. 7. 10. 통신원령 고시 2호
천안(天安)우체사	1904. 3. 12. 칙령 5호	1904. 5. 21. 통신원령 3호	1904. 7. 10. 통신원령 고시 2호
노성(魯城)우체사	1904. 3. 12. 칙령 5호	1904. 5. 21. 통신원령 3호	1904. 7. 10. 통신원령 고시 2호
성주(星州)우체사	1904. 3. 12. 칙령 5호	1904. 5. 26. 통신원령 5호	1904. 7. 10. 통신원령 고시 2호
밀양(密陽)우체사	1904. 3. 12. 칙령 5호	1904. 5. 21. 통신원령 3호	1904. 7. 10. 통신원령 고시 2호
직산(稷山)우체사	1904. 3. 12. 칙령 5호	1904. 5. 21. 통신원령 3호	1904. 7. 10. 통신원령 고시 2호
아산(牙山)우체사	1904. 3. 12. 칙령 5호	1904. 5. 21. 통신원령 3호	1904. 7. 10. 통신원령 고시 2호
전의(全義)우체사	1904. 3. 12. 칙령 5호	1904. 5. 21. 통신원령 3호	1904. 7. 10. 통신원령 고시 2호
연산(連山)우체사	1904. 3. 12. 칙령 5호	1904. 5. 21. 통신원령 3호	1904. 7. 10. 통신원령 고시 2호
진산(珍山)우체사	1904. 3. 12. 칙령 5호	1904. 5. 21. 통신원령 3호	1904. 7. 10. 통신원령 고시 2호
금산(錦山)우체사	1904. 3. 12. 칙령 5호	1904. 5. 21. 통신원령 3호	1904. 7. 10. 통신원령 고시 2호
영동(永同)우체사	1904. 3. 12. 칙령 5호	1904. 5. 21. 통신원령 3호	1904. 7. 10. 통신원령 고시 2호
김산(金山)우체사	1904. 3. 12. 칙령 5호	1904. 5. 21. 통신원령 3호	1904. 7. 10. 통신원령 고시 2호
칠곡(漆谷)우체사	1904. 3. 12. 칙령 5호	1904. 5. 21. 통신원령 3호	1904. 7. 10. 통신원령 고시 2호
청도(淸道)우체사	1904. 3. 12. 칙령 5호	1904. 5. 21. 통신원령 3호	1904. 7. 10. 통신원령 고시 2호
경교(京橋)지사		1901. 10. 18. 통신원령 4호	1901. 11. 1. 통신원령 고시 4호
마포(麻浦)지사		1903. 4. 14. 통신원 3호	1903. 5. 1. 통신원령 4호
도동(挑洞)지사		1903. 8. 15. 통신원 6호	1903. 9. 1. 통신원령 7호
시흥(始興)지사		1903. 8. 15. 통신원령 8호	1903. 9. 18. 통신원령 9호
충남·충북·황해도·강원도지역			1898. 5. 15. 농상공부령 28호. 고시 28호
경남·경북·전남·전북·함남·함북·평남·평북지역			1898.6.1. 농상공부령 29호. 고시 29호
외체(外遞) 실시			1900.1.1. 농상공부령 38호. 고시 38호

1. 나주우체사는 1896. 2. 16 개국, 1897. 3. 23 광주우체사로 이설.
2. 안동우체사는 1895. 10. 20 개국, 1896. 8. 10 상주우체사로 이설, 1898. 3. 25 상주지사로 복설, 1900. 7. 25 2등사로 승격(칙령 28호).
3. 수원은 1895. 8. 1 한성지사로 출발, 1896. 8. 5 2등사로 승격(칙령 42호).
4. 김성(金城)우체사는 1897. 12. 29 개국, 1898. 3. 19(칙령 7호) 철원우체사로 이설, 다시 1900. 7. 25우체사 관제에 2등사로 승격, 미개국
5. 정주(定州)1896. 10. 5. 청주 1898. 2. 25, 안성 1898. 2. 25, 북청 1898. 3. 26 지사로 출발하여 1900. 7. 25(칙령 28호) 2등사로 승격했음.
6. 시흥우체사는 1903. 9. 18 한성지사로 출발하여 1904. 3. 12(칙령 5호)에 2등사로 승격.

이 표에 의하면 우체사(郵遞司) 설치 예정으로부터 실제 개국까지는 늦어도 1년을 넘긴 경우가 드물었다. 오히려 우체사 관제(官制) 설치 예정에 들기도 전에 지사로 개설된 수원·경흥·정주 등 12사의 경우가 있다. 이 표를 통하여 1905년 4월의 통신사업권 피탈 당시까지 계획된 우체사수가 66, 완성 개국에 이른 것이 45사, 지사 3, 영수소 2, 계 50사였고, 이를 당시의 전보사 13사와 비교하면 설치 계획 수 66은 같고 완성·완공·개국에 이른 것은 31사에 지사4, 계 35사 보다 훨씬 많았음을 알 수 있다. 여기에 다시 1898년 임시우체사가 전국적으로 실시된 사실까지 합하면, 비록 임시우체사와 같은 조잡한 조직이 있었으나, 전국적인 우체망이 완성되었다는 것은 주목하여야 할 것이다. 또 설치 계획에서 완공을 보지 못한 21개 우체사 중, 갑산, 김성, 안주외에는 모두 러·일전쟁이 일어난 뒤인 1904년 3월에 계획되어 전쟁으로 말미암아 중단된 것에 지나지 않는다.

그러므로 다시 강조 하거니와 1903년부터는 그 동안의 경험과 준비를 토대로 우리의 우체사업은 그 확충 단계에 본격적으로 들어 가려고 할 때에 러·일 전쟁이란 외세로 인하여 좌절되었고, 1905년3월 전쟁에 승리한 일제의 침략으로 전신업무와 우체사업을 모두 송두리째 강탈 당하고 말았다.

우리나라 우체 사업 총설

출처: 한국우정사[1]

우리나라 전통적 통신 시설인 역제(驛製)와 봉수(烽燧)는 근본적으로 근대적 통신 시설과는 구분된다.
근대사회 통신사업은 국가에 의해서 운영되더라도 그 기본은 일반 민간 통신 편의를 도모하고, 요금 증수를 통해 사업 경영상 균형 내지 이윤을 추구한다. 역제와 봉수는 중앙의 정치 집단의 명령 하달, 사신 및 관원의 출장 지공(支供), 관물의 수송 등의 통치 수단이거나, 국경에서의 안위(安危)를 중앙에 급보하는 군사상의 기능을 추구한다. 이 같은 본질은 역제와 봉수가 다같이 당시의 행정 조치에 있어서 병부(兵部)의 소관이었다는 사실로서 쉬이 이해할 수 있다. 서구에서 발달한 근대 통신제도는 크게 우정(郵政)과 전기통신(電氣通信)으로 양대분되고, 근대우정은1840년 5월, 영국에서 요금의 균일, 저렴, 선납을 원칙으로, 요금 선납의 증표로서 우표를 사용한데서 비롯되었다. 근대 통신시설의 발달과 함께 영·불 등 서구 열강은 다투어 자기 통신망을 동양에 진출시켜 식민 지배 세력 확충의 요추(要樞)로 삼았다. 대체로 1843년부터 시작하여 1860년대에 이르러 상기 열강과 덴마아크(丁抹) 등이 중국과 일본의각 개항장(開港場)에 우체국과 전신국을 설치하고 해저전선(海底電線)을 부설하였다. 중국과 일본은 이 같은 배경하에서 다시 우리나라에 대하여 다투어 저들의 통신특권(通信特權)을 진출시키려고 혈안이 되었다. 우리나라에서의 역제의 시원(始原)은 기록에서 확실한바는 신라 소지왕(炤知王) 9년(A.D 487)부터이고, 이는 10세기 후반, 고려 성종조에 이르러 강력한 중앙 집권화 정책의 일환으로 그 조직, 요원 및 경제적 기반 등 모든 면에서 크게 정비된 것 같고, 그 후 원(元)의 지배하에서 그 영향으로 마패제(馬牌制)의 도입 등을 보았다. 근세 조선왕조에 들어, 지방 각 역도의 책임자를 종래의 역승(驛丞)보다 한층 고위의 중앙 관리로 임명하는 찰방제(察訪制)로 바꾸어 역제의 충실을 기도한 바, 이는 대체로 15세기 초엽에 매듭지어졌다. 〈경국 대전〉에 규정된 전국의 역 조직은 대략 40도(道), 500역(驛)이었고, 각 역은 대·중·소로 구분되었으며, 마필 분급 역시 마패 발급을 통해 엄격히 규제되었다. 이러한 제도는 말기에까지 존속되었는데, 무엇보다도 관원의 납승(마필의 규제의 사용)과 사용 및이로 인한 입마(미필보충) 등의 곤란으로 시대가 내려갈수록 각종의 부정이 횡행하고, 역호의 도산을 야기시켜 마침내 공역(空驛) 상태에 이르기도 하였다. 이 같은 변천의 큰 테두리와 아울러 역원의 신분과 그 충보 및 역의 경제적 기초로서의 역전(驛田)의 관리 등을 우선 개략적으로 더듬어 보았다. 개국(開國) 이후 일본 및 중국으로 사신 간 사람들에 의해 근대 통신시설에 대한 지견(知見)이 높아져 갔다. 당시의 신진 정객 홍영식(洪英植)에 의하여 개설된 우정총국(郵政總局)에서 집무한 실제를 '대조선우정규칙'을 통하여 고찰해보면 국제우편의 개설을 보다 염원한 점 등은 크게 주목되는 부분이다. 갑오경장(甲午更張)에 의해 통신 제도도 행정 조직상 공부(工部)에 이어 농상공부(農商工部)로 옮겨 그 본질이 근대적인 그것으로 전환되었으나, 일본에 의해 강요된 갑오경장이 우리 전통 사회의 참다운 개혁보다는 이후 우리에 대한 그들의 침략을 보다 용이하게 하려는 것이었던 것으로 주목해 본다. 1895년에 6월에 재개된 우체사업의 발전을 고찰해보면 약 1년 지난 1896년 후반기에는 이미 한성으로부터 동래 · 나주 · 의주 · 경성(鏡城)에 이르는 기간 선로를 형성하고, 1897년에는 U.P.U. 가입을 달성하는 한편, 지방 우체망의 확충과 더불어 1898년부터는 '임시우체제도'가 성립되었다. 정식 통신 요원에 의해 관장되지 않은 조졸한 조직이었지만 전국에 걸친 우체망을 형성하기에 이르렀다.
1900년대에는 독립된 사업 관활청으로 통신원(通信院)이 창설되고, 국제우편(外遞)이 개시되었으며, 우표 제조가 시작되고, 엽서도 발행되었다. 이후 우체학도(郵遞學徒)의 양성, 우체지소(支所)의 설치, 철도체송과 별분전(別分傳) 등이 개시되었다. 하지만, 근본적으로 일반 국민이 전통적 통신방식(傳人通告)에 얽메여 신식 제도를 제대로 이용하지 않았던 터라, 지방우체사에 대한 경비 조달이 불순하고, 또 전국 우체망의 대부분을 점하는 임시우체에 있어서, 그 실무를 맡은 향장(鄕長)과 면주인(面主人)에 대한 신분 보장과 보수 지급이 없었던 까닭으로 우체사업의 실제는 저조를 면할 수 없었다. 일찍이 1876년부터 이땅에 그들의(일본인) 우편국을 불법으로 설치한 일제는 이러한 실정을 역이용하여, 한국 병합의 작업이 첫 착수로서 1905년에 이르러 러·일전쟁에서의 승전을 배경으로 우리의 통신사업권을 송두리째 빼앗아 갔다.
을사조약보다 반년이나 앞서 통신사업을 빼앗아 간 사실은 통신사업이 근대사회에서 가장 중추적 존재로, 그들의 침략에 있어서도 제일 가는 요체였음을 가리킨다. 또 통신사업권 피탈의 전후에 전개된 우리 온 국민의 치열한 투쟁과, 근대 통신시설이 일제의 침략에 이용되었던만큼 우리의 의병(義兵)들이 애써 이를 파괴한 사실 등을 간과해서는 아니된다. 한국 우정사의 총설 저자는 상기 내용에 대하여 여러가지의 여건상, 즉, 자료의 불충분, 사료의 전거(典據) 표시가 불충분하며 원문의 번역이 정확을 기하지 못한 점들을 들어 제대로 완결을 보지 못했다고 기술하고 있다.
본문에 나타나는 주요 명칭, 단어들도 국어사전에서 검색되지 않은 관계로 이해하지 못하는 것이 아쉽게 느껴진다.

통신원 설치 이후 우체사업 1900~1905

출처: 한국우정사[1]

1. 통신원 창설과 우체사업 발전

1900년은 우리나라의 체신사업 발전에 있어서 획기적인 해였다.
우선 국제우편이 설치되었고, 국내에서 제조한 우표를(이화보통우표)를 사용하기 시작하였으며, 엽서를 처음으로 발행(동년 5월), 동년 3월부터는 체신관서가 농상공부로부터 독립, 통신원이 창설되게 되었던 것이다.
이리하여 이후 한말(韓末)의 우체사업은 전신사업과 더불어 장족의 발전을 보게 되었다. 하지만 우체 선로는 이미 일단 완성을 본 탓인지, 1902년 8월에 이르기까지 약 3년 간 설치가 없었는데, 그간 우체망의 확충과 관련하여 우체사업의 발전에 있어서 주목되는 사항을 차례대로 나열하면 다음과 같다. 우선 동년 봄과 여름에 걸쳐 한성·인천 간 우체물 발송이 1일 4회로 늘어났다. 당시 하루 2회였던 한성- 인천 간 발송은 3월 16일부터 오전 7시, 10시 및 오후 4시의 3회로 개정되고, 이어 7월 8일부터는 오전 7시 40분, 정오 12시 40분, 하오 3시 40분, 하오 6시 40분으로 4회 늘어났다. 이러한 발송 시간의 증가는 외체(外遞) 실시에 따른 한성과 인천 간의 우체물 증가로 말미암은 조치일 것이다. 한편 국내우체는 주로 국제우편까지 실시하게 되었음을 들어 동년 3월 중순부터 일본에 대하여 그들이 불법으로 개설하고 있는 우체사업을 조속히 철폐할 것을 요구하였다. 다시 동년 3월 5일에는 국내우체세칙의 개정을 부령(府令) 제37호로공고하였는데, (전문 6장 102조), 아마 외체 실시에 따른 개정일 것이며, 3월 25일에는 우체사관제를 개정(칙령 28호) 하여 우체사는 통신원 총판의 관리하에 속함을 밝히고, 아울러 이미 개설된 안동, 정주, 청주, 안성, 북청, 김성우체사를 2등사에 첨가하였다. 또 동년 초부터 우표의 국내 제조가 본격화하는 한편, 우체법사(教師) 길맹세(吉孟世)는 인쇄의 불선명을 이유로 국내 제조를 반대하고, 이를 구미 선진국, 특히 프랑스에 주문, 제조하도록 추진하였고, 엽서는 동년 5월 10일부터 사용되었다.

통신원(通信院)

1900년부터 1906년까지 대한제국의 통신과 우편, 수송에 대한 업무를 담당한 관청.

1894년 갑오개혁으로 조선정부는 중앙관제를 8 아문(衙門)으로 재편하였다. 그 중 농상공부(農商工部)의 하위 기구로 통신국이 설치되었다. 주요 업무는 통신과 육·해운 수송에 대한 관리였다. 이후 근대적 통신 및 수송 사업의 중요성이 확대되자 대한제국 시기인 1900년 통신국을 독립 기구로 승격시켜 통신원을 설립하였다.

초대 총판(初代總辦) 민상호(閔商鎬 1870~1933). 통신원 출범 당시 총판에는 농상공부대신 민상호(閔商鎬)가 임명되어 겸임하였다. 통신원은 2국 4과 체제를 갖추었다. 총판관방(總辦官房)과 서무국(庶務局)이 두 개의 국이었고, 그 아래에 각각 비서과(秘書課), 문서과(文書課), 회계과(會計課), 번역과(飜譯課)의 4과 그리고 체신과(遞信課), 관선과(官船課)의 2과를 두었다. 1902년 10월 관제를 개편하여 총판관방 아래 6개 과를 두었다. 국장 1명, 참서관(參書官) 3명, 기사(技師) 1명, 번역관(飜譯官) 1명, 번역관보(飜譯官補) 1명, 주사(主事) 10명이 있었다. 총판 민상호는 1905년까지 통신원을 맡아 근대적 통신 정책과 선박 수세를 주도하고, 우편 규칙 및 우체국 제도를 정비하여 근대 해운 행정의 기초를 닦았다. 하지만 일본의 조선 침략이 본격화되면서 통신을 장악하기 위한 협정이 체결되었다. 이에 따라 통신원의 업무가 통감부 산하 통신관리국으로 이관되면서 역할이 축소되었다. 1906년 7월 「통신원관제」가 폐지되어 선박 관련 업무가 농상공부로 이관되면서 사실상 통신원은 해체되었다.

2. 우무(郵務) 학도(學徒) 양성과 임시우체규칙 개정

1900년 11월 1일에는 우무학도규칙(郵務學徒規則), 전무학도규칙(電務學徒規則).(통신원령 7호) 과 아울러 제정, 반포되어 당시까지 산발적(散發的)이며, 비체계적(非體系的)이던 체신 관원의 양성이 본격화되었고, 동월 중순부터는 '우' 자 표지('우'표 표식)의 우체기(郵遞旗)를 제정하여 우정(郵政)의 점차 성왕(盛旺)에 대비하였으니 이에 관련된 기사(記寫)를 보면,

"조회 114
우리나라의 우정이 점차 성왕하여 이제 이미 연우 각국(聯郵各國)에 발송하는 터이지만 우기(郵旗)가 아직까지 제정되지 않아, 각 국에 표준(表準)할 수 없어 사실상 부족된 일이기에, 때의 사정에 맞춰서 중론(衆論)을 모아 도식(圖式)을 만들어 그 좌측에 부치도록 아래 사항을 보내니, 사조(査照)하시고 채용 여부와 새로이 제정할 것인지를 신속히 알려 주시기 바랍니다."
광무 4년 11월 14일
겸임 통신원 총판 민상호
의정부 참정 조병식 각하

또한 11월3일에는 임시우체규칙 등 관계 법규를 일제히 개정하여 우체사업의 새로운 발전을 기하였으니, 즉 법률 제8호로 〈우체사항 범죄인 처단례(郵遞事項犯罪人處斷例)〉를 칙령 42호로, 〈우체사관제〉를 칙령 43호로, 〈우체사직원 봉급령〉을 칙령 45호로, 〈임시우체규칙〉 중 개정 건을 칙령 제46호로, 〈국내우체규칙〉 중 개정 건을 각각 제정 반포하였다.

3. 일본우편국에 대한 철폐 요구

대외적으로는 재 청국 불란서우체국(在清國佛蘭西郵遞局)과의 우편물 교환을 목적한 한법 우편협정(韓法郵便協定)의 체결이 1900년 11월 중순부터 추진되어 이듬해 1901년 4월에 조인, 12월 2일에 비준을 보아 실시되었고, 일본에 대하여는 1900년 3월 중순에 우체 사업의 철폐를 요구한 후, 나아가서 1901년 4월에 이르러서는 일본측의 우편 협정의 개정 요구에 당당히 정면으로 반대하였다. 일본측이 이때, 1899년 12월말에 체결된 한일우편협정. 일본 체신성의 제안을 굳이 개정하려고 한 까닭은 1900년 5월 이후 매당(枚當) 1원(元)의 엽서가 발행되므로, 이 땅에 머물던 체류(滯留) 일본인이 매당 2원의 그들의 엽서 대신에 우리의 엽서를 이용하여, 일본국에 통신한 사례가 일어났기 때문이다. 그리하여 1901년 신정(新正)을 전후하여서는 그들의 연하장으로 우리의 엽서가 대량 매진되는 사태가 일어났다. 이에 그들은 우리의 우체료를 일본 우체의 기준으로까지 인상하도록 요구한 것이다. 그러나, 통신원에서는 합리적인 사리를 들어 당당히 일본측과 정면으로 맞섰으며, 이를 계기로 6월 3일에 들어서는 그들이 우리 몰래 개성 등지에 다시 우체국을 개설함을 지적하고 그의 철폐를 강력히 요구하였다. 일제가 불법으로 이 땅에서 경영한 우체 사업과 이를 철폐하도록 요구한 우리의 조치에 대하여는 다시 논술하여야 할 터이나, 어떻든 이 때 위와 같이 강경한 태도를 취하였음은 그만치 우리 우체 사업의 발전을 반영하는 바일 것이며, 또 불법으로 유린당한 우체 사업권의 환원은 바로 국권의 자주적 신장을 뜻하는 만큼 크게 주목할 사실이다. 그리고 나아가서 1901년 11월 초에는 종래의 통상 우편만의 범위에서 벗어나, 소포 우편을 실시하려고 준비하였으며, 1900년에 의뢰한 우표 주문도 1902년 5월에는 프랑스 정부로부터 회답이 내도(來到)하여 그 제조가 본격화되었다.

4. 1900년대초 우체망 확장

1902년 7, 8월에 걸쳐 은진(恩津)등 6사가 개설되었다.

우체망 확충은 이보다 약 1년 앞선 1901년 11월에도 없지 않았으나, 그것은 한성부 내의 1 지사(一支社)에 불과 했다.

1901년 9월 20일에 통신원에서는 우체 조사(調査) 길맹세(吉孟世)가 내외 우체 업무가 점차 번창하여짐에 비추어 한성부 내의 지사 34곳의 분설이 시급하고, 그 중에서도 가장 중요한 돈의문(敦義門-西大門) 밖에는 반드시 설치하여야 한다고 주장하여 그 경비 조달을 탁지부에 요청하였으며, 탁지부는 10월 14일에 이를 승인하였다. 그리하여 동월 18일에는 통신원령 제4호로 그 설치를 공포하고, 다음 19일에는 11월 1일부터 우무(郵務)를 실시한다는고시대로 개국을 보았다. 그 위치는 서서 반송방 경구계 75동 1호(西署盤松坊京口契七十五統一號)이었고, 경교 지사(京橋支司)라고 불렀는데, 내외 우체의 점차 번성에 비추어 한성부 내에 처음으로 등장한 지사였다. 한성부내의 지사는 2년을 지나 1903년에 마포, 도동, 시흥의 3사가 늘어나는데, 그 무렵 경교 지사도 전 고마청(雇馬廳)으로 1903년 10월 28일에 이전되었다. 1903년 7. 8월에 개설된 은진(恩津) 등 6사 중 제일 먼저 그 설치가 추진된 곳은 은진 우체사(恩津郵遞司)였다. 은진은 위의 경교 지사보다도 10여일 앞서 그의 개설에 필요한 선척(船隻) 및 임시 우전부의 경비를 탁지부에 요청하였다. 선척을 준비한 정상(情狀)으로 미루어 부근 군도(君道)에의 통신도 목적한 듯한데, 어떠한 이유에서인지 근 1년을 지난 1902년 5월 28일에 이르러서야 비로소 은진지사(公州郵遞司)의 설치가 공고되고(通信院令 第3號) 7월 1일에 그 우무 실시(郵務實施)가 고시되어(통신원 고시 제5호) 7월 10일부터 임무를 개시하였다. 바로 이 무렵인 7월 5일에 경주[大邱]·장흥[光州]·서흥[海州]·벽동[義州]의 우체지사 및 제주 우체사의 설치가 공고되고, 이어 7월 19일에는 8월 15일부터 우무 개시를 한다는 공시를 하여 어김없이 개설하였다. 이리하여 장흥(全南)·벽동(平北)과 같은 변경 벽지는 물론, 멀리 제주도까지 정식으로 우체망(郵遞網)이 뻗어가게 되었거니와, 이는 한편으로 이후에 있던 러일전쟁(露日戰爭)이 한창일 때(1904년 7월), 일본군의 필요에 의해서 설치되었다고 보여지는 진위(振威)우체사와 1903년에 한성부 내(漢城府內)에 설치된 3개의 지사를 제외하면 사실상 한말, 우리 정부에서 추진한 지방 유체망의 확충으로서는 위에 말한 6사가 그 최후를 이룬 결과로 되었던 것이다. 어떻든 이때의 우체선로(郵遞線路) 확대를 계기로 각 우체사의 담당 구역 및 그 체송 선로가 대폭으로 개정되었다. 즉, 그해 8월 15일과 12월 8일의 두 차례에 걸쳐서 제정 시행하였다.

5. 임시우체 난맥과 경비 나획(經費 拿獲) 불순

당시에 있어서, 즉 한말(韓末)의 우정 사업 전반을 통하여 어두운 그림자를 던진 것은 임시 우체의 부실과 지방 각사(各司)의 경비나획(經費拿獲: 경비를 갈취함) 불순이었다. 이 두 가지 문제에 대하여는 먼저 임시 우체를 맡은 향장(鄕長) 및 면임(面任)이 우체물을 멋대로 불송(不送)하거나, 지체시키거나 이를 개피(開披)할뿐더러 요금을 가징(加徵)하는 등 그 폐해가 적지 않았다. 그 근본적인 원인은 향장이 임시 우체 주사로서의 신분을 보장받지 못하고 지방관이 그들을 임의로 자주 체임(遞任) 하였기 때문이다. 이렇게 부실한 실정에 비추어 통신원 창설 이후, 광무 4년 11월에 임시 우체 규칙을 개정하여 향장 의정식 임시 우체주사 겸임 및 수령(首領)을 임시우체사장으로서 파악토록 조처하기로 하였으나, 폐단은 좀처럼 자취를 감추지 않고, 그대로 계속되어 특히 광무 6년에서 9년의 통신권 피탈(통신권피탈)에 이르는 기간에 걸쳐 많은 사고가 속출하였다. 다음으로 경비 지급 역시 순조롭지 못하여 광무 4.5년 당시에도 크게 문제되었다. 그 한 예를 들면 김제군수(金堤郡守)는 옥구(沃構) 우전(郵電)의 양사(兩司) 경비를 광무 3년 10월부터 4년 3월에 걸쳐 전혀 발급(發給)하지 않음으로써 4년 8월 18일에는 견책(譴責: 10개월간 감봉) 처분까지 받기에 이르렀으나, 그 후도 제대로 지급되지 않았다. 이같은 불순(不順)은 8년 1월경부터 다시 재연(再燃)되어, 9년 우리 통신권이 빼앗길 때까지 이르렀는데, 그 하나의 예로 8년 1월말 경흥(慶興)우체사의 실정을 보면, 6년도의 일부와 7년도의 전액을 합친 4,100여원을 계속 지불받지 못하여 이리저리 백방으로 꾸어 대어도 어쩔 수 없었고, 체전부(遞傳夫)들은 삶을 찾기 위하여 모두 흩어져 달아나 끝내 업무를 폐지할 수밖에 없는 지경이었다. 다만 기록으로는 6년에서 7년 전반에 걸쳐서는 거의 위와 같은 사항이 나타나지 않으니, 그 까 닭은 쉽게 짐작할 수 없으나, 그 동안만은 순조로웠으리라 생각된다.

6. 외체(外遞) 발전 및 통신원 관제(官制) 등 개정

우선 외체(外遞)의 점진적인 발전을 들 수 있으나, 1900년 1월 1일을 기하여 드디어 그의 설치를 본, 우리의 국제 우체는 그 출발에 있어서 이미 〈만국 우체 규칙〉 [내용은 세칙 이하, 미납료 우체물 발송 등 12항]과 〈만국우체 시행규칙〉[전문 19조] 및 〈교환사(交換士)의 생활〉 [전문 46조] 등의 법규를 갖추었고, 그 후 그 발전을 말해 주는 다음과 같은 사항이 있었다. 즉, 1900년 6월 28일에 평양우체사에서는 외체 사무원의 택송(擇送)을 요청하였고 10월 8일에는 인천우체사의 외체 사무 폭주(幅湊)에 대비하여 주사(主事)를 더욱 보내주도록 우체교사(敎師) 길맹세(吉孟世)가 보고하였으며, 그 해 11월과 이듬해 4월에는 외체 주사(外遞主事)의 양성을 위하여 외국어(불란서·영국·러시아·독일·일본·중국어 등) 학교의 택송을 학부(學部)에 자주 요청하고 있다.

다음은 통신원 관제를 비롯한 법규의 개정, 향상이다. 통신원은 광무 4년 3월에 설치된 이후 그 해 12월 19일에 개혁을 보고(칙령 52호), 광무 6년 10월 30일에 업무의 은번(殷繁)에 비추어 관원(官員) 증가를 목적으로 다시 대개혁을 보았는데 특히 총판(總辦) 다음 책임자를 사무국장에서 내부, 학부 등 일반 대신(大臣) 관청과 같이 회판(會辦)으로 고친 것은 바로 통신원의 지위 향상을 뜻하는 것으로 해석된다. 이와 동시(광무 6년 10월 30일)에 우체사 관제도 정리 개정하여 은진·경주·장흥·서흥·벽동·안주의 6사(六司)를 이등사(二等司)에 첨입(添入)하였다. 그런데 위의 6사중 안주(安州) 외에는 모두 동년 7. 8월에 걸쳐 이미 개설되었을뿐더러 이에 따른 우체사 관제(官制) 개정을 동년 7월11일에 청의(晴議) 하였는데도 어찌하여 이때에 이르러서야 개정(공포)을 보게 되었는지는 밝히기 어렵다. 이와 같이 발전적 추세이었기에 황성 신문은 동년 7월 11일자(1219호) 논설에서 통신원 관제의 개정에 비추어 다음 해 즉, 광무 7년 3월 13일자(1312호)에 세계의 전신 및 우편 사업의 발달을 약술(略述)하고 우리나라의 개화 사업 중 이 두 부문이 날로 확장한다고 칭송(稱頌)하였고, 다음해인 7년 3월 13일자(1312호) 에도 대한의 현시(現時)에 있어서 문명 기구(文明器具)로 내두(來頭)가 유망한 것은 우전(郵電)의 양건(兩件)이라고 강조, 격려하였던 것이다.

법규 개정은 다음해에도 계속되어 광무 7년 2월 5일에 농상공부령(노상공부령) 제37호로 종전의 국내 우체 세칙을 폐지하고 동월 22일에 통신원령 제3호로 새로운 국내 우체 세칙을 제정 공고하였다. 새로운 세칙은 6장 102조로 되었는바 종전의 것을 개정하지 않고 애써 폐지한 후에 새로 제정한 까닭은 짐작하기 힘들다. 이러한 제정 경위에 대한 의문은 그 해 9월에 공고된 우표 매하인(郵票賣下人) 규칙에 있어서도 한가지다. 관보 제2612호(9월 4일자)에 의하면 이때 우표 매하인 규칙. [전문 18조], 통신원령 제11호로 제정하고 있는 바 동 규칙은 이미 실시되어 오던 터이므로 그 관련을 쉬이 이해하기 힘든다.

7. 우체영수소(郵遞領收所)와 우체지사(郵遞支司)

이같은 일련의 정세하에서 우체 선로의 확장상 주목되는 두 가지 사실이 이때를 전후하여 발견된다.

하나는 두만강(豆滿江)을 건너 간도(間島) 지방에 우리의 우체망(郵遞網)을 개설하려던 움직임과, 우체지사보다도 더 간편한 산업 시설인 우체 영수소의 출현이었다.

1903년 1월 27일자 〈황성 신문〉 1283호에 그 전일(前日)의 정부 회의에서 통신원 관하의 규칙 개정 등을 논의할 때 서북 간도(西北 間島)의 2군(二郡)에 우체사를 신설할 것이 거론되었다고 전하고, 그 해 8월 25일자(1453호)에는 경성(鏡城) 우체사 주사(主事) 고준식(高準植)이 10여 만이나 되는 우리 주민을 간도(墾島-間島) 지방에서 비적(匪賊)으로 부터 보호할 것과 그 곳 중앙에 우체사, 그리고 부근 각지에 영수소(領收所) 및 우표 매하소를 설치하자고 통신원에 올린 의견서에서 주장하였음이 아래와 같다.

"[전략]…본관이 변변치 못한 몸으로 일찌기 재주와 기량이 없고 또 전문 없이 함부로 관직을 욕되게 하며 북쪽 땅에 이르러 풍상을 겪기 할일 없이 5년이라는 오랜 세월이 지났는 데 어찌 감히 직분에 넘치는 생각을 하며 또 그런 발언을 하겠습니까. 감히 그러지 못할 뿐만 아니라 그럴 수 없으나 작은 정성이 깊고 절실하여 보잘것없는 천견(淺見)으로 이에 진언(進言)하오니 자상히 살펴 주십시오.

본도의 간도(間島)가 청국과 아라사 사이에 끼여 있어, 위치한 곳이 극히 변방인데다가 형세가 요충(要衝)이라 일찌기 수 십년 전부터 북방에 자리한 고을들의 각 군민이 당지에 이주하여 땅을 갈아 먹고 사는 자 합하여 수만 호(戶)에 10여 만인데, 근래 청국 비적의 침략과 능답(陵踏)이 종래와 달라 갈수록 창궐하여 인명을 상함과 재물의 강탈이 무시(無時)로 있으니, 백성은 의탁할 곳이 없습니다. 다소의 사정을 부득이 상부에 알리는데 백성의 이해(理解)와 일을 처리하는 편의 여부가 여하하다고 사료하십니까. 요행히 하늘에 뜬 태양이 밝게 비쳐 앞서 정부로부터 관리를 파견하여 황제(皇帝)의 덕(德)을 선포하고 호구 조사 뒤 무관 진위대의 종계소(踵繼所)의 설치였습니다. 그러나 통신 사무는 아직 설치에 이르지 못하였습니다. 비록 일이 번거러워 틈이 없겠지만 뜻있는 사람의 차탄(蹉歎)이 실로 어떠하겠습니까? 더구나 나라를 이롭게 하고 백성의 편의에 그 뜻이 있음에 잠시나마 방치하여 간과할 리 있겠습니까. 생각컨데 회령 이북은 바로 간도의 중앙이어서 자리를 옮기지 않을 호구가 다수 거주하고 있으니, 본사로부터 체송 이정(里程)이 거의 직통이온즉 당지에 따로이 우체사를 설치하고 연변의 각 방리(坊里)에 영수소와 매하소를 적의 분설(分設)하여 통신에 편의케 함이 사리에 타당하옵기로 이에 외람되이 말씀을 올리니 특별히 멀리 담긴 뜻을 나리시와 만물의 뜻을 개통하여 천하의 사무를 성취하고 세상의 편리와 살림의 이익을 꾀하는 일의 기틀을 심으면 천만 다행이겠습니다."

비록 이 주장이 실현되지는 못하였지만 어떻든 당시 간도의 개척이 주로 우리 국민에 의하여 이루워진 사실과 아울러 우리 나라 우체망의 해외 진출을 기도하였다는 점에서 크게 감명 받을 일이었다.

다음으로 우체 영수소(郵遞領收所)로서 처음 개설된 것은 평북 은산(殷山) 영수소였다.

우체영수소는 우체물의 수집과 분전(分傳)은 하지 아니하고 다만 발송인이 지참하는 보통 및 등기 우체물의 접수만을 취급한 것으로 후일의 무집배국(無集配局)과 유사하였다. 따라서, 정규 직원은 두지 않고 1, 2명의 임시 직원만을 두는 간이한 현업기관(現業機關)이었다. 그런데 은산(殷山) 영수소의 정확한 개설일을 전하여 주는 기록은 현재 발견되지 못하였고 오직 광무 7년 1월 10일에 통신원에서 탁지부(度支部)로 송교(送交)한 우표 대금(2,940원 63전 6리)의 명세중에 은산우체영수소 3월분 81원이 포함되어 있어 늦어도 그 해, 즉 6월 10일까지에는 은산영수소가 개설되었음을 알 수 있을 따름이다. 은산에는 영국인 경영의 광산이 있어서, 전신 시설도 그들의 필요와 요구에 의하여 이미 광무 4년(1900년) 7월 4일에는 은산 전보사(電報司)의 개설을 보았던 터이니 우체 영수소로 일찍부터 개설되었으리라 짐작된다. 그러한 관련에서 개설된 영수소는 부산 초량(草梁)영수소인데, 이것 역시 그의 확실한 시기를 알 수 없다. 즉 동년 8월 9일에 부산 우체사장(郵遞司長)이 초량 영수소 사무원 김영식(金永植)의 근면을 보고하면서 지사(支司)를 설치할 때에는 그를 등용하도록 요망하였음이 최초로 보이는 관제 사항인데, 어떻든 한말까지 존속(尊屬)된 위의 두 영수소의 개설 동기와 시기를 분명히 가려내지 못함은 유감이나, 영수소는 이밖에도 개설되었거나 또는 개설을 시도(試圖)한 곳이 있었다. 즉, 뒤에 언급할 마포우체지사는 그해 5월 하순에 영수소에서 지사로 승격한 것이며, 그 해 8월 25일에 있는 간도(間島) 지방에 영수소를 설치할 주장과, 8년 2월에 있은 초량, 구포(梁山), 밀양 등 경부 철도 정거장 안에 영수소의 설치 요청, 그리고 그 해 10월 7일에 대구에 있은 대구 철도 정거장 안의 영수소 설치 건의 등을 발견할 수 있는 터이다. 우체 선로의 확충은 한성부 내(漢城府內) 3개 지사의 증설로 일보 전진하였다. 먼저 광무 7년 4월 14일에 마포 우체사의 설치가 공고되고(통신원령 3호), 이어 그 달 27일의 고시 244호를 거쳐 그 해 5월 1일부터 개설을 보았다. 그 위치는 서서 용산방 마포계(西署龍山坊麻浦契)였던 바 1901년 11월 1일에 개설된 경교 지사(京橋支司)를 이어 두번째로 한성부 내에 설치된 지사였으며, 그 전에 영수소로 있다가 승격된 것임은 위에서 말한 바와 같다.

이어 도동[挑洞. 통신원령 6호] 및 시흥 [통신원령 8호] 우체 지사의 설치가 8월 15일에 공고되고 8월 31일에는 도동지사의 9월 1일부터 업무 개시가 고시 [통신원령 9호]된 다음에 각각 예정대로 업무를 개시하여 한성부 내에 4개의 지사가 설치되게 되었다. 도동지사(挑洞支司)의 위치는 서서 반석방 도동계(西署磐石坊挑洞契)였고, 시흥 지사(始興支司)는 시흥군 하북면 중종리 영등포(下北面中宗里永登浦)였다.

시흥지사는 다음해 3월의 우체사관제개정(郵遞司官制改正) 해에 2등사(二等司)로 승격하였다.

8. 일본 우체망 철폐 촉구와 우체 사업 발전

이 같은 우체망의 확장은 일본 우체망의 불법 설치와 비대에 영향받은 바도 없지 않은 듯하다.

일본 제국주의는 우리 나라 안에 처음부터 불법 개설한, 이른바 재한 제국 우편 시설을 우리의 우체 사업이 본격적으로 재개된 1895년 6월 이후에도 계속 확대하여 갔다.

이미 앞에서 말한 바와 같이 그 초기의 과정에 대하여 광무 7년에 들어서서는 전주(1월), 은산(殷山) 및 운산(雲山), (2월) 부산의 초량(草梁)과 부평(富平), (3월) 등지에 계속 우체 시설을 설치하였다. 불법 시설을 조속히 철폐하라는 우리의 정당한 요구에 부딪친 그들은 개인 명의로 사설(私設)을 가장하는 위계(爲計)도 쓰고 뻔뻔스럽게 우체사업의 본지(本旨)는 널리 공중의 편리를 도모하는 데에 있으므로 일본 거류민의 편리를 위하여 그들의 우체국이 존재함은 오히려 당연한 일이 아니냐고 생떼를 쓰는 등 온갖 구실과 수단을 다하였다. 당시 우리의 통신원에서는 일본의 우체 시설이 우리의 우체 사업에 적지 않게 손실을 끼침을 지적하고 그들의 자의(恣意)로운 우체사 설치를 중지 및 철폐하도록 강력히 항의하였다. 그러나 일본 우체망의 확장을 방지하는 가장 적절한 조치는 우리의 우체사업을 발전시키고 그 업무를 보다 개선하는 시책이었을 것이다. 즉, 그 해 5월 22일에 한국에 있는 일본인 상공회의소(商工會議所)는 의결로써 한국의 우편 및 전신의 정확, 신속을 요구하였고, 한편 그해 6월 17일에는 개성 일본우체국(開城日本郵遞局)에서 자전거(自轉車)를 사용하여 체송함으로써 개성우체사의 우체물이 두드러지게 줄어 들었다. 이에 대비하여 우리 측에서는 체송부(遞送夫)를 증원시켜 한성·개성간에 1일 1회의 체송을 새로이 늘려 1일 2회 체송에, 숙박비를 급여하고, 야간의 체송에도 적경(賊警)과 도섭(渡涉)에 지장이 없도록 복장 및 모자와 제등(提燈)을 지급하였다. 그 결과 체송부의 증원과 한성. 개성간 1일 2회의 체송은 마침내 그 해 7월 6일부터 실현을 보게 되었다. 이러한 선처는 당시의 개성 우체사장 서상준(徐相濬)이 열심히 시무(視務)한 결과로 상하로부터 격려를 받았다.

9. 체송(遞送) 개선 및 체전부(遞傳夫) 처우 향상

한성·개성간의 체송 개선을 위한 노력은 우체 국역의 조사, 성책(成册)하며, 체전부의 대우를 개선하고 임시 우체의 체송도 매일 1회로 늘이는 등 여러 면에서 발전하여 갔다. 즉, 광무 7년 6월 26일에는 광주 부윤(廣州府尹)이, 그 달 30일에는 개성부(開城府)에서 통신원 훈령에 의하여 우체의 체송을 위한 긱초 조사에 협조한 기록이 보인다.

구한말 전보총사, 전화소

대한제국 전보사(電報司 / 電報總司)

조선시대와 대한제국 시기에 전보에 관한 사무를 담당하던 기구.

전보사는 1896년(건양 1) 농상공부 소속으로 설립되어 전보 관련 사무를 담당하였다. 본래 전보·전신 업무는 1880년대부터 시작되었으나 한동안 침체되어 있다가 갑오개혁 후 재개하였다. 한성의 전보사는 전보총사(電報總司)로 승격되어 다시 지사를 두었다. 전보사 설립과 함께 작성된 전보규칙에는 전보의 종류, 전보 취급 시간 등이 자세하게 실려 있다. 전보사는 1900년 통신원의 설립에 따라 통신원 소속으로 바뀌었다. 1905년 4월 각종 통신 업무가 일본에 합병되면서 전보사의 역할도 사실상 끝나게 된다. 1896년 7월 23일 전보사 관제에 따르면 전보사는 농상공부 대신의 관할하에 소속되어 전보에 관계되는 모든 사무를 맡았다. 전보사의 등급은 1등과 2등으로 나뉘어 있었는데 계속 변화해 갔다. 1897년 6월 1등급에 속하는 서울의 전보사는 전보총사로 승격되었고, 1903년에는 마포지사, 도동지사(桃洞支司), 시흥지사(始興支司) 등이 문을 열었다. 직원으로는 사장(司長)과 주사(主事)를 두었는데 주임관인 사장은 매 사(司)에 1인을 두되 기술에 능한 사람으로 임명하였다. 판임관인 주사는 한성사(漢城司)에는 10인 이하, 각 항구에 주재하는 전보사에는 3인 이하, 각 지방의 전보사에는 2인으로 정하였다. 전보 규칙에 따르면 전보는 사용하는 곳에 따라 관보(官報)·국보(局報)·사보(私報) 세 종류가 있었다. 취급 형태에 따라 다시 요급(要急)·조교(照校)·통상(通常)·추미(追尾)·동문(同文)·수신(受信)·반신비예납(返信費豫納)·우체(郵遞)·별송(別送)의 9종으로 구분되었다. 1900년 통신원이 독립 기구로 발족하면서 우체·전신·선박해원(船舶海員) 등에 관한 모든 사무를 관리하게 된다. 농상공부 전보사 체제에서 통신원전보사 체제로 바뀌게 된 것이다. 그러나 1905년 4월 1일 통신 기관을 일본에 위탁한다는 내용의 한일통신기관협정이 체결되면서 전신 업무도 일제에 넘어갔다. 명목상 통신원이라는 기관명은 유지되지만 1906년 7월 27일 폐지되었다. 전보사는 1905년 7월 시점에서 폐지된 것으로 보인다. 1906년 이후 전신 업무는 통감부 통신관리국이 관장하였다.

대한제국 전화소(電話所)

전화소는 1902년 3월 19일 서울과 인천 사이에 전화가 개통되었을 때 등장한 전화 교환시설을 갖춘 관소이다.

일반인이 전화를 사용할 수 있게 했다는 점에서는 한국 최초의 공중전화이기도 하다.

1902년 3월 19일 서울과 인천 사이에 전화가 개통되었을 때 그 사이를 연결할 전화 교환시설을 갖춘 관소로서 생겨났다. 이때 일반인이 전화를 사용할 수 있게 했으며, 처음에는 서울 인천 간 시외 통화만 가능했고, 3개월 뒤에 서울 시내 통화도 가능하게 되었다. 1902년부터 2년 사이에 가설된 전화는 서울에서 불과 50여 대였는데, 이는 가설료가 비쌌기 때문이다. 가입자는 대부분은 기업이나 단체이거나 상회의 대표자였으며, 일반 개인은 극히 적었다. 그 대신에 전화소가 설치되고 공중전화 업무를 개시하자 이용자가 급증했다. 전화소는 서울에는 마포, 도동, 시흥, 경교, 이렇게 네 군데에 있었다. 전화소는 대한제국 통신원에서 관장하였으며, 통신원에서 파견한 관리, 곧 통신원 관리가 교환 업무를 보면서 통화 요금을 받았으며 통화 내용을 감시하기도 했다. 쓸데없는 농담이나 잡담을 하면 통신원 관리로부터 주의를 받았고, 음단패설이나 저속한 말을 하거나 언쟁을 벌이거나 불온한 말을 하여도 주의를 받았고, 때때로 통신원 관리가 통화를 중단시키기도 했다. 게다가 관공서에 나온 사람이 공무를 목적으로 통화를 요구하면 무조건 양보해야만 했다. 통화 가능 시간은 오전 7시부터 오후 10시까지였다. 통화 요금은 서울에서 인천까지 5분에 50전이었고, 호출을 할 경우 1리에 2전씩 더 내야 했다. 호출은, 전화가 매우 적은 시절이라서, 전화 받을 사람을 불러 달라거나 어떤 곳에 연결해 달라는 요구를 가리킨다. 더구나 기다리는 사람이 있으면 10분 이내라는 시간 제한이 있었고, 반대로 기다리는 사람이 없으면 돈을 더 내고 얼마든지 통화를 할 수 있었다. 그런데 전화 요금이 선불이었고, 통화 불량을 이유로 시비가 붙기도 했으나 요금은 돌려받을 수 없었다. 통신원령 제7조에서 그럴 경우에 전화소에서 책임지지 않는다고 정해져 있었기 때문이다. 이런저런 불편에도 전화소 개설 초기에는 인기가 좋았다고 한다. 1902년 인천까지 통화하여 수금한 수익금은 479원이었으며, 그 가운데 474원이 대중이 이용한 금액, 곧 공중전화로서 벌어들인 금액이었다. 이 무렵 통신원은 전신과 전화의 보급 및 확보를 위해 독자성을 가지려고 노력한 듯이 보인다. 전화소가 개설되고 있을 때 일본인이 불법으로 전신주를 가설하자 뽑아 버리거나, 미국 공사가 4년 전에 맺은 전기회사 경영 계약을 들고 나와서 항의하자 전기와 전화 개설은 서로 다르다고 묵살하기도 했다.

부산전보사(釜山電報司) 소재지 및 부지(敷地) 현황

경상남도 동래부 부산항 부평동 전보사 기지

- ㅁ 사하면(沙下面) 부평동(富坪洞) 제7통 6호 대(垈) 24間(평)
- ㅁ 사하면(沙下面) 부평동(富坪洞) 제7통 7호 대(垈) 40間(평)
- ㅁ 사하면(沙下面) 부평동(富坪洞) 제7통 5호 대(垈) 11間(평)
- ㅁ 사하면(沙下面) 부평동(富坪洞) 제7통 4호 대(垈) 8間(평)
- ㅁ 사하면(沙下面) 부평동(富坪洞) 제7통 3호 대(垈) 23間(평)
- ㅁ 사하면(沙下面) 부평동(富坪洞) 제7통 2호 대(垈) 18間(평)
- ㅁ 사하면(沙下面) 부평동(富坪洞) 제7통 1호 대(垈) 9間(평)
- ㅁ 사하면(沙下面) 부평동(富坪洞) 제6통 10호 대(垈) 7間(평)
- ㅁ 사하면(沙下面) 부평동(富坪洞) 제6통 9호 대(垈) 41間(평)

계 9필지 181間(평)

구한말 체전부(舊韓末 遞傳夫)

구한말 우편 업무는 시작된 지 보름여 만에 갑신정변이 일어나 중단되었다가 1895년에야 재개되었다.
집배원의 공식 명칭은 '체전부(遞傳夫)'였는데, 공식 모자가 벙거지였기 때문에 흔히 '벙거지꾼'으로 불렸다. 당시 우편물 배달은 지금보다 훨씬 위험하고 힘들고 까다로웠다. 사나운 날씨에도 험한 고갯길을 넘어야 했고, 길에서 도둑을 만나 우편물을 빼앗기고 몸마저 상하는 일도 다반사였다. 무엇보다도 주소가 애매하기 짝이 없어 우편물을 정확히 배달하기 어려웠다. 1885년 4월에 통리아문이 제중원을 설립하면서 내건 방문(榜文)의 주소 표기는 '북부 재동 외아문 북쪽 두 번째 집'이었고, 20년 뒤인 1905년 진명야학교도 학생 모집 광고를 내면서 주소를 '황토현 기념비 동쪽 세 번째 집'으로 표기했다. 국립병원과 학교의 주소 표기가 이 지경이었으니, '화동 대추나무 집 건너편 최주사댁'이라 쓰인 봉투를 들고 이 사람 저 사람에게 물어 가며 골목을 누비는 일이 얼마나 곤혹스러웠을지는 쉬 짐작할 수 있다.

출처: [그때 오늘] '대추나무집 건너 최주사댁' 집 찾느라 진땀 뺀 구한말 집배원-중앙일보

구한국 체전부 / 전보배달인
구한국 체전부(우중집배) 1885년도
사진출처 조선통신사업연혁소사

연도별 우편 집배 현황

년도	우체국. 소		1일 평균 이동		집배구역		집배 횟수	
	수집	배달	수집	배달	수집	배달	수집	배달
1907년	66	408	276	2421	82	1037	188	768
1908년	90	402	294	2534	104	1058	220	783
1909년	94	410	305	4438	120	1264	248	875

제1회 집배원 날 기념우표
1st Postman's Day
발행일 1968. 5. 31
발행량 100만 매
액면가 7원
디자인 전희한(全喜翰)

▫ 1895년 주요 우편사

1895(고종32) 5. 25	우부(郵夫) 8명을 진고개(泥峴) 일본우편국에 윤회견습(輪廻見習)토록 조처, 훈령
1895. 5. 28	한성·인천간 우체물 체송법 제정
1895. 6. 18	한성부내, 집신 오전 7시20분-오후 5시, 분전 오전 9시-오후 6시

구한말 우편괘함 · 저울 · 전신주

舊韓末 郵便掛函, 提秤, 電信柱

구한말 우편괘함
사진 출처: 조선통신사업연혁소사

우정박물관에 전시되어 있는 우편괘함

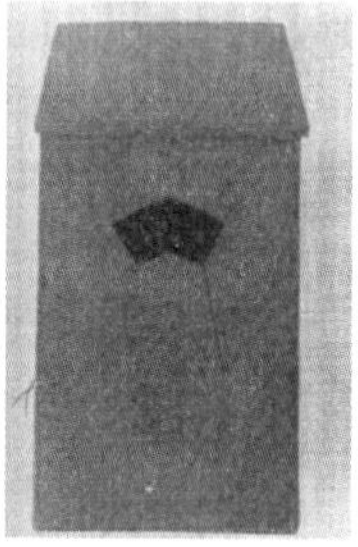

우편괘함(郵便掛函-우체통)

우편괘함은 우편이 재개된 1895년 이후부터 법령으로 한성부터 점차 전국적으로 설치되었다고 본다.
1895. 5.26 국내우체규칙이 칙령 124호 80조에 의거 반포되었고 또한 칙령125호 12조에 의거 우체사관제가 반포되었으며, 이에 따른 우체기수, 기수보의 봉급 건도 칙령 126호에 의거 반포·시행되었다.

1895.6.23 한성내의 우표매하소 10개소 및 우체함 위치를 공고하였다. [고시 4호]
1895.8.1. 개성에 우체함 설치
1895.8.10 수원내에 우체함 3개 설치

ㅁ 경성 내 우정왕복개설규법에 의하면,

우표매화소에는 반드시(우정괘함(郵征掛函: 우체함)을 설치하도록 되어 있다. 종로 십자가(鍾路十字街) 모퉁이(角), 삼간정동(三間井洞) 노변(路邊), 돈의문(敦義門: 서대문) 문안, 수표교(水標橋) 노변, 진고개(泥峴) 노변, 남대문(南大門) 문안, 재동(齋洞) 노변, 교동(校洞) 일본공사관 앞, 수문동(水門洞), 궐문(闕門) 앞, 동대문(東大門) 문안이며, 우체함의 개금(開金: 열쇠)은 집신인에게 맡겨, 각기 담당 구역내 우체함의 우체물을 거두어 오게 한다고 규정하고 있다.

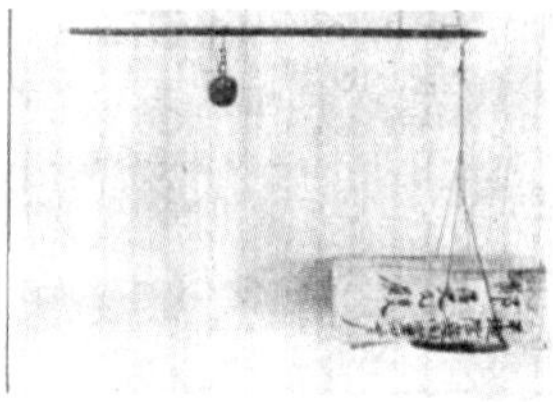

사진 출처: 조선통신사업연혁소사

저울(提秤-손저울)

대조선우정규칙에 의하면, 서간(書簡)은 중량(重量)
1 돈(錢) 이하 1 돈(錢)까지 10 문(文)
1 돈 이상 2 돈까지 20 문(文)
2 돈 이상 3돈까지 30 문(文)
그리고, 무게 1 돈중(一錢重) 증가마다 10 문씩 증수(增收) 한다고 규정하였다

사진 출처: 조선통신사업연혁소사

전신주(電信柱)

당시 전신주는 전화선의 연결을 위하여 사용하였다.

1893. 11. 27	인천에 입항된 궁정소용(궁정소용) 전화기 및 전화기 재료등의 부세 조치를 총세무사에게 시달함
1894. 2. 22	화전국(華電局)에 전화기(得津風-Telephon)을 구입해 오는 일로 위원(委員) 상손(尙濮)을 파견함
1894. 6. 28	공무아문(工務衙門)에 역체국(驛遞局)과 전신국(電信局) 설치
1895. 3. 25	농상아문(農商衙門)과 공무아문(工務衙門)을 통합하여 농상공부(農商工部)로 개편하고 통신국(通信局)을 설치토록하는 신관제(新官制)를 반포함

구한말 전화 교환기 및 전화 교환수

舊韓末電話交換機, 電話交換手

구한말 전신, 통신국 연혁

구한말 전화교환기 및 전화교환수의 모습
사진 출처: 조선통신사업연혁소사

1883년(고종 20) **1월 24일**

대한제국과 일본이 부산구해저전선조관(釜山口海底電線條款)이 체결된 후 1884년 2월 28일에 부산구에 설치한 해저전선(海底電線)이 개통되었다.

1885. 6. 6	의주전선합동(義州電線合同) 조·청전선조약(朝淸電線條約) 체결
1885. 8. 25	화전축, 경성·인천간 전선업무 개시
1885. 10. 13	서로전선(西路電線) 의주까지 전선 가설
1886. 10. 1	남로전선(南路電線) 한성·부산간 착공
1888. 5. 27	남로전선(南路電線) 가설 준공
1888. 9. 5	한성에서 서로·남로전선 접속 완료
1889. 4. 13	남로전선(南路電線) 청주(淸州)지선 준공
1891. 2. 15	청국과 북로전선합동(北路電線合同) 체결
1891. 2. 22	북로전선 준공.(한성·춘천·원산)
1894. 6. 8	일본 독단으로 경·인간 전선 가설 착공.
1894. 6. 17	일본군용전선·부산·대구·충주등지에서 불법으로 착공.
1894. 6. 21	서로전선을 일본군용전선으로 차여(借與)
1894. 6, 28	공무아문(工務衙門)에 역체국(驛遞局)과 전신국(電信局) 설치
1895. 3. 25	농상아문(農商衙門)과 공무아문(工務衙門) 통합하여 농상공부(農商工部)로 개편하여 통신국(通信局)을 설치토록하는 신관제(新官制) 반포

구한국 통신원 정문 전경
사진 출처: 조선통신사업연혁소사

구한국 통신원 본관 전경
사진 출처: 조선통신사업연혁소사

남로, 북로, 서로 전신선이 깔린 1893년 당시 **한반도의 전신선로도**
출처: 한국우정사. 미래&과학 박상준의 과거창

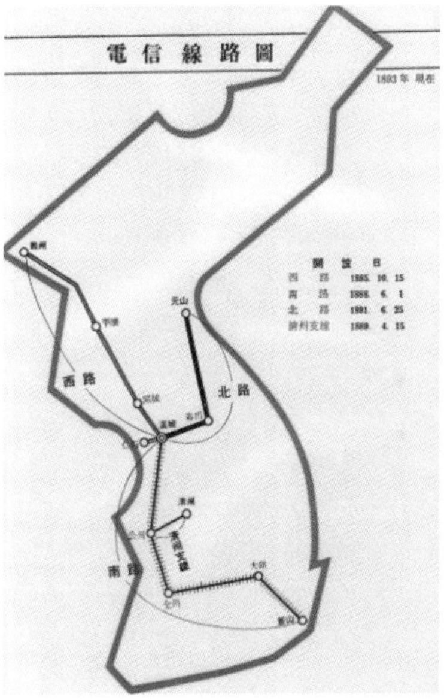

대한제국 전보사(電報司)

IMPERIAL KOREAN TELEGRAPHS

조선시대와 대한제국 시기에 전보(電報)에 관한 사무를 담당하던 기구

1885. 8. 19	한성전보총국(漢城電報總局)과 화전국(華電局) 개설
1885. 8. 20	한성전보총국 개국, 화전국은 8월 25일 경·인간 전선(電線)업무를 개시
1886. 3. 1	진동서(陳同書) 한성전보총국 총판 부임
1886. 10.1	남로전선(南路電線) 가설 착공
1887. 10. 29	전환국조폐창(典圜局造幣廠) 기기국 기계창(機器局機械廠) 완성
1888. 5. 27	남로전선 가설 준공, 조선전보총국 공주(公州)·전주(全州)·대구(大邱)·부산(釜山)등 4 분국 전보장정(電報章程) 반포(전 제32조)
1893. 8. 17	우편업무를 개설키 위해 전보총국을 전우총국(電郵總局)으로 개편하고 관리전우사무에 조병직, 총판내체우신사무에 이용직, 회판외체우선사무에 미국인 구례(具禮 C. R. Greathouse)를 임명
1896. 2. 3	농상공부, 석판인쇄 기계 등의 구입을 내각에 청의
4. 2	경응의숙(慶應義塾) 유학생 중 80여명 전신 기술 우체사로 속성 훈련 귀국케 하는 데 일본 공사관에 협력 요청
5. 30	통신국장 변종헌(卞鐘獻) 임명
6. 10	미륜사(彌綸斯 J. S. Meuhlensteth 1855~1915 Denmark)를 전보교사(電報敎師)로 초빙
7. 23	전보사 관제 반포 [전 2조·칙령 제32호] 시행되고,
7. 26	국내 전보 규칙 반포 [전 66조·칙령 제34호]로 균일 요금 제도가 실시되면서
8. 7	전보사항 범죄인처단예(電報事項犯罪人處斷例) 법률 [전 10조·법률 제6호]이 공표
11. 10	민상호(閔商鎬) 농상공부 협판 임명
1897. 4. 22	국내전보규칙(國內電報規則) [요금 반감·단, 구문(歐文) 제외]이 칙령 제20호로 시행
1897. 6. 14	전보사 관제 개정 [칙령 제23호]은 한성사(漢城司)를 한성총사(漢城總司), 각 항사(港司)를 1등사(一等司), 지방사(地方司)를 2등사(二等司)로 승격하고 전보사직원봉급령(電報司職員俸給令) [칙령 제24호]을 개정
1897. 7. 13	국내전보규칙(國內電報規則)개정 [칙령 제28호] [구문(歐文) 15개 자모(子母)수목(數目)은 5자까지 1자(字)로 계산]을 공표. 전보사 설립과 함께 작성된 전보 규칙에는 전보의 종류, 전보 취급 시간 등이 자세하게 실려 있다
1898. 7. 29	농상공부에서 석판기계(石版機械) 구입 후 우표(郵票)·상표(商標)·지계(地契)·선표(船票) 등을 인쇄 발매 계획이라고 발표 (인쇄기 구입비 1,663원 8전 4리)
1900	전보사는 통신원(通信院)의 설립에 따라 통신원 소속으로 바뀌었다.
1901. 2. 5	농상공부 인쇄국내 주조(鑄造) 인쇄 2과 설치
1904. 12. 26	광무 9년도 예산 청의 (전보사업비 146,860원, 전보수입 181,500원)
1905. 4. 1	한·일통신협정 체결 후 8. 21 통신원 경리(經理) 마감
1906. 7. 27	통신원 관제 폐지 (칙령 제35호)
1905. 4. 1	한·일통신협약(韓日通信協約) 체결로 각종 통신 업무가 일본에 귀속되면서 전보사도 폐쇄되었다.

출처: 한국우정사[1971 체신부] 우정사 연표· 편집 편저자

구한국 우정사업 강제 피탈 경위(舊韓國 郵政 事業 强制 被奪 經緯)

출처: 1970. 12. 4. 체신부 발행 한국우정사[1]

1. 일제에 의한 통신사업 탈취 책략

운양호사건(雲揚號事件)을 계기로 1876년(고종 13년) 병자수호조약(丙子修好條約)이 체결된 후 일제의 조선에 대한 정책은 모두가 침략 정책 일환으로 취하여졌음은 부인할 수 없다. 병자수호조약을 체결할 때부터 그 어느 외국보다도 앞장서서 '조선이 자주국'임을 주장, 천하에 공약하면서 들어오던 일제는 사실상 조선이 자주국임을 공언할 때마다 침략의 도는 한 단계씩 더 높아져 갔다. 일제가 침략의 속셈을 감추고 조선이 자주 독립국임을 공언하며 조약문에 명시하도록 한 것은 그 진의(眞意)가 일제와 경쟁되는 제3국, 즉 청국(淸國)이나 러시아(露西亞)의 조선 접근을 막으며, 그 밖에 조선과 관련된 구미 각국(歐美各國)에 대한 이목의 두려움을 감추기 위한 것이었다. 그러는 동안에 착실하게 국력을 닦아온 일제는 드디어 청일전쟁(淸日戰爭)에 이어 러일전쟁(露日戰爭)을 일으켜 연승(連勝)하였다. 이러한 과정을 겪으면서 일제의 침략은 노골적으로 나타났는데, 그 중의 하나가 조선 우편기관의 강제적인 접수 기도였다. 조선의 맥박인 통신기관이 일제에 의하여 강제적으로 탈취 책략된 경위는 다음과 같다. 1904년에 들어서면서 일러 양국의 풍운이 급박하여지자 대한제국(大韓帝國)은 1904년 1월 23일 국외중립(局外中立)을 선언하여 두 침략자의 싸움에 휘말리지 않으려고 하였으나, 호시탐탐하던 일제가 조용하게 조선의 중립을 받아들일 리는 전혀 없었다. 일제는 오히려 한국을 강압하여 1904년 2월 22일에는 한일의정서(韓日議定書)를 체결하였다. 이 의정서의 체결은 조선 침략의 발판을 굳히는 것으로서 그 내용은 조선은 시정개선(始政改善)에 관하여 일제의 충고를 들을 것. [1조] 제삼국과의 조약 체결을 금하고. [5조] 본 조약에 미비한 사항은 조선 외무대신과 일본 대표간에 임시적으로 협약할 것으로 [6조] 되어 있다. 본 의정서에서 조선의 내정과 외교를 자기들 마음대로 간섭하고, 소위 보호국화하여 식민지로 만들려는 흉계가 들어나기 시작하였다. 당초 의정서의 체결에 있어서 탁지부 대신 겸 내장원경(度支部大臣兼內藏院卿)인 이용익(李容翊)은 이를 반대하였기에 주한 일본공사 하야시(林權助)는 이용익을 일본으로 납치 압송하여 갔다. 또 조선 침략의 원흉인 이토오(伊藤博文)는 한일의정서를 바탕으로 삼아 앞으로 조선 침략의 근본 목적을 수행하기 위한 계책을 세우기 위하여 추밀원장(樞密院長)인 자신이 소위 '한일친선'이란 명목으로 1904년 3월 17일 내한(來韓)하였다. 그리하여, 10일간 체류하면서 조선인의 한일의정서에 대한 반발에 대하여 위압과 무마(撫摩)로 달래고 돌아갔다. 이로써 일제는 이토오(伊藤博文)의 방한 결과를 토대로 삼아 조선 침략 계책의 수립으로서 '대한시설강령(對韓施設綱領)'을 작성하고 이에 대한 시행 요령으로 '대한시설세목(對韓施設細目)'을 입안하였다.
그 내용은 6개 항목으로 되어 있는 바 이를 간추려 본다면 다음과 같다.

(1) 한국에 일본 군대를 주둔시켜 강제로 조선인을 따르게 할 것.
(2) 조선의 외교권을 감독할 것.
(3) 조선의 재정을 장악하고 나아가서 조선 군대의 해산과 재외 주재 조선공사관을 철수하게 할 것.
(4) 조선의 교통기관을 장악할것.
(5) 조선의 통신기관을 요구할 것.
(6) 조선 황무지의 개척을 요구할 것.

탈취 계획은 '대한시설세목(大韓施設細目)'의 제5항에 들어 있다.
통신권 탈취를 위한 계획은 1905년 7월에 고무라 일본 외무대신이 하야시 주한 공사에게 보낸 '대한시설강령(大韓施設綱領)'과 세목(細目)에 잘 나타나 있는 바 그 내용은 다음과 같다.

"시설 강령 5

통신기관을 장악할 것. 통신기관 중 가장 중요한 전신시설을 우리측에서 소유하든지 또는 우리의 관리하에 두게 하는 조치는 절대로 필요하며, 우편업무 역시 우리의 이익 발달에 따라서 앞으로 더욱 더 확장시키지 않을 수 없다. 그러나 이를 어떻게 조선 고유의 통신기관과 조화시키느냐 하는 방법은 아울러 강구되어야 하는 문제이다. 대체로 한국 고유의 통신기관은 극히 불완전한 상태에 있고, 경영 수지 또한 맞지 않아서 현재 매년 약 30만 량(兩)의 손실을 보고 있다. 그러므로 만약 현상(現狀)대로 방치하여 둔다면 한낱 재정상 곤란만 증대할 뿐이고 일반 공중의 이편(利便)에 공여할 수 없다. 하지만 한편으로 만약 이를 개선하여 일반의 희망에 충족시키려면 저절로 우리 기관과의 충돌을 면할 수 없게 된다. 한 나라안에 같은 종류의 기관이 두개 이상 독립하여 존재하면 경제상 및 사무상 양편에 모두 불편과 불 이익을 가져올 것은 이치상 당연하다. 고로 이 문제를 해결하는 최상의 방법은 조선정부로 하여금 우편 전신 및 전화 사업의 관리를 제국(日本)정부에 위탁하게 하고 제국정부는 본국의 통신사업과 합동경영(合同經營) 함으로써 양국 공동의 1조직제를 이루는데 있다. 이와 같이 하면 조선에 있는 쌍방의 기관이 통일되고 조선정부로서도 해마다 거액의 손실을 면할 수 있을 것이다. 만약 조선정부의 반대로 이러한 기도를 도저히 이룰 수 없을 경우에는 제국정부(帝國政府)는 부득이 중요한 선로를 별도로 만들어 독자적으로 경영할 수밖에 없을 것이다." 라고 하였다.

운양호사건(雲揚號事件): 운요호사건(雲揚號事件, 1875년 9월 20일(고종 12년, 음력 8월 21일) 또는 강화도 사건(江華島事件)은 통상조약 체결을 위해 일본 군함 운요호가 불법으로 강화도에 들어와 측량을 구실로 조선 정부의 동태를 살피다 조선 수비대와 전투를 벌인 사건.
병자수호조약(丙子修好條約): 조·일수호조규 또는 강화도조약은 1876년 2월 27일(고종 13년) 조선과 일본 제국 사이에 체결된 조약.
청일전쟁(淸日戰爭): 1894년 7월 25일부터 1895년 4월까지 청국과 일본이 벌인 전쟁. 러일전쟁(露日戰爭): 1904년 2월 8일부터 1905년 9월 5일까지 러시아와 일본이 벌인 전쟁. 대한시설강령(對韓施設綱領): 러일전쟁이 한창 진행 중이던 1904년 5월 31일, 일본제국이 대한제국으로부터 획득한 이권을 더욱 강화하기 위해 일본정부가 작성한 문서.
추밀원(樞密院)은 국가의 주권자(전형적으로는 군주)의 자문기관.
이토오히로부미(伊藤博文): 1841.10.16-1909.10.26. 한·일병합의 주역. 그는 안중근 의사에게 총탄 3발을 맞고 피격 20여분만에 사망하였다.
이에 이어 시설 요목(施設要目)을 본다면 다음과 같다.

시설 요목

조선정부로 하여금 우편. 전신 및 전화사업의 관리를 제국정부에 위탁하게 한 후 공동 경제(共同經濟)로써 이를 경영할 것. 만약 위와 같이 행하여질 수 없으면, 전쟁 계속 중에는 중요 선로를 택하여 우리의 군용전선을 가설할 것. 경성(京城)에 있어서는 일한(日韓) 전화의 기계적 통련(通聯)을 영구히 유지할 것.' 이와 같은 계책을 꾸며 한국의 우정 통신사업을 장악하면서 자신들의 강탈 행위를 합리화시키려는 구실로서 조선정부가 경영하는 통신기관 시설이 극히 불충분하고, 따라서 그 수지 계산 역시 전연 맞지 않아 매년 30만 량(兩)의 손실을 보고 있다고 지적하였다. 이러는 동안, 러일전쟁의 전세가 일제에 유리하게 전개되자, 조선에 대한 그들의 지위는 더욱 굳어졌다. 그해 2월 23일에는 '한일의정서(韓日議定書)'에 조인하고 15개 조항의 내정 개혁안을 마련하고 제일착으로 외국인 고문의 채용 문제가 일어났으며, 8월 22일에는 이의 협정이 성립되었다. 이로써 재정고문 매가다를 비롯한 일본인과 친일(親日) 외국인이 정치의 실권을 장악하게 되었던 것이다. 특히 메가다(目賀田)는 내정(內政) 전반에 걸쳐 적극적 태도로 간섭에 앞장서서 1905년 3월에 재정 정리(財政 整理)란 명목하의 첫 시도로서 한국 통신사업의 손실 문제를 들고 나왔다. 재정고문은 1904년도의 한일통상사업의 수지 상항을 발표하고 재정 손실을 막기 위하여 조선통신사업을 일제에 위탁, 합동경영 할 것을 강요하였다. 당시의 통신사업의 수지 상항은 다음과 같았다.

조선 통신사업	수입 100,080원(元)	지출 330,669원	손실 230,588원
재한 일본 통신사업	수입 377,136원(元)	지출 329,937원	이익 51,039원

조선은 사업의 초창기에 있었기 때문에 임시우편소를 합하여 400여 개의 체신기관이 설치되어 있었고, 전신선로의 신설 등 신규 사업비와 인건비의 지출이 과다하여 당분간은 적자 운영이 불가피하였으며, 도시에만 설치되었던 일본 체신기관의 경우와는 그 사정이 스스로 판이하였다. 그러나 일제는 이를 핑계삼아 1905년 4월 1일에 드디어 한국측을 굴복시키고야 말았다. 당시 각료(閣僚)와 민간에서 반대가 많았고 특히 통신원 총판(通信院總辦) 민상호(閔商鎬)가 이를 완강히 거부하다가 일제 압력에 의하여 1905년 3월 10일자로 총판직에서 해면되고 말았다. 전년도 외유 시(外遊時)에 민총판은 프랑스 우정성 관리 길맹세(吉孟世)를 초빙하여 일본이 설치함을 반대하고 '한일우편협정'의 개정, 대일 요금의 인상에도 불응하는 등 통신권의 자주 확립을 위한 그의 노력은 비록 비운에 처한 국운 때문에 성공은 못하였을지라도 높이 평가받을 만한 일이었다. 일제의 강압으로 의정회의를 거쳐 조선 황제의 재가(裁可)와 일제의 승인을 얻는 등 형식상의 요식 행위로 1905년 4월 1일 일본공사와 외부대신으로 하여금 소위 '한일통신기관협정' 이라는 통신합동을 보기에 이르렀는데 그 전문은 다음과 같다. 즉 일본측은 조선의 행정기관과 궁내부(宮內府).(경제 이익을 이유로 들어) 의 전화를 제외한 모든 통신사업권을 박탈하고(제1조) 이미 시설된 통신사업에 관련된 토지, 건물, 기계와 모든 설비를 일본측에 인계하고(2조) 일제는 앞으로 통신기관의 확장이란 미명하에 조선의 토지·건물을 통신의 목적으로 시설한다는 이유로 마음대로 수용할 수 있게 하고, 물자 수입(輸入)에 있어서도 면세의 특권을 가지도록 하였으며, (3-5조) 통신 기관의 운영과 관리는 어디까지나 일제가 독단적으로 행할 것이며, 따라서 조선정부는 통신 사업에 관하여 외국과의 일체의 교섭권을 행하지 못한다고 규정하고(6-8조) 끝 부분에 형식적인 조문으로 조선정부의 재정이 원활하여지면, 그것도 양국 정부가 협의하여 통신기관의 관리를 조선정부에 환부(還付)한다는 것을 부치고 있다.

2. 강제 인계 경위

침략적인 일제의 강압은 언제나 군사력을 배경으로 이루워졌다. 일제는 무력을 등에 업고서 오직 형식상의 요식 행위를 위한 절차의 완비를 기하기에 노력하였으며, 이는 어디까지나 조선인의 저항을 사전에 봉쇄하기 위한 방법이며, 국제적 이목을 두려워한 결과에서 나온 것에 불과하였다. 이미 조선을 병합하기 위한 선행적 조치로 조선 통신기관의 탈취를 위하여 인계 협정을 강제 체결한 일제측은 인수·인계를 위하여 다음과 같이 진행시켰다. 1905년 4월 1일에 조선 외부대신 이하영(李夏榮)과 특명 전권공사 하야시(林權助) 사이에 통신기관에 관한 협정이 체결되자, 4월 6일에 체신서기관(書記官) 이께다(池田十三郎), 기사(技師) 오까모토(剛本桂次郎), 통신사무관(通信社務官) 후까노(深野半藏) 그의 속관(屬官) 4명, 기수 1명을 조선 통신기관 인수 인계위원으로 임명하여 [위원장은 이께다] 4월 12일에 도쿄를 출발, 17일 한성에 도착하여 18일부터 경성(京城)우편국의 일실(一室)을 가무소로 정하고 인계에 관한 제반 사무를 진행시켰다. 이처럼 전광석화(電光石火)로 일을 진행시켰던 이유는, 통감부 통신사업의 보고에 의하면, 한·일의정서(韓日議定書) 또는 조·일 공수동맹은 러시아와의 전쟁을 일으킨 일본이 중립을 주장하는 한국을 세력권에 넣기 위해 1904년 1월 대한제국 황성을 공격하여 황궁을 점령한 뒤 같은 해 2월 23일 강제로 체결한 조약이다. 민상호(閔商鎬, 1870~1933): 대한제국 말기 초대 통신원 총판 이하영(李夏榮, 1858년 8월 15일~1929년 2월 27일)은 조선 말기의 통역관, 외교관이자 대한제국의 정치인, 일제 강점기의 기업인으로 일제로부터 조선귀족 작위를 받았다. 대표적인 매국노이자 민족반역자. 몰락한 소론계 양반으로 찹쌀떡 행상과 동자승으로 전전했다. 1876년 부산이 개항되자 일본인 상점에 취직해 어깨너머 일본어를 배웠고, 1884년 장사를 하려다 사기를 당한 직후 선교사 알렌을 만나 그의 요리사 자격으로 미국 공사관에서 일했다. 얼떨결에 갑신정변에 휘말린 그는 민영익을 간호한 인연으로 1886년 외무아문 주사에 임용됐고, 곧 이등 서기관으로 1886년 초대 주미공사 박정양과 미국공사관에서 근무했다. 1889년 귀국할 때는 정밀한 철도 모형을 갖고 와 미국이 철도 부설 등 이권에 참여하고 싶어한다는 뜻을 전했다. 1896년(건양 1년) 주 일본공사관 전권공사, 1898년(광무1년) 중추원 의장이 되고, 법부대신으로 을사보호조약 체결에 서명한 을사 5적이다.

'본 협정서(協定書)라든가 이의 조인을 매듭짓기까지에는 많은 시일이 걸렸으며, 이 사이에 외교상 각종 난관을 거쳐 당국자의 참담(慘憺)한 고심과 신고(辛苦)로써 체결하게 되었으므로, 이의 집행에 대하여는 가장 기민하고 신속한 행동으로 하루라도 천연(遷延)함을 용납할 수 없다. 대체 조선에 있어서는 내각의 경질이 빈번하여 흡사 주마등(走馬燈) 같으며 일단 체결. 성립된 조약같은 것도 이를 실행하려는 때에 모호하여지려는 것이 상투적인 이에 속함으로, 이를 이미 지난 일에 비추어 하루라도 이의 집행을 천연할 수 없어, 소위 전광석화격인 세(勢)로써 매진하여 용의 주도하게 현실의 집행을 수행하려고 노력함은 직접 본 조약의 집행 및 책임 있는 체신성(遞信省)의 취할 방책으로써 가장 긴요한 일이라 하지 않을 수 없다.' 라고 되어 있다. 1905년 4월 28일에는 체신대신으로부터 다음과 같이 인계에 관한 위임 명령이 내렸다. 즉 인계 위원은 아래의 요령을 토대로하여 인계에 필요한 일체 행위를 전결(專決)할 것.(다만 일이 중대하다고 생각될 때에는 체신대신의 지시를 받을 것)

(1) 인계위원은 각지에 있어서의 인계를 위하여 우리(日本) 직원에게 인계 대무(引繼代務)를 위임할 수 있음.
(2) 일본우편 국소 소재지에서부터 급속한 인계 업무를 개시하여 전신 선로, 조선 전신국의 소재지의 인계 등 점차 우리 이원(吏員) 이 도착되는 대로 이에 착수하여 늦어도 7월 말일까지는 전부를 매듭지을 것.
(3) 인계된 종래의 조선 통신기관에 공용(公用) 된 토지·건물, 그의 부속 물건·사업용 기구·기계 우편환(郵便換) 엽서, 식지(食紙), 잡품 등 업무에 필요한 물건 및 문서의 인도를 받을 것.
(4) 업무는 인계를 받음과 동시에 당분간 종전대로 계속 집행할 것.
(5) 종래의 조선 통신관리로서 업무 집행상 필요한 자는 현재 급료대로 촉탁고(囑託雇) 로 채용할 수 있음. 이들 이원은 그 능력을 보아 위원이 차차 이를 도태(淘汰)할 수 있음.
(6) 우편환·엽서 등은 인계 후라도 6월 말일까지는 우리가 이를 매팔할 수 있음.
(7) 우편, 전신, 전화의 조선내 제 요금은 6월 말까지는 종전대로 하며 7월 1일 이후는 일본 현행요금으로 곧 시행.
(8) 수입(受入) 화폐는 현재 우리 우편국에서 수입하는 일본돈 및 제일은행권(第一銀行券)으로 함.(다만 당분간 한화수불(韓貨受拂)을 할 수 있음.
(9) 인계 이전에 관계되는 조선정부의 부담으로 될 모든 봉급의 지불은 우리 정부가 전부 책임지지 말 것.
(10) 일본법규에 의할 수 없는 사정이 있는 점에 대하여 모든 인계를 끝낼 때까지 임시로 종전 예에 따라 판단 처리할 수 있음. 이어서 5월 16일에는 통신사무 인계에 있어서의 모든 회계 정리는 인계 전일까지는 조선측 책임으로 하고 인계 당일부터는 일본측 책임으로 한다는 세목까지도 통고하여 왔다.

즉,
(1) 조선통신사업에 관한 수입. 지출의 계산은 모두 각 우체사 및 전보사에 대하여 인계 당일부터 감당할 것.
(2) 인계 당일까지의 수입금은 조선정부의 소득에 속하고 또 직원 봉급 및 고용인의 급료와 기타 각종 지불금은 모두 조선정부의 부담에 속할 것.
(3) 인계 이전의 계약에 의한 각종 지불금도 전항과 같음. 당시 조선측 대표와 함께 화합하여 조선 통신사업의 인계에 관하여 제반 협의를 하였던 바 의결된 사항의 개요(槪要)를 보면 다음과 같다.

(1) 조선관리(官吏) 는 칙령이 정하는 바에 따라 임명된 자이므로 이번에 사무를 인계함과 더불어 모두 이를 일본측에서 채용하기로 하며 먼저 그들이 가지는 조선 관리의 신분에 대하여 상당한 조치가 필요하므로 사무를 인계함과 동시에 그들 관리는 폐관(廢官) 한다는 칙령을 발포할 것을 조선측 인계위원으로부터 조선 의정부에 제의하도록 교섭할할 것. 이 일이 만약 곤란할 경우에는 일본공사로부터 조선정부에 대하여 위의 칙령을 발포하도록 교섭할 것.
(2) 조선내부대신으로부터 각도 지방관에 대하여 조선통신기관의 위탁에 관한 협정서의 정신을 준봉하며 인계 관리를 위하여 충분한 편의와 협조를 공여하도록 그 요지를 훈시하게 할 것.
(3) 조선 인계위원들로부터도 각도 지방관에 대하여 전호(前號) 와 같은 취지의 통첩서를 낼 것.
(4) 통신원 총판으로부터 부하 우체사 및 전보사(電報司)에 대하여 한일통신기관합동의 본질을 잘 알려 안심하게 하며, 종전과 같이 성실하고 열심히 또한 부지런히 일할 수 있는 요지를 훈령으로 발하게 할 것.
(5) 일본 인계위원으로부터도 각 우체사·전보사에 대하여 전호와 같은 취지의 통첩서를 발 할 것.
(6) 통신원 총판으로부터 각 부·군(府郡) 임시우체소에 대하여 제 4조와 같은 훈령을 발하게 할 것.
(7) 일본 인계위원으로 부터도 각 부·군 임시우체소에 대하여 같은 취지의 통첩서를 발하게 할 것.
(8) 인계 당시의 조선 이원 용인(吏員傭人) 은 모두 그대로 현급(現給)에 의하여 채용할 것.
(9) 모든 관인(官印) 은 인계 대무(代務)를 명한 국·소장 또는 출장원에게 모두 인계할 것.
(10) 인계 이전에 관계되는 채무(債務)는 일본측이 전연 책임지지 않을 뜻을 보이고 또 이를 공고할 것.
(11) 재산 목록은 각 인계 대무자가 지방우체사 및 전보사에 대하여 조사한 조서를 총괄하여 간단히 작성할 것.
(12) 인계를 받을 조선 통신기관 소재지의 각 국·소장 및 출장원에게 인계 보관청 명령 및 사령을 교부할 것.
(13) 인계 보관자의 성명은 이를 통신원 총판에게 통지하여 총판으로부터는 다시 이를 각 해당 우체사장 및 전보 사장에 통지하게 할 것.
(14) 명령·고시 기타 규정 등을 한국 관보에 실리며 공시하도록 교섭할 것.
(15) 제일착으로 우편 절수(郵票) 류의 인계를 할 것.

한편 일본 정부는 조선 통신사무 인계위원과 그에 종사하는 자들에게 대하여 한국통신사무 인계심득(韓國通信社務引繼深得)이란 사무 인계 요령서를 마련하였는데, 그 내용을 간추려 보면 다음과 같다.

제1장 제언, 제 2장 통치, 제 3장 이원 및 용인, 제 4장 우편 절수류, 제 5장 토지·건물, 제 6장 전신·전화 선로 및 그의 공사용 기구, 재료, 제 7장 각종 물건, 제 8장 국사 설비(局舍設備), 제 9장 국무 정리(國務整理) 및 취체(取締), 제 10장 요금, 제 11장 화폐, 제 12장 수지 계산, 제 13장 체송 및 집배 방법, 제 14장 군대와의 교섭, 제 15장 보고 양식, 제 16장 잡칙.

이처럼 조선 통신사무의 인계 지침을 마련한 뒤에 1905년 5월 18일부터 경성(京城)전보사와 우체총사 및 전화소로부터 시작하여 7월 2일 강계(江界)우체사의 사무 인계를 마지막으로 약 40일 간을 소요하여 일제 침략자가 목적하던 것의 하나인 통신사무의 인계는 끝이 났었다. 조선 통신의 강제 인계의 목적을 달성하기 위하여 1905년 4월 6일부터 7월 1일 사이에 파견되어 온 용인(傭人)을 본다면 고등관 4명과 판임관 125명으로 도합 129명인데 인계 예정의 기일보다 1개월이나 앞당겨 인계 완료한 점을 보면 얼마나 철저하였든가 짐작되며 그 수의 내역은 다음과 같다.

조선통신권 인계를 위한 일본인 파견 상황

이원	적요	인계위원부	신설 국소 출장원	각국 임시 재근자	계
	체신서기관	1	0	0	1
	통신사무관	1	0	0	1
	통신기사	1	0	0	1
	통신사무 관보	1	0	0	1
	계	4	0	0	4
판임관	통신속(屬)	7	40	13	60
	통신기수	0	0	8	8
	통신수	0	17	29	40
	계	7	57	50	108
총계		11	57	50	118

통신사무의 인계 인수 기일: 1905.5.18-1905.7.2(약 40일간)

3. 강제 인계된 내용–인계된 국(局) · 소(所)

인계위원회가 구성되고 그들의 위임 사무와 사무 집행 요령이 시달되었다. 그리하여 기지에 있어서의 조선통신기관의 인계는 모두 각각 인계되어야할 우체사 또는 전보사 소재지의 국·소장 또한 재래의 일본우편국·소의 설치가 되어 있지 않는 곳에 있어서는 각기 해당 지역의 출장 관리에게 누구나 인계 대무를 명할 것으로 하여 1905년 5월 18일 부로써 인계 대무의 사령을 교부하여 인계 사무를 착착 실행하도록 하였다. 그리고, 그 인계 대무자의 관등 성명은 문서로써 이를 통신원 총판에게 통고하며, 그 뜻을 각 우체사 및 전보사에 통달시킬 것을 요구하였다. 조선통신기관의 인계는 1905년 5월 18일에 한성우체총사(漢城郵遞總司)로부터 시작하여 동년 7월 2일 강계(江界)우체사를 최후로 예정보다 1개월이나 앞서 40일만에 그 인계를 모두 끝냈다. 이전의 일본우편국 또는 출장소 소재지에 있어서는 이와 병합시켜 그곳이 없는 곳에서는 인계와 동시에 새로이 일본우편국소를 설치하였다. 여기에 종전의 조선인 관리들은 채용되기를 거부하는 동시에 파업을 일으키는 등 항일저항(抗日抵抗)의 태도를 취하였으며, 그 결과는 후술하는 조선인 관리의 임용에 나타난 증감(增減)으로도 알 수가 있다. 조선통신의 강제 인계에 따라 인계된 우체사·전보사와 임시우체사의 수와 인수된 국·소명, 관리 사무와 접수 연·월·일 등을 사무 인계가 끝난 뒤 구한국 관보에 공고된 것을 보면 다음과 같다. 즉, 1905년 5월 18일부터 동년 7월 2일 사이에 조선의 각 우체사·전보사와 각 군 임시우체소의 사무 접수를 모두 끝맺어 각 사 ·소(司所)에 속한 종전 사무는 조선전보규칙에 의하여 한문 전보 외에는 각기 접수를 필한 우편국과 우편국 출장소 및 각 임시우 체소로 하여금 사무를 계속 집행하게 하였으니, 조선 우체사명(郵遞司名) 및 전보사명, 각 군 임시우체소명과 그의 수계(數計) 국·소 명 및 처리 사무를 주고 받음은 다음과 같다.

한국사소명(韓國司.所名)	인계국 명	관리사무	인계 연월일
대정(大淨)임시우체소	대정임시 우체소	통상우편	광무 9년 6월 6일
정의(旌義)임시우체소	정의임시우체소		
광주(光州)우체사	목포우편국 광주출장소	통상 ·소포우편 ·우편환전 ·저금 ·전화	광무 9년 6월 6일
화순(和順)임시우체소	화순임시우체소	통상우편	
능주(綾州)임시우체소	능주임시우체소		
보성(寶城)임시우체소	보성임시우체소		
장성(長城)임시우체소	장성임시우체소		
고창(高敞)임시우체소	고창임시우체소		
흥덕(興德)임시우체소	흥덕임시우체소		
무장(茂長)임시우체소	무장임시우체소		
영광(靈光)임시우체소	영광임시우체소		
낙안(樂安)임시우체소	낙안암시우체소		
여수(麗水)임시우체소	여수임시우체소		
돌산(突山)임시우체소	돌산이시우체소		
동복(同福)임시우체소	동복임시우체소		
순천(順天)임시우체소	순천임시우체소		
광양(光陽)임시우체소	광양임시우체소		
창평(昌平)임시우체소	창평임시우체소		
옥과(玉果)임시우체소	옥과임시우체소		
곡성(谷城)임시우체소	곡성임시우체소		
장흥(長興)우체사	목포우편국 장흥출장소	통상 ·소포우편 ·우편환전 저금 ·전화	광무 9년 6월 6일
흥양(興陽)임시우체소	흥양임시우체소	통상우편	
강진(康津)임시우체소	강진임시우체소		
해남(海南)임시우체소	해남이시우체소		
완도(莞島)임시우체소	완도임시우체소		
영암(靈岩)임시우체소	영암임시우체소		
진도(珍島)임시우체소	진도임시우체소		
옥구(沃溝)우체사	군산우편국	통상 ·소포우편 ·우편환전 ·저금 ·전화	
김제(金堤)임시우체소	김제임시우체소	통상우편	
만경(萬頃)임시우체소	만경임시우체소		
옥구(沃溝)임시우체소	군산우편국	통상 ·소포우편 ·우편환전 ·저금 ·전화	광무 9년 5월 25일
은진(恩津)우체사	군산우편국 강경출장소		
임천(林川)임시우체소	임천임시우체소	통상우편	
한산(韓山)임시우체소	한산임시우체소		
서천(舒川)임시우체소	서천임시우체소		
용안(龍安)임시우체소	용안임시우체소		
함열(咸悅)임시우체소	함열임시우체소		
임피(臨陂)임시우체소	임피임시우체소		
전주(全州)우체사	군산우편국 전주출장소	통상 ·소포우편 ·우편환전 ·저금 ·전화	광무 9년 6월 2일
진산(珍山)임시우체소	진산임시우체소	통상우편	
무주(茂朱)임시우체소	무주임시우체소		
임실(任實)임시우체소	임실임시우체소		
진안(璡安)임시우체소	진안임시우체소		
금구(金溝)임시우체소	금구임시우체소		
장수(長水)임시우체소	장수임시우체소		
태인(泰仁)임시우체소	태인임시우체소		
용담(龍潭)임시우체소	용담임시우체소		
금산(錦山)임시우체소	금산임시우체소		
정읍(井邑)임시우체소	정읍임시우체소		
고부(高阜)임시우체소	고부임시우체소		
부안(扶安)임시우체소	부안임시우체소		
익산(益山)임시우체소	익산임시우체소		
고산(高山)임시우체소	고산임시우체소		

한국사소명(韓國司.所名)	인계국 명	관리사무	인계 연월일
공주(公州) 우체사	군산우편국 공주출장소	통상 ·소포우편 ·우편환전 ·저금 ·전화	광무 9년 5월 30일
부여(夫餘)임시우체소	부여임시우체소	통상우편	
석성(石城)임시우체소	석성임시우체소		
노성(魯城)임시우체소	노성임시우체소		
여산(礪山)임시우체소	여산임시우체소		
정산(定山)임시우체소	정산임시우체소		
홍산(鴻山)임시우체소	홍산임시우체소		
비인(庇仁)임시우체소	비인임시우체소		
연기(燕岐)임시우체소	연기임시우체소		
회덕(懷德)임시우체소	회덕임시우체소		
진잠(鎭岑)임시우체소	진삼임시우체소		
홍주(洪州)우체사	군산우편국 홍주출장소	통상 ·소포우편 ·우편환전 ·저금 ·전화	광무 9년 6월 11일
대흥(大興)임시우체사	대흥임시우체소	통상우편	
청양(靑陽)임시우체사	청양임시우체소		
덕산(德山)임시우체소	덕산임시우체소		
면천(沔川)임시우체소	면천임시우체소		
당진(唐津)임시우체소	당진임시우체소		
해미(海美)임시우체소	해미임시우체소		
서산(瑞山)임시우체소	서산임시우체소		
태안(泰安)임시우체소	태안임시우체소		
결성(結成)임시우체소	결성임시우체소		
보령(保寧)임시우체소	보령임시우체소		
오천(鰲川)임시우체소	오천임시우체소		
남포(藍浦)임시우체소	남포임시우체소		
홍주(洪州)임시우체소	홍주임시우체소		
남원(南原)우체사	군산우편국 남원출장소	통상 ·소포우편 ·우편환전 ·저금 ·전화	광무 9년 6월 10일
운봉(雲峰)임시우체소	운봉임시우체소	통상우편	
함양(咸陽)임시우체소	함앙임시우체소		
산청(山淸)임시우체소	산천임시우체소		
단성(丹城)임시우체소	단성임시우체소		
구례(求禮)임시우체소	구례임시우체소		
남원(南原)임시우체소	남원임시우체소		
순창(淳昌)임시우체소	순창임시우체소		
담양(潭陽)임시우체소	담양임시우체소		
삼화(三和)우체사	진남포우편국	통상 ·소포우편 ·우편환전 ·저금 ·전화	광무 9년 5월 22일
용강(龍岡)임시우체소	용강임시우체소	통상우편	
강서(江西)임시우체소	강서임시우체소		
삼화(三和)임시우체소	삼화임시우체소		
평양(平壤)우체사	평양우편국	통상 ·소포우편 ·우편환전 ·저금 ·전화	광무 9년 5월 24일
순천(順天)임시우체소	순천임시우체소	통상우편	
개천(价川)임시우체소	개천임시우체소		
덕천(德川)임시우체소	덕천임시우체소		
영원(寧遠)임시우체소	영원임시우체소		
자산(慈山)임시우체소	자산임시우체소		
성천(成川)임시우체소	성천임시우체소		
강동(江東)임시우체소	강동임시우체소		
삼등(三登)임시우체소	삼등임시우체소		
상원(祥原)임시우체소	상원임시우체소		
함종(咸從)임시우체소	함종임시우체소		
증산(甑山)임시우체소	증산임시우체소		
가산(嘉山)임시우체소	가산임시우체소		
숙천(肅川)임시우체소	숙천임시우체소		
영유(永柔)임시우체소	영유임시우체소		
순안(順安)임시우체소	순안임시우체소		

한국사소명[韓國司.所名]	인계국 명	관리사무	인계 연월일
은산[殷山]임시우체소	은산임시우체소	통상우편	광무 9년 5월 24일
양덕[陽德]임시우체소	양덕임시우체소		
은산[殷山]영수소	평양우편국 은산출장소	통상우편·소포우편·우편환전·우편저금·	광무 9년 6월 27일
성진[城津]우체사	성진우체소	통상우편	
길주[吉州]임시우체소	길주임시우체소		
명천[明川]임시우체소	명천임시우체소		
경성[鏡城]우체사	성진우편국	폐쇄한 터로 인계되야 잔무는 성진우편국	광무 9년 6월 27일
종성[종성]우체사	성진우편국	으로 차를 계속 진행함	
경흥[慶興]우체사	성진우편국		
원산[元山]우체사	원산우편국	통상우편·소포우편·우편환전·우편저금	
정평[定平]임시우체소	정평임시우체소	전화	
고원[高原]임시우체소	고원임시우체소		
영흥[永興]임시우체소	영흥임시우체소		
문천[文川]임시우체소	문천임시우체소		
함흥[咸興]우체사	원산우편국 함흥출장소	통상우편·소포우편·우편환전·우편저금	광무 9년 6월 20일
홍원[洪原]임시우체소	홍원임시우체소	전화	
장진[長津]임시우체소	장진임시우체소		
북청[北靑]우체사	원산우편국 북청출장소		
이원[利原]임시우체소	이원임시우체소		
단천[端川]임시우체소	단천임시우체소		
갑산[甲山]임시우체소	갑산이시우체소		
산수[山水]임시우체소	산수임시우체소		
의주[義州]우체사	의주우편국	통상우편·소포우편·우편환전·우편저금	광무 9년 6월 15일
삭주[朔州]임시우체소	삭주임시우체소	전신 '일문[日文]' 전보를 제함	
창성[昌城]임시우체소	창성임시우체소	통상우편	
강계[江界]우체사	의주우편국 강계출장소		
위원[渭原]임시우체소	위원임시우체소		
자성[玆城]임시 우체소	지성임시우체소		
후창[厚昌]임시 우체소	후창임시우체소		
벽동[碧潼] 우체사	의주우편국 벽동출장소		
초산[楚山]임시 우체소	초신임시우체소		
안주[安州] 우체사	안주우편국		
정주[定州]임시우체소	정주임시우체소		
곽산[郭山]임시우체소	곽산임시우체소		
선천[宣川]임시 우체소	선천임시우체소		
철산[鐵山]임시 우체소	철산임시우체소		
용천[龍川]임시 우체소	용천임시우체소		
영변[寧邊] 우체소	안주우편국 영변출장소	통상우편·소포우편·우편환전·우편저금	광무 9년 6월 22일
박천[博川]임시 우체소	박천임시우체소	전신 '일문[日文]' 전보를 제함	
운산[雲山]임시 우체소	운산임시우체소		
희천[熙川]임시 우체소	희천임시우체소		
태천[泰川]임시 우체소	태천임시우체소		
구성[龜城]임시 우체소	구성임시우체소		
운산[雲山] 전보사	안주우편국 안주출장소	통상우편·소포우편·우편환전·우편저금	
		전신 '일문[日文]' 전보를 제함	

이상 한국통신사무인계위원회[韓國通信事務引繼委員會]

구한국 도별 전국 우체국 · 소 현황

도명	개소	도명	개소	도명	개소
경기도	38	경상북도	40	평안남도	21
충청남도	38	경상남도	31	함경남도	14
충청북도	17	황해도	23	함경북도	7
전라북도	26	강원도	26		
전라남도	33	평안북도	21	총계 335개소	

출처 1970.12.4일 체신부 발행 한국우정사[1]

구한국 통신기관 인계 현황

인계된 한국통신기관						계승된 일본우편국 · 소				
명칭	총사	1등사	2등사	지사	계	명칭	재래	신설	개정	계
우체사	1	17	26	4	48	우편국	9	3		12
영수소					2	출장소	4	26	7	37
임시우체소					335	임시우체소		335		335

출처 1970. 12. 4일 체신부 발행 한국우정사[1] 1905년 한·일통신 강제 협약에 의거

한국인 고용인과 급료 현황

급료. 단위: 원(元)

인계당시			인계 채용			비교(증. 감)	
당시 명칭	인원	급료	채용 명칭	인원	급료	인원	급료
체전부	5681	5902	체전부	651	5912	△30	10
전전부	128	1202	전전부	118	1178	△10	△24
보방직	30	254	보방직	29	260	△1	6
공두	111	1055	공두	107	1075	△4	20
청사	71	444	청사	68	436	△3	△8
사역	36	216	사역	32	193	△4	△24
	6,057명			1,005명		△52	△19

출처 1970. 12. 4일 체신부 발행 한국우정사[1]

1905년 한·일통신 강제 협약에 의거

구한국 인계된 토지·건물·선로와 기계

선로 종별	이정(里程/거리)	평균 1일 체송 연이정/거리
철도체송선	299리	1,449리
도로체송선	3,859 일본리	3,135 일본리
수로체송선	1,256 해리	349 해리
취집 및 배달선	미상	미상

1. 철도체송선은 경성(京城)-인천(仁川)간 및 경성(京城)-초량(草梁)간은 한성우체사로부터, 초량-경성간은 부산우체사로부터 각각 소속 체송인으로 하여금 폐낭(閉囊)된 우편물을 휴대하고 3등 객차에 편승하여 다치지 않게 가져가도록 하며, 인천 각지의 우체사로부터는 별도로 각각 소속 체송인을 정거장에 파견하여 우편물을 주고받게 한다.
2. 도로체송은 모든 우체사 소속의 직용(直傭) 체송인으로 하여금 `어깨에 메고 걸어서 운반하게 하였는데, 하루에 한국 잇수로 약 80리를 표준으로 하며, 매일 8시에서 9시경에 출발하고, 2일 이상이 걸리는 경우에는 밤이 되면 우편물을 휴대한 채로 도중의 민가나 여관에 숙박 왕래하게 한다. 그의 보행 속도 및 발착 시간 같은 것은 확실한 규정이 없었으며, 시발점에서 발송할 우편물이 없을 때에는 매일 또는 격일로 호지발 왕복(互地發 往復)의 규정에 불구하고, 전선(全線)에 걸쳐 체송을 쉬는 때도 비일비재하여, 규정대로의 체송 횟수가 잘 이행되지 않았다.
3. 수로체송은 폐낭된 우편물을 소화물자와 같이 선박편에 탁송하여 송달한다.
4. 발송된 우편물의 취집 및 도착 우편물의 배달 구획 이정(里程) 등은 대체로 각 우체사에서도 그 소재지와 부근에 하루 한 번에서 네 번까지 배달하며, 각군 임시우체소에서는 그 소재지 내는 수시로 배달하고, 군 내의 기타 지역에 대하여는 배달할 우편물이 있을 때에는 군 내의 각 면과 군아(軍衙)간의 연락편인 공용 사자(公用使者)에 위탁하여 그가 왕복할 때마다 배달하는데 불과하였다. 더욱이 임시 우체소에는 규정한 전무(專務) 배달인 2명을 항상 두고 있었던 것이다.

구한국의 우표 · 엽서류 인계 현황

종류	현재고(1905년추정)		후금 매하 미정산고			계
	매수	액면가격	매수	할인 가격	매수	합계
2원	76,972매	153,944,000원	0	0	76,972매	153,944,000원
1원	76,063매	76,063,000원	2매	1.800원	76,065매	76,064,800원
50전	111,010매	55,505,000원	26매	11.700원	111,036매	55,516,700원
20전	464,385매	92,877,000원	41매	7.380원	464,426매	92,884,380원
15전	333,079매	49,511,850원	44매	5.940원	330,123매	49,517,790원
10전	753,903매	75,390,300원	20,155매	1,813,950원	774,058매	77,204,250원
6전	521,542매	31,292,520원	2,087매	112,698원	523,629매	31,405,218원
5전	605,274매	30,263,700원	18,199매	818,955원	623,474매	31,082,655원
4전	440,467매	17,618,680원	2,336매	84,096원	442,803매	17,702,776원
3전	2,798,470매	83,954,000원	93,501매	2,524,971원	2,891,971매	86,478,627원
기념3전	22,448매	673,340원	0	0	22,448매	673,440원
2전	421,582매	8,431,640원	48,639매	875,502원	470,221매	9,307,142원
1전	859,606매	8,596,160원	68,965매	620,585원	928,571매	9,216,745원
2리	669,070매	1,338,140원	328매	0.590원	669,398매	1,338,730원
소계	8,150,871매	685,459,430원	254,323매	6,877,823원	8,405,194매	692,337,253원
엽서						
8전	14,000매	1,120,000원	0	0	14,000매	1,120,000원
4전	98,862매	3,954,480원	221매	7.956원	99,083매	3,962,436원
2전	83,155매	1,663,100원	749매	13.482원	83,904매	1,676,582원
1전	439,029매	4,390,290원	2,150매	19.350원	441,179매	4,409,640원
소계	635,046매	11,127,870원	3,120매	40.788원	638,166매	11,168,658원
비 현행 우표						
5돈	160,811매	8,040,550원			160,811매	8,040,550원
2돈 5푼	311,927매	7,796,175원			311,927매	7,798,175원
1돈	577매	5,770원			577매	5,770원
5푼	884매	4,420원			884매	4,420원
소계	474,199매	15,848,915원			474,199매	15,848,915원
총계	9,260,116매	712,436,215원	257,443매	6,918,611원	9,517,559매	719,354,826원

또한 인계된 우표류 원판은 우표원판 17종, 엽서원판이 2종으로 모두 19종이며, 그 종류와 수량 등을 구별하여 보면 다음과 같다.

우표 원판 2원 우표 원판 2종, 1원 우표 원판 2종, 50전 우표 원판 2종, 20전 우표 원판 1종, 15전 우표 원판 1종, 10전 우표 원판 1종, 6전 우표 원판 1종, 5전 우표 원판 1종

4전 우표 원판 1종, 3전 우표 원판 1종, 기념 3전 우표 원판 1종, 2전 우표 원판 1종, 1전 우표 원판 1종, 2리 우표 원판 1종 계 17종

엽서 원판 8전. 4전 엽서 합각(合刻) 원판 1종, 2전. 1전 엽서 합각 원판 1종 계 2종

군용통신소 및 전신관리소

소관 국소명	출장소□급□수취소명	처리 사무
경성(京城)우편국 소관	부산(釜山)우편국 해안(海岸)출장소	통상우편·소포우편·우편환전
	의주(義州)우편국 신의주(新義州)출장소	
	안주(安州)우편국 정주(定州)출장소	
	용산(龍山)우편국·전신수취소	통상우편·소포우편·우편환전
	수원(水原)·평택(平澤)·조치원(鳥致院)·대전(大田)	우편저금·전신(언문불용)·전화
	성환(成歡)·적등진(赤登津)·황주(黃州)·필동(筆洞)	통상우편·소포우편·우편환전
	직산금광(稷山金鑛)·부강(芙江)·온천리(溫泉里)	우편저금
	둔포(屯浦)·영동(永同)·오산(烏山)우편수취소	
부산(釜山)우편국 소관	밀양(密陽)·김천(金泉)·왜관(倭館)·울릉도(鬱陵島)	통상우편·소포우편·우편환전
	부산 순라선(釜山巡邏船)·구포(龜浦)·삼랑진(三粮津)	우편저금
	추풍령(秋風嶺)·청도(青道)·부상(扶桑)·부산진(釜山鎭)	
	동래(東萊)우편수취소	
인천(仁川)우편국 소관	어청도(於青島)·화개동(花開洞)·조포(助浦)·소사(素紗)	통상우편·소포우편·우편환전
	용호도(龍湖島)우편수취소	우편저금
마산(馬山)우편국 소관	통영(統營)·마산 순라선(馬山巡邏船)·송진(松眞)	통상우편·소포우편·우편환전
	저도(猪島)·구마산포(舊馬山浦)·창원(昌原)	우편저금
	진주(晋州)우편수취소	
목포(木浦)우편국 소관	영산포(榮山浦)·목포순라선(木浦巡邏船)	통상우편·소포우편·우편환전
	팔포(八浦)우편수취소	우편저금
군산(群山)우편국 소관	만경(萬頃)·마구평(馬九坪)우편수취소	통상우편·소포우편·우편환전
진남포(鎭南浦)우편국 소관	겸이포(兼二浦)우편수취소	통상우편·소포우편·우편환전
원산(元山)우편국 소관	호도(虎島)우편수취소	통상우편·소포우편·우편환전

구한말 주요 외국인 현황

구한말 정부 초빙 · 고용 · 외교 · 무역 · 외신기자 · 선교 목적으로 입국하여 체류한 대표적인 외국인

입국년도	국적	성명	입국 목적	참고 사항
1883. 5. 20	미국	Lucius H. Foote	외교관	초대 미국 공사
1884. 7. 1	일본	오미(小尾輔明)	대한제국의 초빙, 고용	우정총국 고용원
		미야자키(宮寄言成)		
1884. 5.		W. D. Townsend	무역회사 지점 설립	
1884. 6, 6.	독일	Carl Walter	인천에 지점 개설	E. Meyer & Co.
1884	독일	Paul George von Möllendorf	조선 정부 외교 고문	목인덕(穆麟德)
1884	영국	William George Aston	외교관	영사
1884. 6.	미국	R. S. Macley	선교사	감리회 소속
1885. 1.	미국	George Clayton Foulk	외교관	미국 공사
1885. 4. 5.	미국	Henry Gerhard Appenzeller	선교 활동	감리교 선교사
	미국	Horace Grant Underwood	선교 활동	
1885. 9. 17.	영국	Henry F. Merrill/묵현리/墨賢理	대한제국의 초빙, 고용	해관총세무사 임명
1885	러시아	Karl Ivanovich Weber	외교관	러시아 공사
1885	미국	Mrs. M. F. Scranton	선교사	선교활동
1886. 3. 5.	미국	O. N. Denny	대한제국의 초빙, 고용	내무협판 임명
1886. 6. 12	미국	William Harwar Parker	외교관	미국 공사
1886. 10. 1.	덴마크	H. J. Muehiersteth / 미륜사	대한제국의 초빙, 고용	우정총국 전보교사
1886	미국	Homer Bezaleel Hulbere	대한제국의 초빙, 고용	육영공원 영어교사
1887	프랑스	Victor Colline de Plancy	외교관	프랑스 초대 공사
1887. 5.	미국	Hugh A. Dinsmore	외교관	미국 공사
1888. 4. 28	미국	William McEntyre Dye	대한제국의 초빙, 고용	군사교관
1889	영국	Sir Walter Caine Hillier	외교관	영사
1890	미국	Augustine Heard II	외교관	미국 공사
1890. 2. 19	미국	L.W. Legendre	대한제국의 초빙, 고용	내무협판 임명
1890. 11. 27	미국	C. R. Greathouse	대한제국의 초빙, 고용	내무협판 임명
1892. 3.	미국	J. Amos Morse	대한제국의 초빙, 고용	광업, 철도조사
1892	영국	Nicholas Roderick O'Conor	외교관	공사
1892. 11. 11.	미국	Morgan	대한제국의 초빙, 고용	총세무사 임명
1893. 8. 25	영국	J. Moleary Brown/상탁안/相卓安	대한제국의 초빙, 고용	총세무사 임명
1893. 9.	일본	오오도리(大島圭介)	외교/공사	일본공사 착임
1894. 2.	미국	T. E .Holifax	관립 영어학교 개설	허치슨과 동행
1894. 4.	미국	John M. B. Sill	외교관	미국 공사
1895. 6. 10	일본	기무라(木村), 가또오(加藤)	대한제국의 초빙, 고용	우정 업무
1896. 5. 1.	일본	가또오(加藤鍾雄)	외교/공사	일본공사관
1897. 10. 25.	러시아	K. Alexeiev	대한제국의 초빙, 고용	탁지부 고문관
1898.12.5	프랑스	吉盟世	대한제국의 초빙, 고용	우체교사
1901. 7.4.	미국	J. L. Chalmers	대한제국의 초빙, 고용	인천해관 판무관
	미국	E. Laporte	대한제국의 초빙, 고용	부산해관 판무관
	미국	W. M. Osborne	대한제국의 초빙, 고용	부산해관장
1901. 12.	미국	Horace Newton Allen	외교관	미국 공사
1901	영국	John Newell J	외교관	공사
1902	이태리	Carlo Rossetti	외교관	영사
1905. 6.	미국	Edwin V. Morgan	외교관	미국 공사

구한말 정동(貞洞) 외국인 공관

대한제국 정동 지역 외국 공사관(영사관) 및 주요 인물 화보

사진 출처: 한국콘텐츠진흥원

프랑스 영사 샤를루리나
Charles Roulina

서울 선교사 거주지역

황실주치의였던 영국 여의사
쿠키(Cooke)의 진찰실

러시아 공사관 전경

사제관 전경

Syou-ouen 근처
katteungri에서 선교사 집

프랑스외교 공관 전경

러시아공사관의 한국궁왕
(국왕과 궁녀들의 임시 거처)

러시아공사관의 한국 국왕
(수도로 출발하기 전 회의실로 향하는 각료와 호위하는 러시아 하사관)

신축중인 프랑스 공사관

프랑스 총영사관

독일인 의사 분쉬

독일공사관으로 가는 길목

독일공사관 내의 파티 상황

독일인 의사 분쉬 집무 모습

영국인 의사 Cooke 진료실

독일공사관 전경

러시아공사관과 주변 건물

영국 총영사관 전경

일본공사관 전경

러시아공사관 전경

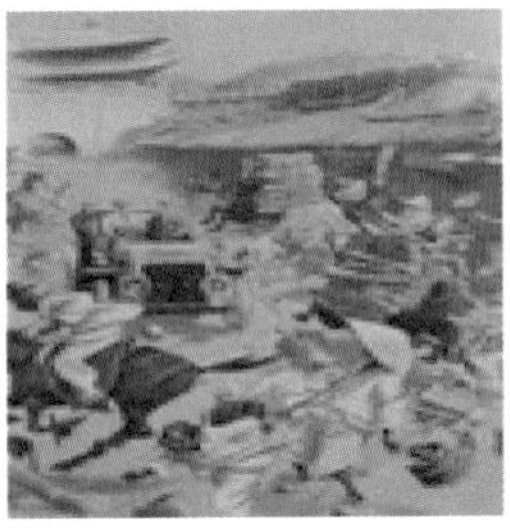
한성(漢城)에 나타난 자동차

프랑스공사관 전경

일본공사관 전경

독일공사관 입구

신축 전 독일공사관

외무대신 집에서의 만찬

영국인 총세무사

미국공사관

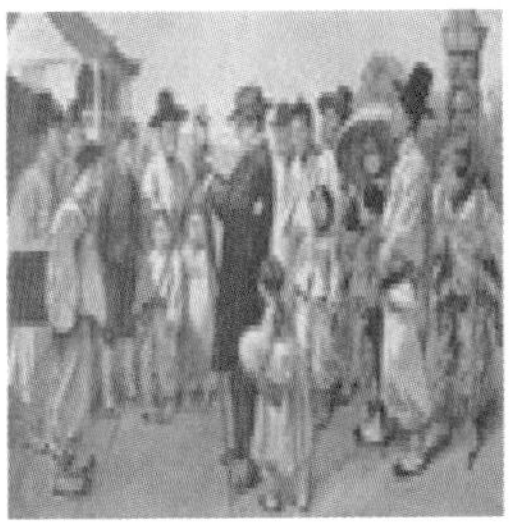
토지 측량

신축 전 영국공사관

신축 전 러시아공사관

영국영사관을 지키는 조선 군사들

의료선교사와 환자

F.K.갬블, W.T. 레이드박사,
M.S. 스톡스박사

한성에서 열린 선교사대회

언더우드 부부가 모펫박사,
알렉산더 부부를 배웅하는 모습

그레이험리 목사,
길목사

외국어학교에서의 종두 접종

한성으로 향하는 서양 여행자 모습

영국, 미국, 프랑스, 독일,
오스트리아, 이탈리아특파원 고종알현

미국인 측량 기사

미국공사관 정문을 지키는 군인

샌즈의 집에서 바라본 한성 전경

러시아공사관 전경

미국 외교관 저택

전차를 타는 외국인 모습

프랑스호텔

헤리스목사와 한국인 선교사들

노블목사와 한국인 교인들

1905년 한국을 방문한
미국 루즈벨트 대통령의 딸

미국공사관 모습

빠블로프 부인

독일영사관 가든파티

주일학교 모임 현장

영국 성공회신학교

데니 집과 정원

공관에서 데니와 가족들

데니 집과 거실

공관을 떠나는 데니 부인

데니의 저택에서 바라본 전경
(데니와 오웬데니도 포함)

한국에 거주하는 서양인들

영국 외교관들

한성 외교관과 선교사부인들

윌리엄 커

영국 총영사 아서 하워드레이

영국공사관 경비대

한성 세브란스병원

러일전쟁 때 서울에 도착한
종군기자

대한매일신보 편집자 베델

한국 성경번역 위원회

미국 감리교회

미국 총영사 관저

비숍부인 여행 안내자들

대한제국 마지막
러시아장관 파블로프

알렉시예프 제독

진페리와 그 가정부

미국 투자자 제임스 모스

미국공사관 전경

러시아공사관 입구

영국 공사관 전경

이탈리아공사관 전경

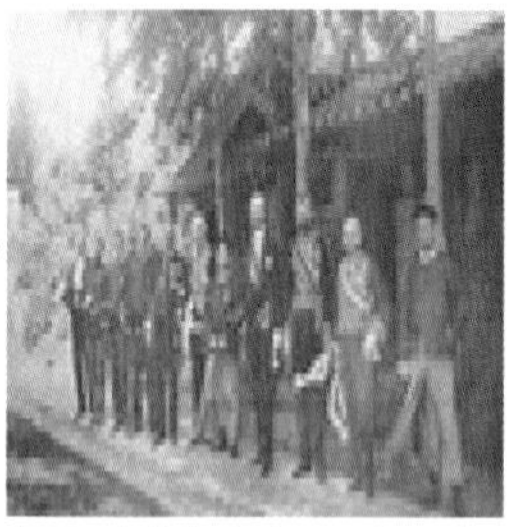
미국공사관에서 각국공사들이 찍은 기념사진

프랑스영사관 전경

이탈리아공사관 전경

손탁호텔 외관 전경

손탁호텔 내부 모습

경성 이화학당 전경

외교관 행차 모습

아펜젤러 목사

대한제국 수도 전경

경성 시가지 풍경

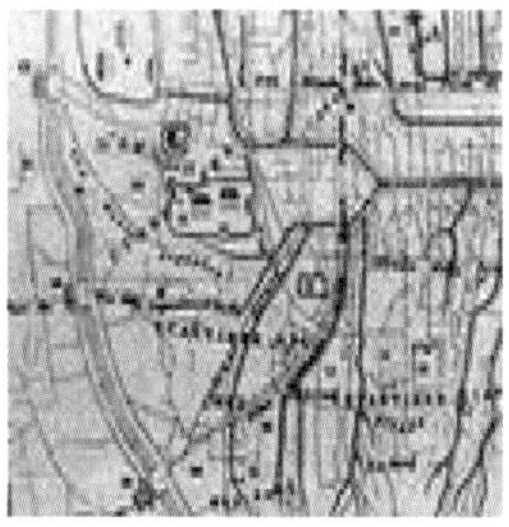
공사관 거리 한성지도
꼬레아꼬레아니(1904)-1

경성박람회 조감도

남대문역(서울역)에 도착하는 특급열차승객을 조선호텔로 실어 나르기 위한 버스 자동차 모습. 1915년경에 발행된 〈조선호텔〉 안내책자에 수록된 사진

독립신문

〈독립신문〉 1898년 9월14일자에 수록된 김홍륙(金鴻陸) 독차사건(毒茶事件, Coffee Poisoning) 관련기사에는 "그저께 밤에 황상 폐하와 전하께서 카피차 진어 하신 후에 ......"라고 하여 '커피'를 '카피차'라고 표기

명성황후장례식
알레베크엽서

벨기에영사관 전경

구세군사관학교

러시아정교회 전경

이화학당 구내에 설치된 보구여관

성공회 성당
1890년 정동 3번지 일대 전경

조선총독부 건물 및
성공회 성당

장로교 정동 선교부

정동제일교회
1906년 당시 정동제일교회 일대
전경

배재학당 전경

정동 28번지 서울지방 국토관리청
앞 도로변에 세워진 '관립법어학교터'
표지석

법어학교 에밀 마르텔
Emile Martel

언더우드학당(경신학교)
예수교학당 시절

외국인학교 모리스홀

제임스모리스

육영공원 일대

이화학당

정신여학당(정신여학교)
애니엘러스Annie Ellers 추모비

돈덕전(惇德殿)

스테이션호텔(에스터하우스)

임페리얼호텔(여순관)

팔레호텔(프랑스호텔)

로제티의 법어학교 탐방

데니 판사

한성에 입성한 영국 군인

대한제국 군인

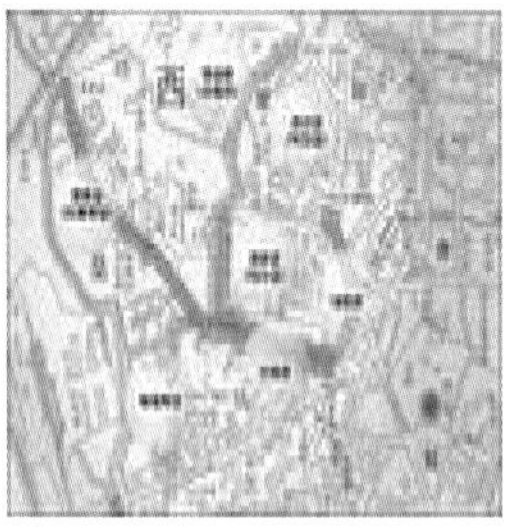
남대문정거장급부근평면도
(1908) 덕수궁일대 지도

한영조약 교섭 장면

종각

어차(御車)운전수
매일신보1926년5월10일자

어차(御車)
창덕궁(열화당)

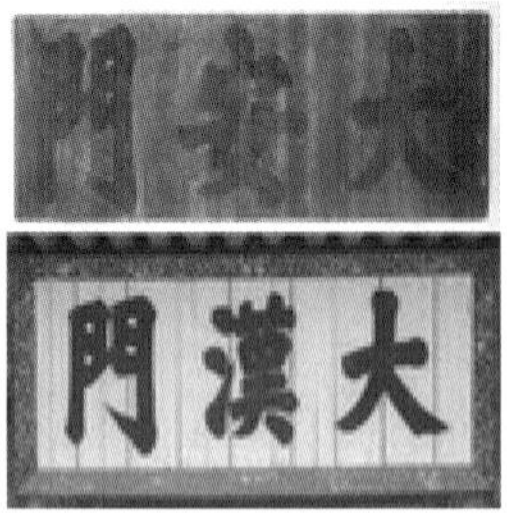

의정부 참찬 민병석 글씨인 대한문 편액(위)은 1899년 3월에 처음 내걸렸다.

지금 대한문 편액은 국립고궁박물관(옛 궁중유물전시관)의 소장품(유물번호 674)으로 그대로 보관되어 있다. 현재 대한문에 매달린 편액(아래)은 궁내부특진관 남정철의 글씨이며, 1906년 5월에 등장했다. 대한문 상량문에 따르면, 대한문은 '큰 하늘 문'이라는 뜻을 담고 있다.

1800년대 후반기

부산우체사 · 전보사에 하달한 훈령(訓令) 제468호
통신원 총판 육군 참장 민상호(閔商鎬)

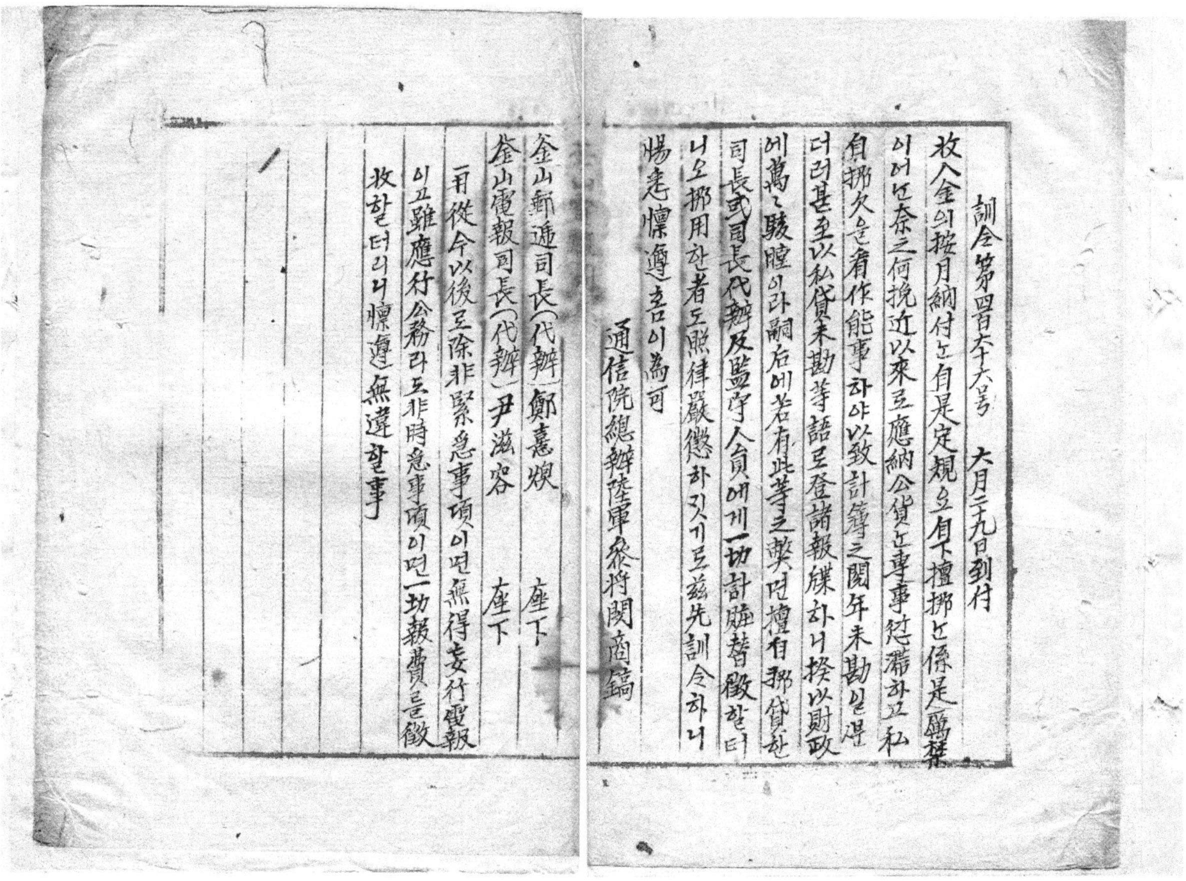
訓令第四百六十八號 六月二十九日到付

收入金의按月納付는自是定規오自下擅挪는係是嚴禁이어니奈之何挽近以來로應納公貨는專事延滯하고私自挪欠은看作能事하야以致計簿之闕年未勘일뿐더러甚至以私貸未勘等語로登諸報牒하니揆以財政에萬萬駭瞠이라嗣后에若有此等之弊면擅自挪貸한司長或司長代辦及監守人員에게一切計贓督徵할터니오挪用한者도照律嚴懲하깃기로玆先訓令하니暘走懍遵홈이爲可

通信院總辦陸軍參將閔商鎬

釜山郵遞司長(代辦)鄭憙燠 座下
釜山電報司長(代辦)尹滋容 座下

而從今以後로除非緊急事項이면無得妄行電報이고雖應行公務라도非時急事項이면一切報費를徵收할터이니懍遵無違할事

ㅁ 훈령(訓令) 상급행정기관이 하급행정기관에 대하여 장기간에 걸쳐 그 권한 행사를 일반적으로 지시하기 위하여 발하는 명령이다.

민상호(閔商鎬)

민상호(閔商鎬, 1870년 ~ 1933년)는 **조선** 시대의 관료이며 **일제 강점기**에 **조선귀족** 작위를 받았다. 본관은 **여흥**이다. 본래는 민치억의 아들이었지만 나중에 민치덕에게 입적되었다. 1891년 **과거**에 급제한 뒤 벼슬길에 올라 언관 벼슬을 거쳐 **궁내부** 등에서 근무하다가, 외교관으로 중용되었다. 1910년 일본 정부로부터 남작위를 수여받고 **조선총독부 중추원** 의관에 임명되었다. 2002년 발표된 **친일파 708인 명단**과 2008년 **민족문제연구소**에서 **친일인명사전**에 수록하기 위해 정리한 **친일인명사전 수록예정자 명단**에 남작위를 습작한 **민영욱**과 함께 선정되었다. 2007년 **대한민국 친일반민족행위진상규명위원회**가 발표한 **친일반민족행위 195인 명단**에도 들어 있다. 2007년 대한민국 **친일반민족행위자재산조사위원회**는 민상호 소유의 토지에 대한 국가 귀속 결정을 내렸다. 민상호의 후손들은 이 재산이 민상호가 **러일 전쟁** 전에 취득한 재산이라며 불복 소송을.제기했다. 네덜란드 출신의 화가 **휘베르트 보스**가 1898년에 그린 초상화가 남아 있다

출처: 위키백과

1900

단기 4233년/광무4년/고종37년

대한제국 칙령(勅令) 제41호

대한제국 광무 4년(1900) 10월 25일

울릉도를 울도로 개칭하고 도감을 군수로 개정한 건

제1조. 울릉도를 울도(鬱島)로 개칭하여 강원도에 부속하고 도감(鬱島)을 군수(郡守)로 개칭하여 관제 중에 편입하고 군 등은 5등으로 한다.
제2조. 군청 위치는 태하동으로 정하고, 구역은 울릉전도와 죽도 석도(石島)를 관할한다.

출처: 위키백과

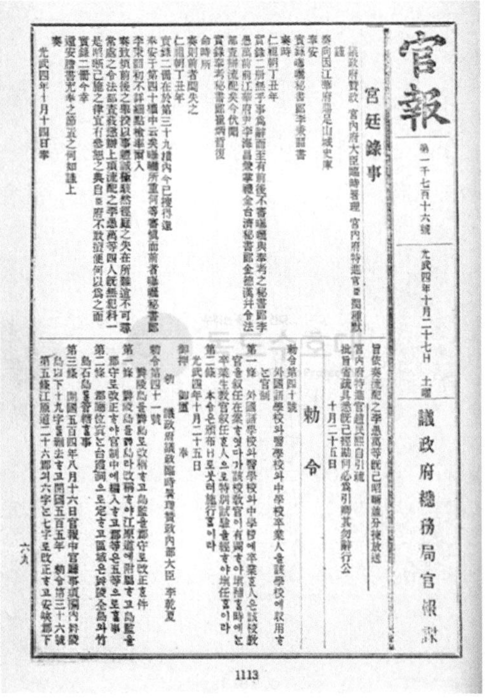
官報
宮廷錄事
勅令
議政府總務局官報課

대한제국 칙령 제41호 공포

관보 제1716호. 광무 4년 10월 27일

독도가 대한제국의 영토라는 사실을 국제사회에 통고.

1905. 2. 22일에 일본은 량고도(독도)가 '주인이 없는 섬'이라며 다케시마로 개칭하고 시마네현 오키도 소속으로 한다는 시마네현 고시 제40호를 고시했다.

이른바 〈무주지 선점론〉이다. 무주지 선점은 영토 획득 방법 가운데 하나로 주인이 없을 때 가능하다. 현재 일본은 시마네현 고시를 국제법적 근거로 제시하고 있다. 그러나 시마네현 고시의 근거가 되는 〈무주지 선점론〉은 성립될 수 없는 불법이며, 이를 증명하는 결정적 근거가 칙령 제41호는 시마네현 고시보다 5년 앞서고, 관보를 통해 대외에 통고했으므로 일본도 당연히 알고 있기 때문. 일본 정부는 〈무주지 선점론〉이 불법이라는 주장을 반박하기 위해 칙령 제41호의 석도는 독도가 아니고 울릉도 주변의 섬이라는 억지 주장을 하고 있다. 그러나 울릉도 주위에는 독도 외에 석도라고 부를 만한 섬이 없다. 석도는 당시 울릉도 주민들이 독도를 부르는 '돌섬' "돌섬"을 한자로 쓰는 과정에서 나타난 결과다. 돌섬, 독섬과 같이 구전되는 우리말 지명을 한자의 음과 훈을 따라 표기하는 사례는 전국에 산재해 있다. 전남 완도군 노화면 고막리의 '독섬'은 한자로 석도(石島)라 쓰고, 고흥군 남양면 오천리의 '독섬'은 독도(獨島)로 쓰고 있다. 2000년 독도수비대는 칙령 제41호 제정일인 10월 25일을 독도의 날로 제정하였다.

2004년 1월 16일 발행
독도의 자연. Nature of Dokdo
인쇄처 한국조폐공사 디자인 이기석 액면가 190원 우표 번호 C1823, C1824, CC1825, C1826 인쇄 그라비어 5도

1900

단기 4233년/광무 4년/고종 37년

일자첨쇄(一字添刷) 보통우표(“ONE” Surcharge Series)

우표 번호: 11, 주색(朱色), 2전(1푼x20), Philatelic Cover, Seoul. Mar. 31, 1900

Seoul, Coree. 31 MARS. 1900

167x222mm

일자첨쇄우표 발행 취지(발행일: 1900. 2)

우표 번호 11

신문 발송료 특감제 실시에` 따라 신문 1매당 우편료를 1푼으로 규정을 개정하여 실시하게 되었으나 1푼에 해당되는 우표가 없어 새로운 우표가 발행될 때까지 잠정적으로 태극우표의 5푼과 2돈 5푼의 2종에 우표의 좌측 중간에 ‘壹’, 우측중간에 ‘일’을 그리고 아라비아 액면란에 ‘1’을 주색 또는 흑색으로 첨쇄하여 1푼(2리 상당)으로 사용하였다.

※ 본 봉피에 첩부된 ‘주색일자첨쇄’ 보통우표는 우표 번호 11번으로 현재 유통되는 물량이 아주 귀하여 고액으로 유통되고 있다. 한국우표도감가: 1매당 250만원

1900

단기 4233년/광무 4년/고종 37년

한성▶인천 요금 부족인 실체

광무4년(1900) 2월 6일 한성-인천으로 체송된 요금 부족인 실체

T Postage Due (for Overseas mail)

요금부족인(외신용)

외신용은 UPU규정에 따라 요금부족인을 제조 사용하였다.

T자 위에 우체국명을 영문으로 표시한 것도 종종 발견되고 있다. 우편 요금이 부족하거나 미납일 경우 미납이나 부족인을 편지 봉투에 찍어 현금으로 징수하거나 해당요금 우표를 붙여 말소하였다.

1900

단기 4233년/광무 4년/고종 37년

대한제국 농상공부인쇄국 엽서

인천 원일형 일부인

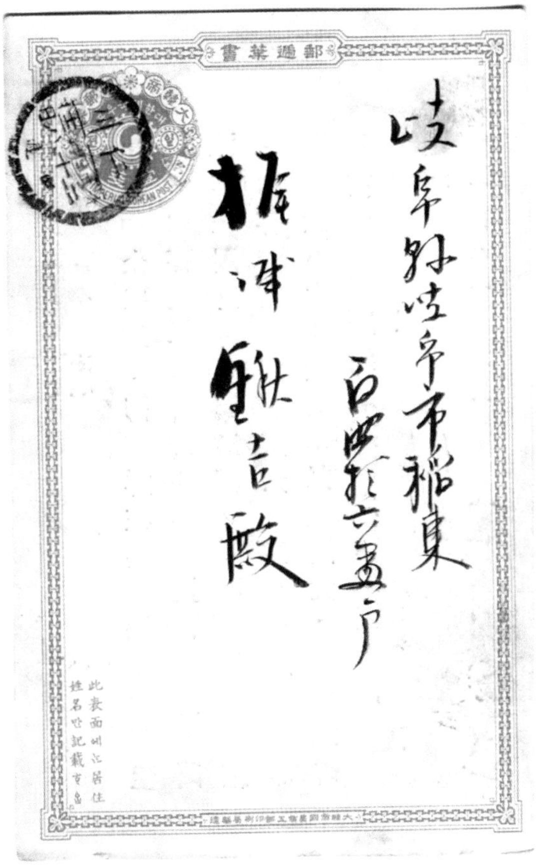

1899년 12월 28일 우편 요금 협정 1전 사용으로 1900년 12월까지 사용

1902

단기 4235년/광무 6년/고종 39년

대한제국 전환국인쇄국 엽서

한성 원일형 일부인

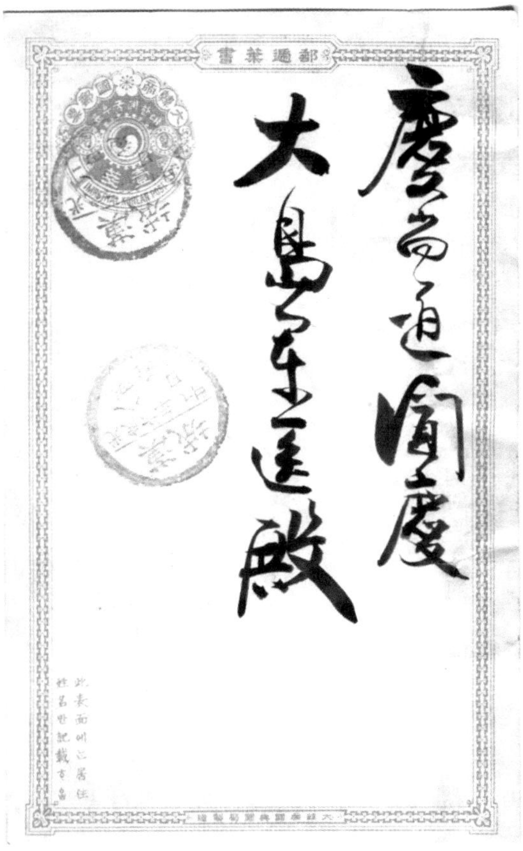

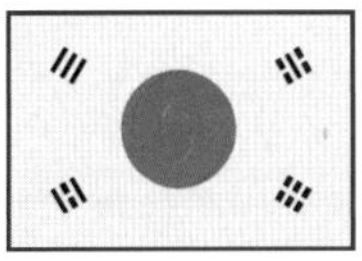

대한제국 태극기

대한민국 국기는 태극기(太極旗)라 불린다. 태극기는 흰 바탕 기 위에 짙은 적색과 남색 **태극** 문양을 가운데에 두고 검은색 건·곤·감·리 4괘가 네 귀에 둘러싸고 있다. 태극기 최초 도안자는 **고종**이다.[1] 태극기는 1882년 **고종**이 조선 군주을 상징하는 어기(御旗)인 '태극 팔괘도'를 일부 변형하여 직접 만들었고, 1882년 5월 22일 **조미수호통상조약**과 9월 **박영효** 등 일본 수신사 일행에 의해 사용되었다. 태극기는 **조선**, **대한제국**, **대한민국임시정부**의 공식 국기로 사용되었고, 1948년 8월 15일 **대한민국 정부** 수립 이후에도 계속 정식 국기로 사용되고 있다.

1900

단기 4233년/광무 4년/고종 37년

Seoul, Coree ▶ Chemulpo ▶ San Francisco ▶ Springfield, MASS. U.S.A

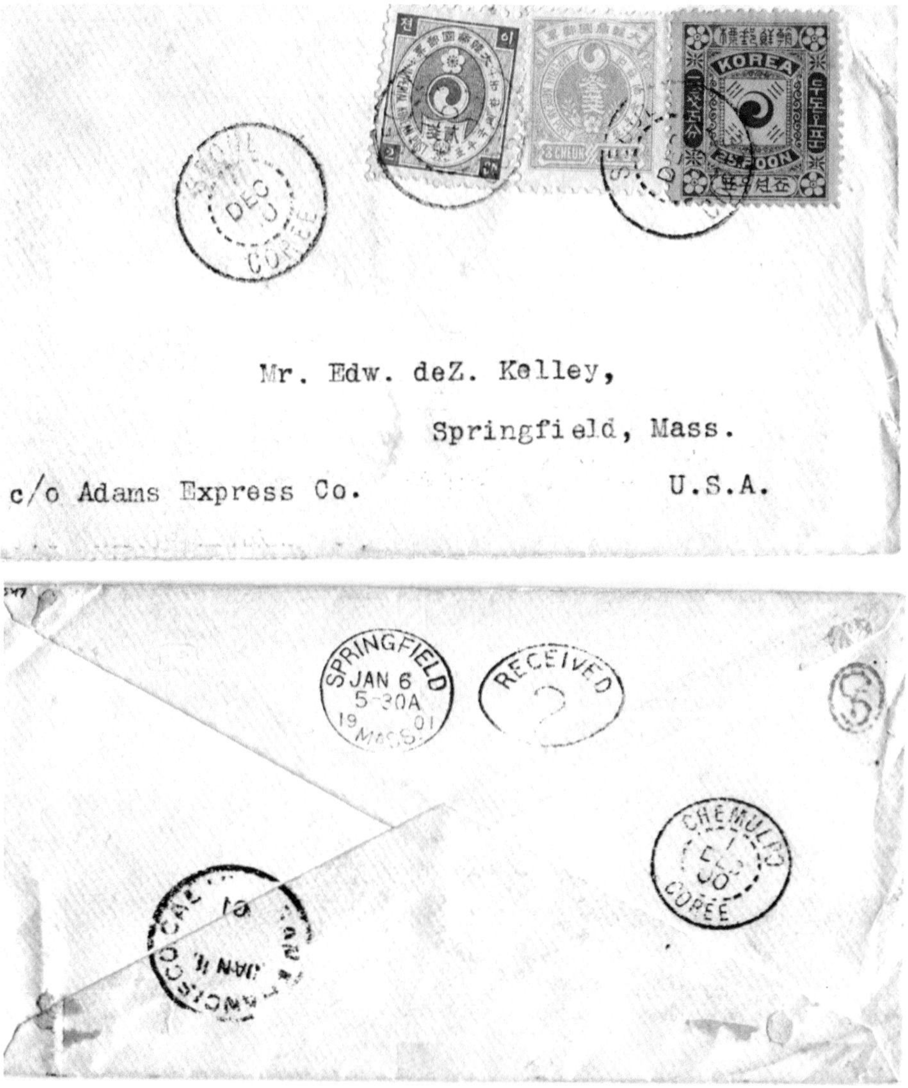

1 DEC. 1900 Seoul-Chemulpo-2 JAN. 1901 San Francisco- 6 JAN. 1901 Springfield

독립협회(獨立協會)

독립협회(獨立協會)는 1896년 7월 2일 설립된 조선과 대한제국 시민사회단체이다. 초기에는 사교클럽 형식으로 출발하여 민중계몽단체, 근대적인 정치단체 및 근대적인 정당으로 발전하였다. 1897년에는 서대문구에 청나라로부터의 독립을 기념해 영은문을 헐고 독립문을 세웠다. 1896년 4월 7일 독립신문을 창간한 서재필은 그해 이어 7월 2일, 내부적으로는 민중 스스로 인권과 참정권을 주장하게 하고, 대외적으로는 자주국을 표방, 독립문 건립과 독립공원 조성을 목적으로 독립협회를 창설하였다. 독립협회의 참여자 수가 늘면서 각지의 백성들이 참여하는 만민공동회를 개최하였고, 학생들에게 토론과 타협을 가르치는 협성회를 산하 기관으로 조직, 후원하였다. 고종의 환궁을 성사시켰고, 1896년 11월 영은문(迎恩門)을 헐고 독립문을 세웠으며, 그 옆에 있던 모화관(慕華館)을 독립관으로 개칭하였다. 1897년부터는 종로에서 각계각층이 참가한 만민공동회를 열어 국민들의 애국심을 높였다. 1898년 10월 한성부 종로 네거리에서 관민공동회를 조직, 시국에 관한 6개 조의 개혁 안을 고종에게 건의하는 것을 시작으로 적극적인 혁신운동을 전개하였다. 1898년 11월 정부의 외곽단체인 황국협회 등의 무고로 이상재, 남궁억 등 독립협회 간부 17명이 검거 투옥되고, 황국협회의 사주를 받은 천여 명의 보부상들이 독립협회를 습격했다. 고종은 칙령으로 양회 해산을 명령하였다.

1900 단기 4233년/광무 4년/고종 37년

Seoul ▶ via Shang-Hai ▶ England행 등기

광무 4년(1900) 5. 4 Seoul.R. Seoul 721-via Shang-Hai.-Sheffield 31 MAY. 1905

1900

단기 4233년/광무 4년/고종 37년

대한제국 우체총사 통첩 호외

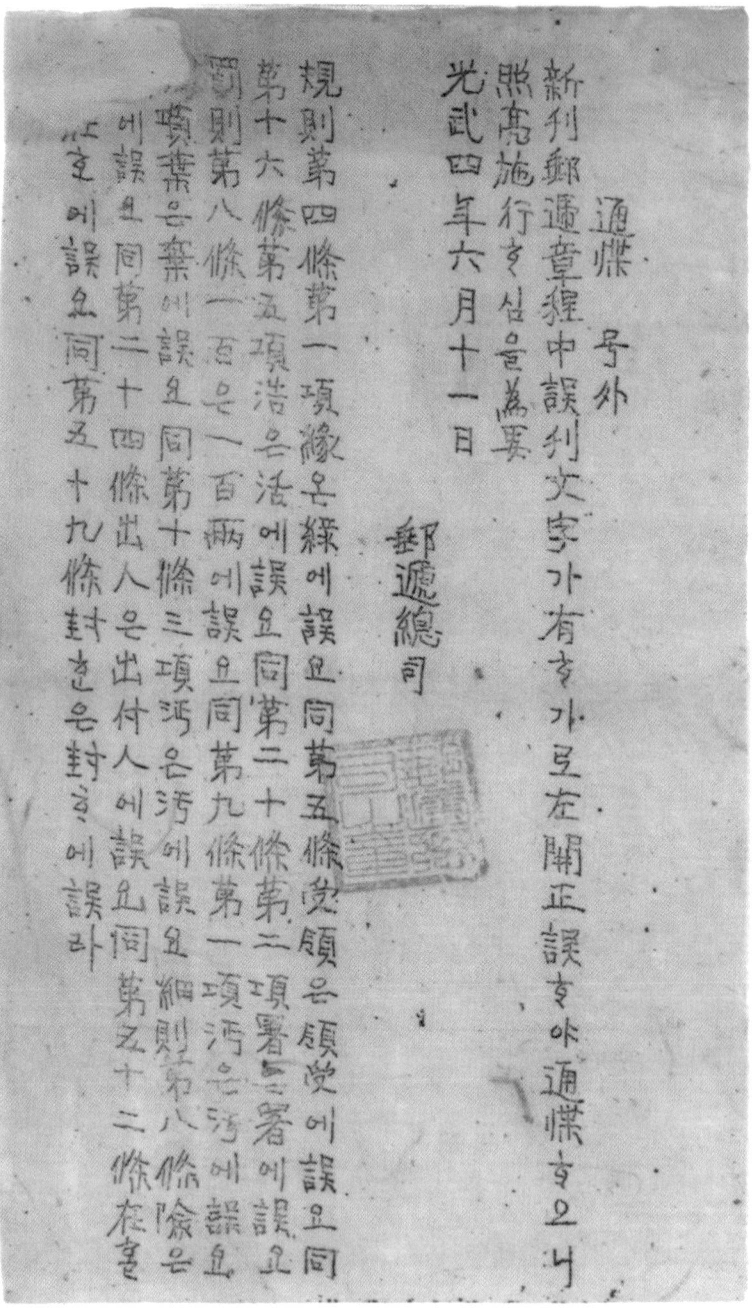

通牒 号外

新刊郵遞章程中誤刊文字가有ᄒᆞ가로左開正誤ᄒᆞ야通牒ᄒᆞ오니

照亮施行ᄒᆞ심을爲要

光武四年六月十一日

郵遞總司

規則第四條第一項緣은綠에誤오同第五條受領은領受에誤오同

第十六條第五項浩은活에誤오同第二十條第二項署는署에誤오

罰則第八條一百은一百兩에誤오同第九條第一項汚은汚에誤오

[illegible]項棄은棄에誤오同第十條三項汚은汚에誤오細則第八條除은

에誤오同第二十四條出人은出付人에誤오同第五十二條在室

[illegible]室에誤오同第五十九條封ᄒᆞᆫ은封ᄒᆞ에誤라

광무 4년(1900) 6월 11일 한성우체총사에서 전국 산하 각 우체국에 하달한 통첩 호외

1900

단기 4233년/광무 4년/고종 37년

Seoul ▶ San Francisco ▶ Rockfalls. ILL. U.S.A행

3 JUIL 1900 SEOUL-U.S.A행

1900

단기 4233년/광무 4년/고종 37년

독립신문

죠션 셔울 건양 원년 십이월 팔일 화요일 훈쟝 갑 오푼. 흑색가쇄보통우표 첩부

1900

단기 4233년/광무 4년/고종 37년

인천▶한성

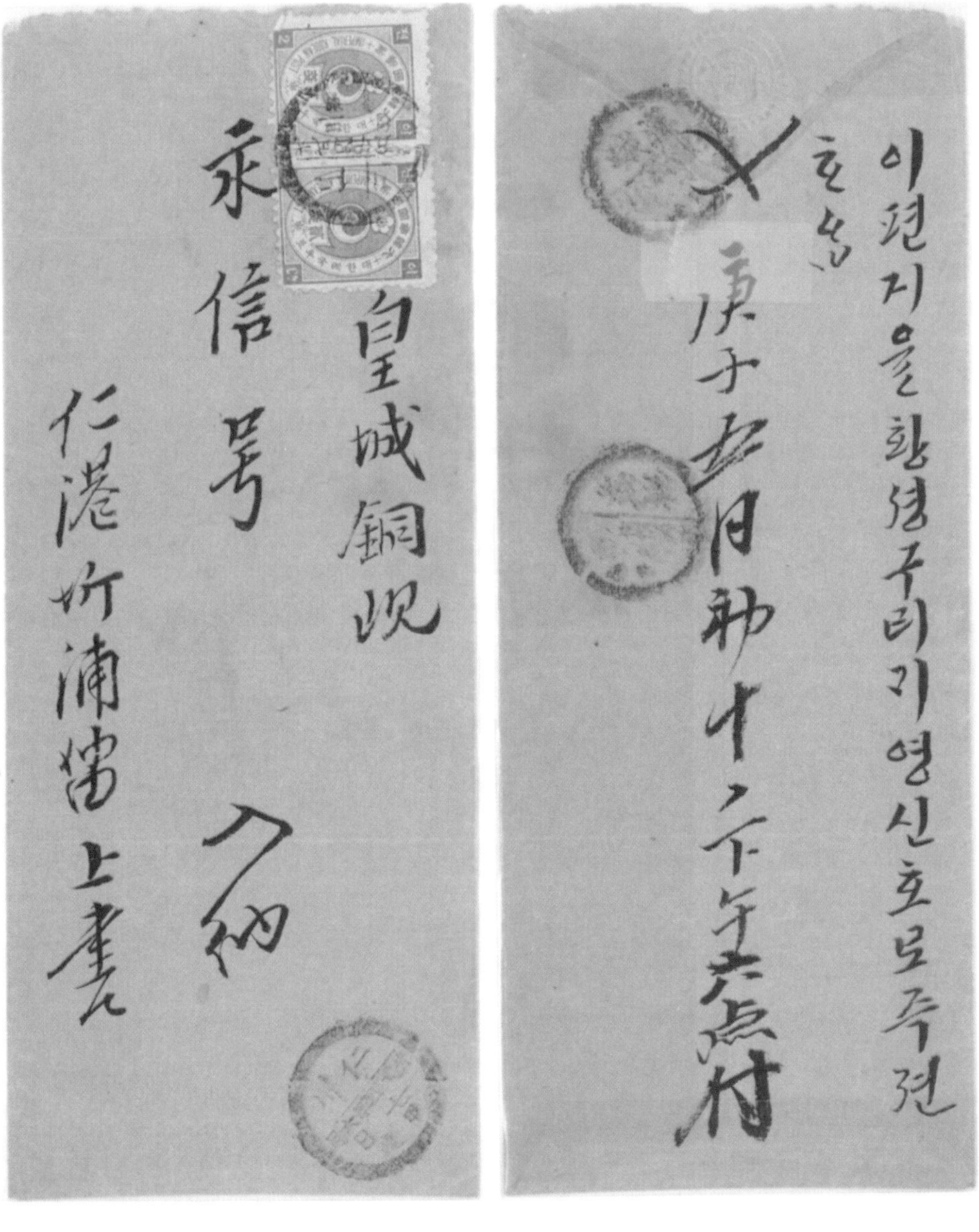

인천, 광무 4년(1900) 6월 7일

1900

단기 4233년/광무 4년/고종 37년

Seoul · 트레물네씨

태극보통 주색대한가쇄

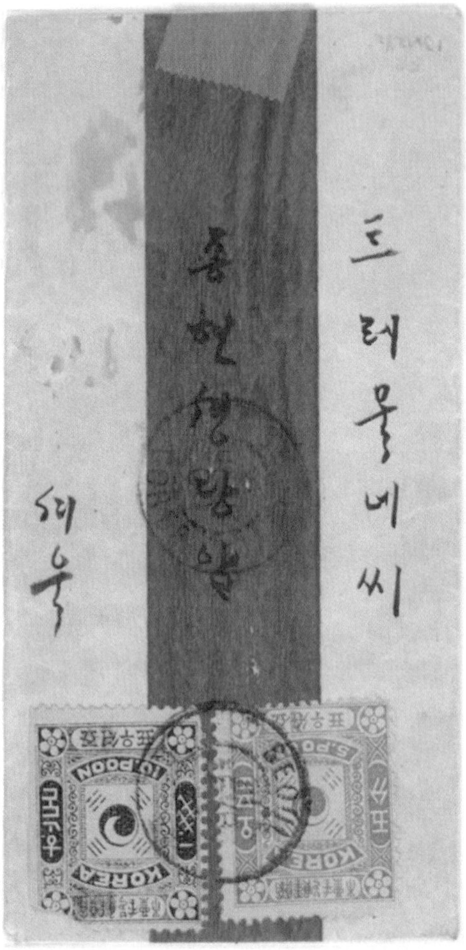

Seoul · 니인규씨

이화보통우표 2전(태극 중앙)

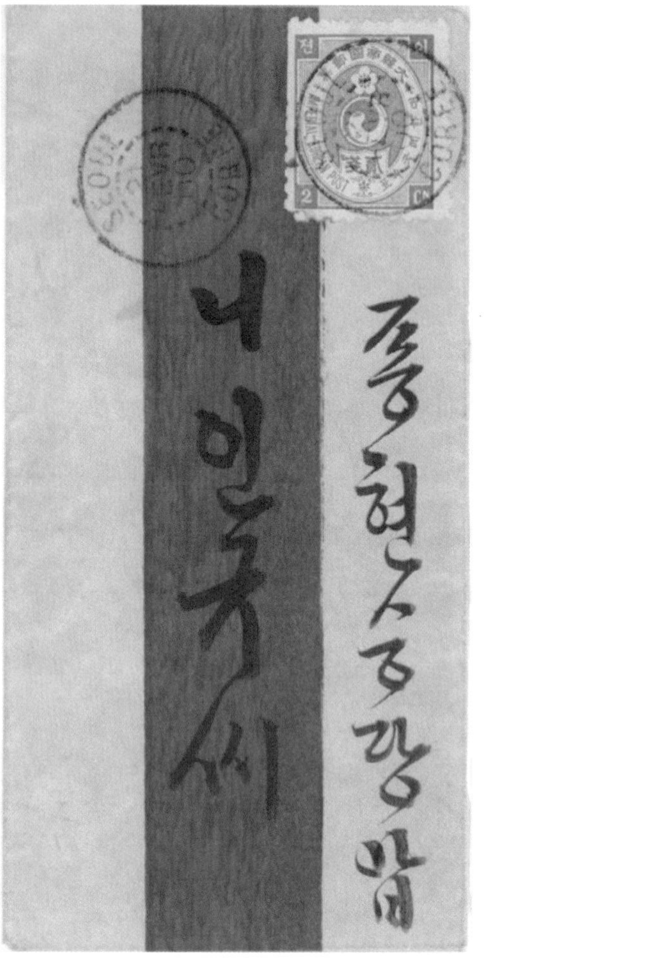

소설가 현진건(玄鎭健, 1900~1943)

대한제국 경상북도 대구 출생. 일제강점기 경성부에서 병사. 대한제국과 일제강점기 조선(朝鮮)의 작가, 소설가 겸 언론인, 독립운동가이다. 본관은 연주 현씨(延州 玄氏)이고 호는 빙허(憑虛)이다. 「운수 좋은 날」, 「술 권하는 사회」 등 20편의 단편소설과 7편의 중·장편소설을 남겼다. 일제 지배하 민족의 수난적 운명에 대한 객관적인 현실 묘사를 지향한 리얼리즘의 선구자로 꼽힌다

1900

단기 4233년/광무 4년/고종 37년

Chemulpo ▶ Shang-Hai행 등기

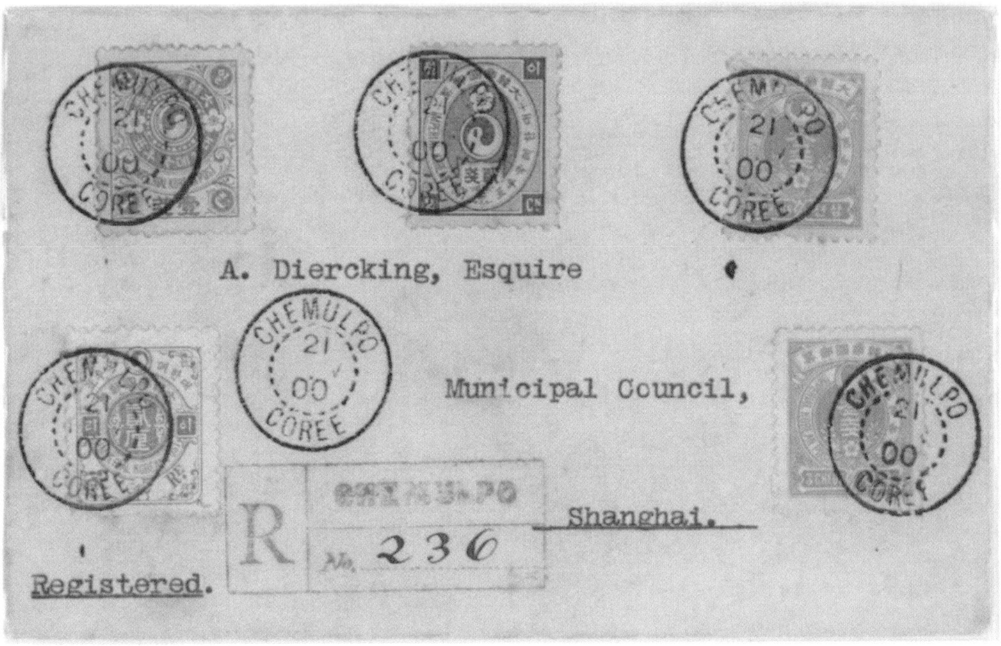

Chemulpo, 1900- Shang-hai. Chemulpo 등기 236호.

경성부 출신

이봉창(李奉昌)

1900년 **8**월 **10**일 ~ **1932**년 **10**월 **10**일. **일제 강점기**의 상인, **독립운동가**이다. 본관은 **전주**(全州). **일본**으로 건너가 상인 등으로 활동하다가 **대한민국 임시정부**가 있는 **중국 상하이**로 건너가 **한인애국단** 단원이 되었다. **경성부**의 중류층 가정에서 태어나 가정 형편으로 중학교에 진학하지 못했고 상점 점원, 철도청 견습생으로 일했고, 일본으로 건너가 상점 점원과 막노동 등에 종사하였다. **1918**년 철도국의 견습사원이 되었으나 1년 후 조선인보다 늦게 입사한 **일본인**들에게 혜택을 주는 것에 분개하여 철도국을 그만두었고, **1928**년에는 **히로히토 천황**의 즉위식에 구경하러 갔다가, **한글**과 **한문**으로 된 편지를 소지하고 있었다는 이유로 체포되어 11일간 수감되었다. **조선인**과 일본인을 차별하던 **조선총독부**의 정책에 불만을 품고 **일본** 정부에 항거하게 되었다. **1931**년 **중국**으로 건너가 **상하이 한인거류민단**을 통해 **김구**를 찾아갔다. 능행에 오르던 천황을 눈앞에서 본 것을 밝히고 천황을 제거할 계획을 모의하였다. **1932**년 일본에 건너가 도쿄의 경시청 **사쿠라다 문**(櫻田門) 앞에서 **쇼와 천황**을 폭탄으로 저격하려 하였으나 실패하였다.

출처: 위키백과

1900년대

내보장부(來報帳簿)

평양우편국 내보장부 · 전보 도착 기록 대장 [I]

내보장부: 평양우편국에 도착한 전보접수대장으로 한성 8건, 인천 6건, 의주 4건, 공주 1건으로 모두 사보이며 8건이 국문이며, 2건은 한문으로 작성되었다. 자수는 9자에서 46자까지 다양하다.

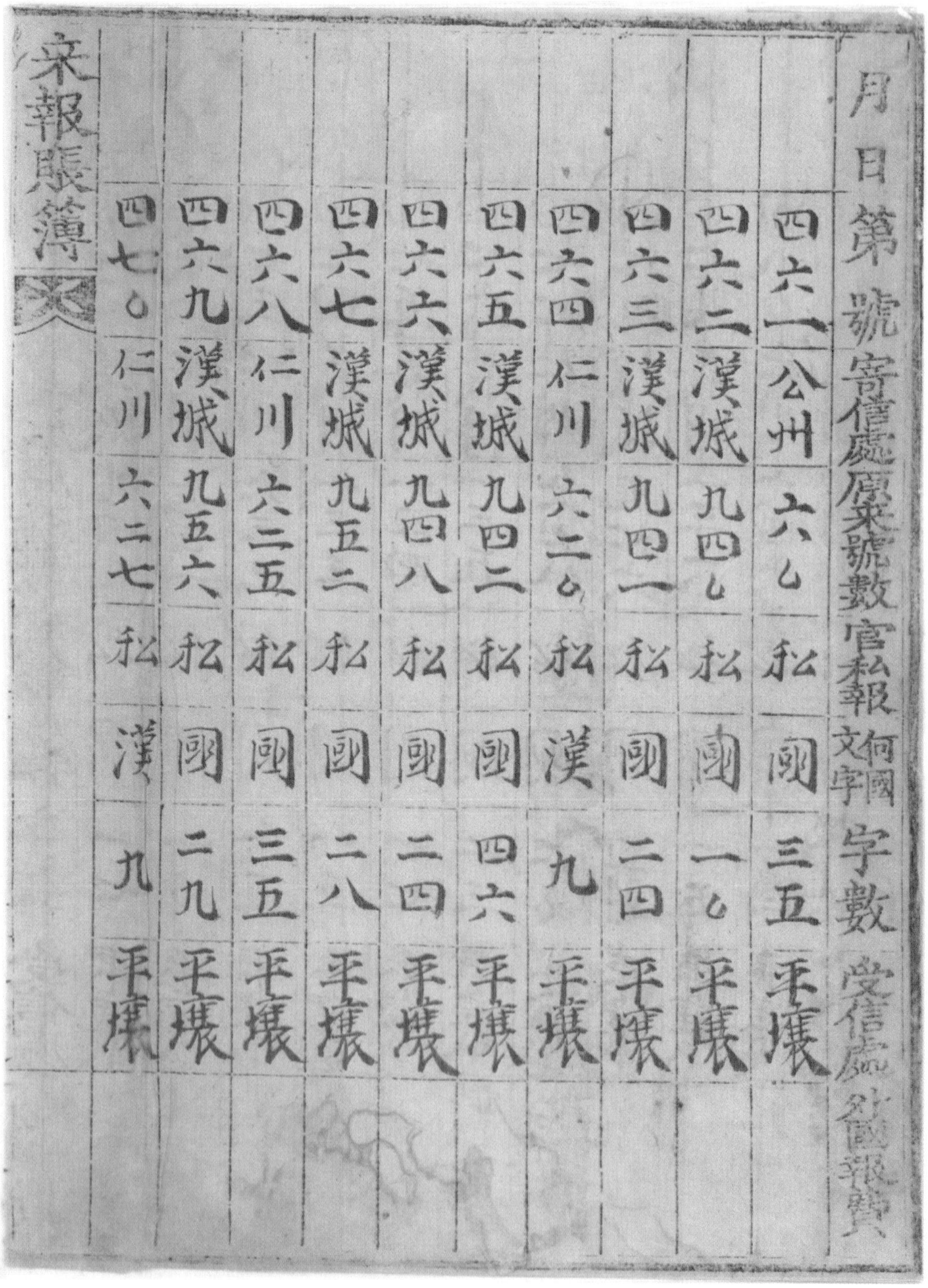

來報帳簿

月日第號	寄信處	原來號數	官私報	何國文字	字數	受信處 外國報費
四六一	公州	六〇	私	國	三五	平壤
四六二	漢城	九四〇	私	國	一〇	平壤
四六三	漢城	九四一	私	國	二四	平壤
四六四	仁川	六二〇	私	漢	九	平壤
四六五	漢城	九四二	私	國	四六	平壤
四六六	漢城	九四八	私	國	二四	平壤
四六七	漢城	九五二	私	國	二八	平壤
四六八	仁川	六二五	私	國	三五	平壤
四六九	漢城	九五六	私	國	二九	平壤
四七〇	仁川	六二七	私	漢	九	平壤

1900

단기 4233년/광무 4년/고종 37년

평양▶상해 경유▶프랑스행

1900. 10. 7 평양 - 1900. 10. 25 상해 경유- 1900. 11. 4일 프랑스 도착 체송 기간: 27일

※ 본 실체봉피는 일본 우취협회장이었던 미즈하라 메이소의 작품집(1993년 발행)
'조선근대우편사' 67페이지에 수록된 실체 봉피임.

1900

단기 4233년/광무 4년/고종 37년

1900년 파리만국박람회 대한제국도 참가하다

Exposition Universlle 1900-Paris

1900. 4. 14~11. 12

1900년 파리만국박람회 '한국관' - 담뱃대, 참빗

"음료로는 차 끓인 물을 먹고, 일종의 쌀 맥주를 즐겨 마신다."
1900년 4월 중순 프랑스 신문 '르 프디 주르날(Le Petit Journal)'은 한국 관련 기사를 소개한다.
그 해 열린 파리 박람회에 참가한 대한제국(고종 27년)이 한국관을 건설한 것을 계기로 박람회에 출품한 자료와 함께 대한제국의 풍습을 소개한 것이다. 이 자료는 최근 방한한 로세르 탈레스 국제 박람회기구(BIE) 사무총장이 2012 여수 박람회의 성공 개최를 기원하며 여수 조직위(위원장 강동석)에게 기증한 것이다. 기사에 따르면 당시 한국관은 프랑스 건축가 페레(Ferret)가 설계를 맡았다. '극동의 미를 한껏 살려 가장자리가 살짝 들린 지붕을 덮은 원색의 목재 건물'이라는 설명을 담고 있다. 한국관에는 실내복, 관복 등 의복과 부채, 담뱃대, 머리띠 등 특히 우리나라 출품작을 소개하면서 이를 통해 19세기 구한말의 풍습을 흥미롭게 묘사한다. 우선 "몇 년 전(1894년) 청일전쟁의 원인이 되었던 대한제국의 면적이 21만 8000㎢인 반도이며, 인구는 1200만~1300만명을 지닌 독립국"이라고 소개한다. 또 "한국인의 식생활은 중국인보다 다채롭다"면서 "주식은 밥이지만 북쪽에서는 메밀죽을 먹는다"고 했다. 개고기는 환자들에게 국으로 대접한다. 과일을 즐겨먹으며 오이·사과·자두·귤·무·배추·감자를 좋아한다. 조류와 산짐승류는 거의 먹지 않고, 돼지고기와 쇠고기 구운 것을 먹는다. 모든 음식은 아주 맵게 먹으며 참기름, 채종유, 아주까리 기름으로 요리한다." 또한 음료로'쌀 끓인 물'과 '일종의 쌀 맥주'를 즐겨 마신다고 했는데, 이것은 숭늉, 막걸리를 의미하는 것으로 보인다. 신문은 "한국인은 동물의 젖은 절대 마시지 않고, 소에서 우유를 짤 줄 모른다"고 했다. 머리띠·보석·목걸이·부적 브로치 등 장신구 가운데서도 '참빗'이 매우 신기했나 보다. 참빗을 '가려움증용 빗'으로 소개하면서 '너무 긁으면 괴로울 게 분명하다"는 재미있는 촌평을 했으니 말이다. 다른 진열대에는 아름다운 도자기들을 가득 진열했는데, "전통을 믿는다면 극동에서 도자기를 발명한 것은 대한제국인"이라는 평을 살짝 얹어놓았다. 담뱃대는 신분이 높을수록 길이가 긴데, 어찌보면 아편을 피울 때 쓰는 아편대로 착각할 수 있지만, "대한제국에서는 이런 마약이 엄격히 금지돼 있다"고 썼다. 신문은 또 "의상에서 가장 독창적인 부분은 모자(갓)" 라면서 "밖에서는 모자를 절대 벗지 않는 반면 다른 사람과 대화 때 벗지 않으면 실례"라는 점을 강조했다. 의상을 소개하면서는 '여자는 남자처럼 풍성한 바지 위에 치마·저고리, 가운 같은 긴 드레스를 입는데 외출시에는 얼굴을 완전히 가린다'며 신기해했다. 서적 진열대에는 불경(1361년)과 팔만대장경(1368년), 삼국사기(1644년) 등 고서가 진열됐다. 신문은 "한국의 목판 인쇄술은 아주 오래 전으로 거슬러 올라가며 9세기부터 서적이 널리 배포되었다"고 소개했다. 신문은 이어 "한국 언론이 프랑스보다 더 오래되어 1577년까지 거슬러 올라간다"면서 "이것에는 왕의 명령과 그 일자, 제사의 종류가 실렸다"고 전했다. 이 신문이 말하는 '한국 언론'은 무엇일까. 바로 1577년(선조 10년) 민간업자들이 조정의 허가를 얻어 정부가 발행한 조보(朝報·조선시대 승정원이 주요 소식을 필사해 관서에 배포한 관보)를 매일 발간한뒤 독자들에게 구독료를 받고 배포한 것을 지칭한다. 우리나라가 세계박람회에 처음 참가한 것은 1893년 미국 시카고박람회였다. 국 시카고에서 열린 세계박람회에 72개국의 일원으로 참가했고, 도자기와 갑옷·나전칠기 등을 8칸짜리 기와집에 전시한 바 있다. 강동석 여수박람회 조직위원장은 '2012년 여수박람회 개최는 새삼스러운 것이 아니라 110여년 전에 이미 세계 박람회에 참가한 이력을 바탕으로 준비하는 것' 이라면서 '박람회를 성공적으로 치를 수 있도록 최선을 다하겠다'고 말했다. 세계 박람회에 본격적으로 참가한 것은 1893년 미국 시카고에서 열린 이른바 '콜럼비아 세계 박람회(The World's Columbian Exposition)였다. 이 명칭은 미국이 콜럼버스가 미국을 발견한지 400년이 되는것을 기념하기 위해 붙인 것인데, 바야흐로 세계 제국의 하나로 떠오르는 미국의 국력과 위세를 과시하는 계기이기도 하다. 1882년 미국과 수교를 맺은 뒤, 조선은 미국에 대해 상당한 호감을 가지고 있었고 1883년 보빙사 사행 때의 경험도 있는 터였기 때문에 박람회 참가를 위해 많은 준비를 기울였다. 또 이미 1873년 빈 만국박람회(The Vienna World Exposition) 등에서 일본이 '자포니즘(Japonism)'을 불러일으킬 만큼 성공을 거뒀던 것등을 통해, 조선은 박람회를 통해 독립적인 문화를 지닌 국가라는 이미지를 서구에 알릴 절호의 기회로 여겼을 것이다. 이 박람회 참가는 그동안 서구 여러 나라와 맺은 외교관계를 더욱 공고히 하고 서양 문물을 도입하는 개화 정책에서 비롯되었을 것이다. 세계 46개국이 참가했던 시카고 만국박람회에 조선은 '제조와 교양관(Manufactures and Liberal Arts Building)' 에 한 자리를 차지하고 있었다. 당시 기록을 보면 면적이 899평방피트로 요즘으로 치면 25평 정도의 그다지 크지 않은 규모의 건물이었다. 양면이 열린 코너에 위치하여 기와로 덮은 지붕이 특색을 보여주었는데, 당시 전시관 사진을 보면 지붕 위쪽에 태극기를 내걸었음을 알 수 있다. 전시 물품은 자수 병풍과 도자기 등 수, 공예품을 비롯하여 남성 관복과 무인복, 갖신 과 짚신 등 의복류, 찬장, 식기, 탁자 등 일상 생활용품과 장기판, 연 같은 놀이기구 등 매우 다양했다. 이 박람회 참가자 대표였던 정경원(鄭敬源, 1841~?)이 고종(高宗, 재위1864~1907)에게 보고한 바에 따르면 이중 천문발, 소라껍질을 박은 장롱, 자수 병풍 등이 특히 인기를 끌었으며 상패도 받았다고 한다. 이러한 물품들을 통해 조선은 세계에 첫 인상을 심어준 것이다. 이 전시에 대해 미국의 신문이나 잡지에서는, 당시 아직 거의 알려지지 않았던 조선에 관해 조심스러운 호기심을 보이면서, 조선의 수공예품의 수준이 훌륭하다고 보도하기도 했다. 또 특별한 행사도 있었다. 조선에서는 이창업, 강재천, 이경용 등 10명의 악사를 파견하여 전시 기간 동안 전통적인 붉은 색 의상(紅衣)을 입고 우리의 전통 가락을 연주하는 등 음악 문화도 선보였다. 당시 주한 미국 공사관의 부총영사로서 조선관 출품 및 행사관할의 명예 사무대원으로서 함께 갔던 알렌(Horace Allen)이 뒷날 회고한 바에 따르면 이 악인들의 연주로 '조선 고악(古樂)은 동양 고악 중에서도 가장 뛰어나다'는 찬사를 받기도 했다고 한다. 박람회가 끝날 무렵 정경원은 박람회 관계자들을 초청하여 시카고의 유수 호텔의 루돌프 갠즈 홀에서 연회를 열었다. 당시 디너 초청장에는 미국기와 태극기가 나란히 게양되어 있었고, 국호는 한글로 '조선'이라 표기되었다.

출처: 경향신문 2010. 5. 10일자 조선은 세계를 어떻게 만났는가/육수현

1900

단기 4233년/광무 4년/고종 37년

대한제국 최초 발행 엽서 농상공부 엽서

대한제국 최초 엽서인 [농상공부엽서] 발행 다음날인

1900년 5월 11일 끌라망세가 여러 지인들에게 보낸 엽서 발행 안내문

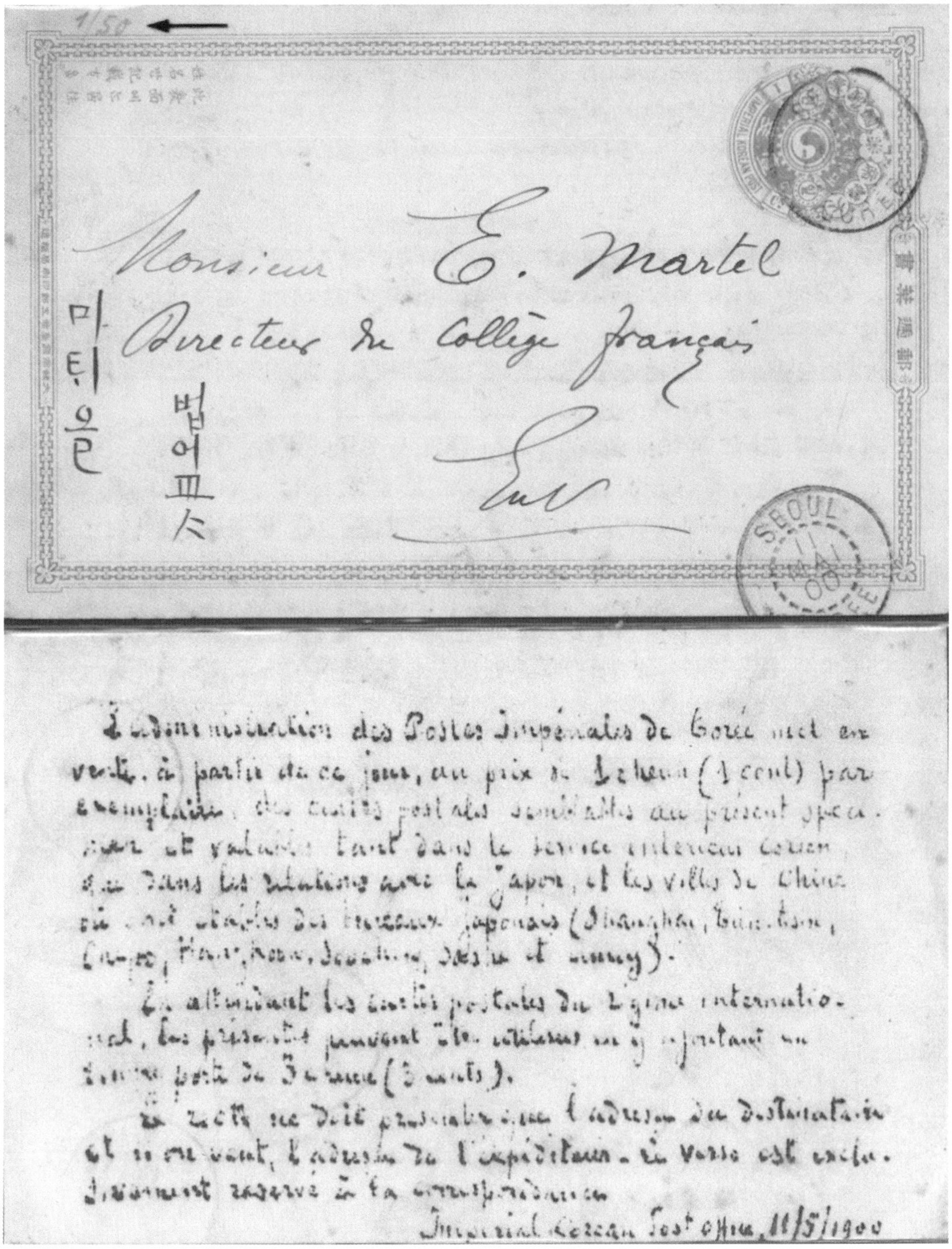

1900. 5. 11 Seoul, Coree 외체인　　　　법어교사 마티을에게 보낸 엽서

Edition: 1/50 끌라망세가 지인에게 보내는 엽서 총 50매 중 법어교사 마티올에게 보내는 엽서가 50매 중 첫번째임.

우리나라 최초의 엽서인 <대한제국 농공상부 엽서> 발행 다음날인 1900년 5월 11일 끌레망세가 여러 지인들에게 보낸 엽서 발행 안내장*

The Imperial Korean Postal Administration announces the sale of 1-chon(1 cent) postal cards, effective this date similar to the ones in current use(presumably Japanese or Chinese - Ed.). They are valid for use in Korea in correspondence with Japan and with the cities of China where Japanese Postal offices are established i.e. Shanghai, Tientsin, Chefoo, Hangchow, Shoochow, Taku and Amoy.

While awaiting the availability of oversea postal cards, these postal cards may be used by adding a 3 chon (3 cents) postage stamp.

The face must show only the forwarding address and, optionally, the sender's addres. The reverse side is reserved exclusively for correspondence.

The Imperial Korean Post Office, may 11, 1900

대한제국 우정국은 (아마도 일본이나 중국에서 현재 사용하고 있는 엽서와 흡사한) 1전짜리 엽서를 오늘부터 판매한다고 발표한다. 이 엽서는 한국과 일본 그리고 일본우편국이 개설되어 있는 상해, 텐진, 치푸, 항주, 타쿠, 아모이 등에서 사용할 수 있다.

국제우편엽서의 사용이 가능할 때 까지를 기다리는 동안, 이 엽서에 3전짜리 우표를 첨부하여 국제엽서로 사용할 수 있다.

엽서의 앞면에는 수신자의 주소를 반드시 써야하며 발신자 주소도 기입할 수 있고, 뒷면에는 서신내용만을 기입하여야 한다.

대한제국 우정국 1900년 5월 11일

*주: 끌레망세가 불어로 직접 써서 등사기를 이용해 제작한 것으로 많은 양을 제작했으리라 짐작되나 실제로 현존하는 양은 그리 많지 않다. 다만 프랑스인 마텔에게 보낸 실체의 왼쪽 상단에 1/50이라는 표기가 있어 50매를 제작하여 발송하지 않았을까 하는 추측을 할 수 있다. 현재 밝혀진 엽서안내장 실체는 다음과 같다.

1. 손탁여사에게 보낸 실체(SEOUL, 11 MAI, 1900 외체인, 정종현 작품집, pp.26)
2. Morgan 공사에게 보낸 실체(이종구 작품)
3. 마텔(Martel) 프랑스어 교사에게 보낸 실체(편저자 소장)

왼쪽 화살표가 마텔 법어교사이고 오른쪽 화살표는 당시 수재로 이름난 니능화

ㅁ 니능화는 훗날 대한제국 농상공부 주사에 임용되었다.

대한제국 최초 엽서 [대한제국 농상공부 엽서] 발행 안내문

끌라망세 서신 원문

The Imperial Coree Postal Administration annunsces the sale of 1 choseon(1cent) postal cards, effective this date similar to the once in current us(presumably Japanese or Chnese - Ed).

They are valid for use in korea in correspondence with Japan and with the cities of China where Japanese Postal office are established ie Shanghai, Tientsin, Chefoo, Hongchow, Shoochow,

Taku and Amoy. While awaiting the availability of oversea postal cards, these postal cards may be used by adding a 3 chon(3cents) postage stamp. The face must show only the forwarding

address and, optionally, the sender's address. The reverce side is reserved exclusively for correspondence.

The Imperial Korean post Office, may 11, 1900.

끌라망세 서신 원문(불어 번역문)

대한제국 우정국은(아마도 일본이나 중국에서 현재 사용하고 있는 엽서와 흡사한) 1전짜리 엽서를 오늘부터 판매한다고 발표한다. 이 엽서는 한국과 일본 그리고 일본 우편국이 개설되어있는 상해, 텐진, 치푸, 항주, 티쿠, 아모이 등에서 사용할수 있다. 국제 우편 엽서의 사용이 가능할 때 까지를 기다리는 동안, 이 엽서에 3전짜리 우표를 첩부하여 국제엽서로 사용할 수 있다. 엽서의 앞면에는 수신자의 주소를 반드시 써야하며 발신자 주소도 기입할 수 있고 뒷면에는 서신 내용만을 기입하여야 한다.

대한제국 우정국 1900년 5월 11일

끌라망세가 불어로 직접 써서 등사기를 이용해 제작한 것으로 많은 양을 제작했으리라 짐작되나 실제로 현존하는 양은 그리 많지 않다. 다만 프랑스인 마텔에게 보낸 실체의 왼쪽 상단에 1/50 이라는(Edition)이라는 표기로 미루워 볼때 본 엽서는 총50매 중 첫번째일 것으로 추측한다. 현재 밝혀진 엽서 안내장 실체는 다음과 같다.

1. 손탁 여사에게 보낸 실체(SEOUL, 11, MAI. 1900외체인, 정종현 작품집. P26)
2. Morgan 공사에게 보낸 실체(이종구 작품집)
3. 마텔(Martel) 프랑스어 교사에게 보낸 실체(체부에 실린 실체 엽서. 나봉주)

우취 문화 해설 시리즈

출처: 우정사업본부 우표문화 길잡이

우취 용어

1. 우표 전지(Full Sheet) 각 부분 명칭
   - 가. 낱장(Single): 한 장씩 떨어진 우표
   - 나. 이연(페어, Pair): 우표가 가로 또는 세로로 두 장이 붙어있는 상태
   - 다. 스트립(Strip): 우표가 가로 또는 세로로 세 장 이상 붙어있는 상태
   - 라. 블록(Block): 우표가 가로 또는 세로로 네 장 이상 붙어 있는 것이 블록, 우표가 연결된 숫자에 따라 4장 블록, 8장
   - 마. 멀티플(Multiple) 우표가 8 장 이상 함께 붙어 있는 경우를 말하며 그리고 블록은 보통 4각형 모양을 지칭하지만 멀티플은 모양과 관계없이 여러 장일 경우 멀티플이라 한다.
   - 바. 페인(Pane) 휴대용 우표첩(Boolet)을 페인이라고 하며 일반적인 전지는 풀 페인(Full Pane)이라고 부른다. 전지와 거의 동일한 말이나 약간의 차이가 있다. 우표첩을 만들기 위해 4-20 장 정도 단위로 우표를 발행하는 경우가 있는데 이때 잘려지는 단위를 페인이라고 한다.
   - 사. 코너 블록 전지의 사방 모서리를 코너라고 하는데, 코너 블록이라 함은 각 모서리에 우표가 4장 이상 붙어 있는 상태. 제1코너 田형 블록이라 함은 전지 왼쪽 위의 田형의 것을, 제2코너는 전지 오른쪽 위의 모서리에 있는 것을, 제3코너는 왼쪽 아래의 모서리, 제4코너는 전지 오른쪽 아래 모서리를 말한다.
   - 아. 명판(Imprint) 우표 변지에 우표의 인쇄업체 또는 우표디자이너 이름 등이 인쇄되어 있는데, 이것을 명판(名板)이라 한다.
   - 자. 천공(Perforation) 우표를 떼어 내기 쉽게 하기 위해 우표의 인면과 인면 사이에 뚫어 놓은 여러 개의 구멍 선으로 된 것을 천공이라 하고, 천공이나 선공이 안 된 것을 무공이라 한다.
   - 차. 변지(Margin) 우표 전지의 사방에는 여백이 있는데 이것을 변지라고 한다.

1900년대 초

군사우편

대한제국 전환국 엽서 일본 제1사단 군사우편 제1군 일부인

제1군 61사단 제1보조 수송대 ▶일본행

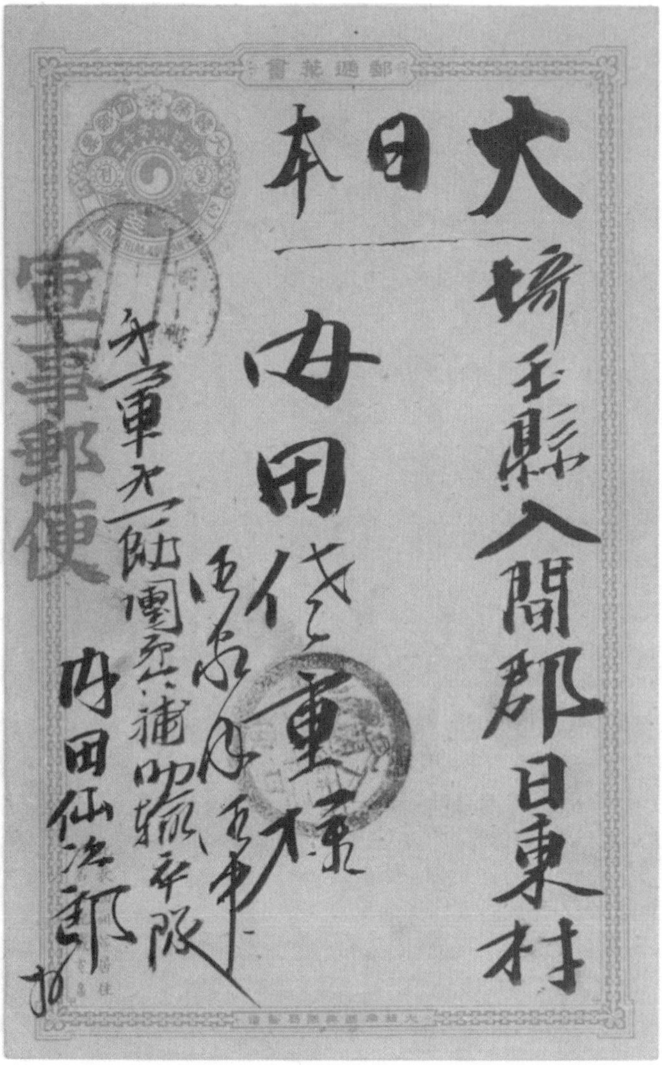

일본제국 제1군 61사단 제1보조 수송대(년월일 미상)
일본 기옥현행 군사우편 엽서
특이 사항 대한제국 전환국 엽서는(1901년도 발행) 백상지이나 본 엽서는 황색지로서 고찰이 필요한 실체임.

ㅁ 1903년 주요 우편사

9월 18일 시흥 영등포우체지사 우무 개시. 통신원 고시 9호

9월 22일 외부에 우체교사 길맹세[吉盟世] 속빙서에 연서[聯署]를 청함. [현재 고용기한 금년 12월 7일, 조사관으로 개칭

9월 25일 종전 사용 우표 [5돈, 2돈 5푼, 1돈 5푼 우표] 폐지 공고 [통신원령 12호]

9월 28일 춘천우체사, 체전부 18 인이 거의 무식[無識]하므로 문자 해독하는 자 1인을 채용하여 우무에 종사시키고 있음을 보고

1900

단기 4233년/광무 4년/고종 37년

태극대한가쇄 10 P+이화보통우표 3전

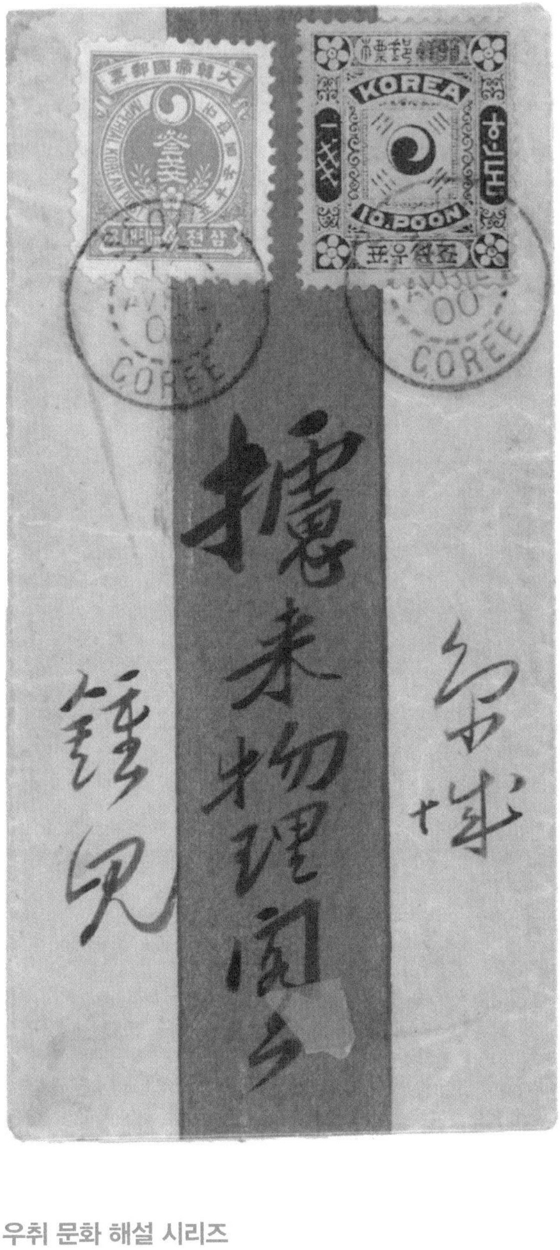

을사조약

1905년 일본이 한국 외교권을 박탈키 위해 강제로 체결한 조약. 원명은 한·일 협상조약이며, 일명 제 2차 한·일 협약으로 을사보호조약 또는 을사5조약이라고도 한다.

조약 일시 1905년(고종 42년) 11월 17일

을사 오적 박제순·이지용·이근택·이완용·권중현

을사조약은 일제의 강압에 의하여 박제순과 일본 특명 전권공사 하야시 사이에 체결함.

을사조약 내용

한국 정부 및 일본 정부는 양 제국을 결합하는 이해 공통의 주의를 공고히 하고자 한국의 부강의 실(實)을 인정할 수 있을 때에 이르기까지 이를 위하여 이 조관(條款)을 약정한다.

제1조, 일본국 정부 재 동경 외무성을 경유하여 금후 한국의 외국에 대한 관계 및 사무를 감리(監理) 지휘하며, 일본의 외교 대표자에 대한 관계 및 사무를 감리(監理) 지휘하며, 일본국의 외교 대표자 및 영사는 외국에 체류 한국의 신민(臣民) 및 이익을 보장함

제2조, 일본정부는 한국과 타국 사이에 현존하는 조약의 실행을 완수할 임무가 있으며, 한국 정부는 금후 일본국 정부의 중개를 거치지 않고는 국제적 성질을 가진 어떤 조약이나 약속도 하지 않기로 상약한다.

제3조, 일본국 정부는 그 대표자로 하여금 한국 황제 폐하의 궐하에 1명의 통감(統監)을 두게 하며, 통감은 오로지 외교에 관한 사항을 관리하기 위하여 경성에 주재하고 한국 황제 폐하를 친히 내알 일본국 정부가 필요하다고 인정하는 지역에 이사관(理事官)을 둘 권리를 가지며, 이사관은 통감의 지휘하에 종래 재한국 일본 영사에게 속하던 일체의 직권을 집행하고 아울러 본 협약의 조관을 완전히 실행하는 데 필요한 일체의 사무를 장리(掌理)한다.

제4조, 일본국과 한국 사이에 현존하는 조약 및 약속은 본 협약에 저촉되지 않는 한 모두 그 효력이 계속되는 것으로 한다.

제5조, 일본정부는 한국 황실의 안녕과 존엄의 유지를 보증한다.

이 조약에 따라 한국은 외교권을 일본에 박탈당하여 외국에 있던 한국 외교기관이 전부 폐지되고, 영국·미국·청국·독일·벨기에 등의 주한 공사들은 공사관에서 철수하여 본국으로 돌아갔다.

출처: 위키백과

우취 문화 해설 시리즈

우표 수집 방법과 수집 대상

출처: 우정사업본부 우표문화 길잡이

7. 일부인

우편물을 우체국에 접수한 날짜와 접수된 우체국의 이름이 들어간 우편용 도장을 말하며, 일부인은 우편물이 접수되 었음을 확인하는 기능과 한 번 사용된 우표나 엽서를 다시 사용하지 못하게 표시된 액면의 효력을 없애는 역할을 한다. 수집가에게는 일부인의 상태에 따라 그 가치를 평가한다. 즉 일부인의 날인된 문자의 식별 여부가 관건이다.

가) 보통 통신 일부인. 나) 기념 통신 일부인. 다) 관광 통신 일부인

1900

단기 4233년/광무 4년/고종 37년

SEOUL 외체인·국내 서신

태극주색대한가쇄 25 P. Red Overprint

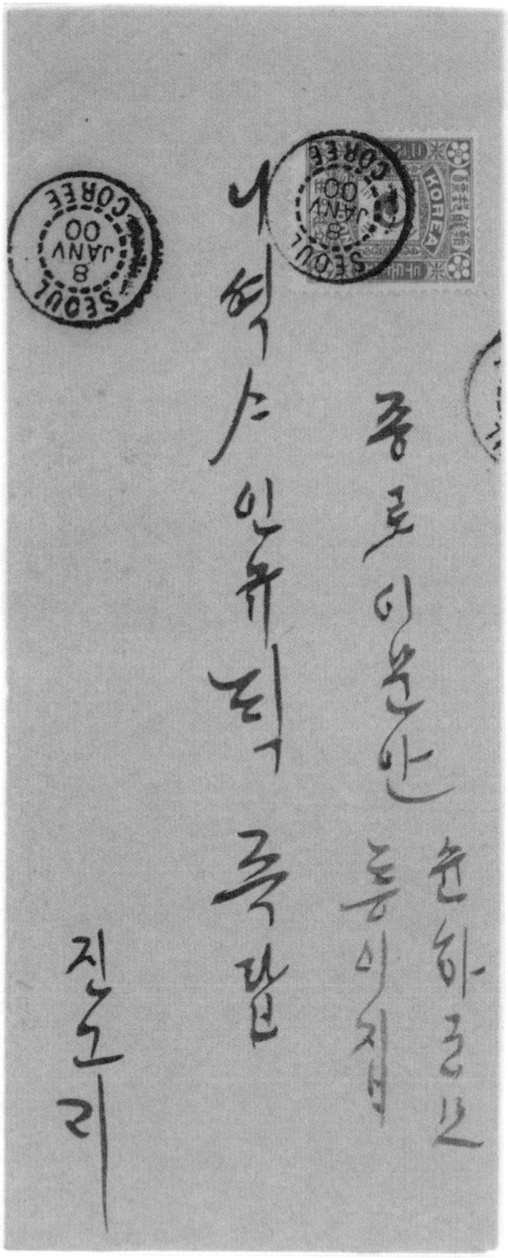

우표전쟁 역사

파라과이·볼리비아간 우표전쟁

1932년 양국 국경에 인접한 그란차코 지방에서 석유가 발견되자 영유권을 주장하였다. 양국이 앞다퉈 우표를 발행했고, 이를 계기로 4년간 전쟁을 치렀다.

도미니카·아이티간 우표전쟁

서인도제도에서 두 번째로 큰 히스파니 올라섬의 동반부 2/3에는 도미니카 공화국이, 서반부에는 아이티 공화국이 차지하고 있는데 1900년 10월 21일 도미니카에서 발행된 지도우표에 실제 영토보다 더 크게 그려져 아이티의 영을 침범하였다. 아이티는 우표 도안의 시정을 요구하였으나 쌍방이 버티다 마침내 전쟁이 일어나 무려 30년이 지난 1929년에서야 미국, 브라질, 아르 헨티나 3국이 중재하여 화해하였다.

미국 원자폭탄 우표

미국이 2차대전 종전 50주년을 기념을 위해 원자폭탄이 들어간 우표를 발행하려다 일본의 반발로 무산되었다.

이란우표

이란이 이스라엘에 총구를 겨누는 우표를 발행했다가 양국간 말썽이 되기도 하였다.

독도(獨島)우표

대한민국이 1954년에 발행한 독도 우표

1954년 9월 15일 체신부가 독도의 전경을 도안한 2환, 5환, 10환짜리 우표 3,000만 장을 발행하였다. 일본 외무성에서 독도 우표가 붙은 우편물을 받지 않겠다고 했으나 만국우편연합(U.P.U) 규정 중 '우편물 중개의 자유보장' 조항에 굴복하여 허용하기로 하였다. 일본에서는 항의의 표시로 독도우표가 붙은 한국 우편물에 먹칠해서 배달했다. 대한민국은 이 섬을 도안으로 한 우표를 2002년과 2004년 1월 두 차례 더 발행했다. 2002년 8월 1일 내 고향 특별우표 시리즈(32종) 중 경북편에도 독도우표가 포함, 90만장이 발행되었으나 당시 일본측 항의는 없었다. 2004년 1월 대한민국이 독도 우표 4종 224 만장을 발행하자 가와구치 일본 외상은 독도의 영유권을 주장하는 일본의 입장과 한국의 우표 발행이 만국우편연합 헌장의 정신에 위배된다고 주장하고 주일 한국 대사관에 항의하는 일이 있었다.

출처: 위키백과

1900

단기 4233년/광무 4년/고종 37년

Seoul ▶ Via Shang-Hai ▶ Stuttgart, Germany행

태극보통우표 25 P+25 P. Tae-Geuk Series(1st Issue)

Seoul, Coree. 26, Nov.1900-Via Shanghai. 7, Dec.1900-Stuttgart, Germany 150x118mm

독일공사관 연혁

독일공사관 전경

독일제국을 대표하는 독일 황제이자 프로이센 국왕과 조선의 국왕은 양 제국의 지속적인 우호 관계와 양국 국민들의 편안한 통상 교류를 위해 조약을 맺기로 결정했다.

한·독 관계의 첫 번째 교량이 되어 준 한·독 통상 조약의 시작 문구이다. 조선과 통상 교섭을 하려던 최초의 외교적 시도는 막스 우구스트 스키피오 폰 브란트(Max August Scipio von Brandt)에 의해서다. 그는 1862년에 부임한 최초의 주일 독일 영사였다. 1870년 본 브란트는 부산에 건너와 통상 교섭을 시도하였지만 조선관리들로 부터 거절당하여 다시 일본으로 돌아가야 했다. 하지만 1873년 유럽 강국들에 대해 배척적이었던 대원군의 퇴진, 1876년 조·일 수교 이후의 개화 정책에 힘입어 폰 브란트는 1882년(당시 주청 독일공사) 조선 황실과 독일간의 조약을 체결하는데 성공했다. 허나 이 조약은 독일 정부로부터 너무 제한적이라는 이유로 비준을 얻지 못했다. 독일 제국은 주 요코하마 총영사인 칼에두아르트 차페(Carl Eduard Zappe)를 내세워 협상을 시도했고 조선에서는 1882년 서양인 최초 고문으로 부임한 독일인 파울 게오르크 폰 묄렌도르프(Paul Georg von Möllendorf)가 협상자로 나섰다. 이들은 곧 수정된 조약에 합의했다. 1883. 11. 26일 민영목 외무독판과 칼 에두아르트 차페 총영사 간에 조·독 통상 우호 항해 조약이 체결되었다. 조선과 독일 제국 간에 공식적 외교관계가 수립됐다. 양국은 서로 상대국에 영사관을 상설하기로 하며, 조선은 독일 제국과의 통상을 위해 조선 항구를 개방하고 독일인들이 항구 주변에 토지나 건물을 구입하거나 빌릴 수 있을 뿐만 아니라 일정 구역 내에서 자유롭게 왕래할 수 있도록 허락하기로 했다. 또한 독일제국과 조선 사이의 해상무역에 관한 사항이 규정되었고 관세도 확정되었으며, 양국 국민들이 공부를 목적으로 상대국을 방문할 시 최대한의 편의를 봐주기로 했다. 1884년11월 18일 비준서를 교환 후 독일 제국은 한성에 총영사관을 개설했고 비준서 교환을 위해 한성을 찾았던 오토 챔브쉬(Otto Zembsch)를 초대 총영사로 임명하였다. 1903년 총영사관은 공사관으로 승격되었으며 콘라드 폰 잘테른(Conrad von Saldern)이 공사로 임명되었다. 그러나 1905년 을사조약으로 조선의 외교권이 박탈당하자 독일과 조선의 외교 관계는 중단되었고, 주한 독일공사관의 업무는 주일 독일공사관에 위임 되었다. 조선정부는 1887년 9월 이래 수명의 주독 전권대신을 임명했지만 부임하지 않았고, 1901년이 되어서야 안철훈 주독 전권공사가 처음으로 부임했다. 주독 공사관도 이범진 공사를 마지막으로 1905년 폐쇄되었다.

출처: 서울주한독일대사관

1900

단기 4233년/광무 4년/고종 37년

대한제국 전보사 전보 실체

IMPERIAL KOREAN TELEGRAPHS

이화보통우표 3전. Plum Blossoms Series

충주우체사▶공주행

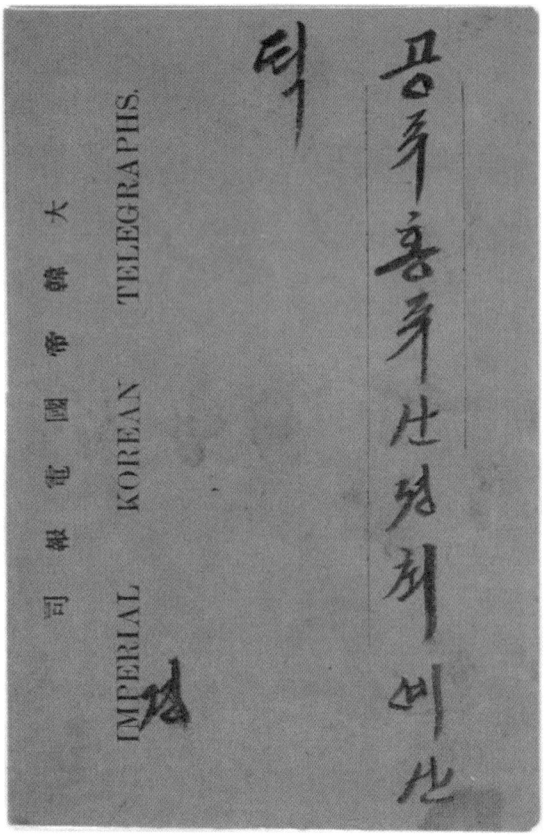

충주. 1900. 11. 16 96x145mm

충주우체사 연혁

1895. 10. 21 대한제국 농상공부령 제10호, 고시 제10호에 의거 우체사 설치 착수, 개국 충청북도 충주에 설립한 우편업무기관.

대한제국 전보사 출처: 우취아카데미/우리나라전보의역사

대한제국 전보사를 한자로 '大韓帝國電報司'라 쓰고 그 아래에 'IMPERIAL KOREAN TELEGRAPHS'를 크게 인쇄한 것과 작게 인쇄한 것이있으며, 글씨가 작은 것은 14cm×9.5cm, 글씨가 큰 것은 16.0cm×9.0cm이다.

1900년 3월 칙령 제11호에 의하여 통신원 관제를 제정하여 통신원이 신설되었고, 6월 전보사 관제에서는 한성총사를 비롯하여 36개 전보사로 확충(칙령 제27호) 되었으며, 이 체제는 1905년 한일 통신 합동 시까지 유지되면서 전보사는 계속 증설·확충되었다. 11월 1일에는 전보 업무 직원 양성을 위한 전우학도규칙을 제정하여 정원 25명의 전우 학당이 수업 연한 3년씩 교육을 하게 되었으며, 학과는 타보(打報), 번역, 전리학(電理學), 전보규칙, 외국어, 산술 등이 있었다고 한다.

ㅁ 1900년 주요 우편사

3월 2일 **황성신문 보도, 광무(光武) 4년도 농상공부 예산**
제1관 운영비 42,996원 제 2관 사업비 334,140원

3월 21일 **농상공부 관제 개정. [통신원 및 인쇄국 설치] 청의.**
학부(學府) 협판 민상호, 농상공부 협판에 피명.

3월 23일 **농상공부 관제 개정. [칙령 10호]. 통신원 관제 반포. [21조, 칙령 11호]**
황성신문 보도, 우선기선회사(郵船汽船會社) 신 구입 고용선에 대한 도항체류선세(到港滯留船稅)를 면제 받았다고 보도.

1900 단기 4233년/광무 4년/고종 37년

국내 서신에 SEOUL 외체인과 한성 원일형 소인이 찍힌 실체

이화보통우표 3전·Plum Blossoms Series

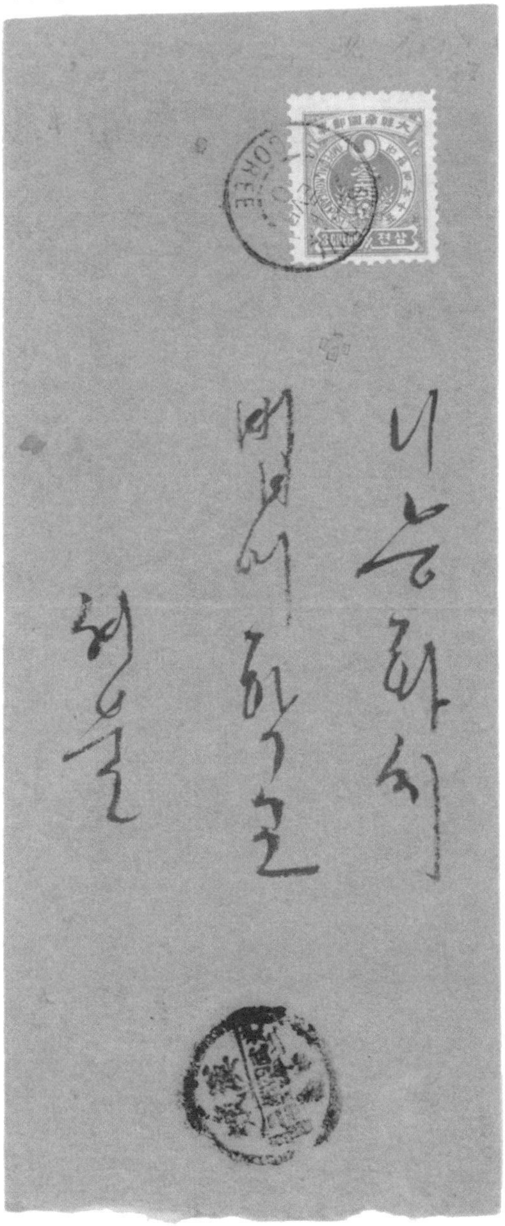

광무 4년(1900) 2월 21일. Seoul, Coree. Feb. 21, 1900
76x187mm

법어학교(法語學校 프랑스어 학교)

교장 예말마르텔(Emile Martel. 馬太乙)1874~1949
1896년(고종 33) 1월 프랑스 특사의 요구에 따라 설립하고,
1896. 5월에 박동(礡洞/현 종로구 수송동)으로 이전하였다.
설립 목적은 유능한 프랑스어 통역관 양성, 프랑스와의 우호적
관계를 다질 관리 후보자를 배출하는 목적으로 설립하였다.

법어학교의 수업 광경

예말 마르텔(Emile Martel. 馬太乙).

근대 개화기에 법어 학교의 교장이라는 신분으로 우리 나라와 첫 인연을 맺은 이래로 거의 한 평생을 이 땅에서 살다가 끝내 안식처까지 마련한 에밀 마르 텔은 자신의 이력도 이력이지만 그 자신이 대한제국 애국가의 작곡가이자 대한제국 군악대 악장이었던 독일인 프란츠에케르트의 사위였다는 점이다. 그는 정동에서 거처를 마련하여 그의 집은 곧 법어학교의 발상지가 되었다. 1908 년에 일어·영어·법어·덕어 등 다섯개의 어학교를 합처 '관립한성외국어학교'로 개편, 일제강점기에 폐쇄되었다.

출처: 위키백과

1900년 주요 우편사

3월 15일 황성신문 보도, 한성-인천간 우체물 발송 시간 16일부터 개정. [매일 오전 7시, 10시 오후 4시]
3월 16일 일본공사에게 일본우편국 불법적 개설 항의. [기설국(旣設局) 철폐, 신설국 금지]
3월 15일 주일공관에 일본 유학생 감독을 후쿠자와에게 위임치 말고, 공사가 전임하라고 훈령
3월 19일 강계(江界)우체사 우무 견습 희망자 2인의 처리를 품의.

1900

단기 4233년/광무 4년/고종 37년

Sontag Cover

태극보통우표 닷돈(50 P)+닷돈(50 P)+닷돈(50 P).

The International Datestamp. Jan.1.1900 ~ Jun. 30, 1905

Outbound international registered mail. Seoul → Russia(May. 1900)

30jeon. International letter rate(16g) 10jeon+Overweight charge 10jeon R. Seoul No.621

Seoul. May. 19, 1900 - Shanghai. May. 28, 1900 - Ligne PAQ. May. 31, 1900 - St. Petersburg. Jun. 25, 1900
체송 기간: 37일간

대한제국 국권 피탈 과정 [大韓帝國國權被奪過程] 1876-1945=69년

1876년 2월	강화도 조약(조일수호조규)
1904년 2월	한일의정서
1905년 11월	제2차 한일협약(1905. 11. 22. 통감부 설치)
1907년 7월	한일신협약
1909년 7월	기유각서
1910년 8월	한일병합조약(조선총독부 설치)
1945년8월29일	일본제국의 항복(패망)으로 조선총독부 종식
1876년 2월	강화도 조약의 피침 시작부터 69년간 간섭 및 식민지 역사를 징비한다.

※ 징비(懲毖): 전에 있었던 잘못과 비리를 경계하여 삼간다.

1900

단기 4233년/광무 4년/고종 37년

4월 10일 - 한성전기주식회사, 서울 종로에 처음으로 민간인 사용 전등 3개를 설치(최초의 민간 가로등)

7월 15일 - 서울과 인천 간에 시외 전화 개통/5월14일 제2회 파리올림픽대회 개막/10월3일 관립화동중학교 개교(현 경기고등학교)

평양▶한성행

이화보통우표 3전. Plum Blossoms Series

평양. 광무 4년(1900) 9월 22일-한성 광무 4년(1900) 9월 27일
체송 기간; 6일 77x180mm

1900년 종로 종각 앞 전차

출처: 위키백과

서울전차 설치는 대한제국의 전기 도입 부대사업으로 이루어졌다.

1898년에 한성 일대의 전력 공급 사업권을 취득하고 한성전기회사를 설립한 미국인 콜브란(H. Collbran)과 보스트위크(H. R. Bostwick) 가 전력의 주요 소요처로서 전차 부설을 검토하였다. 이러한 전차의 도입 과정에서 콜브란 등은 고종황제의 홍릉 행차 시에 신하를 다수 동행해야 함으로 인한 불편함을 전차로 해결할 수 있다고 설득하여 그 허가를 얻고, 황실의 투자까지 받았다고 한다. 이들은 계약이 체결되자 일본인 기술자를 불러 들여 공사를 시작하고, 서대문에서 종로, 동대문을 거쳐 청량리에 이르는 5마일(약 8 km) 길이의 단선궤도 및 전차선을 설치하였다. 전차 철도를 개설하는 예식은 1898년 9월 15일 오후 4시에 흥화문 앞에서 거행되었다.

1899년 고종 황제가 시승한 전차

1899년 5월 17일	개통식(흥화문 앞) 운행구간 서대문·종로·동대문·청량리 약 8Km
1898년 2월 19일	콜브란과 보스트위크, 대한제국으로부터 전기사업권을 획득하여 한성 전기회사 설립.
1898년 12월 25일 ~	서대문~청량리 간 단선 신설.
1899년 -	종로~남대문 간 단선 신설.
1899년 5월 17일 -	전차 개통식.
1901년 1월 -	남대문~구용산 간 단선 신설.
1901년 7월	서대문~남대문 간 단선 신설. 숭례문에서 지선 형태로 분기하여 실제로는 의주로를 거쳐 서대문 앞의 전차 종점으로 이어지는 순환 형태의 노선이었으나, 2~3년이 지나지 않아 폐지됨.

ㅁ 1900년 주요 우편사

2월	임시 사용키 위하여 첨쇄(添刷)우표 [1푼] 발행. [태극보통우표에 '1' '일' '壹'자 첨쇄]
3월 5일	국내 우체 세칙 공고. [부령 37호, 전 102조]. 윤규섭(尹圭燮) 한성우체사장에 피임.
3월 7일	농상공부, 외체 실시에따라 우체선(郵遞船)과 순해선(巡海船) 마련하라고 요구.
3월 13일	황성신문, 우무(郵務) 발전은 우표 정량(精良)에 있지 않고, 통신 편리에 있다고 제(題)하고 당시 우정의 폐단을 강하게 논박함.

1800년대

후반으로 추정

인편으로 전달된 서찰

170x235mm

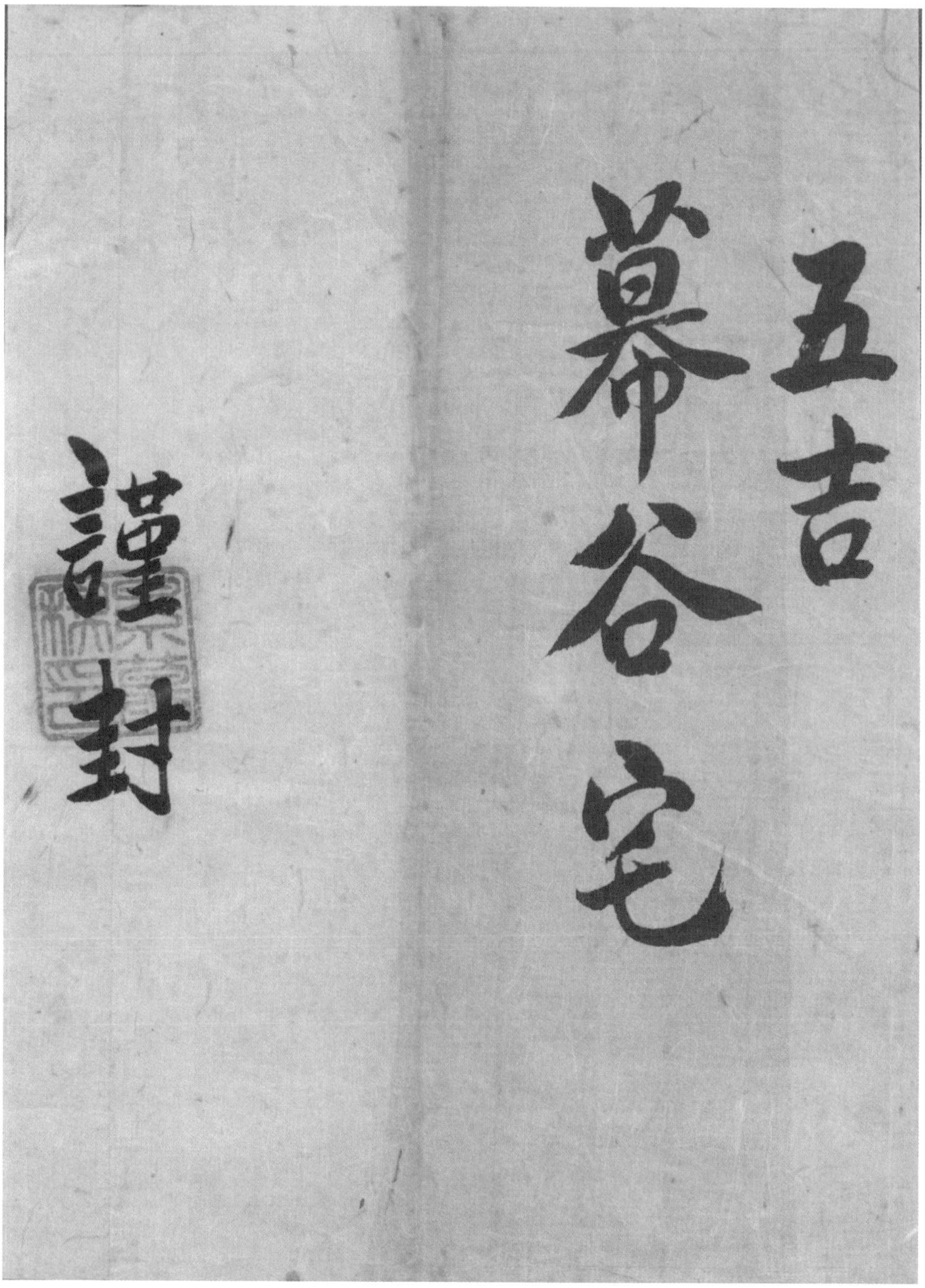

1884년 우정이 시작되기 전에는 물론 그후에도 인편을 통해 서신을 주고받았으며, 특히 사대부 지위가 높은 사람일수록 우편제도를 이용하기보다는 하인을 통하여 서신을 주고 받았다.

ㅁ 대한제국 농상공부 훈령에 의하면,

1895. 11. 11 농상공부, 한성 등 8개처에 우체사를 개설하였으니, 공문(公文)을 역체 인부에 송치하지 말고 각 우체사(郵遞司)로 보내라고 각 부에 통고할 정도로 정부에서는 우체 사업을 적극 권장한 것으로 여겨진다.

1900

단기 4233년/광무 4년/고종 37년

한성▶인천행

국내 우편 요금(편지) 3전. 정상 요금 3전

이화보통우표 3전. Plum Blossoms Series

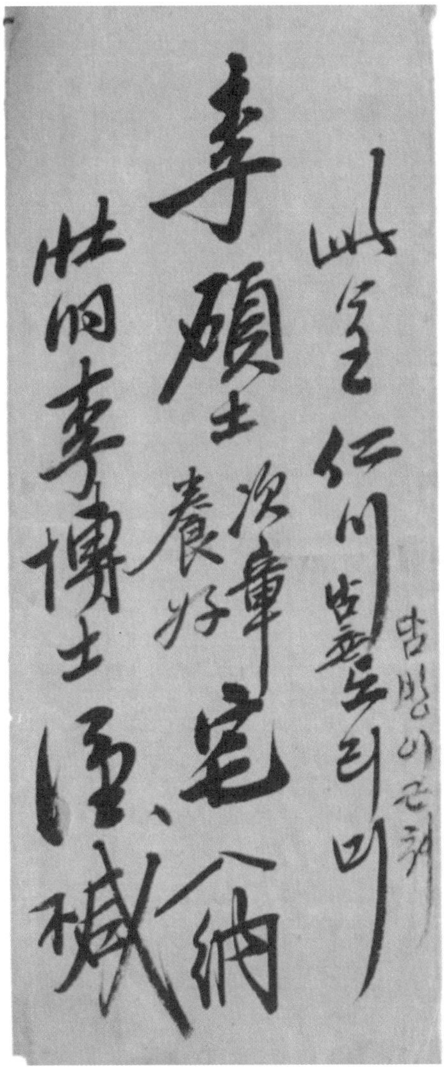

한성. 1900. 4. 6. 갑체- 인천. 1900. 4. 6. 을체 체송 기간: 당일

76x194mm

종로에 최초 가로등(3개) 설치, 시민들은 도깨비가 나타났다며 놀랐다 한다.

접수 시간 분류(Dispatch Number)

한성·인천: 4분류

갑체(甲遞) 1차 오전 7시

을체(乙遞) 2차 오전 10시

병체(丙遞) 3차 오후 1시

정체(丁遞) 4차 오후 4시

기타 지역

갑체(甲遞) 1차 오전 7시 20분

을체(乙遞) 2차 오후 5시

1900

단기 4233년/광무 4년/고종 37년

청국 주한 총영사 오(吳)▶대한국 한성부판에게 보낸 공문서

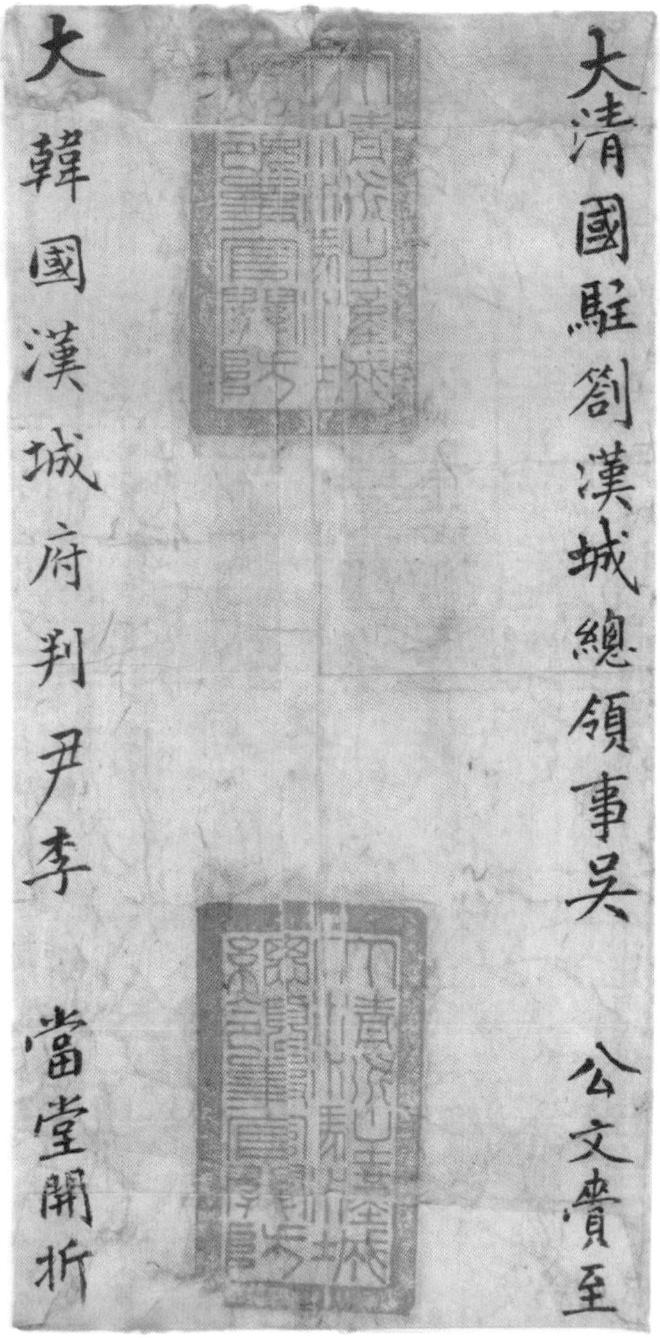
大淸國駐劄漢城總領事吳 公文賫至
大韓國漢城府判尹李 當堂開折

145x277mm

청국영사관(淸國領事館)

1905년 11월 을사조약 체결 이후 한성에 영사 업무만을 취급하기 위하여 청국이 임시로 두었던 영사관.1905년11월 대한제국이 을사조약으로 외교권을 상실하자 청국 공사관은 주한 공사 증광전(曾廣銓)을 비롯한 외교 사절을 본국으로 철수시켰다. 그 대신 한성 주재 총영사 오기조(吳其藻)에게 그 업무를 대행하게 하였다. 대한제국 정부를 상대로 외교를 논의할 대상이 없어졌기 때문이다. 당시 미국 공사관을 비롯한 외국 공사관들은 철수하거나 폐쇄되었고, 소수의 영사들만 남아 영사 업무만을 취급하였다.

그 후 1906년(고종 43) 청국은 총영사관을 한성에 설치하였다.

당시 총영사는 마정량(馬廷亮)으로 주일 청국 공사의 지휘를 받았다.

청국 총영사는 청국 상인의 보호에 노력하였으며, 대한제국에서 식민지화에 박차를 가하던 일제의 동향을 본국에 보고하였다.

출처: 위키백과

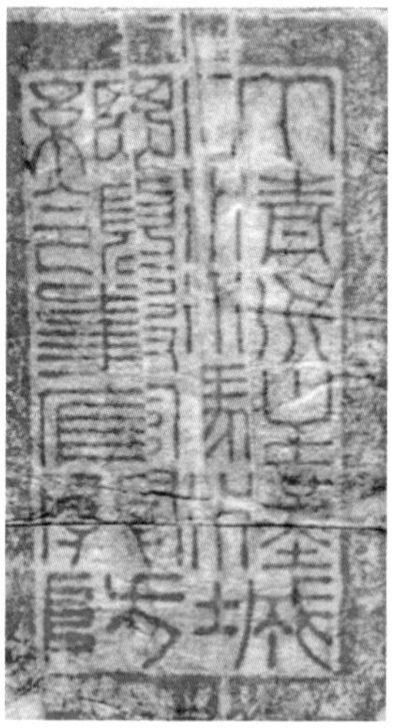

청국 영사관 직인

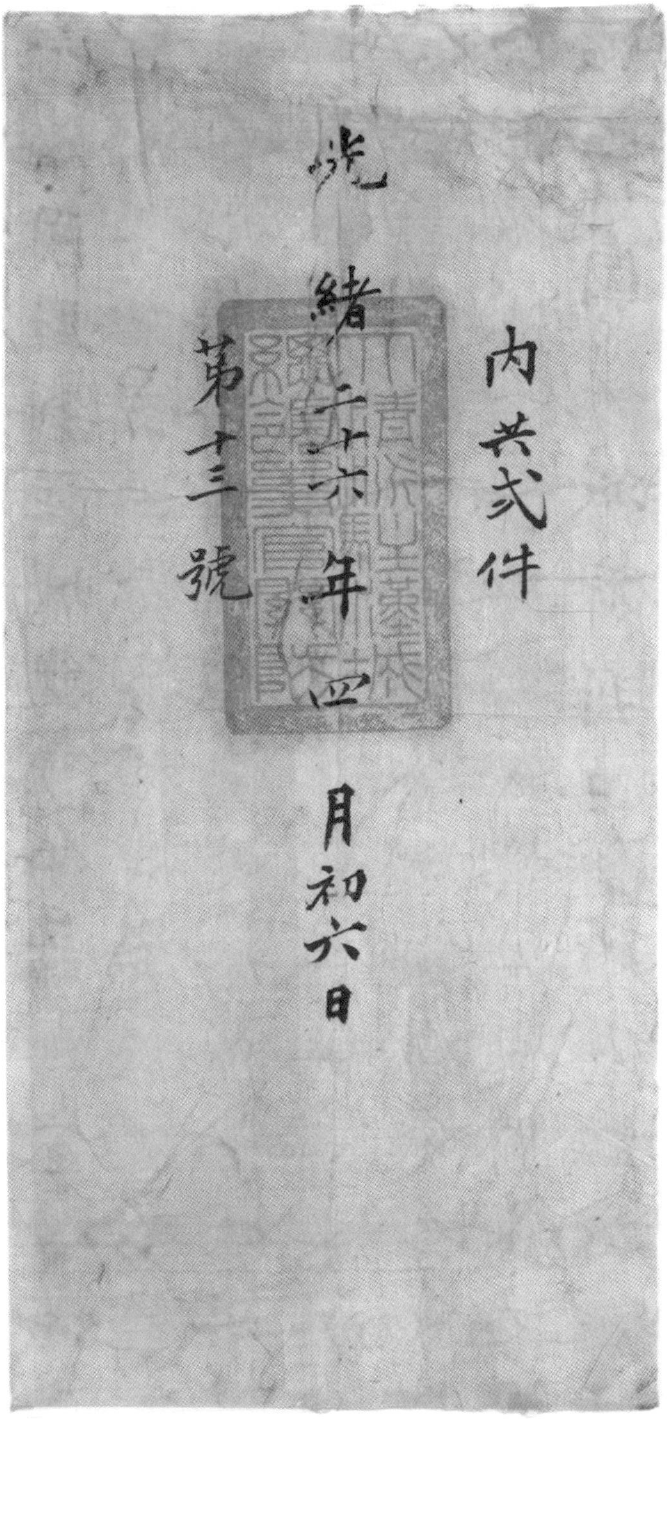
內共弍件
光緒二十六年四月初六日
第十三號

광서제(光緒帝)

중국 청나라의 제 11대 황제(1871~1908).

이름은 재첨(載湉). 묘호는 덕종(德宗). 청(淸)나라 말기에 서태후의 옹립으로 즉위한 뒤 개혁파를 등용하여 변법자강의 개혁에 착수하였으나 서태후의 무력 탄압으로 실패하였다.

재위 기간은 1874~1908년이다.

서태후(西太后)

1835. 11. 29 ~ 1908. 11. 15

청나라 말기의 독재 권력자이자 함풍제의 세 번째 황후이며, 섭정 황태비이다. 동치제의 생모이자 광서제의 이모로서 47년에 걸쳐 정치의 실권을 쥐었다. 일명 자희태후(慈禧太后), 노불야(老佛爺)라 지칭되며 성은 예허나라(葉赫那拉), 이름은 행정(杏貞), 행아(杏兒)라고 전해진다.

조선 왕조 섭정승

단종: 12세의 어린 나이로 즉위했으나 수렴청정을 해 줄 왕대비나 대왕대비가 부재하여 좌의정 김종서가 정사를 돌보았고, 뒤 이어 왕숙 수양대군이 영의정으로 정사를 돌보았다.

예종: 19세의 나이로 즉위하여 사촌 형 귀성군 이준이 영의정으로서 4개월 동안 섭정승을 맡았다. 당시 예종은 충분히 친정을 할 수 있는 나이였으나 병약하여 사촌 형의 도움을 받았다.

연산군: 19세에 즉위하고 영의정 이극배가 섭정승하였으나, 명민한 덕에 즉위한 지 불과 3개월만에 일찍 친정을 시작할 수 있었다.

중종: 19세에 즉위하고 우의정 박원종이 섭정승하였으나, 명민한 덕에 즉위한지 불과 1년만에 일찍 친정을 시작할 수 있었다.

순조: 계적 증조모였던 정순왕후 김씨가 대왕대비로서 3년 동안 수렴청정을 하였고, 이후 1년간 국구 김조순의 섭정승을 받았다.

고종: 양어머니이자 대왕대비였던 신정익황후 조씨의 1년간 수렴청정 이후 9년간 친아버지 흥선대원군의 섭정승을 받았다

※ 섭정(攝政)은 군주(군왕)가 통치하는 국가(군주국)에서 군주가 아직 어려서 정무를 행할 능력이 없거나 병으로 정사를 돌보지 못할 때 국왕을 대신해서 통치권을 받아 국가를 다스리던 사람이나 그 일을 가리킨다.

1900

단기 4233년/광무 4년/고종 37년

우체사무(郵遞 事務)Postal Affairs Mail

한성우체총사▶홍주우사행 우체 사무 서신

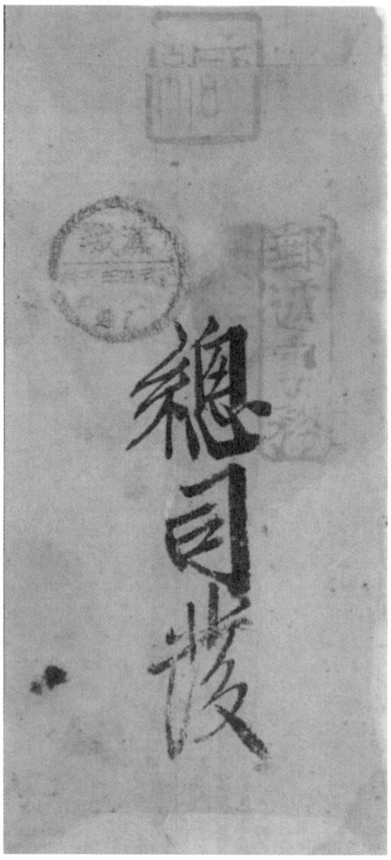

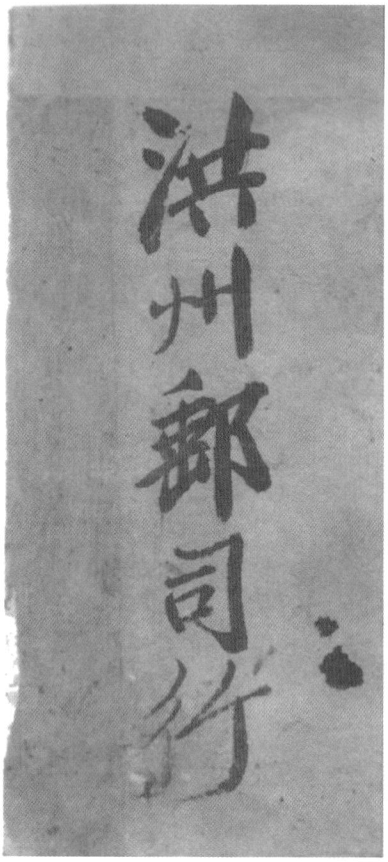

총사[한성우체사] 1900. 5. 8 – 홍주우사행 67x143mm

Postal Affairs Mail. Free of Charge(무료체송) by Royal Ordinance NO. 6
Postal affairs Stamp used by Hansung

홍주우체사 연혁

1896년 5월 26일	칙령 제125호 설치 예정
1896년 6월 5일	농상공부령 제3호, 고시 제3호 설치 착수.
1896년 6월 5일	농상공부령 제3호, 고시 제3호 고종 33년 우체사 개국 충청남도 홍성군에 개설한 우편 업무 기관
1917년 9월 16일	조선총독부 고시 제191호. 홍주우편국으로 개칭. 충청남도 홍성군 홍양면 오관리

ㅁ 1900년 주요 우편사

1월 25일	황성신문, 일본에서 3월에 우편박물관 개설을 준비한다고 보도
1월 27일	미공사관을 통해 주미 우리 공관에서도 공용서대를 체전하도록 훈령을 내림
2월 6일	불국공사, 우체사무를 새로 조직하는 일. [외체사무]로 회동할 일자 통지하도록 요구 오는 21일 오후 3시에 우체사무 신 조직의 일로 회동하겠다고 회답
2월 19일	농상공부 대신 이종건, 원수부 군무국장으로 전입하고, 농상공부 대신에는 임시 서리를 둠. 부장(副將) 민병석, 농상공부 대신 피임
2월 22일	우체사장 임명 [원산우체사장 이의협·무안우체사장 박증수]

1900

단기 4233년/광무 4년/고종 37년

국내 서신에(SEOUL, COREE) 외체인

주색대한가쇄 50 P

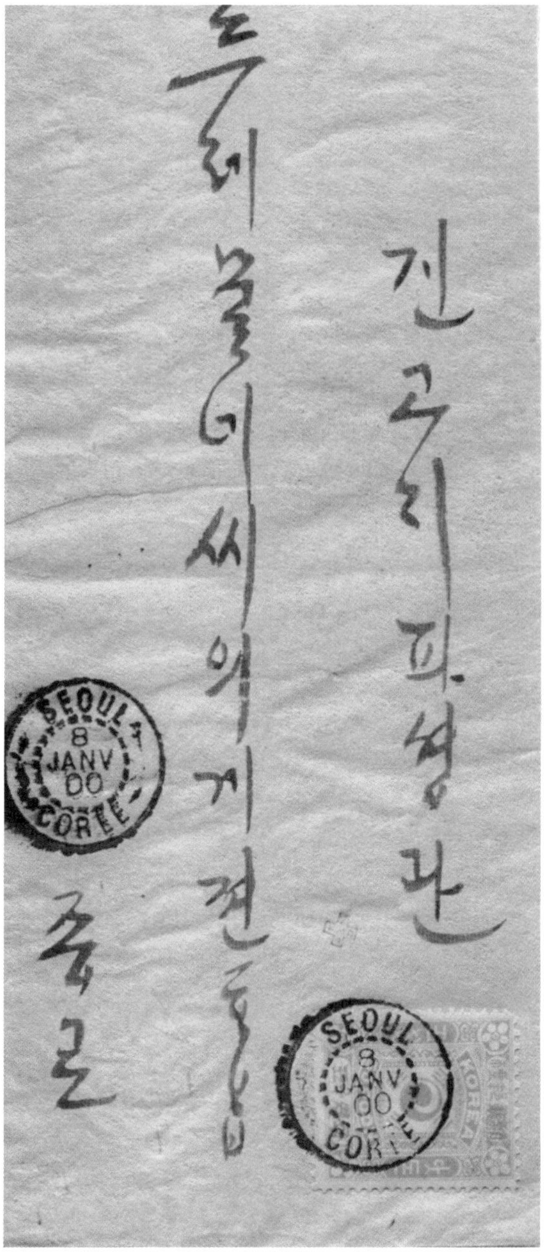

Seoul, Coree. Janv. 8, 1900 77x122mm

1900년 주요 우편사

1월 13일 미공사관(**美公使館**), 외체(**外遞**) 실시에 따라 공용서대(公用書袋) 서로 바꾸자고 제의.

1월 17일 국내 우체 규칙 전면 개정 반포. [전 49조, 칙령 6호]

1월 18일 각 우체사장 임명(개성 서상준, 공주 김관제) 황성신문 보도, 우체교사 길맹세, 외체주사 양성 및 3 항구에도 보낼 것을 청의했음을 보도.

1월 19일 미공사관의 공용서대 서로 바꾸는 일을 길맹세를 파견하여 타결케 함. 미국 외교 문서 행낭(行囊)이 처음으로 우송됨.

프란치스카 도너(Francesca Donner Rhee, **1900년 6월 15일** ~ **1992년 3월 19일**)는 대**한민국**의 제**1, 2, 3**대 **대통령 이승만**의 두 번째 배우자로, 한 번 결혼했으나 이혼했고, **1931년** 빈 **회의**에 참석차 **오스트리아**를 방문한 **이승만**과 만났다가 그와 재혼하였다. **1960년 이승만**의 사임 이후 함께 하와이에 망명하였고, 이승만 사후에는 모국인 **오스트리아**에 있다가 **1970년 대한민국** 정부의 허가로 귀국하였다. **오스트리아** 출신 귀화인으로 **대한민국**의 1번째 대통령 배우자이었다. **한국어** 이름은 이금순 또는 이부란(李富蘭)이다. 별칭은 호주댁이다.

출처: 위키백과

1900

단기 4233년/광무 4년/고종 37년

Seoil. Oct. 9, 1900 - Via Shang-Hai. Oct.16, 1900 - Bays-Bays, Holland. Oct. 18 1900

외체인 R SEOUL NO. 445

이화보통 2 ri x 5
이화보통 1 C x 3
이화보통 2 C x 2
이화보통 3 C x 2
이화보통 20 C
태극보통 5P
태극보통 10P
태극보통 25P
태극보통 50P
대한주색 5P
대한주색 10P
대한주색 25P
대한주색 50P
첩부 우표 21장
총 액면가 216전2리
216전 2리/International letter
Rate 10 jeon + registry fee
10 jeon + overpaid 196전 2리
Post marks
Seoul, Coree 외체인 16개
Shanghai, Chine 2개
Holland 2개

SEOUL ▶via Shang-Hai
▶Bays-Bays, Holland행
등기실체

Seoul 외체인

Shang-Hai 경유인

1900

단기 4233년/광무 4년/고종 37년

Seoul ▶ Shang-hai ▶ Shang-hai Local Post행

Seoul 외체인 6 jeon. International letter rate(15g) 10 jeon - 4 jeon short Shanghai Local Post mark

이화보통우표 6전(6C)

A Shanghai-bound letter-post item. The insufficiently paid mail that was not "T" -stamped"

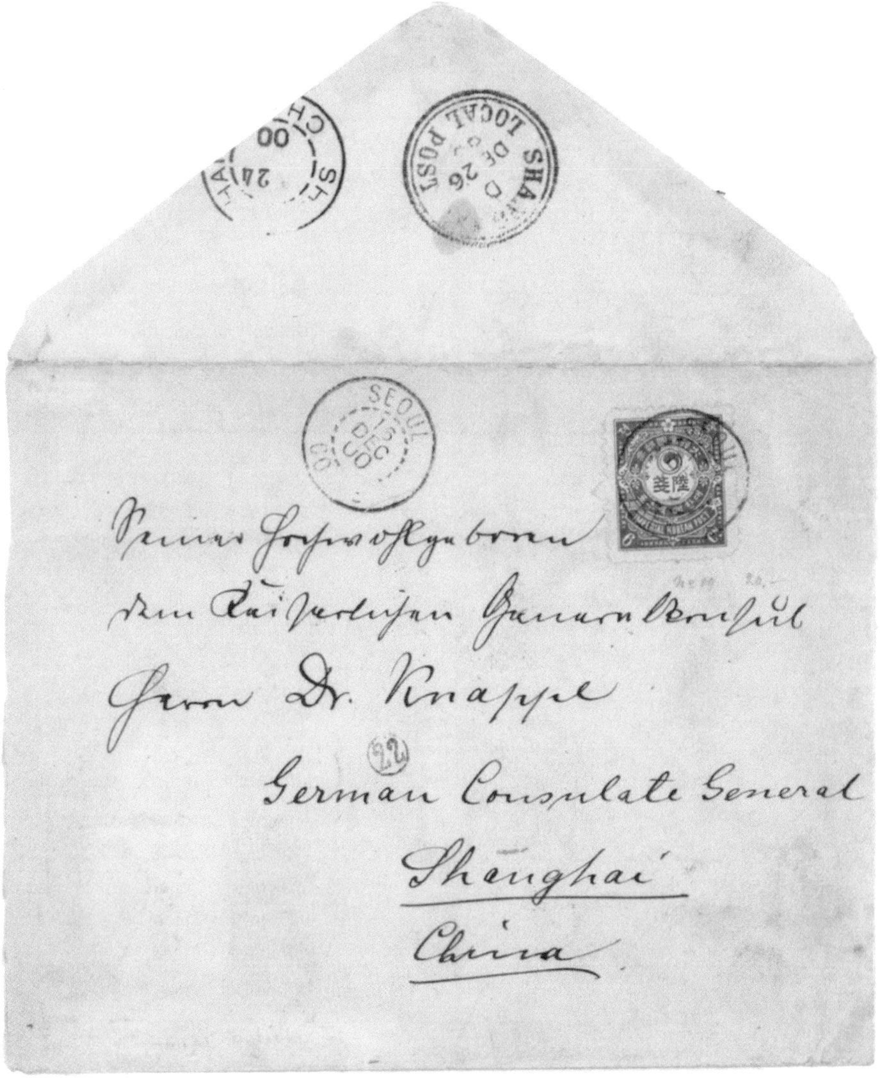

Seoul. Dec. 16, 1900 - Shanghia. French P.O. Dec. 24, 1900 - Shanghai Local Post. Dec. 26, 1900
체송 기간: 11일
150x182mm

ㅁ 1900년 주요 우편사

1월 1일 1월 1일부터 외체(外遞)실시 공고 [부령 제38호 고시]
외체(外遞) 규칙 [만국우체규칙] 제12조 시행. 만국우체시행세목 [19조]
교환사(交換司)의 집무하는 법 [46조]

1월 6일 황성신문 보도, 상경하여 오랫동안 광관(曠官)하는 각 지방 우체사장의 조속 귀임을 훈령, 보도
황성신문 보도, 통신국을 통신원(通信院)으로 관제 개정을 기도하고 있다고 보도

1월 11일 우체사 관제 개정. [칙령 2호]

1900

단기 4233년/광무 4년/고종 37년

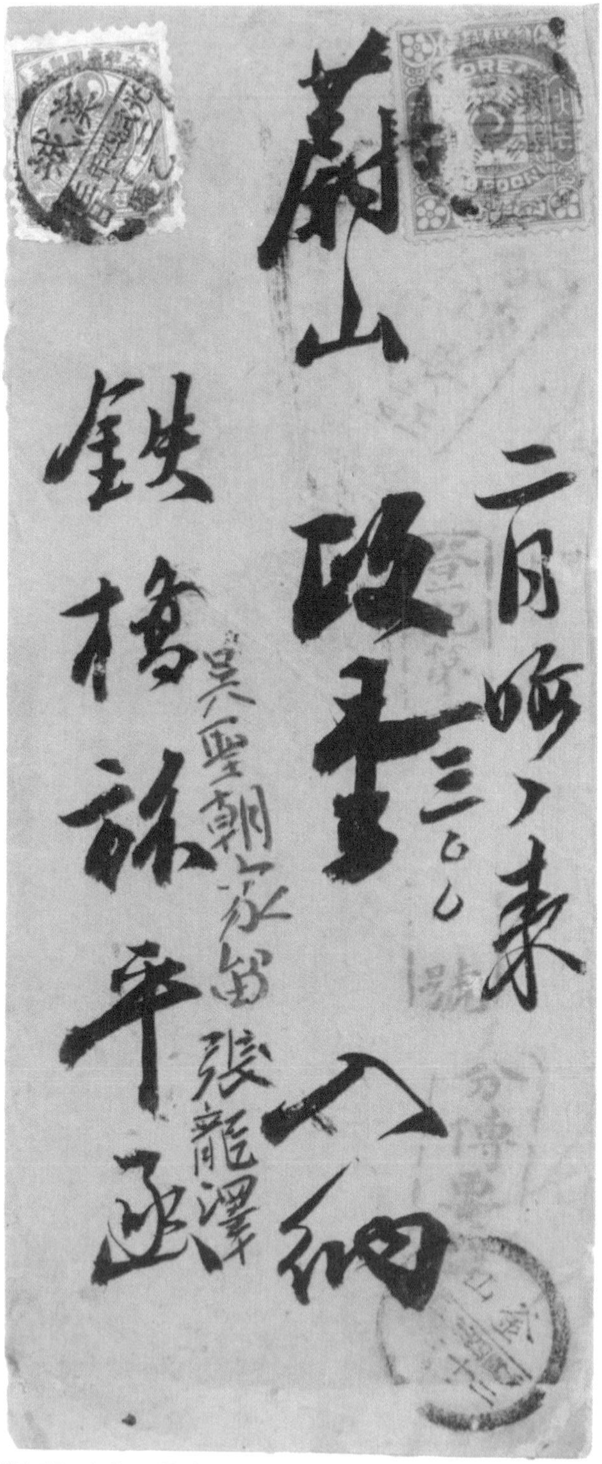

한성. 광무 4년 3월 20일(을체) - 부산. 광무 4년 3월 27일(을체)
체송 기간: 8일 76x185mm

한성▶부산 등기 분전요증(分傳要證)

Registry + Delivery Certification

The Single Circle Datestamp(원일형 일부인)

태극보통우표 50 poon(5돈) - 이화보통우표 3전 혼첩

13전. 서신**(15 grams) 3**전**+R(**등기**) 6**전**+**분전요증**(**배달증명**) 4**전

한성, 광무 4년 3. 21
을체(乙遞)
한성우체사 접수인

부산. 광무 4년 3. 27
을체(乙遞)
부산우체사 도착인

분전요증

Delivery Certification

현재의 배달증명 제도.
분전요증의 마크는
우체사마다 각각
디자인이 다르다.

태극보통과 이화보통우표의 액면가 비교(分→錢)

Taegeuk Plum Blossom

1 Poon(分)→2 Ri(리)

5 Poon(分)→1 jeon(전)

10Poon(分)→2 jeon(전)

25Poon(分)→5 jeon(전)

50Poon(分)→ 10 jeon(전)

국내 경유 우편요금

유효기간: Jan. 17, 1900

서신 10Poon(7.5 g)→3 jeon(15 g)

등기 30 poon→ 6 jeon

분전요증(배달증명) 20 poon→ 4 jeon

부산(부산포)우체사 연혁

1895. 12. 7 동래부 부산포우체사 개설

1896. 8. 우체사 명칭을 부산우체사로 개칭

1905. 5. 21 부산우체사 및 부산전보사가 재한일본우편국으로 흡수, 합병되고, 청사는 일본 부산우편국 창고로 사용하였다.

1910. 3. 25 1905년 4월 한·일통신협약체결로 통신권을 상실하였다. 현 부산시 중구 중앙동 3가 1번지에 청사 신축

1900

단기 4233년/광무 4년/고종 37년

주한 미국공사관에서 미 국무부로 체송된 외교 문서

The International Datestamp. Jan.1, 1900-Jun.30, 1905. SEOUL, KOREA
A mail via U.S diplomatic pouch

SEOUL, KOREA

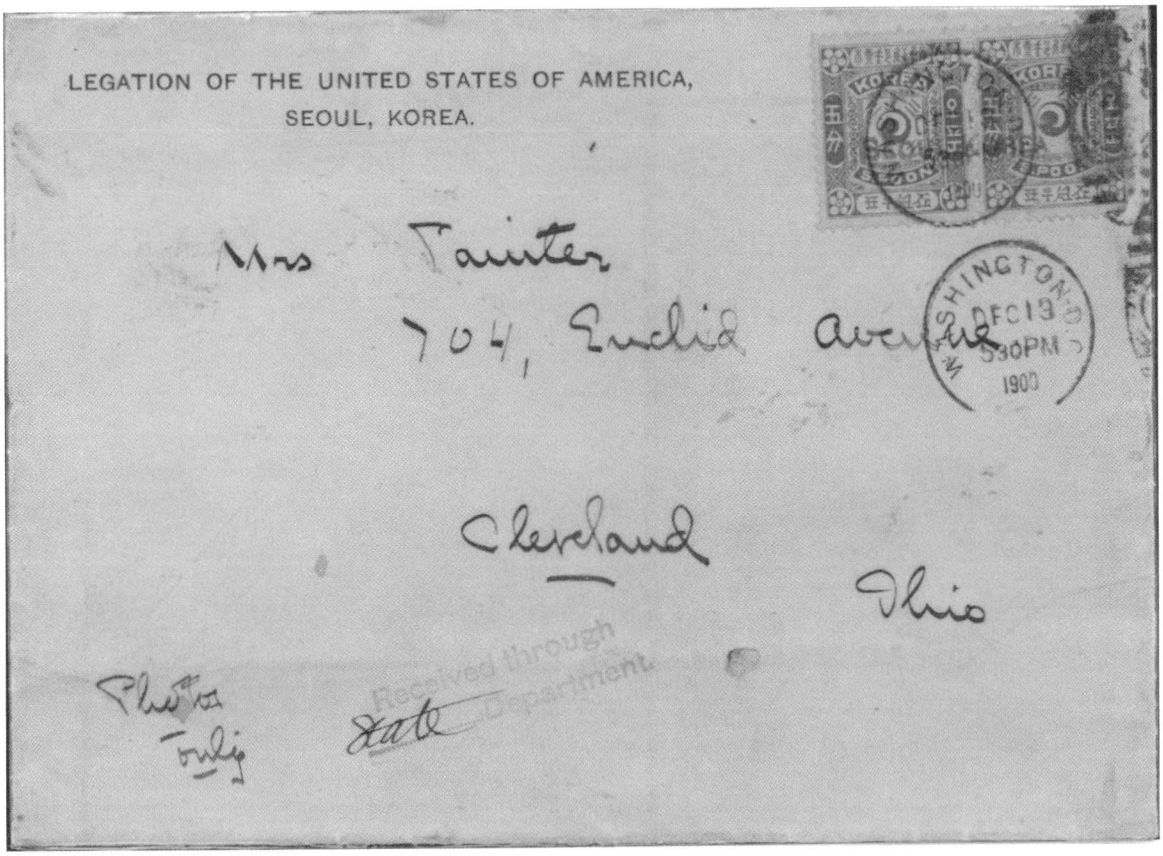

Legation Of The United States Of America, Seoul, Korea→U.S. State Department(국무부)→Washington D. C. Dec. 13, 1900 →Clevelend. Dec. 14, 1900

176x124mm

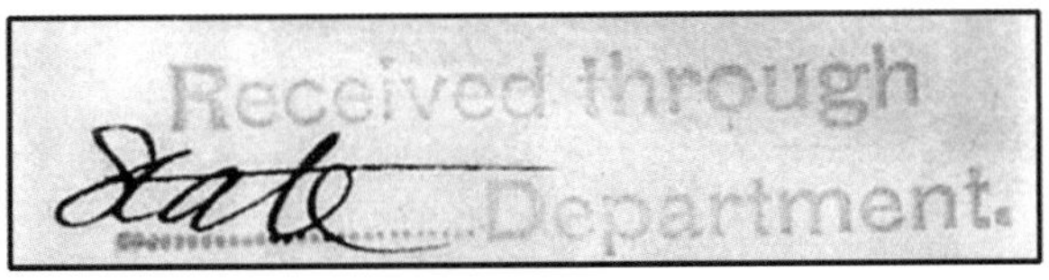

국무부 수신 우체국 봉함 스탬프(States Only)

Washungton D. C. Post Office Cachet indicating that the mail was received through the state Department.

본 서신은 주한 미공사관에서 본국의 국무부로 보낸 외교문서 실체 봉피이다.
첩부된 우표는 태극보통우표 5푼 2매로 'International Datestamps' 외체인으로 우표에는 'SEOUL KOREA' 스탬프가 날인된 위에 외교인 스템프와 외체인이 날인되어 있다. 본국 국무부로 직송(States Only)하는 우체국 봉함 스템프가 날인되어 있어서 중요한 외교문서(보고서)로 추측되며, 봉피 후면에는 도착인이 날인되어 있다. 체송기간은 불과 도착지인 Cleveland까지(1900.12.13-14) 2일간 소요된 것으로 보아 전용(외교) 비행기로 체송된 것으로 추정한다.

대한제국 최초 우편엽서

Imperial Korean Postal Cards

1900. 5. 10

우리나라 우편엽서는 1884년 최초 우표가 발행되어 개시된 지 16년 후인 1900년 5월 10일에 발행되어 사용되어 왔었으나, 1905년 4월 1일 일제의 강압적인 한일통신조약 체결로 1905년 6월 30일자로 발행이 중지되었으며, 이미 발행된 엽서는 1909년 사용이 금지될 때까지 일본엽서와 병행하여 사용되었다.

구한국엽서 발행 종수는 국내용 보통엽서 3종과 왕복엽서 2종, 외신용 보통엽서 3종과 왕복엽서 2종등 총 9종의 우편엽서가 발행되었다. 따라서 구한국엽서는 사용시기, 소인 종류, 우편 배달 경로 등 구한말 우편사에 대하여 많은 연구 대상 수집품이기도 하다. 구한국 우편엽서 사용필(使用畢) 평가는 엽서 상태가 깨끗하고 소인(消印) 상태가 양호한 것. 국·명(局名)과 년·월·일이 선명하게 판독 가능한 실체로 소인 희귀도에 관계없이 일반적인 엽서를 기준으로 하였다.

대한제국 최초 엽서[대한제국논상공부인쇄국제조]

대한제국 우편엽서 발행 내역

1900. 5. 10	대한제국 농상공부 엽서
1901. 2. 1	대한제국 전환국 엽서
1901. 2. 1	대한제국 전환국 왕복엽서
1901. 2. 1	만국우편연합 엽서
1901. 2. 1	만국우편엽합 왕복엽서
1903. 10. 1	프랑스정부 인쇄 엽서
1903. 10. 1	프랑스정부 인쇄 왕복엽서
1903. 10. 1	만국우체연합 엽서
1903. 10. 1	만국우체연합 왕복엽서

구한국 우편엽서

IMPERIAL KOREAN POSTAL CARDS

1900. 5. 10

대한제국 최초 농상공부(農商工部) 엽서

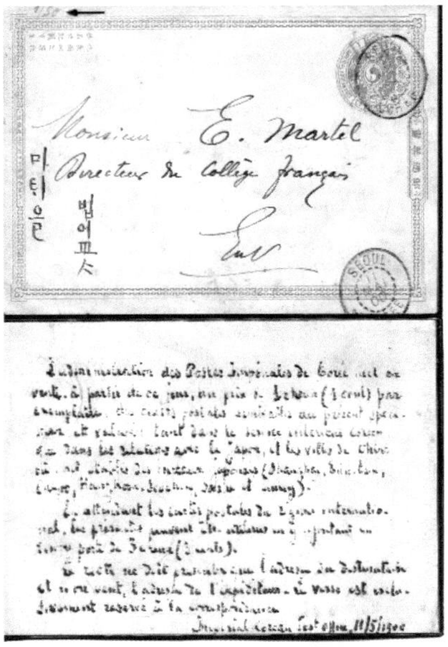

대한제국 최초의 엽서인 [농상공부엽서] 발행
다음날인 1900년 5월 11일 끌라망세가 여러 지인들에게 보낸 엽서 발행 안내문.
1900.5.11 Seoul, Coree 외체인.
법어교사 마티을에게 보낸 엽서 발행 안내문.
edition: 1/50
본 엽서는 끌라망세가 여러 지인들에게 보낸 엽서 50매 중 그 첫번째로 법어교사 마티올에게 보낸 엽서 발행 안내문으로 좌측 상단에 1/50 일련번호가 표시되어 있다.

구한국 최초 농상공부 엽서 발행 내역

발행 일시1900. 5. 10 액면가 1ch(전) 엽서번호 PC 1
발행국 대한제국농상공부 인쇄국 요액 인면 태극과 이화 크기90x140mm

* 글라망세. E. Clemencet.(한국명: 길맹세 吉孟世)는 1898년부터 대한제국 우체 고문으로 활동한 프랑스인.

[엽서 발행 안내문 내용]

대한제국 우정국(아마도 일본이나 중국에서 현재 사용하고 있는 엽서와 흡사한) 1전짜리 엽서를 오늘부터 판매한다고 발표했다.
이 엽서는 한국과 일본 그리고 일본우편국이 개설되어 있는 상해·텐진·치푸·항주·타쿠·아모이 등에서는 사용할 수 없다.
국제 우편 엽서의 사용이 가능할 때까지 기다리는 동안, 이 엽서에 3전짜리 우표를 첩부하여 국제엽서로 사용할 수 있다.
엽서 앞면에는 수신자의 주소를 반드시 써야 하며 발신자 주소도 기입할 수 있고, 뒷면에는 서신 내용만을 기입하여야 한다.
대한제국 우정국 1900년 5월 11일

구한국 우편엽서

IMPERIAL KOREAN POSTAL CARDS

구한국 전환국 엽서

발행 일시: 1901년 2월 1일 발행국: 대한제국 전환국 요액 인면(料額印面): 태극 문양과 이화 문양

지질: 엷은 백상지 엽서 번호(도감): PC 2 액면가: 1ch(전) Size: 89x140mm 발행량: 210,675매

대한제국 전환국 엽서(미사용)

ㅁ1901년 주요 우편사

1월 15일 황성신문. 각국의 1년간 서신 수 보도.
영어(英語)우편 80억통, 덕어(德語)우편 12억통, 법어(法語)우편 10억통, 이어(伊語)우편, 2억2천만통,
서어(西語)우편 1억2천만통, 아어(俄語)우편 8천만통, 포어(葡語)우편, 2천4백만통, 화어(和語) 우편 1억통.
합계 120억여통

2월 4일 황성신문, 금년 10월 U.P.U. 회의 영국에서 개최한다고 보도.

2월 5일 농상공부 인쇄국내 주조(鑄造), 인쇄 2과를 설치

2월 7일 탁지부 전환국 내에 주조 인쇄 2과 설치

2월 12일 특별 시험에 미급(未及)한 우체학도 강등(降等)토록 훈령

2월 15일 관보(官報)공고, 광무 4년도 한성우체총사 및 지방 각사 우체물 집분표(集分表)
집신(集信) 806,408통 분전(分傳) 502,289통 총계 1,308,697통
한성우체사 697,909통, 전년도 비(比) 533,956통 증가

3월 6일 통신원 총판 민상호(閔商鎬) 3등 태극장(三等太極章) 서훈(敍勳)

3월 8일 농상공부 인쇄국 폐지, 탁지부 전환국에 흡수 [칙령 8호]

구한국 우편엽서

IMPERIAL KOREAN POSTAL CARDS

구한국 전환국 왕복엽서

발행 일시: 1901년 2월 1일 발행국: 대한제국 전환국

요액 인면(料額印面): 태극 문양과 이화 문양 지질: 엷은 백상지

엽서 번호(도감): PC 3 액면가: 1ch(전) Size: 89x140mm 발행량: 15,600매

대한제국 전환국 왕복엽서

※ 1901년 주요 우편사

3월 14일 황성신문 보도. 광무(光武) 5년도 예산

세입 9,709,456원(광무 3년도 비 2,916,660원)

세출 9,708,682원(광무 3년도 비 2,916,811원)

3월 성진(城津) 일본우편국 개설

3월 16일 외부(外部), 한·법우편협정(韓法郵便協定)의 조속 체타결(締妥結) 독촉

3월 18일 통신원 동별 예산서(同別豫算書) 및 월별표(月別表) 탁지부에 송교

제 1관 통신원 본청 20,730원

제 2관 1항 우체사업비 160,350원

제 2관 2항 전보비

217,000원

4월 6일 한·법우편협정(韓法郵便協定) 재가

4월 11일 일본 공사, 한. 일 특수우편 약정 개정. [제6항 요금 인상 5월 1일부터 시행]

4월 12일 통신원 총판 민상호, 미국 기념 은장(美國記念銀章)과 영국 기념 은장 패용(佩用) 재가

4월 25일 국내 우편 규칙 중 개정 청의. 우표 가격과 우장(郵章)의 색(色)

구한국 우편엽서

IMPERIAL KOREAN POSTAL CARDS

구한국 만국우편 연합 엽서

발행 일시: 1901년 2월 1일 발행국: 대한제국 전환국 엽서 번호: PC 4
요액 인면(料額印面): 태극 문양과 이화 문양 지질: 담황색지 액면가: 4chx2 발행량: 6,000매

만국우편연합 우편엽서, U.P.U. Postal Card

구한국 우편엽서

IMPERIAL KOREAN POSTAL CARDS

구한국 만국우편 연합 왕복엽서

발행 일시: 1901년 2월 1일 발행국: 대한제국 전환국 엽서 번호: PC 5 Size: 89x140mm
요액 인면(料額印面): 태극 문양과 이화 문양 지질: 담황색지 액면가: 4chx2 발행량: 6,000매

만국우편연합 왕복엽서, U.P.U. Return Postal Card

※ 1901년 주요 우편사

7월 4일	탁지부, 체전부 요자 인상 불가능하고, 체전부 숙박비는 명년에 고려하겠다고 회답
7월 27일	정부 소유 윤선 [창용·현익·한성호] 협동우선회사에 넘겨주되 그 세금 수입은 궁내부에서 직접 관리토록 조치하였음을 탁지부에 통고
8월 1일	김세형(金世亨), 대구우체사장에 임명
8월 5일	국내 우체 규칙 개정 청의 [한·일 특수우편 약정 개정에 따른 편법으로 우체요금 증감 통신원령으로 시행

구한국 우편엽서

IMPERIAL KOREAN POSTAL CARDS

구한국 프랑스정부 인쇄국 엽서

발행 일시: 1903년 10월 1일 발행국: 대한제국(프랑스정부 인쇄국) 엽서 번호: PC 6 Size : 90x140mm
요액 인면(料額印面): 태극 문양과 이화 문양 지질: 엷은 백상지 액면가: 1ch(전)

프랑스 정부인쇄국 엽서, 미사용 엽서

프랑스 정부인쇄국 엽서, 사용 실체엽서
4 JUN 1904 SEOUL NO.1
4 JUN CHEMULPO
22 JUN 1904. Poste Francaise Tien-TSIN CHINE

이영성(李永成)-의병

1873~1909 경상북도 출생

1907~1908년 경북 경주·장기군 일대에서 군자금 모집, 순사주재소 공격 등의 활동을 하였다. 1907년 고종 황제가 강제 퇴위하고 군대가 해산하면서 해산 군인을 중심으로 정미의병항쟁이 시작되었다. 당시 이영성은 정완성(鄭完成)과 함께 정용기(鄭鏞基) 의병장이 이끄는 산남의진(山南義陣)에 참여하여 활동하였다. 1907년 12월 하순경 정완성 등 수십 명의 의병과 함께 총과 칼을 휴대하고 경북 경주군 강서면(江西面) 두동(斗洞)에서 군자금을 모집하였다.

1908년 1월 3일에는 경북 장기군 읍내에 들어가 순사주재소를 공격하였다. 일본인 순사 모리(森某)를 총살하고, 일본인 순사 코사키(光崎某)의 양 다리 및 왼팔에 부상을 입혔으며, 총 3정과 칼 2자루를 획득하였다. 이때 정완성의 지휘로 순사주재소와 재무서, 우체소 순사의 집 3채를 불태웠다. 같은 날 이영성 등 의병들은 무기를 휴대하고 경주군 강동면(江東面) 양동(良洞)에서 마을 사람들에게 군자금 100냥을 모집하는 등의 활동을 하다 체포되었다.

출처: 공훈전자사료관

구한국 우편엽서

IMPERIAL KOREAN POSTAL CARDS

구한국 프랑스정부 인쇄 왕복엽서

발행 일시: 1903년 10월 1일 발행국: 대한제국(프랑스정부 인쇄국) 엽서 번호: PC 7 Size: 90x140mm
요액 인면(料額印面): 태극 문양과 이화 문양 지질: 엷은 백상지 액면가: 2ch(전)

김창룡(金昌龍)

1920년 7월 18일 일제 강점기 조선 함경남도 영흥 출생 ~ **1956년 1월 30일** 대한민국 서울에서 암살됨. **일본군**과 **대한민국 국군**에서 복무를 한 **대한민국**의 **군인**이다. 호(號)는 옥도(玉島)이다. 헌병 출신으로 일제하 공산주의 계열 항일조직을 무너뜨리고 독립군을 체포하고 고문한 것으로 유명하다. 해방 전 2년 동안 적발한 항일조직은 50여개에 달한다. 그러나 해방 후에는 이승만 세력에 가담해 반공 투사로 전향하여 자유민주체제를 전복하려고 간첩 활동을 하던 남로당 등을 색출하여 처벌하는 등 혁혁한 공을 세우고 국립대전현충원 장군1묘역 69호에 묻혔다

일제시절 만주 관동군 헌병으로 항일 독립군의 추격·체포 업무를 했던 김창룡은 당시 방첩대장, 특무부대장 등을 맡아, 이승만 대통령의 비호를 받으며 온갖 정치공작과 사건 조작, 전횡, 비리를 일삼았다. **일제 강점기**에는 **일본군** 부사관으로 **태평양 전쟁**에 참전하였고, 해방 이후에는 **여순사건**의 진압과 **한국 전쟁**에 참여하였다. 이승만의 총애를 받던 대한민국 육군 특무부대 지휘관이자 **정치군인**이었으며, **여순사건**과 관련해서 체포된 **박정희**(朴正熙, 5~9대 대통령을 역임) 소령을 수사하기도 했다. **함경남도 영흥** 출생이며, 현재는 **민족문제연구소**의 **친일인명사전 군 부문**에 포함이 되어 있다.

출처: 위키백과

구한국 우편엽서

IMPERIAL KOREAN POSTAL CARDS

구한국 만국우체 연합 엽서

발행 일시: 1901년 2월 1일 발행국: 대한제국 엽서 번호: PC 8 Size: 140x90mm
요액 인면(料額印面): 태극 문양과 이화 문양 지질: 담황색지 액면가: 4ch(전) 발행량: 17,000매
구한국 만국우체연합 엽서

유길준(俞吉濬)

1856년 11월 21일(1856-11-21)(**음력 10월 24일**) 조선 한성부 출생 ~ 1914년 9월 30일(1914-09-30) 조선 경성부에서 병사.)은 **조선** 후기의 문신이자 **외교관**, 작가이며 **대한제국**의 정치가·개화 사상가·계몽운동가이다. 본관은 **기계**(杞溪)이고 자는 성무(聖武, 盛武), 호는 구당(矩堂), 천민(天民), 구일(矩一)이다. 근대 한국 최초의 **일본**과 **미국** 유학생이며, **개화파**의 이론가로서 수많은 저작물을 발표하여 개화 사상을 정립하였다. 그는 서구의 의회 **민주주의** 체제와 **합리주의** 사상을 적극 수용해야 된다고 주장하였고, 정치적으로는 전근대적인 **한국**의 정치·경제·사회의 변화, 개혁을 시도하려 하였으나 실패했다. **1910년 8월 29일**, **한일병합조약**이 맺어지자 이 조약에 대한 반대운동을 추진하다가 체포되었고, 전국민을 선비로 만든다는 목적으로 **흥사단**을 조직했다. **1870년**(고종 7년) **박규수**, **강위**, **유대치**의 문하에서 수학하였고, **박규수** 사후에는 **유대치**와 **강위**, **오경석**에게서 수학하였다. **1871년** 향시에 장원하였으나 번번히 **대과**에 낙방하고, 당시 **과거 시험**의 폐단을 비판하였다. 1881년 일본 **조사시찰단**과 1883년 미국 **보빙사** 파견시 수행원이었으며, 그곳에 잔류하여 조선 최초 유학생이 되었다. **갑신정변**이 실패했다는 소식을 듣고 도중에 귀국하였지만 1885년 말부터 7년간 가택연금을 당한다. 이후 **김홍집** 내각의 **내무부협판**과 **내무부**대신으로 참여하여 **1894년**(고종 31년) **갑오경장** 당시 **단발령**을 추진하였으며, **양력** 사용, 신식 **학교** 건설 등의 개혁정책을 수립했다. **갑오경장**과 **을미개혁** 이후 제도 개편을 추진하다가 **아관파천**으로 **일본**으로 망명했다. 그 뒤 **고종**을 퇴위시키고 **의친왕**을 추대하려는 **정변**을 꾸몄다가 발각되어 실패했으며, **1900년**(광무 3년) **한국**으로 환국을 기획하다가 외교문제가 되자 **일본** 정부에 체포되어 4년간 구금당했다.**1905년**(광무 8년) **11월 을사보호조약**이 체결되자 **일본**의 **한일합방** 야욕을 예상하고 이를 반대하였으며, 교육과 계몽의 필요성을 외쳤다. 이후 계산학교 등의 학교를 설립하고 **노동야학회**를 조직하여 **문맹퇴치**와 **국민 계몽** 등의 활동을 하였다. 국내 산업 자본의 육성을 위해 **국민경제회**, **호남철도회사**, **한성직물주식회사**를 조직하여 적극적으로 활동하고, **흥사단**의 조직과 **1909년**의 **한성부민회**와 **청년학우회** 등의 조직에 참여하여 활동하였으나, **한일합방**을 막지는 못했다. **1910년**(융희 4년) **한일합방** 무효 시위를 기도했다가 사전에 발각되어 실패했다. 이후 **총독부**의 회유와 **일본** 정부가 준 **작위**를 거절하고 여생을 마쳤다.**한성** 출신이다

출처: 위키백과

구한국 우편엽서

IMPERIAL KOREAN POSTAL CARDS

구한국 만국우체 연합 왕복엽서

발행 일시: 1903년 10월 1일 발행국: 대한제국 엽서 번호: PC 9 Size: 140x90mm
요액 인면(料額印面): 태극 문양과 이화 문양 지질: 담황색지 액면가: 4ch(전) 발행량: 17,000매

송석래(宋錫來)-의병

1876~1910 전남 나주(羅州) 출생

1907년 일제는 정미7조약을 강제체결하여 대한제국의 군대를 강제 해산하였다. 이에 전국 각지에서 의병이 봉기하여 국권회복을 위해 일제와 항쟁하였다. 당시의 의병봉기는 같은 해 8월 해산군인들이 대거 의병진에 가담함으로써 전국적인 항쟁으로 발전하였고 참여계층도 유림·농민·포수·해산군인을 비롯하여 상인·광부 등의 평민들이 대거 참여하여 국민전쟁의 양상으로 전개되었다. 송석래는 이와 같은 국가 존망의 상황에서 김태원(金泰元: 일명 金準) 의진에 참여하여 중군장으로 활동하였다.

의병장 김태원은 1907년 전남 장성에서 거의한 기삼연(奇參衍) 의병장의 호남창의회맹소(湖南倡義會盟所)에서 선봉장으로 혁혁한 전공을 세웠다. 특히 같은 해 12월 함평주재소를 습격하여 일인 순사를 사살하였고, 추격하는 일군과 수차례에 걸쳐 접전을 벌여 일군 지휘자 천단 조장(川端 曹長)과 부하들을 사살하는 등 신출귀몰한 활동을 전개하였다. 송석래는 이와 같은 김태원 의진의 중군장으로서 전남 영광(靈光)의 굴수산(屈殊山)에서 일본군 장교 2명을 비롯하여 일본 병졸 수십 명을 사살하는 등 적극적으로 활동하였다.

출처: 공훈전자사료관

1901

단기 4234년/광무 5년/고종 38년

5월28일 제주도 신축민란의 장두[지도자] 이재수[李在秀], 민군[民軍]을 거느리고 제주성에 입성/대한제국 한성전기 주식회사가 한양성[한성]내 첫 전등점등식 거행[8월17일]/경부선기공식 영등포에서 열림/고종황제 탄신50년기념축하 독일인 에케르트가 작곡한 대한제국 국가가 처음으로 연주[9월7일]/10월9일 대한제국 빈민구휼을 위한 혜민원 설치

한성 원일형 일부인(태극 5·10푼) 국내 실체

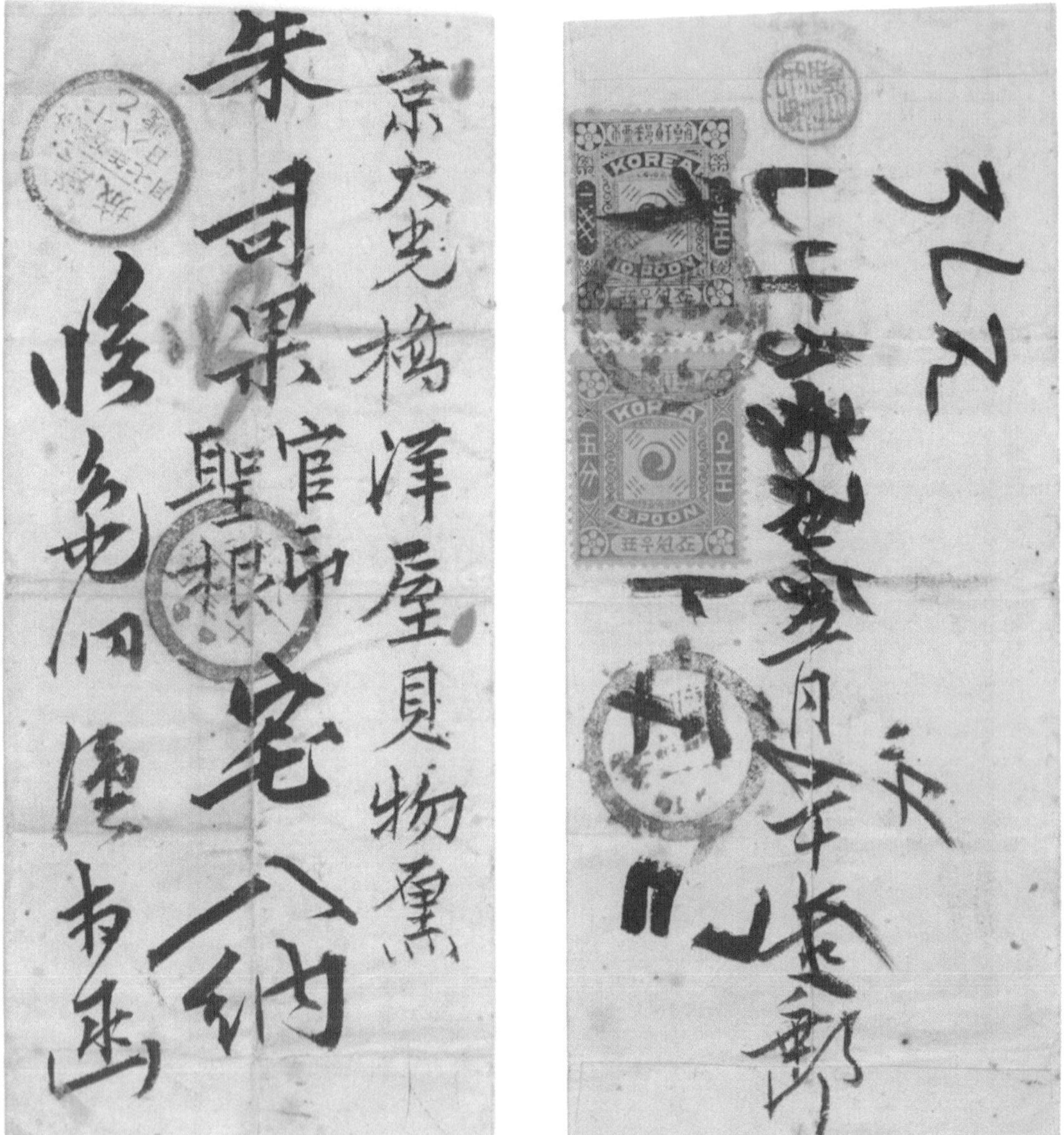

광무 5년[1901] 7. 28. 을체

1901

단기 4234년/광무 5년/고종 38년

Chemulpo ▶ 한성으로 체송된 엽서

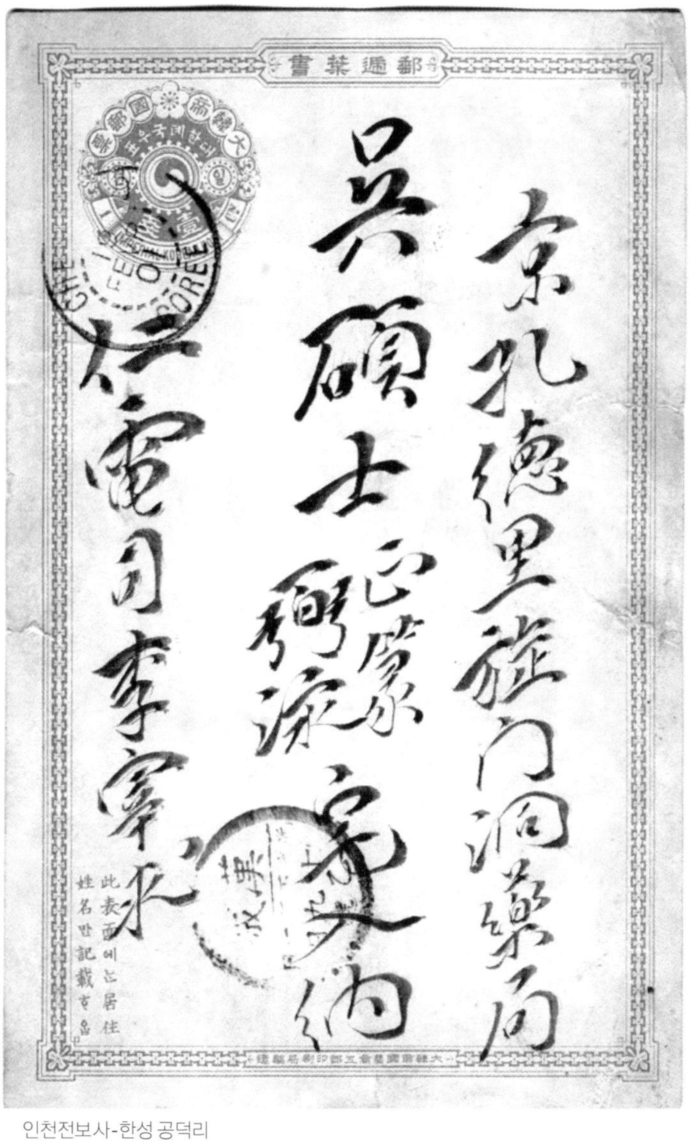

인천전보사-한성 공덕리

김규식(金奎植)

(1881년 2월 28일 ~ 1950년 12월 10일) **대한제국**의 종교가, 교육자이자 **일제 강점기**의 독립 운동가, 통일운동가, 정치가, 학자, 시인, 사회운동가, 교육자였으며, 대한민국 **종교인·독립운동가·정치가·영문학자·교육자·작가·시인·외교관**이었다. **언더우드** 선교사의 **비서**, **경신학교**의 **교수**와 학감 등을 지내고 **미국**에 유학하였다. **1918년** 파리에 **신한청년당**의 대표로 파견되어 이후 10여년간 외교 무대에서 종횡무진으로 활약하며 **한국의 독립운동**이 국제 승인을 받도록 하기 위하여 심혈을 기울였다.

출처: 위키백과

1901

단기 4234년/광무 5년/고종 38년

오스트리아 · 헝가리제국 해군 일부인

FELDPOST(야전우편)

대한제국 농상공부 발행 엽서

NAGASAKI JAPAN ▶ CHEMULPO ▶ 오스트리아행 우편엽서

01. May 1901 Nagasaki Japan-02 May 1901 Chemulpo-오스트리아행

오스트리아·헝가리 제국 해군 일부인(Kaiserliche und Konigliche Kriegsmarine)

19세기 중반부터 20세기 초반까지 존재했던 유럽의 제국. 오스트리아 제국과 헝가리인들의 대타협(독일어: 아우스글라이히-Ausgleich, 헝가리어: 키에제제시-Kiegyezés)으로 만들어진 국가다.

S.M.S(Seiner Majestat Schiff): 황제 폐하의 군함의 약칭

ㅁ문위우표 10문이 첩부되어 청색 삼각형 일부인이 날인된 것에 대하여는 연구 대상이다.

1901·1904

한국 부산 실체 엽서

한국 부산(흑색)

1901 단기 4234년/광무 5년/고종 38년

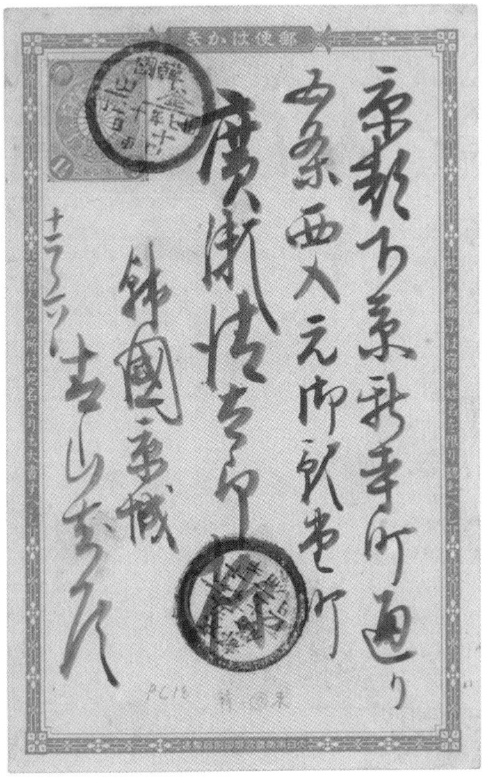

명치 34년(1901)12월 9일 한국부산-12월 12일 일본 경도 도착

한국 부산(주색)

1904 단기 4237년/광무 8년/고종 41년

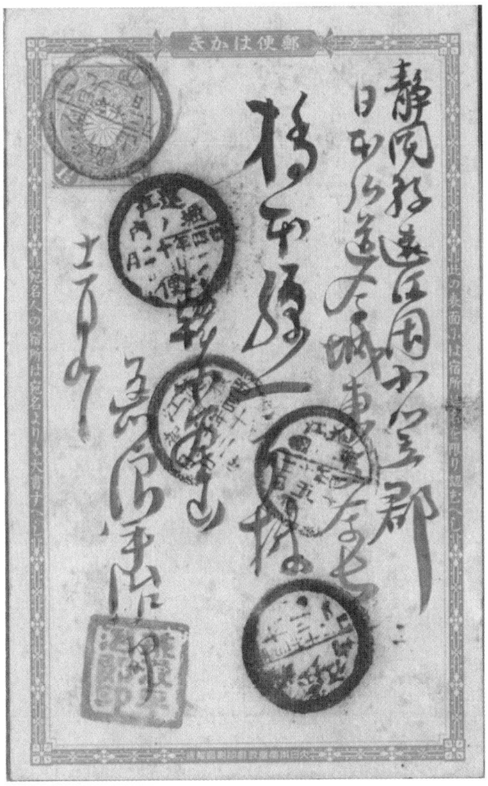

명치 37년(1904)12월 10일 한국 부산-12월 12일 일본 경도행

부산항 釜山港(Port of Busan)

1876년(고종 13년) 2월 27일에 근대항으로서는 가장 먼저 개항하였다.
부산항은 강화도조약에 의해 1876년 부산포라는 이름으로 개항하여
1906년 처음으로 부두 축조 공사를 시작하였고
1945년까지 1, 2, 3, 4 부두와 중앙 부두를 만들었다.

1901

단기 4234년/광무 5년/고종 38년

대한제국 농상공부 인쇄국 제조 최초 엽서

태극보통우표 5P+이화보통우표 2리(6)+이전

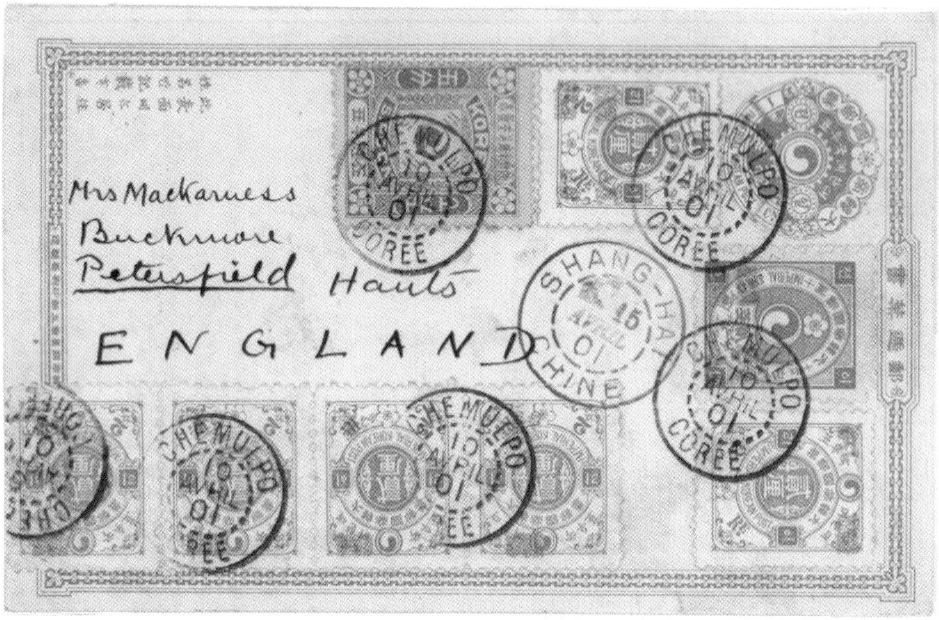

1901. 4. 10 Chemulpo-1901. 4. 15 via Shanghai-England행 백상지, 규격 90x140mmm

1904

단기 4237년/광무 8년/고종 41년

Fusan ▶ via Yokohama ▶ Zurich, Switzeland행

독수리보통우표 1전+3전. Tha Eagle Series

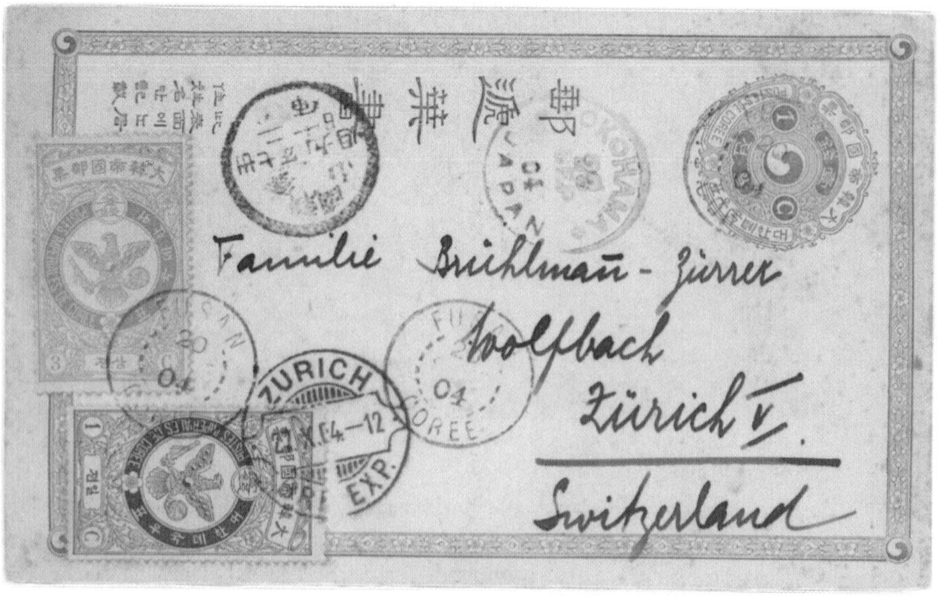

1904. 9. 20 Fusan-1904. 9. 23 via yokohama-1904. 10. 27 Zurich, Switzeland 체송 기간: 35일

1901

단기 4234년/광무 5년/고종 38년

동경으로 체송된 대한제국 엽서

한일우편협정 체결(1901년 10월)에 따라 1전 우표 첩부

이화보통우표 1전. The Plum-Blossoms Series

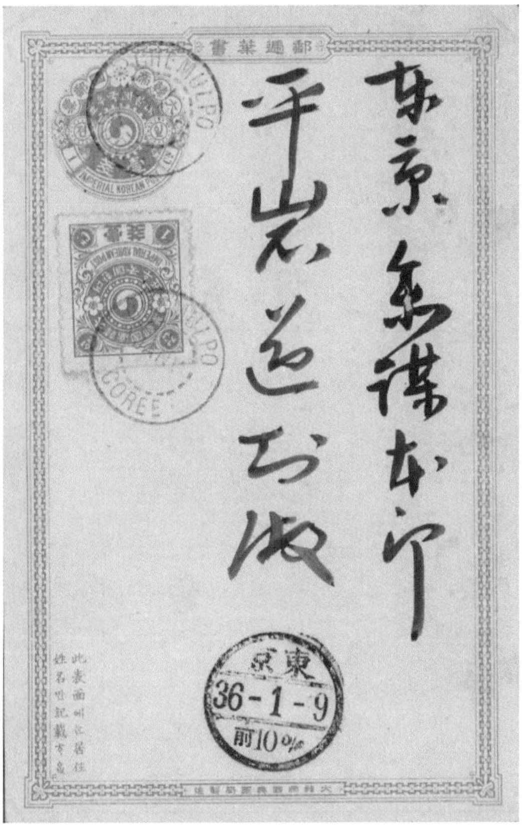

Chemulpo. 1903. 1. 1 - Tokyo. 1903. 1. 9

손탁호텔(Sontag Hotel)

대한제국 한성부 정동(현재 서울의 정동)에 1902년에 세워진 서양식 호텔이다.

고종이 덕수궁옆(오늘날의 이화여고 100주년 기념관 근처에 있는 1,184평에 달하는 황실 소유의 가옥 및 토지를 하사하고, 25 개의 객실을 갖춘 2층짜리 호텔을 지은 뒤, 당시 한성에 체류하던 독일인 앙투아네트 손탁에게 운영을 맡겼다. 구한말 변변한 숙박시설이 없던시절부터 서울 시내에서 가장 유명하고 주목받았던 서양식 호텔이자 대표 사교 공간이었다.

한편으로는 아관파천 이후 손탁 자신이 고종 황제의 신임을 받아 밀사의 역할을 수행했을 때가 많았기에 근대사의 비화를 낳던 장소이기도 하였으며, 반일활동가 헐버트와 대한매일신보 사장 베델의 활동도 이곳에서 이뤄졌다.

1905년 을사조약 체결 당시에는 일본 특파 대사 이토히로부미가 조약 체결을 위해 머물던 장소이기도 하다.

한편 서울에 건립된 최초의 서양식 호텔이라는 인식이 많았었지만 이미 1897년 정동 황궁 구내에 서울호텔,1901 년 대안문 앞에 팔레호텔, 서대문정거장 앞에 스테이션 호텔 등이 존재하고 있었기에 최초의 호텔에는 해당하지 않는다.

출처: 위키백과

※ 1901년 주요 우편사

5월 28일	일관(日館)에 일본우편국 배달인의 심야 성내 통행 저지 않겠다고 통고
5월 29일	협동우선회사(協同郵船會社) 윤선(輪船) 협동호(協同號)에 발패(發牌)토록 해관(海關)에 훈령
6월 1일	국내 우체 규칙 개정. [칙령 14호]. 우표가액(郵票價額)을 환(圜)으로, 우표 표색(郵票表色) 표시
6월 12일	진고개(泥峴) 일본 우편국장 다나까의 개성지방 여행 통행증 발급 허가
6월	평양(平壤) 일본우편국(日本郵便局) 개설
6월 19일	일관(日館)에게 불법으로 설치된 일본우편국(日本郵便局)의 철폐를 요구
6월 22일	일관(日館), 일본우편국(日本郵便局)의 철폐(撤廢)를 거절하고 한국 우체는 위체(爲替), 소포 등이 미개설이라는 구실을 삼아 거절
6월 22일	외부(外部), 일본 요구의 특수우편 약정 불허면 다시 어려운 문제를 끌고 나올 우려 있으니 대책을 강구토록 통신원에 통고
6월 29일	체전부 요자(料資) 증액 요구하여 일제히 태거 하겠다며 통신원에서 일제히 태거(汰去)
7월 1일	통신원, 체전부 요자(料資) 인상을 탁지부에 요청
7월 2일	경성(京城) 일본우편국 체전부, 한성전보사에서 횡포 부림
7월 2일	황성신문 보도, 진위대(鎭衛隊) 병정이 평양우체사에서 우체물 별신(別信) 요구에 불응한다고 난동

1901

단기 4234년/광무 5년/고종 38년

Chemulpo ▶ via Shang-hai ▶ England행 실체 엽서(농상공부)

태극보통우표(5 P)+대한주색가쇄(2)+이화보통우표 1전

Chemulpo. 10, Apr. 1901-via Shang-hai. 15, Apr. 1901-England 140x90mm
대한제국 농상공부 인쇄국 제조. 1900. 5. 10일 발행. Size: 90 x140mm. 1전. No. PC1

1903

단기 4236년/광무 7년/고종 40년

SEOUL No.1 대한제국 전환국 엽서

한성. 광무 7년 1월 1일. 을체. SEOUL No.1-국내로 체송된 실체 엽서 140x90mm
대한제국 전환국 제조. 1901. 2. 1 발행. Size: 89 x140mm. 1전. No. PC2

1901

단기 4234년/광무 5년/고종 38년

Gensan(원산) ▶ Via Nagasaki ▶ Yokohama ▶ U.S.A행

한일통신협약 체결 이전 원산 I.J.P.O. / 대한제국 우표와 일본 우표 혼첩 실체

태극 10P+이화1전(3)+이화 4전+일본 우표 10Sn

Gensan. I.J.P.O. 25, Jul. 1901-Via Nagasaki. 4, Aug. 1901-Yokohama. 6, Aug. 1901-Albany, N. Y. U.S.A. 31, Aug. 1901 체송 기간: 36일 135x102mm

우취 문화 해설 시리즈

우표 종류

특수우표 종류

다) 오목판(凹版, Intaglio)

오목판은 볼록판과 반대로, 화선부(글·그림 등의 이미지 부분)가 오목하게 되어 있고, 잉크를 인쇄판의 오목하게 들어간 부분에 채워서 인쇄하는 방법이다. 요판은 다른 인쇄 방식보다 두꺼운 잉크 피막이 생기고 박력 있는 인쇄물을 얻을 수 있다. 오목판에는 사진 오목판과 조각 오목판이 있는데, 사진 오목판을 그라비어 인쇄라 한다. 우리나라 조각 오목판 우표는 주로 오목판과 평판을 합해서 인쇄한 우표인데 오목판이 주가 되고, 바탕색 등을 평판(오프셋)으로 인쇄한 것이다. 또 여러 색도의 경우는 색체가 대단히 풍부하게 되어 위변조가 어려워 은행권, 채권, 우표 등에 많이 사용된다. 영국에서 발행한 세계 최초의 우표가 오목판 인쇄이며, 우리나라 최초의 순수 오목판 우표는 1980.11.20. 발행한 '한국미술 5,000년 특별우표'인 금강역사상 우표이다. 보통우표는 안창호(1983. 11. 25 발행), 정약용(1986. 10. 20 발행), 김구(1986. 6. 10 발행) 등이며, 기념우표로는 1982. 9. 4 제 27회 세계야구선수권대회 기념우표 등이 있다. 최근에는 두 가지 색의 잉크를 이용해 오목판으로만 인쇄된 전통 생활 문화 특별우표(2003~2004년 발행) 등이 있다.

출처: 우정사업본부 우표문화 길잡이

1901

단기 4234년/광무 5년/고종 38년

한성우체사 ▶ KOBE행

한·일 간 우편 협정 요금 적용
이화보통우표 3전. Plum Blossoms Series

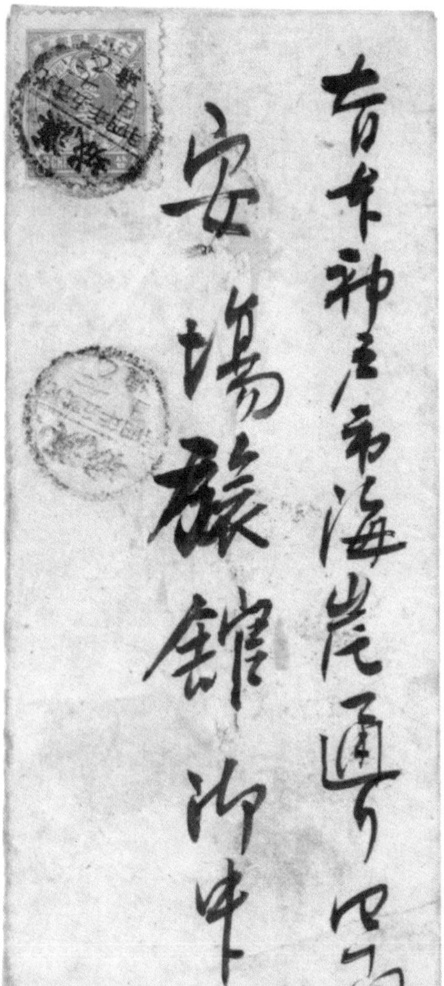

한성. 1901. 4. 7 - KOBE. 1901. 4. 13
체송 기간: 7일 68x157mm

대한제국 애국가

National anthem of the Korean Empire, 1902년 옛 대한제국의 국가. 프란츠 에케르트(Franz Eckert. 1852~1916년) 작곡. 작사자 미상. 정식 명칭은 '대한제국 애국가'. 한국 역사 최초의 근대 국가이다.

1902년 9월 9일 처음으로 연주되었고 정식으로 채택되었으나, 공식적으로는 1907년 순종(純宗) 황제 즉위식에서 마지막으로 연주되었고, 1909년에 이르러서는 일제(日帝)의 애국 창가(唱歌)에 대한 단속으로 인해 금지곡이 되었으며, 1910년 국권을 빼앗긴 이후에는 기미가요로 대체. 실질적으로는 5년(정식 채택부터 마지막 공식 연주까지) 동안만 사용된 비운의 국가이다.

이렇게 작곡된 시기도 어두운 시기였던 데다가 음도 착 가라앉은 듯한 느낌을 주는 처량한 분위기라 가만히 듣고 있으면 망국의 한이 느껴진다는 평도 있다.

최초의 애국가인 만큼, 광복 이후에도 쓰일 수도 있었으나 한반도에 다시 세워진 나라는 대한제국이 아닌 엄연히 공화국인 대한민국이었기 때문에 실현 가능성은 거의 없었다.

출처: 위키백과

첫 번째 공식가사
상뎨(上帝)는 우리 황뎨를 도으ᄉᆞ
셩슈무강(聖壽無疆)ᄒᆞᄉᆞ
ᄒᆡ옥듀(海屋籌)를 산(山)갓치 ᄡᆞ으시고
위권(威權)이 환영(環瀛)에 ᄯᅳᆯ치사
오쳔만셰(於千萬歲)에 복녹(福祿)이
일신(日新)케 ᄒᆞ소셔
상뎨(上帝)는 우리 황뎨(皇帝)를 도으소셔

프란츠에케르트(Franz Eckert)
1852. 4. 5~1916. 8. 6. 독일의 음악가
1899년 이후의 일본의 국가로 인정된 기미가요와 대한제국 애국가를 작곡하였다.

1901

단기 4234년/광무 5년/고종 38년

Seoul 1901. 4. 26-via Shanghai. 1901. 5. 1-Ambulant. 1901. 5. 10-Bern, Switzerland. 1901. 5. 12
체송 기간: 17일 149x285mm

외체인

SEOUL ▶via Shang-Hai ▶ Ambulant ▶BERN, Switzerland행 등기

R SEOUL NO.732
이화보통 2 ri x3
이화보통 1 C
이화보통 2 C(태극중앙)
이화보통 2 C(태극이화)
이화보통 3 C
이화보통 4 C
이화보통 5 C
이화보통 6 C
이화보통 10 C
이화보통 15 C
이화보통 20C
태극보통 5P
대한주색 50P
첩부우표 17장
총 액면가 149전6리

국제우편요금
International letter
149전6리
Rate: 10 jeon + registry fee
10 jeon + overpaid 176전 6리

1901

단기 4234년/광무 5년/고종 38년

태극보통우표 흑색 대한가쇄 25 Poon + 이화보통우표 20전

An outbound international registered letter with an additional stamps affixed for Philatelic purpose

Seoul ▶ Via Shang-Hai ▶ Paris, France행 등기

20 전+1 poon. International letter rate 10 jeon+registry fee 10 jeon+overpaid 1 poon

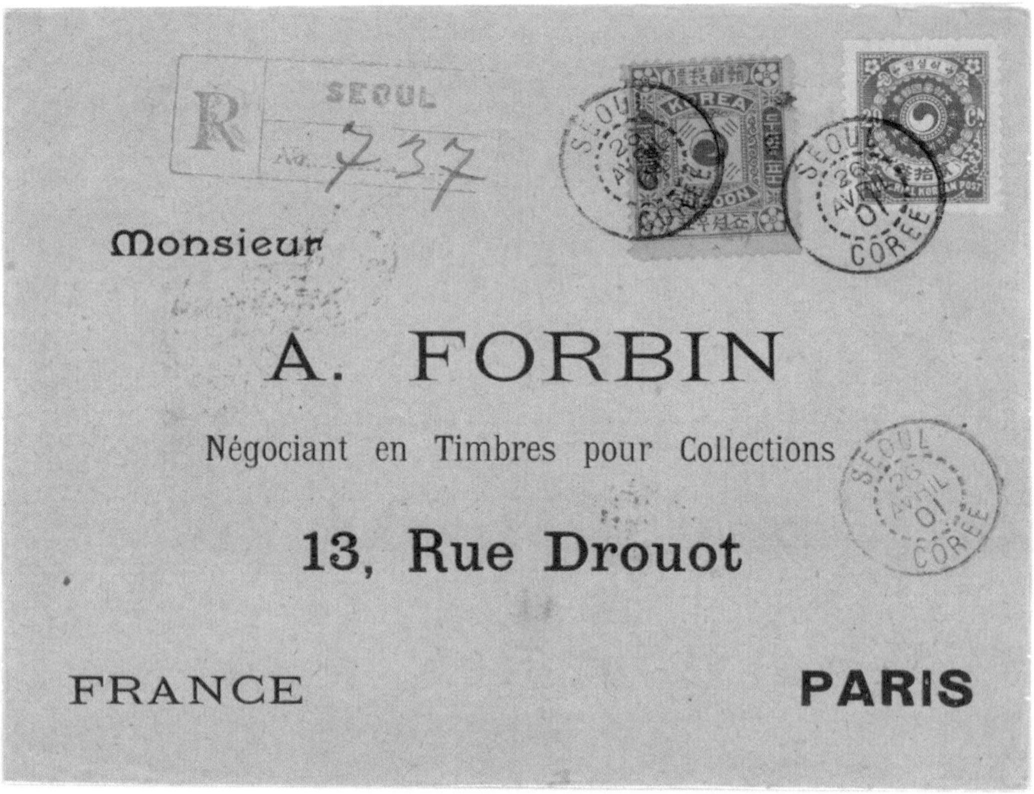

Seoul. Apr. 26, 1901 - Via Shang-Hai. May. 10, 1901 - Paris, France. Jun. 14, 1901
체송 기간: 49일

147x115mm

우취 문화 해설 시리즈

3. 우리나라 최초 우표

1) 문위우표 탄생

우리나라 최초 우표는 세계 최초 우표가 탄생된 지 44년 뒤인 1884. 11. 18(음력 10월1일) 우리나라 근대 우편제도 아버지로 불리는 홍영식(조선후기의 문신, 1855~1884) 선생에 의해 탄생되었다. 이 때 발행된 우표가 문위우표(文位郵票)이다. 문위우표란 당시 화폐 단위가 문(文)이었기 때문에 후에 우표 수집가들에 의해 붙여진 이름이다. 문위우표는 태극 문양을 디자인으로 하여 보통우표 5종(5·10·25·50·100문)을 발행할 계획으로 일본(일본대장성 인쇄국)에 블록판 인쇄 방식으로 의뢰, 제작하여 우정총국 개국일부터 사용할 예정이었다. 우정총국 개국일까지 5문과 10문만 도착하여 최초로 우정업무가 개시된 한성과 제물포 사이에 오고 간 우편물에 사용되었을 뿐, 나머지 25문·50문·100문의 3종은 우정총국 개국 축하연 날 일어난 갑신정변의 실패 이후에 도착하여 미사용 우표로 남게 되었다. 1884. 11. 18. 우편 업무가 개시되고 같은 해 12.4(음10. 17) 우정총국 개국 축하연을 계기로 개화파의 김옥균·박영효·홍영식·서광범·서재필·박영교 등이 일으킨 갑신정변이 3일만에 실패함으로 모처럼 이룩한 근대 우편제도가 애석하게도 1884. 12. 6. 폐지된 후 그 후 10년이란 긴 공백 기간을 거쳐 1895년 우편 업무가 재개 되었다.

2) 한국 우편 창시자 홍영식 선생

홍영식(洪英植) 선생은 조선시대 철종6년(1855)12월 29일 영의정 홍순목(洪淳穆)의 둘째 아들로 태어났다. 문신이며, 구한말 개화파 정치인이며 갑신정변의 주역으로, 18세의 나이로 과거에 급제한 영재였으며, 1884년에 우정총국을 개설하여 초대 우정총판을 지냈다.

1901

단기 4234년/광무 5년/고종 38년

The International Datestamp. Jan. 1, 1900 Jun. 30, 1905

U. S. bound mail sent from Wonsan through Seoul.(Oct. 1901)

Gensan(원산)▶Seoul 경유▶San Francisco▶East Orange, U.S.A행

원산우체사 외체인 접수인

태극보통우표 50 Poon

대한제국 원산우체사(元山郵遞司)

1896년 5월 26일. 농상공부 칙령 제125호 우체사 설치 예정

1896년 6월 5일. 대한제국 농상공부령 제3호. 설치 착수

1896년 6월 5일. 농상공부령 제3호, 고시 제3호. 우체사 개국

10전. International letter rate(15 g) 10 jeon

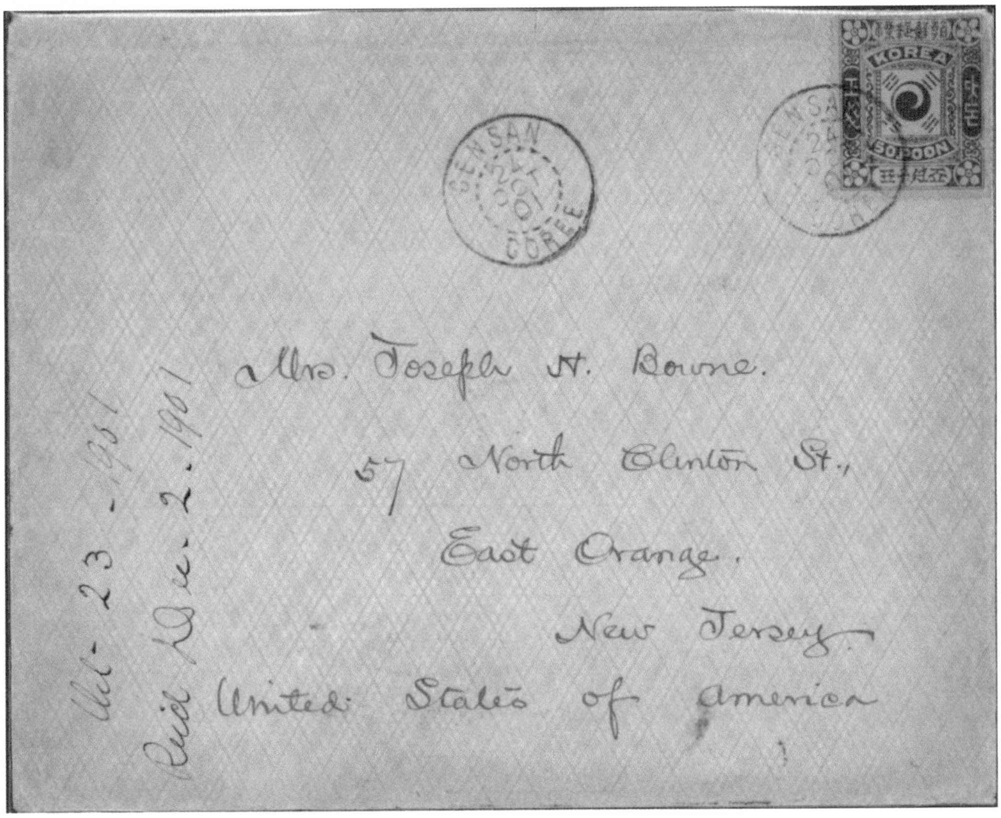

Gensan. Oct. 24, 1901 - Seoul. Oct. 31, 1901 - San Francisco. Nov. 26, 1901 - East Orange. Dec. 2, 1901

체송 기간: 38일

150x120mm

태극보통우표 초판 및 2판

Perf. 11 1/2, 12, 12 1/2, 13 및 복합

전지구성 10x10

Pt. 凸판(Typopraphed)

Wink. 무투문(Unwmkd)

발행일: 1895년 7월 22일

1901

단기 4234년/광무 5년/고종 38년

제물포▶Seoul행 등기

2 AOUT, 1901 Chemulpo-Seoul Registered NO.879

1904

단기4237/광무8년/고종41년

Seoul▶via Shang-Hai▶Paris행

13 AOUT, 1904. Seoul-via Shang-Hai-Paris

1902

단기 4235년/광무 6년/고종 39년

부산전보사에 하달한 훈령(訓令) 제 602호
통신원 총판 육군참장 민상호(閔商鎬)

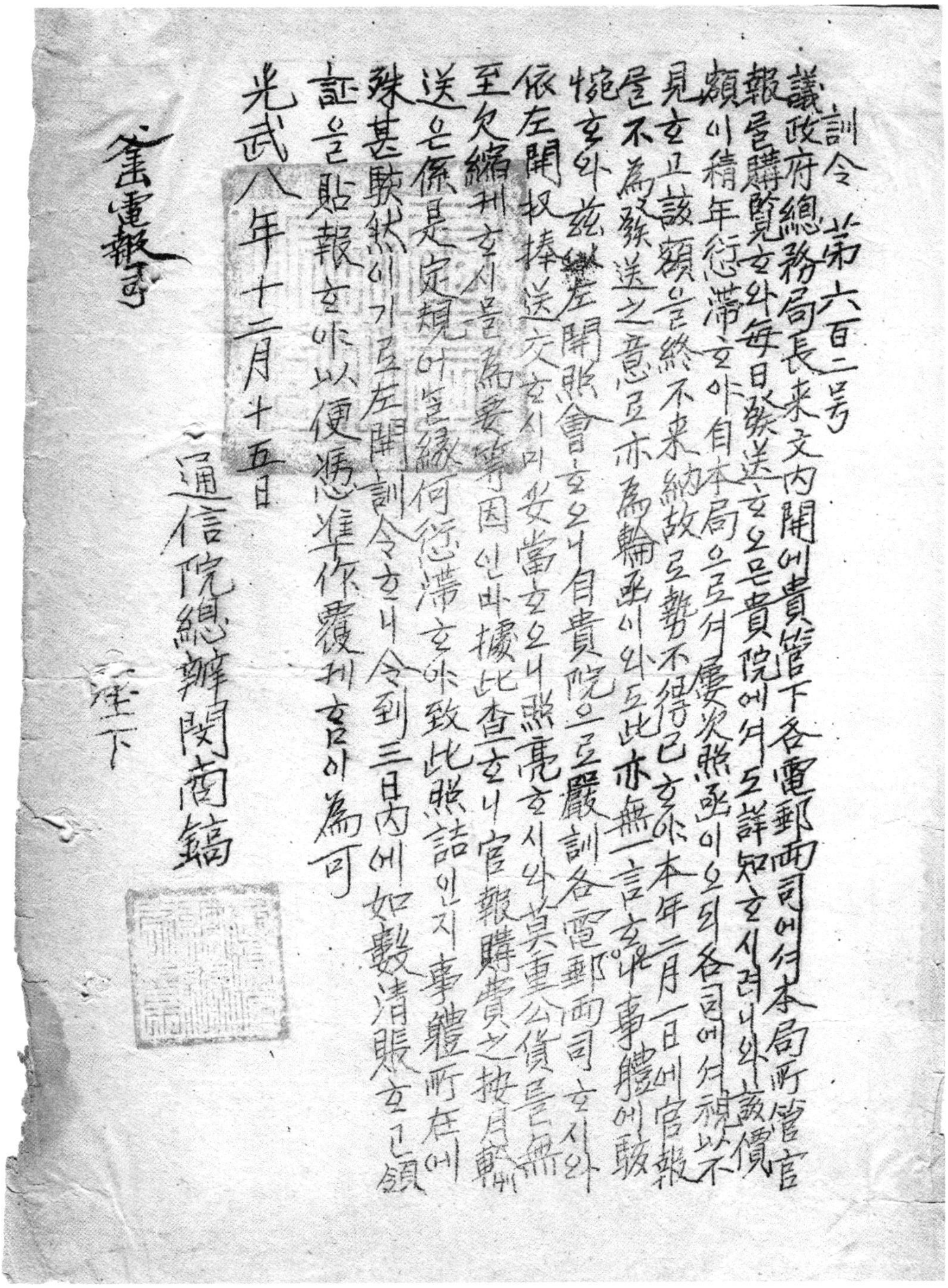

1902

단기 4235년/광무 6년/고종 39년

수원 ▶ 홍주 숙박비 영수증

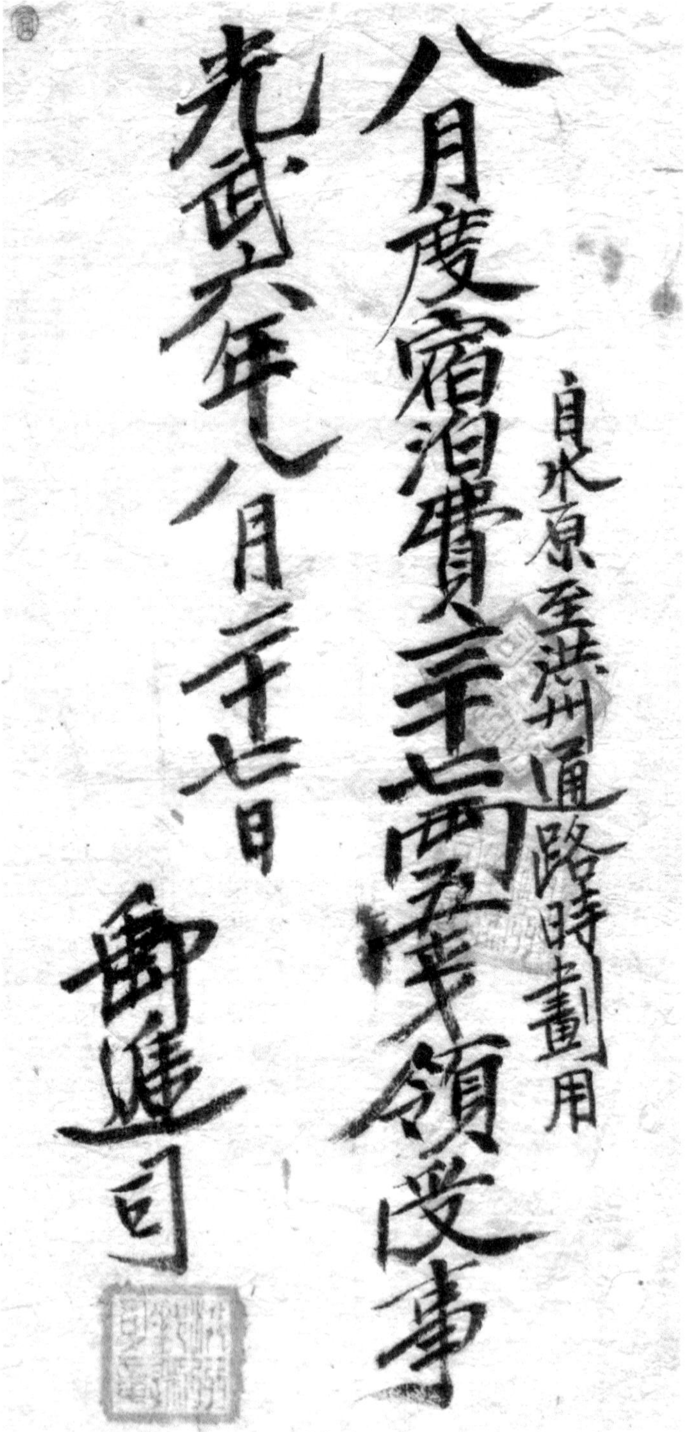
八月度宿泊費三十七兩五錢領受事
自水原至洪州通路時盡用
光武六年八月二十七日
郵遞司

광무 6년 8월 27일 8월분 숙박비 37량 5전에 대한 영수증/우체사

1902

단기 4235년/광무 6년/고종 39년

대구(大邱) 원일형 일부인

광무 6년(1902) 11월 3일 문경 일본 전신부로 체송된 엽서

대구우체사

개설 일시 1895년 10월 21일

대구우체사는 한성-동래 간의 우체선로의 확장 정책에 따라 충주. 안동. 동래우체사와 함께 칙령 125호(개국 504. 5. 26)에 의하여 관제를 확립하고, 부령 제10호(개국 504년 10. 9)에 의하여 개국504년 10월 21일 설치되어 업무를 시작하였고, 관제 개정인 칙령 제42호(건양 1년 8. 5)에 의하여 1등사가 되었다가 1905년(광무 9). 5. 22 재한일본 부산우편국 대구출장소에 승계되어 소멸하였다.

일제강점기

대구우편국

경상북도 대구부 대구 금정 1정목

(경상북도 대구부 대구 원정 1정목)

1911.12.16

총독부고시 제367호/위치 명칭 개정

대구우편국비행장분실

경상북도 달성군 해언면 입석동 대구비행장내

1937.1.31

총독부 고시 제41호/비행장분실 설치

김원국(金元國)-의병

1870~1909.12.5. 전라남도 광주 출생

1905년 9월 광산(光山) 송정읍(松汀邑)에서 왜군을 타살하고 피신하였다. 1906년 3월 아우 원범(元範)과 함께 광주 무등촌에서 의병을 일으켜 일본군과 교전을 하였다. 1907년 9월 호남의진의 거두인 성재 기삼연(省齋 奇參衍)과 김 준(金準 일명 泰元)이 합진하여 일대성세를 이루게 되자, 12월 김 준의 휘하에 들어가 선봉장이 되었다. 이 때 부하 삼백여 명으로 광주 수비대(光州守備隊)와 교전하여 40여 명을 사살하였다.

1908년 1월 성재와 김 준이 순국하여 일시 호남의진의 기세가 잠시 소강상태에 빠졌으나, 김 준 휘하의 부장들이 각기 의병장이 되어 의진을 재편하면서 전열을 정비하여 갔다. 대표적인 의병장은 오성술(吳聖述)·조경환(趙敬煥)·전해산(全海山) 등이 있었다.

출처: 공훈전자사료관

1902

단기 4235년/광무 6년/고종 39년

이화보통우표 한성 내체인과 외체인 혼용 사용 실체

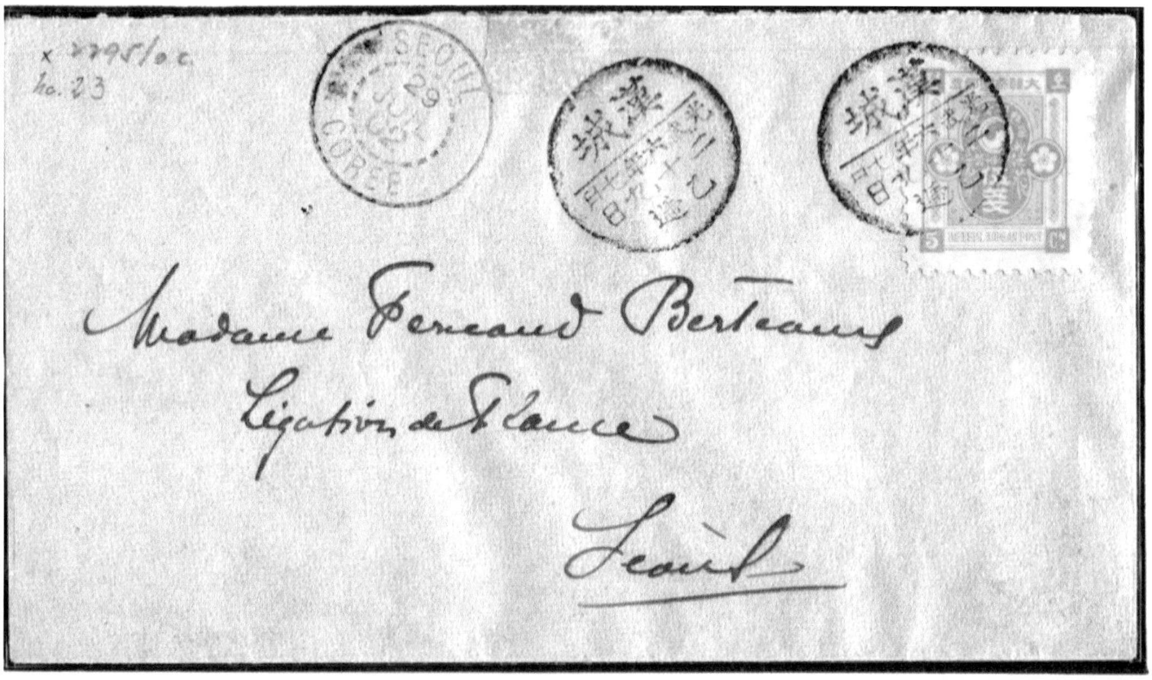

광무 6년(1902) 7월 29일. 을체

한성(서울)~인천 간 전화업무를 담당했던 한성전화소의 1902년 당시 모습. 〈한겨레〉 자료 사진.

1902년 한국 최초 공중전화 설치

한국에 최초의 전화기가 도입된 것은 1882년이다.

청나라 텐진 유학생 상운(尙雲)이 3월에 조선으로 귀국하면서 전화기와 전선 100m를 가지고 왔다는 기록이 남아 있다. 1893년 11월 정부는 지금의 세관에 해당하는 총해관(總海關)에 일본 동경에서 구입해 들여오는 전화기와 전료(전화기 재료) 등을 면세하라는 공문을 내렸다는 기록이 남아 있다. 1896년 덕수궁에 자석식 전화기가 설치되어 고종이 즐겨 사용하였다. 이 전화는 주요 관아는 물론 인천까지 개통되었다. 당시 을미사변으로 명성황후가 시해되자 백범 김구는 복수하겠다면서 쓰치다 조스케(土田讓亮)라는 일본인을 살해해 사형선고를 받고 인천감옥에서 사형 집행을 기다리고 있었다. 고종은 인천감옥에 직접 전화를 걸어 청년 김구에 대한 사형집행을 중지시켰다. 이는 전화가 개통된 지 사흘째 되는 날이었다. 그 이후에도 고종은 전화기를 자주 사용하였는데, 명성황후의 유해가 안장된 홍릉에 매일 아침 전화를 걸어 사별한 부인을 그리워했다고 한다.

1902년 3월 서울과 인천 사이에 일반인들이 사용할 수 있는 공중전화가 개설되었다. 이후 대한제국 정부는 서울과 개성, 개성과 평양, 서울과 수원 등 전화 통화권을 확대했다. 그 후 1905년 4월 대한제국의 통신사업권을 일본에 빼앗기면서 전화 보급이 중단되었다.

출처: 위키백과

1902

단기 4235년/광무 6년/고종 39년

SONTAG Cover

3 APR. 1902 Seoul-15 AVR. 1902 Shang-Hai-17 V. 1902 St. Peterburg 도착

1902

단기 4235년/광무 6년/고종 39년

Sontag과 손탁호텔

손탁호텔의 전경, 호텔 로비, 연회장 등이 엽서 사진에 소개되어 있다.

앙투아네트 손탁(Antoinette Sontag 안토이네테 존타크, 1854년 ~ 1922년)는 대한제국과 러시아 제국에서 활약한 독일인 통역사이며, 손탁호텔의 지배인으로 잘 알려져 있다. 한국어 이름은 손탁(孫澤)이다.

1854년에 프랑스 알자스로렌의 독일계 가정에서 태어났다. 당시에는 프랑스 국적을 가지고 있었다. 그러나 1870년에 프로이센-프랑스 전쟁이 일어나 알자스로렌이 프로이센 군대에 의해 점령되고 만다. 1871년에 베르사유 조약으로 인해 독일 제국이 선포되면서, 알자스로렌이 프로이센에 합병되었다. 그래서 국적이 독일로 변경된다.

1885년에 주조선 러시아 제국 초대공사로 카를 베베르가 부임할 때 함께 입국하였다. 이때 베베르 공사의 추천으로 인하여 1886년 경복궁의 양식 조리사로 임명되어 일하게 된다. 이때 그녀는 정식으로 명성황후를 알현하였다. 1896년에 아관파천이 성공하는데 일정한 역할을 감당하였다.

1902년에는 고종으로부터 덕수궁 근처에 있는 황실 소유의 부지를 하사받았고, 같은 해에 손탁호텔을 개업하여 그 지배인이 된다. 그러나 1905년에 러일전쟁에서 러시아가 패배하고 을사조약이 체결된 후로 정국이 혼란스러워지자, 1909년에 프랑스 칸으로 돌아갔다. 1922년 7월 7일 오전 8시 프랑스 칸에 있는 자택에서 세상을 떠났다. 현재 프랑스 칸의 시립천주교 묘지에는 '조선황실의 서양전례관 마리 앙트와네트 손탁'이라는 이름으로 묻혀 있다.

출처: 위키백과

1902

단기 4235년/광무 6년/고종 39년

한성 내체인 · Seoul 외체인

이화보통우표 2리(5매블럭) + 1전 혼첩

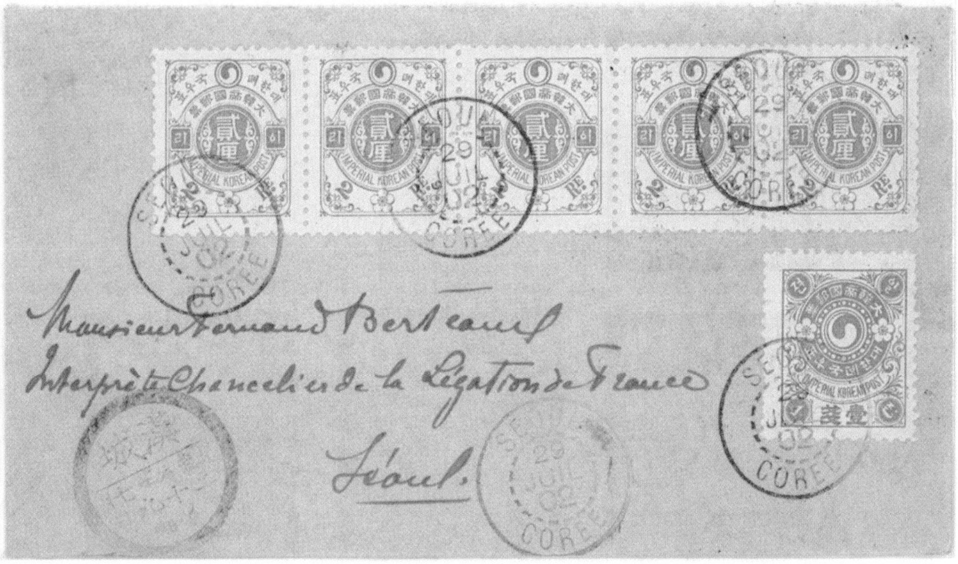

광무 6년(1902) 7월 29일

SEOUL 풍경 엽서

Seoul, Coree. 6, JUIL. 1902.

1902

단기 4235년/광무 6년/고종 39년

어극40년 기념우표

40th Anniversary of Emperor's Reign

어극40년 기념우표

발행일 1902. 10. 18.
Perf. 11 1/2.
전지 구성 10 x 10
Ps. 대한제국 전환국
Pt. 요판(T). 얇은 박지
발행량 50,000 매 도감 번호 C1

Chemulpo

한성

Chemulpo

Chemulpo

Chemulpo

Chemulpo

대한제국 최초 기념우표로서 조선 제26대 고종황제 어극40년과 망육순(亡六旬) 51 세를 기념하기 위하여 기념우표와 기념 메달 제작을 비롯, 기념비 건립을 하는 등 만반의 준비를 하였으나, 돌림병(호열자·콜레라) 유행으로 기념 축하 행사를 다음 해 4월 30일로 연기하였고, 기념우표만은 예정대로 발행하였다.

출처: 위키백과

1902

단기 4235년/광무 6년/고종 39년

어극40년 기념우표 20매 블록

민병석(閔丙奭 1858년 ~ 1940년)

조선 말기 정치인으로 일제 강점기에 일제 통치에 적극 협조했다. 이완용은 그의 처내종으로 사돈지간이 되며, 절친한 친구 사이이기도 했다. 1897년 대한제국 건국 후 궁내부 특진관, 헌병대 사령관, 각부의 대신, 시종원경 등의 고위직을 지냈으며, 대한천일은행을 비롯하여 직조회사와 농업회사 경영에 참여하는 등 산업계와 금융계에서도 활동하였다. 1905년 이토히로부미 초빙 작업을 위해 일본에 다녀오기도 했다. 1909년 자신과 가까웠던 이토히로부미가 안중근에게 저격당하자 장례식에 박제빈 등과 함께 조문 사절로 다녀왔다. 1910년 한일병합조약 체결에 경술국적의 한 사람으로서 적극 협력하여 일본 정부로부터 자작위를 수여 받았으며, 1911년에는 이왕직 장관이 되어 의민태자와 이방자의 정략결혼에 깊이 개입하였다. 1912년 의친왕의 수행원으로 일본 메이지 일왕 장례식에 참석하였다. 이후 수시로 일본을 다녀왔으며, 영친왕과 이방자 결혼 식 때 한국측 대표로 참석하였다. 1925년부터 1939년까지 조선총독부 중추원 고문을 5회 중임하였고, 친일 애국금체회의 발기인이었고, 그의 아내 심경섭(沈卿燮)은 그 간사였다. 1935년 총독부가 편찬한 《조선공로자명감》에 조선인 공로자 353명 중 한 명으로 수록되어 있다.

1902

단기 4235년/광무 6년/고종 39년

한성▶인천 원일형 일부인

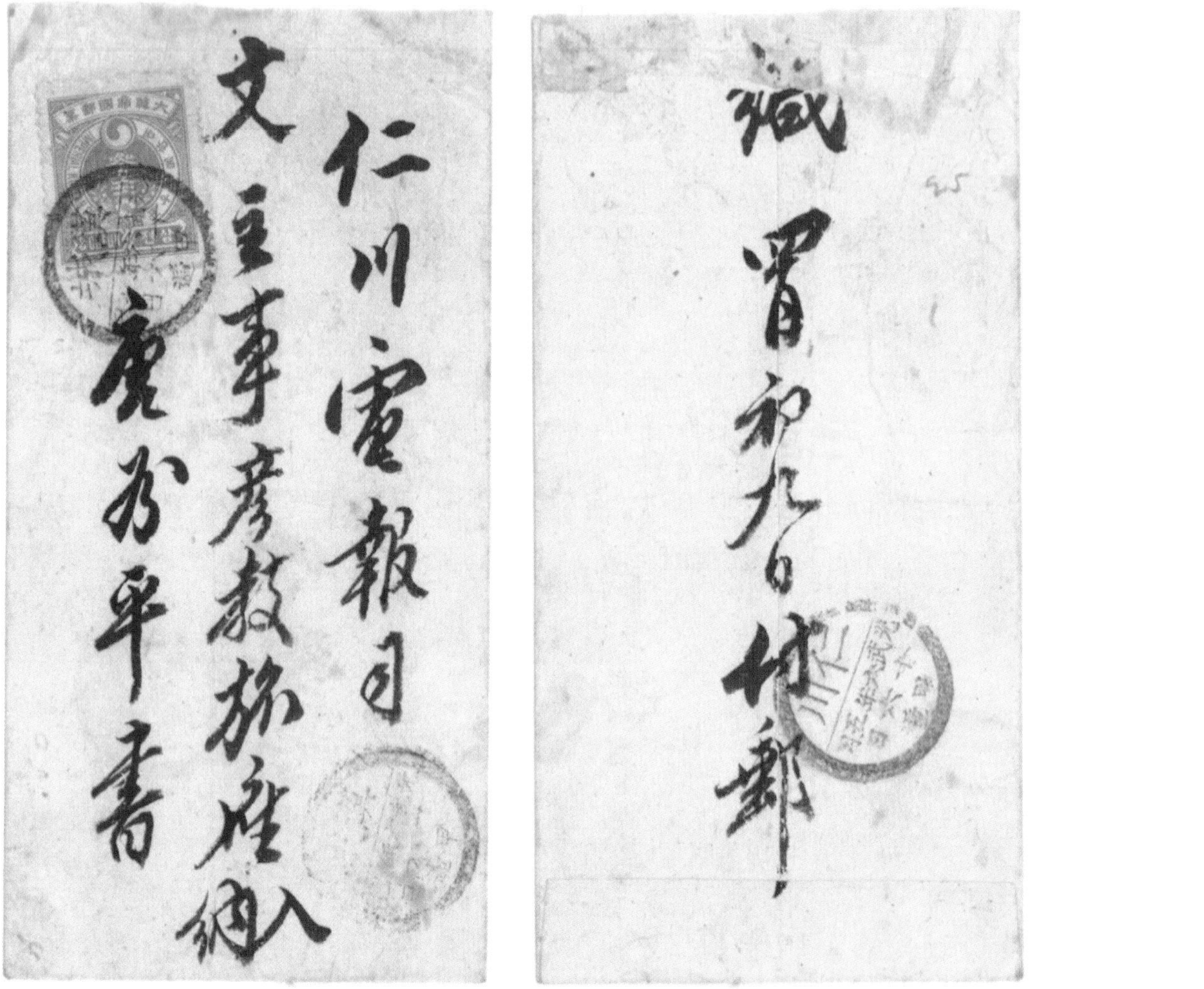

광무 6년(1902) 5월 16일. 한성- 광무 6년 5월 16일

김희선(金羲善, 1875 ~ 1950)

대한제국 군인이며 일제강점기 관료이다. 대한민국 임시정부 군무부 차장을 잠시 지냈으나 친일파로 변절하였음이 밝혀져 독립유공자 서훈을 취소당했다. 평안남도 강서군 태생이다. 일본육군사관학교에 유학하여 1899년 노백린 등과 함께 제11기로 졸업한 뒤 대한제국 육군참령(소령)으로 활동하다가 1907년 일제가 대한제국 군대를 해산하자 항전을 주도했다. 대한제국 군인들은 1907년 대한제국 군대 해산 이후 대거 독립운동에 뛰어드는데, 그도 중국으로 망명을 꾀하다가 강제로 귀국당했다. 이후 조선총독부 회유로 1913년 평남 개천군 군수, 1915년 평남 안주군 군수에 임명되어 총독부 관리를 지냈다. 1919년 안주군수 재직시 3·1 운동이 일어나자 상하이로 망명했다. 두 번째로 독립운동에 뛰어든 셈이었다. 일본육사 출신으로 군사 전문가인 김희선을 임시정부는 군무부 차장에 임명하고 임시정부 육군무관학교 교장, 군무총장 대리 등으로 군사 부문에 중용했다. 임시정부 의정원 의원으로도 활동했다. 그러나 이 망명이 미리 계획된 것이며 일종의 스파이로서 임시정부에 잠입한 것으로 보는 시각도 있다. 그러나 1922년 다시 변절하여 전향하였다. 이때 임시정부 측은 대단한 배신감을 느낀 듯 기관지인《독립신문》을 통해 "돼지", "송장놈", "죽은 개" 등 원색적인 표현을 사용하여 그를 비난했다. 이후 국내에 머물면서 1928년 일본 정부로부터 쇼와대례기념장을 받았다. 기록에 따르면 역시 일본육사 출신의 독립운동가인 류동렬과 김희선에게 귀순 공작이 들어갔을 때 류동렬은 거부했고 김희선은 투항한 것으로 알려져 있다. 1919년부터 1921년까지 조선총독 사이토 마코토와 세 차례 면회한 기록도 있다. 광복 후 월남하여 서울에 머물다가 한국 전쟁 기간 중 사망했다.

1902

단기 4235년/광무 6년/고종 39년

한성▶수원 원일형 일부인

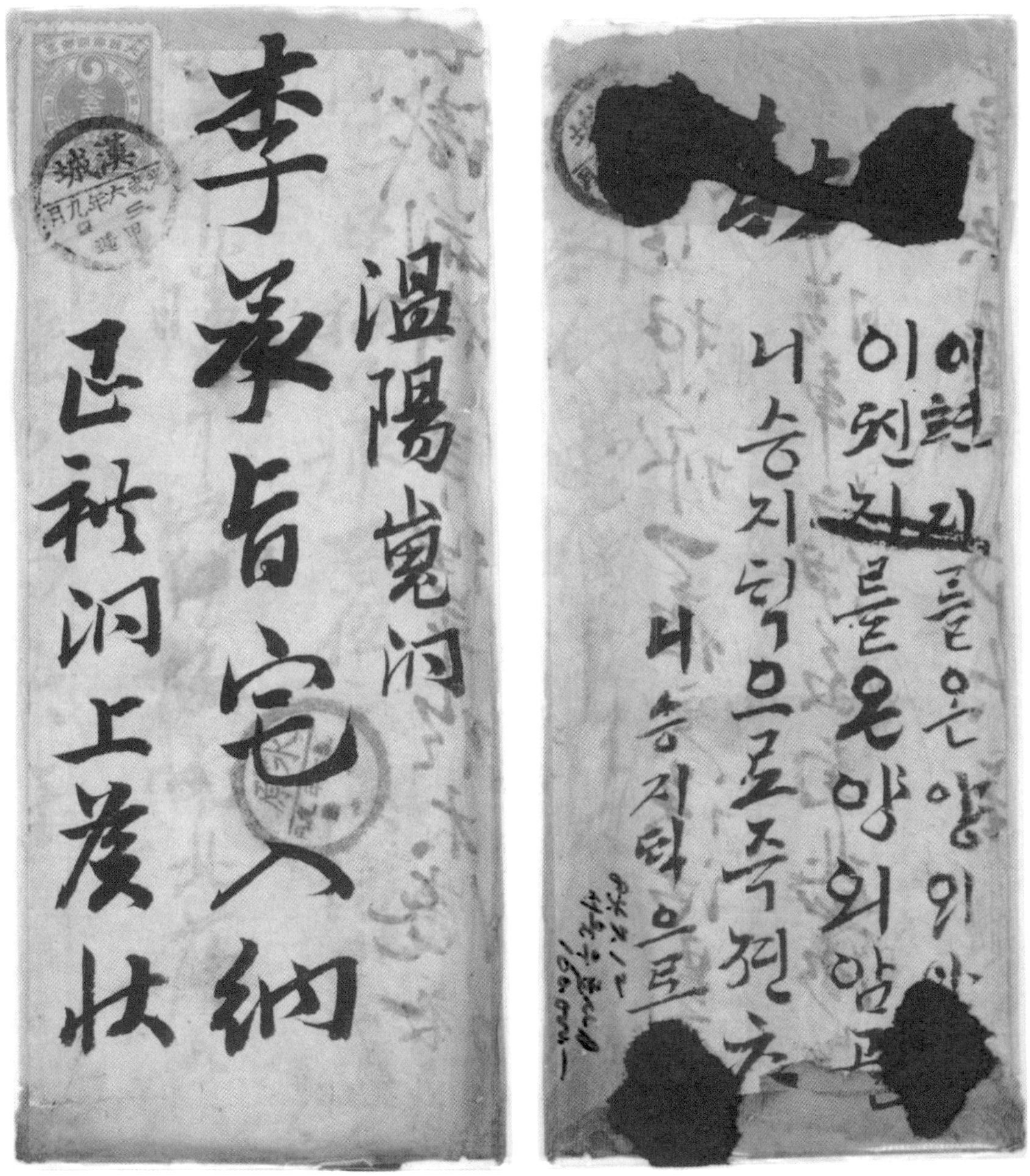

광무 6년(1902) 9월 3일-온양(수원)

1902

단기 4235년/광무 6년/고종 39년

Gensan ▶ Wonsan I.J.P.O. ▶ Nagasaki ▶ Yokohama ▶ Kobe ▶ Vladivostok, Russia.

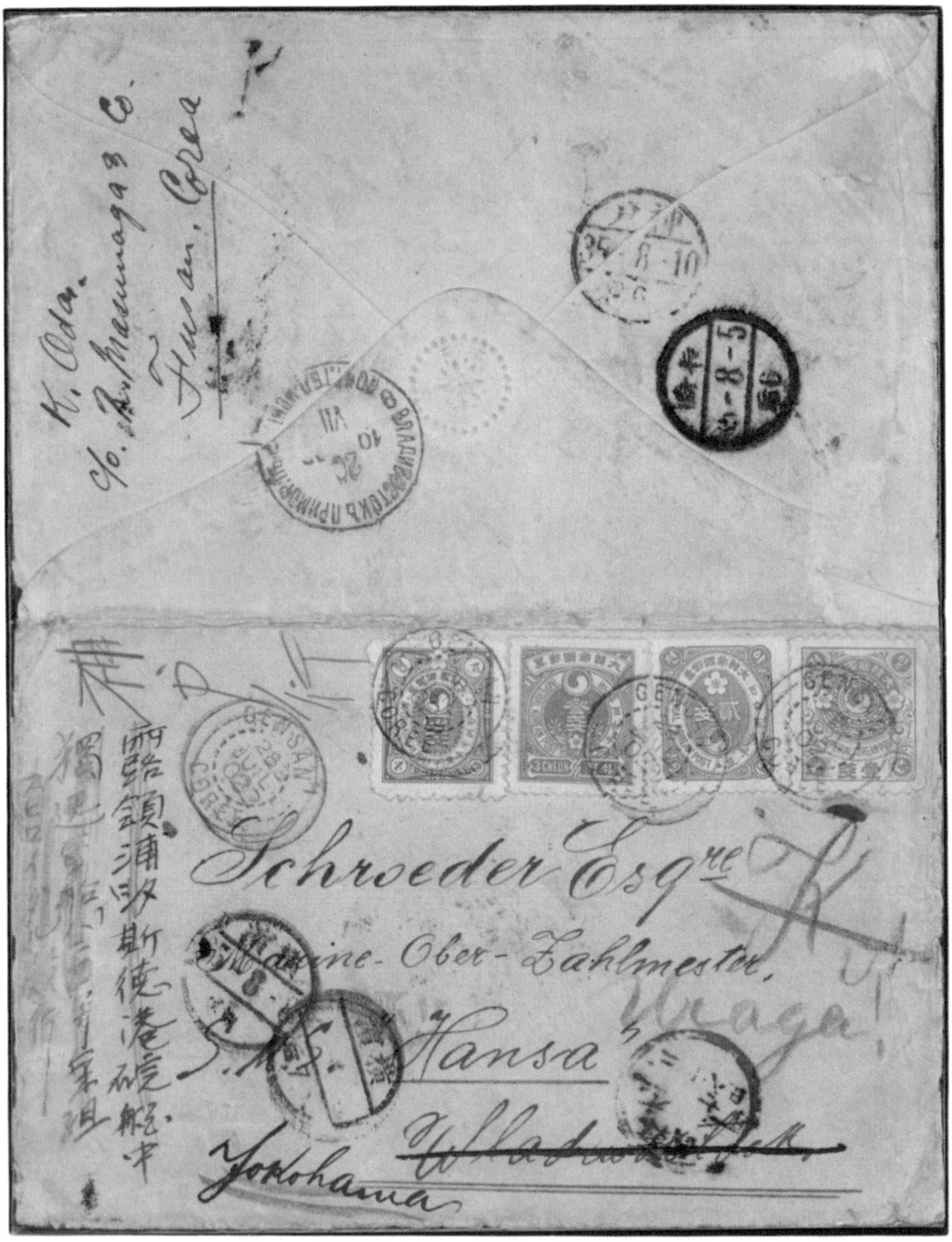

Gensan, July. 28, 1902-Wonsan I.J.P.O. July 28, 1902-Nagasaki, Aug. 5, 1902-Yokohama, Aug. 8, 1902-Kobe, Aug. 10, 1902-Vladivostok July. 20, 1902. Russian Era.

1902

단기 4235년/광무 6년/고종 39년

Seoul ▶ Berlin, Germany
외신용 배달증명인

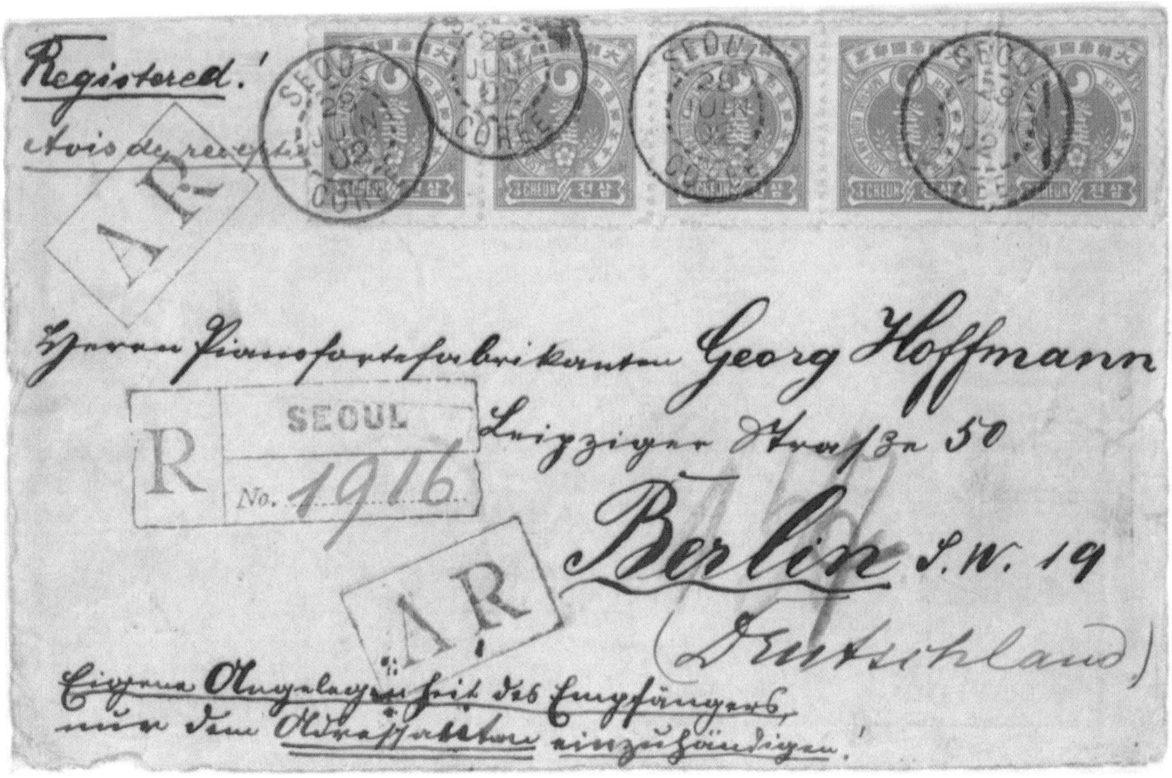

Seoul, June. 18, 1902-Berlin, Germany.

AR Delivery Certification for Oversea mail(외신용 배달증명인)

나도향(羅稻香)

(**1902년 3월 30일 한성부** ~ **1926년 8월 26일**) 일제 강점기의 **한국 소설가**이다. 본명은 나경손(慶孫)이며 필명은 나빈(彬)이다. **한성부 용산방** 청파계(지금의 **서울특별시 용산구 청파동**)에서 출생하였으며, **배재학당**을 졸업하고 **경성의학전문학교**를 중퇴한 뒤 **일본**에 건너가 고학으로 공부하였다. **1922년** 《백조》의 창간호에 소설 《젊은이의 시절》을 발표하여 문단에 등장하였다. **이상화**, **현진건**, **박종화** 등과 함께 백조파라는 **낭만파**를 이루었다. 이듬해 **동아일보**에 장편 《환희》를 연재하여 **19**세의 소년 작가로 문단의 주목을 받게 된다. 이 때부터 작품 경향을 바꾸어 **자연주의적** 수법이 보이기 시작했으며, **1925년** 《여명》 창간호에 《벙어리 삼룡이》를 발표하였는데, 한국 근대 문학사상 가장 우수한 단편 중의 하나로서 평가받고 있다. 그는 날카로운 필치로 많은 작품을 써서 천재 작가로 알려졌으나 폐병으로 인해 **25**세의 젊은 나이로 요절하고 말았다. 주요작품으로 《물레방아》, 《뽕》, 《벙어리 삼룡이》 《별을 안거든 울지나 말 걸》 등이 있는데, **민중**들의 슬프고 비참한 삶에 초점을 맞춘 작품들이다. 작품들 중 《벙어리 삼룡이》,《뽕》은 영화로 만들어졌다.

출처: 위키백과

1902

단기 4235년/광무 6년/고종 39년

Gensan ▶ 한국 부산 ▶ Fusan ▶ Kobe ▶ Canada행

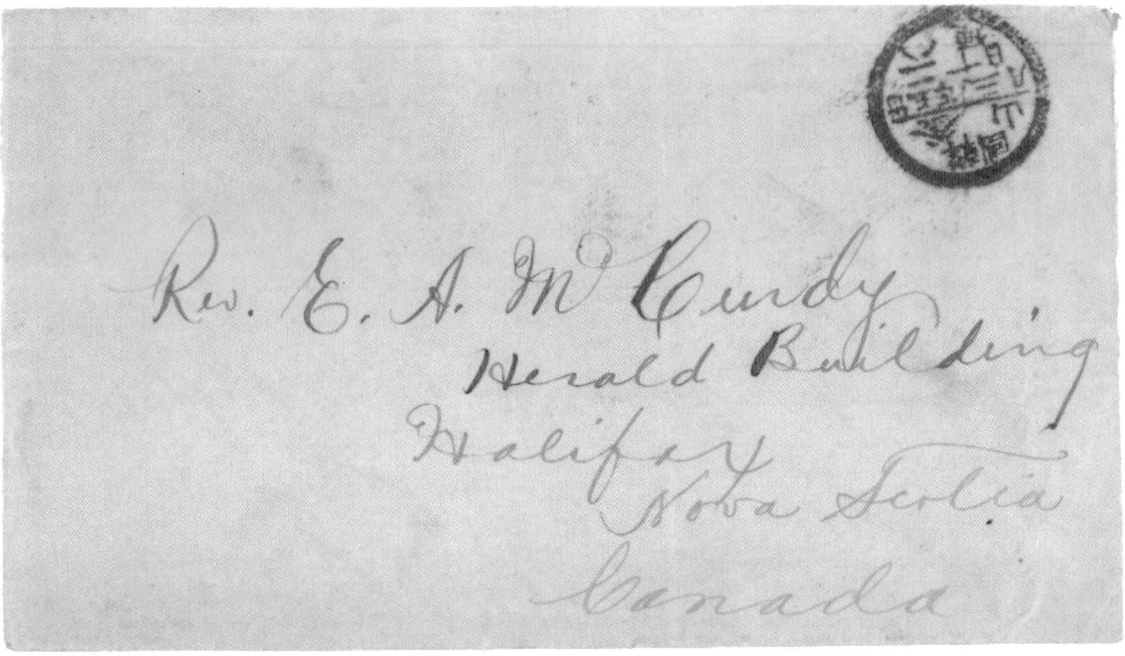

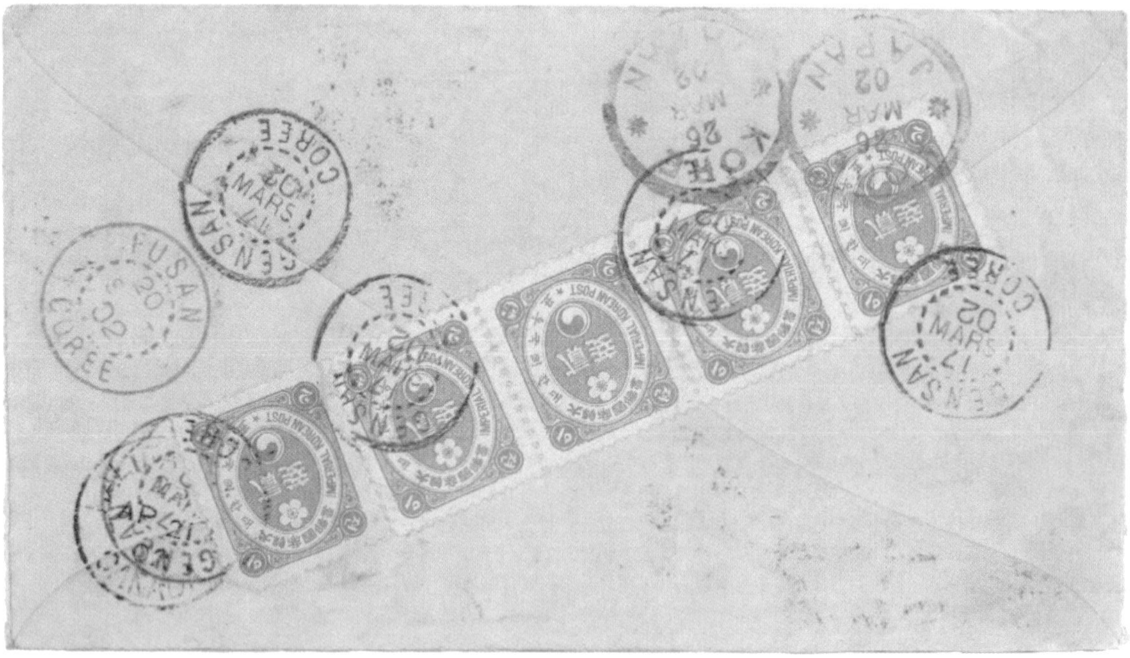

Gensan(원산). 17 MARS, 1902-한국 부산 20 03 1902-FUSAN-KOBE 26 MAR 1902-CANADA

1902

단기 4235년/광무 6년/고종 39년

SEOUL No.1 ▶ Chemulpo ▶ Washington, U.S.A행

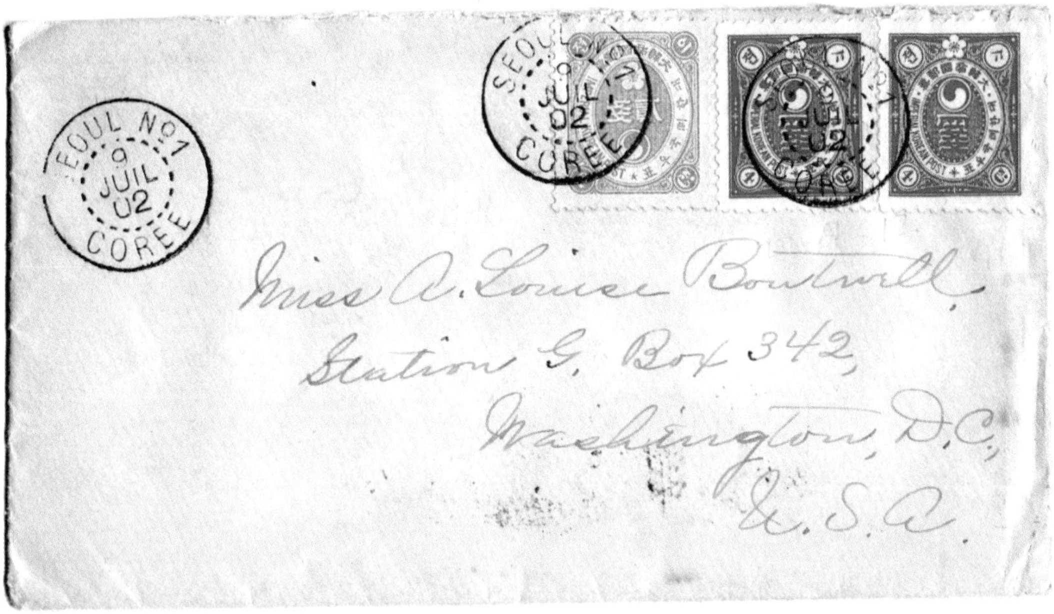

9 jJUIL 02 Seoul No.1-Chemulpo- 13 AUG. 1902 Washington, USA

1902

단기 4235년/광무 6년/고종 39년

홍주우체사 경비 영수증

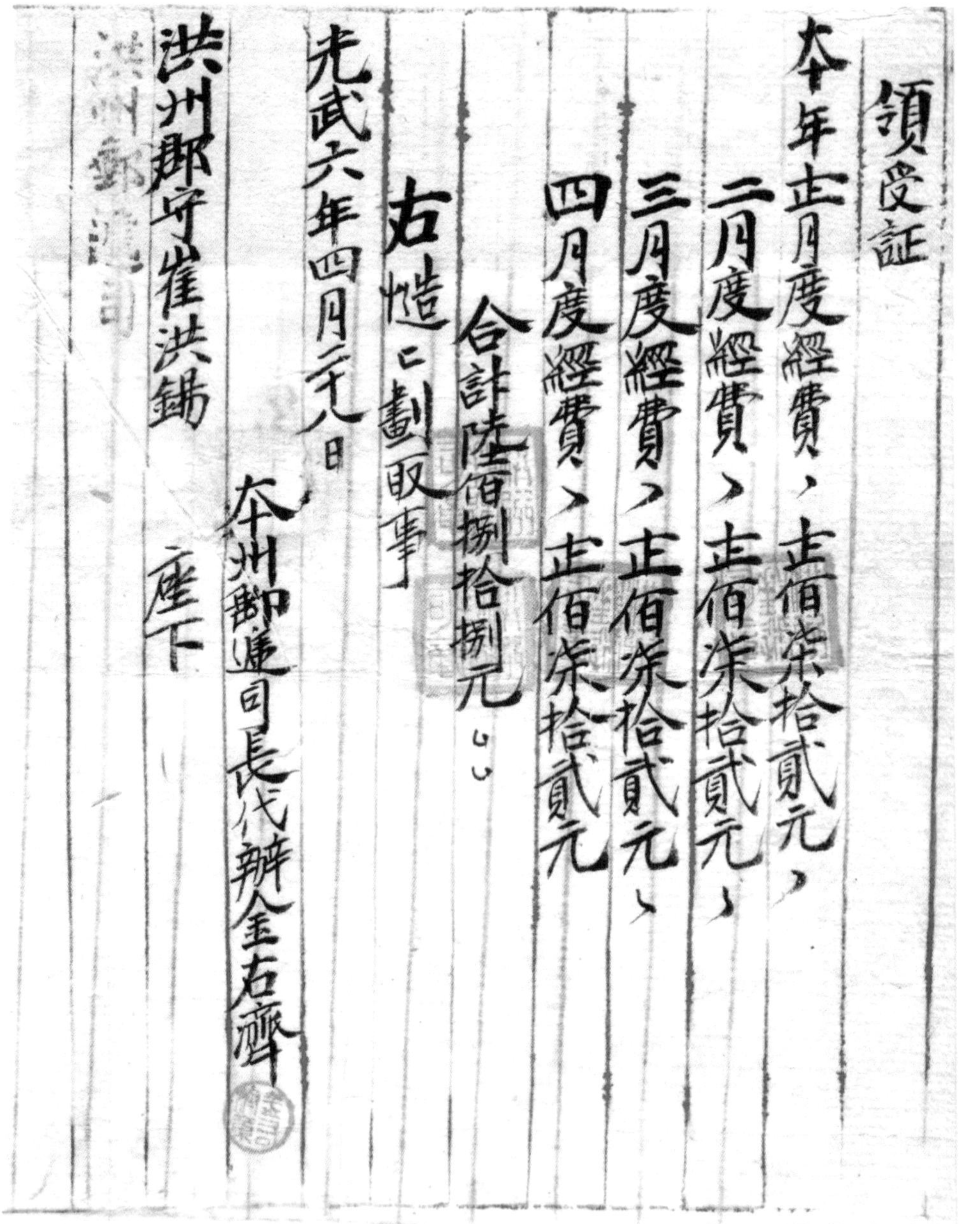

광무 6년 4월 29일 홍주우체사장 김우제가 작성한 경비 영수증

1902

단기 4235년/광무 6년/고종 39년

한일 특수 우체 협정 요금 적용 반송 실체

佛國領事館印(반송 부전지)

4전, 대한제국-일본 간 특수 우체 협정(**1901. 10. 1**) 서신(**15g**) 우편 요금

1902

단기 4235년/광무 6년/고종 39년

한국 부산 ▶ Nagasaki ▶ Shang-hai ▶ Tsingtao · 청국 교주(膠州)

한국 부산 15, OUT. 1902-Nagasaki 16. AUG. 1902-Shanghai 19 AUG.1902-Tsingtao 22. 8. 1902

1902년 우편사 [1]

1월 21일 관보 공고, 본월 9일 진주우체사 체전부 박순길, 산청군 생림장(山淸郡生林場)에서 우체물과 숙박료 전액 피탈 당함

1월 한·일간의 소포우편 개시가 발표됨

2월 1일 관보(官報), 본월 90일 진주우체사 체전부 박순길(朴順吉)이 산청군(山淸郡) 생림장(生林場)에서 우체물과 숙박료 전액을 피탈 당했다고 공고

2월 15일 탁지부에 한성우체총사 금년 1월도 우표 매하 대금 697원 15전 3리와 외체 매화 대금 215원을 송교

3월 6일 황성신문 보도, 전·우 양사 각 년도 경비 및 수입금 미납에 1만여원 다액 횡령 주사 촉수독쇄(促囚督刷)토록 독촉

3월 21일 한성부(漢城府), 일관(日館)의 한성-개성 사이 우체물 체송 보호 요청 거절함

3월 24일 개성 일본우편국 설치를 일본공사에게 항의함

3월 29일 일본공사, 개성우편국을 사설(私設)이라 주장하며 책임 회피

1902

단기 4235년/광무 6년/고종 39년

Chemulpo ▶ U.S.A행 외체인

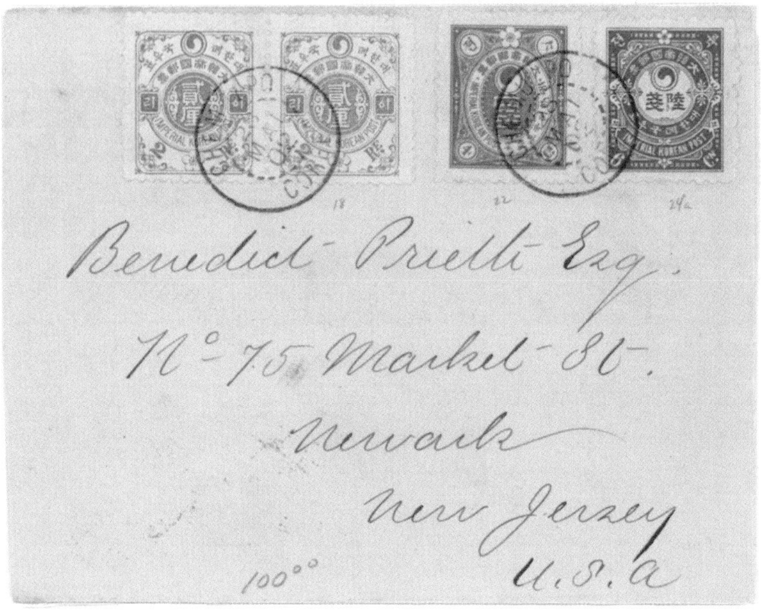

28 MAI 1902 CHEMULPO - 18 JUN TACOMA, USA

이화보통우표 2전 Pair

Seoul No.1 ▶ France행

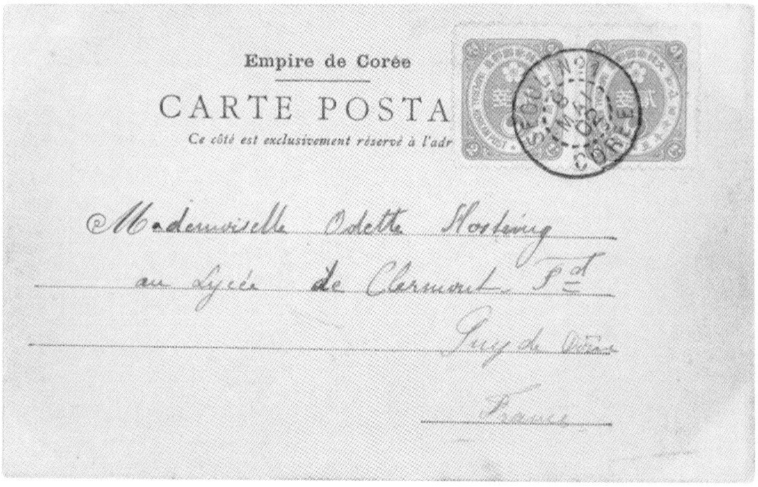

Seoul No.1. 8, May. 1902-France행

1902년 우편사 [2]

4월 1일 개성 일본우편국 업무 개시

4월 4일 개성 일본우편영수소에서 우체물 발수(發受)하니 정폐(停廢)케 하라고 외부에 촉구

4월 16일 황성신문 보도, 경성(京城) 일본우편국장 전화 2대와 일본우편국 사진 등을 궁내부에 헌납

4월 17일 일본공사, 개성우편국을 사설(私設)이라고 다시 책임 회피

4월 25일 황성신문 보도, 통신원, 각 부군(府郡) 임시우체 사이 2일 발송 엄수토록 훈령

1902

단기 4235년/광무 6년/고종 39년

Sontag Cover

이화보통우표 50C 단첩 실체·Sontag Cover

Seoul ▶ via Shang-Hai ▶ St. Petersbourg, Russia행

Sontag이 보낸 서신. Seoul 1902년 11월 6일-Shang-Hai 1902년 11월 25일-1902년 12월 22일 Russia 도착

1902 단기 4235년/광무 6년/고종 39년

'명성황후민비'로 알고 있었던 사진엽서

Court Lady(궁녀)

이화보통 4전. The Plum-Blossoms Series

Chemulpo ▶ Oakland, U.S.A행

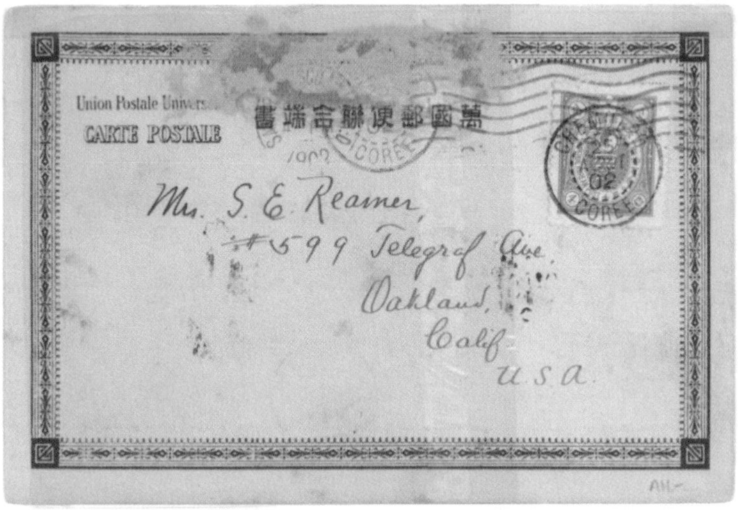

Chemulpo Coree Aug. 25, 1902 - Oakland, U.S.A. Sep. 27, 1902 도착

Court lady(궁녀). Old Palace

1902년 우편사 [3]

5월 3일 우체교사 길맹세(吉盟世) 4등 태극장(四等太極章) 서훈

5월 6일 개성 일본우편국 불법 개설을 일본공사에게 다시 엄중 항의

7월 1일 은진 강경포우체지사 7월 10일부터 우무 실시 공고. [원령 5호]

7월 5일 경주(대구우체지사), 장흥(광주우체지사), 서흥(해주우체지사), 벽동.(의주우체지사)의 우체지사 설치 공고. [원령 5호]

7월 15일 국내 우체 구역 선로, 8월 15일부터 대폭 개정 시행 공고. [원령 7호]

7월 19일 제주우체사 8월 15일부터 우무 실시 공고. [고시 6호]

1902

단기 4235년/광무 6년/고종 39년

어극40주년 기념우표 첩부 실체 엽서

어극40년기념우표(御極40年記念郵票)

40th Anniversary of Emperor's Reign

Perf. 11 1/2 전지구성 5x10

Ps 대한제국 전환국 Pt. 철판(T)

종이 얇은박지 우표번호 C1

우표번호 C1 발행일 1902년 10월 18일(광무 6년. 고종 39년)

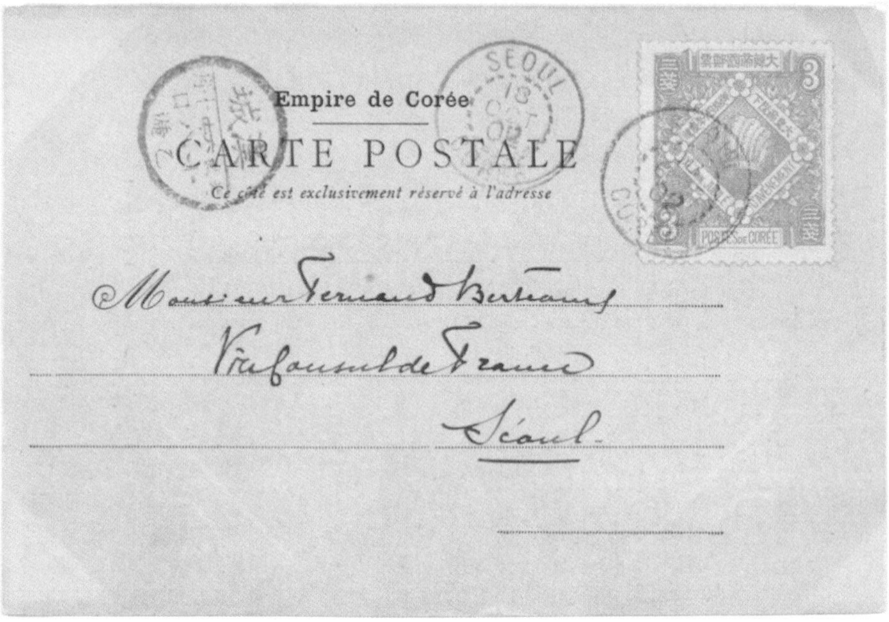

광무 6년 10월 18일. 을체. 한성 일부인과 Seoul외체인이 소인된 국내 실체 엽서.

우취문화 해설 시리즈

우취 용어

출처: 우정사업본부 우표문화 길잡이

우표 전지 구성에 있어 100장 전지 경우에는 인쇄판(실용판)에 100장의 전지 2장으로 구성되어 있다.

1. 우표 전지(Full Sheet) 각 부분 명칭

가. 전지상 우표번호

인쇄판에 20장또는 25장의 전지 4장으로 구성되어 있는데, 제단되기 전의 큰 전지를 인쇄 전지라고 한다.

인쇄 전지 4방 모퉁이에 田표 등이 있는데, 검은 부분이 인쇄 전지를 나타내는 것이다. 우표 전지 인쇄판의 구성은 여러 가지로 표시되고 있다.

전지에서 우표 한 장마다 번호를 부여하는 것으로 전지 왼편 위쪽의 우표를 1번으로 하여 오른쪽으로 1, 2, 3, 4, 5번이 순서로 나가고 이것을 2단, 3단, 4단으로 되풀이해서 제일 오른쪽 끝을 마지막으로 번호를 붙인다. 우표에 번호를 붙이는 이유는 전지를 구성하고 있는 낱장의 우표 중에는 인쇄 과정에서 간혹 변종 등이 생길 수 있는데, 이 우표가 전지 내 위치 및 인쇄판의 구성과 제판 과정을 조사하여 인쇄판의 구분 등을 알 수 있다.

1902

단기 4235년/광무 6년/고종 39년

일본▶조선국 마산포해관으로 체송된 실체 엽서

한국부산 적색 일부인
명치 35년 1월 18일

한국 마산 일부인
명치 35년 1월 21일

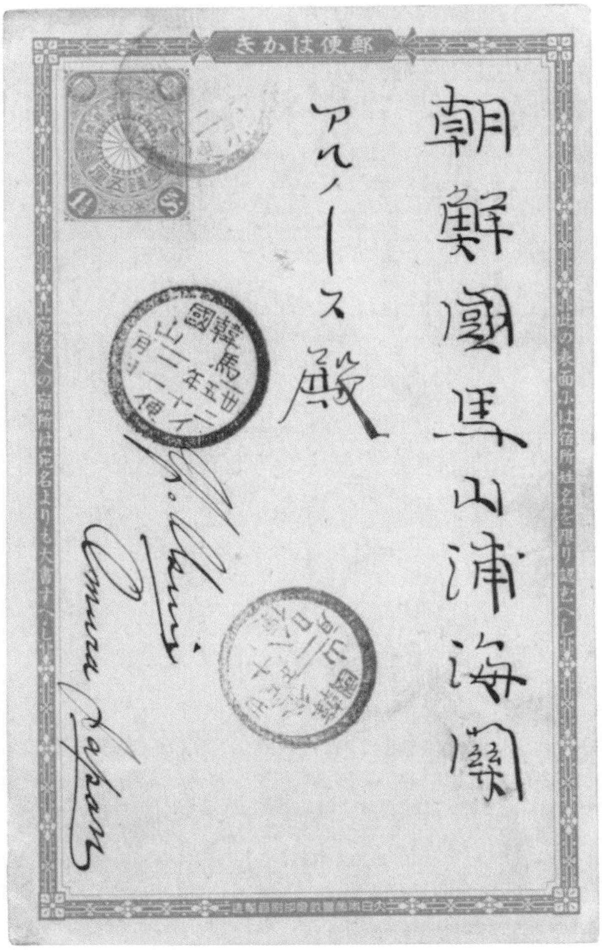

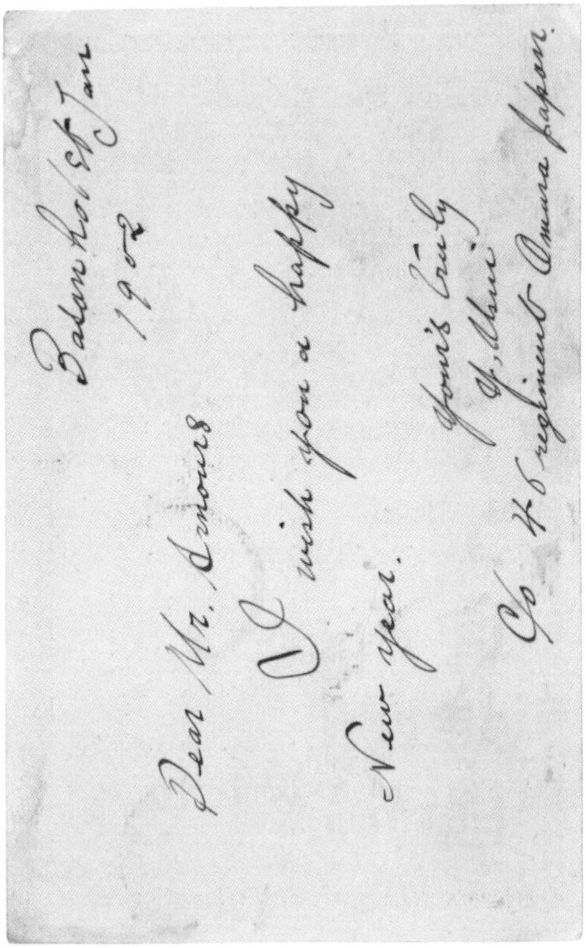

Nagasaki, Japan. 1902. 1. 12 - 한국 부산. 1902. 1. 18 - 한국 마산포 해관. 1902. 1. 21

91x142mm

마산포해관

1899. 5. 1 마산항 개항과 함께 마산해관지서로 설치

1907. 12. 6 마산포해관에서 마산세관으로 개칭

해관 창설

1883. 5. 12 원산해관 설치

1883. 10. 1 부산해관 설치

1902

단기 4235년/광무 6년/고종 39년

이화보통우표 1전+1전. The "Plum-Blossoms" Series

한·일 특별요금 체결 2전 일본행 실체 엽서

Seoul ▶ Tokyo 프랑스공사관

꼴랭드끌라망세 친필 서명 사진엽서

SEOUL. 20, Jan. 1902 - TOKYO 프랑스공사관

143x92mm

대한제국 프랑스공사관

1888년 6월 공사관 개설

1896년 공사관 신축 이전.(대한제국 경성부 정동 28번지)

정동 구역의 시작이자 끝자락에 있는 서대문 언저리의 정동 28번지에는 창덕여중이 위치하고 있는데, 여기가 곧 근대 개화기의 각국 공사관을 통틀어 가장 빼어난 외관을 자랑했던 옛 프랑스 공사관이 있던 자리이다. 상림원의 고지를 차지한 러시아 공사관과는 길 하나를 사이에 두고 있는 이곳은 서소문쪽에서 배재학당, 이화학당의 뒷편을 끼고 서대문 방향으로 길게 이어지는 서울 성벽이 자연스럽게 언덕을 이루고 있는데다 주변 일대가 제법 넓은 지형을 이루고 있음으로 공사관의 터전으로서는 아주 적합한 장소였다. 1892년 4월 8일에 전임 꼴랭드 쁠랑시(V. Collin de Plancy. 葛林德, 佛郎是)에 이어 두번째 프랑스 영사및 판무관으로 서울에 부임하던 이폴리트 프랑뎅(Hippolyte Frandin, 法蘭亭. 1852~1924)은 그가 접한 프랑스 공사관 일대의 첫 인상을 이렇게 회고했다. "북쪽의 풍경이 나에게 한심스럽게 느껴진 반면 남쪽으로 펼쳐진 풍경은 감탄을 자아내기에 족했다." 물론 쁠랑탱이 보았던 풍경은 아직도 '한옥구조의 프랑스 공사관이 존재하던 시절의 것이다. 지저분한 골목을 지나 십분 쯤 걸어가니 드디어 널찍하고 바람이 잘 통하며 깔끔하게 유지된 길이 나타났는데 그 길은 프랑스 공사관까지 뻗어 있었다. 이 거리는 프랑스 공사가 만든 작품이었다. 그는 자신의 사무실 주변에 있는 모든 것을 깨끗이 정리했고 건물을 세우는 데 온갖 열성을 다했기 때문에 그 결과 한성에서 가장 아름다운 구역이 (덕수궁 돌담길로 추정함) 탄생하게 된 것이다. 그 시절에는 흔히 프랑스를 불란서(佛蘭西), 법란서(法蘭署), 불국(佛國)등으로 표기했다.

출처: 위키백과

1902

단기 4235년/광무 6년/고종 39년

이화보통우표 1전(3)+2전+5전/ The "Plum-Blossoms" Series

Chemulpo ▶ St. Louis, mo, U.S.A행

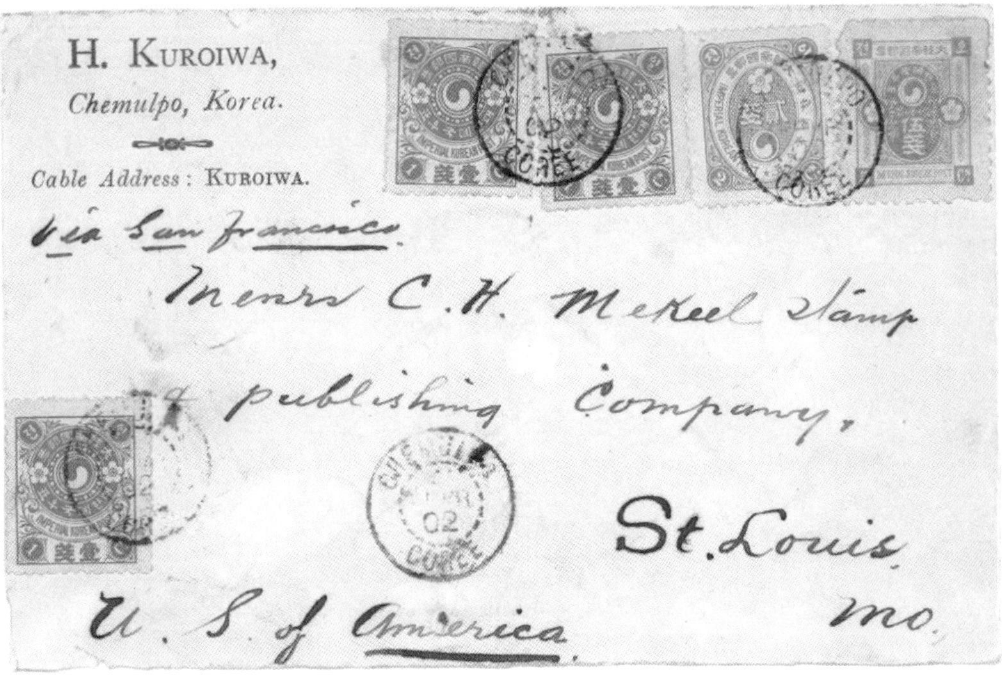

Chemulpo. 6, Feb. 1902 - Seatle, Wash, U.S.A. 28 Feb.1902. 도착. 체송 기간: 24일

남대문 전경

남대문 전경과 좌우측에는 간이 천막 점포 및 우측에는 기와집이 보이며 길거리에는 소 등에 나무 땔감 등이 실려 있다.

한복과 갓을 쓴 행인들이 있는 것으로 보아 당시 남대문 앞은 시장터였던 것으로 추측된다.

1902

단기 4235년/광무 6년/고종 39년

태극보통우표 50 P. Tae-Geuk Series(1st Issue)

평양▶Fusan▶Chicago, ill, U.S.A행

평양. 1902. 4. 6-FUSAN. 9, Apr.1902-San Francisco. 3, May. 1902-Chicago. 4, May. 1902 체송 기간: 41일 153x95mm

미국공사관(美國公使館) 연혁

개설 일시 1883. 5월. 정동 10번지
통상 조약 1882. 5. 22미국은 조·미(朝美)외교 22년간 외교관을 대한제국에 주재시켰다.
1883년 처음 미국 공사관이 서울에 설치될 때 주한 미국 공사의 직함은 특명 전권공사였으나, 그 다음 해인 1884년 7월 미국정부는 대한제국과의 무역 규모가 작다는 이유로 그 서열을 변리공사급으로 강등시켰다. 이 후 17년간 변리공사급의 외교관을 주재시키다가 1901. 6. 27일자로 다시 미국 공사의 직위를 특명전권공사로 승격시켰다. 초대 공사 푸트는 미국 공관의 부지와 건물을 고종의 도움으로 정동에 마련하였다. 당시 공사관 부지와 건물 매입비 2,200달러였는데, 미국 정부가 곧 구입비용을 줄 것으로 예상하고 먼저 푸트가 개인 돈으로 구입하였다. 그러나 4년이 지나도록 미국 의회는 이 예산을 책정하지 않았다. 따라서 1887년까지 미국 공사관 건물은 푸트 공사의 개인 소유로 되어 있었고, 미국 정부가 그에게 대여료를 지급하는 형태로 유지되었다. 주한 미국공관은 다른 나라 공관과 달리 한옥의 형태를 유지하고 있었는데 그 이유는 본국에서 주한 미국공사관 신축에 대한 예산을 할당치 않았기 때문이다. 1883년부터 1905년까지 대한제국에 미국 공사관 이 존속했던 22년간 미국 공사관의 책임자는 13번 교체되었다. 책임을 맡았던 공사는 총 11명이다. 이 가운데 미 국무부로부터 정식 신임장을 받아 부임한 공사는 푸트 파커(William M. H. Parker 1886. 6. 9~1886. 9. 1) 딘스모어(Hugh A. Dinsmore. 1887.4.1~ 1890.5.26), 모건(Edwin V. Morgan. 실(John M. B. Sill.1894. 4. 30~ 1897. 9). 1905. 6. 26~1905. 11. 28) 7명이었다. 나머지 4명은 임시 대리공사의 직함으로, 정식 공사들이 사정상 임기를 채우지 못하고 후임의 임명이 지연되어 공사관의 책임을 맡은 경우이다. 임시대리공사를 제외한 7명의 평균 재임 기간은 2년 7개월이다. 미국은 1905년 주한 미국공사관 철수를 단행하여 서양 열강 중 가장 먼저 외교 관계를 단절하였다. 대조선주차미국화성돈공사관(大朝鮮駐箚美國華盛頓公使館)은 미국 워싱턴 D.C 북서부 로건 서클 15번지에 위치한 대한제국의 공사관 건물 위치. 미국 워싱턴 D. C. 1500 13번가. N. W. 완공 1877년 개장 1891년, 용도 주 워싱턴 조선공사관, 1891년 11월에 대한제국이 2만 5천달러에 매입하여 '대조선주차미국화성돈 공사관'으로 명명하여 공사관으로 사용하였다. 건물은 1877년에 건축된 것이며 규모는 지하 1층, 지상 3층의 빅토리아 양식이다. 1905년 11월에 을사늑약으로 공사관 건물 관리권이 일제에 넘어갔다. 1910년 6월에 건물은 주 미국 일본 대사 우치다야 스야(内田康哉)에게 5달러에 매각되었고, 우치다는 같은 해 9월에 미국인 폴턴에게 1만달러에 매각했다. 워싱턴의 부동산 대장에는 매도 가격 기입을 피하는 관례에 따라 10달러에 매각한 것으로 기재되었다. 2012년 8월에 대한민국 문화재청과 문화유산국민신탁이 350만 달러에 매입하였다.

출처: 위키백과

1902

단기 4235년/광무 6년/고종 39년

이화보통우표 2전(2)+3전(2)=10전. Plum Blossoms Series

Fusan ▶ Via Kobe ▶ Napoli, Italy행

국제 우편 요금 10전. 정상

FUSAN, Coree. 1902. 11. 30-Via KOBE. 1902. 12. 2-NAPOLI, Italy. 1903. 1. 11
체송 기간: 43일 150x95mm

이탈리아 공사관 연혁

1901년 12월 서소문동 41번지에 공사관 설치

1884년 6월 26일 양국 수호통상조약 체결. 페르디난도 데 루카(Ferdinando de Luca)

신임 이탈리아 영사 프란체세티 디 말그라 백작. Count Ugo Francesetti di Malgra. 1877~1902

우취 문화 해설 시리즈

우표 종류 출처: 우정사업본부 우표문화 길잡이

4. 우표 발전

마) 전자 자동판매 우표(ATM, Automatic Vending Machine Stamp)

바) 향기우표

향기우표는 인쇄 잉크에 각종의 향을 첨가하여 인쇄하는 방식으로 발행되는 것으로, 우리나라 최초의 향기우표는 2000. 2. 25 '멸종 위기 및 보호 야생 동. 식물 특별'우표를 대상으로 제비꽃 향이 인쇄되어 발행되었다. 그 후에도 장미향(사랑나누기특별우표, 2000. 4.20), 매화향 2001. 11. 12 발행된 한국의 난초 시리즈 첫 번째 묶음부터 다섯 번째 묶음까지 난초향을 첨가하여 우표를 발행했다.

사) 야광우표

야광우표는 우표 인쇄 시 인광(Phosphorescence) 안료가 들어 있는 야광잉크를 사용하여 어두운 밤이나 어두운 곳에서도 우표를 볼 수 있으며 우리나라의 최초 야광우표는 2001. 12. 3 발행한 '연하우표'이며, 연하우표는 현재까지 12지 상징 동물의 얼굴과 몸통 하얀 눈 입자를 야광 잉크로 인쇄 발행하고 있다. 이 외에도 보는 각도에 따라 색상이 달리 보이는 시변각 우표, 자외선에 반응하는 감광성 우표, 시온성 잉크로 인쇄된 부분에 열을 가하면 색이 사라지게 되는 열반용 우표 등이 있다.

1902

단기 4235년/광무 6년/고종 39년

우체사무

한성 통신원 총판▶홍주우체사 대판에게 보낸 우체사무 서신

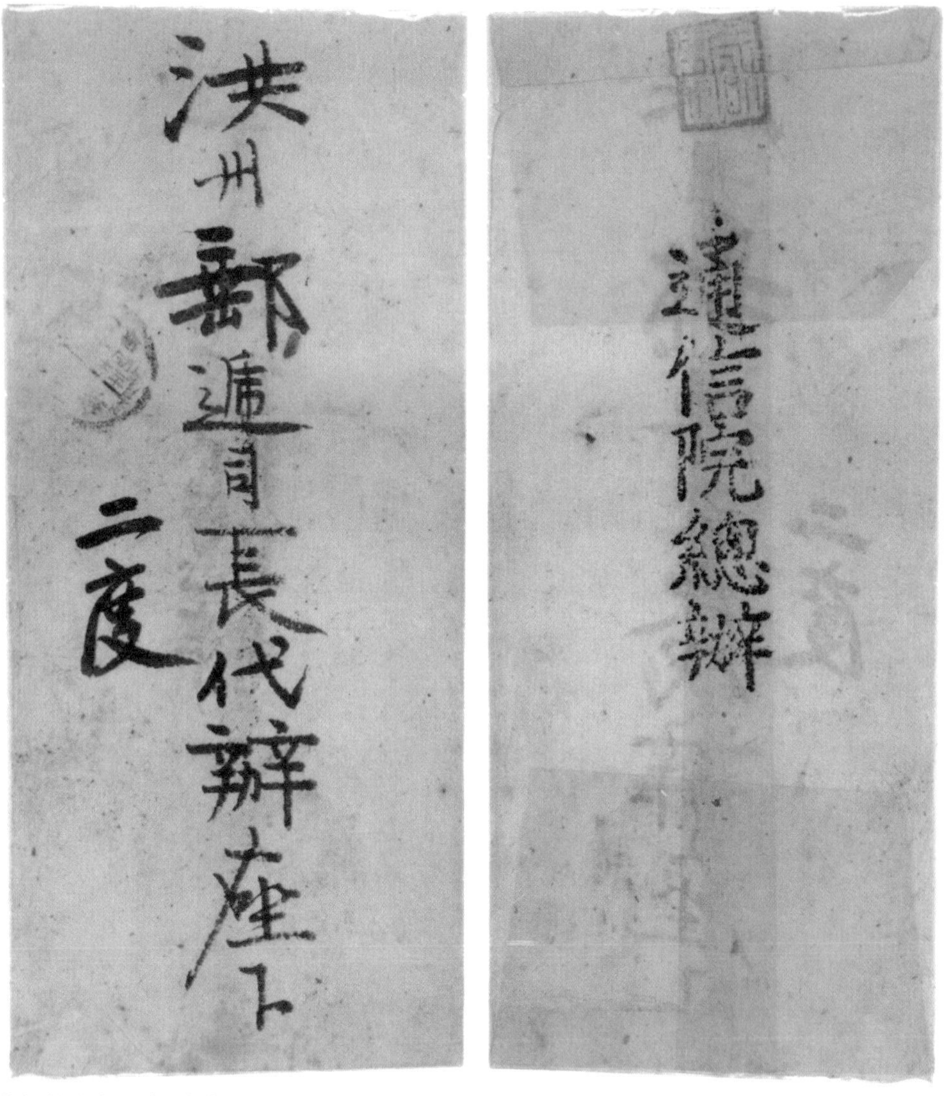

한성. 접수인, 광무 6년(1902) 9월 5일. 갑체
국내 우편 요금 3전

90x190mm

통신원 연혁 1895년(고종 32)에 설치하여 주로 통신·선박에 관한 일을 맡아보다가 1900년(광무 4)에 통신원으로 개칭되었다. 1906년에 한·일통신기관 피탈로 폐지되었다.

홍주우체사 연혁

1896. 6. 5 896년 6월 5일 농상공부령 제3호, 고시 3호. 충남 홍성에 개설한 우편 업무 관서

1917. 9. 16 홍주우편국, 충남 홍성군 홍양면 오관리. 조선총독부 고시 제191호. 홍주우편국을 홍성우편국으로 개정

1923. 3. 11 조선총독부 고시 제191호. 홍성우편국으로 국명 개정

홍성우편소 1932. 3. 1. 충남 홍성군 홍주면 오관리. 조선총독부 고시 제90호. 우편소 설치

1902

단기 4235년/광무 6년/고종 39년

이화보통우표 3전. Plum Blossoms Series

한성▶경상북도 관하 연일군수에게 보낸 서신

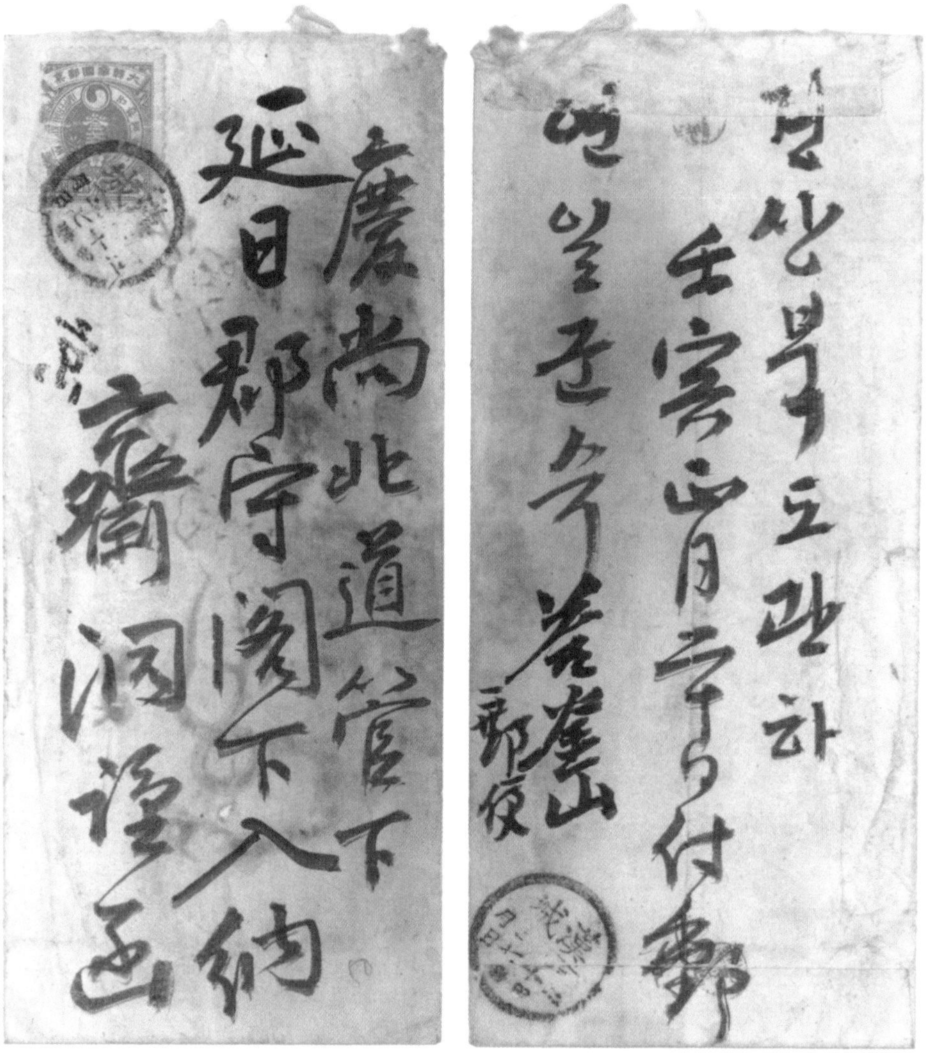

한성. 1902. 1. 27. 갑체 - 경상북도 관하 연일군수 72x162mm

편지 작성일과 한성우체사에 편지를 붙인 날자가 다른 것은 편지는 임인년(1902년) 정월 20일에 써놓았다가 며칠 후인 1902년 1월 27일에 편지를 보낸 것임.

이화 보통우표 3C

발행일 1900. 1. 15

Perf. 10. 11

디자인 백송 지창한(白松 池昌翰)

Wmk. 무투문(Unwmkd)

Pt. 철(凸) 판

Ps. 대한제국 농상공부 인쇄국(전기), 전환국(후기)

1902

단기 4235년/광무 6년/고종 39년

밀양▶부산▶한국 부산(I.J.P.O)▶일본행

한일간 서장 15 g까지 3 전

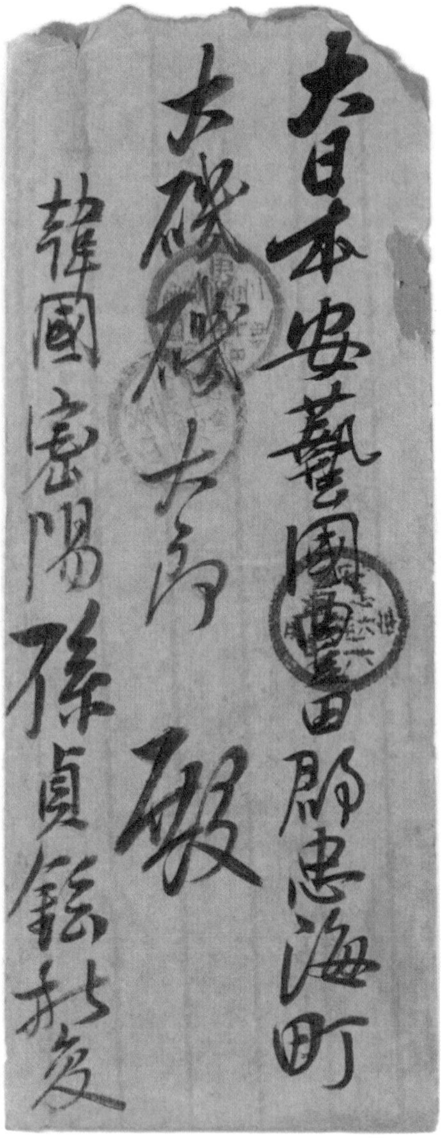

밀양. 광무 6년 11월 27일-부산. 광무 6년 11월 29일-한국 부산. 명치 35년 11월 30일-일본. 36년 1월 1일 착
밀양우편소 접수인 광무 6년(1902) 11월 29일

부산 흑색 원일형. 광무 6년 11월 29일
한국 부산 적색 원일형/명치 35년 1월 30일

75x185mm

밀양우체사 연혁

1904. 3. 12. 대한제국 농상공부 칙령 제5호. 우체사 설치 예정 고시

1904. 5. 21. 통신원령 제3호. 우체사 설치 착수

1904. 7. 10. 통신원령 고시 제2호 우체사 개국

1902

단기 4235년/광무 6년/고종 39년

이화보통우표 10전 첩부(4전+6전) 외체인

Chemulpo ▶ London행

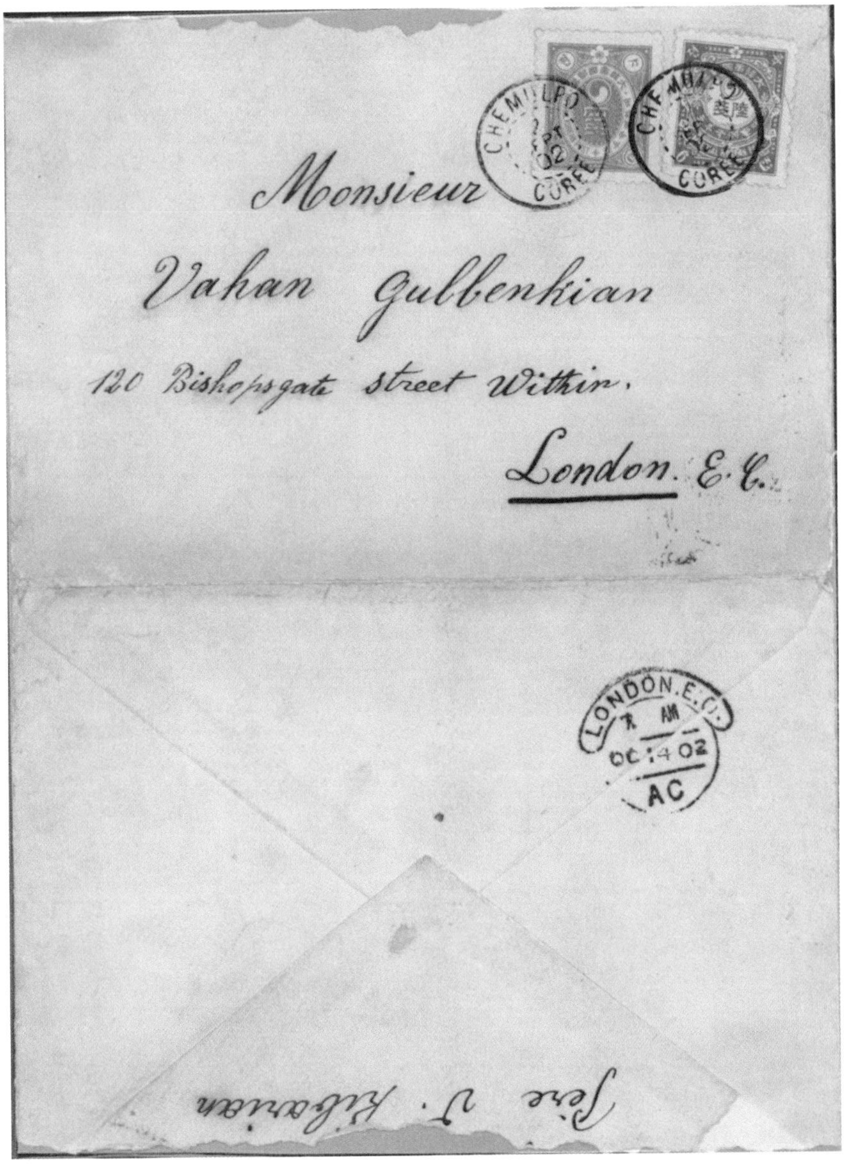

Chemulpo. Sep. 2, 1902 - London. Oct. 14, 1902 체송 기간: 33일 147x205mm

우취 문화 해설 시리즈

출처: 우정사업본부 우표문화 길잡이 2010년 6월 26일 발행

우표 종류

1) 특수우표 종류

가) 블록판(凸版, Typography) 블록판을 활판 인쇄라고도 하는데, 일반 도장과 같이 잉크가 묻는 화선부가 다른 면보다 볼록하게 도드라진 인쇄판을 말하며, 인쇄 종류 가운데 가장 오랜 역사를 가진 인쇄방식으로, 인쇄물은 대체로 선명하고 강한 인상이 특징이다. 세계 최초의 볼록판 인쇄 우표는 1845년 스위스의 바젤(Basel) 주에서 발행한 바젤 주의 문장인 비둘기 도안의 우표이다. 우리나라는 최초 우표를 포함한 구한국 우표 일부와 1946년 최초로 발행한 미군정 보통우표 5종이 있으며, 기념우표로는 해방조선 6종과 해방 1주년 기념, 한·미간 우편 재개 기념, 한글 500년 기념우표가 있다. 이외 이미 발행된 우표의 액면과 국명 등을 변경하기 위해 덧 인쇄한 각종 첨쇄, 가쇄도 일종의 볼록판 인쇄이다.

1902

단기 4235년/광무 6년/고종 39년

이화보통우표 3전. Plum Blossoms Series. 국내 우편 요금(편지) 3전. 정상 요금

진주우체사▶창원행

105x234mm

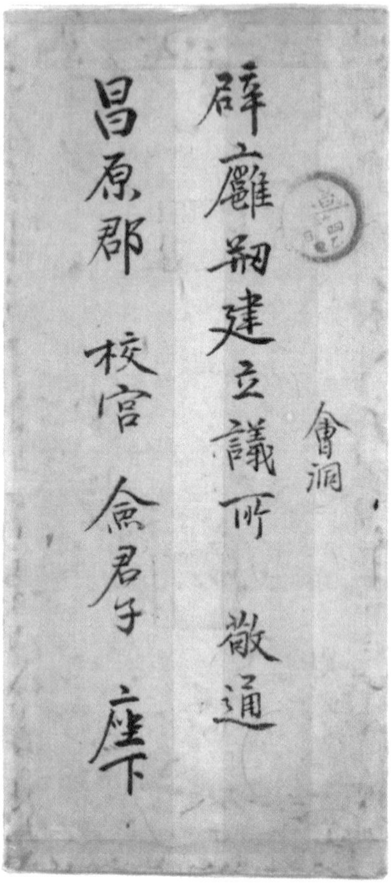

◀ **진주우체사 일부인**

진주 1902. 8. 2~창원 1902. 8. 4

체송 기간: 3일

진주금정우편소

조선총독부 고시 제163호

우편소 설치

경상남도 진주군 진주읍 금정

진주우체사 연혁

1896년 5월 26일	농상공부 칙령 제125호 설치 예정 고시
1896년 7월 25일	농상공부령 제5호, 고시 제5호 설치 착수
1896년 7월 25일	농상공부령 제5호, 고시 제5호에 의거 개국. 경남 진주에 개설한 우편소

1902

단기 4235년/광무 6년/고종 39년

공문서(公文書)

원산전보사▶함경남도 문천군수에게 보낸 공문서

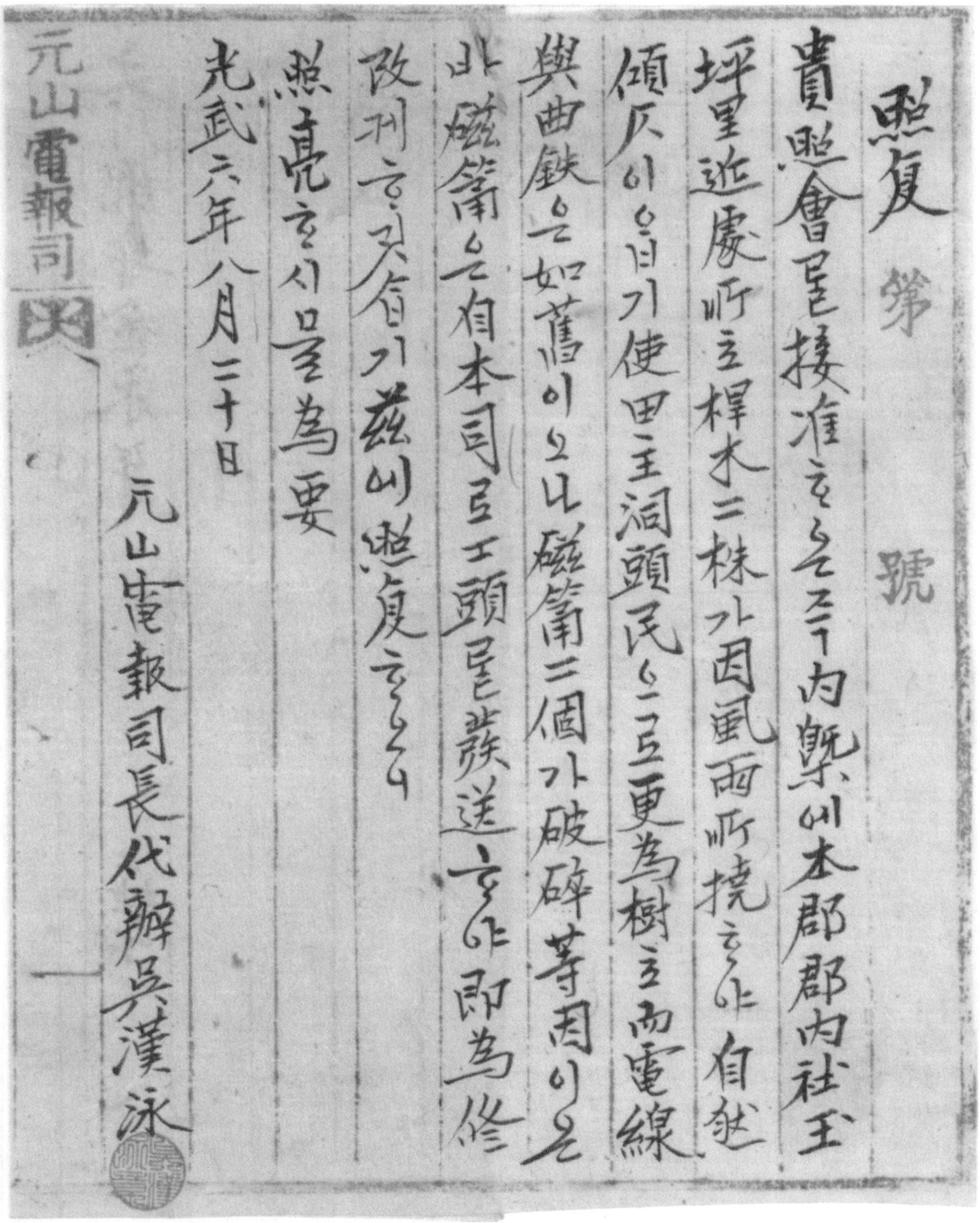
照復 第 號
貴照會呈接准ᄒᆞ온즉內開에本郡郡內社玉
坪里近處所立桿木二株가因風雨所撓ᄒᆞ야自然
傾仄이읍기使田主洞頭民으로更爲樹立而電線
與曲鐵은如舊이오나磁筩二個가破碎等因이온
바磁筩은自本司로工頭呈發送ᄒᆞ야即爲修
改케ᄒᆞ깃삽기茲에照復ᄒᆞ오니
照亮ᄒᆞ시믈爲要
光武六年八月二十日
元山電報司長代辦吳漢泳
元山電報司

원산전보사. 광무 6년(1902) 8월 20일 - 함경남도 문천군수에게 보낸 공문서
원산전보사: 1942년 4월 13일 원산무선전신국으로 설치

166x205mm

1902

단기 4235년/광무 6년/고종 39년

이화보통우표 2ri+1전+2전+3전+4전+5전+6전+10전+15전+20전=66전 2리

Chemulpo ▶ Grafenau, Germany행 등기

R. Chemulpo NO.217

66. 2전. International letter rate 10 jeon + registry fee 10 jeon + overpaid 46.2 jeon.

Chemulpo. Jun. 17, 1902 - Grafenau, Germany. Jul. 8, 1902 체송 기간: 22일

150x121mm

우취 문화 해설 시리즈

우표 종류

출처: 우정사업본부 우표문화

길잡이

1) 우표류 종류

가) 통상엽서 보통우표와 발행 목적이 같은 일반 통신용으로서 우체국에서 손쉽게 구할 수 있으며, 가장 많이 사용하는 엽서로, 액면 가격은 220원(2009년말)이다.

나) 왕복엽서 보낸 사람이 받은 사람으로부터 답장을 받고자 할 때 사용하며, 반신용 엽서 요금도 보내는 사람이 미리 값을 치루고 사는 엽서로, 2장(왕반신용)의 엽서가 붙은 형태로 구성되어 있으며, 현재는 발행하지 않고 있다.

다) 봉함엽서 편지지 모양으로 내용을 적고 접으면 엽서의 형태로 되며, 우편요금이 미리 인쇄되어 있어 간편하게 사용할 수 있으나, 현재는 발행하지 않고 있다.

라) 기념엽서 국제적인 행사 또는 국가적 행사, 역사적인 사건 등을 기념하기 위한 엽서로, 기념 통신 일부인도 함께 발행한다.

마) 그림엽서 관광지 홍보 또는 국가적인 행사를 기념하기 위해 발행하는 엽서이다.

바) 광고엽서 기업체나 학교 등에서 광고, 홍보를 목적으로 주문하면 일정 금액의 광고료를 받고 만들어 주는 엽서이다.

사) 경조엽서 경조사(기념·축하·조의 등)를 알릴 때 이 엽서를 이용하며, 경조환을 보낼 때 엽서를 함께 보내는 제도이다.

아) 고객 맞춤형 엽서 자신이 좋아하는 사진이나 그림 등을 넣어 만드는 엽서로 모임의 알림이나 광고, 홍보용으로도 많이 이용하고 있다.

자) 연하엽서 새해 인사로 보내는 연하장을 우편엽서를 발행하는 엽서로, 매년 10월 말(또는 11월 초)에 발행되며 우체국에서 손쉽게 구할 수 있다.

1902 단기 4235년/광무 6년/고종 39년

한성, 이화보통우표 3전 첩부 국내 서신

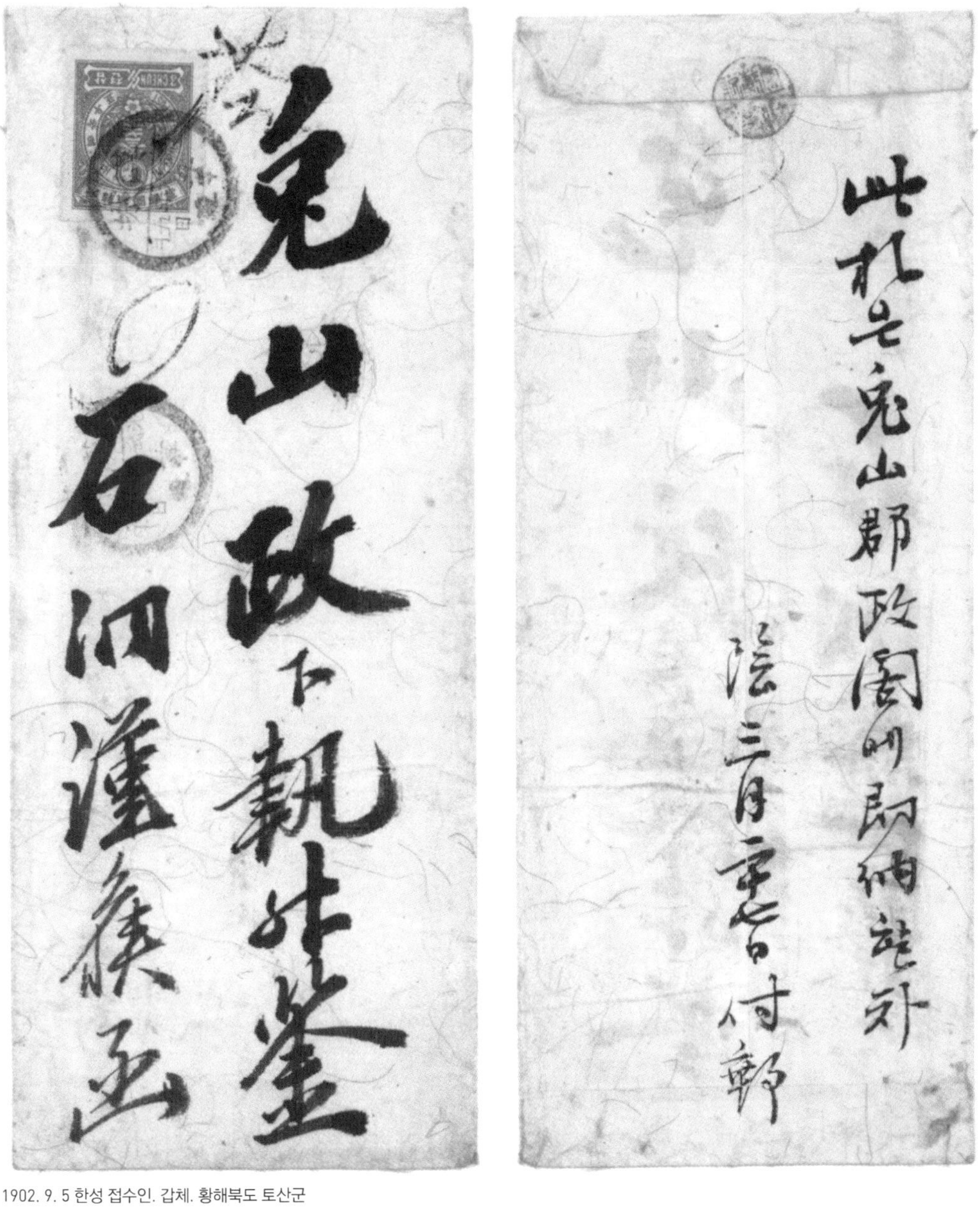

1902. 9. 5 한성 접수인. 갑체. 황해북도 토산군

일제강점기 토산(兎山)우편소 연혁

황해도 김천군 월성면 당리

1911. 10. 1	조선총독부 고시 제290호. 우편소 설치
1911. 9. 30	조선총독부 고시 제291호. 우체소 폐지 후 우편소로 개칭
1915. 10. 1	조선총독부 고시 제236호. 우편소 이전과 우편소 명 개정. 시변리우편소로 개정, 황해도 김천군 서천면 시변리

토산군(兎山郡)

황해북도(黃海北道) 남동부에 자리 잡고 있는 군. 조선시대 토산현이라는 독립한 고을이었다.
1914년 금천군이 흡수해 사라졌다가 1952년에 금천군 토산면·외류면·서천면·합탄면·구이면·화면 알대를 나눠 부활시켰고, 철도는 없다.

1902

단기 4235년/광무 6년/고종 39년

이화보통우표 4+5+6+10전 혼첩

Chemulpo ▶ Via Shang-hai ▶ Germany행 등기

R. Chemulpo NO.479

25전. International letter rate 10 jeon + registry fee 10 jeon + overpaid 5 jeon

Chemulpo. Jul.19, 1902-via Shanghai. Jul.28, 1902-Kenzingen, Baden, Germany. Aug. 31, 1902
체송 기간: 42일

122x80mm

우취 문화 해설 시리즈

우표 종류

출처: 우정사업본부 우표문화

길잡이

1) 우표류 종류

가) 보통우표

보통우표는 우편서비스 제공에 대한 요금납부 증표로서의 기능뿐 만 아니라 발행국의 문화를 상징하는 국가의 표상물로서 중요한 기능도 담당하고 있다. 기념 우표와 달리 발행량과 판매 기간을 정하지 않고 수요에 따라 계속해서 발행하는 것이 특징인데, 현재 10원부터 2,000원까지 총 25종의 우표를 발행하고 있다. 보통 우표의 도안은 저액권의 경우 태극기나 무궁화 등 국가적 상징물과 동·식물을, 고액권은 국보 등을 소재로 발행하고 있으며, 보통 우표를 발행할 때 마다 기념 통신일부인도 함께 발행한다.

나) 특수우표

보통우표를 제외한 우표는 모두 특수우표에 포함된다. 예전에는 보통우표와 다른 우표를 비교하는 의미로 기념우표라고 구분하였는데, 1996. 10. 8. 우표 발행 고증회의에서 보통우표와 특수우표로 구분, 사용하기로 하였다. 특수우표에는 기념, 특별, 시리즈, 연하우표 등이 있다.

다) 우편엽서

우편엽서는 종이가 귀한 시대에 종이를 절약하기 위한 방편으로 편지지를 대신하기 위해 제작되었으며, 1869. 10. 1 오스트리아, 헝가리에서 세계 최초로 발행되었고, 1870년 독일에서 발행한 이후 세계 각국이 이 제도를 채택, 실시하였다. 우리나라의 최초 우편엽서는 농상공부 인쇄로 1900. 5. 10. 발행한 통상엽서 1전 1종과 전환국 인쇄로 1901. 2. 1. 발행한 왕복엽서(1전+1전)이다.

1902

단기 4235년/광무 6년/고종 39년

이화보통우표 3전[3장] + 등기요금 6전

The First Korea-Japan Special Postage Rate Treaty Period. Jan. 1. 1900~Sep. 30, 1901

Seoul ▶ 한국 경성 재한일본우편국 ▶ Tokyo행

9 jeon. Japan bound letter rate 3 jeon + Registry fee 6 jeon

Seoul/Jul.23,1901

9 jeon / Japan-bound letter rate 3 jeon + registry fee 6 jeon

Seoul. Jul. 23, 1901 - Gyeongseong(J.P.O. in Korea). Jul. 24, 1901 - Tokyo, Japan. Aug. 1. 1901

체송 기간: 10일간 133x105mm

한일 우편 요금표 및 협약 기간(The Treaty Period)

협약 기간	letter(15g)	엽서	왕신 엽서	등기 요금	배달 증명(AR)
제1차 1900. 1. 1~1901. 9. 30	3전	1전	2전	6전	4전
제2차 1901. 10. 1~1905. 1. 30	4전	2전	4전	10전	4전

1902년 주요 우편사 [4]

8월 18일 황성신문 보도, 통신원 임시우체소 우물 발송 계체(稽滯)를 엄칙(嚴飭)하고 매월 실수(實數)를 보고토록 훈령

9월 11일 삼화(三和)우체사, 순검(巡檢)의 우체부 하대(下待)로 우무에 지장이 많으니 체전부와 순검의 관계를 확실하게 발훈(發訓)토록 요망

9월 16일 통신원 총판 육군 정령(正領) 민상호, 유군 참령(參領)에 승임

1902

단기 4235년/광무 6년/고종 39년

이화보통우표 10전 + Hong Kong Two Cents x2 첩부. 3개국 소인

A Shang-Hai bound letter - postage paid in excess. 3 countries involved. Korea→Shanghai→Singapore.

Seoul ▶ Via Shang-Hai ▶ [Hong Kong Stamps affixed]-Shang-Hai ▶ Singapore행

10 jeon. letter rate to Shanghai(15g) 3 jeon - 7 jeon paid

Seoul. Nov. 25, 1902 - Shang-Hai. Dec. 8, 1902 - (Hong Kong Stamps affixed] shang-Hai. Jan. 26, 1903-Singapore. Feb. 5, 1903
1901. 10. 1 개정된 우편 요금(3 jeon)으로 중국의 북경(Peking), 상해(Shanghai), 천진(Tientsin), 연태(Chefoo), 한구(Hankow), 하문(amoy), 소주(Soochou), 사시(Shasi) 등을 보낼 수 있었다. 138x180mm

1902

단기 4235년/광무 6년/고종 39년

Seoul Coree ▶ via Shang-Hai ▶ Lyon, France행

Seoul. Oct. 18, 1902 - Via Shang-Hai. Nov. 4, 1902 - Lyon. Dec. 11, 1902

Seoul Coree 접수인 - Shang-Hai 경유인 - Lyon 도착인

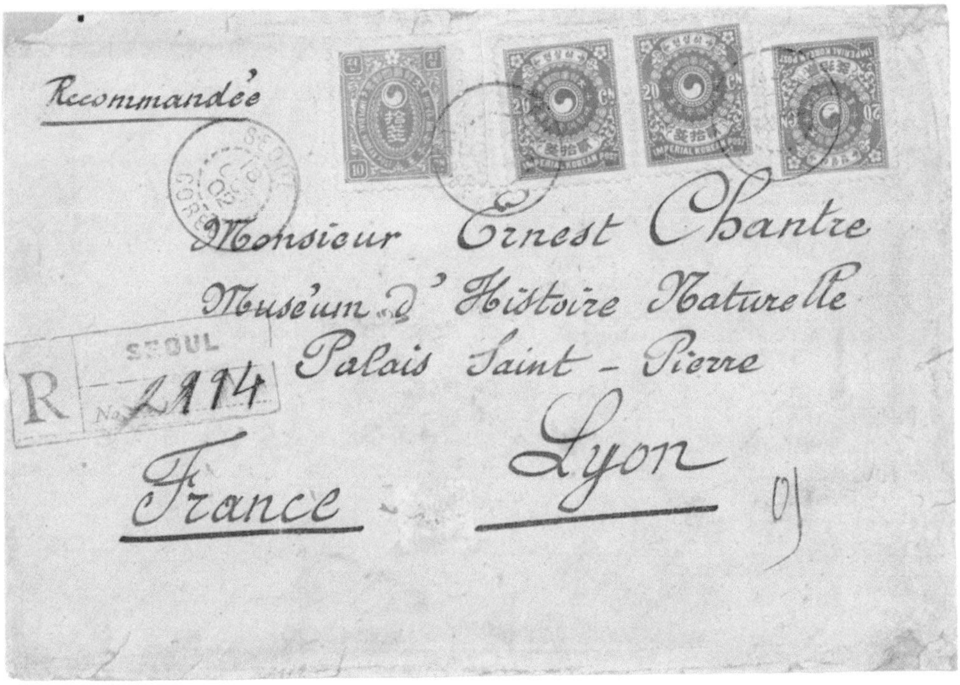

등기번호: SEOUL 2994 체송 기간: 59일 166x210mm

1902

단기 4235년/광무 6년/고종 39년

The Single Circle Datestamp(원일형 일부인). Jan. 1898~Jun. 30, 1905

평양▶Chemulpo 경유▶San Francisco▶Philadelphia▶ Ocean Port▶White House U.S.A행(A U.S. bound letter)

평양. Sep. 12, 1902 ▶Chemulpo. Sep. 16, 1902▶ Oceanport. Oct. 18, 1902 ▶White House. Oct. 20, 1902
평양우체사 접수인 · 인천우체사 접수인 · Oceanport 경유인 · White House 도착인

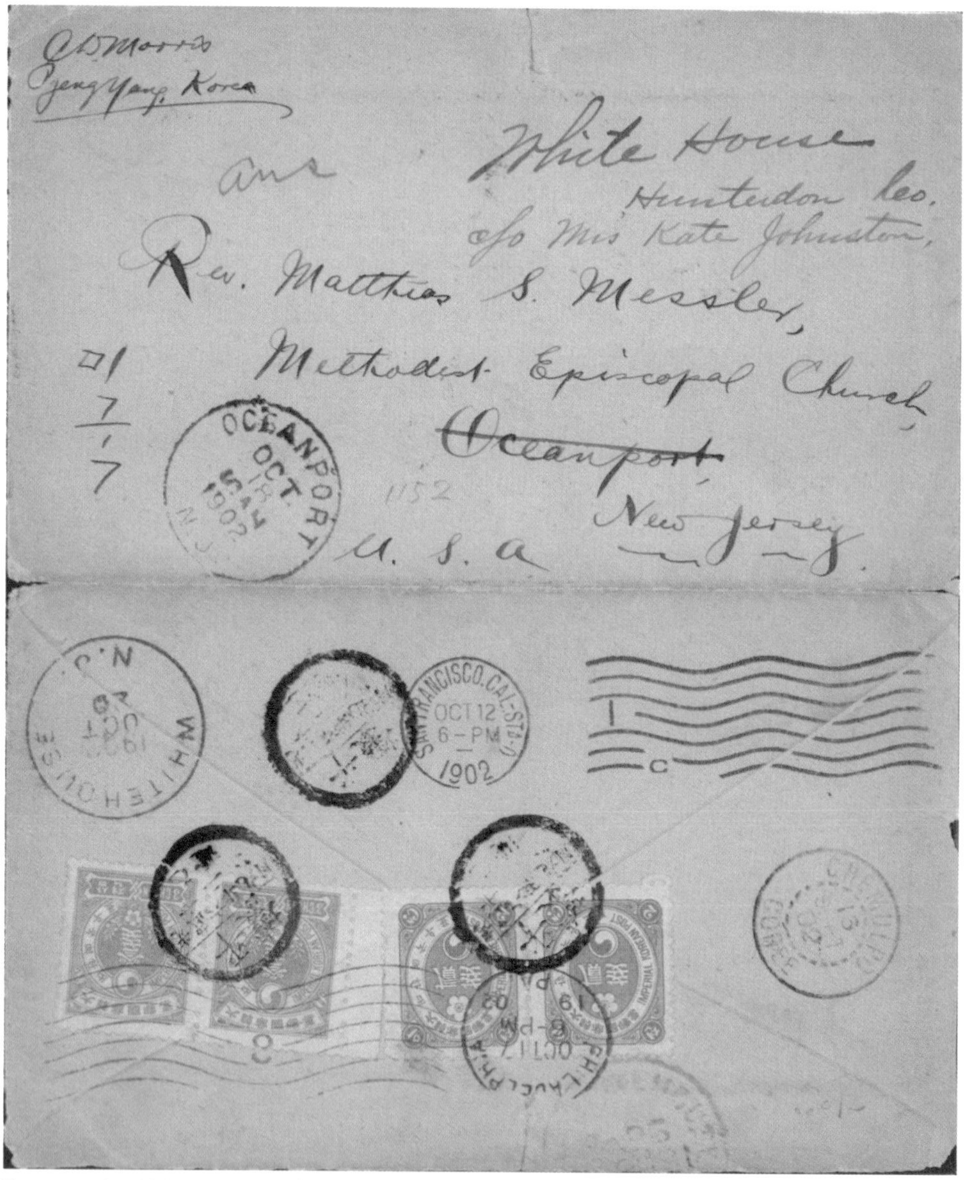

Pyeongyang. Sep. 12, 1902 → Chemulpo(International mail exchange office).Sep.16, 1902 → San Francisco. Oct. 12, 1902 → Philadelphia. Oct. 17 → Oceanport. Oct. 18, 1902 → White House. Oct. 20, 1902 도착
체송 기간: 38일

150x180mm

1902

단기 4235년/광무 6년/고종 39년

서울과 인천 사이에 일반인들이 사용할 수 있는 공중전화가 개설되었다.

평양▶제물포 경유▶미국행 외체인

The Single Circle Datestamp(원일형 일부인). Jan. 1898~Jun. 30, 1905

Pyeongyang. Jul. 28, 1902

Incheon. Jul. 30, 1902

Springfield Mass. Aug. 31, 1902

체송기간: 35일

155x180mm

대한제국 평양우체사

1895년 4월 25일 대한제국 농상공부령 제2호 및 고시 제2호 설치 착수

1895년 4월 25일 대한제국 농상공부령 제2호 및 고시 제2호에 의거 개국

1903

단기 4236년/광무 7년/고종 40년

전위첨쇄시리즈("CHEON" surcharge Series. 1901~1903)

Type. 5. Surcharges of Penmanship - Style printing type-Plate type unknown an outbound international registered letter franked with 21 1 jeon surcharge stamps

Chemulpo Coree ▶ Via Shang-Hai ▶ Hong Kong행

30 jeon 8 ri. International letter rate 10 jeon+Registry fee 10 jeon + Overweight charge 10 jeon

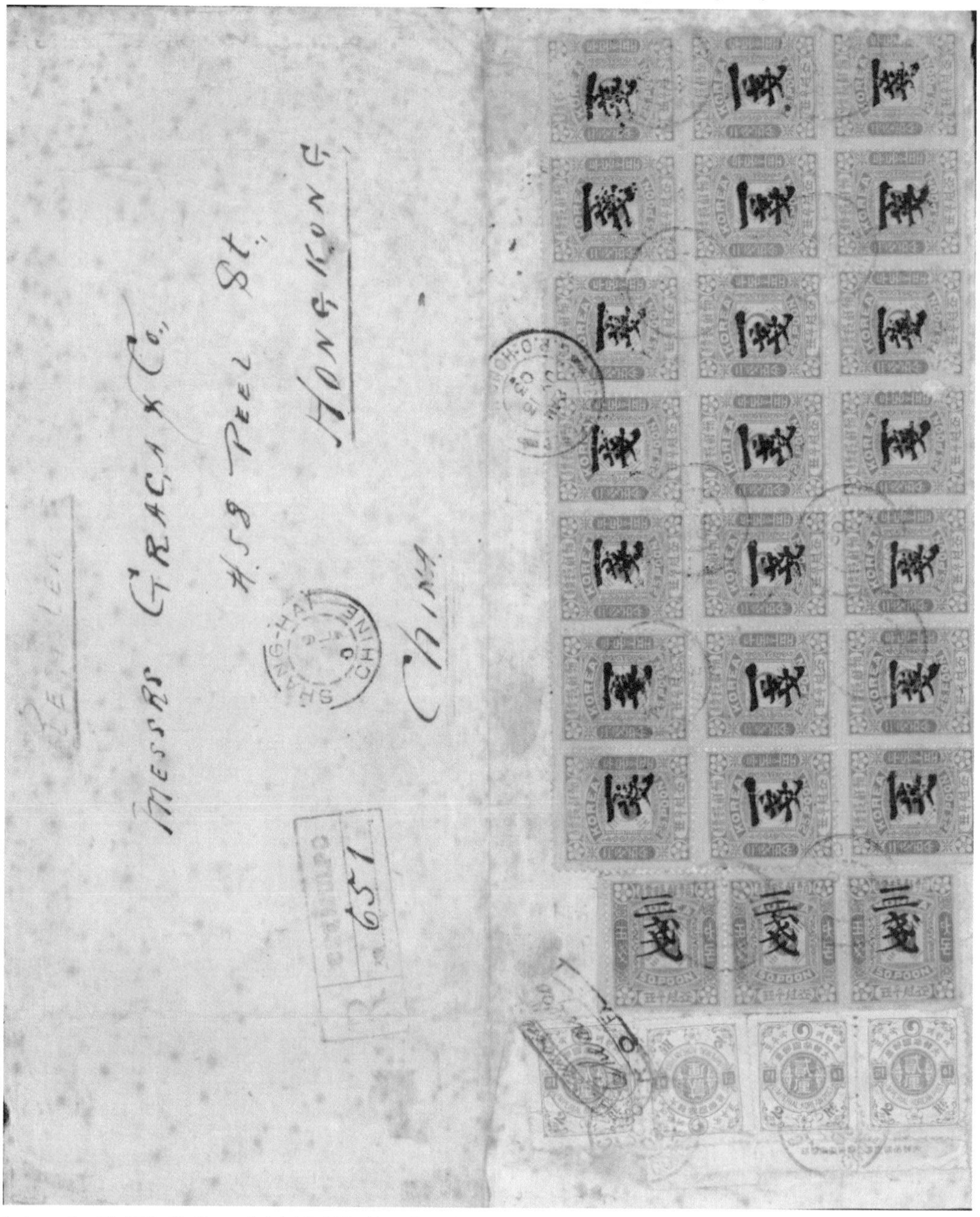

Incheon. Jun. 30, 1903 - Via Shang-Hai. Jul. 9, 1903 - Hong Kong. Jul. 13, 1903

248x204mm

체송 기간: 14일

등기 번호: CHEMULPO 651

※ 본 자료는 국내 우취가에 의하여 1994. 11. 2일 Swiss David Feldman SA에서 SFr. 10,350-(당시 환율 기준 ₩6,727,500-)에 낙찰 받은 실체 봉피이다.

※ 2019. 7월 현재 환율을 적용한 가치 [Sfr. @1,179-. ₩12,202,650-]

1903

단기 4236년/광무 7년/고종 40년

태극보통우표 전위첨쇄(錢位添刷) 혼첩 MASANPO 외체인

MASANPO 외체인

1899년 11월 14일 개국.(부산우편전신국 마산출장소)

1900년 6월 1일 마산우편국으로 개칭

1930년 2월 24일 신축 이전.(마산시 중앙동 2가 2번지)

18전(5Px8=40P(8전)+10P(2전)+25P(5전)+1전x3=3전. 합계 18전

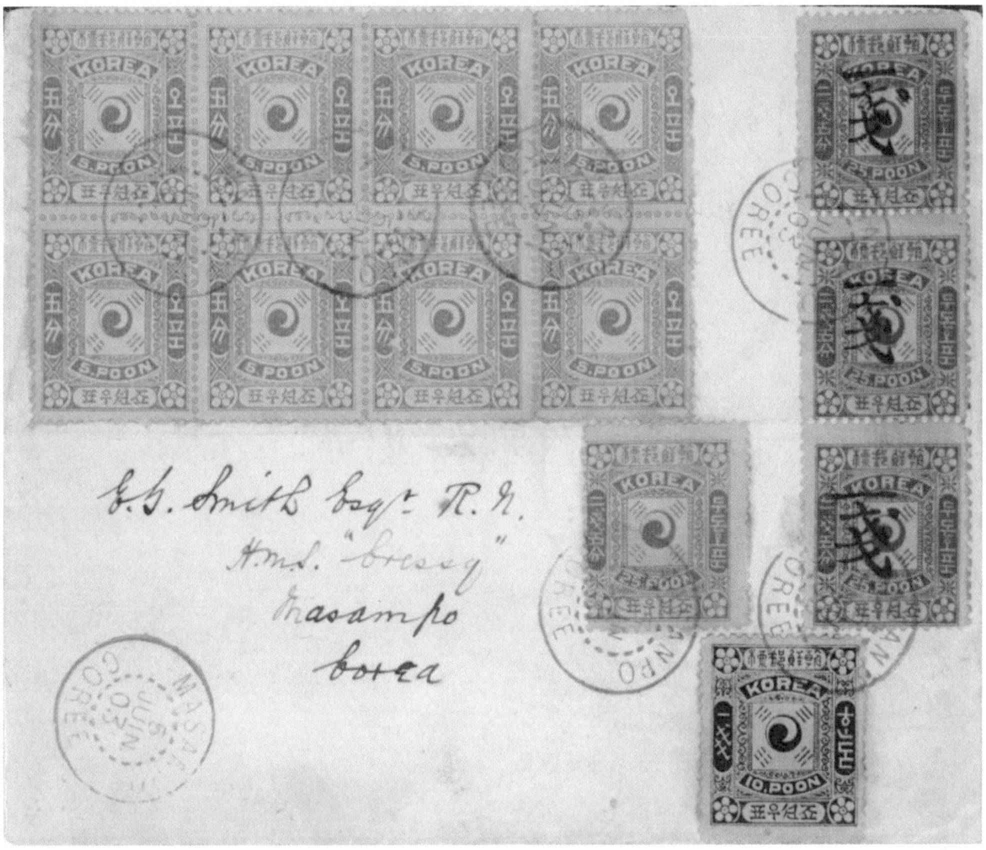

The International Datestamp. Jan. 1, 1900~Jun. 30, 1905 147x122mm

본 실체 봉피는 당시 대한제국에 거주하고 있던 외국인이 우표 수집을 목적으로 만들어진 Philatelic Cover.
첩부된 우표는 당시의 우편 요금과는 상관없이 태극보통 우표와 전위첨쇄 우표를 첩부하여 발송하였다.

외국우편 요금표(1900~1905)

Class	Weight	Postal Rate	Class	Weight	Postal Rate
Letter	15 grams	10 jeon	Specimen Sample	over every 50 grams	2 jeon
Postal Card	Odinary Postcard	4 jeon	Commercial document	250 grams	10 jeon
	Return Postcard	8 jeon		over every 50 grams	2 jeon
Newspaper	50 grams	2 jeon			
Print matter	50 grams	2 jeon	Registry	per item	10 jeon
Merchandise	100 grams	4 jeon	Delivery Certification	per item	10 jeon

1903

단기 4236년/광무 7년/고종 40년

MASAPNO 외체인 실체

Chemulpo ▶ 부산 ▶ 창원 ▶ MASANPO행

13 AOUT 03 Chemulpo- 광무7년 8월 15일 부산- 광무7년 8월 18일 창원-18 AOUT 03 Masanpo

1903

단기 4236년/광무 7년/고종 40년

홍주우체사▶홍주군수에게 체송된 실체

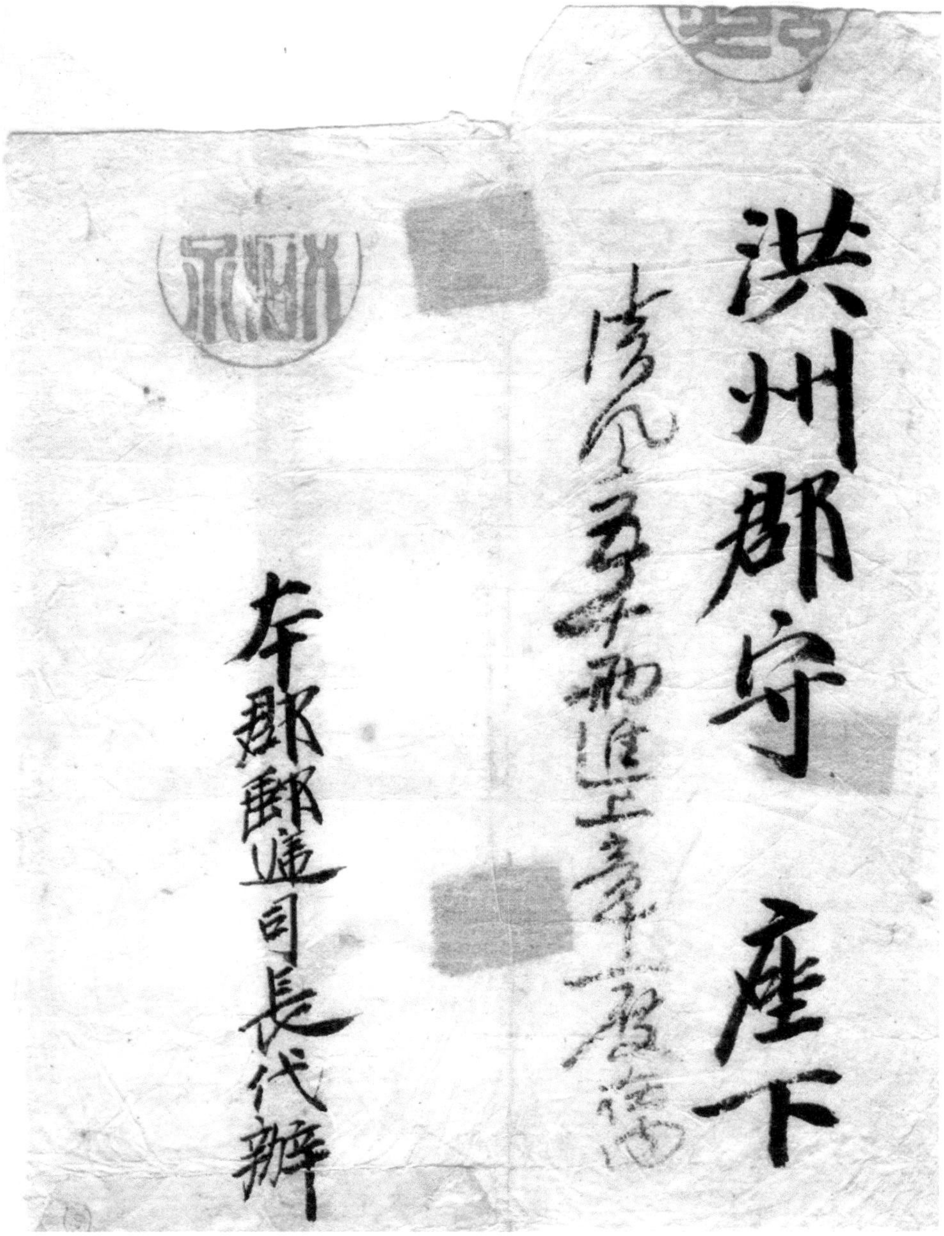

홍주우체사

1896년 6월 5일 농상공부령 제3호, 고시 3호. 충남 홍성에 개설한 우편 업무 관서

1903

단기 4236년/광무 7년/고종 40년

대한제국 우체사 급여 광무 7년도 월봉 영수증

홍주우체사 김우제(郵遞司 金右濟)

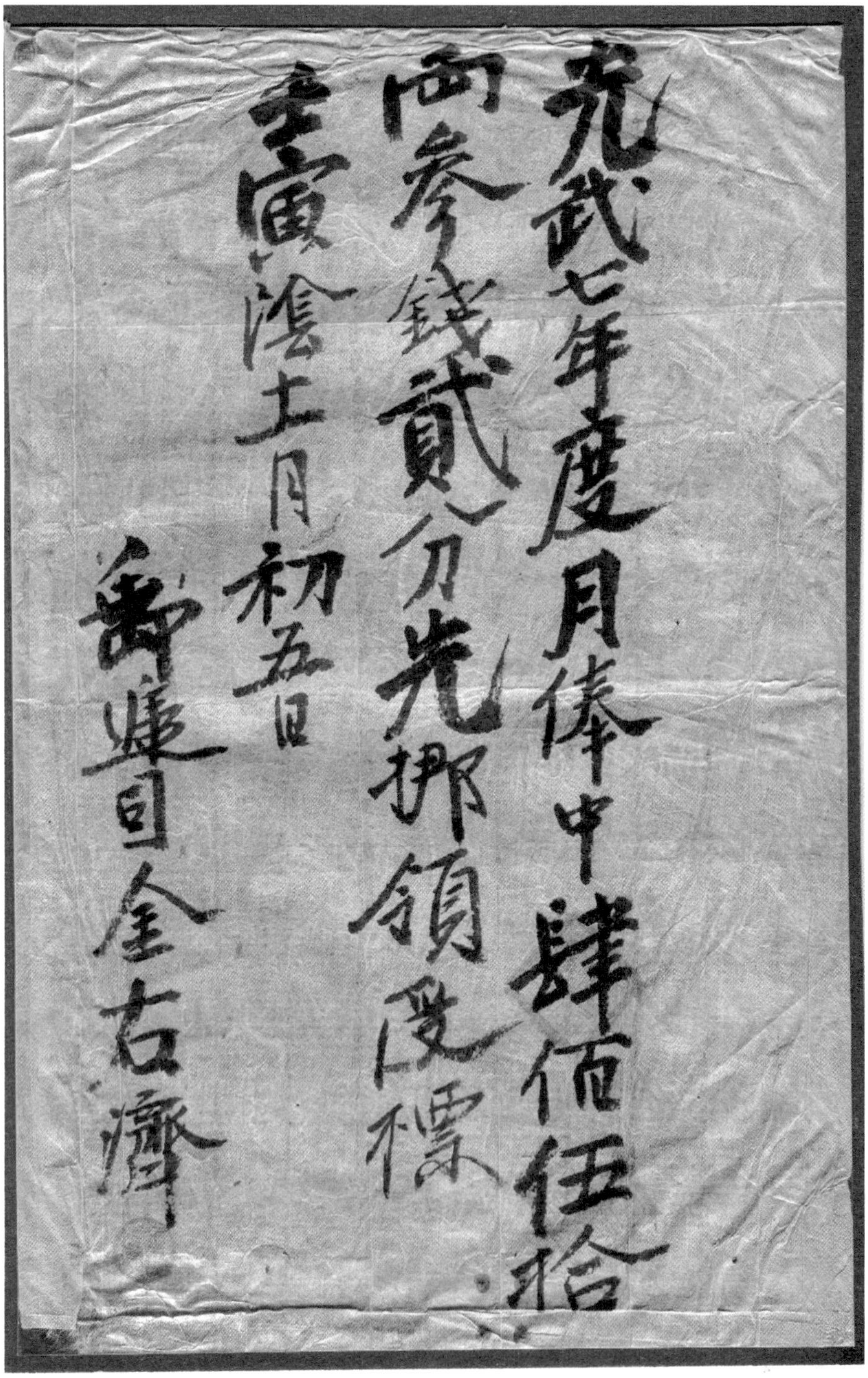
光武七年度月俸中肆佰伍拾

両參錢貳分先挪領受標

壬寅陰十月初五日

郵遞司 金右濟

1903

단기 4236년/광무 7년/고종 40년

Chemulpo ▶ Shang-Hai ▶ Russia행

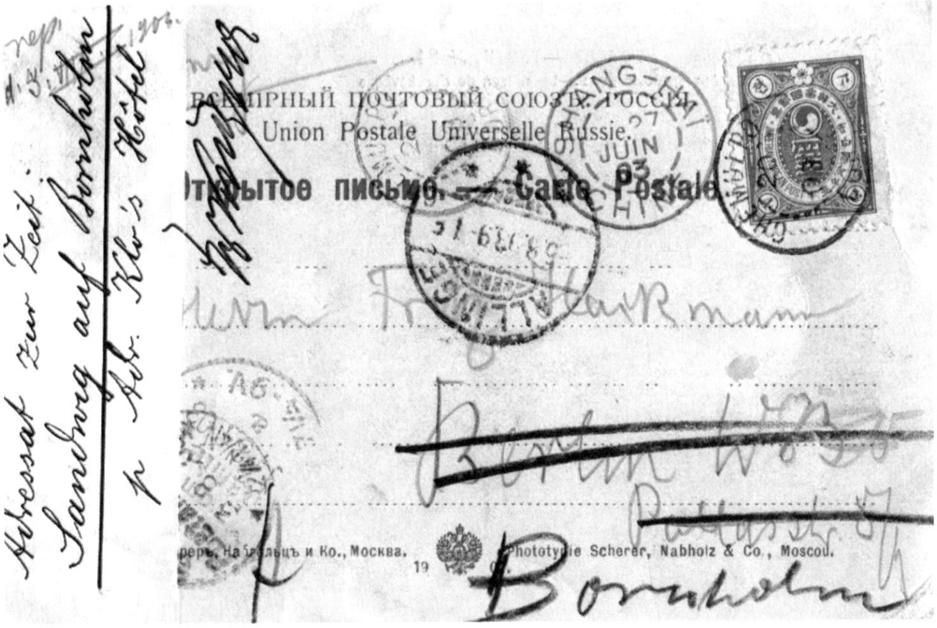

1903

단기 4236년/광무 7년/고종 40년

Masanpo ▶ 부산 ▶ 부산일본우편국 ▶ Nagasaki ▶ Hamburg, Germany행 우편엽서

20 OCT. 1903 Masanpo-광무 7년 10월 21일 부산-21 OCT. 1903 부산일본우편국-Nagasaki-23 NOV. Hamburg.

Masanpo

1899. 11. 14	개국(부산우편전신국 마산출장소)
1900. 6. 1	마산우편국으로 개칭
1930. 2. 24	신축 이전(마산시 중앙동2가 2번지)

마산항(馬山港) 개항

마산포의 개항에 앞서 대한제국은 1898년 5월(광무 2년)에 외부대신 박재순을 통해 마산포등 3개 항구를 개항한다는 사실을 각국 공사들에게 알렸다. 마산포에는 창원감리서를 설치하고 창원부윤 안길수가 감리서리를 맡았다. 정부 훈령을 받은 창원감리는 창원군 외서면의 신월동과 월영동등 2개동 13만 8천여평을 이국인 거류지로 확정하고, 1899년 6월 서울에서 박재순과 일본·영국 러시아·프랑스·독일 등 각국 공사들이 참여한 가운데 각국 공동 조계의 획정을 내용으로 하는 조계장정이 조인됐다. 주계(租界)라는 말은 마산지역에 외국인이 거주하며 상행위를 할 수 있는 지역을 말하는 것으로 외국의 행정권과 경찰권이 미치는 치외법권 지역을 말한다. 대한민국 임시정부도 상해의 프랑스 조계에서 수립된 사실을 상기하면 쉽게 이해할 수 있다. 조계장정은 각국 거류지 주변 10리 안의 토지에 대해서는 지주들이 자유롭게 팔거나 양도를 할 수 있게 하는 등 조계 내 토지의 관리 규정을 명시하였다. 특히 각국 영사관이 보유할 수 있는 부지 면적을 최대 1만 5천m^2(4천 5백평)로 제한한 것이 다른 개항장의 장정과 다른 것이었다.

출처: 경남일보/1999년 기사 내용

1903

단기 4236년/광무 7년/고종 40년

한성 · SEOUL 일부인 1 · 2전 전위첨쇄 혼첩 엽서

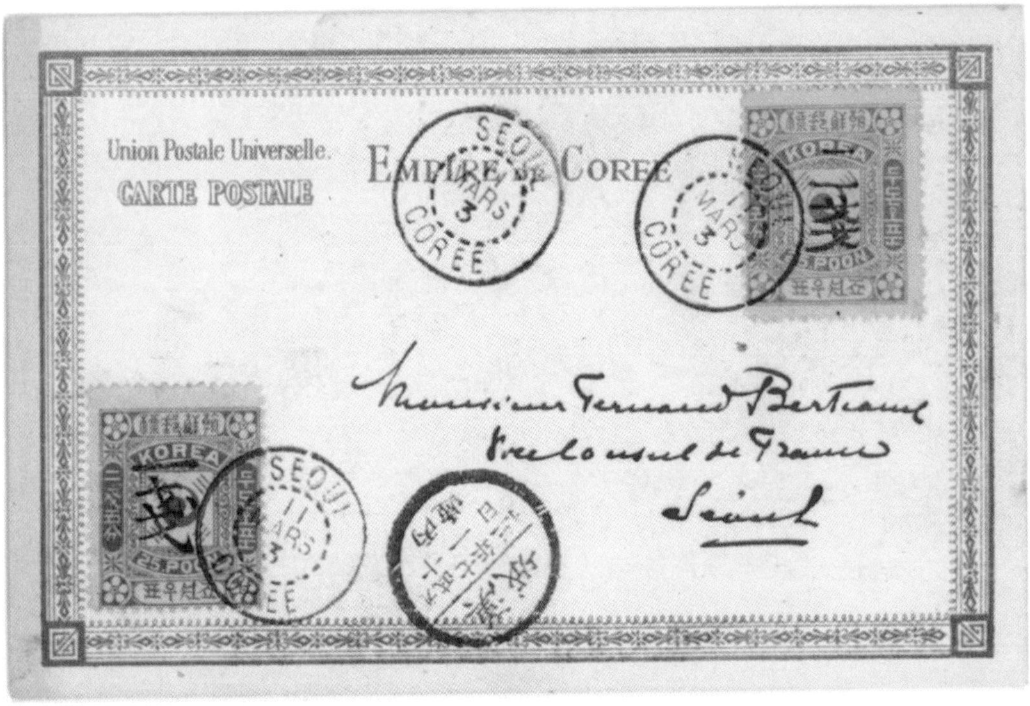

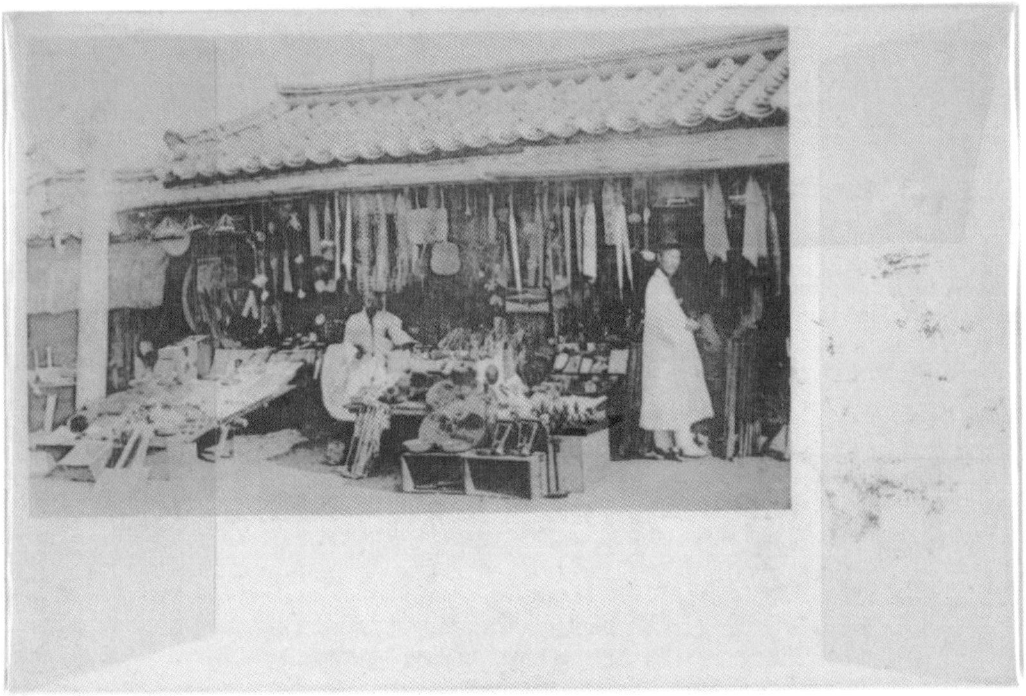

11 Mars 1903 Seoul Coree 외체인-내체인

1903

단기 4236년/광무 7년/고종 40년

SEOUL ▶ Boston ▶ Tacoma, U.S.A

Seoul, Coree. 19 JUIN. -Boston. 7, 18, 1903- JUL. 12, 1903 Tacoma

292x127mm

1903

단기 4236년/광무 7년/고종 40년

SEOUL No. 1, 등기 No. 230▶Chemulpo▶Seattle, Washington, U.S.A

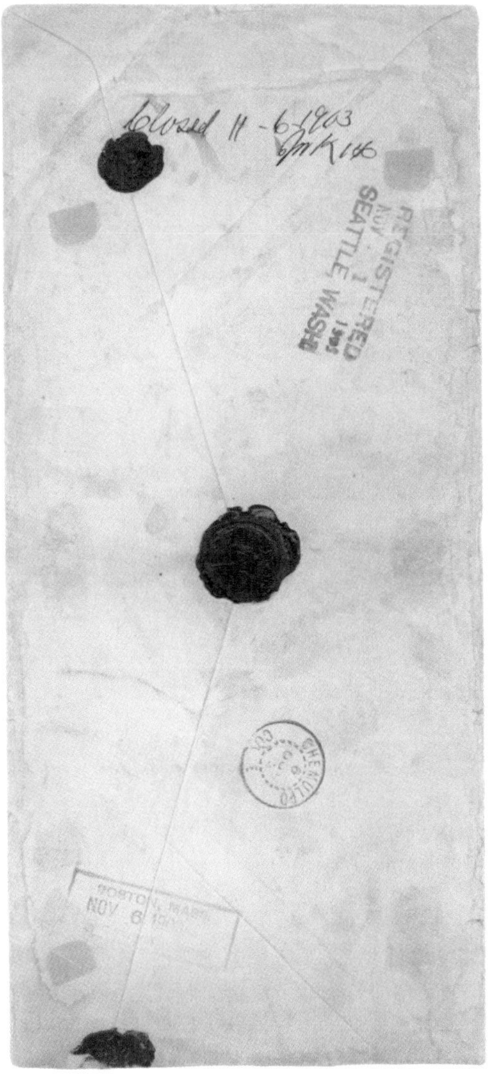

Seoul NO. 1 등기

6, OCT. 1903 -Chemulpo. -NOV. 6, 1903. 미국행

272x130mm

본 자료는 독수리보통우표 페어, 좌변 탭과 중간 탭으로 첩부되어 있어서 희귀한 자료이다.

1903

단기 4236년/광무 7년/고종 40년

Seoul, Coree ▶ Chemulpo ▶ Yokohama

8 AOUT. 1903 Seoul Coree-Yokohama

독립운동가 고이허

(高而虛, 1902년 9월 5일 ~ 1937년 2월 17일) **한국**의 독립운동가이다. 본명은 최용성(崔容成 또는 崔龍成)이다 **황해도 수안** 출신이다. **경성부**의 **배재고등보통학교**에 진학하여 학생 운동을 시작했다. 1922년 배재고보를 졸업한 뒤 곧바로 **만주**에 망명하였다. **지린**에서 계몽 운동과 농촌 개발 운동을 벌이던 **김진호**와 **변창근**을 만나 **화이더농우회**에 가담해 활동했다. 이때 화이더농우회에는 **화이더현 우자쯔**의 **삼성학교** 교사 **최일천**도 참여하고 있었다. 그는 **정의부**에서 일하던 김진호의 소개로 **1925년** 정의부에 가입한 것을 시작으로, 삼성학교 교사로 근무하면서 항일 운동에 뛰어들었다. **1929년 참의부**, **신민부**와 정의부의 3부 통합 운동에 적극 나서 삼부가 함께 조직한 **국민부**에 참가하여 청년 조직을 담당했고, 지도 조직인 **조선혁명당**, 무장 투쟁을 위한 **조선혁명군**도 결성했다. 조선혁명군은 1932년 사령관 **김관웅**, 부사령관 **장세용** 등이 한꺼번에 체포되었으나, 그는 **양세봉** 등 살아남은 인사들과 함께 조선혁명당과 조선혁명군을 재정비하고 1932년 조선혁명군 총사령이던 양세봉이 일본군의 총탄에 맞아 전사하자, 중앙집행위원장 대리로 고군분투했다.

출처: 위키백과

1903

단기 4236년/광무 7년/고종 40년

訓令(훈령) · 충청남도 관찰사(觀察使)
공주▶홍주군수에게 보낸 훈령

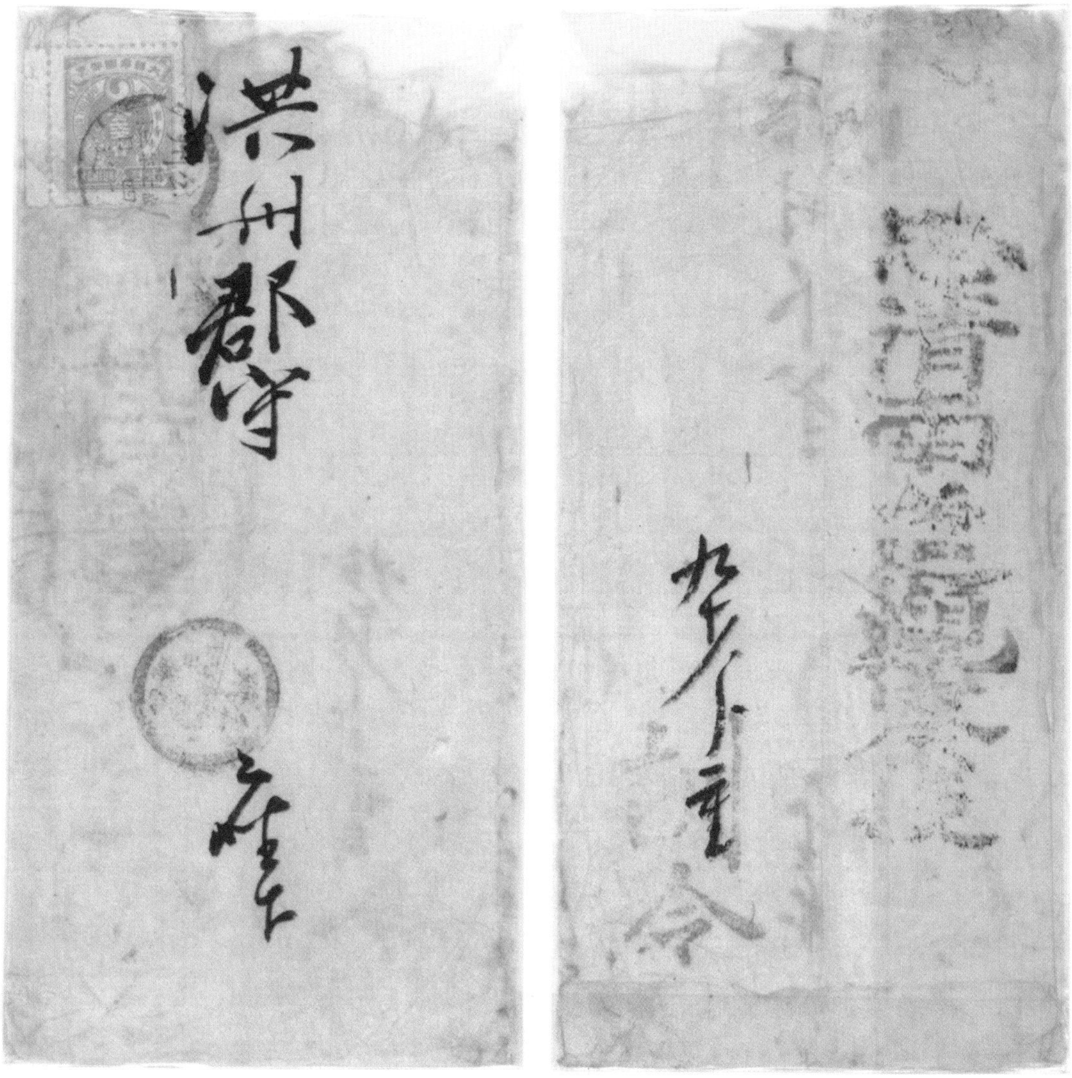

공주, 광무 7년(1903) 3월 4일

※ 훈령(訓令): 상급행정관청이 하급관청의 권한행사를 일반적. 추상적으로 지휘하기 위하여 사전에 발하는 명령으로, 훈령을 발할 수 있는 권한을 훈령권이라고 한다.

1903

단기 4236년/광무 7년/고종 40년

Seoul ▶ via Shang-Hai(Franch P.O) ▶ Hong Kong ▶ Ghardimaou, Tunisia

Seoul. Nov. 12, 1903-Shan-Hai(Franch P.O) Nov. 28, 1903-Hong Kong Dec. 4. 1903-Ghardimaou, Tunisia.

CHEMULPO COREE 외체인

1903년도 대한제국 Seoul(한성) 거리 풍경

1903

단기 4236년/광무 7년/고종 40년

제주(濟州) 원일형 일부인 내체인 실체▶창평군 갑향면행

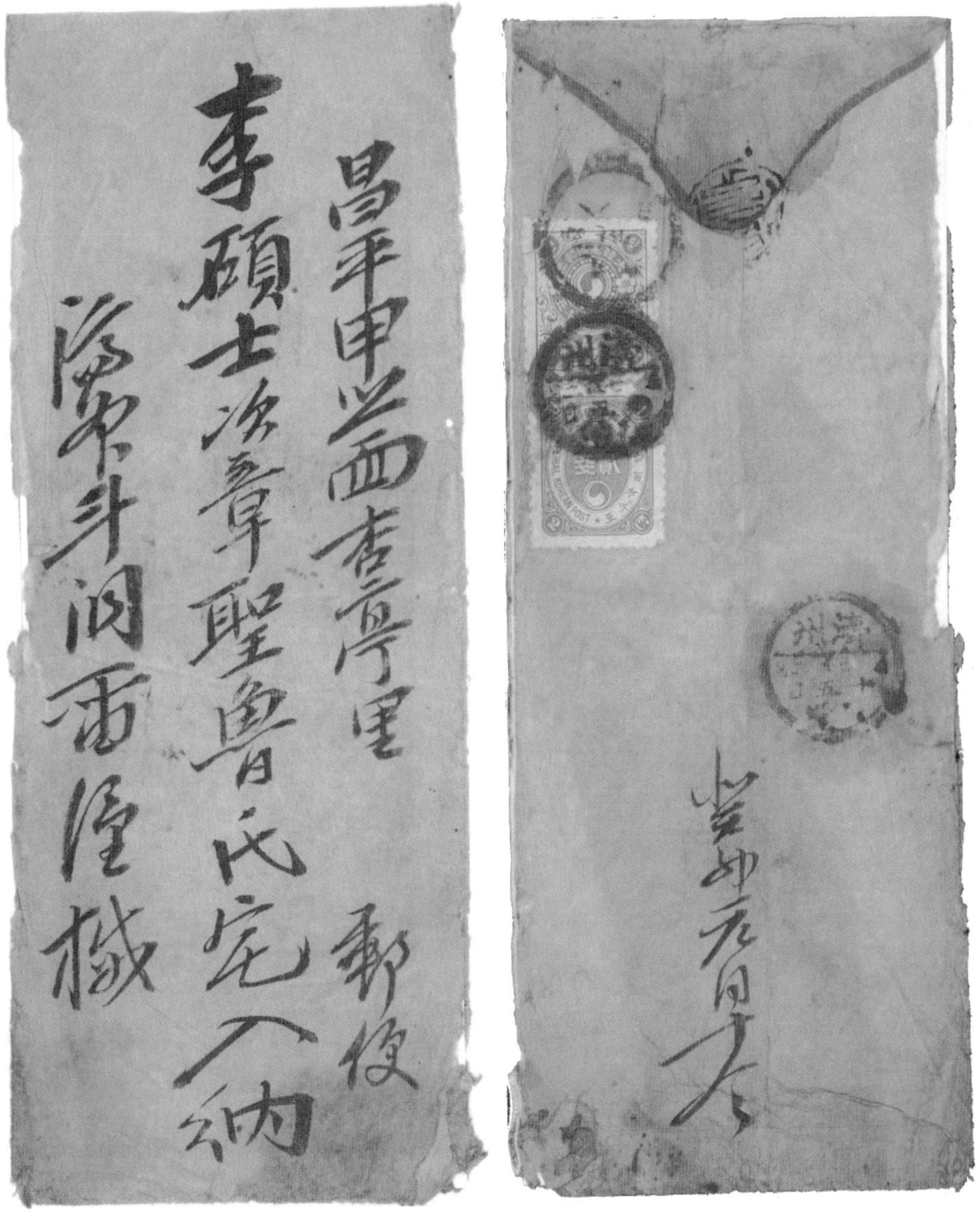

광무 7년[1903] 2월 15일 제주-전남 담양군 갑향면으로 체송된 내체인 실체

제주우체사 1902년 7월 5일[통신원령 6호] 설치

전라남도 창평군 갑향면

1895년 시행된 23부제에 의해 전라남도 창평현을 남원부 창평군이라 했다.

1896년 13도제로 개편되면서 전라남도 창평군이 되었다.

1906년 갑향면이 장성군에 편입되었다.

1908년 옥과군이 폐지되면서 옥과군의 6개 면이 창평군에 편입되었다.

1903

단기 4236년/광무 7년/고종 40년

이화보통우표 4전·The Plum-Blossoms Series

Seoul ▶ Chemulpo ▶ via Shang-Hai ▶ France행

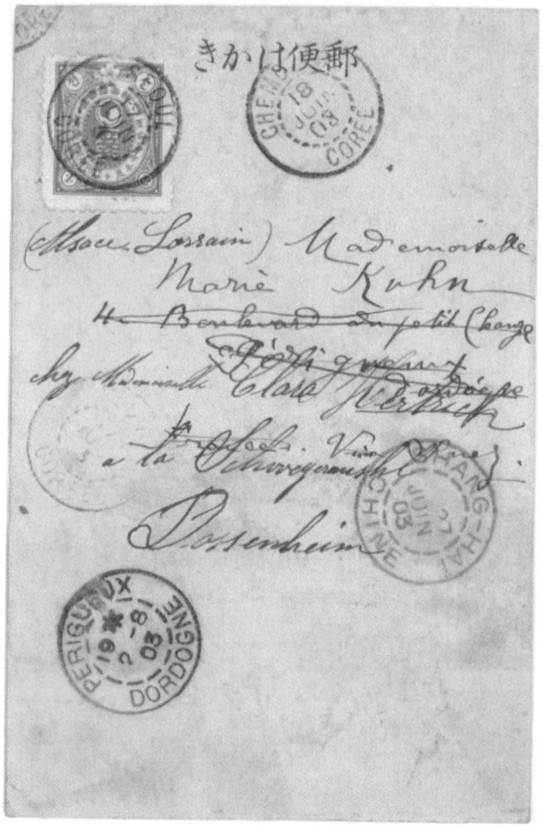

1903. 6. 17 Seoul-1903. 6. 18 Chemulpo-
1903. 6. 27 Shang Hai-
1903 .8. 2 프랑스 도착

1903년 당시 New York Time Square 건축 모습

1908년 당시 New York Time Square 모습

현재의 New York Time Square 모습

뉴욕 타임스스퀘어(Times Square)

미국 뉴욕 미드타운 맨해튼에 있는 유명한 상업적 교차로로, 웨스트 42번가와 웨스트 7번가가 합쳐져 만난 세븐스 에비뉴와 브로드웨이가 교차하는 일대를 말한다. 타임 스퀘어는 브로드웨이의 극장가가 환하게 빛나는 중심지이고, 세계에서 가장 붐비는 보행자용 교차로 중 한 곳이며, 세계 엔터테인먼트 산업의 중심지로 '세계의 교차로', '우주의 중심','불야성의 거리'라는 별명 으로도 잘 알려져 있다. 'Travel+Leisure'의 2011년 10월 조사에 따르면 세계의 관광객들이 가장 많이 방문한 명소로, 타임스퀘어는 매년 3,900만 명 이상의 관광객이 온다고 한다. 타임스퀘어는 매일 약 300만 명 이상의 사람들이 지나가는데, 대부분 관광객이거나 뉴욕 지역에서 업무를 보는 사람들이다.

출처: 위키백과

1903

단기 4236년/광무 7년/고종 40년

전위첨쇄 1전 · 2전 첩부 한성 내체인 · 외체인

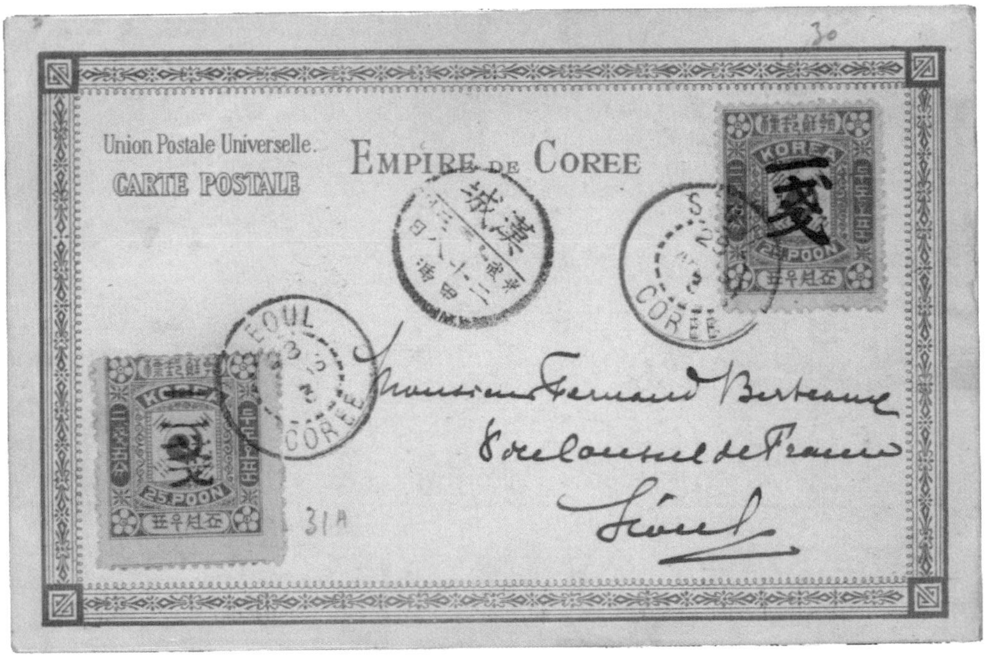

한성 광무 7년(1903) 3월 28일

Chemulpo ▶ via Shang-Hai ▶ Copenhagen, Denmark행

4 jeon(3jeon+1jeon)/Internatinal postcard rate 4jeon

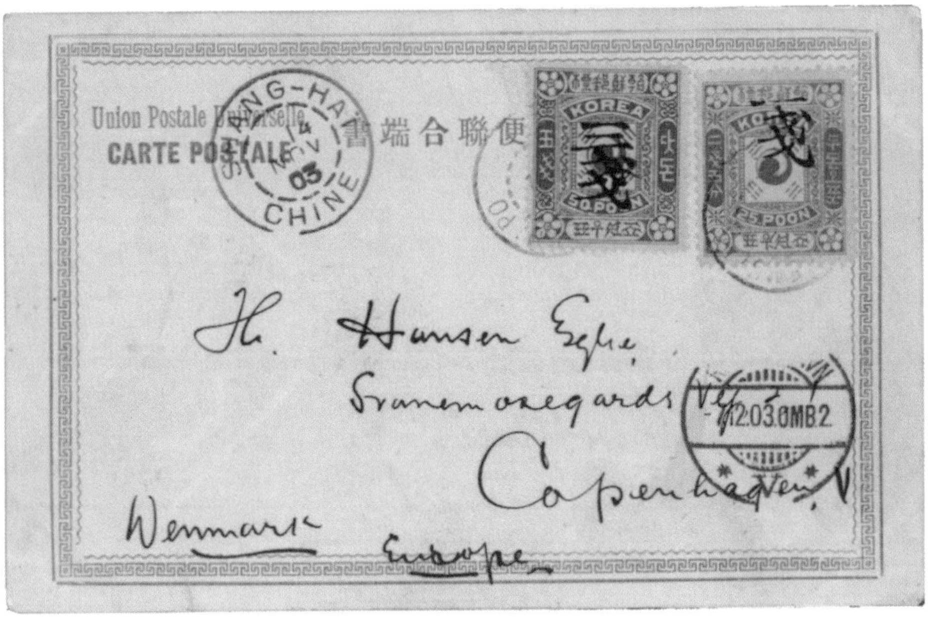

Chemulpo
7 NOV. 1903
외체인

Chemulpo 1903. 11. 7 - via Shanghai 11. 4 - Copenhage, Denmark 1903. 12. 7
체송 기간: 30일

1903

단기 4236년/광무 7년/고종 40년

이화보통우표 1전+2전. The Plum-Blossoms Series

Chemulpo ▶ via Shang-Hai ▶ Germany행

1903. 4. 19 Chemulpo-Shang-Hai-1903. 6. 4 Germany 도착

체송 기간: 45일

1904

단기 4237/광무 8년/고종 41년

독수리보통우표 1전.3전 The eagle Series

Fusan-한국 부산 ▶ Zurich, Swiss

Fusan 21 Sep.1904-한국 부산-Zurich, Swiss

1903

단기 4236년/광무 7년/고종 40년

이화보통우표 2전. The Plum-Blossoms Series

Seoul ▶ 상해 ▶ 산두 ▶ Hong Kong ▶ 오주행

Seoul. 1903. 1. 7-상해. 1. 16-산두. 1. 21-홍콩. 1. 23-Wuchow. 1. 28일 도착 체송 기간: 26일

오주(梧州. WUCHOW)

우저우(오주. 梧州)는 중화인민공화국 광시 좡족 자치구의 지급시이다.

면적 12,583km² 인구 3백9만 명

우저우는 열대·아열대 계절풍 기후이다. 북회귀선이 시를 이등분한다. 연평균 기온은 21.1 °C이고 1월 평균 기온은 11.9℃이고 7월 평균 기온은 28.9℃이다. 연평균 강수량은 1503.6mm이고, 연일조 시간은 19:15시간이다. 전한 때인 기원 전 111년, 오군(梧郡)이 설치되었다. 621년에 당나라는 오주(梧州)를 설치했다. 1927년에 우저우시 정부가 성립하였다. 광시 좡족 자치구의 동부에 위치하고 광둥성과 접한다. 구이강과 쉰강이 합류하는 곳에 위치하며 광시 전체 유수량의 85%가 우저우를 통과한다.

산두(汕頭. 산터우. Sandow)

산터우(汕頭)는 등소평의 1979년 시작된 개방 개혁 시에 1980년부터 조성된 4개 경제특구의 하나이다. 산터우는 중화인민공화국 광둥성 동부 해안에 있는 지급시이다. 면적: 2,248km² 지역: 광둥성 인구 127만명

상해(上海. 상하이. Shang-Hai)

중화인민공화국의 직할시

상하이는 중국 본토 동부의 창강 하구에 있는 중화인민공화국의 직할시이다. 현대 중국 경제의 중심지 중 하나로 널리 알려졌으며, 또한 중국에서 가장 중요한 문화, 상업, 금융, 산업, 통신의 중심지이기도 하다. 행정적으로는 성과 동급인 성급시이다. 원래는 어촌이었던 상하이는 19세기 말과 20세기 초에 뉴욕과 런던 다음의 순위로, 세계에서 세 번째로 큰 금융 중심지가 되었고 극동의 가장 큰 상업도시가 되었다. 면적: 7,037km² 설립: 1291년 인구: 1435만(2000년) 유엔 통계

홍콩(香港. Hong Kong)

중화인민공화국 특별 행정구 면적: 1,104km² 통화: 홍콩 달러 인구: 718.8만(2013년 기준)

홍콩은 중화인민공화국의 남동부에 있는 특별행정구이다. 정식 명칭은 중화인민공화국 홍콩 특별행정구이다.

홍콩섬과 주룽과 신계 및 그 밖의 230개의 부속 도서로 구성되어 있다. 가까운 도시는 광둥성 선전시와 마카오이다.

1903

단기 4236년/광무 7년/고종 40년

이화보통우표 1전

마산포 외체인 실체 엽서

창원 마산포 천주당. MASANPO, 31, July. 1903 후면 사진: 한옥 마을과 기생의 가야금 연주 140x94mm

1904

단기 4237/광무 8년/고종 41년

독수리보통우표 2전. The eagle Series

삼화(Chinnampo)▶Chemulpo 경유▶via Shang-Hai▶Paris

삼화. 25, Sep. 1904-Chemulpo. 27, Sep. 1904-via Shang-Hai. 6, Oct. 1904-Paris

1903

단기 4236년/광무 7년/고종 40년

독수리보통우표 4전 첨부

Seoul ▶ via Shang-Hai ▶ Saigon행

Seoul. 4, Dec. 1904-via Shang-Hai. 8, Dec. 1904-Saigon

김소월(金素月)

(1902년 9월 7일(1902년 음력 8월 6일) ~ 1934년 12월 24일) 일제 강점기 시인이다. 본명은 김정식(金廷湜)이지만, 호인 소월(素月)로 더 널리 알려져 있다. 본관은 공주(公州)다. 1934년 12월 24일 평안북도 곽산 자택에서 향년 33세로 음독자살한 그는 서구 문학이 범람하던 시대에 민족 고유의 정서에 기반한 시를 쓴 민족시인으로 잘 알려져 있다. 한국 현대시인의 대명사 중 한명이다. 1902년 평안북도 구성군에서 출생하였고 지난날 평안북도 정주군에서 잠시 유아기를 보낸 적이 있는 그는 훗날 평안북도 곽산군에서 성장하였다. 1904년 처가로 가던 부친 김성도는 정주군과 곽산군을 잇는 철도 공사장의 일본인 목도꾼들에게 폭행당한 후 정신 이상자가 되었다. 이후 김소월은 광산을 경영하는 조부의 손에서 컸다. 김소월에게 이야기의 재미를 가르쳐 주어 영향을 끼친 숙모 계희영을 만난 것도 이 무렵이다. 평안북도 곽산 남산보통학교를 졸업하고 1915년 평안북도 정주 오산고등보통학교에서 조만식과 평생 문학의 스승이 될 김억을 만났다. 김억의 격려를 받아 1920년 동인지 《창조》5호에 처음으로 시를 발표했다. 오산학교를 다니는 동안 김소월은 왕성한 작품 활동을 했으며, 1925년에는 생전에 낸 유일한 시집인 《진달래꽃》을 발간했다. 1916년 오산학교 재학 시절 고향 구성군 평지면의 홍시옥의 딸 홍단실과 결혼했다. 3·1 운동 이후 오산학교가 문을 닫자 경성 배재고등보통학교 5학년에 편입해서 졸업했다. 1923년에는 일본 도쿄 상과대학교에 입학하였으나, 같은 해 9월에 관동대지진이 발생하자 중퇴하고 귀국했다. 이 무렵 서울 청담동에서 나도향과 만나 친구가 되었고 《영대》동인으로 활동했다.

1903

단기 4236년/광무 7년/고종 40년

전위첨쇄 1전+1전. "JEON" Surcharge Definitives 1jeon on 25Poon Taegeuk stamps

Overseas Printed Metter Mail

Chemulpo ▶ Via Moji ▶ Frementale ▶ Melbourne행

Chemulpo. 30, Dec. 1903 - Via Moji. 12, Jan. 1904 - Frementale. 2, Feb, 1904 - Melbourne. 29, Feb. 1904

체송 기간: 62일 155x198mm

Frementale: 웨스턴 오스트레일리아주 항구도시, 퍼스에서 남서쪽 19Km 지점. 1829년 설립

1903년 주요 우편사 [1]

1월 1일 광무 7년도 우체사업비 예산표

예산액

제1관 통신원 본청 23,640원

제2관 사업비 1항 우체 사업비 206,575원

2항 전보 사업비 219,750원

주목할 항목: 현설 43사, 한성 내 신설 3지사, 경부 철도 정거장 내에 지사·영수소 신설

1903

단기 4236년/광무 7년/고종 40년

독수리보통우표 4전. Eagle Definitives 4 C

A mail subjected to the Second Korea-Japan Special Postage Rates Treaty

Seoul ▶ via Chemulpo ▶ Tokyo, Japan행

4 jeon. Special postage treaty rate to japan 4 jeon

145x210mm

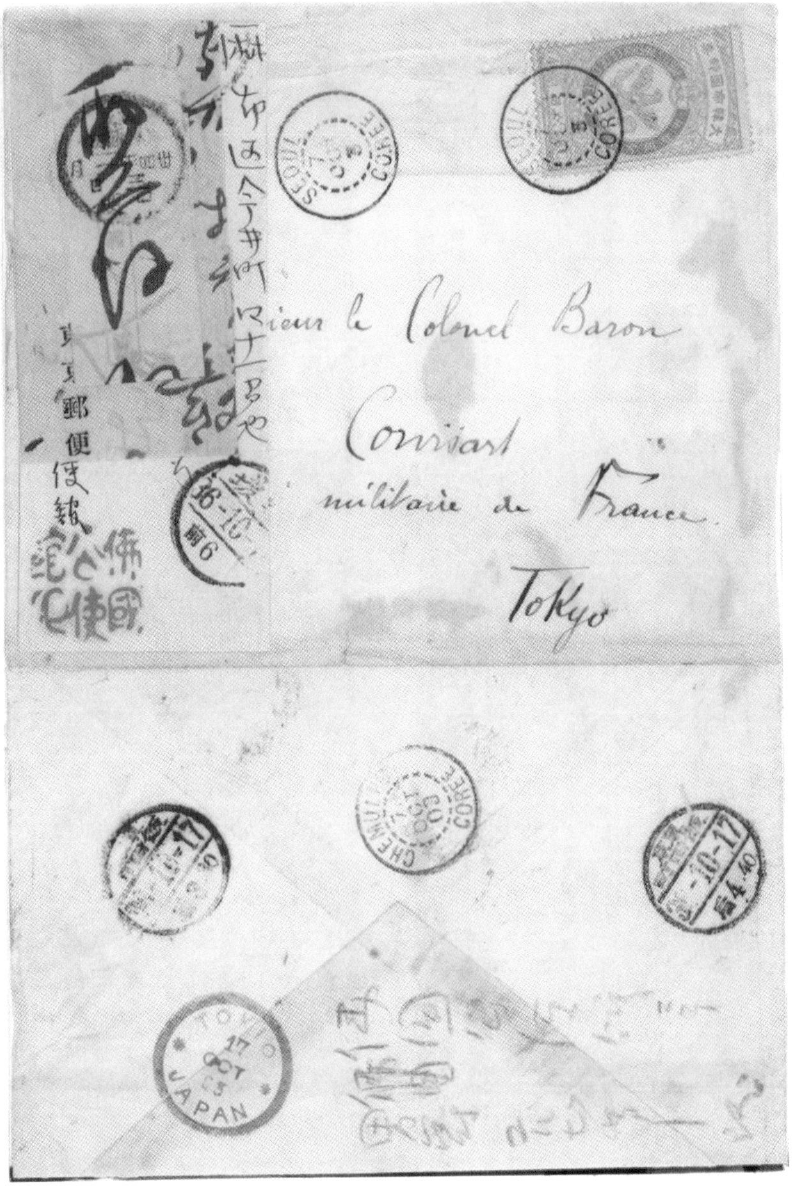

Seoul. Oct. 7, 1903 - Chemulpo. Oct. 7, 1903 - Tokyo, Japan. Oct. 17, 1903

체송 기간: 11일

1903년 주요 우편사 [2]

1월 6일 황성신문 보도, '만국관란'[萬國觀瀾] [만국관광]을 이끌고 광무 6년도에 통신원은 우체 교사 길맹세[吉盟世]를 일본에 파견하여 외국인 소포 우편물 조약을 의정[議定]

1월 12일 일관[日館]에게 전주 일본인 우체물 영수소 설치의 정폐[停廢]를 요구.

2월 5일 1900년 3월 5일 농상공부령 제37호 국내 우체 세제 폐지. [부령 40호]

1903

단기 4236년/광무 7년/고종 40년

한산(韓山) 일부인

이화보통우표 3전. 국내 우편 요금 3전

한산(충남 서천군)▶**공주 경유**▶**한성행**

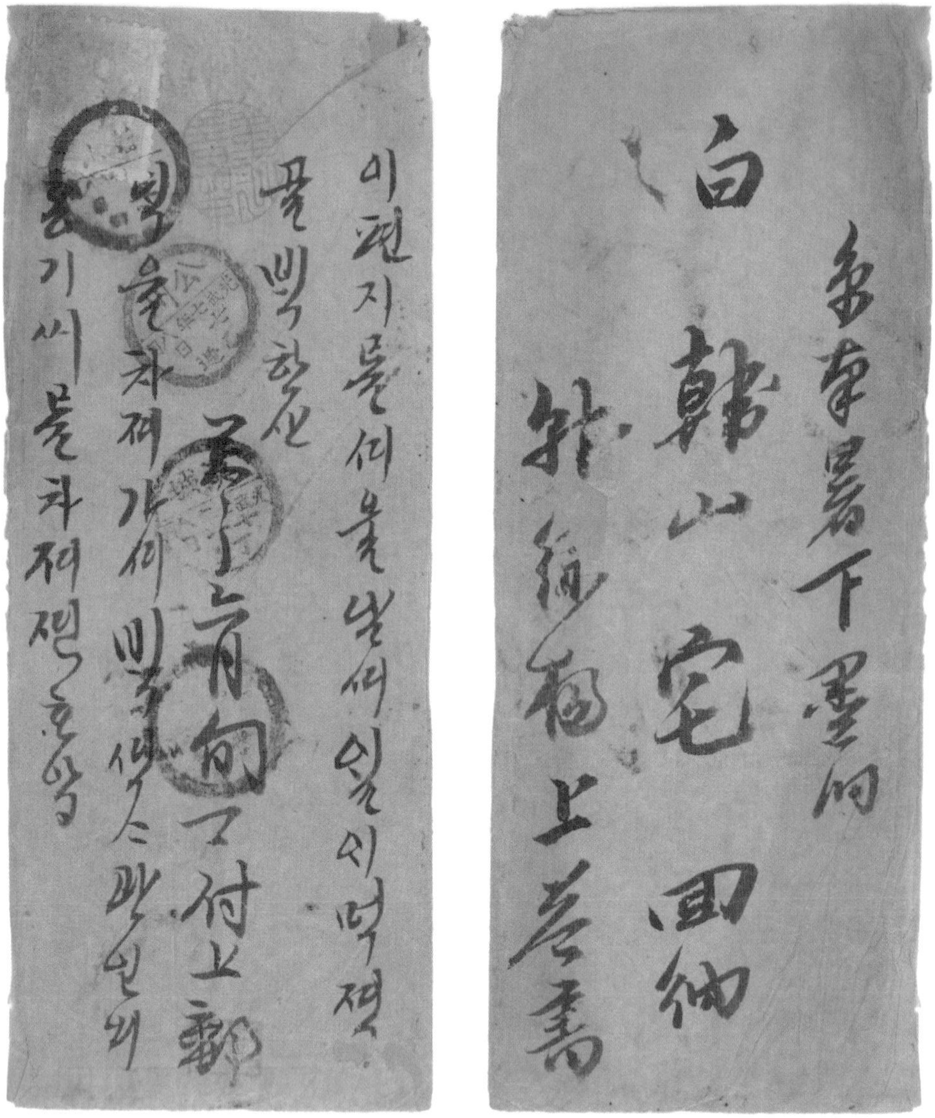

한산. 1903. 8 - 공주. 1903. 8. 7 - 한성. 1903. 8. 11

75x185mm

1903년 주요 우편사 [3]

2월 13일 황성신문 보도, 평양 일본우편국 각 년도 우체물 총수 53,000여 통, 본 년도에 은산(銀山) 및 운산금광(雲山金鑛)에 우편국 개설 계획 있다고 보도

2월 17일 인천전화소 교환 업무 개시

2월 22일 국내우체세칙 [전 6장 107조] 공고. 원령 제3호

3월 26일 황성신문 보도, 광무 7년도 총예산표
제1관 통신원 본청 23,640원
제2관 사업비 1항 우체 사업비 206,575원, 2항 전보 사업비 219,720원

1903

단기 4236년/광무 7년/고종 40년

전위첨쇄 3전. 50 Poon

부산 ▶ 경북 청도군 원당행

국내우편(편지) 요금 3전. 정상 요금

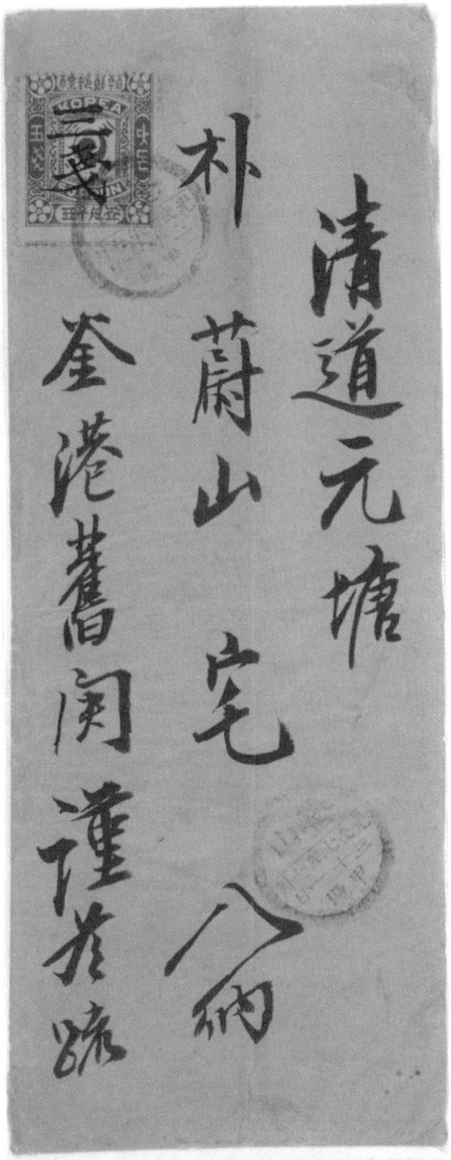

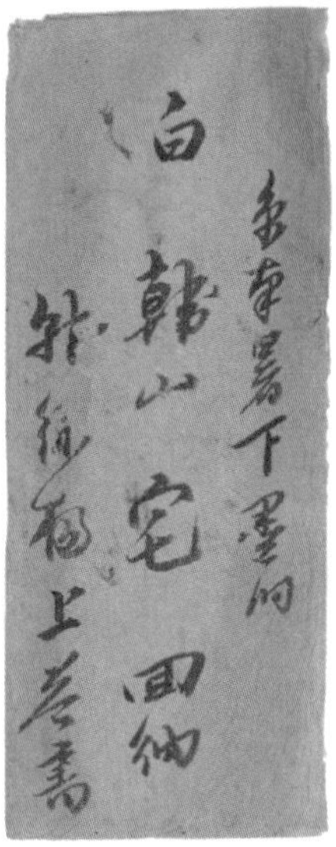

부산. 1903. 7. 31. 갑체. - 청도 원당

안창호(安昌浩)

1878. 11. 9~1938. 3. 10.
평안남도 강서 출생
일제강점기의 독립운동가

흥사단 창립 100주년 기념우표

거국가(去國歌)

간다 간다 나는 간다 너를 두고 나는 간다
잠시 뜻을 얻었노라 까불대는 이 시운(時運)이
나의 등을 내밀어서 너를 떠나가게 하니
간다 한들 영 갈소냐 나의 사랑 한반도(韓半島)야

흥사단(興士團)

[Young Korean Academy]
1913. 5. 15. 도산 안창호가 미국 센프란시스코에서 창립한 독립 운동 단체

출처: 위키백과

1903년 주요 우편사 [4]

3월 27일 일본공사, 부산 일본우편국 거류지 이외지의 우함(郵函) 설치 철폐 요구에 불응
4월 14일 마포 한성우체지사 [서서용산방마포계]에 설치 공고
4월 27일 마포우체지사 5월 1일부터 우무 개시 공고 [통신원 고시 제4호]
6월 8일 한성·수원 간 전신 전화 개통

1903

단기 4236년/광무 7년/고종 40년

Seoul ▶ Via Chemulpo ▶ Akasaka, Tokyo행 등기

전위첨쇄 1전. 25P+2전. 25P+3전+50P, 이화보통 1전+2전+5전, 어극40주년 기념우표 혼첩

Seoul. 29, Apr. 1903-via Chemulpo-Akasaka, Tokyo, Japon. 7, May. 1903 도착
체송 기간: 9일

132x105mm

우표번호 27

전위첨쇄 보통우표 제1판

명조체 금속활자

발행일 1902. 12. 2.

액면가 2전

임쇄처 대한제국 농상공부 전환국 인쇄처

국내에서 사용하던 이화보통우표가 있음에도 이전에 사용하던 미국에서 인쇄해온 태극우표에 새로운 액면을 첨쇄하여 이화 보통우표와 함께 사용하였다. 태극우표 중 고액인 2돈 5푼과 50푼의 재고가 많아 폐기하는 대신 수요가 많은 액면인 1전·2전·3전을 첨쇄하여 사용하였다.

1903년 주요 우편사 [5]

6월 20일 통신원 총판 민상호(閔商鎬) 견책

6월 29일 법국(法國)공사, 우표 제조 완료로 우표 제조비 19,000프랑(佛郞) 완송(完送) 요청. [독수리보통우표 13종]

7월 1일 한성신문 보도, 현재 통용하는 최고 우체 인지 소개
영국 1859년에 낸 것.. 러시아 1864년에 낸 것.

7월 1일 한성·개성 간 매일 양차 체송 실시 [7월 6일 이후 실행]

1903

단기 4236년/광무7년/고종40년

1월18일 대한제국 제네바협약 가입/2월2일 군산에 영명학교 설립(현 군산제일고등학교)/수원삼일학교 설립/5월5일 평양격물학당(현 마포광성고등학교)소학교와 중학교 설치/8월11일 대한제국 덴마크와 통상조약 체결/9월9일 목포영흥서당 설립/9월15일 목포여학교 설립(현 목포정명여자고등학교)/10월1일 제1회 미국 프로야구 월드시리즈 보스턴서 개막·보스턴 레드삭스 월드시리즈 우승/10월1일 독수리보통우표 13종 발행(프랑스정부인쇄국/끌라망세/V.E. Clemencet)

Chemulpo ▶ Via Shang-hai ▶ Wien Austria행

10전. International letter rate 10 jeon. 정상 요금

Chemulpo. 1903.10. 20 - Shanghai. 1903. 10. 28 - Wien, Austria. 1903. 11. 25 도착
체송 기간: 36일 118x95mm

독수리(禿) 보통우표

프랑스인 우체 고문 끌레망세(한국명 吉孟世. V. E. Clemancet)

독수리 보통우표는 우리나라에 우체 고문으로 와 있던 프랑스인 끌레망세의 권유로 프랑스정부 인쇄국에서 철판으로 인쇄하여 1903년 10월 1일에 발행된 우표이다. 1905년 을사보호조약의 체결과 함께 한국우편도 일본에 강제 접수당한 후 10년 세월 공백기에 접어들면서(1909년 8월까지 잠정 사용) 일본 우표와 공용으로 사용한 실체 봉피가 존재하고 있다.

출처: 위키백과

1903년 주요 우편사 [6]

7월 10일 부산우체사에 부산·창원·아국(我國)영사의 구라파행 우체물을 일본 선로 일본우편국 경유로 오송(誤送)한 잘못을 책하고, 앞으로는 인천우체사로 일률적으로 송치하여 여순구(旅順口) 선으로 체송토록 훈령

7월 17일 우표 제조비 금화 7,287원 94전 법국(法國) 공사에게 완납하고 외부에 통고

7월 23일 개성부 등 각 지방관에게 문패 달도록 조처하라고 내부에 요청.

1903

단기 4236년/광무 7년/고종 40년

이화보통우표 1전+3전. The "Plum-Blossoms" Series

Seoul ▶ Tokio행

Seoul. 3, Juil. 1903 - Tokio, Japon 120x90mm

Seoul 일부인
Tokio 일부인

우취 문화 해설 시리즈

우표 수집 방법과 수집 대상 출처: 우정사업본부 우표문화 길잡이

1. 우표 수집 방법
   1) 우표 발행 안내카드
   2) 발행 우표 목록 한국우표도감(KPSC-Korean Postage Stamp Catalogue). 미국(Scott), 영국(Stanley Gibbons), 독일(Michel). 프랑스(Yvert)등이며, 미국의 Scott Catalogue가 널리 사용
   3) 우표 관련 간행물 한국우취연합에서 발행하는 월간우표와 우정사업본부에서 발행하는 영문 계간지(Korean Stamp Review) 미국의 월간지 Scott Monthly, 일본의 월간지 Yushu, 영국의 Gibbons Stamp Mothly, 독일의 DBZ 등이 있다.
2. 수집 대상
   가. 우표
   1) 미사용 우표(Mint & Unused)
   2) 사용필 우표
3. 우표 형태
   가) 전지(Sheet) 나) 복합형 전지(Sheetlet) 다) 소형시트(Souvennir, Miniature Sheet) 라) 명판(명판 전형, Inscription) 마) 휴대용 우표첩(Booklet)
   바) 가쇄(Over Print) 사). 첨쇄(Surcharge) 아) 연쇄(Se-Tenant) 자) 시쇄(Proof) 차) 오작(Error) 카) 변종(Variety) 타) 역쇄(Inverted)
4. 우편 스테이셔너리(Postal Stationary) 엽서나 봉투에 사전에 우표를 인쇄하여 우편요금 납부가 이루워진 종류를 통칭 스테이셔너리라고 한다.
   가) 엽서(Post Card) 나) 항공서간(Aerogramme) 다) 연하엽서 및 연하장
5. 봉투
   가) 초일봉투(First Day Cover): 우표가 발행된 첫날 봉투에 그 우표를 붙이고 기념통신일부인이 찍힌 봉투
   나) 실체봉투(Entire): 우표를 붙인 우편물이 우편에 의하여 배달된 편지봉투
6. 맥시멈 카드(Maximum Card): 우표가 발행된 우표의 도안과 관련된 그림엽서에 우표를 붙인 후 기념통신 일부인을 찍은 것.

1903

단기 4236년/광무 7년/고종 40년

전위첨쇄 50 P. 3전(7매)

의주▶Chemulpo 경유▶San Francisco, U.S.A행

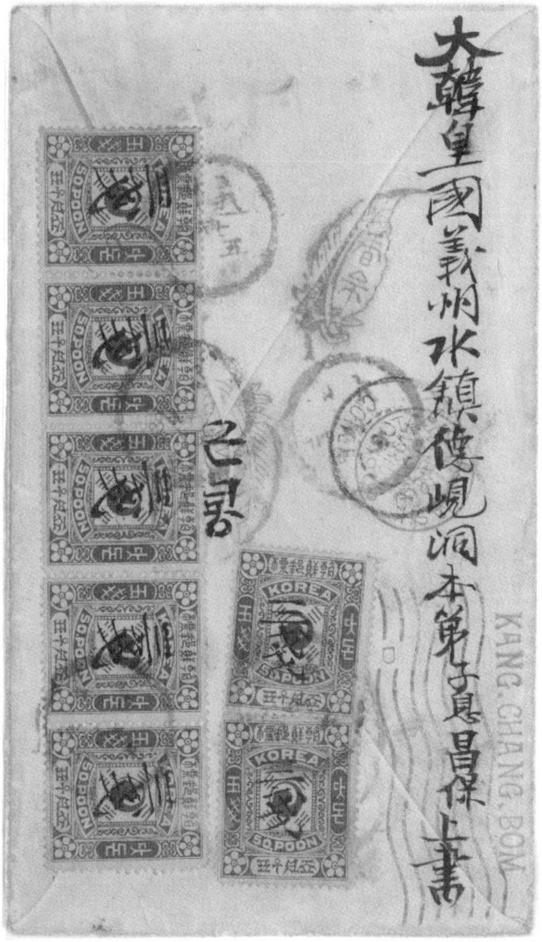

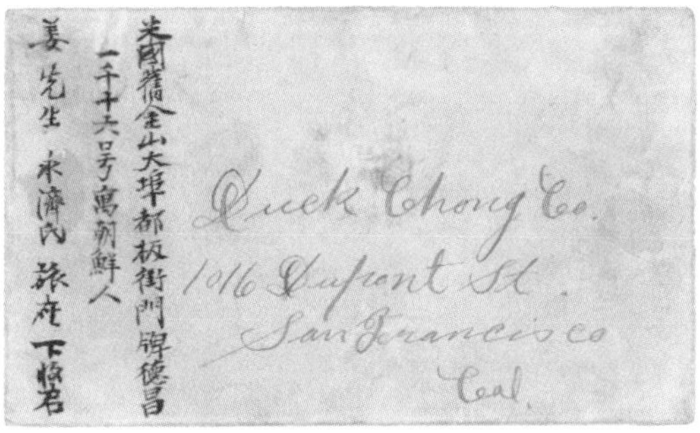

고종황제의 어차(御車)

우리나라 자동차 역사 113년

고종황제 어차(御車)

1903년 대한제국의 고종황제가 즉위 40주년을 맞아 미국 공관을 통해 포드 승용차 1대를 칭경식 의전용 어차로 들여왔다. 이 차가 우리나라에 등장한 최초의 자동차로 기록된다. 그러나 고종의 어차는 이듬해인 1904년 러일 전쟁 중에 자취를 감추어 현재 실물은 남아 있지 않다. 물론 1890년대 후반 서양 외교관이나 선교사들이 갖고 들어온 차가 있었지만, 정식 절차를 밟아 국내에 수입된 차는 어차가 처음이기 때문에 1903년을 한국 자동차의 원년으로 보는 견해가 일반적이다.

출처: 한국자동차 100년사
의주. 광무 7년(1903) 4월 5일-Chemulpo. 13, Apr. 1903- SanFrancisco, U.S.A. May. 1903 도착.
90x155mm

의주우체사 연혁

1896. 4. 25	대한제국 농상공부령 제2호, 고시 제2호에 의거 우체사 개국. 평안북도 의주에 설치된 체신 행정 관서
1911. 3. 30	의주우편국. 평안북도 의주군 의주읍. 조선총독부 고시 제87호. 우편 위체 사무 취급 개시
1911. 5. 15	조선총독부 고시 제127호. 특설 전화 가입 신청 수리., 전화 교환 업무

1903

단기 4236년/광무 7년/고종 40년

어극40년 대한제국 최초 기념우표. 3전

40th Anniversary of Emperor's Reign. 3jeon

어극40년기념우표 첩부 한성▶Chemulpo행

한성. 광무 7년(1903) 5월 6일. 갑체 - Chemulpo행 145x90mm

한성우체사 원일형 일부인

어극40년 기념우표

40th Anniversary of Emperor's Reign
Perf. 11 1/2. 전지 구성 5x10
Ps. 대한제국 전환국. 발행량 50,000 매
Pt. 凸版(T). 얇은박지. 도안 왕관과 이화
우표번호 C1

고종(高宗) 어극 40년 칭경기념비

고종 어극 40년 칭경기념비(高宗 御極 40年 稱慶紀念碑), 속칭 비각(碑閣)은 대한제국 황제 고종 즉위 40년을 기념하여 1902년 세운 기념비이다. 이 기념비 비문에는 고종이 제위에 오른 것과, 광무라는 독자적인 연호를 사용한 것, 그리고 고종이 즉위 40년이 된 사실 등을 기록하였다. 1969년 7월 28일 사적 171호로 지정되었다.

1903

단기 4236년/광무 7년/고종 40년

이화보통우표 3전. The 'Plum-Blossoms' Series
Dispatch Number 정체(丁遞. 접수 시각)

한성(紳商共議所公函)▶홍주군수에게 보낸 서신

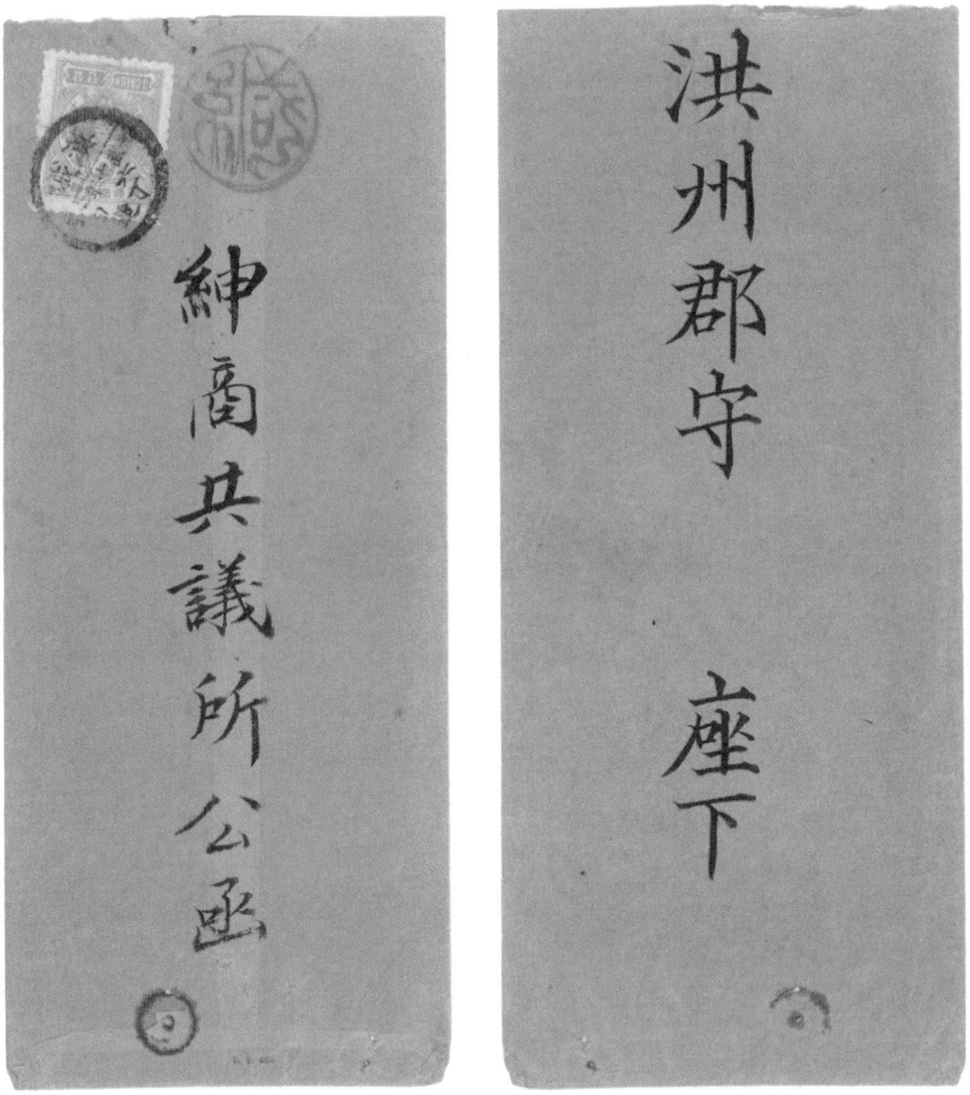

한성. 광무 7년(1903) 7월 6일

1903년 주요 우편사

8월 15일	도동(挑洞) 한성우체지사, 서서 반석방 도동계(西署盤石坊挑洞契)에 설치 공고. [원령 6호]
	시흥(始興) 한성우체지사. 시흥군 하북면 중종리 영등포(시흥군하북면중종리영등포)에 설치 공고. [원령 8호]
8월 31일	도동(挑洞) 한성우체지사. 9월 1일부터 우무 개시 고시. [통신원 고시 7호]
9월 4일	우표 매하인 규칙 [18조] 공고 [통신원령 11호]

1903

단기 4236년/광무 7년/고종 40년

독수리보통우표 4전+10전·The Eagle Definitives 4C+10C

Seoul ▶ Chemulpo ▶ Tokyo행

14 jeon(4jeon+10jn). letter rate to Japan(Special Treaty rate) 4 jeon + Registry fee 10 jeon

Seoul. Nov. 5. 1903 - Via Chemulpo. Nov. 8, 1903 - Tokyo, Japan. Nov. 18, 1903

R. CHEMULPO No. 2844 체송 기간: 14일 147x83mm

1903

단기 4236년/광무 7년/고종 40년

일본 우표 3전 첩부, 재한 일본경성우편국

한·일간 서장 15 g까지 3전 72x185mm

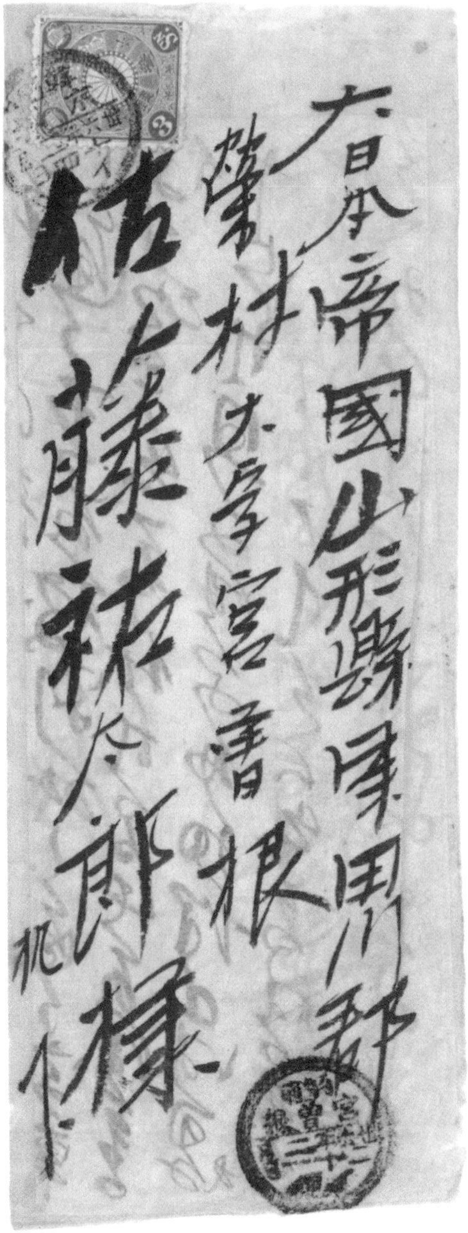

하와이 이민자 여권

출처: 연합뉴스

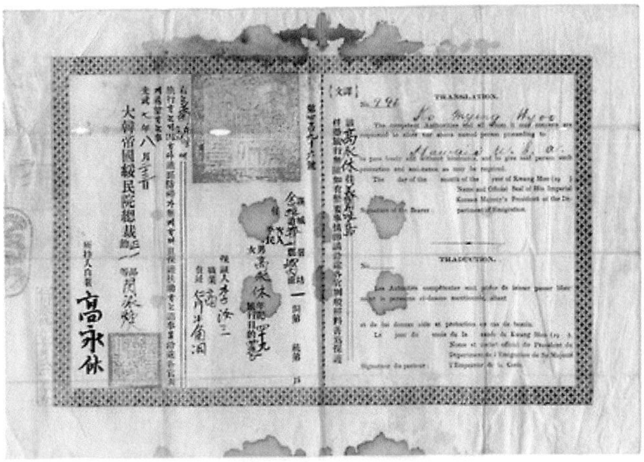

대한제국 말기, 조선 사람들이 만주 벌판으로 이주하던 시기에 하와이에서 사탕수수 재배가 인기를 끌고 있다는 소식이 한국에도 전해진다. 현지 농장은 점점 잘돼가고 일손이 부족하여서 부지런하다고 소문난 일본인들을 필두로 중국인, 한국인을 추가로 데려오기로 결정한다.

1902년, 하와이 사탕수수 협회에서는 존 데 쉴러를 파견한다. 당시 한국 주재 미대사관 공사인 호레이스알렌은 고종을 찾아가 이민사업을 설득하였고, 고종은 수민원을 설치하게 됨. 수민원에서는 집조를 발행하여 이민자들에게 배부했다. 집조는 현재의 여권과 비슷한 기능을 한다. 그렇게 수민원에서는 첫 이민자 120 명을 결정하게 된다.

당시 제물포항에서는 송별하는 가족들로 피눈물 바다가 있었다고 한다. 제물포 앞바다, 이민을 떠나는 사람들의 눈물 바다, 배웅하는 사람들의 눈물 바다.

1903년: 1,133명(10 척)

1904년: 3,434명(33 척)

1905년: 2,659명(16 척)

남자 6,048명, 여자 637명, 어린이 541명

하루 일당 69센트, 그들은 그렇게 일했다. 약 1,000여명의 이민자들은 고국으로 돌아가기도 하고 남은 이민자들 중에서는 LA나 시애틀, 샌프란시스코로 가는 사람도 생겼다. 1905년 을사조약 이후, 1910 년 8월 29일 국치일까지 이민자들은 월급의 10%를 한인회비로 내며 독립활동비에 보탬을 주었다.

1903

단기 4236년/광무 7년/고종 40년

이화보통우표 3전. Plum Blossoms Series

한성 ▶ 김제행

국내 우편 요금(편지) 3전. 정상 요금 3전

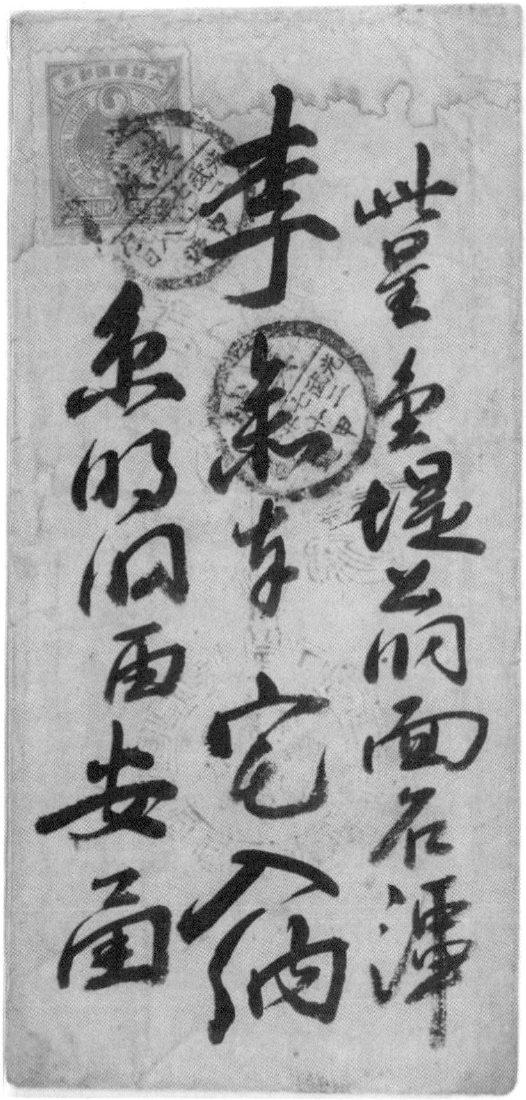

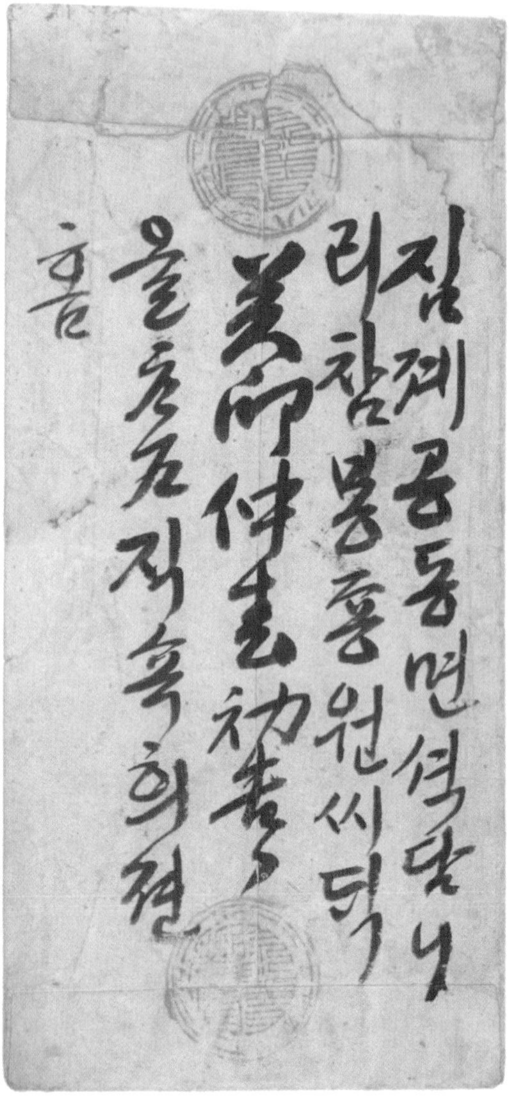

한성 광무 7년(1903) 2. 28. 갑체-전북 김제군 공동면 석담리

71x145mm

우취 문화 해설 시리즈

1) 특수우표 종류

출처: 우정사업본부 우표문화 길잡이 2010년 6월 26일

가) 기념우표

국내외에서 개최하는 국제 행사로 국제 협력 증진과 국제 평화 기여 및 인류 문화 발전에 이바지할 수 있는 행사를 기념하거나, 범 국가적, 국민적 행사 및 역사적인 사건, 중요한 업적을 남긴 인물 등 이를 기념하고 국내외에 널리 알릴 목적으로 발행하는 우표를 말한다.

1902. 10. 18. 발행된 '어극 40주년기념' 우표가 이러한 맥락에서 우리나라 최초의 기념우표이며, 2009년말 현재 980여 종의 우표를 발행하였다.

1903

단기 4236년/광무 7년/고종 40년

전위첨쇄 2전. 25 Poon. 역첨쇄

Seoul ▶ Muenchen2. B. Z, Germany행

국제 우편 요금 10전 부족 요금 'T' 누락(부족요금 8전)

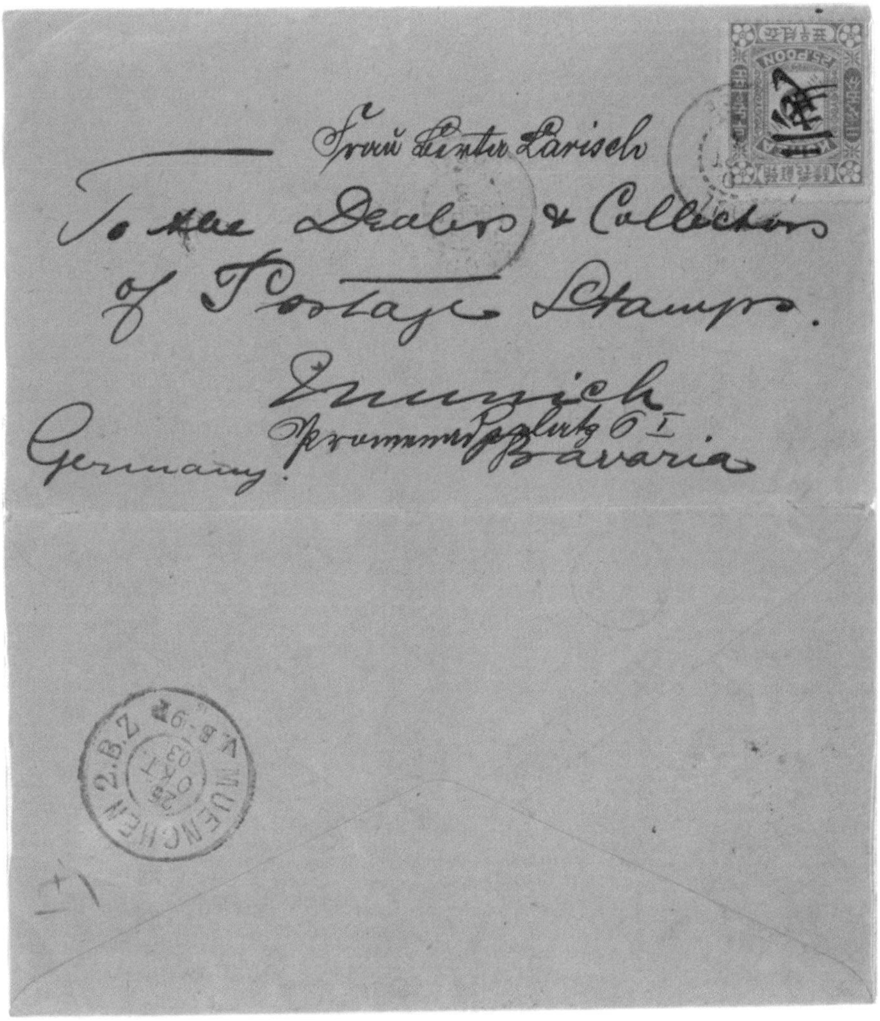

Seoul. Sep. 20, 1903 - Muenchen 2. B. Z, Germany. Oct. 25, 1903 체송 기간: 35일 139x158mm

1903년 한성 서당 풍경

촬영 Herbert G. Pounting
1870~1935. 미국 캘리포니아 출생

1903-12-17.
라이트 형제, 인류 최초 비행 성공

1903

단기 4236년/광무 7년/고종 40년

전위첨쇄 3전 실체 봉피

한성 ▶ 김제행

국내서장(편지) 15g까지 3전 적정 요금. 태극 닷돈에 3전 첨쇄

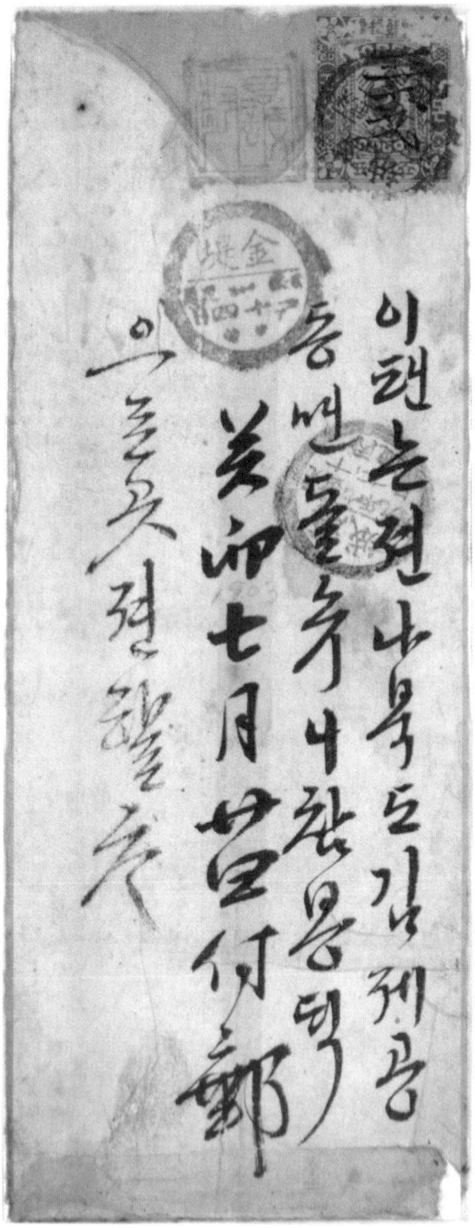

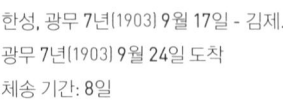

한성, 광무 7년(1903) 9월 17일 - 김제.
광무 7년(1903) 9월 24일 도착
체송 기간: 8일

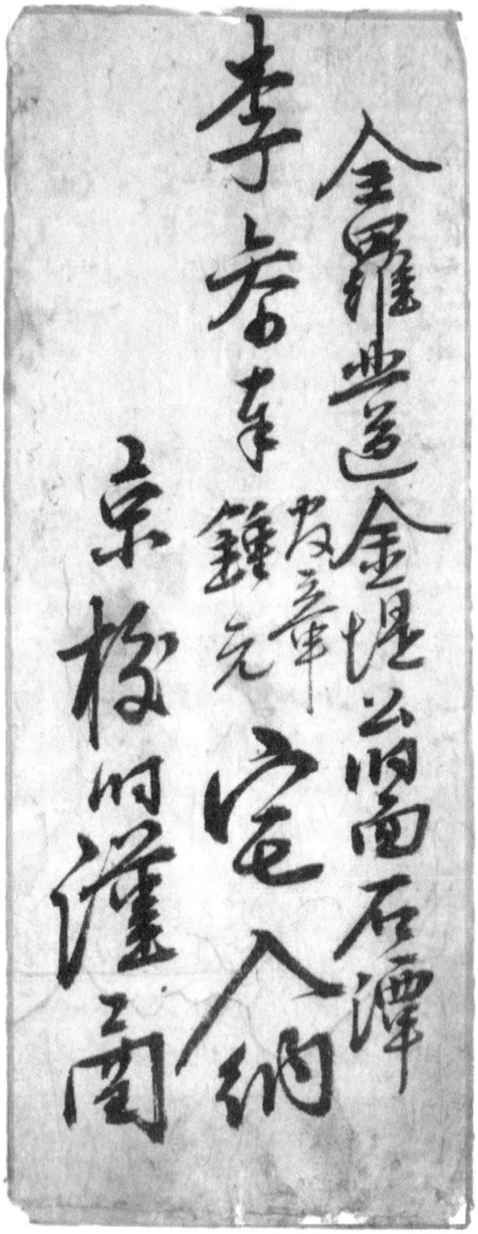

김제우체사 원일형 일부인 73x187mm

이탠는(편지는)젼나북도
김제 공동면 돌슈 니참봉틱
癸卯(계묘) 7월2일 부 鄭으
로 곳젼할것

김제우편소(일제강점기)
전라북도 김제군 읍내면 옥리
1912. 6. 16 조선총독부
고시 제247호

1912. 6. 15 우편소 설치

1912. 6. 15 우편소 설치
우편국 폐지 후

1922. 2. 16 우편소로 개칭
조선총독부 고시 제24호

1922. 4. 6
전화 교환 업무 개시
조선총독부 고시 제97호
탁송 전보 취급 개시

김제 일부인

1903

단기 4236년/광무 7년/고종 40년

大韓-대한흑색가쇄 보통우표

Chemulpo ▶ Via Shang-Hai ▶ London. W. C. ▶ London 5행

An outbound international registred + delivery certification(AR) letter

AR Delivery Certification(외신용 배달증명인)

Chemulpo. Jun. 27, 1903 - Shang-Hai. Jul. 4, 1903 - London. W. C. Aug. 17, 1903 - London 5. Aug. 18, 1903
도착인(London. W. C. - London 5. 체송 기간: 53일 132x145mm
국내 우편 요금(편지) 3전·2전 초과 첩부. R Chemulpo No. 647

1903년 주요 우편사 [7]

7월 25일 광무 5,6,7년도 우체 수입금등 12,368원 18전 탁지부에 송교.

8월 3일 법관(法館)에서 우표 제조 대금 완납되었다고 회답

8월 9일 부산우체사장, 초량영수소(草梁領收所) 사무원 김영식(金永植)의 근면을 보고하고 지사 설치때 등용하기를 요망

1903

단기 4236년/광무 7년/고종 40년

독수리보통우표 2전. The Eagle series

Chemulpo ▶ San Francisco ▶ Boston, U.S.A행

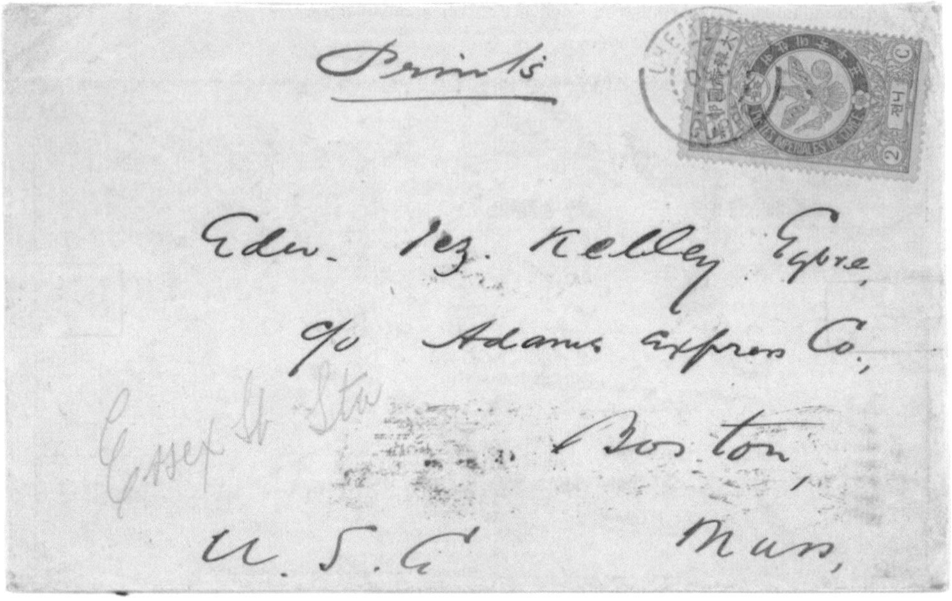

Chemulpo. 16, Dec. 1903.-San Francisco. 12, Jan. 1904.-Boston, U.S.A. 19, Jan. 1904 도착 체송 기간: 34일

Boston Post Mark. 19 Jan. 1904

고종 황제 어차

1903년 부산 거리

1903

단기 4236년/광무 7년/고종 40년

이화보통우표 3전 단첩 Seoul▶England행

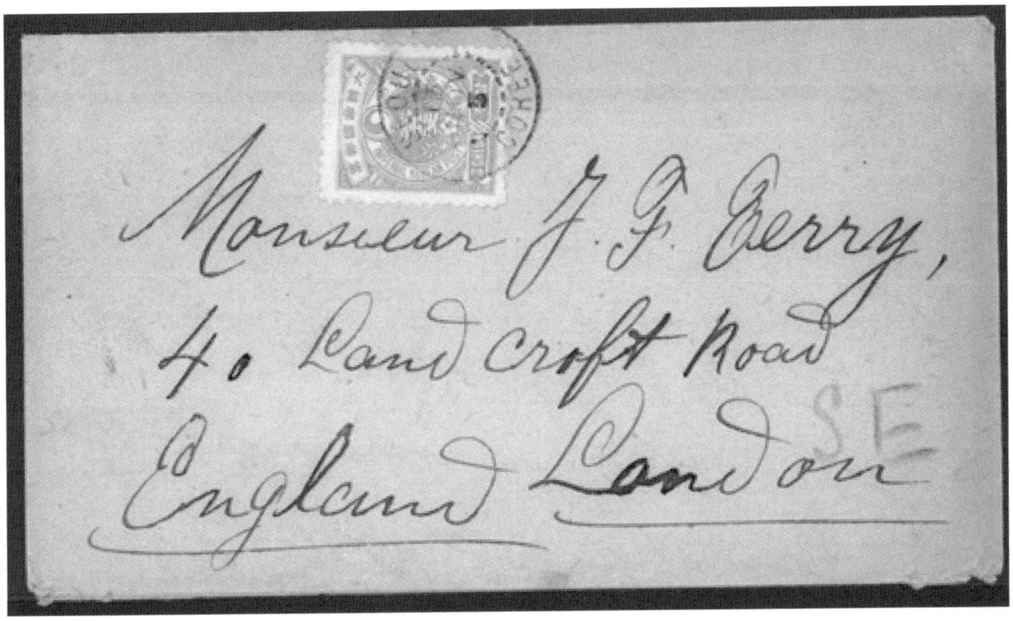

1903. 11. 13 Seoul-England행

기산도(奇山濤)

오적암살단(五賊暗殺團)

1906~1907년에 우국지사들이 이완용(李完用)·이근택(李根澤)·박제순(朴齊純)·이지용(李址鎔)·권중현(權重顯) 등 이른바 '을사오적(乙巳五賊)'을 처단하기 위해 결성한 단체.

설립자: 기산도·김석항·김일제·나인영 외

기산도는 1905년 말부터 김석항(金錫恒)·김일제(金一濟) 등과 더불어 5적 처단의 기회를 노리다가 1906년 2월 16일 밤 군부대신을 지낸 이근택의 집에 잠입해 거사를 결행했다. 당시 친일 고관들에 대한 삼엄한 경호가 이루어지고 있었으나, 이를 극복하고 거사를 성공시킨 것이었다. 이들은 재빨리 현장을 벗어났으나, 또 다른 의열투쟁에 연루되어 기산도가 체포됨으로써 사건의 진상이 세상에 알려졌다. 기산도는 "오적을 살해하려는 사람이 어찌 나 혼자이겠느냐? 탄로난 것이 그저 한스러울 뿐이다."라고 말하며 매국노에 대한 국민적 분노를 대변했다. 그는 김석항 등 11명과 함께 재판에 회부되어 2년형을 선고받았다. 석방된 후에도 그는 한말 의병에 투신하였으며, 임시정부의 군자금을 모으는 등 민족운동에 헌신했다.

1907년 3월 25일 나인영(羅寅永) 등을 중심으로 한 자신회(自新會)가 을사오적 가운데 권중현을 저격해 부상시켰다. 자신회의 행동대원 이홍래(李鴻來)·강상원(康相元) 등이 입궐(入闕)하던 권중현을 저격했으나, 가벼운 부상을 입히는 데 그쳤다. 당시 나인영을 비롯한 자신회는 5적을 모두 처단한 다음 친일정부를 전복하고서 신정부를 수립할 계획이었다. 이들은 을사5적 이야말로 2천만 민족을 노예로 만들고 국권을 농단한 자들이므로 반드시 응징해야 한다는 데 뜻을 모았다. 1907년 2월 2백여 명으로 결성된 '자신회'는 애국가(愛國歌)·동맹서(同盟書)·참간장(斬奸狀)·취지서(趣旨書)·자현장(自現狀)·포고문(布告文) 등을 작성해 5적 처단의 대의(大義)와 조선의 독립을 수호하기 위해 애국의 혈성(血性)으로 나섰음을 밝혔다.

출처: 위키백과

1903

단기 4236년/광무 7년/고종 40년

CHEMULPO ▶ SEATTLE ▶ BOSTON, U.S.A행 등기

이화보통우표 10전 + 전위첨쇄 10전(1전X10매)
전위첨쇄 10매 Block / 상변·우변 천공 에러

1903. 9. 23 Chemulpo-Oct. 14 1903 Seattle

1904

단기 4237년/광무 8년/고종 41년

관보 2882호 광무 8년

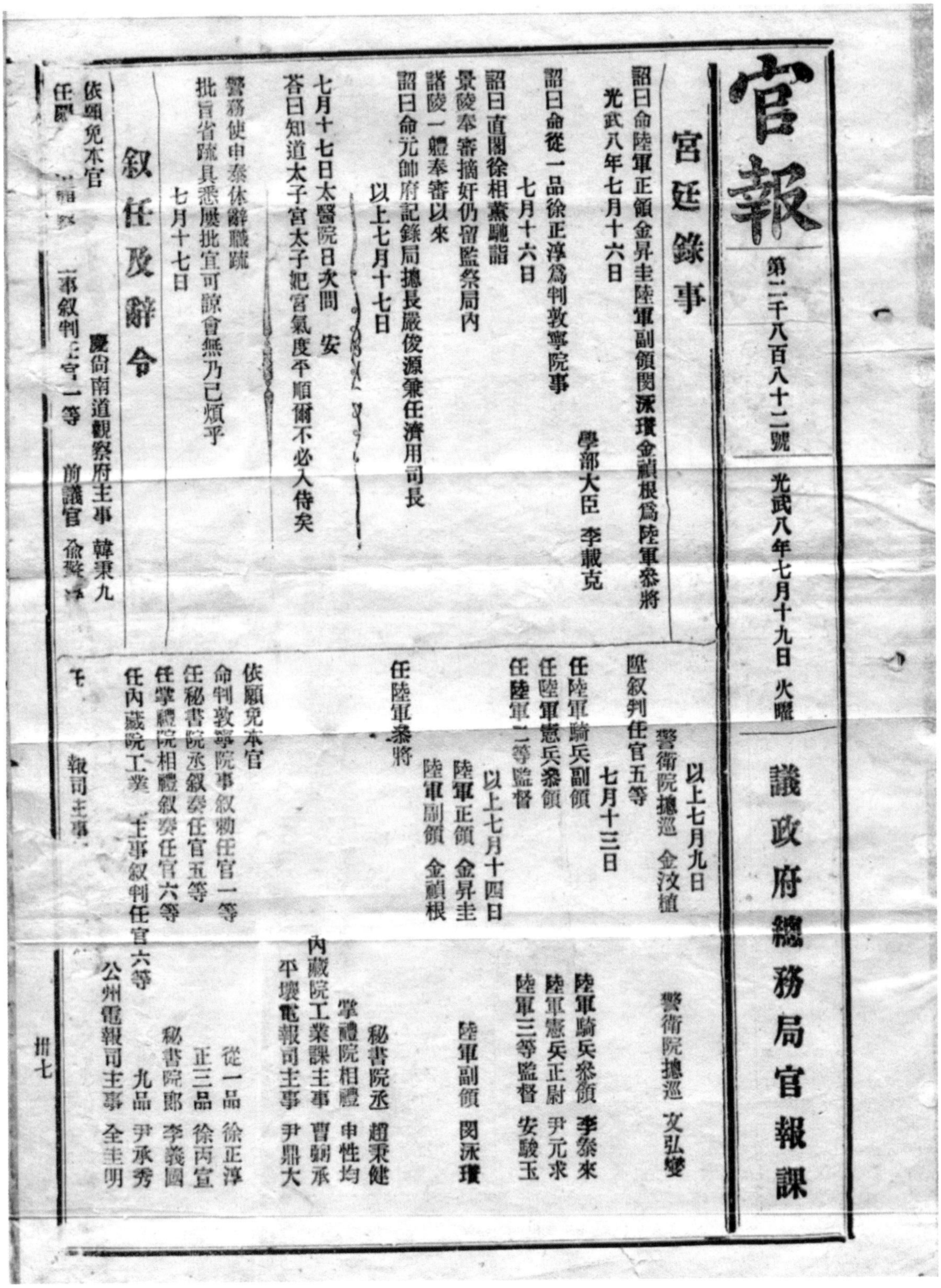

官報

第二千八百八十二號

光武八年七月十九日 火曜

議政府總務局官報課

宮廷錄事

詔曰命陸軍正領金昇圭陸軍副領閔泳瓚金禎根爲陸軍參將

光武八年七月十六日

學部大臣 李載克

詔曰命從一品徐正淳爲判敎寧院事

七月十六日

詔曰直閣徐相薰馳詣

景陵奉審摘奸仍留監祭局內

諸陵一體奉審以來

詔曰命元帥府記錄局摠長嚴俊源兼任濟用司長

以上七月十七日

七月十七日太醫院日次問 安

答曰知道太子宮太子妃宮氣度平順爾不必入侍矣

警務使申泰休辭職疏

批旨省疏具悉屢批宜可諒會無乃已煩乎

七月十七日

敍任及辭令

依願免本官 慶尙南道觀察府主事 韓秉九

任[illegible]事敍判任官一等 前議官 兪[illegible]

以上七月九日

警衛院摠巡 金汝植

陞敍判任官五等 警衛院摠巡 文弘燮

七月十三日

任陸軍騎兵副領 陸軍騎兵參領 李[illegible]來

任陸軍憲兵參領 陸軍憲兵正尉 尹元求

任陸軍二等監督 陸軍三等監督 安駿玉

以上七月十四日

陸軍正領 金昇圭

陸軍副領 金禎根

陸軍副領 閔泳瓚

任陸軍參將

秘書院丞 趙秉健

掌禮院相禮 申性均

內藏院工業課主事 曹駉承

平壤電報司主事 尹鼎大

依願免本官

命判敎寧院事敍勅任官一等 從一品 徐正淳

任秘書院丞敍奏任官五等 正三品 徐丙宣

任掌禮院相禮敍奏任官六等 秘書院郎 李義圖

任內藏院工業 主事敍判任官六等 九品 尹承秀

任[illegible]報司主事 公州電報司主事 全圭明

冊七

관보. 제 2882호, 광무 8년(1904) 7월 19일 화요일, 의정부 총무국 관보과 발행

1904

단기 4237년/광무 8년/고종 41년

조선 군대 KOREAN ARMY

일본 우표(1/2전) 첩부. SANNOMIYA KOBE일부인. 11, Aug. 1904

조선 군대(Korea Army) 사진 엽서

1904년경에 제작된 것으로 추정되는 이 엽서의 '조선군대' 사진은 의도적인 사용 목적으로 제작된 것으로 추정된다. 왜냐 하면 우측에 일본국기는 선명하게 드러났는데 좌측에 대한제국 태극기는 보이질 않는다. 사람들이 좌우 정렬하여 있는 모습이 군인으로 보이질 않는데, 군인이라면 군복과 무기 등을 휴대하고 있는 모습으로 촬영하는 것이 관행일 텐데 총을 메고 있는 군인은 없고 짚신과 고무신을 착용하고 있다. 중앙에 지휘관으로 보이는 사람만이 정복 차림이고 칼을 차고 있을 뿐이다. 본 엽서는 일본의 대외적인 홍보용으로 대한제국 군대의 나약함을 알리려는 홍보 목적일 것으로 생각된다. 대한제국군의 성립 기반은 당연히 '조선군'이다. 그러나 1894년에 시행된 갑오개혁으로 인해 대한제국군에는 대한제국 육군, 대한제국 해군, 대한제국 상무영(商務營 특수부대)이 있었다. 기존의 군제가 모조리 바뀌면서 새로운 조직으로 편성되었다. 시위대, 친위대, 진위대 등의 조직을 통해 세를 불려 나갔으나, 일본의 개입 및 국가의 역량 부족, 여기에 고위층들의 욕심이 겹쳐 제대로 된 활동을 하지 못하고 해산되고 말았다. 병력 충원에 있어서는 국민 개병제에 의거한 징병제를 실시해야 한다는 의견은 있었지만, 여건 과 의지의 부족으로 시종일관 모병제를 채택했다. 통수권자는 황제였다. 갑오개혁(甲午改革) 직후에는 군무아문(軍務衙門)이 담당하였고, 을미개혁 때 표현이 군부(軍部)로 바뀌었다.

陸軍(Army)

1895년 5월에 설치된 시위대는 대한제국의 핵심부대로 덕수궁 경비와 황제 호위을 담당했다. 2개 대대로 구성된 1개 연대로서 각 대대가 2개 중대고 각 중대는 3개 소대였다. 정원 약 8,000 명 가량으로 추정되며, 을미사변때 일본군을 저지하다 실패했고, 곧 해산되었지만 1897년 1월에 러시아 군사 고문의 지도로 시위대가 다시 편성되고, 인원은 약 110,000명 정도로 추정되고 있다.

대한제국 군대 구조 및 규모 변천

갑오개혁 직후 조선의 군대는 새롭게 만들어진 훈련대와 해체된 기존 군영의 군사들을 모아 임시로 편성한 신설대가 유일했으며 그나마 서울에만 있었고 지방은 아예 무방비 상태였다. 을미의병이 일어나자 이를 저지할 관군도 없었다. 무기는 관아에 쌓여 있었다. 김홍집 내각도 지방에 새로 만들어진 군대를 둔다는 구상 정도는 있었고, 실제로 을미개혁 당시 평양 등지에 훈련대 대대를 두기도 했지만, 아관파천으로 김홍집 내각이 무너지면서 이는 제대로 시작도 하지 못하고 중단되고 만다. 제정러시아 고문단의 지원을 받아 시위대가 재설립되고 지방에는 해산된 구식군대의 병사들을 임시편성한 지방대와 진위대가 만들어진다. 또한 장교들을 양성하기 위한 무관학교도 만들어지게 된다. 육군무관학교는 1896년 - 1909년까지 존속했고 해군장교를 양성하는 교육기관은 통제영학당 정도가 있다가 1894년 유명무실해졌다. 이후 점차 그럴 듯한 모습을 갖춰가면서 제주에도 진위대가 설치되고, 한성에는 육군 법원과 병원까지 만들어지게 된다. 1899년에는 최고통수기구인 원수 부와 참모본부인 참모부가 개설되어 근대 군통수기구가 도입되어 원수부 산하에는 군무국, 검사국, 기록국, 회계국이 설치되었으며 헌병사령부가 원수부 직속으로 설치되었다. 또한 황제의 근접 경호를 맡는 경호실격의 호위대가 창설되었는데, 원수부 군무국총장이 호위대장을 겸임하였다. 초기에는 중앙군을 구성하고 지방군을 중앙군과 비슷한 편제로 고쳐나갔는데 편제상 1901년에 18,378명 규모였다. 1897년에는 중앙군인 시위대가 약 2,600명, 지방의 지방대는 약 7천명 수준이었다. 통제영학당(統制營學堂)을 강화도에 설립하였다.

출처: 위키백과

1904

단기4237/광무8년/고종41년

1월21일 대한제국 영세중립국가 선언/2월8일 러일전쟁 발발/2월10일 일본제국 러시아에 선전 포고/2월23일 한일의정서 체결/3월1일 동래 개양학교 설립/4월 함경북도 성진에서 보신학교 설립/7월1일 미국 세인트루이스에서 제3회 하계올림픽 개최/7월 18일 대한매일신보 창간[현 서울신문]/8월20일 친일파 송병준·윤시병 등 친일단체인 '유신회'를 '일진회'로 개칭/8월22일 제1차 한일협약 체결/9월12일 휘문고등학교 전신인 광성의숙 설립/9월23일 세브란스병원 개원

이화보통우표(Plum Blossoms Series) 1전·2전 첩부

밀양▶ 청도▶ 대구행

3전(2전+1전). 국내 서신 우편요금(15 grams) : 3전

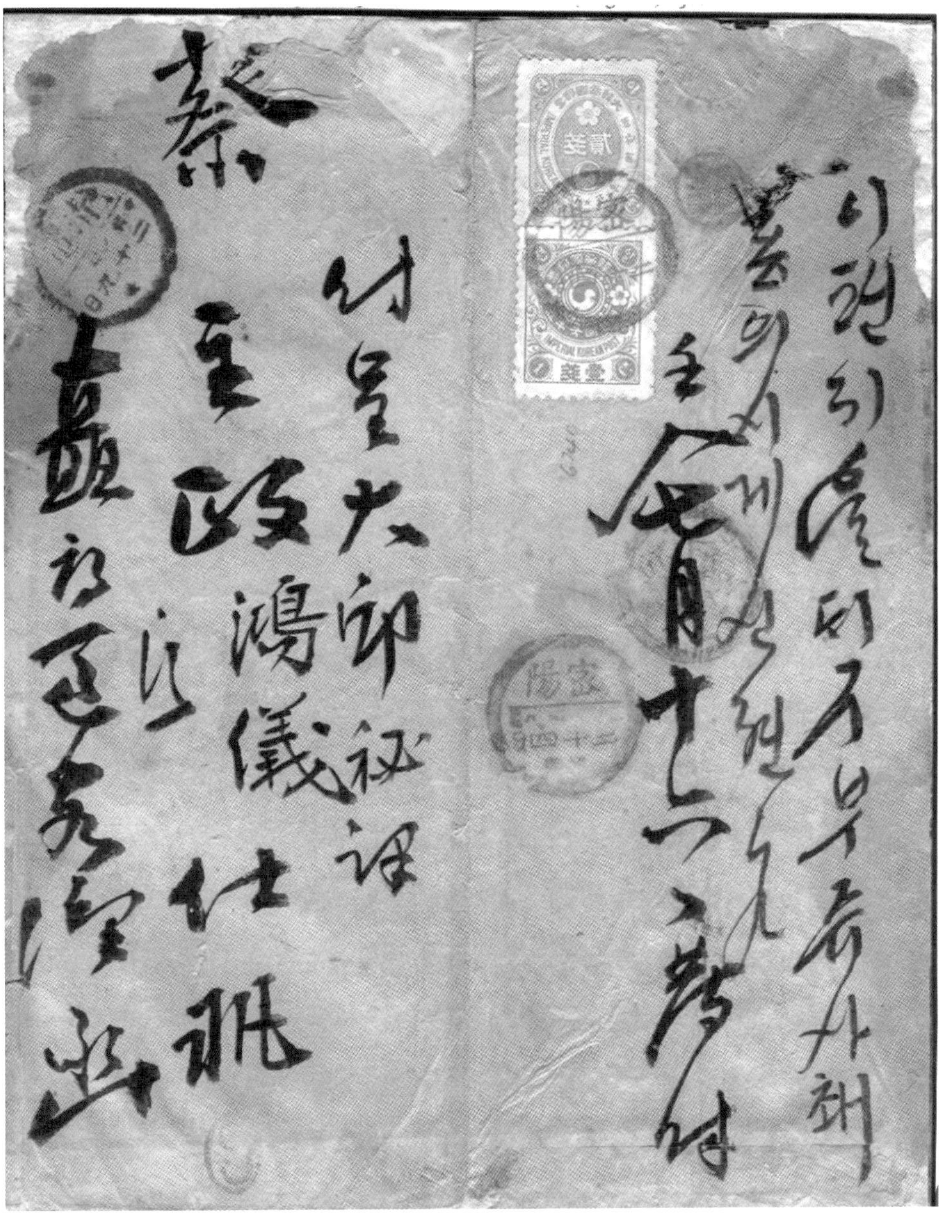

밀양 1904. 8. 24 ▶ 청도 1904. 8. 29 ▶ 대구 1904. 8. 31

대한제국 밀양우체사

1904년 3월 12일 대한제국 농상공부 칙령 제5호로 우체사 설립 예정 고시

1904년 5월 21일 대한제국 통신원령 제3호로 설치 착수

1904년 7월 10일 대한제국 통신원령 고시 제2호로 개국

1904

단기4237년/광무 8년/고종 41년

Gwendoline(은산) ▶ Seoul

길맹세 吉孟世(E. Clemencent) 부인에게 체송된 엽서

1904년 12월 4일 은산 지역에 거주하고 있었던 한국인 지인 K. P. Kim이 한성우체총사에 근무하고 있었던 길맹세 부인에게 보내진 크리스마스 및 신년 인사 내용의 엽서.

본 엽서로 보아 당시 대한제국의 우체 고문으로 와 있었던 길맹세가 '한성우체총사'에 종사했다는 사실을 입증한 엽서임.

발신 17/12/04 K. P. Kim

수신 京郵遞總司 內 吉孟世 夫人madame Clemencent, seoul

1904

단기 4237·광무 8년·고종41년

E. Clemencent 길맹세 吉孟世(끌라망세) 관련 약사(略史)

1898년	7월 25일	외체 실시(外遞實施) 준비차 프랑스인 우체 교사 길맹세(吉孟世: Clemencet. E)를 고빙(雇聘)했다고 외부(外部)에 통고
	7월 28일	길맹세(吉孟世) 고용 건 의정부 회의 통과 후 왕의 재가(裁可) 얻음
1898년	12월 3일	내도(來到) 예정인 우체교사 길맹세 처소(處所)를 전우정총사(前郵征總司)로 정함.
	12월 7일	우체교사 길맹세(吉孟世) 내한(來韓)
1899년	3월 15일	우체교사 길맹세(吉孟世), 신문 우송료 건으로 각 신문사 사원과 면담
	8월 18일	우체교사 길맹세(吉孟世) 일행 외체사(外遞司) 설치 위해 인천·목포(木浦)·원산(元山)·부산 답사하고 귀경
	9월 5일	법관(法館), 우체교사 길맹세와 고빙 조약 개정 요구.
	11월 8일	우체교사 1년 속빙(續聘)을 청의[기한 1년, 연봉 3,000원]
	11월 13일	우체교사 길맹세 한·일우체연합조약(韓日郵遞聯合條約) 초안을 대신에게 체송
	12월 24일	우체교사 길맹세(吉盟世) 고빙약정서 교환(雇聘約定書交換) 완결(完結)
	11월 30일	우체교사 길맹세, 외체 실시 위해 우체주사 7인 시취(試取)
1900년	4월 4일	우체교사 길맹세, 우표 제조가 부정미(不精美)함을 탓하고, 프랑스에 주문할 것을 주장
	4월 6일	길맹세 속빙 계약서(續聘契約書) 1889년 9월 내도(來到)에 대한 수정안 작성하여 외부에 송교
	4월 14일	법부(法部), 길맹세 속빙 계약에 있어 각호(各號)를 우체 고문관 혹은 감독으로 개정할 것 외는 수정안대로 수락 통고
	4월 27일	법관(法館: 프랑스공사관)에 길맹세의 명호(名號), 훗날 11인의 고문관 고빙케 되면 함께 개칭 토록 하자고 제의
	5월 5일	길맹세 칭호 '우체교사(郵遞敎査), 개칭키로 하고 그 속빙 계약 청의
	5월 19일	길맹세 속빙 계약 재가
	5월 30일	위탁 제조비(프랑스)를 탁지부에 요청
	7월 26일	전보교사(電報敎師) 미륜사(彌綸斯) 속빙(續聘) 결정
1901년	1월 8일	법관(法館), 우표 위탁 제조 수락과 그원판 제조 조건 회시(回示) [3종으로 나누면 비용 7,200원]
	1월 14일	법관(法館)에 우표 조속 제조해 오면 앞의 조건을 수락하겠다고 통고
1903년	6월 29일	법국공사(法國公使), 우표 제조 완료로우표 제조비 19,000프랑(佛郎) 완송(完送) 요청 [독수리보통우표 13종]
	9월 22일	외부에 우체교사 길맹세(吉孟世) 속빙서(續聘書)에 연서(聯署)를 청함[현재 고용 기한 금년 12월 7일 조사관으로 개칭]
1904년	3월 14일	길맹세(吉孟世) 속빙 재가 [칭호를 조사관'으로, 월봉 50원 증액]
1905년	3월 3일	우체조사관 길맹세 해고(解雇)에 따른 상여금 및 여비 3,150원 예비금에서 지출 표결
		법관(法官), 길맹세 상여금 1,950원지급을 외부에 통고
	3월 18일	길맹세(吉孟世)의 상여금 1,950원 지급을 외부에 통고
	8월 23일	법관(法館)에 미륜사에게는 길맹세와 같이 상여금 지급키 어렵다고 회답.

출처: 한국 우정사 연표[편집]

1904

단기 4237년/광무 8년/고종 41년

Seoul ▶ 중국동부철도(C.E.R) 이동우체국(Kharbin–Manchouri) 경유 ▶ 시베리아 횡단열차. Line 262편 ▶ Buckeburg, Germany행

C.E.R. Postal Wagon Mails from Korea to Europe. Line NO. 262 "Kharbin to Manchouri.

Seoul, Jan. 26, 1904-Line No. 262-Buckeburg. Germany. line 262 일부인

중국 동부철도(C.E.R)는 1903년 허얼빈과 포트 아서(여순, 뤼순커우) 사이에 이동우채국을 개설하였다.

1903년 7월에 대한제국 인천에 우체국을 설립하고 만주에서 포트 아서와 인천을 연결하는 우편 선로를 개설했다.

러시아는 한국에서 유럽으로 가는 우편물을 상하이를 경유하는 대신에 중국 동부철도와 시베리아 횡단 철도를 경유하도록 했다.

1904년 2월 6일 러일전쟁이 발발하여 4~5번의 체송 후 상하이 우편 선로를 포기하게 되었다.

출처: 위키백과

Chinese Eastern RR(CER): 중국동부철도[동청철도]

출처: 위키백과

Chita ▶ Zabaikalsk ▶ Manzhouli ▶ Harbin ▶ Suifenhe ▶ Ussuriysk ▶ Vladivostok

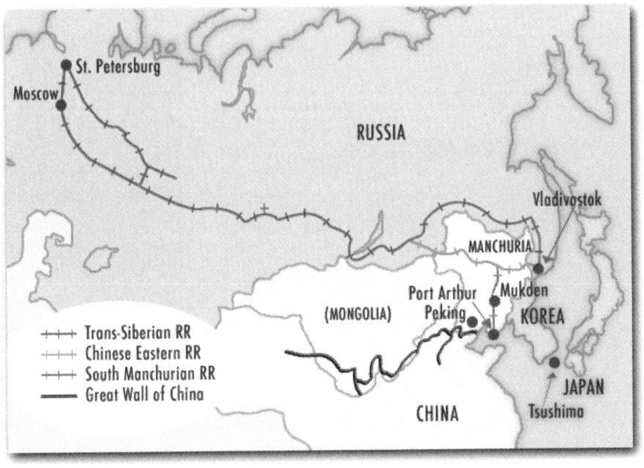

CER 노선도(Green Line)

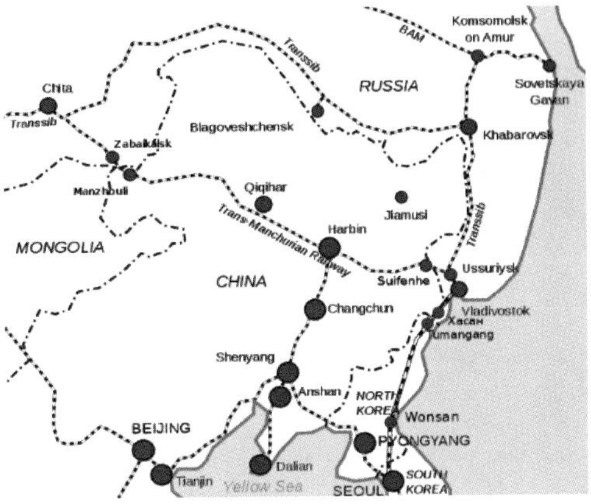

시베리아 횡단 철도 노선도

러시아 제국은 치타(Chita)를 출발해 만주 북부를 횡단, 블라디보스토크에 이르는 철도 노선을 계획하였다.

그리고 러시아는 청일 전쟁에서 이긴 일본이 요동 반도를 영유하는 것을 얻은 대가로 청나라와 협상해 동청철도 부설권을 얻는다. 1898년 3월 러시아는 여순과 대련 일대를 조차하고 하얼빈에서 대련에 이르는 남만주철도의 부설권도 얻었다. 하지만 러일 전쟁에서 러시아가 지고, 그에 따라 맺어진 포츠머스 조약에 의해 장춘 이남의 남만주철도는 일본의 소유가 되었다.

1918년 러시아 제국이 멸망하자, 소비에트 연방(소련)이 동청철도의 이권을 계승했다.

1924년 5월 중화민국과 소련 양국은 국교를 맺기 위해 수교 협정을 체결하였다. 이 수교 협정에서 동청철도의 소련 소유가 인정되었다. 하지만 이 협정에 불만을 가진 장작림 군벌 정권은 중화민국 정부와 별도로 1924년 9월 소련과 협정을 체결하였다. 1929년 장학량은 소련의 협정 위반을 이유로 동청철도 이권 회수를 시도했으나 소련군의 방해에 의해 실패하게 되었다.

1931년 만주 사변이 발발하고, 1932년 일본에 의해 괴뢰국인 만주국이 성립하자 소련은 일본과의 무력 충돌을 피하기 위해 동청철도에 관한 권리를 만주국 정부에게 팔았다. 동청철도를 판 소련은 1935년 3월 만주에서 철수하였다.

동청철도가 만주국의 국유 철도가 되자, 일본은 중국 대륙 침공을 원활히 하기 위해 광궤였던 궤도를 표준궤로 바꾸었다.

1945년 8월 소련은 일본에게 선전 포고를 하는 동시에 만주에 침공하면서 동청철도 및 남만주철도를 차지하였다.

그리고 이 두 철도를 합해 명칭을 장춘 철도라고 개칭하였다. 1945년 8월 소련은 중화민국 국민정부의 장제스와 동맹 조약을 맺어 장춘철도를 소련과 중국이 30여 년간 공동으로 사용하는것을 합의하였다.

그러나 1949년 중국 공산당이 중화인민공화국을 성립하고 장제스의 중화민국 정부가 타이완으로 이전하자, 소련과 중공은 1949년 동맹 조약을 개정해 장춘철도의 소유권을 중화인민공화국이 갖는다는 것을 합의함으로써 장춘철도의 모든 권리는 중화인민공화국으로 넘어 갔다. 중화인민공화국 성립 후 만저우리~하얼빈 구간은 빈저우 철로로, 하얼빈~쑤이펀허 구간은 빈쑤이 철로로, 하얼빈~다롄 구간은 하다 철로(zh)로 분할되었다.

1904

단기 4237년/광무 8년/고종 41년

Treated in violation of the Postal Regulations concerning postage rates and the Regulations governing insufficiently paid postage.
이화보통우표 2 Ri x 5=5Ri
1전(2rix5). Domestic letter rate 3전- The shortage 2jeon

한성. 광무8년 12월 7일. 갑체(甲遞)
국내요금(편지)이 3전인데 2전을 더 첩부하여 보낸 서신

※ 본 실체봉피는
일본 우취협회장이었던 미즈하라 메이소의 작품집(1993년 발행)
'조선근대우편사' 113 페이지에 수록된 실체 봉피임.

친일파들의 매국 단체 '일진회'

일진회(一進會)는 1904년 8월 송병준과 독립협회 출신 윤시병·유학주·동학교·이용구 등이 조직한 대한제국 시기의 친일적인 성격을 띤 단체이다. 송병준이 일본군을 배경으로 '유신회'를 조직 후 8월 20일에 다시 '일진회'로 회명을 개칭하고, 그 해 9월에 동학의 잔존 세력을 조직한 이용구의 '진보회를 매수, 흡수하여 일진회에 통합하였다. 이후 회장 이용구와 송병준 주도하에 1910년 부터 대한제국이 일제에 강제 병탄될 때까지 일제의 군부나 통감부의 배후 조종하에 일제의 침략과 병탄의 앞잡이 행각을 벌였다.

출처: 위키백과

송병준

이용구

일진회 회원들

사진 출처: 인터포털

병탄(併呑): 남의 재물이나 영토를 한데 아울러서 제 것으로 만드는 것

1904

단기 4237년/광무 8년/고종 41년

한성우체사 분전요증 실체

한성▶공주 관찰부로 체송된 분전요증 등기

이화보통우표 10전+3전. 국내 등기 적정 요금

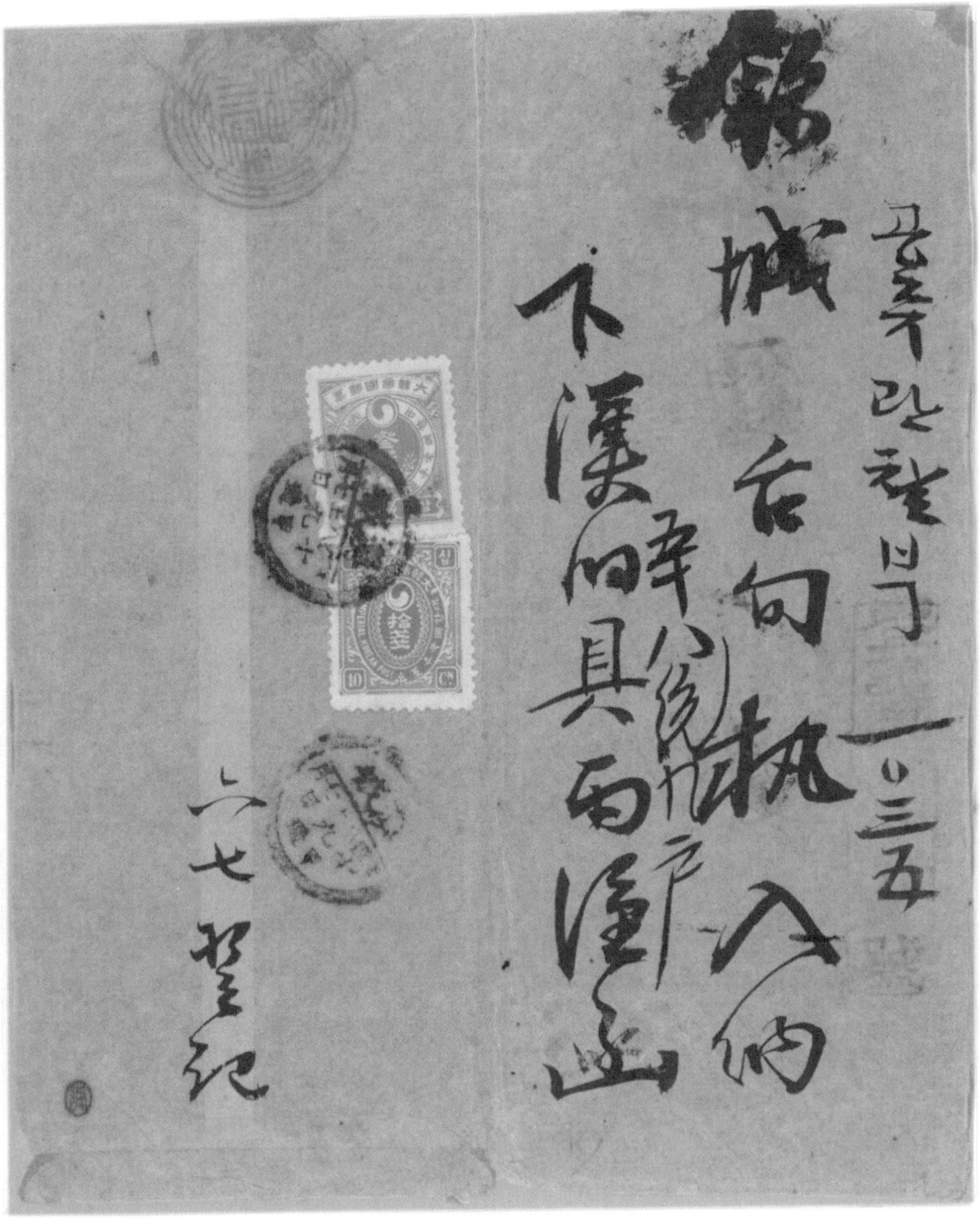

한성, 광무 8년(1904) 7월 19일 갑체 한성우체사 접수 - 공주관찰부 분전요증 등기1035호

147x177mm

1904

단기 4237년/광무 8년/고종 41년

이화보통우표 2전+2전·4전·Plum Blossoms Series

목포▶일본행

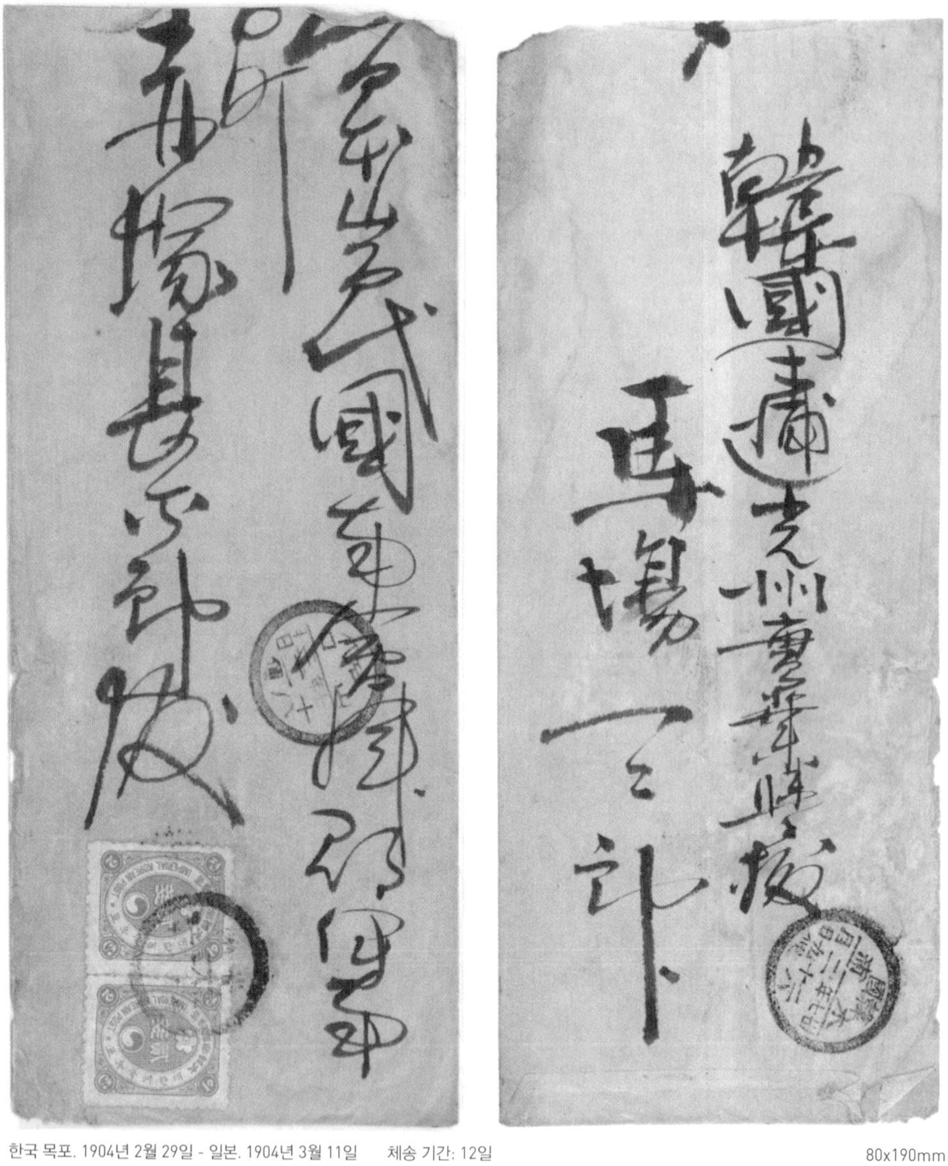

한국 목포. 1904년 2월 29일 - 일본. 1904년 3월 11일 체송 기간: 12일 80x190mm

목포(木浦)우체사 연혁

1897. 12. 29 대한제국 농상공부령 제23호, 고시 제23호에 의거 무안우체국사로 개국

1898. 2. 7. 무안전보사 병설

1905. 5. 27. 무안우체전보사가 목포 우편국에 합병(1905. 4. 1 한일통신합동조약 체결로)

1904

단기 4237년/광무 8년/고종 41년

독수리보통우표 1전+2전+3전+4전. The Eagle Definitives

Seoul ▶ Via Shang-hai ▶ Germany행

SEOUL, COREE. 외체인

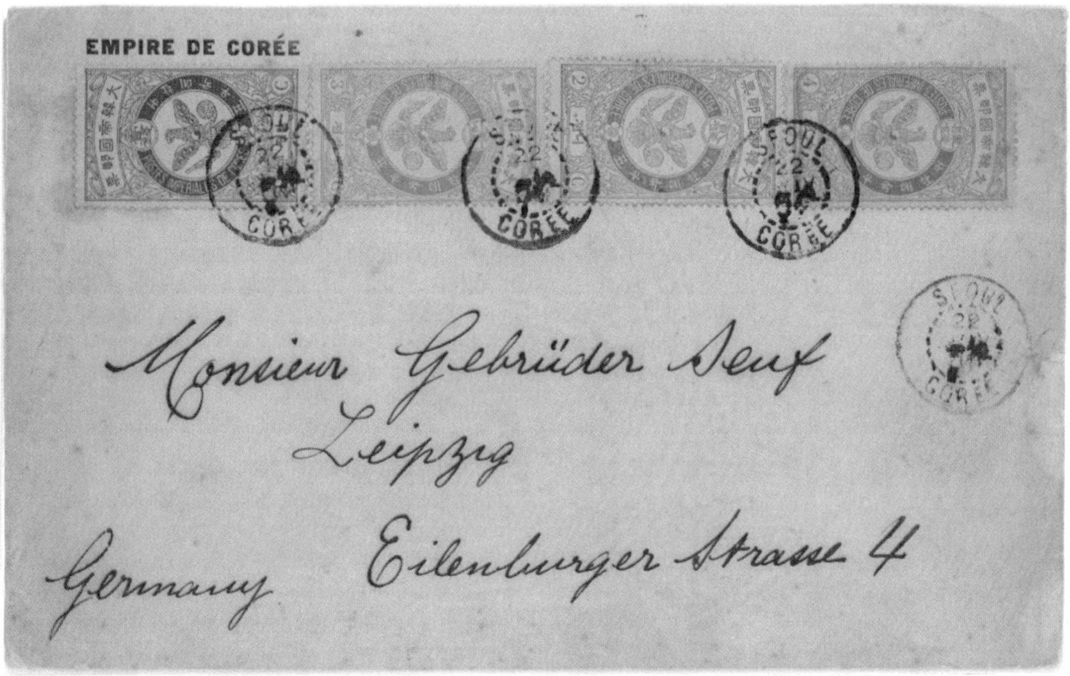

Seoul, Coree. 22, Nov. 1904 - Via Shanghai. 28, Nov. 1904 - Germany. 30, Dec.1904 도착
체송 기간: 39일 180x110mm

우취 문화 해설 시리즈

우표 종류

출처: 우정사업본부 우표문화 길잡이

1) 특수우표 종류

라) 그라비어(Photogravure)

오목판(요판)의 일종으로 사진 요판이라고도 하며, 우표원도 데이터를 컴퓨터에서 색 분해 후 인쇄 적성에 맞도록 수정하고, 동실린더에 자동 조각해 그라비어 인쇄 기계에서 우표를 제작하는 방법으로 천공은 인쇄와 동시에 완료되며 색상을 부드럽게 재현시켜 주는 인쇄 방식. 세계 최초의 그라비어 우표는 1914년 바이에른(Bavaria, 독일의 한 주)에서 발행한 옛 바이에른 왕국의 국왕인 루트비히(Ludwig) 3세 초상의 황록색 우표이며, 우리나라는 1969.5.1 발행한 '7원 태극기' 도안의 우표를 시작으로 현재까지 대부분 그라비어 방식으로 인쇄하고 있다.

마) 혼합인쇄

우표를 보다 아름답게 만들기 위해서 여러 가지 인쇄 방식을 사용하는데, 주로 요판 인쇄의 경우에 많이 이용하는 방식으로 요판+평판, 요판+그라비어를 혼합해서 인쇄하는 경우를 혼합 인쇄라 한다. 우리나라 최초의 혼합 인쇄는 1984. 5. 3 발행한 '교황 요한 바오로 2세 방한기념' 우표로 2종의 우표 중 1종은 요판 1도로, 나머지 1종은 요판 1도에 평판 4도색을 추가로 인쇄하여 발행하였으며, 1988.9.16 발행한 제24회 서울올림픽대회기념우표 중 '쿠베르탱 남작과 오륜기'가 요판 1도+그라비어 6도색을 추가로 인쇄한 혼합 인쇄 우표이다. 우리나라의 대표적인 혼합 인쇄는 1997년부터 발행해 오고 있는 세계유산등록특별우표로서 최근에는 요판1도+평판 8도색의 9가지 색상을 구현한 최고 품질의 우표를 발행하고 있다.

1904

단기 4237년/광무 8년/고종 41년

독수리보통우표 3전. The Eagle Definitives 3 C

한성부▶주한 대법(프랑스) 총 영사관 마(馮 · 에밀 마르텔) 대인에게 보낸 실체

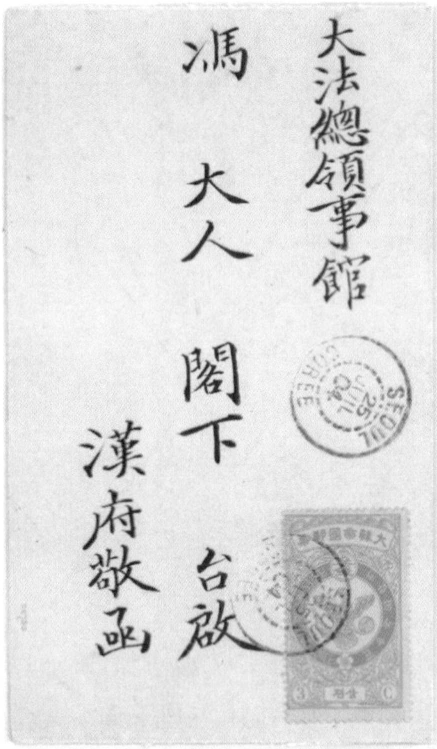

Seoul, Coree. 25, Jul. 1904 80x140mm

백운화상초록불조직지심체요절 白雲和尙抄錄佛祖直指心體要節

세계에서 가장 오래된, 금속활자로 인쇄된 책이며, 백운화상 경한(景閑 호는 백운)이 선(禪)의 요체를 깨닫는 데에 필요한 내용을 발췌하여 1377년에 펴낸 귀한 불교 서적.직지심체요절', '直指'로 부른다

원(元)나라에서 받아온 《불조직지심체요절》 내용을 대폭 늘려 상·하 2권으로 엮은 것이다. 중심주제인 직지심체(直指心體)는 사람이 마음을 바르게 가졌을 때 그 심성이 곧 부처님의 마음임을 깨닫게 된다는 뜻이다. 박병선 박사에 의해 전 세계에 남아 있는 금속활자로 인쇄된 책 중에서 가장 오래된 것이라 밝혀졌고, 1972년 유네스코가 지정한 세계도서 박람회에 공개되었다. 2001년 9월 4일에 《승정원일기》와 함께 유네스코 세계기록유산에 등재되었다

출처: 위키백과

꼴랭드 쁠랑시(Collin De Plancy

재한 프랑스 초대 공사 **꼴랭드 쁠랑시**(Collin De Plancy. 1852~1922)

꼴랭드 쁠랑시는 주 대한제국 초대공사로 조선인 아내 리심과 그가 수집한 고서 중 '직지심체요절'을 프랑스로 가져갔다.

그중 가장 뛰어난 수집품이 1377년 금속활자로 인쇄된 직지 하권 1911. 3. 27~3. 30일에 프랑스 드루오 경매장에서 쁠랑시의 소장품 883점에 대한 경매가 있었다. 직지는 경매에서 수집가인 앙리베베르가 180프랑에 낙찰 받아 소장했다. 그 후 앙리의 유언장에 의하여 1950년 프랑스 파리 국립도서관에 기증되었다.

파리 국립도서관 도서 번호: 109번(COREEN 109)

기증 번호: 9832번으로 현재 파리 국립도서관에 보관되어 있다.

출처: 위키백과

역사학자 박병선 박사

박병선(**朴炳善**,1923. 3. 25~ 2011. 11. 22. **경성부 출생**)은 대한민국의 역사학자이다

직지심체요절(**直指心體要節**) 이 현존하는 세계 최초의 금속활자임을 밝혀 내었다. 프랑스 파리에서 현존하는 세계 최고의 금속활자본인 '직지심체요절'을 발견, 2001년 유네스코 세계기록 유산에 등재시킨 1등 공신. 2011. 11. 22일 88세로 별세. 서울대학교 사범대 역사학과 교수 역임. 천주교 신자(**세례명: 루갈다**)

출처: 위키백과

1904

단기 4237년/광무 8년/고종 41년

독수리보통우표 10전. The Eagle Definitives 10C

The stamp whose value corresponds with the outbound international letter rate.

Seoul ▶ Via Chemulpo ▶ Seattle ▶ New York, U.S.A행

10 jeon. Outbound International letter rate(15g) 10 jeon

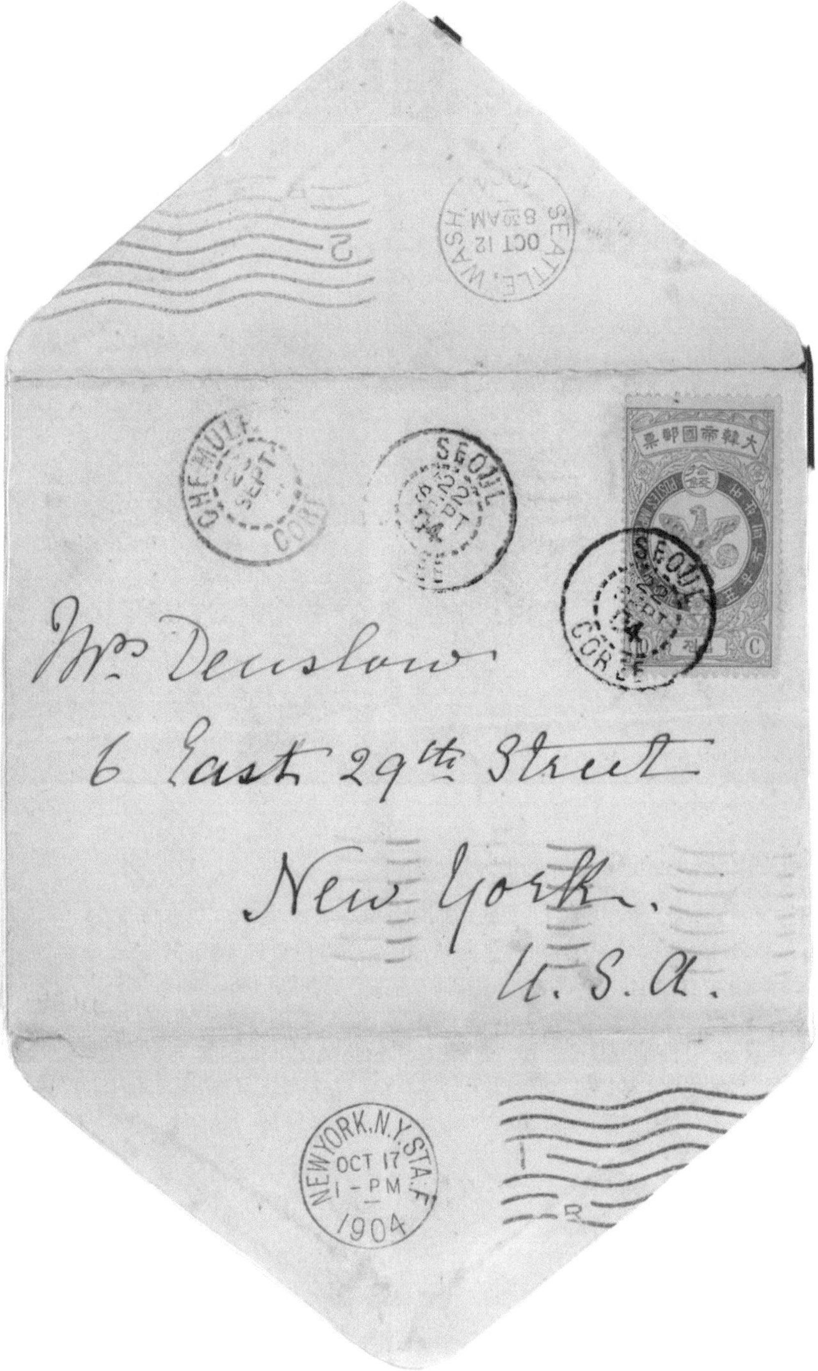

Seoul. Sep. 22, 1904 - Chemulpo. Sep. 23, 1904 - Seattle. Oct. 12, 1904 - New York. Oct. 17, 1904
체송 기간: 14일 120x194mm

1904

단기 4237년/광무 8년/고종 41년

독수리보통우표 10전+10전. The Eagle Definitives 10C+10C

A Registered letter to the U.S.A.

Chemulpo ▶ San Francisco, U.S.A행

20 jeon(10jn+10jn). International letter rate(15g) 10 jeon + Registry fee 10 jeon

Chemulpo-San Francisco 157x132mm

제네바조약(The Geneva Convention)

전쟁으로 인한 희생자 보호를 위하여 스위스 제네바에서 체결된 국제조약이다. 제네바조약 또는 국제적십자에서 주도하였기 때문에 적십자조약이라고도 한다. 인도주의에 기반한 국제법의 첫 사례로 볼 수 있는 국제조약으로 국제적십자를 창립한 앙리뒤낭의 노력으로 이루워진 협정이며 1684년부터 1949년까지 총 4회에 걸쳐서 체결된 일련의 조약들을 의미한다. 2009년 1월 1일 기준으로 제네바협약에 가입된 국가는 총 194개국이며, 우리나라는 대한제국 시기였던 1864년 8월 22일에 전시에 있어서 군대의 부상자 및 병자의 상태 개선에 관한 조약에 가입하였으며, 해방 이후 1949년 8월 22일에 다시 대한민국의 이름으로 가입하였다.

출처: 위키백과

1904

단기 4237년/광무 8년/고종 41년

독수리보통우표 4전(2전+2). 한국-일본 특별 우편요금 적용 4전

Seoul ▶ Tokio행

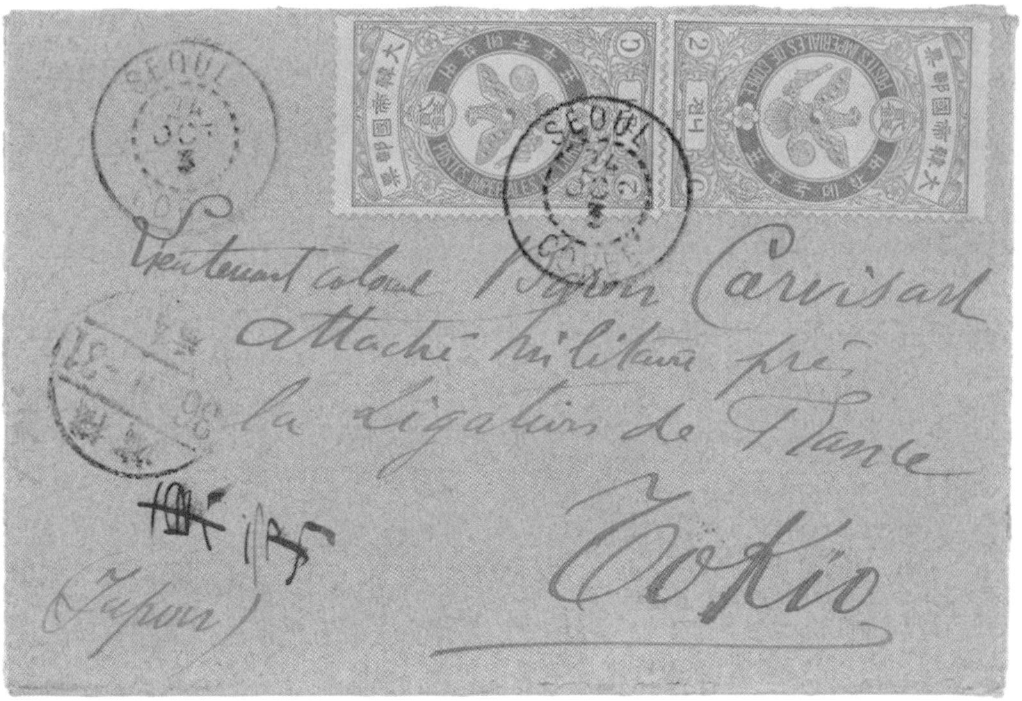

Seoul. Oct. 24, 1903 - Incheon. Oct. 24, 1903 - Tokyo. Nov. 1, 1903 123x83mm

우취 문화 해설 시리즈

우표 종류

출처: 우정사업본부 우표문화 길잡이 2010년 6월 26일

1) 특수우표 종류

가) 특별우표

국가에서 펼치는 중요한 사업 및 특별한 행사를 홍보하거나 또는 전 국민을 대상으로 어떠한 주제를 개몽할 목적으로 발행하는 우표로서, 특별 우표는 발행 목적에 따라, 또는 수년에 걸쳐 일정한 주제에 따라 발행하는 우표를 말한다. 1958. 5. 20. 발행된 '우편주간' 우표가 우리나라 최초의 특별 우표이며, 2009년 말 현재 350여종의 우표를 발행하였다.

나) 시리즈우표

우리나라의 자연, 문화재, 동식물, 민속과 풍속 등 일정한 주제를 장기간 몇 번에 나누어 연속적으로 발행하는 우표. 우리나라 최초의 시리즈 우표는 1962. 12. 28. 발행된 '경제개발5개년계획' 우표이며, 2009년 말 현재 780여 종의 우표를 발행하였다.

다) 연하우표

희망찬 새해를 온 국민과 함께 경축하기 위해 매년 연하우표를 발행하는데, 우리나라는 주로 새해의 띠 또는 세시풍속(歲時風俗)을 주제로 우표를 발행한다. 우리나라 최초의 연하우표는 1957. 12. 11. 발행된 '솔방울과 크리스마스 츄리'가 도안되었으며, 2009년말 현재 80여 종의 우표를 대부분 소형시트와 함께 발행하였다.

3. 인쇄방식

우표를 '축소 예술의 꽃'이라고 말하는 것처럼 우표는 정교한 예술품으로서의 효과를 최대한 발휘하기 위해 기본적인 인쇄방식 외에도 특수 인쇄 과정을 도입해서 응용하고 있다. 우표는 인쇄 방식에 따라 크게 다음의 다섯 가지로 나눌 수 있다. 그러나 그라비어는 오목판 인쇄의 일종으로 볼 수 있기 때문에 엄밀하게 말하면 우표의 인쇄방식은 세 종류라 할 수 있다.

1904

단기 4237년/광무 8년/고종 41년

한성▶공주행

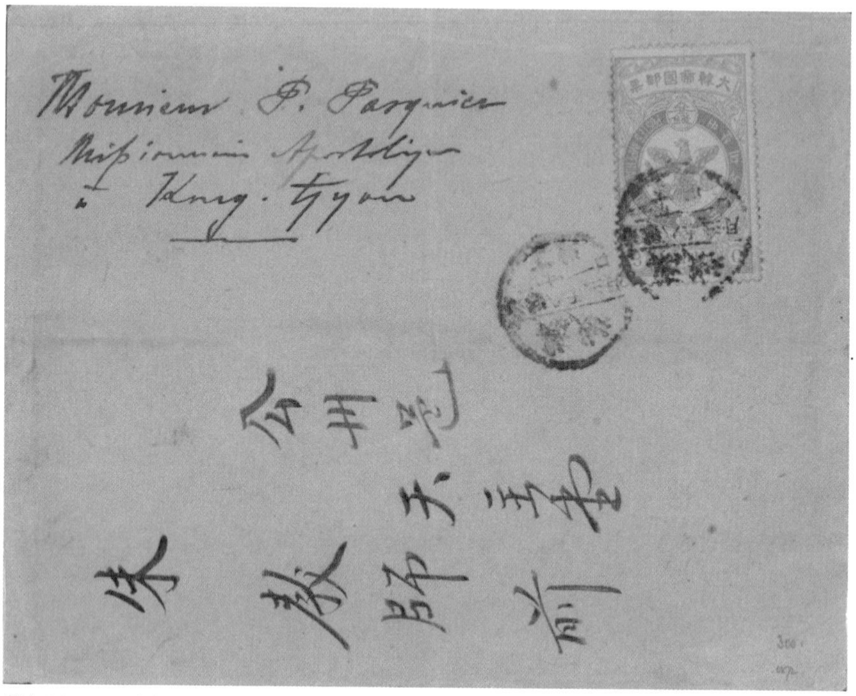

한성. 1904. 3. 21, 정체 - 공주. 1904. 3. 25. 을체. 체송 기간: 5일간 145x113mm

1904년 한일의정서 체결

한·일의정서(韓日議定書)또는 조일공수동맹은 러시아와의 전쟁을 일으킨 일본이 중립을 주장하는 대한제국을 세역권에 넣기 위해 1904년 1월 대한제국 황성을 공격하여 황궁을 점령한 뒤 같은 해 2월 23일 강제로 체결한 조약이다. 일본이 한국을 협박하여 이지용과 하야시곤스케 명의로 공수동맹을 전제로 6개의 조항으로 한일의정서가 만들어졌다. 러·일전쟁 때 일본은 청·일전쟁 때보다 길어진 병참선 문제로 애로를 겪고 있었고, 그와 함께 대한제국의 친러적 중립선언을 곱지 않게 여겼다. 그에 따라 중립국 대한제국의 수도 한성을 공격하여 황성을 점령하고 대한제국을 일본의 군사기지로 제공하는 조약을 강요한다. 이에 고종과 대신들이 완강히 저항하게 된다. 일본정부는 한국에서 올라온 1904년 1월 16일자 제46호 외교문서에서 이근택 일파가 반대하며 이용익이 주저하고 있어 애로가 많다는 보고를 받게 된다. 그에 따라 이용익을 납치하고, 이지용에게는 1만엔을 주어 매수하였으며, 이근택은 주한일본공사가 협박하여 태도를 바꾸게 하였다(외교문서). 그에 따라 이지용·이근택·민영철이 고종에게 밀약을 속히 체결해야 한다고 올린다(제 83호 외교문서).

한일의정서 조약 전문

제1조 한·일 양제국은 항구불역(恒久不易)할 친교를 보지(保持)하고 동양의 평화를 확립하기 위해 대한제국정부는대일본제국정부를 확신하고 시정(始政)의 개선에 관하여 그 충고를 들을 것.

제2조 대일본제국 정부는 대한제국의 황실을 확실한 친의(親誼)로써 안전 강녕(康寧)하게 할 것.

제3조 대일본제국 정부는 대한제국의 독립과 영토 보전을 확실히 보증할 것.

제4조 제 3국의 침해나 혹은 내란으로 인하여 대한제국의 황실 안녕과 영토 보전에 위험이 있을 경우에는 대일본제국 정부는 속히 임기응변의 필요한 조치를 행할 것이며, 그리고 대한제국정부는에는 대일본제국 정부는 속히 그리고 대한제국정부는 대일본제국정부의 행동이 용이하도록 충분히 편의를 제공할 것. 대일본제국 정부는 전항(前項)의 목적을 성취하기 위하여 군략상 필요한 지점을 임기 수용할 수 있을 것.

제5조 대한제국 정부와 대일본제국 정부는 상호의 승인을 경유하지 아니하고 후래(後來)에 본 협정의 취지에 위반한 협약은 제3국간에 정립(訂立)할 수 없을 것.

제6조 본 협약에 관련되는 미비한 세조(細條)는 대한제국 외부대신과 대일본제국 대표자 사이에 임기 협정할 것.

출처: 위키백과

1904

단기 4237년/광무 8년/고종 41년

이화보통우표 3전. Plum Blossoms Series

공주우체사 ▶ 한성행

국내 우편 요금(편지) 3전. 정상 요금

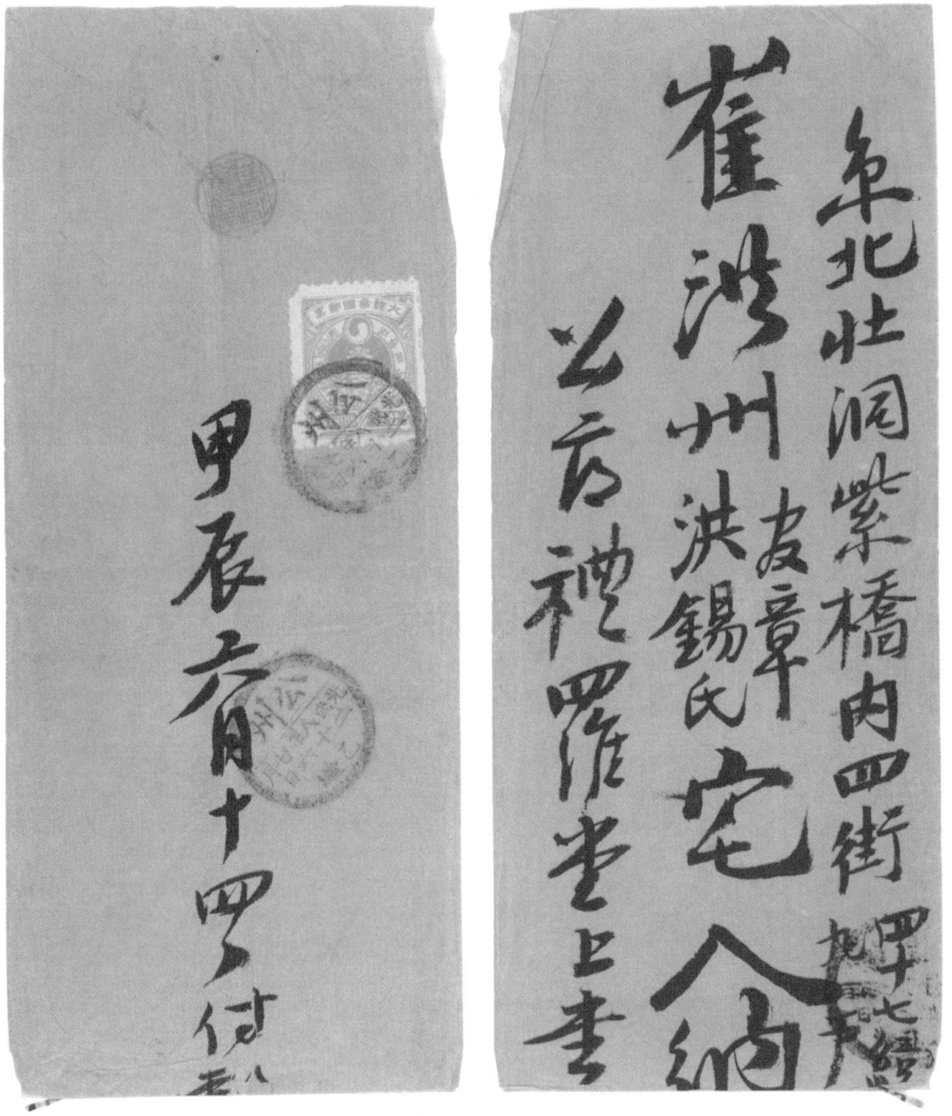

공주. 1904. 7. 16 - 한성

77x174mm

공주우체사 연혁

1896년 2월 16일 농상공부령 제1호, 고시 제1호. 우체사 설치 착수

1896년 2월 16일 농상공부령 제1호, 고시 제1호. 우체사 개국. 충남 공주에 개설한 우체사

공주우편국

1911. 3. 10. 충청남도 공주군. 조선총독부 고시 제54호. 전화 교환·가입·전보 취급 업무 개시

1904

단기 4237년/광무 8년/고종 41년

독수리보통우표 오십전(50 C)
A Paris-bound registered, overweight(4th weight step) letter

Seoul ▶ Saigon(French P.O.) ▶ Paris행

SEOUL. Feb. 13 ,1904 ▶ c.d.s. in transit at Saigon French P.O.
50 jeon. International letter rate(15g) 10 jeon + Registry fee 10 jeon + 2nd weight step(16g~ 10 jeon + 3nd weight step(31g~) 10 jeon + 4th weight step(46g~) 10 jeon

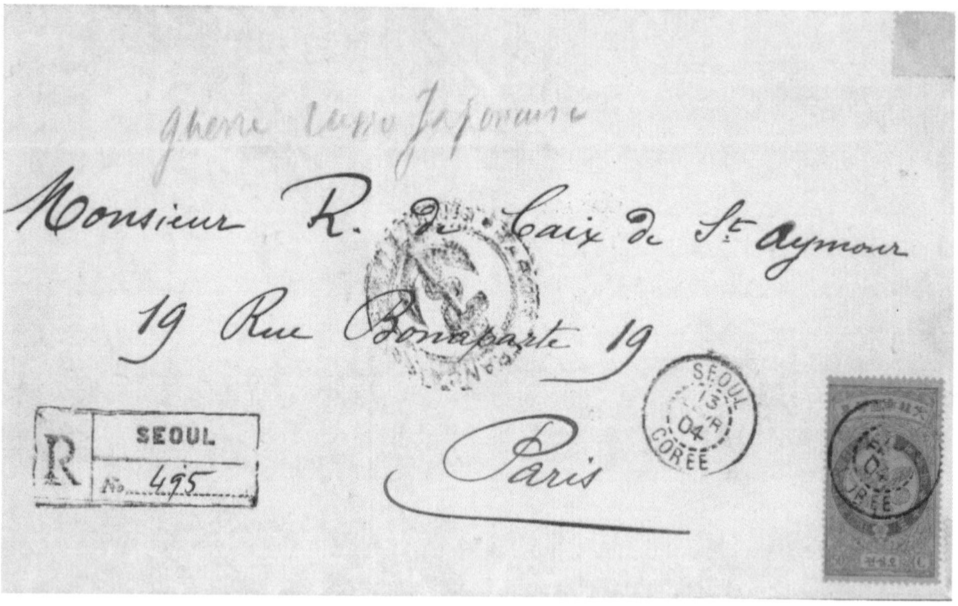

Seoul. Feb. 13, 1904 - Saigon(French P.O.) Mar. 2. 1904 - Paris 195x114mm

우취 문화 해설 시리즈

우표 종류 출처: 우정사업본부 우표문화 길잡이

1) 우표류 종류

우표류는 우표와 엽서로, 우표는 보통우표와 특수우표로 구분한다.

50 C

1 Wn

2 Wn

독수리(禿) 보통우표 50 C·1 Wn·2Wn.
Perf. 13 x 14
Pt. 凸판(Typographed)
Ps. 프랑스정부 인쇄국
전지 구성: 5x5x3=75

1904

단기 4237년/광무 8년/고종 41년

독수리보통우표 1전 첨부

프랑스정부 인쇄 엽서

Seoul No.1 ▶ Chemulpo ▶ Tiensin, China행

Seoul No.1. 4, Jun.1904-Chemulpo. 4, Jun. 1904-Tiensin, China 도착 140x90mm
프랑스 정부 인쇄국 제조. 1903. 10. 1 발행. Size 90 x140mm. 1전. No. PC6 체송 기간: 19일

독수리보통우표 2전 Pair

Seoul ▶ via Shang-hai ▶ Fontenay Comte, France행

Seoul. 4. Dec.1904-via Shanghai. 8, Dec.1904-Fontenay Comte, france. 11, Jan. 1905 도착
3월 1일 설중북진, 의주가도, 한국 경성 촌상천 진사, 한반도사 발행 체송 기간: 38일 140x90mm

1904
단기 4237년/광무 8년/고종 41년

독수리보통우표 3전. The Eagle Series

주 한성 법국(프랑스)부영사 구대인에게 보낸 실체

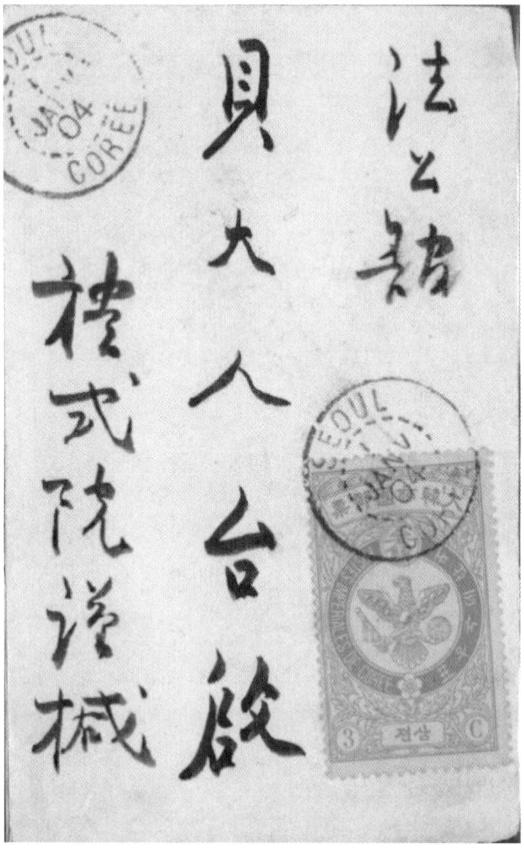

Seoul Coree. 1, Jan. 1904 57x105mm

프랑스와 외교관계

1886. 6. 4	한·프랑스 우호통상조약 체결
1887. 9. 16	주프랑스 전권대신에 조신희 임명
1887.11. 9	Collin De Plancy 주한공사 임명
1890. 2. 1	박제순 주프랑스 전권대신 임명
1890. 7. 12	Frandin 주한공사 임명
1895. 12. 23	Collin de Plancy 공사 겸 총영사 임명
1897. 1. 11	구주 6개국 주재 공사에 민영익 임명
1898. 5. 24	윤용식 주프랑스 겸임공사 임명 (러시아, 오스트리아 겸임)
1889. 10. 9	민영돈 겸임공사 임명
1899. 3. 20	이범진 겸임공사 임명 (1900.5.23 신임장 제정)
1901. 3. 20	김만수 공사 임명 (1901.7.10 신임장 제정)
1902. 1. 17	민영찬 공사 임명 (1902.4.19 신임장 제정)
1906. 8	외교관계 중단, 주한 프랑스 공사관을 영사관으로 변경

출처: 한국우정사[편집]

제1차 한일협약

제1차 한일협약(第一次韓日協約)은 러일전쟁이 한창 진행 중이던, 1904년 8월 22일에 대한제국과 일본제국 사이에 체결된 협약이다. 명칭은 한일 외국인고문용빙에 관한 협정서(韓日外國人顧問 傭聘 關 協定書)이다.

광무 8년(갑진년)인 1904년 8월 22일에 체결된 제1차 한일늑약의 내용은 다음과 같다.

1. 대한정부(大韓政府)는 대일본정부(大日本政府)가 추천하는 일본인 1명을 재정 고문으로 하여 대한 정부에 용빙하고, 재무에 관한 사항은 일체 그의 의견을 물어 실시할 것.
2. 대한정부는 대일본 정부가 추천하는 외국인 한 명을 외무 고문으로 하여 외부에 용빙하고, 외교에 관한 요무는 일체 그 의견을 물어 실시할 것.
3. 대한정부는 외국과의 조약 체결이나 기타 중요한 외교 안건, 즉 외국인에 대한 특권 양여와 계약 등의 처리에 관해서는 미리 대일본정부와 토의할 것.

출처: 위키백과

광무 8년 8월 22일	메이지 37년 8월 22일
외부대신 서리 윤치호	특명 전권 공사 하야시곤스케

1904

단기 4237년/광무 8년/고종 41년

독수리보통우표 1전+이화보통 2리+1전+3전

Seoul ▶ via Shang-hai ▶ Belfast, Ireland행

Seoul. 6, Dec.1904-via Shang-hai. 13, Dec.1904-Belfast, Ireland 도착

전위첨쇄우표 1전+2전+이화보통우표 2리

Chemulpo. 3, Dec. 1904-San Francisco, U.S.A. 30, Dec. 1904

체송 기간: 28일

1904

단기 4237년/광무 8년/고종 41년

구연성(九連城) 전리품 사진 엽서

이화보통우표 2전 Pair 첩부 Italy 행 실체엽서

Seoul ▶ Chemulpo ▶ Roma, Italy행 실체 엽서

구연성 전리품(대포·소총). 일본 체신성 발행 체송 기간: 39일
1904. 9. 24. Seoul-9. 24. Chemulpo-via Shanghai. 9. 27-1904. 11. 1. Italy행

※ 구연성(九連城. Kew Lin Cheng. 주렌청)
중국 랴오닝성(遼寧省) 단둥(丹東) 북동쪽
15Km지점에 있는 취락 지구

1904

단기 4237년/광무 8년/고종 41년

이화보통우표 3전+독수리보통우표 1전+2전 혼첩

1904. 6. 4. Chemulpo-Germany행

1904년 2월 9일 남대문 정차장 부근

한국 경성 촌상천 진사. 한반도사 발행

일본제국 군대가 대한제국 경성 남대문 정차장에서 하차한 후 전쟁터로 가기 위해 긴 행렬을 유지하며 행군하는 장면이다. 러일전쟁에 투입되는 병력으로 추정된다.

1904

단기 4237년/광무 8년/고종 41년

독수리보통우표 3전. The Eagle Definitives

Seoul ▶ Via Shang-hai ▶ London행

SEOUL, COREE 이중원 외체인

Seoul, Coree. 22, Jun.1904-Via Shanghai. 22, Jun.1904-London. 1, Aug. 1904 도착
체송 기간: 40일

138x158mm

우취 문화 해설 시리즈

우표 수집 방법과 수집 대상

출처: 우정사업본부 우표문화 길잡이

1. 우표 수집 방법

가) 우표를 구하는 방법

우표를 구하는 방법 가운데 가장 기본적인 방법은 집으로 배달된 우편물에서 채취하는 방법이다.

그러나 오늘날 발달된 통신수단 덕분에 우표가 붙어서 배달되는 우편물은 점점 더 찾아보기가 힘들다. 이와 같은 이유로 편지를 기다리기보다는 연간 우표 발행 계획을 미리 알아보고 새로운 우표가 발행될 때마다 우체국에서 구입하는 것이 훨씬 편하게 수집할 수 있다. 매년 발행되는 우표 발행 계획과 새로 발행될 우표의 상세한 정보는 우정사업본부(www.koreapost.go.kr) 및 한국우표포털서비스(www.kstamp.go.kr)에서 우표 이미지와 함께 발행일 이전에 미리 확인할 수 있다.

1904

단기 4237년/광무 8년/고종 41년

전위첨쇄 1전(2)+이화보통 4전+독수리보통 3전+4전

Chemulpo ▶ Tsingtau(청도)행

1904. 5. 19 Chemulpo- 1904. 5. 30 Tsingtau Kiautschou(자오저우) 도착

체송 기간: 11일

우취 문화 해설 시리즈

우취 용어

출처: 우정사업본부 우표문화 길잡이

1. 우표전지(Full Sheet) 각 부분 명칭

가. 전지 상 우표번호 전지에서 우표 한 장마다 번호를 부여하는 것.

나. 판 번호(Plate Number) 우표의 전지에는 인쇄판(실용판)을 구별하는 번호가 들어 있는데, 이것을 판 번호라 한다.

다. 계수 번호 인쇄과정에서 인쇄되고 있는 수량이 몇 장인가를 알기 위하여 전지 여백에 일련번호로 찍혀 있는 숫자를 말한다.

라. 색도 표시(Color Mark) 인쇄의 색도를 표시하는 것으로 우표를 인쇄할 때 몇 가지 색으로 인쇄된 것인가를 알 수 있게 하기 위해 우표에 인쇄된 색을 색깔별로 한색 한색씩 표시하여 인쇄된 것을 말한다.

마. 인쇄자리 맞춤 표시(Guide Mark) 우표 전지 변지에 십자형 또는 복 십자형(≠, +)의 마크가 인쇄되어 있는데, 이것을 인쇄자리 맞춤표시라 한다.

1904

단기 4237년/광무 8년/고종 41년

Chemulpo ▶ Schiffspost No.36-Germany행

전위첨쇄 1전+독수리보통 2Ri+이화보통 2R+Deutshes Reih 5 혼첩

1904년 4월 26일-Marine-Schiffspost No.36-1904. 5. 6 Wittenberg 도착

언론인 양기탁

대한매일신보 창간

1904년 7월 18일, 러·일 전쟁 취재를 위해 한국을 방문했던 영국 언론인 어니스트 베델과 독립 운동가이자 언론인인 양기탁이 대한매일신보를 발행했다. 영국 언론인 어니스트 베델과 편집인 겸 발행인, 양기탁은 총무를 맡았다. 주필 박은식은 애국계몽사상을 고취하는 데 앞장섰다. 영국인 베델의 이름으로 발행된 탓에 일제 치하에서도 일본에 대항하는 논조를 유지할 수 있었다. 4면은 영문, 2면은 국문으로 된 타블로이드판으로 출발했다.

1907년 5월 23일에는 한글전용 대한매일신보를 창간했다. 그러나 신문의 영향력이 커지자 일제는 베델을 상하이로 추방하고 양기탁에게는 누명을 씌워 구속한 뒤 1910년 5월 21일 신문을 통감부 관활로 넘겼다.

출처: 위키백과

1904

단기 4237년/광무 8년/고종 41년

독수리보통우표 1전+이화 5전 2장+이전 첩부

Chemulpo ▶ Billwarder, Germany행

9 Sept. 1904 Chemulpo- 26 10. 1904 Billwarder, Gemany 도착

일본 함대가 러일전쟁 당시 황금산 포대를 향해 포격하는 장면의 그림 엽서

1904

단기 4237년/광무 8년/고종 41년

Gwendoline(은산우체물영수소)▶via Tsingtau▶London행

Gwendoline 04, FEVR. 1904 -via Tsintau- London, England. 21 02. 1904.

1904

단기 4237년/광무 8년/고종 41년

Seoul ▶ Le Mans, France행

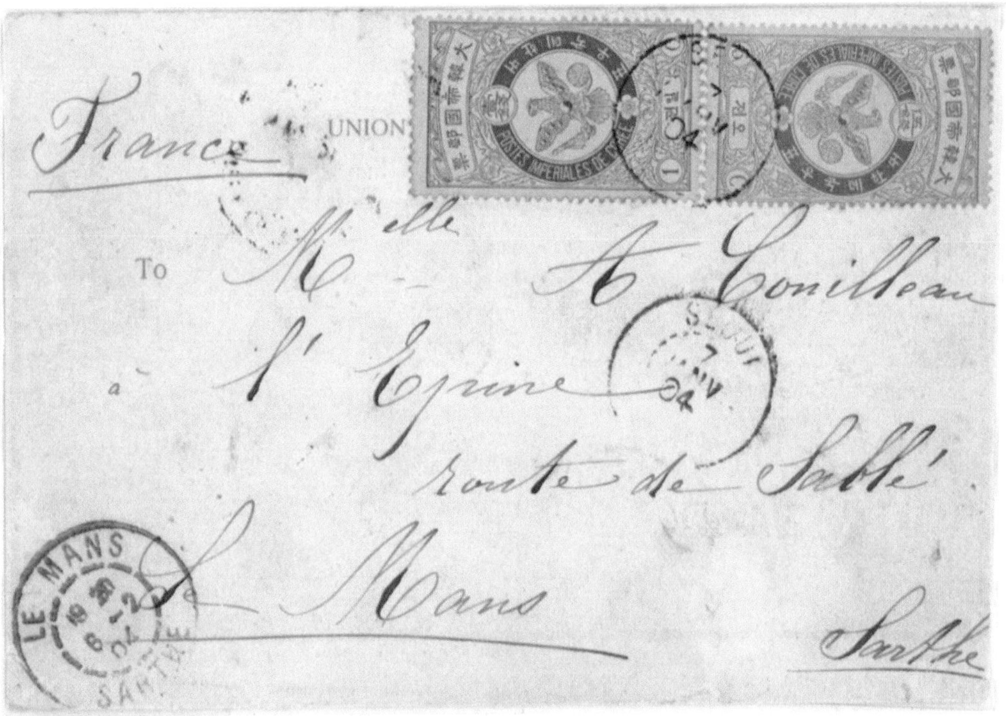

7 May.1904. Seoul-Le Mans, France. 1904. 6. 2.

1904

단기 4237년/광무 8년/고종 41년

Chemulpo ▶ via Shang-Hai(Franch P.O) ▶ Kiel, France행

귀부인 가마 외출

1904

단기 4237년/광무 8년/고종 41년

Seoul ▶ via Shang-Hai ▶ Lyon, France

인천항 풍경

1904

단기 4237년/광무 8년/고종 41년

Seoul ▶France행

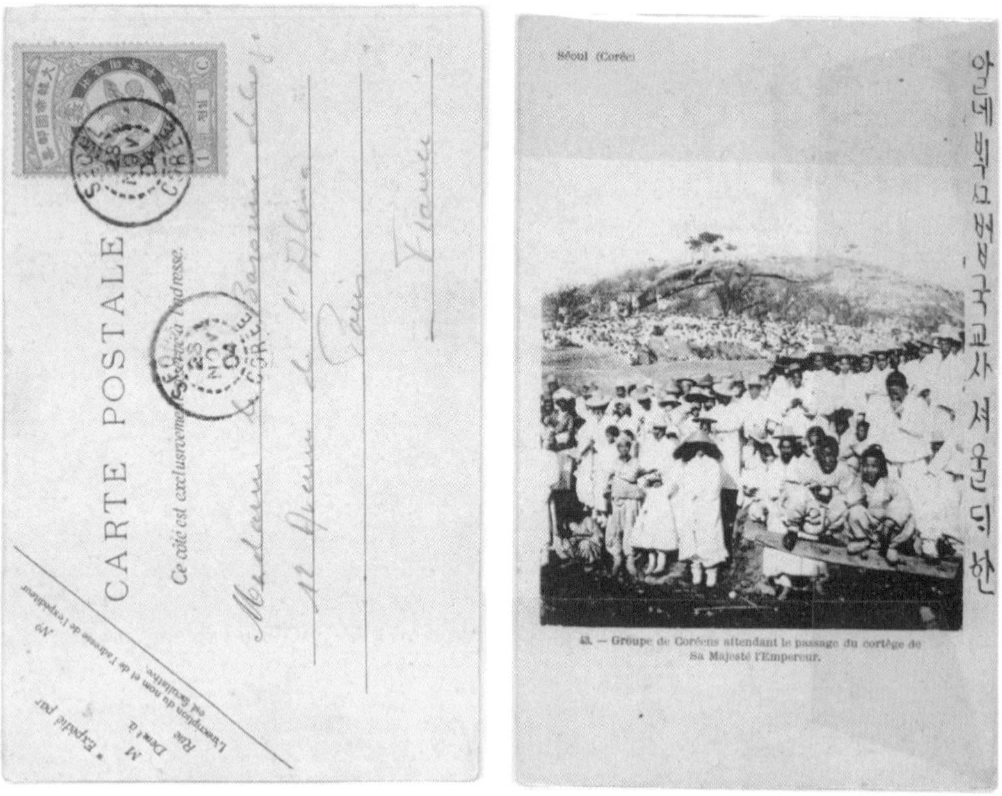

28 NOV. 1904 Seoul-France행

샤를 알레베크(Charles Alévêque)

구한말 활동했던 **프랑스인**이다. 한국 최초 **알레베크 사진엽서**를 만들었으며 역시 최초인 **프랑스어 - 한국어사전**을 편찬하였으며, 파리 **만국박람회 대한제국** 정부 대리인을 담당하였다. 한국명은 안례백(晏禮百).

알레베크는 **지한파 프랑스인**으로 **프랑스**와 **대한제국** 중간에서 여러 역할을 하였다.

상하이의 '인도 극동 프랑스회사'의 대리인 자격이 있었던 그는 무역업자로 대한제국 정부의 근대화 사업 구매 물품의 중개역을 담당하였으며 **1897년 10월** 처음 **한국**에 온 이후 대한제국과 **상하이**를 왕래하였고, **1899년** 3월에는 대한제국 정부의 소총 구입에 관여하였으며, 대한제국과 프랑스의 **차관** 협상에 대한제국 정부의 협상 대리인으로 임명되어 프랑스로 파견되었다. 이 때 **1900년 파리 엑스포**의 정부 대리인도 맡았던 것으로 보인다.

1901년 7월에는 롱동(Rondon)과 통킹(Tonkin)에 가서 쌀을 구입하여 왔다. 또한 그는 **서울** 정동에 설립된 관립 외국어학교의 **프랑스어** 교사도 맡았으며 **1901년** 최초의 불한 사전인 '법한자전(法韓字典)'을 편찬하였다.

프랑스어 제목은 'Petit Dictionnaire Français-Coréen'이다. 머릿말에 "À Monsieur Collin de Plancy Ministre de France à Séoul"라 쓰여 있어 당시 주한 프랑스 대사 **빅토르 콜랭 드 플랑시(Collin de Plancy)[3]**에게 바친다고 하였다. 참고로 최초의 한불사전은 **1880년**에 **펠릭스 클레르 리델** 주교가 만든 '한불자전(韓佛字典)'이다.

출처: 위키백과

알레베크 사진 엽서 개요

1899년 프랑스 우체 고문인 클레망세(E. Clemencent)가 **한국**의 여러 모습을 담은 **사진 엽서**를 판매하면 재정에 도움이 될 수있다는 건의를 하여 **대한제국** 정부가 샤를 알레베크에게 그가 촬영한 사십여 장의 궁궐과 풍속 **사진**을 **엽서**로 제작해 줄 것을 의뢰하였다. 이것이 이른바 알레베크 사진 엽서로 한국 우정사 최초의 사진 엽서로서 가치가 크다. 총 48장으로 여러가지 당시의 모습을 볼 수 있는 **사진**들로 성되어 있어 **구한말** 풍속사에 귀중한 자료이다. 한국에서 찍은 사진을 프랑스로 가져가 인쇄하여 제작하였으며 **1900 파리 엑스포** 때 한국관 기념품으로 팔았다. **https://fr.wikisource.org/wiki/Souvenir_de_S%C3%A9oul,_Cor%C3%A9e_:_1900** 일부는 우리나라에 가져와 대한제국 독수리 보통 우표를 붙여서 판매하였다. 48장 중 **명성황후** 국장 사진이 꽤 된다. 엽서의 형식은 사면의 백색 테두리 안에 사진이 있는 형식이고, 오른편에 '알네빅ㅅ 법국 교사 셔울 디한'이라는 국문이 쓰여 있으며, 왼편 맨 위쪽에 'Séoul(Corée)'라는 불문, 아랫면에는 엽서 번호와 사진 설명이 적혀 있다.

출처: 위키백과

알레베크와 법어 학생들

명성황후 추정 사진으로 **1977년**부터 최근까지 국사 교과서에 실렸던 사진이다. 사진 설명이 Dame du Palais. - Costume de ceremonie으로 정장 차림의 궁중 여인이란 뜻이다. Dame이란 단어를 쓴 것은 **궁녀**로 해석된다. **왕비**를 뜻하는 reine을 쓰지 않았다.

권신 **김홍륙**을 찍은 엽서로 **황제**를 독살하려 한 죄로 사형당한 대귀족 김홍륙, 그의 시신은 거리에 팽개쳐진 채로 **종로** 광장에 이르렀고 군중들은 "그의 배를 갈라 따뜻한 간을 꺼내 먹었다"라는 설명이 쓰여져 있다.

명성황후 국장 장례 행렬

1904

단기 4237년/광무 8년/고종 41년

Seoul NO. 1 ▶ Bridgeton, N.J. U.S.A

러일전쟁 당시 일본군

1904

단기 4237년/광무 8년/고종 41년

프랑스 Le Petit Parisien 지(誌) 기사
코사크 기병대와 일본군 원산전투

RAID DE COSAQUES AU NORD DE GENSAN. — SURPRISE D'UNE PATROUILLE JAPONAISE

Le Petit Parisien 지 화보 120x90mm

코사크(카자흐스탄) 기병대와 일본군 원산 전투

화보의 제목은 Raid de Cosaques au nord de Gensan - 코사크의 원산 북쪽 습격
습격당한 일본군 정찰대 - Surprise d'une patrouille Japonise
원산 북쪽에서 코사크 기병대에게 습격을 당하여 혼비백산하는 일본군 정찰대를 그린 그림.
코사크(Cosack)는 카자흐스탄을 말한다. 카자흐스탄에는 힘세고 빠른 말(馬)의 산지로 유명하다.
그래서 강한 기병대가 육성됐다. 카자흐스탄이 과거 러시아령이었기에 러·일전쟁에 코사크기병대가 참전했다.

Title: Raid de Cosaques au nord de Gensan: surprise d'une patrouille Japonause
Translated Title: Cossack raid north of Gensan: a Janese patrol is taken by surprise
Work type: newspapers
Creator: Crespin, Adolphe Louis Charles(1859-1944), Belgium, illustrator
Date: 1904 Dimensions: 43x30Cm
Location: Subject: Wonsan, Korea(North)
Topic: imperialism, Cossacks, Japanese, soldiers, Russo-Japanese War 1904-1905
Nationality/ Culture: Franch
Note: Production: Engraved by Andrieux, after Ch. Crespin Imprint: Paris. Bouquet, imprimeur du petit Parisien 18 rue d'enghien.
Related Work: part of Images of colonialism collection(Asia Series)
From Petit Parisien, Supplement litteraire, 16eme annee, no.802, dimanche 19 Juin 1904, Pages 200.

1904

단기 4237년/광무 8년/고종 41년

프랑스 Le Petit Parisien 지(誌) 기사

일본군 서울 점령(1904) LA GUERRE RUSSO-JAPONAISE

OCCUPATION DE SEOUL PAR LARMEE JAPONAISE

Huit pages : CINQ centimes

Dimanche 28 Février 1904

Le Petit Parisien

SUPPLÉMENT LITTÉRAIRE ILLUSTRÉ

DIRECTION : 18, rue d'Enghien (10e), PARIS

LA GUERRE RUSSO-JAPONAISE

OCCUPATION DE SÉOUL PAR L'ARMÉE JAPONAISE

Le Petit Journal 지 Moïse Polydore Millaud가 창안한 보수적인 일간지 파리 신문.(1863~1944) 120x170mm

일본군 서울 점령

그림의 제목은 'La guerre russo-japonaise. 러·일전쟁', Occupation de Seoul par l'armee Japonaise. 일본군의 서울 점령이다. 러일전쟁의 전진 기지가 되었던 조선, 서울 남대문을 통해 대규모 일제군 대열이 입성하는 장면이다

Title: La guerra russo-japonaise; occupation de Seoul par L'armee japonaise

Translated Title: The Russo-Japonaise War: occupation of Seoul by the Japanese Army.

Creator: Crespin, Adolphe Louis Charles(1859-1944), Belgium, illustrator

1904

단기 4237년/광무 8년/고종 41년

이탈리아 LA TRIBUNA illustrata 지(誌) Le "musme" davanti una casarma giapponese a Seul.
일본 군영 앞에서 춤추는 일본 여인들

LA TRIBUNA illustrata

ABBONAMENTI
Nel Regno . . . . Anno L. 5.—
All'Estero . . . . » » 7.50
Il numero . . . . Cent. 10
Arretrato . . . . » 25

Si pubblica una volta la settimana — Direzione e Amministrazione, Via Milano, 37

Le inserzioni a pagamento si ricevono esclusivamente dalla Ditta Haasenstein e Vogler, Roma, Piazza S. Silvestro, 74, Firenze, Genova, Milano, Napoli, Torino, Venezia. — Prezzo per ogni linea corpo 6: nelle pagine interne L. 3 — nella penultima pagina (5 colonne) L. 1.50.

ANNO XII — Roma - Domenica 10 Aprile 1904 — N. 15.

Le "Musmè" davanti una caserma giapponese a Seul

LA TRIBUNA illustrata 지 120x170mm

일본 군영 앞 춤추는 일본 여인들

러일전쟁 시기. 대한제국 한성에 주둔한 일군의 막사 앞에서 일본 여인들(게이샤)이 희희낙락 춤추는 장면이다.

이 그림은 1904년 4월 발간한 이탈리아 잡지인 'La tribuna illustrata'의 225페이지에 게재되었다.

Title: Le "musme" davanti una caserma giapponese a Seoul

Dimensions: 40x28Cm

Nationality/Culture: Japanese, Italian

1904

단기 4237년/광무 8년/고종 41년

영국 The illustrated London news Frederic Villers가 스케치한 그림 특파원들 고종 알현(謁見)–1904

The illustrated London news 지 40x28mm

특파원들 고종 알현

영국의 화가 'Frederic Villers'와 미국·프랑스·독일·호주·이탈리아 등의 특파원들이 궁중의 한 뜰에서 있었던 고종황제의 전쟁과 관련한 메시지 발표를 취재하는 장면이다.

고종 황제의 우쪽 인물은 1897년(고종 34)황태자로 책봉된 고종의 둘째 아들인 이척(李拓: 순종) 영국잡지 '일러스트레이티드 런던 뉴스'(The illustrated London news)의 'Frederic Villers'가 스케치한 그림으로 이 그림은 1904년 8월 발간한 '일러스트리티드 런던 뉴스'의 293페이지에 게재된 것이다.

Title: Artist and emperor.our war correpondent received at the court of Korea.

Date :1904

Description: Caption below .Our special artist, Mr.Fredric Villers, presenting the British, American, French, Germany, Austrian, and Italian correspondents to the Korean Emperor.

Dimensions: 40x28Cm

Associated name: Kojong, king of Korea(1852-1919), subject.

Villers Fredric :1852-1922 United Kingdom,

Note: Production Drawn by S. Begg from a sketch by Fredric Villers.

Related Work: from the illustrated London news, Aug.27, 1904. P.293.

ㅁ알현(謁見): 지체가 높고 귀한 사람을 찾아가 뵘.

1904

단기 4237년/광무 8년/고종 41년

1904년 3월 12일자 프랑스

LE MONDE ILLUSTRE誌에 게재된 **'대한제국 혼돈'**

LE MONDE ILLUSTRÉ

48e Année | 12 Mars 1904 | N° 2450

SÉOUL, LE 10 FÉVRIER 1904. — Comme prélude à la mainmise sur la Corée, les Japonais affichent leur déclaration de guerre à la Russie

화보제목: SEOUL. LE 10 FEVRIER 1904.-Comme Prelude a la mainmiso sur la Coree.
les Japonais affichent leur declation de guerre a la Russie.
화보내용: 1904년2월10일 일본제국이 러시아에 전쟁을 선포한 선전포고문(벽보)을 들여다 보는 민중들과 외국인의 모습이 보이며 일장기가 걸려있는 건물은 적산가옥으로 일본군 보초가 서있는 것으로 보아 한성에 주둔하고 있는 일본군주둔사령부를 배경으로 그린 35 삽화로 추측되며, 삽화 우측하단에 'peur'싸인은 삽화를 그린 화가의 싸인으로 추정.

1904

단기 4237년/광무 8년/고종 41년

SEOUL NO. 1 ▶ Chemulpo ▶ Siberia 철도 266편 ▶ Bristol행 등기

SEOUL NO. 1. R 27

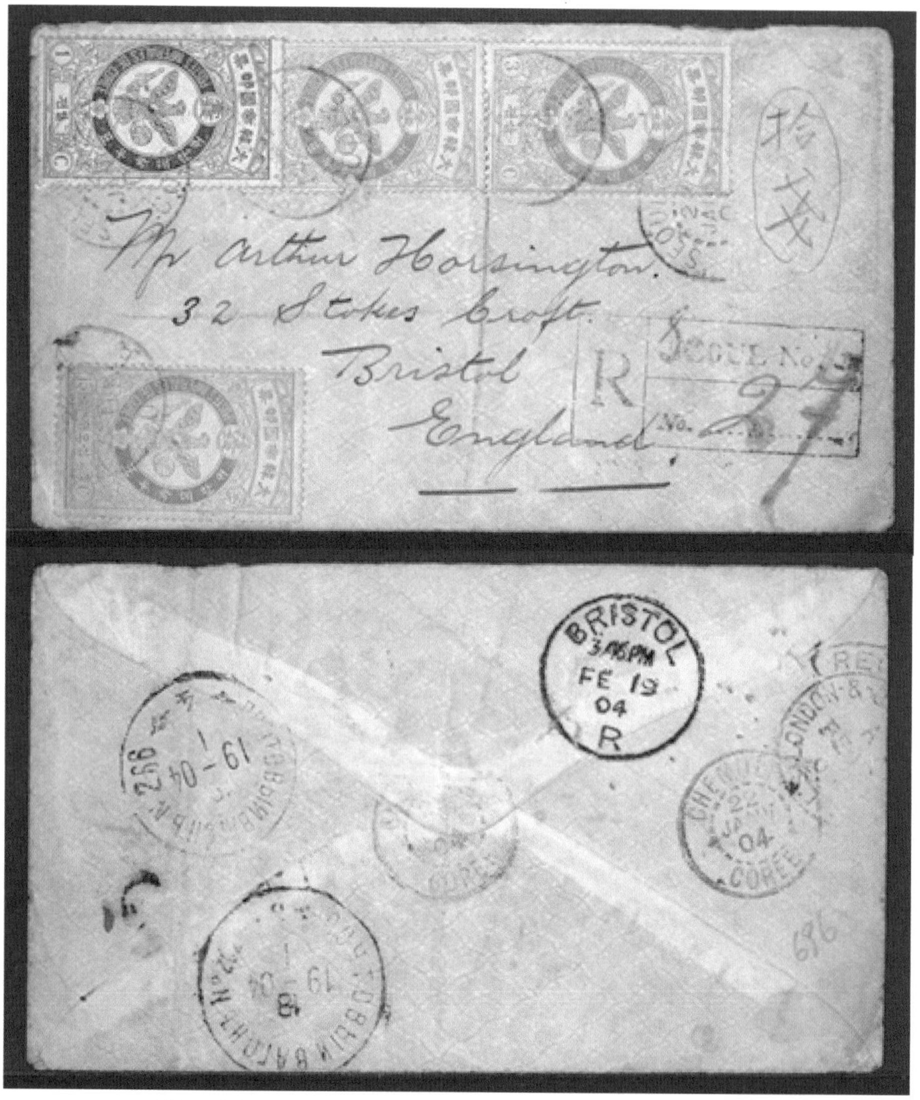

22 Jan. 04 Seoul No.1-22 Jan. 04 Chemulpo-18, 1. 04 266철도편- 19 feb. 04 Bristol, England 도착

시베리아횡단철도(Транссибирскаямагистраль)

러시아의 우랄산맥 동부의 첼랴빈스크와 블라디보스토크를 연결하는 약 7,400km의 대륙횡단철도. 정식명칭은 '대시베리아철도'이다.

그러나 일반적으로는 이 노선을 포함해 야로슬라브스키 역부터 블라디보스토크 역까지의 9,297km 구간을 지칭하며, 또한 넓은 의미로는 몽골 횡단 철도·만주횡단철도(동청철도)·바이칼-아무르 철도(제2 시베리아 횡단 철도)까지 포함해 시베리아횡단철도라고 부른다. 모스크바에서 시베리아까지의 구간은 1956년부터 2001년까지는 모스크바로부터 북동쪽 방향으로 모스크바~야로슬라블~키로프~페름~예카테린부르크를 경유하는 노선을 사용하였다.

2001년부터는 그 보다 남쪽의 모스크바-블라디미르-니즈니노브고로드-키로프-페름-예카테린부르크 노선을 이용하였다.

로시야호는 모스크바의 야로슬라브스키 역을 출발하여 블라디보스토크 역까지 약 7일간에 걸쳐서 주파하였다.

항공기가 등장하기 전에는 동양과 서양을 잇는 연락 운송에 있어서 가장 빠른 교통수단이었다.

동양과 서양을 걸치는 노선이기 때문에 중화인민공화국·조선민주주의인민공화국·몽골과의 직통 운행편도 있었다.

출처: 위키백과

1904

단기 4237년/광무 8년/고종 41년

호머헐버트박사 친필 서명 독일행 우편 엽서

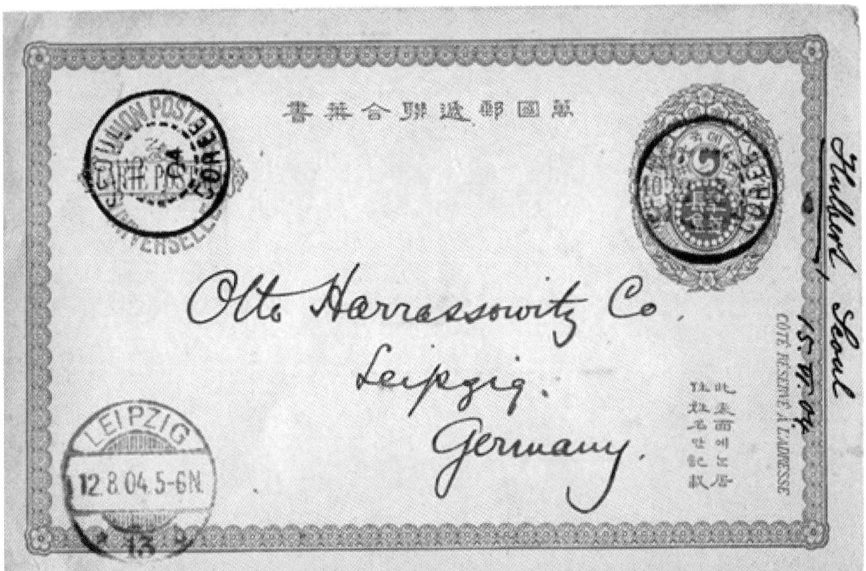

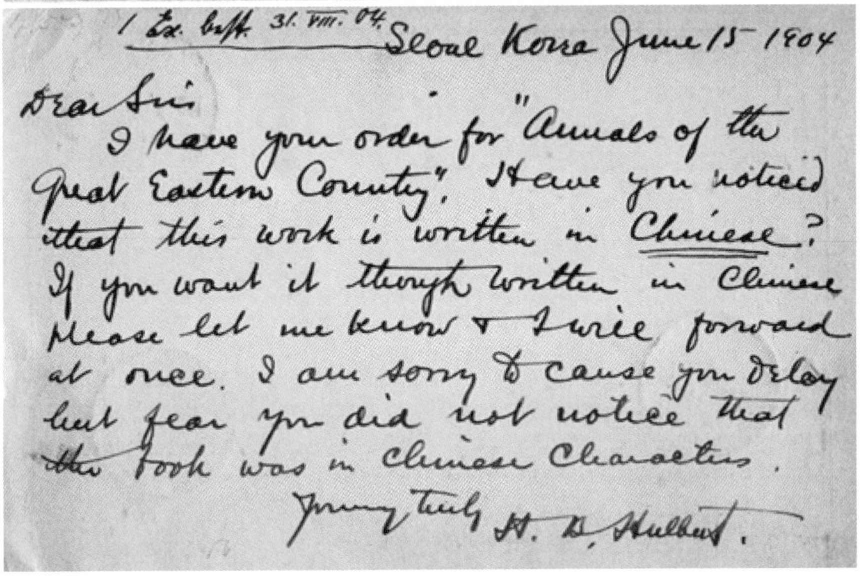

1 Ex. befft. 31. VIII. 04. Seoul Korea June 15 1904

Dear Sir

I have your order for "Annals of the Great Eastern Country". Have you noticed that this work is written in Chinese? If you want it though written in Chinese please let me know & I will forward at once. I am sorry to cause you delay but fear you did not notice that the book was in Chinese Characters.

Yours truly H. B. Hulbert.

15 JUN. 1904 Seoul, Coree – 12 8. 1904 LEIPZIG, Germany 도착

Homer Brezaleel Hulbert박사의 친필 서명

호머 베절릴 헐버트(Homer B. Hulbert)

1863. 1. 26 ~ 1949. 8. 5

출처: 위키백과

미국의 감리교회 선교사이자 목사로 육영공원 교수로 근무하여 영어를 가르쳤던 교육인으로 대한제국의 항일운동을 적극 지원하였다. 그의 한국어 이름은 헐벗 또는 흘법(訖法)·허흘법(許訖法)·할보(轄甫)·허할보(許轄甫)였다. 대한민국 정부로부터 외국인으로서는 최초로 건국공로훈장 태극장(독립장)이 추서됐다.

대한제국에서 감리교 선교사·목사·교육자·항일운동가로 활약하기도 한 그는 고종 황제의 최측근 보필 역할 및 자문 역할을 하여 미국 등 서방 국가들과의 외교 및 대화 창구 역할을 해왔다. 고종황제로부터 두터운 신임을 얻은 외국인으로 고종황제의 특사를 세 번 받았다. 대한제국의 분리 독립운동을 지지하고 지원하였으며, 1907년 헤이그비밀 밀사에 적극 지원하여 활동을 하였다. 1919년 3.1운동을 지지하였고, 그는 한국어도 매우 유창하게 하였으며, 오늘날 대한민국에서는 대한제국 시대 언론인으로 활동했던 어니스트 배델(영국인)과 아울러 한국인들이 가장 좋아하는 외국인 1위로 꼽히기도 했다. 안중근 의사가 존경한 인물이기도 하였다.

헐버트는 1863년 1월 26일 미국 버몬트 주 뉴헤이번에서 태어났다. 그의 아버지는 미국 버몬트 주 미들베리 대학교 총장이었던 칼빈 헐버트 목사였으며, 어머니는 다트머스대학교 창립자 엘리저 윌록의 외증손녀인 메리 우드워드로 그녀의 아버지는 인도에 파송된 선교사였다. 1884년, 다트머스대학교의 학사 학위를 취득하고, 그 해에 유니언 신학교에 들어가서 2년간 수학하였다.

육영공원에서 교직 생활

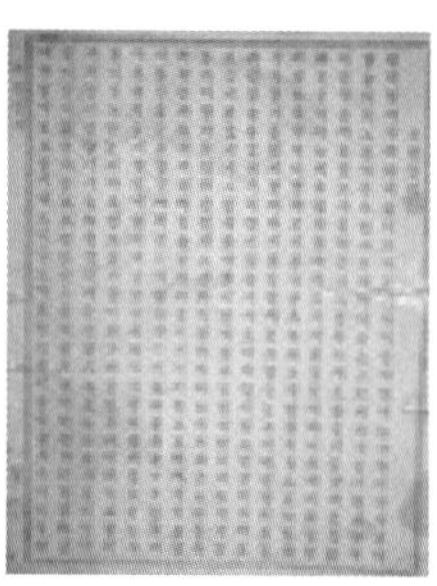

육영공원의 교사였던 호머 헐버트가 집필한 최초의 한글 교과서 '사민필지'

1886년(조선 고종 23년)에 길모어·벙커 등과 함께 조선에서 육영공원에 교사를 파견해 달라는 요청으로 조선에 들어와 최초의 근대식 교육기관인 육영공원(育英公院)에서 교사직으로 영어를 가르쳤다. 그는 자비로 한글 개인교사를 고용하여 한글을 배워 3년만에 한글로 책을 저술할 정도의 실력을 갖게 되었다. 그는 육영공원에서 근무하면서 제중원 학당에서도 학생을 가르쳤는데, 1888년 3월경부터 하루 2시간씩 제중원 학당에서 교육을 담당하였다. 1888년 9월 미국에 일시 귀국하여 메이 한나와 결혼한 후 함께 조선으로 돌아왔다.

1891년 최초의 순 한글 지리사회 총서 교과서인 '사민필지'를 저술해 육영공원 교재로 사용하였다. 그는 '한글은 현존하는 문자 가운데 가장 우수한 문자'라면서 어려운 한자 대신 한글을 애용할 것을 주장했고, '사민필지' 서문에서 조선의 지배층이 한자만을 고집하고, 한글을 업신여긴다는 기록을 했다. 육영공원에서 교직으로 근무했을 때 헐버트는 외국 서적의 번역 작업과 외국에 대한 한국 홍보 활동을 벌여 많은 서적과 기사를 번역, 저술했다. 1896년에는 구전으로만 전해오던 아리랑을 처음으로 채보하였다. 그러던 중, 조선 정부에서 재정상의 이유로 육영공원을 축소 운영하게 되자, 헐버트는 1891년에 교사직을 사임하고 미국으로 돌아가게 된다. 헐버트는 1891년 여름, 당나귀를 타고 아펜젤러·모펫과 함께 평양을 방문하여 평양 근교의 석탄 광산의 실태를 파악하였다. 아펜젤러와 모펫은 선교 정보를 얻기 위하여 동행하였다.

한국 문화와 한글 관련 저술

1892년 '한글'(The Korean Alphabet)이라는 논문을 시작으로 한글과 한국 문화에 대한 논문을 발표하였으며, 논문 '한글'에서 세종대왕의 한글 창제는 인류사에서 빛나는 업적이라고 칭송했다. 1903년 미국 스미스소니언협회 연례 보고서에 한글에 대한 우수성에 대한 논문을 발표하며, '의사소통의 매개체로서 한글이 영어 알파벳보다 우수하다'고 결론을 내렸다. 이후 한국의 금속활자, 거북선 등에 대한 한국문화 관련 논문을 발표하였고, '대한제국 멸망사'(The Passing of Korea) 등을 저술하였다.

선교사로 재입국

1893년에 헐버트는 미국 감리교회의 선교사 파송 준비과정을 마치고 선교사 자격으로 다시 조선에 입국하여 선교활동을 하였다. 그는 감리교 출판부인 삼문출판사의 책임을 맡았으며, 배재학당에서 학생들을 가르쳤다. 그는 한성부에 오기 전 미국의 한 출판사에서 출판에 대한 교육을 받고 왔으며, 신시내티에서 신식 인쇄기를 들여왔다. 삼문출판사는 그가 부임한 지 1년이 안 되어 전도지와 종교 서적 1백만여 면을 인쇄하여 경영을 자급자족할 수준에 이르렀다. 1895년 2년간 휴간했던 영문 월간지 '한국소식'을 다시 발행하였고, 최초의 영문 소설 한국어 번역판인 '텬로력뎡'(천로역정)을 출판하였다. 그해 8월에 한글 로마자 표기법을 고안하였다. 10월 8일 명성황후 시해 사건이 일어났는데, 당시 그는 언더우드·에비슨과 함께 고종의 침전에서 불침번을 섰다고 한다. 1897년 5월 조선정부와 고용계약을 맺고 학생수 50명이 되는 한성사범학교의 책임자가 되었으며, 관립 영어학교에서도 학생들을 가르쳤다. 1900년부터 1905년 고종의 특사로 미국에 방문하기 전까지 현 경기고등학교의 전신 관립중학교의 교사로 재직하였으며, 일본의 부당성을 지적하는 다양한 사회 활동을 전개하였다. 1901년부터 영문 월간지 'Korea Review'를 발행하였다. 헐버트 부인도 이화학당에서 음악을 가르쳤으며, 외국인 자녀들을 자신의 집에서 가르쳤다. 그녀는 또한 제중원에서 환자들을 돌보았다. 그는 현재의 동대문교회인 볼드윈교회를 맡아 담임 목회를 하였다. 이 때 외국 서적의 번역 작업과 외국에 대한 한국 홍보 활동을 벌여 많은 서적과 기사를 번역, 저술했다. 한국의 역사에도 많은 관심을 기울여, 1908년에는 관립중학교의 제자 오성근과 함께 '대한역사'라는 한글 역사 교과서를 출판하였다. 이 책은 상·하권으로 기획되었으나, 하권은 출간하지 못하고 상권만을 발행하였다. 이마저도 1909년 일제의 검열에 의하여 금서 조치되어 일본 경찰에 의하여 출판사에 있던 책이 모두 몰수되어 불태워졌다.

한국 독립운동 지원

1890년대 중엽에 조선은 일본제국으로 부터 위협을 겪게 되는데, 헐버트는 일제의 이러한 침탈 행위를 목격하면서 조선의 국내 및 국제 정치, 외교 문제에 관심을 가지게 되었고, 조선의 자주권 회복 운동에 헌신하기 시작한다. 1895년 을미사변 이후 헐버트는 고종을 호위하고, 최측근 보필 역할 및 자문 역할을 하여 미국 등 서방 국가들과의 외교 및 대화 창구 역할을 해왔다. 헐버트는 고종의 신뢰를 가장 많이 받은 외국인이었다. 헐버트는 1903년부터 타임스의 객원 특파원을 지냈으며, 1904년에는 AP 통신의 객원 특파원을 지냈다. 그는 러일전쟁을 깊이 있게 취재하여 송고하였다. 1905년, 일본 제국이 대한제국의 외교권을 빼앗는 을사늑약 사건이 있은 후에 헐버트는 을사늑약의 불법성과 무효성을 국제사회에 알리려 했으며, 대한제국의 자주 독립을 주장하고자 하였다. 또한 을사늑약의 무효성을 알리기 위해 고종 황제로부터 친서를 받아 1905년 미국 대통령에게 밀서를 전달하고자 하였으나 실현되지는 못했으며, 미국을 비롯한 열강 국가들에 을사늑약의 부당함을 알리는 역할을 하기도 하였다. 헤이그 특사인 이준·이상설·이위종을 헐버트 박사는 이들을 네덜란드 헤이그로 파견하는 데 크게 일조했다. 1907년 고종의 밀서를 받아, 비밀리에 네덜란드 헤이그 만국평화회의장에 비밀 특사 3명들을 파견하는 데 크게 일조하기도 했다.(헤이그 특사 파견을 위해 통감부의 감시속을 피해 사전 작업에 크게 공헌하였다. 이로 인해 헐버트는 제4의 특사로 불리기도 한다.) 그러나, 이를 눈치챈 일본 제국의 방해로 헤이그 특사들은 회의장에 입장조차 못했으며, 결국 실패로 끝나자 이것이 일본제국에 알려지게 되었고, 이를 빌미로 일본제국은 눈엣가시 같은 존재였던 헐버트를 대한제국에서 추방한다. 그럼에도 불구하고, 헐버트는 미국에서 서재필·이승만 등의 미주 독립운동가들에게 적극 지원하여 활동에 힘을 보탰으며, 한국의 분리 독립을 위해 미국 각지를 돌면서 일본제국의 침략 행위를 비난하였고, 한국의 분리 독립을 호소하였다. 1907년 7월 헤이그 평화 클럽에서 일본의 부당성을 질타한 후 미국으로 돌아갔다. 1908년 미국 매사추세츠 주 스프링필드에 정착하여, 스프링필드 훼이스 회중교회에서 목사로 안수받았다. 그는 미국 전역과 전 세계에 각종 회의와 강좌에서 일본 제국의 침략을 규탄하였고, 한국의 분리 독립에 관한 글을 썼으며, 1918년에는 파리 강화회의를 위한 '독립청원서'를 여운홍과 함께 작성하였다. 그는 1919년 3·1운동 후에는 이를 지지하는 글을 서재필이 주관하는 잡지에 발표하였고, 미국상원 외교위원회에 일본의 잔학상을 고발하였다. 1942년에는 워싱턴 D.C에서 열린 한국자유대회에 참석하였다. 1944년 그는 '한국문제연구회'에서 간행하는 '한국의 소리'라는 책자에서 루스벨트 대통령이 을사조약 직후 고종황제의 청을 받아들이지 않아 동양의 역사가 바뀌었고, 미국이 친일 정책을 썼기 때문에 태평양 전쟁이 일어났다고 주장했다. 제2차 세계대전이 끝난 후 패전국인 일본의 식민지였던 한반도는 독립되었고, 1948년 대한민국이 수립된 이듬해인 1949년 42년 만에 방한하였다. 방한 이후 1주일 후에 헐버트는 병사하여 8월 11일에 최초의 외국인 사회장으로 영결식을 거행하였고, 오늘날 양화진(楊花津) 외국인 묘지에 묻혔다. 그의 첫째 아들 쉘던은 2살 때 사망하여 이미 양화진에 묻혀 있었다.

헐버트는 샌프란시스코에서 대한민국으로 떠나며 언론에 "나는 웨스트민스터사원보다 한국땅에 묻히기를 원하노라."라는 유언을 남겼다. 다만 아쉬웠던 것은 그에게는 두가지 소원이 있었는데 이것을 이루지 못하고 죽었다. 첫번째는 통일된 한국을 보는 것이고, 두번째는 고종의 내탕금(內帑金. 조선시대 왕실의 사유재산)을 찾는 것이었다.

양화진 헐버트 묘

1950년 3월 1일에 대한민국 정부에서 외국인 최초로 건국공로훈장 태극장(독립장)을 추서했다. 전 대한매일신보 주필로 지냈던 영국인 어니스트 베델과 함께 조선 말기 '조선을 구하기 위해 활동한 대표적인 서양인'으로 손꼽히며, 오늘날 대한민국에서는 한국인들이 가장 좋아하는 외국인 1위로 꼽히기도 했다. 그의 저서 'The Passing of Korea'(대한제국 멸망사)는 그리피스의 'Hermit Kingdom(은자의 나라 조선)'과 이사벨라 버드 비숍의 'Corea and her neighbors(한국과 그 이웃나라들)'과 함께 조선 말기 3대 외국인 기록으로 꼽힌다. 2014년 10월 9일에 한글 보전과 보급에 헌신한 공로로 대한민국정부에서 금관문화훈장을 추서했다. 그는 교육자이자 언론인이기도 하였다. 한글로 된 교과서 외에도 영문으로 된 '한국의 역사'와 '대한제국 멸망사(The Passing of Korea)' 등을 편찬하여 미국 대중들이 한국을 이해하고 도울 수 있도록 노력하였다. 그는 한국어와 한글에 대해서 깊은 관심을 가졌는데, 인도의 드라비다어와 한국어를 비교한 논문을 내기도 하였다.

고종 밀사 헐버트

출처: 행정안전부 국가기록원

호머헐버트, 그는 대한제국의 국권 회복을 위해 일제에 맞서 싸우다 강제 추방까지 당했던 미국인 독립운동가였다. 이승만 대통령의 국빈 초청으로 신생 대한민국의 광복절 행사에 참석하기 위해 1949년 7월 29일 인천항에 도착한 헐버트 박사는 그만 여독을 이기지 못하고 병석에 눕고 말았다. 헐버트 박사가 이 땅에 첫발을 디딘 것은 그의 나이 23세 되던 1886년. 고종황제가 세운 우리나라 최초의 근대식 국립학교 '육영공원'의 영어교사로 부임한 그는 한글의 우수성과 독특한 한국 문화에 매료되었다. 1891년 최초의 순 한글 교과서인 '사민필지'를 만든 이도, 최초로 한글의 띄어쓰기를 제안한 이도, 구전으로만 전해오던 아리랑을 처음으로 채보하여 세계에 소개한 이도 헐버트였다. 이 무렵, 조선이 일본제국으로부터 노골적인 위협을 받고 있는 것을 알게 된 헐버트는 조선의 정치, 외교 문제에 관심을 두게 된다. 1895년 일제가 명성황후를 시해하는 만행을 저지르자 헐버트는 고종의 불침번을 자처했다. 일제가 미국사람을 어쩌지는 못할 거라는 생각에서였다. 고종은 그런 헐버트를 무척 신뢰했다. 1905년 10월 20일 고종은 국가의 존폐가 걸린 임무를 헐버트에게 맡겼다. 일제가 대한제국의 주권을 위협하고 있음을 미국정부에 알려 도움을 요청하는 일이었다. 1882년 조선과 미국 사이에 체결된 조미수호통상조약에는 제3국이 조선과 미국에 피해를 줄 경우 서로 돕는다는 약속이 들어있었다. 그러나 미국의 태도는 고종의 기대와는 전혀 달랐다. 그때 미국은 일본과 '태프트가쓰라' 밀약을 체결하고 미국은 필리핀을, 일본은 한국을 차지하기로 합의를 끝낸 상황이었다. 헐버트가 루즈벨트 대통령을 만나기 위해 동분서주 하는 사이 을사늑약이 체결되자 미국 정부는 이제는 고종의 친서가 효력이 없다며 외면했다. 고종은 미국에 있는 헐버트에게 전보를 통해 을사늑약이 일본의 무력으로 이뤄졌으며, 자신은 서명하지 않았다는 사실을 알렸다. 헐버트는 미국 정부를 공개적으로 맹비난했다. 1907년 7월, 헐버트는 만국평화회의가 열린 네덜란드 헤이그에서 이준·이상설·이위종 3명의 특사를 도와 국제 사회에 을사늑약의 불법성을 폭로하고 한국 독립의 정당성을 호소하는 데 필사적으로 매달렸다. 결국, 이 일로 일제의 강제 퇴거 명령을 받아 미국으로 돌아간 헐버트는 1945년 해방을 맞을 때까지 조선의 독립을 위한 기고와 강연 활동을 멈추지 않았다.

1905

단기 4238년/광무 9년/고종 42년

황성신문(皇城新聞)

대한광무9년5월2일 화요 제1931호

大韓光武九年五月二日火曜 陰曆乙巳三月廿八日辛丑 (一)

皇城新聞

光武二年三月八日 農商工部認可

第一千九百卅一號

每日發刊 日曜及慶節時休刊

광무2년(1878)3월8일 농상공부 인가

황성신문 1931호 대한광무9년 5월 2일자에 실린 주요 기사 내용

- ㅁ통신원 합동 예정서
- ㅁ경부 철도 직행열차 시간 개정표

황성신문(皇城新聞)

남궁억 등이 국민지식의 계발과 외세침입에 대한 항쟁의 기치 아래 1898년에 창간한 일간신문. 1898년 9월 5일 사장 남궁 억(南宮檍), 총무원 나수연(羅壽淵) 등이 국민 지식의 계발과 외세 침입에 대한 항쟁의 기치 아래 지금의 서울 광화문에서 창간하였다. 남궁 억은 『대한황성신문』의 판권을 물려받아 오늘날의 합자회사와 같은 고금제(股金制)를 신문사상 최초로 채택해서 운영하였다. 500고(股)의 고표를 발행하여 자본금 5,000원을 목표로 하였으나, 반수의 모금으로 발족되었다. 체재는 소형판(23×31㎝) 3단제로 본문은 4호 활자를 사용하였다. 문자는 국한문혼용이라고 하나 거의 한자에 한글로 토를 단 정도의 한문 위주의 문장으로 제작되어 『독립신문』 이후 여러 신문들이 순한글로 제작되던 전통을 깨뜨려 한학 식자층 독자들의 환영을 받았다. 지면의 기사 배치는 대한제국시대의 다른 신문들과 거의 마찬가지로 논설·별보(別報)·관보·잡보(雜報)·외보·광고 등으로 구성하였으며, 1899년 11월 13일자부터는 지면 크기를 확대하여 34.5×25.2㎝의 4면 4단제를 채용하고 기서(寄書)·고사사조(故事詞藻)·습유란(拾遺欄) 등을 신설하였다. 1900년 1월 5일자 신문부터는 외신을 게재하는 '전보'기사란에 "한성 루터 전특체(電特遞)"라고 부기하고 외국 뉴스를 게재하기 시작하였다.

출처: 위키백과

1905

단기 4238년/광무 9년/고종 42년

통신원총판육군중장▶ 우체사무 ▶우체조사관에게 보낸 공문서

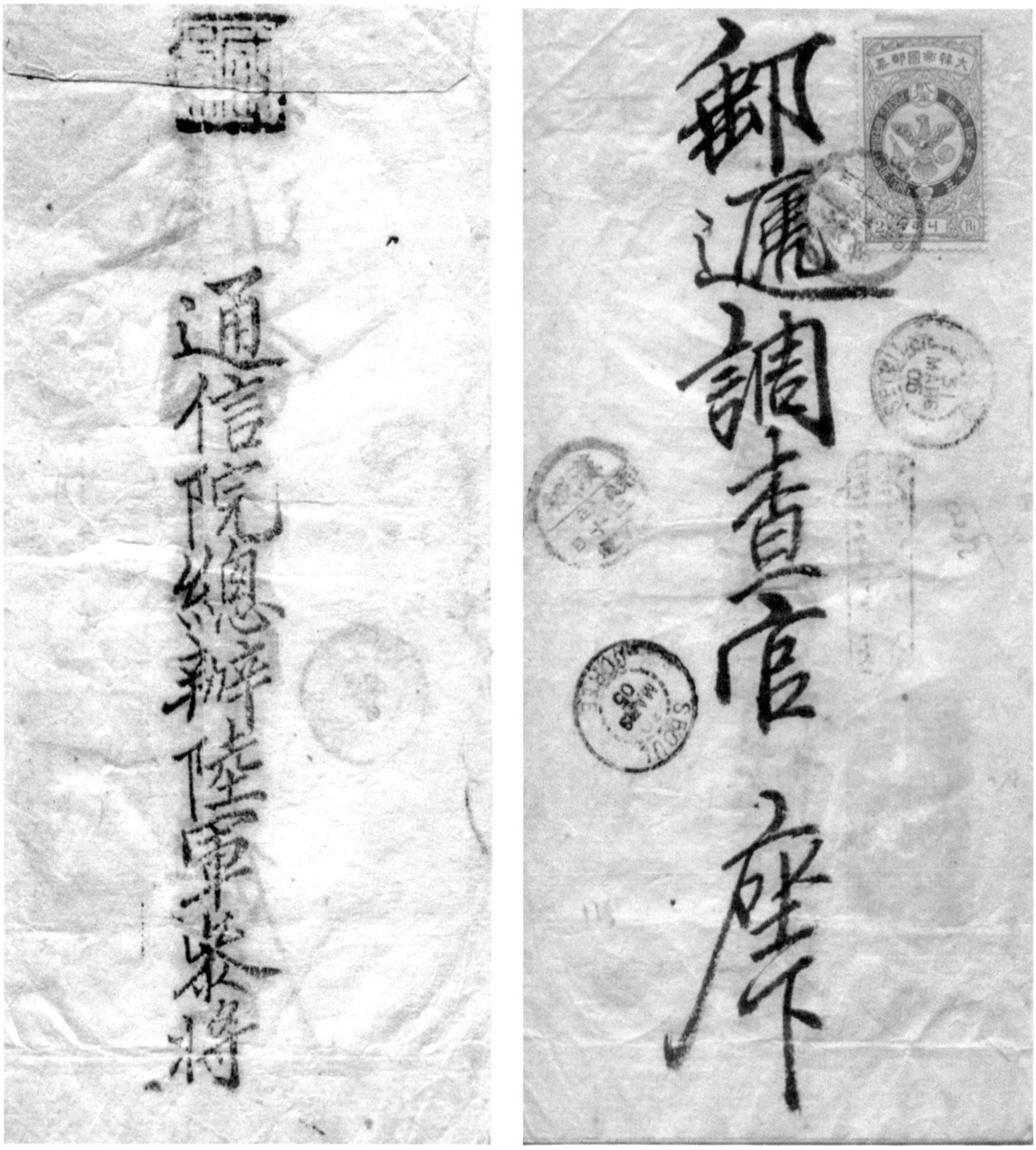

Official Business Postal Affairs Cover. 한일통신기관 합동 이후 1905. 5. 31일에 발송한 우체사무용 서신.

한성(漢城)우체사 한성 원일형 일부인. 광무 9년 3월 20일. SEOUL COREE 외체인. 31, MAI. 1905

ㅁ 통신원 총판 민상호가 일본에게 통신권이 박탈된 후에 1905년 3월 30일 사임 후 총판 장화식이 총판 서리가 되어 우체 조사관에게 보낸 공문서로 우체 사무용 우편은 무료이나 독수리 보통우표 2리를 첩부한 우체사무용 실체임.

1905

단기 4238년/광무 9년/고종 42년

독수리보통우표 3전. The Eagle Series

인천 감리서▶대법 주 한성 부영사에게 보낸 공문서

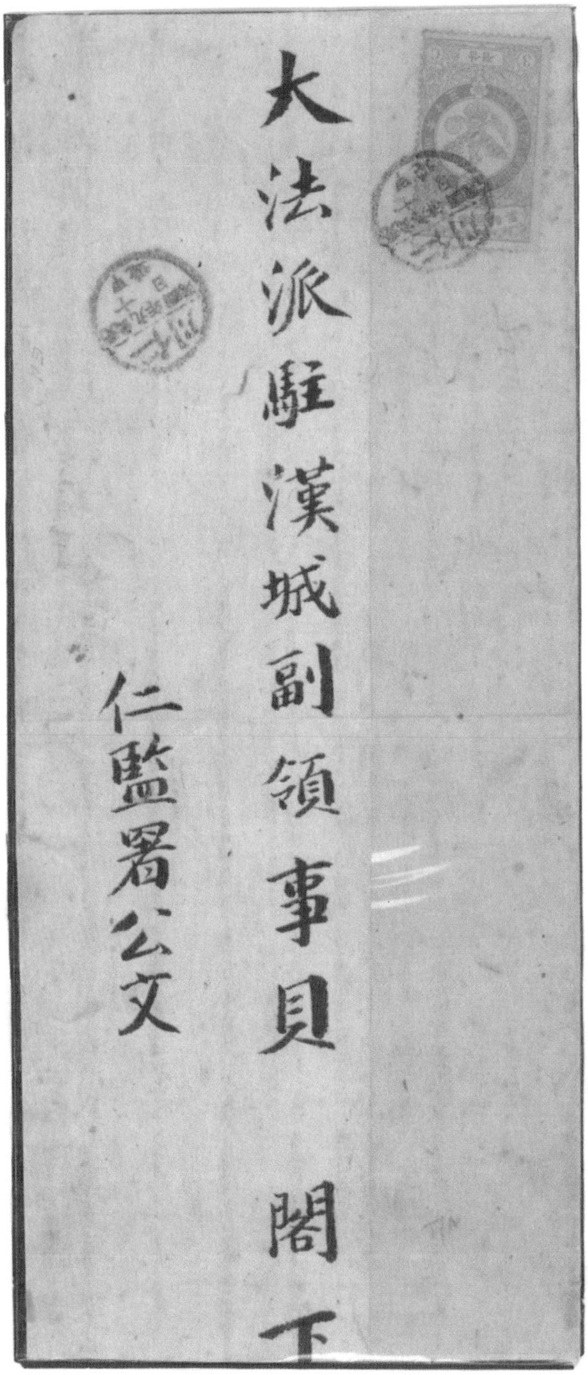

105x249mm

인천 원일형 일부인

인천 감리서(監理署) 연혁

인천항 개항 후 조선 정부는 외국인 거주지 설정, 외국 상인들의 출입, 선박의 입·출항 및 국제 교역 등 새로운 업무를 전담 처리하기 위하여 1883. 8. 19일 인천 개항장에 인천 감리서를 설치하였다.

또한 1895. 3월부터는 인천 감리서 내에 개항 재판소가 설치되어 개항장의 재판권을 행사하였고, 인천 감리서는 갑오개혁에 따른 지방제도 개편에 따라 고종32년(18 95) 5월 26일에 일시 폐지되기도 하였으나, 개항장에서 처리해야 할 업무가 증가하고 그 중요성이 부각되어서 1896. 8. 7일 감리서가 다시 설치됐다.

그러나 일제의 국권 침탈로 1906년 9월 24일 인천 감리서도 폐지되기에 이르렀고 그 담당 사무로 그 해에 10월 1일부터 통감부 이사청에서 관할하게 되었다.

현재: 인천광역시 중구 내동 83번지

1905

단기 4238년/광무 9년/고종 42년

한일통신협약 체결 직전

Incheon ▶ San Francisco ▶ Hoboken, U.S.A행

독수리보통 니전(2C) 7장 + 삼전(3C) 2장 첩부.

20 jeon(2전x7+3전x2). International letter rate(15 g) 10 jeon + registry fee 10 jeon

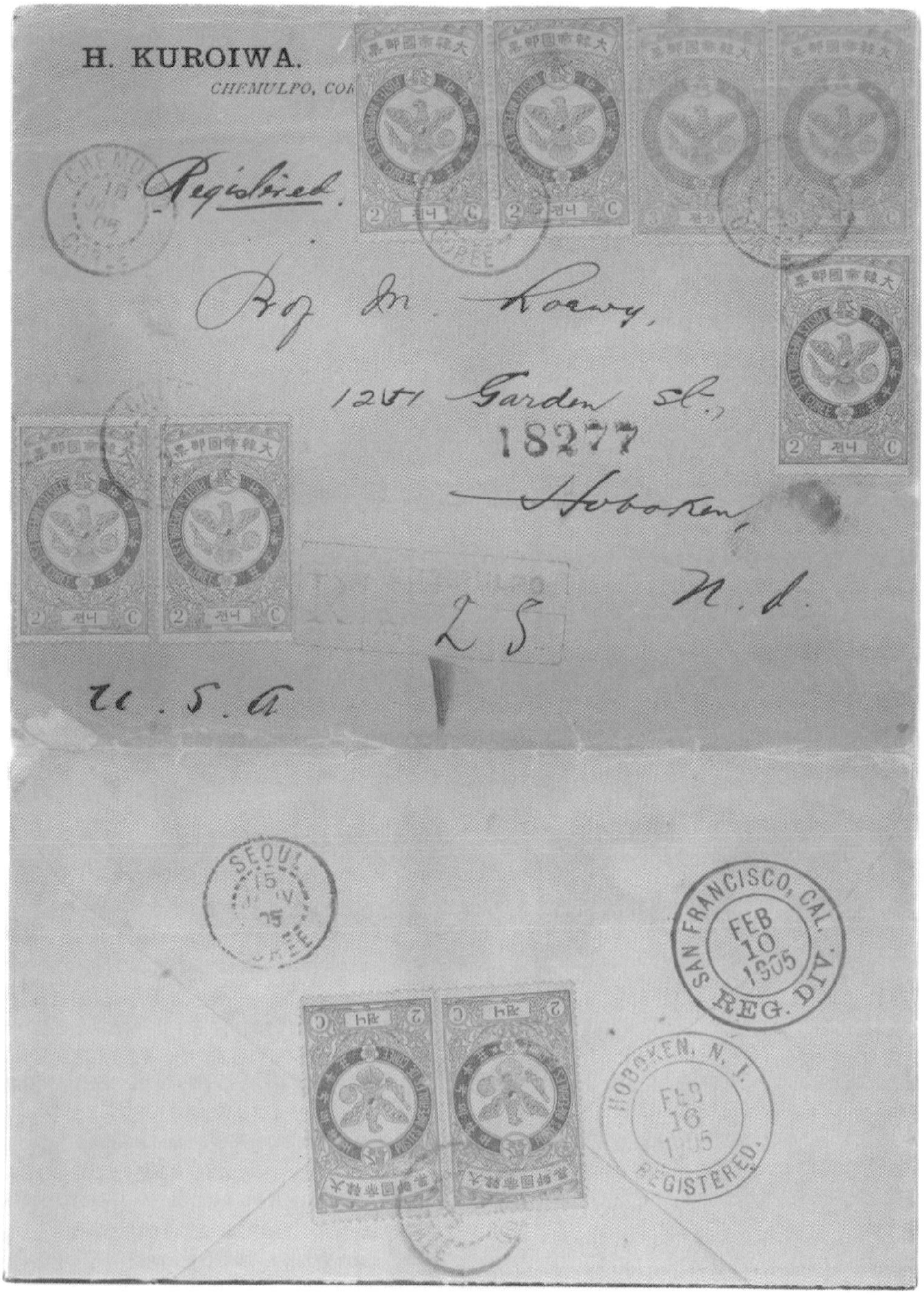

Incheon. Jan. 15, 1905-San Francisco. Feb. 10, 1905-Hoboken. Feb. 16, 1905

체송 기간: 32일

157x224mm

1905

단기 4238·광무 9년·고종 42년

2월 22일 일본이 독도[獨島]를 병합, '다케시마[竹島]'로 명명. 친일 단체 일진회가 한일보호조약 촉구성명. 10월27일 고종황제 칙령 제47호 대한적십자사 설립. 11월7일 을사늑약 체결. 11월30일 고종황제의 시종무관장 민영환, 을사보호조약 늑결을 개탄하여 자결. 11월30일 주한 영국공사관철수/8월20일 친일파 송병준·윤시병 등 친일단체인 유신회를 일진회로 개칭/8월22일 제1차 한일협약체결.

한일통신협약 체결 직전

한성▶동경행, 독수리보통우표 1전(3), 3전 첩부

A mail subjected to the second Korea-Japan special postage rates treaty(The treaty period. Oct. 1. 1901~Jun. 30, 1905). 3 jeon. letter rate to Japan 4 jeon - 1 jeon short(No "T"- 요금 부족인 누락)

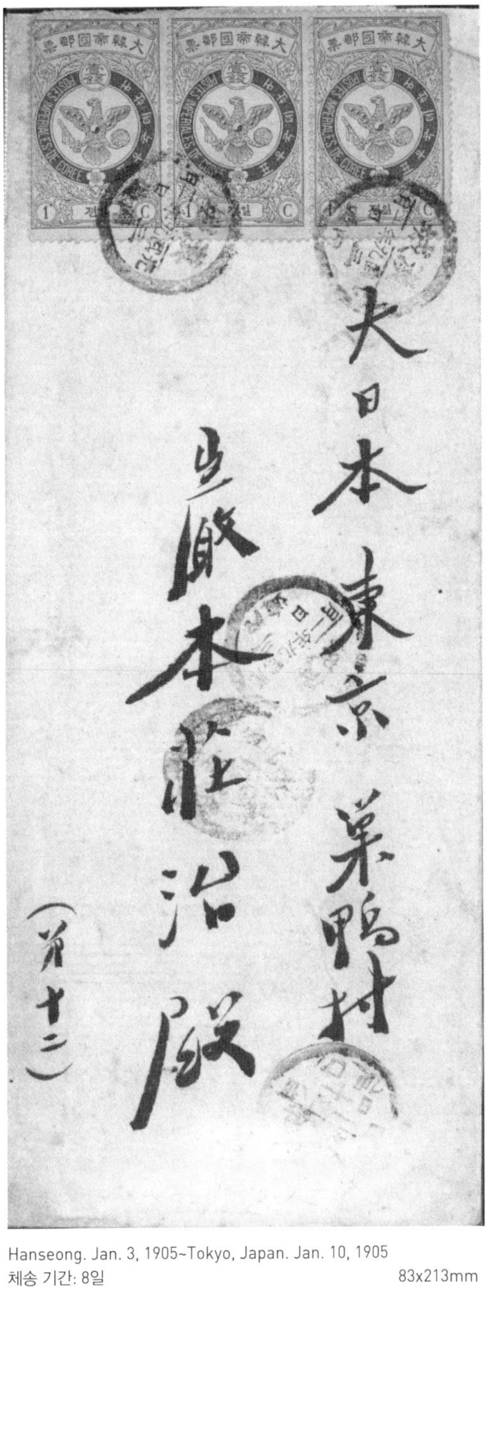

Hanseong. Jan. 3, 1905~Tokyo, Japan. Jan. 10, 1905
체송 기간: 8일 83x213mm

한성우체사 접수시간표

Dispatch numbers at Hanseong P.O.

갑체→am 8~
을체→am 10~
병체→am 12~
정체→pm 2~

한일통신협약 체결

1905년 4월 1일 대한제국과 일본간에 체결된 통신 관계 조약.

이 협정으로 한국의 통신시설은 일본의 관할로 넘어가게 되었다. 강화도 조약 이후 대한제국에 진출하기 시작한 일본은 대한제국 침략의 일환으로 대한제국의 전역을 관장하는 통신망을 구축하여 대한제국의 통신망을 강압적으로 흡수 통합하였다. 1904년의 1차 한·일협약 체결 후 일본은 대한제국의 통신사업이 적자를 면치못한다는 구실로 대한제국의 통신 사업을 일본에 위임할 것을 주장하였다. 그 후 을사조약 체결 7개월 전인 1905년 4월 1일 외부 대신 이하영과 일본공사 하야시 곤스케의 조인으로 한·일통신협정이 체결되었다. 이 협정의 체결로 일본은 궁내부 전화를 제외한 모든 통신 사업권을 강탈하고 통신에 관련된 기존의 모든 설비를 넘겨 받으며, 통신 기관의 확장이라는 명분으로 토지와 건물을 무상으로 사용할 수 있게 되었고, 물자의 수입도 면세의 특권을 누리게 되었다. 그리고 통신관의 운영과 관리는 일본이 독자적으로 행한다고 하여 대한제국의 통신주권을 완전히 장악하였다. 침약 야욕의 서막이 진행된 것이다.

출처: 위키백과

1905

단기 4238년/광무 9년/고종 42년

법국(프랑스)▶Seoul Corea
주 대한제국 초대 공사 꼴랭 드 쁠랑시에게 체송된 실체 엽서

Paris, France. 24, Dec.1905 - Via Shang-Hai. 30, Jan. 1906 - Seoul 도착 111x142mm
Seoul(京城) 도착인 없음.

Collin De Plancy. 1852~1922. France

주 대한제국 프랑스 초대공사
'직지심체요절'을 프랑스로 가져간 사람

주 대한제국 초대 공사
꼴랭드쁠랑시에게 체송된 실체 엽서

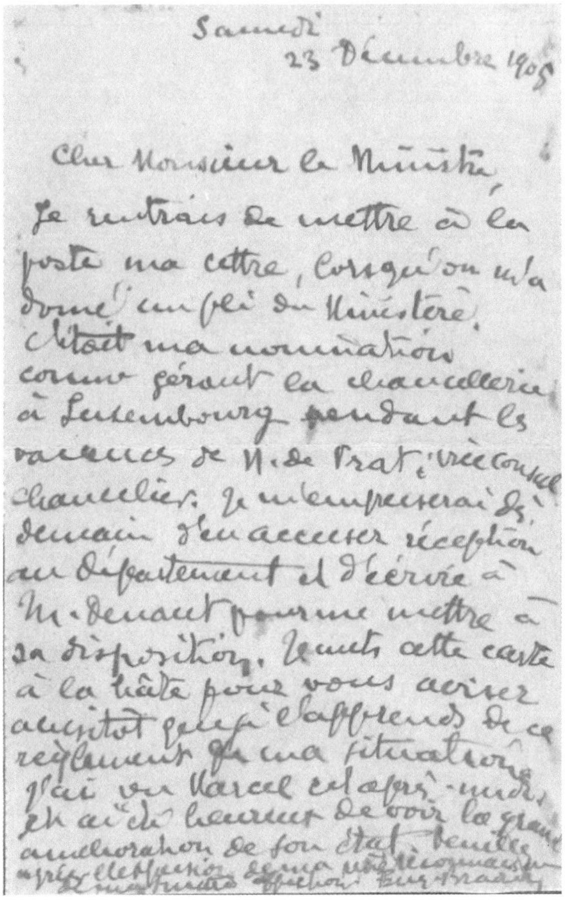

Samedi
23 Décembre 1905

Cher Monsieur le Ministre,
Je rentrais de mettre à la poste ma lettre, lorsqu'on m'a donné un pli du Ministère. C'était ma nomination comme gérant la chancellerie à Luxembourg pendant les vacances de M. de Prat, vice consul chancelier. Je m'empresserai dès demain d'en accuser réception au Département et d'écrire à M. Denault pour me mettre à sa disposition. Je vous écris cette carte à la hâte pour vous aviser aussitôt que j'apprends de ce règlement de ma situation. J'ai vu Marcel cet après-midi, et ai été heureux de voir la grande amélioration de son état. Veuillez [illegible]

Collin de Plancy 1852~1922. France

꼴랭드쁠랑시의 조선인 아내

리진(Lee Jin, 李眞, 리심 李心) 조선의 궁중 무희이자 관기로서, 조선 최초의 근대화 여성이다. 리진은 외국 공사들 앞에서 춤을 선보였다. 프랑스 외교관 콜랭 드 플랑시를 따라 파리에 간 리진은 조선 사회에서는 접할 수 없었던 서구의 근대 문화와 앞선 지식을 배우게 된다. 그녀는 플랑시가 고용한 가정교사로부터 프랑스어를 배워 프랑스의 책과 문물을 접하게되고, 자유와 평등의 가치를 깨닫는다. 허나 동양인에 대한 편견과 조국에 대한 그리움, 또 서양인에 대한 열등감에 시달린다. 그러다가 1896년 4월 27일, 플랑시와 리진은 플랑시가 조선의 3대 프랑스 공사로 취임하게 되어 다시 조선으로 돌아온다. 허나 리진은 신분 사회의 벽을 넘지못하고 다시 관기의 신분이 되고, 프랑스에서 알게 된 자유와 평등을 상실하게 된다. 결국 리진은 견디지 못하고 금조각을 삼키고 자살함으로써 생을 마감하는 비운의 여인이다.

출처: 외교부 통합 블로그 모파랑. 위키백과

직지(直指)

주 대한제국 초대 공사인 쁠랑시는 골통품 수집가로 그의 조선인 아내인 '리심'을 위하여 그동안 수집한 고서중 '직지심체요절'을 프랑스로 가져갔다고 전해진다. '직지'가 프랑스 국립도서관에 보관중인 것은 사실이다. 쁠랑시는 프랑스 파리대학에서 법학을 공부하고 동양어학교에서 중국어를 공부한 후 1877년 중국 프랑스 공사관 통역으로 북경에서 6년간 체류, 1888년 초대 대한제국 주재 대리공사로 임명되어 1891년까지 한성에 거주하였다. 그 기간 동안 대한제국의 도자기, 고서 등 골통품을 수집하기 시작했고, 대사관의 서기관으로 부임해 온 모리스꾸랑(Maurice Courand)에게 책의 목록을 만들도록 지시하고, 서울에 머무는 4년 동안 1년에 한 번씩 수집한 책을 모국인 프랑스로 보냈는데 이때 쁠랑시가 보낸 책이 동양어학교 최초의 대한제국 관련 책이였다. 그 후 5년간 일본에 근무하고 난 그는 다시 대한제국 주재 프랑스공사로 임명되어 1896년부터 1906년까지 10년간 대한제국 총영사겸 한성주재 공사로 한성에 머물렀다. 그가 수집한 수집품 중 가장 뛰어난 것이 1377년 금속활자로 인쇄된 '직'지 하권이다. 1911년 3월 27일과 3월30일에 프랑스 드루오 경매장에서 쁠랑시 소장품 883점에 대한 경매가 있었다. '직지'는 경매에서 골동품 수집가인 앙리 베베르가 180프랑에 낙찰받아 소장했다. 그후 앙리의 유언장에 의하여 1950년 프랑스 파리 국립도서관에 기증되어 현재 파리 국립도서관에 보관중에 있다.

기증 번호 9832번, 파리 국립도서관 도서번호 109번(COREEN 109)

원명: 백운화상초록불조직지심체요절(白雲和尙抄錄佛祖直指心體要節)

세계에서 가장 오래된, 금속활자로 인쇄된 책이며 백운화상 경한(景閑 號는 백운)이 선(禪)의 요체를 깨닫는 데에 필요한 내용을 발췌하여 1377년에 펴낸 고귀한 불교서적으로서 직지심체요절', '직지'로 부른다. 元나라에서 받아온《불조직지심체요절》내용을 대폭 늘려 상·하 2권으로 엮은 것이다. 중심 주제인 직지심체(直指心體)는 사람이 마음을 바르게 가졌을 때 그 심성이 곧 부처님의 마음임을 깨닫게 된다는 것이다. 역사학자 박병선 박사(1923. 3. 25-2011. 11. 22. 경성부 출생)에 의해 전 세계에 남아 있는 금속활자로 인쇄된 책 중에서 가장 오래된 것이라 밝혀졌고, 1972년 유네스코가 지정한 세계도서 박람회에 박병선 박사의 꾸준한 노력으로 공개되었다. 2001년 9월 4일에《승정원일기》와 함께 유네스코가 지정한 세계기록 유산에 등재되었는데, 이는 고 박병선 박사의 고국의 문화 유산을 세계에 알리고 지키기 위한 노력의 결실로 이루워진 것이다. 그리고 그는 '직지'가 세계 최고 금속활자본인 기존의 역사를 바꾼 1등 공신이며 대한민국 훈장을 받았고, 2011년 11월22일 향년 88세로 별세하였다. 서울대학교 사범대학 역사학과를 졸업한 후 프랑스로 유학 후 역사학을 연구하였다.

1905

단기 4238년/광무 9년/고종 42년

이화보통우표 2원 단첩 등기 실체

Chemulpo ▶ Boston, U.S.A행

31 JAN. 1905 Chemulpo-1 FEB. 1905 Seoul-10 Mar. 1905 Boston도착

AR Delivery Certification for Oversea mail(외신용 배달증명인)

대한제국군 해산(大韓帝國軍解散)

1907년 7월 31일 밤, 대한제국 순종 황제가 군대 해산을 명하는 조칙을 내려 군대를 해산했다고 알려진 사건이다. 서울의 군대를 시작으로 하여, 8월 1일에서 9월 3일에 걸쳐 대한제국 군대가 해산되었다. 후에 순종 황제 조칙이 이토 히로부미와 이완용에 의해 위조된 것이라고 밝혀졌다.

대한제국 군대해산 당시 일본군에 의해 무장해제를 당하고 있는 대한제국군 모습

1905

단기 4238년/광무 9년/고종 42년

SEOUL ▶ 미국행

3전(2전 우표X12전 우표x5, 인쇄물(50g) 외체 요금 + 10리(1전)5매 추가 첩부

1905년 영국·일본 조약

영국과 일본은 두 가지 조약에 서명하였다. 첫째는 1902년과 다음은 1905년 8월 12일 개정한 내용이다. 1905년 한국에 적용될 수 있는 내용 해석은 다음과 같다.

제3조

"... 일본은 한국에서 최고의 정치적, 군사적과 경제적 이익을 가지며, 영국은 한국에서 지도와 통제와 보호의 수단을 취하는 일본의 권리를 인정한다. 일본은 보호와 그런 이익을 취하기 위한 적절한 수단을 강구할 수 있으며, 그러한 수단은 모든 나라의 상업과 공업을 위한 동등한 기회에 반하지 않을 것임을 보장한다. ..."

부기

"일본이 한국을 제3자의 공격으로부터 보호하고 한국의 대외관계와 관련하여 간섭을 받지 않도록 하기 위하여 적절한 조치가 필요한 경우 영국은 일본의 행동을 지지한다."

출처: 위키백과

1905

단기 4238년/광무 9년/고종 42년

Gwendoline(은산우체물영수소) ▶ Seoul ▶ via San Francisco ▶ London, England행

은산우체물영수소 청색 일부인

외체인(外遞印) 11종 중 유일하게 청색(靑色) 일부인을 사용하였다.
Gwendoline은 은산(殷山)의 영어식 명칭으로 대한제국 당시 은산지역의 금광 채굴권을 영국인들이 획득하면서 은산을 Gwedoline으로 호칭한 것으로 추정한다.

외체인 11개소

Seoul(한성)·Seoul NO.1(한성 1호 지사/돈의문외 지사)·Chemulpo(인천)·Gensan(원산)
Fusan(부산-동래)·Masanpo(창원)·Kunsan(옥구)·Mokpo(무안)·Chinampo(삼화-남포)
Kiengheung(경흥)·Gwendoline(은산)

우체물영수소(郵遞物領收所)

은산우체물영수소(殷山郵遞物領收所) 광무 5년 7월 1일 설치
마포우체물영수소(麻浦郵遞物領收所) 광무 5년 10월 21일 설치
초량우체물영수소(草梁郵遞物領收所) 광무 6년 1월 1일 설치

1905

단기 4238년/광무 9년/고종 42년

예식원(禮式院) 공용 서신

대한제국 시기에 황실의 대외 교섭 관련 사무를 담당하던 궁내부 산하 기구

갈(葛) 공사(청국)에게 보낸 공용 서신

Seoul. 25, MARS. 1905 305x120mm

1905

단기 4238년/광무 9년/고종 42년

한일통신업무합동 기념 절수(명치 38년 7월 1일 발행)

154x255mm

日韓通信業務合同紀念切手（明治三十八年七月一日發行）

日韓通信業務は明治三十八年七月一日を以て全部合同に歸し舊韓國政府發行の切手は同年六月三十日限り賣捌を廢止する事となれり玆に於て此の合同事業を紀念する爲めに左の切手を發行し本邦及朝鮮内に於て發賣する事とせり

圖解

圓形中右方には我皇室の御紋章と李花の枝左方李王家の御紋章と櫻花の枝とを互に之を描き上下に鳩を添綴して平和の内に通信業務の合同を了したる意を偶せしなり

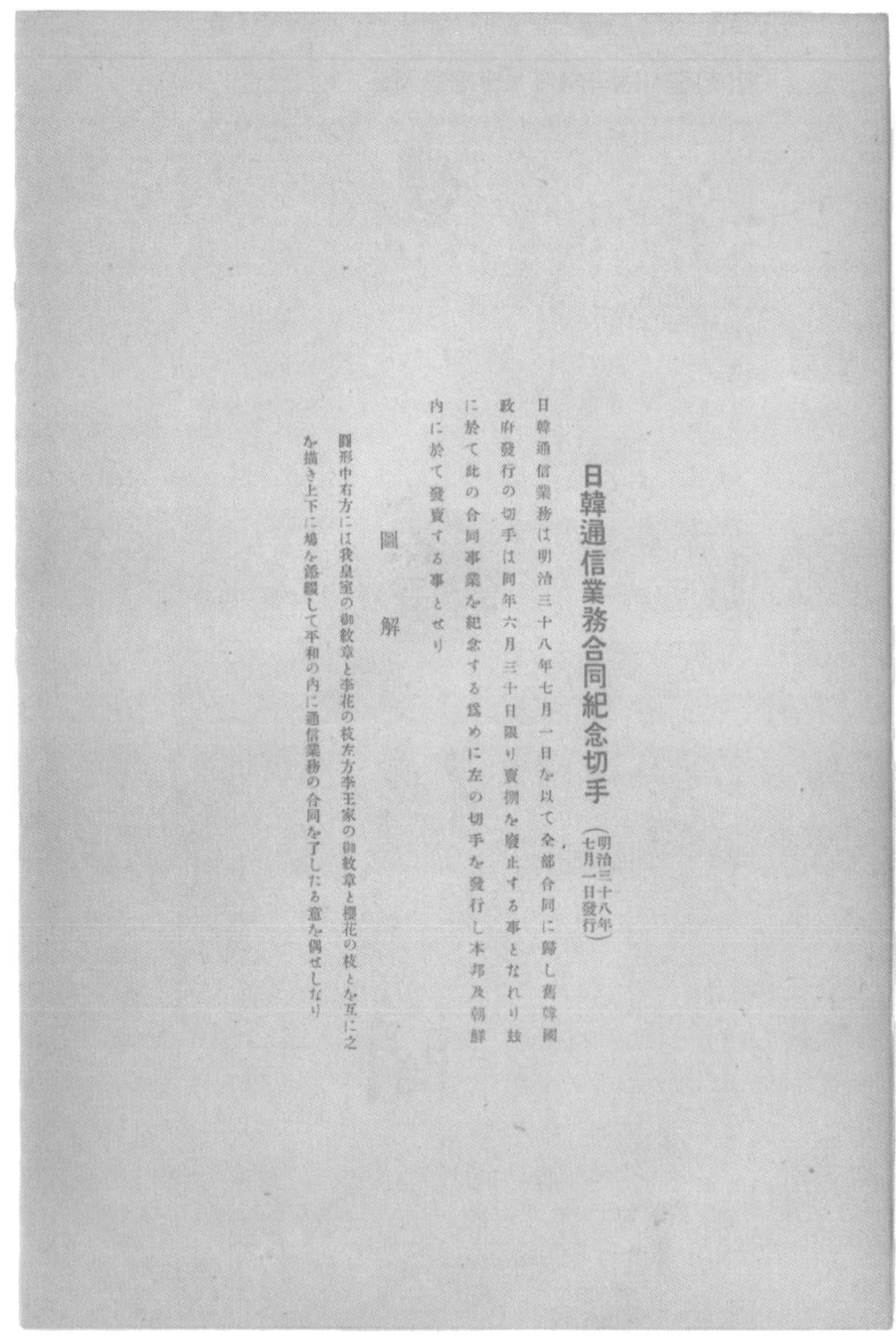

1905. 4. 1 한일통신권협정[韓日通信權協定] 체결 이후 일제의 통신사무인계위원회[通信社務引繼委員會]에서 한일통신기관합동[韓日通信機關合同] 기념 우표 [3전] 발행 및 한국 우표, 엽서의 6월말 한하여 발매하고 이후로는 사용을 금지한다고 공고하였다.

한일통신기관협정 원문

출처: 1970.12. 4일 체신부 발행 한국우정사[1]

韓日通信機關協定(한일통신기관협정)

日韓兩國政府(일한 양국 정부)는 韓國通信機關(한국 통신 기관)을 整備(정비)ᄒᆞ야 日本通信機關(일본통신기관)과 合同聯絡(합동연락) ᄒᆞ야 兩國共通(양국공통)의 一組織(일조직)을 成(성) 함으로서 韓國(한국)의 行政上(행정상)과 經濟上(경제상) 得策(득책)으로ᄒᆞ야 且爲之(차위지) ᄒᆞ야 韓國(한국)의 郵便電信電話事業(우편 전신 전화 사업)을 日本國政府(일본국 정부)의 管理(관리)에 委託(위탁)ᄒᆞ는 必要(필요)를 因(인)ᄒᆞ야 大韓帝國外部大臣 李夏榮(대한제국 외부대신 이하영) 及(급) 大日本帝國特命全權公使林權助(대일본제국 특명전권공사 하야시곤스케)는 各 相當(각 상당) 한 委任(위임)을 承有(승유)ᄒᆞ야 玆(자)에 左開條項(좌개 조항)을 議定(의정)함.

第一條(제1조) 專屬電話(전속 전화)를 除(제)함. 管理(관리)를 日本國政府(일본국정부)에 委託(위탁) 할 事(사).

第二條(제2조) 他一切設備(기타 일체설비)는 本協約(본 협약)에 依(의)ᄒᆞ야 日本國政府(일본국 정부) 保管(보관)에 移屬(이속) ᄒᆞᆯ 事(사). 前項(전항) 土地建物設備(토지 건물 설비)에 關(관) ᄒᆞ야는 兩國官憲(양국 관헌)이 會同(회동) ᄒᆞ야 財産目錄(재산목록)을 調製(조제) ᄒᆞ야 以爲他日之證(이위 타일지증)이라.

第三條(제3조) 遇(경우)에는 國有(국유)의 土地及建物(토지 급 건물)은 無償(무상)으로 使用(사용)ᄒᆞ며 及一私人(급일 사인)의 土地建物(토지 건물)은 有償(유상)으로 收用(수용)함을 得(득)할 事(사).[國有土地及建物 然償使用 除郵電兩司外 宮內府所管施設 各陵園墓廟社附近及 各官解不在此限, 국유 토지 급 건물의 무상 사용에 있어서는 우전 양사의 것을 제외하고, 궁내부 소관의 각 능. 원. 묘. 묘. 사 부근의 토지와 그 소속 공공 건물은 이에 들어가지 않는다]

第四條(제4조) (자기계산)으로 善良(선량)한 管理人(관리인)의 責(책)에 任(임)할 事(사). 통신기관(通信 機關)의 관리급(管理 及) 재산(財産)의 보관(保管)에 通信機關(통신기관)의 擴張(확장)에 要(요)ᄒᆞ는 費用(비용)도 亦是(역시) 日本國政府(일본국 정부)의 負擔(부담)으로 할 事(사). 日本國政府(일본국정부)는 通信機關(통신 기관)의 管理(관리)에 關(관)한 財政狀況(재정 상황)을 韓國政府(한국 정부)에 公示(공시)할 事(사).

第五條(제5조) 物件(물건)에 對(대)ᄒᆞ야는 一切(일체) 課稅(과세)를 免除(면제)함이 可(가)할 事(사) 日本國政府(일본국정부)가 通信機關(통신 기관)의 管理(관리)며, 擴張上(확장상) 必要(필요)로 ᄒᆞ는 設備(설비)와

.第六條(제6조) 通信院(통신원)을 存置(존치) 함은 韓國政府(한국 정부)의 任意(임의)로 할 事(사). 日本國政府(일본국정부)의 管理及(관리 급) 業務擴張(업무 확장)에 抵觸(저촉)치 아니ᄒᆞ는 範圍內(범위내)에서日本國政府(일본국 정부)는 管理及(관리급) 擴張(확장)의 業務(업무)에 關(관)ᄒᆞ야 되도록 多數(다수)의 韓國 管理(한국 관리)와使人(사인)을 任用(임용)할 事(사).

第七條(제7조) 協定(협정)ᄒᆞ던 事項(사항)에 對(대)ᄒᆞ야는 日本國政府(일본국 정부)가 對(대) ᄒᆞ야 其權利(기 권리)를 行使(행사) ᄒᆞ며 其義郵便電信及電話(우편전신급전화)에 關(관)ᄒᆞ야 旣往(기왕)에 韓國政府(한국 정부)가 外國政府間(외국 정부 간)에務(기 의무)를 行銀(이행) 할 事(사) 通信機關(통신 기관)에 關(관)ᄒᆞ야 將來(장래)에 新(신)히 韓國政府(한국정부)와 外國政府間(외국정부 간)에 協定(협정) 하는必要(필요)가 有(유)할 境遇(경우)에는 日本國政府(일본국 정부)는 韓國政府(한국 정부) 代(대)로 其協定(기 협정)의 責(책)에 任(임)할 事(사).

第八條(제8조) 各種協定(각종협정)은 本協約(본 협약)에 依(의)ᄒᆞ야 當然(당연)히 改廢變更(개폐변경)한 者(자)로 할 事(사). 日本國政府(일본국정부)와 韓國政府間(한국정부 간)에 旣往(기왕) 成立(성립)한 通信機關(통신기관)에 關(관) 한

第九條(제9조) 理保管及(관리 보관 급) 新事業擴張(신사업확장)에 消費(소비)ᄒᆞ는 出費(출비)에 對(대)ᄒᆞ야 十分(십분) 收益(수익)이 生(생) 韓國通信事業(한국 통신 사업)의 發達(발달)을 爲(위)ᄒᆞ야 日本國政府(일본국 정부)가 旣成設備(기성 설비)의 管함에 至(지)한 時(시)에는 日本國政府(일본국정부)는 收利內(수리내) 相當(상당)한 額數(액수)를 韓國政府(한국정부)에 交付(교부)할 事(사).

第十條(제10조) 將來(장래)에 韓國政府財政(한국정부 재정)이 十分(십분) 餘裕(여유)가 生(생)ᄒᆞ는 時(시)에는 兩國政府(양국정부)는 協議(협의)ᄒᆞ야 通信機關(통신 기관)의 管理(관리)를 韓國政府(한국 정부)에 還付(환부) 할 事(사).

光武 九年 四月 一日(광무 9년(1905) 4월 1일)
大韓帝國 外部大臣 李夏榮(대한제국 외부대신 이하영)
大日本國 特命全權公使 任 勸助(대일본국 특명 전권공사 하야시곤스케)

1905

단기 4238년/광무 9년/고종 42년

보령 향장(鄕長) 유석위가 홍주우체사장에게 보낸 서찰

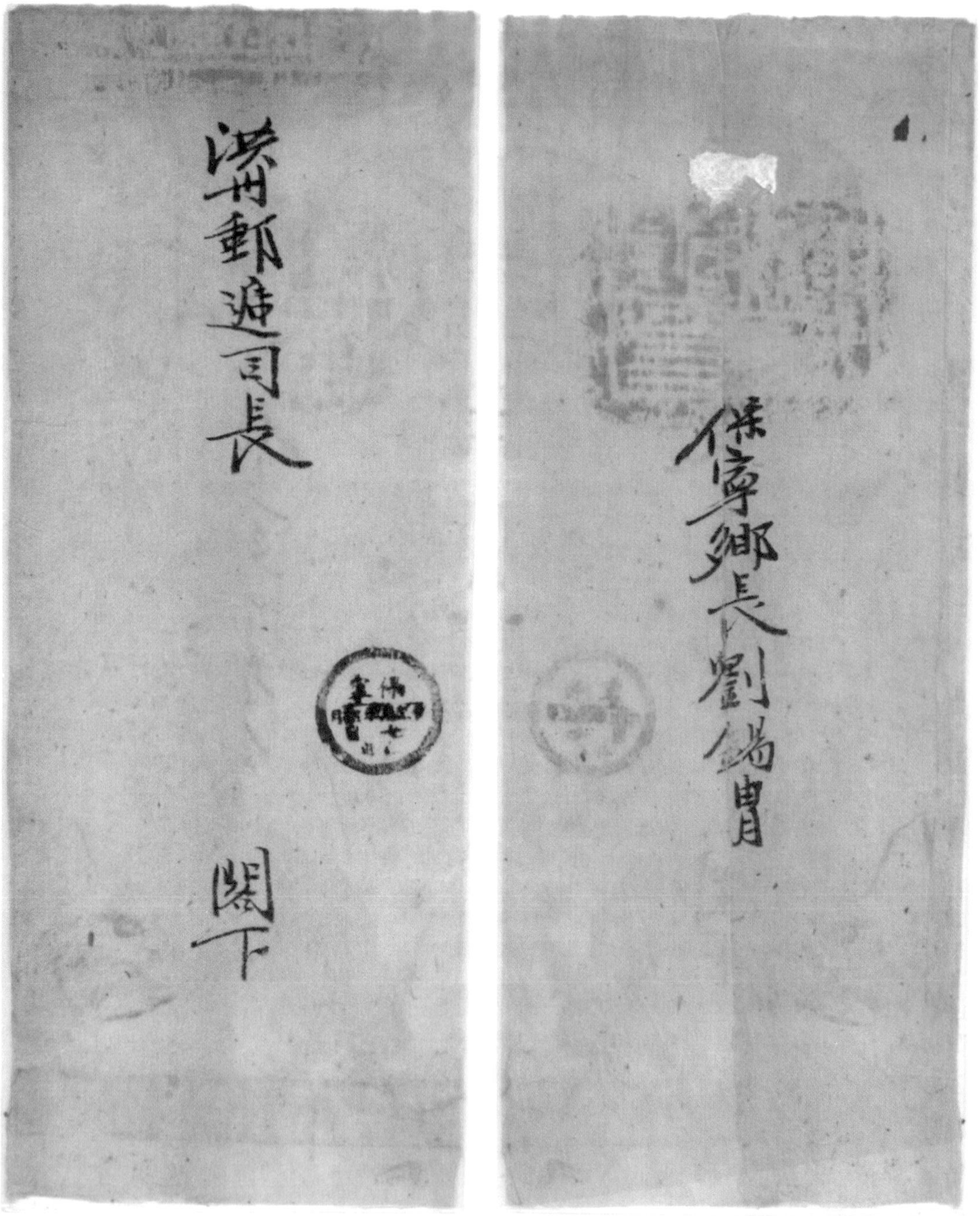

1905

단기 4238년/광무 9년/고종 42년

독수리보통우표 3전. 국내 우편 요금 3전. 정상 요금
한일통신협약 체결 이후에 체송된 국내 서신

인천▶한성 대청사서(淸國領事官) 전(錢)대인에게 보낸 서신

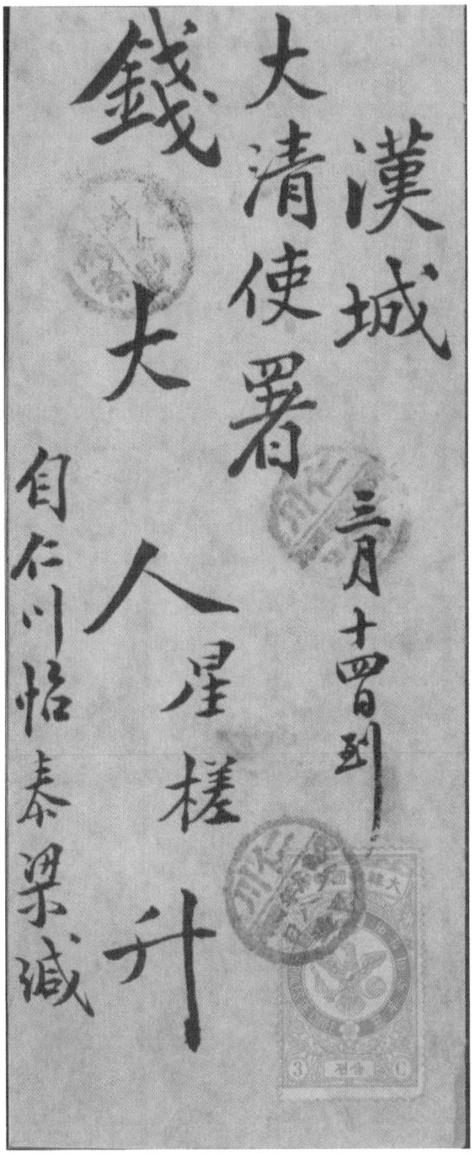

인천. 광무 9년(1905) 4월 18일 갑체 - 한성
광무 9년(1905) 4월 18일. 병체(丙遞) 76x181mm

청국 영사관 연혁

설치 연도: 1884년

조선말기 청국은 1883년 일본이 인천에 조계지를 설치 후 1884년 10월 청국 지계를 설치하고, 청국이사부, 이사서라 호칭하는 영사관을 설치하였다. 그후 이곳은 청·일전쟁으로 폐쇄었다가, 1898년에 다시 영사관을 개설하고 자국민을 보호하는 업무를 수행하면서 1930년대에 이르러 중국과의 관계가 악화되고 전쟁에 휩싸이며 영사관도 폐쇄되었다. 관내의 자국 거류민의 결속과 생활 기반의 안정 등을 위하여 설립된 건물인 청국 영사관 회의청은 한국전쟁 당시 파괴된 청국 영사관 터 뒷편에 남아 있는 1층 건축물로 1910년에 건립되었다.

출처: 위키백과

1884년 10월 영사관 설치

인천시 중구 서린동 49. 현 인천화교소학교. 화교중신학교 인천에 조계를 설치하고 그 해 10월 영사관을 설치하였다. 초대 영사는 가문연(贾文燕)이 부임하였고, 그 후 영사관을 변리 가문연(贾文燕)이 부임하였고, 그 후 영사관을 변리청, 이사서, 이사부, 혹은 청관이라 하였다.

현재 당시 영사관 건물은 소실되었고 청국 영사관 터에 화교중신학교가 1934년에 신축되었다. 청국 영사관 회의청은 1910년도에 가문연이 건립 하였다. 건물 정면에는 가문연이 1910년에 쓴 만국의관(萬國衣冠) 이라는 현판과 조선인 총상회가 1922년에 설치한 약선호시(藥善好施)라는 현판이 좌우에 함께 걸려 있어 건물의 연혁을 입증하고 있다.

◀인천우체사 원일형 일부인
광무 9년 4월 18일
당일 체송

대한제국 인천 우체사
1895년 6월 1일. 대한제국 농상공부령 제2호. 고시 제2호에 의거 우체사 설치 착수 1895년 6월 1일 대한제국 농상공부령 제2호. 고시 제2호에 의거 우체사 개국.

1905년 주요 우편사

1월 9일 탁지부에 본년도 각 지방 우·전사 경비액을 별송 명세대로 각 부·군(府郡) 공전(公錢)으로 획급토록 요청

1월 23일 평양우체사 경비, 광무7, 8년도분 여액을 아직도 지급치않아 폐무지경(廢務地境)이니 조속 선처토록 탁지부에 요청

1월 27일 전·우 양사 원역(員役), 공두(工頭), 체전부 등 월료(月料) 1원씩 더 주도록 탁지부에 요청

2월 9일 전우사(電郵司) 관원의 연말 상여금을 지급치 않기로 결정

2월 19일 통신원 총판 민상호 사직을 상소, 회판 장화식(張華植), 총판 서리에 피명

1905

단기 4238년/광무 9년/고종 42년

한일통신협약 체결 이후

의주우체소는 1905년 6월 15일 일제의 의주우편국에 흡수 통합을 당했음에도 불구하고, 대한제국의 원일형 일부인과 분전요증의 형식을 그대로 사용한 실체임.

평북 의주우체사로 체송된 등기 분전요증

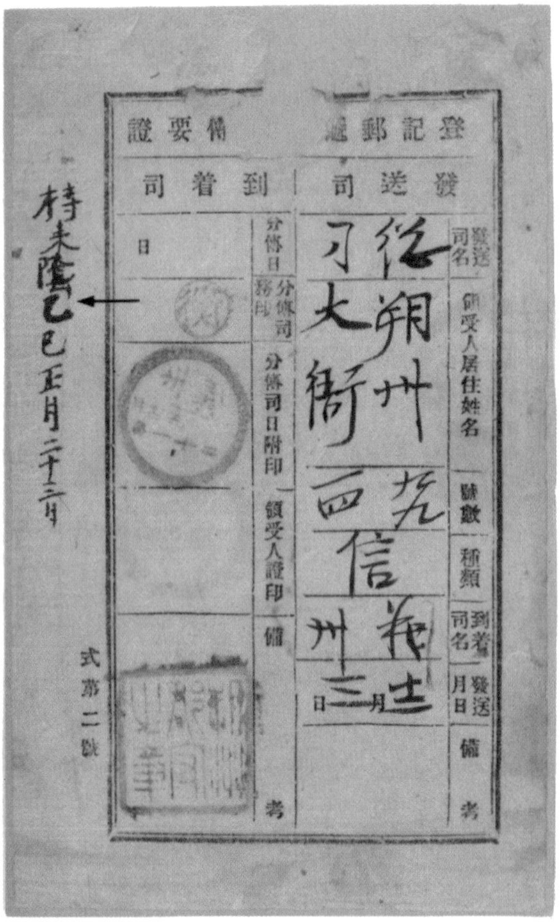

평안북도 의주우체사. 1905(광무 9년) 12. 21 도착
체송 기간: 18일

100x160mm

등기 우체물 분전요증

서식 제2호
발송사(發送司)
발송사 명 덕우 德羽
영수인 거주 성명
삭주 대형
호수 1499
종류 신信
도착사 명 의주
발송 월·일 12월 3일

도착사
분전일
분전 사무인
분전사 일부인

의주우체사 일부인
영수인 증 인 광무 9년
12월 21일
공란
비고 주색 직인

삭주우편소(朔州郵便所)

평안북도 삭주군 삭주읍
1910. 9. 28
조선총독부 고시 제226호
우편물·전신 사무 개시

의주우체사 연혁

1896. 4. 25 평안북도 의주에 개설한 우편업무 기관
1905. 6. 15 한일통신협약 체결로 일제의 의주우편국 흡수통합. 신의주 미륵동(彌勒洞) 우편소
1934. 3. 16 평안북도 신의주부 미륵동. 조선총독부 고시 제104호. 우편소 설치

의주우편국

평안북도 의주군 의주읍
1911. 3. 30 조선총독부 고시 제87호. 우편 위체 사무 취급 개시
1911. 5. 15 조선총독부 고시 제127호. 특설 전화 가입 신청. 전화 교환 업무 개시

1905

단기 4238년/광무 9년/고종 42년

한국 초량(재한 일본초량우편소)▶경성부행

일본 우표 첩부. 주식회사 조선식산점 초량지점→ 경성부 조선식산점 어중

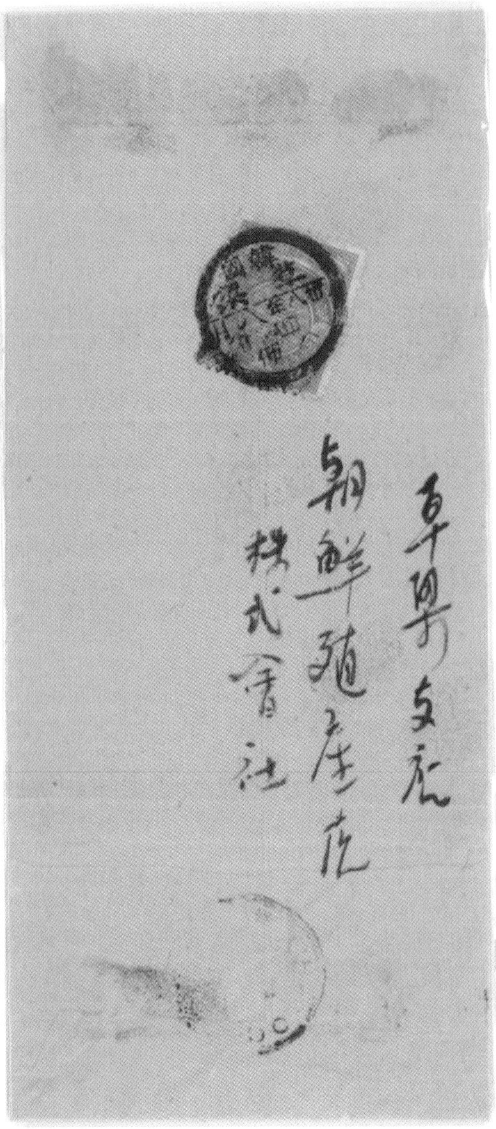

한국초량. 명치 38(1905) 8. 4-경성 77x174mm

출처: 1903년 5월 '제국신문' 사설 중/위키백과

1,033명 여권

에니깽, 멕시코 에네켄 이민자들

"묵서가(墨西哥)에서 4년만, 일하면 부자가 되어 돌아온데"
"나라 도장 찍힌 여권을 고이 품고 배에 올랐지"

1905년 5월 15일 조선인 천여명이 도착한 나라
묵서가(멕시코).
선인장처럼 날카롭고 단단한 가시들이 솟은 에네켄 농장.
"이곳 흑인을 지구상 5~ 6등 노예라 칭하는데 한인은 7등 노예가 되어 우마(牛馬) 같다"
"제대로 일하지 못하면 구타 당해 피가 낭자해 차마 못 볼 모습에 통탄이라 하였더라"
1905년 7월 황성신문에 실린 중국인 허훼이의 편지 중-

"농장에서 갖은 고초를 겪던 우리 동포들이 또 다시 곤경에 빠졌읍니다.
멕시코 동포들을 하와이로 이주 시킵시다."
미주 대한민국민회

"슬프다.
한국 백성이 많이 실려가는데,
유인원(이민 담당기관)에서는 얼마씩이나 받고
허가하였으며, 백성이 하와이 건너가서 어떻게 지내는지 모르거니와….."
1903년5월 제국신문 사설 중

일당 70센트를 쪼개고 세탁, 바느질 삯을 보태서 모은 멕시코 동포들의 이주 비용 6,000달러. 미국 이민국의 노동 입국 불허로 구출 계획은 실패로 끝난다.
"조선은 이제 일본에 병합됐으니 일본은 당신들을 보호할 의무가 있고 인구 조사차 나왔다."

"우리는 일본 백성이 아니다.
너희는 우리에게 요구할 아무런 권리도 없다.
이게 보이지 않느냐."
그들은 제물포를 떠날 때 받은 여권을 내보였다

▫ 에니깽

용설란 품종의 하나인 헤네켄(Henequen)을 스페인 사람들이 에네켄이라고 하는 것을 한국인 이민자들이 '에니깽'으로 부른 데서 유래하였다.

1905

단기 4238년/광무 9년/고종 42년

인편으로 보낸 서찰

1905년 전라남도 광주 거주 조명석에게 보낸 서찰

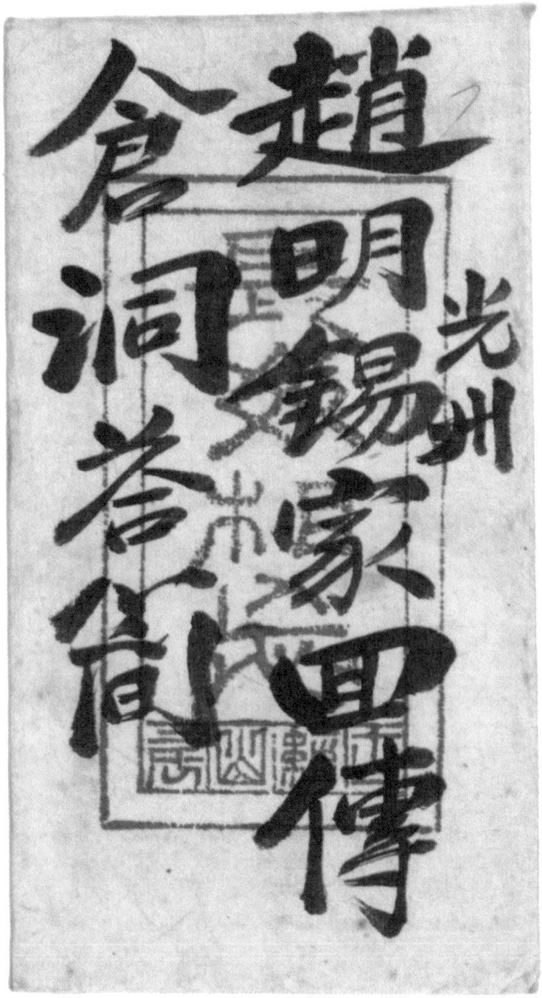

시일야방성대곡(是日也放聲大哭)

《**황성신문**》의 주필인 **장지연**이 **1905**년 **11**월 **20**일 《**황성신문**》에 올린 글의 제목이다. 시일야방성대곡이란 '이 날에 목놓아 우노라'라는 의미이다. 장지연은 이 글에서 **고종** 황제의 승인을 받지 않은 **을사조약**의 부당함을 알리고 **이토 히로부미**와 **을사오적**을 규탄했다.

시일야방성대곡(是日也放聲大哭) 내용

지난번 이등(伊藤, **이토 히로부미**) 후작이 내한했을 때에 어리석은 우리 인민들은 서로 말하기를, "후작은 평소 동양 삼국(**대한제국**, **청나라**, **일본 제국**)의 정족(鼎足, 솥발) 안녕을 주선하겠노라 자처하던 사람인지라 오늘 내한함이 필경은 우리나라(대한제국)의 독립을 공고히 부식케 할 방책을 권고키 위한 것이리라."하여 인천항에서 서울에 이르기까지 관민상하(官民上下, 공무원과 민간인, 윗사람과 아랫사람)가 환영하여 마지않았다. 그러나 천하 일 가운데 예측하기 어려운 일도 많도다. 천만 꿈 밖에 5조약(**을사조약**)이 어찌하여 제출되었는가. 이 조약은 비단 우리 한국뿐만 아니라 동양 삼국이 분열을 빚어낼 조짐인 즉, 그렇다면 이등 후작의 본뜻이 어디에 있었던가? 그것은 그렇다 하더라도 우리 대황제(**고종** 황제) 폐하의 성의(聖意)가 강경하여 거절하기를 마다하지 않았으니 조약이 성립되지 않은 것인 줄 이등 후작 스스로도 잘 알았을 것이다. 그러나 슬프도다. 저 개돼지만도 못한 소위 우리 정부의 대신이란 자들은 자기 일신의 영달과 이익이나 바라면서 위협에 겁먹어 머뭇대거나 벌벌 떨며 나라를 팔아먹는 도적이 되기를 감수했던 것이다. 아, 4천년의 강토와 5백년의 사직을 남에게 들어 바치고 2천만 생령(生靈, 살아있는 영혼, 백성)들로 하여금 남의 노예 되게 하였으니, 저 개돼지보다 못한 외무대신 **박제순**과 각 대신들이야 깊이 꾸짖을 것도 없다. 하지만 명색이 참정(參政)대신이란 자는 정부의 수석(首席, 가장 높은 자리)임에도 단지 부(否)자로써(반대함으로써) 책임을 면하여 이름거리나 장만하려 했더란 말이냐. 김청음(金淸陰, 청음 **김상헌**(淸陰 金尚憲))처럼 통곡하며 문서를 찢지도 못했고, 정동계(鄭桐溪, 동계 **정온**(桐溪 鄭蘊))처럼 배를 가르지도 못해 그저 살아남고자 했으니 그 무슨 면목으로 강경하신 황제 폐하를 뵈올 것이며 그 무슨 면목으로 2천만 동포와 얼굴을 맞댈 것인가. 아! 원통한지고, 아! 분한지고. 우리 2천만 동포여, 노예가 된 동포여! 살았는가, 죽었는가? 단군(檀君)과 기자(箕子) 이래 4천년 국민 정신이 하룻밤 사이에 홀연 망하고 말 것인가. 원통하고 원통하다. 동포여! 동포여!

출처: 위키백과

장지연(張志淵, 1864 ~ 1921)

대한제국 애국계몽운동가 겸 언론인이었다. 본명은 장지윤(張志尹)이며 아호는 위암(韋庵)이다. 1895년 을미사변이 일어나자 의병 궐기를 호소하는 격문을 지어 각지에 발송했다. 1897년 1월 아관파천으로 러시아 공사관에 머물던 고종의 환궁을 요청하는 만인소의 제소를 맡았고, 같은 해 2월 경운궁으로 환궁한 고종에게 황제 즉위를 청하는 상소문 초안을 짓고 독소(讀疏)를 맡았다. 1897년 7월 사례소 직원에 임명되었고, 9월부터 내부주사를 겸직하다가 1898년 10월에 의면했다. 1898년 4월 '경성신문'을 인수해 '대한황성신문'으로 이름을 바꿔 발행하는데 참여했고, 9월에는 남궁억 등과 함께 《황성신문》을 창간하고 독립협회에서 이상재와 함께 활동했다. 독립협회에서 주관하는 만민공동회에 참여해 총무위원으로 활동하였고, 1899년 1월부터 8월까지 격일간 신문인 '시사총보'의 주필을 지냈다. 같은 해 9월 황성신문 주필로 초빙되어 취임했으나 수개월 후 그만두었다. 1900년 10월 '시사총보'를 출판사인 '광문사'로 개편, 설립할 때 참여해 편집원을 맡아 다산 정약용의 '목민심서','흠흠신서'등을 간행했다. 1901년 봄 다시 황성신문의 주필로 초빙되었고, 1902년 8월에는 사장으로 취임했다. 1904년 3월 중추원에 연명으로 시정개선을 촉구하는 '정치경장에 관한 주요사항' 55개 조항을 헌의했다. 장지연의 묘소는 경상남도 창원시 현동에 위치하고 있다. 1983년 12월 20일 경상남도 문화재자료 제94호로 지정되었으나 장지연의 친일 행적으로 인해 2011년 7월 28일을 기해 해지되었다.

1905

단기 4238년/광무 9년/고종 42년

한일통신협약체결 직전 체송된 국내 실체

한성▶충청북도 연풍으로 체송된 서신

연풍(延豐): 충북 괴산군에 병합된 조선후기의 행정구역
이화보통우표 2전+2전. The 'Plum-Blossoms' Series

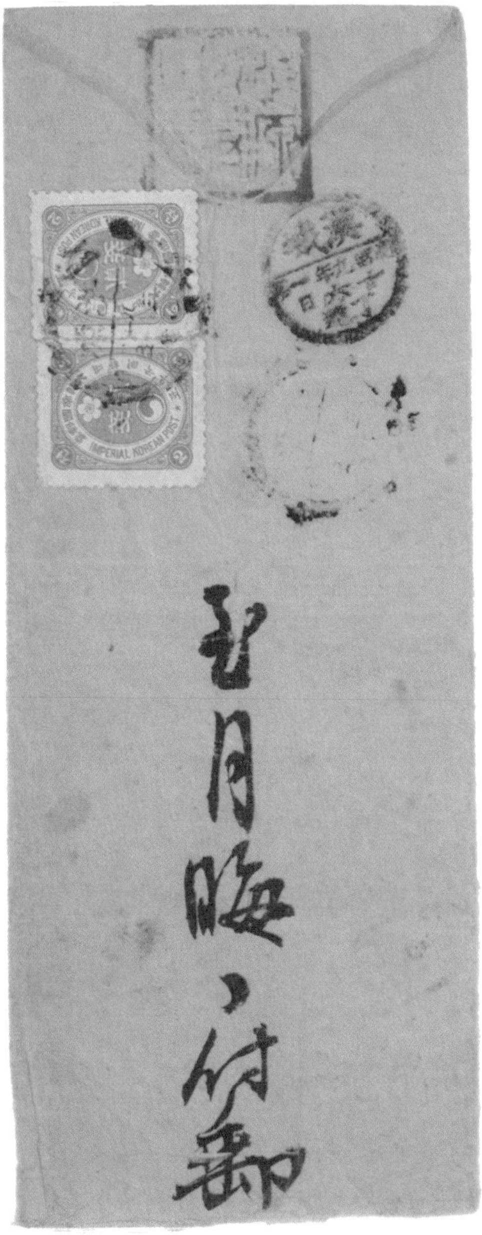

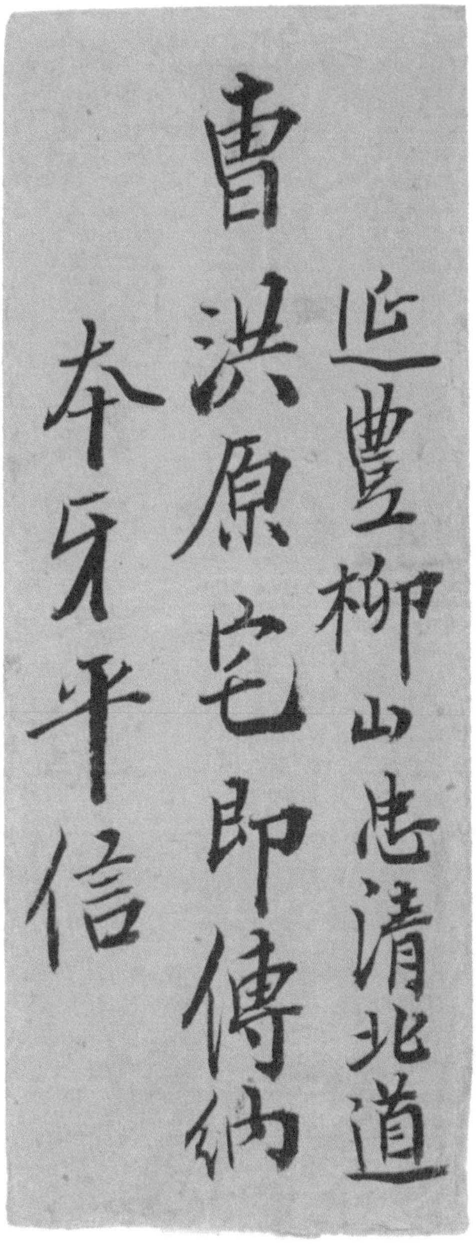

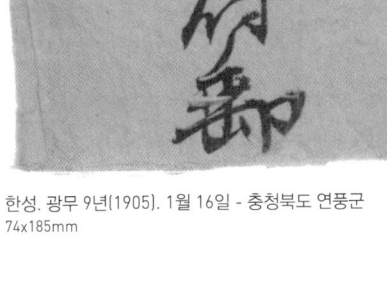

한성. 광무 9년(1905). 1월 16일 - 충청북도 연풍군
74x185mm

1905

단기 4238년/광무 9년/고종 42년

한성▶장흥우체사로 체송된 실체

이화보통우표 3전. The "Plum-Blossoms" Series

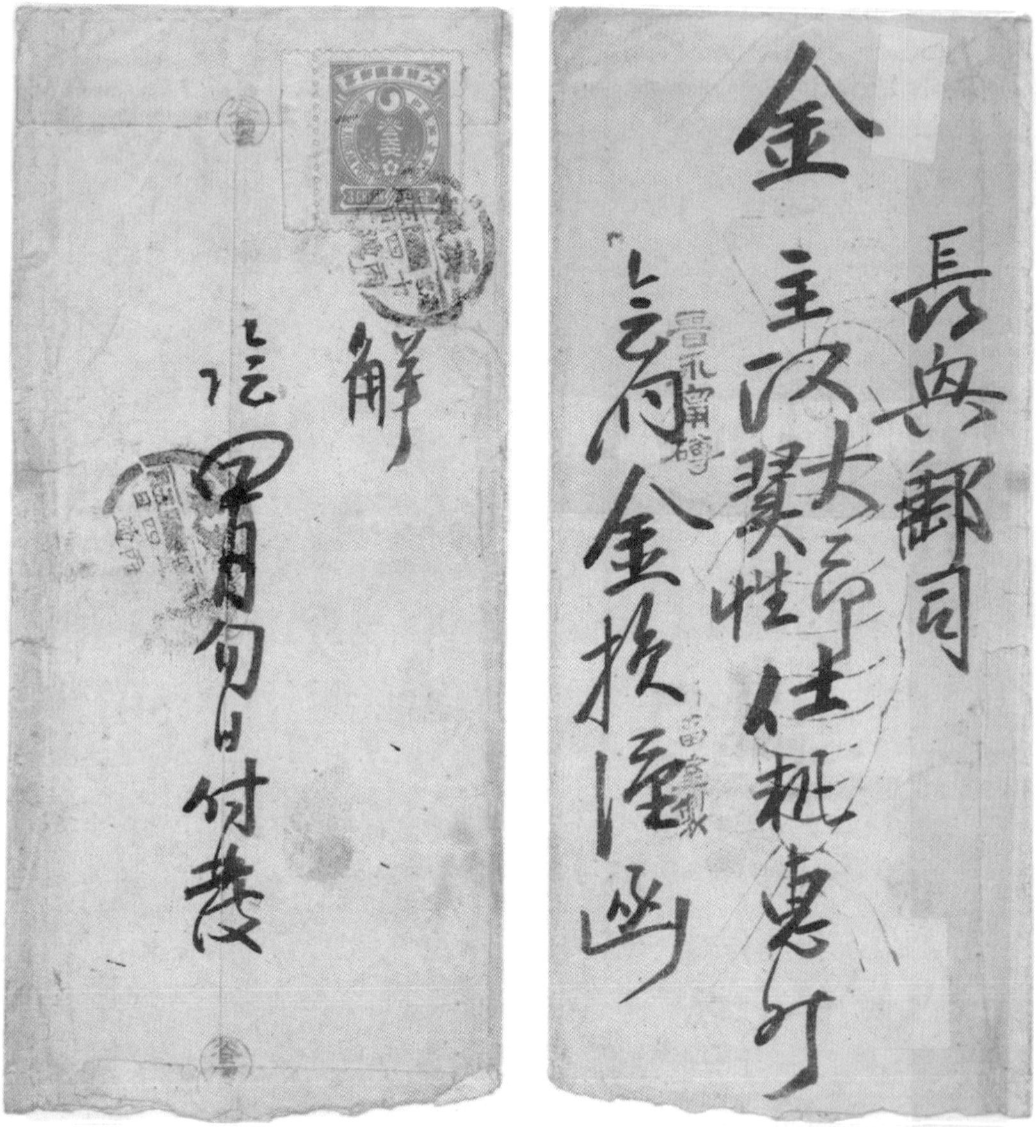

한성. 광무 9년, 1905년으로 추정. 5월 14일 - 장흥우체사
78x164mm

한성 원일형 일부인 연대가 고의적으로 삭제된 실체

1905년 4월 1일 일제의 강압으로 대한제국의 통신권이 한일통신협약으로 인하여 대한제국의 통신권이 박탈된다.

이로 보아 본 서신의 한성 일부인이 2개가 소인되었는데, 2개 모두 연대가(광무 9년) 의도적으로 삭제된 것이 역력하다. 한일통신협약 강압에 의해 대한제국의 통신권이 일제로 넘어가면서 우체사에서 사용하든 일부인의 연호도 사용 금지 지시로 사용할 수 없었을 것이다. 간혹 한일통신협약 이후에 체송된 봉피에 연호(광무)가 찍힌 봉피도 있지만 전반적으로 사용이 허락되지 않은 시기였다. 본 서신의 소인은 한일통신협약 이후(44일후) 한성우체사에서 장흥우체사로 보낸 실체이다.

1905 단기 4238년/광무 9년/고종 42년

이화보통우표 10전

부산▶미국행 실체

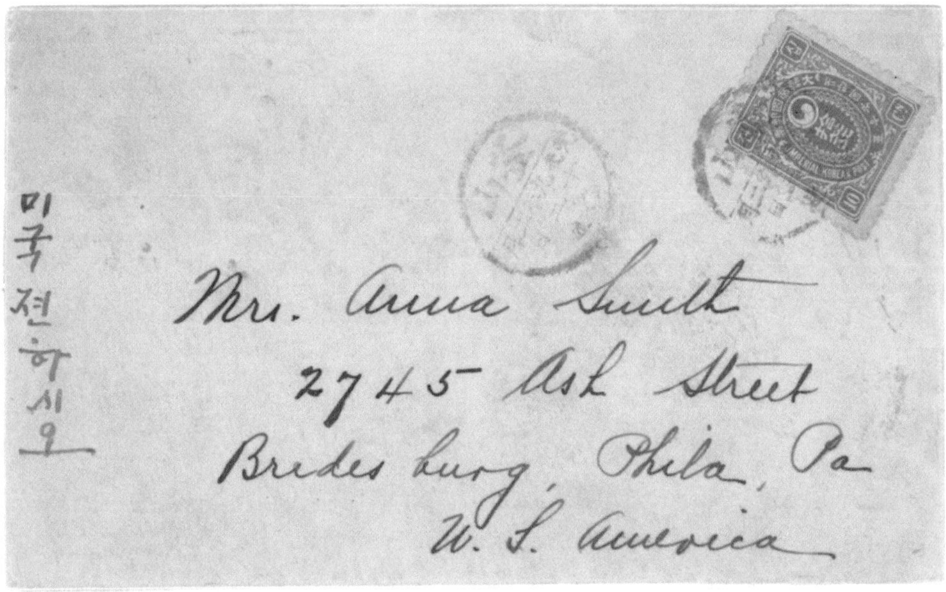

부산. 광무(1905) 9년 2월 12일 - Philadelpia, P. A. U.S.A. 80x135mm

이화 보통우표 10C

발행 일시 1901. 3.15

Perf. 10. 11

D. 백송 지창한(白松 池昌翰)

Wmk. 무투문(Unwmkd)

우취 문화 해설 시리즈

우표 수집 방법과 수집의 대상

출처: 우정사업본부 우표문화 길잡이

1. 우표 수집 방법

가) 우표를 구하는 방법

1) 우체국에서 구입

2) 취미우표 통신판매 가입: 통신판매 회원 가입은 우체국 또는 인터넷우체국(www.epost.go.kr)과 한국우편사업지원단(02-6450-5600)에서 가능하다.

3) 취미우표 판매 창구

4) 우표판매상 방문 구입

5) 경매 싸이트에 접속하여 구입

나) 우표가 전해주는 정보

확대경을 가지고 우표를 들여다 보면 한 장의 우표를 통해 다양한 정보를 얻을 수 있다. 우표를 발행한 국가명, 우표의 액면 가치, 우표의 발행 목적 등 기본적인 정보는 물론 우표의 도안 속에는 숨은 그림 같은 많은 정보들이 담겨 있다. 또한 최근 발행되는 우표 전지에는 과거의 것과는 달리 수집가들에게 수집의 폭을 넓힐 수 있는 가치 있는 정보들을 제공하기 위한 다양한 노력의 흔적들이 남아 있다. 우표가 전해주는 수많은 정보들 가운데 내가 원하는 정보를 찾아내기 위한 노력은 우표 수집의 가장 기본적인 것이며, 수준 높은 수집의 길잡이자 지름길이다.

1905

단기 4238년/광무 9년/고종 42년

군사우편

압록강군 제7 야전우체국 실체

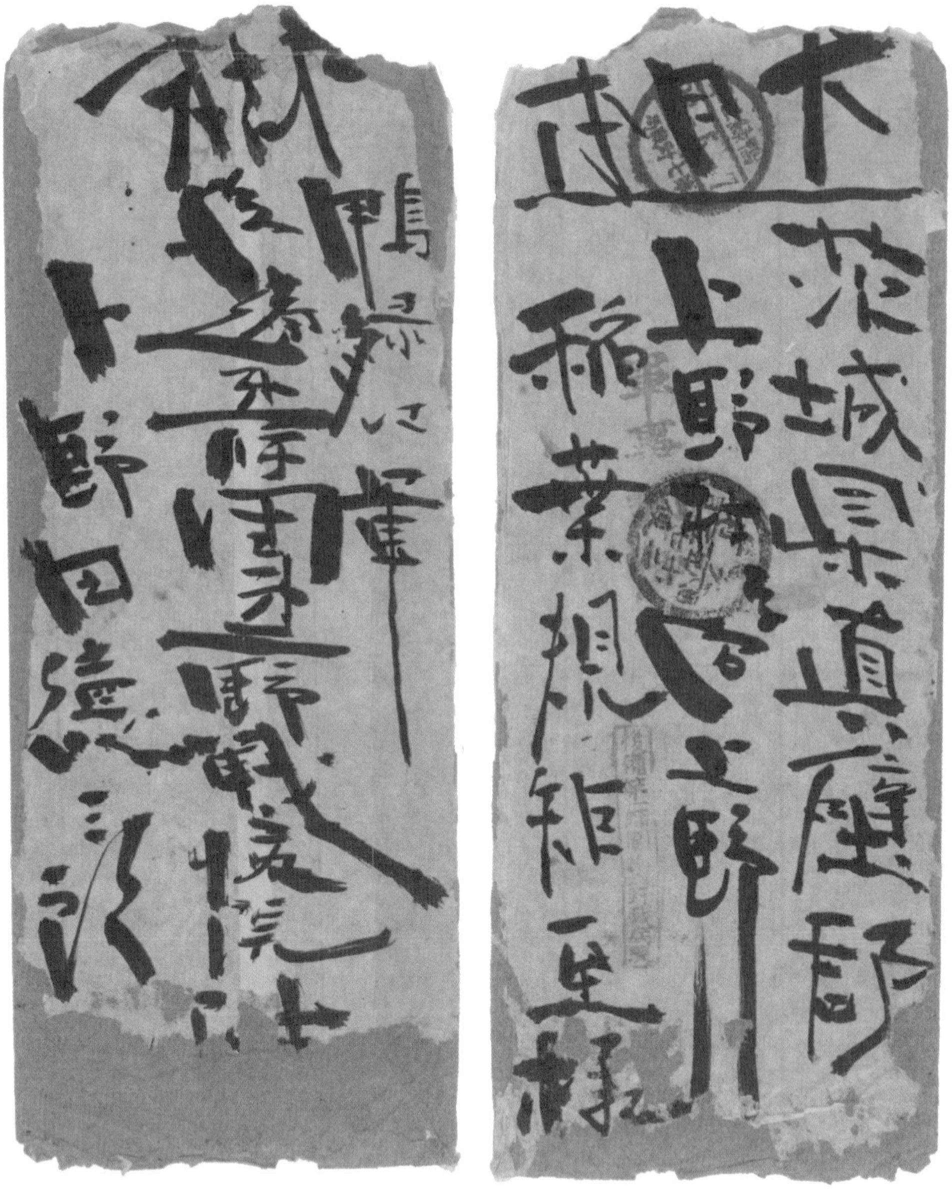

명치 38년 5월 7일 압록강군 제7 야전우체국-일본 행

※ 압록강(鴨綠江)

위치 평안북도 신도군 길이 790Km, 면적 31,226km²

압록강이라는 이름은 1060년 송나라에서 편찬된 물빛이 오리의 머리색과 같아 압록수라 불린다. '色若鴨頭 號鴨淥水' 라고 기록되어 있다 .

출처: 위키백과

1905

단기 4238년/광무 9년/고종 42년

군사우편

제1 야전우편국

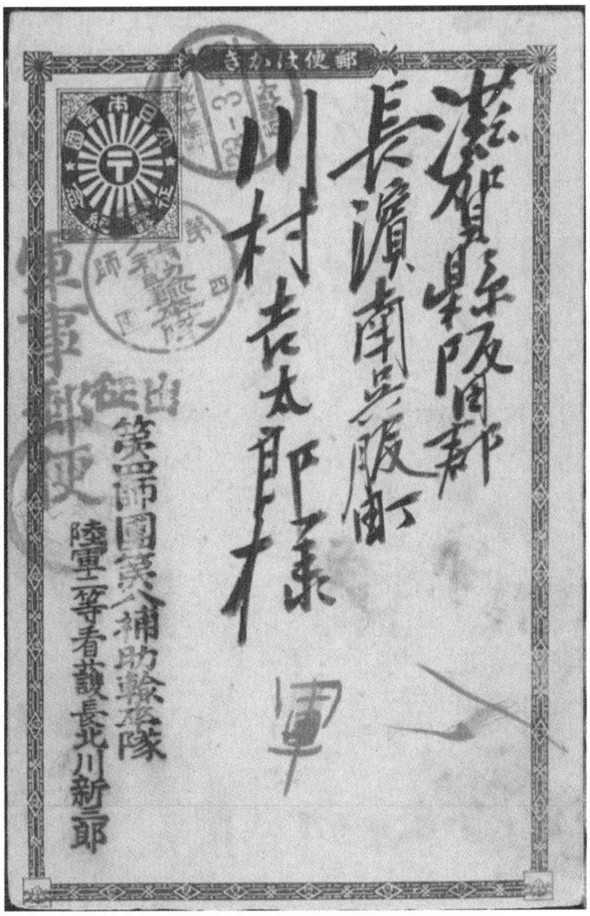

제4사단 제8보조 수졸대. 육군 2등 간호장
명치 38년(1905) 제1야전우편국. 제4사단 - 일본행

출정(出征) 한국 안주 · 강계 일부인

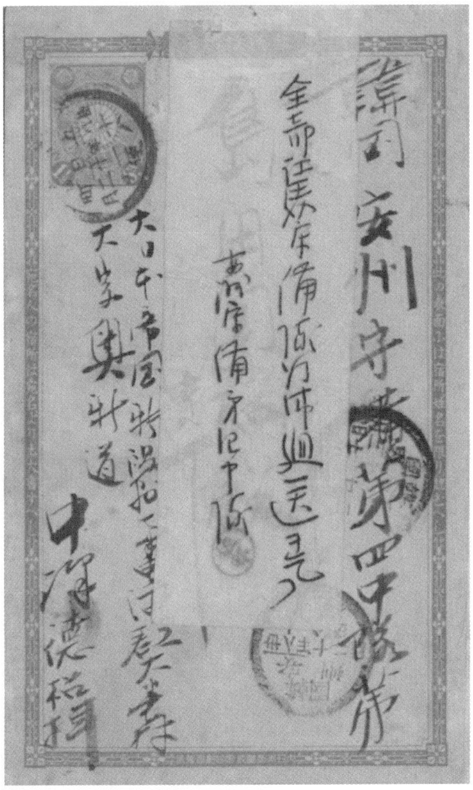

명치 38년(1905) 12. 5 일본 - 12. 18 안주 - 12. 27 강계 도착
일본-한국 안주 수비대 제4중대 제2소대 체송기간: 23일

우취 문화 해설 시리즈

라. 에세이(Essey)

출처: 우정사업본부 우표문화 길잡이

우표 표면

우표를 발행하기 위해서는 디자이너가 원도를 시험적으로 인쇄해 보며 여러가지 색깔로 찍어 보고 도안이나 색깔을 수정해서 최종적인 우표 도안을 결정하기 위해 미리 찍어 보는 시험 작품을 에세이(Essey)라고 한다.

에세이가 우표의 도안을 결정하기 위해 사용된 것이라면 프루프(Proof)는 우표의 도안이 확정된 후 시험적으로 찍은 것으로 에세이의 다음 공정에서 발생된 것임.

1905

단기 4238년/광무 9년/고종 42년

군사우편
제3 야전우편국

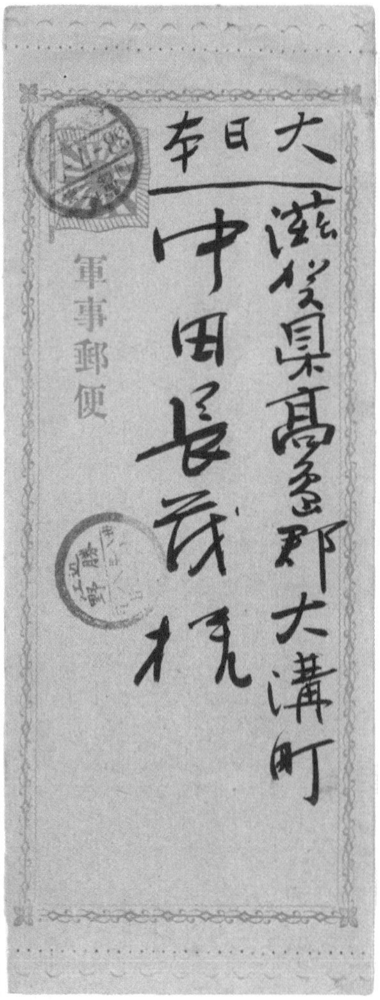

명치 38년(1905) 7월 24일-일본 8월 11일 도착

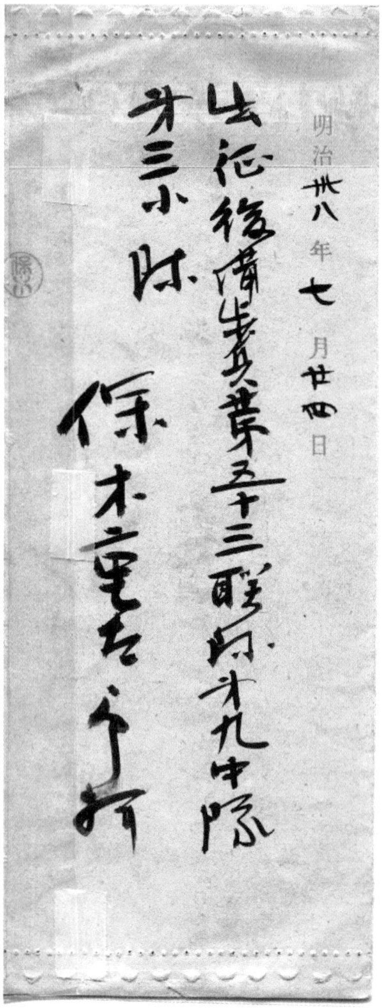

체송 기간: 18일

우취 문화 해설 시리즈

우표 표면

출처: 우정사업본부 우표문화 길잡이

마. 갓터(Gutter)

전지를 찍을 때 우표 간에 우표크기의 여백을 남기는 경우가 있는데, 즉 우표 45장을 찍을 수 있는 공간 중 양쪽에 20장씩 우표를 찍고 중간에 5장 공간을 남겨 전지를 두 부분으로 나눌 때 중간에 우표 크기의 5장을 갓터라고 한다. 구한국의 독수리 대형우표가 갓터로 유명하며, 외국 우표에는 이런 사례가 많다.

바. 비네(Vignett)

까세가 봉투 자체에 인쇄되거나 그려지는 반면 비네는 우표처럼 따로 만들어진 것을 봉투에 붙이는 것으로 우편 요금의 납부나 우편 과정과는 관계없이 특정 사안을 기념하기 위하여 만든 것이다. 올림픽 대회를 할 때 우정당국이 아닌 올림픽조직위 등에서 그 대회를 기념하기 위해 만든 공식 스티커 같은 것이다.

1905

단기 4238년/광무 9년/고종 42년

군사우편

한일통신협약 체결 이후

한국 북청(北靑)▶일본 구갑(龜甲)으로 체송된 군사우편

북청 I.J.P.O): 1905. 4월 한일통신기관 협정 체결 이후

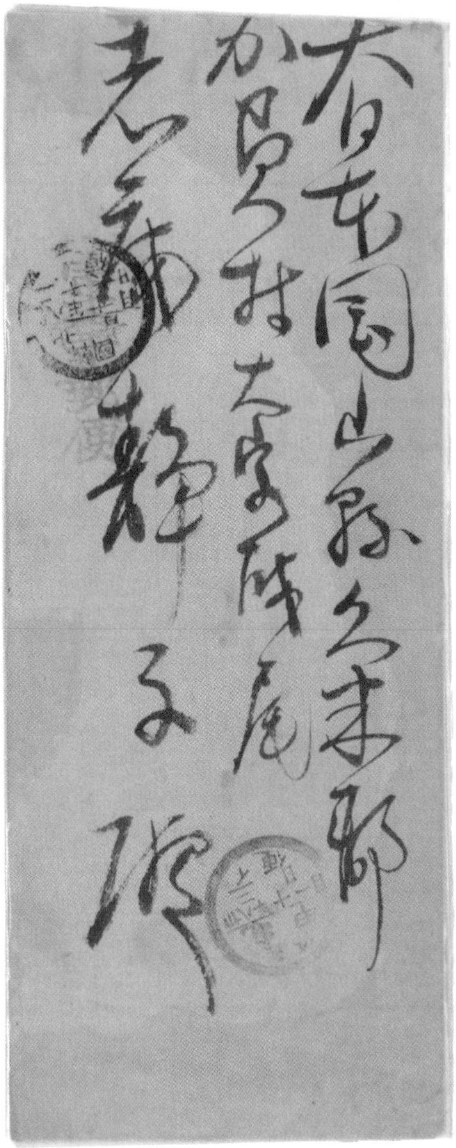

한국 북청. 1905(명치 38) 10. 26-일본 구갑. 명치 38년 11월 3일 도착
체송 기간: 9일 78x195mm

1905년 주요 역사

2월 22일 일본이 독도를 병합, '다케시마[죽도]'로 명명.
친일 단체 일진회가 한일보호조약 촉구 성명.

독도(獨島)

위치 동해
좌표 동도 북위 37° 14′ 26.8″
동경 131° 52′ 10.4″
북위 37.240778°
동경 131.869556° /
37.240778; 131.869556
면적 동도 73,297m²
서도 88,639m²
부속도서 25,517m²
총 187,453m²
실효 지배 대한민국 주소지 경상북도 울릉군 울릉읍 독도리
인구 2013년 기준 50명 주둔 독도는 동해의 남서부, 울릉도와 오키 제도 사이에 있는 섬으로 동도와 서도를 포함한 총 91개의 크고 작은 섬들로 이루어져 있다. 이 섬은 현재 대한민국이 실효 지배하고 있다. 일본이 독도의 영유권을 주장하는 영토 분쟁지역이다. 대한민국에서는 1952년 당시 이승만 전 대통령이 평화선을 선포하여 일본에 대해 강경하게 맞선 경우를 제외하고 독도 문제에 대체적으로 '조용한 외교' 정책을 취하고 있다. 일본에서는 이 섬을 한국이 불법으로 점거하고 있다고 주장하고 있으며, 독도를 일본에 반환할 것을 요구하고 있다.

출처: 위키백과

북청우체사(北靑郵遞司)

1897년 12월 31일 농상공부령 제23호, 함흥지사로 이설
1898년 3월 26일 농상공부령 제26호, 광무 2년, 고종 35년 농상공부령 고시 제26호 우체사 개설

1905

단기 4238년/광무 9년/고종 42년

군사우편

한국 저도(猪島) 일본우편국▶일본행

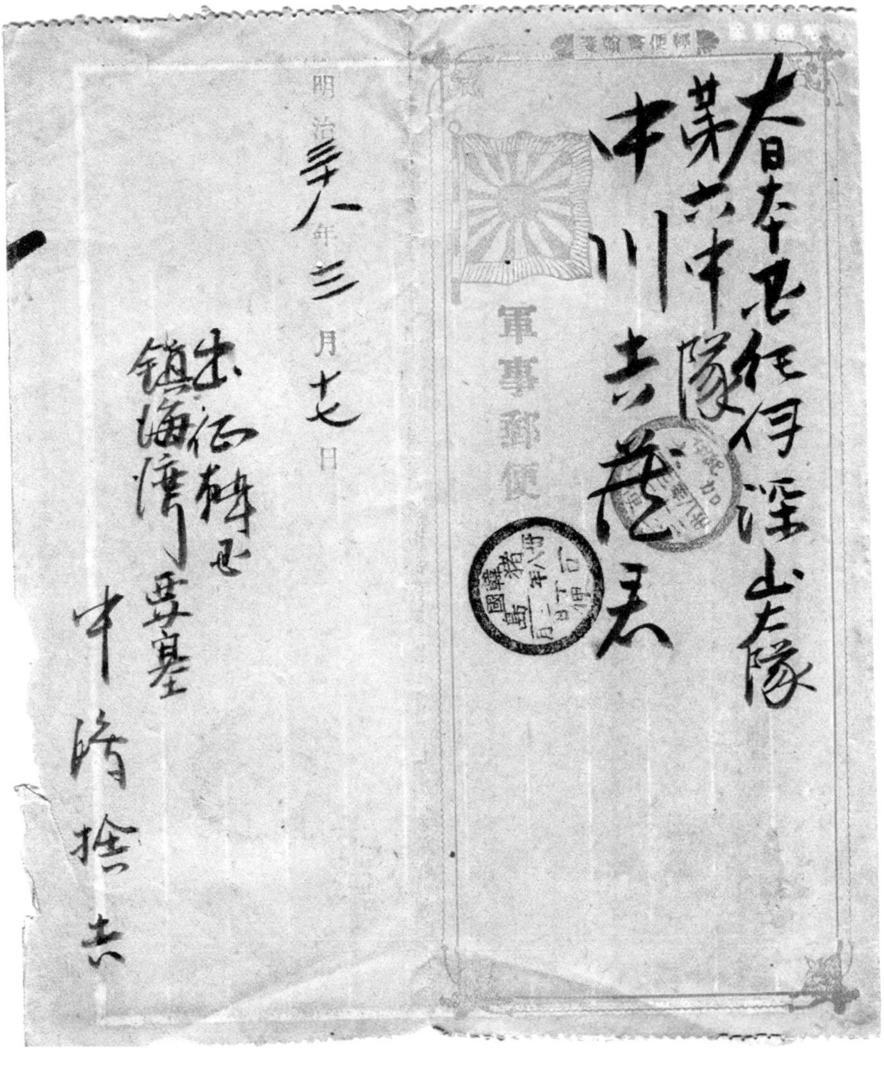

저도[猪島]는 경상남도 거제시 **장목면** 유호리에 있는 섬이다. 면적은 2.2km^2이다.

1920년대 일본군이 군사시설을 만들었다. **한국 전쟁** 때도 유엔 연합군의 군사시설로 쓰였고, 전쟁 후 국방부가 소유했다.

이승만 전 대통령이 여름 휴양지로 쓰기 시작한 뒤로 역대 대통령의 휴양지로 쓰였다. **박정희** 전 대통령 때는 대통령 별장인 **청해대**가 들어섰다. 2010년 개통된 **거가대로**가 지나가지만 해군이 관리하고 있어 도로에서 밖으로 나가 섬으로 내려갈 수 없었다.

출처: 위키백과

1905

단기 4238년/광무 9년/고종 42년

독수리보통 3전+이화보통 1전

LEGATION de la REPUBLIQUE FRANCAISE on COREE

주한 프랑스 공사관▶Via Shang-Hai▶Paris행

Seoul. 25 ,Feb. 1905-Chemulpo/ 26, Feb. 1905-via Shanghai(French). 1, Mar. 1905-Paris

원각사지 10층 석탑

원각사지 십층석탑(圓覺寺址 十層石塔)은 서울특별시 종로구 탑골공원에 있는 조선시대 석탑으로 대한민국 국보 제2호이다. 석탑은 1467년(세조 13년)에 세워졌으며, 3층의 기단과 10층의 탑신으로 되어 있고, 인물과 화초 무늬 따위가 양각되어 있다. 맨 위 3층은 오랫동안 무너져 내려져 있던 것을 1947년에 원상태로 복구하였다. 원각사는 지금의 탑골공원(파고다) 내에 있던 사찰이다.

출처: 위키백과

1905

단기 4238년/광무 9년/고종 42년

Singapore ▶ via Nagasaki ▶ Moji ▶ 한국 경성(京城)

Singapore. 20, Jun.1905-via Nagasaki. 5, Jul.1905-Moji. 6. Jul. 1905-한국 경성(재한일본우편국). 7, jul. 1905 도착.
체송 기간: 17일

우취 문화 해설 시리즈

우표 수집 종류

출처: 우정사업본부 우표문화 길잡이

우표수집에는 여러 가지 분야가 있다. 나라별, 테마별, 문화, 예술 등 수집가의 취향에 의한 수집의 방법은 광범위하다.

국제우취연맹(FIP)에서 정한 수집 부문의 종류는 다음과 같다.

1. 전통 우취(Traditional Philately)

   전통 우취란 각 국가에서 발행된 우표 가운데 특정한 부분을 집중적으로 수집과 연구를 대상으로 한다. 우표(미사용 사용필), 시험 인쇄, 인쇄 색상(刷色)의 변화, 각종 가쇄, 인쇄판(실용판) 변경, 제조 시에 생기는 각종 오작(Error)과 변종(버라이어티), 사용 실례 등 우표의 제조 측면과 그 사용에 관해 수집 연구한다.

2. 테마틱 우취(Thematic Philately) 수집의 주제(역사, 비행기, 동물, 스포츠, 철도, 음악, 인물 등)를 정해 주제와 관련된 다양한 모든 종류의 우취 자료(우표, 엽서, 각종 기념인, 휴대용 우표첩, 항공서간, 등기우편 등)를 수집해 하나의 이야기를 체계 있게 계획을 세워 작품을 만드는 수집 방법이다. 주제에 관한 설계를 하고 이 설계에 따라 관련된 내용을 우표와 우취 자료가 주는 정보를 통해 구체적으로 전개해 나가는 방법이다.

3. 우편사(Postal History)

   우편사업, 우편요금, 일부인의 변천이나 우편송달 경로 등에 대한 연구를 체계적으로 전개시키는 수집 방법이다. 이 부문은 실제로 사용된 우표, 봉투, 엽서 등의 자료로 구성한다.

4. 우편엽서류(Postal Stationery), 5. 항공우취(Aerophilately), 6. 우주항공우취(Astrophilately), 7. 맥시머필리(Maximaphily), 8. 인지류(Revenue),
9. 청소년 우취(Youth Philately), 10. 우취 문헌(Literature), 11. 한 틀 작품(One Frame), 12. 열린 우취(Open Class)

1905

단기 4238년/광무 9년/고종 42년

한국 부산 해안(일본우편국)▶Yokohama, Japan행

한국 부산 해안 일부인. 1905년(명치 36년)7월 11일

ㅁ1905년 주요 우편사-통신권 피탈 이후

2월 23일 외부(外部), 제6회 U.P.U. 총회 개최 연기를 통고해 옴
2월 24일 황성신문 보도, 서신에 동봉한 일본우편국 돈표(錢票) 150원 표(票) 없어짐
3월 3일 우체조사관 길맹세의 해고에 따른 상여금 및 여비 3,150원을 지급하고 외부에 통고
3월 10일 체전부등 원역 요자 1원씩 증급 경·부간 기차 직통됨에 따라 경·부 양사 우체물 직행 교환
3월 18일 길맹세의 상여금 1,950원 지급, 외부에 통고
3월 19일 각의(閣議), 일본의 통신권 합동 요구를 거절
3월 21일 황성신문, 일본공사, 통신기관 합설(合設) 강요. 각의 의결
3월 22일 일본공사, 통신기관 합설 다시 강요, 각의 회의 미결
3월 23일 일본공사, 각의 회의에 참석하여 강요하다
3월 27일 일본공사, 속결(速決) 요구로 왕이 각의 회의 개최를 독촉
3월 28일 의정부 대신 민영환(閔泳煥) 사직을 상소
3월 29일 일본공사의 강요, 각의 회의 유회
3월 30일 민상호 통신원 총판 사임. 중추원 찬의(贊議)로 전임
3월 31일 통신기관 일본 위탁 청의. 각의(閣議), 일본공사 하야시의 강압으로 통신권 양도에 동의. [찬정 민영환 불참]
4월 1일 한일통신권협정(韓日通信權協定) 체결
4월 1일 황성신문 보도, 일본인 가나이가 마포(麻浦) 이완식(李完植) 집에다 우편국 설치

1905

단기 4238년/광무 9년/고종 42년

군사우편엽서(체신성 발행)

한국 부산 일부인 한국 영등포 일부인 2편

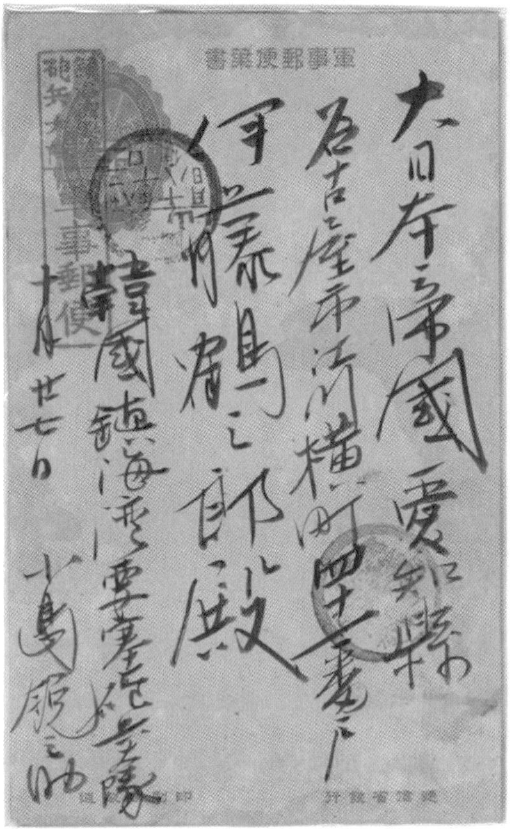

한국 부산 명치 38년 10월 28일-일본행
한국 진해만 요새 사령부 포병대대

鎭海灣要塞

한국 영등포 일부인 2편

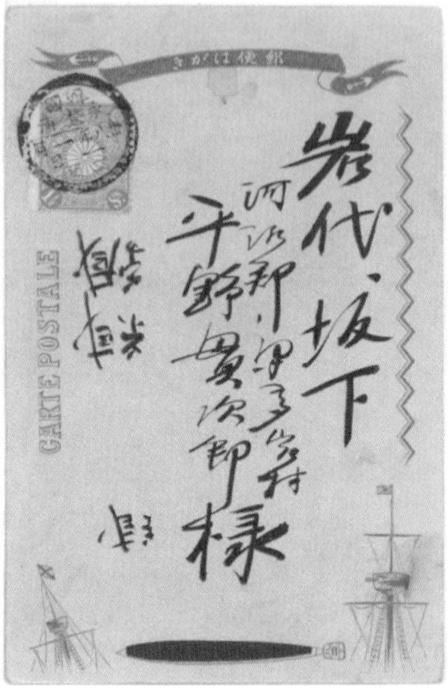

한국 영등포 1905. 1. 1

영등포우편국

1911. 3. 30

경기도 경성부 영등포구 영등포정

조선총독부 고시 제87호 우편 위체 사무 취급 개시

우취 문화 해설 시리즈

우취 용어

출처: 우정사업본부 우표문화 길잡이

1. 우표전지(Full Sheet) 각 부분 명칭

바. 색도 자동 맞춤장치(Register Mark)

우표를 인쇄하는 도중 색도별 맞춤의 정확을 기하기 위하여 전자 자동 감지 컴퓨터를 인쇄기에 부착하는데, 이 전저 자동 감지 컴퓨터가 자동으로 색도별 오차나 색깔의 농도, 누락 등을 수정하여 인쇄의 정확도를 조정하는 기능을 가지고 있다. 이 때 색깔별로 우표의 변지에 인쇄된 색도표시를 레지스터 마크라고 한다.

1905 단기 4238년/광무 9년/고종 42년

러일전쟁(露日戰爭) 당시 러시아와 일제에 압사당하는 한반도를 풍자한 그림

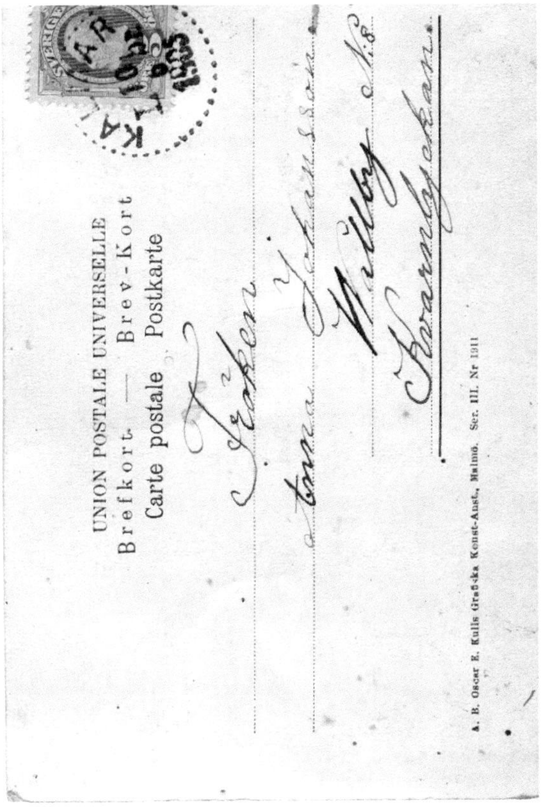

Kalmar, Swedwn 10, Jun. 1905 일부인

러일전쟁(露日戰爭) - Russo-Japanese War

1904년 2월 8일에 발발하여 1905년 가을까지 계속된 전쟁으로 러시아 제국과 일본 제국이 한반도에서 주도권을 쟁취하려는 무력 충돌이었다. 러일전쟁의 주요 무대는 만주 남부, 특히 요동 반도와 한반도 근해였다. 블라디보스토크는 러시아 제국이 사용할 수 있었던 유일한 부동항으로, 여름에 주로 이용되었으며 여순 항(Port Arthur)은 연중 사용할 수 있었다. 청일 전쟁 이후인 1903년 8월에 진행되기 시작한 차르 정부와 일본 간 협상에서 일본은 만주에서 러시아의 주도권을 인정해 주는 대신 한반도에서 일본의 주도권을 요구하였다. 하지만 러시아는 이를 거부하고 한반도를 북위 39도선을 경계로 북쪽은 러시아, 남쪽은 일본으로 하는 분할 통치안을 역제안하였으나 결렬되어. 일본은 1904년 협상 결렬 후 러시아가 향후 전략적 이익을 위해 전쟁을 선택할 수 있다고 판단하고, 일본은 1904년 협상 결렬 후 러시아가 향후 전략적 이익을 위해 전쟁을 선택할 수 있다고 판단하고, 대한제국에 대한 독점적 영향력을 얻기 위해 전쟁을 택하였다.

출처: 위키백과

1905

단기 4238년/광무 9년/고종 42년

러일전쟁 당시 군사우편

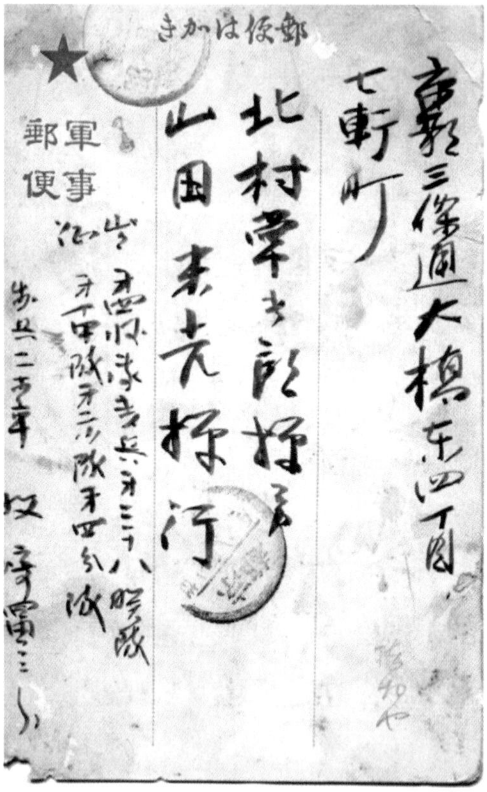

러일전쟁 당시 야전 이발사 그림엽서
명치 38년(1905) 8월 일본 경도로 발송된 군사우편 엽서

1905년 세계 역사

대한제국 광무 9년, 고종 42년, 명치 38년 청 덕종 광시제 31년 1월 2일 러일전쟁 당시 러시아 해군기지 포트아서에서 일본군에 항복, 1월 22일 러시아 피의 일요일 사건 발생, 혁명의 시작 2월 22일 일본제국이 독도를 병합 후 '다케시마(竹島)'로 명명, 5월 27일 러일전쟁 당시 쓰시마 전투에서 러시아가 패배함. 9월 5일 미국 중재로 러시아와 일본 간 포츠머스 조약 체결, 10월 15일 친일 단체 일진회가 한일보호조약 촉구 성명 발표. 10월 27일 고종황제 칙령 제47호 제정 반포, 대한적십자사 설립, 11월 17일 을사늑약 체결, 11월 30일 고종의 시종 무관장 민영환, 을사보호조약 늑약을 개탄하며 자결, 11월 30일 주한 영국 공사관 철수

출처: 위키백과

1905

단기 4238년/광무 9년/고종 42년

제2 야전우편국

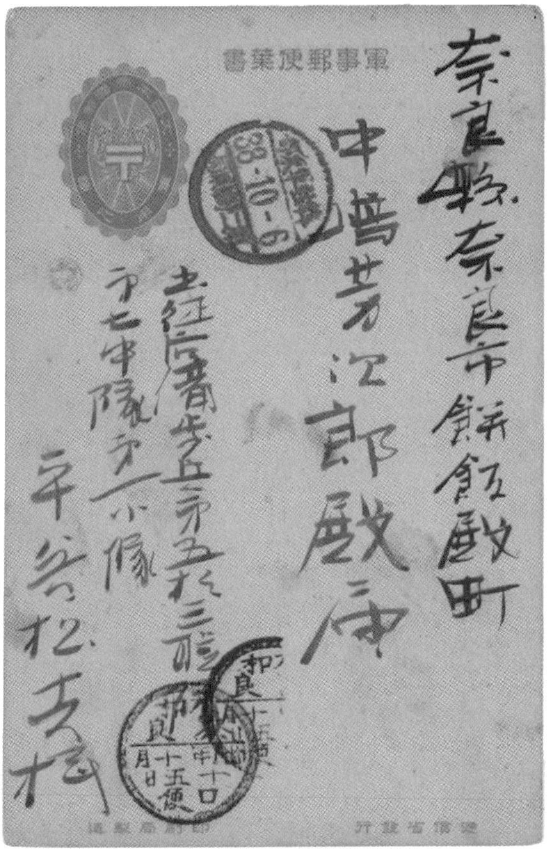

명치 38년(1905) 10월 6일-일본 10월 15일 도착

민영환(閔泳煥)

민영환(閔泳煥, 1861. 8. 7~1905. 11. 30

조선과 대한제국의 대신(大臣)이자 척신이다. 본관은 여흥이며, 민치구의 손자이자 민겸호의 친아들이며, 고종에게는 외사촌 동생이다. 1905년의 을사늑약 체결에 반대하여 자결하였다. 민영환은 친일적인 대신, 관료들과 수 차례 대립하였고, 일본 제국의 내정 간섭을 성토하다가 주요 요직에서 밀려 나게 된다. 1905년, 을사늑약의 체결을 크게 개탄하며, 조병세와 같이 을사늑약 반대 상소를 수 차례 올렸으나 일제 헌병들의 강제 진압에 의해 실패했다.

'**마지막으로 우리 대한제국 이천만 동포에게 고함**'이라는 유서를 국민들에게 남기고 자결하였다.

〈유서내용〉

"오호라, 나라의 수치와 백성의 욕됨이 여기까지 이르렀으니, 우리 인민은 장차 생존경쟁 가운데에서 모두 진멸당하려 하는도다 대저 살기를 바라는 자는 반드시 죽고 죽기를 각오하는 자는 삶을 얻을 것이니, 여러분이 어찌 헤아리지 못하겠는가? 영환은 다만 한 번 죽음으로써 우러러 임금님의 은혜에 보답하고, 우리 이천만 동포 형제에게 사죄하노라. 영환은 죽되 죽지 아니하고, 구천에서도 여러분을 기필코 돕기를 기약하니, 바라건대 우리 동포 형제들은 억천만배 더욱 기운내어 힘씀으로써 뜻과 기개를 굳건히 하여 그 학문에 힘쓰고 마음으로 단결하고 힘을 합쳐서 우리의 자유와 독립을 회복한다면, 죽은 자는 마땅히 저 어둡고 어둑한 죽음의 늪에서나마 기뻐 웃으리로다. 오호라, 조금도 실망하지 말라."

출처: 위키백과

일본제국 군사야전우편국

1894년(고종 31) 6월에 일본 제국은 대한제국 내에서 군사 야전 우편물을 처음으로 실시하였다. 이에 따른 야전 우편국 및 우편소를 불법으로 설치하였다.

출처: 한국 우정사 연표

ㅁ 1905년 주요 우편사-통신권 피탈 이후

4월 6일 황성신문 보도, 일본우편국, 통신원 소관 우체사 낱낱이 조사. 일본정부 이께다등 통신기관 인계위원을 한국에 출장 명령.

4월 8일 황성신문 보도, 통신국 조사 전·우국수 1등국 10여 처, 2등국 20여 처, 3등국 343여 처, 일본인 우편국 50 여처, 합계 420여 개소라고 보도.

4월 17일 일본, 한국 통신기관 인계 위원 이께다 등 일행이 인천 도착 당일로 입경(入京)

4월 18일 탁지부에 본월 3, 4월도 각 지방 우전사 경비 별표대호 승인 획급토록 요청.

4월 20일 정주(定州)우체사를 안주(安州)로 옮겨 임시 개설

4월 26일 경성(京城)우편국원 고미야 통신속 등 19명 입성, 4월 25일에 제물포항 도착. 일본, 동일부로 인계위원 정식 임명하고 통신기관 행정서를 28일에 관보에 공시할 터이니 한국도 관보에 공시토록 요구

5월 1일 한성우체사 주사 김영찬, 진위전보사 주사 이봉종 의원 면관, 이후 우체사 관원들 자퇴

5월 3일 일본공사, 통신기관 인계 위원 명단 통고하고 아측(俄側) 위원과 회동 요구

5월 6일 황성신문 보도, 한국우표·엽서는 6월말까지 사용하고, 7월 1일부터는 일본 우표 사용

1905 단기 4238년/광무 9년/고종 42년

군사우편엽서(육군혈병부)
한국 회령 일부인

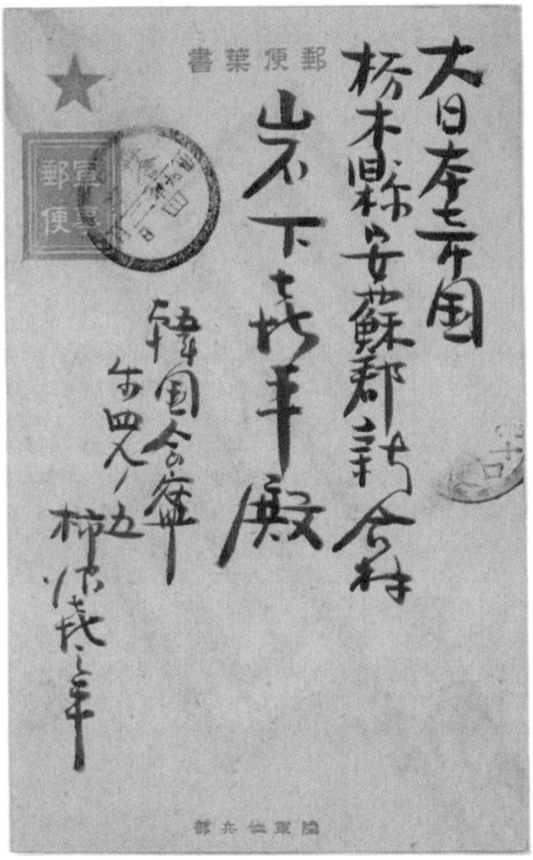

한국 회령 1905. 2. 4일 일본 행

회령우체소 모습

사진출처: 서울역사박물관소장 유물 정보

회령군: 함경북도 북부에 있는 군.
면적 1,255.80㎢,
인구 7만 6155명(1944년)

1905년 주요 우편사

한일통신협약 이후

8월 28일 일관(日館)에 한·미 간 페낭우편 약정서(韓美間肺囊 約定書) 등은 인계 당시 모두 일본의 우편국장 다나까가 모두 가져가 행방을 알 수 없다고 회답.

8월 28일 부산우체사 본년도 경비 전혀 획급되지 않았으니 조속 선처토록 요청.

9월 4일 탁지부, 전우 양사 수입금 등 미납금 즉시 송교하여 회계 마감토록 농상공부에 요청함.

ㅁ 1905년 주요 우편사-통신권 피탈 이후

5월 8일 일본공사, 통신기관 인계 위원의 각 지방 출장에 있어 그 보호 조치 요구.(이후 계속됨). 일본공사, 통신기관 인계 사무소용 건물 대여 요구. 통신기관 피탈로 전우사 관리들 일제히 격앙하여 자퇴

5월 9일 일본 이께다, 통신기관 인계 설명

5월 10일 우무 학도들, 통신기관 피탈에 항의. 탁지부, 각 지방 전우사 5월도 경비까지는 획발하나 임시우체 경비는 4월 이후는 불가능하다고 회답

5월 10일 일본공사, 전우 양사 관리 인계 당일로 일본 정부에서 임용하겠다고 통고. 통신원 총판 장화식(張華植), 통신기관 피탈 사안으로 일 공관 서기 구니와를 강경 항힐(抗詰)

5월 12일 황성신문 보도, 일본 체신성 통신속(通信屬) 30명 건너옴(각 국·소로 배치)

5월 17일 대한우표(大韓郵票) 사용, 제 7조 전부 삭제

5월 18일 일본, 한성전우총국(漢城電郵總局)으로부터 불법 인수 강행. 황성신문 보도, 일본, 한국 우체국을 우편수취소로 개정할 방침, 현재 신설한 출장소는 30여 개소

5월 20일 개성(開城)·마포(麻浦)·시흥(始興)·인천(仁川) 우·전 양사 일본에 인계(이하 각 지방 계속)

5월 22일 황성신문 보도, 우·전 양사 관원 일본의 임명 거절하고 퇴거하고 불시무(不視務)에 들어감

5월 30일 황성신문 보도, 5월 28일에 일본 체신 대신 오오가마가 정동화부인(貞洞花夫人)집에서 연회를 베품

6월 22일 법국공사(法國公使), 전 우체주사 김홍경(金鴻卿)이 프랑스인 삼비룡(森鼈龍)과 계약한 한국우표 구송(購送)을 조속 이행토록 요망

6월 28일 통신사무 인계위원회, 한·일통신기관 합동 기념우표 (3전) 발행 및 한국우표, 엽서의 6 월말 한 발매 이후 사용 금지 공고

1905

단기 4238년/광무 9년/고종 42년

SEOUL NO. 1 ▶ Chemulpo행

이화보통우표 1전 Pair.

24 AVRIL 1905 Seoul NO.1 - Chemulpo행

배정자(裵貞子, 田山貞子(다야마 사다코), 1870~1952)

조선의 비구니이자, 일본 제국의 조선 정보원, 외교관이다. 생부가 민씨 일파에게 처형당한 뒤 연좌법에 의해 관비가 된 어머니를 따라 여러 곳을 떠돌아 다니다가 밀양의 기생으로 팔려갔으나 탈출, 1882년(고종 19년) 여승이 되었다.

1885년 일본으로 도피하여 1887년 이토 히로부미의 양녀가 되었다는 설이 있다. 그 후 일본 정부로부터 밀정 교육을 받고 1894년 귀국하여 대한제국과 일제 강점기에 일본의 밀정으로 활동했으나 이를 입증할 사료는 없다. 1920년 일본군의 시베리아 출병 때는 만주, 시베리아를 오가며 군사 스파이로 활약했다. 그 후 간도, 상하이 등지에서 독립운동가들의 체포를 위해 암약하다가 1927년 은퇴했다. 1949년 반민족 행위 특별 조사 위원회에 친일 반역자로 체포되었다.

본관은 김해이며, 경상남도 김해군 출신이다. 본명은 배분남(裵紛男, 裵紛南)이다.

일제 강점기 시대 영화인 배구자의 고모이다. 영화인 이철은 그녀의 딸 현송자에게 두 번째 남편이 된다.

출처: 위키백과

1905

단기 4238년/광무 9년/고종 42년

만국우체연합 왕복엽서(복신엽서)

한일합동통신 기념우표 첩부

한국 경성▶한국 서대문 원일형 일부인

만국우체연합 왕복엽서(왕신엽서)

한일합동통신 기념우표 첩부

한국 경성▶한국 서대문 원일형 일부인

본 엽서는 1905년에 발행한 한일합동통신 기념우표를 첩부한 Philatelic으로 추정함.

1905 단기 4238년/광무 9년/고종 42년

일본 우표 2 Sn **I.J.P & T.O**

T 요금 부족인 외신용(Postage Due/For overseas mail)

U.P.U. 규정에 따라 제조 사용하였다.
'T' 자 위에 우체국명을 영문으로 표시한 것도 있다. 우편요금이 부족하거나 미납일 경우 미납이나 부족인을 편지 봉투에 찍어 현금으로 징수하거나 해당 요금의 우표를 붙여 말소하였다.

출처: 한국우표도감

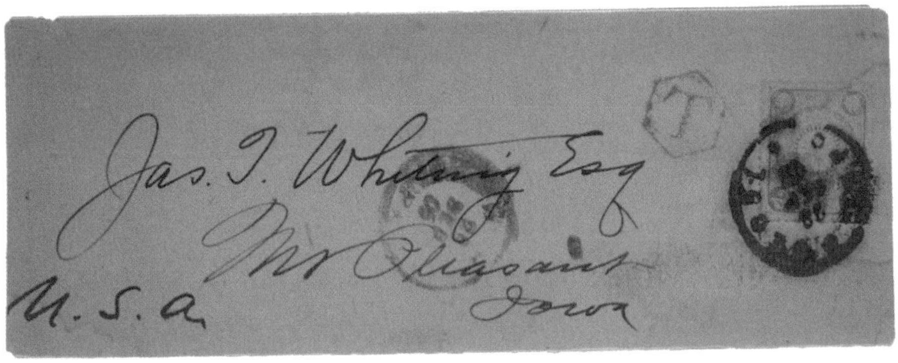

I.J.P & TO. 1905. 9. 25 -Via Kobe. 1905. 9. 28- U.S.A. 165x60mm

우취 문화 해설 시리즈

우표 종류

4. 우표의 발전

가) 나만의 우표

개인의 사진 또는 기업의 로고, 광고 등 고객이 원하는 내용을 우표 인쇄 시 비어 놓은 우표 우측 여백에 추가로 인쇄하여 신청 고객에게 판매하는 IT기술을 활용한 신개념의 우표이다. 1999. 9. 1 오스트레일리아에서 세계 최초로 발행되었으며, 우리나라에서는 2000. 8. 2 대한민국 우표전시회에서 시범 서비스를 실시한 후 2001.4.30 4종(사랑·감사·축하·생일)의 소재로 나만의 우표를 발행하였다. 신청방법은 전국 우체국에서 접수하거나 인터넷(www.epost.go.kr)으로 신청할 수 있다.

나) 두루마리 우표(Cil Stamp, Roll Stamp)

우표 판매의 간소화를 위하여 자동판매기용으로 발행되는 우표이다. 일반적인 전지의 형태가 아닌 1000장, 2000장 단위로 보통우표를 자동판매기에서 판매가 가능한 두루마리 형태로 발행되는데, 우표를 분리하기 쉽게 뚫어놓은 구멍이 뒷면에만 있는 것이 특징임

다) 자기접착식 우표(Self Adhesive Stamp)

우표에 풀을 붙여 붙이는 불편한 점을 개선하여 스티커와 같이 만들어서 종이에서 떼어 내 바로 봉투에 붙이게 만든 종류로서 도안과 판매 방법 등은 일반우표와 동일하다.

라) 우편요금 계기인(Meter Stamp)

우표를 대신하는 통신수단으로서 임의적으로 광고, 홍보문 등을 넣을 수 있어 기업 및 관공서 등에서 주로 사용한다.

□ 1905년 주요 우편사 - 한일통신권 피탈 이후

7월 1일 한국우표, 엽서 발매 금지. 통신기관 합동 기념우표 신간 발매
7월 2일 강계(江界)우체사를 끝으로 통신권 완전 피탈.(강탈 인수 완료)
7월 7일 일본공사, 우체사 및 전보사 관제 폐지 요구
7월 10일 일본, 신·구 중추원 건물 차여(借與) 요구 중 구 중추원 건물은 거절함
7월 11일 일본공사, 통신원을 전 보성전문학교로 옮기도록 요구
7월 30일 일관(日館)에게 신·구 중추원 건물 모두 빌려줄 수 없다고 거절
8월 10일 탁지부에 각 지방 우전사 5, 6월도 경비 별표대로 승인 획급토록 요청

1905

단기 4238년/광무 9년/고종 42년

독수리보통우표 니십전(20 C)

Seoul ▶ Via illegible ▶ Tsingtau, China행

A registered letter to China

20 jeon. International letter rate(15g)10 jeon + registry fee 10 jeon Registry No. SEOUL16

Seoul. Jan. 2, 1905- Tsingtau. Jan. 9, 1905

Tsingtau, Qingdao. 칭다오(青島): 중국 산동반도남부, 산동성 체송 기간: 8일간

164x172mm

독수리보통우표 20C

발행일 1903. 10. 1. Perf. 13x14. Pt' 凸판(Typographed). Ps. 프랑스정부 인쇄국. 전지 구성 5x5x3=75

ㅁ 1905년 주요 우편사 - 통신권 피탈 이후

8월 21일 통신원 경리(經理) 마감

8월 24일 황성신문 보도, 통신원 일본우편국에 청사 빼앗기고 매동(梅洞) 전 중추원으로 옮길 예정

9월 8일 일본공사, 체신성 관사용 부지로 남산 산림지대 일부 제공할 것을 요구

9월 21일 통신원, 공금 횡령 관원을 조속 처벌하여 변상토록 재차 독촉

9월 24일 일본공사, 영월(寧越) 지방의 의병(義兵)의 우편 업무 방훼 항의

9월 27일 일본공사에게 통신기관 물품 면세 조치했다고 회답

일본공사, 가평(加平)지방 의병의 우체물 탈취해 간 사건 항의

10월 12일 황성신문 보도, 일본의 경시(警視)가 우편 보호로 순교(巡校) 등 파송을 춘천군수(春川郡守)에게 요청

10월 13일 황성신문 보도, 각 지방에 신문 체전 빠지기와 전달 안 됨이 많음을 보도

10월 30일 황성신문 보도, 의병으로 인하여 경북(慶北), 충북(忠北), 강원(江原) 등지에 우편이 불통이라고 보도

11월 황성신문(皇城新聞) 정간(停刊) 당함

11월 18일 황성신문 보도, 춘천부(春川府) 일본인 경무고문(警務顧問), 체전부 보호 순교(巡校) 파송에 따른 여비 지급을 춘천군수에게 요구했다고 보도

12월 21일 통감부(統監府) 및 통신관서 관제(通信官署官制) 공포

12월 29일 통신원 관제 개정. [칙령 58호]. [관원 및 기구 축소]

1905 단기 4238년/광무 9년/고종 42년

프랑스 Le Petit Parisien 지 기사

미국 대통령 루즈벨트 딸 서울 방문

A SEOUL

Dix-Septième année. — N° 870 Huit pages : CINQ centimes Dimanche 8 Octobre 1905.

Le Petit Parisien

SUPPLÉMENT LITTÉRAIRE ILLUSTRÉ

DIRECTION: 18, rue d'Enghien (10e), PARIS

A SÉOUL

Le Petit Parisien 지 기사 120x170mm

미국 대통령 루즈벨트 딸 서울 방문

미국 제26대 대통령 루즈벨트 딸이 1905년 서울을 방문한 사연은 무엇일까?

한반도와 만주의 지배권을 놓고 벌어진 러일전쟁.(1904~1905) 미국이 이 러일전쟁을 중재한다고 끼어든 것이다. 포츠머스조약은 '일본에 의한 한반도 지배권 인정' 요동반도(관동주)에 대한 일본의 조차 인정 등으로 요약된다. 대한제국은 열강들의 정치 논리에 위태로운 시기에 직면한다. 우리 민족에겐 지탄의 대상이 된 루즈벨트 미국 대통령 그의 딸인 엘리스 루즈벨트(Alice Roosevelt)가 고종 황제를 알현하기 위해 서울에 온 것이다. 외교 사절이라는 자격으로 고종황제를 방문한 목적은 무엇이었고 어떤 결과였을까? Title: A SEOUL: Miss Roosvelt se rendant chez l'empereur de Coree

Translated Title: In Seoul: Miss Roosevelt on her way to meet the Emperor of Korea

1906

단기 4239년/광무 10년/고종 43년

THE COLLBRAN BOSTWICK DEVELOPMENT COMPANY에서 민상호(閔商鎬)에게 보낸 서신

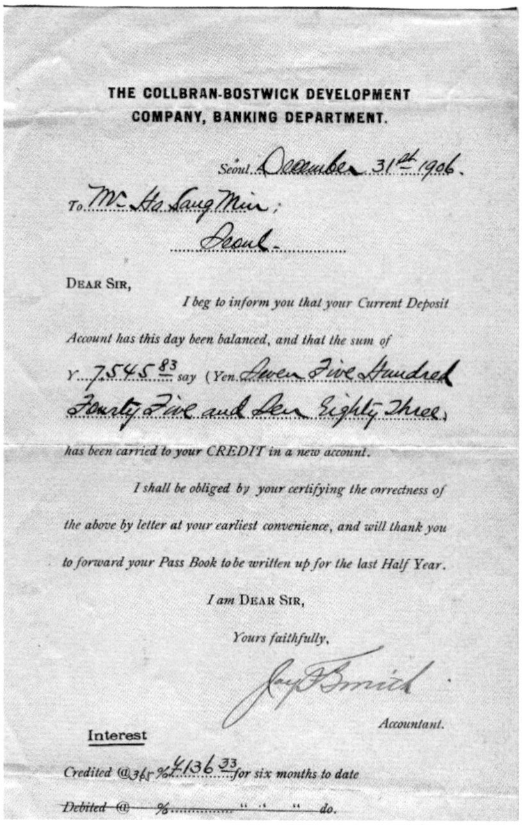

THE COLLBRAN-BOSTWICK DEVELOPMENT COMPANY, BANKING DEPARTMENT.

Seoul. December 31st 1906.

To Mr. Ho Sang Min;
Seoul.

DEAR SIR,

I beg to inform you that your Current Deposit Account has this day been balanced, and that the sum of Y. 7545.83 say (Yen Seven Five Hundred Fourty Five and Sen Eighty Three) has been carried to your CREDIT in a new account.

I shall be obliged by your certifying the correctness of the above by letter at your earliest convenience, and will thank you to forward your Pass Book to be written up for the last Half Year.

I am DEAR SIR,

Yours faithfully,

J. Smith

Accountant.

Interest

Credited @ 3.65 % 4136.33 for six months to date

~~Debited @ %~~ .... " " " do.

서신 내용

일시 December 31 1906

To mr. Ho sang min, seoul

Collbran-Bostwick개발회사, 은행업무과.

친애하는 민상호님

현재 날짜에 예금 발란스 7,545.83엔을 새 계좌로 옮겨 드렸음을 알려드립니다.

위에 금액이 정확한지 확인해 주시고 지난 반년 동안 사용하신 은행 pass book(bank book)를 저에게 보내주시면 감사하겠습니다.

당신의 충실한 J.Smith 회계사

한성전기회사(漢城電氣會社)

1898년 1월서울에 설립된 전기회사. 미국인 브란(Collbran)·보스트윅(Bostwick)과 맺은 도급계약으로 설립되었다. 1904년 7월 회사의 명칭이 한미전기회사(韓美電氣會社)로 변경되면서 콜브란·보스트윅은 공사 도급업자에서 주도적인 소유자로 부상하였다. 그 뒤 1909년 콜브란이 이 회사를 일본의 국책회사인 일한와사회사(日韓瓦斯會社)에 매도함으로써 회사는 완전히 소멸되었다. 이 회사에서는 주로 한성의 전차, 전등 사업을 운영하였다. 전차사업의 예를 보면 1898년에 착공하여 1899년 5월 개통한 남대문~홍릉 간 전차노선 부설사업이 있다. 이 노선은 1899년 12월에 개통된 종로~용산 간 전차노선과 연결되었다. 전등사업으로는 1898년에 시작해 1900년에 완성한 동대문 전등발전소를 들 수 있다. 이렇게 하여 한성에 점화된 전등 총수는 380수 등, 5만 5000촉 등이었다. 1903년에는 전력 부족을 해결하기 위해 마포에 제2발전소, 남대문에 변전소를 건설하였다.

출처: 위키백과

[콜브란·보스트위크의 개발회사 설치 공고문]

콜브란·보스트위크 회사는 그 재산 및 권리를 아메리카 합중국 코너티컷 주 하트포드에서 설립 및 등록 과정을 밟은 법인 콜브란·보스트위크 개발회사에 양도함을 고지한다.

회사 이사회는 다음 인사로 구성되는 자주적인 이사회가 될 것이다.

헨리 콜브란(Henry Collbran)

해리 라이스 보스트위크(Harry Rice Bostwick)

스티븐 로퍼 셀든(Stephen Loper Selden)

유진 아일미 엘리엇(Eugene Aylmee Elliot)

당 회사는 아메리카 미합중국 코너티켓주 한미전기회사(韓美電氣會社)와 한미광산회사(韓美鑛山會社), 런던 솔즈베리 상관(商館) 503호실 한국 신디케이트 유한책임회사, 런던 콥트홀가 31호의 국제 신디케이트 유한책임회사, 런던 오스틴 프라이어즈가 10·11 호의 만주(滿洲) 신디케이트 유한책임회사의 한국, 청국, 일본 및 동남아시아 지역의 대리점 역할을 할 것이다. 투자 기회를 환영한다. 경비 부담 없이 광산, 기타 재산을 조사하기 위해 기사를 파견한다.

우편 주소: 한국 서울 콜브란·보스트위크 회사

해외전보 수신약호: 브런윅크 또는 우편주소: 日本 東京 시바, 시로가네 상고쵸 488. 眞木平一郎

해외전보 수신약호: 멜렉텡

1907

단기 4240/광무 11년/고종 44년/융희 원년

한일통신합동 체결 이후

전 대한제국 통신원 총판 민상호(閔商鎬)에게 체송된 실체

서대문우편국▶광화문우편국

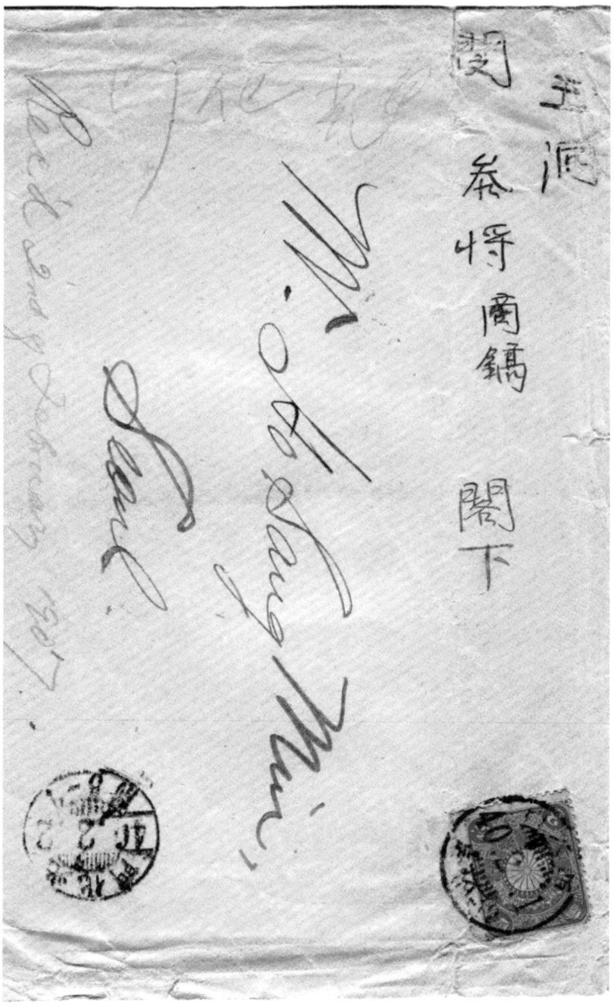

참장(參將) 민상호 약력

1870~1933 한성 출생
관료, 친일반민족행위자
대한제국 통신원 총판, 한성판윤, 외부협판,
조선총독부 중추원 의관

1891년 7월 22일	민상호 홍문관(弘文館) 수찬(修撰)에 임명됨
1894년 1월	전우총국(電郵總局)의 국제우편과장으로 재 임명됨
1882년 12월 5일	민상호 12세 소년으로 미국에 유학함(6월 출발, 갑신년 5월 귀국)
1883년 9월 29일	통리교섭통상사무아문 어학생도(語學生徒) 윤정식(尹定植), 민상호(閔 商鎬), 윤시병(尹始炳) 등을 각국의 언문학(言文學)의 습득을 목적으로 상해(上海) 등지에 파견하기로 함
1897년 2월 6일	민상호(閔商鎬), 농상공부 협판 사임
2월 19일	민상호 제5회 U.P.U. 전권위원에 피임
10월 10일	민상호(閔商鎬), 농상공부 협판에 피임
1898년 10월 10일	민상호, 농상공부 협판으로 피명
10월 21일	민상호, 농상공부 대신 사리로 피명
10월 23일	민상호, 농상공부 대신 서리 해임
1899년 2월 18일	민상호 한성판임(漢城判任)으로 전임.
1900년11월 26일	통신원 총판 전임 [농상공부 협판 사임]
1904년 2월 15일	민상호(閔商鎬), 통신원 총판 사임
1906년 7월 27일	통신원 관제 폐지 [칙령 35호]
1906년 8월 18일	민상호, 경기관찰사(京畿觀察使)로 전임

출처: 한국 우정사 연표[편집]

ㅁ 참장(參將): 대한 제국 때에 둔 장관 계급의 하나. 부장(副將) 다음으로 장관의 최하 계급이다.

1909

단기 4242년/융희 3년/순종 3년

민상호(閔商鎬)가 THE COLLBRAN BOSTWICK DEVELOPMENT COMPANY에 보낸 서신

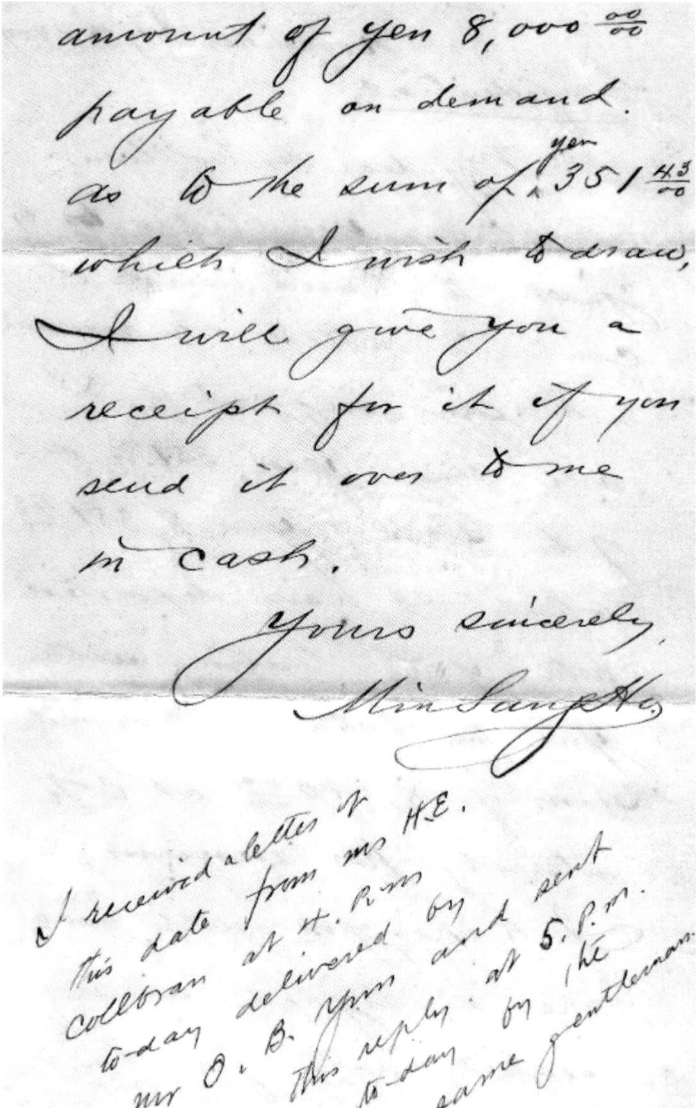

amount of yen 8,000 00/00
payable on demand.
as to the sum of yen 351 43/00
which I wish to draw,
I will give you a
receipt for it if you
send it over to me
in cash.
Yours sincerely,
Min Sang Ho

I received a letter of this date from Mr H.E. Collbran at 4. P.m to-day delivered by Mr O. B. Yim and sent this reply at 5. P.m. to-day by the same gentleman.

서신 내용

지불 가능한 금액 8천엔과 351. 43엔 중에 8,351.43엔을 인출하고 싶습니다.

만약에 원하시면 8,351.43엔을 현금으로 주시면 영수증을 보내드리겠습니다.

당신의 친애하는 민상호 드림.

(민상호의 친필 사인)

Ps. Mr. O.B.Yim을 통해 오늘 4 Pm경 MS H.E.Collbraw가 보낸 편지를 받았다.

팀과 답장을 오늘 5Pm에 같은 사람을 통해 보냈다.

1904년 2월 15일	민상호(閔商鎬), 통신원 총판 사임하였고
1906년 7월 27일	통신원 관제 폐지 [칙령 35호] 되면서
1906년 8월 18일	민상호, 경기관찰사(京畿觀察使)로 전임하였다.

1909

단기 4242년/융희 3년/순종 3년

민상호(閔商鎬)가 THE COLLBRAN BOSTWICK DEVELOPMENT COMPANY에 보낸 서신

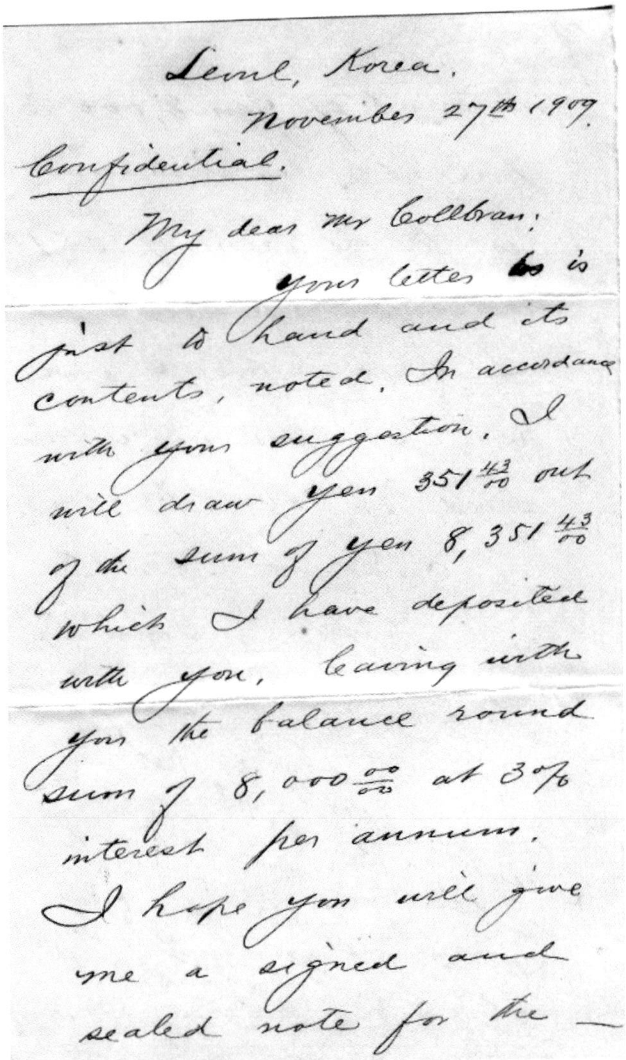

Seoul, Korea.
November 27th 1909.
Confidential.
My dear Mr Collbran:
Your letter is just to hand and its contents, noted. In accordance with your suggestion, I will draw yen 351 43/00 out of the sum of yen 8,351 43/00 which I have deposited with you, leaving with you the balance round sum of 8,000 00/00 at 3% interest per annum. I hope you will give me a signed and sealed note for the —

출처: 을사조약 후 고종의 대미 교섭 시도에 대한 알렌(Horace N. Allen)의 인식

서신 내용

서울, 대한민국

1909년 11월 27일

기밀.

친애하는 Mr Collbran

당신께서 보내주신 내용물을 당신이 제안하신 것에 따라 노트해 두었습니다.

제가 당신께 입금했던 총 8,351.43엔 중에 351.43엔을 인출하고 나머지 8천엔은 연 이자 3%로 두겠습니다.

저는 8,351.43엔중에 351.43엔을 인출한 후 남는 총 금액 8천엔에 대해 당신의 사인하신 노트를 주시기를 희망합니다. 만약에, 351.43엔을 현금으로 지불해주시고 원하시면 제가 영수증을 보내드리겠습니다.

당신의 친애하는 민상호 드림.

'알렌문서' 발굴 자료를 중심으로

고종은 을사조약으로 한층 강화된 일본 제국주의의 억압을 저지하기 위하여 오랜 우방 미국의 도움을 받고자 했다. 시오도어 루스벨트(Theodore Roosevelt, 1858~1919)를 설득하여 일본이 조약 체결 과정에서 저지른 부당 행위를 조사하게 하고, 대한제국을 일본 외에도 미국과 영국 등의 공동보호령으로 만든다는 것이 그의 구상이었다. 이 일은 서울의 콜브란보스트윅개발회사(Collbran-Bostwick Development Company)를 통하여 전직 주한미국공사 호러스 알렌(Horace N. Allen, 1858~1932)의 손에 맡겨졌으나 실패하였으며, 오래전 국내 학계에 소개되었지만 구체적인 내용은 별로 알려지지 않은 실정이다. 이 논문은 알렌이 1924년 뉴욕공립도서관(New York Public Library)에 기증한 「알렌문서(Horace N. Allen Papers, 1883~1923)」를 주요 자료로 삼고, 고종의 계획이 어떻게 알렌에게 전달되었는지, 알렌은 그것을 어떻게 받아들이고 처리하였는지 등을 살펴보았다. 그 결과 알렌이 보호국화를 대한제국에 해로운 것으로 인식하지 않았으며, 고종의 대미교섭 시도에 대해서도 적극적으로 지원하지 않았음을 알 수 있었다. 그가 고종을 돕지 않은 이유는 미국과 영국을 끌어들여 일본을 감시케 한다는 아이디어 자체가 실현불가능하다는 판단에 따른 것이었다. 그러나 여기에는 고종에 대한 알렌의 불신 즉, 고종이 수세에 몰릴 경우 자신의 계획을 완전히 부인할지 모른다는 생각도 적잖이 작용하였던 것 같다.

출처: 위키백과

1906

단기 4239년/광무 10년/고종 43년

2월 1일 - 일본제국, 한성부 왜성대에 통감부 설치. 4월 18일 - 미국 캘리포니아 주 샌프란시스코에서 진도 8.3의 대지진이 일어남.
8월 7일 대한제국, 만국적십자조약에 가입. 8월 18일 - 한말 의병장 최익현, 일본군에 잡혀 대마도로 유배.

공주 지방법원장▶한성재판소 판사 이원국 전 공무용 서찰

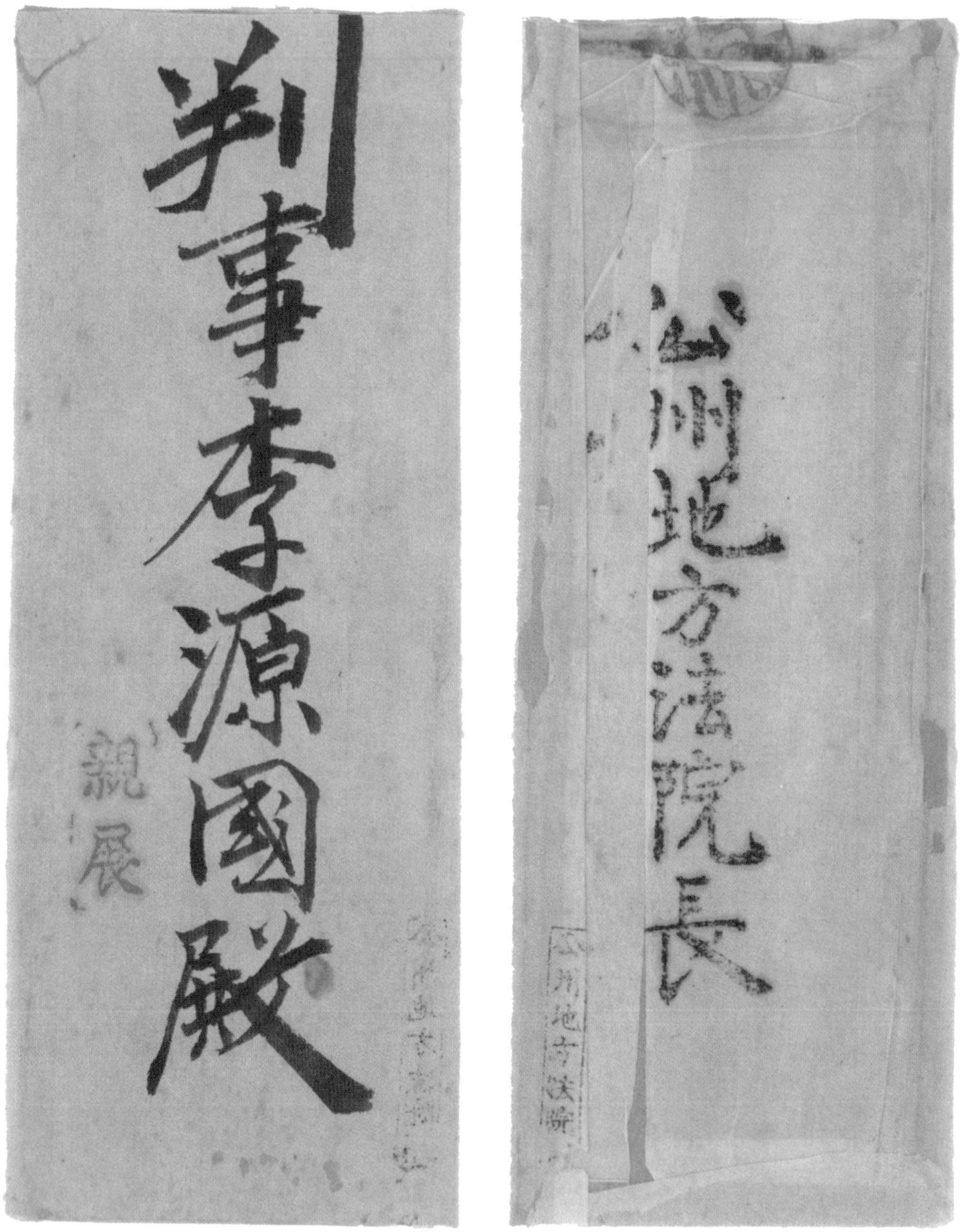

123x279mm

한성재판소 판사 이원국(李源國) 약력

1861. 1. 31 대한제국 출생

1891년 무과에 급제

1895~1896 법관양성소 졸, 공주지방재판소 판사, 조선총독부 소속으로 이동

1898. 판임관 6등으로 한성 재판소, 주사 임명.

1901년 평리원 주사

충남 비인군수

2008년 민족문제연구소의 친일 인명 사전 수록 예정자 선정

1906

단기 4239년/광무 10년/고종 43년

군사우편

한국 평양▶일본행 군사우편

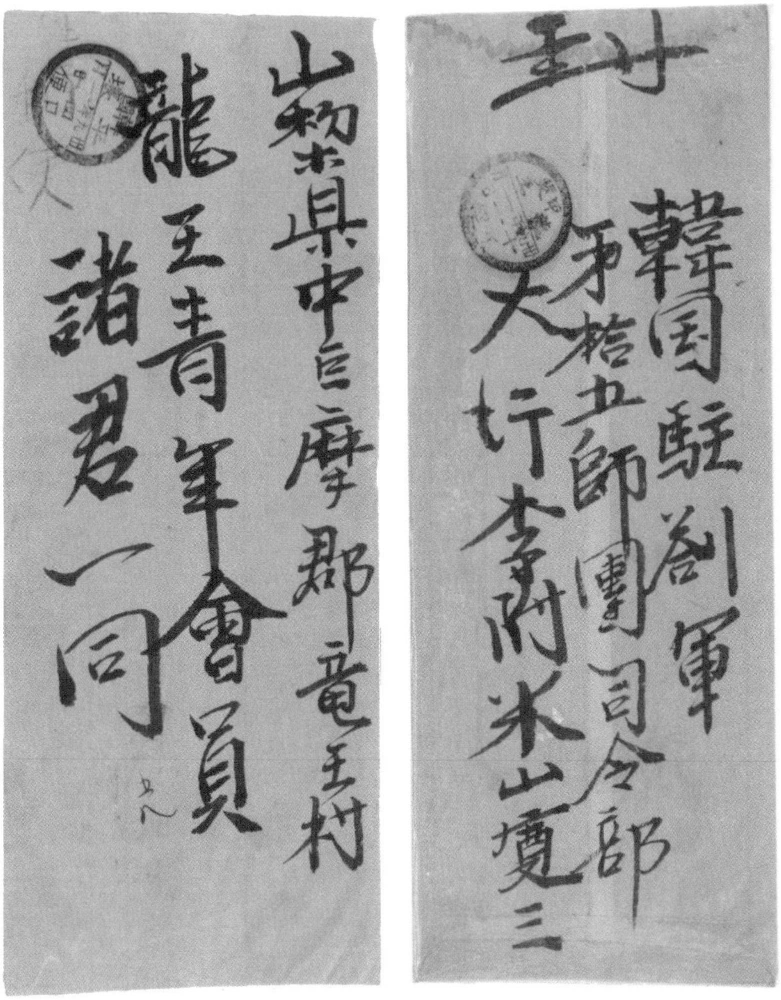

한국 평양. Jan. 4. 1906 - 일본(명치 39년)

80x197mm

◀한국 평양우편국 소인
명치 39년 1월 4일
구편(口便)
한일통신협약 체결 이후

평양우편국
평안남도 평양부 외천방1리
1911. 3. 30
조선총독부 고시 제87호
우편 위체 사무 취급 개시
1911. 12. 10
조선총독부 고시 제360호
우편국 이전
평양부 평양 대동문통에서
외천방1리로 이전

대한제국 평양우체사
1895년 4월 25일
농상공부령 제2호. 우체사 설치 착수
1895년 4월 25일 농상공부령 제2호
고시 제2호에 의거 우체사 개국

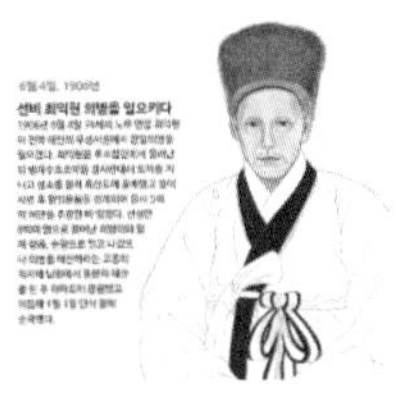

의병장 최익현(崔益鉉.1834. 1. 14~1907. 1. 1)

조선말기와 대한제국의 정치인이며, 독립운동가. 1905년 을사늑약에 저항한 대표적 의병장이었다.
김기현과 이항로의 문하에서 수학하였으며, 노론 화서학파의 지도자이자, 위정 척사파의 중심 인물 이었고, 흥선대원군의 월권 행위를 비판하였다. 1874년 흥선대원군을 공격하여 실각시켰다. 을사늑약 이후로는 항일 의병 활동을 전개. 그는 공개적으로 의병을 모집하였고, 임병찬·임락 등과 함께 전라북도 정읍에서 거병하였으나 곧 관군에게 패하여 체포돼 대마도에 유배되었다.

출처: 위키백과

1906

단기 4239년/광무 10년/고종 43년

군사우편
한국 용산 실체

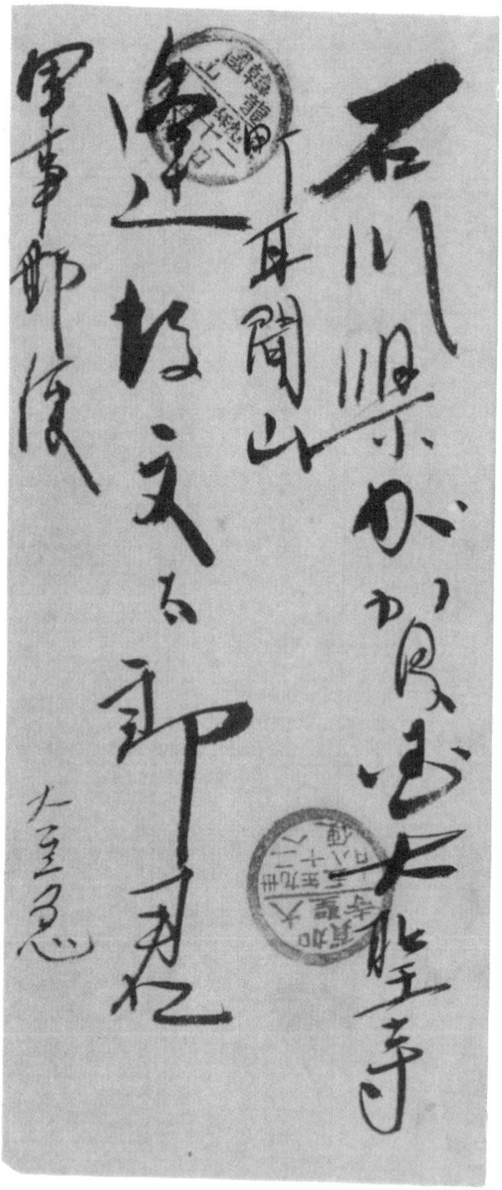

한국 용산. 명치 39년(1906) 5월 25일
서빙고 수비 보병 제19연대 제3중대,
일본행. 5월 28일 도착

일제 통감부 설치

대한제국 내 통감부 설치일시1906. 2. 1

통감부(統監府 Resident-General)는 일본 제국이 을사늑약을 체결한 뒤 대한제국 한성부에 설치했던 정치와 군사 관련 업무를 보는 관청이다. 형태는 대한제국 정부에 자문 또는 섭정을 하는 형식이었다.

한국통감부(韓國統監府)라고도 한다. 조선총독부의 모체가 되었다.

출처: 위키백과

제1대 통감 이토히로부미 1906~1909
제2대 통감 소네아라스케 1909~1910
제3대 통감 데라우치마사타케 1910~1910. 8. 29

당시 연표

1905년 5월 28일 - 경부선 철도 개통식
1905년 11월 17일 - 제 1차 한일 협약(을사조약) 체결
1906년 2월 1일 - 한국 통감부 설치
1907년 6월 25일 - 헤이그 특사 사건
1907년 7월 20일 - 고종 퇴위, 순종 즉위.
다음 해에 걸쳐 항일 의병 1 만 4천 명은 일본군과 1,774회 전투를 벌였다.
1907년 8월 1일 - 대한제국 군대 해산
1908년 12월 18일 - 동양척식회사 설립
1909년 7월 6일 - 일본, 한국 병합 결정
1909년 10월 26일 - 안중근, 하얼빈에서 이토히로부미 사살.

출처: 한국 우정사 연표[편집]

1906 단기 4239년/광무 10년/고종 43년

한국 호도(虎島) 실체

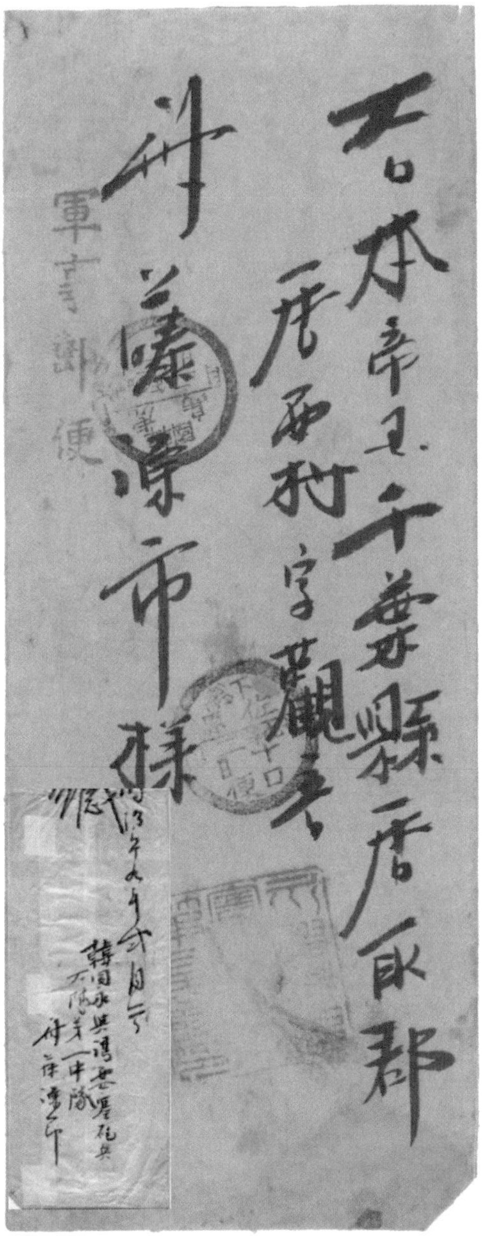

호도(虎島)

함경남도 원산시 금야군에 속한 섬. 호도반도
군사우편
한국 영흥만 요새 사령부 포병 제1중대

간송 전형필(澗松 全鎣弼)

1906. 7. 29~1962. 1. 26. 한성 출생
대한민국 문화재 수집, 보존, 연구가.

훈민정음 원본 등의 문화재를 수집하고, 일본으로 유출된 문화재들을 되찾아와 1938년 조선 최초의 근대 사립 미술관인 보화각을 세웠다. 해방 후 혼란기와 한국 전쟁 중에 한국의 문화재를 지켜내었다. 간송 전형필 선생의 사후 보화각은 전형필 선생의 유족들과 지인들에 의해 한국민족미술연구소와 간송미술관으로 개편되었고, 간송미술관에서는 1971년 봄부터 '겸재전'(謙齋展)주제를 시작으로, 2014년 가을까지 일 년에 2차례씩 무료 일반 공개를 하였다. 현재는 간송 미술 문화 재단이 설립되어 더 많은 사람들에게 간송 컬렉션을 선보이고자 동대문 디자인 프라자 & 파크에서 간송 문화전을 진행하고 있다. 문화재청에서는 그의 업적을 기려 2012년 12월 14일 전형필의 가옥을 등록 문화재 제 521호로 지정하여 지정 관리하고 있고, 2014년 10월 대한민국 금관문화훈장에 추서되었다.

출처: 위키백과

1906

단기 4239년/광무 10년/고종 43년

전기 빗형 부산 초일 실체

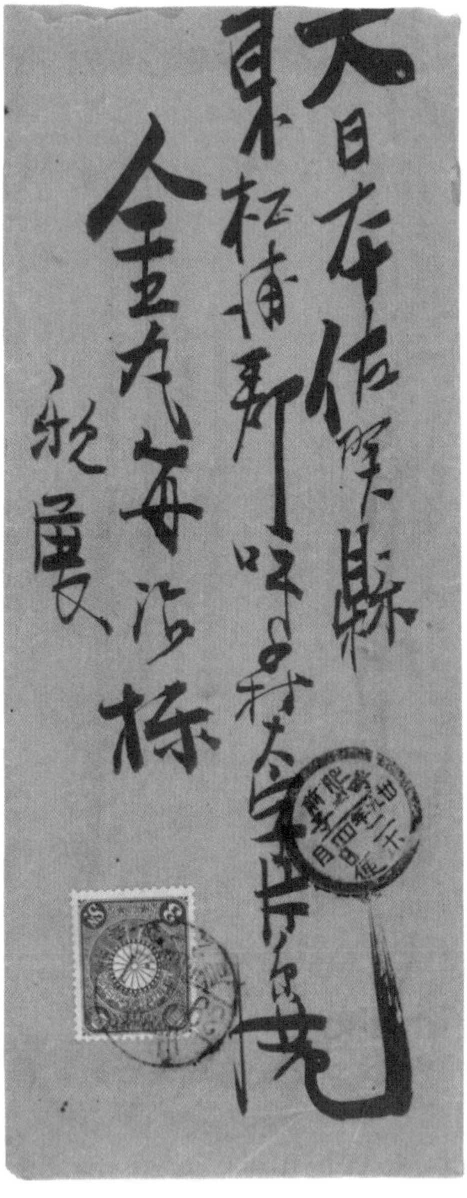

1906년(명치39)4.1 부산-1906.4.2 일본 도착

이인직(李人稙)

혈의 누

소설가 이인직이 1906년 11월 26일에 발표한 장편 소설이다.

'혈의 누'라는 제목은 '피눈물'이라는 의미를 갖고 있다. 하지만, 한국 문법으로는 '혈루'가 옳은 말이며, '혈의 누'는 일본어의 문법을

적용한 것이다.

이 소설은 1906년 7월부터 10월까지 《만세보》에 연재됐던 작품으로 이 소설 이전에도 여러 가지 신소설이 있었으나 《혈의 누》가 문학적인 수준이나 가치로 보아 우리 문학사상 최초 신소설로 평가된다.

상편은 《만세보》 연재로 끝나고 하편에 해당하는 《모란봉》은 1913년 2월부터 6월까지 63회에 걸쳐 《매일신보》에 연재되다가 미완성으로 끝났다.

줄거리

청일전쟁으로 혼란스러운 평양에서 일곱 살 난 옥련은 부모를 잃고 헤매다가 부상을 당한다. 그 뒤 일본인 군의관 이노우에에게 구출되고 일본에 있는 그의 부인에게 보내져 학교도 다닌다. 그러나 이노우에가 전사하자 개가를 꿈꾸는 부인은 옥련을 구박한다.

집을 나와 방황하던 옥련은 나라를 부강하게 하기 위해 유학가려던 구완서라는 청년을 만나 함께 미국으로 간다. 한편 모란봉 근처에서 남편과 딸을 잃고 헤매다가 실의에 빠진 옥련 어머니는 대동강에서 투신자살을 기도 했으나 구출되고, 아버지는 구국을 위해 외국으로 유학간다. 옥련은 미국에서 고등소학교를 우등으로 졸업한 자신의 기사를 본 아버지와 만난 뒤 구완서와 약혼한다. 평양의 어머니는 죽은 줄만 알았던 딸로부터 편지를 받고 기뻐한다.

출처: 위키백과

- **이인직**(李人稙, 1862. 7. 27~1916. 11. 1) 일제 강점기 언론인, 소설가이다.
  경기도 이천 출생 호는 국초(菊初). 본관은 한산.

1906 단기 4239년/광무 10년/고종 43년

경주(경주 한국임시우체소) [한 경주 임]

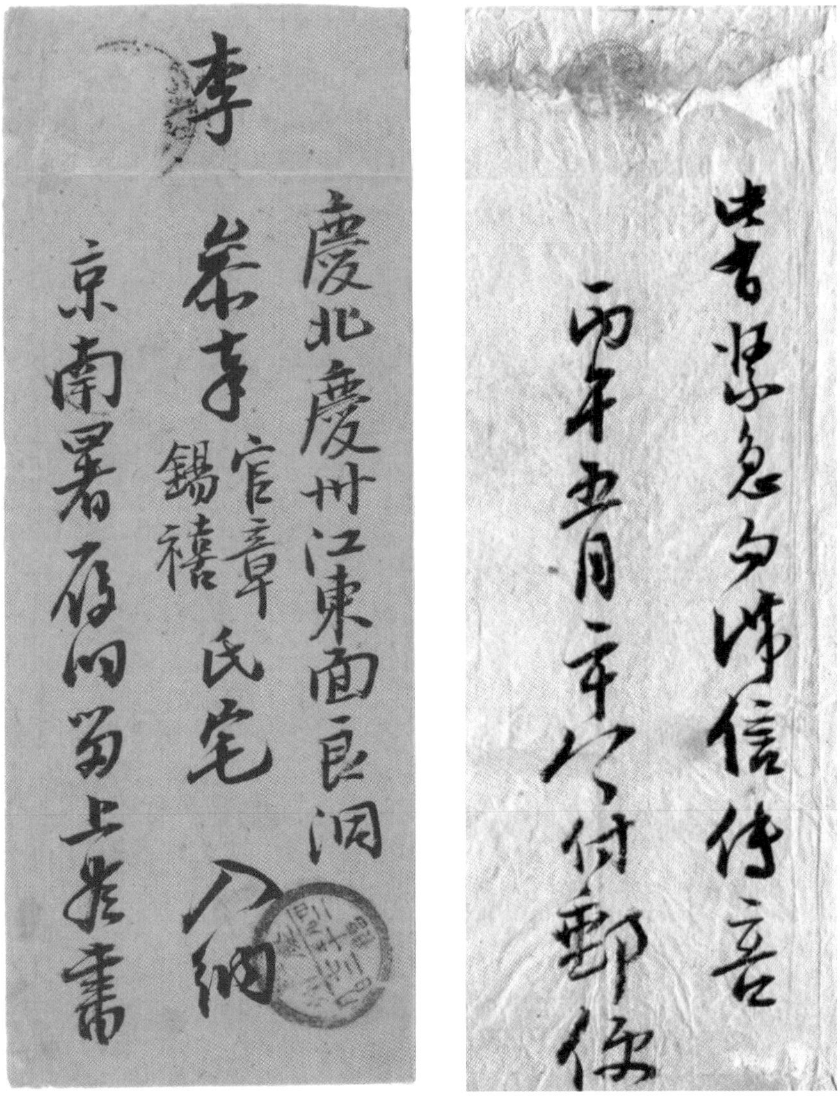

1906년(명치 39) 7월 22일 경주 한국임시우체소

ㅁ 1906년 우편사

1월 10일	통감부 통신관리국(**統監府通信管理國**) 설치. [5과 10계]
3월	통감부, 통신원 부속 군용선 인수 완료.
5월 26일	제 6회 로마 U.P.U. 총회에서 조인. 한국은 일본이 대리 서명.
7월	통신관리국, 해군전신선 및 전신소 인계.
7월 27일	통신원 관제 폐지. [칙령 35호]
8월 18일	민상호, 경기관찰사로 전임.

1906

단기 4239년/광무 10년/고종 43년

희천(한국임시우체소) [임]▶일본행 군사우편

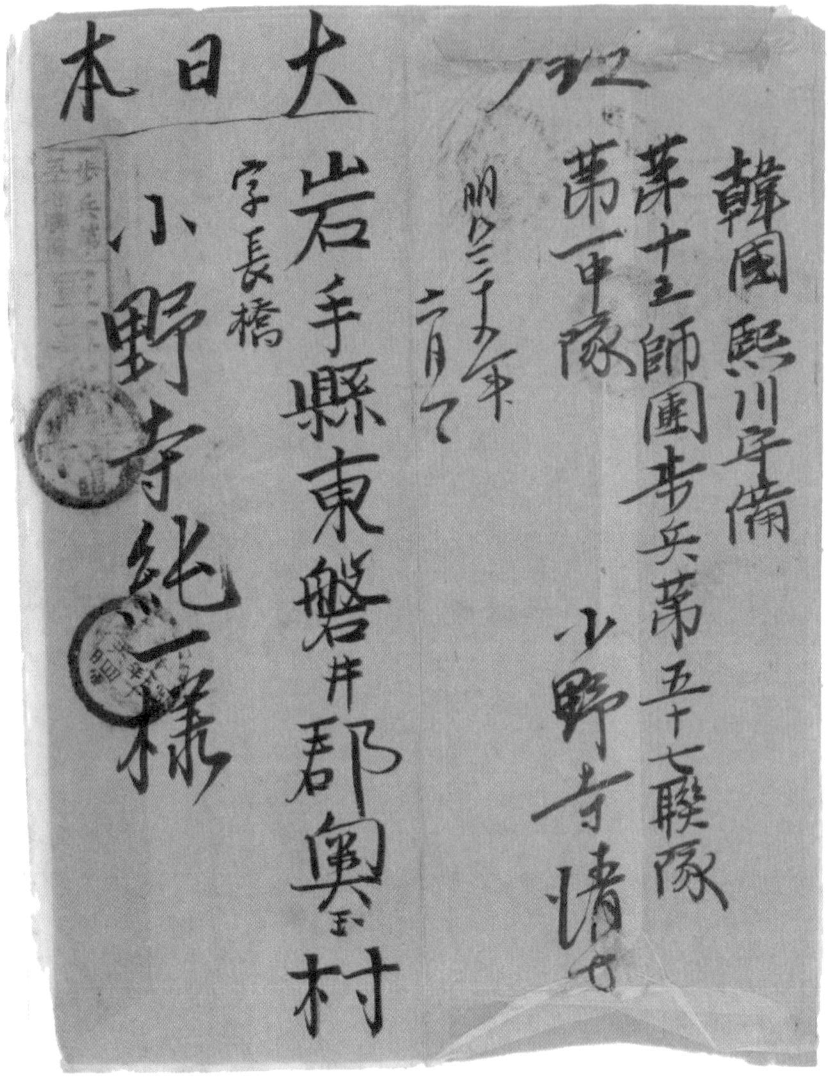

1906년(명치 39) 6월 7일-1906. 6. 14. 일본 도착

희천임시우체사

평안북도(자강도) 희천군

한국 희천 수비대 제13사단 보병 제57연대 제1중대 소속 소야사청의 군사우편

1906

단기 4239년/광무 10년/고종 43년

경성(京城) 전기빗형 일부인

경성▶via Kobe▶Paris, France행 등기

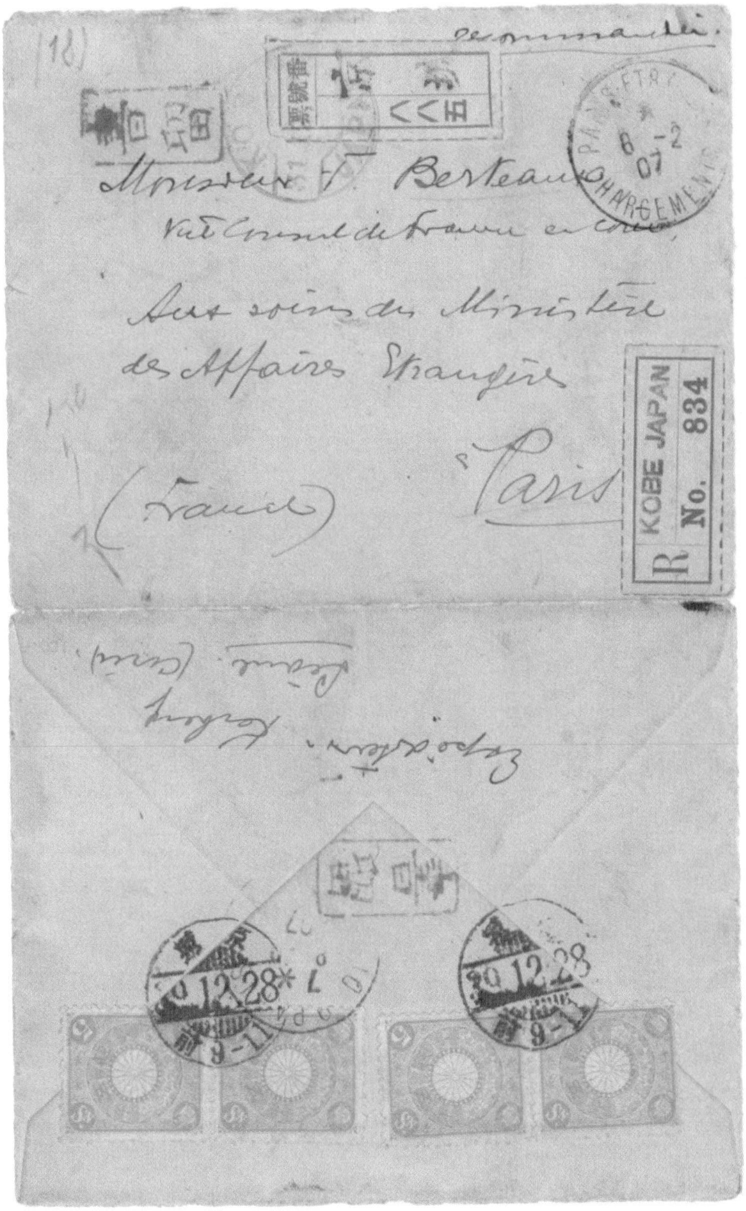

番號票

京
城

八
八
五

R KOBE JAPAN
No. 834

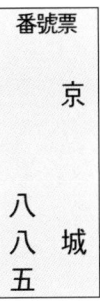

경성 1906. 12. 28 - via Kobe 1906. 12. 31 - 1907. 2. 8 도착 체송 기간: 40일.

1906

단기 4239년/광무 10년/고종 43년

군사우편

한 · 광화문(光化門) 임시우체소▶일본행

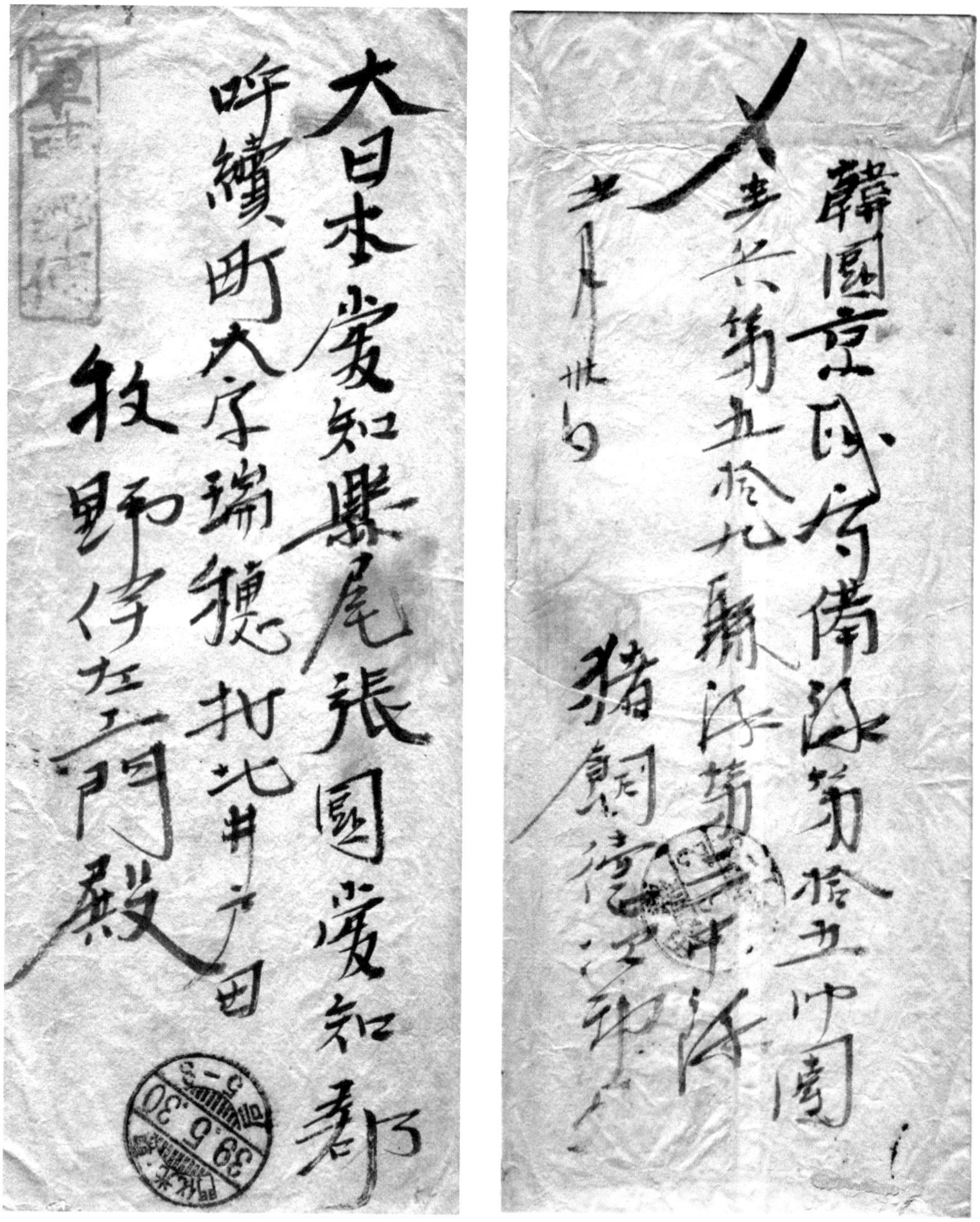

1906년 5월 30일 광화문임시우체사-일본행

1906

단기 4239년/광무 10년/고종 43년

군사우편

한 · 윤성(輪城)▶동경행

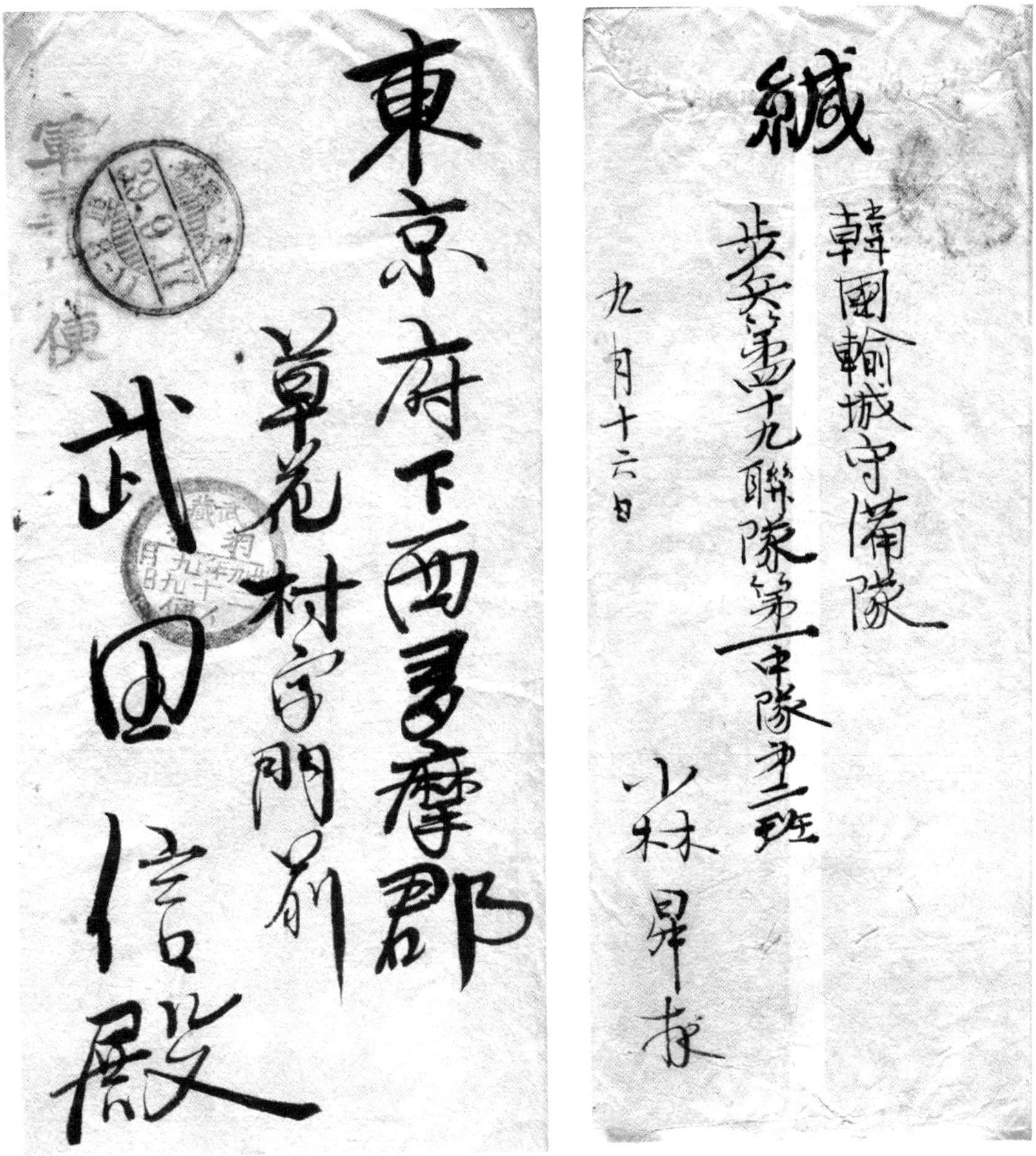

1906년 9월 17일 한·윤성-동경행

1906

단기 4239년/광무 10년/고종 43년

성주(星州)▶경성(京城)행

1906년(명치39) 7월 11일 성주-경성행
경성 제동 마대영 동변대로변 소미 가정참판 관동·준민 가 입납

1910~1945년 일제강점기 경성 지역 우편소

경성창덕궁전우편소	경기도 경성부 와룡정
경성본정2정목우편소	경기도 경성부 본정 2정목
경성본정4정목우편소	경기도 경성부 본정 2정목
경성본정6정목우편소	경기도 경성부 본정 3정목
경성본정9정목우편소	경기도 경성부 본정 5정목
경성동대문통우편소	경기도 경성부 종로 3정목
경성명치정우편소	경기도 경성부 경성명치정 2정목
경성남대문내우편소	경기도 경성부 남대문통 4정목
경성영락정우편소	경기도 경성부 경성황금정 3정목
경성사동우편소	경기도 경성부 사동
경성원사정우편소	경기도 경성부 관훈동
경성종로우편소	경기도 경성부 남대문통 1정목
경성종로3정목우편소	경기도 경성부 종로 3정목
경성황교통우편소	경기도 경성부 원남동
경성종로5정목우편소	경기도 경성부 종로 5정목
경성태평정우편소	경기도 경성부 태평정 2정목
경성청엽정우편소	경기도 경성부 청엽정
경성죽원정우편소	경기도 경성부 경성누정정
경성대평정우편소	경기도 경성부 정동
경성대평통우편소	경기도 경성부 황금정 1정목
경성황교통우편소	경기도 경성부 경성황교통 1정목
경성황금정3우편소	경기도 경성부 황금정 4정목
경성황금정4우편소	경기도 경성부 황금정 4정목
경성황금정7우편소	경기도 경성부 황금정 7정목
경성동대문외우편소	경기도 경성부 창신동
경성역전우편소	경기도 경성부 고시정
경성혜화동우편소	경기도 경성부 혜화동
경성삼판통우편소	경기도 경성부 삼판통
경성통의동우편소	경기도 경성부 통의동
경성현저동우편소	경기도 경성부 현저동
경성청량우편소	경기도 경성부 청량리정
경성봉래정우편소	경기도 경성부 봉래정 3정목
경성안국우편소	경기도 경성부 관훈동
경성왕십리우편소	경기도 경성부 하왕십리정
경성노량진우편소	경기도 경성부 본동정

출처: 일제강점기 우편소 명단[편집]

1906 단기 4239년/광무10년/고종 43년

Kew-Lin - Cheng Japan Russia Soldier

Our Troops Occupation of Kew Lin Cheng

1906년(명치 39) 10. 11. Yokohama Oriental Palace Hotel. 일본우표 1.2Sn첩부 횡병 원정 소인
(Our Troops Occupation of Kew Lin Cheng)

우리가 구연성(Kew lin Cheng)을 점령했다.

일본 제국이 청일전쟁과 러일전쟁을 승리한 후 중국 요령성에있는 구연성을 점령했다고 일본 제국 군인이 중국인과 조선인 앞에서 으시대는 오만함을 묘사한 그림이다. 멀리 구연성에 일본제국 국기(욱일기)가 걸려 있다.

구연성(九連城, Kew Lin Cheng. 주롄청)

중국 랴오닝성[遼寧省] 단둥[丹東] 북동 15km 지점에 있는 취락지구.

동쪽은 아이허강[靉河] 건너편이 아이허젠구청이며, 북쪽은 전둥산으로 이어지는 험준한 산악 지역이다.

험준한 지형을 이용하여 금(金) 때 젠루[幹魯]가 이곳에 9성을 쌓고 고려와 싸웠다. 명(明) 때에는 병영이 줄지어 있어 구련성이라고 불렀으며 현재도 성터, 조망대 등이 남아 있다. 명, 청(淸) 때에는 국경을 건널 때 양국 사절이 꼭 거쳐야 하는 조선과의 통상 요지였다.

청일전쟁 때는 일본군의 중국 둥베이 [東北 滿洲] 지방에 이르는 진입구로 이용되었다.

부근 지역에서 요(遼)·금·원(元) 때의 유리·송(宋) 때의 화폐 등이 출토되었다.

출처: 두산백과

1906

단기 4239년/광무10년/고종 43년

한국 삼량진 실체 엽서

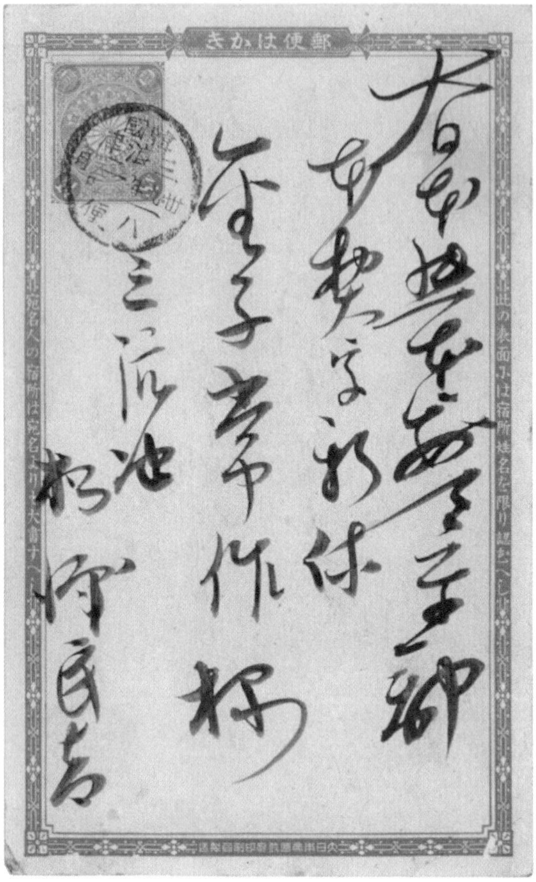

명치39년(1906)1월1일 삼량진 - 일본행

삼량진우편소

경상남도 밀양군 하동면 삼량진

1912. 1. 1

조선총독부 고시 제140호.

전신, 전화 통화사무 개시

박건웅(朴健雄, 1906. 7. 1)

평안북도 의주 출생. 대한민국의 독립운동가이다.

1935년에 민족혁명당 창당에 참여하였고 한인청년동맹과 의열단에 가입하여 활동하였다.

1937~1945년까지 대한민국 임시 정부에서 활동하였다.

광복 이후 남조선 과도 입법회에서 활동하였으며 한국 전쟁 때에 납북되었다.

출처: 위키백과

1890년
한국기독교박물관(숭실대)에
소장되어 있는 성경

1911년

1906

단기 4239년/광무10년/고종 43년

한국 해주 일부인

일본▶한국 해주 수비대로 체송된 엽서

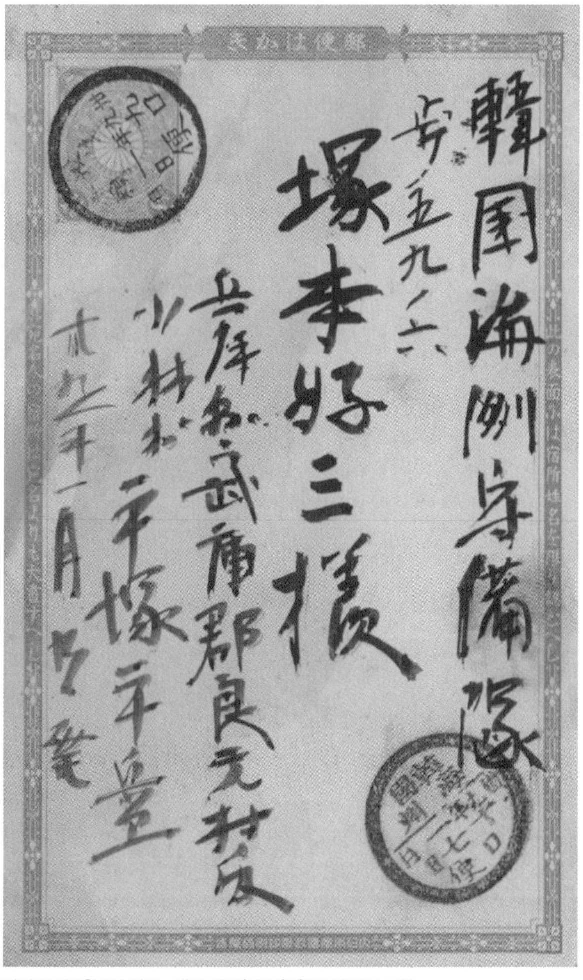

명치 39년 1월 9일 일본 - 명치 39년(1906)1월 17일 해주 도착
체송 기간: 9일

해주우체사

1895년 6월 5일

대한제국 농상공부령 제3호, 고시 제3호에 의거 우체사 개국

1906

단기 4239년/광무10년/고종 43년

한국 군산 일부인 한국 북청 일부인

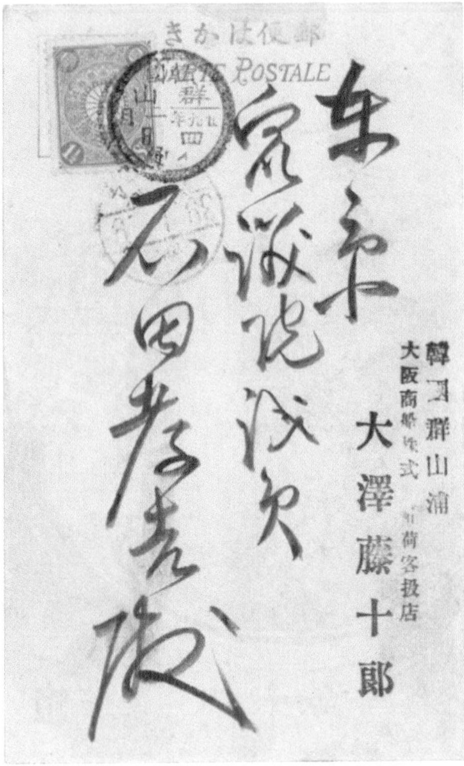

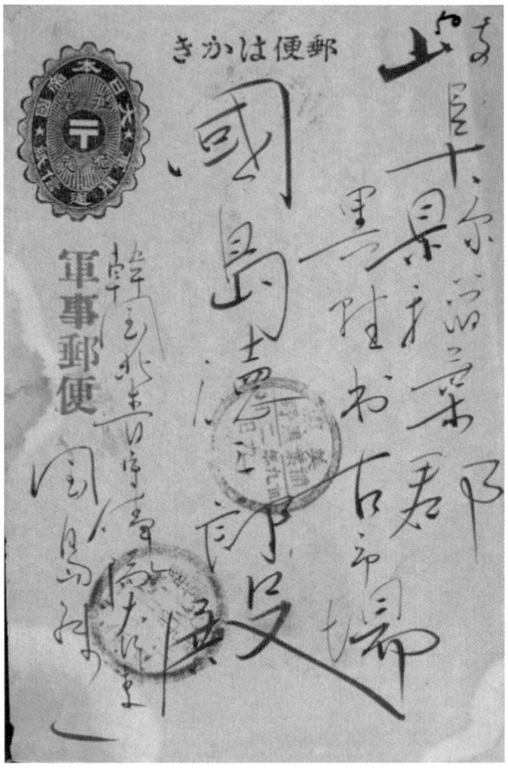

명치 39년(1906) 1월 4일 군산(군산포) 명치 39년(1906) 2월 2일 한국 북청-2월 9일 일본 도착

우취 문화 해설 시리즈

우표 표면

가. 관백(官白)

우편엽서에 기념 통신 일부인 또는 관광 기념 통신 일부인 등을 찍은 것으로, 기념 통신 일부인의 도안 내용도 우표의 도안 내용과 같은 성격을 띠며 훌륭한 우취 자료를 제공해 주고 있다.

나. 화살표

우표의 그림, 일부인, 여백의 그림도 모두 테마의 내용으로서 사용할 수 있으므로, 이 경우 아무런 표시를 해 놓지 않으면 어떠한 의도로 작품을 만들었는지 알 수가 없다. 여러 장의 우표가 붙어 있는 경우 필요한 부분에 화살표로 표시 해 놓으면 보는 사람들도 쉽게 구별, 또는 이해할 수 있게 될 것이다.

다. 탭(Tab)

나라에 따라서는 우표에 탭을 추가해 발행하는 경우가 있다. 이스라엘이 대표적인 경우인데, 탭이란 우표 하단에 우표모양(통상 우표크기보다는 조금 작다.)으로 천공이 된 조그마한 난에 우표에 대한 부가적인 설명을 적어놓은 것이다. 실제 편지에 붙일 때는 탭은 없어도 되며 우표를 수집할 때는 탭이 딸린 우표라야 제 가치를 쳐 준다.

1906

단기 4239년/광무 10년/고종 43년

전기 빗형 일부인

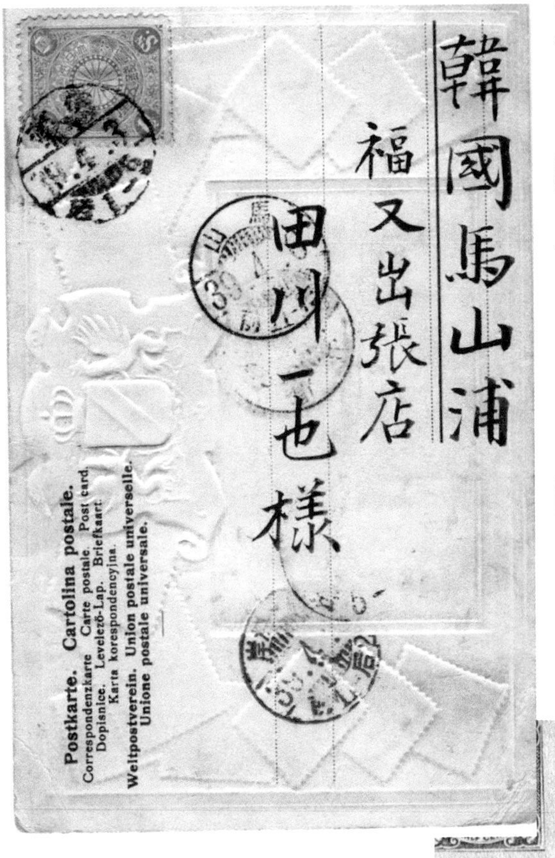

1906년 4월 3일 자

전기 빗형 일부인은 사용 시기가 가장 오래된 것 중 하나임.

후기 빗형 통신일부인

경북 풍사(豊四)

1940년(소화 15) 4월 24일. 후 0-4

후기 빗형 통신일부인

상주

1930년(소화 5) 9월 6일. 후 2-5

경북 감포

1933년(소화 8) 1월 3일

후 0-4

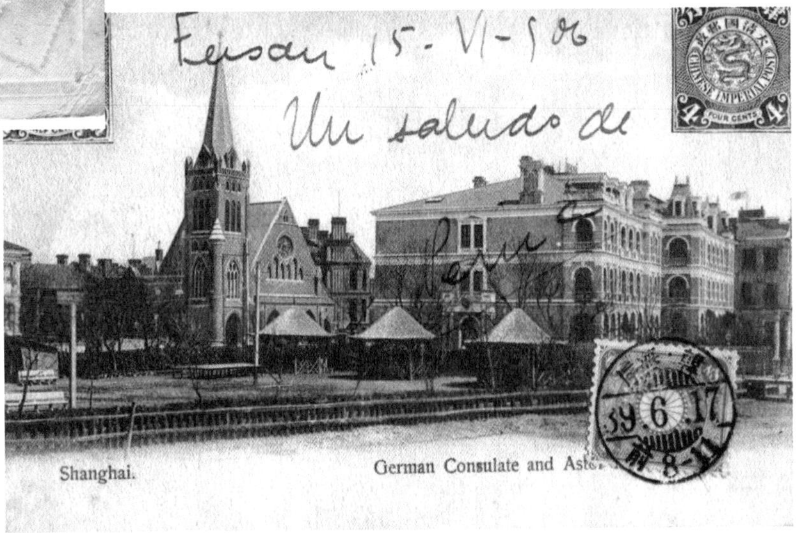

한·. 해안 韓·海岸 임시우체소 1906년 6월 17일 -South America

1906

단기 4239년/광무 10년/고종 43년

한 · 해안(海岸) 임시우체사 일부인

부산진 성지.

1906

단기 4239년/광무 10년/고종 43년

군사우편 한국 호도(虎島) 실체

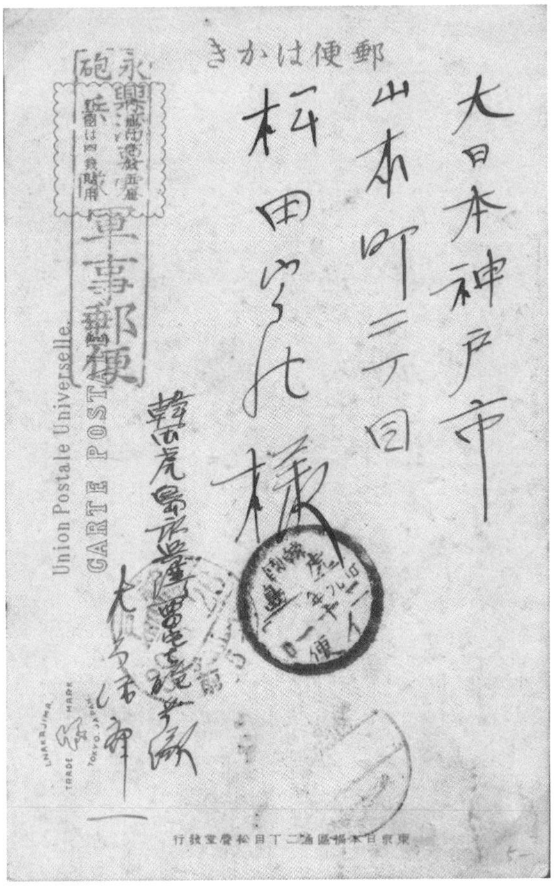

1906년(명치 39) 6. 21. 한국 호도-5. 26 일본 도착

호도우편국

함경남도 영흥군 녕고면 방구미리

1911. 12. 21 조선총독부 고시 제369호. 전신 전화 사무 개시

1913. 5. 15 조선총독부 고시 제167호, 호도우편국 폐지

영흥우편국

함경남도 영흥군 영흥읍

1911. 5. 15

조선총독부 고시 제127호, 특설전화 가입 신청 수리, 전화 교환

동경 일본 교구통 2정목 송성당 발행 사제 엽서. 국회의사당 양원 전경. Tokyo House of Parliament

한국 호도(虎島): 함경남도 원산시 금야군에 걸쳐있는 만이다. 호도반도와 갈마반도로 영흥만 외곽 동한만과 분리되어 있다.

1906

단기 4239년/광무 10년/고종 43년

Chemulpo, Corea(청색 일부인)▶Germany행

Chemulpo, Nov. 5. 1906-Germany

1906

단기 4239년/광무 10년/고종 43년

부산 일부인

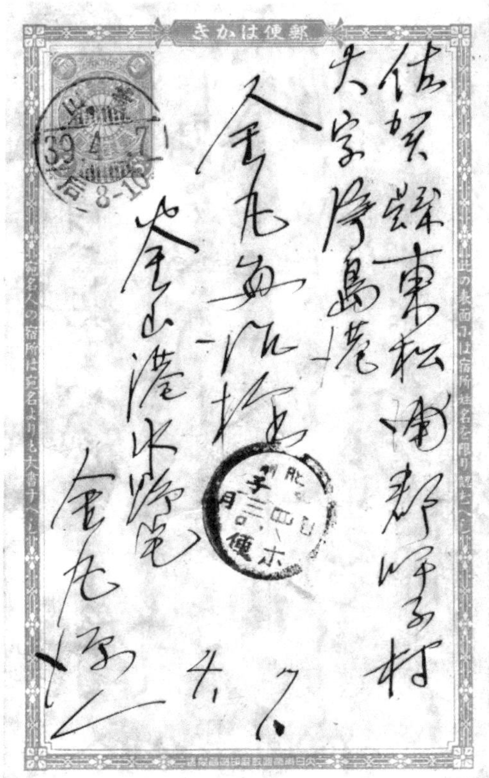

1906년 7월 30일 한·초량 임시우체사

부산초량우편소

경상남도 부산부 초량정

1936.3.26

총독부 고시 제175호/초량우편소를 개칭

한 · 초량(草梁)임시우체사

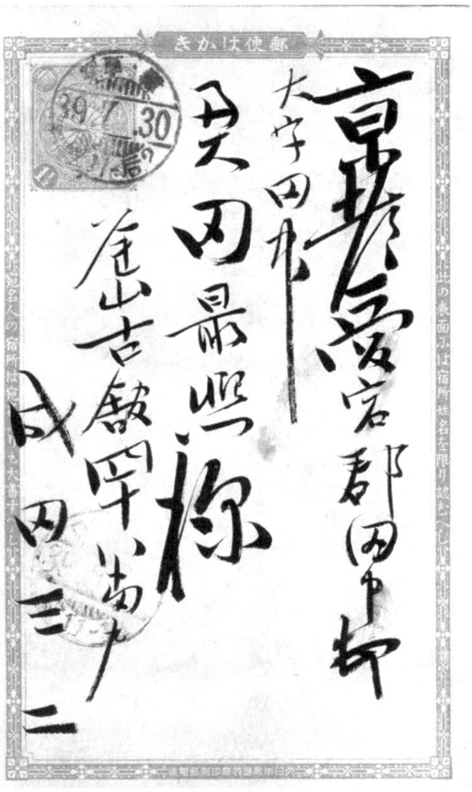

1906년 4월 7일 부산우편국

부산우편국

경상남도 부산부 부산행정 1정목

1911.3.30

총독부 고시 제87호/우편위체 사무취급 개시

을사의병(乙巳義兵)

1905·1906년 을사오조약 등 일련의 일제침략을 계기로 일어난 구국항일무력전 총칭1895년(고종 32) 명성황후시해사건과 단발령을 계기로 봉기한 을미의병1904년 러일전쟁이 발발하고 한일의정서·한일협약이 잇달아 체결되어 반일의식이 전국적으로 고조되어가던 중, 1905년 을사오조약이 강제 체결되자 한국민의 반일감정은 극도에 달하여 전국 각지에서 의병이 재기하였다.

을사의병이 가장 먼저 봉기한 곳은 을미의병 때 가장 활발한 활동을 보여주었던 원주·제천·단양 등 중부일대였다. 1905년 9월 원주 동쪽 주천(酒泉)에서 을미의병 당시 유인석(柳麟錫) 의병진에서 활약한 원용석(元容錫)·박정수(朴貞洙) 등이 각지에 격문을 보내 의병을 규합하고 의병진을 편성하였다. 그러나 의병진은 활동 개시 전에 원주진위대(原州鎭衛隊)와 일진회(一進會)의 급습을 받아 해체되고 말았다. 뒤를 이어 단양에서 정운경(鄭雲慶)이 단양·제천·영춘 등지의 의병 300~400명을 규합하였으나, 역시 원주진위대의 습격으로 정운경·박정수 등 주모자가 붙잡혔으며 의병도 해산당하였다. 을사의병 중 제일 규모가 크고 가장 치열한 항전을 벌인 의병진은 민종식(閔宗植)·안병찬(安炳瓚) 등이 주축이 된 홍주(洪州)의병이었다. 홍주의병은 안병찬이 1906년 3월 박창로(朴昌魯)·채광묵(蔡光默) 등과 함께 수 천명의 의병을 규합, 의병진을 편성함으로써 시작되었다. 이들은 홍주성을 활동 근거지로 삼기 위해 공략하였으나 실패, 안병찬 등 중심 인물들이 붙잡히고 말았다. 그 뒤 전 참판 민종식이 이용규(李容珪)·이세영(李世永)·채광묵 등과 함께 조직한 제2의 홍주의병은 그 해 5월 19일 마침내 홍주성을 점령, 5월 31일 성이 함락될 때까지 일본군과 치열한 교전을 벌여 을사의병 가운데 가장 큰 전과를 거두었다. 한편, 을사의병 중에서 군사활동은 비교적 미미하였지만 전국 의병항쟁에 가장 큰 영향을 미쳤던 것은 최익현(崔益鉉)의병진이다. 최익현은 대원군 집정 때부터 강직한 관리로 널리 알려졌고, 또한 위정척사사상에 입각한 배일운동 선봉에 서왔기 때문에 그의 거의(擧義)는 곧 전국적인 반향을 불러일으킬 수 있었던 것이다. 1906년 6월 전라도 태인의 무성서원(武城書院)에서 거의한 최익현의병진은 진군을 시작하여 정읍·순창을 지나 담양 방면으로 향하던 중 전주·남원진위대와 대치하게 되자 동족상잔의 비극을 피하기 위해 교전을 회피하였다. 그러나 이 틈을 탄 진위대의 공격으로 의병진은 참패를 당하여 최익현 이하 임병찬(林炳瓚)·고석진(高石鎭) 등 주모자 13명이 붙잡힘으로써 의병진은 해체되고 말았다.

1906

단기 4239년/광무 10년/고종 43년

군사우편

한·영흥(永興)임시우체사

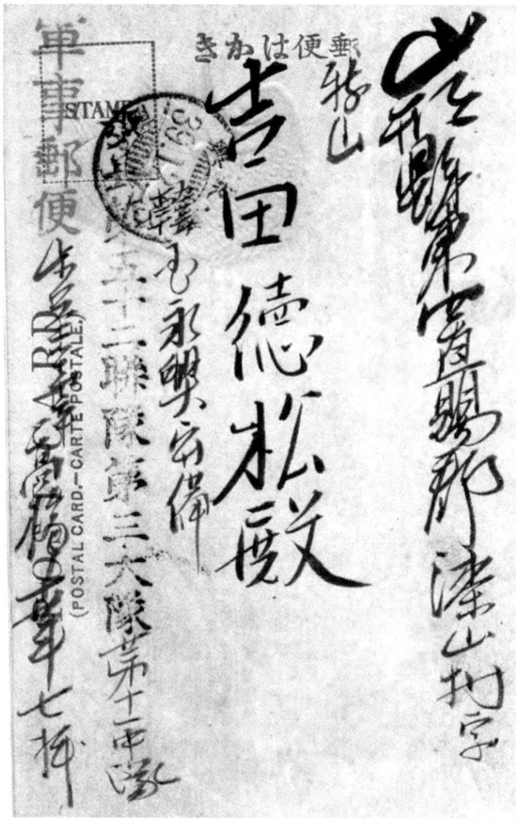

한국 영흥 수비대
제52연대 제36대대 제11중대
1906년(명치39) 12월 3일 한·영흥임시우체소에서
일본으로 체송된 엽서

한·함흥(咸興)임시우체사

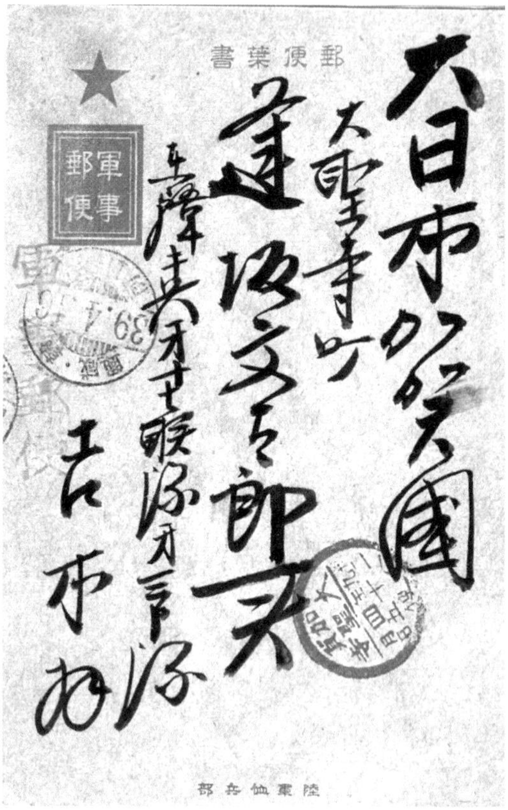

한·함흥 임시우체사에서 일본으로 체송된 엽서
1906년(명치39) 4월 16일

영흥우편국

함경남도 영흥군 영흥읍

1911.5.15

총독부 고시 제127호/특설 전화 가입 신청 수리/전화 교환

영흥전신취급소

함경남도 영흥 철도정차장

1920.8.1

총독부 고시 제197호/전보취급시간 개정

1906 단기 4239년/광무 10년/고종 43년

한 · 구마산포(旧馬山浦). 한 · 삼량진(三惋津) 일부인

일부인의 색상이 검정색이 아닌 황색으로 특이한 실체

한국 청진 실체 엽서

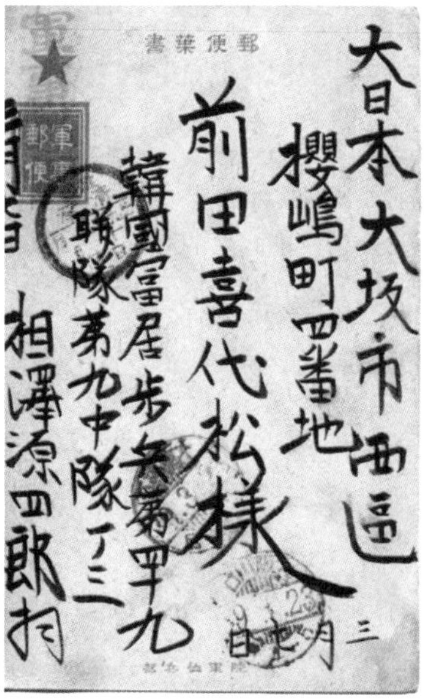

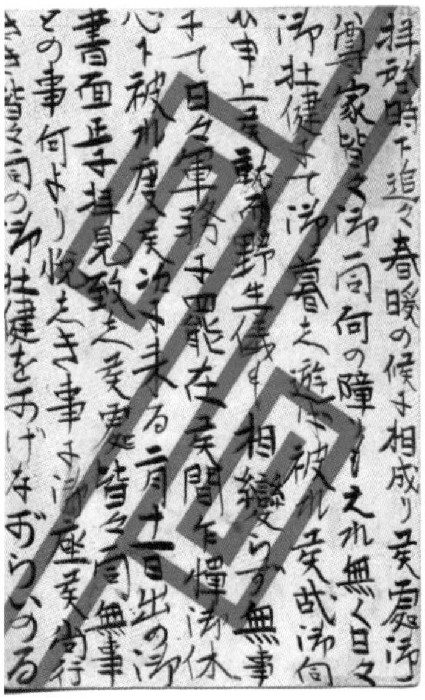

1906년 3월 10일 한국 청진- 3월 23일 일본 대판 도착
한국 부거 보병 제49연대 제9중대

육군 헌병부 발행

1907

단기 4240년/광무11년/융희 원년/고종 44년/순종 원년

연기우체소 일부인

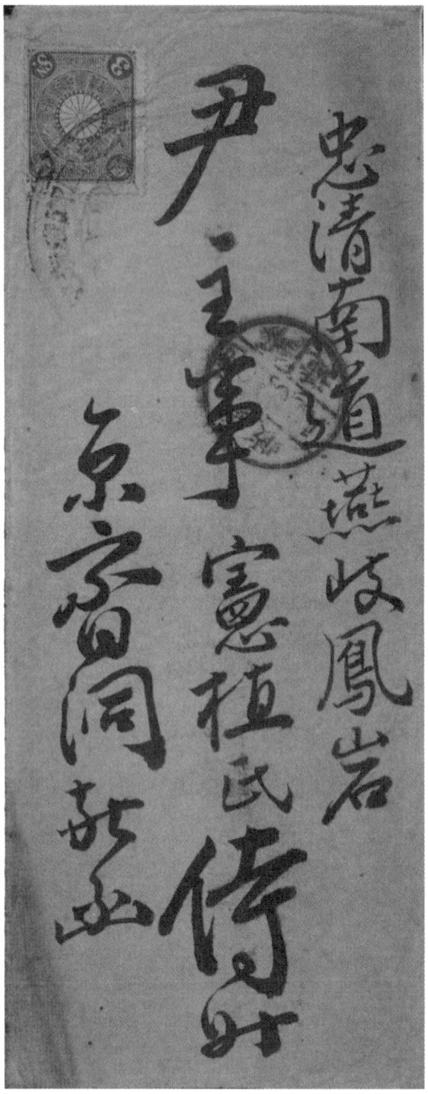

1907년(명치40년) 충청남도 연기 봉암

1907년 우편사

1월 16일	대한매일신보, 한. 일조약 부인의 칙서 게재
1월	공중소방대(公衆消防隊) 설치 [소방대의 창시]
2월	경부선 철도 연선지의 특별 취급
3월	도서(島嶼) 등 교통 불편 지역 수배 집배 실시
3월	통감부 관측소 설치
3월	대한의원(大韓醫員) 관제 실시
3월 11일	우편수취소 및 우편, 전신수취소 폐지 후 우편소 신설
4월 22일	시위연대(侍衛聯隊) 및 보병연대(步兵聯隊) 창설
5월 22일	박제순(朴齋純) 내각 경질
6월 14일	이완용(李完用)내각 총리대신 임명
6월 29일	헤이그밀사사건(海牙密使事件). [제1회 국제평화회의 개최]
6월	중국 영토 보전에 관한 불·일협약(佛日協約) 성립
7월	일반우편국, 가격 표기, 통상우편물 직배 취급
7월 20일	융희황제 즉위 양위식(隆熙 皇帝 卽位 讓位式) 거행
7월 24일	한일신협약(韓日新協約)체결 [정미조약] 일본인의 한국 관리 임용
7월 31일	대한제국 군대 해산
7월	학부(學部)에 국문연구소(國文研究所) 설치
7월	보안법·신문지법(保安法新聞紙法) 공포
8월 2일	연호를 '융희(隆熙)'로 고침
8월 11일	강화도를 일본군이 점령
9월 1일	경성박람회(京城博覽會) 개최
10월 29일	한일간의 경무(警務)사무 집행에 관한 취급서 조인.
11월	중앙 각 부 관계 및 지방 관제 개정 공포
12월 24일	오산학교(五山學校)설립
12월	재판소구성법(裁判所構成法) 제정 공포

연기우체소

1911. 10. 10

충청남도 연기군 연기읍

조선총독부 고시 제303호. 연기우체소 폐지 후 조치원우편소에 합병

ㅁ신문지법(新聞紙法): 일제 통감부가 언론을 통제하기 위해 제정한 언론 통제법

1907

단기 4240년/광무 11년/고종 44년/융희 원년/순종 원년

군사우편

한 · 경흥(慶興) 임시우체사▶동경행

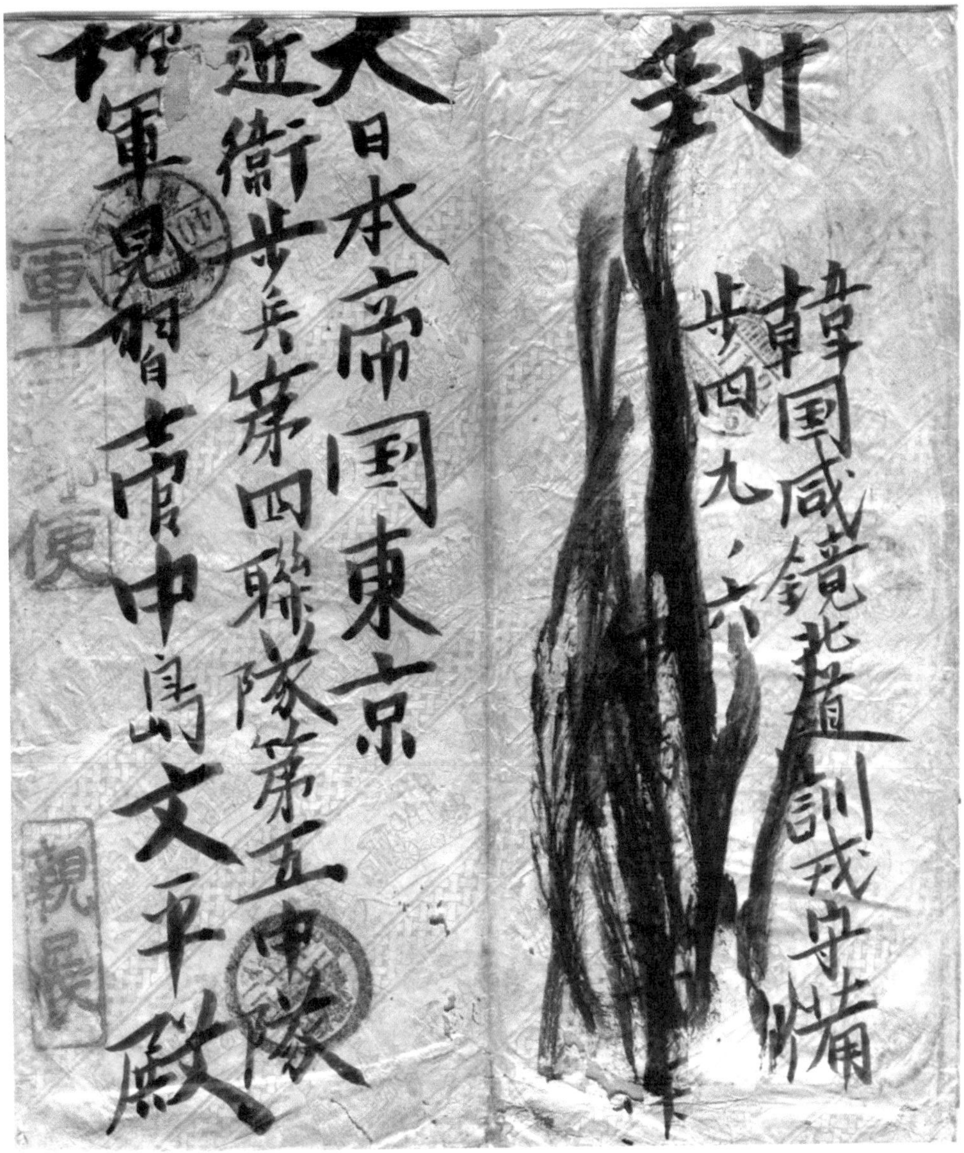

1907년(명치40) 11월 9일 경흥임시우체사-동경행

일제강점기

경흥우편국 함경북도 경흥군 경흥읍 1912.9.16 총독부 고시 제274호/전화통화 사무 개시

1907

단기 4240년/광무11년/융희 원년/고종 44년/순종 원년

정미년(1907) 구한국 수입인지 첩부, 성주(城主)에게 보낸 탄원서

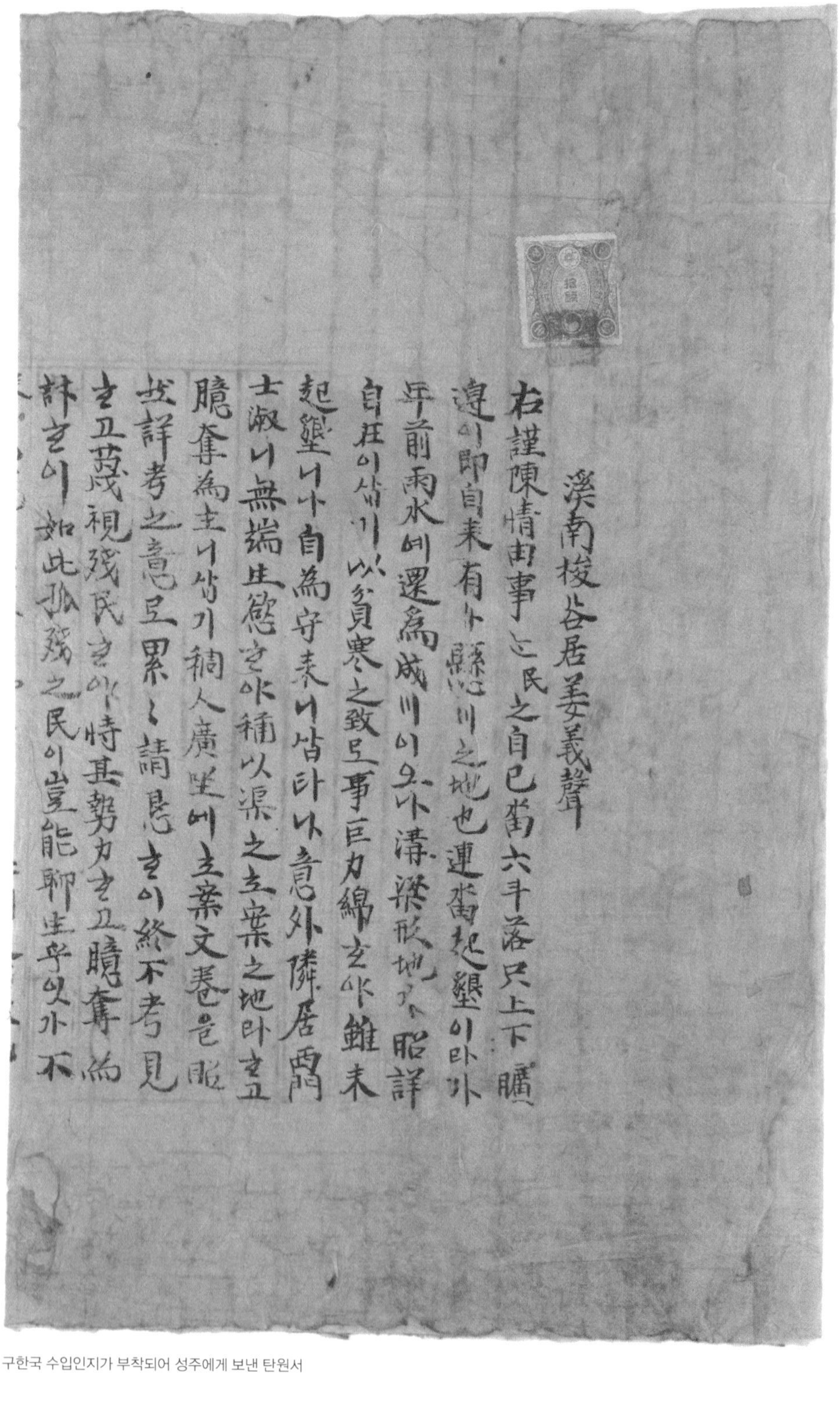

구한국 수입인지가 부착되어 성주에게 보낸 탄원서

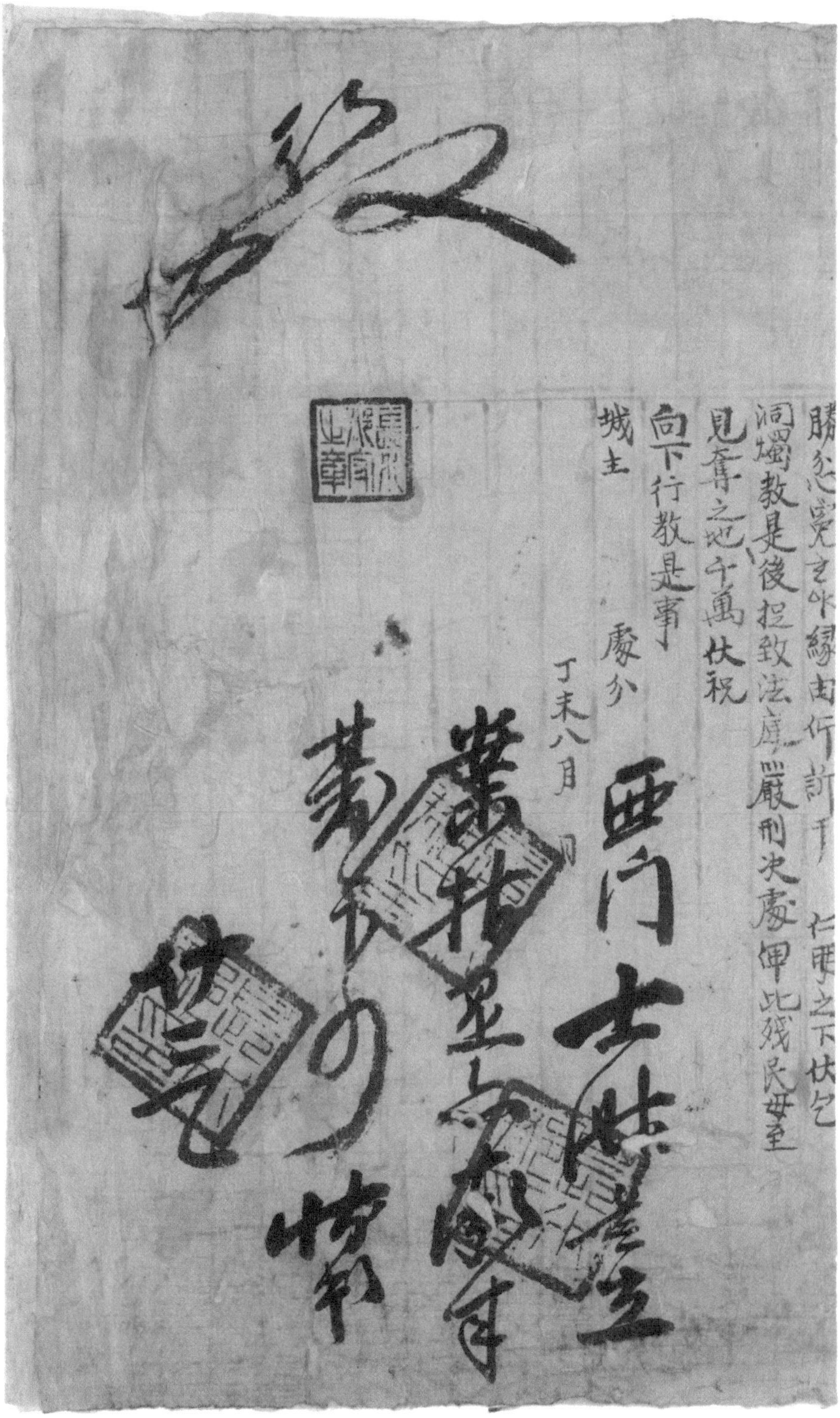

정미년(1907)

구한국 수입인지 첩부, 성주에게 보낸 탄원서

1907

단기 4240년/광무 11년/고종 44년/융희 원년/순종 원년

우편 배달 증명서

원산우편소 일부인

원산행정우편소 함경남도 원산부 행정

원산신정우편소 1914. 8. 1 조선총독부 고시 제273호. 원산 행정우편소로 개정

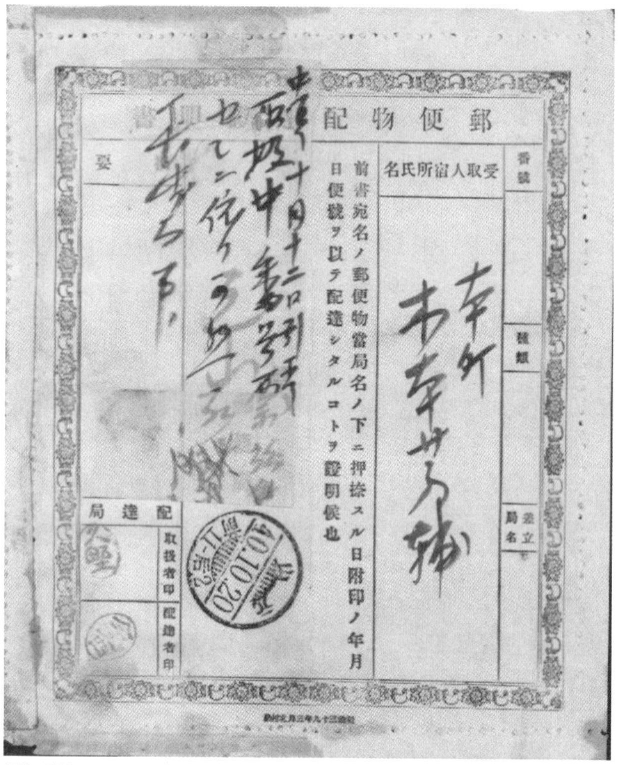
郵便物配達證明書

番號

受取人宿所氏名

前書宛名ノ郵便物當局名ノ下ニ押捺スル日附印ノ年月日便號ヲ以テ配達シタルコトヲ證明候也

種類

差立局名

要

配達局

取扱者印

配達者印

원산. 명치 40. 10. 20, 전 11-후 2

우편배달 증명서. 명치 40년(1907) 10월 20일 원산우체사

ㅁ **원산시(元山市)**는 강원도 동해안 영흥만에 있는 시. 본래 함경남도에 속했으나, 1946년 9월 강원도로 편입되었다. 1880년 개항하여 도시화가 진행되었으며, 1883년 한반도 최초의 근대 교육기관인 원산학사가 설립되었다. 이후 원산항을 중심으로 항구 도시로 발전하였고, 1914년 경원선이 개통되어 교통·운수 기능이 강화되었다. 원산은 동해에 접해 있는 항구도시로, 원산항이 위치해 있다. 직선거리로 서울에서 180km, 평양에서 150km, 금강산이나 함흥에서 85km 떨어져 있다.

출처: 위키백과

헤이그특사 100주년기념우표

Centenary of Special Envoy to the Hague

2007. 6. 27일 발행

헤이그특사와 고종황제의 위임장

헤이그 특사: 이준, 이상설, 이위종

헤이그특사사건

1907년 고종이 네덜란드 헤이그에서 열린 제2회 만국평화 회의에 특사 이준, 이상설, 이위종을 파견하려 하였던 사건이다.

1907년 고종은 네덜란드 수도 헤이그에서 러시아의 니콜라이 2세가 소집하는 제2회 만국평화회의에 특사를 파견하여 을사늑약이 대한제국 황제의 뜻에 반하여 일본제국의 강압으로 이루어진 것임을 폭로하고 을사늑약을 파기하고자했다.

헤이그특사는 만국 평화 회의에 을사늑약이 불평등 조약임을 알리기 위해 파견되었다.

출처: 위키백과

왼쪽부터 이준(李儁)· 이상설(李相卨)· 이위종(李瑋鍾)

13도 의군(十三道 義軍) 도총재(都總裁) 류인석(柳麟錫)

13도 의군(十三道 義軍)은 대한제국 말기와 일제강점기 1909년 6월 연해주 블라디보스토크에서 조직된 항일 의병 조직.
13도 의군은 도총재(都總裁)에 유인석을 추대하고, 창의총재(彰義總裁)에 이범윤, 장의총재(壯義總裁)에 이남기, 도총소참모(都總所參謀)에 우병렬(禹炳烈), 도총소의원에 홍범도(洪範圖), 이진룡(李鎭龍) 등이 각각 선임되었다. 국내의 애국계몽운동을 주도하던 신민회의 주요 간부 안창호, 이갑 등이 도총소의원으로, 이상설은 외교대원(外交大員)으로 각각 참가하였다. 신민회 참여는 의병운동과 애국계몽운동이 이 때에 와서 비로소 협력 내지 합작해 공동 전선을 구축하게 되었다는 것을 의미하며, 의군은 국내의 각 도마다 총재 · 총령 · 참모 · 총무 · 소모(召募) · 규찰(糾察) · 통신 등의 임원을 두었다. 다시 도총재 휘하에 도의 총재를 편성하여 국내까지 조직을 확대하여 나갔다.
1910년(융희 4), 대한제국 국권 피탈 이후 실질적인 활동은 크게 위축되었지만 무장투쟁을 계속하였다. 이상설 등과 두만강 연안으로 진격하려 했으나 블라디보스토크가 항일투쟁 근거지로 변하는 것을 저지하고자 일제가 러시아에 강력한 항의를 제기, 유인석이 러시아 관헌에게 체포 후 1915년 펑톈성(奉天省)에서 병사하여 구심점을 잃고 해체되고 말았다.

의암(毅菴) 류인석(柳麟錫)

1842~1915
강원도 춘천시 남면 가정리 출생
대한제국 정미7조약 체결 후 연해주에서 13도의군 도총재로 활약한 의병장. 위정척사론자위정척사사상 원류인 이항로(李恒老)의 문하에 들어가게 되었다. 을미사변과 단발령을 계기로 이필희(李弼熙) · 서상렬(徐相烈) · 이춘영(李春永) · 안승우(安承禹) 등 문인사우들과 함께 '복수보형(復讐保形)'의 기치를 들고 1895년 12월 24일(음력) 의병항전을 개시하였다. 유인석 의병진은 한때 3,000명을 넘었으며, 제천·충주·단양·원주 등지를 중심으로 한 중부지역 일대를 석권하면서 친일적인 관찰사나 군수 등 '토왜(土倭)'들을 처단하여 기세를 크게 떨쳤다. 그러나 선유사 장기렴(張基濂)이 지휘하는 관군 공격으로 최후 거점인 제천성을 상실하였다. 세력이 급격히 약화되자 재기 항쟁을 도모하기 위해 황해도·평안도로 이동하였다. 그렇지만 양서지역에서 재기 항쟁도 어려워지자 청나라의 군사적 원조를 기대하고 압록강을 건너 서간도로 갔다. 그곳에서 도리어 회인현재(懷仁縣宰) 서본우(徐本愚)에게 무장해제를 당하게 되어, 같은해 7월 28일 혼강(渾江)에서 의병을 해산시키고 말았다. 의병해산 후에는 한인(韓人)이 많이 살고 있던 통화현 오도구에 정착하였다. 1897년 3월 고종의 소명으로 일시 귀국하였으나 곧 이 곳으로 재차 망명하였다. 1898년 10월에는 부근의 팔왕동(八王洞)으로 이주하여 여러 성현의 영정을 봉사(奉祠)하는 성묘(聖廟)를 세우기도 하였다. 한인간의 결속을 다지기 위한 향약을 실시하기도 하였다. 1900년 7월 의화단 난을 피하여 귀국한 뒤로는 양서지역 각지를 돌며 존화양이론에 입각한 항일의식을 고취하는 데 주력하여 이진룡(李鎭龍) · 백삼규(白三圭) 등의 의병장을 배출하였다. 1907년 고종의 퇴위와 정미칠조약 체결을 계기로 국내활동을 더 이상 지속할 수 없다고 판단, 연해주 망명을 결심하였다. 1908년 7월, 망명길에 올라 블라디보스토크로 갔다. 이곳에서 이상설(李相卨) · 이범윤(李範允) 등과 함께 분산된 항일세력을 하나로 통합하고자 꾸준히 노력하였다. 1962년 건국훈장 대통령장이 추서되었다.

류인석 처변삼사(處變三事)

1. 거의소청(擧義掃淸): 의병을 일으켜 왜적을 소탕하는 안(案)
2. 거지수구(去之守舊): 국외로 망명해서 대의(大義)를 지키자는 안(案)
3. 자정치명(自靖致命): 의리(義理)를 간직한 채 치명(致命)하는 안(案)

류인석 시(詩)

병든 한 몸 작은데 휘달리는 배는 만리도 가벼워라 나라의 수명은 지금 어떠한지 천심(天心)이 이 길을 재촉하네 풍운은 수시로 변하고 해와 달만이 홀로 밝게 떴어라 주위의 한가로운 소리 나의 심정만 아득해지네

13도 창의군(十三道 倡義軍)

대한제국 항일 의병 조직이다.
13도 창의군은 1905년 을사늑약 체결 이후 다시 전국적으로 의병 항쟁이 일어났을 때, 각지 의병부대들을 단일대오로 통수하기 위해 1907년 원주에서 거병한 이은찬(李殷瓚) · 이구채(李求采, 혹은 이구재(李九載)) 등이 주도하여 문경의 이인영을 수 일간 설득, 통수로 추대하고, 각 도에서 의병들을 모집하여 한양으로 진격, 일본군을 토벌하고 독립을 달성하기 위해 구성한 자발적인 의병연합부대이다.

창의군 총대장 이인영(李麟榮, 1868년 9월 23일~1909년 9월 20일)은 구한말의 의병장
창의군 중군대장 이은찬(李殷瓚, 1878년 ~ 1909년)은 13도 창의군을 조직하고 한성진공작전을 기획한 의병장
창의군 총독장 이구채(李球采, 1869 ~1909)

1905년 지리산에서 거병한 의병대장 문태수(文泰洙), 1907년(융희 1년) 고종이 강제 퇴위당하자 영춘(永春)에서 의병을 일으킨 이강년(李康秊), 강원도지역에서 의병을 일으킨 민긍호(閔肯鎬), 김천에서 거병한 허위 등 전국에서 각 도를 대표하는 수많은 의병장과 그들을 따르는 약 1만여 명 의병, 해산 군인들이 모여 한성 탈환 작전을 벌였으나 사전에 일본군에게 발각되어 동대문 밖 30리(당시 경기도 양주군 망우리면, 현재의 서울시 중랑구 일대)까지 진격하였다가 일본군의 강력한 저항으로 철군하였으며, 이후 창의군은 한성 인근 경기도와 황해도 지방에서 활발한 전투를 전개하였다. 이 작전은 독립운동 사상 가장 큰 규모 의병운동으로 평가되며, 각국 공사관에 교전 단체로 승인해 줄 것을 요구하는 등 항일 의병 운동 역사에서 본격적인 의병 활동이 전개되는 시작점으로 평가된다.
당시는 일제 밀정들이 활발하게 움직이던 시기로 이들 밀정들 공작으로 홍범도(함경도) · 김수민(중부 지역) · 신돌석(경상도) 등 평민 출신의 의병장들이 이끄는 부대들이 의병 연합 조직에서 배제되었다. 결국 창의군을 조직하고 한성 탈환 작전을 기획했던 중군대장 이은찬은 한성에서 밀정에게 속아 순국하였고, 총대장 이인영은 작전 중 부친상을 이유로 문경으로 돌아갔으나 일본 헌병에 체포되어 순국하였다.
허위가 이인영을 대신해 연합부대를 이끌었으나 1908년 양평에서 일본군에 체포되었고, 이후 창의군은 경기도, 황해도 등지에서 산발적인 전투를 전개해나갔다.

이인영(李麟榮, 1868~1909)

1895년 을미사변으로 명성황후(明成皇后) 민씨(閔氏)가 시해되고 이어서 단발령이 내려지자, 유인석(柳麟錫) · 이강년(李康秊) 등의 의거에 호응하여 원주에서 의병을 일으켰다. 유인석의 제천전투에도 참여했으나 별 성과를 거두지 못하고 있다가 경상북도 문경으로 이주.

이은찬(李殷瓚, 1878~1909)

1907년 고종 퇴위와 군대해산을 계기로 각지에서 의병이 다시 일어나자, 그 해 9월 이구재(李九載)와 더불어 원주에서 의병을 일으켰다.

이구채(李球采, 1869 ~1909)

강원도 횡성(橫城) 출신으로 1896년 창의한 이인영(李麟榮) 종사(從事)로 활동하였으며, 1907년 의병장 이인영이 지휘하는 관동창의진(關東倡義陣) 총독장(摠督將)으로 강원도 평창(平昌) 일대에서 활동하였다.

민긍호(閔肯鎬, 1865~1905)

대한제국기 군대해산 후 강원도, 충청도, 경상도에서 활동한 의병장.

허위(許蔿, 1855~1908)

대한제국기 13도의병연합부대 군사장을 역임한 의병장.

구한말 13도 창의군 서울 진공 작전

동대문 밖 30리까지 진격한 의병

1908년 1월 허위(許蔿)가 이끄는 의병 부대가 동대문 밖 30리 지점까지 육박하였다. 이 부대는 이인영(李麟榮)을 총대장으로 하는 13도 창의군 선발대였다. 13도 창의군은 전국에서 모인 의병들이 편성한 연합부대였다. 허위가 동대문 밖에 육박한 것은 13도 창의군이 전개한 서울진공작전 일환이었다. 이 작전은 을사늑약 이후 다시 일어선 항일 의병들이 전개한 피어린 항쟁 정점을 찍은 사건이었다. 의병들 투쟁은 이후 일제가 행한 가혹한 탄압 때문에 어쩔 수 없이 하향선을 그을 수밖에 없었다. 의병들은 연해주 · 간도 등 국외로 이동하여 교민사회를 근거지로 한 무장 투쟁으로 전환하였다.

항일의병 다시 일어나다

1905년 을사늑약이 강제로 체결되면서 이에 맞서 항일의병이 일어나기 시작하였다. 의병을 일으킨 사람들은 대부분 위정척사사상을 가진 유생들로 이 가운데 상당수는 10년 전 을미사변에 반발하여 이미 의병을 일으킨 바 있었다. 이들이 10년 만에 다시금 재기한 것이다. 이 의병을 을사늑약이 계기가 되었다고 해서 10년 전의 을미의병과 구분해서 을사의병이라고 부르기도 한다. 대표적인 의병장으로는 충남 홍주에서 거병한 민종식(閔宗植) · 전북 태인에서 거병한 최익현(崔益鉉) · 태백산 호랑이라고 불리던 신돌석(申乭石) 등을 들 수 있다.

1907년은 일제가 국권 침탈에 있어서 또 하나 고비가 되는 해였다. 헤이그 특사 사건, 고종퇴위, 한일 신협약 등 굵직굵직한 사건들이 연이어 일어났다. 일제는 이를 통해 마지막 걸림돌이었던 고종(高宗)을 제거하는 데 성공하였으며, 이토 히로부미(伊藤博文) 통감이 대한제국 국정을 확실히 움켜 쥘 수 있게 되었다. 이로서 대한제국은 망국 길에 한걸음 더 바짝 다가서게 되었다.

한일신협약 후속조치 가운데 하나가 대한제국 군대를 해산하는 것이었다. 일제는 교묘한 방식으로 아무런 저항 없이 대한제국 군대를 해체시키려고 하였다. 시위대(侍衛隊) 제1대대장 박승환(朴昇煥)이 이에 반발하여 자결하였으며 시위대가 들고 일어나 일본군과 시가전을 벌였다. 이 소식이 전해지자 지방에 주둔한 진위대(鎭衛隊) 병력도 연쇄적으로 봉기하였다.

원주진위대 병력이 가장 먼저 들고 일어나 의병운동에 가담하였으며 이동휘(李東輝)가 이끄는 강화분견대와 홍주분견대도 의병에 참여하거나 탈영하였다. 이렇게 그동안 의병 진압에 동원되던 군인들이 의병에 가담함에 따라 의병들 전투력은 현격하게 강화되었다. 이렇게 의병전쟁은 군대 해산 이후 최고조에 달하게 되었는데 이를 정미의병이라고 한다.

13도 창의군 편성

1907년 9월 이은찬(李殷瓚) · 이구재(李九載) 등이 해산 군인 80여 명이 포함된 500여 명 병력을 모집한 후 문경에 거주하는 이인영을 찾아가 총대장이 되어달라고 호소하였다. 이인영이 이 호소를 받아들이는 것으로 13도 창의군 긴 도정이 시작되었다. 이인영은 관동창의대장으로 추대되어 본격적인 의병활동에 돌입하였다. 본격적인 전투행위에 돌입하기 위해 군사를 모으는 한편 김세영을 서울에 잠입시켜 각국 영사관에 비밀리에 호소문을 보냈다. 그는 이를 통해 의병부대는 애국단체이니 국제법상 교전단체로 인정해 줄 것을 호소하였다. 또한 관동창의대장 명의로 해외 동포에게 보내는 격문인 '전 세계 모든 곳의 모든 한국인들에게 보내는 격문(Manifest to all Coreans in all parts of the world)'를 발표하기도 하였다. 이 격문 내용은 다음과 같다.

'동포들이여. 우리들은 단결하여 우리 조국을 위해 몸 바쳐 우리 독립을 회복하지 않으면 안된다. 우리들은 잔인한 일본인들의 통탄할 만한 악행과 횡포를 전 세계에 호소해야만 한다. 그들은 교활하고 또 잔인하며 진보와 인도의 적이다. 우리들은 모든 일본인과 그 스파이 앞잡이 및 야만 군대를 쳐부수기 위하여 최선을 다 하여야 한다.'

이인영은 원주를 거점으로 무장활동을 벌이면서 평안도와 함경도를 제외한 각도에 격문을 보내 양주에 집결할 것을 촉구하였다. 그 취지는 모두 힘을 합쳐 서울로 쳐들어가자는 것이었다. 이러한 호소에 따라 1907년 11월 각도 의병부대들이 양주로 집결하기 시작하였다. 경기도 허위 · 황해도 권중희 · 충청도 이강년(李康秊) · 강원도 민긍호(閔肯鎬) · 경상도 신돌석 · 전라도 문태수(文泰洙) · 평안도 방인관(方仁寬) · 함경도 정봉준(鄭鳳俊) 등의 의병장이 모였다. 평안도와 함경도에는 격문을 보내지 않았는데도 방인관이 평안도에서 80여 명, 정봉준이 함경도에서 70여 명을 거느리고 자진하여 참여하였다. 집결한 병력의 숫자는 1만여 명이었지만 주축은 민긍호 · 이구재 · 이은찬이 이끄는 강원도 지방의 의병 6천여 명이었다. 이 가운데 신식 소총을 가진 해산 군인도 상당수 있었다.

서울진공작전

양주에 집결한 의병들은 1907년 12월 6일 부대를 재편성하였다. 전 병력을 24개 진으로 하는 13도 창의대진소를 편성하였다. 총대장에는 이인영이 취임하였으며 허위가 군사장을 맡았다. 각 도별 의병대장 진용은 관동창의대장 민긍호 · 호서창의대장 이강년 · 교남창의대장 박정빈(朴正斌) · 진동창의대장 권중희 · 관서창의대장 방인관 · 관북창의대장 정봉준 · 호남창의대장 문태수 등이었다.

13도 창의군은 서울 진공 계획을 수립하였다. 이들은 부대별로 분산하여 서울로 진격하여 같은 날 동대문 밖에 집결하기로 하였다. 이 계획에 따라 허위가 선발대를 이끌고 먼저 출발하였다. 의병부대 지휘부는 위정척사사상으로 무장한 유생들로 구성되었던 만큼 세밀한 작전계획은 없었다. 일제는 이러한 의병들 동향을 이미 감지하고 있었다. 한강 선박 운항을 금지하고 동대문에 기관총을 배치하는 등 경계를 강화하였다.

일제는 의병들이 집결한 양주 방향으로 부대를 파견하여 의병들 진로를 차단하는 한편 선제공격을 통해 기선을 제압하려 하였다. 허위가 이끄는 선발대 300명이 계획대로 동대문 밖 30리 지점에 도착하자마자 일본군과 곧바로 교전에 들어갔다. 여러 시간 싸웠지만 기다렸던 후속 부대가 도착하지 않았기 때문에 허위가 이끄는 선발대는 부득이 후퇴하지 않을 수 없었다.

서울 진공 작전이 실패로 끝난 뒤에도 의병부대는 개별 부대별로 항쟁을 계속했다. 총대장인 이인영은 문경으로 귀향하여 부친상을 치른 1909년 6월 7일 충북 황간군 금계동에서 일본 헌병에게 체포되어 처형되었다. 군사장 허위는 가평과 적성 방면에서 전투를 벌이다가 1908년 6월 11일 양평 유동에서 체포되어 처형되었다.

13도 창의군 서울 진공 작전이 벌어진 1907년 가을부터 이듬해 봄에 이르는 시기는 의병전쟁이 최고조에 달한 시기였다. 1908년에는 강원도 의병이 가장 강력했고 1909년에는 전라남도 의병이 가장 강성했다. 일제는 한국침략에 대한 저항을 멸절시키기 위해 대대적인 공격을 가하였다. 1909년 9월부터 10월까지 이른바 '남한 대토벌' 작전이란 이름으로 전개된 살육전이 가장 대표적인 예이다. 살아남은 의병세력은 국내에서 더 이상 활동하기 어려워지자 연해주나 간도로 망명하여 무장투쟁을 이어갔다.

이인영(李麟榮)

민긍호(閔肯鎬)

허위(許蔿)

1907

단기 4240년/광무 11년/고종 44년/융희 원년/순종 원년

The illustrated London News 기사

일제에 대한 항거

LES TROUBLES DE COREE

La garde Japonaise auxPrices avee les emeutiers a Seoul

The illustrated London News 기사 120x170mm

1907년에는 헤이그밀사사건, 한·일신협약, 대한제국 군대 해산, 고종황제 강제 폐위 등 여러 가지 사건이 있었다. 위 삽화는 대한제국 의병(義兵)과 일제 군대와의 전투 장면으로 추측된다. 의병(義兵)은 주로 한국사에서 정의를 위해 자발적으로 조직된 민병을 뜻하는 말이다. 창의군(昌義軍)으로 불리기도 하였다. 한국의 역사에는 임진왜란, 병자호란과 같은 외적의 침략에 맞서 자발적으로 구성된 민간 무장 조직을 의병이라 하였다. 대한제국 시기의 의병 역시 이러한 흐름과 상통하는 것으로 이들은 변변한 무기도 갖추지 못하였으나, 일본 제국주의에 맞서 항쟁했다.

1907

단기 4240년/광무 11년/융희 원년/고종 44년/순종 원년

The illustrated London News 기사

대한제국 마지막 황제 순종

The illustrated London News, July 27, 1907. -140. DEPOSED: YI FIN. LATE EMPEROR OF KOREA.

THE ILLUSTRATED LONDON NEWS, JULY 27, 1907.—140

DEPOSED: YI FIN. LATE EMPEROR OF KOREA.

1. YI FIN, THE DEPOSED EMPEROR OF KOREA.

2. THE BEGINNING OF THE END: THE JAPANESE PROTECTORATE ANNOUNCED TO THE EMPEROR AND EMPRESS OF KOREA.

3. THE OFFICIAL PORTRAIT OF THE EMPEROR IN THE PALACE OF SEOUL: THE PORTRAIT IS THE WORK OF A FRENCH ARTIST.

4. THE EMPEROR OF KOREA RECEIVING EUROPEAN AND AMERICAN WAR-CORRESPONDENTS: MR. FREDERIC VILLIERS, SPECIAL ARTIST OF "THE ILLUSTRATED LONDON NEWS," MAKING THE PRESENTATIONS.

The illustrated London News, July 27, 1907. 120x170mm

대한제국 마지막 황제(DEPOSED: YI FIN. LATE EMPEROR OF KOREA): 순종(純宗)

위의 그림은 영국 잡지 '일러스트레이티드 런던 뉴스'의 1907년 7월 발간, 140 페이지에 게재됨.

일제의 강압에 의해 고종황제(李熙)가 실권하고 조선 통감 이토히로부미, 조선 강압의 행동 대장들인 군벌 데라우치와 하세가와 요미시치등에 의해 좌지우지되었다. 고종황제는 일제의 조선 침략의 부당성을 호소하기 위하여 1907년 네델란드 헤이그의 만국 평화 회의에 밀사를 파견하였다. 이 사건이 강제 폐위의 직접적인 원인이 되었다. 이후, 순종이 즉위하여 3년간 옥좌에 있었으나 고종은 사실상의 마지막 황제가 되었다.

1907

단기 4240년/광무 11년/융희 원년/고종 44년/순종 원년

6월 헤이그특사 사건/7월20일 고종황제 강제 퇴위/7월24일 한일신협약 체결/7월31일 일제가 대한제국 군대 해산령 발표/8월1일 일제가 대한제국 군대 강제 해산. 8월2일 순종황제 즉위/8월5일 원주 친위대 장병, 군대 해산에 대한 무장항쟁 전개/8월11일 일본군이 강화도 장악/10월9일 일본이 한국의 경찰권을 강탈/윤치호가 지금의 애국가의 가사를 쓰다/8월2일 대한제국 연호를 광무에서 융희로 변경/8월27일 대한제국 순종황제 경운궁에서 즉위, 즉위기념우표, 기념엽서 발행/9월11 일본, 부산과 시모노세키를 운항하는 첫 부관연락선 이키마루호가 시모노세키에서 취항/10월15일대한국민체육회 설립/정주 오산학교 설립

대한제국 마지막 비운의 황제 순종

순종(純宗) **- 이척**(李拓)

1874. 3. 25~1926. 4. 24 조선 한성부 창덕궁 관물헌 출생

대한 제국 황제 치세 시절 연호를 따 **융희제**(隆熙帝: 1907년부터 1910년까지 3년 재위)라고 부르기도 한다.

성은 이(李), 휘는 척(拓), 본관은 전주(全州), 자는 군방(君邦), 호는 정헌(正軒), 정식 시호는 순종문온무령돈인성경효황제(純宗文溫武寧敦仁誠敬孝皇帝)이다.

고종과 명성황후의 아들이며, 고종의 장성한 자녀 중 유일한 적자. 대한제국이 멸망된 이후 일제 강점기에는 이왕(李王)으로 불렸다. 고종의 유일한 적자(嫡子)로 여흥 민씨 소생이며, 그는 어려서부터 병약하였고 후사는 없었다. 그의 아호 정헌(正軒)은 부황 고종이 그에게 내려준 아호였다. 그는 한국 역사상 최후의 군주이기도 했다. 1907년 7월 20일부터 1910년 8월 22일까지 재위하는 동안 1907년 7월 20일부터 1909년 7월 12일까지 친정을 하였고, 1909년 7월 12일 기유각서 사건으로 인하여 대한제국 주재 일본통감 소네아라스케(曾禰荒助)에게 실권이 박탈되어 1909년 7월 12일부터 1910년 5월 30일까지 소네아라스케가 실권을 잡았으며 1910년 5월 30일부터 1910년 8월 29일 퇴위할 때까지 대한제국 주재 일본 통감 데라우치마사타케가 실권을 잡았다.

순종은 1874년 음력 2월 8일, 조선 한성부 창덕궁 관물헌에서 고종과 명성황후의 장남으로 출생하였다. 명성황후는 순종 이외에도 몇 명의 자식을 더 낳았으나 장성한 이는 순종이 유일하다. 순종 이척은 2세 때였던 1875년에 왕세자로 책봉되었다. 1895년 모후 명성황후가 경복궁에서 시해되는 소식을 접하였다. 이 때 그는 부황 고종과 함께 일본 낭인과 한국인 협력자들에 의 해 창덕궁 또는 덕수궁에 감금되어 있었다. 이 와중에 을미년 왕세자 작위 선양 파동 사건을 겪으며 같은 해 1895년 홍범 14조 반포와 동시에 왕태자로 올랐고, 1897년에 대한제국이 수립되 면서 황태자로 격상되었다. 그 뒤, 1898년 김홍륙(金鴻陸)이 고종과 황태자에게 해를 가할 목적으로 고종과 황태자였던 순종이 즐기던 커피에 다량의 아편을 넣었는데, 고종은 맛이 이상함을 알고 곧 바로 뱉었으나, 순종은 그를 알아차리지 못하고 다량을 복용하여 치아가 모두 망실되고 며칠간 혈변을 누는 등 심한 몸살을 앓았다고 한다. 그러나 당시 김홍륙의 유일한 세력 기반이 고종이었던 사실과, 김홍륙이 유배 당시 지속적으로 고종의 안위를 물었던 사실을 고려하면 실제로 김홍륙이 고종과 황태자에게 해를 가하려 했던 것이 아니라, 그 정적들인 친일파가 김홍륙에게 누명을 씌워 제거하기 위해 자작극을 벌인 것을 추정할 수 있다. 1907년에 고종은 헤이그에서 열리는 만국평화회의에 이준, 이상설 등을 비밀리에 밀사로 파견하였다. 그러나 헤이그밀사 사건 실패 이후, 일본과 친일파의 압력으로 고종은 퇴위 요구를 받았다. 1907년 고종이 강제로 제위에서 물러나자 그 뒤를 이어 제위에 올랐고(고종 양위 사건), 보위 등극과 동시에 대한제국 육군 대장 예편과 아울러 대한제국 육군 원수부 원수에서 대한제국 육군 원수부 대원수로 승급하였으며 연호를 융희(隆熙)라 하였다. 그러나 그를 정식 군주로 인정하지 않던 일부 세력은 그를 황제나 주상이라 부르지 않고 전각의 이름을 따서 창덕궁 전하라고 불렀다. 1910년 일제는 순종에게 한일병합늑약에 공식적으로 서명할 것을 강요하였다. 그러나 순종(純宗)은 조약에 끝까지 동의하지 않았으며, 8월 22일 결국 당시 총리대신인 이완용이 이에 대신 서명하였다. 1926년 4월 25일 심장마비로 53세를 일기로 승하하였으며, 아버지 고종황제의 홍릉 근처 유릉(裕陵)에 안장되었다.

출처: 위키백과

1907

단기 4240년/광무 11년/융희 원년/고종 44년/순종 원년

대한제국 황제 폐하 즉위 기념

순종 황제 어진과 돈덕전(즉위식장) 전경

금색 바탕

순종 어진 복원 모사도(2014)

순종황제(1874~1926)

원유관을 쓰고 강사포를 입은 순종

군복을 입은 순종
출생 1874년 3월 25일 대한제국 창덕궁
사망 1926년 4월 24일 대한제국 창덕궁
배우자 순정효황후

부모 대한제국 고종 황제, 명성황후
형제 의민태자
조부모 흥선대원군 이하응,

ㅁ 조선왕조실록 순종 3년 8월 22일 조령(詔令)

"짐(朕)이 동양 평화를 공고히 하기 위하여 한·일 양국의 친밀한 관계로 피차 통합하여 한 집으로 만드는 것은 상호 만세의 행복을 도모하는 까닭임을 생각하였다. 이에 한국 통치를 들어서 이를 짐이 극히 신뢰하는 대일본국 황제 폐하에게 양여하기로 결정하고 이어서 필요한 조장을 규정하여 장래 우리 황실의 영구 안녕과 생면의 안녕을 보장하기 위하여 내각 총리 대신 이완용에게 전권 위임을 명명하고 대일본 제국 통감 데라우치 마사타케와 회동하여 상의해서 협정하게 하는 것이니 제신 또한 짐의 결단을 체득하여 봉행하라."

순종이 이 일을 막으려고 했던 순정효황후 윤씨 만큼이나 심각하게 생각했는지는 알 수 없는데 원래 한일합방 각서에는 일본 텐노와 순종이 서명과 어새의 날인이 필요한 '조칙'을 내리기로 했는데 정작 어새만 찍힌 '칙유'가 내려졌다는 점을 들어 순종(純宗)이 서명을 거부해 어쩔 수 없이 도장만 찍은 칙유를 내리게 한 것이 아니냐는 연구가 있기는 하다. 정확하게는 조약서에 국새를 찍었는데 조서에는 찍지 않았으므로 효력이 없었다고 한다. 지금에야 와서 효력이 없었다고 한들, 일제가 절차와 형식을 무시하고 강압적으로 합병했다는 것은 알 수 있다.

출처: 위키백과

1907

단기 4240년/광무 11년/고종 44년/융희 원년/순종 원년

대한제국 황제 폐하 즉위 기념

순종황제 어진과 돈덕전(즉위식장) 전경

은색 바탕

순종황제

돈덕전(惇德殿)

돈덕전은 1901년 건립된 것으로 추정되는 가장 앞선 시기의 서양식 건물이다. 순종이 이곳에서 1907. 8. 27일에 즉위식을 가졌으며, 1920년경 일제에 의해 철거되었다. 돈덕전에는 대한제국의 상징이었던 오얏꽃 무늬가 기둥과 난간에 새겨져 있다.

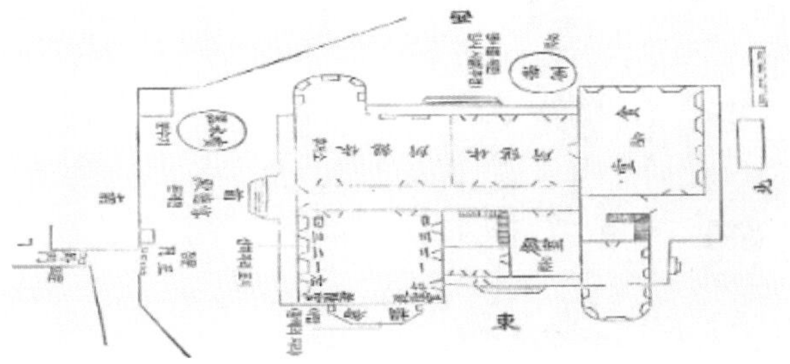

돈덕전 평면도

ㅁ 돈덕(惇德)은 서경에 나오는 '덕있는 이를 도탑게 하여 어진 이를 믿는다.'

'惇德允元'라는 글구에서 나왔다. 돈덕전은 현재 덕수궁 주변의 북서쪽 모서리, 석조전 뒷편에 위치해 있었다. 손탁 호텔과 러시아 공관등을 설계한 우크라이나인 기사 사바진이 설계한 것으로 알려져 있다.

출처: 위키백과

1908

단기 4241년/융희 2년/순종 2년

인천(국) ▶ 일본행

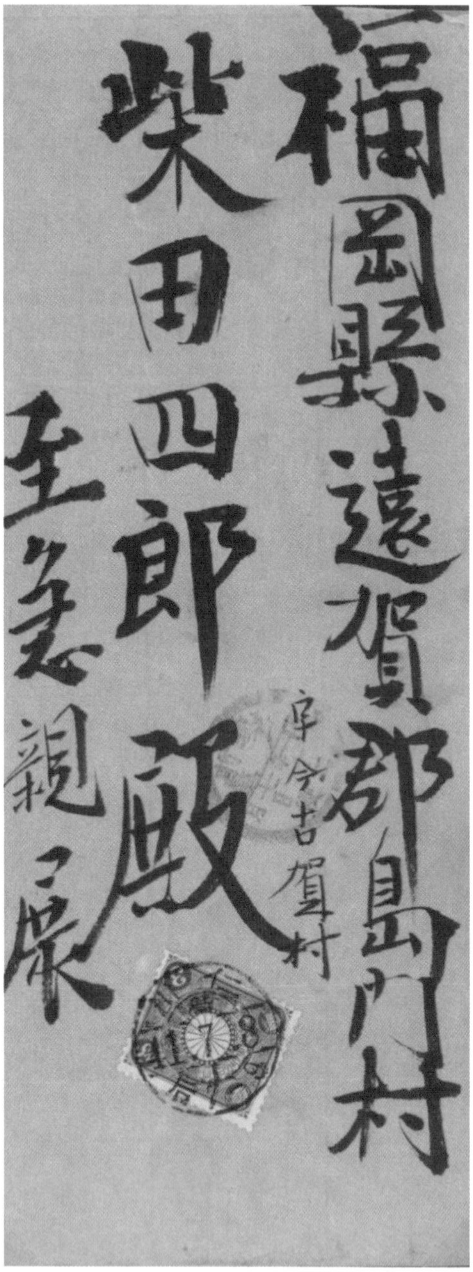

제 1차 한·일협약 체결에 의해 외교 고문으로 활동한 스티븐스를 미국 샌프란시스코에서 저격

전명운(田明雲)

한성부 출생 1884. 6. 25~1947. 11. 19

한국의 독립운동가이다.

안창호 등이 조직한 공립협회 회원,

1908년 친일파 미국인으로 대한제국의 외부 고문을 맡고 있던 더럼화이트 스티븐스가 귀국하여 일본의 보호가 한국에게 유익하며 한국인들도 환영하고 있다는 망언을 늘어놓자 이 사실에 매우 격분하였다. 스티븐스의 망언은 샌프란시스코 지역 언론에 보도되고, 공립협회는 대동보국회와 공동으로 항의를 위한 4인 대표단을 구성했으나 스티븐스는 대표들의 항의에도 망언을 계속하다가 구타를 당하는 사간이 발생했다. 이에 분노한 그는 스티븐스의 친일 발언 이틀 후인 3월 23일 샌프란시스코의 여객선 선착장에서 일본인 총영사와 함께 있는 스티븐스를 공격했고 격투가 벌어지자 같은 목적에서 별도로 대기하던 장인환이 권총으로 스티븐스를 저격했다. 이틀 후 사망한다. 장인환의 총격에 총상을 입고 장인환과 함께 구속되었으나, 공범 관계가 아님이 드러나 결국 증거 불충분으로 무죄 선고를 받고 풀려났다. 당시 교민들은 성금을 모아 네이던코플란을 변호사로 선임했다. 이때 통역은 이승만에게 요청했으나 자신은 기독교인이라 살인범의 변호를 통역할 수 없다는 이유로 거절함에 따라 유학생이던 신흥우가 맡았다.

출처: 위키백과

장인환(張仁煥)

평양 출생 1876. 3. 10~1930. 5. 22.

한국의 독립운동가이다

1905년 하와이로 이민을 떠났고 1906년 샌프란시스코로 이주했다.

이곳에서 대동보국회 회원으로 활동하던 중 1908년 친일파 미국인으로 조선통감부와 밀착해 있던 더럼스티븐스 친일 발언에 격분하여 그를 저격하기로 결심하였다. 1908년 3월 23일 샌프란시스코에서 워싱턴 D.C.으로 떠나는 길의 스티븐스를 공격하려 하던 중 같은 목적으로 대기하던 전명운이 먼저 스티븐스와 격투를 벌였다. 그는 권총 세 발을 발포하였는데, 한 발은 전명운의 어깨에 잘못 맞았고, 나머지 두 발은 스티븐스에게 명중했다. 이틀 후 사망했다. 한인 사회에서 선임해 준, 당시 그의 재판을 맡은 네이선코플런(Nathan Coughlan) 변호사는 애국적 정신병(patriotic insanity) 이론을 근거로 철학자 쇼펜하우어의 '이 사건은 일종의 정신 질환 상태에서 저지른 것이므로 범죄가 될 수 없다고 항변했다.

그는 경찰과 법정에서 다음과 같은 진술서를 제출하였고, 자신의 행동이 정당했다고 주장하였다.

"내가 그를 죽이지 않아야 할 이유가 뭐요?" "수십 만명이 그의 계획 때문에 죽어 갔소. 그러니 나는 내 조국을 위해 그를 쏜 것이요." "나는 투옥되느니 차라리 죽음으로 순국하고 싶소. 나는 조국에 대한 나의 의무를 다했고 법이 나를 어찌할지는 관심이 없소."

재판 결과 금고 25년형을 선고받았으나 10년 만인 1919년 가출옥하였고, 1927년 귀국하여 결혼을 하였으나, 다시 샌프란시스코로 돌아갔다. 이 후 병고에 시달리다가 1930년 투신 자살하고 말았다.

1962년 건국훈장대통령장이 추서되었다.

출처: 위키백과

1908 단기 4241년/융희 2년/순종 2년

건원절 기념
순종황제 탄신 기념일

태극문양과 불로초로 도안된 건원절 기념엽서

건원절

건원절은 순종황제의 탄신일을 의미한다.

순종황제의 탄신을 기념하여 궁중, 민간, 지방, 해외에서 각종 기념행사가 펼쳐졌다.

순종황제 생신 기념 이벤트는 재위 기간 동안, 매 해 펼쳐졌는데, 그 중 가장 주목되는 것은 1908년 3월에 행해진 제1회 건원절 기념행사이다. 순종이 황제로 즉위한 이후 첫 번째로 맞는 생신이었으며 특별히 민간에서 제등행렬을 마련했다.

제등 행렬을 하는 광경을 순종과 고종 태황제께서 관람하여 황실과 민중들이 함께하는 축제였다. 궁중의 기념행사는 폐현례(陛見禮), 덕수궁 문안, 원유회(園遊會, Gardenparty)로 구성되었다. 정재(呈才), 군악대(軍樂隊)의 연주, 민간의 연희(演戲)와 성악(聲樂), 일본 기생의 춤이 펼쳐졌다. 본 행사는 친일파 조중응에 의해 기획, 궁중 전통을 일그러 뜨리려는 의도적 행위였다.1907년 헤이그특사사건으로 인한 일본의 압력과 이완용(李完用) 등의 강요로 고종이 양위하자, 고종의 둘째 아들인 순종이 왕위에 올랐다. 즉위 후인1907년 8월 궁내부 대신 이윤용(李允用)이 황제폐하탄신경절(皇帝陛下誕辰慶節)을 건원절로 개칭하자고 상주하여 실시되었다. 건원절의 날짜는 처음 음력 2월 8일이었던 것을, 이듬해에 양력으로 환산하여 3월 25일로 확정되었다

출처: 위키백과

생활·민속적 관련 사항

건원절은 민간에서도 경축하여 태극기를 게양하는 한편 각종 예식과 연회를 성대히 베풀었다. 학부(學府)에서는 건원절을 각급 학교의 휴업일로 제정하였으며, 각급 학교 학생과 직원이 주축이 되어 서울 동서남북 각지에서 제등행렬(提燈行列)을 벌였다. 제등행렬에는 10,000개의 등을 준비하여 10,000명이 참여하도록 하였으며, 호위대 기수와 군악대, 무동과 기생도 참여하고, 황제도 관람하여 민간과 황제가 함께하는 행사가 되었다. 제등행렬에 참여한 생도들은 함께 만세 삼창을 하고 국기(國旗)와 축수등(祝壽燈)을 들고 거리를 행진하며 애국가를 부르기도 하였다. 이러한 행사는 지방에서도 이루어졌으며, 하와이의 국민회 등 해외의 한인 단체에서도 경축 행사를 벌였다

ㅁ 갑오개혁

1894년 음력 6월 25일(양력 7월 27일)부터 1895년 8월까지 조선 정부에서 전개한 제도 개혁 운동을 말한다. 갑오경장(甲午更張)이라고도 불렸다. 내각의 변화에 따라 세분화하여 제 1차 갑오개혁과 제 2차 갑오개혁으로 나눌 수 있으며, 후에 을미개혁(제 3차 갑오개혁)으로 이어지게 된다

출처: 위키백과

1908

단기 4241년/융희 2년/순종 2년

건원절 기념

순종황제 탄신 기념일

한국 정부 인쇄국 제조
본 엽서가 대한제국 정부에서 발행한 유일한 기념 엽서로 추정되는 엽서이다.

ㅁ 대한제국 탁지부 인쇄국

탁지부 인쇄국(度支部 印刷局)은 1904년 탁지부 산하에 설치되어 1910년 일제의 조선총독부 인쇄국으로 이관되기까지 각종 인쇄물 제작한 관영 인쇄소였다.

탁지부 인쇄국이 설치되기 이전 정부 부서 내 인쇄소가 하나의 국(局)으로 처음 독립한 것은 1900년 3월에 농상공부 산하에 설치된 인쇄국이었으며, 1901년 전환국(典圜局)에 화폐 인쇄를 위한 인쇄과가 신설되면서 농상공부 인쇄국의 인쇄 시설이 일체 옮겨졌으나, 1904년 전환국이 폐지되면서 탁지부 인쇄국이 설치되고 인쇄소의 업무를 이어가게 되었던 것이다

출처: 위키백과

1908

단기 4241년/융희 2년/순종 2년

용산(龍山)우편국 등기 실체

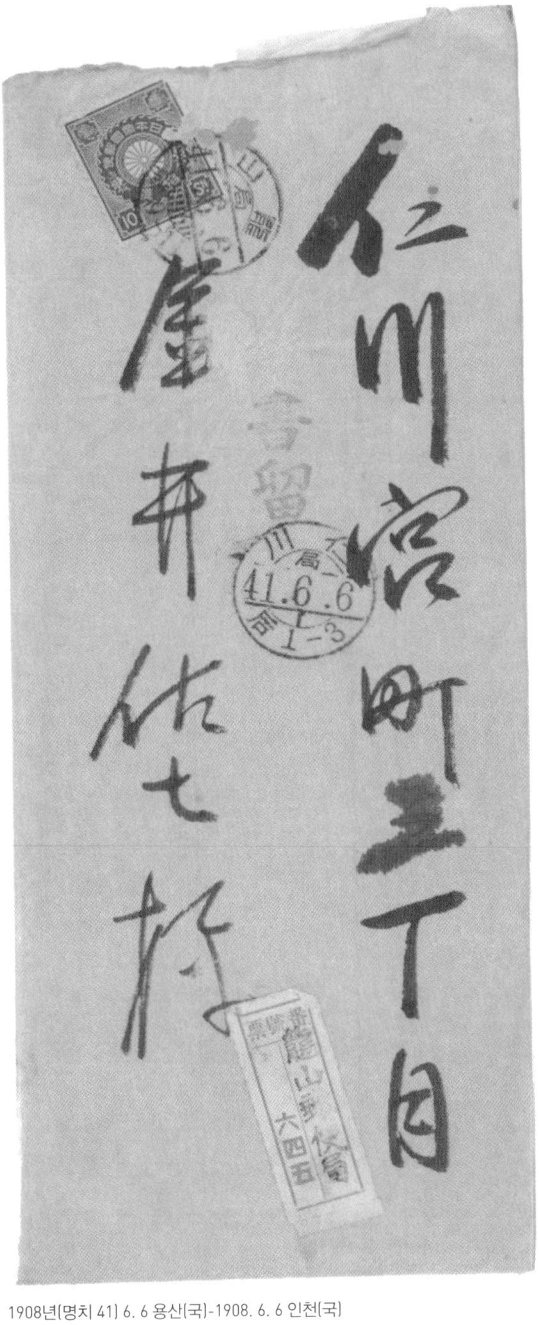

1908년(명치 41) 6. 6 용산(국)-1908. 6. 6 인천(국)

대구(大邱)우편국 등기 실체

1910(명치 41) 11. 17 대구(국) 장기행 등기 실체

용산우편국

경기도 경성부 한강통

1911. 3. 30 조선총독부 고시 제87호. 우편위체 사무 취급 개시

1922. 2. 28 조선총독부 고시 제42호. 송전보 취급 폐지 後 경성우편국에 승계

1908

단기 4241년/융희 2년/순종 2년

한국 창원(昌原)우체소 등기 실체

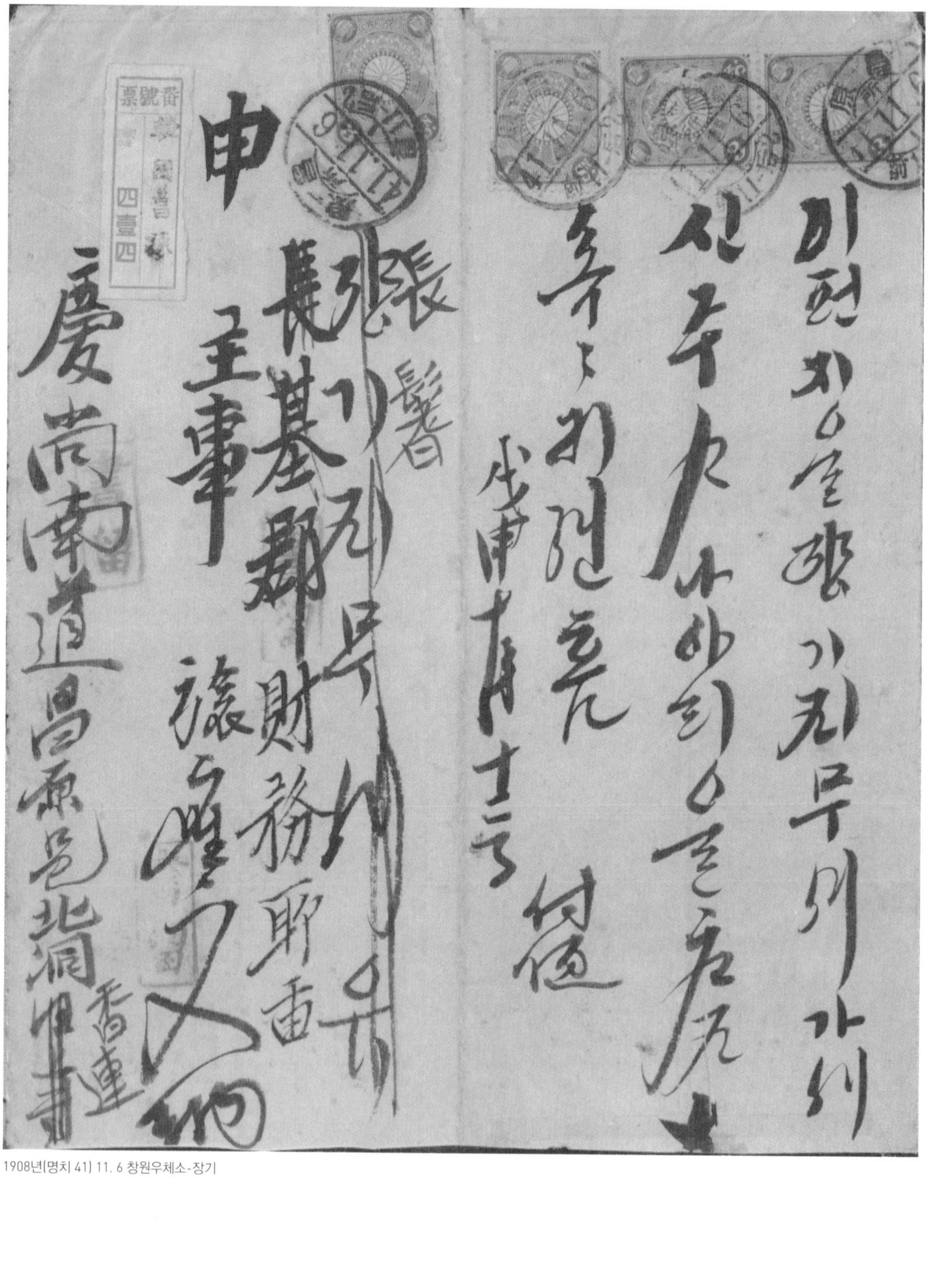

1908년[명치 41] 11. 6 창원우체소-장기

1908

단기 4241년/융희 2년/순종 2년

나남(羅南)▶보은(報恩) 우편취급소 도착인 실체

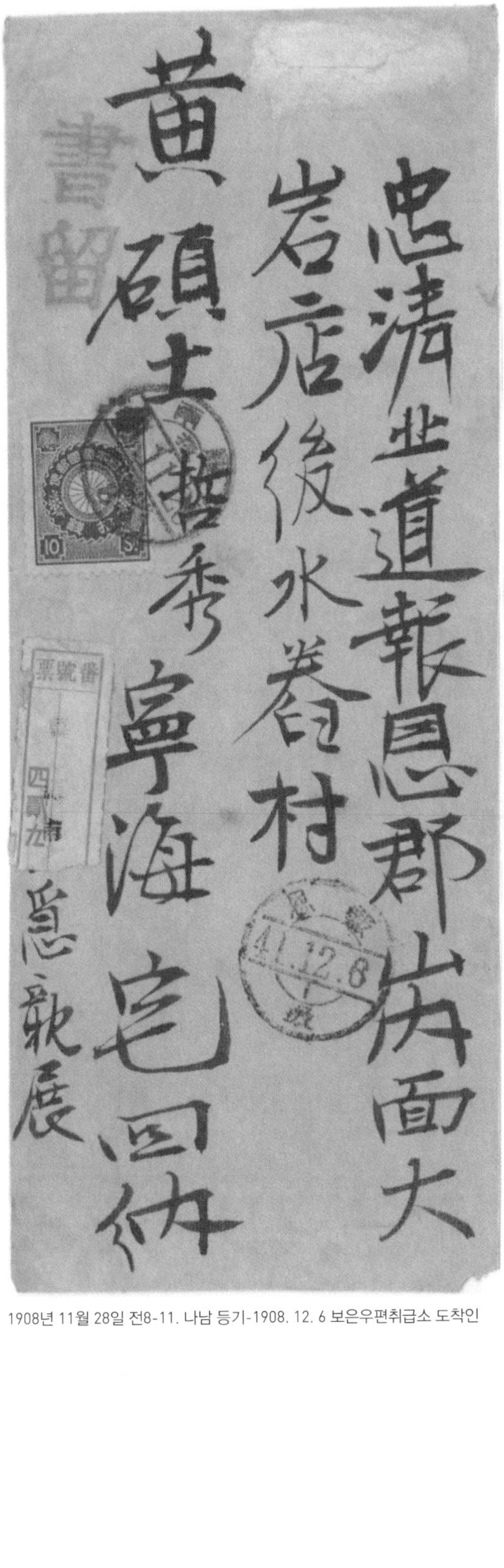

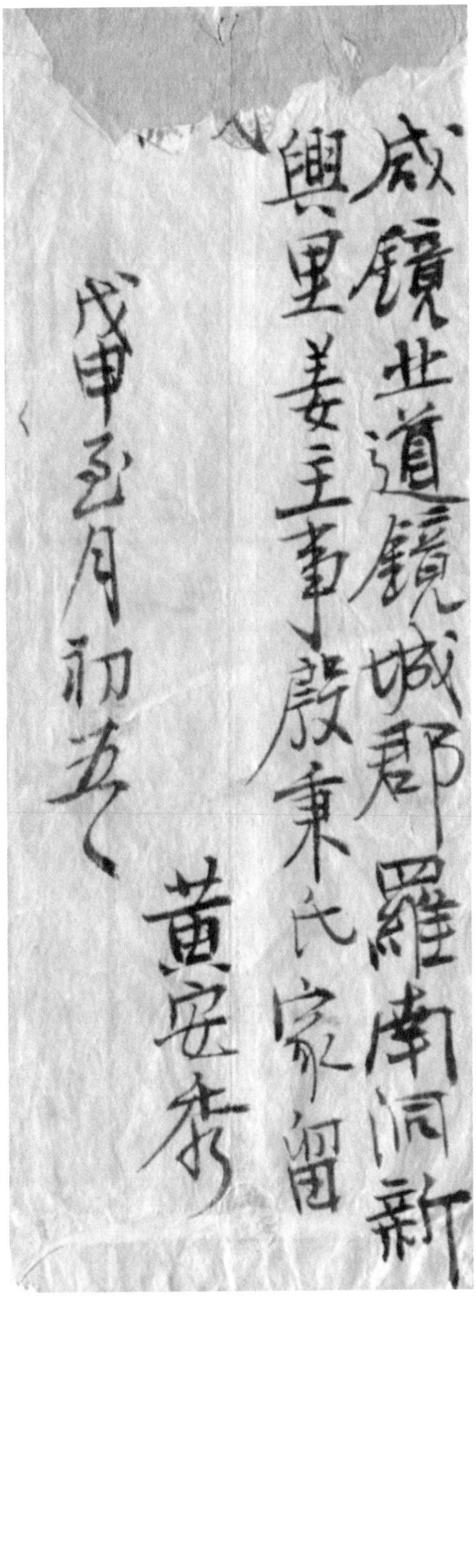

1908년 11월 28일 전8-11. 나남 등기-1908. 12. 6 보은우편취급소 도착인

1908

단기 4241년/융희 2년/순종 2년

군사우편

영암(靈巖) 우편취급소▶일본행

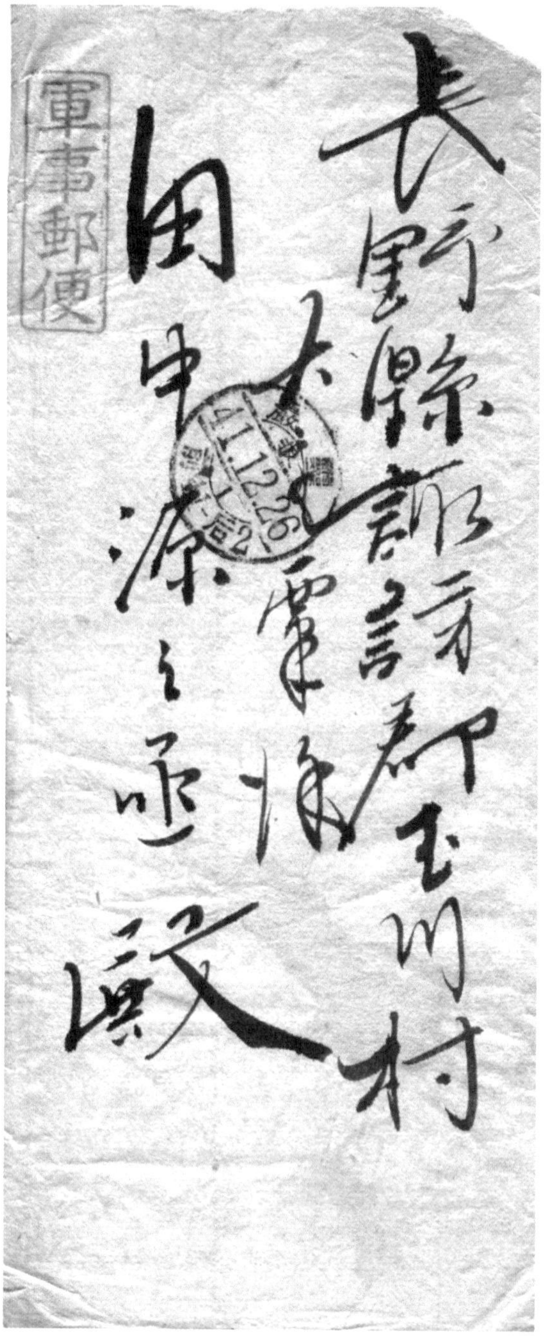

1908년(명치41) 12월 26일 영암-일본행

마산(馬山)▶장기재무서행

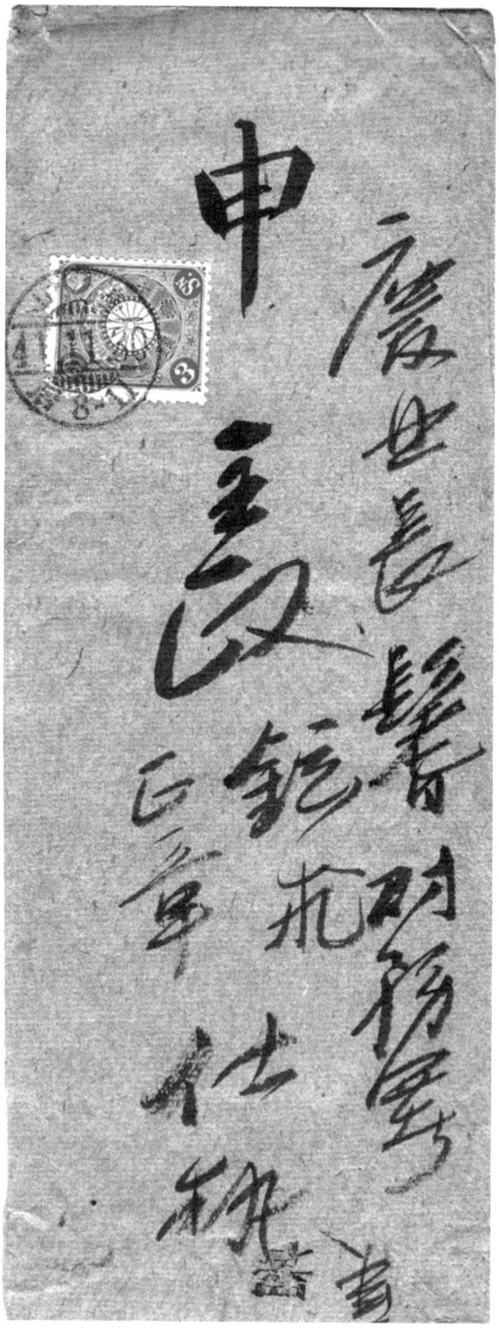

1908년(명치41) 11월 30일-장기재무서행

1908

단기 4241년/융희 2년/순종 2년

4월1일 대한제국 표준시를 그리니치천문대 기준 동경127도30분 자오선에 준해 변경하여 실시/8월26일 일본,조선 수탈을 위한 동양척식주식회사법 공포/11월1일 내무대신 유길준이 노량진에 은로학교 설립/동양척식주식회사 설립/장인환과 전명운이 제1차한일협약체결에 의해 외교고문관으로 활동한 스티븐슨을 미국샌프란시스코에서 사살/런던올림픽 개최/대한제국 공인 최초 한성여학교 설립

Seoul I.J.P.O ▶ Via Moji ▶ Seattle ▶ N.Y ▶ Bizerte, Tunis행

Seoul. 1908. 1. 17- I.J.P.O. 1908. 1. 17-Moji. 1908. 1. 23 -Seattle. 1908. 2. 12-New York. 1908. 2. 18-Bizerte, Tunis 도착
체송 기간: 32일 145x113mm

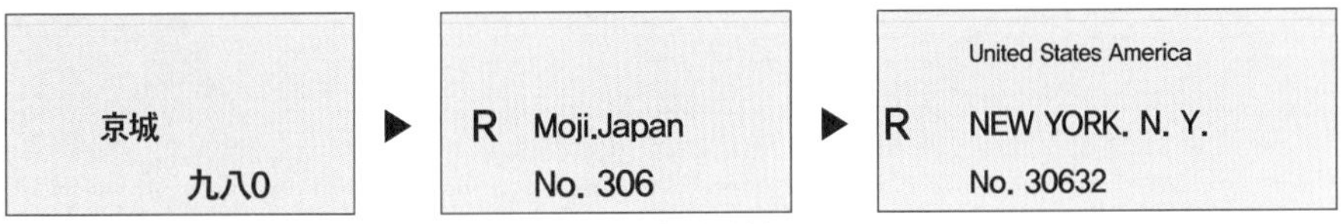

체송 경로 SEOUL → Moji, Japan → Seattle → New York → Tunis, Africa

우취 문화 해설 시리즈

우표 종류

출처: 우정사업본부 우표문화 길잡이

1) 특수우표 종류

가) 평판(平板, Lithography)

평판은 판면에 요철(凹凸)이 거의 없이 평평하며 오프셋(Offset) 인쇄라고도 불린다. 화선부(원화 부분)와 비화선부가 동일 평면 위에 있고, 물과 잉크와의 반발성을 이용해서 인쇄를 하는 화학적인 인쇄 방식이다. 이 인쇄물은 화선이 유연하여 전 세계적으로 널리 적용되는 인쇄 방식이나 우리나라 우표에는 일부 사용된다. 세계 최초의 평판 우표는 1843년 스위스 취리히 주에서 발행한 우표로 석판 인쇄였다. 우리나라는 구한국 시절 독일에서 석판 인쇄기를 들여와 국내 최초로 인쇄한 우표인 '이화보통우표'가 처음이며, 해방 직후부터 1960년대 후반(미군정 보통우표 5종과 기념우표 9종 제외)까지 전부 평판으로 인쇄를 하였다.

1908

단기 4241년/융희 2년/순종 2년

우편소위체증서(郵便小爲替證書)

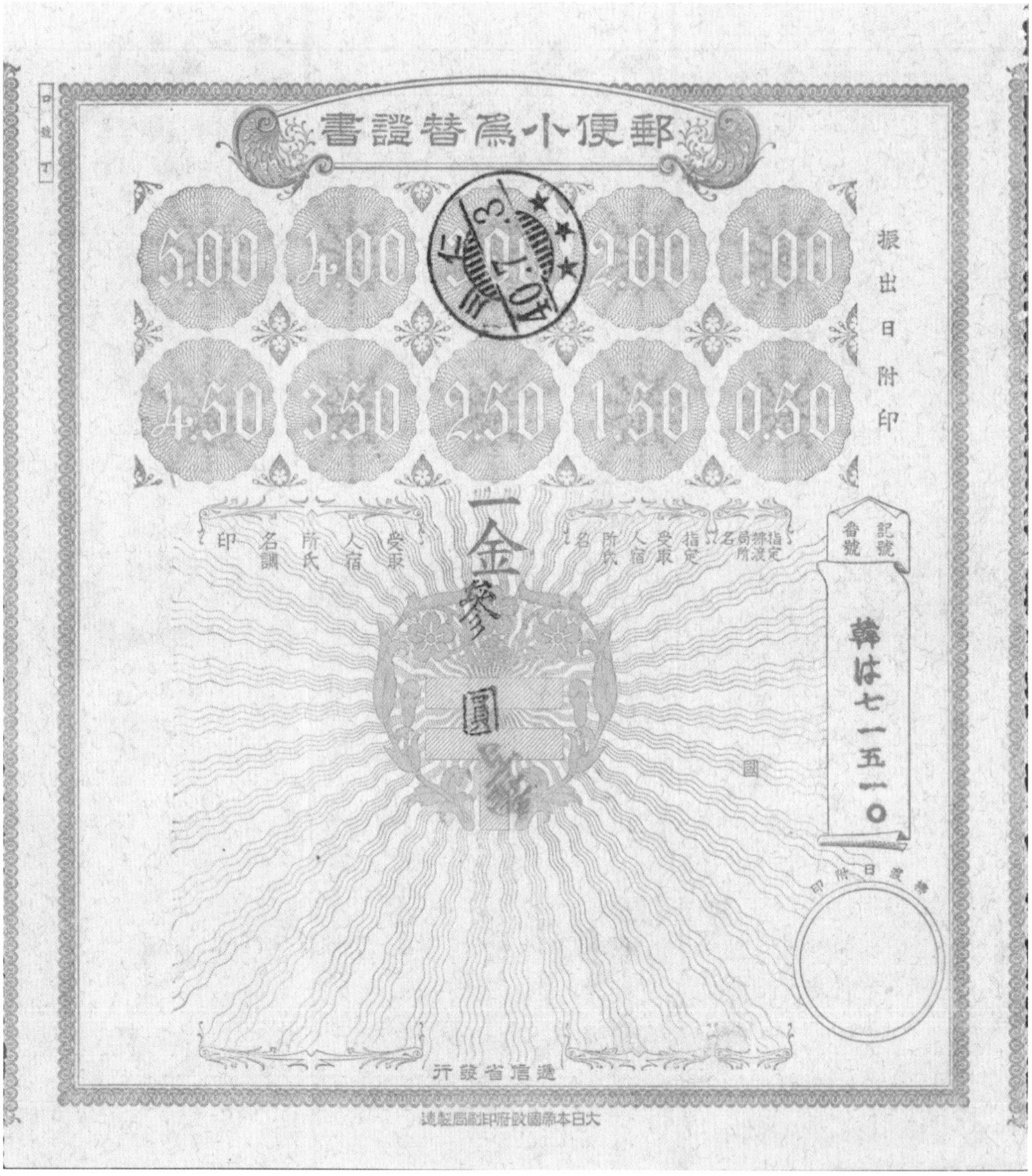

명치 40년(1908) 7. 3. 인천

우취 문화 해설 시리즈

우표 표면

가. 액면(Face Value)

액면은 우표의 우편적인 가치를 나타내는 내용이다. 즉 우편요금으로 얼마를 미리 냈는가를 표시해 주는 것이 액면이다.

나. 국명(Country Name)

외국 우표를 수집하며 어려운 점의 하나가 나라 이름의 구별이다. 모든 나라가 전부 자국어로 국명표기를 하기 때문에 실제 알아보기 어려운 나라가 많아서 1966년 U.P.U. 결의 이후 모든 U.P.U 가맹국 우표는 로마자로 국명을 표기하도록 하였다.

1908

단기 4241년/융희 2년/순종 2년

미국▶광화문▶군산행

Jan 3 1908 U.S.A. - 광화문 경유- 1908. 2. 4 군산 도착

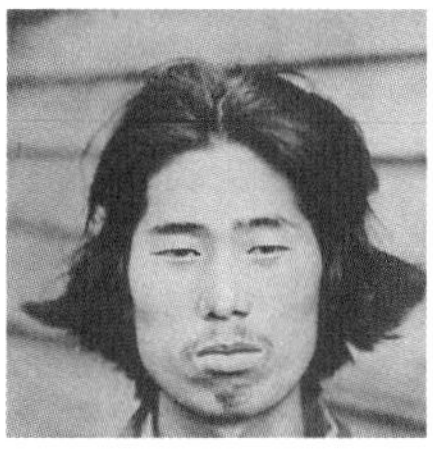

박열(朴烈)과 가네코후미코(金子文子-金文子/김문자)

1902. 3. 12~1974. 1. 17. 경북 문경 출생. 한국의 독립운동가

박열은 간토대지진 직후 대역사건 중 하나인 박열 사건의 주모자로 체포된 후 1945년까지 22여 년간 투옥 후 출소하여 일본에서 결성된 한국인 교민단체인 재일본 조선거류민단의 초대 단장(1946년10월~1949년 4월)을 지냈다. 1922년 김약수·정태성 등과 함께 동경 조선고학생동우회에서 '전국노동자 제군에 격함'이라는 선언을 발표했다.

박열은 1923년 4월 불령사(不逞社)라는 비밀 결사를 조직했고, 국제공산당 자금사건 때 증발한 자금을 횡령했다는 의혹이 있는 장덕수를 잡아다 구타하는 등의 행동을 했다. 같은 해 관동대지진 이후 험악한 분위기 속에서 일본인 연인인 가네코 후미코(金子文子)와 함께 1923년 10월에 히로히토 황태자의 혼례식 때 암살을 기도한 죄로 체포되었다. 불령사가 다이쇼 천황과 히로히토 황태자 등을 폭탄으로 암살하기로 모의했다는 혐의 때문이었으나, 사건 자체가 과장, 조작되었다는 설도 있다. 박열과 가네코후미코는 1926년 사형 선고를 받았으나 무기징역으로 감형되었고, 가네코후미코는 몇 달 뒤 감옥 안에서 자살 후 시신으로 발견되었다고 발표되었다. 박열은 22년 2개월을 복역하고 해방 후 미군에 의해 풀려났다. 한국정부는 그의 공헌을 기리기 위해 1990년 건국훈장대통령장을 추서했다. 그의 고향인 경상북도 문경시의 생가 터에 그를 기념하는 기념관이 건립되어, 2012년 10월 9일에 개관되었으며, 기념관 옆쪽에는 2003년에 먼저 자리잡은 가네코후미코(金子文子)의 묘소가 있다.

출처: 위키백과

1908 단기 4241년/융희 2년/순종2년

한 · 나주(韓 · 羅州)실체 엽서

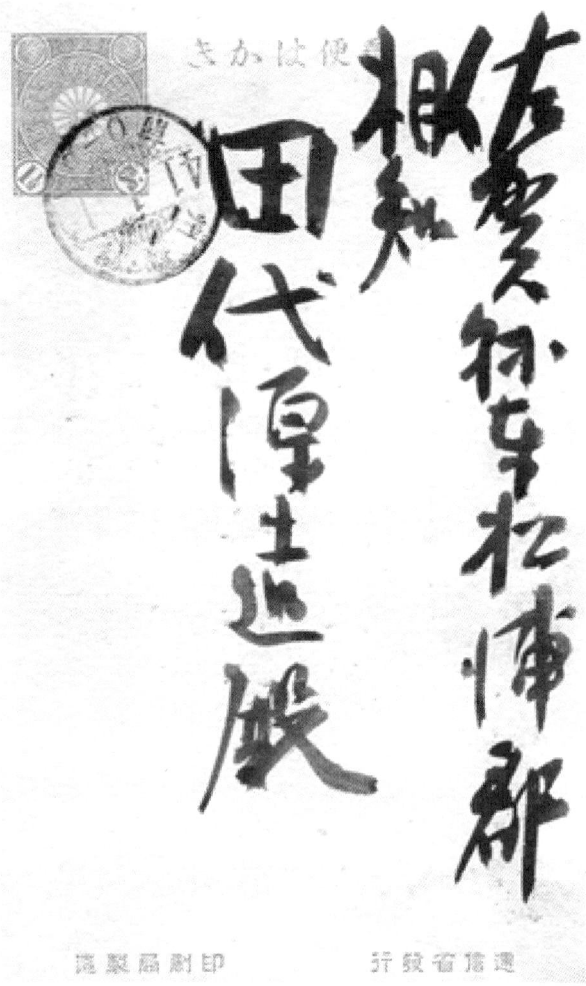

1908년[명치 41] 1. 1

1909 단기 4242년/융희 3년/순종 3년

포항(급) 실체

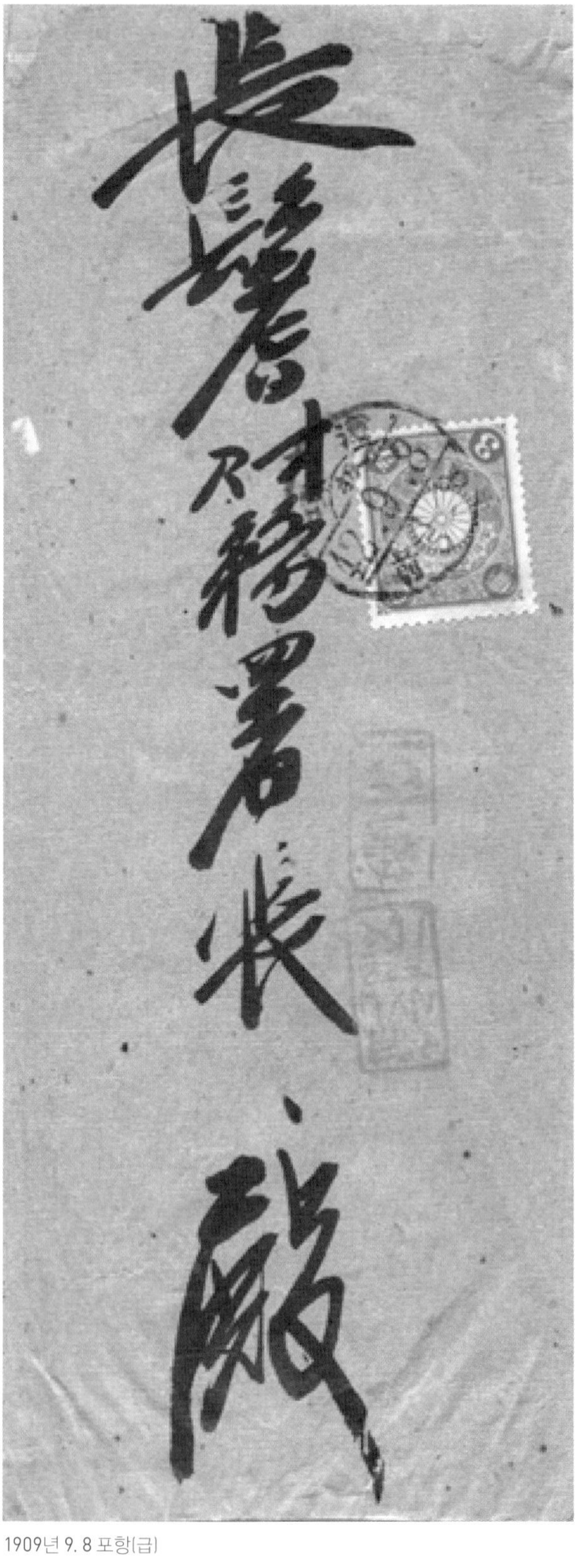

1909년 9. 8 포항(급)

1909 단기 4242년/융희 3년/순종 3년

연기우체소 한일통신 합동 이후. 일본 우표 3전 첩부. 국내 우편 정상 요금

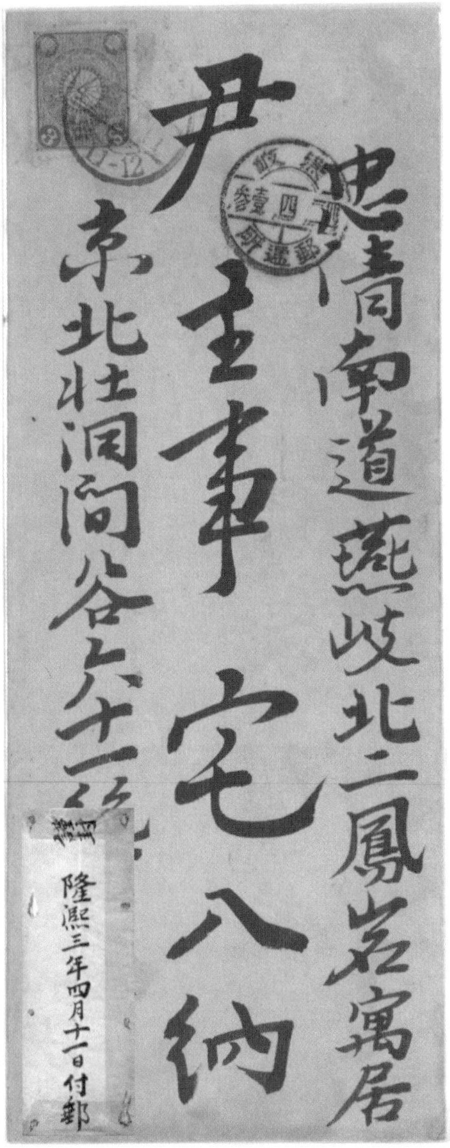

한성. 명치 42(1909) 4. 11 - 연기우체소.
명치 42(1909)4. 13 도착 87x214mm

안중근(安重根 義士)

1879. 9. 2~1910. 3. 26. 조선 황해도 해주 출생

사망지 만주 라오닝성 여순(旅順) 감옥

대한의군 참모총장, 의병 참모총장, 특파 독립대장, 아령지구사령관

1909. 10. 26일 이토히로부미가 러시아제국의 장관 코코프체프와 회담하기 위해 하얼빈에 오게 되었다. 이 소식을 대동공보사에서 전해 들은 안중근은 이토 히로부미 암살에 자원. 10월 21일에 대동공보사 기자 이강(李剛)의 지원을 받아 블라디보스토크를 떠난 안중근은 우덕순과 조도선·유동하 동지와 함께 하얼빈(哈爾濱. Harbin)에 도착했다. 당초의 계획은 동청철도(東淸鐵道)의 출발지인 장춘의 남장춘(南長春), 관성자(寬城子)역과 도착지인 하얼빈, 채가구(蔡家溝)역의 4개 지점에서 암살을 시도하려 했으나, 자금과 인력이 부족하여 도착지인 하얼빈과 채가구에서 저격하기로 계획을 변경했다. 이에 따라 우덕순과 조도선은 채가구역으로 이동하였으며 안중근은 하얼빈역에서 공격하기로 했다. 그러나 채가구역에서 계획은 이를 수상하게 여긴 경비병에 의해 실패했다. 10월 26일 오전 9시, 이토 히로부미가 탄 기차가 하얼빈에 도착했다. 이토 히로부미는 러시아 재무대신 코코프체프와 열차 안에서 회담을 가진 후 9시 30분경 러시아 군대의 사열을 받기 위해 하차하였다. 안중근은 사열을 마치고 열차로 돌아가던 이토히로부미를 브라우닝제 반자동 권총 M1900으로 저격하였다. 이 외에도, 일곱발의 저격 총알 중, 나머지 네 발 중 세 발은 옆에 있던 수행비서관 모리 타이지로우(森 泰二郎), 하얼빈 주재 일본제국 총영사 가와카미도 시히코(川上俊彦), 남만주 철도의 이사다나카세이 지로우(田中淸次郎)한테 총격하였다. 저격 후 안중근은 러시아어로 '코레아 우라!(Корея! Ура!)'라고 크게 외쳤다.

이 외침은 '대한 만세'라는 뜻이었다.

출처: 위키백과

연기우체소 연혁

1906. 12. 1 연기우체소 설치

1911. 10. 10 연기우체소

충청남도 연기군 연기읍

조선총독부 고시 제303호. 연기우체소 폐지 후 조치원우편소에 합병

1909

단기 4242년/융희 3년/순종 3년

곡성(谷城)(급) 한국형 일부인

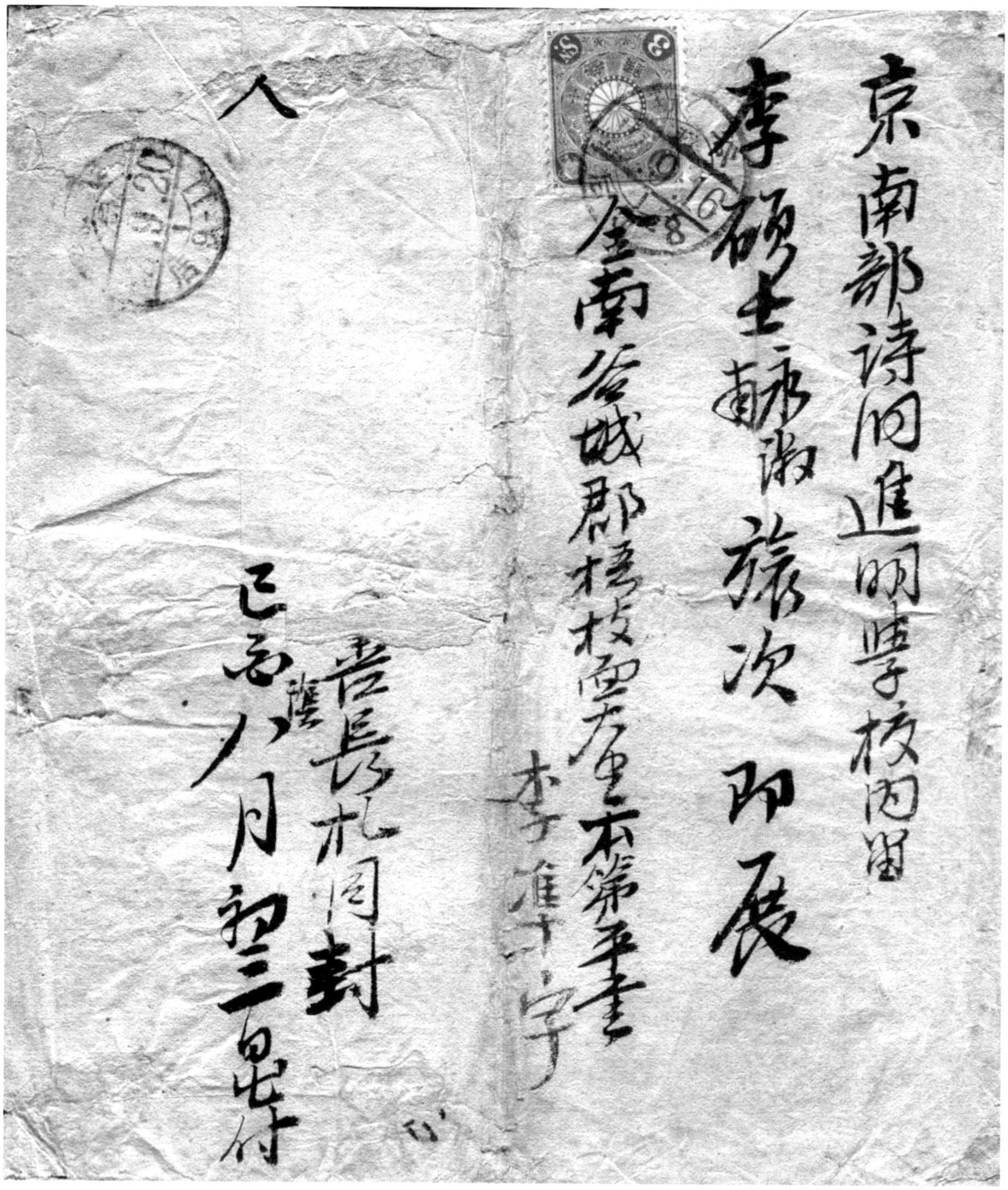

1909(명치 42) 9. 16. 후 5-8

곡성우편소 전라남도 곡성군 곡성면 읍내리 1921.3.26 우편소 설치
곡성우편국 전라남도 곡성군 곡성면 읍내리 1921.3.25 총독부 고시 제50호/우편국 폐지 후 곡성우편소로 승계

1909

단기 4242년/융희 3년/순종 3년

대구(국)▶장기군(長鬐郡) 재무서로 보낸 소포 실체

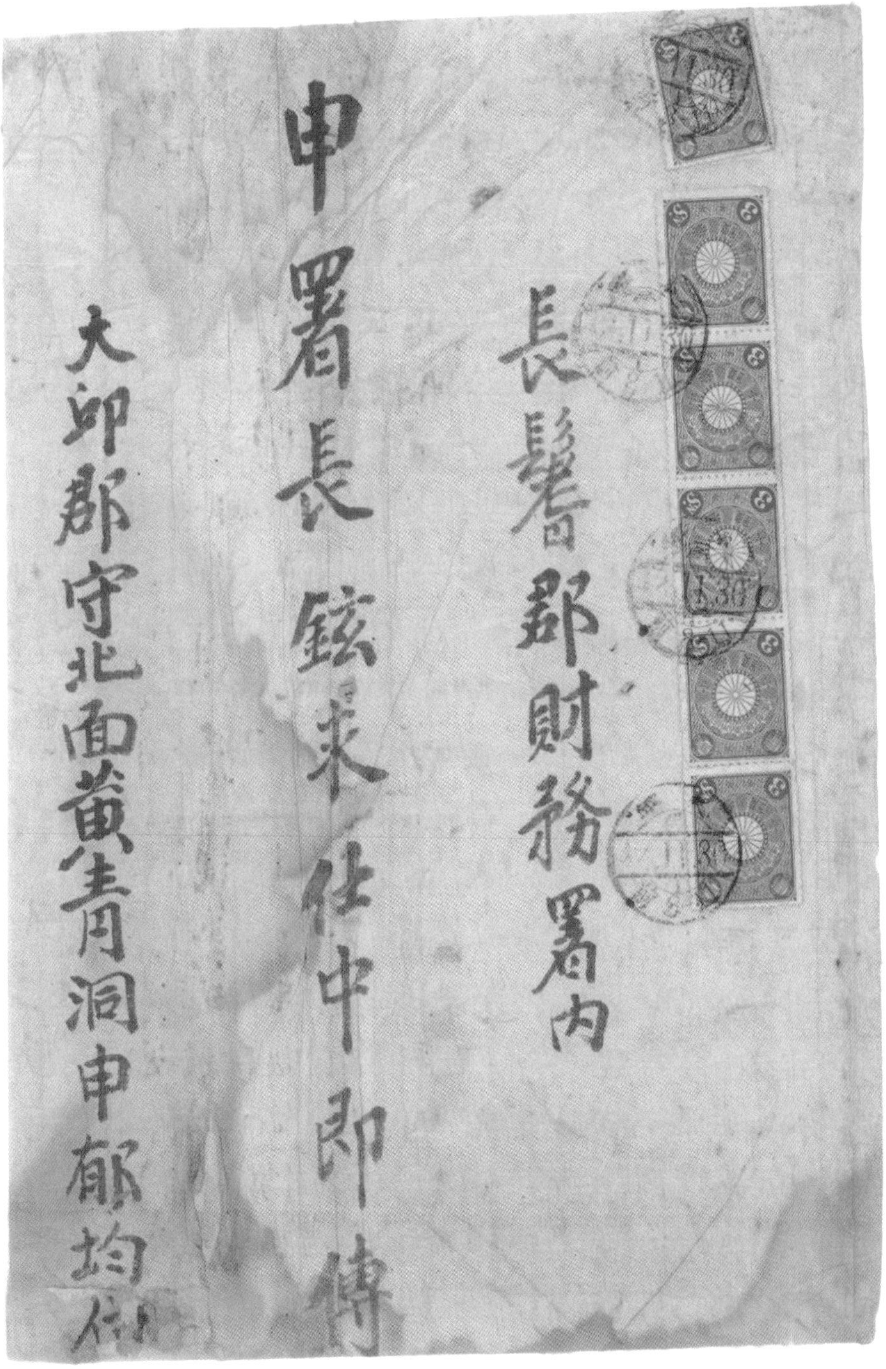

대구(국) 명치 42년(1909). 11. 30.(대구군 수북면 황청동) - 장기군 재무서 내 신서장현구사중즉전
163x235mm

ㅁ 장기군(長鬐郡) 현재 경상북도 포항시 남구 일부와 경주시 일부를 관할하던 옛 행정구역이다.

1914년에 영일군과 경주군에 분할 편입되었다. 1757년 기립현(鬐立縣)으로 개칭하고 의창군(義昌郡: 흥해)의 영현이 되었다.
914년 3월 1일 양북면(내남면의 개칭)과 양남면을 경주군에 환원하고, 나머지는 영일군에 편입되어 폐지되었다.

출처: 위키백과

1909 단기 4242년/융희 3년/순종 3년

경주(국) 한국형 일부인

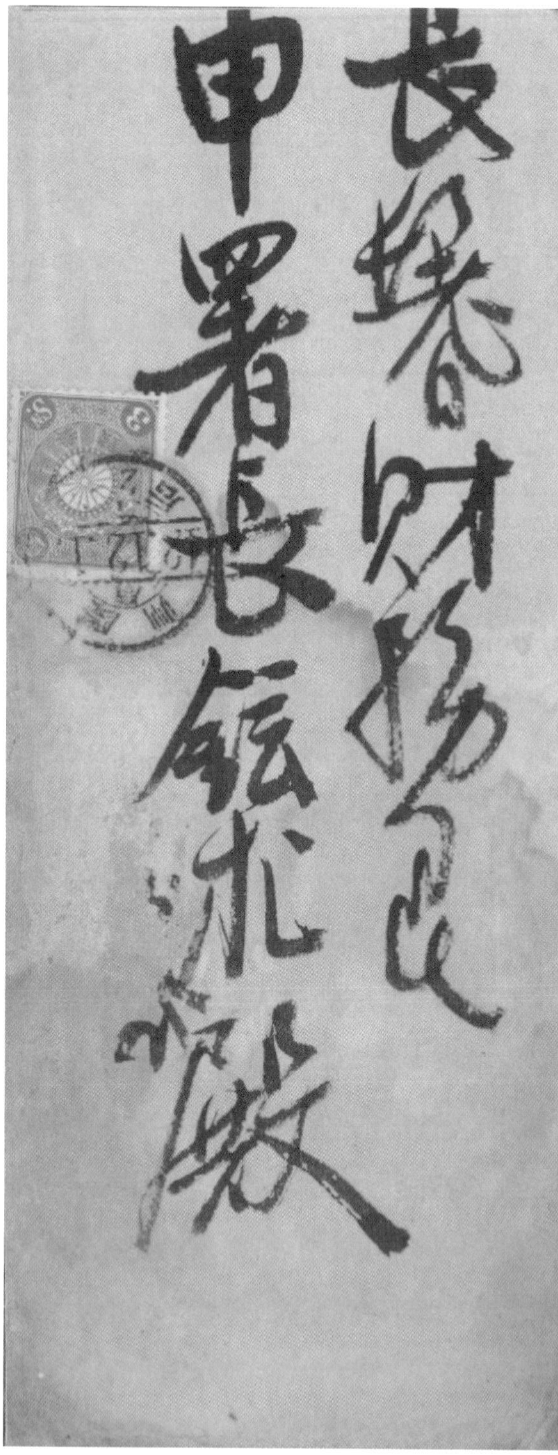

1909년(명치42)12.1 후2-5 경주(국)

ㅁ 1909년 역사

3월	민적법(民籍法) 공포 [조선 말기에 제정 공포된 호적에 관한 법률]
4월	실업학교령(實業學校令) 공포
7월 12일	기유각서(己酉覺書) 체결, 사법권 및 감옥 사무를 일본정부에 위임
7월 30일	군부 폐지. 궁중에 친위부(親衛府) 설치
9월 21일	도량형법(度量衡法) 공포
10월 26일	안중근 의사 의거, 이또오히로부미 사살
10월 29일	한국은행(韓國銀行) 설립
10월	법무(法務) 폐지
12월 3일	일진회장 이용구(一進會長 李容九) 한·일합방을 정부에 건의 제창함
12월 5일	대한협의회(大韓協議會), 흥사단(興士團)등 일진회 및 회장 이용구를 일제히 성토(聲討)
12월	덕수궁(德壽宮) 석조전(石造殿) 준공
12월 1일	청국 초상국세관(招商局稅關) 및 전보국(서로전선) 차관 완제

ㅁ 기유각서 5조항

출처: 위키백과

1. 대한제국의 사법과 감옥의 사무가 완비되었다고 인정될 때까지 사법과 감옥의 사무를 일본 제국에게 위탁한다.
2. 일본제국정부는 일정한 자격을 갖춘 한국인 및 일본인을 재한 일본재판소 및 감옥의 관리로 임명한다.
3. 재한 일본 재판소는 협약이나 법령에 특정한 규정이 있는 것을 제하고 한국인에게는 대한제국의 법령을 적용한다.
4. 대한제국의 지방 관청 및 신료(臣僚)들은 직무에 따라 사법 및 감옥의 사무에 대하여 한국에 주재한 일본 당국자의 지휘나 명령을 받고, 또 그를 보조하도록 한다.
5. 일본제국정부는 대한제국의 사법 및 감옥에 관한 일체의 경비를 부담하도록 한다.

1909

단기 4242년/융희 3년/순종 3년

경성▶일본행 엽서 실체

비매품: 한국 황제 이척(純宗) 폐하 어진영. H. M. The Korean Emperor

84x137mm

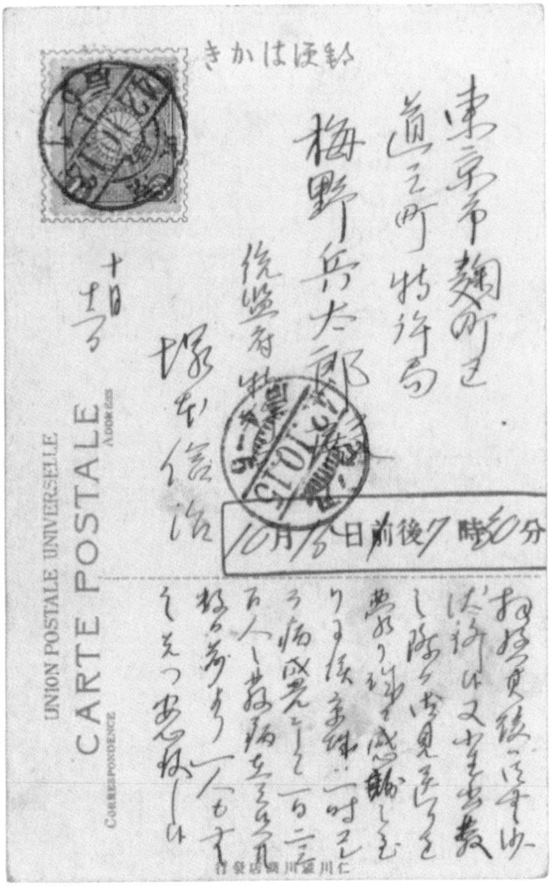

경성(京城). 명치 42년(1909). 10월 12일, 後5-7 - 일본. 명치 42년(1909). 10월 15일 後7시 30분 도착

ㅁ대한제국 마지막 황제 순종(이척-李拓) **1874년**(고종 11) **~ 1926**

재위 기간 1907. 7. 20~1910. 8. 22

고종과 명성황후의 아들이며, 1907년 7월 20일부터 1909년 7월 12일까지 친정을 하였고, 1909년 7월 12일 '기유각서' 사건으로 대한제국 주재 일본 통감 소네 아라스케에게 실권이 박탈되어 1907년 7월 12일부터 1910년 5월 30일까지 소네아라스케가 실권을 장악하였다. 1910년 5월 30일부터 1910년 8월 29일 퇴위할 때까지 역시 대한제국 주재 일본통감 데라우치마사타케가 실권을 잡았다. 한일 합방의 각본이 이토 히로부미에 의하여 진행되던 중 1909년 이토히로부미는 안중근 의사에게 하얼빈역에서 사살되었다.

출처: 위키백과

1909

단기 4242년/융희 3년/순종 3년

군사우편

대한제국 후기 우체소

무장(茂長)우체소

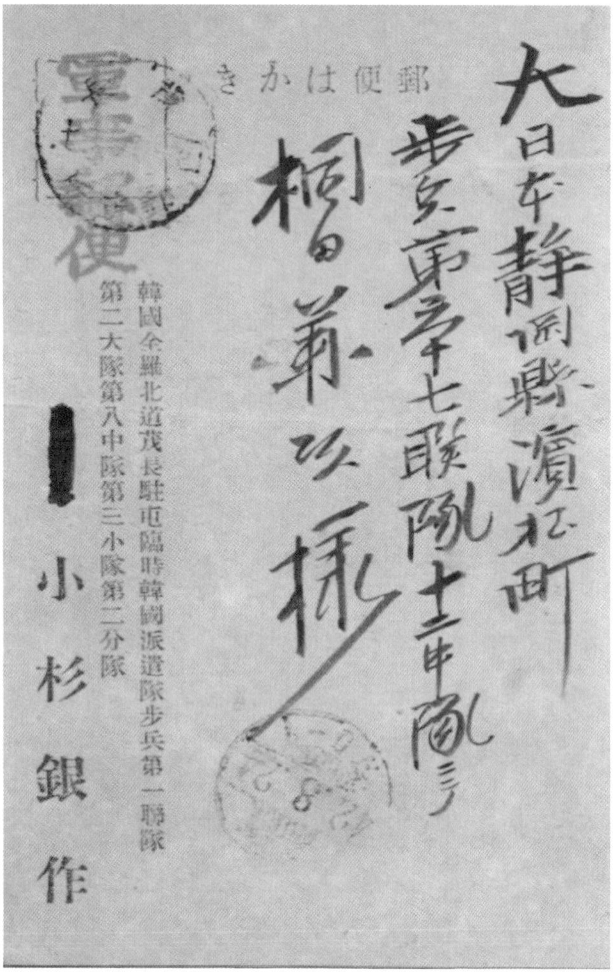

명치 43년 8월 12일-일본 명치 43년 8월 20일 도착

단성우체소

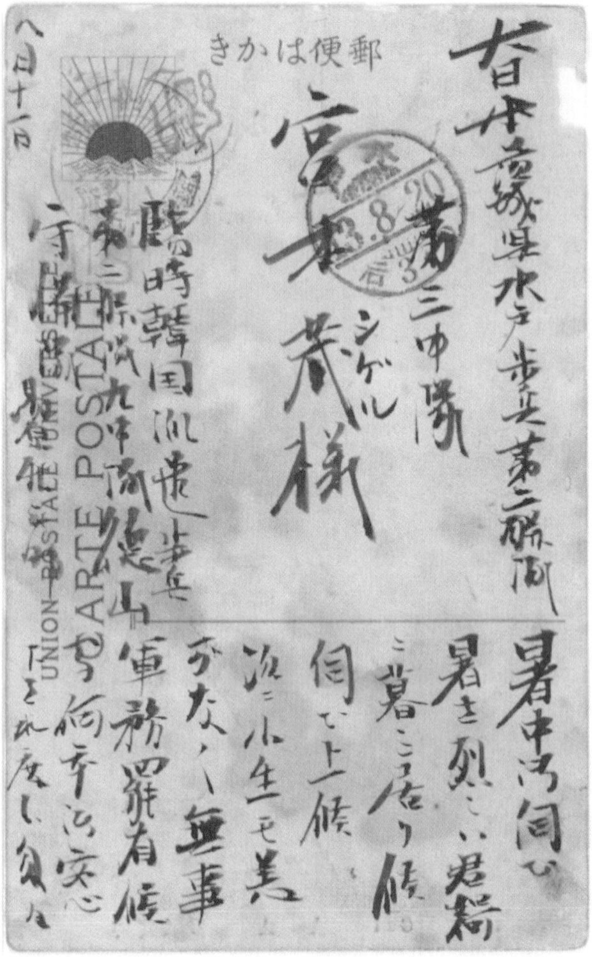

체송 기간 17일

단성우체소

전북 무장우체소 1909년(명치 42) 8월 7일 - 일본 8월 24일 도착
한국 전라북도 무장 주둔 임시 한국 파견대 보병 제1연대 제26대대
제8중대 제3소대 제2분대

무장우체소

전라북도 무장군 이동면 니동리

1911. 6. 1 조선총독부 고시 제156호. 우편소 설치

1911. 5. 31 조선총독부 고시 제157호, 우체소 폐지 후 우편소로 개칭

1912. 3. 11 조선총독부 고시 제81호, 전신, 전화 통화 사무 개시

1909 단기 4242년/융희 3년/순종 3년

한국형 일부인 성주(급) 비 우편인 영수증서

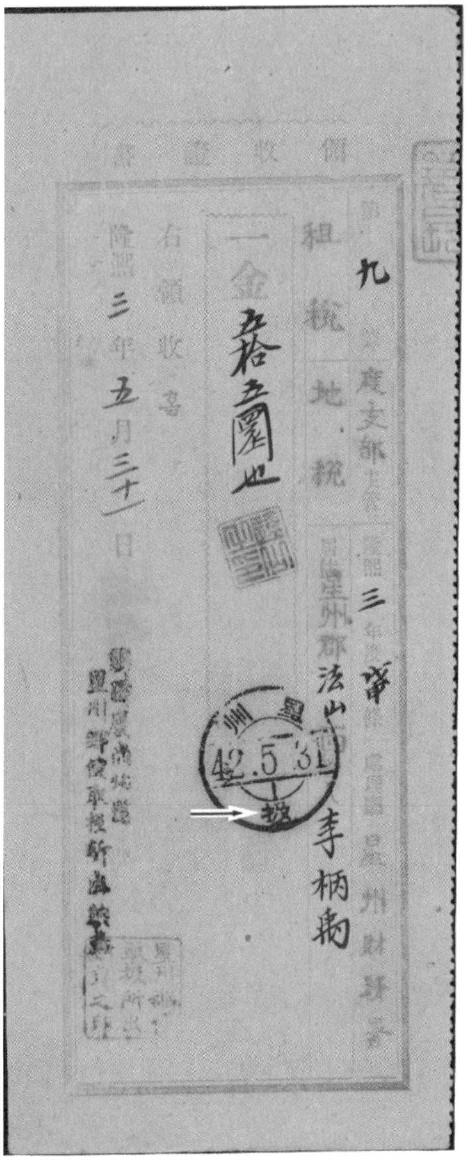

명치42년(1909)5월31일 성주우편취급소
1909. 5. 31 성주우편취급소 인

성주(급) 우편취급소
융희(隆熙) 3년
명치 42년 5월 31일

영수증서

제9호 융희(隆熙) 3년
처리청 성주재무서
영수인 성주군 법산면 이병만
일금 55원 정 우 영수함
융희 3년 5월 31일
경상북도 성주우편취급소 직인

독립운동 땅 전라도

일제강점기 이전 일제 1909년 남한 대토벌 작전

1909년 9월 1일~10월 30일 약 2개월에 걸쳐 진행된 일제의 항일의병 섬멸을 위한 군사작전. 여기서 말하는 남한은 전라도와 그 외곽지역을 가리킨다.

1907년 대한제국 군대가 해산된 뒤 해산된 군인들이 의병에 합류하면서 1910년까지의 약 3 년간은 가장 격렬한 의병 항쟁이 전개된 시기였다. 전투 횟수는 무려 2천 회가 넘었고 의병 참여 인원은 14만명이 넘었다. 특히 전라도 지방은 전체 교전 횟수에서 31.5%를 차지할 정도로 전국에서 의병 항쟁이 가장 치열했다. 이에 일제는 남한 폭도 대토벌 작전이라는 명칭의 전라도 의병 섬멸을 위한 군사작전을 3단계에 걸쳐 감행했다.

1단계 전북 남원을 기점으로 고흥, 광주, 영광 등으로 이어지는 외곽 지대 섬멸 작전을 전개

2단계 고흥, 광주, 영광을 기점으로 진행된 남서안 해안 지역 섬멸 작전

3단계 전라남도 서쪽 지방으로 탈출하는 항일 의병 섬멸 작전

이 과정에서 처형당한 의병장만 100명을 넘었다.

일제는 군사 작전을 위해 해남, 장흥, 보성, 낙안, 순천, 광양까지 군용 도로를 건설하고 이 도로를 폭도 진압을 위한 도로 즉, '폭도도로'라고 이름 지었다.

출처: 개소문닷컴

1909

단기 4242년/융희 3년/순종 3년

한국형 일부인 포항(급) 비 우편인 영수증서 통상 위체금 수령증서

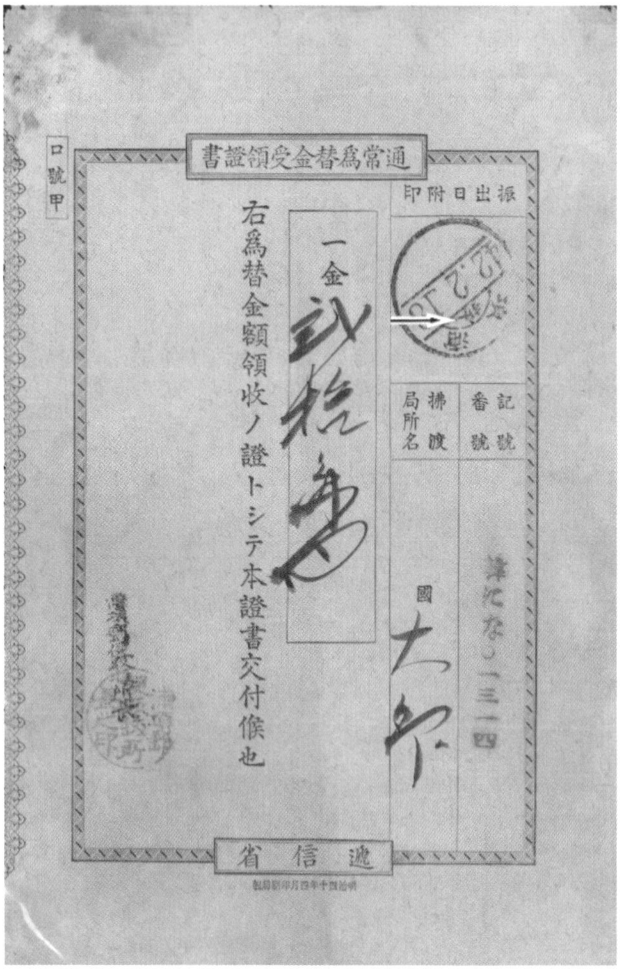
通常爲替金受領證書

口號甲

振出日附印

一金 貳拾圓

右爲替金額領收ノ證トシテ本證書交付候也

記番號號

拂渡局所名

遞信省

1909년(명치 42년) 2월 18일 포항(급) 비 우편인

성주우편취급소 우편물 영수증서 비 우편인

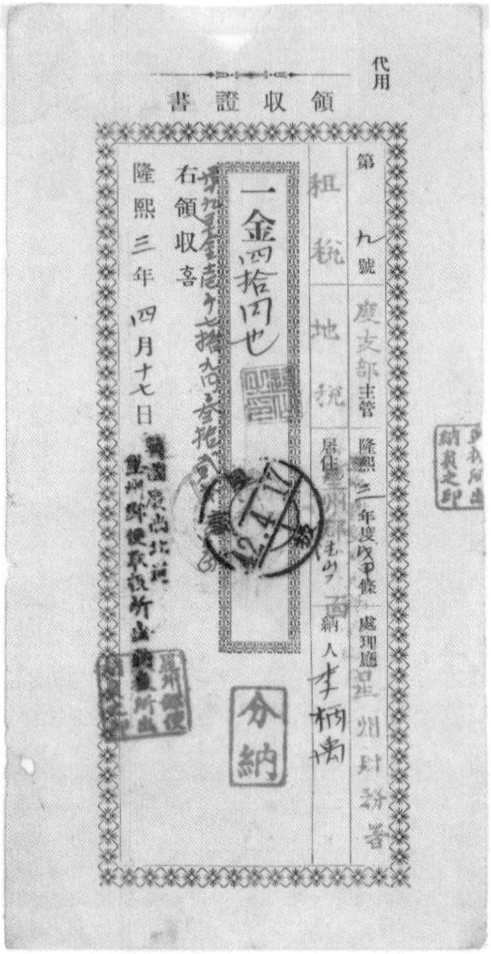
代用

領收證書

第 九 號

度支部主管

租税 地税

右領收喜

一金四拾円也

隆熙三年四月十七日

1909년 4월 17일 성주우편취급소 비우편인 영수증서(융희 3년)

ㅁ 1909년 우편사

2월 1일 주재 집배 실시

4월 1일 우편저금 등기제 통지서 실시

5월 우표매팔소에서 수입인지 매팔 실시.(경성 외 65개소)

7월 12일 기유각서(己酉覺書) 체결
사법권 및 감옥 사무를 일제에 위임.

8월 31일 구한국정부 우표류 사용 금지.

10월 26일 안중근 의사(安重根義士) 의거 이토히로부미 사살.

10월 29일 한국은행 설립.

12월 3일 일진회장(一進會長) 이용구(李容九) 한일합방을 정부에 건의 제창함.

12월 덕수궁(德壽宮) 석조전(石造殿) 준공.

12월 연하우편 특별 취급 개시.

1909

단기 4242년/융희 3년/순종 3년

마산우편국-마산 파지장(波止場-방파제)

백두산 백록담 천지-한일통신사업합동 5주년 기념인

한일통신 5주년 기념 특수통신 일부인. 1910. 7. 1

1909

단기 4242년/융희 3년/순종 3년

통한일격(痛恨一擊)

1909년 10월 26일

원훈(元勳) 대위인(大偉人)
안중근(安重根) 의사(義士)
1879. 9. 2~1910. 3. 26
황해도 해주 출생
만주 하얼빈역에서 통한일격(痛恨一擊)으로 이등박문 저격
통한일격(痛恨一擊) 후, 안중근은 가슴 안에 있던 태극기를 높이 들어 올리며 에스페란토어로 코레아 우라! (Korea ura!) 라고 3번 크게 외쳤다.
이 외침은 대한 독립만세라는 뜻이다.

◀안중근 의사가 이등박문을 통한일격으로 저격하는 상황

본 사진 자료는 일본 사설 단체가 제작한 사제(私製) 엽서로 한복과 갓을 쓴 사람[안중근 의사를 묘사]이 쏜 총탄에 이등박문(伊藤博文) 이 절명하는 모습을 묘사한 그림엽서

그림·글: 명호식무(鳴呼遑武)

'최후(最後)의 이등(伊藤) 공작(公爵)'

'원훈(元勳) [나라를 위한 가장 으뜸이 되는 공] 대위인(大偉人) [안중근을 지칭 하는 것으로 뛰어 나고 훌륭한 사람]이 쏜 일발 탄환(一發彈丸)으로 지하(地下)에 묻힌 사람이 되었다'.

본 엽서는 안중근 의사가 이등을 저격하는 모습을 담은 자료로는 유일한 자료로 [이등의 실제 사진] 일본인 명호식무(鳴呼遑武)가 안중근 의사(安重根義士)를 원훈(元勳)과 대위인(大偉人)으로 칭송한 것이 당시 시대 상황으로 보았을 때 매우 인상적인 표현이다.

안중근 의사가 이토 히로부미를 죽인 이유 15가지

첫 번째, 명성황후를 시해한 죄
두 번째, 1905년 11월 한국을 일본의 보호국으로 만든 죄
세 번째. 1907년 정미7조약을 강제로 맺게 한 죄
네 번째, 고종황제를 폐위시킨 죄
다섯 번째, 군대를 해산시킨 죄
여섯 번째, 무고한 사람들을 학살한 죄
일곱 번째, 한국인의 권리를 박탈한 죄
여덟 번째, 한국의 교과서를 불태운 죄
아홉 번째, 한국인들을 신문에 기여하지 못하게 한 죄
열 번째, 제일은행 지폐를 강제로 사용한 죄
열한 번째, 한국이 300만 영국 파운드의 빚을 지게 한 죄
열두 번째, 동양의 평화를 깨뜨린 죄
열세 번째, 한국에 대한 일본의 보호정책을 호도한 죄
열네 번째, 일본천황의 아버지인 고메이 천황을 죽인 죄
열다섯 번째, 일본과 세계를 속인 죄

안중근 의사 법정 최후 유언

"아무것도 남길 유언은 없으나 다만 내가 한 일이 동양 평화를 위해 한 것이므로 한·일 양국인이 서로 일치 협력해서 동양평화의 유지를 도모하길 바란다"라고 말했다.

안중근 의사는 1910. 3. 26일 오전 10시에 살인 죄목으로 관동주 여순(旅順) 감옥에서 교수형으로 순국하였다.

1910

단기 4243년/융희 4년/순종 4년

8월22일 한일병합조약체결/8월29일 한일병합조약을 공포함으로써 대한제국이 멸망하고 대한제국은 일본제국의 식민지가 되었다./5월 6일 남아프리카공화국 건국/9월25일 일제강점기 시작 후 부산에 수도시설 개통/10월15일 인천에 상수도 개설/11월1일 한성고등학교와 한성여학교가 총독부립경성일본인학교로 바뀌면서 각각 경성고등보통학교, 경성고등여학교로 교명이 변경되었다. 안중근의사 사망

동복(同福)우체소 ▶ 광주

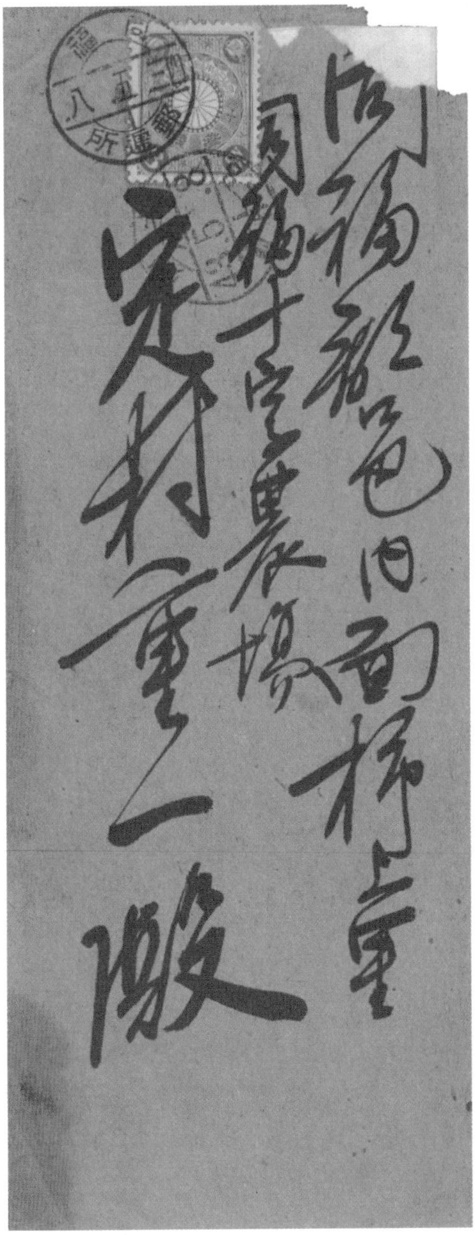

1910(명치 43)5. 8. 광주-1910. 5. 8 전남 화순 동복 도착

대구본정(大邱本町)우편소

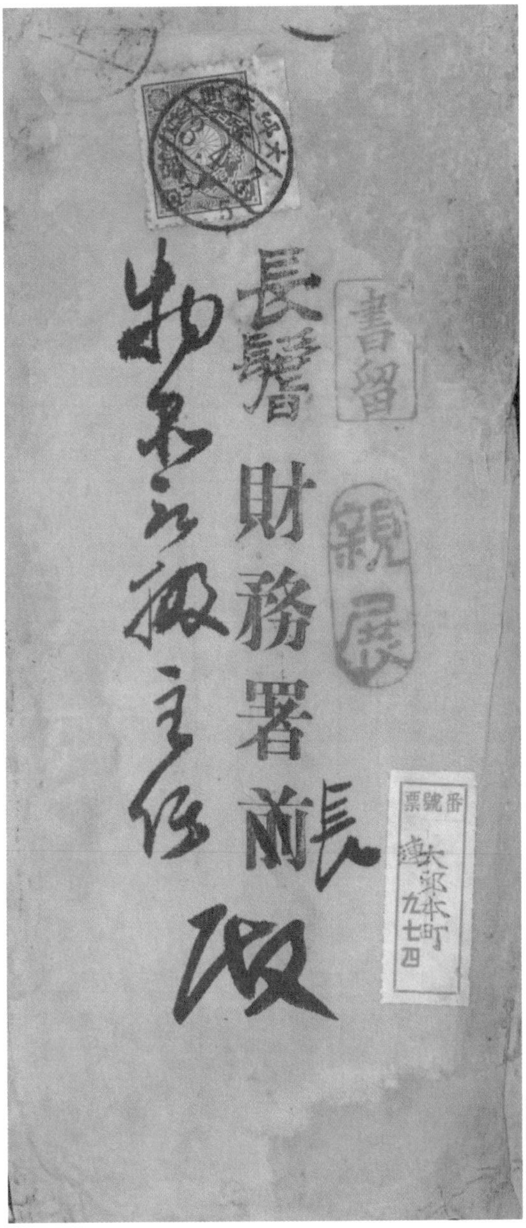

1910년(명치 43)4. 7. 대구본정 연 등기 제 947-장기재무서

ㅁ 1910년 우편사

7월 우편위체금 거택불 개시

9월 30일 목포, 청진, 신의주우체국 관리 분장 사무 취급 폐지
조선총독부 통신관서 관제 공포.

10월 1일 원산, 평양우체국 우편·전신·전화 공사·회계·서무의 6계로 지정

10월 1일 우편 및 전신취급소 139개소 우편국으로 개정.
조선총독부 통신국 설치

11월 광화문·서대문·용산우편국에 속달우편 제도 실시.

1910

단기 4243년/융희 4년/순종 4년

군사우편

장흥(長興)취급소▶일본행

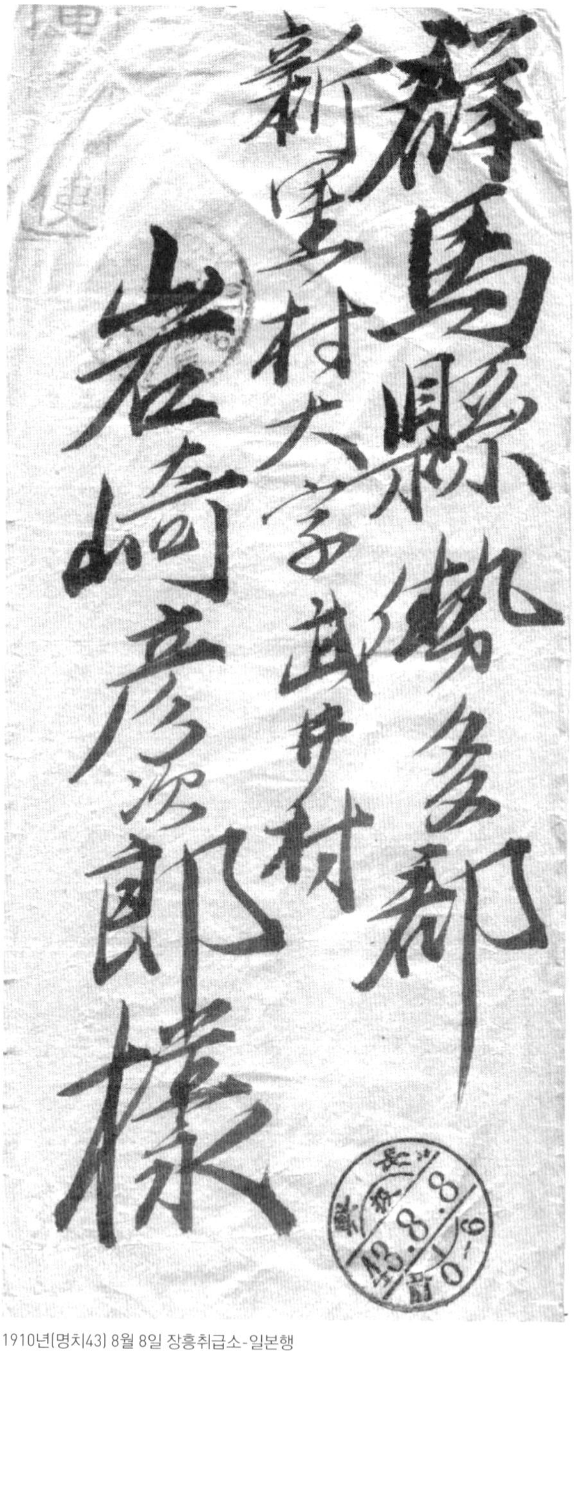

1910년[명치43] 8월 8일 장흥취급소-일본행

김천(金泉)취급소▶일본행

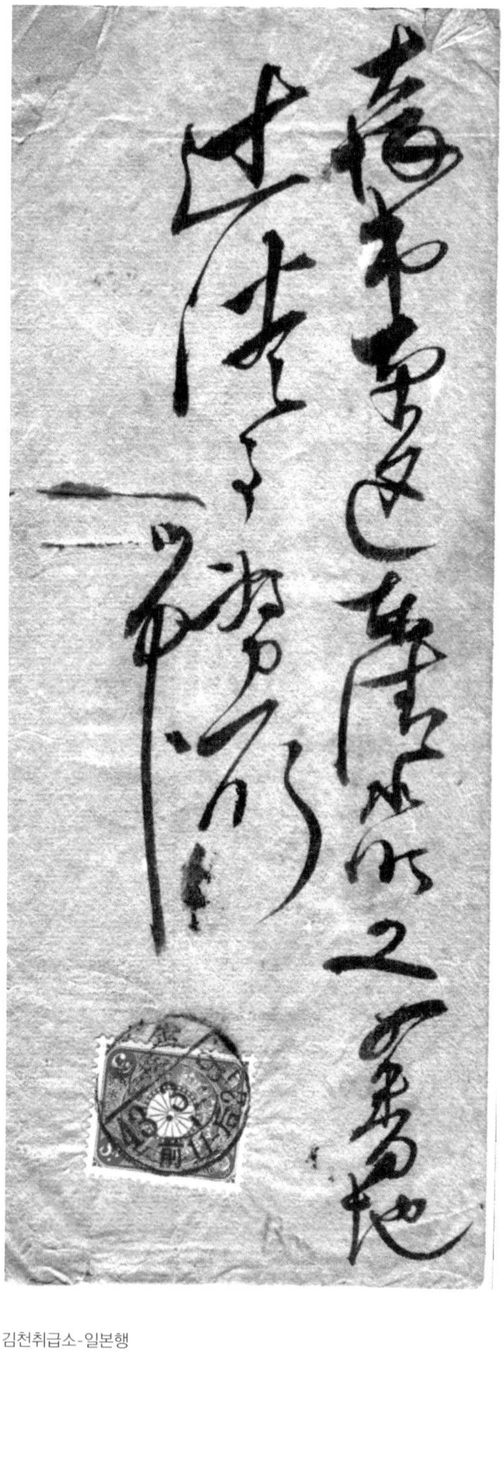

김천취급소-일본행

1910

단기 4243년/융희 4년/순종 4년

CHEMULPO ▶ GERMANY행 청색 일부인

한일병합(韓日倂合) 하루 전 1910년 8월 28일 발송된 독일행 우편엽서

1910. 8. 28. CHEMULPO, COREA - GERMANY행 우편엽서

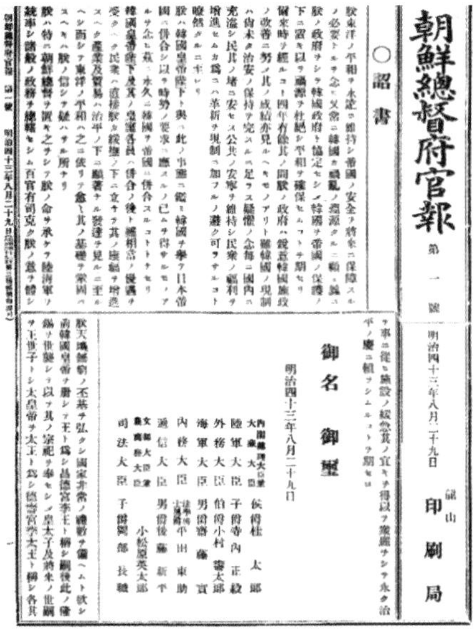

朝鮮總督府官報

第一號 明治四十三年八月二十九日 印刷局

○詔書

御名 御璽

明治四十三年八月二十九日

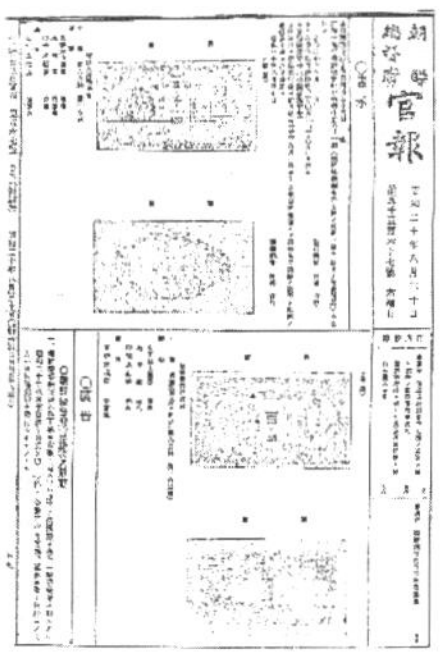

조선총독부관보 제 1호

明治四十三年八月二十九日
용산 인쇄국
조선총독부 관보는 1910년 8월 29일
제1호를 발행하여
1945년 8월 30일까지 제5,567호를
발행하였다.
관보 게제 건 수: 172,510건

출처: 국립중앙도서관

1910

단기 4243년/융희 4년/순종 4년

Seoul, Corea(청색 일부인)▶U.S.A.

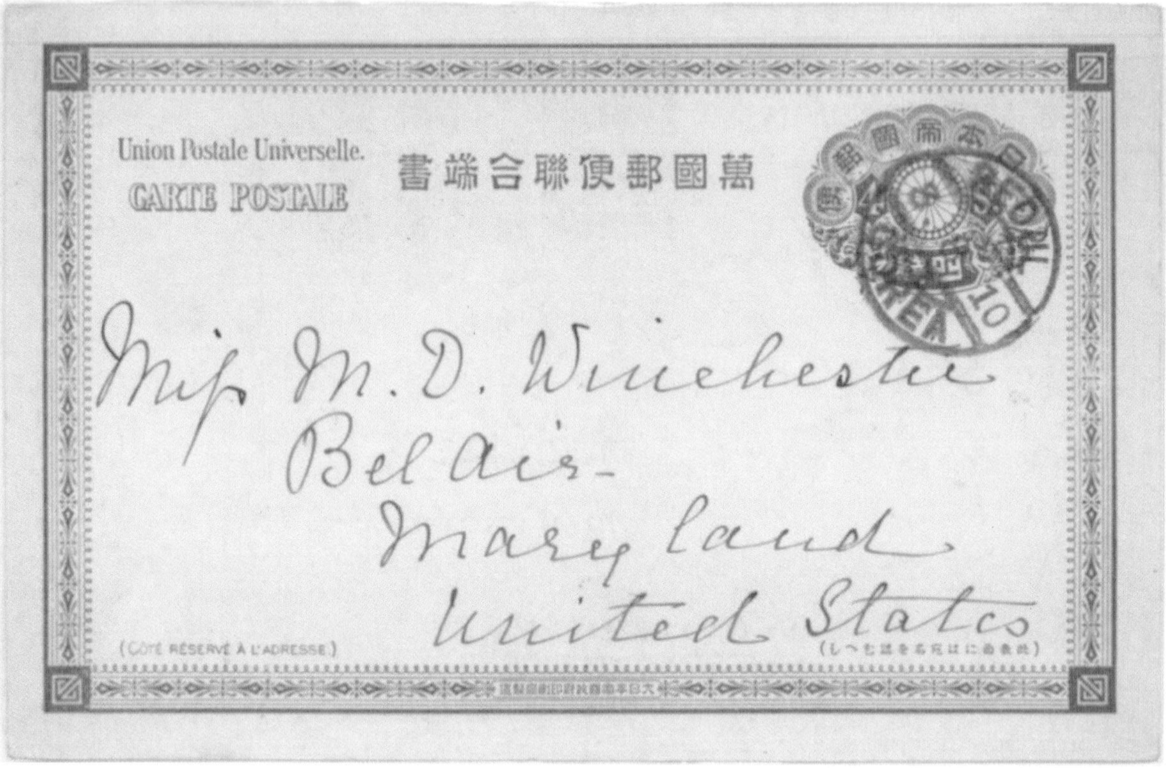

Seoul, Corea. 1910. 8. 3-미국행

을사오적 이근택

이근택(李根澤, 1865년 9월 30일(음력 8월 11일) ~ 1919년 12월 16일)은 조선과 대한제국의 관료이다. 이완용, 이지용, 박제순, 권중현과 함께 을사오적 중 하나이며, 을사조약 당시 군부대신이었다.

본관은 전주(全州)이며 초명은 근용(根湧)이다. 이근택이 을사조약 문서에 도장을 찍은 후 집에 귀가하여 '우리 집안은 부귀가 지금부터 크게 시작될 것이니 장차 무궁한 복과 즐거움을 누릴 것이다'라고 말하며 집안 권속들과 기뻐하였는데, 부엌일을 하는 하인이 고기를 썰다가 이것을 듣고 칼을 도마에 치며 자신이 역적에게 몸을 의탁하였다고 큰소리를 치며 뛰쳐 나갔고, 바느질하는 하인도 똑같이 꾸짖고 밖으로 나갔다고 한다. 황현의 매천야록에는 이 부엌에서 일했던 여자종이 본래 한규설의 노비였는데, 한규설의 딸이 이근택의 아들에게 시집을 올 때 따라온 교전비라고 기록되어 있다. 이에 따르면 그는 이근택이 대궐에서 돌아와 "내가 다행히도 죽음을 면했소"라고 하는 말을 듣고, 부엌에서 칼을 들고 나와 꾸짖기를 "당신이 대신까지 되었으니 나라의 은혜가 얼마나 큰데, 나라가 위태로운 판국에 죽지도 못하고 도리어 내가 다행히 살아났다고 하십니까? 당신은 참으로 개 돼지보다도 못합니다. 내 비록 천한 종이지만 어찌 개, 돼지의 종이 되고 싶겠습니까? 내가 힘이 약해서 당신을 반토막으로 베지 못하는 것이 한스럽습니다."라고 말하고 옛 주인 한규설의 집으로 돌아왔다고 한다. 2002년 발표된 친일파 708인 명단과 2008년 민족문제연구소에서 친일인명사전에 수록하기 위해 정리한 친일인명사전 수록예정자 명단에 조선귀족 작위를 받은 형 이근호와 동생 이근상, 자신의 작위를 습작한 아들 이창훈과 함께 선정되었다.

2006년 친일반민족행위진상규명위원회가 발표한 일제 강점기 초기의 친일반민족행위 106인 명단을 발표했을 때도 포함되었고, 2007년 대한민국 친일반민족행위자재산조사위원회는 이근택과 이근상 소유의 토지에 대한 국가 귀속 결정을 내렸다

출처: 위키백과

1910

단기 4243년/융희 4년/순종 4년

용산(국)▶불란서행

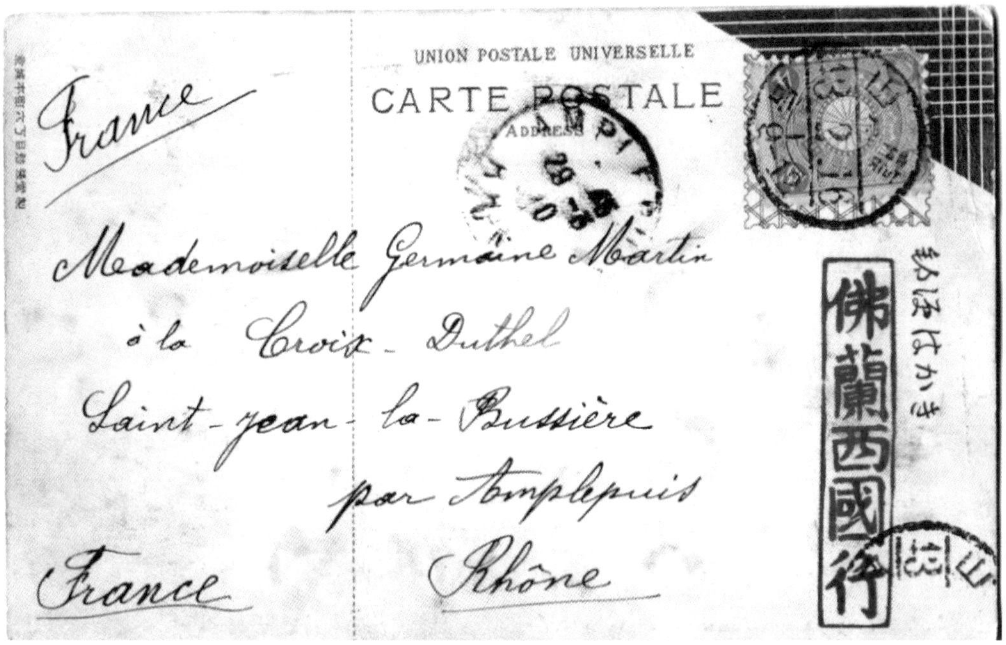

1910년(명치 43) 2. 16 -1910. 3. 29 프랑스 도착. 엽서 후면: 한국 보조 화폐

1910

단기 4243년/융희 4년/순종 4년

한일병합 직후 조치원(소) 등기 실체

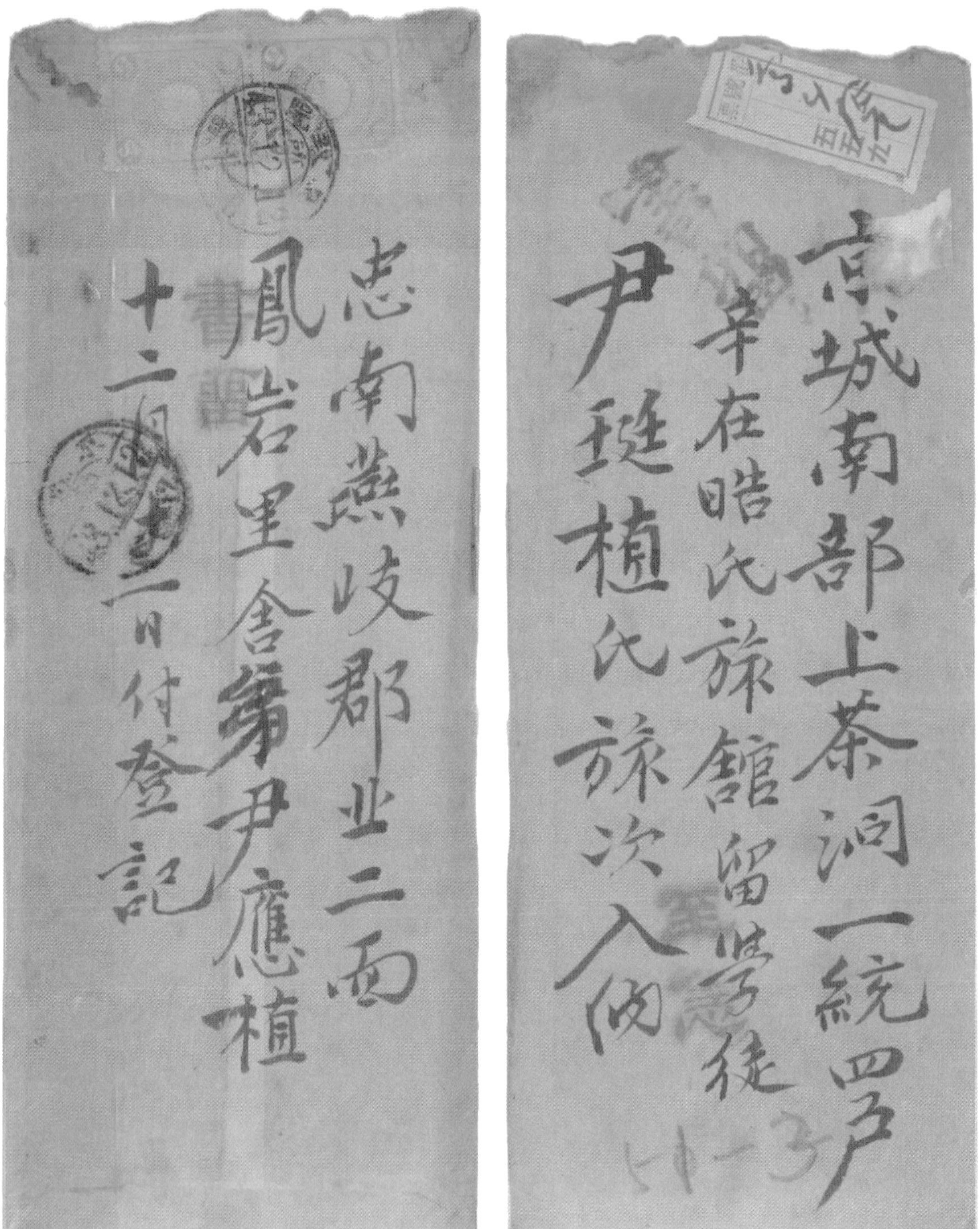

1910년 12월 12일 조치원 등기-경성행

1910

단기 4243년/융희 4년/순종 4년

청도우편취급소

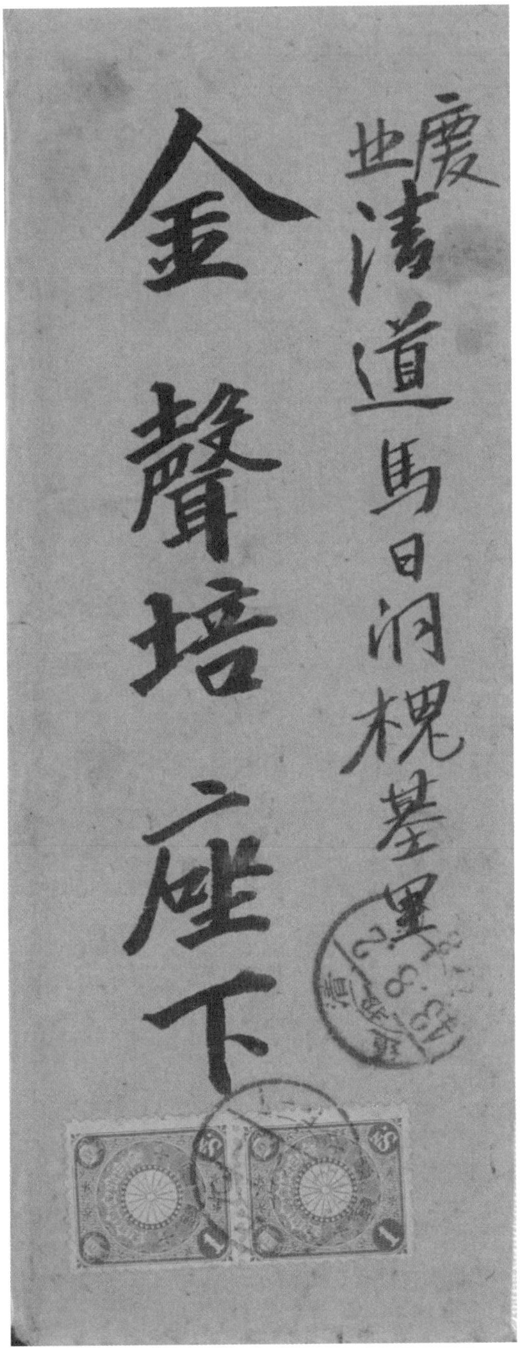

1910년 8월 2일 청도우편취급소

경성사동(소)

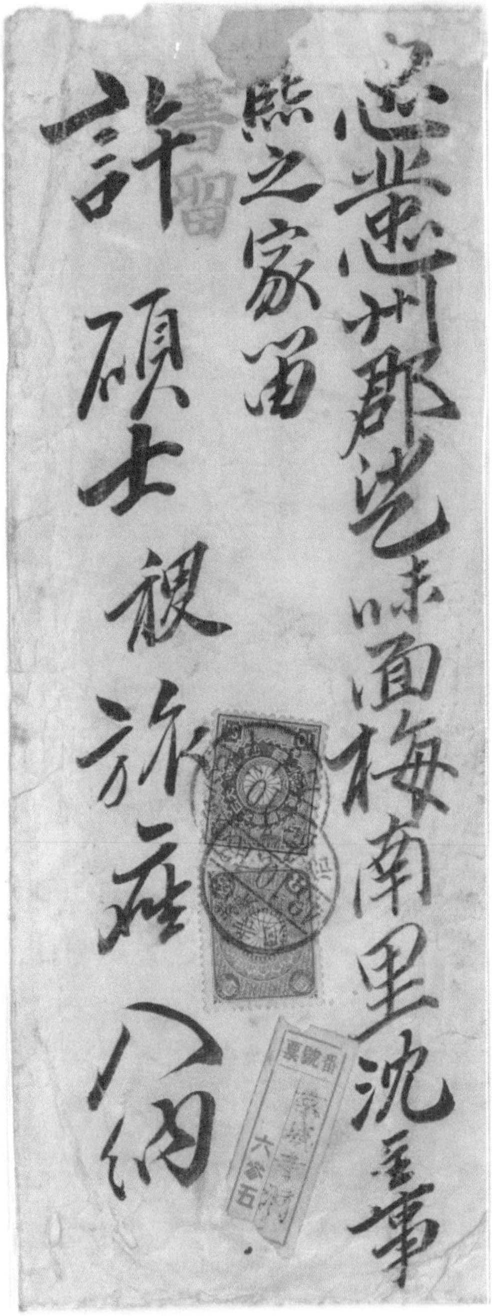

1910년 10월 13일 경성사동 등기 실체

경성사동우편소

경기도 경성부 사동

1911. 3. 25 조선총독부 고시 제80호

경성사동우편소를 경성원사정우편소로 개칭

1910

단기 4243년/융희 4년/순종 4년

한국형 통신 일부인 경성(국)우편물 배달 증명서

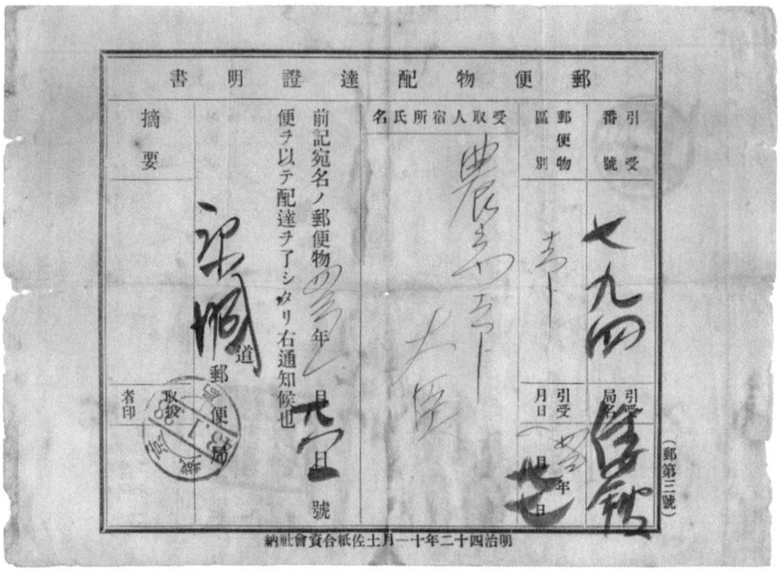

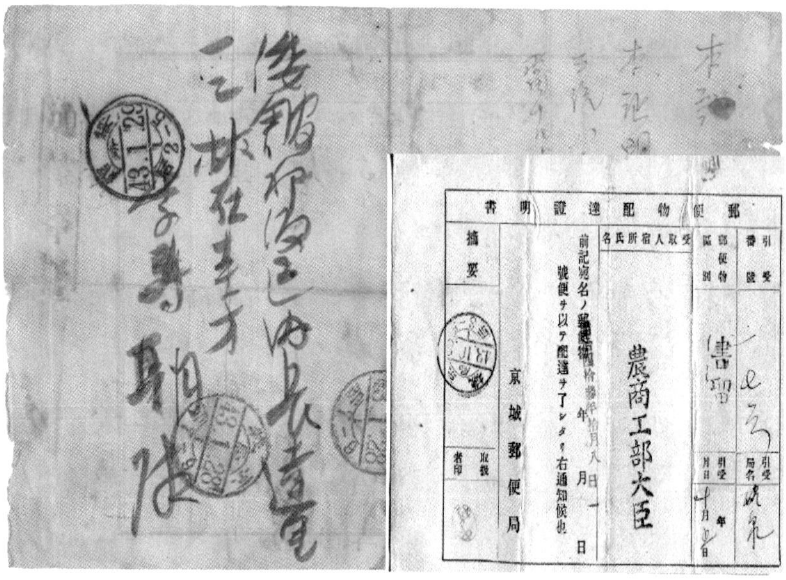

명치 43년(1910) 10월 28일 경성우편국

ㅁ 농상공부대신(農商工部大臣)

농상공부 또는 농상아문(農商衙門)은 조선 후기 농업·상업·공업·통신·해운 등에 관한 일을 맡던 관청이다.
오늘날 농축산부·산업통상자원부, 과학기술정보통신부, 해양수산부의 역할을 수행하였다.
초대 대신(大臣)은 한일병합 후 독립운동가가 된 김가진(金嘉鎭)이다.

출처: 위키백과

1910

단기 4243년/융희 4년/순종 4년

1910년도 경성 시가지 전경

Taihei Street(태평로) in Keijo(경성)

경술국치일: 1910년 8월 29일

Taihei Street(태평로) in Keijo

1910년도 경성(京城) 인구

한국인 27만명

내지인(경성에 거주하고 있는 일본인) 약 7만 3천명

당시 태평로는 경성의 중심지로서 전기, 수도, 기와집, 전차 등 시설이 완비되어 있다고 엽서에 표기되어 있다.

우측 상단에 조선총독부 건물 지붕이 보이고 좌측에는 서양식 건물인 교회가 보인다.

우취 문화 해설 시리즈

우표 보관 방법

출처: 우정사업본부 우표문화 길잡이

우표에 있어서 완벽한 상태의 유지는 우리 몸의 건강을 유지하는 것만큼 대단히 중요하다. 특히, 미사용 우표들은 상태 보존에 더욱 주의를 기울이고, 다음과 같은 보관방법을 이용하여 수집한 우표를 깨끗하게 보관하도록 노력해야 한다.

1. 햇볕이나 불빛에 노출되지 않도록 해야 한다.
2. 습기에 노출되어서는 않된다.
3. 깨끗한 손으로 우표를 다루워야 한다.
4. 핀셋을 사용하여 오염되지 않도록 한다.
5. 우표가 오염 되지 않도록 한 장 한 장 특수 포장지에 싸서 보관한다.

우표 수집 용품 종류

1. 우표집게(Pincette, Stamp Tong's) 2. 보존 싸개(Mount). 3. 접착제(Adhesive Paste) 4. 힌지(Hinge)
5. 유산지(Parchment Paper) 6. 확대경(Loupe) 7. 색도 분류기(Color Gauge) 8. 천공 계산자(Perforation Gauge) 9. 투문 검출기(Watermarks Detector)
10. 고무판(Gomme Board) 11. 우표 발행 목록(Postage Stamp Catalogue)

일본제국 조선 주차군 침략 서곡

일본제국 군대 조선 주둔

일본의 조선주차군 주둔은 청-일전쟁 이후부터 시작해서 러일전쟁을 거치며 본격적으로 실행했다. 이후 일본은 을미사변의 선후 처리를 위해 서울에 왔던 고무라주타로와 러시아공사 베베르 사이에서(고무라-베베르 각서)를 교환함으로써 조선에서의 일본의 전신선 설치와 거류민 보호를 위한 명분으로 일본군은 조선 주둔을 러시아로부터 양해 받는 데 성공했다. 또한 양국은 1896년 6월(야마가타-로바노프 협정) 양국은 동수의 한국 주둔군을 주둔할 권리와 필요할 시 한국으로 출병할 권리를 상호간에 비밀리에 인정했다. 다만, 일본은 동수 원칙에 따라 이전에 비해 절반으로 줄어 들어 4개 중대의 병력과 200여명의 헌병이 주둔하게 되었다. 이때부터 조선에 주둔한 일본군은 1년씩 교대하게 되었다. 러-일간의 교섭을 1904년 2월 6일 중단하고, 대(對)러 개전을 내부적으로 결정지었다. 이어 2월9일에 인천만 앞에서 일본 함대가 러시아함대를 기습-격파시킴으로써 천쟁에 돌입하였다(선전포고는 2월10일) 이러한 와중 2월 8일에 일본군 23여단장 기코시 소장이 이끄는 보병 4개대대를 근간으로 하는 한국 파견대가 결성되었고 인천에 상륙, 한성에 입성했다.

일본제국 군대 주력 사단 한성 입성

또한 2월5일에 일본에 동원령이 발포되어 일본군 주력 사단들이 한양에 속속 상륙하였다. 러일 양국의 개전에 대외 중립을 선언했던 대한제국의 의견은 무시되었고, 일본군의 무력 점령에 저항하지 못하고 2월 23일 한일의정서에 조인할 수밖에 없었다. 한일의정서 4조에는 일제가 필요해 의하면 무제한적 군사적 점령이 가능하며 대한제국 정부는 이를 용이하게 하기 위해 충분한 편의를 제공할 것이라는 조항이 있었기 때문에 대한제국은 전 국토가 일본의 군사적 침략에 노출되었다.

본격적인 한반도 식민지화 돌입

조선주둔군은 이렇게 시작되었다. 이 시기 조선주둔군은 한국주차군으로 명명되었는데 1904년 3월 20일 일제는 도쿄에서 한국주차군의 편성을 완결짓고 대한제국주치군사령부를 편성 4월 3일에 한성에 파견하였다 주차군은 한일의정서에 의거하여 한국에서 무제한적인 점령과 협조를 얻어 내었다. 한국주차군은 한국에서의 치안을 유지하고, 작전군의 배후에서 제반 설비를 경비하며 병참을 담당하며 확대점령지의 수비를 위한 부대로 군사령부 휘하 보병 6개 대대, 병참사령부, 임시군용철도감부, 주차전신대, 주차헌병대 등으로 구성되었다. 초기에는 대동강 이남을 관활하였으나, 1904년 6월 전역이 확대됨에 따라 한국전역을 관할하게 되었다.

일제 대한제국 치안권 장악

1904년 7월 주차군사령관은 한일의정서에 의거하여 한국의 독립을 지키며 대한의 황실을 보위하기 위한다는 구실로 함경도에 군정을 시행하였고 서울과 그 부근에 군사경찰제 시행을 포고하면서 한양의 치안권까지 사실상 장악하게 되었다. 군정의 확대, 치안권의 확보로 말미암은 헌병대가 속속 편성되어 배치가 시작되었다. 지역 곳곳에 주둔하기 시작하면서 사실상 한국주차군 휘하 헌병대, 임시군용철도감부, 주차전신대 등이 경찰업무에 종사하게 되었다. 이런 흐름은 1905년 1월 6일 주차군사령관이 대한제국정부에 한양과 그 부근의 치안권을 주차군이 집행할 것을 일방적으로 통보하고 동시에 군율을 한국인에게 적용하겠다는 것을 고시함으로서 본격적인 궤도에 올랐다. 여기에 1905년 1월 한국주차군 예하에 압록강군이 임시로 편성되어 조선- 만주 접경지대까지 관할하게 되었으나, 러일전쟁의 확전으로 주전선이 만주 일대로 이동하자 압록강군은 4월에 만주군총사령부 예하로 소속이 변경되엇다. 후방 지원이라는 명분하에 대한제국을 군사적으로 점령하는 역할을 수행하였다. 특히 일본군은 식량을 가능한 현지에서 징발하여 충당하려고 했기 때문에 주차군은 물자와 인력, 우마등을 강제로 징발하였다. 강제적으로 체결한 한일의정서에 포괄적으로 명기한 조항에 의거한다고는하나 주권국인 대한제국을 완전히 무시하기 시작하였고 무제한적으로 활동하기 시작한 주차군의 방식은 이후에도 적용되었다. 한국주차군은 2개 사단 혹은 1개 사단을 지속적으로 교대함과 동시에 한국주차군은 2개 사단 혹은 1개 사단을 지속적으로 교대함과 동시에 임시 파견대의 규모로 교대로 주둔하는 형태로 계속 유지되었다. 초기에는 함흥에 본부를 두는 13사단과 평양에 사령부를 둔 15 사단을 주차시켜 러시아를 견제하고 남부에는 보병30여단을 배치하였다. 또한 예하에 야전병기창, 군용 목재창, 제 1-2 한국주차병원, 진해만요새사령부, 영흥만요새사령부, 주차헌병대가 속해 있었다. 이후 대한제국에 초대 통감으로 부임한 이토 히로부미는 대한제국내에서 숫적으로 지속적으로 늘어나 권한이 강해지는 헌병대를 약화시키려고 하였다. 헌병대가 한반도 전체에 영향력을 행사하지 못하게 함과 동시에 군사적으로 중요하지 않은 지역에는 일본 고문(顧問)경찰을 필두로하는 민간경찰력을 확충하여 치안을 유지하고자 하는 계획을 세웠다. 이를 위해 통감 재임 기간 동안 대한제국 내부 소속인 경무서(도단위)산하에 경부문서 등 조직을 확충하였다. 반면에 주차군 예하 헌병대는 1908년 10월 29일 한국주차헌병대 대신 제14헌병대로 개칭, 축소되었다. 또한 2개 사단을 주둔시키던 것을 군비절감으로 15사단을 복귀시키고 13사단만을 주둔시킨다. 13사단은 사단사령부와 1개연대를 제외한 병력을 한성 이북에 배치했으며, 남아 있던 헌병대 284명도 전주, 부산, 청주, 인천에 있던 59명을 제외한 병력이 한성과 한성 이북에 배치되었다. 주차군은 군비절감 때문에 그 숫자가 줄어들고 있었지만 한반도 북부에는 여전히 많은 수가 주둔하고 있었는데 러일전쟁 후에도 러시아가 가장 위협이되는 가상 적국이었기 때문이다.

출처: 1910년대 일제의 조선통치 방식 연구 경남대학교, 조선침략과 지배의 물리적 기반 조선군, 강창일

대한제국 군대 해산

이후 일제 강점기 말기 1945년 1월까지 한국주차군과 조선군의 방침은 대러 작전이었으며 1월 이후에는 대미전을 대비한 배치로 변경된다.

1907년 정미조약이 체결되고 8월 1일자로 대한제국의 군대 약 8,700여 명의 해산이 결정되자 일제는 한국인의 반발을 예상하고 조약체결 당일 보병 제12여단을 편성하여 추가로 조선으로 파병하였다. 파견된 12여단은 주로 부산, 한성, 평양간의 철도 인근에 배치되었다. 그럼에도 불구하고 해산군인 일부가 참여한 의병항쟁의 급격한 확대를 저지하는 데는 실패. 이에 한국 주차군 사령관 하세가와 요시미치(백작, 조선 제 2대총독)는 의병투쟁의 최대한 단기간내에 억누르고자 하였다. 그런 맥락에서 한국 주차군 내에 9월 26일 임시파견기병대가 편성되어 한성 이남에 배치하고 12월경에는 병력을 분산 배치하여 한국 곳곳으로 한국주차군을 파견했다. 또한 헌병대가 개편, 축소된 지 1년만인 1907년 10월 12일 경에는 병력을 분산배치하여 한국 곳곳으로 한국주차군을 파견하였다. 또한 헌병대가 개편, 축소된 지 1년만인 1907년 10월, 제14헌병대를 다시 한국주차헌병 대로 개칭하고 병력을 대폭 증강시켜, 1908년에는 헌병분견소에 파견된 헌병은 총 2,074명으로 증강되었다. 허나 의병전쟁이 지속적으로 격화됨에 따라, 통감부는 1908년 본국에 헌병보조원제도를 채택하며 한국주차군사령부를 중심으로 헌병, 경찰, 군대 등 지휘권을 통일하기로 결정하였다. 전투를 벌이던 것이 정리되어 주차군사령부와 헌병대가 주로 전투를 담당하고 경찰은 정보수집과 지방 치안활동에 주력하게 되었다.

대한제국 의병 봉기

한국주차군은 한국인을 대거 참여시키는 헌병보조원제도와 더불어 언론 보도를 강력히 통제하기 시작했고 이전에는 강경한 탄압 일변도의 작전에서 의병 포로를 처형하지 않고 도로공사에 투입하는 등의 귀순정책을 적극 실시하고 현상금을 거는 등 유화전략도 병행하기 시작하였다. 헌병 보조원 제도로 충원된 병력과 의병의 피해 증가, 언론통제, 유화책, 경찰의 치안유지활동 적극적 참여 등으로 강원도, 경상북도의 북부지역, 경기도, 황해도 일대의 의병투쟁의 열기가 식어갔다. 호남지방의 의병활동은 1908년 하반기에 들어서도 활발했다. 호남지방에서 의병투쟁이 지속될 수 있었던 원인은, 중부지역에 집중되어 호남에 주둔하는 병력이적었고(주차군은 북부, 중부지방에 병력이 주둔했기 때문) 적은 병력이 주둔했기 때문에 주차군은 호남지역에서는 장기작전보다는 단기작전과 시위적 행동에 그쳤기 때문이다. 그리고 호남의병이 통치기관의 통제가 약한 곳을 주로 공격하여 피해가 비교적 적었던 점, 대부분의 호남의병이 자신의 출신 지역을 중심으로 확고한 지지기반을 소유했기 때문이다. 이에 주차군은 1907년12월 남부 수비관구를 제도화하여 1909년5월4일 남부지방에 주둔할 임시 한국파견대사령부를 편성하여 사령부 산하에 2개연대를 편성하였다. 이 임시 한국 파견대사령부가 호남지역에서 '남한대토벌작전'을 시행하였다. 남한대토벌이 이전에 비해 성공적이었던 것은 이전에 비해 장기적, 대규모 작전이었기 때문이다. 한국주차군은 대규모 병력을 일시에 동원하여 호남의병을 다른 지방의 의병으로부터 고립시키고 제한된 공간 안에서 호남의병을 토끼몰이하듯 몰아 격파하는 작전을 구사했다. 또한 주차군사령부의 방침대로 강력한 탄압 이외에도 귀순정책을 행함으로써 작전 말기에는 전사한 의병보다 항복한 의병의 숫자가 12배 가량(전사57명, 항복708명) 많게 되었다. 이로써 국내에서의 다만 아직 호남 이외에서 소규모, 산발적인 의병투쟁은 벌어지고 있었다.

조선주차군 등장

이후 1910년 8월, 경술국치 이후 '한국' 이 '조선'으로 바뀌어 조선주차군사령부가 되었지만 편제는 그대로 유지되었다. 순환 주둔하던 1개사단 규모의 조선주차사령부와 임시파견대가 주둔하던 것에서 1915년 12월 이후 일본군 19사단과 20사단이 조선에 상주하여 주둔하는 것으로 변경되었다. 이른바 '조선군'의 시대가 시작된 것으로 이들은 일제하 조선에서 가장 강력한 물리력으로 조선민중을 압박하는 역할을 담당하였다. 조선주차군은 지휘권이 두 갈래였다. 군령과 관련된 부분에 대해서는 육군대신의 지휘를 받았지만, 조선 통치와 관련되는 부분에 한해서는 조선 총독의 지휘를 받는 조직이었다. 따라서 조선 총독은 조선주차군에 대해 출동명령권을 보유했으며 필요에 따라서 조선주차군을 만주등지로 파견할 수 있었다. 이는 대만의 방어에 주력했던 일본의 다른 식민지 주둔군인 대만군과는 확연히 다른 위상으로, 조선주차군은 일본의 생명선인 조선을 방어하기 위한 필요가 있다면 대륙침략을 가능하게 하는 핵심적인 최전방 부대가 되었다. 그러나 경술국치 이후에도, 의병 잔존세력은 황해도, 강원도 남부, 경상북도 북부 일대에서 무장투쟁을 벌이고 있었다. 조선주차군은 일대에서 집중적인 탄압 작전을 실시함으로써 의병의 잔존세력이 붕괴되어 국내에서의 의병전쟁이 끝나게 되었다.

의병 투쟁 종말

조선총독부와 조선주차군은 의병전쟁이 종결됨에 따라, 조선주차군을 치안유지 명목으로 분산 배치하던 것을 집중 배치로 전환하였고, 예하 파견소와 출장소를 대폭 증가시켜 일상적인 치안유지 업무를 군대에서 헌병 경찰에게 완전히 이양하였다. 주둔시킨 이유도 이 맥락에서 알 수 있다. 대러 방어전 등의 업무를 맡아야 할 조선주차군의 예하사단이 2년마다 교차된다면 임무에 완벽한 준비가 어려울 것이었기 때문에 조선주차군에 상주 2개사단이 주둔하게 되었다.

출처: 1910년대 일제의 조선통치 방식 연구 경남대학교 이미미 조선침략과 지배의 물리적 기반 조선군, 강창일

조선 주차군, 대만군과 비교

대만군과 비교되는 것이 대만군은 1935년 기준, 대만수비대사령부 예하 2개 연대, 독립 산포 1개대대, 고사포 1개 연대, 요새사령부 등으로 구성 되어 조선군에 비해그 숫자가 매우 적은 편이었다. 1918년에는 조선주차군사령부가 조선군사령부로 변경되었고 19,20사단 이외에도 임시 한국파견대, 헌병대, 진해만요새사령부, 영흥만중포병대대, 영흥만요새사령부, 조선육군창고, 조선위수병원, 조선위수감옥 등의 조직이 갖추어졌다. 조선군사령부의 주요 구성원인 헌병은 헌병장교가 사실상 경찰계급에 준하는 복무를 하도록 조치하는 등 사실상의 경찰 조직으로 운용되었다. 1918년까지 헌병은 약 8천명이었던 것에 반해 경찰은 약 6천명이었다. 다만 일제 중앙정부는 재정압박에 시달리고 있었기 때문에 헌병대를 축소하고 경찰 중심으로 편제를 바꾸라는 요구를 했지만, 조선총독부와는 현재의 편제와 인원을 유지하겠다며 이를 거부하여 헌병경찰제도를 유지하고자 하였다.

3·1운동 후 통치정책 변화

6개 대대의 육군병력과 400명의 헌병을 조선에 파견하여, 조선군과 헌병을 취약했던 곳에 추가적으로 배치하고 이전에 집중 배치했던 조선군을 분산 배치하였다. 이 시기에 보병 79연대 소속의 부대가 4월 15일에 제암리 학살 사건을 일으키는 등 조선군사령부는 3.1운동을 진압하기 위한 물리력으로 작용하였다. 3.1운동 이후 일제는 조선에서의 통치방침을 조선특별통치주의에서 비롯된 무단통치에서 이른바 점진적 내지 연장 주의에 입각한 문화통치로 변경하였다. 대만을 획득한 일본이 처음으로 얻은 식민지를 어떻게 통치하느냐에 대한 논의 중, 외무차관이었던 하라 다카시의 정책안이었다. 내지연장주의는 식민지를 본국의 연장으로 보아 같은 법령과 정책을 시행하는 정책이나, 일제는 점진적 내지연장주의를 주장해, 식민지를 동화시키고, 회유하기 위한 수단으로 사용하였다. 관제가 개정됨에 따라, 조선총독은 조선군사령부에 대한 출동명령권이 아닌 출동요청권을 보유하는 것으로 바뀌었다. 또한 헌병경찰제도가 보통 경찰제로 전환되면서 일상적인 치안업무 등에 직접 관여하던 헌병의 역할은 군사경찰로 국한되었다. 헌병경찰은 대부분 조선땅에서는 사라지게 되었다. 다만 일제는 헌병경찰의 공백을 보완하기 위해 1면 1주재소 방침을 세우고 부족한 경찰은 8,000여명의 헌병 및 헌병보조원으로 보충하였다. 또한 헌병은 여전히 도지사 혹은 경찰서장 등의 요청이 있을 시 치안업무에 관여할 수 있었기 때문에 여전히 강력한 물리력으로 작용하였다. 그러나 보통경찰로 전환이 이루어짐에 따라, 조선군사령부 예하의 조선헌병대 규모는 축소되어, 5개 헌병대본부, 800여명 정도로 축소되었다. 주차군의 편제에도 변화가 생겨, 분산 배치되었던 부대를 집중 배치 함과 동시에 19사단 예하에 국경수비대 3개 부대, 20사단 예하에 2개 부대를 편성하여 국경수비 업무를 헌병대에서 조선군사령부 예하 상주사단이 이어받았다.(배치표에 의하면 국경수비대는 약 2,000여명이었다.). 3.1운동 이후 조선총독부와 분리되고 헌병경찰제도가 축소되자, 조선통치에 관여하기보다는, 제국주의적 침략이라는 목적을 가지고 운용되었다. 이것은 1920년과 1931년에 명확히 나타난다. 또한 초기에는 만주일대, 특히 간도에서 항일열기가 고조됨에 따라 조선군사령부는 이런 움직임에 매우 민감하게 반응했다. 특히 1920년 8월 15일, '경성회의에서 〈간도지방불령선인초토계획〉을 확정지으면서 공격을 결정하였다. 다만, 이 시기 일본 외무성이 전면에서 봉천군벌과 외교교섭을 벌이고 있었고 봉천군벌 또한, 일제와의 충돌을 피하기 위해 독립군의 감시와 해산 등 일본 측의 요구를 들어주고 있었기 때문에 조선군사령부의 무력 개입의 명분이 없었다. 주둔한 일본군 파견대가 제안한 마적을 이용한 치안 교란과 그것을 제압하기 위한 개입이라는 계획을 받아들여 훈춘사건을 일으켰다. 훈춘사건을 빌미로 조선군은 19사단 소속 보병 37여단을 파견하여 간도 일대의 조선인을 학살하고 조선인의 가옥과 자산을 불태우는 경신참변을 일으켰다. 군대를 봉천에 파견하여 만주침략을 보조하거나 봉천과 길림일대에서 항일 무장투쟁 세력을 제압하는 등의 활동을 했다. 특히 관동군 점령지역이 확대되어 점령지역에서 항일 무장 투쟁 세력의 저항이 계속되자 하얼빈 근방의 북만주에 조선군 19사단에서 간도 임시 파견대를 파견하여 1931년 12월부터 1932년 10월까지 주둔하였다. 또한 동만주 일대에서도 항일유격대가 활동하면서, 조선 북부의 치안에도 악영향을 끼치자 조선군은 1932년 4월까지 군대를 편성하여 동만주일대에 주둔시켰다. 조선군이 1920년대에는 외무성의 외교노선 아래에서 공작을 꾸미거나, 조선총독부와 긴밀이 협력하여 방침을 결정 지었으나 20 년대 후반부터 조선군사령부

또한 다른 일본군처럼 직접적으로 거부하는 등 폭주상태에 돌입하고 있다는 것이다. 또한 20 년대에는 대륙침략을 위한 전진기지였던 조선군사령부가, 1930년대에는 흐름 속에서 조직이 확대되고 있었다. 진해만, 영흥만 요새사령부에 이어 나진에 요새사령부가 신설되었고, 제 2 비행사단 사령부와 예하 비행 부대가 증설되었다. 이후, 조선 통치에 관여하지 않던 것에서 일상적으로 관여하는 방향으로 변화하였다. 조선군사령부는 1937년 11월에 국방사상보급부를 설치하여 조선인들에게 시국 인식과 국방사상을 보급하고자 하였다.

또한 이런 맥락에서 1938년1월 보도반이 신설되고 소장이 책임자로 부임함에 따라 조선군사령부는 조선민중에 군민일치를 위한 움직임을 시작하였다. 이어 조선군의 주도하에 1938년 7월에는 국민정신총동원조선연맹이 결성되었다. 이 조직은 조선군사령부 보도반 등 장교들이 실무자로 대거 참여하여 일제의 대중동원운동이 본격화되기 시작하였다. 조선군은 물자 동원과 인력 동원을 안정적으로 하기 위해 사령부 편성지침에 국가총동원 업무에 복무해야 한다는 규정을 명시하였고 물자동원을 동원과 인력 동원을 안정적으로 하기 위해 사령부 편성지침에 국가총동원 업무에 복무해야 한다는 규정을 명시하였고 물자동원을 안정적으로 하기 위해 사령부 편성지침에 국가총동원 업무에 복무해야 한다는 규정을 명시하였고 물자동원을 계획적으로 추진하기 위해 1939년11월 설치된 조선총독부 기획부의 책임자(장성급)및 과장 이하 직원들도 조선군사령부에 속해 있는 육해군 장교로 동원하여 식민지 조선에서의 동원업무가 본격적으로 시작되었다. 1941년 12월 태평양전쟁이 발발하면서, 조선군은 큰 변화를 겪게 된다. 조선군의 각 사단의 편제가 4개연대 체제에서 3개 연대로 개편되었고 이후 남은 보병 74, 77연대와 기타 병력으로 1943 년 5월 평양에서 30사단이 편성되었다. 3개사단 체제가 됨에 따라, 작전 지역도 변경되었는데 19사단은 함경북도, 30사단은 평안도, 황해도 함경남도를 담당하고 20사단이 이외 지역을 담당하게 되었다. 이어 전황이 변화함에 따라, 조선군사령부 예하 사단이 남방전선으로 이동하였다. 1942년 후반 들어 남방전선이 확대되고 병력수요가 폭증하고 또한 전황이 급속도로 악화됨에 따라, 조선군의 임무가 관동군을 보조하고, 소련군을 견제하는 것에서 대미결전체제로 바뀌었는데, 특히 1945년 들어 한반도 연안의 감시 태세와 제주도 방어 문제가 조선군사령부의 가장 중요한 현안이었다. 어쨌든 1944년 후반이후 일본 본토가 전장이 되면서 일본 대본영은 1945년1월20일 오키나와를 제외한 향토, 즉 제국본토를 중심으로 본토결전에 본격적으로 대비하기 시작했다.

1945년 2월 27일 조선군은 조선군관구사령부와 제17방면군으로 분리되었다. 이중 조선군관구사령부가 물자 및 인력 동원, 방어, 교육, 병참을 주된 임무로 하는 부대들로 구성된 반면에 제 17방면군은 대미결전에 임하는 전투부대였다. 이후 조선군관구사령부는 막판 총동원을 위해 중앙, 지방, 지구 연락위원회를 조직하고 말단 행정단위까지 조직을 확대하여 인력과 물자를 최대한 동원하고자 하였다. 또한 17방면군은 미군의 상륙에 대비하여 세 차례에 걸쳐 호남지방과 제주도를 중심으로 전력을 보강하며 본토 결전에 대비하기 시작하였다. 이후 조선인들이 대규모로 동원되기 시작했다. 다만, 조선군사령부는 전황이 악화되기 이전, 전쟁이 본격화되기 이전인, 1932년부터 조선인 징병제에 대한 연구를 시작하였고 1935년부터는 지원병제 실시에 대해 건의하기 시작하였다. 이런 맥락에서 1938년2월23일 칙령 제 95호 '육군특별지원병령'이 공포되었다. 이 모집된 이후 1943년까지 16,830명이 지원병으로 복무하였다. 또한 조선군은 조선총독부에 지속적인 교육의 쇄신을 촉구하였다. 1938년 4월부터 보통학교를 확충하고 관립사범학교를 증성하여 1960년을 목표로 보통학교 졸업생을 징병 적령자의 78%까지 달성하겠다는 목표를 세웠다. 조선군의 교육에 대한 필요성 제기는 1938년 4월부터 제 3차 조선교육령이 반포되는 것으로 나타났다. 군사적 목표를 가지고 황국신민을 육성하겠다는 취지에서 이전까지 국민을 강조한 것에 비해 황국신민이 교육분야에서 본격적으로 등장하게 되었다. 이것은 1942 년 10월 조선총독부가 〈조선청년특별연성령〉을 발표함으로써 17세 이상 21세 미만의 조선인 남자를 대상으로 일본어 교육과 정신교육을 강화하겠다고 발표한 것과 동년 12월에는 1946년부터 의무교육제를 실시하게다고 발표한 것으로 더욱 명확해졌다. 이러한 와중에 1945년 본격적인 징병제가 시작되었다. 1944년 1차징병검사자 23만여 명 가운데 현역병에 입대한 사람은 육해군 합쳐 5만 5천여 명에 불과했으며 나머지는 보충병 판정을 받았다. 이어 1945년 징병검사 대상자도 22만여명에 달했다. 이외에도 근무대는 각종 군사시설을 경비하고, 진지구축과 화물수송, 비행장, 항만, 도로 등을 건설하는 조직이었고 자활요원과 농경근무요원은 농경지를 개척하고 고구마를 주로 생산하여 식량문제를 해결하기 위한 조직이었다. 이와 같이 1945년 징벌 조선인의 대부분이 현역병이라기 보다는 노동자로 징용에 끌려갔다.

출처: 1910년대 일제의 조선통치 방식 연구 경남대학교 이미미 조선침략과 지배의 물리적 기반 조선군, 강창일 조선군에 대한 수박 겉핥기

1884~1909

대조선국과 대한제국 우표 발행 내역

대조선국은 1884년 10월 1일 한국 최초로 우편 업무를 개시하였고, 5종의 한국 최초 우표를 발행하였다.
하지만 정치적 혼란으로 인해 5문과 10문 2종만 발행되고, 나머지 3종은 미발행인 상태로 20일만에 우편 업무는 막을 내렸다. 이 우표들을 '문위(文位) 우표'라 하는데, 이 시기의 화폐단위가 문(文)을 사용하였기 때문이다.
그 후 10년의 공백기를 거쳐 1895년 우편업무 재개와 함께 한국의 두 번째 우표인 태극보통우표가 발행되었다. 1897년 국명이 조선국에서 '대한제국(大韓帝國)'으로 변경되어, 남아있는 우표에 새로운 국명이 가쇄되어 사용되었다. 1900년 1월 1일 대한제국이 만국우편연합(U.P.U)에 가입함에 따라 외국행 우편물을 취급하게 되면서 액면별로 14종의 이화보통우표가 발행되기 시작하였다.
1900년 2월 우편요금의 변경에 따라 일자첨쇄(一字添刷)우표가 발행되었고, 1901년에는 기존의 태극 우표에 새로운 화폐단위를 첨쇄한 전위첨쇄(錢位添刷)우표가 발행되었다. 1903년에는 대한제국의 마지막 우표인 독수리보통우표 13종이 프랑스정부에 의뢰하여 발행되었다. 대한제국 시기에는 두 종류의 일부인이 사용되었는데, 이중원형(二重圓型) 일부인(1895. 6. 1~1898. 1) 과 원일형(圓一型) 일부인(1898. 1~1905. 6)이 그것이다.
대한제국의 우편업무는 1905년 7월 1일 한일통신합동조약에 의해 종료되었다.

대조선국과 대한제국 보통우표 분류와 전개

1. 문위(文位)우표 ········· 통용기간 1884. 10. 01~1884. 10. 20
   5문(文) 10문(文) 미발행우표 25문(文), 50문(文), 100문(文)
2. 태극(太極)보통우표 ········· 통용기간 1895. 06. 01~1905. 06. 30
   5푼(Poon), 10푼(Poon/한돈), 25푼(Poon/두돈오푼, 50푼(Poon/닷돈)
3. 대한(大韓)가쇄보통우표 ········· 통용기간 1897. 10. 14~1905. 6. 30
   주색(朱色), 흑색(黑色)대한가쇄
4. 일자(一字)첨쇄보통우표 ········· 통용기간 1900. 01-1905. 6. 30
5. 이화(梨花)보통우표 ········· 통용기간 1900. 01-1905. 6. 30
   2리(2厘), 1전(1錢), 2전(2錢), 3전(3錢), 4전(4錢), 5전(5錢), 6전(6錢),
   10전(10錢), 15전(15錢), 20전(20錢), 50전(50錢), 1원(1圓), 2원(2圓)
6. 전위(錢位)첨쇄보통우표 ········· 통용기간 1903~1905. 05. 30
7. 독수리(鷲)보통우표 ········· 통용기간 1903. 10. 01-1905. 06. 30
   2리(2厘), 1전(1錢), 2전(2錢), 3전(3錢), 4전(4錢), 5전(5錢), 6전(6錢),
   10전(10錢), 15전(15錢), 20전(20錢), 50전(50錢), 1원(1圓), 2원(2圓)

1895~1903

태극보통우표

The Common Formate of Four Demominations / Taegeuk Series

오푼·5 POON

한돈·10 POON

두돈오푼·25 POON

닷돈·50 POON

태극보통우표 초판 인면(印面·도안) 해설

The Common Formate of Four Demominations. Taegeuk Series

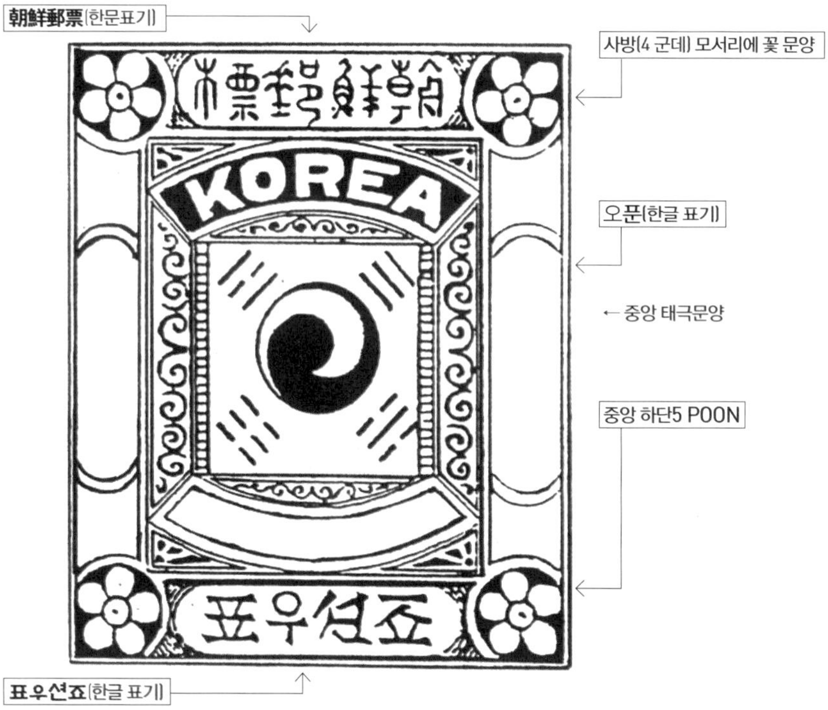

태극보통우표 초판 발행 일시: 1895. 7. 22. Color: Yellow Green
태극보통우표 제2판 발행 일시: 1895. Color: Blush Green
인쇄처Andrew B. Graham Co., Washington. D.C. U.S.A.
명판(銘版) Andrew B. Graham Bank Notes. Bonds ETC. Washungton. D. C. U.S.A.

1895~1903

태극보통우표

The Common Formate of Four Demominations / Taegeuk Series

태극보통우표 제1판과 제2판 구별

DISTINCTION BETWEEN THE 1st AND 2nd PRINTINGS

5 POON

제 1판·THE 1st PRINTING

제 2판·THE 2nd PRINTING

태극보통우표 초판 발행 일시: 1895. 7. 22. Color: Yellow Green
태극보통우표 제2판 발행 일시: 1895. Color: Blush Green
인쇄처Andrew B. Graham Co., Washington. D.C. U.S.A.
명판(銘版) Andrew B. Graham Bank Notes. Bonds ETC. Washungton. D. C. U.S.A.

1895~1903

태극보통우표

The Common Formate of Four Demominations / Taegeuk Series

태극보통우표 10푼 인면(도안) 구별

10 POON

TYPE A	TYPE B	TYPE C

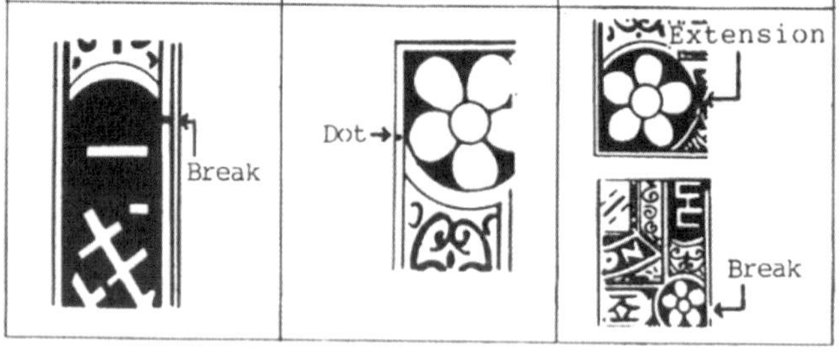

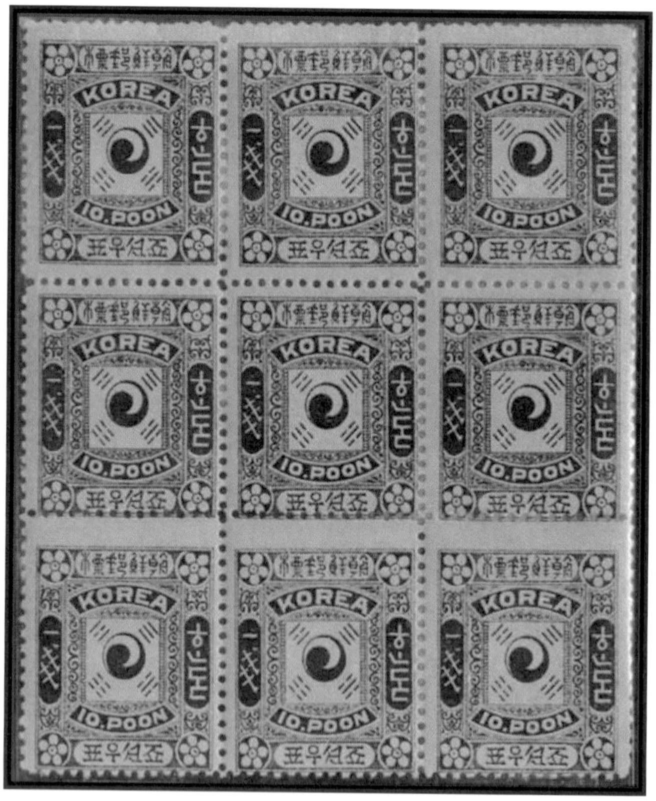

A	B	C	A	B	C	A	B	C	A
A	B	C	A	B	C	A	B	C	A

태극보통우표 초판 발행 일시: 1895. 7. 22. Color: Yellow Green
태극보통우표 제2판 발행 일시: 1895. Color: Blush Green

1895~1903

태극보통우표

The Common Formate of Four Demominations / Taegeuk Series

두돈 오푼(25 POON)

테두리 선이 끊어짐. BREAK

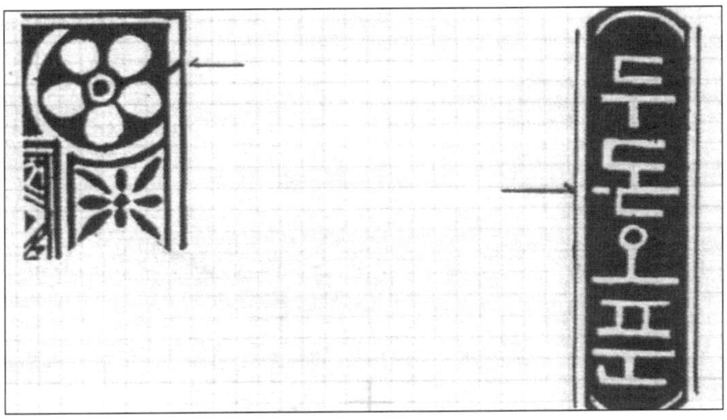

초판·THE 1st PRINTING

색상·MAROON

제2판·THE 2nd PRINTING

색상·ROSE RED TO BRICK RED

태극보통우표 초판 발행 일시: 1895. 7. 22. Color: Yellow Green

태극보통우표 제2판 발행 일시: 1895. Color: Blush Green

ㅁ본 자료는 태극보통우표 두돈 오푼(25 POON)의 인면(도안)과 우표 색상을 비교, 세부적으로 기술한 내용

1895~1903

태극보통우표

The Common Formate of Four Demominations / Taegeuk Series

닷돈(50 POON)

'50' 과 'POON' 사이의 점이 누락된 실체

NO PERIOD AFTER THE NUMERAL '50'

초판·THE 1st PRINTING

색상·DULL VIOLET

제2판·THE 2nd PRINTING

색상·DEEP VIOLET

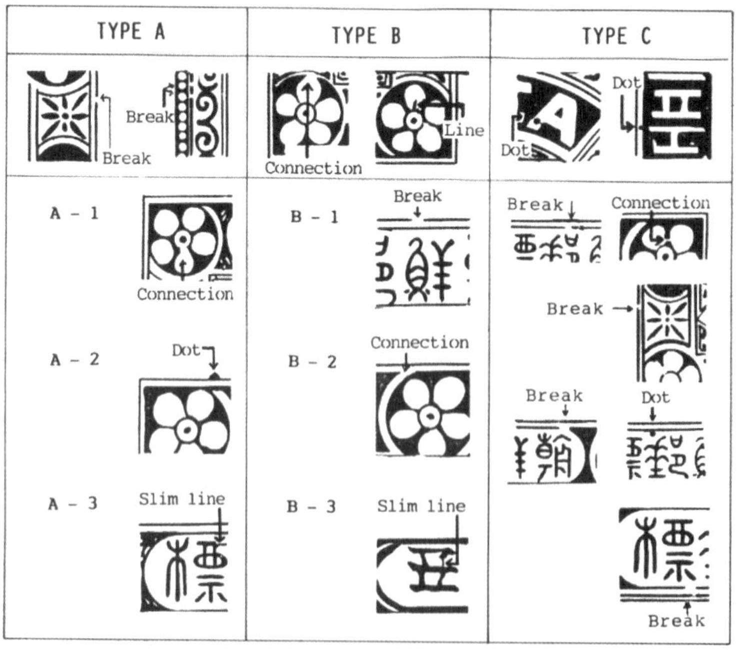

□ 본 자료는 태극보통우표 닷돈(50 POON)의 인면(도안) '●'이 누락된 상태를 비교하고 제1판과 제2판 색상을 비교하였다.

1895~1903

태극보통우표

The Common Formate of Four Demominations / Taegeuk Series

5 POON

PRIMARY TRANSFER TYPES OF 2nd PRINTINGS

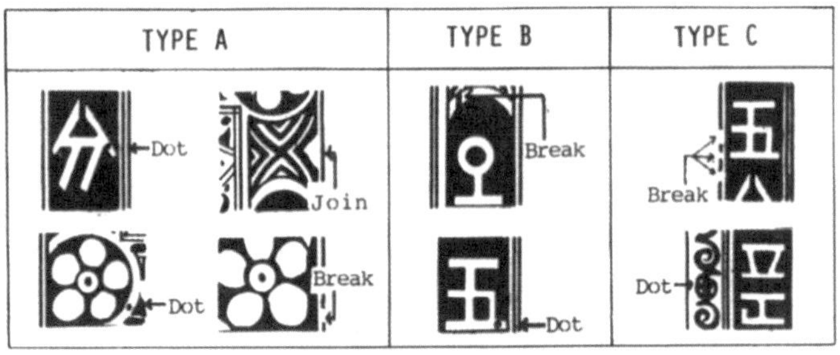

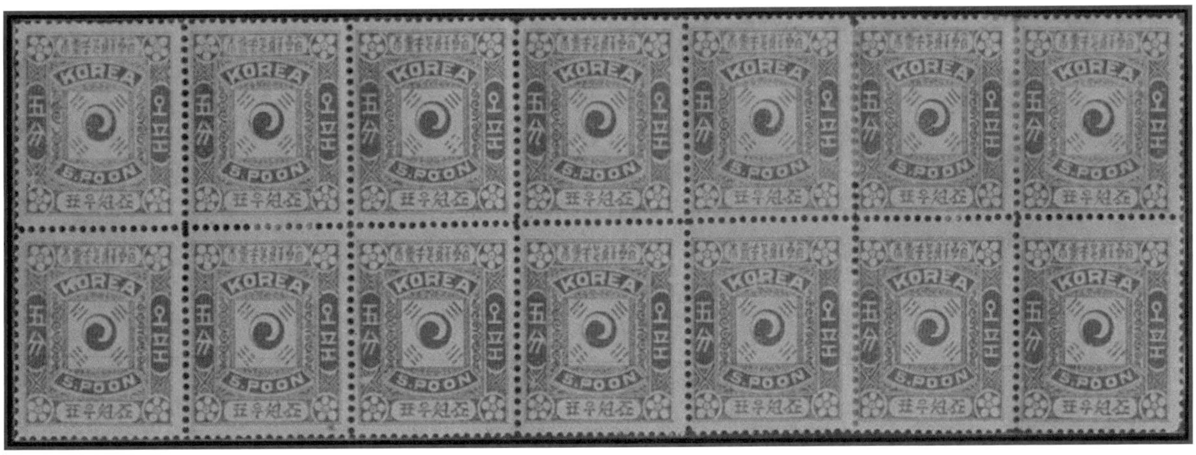

A	B	C	A	B	C	A	B	C	A
A	B	C	A	B	C	A	B	C	A

태극보통우표 초판 발행 일시: 1895. 7. 22. Color: Yellow Green
태극보통우표 제2판 발행 일시: 1895. Color: Blush Green

ㅁ 본 자료는 태극보통우표 10푼(10 POON) 인면(도안) 점과 선 구성을 세부적으로 기술한 내용

1895~1903

태극보통우표

The Common Formate of Four Demominations / Taegeuk Series

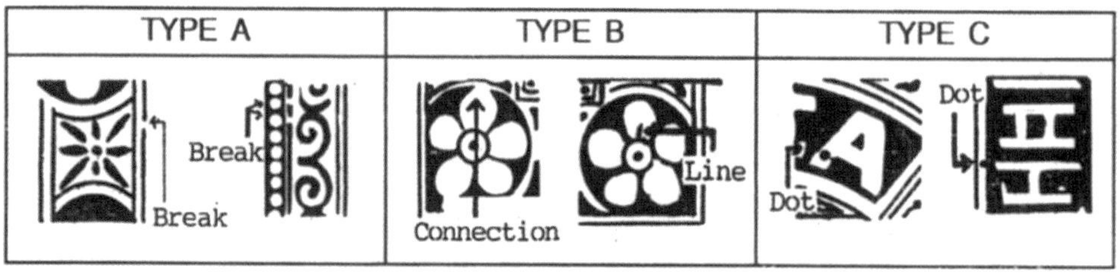

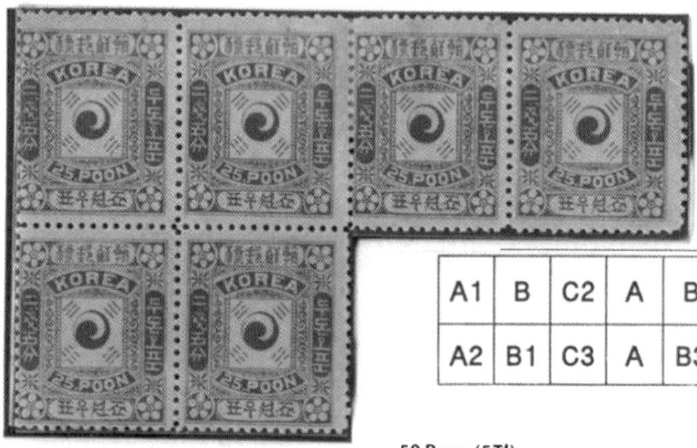

A1	B	C2	A	B	C	A3	B2	C1	B
A2	B1	C3	A	B3	C4	A	B	C	A

50 Poon (5전)

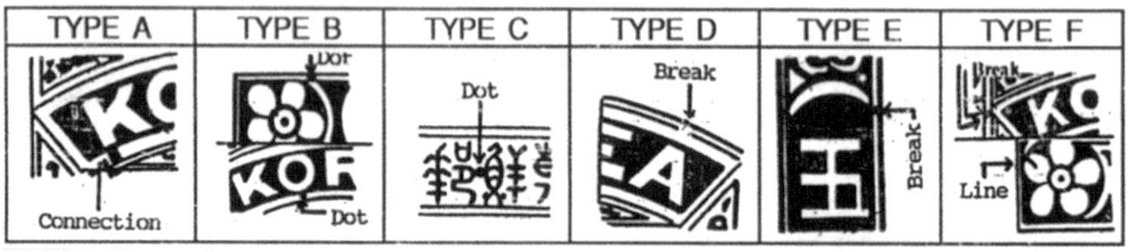

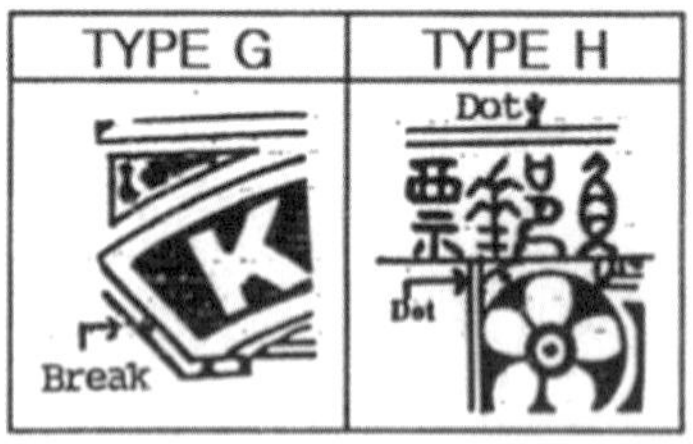

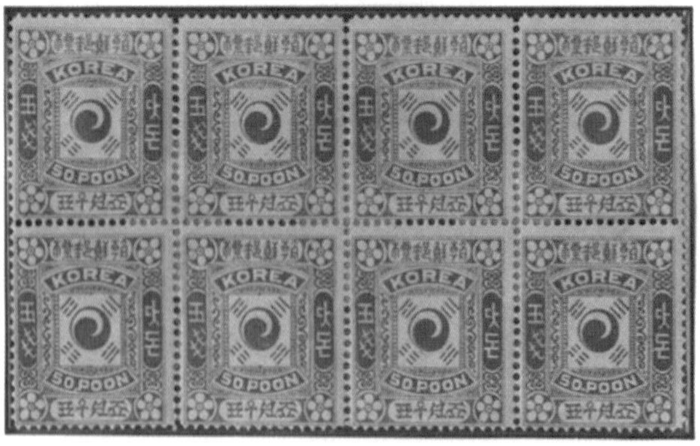

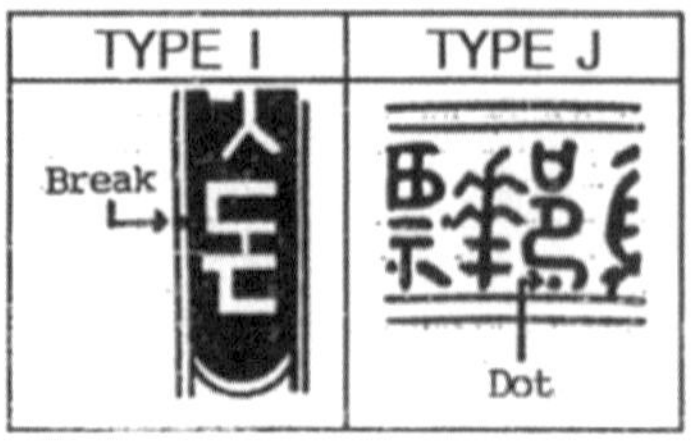

A	B	C	D	E	F	G	H	I	J
A	B	C	D	E	F	G	H	I	J

ㅁ본 자료는 태극보통우표 25푼[25 POON]과 50푼[50 POON]의 다양한 점과 선 구성을 세부적으로 기술한 내용

1895~1903

태극보통우표

The Common Formate of Four Demominations / Taegeuk Series

주색(朱色) 대한(大韓)가쇄보통우표 천공 에러 상태

태극보통우표의 좌변·상변·우변 천공 에러

4면의 천공 에러 상태

좌변·하변·우변·중간의 천공 에러 상태

다양한 종류의 천공 에러 상태

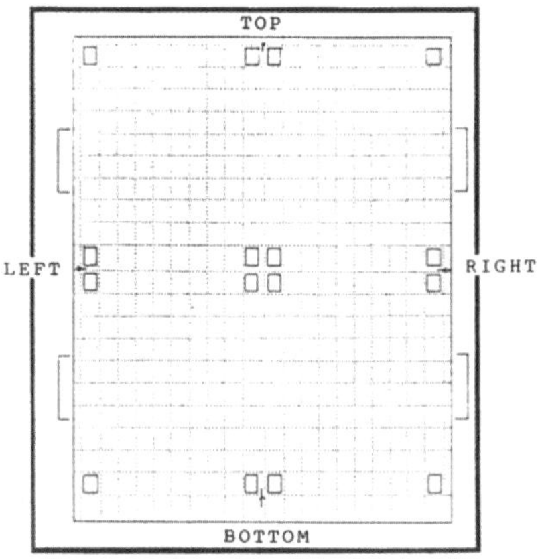

ㅁ 본 자료는 태극보통·주색대한가쇄·전위첨쇄보통우표 천공 에러 상태를 세부적으로 기술한 내용

1895~1903

태극보통우표

The Common Formate of Four Demominations / Taegeuk Series

▲ 우변 여백과 좌변 여백이 각각 3mm

▲5mm

태극보통우표 초판 발행 일시: 1895. 7. 22. Color: Yellow Green

Block(36매): 태극보통우표 오푼(5 POON) 인천우체사 이중원형 일부인

ㅁ본 자료는 태극보통우표 Margin(여백) 구성을 세부적으로 기술한 내용

1895~1903

태극보통우표

The Common Formate of Four Demominations / Taegeuk Series

외체인(外遞印)

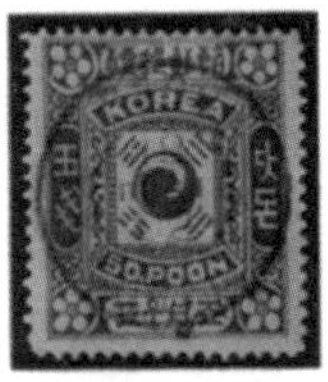

Seoul/May 18,1902

Chemulpo/Apr.24,1901

Chemulpo/Jan.13,1902

International datestamp impressions in Roman characters at the 11 post offices that handled international postal services

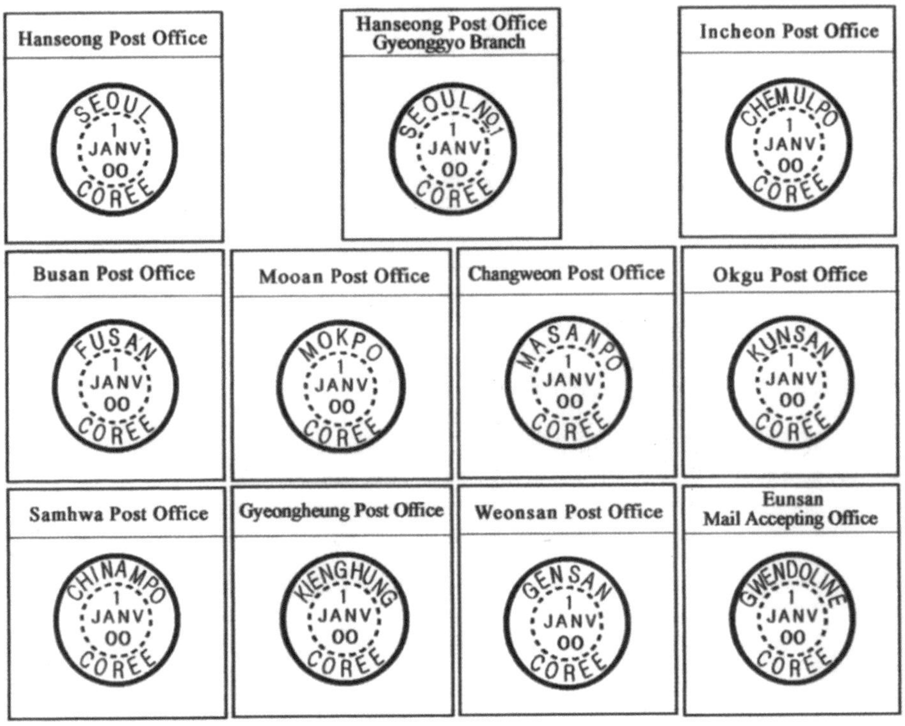

태극보통우표 초판 발행 일시: 1895. 7. 22. Color: Yellow Green

Hansung Post Office. Seoul Hansung Post Office. Seoul NO.1 Incheon Post Office. Chemulpo

Busan Post Office. Busan Mooan Post Office. Mokpo Changwon post Office. Masanpo

Okgu Post Office. Kunsan Samhwa. Chinampo Gyeonghoung. Kienghung

Weonsan Post Office. Gensan Eunsan Mail Accepting Office. Gwendoline

ㅁ본 자료는 각 우체사별 외체인(The International Datestamps)을 세부적으로 기술한 내용

1895~1903

태극보통우표

The Common Formate of Four Demominations / Taegeuk Series

태극보통우표 시쇄(試刷·PROOF)

제1판. 1st Printings
5푼(5 POON)
좌·우변 천공(穿孔) 없음.
무공(無孔)

제2판. 2nd Printings
두돈 오푼(25 POON)
좌·우·상변 천공 없음
무공(無孔)

하변 천공 에러

하변 천공 에러

제2판. 2nd Printings
닷돈(50 POON)
좌·우·상변 천공 없음
하변 여백·천공 없음
무공(無孔)

ㅁ 본 자료는 태극보통우표의 PROOF(시쇄·試刷), 공인된 것은 아니지만 이 우표가 증거일 것이라고 추측할 수 있다고 기술하며, 일반 우표에 비해 종이의 얇은면을 들었고, 접착제를 발견치 못했다고 하는 내용, 또한 본 우표에 접착제가 없는 것으로 보아 PROOF(시쇄)가 확실하며, 천공과 무공은 시험삼아 제조한 것으로 추측된다.

1895~1903

태극보통우표

The Common Formate of Four Demominations / Taegeuk Series

주색대한가쇄 보통우표

[大韓 – 대한]

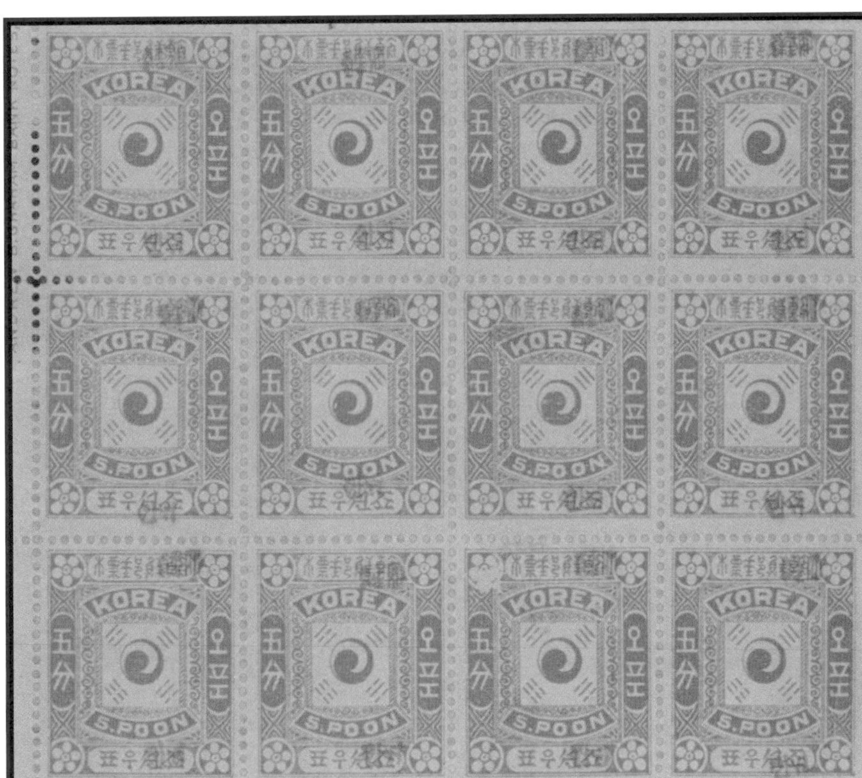

주색대한가쇄(朱色大韓加刷) 보통우표

대한가쇄 보통우표는 광무 원년 10월 12일 국호를 '조선국'에서 '대한제국'으로 개칭 후 국호가 바뀌었으나 새로운 국호의 우표가 발행될 때까지 당시 국내에서 유통되고 있는 태극보통우표에 목각인으로 윗부분의 '朝鮮'을 '大韓'으로 가쇄하고, 우표 하단의 '죠션'을 '딕한'으로 가쇄하여 사용하였다.

발행 일시: 1897. 10. 14일로 추정

주색대한가쇄보통우표의 천공 에러
오푼. 5 POON. Pair.

1895~1898

태극보통우표

The Common Formate of Four Demominations / Taegeuk Series

경흥(慶興) 일부인

태극보통 초판 5푼
홍주 + 인천 이중원형 일부인
건양 2년 7월 11일

정주(定州) 일부인

- 본 자료는 태극보통우표에 홍주+인천 이중원형 일부인이 겹쳐 있는 특이성.
- 안동우체사의 이중원형 일부인은 사용 기간이 3개월 정도에 불과하여 매우 희귀하다. 남원·홍주·경흥우체사의 이중원형 일부인도 마찬가지로 매우 희귀한 자료임. 사용시기는 1895년 6월 1일부터 1898년까지 사용했다.

출처: 한국우표도감[편집]

이중원형 일부인 우체국 별 평가(추정)

일부인	우체사명			단편 가격
	한글	한문	영문	(시세 추정)
㉠경	경성	京城	Kyungsung	₩120,000-
한	한성	漢城	Hansung	₩100,000-
인	인천	仁川	Incheon / Chemulpo	₩100,000-
개	개성	開城	Gaesung	₩300,000-
수	수원	水原	Suweon	₩600,000-
안	안동	安東	Andong	-
충	충주	忠州	Choongju	₩500,000-
대	대구	大邱	Daegu	₩500,000-
동	동래	東來	Dongnae / Fusan	₩300,000-
공	공주	公州	Gongju	₩400,000-
남	남원	南原	Namweon	-
나	나주	羅州	Naju	₩1,500,000-
평	평양	平壤	Pyungyang	₩300,000-
의	의주	義州	Uiju	₩500,000-
전	전주	全州	Jeonju	₩40,000-
춘	춘천	春川	Chuncheon	₩400,000-
원	원산	元山	Weonsan	₩300,000-
함	함흥	咸興	Hamheung	₩300,000-
해	해주	海州	Haeju	₩300,000-
홍	홍주	洪州	Hongju	-
경	경성	鏡城	Gyungsung	₩900,000-
강	강계	江界	Ganggye	₩900,000-
진	진주	晋州	Jinju	₩300,000-
정	정주	定州	Jeongju	₩500,000-
상	상주	尙州	Sangju	₩1,200,000-
경	경흥	慶興	Kyungheung	-

1895~1898

태극보통우표

The Common Formate of Four Demominations / Taegeuk Series

천공(穿孔)의 에러(Error)

PERFORATION VARIETIES

태극보통우표 초판

5 poon

5 poon

50 poon

25 poon

ㅁ본 자료는 태극보통우표와 전위첨쇄우표의 천공 에러(Error)의 실체를 나열한 자료임. 당시에는 인쇄술및 천공 장비가 발달되지 못한 관계로 인쇄의 색상이나 도안의 위치 오류, 천공 상태의 불량한 우표들이 많이 발생하였다. 그러므로 우표 수집가들에게는 이러한 불량한 우표들이 희귀성 우표로 인식되어 고가로 유통되고 있다.

1895~1903

태극보통우표

The Common Formate of Four Demominations / Taegeuk Series

이중 천공(二重穿孔) 에러(Error)

DOUBLE PERFORATION

하변의 천공(이중) 에러

좌변의 천공(이중) 에러

요금 부족인 실체 [不足]

요금 미납인 실체 [未納]

이중 천공의 실체 태극보통우표의 이중천공 에러 우표로서 천공에러 상태로 보아 매우 희귀한 실체로 간주됨.
요금 미납인 국내에서 사용하는 방식으로 요금미납인은 우체국명을 표기한 것과 없는 것이 사용되었다.
요금 부족인 국내에서 사용하는 방식으로 요금부족인은 요금의 부족액을 표기한 것과 없는 것이 사용되었다.

1895~1903

태극보통우표

The Common Formate of Four Demominations / Taegeuk Series

이중원형 일부인 해설

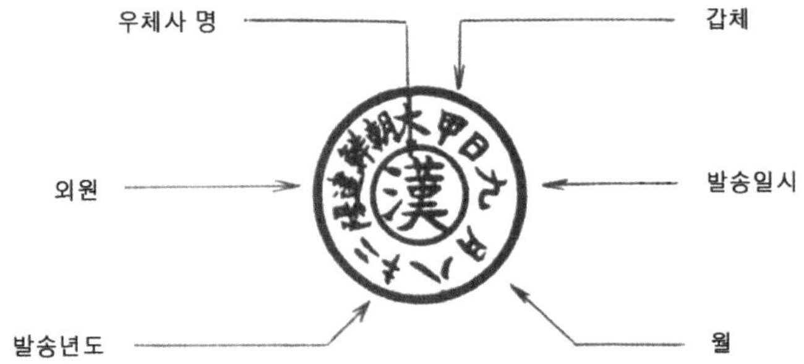

한성(漢城)

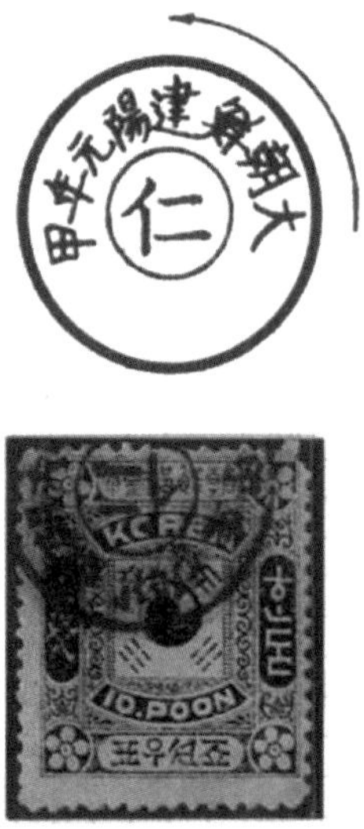

인천(仁川)

해주(海州)

수원(水原)

ㅁ본 자료는 일부인의 도안에 표기되는 국가명·연대·우체국명·연월일의 표기 문자와 문자의 방향을 표시한 자료임. 표기 문자의 방향은 시계 방향의 반대 방향으로 표기되어 있다

1895~1903

태극보통우표

The Common Formate of Four Demominations / Taegeuk Series

이중원형 일부인 해설

일부인의 발송 시각 표기 실체

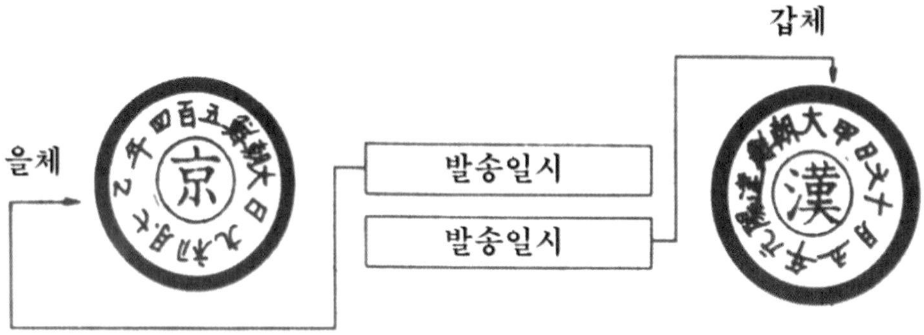

경성(京城)

한성(漢城)

개성(開城)

평양(平壤)

ㅁ본 자료는 일부인의 발송시각 표기 실체를 나타내는 내용

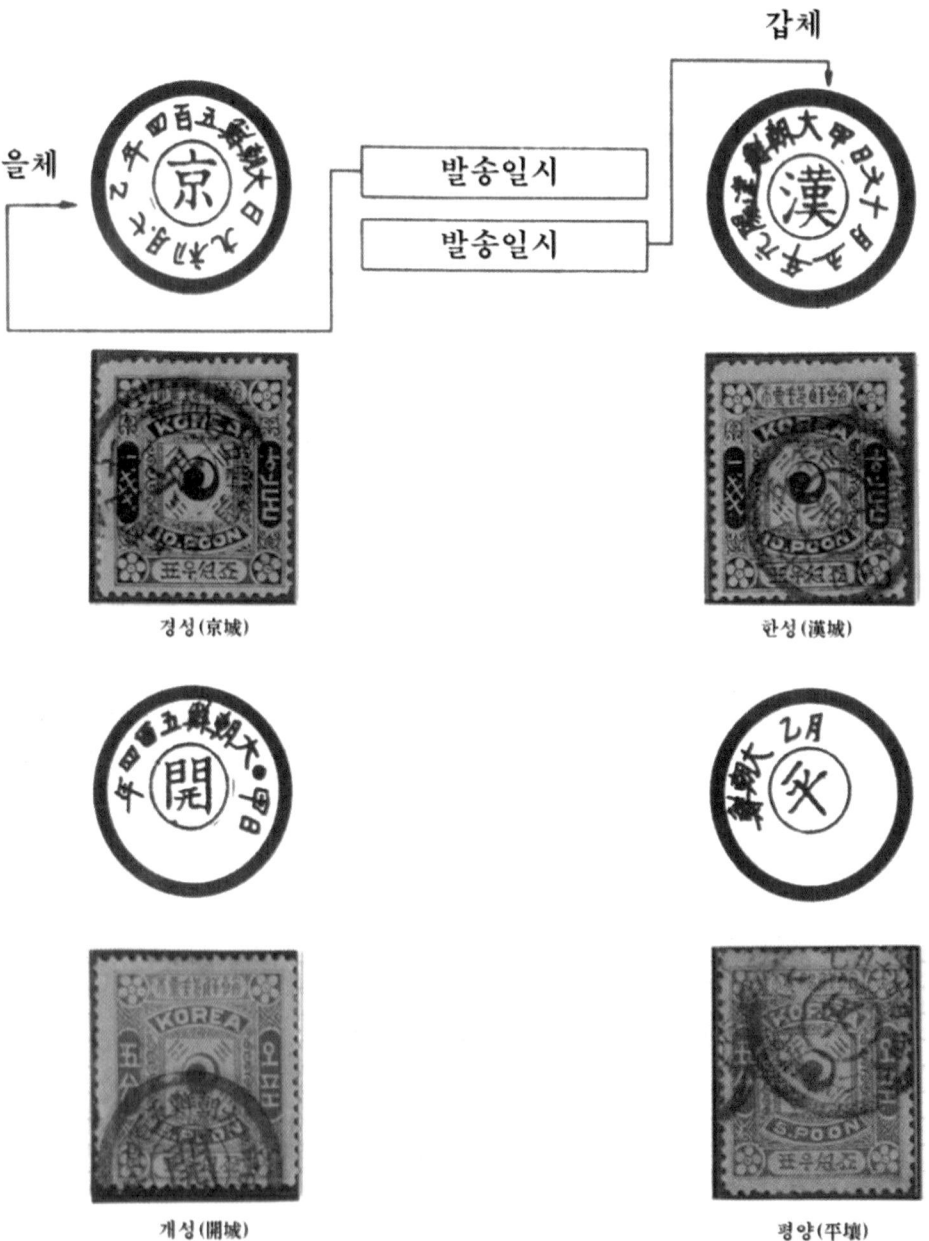

1895~1903

태극보통우표

The Common Formate of Four Demominations / Taegeuk Series

이중원형 일부인 해설

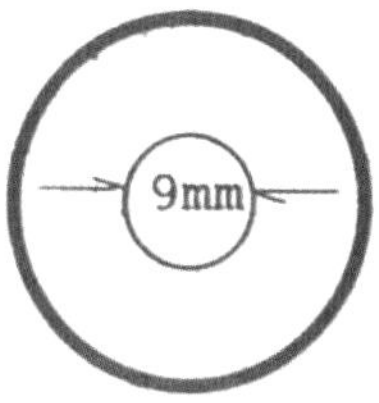

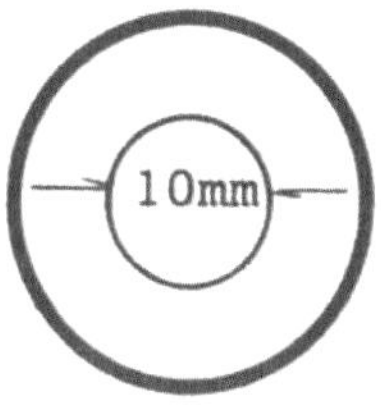

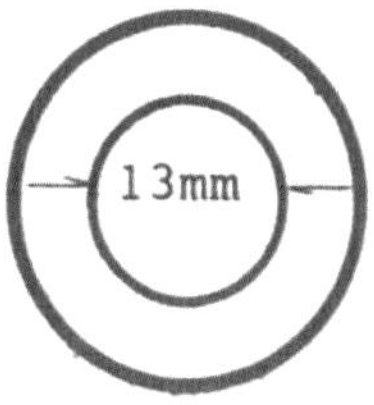

수원(水原)

경성(京城)

정주(定州)

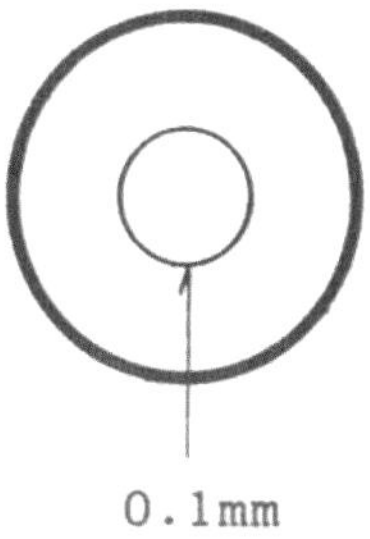

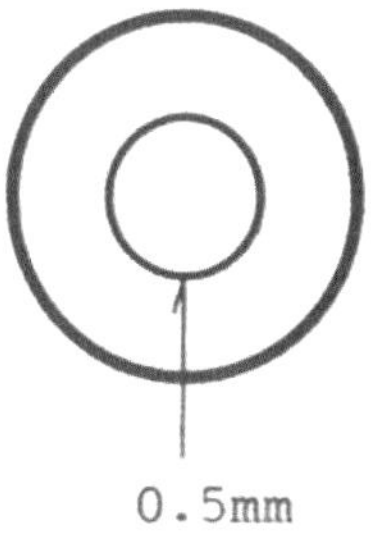

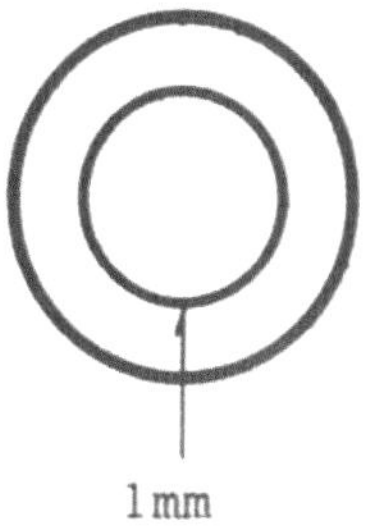

전주(全州)

평양(平壤)

충주(忠州)

ㅁ본 자료는 이중원형 일부인 규격(원 둘레)의 실체를 나타내는 내용

1895~1903

태극보통우표

The Common Formate of Four Demominations / Taegeuk Series

이중원형 일부인 해설

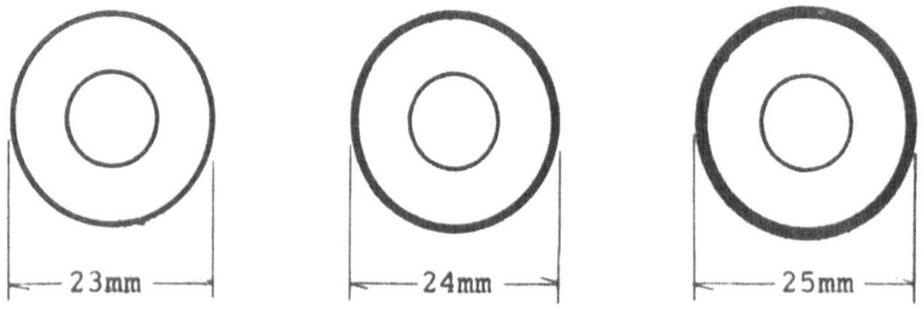

인천(仁川)

평양(平壤)

전주(全州)

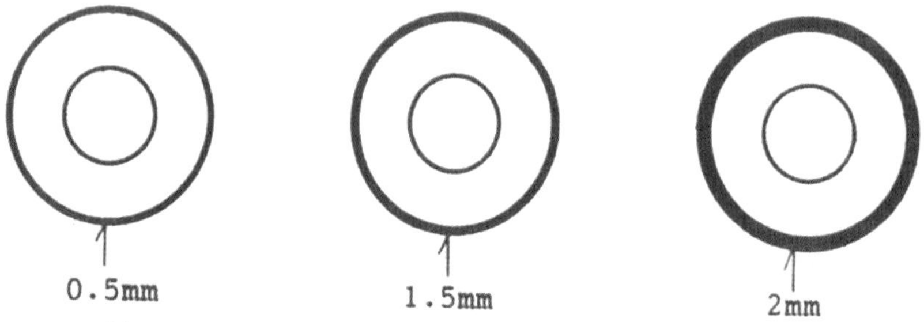

인천(仁川)

경성(京城)

함흥(咸興)

ㅁ본 자료는 이중원형 일부인 규격(원 둘레)의 실체를 나타내는 내용

대한가쇄(大韓加刷)보통우표

TAI_HAN Overprint Series

1897.10.14

朱色大韓加刷 (RED OVERPRINT)

一字添刷普通 (ONE Surcharge Series)

대한가쇄보통우표 개요

대한가쇄보통우표는 광무원년 10월 12일 국호를 '朝鮮國'에서 '大韓帝國'으로 개칭, 국호가 바뀌었으나, 새로운 국호의 우표가 발행될 때까지 당시 국내에서 유통되고 있는 태극보통우표에 목각인으로 위부분의 '朝鮮'을 '대한'으로 아랫부분의 '죠선'을 '大韓'으로 가쇄하여 유통하였다.
가쇄의 색이 주색과 흑색이 있어 '주색가쇄' 혹은 '흑색가쇄'로 부르고 있다.
대한가쇄는 대한제국농상공부인쇄국에서 일일이 손으로 찍었다고 하나, 이는 일부 우체국 것만이고 우정총국의 지시에 따라 각 지방의 우체국 자체에서 목각인, 철판인을 제작하여 가쇄하였고, 일부 우체국에서는 세필로 가쇄하였다고 한다. 대한가쇄의 보통우표는 그 발행시기, 가쇄방법, 가쇄 자체의 형태 등이 다양하여 아직도 확실한 고증이 없어 앞으로 많은 연구와 자료의 탐구가 필요하다.

일자첨쇄보통우표는 신문발송료 특감제 실시에 따라 신문 1매당 우편료를 1푼으로 규정을 개정하여 실시하게 되었으나 1푼에 해당되는 우표가 없어 새로운 우표가 발행될 때까지 잠정적으로 태극우표의 5푼과 2돈 5푼의 2종에 좌측 중간에 '일', 우측 중간에 '일'을 그리고 아라비아 액면란에 '1'을 주색 또는 흑색으로 첨쇄하여 1푼(2리 상당)으로 사용하였다.

1897

대한가쇄 보통우표(주색 · 흑색)

· PATTERN

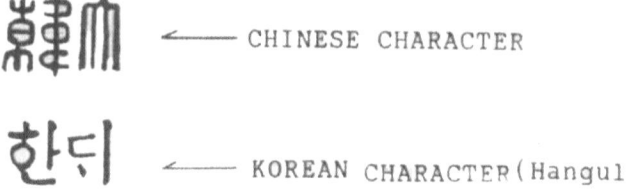

← CHINESE CHARACTER

← KOREAN CHARACTER(Hangul)

RED OVERPRINT

5 POON

10 POON

25 POON

50 POON

BLACK OVERPRINT

5 POON

10 POON

25 POON

50 POON

ㅁ본 자료는 대한가쇄보통우표의 주색대한가쇄와 흑색대한가쇄의 실체임

1897

대한가쇄 보통우표(주색 · 흑색)

'壹' 자가 한문으로 각인된 에러와 우변의 천공 에러

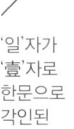

◀ 천공(穿孔) 에러

▶ '일'자가 '壹'자로 한문으로 각인된 에러

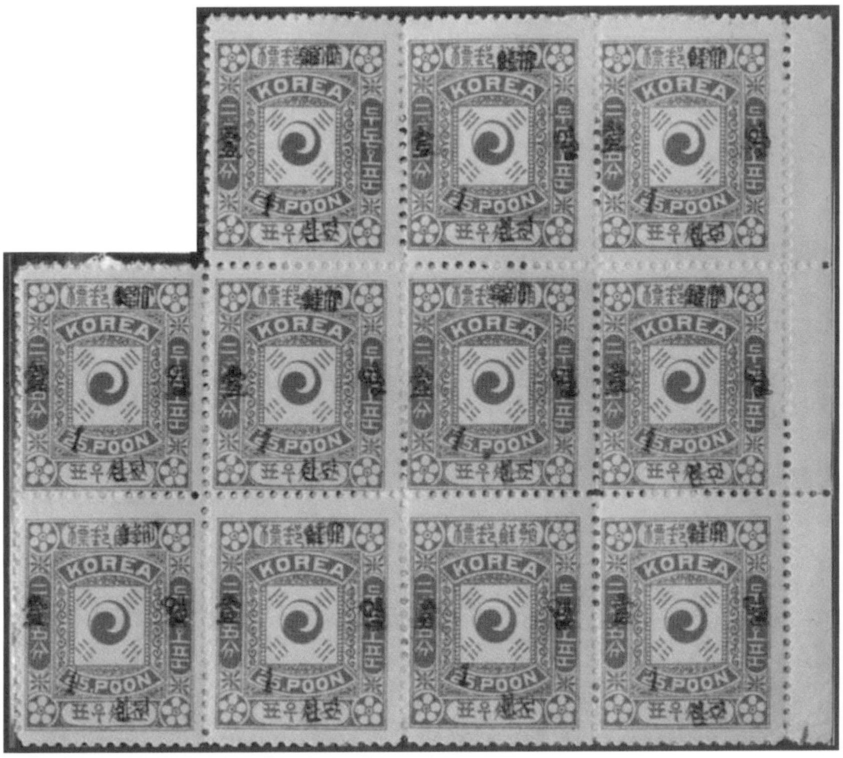

▼"大韓" 가쇄 누락

大韓" 글씨 색상이 주색으로 각인된 에러 ▼

▶ '일'자가 '壹'자로 한문으로 각인된 에러

▲ 천공(穿孔) 에러

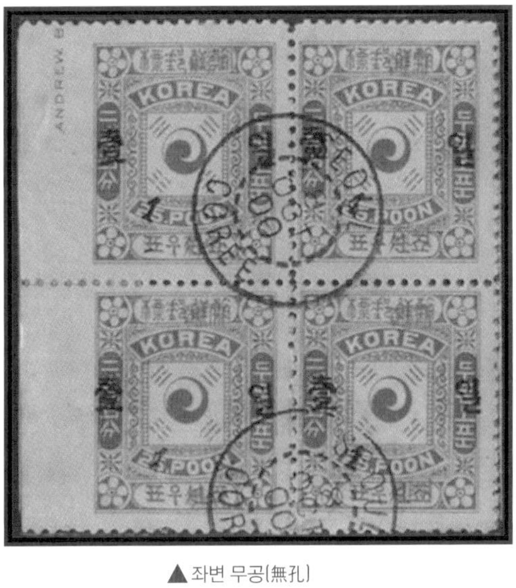

▲ 좌변 무공(無孔)
SEOUL, COREE. 8 OCT. 1900

ㅁ본 자료는 대한가쇄보통우표의 주색가쇄와 흑색가쇄우표의 가쇄 누락 및 천공 에러 실체 천공의 에러는 당시의 천공 장비의 성능이 낙후되었기 때문에 정밀성 있는 천공 작업이 미흡했던 것으로 판단되며, 가쇄 누락은 수작업으로 인한 결함으로 판단되는 실체 우표임.

1897

대한가쇄 보통우표

가쇄 자체별 사용 분포

木刻A形

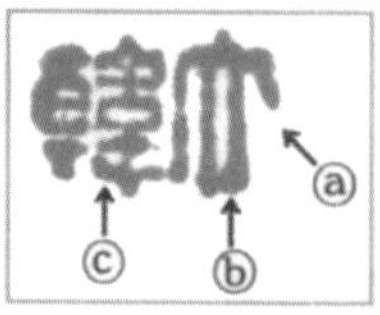

漢城/1897.11.14

大邱/1897.11. *

海州/1897.12.29

陰竹/1897. 2.1

仁川/1898.4.29

仁 川

仁 川

全州/1898.2.9

春川/1898.6.23

忠州/1898.11.18

ㅁ본 자료는 목각 A형의 사용 내역과 전국 우체사가 동시에 사용되었다는 사실을 입증한 내용

1897

대한가쇄 보통우표

大韓-대한흑색가쇄우표

10 POON 전(田) 형

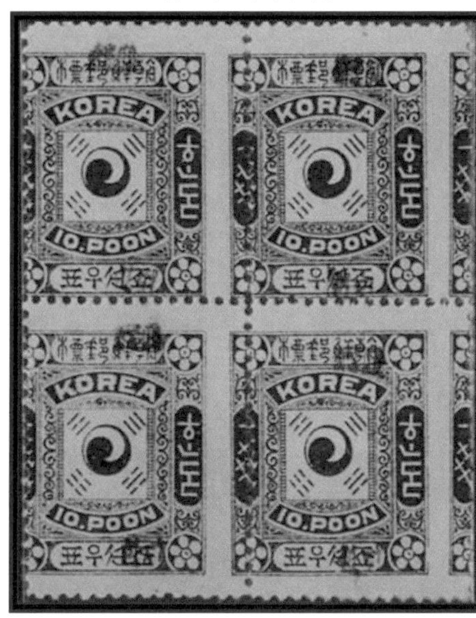

▲ 천공 에러

50 POON 5 POON

'大韓' 흑색 가쇄 Pair

'大韓' 흑색 가쇄 Pair

대한가쇄 보통우표는 광무 원년 10월 12일 국호를 '조선국'에서 '대한제국'으로 개칭 후 국호가 바뀌었으나, 새로운 국호의 우표가 발행될 때까지 당시 국내에서 유통되고 있는 태극보통우표에 목각인으로 윗부분의 '朝鮮'을 '**大韓**'으로 가쇄하고, 우표 하단의 '죠션'을 '**딕**한'으로 가쇄하여 사용하였다.

1897

대한가쇄 보통우표

TYPE A-2a

SEOUL

MAJEON

CHEONJU

SEOUL

TYPE A-2b

SEOUL

ㅁ본 자료는 대한가쇄 보통우표의 Type A-2a 와 Type A-2b를 비교 분석한 내용

1897

대한가쇄 보통우표

이중원형 일부인

주색대한가쇄 수기체

'디한'의 수기체
공주우체사 일부인
건양 2년 11월 18일
국호 누락

'大韓'의 수기체
함흥우체사 일부인
광무 2년 10월 19일
국호 누락

정주우체사 일부인
연호 누락
광무2년 2월 25일.

우체사 일부인
연호 누락

실제 사이즈

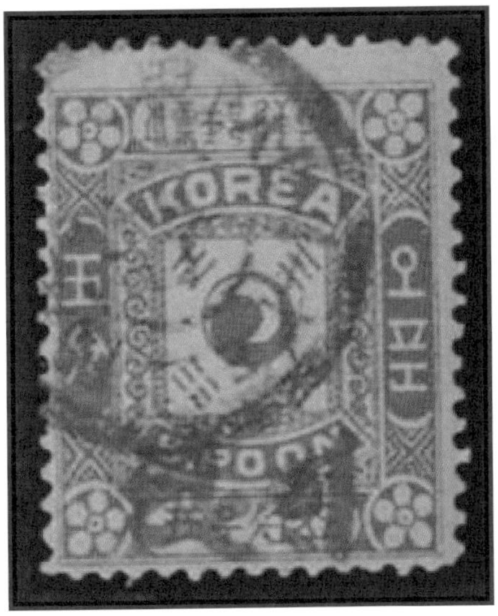

'디한'의 수기체(실물 확대)

1897

대한가쇄 보통우표

5푼(5 POON). 전(田) 형

외교인
21 JUIN 1900 Seoul Coree - 23 JUL 1900 New York

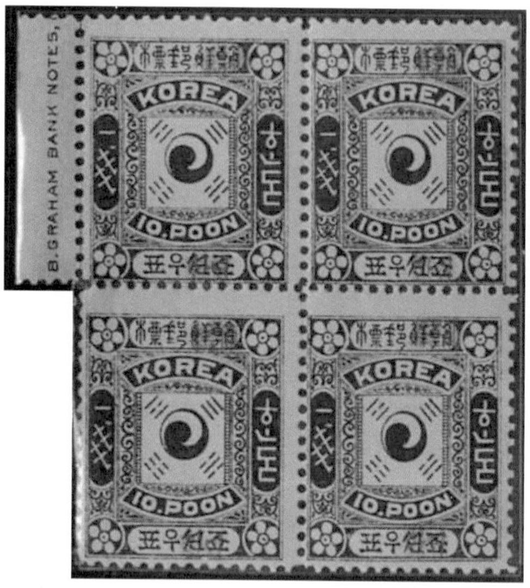

10푼(10 POON). 좌변 명판. 전(田) 형

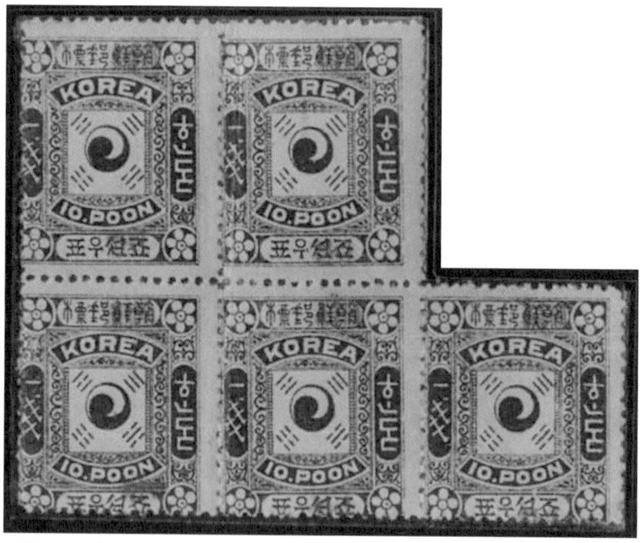

10푼(10 POON). 5매 블록

1901~1903

전위첨쇄(錢位添刷) 보통우표

출처: 김요치 자료집

1895년 우리 나라에 우편제도가 재개(再開)됨에 따라 발행된 우표가 '태극보통우표'이다.
태극 보통 우표에는 당시의 통용 화폐 단위에 맞추어 오푼(五分), 한돈(一전), 두돈오푼(二전五分), 닷돈(五錢)의 4종류가 있다.
태극 보통우표 발행 이후 화폐 단위가 '푼'에서 '전'으로 바뀌고(5푼=1전), U.P.U.에 가입함에 따라 1900년에 발행된 우표가 이화(梨花) 보통우표(14종)이고, 그 뒤를 이어 1903년에 독수리 보통우표(13종)가 발행되어 1909년 8월 31일 폐지되기까지 같이 사용되었다. 전위첨쇄(錢位添刷)라 함은 '푼' 단위의 우표 액면을 '전' 단위의 우표 액면으로 바꾸기 위하여 '푼'단위 바탕우표 위에 각종의 '전' 단위 표시를 첨가(添加)하였다는 것을 의미한다. 화폐 단위의 변경과 새로운 우표가 발행되어 자연히 재고로 사장되다시피 한 태극 우표를 활용하기 위하여 당시의 우편요금 체계상 사용 용도가 적어 재고가 많은 두돈오푼과 닷돈의 태극우표를 바탕우표(臺 郵票)로 하여 그 위에 사용 용도가 큰 1전·2전·3전(三전 또는 三錢) 이라는 액수를 금속활자 또는 목각조판(木刻組版)하여 첨쇄, 발매한 우표가 '전위첨쇄(錢位添刷)보통우표'다. 전위 첨쇄 보통 우표는 첨쇄된 액면에 따라 당초에는 변1전표(变一錢票)·변2전표(变二錢票)·변3전표(变三錢票)라 하였고 이를 통칭하여 변전표(变錢票)라 하였다. 이 우표를 인쇄 공학적으로 분석하여 볼 때 금속활자 첨쇄 방법과 목각조판 첨쇄 방법으로 대별되나, 여기에 구태여 첨가를 한다면 붓으로 쓴 수필(手筆) 방법도 있었다. 금속 활자 첨쇄 방법에 있어서도 난해(難解)하고, 정리가 안된 부분이 있어, 특히 목각조판 첨쇄 방법에는 대량으로 수집할 수 있는 목각 조판 판식은 구명(究明), 정리가 되어 있으나 그외의 부분, 즉 미확인체(未確認體)라고 부르고 있는 부분에 대하여는 아직도 구명(究明)되지 아니하여 그 일부분이나마 이를 구명, 정리하여 고찰하는 데 그 의미를 두었다.

미확인체

미 확인체·3전·전형·인천

2전·50P. 중간 무공

3전·50P. 1900년

3전·50P·역첨쇄

3전·수기체

3전·수기체

3전·수기체

3전 '錢'자 누락

철원 8월12일

1903

전위첨쇄보통우표 일부인 규명(糾明)

SEOUL NO.1 COREE

좌측과 우측의 영문 일부인은 판독결과
양쪽이 동일형임./자체/크기/위치
일자/표기법/간격 등 모두동일함
SEOUL NO 1
COREE

전위첨쇄보통우표 첨쇄 배열 비교

주색가쇄, 1전 첨쇄 (미사용)

25Poon/1전첨쇄 25Poon/1전첨쇄 25Poon/1전첨쇄 25Poon/1전첨쇄

전위첨쇄보통우표의 첨쇄 배열 비교
제1판 Type I, 25Poon-1錢 / 미사용제 10매 Block

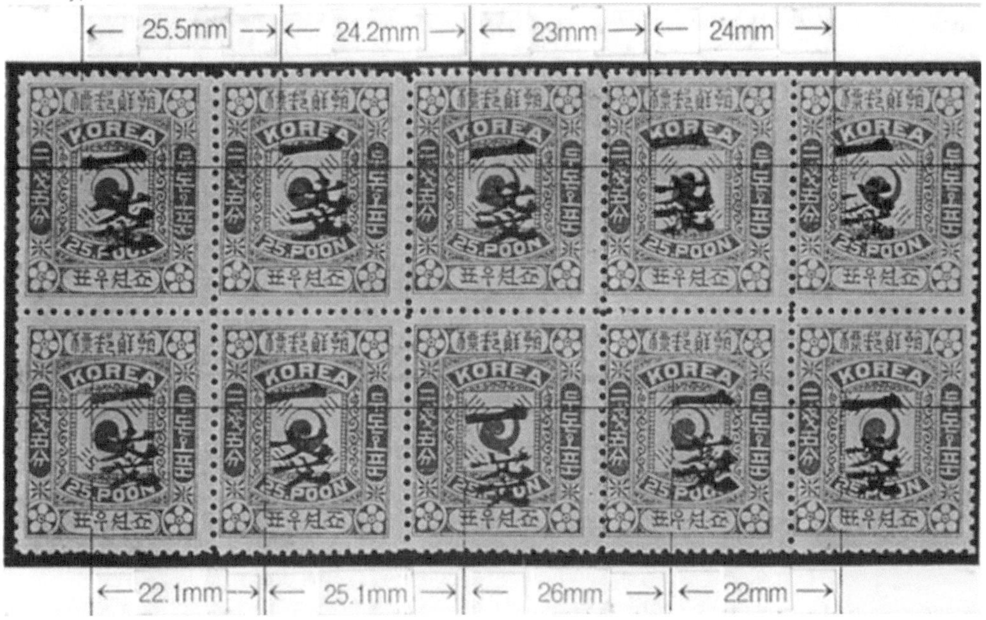

전위첨쇄, 주색가쇄우표의 첨쇄 부분 누락 실체 **(Omitted Surcharge/二錢)**

제1판 Type I, 25Poon-2錢 / 미사용제 10매 Block
10매 중 우측하단의 2전 첨쇄 누락

전위첨쇄보통우표
목각 조판 서체 비교

MASANPO

ANSAN

SEOJIN

GENSAN

무안(務安)

HANSUNG NO.1(한성일호) May 7. 1901. 광무 5년

1901~1903

전위첨쇄보통우표

CHEON Surcharge Series

전위첨쇄보통우표 판별 분류

제1판 ~ 제2판

제1판	제2판	제3판	제4판
명조체 금속활자	필서체 목각판	필서체 목각판	필서체 목각판
명조체 활자를 조판하여 활판인쇄	필서체 목각판 조판 활판인쇄	필서체 목각판 조판 활판인쇄	필서체 활판인쇄/판종 불명
요판, Type I	Type II	Type II	Type IV

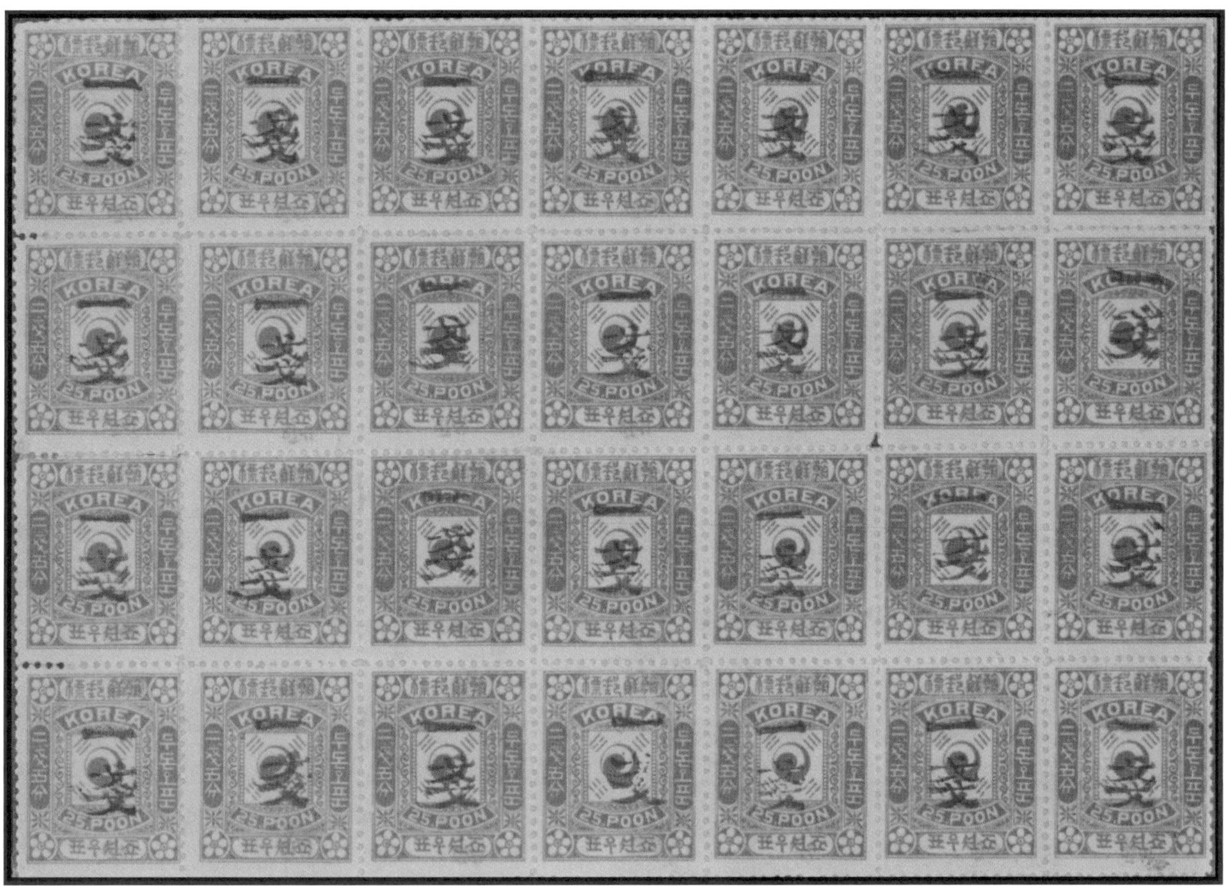

전위첨쇄 보통우표는 제1,2,3,4판 이외도 우체국에 따라 우체국에 남아 있던 우표에다 직접 붓으로 쓴 것이 여러 종 발견되고 있으나, 실제로 우편에 사용한 봉피가 아니면 진품 여부를 식별하기가 어렵고 진품으로 공인되기 난이하다. 그러나 실체 봉피에 첩부되어 우체사의 일부인이 날인된 실체는 의심의 여지없이 진품으로 인정 받는다. 대한제국은 우표인쇄 시설을 도입하여 1900년 1월부터 이화보통우표를 인쇄하여 사용하면서 태극우표 사용을 폐지하는 대신 잔량이 많은 태극우표 2돈5푼과 5돈에다 수요가 많은 1전, 2전, 3전의 새로운 금액을 첨쇄하여 이화보통우표와 함께 병행 사용하였다.

전위첨쇄보통우표 서체 비교

'JEON·錢' Surcharge Series. 1901~1903

Type 1. Ming Style Printing Type(명조체) Surcharge

1 jeon on 25 poon

2 jeon on 25 poon

3 jeon on 50 poon

3 jeon-a on 50 poon

전위첨쇄 보통우표 서체 비교

'JEON·錢' Surcharge Series. 1901~1903

Type 1. Ming Style Printing Type(명조체) Surcharge

三戋 Surcharge on the 50-Poon Value with the country name overprinted in red ink.

▲ 대한 에러

전위첨쇄보통우표 서체 비교

주색대한가쇄 보통우표에 1전 첨쇄

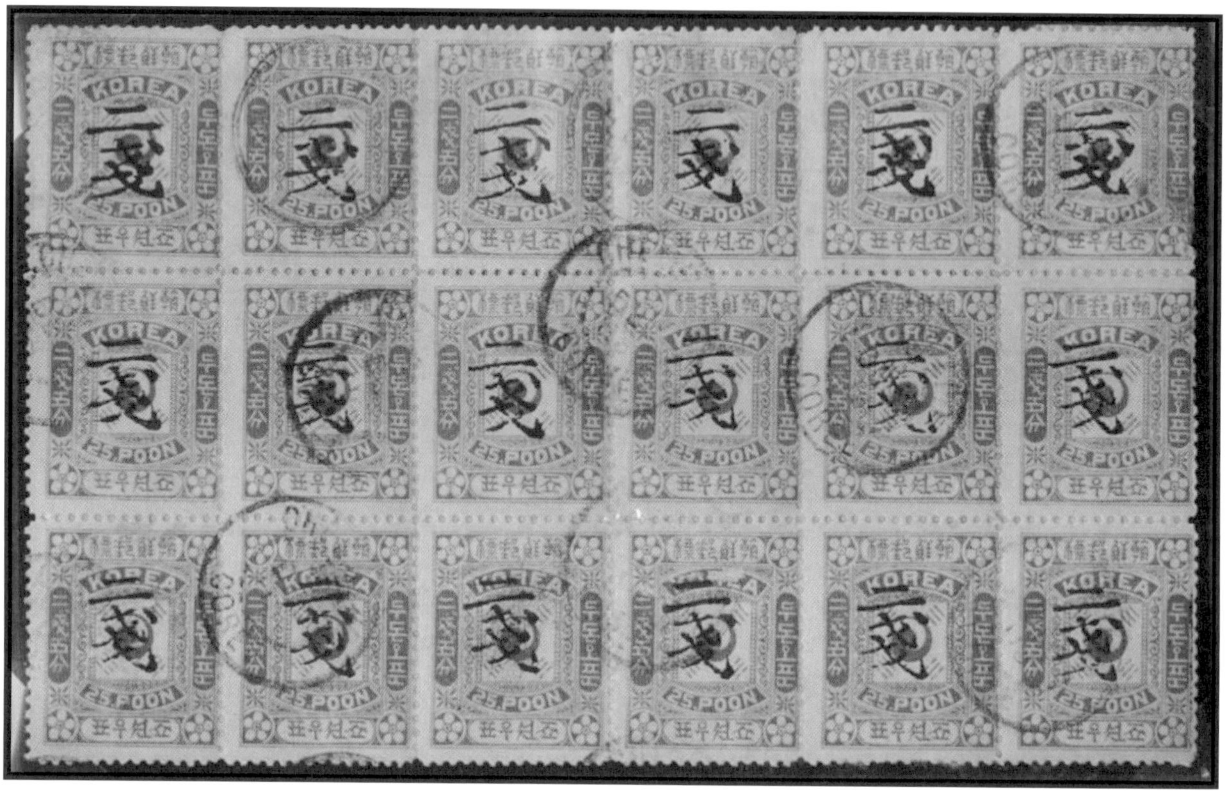

전위첨쇄 보통우표 2전

전위첨쇄보통우표

Jeon/전' Surcharge Series. 1901~1903
Type 1. Ming-Style Printing type(명조체) [二戔] Surcharge

대한주색가쇄·2전 첨쇄·25 POON

'二戔' 누락 에러

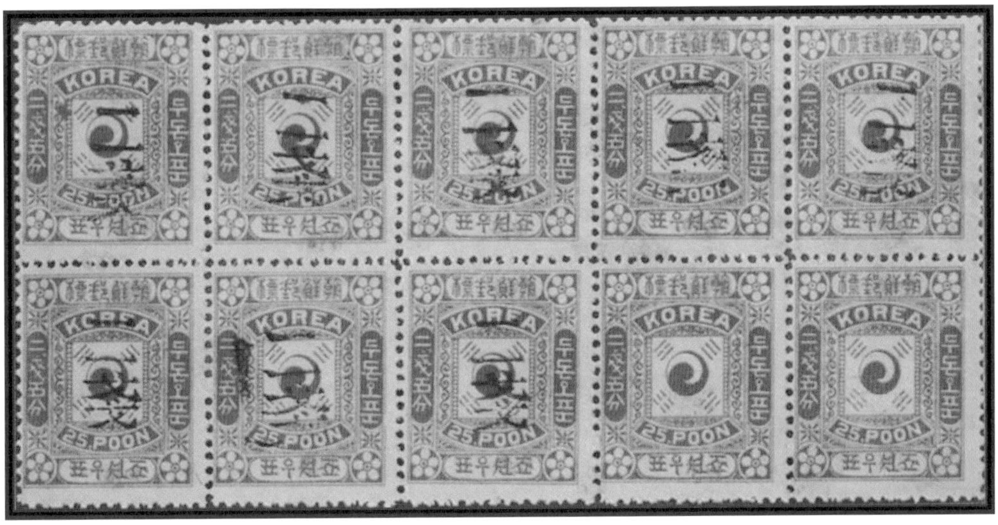

'二戔' 첨쇄 누락 에러

'二戔' 이중 첨쇄 중복된 첨쇄 실체 에러

'二戔' 이중 첨쇄 중복된 첨쇄 실체 에러

'二戔' 첨쇄 누락 에러

전위첨쇄보통우표

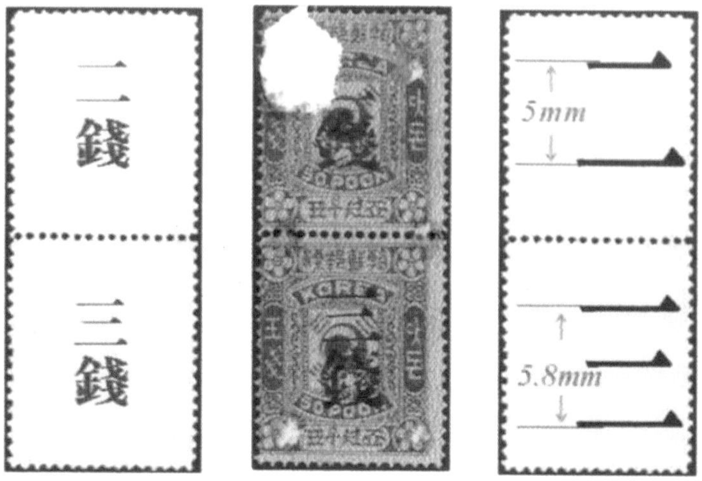

Horizontal duplex overprint

[?]

Vertical duplex overprint

Duplex overprinting in reverse

Error in typesetting

Overprinting in reverse

Overprinting in reverse

Overprinting in reverse

Error made in the typesetting process

Error made in the overprinting process

전위첨쇄보통우표 Block(49매)

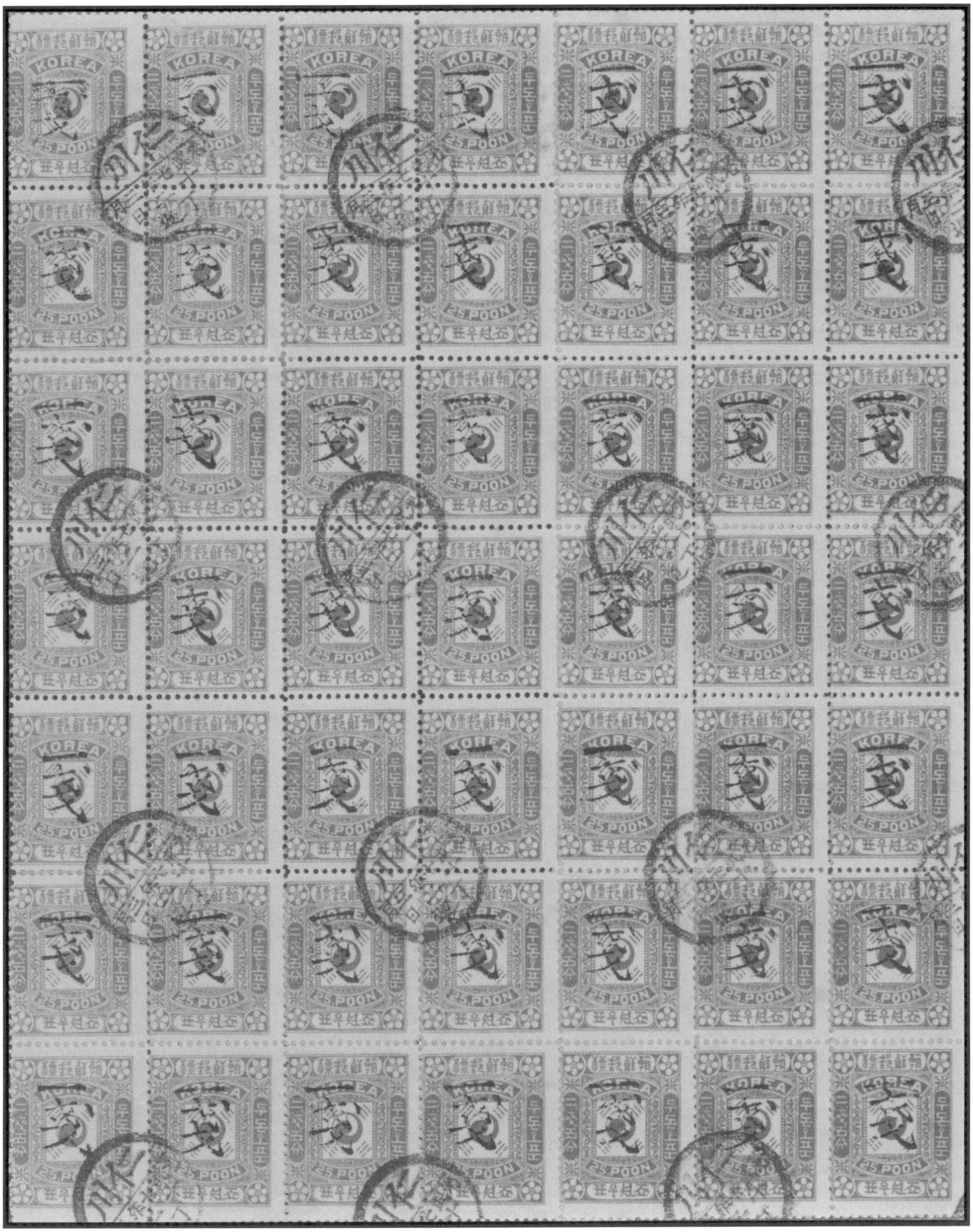

인천 원일형 일부인 광무 7년(1903) 3월 12일 정체
25푼 25 POON/일전 첨쇄

전위첨쇄보통우표 Block(49매) 서체 비교

Type 2. Surcharge of Penmanship-style Printing type- Wood Block Plate Type A-a

A full sheet of the 二戋 Surcharge

The new denomination 이전 was producted by adding the stroke '一' to the 一戋 Surcharge

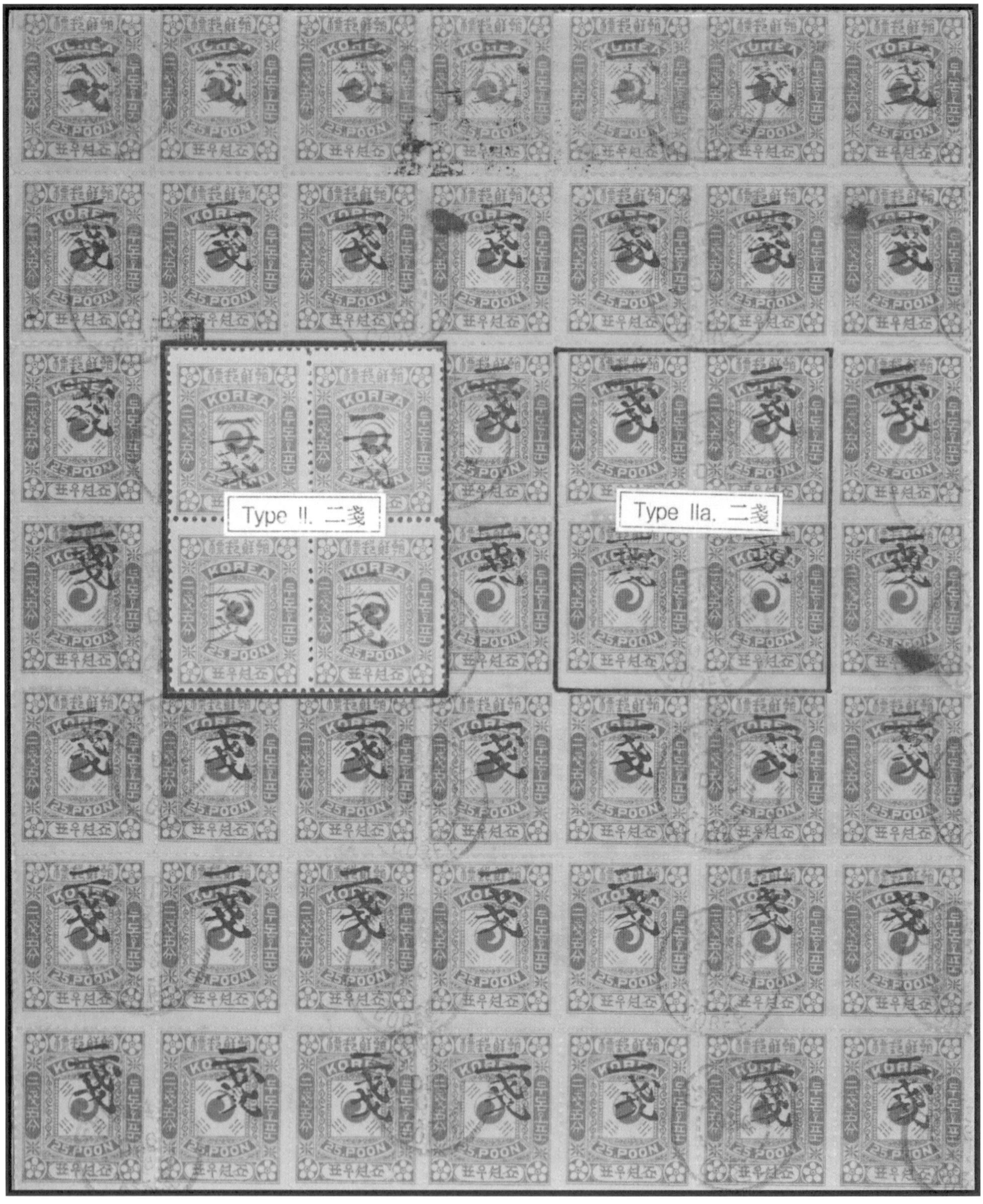

전위첨쇄보통우표

2전 첨쇄 서체 규격 비교

전위첨쇄 Type 1

명조체 목각판 '戔' 싸이즈 비교

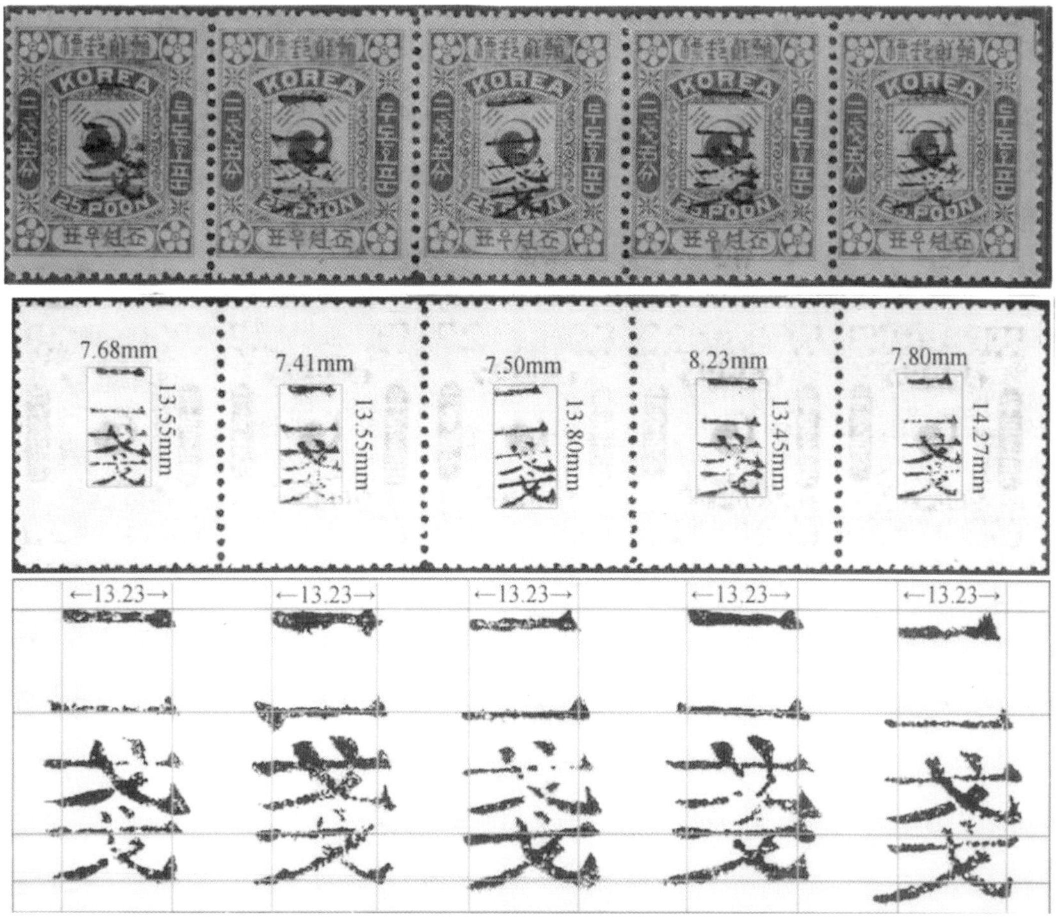

100%

100%

250%

서체의 종류가 다양한 실례.
각 우체사에서 대한제국 농상공부의 지침에 따라 자체 제작한 목각인을 사용하였으므로 서체, 크기, 위치 등이 각각 상이하다.

25 DEC. 1902. SEOUL, COREE

1901~1903

전위첨쇄보통우표

CHEON Sucharge Series

三錢

SEOUL COREE
만월 소인
3전·25푼(25 POON)

三錢

전위우표의 한문 표기는 돈 '錢', 쌓일 '전' 자 2종류로 각인되어 있다.

전위첨쇄보통우표 첨쇄 위치 비교

Typographical error of the letter [錢]

Overprinting in reverse

三錢 surcharge imprinted on
the 25-poon value with the country name overprinted in red ink

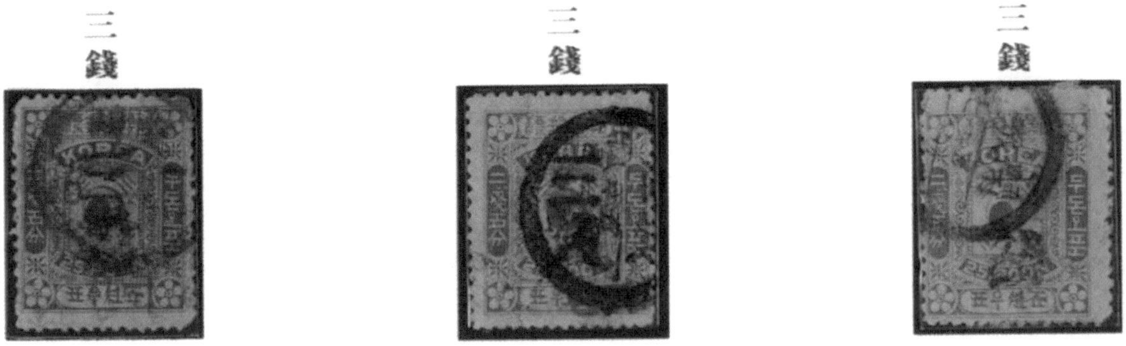

二錢 surcharge on the 50-poon value
imprinted in reverse and a duplex imprinting in reverse

Overprinting in reverse | Overprinting in reverse | Overprinting in reverse | Duplex overprinting in reverse

錢 三錢, 二錢의 명조체, 역첨쇄, 이중첨쇄로서 희귀한 자료이다.

전위첨쇄보통우표

요금약수인(料金約收印)

요금후불제도와 같은 것으로 신문과 관청에서 발행되는 관보 등을 발송시에만 적용했고, 요금약수인은 한성우체사에서만 사용하였다.

3전·50 POON

제3판 3전과는 '전'의 서체가 전혀 상이하다.
제3판 100매 전지에서도 불일치하다.
우체사 자체에서 제작한 명조체 금속활자로 추정된다.
당시 대한제국의 우편 행정이 중앙의 일괄적이고 표준화되지 않은 상황에서 각 지역 우체사별로 제작하여 사용한 것이다.

중간 탭 에러

무공 평양·광무 7년.

첨쇄 위치 에러, 천공 에러

1900~1901

이화(梨花)보통우표

The Plum Blossom Definitives

한국 최초로 국내에서 인쇄한 우표이다. 1900년 1월 1일 대한제국이 U.P.U(만국우편연합)에 가입함으로써 국제간 우편교류가 시작되었다. 이에 따라 다양한 요금의 우표가 필요하게 됨으로써 발행한 우표로 1900년 1월부터 11월까지 액면별로 2리(厘)부터 2원(圓)까지 13종, 1901년 3월 15일 2전우표의 도안을 수정하여 추가 발행함으로써 총 14종이 발행되었다. 이 우표는 도안이 섬세하고 액면이 다양하며 인쇄의 선명도 등은 지금까지 발행된 어떤 우표보다 훌륭한 우표로 평가되고 있다. 인쇄는 농상공부가 1896년(건양 원년) 2월 2일 우표와 수입인지를 인쇄할 목적으로 독일과 석판인쇄 시설을 설치를 계약하고, 2년 후인 1898년 상해를 경유하여 수입함과 동시에 일본에서 조각사와 인쇄기술자를 초빙하여 운영케 하였다.

2 ri

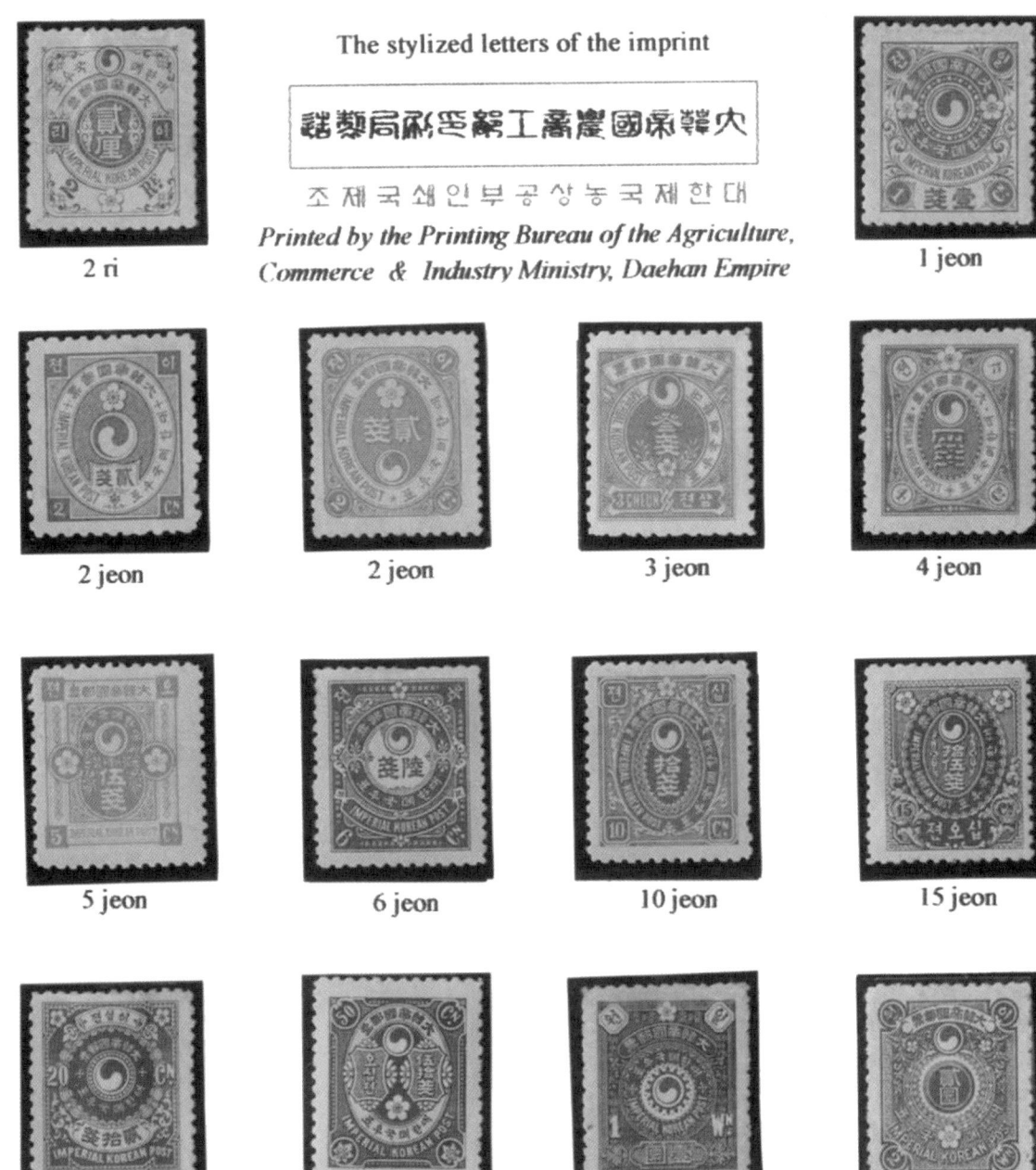

The stylized letters of the imprint

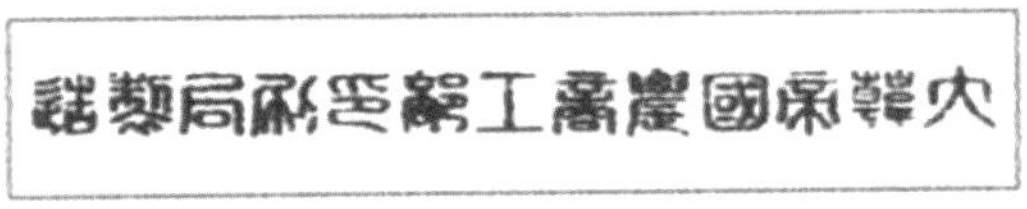

조 재 국 쇄 인 부 공 상 농 국 제 한 대

Printed by the Printing Bureau of the Agriculture, Commerce & Industry Ministry, Daehan Empire

1 jeon

2 jeon

2 jeon

3 jeon

4 jeon

5 jeon

6 jeon

10 jeon

15 jeon

20 jeon

50 jeon

1 won

2 won

이화보통우표 감정서

PLUM BLOSSOMS SERIES

THE SPECIMEN OF POTUGUESE MINISTRY IN LISBON

Handstamped "ULTRAMAR" in stamps

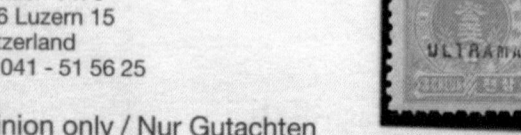

Peter Holcombe
(Philatelic Expertising)
Postfach 1470
6006 Luzern 15
Switzerland
Tel. 041 - 51 56 25

Opinion only / Nur Gutachten

Korea. 1900-1903. 2ch Blue and 3ch Orange Perf 10. (SS 24(A) SS 26(A) Scott 20, 21B.) UPU distribution, handstamped "Ultramar" in blue by the Portuguese issuing authority. for distribution to their various territories abroad. are in my opinion genuine —
The 3ch stamp has double horizontal perforations —

July 3 1994

This stamps been sent to Portugal by U.P.U.
Upon receipt the Portuguese Ministry would handstamped and distributed the stamps to her overseas("ULTRAMAR") colonies

이화보통우표 도안

백송 지창한(白松 池昌翰)

1851년(철종)~1921. 조선 말기의 서화가

본관은 충주(忠州). 호는 백송(白松). 함경북도 무산에서 살았던 사실만 전해져 있을 뿐이다.

수묵문인화풍(水墨文人畵風)으로 물고기와 게 그림을 잘 그렸다.

글씨는 하소기(何紹基: 1799~1873, 중국 청대의 학자. 서도가) 체(體)를 잘 썼다.

유작으로「율해도(栗蟹圖)」·「해도(蟹圖)」(개인 소장),「노위도(鷺葦圖)」(고려대학교 박물관 소장) 등이 있다.

1900~1901

이화(梨花)보통우표

The Plum Blossom Definitives

이화보통우표 에러(Missing) 우표

좌변 천공 에러 좌변 천공 누락(무공)

PERFORATION POSITION GUIDE HORIZONTAL PAIR IMPER, BETWEEN

천공 에러

1900~1901

이화(梨花)보통우표

The Plum Blossom Definitives

우체사별 일부인 분류

揚州

城津

寧邊

春天

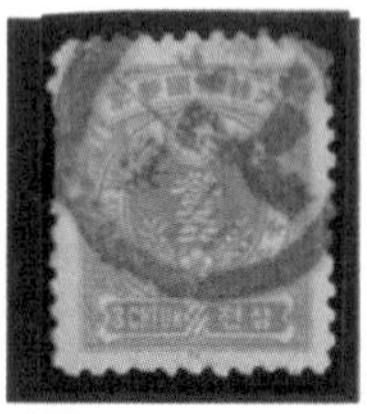
春天

忠州

昌原

海州

GENSAN

南原

MOKPO

開城

CHUNAMPO

廣州

온산우체물영수소

沃構

元山

元山

安城

北靑

1900~1901

이화(李花)보통우표

The Plum Blossom Definitives

만월(滿月)일부인

CHEMULPO

CHEMULPO

CHEMULPO

CHEMULPO

CHEMULPO

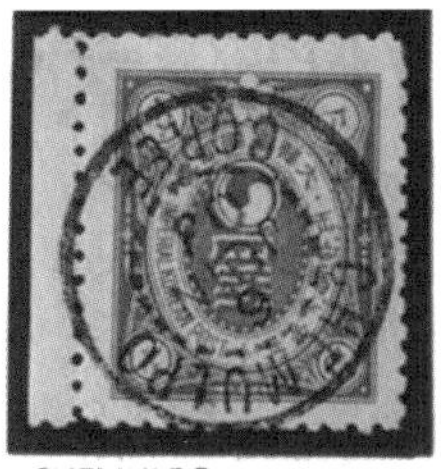
CHEMULPO

CHEMULPO

CHEMULPO

CHEMULPO

CHEMULPO

CHEMULPO

SEOUL

CHEMULPO

CHEMULPO

1900~1901

이화(梨花)보통우표

The Plum Blossom Definitives

SEOUL(漢城)

SEOUL, NO.1(漢城壹號)

CHEMULPO(仁川)

GENSAN(元山)

KUNSAN(群山)

MOKPO(木浦)

MASANPO(馬山浦)

GWENDOLIN(殷山)

CHINAMPO(津南浦)

SEOUL(漢城)

CHEMULPO(仁川)

CHEMULPO(仁川)

CHEMULPO(仁川)

1900~1901

이화(梨花)보통우표

The Plum Blossom Definitives

이화보통우표의 T 요금 부족인, 외교인, 요금 미납인, 요금 약수인.

1900~1901

이화(梨花)보통우표

The Plum Blossom Definitives

1905년 일제의 이화보통우표 재쇄

이화보통·20전·田형 미사용

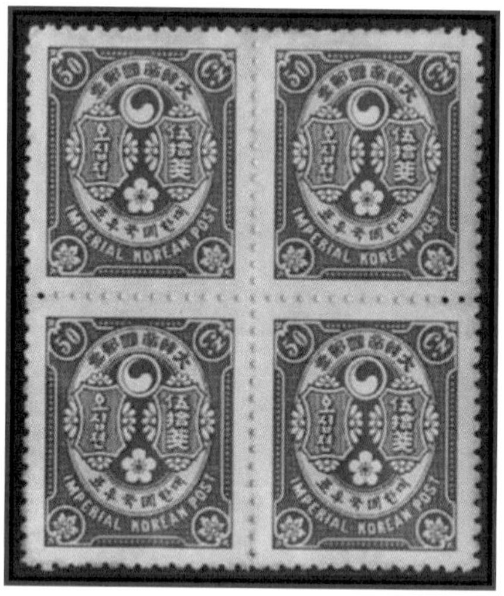

이화보통우표 재쇄 개요

일제가 대한제국의 체신사업 업무를 강제 접수할 목적으로 1905년 4월 1일 한. 일통신합동조약을 체결하고, 이를 기념하기 위하여 증정용 기념우표첩을 만들 때 여기에 첨부할 목적으로 일본제국 관리에 의하여 인쇄한 우표를 재쇄라고 한다. 그러므로 정식 우표가 아닌 복제품으로 분류한다.

1900~1901

이화(梨花)보통우표

The Plum Blossom Definitives

요금 약수인

요금 약수인·이화보통 2리

외교인

함흥

외체인·CHEMUPO, SEOUL

1903

단기 4236년/광무 7년/고종 40년

독수리보통우표·The Eagle Definitives Series

교정용 시쇄 원본(校正用試刷原本)

A die essay

On Postal Adviser E. Clemencet's Recommendation For the new postal policy, the daehan empire government entrusted the printing of the new 13-value stamp to the French government, under the pretext of upgrading the quality of postage stamps that were to be in use for international mail. The order was placed in July 1900 and, thus, the eagle stamps were issued in June 1903. The Eaglealong wuth the plum blossom pattern constitute the basic motif of the 13-value stamp. The full sheet is composed of 5x5 and the plate sheet is 25x3.

교정용 시쇄 원본(校正用試刷原本)

독수리보통우표

1898년부터 대한제국 우체고문으로 와 있던 불국(佛國-프랑스) 사람 끌라망세 [V. E. Clomencet(한국명: 길맹세. 吉孟世) 가

1. 국제간 우편 교류의 확대로 저액우표로부터 고액 우표까지 여러가지 액면의 필요성
2. 세계 각국의 우표 수집가, 우표상을 대상으로 세입 증대
3. 일본인 기술진의 배제
4. 외국 인쇄의 효과와 정밀도 등의 유리한 점을 들어 끈질긴 노력으로 조정을 설득한 결과 도안을 비롯해 인쇄까지 프랑스에 의뢰하여 제조된 우표이다.

본 우표를 제작하기 전 도안과 색상 등을 사전 검토용으로 제작, 인쇄하여 교정용으로 인쇄한 것이다.

싸이즈: 92x142mm. 색상 검정색. 액면 니전(2C). 도안 독수리, 태극 문양, 지구의, 칼문양

본 자료 내역

(기사 내용 중 일부) 김씨 작품 중 가장 눈길을 끄는 건 '독수리 보통시리즈 교정용 시쇄인본'이다.

1900년쯤 구한말 마지막 우표인 독수리 우표를 위탁 제작하게 된 불국 정부 인쇄국에서 우표 원판을 시험적으로 인쇄, 미리 우리나라 정부에 보낸 시험 인쇄본이다. 정부는 이 우표의 독수리가 너무 위압적이라는 이유로 재작성을 요구하게 돼 실제 우표는 이보다 움츠러든 모습이 됐으며, 이 시쇄 인본은 세계에 단 한 장밖에 없는 초희귀품이 됐다. 김씨는 이 시쇄 인본을 노환으로 자신의 우표를 정리하게 된 원로 수집가로부터 넘겨받았다. 이 원로수집가는 수십 년 전 왕십리에 보유하고 있던 땅과 이 우표를 바꿨는데, 그 땅의 가치가 현재 30억 원대에 이른다고 한다.

출처: 위키백과

1903

단기 4236년/광무 7년/고종 40년

독수리보통우표 · The Eagle Definitives Series

시쇄(試刷)

독수리보통우표 견양(見樣) 시트. PROOF

견양(見樣)시트는 우표를 인쇄하기 전에 우표 인쇄 상태를 미리 보기 위하여 시험적으로 소량만 인쇄해 보는 것을 시쇄라고한다. 또한 결정된 우표의 인쇄 상태를 측정해 보고 이를 최종 결정권자에게 결재를 득할 적에 참고 자료로 제시하기 위하여 견양으로 몇 장만 인쇄해 보는 경우가 있다.

이때 소형 시트 모양으로 넓은 인쇄 용지에다 인쇄물 우표와 똑같은 도안의 우표를 인쇄한 것을 견양(見樣)시트라고 한다. 대한제국의 우체 고문이던 끌라망세가 1903년에 발행된 독수리보통우표 13 종을 인쇄 발주 받아 이의 견양으로 1원 우표와 똑같은 도안으로 색깔만 각각 다르게 인쇄해 온 것이 견양시트의 시초로 추정된다.

견양(見樣) 시트

PROOF

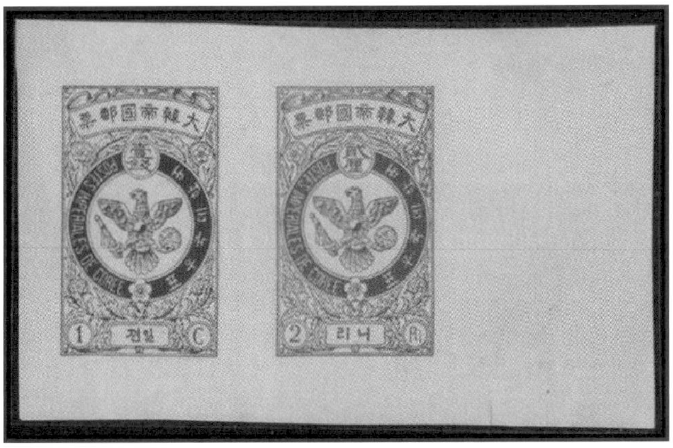

독수리보통우표 일전·니리 견양 시트

독수리보통우표 미 사용 50전(50C) 우변 탭 Q506

독수리보통우표 니리(2Ri) 미 사용, 상변지 및 우변지 탭 3장 연쇄

에세이(Essey)

우표를 발행하기 위해서는 담당 디자이너가 원도를 시험적으로 인쇄해 보며 여러가지 색깔로 찍어보고 도안이나 색깔을 수정해 최종적인 우표 도안을 결정하기 위해 미리 찍어보는 시험 작품을 에세이(Essey)라 한다.

에세이가 우표의 도안을 결정하기 위하여 사용된 것이라면, 프루프(Proof)는 우표의 도안이 확정된 후 시험적으로 찍은 것이라고 보면 된다.

출처: 2010년도 우표문화길잡이

1903

단기 4236년/광무 7년/고종 40년

독수리보통우표 · The Eagle Definitives Series

미사용 일전(1C) 중간 탭

미사용 니리(2ri) 우변 탭

미사용 니리(2ri) 하변 탭

미사용 니리(2ri) 좌변 탭

1903

단기 4236년/광무 7년/고종 40년

독수리보통우표 · The Eagle Definitives Series

2Ri(니젼)

1C(일전)

2C(니전)

3C(삼전)

4C(사전)

5C(오전)

6C(륙전)

10C(십전)

15C(십오전)

20C(이십전)

50C(오십전)

$1(일원)

$2(니원)

Perf. 13x14
Pt.凸版 (Yypographed)
Ps. 프랑스정부인쇄국
전지구성 5x5x3=75

1903

단기 4236년/광무 7년/고종 40년

독수리보통우표 · The Eagle Definitives Series

발송시각

DISPATCH NUMBER

갑·을·병·정체

한성(漢城)

갑체(甲遞)

을체(乙遞)

병체(丙遞)

정체(丁遞)

인천(仁川)

병체(丙遞)

정체(丁遞)

한성 ~ 인천 간 매일 발송 시각

매일 4 회

갑체 오전 7 시

을체 오전 10 시

병체 오후 1 시

정체 오후 4 시

기타 지역

매일 2 회

갑체 오전 7 시 20 분

을체 오후 5 시

1903

단기 4236년/광무 7년/고종 40년

독수리보통우표 · The Eagle Definitives Series

발송시각

DISPATCH NUMBER

갑·을·병·정체

개성(開城)

갑체(甲遞)

을체(乙遞)

삼화(三和)

갑체(甲遞)

을체(乙遞)

대구(大邱)

갑체(甲遞)

을체(乙遞)

1903

단기 4236년/광무 7년/고종 40년

독수리보통우표 · The Eagle Definitives Series

SEOUL
JUN 26,1905

HANSUNG
MAY 23,1905

HANSUNG
MAY 26,1905

YANGJU
MAY 21,1905

GAPYUNG
MAY 24,1905

INCHEON
JUN 2,1905

1903

단기 4236년/광무 7년/고종 40년

독수리보통우표 · The Eagle Definitives Series

U.S 외교인

U.S. CONSULATE STAMPMARKS

U.S. CONSULATE STAMPMARKS

C C

KOREA WASHINGTON MAY. 18, 1905
WASHINGTON AUG. 30, 1905
APR. 21 1905

1903

단기 4236년/광무 7년/고종 40년

독수리보통우표 · The Eagle Definitives Series

I.J.P.O. 재한 일본우편국 일부인

AFTER KOREA-JAPAN POSTAL AMALGAMATION I.J.P.O. CANCELATION ON KOREAN ISSUES(FOR FOREIGN MAIL)

SEOUL

SEOUL. I.J.P.O. 6 JUN. 1905

SEOUL. I.J.P.O.

CHEMULPO I.J.P.O. 1 JAN. 1905

1903

단기 4236년/광무 7년/고종 40년

독수리보통우표 · The Eagle Definitives Series

HANSUNG(SEOUL)
MAY 18,1905

SUWON
JUN 12,1905

JINJU
MAY 29,1905

HANSUNG
MAY 18,1905

SEOUL
MAY 18,1905

PUSAN
MAY 21,1905

PUSAN
MAY 21,1905

1903

단기 4236년/광무 7년/고종 40년

독수리보통우표 · The Eagle Definitives Series

블록(Block)

미사용 2Ri 6매 블록

SEOUL IJ.P.O. 01 JUN 1906. 한국 경성 명치 38년 6월 6일

멀티플(Multiple)

출처: 2010년 발행 우표 문화 길잡이

우표가 8장 이상 함께 붙어 있는 경우를 지칭한다.

그리고 블록은 보통 사각형 모양을 지칭하지만, 멀티플은 모양과 관계없이 여러 장일 경우 멀티플이라 한다.

예컨데 우리나라 100장 전지의 보통우표 전지에서 4장만 떼어내고 남은 것 같은 것을 멀티플이라 지칭한다.

육전(6C) 10매 멀티플. CHEMULPO, COREE 1903.

1903

단기 4236년/광무 7년/고종 40년

독수리보통우표 · The Eagle Definitives Series

발행일: 1903.10.1. 사용일 분류

발행 당일 사용

1903. 10. 1일
CHEMULPO

발행 당일 사용

1903. 10. 1일
SEOUL

발행 당일 사용

1903. 10. 1일
SEOUL

발행 당일 사용

1903. 10. 1일
SEOUL

발행일 다음날 사용

1903. 10. 2일
SEOUL

발행일 다음날 사용

1903. 10. 2일
SEOUL

발행일 다음날 사용

1903. 10. 2일
SEOUL

발행 후 6일째

1903. 10. 6일
SEOUL

발행 후 7일째

1903. 10. 7일
SEOUL

발행 후 9일째

1903. 10. 9일
SEOUL

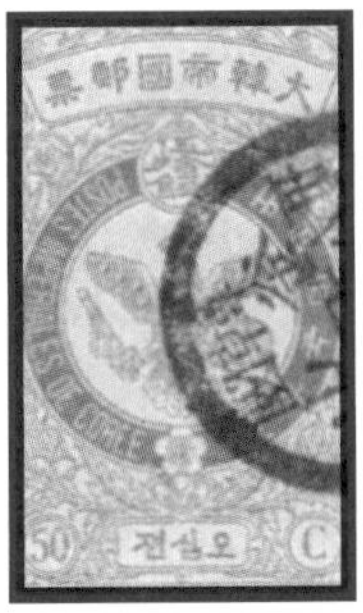

오십전. 한국 부산

1903

단기 4236년/광무 7년/고종 40년

독수리보통우표 · The Eagle Definitives Series

U.S. CONSULATE GENERAL CANCELLATION

외교인(U. S. Consulate Stampmarks)

SEOUL, KOREA / Mar. 7, 1905

CC

KOREA / WASHINGTON

WASHNGTON

May. 18, 1905

15C Pair·외체인과 I.J.P.O 일부인
FUSAN & 한국 부산

부산 1호

1903

단기 4236년/광무 7년/고종 40년

독수리보통우표 · The Eagle Definitives Series

한일통신합동 이후

After Korea-Japan Postal Amalgamation

FUSAN / May. 21, 1905

SEOUL, COREE / Jun. 26, 1905

HANSUNG / May. 23, 1905

HANSUNG / May. 26, 1905

양주 / May. 21, 1905

가평 / May. 24, 1905

인천 / Jun. 2, 1905

한성 / May. 18, 1905

수원 / Jun. 12, 1905

SEOUL / May. 18, 1905

HANSUNG / May. 18, 1905

FUSAN / May. 21, 1905

진주 / May. 18, 1905

1903

단기 4236년/광무 7년/고종 40년

독수리보통우표 · The Eagle Definitives Series

우체사별 접수시각 표시(Dispatch Number)

갑체·한성

을체·한성

병체·한성

정체·한성

갑체 **을체**

한성→인천
오전 7:00

병체

한성→인천
오전 10:00

정체

한성→인천
오후 1:00

한성→인천
오후 4:00

기타 지역

오전 8; 20 오후 5:00

개성(開城)

갑체

개성

을체

개성

삼화(三和)

갑체

삼화

을체

삼화

1903

단기 4236년/광무 7년/고종 40년

독수리보통우표 · The Eagle Definitives Series

재한 일본우편국. International Japnese Post Office

I.J.P.O. / Jul. 05

I.J.P.O. / Nov. 05

I.J.P.O.

경성 / 京城 I.J.P.O

부산I.J.P.O / 명치 39. 11. 15

SEOUL I.J.P.O. Jun. 6, 1905

SEOUL I.J.P.O. Jun. 6, 1905

명치 40.2.

서대문 I.J.P.O.

인천 I.J.P.O 명치 39. 8. 24

한국 부산 Jun. 30, 1905

한국 서대문 Aug. 6. 1905

한국 수원 Jun. 22. 1905

1903

단기 4236년/광무 7년/고종 40년

독수리보통우표 · The Eagle Definitives Series

독수리보통우표 1/3전지(25매), 니리(2ri), Chemulpo, Coree MAI. 15, 1904 외체인 일부인

1903

단기 4236년/광무 7년·고종 40년

독수리보통우표 · The Eagle Definitives Series

2 ri 전지(A Whole Sheet)

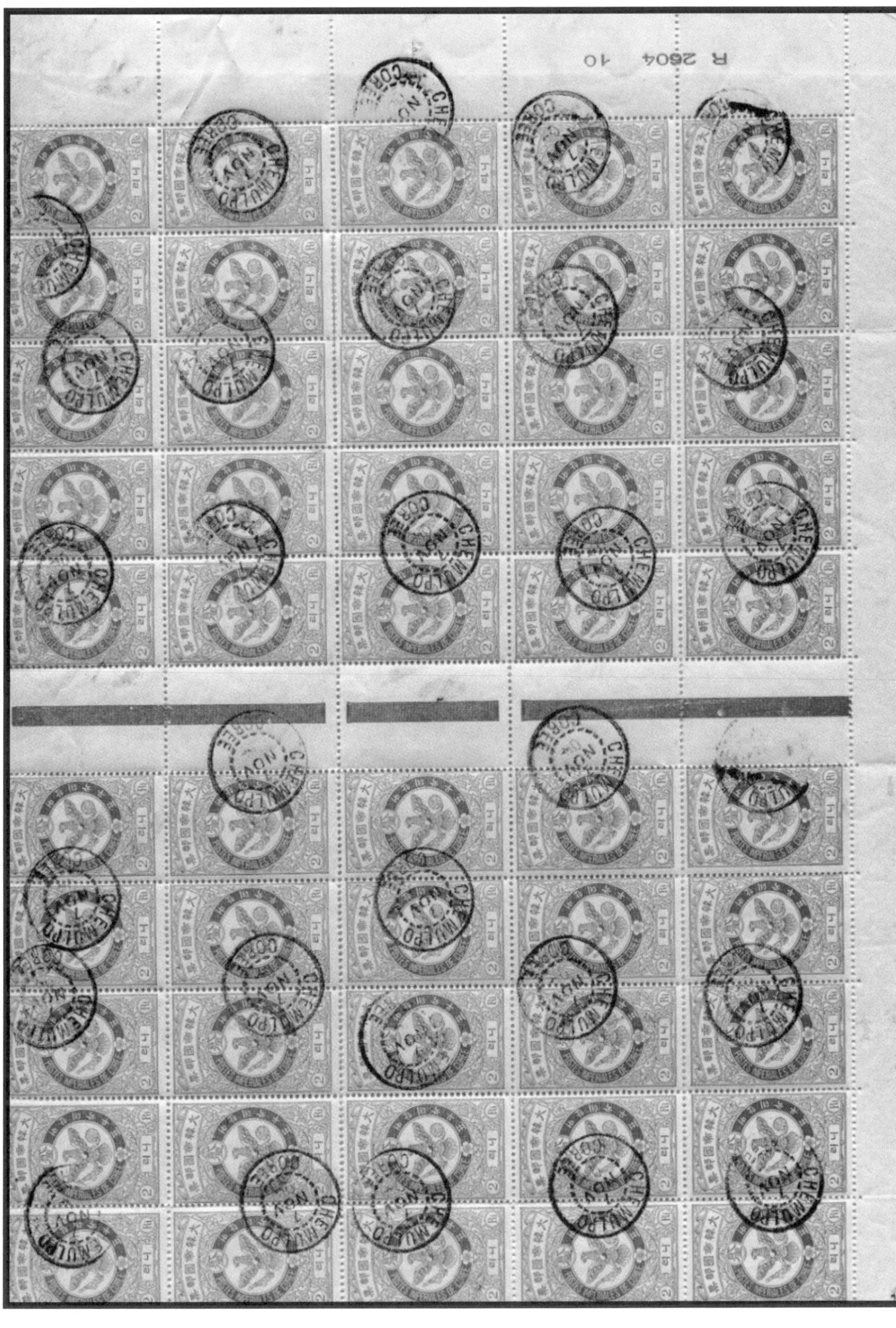

한국 근대 우정사 연표(韓國近代郵政史年表)

1. 구한국 시대

1896 [건양 원년(建陽元年)] 1월 1일(음력 1895년 11월 17일) 이전은 음력, 이후는 양력을 사용하였다. 다만 외국 관계는 1896년 이전도 양력을 사용하였다.

연대		우편 역사 및 주요 사건
1876년(고종 13년)		강화도조약(江華島條約) 체결. 2월 일본, 만국우편연합조약에 가맹함
		조일수호조규(朝日修好條規) 또는 강화도조약(江華島條約)은 1876년 2월 27일(고종 13)(음력 2월 3일) 조선과 일본제국 사이에 운요호사건을 빌미로 강압으로 체결된 조약.
	2월 3일	한일수호조약(丙子修好條約) 체결.
	2월 22일.	4월 4일 제1차 수신사 김기수 도일(渡日). 11월 부산일본우편국(I.J.P.O.) 개설 – 불법.
		[부산-나가사끼(長崎)사이]. 우편 기선(汽船)은 미쓰비시(三菱)회사의 우선(郵船)이 매월 정기 왕복,
		국·소(局所)는 영사관 내 사무는 영사가 겸임.
	.	운요호사건(雲揚號事件, 1875년 9월 20일(고종 12년, 음력 8월 21일) 또는 강화도사건(江華島事件)은 통상조약 체결을 위해 일본 군함 운요호가 불법으로 강화도에 들어와 측량을 구실로 조선 정부의 동태를 살피다 조선 수비대와 전투를 벌인 사건이다
1877년(고종14년)	2월.	부산-나가시끼 사이 우편 선로 단절 [기선(汽船)이 '서남지역(西南之役)' 정토(征討)에 모두 징용당함]
	8월 20일.	부산-나가사끼 사이 일본 우편선(郵便船)을 복구하기로 조처함.
	9월 11일.	부산-나가사끼 사이 우편선 재개
1879년(고종 16)	7월.	만국전보장정 제정(영국 런던). 12월 영국, 일본에서 우체국을 철거함
1880년(고종 17)	5-9월.	홍영식(洪英植)이 수신사를 따라 일본에 건너가 신식 우편제도를 시찰하고 역체총감(驛遞總監) '마에지마(前島密)'을 찾아가 우편사업을 논의함. 일본인 경영 우편관서에서 우편환 취급. 통리기무아문(統理機務衙門) 1880년(고종 17년)에 설치된 관청. 조선 최초의 근대적 기구. 임오군란으로 인해 1882년(고종 19) 폐지.
	3월.	프랑스, 일본에서 우체국을 철거함. 일본 통신상(通信上)의 국권을 회복함.
	5월 1일.	원산(元山) 일본우편국(I.J.P.O) 개설.(우편선 왕복 및 기타 부산우편국 예에 따름).
	5월.	재한(在韓) 일본우편국 우편위체(郵便爲替: 환) 사무 개시.
	5월 28일.	제2차 수신사 김홍집(金弘集) 도일. 8월 재한 일본우편국 우편저금 사무 실시.
	9월 8일.	김홍집, 〈조선책략(朝鮮策略)〉 1책을 갖고 환국함. 12월 21일 통리기무아문(統理機務衙門) 설치
1881년(고종 18)	4-7월.	신사유람단(紳士遊覽團), 홍영식, 박정양(朴定陽)과 수행원 이상재(李商在) 등이 일본에서 우편제도를 시찰하고 문견기(聞見記)를 통하여 이를 보고. 흥선대원군(이하응) 청나라에 의해 텐진으로 납치당함. 일본 고베시에서 박영효 등에 의해 처음으로 태극기가 게양되었다. 제물포조약에 따라 사과 사절단으로서 박영효, 김만식, 서광범, 김옥균, 민영익 등이 일본으로 출항. 제물포조약(濟物浦條約). 1882년 8월 30일(고종 19년) 임오군란의 사후 처리를 위해 조선과 일본제국 사이에 체결된 불평등 조약.
	1월 10일.	통리기무아문의 낭청(郎廳)을 주사(主事), 부주사(副主事)로 개칭함.
	4월.	신사유람단(紳士遊覽團) 파견. 8월 7일 일본 수신사 조병호(趙秉鎬) 도일. 3월 한미수호조규(韓美修好條規) 조인. 한영수호조규(韓英修好條規) 조인. 5월 한독수호조규(韓獨修好條規) 조인.
	6월 5일.	임오군란(壬午軍亂) 발생. 7월 수신사 박영효(朴泳孝) [부사(副使) 김영식(金映植)] 임명.
	10월 17일.	일본, 덴마아크 대북전신주식회사(大北電信株式會社)에 부산구해저전선(釜山口海底電線) 설치권을 양여(讓與) 하기로 약정.
	11월 17일.	통리아문(統理衙門) 통리내무아문 설치
	11월 27일.	목인덕(穆麟德: Molendorf, 참의 통리아문사무(參議統理衙門事務) 피임.
	11월.	목인덕의 보좌관으로 전 홍콩 우체국 부국장 영국인 허치슨(W. D. F. Hurtchison) 등 20여 인이 대한제국에 입국함.

연대	우편 역사 및 주요 사건	
1882년(고종 19)	12월 1일	협판우정사사무(協辦郵程司事務) 홍영식(洪英植), 참의(參議) 우정사 사무 이교영(李敎榮), 우정사 주사 정만조(鄭萬朝).
	12월 4일	통리교섭통상사무아문(統理交涉通商衙門)에 우정사(郵程司) 설치(협판에 홍영식 임명). 통리아문(統理衙門) 1882년(고종 19년) 11월 17일에 설치한 외무, 통상 업무를 맡아보던 기관.
	12월	일본 우편 조령(條令)을 제정하여 전국 균일 우편 요금을 실시
	12월 4일	'통리내무아문'을 '통리군국사무아문'으로, '통리아문'을 '통리교섭 통상사무아문'으로 개편.
	12월 5일	'판리사무(辦理事務)'를 '독판사무(督辦事務)'로 개칭함. 독일인 목인덕을 협판교섭통상사무로 임명함. 민상호(閔商鎬)12세 소년으로 미국에 유학함.(6월 출발 갑신년 5월 귀국).
1883년(고종 20)	9월	홍영식 보빙부사(報聘副使)로 도미(渡美)하여 특히 뉴욕우체국을 시찰하고 우정 제도 창설을 결심함.
	9월 23일	(上海) 등지에 파견하기로 함.
	12월	일본인천우편국(I.J.P.O) 개설 – 불법.
		충청좌도(忠淸左道) 암행어사가 각역(各驛)이 조잔(凋殘)하여 절참(絕站)에 이르렀다고 보고함.
	10월	한성순보(漢城旬報) 창간. 우체제도에 관한 계몽 기사를 많이 게재함. 1월 24일 일본과 부산구 해저전선조관(釜山口海底電線條款) 체결.
	7월	박문국(博文局) 창설. 9월 29일 통리교섭통상사무아문 어학생도(語學生徒) 윤정식(尹定植), 민상호(閔 商鎬), 윤시병(尹始炳) 등을 각국의 언문학(言文學)의 습득을 목적으로 상해(上海) 등지에 파견하기로 함
1884년(고종 21)	2월 24일	함경도 유학(幼學) 이면후(李冕厚) 등 우참남기(郵站濫綺)의 폐단을 상소.
	3월 26일	우정총국(郵征總局) 창설. 인천분국(仁川分局) 설치. 4월 1일 한성순보에 우정총국 창설을 보도.
	4월 9일	독판(督辦) 김병시(金炳始), 우정총국 창립을 일본공사에게 통고하고 조속히 일본 및 홍콩과 우편협약을 체결하는 한편 만국우정연합에 가입할 뜻을 밝힘. 4얼 10일 독판 김병시, 우정총국 창립을 미·영 공관에 통고. 5월 15일 우정총국, 신설개략장정(新設槪略章程)을 상계(上啓)함.
	7월 1일	[음력 윤(閏) 5. 9]. 우정총국, 일본인 오노(小尾輔明) 및 미야자끼(宮崎言成)와 고용 계약을 체결함.
	8월 9일	[음력 6. 19] 일본대장성 인쇄국이 수탁(受託)한 한국우표 백문(百文) 이하 5종의 원판(原版) 완성 [25문(二十五文)은 50만, 50문은 50만 100문은 30만].
	8월 21일	우정국 사사(郵征局司事) 이상만(李象萬), 이상재(李商在), 남궁억(南宮檍) 등 14명을 임명.
	9월 3일	우정총국 사사 성익영(成翊永) 임명.
	9월 11일	우정국사무장정(郵征局事務章程), 우정국직제장정(郵征局職制章程), 대조선국우정규칙, 경성(京城) 내 우정복개설(復開設) 규범, 경성-인천간 왕복우정규범 이상 입계(入啓).
	9월 22일	청(淸)·일(日)·미(美)·영(英)·덕(德: 獨) 등 각국 공관에 10월 1일부터 우정 사무 개시함을 통고하고, 우정 규칙 등 각 법규를 부송. 2월 28일 부산구에 설치한 해저 전선 개통.
	3월 28일	홍영식, 협판 군국 사무에 임명. 4월 1일 협판 홍영식, 이용사(利用司)에 피임코 이를 구관(句管)함.
		※ 구관(句管). : 맡아서 다스림.
	5월	타운젠드(W. D. Townsend), 무역 회사 지점 설립을 위해 인천에 도착함.
		6월 6일(E. Meyer & Co,) 지점 개설을 목적으로 시트즈(Sites)를 동반하고 인천에 도착. 양력 6월 일본 우편 휘장(郵便徽章)을 정함.
		※ 입계(入啓): 임금에게 상주하는 글을 올리던 일.
	9월 30일	우정총국 사사의 각과 분장(各課分掌) 별단(別單) 및 우정 기장(旗章). 도화(圖畵) 입계(入啓).
	10월 1일	우정총국 신식 우체 업무 개시, 인천우정분국 동시에 업무 개시 [인천 분국장 이상재(李商在)]. 문위우표(文位郵票) 5종(5·10·25·50·100문(문) 발행.
	10월 17일	우정국 개설 축하연.
	10월 19일	우정총국으로부터 최초이며 단 한번인 외국 우편물이 미·독 공관에 배달됨.
	10월 21일	우정총국 철폐.(혁파 革罷)
	11월 29일	일본공사관에서 독판에게 일본인 고원(雇員) 오미 및 미야자끼의 고용이 정파(停罷)된데 대해 계약서의 조사를 요청함. 12월 1일전 인천우정분국의 우초(郵鈔) 및 일체 비품을 정리 보고하라고 인천 감리(仁川監吏)에게 훈령.
		2월 1일[음 12.17] 일본인 양인(兩人) 그들 영사를 통하여 고기(雇期) 계속을 청원 요구 조건 제출.
	12월 21일	우정국 고원 오미 및 미야자끼에게 5개월분 월급 지급하고 해약함.

흥선대원군 이하응

위로부터
홍영식
월남 이상재
우정총국
통리교섭통상사무아문장정
(統理交涉通商事務衙門章程

연대	우편 역사 및 주요 사건

10월 17일 갑신정변(甲申政變) 발발.

10월 21일 통리군국사무아문(統理軍國事務衙門) 을 의정부(議政府)에 합부(合付)함. 12월 7일 김윤식(金允植) 통서독판, 박정양(朴定陽) 등 협판에 피임. 12월 13일 홍영식(洪英植) 가족 처벌

우기(郵旗)

김옥균

김윤식

박정량

1885년(고종 22)

목인덕Paul Geoge Von

3월 3일 전년에 주문하였던 우초(郵鈔) 대소(大小) 2궤 일본에서 들여와 동고(東庫)에 수장(收藏)함.

3월 28일 박문국(博文局)을 복설(復設)함.

5월 25일 내무부(內務府)를 궁중에 설치함. 6월 6일 의주전선합동[義州電線合同(조청전선조약(朝淸電線條約)] 체결. 7월 11일 일본공사, 우표 제조 및 기타 비용[은화 758원(원) 92전 지폐(紙幣) 15원 11전 1리] 상환을 최촉(催促). 7월 21일 우표 제조비는 구약(舊約)대로 상환하겠으나, 우편을 다시 설치함을 미결이라고 일관(日舘)에 회답.

7월 26일 해관총세무사(海關總稅務司) 목인덕 해임됨. 8월 19일 한성전보총국(漢城電報總局): 화전국(華電局) 개설. 20일 개국. 8월 25일 화전국 경·인간 전선 업무 개시.

9월 17일 묵현리(墨賢理: Henry F. Merrill. 영국인) 해관총세무사(海關總稅務司) 임명.

10월 11일 청주차조선총리교섭통상사의(淸駐箚朝鮮總理交涉通商事宜) 원세개(袁世凱) 내임(來任).

10월 13일 의주까지 전선 가설 완료 [서로전선(西路電線)]. 12월 배재학당(培材學堂) 설립. 12월 22일 일본 체신성(遞信省) 창설

1886년(고종 23)

묵현리(墨賢理: Henry F. Merrill. 영국인)

1월 17일 세창양행(世昌洋行)에 우초(郵鈔)를 불하하기로 하고 그 증거서(證據書)를 묵관(墨舘)에 보냄.

1월 27일 우초 발매를 제차 결정하고 그 계약서에 개인(蓋印)하여 해관(海關)에 보냄.

1월 30일 일본대장성(大藏省) 인쇄국에 위탁해 제조한 우표 대금 즉 은화 758원(元) 92전 지폐 15원 71전 1리 합계 774원 3전 1리 중 500원은 이미 내도(來到) 했으나, 그 잔액 274원 3전 1리의 은표(銀票)를 조속 상달하라고 해관(海關)에 시달.

2월 1일 해관에서 274원 3전 1리의 은표 한 장이 상송(上送)됨. 2월 3일 일공관(日公舘)에 우표 제조비를 전액 상환하고 우표 원판을 보내라고 통고. 2월 19일 청국과 대판조선 육로전선 속약 합동(代辦朝鮮陸路電線續約合同) 체결

3월 1일 진동서(陣同書) 한성전보총국(漢城傳報總局) 총판 부임. 3월 5일 미국인 데니(O.N. Denny) 내무협판에 임명됨. 4월 15일 일관(日舘), 우표 인판(郵票印版) 대소(大小) 18개의 송교(送交)를 통고. 7월 15일 일관, 우표 인판 운송비 12전을 청구. 7월 28일 우표 인판 운송비, 송교 완결. 8월 1일 내무부(內務府) 육영공원(育英公院)의 실학절목(實學絕目)을 입제함. 8월 4일 조병식(趙秉式)독판 교섭통상사무에 임명됨. 10월 1일 남로전선(南路電線) 가설 착공. 양장(洋匠) 미륜사(彌綸斯: H. J. Muehlensteth) 등 충주(忠州) 등지로 향발

1887년(고종 24)

조병식(趙秉式)

2월 7일 영국 군함 거문도(巨文島)에서 철수. 2월 일본 'テ'자 형(形)으로서 체신성 전반의 휘장(徽章)으로 정함.

3월 13일 청국과 '중국공양조선설부산지한성 육로 전선(中國公讓朝鮮設釜山至漢城陸路電線)' 의정 합동(議定合同) 체결. 5월 13일 일관, 우편국 설치에 대한 회답을 촉구, 우편국 개설 건은 아직 정론(定論) 안 되었다고 회답.

5월 20일 서상우(徐相雨) 통서(統署) 독판에 임명. 됨. 6월 8일 미관(美舘)에 우정 사무 혁파 후 일체 우초통(郵鈔筒)이 아직 요용(要用)치 않다고 통고. 6월 9일 전보장정(電報章程) 기초(起草).

6월 18일 주미공사(駐美公使)로 박정양(朴定陽) 임명. 6월 19일 일관에 우편국 개설은 곤란하다고 회답.

8월 4일 조병식(趙秉式) 통서독판에 임명. 10월 29일 전환국 조폐창(典圜局造幣廠) 기기국기계창(機器局機械廠) 완성

연대	우편 역사 및 주요 사건	
1888년(고종 25)	4월 15일	일관, 각항(各港) 일본우편국 수용물(需用物)도 부산일본전신국 수용물 예에 따라 면세 통관을 요구.
	4월 28일	군사교관 미국인 다이(Dye)장군 등 내도(來到). 5월 24일 일본우편국 수용물 면세 통관 거절.
	5월 27일	남로전선(南路電線) 가설 준공 [조선전보총국, 공주(公州), 전주(全州), 대구(大邱), 부산(釜山) 등 4 분국] 여름(中夏), 전보장정 반포(전 32조). 6월 14일 우초 대금의 송교를 다짐하면서 주미(駐美) 공관행 봉서(封書)를 미국공관에 송정(送呈)함. 7월 7일 일관에 각항(各港) 일본우편국 수용물 면세 통관 허가를 통고함. 7월 인천우편국 경성출장소 신설. 7월 13일 조·러육로통상장정(朝露陸路通商章程) 체결. [경흥(慶興) 개방].
	7월 22일	내무부 연무공원(鍊武公院) 직제를 입계(啓入)함. 7월 29일 이중칠(李重七) 서리 통서 독판에 임명됨.
윌리엄 맥엔타이어 다이 (William McEntyre Dye)	8월 18일	판리통연(辦理通聯)만국 전보 약정서 조인. 8월 21일 전보국 총판 조병직(趙秉稷), 회판(會辦) 이완용(李完用) 임명됨. 9월 5일 한성에서 서남 양 전선 접속 이루어짐. 9월 12일 조병직 서리 통서독판에 임명됨
1889년(고종 26)	4월 13일	남로전선(南路電線) 청주 지선 준공. 7월 2일 민종묵(閔種默), 통서독판에 임명됨
1890년(고종 27)		전신환 취급 개시. 홍종우(洪鍾宇) 프랑스로 유학(최초). 홍종우(洪鍾宇, 1850년~1913년) 조선의 문신, 대한제국의 근왕주의 개화파 정치인이다. 조선 최초의 프랑스 유학생이다. 1894년 중국 상하이에서 급진 개화파의 거두인 김옥균을 저격, 암살했다. 황국협회의 회원으로 개화파와 독립협회의 활동을 탄압하였으며, 이승만을 체포하여 재판하기도 했다.
	1월 12일	박제순(朴齋純)을 주 영·덕·아(駐英德俄(露) 등 5개국 공사로 임명함 2월 19일 미국인 리젠들(Char Les W. Legendre)을 내무협판에 임명함. [데니: 德尼는 해고]. 4월 17일 대왕대비(大王大妃) 조씨[익종(翼宗) 비] 서거.
	11월 23일	미국인 그레트하우스(C. R. Greathouse) 를 내무협판에 임명하며 법률, 사무를 판리(辦理)시킴.
홍종우(洪鍾宇)	12월	일본 구주(九州) - 대마도 사이 해저전선을 대북회사(大北會士)로부터 매수(買收)
1891년(고종 28)	1월 17일	청국, 동칠릉전신기선(東七陵電信技線) 가설에 동의함.
	2월 15일	청국과 북로전선합동(北路電線合同) 체결. 2월 23일 일본 - 대마도 간 전보 요금을 국내 요금과 동일하게 하고, 부산. 일본 간 보비를 매 10어(語)당 40전으로 낮추다.
	6월 22일	북로전선 준공 [한성·춘천·원산].
	7월 4일	제 4회 만국우편연합회의 오지리(墺地利 오스트리아) 수도 빈에서 개최.
U.P.U. 휘장	7월 22일	민상호(閔商鎬)를 홍문관(弘文館) 수찬(修撰)에 임명됨.
	12월 19일	일관, 본월 16일에 인천우편국 우편물을 한성으로 체송 도중 피습 약탈당했다고 항의함
1892년(고종 29)	3월	광업 및 철도 조사를 위해 미국인 모어스(J. Ames Morse)를 초빙함.
	7월 18일	의정부 우역(郵驛)이 모두 조잔(凋殘) 하여 절참(絕站) 지경에 이르렀는데, 그 원인은 남파(濫把)와 매토(買土)와 호수빈차(戶首頻差)에 있다고 상계(上啓)함.
	9월 6일	이용직(李容稙) 서리 통리독판에 임명.
	9월 22일	조병직 통리독판에 임명됨.
		양력 11.11. 올간(F. A. Morgan) 총세무사(總稅務士) 에 임명됨
1893년(고종 30)	3월 28일	남정철(南廷哲) 통서독판에 임명됨. 5월 23일 총세무사에게 인천에 입항하는 전등(電燈) 기계에 부세(負稅)할 것을 하달. 8월 17일 우편업무를 개설키 위해 '전보총국'(南電局)을 '전우총국(電郵總局)'으로 개편하고 관리 전우사무에 조병직 총판내체우신사무(內遞郵信事務)에 이용직, 회판 외체 우신사무에 미국인 구례(具禮: C. R. Greathouse) 임명. 8월 25일 영국인 브라운(相卓安: J. Moleany Brown)이 총세무사에 임명됨.

연대	우편 역사 및 주요 사건	
 민상호(閔商鎬)	9월	일본공사 오오도리(大島圭介) 착임. 9월 7일 화전국(華電局), 전보총국을 전우총국으로 개편한 것과 미국인 구례의 임용이 청국과의 약정에 위배된다고 항의. 9월 27일 화전국, 상기(上記)의 일에 대해서 해명을 다시 촉구. 10월 1일 구례는 우정에만 관계하고 전신사무와는 무관하다고 화전국에 회답.
	10월 25일	김학진(金鶴鎭) 서리 통서독판에 임명됨. 10월 28일 각역(各驛)의 마위전답(馬位田沓)을 사점(私占)하는 폐해가 심해 무역 지경에 이름을 엄단토록 함. 11월 26일 조병직 통서독판에 임명됨.
	11월 27일	인천에 입항된 궁정소용(宮廷所用) 전화기 및 전화기 재료 등의 부세 조치를 총세무사에게 시달함. 11월 29일 이채연(李采淵), 전우총국 방판에 임명됨.
	12월 1일	우신총국(郵信總局)의 인신(印信) 및 관방(關防)을 주급(鑄給)토록 함.
	12월 24일	공조참의(工曹參議) 민상호(閔商鎬), 육영공원(育英公院)의 판리사무(辦理事務) 됨.
1894년(고종 31)	1월	민상호, 전우총국(電郵總局)의 국제우편과장으로 재임명됨.
	1월 27일	만국우편연합에의 가입 의사를 주미 공사를 통해 스위스 연방 정부에 통고.
	2월	위의 U.P.U. 가맹 신청서 주미 스위스공사에게 수교됨. 2월 허치슨과 호리팍스(T. E. Holifax) 지도하에 관립영어학교(官立英語學校) 개설. 2월 15일 동학란(東學亂) 발발.
	2월 22일	화전국에 전화기(得津風: Telephon)을 구입해 오는 일로 위원(委員) 상손(尙巽)을 파견함.
	4월 24일	위의 U.P.U.가맹 신청 스위스 정부에 송치됨. 4월 30일 육영공원(育英公院) 참리(參理) 민상호 외무참의에 임명됨. 개성유수(開城留守) 이용직(李容稙) 외무협판 겸 전우총국 회찬에 다시 임명됨.
	5월 11일	신식화폐(新式貨幣) 장정(章程) 5월 24일 오오도리(大鳥圭介) 일본공사 내정개혁안(內政改革案) 제시.
	6월 8일	일본 독단으로 경·인 간(京仁間) 전선가설 공사 착공. 6월 11일 교정청(校正廳) 설치.
	6월 17일	일본군용전선(軍用電線) 부산·대구·충주 등지에서 불법으로 착공. 6월 21일 서로전선을 일본군용전선으로 차여 6월 25일 김가진(金嘉鎭) 전우총국 총판, 전우사무(電郵事務)에 임명됨. {관리전우} 사무 조병직 사임.
	6월 27일	주미 스위스공사, 본국에 일본공사의 우리 나라 U.P.U. 가맹 방훼 공작을 보고함. 6월 25일 갑오경장 시작됨. [군국기무처 설치] 김홍집 영의정에 임명. 6월 26일 북로전선 일본 군용으로 차여(借與). 6월 일본 군사야전(軍事野戰) 우편물 처음으로 실시[야전우편국·소(局·所) 설치].
	6월 28일	공무아문(工務衙門)에 역체국(郵遞局)과 전신국(電信局) 설치. 군국기무처(軍國機務處), 의정부 이하 각 아문의 관제 공포. 7월 1일 각 관제 시행. 7월 2일 역인(驛人), 창우(倡優), 피공(皮工) 등과 같이 면천(免賤)됨.
	7월 11일	은본위제(銀本位制)의 화폐장정(貨幣章程) 공포. 7월 15일 서정순(徐正淳) 공무아문 대신(工務衙門大臣), 한기동(韓耆東) 동 협판에 임명됨.
	7월 18일	군국기무처공무아문에 전일(前日)의 공조(工曹), 전우총국 광무국(礦務局)이 소속됨을 밝힘. 군국기무처, 각부 아문(各部衙門) 소속 각사(所屬各司) 결정. 7월 19일 공무아문의 청사를 전 공조로 정함. 법무아문 주사에 전우위원 김기조(金基肇) 등을 임명함. 공무아문 참의 [부호군(副護軍) 조민희(趙民熙) 등 6인] 및 주사 [전우국 주사 백철용(白喆鏞), 김낙집(金樂集) 김철영(金澈榮) 등 8인] 임명. 7월 20일 조·일잠정합동조약(朝日暫定合同條約) 체결. 7월 26일 조·일동맹조약 체결. 8월 7일 이도재(李道宰), 공무아문협판에 임명됨[안경수(安駉壽) 사임].
위로부터 김홍집(金弘集) 김가진(金嘉鎭)	9월 23일	위노우에(井上馨) 공사 제2차 내정 개혁안 제출. 10월 10일 관제 개혁 이후 각역은 공무아문에 속하고, 마필(馬匹)은 군무아문 소속으로 되어 있었음. 10월 17일 조동필(趙東弼), 공무아문 협판에 임명됨.
	11월 1일	조인승(趙寅承), 공무아문 협판에 임명됨. 11월 21일 신기선(申箕善), 공무아문대신, 김가진 동 협판에 임명됨. 11월 29일 전우총국 방판에 이채연(李采淵) 임명됨. 12월 1일 일본 군용 전신국, 공중전신(公衆電信) 개시. 12월 12일 홍범(洪範) 제14조 공포. 12월 16일 의정부를 궁 안으로 옮기고 '내각(內閣)'이라 개칭함.
	12월 27일	전보국은 경무청(警務廳)으로, 경무청은 육영공원으로, 육영공원은 정보국으로 각각 옮김

※호리팍스(T. E. Holifax). 한국명: 계래백사(溪來百士)

연대		우편 역사 및 주요 사건
1895년(고종 32)	1월 28일	덕국(德國: 獨) 우선이 번번히 부산-인천 사이를 내왕함. 양 3월 17일 예산(豫算) 최초로 편성됨.
	3월 5일	청일전쟁 휴전 협정 조인. 3월 23일 마관조약(馬關條約) 조인. 3월 동학당(東學黨) 전봉준(全琫準) 처형. 3월 25일 농상아문(農商衙門)과 공무아문을 통합하여 농상공부(農商工部)로 개편, 통신국(通信局)을 설치토록 하는 신관제(新官制) 반포. 3월 29일 칙령(勅令) 제64호로, 각령(閣令), 부령(部令), 훈령(訓令)의 고시(告示) 및 지령(指令)의 구분을 규정 반포함. 4월 1일 농상공부 관제 시행. 김가진(金嘉鎭) 농상공부 대신, 이채연(李采淵) 동 협판 조병교(趙秉敎) 동 체신국장, 농상공부기수(技手) 김남식(金南軾) 등 12명 임명. 농상공부 주사, 최문현(崔文鉉)등18명 임명. 4월 5일 인천에 통신분국 설치 예정으로 인천 경무청 청사의 사용을 교섭.
	4월 19일	농상공부 본부는 전 농상아문에, 동부(同部) 통신국은 전 공무아문에 설치키로 함.
	4월 22일	농상공부 분과규정(分課規定) 반포, 통신국에 체신과, 관선과(管船課)를 둠. 4월 22일 농상공부 체신 고문으로 일본인 야마다(山全雪造)의 고빙을 청의(請議). 5월 22일 외부(外部), 해관우편(海關郵便) 철혁 조치(撤革措置)하라고 통고. 5월 23일 해관, 해관우편 본격적인 것이 아니라고 회답. 윤 5월 3일 정병하(鄭秉夏), 농상공부 협판에 임명. 윤 5월 24일 조병교 통신국장 사임. 윤 5월 25일 우부(郵夫) 8명을 진고개(泥峴) 일본 우편국에 윤회 견습(輪回見習)토록 조처. 6월 7일 일본우선회사, 인천 - 경성(鏡城)간 정기 항행.
	6월 19일	관보, 내년(1896) 4월에 워싱턴에서 만국우편연합회의 개최를 보도. 7월 13일 일본 전권공사 미우라(三浦梧樓) 내임.
	8월 20일	을미사변(乙未事變) 발생. 이완용(李完用), 이윤용(李允用) 이하영(李夏榮), 이병연(李秉淵) 민상호(閔商鎬), 현흥택(玄興澤) 등 미국 공사관에 잠복함[건양 2년 2월까지]. 9월 7일 내각 및 각부 국장 봉급표 반포(칙령 167호). 9월 9일 태양력(太陽曆) 사용의 조칙(詔勅)내림. 10월 26일 서로전선(西路電線)의 환수를 시작함.
	11월 3일	향회조규(鄉會條規) 18조 반포. 11월 15일 연호 건양(建陽) 사용, 단발령(斷髮令) 반포. 건양 원년도 세출입 예산표 반포. 윤 5월 26일 국내우체규칙 반포 [칙령 제124호 80조] 우체사(郵遞司) 관제 반포[칙령 제125호 12조] 우체기수, 기수보 봉급 건 반포 [칙령 제126호]. 윤 5월 27일 6월 1일부터 한성-인천 간 우체 개설 공고 [부령 제2호]. 우체 시행지의 우체사 소관 구역 공고 [부령 제 2호]. 우체 시행지의 우체사 소관 구역 공고 [부령 제3호] 한성사(漢城司): 한성 성내외(城內外) 인천사(仁川司): 제물포항 및 인천읍 내. 윤 5월 28일 한성·인천 간 우체물 체송법 제정 우체사무 세칙(107조) 공고 [우표매하소 허가법, 우표 매하인 규칙(18조) 집신법(集信法), 분전법(分傳法), 체송법 제정 [농상공부 훈령 제131호]. 6월 1일 국내우체규칙, 우체사 관제 등 시행. 한성-인천 간 우체사무 개시 국기우표(國旗郵票) 4종 [5문·1돈·2돈5푼·5돈] 발행. 우체기수(技手)로 이기철(李起鐵), 이병달(李秉達) 등 2명 임명. 6월 5일 한성우체사를 통신국 내에 인천우체사를 인천항 축현(丑峴) 서쪽 언덕 밑 전 이운사(利運社) 내에 설치 [고시 제3호]. 6월 9일 해관우편(海關郵便) 철폐를 재치 외부(外部)에 독촉. 6월 11일 외부, 해관우편 철폐의 건. 총세무사(總稅務司)에게 통고했다고 회답.
	6월 13일	우체사 주사, 기수, 기수보 등의 지방 파견 수당(월 10원) 지급을 청의 각의(閣議)에서 부결. 6월 18일 한성부 내 [집신 오전 7: 20-오후 5:00, 분전 오전 9:00-오후 6:00] 및 한성. 인천간 우체물 집분 발착 시간(집분발착. 시간)[오전 9:00발송 오후 6:00 귀착] 표. 공고 관보(官報)에 한성우체사 6월 1일부터 15일까지의 우체물 취급수 공고. [집신 137, 분전 147, 발송 113도착 133]. 6월 23일 한성내의 우표매하소 10개소 및 우체함 위치 공고 [고시 제4호]. 6월 29일 광산국장 김시제(金時濟), 통신국장 사무대판(事務代辦) 및 한성우체사장. 대판에 피임. 6월 각 역에 입마(立馬)를 폐지하고 인부(人夫)로 대체시킴. 7월 7일 미국에 위탁 제조한 우표 기타물의 조속 송치와 해관우편의 즉시 혁파를 외부에 독촉. 7월 17일 위의 2 건에 대한 회답을 외부에 촉구.
	7월 18일	우체사업비 부족조로 증액된 6,483원 40전의 예산 외(豫算外) 지출 결정. 7월 21일 해관우편은 국내우체 규칙 17조 벌칙에 의해 처벌될 것이라고 외부에 통고. 11월 17일 양력(陽曆) 채용. 개국 504년 11월 17일을 505년 1월 1일로 함. [9월 9일 조칙] 이태리인 말코니(Marconi) 무선 전신 발명.
	7월 28일	8월 1일부터 개성우체사(開城郵遞司) 개설 공고. [부령 제4호]. 우체 이용에 대한 계몽을 관보를 통해 널리 알림. [고시 제5호] 한성 내 우표매하소 10개소 증치(增置)를 공고. [고시 제6호]. 한성-개성간 우체물 체송법 제정[훈령 제263호. 8월 1일부터 한성우체물 집신, 분전 횟수 각기 4회로 증가 시한 개정 공고 [훈령 제270호]. 7월 30일 관보 체송건(遞送件)으로 조회. 8월 1일 개성우체사 우무 개시. 한성 내외, 한성-인천 간 및 한성-개성 간 우체물 집분(集分) 발착 개정료 공고[관보 제126호]. 개성에 우체함 설치하고 우표매하소 3개소 허가. 수원에 한성우체지사 개설 공고 [부령 제5호]. 8월 6일 외부에 통신국 고문 일본인 기무라(木村綱太郎), 가또오(加藤格昌) 고용 건 조속 추진토록 요청.

위로부터
명성황후가 거처했던 경복궁 건청궁 곤녕합 옥호루
암살범 일본공사 미우라고로(三浦梧樓)
조선인 협력자 이준용
유길준

※ 을미사변(乙未事變)

1895년 10월 8일 경복궁(景福宮)에서 명성황후 민비가 조선 주재 일본공사 미우라 고로(三浦梧樓)의 지휘 아래 일본군 한성수비대 미야모토 다케타로(宮本竹太郎) 등에게 암살된 사건이다. 명성황후 암살사건(明成皇后暗殺事件)', '명성황후 시해사건(明成皇后弑害事件)'이라 부르기도 한다. 당시에는 '을미의 변(乙未之變)' 또는 '을미 팔월의 변(乙未八月之變)' 이라고 불렀으며, 일제의 작전 암호명은 '여우사냥'이었다.

※ 육영공원(育英公院)은 고종 23년(1886)에 국가에서 설립한 교육기관이다. 현대식 교육기관으로는 한국 최초의 학교로 미국인을 교수로 초빙, 준재(俊才)를 선발하여 영어를 중심으로 수학, 외국어, 지리학, 정치, 경제 등을 교수하였다. 교사로는 길모어(G. W. Gilmore : 吉模)·뱅커(D. A. Banker : 房巨) 헐버트(Rev. H. G. Hulbert : 轄甫) 등이다.

연대	우편 역사 및 주요 사건

8월 7일 8월 10일부터 수원우체지사 우무 개시함을 공고 [부령 제6호]. 한성·수원 간 우체물 체송법 제정[훈령 제297호] 수원우체지사 우체물 집신, 분전 매일2회로 정하고 시한은 적당히 함.

8월 9일 탁지부(度支部), 인천세무사에 해관우편 폐지를 훈령. 8월 10일. 수원우체지사 우무 개시. 한성-수원 간 우체물 집분, 발착 시간. 한성-수원 간 우체물 집분, 발착 시간 [발송 오전 9시, 귀착 오후 4시 30분] 공고. 유길준 2개소 허가. 일본인 기무라(木村綱太郎), 가또오(加藤格昌)의 고빙 약정서 [각 9조]를 각의에 청의 [이미 6월 10일부터 업무를 봄]. 8월 12일 기무라(木村), 가또오(加藤) 등 1년간 고빙 각의 결정.

8월 16일 궁내부(宮內府) 협판 이범진(李範晉), 농상공부 대신에 피임. 8월 18일 탁지부(度支部), 역전답(驛田畓)을 조사 시찰키 위하여 농상공부 위원 파견을 각부에 통고. 8월 20일 농상공부 협판 정병하(鄭秉夏), 동 부대신 서리로 피임. 8월 29일 우체기수보, 이남규(李南圭)등 9명을 임명. 9월 5일 오세창(吳世昌, 참사관(參事官)) 통신국장 겸임. 9월 12일 농상공부, 재차 우표 송교를 독촉. 외부, 다시 미 공관(美公館)에 통고.

9월 14일 각 우체사장 임명 [동래: 김낙준(金洛駿), 인천: 김낙집(金樂集), 한성: 이정의(李正儀)]

※ 대만총독부(臺灣總督府) 설치

타이완총독부(臺灣總督府) 또는 대만 총독부는 청일전쟁의 결과로 청나라로부터 할양된 타이완을 통치하기 위하여 설치된 일본 제국의 식민 통치 기관이다. 중앙 기관 소재지는 타이베이(臺北市)이며, 1895년 5월 10일에 설치되어1945년 10월 25일에 폐지되었다. 타이완 총독부의 청사는 현재 중화민국 총통부로 사용되고 있다

※ 홍범(洪範) 14조

1894년 음력 12월 12일(1895년 1월 7일) 제정·선포된 한국 최초의 근대적 헌법이다.

1895년(고종 32년) 1월 7일, 고종은 세자와 대원군·종친 및 백관을 거느리고 종묘에 나아가 먼저 독립의 서고문(誓告文)을 고하고 이를 선포하였다. 1월 8일에 이를 전국민에게 반포하였다. 이 서고문을 홍범 14조라 하며, 근세 최초의 순한글체와 순한문체 및 국한문혼용체의 세 가지로 작성하여 발표하였는데, 순한글체에서는 홍범 14조를 '열네 가지 큰 법'이라 표기하였다

오세창

※홍범(洪範) 제14조

제1 청국에 의존하는 생각을 끊고 자주독립의 기초를 세운다.

제2 왕실 전범(王室典範)을 작성하여 대통(大統)의 계승과 종실(宗室), 척신(戚臣)의 구별을 밝힌다.

제3 국왕(大君主)이 정전에 나아가 정사를 친히 각 대신에게 물어 처리하되, 왕후·비빈·종실 및 척신이 관여함을 용납치 아니한다

제4 왕실 사무와 국정 사무를 분리하여 서로 혼동하지 않는다.

제5 의정부와 각 아문(衙門)의 직무 권한의 한계를 명백히 규정한다.

제6 부세(賦稅, 세금의 부과)는 모두 법령으로 정해 명목을 더하여 거두지 못한다.

제7 조세 부과와 징수 및 경비 지출은 모두 탁지아문(度支衙門)에서 관장한다.

제8 왕실은 솔선하여 경비를 절약해서 각 아문과 지방관의 모범이 되게 한다.

제9 왕실과 각 관부(官府)에서 사용하는 경비는 1년간의 예산을 세워 재정의 기초를 확립한다.

제10 지방관 제도를 속히 개정하여 지방관의 직권을 한정한다.

제11 널리 자질이 있는 젊은이를 외국에 파견하여 학술과 기예(技藝)를 익히도록 한다.

제12 장교(將校)를 교육하고 징병제도를 정하여 군제(軍制)의 기초를 확립한다.

제13 민법 및 형법을 엄정히 정하여 함부로 가두거나 벌하지 말며, 백성의 생명과 재산을 보호한다.

제14 사람을 쓰는 데 문벌(門閥)을 가리지 않고 널리 인재를 등용한다.

9월 20일 관보, 우표 매하 수입액 공고 [6월 362원 97전, 7월 175원 39전, 8월 375원 68전]. 9월 22일 우체사무 세칙 제 54조에 연운(沿運) 우체사 체송 규정 삽입하여 7개조를 추가 개정. [훈령 제437호]. 9월 24일 농상공부, 각 역전답(驛田畓) 사명(査明) 코자 사판위원(査辦委員)을 파송코자 사판위원(査辦委員)을 파송[부령 제8호]. 9월 26일 농상공부, 인천항 및 인항우선회사(仁川郵船會社)의 전마(電碼) 2장을 외부에 기탁 [우선 동일 12시 발신 예정]. 10월 9일 충주·안동·대구·동래에 우체사 설치. 10월 21일부터 우무 개시 공고. [부령 제10호] 한성·동래 간 우체물 체송법 제정. [양단간(兩端間) 매일 1회 발착, 소요 일수 11일, 소요 인부 22명] [훈령 470호] 위의 4 우체사 우체물 집신, 분전은 매일 2회로 하고 그 시간은 적의토록 함 [훈령 제471. 480호] 10월 21일 충주·안동·대구·동래우체사 우체 사무 개시. 10월 25일 한성·동래 간 우체물 집신, 분전 발착 시각 공고 [매일 오전 9시 발송, 오후 3시 귀착] 11월 3일 향약판무규정(鄕約辦務規定) [7조] 제정. 11월 9일 이능화(李能和) 농상공부 주사로 피임. 11월 11일 농상공부, 한성 등 8개처 우체사를 개설. 하였으니, 공문(公文)을 역체 인부에 송치하지 말고 우체사로 보내라고 각 부에 통고. 11월 15일 정병하(鄭秉夏), 농상공부 대신으로 피명.

연대		우편 역사 및 주요 사건
1896년(건양 1)	1월 4일	고영희(高永喜), 농상공부 협판에 피임. 우체주사 강용희(姜庸熙) 이하, 우체기수, 우체기수보 다수 임명. 1월 6일 공주사판위원(公州査辦委員), 역토(驛土)의 양안(量案)도 없고 진폐(陳廢) 등으로 역민(驛民)의 작간(作奸)이 심하다고 보고. 1월 7일 김창한(金彰漢), 인천우체사장에 피임(김낙집은 농상공부 기사로 전임).
	1월 14일	내년도부터 각 부·군(府郡) 관보 우송 무료로 함을 공고. 1월 18일 역제(驛制), 각역 찰방(察訪)및 역속(驛屬)) 폐지 [칙령 제9호]. 1월 20일 건양 원년도 농상공부 소관 예산 관보에 공고 [제2관 사업비 147,322원, 제1항 우체사 인비(人費) 51,322원, 제2항 전신 인비 90,933원, 제3항 제 사업비 5,000원].
	1월 21일	우체사 관제 개정. [칙령 제10호] [제7조 '8 등이'를 '대우'로]. 1월 24일 미국에 주문하여 내송 중(内送中) 요꼬하마(橫濱)에 임치(任置)된 우표 2 상자와 미국에 남은 우표 조속 송치하라고 외부에 통고.
	1월	법규유편(法規類編) 간행. 권세연(權世淵) 안동(安東)에서 의병 일으킴. 노응규(盧應圭) 진주(晋州)에서 의거.
	1월 25일	외부, 주일공관에 요꼬하마에 임치된 우표 2상자 조속 송치하라고 훈령. 외부 주미공관에 남은 우표와 인쇄판 송치토록 훈령. 1월 29일 안동우체사, 지방 소요(騷擾)로 문경(聞慶)에 이접(移接)하였음을 확인.
	1월 30일	탁지부, 경기 6 역 중 응역(應役)함. 청파(靑坡), 노원(蘆原) 약 역만 복결(復結)을 지발(支撥).
	2월 3일	농상공부, 석판인쇄 기계 등의 구입을 내각에 청의. 2월 5일 공주·전주·남원·나주에 우체사 설치. 2월 16일부터 우무 개시 공고. [부령1호] 한성 - 나주 간 우체물 체송법 제정[훈령 제302호] 위의 4사의 우체물 집신, 분전은 매일 2회로 하고 그 시간은 적의토록 함[훈령 제288호]. 2월 11일 아관파천(俄館播遷) 임시 내각 성립. 이완용, 농상공부 대신 임시 서리로 피임. 2월 12일 고영희(高永喜) 협판 농상공부 대신 서리로 피임.
	2월 13일	관보 광고, 안동 -대구 간에서 1월 22, 23일에 우편물 탈취되었음을 알림. 2월 14일 일본영사, 인천 -한성 간에서 우체물 도난 많으니 엄금하라고 요구. 2월 16일 공주·전주·남원·나주우체사 우무 개시.
	2월 18일	한성·나주 간 집분, 발착 시간 [발송 매일 오전 9시, 도착 매일 오후 3시] 공고. 2월 22일 고영희 서리 해임. 조병직(趙秉稷) 농상공부 대신 피임. 2월 23일 오세창(吳世昌), 통신국장 전임(專任): 참서관원(參書官員). 2월 26일 1895년 6월 이전의 각역 복결(復結)을 역속(驛屬)에 획하(劃下)키로 결정. 3월 8일 우체 주사 김균복(金均福)등 15인과 우체 기사보 임영진(林榮震) 등 8인 임명. 3월 11일 이병달(李秉達), 전주우체사장 피임. 각 지방 우체사 경비 중 우선 경상비라도 각 부·군(府郡) 공전 중(公錢中) 출급토록 탁지부에 요청.
	3월 13일	우체물 집분. 발착 시간 개정표 공고[관보 제272호]. 3월 23일 이채연(李采淵), 농상공부 협판 피명. 3월 26일 농상공부, 우표를 자조(自造)하려고 외부에서 보관 중이던 우초 철판(갑신정변 당시의 것)을 찾아옴.
	3월 29일	경인철도 부설권 미국인 제임스보오리스에게 특허. 4월 2일 일본 경응의숙(慶應義塾) 유학생 중 80여 명을 전신우체 기술자로 속성 훈련 귀국케 하는 데 일본 공사관의 협력을 요청. 4월 4일 통신국 고원 가또오(加藤格昌) 해약. 4월 7일 독립신문 창간(獨立新聞創刊) 영국인 브라운(J. Meleany Brown(柏卓安) 재정(財政) 고문에 임명됨. 4월 8일 미국에 주문 인쇄해 온 우표 2 상자의 면세를 해관에 요청. 4얼 11일 평양, 의주에 우체사 설치코 4월 25일부터 우무 개시 공고 [부령 제2호 고시]. 4월 24일 농상공부, 일본인 신문인 한성 신보(漢城新報)의 우송을 거절 [인가 취소]한 뜻을 외부(外部)에 통고. 4월 25일 평양·의주우체사 우무 개시.
	4월 29일	한성·개성·평양·의주 간 우체물 집분 발착 시간 공고. [한성-평양 간 발송 매일 오전 9시, 도착 매일 오후 2시 30분 평양·의주 간 발송 5일마다 오전 9시 도착 역시 오후 2시 30분]. 4월 30일 오세창, 통신국장 사임 [통신국장 임시대판(臨時代辦) 최문현(崔文鉉)] 안동우체사 주사 김재담(金載潭) 인민 봉기 때에 살해되었음을 공고. 5월 1일 일본공사관 서기관으로 가또오 내임. 농상공부, 안동우체사를 상주군에 임시 개설하니 협조하라고 안동부에 훈령. 5월 3일 농상공부, 소요 때에 물러난 충주우체사 관원을 파송하니 우무 재개에 협조하라고 충주부에 훈령. 5월 6일 농상공부, 우체사무의 확장에 맞추어 만국통우합동공법(萬國通郵合同公法)을 외부로부터 차수(借受) 고열(考閱). 5월 8일 관보, 5월 5일자에 수원 수지현(小原水遲峴)에서 우체물 약탈되었음을 광고함.
	5월 14일	한성에 주재하고 있는 일본 아라사공사 한성각서(覺書) [4조] 체약 [일본군 주둔 용인]. 5월 28일 춘천·원산·함흥·해주·홍주에 우체사 설치 6월 5일부터 우무 개시 공고 [부령 제3호 고시]. 경성(鏡城)·강계(江界)우체사 설치 6월 15일부터 우무 개시 공고. [부령 제4호 고시]. 5월 30일 변종헌(卞鐘獻), 통신국장 피임. 일본공사 고무라(小村壽太郎) 귀국, 가또오(加藤增雄) 대리 공사로 내임. 6월 3일 해주·홍주·춘천·함흥·원산·경성(鏡城). 강계 등 우체사 우체물 집분, 발착시간 공고 [함흥-경성 간, 평양-강계 간은 5일 마다 1회, 기타 구간은 매일 1회]. 6월 5일 춘천·원산·함흥·해주·홍주우체사 우무 개시. 주일공사, 경응의숙의 일부 유학생을 우체·전신 기술자로 속성 교육 후 귀국 조치하는 데 불응한다고 보고. 6월 6일 관보 5월 3일자에 연풍(延豊) 안보(安保)에서 우체물 약탈 광고. 6월 미륜사(彌綸斯)를 전보교사(電報敎師)로 초빙. J. S. Meuhlensteth. 1855~1915. Denmark 인.
	6월 8일	농상공부 사판위원(査辦委員) 동화부(東華府)에서 역토사판(驛土査辦)을 역속들이 방훼한다고 보고.
	6월 15일	경성(鏡城)·강계(江界)우체사 우무개시. 7월 2일 독립협회 결성. 7월 3일 진주(晋州) 우체사 설치, 7월 25일부터 우무 개시 공고[부령 제5호 고시]. 지방 소요시 철수하였던 나주우체사에 관원 파견.

위로부터
고영희(高永喜)
이완용(李完用)
민병석(閔丙奭)

연대	우편 역사 및 주요 사건
	7월 13일 법규우편(法規郵便) 간행. 7월 17 안동우체사 상주에 임시 개설하고 8월 10일부터 우무 개시 공고. [부령 제6호 고시]. 김세형(金世亨), 원산우체사장 피임. 농상공부 협판 이채연, 감독 경인철도 사무에 피명. 7월 18일 각 우체사장 임명 [개성: 정재은·공주: 서상준·의주: 최석년·대구: 서병은]. 7월 23일 전보사(電報司) 관제 반포[전 2조, 칙령 제32호]. 7월 25일 전주우체사. 우무 개시 [남원 간 매일 1회 발송]. 7월 26일 국내전보 규칙 반포 [전 66조, 칙령 제34호] 균일요금 제도 실시. 7월 31일 탁지부, 각 지방 우체사 매월 경비를 해당 부·군 공전(公錢)으로 지불할 것에 동의. 경·인 철도 부설권 프랑스인에게 다시 특허. 8월 4일 전국을 13도(道)로 구분.
	8월 5일 우체사 관제 전면 개정 [전 10조. 칙령 제42호]하여 1등사 11, 2등사 14. 우체기수및 기수보 없앰. 우체 직원 봉급령 반포(頒布) [전 3조, 칙령 제43호].
	8월 7일 전보사항 범죄인 처단 예(電報事項犯罪人遮斷例) 반포 [전 10조, 법률 제6호].
	8월 10일 상주임시우체사(尙州臨時郵遞司), 우무 개시. 8월 13일 주일공관(駐日公館), 경응의숙의 유학생 학자금 증액 요구 보고. 8월 25일 정주(定州)에 평양우체지사 개설 공고 [부령 제8호]. 각 우체사장 임명. [한성: 이정의, 인천: 김창한·원산: 전세형·부산: 김낙준 평양: 이기철·전주: 이병달, 개성: 정재은·공주: 서상준·의주: 최석년 대구: 서병은, 한성우체사 주사 조희빈·강인규이하 각 지방 우체사 주사 임명. 천일은행(天日銀行) 설립. 1899년 대한제국 고종 황제의 자본을 받아 설립한 대한천일은행을 뿌리로 하였다. 1899년 1월 30일 광무 황제(고종)가 자본금을 대고 대한제국의 고위 관료들, 상업 자본가들이 주도, 대한천일은행(大韓天一銀行)을 설립하였다. 대한'은 고종 황제의 대한제국에서 이름을 따온 것이고 '천일'(天一)은 '하늘 아래 첫째 가는 은행'이라는 뜻이다. 초대 은행장은 민병석이었으나, 자본금 납입이 여의치 않자 황실 자금을 받고 의민태자(영친왕 이은)를 은행장으로 추대하였다. 1899년 5월 10일 최초의 지점인 인천지점을 개점했다.
	8월 31일 주일공관(駐日公館)에 경응의숙 유학생의 학자금 증액 불가하다고 훈령. 9월 5일 관보, 평강(平康)에서 8월 16일~17일 사이 비도[의병]에게 체전부 살해되고 우체물 피탈당한 사건 광고 전 공무아문(工務衙門) 역체국 기구(器具) 판매금 500원 탁지부에 송교. 9월 12일 우체구획정획법(定劃法) 공고[전 3조, 부령 제9호].
	9월 23일 우체사항범죄인처단예 반포[전 11조, 법률 제9호]. 9월 29일 정주(定州)우체지사 설치,
	10월 5일 우무 개시 공고 [부령 제9호 고시]. 10월 5일 정주우체지사(定州郵遞支司): 평양우체지사(平壤郵遞支司) 우무 개시.
	10월 9일 주일공관(駐日公館), 일본 유학생 현곤(玄梱) 등 2명, 우편 전신 학교 방청생으로 용허되었음을 보고. 10월 10일 주일공관, 일본 유학생 김명집(金明集)등 3명, 철도우편 전신 사무 견습 허가되었음을 보고. 10월 11일 각 지방, 우전사(郵電司) 경비를 해당. 부·군(府郡) 공전(公錢) 중에서 출급하는 조처 9월로 소급 실시.
	10월 23일 대구우체사에 경병(京兵)이 무단 침습하였음을 군부(軍部)에 엄중 항의. 10월 26일 우체물 집분 발착 시간 개정표 공고. 11월 2일 9월분 우체 사업 수입금 244원 71전 7리를 탁지부에 보냄. 11월 10일 학부협판(學部協辦) 민상호(閔商鎬) 농상공부 협판에 피명. 11월 11일 경흥(慶興)에 경성우체지사(鏡城郵遞支司) 개설 공고 [부령 제10호]. 11월 12일 군부대신 이윤용 농상공부 대신에 피명
	11월 28일 경흥(慶興)우체지사, 12월 27일부터 우무 개시 공고. [부령 제11호 고시].
	11월 30일 농상공부, 만국통우공회공법(萬國統郵公會公法) 책을 좀 더 고열(考閱) 후송하겠다고 외부에 통고. 12월 17일 미공관(美公館), 워싱턴 제5회 만국우편엽합총회(萬國郵便聯合總會) 1897년 5월 제1 수요일)에 파원(派員)할 것을 권유함. 12월 22일 외부, 만국우회(萬國郵會) 참가 권고 감사하고 파원 성명을 뒷날 통지하겠다고 통고. 12월 27일 경흥우체지사, 우무 개시.
	12월 30일 학부(學部), 일본 경응의숙 유학도 중 50명 외는 우체. 전신 등을 3.4개월간 속성 후 귀국케 하되, 이 조치가 명년을 넘기면 학자(學資)를 책임 못지겠다고 외부에 통고

미국에 주문하여 온
태극보통우표
Andrew B. Graham Co.,
Washington.D.C. USA.

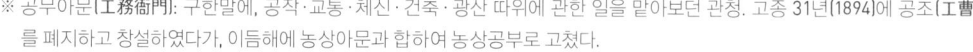

※ 공무아문(工務衙門): 구한말에, 공작·교통·체신·건축·광산 따위에 관한 일을 맡아보던 관청. 고종 31년(1894)에 공조(工曹)를 폐지하고 창설하였다가, 이듬해에 농상아문과 합하여 농상공부로 고쳤다.

※ 고열(考閱): 자세히 살펴보거나 점검하면서 읽음.

※ 탁지부(度支部): 대한제국 때에 국가 전반의 재정(財政)을 맡아보던 중앙 관청. 고종 32년(1895)에 탁지아문을 고친 것으로, 융희 4년(1910)까지 있었다.

연대	우편 역사 및 주요 사건	
1897년(광무 1)	1월 3일	외부, 농상공부에 워싱턴 U.P.U.에 파원(派員) 참가토록 하고 그 성명을 먼저 명시(明示)토록 통고.
	1월 4일	외부, 경응의숙 유학도 건. 동 의숙과 타협 선처하라고 주일 공관에 훈령. 1월 9일 이종직(李宗稙) 통신국장 피명 [변종헌(卞鍾獻) 동부참서관(參書官) 으로 임명] 1월 14일 함흥·경성(鏡城)·경흥 간 우체물 발착 시간 공고 [발송 격일(隔日)로 오전 9시, 귀착 격일 오후 1시]. 1월 18일 공주우체사, 견습원 2명 선발. 1월 23일 미공관, 워싱턴 U.P.U. 참가위원은 전권위원(全權委員)으로 파송토록 요청. 2월 6일 민상호(閔商鎬), 농상공부 협판 사임.
	2월 8일	상주 및 공주우체사 견습원 선발. 2월 19일 민상호(閔商鎬) 제5회 U.P.U. 전권위원에 피임. 충남관찰사(忠南觀察使)에게, 각 군의 상거잇수(相距里數) 및 도로순험(道路順險) 등 상세도해(詳細圖解)하여 조속 상달토록 엄훈(嚴訓). 2월 20일 경운궁(慶運宮) 환궁(還宮) 청국(淸國), 우편 사무 개시. 2월 23일 일본우편 전보 배달부의 궁 내(宮內) 출입 요구에 대해 문전(門前)에서 대기케 한 후 곧 우·전물(郵電物) 영수표 받아가게 조처.
	3월 1일	외부, 주일공사의 경응의숙 유학도 제한 보고를 통고. 3월 6일 민상호 외 주미 전권공사 이범진을 우편 연합 총회 1등 전권 위원 임명을 미공사관에 통고. 3월 8일 각역(各驛), 전답(田畓), 군부(軍部)에 이속(移屬). 외체실시(外遞實施) 준비로 아국(我國) 과 우편분동조약(郵便分同條約) 체결 시도(示圖). 3월 11일 농상공부, U.P.U. 가입 대비 국내우체규칙개정을 의정부에 청의. 3월 13일 1894년 6월 20일 주미 스위스 공사(瑞西) 타볼리의 U.P.U. 가입에 대한 질문 [가입 종류 서신류, 실시 기일. 1899. 1. 1. 환율(換率) 불란서 은화(銀貨) 25선 마(銑마)=동화(銅貨) 25푼 5돈. U.P.U. 비용 보조. 7 동국]. 1월 탁지부(度支部), 의정부(議政府)에 건양(建陽) 2년도 총예산안(總豫算案)을 청의(請議)함. 세입 총액 4,191,192원, 세출 총액 4,190,427원, 세입 여액 765원, 농상공부 본청 30,440원, 우체 사업비 60,000원, 전신 사업비 60,000원, 우체 수입비 2,103원, 전보 수입비 2,311원 3월 15일 미국에 위탁 제조한 우표 중 여류분(餘留分) 조속 추래(推來)토록 외부에 독촉. 3월 16일 국내우체 규칙 전면 개정 [51조, 칙령 제 16호] 농상공부, 공문으로 체전 인부비(遞傳人夫貴)의 지급 조처와 계획을 의정부에 청의함. 3월 18일 U.P.U. 총회 전권위원 민상호 파견비(派遣貴) 1,000원 지출 결정. U.P.U. 총회 2등 전권위원 민상호 출발.
	3월 22일	우편합동(郵便合同)건을 아관(俄館)에 조회. 주미 전권공사 이범진(李範晋) U.P.U. 총회 1등 전권 위원에 피명. 3월 20일 일공관(日公館). 야마가다(山縣). 로바노프 협약(協約)을 우리 정부에 통고. 3월 22일 인천 중각동(中角洞)에서 경인철도(京人鐵道) 기공. 3월 26일 경성(鏡城)·경흥(慶興) 체송부 회령(會寧)을 거쳐 대로(大路)로 윤행(輪行)토록 훈령 [별분전 설치]. 4월 4일 각 지방 우체사 경비의 나획(槪劃) 공전중(公錢中) 이급(移給)이 매양 연체(聯滯)하여 사원(司員) 입궐식(入闕食) 지경이니 엄중 설치토록 탁지부에 통고함. 지경이니 엄중 설치토록 탁지부에 통고함. 4월 5일 아관(俄館), 우체 조약 건. 본국 정부에 보고했다고 회답. 4월 6일 본년(本年) 1월 후 우체 수입금 367원 84전 5리 [우표 17,640장 판매 대금]을 탁지부(度支部)에 납부 4월 29일 이범진 주미공사, 호이트(John W. Hoyt)의 한국 사절단의 고문 및 U.P.U. 특별 고문 임명을 미 국무대관(美國務代官)에 통고.
	4월 22일	국내전보규칙(國內電報規則) 개정 [요금 반감, 단 구문(歐文)제외] [칙령 제20호].
	4월 30일	법무협판(法務協辦) 권재형(權在衡) 농상공부 협판에 피명. 주미 스위스 공사를 통해 1894년 6월 20일자 스위스 정부의 질문에 대해 회답을 전함으로써 U.P.U. 가맹의 합법적 절차를 마침. 5월 4일 미국에 주문 제조한 우표 대금 [322원 2각], 이미 주미 공사를 통해 청산했는데 재차 납송(納送) 통지가 왔으니 해명토록 외부에 요구.
	5월	제5차 U.P.U.총회 워싱턴에서 개최. 5월 14일 농상공부 협판, 고등 재판소(高等裁判所) 재판장 해임[18일 법률 기초 위원장 해임]. 5월 15일 각도 관찰사(觀察使)에게, 각 군(各郡) 체전부의 공문 송달 근면히 하라고 훈령 내림. 5월 17일 통신국 고문 야마다(山田雪助), 보좌원 스미니가(住永琇三) 만기 해고. 5월 20일 이범진, 민상호 양 대표 U.P.U.에 참가하여 가맹(加盟)을 선언함. 5월 25일 이종직(李宗稙) 통신국장을 면관. 5월 26일 궁내부(宮內府) 송달 일본 우편 전보 배달부, 인화문(仁化門)으로 직행토록 조치. 6월 4일 각의(閣議), 각 지방 공문 체전 인부 2년도 요자(料資) 32,000원 예비금으로 지출 결의. 6월 11일 농상공부 참사관(參事官) 최문현(崔文鉉). 통신국장에 피명. 6월 14일 전보사(電報司)관제 개정 [칙령 23호] 한성사(漢城司)를 총사(總司), 각 항사(各港司)를 1등사(一等司), 지방사(地方司)를 2등사(二等司)로. 전보사 직원 봉급령 개정 [칙령 24호] [총사항에 첨입]. 경응의숙 유학생의 학자 및 귀국비(歸國費) 연체분 송교.
	6월 15일	국내우체세칙(國內郵遞細則) 제정 공고 [전 96조, 농상공부령 14호]. 이범진, 민상호 두 대표 U.P.U. 조약 원본에 서명 [美 J. W. 호이트 대행] 이범진 공사, 민상호 대표와 더불어 만국우체공회(萬國郵遞公會) 건, 선처하겠다는 보고 옴. 조선 참입(參入) 통우합동(統郵合同) 축조 문제(逐條問題)를 주미 스위스 공사가 본국 정부에 보고했다고 주미 공사가 보고함.
	6월 18일	농상공부, 민상호 영국 향발 후, 이범진 공사가 U.P.U.건. 전담(專擔)케 됨을 인준(認准). 6월 24일 스위스정부, 조선의 U.P.U. 가입을 연합 제국(聯合諸國)에 고지(告知)하는 초본(抄本)을 우리 정부에 보내옴. 6월 30일 우체 사항 범죄인 차단 예 정의. 7월 3일 국내우체규칙 개정 [칙령 27호] 독립신문 양반 등의 체전부 천대 풍속 계몽 [벙거지 사용이 문제].
	7월 8일	나주우체사(羅州郵遞司)의 지난 해 3월 나용(挪用) 경비 127원 35전 계감(計勘) 하도록 탁지부에 통고.
	7월 13일	국내전보규칙개정(國內電報規則改正) [칙령 28호]. [구문(歐文) 15개 자모(字母). 수목(數目)은 5개자까지 1자로 계산]. 우체 사항 범죄인처단 예 [11조] 경정(更定) 반포 [법률 1호]. 7월 15일 U.P.U. 조약 조인. 7월 26일 국내우체세칙 중 탈오 정정(脫誤訂正) 공고. 독립신문, 각 지방 체전부가 우체물을 가지고 도주하는 폐단은 그 지방인이 아니고, 서울의 청탁으로 임명하는 까닭이라고 논란(論難) 함. 농상공부, U.P.U. 가입에 대해서 주미공관 보고와 민위원(閔委員) 보고가 일치하고 스위스 정부에 대한 회답 통고건은 다시 협상하겠다고 외부에 회답. 7월 30일 독립신문, 민상호 위원이 U.P.U. 가입에 있어 가장 시급한 것은 우선회사(郵船會社)와 약정하여 우체물을 외국에 체송하는 일이라는 서한 요지를 게재함. 8월 5일 주미공사 이범진 6월 15일에 U.P.U. 조약 원본에 가입 서명했다는 보고 옴.

위로부터
이범진(李範晋).
John Wesley Hoyt U.P.U
한국사절단 고문

연대	우편 역사 및 주요 사건

8월 11일 스위스정부 조선의 U.P.U.가입을 일본에 통고함. 8월 17일 연호(年號)를 광무(光武)로 변경. 법공관(法公館: 프랑스 공관)의 인천, 원산 부산과 상해(上海), 서주(徐州), 옹주(雍州), 회주(匯州) 간 기상 전신(氣象 電信) 요청 수락.

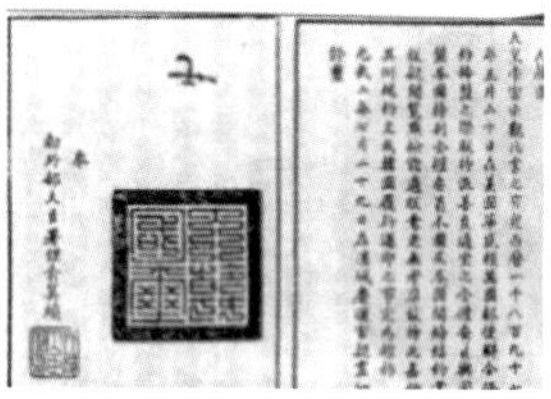

8월 29일 스위스정부, 조선의 U.P.U. 가입한 것을 각국에 고지하는 공문 초본이 옴. 9월 1일 농상공부, 미국에 주문한 우표 대금 322원 2각 미상건(未償件)을 당시의 주미 공관원을 상사(詳査)하여 조속 송치하고 우표 수용(需用)이 긴급함을 훈령하자고 제차 외부에 독촉. 일본인 경성(京城)- 인천과 일본 간의 전보료를 매 1어(每一語)에 50전으로 내림.

9월 2일 독립신문, 8월 27일 도착한 민상호 위원의 U.P.U. 가입 경위 및 앞으로의 대책에 관한 상사(詳査) 보고를 게재.

9월 3일 통우공회소증합동(統郵公會所證合同) 원본과 고분금(股分金: 주식불송금) 정액(定額) 등을 스위스 정부의 통고에 비추어 조속 송치 사보(査報) 하라고 주미공관에 훈령함. 9월 12일 우체사관제 개정. [칙령 제34호] 1등사(一等司) 중 경성(鏡城)을 빼고 경흥(慶興), 삼화(三和), 무안(務安) 첨입(添入), 2등사(二等司)에 경성(鏡城), 김성(金城) 첨입(添入).

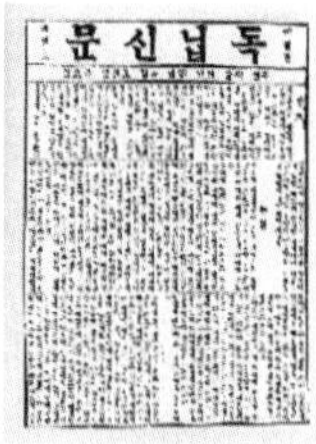

9월 20일 농상공부 주사 정희환(鄭喜煥), 부산우체사장(釜山郵遞司長)에 피명.

9월 23일 독립신문, 우체 통신이 문명 정치의 제일긴무(第一緊務)임을 전제하고, 출부인(出付人)과 영수인의 거주 성명을 상기(詳記)하라는 한성우체총사(漢城郵遞總司)의 통고를 게재.

9월 27일 미관(美館), 본국에서 보내온 U.P.U. 장정(章程) 1책(一册)을 외부에 송교. 10월 1일 시종원경(侍從院卿) 정낙용(鄭洛鎔) 농상공부 대신에 피임. 10월 9일 알렌 미공사, 본국에 조선에 우편업무 제공하는 일본의 우정성(郵政省)이 금본위화폐제도(金本位貨幣制度)를 체택함으로써 조선에서 외국으로 보내는 우편 요금이 두 배로 인상되었다고 보고. 10월 10일 민상호(閔商鎬), 농상공부 협판.

10월 12일 황제즉위식(皇帝卽位式) 거행 국호(國號)를 대한(大韓)으로.

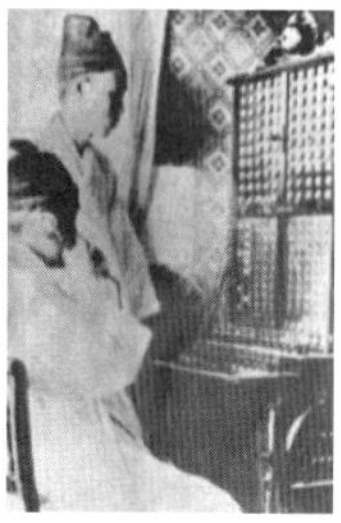

10월 25일 아국인(俄國人·露國人) 알렉시에프(K. Alexeiev) 재정 고문(財政顧問)에 임명됨. 목포(木浦)일본우편국 개설 -불법. 10월 27일 주미공사, 미국 우정성에서 은조훈장(銀條勳章)과 U.P.U. 기념 사진 등을 송급(送給) 했음과, U.P.U. 장정을 11, 12월 사이에 스위스정부에서 인행(印行)하여 각국에 분송(分送) 한다고 보고. 11월 1일 삼화(三和. 진남포(鎭南浦), 무안(務安), 목포(木浦)에 우체사(郵遞司) 설치, 나주(羅州)우체사는 광주(光州)에 이설함을 공고. [부령 17호].

11월 16일 주일공관, 경응의숙 유학생 본년 12월로 해약 소환(解約召還)케 되지만 명년(明年) 1년간 독립자수(獨立自修)케 함이 좋겠다고 보고. 11월 17일 각 우체사장 임명. 삼화(三和): 박증수(朴曾洙)·무안(務安): 정인국(政寅國).

11월 25일 남로전선(南路電線)가설에 각 우체사 우표 대금을 전용(轉用)하여, 전주(全州) 및 공주(公州)의 전·우사(電郵司)를 합설(合設)토록 조치함. 11월 26일 주일공관에 경응의숙 유학생은 모두 조약대로 귀국 조처하라고 훈령. 해관총세무사(海關總稅務司) 부라운 퇴임. 12월 3일 김성(金城), 강릉(江陵), 영변(寧邊) 우체사 설치 공고 [부령 제20호].

위로부터
대한제국 황제의
U.P.U. 비준서
독닙신문 초판
대한제국 당시 전화교환소

12월 6일 불문(佛文)으로 된 한국우체장정을 주람(奏覽)키 위하여 이선득(李仙得) 궁내부 고문관에게 번역 의뢰. 이태리인(伊人) 말코니 무선전신회사(無線電信會社) 설립. 12월 10일 나주(羅州)우체사 광주(光州)에 이설하여 25일부터 우무 개시. 우무 개시함을 공고 [부령 제21호] 최문현(崔文鉉), 통신국장 해임. 12월 11일 강인규(姜寅圭), 통신국장 피명. 전주(全州)우체사장, 그 지방에서 5냥짜리 은전(銀錢) 1원에 엽전(葉錢) 10돈씩 감하고 쓰므로, 은전으로받는 우체사 경비에 큰 곤란이 있다고 보고. 12월 18일 농상공부 대신 임시 서리 탁지부 대신 정낙용(鄭洛鎔)사직 상소(上疏)하여 임시 서리 탁지부 대신을 맡음. 12월 23일 임시우체규칙 반포 [12조, 칙령 제43호]. 12월 24일 무안(務安), 김성(金城)에 우체사 설치, 29일부터 우무 개시 공고 [부령 제22호 고시]. 12월 25일 광주(光州)우체사 우무 개시. 12월 29일 무안(務安), 김성(金城)우체사 우무 개시. 12월 29일 우체물 집분(集分) 발착 개정표. 12월 30일 이춘영(李春榮) 경흥(慶興)우체사장 피명. 한성(漢城) 우체주사 한상이(韓商履) 이하 각 우체사 주사 다수 임명. 12월 31일 안동(安東), 청주(淸州), 안성(安城), 북청(北靑)우체지사(郵遞支司) 설치 공고 [부령 제23호]

1898년(광무 2)

1월 4일 강릉(江陵)우체사 1월 5일부터, 영변(寧邊)우체사 1월 15일부터 우무 개시 공고 [부령 제24호 고시]. 대한제국 궁내부에 전화 설치, 각 아문과 인천감리(仁川監理)와 통화. 1월 5일 강릉우체사 우무 개시. 1월 15일 영변우체사 우무 개시. 2월 19일 한성전기회사(漢城電氣會社) 전차(電車)·전기(電氣)·전화(電話) 부설권 획득. 1월 29일 독립신문, 광무(光武) 2년도 세입 세출 예산표 게재. [세입 총액 4,525,476원, 세출 총액 4,525,540원, 세입 여액 1,946원. 세출 경상부 제1관 농상공부 본청 29,230원, 제2관 사업비 160,000원]. 2월 17일 농상공부 기사(技師) 김영찬(金永燦) 원산(元山)우체사장에 피임.

2월 23일 안성(安城), 청주(淸州)우체지사 25일부터 우무 실시 공고 [부령 제25호]. 2월 23일 흥선대원군 이하응 서거(逝去).

2월 25일 안성우체지사, 청주우체지사 우무 개시. 3월 10일 적성향장(積城鄕長) 윤정현(尹庭賢) 우무 견습(郵務見習)하여 우체주사가 됨을 알고, 거인(居人) 이용선(李用善)이 향장직 뺏으려한다고 청원. 3월 12일 향장 출척(黜陟)은 군수(郡守) 권역(權域)이나, 우체 견습하는 것은 농상공부 소관이므로 적성 향장 개체(改替)는 불가하다고 훈령. 3월 19일 우체사 관제 개정 [칙령 제7호] 김성(金城) 2등사를 철원(鐵原)으로 옮김. 3월 23일 안동(安東)우체지사 25일부터, 북청(北靑)지사 26일부터 우무 실시 공고 [부령 제26호 고시]. 한로은행(韓露銀行) 설치, 영국인 브라운 재정 고문에 복직. 프랑스측 청국 우체사무를 프랑스인에게 넘기라고 요구 [독립신문]. 3월 25일 안동우체지사(尙州) 우무 개시. 3월 26일 북청우체지사(咸興) 우무 개시. 3월 29일 4월 1일부터 경기도 내 임시우체 실시 공고 [부령 제27호 고시]. 3월 30일 용인군 향장(龍仁郡鄕長) 박재규(朴載圭) 개차(改差) 됨을 호소. 3월 31일 용인군 향장 박재규의 무고 체개(無故替改)는 불가하다고 훈령. 4월 1일 경기도내 임시우체 실시.

위로부터
한성전기회사(漢城電氣會社)
한로은행(韓露銀行)

연대	우편 역사 및 주요 사건
4월 2일	역체전부(驛遞傳夫) 8명, 역체가 우체국에 이속됨에 견척(見斥)을 호소. 4월 3일 임시우체규칙 제정 [칙령 제8호] [한성 이하 각 우체사 소관 구역 개정]. 4월 7일 각 우체사장 임명 [원산(元山): 박증수(朴曾洙), 삼화(三和): 김영찬(金永燦), 무안(務安): 서병은(徐丙恩), 대구(大邱): 정인국(鄭寅國). 4월 12일 한로은행(韓露銀行) 패쇄. 러국 군사 교관(露國軍事敎官) 및 재정 고문 귀국. 4월 16일 한상이(韓商履), 경흥(慶興)우체사장에 피명. 전 사장(前司長) 이춘영(李春榮) 개성(開城)우체 주사 피임. 4월 18일 농상공부 대신 정낙용(鄭落用) 사임. 4월 23일 권재형(權在衡. 협판) 농상공부 대신 서리에 피명. 운봉군수(雲峰郡守), 역체 인부의 요전(料錢) 마련할 길 없다고 탁지부에 보고. 4월 24일 비서원경(秘書院卿) 이도재(李道宰) 농상공부 대신에 피명. 4월 30일 우체학원(郵遞學院) 11명, 외인(外人) 등용하고, 그들을 채용치 않음을 호소. 5월 2일 독립신문, 임시우체 사무의 전국 실시 계획을 보도하고 우체 업무의 확장을 치하(致賀)함. 5월 11일 5월 15일부터 충남·충북·황해·강원·각도에 임시우체 실시 공고 [부령 제 28호]. 5월 15일 충남·충북·황해·강원도에 임시우체 개시.
5월 17일	그리스도신문사장(基督敎新聞社長) 언더우드(언두우: 元杜尤). 그리스도신문 우송비 〈매 근당 동전 20푼〉을 독립신문 〈매 근당 3푼〉으로 하라고 청원. 5월 27일 전 경안찰방(前慶安察謗) 박기항(朴琦恒) 역체소에 근무타가 우체사에서 견습하였으나 아무 조치 없음을 호소. 5월 28일 6월 1일부터 경상남북도, 전라남북도 함경남북도, 평안남북도에 임시우체 실시 공고 [부령 제29호 고시]. 6월 1일 경남·경북·전남·전북·함남·함북·평북·평남 내 임시 우체 개시.
6월 3일	마산(馬山)·군산(群山)·성진(城津) 등의 개항 예정 발표. 6월 7일 주미공관, U.P.U. 조약을 기한인 명년 1월 1일 내에 환약(換約) 조치토록 독촉. 6월 10일 임시우체규칙 개정 [칙령 제17호] [한성(漢城)·개성(開城)우체사 소관구역 개정]. 국내전보규칙 개정 [칙령 제 16호] 보비(報費)는 1897년 4월 이전으로 환원 인상. 6월 16일 독립신문, 방거주사(邦居主事)라 자칭하는 우체주사가 있음을 지적코 관원 임용(官員任用)의 문란을 논란. 6월 20일 영·불어(英佛語) 학도 중 10인 선발 1년 기한으로 구라파에 보내어 우무(郵務) 견습토록 함 6월 23일 그리스도신문의 우송가(郵送價)를 독립신문의 그것과 같이 특감(特減). 6월 27일 전 체전부 임덕건(林德建) 거주 기재 불명(居住記載不明) '金主事宅 入納'의 함서신(緘書信) 오전(誤傳)으로 견태(見汰) 됨을 호소.
7월 8일	김익승(金益昇) 소유 선박 [우체물 및 각종 객화물 운송]의 부산·경성(鏡城) 간 항행에 대해 보호 조치토록 조처
7월 15일	탁지부(度支部), 지불 지체한 부산우체사 경비를 직시 출급(直時出給)하고 20일내에 회보하라고 동래부(東萊府)에 훈령을 내림. 7월 19일 독일, 김성군 당현(金城郡堂峴) 금광 채굴권(金鑛採掘權) 획득. 7월 21일 원산(元山)우체사장 박증수(朴曾洙), 업무 집행 부정(不正)으로 10일간 벌환(罰鍰)에 처함. 7월 25일 외체실시(外遞實施) 준비차 프랑스인 우체 교사 길맹세(吉孟世: Clemencet. E) 를 고빙(雇聘) 했다고 외부에 통고. 농상공부에 철도사(鐵道司) 설치.
7월 28일	길맹세(吉孟世) 고용 건 가(可) . 부(否) 1로 의정부 회의 통과 후 왕의 재가(裁可) 얻음 독립신문, 이번에는 농상공부 대신 이도재(李道宰)가 종전의 폐단을 물리치고 우체사 주사를 공정히 선취(選取) 하였다고 칭찬.
7월 29일	U.P.U. 조약(1897년 5월 조인)에 황제(皇帝) 비준(批准) 함. 8월 1일 궁내부(宮內府) 전어기(傳語機) 경비를 각 해부(各該部) 경비로 납입케 함 [매월 17원]. 8월 2일 독립신문, 이도재 농상공부 대신과 외부 대신 서리를 모두 사임한다고 보도. 정읍군(井邑郡), 공문 체전 인부 요자(料資) 5개월분 15원 지급을 보고. 8월 8일 임시우체규칙 개정 [부령 제30호] [홍주(洪州)·공주(公州)우체사 소관 구역 개정]. 8월 9일 법관(法館: 프랑스)에 우체교사 길맹세(吉孟世) 고빙 약정서를 보냄. 8월 10일 법관(法館), 동 약정서를 일부 개정 후 회송. 8월 13일 법규유편(法規類編) 속간(續刊). 8월 16일 농상공부, 동상(同上) 회송 약정서 일부 수정하여 청의. 8월 25일 일본우편국, 체전부의 궁내(宮內) 자유 출입 허가를 요청. 8월 26일 독립신문, 전국에 실시된 임시우체 이용하여 신문 구독토록 광고. [우편송금] 미국공사관 U.P.U. 상정(商定) 강목(綱目) [제31 조] 포명(佈明). 8월 30일 U.P.U. 조약 비준서를 재미(在美) 전권 위원에게 보내어 환약(換約)토록 조치. 8월 31일 권재형(權在衡)농상공부 협판을 면관 의정부 참찬(議政府參贊)에 피명. 9월 8일 한·일 경부철도조약(韓日京釜鐵道條約) 재가(裁可). 9월 9일 우체교사 개정 약정서 재가. 9월 15일 경기도(京畿道) 각군 향장(各郡鄕長) 34인 청원. 9월 27일 황성신문(皇城新聞), 농상공부에서 석판기계(石版機械) 구입하고 일본인 기술자 고빙하여 우표(郵票)·상표(商票) 지계(地契)·선표(船票) 등을 인쇄 발매할 계획이라고 보도. 9월 29일 이도재(李道宰), 농상공부 대신 면관, 민병석(閔丙奭) 임시 서리 해임. 10월 1일 이도재, 농상공부 대신에 재임. 10월 8일 민병석(閔丙奭), 임시 서리 해임. 10월 9일 이도재 농상공부 대신, 학부 대신(學部大臣)으로 전임. 독립협회(獨立協會)·만민회(萬民會) 개최. 10월 9일 이도재 농상공부 대신, 학부대신(學部大臣)으로 전임, 민병석, 농상공부 대신으로 피명. 10월 10일 민상호, 농상공부 협판으로 피명. 10월 14일 만국우체실시 기일의 1년간 연장 [1900년 1월 1일 실시]를 청의. 10월 20일 민병석, 농상공부 대신 면관 10월 21일 민상호, 농상공부 대신 사리로 피명. 김명규(金明圭)농상공부 대신에 피명. 10월 23일 민상호, 농상공부 대신 서리 해임. 10월 24일 각군 향장이 우체사무로 주사직(主事職) 요구하며 금명간(今明間) 상경(上京) 한다고 보도

위로부터
아펜젤러
언더우드
이도재(李道宰)
황성신문
박제순(朴齊純)

※ 견태(見汰): 관직에서 물러남

※ 벌환(罰鍰): 정하여진 액수의 돈을 내고 죄를 보상하게 함

※ 포명(佈明): 어떤 사실을 널리 밝힘

연대		우편 역사 및 주요 사건
		[황성 신문]. 일공사관(日公使館), 소포우편물 면세 통관(免稅通關) 요구. 10월 27일 일본의 소포우편 면제 통관 요구, 외체(外遞) 실시 전에는 불가능하다고 시명(示明). 황성신문, 1895년 이래 일본에서 우전사무(郵電事務) 견습 끝마친 유학생 2인을 수용(需用)하여야 한다고 보도. 11월 2일 미국공사관을 통해 U.P.U.조약 비준서를 주어 공관에 보내어 기한 안에 환약(換約) 토록 훈령. 만국우체 실시의 12개월간 한정(限定)제가. 11월 4일 농상공부 협판 민상호, 외부(外部) 협판으로 전임 농상공부 인쇄기 구매비 1,663원 8전 4리 재가. 경무사(警務使) 신태휴(申泰休), 농상공부 대신에 피임. 제주목(濟州牧), 우체로 띄우는 공문 누실(漏失)이 많으니 경저(京邸) 조문상(趙文相) 방으로 출부토록 요망. 스위스정부에 외체 실시 12개월 연장 통고. 11월 8일 김익승(金益昇) 우선회사, 경성(鏡城)에서 블라디보스톡(海蔘威)간 항로 연장을 총세무사(總稅務司)에서 교섭토록 요망. 11월 10일 박제순(朴齊純) 외부대신으로 전임
		농상공부 임시 서리 대신으로 피명. 11월 13일 협판 신태휴(申泰休), 농상공부 대신 서리로 피임. 박제순 농상공부 대신 임시 서리 해임. 궁내부 군부소속(宮內府軍部所屬) 역둔토(驛屯土)를 탁지부에 환속(還屬).. 11월 14일 외부, 해관(海關)에 일본인 소포우편물 면세에 대하여 그 가부(可否) 의견을 조속 회답하라고 재삼 독촉. 11월 16일 외부, 해관에 김익승(金益昇) 소청의 우선항행(郵船航行)을 협조 선처토록 훈령을 내림. 11월 17일 김명규(金明圭)농상공부 대신에 재임. 황성신문(皇城新聞), 우체 관리의 광관 불거(曠官不去)를 엄벌하라라고 보도. 11월 24일 권재형(權在衡), 농상공부 신에 피임. [. 전 대신 김명규 의정부 찬정(贊政)으로 전임]. 12월 1일 협판 신태휴 농상공부 대신. 서리로 피임. 12월 3일 12월 5일 내도(來到) 예정인 우체교사 길맹세(吉孟世)의 처소(處所)를 전우정총사(前郵征總司)로 정함. 12월 4일 박정양(朴定陽), 농상공부 대신 피임. [전 대신 권재형 의정부 찬정으로]. 12월 5일 독립신문, 우표 제작에 있어, 본도(本圖)는 잘 그렸으나 새기기를 잘못 했다고 보도.
	12월 7일	우체교사 길맹세(吉孟世) 내한(來韓). 12월 11일 권재형, 농상공부 대신에 재임(再任) 신태휴, 농상공부 대신 서리 해임. 12월 23일 스위스연방정부, 한국의 외체 실시 연기의 전보 받고 이를 가맹 각 국에 회람(回覽)했다고 통고.
	12월 24일	우체교사 길맹세(吉盟世) 고빙약정서 교환(雇聘約定書交換) 완결(完結). 미국공관이 외체 실시에 대해 확실한 회답 송교 독촉에 대해 1900년 1월 1일에는 무위(無違) 실시한다고 회답
1899년(광무 3)	1월 12일	한성우체사, 학도(學徒) 8인을 법어(法語: 佛語) 학도 중에서 선발 보충. 1월 16일 전보사(電報司) 직원 봉급령 개정. [칙령 5호. 1월 20일. 우체기선회사(郵遞汽船會社)에서 사들인 일본 선박 다가지마마루(堂島丸)에 즉각 운행증 발급 조처토록 총관(總關)에 훈령. 일본유학생 기채(起採)는 현재 결원(缺員)이 없어 불가능하다고 학부(學部)에 회답.
	1월 26일	독립신문, 우체사업 확장으로 작년도 우체 사업세 73,000원 외에 22,000원을 예비비 중 지출 보도.
	1월 30일	농상공부 협판 신태휴, 군부군법기초위원(軍部軍法起草委員)을 해임. 2월 1일 독립신문, 광무 3년도 예산 보도, 세입 6,473,222원, 세출 6,471,132원, 세입 여액 2,090원. 2월 6일 일본, 도오꾜오. 오사까(東京大阪) 간. 전화 개통(900리).
	2월 12일	아관(俄館), 남방 우수리(南方烏蘇里) 교제관(交際官) 곽미살이(廓米薩爾: 꿔미싸얼)에게 보내는 신함(信函)을 우체로 부쳐 경흥감리(慶興監理)를 통해 송달토록 기탁(寄託). 대한제국(大韓帝國) U.P.U. 에 가입. [외체실시]되었음을 가맹 각국에 알렸다는 스위스연방정부로부터의 회답이 옴. 2월 14일 주미공관, U.P.U.조약 비준서 도착하여 미 국무성(美國務省)과 가맹 각국에 통지하겠다고 보고. 2월 18일 농상공부 협판 최영하(崔榮夏) 면관. 외부협판으로 전임. 통신국장 강인규(姜寅圭) 우전 양사(郵電兩司) 주임관(奏任官) 대폭 승등(陞等). 민상호(閔商鎬) 한성판임(漢城判任)으로 전임.
	2월 20일	독립신문, 우체의 중요성을 강조하고 주소 성명을 분명히 하라고 계몽. 2월 25일 3월 1일부터 한성-인천간 우체물 발송 하루 두번(오전 9시 30분, 오후 7시) 실시 공고 [부령 33호]. 3월 1일 권재형, 농상공부 대신 면관.
		[의정부 찬정(贊定)으로 전임] 부장(副將) 민병석, 농상공부 대신에 피임. 독립신문, 각 지방 우체사 견습원은 기용 안되고 의외인이 우체사 관원됨을 개탄 보도. 경인간(京人間) 우물 발송. 상오 5시, 하오 5시. 6시의 3 차례로 개정.
		무안(務安)우체사장 서병은, 자기 서신을 외국 우체로 부송했으므로 면관. 3월 13일 독립신문, 임시우체의 폐단 보도. [향장의 발송 지체. 체전부의 금품요구. 황성신문(皇城新聞), 지방 우체 관원들이 상경하여 수개월씩이나 환임(還任)치 않고 월봉만 탄다고 재차 논란.
	3월 14일	이의협(李宜協), 무안우체사장에 피임. 3월 15일 우체교사 길맹세(吉孟世), 신문 우송료 건으로 각 신문사 사원과 면담. 3월 17일 독립신문, 우표를 농상공부에서 제조중이라고 보도. 3월 22일 황성신문, 신문 우송료 매 장(每張)에 엽전 1푼으로 결정이라 보도. [5월 1일부터 시행]. 3월 29일 원일윤선회사(元一輪船會社)의 청원을 받아들여 소속선의 우체물과 인화운송(人貨運送)의 연안 항행을 선처하도록 인천·부산·원산의 3항(港)에 훈령. [우체물 발송 시한 규정 개정]. 4월 6일 황성신문, 농상공부 소관 우정비(郵征費) 전년도 실출액(實出額) 참고하여 39,000원 증액(增額) 보도. 4월 8일 농상공부 대신 민병석, 탁지부 대신으로 전임. 부장(副將) 민영기(閔泳綺). 농상공부 대신에 피임.
	4월 13일	황성신문, 한성우체총사 3월분 우체물 2월에 비해 48,869통 붙었으나 일시적 현상이라 보도 [총계 166,446통]

연대	우편 역사 및 주요 사건
	4월 14일 황성신문, 일본인을 고용하여 제조한 우표 4종이 불량하여, 프랑스에 제조 주문해야겠다는 우체교사의 의견 인용코 당국의 처사 힐난(詰難).
	5월 21일 한성우체총사장 이정의(李正儀) 사망. 독립신문, 각국 우편 다수 열거하고 문명의 높고 낮음은 우편국 수로 짐작된다고 설명. [최고 미국: 69,805, 일본: 4,250]. 캐나다, 태평양해저전선(太平洋海底電線) 포설(布設)을 계획.
	5월 17일 일본 특명 전권 공사 가또오(加藤增雄) 퇴거.
	5월 22일 우체사관제 개정 [칙령 제25호]. [1등사(一等司)에 신 개항장(新開港場) 옥구(沃溝)·창원(昌原)·성진(城津) 등 첨입(添入).
	5월 23일 궁내부 협판 윤정구(尹定求), 농상공부 협판에 피명. 일관(日館)의 기상전보(氣象電報) 설치 [인천·원산·목포·진남포에 관측기 설치] 요구 수락.
	5월 25일 옥구(沃溝)·창원(昌原)·성진(城津)우체사 설치 공고 [부령 제35호]. 일본 전신국, 경성(京城)·부산(釜山)·인천(仁川) 간 전신료를 매 1어(每一語)당 10전으로 낮춤. 경성(京城), 전차(電車) 개통 전차소각사건(電車燒却事件) 발생.
	5월 29일 각 우체사장 임명. [한성 윤규섭(尹圭燮), 개성 김관제(金寬濟), 창원 정재은), 옥구 이경석(李庚奭), 성진 김균복)]. 5월 31일 우초(郵鈔) 인쇄 간행을 위해 조각사(彫刻師) 1인의 고빙(雇聘)을 일관(日館)에 의뢰.
	6월 2일 마산(馬山)·군산(群山)·성진(城津) 거류지(居留地) 규칙 조인.
	6월 15일 한성우체총사장 보고, 상무총보(商務總報) 요금 83원 36전 미납 운운 [요금약수(料金約收) 실시]. 일관, 소포우편물 면세, 면검 통관(免稅免檢通關) 다시 요구.
	6월 18일 한성부 판윤(漢城府判尹) 민경식(閔景植) 농상공부 협판에 피임.
	6월 19일 농상공부, 소포우편물의 면세, 면검은 본부 소관 아니라고 외부에 회답. 독립신문, 우체학도, 우체주사 4인의 부당 임명에 항거하여 자퇴 지경에 이르렀다 보도. 6월 20일 일본의 소포우편물 면세, 면검의 건 해관에 일임.
	6월 21일 황성신문, 목포(木浦)·부산(釜山)에 일본우편국 파출소 증설 보도.
	6월 24일 궁내부 통신사 전화과(宮內府通信司電 話課) 설치.
	6월 25일 일본 특명 전권대사 하야시(林權助) 내임.
	7월 3일 각 우체사장 임명 [성진 이춘영(李春榮), 대구 이유진(李有晉)].
	7월 11일 독립신문, 원산(元山) 이북 등지(以北等地) 송달한 우표 매하 대금 도난 사건을 통신국에서 징치 처단(懲治處斷)함을 공박 남원(南原) 우체주사 조경회(趙庚會)의 체전부 요자(料資) 횡령 사건을 전주(全州)우체사장에게 조사토록 호령.
	7월 22일 옥구(沃溝)우체사 우무 개시.
	7월 24일 황성신문, 농상공부와 법부(法部)의 청사 교환 보도 [농상공부. 사령의 한성우체총사에서의 행패 계기로]. 일본 진남포우편국 개설.
	7월 27일 인천 일본우편국, 군산에 우편물 발송 [우선(郵船) 경제(慶濟)·명양(明洋) 2척으로].
	8월 3일 독립신문, 농상공부 대신 민영기(閔泳綺), 평리원(平理院)에 피수(被囚) 보도 [협판 민경식(閔景植) 서리 피명].
	8월 9일 독립신문, 찬정(贊政) 이하영(李夏榮) 농상공부 대신 서리 피임 보도.
	8월 11일 한청통상조약(韓淸通商條約) 조인.
	8월 12일 농상공부 대신 민영기 면관, 찬정(贊政) 민종묵(閔種默) 농상공부대신 임시 서리로 피명, 농상공부 협판 민경식 면관.
	8월 16일 8월 20일 창원우체사 우무 개시공고.
	8월 17일 9월 10일 성진(城津) 우체사 우무 개시공고. 대한국국제(大韓國國制) 반포 [제9조].
	8월 18일 우체교사 길맹세(吉孟世) 일행 외체사(外遞司) 설치 위해 인천·목포(木浦)·원산(元山)·부산 답사하고 귀경. 경인철도(京人鐵道) 한강(漢江)까지 개통.
	8월 20일 창원(昌原)우체사 우무 개시.
	8월 26일 일관, 우초인지(郵鈔印紙) 조각사 우쓰(宇津盛), 제판사(製版師) 마쓰자끼(松崎米藏) 입경. 정 3품(正三品) 민경식(閔景植) 농상공부 협판에 피명.
	8월 29일 우·전 양사(郵電兩司), 체전부 한성 내 전차 무료 승차 허가함.
	9월 5일 농상공부, 외부에 일본인 조각사 우쓰등과 체약(締約) 교섭 중이라고 회답 법관(法館), 우체교사 길맹세와의 고빙 조약 개정 요구.
	9월 9일 조각사 우쓰 등, 고빙약조(雇聘約條) 청의.
	9월 10일 스위스연방국에서 무역해 온 만국 우체용 물품 인천항(仁川港)에 도착. 성진(城津)우체국 우무 개시.
	9월 13일 법관(法館), 우체교사 길맹세의 고빙 조약 개정안을 송교.(크게 우대 요구)
	9월 20일 독립신문, 프랑스어(佛語) 학도들 길맹세로부터 3, 4개월간 우무 견습하여 각 항구에 파견한다고 보도.
	9월 26일 황성신문, 인천 우·전 양사(郵電兩司)의 이설(移設) 단행을 치하.
	10월 3일 1900년 1월 1일부터 외체 실시하고 거기에 따르는 7개 조항을 스위스연방정부에 통고.

연대		우편 역사 및 주요 사건
	10월 7일	조각사 우쓰를 고빙 약조 재가. 10월 12일 농상공부 기사 김세형(金世衡), 대구 우체사장에 피명 [전 사장 이유선 농상공부 기사로]. 한성·인천간 우물 발송시간 15일부터 개정 공고. [부령 제36호] [매일 하오 1시 와 7시]. 10월 14일 농상공부 협판 민경식, 시강원 부참사(侍講院副參事) 겸임.
	10월 17일	스위스연방정부, 1900년 7월 2일 예정의 U.P.U. 25주년 송축연(頌祝宴)에 파원(派員) 하라고 통보.
	10월 21일	법부고문(法部顧問) 미국인 그리이트하우스(C. R. Greathouse) 사망. 10월 26일 농상공부, 상경하여 장기 체류하는 지방 전. 우 양사 관원의 조속 귀임을 훈령 [독립 신문]. 조각사 우쓰 등의 고빙 약조 교환 11월 8일 우체교사 1년 속빙(續聘)을 청의 [기한 1년, 연봉 3,000원] 농상공부, 긴급 소용우표 제조 경비 3,000원의 예산의 지출을 탁지부에 요구. 11월 9일 황성신문, 농상공부 대신 우체교사에게 외체 실시 위해 일본 우선회사와의 조약 및 한일우편조약을 타정(妥定)토록 지시. 11월 10일 황성신문, 청국(淸國) 우정 확장 상황 보도. [1897년 개시, 본국 29, 분국 69]. 11월 13일 우체교사 길맹세, 한일우체연합조약(韓日郵遞聯合條約) 초안을 대신에게 체송. 11월 13일 국내우체규칙 개정 청의 [우표신 발행(郵票新發行)]. 독립신문, 1900년 1월 1일부터 외체 실시에 대비하여 인성(印成)하는 6종 우표의 종류 및 채색(彩色) 보도.
	11월 15일	해주군수(海州郡守)에게 전보사를 우체사에 합설토록 시달. 11월 18일 황성신문, 경원(慶源)·회령(會寧) 등 향장(鄕長), 임시우체 주사로 승임(陞任)해 줄 것을 청원, 그렇지 못할 때 겸임(兼任) 않겠다고 요구. 11월 21일 황성신문, 일본의 해외 [대한·청국] 우편국 증설 계획 보도. 11월 25일 황성신문, 청국의 만주 내지(滿洲內地) 우편국 개설 보도.
		일본, 군산(群山)에 목포우편국출장소 개설. 일본, 마산(馬山)에 부산우편국출장소 개설. 11월 28일 황성신문, 우체시설의 개선 강화를 논함. 독립신문, 농상공부 그간 중단되었던 전우학도 교습을 고원청(雇員廳)에서 재개한다고 보도. 11월 30일 우체교사 길맹세, 외체 실시 위해 우체주사 7인 시취(試取). 12월 11일 1900년 1월 1일부터 대한국(大韓國)의 외체 실시를 연합 각국에 통고했다는 스위스정부의 회답 옴. 12월 2일 이종건(李種鍵), 농상공부 대신에 피임. 12월 3일 민종묵, 농상공부 대신 임시서리 해임. 12월 4일 미공관(美公館)에 1900년 1월 1일부터 외체 무위(無違) 실시함을 회답. 12월 9일 우체사관제 개정 청의 [외체 실시에 대비 한성사 주사를 17인 이하로]. 12월 13일 황성신문, 부산항(釜山港) 박용규(朴龍圭) 다마요시마루(玉吉丸) 차입(借入)하여 남해 연안 각처에 우체와 물화(物貨) 통운하겠다고 부산 감리(釜山監理)를 통해 허가 요청 보도. 12월 14일 U.P.U. 25주년 송연(送宴)에 참가하겠으나 파원(派員) 명단은 추후 알리겠다고 통고.
	12월 23일	총관(總管)에 다가지마마루(堂島丸)로 바꾸었으니 바꾼 배의 항행중 신속 발행토록 훈령. 12월 27일 일관(日館), 한일우편협정 고안(稿案) 일본 체신성 제안 송치하니 조속 체약하라고 요구. 2월 28일 황종륜(黃鐘崙), 평양우체사장에 피임 [전 사장 이기철(李起鐵) 몸가짐이 근실치 못하므로 면관]. 황성신문, 내년 1월 1일부터 실시할 외체 종류 설명 [한자 병기(並記)]. 12월 29일 일본측에 한일우편협정 고안 받아들일 수 있으나, 제8조는 수정해야 한다고 회답 12월 30일 일본측 우리쪽의 수정안 수락 한일우편협정 성약(成約)
1900년(광무 4)	1월 1일	1월 1일부터 외체(外遞) 실시 공고 [부령 제38호, 고시]. 외체규칙 [만국 우체 규칙]12조 시행. 만국우체 시행 세목 [제19조]. 교환사(交換司)의 집무하는 법 [제46조]. 1월 6일 황성신문, 상경하여 오랫동안 광관(曠官) 하는 각 지방 우체사장의 조속 귀임을 훈령했음을 보도. 황성신문, 통신국(通信局)을 통신원(通信院)으로 관제 개정을 기도하고 있다고 보도. 1월 11일 우체사관제 개정 [칙령 제2호] [한성 우체주사 15인을 17인으로 개정].
	1월 13일	미관(美館), 외체 실시에 따라 공용서대(公用書袋) 서로 바꾸자고 제의. 1월 17일 국내우체규칙 전면 개정 반포[전 제49조, 칙령 제6호]. 1월 18일 각 우체사장 임명 [개성 서상준, 공주 김관제]. 황성신문, 우체교사 길맹세, 외체 주사 양성 및 3 항구에도 보낼 것을 청의했음을 보도. 1월 19일 한·미공사관의 공용 서대(公用書袋) 서로 바꾸는 일, 길맹세를 파견하여 타결케 함. 미국 외교문서 행낭(行囊), 처음으로 우송됨. 광무 4년도 총 예산안 청의.
	1월 20일	농상공부 협판 민경식, 내부 협판으로 전임(轉任). 1월 21일 국내우체규칙 개정 청의. 종 2품(從二品) 이근호(李根澔), 농상공부 협판에 피임. 1월 25일 황성신문, 일본에서 3월에 우편박물관 개설 준비 보도.
	1월 27일	미 공관을 통해 주미 우리 공관에서도 공용 서대를 체전하도록 훈령. 1월 31일 각 우체주사 다수 승급시킴. 2월 6일 프랑스공사, 우체사무 새로 조직하는 일 [외체 사무]로 회동할 일자 통지하도록 요구. 2월 16일 오는 21일 오후 3시에 우체사무 신 조직의 일로 회동하겠다고 회답. 2월 19일 농상공부 대신 이종건, 원수부 군무국장(元帥府軍務局長)으로 전임하고 농상공부 대신에는 임시 서리를 둠. 부장(副將) 민병석(閔丙奭), 농상공부대신 피임. 2월 20일 농상공부 대신 경질로 우체사무 신 조직의 일로 회동의 건 일자를 2월 22일 연기 통고.
	2월 22일	우체사장 임명. [원산 이의협(李宜協), 무안 박증수(朴曾洙) 상호 전임]. 2월 24일 통신국장 강인규(姜寅圭) 이하 각 우체사장 대거 승서(陞敍). 2월 27일 이종건(李種健), 농상공부 대신 임시 서리 해임. 임시 사용키 위해 첨쇄(添刷) 우표 [1푼] 발행. 3월 2일 황성신문 보도, 광무 4년도 농상공부 예산, 제1관 운영 42,996원, 제2관 사업비 334,140원. 3월 5일 내우체세칙 공고 [부령 37호, 전102조] 윤규섭(尹圭燮) 한성 우체사장 피임.
	3월 13일	우체사무 신 조직의 일로 프랑스공사와 외부, 농상공부 대신이 회동. 황성신문, 우무 발전은 우표 정량(精良)에 있지 않고, 통신 편리에 있다고 제(題)하고 당시 우정의 폐단을 논박. 3월 15일 황성신문 보도. 한성-인천 사이 우체물 발송시간 16일부터 개정 [매일 오전 7시, 10시, 오후 4시]. 주일공관에 일본 유학생 감독을 후쿠자와(福澤)에게 위임치 말고, 공사가 전임(全任)하라고 훈령. 3월 16일 일관(日館)에 우편국 개설 항의 [기설국(旣設局) 철폐, 신설국 금지].

연대	우편 역사 및 주요 사건
3월 19일	강계(江界)우체사, 우무 견습 희망자 2인의 처리를 품의(稟議). 3월 21일 농상공부 관제 개정. [통신원 및 인쇄국 설치] 청의 학부(學部)협판 민상호, 농상공부 협판에 피명. 3월 23일. 농상공부 관제 개정 [칙령 제10호] 통신원관제 반포 [21조, 칙령 11호] 황성신문 보도, 우선기선회사(郵船 汽船會社), 신 구입 고용선에 대한 도항 체류 선세(到港滯留船稅)를 면제받음. 황성신문, 강계(江界) 우체주사 이의협 3년간 광관(曠官) 보도. [4월 13일에 도임 보도].
3월 24일	일관(日館), 대한의 우무 확장 기다려 일본우편국을 점차 철폐한다고 회답. 3월 26일 농상공부 협판 민상호, 통신원 총판 겸임. 통신국장 강인규 통신원 서무국장에 피명. 통신원 주사 대거 임명. 3월 27일 통신원 참서관(通信院參書官) 임명 [최문현(崔文鉉), 신명우(申命祐), 오구영(吳龜永), 김철영(金澈榮)]
3월 28일	통신원 번역관(飜譯官) 임명 [최진영]. 4월 3일 통신원 인장(通信院印章) 직인(職印)을 주성(鑄成)하고 그 인영(印影)을 각부에 송교. 4월 4일 안동(安東)우체사, 견습생 청원의 처리를 품의. 우체교사 길맹세, 우표 제조가 부정미(不精美)함을 탓하고, 프랑스에 주문할 것을 주장. 4월 6일 길맹세 속빙 계약서(續聘契約書) 1889년 9월 내도(來到)에 대한 수정안 작성하여 외부에 송교. 4월 7일 농상공부 분과규정(分科規定) 개정[부령 제38호]. 4월 10일 외체 사무 교습을 위해 프랑스어 학도 4인 선송(選送)을 학부(學部)에 타협 요청. 4월 12일 방승헌(方承憲) 통신원 번역관에 임명.
4월 13일	통신원 신설에 따라 [4월-12월 간] 예산 재편성 청의 [48,479원 16전 9리에서 285,983원으로]. 안동(安東)우체사에 주사 2인으로 족하니 견습생 채용은 불허한다고 훈령. 4월 14일 법부(法部), 길맹세 속빙 계약에 있어 각호(各號)를 우체 고문관 혹은 감독으로 개정할 것 외는 수정안대로 수락 통고 통신원 총판, 임시우체사장 겸임한 지방관에 대해 업무에 정진(精進)토록 훈칙(訓飭)을 내림. 통신원 총판, 각 전보사장에게 응행사의(應行事宜) 훈령. 철도원(鐵道院) 설치, 종로(鍾路)에 전등(電燈) 신설. 4월 17일 통신원 위치, 전 통신국으로 공고 [통신원령 제1호]. 4월 20일 러시아의 특별 거류지로 마산포(馬山浦) 분할(分割). 4월 27일 황성신문 보도, 일본우편국에 여자 채용. 법관(法館: 프랑스공사관)에 길맹세의 명호(名號), 훗날 11인의 고문관 고빙케 되면 함께 개칭토록 하자고 제의 관보, 내월 9일에 안성우체사 체전부 우체물 9가지와 우표 대금 [20원 7전5리] 갖고 도주했음을 광고. 황성신문 보도, 일본우편국에 여자 채용. 4월 28일 미관(美館)에 양국 공관 우대(優待) 교환에 있어 각기 그 나라의 우표 가치로 준상(準償)함을 수락한다고 통고. 4월 30일 각 지방, 우체. 전보사 관원 즉각 부임토록 엄훈(嚴訓) [통신원 고시]. 5월 1일 U.P.U. 25주년 송연에 민영찬(閔永贊)을 파견한다고 스위스정부에 통고. 5월 2일 북경성 내(北京城內)에 전신국 설치. 청국(淸國) 의화단(義和團) 발발. 일본, 일본 국내 및 조선간 요금의 완전 균일제(均一制) 실시. 재한(在韓) 일본우편국 소포우편 사무. 5월 5일 길맹세 칭호 '우체교사(郵遞敎査)' 개칭키로 하고 그 속빙 계약 청의. 5월 11일 본월 10일부터 1동표(一錢票) 엽서 행용(行用)함을 고시 [엽서 발행 시각].
5월 12일	각 지방관에서 향장 임의 개체 엄금하고 지방관의 우무 수행 법에 따르도록 훈령. 5월 18일 김제군수(金堤郡守), 옥구(沃溝) 전·우 양사(電郵兩司) 경비 6개월간 불발(不撥)로 견책. 5월 19일 길맹세 속빙 계약 재가. 5월 23일 통신원관제 정오(正誤) [관보 1581호]. 5월 23일 황성신문 보도, 1786년 발행 '모리시 아스 심색(深色) 1돈 우표' 가진자와 결혼하겠다는 미국인의 광고 게제. 5월 25일 통신원, 본년도 세출 경상부 예산의 월별 예산과 월별표 제조하여 탁지부에 송교. 5월 30일 창원(昌原)우체사 신축비와 우표 외국 위탁 제조비(프랑스)를 탁지부에 요청. 6월 2일 탁지부, 우체. 전보 수입금 납입 독촉하매, 앞으로는 수입금을 각사 경비로 전용토록 하자고 제의. 부산일본우편국 마산출장소가 마산일본우편국으로 승격. 6월 11일 외부, 탁지부에 전년 미국에 위탁 제조한 우표 제조비 미불금 300원의 즉속 송납을 촉구. 6월 13일 황성신문 보도, 찬정(贊政) 이윤용(李允用) 협동우선회사(協同郵船會社) 설립 인가 얻음[정부선(政府船) 현익(顯益)·창용(蒼龍) 호 매입 운항]. 민 총판, 전전우체부(電傳郵遞夫)의 야행로표(夜行路票)를 군부(軍部)에 요청 한·일공관 왕래 우표 가치 물상(勿償).
6월 14일	농상공부 관제 개정 청의 [통신원 산제(刪除), 인쇄국 첨입] 재가 [칙령 36호]. 6월 15일 우·전 수입금의 해사(該司) 전용(轉用)은 수입금이 보잘것없어 곤란하다고 탁지부에 회답. 청주군수(淸州郡守)의 보고에 대해 우체사 설립처에서도 20리 이외의 면(面) 우물 체송은 군수가 감독해야 한다고 훈시. 6월 16일 통신원 용산진(龍山津)에 우선(郵船) 1척 실시 [행객도 합승시킴]. 황성신문 보도, 제주군(濟州郡)에 임시 우체 실시 예정. 6월 18일 우표 제조비 미불금 300원은 주미공관에서 범용(犯用)한 것이니 외부에서 해결하라고 회답.
6월 20일	임시우체 규칙 개정 [통신원령 2호] [경흥(慶興)·경성(鏡城)]소관 구역 개정]. 6월 26일 우·전(郵電)학도가 외국어에 능숙치 못하므로 영어 학도(英語學徒) 우등생 2인의 선송(選送)을 학부에 요청. 6월 30일 김제군수(金堤郡守), 옥구(沃溝) 전·우 양사 경비 발급을 계속 하지 않음으로 10일간 감봉에 처함. 7월 2일 사진 서로전선도 민영찬(閔泳瓚) 위원 U.P.U. 25주년 송축연(頌祝宴)에 참석.
7월 3일	통신원관제 개정에 따른 우체사관제 개정 청의 8일부터 한성-인천간 우체물 발송 1일 4회로 개정 [오전 7시 40, 오후 1시 40, 3시 40. 6시 40].
7월 5일	탁지부, 창원(昌原)우체사 신축비 2,000원은 창원부(昌原府)에 독발(督撥)하고 외체에 사용할 우표 인쇄비 5,000원은 지화(紙貨)로 지발(支撥)하겠다고 회답. 김제군수(金堤郡守)에게, 10일간 감봉에 처했는데도 옥구(沃溝)우체사 경비 지급치 않음으로 면관 조치하겠다고 엄독(嚴督).
7월 6일	우체학도 교장(郵遞學徒校長) 6월분 월강계획표(月講計劃表) 보고.
7월 7일	우체사항(郵遞事項) 범죄인처단 예(犯罪人處斷例) 개정 청의.
7월 8일	한강철교(漢江鐵橋) 완성, 경인철도(京人鐵道) 완통.
7월 10일	철원(鐵原)우체사, 동 군에서 4, 5월분 경비 지출치 않아 정무(停務) 지경에 이르러 주사를 상경시켜 곤경을 호소.

서로전선도

연대	우편 역사 및 주요 사건	
	7월 12일	황성신문 보도, 우선(郵船)회사 소속 창용호(蒼龍號), 본원 10일 상오 12시에 청국 엔타이(烟台)로 항항(向航).
	7월 13일	탁지부, 본년도 통신원 경비 항목 별서(項目別書)와 월별표(月別表) 승인 통고 [5월 25일 요청.
	7월 14일	청국(淸國) 의화단(義和團) 사건 확대되어 한국 북경(北境)까지 영향.
	7월 24일	오구영(吳龜泳), 통신원 참서관 피명.
	7월 25일	우체사관제 개정 반포 [8조, 칙령 28호] 황성신문 보도. 공주군(公州郡) 수서기(首書記) 동 우체사 경비 수령 독촉으로 온 체전부를 역인(驛人)이라 천시 난타 통신원, 우체교사 길맹세가 경부(警部)에서 자기 고인 엄호하여 소란 피운 사건에 대해 해명하고 해고(解雇)는 보류한다고 외부에 통고.
	7월 26일	전보교사(電報敎師) 미륜사(彌綸斯) 속빙(續聘) 결정. 지방 군대(地方軍隊) 명칭을 진위대(鎭衛隊)로 통일.
	7월 27일	옥구(沃溝) 전·우사 경비 김제군(金堤郡)에서 아직 미발하고 부안군(扶安郡)에 이획(移劃)한 6월분 경비도 미발이니 선처하라고 보고.
	8월 4일	옥구우체사, 작년 10월 이래 경비 김제 및 부안에서 끝내 미급하여 직원들이 환산(渙散) 지경이니 긴급 선처하라고 호소.
	8월 9일	각 지방 전·우사 경비 명년 1년도분을 대략 예산서대로 미리 각군 공전(各郡公錢) 중에서 지급하였다가 지급케 하라고 통신원에 요청.
	8월 13일	김창한(金彰漢), 인천우체사장 사임. 성낙호(成樂頀) 인천우체사장에 피임.
	8월 23일	직산광산(稷山鑛山), 광업권 일본회사에 허여(許與). 귀인(貴人) 엄씨(嚴氏)를 순빈(淳嬪), 제2자 강(第二子堈)을 의왕(義王), 제3자 은(第三子垠)을 영왕(英王)으로 봉함.
	8월 23일	창원 부윤(昌原府尹)에게 동부 항장 우표 재용(再用)건 징벌하라고 훈령.
	8월 28일	인천·부산·무안·삼화(三和)의 4 항 외체 상황 조사를 위해 길맹세와 최진영(崔鎭榮) 출장토록 훈령.
	8월 29일	옥구우체사 경비 거의 1년이 되도록 미급하니 즉시 독훈(督訓)하도록 탁지부에 통고.
	9월 3일	한·일간우편물가(郵便物價) 물상(勿償) 건 거절.
	9월 7일	황성신문 보도, 내장원(內藏院) 각군 역토(各郡驛土)를 이부(移付) 하라고 탁지부에 통고. 청국(淸國), 해저 전선(海底電線) 가설을 계획.
	9월 15일	농상공부 대신 민병석(閔丙奭) 원수부 검사국총장(元帥府檢查局總長)으로 전임, 학부대신 김규홍(金奎弘) 농상공부 대신 임시 서리로 피임.
	9월 18일	일관(日館)에 한·일우편조약 [1899년 12월 협정] 개정 요구 [업무용 서류 첨가와 요금 인상] 오병일(吳炳日) 통신원 참서관 피임.
	9월 20일	황성신문 보도, 우표 인쇄사 일본인 우에끼(上木民司) 기한 만료로 금월 내 해고.
	9월 24일	일관(日館)에 9월 18일자 우편조약 개정 요구에 응하겠다고 회답.
	9월 29일	농상공부 관제 개정 [칙령 제36호] [통신국 산거(刪去) 인쇄국 첨입].
	10월 1일	임시우체사 사장에 각 군수, 주사에 향장을 임명토록 청의.
	10월 4일	한성우체사 주사 한용빈(韓用斌) 임시대판우체사장사무(臨時代辦郵遞司長事務)에 피임.
	10월 5일	함흥관찰부(咸興觀察府)에 임시우체사무 취급을 향장 외 서기와 통인(通引) 등으로 맡게 함은 위규 처사(違規處事)라고 훈령.
	10월 6일	우체사관제 개정 청의 [외체 사무 확장에 따라 주사 증원]. 국내우체규칙 개정 청의 [우표 13종, 엽서 4종].
	10월 11일	법무대신 권재형(權在衡) 임시 서리 농상공부대신 사무 피임. 10월 18일 우체사직원봉급령 개정 청의 [물가 상승에 따른 증액].
	10월 23일	임시우체 규칙 개정 청의 [향장, 주사 겸임 실시].
	10월 25일	한성우체사 주사 조동원(趙東元) 우체학도 교장(郵遞學徒校長)에 피임.
	10월 29일	광주(光州)우체사에서 2년간 비공개 채용한 견습원의 정식 채용 청원 불허.
	10월 30일	우체학당 교장(郵遞學堂校長) 기한 경과 수삭(數朔)토록 상학하지 않는 학원(學員) 보고하여 퇴학 처분.
	11월 1일	우무학도규칙 반포 [제21조, 통신원령 제6호]. 황성신문에 갑신년(甲申年) 발행 5문짜리를 위시하여 각종 우표 매입 광고. 전무학도(電務學徒) 규칙 반포 [제21조 통신원령 제7호]. 11월 3일 전보사 직원 봉급령 개정 [칙령 44호].
	11월 10일	탁지부, 인천 등 36부, 군에 명년도 각 지방 우체사 경비를 각 부·군 공전중에서 미리 예치하였다가 매삭(每朔) 지급토록 훈령.
	11월 13일	우체사항범죄처단예 개정 [제5조 1항, 법률 제8호]. 우체사관제 중 개정 [칙령 제42호]. 우체사직원봉급령 개정 [칙령 제43호]. 임시우체규칙 개정 [칙령 제45호]. 국내우체규칙 개정 [칙령 제46호].
	11월 14일	우기(郵旗) 제정을 의정부에 제안.
	11월 16일	우무학도규칙 시행을 동 교장(校長)에게 훈령.
	11월 17일	각 지방 우체사장 승급(陞級) [원산·부산·의주·평양·삼화·무안].
	11월 21일	우기(郵旗) 제정. 각 지방 우체사장 승급(陞級) [전주·개성·공주·대구·창원·옥구·성진].
	11월 23일	공주우체사장, 군수의 정실(情實)보고 우려하여 각군 향장의 근태(勤怠)를 자진 보고(自進報告).

연대	우편 역사 및 주요 사건
	11월 24일 법관(法館), 대한(大韓) 각 우체국과 재청(在淸) 프랑스 우체국 간의 우편 협정 제의.
	11월 25일 민상호(閔商鎬) 농상공부 협판 개체(改遞).
	11월 26일 경흥(慶興)우체사장 및 각 지방사 주사 대거 승급. 민상호, 통신원 총판 전임 [농상공부 협판 사임, 동 협판에 고영희(高永喜) 피임].
	12월 1일 인천우체사장, 해관우편 존속 보고. 외부(外部), 한청조약(韓淸條約) 1 책(一册)을 통신원에 송정. 경운궁(慶運宮: 德壽宮) 내 석조전(石造殿) 기공.
	12월 3일 우기 도식(郵旗圖式) 실시.
	12월 4일 재청(在淸) 프랑스 우체국과의 우편 협정 초고(草稿)에 이의 없음을 외부에 통고.
	12월 5일 통신원관제 개정 청의. 어구 첨산(語句添刪).
	12월 10일 각군 향장, 임시우체 사무의 난맥상에 비추어 그 사무 체계의 개혁 청의.
	12월 29일 통신원관계 개정 [제22조, 칙령 제52호] [총판의 관등 칙임 2등을 1등으로 승격]. 황성신문 보도, 길맹세(吉孟世), 인천, 삼화 등지 체전부 증원 및 엽서 증조(增造)를 요청 [각 항구 일본인의 수요 증대].
	12월 25일 김제군(金堤郡)에 옥구우체사 작년 10월부터 금년 5월까지의 경비 획급(劃給)을 독촉. 12월 우무학도 현재 인원 [1급 6인, 2급 4인]
1901년(광무 5)	1월 8일 법관(法館), 우표 위탁 제조 수락과 그 원판 제조 조건 회시(回示) [3종으로 나누면 비용 7,200원].
	1월 9일 탁지부, 광무 4년도 우표값 26,896원 75전 [953,675매] 납입 요청.
	1월 12일 일·미·법(日美法) 등 각국 공관에 우기(郵旗) '우'자 기호(旗號) 송교.
	1월 14일 법관(法館)에 우표 조속 제조해 오면 앞의 조건을 수락하겠다고 통고. 우체사가 우기(郵旗)의 현표(懸表)를 각 부·군 원청(各部郡院廳)에 통고.
	1월 21일 황성신문, 광무 4년도 농상공부 제조 우표 수 보도 2리표(二厘票) 20전까지 각종 우표 총 매수 2,125,251매 총 가격 65,405원 51전 통신원 매하 각종 우표. 엽서 26,896원 75전
	1월 15일 황성신문 보도, 각국의 1년간 서신 수 보도 영어(英語) 우편 80억 통 덕어(德語) 우편 12억 통 법어(法語) 우편 10억 통 이어(伊語) 우편 2억 2천만 통 서어(西語) 우편 1억 2천만 통 아어(俄語) 우편 8천만 통 포어(葡語) 우편 2천 4백만 통 화어(和語) 우편 1억 통 합계 120억여 통
	1월 23일 황성신문 보도, 광무 4년도 한성우체총사 우체물수 565,519 매.
	2월 4일 황성신문, 금년 10월 U.P.U. 회의 영국에서 개최 보도.
	2월 5일 농상공부 인쇄국내 주조(鑄造) 인쇄 2과(二課) 설치.
	2월 7일 탁지부 전환국(典圜局)내에 주조 인쇄 2과 설치.
	2월 12일 특별 시험에 미급(未及)한 우체학도 강등(降等)토록 훈령. 신화폐조례(新貨幣條例)- 금본위제 발포[칙령 제4회] 했으나 실시되지 않음.
	2월 15일 관보 공고, 광무 4년도 한성우체총사 및 지방 각사 우체물 집분표(集分表), 집신(集信) 806,408 통, 분전(分傳) 502,289 통, 총계 1,308,697 통 [한성 697,909 통] 전년도 비(前年度比) 533,956 통 증가.
	2월 25일 평양·김화(金化)·안협(安峽)·김성(金城)·이천(利川)·회양(淮陽) 등 각 군수에게 향장을 함부로 체임(遞任) 말도록 훈령.
	3월 2일 황성신문, '우무의 징창 확장' 이란 제하(題下)에 우체 업무의 개선 확충을 역설 [경장업중(更張業中) 취익제일(取益第一), 단 고폐(痼弊) 우체물의 연체 부침(衍滯浮沈).
	3월 6일 통신원 총판 민상호, 3등 태극장(三等太極章) 서훈(敍勳).
	3월 8일 농상공부 인쇄국 폐지, 탁지부 전환국(典圜局)에 흡수 [칙령 제8호].

※ 매삭(每朔): 매월

※ 획급(劃給): 주어야 할 것을 한 번에 다 지급함

연대	우편 역사 및 주요 사건
3월 14일	황성신문 보도, 광무 5년도 예산. 세입 9,709,456원, 광무 3년도 비 2,916,660원 증, 세출 9,708,682원, 광무 3년도 비 2,916,811원 증. 성진(城津)일본우편국 개설, 인천일본우편국경성출장소(京城), 경성일본우편국(京城日本郵便局).
3월 16일	외부(外部), 한·법우편협정(韓法郵便協定)의 조속 체타결(締妥結) 독촉.
3월 18일	통신원동별예산서(同別豫算書) 및 월별표(月別表) 탁지부에 송교, 제1관 통신원 본청 20,730원, 제2관 1항 우체사업비 160,350원, 2항 전보비 217,000원.
3월 20일	한·법우편협정(韓法郵便協定) 전 3조(全三條) 청의.
4월 2일	시흥(始興) 임시우체 주사 이희택(李熙澤) 임명 [향장, 임시 우체 종사 3년 지난 이후 재임명].
4월 6일	한·법우편협정(韓法郵便協定) 재가.
4월 11일	일본공사, 한·일특수우편약정 개정 [제6항 요금 인상 5월 1일부터 시행].
4월 12일	통신원 총판 민상호 미국 기념은장(美國紀念銀章)과 영국 기념은장 패용(佩用) 재가(裁可).
4월 17일	한·법우편협정(韓法郵便協定) 조인. 한법법우편협정 중 개정건, 의정부에 통고.
4월 25일	국내우편규칙 중 개정 청의, 우표 가격과 우장(郵章)의 색(色).
4월 27일	일본의 특수우편약정 개정 요구 거절 통고 [3항으로 나누어 당당히 주장]. 5월 7일 일본공사, 특수우편약정 다시 강청(强請). 마산(馬山)에 일본인 특별 거류지(特別居留地) 설치. 5월 14일 13도 관찰사(十三道觀察使)에, 각 우·전 양사 본년도 경비 예치토록 훈령. 5월 28일 일관(日館)에 일본우편국 배달인의 심야(深夜) 성내 통행(城內通行) 저지(底止) 않겠다고 통고. 황성신문 보도, 터어키 황제(土耳其皇帝), 동국(同國) 우편 제도 개혁 시도.
5월 29일	협동우선회사(協同郵船會社) 윤선(輪船) 협동호(協同號)에 발패(發牌) 토록 해관(海關)에 훈령.
6월 1일	국내우체규칙 개정. [칙령 제14호] [우표 가액(郵票價額) 환(圜)으로, 우표 표색(郵票票色) 표시].
6월 2일	탁지부, 전년도 우체사 수입금 납부 독촉하고, 우체사 수입으로 당사(當司) 경비 충당함이 편리하겠다고 통신원에 제의.
6월 10일	황성신문 보도, 스위스에서 자동 우체상(自動郵遞箱) 발명.
6월 12일	진고개(泥峴) 일본우편국장 다나까(田中次郎)의 개성 지방 여행 통행증 발급(發給) 허가. 평양일본우편국 개설.
6월 15일	일관(日館), 한·일특수우편약정 개정 [요금 인상] 계속 강요. 각 우체사 수입금으로 각사 경비 충당은 수입이 적어 불가하다고 탁지부에 회답.
6월 19일	일관에 일본 우편국의 철폐를 요구.
6월 22일	외부, 일본 요구의 특수우편약정 불허면 다시 어려운 문제를 끌고나올 우려 있으니 대책 강구토록 통신원에 통고. 일관, 일본우편국의 철폐 거절 [구실로 한국우체는 위체(爲替), 소포(小包) 등 미개설이라는 구실로 삼아]. 체전부 요자(料資) 증액 요구하여 일제히 퇴거하겠다며 통신원에서 일제히 태거(汰去). 한성전보사장 이정동(李鼎東) 파견하여 1892년 2월 구입한 덕국제(德國製) 윤선 조주(潮州). 부(鳧)호 참아온 후 대한국기(大韓國旗) 괘장(掛張)토록 조치.
7월 1일	통신원, 체전부 요자(料資) 인상을 탁지부에 요청.
7월 2일	황성신문 보도, 진위대(鎭衛隊) 병정이 평양우체사에서 우체물 별신(別信) 요구에 불응한다고 난동. 경성(京城)일본우편국 체전부, 한성전보사에서 횡포(橫暴).
7월 4일	탁지부, 체전부 요자 인상 불가능하다고 체전부 숙박비는 명년에 고려하겠다고 회답. 인천세관 판무관 대리(仁川稅關辦務官代理) 찰머스(J. L. Chalmers), 부산세관 판무관 라포트(E. Laporte) 와 교대 부산세관장에 오스본(W. M. Osborne).
7월 15일	일관, 특수우편약정 개정에 관한 타협안 일본우편국 점차 철퇴 등 제시.
7월 18일	일본공사, 타협안 무시하고 개정협정 속결을 강청
7월 19일	유지수(柳枝秀) 대구우체사장에 피임.
7월 23일	대구우체사장 유지수, 철도원 기사에 피임.
7월 26일	통신원, 종내 일본의 특수우편 요금 인상 요구 수락. [10월 1일부터 시행].
7월 27일	일본의 특수우편약정 개정 요구 수락한다고 일관에 통고. 정부 소유 윤선 [창용·현익·한성호] 협동우선회사에 넘겨주되 그 세금 수입은 궁내부에서 직접 관리토록 조처하였음을 탁지부에 통고.
8월 1일	김세형(金世亨) 대구우체사장 임명.
8월 5일	국내우체규칙 개정 청의 [한·일특수우편약정 개정에 따른 편법으로 우체 요금 증감 통신원령으로 시행].
8월 10일	일관, 한·일특수우편약정의 개정 합결(合結) 되었으니, 장차도 동 약정 개정권 있다고 회답.
8월 12일	법관에 한·법우편협정의 한문어필비준서(漢文御筆批准書) 보내어 법국 대통령 비준의 법문 원본을 요청.
8월 21일	탁지부, 전년도 우표 대금 26,896원 76전과 금년 1월에서 7월도 우표 대금 15,472원 납입을 통신원에 독촉.
8월 23일	아국(我國), 만주 동3성(滿洲東三省)의 전신국을 만주에 돌려주기로 결정. 황성 신문, 일반의 부주의 [주소. 성명의 불명기, 문패 불헌]로 전·우물의 전달에 지오(遲誤) 등을 논란.

연대		우편 역사 및 주요 사건
	9월 11일	황성신문 보도, 은진 강경포(恩津江鏡浦)에 우체지사 설치하여 부근 군도(群島)에 통신코자 배 2척과 임시 우전부 경비를 탁지부에 요청.
	9월 14일	황성신문, 진고개(泥峴) 일본우편국 낙성(落成)에 대하여 일본의 대한내(大韓內) 우편 사업의 조속 반환 촉구 우체교사 길맹세(吉孟世) 속빙 전14조 청의. 진고개(泥峴)일본우편국 낙성. 한성(漢城)에 전등 가설 시작.
	9월 20일	돈의문 밖 우체지사 설치코자 외체 확장에 따라 탁지부에 경비 승인 요청. 경부(京釜) 철도 공사, 영등포에서 시작.
	9월 24일	국내우체규칙 개정 [칙령 제17호].
	9월 26일	길맹세(吉맹世) 속빙 재가(裁可).
	9월 27일	아라사 공사(俄公使), 한아전선연접(韓俄電線聯接) 촉구.
	9월 28일	한일 간 우편 요금 10월 1일부터 개정 인상 실시 공고 [통신원령 3호].
	10월 18일	돈의문 밖 서서 반송방 경구 계 75통 1호 [西署盤松坊京口契七十五統一號]에 경교한성우체지사(京橋漢城郵遞支司) 설치 공고 [원령 제4호].
	10월 19일	경교한성우체지사 11월 1일부터 우무 실시 공고 [통신원 고시 제5호].
	10월 30일	탁지부에 북청(北淸) 우·전사 신축비 지급 청구 [1,900원과 2,000원 합 3,900원] [북청군 군대(軍隊) 구병영(舊兵營)이라고 환명(還命)
	11월 1일	경교한성우체지사(京橋漢城郵遞支司) 우무 개시.
	11월 4일	소포우편 실시 위해 한일 간 교환법 등 타협차 길맹세(吉孟世)와 최진영(崔鎭榮)을 일본에 파견토록 조치.
	11월 5일	황성신문 보도, 우체물 체전 엄체(掩滯) 차탄(嗟嘆).
	11월 26일	우무학도 교장에게 1급생 3인을 한성우체총사 견습원으로 병부(併付)하라고 훈령.
	11월 28일	탁지부, 북청 전·우사 다른 사옥을 수리하여 옮기라고 회답.
	12월 4일	미륜사(彌綸斯, H. J. Muehlensteth) 외부 고문에 피임.
	12월 12일	한법우편협정(韓法郵便協定) 비준.
	12월 28일	황성신문 보도, 청국 장지동(張之洞) 독자적으로 우체 확장 건의.
	12월 29일	일관에 무선 전신과 연해 각항(各港) 전신 가설권 허여 통고
1902년(광무 6)	1월 21일	관보 광고, 본월 9일 진주(晋州)우체사 체전부 박순길(朴順吉), 산청군 생림장(山淸郡生林場)에서 우체물과 숙박료 전액 피탈. 한일간의 소포우편 개시가 발표됨.
	1월 30일	영일동맹(英日同盟) 조인.
	2월 15일	탁지부에 한성우체총사 금년 1월도 우표 매하 대금 697원 15전 3리와 외체 매하 대금 215원을 송교.
	2월 21일	황성신문 보도, 청국 유·장 2총독(劉·張二總督), 해관 우편의 내성(內城) 확장 금지하고 각지에 우정(郵政) 설립 시도.
	3월 6일	황성신문 보도, 전. 우 양사 각 년도 경비 및 수입금 미납에 1만여 원 다액 횡령 주사 촉수 독쇄(促囚督刷) 토록 독촉.
	3월 20일	전화권정규칙(電話權定) -임시전화 규칙 반포. [전 2조] 한성·인천 사이 전화 개통[고시 3호].
	3월 21일	한성부(漢城府), 일관의 한성·개성 사이 우체물 체송 보호 요청 거절.
	3월 24일	개성일본우편국 설치를 일본공사에게 항의.
	3월 29일	일본공사, 개성우편국을 사설(私設) 이라 주장하며 책임 회피.
	4월 1일	개성일본우편국 업무 개시.
	4월 4일	개성일본우편영수소에서 우체물 발수(發受)하니 정폐(停廢)케 하라고 외부에 촉구. 일관에, 외국인에게는 한국 내 전화 가설권 없다고 통고.
	4월 7일	일본공사 개성일본우편영수소는 상민(商民)들의 사설이므로 자기의 명령권(命令圈) 밖이라고 책임 회피.
	4월 12일	일본공사에게 개성우편국 불법 개설을 항의하고 재차 철폐 요구.
	4월 16일	황성신문 보도, 경성(京城)일본우편국장 전화 2대와 일본우편국 사진 등을 궁내부에 헌납.
	4월 17일	일본공사, 개성우편국을 사설(私設)이라고 다시 책임 회피. 총사대판사장(總司代辦司長) 인천우체주사 박기홍(朴基鴻) 사장 대판(司長代辦) 개체(改替) 청원.
	4월 19일	황성신문 보도, 전화 실시 후 이용자 격증.
	4월 24일	전화규칙 [전 제31조, 칙령 제5호] 반포.
	4월 25일	황성신문 보도, 통신원, 각 부·군 임시우체 사이 2일 발송 엄수토록 훈령.
	4월 28일	전화세칙 [전 제6조, 원령 제2호] 공포.
	4월 30일	아국(我國)과 한·아전신연접조관(韓俄電信聯接條款) 체결.
	5월 1일	전 주한 일공사(前駐韓日公使) 가또오(加藤增雄), 농상공부 근무 경부 고문에 피명.
	5월 3일	우체교사 길맹세(吉孟世) 4등 태극장(四等太極章) 서훈(敍勳).

연대	우편 역사 및 주요 사건
5월 6일	개성일본우편국 불법 개설을 일본공사에 다시 엄중 항의. 5월 14일. 일본공사, 개성일본우편국 불법 설치에 대해 괴변(怪辯)으로 끝내 책임 회피. 일관, 경성·인천간 전화 가설권을 다시 요구.
5월 26일	한성우체총사에 대해 주사 2인 선발하여 우무 검찰권(郵務檢察權)주어 우체 사무 철저히 수행하라고 훈령.
5월 28일	한성우체총사, 감찰원(監察員)으로 주사 김석주(金錫胄), 한영수(韓永洙)로 정했음을 보고. 은진 강경포(恩津江鏡浦)에 공주우체지사 설치 공고 [통신원령 제3호]. 황성신문 보도, 법국 체신대신이 주한법국 공사에게 한국 우표 제조 출송(出送) 통고 [3개월간에 제조한 각종 우표가격 약 367,400원, 소요경비 7,600원].
5월 30일	의주(義州) 개항 문제 논의.
5월 31일	한성·개성 사이 전화 개통 [고시 제4호].
6월 1일	일본 체신대리, U.P.U. 25주년 기념 축하연에 주일 공사 초대. 한성전화소(漢城電話所) 전화 교환 업무 개시.
6월 16일	관보 광고, 본월 11일 인천 발 다마가 와마루(球摩川丸) 중도에서 침몰하여 우체물 모두 유실
6월 18일	황성신문, 향장들의 임시우체 악습으로 몰래 뜯어보고 전달 지체 보도.
6월 24일	일본공사, 경성(京城)일본우편국에 한국인 3인 견습차 고용 통고.
6월 28일	평양우체사, 외체 사무원 1인 파송 요청 개시(開市) 이후 외체 사무 점차 흥왕으로]. 일본, 불법으로 경성-인천 간 전화 통화 업무 개시. 인천일본우편국 불법으로 전화 교환 업무 개시. 경성(京城) 일본우편국 불법으로 용산(龍山) 및 영등포(永登浦)와 전화 통화 업무 개시.
7월 1일	은진 강경포(恩津江鏡浦)우체지사 7월10일부터 우무 실시 공고 [고시 제5호].
7월 5일	경주[慶州·대구우체지사]. 장흥[長興광주우체지사]. 서흥[瑞興·해주우체지사]. 벽동[碧潼·의주우체지사]의 우체지사 설치 공고 [원령 제5호] 제주(濟州)우체사 설치 공고 [원령 제6호].
7월 6일	옥구(沃溝)우체사장, 강경포우체지사 개설로 말미암은 우전부 감원케 된 데 대하여 조치 요망.
7월 8일	한성우체총사 검찰원 강석주(姜錫胄)를 유문상(劉文相)으로 교체.
7월 10일	강경포우체지사 우무 개시.
7월 11일	우체사관제 개정 청의 [각 지사 설치로].
7월 15일	국내 우체 구역 선로(線路), 8월 15일부터 대폭 개정 시행 공고 [원령 제7호]
7월 19일	장흥(長興)·경주(慶州)·서흥(瑞興)·벽동(碧潼)우체지사 8월 15일부터 우무 실시 공고 [고시 제6호].
7월 19일	제주우체사 8월 15일부터 우무실시 공고 [고시 제6호].
7월 21일	법규유편(法規類編) 속간.
7월 29일	철도원 기사(鐵道院技師) 유지수(柳枝秀) 한성우체사장에 피임.
8월 15일	장흥·경주·서흥·벽동우체지사 우무 개시. 제주우체사 우무 개시. 국내 우체 구역 및 선로 개정 시행.
8월 18일	황성신문 보도, 통신원, 임시우체소 우물 발송 계체(稽滯)를 엄칙(嚴飭)하고 매월 실수(實數)를 보고토록 훈령. 포천군 전임 향장(抱川郡前任鄕長) 불의에 체임(遞任)됨을 호소.
9월 4일	신천군수(信川郡守)에게 동군 향장의 우체 사무 모멸한 사건은 엄징토록 훈령을 내림.
9월 11일	삼화(三和)우체사, 순검(巡檢)의 우체부 하대(下待)로 우무에 지장이 많으니 체전부와 순검의 관계를 확실하게 발훈(發訓)토록 요망.
9월 16일	통신원 총판 육군 정령(正領) 민상호, 육군 참령(參領)에 승임.
10월 8일	우체교사 길맹세, 인천우체사에 우체주사 가파(加派)해야 한다고 보고 우무 점차 확대로 인하여.
10월 8일	어극(御極)40년 기념우표 [3전] 발행.
10월 25일	황성신문 보도, 통신원 서신이 지체 부전(遲滯不傳)하는 까닭은 봉피의 기재가 불분명한 데도 있다고 광고.
10월 26일	통신원관제 개정 청의 [사무 파번(事務頗繁) 관원 증원] 차].
10월 30일	통신원관제 개정 [전 제 24조, 칙령 제18호] [서무 국장 폐지, 회판 1인 설치 등 관원 증가]. 우체사관제 개정 [칙령 19호, 2등사에 은진·경주·장흥·서흥·벽동·안주 첨입]
10월 31일	통신원 서무국장 강인규(姜寅圭), 통신원 회판(會辦)에 피임. 고산군(高山郡) 전 향장 무고히 견체(見遞) 됨을 소원(訴寃).

※ 서훈(敍勳): 나라를 위하여 세운 공로의 등급에 따라 훈장이나 포장을 줌

※ 엄칙(嚴飭): 엄하게 타일러 경계함

※ 발훈(發訓): 상급 관청에서 하급 관청에 훈령을 내림

※ 정령(正領): 대한 제국 때의 영관 계급 가운데 하나. 참장의 아래, 부령의 위.

※ 참령(參領): 대한 제국 때에 둔 영관 계급의 하나. 부령의 아래, 정위의 위이다

※ 가파(加派): 사람들을 보낸 뒤에 다시 더 보냄.

※ 어극(御極): 즉위(卽位). 임금이 될 사람이 예식을 치른 뒤 임금의 자리에 오름.

연대		우편 역사 및 주요 사건
	11월 4일	스위스정부로부터 U.P.U. 기초(基礎) 기념비 건립에 관한 협력 초안 보내옴.
	11월 7일	황성신문, 통신원관제 개정에 있어서 통신 사업의 중요성과 우리 나라 우전 사업의 발전을 축하 고무함.
	11월 8일	학부, 각 통신원의 요청에 따라 법(法)·미(美)·아(俄)·덕(德)·일(日)이 학도 각 1인을 선발 외체 사무 확장 대비 수원(水原)·공주(公州)·은진(恩津)·홍주(洪州)우체사에 우체 사무 감독차 박기홍(朴基鴻) [인천사(仁川司) 주사]를 특별 파견한다고 훈령.
	11월 10일	강릉(江陵)우체사 향장의 태만 [조임석체(潮任夕遞)]과 소속 서기의 우무 경시(輕視)를 엄정토록 요청.
 어극40년기념우표	11월 14일	학부, 영어학도 1인을 선송(選送)외체 사무.
	11월 18일	공주군수에게 향장 임의 개체 [1년 3번 개체한 일]를 문책.
	11월 19일	황성신문 보도, 인제(麟蹄)임시우체 향장이 중량 이상의 우표 첨부를 요구.
	11월 20일	각 지방 우·전사에 사내 사무(司內事務)를 외국인에게 누설 말라고 훈령.
	11월 21일	우무학도 교장 조동원(趙東元) 사임 청원. 경성(京城)일본우편국장, 한성 전화소 전화 가입 신청 [이미 서울, 인천과 진고개에 전화선 가설].
	11월 22일	농상공부 고문 일본인 가또오 집에 무단 전화 가설.
	11월 26일	일관에 일본우편국의 임의 전화 개설 항의. 실태 보고 않는 한 전화 가입 불허한다고 통고.
	11월 29일	일관에 일본우편국과 가또오 집과의 전화 가설 항의, 일부 시설 파괴. 황성신문 보도, 청국 전보국 회수하여 국영화.
	12월 8일	국내우체구역 및 선로 개정 [공주우체사 이하 14사 관내] 광무 7년 1월 1일부터 시행 공고 [통신원령 제8호]. 의정부, 궐내 출입 통신원 직원의 성명 및 문표(門票) 호수(號數)를 궁내부에 선송(選送)하라고 통보.
	12월 19일	황성신문 보도, 일본우편국 체전부가 지난밤에 궁문 앞 파수병과 서로 다툰 후 앞으로는 긴급 통보도 밤에는 전하지 않을 것이라고 하다.
1903년(광무 7)	1월 1일	광무 7년도 우체사업비 예산표. 예산액 제1관 통신원 본청 23,640원. 제2관 사업비 1항 우체 사업비 206,575원. 2항 전보 사업비 219,750원. 주목할 항목, 현설 43사, 한성내 신설 3 지사, 경부 철도 정거장 내에 지사, 영수소 신설. 임시 우체사 경비[봉급 포함] 지급, 우체학당 운영.
	1월 6일	황성신문 보도, '만국관란(萬國觀瀾)'[만국관광]을 이끌고 광무 6년도에 통신원은 우체교사 길맹세를 일본에 파견하여 외국인 소포 우편물 조약을 의정(議定).
	1월 10일	일관에 전화의 불법 개설을 제삼 항의 [일인 불응]. 미국, 태평양 횡단 무선 전선에 성공.
	1월 12일	일관에 전주(全州) 일본인 우체물영수소 설치의 정폐(停廢)를 요구.
	2월 5일	1900년 3월 5일 농상공부령 제37호 국내우체 세제 폐지 [부령 제40호]. 개성·평양 사이 전화 개통 공고.
	2월 13일	황성신문 보도, 평양일본우편국 각 연도 우체물 총수 53,000여통, 본년도에 은산(銀山) 및 운산금광(雲山金鑛)에 우편국 개설 계획.
	2월 17일	인천전화소 교환 업무 개시. 아국(我國)의 서북 철도 부설권 요구 거절. 봉천(奉天)·길림(吉林)·하얼빈(哈彌補) 등지에 전보 및 우정총국을 설치하고 청·아(淸雅) 양국 공동 관리.
	2월 22일	국내우체세칙 [전 제6장 제107조] 공고 [원령 제3호].
	2월 27일	부산일본우편국의 거류지 외 우함괘치(郵函掛置) 항의.
	3월 13일	황성신문, 우체 사무에 있어 향장의 폐(弊)- 개탁사합(開坼私閤). 불송 지체(不送遲滯). 요금 가토(料金加討)와 인민의 완매(頑昧)-피봉 기재 불명 고읍호(古邑號) 별촌명(別村名) 기재 등의 징려(懲勵)를 역설. 일본인 부산에서 전화 교환 업무개시.
	3월 26일	황성신문 보도, 광무 7년도 총예산표, 제1관 통신원 본청 23,640원, 제2관 사업비 1항 우체 사업비 206,575원, 2항 전보 사업비 219,720원.
	3월 27일	일본공사, 부산일본우편국의 거류지 이외지의 우함 설치 철폐 요구에 불응.
	4월 8일	한청전선연접조약(韓淸電線聯接條約) 성립. 러시아 용암포(龍岩浦) 강제 점령.
	4월 14일	마포(麻浦)한성우체지사 [서서 용산방 마포계(西署龍山坊麻浦契)]에 설치 공고.
	4월 16일	황성신문 보도, 통신원 외체 사무를 위해 법어[法語 4인]. 英語[영어 2인] 학도의 선송(選送)을 학부에 요청 [전년에 9인 선송].
	4월 27일	4월 27일 마포(麻浦)우체지사 5월 1일부터 우무 개시 고시 [통신원 고시 제4호].
	5월 1일	마포우체지사 우무 개시.
	5월 8일	옥구, 개성, 대구의 각 사장 및 청주, 수원, 창원의 각 사장 대판(司長代辦), 광무 6년도에 있어서의 우표 산정표(算定表) 미진(未盡) 선보(繕報)한 탓으로 견책. 청일우편조약(淸日郵便條約) 체결.
	5월 27일	한성우체총사장, 마포영수소가 지사(支社)로 됨에 따라, 종전 사무원을 견습원으로 한다고 보고.

연대	우편 역사 및 주요 사건
6월 1일	기장군(機張郡)임시우체사장, 우체장정(郵遞章程) 1권 영수(領收) 보고.
6월 2일	통신원 번역관 최진영(崔鎭濚), 외체 신구(新舊) 학도 [신 4, 구 8]에게 출내 외체장정(內外遞章程) 송교 요망.
6월 6일	인천우체사에 전화 설비토록 인천전화소에 훈령.
6월 8일	한성·수원 간 전신, 전화 개통.
6월 10일	경부 철도 각 정거장 내 전·우 양사 신축 대지 선정(選定)때문에 철도원에 교섭.
6월 12일	통신원 소관 각항(各項) 사업 관계 내왕 공문 관선(管船)이 우료 면세(郵料免稅)토록 각 우체사에 훈령.
6월 13일	경부 철도 각 정거장 내 전·우사 기지(基地) 택정(擇定)은 정거장 기지 택정되는 대로 즉시 입표(立標)하도록 철도원에 다시 촉구.
6월 17일	개성우체사, 일본우체국 개설 [자전거 체송]로 우체물 격감하니 1일 2회 체송 등 대책 수립을 요청.
6월 18일	개성우체사 야간 체송 등에 대비할 복장(服裝), 제등(提燈) 등 지급 요망 수락.
6월 20일	통신원 총판 민상호(閔商鎬) 견책.
6월 25일	체전부 요자(料資) 대폭 인상을 그 명세표 첨부하여 탁지부에 요청.
6월 26일	광주부윤(廣州府尹), 당부 내 각면각동(各面各洞)의 관아(官衙)로부터 상거 이수(相去里數)를 구별 성책(成册)하여 상송(上送).
6월 29일	법국공사(法國公使), 우표 제조 완료로 우표 제조비 19,000프랑(佛郎) 완송(完送) 요청 [독수리보통우표 13종].
6월 30일	개성 부윤(開城府尹), 동명(洞名). 이명(里名). 이수(里數) 등을 성책하여 상송.
7월 1일	한성 -개성 간 매일 양차 체송 실시. [7월 6일 이후 실행]. 한성신문 보도, 현재 통용하는 최고 우체 인지 소개, 영국 1859년에 낸 것, 러시아 1864년에 낸 것.
7월 10일	부산우체사에 부산. 창원. 아국(我國) 영사의 구라파 행 우체물을 일본 선로 일본우편국 경유로 오송(誤送)한 잘못을 책하고, 앞으로는 인천우체사로 일률 송치하여 여순구(旅順口) 선으로 체송토록 훈령.
7월 17일	부산우체사장, 종전 아국(我國) 영사 우체물의 일본우편국 월송(越送) 원인은 선편 형편(船便形便) - 10일에 인천행 1차, 일본행 수차에 의한 것 보고. 우표 제조비(금화 7,287원 94전) 법국공사에게 완납하고 외부에 통고.
7월 21일	공주우체사, 전의(全義)·목천(木川)은 종전대로 임시우체에 편입하고, 공주 수원 간은 대로(大路)로 적용토록 요청.
7월 22일	길맹세(吉孟世) 속빙 [전 제14조] 청의.
7월 23일	개성부 등 각 지방관에게 문패 달도록 조처하라고 내부에 요청.
7월 24일	경무사(警務使), 체전부 및 전전부(電傳夫)에게 도진시 폐단(渡津時弊端)- 제때 즉시 건네 주지 않으며 선가(船價) 요구 방치 조치했다고 훈령.
7월 25일	광무 5, 6, 7년도 우체 수입금 등 12,368원 18전 탁지부에 송교.
7월 28일	진위군수(振威郡守)에게 정거장 부근에 우체사 설치용 가옥 택정(家屋擇定) 구입에 협조하라고 훈령.
8월 3일	법관에서, 우표 제조 대금 완납 회답옴. 황성신문, 개성우체사장 서상준(徐相濬) 실심시무(實心視務)하여 우무흥왕(郵務興旺)을 칭찬.
8월 9일	부산우체사장, 초량영수소(草梁領收所) 사무원 김영식(金永植)의 근면을 보고하고 지사(支司) 설치 때 등용하기를 요망.
8월 12일	일본, 한만(韓滿) 문제 기본 타협안을 러시아에 제출. 청아(淸雅) 간 만주밀약(滿洲密約) 체결 [제4조 만주의 전신 우편사업은 양국의 공동 관리].
8월 15일	도동(挑洞)한성우체지사. [서서 반석방 도동계(西署盤石坊挑洞契)]에 설치 공고. [원령 제6호]. 시흥(始興)한성우체지사 [시흥군 하북면 중종리 영등포(始興郡下北面中宗里永登浦) 설치 공고 [원령 제8호].
8월 17일	황성신문 보도, 통신원 특히 우무에 불근(不勤)한 매월 우표 대금 상송(上送)치 않는 일 등 황주군수(黃州郡守) 및 향장을 내부에 의뢰하여 처벌.
8월 24일	체전부 집무 및 요자 지급 규정 공고 [원령 제10호] [전 제12조, 9월 1일부터 시행 체전부 총수 706명].
8월 25일	황성신문 보도, 경성(鏡城) 우체주사 고준식(高準植), 회령(會寧) 월북(越北) 간도(墾島, 間島)에 우체사 및 영수소 우표 매하소(賣下所) 설치를 제의.
8월 31일	도동(挑洞)우체지사 9월 1일부터 우무 개시 고시 [통신원 고시 제7호].
9월 1일	도동우체지사 우무 개시. 체전부 보무(報務) 및 요자 지급 규정 시행.
9월 3일	경북 용궁군수(龍宮郡守), 상주(尙州) 우체사 서기가 동군 향장 {임시 우체주사 서리}를 능욕한 잘못, 통박 보고.
9월 4일	우표매하인 규칙 [제18조] 공고 [통신원령 제11호].
9월 10일	광화문 앞(光化門前) 전차 역아(轢兒) 사건(역아(轢兒): 전차에 치어 어린이가 사망함). 경의(京義)철도 공사를 대한철도회사(大韓鐵道會社)에서 전담하고 일본 상사와 자금 대부 계약을 체결.
9월 14일	황성신문, 근간(近間) 우무의 확장을 칭찬 [도동. 영등포지사 개설, 한성-개성 간 1일 2차 발송, 총사 주사 1인을 각사에 파견하여 우체물 신전(信傳) 여부 조사 등].
9월 15일	우체사관제 중 개정 청의 [경부 철도정거장 내와 종성군(鐘城郡)에 우체사 설치.

연대	우편 역사 및 주요 사건	
	9월 18일	시흥영등포우체지사 우무 개시 [통신원 고시 제9호].
	9월 22일	외부에 우체교사 길맹세(吉孟世) 속빙서(續聘書)에 연서(聯署)를 청함 [현재 고용 기한 금년 12월 7일 조사관(調査官)으로 개칭].
	9월 25일	종전 사용 우표 [5돈, 2돈5푼, 1돈 5푼 우표] 폐지 공고 [통신원령 제12호].
	9월 28일	춘천(春川)우체사, 체전부 [18인] 거의 무식(無識)하므로 문자 해독하는자 1인을 고용(雇用)으로 채용하여 우무에 종사시키고 있음을 보고.
	10월 3일	외부, 제6회 U.P.U. 총회 [내년 4월 21일] 로마(羅馬)에서 개최한다고 파원(派員) 여부 문의. 러시아, 한만(韓滿) 문제 대안(代案)을 일본에 제시.
	10월 14일	외부에 U.P.U. 총회에 파원할 것이라고 회답.
	10월 15일	총판, 동원 회계과장에게 수입금의 윤납(輪納)과 장부 정리의 지연을 지적하고 그 조속 개선을 엄중 훈시.
	10월 23일	돈의문밖(敦義門外), 경교(京橋)한성우체지사 28일에 이설(移設) [전 고마청(前雇馬廳)으로, 원령 제13호] 동일에 우무 개시함을 고시 [제12호].
	10월 26일	돈의문 밖 경교우체지사 전 고마청으로 옮기고 우무 개시. 10월 전주(全州)우체주사 문종원(文鐘元) 사장(司長) 이병달(李秉達)에게 우정의 난맥상(亂脈相)을 직언(直言)하다가 타관되었다고 제26조를 들어 호소.
	11월 2일	황성신문 보도, 주일 아공사(駐日我公使), 동국 극동 총독(極東總督) 에게 보내는 서간(書簡)을 우체·전신을 사용치 않고 인편(人便)으로 보냄.
	11월 3일	곽산군수(郭山郡守)에게 동군 임시 우체의 난맥상 -향장이 자주 갈리고 사환(使喚)들로 대신 맡기며, 사신을 뜯어보며 체전을 지체하는 등을 조속 시정토록 엄훈(嚴訓).
	11월 9일	회판 강인규, 총판 서리 사무 해임.
	11월 27일	경성(京城). 인천. 부산의 일본우편국에서 외국신문전보(外國新聞電報) 개시.
	12월 17일	평양(平壤)우체사장, 사립 학교(私立學校)에서 교사난(敎師難)으로 동사 외체 주사의 출강(出講) 초청을 보고. 불허
1904년(광무 8)	1월 8일	황성신문 보도, 진고개 일본우편국에서 외국행 우체물 검열(檢閱) 실시.
	1월 10일	영변(寧邊)우체사, 체전부의 등급. 성명, 근만(勤慢) 등을 보고하면서 그 급료 차처(差處)를 요망. 대구(大邱)우체사장, 체부의 전립(氈笠: 벙거지)을 모자로 고쳐 달라고 요청. 불허.
	1월 15일	부산우체사장, 부산 -대구 간 각 정거장 내 우·전 병사 설치 기지(基地) 선정 입표(立標) 완료를 보고.
	1월 16일	공주(公州)우체사, 체신부의 복장(服裝) 항구사(港口司)에는 이미 결말과 숙박비 지급 요청. 기다리게 했음.
	1월 18일	각 지방 우체사장에게 광무 7년도 우체물 통계를 즉시 보고하라고 훈령.
	1월 20일	공주(公州)우체사, 체전부의 요자 및 숙박료 크게 부족하여 일시 사퇴하는 형편임을 보고. 한성과 인천 우체사장에게 전년 11월부터 시베리아(西伯林亞) 철도로 보내게 한 구라파 행 우체물의 횟수, 중량 등을 보고 토록 훈령.
	1월 21일	황성신문 보도, 인천 일본우편국, 외교 정세 절박으로 전신 통수(通數) 격증 [1월 300통에서 500통으로].
	1월 22일	외부에의 U.P.U. 총회를 1905년 5월로 늦추었음을 통고.
	1월 23일	부산우체사에 대한 체전부의 일본제 모양의 모자로 바꿔 씀을 문책.
	1월 23일	한국, 러일(露日) 양국에 중립(中立) 선포.
	1월 25일	황성신문 보도, 일본 야전우편전신(野戰郵便電信) 업무 준비 완료 보도.
	1월 27일	부산우체사장, 초량(草梁)·구포(龜浦)·밀양(密陽) 등 경부 철도 정거장에 우체지사 등을 개설토록 요청.
	1월 28일	경성(京城)우체사, 체전부 요자 지급 규정, 전년 9월 1일부터 시행키로 된 것 조속 실시와 숙박비 증액을 요청. 부산우체사장, 송지(松旨)·물금(勿禁)·원동(院洞) 등 경·부철도 정거장에 우체함(郵遞函) 걸어 놓도록 요청.
	1월 30일	한성우체사 광무 7년 12월도 우체물 통계 보고 [집신 768,763, 불전 227, 674 계 996,437, 전년도 비 150,196통 증가]. 경흥(慶興)우체사 광무 6년도 및 7년도 경비를 공전중(公錢中)으로 이나(移挪)치 않아 거의 폐무 지경에 이르렀으므로 즉속 조치를 탁지부에 통고.
	2월 1일	본년도 각 지방 우·전 양사 경비, 부송(附送)한 별책(別册)대로 안월 획급(按月劃給)토록 탁지부에 통고.
	2월 5일	일본, 암호전보(暗號電報) 취급 금지 토록 조치.
	2월 6일	창원(昌原)우체사, 일병(日兵)에게 피점.(被占). 출입 엄금, 우물 검열 실시 보고. 일본군(日本軍), 부산, 마산에 상륙.
	2월 7일	부산우체사 일병에게 피점 보고, 대구우체사 일병에게 피점 보고.
	2월 8일	러일전쟁(露日戰爭) 발발.
	2월 10일	일본, 대러 선전포고(對露宣戰布告). 일본공사에 일병이 각 지방 우체사에서 우서(郵書) 검열, 암전 금지(暗電禁止) 등을 자행함을 항의. 한성우체사장, 옥구, 무안, 창원, 부산, 4항이 수로가 막혀 우체물을 육로(陸路)로 발송한다고 보고.
	2월 11일	인천우체사장, 내외(內外) 항로가 막혀 우체물 발송이 곤란하니 내체물(內遞物)은 육로로, 외체물은 한성·현익(漢城顯益)양 윤선 사용하여 발송 조처토록 요망. 전주(全州)우체사장, 창원·부산 양 우체사의 대구 향(大邱向) 우체물을 남원(南原) 경유로 체송한다고 보고.

연대		우편 역사 및 주요 사건
	2월 15일	민상호(閔商鎬), 통신원 총판 사임.
	2월 19일	부산우체사장, 초량영수소(草梁領收所)를 부산진(釜山鎭) 정거장으로 옮김을 보고. 부산우체사장, 일본우편국의 체출(遞出)에 대비하여 초량, 구포, 송지(松旨) 등 철도 정거장에 우체지사나 영수소 개설을 요청.
	2월 22일	아국(俄國), 일본에 국제법 위반, 한국에 불법 상륙과 선전포고, 전신 단절 등 항의.
	2월 24일	아군(俄軍), 안주(安住) 및 영변(寧邊) 전보사에 침입 기물(器物)과 공화(公貨) 약탈. 의정부 찬정(議政府贊政) 이하영(李夏榮), 통신원 총판에 피임 [민상호, 의정부 참정(參政)으로 전임]. 법관(法館), 길맹세(吉孟世)의 속빙 조약 조속 성립을 요청.
	3월 12일	우체사관제 개정 [칙령 제5호] [1등사: 종성(鐘城)·진위(振威)·황간(黃澗) 2등사: 시흥(始興)·천안(天安). 노성(魯城)·성주(星州)·밀양(密陽)·직산(稷山)·아산(牙山)·전의(全義)·연산(連山)·진산(珍山)·영동(永同)·김산(金山)·칠곡(漆谷)·청도(淸道) 등 첨입. 전보사관제 개정 [원령 4호]. 일본 군용철도감부(日本軍用鐵道監部) 경·의(京義)철도 부설에 착수.
	3월 14일	길맹세(吉孟世) 속빙 재가 [칭호를 조사관'으로, 월봉 50원 증액].
	3월 17일	이또오히로부미(伊藤博文) 내한.
	3월 18일	본년 1월로 각 지방 우체사 경비 전례(前例)를 좇아 별례(別例)대로 지발(支發) 토록 탁지부에 요청. [각항(各港) 우체사 체전부 요자 전년 10월부터, 그 외는 금년 1월부터 실시].
	3월 26일	육군 법원장(陸軍法院長) 민상호, 통신원 총판에 피임.
	3월 31일	한성우체사 체전부 10명 증원과 서로(西路) 각 우·전 전사 원역(員役)등의 요자 증액을 탁지부에 요청. 전보사 공두(工頭) 및 전전부(電傳夫) 집무 요자 지급 규정 공포 [원령 1, 2호].
	4월 11일	탁지부, 3월 31일의 통신원 요청에 대해 한성우체사 체부 4명만 증원한다고 회답.
	4월 12일	일본 우전국장 다나까에 4등 태극장(四等太極章) 특서(特敍).
	4월 15일	황성신문 보도, 성진(城津)일본우편국 폐쇄, 원산 우편국서 대행.
	4월 26일	광무 8년도 총 예산 청의. 세입 총액 14,214,573원, 세출 총액 14,214,298원, 통신원 본청 30,000원, 세입 여액 275원, 우체 사업비 318,427원, 전보 수입 160,000원, 전보 사업비 276,303원, 전화 수입 3,000원, 우체 수입 30,000원.
	4월 28일	지방 우체사장 임명 [전주: 조동원(趙東元), 옥구: 최봉식(崔鳳植), 전주 전 사장 이병달(李秉達) 면관].
	5월 5일	황성신문 보도, 이태리인 다에쓰세 씨 전기 통신(電氣通信) 발명.
	5월 10일	전보교사 미륜사(H. J. Muehlensteth: 彌綸斯) 속빙 결정.
	5월 21일	진위(振威)우체사 설치 공고 [원령 제3호].
	5월 25일	탁지부, 본년도 각 지방 우·전 양사 경비 안월 획급(按月劃給) 하겠다고 회답.
	5월 26일	종성(鐘城)우체사 설치 공고 [원령 5호].
	5월 27일	진위(振威)우체사장 박승집(朴勝輯) 및 주사 3명 임명.
	6월 6일	황성신문, 일본의 대한경영(大韓經營)에 있어 한만(韓滿)의 통신 기관을 모두 일본이 영위(營爲)함이 편의(便宜) 하다고 보도.
	6월 8일	고준식 종성(鐘城)우체사장에 피임.
	6월 15일	직산(稷山)·종성(鐘城) 우·전사 신설에 따른 경비 명세표 보내어 부근 공전(公錢) 중에서 훈획(訓劃)토록 탁지부에 요청.
	6월 16일	황성신문, 경기도 남양(南陽) 지방에 1년 중 신문이 100여 차례나 부전(不傳) 이라면서 우체의 부실(不實) 보도.
	7월 8일	진위[振威: 직산군 삼서면 성환]우체사 10일부터 사무 개시 공고 [통신원 2호]. 국내 우체구역 및 선로 [한성 이하 27사 관하] 7월 10일부터 개정 시행 공고[통신원령 제7호].
	7월 10일	진위우체사 우무 개시.
	7월 11일	경흥감리(慶興監理), 아국남방교계관(俄國南方交界官)에 전간(電桿) 준비 우라디보스토크-경흥 간 전선 가설용 요구 거절.
	7월 12일	일관(日館), 일본 군용철도 및 전선 보호에 관해 군령 [군령, 8조] 실시하겠다고 통고.
	7월 20일	황성신문 보도, 러시아 군함이 홍해(紅海)에서 덕국선(德國船) 우체물 중 일본으로 가는 것 몰수.
	8월 4일	경성(鏡城)우체사 본월 2일에 우·전선 약도본(郵電線略圖本)을 아병(俄兵)에게 피탈 보고.
	8월 22일	탁지부, 진위(振威)·경성(鏡城) 우·전사에 신설 규모 축소하여, 그 경비 획급(劃給) 하겠다고 회답. 육군 법원장 장화식(張華植) 통신원 회판 피임. 제1차 한일협약(第1次韓日協約).
	8월 25일	국내 우체규칙 개정 청의 [별분전 추가] 임시우체규칙 개정 청의 [칙령 제25호] [임시 우체 경비 매월 20원].
	9월 8일	박기홍(朴基鴻), 개성우체사장 피임 [서상준 사임].
	9월 10일	국내 우체규칙 개정 [칙령 제24호] [별분전 추가] 임시우체규칙 개정 [칙령 제25호] [임시 우체에 경비 매월 20원].
	9월 20일	각 지방 임시우체 경비 [매월 20원] 과 별분전비(別分傳費)를 각 부·군(府郡) 공전(公錢)으로 획급(劃給) 조치토록 탁지부에 요청 [11월1일부터 실시].
	9월 22일	황성신문 보도. 일본 체신 대신, 철도 및 우편 사무 시찰차 근일 내한.

연대	우편 역사 및 주요 사건	
	9월 23일	통신원 총판 민상호, 2등 태극장 서훈.
	9월 29일	탁지부, 임시 우체 경비 및 별분전비 요청대로 획급하겠다는 회답.
	10월 2일	민상호, 의정부 찬정(贊政) 피임, 통신원 총판 겸임.
	10월 7일	광주(光州)우체사 사판위원(査辦委員), 동사 체전부의 태만, 대송(代送), 겸발(兼發) 등을 지적 보고, 대구우체사장, 경부 철도 가설에 따라 정거장 부근에 지사(支社)나 영수소(領收所) 설치를 요청.
	10월 11일	변영진(邊永鎭), 통신원 참서관(參書官)에 피임.
	10월 13일	민상호, 통신원 총판에 전임(專任) 경부 철도 정거장 내 전·우사 건설 조사차 박기홍(朴基鴻: 개성우체사장) 파견, 각 지방관에게 임시우체 사무의 문란을 지적하고 이를 개선 엄밀히 행하도록 훈령.
	10월 18일	각 지방 우체. 전보. 전화 수입금 상납할 때 결호전(結戶錢) 상납례와 같이 식태규례(息馱規例)를 적용토록 탁지부에 요청. 진위(振威) 우체사장에게 경부 철도 개통에 따라 우체 선로 변경토록 훈령 [이후 공주, 청주우체사에도 적용].
	10월 28일	우무학도 교장, 학도 증가로 청실(廳室) 분설(分設)키 위해 난로(煖爐) 설치를 요청.
	10월 29일	탁지부에 경부 철도 정거장 내 우·전양사 청사 주선을 요청.
	11월 3일	탁지부, 각 지방 우체. 전보. 전화 수입금 상납에 식태례(息馱例) 적용 수락. [단 경상, 전라 양도 제외].
	11월 28일	탁지부 전환국(典圜局) 폐쇄, 그간 우표, 엽서 인쇄 총수 4,876,475매 발행.
	12월 5일	탁지부, 각 전. 우사 수입금 납입을 독촉함.
	12월 18일	탁지부에 전·우사 수입금의 일부를 송교하면서 납입 지체의 이유 설명.
	12월 26일	광무 9년도 예산 청의, 세입 총액 14,960,574원, 세출 총액 19,113,665원, 세입 부족액 4,153,091원, 통신원 본청 29,131원, 우체사업비 241,656원, 전보사업비 146,860원, 우체수입 34,500원, 전보수입 181,500원, 전화수입 7,500원. 아국(俄國)의 엔타이(烟臺. 연태), 뤼순(旅順)간 무선 전신 개통. 경부 철도 준공

러일전쟁 당시 러시아와 일본에게 압사 당하는 한반도 풍자

연대	우편 역사 및 주요 사건	
1905년(광무 9)	1월 9일	탁지부에 본년도 각 지방 우·전사 경비액을 별송(別送) 명세(明細)대로 각 부·군(各府郡) 공전(公錢)으로 획급토록 요청.
	1월 13일	탁지부, 본년도 각 전·우사 경비 획급은 신년도 예산 반포를 기다려 훈령하겠다고 회답.
	1월 23일	평양우체사 경비 광무 7, 8년도분 여액(餘額)을 아직도 지급치 않아 폐무지경(廢務地境)이니 조속 선처토록 탁지부에 요청.
	1월 27일	전·우 양사 원역(員役. 공두(工頭). 체전부 등) 월료(月料) 1원씩 더 주도록 탁지부에 요청.
	1월 30일	인천우체사장 성낙호(成樂호) 면관.
	1월 31일	황성신문, 원산(元山)우체사에서 엽전(葉錢)만을 받고 있음을 비난. 황성신문 보도, 문경(聞慶) 향장 우체물을 뜯어 보다 개견(開見).
	2월 2일	우·전양사 원역(員役)의 월료 1원씩 더 줌.
	2월 9일	전우사(電郵司) 관원의 연말 상여금을 지급치 않기로 결정.
	2월 19일	통신원 총판 민상호 사직을 상소, 회판 장화식(張華植) 총판 서리에 피명.
	2월 23일	외부, 제6회 U.P.U. 총회 개최 연기를 통고해 옴.
	2월 24일	황성신문 보도, 서신(書信)에 동봉한 일본우편국 돈표(錢票) 150원 표(票) 없어짐.
	2월 28일	관제(官制) 이정청(釐正廳)에서 관제 개혁 계획 [통신원 관제 개혁 포함].
	3월 3일	우체조사관 길맹세의 해고(解雇)에 따른 상여금 및 여비 3,150원 예비금에서 지출 표결. 법관(法官), 길맹세의 상여금 1,950원 지급을 외부에 통고.
	3월 6일	회판 장화식, 총판 서리 해임.
	3월 10일	체전부 등 원역 요자 1원씩 증급. 경부간 기차 직통됨에 따라, 경·부 양사 우물 직행 교환 시작.
	3월 18일	길맹세(吉孟世)의 상여금 1,950원 지급을 외부에 통고.
	3월 19일	각의(閣議), 일본의 통신권 합동 요구 거절, 통신원 총판 민상호, 기사(技師) 김철영(金澈榮) 등 표창.
	3월 21일	법국공사(法國公使) 전보교사 미륜사(彌綸斯)의 해고에 따른 귀국여비 요청. 황성신문 보도, 일본공사 통신 기관 합설(合設) 강요, 각의 의결 이규삼(李圭三) 통신원 참서관 피임.
	3월 22일	일본공사, 통신기관 합설 다시 강요 정부 회의 미결.
	3월 23일	일본공사, 정부 회의에 참석하여 강요하나 반대.
	3월 24일	찬정(贊政) 칭병 불참(稱病不參)으로 정부 회의 유회.

※ 결호전(結戶錢): 결작전(조선 후기에, 균역법의 실시에 따른 나라 재정의 부족을 메우기 위하여 전결(田結)에 덧붙여 거두어들이던 돈)

※ 전결(田結); 논 밭에 물리는 세금

※ 균역법(均役法): 백성의 세금 부담을 줄이기 위하여 만든 납세 제도

연대	우편 역사 및 주요 사건
3월 27일	일본공사, 속결(速決) 요구로 왕이 정부 회의 개최를 독촉.
3월 28일	의정부 대신 민영환(閔泳煥) 사직을 상소. 평양우체사 경비 광무 7, 8년도조 미획급분 있어 폐무 지경에 이르렀으니 즉시 발급 조치해 달라고 탁지부에 요청.
3월 29일	일본공사 강요, 정부 회의 유회 의정부 대신 민영환(閔泳煥) 사직소(辭職疏)
3월 30일	민상호, 통신원 총판 사임, 중추원(中樞院) 찬의(贊議)로 전입.
3월 31일	통신기관 일본 위탁 청의 각의(閣議), 일본공사 하야시의 강압으로 통신권 양도에 동의 [참정 민영환 불참].
4월 1일	평리원(平理院) 판사(判事) 김재순(金在珣) 통신원 회판에 피임. 황성신문 보도, 일본인 가나이가 마포(麻浦) 이완식(李完植) 집에다 우편국 설치.
4월 1일	한일통신권협정(韓日通信權協定) [전 제10조] 조인. 통신권 피탈
4월 6일	황성신문 보도, 일본우편국, 통신원 소관 우체사 낱낱이 조사 일본정부, 이께다(池田十三郎) 등 통신 기관 인계 위원을 한국에 출장 명령.
4월 8일	황성신문 보도, 통신국 조사 전우국수 1등국: 10여처, 2등국: 20여처, 3등국: 343처, 일본인 우편국 50여처, 계 420여개소라고 보도.
4월 17일	일본, 한국 통신기관 인계 위원 이께다 등 일행 인천 도착 즉일 입경(入京).
4월 18일	탁지부에 본월 3. 4월도 각 지방 우·전사 경비 별표대로 승인 획급토록 요청.
4월 20일	탁지부, 각 지방 우정사의 본년도 1, 2, 3, 4월도 경비표만 승인하여 회답 정주(定州)우체사를 안주(安州)로 옮겨 임시 개설.
4월 22일	일관(日館), 통신기관 협정 제3조 중 궁내부 토지등 제외는 이미 구약(口約)에 따라 보고하였다고 회답. 충주(忠州)우체주사 장숙(張肅)을 의원(依願) 면관.
4월 24일	황성신문 보도, 민상호, 윤치호 등을 일본 시찰원으로 내정. 일본헌병대(憲兵隊) 한국의 경찰권 강탈 경·의(京義) 철도 개통.
4월 26일	경성(京城)우편국원 고미야(小宮) 통신속(通信屬)등 19명 입성. 25일 인천 도착, 일본, 동일부로 인계 위원 정식 임명하고 통신기관 행정서를 28일에 관보에 공시(公示)할 터이니 한국도 관보에 공시토록 요구.
5월 1일	한성 우체주사 김영찬(金永燦), 진위(振威)전보사 주사 이봉종(李鳳鐘) 의원 면관, 이후 우체사 관원 자퇴 관보에 통신기관 협정 공시.
5월 3일	일본공사, 통신기관 인계 위원 명단 통고하고 아측(俄側) 위원과 회동 요구.
5월 6일	황성신문 보도, 한국 우표와 엽서는 6월 말까지 사용. 7월 1일부터 일본 것 사용.
5월 8일	일본공사, 통신기관 인계 위원의 각 지방 출장에 있어 그 보호 조치 요구 [이후 계속됨]. 일본공사, 통신기관 인계 사무소용 건물 대여(貸與) 요구. 통신기관 피탈로 전·우사 관리(官吏) 일제히 격앙하여 자퇴.
5월 9일	이께다, 통신기관 인계 설명.
5월 10일	우무학도들 통신기관 피탈에 항의 탁지부, 각 지방 전우사 5월도 경비까지는 획발(劃發)하나 임시우체 경비는 4월 이후는 불가능하다고 회답. 일 공사, 신·구(新舊) 중추원(中樞院)의 차용(借用)을 요구. 일 공사, 전·우 양사 관리 인계 당일로 일본 정부에서 임용(任用)하겠다고 통고 통신원 총판 장화식(張華植), 통신 기관 피탈의 일로 일 공관 서기 구니와께(國分)에 강경 항힐(抗詰).
5월 12일	황성신문 보도, 일본 체신성 통신속(通信屬) 30명 건너옴 [각 국·소로 배치].
5월 11일	황성신문 보도, 일관, 인계 위원장 이께다(池田)의 관사(官舍) 요구. 황성신문 보도, 통신원, 전·우 양사 기구 물품 및 각항(各項) 문부(文簿) 수정하여 탁지부에 이송.
5월 15일	일관, 통신기관 인수에 있어 3항의 수지 계산 마감 원칙 제시.
5월 17일	일본측에 통신기관협정 개정을 제의 [통신 관원 한국 정부에서 임명, 봉급은 수입금으로 지급. 대한우표(大韓郵票) 사용, 제7조 [전부 삭제]
5월 18일	일본, 한성전·우총국(電郵總局)으로부터 불법 인수 강행. 황성신문 보도, 일본인, 한국 우편국을 우편수취소(郵便受取所)로 개정 방침, 현재 신설한 출장소 30여개소.
5월 20일	개성(開城)·마포(麻浦)·시흥(始興), 인천(仁川) 우·전 양사 일본에 인도 [이하 각 지방 계속].
5월 22일	황성신문 보도, 우·전 양사 관원 일본의 임명 거절하고 퇴거, 불시무(不視務). 법관(法館), 전보교관 미륜사(彌綸斯)도 길맹세(吉孟世)와 같이 대우해 달라고 요청.
5월 24일	황성신문 보도, 통신원 총판 장화식 참모국장(參謀國長)으로 전임.
5월 26일	황성신문 보도, 일인 위원장 이께다 각 지방관에게 전·우사 접수원의 숙사(宿舍) 제공 등 이를 협조 보호토록 요청.
5월 27일	통신원 회판 김재순, 동원 출판 서리 피임.
5월 30일	황성신문 보도, 5월 28일에 일본 체신대신 오오가마(大蒲兼武), 정동 화부인(貞洞花夫人) 집에서 연회 베풂.

大韓每日申報
대한매일신보

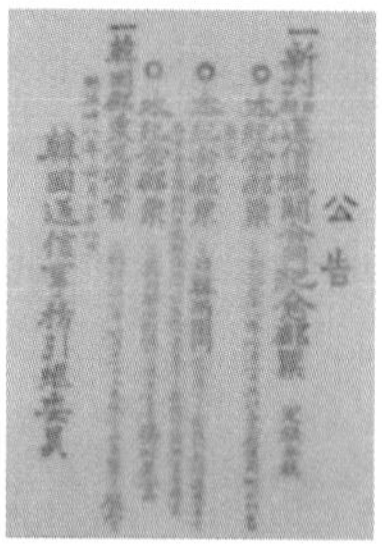
公告

위로부터
대한매일신보.
한일합동기념우표.
한국통신사무인계위원회
공고문
(출처: 김달수의 '세상읽기')

연대		우편 역사 및 주요 사건
	5월 31일	일 공사, 신·구 중추원 건물 차용을 재차 요구. 통신원 번역관 방승헌(方承憲) 의원 면관.
	6월 2일	일관에 통신원 점거(占據)에 대해 현전(現前) 중추원 건물 빌려준다고 함.
	6월 13일	일관, 협동우선회사(協同郵船會社)의 관사립(官私立) 여부 확답 요구.
	6월 22일	법국공사(法國公使), 전 우체 주사 김홍경(金鴻卿)이 프랑스인 삼비룡(森鬣龍) 계약한 한국우표 구송(購送)을 조속 이행토록 요망.
	6월 24일	최문현, 통신원 참서관 면관, 조동원 참서관 피명.
	6월 28일	통신사무 인계위원회, 한일통신기관합동 기념우표 [3전] 발행 및 한국우표, 엽서의 6월말 한 발매, 이후 사용 금지 공고.
	6월 29일	황성신문 보도, 일인 이께다 위원장 통신기관 인계 축하연 배설.
	7월 1일	한국우표, 엽서 발매(發賣) 금지. 통신기관합동 기념우표 신간 발매.
	7월 2일	강계(江界)우체사를 끝으로 통신권 완전 피탈 [강탈 인수 완료].
	7월 7일	일 공사, 우체사 및 전보사 관제 폐지 요구.
	7월 10일	일본의 신·구 중추원 건물 차여(借與) 요구 중 구 중추원 건물은 거절함.
	7월 11일	일 공사, 통신원을 전 보성전문학교(前普成專門學校)로 옮기도록 요구.
	7월 30일	일관에 신·구 중추원 모두 빌려줄 수 없다고 거절.
	8월 10일	탁지부에 각 지방 우전사 5, 6월도 경비 별표대로 승인 획급토록 요청.
	8월 21일	통신원 경리(經理) 마감.
	8월 23일	법관(法館)에 미륜사에게는 길맹세와 같이 상여금 지급키 어렵다고 회답. 대한매일신보(大韓每日申報) 발간 일본, 연해 하천(沿海河川) 항행 무역 등 권리 강탈.
	8월 24일	황성신문 보도, 통신원, 일본우편국에 청사 빼앗기고 매동(梅洞) 전 중추원으로 옮길 예정.
	8월 25일	통신기관 인계 연월일 관보에 공고.
	8월 28일	일관에 한미 간 폐낭 우편약정 서류(韓美間閉囊郵便約定書類) 등은 인계 당시 모두 일본 우편국장 다나까가 가져가 행방을 알 수 없다고 회답. 부산 우체사 본년도 경비 전혀 획급되지 않았으니 조속 선처토록 요청.
	9월 4일	탁지부, 전·우 양사 수입금 등 미납금 즉시 송교하여 회계 마감토록 농상공부에 요청.
	9월 8일	일 공사, 체신성 관사용 부지로 남산 산림 지대 일부 요구.
	9월 12일	탁지부, 각 지방 우전사 경비 각 해지(該地) 금고에서 지발하였다고 회답.
	9월 21일	통신원, 공금 횡령 관원을 조속 처벌하여 변상(辨償)토록 재차 독촉.
	9월 24일	일 공사, 영월(寧越) 지방 의병(義兵)의 우편 업무 방해 항의.
	9월 27일	일관에 통신기관 물품 면세 조치했다고 회답. 일 공사, 가평(加平) 지방 의병의 우체물 탈취해 간 일 항의.
	10월 12일	통신원 기사 김철영 의원 면관, 진위(振威)우체사장 박승집 의원 면관. 황성신문 보도, 일본의 경시(警視)가 우편 보호로 순교(巡校) 등 파송을 춘천군수(春川郡守)에게 요청.
	10월 13일	황성신문 보도, 각 지방에 신문 체전 빠지기(遺漏)와 전달 안 됨이 많음.
	10월 30일	경북(慶北)·충북(忠北)·강원(江原) 등지 우편 불통.
	11월 2일	황성신문 보도, 청덕국우편연합 계약(淸德郵便聯合契約) 체결. [덕국(德國), 산동(山東) 철도 부근의 우편 사무는 청국에 위탁]. 한·일협상조약(韓日協商條約): 을사조약(乙巳條約) 체결. 황성신문(皇城新聞) 정간(停刊) 당함.
	11월 8일	황성신문 보도, 춘천부(春川府) 일인 경무고문(警務顧問) 체전부 보호 순교(巡校) 파송에 따른 여비 지급을 춘천군수에게 요구.
	12월 21일	통감부(統監府) 및 통신관서 관제(通信官署官制) 공포.
	12월 29일	통신원관제 개정 [칙령 58호] [관원 및 기구 축소]
1906년(광무 10)	1월 10일	통감부 통신관리국(統監府通信管理國) 설치 [5과(課) 10계(係)]. 청국(淸國) U.P.U에 가입.
	3월	통감부, 통신원 부속 군용선(通信院附屬軍用船) 인수 완료.
	5월 9일	중추원 찬의(贊議) 민상호. 강원 관찰사(江原觀察使) 피임.
	5월 26일	제6회 로마 U.P.U. 총회에서 조인(調印). 한국은 일본이 대리 서명.
	7월	통신관리국, 해군전신선(海軍電信線) 및 전신소(電信所) 인계.
	7월 27일	통신원 관제 폐지 [칙령 35호].
	8월 18일	민상호, 경기 관찰사(京畿觀察使)로 전임

일제강점기
1910-1945
日帝强占期

Japanese Colonial Era

일제강점기
배우자! 가르키자! 다 함께 브나로드!!

일제강점기

한일병합 기준 34년 11개월 16일간

1910. 8. 29~1945. 8. 15

일제강점기 연대별 통치 개요

1910~1919년 헌병, 경찰 통치기(무단통치시기). 한일합방, 토지, 산림 수탈
1919~1931년 민족 분열 통치기(문화 통치기)
1931~1945년 민족 말살 통치기. 창씨개명과 일본어 사용 강요

국치일: 1910. 8. 29

일본 항복 후 조선총독부 존속 일시: 1945. 9. 28일까지

일제강점기(日帝強佔期)는 한국 역사에서 한국 근현대사를 시대별로 나누었을 때 주요 시대 중 하나로 한반도와 그 부속도서가 일본 제국의 직접 지배 아래 놓였던 시기이다. 당시 한반도는 대한제국 황제가 통치하는 것이 아니라, 일본 천황이 조선 총독에게 명령을 내려 조선 총독이 조선총독부(朝鮮總督府)를 통해 일본 제국 천황의 명을 받아 통치하던 식민지로, 정치적으로나 외교적으로나 독자적 권한이 박탈된 일본 제국 영토로 변해버렸다. 일제강점기의 한반도 지배 정책에 따라 세 시기로 구분하는데, '헌병 경찰 통치기(무단통치기)'(1910년~1919년), 문화 통치기'(1919년~1931년), '민족 말살 통치기'(1931년~1945년)로 각각 지칭한다. 1945년 8월 15일에 일본의 항복과 함께 해방되었으나, 조선총독부는 이후에도 한동안 존속, 9월 2일 미군정과 소련군정 주둔 후 행정권 인수인계 기간을 거쳐 9월 28일까지 유지되었다.

대한제국 주재 일제 통감 명단

제1대 조선 통감: 이토히로부미(伊藤博文)(재임: 1906.3.2~1909.6.14)
제2대 조선 통감: 소네아라스케(曾禰荒助)(재임: 1909.6.14~1910.5.30)
제3대 조선 통감: 데라우치마사타케(寺内正毅)(재임: 1910.5.30~1910.8.29)

조선총독부 총독 명단

데라우치마사타케(1911년 ~ 1916년)
하세가와요시미치(1916년 ~ 1919년)
사이토마코토(1919년 ~ 1927년)
우가키가즈시게(1927년)
야마나시한조(1927년 ~ 1929년)
사이토마코토(1929년 ~ 1931년)
우가키가즈시게(1931년 ~ 1936년)
미나미지로(1936년 ~ 1942년)
고이소구니아키(1942년 ~ 1944년)
아베노부유키(1944년 ~ 1945년)

조선국▶ 대한제국[강화도조약-한일병합조약]▶ 일제강점기▶ 해방▶ 미군정청▶ 과도정부

1876~1910년까지 34년간은 강점기 기간과 우연하게도 일치한다.
1876. 2. 27일(고종 13년) 조일수호조규(朝日修好條規) 일명 강화도조약이 체결되고 34년 후 한일병합의 시작점이다.
시작점과 끝점이 공교롭게도 각각 34년으로 일치한다.
여기서 운요호사건(雲揚號事件)의 역사를 알고 가자.
1875년 9월 20일(고종 12년, 음력 8월 21일) 또는 강화도사건(江華島事件)은 통상조약 체결을 위해 일본 군함 운요호가 불법으로 강화도에 들어와 측량을 구실로 조선 정부와 지역 동태를 살피다 조선 수비대와 전투를 벌인 사건이다.

일제 한반도 침탈 구분

한반도 침탈 탐색기 1876년▶1910년
헌병 경찰 통치기(무단통치기) 1910년▶1919년
민족 분열 통치기(문화통치기) 1919년▶1931년
민족 말살 통치기 1931년▶1945년

“역사를 잊은 민족에게 미래는 없다”

-단재 신채호-

단재 신채호

1880년 12월 8일 ~ 1936년 2월 21일 충청남도 대덕군 산내면 출생
한국 독립운동가이자, 사회주의적 아나키스트, 사학자이다.

구한말부터 언론 계몽운동을 하다 망명, 1919년 대한민국 임시정부에 참여하였으나, 견해 차이로 임정을 탈퇴, 국민대표자회의 소집과 무정부주의 단체에 가담하여 활동했으며, 사서 연구에 몰두하기도 했다. 1936년 2월 21일 만주국 펑톈성 다롄부 뤼순감옥소에서 뇌일혈, 동상과 영양 실조 및 고문 후유증 등 합병증으로 인해 사망하였다.

단재 신채호 선생의 약력

1880년 12월 8일	충청남도 대덕군 산내면(현재 대전광역시 중구 어남동) 출생
1887년	할아버지의 고향인 충청북도 청원군 낭성면(현재 충북 청주시 상당구 낭성면) 귀래리 고두미로 이사하였다 마을 서당 훈장인 할아버지에게 어린 시절부터 한문을 배웠다.
1888년	《통감》을 해독하고 10세에 행시를 지었다.
1893년	사서삼경(四書三經) 독파. 시문에 뛰어남
1895년	풍양 조씨와 성
1897년	할아버지의 소개로 천안에 있는 학자이자, 구한말 학부대신 신기선의 집에서 신·구 서적을 섭렵
1898년	성균관(成均館) 입교, 독립협회 운동에 참여
1905년	성균관(成均館) 박사가
1907년	신민회 가입과 국채 보상 운동에 참여
1908년	‘독사신론(讀史新論)’ 발표
1910년	칭다오(靑島)로 망명했다가 러시아의 블라디보스토크로 감
1913년	신규식의 주선으로 상하이로 가서 김은식·조소앙과 박달학원을 설립
1915년	‘조선사(朝鮮史)’ 집필 시작
1919년	북경에서 독립운동을 하던 중 상하이로 가서 상해임시정부의 수립에 참여하였으나, 이승만의 미국 위임 통치 노선에 반대하여 북경으로 다시 돌아왔다. 이후 군사통일주비회의 소집을 위하여 노력하였다
1922년	의열단(義烈團)의 행동강령·조선혁명선언을 기초 및 작성
1927년	신간회의 발기인으로 참여
1928년	무정부주의 동방연맹 국제 위폐 사건에 연루되어 타이완의 기륭항에서 미리 대기하고 있던 일경에 의해 체포되어 여순 감옥에 투옥. 죄수 번호 411
1930년	대련 법정에서 유가증권 위조 및 동 행사, 치안 유지법 위반 혐의로 10년 형을 선고
1936년 2월 21일	여순감옥에서 고문 후유증과 뇌일혈로 옥사
1962년	건국훈장(建國勳章) 대통령장(大統領章)이 추서됨
2009년 3월 1일	‘왜놈이 만든 호적에 이름을 올릴 수 없다.’며 스스로 무국적자가 된 지 97년 만에 가족등록부에 이름이 올라감으로써 국적을 회복하였다

1910

단기 4243년/융희 4년/순종 4년

8월22일 한일병합조약은 체결/8월29일 한일병합 조약을 공포함으로써 대한제국이 멸망하고 한국은 일본제국의 식민지가 되었다./9월25일 일제강점기 부산에 수도개통/10월15일 인천에 상수도개설/11월1일 한성고등학교, 한성여학교가 총독부립일본인학교로 전환

대한제국말 단성 후기 우체소 우편물 수령증

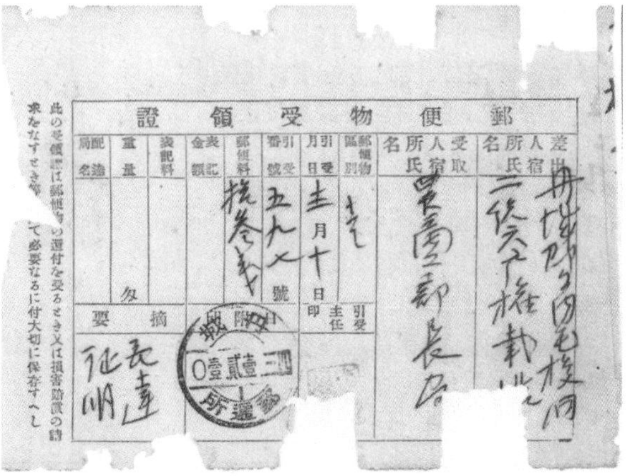

명치 43년(1910) 12월 10일 단성우체소

단성(丹城)우편소

경남 단성군 현내면 성내동

1911. 5. 16

조선총독부 고시 제133호

우편소 설치

1911. 5. 15

조선총독부 고시 제134호

우체소 폐지 후 우편소로 개칭

출처: 근현대사신문

이완용

나라의 주권을 내어준 민족적 치욕인 날

역사상 최초로 나라를 잃은 굴욕적인 날

출처: 이슈타임

1910년 8월 29일은 지금으로부터 100여 년전 대한제국이 일제에게 국권을 강탈당하며 역사상 처음으로 나라를 잃는 치욕을 겪었던 '경술국치' 일이다.

1905년 을사조약

을사조약으로 실질적 통치권을 상실했던 대한제국은 이날 조약 공포를 통해 일제에 편입, 역사 속으로 사라졌다. 그렇게 우리 민족은 40여년 동안 일제강점기를 겪었다. 이후 경술국치 일로부터 100년이 지난 2010년에는 한일 양국 지식인 200여 명이 1910년 체결된 한국병합 조약은 무효라 공동성명을 발표했다.

친일 매국노 이완용 불법 행위

당시 대한제국의 황제였던 순종은 이 조약을 끝까지 거부했다. 이완용은 제멋대로 위임장을 꾸미고 황제의 국새가 아닌 행정 결재용 어새를 찍는 등 날치기로 나라를 일본에 팔아 넘겼다. 여전히 반성하지 않는 일본, 하지만 일본정부는 불법적인 식민지 지배나 위안부 등의 만행에 대한 진정성있는 사과를 하지 않고 있다. 오히려 과거사를 부정하고 각종 망언을 쏟아내고 있다.

역사를 잊어버린 한국

우리나라는 나라를 되찾은 지 70여 년밖에 되지 않았는데도 벌써부터 일제의 만행을 잊어버린 듯한 모습을 보이고 있다.
이는 우리와 비슷한 일들을 겪어온 유대인들과 매우 대조되는 모습이다.

일본 제품에 열광하는 한국

유대인들은 독일의 사과를 받기 전까지는 독일제 자동차를 타지 않았다. 하지만 우리나라에서는 일년에 일제차가 2만여 대가 팔리고, 애용하며 타고 다닌다. 일본의 온천, 벚꽃여행 등 더더욱 한심한 것은 일본으로 골프 치러 가는 사람들이 주변에 너무도 많다는 사실이다.

끊이질 않는 친일·욱일기 논란

게다가 우리나라에서는 유명인들의 친일, 육일기 관련 논란이 매우 빈번하게 일어난다. 심지어 최근에는 한 연예인이 광복절 당일에 욱일기(旭日旗) 그림을 SNS에 올렸다가 지탄을 받기도 했다.

한국을 점령한 일본 만화

유대인들은 히틀러가 좋아했다는 이유로 바그너의 음악조차 금지했지만 한국인들은 일제시대 전범을 미화시키는 일본 만화에 열광하고 있다. '역사는 반복된다.' -서양속담- 우리가 지난 역사로부터 교훈을 얻지 못한다면 한국이 다시 일본의 지배를 받게 되지 않으리라는 보장은 어디에도 없다라는 것을 명심해야 된다.

1910

단기 4243년/융희 4년/순종 4년

경성(국)▶진위(국)▶평택(소)

한국형 통신일부인 경성(국) 통신사무 실체

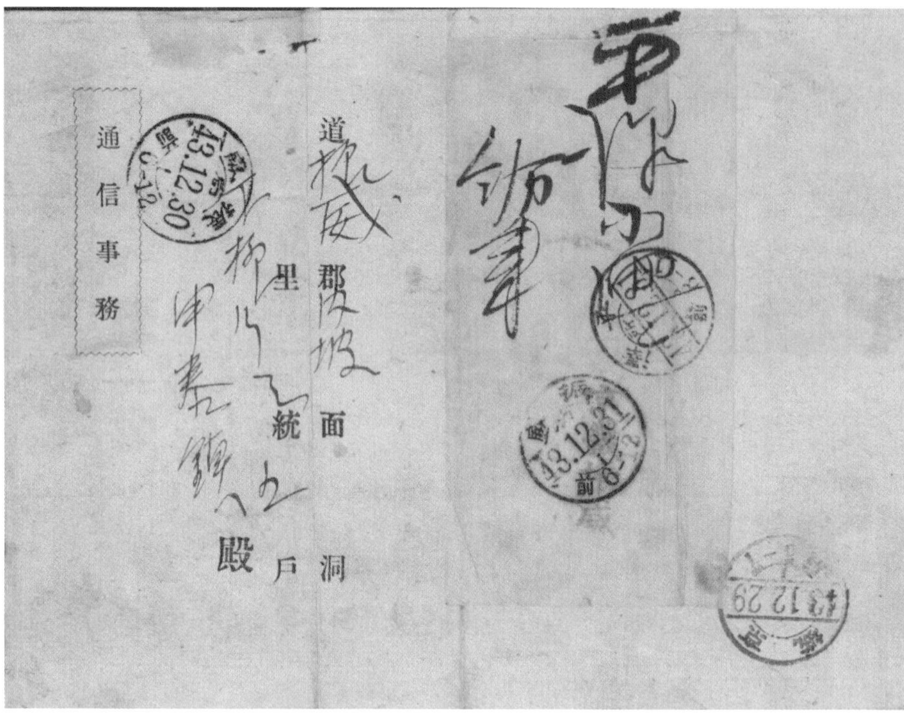

명치 43년(1910) 12월 29일 경성(국)-12월 30일 진위(국)-12월 31일 평택(소) 도착

진위우편국

경기도 진위군 진위읍
1911. 2. 1 조선총독부 고시 제14호. 전신 사무 개시
1911. 3. 21 조선총독부 고시 제70호
전화 통화 사무 개시

평택우편소

경기도 진위군 내파면 통벌리
1912. 1. 1 조선총독부 고시 제385호
전신, 전화 통화 사무 개시
1923. 5. 11 조선총독부 고시 제153호. 전화 교환 업무 개시

친일파 정미칠적 명단

정미칠적(丁未七賊)은 대한제국에서 을사조약 체결 2년 후인 1907년 7월에 체결된 한일신협약(제3차 한일협약·정미7조약) 조인에 찬성한 내각 대신 일곱 사람을 가리킨다.

이완용 1858~1926 성남시 분당구	당시 나이 47세	당시 직위 학무대신
이병무 1864~1926	당시 나이 43세	당시 직위 군부대신
송병준 1857~1925 함경남도 장진군	당시 나이 50세	당시 직위 농상공부대신
고영희 1849~1916 경성 북부 옥동	당시 나이 58세	당시 직위 탁지부대신
조중응 1860~1919 한성부	당시 나이 47세	당시 직위 법부대신
이재곤 1859~1943 경성부 종로	당시 나이 48세	당시 직위 학부대신
임선준 1860~1919 경성부 통의동	당시 나이 47세	당시 직위 내부대신

출처: 위키백과

1911

단기 4244년/명치 44년

대한제국 후기 노성(魯城)우체소

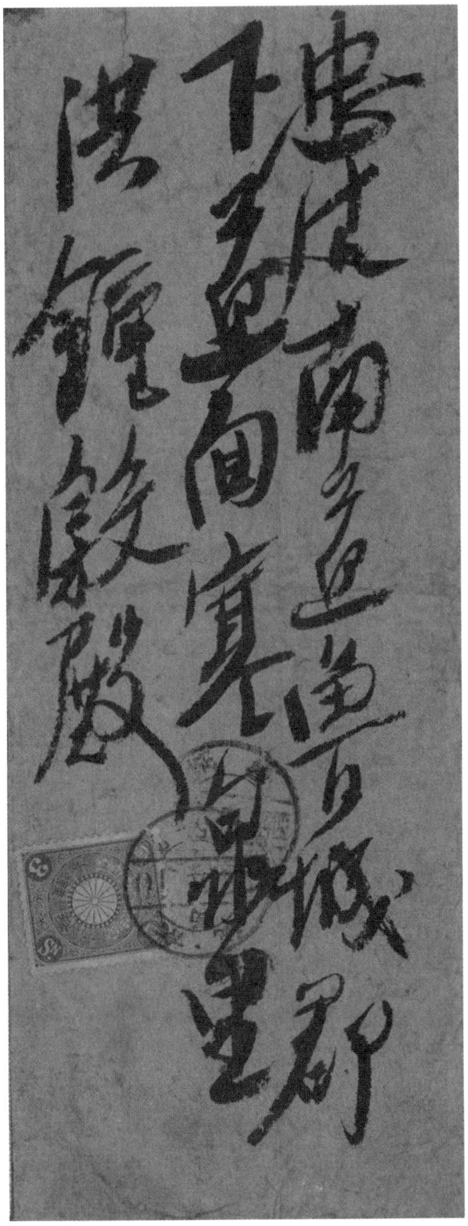

명치 44년 4월 8일 노성우체소-명치 44년 4월 10일 경성

노성우편소

충청남도 노성군 읍내면 홍문리

1911. 6. 1	조선총독부 고시 제156호. 우편소 설치
1911. 5. 31	조선총독부 고시 제157호 우체소 폐지 후 우편소로 개칭
1912. 1. 1	조선총독부 고시 제140호 전신, 전화 통화 사무 개시

대한제국 국권피탈 과정

1904년 2월	한일의정서	1907년 7월	한일신협약
1904년 8월	제1차 한일협약	1909년 7월	기유각서
1905년 11월	제2차 한일협약	1910년 8월	한일병합조약

출처: 위키백과

을사오적(乙巳五賊)

을사오적은 1905년 대한제국에서 을사늑약 체결을 찬성했던 학부대신 이완용·군부대신 이근택·내부대신 이지용·외부대신 박제순·농상공부대신 권중현을 말한다.

정미칠적(丁未七賊)

정미칠적은 대한제국에서 을사조약 체결 2년 후인 1907년 7월에 체결된 한일신협약.(제 3차 한일협약 또는 정미7조약) 조인에 찬성한 내각 대신 일곱 사람을 가리킨다. 이완용을 비롯해 농상공부 대신 송병준·군부대신 이병무·탁지부대신 고영희·법부대신 조중응·학부대신 이재곤·내부대신 임선준이 내각 총리 대신 이완용과 조선통감부 통감 이토히로부미 명의로 체결된 정미7조약 조인에 찬성하고 순종의 재가를 얻도록 협조했다. 2002년 민족 정기를 세우는 국회의원 모임과 광복회가 공동 발표한 친일파 708인 명단과 2008년 민족문제연구소에서 친일인명사전에 수록하기 위해 정리한 친일인명사전 수록 예정자 명단에 정미칠적 모두가 선정되었다.

경술국적(庚戌國賊)

경술국적은 1910년 8월 대한제국에서 한일병합조약 체결에 찬성, 협조한 내각 총리대신 이완용, 시종원경 윤덕영, 궁내부대신 민병석, 탁지부대신 고영희, 내부대신 박제순, 농상공부대신 조중응, 친위부장관 겸 시종무관장 이병무, 이완용의 처남인 승녕 부총관 조민희 8명을가리킨다. 이들은 합방의 공을 인정받아 일본 정부로부터 귀족 작위를 받았으며, 2002년 민족정기를 바로세우는 국회의원모임과 광복회가 공동 발표한 친일파 708인 명단과 2008년 민족문제연구소에서 친일 인명 사전에 수록하기 위해 정리한 친일 인명 사전 수록예정자 명단에 전원 선정되었다.

이완용(李完用)

1858. 7. 17~1926. 2. 12.
경기도 광주 출생(현 성남시 분당구)
일제에 적극 협력한 대가로
조선귀족 백작 작위를 받았고,
1919년에는 후작에 올랐다.
일제 앞잡이 친일 매국노라 불린다.

송병준(宋秉畯)

1857.10.7 ~1925.2.1
일진회, 정미칠적
고종 황제를 겁박한 자
일제 앞잡이 친일 매국노라 불린다

출처: 위키백과

1911

단기 4244년/명치 44년

영산(靈山)(국) 등기

영산우편국 등기 658

영산우편소

경상남도 창녕군 영산면 성내리

1923. 1. 16 조선총독부 고시 제2호

전신 전화 통화 사무 개시

경성명치정(소) 등기 실체

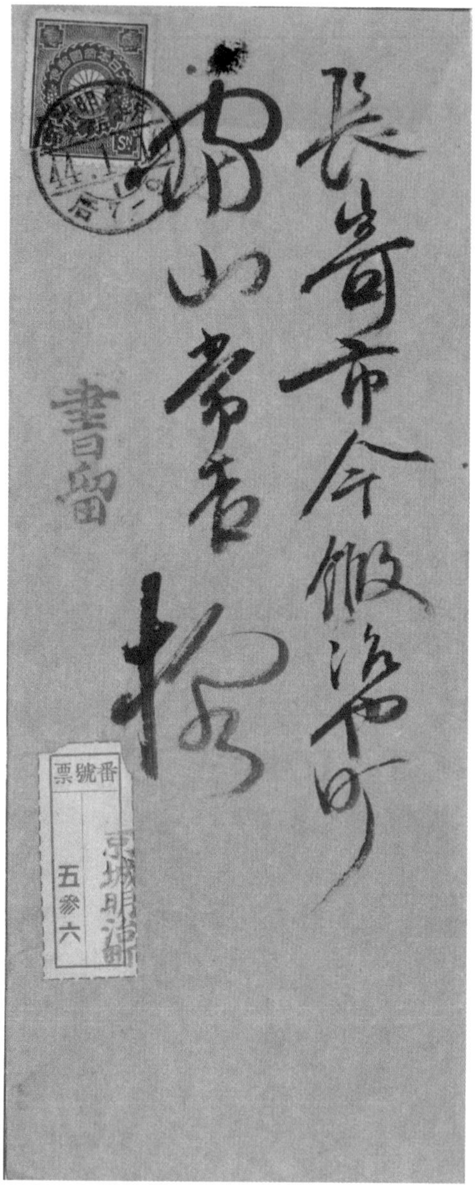

경성 명치정 등기 536

경성 명치정우편소

경기도 경성부 경성명치정 2정목

조선총독부 관보 제484호[1914. 3. 13일자]

1914. 3. 13 조선총독부 고시 제72호

전신 사무 및 전화 통화 사무 개시

1911

단기 4244년/명치 44년

한국형 통신일부인 원산(국)

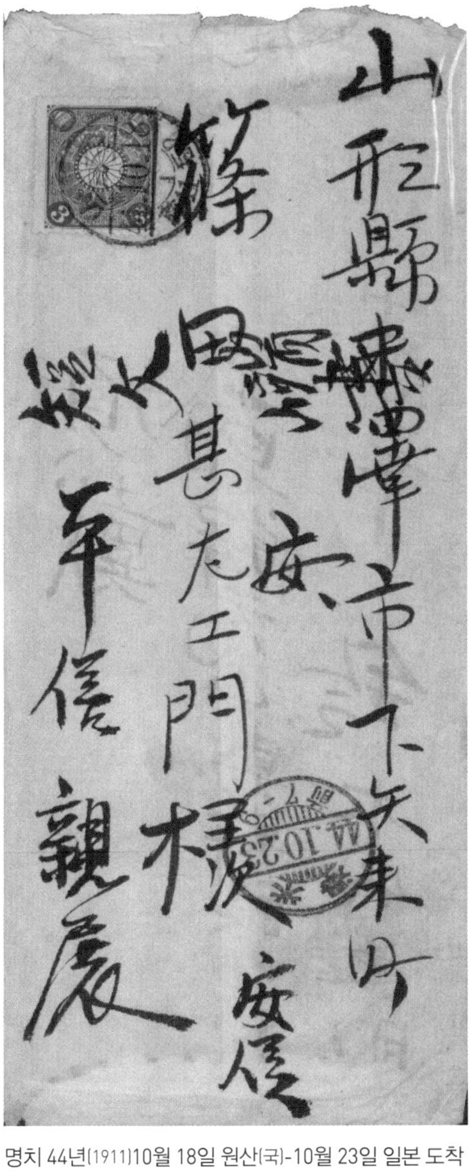

명치 44년(1911)10월 18일 원산(국)-10월 23일 일본 도착
원산우편국 일부인

105인사건 관련자들 체포 압송 장면(1911년)

105인 사건(百五人 事件)

105인 사건(百五人 事件)은 1911년에 발생한 일본이 한국 민족운동을 탄압하기 위한 사건 중 하나이다. 단순한 모금 활동에 불과한 안명근 체포 사건을 1910년 총독 데라우치마사타케 암살미수 사건으로 조작하여 그 빌미로 양기탁, 이동녕, 윤치호, 전덕기 등 신민회 간부 및 기독교 지도자와 교육자 등을 대거 투옥시킨 조작된 사건이다. 사건이 일어나기 바로 전 해(1910년)에 안명근이 독립 자금을 모으다가 체포되어 조선 총독 데라우치 마사타케를 암살하려고 했다는 누명을 씌운 사건이 있었다. 일본은 평안도를 중심 축으로 하는 배일 기독교 세력과 신민회의 항일 운동을 탄압하기 위하여 그 사건을 날조하여 신민회원을 비롯한 민족 지도자 600여명을 검거 후 그 중 중심 인물 105명이 기소되었다. 신민회의 지도급 인사였던 윤치호, 양기탁, 이동휘 등과 교육자 김구, 해서 지역의 유지 김홍량 등이 피소되었고, 체포 기소된 인물이 105명이라 '105인 사건'이라 불린다. 사건 관련자들이 압송되는 것을 경성의 용산역에서 출발하는 열차 안에서 이를 보던 이승훈은 고개를 돌려 눈물을 흘리다가 총독부 형사에게 의해 정체가 탄로나 체포되기도 하였다. 체포 이송 도중 신석규는 경의선 열차로 호송되던 중 투신하여 자결하였고 한태동 등은 옥중에서 사망하였으며, 전덕기 등은 고문 후유증으로 사망하였다. 이 사건으로 신민회의 전국 조직은 와해되었고, 1심에서 105명 모두 유죄 선고되었으나 항소심 에서는 99명은 무죄, 나머지 6명은 유죄가 선고되어 옥고를 치렀다. 기독교 인사이자 반일인사로 지목된 이승만은 미국 선교사들의 도움으로 출국, 체포를 모면하였고, 김규식은 이 사건 이후 일제의 꾸준한 회유와 협박을 피해 1913년 차량편으로 만주에 인삼 장사 하러 간다는 핑계로 몽골로 망명하였다. 윤치호는 6년간 수감되었으며, 일제의 회유로 인하여 독립운동 활동에 소극적으로 변신하였다. 전덕기는 체포되어 혹독한 고문을 받았다. 병보석으로 풀려났으나 폐결핵으로 인한 늑막염으로 2년간 투병 생활 중 영면하였다. 이동휘는 함경도에서 체포되어 무의도에 3년간 유배되었다. 옥관빈, 양기탁 등은 4년 형을 살고 출소하였으며, 이승훈은 징역 10년 형을 선고 받았다.

출처: 위키백과

원산우편국

함경남도 원산부

1911. 3. 30	조선총독부 고시 제87호 우편위체 사무 취급 개시
1913. 5. 15	조선총독부 고시 제167호 호도우편국 승계
1920. 10. 6	조선총독부 고시 제247호 원산부 효정으로 우편국 이전

1911

단기 4244년/명치 44년

군사가쇄우표가 첩부된 실체–광주우편국

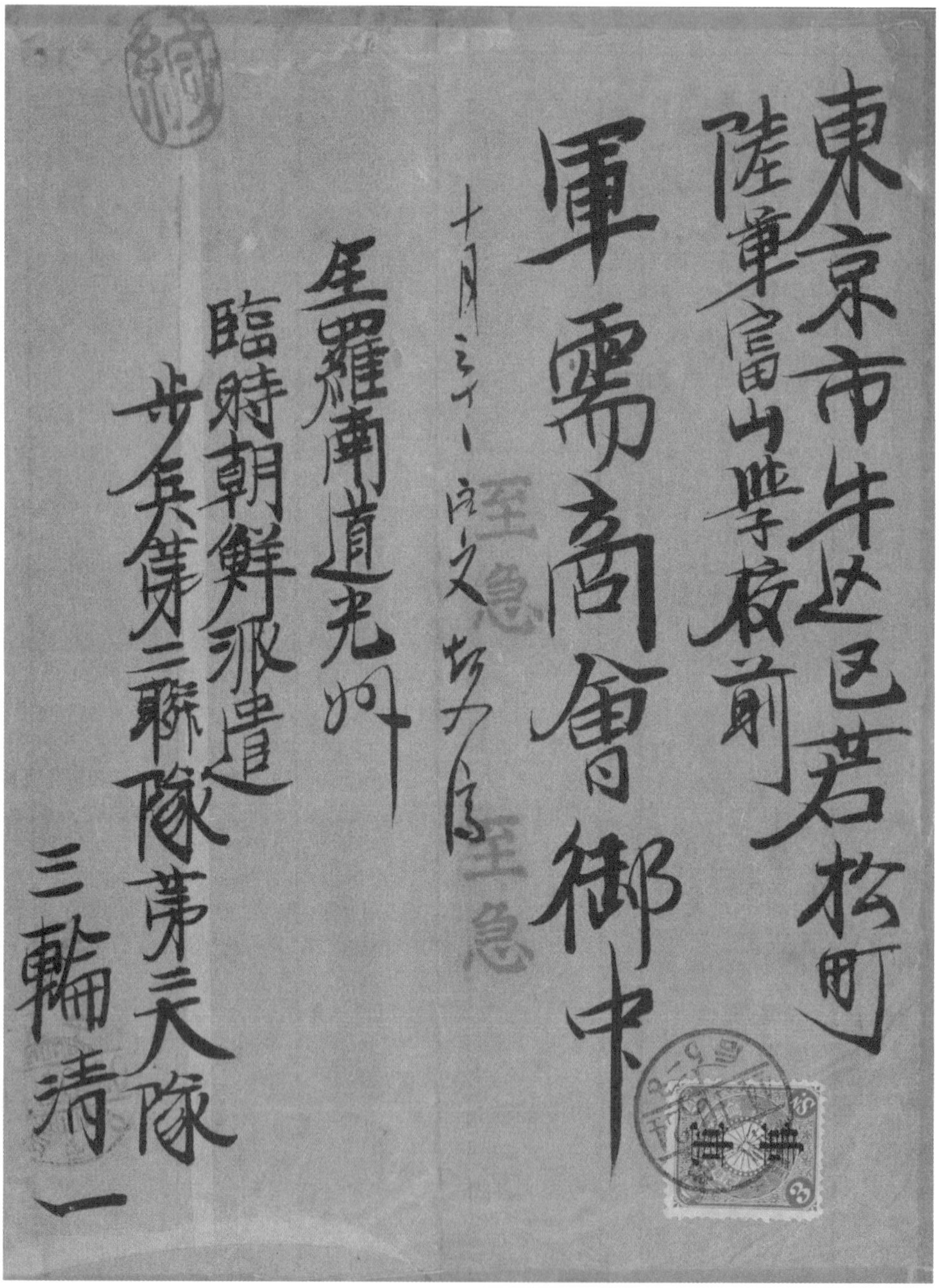

명치 44년(1911) 10월 24일 광주-10월 29일 일본 동경 도착. 1911. 10. 24 광주-일본행 군사우편. 지급 전라남도 광주 임시 조선 파견 보병 제2연대 제2대대 '三輪靑一'이 일본 동경으로 보낸 지급 편지

광주우편국

전라남도 광주군 광주읍

1897. 12월	전남 광주군 불로동 서문통에 광주우체사 개소, 1906년 7월 광주우편국으로 승격
1910. 12. 11	조선총독부 고시 제64호. 전화 교환 업무 개시. 1911. 3. 13 조선총독부 고시 제63호. 전화 교환 업무 폐지
1912.	신청사 준공

1911

단기 4244년/명치 44년

마산(국) 우편물 수령증–배달증명

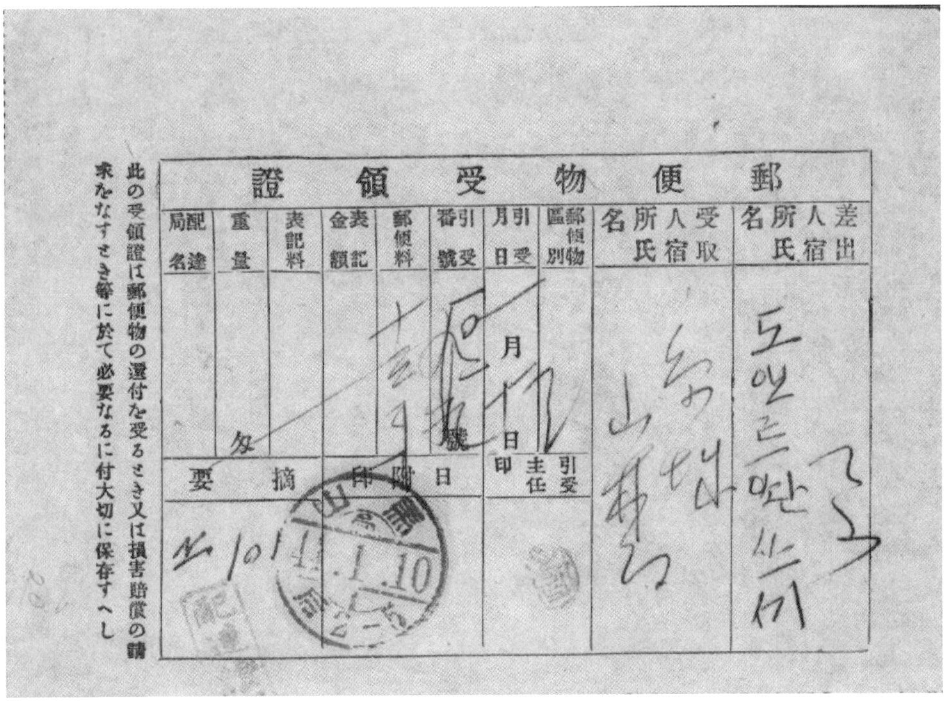

郵便物受領證

差出人宿所氏名 | 受取人宿所氏名 | 郵便物種別 | 引受月日 | 引受番號 | 郵便料 | 表記金額 | 表記料 | 重量 | 配達局名

月 日 號

摘要 | 日附印 | 引受主任 印

此の受領證は郵便物の還付を受るとき又は損害賠償の請求をなすとき等に於て必要なるに付大切に保存すへし

명치 44년(1911) 1월 10일 마산(국)

마산 상남리우편국

경상남도 마산부 상남리
1942. 3. 30
조선총독부 고시 제442호, 우편국 설치

마산 신정우편국

경상남도 마산부 신정
1943. 12. 1
조선총독부 고시 제1370호
마산 상남리우편국을 개칭

마산 원정우편국

경상남도 마산부 원정
1943. 12. 1
조선총독부 고시 제1370호
구 마산우편국을 개칭

친일파 708인

친일파 708인 명단(親日派 708人 名單)은 2002년 2월 28일 대한민국 국회 민족 정기를 바로 세우는 국회의원 모임이 발표한 주요 친일인사 708명에 관한 명단이다.(회장 김희선)이 이들 명단은 1948년 대한민국 제헌국회에서 제정된《반민족행위처벌법》에 근거하여 작성되었다. 이 모임은 광복회(회장 윤경빈)와 함께 심사하여 명단을 공개했으며, 이 가운데 692명은 광복회와 합의하에 사회, 문화, 예술 분야에서 공이 커서 친일파 규정에 논란이 많은 나머지 16명은 별도로 발표했다.

1. 을사오적: 5명 2. 정미칠적: 7명 3. 일진회: 9명 4. 경술국적: 8명 5. 조선귀족: 115명 6. 일본귀족원 의원 및 제국의회 의원: 9명
7. 중추원: 561명 8. 도지사: 43명 9. 도 참여관: 103명 10. 조선총독부 국장: 6명 11. 조선총독부 사무관: 85명 12. 조선총독부·검사: 4명
13. 조선총독부 판사: 16명 14. 조선총독부 군인: 7명 15. 애국자 살상자: 22명 16. 밀정: 16명 17. 경시: 103명 18. 고등계 형사: 10명
19. 군수산업 관련자: 12명 20. 친일단체: 21명 21. 기타: 74명 22. 사회, 문화, 예술계: 16명(집중 심의 대상)

출처: 위키백과

1911

단기4244년/명치44년

한국형일부인 홍산(鴻山)(국)

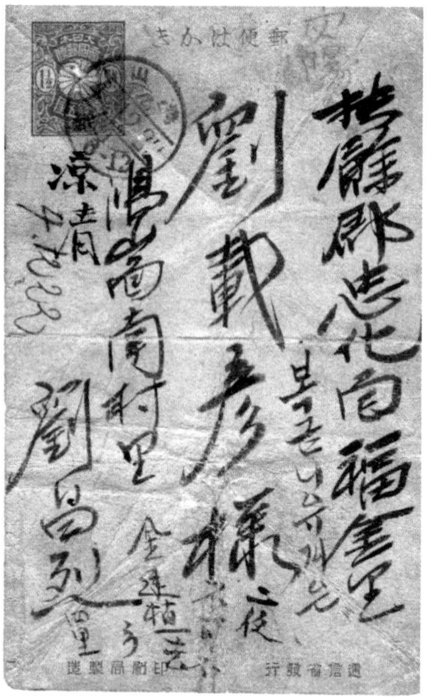

1911년 우편사 및 주요 역사

1. 1 마산항(馬山港) 폐쇄
3. 1 경성·부산·인천우편국 통상우편 시내 취급 개시
우편구를 보통구(시내), 특별구(시외)로 개정
3. 29 조선은행법(朝鮮銀行法) 공포
4. 1 철도 우편계원 배달 실시 인쇄하여 둑립운동 단체에 전달
조선의학회(朝鮮醫學會) 창립
5. 1 내용증명 우편 취급 개시(경성외 46개소)
인천축항(仁川築港) 기공
6. 1 재생원(齋生院) 설립
8. 23 조선교육령(朝鮮教育令) 공포
10. 1 압록강(鴨綠江) 철교 완성
10. 21 진남포우편국 준공
11. 1 평양우편국 준공

1919

단기4252년/대한민국임시정부 원년/대정 8년

한국형일부인 인천(국)

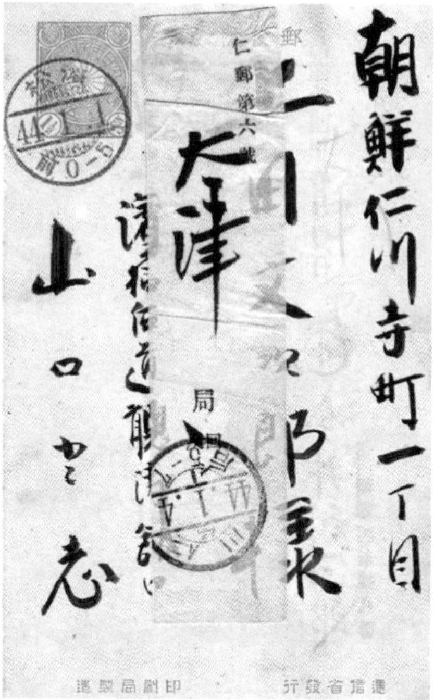

1919년 우편사 및 주요 역사

1 파리평화회의(파리平和會義) 개최
국제연맹 창립 결정
2. 8 동경 유학생 2. 8 독립선언
2. 26 독립선언문을 보성사(普成社)에서 21,000매

3. 1 3. 1 독립만세 운동 발발
상해 대한민국임시정부 수립
4.10. 용산에 일제군 제26사단 창설
상해에서 제1회 대한민국 임시 의정원 회의
임시정부 주관(국호를 '대한민국'으로 정함)
5. 4 중국 5. 4운동 발생. 북경 학생 반일(反日) 데모
6. 1 대한민국 애국부인회(愛國婦人會) 결성
7. 17 미 상원(上院)에서 한국사정보고서 체택
7. 18 일제, 남산에 조선신궁 세움
8. 12 조선총독에 사이또오 취임
10. 1 만주에서 대한정의군(大韓正義軍) 조직

1911

단기 4244년/명치 44년

광화문(국) ▶ 연기우체소행

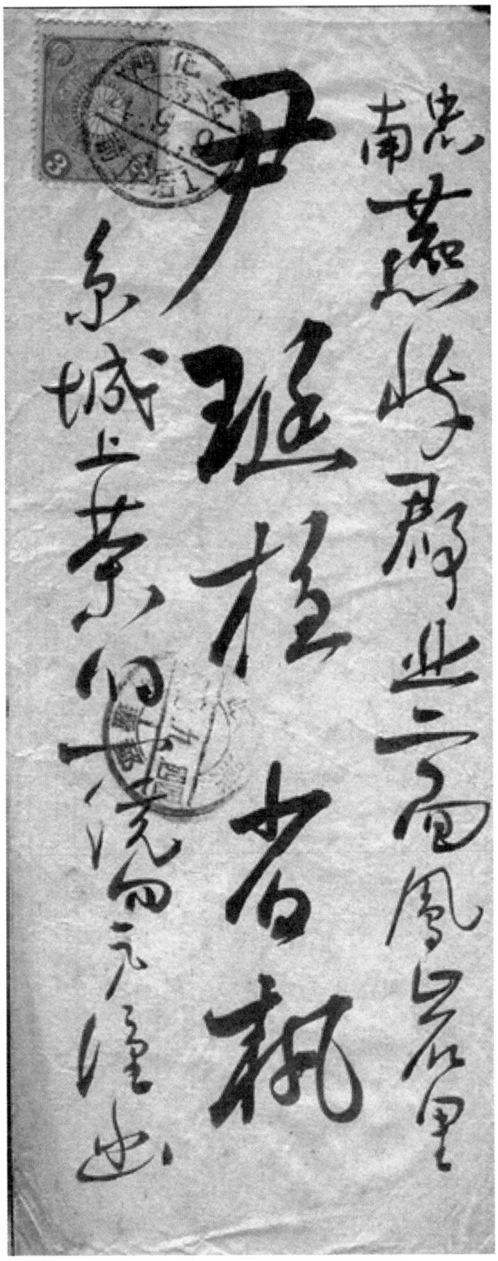

1911년(명치 44) 9. 9 광화문-연기행

일제강점기 고등계 형사

이성근(李聖根, 창씨 개명: 金川聖)
1887 ~ ?
일제강점기의 친일 고등계 형사 출신 관료이다.
말년에는 언론인으로도 활동했다.

하판락(河判洛, 창씨 개명: 가와모토한라쿠(河本判洛), 가와모토 마사오(河本正夫)
1912~ 2003
일제강점기의 고등계 경찰로, 본관은 진주(晋州)이며 원적지는 경상남도 진주군 명석면 관지리이다. 하판락은 1912년 명석면협의회원과 명석면학교비 평의원을 지낸 지역유지인 하한훈의 둘째 아들로 태어났다. 하판락의 형 하영락은 명석면 부면장을 지낸 면서기였고, 그의 동생 하충락은 일본유학생이었다.

이원보(李源甫, 창씨 개명: 리노이에겐포(李家源甫)
1889~1968
일제강점기의 친일 고등계 형사 겸 관료.
본적은 경기도 경성부 이화동이며 함경남도 덕원군 출신이다.

노기주(魯璣柱, 창씨 개명: 江本正明)
1896~1959평양 출생
일제강점기의 친일 고등계 경찰이다
평양고등보통학교 사범과를 졸업하고 교사로 근무하던 중, 1921년 경상북도 지역에서 경찰 생활을 시작했다. 평양고보의 일본인 교사로부터 추천을 받아 경북 위생과에서 경부보로 근무했으며, 이후 경주경찰서·상주경찰서와 선산경찰서의 사법계에서 근무했다. 이때부터 많은 독립 운동가들을 검거 투옥시켰다.

최연(崔燕, 창씨 개명: 高山清只)
1897~1958
일제강점기 고등계 형사, 대한민국의 경찰로 재직했다.
본명은 최령(崔鈴)이며, 본적은 함경남도 함흥시 복부동이다.

1912

단기 4245년/명치 45년/대정 1년

신문 발송 띠지

대구(국)▶경주(국)으로 체송된 신문

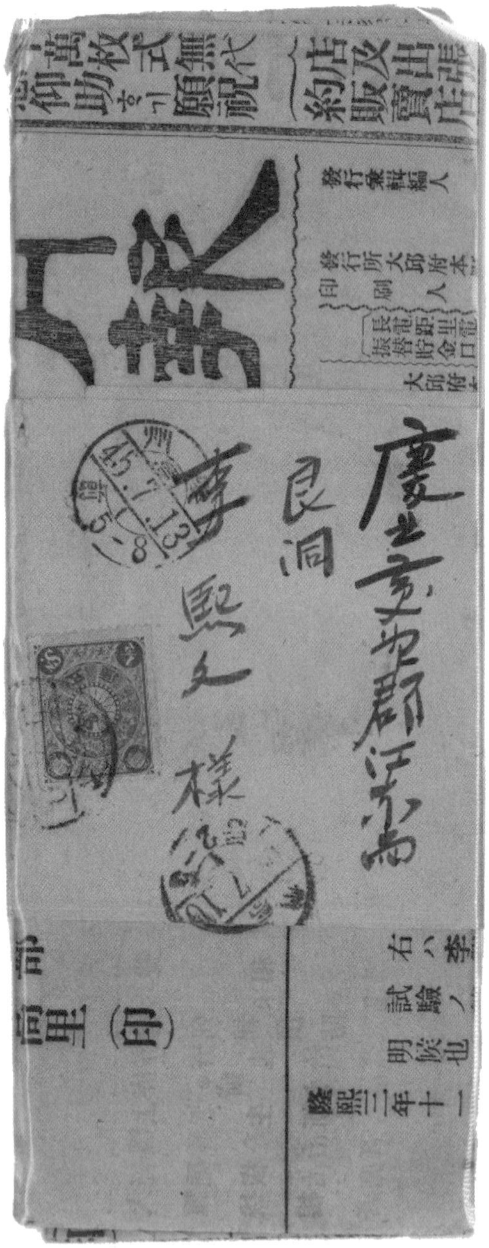

명치 45년(1912) 7월 10일 대구-7월 13일 경주 도착인

윤치호(尹致昊). 이토지코(伊東致昊)

1864. 12. 26 ~ 1945. 12. 9

조선, 대한제국의 개혁, 민권운동가, 문신이자, 외교관, 언론인, 교육자, 사상가, 언론, 종교가, 기독교운동가이다. 구한말에는 갑신정변으로 피신했다가 귀국, 독립신문 발행인과 제2대 독립신문사(獨立新聞社) 사장 등으로 활동했으며, 만민공동회의 최고 지도자로서 강연, 계몽활동과 민권운동과 민중의 참정권 요구 운동, 개혁 운동에 참여했고, 서재필이 강제 추방된 이후 독립협회와 반정계몽운동 활동을 지도했으나, 후에 친일 인사로 변절하였다.

출처: 위키백과

일제 강압 통치

1911년 초부터 황해도 안악지역의 민족운동가들을 대거 체포하고 고문을 통해 허위 자백을 강요하여 안명근, 이승길, 김홍량, 김구 등 16명에게 강도 및 내란 미수죄 등을 적용하여 5-15년의 징역을 선고한 '안악사건'을 조작한 것도 일제 헌병 경찰이었다. 헌병경찰은 이 사건에 이어서 기독교계 민족운동가들을 말소할 계획으로 1911년 10월 중순부터 선천, 평양, 서울의 기독교계 학생, 교사등 700여 명을 구속하여 온갖 고문과 협박으로 사건을 날조하여, 데라우치 총독 암살 미수 혐의로 그 가운데 1백 2명을 경성지방법원에 기소하여 1912년 6월 28일 재판이 시작됐다. 또한 일제는 이 사건에 매큔, 샤록스, 마펫, 노블 등 19명의 선교사까지 연루시켜 한국 교회에서 선교사들의 영향력을 위축시키고자 하였지만 국제 여론의 압력으로 선교사들까지 구속, 기소하지는 못했다. 이 사건의 1심 판결은 장로회 총회가 조직된 직후인 1912년 9월 26일에 나왔는데, 재판 과정을 통해 아무런 물증이 없는 허위조작 사건임이 드러났음에도 불구하고 윤치호를 비롯한 1백 5명에게 징역 10년에서 5년에 이르는 중형을 선고했다. 그러나 1913년 3월 20일 2심 판결에서는 국제적인 비판 여론에 밀려 99명에게 무죄를 선고하고, 체면을 유지하기 위해서 윤치호, 양기탁, 이승훈 등 6명에게만 6년에서 5년에 이르는 형을 선고하였다가 이들도 1915년 2월 전원 일왕의 특사로 사면 석방됐다.

출처: 위키백과

대구우편국

경상북도 대구부 대구금정 1정목

1911. 3. 30 조선총독부 고시 제87호, 우편위체 사무 취급 개시

1911. 12. 16 조선총독부 고시 제367호. 위치 명칭 개정
(경상북도 대구부 대구원정 1정목)

1912

단기 4245년/명치 45년/대정 1년

광화문(국)▶고창

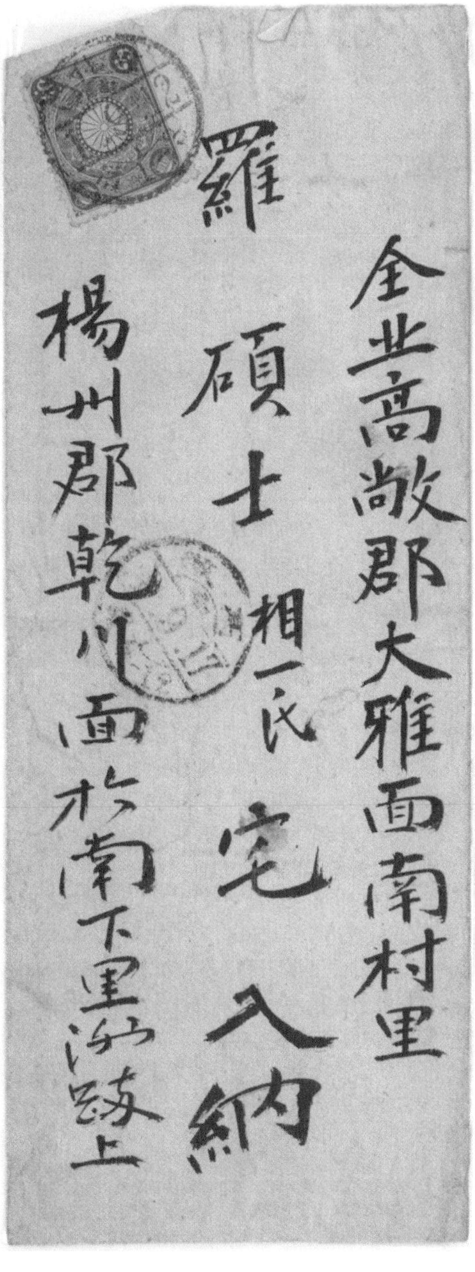

비운의 덕혜옹주(德惠翁主)

5월 25일, 1912년
조선 마지막 황녀 덕혜옹주 출생

조선 마지막 황녀 덕혜옹주 출생

1912년 5월 25일, 조선 제 26대 왕 고종과 궁녀인 복녕당 양귀인 사이에서 조선의 마지막 황녀 덕혜옹주가 출생하였다.

고종에게서 난 딸들은 모두 어려서 사망했기 때문에 덕혜옹주가 외동딸이었다.

그녀는 일제의 강요로 일본으로 건너가 쓰시마섬 도주의 후예인 다케유키와 결혼해 딸을 낳았으나, 정신 분열증이 심해져 이혼했고, 정신병원에서 지냈다. 귀국 후에도 실어증과 지병으로 고생하다 1989년 낙선재에서 76세를 일기로 세상을 떠났다.

출처: 위키백과

남승룡(南昇龍)

1912년 전남 순천 출생

보통학교 6학년 때 전남 대표로 조선 신궁 대회에 출전하여 1만m에서 4위, 마라톤에서 2위를 차지하며 두각을 나타냈다. 양정고보를 거쳐 일본 아사부중학으로 전학. 메이지대학 [明治大學] 재학 중이던 1936년에 일본 선발전에서 양정고보 1년 후배 손기정을 제치고 우승함으로써 손기정과 함께 올림픽 대표로 뽑혔다.

출처: 위키백과

대정 1년(1912) 9월 12일 광화문(국)-명치 45년(1912) 9월 17일 고창 도착

※ 특이사항: 고창(국)에서는 일부인에 변경된 연호 대정을 사용치 않고 명치 연호를 사용한 실체임.

고창우편국

전라북도 고창군 고창면 읍내리

1921. 4. 5　조선총독부 고시 제75호 우편국 폐지 후 고창우편소로 승계

1912

단기 4245년/명치 45년/대정 1년

연산▶청송(국)

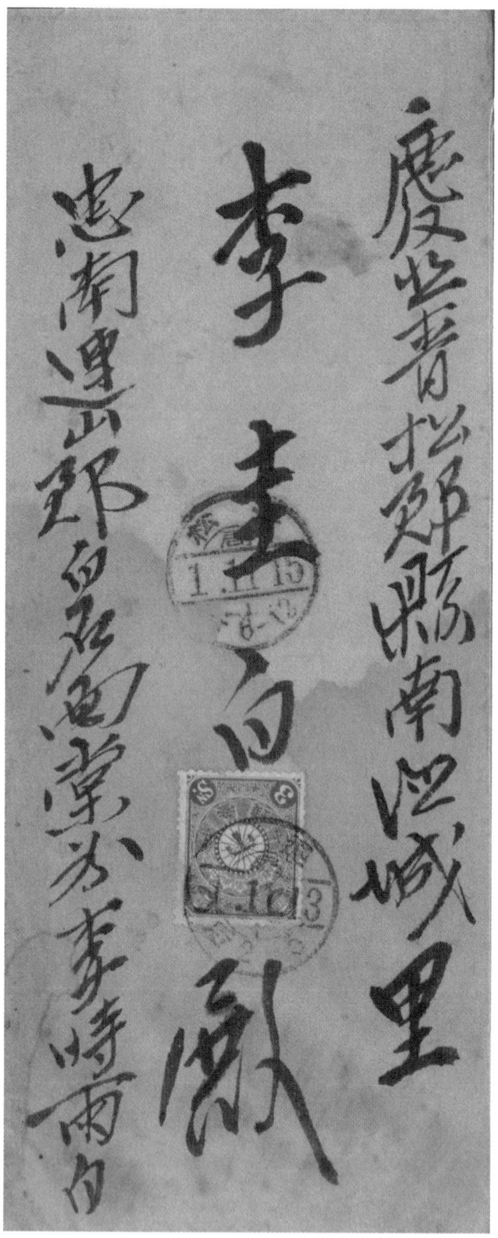

대정 1년(1912)11. 13. 연산 -대정 1년 11.15 경북 청송행

1912년 4월 14일 타이타닉호 침몰

타이티닉호 스머스 선장과 타이타닉호

타이타닉호는 선내에 체육관과 수영장및 호화로운 부대 시설을 갖추고 있었다.
그런데 느슨한 규제 때문에 구명정은 20척밖에 없었다. 구명정의 정원은 총 1,178명이었다.
1912년 4월 14일 오후 11시 40분,
빙산과 충돌하였고 이 때문에 주갑판이 함몰되면서 우현에 구멍이 났다. 구멍으로 물이 들어오가 시작한 지 3시간만에 완전히 침수되어 침몰하였다. 타이타닉호는 방수용 격벽이 설계되어 있었고, 문들도 틈을 차단할 수 있도록 설계되었으나, 실제 사고에선 역부족이었다. 구명정에 타지 못한 채 바다로 뛰어든 수많은 사람들은 수 분 내에 저체온증으로 사망하였다. 침몰할 당시까지도 배에는 1,000여 명의 사람들이 남아 있었다.
구명정을 타고 있다가 몇 시간 뒤에 RMS 카르파티아에 의해 구조된 사람은 710명에 불과하였다. RMS 타이태닉(RMS Titanic)은 영국의 화이트스타라인이 운영한 북대서양 횡단 여객선으로 1912년 4월 10일 영국의 사우샘프턴을 떠나 미국의 뉴욕으로 향하던 첫 항해 중에 4월 15일 빙산과 충돌하여 침몰하였다. 타이타닉의 침몰로 1,514명이 사망하였다. 이는 평화 시 해난사고 가운데 가장 큰 배 가운데 하나이다. 화이트스타라인사는 RMS 올림픽호를 시작으로 세 척의 올림픽급 여객선을 운용하였으며, RMS 타이타닉 역시 그 가운데 하나였다. RMS 타이타닉은 벨파스트에 있는 헤럴드앤울포사가 1909년 건조를 시작하여 1911년 5월 31일 진수하였다. 첫 항해에 오른 승객은 다양했으며, 이 가운데에는 매우 부유한 사람들도 있었다. 대다수는 영국과 스칸다나비아 반도 등에서 새로운 삶을 찾아 미국으로 가는 이민자들이었다.
출항 당시 승선 인원은 2,223명이었다.

출처: 위키백과

1912

단기 4245년/명치 45년/대정 1년

충주(국)▶경북 예안(소)행

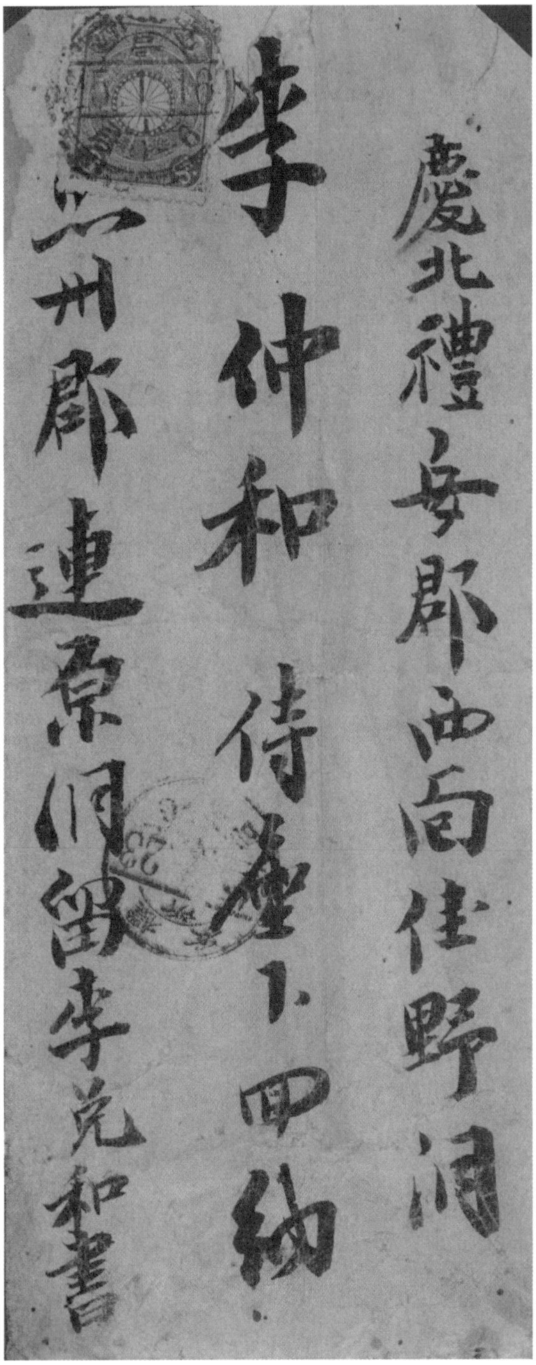

명치 45년(1912) 1. 16. 충주우편국-1월 23일 경북 예안우체소 도착

1916

단기 4249년/대정 5년

서대문(국)▶해주(국)행

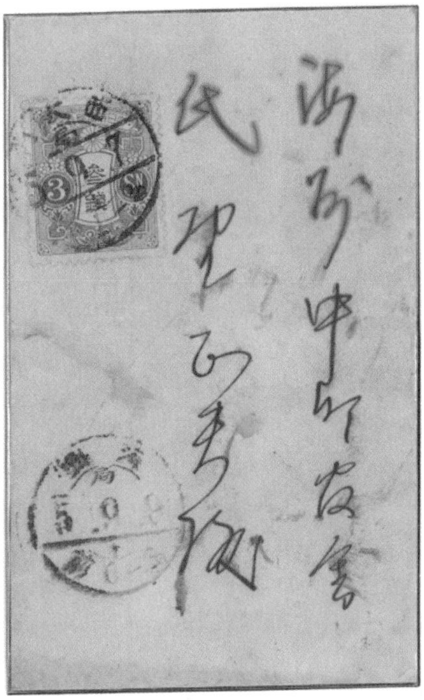

대정 5년(1916) 9월 7일 서대문우편국-9월 9일 해주

조선의용대(朝鮮義勇隊)

조선의용대(朝鮮義勇隊): 조선항일의용군 혹은 국제여단國際旅團이라고도 불렸으며, 대장 김원봉과 조선민족혁명당의 주도로 1938년 10월 10일 중국 한커우(漢口)에서 결성된 독립군이다. 중국의 2차 국공합작으로 국민당정부의 통일된 후원세력을 얻은 조선의용대는 국민당 정부군의 지원부대로 창설되어 중국 본토에서 일본군과 대항하여 싸웠다.

출처: 위키백과

김원봉(金元鳳)

1898~1958. 경남 밀양 출생

일제 강점기의 독립운동가. 호는 약산(若山),

1919년 아나키즘 단체인 의열단(義烈團)을 조직하였고, 황푸군관학교를 거쳐 조선의용대(1938.10)를 조직하였다.

대한민국 임시정부에 합류하여 임시의정원(경상도 지역구) 의원, 광복군 부사령관 겸 제1 지대장으로 활동하고 1944년 임시정부 군무부장에 선출됐다.

출처: 위키백과

1912

단기 4245년/명치 45년/대정 1년

영광(국)▶ 일본행

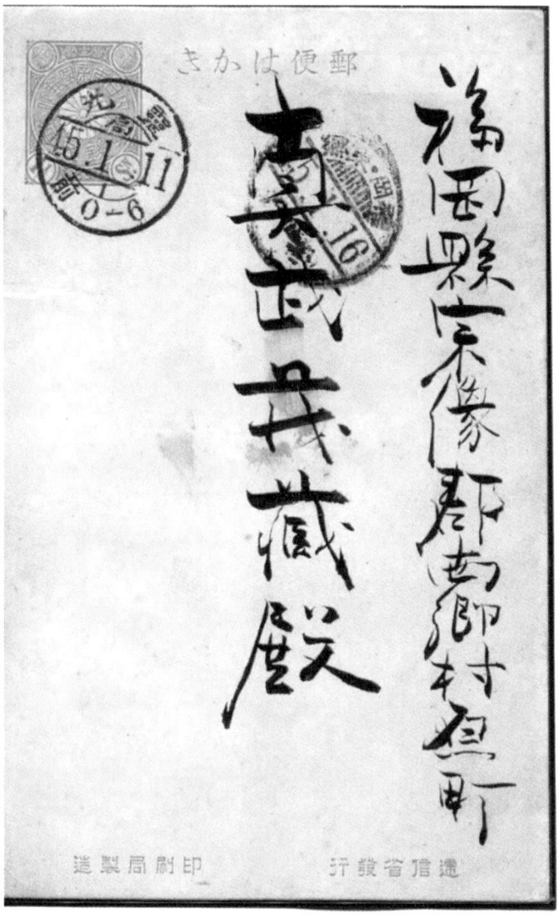

1912년(명치 45) 1. 11 영광(국)-일본행

목포(국)▶ 일본 장기행

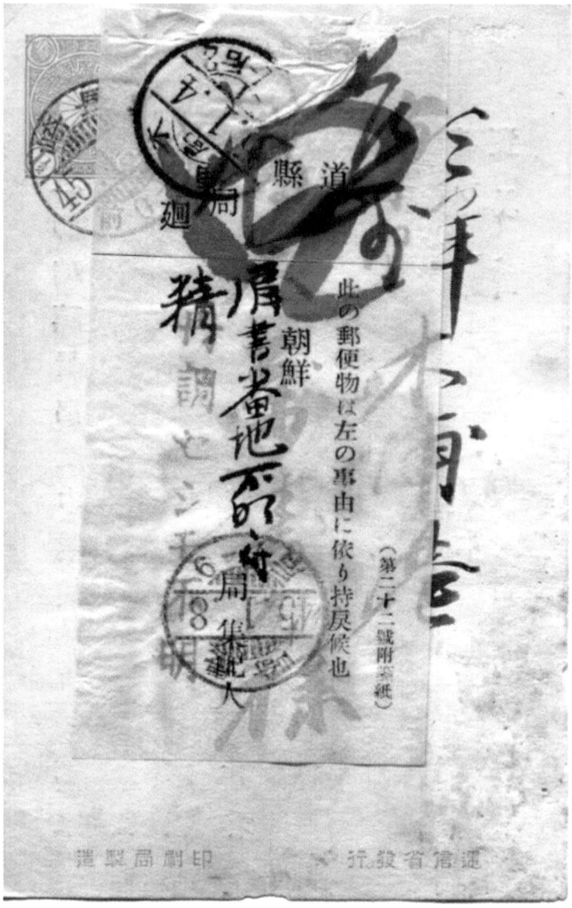

1912년(명치45) 1. 1 일본 장기-1. 4 목포 배달 불능 부전지 - 1.8 일본 장기로 반송

영광우편소

1905. 6. 6 영광 임시우체소 설치, 전라남도 영광군 동부면 성내리. 1906. 12. 1 임시우체소 폐지, 영광우편취급소 설치

1909. 11. 1 영광우편전신취급소로 개칭, 1910. 10. 1 영광우편소로 개칭, 1926. 4. 1 전라남도 영광군 영광읍 무령리 조선총독부 고시 제89호, 전화교환 업무 개시, 1936. 1. 1 청사 신축 이전(영광읍 무령리 368), 1950. 1. 15 영광우체국으로 개칭

목포우편국

전라남도 목포부, 1897. 12. 29 무안우체국사로 개국, 1898. 2. 7 무안전보사 병설, 1905. 5. 27 무안우체·전보사가 목포우편국에 인도
1906. 7. 15 목포 각국 거류지 영사관 내 부지(현 대의동 1가)로 청사 신축, 1950. 1. 12 목포우체국으로 명칭 변경

목포우편국 보험분실

전라남도 목포부 대화정 1정목
1939. 5. 25 조선총독부 고시 제460호, 보험분실 설치

1912

단기 4245년/명치 45년/대정 1년

목산금광(소) 한국형 일부인

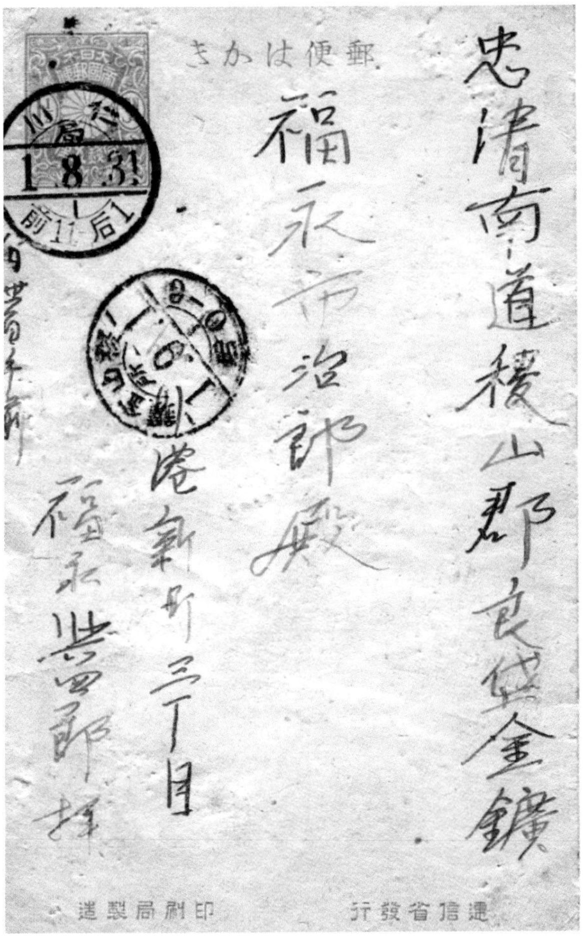

1912년(대정 1년) 8. 31 인천(국)-1912. 9. 1충남 목산금광(소) 접수인

직산금광우편소

충청남도 직산군 이동면 양전

1912. 3. 29

조선총독부 고시 제155호

이동면 삼곡리에서 우편소 이전

1926. 11. 1

조선총독부 고시 제330호

우편소 폐지 후 입장우편소에 승계

평양(국) 누락 한국형(변종) 일부인

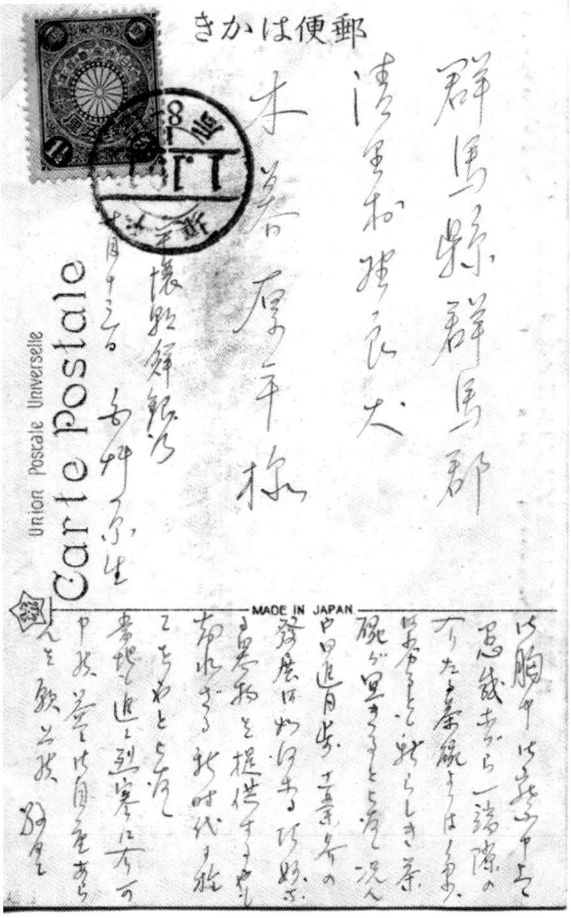

1912년(대정 1) 10. 13일 평양 접수인

평양우편국

평안남도 평양부 외천방1리

1911. 3. 30

조선총독부 고시 제87호. 우편위체 사무 취급 개시

1911. 12. 10

조선총독부 고시 제360호. 우편국 이전

평양부 평양대동문통에서 외천방 1리로 이전

1912

단기 4245년/명치 45년/대정 1년

경성명치정(소)▶일본행

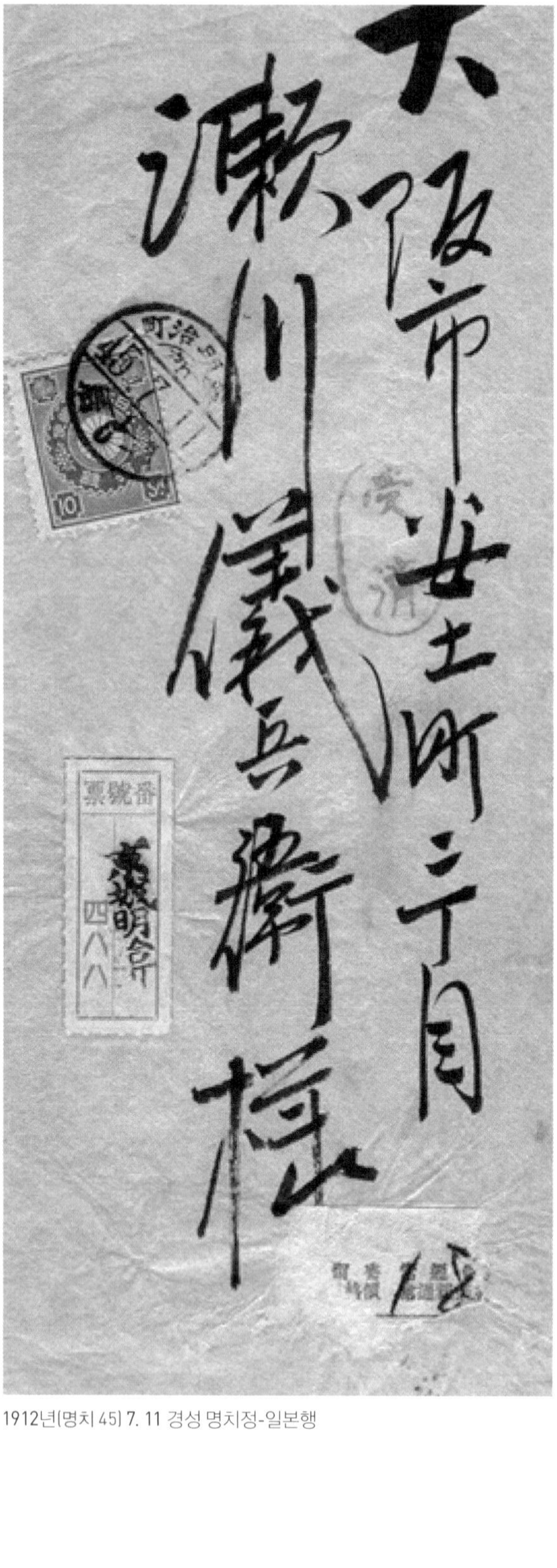

1912년(명치 45) 7. 11 경성 명치정-일본행

진보(소)▶일본행

1912년(명치 45) 2. 21 진보-일본행

1913

단기 4246년/대정 2년

1월15일 이완용, 조중응 등이 조선권업회를 조직했다. 1월31일 관부연락선 고려마루 호(고려환)이 취항했다.

경성 종로3(京城鍾路三) 우편소

별배달(別配達) 등기(수기체)

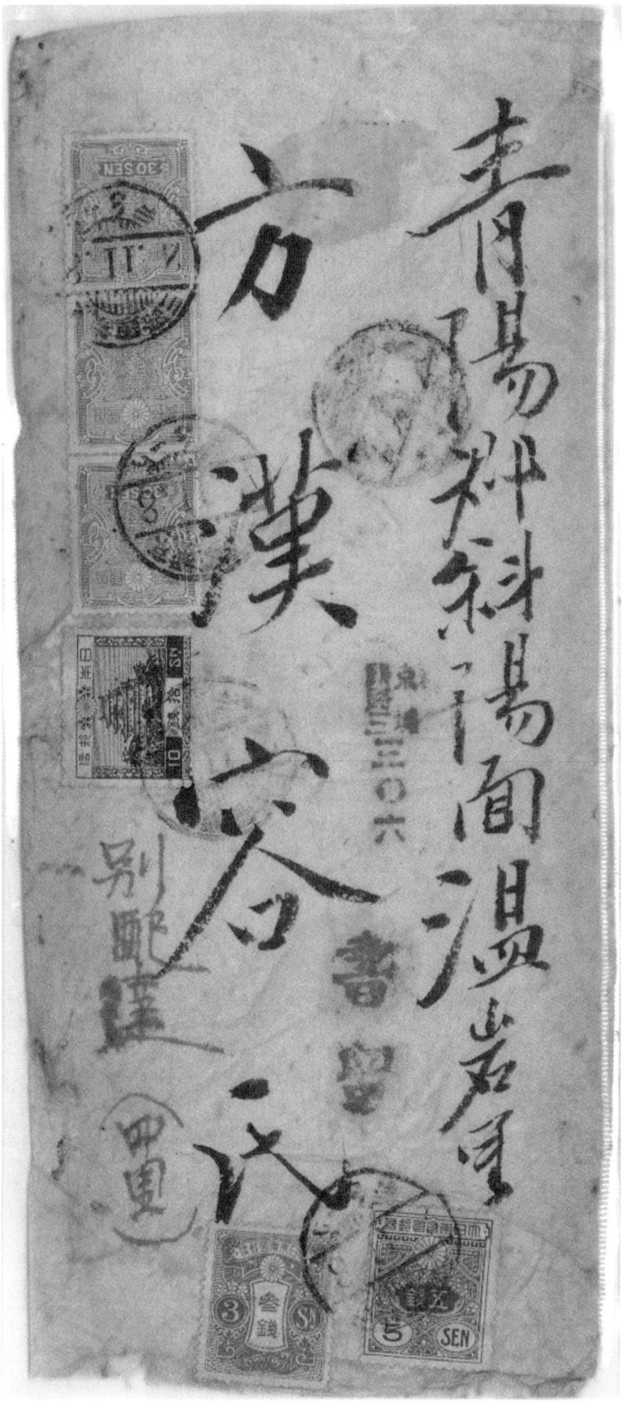

경성 종로3정목우편소

경기도 경성부 종로3정목

1913. 7. 11

총독부 고시 제 252호.

우편소명 개칭

경성 동대문통우편소-

경성 종로3정목우편소로 개칭

1913년(대정2) 11.8 경성 종로3우편소 - 충남 청양

1913 단기 4246년/대정 2년

경성(국) 등기 실체▶일본 장기행

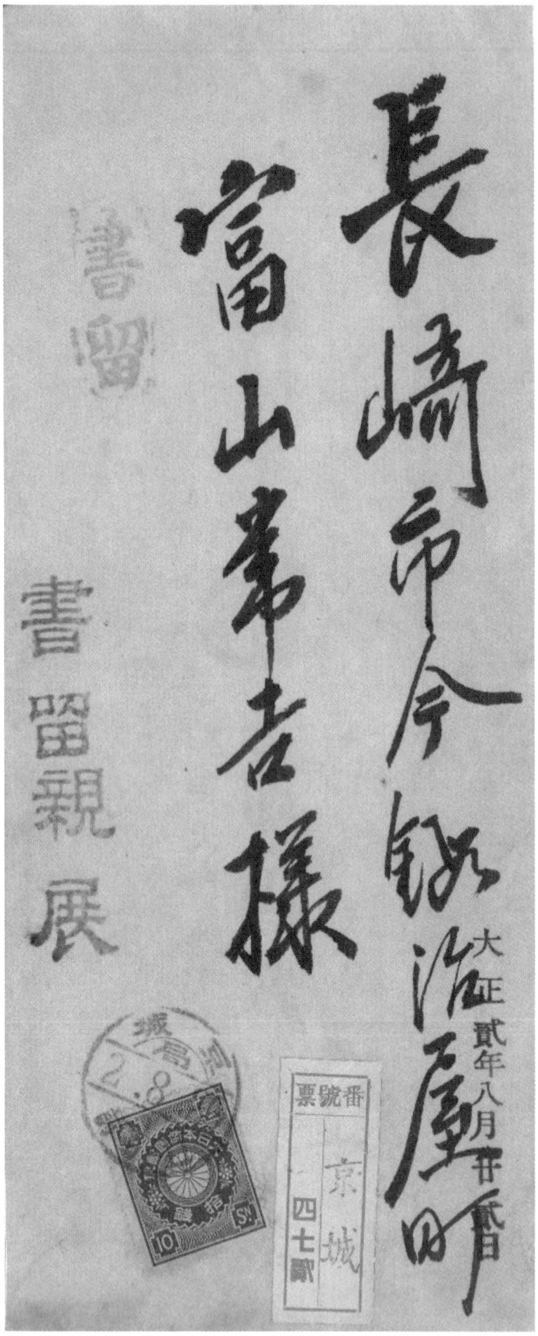

1912년 8월 22일 경성 등기 472- 일본 장기행
경성 등기 472

1939 단기 4272년/대한민국임시정부 21년

옥구▶미국행

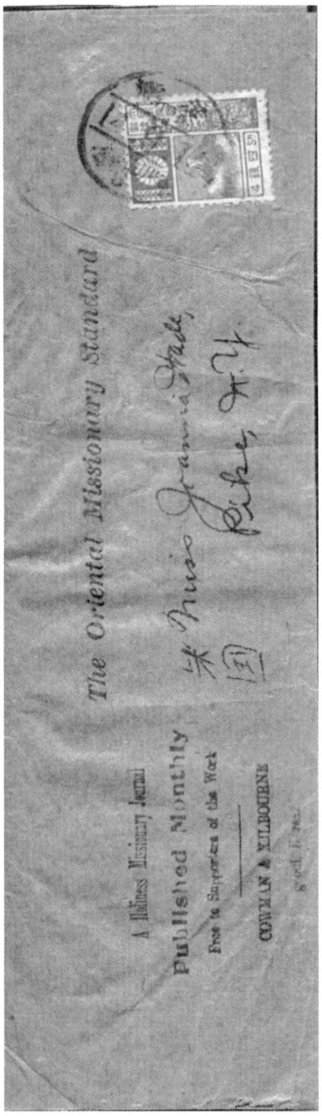

1939년 옥구-미국행

옥구우편국
전라북도 옥구군 옥구면 옥봉리
1942. 3. 16
조선총독부 고시 제327호. 우편국 설치

1913

단기 4246년/대정 2년

전북 용담(龍潭)▶목천(木川)행

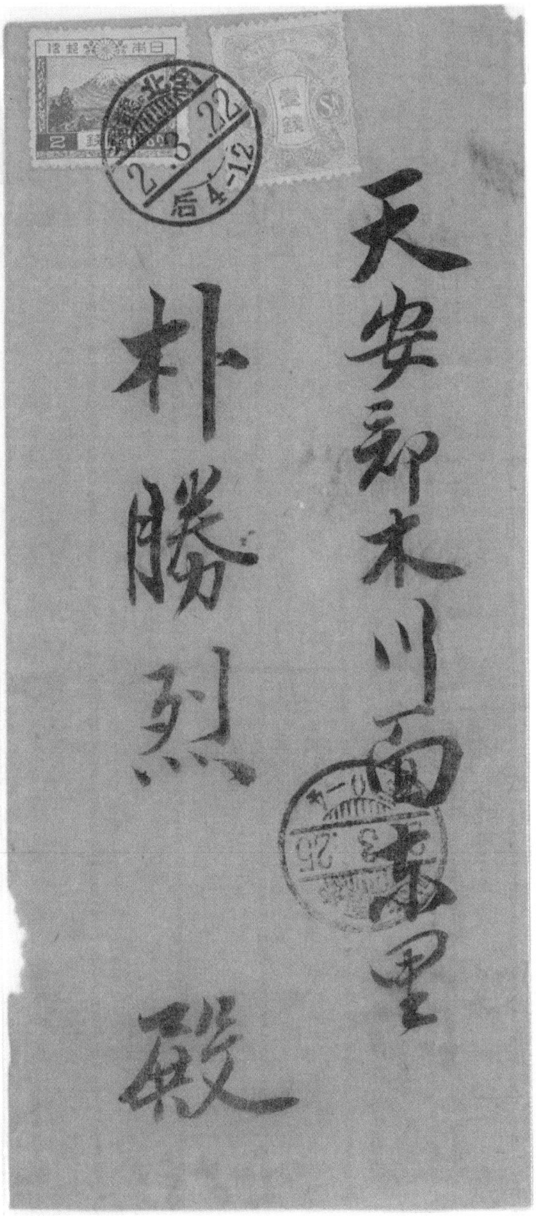

1913년(대정 2) 3.22 전북 용담-3. 26 충남 목천

충남 오천(鰲川)▶부여행

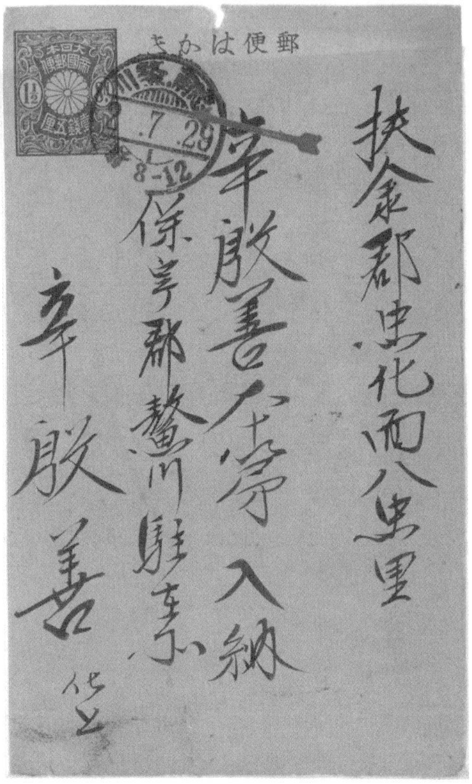

1913년(대정2) 7. 29. 충남 보령 오천-충남 부여

용담우편소

전라북도 진안군 용담면 옥과리

1921. 4. 11

조선총독부 고시 제86호, 우편소 설치

목천우편소

충청남도 목천군 읍내면 서지리

1911. 7. 1

조선총독부 고시 제191호, 우편소 설치

1913

단기 4246년/대정 2년

평양대동문(소) 등기 실체

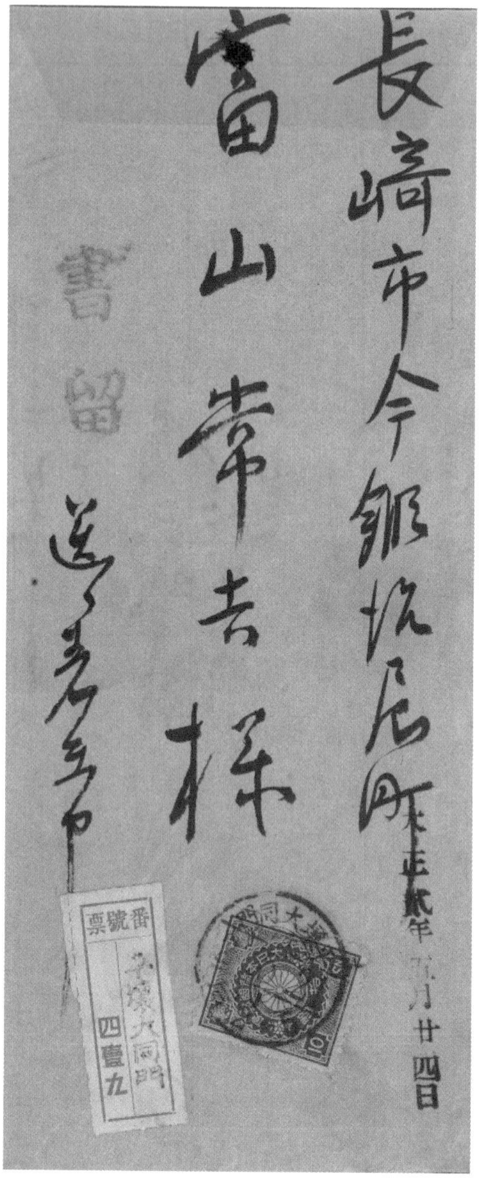

대정 2년(1913) 5월 23일 장기 도착인

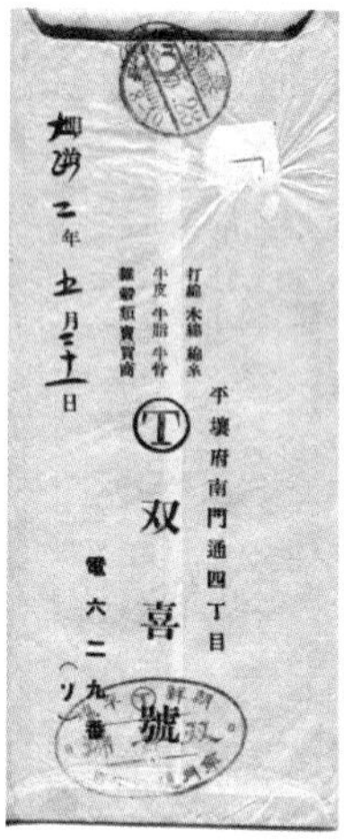

평양 대동문우편소

평안남도 평양부 평양 남문통 3정목
1911. 12. 10
조선총독부 고시 제362호. 우편소 설치
1920. 5. 6
조선총독부 고시 제137호
평양부 이문리로 이전

흥사단(興士團)

도산 안창호 선생은 1913년5월13일 미국 샌프란시스코에서 조국의 광복과 번영을 위한 기초 훈련을 목적으로 흥사단을 창립했다.
1907년 유길준 선생은 새로운 시대의 선비, 즉 민족의 앞날을 이끌어갈 인재를 양성하기 위하여 '흥사단(興士團)'을 설립했다. 도산이 조직한 흥사단은 청년 엘리트 양성을 위하여 1909년에 조직한 '청년학우회'의 이념과 정신을 계승하고 명칭은 유길준의 정신을 계승하고 흥사단'을 그대로 사용한 것이다. 영어로는 Young Korean Academy 로 표기하기로 했다.
흥사단은 한국인의 손으로 세운 비종교적 민간 조직으로 가장 오랜 역사를 지닌 단체이다. 순수한 자율적 NGO로서 단우들의 회비로 99년을 이어 왔다. 그 자체만으로도 흥사단의 존재는 민족사에서 중요한 의미를 갖는다. 흥사단의 역사는 대한민국 근현대사에서 빼놓을 수 없는 한 부분을 차지하기 때문이다.

출처: 위키백과

흥사단 창립 100주년 기념 우표

발행일 2013. 5. 13
우표 번호 C2321
발행량 120만 매

1913

단기 4246년/대정 2년

원산(국) 우편물 배달증명서

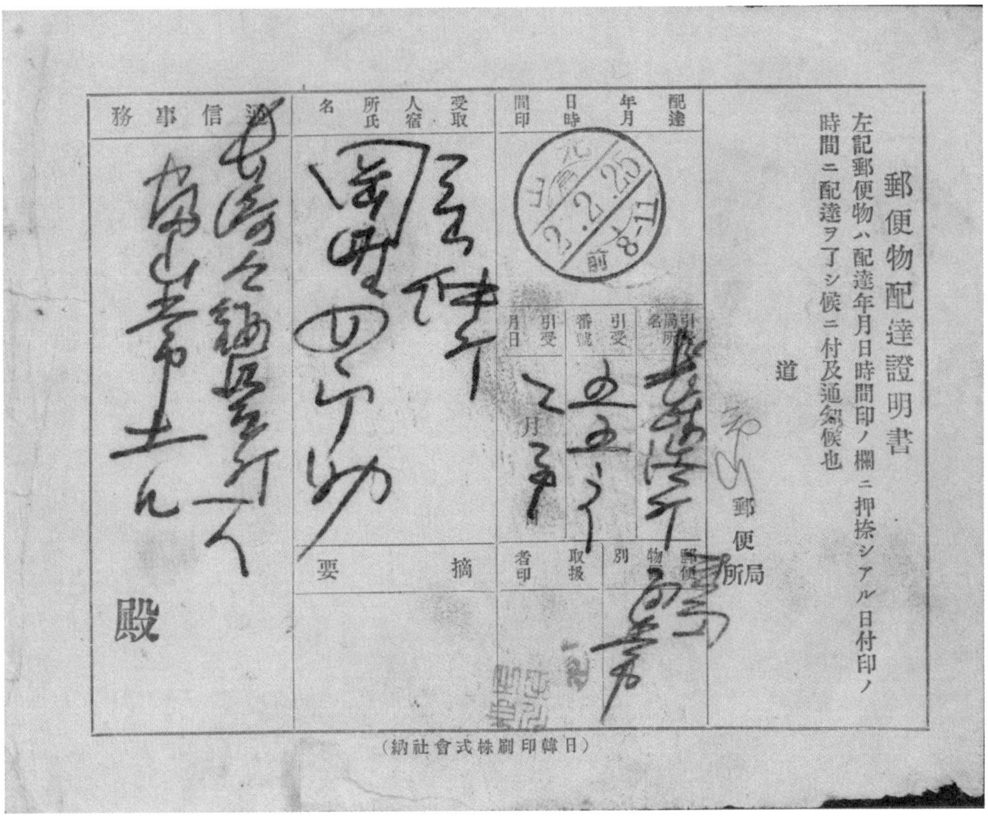

대정 2년(1913) 2월 25일 원산(국)

원산우편국

함경남도 원산부

1911. 3. 30 조선총독부 고시 제87호, 우편위체 사무 취급

1913. 5. 15 조선총독부 고시 제167호, 호도우편국 승계

1920. 10. 6 조선총독부 고시 제247호, 원산부 효정으로 우편국 이전

노병대(盧柄大)

대한제국기 군대해산 후 모병하여 충청북도, 경상북도에서 활동한 의병장

개설초명은 노병직(盧炳稷), 자는 상요(相堯), 호는 금원(錦園). 경상북도 상주 출신

생애 및 활동사항

허전(許傳)에게 배웠으며, 1889년(고종 26) 창릉참봉(昌陵參奉)이 되었다. 1895년 을미개혁 때 향교가 폐지된다는 소문을 듣고 극간으로 상소한 뒤, 다시 을미개혁을 주도하던 왜병을 물리치기 위하여 1898년 중국에 가서 지원군을 교섭하였다. 1905년 을사조약이 강제체결되자 궁중의 일본 세력을 축출하는 상소를 올려 고종의 신임을 얻게 되었다. 그리하여 의병봉기의 밀칙(密勅)이 내리고, 비서원의 비서승(秘書丞) 벼슬까지 받았다. 밀칙을 받고 그날로 고향에 내려와 의병을 모았다. 1907년 8월 김운로(金雲老)·송창헌(宋昌憲)·임용헌(林容憲)과 함께 속리산에서 200명 정도의 의병을 일으켰다. 때마침 군대해산이 강행되매 해산병들이 의병투쟁에 합세함으로써 1,000명의 대부대를 형성하게 되었다. 이때 맹주로는 김운로가 추대되었지만, 노병대는 충청북도·경상북도 일대에서 명성을 크게 떨치었다. 노병대의 의병은 전라도와 경상남도일대까지 원정하며 왜병과 싸우기도 하였다. 그러다가 1908년 보은에서 붙잡혔다. 왜병은 노병대의 높은 기상에 눌려 나중에는 한쪽 눈까지 빼버리는 악형을 가하였고, 공주 재판소에서 10년형을 선고하였다. 수년간의 옥고 끝에 1911년 이른바 은사령에 따라 풀려나왔으나 다시 의병을 모으며 항전을 계획하였다. 그러던 중, 1913년 3월에 다시 붙잡혀 15년형을 받고 대구감옥에 투옥되었다. 여기에서 자결을 결심하고 28일간의 단식투쟁 끝에 순국하였다.

출처: 한국민족문화대백과사전

1913

단기 4246년/대정 2년

평양(국) 우편물 배달증명서

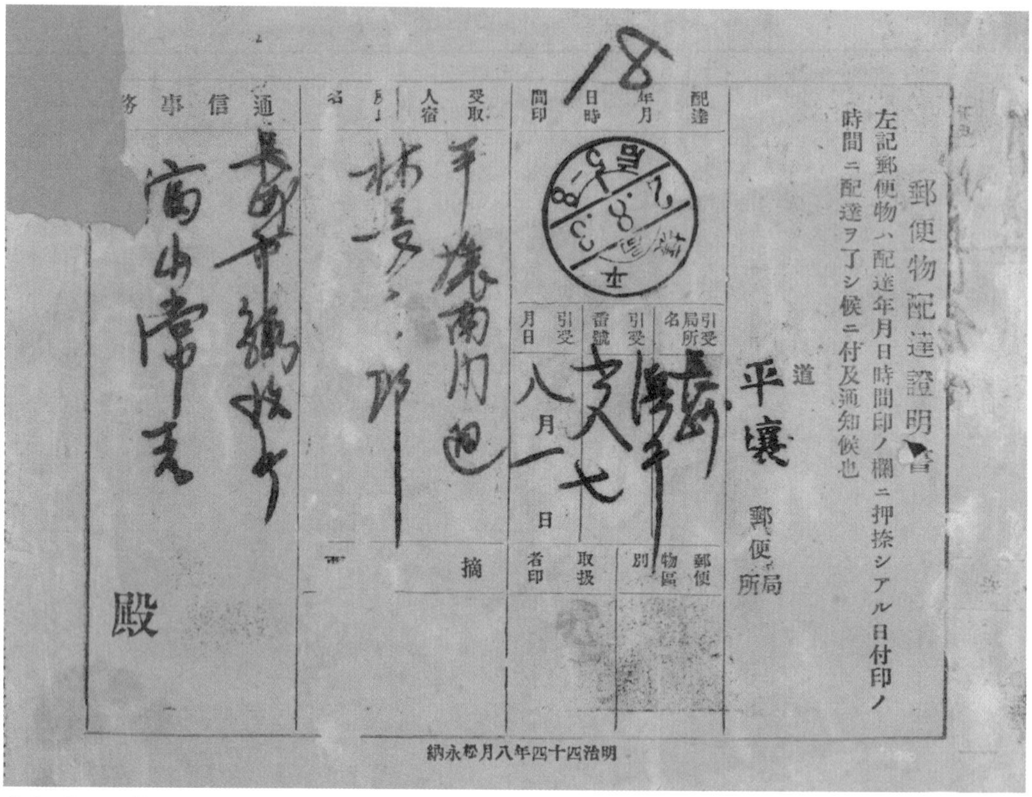
郵便物配達證明書

左記郵便物ハ配達年月日時間印ノ欄ニ押捺シアル日付印ノ時間ニ配達ヲ了シ候ニ付及通知候也

平壤 郵便局

明治四十四年八月永納

대정 2년(1913) 8월 3일 평양(국)

평양우편국

평안남도 평양부 외천방1리

1911. 3. 30

조선총독부 고시 제87호. 우편위체 사무 취급 개시

1911. 12. 10

조선총독부 고시 제360호. 우편국 이전, 평양부 평양 대동문통에서 외천방1리로 이전

평양우편국추을분실 평안남도 평양부 송신정 1943. 8. 5 조선총독부 고시 제877호. 전신 전화 통화 사무 개시
평양상수정우편국 평안남도 평양부 상수정 1942. 5. 6 조선총독부 고시 제642호. 평양상수리우편국을 개칭
평양서성정우편국 평안남도 평양부 서성정 1942. 5. 6 조선총독부 고시 제642호. 평양서성리우편국을 개칭
평양선교정우편국 평안남도 평양부 선교정 1942. 5. 6 조선총독부 고시 제642호. 평양선교리우편국을 개칭
평양기림우편국 평안남도 평양부 기림정 1942. 11. 30 조선총독부 고시 제1418호. 평양우편국으로 승계
평양우편국황금정전화분실 평안남도 평양부 황금정 7 1938. 7. 31 조선총독부 고시 제594호. 전화 분실 설치
평양체신분장국 구내우편국전신국
평양체신분장국 구내우편전신국
평양우편국 선교리전신분실 1940. 12. 5 조선총독부 고시 제1338호. 전신 분실 설치

1913

단기 4246년/대정 2년

제주(국)일부인

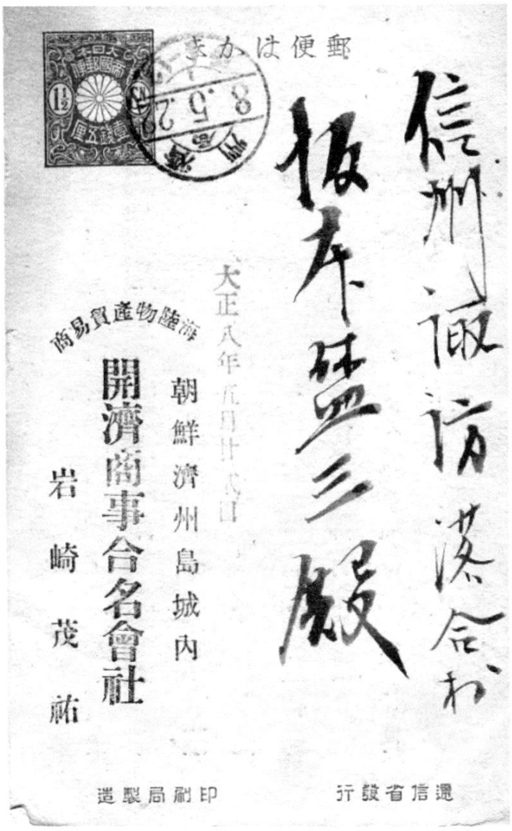

마포(소)일부인

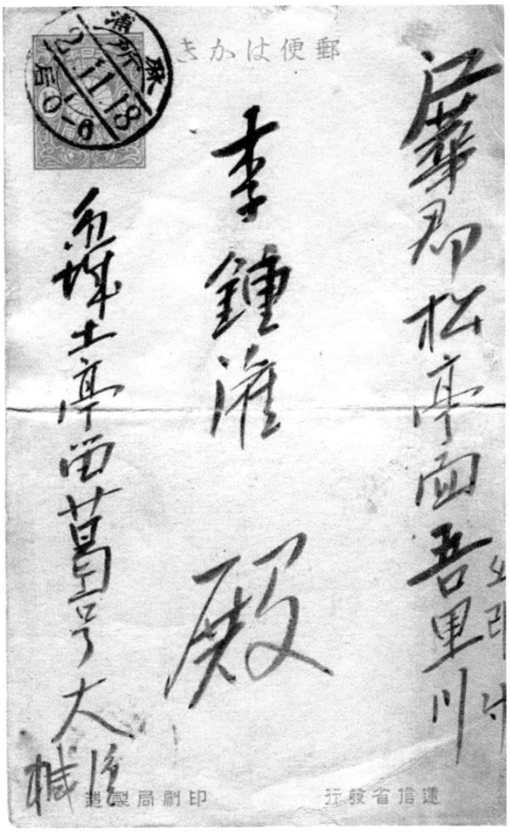

제주우편국
전라남도 제주도 제주면 삼도리
1915. 6. 1
총독부고시 제133호. 전신 전화 사무 개시

1913년 우편사 및 주요 역사

2. 1 내용증명 우편 취급 개시
3. 1 조선공증령(公證令) 공포
조선기병대(朝鮮騎兵隊) 해산
5. 13 안창호(安昌浩), 송종익(宋種翊) 등 센프란시스코에서 흥사단(興士團) 조직
9. 1 독립의군부사건(獨立義軍府事件) 발생

독립의군부(獨立義軍府)

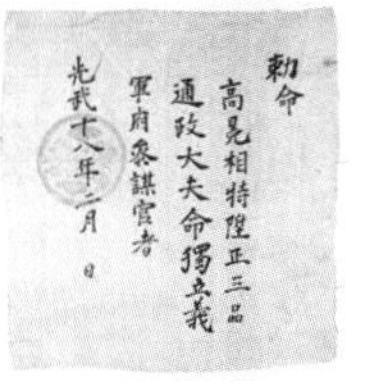

전국 의병장과 유생들이 참여했으며, 이들은 주로 호남지방을 중심으로 경기도, 강원도 지역까지 그 활동 영역을 넓혀 갔다. 이 단체는 대한제국 때의 왕정 복고주의를 추구하였으며, 전국적인 의병투쟁을 벌이는 것을 목표로 삼았다.
독립의군부를 조직한 임병찬은 한때 조선총독부관리에게 한국 침략의 부당성을 통고하고 '국권 반환 요구서'를 수차례 보내기도 하였다. 그러나 독립의군부는 일제에 의해 사전에 발각되면서 임병찬을 비롯한 지도부가 구속되는 사태로 일단락되었다.

출처: 위키백과

독립의군부 참모관 임명장
출처: 한국민족문화대백과사전

1913

단기 4246년/대정 2년

일제강점기 전신선로도

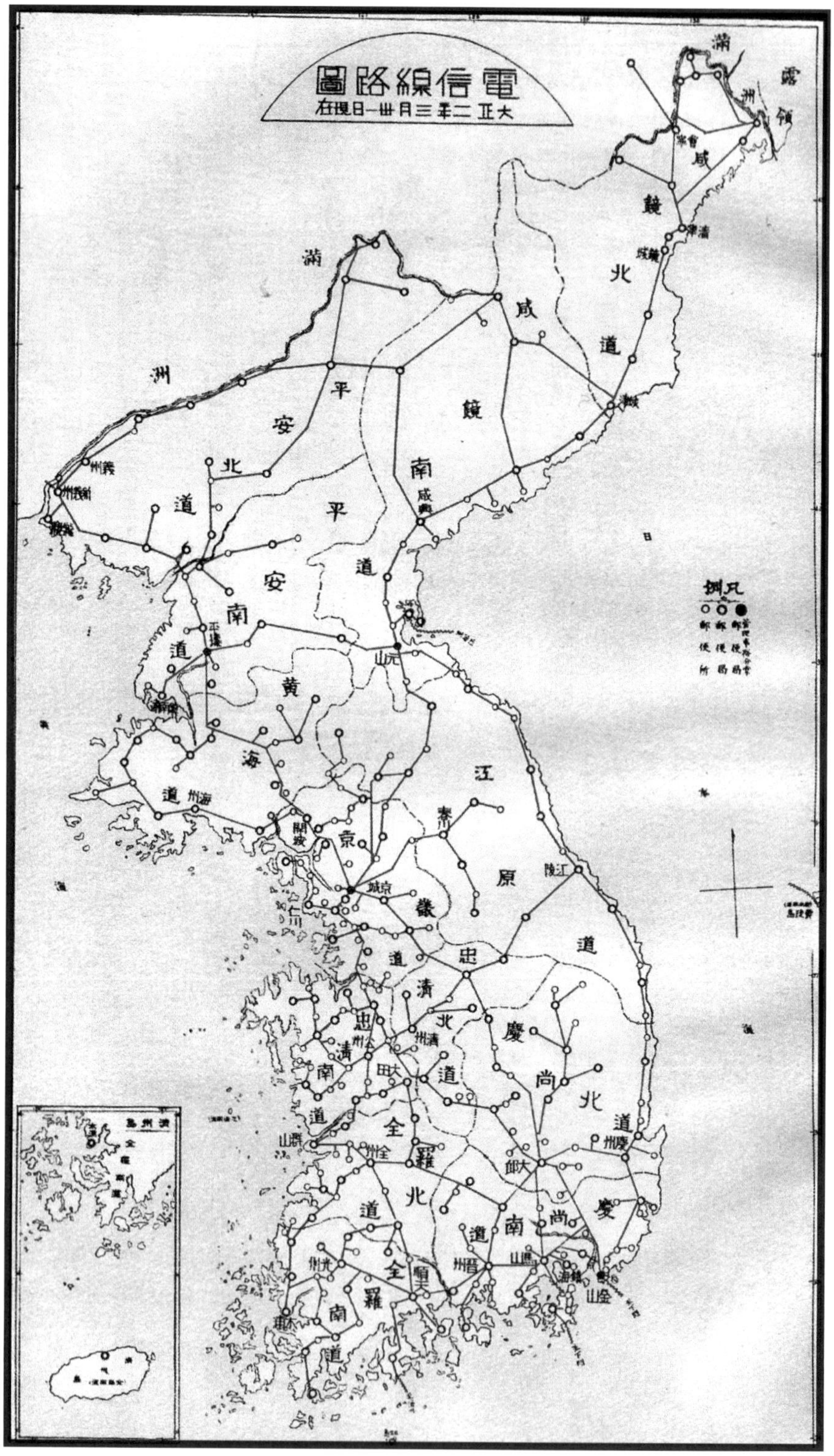

1913

단기 4246년/대정 2년

일제강점기 전화노선도

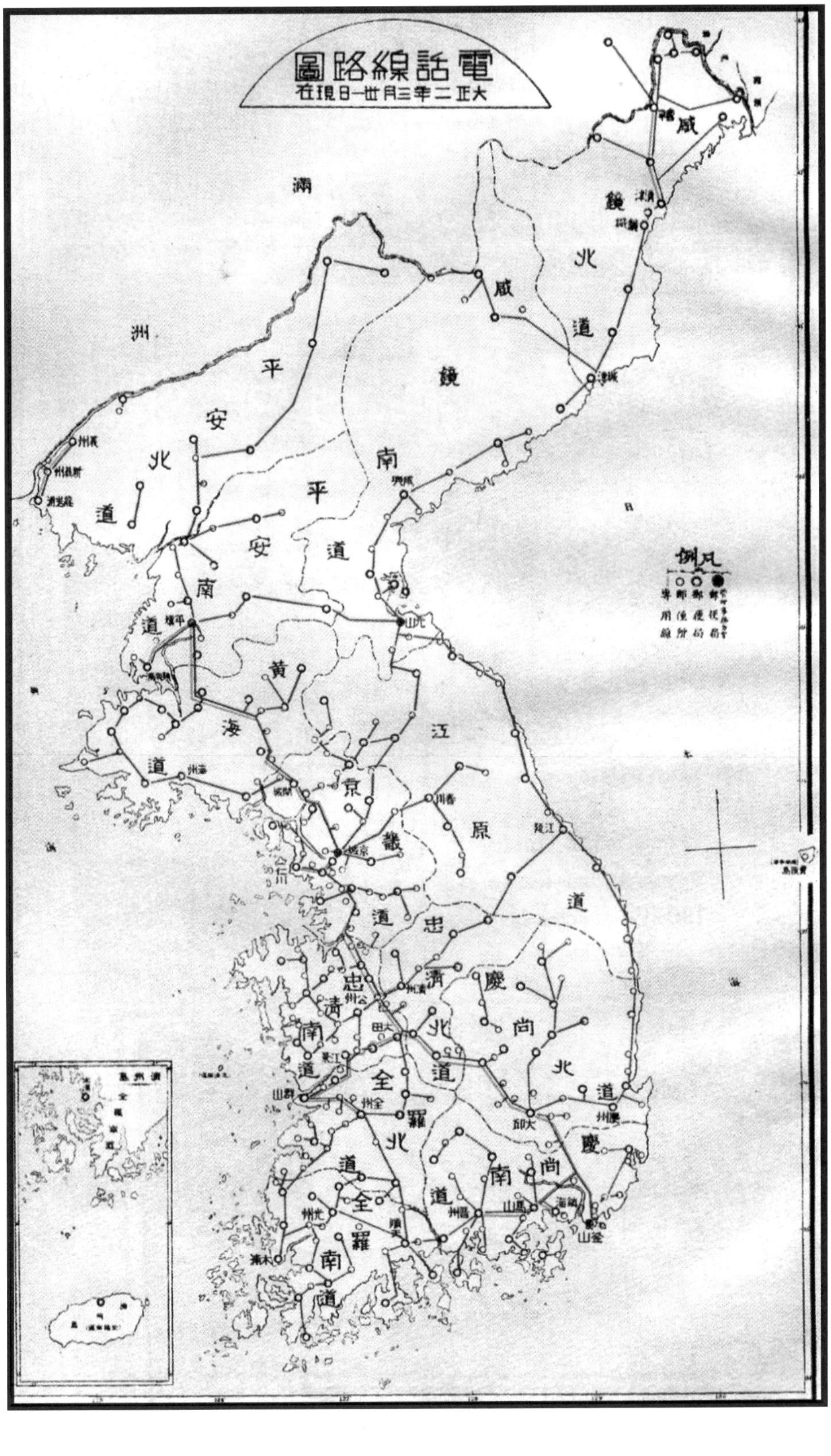

1913

단기 4246년/대정 2년

일제강점기 우편선로 약도

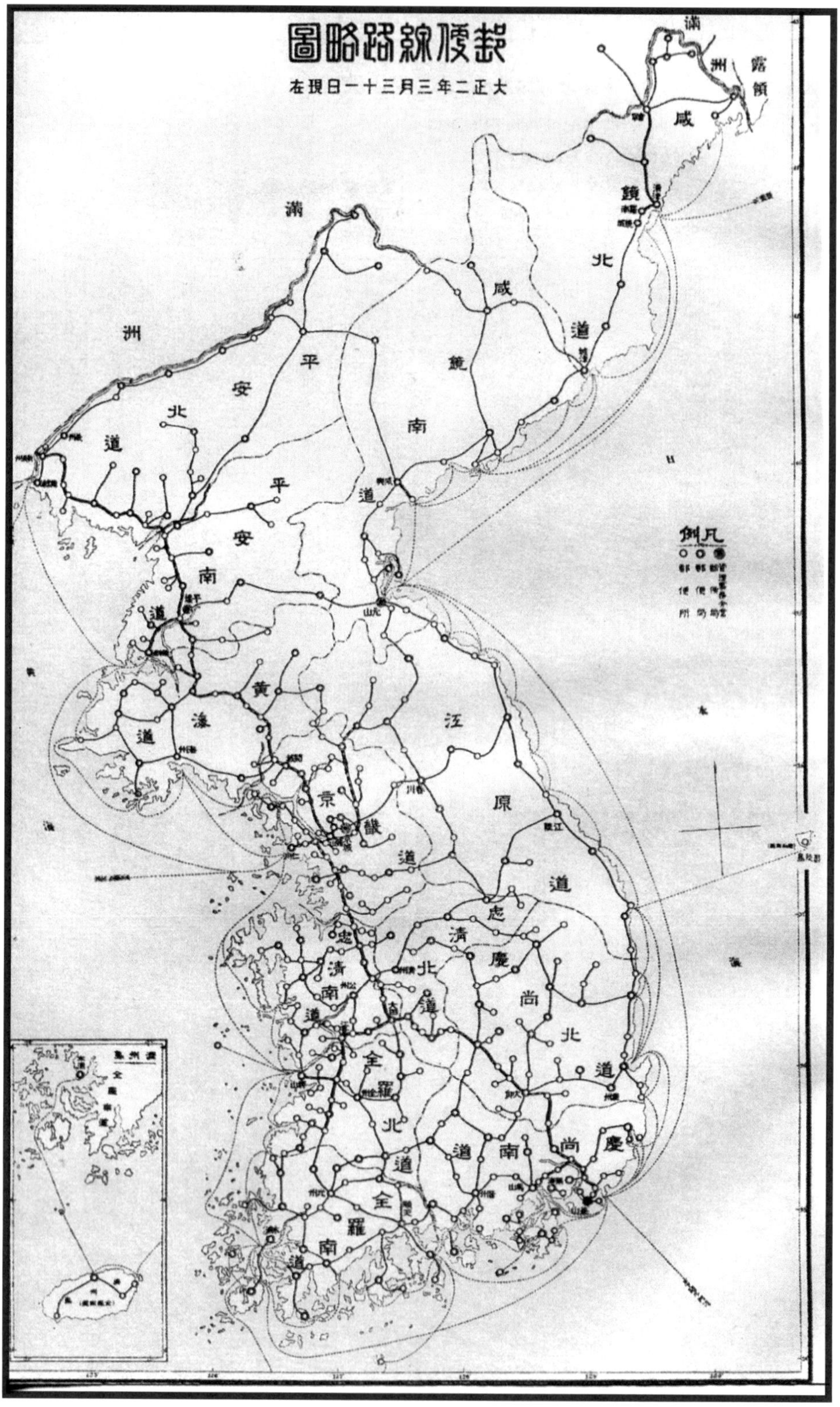

1914

단기 4247년/대정 3년

운산(雲山)우편소

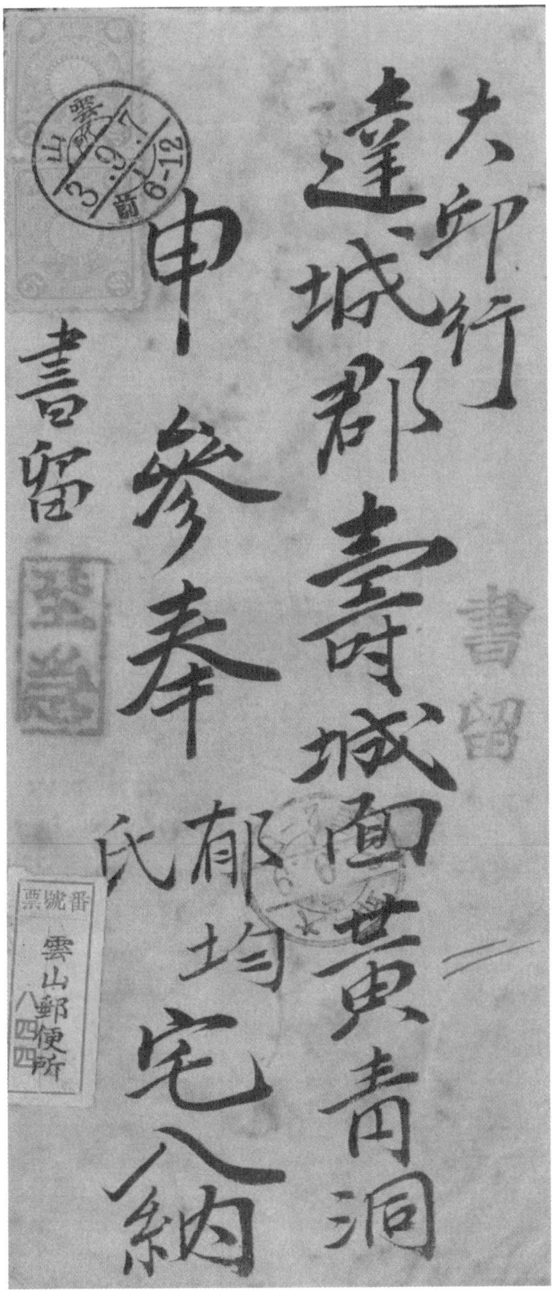

1914년(대정 3) 8. 13. 전0-6. 평안북도 운산우편소-대구

운산광산(雲山鑛山)

평안북도 운산군 북진로동자구에 소재, 금·은을 생산하는 광산이다.
운산광산은 오래전부터 알려져 왔으나 본격적으로 개발되기 시작한 것은 구한말이다. 1884년 미국 공사관의 조지 C. 포크(George C. Foulk)와 스미소니언 박물관의 J. B. 버나도우(J.B.Bernadou) 가 전국 각지의 유망 금광상을 탐사하여 운산 금광에 대한 보고서를 내기 시작한 것이 근대적인 개발의 시발점이다.
이후 '호러스 뉴턴 알렌'의 주선으로 조선정부는 미국 실업가 J. R. 모스(J R. Morse) 에게 1895년 운산 금광 채굴 특허를 주었다. 그러나 모스가 자본 부족으로 개발에 소극적 태도를 보이자, 알렌은 L. S. J. 헌트(Leigh S. J. Hunt)를 끌어 들여 운산 금광 개발권을 인수하도록 하고, 헌트는 1897년 동양광업개발주식회사(東洋鑛業開發株式會社, Oriental Consolidated Mining Company)를 설립하였다. 이후 동양광업개발주식회사는 40여 년간 900만톤의 광석을 채굴해 5,600만 달러 상당의 금을 생산하였고, 1,500만 달러의 순이익을 올렸다. 이후 미, 일관계가 악화되면서 1939년 대유동 금광을 운영하던 일본광업주식회사에 800만 달러에 인수되었다.

출처: 위키백과

운산우편소

평안북도 운산군 읍명상리
1911. 9. 28
조선총독부 고시 제308호, 우편소 이전

1914

단기 4247년/대정 3년

광주(光州). 제4종 요금 부족인

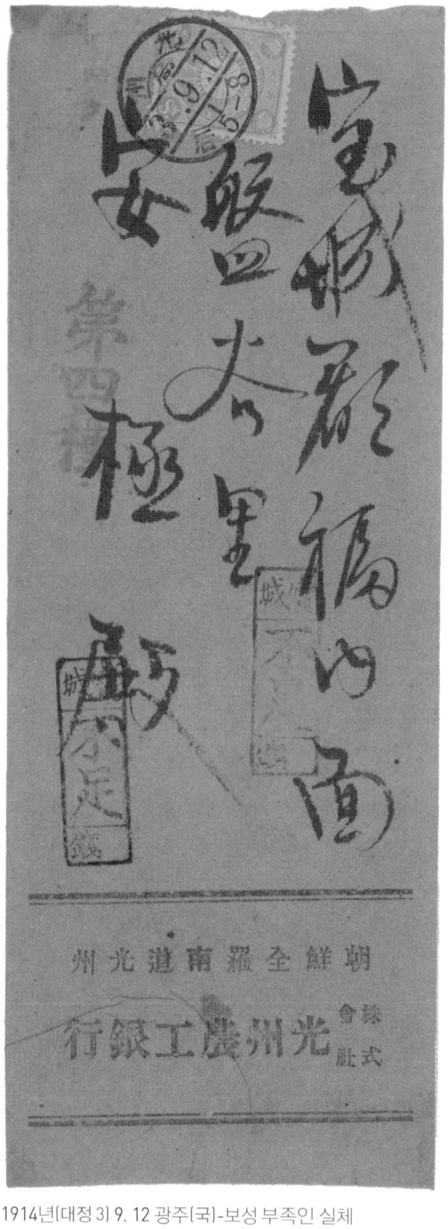

1914년(대정 3) 9. 12 광주(국)-보성 부족인 실체

경주(국)▶광화문▶마포우편소

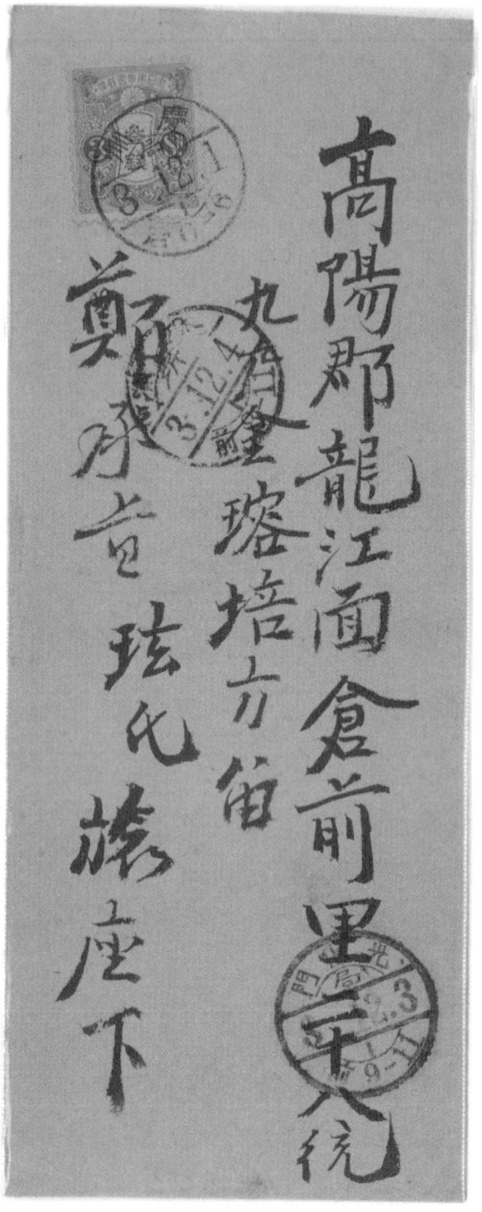

1914년(대정 3) 12. 1-12. 3 광화문(국)-12. 4 마포우편소 도착인

마포우편소

경기도 경성부 서부 도화동

1910. 12. 6

조선총독부 고시 제66호, 우편소 이전

한성부 서서용산방 마포에서 경기도 경성부로 이전

1914

단기 4247년/대정 3년

비우편인

진체저금 불입금 수령증(振替貯金 拂入金 受領證)-의주(국)

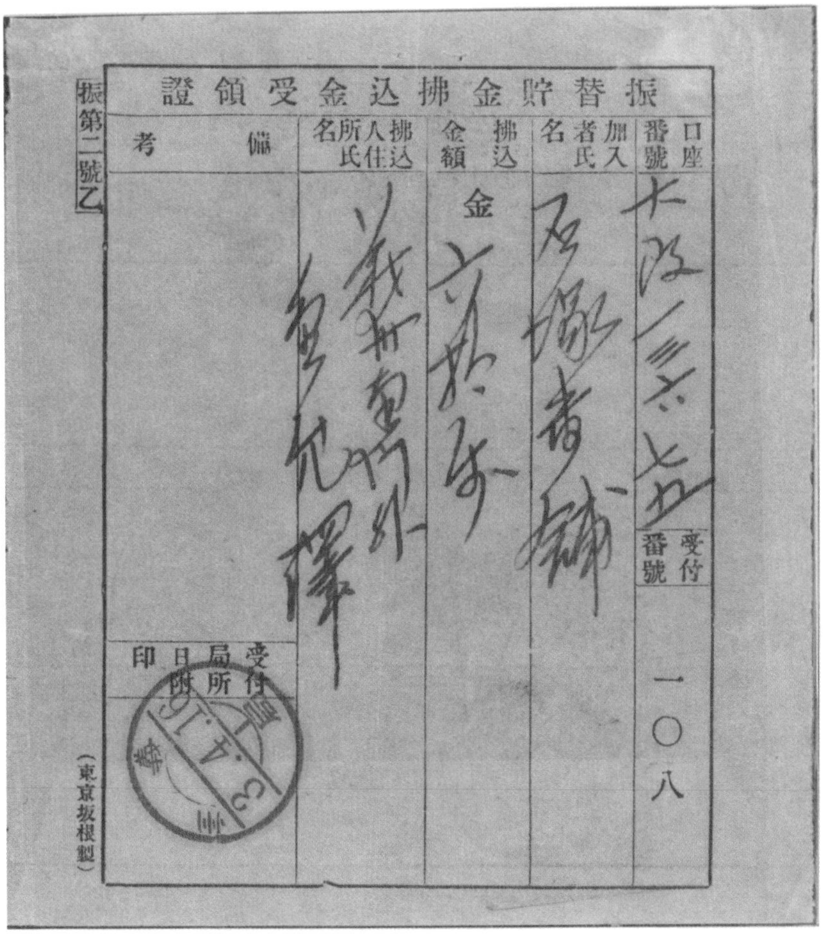

振替貯金拂込金受領證

振第二號乙

口座番號	加入者氏名	拂込金額	拂込人住所氏名	備考
		金		

受付番號 一〇八

受付局所日附印

(東京坂根製)

주시경(周時經). 1876년-1914년

조선 언어학자이자 국문학자이다.

본관은 상주, 자는 경재(經宰), 호는 한힌샘이다. 독립협회 활동을 하던 도중 한글 표기법 통일의 필요성을 절감하고 우리말 문법을 정리하였다. 독립신문 발행과 각종 토론회, 만민공동회의 자료를 민중이 쉽게 접근할 수 있게 한글로 써야 했기 때문이었다. 한글이라는 낱말을 만들어 현대 한글 체계를 정립하고 보급하였으며, 한국어 연구에 공헌하였다. 현대 국어의 기틀을 마련하였으며, 한글의 보급과 연구 및 근대화에 힘을 쏟았고 그로 인해 오늘날 한국이 한글을 공식적으로 쓰게 되었다. 평소 곧고 원리원칙주의를 따르는 성격 때문에 일제의 탄압에도 한글에 대한 연구와 보급을 끊임없이 진행하였으며, 민족주의적인 성격을 지녀 한글 교육에도 힘썼다.

출처: 위키백과

호국영웅(독립운동가) **시리즈 우표**

2016. 6. 1일 발행

독립운동가: 남자현·주시경

우표 번호: C2488, 2489

발행량: 각각 35만 매

1915

단기 4248년/대정 4년

서대문(국)▶CHANG-CHUN경유▶RUSSIA Petrograd행 등기

일제강점기 서대문(국) 1915. 12. 7-장춘 경유-러시아 Petrograd 1915. 12.

1915

단기 4248년/대정 4년

마포우편소 등기 실체

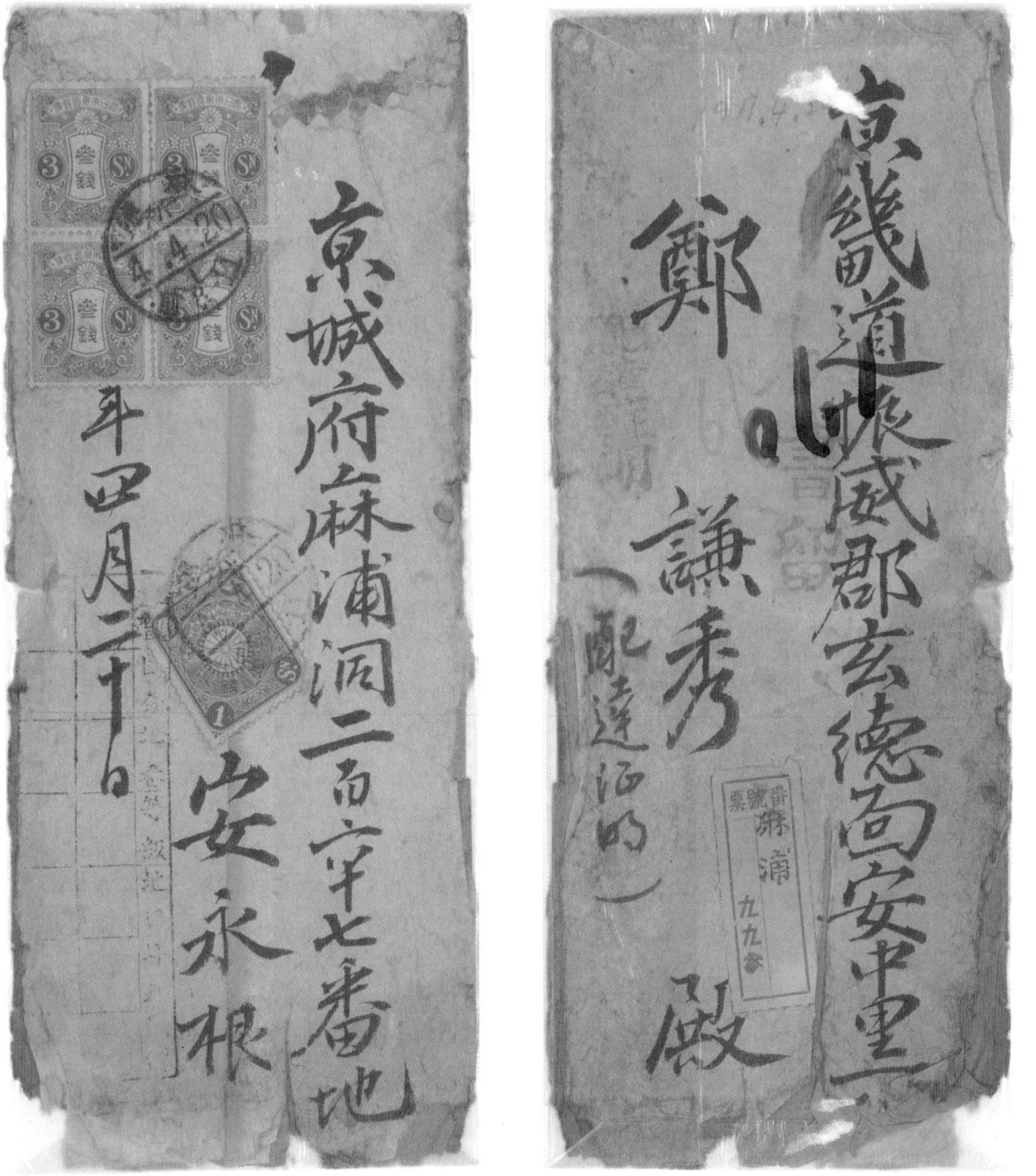

1915년(대정 4) 4. 20 마포우체소

마포우편소 경기도 경성부 도화동 1933. 4. 1 조선총독부 고시 제99호, 마포우편소로 개칭

1915 단기 4248년/대정 4년

미납인(未納印) 실체(實體)

포항(국)미납인

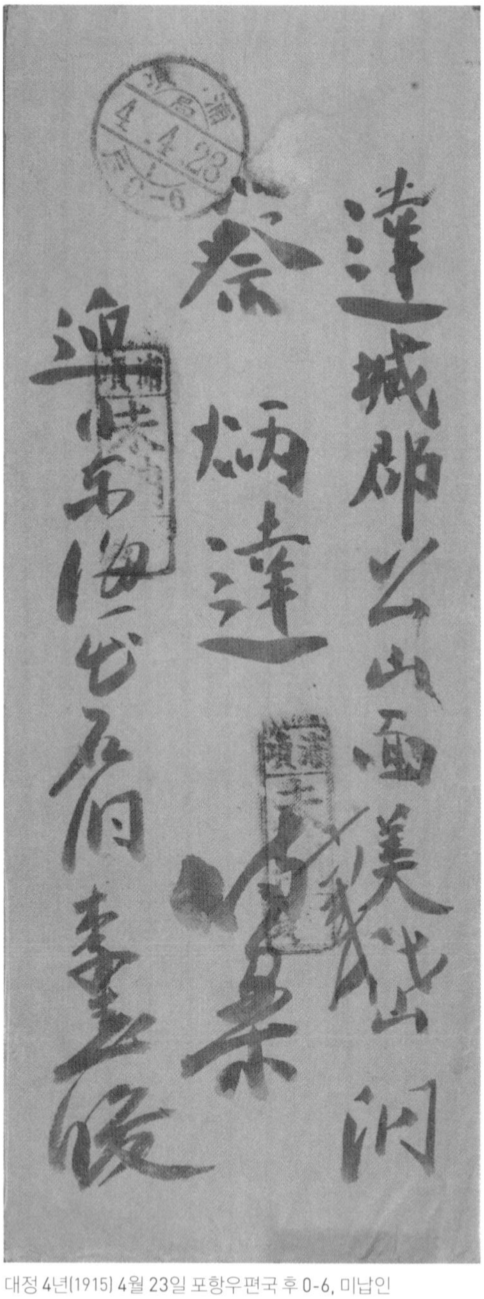

대정 4년(1915) 4월 23일 포항우편국 후 0-6, 미납인

포항우편국

경상북도 영일군 북면 포항

1911. 5. 15 조선총독부 고시 제127호

특설 전화 가입 신청 수리. 전화 교환 우편위체 사무 취급 개시

1912. 3. 1 조선총독부 고시 제52호

특설 전화 교환, 전화 가입, 전보 취급

1921 단기 4254년/대한민국임시정부 3년

부족인(不足印) 실체(實體)

진주(국)부족인

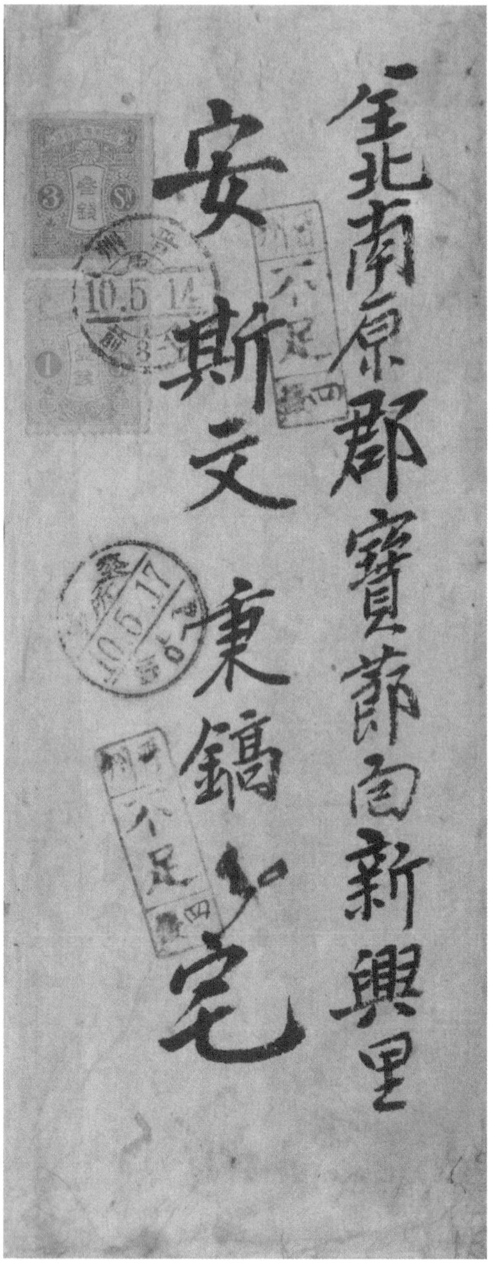

대정 10년(1921) 5. 14 진주(국) 부족인(4전) 남원착

진주우편국

경상남도 진주군 진주읍

1911. 3. 30 조선총독부 고시 제87호

1915

단기 4248년·대정 4년

송파우편소 ▶보성행

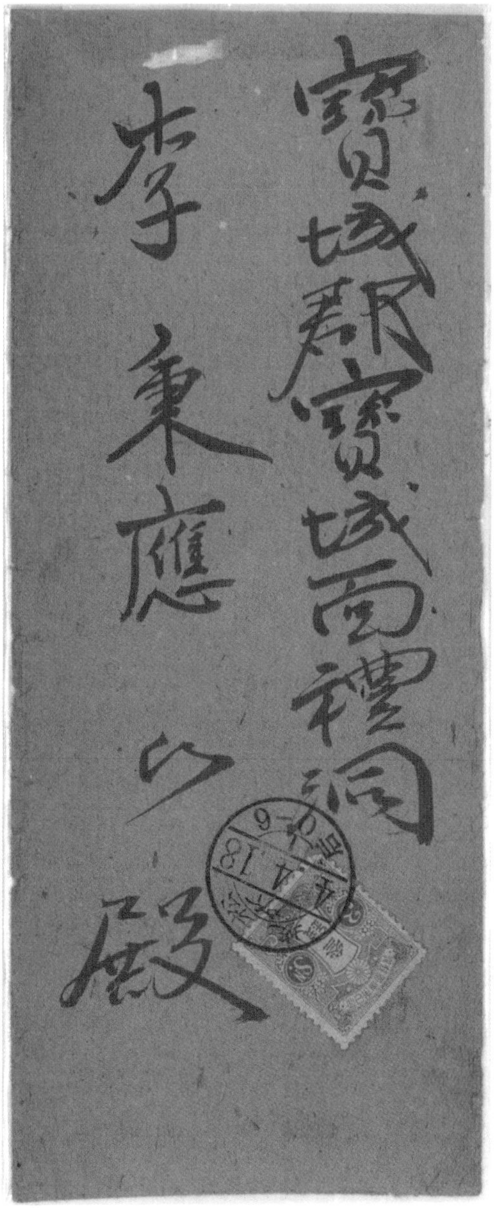

1915년(대정 4) 4. 18 송파우편소-전남 보성

을사오적 이지용

이지용(李址鎔, 1870년 10월 23일 ~ 1928년 6월 28일)은 조선 왕족이자 대한제국 황족, 관료이다. 그는 을사오적 중 하나이며, 을사 조약 체결 당시 내부대신이었다. 처음 이름은 은용(垠鎔), 자는 경천(景天), 용구(龍駒) 호는 향운(響雲)이다. 본관은 전주이다. 흥인군 이최응의 손자이자 흥선대원군 이하응의 종손이며 고종의 5촌 조카였다.이지용은 조선의 왕족으로 황실의 근친이었다. 처음 이름은 은용(垠鎔)이었다가 후일 지용(址鎔)으로 개명하였다. 광흥령(廣興令) 이희하(李熙夏)의 아들로 태어났으나, 흥선대원군의 셋째 형 흥인군 이최응의 아들인 완영군(完永君) 이재긍(李載兢)의 양자가 되었다. 그래서 고종 황제에게는 오촌 조카가 된다. 1887년 문과에 급제하였고, 1895년 칙명을 받아 일본을 유람하고 돌아왔으며, 경상감찰사, 황해감찰사를 거쳐 궁내부 협판을 역임하다가 1901년 주일공사를 지냈다. 1903년 10월 무렵부터 일본 측과 협상하여 대한제국이 일본을 돕도록 하는 데 힘썼으며, 1904년 2월 외부대신으로 일본 공사 하야시 곤스케로부터 1만 엔을 받고 한일의정서를 조인에 협조했다. 나중에 법부대신, 판돈녕부사 등을 거쳐 1905년 내부대신으로 을사조약에 찬성, 조인에 서명함으로써 을사오적의 하나가 되었다. 한일병합조약 체결 후, 일본 정부로부터 훈1등 백작 작위를 받고 조선총독부 중추원 고문에 임명되었다. 이지용은 정 3위 훈 1등으로 1928년 사망했으며, 그의 작위는 양손자 이영주(李永柱)가 습작하였다. 민족정기를 세우는 국회의원 모임이 발표한 친일파 708인 명단과 2008년 민족문제연구소에서 친일인명사전에 수록하기 위해 정리한 친일인명사전 수록예정자 명단에 모두 선정되었고, 2007년 대한민국 친일반민족행위진상규명위원회가 발표한 친일반민족행위 195인 명단에도 들어 있다. 일제 강점기에 조선 귀족 가운데서도 가장 부유하게 살았다는 말이 전해진다. 2007년 11월 22일 친일 반민족행위자 재산조사위원회는 이지용의 재산에 대해 국가 귀속 결정을 내렸다

출처: 위키백과

송파우편소

경기도 광주군 중대면 송파리

1914. 7. 21

조선총독부 고시 제272호, 우편소 설치

1912

단기 4245년/명치 45년/대정 1년

서대문(국)▶Via Moji▶Yokohama▶U.S.A행

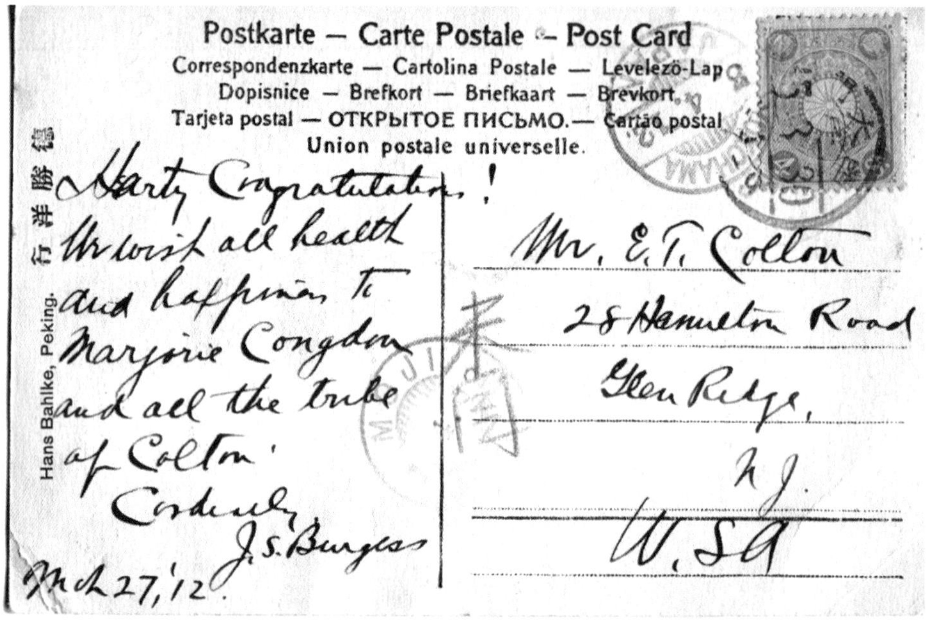

1912년(명치 45), 대정 원년 3. 30 서대문(국) -MOJI-YOKOHAMA - U.S.A.

부산▶장춘 경유▶러시아행(시베리아 횡단 열차편)

1915. 12. 18 부산(국) - 1915. 12. 20 장춘 경유 - 1915. 12. 30 러시아 도착

1916

단기 4249년/대정 5년

4월1일 관립 경성공업전문학교, 경성의학전문학교, 경성전수학교설립/6월28일 사립 동양협회 부속 경성식민전문학교설립/7월1일 제1차세계대전 양군 합쳐 100만 명의 사상자를 낸 솜므전투가 시작/8월2일 영친왕 이은[李垠]의 비, 일본 왕족 이방자[李方子]로 결정하였다.

마산(국)▶해주(국)행

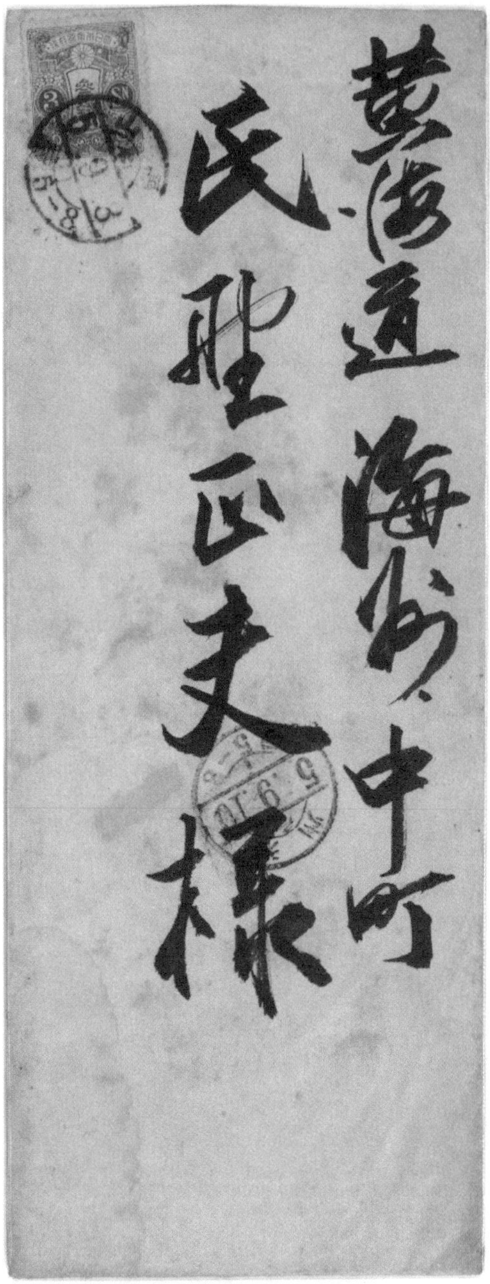

대정 5년[1916] 9월 8일 마산(국) 후5-8 -해주(국)

영친왕과 마사코

1897~1970

나시모토 노미야 마사코[梨本宮方子; 이방자] 여사는 일본 황족 가운데 조선과 유독 관련이 깊었던 가문이다.

어머니는 나베시마 이즈코[鍋島伊都子] 규슈 지방의 나베시마번[藩]의 초대 번주였던 나베시마 나오시게[鍋島直茂]는 임진왜란 때 가토기요마사[加藤清正]를 따라 참전했다.

의민태자[懿愍太子]-영친왕[李垠][1897. 10. 20~1970. 5. 1]
대한제국의 황태자이자 일본 제국의 군인이다. 성과 휘는 이은[李垠], 아명- 유길[酉吉] 자는 광천[光天], 아호는 명휘[明暉], 사후에 전주[全州] 이씨 대동종약원에서 문인무장지효명휘의민황태자[文仁武莊至孝明暉懿愍皇太子]라는 시호를 올렸으나, 정식 시호가 아닌 사시이다. 황태자로 책봉되기 이전의 작호인 영친왕[英親王]으로도 알려져 있다 조선의 제26대 왕이자 대한제국의 초대 황제 고종의 일곱째 아들이며, 어머니는 순헌황귀비 엄씨이다. 순종과 의친왕, 덕혜옹주와는 이복 형제이다. 1897년에 경운궁 숙옹재에서 태어나 의친왕을 제치고 병약하여 아들이 없었던 순종의 황태자로 책봉되었다. 1907년에 이토히로부미에 의하여 강제로 일본 유학을 떠났다. 1910년에 한일병합으로 대한제국 황제가 왕으로 격하되면서 왕세자가 되었으며, 1920년에 일본 황족 나시모 토 노미야 마사코와 정략혼인을 하였다.

출처: 위키백과

영친왕과 이방자[마사코]여사

해주우편국

황해도 해주군 해주읍

1911. 3. 30 조선총독부 고시 제87호 우편위체 사무 취급 개시

마산원정우편국

경상남도 마산부 원정

1943. 12. 1 조선총독부 고시 제1370호 구마산우편국을 개칭

1916 단기 4249년/대정 5년

1917 단기 4250년/대정 6년

금화 禁化(소)등기 ▶일본행

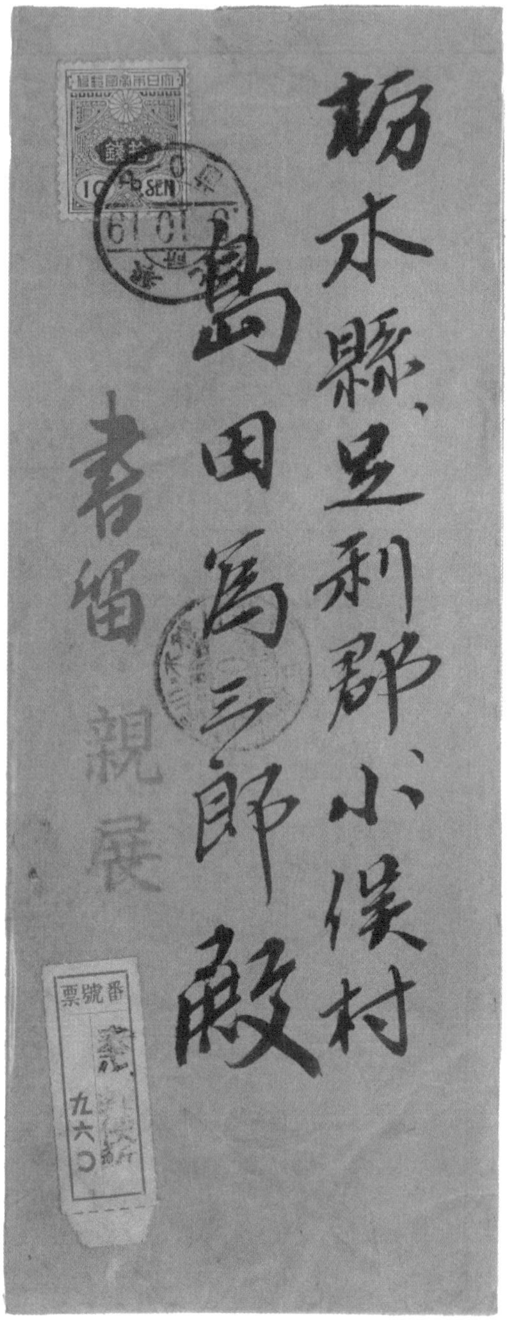

대정 5년(1916) 10. 19. 금화(소)-일본행 등기

전주(국)▶ 흥덕(興德)

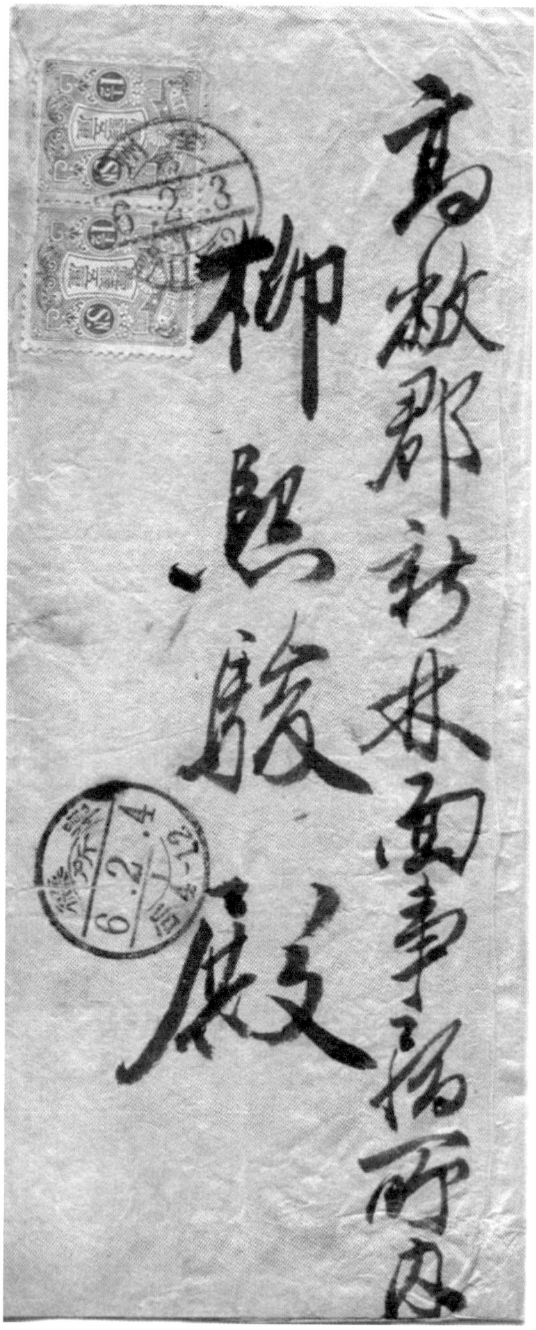

대정 6년(1917) 2.3 전주(국) 전11-12/ 2. 4 흥덕(소)

흥덕우편소

전라북도 흥덕군 현내면 동부리

1911. 7. 16 조선총독부 고시 제225호. 우편소 설치

1911. 7. 15 조선총독부 고시 제226호, 우체소 폐지 후 우편소로 개칭

1912. 3. 28 조선총독부 고시 제140호, 전신, 전화 통화 사무 개시

1916

단기 4249년/대정 5년

조선인삼약보 제3종 우편물 인가 풍기(국)

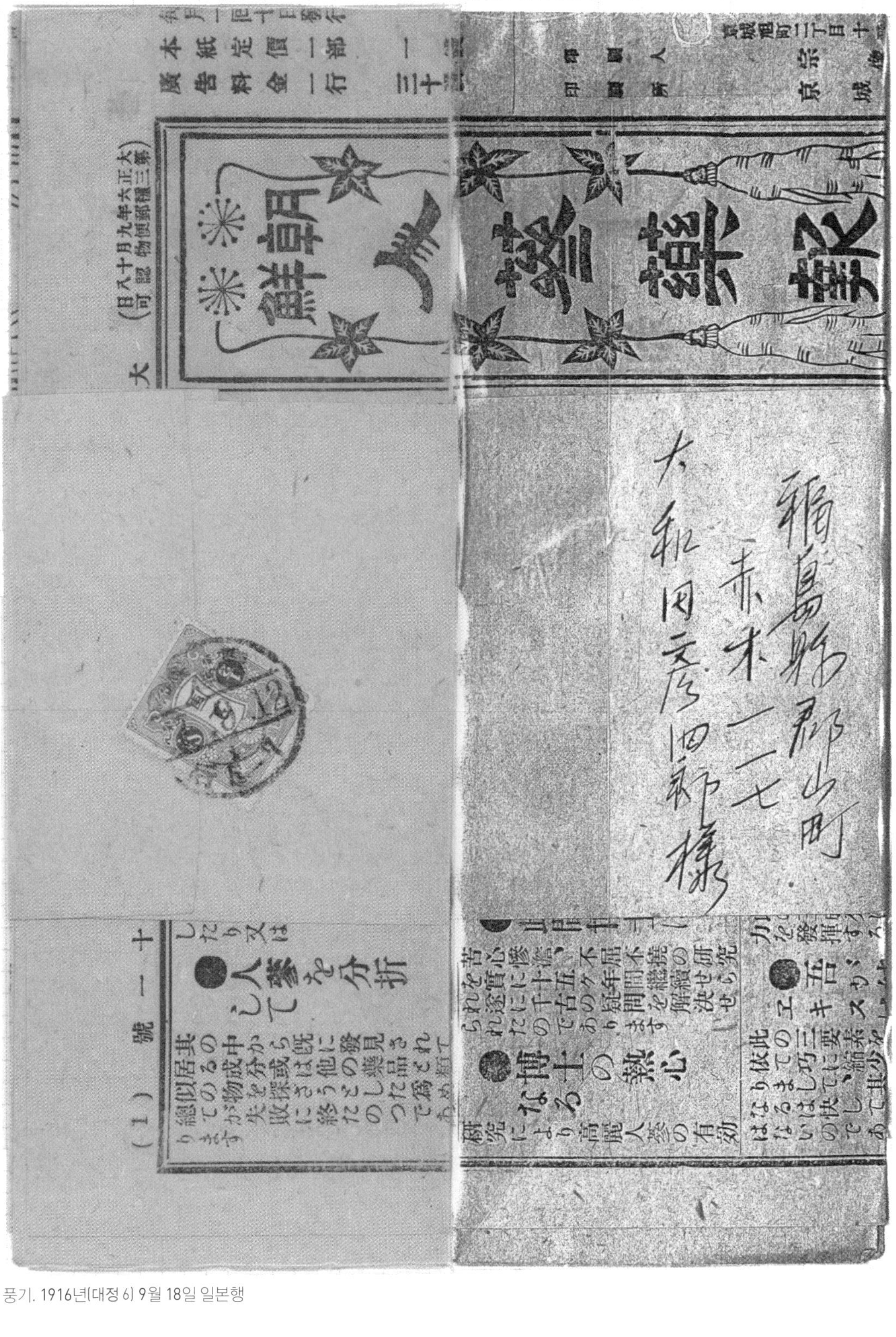

풍기. 1916년(대정 6) 9월 18일 일본행

1916

단기 4249년/대정 5년

칠육보(七六報) 제3종 우편물 인가 나남(羅南) 로울러인

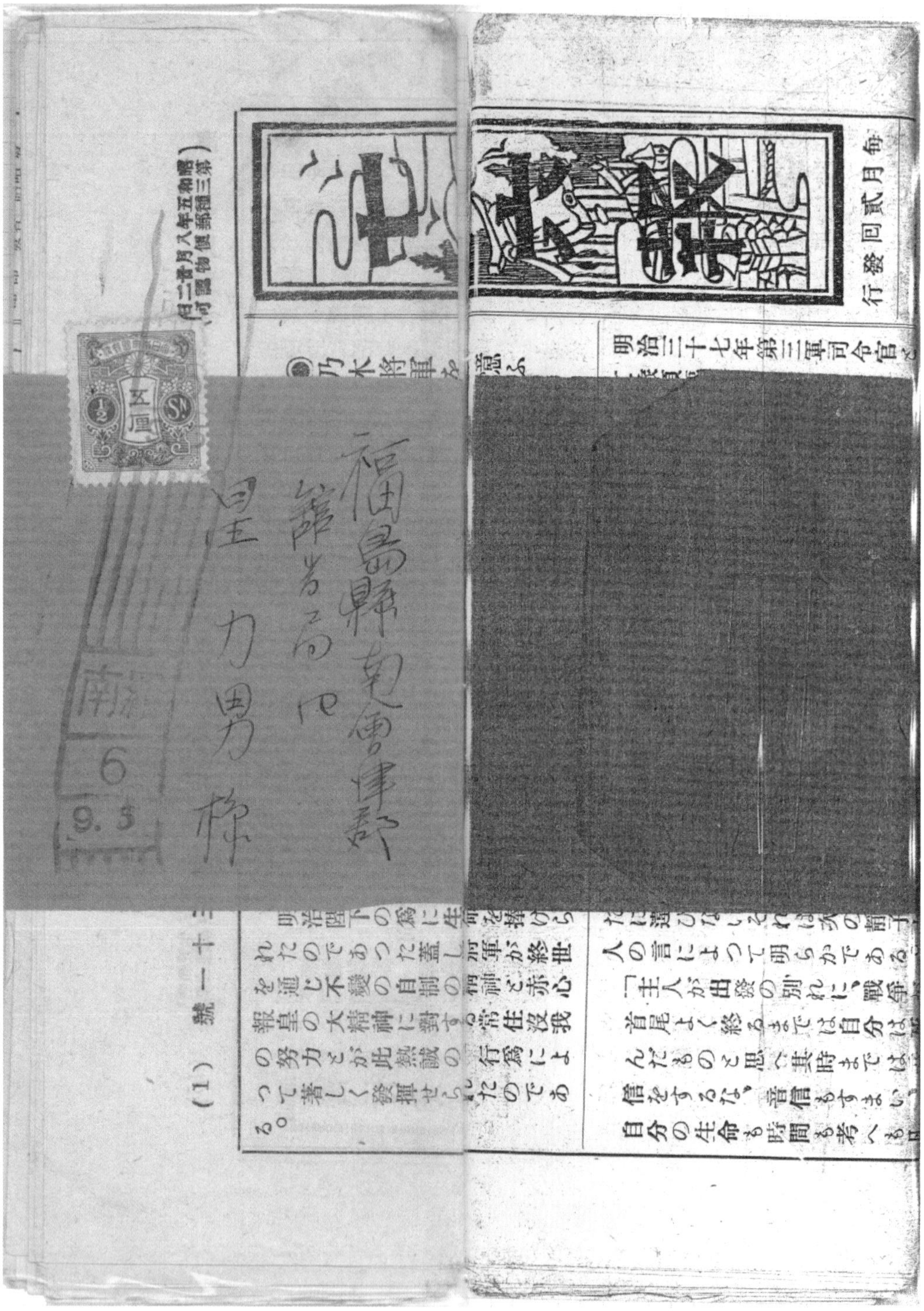

나남. 1931년(소화 6) 9월 5일 나남 로울러인-일본행

1916

단기 4249년/대정 5년

부관연락선 제3호 일부인

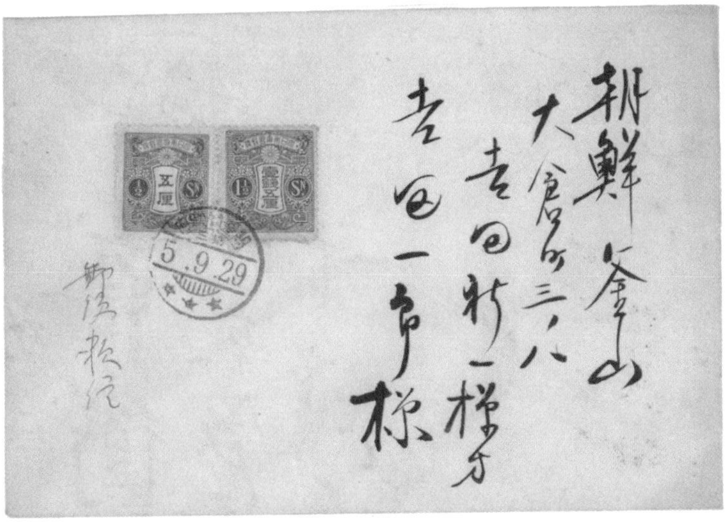

대정 5년(1916) 9월 29일 부관연락선내 우편소-부산행 실체

선박 내 전신취급소

국(소)명	소재지	설치년도	참고사항
성경환무선전신취급소	조선우선주식회사소속기선 성경환-청진	1938. 9. 1	총독부 고시 제704호/전신취급소 설치
회령환무선전신취급소	조선우선주식회사소속기선 회령환-인천	1938. 9. 16	총독부 고시 제738호/전신취급소 설치
부산환무선전신취급소	조선우선주식회사소속기선 부산환-인천	1938. 9. 16	총독부 고시 제738호/전신취급소 설치
한강환무선전신취급소	조선우선주식회사소속기선 한강환-인천	1938. 9. 16	총독부 고시 제738호/전신취급소 설치
앵도환무선전신취급소	조선우선주식회사소속기선 앵도환-인천	1938. 9. 16	총독부 고시 제738호/전신취급소 설치
김천환무선전신취급소	조선우선주식회사소속기선 앵도환-인천	1938. 9. 16	총독부 고시 제738호/전신취급소 설치
경기환무선전신취급소	조선우선주식회사소속기선 경기환-인천	1938. 9. 16	총독부 고시 제738호/전신취급소 설치
강원환무선전신취급소	조선우선주식회사소속기선 강원환-인천	1938. 9. 16	총독부 고시 제738호/전신취급소 설치
금강환무선전신취급소	조선우선주식회사소속기선 금강환-인천	1938. 9. 16	총독부 고시 제738호/전신취급소 설치
신의주환무선전신취급소	조선우선주식회사소속기선 신의주환-인천	1938. 9. 16	총독부 고시 제738호/전신취급소 설치
흥서환무선전신취급소	조선우선주식회사소속기선 흥서환-인천	1938. 9. 16	총독부 고시 제738호/전신취급소 설치
흥동환무선전신취급소	조선우선주식회사소속기선 흥동환-인천	1938. 9. 16	총독부 고시 제738호/전신취급소 설치
한성환무선전신취급소	조선우선주식회사소속기선 한성환-인천	1938. 9. 16	총독부 고시 제738호/전신취급소 설치
정주환무선전신취급소	조선우선주식회사소속기선 정주환-인천	1938. 9. 16	총독부 고시 제738호/전신취급소 설치
함경환무선전신취급소	조선우선주식회사소속기선 함경환-인천	1938. 9. 16	총독부 고시 제738호/전신취급소 설치
청진환무선전신취급소	조선우선주식회사소속기선 청진환-청진	1938. 9. 16	총독부 고시 제738호/전신취급소 설치
경안환무선전신취급소	조선우선주식회사소속기선 경안환-청진	1938. 9. 16	총독부 고시 제738호/전신취급소 설치
금강산환무선전신취급소	조선우선주식회사소속기선 금강산환-청진	1938. 9. 16	총독부 고시 제738호/전신취급소 설치
안주환무선전신취급소	조선우선주식회사소속기선 안주환-청진	1938. 9. 16	총독부 고시 제738호/전신취급소 설치
입신환무선전신취급소	조선우선주식회사소속기선 입신환-부산	1938. 9. 16	총독부 고시 제738호/전신취급소 설치
경성환무선전신취급소	조선우선주식회사소속기선 경성환-인천	1940. 6. 23	총독부 고시 제640호/전신취급소 설치
장수산환무선취급소	조선우선주식회사소속기선 장수산환-청진	1940. 10.15	총독부 고시 제1076/전신취급소 설치
평양환무선전신취급소	조선우선주식회사소속기선평양환-인천	1941. 5. 29	총독부 고시 제744호/전신취급소 설치
광정환무선전신취급소	조선총독부체신국장소속기선광정환-진남포	1941. 7. 1	총독부 고시 제965호/전신취급소 설치
광영환무선전신취급소	조선총독부체신국장소속기선광영환-부산	1941. 7. 1	총독부 고시 제965호/전신취급소 설치
광화환무선전신취급소	조선총독부체신국장소속기선광화환-신의주	1941. 7. 1	총독부 고시 제965호/전신취급소 설치
제5춘광환무선전신취급소	조선총독부체신국장소속기선제5춘광환-군산	1941. 7. 1	총독부 고시 제965호/전신취급소 설치
해운환무선전신취급소	조선총독부체신국장소속기선해운환-인천	1941. 7. 1	총독부 고시 제965호/전신취급소 설치

1916

단기 4249년/대정 5년

한국형 통신일부인 제주(국)일부인

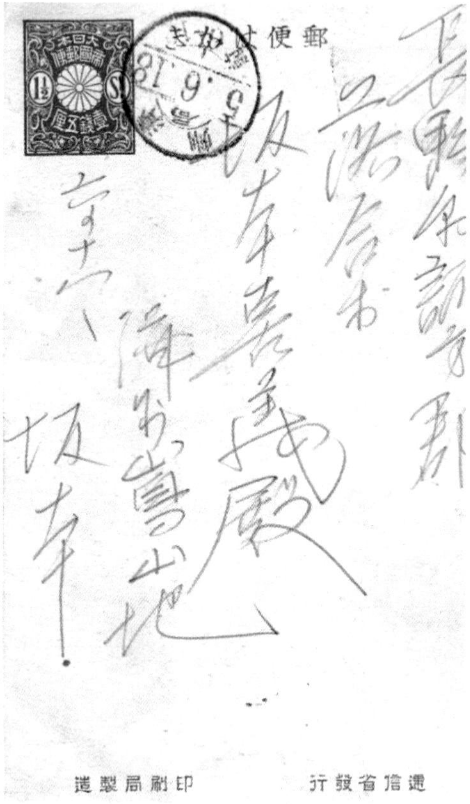

제주우편국
전라남도 제주도 제주면 삼도리
1915. 6. 1
총독부고시 제133호. 전신 전화 사무 개시

한국형 통신일부인 경성(국)일부인

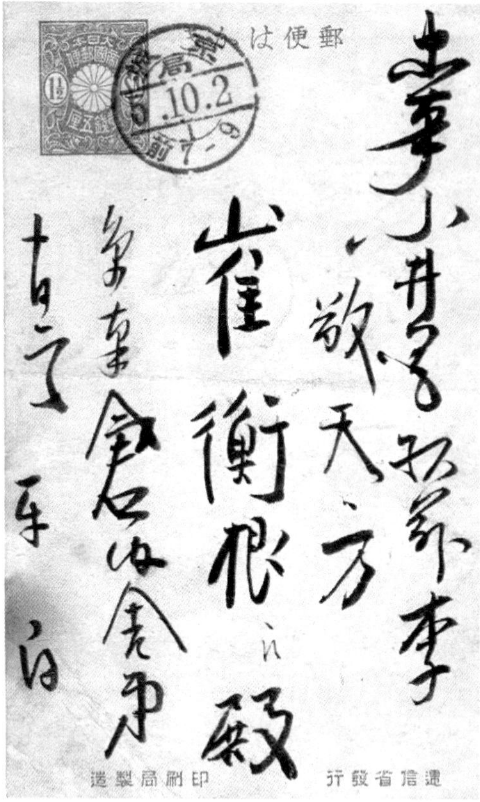

경성우편국

자유시 참변(自由市 慘變)

자유시참변(自由市慘變)은 1921년 6월 28일 러시아 스보보드니(알렉세예프스크, 자유시)에서 러시아 적색군(赤色軍, 적군)이 대한독립군단 소속 독립군들을 포위, 사살한 사건이다. 다른 말로 자유시사변(自由市事變), 흑하사변(黑河事變)으로도 불린다.

당시 러시아는 러시아 내전 중이어서 시베리아에서는 볼셰비키를 중심으로 한 붉은 군대(赤軍)와 반혁명파를 중심으로 한 하얀군대(白軍)가 대립하고 있었다. 여기에 체코슬로바키아 군단의 반란, 외국군의 무력 간섭이 겹치면서 연해주는 혼란스러운 상황이었다. 일본군은 하얀군대를 지원하고 있었다. 하얀군대를 지원한다는 명목 아래 1918년 4월에 일본은 시베리아로 출병했고, 하얀군대를 지원하면서 반일 독립무장투쟁을 하는 한인무장대를 소탕하고자 했다. 이에 독립군은 적군파(赤軍派)에 가담했다.

1920년 3월 12일에는 니콜라옙스크 사건으로 독립군과 붉은군대는 일본군과 하얀군대를 전멸시켰다. 일본군은 1920년 4월 4~5일 야간에 블라디보스토크의 모든 볼셰비키 기관 및 신한촌을 비롯한 한인 밀집지대를 습격했다. 이 사건으로 블라디보스토크의 볼셰비키 기관과 붉은군대가 북방으로 후퇴함에 따라 연해주의 한인의 병대도 행동을 같이했다. 이 한인의병대는 일반적으로 이만군대, 다반군대 등이 대표적인 무력군으로, 이만군대 사령관은 김표돌부사령관 박개서·김덕보였고, 다반군대 사령관은 최니콜라이였다. 이들 연해주의 한인무장대들은 임시흑룡주정부가 극동공화국으로 강화되고 볼셰비키 세력이 강화됨에 따라 자유시로 집결했다.

출처: 위키백과

1912 단기 4245년/명치 45년/대정 1년

1917 단기 4250년/대정 6년

부관 간 선내 제5호

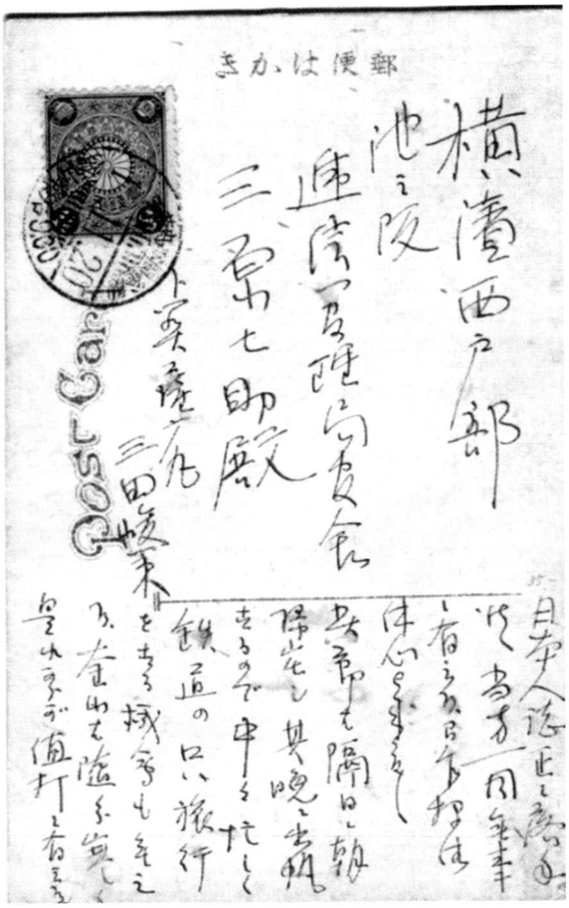

1912년(대정 1년) 11월 20일

부관 간 선내 제4호

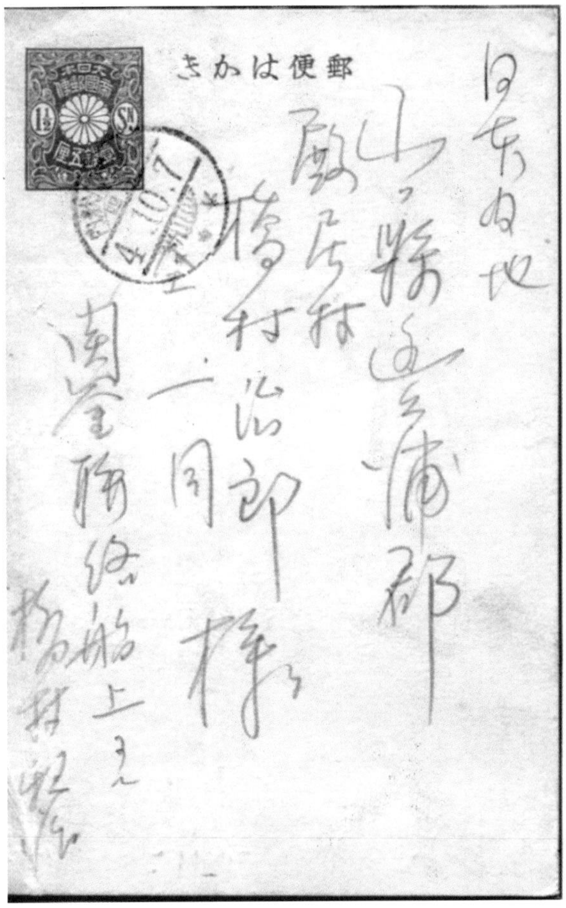

1917년(대정 4) 10월 7일

부관연락선(釜関連絡船)

부관연락선은 일제강점기 대한민국 부산과 일본 시모노세키(下関)를 왕복하는 국제 여객선이다. 1905년 9월 11일에 최초 부관연락선인 '잇키마루(壹岐丸)'가 취항했다. '부관'(釜關)이라는 이름은 부산 앞글자 '釜'부와 시모노세키 뒷글자 '關'관를 딴 것이다. 부산~시모노세키(下關) 간 240km. 부관연락선의 운행은 1905년에 당시 산요 본선을 운영하던 사철회사 산요 철도의 자회사인 산요기선에 의해 개통되었다. 이후 1906년에 산요철도의 국철 합병에 의해서 일본 국철에 인수되었으며, 1945년 2차 대전 말기에 미군 공습의 격화로 운행이 불가능해질 때까지 유지되었다. 해방 이후 국교단절로 인해 정기 운항은 폐지되었으나, 1970년에 해당 항로를 이어받아 부관 페리가 개설되어 운항중이다.

출처: 위키백과

1917

단기 4250년/대정 6년

경성 남대문내(소)▶해주(국)행

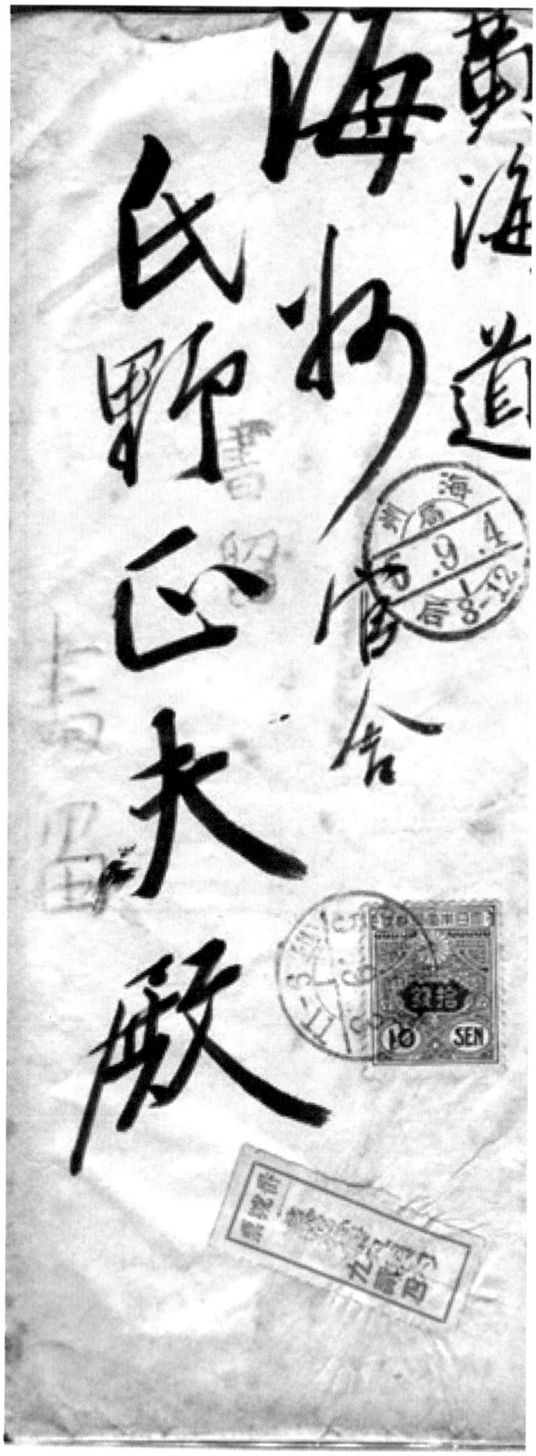

최운하(崔雲霞)

일제강점기 및 대한민국 경찰

일제 고등계 형사 출신으로 대표적인 경찰 내 친일파. 한국전쟁 때 납북된 것으로 추정된다.

1943년 12월 경무국 보안과 근무에서 사상범과 방송·출판물 검열 등의 사무를 담당하며 친일 활동을 하였다.

1945년 해방 직전 종로경찰서 고등계 주임 미군정하에서 경무관으로 승진

1945년 10월~12월 서대문경찰서장

1945년 3월 용산경찰서장

1947년 경기도 경찰부 정보(사찰)과장·감찰관(경기도 경찰부장에 예속되어 관구 내 경찰관의 고충을 수리하고 경찰부장이 명하는 사찰 및 조사를 하는 것이 임무)

1947년 수도관구경찰청(서울시) 사찰과장

국회프락치사건에 깊숙히 관여하여 이문원·최태규·이구수 의원을 체포하였다.

1948년 임화고문치사사건으로 구속되었으나 증거부족으로 무죄 석방

1950년 서울시 경무국장, 한국전쟁 중 납북

출처: 위키백과

김덕기(金悳基)

1890 ~ 1950

일제강점기 고등계 형사

1911년 3월 관립 한성외국어학교 졸업, 16년 동안 평안북도 경찰부 주임과 고등과장을 역임하면서 만주 독립군을 비롯한 수많은 독립운동가들을 체포하고 고문했다. 경찰로 근무하면서 독립운동을 탄압하여 광복 후 반민족행위특별조사위원회에 의해 기소되었고, 최초의 사형 선고를 받은 바 있다. 김덕기가 체포, 송치한 우국지사가 1천여 명에 이르며, 이 가운데는 광복군총영 총영장을 지낸 오동진 의사, 의성단 단장을 역임한 편강렬, 참의부의 장창헌, '일목장군' 이진무, 정의부의 김형출 등 유명한 독립 운동가들이 포함되어 있다. 이 중 장창헌과 김형출은 체포하면서 곧 바로 직접 사살해 버렸으며, 이진무는 사형 집행, 오동진은 옥사, 편강렬은 옥중 고문으로 병을 얻어 가출옥 중 사망했다. 1923년 의열단이 현직 경찰인 황옥과 함께 계획한 대형 테러 계획을 탐지하여 이를 저지함으로써 경찰 최고의 훈장인 경찰 공로기장을 받는 등 공을 인정 받았다. 1934년 4월에는 소화6~9년 사변 조군기장(從軍記章)과 훈6등 서보장을 받았다. 일제강점기 말기에는 관료로 중용되어 1942년 평안북도 참여관 및 산업부장, 1943년에는 농상부장에 임명되고, 1944년 9월 조선철도간선 긴급 증강 부산지방연락부 간사를 지냈다. 광복 후 소련군정과 조선민주주의인민공화국의 친일 인사 탄압을 피해 월남해 있다가 1949년 4월 16일 반민특위에 체포되었고, 공판을 통해 7월 1일 사형 선고를 받았다.

출처: 위키백과

1918

단기 4251년/대정 7년

일제 주요 인사 서신 검열 문서

1918년 체비(遞秘)문서 제1103호. 대정 7년(1918) 3월 27일. 괴산(국) 접수인

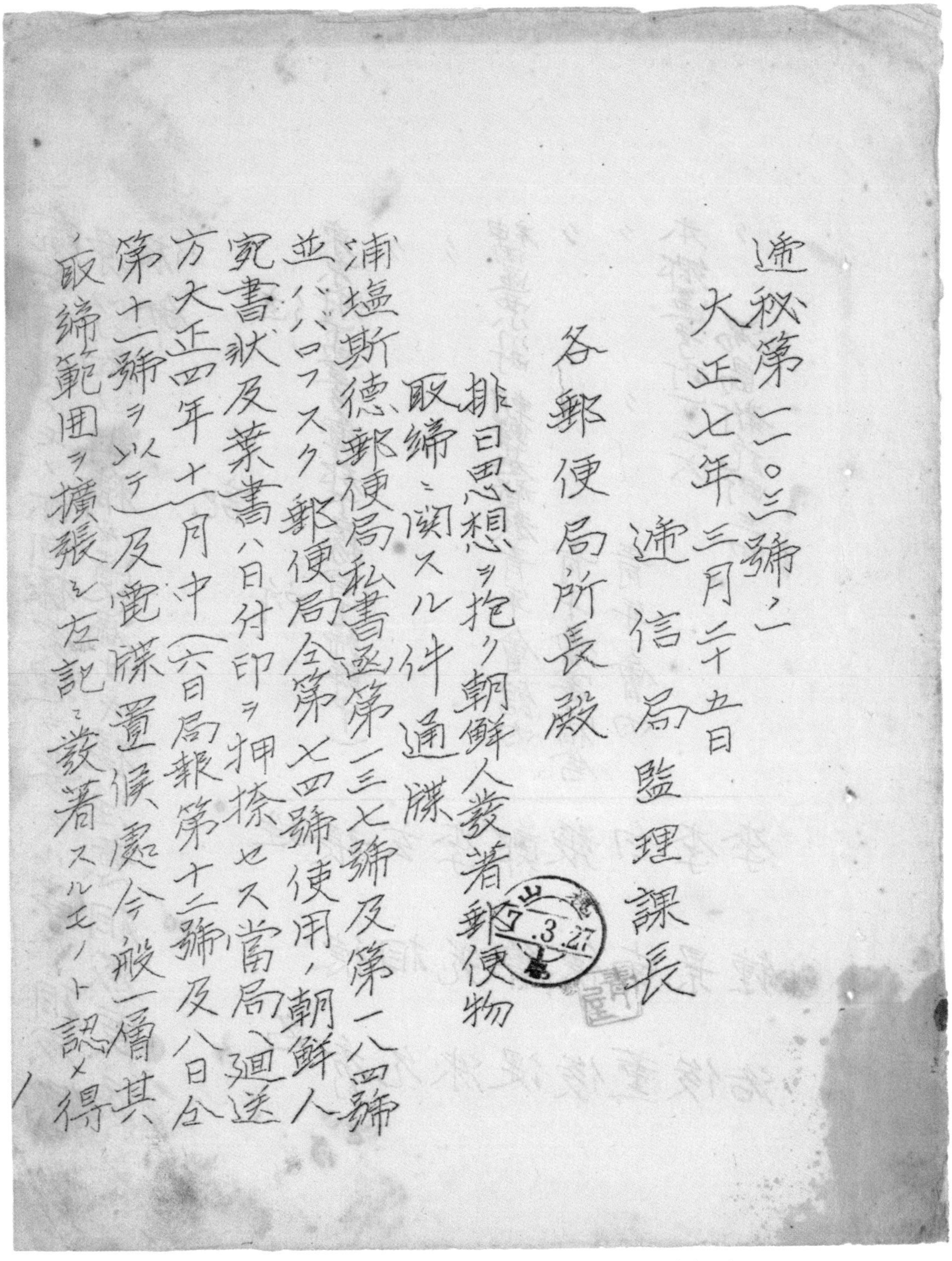
逓秘第一一〇三號ノ一
大正七年三月二十五日
逓信局監理課長
各郵便局所長殿
排日思想ヲ抱ク朝鮮人發着郵便物
取締ニ關スル件通牒
浦塩斯徳郵便局私書函第一三七號及第一八四號
並ハバロフスク郵便局函第七四號使用ノ朝鮮人
宛書状及葉書ハ日付印ヲ押捺セス當局ヘ廻送
方大正四年十一月中(六日局報第十二號及八日令
第十一號ヲ以テ)及通牒置候處今般一層其
取締範囲ヲ擴張シ左記ニ發着スルモノト認メ得

1918년(대정 7년) 괴산우편국 접수인. 조선총독부 체신국 감리과장이 전국 우편국(소)에 하달한 체비 문서
본 자료는 현재까지 발견된 유일본이다.

ル右同種ノモノ亦同様處理ヲ要スル事ト相成候
条了知ノ上精々遺漏ナキ様注意相成度候
依命

記

住所	姓名
東京府下豊多摩郡下落(目下歸鮮中)	張徳秀
〃	玄相允
〃	李光洙
神田區西小川町 朝鮮基督教青年會館内	鄭魯湜
〃 〃 青年會寄宿舎	張徳俊
〃 〃 青年會内	白南薫
本郷區弓町一ノ二六	李景俊
〃 湯島新花町三四	李鍾洽

〃 元町二ノ四七
〃 弓町一ノ二〇
牛込區簞笥町九
〃 通寺町三五
〃 袋町三
〃 喜久井町六五 立田館
麴町區飯田町三ノ二七 神學舍寄宿舍
神田區表猿樂町一九 鈴木館
府下大久保町東大久保三七 奧村方
青山南町一 青山學院寄宿舍
府下千駄ヶ谷町八一六 青木方
芝區三田南町二六 對陽館
北海道石狩國夕張郡登川村市街地第五區

玄俊鎬
洪震義
李齊衡
李止爀
鄭忠源
閔丙世
李德奎
徐椿
黃錫禹
田榮澤
李淙根
金喆壽
李澤根
(別名田中利三郎)

京都府京都市上京區吉田町大学青年
會館寄宿舍
大阪府大阪市北區南安治川通二ノ七
神奈川縣横濱市高島町一ノ二
〃 戸部町六ノ一九〇
兵庫縣姫路市河間町
千葉縣千葉町院内九三八
上海
〃
〃
〃
〃
〃
51 Bubbling Well Road Shanghai

金而英
李基衡
金鍾高
李(別名)德榮
羅(別名)東(李伯 林東正)雄
宇圭植
曹星煥
閔忠植
李魏林
朴毅植
鄭學鉉

閔尾淮
金興鎭

浦塩 c/o Worlds Chinese Students Federation

桑港

〃 (Korean National Association of North

America)

419 Idens Bldg, San Francisco Cal,

U. S. A.

布哇ホノルル

〃

〃

郵便局私書函

一三七、一八四

李大為

安昌浩

大韓國民桑港中央總會

大韓國民布哇地方總會

李承萬

朴容晩

或ハ朴容萬

3

1918

1918년 체비(遞秘)문서 제1103호에 기록된
일제강점기 주요 인사(37명) 우편 검열 대상자 명단

대정 6년[1917] 3월 25일 일제 조선총독부 체신국 감리과장 명의로 각 우편국에 하달된 비밀문서
체비 제1103호[5페이지]. 대정 7년 3월 27일 괴산(국) 접수인. 일시: 대정 7년[1917] 3월 25일
발신: 조선총독부 체신국 감리과장. 수신처: 각 우편국소장 전. 검열 대상자 명단

동경 거주 張德秀(장덕수)
1895~1947 독립운동가·정치가. 호는 설산[雪山]. 황해도 재령[載寧] 출신. 일본 와세다대학[早稻田大學] 정경학부를 졸업, 상하이[上海]로 망명하여 독립운동. 3·1운동 때 귀국하다가 체포되어 전남 신안군[新安郡] 하의면[荷衣面] 하의도에 유배. 1919년 도쿄회담에 참석하기 위해 여운형[呂運亨]의 통역 업무로 동행하게 되어 해금. 《동아일보》 초대 주필이 되어 언론을 통한 민족정신의 고취에 힘썼다. 1923년 미 컬럼비아대학 경제학박사 학위, 보성전문학교 교수, 《동아일보》 부사장 8·15후 송진우[宋鎭禹]·김병로[金炳魯] 등과 한국민주당 조직, 외교, 정치부장으로 활동. 1947년 12월 현직 경관인 박광옥[朴光玉]과 무직청년 배희범[裵熙範]에게 암살당했다. 1986년. 친일파에 등재[민족문화연구소]되었다.

동경 거주 玄相允(현상윤)
1893년 평안북도 정주 출생. 소설가, 독립운동가.
1918년 중앙학교 교사, 1921년 중앙고등보통학교 교장, 1922년 조선민립대학 기성회 조직
1946. 8~1950. 10 제1대 고려대학교 총장

동경 거주 李光洙(춘원 이광수)
1892. 3. 4~1950. 10. 25. 평안북도 정주 출생.
가야마미쓰로[香山光郎] 창씨 개명한 친일파 소설가. 한국 최초의 근대장편소설 '무정'을 쓴 소설가로 친일에 앞장서며 조선문인협회의장을 지냈다.

조선기독교 청년회관 내 鄭魯湜(정노식)
1891~1965 전라북도 김제 출생.
사회주의 운동가로 1921년 상하이 고려공산당에 입당, 본격적인 사회주의 운동을 전개. 광복 후 민주주의민족전선 상임위원과 남조선노동당 중앙상무위원 등을 역임했다. 이후 월북하여 활동을 계속하였다. 3.1운동 때 48인의 한 사람이다.

조선기독교 청년회기숙사 張德俊(장덕준)
1891년[고종 28] -1920 황해도 재령 출생.
언론인으로 일본의 무고한 한국인 대학살을 취재하다 일본군에 의해 살해당했다. 한번 옳다고 생각하면 곧 행동으로 옮기는 실천파 청년지사로서 일본 식민지 통치하에 최초로 순직한 언론인이다.

조선기독교 청년회관 내 白南薰(백남훈)
1885년[고종 22]-1967 황해도 은율 출생.
교육자, 정치가. 제일조선유학생학우회장. 협성실업학교장, 광복 후 민정당최고위원[1963년]

동경 본향구 거주 李景俊(이경준)
1899년 출생. 일제강점기의 관료

동경 본향구 거주 李鐘洛(이종락)
1907~1940 평북 의주 출생.
1931년 2월 일경에 체포 투옥되어 5~6년의 형을 살고 나와 출옥 후 일제에 협력.
김일성 귀순공작에 참여하여 일제와 김일성 간의 귀순 협상 중재 역할

동경 본향구 거주 洪震義(홍진의)
출생년도, 출생지 미확인, 독립운동가.
1924년 독립운동관련으로 경성지방법원의 판결문에 의하면 징역 3년, 공갈죄는 무죄.

동경 본향구 거주 玄俊鎬(현준호)
1889. 8. 29~1950. 9. 28 전남 영암 출생(현기봉의 장남). 일제강점기 금융인, 조선총독부 중추원 참의.(부친 현기봉도 중추원 참의를 지냄) 2002년 발표된 친일파 708인 명단, 2008년 민족문제연구소에서 친일인명사전에 수록하기 위해 정리한 친일인명사전 수록 예정자 명단에 모두 선정되었으며, 2009년 친일반민족행위진상규명위원회가 발표한 친일반민족행위 705인 명단에도 포함, 세 목록에는 그의 아버지 현기봉도 포함되어 있다. 반면 일부에서는 현준호의 호남은행이 일본인 직원을 채용하지 않고 일본인에게 융자를 해 주지 않아 동일은행에 강제 합병 당했다는 등의 근거를 들어 현준호가 친일파'가 아닌 '항일파'였다고 주장하기도 한다. 한 현대그룹 관계자는 '친일행위자가 아니라 민족자본가이자 독립운동을 후원했던 사람으로 알고 있다'고 주장했다

동경 우송구 거주 李齊衡(이재형) 신원 미확인

동경 거주 이지순
평안남도 보안과 경시로 재직 중이던 1937년에 발발한 중일 전쟁 당시 공습에 대비한 방공 사무를 수행, 군용 자동차를 징발, 운전수를 징집, 관동군의 군사 작전에 협조했다. 시국범죄위반 단속 차원에서 무고한 민간인을 검거, 일본의 침략 전쟁에 적극 협력하였다. 1940년 중일전쟁에 협력한 공로를 인정받아 공로을(功勞 乙)과 훈6등 서보장 받음. 1941년 평안남도 성천군수, 1943년 평안남도 순천군수로 각각 임명되었고 1942년 4월 8일 일본 정부로부터 훈6등 서보장을 받았다. 친일파 708인 명단: 경시 부문, 민족문제의 친일인명사전 수록자 명단. 경찰, 관료 부문 친일반민족행위진상규명위원회가 발표한 친일반민족행위 705인 명단에 포함되었다.

동경 거주 閔丙世(민병세) 신원 미확인

동경 거주 李德奎(이덕규) 신원 미확인

동경 거주 徐椿(서춘)
1894~1944. 평북 정주 출생
언론인으로 2.8독립선언에 참가한 독립운동가였으나 나중에는 친일 언론인으로 변절. 평안북도 정주의 오산학교를 졸업하고 일본에 유학하여 도쿄 고등사범학교에서 수학. 교토 제국대학 재학 중, 1919년, 3·1 운동의 도화선이 된 도쿄 2·8 독립선언 중 한 사람. 그러나 출옥 후에는 2·8 독립선언 참가자들 중 이광수와 함께 대표적인 변절자가 됨. 조선총독부 기관지인 《매일신보》 주필

동경 거주 黃錫禹(황석우)
1895~1960. 서울 출생, 시인. 친일 근거 없음. 일본 와세다대학(早稻田大學) 정경학부에서 수학하였다. 1920년『폐허』, 1921년『장미촌』의 창단 동인으로 활동하였으며, 1928년에는『조선시단』을 주재, 발행하기도 하였다. 광복 후에는 한때 교육계에 투신하여 국민대학 교수를 지낸 바 있다.

동경 거주 田榮澤(전영택)
1894~1968, 평양 출생. 소설가, 목사. 친일 근거 없음
1919년 '창조'동인, 1923 서울 감리교신학대학교수, 1927 아현교회 목사
1961년 한국문인협회 이사장

동경 거주 李淙根(이종근) 신원 미확인

동경 거주 金喆壽(김철수)
1896~1977, 경남 양산 출생. 독립운동가. 친일 근거 없음
1918년 일본 게이오대학(慶應大學) 유학생으로, 유학생단체인 조선학회 간사로 활동. 학우회 주최 웅변대회나 망년회, 유학생환영회를 통해 민족의식과 항일정신을 고취

동경 거주 李澤根(이택근)
친일단체인 일진회 회원

동경 거주 金雨英(김우영)
1886~1958, 경남 동래 출생.
일제 강점기의 관료로, 화가 나혜석의 남편. 아들 김건은 한국은행 제17대총재를 지냄. 2002년 발표된 친일파 708인 명단과 2008년 민족문제연구소에서 친일인명사전에 수록하기 위해 정리한 친일인명사전 수록 예정자 명단에 포함, 2009년 친일반민족행위진상규명위원회가 발표한 친일반민족행위 705인 명단에 선정 두 번째 부인인 나혜석과는 파리에서 발생한 최린과의 불륜 사건으로 1930년 이혼.

동경 거주 李基衡(이기형) 신원 미확인
동경 거주 金鐘商(김종상) 신원 미확인
동경 거주 李德榮(이덕영) 신원 미확인
동경 거주 崔東義(최동의) 신원 미확인
동경 거주 李泰熙(이태희) 신원 미확인

상해 거주 宇圭植(우규식)
1912년 일본 동경(東京)유학 때 엄영달(嚴永達)·조소앙(趙素昻)과 같이 이승만(李承晩)을 미국으로 환송하고, 독립운동지사들과 교류하면서 항일독립운동

상해 거주 李魏林(이위림) 신원 미확인

상해 거주 朴殷植(박은식)
1859~1925, 황해도 해주 출생.
유학자, 독립운동가. 황성신문의 주필, 독립협회에 가입, 대동교 창건. 신한청년단을 조직하여 항일활동 전개, 상해임시정부 대통령을 지냈으며 1962년 건국훈장 대통령장이 추서되었다.

상해 거주 鄭學鉉(정학현) 신원 미확인

미국 샌프란시스코 거주 李大爲(이대위)
1878~1928, 평양 출생.
독립운동가, 종교인. 숭실학교(崇實學校)에서 수학하고 1905년 미국으로 건너가 안창호(安昌浩)가 주도한 친목회와 공립협회(共立協會)에 참여하였다. 1906년 11월 상항한인감리교회(桑港韓人監理敎會) 창립 교인으로 참가했으며, 1908년 6월 오레곤주의 포틀랜드 아카데미를 졸업하였다.

미국 샌프란시스코 거주 安昌浩(안창호)
1878~1938, 평남 강서 출생.
한말의 독립운동가·사상가. 독립협회(獨立協會), 신민회(新民會), 흥사단(興士團) 등에서 활발하게 독립운동활동을 하였다. 1962년 건국훈장 대한민국장이 추서되었다. 2002년 미국 로스앤젤레스 프리웨이에 '도산 안창호 메모리얼 인터체인지', 2004년 로스앤젤레스에 '안창호 우체국'이 생겼으며, 2012년 1월 애틀랜타에 있는 마틴루서킹센터내 명예전당에 아시아인 최초로 헌액되었다. 당시 안창호선생의 미국 거주지 주소: Korean National Association of North America. 4/9 Hers Bldg. San francisco Cal. U.S.A.(대한민국 상항 중앙총회)

미국 거주 李承晩(이승만)
1875~1965, 황해도 평산 출생.
프린스턴대학교 대학원 국제정치학박사. 1949년 건국훈장 대한민국장
1956~1960. 04 제 3대 대한민국 대통령
1952~1956 제 2대 대한민국 대통령

미국 거주 朴容晩(박용만)
1881~1928, 강원도 철원 출생.
1904년 미국으로 건너가 네브라스카주(Nebraska州)에 있는 링컨고등학교에서 1년간 수학하였다. 1906년 헤이스팅스대학에서 정치학으로 학사학위를 취득. 1928년 북경에서 대본 공사 사업을 추진하던 중 1928년10월 17일 이해명의 권총 저격을 받고 피살되었다.

이상 37명

1918

단기 4251년/대정 7년

8월2일 일본제국 시베리아에 파병 선언/8월3일 일본 도마야현에서 시베리아 파병으로 인한 인플레이션을 이기지 못한 일본인들이 봉기, 폭동이 전국으로 확산되다/8월8일 제1차세계대전 아미엥전투 시작/8월16일 일본, 조선에 대한 곡물수용령 공포/9월30일 불가리아왕국 연합군에 항복/10월28일 체코슬라비아 건국/8월11일 아미엔전투 종료

한국형 통신일부인 단성(소)

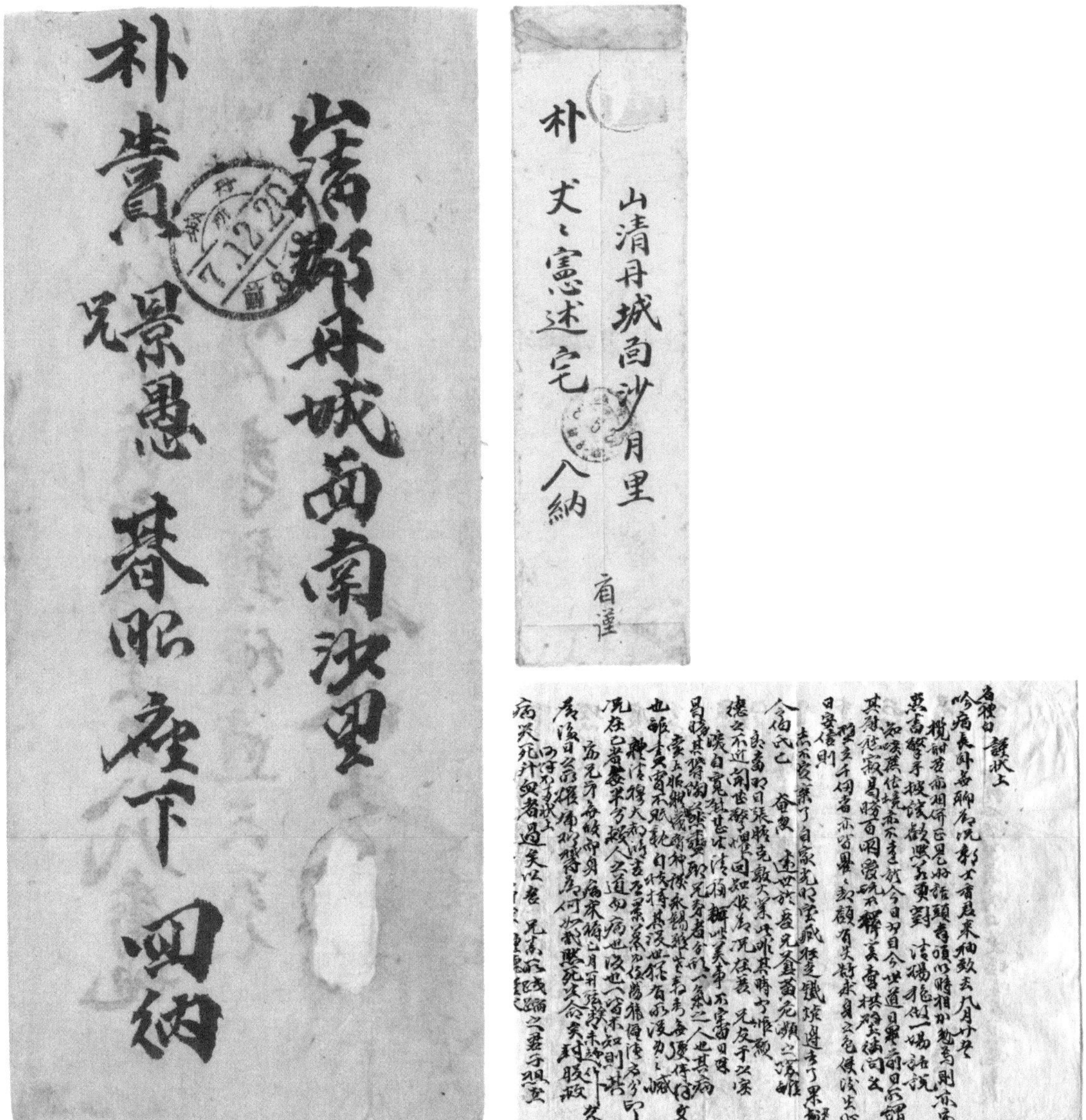

대정 7년(1918) 12월 20일 경남 산청군 단성(소) 도착

산청우편소

경상남도 산청군 산청면 옥동

1936. 4. 16 조선총독부 고시 제249호. 전화 교환 업무 개시

1918

단기 4251년/대정 7년

천안 ▶ 병천행

1918년(대정 7) 1.15 천안 -1.16 병천 도착

박마리아(朴瑪利亞, 1906 ~ 1960)

일제강점기 교육인,
사회운동가, 친일반민족행위자이다.
이기붕의 부인

이화여자대학교 부총장 시절의 박마리아

일제강점기부터 여성계의 지도층 인사였으며, 이화여자대학교 부총장을 지낸 대한민국의 대학 교수이기도 하다. 강원도 강릉 출생이며 본관은 밀양(密陽)이다. 1934년 밴더빌트 피바디 대학교에서 BA를 취득한 후 귀국하여 이화여전에서 교편을 잡았다.[1] 아들 이강석을 이승만 대통령의 양자로 입양 보내고 난 후부터 이승만 일가와 밀착하여, 남편 이기붕을 위해 수직 급상승의 출세의 가도를 여는 동시에 자신도 이화여자대학 부총장과 이화여대 동창회 회장이 되어, 교육계는 물론 군부를 포함한 한국사회의 모든 계층에게 절대적인 영향력을 행사했다.

1945년 이승만의 귀국 이후 프란체스카 도너 여사의 시중을 들면서 프란체스카 도너 여사와 개인적으로 가깝게 지내게 됐다. 그는 이화여대 인맥을 정관계, 재계, 군경의 고위층과 연결시키는 역할을 하였다. 박마리아가 이끌던 사설조직 '이수회'는 이화여대 인맥과 고위층의 연결을 주선하는 단체로 급성장했다.

이기붕이 이범석을 몰아내고 제1공화국의 2인자로 부상하는 시점에 박마리아도 이화여대 문리과대학 학장, 부총장, YWCA 회장이 되었다. 문리대 학장과 YWCA 회장에는 한국 전쟁 중이던 1952년에, 이화여대 부총장에는 이기붕이 제3대 정 · 부통령 선거에 부통령 후보로 출마했던 1956년에 취임했다. 이 무렵 그의 집은 '서대문 경무대'라고 불릴 정도로 권력이 집중되고 있었다.

출처: 위키백과

1919

1월6일 동경유학생학우회,동경기독교청년회관에서 독립선언에 대한 방침과 실행위원 선출/1월7일 조선청년독립단 결성(동경)/1월21일 대한제국 고종황제 서거 1월21일 동경유학생 송계백(宋繼白) 조선청년독립단 명의의 독립선언서를 베이징의 현상윤(玄相允)에 전함/2월8일 2.8 독립선언 발표/3월1일 일제강점기, 3.1운동 민족항쟁은 4월말까지 이어졌으며, 시위 항쟁에 참가한 인원은 200만명,사망자는 무려 7,500여명이 넘는다/4월13일 대한민국임시정부가 수립/5월 4일 5.4운동이 중국 텐안먼 광장에서 반일운동이 시작되다/8월21일 대한민국임시정부 상해판 독립신문 발행/8월25일 이승만, 미국 워싱터DC에 대한민국 임시정부 구미외교위원부 설립/8월30일 이동휘 대한민국임시정부 국무총리에 취임/9월2일 강우규 서울역에서 제3대 조선총독 사이토마코토에게 폭탄을 투척했으나 암살 실패/9월10일 상해의 대한민국임시정부에서 대한민국 임시헌법을 공포하다/11월19일 만주 길림에서 김원봉을 단장으로 하는 의열단 결성

기미독립선언문(원문) 1919. 3. 1.

오등(吾等)은 자(玆)에 아(我) 조선(朝鮮)의 독립국(獨立國)임과 조선인(朝鮮人)의 자주민(自主民)임을 선언(宣言)하노라. 此(차)로써 世界萬邦(세계 만방)에 告(고)하야 人類平等(인류 평등)의 大義(대의)를 克明(극명)하며, 此(차)로써 子孫萬代(자손만대)에 誥(고)하야 民族自存(민족 자존)의 政權(정권)을 永有(영유)케 하노라. 半萬年(반만년) 歷史(역사)의 權威(권위)를 仗(장)하야 此(차)를 宣言(선언)함이며, 二千萬(이천만) 民衆(민중)의 誠忠(성충)을 合(합)하야 此(차)를 佈明(포명)함이며, 民族(민족)의 恒久如一(항구여일)한 自由發展(자유발전)을 爲(위)하야 此(차)를 主張(주장)함이며, 人類的(인류적) 良心(양심)의 發露(발로)에 基因(기인)한 世界改造(세계개조)의 大機運(대기운)에 順應并進(순응병진)하기 爲(위)하야 此(차)를 提起(제기)함이니, 是(시)ㅣ 天(천)의 明命(명명)이며, 時代(시대)의 大勢(대세)이며, 全人類(전 인류) 共存同生權(공존동생권)의 正當(정당)한 發動(발동)이라, 天下何物(천하하물)이던지 此(차)를 沮止抑制(저지 억제)치 못할지니라. 舊時代(구시대)의 遺物(유물)인 侵略主義(침략주의), 强權主義(강권주의)의 犧牲(희생)을 作(작)하야 有史以來(유사이래) 累千年(누천 년)에 처음으로 異民族(이민족) 箝制(겸제)의 痛苦(통고)를 嘗(상)한 지 今(금)에 十年(십 년)을 過(과)한지라. 我(아) 生存權(생존권)의 剝喪(박상)됨이 무릇 幾何(기하)ㅣ며, 心靈上(심령상) 發展(발전)의 障애(장애)됨이 무릇 幾何(기하)며, 民族的(민족적) 尊榮(존영)의 毁損(훼손)됨이 무릇 幾何(기하)며, 新銳(신예)와 獨創(독창)으로써 世界文化(세계문화)의 大潮流(대조류)에 寄與補裨(기여보비)할 奇緣(기연)을 遺失(유실)함이 무릇 幾何(기하)뇨. 噫(희)라, 舊來(구래)의 抑鬱(억울)을 宣暢(선창)하려 하면, 時下(시하)의 苦痛(고통)을 파탈하려 하면 장래의 협위를 삼제하려 하면, 民族的(민족적)良心(양심)과 國家的(국가적) 廉義(염의)의 壓縮銷殘(압축소잔)을 興奮伸張(흥분신장)하려 하면, 各個(각개)人格(인격)의 正當(정당)한 發達(발달)을 遂(수)하려 하면, 可憐(가련)한 子弟(자제)에게 苦恥的(고치적) 財産(재산)을 遺與(유여)치 안이하려 하면, 子子孫孫(자자손손)의 永久完全(영구완전)한 慶福(경복)을 導迎(도영)하려 하면, 最大急務(최대급무)가 民族的(민족적) 獨立(독립)을 確實(확실)케 함이니, 二千萬(이천만) 各個(각개)가 人(인)마다 方寸(방촌)의 刃(인)을 懷(회)하고, 人類通性(인류통성)과 時代良心(시대양심) 이 正義(정의)의 軍(군)과 人道(인도)의 干戈(간과)로써 護援(호원)하는 今日(금일), 吾人(오인)은 進(진)하야 取(취)하매 何强(하강)을 挫(좌)치 못하랴. 退(퇴)하야 作(작)하매 何志(하지)를 展(전)치 못하랴. 丙子修好條規(병자수호조규) 以來(이래) 時時種種(시시종종)의 金石盟約(금석맹약)을 食(식)하얏다 하야 日本(일본)의 無信(무신)을 罪(죄)하려 안이 하노라. 學者(학자)는 講壇(강단)에서, 政治家(정치가)는 實際(실제)에서, 我(아) 祖宗世業(조종세업)을 植民地視(식민지시)하고, 我(아) 文化民族(문화민족)을 土昧人遇(토매인우)하야, 한갓 征服者(정복자)의 快(쾌)를 貪(탐)할 뿐이오, 我(아)의 久遠(구원)한 社會基礎(사회기초)와 卓락(탁락)한 民族心理(민족심리)를 無視(무시)한다 하야 日本(일본)의 少義(소의)함을 責(책)하려 안이 하노라. 自己(자기)를 策勵(책려)하기에 急(급)한 吾人(오인)은 他(타)의 怨尤(원우)를 暇(가)치 못하노라. 現在(현재)를 綢繆(주무)하기에 急한 吾人(오인)은 宿昔(숙석)의 懲辯(징변)을 暇(가)치 못하노라. 今日(금일) 吾人(오인)의 所任(소임)은 다만 自己(자기)의 建設(건설)이 有(유)할 뿐이오, 決(결)코 他(타)의 破壞(파괴)에 在(재) 치 안이하도다. 嚴肅(엄숙)한 良心(양심)의 命令(명령)으로써 自家(자가)의 新運命(신운명)을 開拓(개척)함이오, 決(결)코 舊怨(구원)과 一時的(일시적) 感情(감정)으로써 他(타)를 嫉逐排斥(질축배척)함이 안이로다. 舊思想(구사상), 舊勢力(구세력)에 기미(己未)된 日本(일본) 爲政家(위정가)의 功名的(공명적) 犧牲(희생)이 된 不自然(부자연), 又(우) 不合理(불합리)한 錯誤狀態(착오상태)를 改善匡正(개선광정)하야, 自然(자연), 又(우) 合理(합리)한 政經大原(정경대원)으로 歸還(귀환)케 함이로다. 當初(당초)에 民族的(민족적) 要求(요구)로서 出(출)치 안이한 兩國倂合(양국병합)의 結果(결과)가, 畢竟(필경) 姑息的(고식적) 威壓(위압)과 差別的(차별적) 不平(불평)과 統計數字上(통계숫자상) 虛飾(허식)의 下(하)에서 利害相反(이해상반)한 兩(양) 民族間(민족간)에 永遠(영원)히 和同(화동)할 수 없는 怨溝(원구)를 去益深造(거익심조)하는 今來實積(금래실적)을 觀(관)하라. 勇明果敢(용명과감)으로써 舊誤(구오)를 廓正(확정)하고, 眞正(진정)한 理解(이해)와 同情(동정)에 基本(기본)한 友好的(우호적) 新局面(신국면)을 打開(타개)함이 彼此間(피차간) 遠禍召福(원화소복)하는 捷徑(첩경)임을 明知(명지)할 것 아닌가. 또 二千萬(이천만) 含憤蓄怨(함분축원)의 民(민)을 威力(위력)으로써 拘束(구속)함은 다만 東洋(동양)의 永久(영구)한 平和(평화)를 保障(보장)하는 所以(소이)가 안일 뿐 안이라, 此(차)로 因(인)하야 東洋安危(동양안위)의 主軸(주축)인 四億萬(사억만) 支那人(지나인)의 日本(일본)에 對(대)한 危懼(위구)와 猜疑(시의)를 갈스록 濃厚(농후)케 하야, 그 結果(결과)로 東洋(동양) 全局(전국)이 共倒同亡(공도동망)의 悲運(비운)을 招致(초치)할 것이 明(명)하니, 今日(금일) 吾人(오인)의 朝鮮獨立(조선독립)은 朝鮮人(조선인)으로 하여금 邪路(사로)로서 出(출)하야 東洋(동양) 支持者(지지자)인 重責(중책)을 全(전)케 하는 것이며, 支那(지나)로 하여금 夢寐(몽매)에도 免(면)하지 못하는 不安(불안),恐怖(공포)로서 脫出(탈출)케 하는 것이며, 또 東洋 平和(동양평화)로 重要(중요)한 一部(일부)를 삼는 世界平和(세계평화), 人類幸福(인류행복)에 必要(필요)한 階段(계단)이 되게 하는 것이라. 이 엇지 區區(구구)한 感情上(감정상) 問題(문제)리오. 아아, 新天地(신천지)가 眼前(안전)에 展開(전개)되도다. 威力(위력)의 時代(시대)가 去(거)하고 道義(도의)의 時代(시대)가 來(내) 하도다. 過去(과거) 全世紀(전세기)에 鍊磨長養(연마장양)된 人道的(인도적) 精神(정신)이 바야흐로 新文明(신문명)의 曙光(서광)을 人類(인류)의 歷史(역사)에 投射(투사)하기 始(시)하도다. 新春(신춘)이 世界(세계)에 來(내)하야 萬物(만물)의 回蘇(회소)를 催促(최촉)하는도다. 凍氷寒雪(동빙한설)에 呼吸(호흡)을 閉蟄(폐칩)한 것이 彼一時(피일시)의 勢(세)라 하면 和風暖陽(화풍난양)에 氣脈(기맥)을 振舒(진서)함은 此一時(차일시)의 勢(세)니, 天地(천지)의 復運(복운)에 際(제)하고 世界(세계)의 變潮(변조)를 乘(승)한 吾人(오인) 아모 주저(躊躇)할 것 업스며, 아모 忌憚(기탄)할 것 업도다. 我(아)의 固有(고유)한 自由權(자유권)을 護全(호전)하야 生旺(생왕)의 樂(낙)을 飽享(포향)할 것이며, 我(아)의 自足(자족)한 獨創力(독창력)을 發揮(발휘)하야 春滿(춘만) 한 大界(대계)에 民族的(민족적) 精華(정화)를 結紐(결뉴)할지로다. 吾等(오등)이 滋(자)에 奮起(분기)하도다. 良心(양심)이 我(아)와 同存(동존)하며 眞理(진리)가 我(아)와 并進(병진)하는도다. 男女老少(남녀노소)업시 陰鬱(음울)한 古巢(고소)로서 活潑(활발)히 起來(기래)하야 萬彙군象(만휘군상)으로 더부러 欣快(흔쾌) 한 復活(복활)을 成遂(성수)하게 되도다. 千百世(천 백세) 祖靈(조령)이 吾等(오등)을 陰佑(음우)하며 全世界(전세계) 氣運(기운)이 吾等(오등)을 外護(외호)하나니, 着手(착수)가 곳 成功(성공)이라. 다만, 前頭(전두)의 光明(광명)으로 驀進(맥진)할 따름인뎌.

公約三章(공약 삼 장)
오즉 自由的(자유적) 精神(정신) 發揮(발휘)할 것이오, 決(결)코 排他的(배타적) 感情(감정)으로 逸走(일주)하지 말라.
最後(최후)의 一人(일인)까지, 最後(최후)의 一刻(일각)까지 民族(민족)의 正當(정당)한 意思(의사)를 快(쾌)히 發表(발표)하라.
一切(일체)의 行動(행동)은 가장 秩序(질서)를 尊重(존중)하야, 吾人(오인)의 主張(주장)과 態度(태도)로 하여금 어대까지던지 光明正大(광명정대)하게 하라.

조선건국(朝鮮建國) 사천이백오십이년(四二五二年) 삼월(三月) 일일(一日)

독립선언서(3·1獨立宣言書)는 조선이 주권을 가진 독립국임을 선언한 문서로 1919년 3월 1일의 3·1 운동 때 민족대표 33인이 독립을 선언한 글이다. 최남선이 초안을 작성했다. 일본 제국에 강제로 병합된 조국을 독립시키고자 손병희를 비롯한 33명의 민족대표는 세계 만방에 독립을 선언하고 전국 곳곳에서 독립 만세를 외치기로 계획을 세웠다. 33명의 대표는 1919년 3월 1일 오후 2시 명월관에서 회동을 가졌으며, 한용운이 〈독립선언서〉를 낭독했다. 이에 앞서 2월 26일 '보성사'에서 2만여 장의 〈독립선언서〉를 인쇄하여 2월 28일에 1,500여 장을 학생들에게 분배하고 나머지를 그 밖의 각처와 각 지방에 분배했다. 탑골공원에서는 정재용이 팔각정 단상에서 낭독하였다. '조선의 독립국임과 조선인의 자주민임을 선언'하고 독립의 당위성을 밝힌 선언서로, 전국적 만세시위운동으로 확산시키는데 기여한 선언서라는 점에서 가치가 있어, 전국적 만세시위운동으로 확산시키는데 기여한 선언서라는 점에서 가치가 있어, 2016년 10월 20일 2건의 문서에 대하여 대한민국의 등록문화재 제664-1호, 제664-2호로 각각 지정하였다

조선민족대표 33인

손병희(孫秉熙)	길선주(吉善宙)	이필주(李弼柱)	백용성(白龍成)	김완규(金完圭)	김병조(金秉祚)
김창준(金昌俊)	권동진(權東鎭)	권병덕(權秉悳)	나용환(羅龍煥)	나인협(羅仁協)	양순백(梁甸伯)
양한묵(梁漢默)	유여대(劉如大)	이갑성(李甲成)	이명룡(李明龍)	이승훈(李昇薰)	이종훈(李鍾勳)
이종일(李鍾一)	임예환(林禮煥)	박준승(朴準承)	박희도(朴熙道)	박동완(朴東完)	신홍식(申洪植)
신석구(申錫九)	오세창(吳世昌)	오화영(吳華英)	정춘수(鄭春洙)	최성모(崔聖模)	최린(崔麟)
한용운(韓龍雲)	홍병기(洪秉箕)	홍기조(洪其兆)			

宣言書
公約三章

출처: 위키백과

1919

단기 4252년/대한민국임시정부 원년/대정 8년

남대문(국)

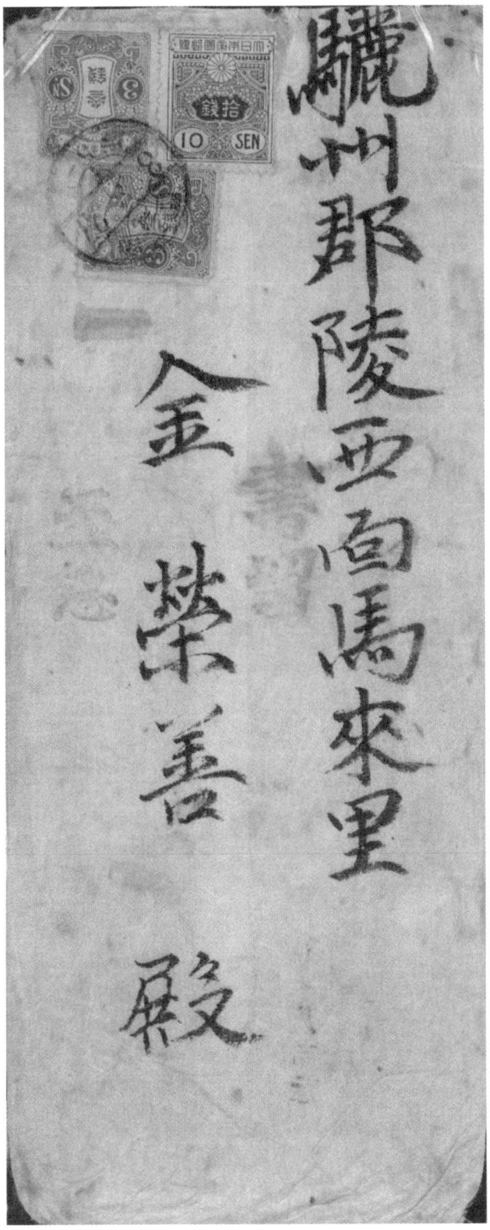

대정 8년(1919) 8월 27일 남대문(국)-경기도 여주행

3·1 운동

3·1 운동(三一運動) 또는 3·1 만세 운동(三一萬歲運動)은 일제강점기에 있던 한국인들이 일제 지배에 항거하여 1919년 3월 1일 한일병합조약 무효와 한국 독립을 선언하고 비폭력 만세운동을 시작한 사건이다. 기미독립운동 또는 3·1 인민봉기라고도 부른다. 대한제국 고종이 독살되었다는 고종 독살설이 소문으로 퍼진 것이 직접적 계기가 되었고, 고종의 인산일인 1919년 3월 1일에 맞추어 한반도 전역에서 봉기한 독립운동이다. 만세운동을 주도한 인물들을 민족대표 33인으로 부르며, 그 밖에 만세 성명서에 직접 서명하지는 않았으나 직·간접적으로 만세 운동의 개최를 위해 준비한 이들까지 합쳐서 보통 민족대표 48인으로도 부른다. 이들은 만세 운동이 실패한 후에 구속되거나 재판정에 서게 된다. 약 3개월 가량의 시위와 폭동이 발생하였으며, 조선총독부는 강경하게 진압했다. 조선총독부의 공식 기록에는 집회인수가 106 만여 명이고, 그 중 사망자가 7,509명, 구속된 자가 4만 7천여 명이었다. 1919년 3월 당시 일제강점기 조선의 전체 인구는 1,678만 8천 400명이었다. 3·1 운동을 계기로 군사, 경찰에 의한 강경책을 폐던 총독부는 문화통치로 정책을 바꾸게된다.

출처: 위키백과

류관순(柳寬順) 우표

1982. 10. 8 발행
제3차 그라비어보통우표
액면가 100원
우표번호 299
디자인 이근문

남대문우편국

경기도 경성부 고시정

1911. 3. 30.	조선총독부 고시 제87호, 우편위체 사무 취급 개시
1932. 3. 20	조선총독부 고시 제129호, 우편국 폐지

1919 단기 4252년/대한민국임시정부 원년/대정 8년 1920

수원 정차장전(소)

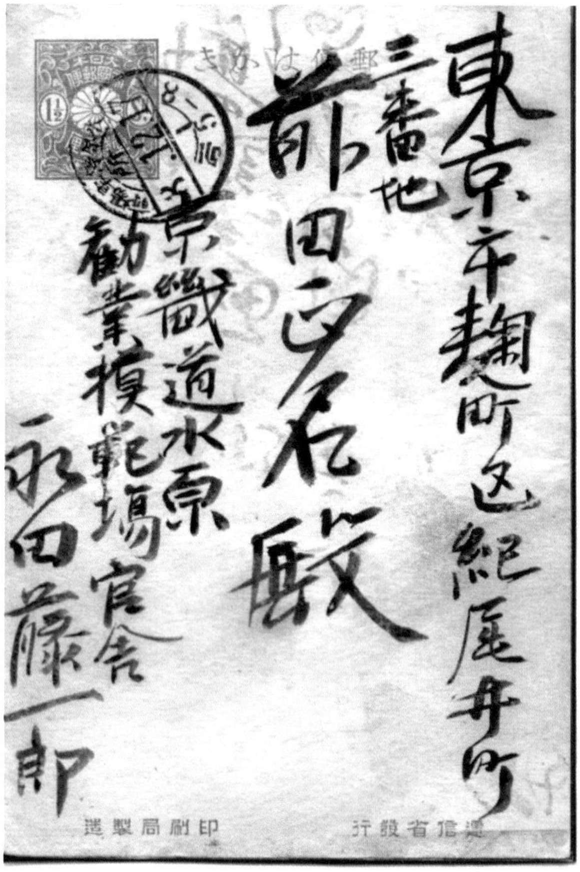

1920년(대정 9년) 7. 7 약목(소) - 일본 경도행

약목(소)

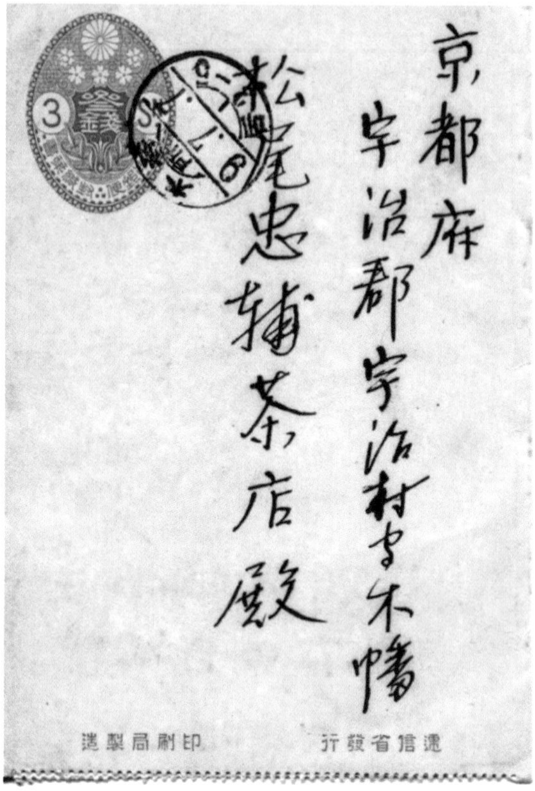

1919년(대정 8) 12. 17 수원정차장전 - 일본 동경행

약목우편소

경상북도 인동군 약목면 약목
1912. 1. 1
조선총독부 고시 제385호.
전신, 전화, 통화 사무 개시

대한민국 임시정부(大韓民國臨時政府)

1919년 발표된 3·1 독립선언서 및 3·1 운동에 기초하여 일본 제국의 대한제국 침탈과 식민 통치를 부인하고 한반도 내외의 항일 독립운동을 주도하기 위한 목적으로 설립된 대한민국의 망명 정부이다. 1919년 3.1 운동 직후 대한국민의회, 상해 임시정부, 한성정부 등 각지에 임시정부가 수립된 뒤, 같은 해 9월 11일 한성정부의 법통을 계승한다는 원칙 하에 상하이를 거점으로 대한국민의회, 상해 임시정부, 한성정부 등 국내외 7개의 임시정부들이 개헌형식으로 통합되어 대한민국 임시정부로 개편되었다. 이 때 4월 11일 제정된 대한민국 임시 헌장의 내용을 대폭 보강하여 9월 11일 대한민국 임시 헌법을 제정하여 국호는 '대한민국', 정치 체제는 '민주공화국'으로 하고, 대통령제를 도입하고, 입법·행정·사법의 3권 분리 제도를 확립하였으며, 대한제국의 영토를 계승하고 구 황실을 우대한다고 명시하였다. 초대 대통령은 이승만이었고, 이후 김구, 이승만, 이동녕, 박은식 등이 임정의 수반을 거쳤다. 대한민국 임시정부는 일제 강점기에는 윤봉길 의거 지휘, 한국 광복군 조직, 임정 승인을 위한 외교 등 다방면으로 독립운동을 활발하게 전개·지원하였고, 중국 국민당, 소련, 프랑스, 영국, 미국 등으로부터 경제적·군사적 지원을 받았다. 광복 후 미군정기에는 김구를 중심으로 임정 법통 운동을 주도하였다.

출처: 위키백과

1919

단기 4252년/대한민국임시정부 원년/대정 8년

우편 절수 저금 대지와 광화문 평화 기념인

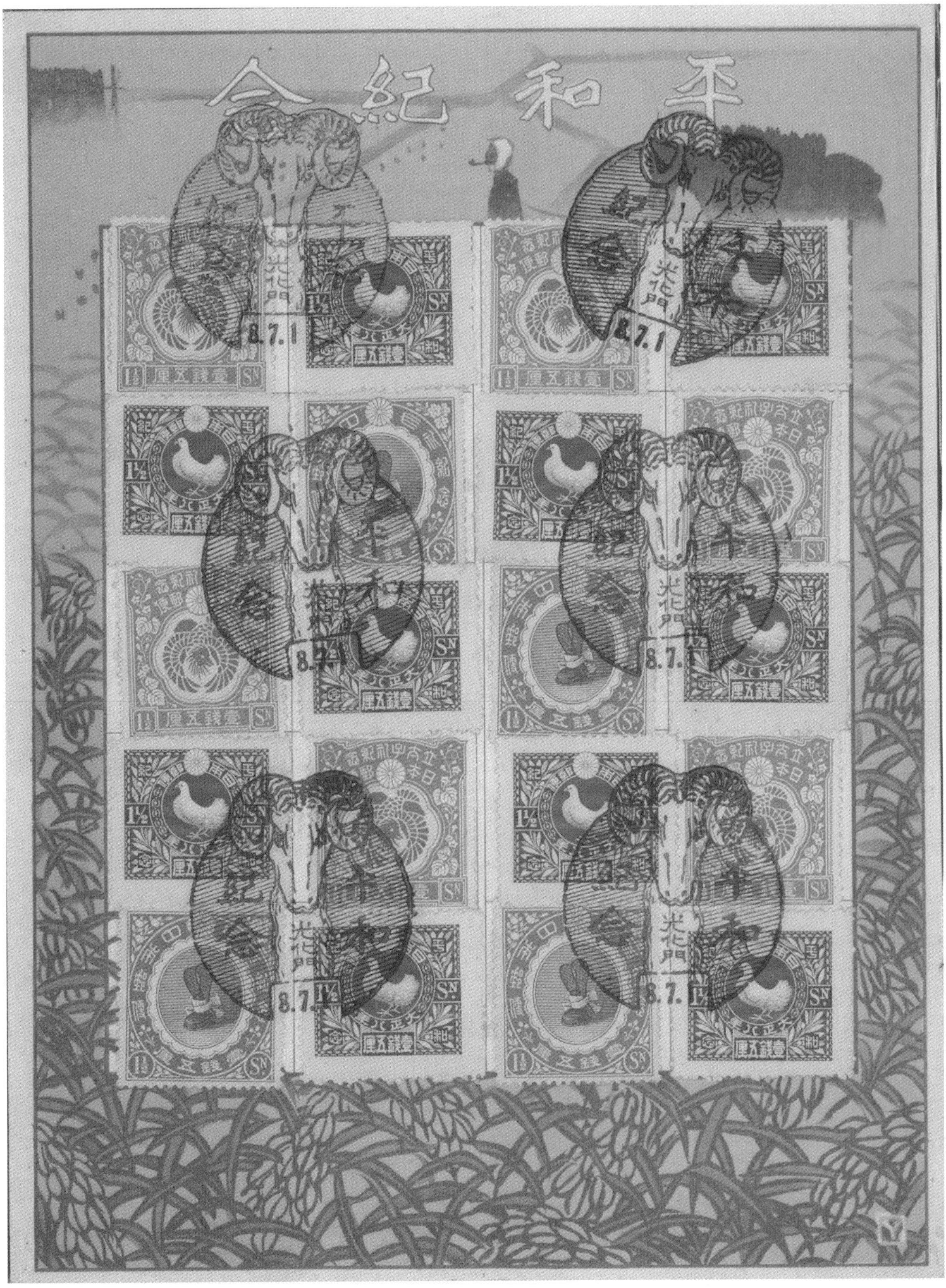

대정 8년(1919) 7월 1일 광화문 평화기념 소인

1919

단기 4252년/대한민국임시정부 원년/대정 8년

우편 절수 저금 대지(郵便切手貯金臺紙)
평화기념 평양 기념인

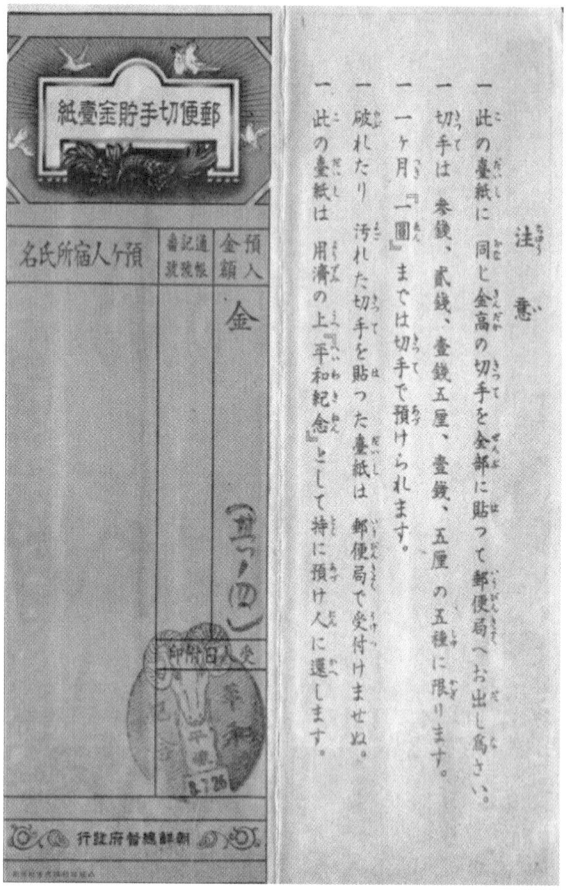

郵便切手貯金臺紙

預入金額	通帳記號番號	預ケ人宿所氏名
金		

朝鮮總督府發行

注意

一 此の臺紙に同じ金高の切手を全部に貼つて郵便局へお出し為さい。

一 切手は参銭、貳銭、壹銭五厘、壹銭、五厘の五種に限ります。

一 一ケ月『一圓』までは切手で預けられます。

一 破れたり汚れた切手を貼つた臺紙は郵便局で受付けませぬ。

一 此の臺紙は用濟の上『平和紀念』として特に預け人に還します。

1919년(대정 8) 7. 26 평양 평화 기념인

김인승(金麟昇, ? ~ ?)

강화도 조약 체결 당시 일본 외무성에 고용되어 불평등 조약 체결에 도움을 준 조선 말기의 인물이다. 근대적 의미의 '친일파 제1호'로 불리고 있다. 러시아의 연해주와 맞닿아 있는 함경북도 경흥군 출생이다. 양반 출신으로 한학을 익혔다는 것 외에는 성장 과정에 대해서는 잘 알려져 있지 않다. 1869년 러시아 지역으로 이주하여 조선인 유민들을 대상으로 한학을 가르치다가 일본인과 사귀면서 1875년 일본 정부의 외국인 고문으로 채용되어 일본을 돕게 되었다. 일본은 이 무렵 외국인 고문들을 다수 채용하여 팽창 정책에 활용하고 있었다. 김인승도 고문으로 채용되어 계약 기간 동안 일급을 받으며 조선 지도의 제작에 도움을 주고 조선의 사정 등을 알려주었다.

그해 운요호 사건이 일어나면서 6개월 후인 1876년 초 불평등 조약인 강화도조약이 체결되었는데, 김인승은 강화도조약 체결 시에 일본 공사인 구로다 기요타카(일본어: 黒田清隆) 일행과 동행하였다. 조약 체결 후에는 일본을 거쳐 러시아로 돌아가 활동 기간은 그리 길지 않았다.

2002년 민족정기를 세우는 국회의원모임이 선정한 친일파 708인 명단 중 밀정 부문에 포함되었다.

출처: 위키백과

1919

단기 4252년/대한민국임시정부 원년/대정 8년

일제강점기 수입증지 사용 실체

차용금 증서(借用金 證書)

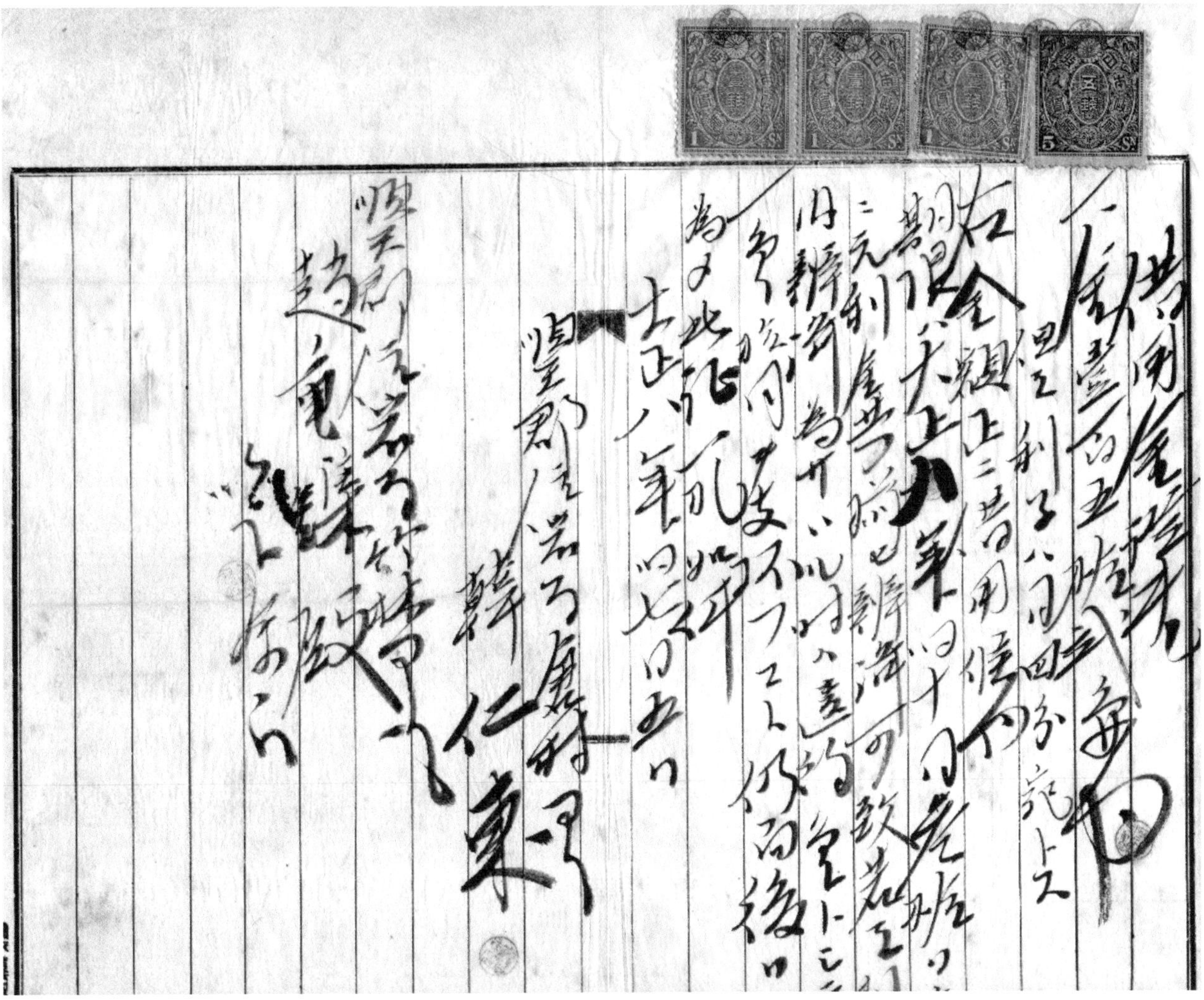

수입 증지 5전 1매, 1전3 매 8전 사용. 대정 8년(1919) 7. 5 순천군.

『뉴욕타임즈』를 통해 본 1919년 한국 - 3·1독립운동의 문화적 의의와 미국 여론

Korea of Year 1919 Through New York Times: Cultural Significances of the March First Independence Movement and American Public Opinions

1919년 3·1 독립운동을 통해 서양적 개념의 근대적 국가민족주의가 형성되었고 한국인이라는 정치적, 문화적 정체성이 만들어진 한국 근현대사의 이정표가 되는 사건이었다. 한국인은 주권을 상실한 상태에서 국제무대에서 인정받는 일원이 되기 위해서는 문화적 정체성과 역사적 정당성을 주장했다. 독립을 요구하는 활동이 미국에서도 활발히 진행되었다. 미국의 여론에 호소해 공감대를 형성하고 여론을 바탕으로 정치적 영향을 미칠 수 있는 활동이 계속되었다. 국제적인 위상을 가진『뉴욕타임즈』는 지속적으로 한국 관련 기사를 실어 한국의 입장을 대변해 주었다. 1919년 한 해 동안 한국 관련 기사는 50여 개가 게재되었고 지속적으로 한국 독립을 이슈화했다. 3·1 독립운동은 한반도에서 일어난 사건이었으나, 이는 빠르게 아시아 문제로 또 국제적 문제로 발전했다. 한국의 독립은 아시아와 세계 평화를 기반으로 하고 있는 한국의 평화 지향적 문화의 토대를 3·1 독립운동은 비폭력 평화적 시위로 전 세계에 보여 주었다. 주권회복을 통해 일제로부터 독립하려 했던 한국인의 노력은 미국에서도『뉴욕타임즈』의 기사를 통해 확산되었다. 이로서 3·1 독립운동은 한국 독립의 당위성과 문화적 정체성을 전 세계에 알린 한국 근현대사의 가장 중요한 사건임이 다시 한 번 증명되었다.

출처: 이영관, 한국사상문화학회, 한국사상과 문화, 한국사상과 문화 제57호, 2011, 289-318.

단기 4253년/대한민국임시정부 2년/대정 9년

1920

3월5일 조선일보 창간/4월1일 동아일보 창간/5월16일 잔다르크 교황청에서 성인으로 공식 선포/6월7일 봉오동전투 발생 9월2일 강우규가 사이토 마코토 조선총독 폭살 시도/9월5일 일제강점기 조선일보 총독정치 비난 사설로 정간/9월25일 일제강점기시 동아일보 사설에 일본황실 상징을 모독했다는 이유로 동아일보에 1차 정간 조치/10월2일 훈춘사건, 중국 자린성 훈춘에서 마적단의 습격을 핑계로 일본군이 조선인을 학살/12월28일 중국 상해에서 임정 초대 주석 이승만 취임식 거행.

안강(소)

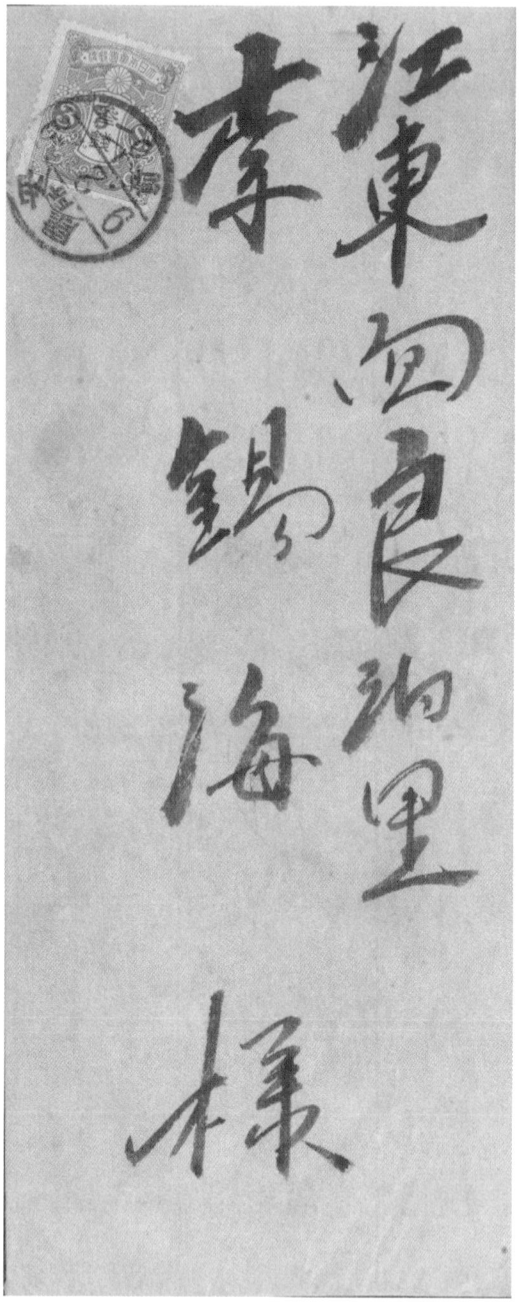

대정 9년(1920) 2월 9일 안강우체소-강동면행

대구(국)

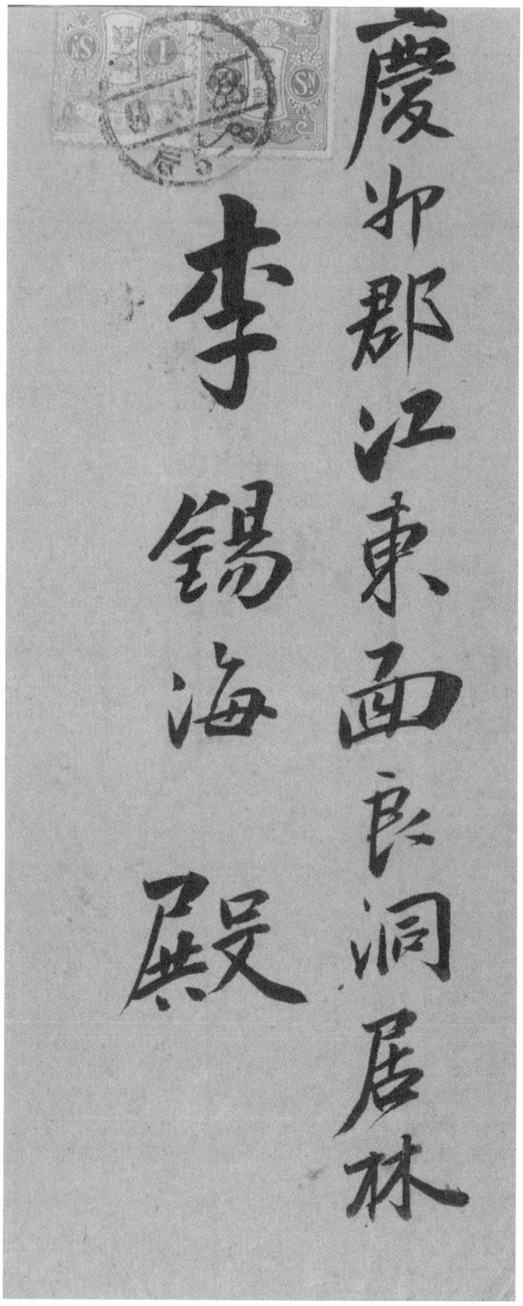

대정 9년(1920) 9월 28일 대구우편국-경주군 강동면행

안강우편소 경상북도 경주군 강서면 안강리

1934. 9. 1 조선총독부 고시 제437호, 전화 교환 업무 개시

1920

단기 4253년/대한민국임시정부 2년/대정 9년

창씨개명(創氏改名): 1940년 2월부터 1945년 8월 광복 직전까지 일본 제국이 조선인에게 일본식 성씨를 정하여 쓰도록 강요함.

창씨개명 전개 실체

1920년 崔翀根→[창씨개명 전개]→山佳翀根 1942년

최충근(崔翀根)씨는 1943년도까지도 본 성명 사용

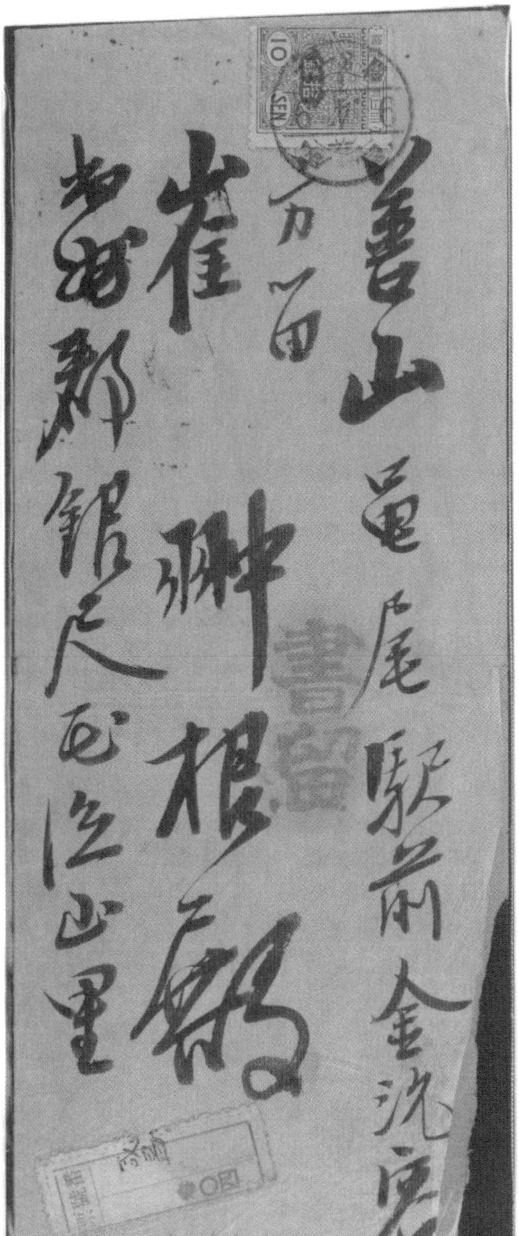

대정 9년(1920) 4월 9일 함창(소) 등기-충북 보은군

1942년 일본에서 온 편지에 창씨개명된 성명 사용

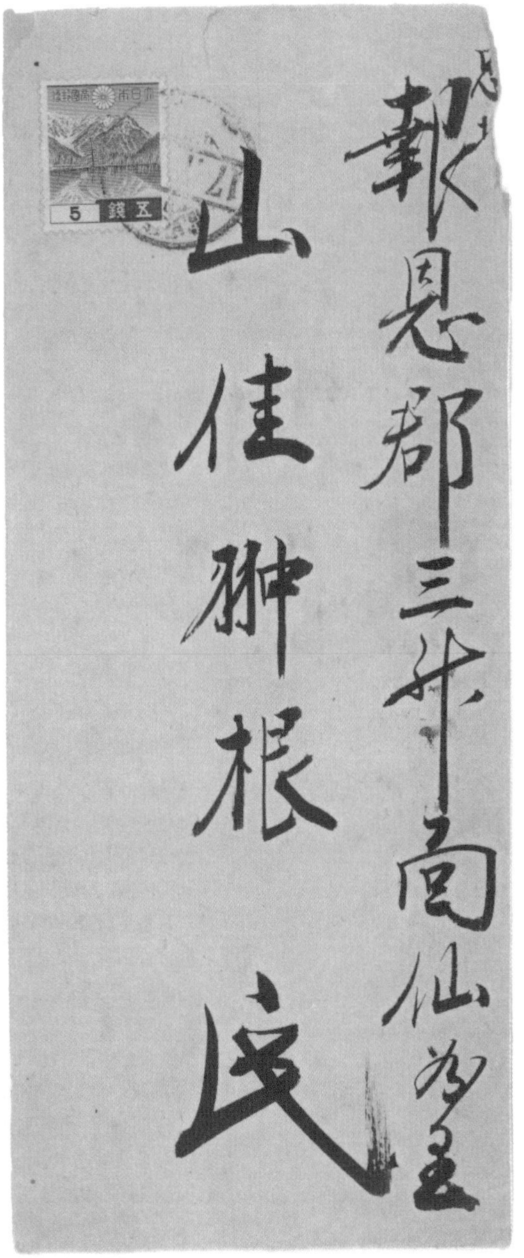

소화 17년(1942) 7월 7일 일본-충북 보은

함창우편소 경상북도 함창군 함창읍 1912. 2. 26 조선총독부 고시 제33호. 전신, 전화 통화 사무 개시

보은우편소 충청북도 보은군 보은면 삼산리 조선총독부 관보 제3779호 조선총독부 고시 제67호. 1923. 3. 19 우편소 설치

1920

단기 4253년/대한민국임시정부 2년/대정 9년

경성 안국(京城安國)우편소

1920(대정9) 1.22 경성안국 - 1.23 충남 유성 도착

別 配達

京城 安國 75

경성안국우편소

경기도 경성부 관훈동

1931. 7. 6

조선총독부 고시 제344호

우편소 이전

김원국(金元國)

대한민국 독립운동가

1903~1928 평안북도 출생

1919년 3·1운동 이후에 중국 운남군관학교(雲南軍官學校)를 졸업하였다. 1925년부터 정의부(正義府)에서 활동하였다. 그가 활동한 정의부는 1924년 11월 25일 대한통의부(大韓統義府)·서로군정서(西路軍政署) 등 8개 단체대표 25명이 참가한 가운데 길림(吉林)에서 조직되었다.

1926년 9월 14일 대원 서상진(徐尙眞)·김용호(金龍浩)·심영준(沈永俊) 등과 함께 중국 보갑대(保甲隊)에 체포되었다. 김원국은 1927년 3월 9일 중국 대련(大連)지방법원에서 사형을 받고, 1928년 11월 9일 여순(旅順)형무소에서 사형이 집행되어 순국하였다. 1995년에 건국훈장 독립장을 추서.

출처: 공훈전자사료관

송죽회(松竹會) / 송죽결사대

송죽회는 평양 숭의여학교 교사 김경희(金敬熙, 敬喜)·황에스터 졸업생 안정석(安貞錫) 등 3명이 재학생 중 애국심이 투철한 박현숙(朴賢淑)·황신덕(黃信德)·채광덕(蔡光德)·이마대(李馬大)·송복신(宋福信)·이효덕(李孝德)·김옥석(金玉石)·최자혜(崔慈惠)·서매물(徐梅勿)·최의경(崔義卿)·이혜경(李惠卿) 등 20명을 선발해 조직하였다.

민족정신 함양과 정신무장을 강화하기 위해 매주 1회씩 기숙사에서 기도회 형식 비밀집회를 통해 토론회와 역사강좌를 가졌다.

1916년 회원들이 졸업하면서 송죽회 활동은 새로운 전기를 맞이하였다. 이들은 졸업 후 각 지방 학교 교사로 부임하여 재직학교를 중심으로 송죽회 활동을 확산시켜 나갔다.

송죽회는 창립회원으로 구성된 모조직(母組織)으로서의 송형제(松兄弟)계열과 창립회원 20명이 각기 20개의 자조직(子組織)을 구성, 확장하는 죽형제(竹兄弟)계열 이원조직으로 확대되었다.

또한, 3·1운동 직후 평양을 중심으로 한 애국부인회 활동 또한 이 조직이 그 기초가 되었다. 이와 같이 송죽회는 불굴의 애국심을 바탕으로 많은 여성지도자를 배출했으며, 회원들의 철두철미한 기밀유지로 일본경찰 수사망에도 발각되지 않았다.

출처: 한국학중앙연구원/위키백과

1920

단기 4253년/대한민국임시정부 2년/대정 9년

재한 일본우편국 KEIJO▶미국행 엽서 실체

출처: 위키백과

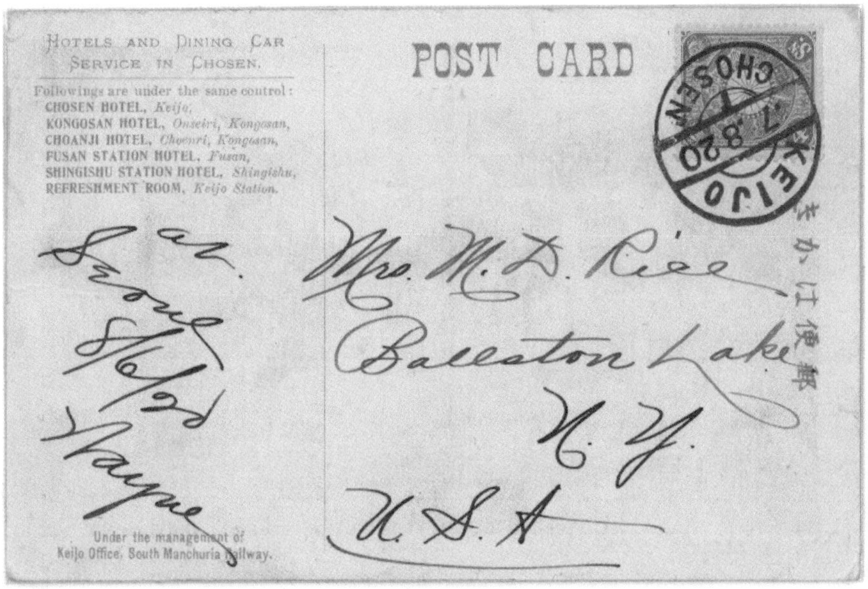

노덕술(盧德述) -(1)

일본식 이름: 松浦鴻(마쓰우라 히로).

1899. 6. 1~1968. 4. 1. 경남 울산 장생포생, 일설에는 경기도 개성에서 태어나 아홉 살 때 울산으로 이주했다고도 한다. 일제 강점기 고등계 형사와 대한민국의 경찰. 그의 본적은 서울특별시 종로구 궁정동이다. 일제 강점기 당시 고등계 형사 겸 친일 경찰이었고 광복 후 대한민국정부 수립 이후도 친일파 경찰에서 수도경찰청 간부로 활약하여 이승만 대통령에게서 반공 투사라고 극찬을 받기도 하였다. 1949년 반민족행위특별조사위원회에 체포된 바가 있었으나 반민특위 해체로 풀려나 경찰직 복귀 후 대한민국 경찰직에서 고위간부로 지내는 등의 호사를 누렸다. 경남 울산보통학교 2년을 다니다 중퇴하고, 그 후 일본인이 경영하던 잡화상의 고용인으로 근무하다가 일본으로 건너가 홋카이도에서 취직을 위해 머물렀다. 귀국 후 경찰관에 지원하여 1920년에 경남에 있는 순사교습소에 지원하여 6월경 경상남도 순사에 임명되었다. 같은 해 9월 순사교습소를 수료한 후 같은 달 경찰부 보안과 순사로 근무하다가 1922년경 경상남도 울산경찰서 사법계 순사부장으로 재직했다. 1924년 12월 도경부 및 도경부보고시에 합격한 후, 같은 달 경부보로 승진하여 경상남도 의령경찰서 경부보, 1926년 4월 거창경찰서 경부보를 지냈으며, 1927년12월 동래경찰서 경부보로 전근해 사법주임을 지냈다. 동래경찰서경부보로 재직 중이던 1928년 10월 동래 청년동맹 집행위원장 및 신간회 동래지회 간부로 활동하던 박일형을 체포하여 고문했다. 같은 해 겨울에는 부산제이상업학교 학생들이 주도한 동맹휴교사건을 수사하다가 동맹휴교의 배후에 '혁조회'라는 반일단체가 있음을 알고 '혁조회' 관련자인 김규직, 유진흥 등을 체포하여 고문했다. 김규직은 고문후유증으로 1929년12월 옥사했다. 같은 해 12월 조선 공산당사건과 관련하여 동래고등보통학교 학생의 제보를 받고 보통학교 교원을 체포 후 심문했다. 1929년 8월 동래유학생학우회 주최로 조선인 일본유학생들이 동래유치원에서 개최한 강연회의 강연 내용이 일본 정치를 비난하는 등 내용이 불순하다고 강연자들을 체포하여 심문했으며, 같은 해 12월에는 동래고등보통학교 학생 문재순, 추학, 차일명 등이 주도하여 광주학생운동 관련자 석방 등을 주장하며 동맹휴학을 일으키자 부하들을 지휘하여 관련자들을 체포하는 한편, 체포된 학생들에게 무자비한 고문을 자행했다. 1931년 경상남도 통영경찰서 경부보로 전근해 사법주임을 지냈다. 통영경찰서 경부보로 재직 중이던 1932년 5월 노동운동가 김재학을 '메이데이' 시위에 참여했다는 혐의로 체포하여 고문했다. 1932년 7월 경부로 승진하여 울산경찰서 경부로 전근했다가 같은 해 8월 다시 경기도 경성부 본정경찰서(현 서울 명동)경부로 옮겨 사법주임을 지냈다. 1933년 2월 인천경찰서 경부, 1934년 2월 양주경찰서 경부, 1938년 11월 개성경찰서 경부로 전근하여 사법주임을 지냈다. 양주경찰서와 개성경찰서 경부로 재직 당시 중일전쟁이 일어나자 군사 수송 경계, 여론 환기, 국방사상 보급 선전을 비롯해 조선인의 전쟁 협력을 독려하기 위한 각종 시국좌담회에 참석하고 지도하는 등 전시 업무를 적극 수행했다. 이러한 활동은 일제 총독부로부터 공로를 인정받아 1941년 3월 훈 8등 서보장을 받았다. 그 해 6월 경성 종로경찰서 경부로 전근하여 사법주임으로 근무했다. 1943년 9월 경시로 승진해 평남 경찰부 보안과장으로 근무했다. 1944년 6월 전시 체제하에서 경찰의 임무가 치안 유지 이외에 징병, 운송, 방공 등으로 확대되면서 경찰기구가 개편되어 기존의 보안과가 수송보안과로 확대 개편되자 평안남도 경찰부 수송보안과장으로 근무했다. 같은 해 12월에서는 영화와 연극 등의 보급을 통한 사상 선도를 목적으로 조직된 '조선흥행협회' 이사를 지냈다. 평안남도 경찰부 수송보안과장으로 재직 시 자동차 수송통제를 목적으로 조직된 평남자동차수송협력회의 이사를 지내면서 여러 대의 화물 자동차를 징발하여 군수품 수송에 제공하는 등 일본의 전쟁 수행에 적극 협력했다. (P.614 계속)

1920

단기 4253년/대한민국임시정부 2년/대정 9년

100년 전 광화문 전경

100년 후 현재 광화문 전경

광화문(光化門)

광화문은 경복궁의 남쪽에 있는 정문이다.
'임금의 큰 덕(德)이 온 나라를 비춘다'는 의미이다. 1395년에 세워졌으며, 2층 누각인 광화문 앞의 양쪽에는 한 쌍의 해치 조각상이 자리잡고 있다. 광화문의 석축부에는 세 개의 홍례문이 있다. 가운데 문은 임금이 다니는 문이고, 나머지 좌우의 문은 신하들이 다니던 문이었다. 광화문의 천장에는 주작의 그림이 그려져 있다. 광화문은 한국 전쟁으로 두 차례 소실되었으며, 월대와 해태 등을 제외한 일부 복원공사가 완료되어 2010년 8월 15일에 공개되었다

출처: 위키백과

1920

단기 4253년/대한민국임시정부 2년/대정 9년

100년 전 남대문 전경

100년 후 현재 남대문 전경

남대문(南大門)

숭례문(崇禮門)은 조선의 수도인 한양의 4대문(大門) 중의 하나로 남쪽의 대문이다.
흔히 남대문(南大門)이라고도 부르는데, 이는 일제 강점기 시절에 일본이 붙인 명칭이 아니라 조선 초기부터 불린 이름이다. 서울 4대문 및 보신각(普信閣)의 이름은 오행 사상을 따라 지어졌는데, 이런 명칭은 인(仁: 동)·의(義: 서)·예(禮: 남)·지(智: 북)·신(信: 중앙)의 5덕(五德)을 표현한 것이었으며, 숭례문의 '례'는 여기서 유래한 것이다. 숭례문의 편액은 《지봉유설》에 따르면 양녕대군이 썼다고 알려져 있으나 이설이 많다. 1396년(태조 5년)에 최유경이 [출처 필요] 축성하였다. 1447년(세종 29년)과 1479년(성종 10년) 고쳐 지었다. 1447년(세종 29년)과 1479년(성종 10년) 고쳐 지었다.

출처: 위키백과

1920

단기 4253년/대한민국임시정부 2년/대정 9년

1920년대 독립문

2019년 독립문 전경

독립문(獨立門)

독립문(獨立門)은 조선 후기의 건축물로 1896년 11월에 착공되어 1897년에 완공되었다. 독립협회가 중심이 되어 조선이 청나라의 책봉 체제에서 독립한 것을 상징하기 위하여 영은문을 무너뜨리고 그 터에 지은 문으로 서재필의 주도로 건립되었으며, 서재필의 원작을 배경으로 아파나시 세레딘사바틴(Середин-Сабатин, 士巴津(사파진), Sabatin, 흔히 사바틴)이 설계했고, 심의석이 시공 감독하였다.
현판은 김가진의 작품이다.
조선의 중국에 대한 사대의 상징인 영은문을 헐고 그 뒷편에 건립되었으며, 독립문 전면에는 영은문이 서 있던 기둥돌이 함께 남아 있다.
1963년 1월 21일 대한민국 사적 제32호로 지정되었다.

출처: 위키백과

1920

단기 4253년/대한민국임시정부 2년/대정 9년

Seoul ▶ Changchun I.J.P.O. ▶ via Siberia ▶ England행

Seoul 대정 9년(1920) 8월 3일-Changchun I.J.P.O. 대정 9년 8월 7일-via Siberia-England

경신참변(庚申慘變)

1920년 일본군이 만주를 침략해 무고한 한국인을 대량으로 학살한 사건이다.
1919년 3·1운동을 계기로 한·만 국경지대에는 수많은 독립군 부대가 편성되어 활발한 독립 전쟁을 전개하고 있었다.
독립군 부대는 만주로 망명해 오는 애국 청년을 포섭해 군사 훈련을 실시하는 한편, 국내외에서 모금된 국민들의 의연금으로 시베리아로부터 대량의 최신식 무기를 구입함으로써 급속히 전투력이 향상되었다.
그 결과 독립군 부대는 부단히 한·만 국경을 넘어 국내로 진입, 일본 군경과 전투를 전개하고, 또 일본의 식민 통치기관을 습격, 파괴함으로써 큰 전과를 올릴 수 있었다.
1920년에 들어서면서 독립군의 국내 진입 작전이 더욱 활기를 띠자, 일본은 중국 정부를 위협해 공동으로 독립군 토벌 작전을 감행하였다. 그러나 별다른 성과를 거두지 못한 일본은 정규군 대부대를 만주에 투입해 일거에 한국 독립군을 소탕할 음모를 꾸미게 되었다.

출처: 한국민족문화대백과사전

1921

단기 4254년/대한민국임시정부 3년/대정 10년

미납 실체 보성(소) 미납인

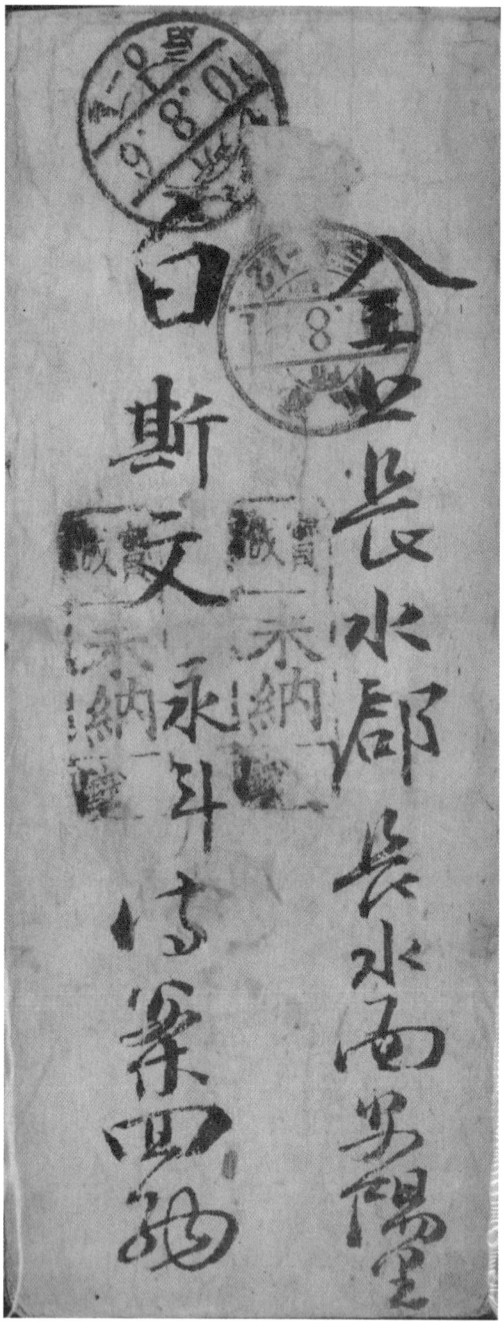

대정 10년(1921) 8월 6일 보성우편소 접수인. 부족인(2)- 8월 7일 장수 도착

	寶城
	未
	納
錢	

미납인

독립운동가 김익상(金益相)

1895년 경기도 고양군 용강면 공덕리 출생(지금의 마포구 공덕동)

조선 총독을 처단하기 위해 총독부에 폭탄 투척 후 북경으로 탈출 후 상해에서 일본 전 육군대신 처단 시도(황포탄 의거) 후 체포되어 사형언도를 받고 20여 년간 복역했다. 김익상 의사는 1921년 9월 9일에 김원봉으로부터 폭탄 2개와 권총 2정을 건네받고 즉시 조선총독부 폭파 의거를 결행하기 위하여 나섰다. 일제의 경계가 삼엄하여 김익상은 일본인으로 변장하고 양복 속에 폭탄과 권총을 감추고 9월10일에 북경을 떠나 11일에 경성에 도착했다. 이 때에도 의사는 일경의 눈을 속이기 위해 아이를 데리고가는 일본 여자 와 이런저런 말을 하면서 교묘히 부부 행세를 하며 기차 안에서 검문을 피했다. 폭탄과 권총을 몸에 지니고 있어 여러가지로 행동이 불편했지만, 남대문역에서는 동행하던 일본 여자의 3살짜리 아이를 안고 무사히 빠져 나올수 있었다. 서울에 도착한 뒤 고양군 한지면(漢芝面) 이태원에 살던 아우 김준상(金俊相)의 집을 찾아가 하루를 묵었다. 이날 밤 아우와 3살짜리 딸을 데리고 살던 부인 송씨에게 자신의 계획을 말하며 마음의 준비를 시켰다. 다음날 아침 의사는 일본 전기 수리공 차림으로 남산 왜성대의 조선총독부 청사로 간다. 그리고 9월12일 오전 10시 20분경 전기시설 수리를 위하여 온 것처럼 대담하게 조선총독부 청사로 들어가 먼저 2층에 있는 비서과(秘書課)에 폭탄을 던지고 이어 회계과(會計課)에 폭탄을 던졌다. 비서과에 던진 폭탄은 폭발하지 않았으나 회계과에 던진 폭탄은 일시에 굉음을 내며 폭발하자 여러 명의 일본 헌병들이 놀라 뛰어올라왔다. 김익상 의사는 이들에게 2층으로 올라가면 위험하다는 말을 남기고 유유하게 조선총독부 청사를 빠져나온다.

출처: 《동아일보(東亞日報)》1922년 7월 2일자

보성우편소

전남 보성군 보성읍

1910. 10. 21 조선총독부 고시 제17호

우편소 설치

1910. 10. 20 보성우체소를 우편소로 개칭

장수우편소

전라북도 장수군 수내면 상비리 1911. 9. 16 조선총독부 고시 제274호. 우편소 설치

1911. 9. 15 조선총독부 고시 제275호 우체소 폐지 후 우편소로 개칭

1921

단기 4254년/대한민국임시정부 3년/대정 10년

재한 일본우편국 원산 외체인

1921년 8월 29일 CHOSEN, GENSAN - 미국 오하이오행

묻히고 잊혀진 항일투사 시리즈

동풍신(董豊信, 1904~1921)

함경도 길주 출생
3·1 운동 때의 순국 소녀이다.
1919년 3월 함경도 길주의 화대 장터에서 독립 만세를 부른 소녀이다.
장터에 모인 군중이 만세를 부르자, 일본 경찰들은 마구 총을 쏘아 장터 일대는 피바다가 되었다. 그때 일본 경찰이 겨누고 있던 총구를 조금도 두려워 하지 않고 나선 그 소녀가 죽은 아버지를 들쳐 업고 대한독립만세 대한독립만세를 부르자, 일본 경찰은
미친 소녀라 하여 총을 쏘지 않고 사로잡았다. 함흥 재판소로 잡혀간 동풍신은 만세를 부르다 총살된 아버지를 대신하여 만세를 불렀다고 말할 뿐 갖은 고문 에도 애국심을 굽히지 않다가 감옥에서 사망하였다.
1991년 건국훈장 애국장이 추서되었다.

출처: 위키백과

1922

단기 4255년/대한민국임시정부 4년/대정 11년

금산(국)

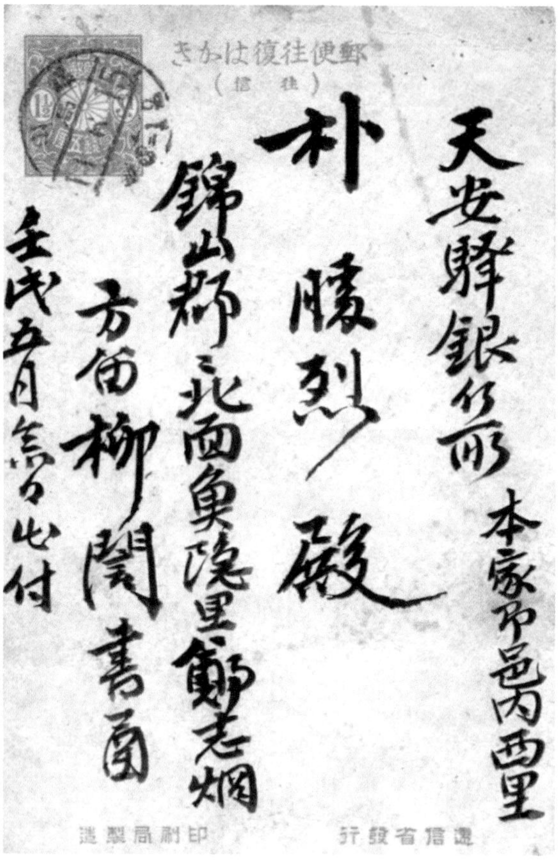

1922년(대정 11) 6. 15 금산(국)

금산우편소 전라북도 금산군 금산면 상리 1923. 3. 21 조선총독부 고시 제 67호·우편소 설치

노덕술(盧德述) -(2)

광복 이후 행적

광복 이후 반민족행위특별조사위원회에 체포된 노덕술

광복 후, 1945년 8월부터 평안남도 평양경찰서 서장을 맡고 있다가 소련군이 진주하자, 이내 곧 공산주의 세력에게 체포되어 몇 달간 구금되었다가 풀려났다. 그는 신변의 위협을 느껴 1945년경 월남을 하게 된다. 다음해 1946년에 장택상에 의해 수도경찰청 수사과장에 기용되어 경찰 내부의 '반이승만 세력' 숙청, '좌익분자' 검거 등을 주도하였다. 1946년 1월 경기도 경찰부 수사과장에, 9월 제1경무총감부 관방장 겸 수도관구 경찰청 수사과장에 임명되었다. 그 해 4월, 당시의 동아일보 사장 송진우를 암살한 한현우 등을 검거함으로써 장택상을 비롯한 경찰 수뇌부들의 인정을 받았다. 1948년 7월, 수도경찰청장 장택상 저격 혐의로 체포된 박성근을 고문치사 시킨 후 시신을 한강에 투기한 혐의로 경무국 수사국에 체포 조사를 받다가 석방되었다 1949년 1월 24일, 반민특위에 의해 체포되었다. 그는 백민태라는 청부업자를 고용하여 '반민특위 간부들을 암살하라.'고 지시한 음모가 알려지면서 사실이 밝혀졌다. 하지만 이틀 뒤, 대한민국 대통령 이승만은 '노덕술은 반공투사다. 그를 풀어줘라.'라고 그의 석방을 요구했고, 반민특위는 석방을 거절했으나 얼마 안 가 대통령 이승만과 내무차관 장경근의 주도하에 조작된 '국회프락치 사건', '6.6 반민특위 습격사건' 등으로 반민특위는 와해되고, 노덕술은 풀려나 경기도 경찰부 보안주임으로 영전한다. 이후 헌병 중령으로 변신하여 1950년에는 육군본부에서 범죄수사단장으로 근무하는 등 대공업무를 담당하였으며, 1955년 서울 15범죄수사대 대장을 지냈다. 1955년, 부산 제2육군범죄수사단 대장으로 재임 시의 뇌물수뢰 혐의로 그 해 11월 육군중앙고등군법회의에 회부되어 징역 6개월을 언도받으면서 파면되었다. 이후 고향 울산으로 내려가 칩거 생활하면서 지내다가 1960년 7월 제5대 국회의원(민의원) 선거에 출마하였으나 낙선, 이후 행방이 묘연해졌다가 1968년 4월, 서울대학교 병원에서 죽었다.

출처: 위키백과

1921

단기4254년/대한민국임시정부 3년/대정 10년

함흥정차장(咸興停車場前)(소) 일부인

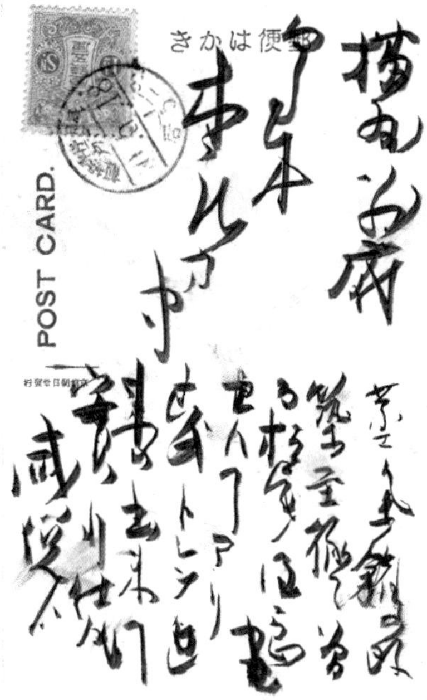

함흥정차장전(소)-일본 행

1919

단기4252년/대한민국임시정부 원년/대정 8년

수원정차장(水原停車場前)(소) 일부인

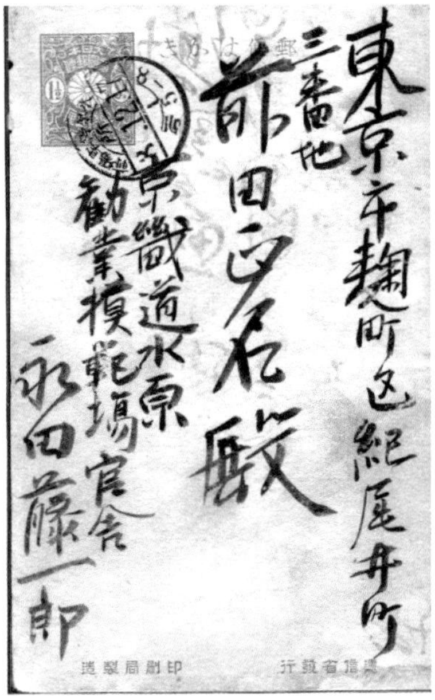

수원정차장전(소)-일본 행

대한독립군단 조직

1920년 니콜라옙스크 사건, 봉오동 전투, 청산리 전투 등에서 독립군에게 참패를 당한 일본군이 독립군 토벌작전을 대대적으로 단행하면서 간도참변을 일으켰다. 따라서 독립군들은 러시아 지역으로 이동하였는데, 이동 중 일단 밀산에서 독립군을 통합 및 재편성하여 대한독립군단을 조직하였다.
대한독립군단에 통합된 조직은 다음과 같다.
1. 북로군정서(서일, 김좌진) 2. 서로군정서(지청천) 3. 대한독립군(홍범도) 4. 대한국민회(구춘선, 이명순)
5. 대한신민단(김규면): 대한독립군단 결성 집회에 대한신민회 대표로 김성배(金聖培)를 파견했으나 성과 거두지 못함.
6. 의군부(이범윤) + 군비단(의군부 잔여부대, 김홍일)
7. 광복단(이범윤): 단장 이범윤은 상징적 인물이었으며, 중부대판(中部大辦)의 직함을 가졌던 김성륜이 실제 책임을 맡았다.
8. 혈성단(김국초) 9. 도독부(최진동) 10. 야단(아소래) 11. 대한정의군정사(이규)
대한독립군단의 총재는 서일이었고, 부총재 홍범도·김좌진·조성환이었으며, 총사령관에 김규식, 참모총장에 이장녕이 추대되었다.
여단장에 이청천(지청천), 중대장에 김창완·조동식·오광선 등이 선임되었다.
휘하에 1개 여단을 두고, 그 아래에 3개 대대 9개 중대 27개 소대가 편성되어 있었으며, 총병력은 3,500여 명이었다.
밀산에서 겨울을 난 대한독립군단은 1921년 3월 부대별로 이동을 시작하여 노령 연해주와 흑룡강일대에서 활동 중이던 문창범, 한창해 등의 도움을 받아 만주-소련국경 하천인 우수리강을 넘어 안전지대인 연해주 이만(Iman, 달네레첸스크)에 집결하였다.
당시 연해주에 있던 대한국민의회의 문창범과 자유대대의 오하묵 등은 자유시에 군대주둔지를 마련하여 독립군을 집결하도록 권하였다. 이에 1921년 1월 중순부터 3월 중순에 걸쳐 독립군들은 자유시에 집결했다. 간도 지역의 독립부대인 최진동 등의 총군부, 안무 등의 국민회군, 홍범도 등의 독립군, 서일 등의 군정서가 있었으며, 러시아 지역의 의병대로는 김표돌의 이만군, 최니콜라이의 다반군, 임표와 고명수의 이항군, 자유대대, 박그리골리의 독립단군 등이 있었다. 자유시 집결의 궁극적 목적은, 분산돼 있던 독립군 부대들이 힘을 합쳐 단일한 조직 아래 대일항전을 전개하려는 것이었고, 적군(赤軍)을 도와 일본군을 몰아냄으로써 자치주를 보장받으려는 의도도 있었다. 그중 이만시로 들어간 이청천 부대는 홍범도의 소개로 소련 적계군 한인부대장인 박일리아 연대장을 알게 되고, 박일리아는 소련 교관을 한국독립군부대에 배치하여 전술법을 교육하는 등 독립군을 훈련시켰다.

출처: 위키백과

1921

단기 4254년/대한민국임시정부 3년/대정 10년

로제타셔우드홀박사 친필 엽서

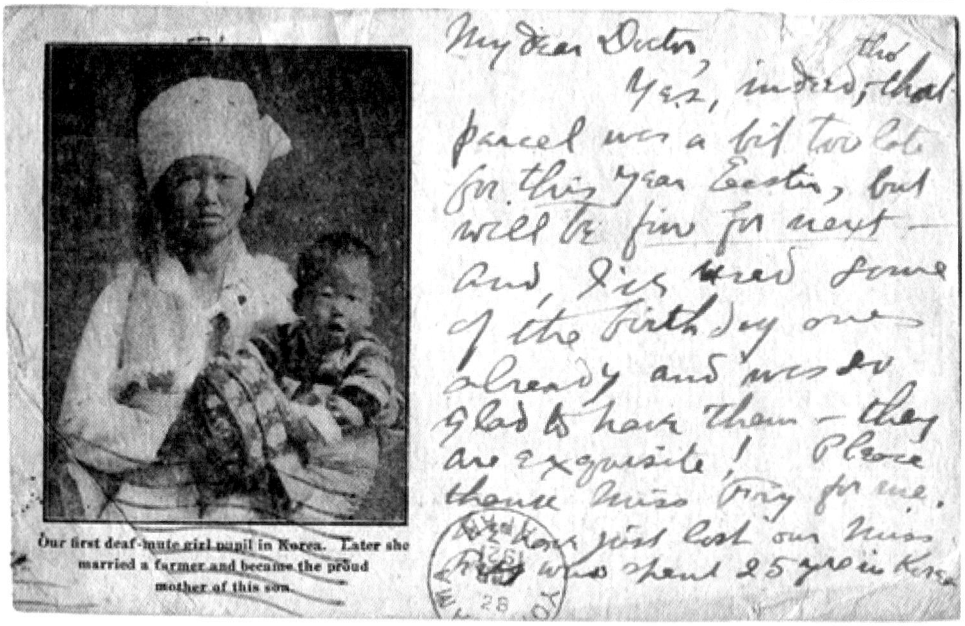

1921년(대정 10) 4. 25 광화문(국)-Yokohama 경유-미국행

사진 설명: 우리의 첫 귀머거리 한국 여학생, 훗날 그녀는 농부와 결혼했고, 이 아들의 자랑스러운 엄마가 되었다.

로제타 셔우드 홀(Rosetta Sherwood Hall) 박사

출처: 신동아 2002년 3월호(통권 510호) 김홍권 한국종교사회윤리연구소 소장 /부분 발췌

일제강점기 우리나라 최초로 결핵병원 및 요양소를 세우고 크리스마스 실 사업을 시행한 외국인 셔우드홀(Sherwood Hall, 1893~1991)은 의료 선교사로 '결핵환자의 아버지'라 불렸던 그는 조선에서 태어난 최초의 서양인이며, 모국인 캐나다에서 숨을 거두면서도 '사랑하는 땅 한국'에 묻히기를 염원하였다.

의사로서의 안락한 삶을 포기한 채 43년간 이국 땅에서 온전한 봉사의 삶을 살다가 68세 노인이 되어서야 모국으로 돌아갔던 로제타 또한 가족과 함께 한강 기슭 야트막한 언덕 양화진에 묻혀 있다.

이곳에 묻혀 있는 홀 집안 사람들은 모두 5명에 이른다. 조선에 파견된 선교사 중 최초로 순직한 닥터 윌리엄 제임스 홀(Willam Jam es Hall), 그의 아내인 닥터 로제타 셔우드 홀, 아들인 닥터 셔우드 홀(Sher wood Hall)과 며느리 닥터 메리안홀(Marian Hall), 마지막으로 셔우드 홀의 여동생인 에디스 마거리트 홀(Edith Margar et Hall) 등이다. 어린 시절 사망한 에디스를 뺀 나머지 4명이 이 땅에서 봉사한 기간을 합치면 무려 73년이 된다.

윌리엄 제임스 홀과 로제타 부부

1883년, 통상외교사절단으로 미국을 여행중이던 명성황후의 조카 민영익(閔泳翊) 등이 목사 존 F. 가우처를 만나 조선의 변화에 대해 알린 것을 계기로 미국 선교기관들은 다시금 조선 선교에 관심을 갖기 시작했다. 특히 해외 선교에 적극적이던 감리교단은 조선에 아펜젤러·언더우드·스크랜턴 등을 파견했다. 교단은 조선의 관습, 종교 성향, 경계심과 박해 등을 감안해 교육·의료를 통한 선교를 초기 전략으로 채택했다. 특히 집밖에 나서기 쉽지 않은 여성들을 위한 여성의료선교사의 필요성이 크게 대두됐다

로제타가 닥터 윌리엄 제임스 홀을 만난 것은 1889년 11월 뉴욕시 가두진료소에서였다.

어느 날 간호원 젠켄스가 닥터 홀의 진찰실로 들어서면서 새 소식을 전했다.

"닥터 홀, 새 의사가 오셨어요. 닥터 로제타 셔우드라고, 선생님을 도울 분이에요."

펜실베이니아 여자의과대학을 졸업하고 스테이트선의 소아과병원에서 인턴과정을 마친 로제타는 윌리엄이 책임자로 있던 뉴욕시 메디슨가 선교진료소의 의무 복지사로 발령 받았다. 윌리엄은 로제타에게 한눈에 반했지만 내색을 않고 엄격한 선배로서 모든 서류를 차근히 읽은 뒤 위엄 있는 표정으로 인터뷰를 계속했다. 몇 해가 지난 후 그의 아내가 된 로제타에게 윌리엄은 '첫날 인터뷰 때 자기를 꽤 높여서 선전하느라 열심이었다.'는 말을 하며 그녀를 놀리곤 하였다.

평양기홀병원(뒷 건물), 맹아학교(앞: 어린이병원)

맹아·농아 교육 개척자

그러나 그녀의 일기에 슬픔만 있는 것은 아니다. 한국어와 영어의 동음어(同音語)에 착안한 유머러스한 표현이 그것이다. 외국 선교사로서는 '생선'과 '선생'이 늘 혼동된다는 말도 하고 있다. 이런 구절도 나온다.

"왜 선교사는 일전짜리 동전 한 잎처럼 보잘것없는 존재일까(Why is a miss ionary like a penny)? 왜냐하면 선교사는 보내심을 받은 자이기 때문이다(Becouse he is one sent(cent)."

로제타가 여성교육 못지 않게 열정을 바친 것이 맹아와 농아에 대한 교육이었다. 로제타는 1909년 5월 코리아미션필드지에 기고한 글에서 농·맹아 교육을 해야 하는 이유를 설명하였다.

출처: 위키백과

1921

단기 4254년/대한민국임시정부 3년/대정 10년

無極(所)–무극우체소–진천행

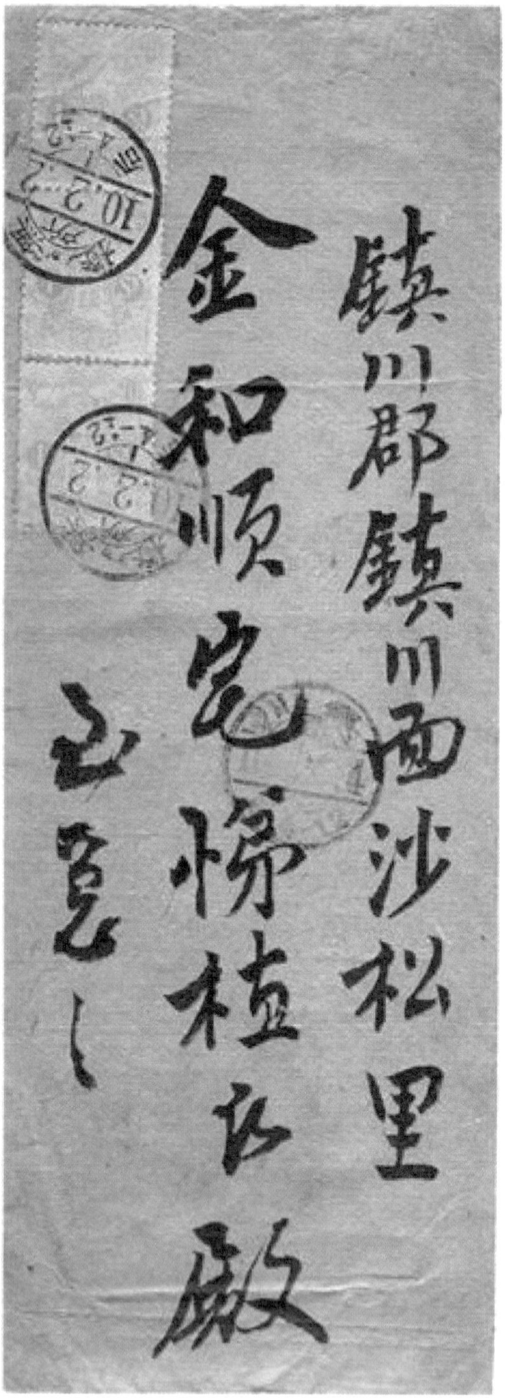

무극우체소 1921.2.2-충북 진천행

강우규 의사 체포한 일제 고등계 형사

김태석(金泰錫, 金村泰錫, 1882~?)

평안남도 양덕 출생

친일 경찰 특히 고등계 형사 김태석·노덕술·최운하·김덕기·이성근·하판락·이원보·유철·노기주·최연 등은 고문귀(拷問鬼)·악의 화신·귀경부(鬼警部)·친일귀 등의 수식어가 붙는다.

노덕술과 함께 반민족적 고문왕으로 불린다.

일제강점기의 경찰·중추원 참의를 지냈다.

1919년 독립운동가 강우규 의사를 체포하고, 의친왕 이강 공이 대한민국 임시정부로 망명하려는 계획을 알아내고 체포하였다. 밀양의열단사건의 홍종린을 고문하는 등 일제 경찰로서 온갖 악행을 저질러, 대한민국 임시정부로부터 "7가살"(七可殺)로 지목되었다. 1949년 1월 반민특위에 체포되어 사형을 구형받고 무기징역으로 감형되어 복역하던 중, 1950년 6월 한국전쟁 직전에 석방되었다..

일제 고등계 형사로 재직시 대표적인 반민족 행위를 열거하면,

□ 1919년 9월 1일 경성역전에서 부임해 오는 조선총독 사이또에게 폭탄을 던진 강우규 의사를 체포하여 혹독한 고문을 자행하여 사형에 이르게 하였고 사건의 연루자인 허형·최자남·오태영 등 독립운동가를 투옥시켰다.

□ 1920년 7월 20일 밀정 김진규를 이용하여 '밀양폭탄사건'의 주동자인 이성우·윤소룡을 체포 고문하였으며,

□ 1921년 10월 말경 밀정 김인규의 보고에 의하여 '조선의용단사건' 주동자인 김휘중·황정연을 체포 고문하였고,

□ 경상남도 참여관 겸 산업부장으로 재직시 지원병 모병 시험과를 겸무하면서 애국청년 15명을 출영시켰다.

출처: 위키백과

1922

단기 4255년/대한민국임시정부 4년/대정 11년

심천(深川)우편소 소포 송표

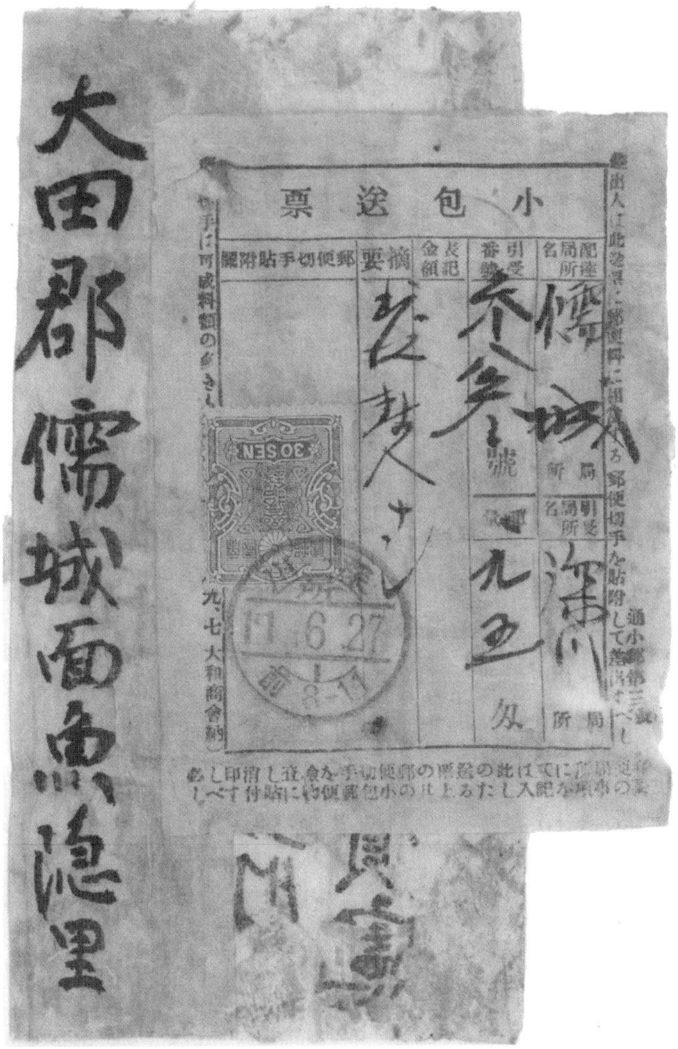

1922년(대정 11) 6. 27 심천우편소 소포 송표

심천우편소

충청북도 영동군 서일면 심천

1912. 3. 16

조선총독부 고시 제84호, 우편소 설치

안창남(安昌男)

1900. 3. 19 ~ 1930. 4. 2

한국 민간인 조종사이다.

한성부 출신으로, 3·1 운동 직후에 휘문학교를 다니다가 중퇴하고 일본으로 건너갔다. 휘문고보 시절 아트 스미스의 곡예비행을 보고 비행사가 되고 싶었기 때문이라고 한다.

일본 오사카시 오사카 자동차 학교에서 2개월간 자동차 운전을 배운 뒤 1920년 봄에 오구리 비행학교에 입학하여 비행기 제조법에 이어 조종술을 공부해 비행기 조종사가 되었다. 비행학교의 이수 과정은 6개월이었고, 학과 교육인 비행보다는 기술교육에 치중했기 때문에 6개월 과정만 거치면 조종간을 잡을 수 있었다.

그러나 조종사가 되려면 비행학교 수료가 아닌 면허시험에 합격해야 했는데, 안창남이 학교를 졸업한 1920년 11월에는 자격 규정이 없었고, 이듬해인 1921년 4월 25일에야 그 규정이 정해졌다. 1921년 5월 일본 최초로 치러진 비행사 자격시험에서 합격하여 비행사가 된다.

1923년 간토 대지진 이후 귀국하였으며 1924년 중국으로 망명하여 중국군 소속으로 근무한 바 있고, 조선청년동맹에 가입하여 독립 운동에 뛰어들었다. 여운형의 주선으로 산시 성으로 옮겨가 비행학교 교장으로 비행사를 양성했다. 이 무렵 대한독립공명단이라는 비밀 항일조직을 결성했고, 이 단체는 항일 비행학교 건설을 위해 활동하였다고 알려져 있다.

1930년 비행 중 엔진결함으로 인해 추락사로 사망했다. 그 당시에는 비행기 성능이 상상할 수 없을 정도로 기술이 안 좋았다. 중국에서 독립 운동에 참가한 공로를 인정받아 2001년 건국훈장 애국장이 추서되었다. 그러나 미혼인 채로 사망하여 후손을 찾지 못해 훈장은 정부에서 보관하고 있다.

출처: 위키백과

1922

단기 4255년/대한민국임시정부 4년/대정 11년

경성분실(京城 分室) 등기

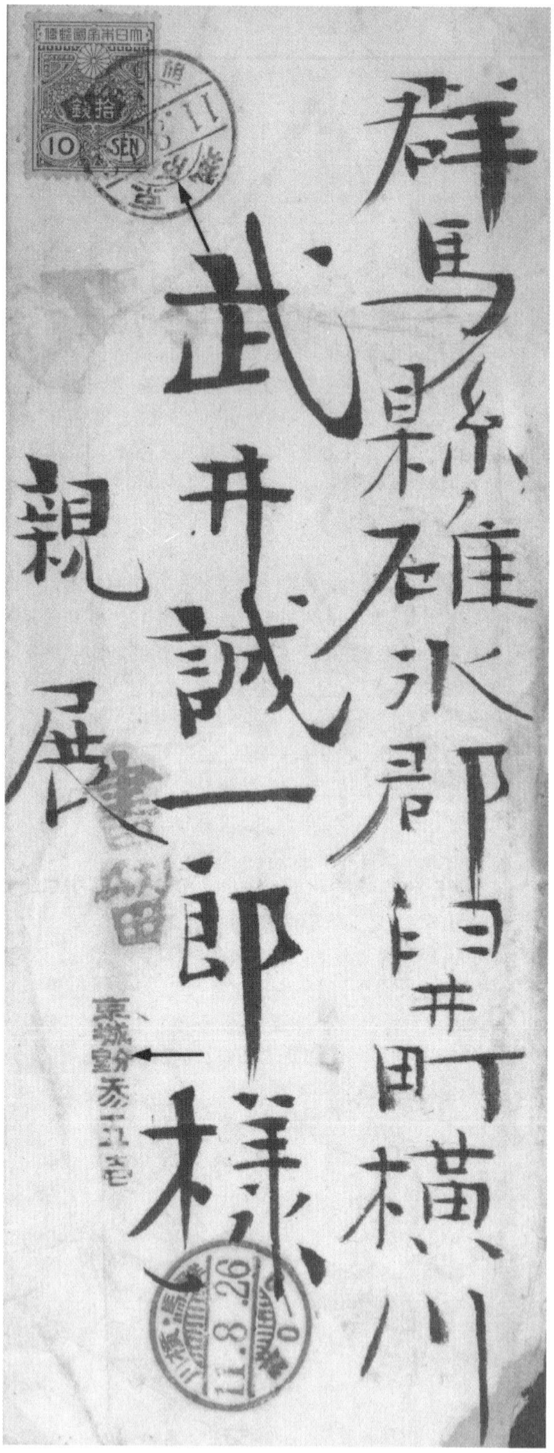

대정 11년(1922) 8월 23일 경성분실

일제강점기 전파관리소(電波管理所)

일제는 당시의 전파 통제 업무는 무선전신법의 별정세칙으로 1915년에 제정 시행된 일제의 [사설무선전신전화규칙]을 준용하였다.

일제강점기의 전파 감시 시설은 1923년 6월 경성무선전신국의 개국 당시 1차로 그 설비를 확장할 때 1927년 8월에 경성무선전신국이 설치되었으나, 중일전쟁을 계기로 단파 방향탐지소를 비롯한 감시용 수신기의 증설로 시설의 보충을 도모하게 되었다. 1934년 조선 선박 안전령 및 동 시행 규칙의 시행에 따라 부산, 목포, 청진 등에 선박 무선 전신 전화의 검사 설비를 설치하여 선박 무선 시설의 검사 업무를 수행하면서, 선박무선에 정확성을 기한 바 이것이 전파 감시 시설의 시초이며 기원이라 하겠다. 그러나 1935년 이후로는 상기 규칙의 감독 사항을 더욱 강화하여 정비 개정한 부령인 사설 전신 무선 전화 규칙에 의하여 수시로 검사관리를 파견하여 기기 장치 사항, 통신사의 자격 및 인원수, 운용 사항 및 관계 서류를 검사하고 허가 내용과 상위할 때에는 검사증서를 회수 또는 개정사항을 무선검사부에 기재 지시하였다. 시설 장소에는 검사부와 통신일지를 비치, 기록하게 하고 시설자로부터 매월 1회씩 일지초록으로 통신사의 성명과 자격 및 복무방법, 항공기 또는 선박의 항정 개요, 통신의 개황, 검사 시에 지시된 사항과 이에 대한 조치 사항, 기기의 보수 사항, 시험용 시설의 실험 방법, 경과, 결과, 기타 참고 사항 등을 보고 받았다. 전파 감시 업무는 더욱 활성화되어 감시용 수신기 증설, 단파 방향탐지기에 의한 불법전파원의 탐지, 자동차에 의한 방향 탐지를 꾀하였다. 한편 1942년 6월 21일부터 경기도에 뒤이어 1939년에는 대륙과의 접경지역인 경흥, 경원, 남양 등지에 소규모 감시시설을 설비하여 경찰을 보조하하였다. 1942년에 이르러서는 광장수신소 내에 경성 무선 통신 감시소를 설치, 고성능의 정밀 측정 장비를 설비하여 본격적인 감시 업무를 위한 정지 작업 준비를 하였는데, 당시 업무는 내용 감시나 품질 감시를 위한 사전 준비 단계로 여겨진다. 고양군에 무선통신감시소를 신설하고 이어서 부산과 나진(후에 남진으로 옮김)에도 감시소가 설치되었고, 감시소는 1944년까지 부산, 대구, 신의주, 청진 등에도 계속 설치되었다. 또한 무선통신감시국으로 하여금 시설 사용의 적부 및 전파 질서에 관한 감시를 하게 하고 만일 공안을 방해 또는 풍속을 교란하는 것으로 인정되면 그 통신사에 대하여 통신을 정지시키고 체형 또는 벌금형을 부과하게 하였다.

출처: 위키백과

경성우편국분실 조선총독부 구내 설치 명치 44년(1911) 3. 16
조선총독부 구내우편국 설치 대정 13년(1924) 7. 18 조선총독부 고시 제157호

1922

단기 4255년/대한민국임시정부 4년/대정 11년

부관 간 선내 제2호

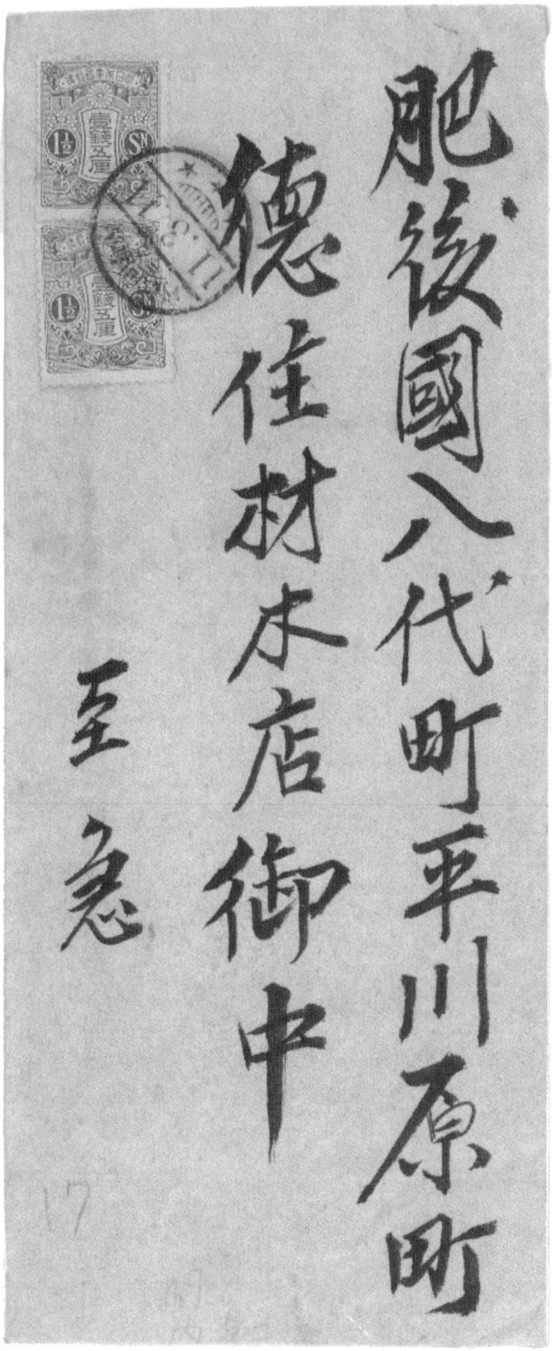

대정 11년(1922) 8월 11일. 관부 간 선내 제2 실체

운항선박

선박명	운항기간	총톤수	정원
이키마루(壹岐丸)	1905.9-1931.5	1680톤	337명
쓰시마마루(對馬丸)	1905.11-1925.12	1679톤	337명
고마마루(高麗丸)	1913.1-1932.10	3029톤	603명
시라기마루(新羅丸)	1913.4-1945.5	3024톤	603명
게이후쿠마루(景福丸)	1925.5-1945.6	3620톤	949명
도쿠쥬마루(德壽丸)	1922.11-1945.8	3820톤	945명
쇼케이마루(昌慶丸)	1923.3-1945.6	3820톤	945명
곤고마루(金剛丸)	1931.11-1945.5	7082톤	1748명
고인마루(興安丸)	1937.1-1945.6	7082톤	1748명
덴잔마루(天山丸)	1942.9-1945.6	7907톤	2048명
곤론마루(崑崙丸)	1943.4-1943.10	7908톤	2050명

일제강점기 부관연락선 운항 목적

일제의 조선 침탈의 수단으로써 활용되었다. 이 항로는 일본-조선-만주로 이어지는 대륙 침탈 기지의 중계 노선으로서도 중요했기 때문에 국가 정책적, 군사 전략적으로 매우 중요한 노선이었다. 연락선(連絡船)이란 말이 나오면 제일 먼저 생각나는 것이 검푸른 현해탄 물길을 가르며 오갔던 관부연락선(關釜連絡船)이 아닐까 한다. 나는 새도 건너기 어렵다는 현해탄, 이 현해탄에 관부연락선이 취항을 하게 된 것은 1905년 1월 1일 경부선 철도가 개통된 날짜에 맞추어서 그 해 9월 11일부터 부산에 들어온 이 배는 이곳에서 여객을 싣고 2주 후인 9월 25일에 다시 일본을 향해 출항 하였다. 이렇게 해서 관부연락선은 우리나라에 취항한 최초의 정기 국제 여객선이 되었다. 그런데 왜 관부 연락선이라고 부르는 것일까? 연락선이라는 이름 석자에는 당시 일본이 이러한 배를 취항시킨 목적과 이 배가 해야 할 임무가 담겨져 있다. 관부연락선의 본 이름은 〈관부철도연락선 designtimesp=14272〉 이다. 뱃길에 철도(鐵道)란 말이 들어가니까 어울리지 않지만, 사실은 이 관부연락선을 관활하는 관청이 일본 철도국이었다. 그래서 우리나라의 경부선과 일본의 본토 철도를 연결시켜 주는 해상 철도 역할을 한 것이 이 연락선이다

출처: 위키백과

부관연락선(釜關連絡船)

1922

단기 4255년/대한민국임시정부 4년/대정 11년

재한 일본우편국▶체코행(Keijo 외체인 실체)

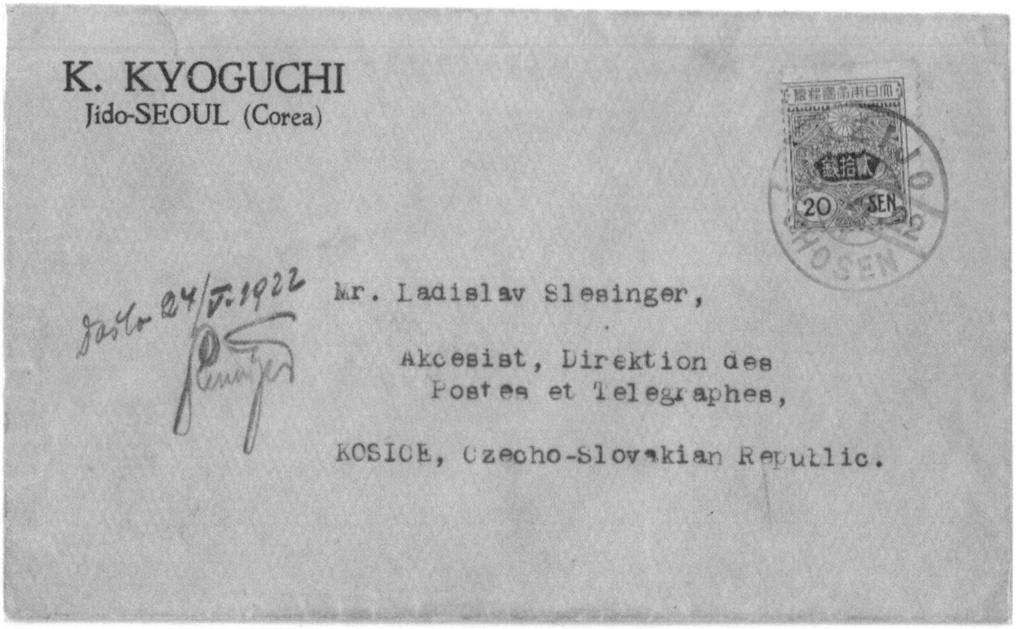

1920년 8월 7일 KEIJO 접수인

김상옥(金相玉)

1890. 1. 5~1923. 1. 22. 한성 출생
한국 독립운동가이다.

1923년 조선인 탄압으로 악명을 떨치던 종로경찰서에 엄청난 폭발 소리가 울렸다.
항일독립단체 의열단원으로 활동하던 김상옥 의사가 던진 폭탄 때문이다. 그의 의거로 일본 경찰 등 7명이 죽거나 다쳤고, 건물 일부도 무너져 내렸다.
현장을 빠져나온 김 상옥 의사는 매형의 집, 절 등으로 몸을 숨겼고, 추적하는 일본 경찰과 격렬한 총격전을 벌였다.
1월 22일 새벽, 김 의사가 숨어 있던 곳을 알아낸 경찰은 1,000여 명을 동원해 포위 작전을 펼쳤다. 3시간에 걸쳐 맞서 싸우던 김상옥 의사는 마지막 남은 탄환으로 자결했다. 이는 일제강점기 시기의 대표적 항일시가전으로 평가받는다.

1922

단기 4255년/대한민국임시정부 4년/대정 11년

Fusan, Chosen 외체인 실체

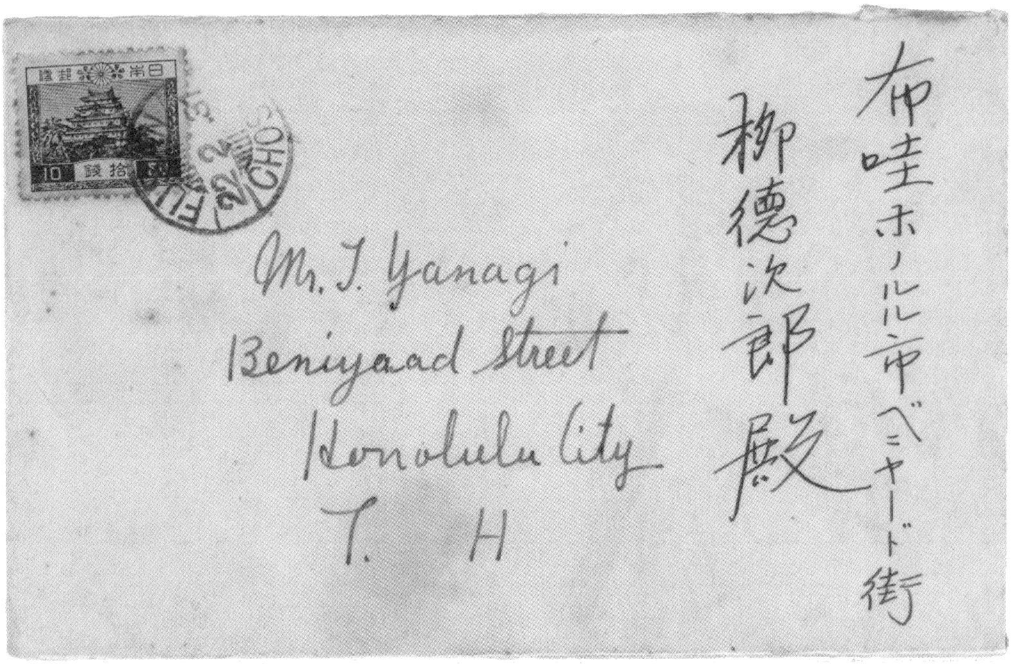

1922년(대정 11년) 2월 31일 FUSAN CHOSEN 외체인이 서력으로 일부인이 표시됨.

태극단결사대

1922년 09월 09일
평남 대동군 고평면에서 일경과 교전 중 2명 전사함

조선미술전람회(朝鮮美術展覽會)

조선미술전람회는 일제 강점기에 개최된 미술 공모전이다. 약칭 '선전(鮮展)'으로도 불렸다.
3·1 운동 이후 펼쳐진 문화 통치 정책의 일환으로 조선총독부가 주관한 사업이었다. 1922년 5월 창설되어 제1회 전람회가 개최되었다. 1944년 제23회 전람회가 열릴 때까지 매년 공모전 형식으로 열렸다. 창설 초기에는 1918년 안중식, 조석진, 김규진, 오세창 등이 결성한 서화협회와 대립하는 성격이었다. 서화협회는 민족주의 경향의 민간 주도 단체였던 반면에 조선미술전람회는 조선총독부의 정책적 사업으로 관제 행사의 성격이 강했기 때문이다. 식민통치 기간이 길어지면서 전국적인 규모의 대형 행사로 자리를 잡았고, 미술계 신인 등용의 핵심적인 역할을 하게 되었다. 일제 강점기의 많은 유명 미술인들이 선전을 통해 등단했다. 조선미술전람회는 일본 문부성 주최의 전람회인 문전(文展) 또는 제국미술원전을 본딴 형식으로 진행되었으며, 동양화와 서양화, 조각 부문 외에 조선 미술의 특성을 살려 서예 부문이 추가되었다. 심사위원에는 조선인도 위촉되었으나, 중반 이후로 갈수록 일본인의 비중이 더욱 늘어났다. 제15회 전람회부터는 추천작가 제도가 신설되어 기성 작가들의 작품 발표 무대로도 활용되었다.
1949년 대한민국에서 창설된 대한민국미술전람회가 조선미술전람회의 전통을 이어받았다.

1923

단기 4256년/대한민국임시정부 5년/대정 12년

1월12일 김상옥이 종로경찰서에 폭탄 투척, 일본 경찰과 교전을 벌이며 저항끝에 자결함/4월 연희전문학교 재인가/7월28일 경성도서관 신축/9월18일 간토 대지진, 지진이 도쿄와 요코하마 일대를 강타하여 14만여 명이 죽고, 직후 혼란 속에서 조선인 학살사건,가메이도사건 발생

순천 내용증명, 배달증명 등기

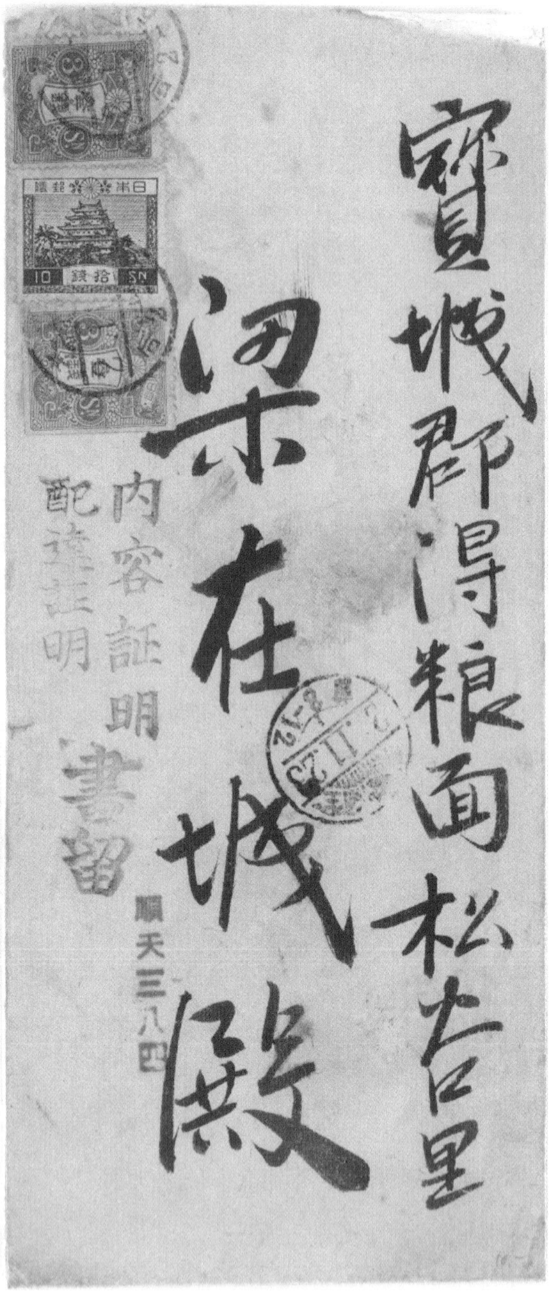

1923. 11. 2 순천(순천 호남은행 순천지점) -
1923. 11. 23 전남 보성 도착

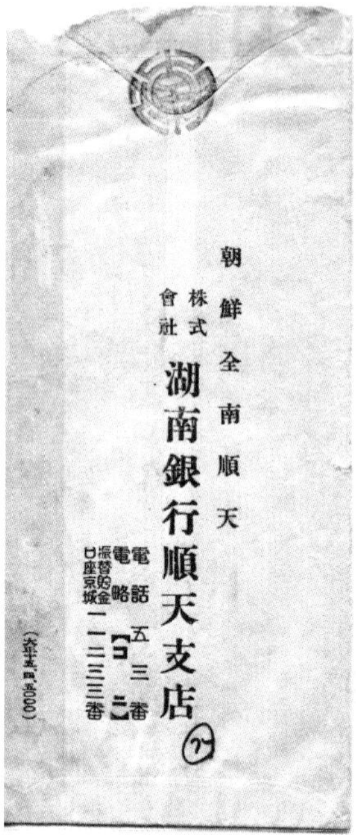

호남은행(湖南銀行)

1929년 설립. 호남은행은 일제강점기인 1920년에 설립된 민족계 은행이었다. 광주와 목포의 유력한 한국인 자본가 24명이 참여한 호남은행은 광주를 본점으로 하였으며, 설립 당시 자본금은 150만원이었다. 호남은행의 설립은 설립 당시 전무 취체역이었던 현준호(1889~1950) 가 주도하였는데, 그는 1925년 대표 취체역에 취임하게 된다. 현준호의 아버지인 현기봉 역시 목포창고금융(주), 해동물산주식회사 등을 설립한 전남의 대표적인 대지주이자 기업가였다. 1889년 전남 영암에서 출생하였다.

출처: 위키백과

순천우편국

전라남도 순천군 순천면 행정

1922. 3. 26 조선총독부 고시 제76호. 전신 전화 통화 사무 개시

1923

단기 4256년/대한민국임시정부 5년/대정 12년

경성 관훈동(京城寬訓洞)우편소▶천안(국) 등기

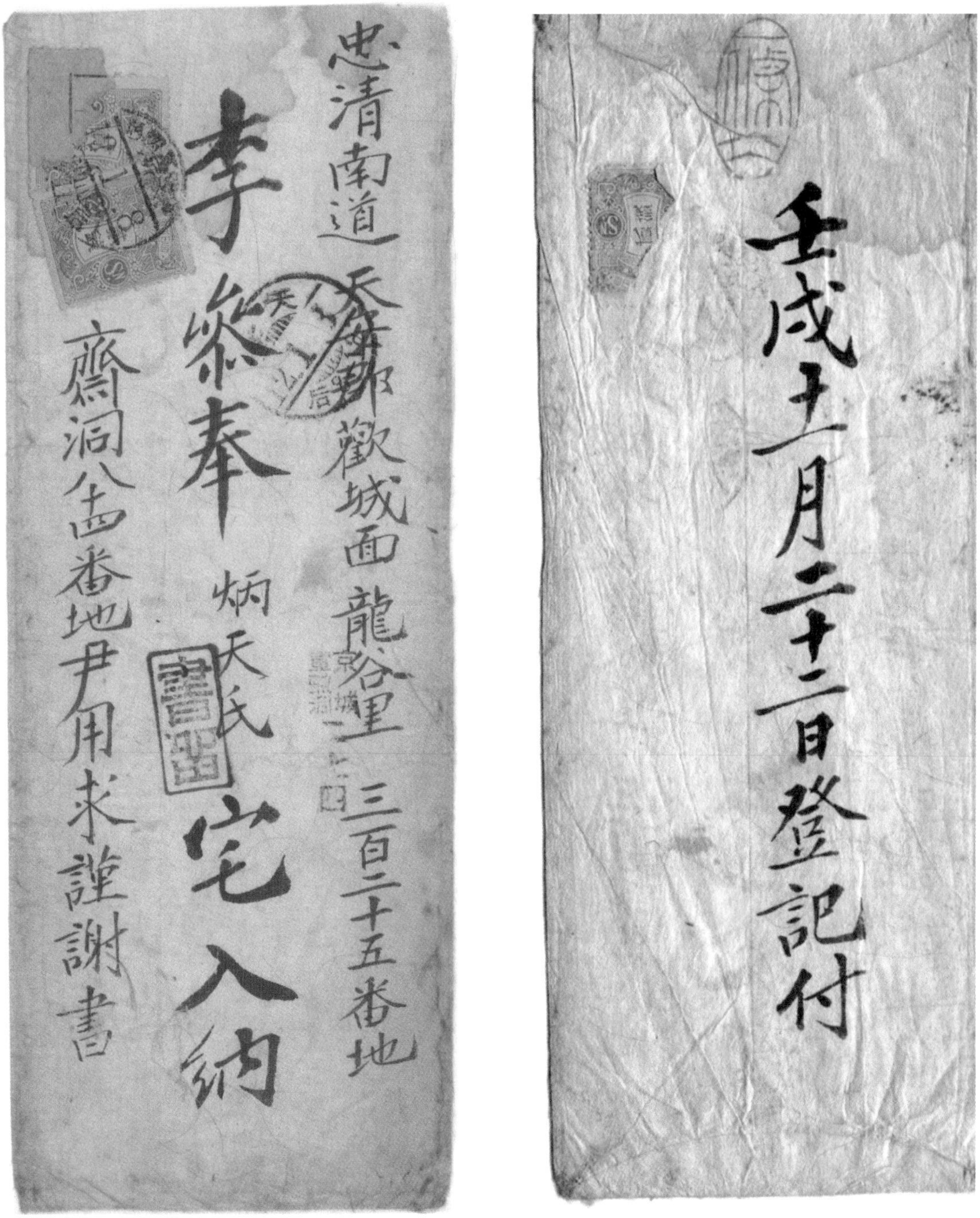

1923년(대정 12) 1. 8 경성 관훈동우편소-천안(국)

1923

단기 4256년/대한민국임시정부 5년/대정 12년

공주 등기▶일본행

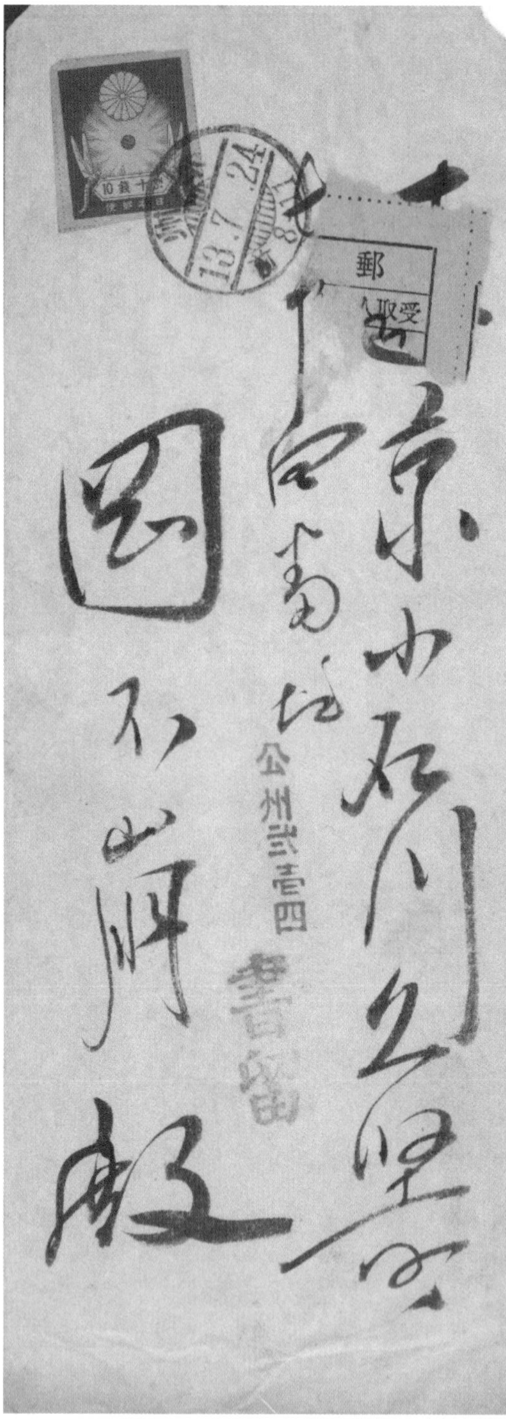

대정 13년(1923) 공주 등기(등기 번호 214)- 동경행

공주우편국

충청남도 공주군 공주읍
1911. 3. 10
조선총독부 고시 제54호
전화 교환, 전화 가입, 전보 취급
조선총독부 관보 제152호
명치 44년 3월 6일
조선총독부 고시 제54호
명치 44년 3월 10일

1923년 관동대지진 조선인 대학살

간토대지진 조선인 학살 사건(關東大地震朝鮮人虐殺事件·간토 대학살)은 간토대지진(1923) 당시 혼란의 와중에서 일본 민간인과 군경에 의하여 무차별적으로 자행된, 조선인을 대상으로 벌어진 대대적인 대학살 사건임. 희생자 수는 약 6,000명 혹은 6,600명에 달하는 것으로 알려져 있다.

출처: 위키백과

CARD NEWS
1923년 8월 경성지방법원에 두 사내가 앉아 있다.
오른쪽 인물은 27년 8개월을 감옥에서 보낸 비운의 독립투사 김시현.
왼쪽은 밀정인지 독립투사인지 정체가 밝혀지지 않은 미스터리 인물 황옥.

일제말기 독립운동

영화 `암살`에 등장한 김원봉을 기억하시나요?
독립운동가 김원봉, 그 리고 그의 단체 의열단.
요즘 김원봉과 함께 의열단에서 생사를 넘나든
두 인물에 관심이 커지고 있습니다.
바로 영화 `밀정`의 모티브인 항일투사 김시현과 황옥.
(P.628 계속)

1923

단기 4256년/대한민국임시정부 5년/대정 12년

미국에서 Keijo Chosen으로 체송된 등기

1923년 11월 1일 미국 PUEBLO, COLORADO-11월 26일 KEIJO CHOSEN 체송 기간: 25일
조선 경성 종로3정목 태화서관 진체 경성 8734

박금룡(朴金龍)

1925~미상. 전남 강진 출생
일본군 헌병대에 군속(軍屬)으로 근무하다 탈출하여 한국광복군 제2지대에 입대하였다. 그 후 한미합작특수훈련(O.S.S)에 참여하였다.
출처: 공훈전자사료관

1923

단기 4256년/대한민국임시정부 5년/대정 12년

미국으로 체송된 KEIJO 등기 실체

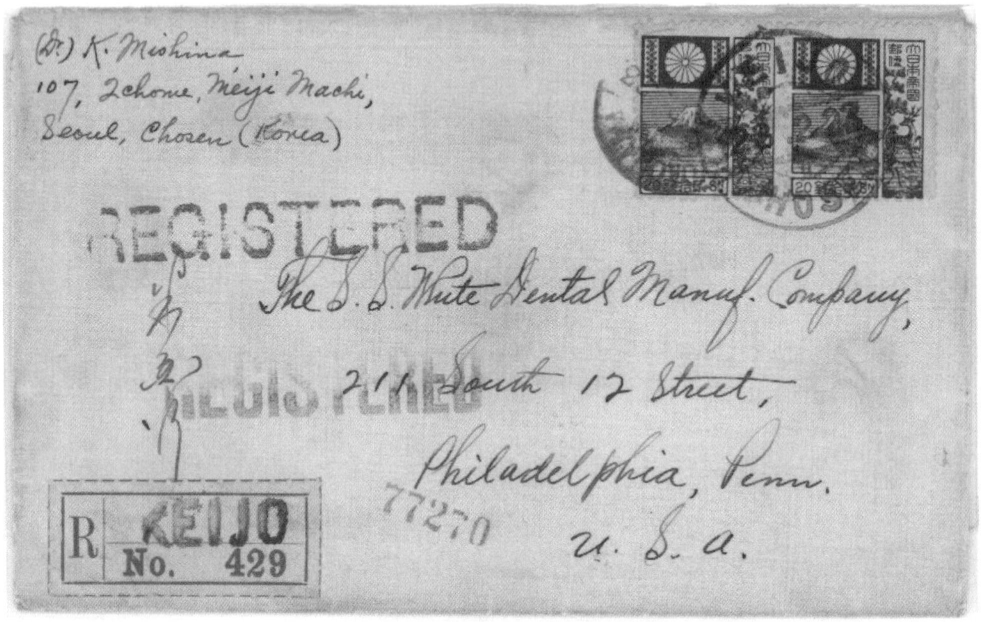

1923. 2. 22 KEIJO CHOSEN-Seattle 13, Mar. 1923 경유 - 18 Mar 1923 Philadelphia USA 도착

영화 '밀정'의 한 장면

영화 '밀정'은 실제 사건을 거의 실제와 가깝게 보여줬고 역사적 고증을 잘한 영화가 아닌가 싶다.
영화와 실제 사건이 얼마나 다른지도 알아보았다. 아래는 실존 인물에 대한 간략한 설명이다. 송강호 → 이정출 역(실존인물 황 옥) 공유 → 김우진 역(실존인물 김시현) 한지민 → 연계순 역(실존인물 현계옥) 황옥은 조선인 출신 일본 경찰이었고, 실제로 많은 독립 운동가들을 잡아들였기로 유명하고 이중첩자 역할도 해서 말이 많은 인물. 상해에서 폭탄을 경성까지 기차로 옮길 수 있도록 도왔지만, 이후 밀고로 인하여 잡히자 재판에서 일본쪽의 스파이였고, 시키는대로 했을 뿐이라고 증언해 나중에 독립운동 명단을 추릴 때 이름을 올리지 못했다고 한다.

황옥(黃鈺)

1885 서울 출생.

별칭 황만동(黃晩東): 영화 '밀정'에서 송강호 배역, 일명 황만동(黃晩東)으로, 1885년(고종 22) 서울에서 태어나 1920년부터 항일독립운동에 투신하였다. 같은 해 경기도 경찰부에서 경부로 근무하던 중 의열단의 단원인 김시현(金始顯)과 만나 독립운동에 헌신하기로 결의한 뒤, 1923년 종로경찰서에 폭탄을 던진 범인을 검거하기 위해 중국으로 출장을 떠나 톈진(天津)에 도착하였다. 의열단 단장 김원봉(金元鳳)과 만나 항일 독립운동에 가담할 것을 서약하고, 조선총독부등 일제의 기관 파괴와 일제의 요인 및 친일파 암살 등의 지령을 받았다. 김원봉에게 폭탄 36개와 권총 5정을 받아 권동산(權東山), 김시현, 김재진(金在震) 등과 함께 신의주를 거쳐 서울까지 운반하였다. 그러나 김재진이 일본 경찰에 밀고함으로써 모든 계획이 수포로 돌아가고, 황옥은 동지들과 함께 체포되었다. 1924년 경성지방법원에서 10년의 징역형을 선고받고 복역 중 장결핵(腸結核)과 폐렴으로 형집행정지 처분을 받고 1925년 12월 가출옥하였다. 1928. 5월 재수감 되었다가 1929. 2월 다시 가출옥하였는데, 이 사건을 가리켜 '의열단의 제 2차 국내 거사 계획' 또는 '황옥경부사건(黃鈺警部事件)'이라 일컫는다. 그러나 이 사건에 대해서는 황옥이 고려 공산당의 내정과 극동인민대표대회의 내용을 정탐하기 위한 일제의 주구 역할을 했다는 견해가 지배적이다. 즉 이 거사가 실패로 끝난 것은 황옥의 간계때문으로, 황옥이 공을 세우기 위해 의열단에 접근해 무기의 국내 반입을 돕는 척하며 일제의 밀정 역할을 했다는 것이다. 따라서 학계에서는 이 사건을 두고 일제가 의열단의 활동을 저지하기 위해 벌인 대표적인 공작 가운데 하나로 보고 있다.

출처: 위키백과

1923

단기 4256년/대한민국임시정부 5년/대정 12년

한국형 통신일부인 죽산(竹山)(소)일부인 봉함엽서

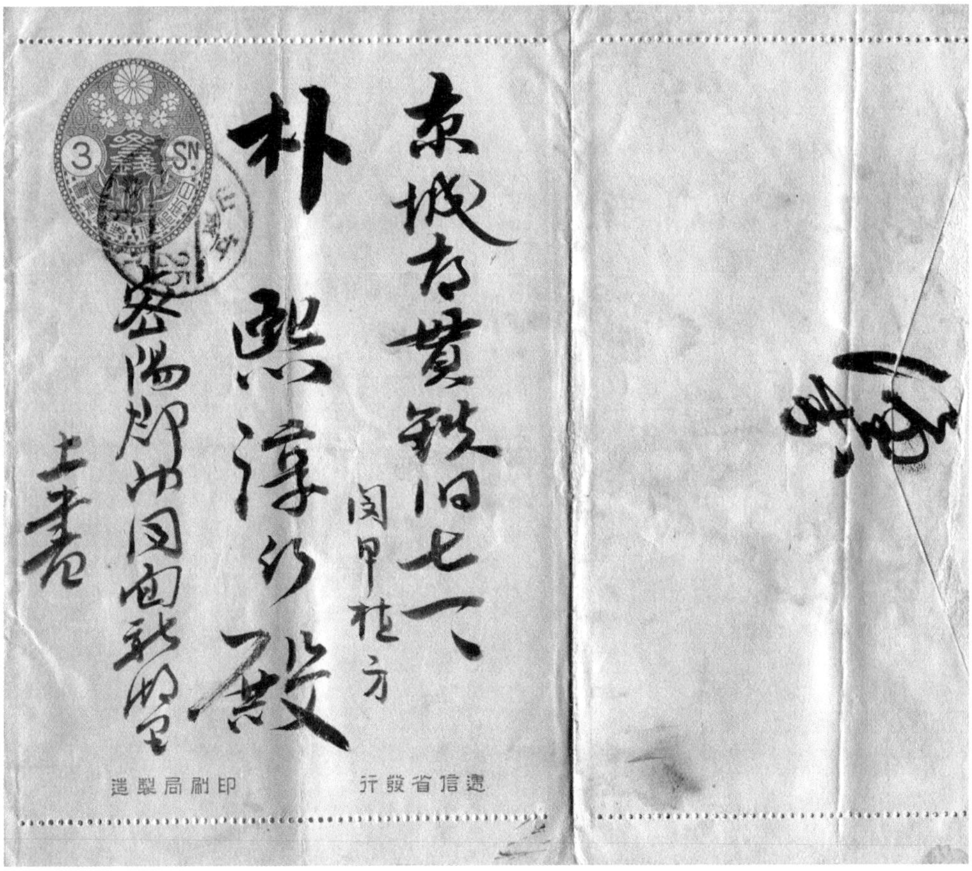

1923년 우편사 및 주요 역사

1. 1 중·일간 우편약정 체결(1922.12.31, 중국 주재 일본우편국 철폐)
중·일간 우편약정의 실시(경성, 부산, 인천, 회령 및 경원 교환국)지정
파산법(破産法) 및 화의법(和議法) 시행

3. 1 일제 체신국 사무분장규정 개정
제5차 범미주(汎美洲)회의 개최

3. 21 취립금(聚立金), 거택불(居宅拂) 폐지.

3. 1 우편사서함 집배사무 취급 우편국에 제한 실시

4. 1 경성우편국 용산전신분실 설치

4. 2 조선종두령(朝鮮種痘令) 공포.

5. 1 제1회 '어린이 날' 기념식
고려혁명군(高麗革命軍) 조직.

6. 11 각 우편국 전화교환 업무 분리 실시.
경성무선전신국 설치(공중통신 취급 개시)

고려혁명군(高麗革命軍)

고려혁명군은 자유시사변(1921. 6.) 직전 1921년 5월 3개 연대로 조직된 고려혁명군정의회 산하 군대를 말한다.
자유시사변 이후 자유시에 남아있던 대한독립군단 일부 병력과 기존 고려혁명군은 단일한 고려혁명군으로 재편되었다.
이후 고려혁명군은 이르쿠츠크로 이동해1개 여단 규모의 고려혁명군(1921.8.)으로 다시 재편되어 러시아 적군 제5군에 예속된다.
고려혁명군 단장은 오하묵이다.

출처: 위키백과

1923

단기 4256년 대한민국임시정부 5년/대정 12년

일제강점기 수입증지 사용 실체

주식회사 압록강 수선공사(株式會社 鴨綠江 輪船公司)—株券

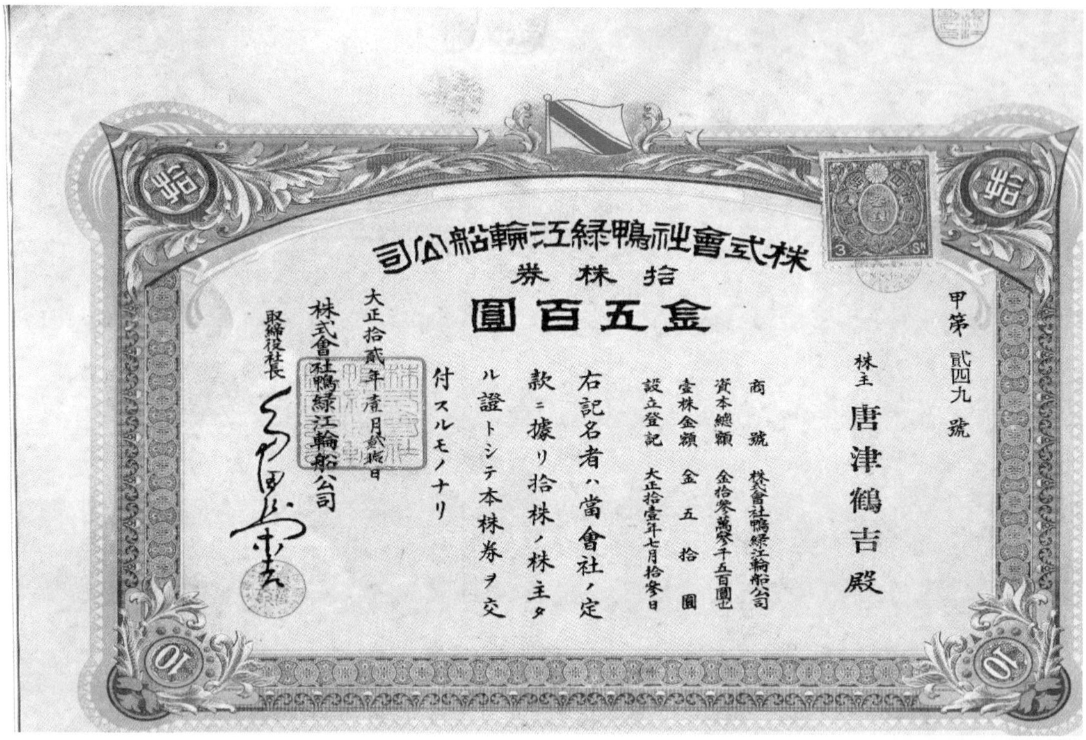
株式會社鴨緑江輪船公司
拾株券
金五百圓
甲第貳四九號
株主 唐津鶴吉殿
商號 株式會社鴨緑江輪船公司
資本總額 金拾參萬參千五百圓也
壹株金額 金五拾圓
設立登記 大正拾壹年七月拾參日
右記名者ハ當會社ノ定款ニ據リ拾株ノ株主タル證トシテ本株券ヲ交付スルモノナリ
大正拾貳年壹月貳拾日
株式會社鴨緑江輪船公司
取締役社長

수입 증지 3 전 사용. 대정 16년(1923)1.20

이동휘(李東輝)

(1873년 6월 20일 ~ 1935년 1월 31일) **대한제국**의 군인이자 한국의 사회주의 계열 독립운동가이다. **대한제국**시기 육군 장교 출신으로 한말 애국계몽운동과 의병 운동을 이끌었고 **함경도**, **평안도**, **북간도**, **연해주** 한인사회 등에서 활동하면서 **기독교인**으로 **기독교** 사상을 전파하는 독실한 전도사로 활동하기도 했다. 1919년 **대한민국임시정부**의 **국무총리**를 역임하기도 했다. 아호(雅號)는 성재(誠齋)이며 대자유(大自由)라는 호(號)를 사용하기도 했다. 1912년 가을 외국인 선교사의 도움으로 유배지를 탈출하여 **북간도**로 망명한 그는 국자가(局子街) 소영자(小營子)에서 **김립**(金立)·**계봉우**(桂奉瑀) 등과 더불어 **광성학교**(光成學校)를 설립하여 지속적으로 민족주의 교육 활동을 전개하면서, **구례선**(具禮先) 목사의 도움으로 북간도 전역에 기독교 선교사업을 진흥시키기도 하였다. 1913년 러시아제국 **연해주**(沿海州)로 망명하여 거점을 옮긴 후, **블라디보스토크**의 신한촌(新韓村)을 중심으로 조직된 **권업회**(勸業會)에 가담하여 **이상설**(李相卨)·**이갑**(李甲)·**신채호**(申采浩)·**정재관**(鄭在寬) 등과 함께 '독립전쟁론'에 입각한 민족해방투쟁에 적극적으로 활동하였다. 그러던 중 1914년 **제1차 세계대전**의 발발과 함께 일제(日帝)와 동맹한 **러시아제국**이 재러시아 한국인들의 민족운동을 탄압하자, **이종호**(李鍾浩) 등과 더불어 중국 **왕청현**(汪淸縣) 라자우거의 한인촌으로 거점을 옮겨 대전무관학교(大甸武官學校)를 설립하고 독립군 양성에 힘을 기울였다. 그러나 이듬해 일제의 사주를 받은 중국 관헌의 탄압으로 무관학교는 해체되고, 그 또한 일제 관헌에게 쫓기는 몸이 되어 왕청현 하마탕의 한인촌에 숨어 요양하였다.

1924

단기 4257년/대한민국임시정부 6년/대정 13년

원산(元山里. 번호표 100)▶Yokohama▶미국행 등기

을사늑약 체결 뒤 일본과 조선의 관료들이 일본군 사령부로 사용되던 대관정에서 찍은 기념사진.
이토히로부미(앞줄 중앙)와 친일 각료들.
1904~1905년 로이터 통신원과 미국공사관 부영사를 지낸 윌러드 스트레이트(Willard Straight)가 촬영

사진 출처: 서울역사박물관

1925

단기 4258년/대한민국임시정부 7년/대정 14년

Jinsen(인천)▶via Siberia–Germany행 등기

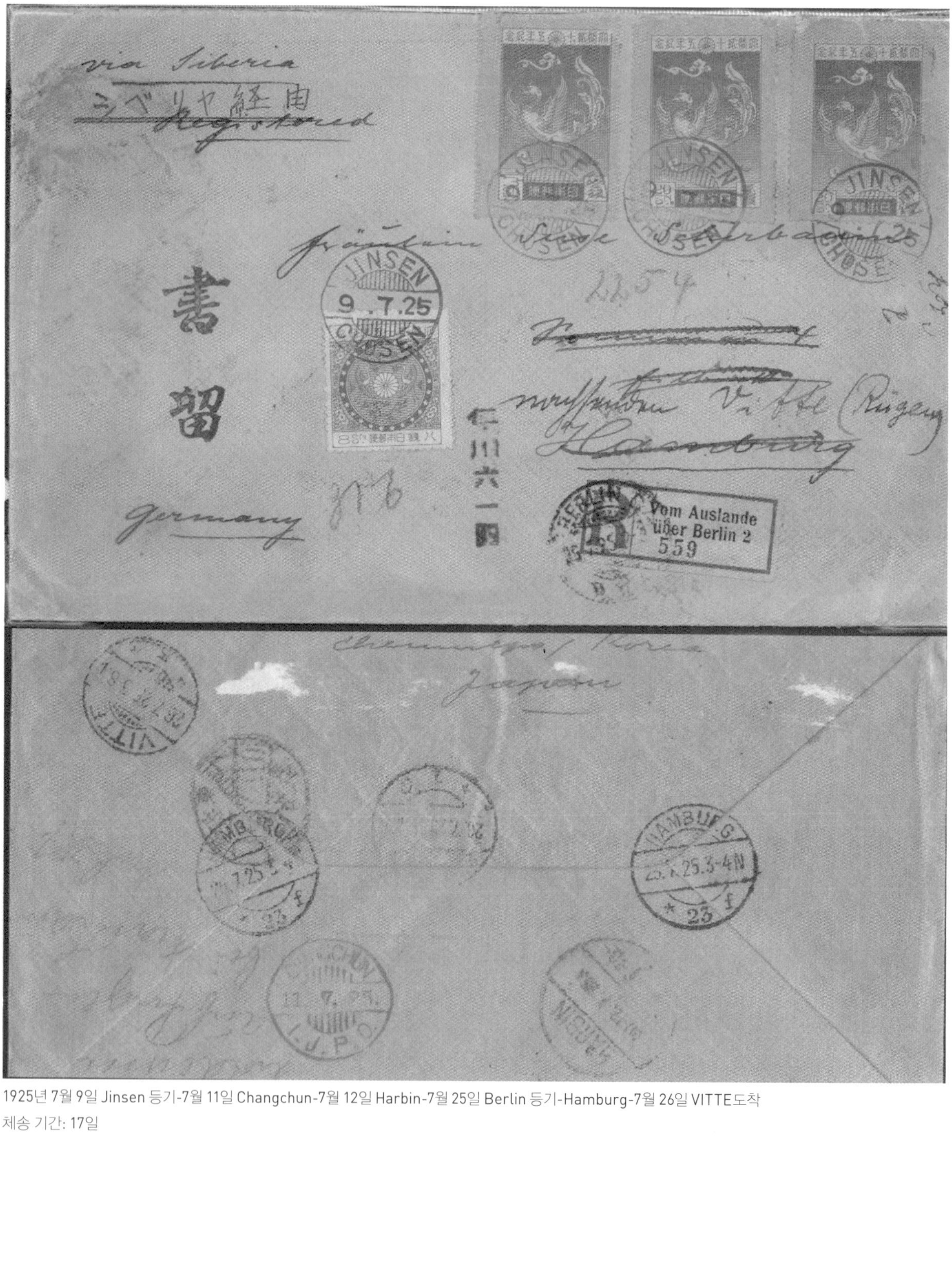

1925년 7월 9일 Jinsen 등기-7월 11일 Changchun-7월 12일 Harbin-7월 25일 Berlin 등기-Hamburg-7월 26일 VITTE도착
체송 기간: 17일

1925

단기 4258년/대한민국임시정부 7년/대정 14년

재한 일본우편국 Fusan 외체인

1925년 11월 22일 FUSAN 외체인 접수인-인도차이나행

박은식(朴殷植)

1859. 9. 30 ~ 1925. 11. 1
일제강점기 학자, 언론인, 독립운동가, 교육자, 애국계몽운동가, 정치가이다.
그는 대동교(大同敎)를 창건하고 신한혁명당(新韓革命黨)을 조직하여 항일활동을 전개하였다. 자(字)는 성칠(聖七)이고 호는 겸곡(謙谷), 백암(白岩·白巖·白菴), 태백광노(太白狂奴), 무치생(無恥生)이다.
박은식은 40세가 가까워오던 무렵부터 여태까지 공부했던 주자학과 위정척사사상의 본질에 의심을 품고 신학문·신지식을 알아야겠다는 필요성에 절감하여 1898년 독립협회에 가입했다.
1898년경 9월 민족지사 장지연·남궁억·나수연·유근(柳瑾) 등과 함께 《대한황성신문》을 인수하여 새로이 《황성신문》으로 제목을 바꾸고 창간 보급하였으며, 박은식은 장지연과 같이 공동주필에 취임하였다.
1904년 ≪대한매일신보≫가 창간되자 그는 대한매일신보에도 주필이 되어 사설을 썼다. 《대한매일신보》는 영국인 어니스트 베델(한국명 배설)이 편집인이자 발행인인 한·영 종합일간지였으며, 고종 황제와 민족주의 지식인들의 지원을 받았다. 의병투쟁을 사실 그대로 보도한 정론으로 일제로부터 탄압을 받았으며, 1905년부터 1907년까지 양기탁의 주선으로 박은식이 주필로 활동하였다. 당시 다른 언론들은 일제의 사전검열을 받았지만, 《대한매일신보》만은 발행인인 배설의 국적이 영일동맹으로 일본과 친교하던 영국이어서 언론의 자유를 다른 신문들보다는 누릴 수 있었다. 하지만 이러한 장점은 오래 가지 못하였다. 일제가 신문법을 고쳐 대한제국에서 외국인이 발행하는 신문이던, 외국에서 조선인이 발행하는 신문이던 모두 압수와 판매 금지가 가능하도록 한 것이다. 설상가상으로 일제는 배설과 양기탁을 구속하였고, 특히 양기탁은 국채보상운동을 위한 의연금을 횡령, 사취하였다는 죄명을 씌워서 탄압하였다. 결국 1910년 항일언론인인 배설이 물러나고, 영국인 비서였던 앨프리드 W. 마넘(萬咸(만함), Alfred W. Marnham)이 통감부에 신문을 팔아 넘기고 말았다.
1925년 11월 4일 그의 국가, 민족에 끼친 공훈을 추도하여 임시정부 최초로 국장을 거행하여, 유해는 상하이 정안사로(靜安寺路) 공동묘지 600번지에 안장되었다.
대한민국 정부는 그의 공훈을 기리기 위하여 1962년 건국훈장 대통령장을 추서하였다.

출처: 위키백과

1925

단기 4258년/대한민국임시정부 7년/대정 14년

미국행 평양 내체인 실체 엽서

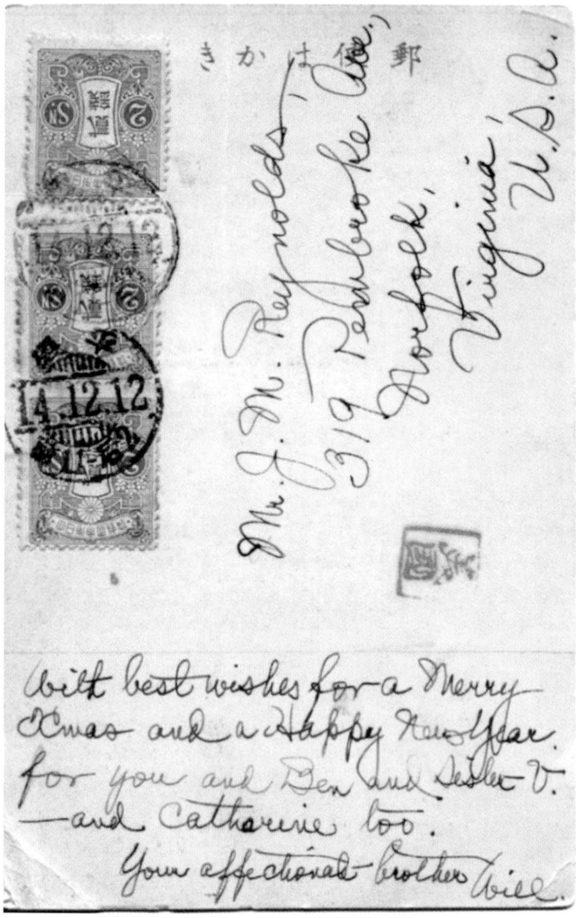

1925년(대정14) 12월 12일 평양-미국행

경성역 정면도

1925년 9월 당시 경성역

경성역은 다음의 역을 말한다.

서대문역 - 1901년부터 1905년까지 '경성역'으로 불렸으며, 지금의 서울역보다 북쪽에 있었던 폐역이다.

서울역-1923년부터 1947년까지 '경성역'으로 불렸으며, 서대문역의 폐지 이후 서울(당시 경성부)의 대표역이다

출처: 위키백과

평양우편국

평안남도 평양부 외천방 1리

1911. 3. 30 조선총독부 고시 제87호. 우편위체 사무 취급 개시
평양부 평양대동문통에서 외천방 1리로 이전

1911. 12. 10 조선총독부 고시 제360호. 우편국 이전

최성갑(崔成甲)-의병

1876~1925 경상북도 흥해 출생

1908년 5월부터 경북 흥해(興海) 일대에서 이석이의진(李石伊義陣)에 참여하여 군자금을 모집하는 등의 활동을 하였다. 이석이(본명 李錫)는 1906년 3월 경북 영천(永川)에서 정용기(鄭鏞基)가 조직한 산남의진(三南義陳)에 참여하였다.

1907년 9월 초 영일군(迎日郡) 죽장면(竹長面) 입암전투(立巖戰鬪)에서 대장 정용기가 전사한 뒤 독자적으로 의진을 편성하여 의병장이 되었다. 이석이 의진은 1907년 9월 이후부터 1909년 10월 2일 청송군 현동면(縣東面) 도평(道坪)에서 체포될 때까지 청하(淸河)·영천·청송(靑松) 등지에서 군자금 모집과 친일파 처단에 주력하였다.

출처: 공훈전자사료관

1925

단기 4258년/대한민국임시정부 7년/대정 14년

밀양▶수산(守山) 일부인

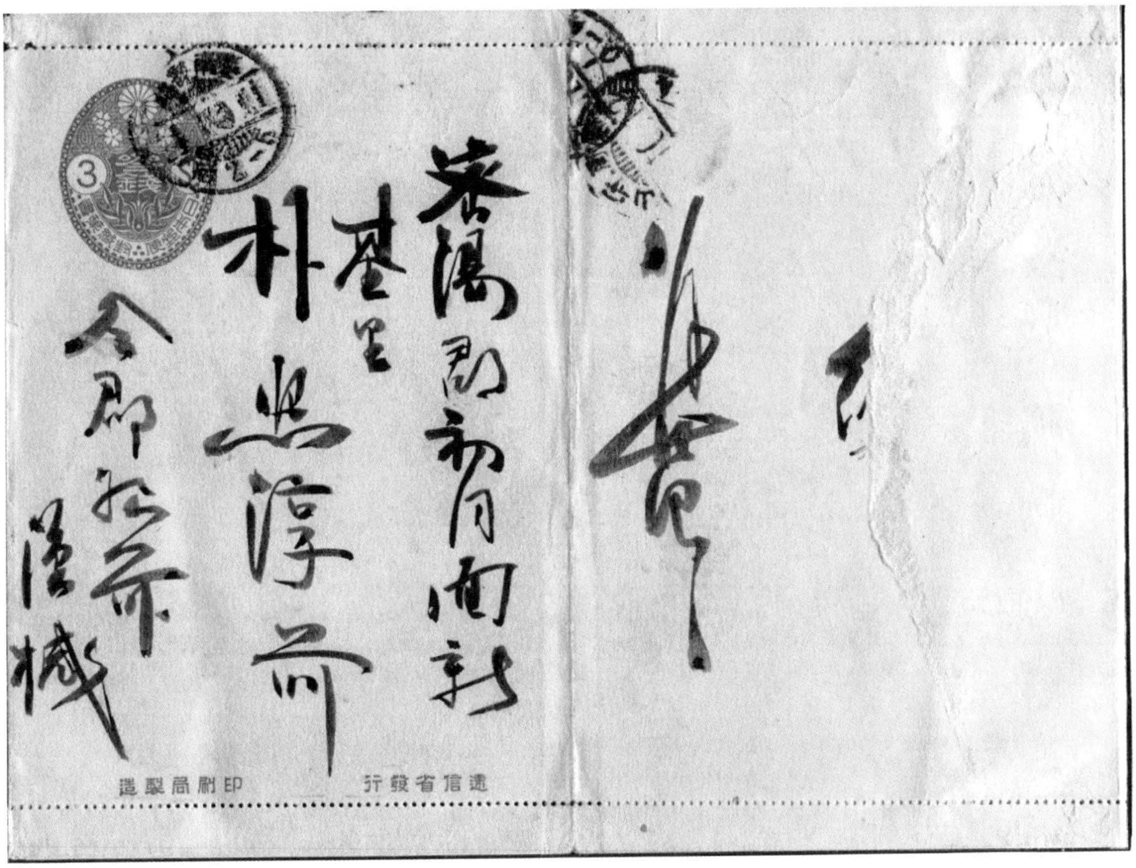

1925. 10. 11 경남 밀양-경남 수산행 봉함엽서 실체

1925년 우편사 및 주요 역사

1. 1	우편위체금 거택불 폐지, 재만(在滿)독립운동 단체, 정의부(正義府)로 통합 조직
4. 10.	원산우편국 수형 교환 참가. 각 도청 소재지 우편국 중일간(中日間) 우편물 교환 업무 개시
3. 23	임시정부 임시 대통령에 박은식(朴殷植) 선출
3. 30.	임시정부 헌법 개정(대통령을 국무령으로)
4, 17	박헌영, 조봉암 등 조선공산당 조직
5. 12	조선에 치안유지법 공포
7. 8	을축년(乙丑年) 대수해(水害)발생
9. 8	조선일보 제3차 정간
10. 15	경성운동장 개장
10	구주 안전보장회의 개최(스위스 로잔)

1925

단기 4258년/대한민국 임시정부 7년/대정 14년

경성운동장(동대문운동장)

경성운동장(京城運動場)은 훈련원 동쪽 광희문과 동대문 사이의 공원지에 해당하는 대지 22,700평에 총 공사비 155,000원을 들여서 만든 동양 제일의 경기장이었다. 경성운동장은 경성부 토목과장인 이와시로(岩城)의 공사 지휘로 1925년 5월 24일 기공해서 동년 10월 15일에 개장했다. 총면적 22,700평, 총 공사비 155,000원, 총 수용인원 25,800명이었다.

박흥식(朴興植)

1903~1994. 평안남도 용강 출생

일제 강점기의 대표적인 기업인이다. 광복 이후에는 사업에서 손을 떼었지만 1950년부터 1980년까지 30년 동안은 다시 기업인으로 활동하였다. 화신백화점 사장으로 잘 알려져 있으며, 제1공화국에서 반민족행위특별조사위원회가 조직되었을 때 첫 번째로 체포된 인물이기도 하다.

출처: 위키백과

송욱동(宋旭東)

1900~1947 전남 화순 출생

1924년 8월 중국 호남성립(湖南省立) 제일중학교(第一中學校) 3학년에 입학하여 1학기를 수업하였고 1925년 중국 호남(湖南) 장사(長沙) 평민대학(平民大學) 예과 1학년에 입학하여 1927년까지 수학하였다. 1925년 9월 중국 무창(武昌)에서 무한한인청년회(武漢韓人青年會) 결성에 참여하였고 1941년 10월 임시의정원(臨時議政院) 전라도(全羅道) 의원(議員)에 선출되어 해방 당시까지 의정원 의원으로 활동하였다.

출처: 공훈전자사료관

1926

단기 4259년/대한민국임시정부 8년/대정 15년/소화 원년

3월25일 경성도서관이 경성부로 매각되다/4월1일 경성부립도서관 종로분관 개관/4월 엠엘파 결성/4월26일 미국-프랑스 채무협정 체결, 미국에 대한 프랑스의 제1차세계대전 채무를 40억달러로 확정/6월10일 조선 마지막 임금인 순종의 장례일 이 날 6.10만세사건 발생하다. 8월4일 가수 윤심덕과 김우진이 현해탄에서 자살/10월1일 나운규 감독의 영화〈아리랑〉단성사에서 개봉/12월28일 나석주가 식산은행과 동양척식주식회사, 조선철도회사에 폭탄을 투척 후 일본 경찰과 총격전 끝에 장렬하게 사망함/ 한글학회가 한글날을 제정하였다.

불도통지서에 날인된 Gensan(원산) 외체인 실체

AVIS DE PAYEMENT

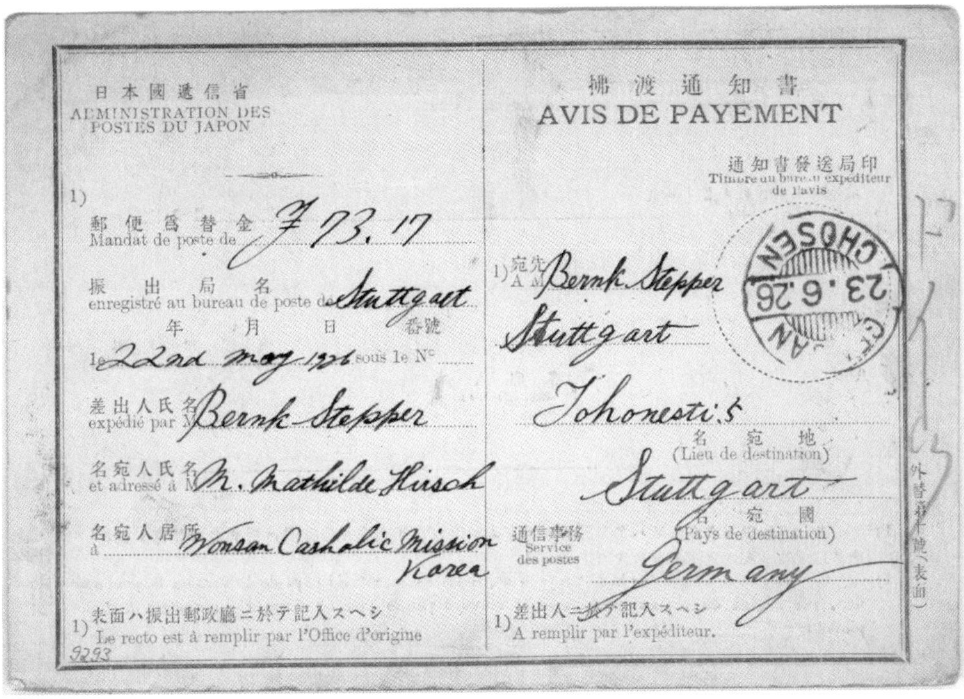
日本國遞信省
ADMINISTRATION DES POSTES DU JAPON

拂渡通知書
AVIS DE PAYEMENT

通知書發送局印
Timbre du bureau expéditeur de l'avis

1) 郵便爲替金 Mandat de poste de ¥73.17

振出局名 enregistré au bureau de poste de Stuttgart

年 月 日 番號 le 22nd may 1926 sous le N°

差出人氏名 expédié par M Bernk Stepper

名宛人氏名 et adressé à M. Mathilde Hirsch

名宛人居所 à Wonsan Catholic Mission Korea

1) 宛先 A Bernk Stepper Stuttgart Johonesti: 5

名宛地 (Lieu de destination) Stuttgart

名宛國 (Pays de destination) Germany

通信事務 Service des postes

CHOSEN GENSAN 23.6.26

1) 表面ハ振出郵政廳ニ於テ記入スヘシ Le recto est à remplir par l'Office d'origine

1) 差出人ニ於テ記入スヘシ A remplir par l'expéditeur.

1926년 6월 23일 GENSAN 외체인 일본국 체신성 Administration Des Postes Du Japon

윤심덕(尹心悳) 1897. 7. 25-1926. 8. 4. 평양

『사의 찬미』[死의 讚美] 일제 강점기 성악가이자 가수 겸 배우이다. 평양 숭의여학교 출신. 화가 나혜석과 함께 1920년대 신(新)여성을 대표하는 인물이다. 한기주(韓琦柱)와 함께 한국 최초 소프라노였다.

"지난 3일 오후 11시에 하관(시모노세키)을 떠나 부산으로 향한 관부연락선 덕수환이 4일 오전 4시경에 쓰시마섬 옆을 지날 즈음에 양장을 한 여자 한 명과 중년 신사 한 명이 서로 껴안고 갑판으로 돌연히 바다에 몸을 던져 자살을 하였는데 즉시 배를 멈추고 수색하였으나 그 종적을 찾지 못하였으며, 그 선객 명부에는 남자는 전남 목포시 북교동의 김우진이요, 여자는 윤심덕이었으며, 유류품으로는 윤심덕의 돈지갑에 현금 일백 사십 원과 장식품이 있었고, 김우진의 것으로는 현금 이십 원과 금시계가 들어 있었는데, 연락선에서 조선 사람이 정사(情死 연인끼리의 동반자살)를 한 것은 이번이 처음이더라"

출처: 동아일보 1926. 8. 5일자

김우진(金祐鎭) 1897-1926. 8. 4. 전남 장성

한국의 연극인이다.

장성군수와 목포에서 무안감리를 지낸 부농 초정 김성규(金星圭)의 장남으로 태어났다. 일본 와세다대학 영문과를 졸업, 1920년대 한국의 신극 운동의 주도자였으며 '극예술 협회' 동우회 순회연극단을 이끌었다. 그는 한국 최초로 근대극다운 희곡을 남겼으며, 서구의 표현주의 문예이론을 수용하는 한편, 이를 번역하여 소개하기도 했다. 그의 작품은 버나드쇼의 사회 문제극과 스트린드베리의 표현주의극의 영향을 받았다. 1926년 8월 애인 윤심덕과 함께 현해탄에 투신하여 자살했다.

주요 작품으로는〈정오(正午)〉〈이영녀(李永女)〉〈산돼지〉등이 있다.

출처: 위키백과

1926

단기 4259년/대한민국임시정부 8년/대정 15년/소화 원년

평북 북진▶미국행 등기

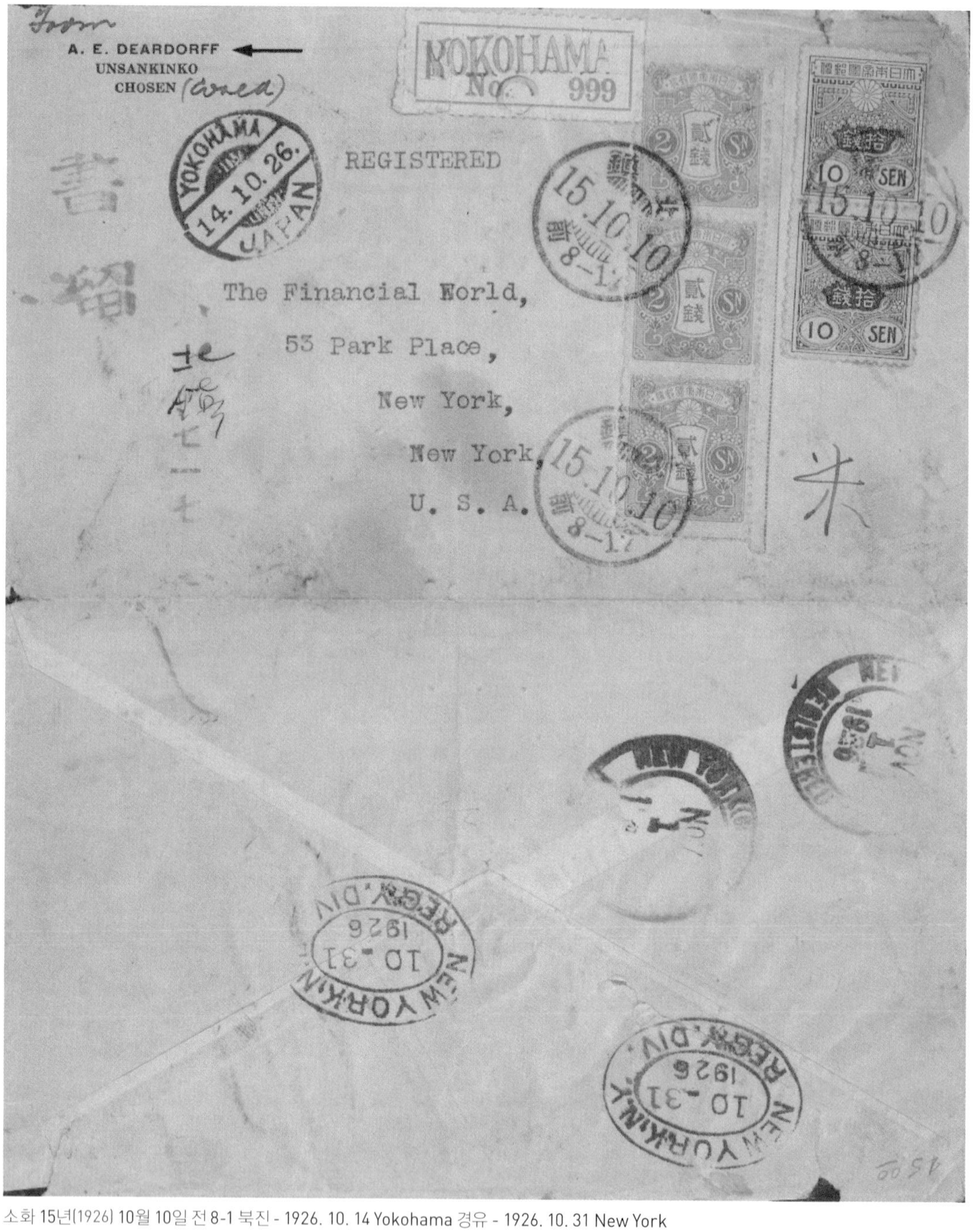

소화 15년(1926) 10월 10일 전 8-1 북진 - 1926. 10. 14 Yokohama 경유 - 1926. 10. 31 New York

북진우편국

평안북도 운산군 북진면 교동

1932. 10. 4

조선총독부 고시 제524호. 전화 교환 업무 개시

1926

단기 4259년/대한민국임시정부 8년/대정 15년/소화 원년

소화 1년(대정 15년 말기) 경북 용궁

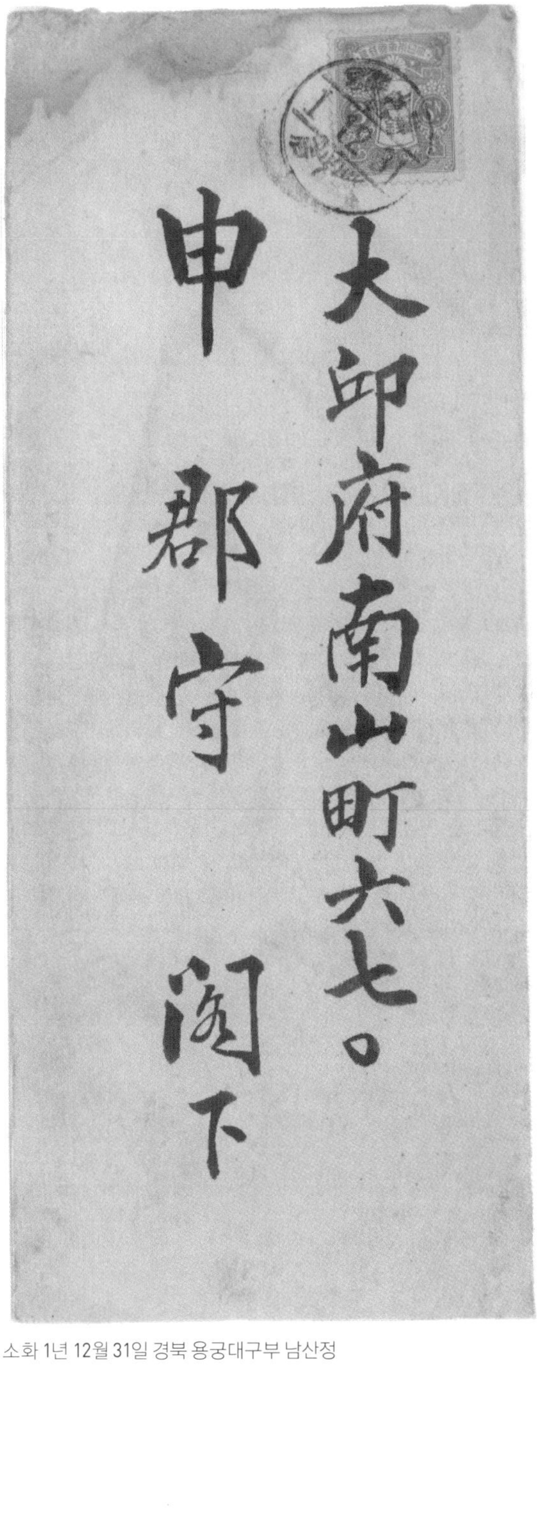

소화 1년 12월 31일 경북 용궁대구부 남산정

묻히고 잊혀진 항일투사 시리즈

나석주 의사 의거 기념터.
서울 중구 명동 외환은행 본점 앞에 있다.

나석주(羅錫疇, 1892~1926. 12. 28)

대한민국 독립운동가이다. 황해도 재령 출생.
국내에서 부호들을 상대로 반강제적으로 독립운동에 필요한 군자금을 모집하여 상하이 대한민국 임시정부로 송금하고 평산의 경찰 주재소를 습격하여 경찰관과 면장을 살해한 뒤 중국으로 피신했다. 신흥무관학교를 졸업한 후 중국에서 하북성 한단에 있는 중국 한단 군관학교 육군 제1군사강습소의 군관단을 졸업해 한동안 중국군 장교로 중국 군대에서 복무한 경력이 있었다. 그 후 대한민국 임시정부에서 김구(당시 경무국장)의 경호관, 의열단에 가입하였고, 1926년 의열단의 고문이기도 했던 김구, 김창숙 등과 논의한 뒤 동양척식주식회사 등 일제의 식민지 수탈 기관의 파괴를 목적으로 중국인으로 위장한 채 국내에 밀파되었다. 그 해 12월28일 조선식산은행, 동양척식회사에 폭탄을 투척하고 일본 경찰과 대치하던 중에 가지고 있던 총으로 자결을 시도하다 총상을 입고 일경에 의해 병원으로 후송되어 고등계 미와 경부에게 심문을 받던 중 자신이 나석주임을 밝히고 사망했다. 진남포에서 살던 나석주의 장남 나응섭은 잠적한 뒤 중국으로 망명했으나, 일경에 체포되어 다시 진남포로 압송되었다

출처: 위키백과

용궁우편소

경북 용궁군 신읍면 동부리

1911. 10. 16	조선총독부 고시 제304호. 우편소 설치
1911. 10. 15	조선총독부 고시 제305호. 우체소 폐지 후 우편소로 개칭

1926

단기 4259년/대한민국임시정부 8년/대정 15년/소화 원년

김천 소인 변형. 미납우편물 실체

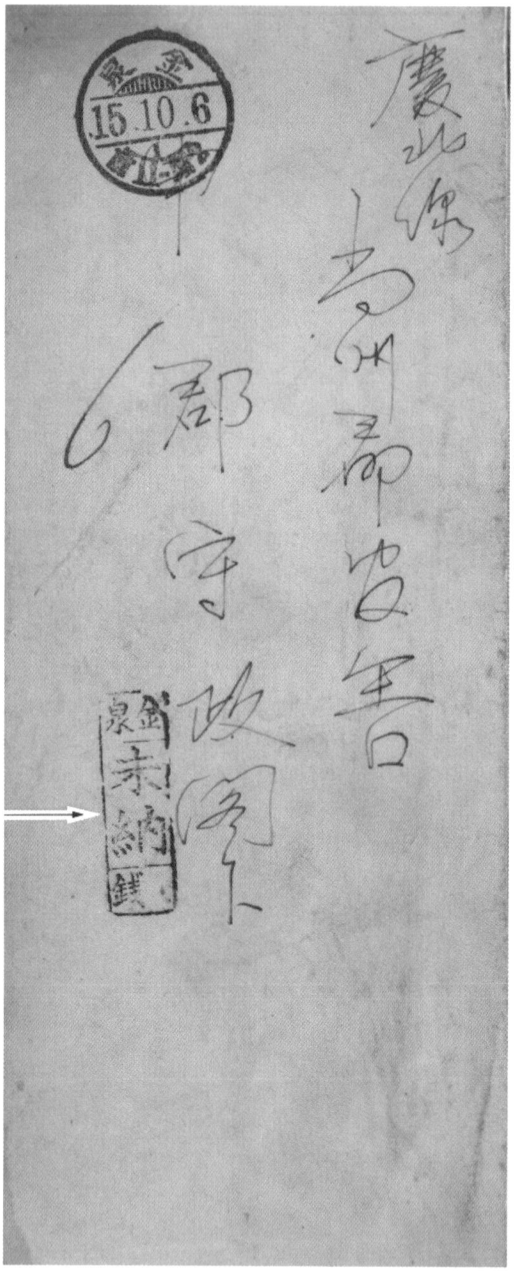

대정 15년(1926) 10. 6 김천 접수인(미납인)-경북 상주

◀김천 전11-후2 일부인

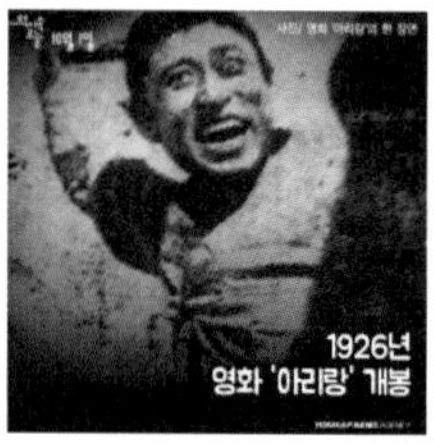

춘사 나운규(羅雲奎)

1902~1937
함경북도 회령 출생
대한민국 독립운동가. 영화인이다.
한국 영화계 선구자,
본관은 나주(羅州)
호는 춘사(春史)다.

나운규 '아리랑' 1926년 개봉

"이 영화는 첫째(배우들의) 역할이 적재적소를 얻은 것이 성공의 큰 원인이 되었고(중략). 나운규 군의 표정은 동양 사람으로는 거의 볼 수 없을 만하게 선이 굵고……,…" 1926년 10월 7일자 동아일보에 실린 영화평이다.

6일 전인 10월 1일 단성사에서 개봉한 무성영화 '아리랑'은 '국민 영화'였다. 불우한 현실 속에서 정신 이상자가 된 대학생이 고향에 돌아와 가족을 괴롭히는 지주를 살해하고 경찰에 체포된다는 내용의 '아리랑'은 나라 잃은 조선인의 설움과 울분을 달래주었다. 민요 '아리랑'을 영화의 주제곡으로 쓰이면서 일제치하 조선인의 가슴에 저항의 불을 지폈다. 영화 '아리랑'은 민족혼을 일깨우며 큰 반향을 일으켰고, 시나리오를 쓰고 연출, 주연까지 맡았던 춘사(春史) 나운규는 일약 스타로 떠올랐다. 나운규는 일제 치하 피폐한 조선인의 삶을 사실적으로 그리면서 일제에 대한 저항 정신을 스크린에 담아냈다. 일제강점기 한 일본어 영화잡지는 '아리랑'에 대해 "그 작품 안에는 어떤 꿈이 깃들어 있었다. 그 소중한 꿈에 감동을 받았다"는 평을 소개하기도 했다. 1902년 함경북도 회령에서 태어난 나운규는 35세의 나이로 요절할 때까지 서른 편 가까운 영화에서 감독, 주연, 각본을 맡았다.

출처: 위키백과

김천우편국

경상북도 김천군 본정
1911. 3. 21 조선총독부 고시 제70호. 전화통화사무 개시
1911. 8. 1 조선총독부 고시 제268호. 우편국 이전
김천 본정에서 경북 금산군 김천면 하신기로 이전

1926

단기 4259년/대한민국임시정부 8년/대정 15년/소화 원년

경성(京城)▶Via Siberia▶부르셀, 벨기에행

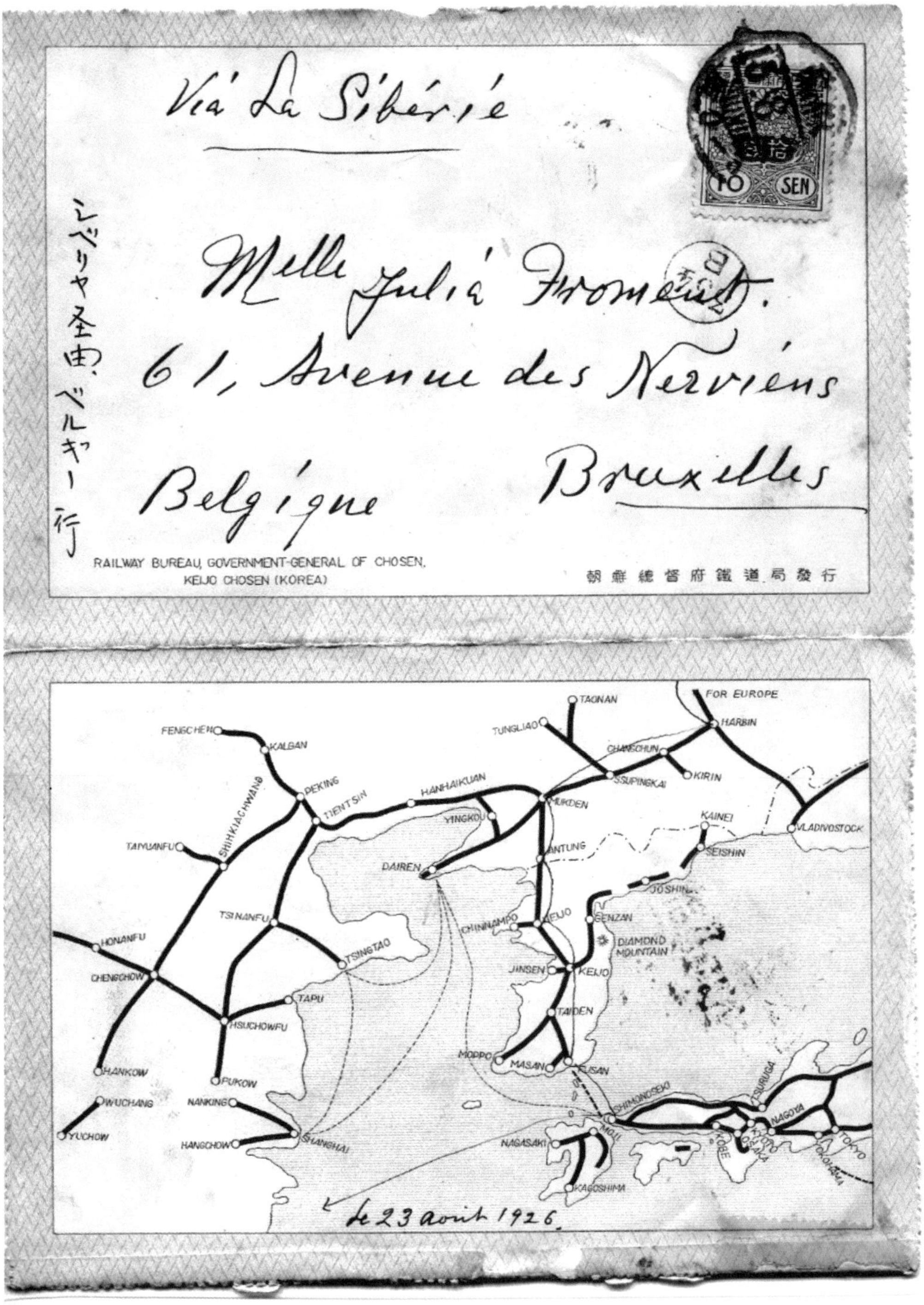

1926년 8월 23일 -시베리아 경유-부르셀, 벨기에행

1927

단기 4260년/대한민국임시정부 9년/소화 2년

4월1일 일본제국이 징병제와 관련된 법령인 징병령을 병역법으로 개정/2월16일 경성방송국(현한국방송공사) 라디오방송국 개국/8월20일 조선철도 함경선의 고무산-신참 간 개통/10월6일 세계 최초의 발성 영화〈재즈싱어〉 미국 뉴욕에서 개봉/정지용이 시〈향수〉를 발표하였다.

군산 영정 등기실체

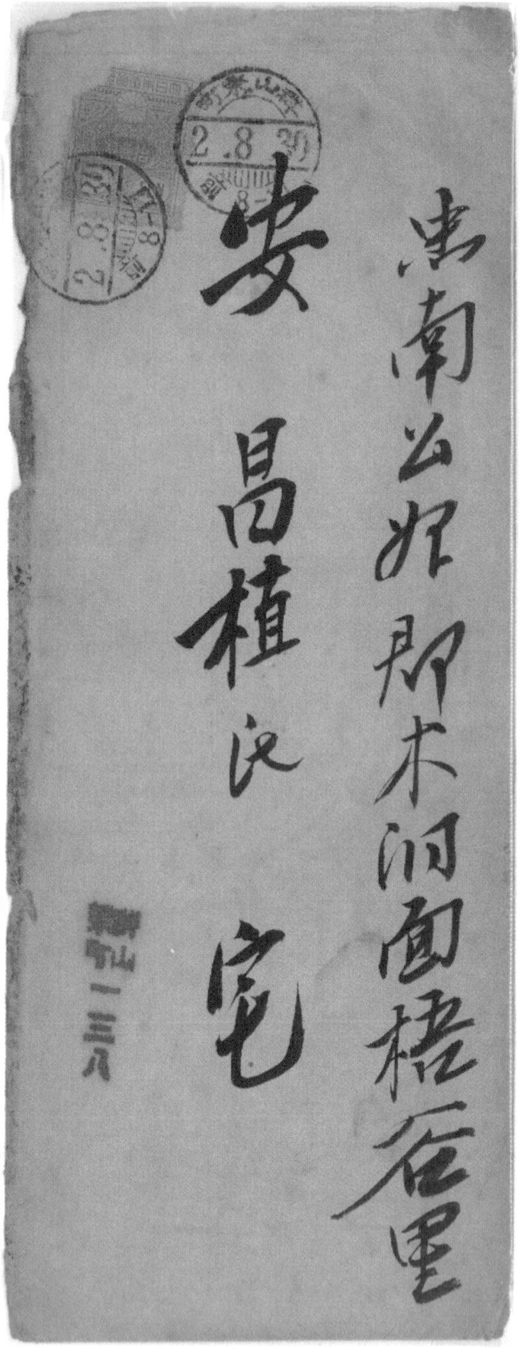

소화 2년(1927) 8. 30 군산 영정 등기138 -공주

일부인 B란 누락

백야 김좌진(白冶 金佐鎭) 장군

1889-1930

충청남도 홍주목 고남하도면 행촌리

(현 홍성군 갈산면 행촌리)

일제 강점기 군인이자 독립 운동가.

청산리 전투를 승리로 이끈 지휘관.

김동삼, 오동진 등과 3대 맹장(猛將)으로 불리기도 하였다.

1930년 공산주의자 박상실에 의해 피살당함.

청산리대첩(青山里大捷)

청산리전투 또는 청산리대첩(青山里大捷)은 1920년 10월 김좌진, 나중소(羅仲昭), 서일, 이범석 등이 지휘하는 북로군정서군(北路軍政署軍), 홍범도가 지휘하는 대한독립군, 대한신민단 예하 신민단 독립군 등 주축으로 활약한 만주독립군연합부대가 만주 지린성 화룡현 청산리 백운평(白雲坪), 천수평(泉水坪), 완루구(完樓溝) 등지에서 10여 차례에 간도에 출병한 일본제국 육군과 전투를 벌인 총칭이다. 삼둔자 전투와 봉오동 전투에서 연패한 일본군은 중국의 영토를 불법으로 침략했다는 비난을 만회하고자 훈춘사건을 날조하고, 이를 계기로 만주에 대규모 부대를 투입하게 된다. 1920년 10월 21일부터 10월 26일까지 길림성 화룡현 내의 여러 지역에서 교전하여 청산리 골짜기에서 일본군을 크게 대파하게 된다. 청산리 전투의 승리는 일제가 1920년 초부터 계획한 만주 내 한인 독립군 전체에 대한 초토화 계획을 실패로 만들었다. 그러나 청산리 전투에서의 대승을 계기로 일본은 중국에 압력을 행사하여 한인 독립군들은 러시아로 일부 건너 가는 등 만주 독립군벌은 해체의 위기에 몰리게 된다.

북로군정서군: 최고사령관 서일·사령관 김좌진

대대장 김규식·참모장 나중소·연성대장 이범석

대한독립군: 홍범도

군무도독부군: 최진동, 안무

의민단: 허근, 강창대, 방위룡, 김연군

신민단: 김준근, 박승길, 양정하

출처: 위키백과

군산 영정우편소

전라북도 군산부 북면 대정동

1912. 11. 1 조선총독부 고시 제328호, 대정동우편소를 군산 영정우편소로 개정

1927

단기 4260년/대한민국임시정부 9년/소화 2년

재한 일본우편국 시베리아 경유▶Jinsen 외체인

1927년 8월 23일 Jinsen-Siberia 경유-Holland행

박춘금(朴春琴)

1891 ~ 1973

일제 강점기의 정치인으로, 일반적으로 직업적 친일 인물이자 정치 깡패로 평가된다.

광복 후에는 일본으로 도피했다가 비밀리에 입국했다. 그러나 대한민국 정부 수립 이후에 1949년 1월 반민족행위특별조사위원회(반민특위)가 결성되자 체포령이 떨어져 그는 다시 일본으로 도망했다. 1949년 7월 반민특위에서 '반민족행위 1급 피의자'로 지목해 더글라스 맥아더 사령관과 GHQ 사령부에 체포하여 강제 국내송환 해줄 것을 요청했다. 그러나 반민특위가 이승만 정부에 의해 와해되고 해산되어 박춘금은 일본에서 평생 동안 기거하게 된다. 이후 1962년 도쿄에 있는 아세아 상사의 사장으로 재직했으며 1973년 3월 31일 도쿄 게이오 대학 병원에서 죽었다.

그가 죽은 뒤 그의 아버지 묘소 바로 밑에 묻혔다가, 경남 밀양지역 시민들 및 문화단체 관계자들은 친일부역자이자 정치깡패인 박춘금의 송덕비와 묘를 반드시 철거해야 한다는 목소리가 높았으며, 2002년 박춘금의 송덕비와 묘는 파묘되어 철거되었다.

2002년 발표된 친일파 708인 명단과 2008년 민족문제연구소에서 친일인명사전에 수록하기 위해 정리한 친일인명사전 수록예정자 명단에 모두 선정되었다. 2007년 대한민국 친일반민족행위진상규명위원회가 발표한 친일반민족행위 195인 명단에도 들어 있다.

출처: 위키백과

1928

단기 4261년/대한민국임시정부 10년/소화 3년

경기 영평(포천) 빗형 통신일부인 C, E란 누락 실체 엽서

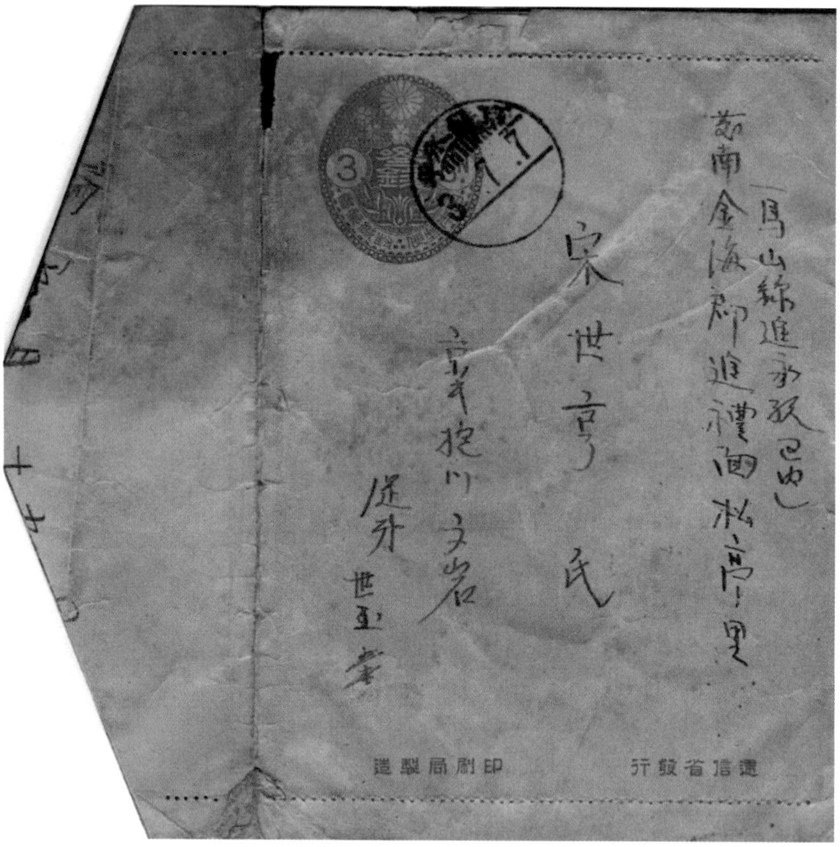

1928년 경기 영평(포천) - 경남 김해행

영평우편소

경기도 영평군 군내면 상동

1911. 8. 1 조선총독부 고시 제240호, 우편소 설치

1911. 7. 31 조선총독부 고시 제241호, 우체소 폐지 후 우편소로 개칭

동아일보 1928년 10월 20일자에
수록된 독립문 수선 공사의 모습

동아일보 1928년 11월 14일자 신문 광고
구라부크림 광고(트지 않게 하는 것은 구라부크림)
구라부: 클럽 코스메틱

출처: 위키백과

1928

단기 4261년/대한민국임시정부 10년/소화 3년

경성 명치정 등기 실체

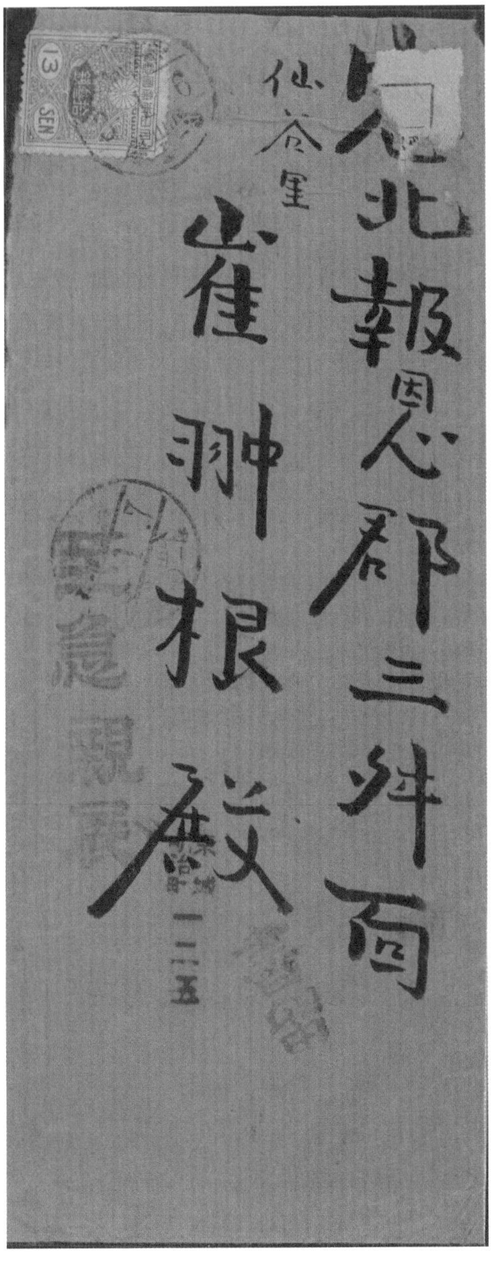

소화 3년(1928) 1. 6. 경성 명치정 - 1. 7 충북 보은 도착

경성 명치정우편소

경기도 경성부 경성명치정 2정목
1914. 3. 14
조선총독부 고시 제72호
전신사무 및 전화 통화 사무 개시

묻히고 잊혀진 항일투사 시리즈

冷突에飢腸쥐고 母膝에兩兒啼泣
申采浩夫人訪問記

동아일보 1936년12월12일자 기사

간호사 출신, 단재 신채호 아내 박자혜

박자혜(朴滋慧)

1895~1943. 경기도 고양(현 도봉구 수유리) 출생

이국땅에서 독립운동을 하다가 일경에 체포돼 옥중에서 타계한 남편 시신을 수습해 고국으로 돌아와 타다 남은 남편 뼛조각이 든 괘짝을 부등켜 안고 밤새 통곡하는 아내, 그 아내는 홀로 두 아들을 키우며 독립운동가 남편을 뒷바라지하느라 청춘을 바쳤다. 몇 개의 뼛조각으로 고국으로 돌아온 남편은 단재 신채호 선생이며, 단재 영전에 마지막 이별의 글을 쓴 사람은 그의 아내 박자혜여사다. 남편이 죽은 후 그는 '모든 희망이 끊어지고 말았다'라고 말했다.

출처: 위키백과

묻히고 잊혀진 항일투사 시리즈

김알렉산드라

김알렉산드라

알렉산드라 페트로브나 김
1885~1918
러시아 출생(한인 2세)
일제에 의해 총살당한 김알렉산드라 사회주의 혁명가 1918.9.16일 러시아 하바롭스크를 끼고 흐르는 아무르강(흑룡강) 절벽, 한 무리 군인들이 총살형 집행을 준비하고 있었다. 죄인은 30대 초반 여성이었다.
2009년에 건국 훈장 애국장이 추서되었다.

출처: Story funding 정운헌

1928

단기 4261년/대한민국임시정부 10년/소화 3년

전남 목포 순라선 관광 기념인

소화 3년(1928) 전남 목포순라선관광기념인. 대례기념

조선총독부 발행 그림엽서

방정환(方定煥)

1899. 11. 9~1931. 7. 23

일제강점기 독립운동가, 아동문화운동가, 어린이 교육인, 사회운동가이다.

1967년의 신동아 5월호에 따르면 일본 고등계 경찰관 미와(三輪)는 방정환에 대해 다음과 같이 평가하였다고 윤극영이 인용하였다.

"방정환이라는 놈, 흉측한 놈이지만 밉지 않은 데가 있어…

그놈이 일본 사람이었더라면 나 같은 경부 나부랭이한테 불려다닐 위인은 아냐… 일본 사회라면 든든히 한 자리 잡을 만한 놈인데… 아깝지 아까워…."라고 탄식 했다고.

출처: 위키백과

의병장 심남일(1871~1910)

전라남도 3대 의병장

1908년 호남에서 독자적인 의병을 조직하여 일본군에게 큰 타격을 가함

1909년 일본군의 추적을 피해 잠복 중 체포되어 사형당했다.

출처: 위키백과

황하규(黃河奎)-광복군

1943년 5월 15일에 광복군 제1지대 제1구대에 입대하여 하남성(河南省) 봉구현(封丘縣)에서 광복군 초모 공작활동을 전개하였다. 1944년 3월에는 민족혁명당에 입당하였으며, 중국 제5전구 간부훈련단 특설 정공간부훈련반(政工幹部訓練班) 제2기에 입교하여 훈련을 받았다. 그 후 일본군이 정주(定州) 및 낙양(洛陽) 등지로 침공해 옴에 따라 제5전구사령부의 요청에 의해 중원작전에 참전하여 대적 선전공작 및 적정수집, 포로심문 등의 임무를 수행하였다.

1945년 7월에 제1지대장의 명령에 의하여 한미합동기갑전차훈련반 교육을 위해 중경(重慶) 제1지대 본부에서 대기하던 중 광복을 맞이하였다.

출처: 공훈전자사료관

1928

단기 4261년/대한민국임시정부 10년/소화 3년

일본 경도(京都)▶용산 부전지 첩부

소화 3년(1928) 5월 23일 일본 경도-용산
용산우편국소 집배인 송달 부전지 7매 부착

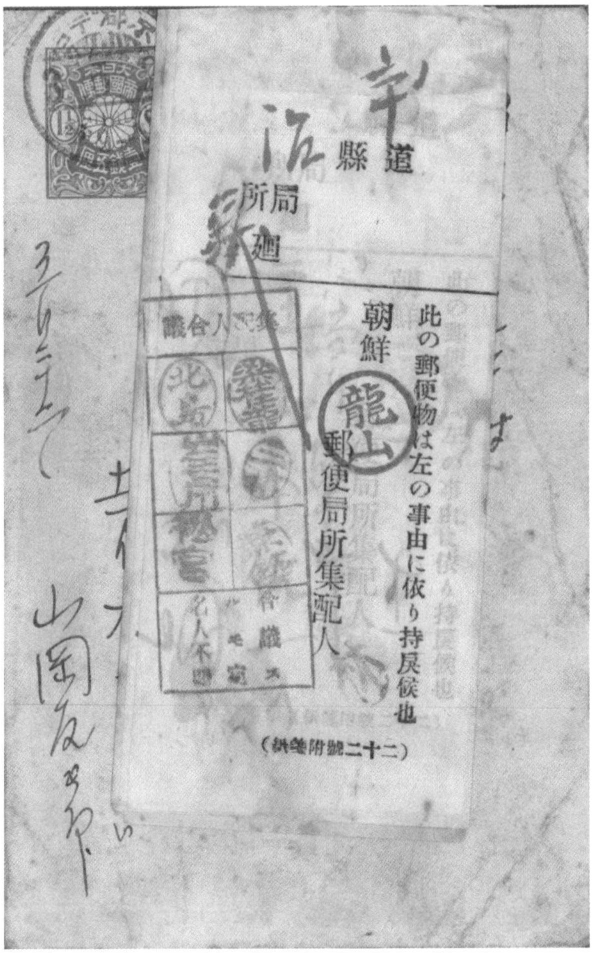

1928년에 남편 박헌영과 딸 비비안나와 찍은 사진

주세죽(朱世竹)

1901~1953. 함경남도 함흥 출생

대한제국과 일제강점기에 활동한 사회주의 운동가. 함경남도 함흥에서 부잣집 딸로 태어났다. 함흥의 영생여학교를 2년 다니다가 경성으로 유학. 3·1 운동에 참여했고, 1921년 상하이로 유학을 갔다. 유학 코스만 봐도 당시에 상당히 유복한 집안이었음을 알 수 있다. 상하이에는 피아노를 공부하러 갔는데 박헌영은 김단야를 현지에서 만났다.1922년에 유학을 마치고 경성으로 돌아왔다. 1925년에는 남편인 박헌영과 조선공산당 사건으로 일본 경찰에 체포되었으나 풀려났고, 1926년에 6·10 만세운동 참가로 체포되었다가 풀려났다. 1927년엔 김활란 등이 참여한 근우회(槿友會)에 참가하는 등 사회주의 활동 외에 여성주의에도 관심을 지녔다. 1928년엔 만삭으로 탈출하여 블라디보스톡으로 이주하였다. 주세죽은 1937년엔 김단야의 아이를 임신하였는데, 대숙청의 광풍이 몰아치면서 김단야는 일본 간첩으로 몰려 처형. 주세죽도 체포되었고 1938년에 카자흐스탄으로 유형을 가 5년간 복역하였다. 유형 생활 중 김단야와 낳은 아들 김비탈리가 사망하였고, 카자흐스탄 협동농장에서 일하던 중에 광복을 맞았다. 주세죽은 전 남편이었던 박헌영이 북한에서 고위관료가 되었다는 걸 알자 스탈린에게 귀국을 청원하였으나 거절하였다. 1946년 7월에 박헌영은 소련을 방문하여 딸 박비비안나를 만났다. 1953년에 딸 비비안나가 있는 모스크바를 방문하였다가 사망했다. 1989년에 소련에서 복권되었고, 2007년 대한민국에서 복권되고 건국훈장을 받았는데, 공산주의자였던 주세죽에게 수여한 것을 두고 비판 여론이 나타나기도 했다.

출처: 위키백과

1928

단기 4261년/대한민국임시정부 10년/소화 3년

Keijo, Chosen ▶ 미국행 실체

홍난파(洪蘭坡)

1897. 4. 10. ~ 1941. 8. 30.

본관은 남양 홍씨 토홍계이다. 본명은 홍영후(洪永厚)이지만 홍난파로 더 알려져 있다. 아호는 난파(蘭坡)이다. 한동안 음악평론가로 활동하면서 '한국의 슈베르트'라고 불리기도 하였다. 작품 중 〈봉선화〉, 〈성불사의 밤〉, 〈옛동산에 올라〉, 〈고향 생각〉등 10여 곡의 가곡과 〈고향의 봄〉, 〈나뭇잎〉, 〈개구리〉, 〈무지개〉 등 111개의 동요를 작곡하여 천재 작곡가로 알려졌다.

봉선화의 작곡

1926년 홍영후는 ←세계명작가곡선집→을 편찬하였는데 그의 작품 '봉선화'가 여기에 수록되었다. 이듬해 라디오 방송을 통해 봉선화 곡이 소개되었다. 이 노래를 최초로 부르고 널리 퍼지게 한 당시 소프라노 김천애의 증언에 의하면 당시 봉선화라는 소재를 선택한 것이 작사자인 김형준(피아니스트 김원복의 선친)의 영향으로, 김형준이 살던 집 울 안에 봉선화 꽃이 가득했고, 또 김형준씨는 생전의 홍난파와 이웃해 살면서 교분이 두터웠다고 한다. 덧붙여 김형준은 봉선화를 보면 곧잘 '우리 신세가 저 봉선화꽃 같다'는 얘기도 했다고 한다.

그러나 이 노래가 정작 널리 퍼져 모든 사람의 가슴을 울리게 된 것은 1940년대였다. 1942년 봄 히비야 공회당에서 열린 신인 음악회에서 김천애가 ←봉선화→를 부른 것이 시초였고, 귀국 후 서울 부민관, 하세가와 공회당, 평양 키네마 등 여러 곳에서 독창회를 가지면서 '봉선화'를 불러 청중들의 눈물을 글썽이게 했다. '봉선화'는 빅터와 콜롬비아 두 레코드 회사에 취입되면서 더욱 크게 히트하였다. 이는 주권을 일본에 침탈당한 국민의 아픔을 달래는 노래였기에 엄청난 인기를 모으게 되었으나, 일본 경찰 당국은 이를 문제 삼아 이 노래를 못 부르도록 했다. 그럼에도 불구하고 김천애는 무대에 설 때마다 이 노래를 불러 여러 차례나 경찰에 연행되기도 했다. '봉선화'의 1절이 아름답게 꽃피우던 성하에의 애절함이라면, 2절은 가을 바람에 떨어지는 낙화에의 조사를 뜻하는데, 이어지는 3절이 애절한 민족의 염원을 담고 있다. 곧, 애수 어린 가곡에서 민족의 노래로 승화시키는 모티브 역할을 한다.

출처: 위키백과

1928

단기 4261년/대한민국임시정부 10년/소화 3년

일제강점기 수입증지 사용 실체

조선총독의 특별연고삼림양여(양도) 허가 통지서

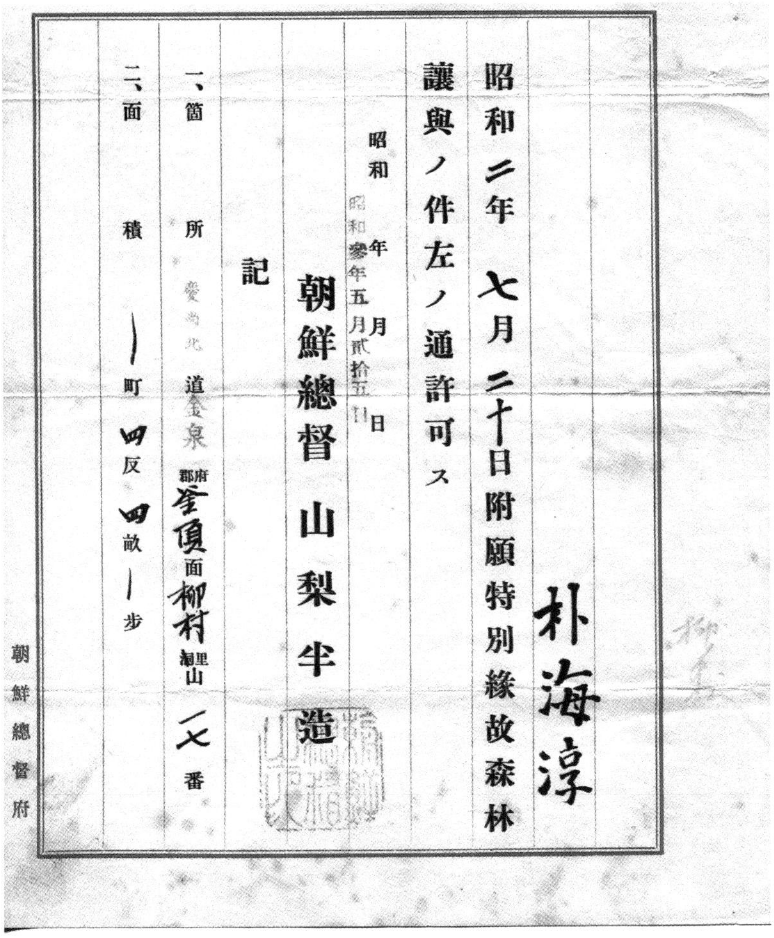

朴海淳

昭和二年七月二十日附願特別縁故森林

譲與ノ件左ノ通許可ス

昭和　年　月　日 昭和參年五月貳拾五日

朝鮮總督 山梨半造

記

一、箇所　慶尚北道金泉郡府釜項面柳村洞里山一七番

二、面積　一町四反四畝一歩

朝鮮總督府

소화 3년(1928) 5. 25 조선총독이 경상북도 김천군 부항면 유촌리 17번지 박해순에게 보낸 통지서

주재연(朱在年)

우리나라 최연소(남) 항일 독립운동가 주재연은 1929년 1월 28일 전라남도 여수군 돌산면(현 여수시 돌산읍) 금성리 작금 마을에서 농민 출신의 아버지 주순지(朱順之)와 어머니 김순심의 3남 3녀 중 막내 아들로 태어났다. 1943년 9월 23, 24일 경, 나무하러 가던 도중 돌산면 율림리 방면 도로변의 민가 목화밭 담장에 '朝鮮日本別國(조선일본별국)', '日本島鹿敗亡(일본도록패망)', '朝鮮萬歲(조선만세)', '朝鮮之光(조선지광)'이라는 글자를 새겼다가 3일 후에 여수경찰서에 체포되었다.

당시 일제는 경비정 7~8척과 경찰 100여 명을 동원해 경적을 울리며 온 마을을 수색했으나 범인을 잡지 못하였다. 이에 주민들을 모아놓고 마을에 불을 지르겠다고 협박하자 주재연이 이를 듣고 자수했다고 한다.

그는 체포된 후 4개월간 구금되었고, 구금 간에 '어린 나이에 단독으로 범행을 했을 리가 없다'며 배후세력을 대라는 강요와 함께 온갖 고문을 당했다.

그러다가 1944년 1월 21일 광주지방법원 순천지청에서 조선임시보안령 위반으로 징역 8개월, 집행유예 4년을 언도받아 다음날 풀려났으나, 고문의 후유증으로 석방된 지 한 달여만인 3월 초에 별세하였다.

1929

단기 4262년/대한민국임시정부 11년/소화 4년

5월5일 조선비행학교 개교/5월16일 제1회 아카데미시상식이 열리다/10월3일 염상섭, 장편 〈광분〉 조선일보에 연재/10월8일 제1회 축구대회 개최/10월24일 암흑의 목요일/11월3일 광주학생항일운동/8월11일 베이브 루스가 메이저 리그에서 500개의 홈런을 친 첫 선수가 되다.

광화문 후기 빗형 배달증명

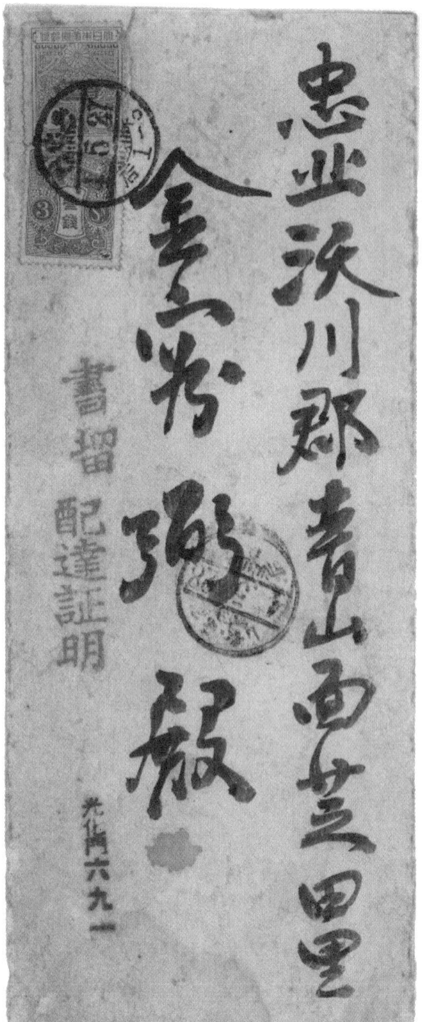

소화 4년(1929) 5월 27일 광화문 등기 691
배달증명-5월 28일 충북 옥천 도착

광주학생독립운동(光州學生獨立運動)

광주학생독립운동을 잉태하고 확산시킨 원동력은 성진회를 계승한 독서회 조직과 동맹휴학 투쟁이었다 1929년 11월 3일부터 광주 시내에서 빚어진 한·일 중학생 간 충돌과 11월 12일 광주 지역 학생 시위 운동을 거쳐 한편으로는 호남 지역 일대로 확산되고, 다른 한편으로는 서울을 거쳐서 전국 각지로 확산된 학생독립운동을 말한다. 12월에는 경성과 평양, 함경도 등지와 같은 국내 지역과 만주벌에 위치한 간도 등으로 확산되었고, 1930년 5월까지는 전국적인 동맹 휴학, 학생 항일 시위로 변모 발전하였다.

광주학생독립운동 도화선 댕기머리 소녀 '이광춘'

애비 놈들 남의 나라 삼키더니
그 자식들 통학하며 싸가지없이
조선인 여학생 댕기를 잡아 당겼것다
아야야야 아야야야
그 광경 보다 못해 조선 남학생들, 왜놈 학생 멱살 잡고 한 대 날렸것다
땅 뺏기고 말 뺏기고 자유 뺏기길 십수 년 나주 광주 목포 서울 평양 학생들 분노 소리
땅을 가를 때 어린 학생 잡아다가 고문하던 왜놈 순사들
머리채 잡아끈 후쿠다(福田修三)는 놔두고 힘없는 나주의 딸 이광춘만
머리끄댕이 잡히고도 퇴학 당했다지
제 자식 혼 안내고, 남의 자식만 혼내는 것
조선에선 후레자식이라 하지
후레자식들!
후레자식들!

출처: 위키백과

그림 한국 화가 이무성
출처: 신한국문화신문

1929

단기 4262년/대한민국임시정부 11년/소화 4년

제4종 우편물 등기 실체

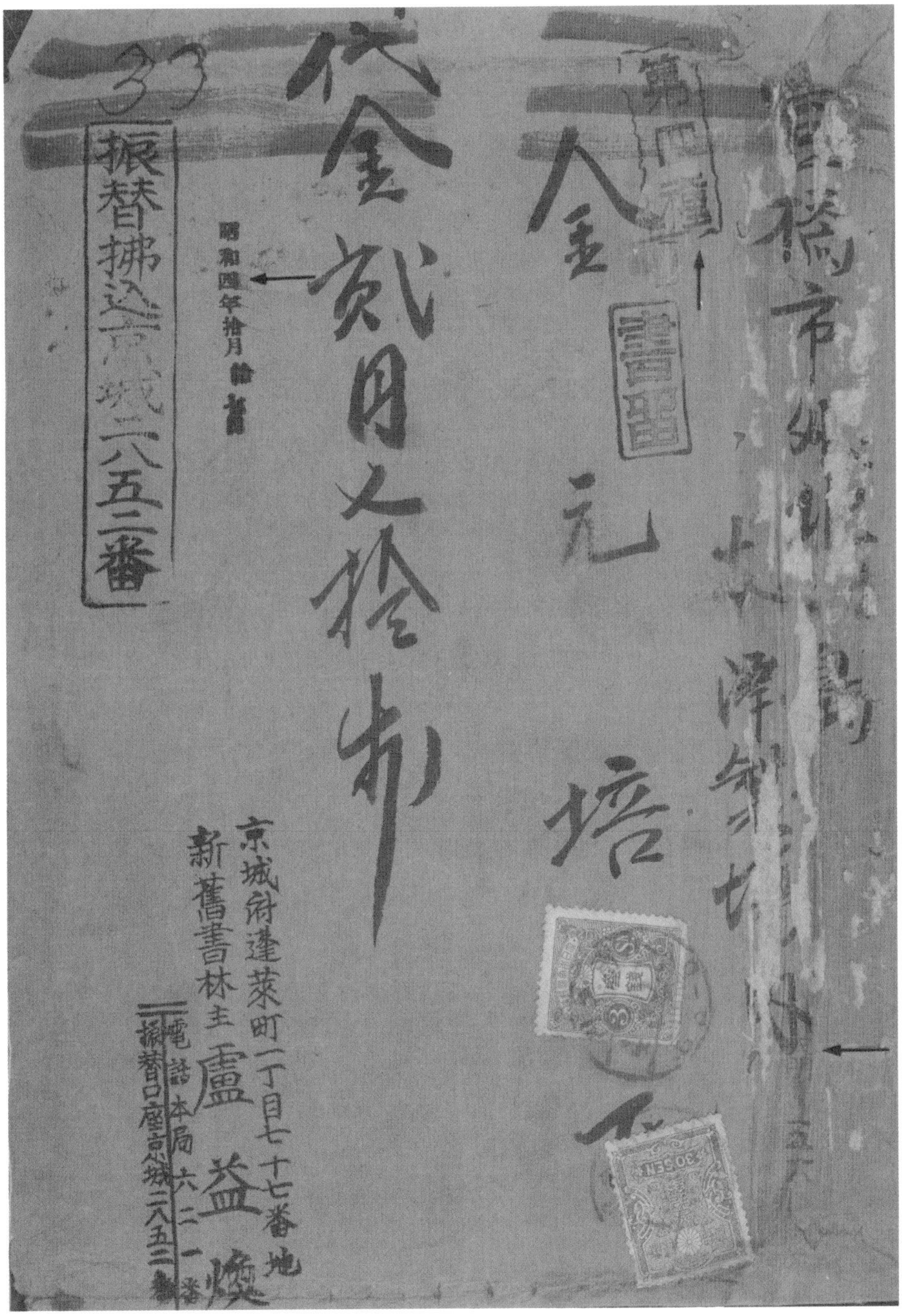

소화 4년(1929) 10. 17 남대문우편국 등기 실체

남대문우편국

경기도 경성부 고시정

1911. 3. 30 조선총독부 고시 제87호. 우편위체 사무 취급 개시

1932. 3. 20 조선총독부 고시 제129호. 우편국 폐지

1929

단기 4262년/대한민국임시정부 11년/소화 4년

상주 등기 실체

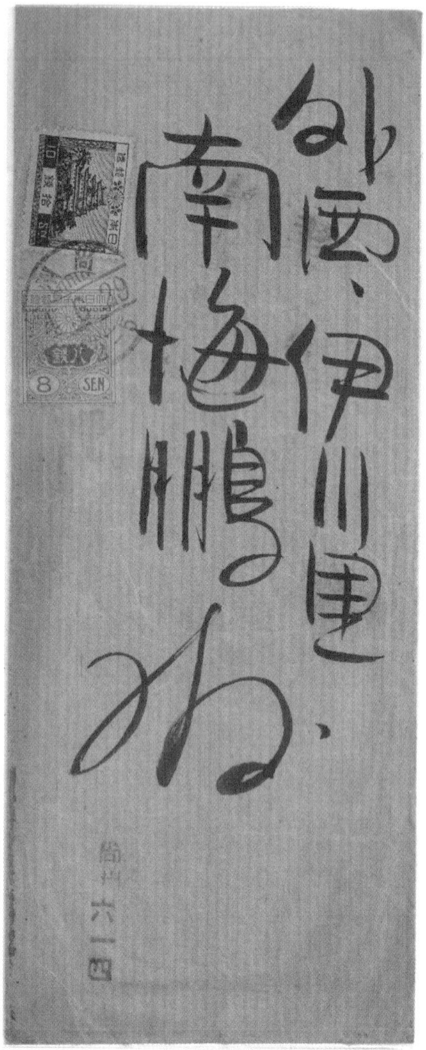

소화 4년(1929) 6월29일 상주 등기 실체

친일파 708인 명단·일진회명단

출처: 위키백과

일진회는 2002년 민족정기를 세우는 국회의원모임에서 발표한 친일파 708인 명단 가운데 일진회 관련자 9명의 명단.

김명준(金明濬) 서상윤(徐相允) 송병준(宋秉畯) 양재익(梁在翼) 염중모(廉仲模)
윤갑병(尹甲炳) 윤길병(尹吉炳) 윤시병(尹始炳) 이용구(李容九)

친일파 708인 명단·일본귀족원의원

김명준(金明濬) - 일진회, 중추원, 박상준(朴相駿) - 도 참여관
박중양(朴重陽) – 중추원 송종헌(宋鍾憲) 윤치호(尹致昊) - 중추원
이기용(李琦鎔) – 조선귀족 한상룡(韓相龍)

친일파 708인 명단·총독부 판·검사

김낙헌(金洛憲): 조선총독부 고법판사
민병성(閔丙晟): 경성복심법원 검사
이선종(李善鍾): 평양복심법원 검사
홍승근(洪承瑾): 대구복심법원 검사

친일파 708인 명단·총독부 군인

김석원(金錫源)
김창룡(金昌龍)
박두영(朴斗榮) - 중추원, 밀정,
어담(魚潭)
이병무(李秉武) - 정미칠적, 경술국적,
정훈(鄭勳)
조동윤

상주우편국

경상북도 상주군 상주읍
1912. 2. 16 조선총독부 고시 제34호, 전화 통화 사무 개시
1921. 7. 1 조선총독부 고시 제147호, 전화 교환 업무 개시

묻히고 잊혀진 항일투사 시리즈

조선의 '체 게바라' 박영

박영(朴英) 1887~1927

함경북도 경흥군 아오지 출생, 홍범도 등과 봉오동전투 참전
러시아 10월혁명 내전에서 부상, 중국혁명 광저우 봉기서 전사

박영은 함경북도 경흥군 아오지에서 태어났다. 그가 10대 후반일 무렵 경흥 일대는 항일투쟁의 주요 무대였다. 안수길의 소설 〈북간도〉에 등장하는 의병부대 '사포대'도 이곳을 거점으로 삼아 활동했다. 항일운동을 지원하던 그는 1908년7월 일본군 경흥수비대가 의병들의 공격을 받은 뒤 의병을 도왔다는 혐의로 아버지와 함께 체포돼 고문을 당한다. 옥문을 나온 뒤 국내 활동이 어렵게 되자, 1910년 가족과 함께 중국 지린성 허룽현으로 건너간다. 1919년 최진동이 만든 군무도독부의 참모장이 된 그는 이듬 해 도독부가 홍범도가 이끄는 대한독립군 등과 통합하면서 생긴 대한북로독군부 통신과장을 맡는다. 이 부대는 같은 해 6월 치러진 '독립전쟁 1회전' 봉오동전투에서 일본군 대대를 맞아 150여 명을 사살하는 큰 전과를 올린다. 봉오동과 청산리에서 연거푸 대패한 일제는 '간도지방 불령선인 초토계획'을 세우고 1만 8천여 명의 병력을 동원한다. 3,690여 명이 학살당한 경신참변의 시작이다. 1920~21년 수천 명의 독립군들은 반격의 기회를 엿보기 위해 러시아 연해주로 이동한다. 그는 광저우에서 만난 김산에게 이렇게 말했다.
"조선 혁명이 완성되기 전까지 내게 평화는 단지 고통일 뿐이다"

출처: 한겨레뉴스

1929

단기 4262년/대한민국임시정부 11년/소화 4년

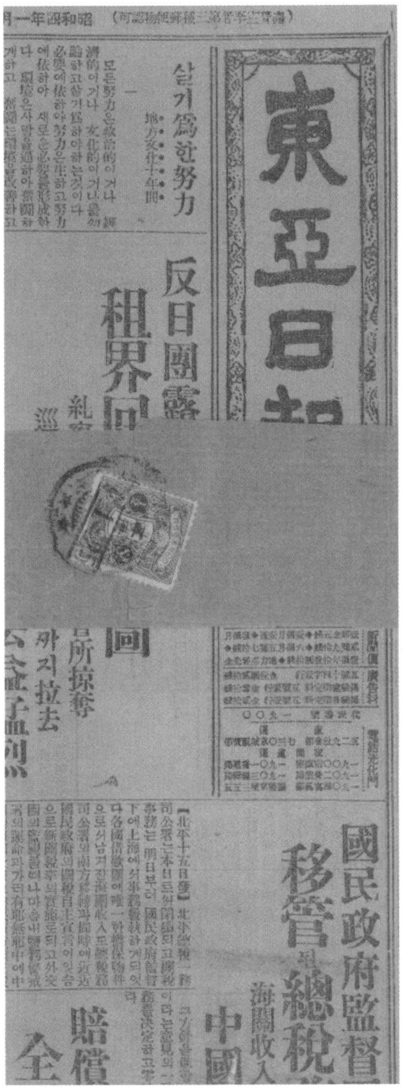

일간지 '동아일보'

창간호 1920년 4월 1일

1919년 3.1 운동 이후 조선총독부는 이른바 문화통치의 일환으로 이듬해 1월 3개의 한국인 민간신문 발행을 허가하였는데, 이 중 하나가 동아일보이다. 동아일보는 1920년 4월1일, 김성수를 비롯한 박영효, 김홍조, 장덕준 등을 중심으로 타블로이드판 4면 체제로 발간되었다. 당초 3.1운동 1주년인 1920년 3월 1일 창간하려 했으나 부족한 자금을 마련하느라 한 달이 늦어졌다. 창간 당시 구독료는 3전(지금의 약 900원)이었으며, 사옥은 서울 종로구 화동 138번지 한옥건물이었다. 설립자 김성수와 초대 사장 박영효를 비롯한 창간 주도 인사들은 민주주의(民主主義)', '문화주의(文化主義)'를 사시(社是)로 내걸었으며 이 3대 정신은 오늘날까지 동아일보의 핵심 기치로 내려온다.

민족운동

창간 이래 동아일보는 한민족의 3.1 정신을 이어가고자 각종 민족운동에 앞장서 왔다. 1920년대의 국산품 애용 운동, 언론집회 압박 탄핵운동, 민립대학 설립 운동 등 국내 대중적 민족운동과 민중계몽운동을 적극적으로 보도, 동아일보가 민족 대변지라는 자각을 더욱 확고하게 만들었다. 1931년 7월, 문맹 퇴치와 한글 보급을 목표로 하는 브나로드운동을 일제가 금하기 전까지 4년간 전국적으로 활발히 전개하였고, 문학작품공모(1925)를 통한 근대문학 개발에도 힘썼다. 1933년 4월에는 한글맞춤법 통일안에 따른 새로운 철자법을 채택하는 등 여러 사업을 통해 민족정신을 강화하고 민중 계몽에 열중했다.

여성 지위 향상 운동

동아일보는 창간 초기부터 식민지 조선 사회의 인습에 얽매어 집안에 갇혀 있던 여성을 일깨우고자 했다. 당시 동아일보는 '여성'면을 고정으로 두고 신여성과 교육, '여성해방과 대가족제도', '여성과 직업' 등 여성의 권익 향상과 사회 참여를 독려하는 기획 기사와 기고를 실었다. 또한 1933년 1월 일간 신문사로서는 최초로 여성 월간지 '신가정'('여성동아'의 전신)을 창간했다. 그 외 모든 기사는 순 한글로 제작했다. '신가정'은 여성지라는 특징을 살려 요리, 편물, 염색 등에 관한 각종 강습회를 열었다. 또한 부인 밤 줍기 대회, 주부 야유회, 부인 고궁 순례단 등 다양한 이벤트를 열어 집을 벗어나지 못하고 있던 주부들의 숨통을 열어 주었다.
동아일보는 계몽활동뿐만 아니라 각종 대회를 열어 여성들의 사회적인 참여를 유도했다. 1923년 열린 최초의 전국여자정구대회는 여성의 권리 신장과 기회 균등을 주장하기 위한 대회였다. 지금도 전국여자정구대회라는 이름으로 이어지는 이 대회는 동아일보가 주최한 가장 오래된 사업이자, 국내 스포츠를 통틀어 최장수 대회이기도 하다.
첫 대회가 열릴 당시는 유교적 전통이 굳어져 있었기에 이 대회는 단순한 스포츠의 차원을 넘어 여성의 지위 향상을 위한 사회적 캠페인이었다. 이 외에도 1925년 3월 조선 최초로 여성들의 공개적인 등장의 발판을 마련한 '전조선여자웅변대회'가 열리기도 했다.

출처: 위키백과

브나로드 운동(문맹 퇴치 운동)

1928년 4월부터는 특집 기사를 내어 문맹 퇴치 운동을 제창하였으나, 반일 감정을 고취시킨다는 이유로 총독부의 검열과 금지로 중단되었고, 3년만인 1931년 부터 이 운동을 적극 홍보, 보도하며 문맹 퇴치 운동을 다시 전개한다. 브나로드 운동(v narod movement)이란, 러시아어로 '민중 속으로'라는 뜻이다.

출처: 위키백과

1929

단기 4262년/대한민국임시정부 11년/소화 4년

우편 절수저금 대지

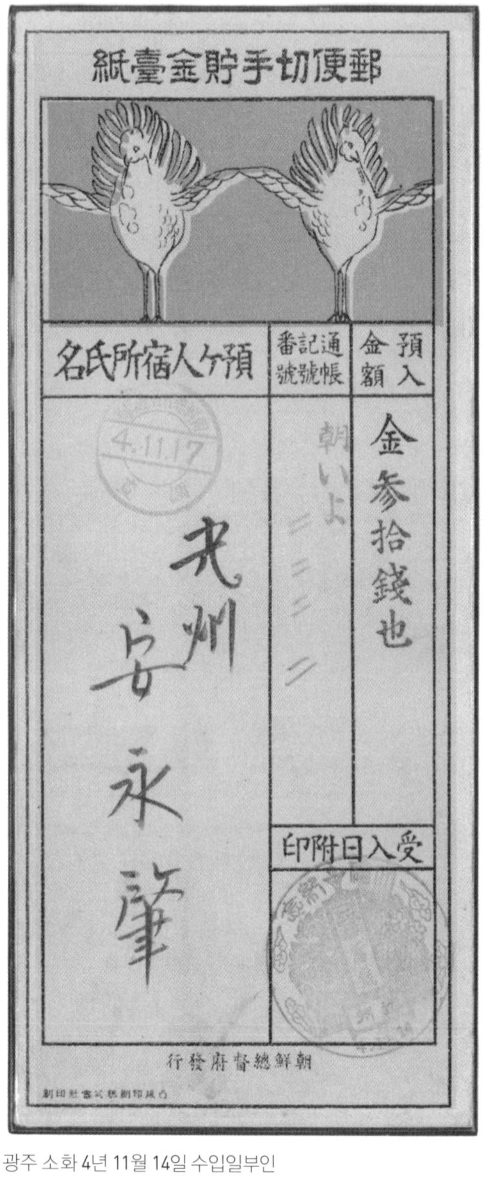

광주 소화 4년 11월 14일 수입일부인
조선총독부 체신국 소화 4년 11월 17일

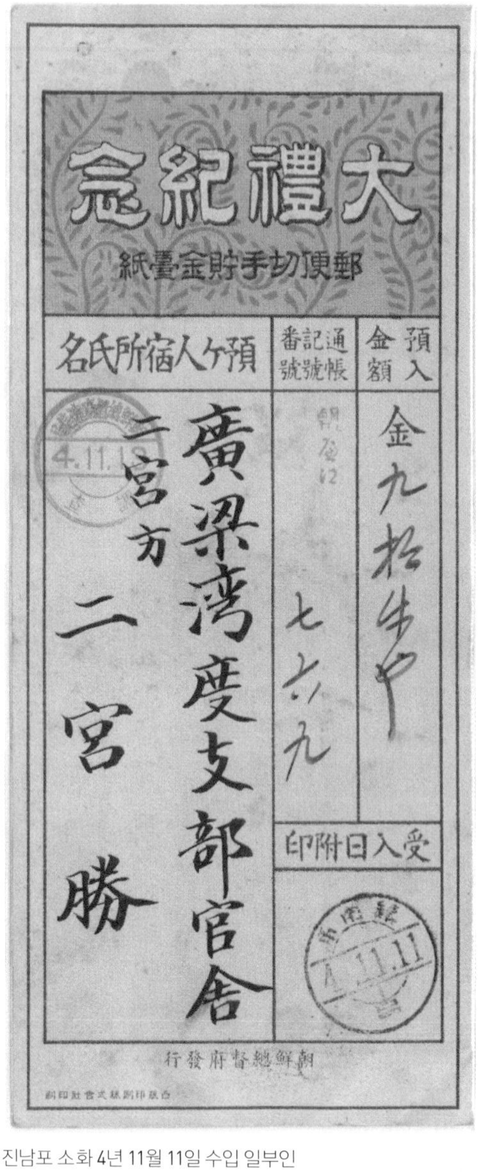

진남포 소화 4년 11월 11일 수입 일부인
조선총독부 체신국 소화 4년 11월 13일

채만식의 '탁류(濁流)'

채만식(蔡萬植)이 지은 장편소설로서 1937년 10월 12일부터 1938년 5월 17일까지 198회에 걸쳐 『조선일보』에 연재되었으며, 1939년 박문서관(博文書館)에서 단행본으로 출간하였다. 채만식의 대표작의 하나이다. '여인의 일생형'에 속하는 작품으로, 한 여인의 수난사를 줄거리로 하면서 1930년대의 세태와 하층민의 운명을 폭넓게 그리고 있다.

출처: 한국민족문화대백과사전

1929

단기 4262년/대한민국임시정부 11년/소화 4년

조선박람회 개최 기념 엽서

1929년 조선박람회

개최 일시: 1929년(소화 4) 9월 20일-10월 31일
개최 장소: 경성 경복궁
주최: 조선총독부

1929년 개최된 조선박람회(朝鮮博覽會)는 이전까지 개최되었던 공진회나 소규모 박람회의 규모에서 벗어나 대규모 박람회로 개최되었다. 개최 기간은 1929년 9월 12일부터 10월 31일까지로 이전에 개최되었던 조선물산공진회(朝鮮物産共進會, 1915년) 와 비슷한 기간이다. 조선박람회는 조선식민지 통치 20주년을 기념하여 개최된 것으로, 그 동안의 통치 성과를 내외에 알리기 위한 성격으로 광화문 또한 1927년 건춘문의 북쪽으로 옮겨놓은 상태였다 따라서 박람회장은 옮겨진 광화문을 정문으로 하여, 광화문에서 경회루에 이르는 근정전의 북쪽 공간을 동서로 가로지르는 축을 따라 형성되게 되었다. 전시에 있어서 가장 큰 특징은 당시 조선의 각 도(道)의 특설관(特設館)들이 독립적으로 세워진 것 외에 내지관(內地館-일본관), 오오사카관, 도쿄(東京)관, 교토(京都)관, 규슈(九州)관, 나고야(名古屋)관 등 일본의 지방관, 홋카이(北海島)관, 대만(臺灣)관, 만몽(滿蒙)참고관, 화태(樺太-사할린)관 등 당시 일본 세력 하에 있던 식민지 특설관이 세워졌다는 점이다. 직영 전시관 이외에 많은 수의 특설관들이 세워졌다는 것은 '공진회'에서 '박람회'로 전시의 등급이 향상되면서 그 규모의 확대를 보여주는 것이기도 하지만, 당시 일본의 세력 범위를 선전하는 제국주의적 전시의 측면이 강조된 것이었다.

출처: 국가기록원

1929

단기 4262년/대한민국임시정부 11년/소화 4년

루마니아▶Fusan▶진남포

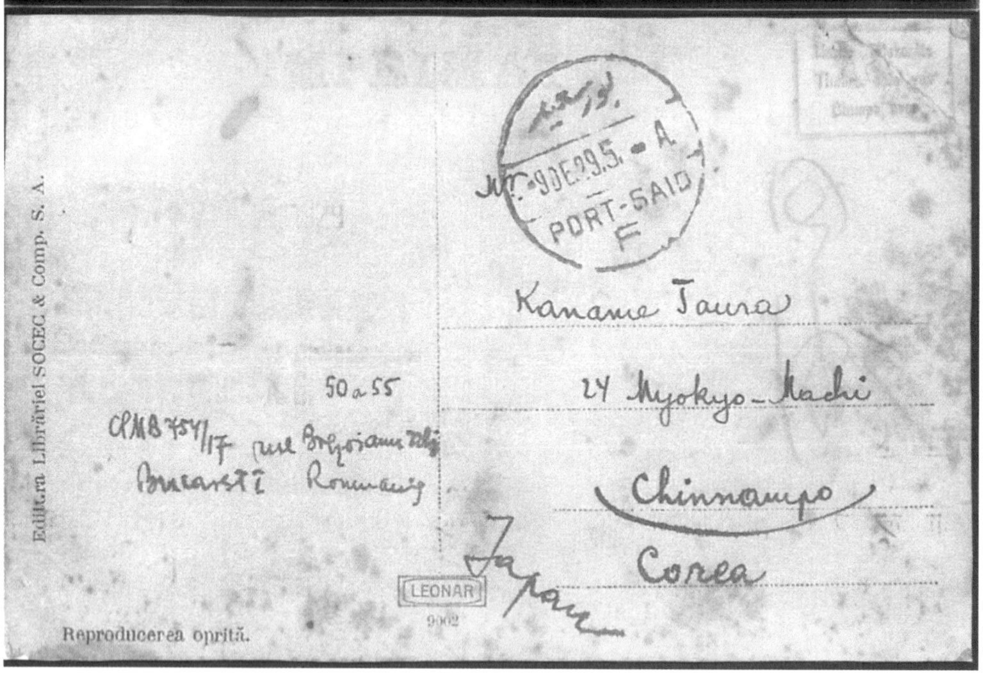

1929년 12월 30일 루마니아 - 1930년 1월 14일 부산 - 진남포

1930

단기 4263년/대한민국임시정부 12년/소화 5년

7월13일 제1회 FIFA월드컵이 우루과이에서 열리다/10월14일 함흥공립상업학교 학생들이 격문을 살포하며 만세시위를 벌이다./ 11월15일 일제에 의해 조선에 '조선미곡창고주식회사' 설립(현 CJ대한통운주식회사)/11월14일 중국 낙양군관학교 한인특별반

원산 배달증명▶중국 대련행

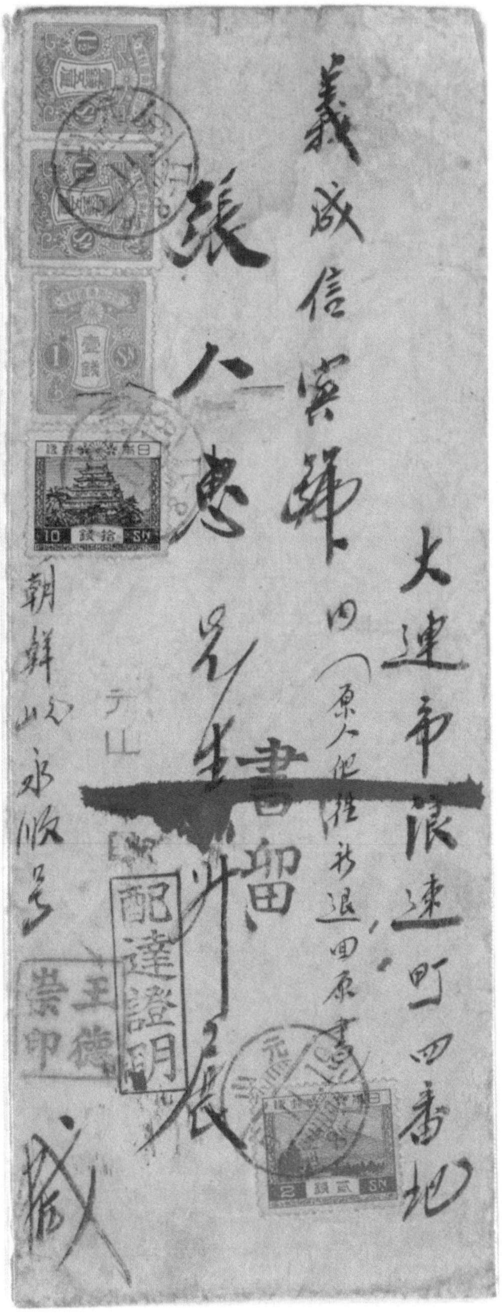

소화 5년(1930)11월 19일 원산 배달증명-11월 21일 중국 대련
체송 기간: 3일

기생가수 선우일선과 왕수복

평안남도 평양출신

당시의 기생은 천한 술집 여자가 아니었다. 기생이야말로 선망의 대상, 뭇 처녀들의 로망이었다. 그 시절 1930년에 불리워졌던 '기생타령'에 적나라하게 표현되어 있었다.

출처: 위키백과

1930년대 경성 노점상

대전형무소 수인 당시 몽양 여운형

몽양 여운형 선생

1886~1947. 경기도 양평 출생

1930년 6월 9일 상고심에서 징역 3년이 확정된 후, 서대문 형무소에서 수인 생활을 하던 중 1930년 9월 20일 오전 경부선 열차를 통해 대전교도소로 이송되었다.

출처: 위키백과

1930

단기 4263년/대한민국임시정부 12년/소화 5년

독일행 함흥 내체인 실체

시베리아(西伯利亞) 경유

소화 5년(1930) 11. 17 함흥-독일행

경기도 수여선(水麗線)

경기도, 수여선-1930년 개통 이후 42년간 수원과 여주를 오가던 협궤열차
1930년 개통 이후 1972년 폐선될 때까지 42년간 수원을 출발해 용인, 이천, 여주 구간을 운행한 협궤열차. 수여선은 일제강점기 시절 쌀 수탈을 위해 만들어진 열차로 해방 이후 오랜 시간 동안 지역 주민들의 중요한 수단으로 활용됐었다.

출처: 위키백과

묻히고 잊혀진 항일투사 시리즈

빗창 들고 일경 파출소 습격한 해녀 부춘화

부춘화(夫春花). 1908. 4. 6~1995. 2. 24. 제주도 출생
1932. 1. 26일자 동아일보 기사

제주지역 해녀 약 500여 명이 빗창 등으로 무장한 부춘화 등은 구좌면 세화리 순사 주재소(파출소)를 습격하여 박살내버렸다. 932년 1월 제주도 좌면(舊左面)에서 해녀들이 권익 침탈에 항거하는 시위를 전개하였다. 1931년 일본 관리들이 해녀들을 가혹하게 대우하고 제주도 해녀조합을 어용화하려 하자, 해녀들은 1931년 12월 20일 요구 조건과 투쟁 방침을 결의하였다. 그리하여 부춘화는 1932년 1월 7일과 12일 제주도 구좌면에서 해녀조합의 부당한 침탈 행위를 규탄하는 시위 운동을 주도하고, 해녀들의 권익을 위해 김옥련(金玉連) 등과 함께 도사(島司) 전구정희(田口禎熹)와 담판을 벌여 요구 조건을 관철시켰다. 그리고 1월 26일에 제주도 민족운동가의 검거를 저지하려다. 체포되어 3개월 정도의 옥고를 치렀다. 정부는 고인의 공훈을 기리어 2003년에 건국포장을 추서하였다.

출처: 위키백과

1930

단기 4263년/대한민국임시정부 12년/소화 5년

군사우편 검열제 우편 엽서

나남 1전 별납, 검열제 군사우편

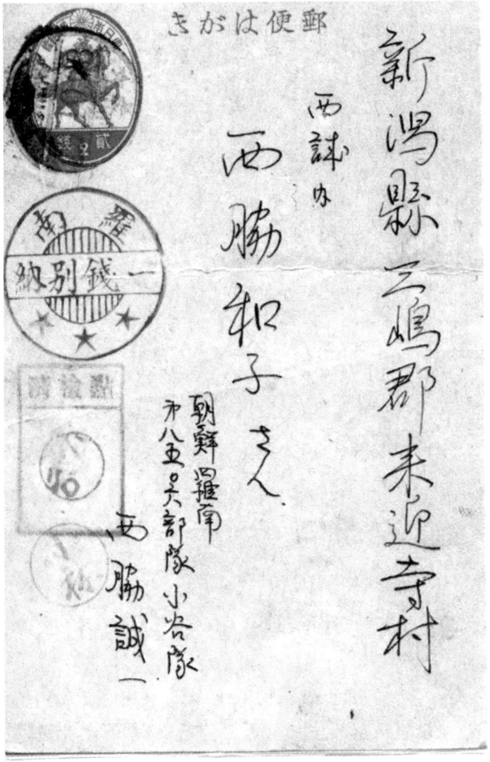

조선주둔군 나남 제8506부대 -일본행 우편엽서

검열제 군사우편

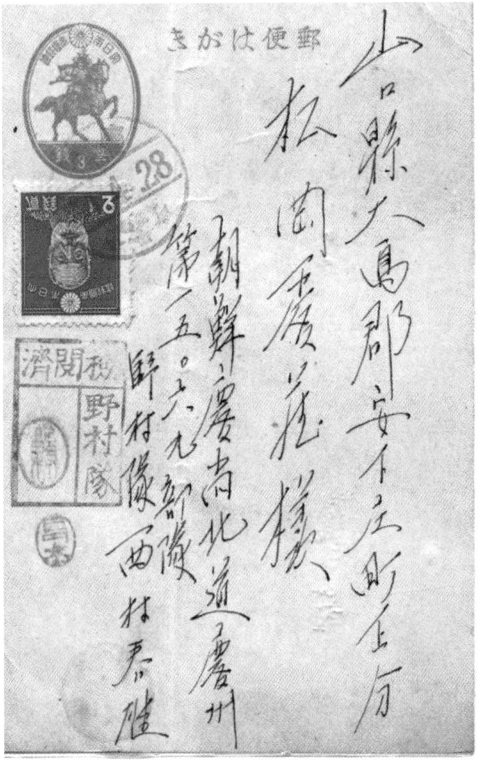

1930. 4. 28 경주-일본행 검열제 우편엽서

나남우편국

함경북도 나남 본정 2정목

1910. 10. 1 조선총독부 고시 제209호

우편물, 전화 교환 업무 개시

1910. 9. 30 특설전화 교환 업무 폐지.

조선총독부 고시 제210호

경주우편국

경상북도 경주군 경주면 서부리

1911. 5. 15 조선총독부 고시 제127호

특설전화 가입 신청 수리 전화 교환

조선총독부 고시 제107호

특설전화 교환, 전화 가입, 전보 취급

1930

단기 4263년/대한민국임시정부 12년/소화 5년

조선총독부 경찰관 강습소

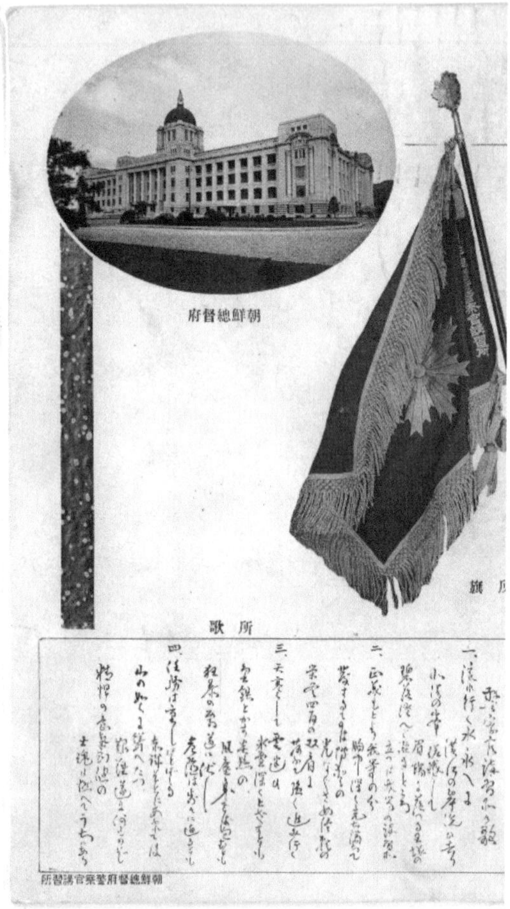

아카시 모토지로(明石元二郎).1864-1919-초대 경무국장
경성 헌병대 본부와 경기도 경무부원
조선인으로 변장한 일본인 형사들

조선총독부 경찰관 강습소

일제강점기 경찰 교육 기관이었던 경관연습소는 1910년 6월24일 '한국의 경찰사무 위탁에 관한 각서'에 의해 일제가 경찰권을 장악하면서 경무총감부(警務摠監部) 산하의 기관으로 운영되었으며, 북부(北部) 창성동(昌成洞)에 있다가 1917년11월 5일 광화문통(光化門通)으로 이전하였다. 이후, 1919년 헌병경찰제가 보통경찰제로 바뀌면서 경관연습소는 조선총독부 직속기관인 '조선총독부 경찰관 강습소'로 개편되었고, 지방에는 순사 교습소가 설치되었다.

출처: 위키백과

조선총독부 경무국

조선총독부 경무국(朝鮮總督府 警務局)은 조선총독부가 설치한 행정 조직이며, 일제 강점기 조선에서의 경찰 사무를 관장하였다. 전신은 한국통감부 경무부(警務部)이다

조선총독부 경찰관 강습소

광화문 로울러 인(1932. 3. 7) 조선총독부 경찰관 강습소 제93기 4부 6반
서전연랑. 북지나 파견 갑 제1822부대 서전국일에게 보낸 우편엽서
(형이 동생에게 보낸 엽서로 추정)

1931

단기 4264년/대한민국임시정부 13년/소화 6년

진주 내용증명▶경남 반성행

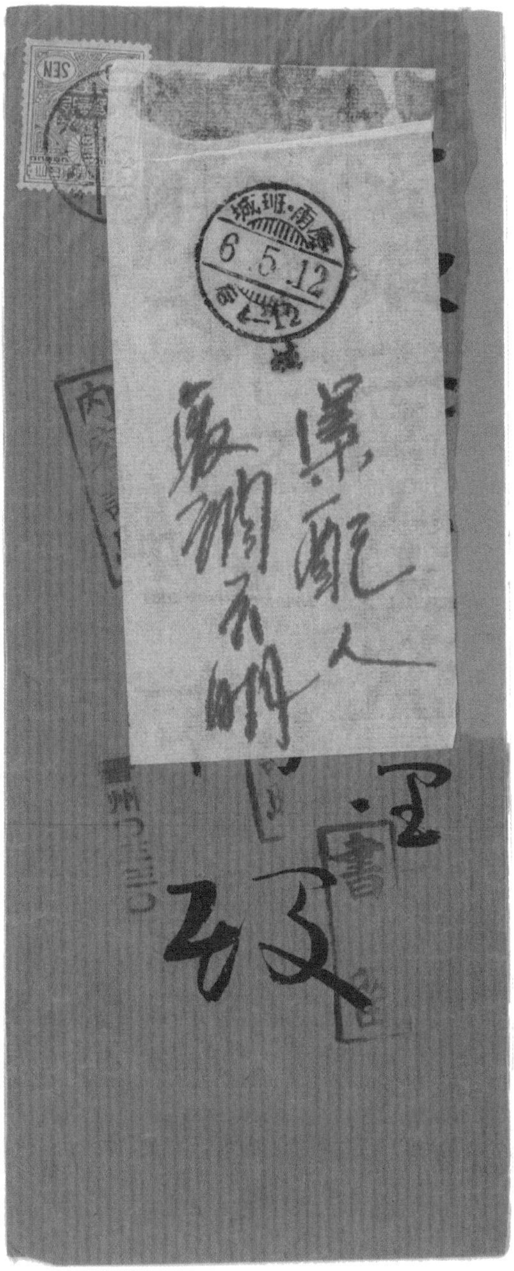

대정 6년(1917) 5월 11일 진주-대정 6년 5월 12일 경남 반성 도착

반성우편소

경상남도 진주군 반성면 창촌리

1930. 3. 26

조선총독부 고시 제128호. 우편소 설치

을밀대(乙密臺)지붕에서 농성하는 강주룡

출처:위키백과. Parkersland

묻히고 잊혀진 항일투사 시리즈

강주룡(姜周龍) 1901~1932. 항일투쟁가. 독립운동가

1931년 평양 을밀대 지붕에 여공(강주룡)이 올랐다.

망루 높이 12m 을밀대를 올랐다. 목을 맬 광목천 한 필을 가지고 일찌기 일제하 조선의 수탈을 피해 일가족과 함께 간도로 갔던 그녀는 스무 살에 간도에서 결혼을 했다가 사별을 한다. 그리고 평양으로 돌아와 고무 공장에서 일하던 노동자. 직공 생활 5년이 된 그녀는 그 전 해에 평양 고무 노동자의 노동조합에 가입한다. 그리고 1930년 평양에서는 고무 노동자들의 동맹파업이 일어난다. 그 동맹파업의 여파 속에서 그녀 강주룡이 속한 평양고무공장의 조선인 사장은 임금 강하(인하)를 발표한다. 그녀는 노동자들과 함께 임금 인하에 반대한 파업을 한다. 그리고 다시 공장을 점령하고 아사(餓死) 투쟁을 전개한다. 그러나 공장 사장과 결탁한 경찰에 의해 공장 점령 단식투쟁이 강제 해산된 뒤 강주룡은 목을 맬 심산으로 광목 한 필을 구해서 을밀대를 갔다가 세상 사람들에게 자신이 왜 자결을 하려는지라도 알리고 죽어야겠다는 심정으로 그 광목을 로프 삼아 을밀대에 올랐다. 그리고 다음 날 아침 을밀대 주변으로 놀러온 평양 사람들에게 울분에 찬 연설을 한다.

그녀 강주룡이 을밀대 위에서 행한 연설이다.

"우리는 사십구 명 우리 파업단의 임금 감하를 크게 여기지는 않습니다. 이것이 결국은 평양의 이천삼백 명 고무직공의 임금 감하의 원인이 될 것임으로 우리는 죽기로써 반대하라는 것입니다. 이천삼백 명 우리 동무의 살이 깎기지 않기 위하여 내 한 몸덩이가 죽는 것은 아깝지 않습니다. 내가 배워서 아는 것 중에 대중을 위하여서는(중략). 명예스러운 일이라는 것이 가장 큰 지식입니다. 이래서 나는 죽음을 각오하고 이 지붕위에 올라 왔읍니다. 나는 평양고무사장이 이 앞에 와서 임금 감하의 선언을 취소하기까지는 결코 내려가지 않겠습니다. 끝까지 임금 감하를 취소치 않으면 나는(중략). 노동 대중을 대표하야 죽음을 명예로 알 뿐입니다. 그러하고 여러분, 구태여 나를 여기서 강제로 끌어내릴 생각은 마십시오. 누구든지 이 지붕 위에 사닥다리를 대놓기만 하면 나는 곳 떨어져 죽을 뿐입니다."

3일 동안도 밥 한 술 안 들며 단식투쟁을 전개하는 기개를 보였다. 강주룡은 결국 해고당했다. 한반도 노동자들의 단식투쟁과 고공농성은 이렇게 1930년에 자본주의가 이 땅에 뿌리내리는 그 시점에서 바로 시작되었다.

1931

단기 4264년/대한민국임시정부 13년/소화 6년

'사치 일대(奢侈 一代) 저금 만대(貯金 萬代)'

조선박람회(朝鮮博覽會)

1931 '사치 일대 · 저금 만대' 표어

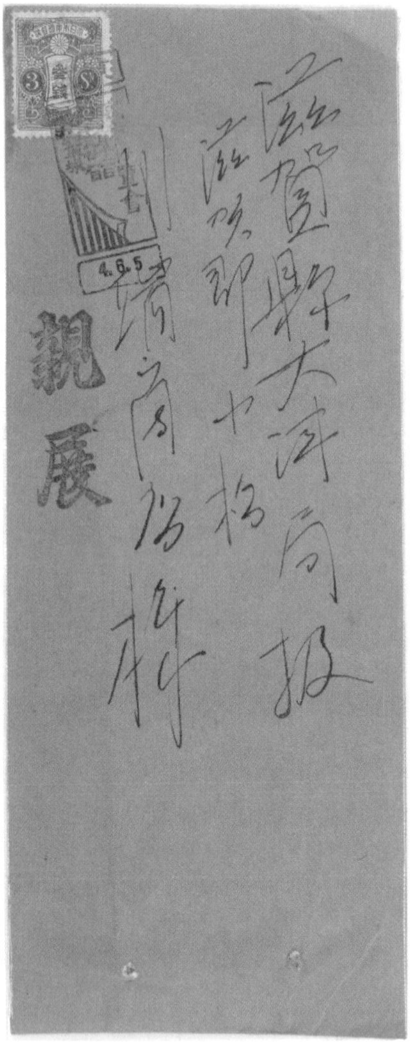

소화 6년(1931) 4월 26일 마산

1929 경성. 조선박람회 표어

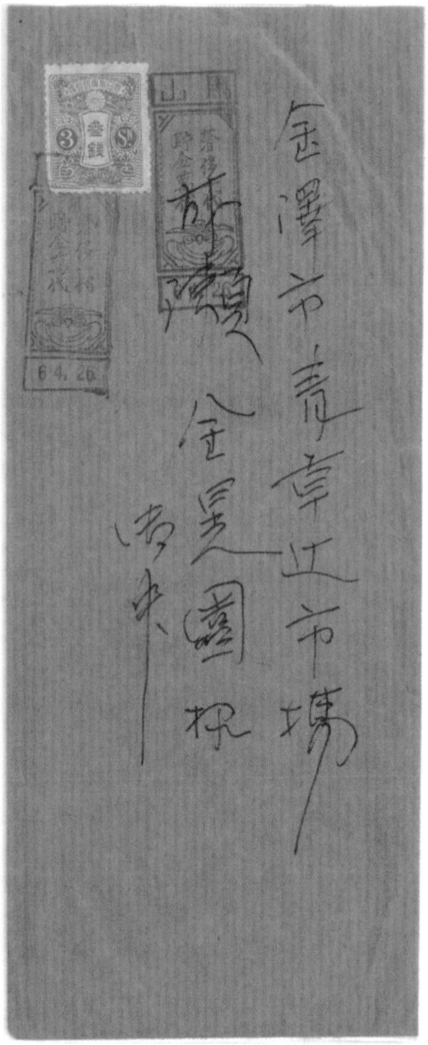

소화 4년(1929) 6월 5일 경성

1932

단기 4265년/대한민국임시정부 14년/소화 7년

1월8일 이봉창 의사, 도쿄에서 일왕을 폭살시키려다 실패한 사쿠라다몬의거가 일어남/1월12일 제주도 우도 잠녀들이 열악한 조업환경 개선을 요구하며 봉기(제주잠녀항쟁)/3월1일 만주국 성립/4월29일 윤봉길 의사, 중국 상하이의 홍커우 공원에서 도시락 폭탄을 던져 의거하다/7월30일 미국 로스엔젤레스에서 제10회올림픽 개최/8월6일 제1회 베니스영화제 개막/9월19일 한중연합군 일본군과 제1차 쌍성보전투/10월10일 히로히토 일본 천황에게 폭탄을 던진 이봉창 의사가 일본 이치 가와 형무소에서 처형되다/12월19일 윤봉길의사가 일본 가나자와 육군 형무소에서 사망/대한민국임시정부 항저우로 이동

Jinsen 외체인

1932. 7. 29 Jinsen- 미국행 외체인

이봉창의사 순국 60주년 기념

The 60th Anniv. Of Martyrdom of Pong-Chang Lee

1992. 4. 2 발행

우표 번호 C1276

액면가 100원

윤봉길의사 의거 60주년 기념

The 60th Anniv. Of Pong-Gil Yoon's Pariotic Deed

1992. 4. 2 발행

우표 번호 C1276

액면가 100원

친일파 708인 명단·애국자 살상자

김극일(金極一) – 경시
김대형(金大亨)
노기주(魯璣柱) – 경시
노덕술(盧德述) – 경시
김성범(金成範)
김영호(金永浩)
김우영(金宇泳)
이성엽(李成燁)
도헌(都憲)
문용호(文龍鎬)
박종옥(朴鍾玉)
김덕기(金悳基) - 도 참여관, 조선총독부 사무관, 경시
김태석(金泰錫) - 도 참여관, 중추원, 조선총독부 사무관, 경시
이성근(李聖根) - 도지사, 도 참여관, 조선총독부 사무관, 경시,
이원보(李源甫) - 도지사, 도 참여관, 중추원, 조선총독부 사무관,
서영출(徐永出)
양병일(楊秉一) - 밀정
최연(崔燕) - 경시
최석현(崔錫鉉) - 경시
하판락(河判洛)
허지(許智)

출처: 위키백과

1932

단기 4265년/대한민국임시정부 14년/소화 7년

부산 풍경인 실체 엽서

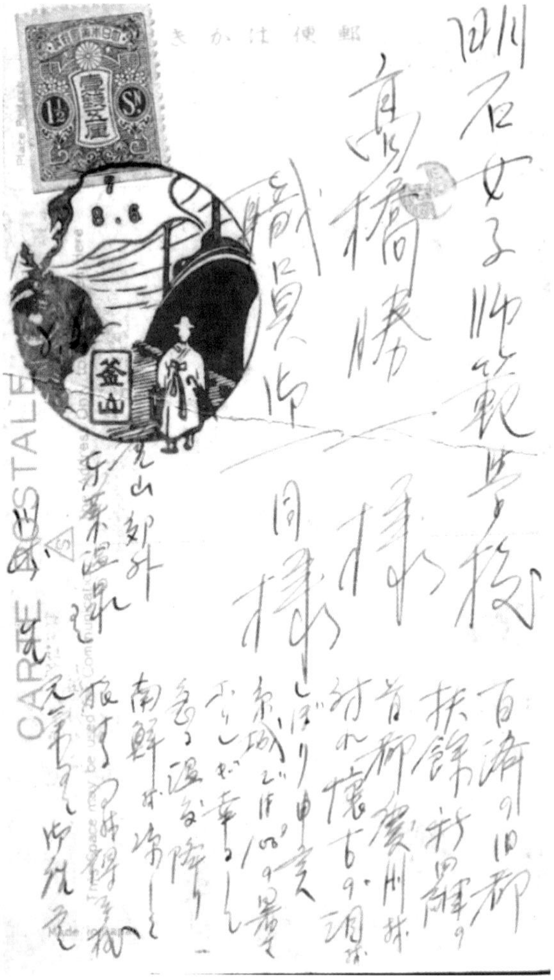

1932년(소화 7) 8월 6일 부산 -일본

이봉창(李奉昌)

1900. 8. 10~1932. 10. 10

경기도 경성부 출생. 일제 강점기의 상인, 독립운동가이다.

일본으로 건너가 상인 등으로 활동하다가 대한민국 임시정부가 있는 중화민국 장쑤성 상하이로 건너가 한인애국단 단원이 되었다. 경성부의 중류층 가정에서 태어나 가정형편으로 중학교에 진학하지 못했고 상점 점원, 철도청 견습생으로 일했고, 일본으로 건너가 상점 점원과 막노동 등에 종사하였다. 1918년 철도국의 견습 사원이 되었으나 1년 후 조선인보다 늦게 입사한 일본인들에게 혜택을 주는 것에 분개하여 철도국을 그만두었고, 1928년에는 히로히토천황의 즉위식에 구경하러 갔다가, 한글과 한문으로 된 편지를 소지하고 있었다는 이유로 체포되어 11일간 수감되었다. 조선인과 일본인을 차별하던 조선총독부의 정책에 불만을 품고 일본 정부에 항거하게 되었다. 1931년 중국으로 건너가 상하이 한인거류민단을 통해 김구를 찾아갔다. 능행에 오르던 천황을 눈앞에서 본 것을 밝히고 천황을 제거할 계획을 모의하였다. 1932년 일본에 건너가 도쿄의 경시청 사쿠라다 문(櫻田門) 앞에서 일본 천황을 폭탄으로 저격하려 하였으나 실패하였다.

출처: 위키백과

1932

단기 4265년/대한민국임시정부 14년/소화 7년

부산(국) 일부인

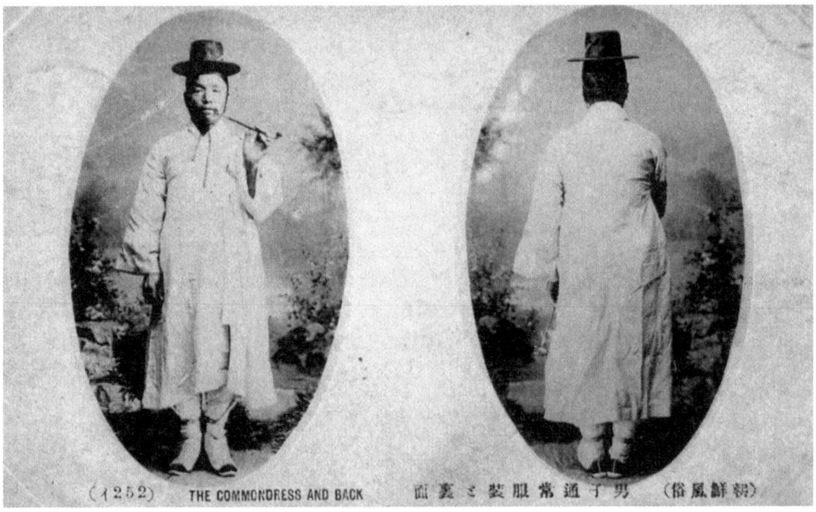

1932년 당시의 조선인(남자)의 평상복 차림 모습

1932년 우편사 및 주요 역사

1. 8	이봉창 의사 의거
1. 18	일제군, 상해에 출병
4. 6	간도지방 군사우편 취급
5. 1	총독부 구내, 수원, 수원역전, 신천, 신천온천. 장안사, 경성, 남대문우편국 명승고적 일부인 사용
4. 29	윤봉길 의사 의거.
5. 1	상해임시정부 항주로 이전
9. 30.	충청남도청을 대전에서 공주로 이전

1932

단기 4265년/대한민국임시정부 14년/소화 7년

Keijo, Chosen ▶ 미국행 실체

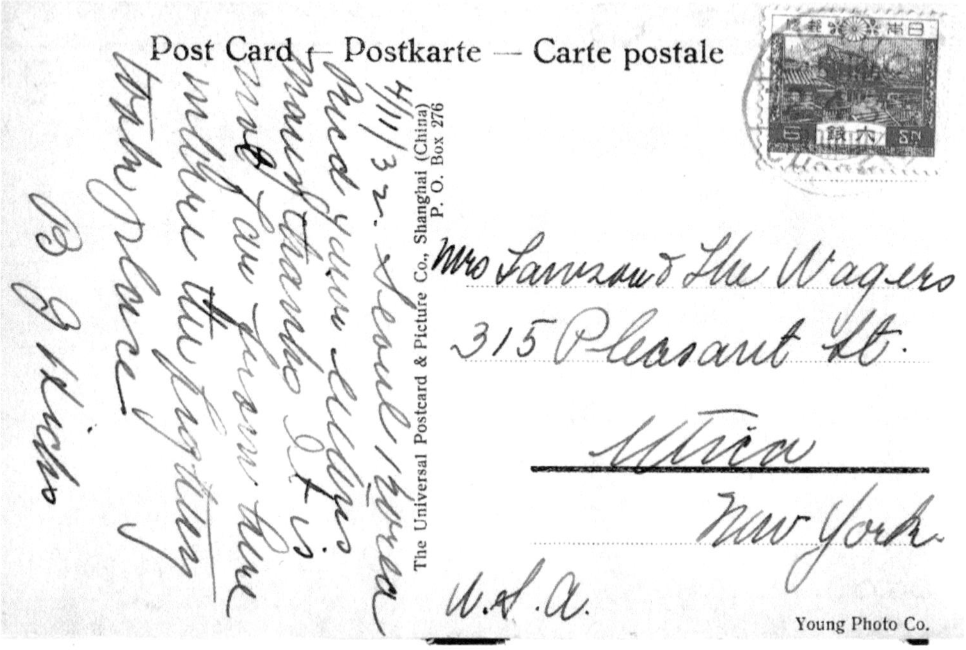

1932. 11. 4 Keijo-미국행

1932년 당시 혼례식 가마 행렬 모습

1932

단기 4265년/대한민국임시정부 14년/소화 7년

재한 일본우편국 FUSAN 외체인

1932년 2월 8일 FUSAN 접수인-Australia

이동녕(李東寧)

1869. 2. 17 ~ 1940. 3. 13

대한제국의 계몽운동가·언론인이자 일제 강점기의 독립운동가였다. 본관은 연안, 자(字)는 봉소(鳳所), 호(號)는 석오(石吾)·암산(巖山).

1926년부터 1927년까지 대한민국 임시정부의 국무령을 지냈고, 1933년부터 1940년까지 대한민국 임시정부의 주석을 지냈으며 한국의 독립운동가, 대한민국 임시 정부 국무총리·대통령 직무대리·주석·국무위원, 임시 의정원 의장 등으로 활동했다. 신흥무관학교를 설립하고 초대 교장을 역임하였다.

1911년 러시아 블라디보스토크로 가서 이상설 등과 함께 권업회(勸業會)를 조직하는데 참여하였고, 《대동신문》(大東新聞), 《해조신문》(海潮新聞)을 발행하는데 참여하였다.

이상설의 알선으로 러시아의 시베리아 총독 보스타빈이 약속한 한국군관 학교 설립을 추진하다가 발각, 3개월간 투옥 생활로 고초를 겪었다. 1915년 그의 나이 47세 때 이상설·이동휘 등과 함께 독립운동가의 사업기관으로 권업회를 조직, 대동신문과 해조신문을 발행 보급하였다 그가 49세 되던 1917년에는 노령 니콜라에프스크에서 나철이 창시한 대종교 포교 활동에 심혈을 기울이면서 독립의 가능성을 타진하였다.

1918년 11월에는 길림성에서 대종교 김교헌 외에 조소앙·조완구·김좌진·여준 등과 독립선언서(무오독립선언서)를 내외에 선포하였다. 1919년 2월 블라디보스토크에서 상하이로 가서 자리를 잡았다. 마침내 국내에서 3·1독립운동이 일어나자 임시정부를 조직하고 4월 10일 임시 의정원의 초대의장으로 선임되었다.

1932년에 이봉창·윤봉길 의거를 김구·이유필 등과 지도, 쾌거를 이루었다. 이로 인해 민필호 등의 주선에 따라 임정 요인과 같이 절강성 가흥 수륜사창으로 피신하였다.

1935년 10월 임시정부 주석에 재선되었다. 11월 대한민국 임시정부 주석에 취임하여 1939년 9월까지 재임했다. 11월 한국국민당의 초대 당수로 선출되었다.

대한민국 정부는 그의 공훈을 기리기 위하여 1962년에 건국훈장 대통령장을 추서하였다.

1933

단기 4266년/대한민국임시정부 15년/소화 8년

1월30일 히틀러 독일수상에 취임/3월2일 영화 킹콩 출시/3월4일 미국 32대 대통령 프랭클린D.루스벨트 취임/3월27일 일본이 국제연맹 탈퇴/4월26일 독일에서 게슈타포 결성/9월19일 조선축구협회 창립(초대회장 박승빈)/여운형이 조선중앙일 신문사 사장으로 추대되었음.

세관 고지서

CUSTOMS DECLARTION

Parcel post Between the Empire of Japan And The United States

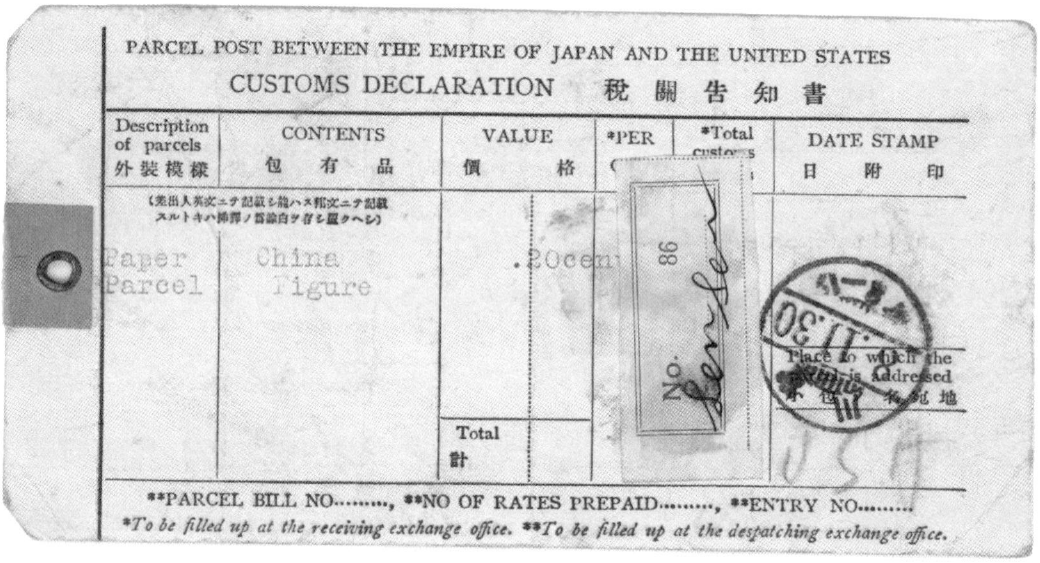
PARCEL POST BETWEEN THE EMPIRE OF JAPAN AND THE UNITED STATES

CUSTOMS DECLARATION 稅關告知書

Description of parcels 外裝模樣	CONTENTS 包有品	VALUE 價格	*PER	*Total customs	DATE STAMP 日附印
Paper Parcel	China Figure	.20cent			
		Total 計			

Place to which the parcel is addressed

**PARCEL BILL NO........, **NO OF RATES PREPAID........, **ENTRY NO........

*To be filled up at the receiving exchange office. **To be filled up at the despatching exchange office.

소화 8년(1933) 11월 30일 선천(宣川 No.86)

선천우편국 평안북도 선천군 읍내면 천남리 1915. 10. 1 조선총독부 고시 제248호. 전화 통화 사무 개시

특수우편 절수대지

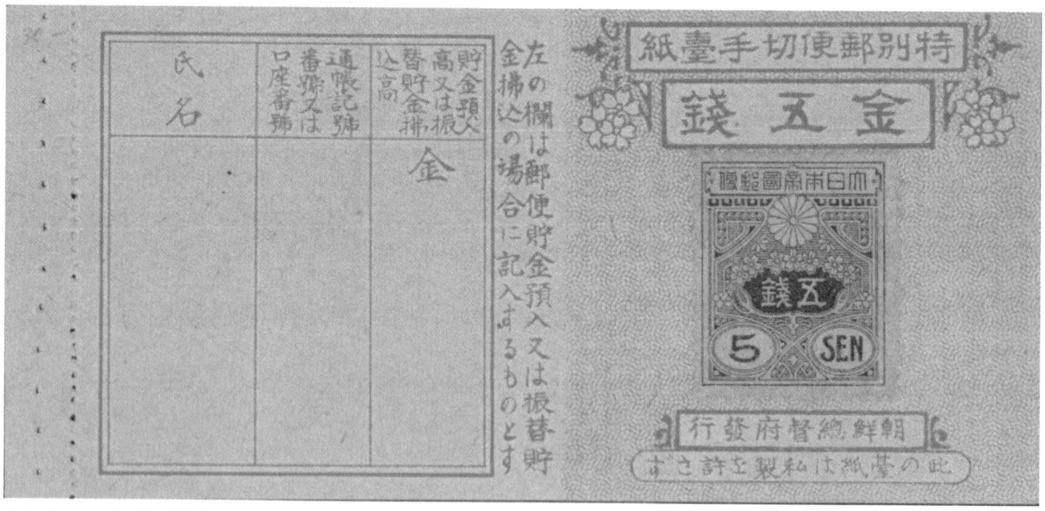

錢五金 조선총독부 발행

1933

단기 4266년/대한민국임시정부 15년/소화 8년

웅기(출) 배달증명 등기 실체

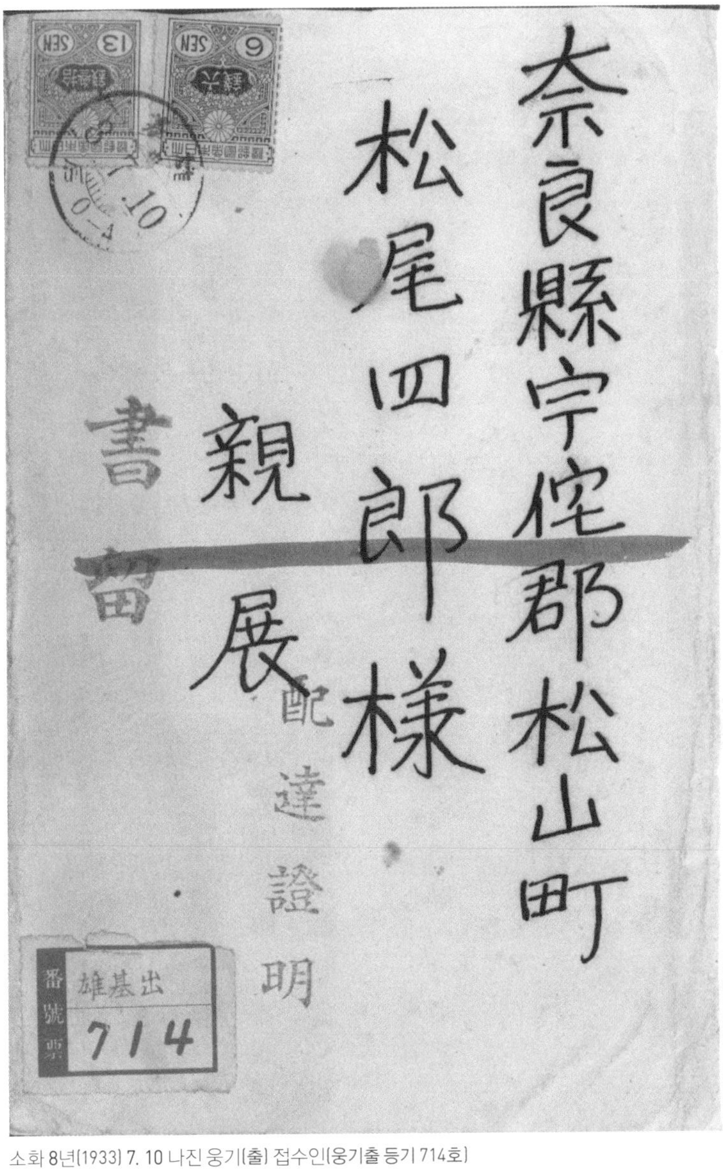

소화 8년(1933) 7. 10 나진 웅기(출) 접수인(웅기출 등기 714호)

지석영(池錫永)

1855. 5. 15 ~ 1935. 2. 1

조선 시대 말기의 문신이자 한의사, 한글 학자이자 대한제국의 문관, 한의사(의생), 한의학자, 정치인, 한글학자, 국어학자, 교육자, 저술가이다. 자는 공윤(公胤), 아호는 송촌(松村), 본관은 충주이다.

그는 1883년(고종 20년) 문과에 급제하여 사헌부 장령(掌令), 형조 참의(刑曹參議) 등을 역임하였다. 종두법의 하나인 우두법의 보급에 공헌하였다.

조선의 종두법 시행의 선구자로, 종두에 대한 알기 쉬운 서적을 저술하여 의학 발전에 기여하였고, 천연두가 유행할 때마다 우두 종법을 실시하여 병에 걸린 이들을 구제하였다. 또한, 한글 보급에 힘쓴 공로를 인정받아 팔괘장과 태극장을 받았다.

출처: 위키백과

웅기우편국 함북 경흥군 웅기면 웅기동 1922. 9. 2 조선총독부 고시 제208호 전화 교환 업무 개시

웅기우편국 나진출장소 함북 경흥군 신안면 안동 1933. 5. 6 조선총독부 고시 제205호 전신 전화 통화 사무 개시

웅기우편국 보험분실 함북 경흥군 웅기읍 웅기동 1939. 3. 10 조선총독부 고시 제172호 보험분실 설치

1933

단기 4266년/대한민국임시정부 15년/소화 8년

일제강점기 수입증지 사용 실체

변제증서(辨濟證書)

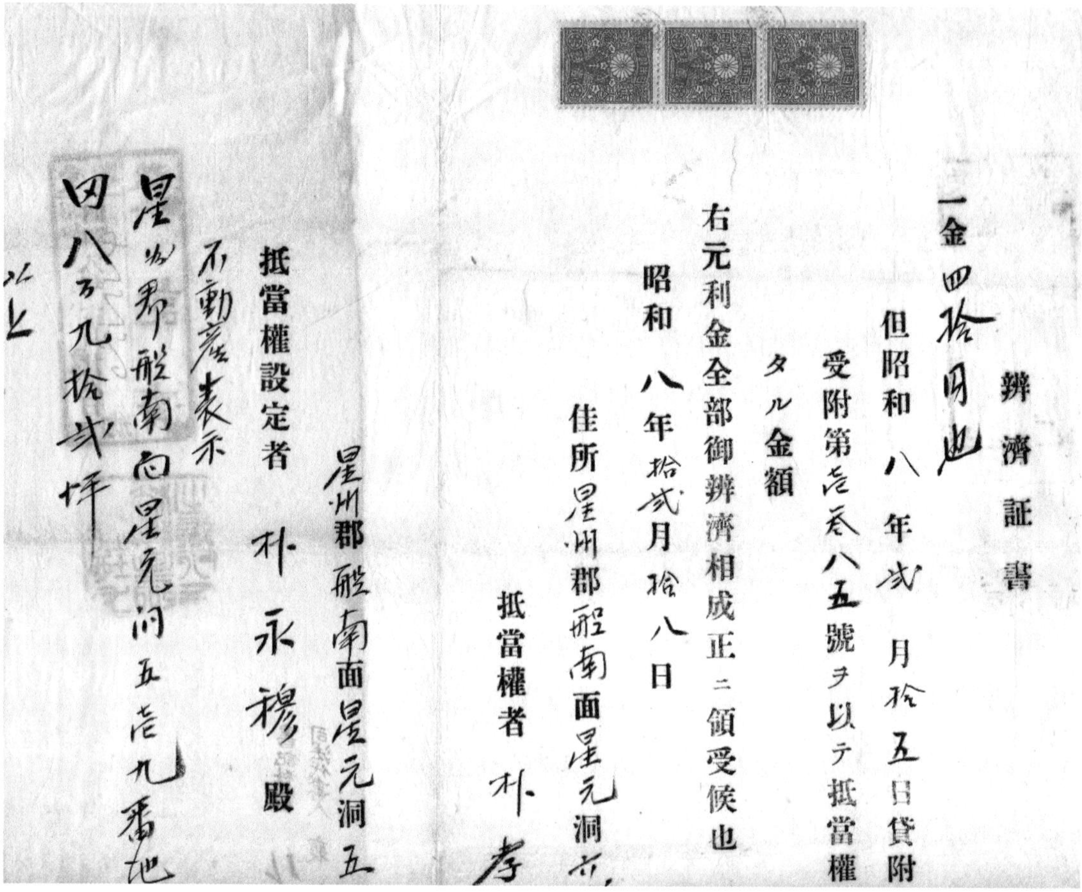
辨濟証書

一金四拾円也

但昭和八年弐月拾五日貸附

受附第壱参八五號ヲ以テ抵當權

タル金額

右元利金全部御辨濟相成正ニ領受候也

昭和八年拾弐月拾八日

住所星州郡船南面星元洞六

抵當權者 朴孝

星州郡船南面星元洞五

抵當權設定者 朴永穆殿

不動產表示

星州郡船南面星元洞五百九番地

田八百九拾弐坪

以上

수입증지 1전 3매 3전 사용. 소화 8년(1933)2.15

엄복동(嚴福童)

1892년(고종 29년) 6. 20 ~ 1951. 7. 20

한국에서 일제강점기에 활동한 자전거 선수이다. 본관은 영월(寧越). 당시 별명은 '자전차왕', '동양 자전거왕'이다.

엄복동은 경기도 진위(현 평택시)의 자전거 가게 일미상회에서 배달점원으로 일하면서 자전거를 배웠다. 1910년 자전거 경기대회, 1913년 4월 13일 경성일보사와 매일신문사가 개최한 자전거 경주대회(용산 연병장)에서 우승하는 등 수많은 자전거 대회에서 활약하였다. 1918년 장충단공원 경기에서도 우승했는데, 당시 엄복동은 빨간 유니폼을 입고 경기하여 자신의 존재를 각인시켰다.

"떴다 보아라 안창남 비행기, 내려다 보아라 엄복동의 자전거…."라는 유행가가 만들어질만큼 조선 민중들의 스타가 된 엄복동은 자전거 대회에서 초청선수로 참여하여 우승을 휩쓸었다. 1922년 경성시민대운동회에서 개최된 전 조선 자전거 대회에서 우승할 기미를 보이자, 일본 심판들은 날이 저물었다는 빌미로 경기를 중단시키는 등 비상식적인 판정을 내렸다. 이에 격분한 엄복동은 본부석으로 뛰어든 뒤, 우승기를 잡고 꺾어버림으로써 항의했다. 이 일로 일본인 관객과 조선인 관객 사이에서 다툼이 일어났을 정도로 엄복동은 조선인들에게는 영웅이었다.

문화재청은 2010년 6월 8일 엄복동의 자전거를 근대문화재 등록을 예고하였으며, 동년 8월 24일 대한민국의 등록문화재 제466호로 지정하였다.

출처: 위키백과

1934

단기 4267년/대한민국임시정부 16년/소화 9년

1월12일 동아일보가 평양의 대박산에 있는 단군릉에 관한 특집기사를 게재/5월27일 제2회 FIFA월드컵이 이탈리아에서 열리다/7월24일 조선중앙일보에 이상의 시〈오감도〉시 제1호가 소개됨/8월21일 한강 인도교 공사 기공/9월14일 나요양소 관제공포(소록도갱생원 설치)/10월3일 동대문-청량리 간 전차궤도 복선공사 준공/10월15일 중화소비에트공화국이 장개석의 국민혁명군에 포위 당해 붕괴되었다.

광화문▶Yokohama 경유▶미국행 등기

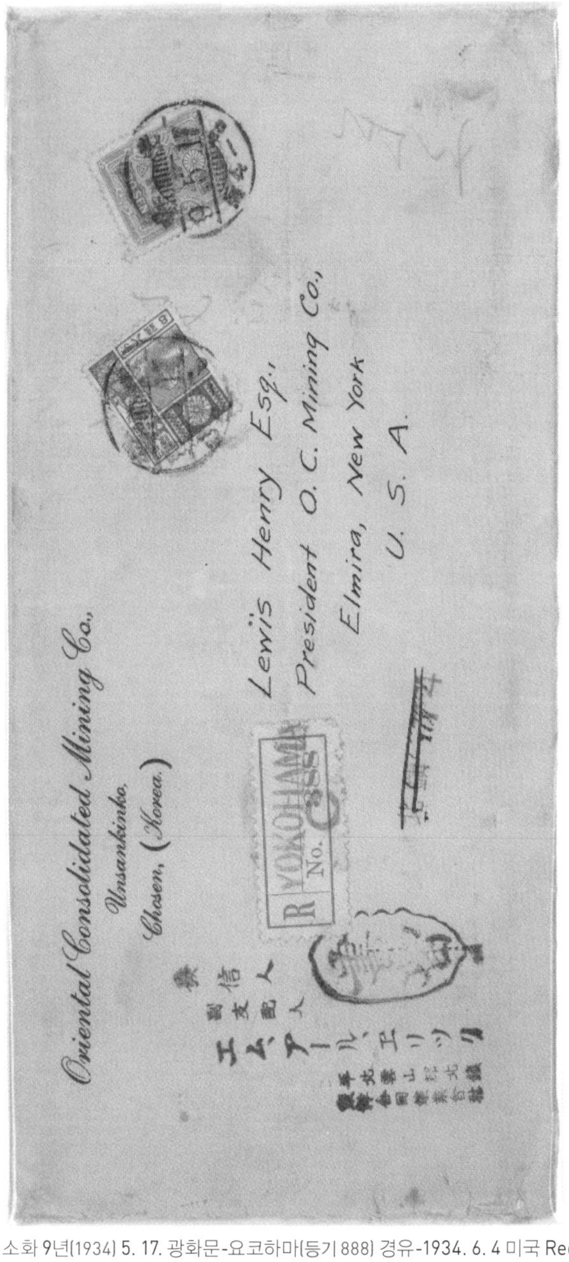

소화 9년(1934) 5. 17. 광화문-요코하마(등기 888) 경유-1934. 6. 4 미국 Red Wax Seals

1934 단기 4267년/대한민국임시정부 16년/소화 9년

경성 안국 등기▶공주행

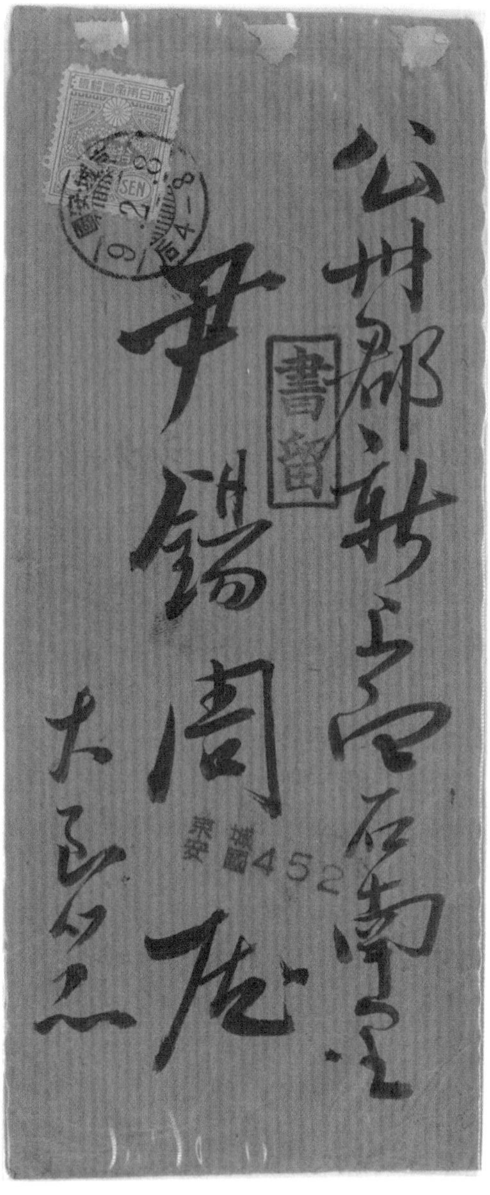

소화 9년(1934) 2. 8 경성 안국-공주.

경성안국우편소

경기도 경성부 관훈동

1931. 7. 6. 조선총독부 고시 제344호. 우편소 이전

일제 조선군 20사단 39여단 78연대 만행

조선군 20사단은 일제시대에 일본인들이 조선 지역을 수비하기 위해서 창설한 부대이다. 1919년 제암리 학살을 행한 일본군 병사들이 바로 20사단 39여단 78연대 소속 일제군들이다. 조선군 20사단의 사령부는 현재 서울 용산이었다.

제암리 학살사건(提巖里 虐殺事件)

일제강점기인 1919년 4월 15일

경기도 수원군 향남면(현재의 경기도 화성시 향남읍) 제암리 소재 제암리 감리교회에서 일어난 학살사건이다. 기독교계에서는 '제암리감리교회사건'으로 부르며, 줄여서 '제암리사건'이라고도 부른다.

1982년 9월 29일 문화공보부는 사건 지역을 사적 제299호《화성 제암리 3·1운동 순국 유적》으로 지정했다. 한국 감리교회에서는 제암리사건을 감리교회를 넘어선 기독교적 정신을 바탕으로 하는 민족저항운동이었고, 이에 대한 일제의 계획적 만행으로 본다

만해 한용운 '님의 침묵'

만해 한용운

한용운(韓龍雲,1879~1944)

일제 강점기의 시인, 승려, 독립운동가이다.

본관은 청주. 호는 만해(萬海) 불교를 통한 언론, 교육 활동 종래의 무능한 불교를 개혁하고 불교의 그것에 대한 대안점으로 불교 사회 개혁론을 주장했다. 3·1만세 운동 당시 민족대표 33인의 한 사람이며 1944. 6. 29일에 중풍과 영양실조 등의 합병증으로 병사하였다. 독립선언서의 '공약 3장'을 추가 보완하였다. 또한 옥중에서'조선 독립의 서'(朝鮮獨立之書)를 지어 독립과 자유를 주장하였다.

1918년에《유심》에 시를 발표하였고, 1926년 〈님의 침묵〉 등의 시를 발표하였다.

출처: 위키백과

1934

단기 4267년/대한민국임시정부 16년/소화 9년

소판형 봉함엽서 실체

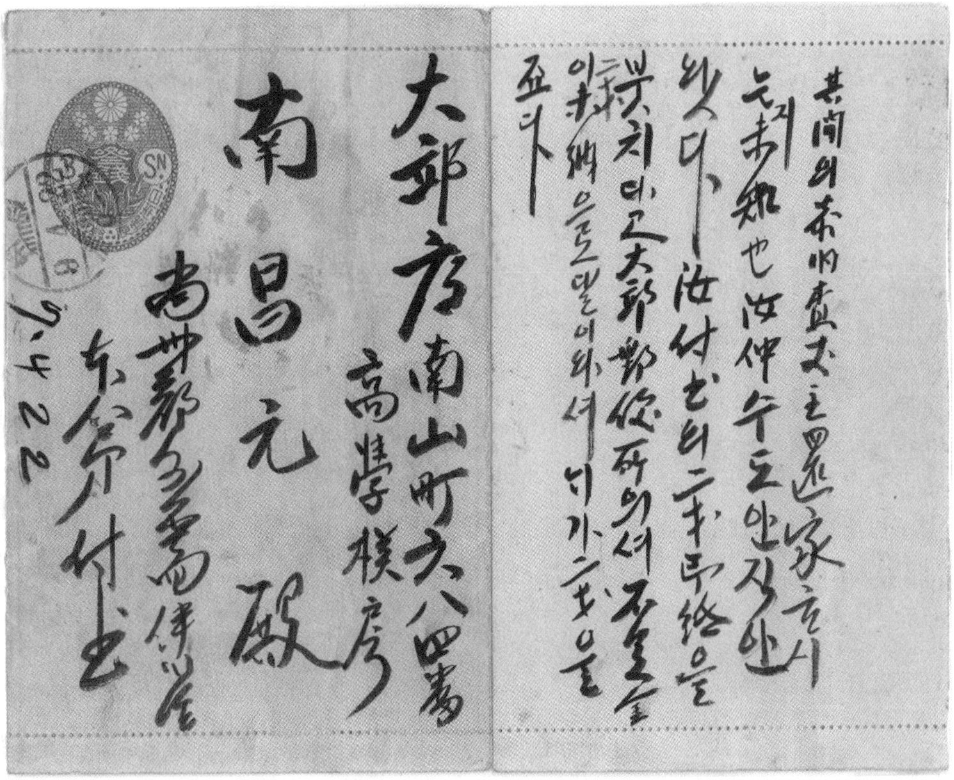
大邱府南山町六八四番
高學様方
南昌元 殿

소화 9년(1934) 4월 22일 상주-대구

한강대교

한강대교(漢江大橋)는 서울특별시 용산구 한강로와 동작구 본동을 잇는 다리이다.

한강에 놓인 최초의 도로 교량으로, 1917년 개통된 뒤 몇 차례의 수난을 거쳐 지금에 이른다. 다리 아래로는 노들섬이 있다. 과거에는 국도 제1호선이 이 다리를 통하여 서울로 연결되었었다.

착공일시: 1916년3월

준공일시: 1917년10월

개통일시: 1917년10월

1900년 한강 최초의 다리인 한강철교가 건설될 때, 철교의 한 쪽 또는 양쪽에 보도를 건설하고자 하였으나, 당시 철도 부설권을 가지고 있던 일제가 공사비를 이유로 보도를 가설하지 않았다. 당시만 해도 민간용 차량이 존재하지 않았으며, 도보로 한강을 건너는 이들은 배를 이용하여 한강을 건넜기 때문에, 보도 교량을 건설할 만한 수요가 되지 못하였다. 하지만 자동차가 수입되기 시작하고, 강을 건너려는 수요가 증가하면서 조선총독부가 인도교 계획을 수립, 1917년 노량진측의 대교 440m 와 용산측의 소교 188m를 완공, 도보와 차량 통행이 가능해졌다.

1925년 7월	홍수로 인해 소교(용산 측) 유실
1929년 9월 18일	소교 재개통, 폭 18m로 확장
1935년 10월	대교(노량진 측) 재건축 후 개통, 전차궤도 부설
1950년 6월 28일	한국 전쟁으로 인해 폭파
1950년 10월	임시 복구됨, 1차선 운행
1958년 5월 15일	한강 인도교 완전 복구
1982년 2월 27일	한강대교 신교 부설, 개통(4차선에서 8차선으로 확장)

출처: 위키백과

1934

단기 4267년/대한민국임시정부 16년/소화 9년

대구 기계인

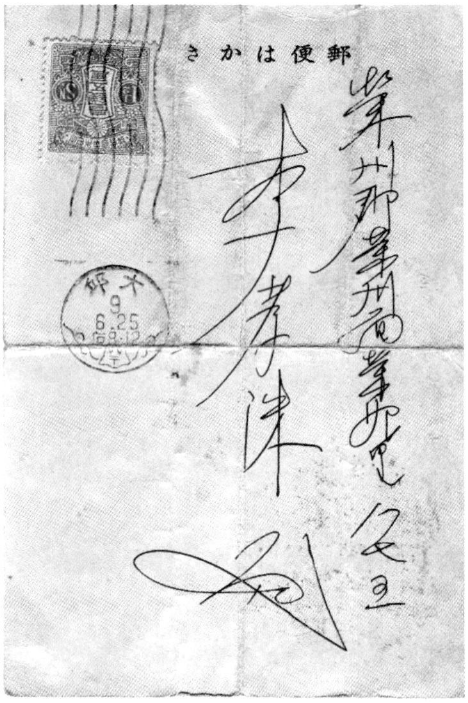

1940 함경남도 신창(新昌) 일부인

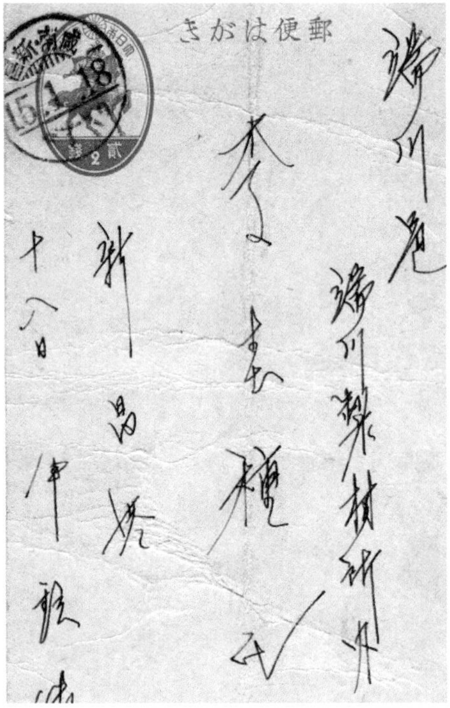

신창리우편소

함경남도 북청군 하보청면 신창리
1912. 3. 16. 조선총독부 고시 제84호. 우편소 설치

1934년 우편사 및 주요 역사

1. 20. 벽제, 마산, 진주, 여수, 회령, 겸이포, 배천 등 명승고적 일부인 사용
4. 1 조선농지령(朝鮮農地令) 공포
5. 1 조선보물고적보존령(朝鮮寶物古蹟保存令) 공포
8. 1 혜산선 철도(합수-백암) 개통, 금강산 무료전화 통화 개통
11. 1 부산-장춘(長春)간 직통열차 운행 개시
체신 분장국 설치(체신국 관리 사무분장국의 개칭)
원산, 평양우편국 우편, 전신, 전화, 보험 4과로 개정

단기 4268년/대한민국임시정부 17년/소화 10년

1935

8월13일 심훈의 소설〈상록수〉 동아일보 현상소설에 당선/9월15일 나치 독일, 유대인의 시민권을 박탈하고 갈고리십자문양을 국기로 하는 뉘른베르크 법이 통과되다/9월21일 일제강점기, 부산방송국(JBAK) 개국/9월29일 조선육상경기협회, 제1회 전조선육상선수권대회 개최/10월4일 한국 최초의 발성 영화 〈춘향전〉, 단성사에서 개봉되었다/항저우(杭州)의 대한민국 임시정부가 진강으로 이동했다.

수입인지를 우표로 사용한 서신을 미납(未納)으로 처리한 실례

소화 10년(1935) 2월 7일 경기도 이천-경성부로 체송된 수입인지 미납 6전

이천우편소

경기도 이천군 읍내면 창전리

1926. 3. 26

조선총독부 고시 제85호. 전화 교환 업무 개시

김동인 작 단편소설집 '감자' 표지

1900. 10. 2~1951. 1. 5. 평양 출생

친일인명사전에 등재된 친일 문학가

소설가, 시인, 언론인

1919년2.8 독립선언, 3.1만세 운동에 참여했으나 친일로 전향

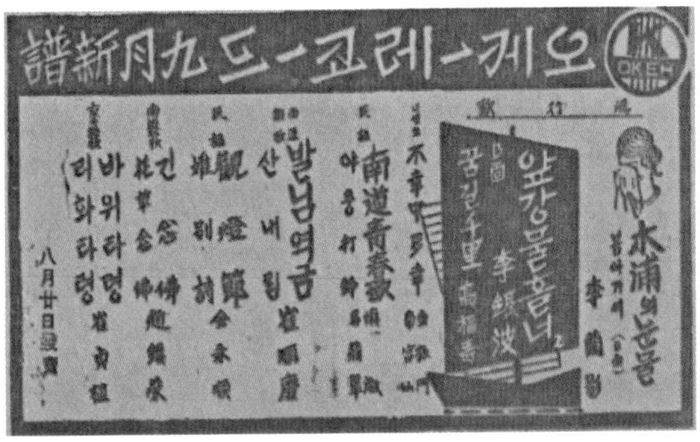

1935년 9월 신보로 발매된 〈목포의 눈물〉 신문 광고

지금으로부터 80여년 전인 1935년 9월. 당시 음반업계의 새로운 강자로 급성장하고 있던 오케(Okeh) 레코드에서 야심찬 신작을 하나 발표했다.

여덟 달의 공모, 제작 과정을 거쳐 나온 그 노래는 바로 〈목포의 눈물〉.

당시 열아홉 살이었던 목포 출신 가수 이난영이 불렀다.

출처: 위키백과

1935

단기 4268년/대한민국임시정부 17년/소화 10년

청주(Seishu)▶미국행 소포 실체

소화 10년(1935) 7월 30일 소포-미국 뉴욕행

묻히고 잊혀진 항일투사 시리즈

'대의에 죽으라' 안중근 모친 조마리아 여사

조마리아[조성녀(趙姓女),1862년~1927년 7월 25]는 한국의 독립운동가로 안중근의 어머니이다.

본관은 배천, 천주교 세례명은 마리아(瑪利亞)이다.

국채보상운동에 참여하여 활동하였다. 아들 안중근이 이토히로부미를 사살한 뒤 일제에 의해 사형 판결을 받자, 항소하지 말라고 권했다는 일화가 널리 알려져 있다. 아들이 결국 처형된 뒤 중국 상하이에서 당시 임시정부 인사들에게 여러 가지로 도움을 주며 독립운동의 정신적 지주로 불렸다. 시모시자(是母是子, 그 어머니에 그 아들로, 위대한 사람 뒤에 위대한 어머니가 있다는 의미) 라고 평가한다. 대한민국 정부는 2008년 8월 조마리아 여사에게 건국훈장 애족장을 추서했다.

조마리아 여사 편지

"네가 만약 늙은 어미보다 먼저 죽는 것을 불효라 생각한다면 이 어미는 웃음거리가 될 것이다. 너의 죽음은 너 한 사람의 것이 아니라, 조선인 전체의 공분을 짊어지고 있는 것이다. 네가 항소를 한다면, 그것은 일제에 목숨을 구걸하는 짓이다. 네가 나라를 위해 이에 이른즉 딴 맘 먹지 말고 죽으라. 옳은 일을 하고 받은 형이니, 비겁하게 삶을 구하지 말고 대의에 죽는 것이 어미에 대한 효도이다. 아마도 이 편지는 어미가 너에게 쓰는 마지막 편지가 될 것이다. 여기에 너의 수의를 지어 보내니 이것을 입고 가거라. 어미는 현세에서 너와 재회하기를 기대치 않으니 다음 세상에는 반드시 선량한 천부의 아들이 되어 이 세상에 나오거라"

안중근 평화연구원은 위 편지 내용이 실제 기록으로 남겨진 것이 아닌 구설(口說)일 뿐이라고 밝혔다.

안중근 의사가 어머니에게 보낸 편지

"불초한 자식은 감히 한 말씀을 어머님 전에 올리려 합니다.

엎드려 바라옵건대 자식의 막심한 불효와 아침 저녁 문안인사 못 드림을 용서하여 주시옵소서.

이 이슬과도 같은 허무한 세상에서 감정에 이기지 못하시고 이 불초자를 너무나 생각해 주시니 훗날 영원의 천당에서 만나뵈올 것을 바라오며 또 기도하옵니다. 이 현세(現世)의 일이야말로 모두 주님의 명령에 달려 있으니, 마음을 편안히 하옵기를 천만 번 바라올 뿐입니다. 분도(안의사의 장남)는 장차 신부가 되게 하여 주시길 희망하오며, 후일에도 잊지 마시옵고 천주께 바치도록 키워주십시오. 이상이 대요(大要)이며, 그 밖에도 드릴 말씀은 허다하오나 후일 천당에서 기쁘게 만나뵈온 뒤 누누이 말씀드리겠습니다. 위 아래 여러 분께 문안도 드리지 못하오니, 반드시 꼭 주교님을 전심으로 신앙하시어 후일 천당에서 기쁘게 만나 뵈옵겠다고 전해 주시기 바랍니다. 이 세상의 여러 가지 일은 정근과 공근에게 들어주시옵고 배려를 거두시고 마음 편안히 지내시옵소서."

출처: 저작권자 © 대기원시보

1935

단기 4268년/대한민국임시정부 17년/소화 10년

미국 국무장관에게 보낸 배달증명 등기 실체

1935년 1월 26일 주한 미공사관에서 본국 국무장관에게 발송한 배달증명 등기실체, 일본 우표 4장, 78전 첩부

1935

단기 4268년/대한민국임시정부 17년/소화 10년

주한 미영사관에서 미국으로 체송한 배달증명 실체

1935년 10월 7일 주한 미영사관-미국행

1935

단기 4268년/대한민국임시 정부 17년/소화 10년

경성우편국 통지서 · 내용증명 실체

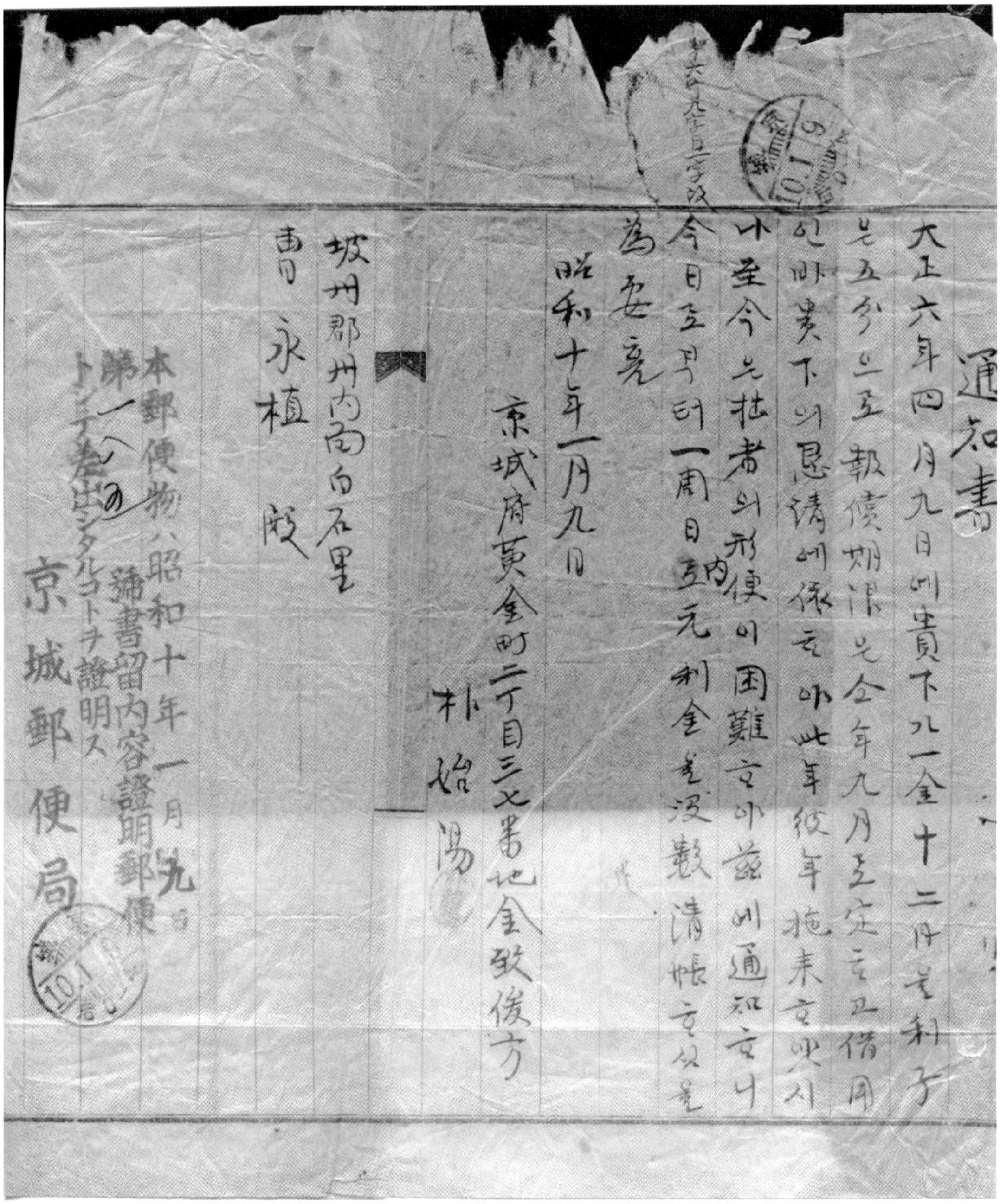

소화 10년(1935) 1월 9일 경성우편국 내용증명 - 경기도 파주군 주내면 백석리 조영식에게 보낸 내용증명 실체

1935

단기 4268년/대한민국임시정부 17년/소화 10년

현금 송달 봉투. 주을온천▶Shang-Hai행 등기

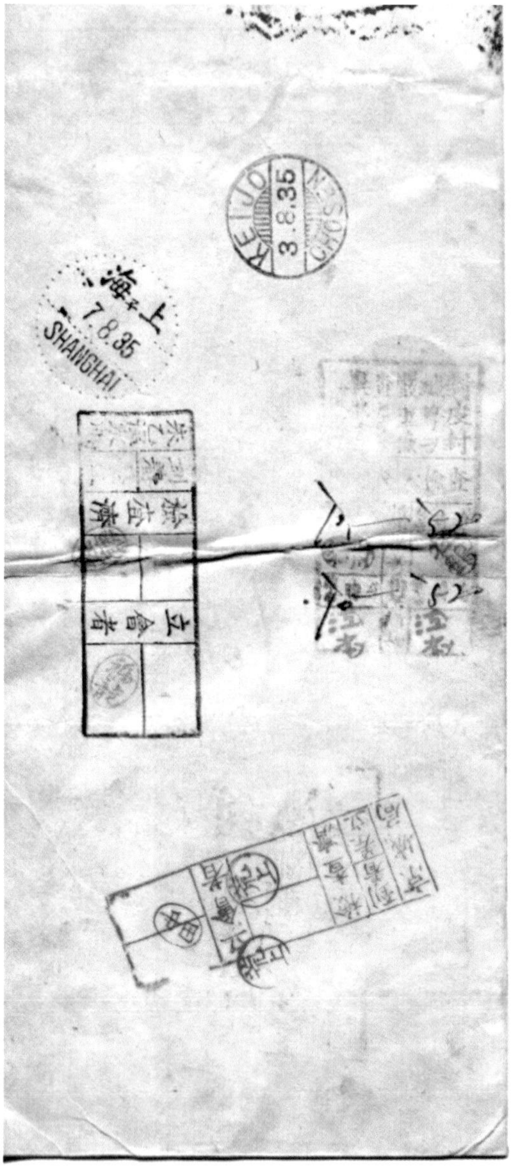

소화 10년(1935) 8월 2일 함경북도 주을온천-1935년 8월 3일 KEIJO

주을온천(朱乙溫泉) 함경북도 경성군 주을읍 서북쪽에 있는 온천.

주을온천우편소

함경북도 경성군 주을온면 중향동

1935. 3. 16

조선총독부 고시 제147호. 우편소 설치

1935

단기 4268년/대한민국임시정부 17년/소화 10년

진주(국) ▶ 삼가(소) 봉함엽서

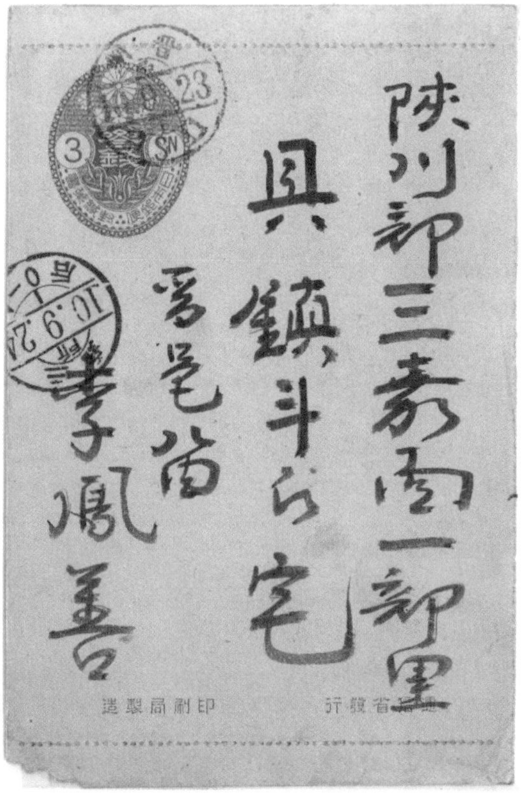

소화 10년(1935) 9월 23일 진주(국)-소화 10년 9월 24일 삼가

1933년 우편국 부전지 첩부 실체

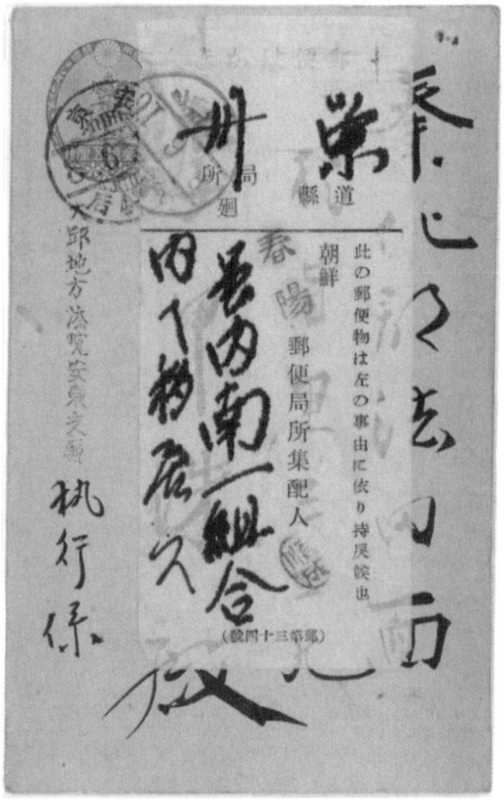

소화 8년(1933) 6월 12일 안동-6월 16일 영주 춘양우편국 부전지

삼가우편소 경상남도 삼가군 현내면 홍문동 1912. 7. 21 조선총독부 고시 제284호. 우편소 설치 1912. 7. 20 총독부 고시 제285호
우편국 폐지 후 우편소로 개칭

춘양우편소 경상북도 봉화군 춘양면 선양리 1919. 3. 16 조선총독부 고시 제33호. 우편소 설치

이상화

묻히고 잊혀진 항일투사 시리즈

이상화(李相和, 1901년 4월 5일 ~ 1943년 4월 25일) 대구 출생

일제 강점기의 시인, 작가, 독립운동가, 문학평론가, 번역문학가이며, 교육자, 권투선수이기도 하다

1919년 대구에서 3·1 운동 거사를 모의하다가 발각되어 피신하였으며, 1921년 잡지 '백조'의 동인이 되어 문단에 등단하였다. 이후 1922년 일본으로 건너가 미국 유학을 준비하다가 관동대지진으로 귀국하였다. 귀국 이후 시와 소설 등 작품 활동과 평론 활동, 《개벽》, 《문예운동》, 《여명》, 《신여성》, 《삼천리》, 《별건곤》, 《조선문단》, 《조선지광》 등에 동인 활동을 하였다. 아마추어 권투선수로서 교남학교 교사로 재직 중 1938년도에는 교남학교 권투부를 창설지도하였다.

출처: 위키백과

〈빼앗긴 들에도 봄은 오는가〉

1922년 파리 유학을 목적으로 일본 동경의 아테네프랑세어학원에서 2년간 프랑스어와 프랑스 문학을 공부하였다.

일본 유학 중에도 틈틈이 작품 활동을 하거나 칼럼과 글을 국내의 잡지사로 송고하였다. 1923년 관동대지진이 나자, 불령선인으로 몰려 일본인 폭도들로부터 암살 위협을 겪었으나, 극적으로 어느 일본인의 배려로 은신해 있었다. 얼마 뒤 분장하고 집주인인 일본인이 준 여비를 받고 관동대지진의 수난을 피해 귀국했다. 1926년 《개벽(開闢)》에 저항시 '빼앗긴 들에도 봄은 오는가'가 발표되었다.

개벽(開闢) 1920년대 천도교에서 발행한 천도교 청년회의 기관잡지. 1926년8월, 통권 72호로 폐간되었다.

1936

단기 4269년/대한민국임시정부 18년/소화 11년

7월4일 지리산 쌍계사에서 지진이 일어나다/8월25일 일장기 말소 사건, 동아일보가 손기정 선수의 사진에서 일장기를 지운 채 보도하였다/8월1일 제11회 베를린올림픽대회 개최/8월9일 손기정이 베를린 올림픽 마라톤에서 우승하였다/10월3일 일제강점기에 경성변호사회 설립

일본 대판 학교역전 등기

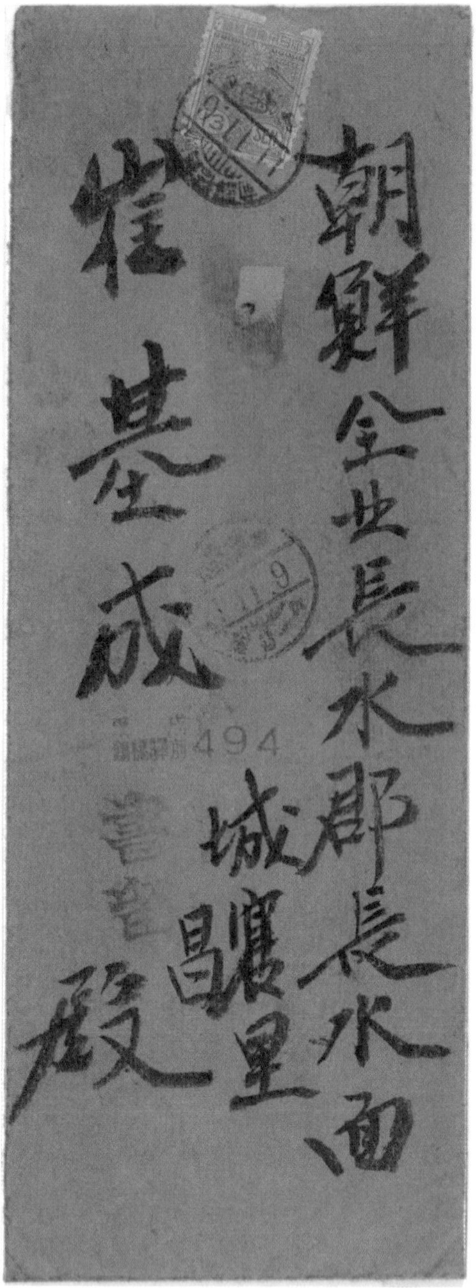

소화 11년(1936) 11월 6일 일본 대판 학교역전 등기(번호494)-11월 9일 전북 장수 도착인

가수 김연월

김연월(金蓮月)

1917년 평안남도 평양 출생

일제강점기 나라를 빼긴 서러움을 서정적으로 표현한 민중 가수

남국(南國)의 눈(雪)

김연월 노래, 김안서 작사, 문호월 작곡

오케 레코드 1월 신보

1. 내려선 자취 없이 스러지지만 낯설은 항구에는 눈이 옵니다. 수줍은 아가씨의 사랑같이
2. 나려도 보람없는 신세언마는 하늘하늘 눈이 옵니다. 수줍은 아가씨의 사랑같이
3. 왼 하루 내려와도 셀 길 없지만 낯설은 남국에는 눈이 옵니다. 수줍은 아가씨의 사랑같이

이외에도 '나는 몰라요', '섬 색시', '무정한 밤차' 등이 있다.

출처: 위키백과

일장기말소사건(日章旗抹消事件)

1936년 독일 베를린에서 열렸던 하계 올림픽대회 당시 마라톤 경기에서 우승한 손기정 선수의 가슴에 붙어있는 일장기(日章旗)를 동아일보에서 삭제하자, 이에 대해 총독부가 검열 삭제를 가한 민족 탄압 사건. 1936년 나치당이 집권한 독일에서 베를린올림픽이 열리고 당시 일본 선수단의 일원으로 참가하였던 마라톤선수인 손기정은 동료 선수인 남승룡과 함께 '올림픽의 꽃'으로 불리든 마라톤 경기에 참가하여 손기정 선수가 올림픽 신기록을 달성하며 1위로, 남승룡 선수는 3위를 차지하며 각각 금메달과 동메달을 획득하였다. 그러나 시상대에서는 한국 이름인 손기정, 남승룡이라는 이름이 아닌 일본 이름으로 호명되었고 국기도 태극기가 아닌 일장기가 게양되었으며, 국가도 애국가가 아닌 일본 국가 기미가요가 대신 연주되자 두 사람의 표정은 기쁨이 아닌 슬픔으로 숙연해졌다. 나라를 잃고 한국인이 아닌 일본인으로서 시상대에 올라야 하는 가슴 아픈 사연을 담고 있었기 때문이다. 이 소식은 조선에서도 신문을 통해서 전해졌는데, 특히 손기정의 가슴에 붙어있는 국기가 태극기가 아닌 일장기가 붙어 있자, 조선인들 사이에서는 분노와 격앙을 돋구게 되었으며, 이에 맞쳐서 조선중앙일보는 8월13 일, 동아일보는 8월 13일자 지방판, 8월 25일에 보도했다. 이 사진에 있었던 손기정 선수의 가슴에 있던 일장기 사진 부분을 하얀색으로 덧칠해서 지워버렸던 사건이다.

베를린올림픽대회 개최일시: 1936.8.1-8.16 개최장소: 독일 베를린

출처: 위키백과

장수우편소 전라북도 장수군 수내면 상비리 1911. 9. 16 조선총독부 고시 제274호. 우편소 설치

1911. 9. 15 조선총독부 고시 제275호. 우체소 폐지 후 우편소로 개칭

1913. 10. 6 조선총독부 고시 제472호, 전신 전화 통화 사무 개시

1936

단기 4269년/대한민국임시정부 18년/소화 11년

소포 실체

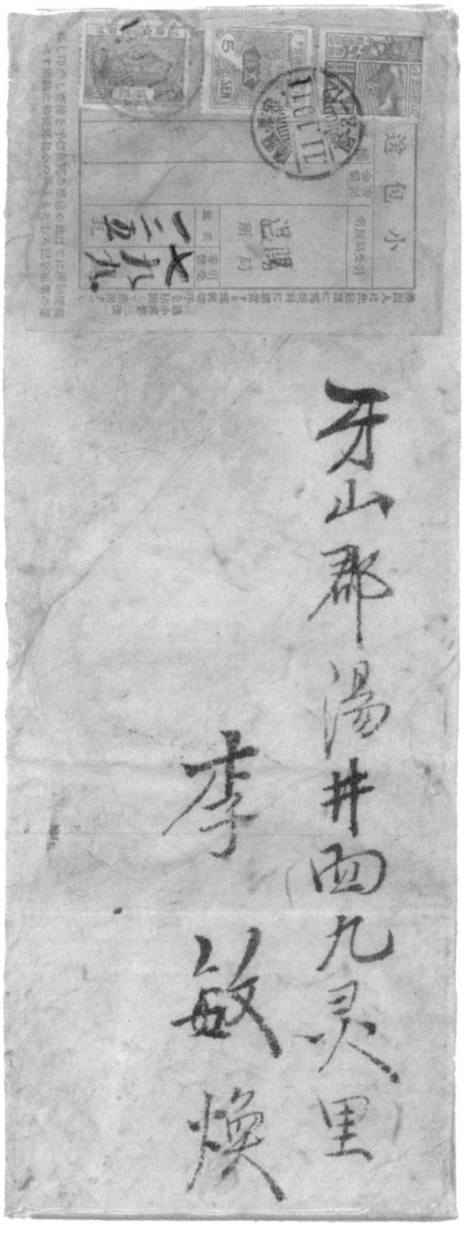

소화 11년(1936) 10월 11일 충남 온양-충남 아산

묻히고 잊혀진 항일투사 시리즈

이소응(李昭應, 1852~1930)

강원도 춘천 출생

조선 후기 유생·의병장이다

1895년 을미사변이 일어나고 단발령이 내려져 전국에서 의병항쟁이 일어나자, 1896년1월 춘천에 집결한 지방 유생 유중락(柳重洛)·이만응(李晩應) 등과 농민 1,000여 명에 의해 의병대장으로 추대되어 위정척사(衛正斥邪) 의 대의 아래 일본을 오랑케 왜노(倭奴)로 규정하는 등 의병의 명분을 뚜렷이 하는 한편, 전국에 격문을 보내 함께 거사할 것을 촉구하였다. 이 때 정부에서 춘천부관찰사겸 선유사(宣諭使)로 개화파 관료인 조인승(曺寅承)을 임명하여 파견하자, 그를 친일파라 하여 참형(斬刑)하였다. 이어 남한산성의 경기 의병과 연합하여 한성을 공격하기로 계획하였으나, 관군의 공세로 전력이 약화되자, 지평군수 맹영재(孟英在)를 찾아가 협조를 요청하였지만 뜻을 이루지 못하였다. 그 후 제천 유인석(柳麟錫) 의진에 들어가 활동하다 만주로 망명하였으며, 춘천 의진은 종형제 이진응(李晋應)과 이경용(李景應)이 지휘하였다. 1930년 3월 25일 향년 79세로 별세하였다.

출처: 국가보훈처

아산우편소 충청남도 아산군 영인면 아산리 1920. 2. 11 조선총독부 고시 제1호, 우편소 설치

아산우편국 충청남도 아산군 아산읍

1911. 1. 1 조선총독부 고시 제93호. 전신 사무 개시

1911. 3. 21 조선총독부 고시 제70호. 전화 통화 사무 개시

1920. 2. 10 조선총독부 고시 제22호, 우편국 폐지 후 아산우편소로 승계

1936

단기 4269년/대한민국임시정부 18년/소화 11년

일제강점기 현금송달 봉피 실체

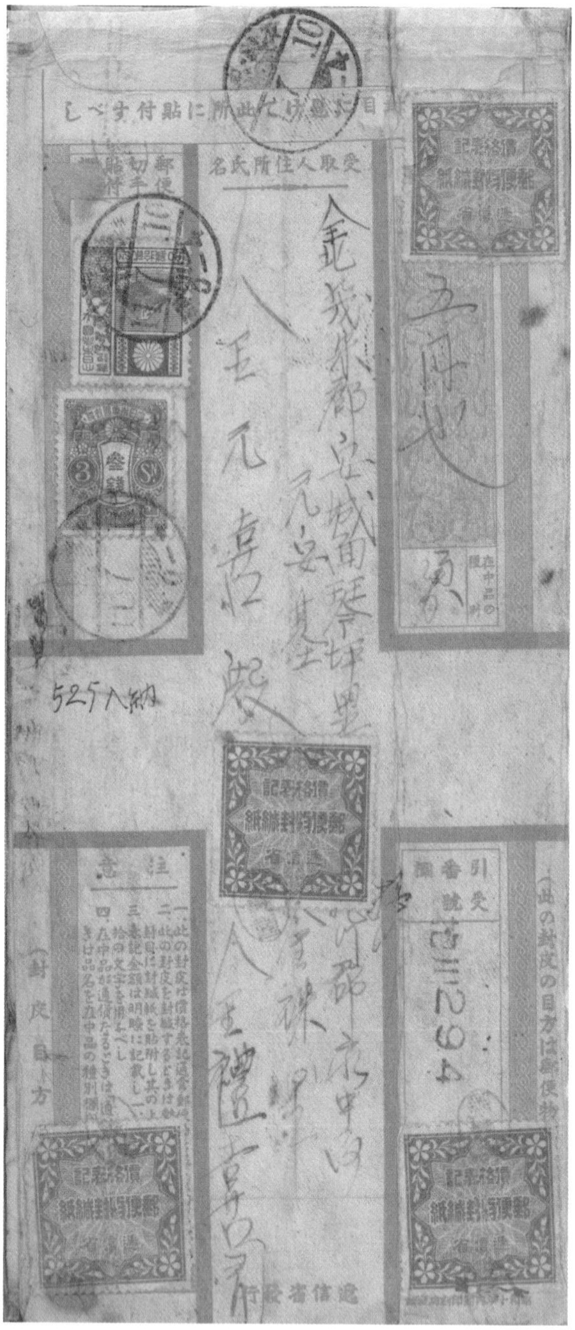

소화 11년(1936) 7월 10일 경기도 포천(포천 등기 294)-전라북도 무주

손기정(孫基禎) 1912~2002

사라진 일장기. 당시 동아일보 신문 기사

최승희와 손기정

1936년 하계 올림픽 마라톤 우승 직후 최승희와 손기정

출처: 위키백과

최승희

출생 1911.11. 24. 강원도 홍천

사망 1969. 8. 8.(57세)

직업 무용가

1992. 10. 10일 발행

올림픽대회 마라톤 제패

Winning the Maraton Championships of Olypiads

발행량 50만매

우표번호 C1296-C1297

평판(L) Perf. 13. D. 이혜옥

발행처: 대한민국 체신부

1937

단기 4270년/대한민국임시정부 19년/소화 12년

1월 일본에서 조선노동동흥회 해체/8월20일 친일여성단체 애국금차회 결성, 금비녀 헌납운동 시작/8월22일 서울전역에 등화관제 실시/11월5일 일제에 의하여 조선중앙일보 폐간/4월13일 천주교, 전주지목구, 광주지목구설립/11월 소련의 스탈린 소수민족 강제 이주정책 시행되었다.

충남 신탄진▶충북 미강

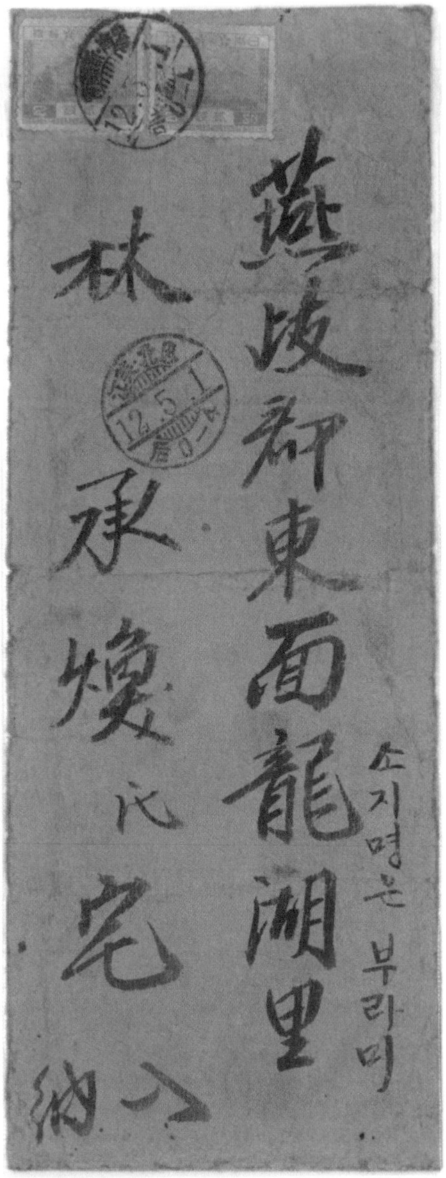

소화 12년(1937)충남 신탄진-충북 미강 도착 인

난징대학살(南京大虐殺)

Nanking Massacre

중일전쟁 때 중화민국의 수도인 난징을 점령한 일본군이 군대를 동원해 중국인을 무차별 학살한 사건이다. 이로 인해 약 30만 명의 중국인들이 학살되었다. 1937년 12월 13일부터 1938년2월까지 6주간에 걸쳐서 이루워졌으며, 1939년 4월에는 1644부대가 신설되어 생체 실험 등이 자행되었다. 오늘날 중국에서는 이를 난징대도살이라고도 부르며, 일본에서는 난징사건으로 불리고 있다. 서구에서는 '아시아 홀로코스트'라고도 한다.

출처: 위키백과

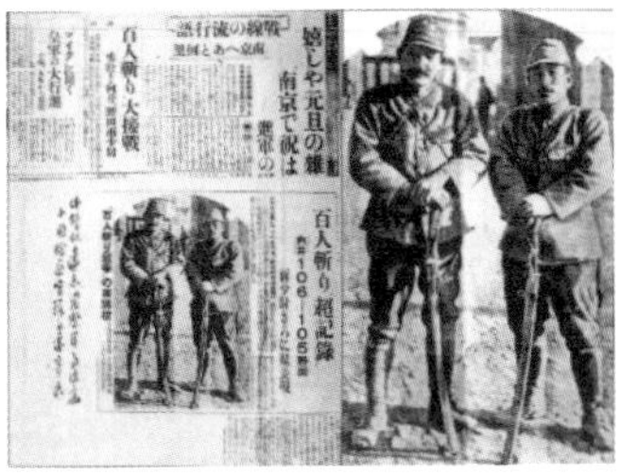

1937년 12월 14일자 일본 '도쿄니치신문'에 보도된 '무카이토시아키' 와 '노다다케시'의 살인 시합 사진.

출처: 독립기념관홈페이지

100人 참수(斬首) 경쟁

난징 대학살 시기인 1937년 11월 30일자 '오사카 마이니치 신문'(大阪每日新聞)과 12월 13일자 '도쿄 니치니치 신문'(東京日 報)에서 일본군 무카이도시아키(向井敏明) 소위와 노다쓰요시(野田毅) 소위가 일본도(日本刀)로 누가 먼저 100인을 참살(慘殺)시키는지를 겨뤘다는 사실이 보도되었던 것을 말한다. 종전 후 무카이, 노다 두 소위는 함께 난징에서 군사 재판을 받고, 역시 최후까지 자신이 민간인 학살을 한 적이 없다고 거짓 주장했으나, 결국 육군 중장 다니하사오(谷壽夫)와 함께 총살형으로 처형되었다.

출처: 위키백과

1936

단기 4269년/대한민국임시정부 18년/소화 11년

Keijo, Chosen 미국행 등기(사망통지서 송부)
주한 미국영사관(American Consular Service Seoul, Chosen)

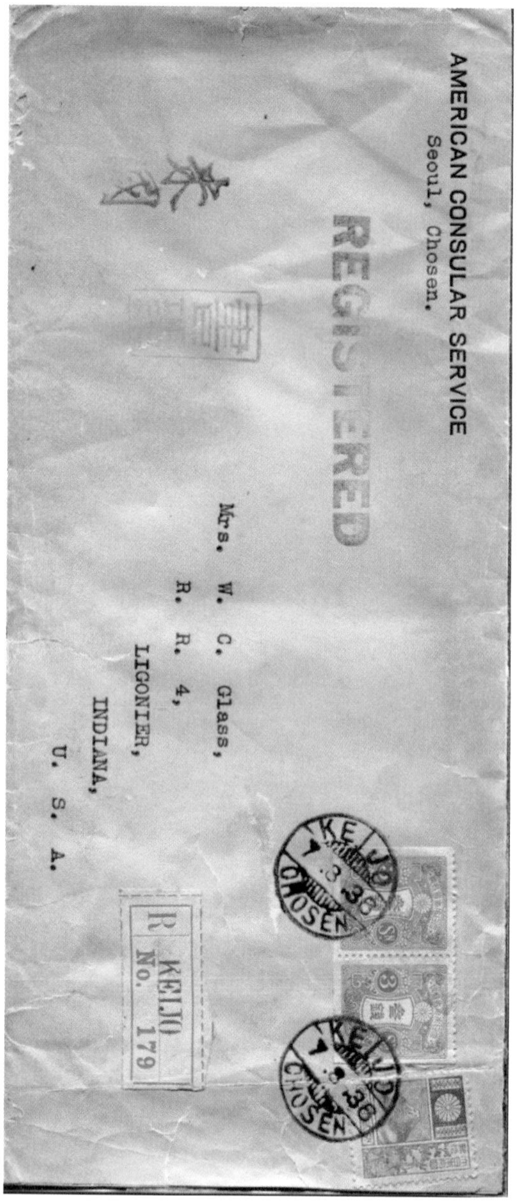

1936년 8월 7일 주한 미국영사관에서 미국으로 보낸 등기 실체

사망 보고서(死亡 報告書)

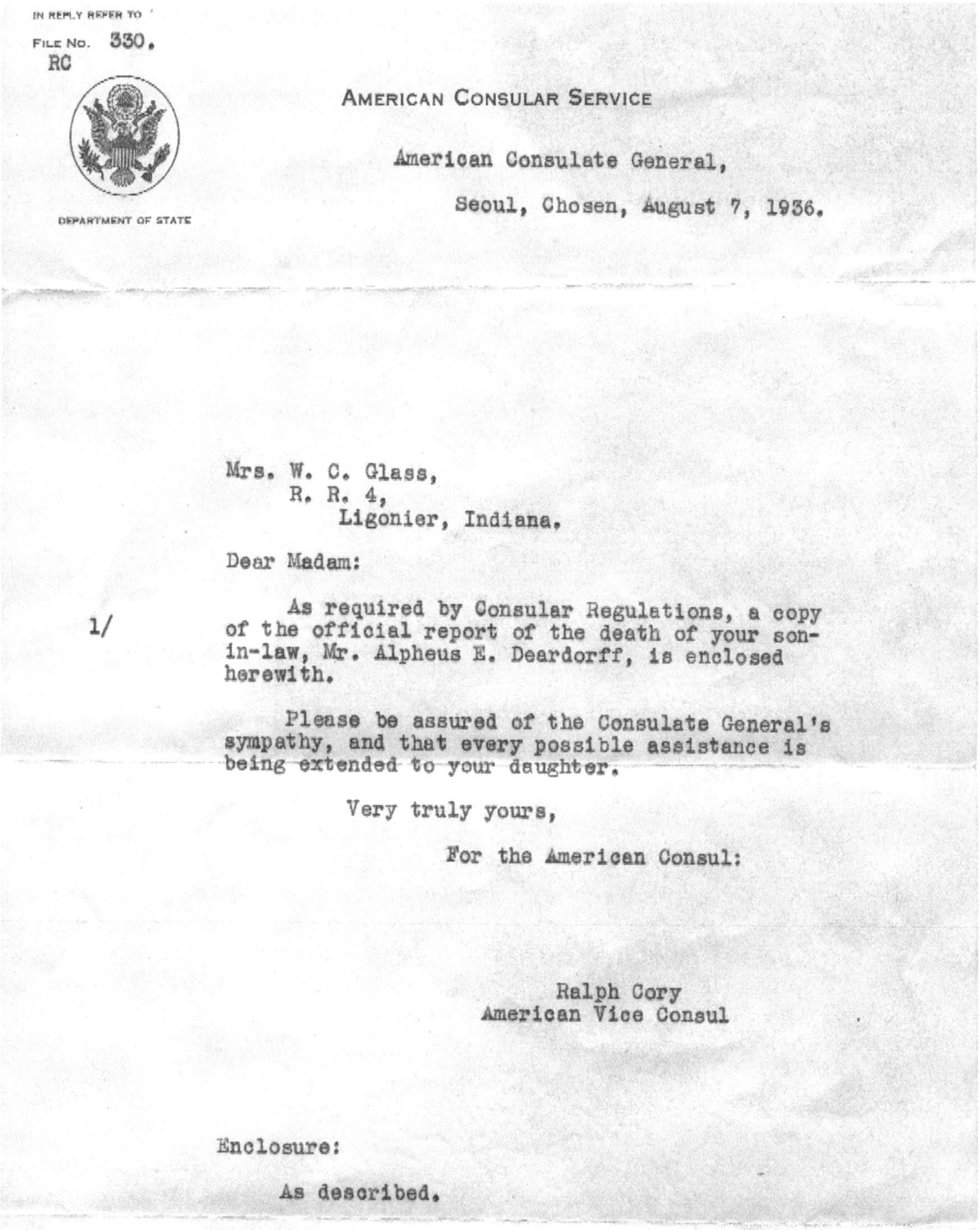

IN REPLY REFER TO
FILE NO. 330.
RC

AMERICAN CONSULAR SERVICE

DEPARTMENT OF STATE

American Consulate General,

Seoul, Chosen, August 7, 1936.

Mrs. W. C. Glass,
R. R. 4,
Ligonier, Indiana.

Dear Madam:

1/ As required by Consular Regulations, a copy of the official report of the death of your son-in-law, Mr. Alpheus E. Deardorff, is enclosed herewith.

Please be assured of the Consulate General's sympathy, and that every possible assistance is being extended to your daughter.

Very truly yours,

For the American Consul:

Ralph Cory
American Vice Consul

Enclosure:

As described.

미 영사관에서 일제강점기시 체류중이던 자국민중 한 사람의 사망 통지서를
American Vice Consul Ralph Cory 명의로 보낸 사망 통지서 재중.

일제강점기에 주한 미국영사관에서 보낸 사망 통지서

서신 내용: 총영사관 규정에 따라 당신의 사위인 Alpheus E. Deardorff씨의 공식적인 사망보고서를 함께 동봉합니다.
우리 총영사관은 고인에게 애도를 표하며 당신의 따님에게 필요한 모든 협조를 약속합니다.

1937

단기 4270년/대한민국임시정부 19년/소화 12년

충북 무극▶음성행

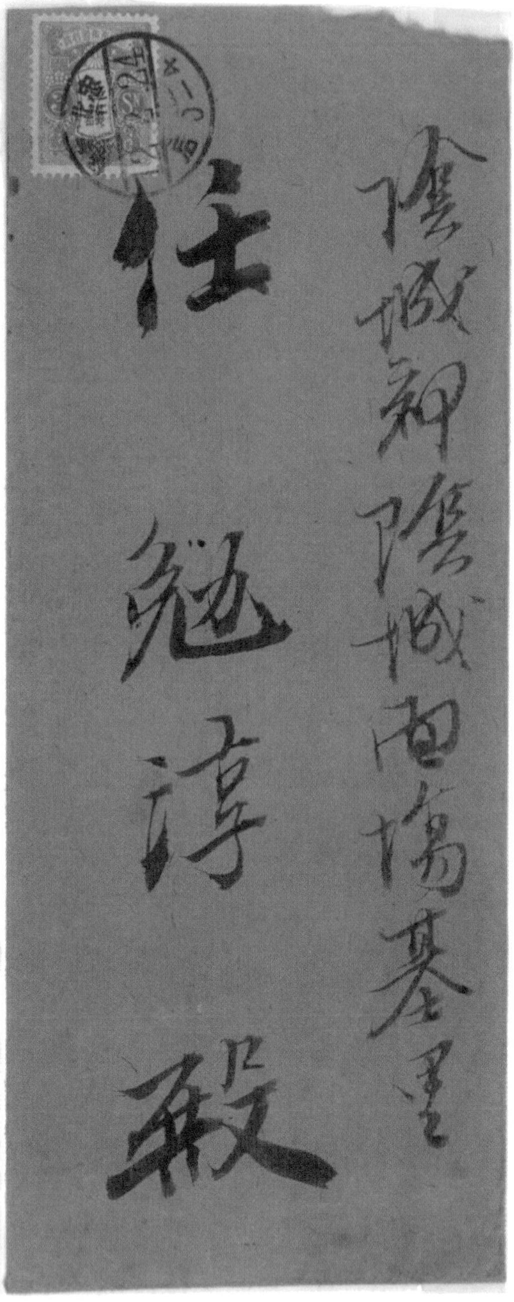

소화 12년(1937) 2월 4일 충북 무극-음성행

윤덕영(尹德榮, 1873. 12. 27~1940. 10. 18)

조선과 대한제국 관료

2002년 발표된 친일파 708인 명단에 포함

2008년 민족문제연구소에서 정리한 친일인명사전 수록예정자 명단에는 부인 김복수, 자신의 작위를 습작 받은 양손자 윤강로와 함께 선정되었다.

2009년 친일반민족행위진상규명위원회가 발표한 친일반민족행위 705인 명단에도 포함되었다.

출처: 위키백과

출처: 인하대학교 한국학연구소

이상[李箱 1910~1937 경성 출생]

천재 시인 작가 이상은 일본 도쿄제국대 부속병원에서 폐결핵이 악화되어 27세 나이로 요절했다. 일제강점기의 문인으로 폐병의 절망을 안고 기생과 동거하면서 난해한 초현실주의 작품 '날개'를 써내 천재적 면모를 보였다. 다방과 카페 경영이 실패하고 절망 끝에 건너간 도쿄에서 '멜론이 먹고 싶다'는 마지막 말을 남긴 채 생을 접고 말았다.

출처: 위키백과

무극우편소

충북 음성군 금왕면 무극리

조선총독부 관보 제2363호

1920. 6. 26

조선총독부 고시 제182호

우편소 설치

1937

단기 4270년/대한민국임시정부 19년/소화 12년

안동▶상주 실체

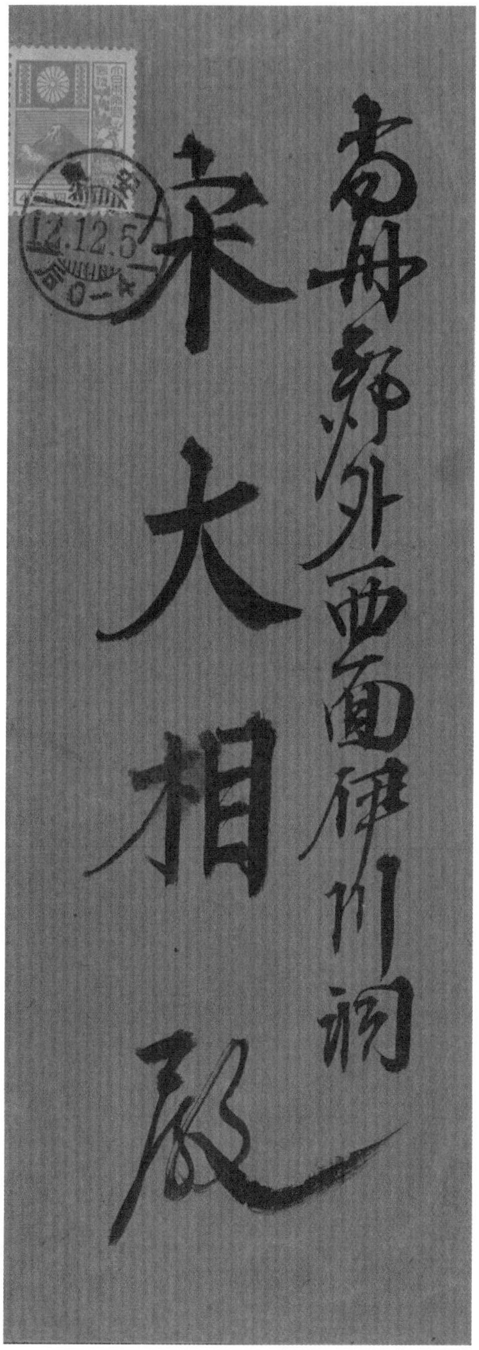

항일(抗日) 여성 독립운동가

여성독립운동가 활동
남자현
(1872~1933)
1933년 만주 주재 일본대사를 암살하기 위해 노파로 분장해 폭탄을 운반하다 체포
안경신
(1888~?)
1920년 임신한 몸으로 평안남도 일본 경찰국 청사에 폭탄 투척
윤희순
(1860~1935)
한국 최초의 여성 의병 지도자. 중국에서 항일의병 조직
권기옥
(1901~1988)
한국 최초 여성 비행사. 일왕궁을 폭파하기 위해 중국 공군에 들어가 항일 투쟁
오광심
(1910~1976)
광복군 간부로 활동. "광복군은 남성의 전유물이 아니다"라는 글로 여성 참여 촉구

남자현(南慈賢) 여성독립운동가

1872. 12. 7 ~ 1933. 8. 22. 경북 안동 출생.

한국 독립운동가이다.

3·1 운동에 참여하고 만주로 망명해 서로군정서에 참가하였으며, 사이토 마코토 총독의 암살을 기도하는 등 여러가지 독립운동을 진행했다. 이토히로부미를 저격한 안중근에 비견되었다. 1962년 건국훈장 대통령장이 추서되었다. 2015년 영화 '암살'의 주인공인 안옥윤(배우 전지현)의 모델이 되었다. 1919년 3·1 운동에 참여한 것을 계기로 아들과 함께 만주로 망명하면서 본격적으로 독립운동에 뛰어 들었다. 그는 곧바로 김동삼의 서로군정서에 가입하여 군자금 모집, 독립운동가 옥바라지 등으로 만주 지역 독립운동의 대모로까지 불리게 되었다. 편강렬, 양기탁, 손일민 등이 만주 지역 무장 독립운동 단체의 통합을 추진할 때 참가했으며, 무장 투쟁이나 테러 위주의 독립운동을 적극 후원하고 참여했다. 경성 내에는 두 차례 잠입했다 돌아왔고, 두 번째 잠입은 사이토 마코토 총독의 암살을 목적으로 잠입한 것이었다. 1928년 만주 길림에서 김동삼, 안창호 등 47명의 독립운동가들이 일본의 사주를 받은 중국 경찰에 검거되자 석방운동에 힘써 보석으로 풀려 나게 했다. 1931년 김동삼이 일본경찰에 체포되었을 때도 탈출시키기 위해 온갖 노력을 한 것으로 알려져 있다. 1932년 만주국 수립으로 영국인 리튼이 이끄는 국제연맹의 조사단이 하얼빈에 오자 손가락을 잘라 '한국독립원(韓國獨立願)'이라는 혈서를 써서 보낸 일화가 잘 알려져 있다. 2002년 독립기념관에 이 구절을 새긴 남자현 어록비가 세워졌다. 고정희의 〈남자현의 무명지〉라는 시가 이 사건을 소재로 하고 있기도 하다.

출처: 위키백과

안동우편국

경상북도 안동군 안동면 동부동

1922. 2. 16

조선총독부 고시 제24호. 전화 교환 업무 개시

소화 12년(1937) 12. 5~12. 12. 5 상주 도착 인

상주우편국

경상북도 상주군 상주읍

1912. 2. 16

조선총독부 고시 제34호

전화 통화 사무 개시

1937

단기 4270년/대한민국임시정부 19년/소화 12년

경성세무감독국▶천안세무서장에게 보낸 제4종 우편물 실체

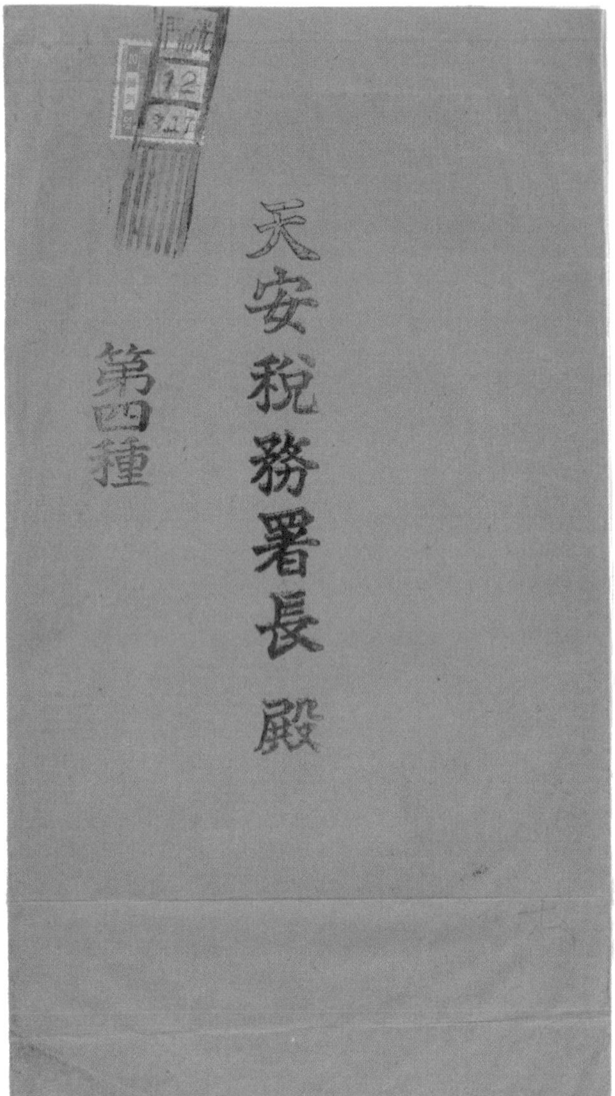

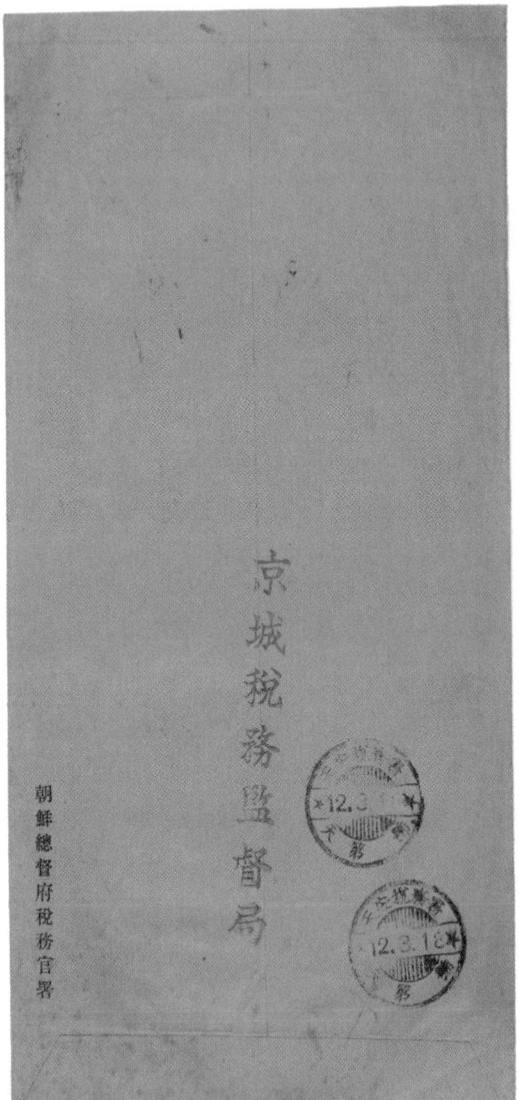

조선총독부 세무관서/경성세무감독국. 소화 12년(1937) 3. 1

조선방직 총파업(朝鮮紡織總罷業)

1937년 1월 부산 지역 조선방직 노동자들이 노동력 수탈과 민족 차별에 항거하여 벌인 총파업. 1917년 11월에 설립된 조선방직주식회사[약칭 조선방직, 조방]는 조선의 값싼 공업 원료와 저임금을 기반으로 하는 대표적인 노동 집약형 기업이었다. 조선방직은 일본 미쯔이[三井] 계열의 중외산업㈜과 우마꼬시[馬越恭平], 야마모토[山本條太郎] 등이 자본금 500만 원을 출자하여 지금의 자유 시장 일대 13만 2000㎡[4만여 평]에 세웠다. 지금도 부산광역시 동구 범일동 일대를 '조방앞'이라고 부르는 것은 이 때문이다.

출처: 한국학중앙연구원/위키백과

1937

단기 4270년/대한민국임시정부 19년/소화 12년

개성(국) 약속우편 실체

소화 12년(1937) 개성국-1937. 7. 14 경북 영천

이갑성(李甲成, 이와모토 마사이치(岩本正一))

1889 ~ 1981

대한민국의 독립운동가, 정치가, 사회운동가이다.

일제강점기 민족대표 33인 중의 한 사람으로 독립선언서에 서명한 독립운동가. 그의 본관은 경주이고 대구광역시 출신이다.

3·1운동 때 민족대표 33인의 한 사람으로 독립선언서에 서명하였으며, 1931년 신간회 사건으로 조선총독부의 탄압을 피해 상하이로 망명, 독립운동을 펼치다가 귀국하였다. 1940년 흥업구락부 사건으로 7개월간 복역하다가 윤치호의 신원보증으로 풀려났다. 1945년 독립촉성국민회의 조직에 참여하여 회장이 되고 1947년에는 남조선 과도입법위원회 의원을 지냈으며 단정 수립론을 지지하였다. 1950년 제2대 민의원 의원에 당선되었다. 그뒤 1952년 이승만의 친위조직이 된 대한인 국민회 회장을 지냈고, 그해 자유당에 입당, 1952년 10월 한국 전쟁 중 전시내각(戰時內閣)의 임시 국무총리(國務總理)를 역임했다. 1953년 자유당의 최고위원, 정무부장을 역임하였다. 4.19 혁명 후 야인으로 생활하다 1963년 2월 민주공화당 창당 발기위원이 되었다. 1965년 광복회 회장을 지냈다.

1920년대까지 대한기독교청년회연맹(YMCA), 신간회, 흥업구락부 등에 참가하여 기독교 계통의 청년 운동을 계속하다가 1933년 상하이로 망명했다. 그가 이때부터 일제의 밀정으로 일했다는 증언들이 다수 있다. 이갑성은 민족대표 33인 중 최린, 정춘수와 함께 창씨개명을 한 세 사람 중 한 명이기도 했다.

이 때문에 1993년 대한민국 국가보훈처에서 훈장 서훈자 중 친일 혐의가 있는 자의 명단을 발표할 때, 과거 독립유공자 심사위원까지 맡았던 이갑성의 이름이 포함되었다. 하지만 밀정 혐의의 특성상 세월이 흐른 뒤 근거를 찾기 힘들었고 관련자 대부분이 사망한 상태가 되어 버린데다, 더 이상의 조사가 이루어지지 않음으로써 의혹만 남았을 뿐 명확한 사실은 드러나지 않았다.

이와 같은 이갑성의 논란은 민족문제연구소나 한겨레에서 집중적으로 조명되다. 2005년 3.1절 특집 SBS 뉴스추적 "누가 변절자인가" 편에서는 이갑성의 친일의혹을 면밀히 검증한 결과 이는 전혀 사실이 아니며 민문연에서 제시한 것들도 근거가 희박한 것들이 많고, 이갑성이 광복 이후 우익계열에서 활동했기 때문에 좌익단체로부터 집단적인 음해를 받았다는 주장이 제기되었다.

출처: 위키백과

1937

단기 4270년/대한민국임시정부 19년/소화 12년

1937 전북 흥덕(興德) 일부인

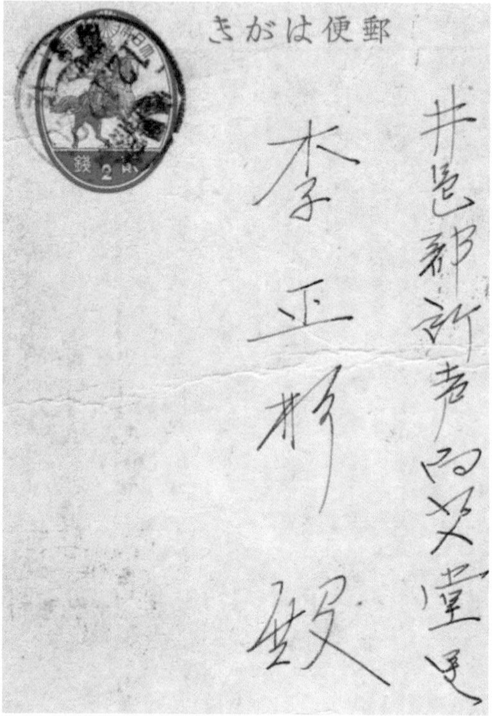

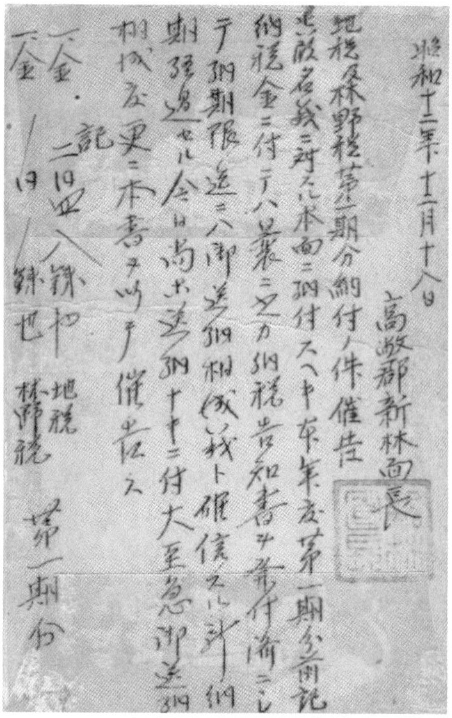

1937. 12. 20 전북 흥덕-정읍행 실체

이당 김은호의 '금차봉납도'

애국금차회(愛國金釵會)-친일 여성단체

애국금차회는 1937년 조직된 여성 친일단체이다.

중일전쟁 발발 직후인 1937년 8월 20일 윤덕영 부인 김복수가 회장이 되어 결성했다.

이 단체에는 조선귀족인 민병석, 이윤용 등 구 친일 세력의 부인들과 김활란, 고황경, 송금선, 유각경 등 신교육을 받은 여성계 인사들이 참가했다. 설립 목적은 일본군의 중일전쟁 수행을 지원하기 위한 국방헌금의 조달과 원호 등이다. 출정하는 일본군을 위한 환송연을 열고 참전한 병사의 가정을 위문하거나 조문하는 기능도 있다. 애국금차회는 경성여자고등보통학교에서 열린 결성식에서 금비녀를 비롯한 장신구와 현금을 즉석에서 모아 국방헌금으로 헌납하였고, 이 광경은 동양화가 김은호가 〈금차봉납도〉(金釵奉納圖)라는 그림에 묘사했다.

출처: 위키백과

참고자료

반민족문제연구소(1993년 4월 1일). 〈김은호: 친일파로 전락한 어용화사(이태호)〉. 《친일파 99인 3》. 서울: 돌베개. ISBN 9788971990131. 김삼웅(1995년 2월 1일). 〈송금선: '반도 지식여성들 군국어머니로 힘쓰자'(김민철)〉. 《친일파 100인 100문 - 친일의 궤변, 매국의 논리》.

1937

단기 4270년/대한민국임시정부 19년/소화 12년

경북 봉양 우편 절수 저금 대지

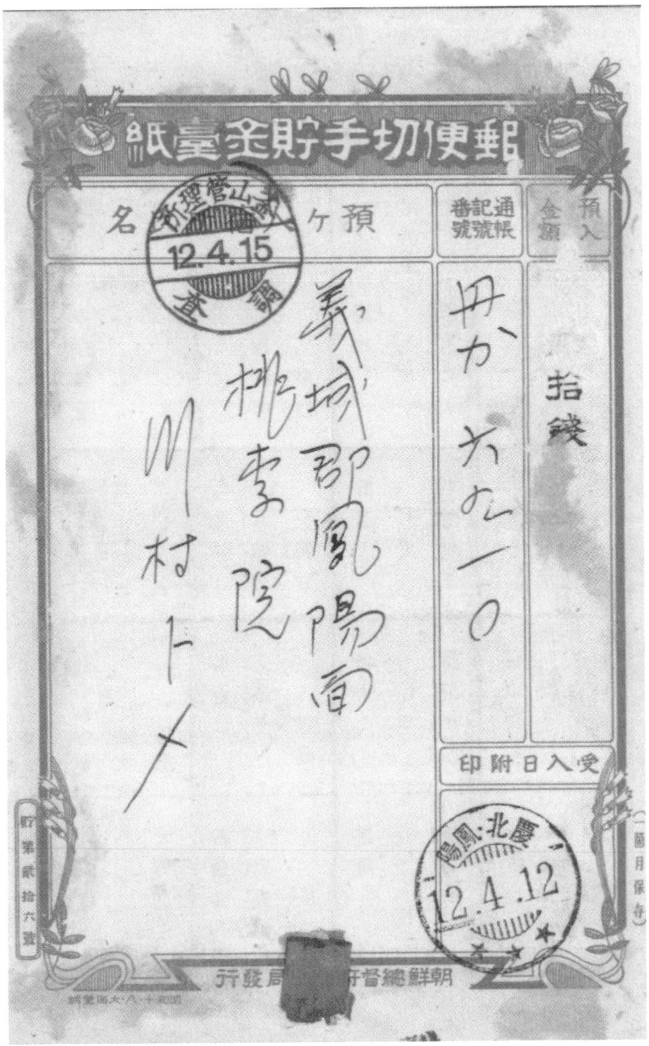

국산장려운동의 일환으로 당시에 광고했던 내용

물산장려운동(物産奬勵運動)

일제강점기 시절, 1920년대 일제의 경제적 수탈 정책에 맞서 전개하였던 범국민적 민족 경제 자립 실천운동이다. 이 운동은 평양과 경성을 중심으로 고당 조만식, 인촌 김성수 등이 주도했다.

출처: 위키백과

중일전쟁(中日戰爭)

1937년 7월 7일 일본의 중국 대륙 침략으로 시작되어, 1945년 제2차 세계대전이 끝날 때까지 계속된 중화민국과 일본제국 사이의 전쟁이다. 1931년 이후로 두 나라 사이에 간헐적으로 교전이 있었으나, 전면전은 1937년 이후로 시작되었으며, 일본의 연합국에 대한 항복과 함께 1945년 9월2일 종료되었다. 전쟁은 수십 년간 계속되어 온 일본의 제국주의 정책의 결과였으며, 원료와 자원을 확보하기 위해 중국을 정치 군사적으로 지배하려는 속셈에서 비롯됐다. 중국의 민족주의와 민족자결주의는 전쟁을 1937년 이전에는 양쪽이 다양한 이유로 소규모, 국지적 전투를 벌였다. 1931년 9월 18일 일본은 만주사변을 일으켰고, 그 연장에서 일어난 1937년의 루거우다리사건(盧溝橋事件, 노구교사건)으로 두 나라 간의 전면전이 시작되었다. 1937년부터 1941년까지의 기간에는 중국이 단독으로 일본에 맞섰으나, 진주만 공격 후 중일전쟁은 더 큰 규모의 제2차 세계 대전에 포함되었다. 이후 일본군의 전력은 급속히 쇠퇴했고 1944년 쯤 일본은 이른바 '대륙타통작전'을 개시하면서 반격을 꾀했으나 실효를 거두지 못했고, 1945년 8월 15일 천황 히로히토가 연합군에게 무조건 항복 선언과, 같은 해 9월 2일 연합국에 대한 일본의 항복 문서 조인식을 끝으로 중일전쟁 역시 종결되었다.

출처: 위키백과

1937

단기 4270년/대한민국임시정부 19년/소화 12년

항공 애국 주간 기념
1937. 6. 3 광화문 기념인

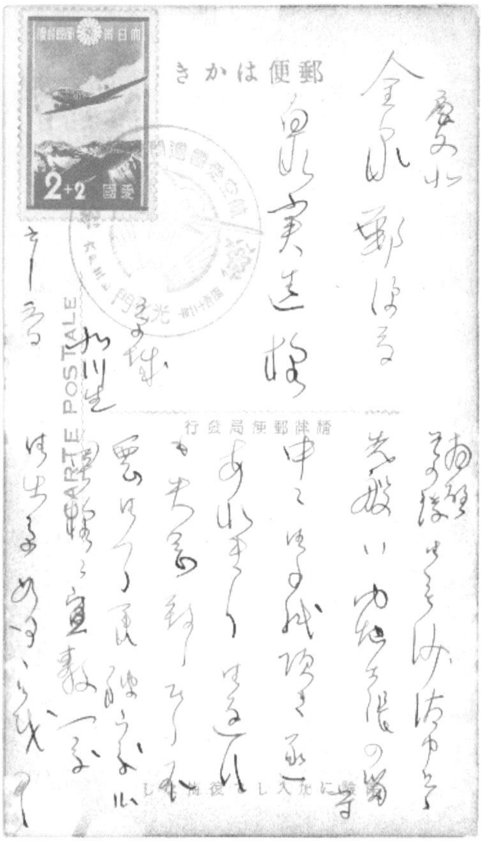

항공애국주간 기념. 청진항 전경

청진항(함경북도)

1937년(소화 12) 6. 3일 광화문-경북 김천우편국으로 보낸 엽서. 일본우표 애국 2+2 1매 첩부. 광화문 기념 소인

함경북도 청진항

함경북도 청진시에 위치한 동해 북부의 주요한 무역항으로 함경북도 지역의 광산물 수송을 위한 철도가 함께 부설되어 있으며, 일제강점시기 급속도로 발달한 북한 최대의 항구 중 한 곳이다. 이 항구는 동항, 서항, 어항, 및 동해안 어항의 4개 항으로 구분되어 있다.

신사참배 거부운동(神社參拜 拒否運動)

1930년대 후반부터 1945년 광복이 되기까지 주로 기독교인들이 중심이 되어 전개한 신앙수호를 위한 항일운동.

신사는 일본의 고유 민간종교인 신도(神道)의 사원이다. 일본은 메이지유신(明治維新) 이후 국민 통합을 위해 각지에 신사를 건립하고 이 신도를 보호·육성해 '천황제' 국가의 지도정신으로 이데올로기화하였다.

우리나라에도 1876년 개항과 더불어 일본의 침략이 개시되면서 신사·신도가 침투하기 시작하였다.

1910년대에는 관공립학교에서, 1920년대 초반부터는 사립학교에까지 신사참배를 강요하였다.

그러나 총독부가 1935년 11월 평양 기독교계 사립학교장 신사참배 거부사건을 계기로, 신사에 참배하든가 폐교하게 하는 강경책으로 나오자 기독교계의 의견이 분열되어, 1937년부터 기독교계 학교의 일부는 폐교하고 일부는 순응하였다.

1937년 중일전쟁 이후 일제의 이른바 '황민화 운동'의 고조와 함께 교육계에서의 신사참배문제가 그들의 의도대로 일단락되어가자, 일반인들은 물론 교회에까지 신사참배를 강요하였다. 일본 경찰은 1938년 2월 '기독교에 대한 지도대책'을 세워 일반신도들의 신사참배를 지도, 강화하도록 하였다. 1940년에 나온 일제의 '기독교에 대한 지도방침'이나 같은 해 9월 20일 새벽을 기해 전국에 걸쳐 실시된 '조선기독교 불온분자 일제검거령'은 바로 이들을 탄압하기 위한 조치였다.

그 과정에서 조용학(趙鏞學)·주기철·최봉석(崔鳳奭)·최상림(崔尙林)·김윤섭·박의흠·권원호(權元浩)·김련(金鍊)·최태현(崔泰鉉) 등 수많은 순교자가 나왔다.

신사참배 거부로 인해 투옥된 이는 대략 2,000여 명에 이르고 200여 교회가 폐쇄되었으며, 순교자만도 50여 명에 이르는 것으로 추정된다.

출처: 한국민족문화대백과사전

1938

단기 4271년/대한민국임시정부 20년/소화 13년

2월20일 한국환상곡, 더블린에서 초연되다/3월13일 나치독일, 오스트리아 합병/4월 광산전문학교 설립/3월22일 삼성그룹의 전신 삼성상회 설립/4월1일 일본제국이 국가총동원법을 공포하였다/5월 경성여자의학전문학교 설립/6월4일 제3회 FIFA월드컵이 프랑스에서 개최되었다.

대금인환(Collect on Deliverly) 로울러인

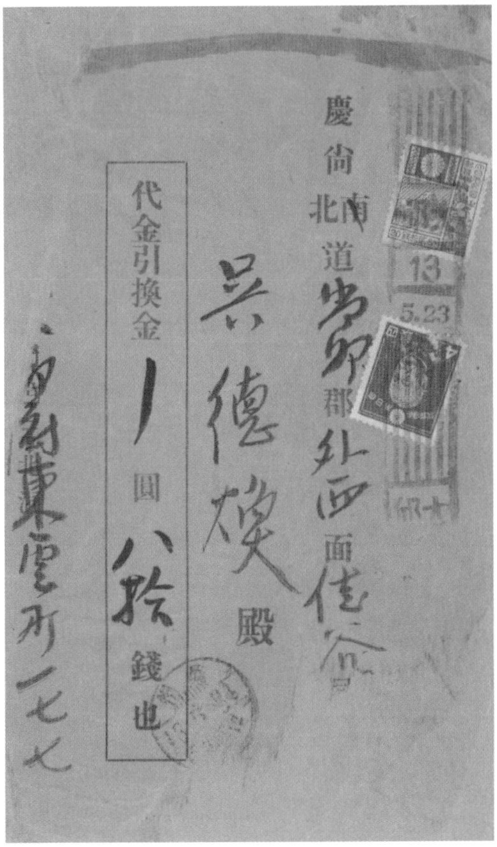

역사 앞에 반성 없는 친일파 40인, 그 오욕의 이름

『친일파의 한국 현대사』는 부제가 말해주듯이 그야말로 '나라를 팔아먹고','독립운동가를 때려잡은' 파렴치한 매국노를 다룬 책이다. 또 초판에 빠진 인물 가운데 이완용·송병준과 이용구·모윤숙·변설호 등을 추가했다.

1. 독립운동가 3명을 고문 치사시킨 잔인한 '고문왕' - 최고 악질의 경찰 노덕술
2. '흑치마' 라 불린 '조선의 마타하리' - 여자 밀정 배정자
3. 강화도조약 체결을 도운 조선인 - '친일파 제1호' 김인승
4. 일본의 '스코틀랜드화'가 조선의 살 길 - 독립협회장 윤치호
5. 북으로 간 '조선의 꽃' - 월북 무용가 최승희
6. 반민특위 검거 제1호 - 전 화신백화점 사장 박흥식
7. '여성 박사 제1호'의 카멜레온 같은 삶 - 전 이화여대 총장 김활란
8. 귀족(貴族) 또는 귀족(鬼族) - '을사오적' 이근택
9. 조선 금융계의 황제. 식민 착취의 황제! - 전 한성은행장 한상룡
10. 상해 임시정부의 '위장취업자' - 전 상해 임정 군무부 차장 김희선
11. 막노동판 주먹패, 일본 국회의원 되다 - 재일 친일파 거두 박춘금
12. 죽여야 할 첫 번째 인물 - 직업 밀정, 고등계 형사 선우순·선우갑 형제
13. 과거를 묻지 마세요? - 민족대표 33인 중 1인이었다가 밀정이 된 이갑성
14. 조선의 땅투기꾼 - 제1호 공주 갑부 김갑순
15. 지조냐, 학식이냐 - 독립선언서 기초한 최남선
16. 그 아버지에 그 아들 - 대를 이어 친일한 민병석·민복기 부자
17. '황국신민의 서사'로 오른 출세 가도 - 해방 전 경북도지사 김대우
18. 항일군 토벌에 앞장선 권력 - 엘리트 만주 특무책임자 김창영
19. 생선을 미끼로 출세길 잡은 '애국옹' - 영덕 갑부 문명기
20. 독립군 때려잡던 관동군에 군량미를 제공하다 - 전 문교부 장관 이선근
21. "나를 손가락질해다오" - 전 홍익대 총장 이항녕
22. 끝내 일제에 굴복한 '직필' - 2·8독립선언 주역 서춘
23. '일장기 말소'에 분노한 '민족지' 창업주 - 동아일보 창업주 김성수
24. 일제 '문화 정치'의 조력자 - 언론인 진학문
25. '팔굉일우' 외친 '불놀이' 작자 - 시인 주요한
26. "학도여, 성전에 나서라" - 시인 김동환
27. 사라진 선구자의 꿈 - 시인, 작사가 윤해영
28. 내선일체와 황도 선양에 바친 시 - 시인 김용제
29. 일본인보다 더 일본인스럽게 살리라 - 조선인 첫 신직 이산연
30. '황도 불교 건설' 외친 불교계 거두 - 친일 승려 제 1호 이종욱
31. 항일은 짧고 친일은 길다 - 민족대표 33인 중 1인이었던 최린
32. 두 아들을 전장에 내보낸 '직업적 친일 분자' - 종로 경방단장 조병상
33. 백범 울리는 남산 백범 동상 미술가 - 김인승·김경승 형제
34. 역사와 민중에게 '무정' 했던 대 문호 - 작가 춘원 이광수
35. 사명당 비석 네 동강 낸 친일 승려 - 해인사 주지 변설호
36. 암흑기 민족에게 친일을 강요하다 - 「조선일보」 사장 방응모
37. 친미에서 친러로, 친러에서 친일로 - 오로지 일신의 영달 추구한 이완용
38. 고종 황제를 협박한 매국노 - '한일합방 청원서' 낸 송병준
39. 동학군 지도자는 어떻게 매국노가 되었나? - 일진회 회장 이용구
40. '전천후 친일' - 여성 친일파 대명사 모윤숙

출처: 친일파의 한국 현대사/정운현 지음/인문서원 펴냄/2016. 8 /위키백과

1938

단기 4271년/대한민국임시정부 20년/소화 13년

미국 뉴욕시장에게 보낸 Husan 외체인 등기 실체

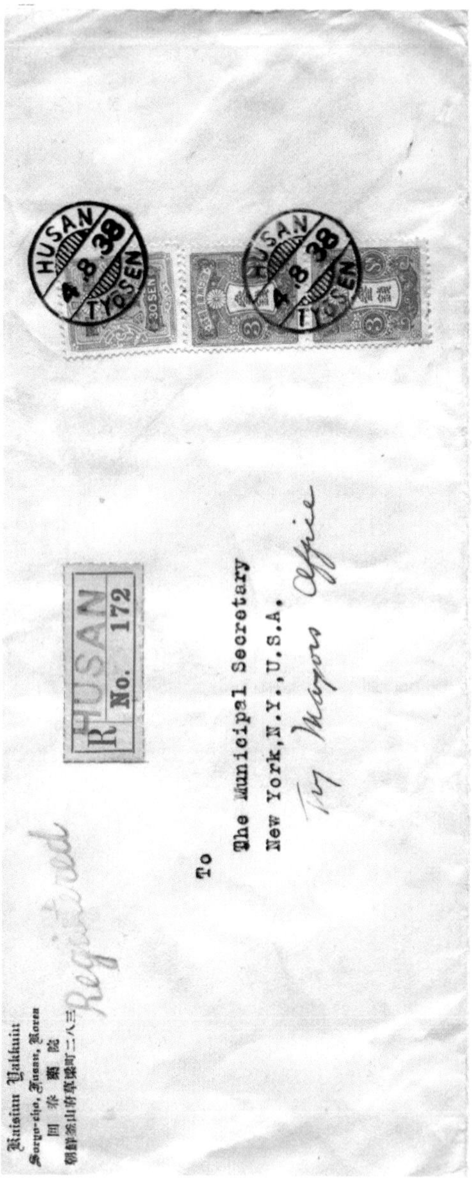

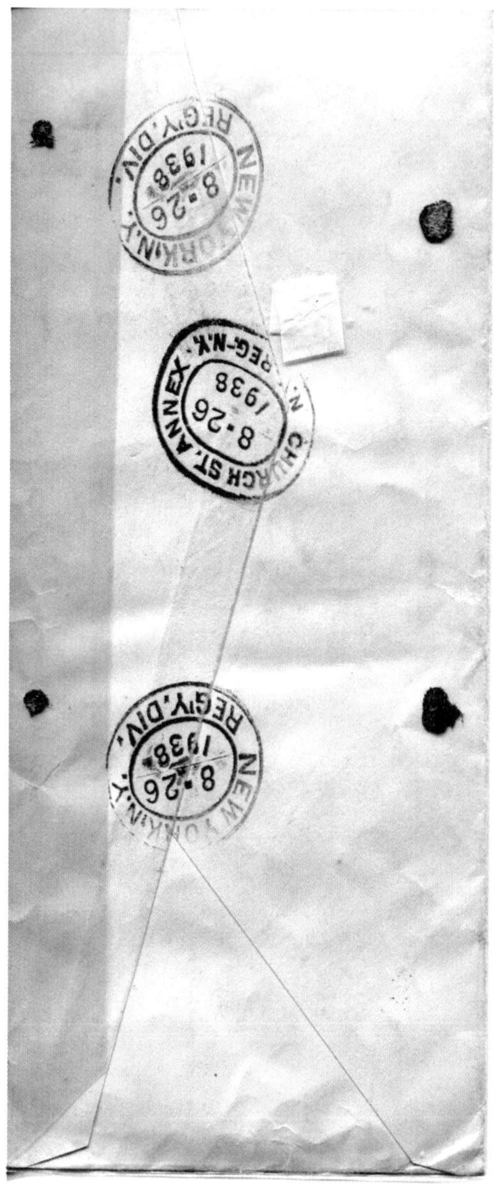

1938년 8월 4일 HUSAN에서 미국 뉴욕시장에게 보낸 등기 실체

일본 우편국의 외체 일부인 표기

HUSAN(BUSAN) KEIZYO(KEIJO) TYOSEN(Chosen)

일본 부산우편국

1938

단기 4271년/대한민국임시정부 20년/소화 13년

일제강점기 조선 사용 기계인 실체 엽서

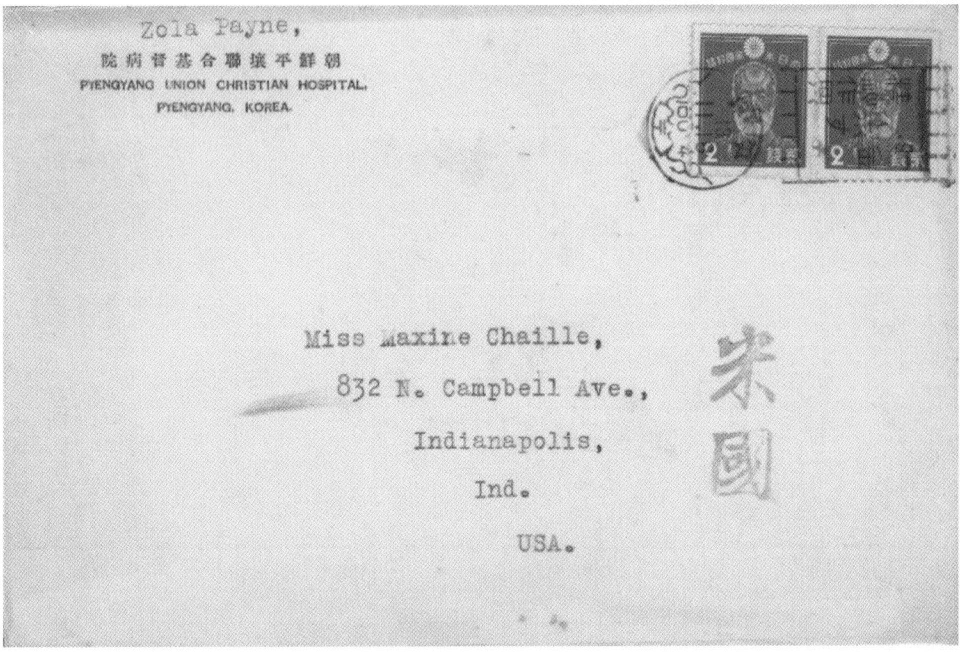

소화 13년(1938) 11월 18일 평양 기독교병원 - 미국 인디아나폴리스행

일제 국가총동원법

1938년 일제가 '국가 총동원법'을 시행했다.

중일전쟁을 일으킨 일본은 원활한 전쟁 수행을 위해 한반도 내에서 노동력과 물자 등을 수탈해 전쟁에 동원하고자 했고, 이는 결국 조선인에 대한 강제 징용, 징병으로까지 이어졌다. 이 법률의 첫 번째 조항은 이러했다. 국가 총동원이란 전시(전시에 준할 경우도 포함)에 국방 목적을 달성하기 위해 국가의 전력을 가장 유효하게 발휘하도록 인적 및 물적 자원을 운용하는 것을 말한다.

출처: 위키백과

묻히고 잊혀진 항일투사 시리즈

박차정(朴次貞, 1910년 5월 7일~1944년 5월 27일)

부산출생. 한국의 독립운동가로, 김원봉의 두 번째 부인이며, 독립운동가이자 북한의 초대 국가원수 겸 초대 최고인민회의 상임위원장 김두봉의 조카딸이었다. 동래 일신여학교에 입학하여 동맹휴학을 주도하고, 근우회 중앙집행위원, 중앙상무위원으로 활동하였다.(근우회와 부녀복무단에서 활동했다). 1930년 근우회사건을 배후에서 지도하다 옥고를 치르기도 하였다. 1930년 중국으로 망명한 후 의열단에 가입, 의열단원으로 활동하다 의열단장 김원봉과 결혼하였으며, 조선혁명군사정치간부학교 여자교관, 민족혁명당 부녀부 주임, 조선의용대 부녀복무단장 등으로 활동하였다. 1939년 2월 장시성 쿤룬산 전투 중에 부상을 입고 그 후유증으로 1944년 5월 27일 충칭에서 병사하였다. 독립운동중 사용한 가명은 임철애(林哲愛), 임철산(林哲山)이다.

출처: 위키백과

1938

단기 4271년/대한민국임시정부 20년/소화 13년

독일행 함흥 내체인

소화 13년(1938) 1. 28일 함흥-독일행

3.1운동 100주년을 맞이하여
대한결핵협회가 2016년 발행한 크리스마스 씰

독립을 향한 열망, 대한민국 독립운동가 10인

김구	1876. 8. 29~1949. 6. 26 황해도 해주 출생
윤봉길	1908. 6. 21~1932. 12. 19 충남 예산 출생
이봉창	1901. 8. 10~1932. 10. 10 서울 출생
유관순	1902. 12. 16~1920. 9. 28 충남 천안 출생
신채호	1880. 11. 7~1936. 2. 21 충남 대덕 출생
박은식	1895. 9. 30~1925. 11. 1 황해도 해주 출생
안창호	1878. 11. 9~1938. 3. 10 평남 강서군 출생
안중근	1879. 9. 2~1910. 3. 26 황해도 해주 출생
홍범도	1868. 8. 27~1943. 10. 25 평남 평양 출생
김좌진	1889. 11. 24~1930. 1. 24 충남 홍성 출생

1939

단기 4272년/대한민국임시정부 21년/소화 14년

1월14일 일제가 조선징발령세칙 공포시행/3월 조선 에스페란토문화사의 'Korea Esperantista'가 일제의 방해로 인해 강제폐간/4월 평양 대동공업전문학교 설립/5월 숙명여자전문학교 설립/대한민국 최초의 사립공과대학 동아공과학원(현 한양대학교) 설립/7월25일 성동역-춘천역 구간의 경춘선 철도가 '경춘철도'라는 이름으로 사설철도로 개통되다/9월1일 제2차 세계대전 발발.

대정 은혼 3전 첩부 빗형 일부인

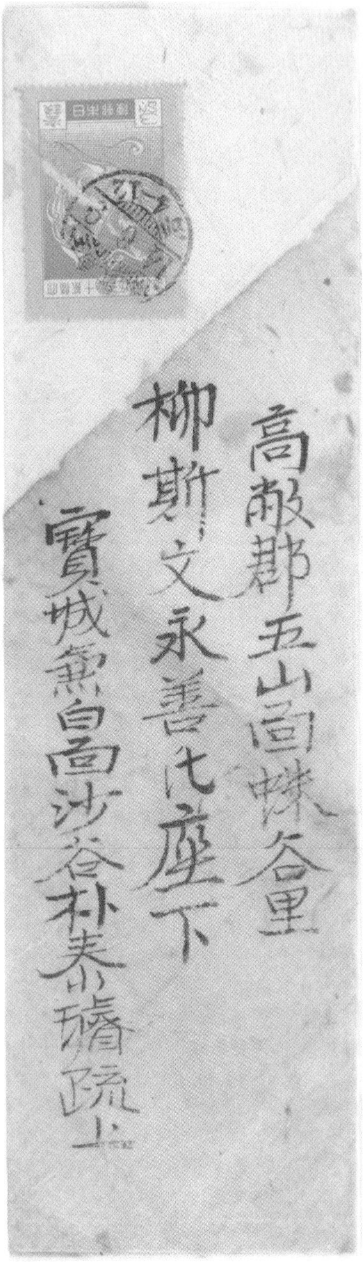

소화 14년(1939) 6월 9일 전남 보성-전북 고창행

밀레니엄 시리즈

2001. 4. 2 발행

1986. 6. 10 발행

백범 김구

1986. 12. 10 발행

밀레니엄 시리즈

제 10집

도산 안창호

1983. 11. 25 발행

환송기념 사진.

1939년 10월 충칭(重慶)에서 결성된 한국 청년전지공작대가 전방 지역인 시안(西安)으로 떠나기 전 김구 등 임시정부 요인과 찍은 기념 사진으로, 가운뎃 줄 왼쪽에서 깃발을 들고 서 있는 사람이 김동수 선생이다. 1939년 11월 17일에 촬영한 한국청년전지공작대

출처: 위키백과

보성우편소

전라남도 보성군 보성읍

1910. 10. 21

조선총독부 고시 제17호. 우편소 설치

1910. 10. 20

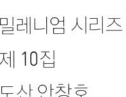

보성우체소를 보성우편소로 개칭

1939

단기 4272년/대한민국임시정부 21년/소화 14년

조선총독부 체신국 전보 실체

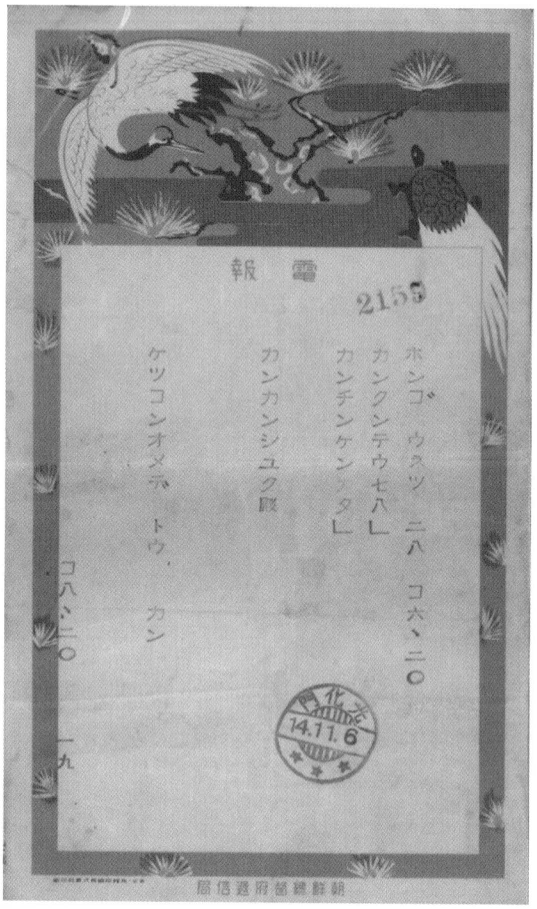
電報
2159
ホンゴ ウスツ 二八 コ六、二〇
カンクンテウ七八L
カンチンケンタL
カンカンシユク殿
ケツコンオメデトウ、カン
コ八、二〇
一九
光化門 14.11.6
朝鮮總督府遞信局

묻히고 잊혀진 항일투사 시리즈

권기옥(權基玉,1901~1988. 4. 19). 평양 출생

대한민국의 독립운동가이다.

권기옥 여사는 한국 최초의 여자 비행사이며, 대한민국 최초의 여성 출판인이기도 하다. 권기옥 여사는 대한독립군 대령으로 예편, 이후 대한애국부인회 사교부장을 책임하였다. 1917년5월, 여의도 비행장에서 미국 곡예 비행사(A. Smith)가 곡예 비행을 선보였다. 당시 평양 숭의여학교에 다니고 있던 그 소녀는 이를 계기로 장차 비행사가 되기로 마음먹었다. 이후 항공학교에 입학한 그 소녀는 '비행사가 되어 일본으로 폭 탄을 안고 날아가리라'고 비장한 각오를 다졌다.

대한민국 공군이 인정한 우리나라 최초 여자 공군 비행사 권기옥

권기옥은 일제 강점기에 태어나 여성의 몸으로 공군 비행사가 되었을 뿐만 아니라, 일평생을 조국의 독립과 부국 강병을 위해 헌신했다고 하는데요. 국난의 시기에 그녀는 어떻게 자신의 꿈과 조국을 지켰을까요? 미국인 아트스미스의 곡예비행이 있던 1917년 서울 여의도 비행장. 17세 소녀 권기옥은 꿈을 갖게 됩니다. 비행사가 되어 일본으로 폭탄을 싣고 가리라 2년 뒤, 평양 숭의여학교에 다니던 그녀는 태극기를 몰래 만들기 시작하면서 독립운동의 길을 걷게 되는데요. 1920년 평남도경 폭파를 계획한 후 일본 경찰의 감시망이 조여 오자 대한민국 임시정부가 있던 상하이로 망명하게 됩니다. 이때부터 그녀의 꿈이 실현되는데 임시 정부의 추천을 받아 중국 운남육군항공 학교 제1기 생으로 졸업한 그녀는 중국 공군에 참여해 항일 투쟁의 선봉에선 최초의 한국 여성 비행 조종사가 되었습니다. 1935년 권기옥은 쑹메이링 여사로부터 청년들의 공군 입대를 위해 선전비행을 할 것을 제안 받습니다. 이 때 그녀는 비행의 마지막 단계에서 일본 왕궁과 본토를 폭격할 계획을 세웠으나 정국이 불안해지면서 아쉽게도 비행이 취소되고 말았습니다. 권기옥은 1988생을 마감하며 우리나라 청년들에게 하나의 메시지를 남겼습니다. "청년들이여 꿈을 가져라! 어느 나라든 젊은이들이 꿈이 있고 패기가 있으면 그 나라는 희망이 있다". 일제강점기 창공을 누비며 이 나라의 독립을 위해 누구보다 치열한 삶을 살았던 여성 독립운동가 권기옥 선생 이야기다.

출처: 위키백과

SBS NEWS
"일본왕궁을 폭격하겠어요."
여성 독립운동가를 기억합니다 ①
최초의 여성 비행사
권기옥

출처: 위키백과

1939

단기 4272년/대한민국임시정부 21년/소화 14년

불출통지표

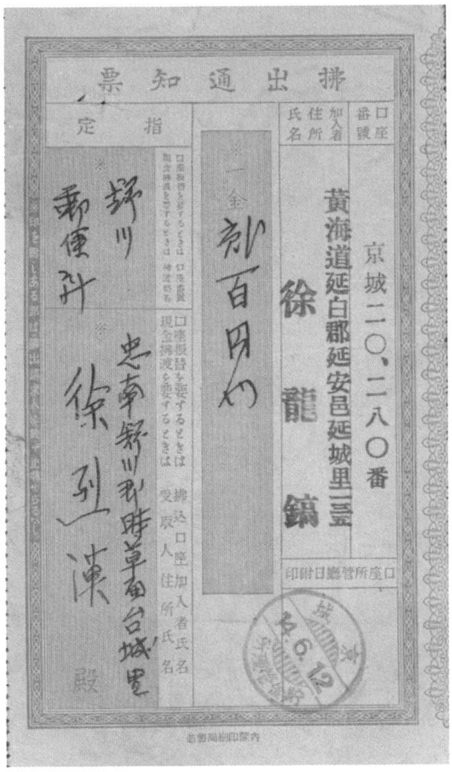
拂出通知票

口座番號: 京城二〇、二八〇番

加入者住所氏名: 黃海道延白郡延安邑延城里二一一 徐龍鎬

指定

口座振替を要するときは 拂込口座加入者氏名

現金拂渡を要するときは 受取人住所氏名

殿

口座所管廳日附印

소화 14년(1939) 6월 12일 경성저금관리소

묻히고 잊혀진 항일투사 시리즈

김락(金洛)

1862년 안동출생

고문으로 두 눈 먼 대갓집 안주인 김락(金洛)

독립투사 아내이자, 며느리.

묻히고 잊혀진 항일투사 시리즈

조신성(趙信聖)

평북 의주 출생

가슴에 육혈포 품고 다닌 신여성 조신성(趙信聖)

대한독립청년단 총참모

당시 나이 48세

출처 1921년 10월 9일자 동아일보 기사

묻히고 잊혀진 항일투사 시리즈

이태준(李泰俊,1883.11. 21~1921. 2)

독립운동가. 몽골의 슈바이처, 1915년 선생은 몽골의 울란바토르로 이주, 동의병원을 설립. 당시 몽골에 창궐하던 매독(전국민의 70%가 감염)을 치료하는 명의로 소문이 자자한 한편 마지막 황제인 '단바보그드 칸'의 주치의로 활약하는 한편 파리강화회의, 모스크바 동방평화 회의 등에 참가하는 한국대표단의 김규식, 여운형, 한형권, 박헌영, 김단야 등의 여비와 교통편을 도맡아 놓고 제공하는 한편, 레닌 정부에서 제공하는 한국독립운동자금 2백만 루불(실제는 4십만 루불의 금괴)을 수령, 모스크바 울란바토르- 베이징-상하이로 수송하는 임무를 수행했고, 무장투쟁을 주장한 의열단의 김원봉, 윤세주 등에게 헝가리인 폭탄제조 기술자 '마자르'를 보내주어 일본 황실 경호실 '폭탄투척' 김시현 열사의 총독부 폭탄투척사건을 일으키게 하는 데 뒷 바라지를 하는 등의 눈부신 활약을 했다.

출처: 위키백과

경성저금관리소

조선총독부 관보 제5180호

소화 19년 5월 15일

조선총독부 고시 제783호

소화 19년 5월 16일

경기도 경성부 성동구 신당정으로 이전

1939

단기 4272년/대한민국임시정부 21년/소화 14년

우편물 · 수입 · 세납부서

경성중앙

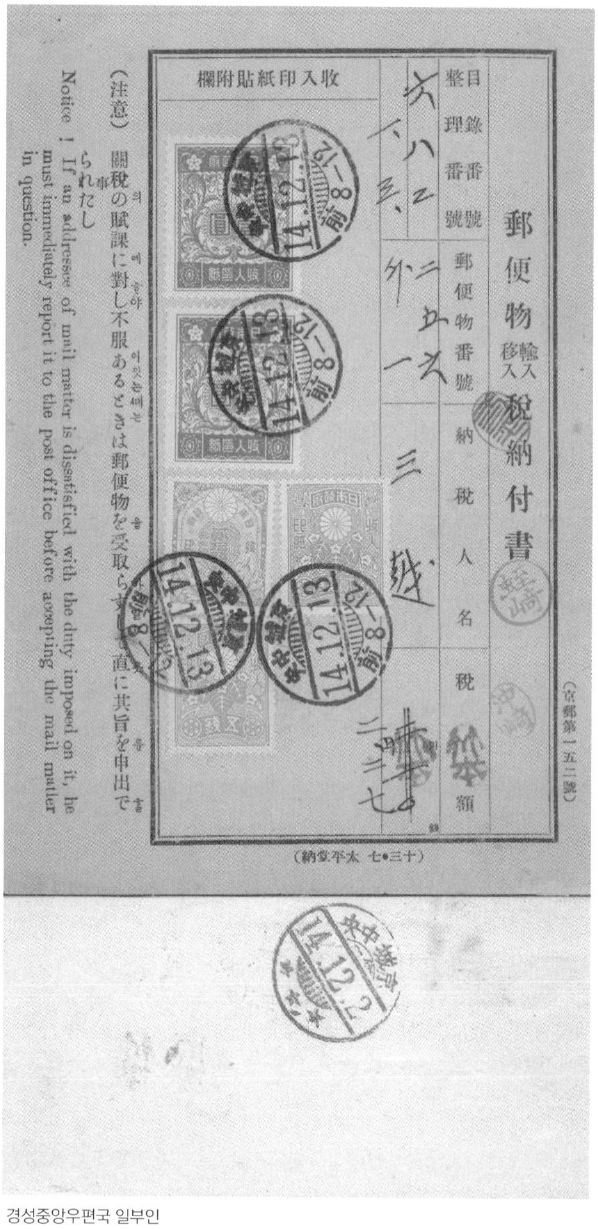

경성중앙우편국 일부인

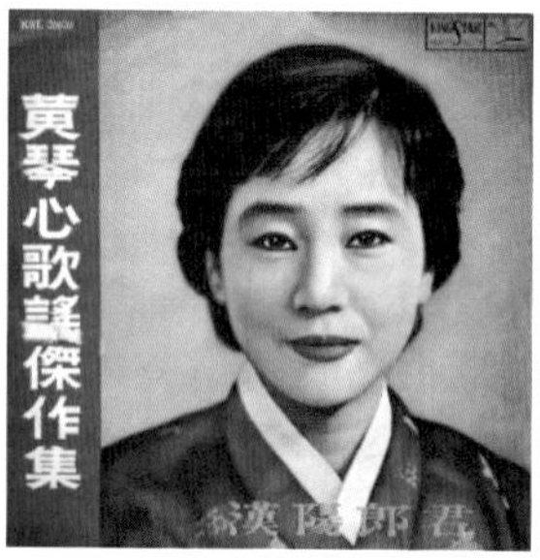

가수 황금심(1922~2001)

일제강점기부터 60년대까지

'꾀꼬리 여왕'으로 불렸던 황금심

(본명 황금동)은 고운 목소리 대명사격인 국민가수다.

무려 4,000여 곡을 취입한 것으로 알려진 그녀는 마이크를 쓰지 않고 육성 공연을 고집한 가수로도 유명했다. 오케이 레코드에선 '황금자'란 예명으로 명기한 취입곡이 있지만, 대중에게 각인된 황금심이란 예명은 빅터레코드사에서 공식 데뷔 곡인 '알뜰한 당신'을 발표하면서 부터 사용했다.

출처: 위키백과

1939

단기 4272년/대한민국임시정부 21년/소화 14년

우편저금 통장

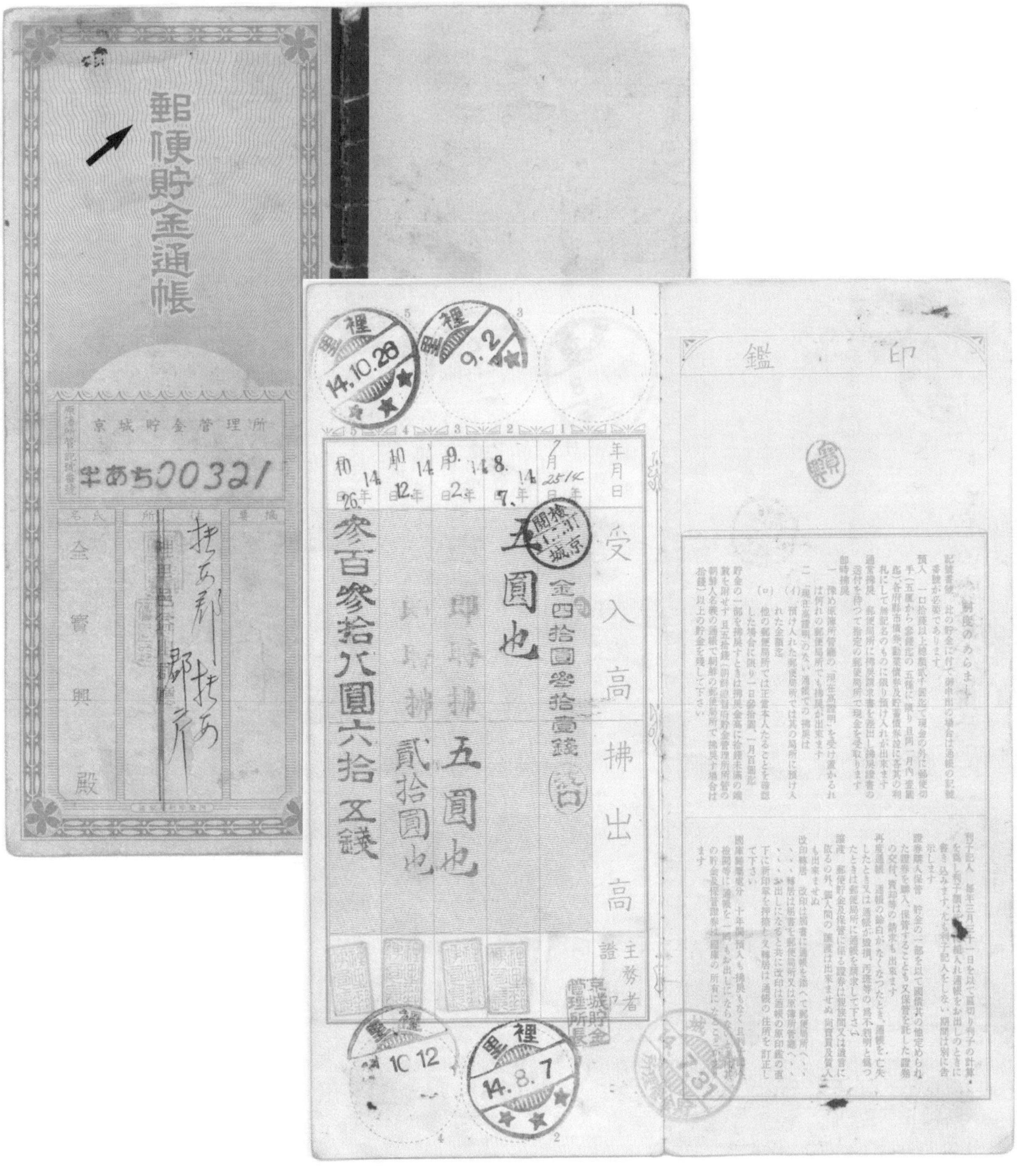

소화 14년(1939) 8월 7일 이리 - 소화 14년 7월 31일 경성저금관리소
우편저금 통장. 이리 경성 검열인·경성저금관리소

1939

단기 4272년/대한민국임시정부 21년/소화 14년

소위체금수령증서

경기 양곡

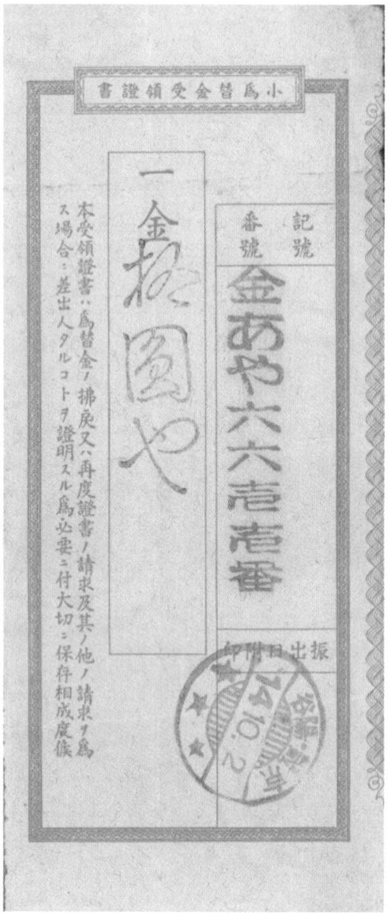

소화 14년(1939) 10월 2일 경기 양곡

경북 경산

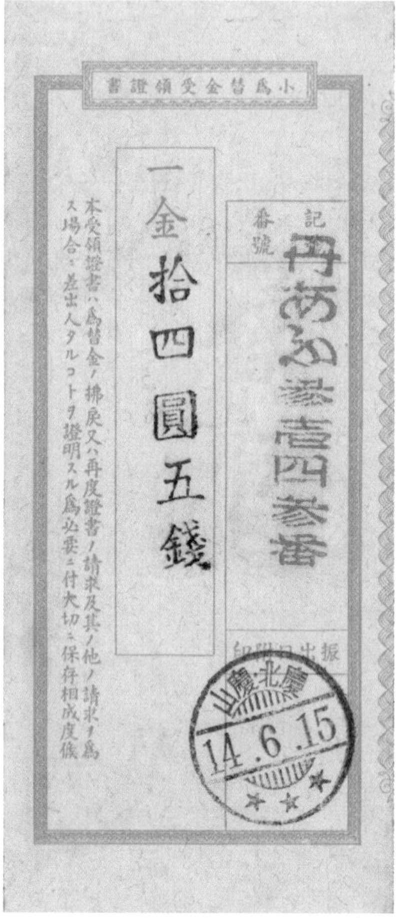

소화 14년(1939) 6월 15일 경북 경산

친일 '일진회' 명단

강영균	김호중	고희준	김규창	김명준	김사영	김시현	김유영	양정묵	염중모	오응선	원세기	유학주	윤갑병
김재곤	김정국	김진국	김진태	김택현	김해룡	김환	박노학	윤정식	윤필오	이경재	이동성	이범철	이병립
박지양	박해묵	백낙원	백형린	송병준	송종헌	신태항	안태준	이인섭	이인수	이해수	이희덕	이희두	장동환
윤길병	윤상익	조동윤	조인성	최기남	최영년	최운섭	최정규	최정덕	한경원	한교연	한국정	조희봉	한남규
이완구	이용구	한창회	홍긍섭	홍윤조	김은성	박봉순	양재익	윤시병	이용환				

출처: 위키백과

1939

단기 4272년/대한민국임시정부 21년/소화 14년

전신위체금 수령증서

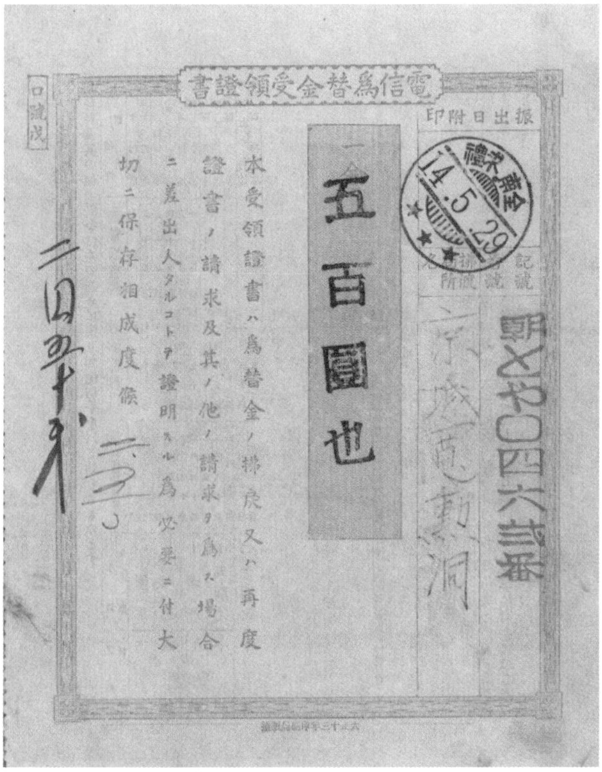

電信爲替金受領證書

振出日附印

五百圓也

本受領證書ハ爲替金ノ拂戻又ハ再度證書ノ請求及其ノ他ノ請求ヲ爲ス場合ニ差出人タルコトヲ證明スル爲必要ニ付大切ニ保存相成度候

소화14년(1939)5월 29일 전남 구례

구례우편소

전라남도 구례군 구례면 봉동리.

1910. 12. 25. 조선총독부 고시 제78호, 우편소 설치

1915. 11. 1 조선총독부 고시 제275호, 우편소 이전
전라남도 구례군 구례면 봉동리로 이전

묻히고 잊혀진 항일투사 시리즈

의암 류인석(柳麟錫, 1842~1915)

대한제국 학자, 의병장이다.

"진실로 위급존망의 때입니다. 각자 거적자리를 깔고 방패를 베개 삼아 물불을 가리지 말아야 합니다. 아무리 어렵고 위태한 곳이라도 뛰어들어 기어코 망해 가는 나라와 천하의 도의(道義)를 다시 일으켜 하늘의 태양이 다시 밝도록 하여야 합니다. 이렇게 하면 한나라만이 아니라 천하 만세에 전할 수 있는 공(功)이요, 업적이 될 것입니다."

화서 문하에는 금천(錦川) 임규직(任圭直)·단구(丹邱) 이인구(李寅龜), 괴원(槐園) 이준(李埈; 이항로의 장자), 중암(重菴) 김평묵(金平默), 성재(省齋) 류중교(柳重敎) 등 걸출한 인물들이 운집해 있었다. 의암은 이 때에 바로 제천을 거점으로 항일 의병 항전을 전개하였다.

고종 31년(1894)에 김홍집 내각이 구성되자 의병을 일으켜 충주·음성·제천·단양 등지에서 활발한 항일 의병 활동을 전개하였다. 의병 항전은 을미변복령(단발령)이 내려진 직후 이 변고(變故)'에 대처하기 위한 방안을 논의하기 위해 고종 32년(1895) 윤5월 2일과 3일 양일 간에 원근의 문인사우(門人士友) 수백 명을 모아놓고 장담에서 대규모의 강습례(講習禮)와 향음례(鄕飮禮)를 거행한 것에서부터 유래한다. 규모의 차이는 있으나, 이 행사는 이후 11월 거의(擧義) 직전까지 대개 10일의 간격을 두고 정기적으로 열렸다. 이는 곧 의병 항전의 준비 단계였으며, 후일의 거의(擧義)에서도 여기에 참석한 인물들이 핵심적 역할을 담당하였다.

이때 열린 향음례, 강습례에서 유인석은 당시와 같은 '만고소무지대변(萬古所無之大變)'에 정당하게 처신할 수 있는 다음의 세 가지 행동 방안, 즉, 처변삼사(處變三事)를 제시하였다.

1. 거의소청(擧義掃淸) : 의병을 일으켜 왜적을 소탕하는 안(案)
2. 거지수구(去之守舊) : 국외로 망명해서 대의(大義)를 지키자는 안(案)
3. 자정치명(自靖致命) : 의리(義理)를 간직한 채 치명(致命)하는 안(案)

출처: 위키백과

최린(崔麟, 1878 ~ 1958)

일제강점기 친일파이다. 3.1 운동에 참여하여 민족대표 33인 가운데 한 사람으로 독립운동가로 활동하다가 친일파로 변절했다. 일본식 이름은 가야마 린(佳山 麟)이다. 1934년 4월에 중추원 참의에 임명되고, 그 해 8월 내선일체와 대동방주의(大東方主義)를 내세우는 한일 연합 친일 조직인 시중회를 조직하면서 돌아올 수 없는 다리를 건너게 된다. 1937년에는 총독부 기관지인《매일신보》사장에 취임하여 내선일체를 설파했다.1937년 7월 중추원에서 주편하는 시국강연회의 강사로 선발되어 전주·군산·남원·광주·목포·순천·이리 등 전라도 일대를 순회하며 '국민의 자각을 촉구하는'강연활동등을 수행했다. 중일전쟁과 태평양전쟁이 발발하자 1940년 국민총력조선연맹 이사, 1941년 조선임전보국단 단장, 1945년 조선언론보국회 회장 등등 각종 친일단체에 주요간부를 맡으며 강연 활동과 학병권유 유세, 내선일체 적극지지, 전쟁을 지원하는 등등 수없이 많은 친일행적을 남겨 극렬 친일 인사가 되었다. 1939년 12월 18일 정동 이화여전 강당에서 80여 명의 관계자들이 모인 가운데 후원회 창립총회가 개최되었다. 여기에서 12개조의 후원회 장정을 통과시키고 25명 위원을 선출했다. 최린도 이화여전 후원회 위원의 한사람으로 선출되었다.

1939

단기 4272년/대한민국임시정부 21년/소화 14년

일제강점기 수입증지 사용 실체

출자증권(出資證券)

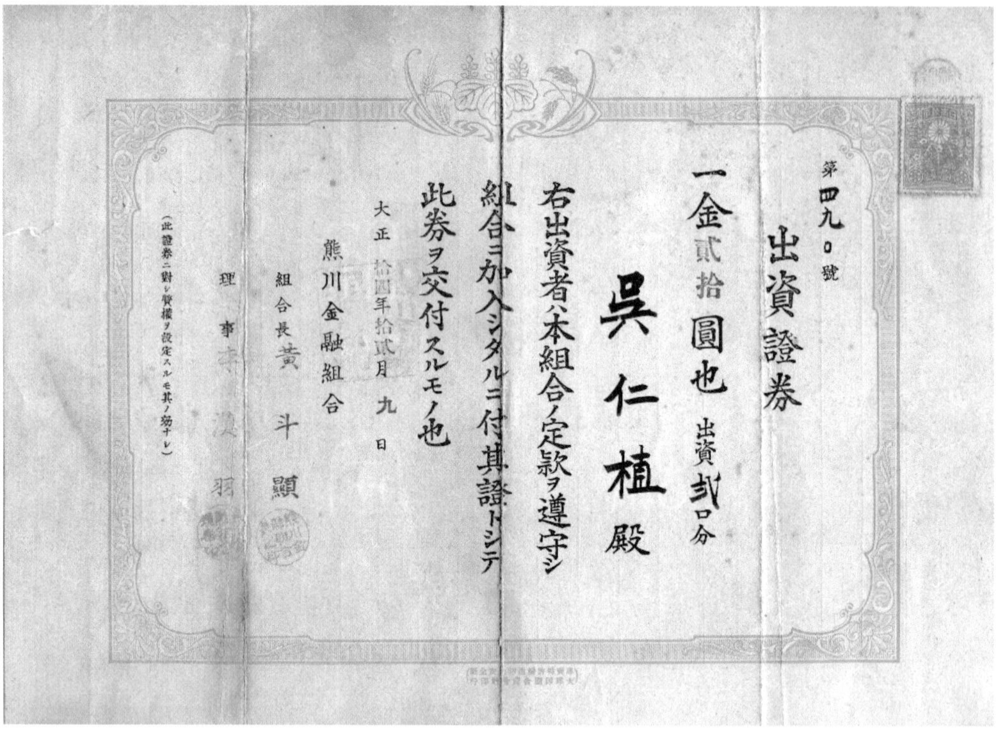
第四九〇號
出資證券
一金貳拾圓也 出資貳口分
吳仁植 殿
右出資者ハ本組合ノ定款ヲ遵守シ
組合ニ加入シタルニ付其證トシテ
此券ヲ交付スルモノ也
大正拾四年拾貳月九日
熊川金融組合
組合長 黃斗顯
理事 李浚羽
(此證券ニ對シ質權ヲ設定スルモ其ノ効ナシ)

수입 증지 1전 사용. 대정 14년(1939)12. 9 출자인: 오인식-웅천금융조합. 출자금 일금 20원

황군위문작가단(皇軍慰問作家團). 1939년 3월 14일

중일전쟁 중인 1939년, 일본군(일명 황군(皇軍))을 위문할 목적으로 파견된 조선 문인 작가단.

황군을 위문하기 위해 북중국 전선에 파견된 조선의 문인은 소설가 김동인(金東仁),비평가 박영희(朴英熙), 시인 임학수(林學洙) 3인이다. 이들은 1939년 4월 15일에 경성역을 출발, 베이징을 경유하여 북중국의 여러 전선 지역을 방문한 후, 5월 13일 귀경했다.

출처: 위키백과

이육사의 광야(廣野)

까마득한 날에
하늘이 처음 열리고
어데 닭 우는 소리 들렸으랴

모든 산맥들이
바다를 연모해 휘달릴 때도
차마 이곳을 범하던 못하였으리라.

끊임없는 광음을
부지런한 계절이 피어선 지고
큰 강물이 비로소 길을 열었다.

지금 눈 내리고
매화향기 홀로 아득하니
내 여기 가난한 노래의 씨를 뿌려라.

다시 천고의 뒤에
백마 타고 오는 초인이 있어
이 광야에서 목놓아 부르게 하리라.

-이육사-

1939

단기 4272년/대한민국임시정부 21년/소화 14년

일제강점기 수입증지 사용 실체

약속수형(約束手形)-약속어음

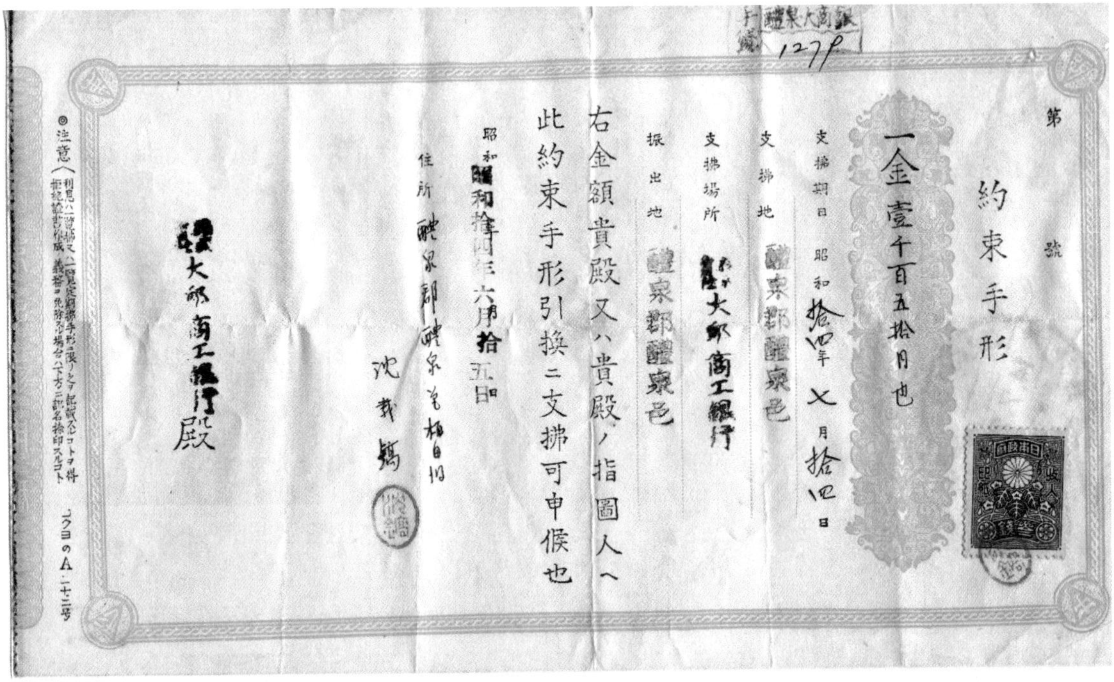
第 號

約束手形

一金壹千百五拾円也

支拂期日 昭和拾四年七月拾四日

支拂地 醴泉郡醴泉邑

支拂場所 大邱商工銀行

振出地 醴泉郡醴泉邑

右金額貴殿又ハ貴殿ノ指圖人ヘ此約束手形引換ニ支拂可申候也

昭和拾四年六月拾五日

住所 醴泉郡醴泉邑

沈載

大邱商工銀行殿

수입 증지 3전 사용. 소화 14년(1939) 7.14 주) 대구상공은행

최남선(崔南善)

1890. 4. 26 ~ 1957. 10. 10

대한민국의 문화운동가이다. 아명은 창흥(昌興), 자는 공륙(公六), 아호는 육당(六堂)이며, 본관은 동주(東州)이다.

대한제국의 국비 유학생으로 일본에 유학을 갔으나 중퇴와 복학을 되풀이하다가 1907년 와세다 대학 재학 중 동맹 휴학 사건으로 인하여 퇴학 처분되어 귀국했다. 1908년 이광수와 함께 소년지를 창간했으나 한일 합방 후 일제의 압력으로 폐간되었고, 1912년 이광수의 도움으로 《붉은 저고리》, 1913년 《아이들 보이》, 《새별》등의 잡지를 발간하였으나 조선 총독부의 '신문지법' 명령으로 모두 강제 폐간되었다. 1914년에는 잡지 《청춘》을 발간했으나 1918년 일본의 압력으로 폐간당했다. 1919년 3.1 만세 운동 당시 민족대표 49인의 한 사람으로 참여했고, 기미독립선언서를 작성, 낭독하였다. 3.1 운동을 사주한 혐의로 투옥되었다가 투옥, 1921년에 석방되었다. 1922년 동명사(東明社)를 설립, 주간잡지 《동명(東明)》을 발행하였고 1924년 《시대일보(時代日報)》를 창간, 사장에 취임했으나 자금과 총독부의 압력 등으로 폐간, 1925년 동아일보의 객원과 조선일보 객원 논설위원을 지냈다. 1927년 총독부의 연구비와 생계 지원 유혹으로 조선사편수위원회에 참여하면서 친일 성향으로 전향하여 논란이 되었다. 그러나 그의 친일 행적은 적극적인 친일이 아니라는 반론이 1950년대에 장준하 등에 의해 제기된 바 있다. 1957년 10월 10일 뇌일혈로 별세한 그는 일제 강점기 시대 동안에 이광수, 홍명희와 더불어 조선의 3대 천재로 대표되었던 인물이다.

출처: 위키백과

1940

단기 4273년/대한민국임시정부 22년/소화 15년

미납 부족 8전 실체, 함평▶개성

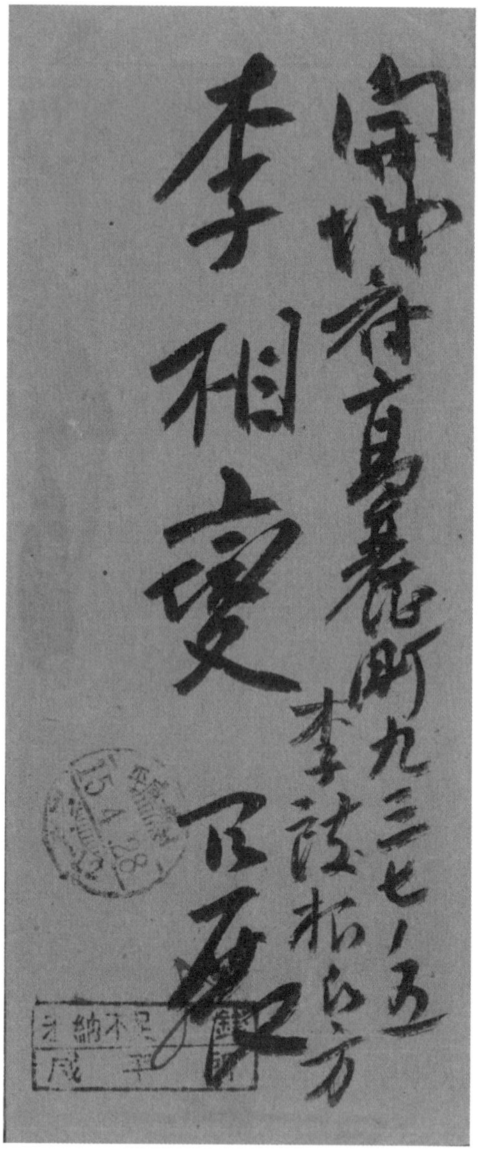

소화 15년(1940) 4월 28일 미납 부족 8전 - 개성

한국광복군(韓國光復軍)

한국 광복군은 1940년 9월 17일 중화민국 충칭에서 조직된 대한민국 임시 정부 정규군이며, 1946년 5월 환국하여 대한민국 국군의 모체가 되었다. 1939년 1월 창립된 한국독립당 당군(黨軍)과 기타 독립군 및 지청천, 이범석 등이 이끌고 온 만주독립군과 연합하여 1940년 9월 성립 전례식을 갖고 결성되었다. 곧 김원봉의 조선의용대를 흡수하여 규모가 개편 확대되었고, 태평양전쟁 이후 일본군과 만주군 탈영자들을 받아들여 규모를 확대했다. 광복군은 실질적으로 통솔하고 있었던 이는 이범석이었다. 광복군은 1944년까지 중국 국민당정부의 중화민국 국민혁명군의 지시를 받았다가 1944년 8월에 임시정부에서 통수권을 인수했다.

독립군가

신대한군 독립군의 백만용사야
조국의 부르심을 네가 아느냐
삼천리 삼천만의 우리 동포들
건질 이 너와 나로다

나가 나가 싸우러 나가
나가 나가 싸우러 나가
독립문의 자유종이 울릴 때까지
싸우러 나아가세

원수들이 강하다고 겁을 낼 건가
우리들이 약하다고 낙심할 건가
정의의 날쌘 칼이 비끼는 곳에
이 길이 너와 나로다
나가 나가 싸우러 나가
나가 나가 싸우러 나가
독립문의 자유종이 울릴 때까지
싸우러 나아가세

광복군가

삼천만 대중 부르는 소리에
젊은 가슴 붉은 피는 펄펄 뛰고
반만년 역사 씩씩한 정기에
광복군의 깃발 높이 휘날린다
칼집고 일어서니 원수 치떨고
피 뿌려 물든 골 영생탑 세워지네
광복군의 정신 쇠같이 굳세고
광복군의 사명 무겁고 크도다
굳게 뭉쳐 원수 때려라 부셔라
한 맘 한 뜻 용감히 앞서서 가세
독립 독립 조국 광복
민주 국가 세워보자

이범석(李範奭, 1900 ~ 1972)

일제 강점기 독립운동가 겸 군인
대한민국 정치가 겸 저술가이다.

지청천(池青天) 장군

지청천(池青天, 1888~ 1957)은 일제 강점기 조선 항일 독립운동가 겸 군인이었으며, 만주에서 독립군 활동을 지휘하다가 대한민국 임시정부의 광복군 창설에 참여하여 광복군사령관, 광복군 총사령관 등을 역임하였고, 대한민국 정부 수립 이후에는 정치가 겸 정당인으로 활동하였다.

출처: 위키백과

함평우편국 전라남도 함평군 기성면 누각리

1913. 1. 26 조선총독부 고시 제21호. 우편국 이전 전라남도 함평군 기성면 동하주리로 이전
1923. 3. 25 조선총독부 고시 제71호 우편국 폐지 후 함평우편소로 승계

1940

단기 4273년/대한민국임시정부 22년/소화 15년

1940년 창씨개명(創氏改名) 실체

1920년 ▶ 1942년

崔翀根→[창씨 개명 전개]→山佳翀根

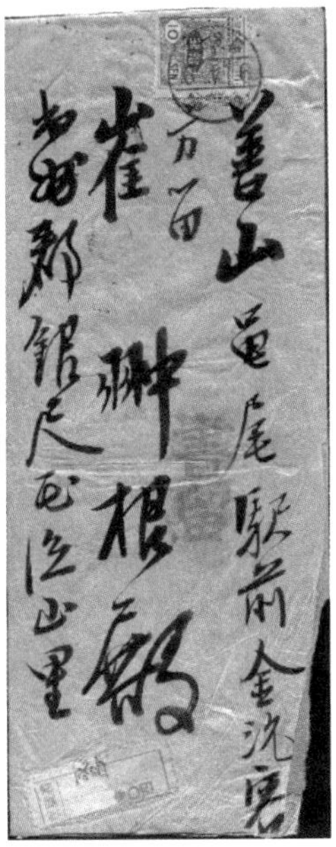

1920. 4. 9일 함창(소)-보은군

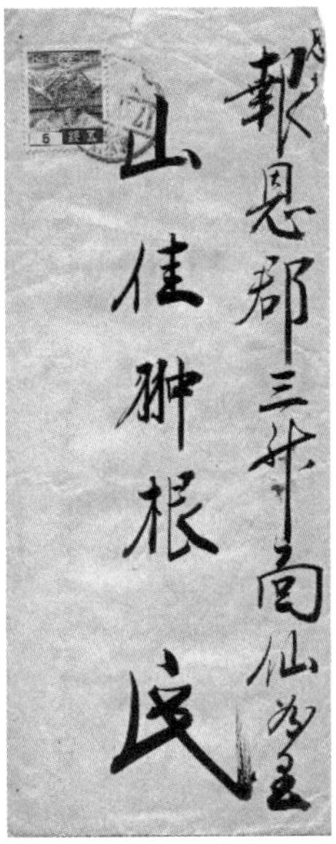

1942. 7. 7일 일본-충북 보은

1920, 1921, 1939, 1943년까지도 본 성명 사용. 1942년 일본에서 온 편지에 창씨개명된 성명 사용

창씨개명(創氏改名)

일본식 성명 강요(日本式姓名強要) 또는 창씨개명은1940년 2월부터 1945년 8월 광복 직전까지 일본제국이 조선인에게 일본식 성씨를 정하여 쓰도록 강요한 것을 말한다. 1939년 11월 10일, 조선총독부는 '조선민사령(朝鮮民事令)'을 개정(제령 제19호)하여 조선에서도 일본식 씨명제(氏名制)를 따르도록 규정하고, 1940년 2월 11일부터 8월 10일까지 '씨(氏)'를 정해서 제출할 것을 명령하였다. 일부 친일파들은 자발적으로 창씨개명에 응하기도 하였다. 그러나, 조선인의 희망에 따라 실시하게 되었다는 창씨개명은 1940년 5월까지 창씨 신고 가구수가 7.6%에 불과하자, 조선총독부가 권력기구에 의한 강제, 법의 수정, 유명인의 동원 등을 이용하는 방법으로 그 비율을 79.3%로 끌어올렸다. 1945년 8월 일제가 패망함으로써 조선인들은 일본식 씨(氏)로부터 해방되었다. 1946년, 미군정과 소련군정의 '조선 성명 복구' 조치로 창씨(創氏)한 성씨는 폐지되었고, 창씨 개명했던 조선인들은 본래의 성명을 회복하였다. 1911년부터 1939년까지 일제는 조선인이 일본식 성씨를 쓰는 것을 금지하였다. 1910년 한일합방 직후 일부 조선인들이 자발적으로 자신의 성명을 일본식으로 고치자, 한일 민족의 차별화에 바탕을 둔 지배 질서 유지를 통치 목표로 하고 있던 조선총독부는 이를 막기 위해 '조선인의 성명 개칭에 관한 건'(1911년11월1일 총독부령 제124호)을 시행하였다. 이에 따르면 조선인은 일본인으로 혼동될 수 있는 성명을 호적에 올릴 수 없었고, 조선인의 개명을 어렵게 하며 이미 개명한 사람도 본래 성명으로 되돌리도록 하였다.

창씨개명을 한 친일 행적자

송병준: 정미칠적 일제 강점기에 창씨 개명한 사람 제1호 - 노다헤이지로(野田平次郎).

이동인: 개화기에 활동한 인물 가운데 창씨 개명한 사람 제1호(1880년 10월) - 아사노도진(淺野東仁).

김석원: 일본군 대대장 출신으로, 중일전쟁 참전. - 가네야마샤쿠겐(金山錫源)

정일권: 전 국무총리, 만주군 헌병 대위 출신. 나카지마잇켄(中島一權)

김석범: 2대 해병대 사령관, 만주군 장교 출신. 카네야마쇼우(金山照)

노덕술: 경찰, 독립지사를 검거하고 고문 등으로 악명을 떨쳤다. 마쓰우라히로(松浦 鴻)

심영: 배우, 조선연극문화협회 간부를 맡고 다수의 친일 영화에 출연. 아오키진에이(青木沈影)

출처: 위키백과

1940

단기 4273년/대한민국임시정부 22년/소화 15년

충남 덕원 삼성인 실체▶미국행

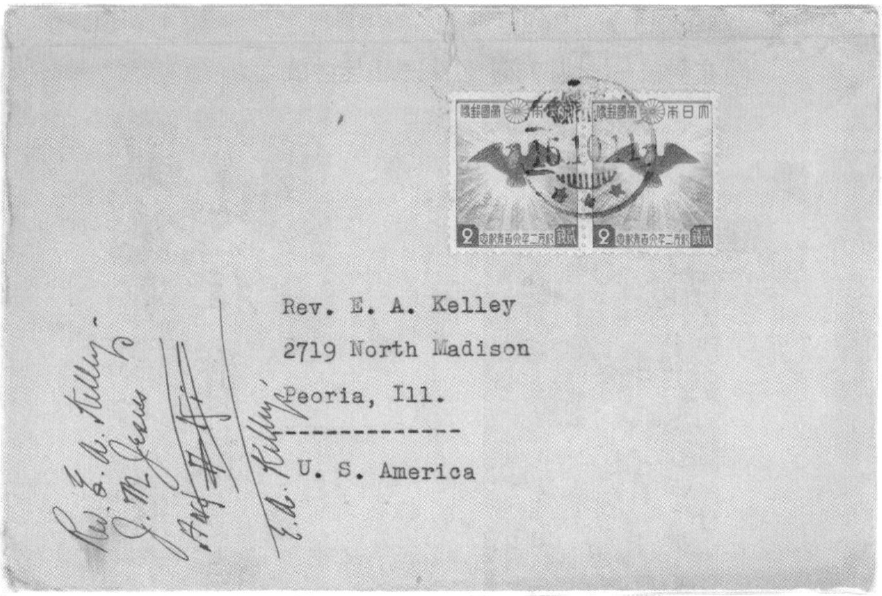

소화 15년(1940) 12. 6 충남 덕원-미국행

묻히고 잊혀진 항일투사 시리즈

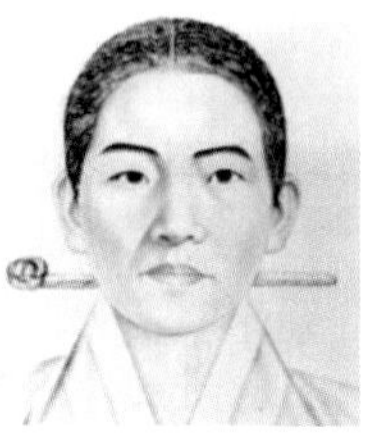

여성 의병장 윤희순(尹熙順)

1860. 8. 11~1935. 8. 1

대한민국 독립운동가로 대한민국 최초 여성 의병 지도자였다.

의병가 짓고 탄약을 제조한 여성 의병장. 일제가 1895년 명성황후를 시해하고 1896년 단발령을 발표할 무렵 윤희순은 '안사람 의병가' 등 여러 노래를 지어 항일 의식을 불러일으켰고, 여성들도 구국 활동의 중심이 되어야 한다고 촉구하였다. 1907년 일제가 고종황제를 폐위시키고 대한제국 군대를 해산하자, 의사는 군자금을 모아 가정리 여의내골에서 놋쇠와 구리를 구입하고 탄환, 유황 등으로 화승총에 쓸 화약을 직접 제작·공급하는 탄약 제조소를 운영하였다. 또한 여자의병 30여 명을 모집하여 다른 의병을 뒷바라지하거나 의병 훈련에 참여하였다. 비록 직접 의병 전투에 참가하지는 못했지만, 후방에서 그들을 적극 지원하며 의병 운동에 힘을 쏟았다. 특히 관군과 일본군의 앞잡이 노릇을 하던 밀고자를 꾸짖었고, 그런 가운데 8편의 의병가, 4편의 경고문을 남겼으며, 이는 최초, 한글 의병가이자 민족 저항 시가이다.

출처: 위키백과

1940

단기 4273년/대한민국임시정부 22년/소화 15년

재한 일본우편국 Jinsen 외체인

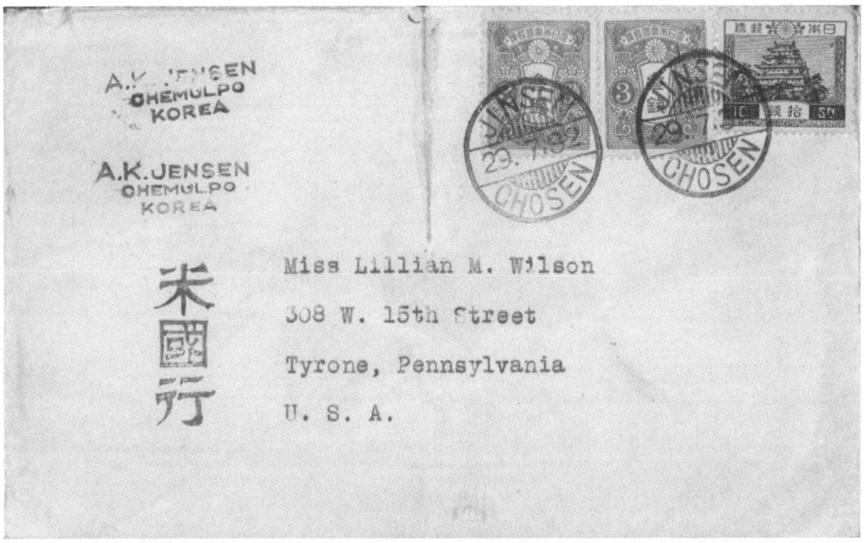

1940. 2. JINSEN - 미국 행 외체인

묻히고 잊혀진 항일투사 시리즈

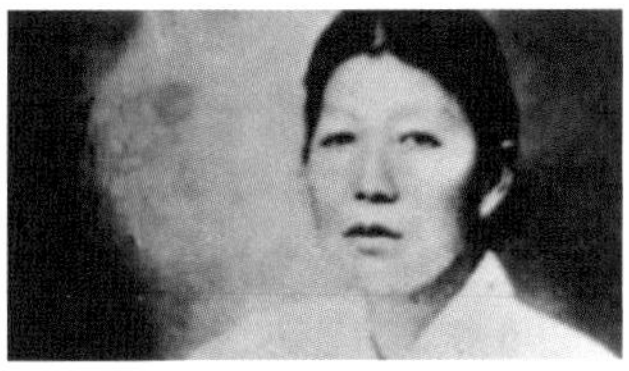

남자현(南慈賢)

1872. 12. 7~1933. 8. 22 경북 영양 출생

영화 '암살' 안옥윤의 실제인물

남자현(南慈賢)은 한국의 독립운동가이다.

3·1 운동에 참여하고 만주로 망명해 서로군정서에 참가하였으며, 사이토마코토 조선 총독의 암살을 기도하는 등 여러가지 독립운동을 진행했다. 이토히로부미를 저격한 안중근에 비견되었다.

1962년 건국훈장 대통령장이 추서되었다.

친일파 708인 명단·밀정

강낙원(姜樂遠): 대한애국부인회를 일본경찰에 밀고

김동한(金東漢): 밀정투입에 의한 항일조직 교란

김인승(金麟昇): 일본 외무성 고용인으로 정보를 일본에 제공

박두영(朴斗榮): 간첩 밀정조직 민생단 단장

박석윤(朴錫胤): 민생단 조직 주동 - 기타

배정자(裵貞子): 이토히로부미의 양녀 - 기타

선우갑(鮮于甲): 일본 경시청 고등계 형사 - 친일단체

선우순(鮮于筍): 대동동지회 회장 - 중추원, 친일단체

양병일(楊秉一): 애국지사를 밀고해 투옥케 함-살상자

오현주(吳玄洲): 대한애국부인회를 일본 경찰에 밀고

이종영(李鍾榮): 총독부 경무국 촉탁

이준성(李俊聖): 밀고자

장문재(張文才): 경찰스파이

장우형(張于炯): 일본 헌병 앞잡이

정병칠(鄭炳七): 스파이

최정규(崔晶圭): 무장보민회를 조직해 독립군 토벌

출처: 위키백과

1940

단기 4273년/대한민국임시정부 22년/소화 15년

미국행 광화문우편국 연하인 실체

소화 15년(1940) 12월 6일 광화문(국) 연하인 실체

대한민국 임시정부 유적지

상하이 임시정부 유적지는 1919년부터 1932년까지 13년간 상하이 임시정부 시절 머물렀던 곳이다. 임정은 1932년 4월 29일 홍커우 공원에서 윤봉길 의사의 의거가 일어나자, 일본군을 피해 항저우를 비롯한 중국 6개의 도시를 유랑하다 일제 말기인 1940년에는 충칭으로 이전하였다. 상하이 유적지는 마땅루 306농 4호에 자리잡고 있으며, 신티엔디(新天地)와 가까워 이곳에서 걸어가면 된다. 오래된 건물이 붙어 있는 건물에서 1층과 2층에 유물을 전시하고, 비디오를 보며, 설명을 할 수 있는 공간이 따로 있다. 내부에는 주요 인사들의 사진과, 태극기 등의 유물, 백범 김구의 집무실, 각 부처의 집무실 등이 있다.
임시정부는 일본의 중국 본토 침략에 따라 다음과 같이 이동을 하였다.

- 상하이(上海, 상해): 1919년 4월 11일 ~ 1932년 5월
- 항저우(杭州, 항주): 1932년 5월 ~ 1932년 10월
- 전장(鎭江, 진강): 1932년 10월 ~ 1932년 11월
- 난징(南京, 남경): 1932년 11월 ~ 1937년 11월
- (피난) 자싱(嘉興, 가흥): 1935년 10월 ~ 1936년 2월
- 창사(長沙, 장사): 1937년 12월 ~ 1938년 7월
- 광저우(廣州, 광주): 1938년 7월 ~ 1938년 11월
- 류저우(柳州, 유주): 1938년 11월 ~ 1939년 5월
- 치장(綦江, 기강): 1939년 5월 ~ 1940년 9월
- 충칭(重慶, 중경): 1940년 9월 ~ 1945년 11월 23일
- (피난) 구이린(桂林, 계림):

위의 유적지 중 임시 정부 유적지가 복원된 곳은 상하이, 항저우, 충칭이다.

출처: 위키백과

1940

단기 4273년/대한민국임시정부 22년/소화 15년

일제강점기 수입증지 사용 실체

보험료 영수증(保險料 領收證)

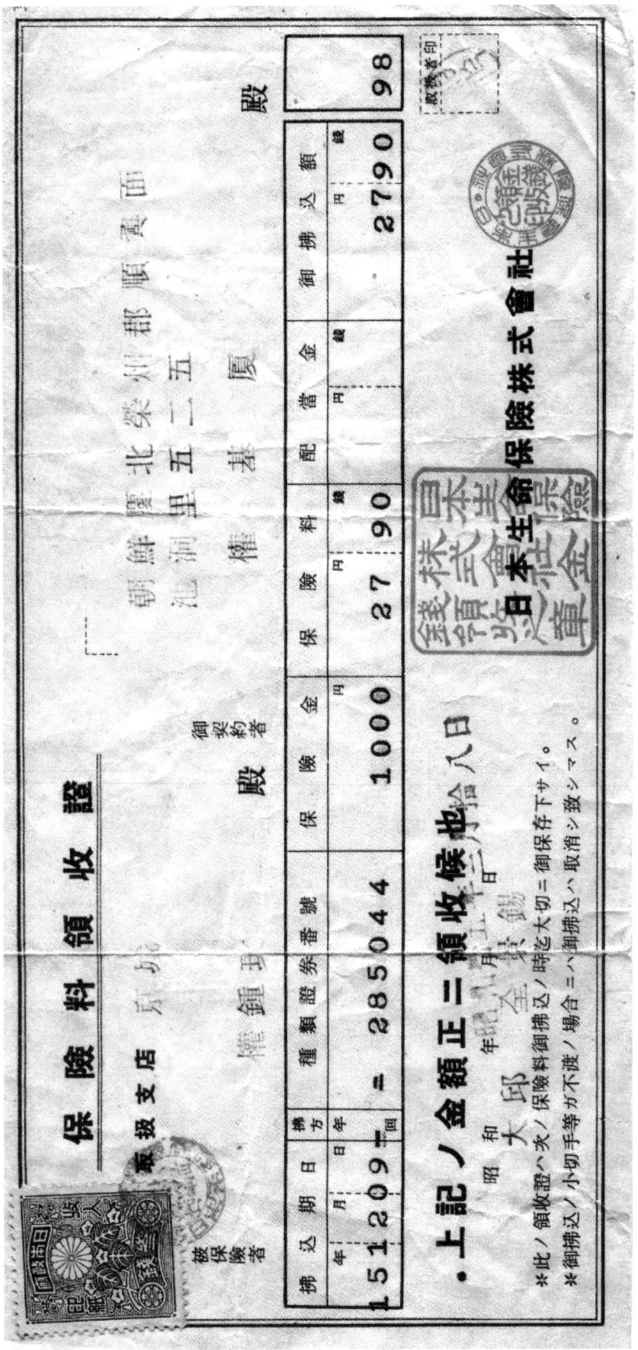

保險料領收證

取扱支店 京城

被保險者 權鍾玉

御契約者 殿

拂込期日 年 月 日	拂方	種類證券番號	保險金	保險料	配當金	御拂込額	
15 12 09	1回	= 285044	1000	27 90		2790	98

上記ノ金額正ニ領收候也

昭和 年 月 日

日本生命保險株式會社

*此ノ領收證ハ失ノ保險料御拂込ノ時迄大切ニ御保存下サイ。

*御拂込ハ小切手等ガ不渡ノ場合ニハ御拂込ハ取消シ致シマス。

수입 증지 3전 사용. 소화 15년(1940) 12.9 일본생명보험(주) 발행

조만식(曺晩植)

1883. 2. 1~1950. 10. 18

한국 독립운동가이자 일제 강점기 교육자·종교인·언론인·시민사회단체인·정치인이다. 22세 이후 상업과 종교활동에 종사하다가 1919년 3.1만세운동과 중국 출국실패 등으로 투옥당하기도 하였다. 오산학교에서 교사와 교장으로 교편을 잡기도 했다. 일제 강점기하에 교육활동과 물산장려운동·국내 민간 자본으로 대학설립 추진 운동인 민립대학 기성회 운동, YMCA 평양지회 설립, 신간회 등을 주도하였다. 1946년 1월 평양 고려호텔에 감금된 뒤 한국 전쟁 중 공산군의 세력에 의해 살해되었다. 국산 물산장려운동과 일본 제품 불매운동을 적극적으로 주도하여 조선의 간디라는 별칭이 붙기도 했다. 평안남도 강서군에서 출생하였으며, 아호는 고당(古堂), 본관은 창녕(昌寧)이다.

1923년에는 김성수, 송진우 등과 함께 연정회(研政會) 조직에 동참하였다. 연정회의 구성 목적은 민족 교육을 위한 대학 설립 목적의 조선민립대학기성회를 조직했으나 일제에 의해 좌절되었다. 바로 숭인중학교(崇仁中學) 교장에 취임하였다. 그러나 조선총독부의 계속된 탄압과 압력 끝에 1926년 숭인학교 교장직을 사퇴하였다. 1921년 평양 YMCA 청년회 총무로 취임하였다. 평양 YMCA 청년회 총무로 취임되면서 그는 평안도를 대표하는 민족 지도자로 자리매김하게 된다.

1921년부터 1932년 평양 YMCA 총무직을 지내는 동안 그는 평양을 비롯한 평안도 전역을 근거지로 조선물산장려회를 창립하고, 자신이 구상한 '풀뿌리 민족운동'을 실천에 옮겨 나갔다. 조만식은 YMCA를 거점으로 지역사회의 공론을 형성하였고, 물산장려회 같은 조직을 만들어 지역의 개신교계와 상공업계, 교육계, 여성계, 청년계를 하나의 '네트워크'식으로 엮어나갔다. 1927년 신간회 결성에도 참가했다. 1927년 평양지역의 신간회 조직 활동에 적극참여하고 신간회 평양지회장에 추대되었다.

1970년 8월 15일 건국공로훈장 대한민국장(훈 1등)이 추서되었다.

출처: 위키백과

1940

단기 4273년/대한민국임시정부 22년/소화 15년

경성(京城) 소포 실체

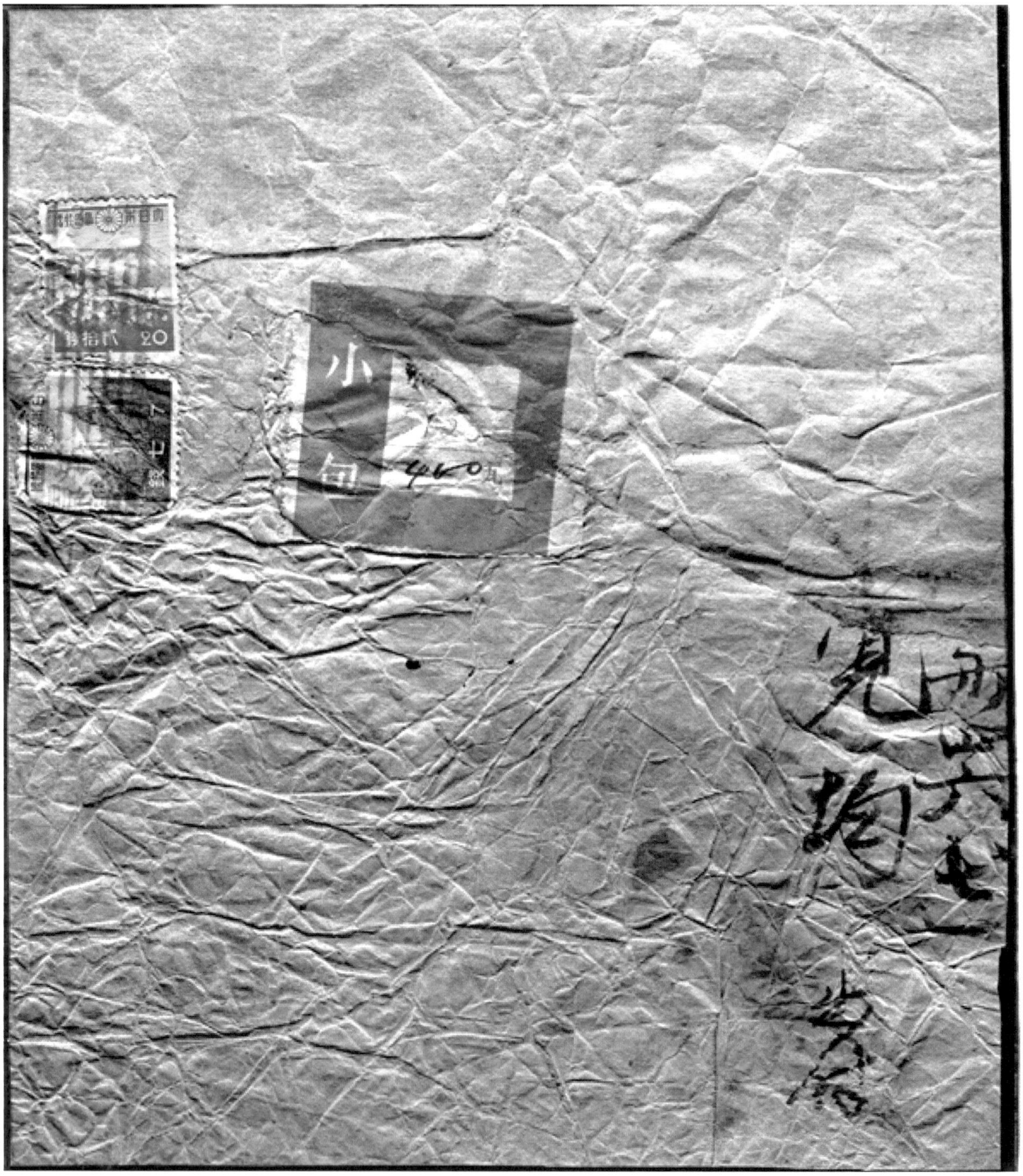

경성(국) 로울러인

1941

단기 4274년/대한민국임시정부 23년/소화 16년

전북 금마(金馬) 실체

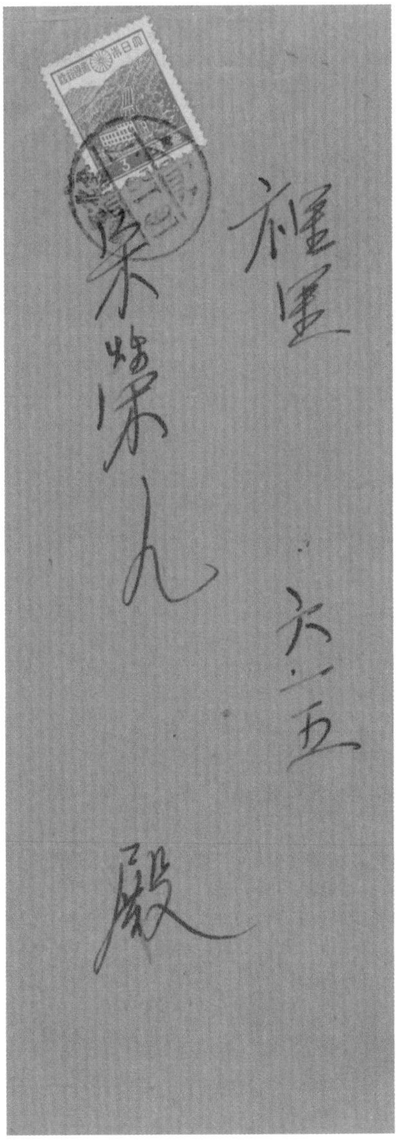

소화 16년(1941) 12월 17일 전북 금마-이리

진주만 공격(眞珠灣攻擊)

Attack on Pearl Harbor)

1941년 12월 7일 아침,

일본제국 해군 비행기들이 미국 하와이주의 오아후 섬 진주만에 있는 미군기지에 가한 기습 공격이다. 하와이주 오아후섬에 위치한 진주만에 대한 기습 공격은 미국 태평양 함대와 이를 지키는 공군과 해병대를 공격 감행되었다. 이 공격으로 12척의 미 해군 함선이 피해를 입거나 침몰했고, 188대의 비행기가 격추되거나 손상을 입었으며, 2,403명의 군인 사상자와 68명의 민간인 사망자가 나왔다. 일본군 야마모토이소로쿠 사령관은 제2차 세계대전 태평양전쟁의 시작으로 폭격을 계획하고, 나구모 주이치 부사령관이 지휘를 맡았다. 일본군은 이 작전에서 64명의 희생자를 내었다. 항구에 있지 않았던 태평양 함대의 항공모함 3척과 유류보관소와 병기창 등은 피해를 입지 않았다. 미국은 이와 같은 자원을 이용해서 6개월에서 1년 사이에 원상 복구를 할 수 있었다. 미국 국민들은 진주만 공격을 배신행위로 보고, 일본제국에 대항하기 위해 일치단결하여 복구에 전력을 기울였으며, 이는 훗날 일본제국의 패망으로 이어졌다. 진주만 공격은 진주만 폭격, 진주만 전투 등으로 불리기도 하지만 진주만 공격 또는 단순히 진주만이라고 더 자주 불린다. 일본은 만주를 점령한 몇 년 뒤인 1937년부터 중국과 전쟁을 하고 있었다 1941년에는 일본과 미국과의 긴장이 더 고조되었다. 미국과 영국은 일본에 무기 제조에 필요한 고철 수출을 금지했으며, 석유 수출 금지, 미국 내 일본 재산 동결, 일본 선박의 파나마 운하 통과 거부로 중국 내에서의 군사행동을 위축시키고자 했다. 1941년 11월 26일의 헐 노트를 마지막으로 외교적 노력은 절정에 다다랐고, 도조 히데키 수상은 자신의 각료들에게 이것이 최후통첩이라고 설명했다. 특히 석유 봉쇄는 유전이 없어서 대부분의 석유를 미국과 인도네시아에서 수입하던 일본에게 치명적인 위협이었다. 일본의 지도자들은 세 가지의 선택을 할 수 있었다. 1. 미국의 요구에 응하여 중국에서 철수. 2. 유류부족이 군사력 약화될 때까지 대기. 3. 침략을 확대하여 동남아시아의 자원을 획득하는 것. 일본제국은 이 세 가지 중에 마지막을 선택하였다. 진주만 공격의 목표는 미국의 태평양에서의 해군력을 무력화하여 전면전이나 동시 다발적인 준비된 공격을 잠시나마 막는 것이었다. 11월 26일은 일본 연합 함대가 진주만을 향해 출정한 날이다. 일본은 미국이 제시한 헐 통지문 내용과 상관없이 그 이전부터 전쟁을 준비해 왔다. 그 근거로 일본이 전쟁을 준비한다는 보고서를 주일 미국 대사관의 조지 프 그루(Joseph Grew) 대사가 본국에 송신하였으나, 유럽 내 전쟁 문제에 몰두하던 미국 정부는 그것을 묵살하였다. 일본은 진주만의 수심이 15~30m밖에 되지 않아 그 정도 수심에서 어뢰 공격을 하기 위해 91타입 롱랜스 어뢰를 개조하여 어뢰머리에 충격 완화장치와 수평 안정장치를 장착하여 99식 함폭과 m5n기로 뇌격하여 30기의 어뢰중 27기가 적함에 명중(2기 고장, 1기 불 명중). 당시의 미국 어뢰 기술로는 67%가 고장이었다고 한다. 일본군의 공격 임박설에 대한 사전 정보들은 많았으나, 아무도 이 정보에 귀를 기울이지 않았다. 1941년 1월 주일대사 조셉 그류는 일본군의 진주만 공격 계획 정보를 입수했다. 공격개시 수 시간 전에 진주만 외곽에서 한 대의 잠수함이 발견되고 다른 한 대는 원인 불명인 채 침몰되었으며, 오아후 북쪽 해안 레이다 기지에서는 거대한 비행물체가 포착되었다. 많은 관리들은 일본군의 공격 임박설을 알고 있었으나, 그 대상이 일본으로부터 5,000 마일 떨어진 진주만이 아닌 필리핀이라고 생각했다. 1941년 진주만의 일요일 아침은 여느 때와 마찬가지로 하루의 일과가 진행되었지만, 진주만 북쪽 200 마일 에서는 차가운 물살을 가르며 항진하는 항모위에서 항공기들이 발진하고 있었다. 미군은 당일 아침에 오기로 한 B-17 폭격편대로 오인하게 된다.

(이 문장은 '전쟁영화로 마스터하는 제2차 세계대전'에서 발췌함)

출처: 위키백과

이리우편소

전라북도 익산군 군남일면 이리

1912. 11. 1 조선총독부 고시 제328호, 익산우편소를 이리우편소로 개정

1919. 10. 1 조선총독부 고시 제269호, 전화 가입, 전화 교환 사무 개시

1920. 7. 6 조선총독부 고시 제187호, 전화 교환 업무 개시, 탁송 전보 취급

1941

단기 4274년/대한민국임시정부 23년/소화 16년

제4종 우편물 흥남 삼성인 실체

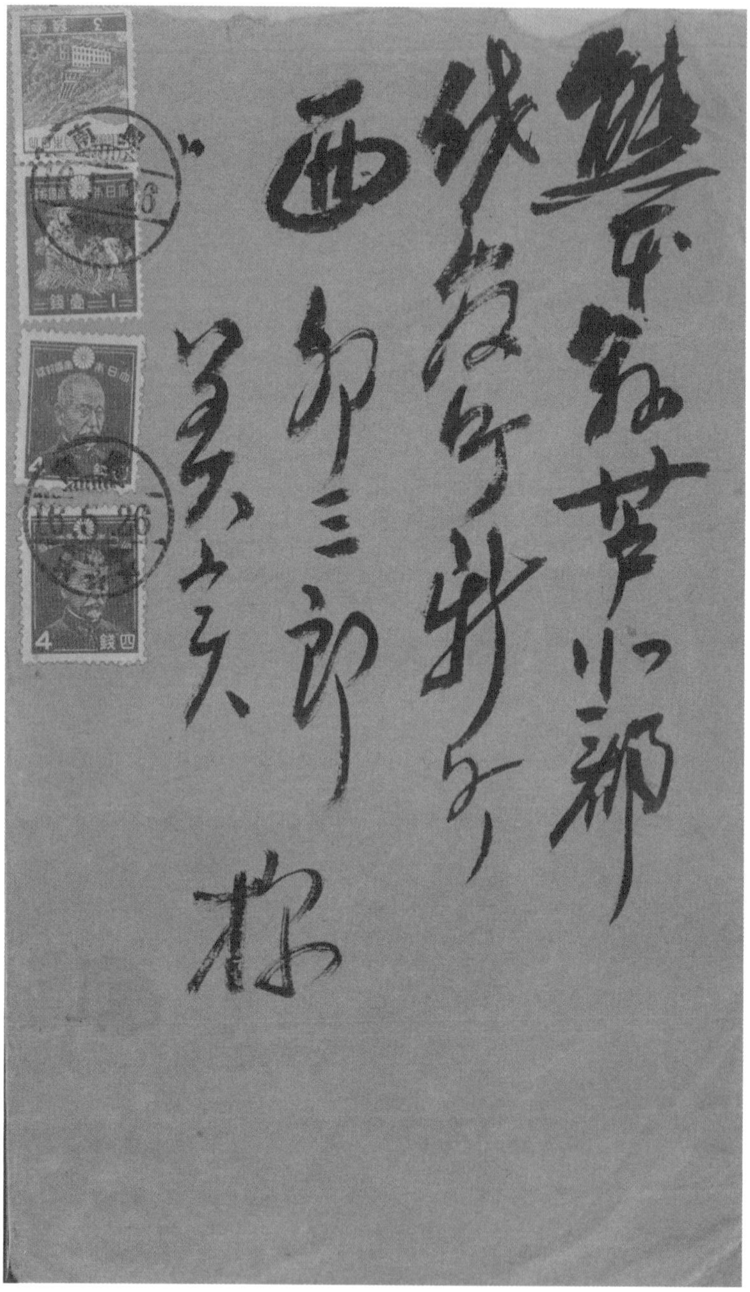

소화 16년(1941) 5월 26일 흥남- 일본으로 체송된 제 4종 우편물·우편료 12전

흥남우편소

함경남도 흥남군 운전면 호남리
1928. 9. 1 조선총독부 고시 제320호

1941

단기 4274년/대한민국임시정부 23년/소화 16년

일본 심천해변 등기▶전남 여수행

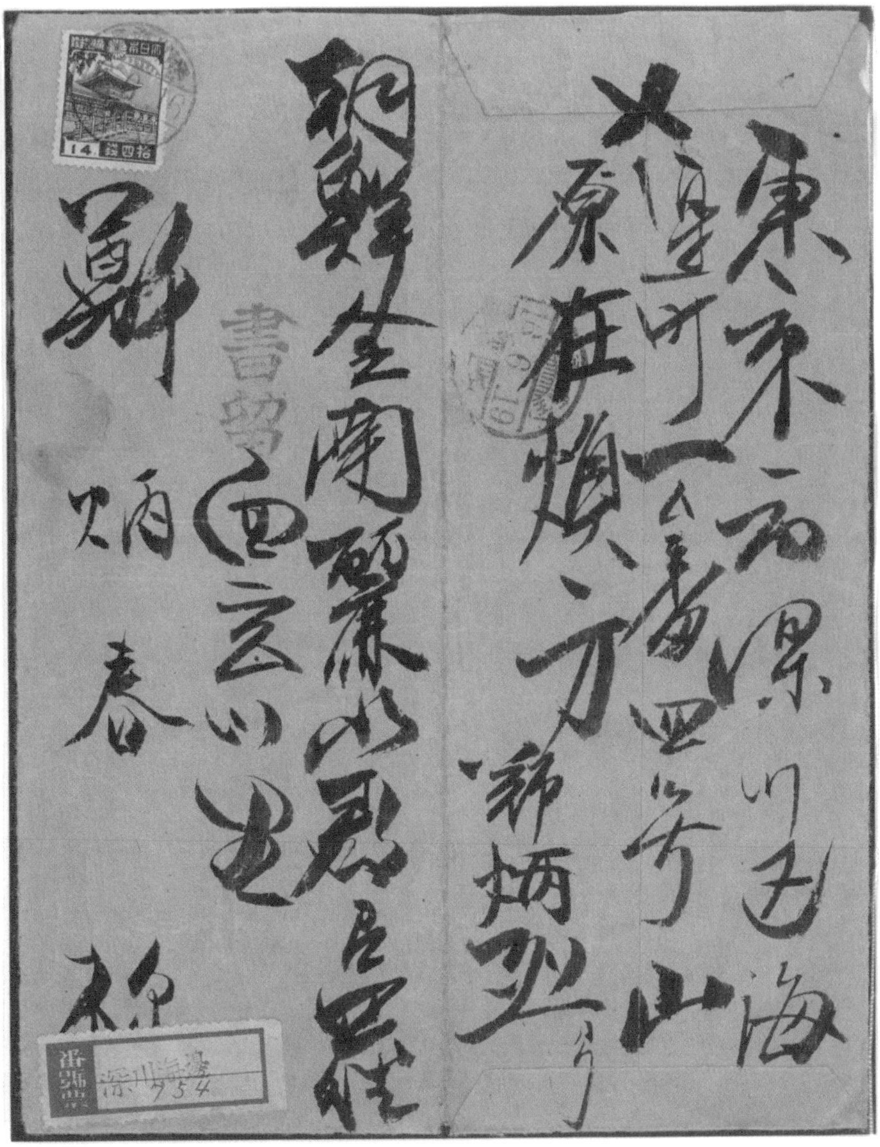

소화 16년(1941) 6. 16 일본 심천해변 등기(754) - 전남 여수 6. 19일 도착

김병기(金秉騏)

1916년 4월 16일 ~)는 평양 출신으로 대한민국 서양화가이다. 1965년 미국으로 이민 후 뉴욕주에 정착했고, 100세를 넘어서도 화필을 놓지 않고 있다.

김병기는 1916년 평양에서 서양화가 김찬영(金瓚永, 1893~1960) 둘째 아들로 태어났으며. 호는 태경(台徑)이다. 부친은 고희동(高羲東, 1886 ~ 1965)·김관호(金觀鎬, 1890~1954)에 이은 서양화가 1세대였다. 광성고등보통학교를 졸업하고, 일본 가와바타(川端)화학교와 문화학원에서 미술 공부를 했다. 귀국 후 1945년 북조선문화예술총동맹 산하 미술동맹 서기장을 하다 1947년 월남했다. 서울대에서 예술론·회화실기 등을 강의(1953~58)했고, 1964년 한국미술협회 이사장이 되었다. 1965년 미국으로 이민 후 뉴욕주에 정착하였다.

1941

단기 4274년/대한민국임시정부 23년/소화 16년

일제강점기 수입증지 사용 실체

혜산 합동목재주식회사 주권(惠山 合同木材株式會社 株券)

惠山合同木材株式會社株券

百株券

金五千圓

增甲第壹參六號

東亞合同木材株式會社

株主 取締役社長 豊村 裕殿

會社商號 惠山合同木材株式會社

資本總額 金貳百萬圓

壹株金額 金五拾圓

會社成立 昭和拾七年拾月貳拾參日

增資登記 昭和拾八年五月拾七日

右記名者ハ當會社ノ定款ニ基キ百株ノ株主タルコトヲ證スル爲本株券ヲ交付スルモノ也

全額拂込濟

昭和拾八年五月貳拾八日

惠山合同木材株式會社

取締役社長 大村

수입증지 5전 사용. 소화 18년(1941)5. 28.

대한민국 임시정부 대일선전포고 성명서

우리는 3,000만 한국인 및 정부를 대표하여 중국·영국·미국·네덜란드·캐나다·오스트레일리아 및 기타 제국(諸國)의 대일(對日) 선전 포고를 삼가 축하한다. 이것은 일본을 쳐부수고 동아시아를 재창조하는 가장 유효한 수단이다. 이에 특히 아래와 같이 성명서를 낸다.

1. 한국 전체 인민은 현재 이미 반침략 전선에 참가하였고, 일개 전투 단위가 되어 축심국(軸心國)에 대하여 선전 포고한다.
2. 1910년 합병 조약 및 일체 불평등 조약이 무효임을 거듭 선배포한다. 아울러 반침략 국가들이 한국 내에 가지고 있는 합리적 기득권익을 존중한다.
3. 왜구(倭寇)를 한국·중국 및 서태평양에서 완전히 축출하기 위하여 혈전으로 최후의 승리를 이룩한다.
4. 맹세코 일본이 비호하여 조성된 창춘(長春) 및 난징 정권(南京政權)을 승인하지 않는다.
5. 나구선언(羅邱宣言) 각 조를 단호히 주장하며 한국 독립을 실현하기 위하여 적용하며 이것으로 인해 특히 민주 전선의 최후 승리를 미리 축하한다.

대한민국 임시 정부 주석 김구(인), 외무부장 조소앙(인)
대한민국 23년(1941) 12월 10일

출처: 위키백과

1941

단기 4274년/대한민국임시정부 23년/소화 16년

일제강점기 수입증지 사용 실체

한글혼용 금원연대 차용증(金員連帶 借用證)

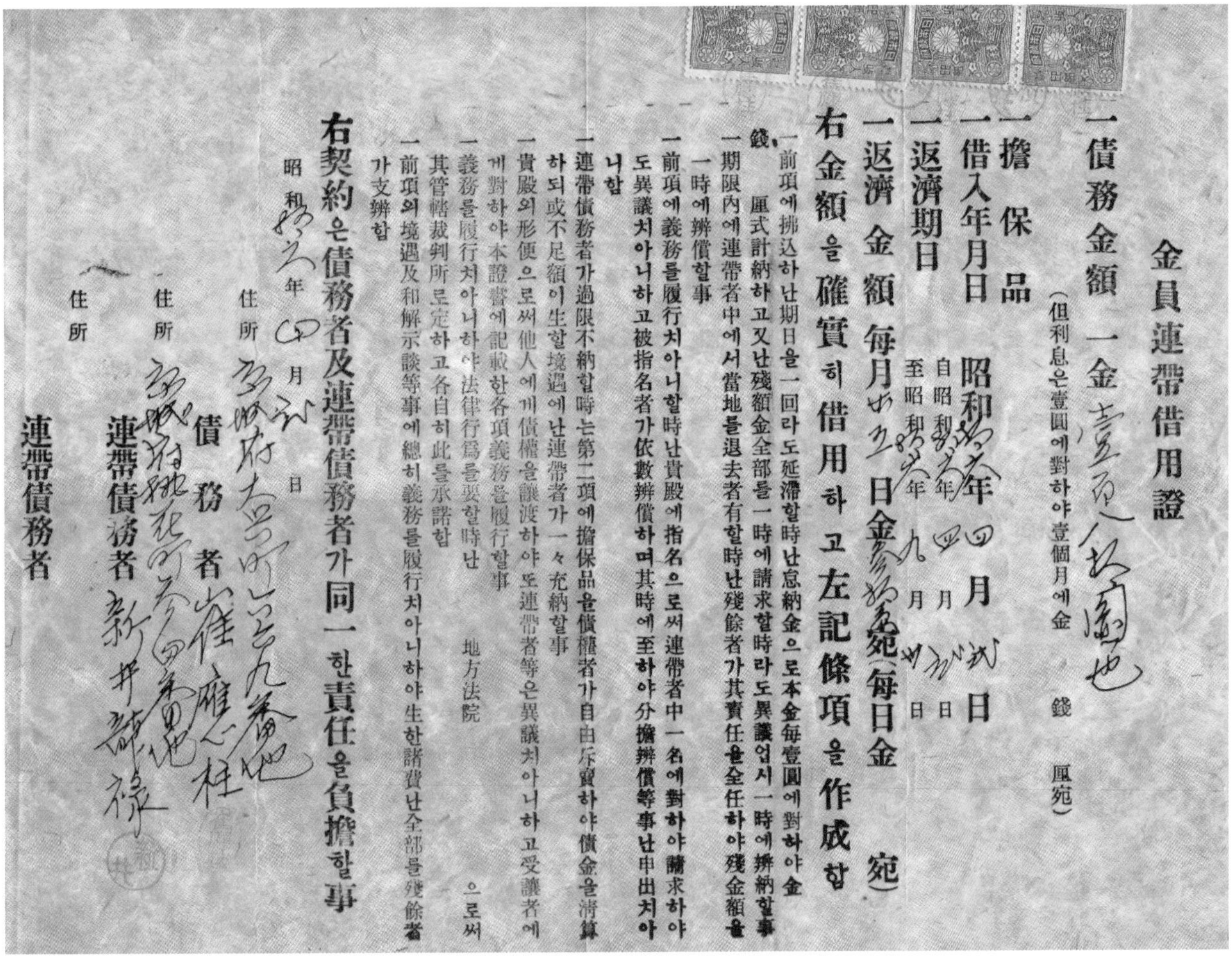

金員連帶借用證

一債務金額 一金　　　　（但利息은壹圓에對하야壹個月에金　　錢　　厘宛）

一擔保品

一借入年月日 昭和　年　月　日

一返濟期日 自昭和　年　月　日 至昭和　年　月　日

一返濟金額 每月　日金　　　（每日金　　宛）

右金額을確實히借用하고左記條項을作成함

一前項에拂込하난期日을一回라도延滯할時난怠納金으로本金每壹圓에對하야金　錢　厘式計納하고又난殘額金全部를一時에請求할時라도異議업시一時에辨納할事

一期限內에連帶者中에서當地를退去者有할時난殘餘者가其責任을全任하야殘金額을一時에辨償할事

一前項에義務를履行치아니할時난貴殿에指名으로써連帶者中一名에對하야請求하야도異議치아니하고被指名者가依數辨償하며其時에至하야分擔辨償等事난申出치아니함

一連帶債務者가過限不納할時는第二項에擔保品을債權者가自由斥賣하야債金을淸算하되或不足額이生할境遇에난連帶者가一々充納할事

一貴殿의形便으로써他人에게債權을讓渡하야도連帶者等은異議치아니하고受讓者에게對하야本證書에記載한各項義務를履行할事

一義務를履行치아니하야法律行爲를要할時난　　地方法院으로써其管轄裁判所로定하고各自히此를承諾함

一前項의境遇及和解示談等事에總히義務를履行치아니하야生한諸費난全部를殘餘者가支辨함

右契約은債務者及連帶債務者가同一한責任을負擔할事

昭和　年　月　日

住所　　　債務者

住所　　　連帶債務者

住所　　　連帶債務者

수입 증지 3전 4매 12전 사용. 소화 16년(1941) 4.10 경성부

이쾌대[李快大]

1913 ~ 1965

홍익대학교 강사, 조선미술동맹 서양화 부위원장, 조선미술문화협회 위원장

1938년도쿄에서 열린 제25회 니카텐(二科展)에「운명」을 출품해 입선한 이후 3년 연속 입선하였다. 당시 작품은 개성적인 표현 감각과 예민한 조형 의식으로 전형적인 한인 여인상이라는 주제에 치중되어 있었다. 1941년도쿄에서 이중섭(李仲燮) · 진환(陳瓛) · 최재덕(崔載德) · 문학수(文學洙) 등과 신미술가협회를 조직하고, 1944년까지 도쿄와 서울에서 동인전을 가졌다. 1945년 광복 직후에는 조선조형예술동맹 및 좌익 조선미술동맹 간부가 되었다가 스스로 이탈하였다. 1947년 '진정한 민족예술 건설'을 표방하면서 김인승 · 조병덕 · 이인성 등 18명으로 이루어진 조선미술문화협회를 결성하였고 1949년까지 4회의 회원 작품전을 가졌다. 이 시기 대표작으로는 독도(獨島) 어민 참변 사건을 주제로 삼은 참담한 분위기의 사실적인 대작 '조난'(1948년)과 영웅적인 초인적 의지 인간상을 표현한「걸인」(1948)이 있다. '군상 I-해방고지'도 같은 해에 완성하였다.

1942

단기 4275년/대한민국임시정부 24년/소화 17년

4월18일 제2차 세계대전 미국 육군항공대 소속 지미 둘리틀 중령의 지휘하에 16대의 미국 B-52폭격기가 도쿄, 요코하마, 요코스카, 와키야마, 오사카, 고베, 나고야, 욧카이치, 가와사키 등 일본의 주요도시를 폭격한 이른바 둘리틀공습(Doolittle Raid)이 실행됨, 이 작전으로 일본은 사상자 363명, 가옥파괴 약 350동의 피해를 입었다/6월5일 태평양전쟁 중 하나인 미드웨이 해전 발발/6월12일 미드웨이 해전이 종료. 6월23일 아우슈비츠강제수용소 가스실에서 최초로 처형당할 첫 번째 유태인들이 파리시에서 열차에 실리다. 9월8일 일본이 〈조선목재통제령〉시행규칙 공포 시행/10월1일 최현배, 이극로, 이희승 등 학자 30여 명이 조선어학회 사건으로 구속/성서조선 필화사건 일어남

영광 요금별납, 우편 전남 영광▶부산

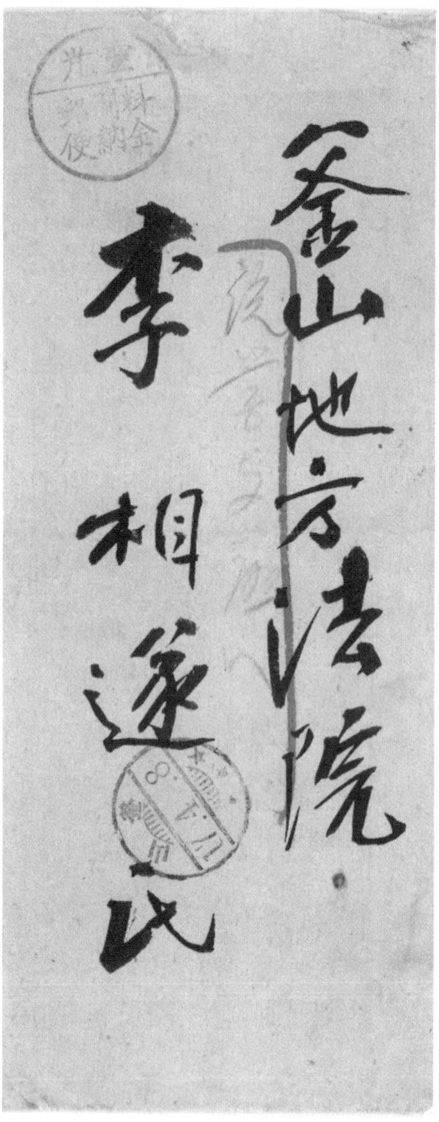

◀ 영광우편소 요금별납우편 일부인

光靈(광영)
郵別料(우별요
便納金편납금)

외솔 최현배(崔鉉培)
1894. 10. 19 ~ 1970. 3. 23
경남 울산 출생
대한민국 국어학자,
한글학자, 교육자이다.

이극로(李克魯)
1893. 8. 28 ~ 1978
경남 의령 출생
일제강점기 때 한글학자,
독립운동가이자 정치인

이희승(李熙昇)
1896. 6. 9 ~ 1989. 11. 27
경기 의왕 출생
대한민국 국어학자,
시인, 수필가

조선어학회 사건

조선어학회사건(朝鮮語學會事件)은 일본제국이 1942년에 한글을 연구하는 학회인 조선어학회의 회원 및 관련 인물들을 강제 연행, 재판에 회부한 사건이다. 1921년 창립된 '조선어 연구회'의 명칭이 바뀐 것으로, 한국어와 한글을 연구하는 학회이다. 1941년에는 〈외래어 표기법 통일안〉을 마련, 국어사전 편찬 등 말과 글의 표준화에 주력하였다. 현재 한글학회. 일제는 한국인들을 압박하기 위해 1936년 〈조선사상범 보호관찰령〉을 공포하였다. 1938년 '국어상용화(國語常用化)' 정책으로 조선어 교육을 폐지하고, 한국어 사용을 금지, 일본어를 사용하도록 강요하였다 1941년에는 〈조선사상범 예방구금령〉을 공포하였다. 일제는 1939. 4월부터 학교의 국어 과목을 전폐하고 각 신문·잡지를 점차 폐간하였다. 1941년 12월 하와이의 진주만을 습격하여, 제2차 세계대전에 뛰어든 일제는 내부의 반발을 염려하여,1942. 10월에 조선어학회에도 총 검거의 손을 대었다. 조선어학회에서는 1942년 4월부터 한국어 사전을 편찬중이었다.

출처: 위키백과

1943

단기 4276년/대한민국임시정부 25년/소화 18년

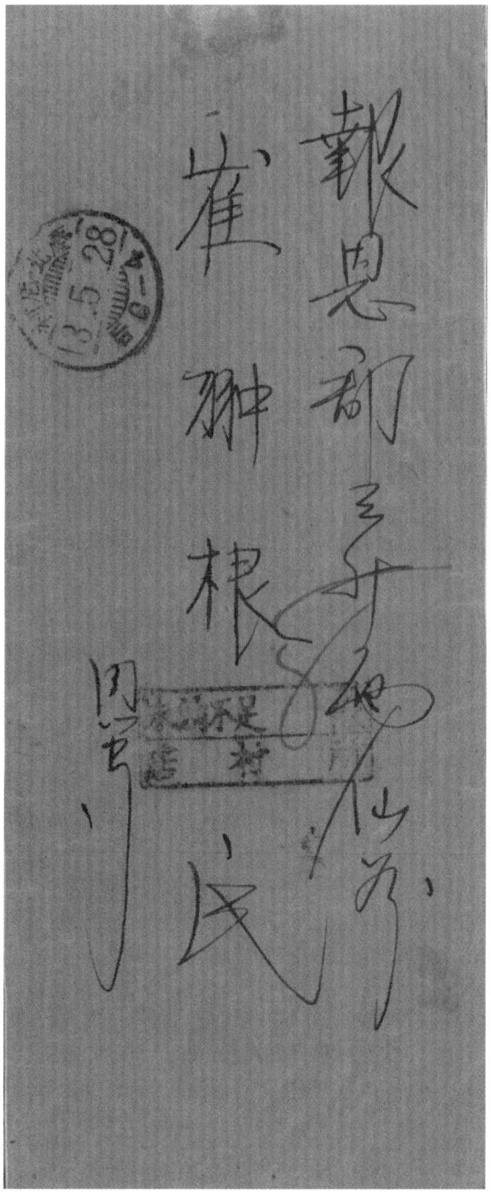

未納不足	錢
店 村	所

소화 18년(1943) 5월 28일 경북 점촌우편소 요금부족인-충북 보은행
창씨개명 강요시기(1940년) 이후에도 본명을 사용한 실체임.

부관연락선 곤륜환(崑崙丸)의 최후

1943년 10월 4일 밤, 여객 479명. 경관. 세관원, 해군 경비병을 포함한 승조원 176명 합계 655명을 태운 관부연락선 곤륜환은 1943년 10월 4일 23시 경 시모노세키항을 출발해 부산으로 향했다. 곤륜환은 반년 전에 미쓰비시중공업 나가사키 조선소에서 건조된 총 톤수 7,908톤, 여객정원 2,050명의 최신예 객화선이었다. 여객 정원에 비해 승객이 적었던 것은 승선 예정의 군용열차가 늦였기 때문에 승선시각에 승선치 못하였다. 다음 날인 5일, 히비키나다(響灘)를 횡단하여 오키노시마 동북동 약 18Km 부근을 지나간다고 생각되는 새벽 2시 10분 경, 돌연 좌현 선미의 수화물실 부근에서 내동댕이 치는 듯한 굉음과 함께 큰 물기둥이 솟아올랐다. 순식간에 선체는 좌현으로 기울어지고 선미부터 가라앉기 시작했다. 위급함을 알리는 기적도 보람없이 곧 우뚝 서는 듯하더니, 암흑의 바다로 끌려 들어가고 말았던 것이다. 그 사이 불과 5분-취침 중의 사고였고, 더군다나 물결이 거세였기 때문에 583명의 희생자를 내었다. 미 잠수함 '와후'(SS-238 Wahoo U.S.S.)의 어뢰 공격을 받았던 것이었다. '와후'는 하와이에 기지를 두었고, 일본 배를 격침시킨 순위로는 상위에 드는 잠수함. 당시 소련 선박이 자유로 왕래하고 있던 일본 북단 소우야(宗谷) 해협을, 어두운 밤에 분간이 곤란한 때를 틈타 물 위로 뜬 채로 침입하여, 사냥감을 찾아 남하하여 쓰시마(對馬)해협에 도착했고, 그리고 관부연락선 곤륜환을 격침시켰던 것이다.

함장 '뭇슈 모튼'(Dudley W. Morton)은 쓰시마 해협을 왕복하고 있던 대형 철도 연락선에 흥미를 가졌고, 출격할 때에 하와이의 태평양통합정보센터(JICPOA)로부터 이 연락선의 성능, 루트, 운항 스케줄에 관한 온갖 정보를 손에 넣고 있었던 것이어서, 곤륜환의 침몰은 우발적인 것이 아니었고 계획된 것으로 추측된다.

출처: 위키백과

점촌우편소

경상북도 문경군 호서남면 점촌리
1933. 3. 11
조선총독부 고시 제73호. 우편소 설치

1943

단기 4276년/대한민국임시정부 25년/소화 18년

노성(魯城)우편소▶영광▶공주 반송

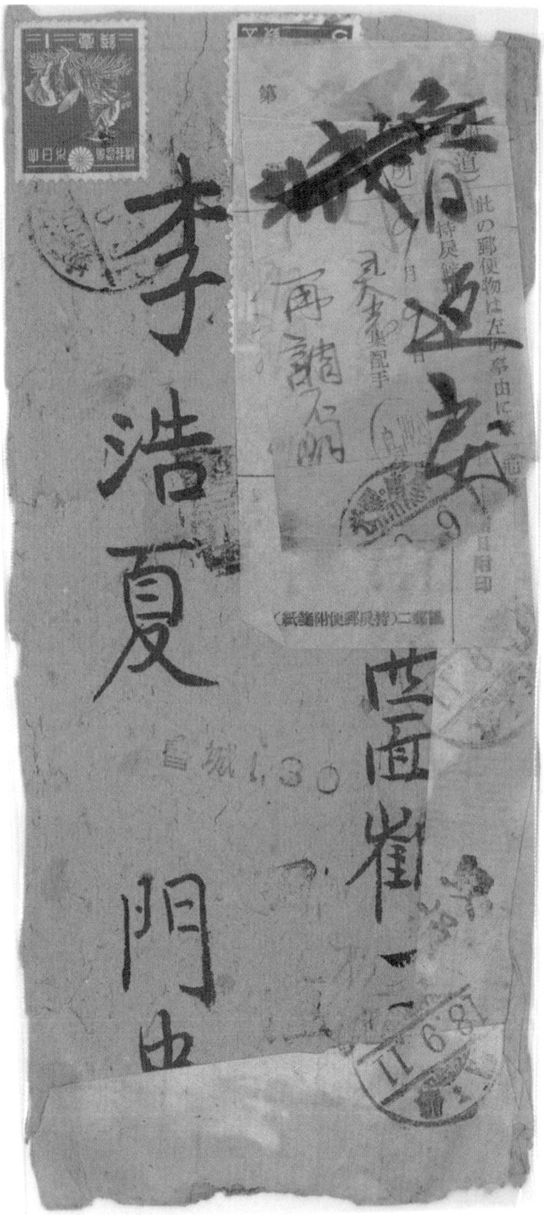

1943년(소화 18) 9. 7 노성-9. 7 영광 반송지-9. 9. 영광 반송지-9. 11 공주 반송

김갑순(金甲淳, 창씨 개명: 金井甲淳)

1872 ~ 1961

일제강점기 중추원참의, 유성온천주식회사 사장, 조선임전보국단 이사 등을 역임한 기업인, 정치인, 친일반민족행위자.

대한제국과 일제 강점기의 관료이자 일제 강점기와 대한민국의 기업인, 자본가이다. 어려서 고아가 되었으나 부를 축적하여 충청남도 공주 지역의 부호로 성장했으며, 일제 강점기에 조선총독부 중추원 참의를 지냈다. 공주군, 논산군, 아산군, 노성, 대전 등지에 대규모의 땅을 소유하고 있었으며, 1930년말 대전 시내의 3분의 2가 한때 김갑순의 땅이었다. 교육자 윤치오의 사돈이기도 했다. 어려서 아버지와 형을 잃고 공주군청의 관노로서 잔심부름하다가 충청남도관찰사의 첩과 의남매를 맺게 되어 그 인연으로 1900년 초 내장원의 하급 관료로 발탁돼 1902년 부여군수가 된 뒤 노성군수와 공주군수, 임천군수, 김화군수 등을 역임하고 1910년 공주군수로 다시 부임하였으며, 한일합방 직전 종2품 가선대부에 이르렀다. 이후 관직 생활 중 땅 투기, 세금 횡령 등을 이용해 거액의 재산을 모은 것으로 알려져 있다. 1910년 10월 한일병합조약 이후에는 아산군수를 잠시 지냈다가 사퇴, 토지를 사들여 대지주가 되고 공주, 논산 일대의 황무지를 개간, 소택지 매입 등으로 시장을 만들고 자동차 사업, 수리 사업 등을 하여 재산을 모았다.

1932년에는 김갑순 소유의 땅으로 충청남도청이 이전하면서 김갑순은 지가 상승으로 막대한 부를 얻게 되었다. 경성에 갈 때 절반은 남의 땅을, 절반은 자기 땅을 밟고 다녔다는 전설도 있다. 유성온천의 개발 초기 투자자 중의 한 사람이었으며, 일제강점기와 대한민국 초기의 공주 지역의 갑부로서 이름을 날렸다. 또한 김갑순은 부인이 10명이었다. 공주 출신. 본관은 김해이고 호는 동우(東尤)이다. 본명은 순갑(淳甲)이었으나 고종이 갑순이라는 이름을 하사하였다.

출처: 위키백과 · 한국민족문화대백과사전

노성우편소

충청남도 노성군 읍내면 홍문리

1911. 6. 1 조선총독부 고시 제156호, 우편소 설치

1943

단기 4276년/대한민국임시정부 25년/소화 18년

훼손수보(毁損修補) · 인쇄서장(印刷書狀). 공주 등기 243

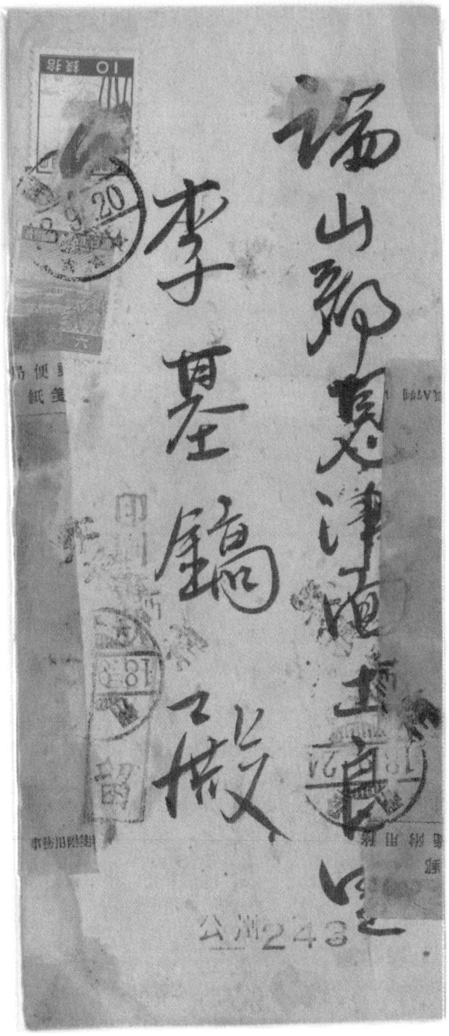

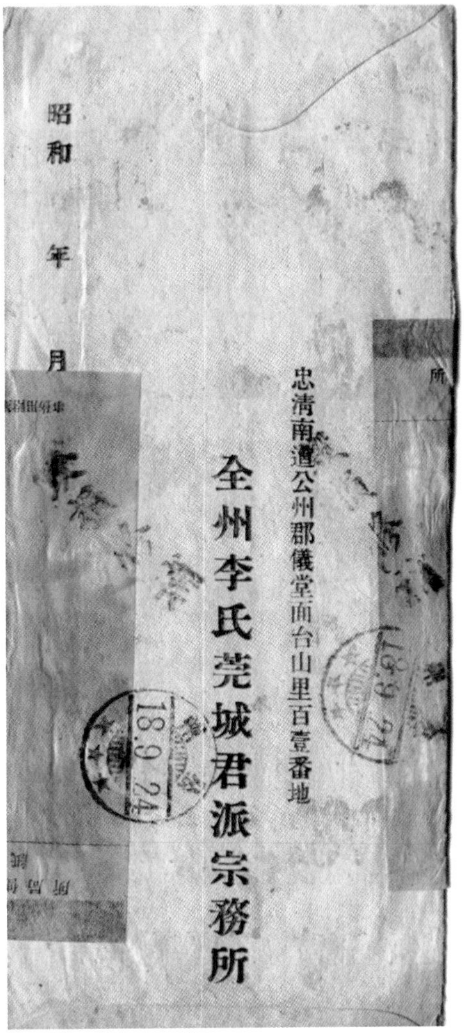

1943년(소화 18) 9. 20 공주 등기-1943. 9. 24 공주

코민테른 12월 테제

1928년 12월 코민테른 집행위원회 정치서기국이 채택한 조선공산당 재조직에 관한 결정서를 말한다. 약칭 12월 테제라고 한다. 1928년 7월~8월 모스크바에서 열린 코민테른 제6차 대회 결정서에서 '식민지, 반식민지국가에서 혁명운동에 대하여'에 기초한 것으로, 정식명칭은 '조선농민 및 노동자 임무에 관한 테제'다. 이 '테제' 내용에 따르면, 조선공산당은 종전과 같은 인텔리 중심 조직 방법을 버리고 공장 · 농촌으로 파고들어가 노동자와 빈농을 조직해야 하며, 민족개량주의자들을 근로대중으로부터 고립시켜야 한다는 내용이다. 이전 코민테른이 주창한 '민족주의 세력과 협동해야 한다.'는 기존의 방침과는 달리 상당히 좌편향적인데, 이는 코민테른이 식민지국가에서 민족 부르주아 세력에 대한 평가가 달라졌기 때문이다. 즉, 코민테른에서는 '식민지 민족 부르주아는 제국주의에 대해 일관된 입장을 취할 수 없고, 혁명 진영과 제국주의 진영 사이를 동요하다가 결국 반혁명진영으로 옮아간다'고 본 것이다. '12월 테제'는 당시 한국 공산주의 운동에 커다란 영향을 미쳤다. 이후 민족통일전선 신간회가 해체되고 적색노조운동 및 적색농조운동이 전개되었고, 조선공산당은 수차에 걸친 검거사건으로 주요당원들이 거의 검거된 상태였으므로 해체 성명도 없이 자동 해체되었다. 일본, 만주에 있던 당조직도 1국1당 원칙에 따라 각각 중국공산당, 일본공산당으로 흡수되었다.

1943

단기 4276년/대한민국임시정부 25년/소화 18년

천공우표(Perfin Stamps)실체

富國園의 상표인 [富]의 영어표기 방식의 [FU]의 약자인 [F]를 우표에 마름모 천공과 [F]를 천공한 후 우표를 첩부한 실체

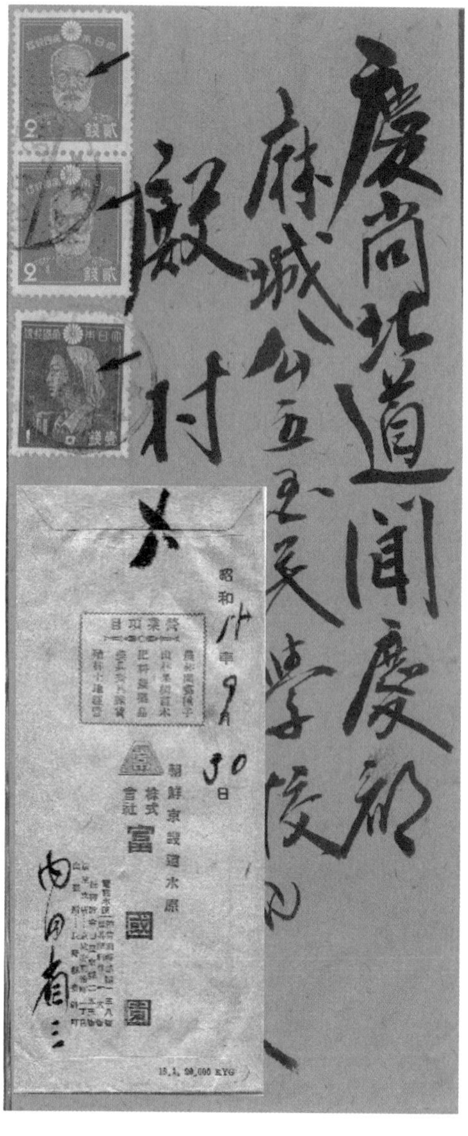

1944년, 일본군이 한국 위안부 집단 총살한 장면 사진과 기록

중국 윈난성의 텅충에서 집단 총살된 조선인 위안부들을 보여주는 영상이 공개됐다. 연합군은 전선이 무너지기 전날 밤 "일본군은(텅충)성 안에 있는 조선인 여성 30명을 총살했다"고 기록하고 있다. 한 중국 군인이 주검을 살피는 장면.

서울시·서울대인권센터 제공

앵커: 이인용·김지은 기사 입력

1997. 8. 15. 최종 수정

1944년 9월 중국 남부 버마 국경지대에 주둔한 일본군이 중국군에게 쫓기면서 한국 위안부 30 명을 집단 총살한 장면.

● 앵커: 여러분, 안녕하십니까?

일본의 식민통치에서 벗어난 지 만 52년, 우리는 광복의 기쁨과 함께 다시 한번 일제의; 만행을 되새겨 보지 않을 수 없게 됐습니다. 오늘 MBC 뉴스 데스크는 일본군이 한국 위안부들을 집단 학살한 기록을 찾아서 공개합니다.

● 기자: 일본군들에 의해 집단 총살된 한국 위안부들의 사진입니다. 형체를 알아볼 수 없을 만큼 처참하게 학살된 채 정글 속에 내버려진 한국 위안부들의 시신을 중국 군인들이 매장하고 있습니다. 구덩이 속에서는 치마 저고리 차림의 여성들이 팔다리가 뒤엉킨 채 여기저기 묻혀있고 중국 군인들은 악취를 피하느라 수건으로 코를 막고 있습니다. 살해된 장소는 중국 운남성 동충현 버마 국경지대이며 집단 학살 일시는 1944년 9월 13일입니다.

이 사진은 당시 중국 윈난성과 버마국경 지역의 전투를 취재했던 미종군기자 프랭크 멘위렌씨가 촬영한 것입니다. 멘위렌씨는 사진 뒷면에 이 시체들이 한국 여성들이라고 기록하여, 이들이 한국 출신 위안부였음을 확실하게 밝혀 주고 있습니다. 이 날의 학살 상황은 9월13일 중국군과 합동 전투를 벌였든 미국 버마 사령부의 작전 일지에 생생하게 기록돼 있습니다. 이 작전보고서에는 동충 전투에서 패배한 일본군이 9월 13일 밤 달아나면서 한국 위안부 30명을 집단 사살했다고 분명하게 기록돼 있습니다. 이 학살 사진과 문서들을 최초로 미 정보문서 보관소에서 발견한 재미 사학자 방선주씨는 당시 일본군이 퇴각하면서 자신들의 치부를 감추기 위해서 이 같은 만행을 저질렀다고 말했습니다.

● 방선주(재미 사학자): 자기들의 성 노예를 최전방 일선에까지 데리고 다녔다는 것이 연합군에게 알려지면 너무나 수치스러웠을 것이라고 생각했기 때문입니다.

● 기자: 당시 버마 중국지구 일본군에 배속됐던 한국 위안부는 약 1,500여 명, 이들 가운데 약 1,000여 명이 전쟁터에서 학살되거나 폭격으로 사망했을 것으로 당시 미군 보고서는 추정하고 있습니다. 보고서는 위안부들이 사망 직전까지 일본군의 성노예 생활을 했다고 기록하고 있습니다.

● 윤정옥(정신대 문제 대책협의회 공동대표): 진상규명을 일본에게 시키고 우리 정부도 진상규명을 하고 이 문제의 해결에 당당히 힘을 써야 하겠다고 생각을 합니다.

● 기자: 지금까지 일본 정부는 위안부들이 학살됐다는 주장이 여러 차례 제기되었음에도 불구하고 구체적인 물증이 없다는 이유로 일관되게 학살 사실을 부인해 왔습니다. 그러나 학살 사실을 분명하게 증명하는 이 같은 자료가 드러난 이상, 일본 정부가 이제라도 사실을 시인하고 진상 규명에 노력을 할 것인지, 앞으로 일본의 태도가 주목되고 있습니다.

출처: 'MBC 뉴스 이재훈입니다.' 위키백과

1943

단기 4276년/대한민국임시정부 25년/소화 18년

신태인 등기 현금 송달 봉투

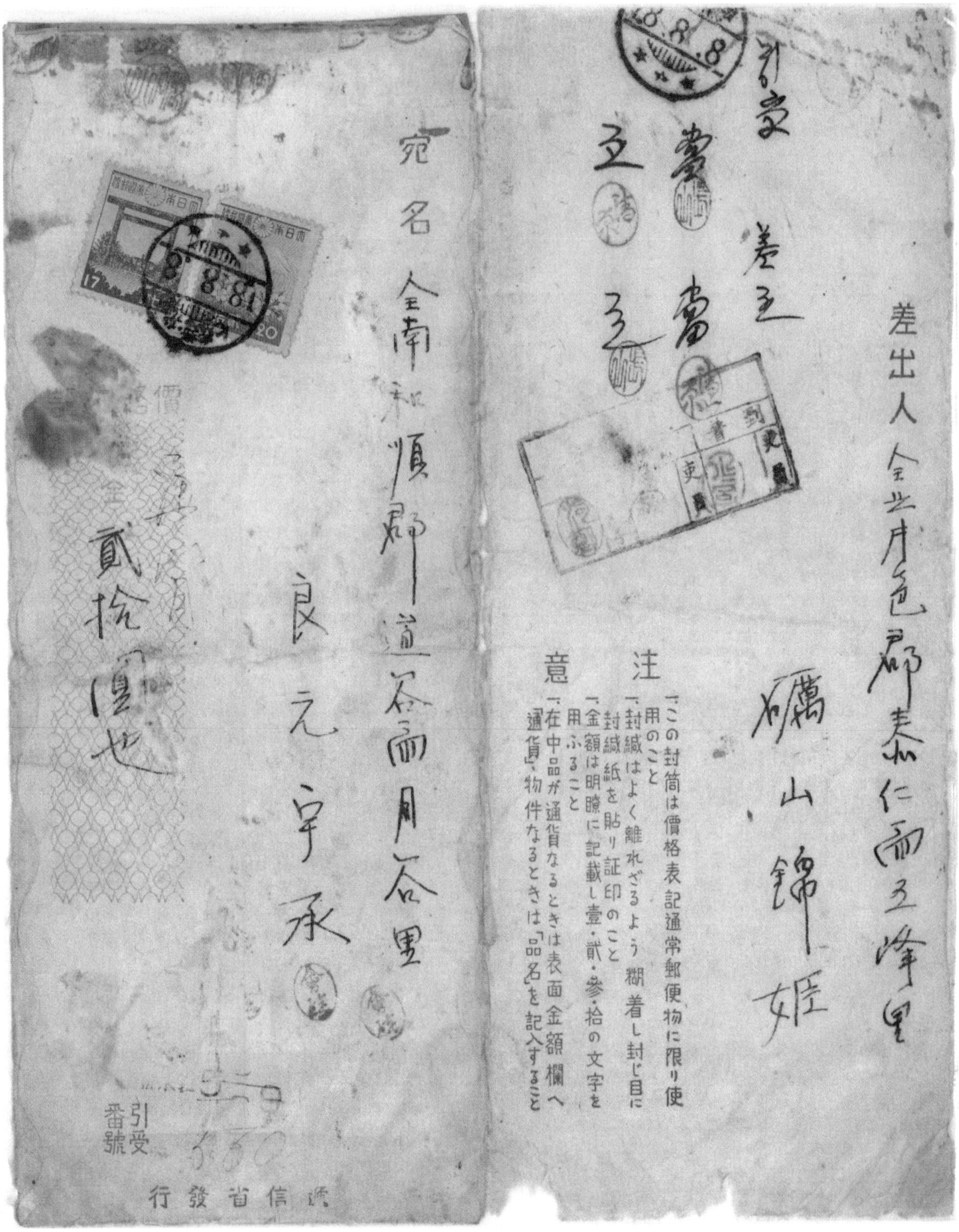

소화 18년(1943) 8월 8일 신태인 등기 현금 송달 봉투 - 전남 화순

1943

단기 4276년/대한민국임시정부 25년/소화 18년

일제강점기 일제 우표 5전 첩부 통지서
입금통지서(入金通知書)

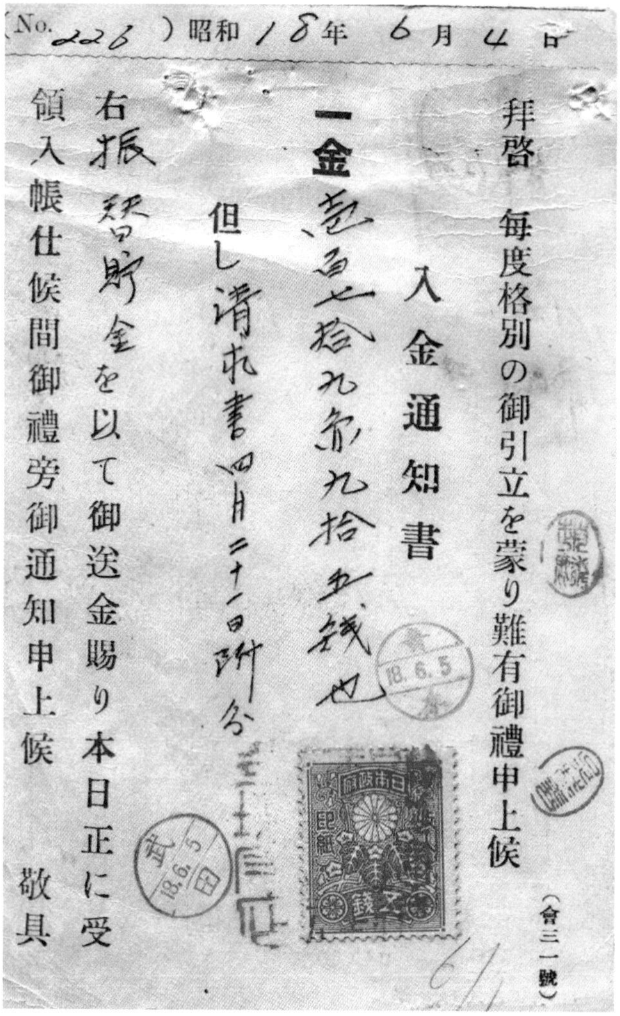
(No. 226) 昭和 18年 6月 4日

拝啓 毎度格別の御引立を蒙り難有御禮申上候

入金通知書

一金 壱百七拾九円九拾五銭也

但し請求書四月二十一日附分

右振替貯金を以て御送金賜り本日正に受領入帳仕候間御禮旁御通知申上候 敬具

(會三一號)

수입증지 5전 사용. 소화 18년(1943) 6. 4

묻히고 잊혀진 항일투사 시리즈

김마리아(金瑪利亞)

1891. 6. 18 ~ 1944. 3. 13

한국의 독립운동가이다. 그녀는 대한민국애국부인회 회장, 상하이의 대한민국애국부인회 간부 등을 지냈다. 본관은 광산으로, 본명은 김진상(金眞常)이며, 김근포(金槿圃)라고도 하였다. 독립운동가 김순애의 나이 2살 어린 친정 5촌 고모였다.

1919년 도쿄 여자학원 졸업을 앞두고 도쿄 유학생들이 중심이 되어 2·8 독립 선언이 일어나자 황애덕 등과 함께 적극 참가했다. 곧이어 3·1 운동이 일어났을 때도 미리 귀국하여 황해도 지역의 운동에 관여했다가 체포, 구금되었다. 이때 고문을 당해 몸을 상한 뒤 평생 건강 문제로 고생하게 된다.

1919년 대한민국애국부인회 사건으로 징역 3년형을 선고받았으나 고문 후유증으로 인한 병보석으로 풀려난 사이, 1920년 미국인 선교사의 도움으로 상하이로 탈출하여 대한민국 임시정부의 황해도 대의원이 되었으며, 난징의 진링(金陵) 대학에서 수학하였다. 1923년에는 미국으로 유학하여 파크 대학교와 시카고 대학교에서 공부하여 석사학위를 받은 뒤 뉴욕에서 신학을 공부하였다. 그는 뉴욕에서 다시 만난 황애덕, 박인덕 등과 함께 재미 대한민국애국부인회(근화회)를 조직하고 회장을 맡았다. 1933년 귀국하였으나, 경성부에 체류할 수 없고, 교사활동도 신학 이외에는 가르칠 수 없도록 하는 등 일본 경찰의 제약이 뒤따랐다. 원산부의 마르다 윌슨 신학교에서 교편을 잡고 신학 교육에 힘쓰다가, 11943년 오래전 고문으로 얻은 병이 재발하여 원산의 사택에서 졸도한 뒤 1944년 3월 13일 평양기독병원에서 사망했다. 미혼으로 자손은 없었고, 시신은 유언대로 화장하여 대동강에 뿌려졌다.

출처: 위키백과

신간회(新幹會)

1927년 2월 15일에 사회주의 · 민족주의 세력들이 결집해서 창립한 항일단체로 1931년 5월까지 지속한 한국 좌·우합작 독립운동단체이다. 이 단체는 전국구는 물론 해외 지부까지 두고 있는 단체로 회원 수가 3~4만여 명 사이에 이르렀던 대규모 단체였다. '민족단일당 민족협동전선'이라는 표어 아래 조선민족운동 대표 단체로 발족했다. 사회주의계 · 천도교계· 비타협 민족주의계 · 기타 종교계 등 각계각층이 참여했으나, 자치운동을 주장하던 민족개량주의자들은 한 사람도 참여하지 않았다. 창립총회에서 회장 이상재 · 부회장 권동진 그리고 안재홍 · 신석우 · 문일평을 비롯한 간사 35명을 선출하고, 조직확대에 주력, 1928년 말경에는 지회 수 143개, 회원 수 2만 명에 달하는 전국적 조직으로 성장했다. 회원 중 농민 숫자가 가장 많아, 1931년 5월 4만 9천여 회원 중 농민이 2만여 명, 54%를 차지했다.

1927년 2월 14일, 신간회 창립 모습

설립자 안재홍(安在鴻)
이상재(李商在)
백관수(白寬洙)
신채호(申采浩)
신석우(申錫雨)
유억겸(俞億兼)
권동진(權東鎮) 등 34명

1943

단기 4276년/대한민국임시정부 25년/소화 18년

Japan The Target

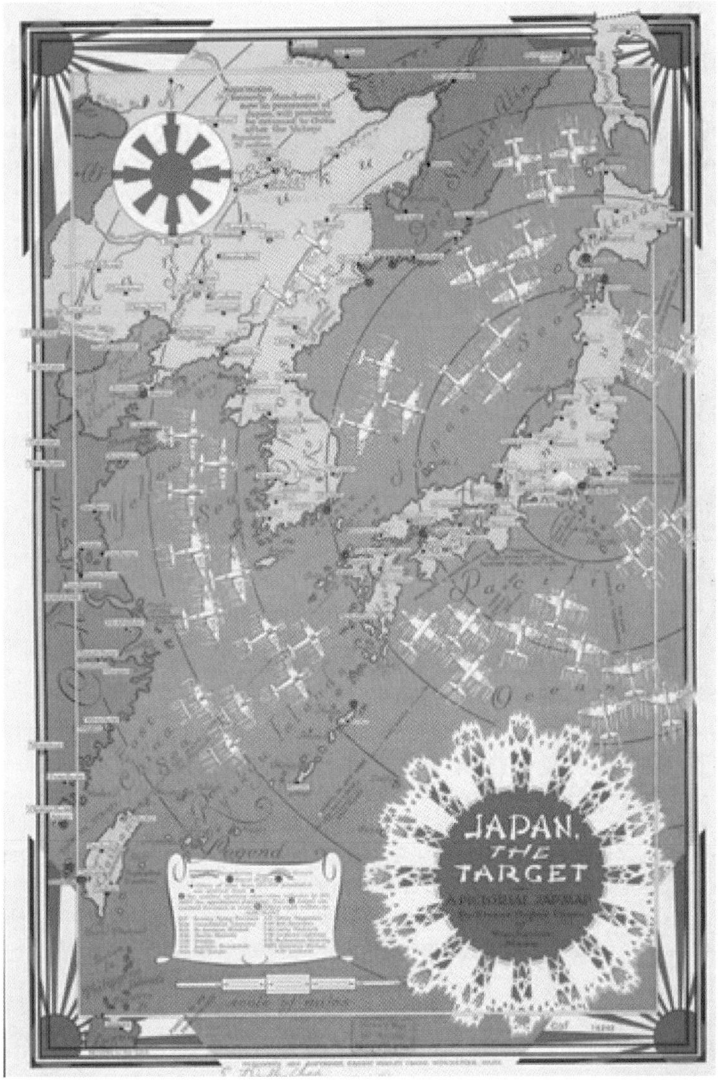

American War Planes Japan in this Colorful and dynamic 1943 Map.American warplanes encircle Japan in this colorful and dynamic 1943 map.merican warplanes encircle Japan in this colorful and mic.
이 화려하고 역동적인 1943년 지도에서 미국 폭격기가 일본을 둘러싸고 있다.

Sources: National Geographic-Access the World
출처: National Geographic. 저작권자: National Geographic

PS: 자료 사용의 사전 허락을 위하여 Web Site에 여러 차례 시도하였으나 접속이 이루어지지 않았습니다. 사전 동의를 구하지 못하고 본 자료를 사용한 데 대하여 양해를 구합니다.(편저자)

1944

단기 4277년/대한민국임시정부 26년/소화 19년

6월6일 제2차 세계대전 연합군 노르망디상륙작전 개시/7월20일 히틀러 암살 미수 사건 발생/8월4일 〈안네의일기〉 저자 안네 프랑크 가족의 은신처가 게슈타포에 의해 발견되어 모두 수용소로 끌려가다/8월23일 일본 후생성이 여자정신근로령을 공포 시행하여 동원된 여성 대부분이 전쟁터 위안부로 투입되었다. 9월8일 제2차 세계대전 독일이 V2로켓으로 런던 공격을 시작하였다

전남 화순 등기 실체

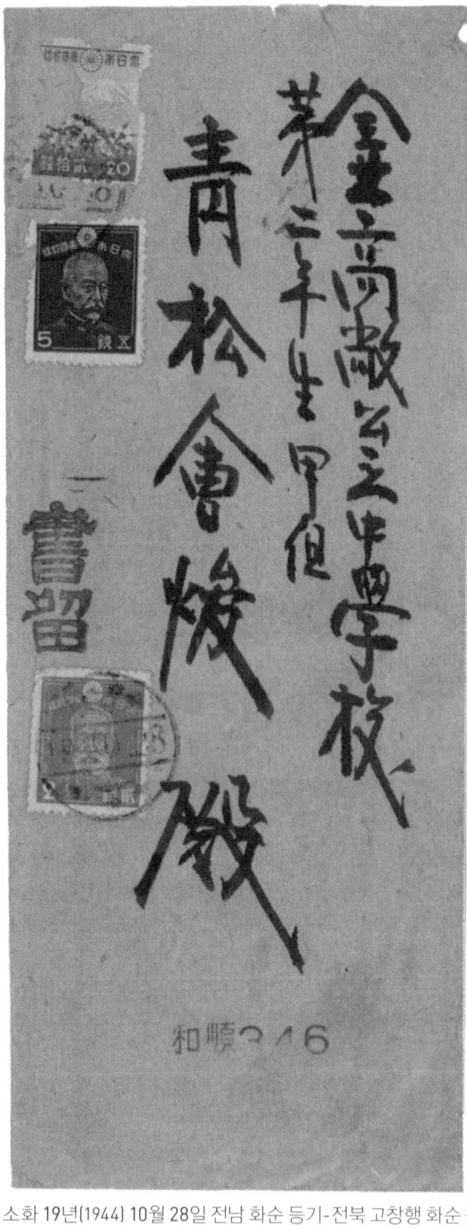

소화 19년(1944) 10월 28일 전남 화순 등기-전북 고창행 화순 등기 No.346

미국정부, 1944년 기념 우표 발행

미국이 1943년~44년 발행한 13개 '빼앗긴 국가 시리즈' 우표 중 맨 마지막이자 유일한 아시아 국가로 포함된 5센트짜리 기념우표 태극기 도안 중 '건이감곤' 위치가 잘못됐다.

독립운동가 홍진 선생 뉴욕거주 친손자가 확인

미국정부가 1944년 11월 2일, 일제 식민 통치로 고통받고 있는 한국인들에게 희망을 불어놓고 독립을 촉구할 목적으로 기념우표를 발행한 것은 물론 미주 한인들이 참석한 가운데 가진 발행 기념식에서 한국의 날'을 선포한 사실이 밝혀졌다. 이 같은 사실은 상해 임시정부 임시 의정원 의장으로 활동했던 독립운동가 홍진(1877-1946) 선생의 친손자 홍석주(1975. 뉴욕 브롬스빌 거주) 씨가 1945년 12월 홍진 선생이 중국에서 갖고 귀국한 문서들을 최근 정리 하던 중 '대한민국 1926년도 외교부 정무보고서'에서 드러났다. 홍석주씨는 이어 뉴욕 뉴하이드팍 소재 '프랭클린 D. 루즈벨트 대통령 도서실'이 보관하고 있는 미 정부문서와 펜실베니아주 벨라폰테 소재 미 우표수집가 연구 도서실(APRL) 자료에서 동 우표의 발행 과정과 목적, 또 당시 이에 관여한 미주 한인등에 대한 기록도 찾아냈다. 홍석주씨가 발견한 문서에 따르면 1944년 3월 16일 프랭크 워커 당시 연방우정장관이 프랭클린 D. 루즈벨트 대통령에게 한국은 일본의 식민 통치 이전에 오랜 독립국가였다며, 일본의 압제로 고통받고 있는 한국민들에게 격려와 희망을 주기 위해 기념우표를 발행해야 한다고 요청하였다. 연방우정국은 이후 루즈벨트 대통령의 승인을 받아 1944년 11월 2일 우정국 제3차장실에서 한인 12명 등이 참석한 가운데 기념식을 가진 뒤 첫 우표를, 한복을 입은 한인 쌍둥이 자매 이마리안과 릴리안에게 기증하고 판매하였다. 본 문서는 이 외에 1944년 6월 13일 로이 노스 당시 제3우정국 관리가 워커 우정장관에게 일본 통치 이전 한국정부가 1895년 발행된 우표에 사용한 태극기 디자인을 설명하였다. 한편 미국은 한국뿐 아니라 당시 국권을 잃은 다른 12개국의 기념우표를 발행한 사실도 드러났다. 미국은 독일에 점령당한 폴란드의 기념우표(1943.6.22)를 시작으로 유럽 12개국 기념우표를 시리즈로 발행했으며, 발행식에 해외에 망명 중이던 해당국 외교관들을 참석 시킨 가운데 '국가의 날'을 선포했다. 당시 한국 기념우표는 첫날 19만 2,860장이 판매되어 동 시리즈로 처음 선 보인 폴란드 기념 우표의 22만 4,172장에 이어 판매 순위에서 2위를 기록했으며 1945년 1월 20일 총판매수량 402 만장으로 가장 많이 팔린 것으로 밝혀졌다.

본보와의 인터뷰에서 미국이 일제에 압박 받는 한국인들에게 희망을 불어넣어 주기 위해 발행한 이 우표와 그 발행 동기, 또 이에 관여한 한인 등 우리 임시정부와의 관계 등에 대한 조사를 시작할 것이라며, 미국이 1944년 11월 2일 우표를 발행하면서 선포한 '한국의 날'이 오는 11월 2일이면 60주년이 된다고 했다.

출처: 2004. 10. 20일자 한국일보

홍진(洪鎭)(1877~1946)

충북 영동 출생

1943년 3월, 중화민국 쓰촨성 충칭에서 열린 자유한인대회 참석한 임시 의정원 의장 역임

1944

단기 4277년/대한민국임시정부 26년/소화 19년

광화문(국)우편 요금 수령증

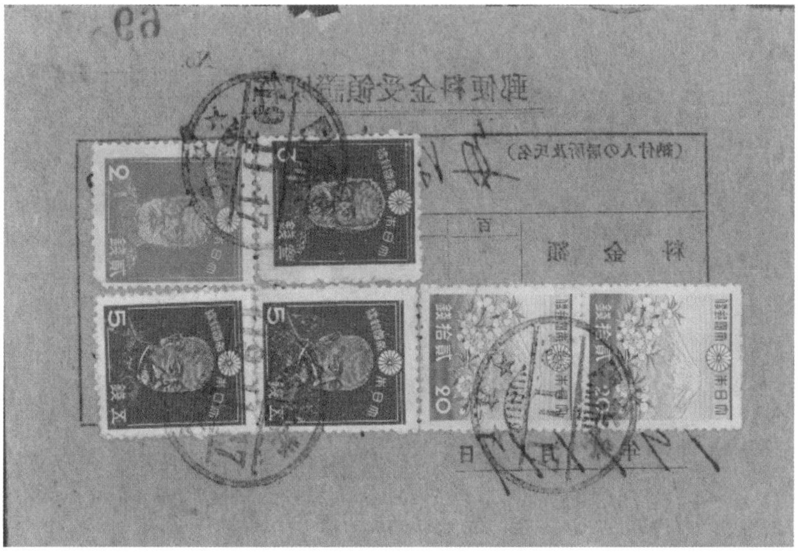

소화 19년 11월 17일 일제강점기 말(1944) 광화문(국)의 우편 요금 수령증

조선여자근로정신대(朝鮮女子勤勞挺身隊)

일제 강점기 말기에 조직된 태평양 전쟁 수행을 위한 착취 조직이다.

본래 정신대는 '국가를 위해 솔선수범하는 조직'이라는 의미이다. 여러 분야의 전쟁 지원 단체에 붙여 사용되었다. 전쟁이 계속되면서 전시 체제하에서 노동력이 부족해지자 '근로정신대'가 조직되어 전쟁 수행을 위한 노역에 투입되기 시작하였으며, 여성 대원으로 이루어진 '여자근로정신대'도 결성되었다. 실제 조선에서 여자근로정신대가 언제부터 시작되었는지는 명확하지 않다. 이미 특별한 법적 근거 없이 실시되고 있던 조선의 여자근로정신대는 1944년 8월 23일에 여자정신근로령이 공포되면서 합법적인 근거가 마련되고 공식적으로 출범했다. 조선여자근로정신대에는 12세 이상 40세 미만의 배우자가 없는 조선 여성이 소속되었으며, 군수 공장 등에 투입되었다. 정신대 여성은 20만명이며, 그 중 조선인은 5만에서 7만명이다. 동원된 여성 대부분이 전쟁터 위안부로투입된다. 이 법령은 조선과 대만에도 적용되었다.

출처: 위키백과

한국 최초 발성 영화 〈춘향전〉

단성사에서 개봉

*기생의 딸인 춘향과 양반 자제인 몽룡의 신분의 차이를 뛰어넘은 사랑.

*백성을 전제적으로 지배하던 변학도가 암행어사에 의해 처벌당하는 것.

*목숨의 위협을 받으면서도 굳은 사랑과 자신의 의지를 지키는 춘향.

작중 이몽룡이 읊은 한시

금준미주(金樽美酒)는 천인혈(千人血)이요, (황금술잔에 담겨 있는 맛좋은 술은 천 명 백성의 피요)

옥반가효(玉盤佳肴)는 만성고(萬姓膏)라.(옥쟁반에 담긴 맛있는 고기는 만백성의 기름이라.)

촉루락시(燭淚落時)에 민루락(民淚落)이요, (촛농이 떨어질 때 백성들의 피눈물이 떨어지고,)

가성고처(歌聲高處)에 원성고(怨聲高)라.(노랫소리 높은 곳에 원망 소리 드높아진다)

출처: 위키백과

1944

단기 4277년/대한민국임시정부 26년/소화 19년

우편물 수령증 원부

소화 19년(1944) 11월 18일과 11월 19일 광화문우편국 우편물 수령증 원부

1944

단기 4277년/대한민국임시정부 26년/소화 19년

우편물 수령증 원부(뒷면)

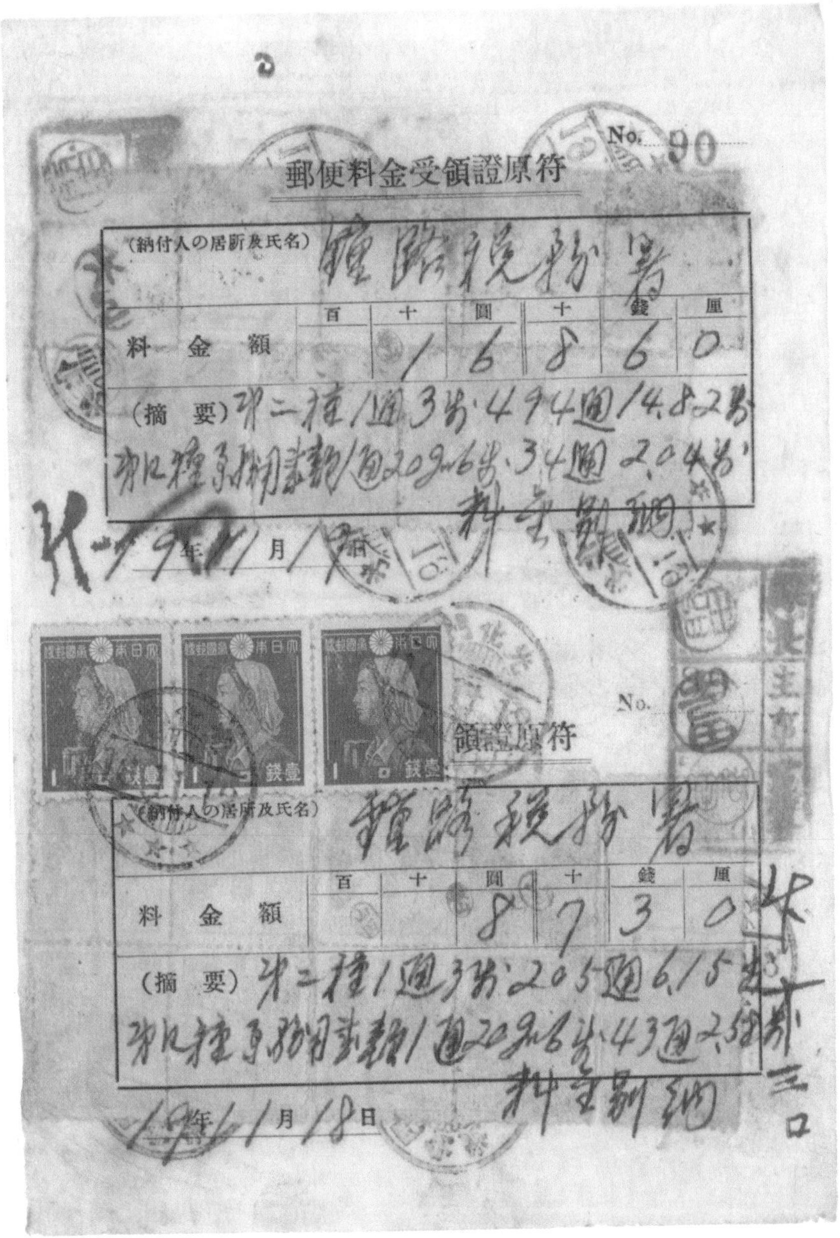
No. 90

郵便料金受領證原符

(納付人の居所及氏名) 鍾路稅務署

料金額	百	十	圓	十	錢	厘
		1	6	8	6	0

(摘要)

年 月 日

No.

領證原符

(納付人の居所及氏名) 鍾路稅務署

料金額	百	十	圓	十	錢	厘
			8	7	3	0

(摘要)

年 月 18 日

심우장(尋牛莊)과 만해 한용운(萬海 韓龍雲)

심우장(尋牛莊)은 한용운이 1933년부터 1944년까지 만년을 보내다가 세상을 떠난 곳이다. 1984년 7월 5일 서울특별시의 기념물 제7호 만해 한용운 심우장으로 지정되었다가, 2019년 4월 8일 대한민국 사적 제550호로 승격되었다. 대지 동쪽으로 난 대문을 들어서면 왼편인 남쪽에 한옥으로 지은 심우장이 북향하여 서 있고, 대문 맞은편에는 벽돌조 단층으로 지은 관리인 주택이 심우장과 직교하며 동향으로 서 있다. 한용운은 충청남도 홍성 출신으로 본관은 청주, 본명은 정옥이다. 용운(龍雲)은 법명이며, 만해(萬海, 卍海)는 아호이다. 만해는 1919년 승려 백용성(白龍城) 등과 불교계를 대표하여 독립선언 발기인 33인 중 한 분으로 참가하여 ←3·1독립선언문→ 공약 삼장을 집필한 분으로 유명하다.

1945

단기 4278년/대한민국임시정부 27년/소화 20년

3월10일 미 공군 B-29 폭격기 도쿄 대공습/4월30일 아돌프 히틀러와 에바 브라운 자살/5월7일 나치 독일이 제2차세계대전에서 연합군에게 항복하다/5월9일 나치 독일군이 소련에 항복/6월23일 일본군이 오키나와 주요 섬의 남쪽 마부니에서 미군에 대한 저항이 종식되었다/7월16일 미국이 플루튜늄을 이용한 핵실험성공/8월6일 미군이 일본의 히로시마에 오전8시16분(현지시각) 핵폭탄을 투하, 만여 명의 일본사람이 즉사하고 총 14만여 명의 사상자가 발생/8월8일 소련이 일본에 선전포고 후 만주 침공/8월9일 미국이 일본 나가사키에 오전 11시2분(현지시각)핵폭탄을 투하 일본인 8만여 명이 즉사하고 적어도 6만여 명이 다쳤다/일본제국이 전쟁관련최고회의에서 연합국에 항복하기로 결정/8월14일 미국대통령 해리 트루먼이 일본의 무조건 항복 수락/8월15일 일본제국이 미국에 항복, 그와 동시에 한국이 광복함(소련군 8월 폭풍작전으로 청진시에서 일본제국과 전투가 발생함. 우키시마호가 원인 모를 폭발로 침몰/8월28일 호치민,베트남민주공화국 임시정부 수립/8월29일 미국, 일본 본토에 진주/9월2일 도쿄만에 정박중인 미주리호 함상에서 일본의 공식적인 항복 조인식이 거행됨/베트남이 프랑스령으로부터 독립, 베트남 민주공화국의 성립/9월7일 미국 극동사령부 38선 이남에 군정을 선포/9월9일 미국, 서울 점령, 남한에 군정 일제강점기 일본조선총독부 미군에 정식항복/9월11일 남북분단으로 경의선철도 운행 중단/10월16일 이승만, 미국에서 귀국/10월19일 미군정청, 치안유지법등 12개 악법 폐지

야로(冶爐)우편소 실체

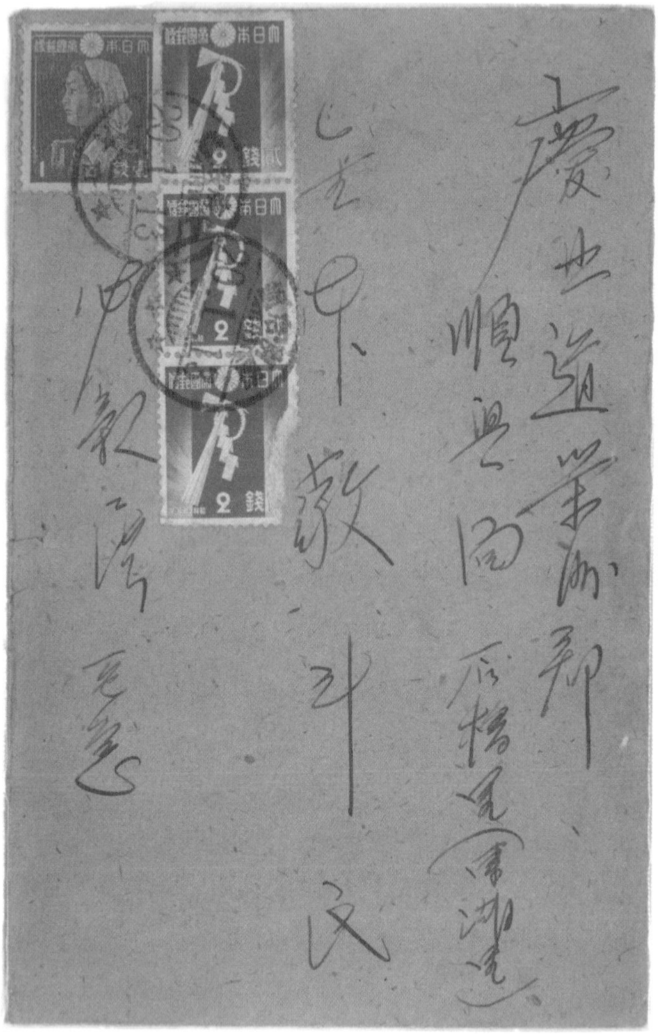

소화 20년(1945) 6월 26일 경남 합천군 야로우편소 -경북 영주행 실체
보통 205(여자공원)

야로우편소

경상남도 합천군 야로면 치로리

1930. 3. 21

조선총독부 고시 제115호. 우편소 설치

단기4278년(1945)8.15일 해방 사진

히로시마, 나가사키 원폭 투하

Atomic bombings of Hiroshima and Nagasaki

1945. 8. 6 히로시마 원폭 투하

1945. 8. 9 나가사키 원폭 투하

인류 역사상 최초이자 마지막으로 핵무기가 사용된 사례이며, 제2차 세계 대전 및 태평양전쟁 종결에 결정적인 역할을 하였던 사건. 맨해튼 계획은 미국 단독 계획이 아닌 미·영 공동하에 계획하였다. 다만, 영국의 국력이 한계에 달하면서 주도권이 완전히 미국에 넘어가고 미국의 지분이 매우 높아진 것이다. 그리고 미·영 공동 계획이 말해 주듯이 본래 핵공격 대상은 일본이 아니라 독일 본토였다. 그러나 핵무기가 채 완성되기도 전에 독일이 항복하고, 유럽 전선이 종결되면서 독일에 대한 핵공격은 무의미하게 되어버렸다. 당시 일본은 1억 총 옥쇄를 외치며 결사적 저항을 했고, 이 저항의 정점이 이오지마 전투와 오키나와 전투였다. 이 두 전투에서 예상 외의 피해를 입은 미국은 곧 있을 일본 본토 침공 계획 몰락 작전에 앞서 일본을 압박할 새로운 수단으로서 핵공격을 선택한다. 여기에는 미국의 정치적 요인도 있었다. 20억달러나 되는 거금이 들어간 맨하탄 프로젝트가 아무런 성과도 보여주지 못한다면, 군사비밀로서 그 사용처가 알려지지 않았던 그 20억 불을 둘러싼 정치적 후폭풍은 상당할 것이 명백했다. 이에 관련된 정치인들은 국민의 귀중한 세금으로 헛짓거리를 하지 않았다는 것을 입증할 필요가 있었다. 그리하여 원폭 공격이 단행된 것이다.

원폭 투하 사망자: 약 246,000 명 이상

출처: 위키백과

1945

단기 4278년/대한민국임시정부 27년/소화 20년

일제강점기 수입증지 사용 실체

해방 직전 화재보험 계약증(火災保險 契約證)

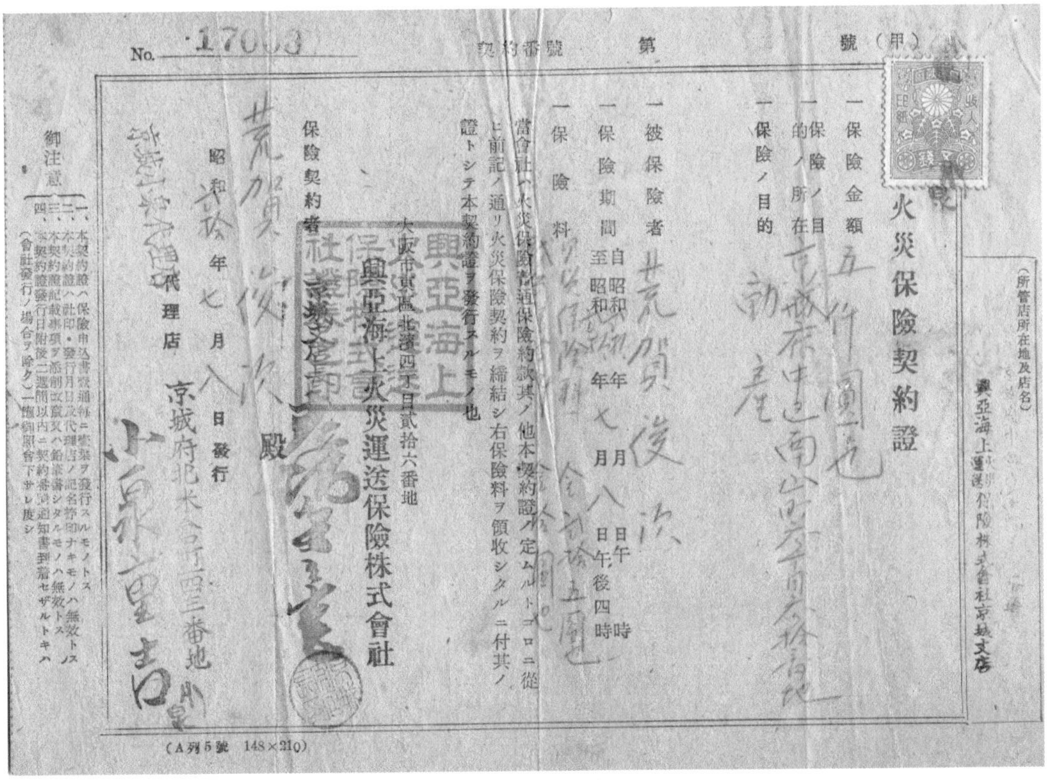
No. 17003 契約番號 第 號 (甲)

(所管店所在地及店名) 興亞海上運送保險株式會社京城支店

火災保險契約證

一 保險金額 五千圓也

一 保險ノ目的ノ所在

一 保險ノ目的 動產

一 被保險者 荒賀俊次

一 保險期間 自昭和 年 月 日午後四時 至昭和 年 月 日午後四時

一 保險料

當會社ハ火災保險普通保險約款其ノ他本契約證ニ定ムル所ニ從ヒ前記ノ通リ火災保險契約ヲ締結シ右保險料ヲ領收シタルニ付其ノ證トシテ本契約證ヲ發行スルモノ也

大阪市東區北濱四丁目貳拾六番地 興亞海上火災運送保險株式會社

保險契約者 荒賀俊次 殿

昭和廿年七月八日發行

代理店 京城府北米倉町四三番地 小泉重吉

御注意

(A列5號 148×210)

수입증지 5전 사용. 소화 20년(1945) 7.8 흥아해상화재운송보험주식회사 발행

김규식(金奎植)

1881년 2월 28일 ~ 1950년 12월 10일

대한제국의 종교가, 교육자이자 일제 강점기의 독립 운동가, 통일운동가, 정치가, 학자, 시인, 사회운동가, 교육자였으며 대한민국 종교인·독립운동가·정치가·영문학자·교육자·작가·시인·교육자·외교관이었다.

그는 8.15 광복에 대해 이런 견해를 피력하였다.

"진정한 민족의 광복은 해방, 그 자체에 있는 것이 아니다. 어떻게 하면 본래 하나였던 우리 한민족이 불편 없이 통일되어 교류하고 상호 신뢰와 보완성을 유지해 나가느냐에 달려 있다. 다른 민족이 우리 민족을 일러 단일 민족이니 우수한 민족이라고 지칭하는 것도 우리의 단결된 완전 독립국가 달성이 조금도 흔들리지 않을 때 그러한 평가를 받을 수 있는 것이다. 이 점을 우리 이천만 동포는 내 일같이 주인 정신을 살려 단합과 통일을 이루기 위해 전력투구해야 할 것이다."

출처: 위키백과

1945

단기 4278년/대한민국임시정부 27년/소화 20년

수입증지 사용 실체

해방 12일 후 발행된 농가공조합의 영수증

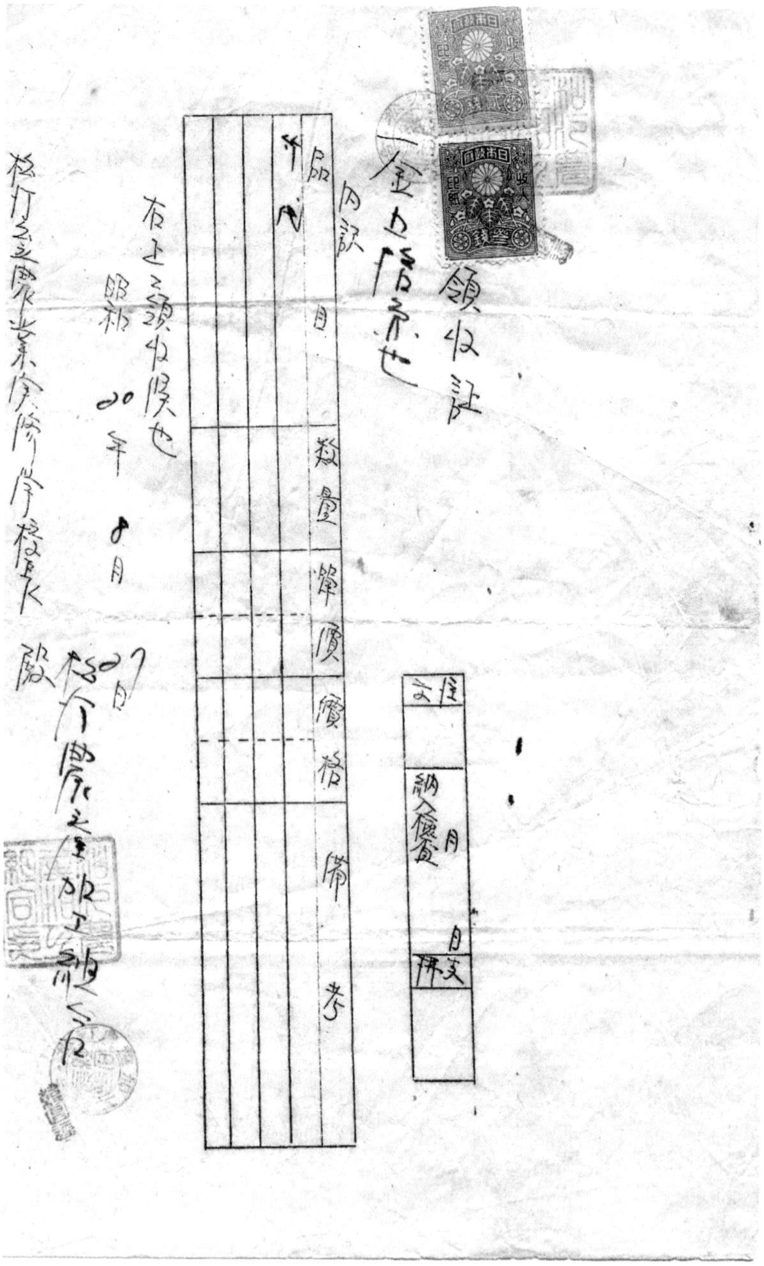
領收證

品目	數量	單價	價格	備考

수입 증지 2전 1매,3전 1매 4전 사용. 소화 20년(1945) 8월 27일.

1910~1945

일제강점기 우편국

경성우편국

경성우편국 연혁

경기도 경성부 본정1정목

1895. 5. 27 한성우체사 설치
1905. 7. 1 경성우편국으로 개칭
1911. 3. 30 조선총독부 고시 제87호, 우편위체사무 취급 개시
조선총독부 고시 제39호, 우편진체저금 취급 개시
1913. 10. 19 경성우편국 준공, 1915. 9. 15
1939. 10. 1 경성중앙우편국으로 개칭

광화문우편국

광화문우편국

경기도경성부종로1정목
1911. 3. 30
조선총독부고시 제87호
우편위체 사무 취급 개시

부산우편국

부산우편국

경상남도 부산부 부산행정1정목

1911. 3. 30 조선총독부 고시 제 87호, 우편위체 사무 취급 개시
1911. 6. 25 조선총독부 고시 제176호, 부산우편국 이전
부산우편국비행장분실
경남 울산군 울산읍 삼산리 울산비행장 내
1938. 9. 30 조선총독부 고시 제759호

원산우편국

원산우편국

함경남도 원산부 천정2정목

1911. 3. 30 조선총독부 고시 제87호, 우편위체 사무 취급 개시
1913. 5. 15 조선총독부 고시 제167호. 호도우편국 승계
1920. 10. 6 조선총독부 고시 제247호. 원산부 행정으로 우편국 이전

평양우편국

평양우편국

평안남도 평양부 외천방1리

1911. 3. 30 조선총독부 고시 제87호. 우편위체 사무 취급 개시
1911. 12. 10 조선총독부 고시 제360호. 우편국 이전, 평양부 평양 대동문통에서 외천방1리로 이전
평양우편국추을분실
평안남도 평양부 송신정
1943. 8. 5 조선총독부 고시 제877호. 전신전화 통화 사무 개시

조선총독부 체신국

조선총독부 체신국(朝鮮總督府遞信局)은 일제강점기 조선에 설치된 조선총독부 소속의 관청이다. 조선에서의 우편·우편환·우체국 저금·간이 보험·선원 보험·전신·전화·항로 표지·선원 양성·수력 발전·항공에 관한 사무를 관리하였으며, 항로·선박·선원·전기 사업·가스 사업의 감독을 관장하였다.

출처: 위키백과

1910~1945

일제강점기 우편물 집배 상황

혜산진우편국 우편 마(馬)운송 도착 상황

봉화우편소 소포 우편물 인수 상황

자성우편국 체송 우편물 적재 상황

영변우편국 체송인 출발 상황

봉화우편소

경상북도 봉화군 춘양면 현동

1911. 4. 30 조선총독부 고시 제117호. 우체소 폐지

1911. 5. 1 조선총독부 고시 제115호. 우체소를 우편소로 설치

1912. 1. 1 조선총독부 고시 제385호. 전신·전화 통화 사무 개시

광제호(光霽號)

대한제국은 새로운 군함 발주 계획에 의거하여 일본 가와사키조선고베조선소(川崎造船 神戸造船所)에 전장 220척(66.7m), 너비 30척, 선심 21척, 화물 적재량 540t, 총 톤수 1천 56t급 광제호(光濟號) 를 주문했다. 우리나라 최초의 신조(新造) 발주선인 광제호는 해관(海關) 총세무사(總稅務司)였던 영국인 브라운(John. McLeavy Brown, 한국명 백탁안(柏卓安))의 발의에 따른 것으로, 해관의 관세 수입 자금으로 건조코자 했고 건조 계약 당시의 선주도 대한제국 해관이었다. 광제호는 1904년 6월 15일 진수된 후 자체 시운전을 거쳐 1904년 12월 20일 대한제국 정부에 인도됐다. 정부는 광제호가 인천항에 도착하자 3인치 포 3문을 장착해 해안 경비함, 등대 순시선 및 세관 감시선 등 다목적으로 사용하였다.

출처: 위키백과

건조 일시: 1905. 11

제조소: 일본 가와사키조선 고베조선소

선체 길이: 66.7m

적재량: 540t

총톤수: 1,056t

1910~1945

일제강점기 전신 · 통신 현황

경성우편국 전화 지하선 포설

경성우편국 전신현업

경성우편국 전화현업

대한제국의 통신권은 일제의 치밀하고 주도면밀하게 군사력을 앞세워 강압적으로 1905.4.1일 한·일통신권협정(韓日通信權協定) 체결로 통신권을 피탈당함. 이 후 즉각적이고 신속하게 일본정부 관리들을 파견하여 대한제국의 우체사 및 통신기관을 낱낱이 조사했다.

부산우편국 전신현업

부산우편국 전화현업

부산우편국 전화 지하선 포설

원산우편국 전신현업

1905. 4. 17	일제, 한국통신기관 인계위원 이께다 등 일행이 인천에 도착 즉시 한성으로 입경하였다.
1905. 4. 26	경성우편국원 고미야 통신속 등 19명이 입성했다. 일제는 동일부로 인계위원으로 정식 임명하고, 통신기관 행정서를 28일에 관보에 공시할터이니 한국도 관보에 공시토록 요구하였다.
1905. 5. 6	황성신문 보도, 한국우표와 엽서는 6월말까지 사용하고 7월 1일부터는 일본우표를 사용한다고 보도
1905. 5. 8	통신기관 피탈로 전우사 관리들 일제히 격앙하여 자퇴하였다.
1905. 5. 10	통신원 총판 장화식, 통신기관 피탈의 일로 일공관서기 구니와께에 강경 항힐(抗詰)

복유식음향이중전신기

고속도이중자동중계함

일제강점기 우정 사업에 대한 총설

출처: 1970.12.4일 체신부 발행 한국우정사[1]

1. 구한국 우정사업 강제 탈취

1) 일제에 의한 통신 사업 탈취 책략

2) 강제 인계(强制引繼) 경위

3) 강제 인계된 내용

(1) 인계된 국·소(局所)

(2) 인계된 관리(官吏)와 용인(傭人)

(3) 인계된 토지·건물·선로와 기계

(4) 인계된 우표·엽서류

상기 내용은 대한제국편 참조(127~135페이지)

[총설]

일제 침략하에서 경영되었던 한국 우정 사업은 그 관리권, 운영권을 모두 일본인들이 장악하고 있었으므로 다른 분야에서 볼 수 있는 것과 같이 일본을 위하고 일본인을 위하여 이루워졌다. 우정사업이 가지는 본래의 임무가 순수하게 이해되지 못하고 시민지 통치와 침략을 위한 발판이나 또는 교량(橋梁)으로서 이행, 경영되었던 것이다.19세기에 있어서 모든 식민 국가(植民國家)들이 식민지에 대하여 관용을 베풀지 못한 것처럼 한국이 받은 일제의 식민 통치도 그 예외로 될 수는 없었으며, 오히려 다른 국가들보다 더 혹심(酷甚)한 무단 통치(武斷統治) 하에 신음하는 것으로 일관되었다. 그러한 무단통치는 한국 민족의 혈통과 전통과 문화를 말살, 해체시키려고까지 한 데서 더욱 두드러지게 나타났다. 근대에 있어서 식민지 획득의 제1보가 강약을 막론하고 통치 권력을 뺏는 것인데, 그러한 통치 권력을 빼앗기 위하여 일본이 먼저 강탈한 것은 한국의 통신 수단이었다. 비록 그 시설 등 모든 면에서 미약하였던 한국 통신이었지만, 일제는 단계적인 침략 방법에 의하여 제1차로 통신연락망을 빼앗아, 이 민족의 국가 신경을 둔하게 만들어 버렸다. 페리(M. C. Perry-미국) 제독의 대포(大砲) 앞에 도꾸가와 막부(德川幕府)의 쇄국(鎖國)이 무너지고 개항하여 근대국가로 전환된 일본은 메이지 유신(明治維新) 후 인접 국가인 한국에 대한 야욕을 품기 시작하였다. 국제 세력의 급격한 한국 침투에 뒤지지 않으려는 일제는 청·일(淸日). 노·일(露日)의 양차(兩次) 대전을 10년 간격으로 치루워 승리한 뒤에 한국 침략의 주도권을 장악하게 되었다. 이로부터 그들은 아무 거리낌없이 한국 땅을 짓밟으면서 군림하기 시작한 것이다. 일본에게 통신권을 빼앗긴 것은 표면상으로는 통신협정(通信協定)이란 요식 행위(要式行爲)를 갖추었지만 실제로는 강제 점유 그것이었다. 협정조약문은 요식 행위를 갖추기 위한 형식적 수단에 불과하였으며, 한국 통신의 강점(强占)을 위하여 이미 수립된 계획데로 진행시켰을 따름이다. 이처럼 통신수단이 강제로 탈취당하자 여기 따르는 한국인 관리나 그 고용인에게도 변동이 일어났다. 주권은 엄연히 있었으나 이 국토 안에서 우정 통신 사업은 중단되고 말았다. 이 사업의 운영을 빙자하여 일본인들은 우리 정부 통신관제나 기타 분야에도 깊숙히 들어올 수 있는, 또 들여다볼 수 있는 좋은 기회마저 가지게 된 것이었다. 더욱이 강압적으로 을사조약(乙巳條約)을 체결하여 한국의 외교권이 박탈당하면서 일제 침략은 노골적으로 시작되었다. 국가가 엄연히 존재함에도 불구하고 외교권이 일제의 마수(魔手)에 넘어가게 되었으니 뜻있는 인사들은 사활(死活)을 걸고서 국권의 회복과 수호에 심신을 바쳤다. 그러나 이미 일제가 세워 놓은 침략 계획은 물리적인 힘으로 한국에 대항하면서 후퇴는커녕 오히려 더욱 더 조여 들어오고 있었다. 그리하여 일제 침략의 전방 사령부격인 통감부(統監府)가 서울에 개설되고, 일본인 통감은 한국 황제와 쌍벽(쌍벽)을 이루게 되었다. 즉 통감부의 침략적 활동은 한국 정부의 독자적 행정 등 여러 활동들을 실질적으로 불가능하게 하는 것이었다. 이러한 침략의 전초로서 통감부의 설치와 더불어 우정 기구도 통감부의 기구 속에 포함되고 일제 통치의 선구자적 역할을 하면서 1910년 한일합방에 이르기까지 모든 시설과 제도와 업무가 확대되어 나갔다. 한편, 우정 사업은 주권 회복을 위하여 헌신(獻身)하는 의병 투쟁(義兵鬪爭)에 커다란 영향을 주게 되었다. 의병 활동의 즉각적 보고가 통감부(統監府)에 알려짐으로써 일군(日軍)이 출동하여 의병 활동을 억제하게 되므로 의병들은 부득이 통신망 파괴를 무력으로 시도하지 않을 수 없었으며 탄압이 심하여지자 통신망을 적극적으로 파괴하지 않을 수 없었고, 나아가서 통신을 이용한 송금 등을 빼앗아 군자금(軍資金)으로 충당하지 않을 수 없게 되었다. 근대 문명의 대중적인 이용 수단으로서 우편 통신은 국민들의 이용에 따라 그 사업 자체가 확대되지 않을 수 없았으며, 어떠한 형태로든지 신속히 수요에 응하지 않을 수 없었다. 따라서 일제는 통신 수단과 그 망(網)을 점차 확대시키게 마련이었다. 이러한 현상은 1910년 일제의 숙원이었던 한국 병합 후에도 여전하였으며 오히려 증대화의 길을 걷는 것이었다. 통신 수단의 확대는 문명의 발달에 따르는 세계적인 공통 현상이었다. 아무리 식민지였지만 식민지를 통치하고 식민지의 주요지점에 일본인들이 침투거주하게 됨으로서 통신 시설의 확대는 불가피하게 되었다. 비록 일본 본토와 대등할 만큼의 시설은 해줄 수 없다 할지라도 식민지 통치에 있어서 필요한 최소한도의 시설이 요구되었다. 세계 문명의 진보에 따라 식민 통치를 위하여 부득이하게 취하여진 것이 일본이 설정한 한국 내의 우정 통신 시설이며, 조치이며, 수단이었다. 그 시설은 초기의 통신권 점탈 작업에서 이미 자리를 잡았으며 한 국가의 통신 시설로서도 완전히 균형이 잡히고 있었다. 그러나 이러한 시설은 한국인을 위한 통신 시설로서의 기반을 잡으려고 노력한 것이 아니고 일제의 이용에 편리한 방향으로 식민지 통치에 알맞게 또 대륙 침략의 수단으로 취하여졌다. 우정 통신 시설이 비록 일제에 의하여 이룩되었다 할지라도 이용하지 않을 수 없었던 것이 식민 통치하의 한국인의 사정이었다. 편리한 통신 수단의 이용도가 고도화하여짐에 따라 거기에 대해 나오게 되는 수익금도 많아졌으며 그 수익금으로 우리 국토 위에다 시설을 확장시켰다. 따라서 일제는 표면상으로는 한국민을 위하여 시설한 것같았으마 한국인이 우편을 이용하는데 지출되는 돈을, 보이지 않게 거두어 들여서 보이는 데다 그 돈으로 시설하여 생색을 내고 자기들의 편히한 데로 운용. 이용하는 일거양득(一擧兩得)의 정치를 행하였다. 총독부 초기에 있어서는 통감부 때의 규정 등을 일괄하여 공포실시(公布實施)하게 하였으며,

일제 침략 36년 간의 한국 우정사업의 골격이 갖추어진 셈이었다. 철도 부설(鐵道敷設)과 도로망의 확장, 해상 교통, 항공 수송 등이 발전하여지자, 우편 체송도 점차적으로 확대되었으며, 삼위 일체적(三位一體的)인 체송, 집배제가 형성하게 되었다. 국내에서 독립 운동을 하던 지사들을 무력으로 강압하여 표면상으로는 평온한 상태가 존속되면서 국권 회복의 세력은 무력에 눌리어 지하에 잠재하거나 해외 특히, 만주, 중국, 노령(露領), 미주(美州) 등지로 옮겨가고 말았다. 그러나 1914년 7월에 제1차 세계대전이 일어나자 일제는 제2단계의 행동, 즉 대륙 침략의 계획을 세웠다. 세계 대전에 그의 일원으로 참가한 일본은 대독 선전(對獨宣戰)을 포고하였고, 독일이 패배하자 전쟁 대가(戰爭代價)로 경제적 부강은 물론, 대륙 침략의 기운을 한층 드높였다. 남양 군도(南洋群島)까지도 위임 통치구(委任統治區)로 인수한 일본은 한국의 점유는 확고한 것으로 보고 대륙 침략이란 명치 말기의 망상을 되새기면서 한국을 발판 삼아 압록강을 건너 뛰기 시작하였다. 이러한 일본의 침략적 도약(跳躍)은 한국은 물론 중국이나 구미 각국마저도 좋아할 리가 없었다. 세계 대전이 끝나면서 대두된 약소 민족의 자결 원칙에 고무되어 한국에서는 잠재하였던 국가 주권의 회복이란 독립 선언과 실제 행동이 전국적으로 격화되었으며 이에 대하여 일제는 무자비한 강압, 살육으로 일관하여 탄압을 일삼았다. 한국인의 3. 1 독립 운동을 겪은 일본의 무단 정책은 실질적으로 바뀌어지지 않았지만 표면상으로는 사이또오(齊藤實) 총독의 부임과 함께 소위 문화 정책이 표방되었다. 그러나, 일제의 한국민에 대한 정책의 본질적 변화는 찾을 수가 없었으며, 한국을 교량으로 삼아 대륙 침략의 기초 작업만이 꾸준히 진행되어갔다. 일제의 대륙 침략 계획에 따라서 한국 내의 통신 우정 사업도 새로운 방향을 모색하게 되었다. 즉, 한국을 토대로 하여 대륙과 연결시키려는 작업이 필요하게 되었던 것이다. 그리하여 1920년 6월에는 대폭적인 기구 개편을 단행하여 감독 기관의 강화는 물론 분장(分掌)기구에 있어서까지 효과적인 개편이 이룩되었다. 즉, 국소(局所)의 증가, 체송 시설의 확장, 항공 우편의 신설 등과 아울러 거기에 따르는 인적 보충(人的補充)을 위한 이원(吏員)도 양성하게 되었다. 그러나 이 이원(吏員) 역시 한국인에게는 겨우 하위직을 준 정도이고, 관리직 등 요직의 대부분은 일본인들이 독점했던 것이다. 국제 우편에 있어서는 종전에 국제우편에 속하였던 지방이 일제 침략으로 인하여 식민지화되자 국내우편으로 변모되었으며 식민지 상호간의 우편 규정도 제정되어 갔다. 또 대전 기간중 중단되었던 국제우편 관계는 1차 대전의 종식과 함께 업무의 정상화를 보이면서 일시 중단되었던 만국우편 연합회(萬國郵便聯合會)도 여러 번 개최되었다. 그 사이 일본은 위임 통치 구역(委任統治區域)으로 예속시켰던 남양 군도까지에 손을 뻗쳐 그 방면에 업무를 개설하기에 이르렀다.

1920년대가 일제로 하여금 대륙 침략의 기반을 닦는 데 중요한 시기였다고 한다면, 1930년대부터 1945년까지는 실제의 침략 행위로 들어가 전쟁으로 시종 일관하였던 시기라고 볼 수 있다. 일본은 1920년의 대 공황(大恐慌)의 영향을 받아 40만 명이 넘는 실업자를 내게 되었다. 그러자 이를 타개하기 위하여 항상 염두에 두었던 대륙 침략의 본격적인 계획에 착수하지 않을 수 없었으며, 그 숙원인 첫 단계로서 만주 사변을 일으켰다. 정치적 기운이 이처럼 되어 감에 따라 그것은 우정 통신면에도 반영되지 않을 수 없게 되었다. 일제가 내세웠던 소위 '內. 鮮. 滿. 一如(내선만일여)'의 정책은 통신·체송 시설 특히 국소 배지(局所配置)등에도 여실히 나타났다.

1931년 만주 침략을 개시한 이듬해 일제는 '만주국(滿洲國)'이라는 괴뢰 국가를 건국시키는 데 성공하였다. 그러자 중국은 이를 국제연맹에다 제소(提訴)함과 동시에 배일 운동(排日運動)을 맹렬히 전개하여 1932년 1월에는 상해사건(上海事件)까지 일어났으나, 일제는 여기에서 그치지 않고 중국 내륙에까지도 야욕을 품어 침략의 방향을 화북 지방(華北地方)으로 돌렸다. 이러한 일제 침략에 견디다 못한 중국은 더욱 치열한 항거를 전개하였으나 1937년 7월에 일본은 '노구교 사건(蘆溝橋事件)'을 일으켜 중일 전쟁을 일으키는데 성공하고 난징(南京)을 비롯하여 베이징(北京), 상하이(上海), 우창(武昌), 한코우(漢口), 광뚱(廣東) 등지를 차례로 점령하였다.

일제의 숙원인 대륙 침략은 만주 사변을 일으켜 중국 영토에 발을 디디고 만주국이란 괴뢰 정권을 세워 앞잡이로 이용하면서부터 한국 우정 통신·사업은 만주와 직결되었다. 시설의 확장, 증가는 언제나 대륙 침략이라는 대 전제(大前提) 밑에서 이룩되었으며 중일사변(中日事變), 그리고 태평양전쟁(太平洋戰爭)으로 이끌려 가는 과정과 나아가서 세계 대전으로 확대되어 가면서 전시 체제(戰時體制)를 이루워 갔다. 따라서 모든 통신 수단은 일본의 정보망(情報網)에 보이지 않게 검열을 받으면서 일반 업무는 축소되었으며, 그들은 모든 것을 총력전(總力戰)으로 이끌어 가면서 응전(應戰)을 강요하였다. 따라서 이 시기는 군사 행동이 주가 되었으며 일반적인 이용 제도의 개정은 별로 볼 수 없었고 다만 '미터법'의 실시가 있었으나 전시 체제의 강화에 중점을 두고 공황(恐慌)이나 전비(戰費) 등으로 인하여 경제적 문제에 신경을 쓰게 되었다. 그러나 체송. 집배 이용편(集配 利用便)의 강화와 항공 우편, 특히 한국 청장년(靑壯年)의 강제적인 징용(徵用), 징병(徵兵) 으로서 전쟁터에 끌려간 혈연 관계 상호간의 군사 우편 등이 활발하여졌으며 종전(終戰)이 가까워질 무렵에는 긴급 우편제도까지도 실시되었던 것이다. 이와 같은 전시 체제와 응전의 강요는 1945년 일제의 패배와 함께 종말을 고하였다.

2. 일제식민지 초기 우정 사업

1) 일제식민지 초기 우정 기구

(1) 조선총독부 설치

1876년(高宗 13년) 병자수호조약(丙子修好條約)을 계기로 한국의 근대적인 문호 개방을 이룩한 일본 제국주의는 1910년 한·일 합병(韓日合併)을 강제적으로 이룩하여 한국의 식민지화에 성공하였다. 이는 전쟁과 정치적, 경제적 공세로 일관함으로써 달성되었다. 한국을 둘러싼 청·로·일(淸露日)의 각축전은 10년 간격을 두고 청·로 양국이 일본군에 의하여 한국 땅에서 물러나자 침략의 주도권은 완전히 일본이 쥐게 되었다. 제 1 차로 통신망(通信網)이 일본에 강점당하고 다음에 자주권인 외교권이 박탈당하면서 통감부가 설치됐다. 한일합병은 물론, 통감부에서부터 국체적으로 계획되었던 것이지만, 합병 후 조선 총독부가 설치되면서부터 보다 더 식민지화의 기본정책은 공고히 되어졌다. 그리고 이러한 식민지화의 성숙(成熟)은 제 1 단계로 대륙 침략의 야욕을 불러 일으켰다.

조선총독부 조직

총독 관방(總督官房) 무관(武官), 비서과
총무부(總務部) 참사관, 문서과, 외사국, 회계국
내무부(內務部) 서무과, 지방국, 학무국

각 도(各 道) 장관 관방, 내무부, 재무부, 자혜의원(慈惠醫院)

경무 총감부(警務總監部)
재판소(裁判所) 고등 법원, 공소원(공소원), 지방 재판소, 구 재판소고등 법원 검사국, 공소원, 검사국, 지방 재판소 검사국
감옥(監獄)
철도국(鐵道局)
통신국(通信局)
임시 토지 조사국(臨時土地調査局)
세관(稅關)
전매국(專賣局)
탁지부(度支部) 서사과(庶事課), 세관 공사과, 사계국(司計局)
농상공부(農商工部) 서무과, 식산국, 상공국
사법부(司法府) 서무과, 민사과, 형사과

총독부 본부에는 다음과 같은 직원을 두었다.
장관 5인 칙임(勅任)
국장 9인 칙임 또는 주임(奏任)
참사관 전임 2인 주임(중 1인은 칙임으로 할 수 있다)
비서관 2인 주임(중 1인은 칙임으로 할 수 있다)
서기관 19인 주임
기사(技士) 30인 주임(중 2인을 칙임으로 할 수 있다)
통역관 6인 주임
속(屬) 기수(技手) 337인 판임(判任) 통역생

이렇게 한국에 대한 식민지 통치의 골격이 갖추어졌다. 이 후에 식민 통치의 강화와 확대를 위하여, 그리고 전쟁 중에 한국의 인적 물적 자원을 동원키 위하여 제도와 기구가 변경되기는 하였지만, 식민지 지배 체제의 근본은 광복될 때까지 계속되었다.

직제 변천 상황

1905. 10. 1	1910.10.1	1912. 4. 1	1916. 4.	1920. 5.	1921. 7.	1929. 5. 8	1945. 8.
통신 관리국장	통신국 장관	체신국 장관	체신국장	체신국장	체신국장	체신국장	체신국장
통신 관리국 사무관	통신국 서기관	체신국 서기관	체신국 사무관	체신국 사무관	체신국 서기관		
통신 사무관	체신 사무관	체신 사무관	체신 사무관	체신 사무관	체신 사무관		
통신 사무관보	체신 사무관보				체신 사무관		체신 사무관
통신 기사	통신 기사	통신 기사	통신 기사	통신 기사	통신 기사		통신 기사
통신 기수		체신 기수					체신 기수

(2) 조선총독부 체신국 소속 직원 분포 상황

연도별 관서별	1911	1916	1921	1926	1931	1936	1941
체신국	0	474	491	629	896	1,547	2,935
해사 출장소	0	89	110	84	108	127	151
항로 표지 관리소	230	154	147	141	140	152	169
저금 관리소	134	196	310	360	474	610	897
우편국	3,929	4,910	5,966	5,661	6,345	7,290	11,181
우편소	1,346	2,397	3,266	5,407	5,589	7,815	0
전화국	0	0	0	393	437	441	639
전신국	0	0	0	27	74	130	849
비행장	0	0	0	0	22	47	48
지방 체신국	0	0	0	0	0	1,765	2,582
광제환(廣濟丸)	73	59	61	0	0	0	0
우편취급소	0	0	0	0	0	31	0
전신전화취급소	0	0	0	0	0	11	0
특정우편국	0	0	0	0	0	0	11,137
통신국	335	0	0	0	0	0	0
합계	6,105	8,279	10,351	11,702	14,085	19,336	21,471

(3) 1911년도 통상 우편물 이용 상황

우편물 1911년(전년도 대비)

통상 우편물 인수 54,209,410통(15.1% 증가) 배달 63,421,597통(19.3% 증가)

소포 우편물 인수 787,236개(19% 증가) 배달 1,116,352개(20.3% 증가)

(4) 1911년도 외국 우편물 이용 상황

통상 우편물 인수 117, 295(4.9% 증가 배달 250, 424(4.4% 증가)

소포 우편물 인수 2, 140(52.7% 증가) 배달(6, 910)

(5) 조선 - 일본 간 발착 통상 우편물

1911년 전년도 대비

조선 발(發) 17,581,713(.13.1% 증가 일본 착(着) .23,457,620(.14.8% 증가)

(6) 1911년도 전국 도별 통상 우편물 취급 상황

경기도 발송	19,773,795	황해도 발송	1,849,951
충청북도 발송	1,267,752	평안남도 발송	3,663,617
충청남도 발송	2,407,477	평안북도 발송	2,005,712
전라북도 발송	2,433,295	함경남도 발송	2,456,016
전라남도 발송	3,059,644	함경북도 발송	2,652,185
경상북도 발송	3,470,786		
경상남도 발송	7,815,661		
강원도 발송	1,353,519	합계	54,269,410 통

3. 식민 통치 강화 시기 우정사업

1) 무단(武斷) 식민 통치와 3·1운동

1905년 을사 조약으로 일제 통감부가 설치된 후 사실상 우리 나라에 대한 일제의, 식민 통치가 시작되었다.

한국인들의 거센 주권 회복 운동에도 불구하고 이미 계획된 일제의 한국 침략은 더욱 노골화되었다. 그러다가 1910년 강제적으로 한국을 병합시킨 일제는 정치, 경제, 문화 등 식민지 체제를 확립시켰다. 우선 한국의 주권을 빼앗고, 총독부를 설치하였다. 통감부를 설치한 후부터 이미 식민 통치의 아성을 만들어 놓았기 때문에 총독부의 설치는 순조로울 수밖에 없었다. 이처럼 총독부를 설치한 일제는 우선 정치적으로 식민 통치를 위하여 가혹한 무단 통치(武斷統治)를 감행하고, 또 이를 위하여 헌병경찰제도(憲兵警察制度)를 체택하여 항일 투쟁하는 한국인을 무자비하게 탄압하였다. 동시에 경제적으로 수탈을 위한 기초 작업으로서 토지와 산림에 대한 조사 사업을 위시하여 상공업의 독점, 철도. 도로. 항만의 정비, 재정 금융의 개편 등 식민지 경제 정책을 실시하였다. 그리고, 교육이나 문화 정책도 모두 한국에 맞게 실시하는 것이 아니라 우매한 교육과 식민지 통화 정책을 위하여 한국의 문화를 말살시키려는 정책에 주력하였다. 이와 같은 식민지 통치는 총독부의 관제에서부터 그 성격이 잘 나타나 있다. 우선 총독은 친임 장관(親任長官)으로서, 육. 해군(陸海軍)의 대장이 총독에 임명되어 무관 총독(武官總督)으로 통치 체제를 굳혔다. 총독의 권한은 한국 식민지 통치에 있어서 최대한의 권한을 주었다. 즉 총독은 천황(天皇)에 직접 예속되어 위임된 법위 내에서 육 해군을 통솔케 하였다. 총독은 모든 정무(政務)를 통할하며, 내각 총리 대신을 경유하여 직접 천황에게 보고케 하고 또 재가(裁可)를 받도록 하였다. 이것은 정무와 군사의 두 권한을 마음대로 행사할 수 있는 무단 통치 체제를 확립시킨 것이다. 제도상으로 식민지 통치를 완벽하게 꾸며 놓은 일제는 요직에 다 모두 일본인을 임명 독점케 하였다. 한국인은 구한국 관리로 다시 임명된 사람은 287명이었다. 그 직책은 이왕직(李王職)이나 중추원(中樞院) 등 모두 한가한 실권 없는 자리가 되거나, 혹은 지방의 말단 관리였으므로 어디까지나 형식에 불과하였다. 합병 후 특히 일제가 가장 강화시킨 것은 경찰 제도였다. 이것은 일본 본토나 대만(臺灣)과 같은 식민지의 경찰과도 다른 것으로 통감부 시절의 헌병 경찰 제도를 한층 강화시켜 한국 사람을 죄인같이 보고 다루며, 또 마음대로 행하였다. 경찰의 최고 책임자인 경무총감(警務總監)은 조선에 주둔시킨 헌병사령관이 임명되고, 또 각도의 경무부장(警務部長)은 각 도의 헌병대장으로 겸임케 하여, 무단 통치의 기초를 강화시켰다. 그러므로 이들의 임무를 보아도 보통 경찰로서의 직무 외에 정보의 수집, 의병의 토벌, 경시(警視) 경부(警部)의 검사 사무 대리, 범죄의 직결, 민사 쟁의(民事爭議)의 조정, 집달리(執達吏)의 업무, 국경 세관의 업무, 산림 감시(山林監視), 호적리(戶籍吏) 사무, 외국여행, 우편 호위(郵便護衛), 여행자 보호, 일본어 보급, 국고금과 공금의 보호 등과 각종의 조장 행정(助長行政)에까지 간섭하였는데, 1912년에는 경찰범 처벌 규칙(警察犯處罰規則)을 발표하여 무릇 87개 항목에 걸치는 권한을 행사하였으며, 한국인에 관한한 어느 때나 어디서나 마음대로 단속할 수 있도록 하였다. 특히 고등 경찰의 정치 사찰과 사상범 취급은 추호의 인정도 찾을 수 없는 혹독한 것이었다. 이 같은 단속은 조선 형사령(朝鮮刑事令). 보안법(保安法). 집회 취제령(集會取締令). 총포 화약류 취체령(銃砲火藥類取締令). 출판법(出版法). 신문지법(新聞紙法). 지문법(指紋法) 등으로 한층 강화하였다. 그래서 한국인의 정치 활동을 비롯하여 글로 쓰는 것, 말하는 것, 보는 것 등 어느 것이나 단속의 대상으로 만들어 놓았다. 이 같은 단속을 신속하게 하기 위한 헌병 경찰의 배치 상황을 보면 1910년경에 1,624개소, 16,840명이 1918년네는 1,825개소로 약 200여 개소가 증가되었다. 교육에 있어서도 1913년 2월 6일 데라우찌(寺內正毅) 총독이 각도의 내무부장 회의에서 밝힌 바,

"오늘의 조선은 조선 사람에게 고상한 학문을 급히 시킬 정도에 아직 이르지 아니하였다." 라고 한 것처럼 일반적인 교육보다 도 우직(愚直)하고 노예적인 교육으로 자기들에게 복종시키고, 또 식량 공급이나 원료 공급을 위하여 직업 교육에 주력하고 있었다. 이미 1911년 8월에 조선 교육령을 발표하여 일본인 교육 기관과는 차별 있고 수준이 낮으며, 교육 과정상 상관성을 생각지 않는 학제를 마련하여 실시하고 있었다. 이와 같은 무단 통치 체제하에서 질식할 지경에 이른 한국인도 더 이상 참고 견딜 수가 없었다. 이미 1 차 세계 대전이 끝나고 약소 민족의 자결권이 국제적으로 팽배하는 과정에서 일제의 식민 통치에 항거치 않을 수 없었다. 최소한의 자유와 인권마저 빼앗긴 한국인도 인내할 수 없는 막다른 지경에 이르렀다. 주권을 빼앗긴 전후부터 일제 침략과 주권 회복을 위하여 싸우던 사람들은 합병 후부터 더 어려운 일제의 총칼과 싸웠다. 합병 후 3. 1 운동 때까지 일제의 혹독한 탄압으로 한국인들의 독립 운동은 표면상으로 활발하지 못한 것 같았다. 그러나, 이 시기의 독립 운동은 을사조약 이후 격화된 항일 운동을 계승하고 또 3. 1 운동의 기반을 마련하는 시기가 되었다. 이 같은 독립 운동은 지하 운동으로 나타났다. 그래서 하나는 의병 운동을 계승한 무장 투쟁이고, 다른 하나는 애국적인 신문화 운동을 통한 국권 회복 운동이었다. 무장 항일 투쟁은 자연히 비밀 결사를 조직하게 되었다. 해외에서도 독립군을 양성하여 국가 주권의 회복을 가장 큰 목표로 삼았다. 그래서 국내에서는 해외 독립 운동을 돕기 위하여 비밀리에 군자금을 모집하고 일제와 총독부의 고관 및 매국노의 암살을 계획 실천하였다. 그리고, 애국적인 신문화 운동은 비밀리에 정치 단체를 조직하여 교육을 통하여 민족 정신을 함양하고 민족적인 사업을 진흥시켜, 민족의 실력을 양성함으로써 국권의 회복을 도모하였다. 각 분야에서의 일제에 대한 독립 투쟁은 여러 가지의 희생이 뒤따랐다. 우선 항일 투쟁하다가 붙잡혀 고문 끝에 옥에서 죽거나 싸우다가 죽었으며, 심지어는 견딜 수 없는 울분에 쌓여 스스로 목숨을 버린 순국한 사람도 많았다. 특히 의병의 항일 무장 투쟁은 일본 군경의 무력 앞에 기세를 꺽이기 시작했다. 불구대천(不俱戴天)이라 외치던 일제에게 죽고 투옥되고 희생을 당하였다. 1913년 2월 전국적인 조직망으로 독립의금부(獨立義禁府)가 조직되어 크게 활동하였으나, 무자비한 일제의 무력 앞에는 어찌할 수가 없었다. 또 비밀 결사로서 항일 투쟁하던 신민회(新民會)도 안악사건(安岳事件)과 105인 사건으로 연결지워 탄압의 대상에서 제외될 수가 없었다. 그러던 차에 마침 세계 1 차 대전이 끝나, 민족자결주의 원칙이 우리에게 새로운 활력소를 넣어 주었다. 그 혹독한 무단 정책에 대해서 다시금 온 겨레가 하나가 되어 민족 독립 운동은 전개되었다. 이것이 3. 1 운동이었다. 그러나, 이 3. 1 운동은 결국 일제의 살륙 작전(殺戮 作戰)에 진압되고 새로운 식민 통치로 나서기 시작했다.

2) 체송 집배 업무와 그 시설

체신 시설에는 철도체송편(鐵道遞送便), 통상도로체송편(通常道路遞送便) 및 수로편(水路便) 등의 구별이 있으며, 현대 과학의 발전에 따라 새로이 증가된 것으로는 1929년부터의 항공편이 실시되었다.

(1) 철도우편

철도 우편은 철도 선로에 의하는 것이므로 철도 통하는 곳에는 어디나 가능한 수단이다. 철도우편 취급 방법으로는 대선로(大線路)는 거의 계원취급편(係員取扱便)으로 하고, 기타는 우편부 호송폐낭편(護送肺囊便) 또는 탁송(託送)폐낭편으로 규정되어 통신량의 증가에 따라 체송편의 근간(根幹)으로 삼았다.

(2) 육로 체송

통상 도로의 체송 방법은 종래에 사람의 어께와 말(마)에 의존하였는데 그의 송달에 소요되는 날짜가 많이 걸리므로 불편하였으나, 1916년 승합자동차(乘合自動車) 영업의 개시에 따라 자동차에 의하여 우편물을 체송함으로써 우편물의 속달은 기약되었다. 1921년 경성 우편국에 있어서는 철도 수로편 및 경성부내 전송편을 종래의 마차송으로부터 직영 자동차송으로 고쳤으며, 이어 부산, 평양, 대구, 원산, 청진, 함흥, 나남,웅기, 신의주, 진남포, 개성, 인천, 군산, 대전, 광주, 전주 및 목포 등의 각 우편국의 철도 수로 편도 직영 자동차송을 실시하였다.

(3) 수로(水路) 체송

수로 우편 선로는 육상 체송선로의 확장으로 인하여 수로편에 의하지 않으면 체송할 수 없는 것을 제외하고는 사용치 않았다. 1921년에는 복목(伏木) - 우라디보스톡(浦鹽) 사이 및 원산 - 청진 사이 연락 기선편(連絡汽船便)에 우편물을 적재하고, 통영 - 욕지 도(欲知島) 사이 송편을 기선 항송으로 변경하였다. 1922년에는 압록강 소항선(遡航船) 및 조선 우선(朝鮮郵船)의 원산(元山) - 장전선(長箭線) 항호에 우편물을 탑재하였고, 인천 강화 사이 및 부산 - 입좌촌(入佐村) 사이에 각 항송편을 신설하여 우편물의 속달을 도모하였다.

(4) 항공우편

항공 우편 선로는 1929년 4월 1일 부터 한국과 만주국 사이에 항공로를 개설함에 따라 울산 - 따렌(대련) 사이 항공 우편로를 개설하고 1주 3회 왕복의 항공 우편로를 개설하여 울산, 경성(京城) 및 평양의 각 국을 수도국으로 지정하고, 각 수도국과 비행장 사이의 항공 우편 수도로를 개설하였다. 같은 해 6월 21일부터는 일요일과 목요일로 조선 및 만주 사이에 연락 항공로를 개시함에 따라 도오꾜오 - 울산 사이를 1주 3회 왕복의 항공 우편로를 개설하였다. 그리고 울산 - 따렌(大連) 사이 항공 우편로의 항공일을 하편(下便) 화. 목. 토(火木土) 상편(上便) 월. 수. 금(月水金)으로 변경시켰다.

3) 우편국 · 소 개설과 폐지 상황

우편국(1920년)

신설

함경남도 하갈우(下碣隅)우편국(장진면 소재지)

간도(間島)우편국 제2 분실

강원도 회양(淮陽)우편국 분실 설치

폐지

경기도 양주(揚州)우편국

황해도 평산(平山)우편국

평안북도 부흥(富興)우편국

우편국(郵便局)을 우편소(郵便所)로 개정

경기도 포천(抱川)우편국, 장단(長湍)우편국, 광주(廣州)우편국, 충청남도 면천(沔川)우편국, 홍산(鴻山)우편국, 전라북도 고부(高阜)우편국, 전라남도 곡성(谷城)우편국, 경상북도 영주(榮州)우편국 경상남도 합천(陜川)우편국, 남해(南海)우편국, 평안남도 순천(順川)우편국, 중호(中和)우편국, 평안북도 구성(龜城)우편국. 강원도 통천(通川)우편국, 간성(杆城)우편국, 양양(襄陽)우편국, 평창(平昌)우편국

우편소(1920년)

신설

경기도 금곡(金谷), 서정리(西井里), 충청북도 무극(無極), 상모(上芼), 전라남도 주암(住巖), 죽교(竹橋), 경상북도 동촌(東村) [무집배], 경상남도 문산(文山), 수산(守山) [무집배], 배둔(背屯) [무집배], 황해도 한포(汗浦), 율리(栗里), 풍천(豊川), 내종(內宗), 평안남도 선교리(船橋里) [무집배], 대평(大平), 함경북도 수성(輸城), 황해도 홀동(笏洞) 우편소

우편소를 우편국으로

충청남도 조치원(鳥致院)우편국, 평안북도 만포진(滿浦鎭) 우편국, 고산진(高山鎭) 우편국

우편국(1921년)

신설

평안북도 동흥(東興), 함경북도 삼봉(三峯)우편국, 경성 철도 우편국, 원산 우편국 분실

폐지

함경남도 동점(銅店) 우편국

우편국(郵便局)을 우편소(郵便所)로 개정

전라남도 장성(長城), 충청북도 진천(鎭川), 전라북도 진안(鎭安), 고창(高敞), 용담(龍潭) 경상북도 군위(軍威), 청송(靑松), 경상남도 거제(巨濟), 강원도 양구(楊口), 회양(淮陽) 이천(伊川), 황해도 송화(松禾), 신계(新溪), 곡산(谷山), 평안남도 강서(江西), 덕천(德川)

우편소

신설

경기도 백암(白岩), 청량(淸凉) [무집배], 충청북도 백운(白雲) [무집배], 합덕(合德) 전라북도 익산(益山), 동산(東山), 화호(禾湖) [무집배], 경상북도 화원(花園), 풍각(風角) 경상남도 동래온천(東萊溫泉), [무집배], 황해도 취야(翠野), 달천(達泉), 소강(蘇江), 강원도 난곡(蘭谷), 평안남도 북창(北倉), 삼등(三登), 평안북도 청정(淸亭), 난곡(蘭谷), 복계(福溪) [무집배], 함경남도 삼호(三湖), 오로(五老), 함경북도 주을(朱乙) 우편소

우편소를 우편국으로개정

전라북도 이리(裡里) 우편국

우편국(1922년)

신설

평안북도 벽단(碧團) 우편국, 함경북도 삼장(三長), 연사(延社), 훈융(訓戎) 우편국

폐지

지나 간도(支那間島)

우편국(郵便局)을 우편소(郵便所)로 개정

경기도 연천(漣川), 문산(汶山), 강화(江華), 충청북도 보은(報恩), 괴산(槐山), 충청남도 서산(瑞山), 전라북도 금산(錦山), 순창(淳昌), 전라남도 완도(莞島), 담양(潭陽), 영암(靈岩) 경상북도 영천(永川), 선산(善山), 문경(聞慶), 영덕(盈德), 예천(醴泉), 의성(義城) 경상남도 함양(咸陽), 거창(居昌), 황해도 옹진(甕津), 서흥(瑞興), 연안(延安), 강원도 홍천(洪川), 울진(蔚珍), 삼척(三陟), 평안남도 성천(成川) 우편소

우편소

신설

경기도 송우(松隅), 충청남도 양촌(陽村), 전라남도 대치(大峙), 서창(西倉), 경상남도 칠원(漆原), 군북(郡北), 황해도 청단(靑丹), 강원도 주천(酒泉), 내금강(內金剛), 장안사(長安寺), 평안남도 양덕(陽德), 사인(舍人), 평안북도 유원진(柔院鎭), 함경남도 석왕사(釋王寺), 함경북도 임명(臨溟) 우편소

폐지

충청남도 대천(大川) 순라선(巡邏船) 내

우편국으로 개정

경상남도 통영(統營), 한림(翰林), 구미포(九味浦) 우편국

우편국(1923년)

신설

개성 남본정(開城南本町), 대구 덕산정(德山町), 시장정(市場町), 요포(硫浦), 평양 서문통(西門通) 우편국

우편국(1924년)

폐지

길주(吉州), 이진(梨津), 서천(瑞川), 부령(富寧), 이천(利川), 갑산(甲山), 제천(堤川), 원주(原州), 영광(靈光), 구룡(九龍), 영등포(永登浦), 영동(永同), 예산(禮山), 장흥(長興), 해남(海南), 밀양(密陽), 김해(金海), 고성(固城), 안악(安岳), 영변(寧邊), 박천(博川), 김화(金化), 신흥(新興), 영흥(永興), 명천(明川), 어대진(漁大津), 사포(泗浦) 우편국.

우편소(1924년)

신설

대화(大和), 사창(社倉), 신반(新反), 창천(倉泉), 양화(良化), 경성 황금정 5정목(京城黃金町 五町目), 대전 춘일정(大田春日町), 부산진 역전(釜山鎭驛前), 부산 대신동(釜山大新洞), 송지 4가(松旨四街), 포항 학산동(浦項學山洞), 도구(都邱), 철원역전(鐵原驛前), 능리(陵里) 가룡(佳龍), 진지(眞池), 기림(箕林), 평양 황금정(平壤黃金町), 신의의주 상반정(新義州常盤町), 원산 역전(元山驛前), 양화(陽化), 삼기(三岐), 영무(靈武), 흥상(興上), 성진 욱정(城津旭町), 길주(吉州), 이진(梨津), 단천(端川), 부령(富寧), 이천(利川), 갑산(甲山), 제천(堤川), 원주(原州), 영광(靈光), 구룡(九龍), 영등포(永登浦), 영동(永同), 예산(禮山), 장흥(長興), 해남(海南), 밀양(密陽), 김해(金海), 고성(固城), 안악(安岳), 영변(寧邊), 박천(博川), 김화(金化), 신흥(新興), 영흥(永興), 명천(明川), 어대진(漁大津), 사포(泗浦) 우편소

우편소(1925년)

신설

전주 본정(全州本町), 방현(方峴), 청진 역전(清進驛前), 아화(阿火), 나남 본정(羅南本町), 금천(錦川), 은파(銀波), 임원(臨院), 조천(朝天), 마산 도정(馬山都町) 우편소

우편소(1926년)

신설

애월(涯月), 녹동(鹿洞), 호인(好仁), 고양(高陽), 표선(表善), 웅천(熊川), 담촌(淡村), 청진신암동(淸津新岩洞), 고무산(古茂山), 용두(龍頭), 경성 봉래정(京城蓬萊町), 목포 남교동(木浦南橋洞), 화목(和睦), 부용(芙容), 북평(北坪) 우편소

폐지

성진 욱정(城津 旭町) 우편소

우편소(1927년)

신설

사리원 북리(沙里院北里), 신갈(新葛), 양남(陽南), 광주 수기옥정(光州須奇屋町), 상인천역전(上仁川驛前), 송흥(松興), 상남(上南), 옥계(玉溪), 부라(府羅), 함흥 단영통(咸興單營通)우편국

폐지

금천(錦川), 가룡(佳龍) 우편소

우편소(1928년)

신설

천내(川內), 중교(中橋), 흥남(興南), 회문(會文), 누천(漏川), 간동(看洞), 행영(行營), 연기(燕岐) 온수(溫水), 둔내(屯內), 풍서(豊西), 문암(文岩), 파발(把撥), 남창(南倉), 구화(九化), 관촌(舘村), 진부(珍富), 금호(琴湖), 부산 영정(釜山榮町), 부산 행정(釜山幸町), 조성원(鳥城院) 우편소

폐지

진주 성외(晋州城外) 우편소

우편소(1929년)

신설

생초(生草), 고읍(古邑), 운전(雲田), 경성 병목정(京城竝木町), 경성 연병정(京城練兵町), 원산 양지동(元山 陽池洞), 동림(東林), 야로(冶爐), 수교(水橋), 칠평(七坪), 동관(潼關), 청석 두운시(靑石頭雲時), 부거(富居), 수하(水下), 기계(杞溪), 반성(班城), 정곡(井谷), 평양 상수리(平壤上需里), 덕양(德陽), 화령(化寧) 우편소

우편소(1930년)

신설

동대문 외(東大門外), 조악(造岳), 장림(長林), 영산(永山), 왕성(旺城), 탁영(濯纓), 광혜원(廣惠院), 가룡(佳龍), 섬거(蟾居), 유천(楡川), 성산(城山), 군산 신흥동(群山新興洞), 울산 병영(蔚山兵營), 함안 역전(咸安驛前), 월정(月井), 삼계(三溪), 건천(乾川), 청천(靑川), 수동(水東) 대구 삼립정(大邱三笠町), 별하(別河), 신북청(新北靑), 금천(錦川), 유진(楡津), 무안(務安), 무안(武安) 우편소

우편국(1931년)

신설

경성우편국 비행장분실(京城郵便局飛行場分室), 경성우편국 역전분실(京城郵便局驛前分室)

폐지
홍성(洪城), 하동(河東), 황주(黃州), 용암포(龍岩浦), 창성(昌城), 청성진(淸城鎭), 전천(前川) 고산진(高山鎭), 벽단(碧團), 풍산(豊山), 삼수(三水), 대신리(大新里), 장진(長津), 하갈(下葛), 남대문(南大門) 우편국

우편소

신설
별하(別河), 가양주(佳襄州), 경남 남창(慶南南倉), 만성(萬城), 망운(望雲), 경성 아현리(京城 阿峴里), 경성 종로 2(京城鍾路二), 김천 역전(金泉驛前), 대구 금정(大邱錦町), 평양 서성리(平壤西城里), 근덕(近德), 이포(梨浦), 이인(梨仁), 임곡(林谷), 단계(丹溪), 상촌(上村), 한수(寒水), 문구(文區), 영안(永安), 경성 혜화동(京城惠化洞), 장평(長平), 홍성(洪城), 하동(河東), 황주(黃州), 용암포(龍岩浦), 창성(昌城), 청성진(淸城鎭), 전천(前川), 고산진(高山鎭), 벽단(碧丹), 풍산(豊山), 삼수(三水), 대신리(大新里), 장진(長津), 하갈(下葛), 경성 역전(京城驛前)

우편취급소

신설
청평(靑平), 안중(安中), 문화(文化), 천원(川原), 군선(群仙), 상통(上通),팔원(八院)우편취급소

폐지
별하(別河) 우편취급소

우편국 분실(1932년)

신설
부산우편국 울산분실(釜山郵便局蔚山分室)

우편소

신설
제주 고산(濟州高山), 백석(白石), 복내(福內), 점촌(店村), 경성 삼판통(京城三坂通), 해주 남욱정(海州南旭町), 두계(豆溪), 입실(入室), 매화(梅花), 임계(臨溪), 대평(大坪) 우편소

우편국 분실(1933년)

신설
평양비행장분실(平壤飛行場分室), 청진우편국 명치정분실(淸進郵便局明治町分室) 청진우편국 대화정분실(淸進郵便局大和町分室)

우편국 출장소(1933년)

신설
웅기우편국 나진출장소(雄基郵便局羅津出張所), 온성우편국 남양출장소(穩城郵便局南陽出張所)

우편소

신설
합수(合水), 안중(安仲), 군산 웅기 상본정(群山雄基上本町), 하기천(下岐川), 목포 영정(木浦 榮町), 보천보(普天保),
신의주 미륵동(新義州彌勒洞), 숭인(崇仁), 경성 현저동(京城峴底洞), 서석(瑞石), 경성 황금정(京城黃金町), 광주 금정(光州錦町), 소정리(小井里) 옥산(玉山) 석곡(石谷), 상리(上里), 진평(陳坪) 우편소

폐지
목포 순라선 내(木浦巡邏船內)

우편취급소

신설
진접(榛接), 기지시(機池市), 신참(新站), 원평(院坪), 덕우(德隅), 자산(慈山) 우편취급소

폐지
안중(安仲), 군산(群山) 우편취급소

우편국(1934년)

신설
흥남(興南), 나진(羅津)우편국

우편국 분실

폐지

청진우편국 명치정분실(淸進郵便局明治町分室)

우편소

신설

개고개(价古介), 청진 명치정(淸進明治町), 석양(石陽), 진남포(鎭南浦), 비석리(碑石里), 문화(文化), 공도(孔道), 청평(靑平), 판교(板橋), 신북청(新北靑), 사천(沙川), 주을 온천(朱乙溫泉) 나진 항정(羅津港町), 무안(務安), 인천 금곡리(仁川金谷里), 서창(西倉), 독산(禿山), 후포(厚 浦), 자천(慈川), 보광(寶光) 우편소

우편소 출장소

신설

내금강우편소 비로봉출장소(內金剛郵便所毘盧峯出張所), 마하연출장소(摩訶衍出張所), 외금강우편소 신계사출장소(外金剛郵便所神溪寺出張所), 외금강우편소 만물상출장소(外金剛 郵便所 萬物商出場所), 고성우편소 해금강출장소(固城郵便所海金剛出張所) 유점사출장소(楡岾寺出張所)

폐지

웅기우편국 나진출장소(雄基郵便局羅津出張所)

우편 취급소

신설

안악 온천(安岳溫泉), 봉강(鳳岡), 아오지(阿吾地), 신월(新月), 원남(元南), 갈담(葛潭), 노현(老玄), 청계(淸溪), 임동(臨東)우편 취급소

폐지

문화(文化), 청평(淸平), 신북청(新北淸), 무안(務安)우편 취급소

우편국(1935년)

신설

남양(南陽)우편국

우편국 분실

신설

군산우편국 보험분실(群山郵便局保險分室), 광주우편국 보험분실(光州郵便局保險分室) 평양우편국 보험분실(平壤郵便局保險分室), 신의주우편국 비행장분실(新義州郵便局飛 行場分室), 울산우편국 비행장분실(蔚山郵便局飛行場分室), 청진우편국 비행장분실(淸 津郵便局飛行場分室)

우편소

신설

화암(畵岩), 화창(和昌), 부전 고원(赴戰高原), 봉두(鳳頭), 연암(延岩), 천원(川原), 무안(武安) 자산(慈山), 팔원(八院), 신참(新站), 조암(朝巖), 목도(牧渡), 안면(安眠), 봉동(鳳東), 포천(浦川), 연일(延日), 부산 목도동(釜山牧島洞), 온산(溫山), 이목(梨木), 신환포(新換浦), 용강 온천(龍岡溫泉) 우편소

우편 취급소

신설

오창(梧倉), 마로(馬老), 자은(自隱), 성전(城田), 봉양(鳳陽), 가조(加祚), 연안 온천(延安溫泉), 노하(路下), 통구(通口), 승량(承良) 우편 취급소

폐지

자산(慈山), 팔원(八院), 신참(新站), 무안(武安), 천원(川原) 우편취급소

우편국 출장소

폐지

은성우편국 남양출장소(隱城郵便局南陽出張所)

우편국 분실(1936년)

신설

해주우편국보험분실(海州郵便局保險分室), 대구우편국비행장분실(大邱郵便局飛行場分室)

폐지

청진우편국대화정분실(淸進郵便局大和町分室), 회령우편국삼봉분실(會寧郵便局三峯分室)

우편소

신설

진접(榛接), 매일(每日), 신월(新月), 웅양(熊陽), 원평(院坪), 보천(甫川), 석교(石橋), 덕우(德隅) 임동(臨東), 사강(沙江), 홍현(紅峴), 신안성(新安城), 상통(上通), 신천 온천(信川溫泉), 청계(淸溪), 경성 신설정(京城新設町), 통영 길야정(統營吉野町), 해평(海平), 금정(金井), 향자(享子), 비아(飛鴉),유진(楡津), 송천(松川),부산 부전리(釜山釜田里), 오창(梧倉), 기지시(機池市), 온화(溫和), 풍상(豊上), 선흥(宣興), 금제(金祭), 고덕(古德), 계룡(鷄龍), 금천(錦川),함북 백암(咸北白岩), 내평(內坪),황곡(黃谷), 앙성(仰城), 심장(心張), 신연(新延), 옥상(玉尙), 장토(長土) 회암(灰岩), 고건원(古乾原), 대오(大五), 시천(是川), 개성 경정(開城京町), 함흥 황금정(咸興黃金町), 흥남 운성리(興南雲城里), 성진 욱정(城津旭町), 석탄(石灘), 양서(楊西) 우편소

폐지

구미포(九味浦)우편소

우편 취급소

신설

일로(一老), 대덕(大德), 효령(孝令), 장유(長有), 신북청(新北靑), 은산(殷山), 입포(笠浦), 칠보(七寶), 묵호(墨湖), 수산(水山), 정봉(丁峰) 신림(神林), 원평(院坪), 마장(馬場), 이서(吏西), 용대(龍臺), 영북(永北) 우편 취급소

폐지

진접(榛接), 신월(新月), 노현(老玄), 원평(院坪), 덕우(德隅), 임동(臨東), 상통(上通), 청계(淸溪), 유진(楡津), 오창(梧倉), 기지시(機池市), 금천(錦川) 우편 취급소

우편국 분실(1937년)

신설

대전우편국 보험분실(大田郵便局保險分室), 인천우편국 보험분실(仁川郵便局保險分室) 해주우편국 항전화분실(海州郵便局港電話分室)

폐지

해주우편국 보험분실(海州郵便局保險分室)

우편소

신설

양수(兩水), 봉강(鳳岡), 아오지(阿吾地), 승량(承良), 성전(城田), 가조(加祚), 화전(花田), 좌천(佐川), 시흥(始興), 성연(聖淵), 노하(路下), 통구(通口), 유평(楡坪), 안악(安岳), 무풍(茂豊) 해주항(海州港), 묘향(妙香), 과역(過驛), 소천(小川), 인구(仁邱), 인동(仁同), 화경(化京), 천곡(泉谷), 묵호(墨湖), 진주 금정(晋州錦町), 순천 역전(順川驛前), 광주 대정정(光州大正町), 경성 돈암정(京城敦岩町), 중평(仲坪), 죽장(竹長), 탑동(塔洞), 소록(小鹿), 운곡(雲谷), 학송(鶴松), 양강(兩江), 서화(瑞和), 문등(文登), 자은(自穏), 창촌(倉村), 마로(馬老), 원남(元南), 갈담(葛潭), 두서(斗西), 청주 본정(淸州本町), 이리 영정(裡里榮町), 대전 춘일정 삼(大田春日町三), 홍군(洪君), 길안(吉安), 마석(磨石), 원탄(元灘),마동(馬洞), 원산양촌동(元山陽村洞), 청진 수남동(淸進水南洞), 경성 앵구(京城櫻丘), 천대(天臺), 송정(松亭), 석당(石塘), 문평(文坪), 도계(道溪), 임산(林山), 상동(上東), 속후(俗厚), 연안 온천(沿岸溫泉), 수풍(水豊) 우편소

우편소 출장소

신설

외금강우편소 육화암 출장소(外金剛郵便所六花岩出張所), 내금강우편소 보덕굴 출장소(內金剛郵便所普德窟出張所)

우편 취급소

신설

위천(渭川), 축산(丑山), 다인(多仁), 호산(湖山), 수동(水東), 임자(荏자), 구림(龜林), 진산(珍山), 여미(餘美), 장천(長川), 봉양(鳳陽), 시중(時中), 낙생(樂生), 매포(梅浦), 약전(藥田) 우편 취급소

폐지

봉강(鳳岡), 아오지(阿吾地), 승량(承良), 성전(城田), 가조(加祚), 봉양(鳳陽), 노하(路下), 통구(通口), 안악 온천(安岳溫泉), 묵호(墨湖), 마로(馬老), 원남(元南), 갈담(葛潭), 자은(自穏), 연안 온천(沿岸溫泉) 우편취급소

우편국 분실(1938년)

신설
개성우편국 보험분실(開城郵便局保險分室), 강계우편국 보험분실(江界郵便局保險分室) 포항우편국 보험분실(浦項郵便局保險分室), 웅기우편국 보험분실(雄基郵便局保險分室) 사리원우편국 보험분실(沙里院郵便局保險分室), 경주우편국 보험분실(慶州郵便局保險分室), 함흥우편국 비행장분실(咸興郵便局飛行場分室), 평양우편국 황금정분실(平壤郵便局黃金町分室)

폐지
부산우편국 울산분실(釜山郵便局蔚山分室), 강계우편국 보험분실(江界郵便局保險分室) 울산우편국 비행장분실(蔚山郵便局飛行場分室)

우편소

신설
원리(元里), 은산(穩山), 입포(笠浦), 경성 효자정(京城孝子町), 광정(廣亭), 수산(水山), 영북(永北), 칠보(七寶), 경성 공덕정(京城孔德町), 육대(六代), 대덕(大德), 효령(孝令), 장유(長有), 신북(新北), 정봉(丁峰), 신림(神林), 일로(一老), 용대(龍臺), 마장(馬場), 경성 창덕궁앞(京城昌 復官前), 이평(梨坪), 용연(龍淵), 이서(吏西), 노량(露梁), 흑산도(黑山島), 하원천(下元天), 원태(元抬), 녹야(鹿野), 나진(羅津), 신안동(新安洞), 사북(史北), 마차전(磨磋田), 정라(汀羅), 연포(連浦), 대구 행정(大邱幸町), 농암(籠岩), 낙산(洛山) 우편소

폐지 흡수(洽水) 우편소

우편 출장소

신설
외금강 우편소 구룡연 출장소(外金剛郵便所九龍淵出張所), 赴戰高原 郵便所 赴戰湖 出場所(부전고원우편소부전호출장소), 장진 우편소 장진호 출장소(長津郵便所長津湖出張所)

우편 취급소

신설
대포(大浦), 장수(長壽), 삼덕(三德), 다미(多美), 평지(平地), 배화(培花), 옹천(瓮泉), 완풍(完豊), 시족(柴足), 신장(新長), 서산(鋤山), 신하(新下), 내수(內秀), 청산도(靑山島), 별량(別良), 악양(岳陽) 우편취급소

폐지
원리(院里), 은산(穩山), 입포(笠浦), 영북(永北), 칠보(七寶), 대덕(大德), 효령(孝令), 장유(長有), 신북(新北), 정봉(丁峰), 신림(神林), 일로(一老), 용대(龍台), 마장(馬場), 이서(吏西)우편취급소

우편국 분실(1939년)

신설
의주우편국 보험분실(義州郵便局保險分室), 수원우편국 보험분실(水原郵便局保險分室) 목포우편국 보험분실(木浦郵便局保險分室), 강경우편국 보험분실(江景郵便局保險分室) 철원우편국 보험분실(鐵原郵便局保險分室), 안동우편국 보험분실(安東郵便局保險分室) 김천우편국 보험분실(金泉郵便局保險分室), 부산우편국 북부산 전신분실(釜山郵便局北 釜山電信分室), 남양우편국 보험분실(南陽郵便局保險分室), 인천우편국 전신분실(仁川郵便局電信分室), 북진우편국 보험 분실(北鎭郵便局保險分室), 신의주우편국 보험분실(新義州郵便局保險分室), 울산우편국 보험분실(蔚山郵便局保險分室), 부산우편국 행정 전화 분실(釜山郵便局幸町電話分室)

우편소

신설
진산(珍山), 여미(餘美), 시중(時中), 약전(藥田), 임자(荏子), 평양 경상리(平壤慶上里), 용림(龍林), 숭정(崇정), 매포(梅浦), 봉양(鳳陽), 기린(麒麟), 다인(多仁), 장천(長川), 위천(渭川), 축산(丑山), 수동(水東), 금지(金池), 구림(龜林), 웅이(熊耳), 동곡(東谷), 덕정(德亭), 호산(湖山) 호계(虎溪), 성진 쌍포정(城津雙浦町), 여수 동정(麗水東町), 낙생(樂生), 다사도(多獅島), 용평(龍坪), 인천 대화정(仁川大和町), 전주 고사정(全州高砂町), 백년(百年) 우편소

우편소 출장소

신설
내금강우편소 사선교출장소(內金剛郵便所四仙橋出張所), 내금강우편소 온정령출장소(內金剛郵便所溫井嶺出張所)

우편 취급소

신설

죽천(竹川), 능중(陵中), 가남(加南), 덕산(德山), 천의(天宜), 봉평(蓬坪), 괴목(槐木), 이양(梨陽) 현동(縣東), 대남(大南), 부상(扶桑), 탑리(塔里), 대광(大光), 고령진(高嶺鎭), 대산(大山)

폐지

진산(珍山), 여미(餘美), 시중(時中), 약전(藥田), 임자(荏子), 매포(梅浦), 봉양(鳳陽), 다인(多仁), 위천(渭川), 축산(丑山), 수동(水東), 장천(長川), 구림(龜林), 호산(湖山), 낙생(樂生) 우편취급소

우편국

신설 영등포우편국(永登浦郵便局)

우편국(특정)(1940년)

신설

부평 역전(富平驛前), 서산(鋤山), 평지(平地), 청산도(青山島), 악양(岳陽), 신하(神下), 별양(別良), 장수(長壽), 무림(茂林), 삼덕(三德), 시족(柴足) 다미(多美), 완풍(完豐), 신동(新東) 신장(新長), 비금(飛禽), 외귀(外貴), 신동(新東), 상장(上長), 대전 본정(大田本町), 독산(獨山) 지평(砥平), 경성 대도정(京城大島町), 청진 역전(清進驛前), 신의주 마전동(新義州麻田洞)

폐지

영등포우편국(永登浦郵便局)

우편국 분실

신설

강릉우편국 전신분실(江陵郵便局電信分室), 순천우편국 보험분실(順天郵便局保險分室) 대구우편국 보험분실(大邱郵便局保險分室), 성진우편국 보험분실(城津郵便局保險分室), 청진우편국 보험분실(清進郵便局保險分室), 평양우편국 선교리 전신분실(平壤郵便局仙敎里電信分室), 함흥우편국 보험분실(咸興郵便局保險分室), 청주우편국 보험분실(清州郵便局保險分室), 청진우편국 전신분실(清進郵便局電信分室)

폐지

성진우편국 보험분실(城津郵便局保險分室), 인천우편국 보험분실(仁川郵便局保險分室)

우편국 분실(특정)

신설 주문진우편국 전신분실(注文津郵便局電信分室)

우편 취급소

폐지

서산(鋤山), 평지(平地), 청산도(青山島), 악양(岳陽), 신하(新下), 별량(別良), 장수(長壽), 삼덕(三德), 시족(柴足), 다미(多美), 완풍(完豐) 내수(內水), 대포(大浦), 웅천(熊川), 배화(培花), 신장(新長)우편취급소

우편국 분실

신설

원산우편국 원산리 전신분실(元山郵便局元山里電信分室), 북청우편국 보험분실(北青 郵便局保險分室), 진주우편국 보험분실(晋州郵便局保險分室), 신의주우편국 전신분실(新義州郵便局電信分室), 강릉우편국 보험분실(江陵郵便局保險分室)

폐지

안동우편국 보험분실(安東郵便局保險分室)

우편국(특정)

신설

수색(水色), 괴목(槐木), 이양(梨陽), 덕산(德山), 대광(大光), 현동(玄洞), 탑리(塔里), 천의(千義) 봉평(鳳平), 죽천(竹川), 능중(陵中), 해성(海城), 가남(加南), 대남(大南), 부상(扶桑), 고령진(高嶺鎭), 업억(業億), 구조라(舊助羅), 옥구(沃溝), 대산(大山), 흥남리(興南里), 공산(公山), 일직(一直), 내촌(乃村), 송화 온천(松禾溫泉), 청수(青水), 강계 영정(江界榮町), 청진 강덕(清進康德町), 경성 제동정(京城齊洞町), 경성 신촌(京城新村), 마산 상남리(馬山上南里)

우편 취급소

폐지
괴목(槐木), 이양(梨陽), 덕산(德山), 대광, 현동, 탑리(塔里), 봉평(蓬坪), 천의(千義), 죽천(竹川) 능중(陵中), 가남(加南), 대남(大南), 부상(扶上), 고령진(高嶺鎭), 대산(大山) 우편취급소.

우편국(1943년)

설치
마산 신정우편국(馬山新町郵便局), 마산 원정우편국(馬山元町郵便局)

폐지
탑동(塔洞), 마산 상남리(馬山上南里), 구마산(舊馬山)우편국

우편국(특정)

설치 고건원(高乾原)우편국

폐지
용덕(龍德)우편국

우편국 분실

설치
평양우편국 주을 분실(平壤郵便局朱乙分室), 평양우편국 비행장 분실(平壤郵便局飛行場分室), 대구우편국 비행장 분실(大邱郵便局飛行場分室), 신의주우편국 비행장 분실(新義州飛行場分室), 함흥우편국 비행장 분실(咸興郵便局飛行場分室), 청진우편국 비행장 분실(淸進郵便局飛行場分室)

우편국(특정)(1944년)

설치
양덕원(陽德院), 경성 이태원(京城 梨泰院), 함흥 서상(咸興西上), 광시(光時), 부포(釜浦), 가별(加別), 북중(北中), 연상(延上), 자은(慈恩), 고금(古今), 영등포 역전(永登浦驛前), 대합(大合), 다시(多時), 기성(箕城), 동로(東魯), 모동(牟東), 성포(城浦), 쌍용(雙龍), 나흥(羅興), 인천 학익정(仁川鶴翼町), 대구 칠성정(大邱七星町), 흥남 유정(興南柳町), 부윤(富潤), 인천 백마정(仁川白馬町), 평양 미림(平壤美林), 평북 운봉(平北雲峰)우편국

우편국 출장소

폐지
내금강우편국 비로봉 출장소(內金剛郵便局毘盧峯出張所), 외금강우편국 신계사 출장소(外金剛神溪寺出張所), 금강우편국 육화암 출장소(外金剛郵便局六花岩出張所)

우편국(1945년)

신설 신덕(新德)우편국

폐지
대신리(大新里)우편국

우편국(특정)

신설
대구 동운정(大邱東雲町), 영오(永吾), 신례원(新禮院), 장승(長承), 풍남(豊南), 노화(盧花), 하성(下聖), 원읍(元邑), 거산(居山), 북성(北城), 운림(雲林), 장기(長岐), 경성 번대방정(京城 番大方町), 경성 서강(京城西江), 이동(二東), 인천 윤현정(仁川輪峴町)우편국

폐지
부산 서정(釜山西町)우편국

우편국 출장소

폐지
내금강우편국 온정령 출장소(內金剛郵便局溫井嶺出張所)

일제강점기 우편국 · 우편소 · 취급소 희귀 지명

1936년 3월 23일 조선총독부 경기도 고시 제32호에 의거 경성부 행정구역 명칭이 기존 '동(洞)'에서 '정(町)'으로 개칭되었다.

경기도 경성 번대방정(京城 番大方町) - 경기도 시흥군 북면 번대방리에서 영등포 출장소 번대방정으로 개칭(현 동작구 대방동)
성포(城浦)우편국 - 경기도 안산시 성포동
승량(承良)우편소 - 경기도 수원
충청남도 광시(光時)우편국 - 충청남도 예산군 광시면
평안북도 북중(北中)우편국 - 평안북도 용천군 북중면
전라남도 자은(慈恩)우편국 - 전라남도 신안군 자은면
경상북도 동로(東魯)우편국 - 경상북도 문경시 동로면
강원도 양덕원(陽德院)국 - 강원도 홍천군 양덕원읍
평안남도 시족우편국 - 평안남도 평양
함경남도 부전고원(赴戰高原)우편소 - 함경남도 장진군
황해도 신환포(新換浦)우편소 - 황해도
경상북도 기성(箕城)우편국 - 경상북도 울진군 기성면
모동(牟東)우편국 - 경상북도 상주시 모동면
경상남도 영오(永吾)우편국 - 경상남도 고성군 영오면
구조라(舊助羅)우편국 - 경상남도 거제군 일운면
함경북도 고건원(高乾原)우편국 - 함경북도 경원군 고건원
고령진우편국 - 함경북도 회령군
아오지(阿吾地)우편소 - 함경북도 경흥군 아오지

1943년 당시 서울 구 · 동 현황

종로구

1943년 6월 10일 경성부 종로구 설치

중구

북미창정, 남미창정, 장곡천정, 태평통1정목, 태평통2정목, 남대문통, 봉래정1정목, 봉래정2정목, 욱정(旭町)1정목(丁目)·2정목·3정목, 장교정, 무교정, 다옥정, 명치정일정목, 명치정이정목, 남산정1~3정목, 영락정1~2정목, 본정1~4정목, 대화정(大和町) 1~3정목, 주정(鑄町), 일지출정(日之出町), 왜성대정(倭城臺町), 동서헌정(東西軒町), 서사헌정(西四軒町), 신정(新町), 화원정(花園町), 병목정(竝木町), 광희정(光熙町) 1정목,2정목, 초음정(初音町), 앵정목1정목,2정목, 황금정1정목(黃金町一丁目)~7정목, 주교정, 방산정, 입정정, 임정(林町), 약초정(若草町)

동대문구

돈암정(敦岩町), 창신정(昌信町), 숭인정(崇仁町), 신설정(新設町), 용두정(龍頭町), 안암정(安岩町), 제기정(祭基町), 청량리 정(淸凉里町), 회기정(回基町), 이문정(里門町), 휘경정(徽慶町), 전농정(典農町), 종암정(鍾岩町), 답십리정(踏十里町), 성북정(城北町)

성동구

상왕십리정, 하왕십리정, 마장정, 사근정, 행당정, 응봉정, 금호정, 옥수정, 신당정

서대문구

부암정, 홍지정, 신영정, 은행정(銀杏町), 송월정, 홍파정, 평동정, 교남정, 교북동, 서소문정, 정동정(貞洞町), 화천정(和泉町), 의주통1정목, 의주통2정목, 중림정, 봉래정3정목, 봉래정4정목, 죽첨정, 합정(蛤町), 미근정, 북아현정, 냉천정, 천연정, 옥천정, 관정(館町), 현저정, 대신정, 대현정, 신촌정, 봉원정, 창천정, 연희정, 홍제정, 공덕정, 신공덕정, 아현정, 신수정, 현석정, 구수정, 신정정, 창전정, 상수정, 하중정, 당인정, 서교정, 동교정, 합정정

용산구 삼판통

영등포구

영등포구역소(소재지: 양화정) 당산정·영등포정·여의도정·도림정·신길정·양화정·양평정·본동정·노량진정·상도정·흑석정·동작정

1944년 11월 1일, 서대문구 일부와 용산구 일부를 분리하여 마포구(麻浦區)를 신설하였다.

대한제국 황제 및 왕세자와 정미칠적 화보

조선 이왕가와 대신

일제가 대한제국의 황제를 격하(格下)하여 부른 명칭이 '이왕가(李王家)'이다

조중응(子爵 趙重應)

1860.11.4일 ~ 1919.8.25, 조선 말기의 관료이며, 정미칠적, 경술국적에 포함된 친일파

증조부: 조제만(趙濟晚), 조부: 조철림(趙徹林), 숙부: 조총희(趙寵熙), 부: 조택희(趙宅熙), 좌부인: 최씨, 우부인 : 미쓰오카 다케코

아들: 조대호(趙大鎬), 딸 조숙호(趙淑鎬, 1913~?)

2007년 친일반민족행위자재산조사위원회는 조중응의 재산을 국가로 환수하기로 결정했는데, 후손들이 불복하여 행정 심판을 청구했다. 서울 행정법원은 조중응이 "한일합병 직후 친일행위 대가로 각종 이권과 특권적 혜택을 받은 점을 보면 이 땅 역시 조중응의 친일행위와 무관하다고 단정할 수 없다"라며 원고 패소 판결을 내렸다.

이재곤(子爵 李載崑)

1859-1943, 조선 말기의 관료이며, 정미칠적에 포함된 친일파.

1907년 한일 신협약, 즉 정미7조약 체결 때 학부 대신으로서 앞장서 조약 체결을 이끄는 공을 세워, 일본 정부로부터 훈1등 욱일대수장을 서훈받아 정미칠적의 명단에 그의 이름을 당당히 올렸다. 이후 신사회, 대동학회, 대한여자흥학회, 한자통일회, 국민연설회 등의 각종 친일 단체에서 임원을 맡는 등 적극적인 친일 활동을 하였고, 1909년 이토 히로부미가 안중근에 살해되었을 때는 한자통일회 지회장으로서 한자통일회 이토 히로부미 추도회를 개최하였다.

김윤식(子爵 金允植)

1835-1922, 조선 말기의 관료이며, 문신, 문인, 학자이다.

구한말 개화파 정치인의 한 사람이며 1919년 일본 정부에 조선의 독립을 탄원하는 탄원서를 올리기도 했다. 중추원 간부를 지냈고 한때 조선귀족 신분이었으나 이용직과 함께 3·1 운동에 동조하여 작위가 박탈되었기 때문에 각종 친일파 목록에서는 제외되었다.

송병준(子爵 宋秉畯)

1857-1925, 조선 말기의 무관.

정미칠적, 창씨 개명 제 1 호, 고종 황제를 겁박한 자

정미칠적 중 한 사람이며, 한일 합병 조약 체결 과정에서도 일진회를 통해 중요한 역할을 했다. 무과 급제 후 무관으로 활동하다가 김옥균을 암살 밀명을 받고 일본에 건너갔지만 오히려 김옥균에게 감화되었고 그의 동지가 되면서 개화파 정치인이 되었다. 그러나 뒤에 친일파로 변절하여 일진회 등의 조직과 한일신협약 체결, 한일합방에 적극 가담하여 활동하였다. 오늘날 그는 이완용과 함께 친일파, 매국노의 수괴로 대표되는 인물이 되었다. 창씨개명 제1호였으며 이름은 노다헤이(일본어: 野田 秉畯) 별명은 '노다(野田) 대감'이다.

이왕세자(李王世子-李垠)

1897-1970, 대한제국의 황태자, 의민태자, 영친왕

의민태자(懿愍太子)는 대한제국의 황태자이자 일본 제국의 군인이다.

휘는 은(垠), 아명은 유길(酉吉), 자는 광천(光天), 아호는 명휘(明暉), 명신재(明新齋)이며, 본관은 전주. 사후에 전주이씨대동종약원에서 문인무장지효명휘의민황태자(文仁武莊至孝明暉懿愍皇太子)라는 시호를 올렸으나 정식 시호가 아닌 사시이다. 황태자로 책봉되기 이전의 작호인 영친왕(英親王)으로도 알려져 있다.

덕수궁 이태왕(德壽宮李太王)

고종 황제, 1852.9.8-1919.1.21, 대한제국의 초대 황제이며, 조선의 26대 마지막 왕.

고종(李㷩, 덕수궁 이태왕, 1910년 8월 29일 ~ 1919년 1월 21일)

순종(李坧, 창덕궁 이왕, 1910년 8월 29일 ~ 1926년 4월 25일), 순정효황후(尹-, 이왕비, 1910년 8월 29일 ~ 1926년 4월 25일, 이왕대비, 1926년 4월 25일 ~ 1947년 5월 3일, 황태자 이은(李垠, 이왕세자, 1910년 8월 29일 ~ 1926년 4월 25일), 이방자(方子, 이왕세자비, 1920년 4월 28일 ~ 1926년 4월 25일), 이진(李晉, 이왕세손, 1921년 8월 18일 ~ 1922년 5월 11일), 이구(李玖, 이왕세자, 1931년 12월 29일 ~ 1947년 5월 3일, 덕혜옹주(德惠, 1912년 5월 25일 ~ 1931년 5월 8일)

창덕궁 이왕전하(昌德宮 李王殿下)

순종(純宗) -이척(李拓), 1874.3.25-1926.4.25, 대한제국 2대 황제

대한제국은 출범 당시 대한국 국제에 따라 조선 왕조의 법통을 이었음을 분명히 하였으며, 대한제국 황가의 혈통도 마찬가지로 조선 왕조에서 유래하였으므로, 역사학계에서는 조선의 제27대 왕으로 칭하기도 한다

고영희(子爵 高永喜)

1849-1916, 대한제국 정치인, 정미칠적, 경술국적에 포함된 친일파

본적은 경성 북부(北部) 옥동(玉洞) 15통 9호(1914년 당시 주소)이며 고진풍(高鎭豊)의 아들이다. 1907년 이완용 내각에 탁지부대신으로 중용되어, 통감 이토 히로부미가 헤이그특사사건을 구실로 고종의 양위를 강요할 때 적극적인 반대활동을 하기도 하였다. 그 뒤 법부대신, 1909년 내부대신 임시서리·탁지부대신이 되었다. 한일신협약과 한일병합조약 체결에 협조하여 정미칠적, 경술국적에 포함되었다.

조카: 고희동(高羲東, 1886~1965) - 한국인 최초 서양화가

임선준(子爵 任善準)

1860-1919, 정미칠적, 일제강점기시 조선 귀족 작위를 받은 친일파.

1907년 이완용의 친일 내각에서 내부대신을 맡아 대한제국 고종 강제 퇴위와 한일신협약 체결 과정에서 적극 협력했다. 1908년에는 탁지부의 수장인 탁지부대신에 임명되어, 일본 소유의 군과 철도 용지에 대해서 세금을 면제하고 의병에게 살해당한 사람의 유족에게는 보상금을 지급하는 등 노골적인 친일 정책을 폈다. 1910년 한일병합조약 체결에 협조한 공으로 일본으로부터 훈1등 자작 작위를 받고, 중추원의 고문에 임명되었다. 1911년에는 5만 원의 은사 공채를 받았고, 이듬해 종4위에 서위되었다. 그의 작위는 아들 임낙호가 습작했다. 이완용과는 자녀들끼리 결혼하여 사돈 관계가 된다

이병무(子爵 李秉武)

1864-1926, 대한제국의 정치인, 정미칠적, 경술국적에 포함된 친일파.

1894년에 의친왕 이강을 수행하여 도일하였고, 1895년부터 약 1년간 일본육군사관학교에서 수학한 뒤 대한제국 육군무관학교 교장을 역임했다. 이때부터 일본과 가깝게 지내면서 군사 분야의 친일파로 활동. 1900년에는 일본으로 피신한 망명자와 연락한 혐의로 2년 동안 구금되고 유배형을 받기도 했다. 다시 일본의 세력이 강해지면서 1904년 복관한 이후로는 승진을 거듭했고, 1905년에는 고종의 사촌 동생인 완순군 이재완을 수행하여 일본에 가서 훈장을 받고 귀국했다. 1907년 고종황제가 이완용, 송병준에게 헤이그특사사건을 빌미로 퇴위를 강요받자, 태자에게 군국의 대사를 대리하게 하였으나, 양위는 하지 않았다. 이에 이병무 등이 황제를 알현하고 퇴위를 강요하였다. 고종이 허락하지 않자 칼을 뽑아 자기 목을 찌르려 하면서, 폐하는 지금이 어떤 세상인 줄 아시느냐고 물었고, 고종은 그 위협을 이기지 못하여 퇴위하였다. 1907년 이완용의 친일 내각에 군부대신으로 입각하여, 한일신협약 체결로 군대를 해산할 때, 이를 주도했으며, 해산된 군대를 중심으로 의병 항쟁이 일어났을 때 의병 탄압을 지휘했다. 1909년 군부가 폐지되고 친위부가 설치되자 초대 친위부대신이 되었다. 1910년 한일병합조약 체결 때 시종무관장으로 조약 체결에 적극 협조하여 자작에 봉해졌다. 일본 정부로부터 1907년 훈1등 욱일장, 1912년 한국병합기념장, 1915년 다이쇼대례기념장을 받았으며, 이병무 사망 이틀 후인 1926년 12월 8일 일본 정부는 욱일동화대수장을 추서했다

이완용(侯爵 李完用)

1858-1926, 대한제국의 관료, 을사조약, 기유각서, 정미 7조약, 한일합방조약 등 을사 5적의 친일파로 매국노로 평가한다.

1882년(고종 19) 증광별시에 문과로 급제하였고 내각총리대신에 올랐으며, 을사조약, 기유각서, 정미7조약, 한일합방조약을 체결하여 대한제국을 폐망시켰다. 정미 7조약에 서명해 행정권을 일제에 이전하였고, 1909년에는 독단으로 기유각서를 교환하여 일제에 사법권을 넘기고 결국 1910년 한일병합조약을 체결하기까지 이르렀다. 창씨명은 리노이에 칸요(李家完用)이며, 일본제국에서의 작위는 후작이다. 조선총독부 중추원 부의장, 조선사편수회 고문 등을 지냈다. 이후 일제 강점기에는 소위 '일선(日鮮)의 융화'를 내세운 일제의 각종 내선일체(內鮮一體) 관련 정책에 찬동하여 전 한국 황족과 일본 황족 간의 혼인을 강제하였다. 그는 사후 전라북도 익산군 낭산면 낭산리에 묻혔으나, 광복 이후 지속적으로 묘가 훼손 및 방치되다가 1979년 직계 후손들에 의하여 화장되었다. 1858년 7월 17일 경기도 광주군 낙생면 백현리(현재의 성남시 분당구 백현동)22번지에서 태어났다. 그의 부친은 이석준(본명은 이호석(李鎬奭))이고 생모는 신씨(辛氏)였다. 그리고 친형제로는 15살 터울의 큰형 이면용(李冕用) 등이 있었다. 그의 먼 직계 조상들은 고관을 역임했는데 16대조 이교는 판서, 15대조 이방년은 밀직부사, 14대조 이순은 감사를 역임했으며 성종 때의 청백리였다. 11대조 이세명은 기묘사화에 연루된 선비였으며, 10대조 이한(李僩)은 무과에 급제해 수군절도사를 지냈다. 9대조 이의원과 8대조 이우는 명예직인 중추부사(同知中樞府事; 종2품)에 제수(除授)되었는데, 그 후 이완용의 직계에선 더는 문무 양과 급제자를 배출하지 못해 몰락한 양반 상태였고 가난했다.

일제강점기에 체송된 시각 표시 일부인 실체봉피 및 우편엽서

1. 전기(前期) 빗형 통신일부인의 사용기간
경주, 후기 빗형(대정 11년. 1922, 전주-경북 안강우체소 실체 봉피, 경북 풍사우체국, 소화 15년. 1940, 실체 엽서

2. 시각 표시 종류
천안 후기빗형 대정 14년(1925) 1. 19 후2-5, 상주 후기빗형 소화 5년(1930) 후5-8

3. 시각 표시 종류(나)형
광화문, 대정 12년(1923). 10. 14일로 추정, 전7-9, 남대문, 소화 2년(1927) 5. 8. 후 9-12

4. 시각 표시 종류(나)형
광화문(국) 명치 43년(1910). 1. 1 전0-5 -보성, 광화문(국) 소화 11년(1936). 1. 1 전0-7 -경북 군위, 서산(국) 소화 6년(1931). 1. 1. 후4-12

5. 시각 표시 종류 한국 II 형
경북 감포 소화 8년(1933) 1. 3 후0-4, 경북 영주 소화 14년(1939). 1. 15, 후4-12

6. 시각 표시 종류 한국 II 형
전북 대장촌 소화 10년(1935). 12. 30. 후4-12, 전북 금산 소화 14년(1939) 7. 27 후 8-12

7. 시각 표시 종류 한국 II-a 형
광화문 소화 5년(1930) 5. 31 후1-3(나 형), 광화문 소화 6년(1931) 3. 17 후 8-12(한국 II-a형)

8. 시각 표시 종류
광화문 소화 12년(1937) 6. 16 후 4-8 - 전남 화순. 6. 17 전 8-12

9. 우편관서 종류별 일부인 표기
일본 명치 43년(1910) 4. 27-5. 6 용산(국)-5. 11 단성우체소, 일본 명치 44년(1911) 2. 16 산구. 우전-2. 19 임피우체소(전북)

10. 빗선수(線數) 종류와 변천
전남 고흥 대정 12년(1923). 4. 16-전북 고창. 4. 20, 경북 곤양 소화 11년(1936) 1. 3

11. 빗선수 종류와 변천
강경 대정 13년(1924) 7. 31 후 2-5, 진주 대정 13년(1924) 9. 1 후 5-8

12. 빗선수 종류와 변천
전주 대정 2년(1923) 12. 28 전 8-11 - 전남 곡성. 12. 29 후 0-4, 전남 성전 소화 15년(1940) 1. 1 전 8-12

13. 빗선수 종류와 변천
경남 상리 대정 15년(1926) 5. 27 전 8-12, 안동 소화 14년(1939) 1. 1 전 0-8, 안동 소화 14년(1939) 1. 17 전 8-12

14. 시각 표시인 변종
한국형 통신일부인과 혼합형, 풍기(소) 소화 5년(1930) 6. 2 후 4-12

15. 철도일부인
경성-신의주 간(상편), 명치 42년(1909) 9. 10,
신의주 발 전 8.00
경성-원산 간, 대정 11년(1922) 6. 26.
원산 발 전 6.20

16. 철도일부인
대전-목포 간 철도 우편인, 대정 13년(1924) 8. 19 목포 발 전 6:00

17. 철도일부인
대전-목포 간 소화 6년(1931) 9. 11 상

18. 비우편인 우편물 도착 통지서
전남 구례 소화 4년(1929) 2. 28 발송-구례 소화 4년(1929) 3. 15 위체 진출

1922·1940

시각(時刻) 표시 소인 개요

1. 후기 빗형 통신일부인의 사용 기간
   후기 빗형 통신일부인은 1922년(대정 11)부터 1940년(소화 15) 5월 심성형 통신일부인으로 대체되기 전까지 사용하였다.

최고(最古) 사용 예

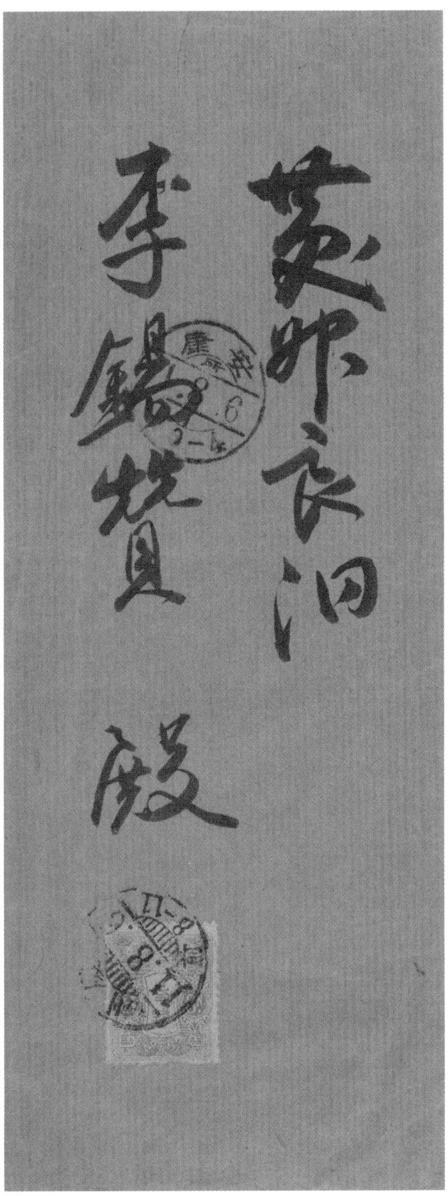

최신 사용 예

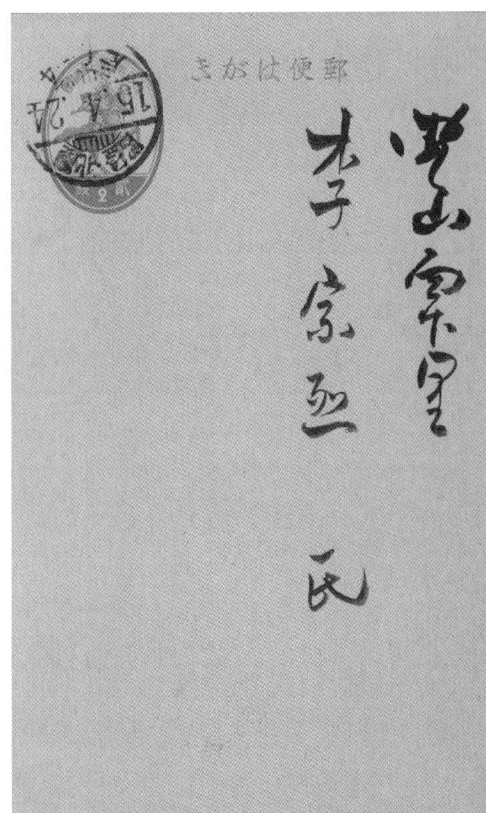

후기 빗형 통신일부인
경북 풍사(豊四)
1940년(소화 15) 4월 24일. 후 0-4

후기 빗형 통신일부인
경주-안강
1922년(대정 11) 8월 6일. 전 8-11

시각(時刻) 표시 소인 개요

2. 시각 표시 종류

(가) 형

전 0-5, 전 5-8, 전 11, 후 2, 후 2-5, 후 5-8, 후 8-11, 후 11-12
상기 시각 표시는(나)형과 더불어 전기 빗형 일부인에서 나타나는 것과 동일하며, 경성·인천·부산 관내 우편국(소)의 이외 지역에서 사용되었는데, 아마 우편국(소)에 보관하고 있었던 전기 빗형 일부인의 시각 표시 일부인을 재사용한 것이 아닌가 추정된다.

최고(最古) 사용 예(1925년)

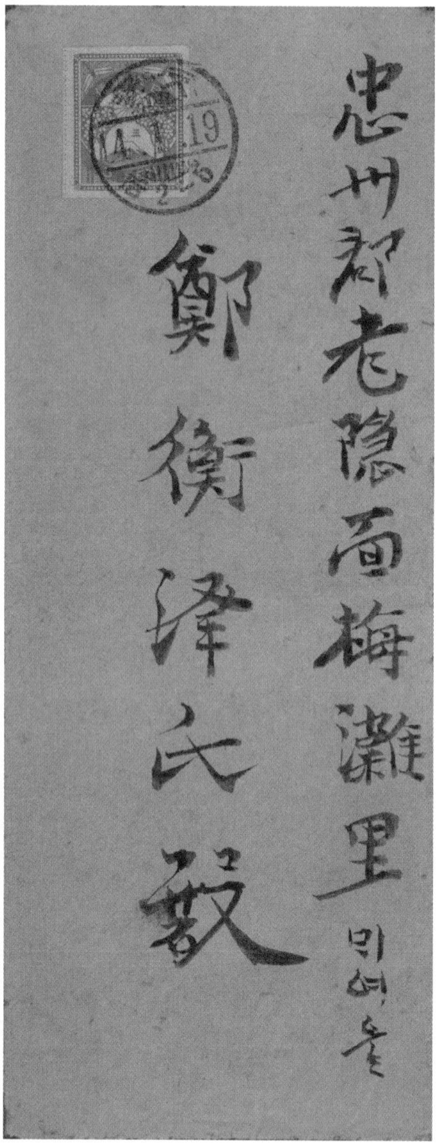

최신 사용 예(1930년)

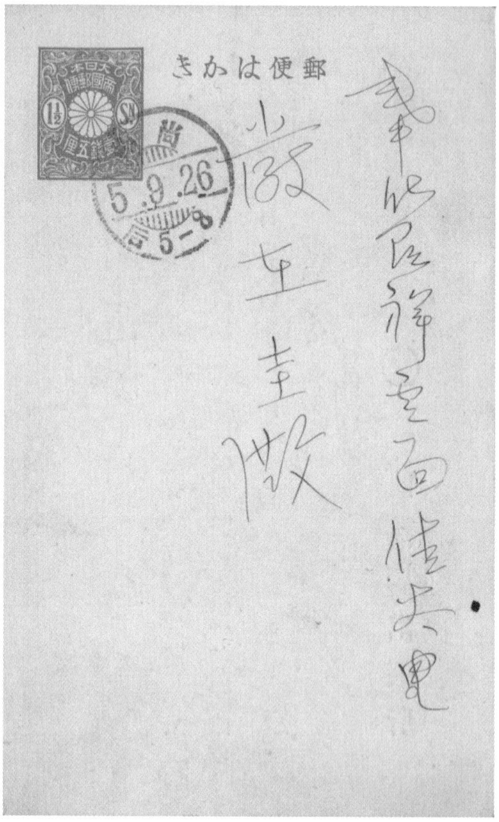

후기 빗형 통신일부인
상주, 1930년(소화 5) 9월 6일. 후 2-5

후기 빗형 통신일부인
천안, 1925년(대정 14) 1월 19일. 후 5-8

1910·1911

시각(時刻) 표시 소인의 개요

우편관서 종류별 일부인 표기

C란 '우체소'(임시우체소)

한국형 임시우체소 일부인은 1912년(명치 45) 2월 말에 전폐될 때까지 사용되었다.

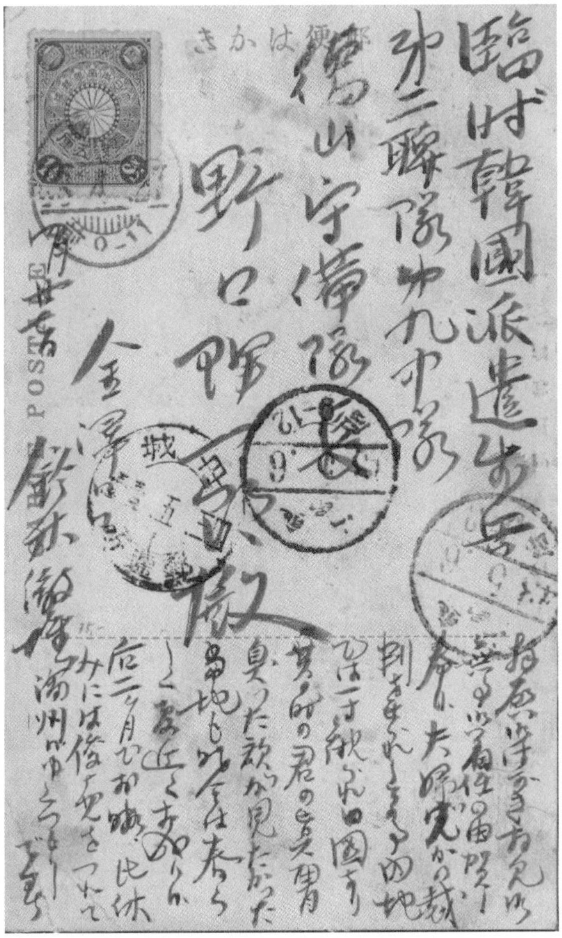

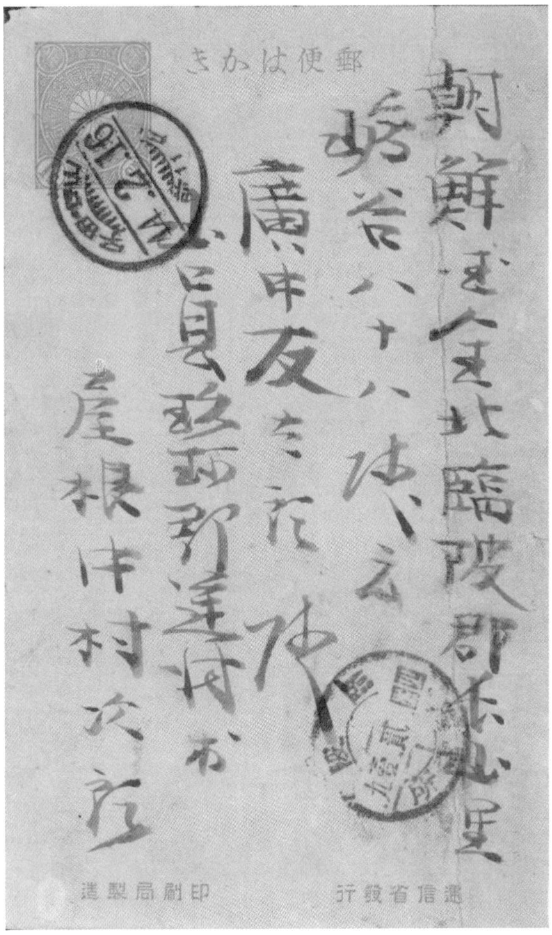

일본, 명치 43년 4월 27일
경유 용산(국) 명치 43년 5월 6일
단성우체소 도착, 명치 43년 5월 11일

일본, 명치 44년 2월 16일
임피우체소 도착. 명치 44년 2월 19일

시각(時刻) 표시 소인 개요

2. 시각 표시 종류

(나) 형

전 0-5, 전 5-7, 전 7-9, 전 9-11, 전 11, 후 1-3, 후 3-5, 후 5-7, 후 7-9, 후 9-11, 후 11-12(후 9-12)
상기 시각 표시는 경성·인천·부산관내 우편국(소)에서 사용된 것으로 나타나고 있으며, (후 9-12)의 변종이 있다.

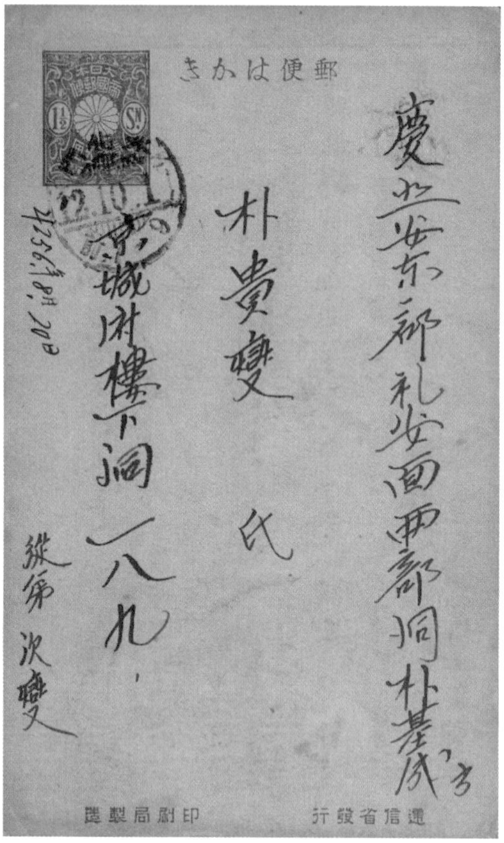

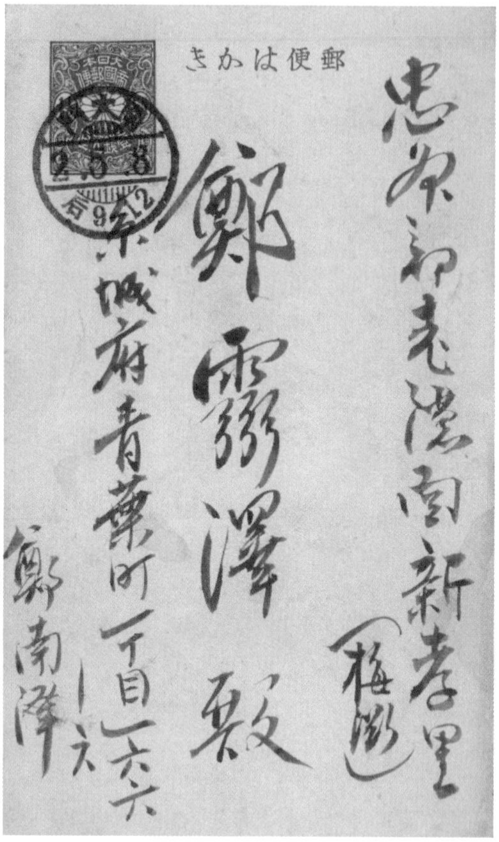

광화문
1923년(대정 12) 10월 14일
전 7-9

남대문
1927년(소화 2) 5월 8일
후 9-12

한국형 통신일부인의 시각 표시를 그대로 사용하였고, 최고 사용 예는 1922년(대정 11)부터이고, 최신 사용 예는 1940년(소호 15) 5월까지 사용되었을 것으로 추정한다.

1910·1931·1936

시각(時刻) 표시 소인 개요

2. 시각 표시 종류

(나) 형

전 0-5, 전 5-7, 전 7-9, 전 9-11, 전 11, 후 1, 후 1-3, 후 3-5, 후 5-7, 후 7-9, 후 9-11, 후 11-12
전기 빗형과 동일하며, 경성 4대문 내와 용산, 그리고 인천 및 부산우편국 관내 국·소의 우편관서에서 사용되었다.
이 기본형 외에도 전 0-7, 후 9-12의 변종이 있는데, 우편소에서도 사용되었는지는 미확인 상태이다.

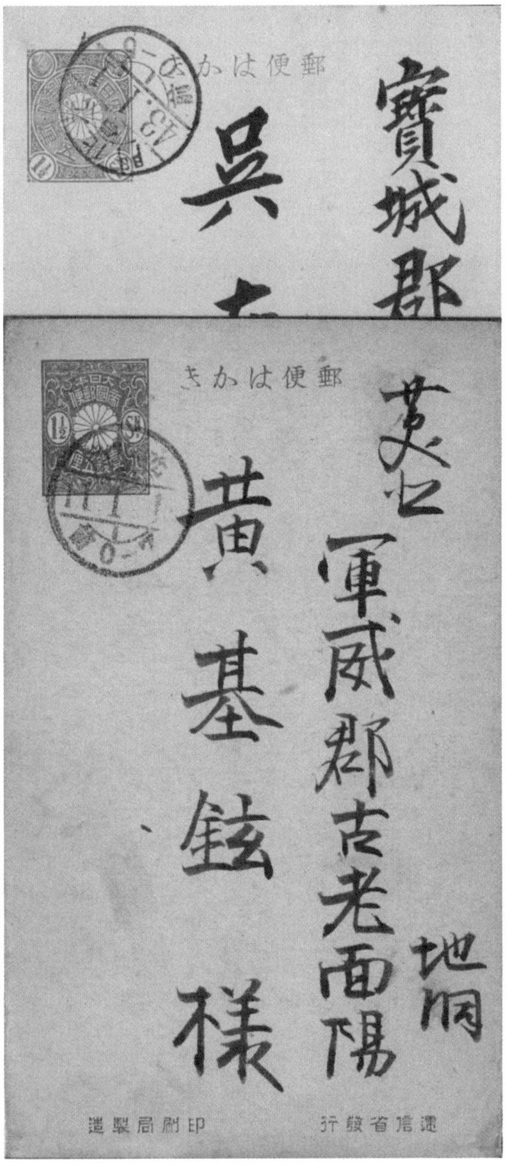

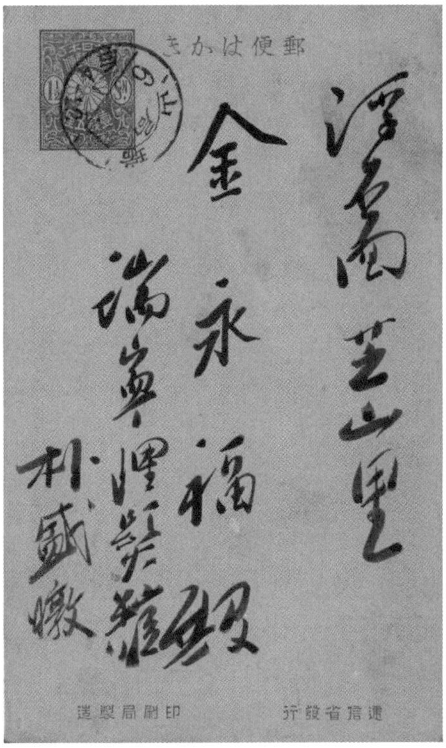

서산(국)
1931년(소화 6) 1월 1일
후 4-12

광화문
1910년(명치 41) 1월 1일
전 0-5. 보성

광화문
1936년(소화 11) 1월 1일
전 0-7. 경북 군위

시각(時刻) 표시 소인 개요

2. 시각 표시 종류

한국 II 형

1933-1939

전 0-8, 전 8-12, 후 0-4, 후 4-12

한국 II 형은 한국형 통신일부인의 것을 그대로 사용하였는데, 일부인의 국명에 도명이 삽입된 일부인이 있다.

최고(最古) 사용 예(1933년)

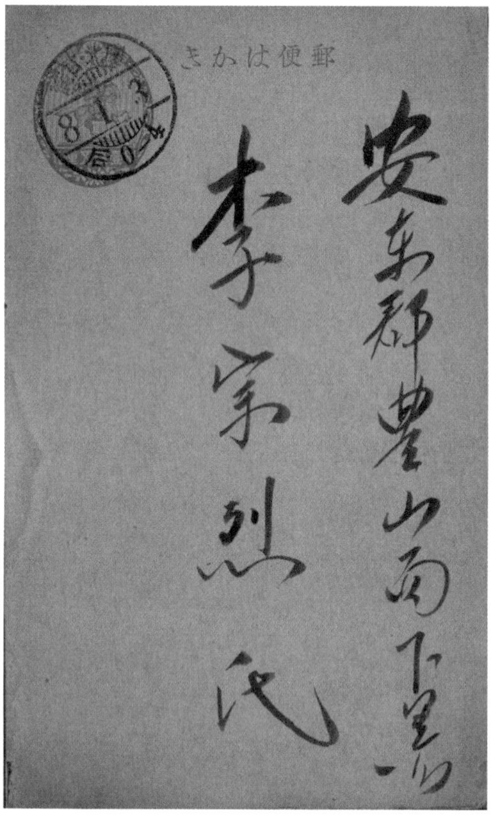

경북 감포

1933년(소화 8) 1월 3일

후 0-4 후

최신 사용 예(1939년)

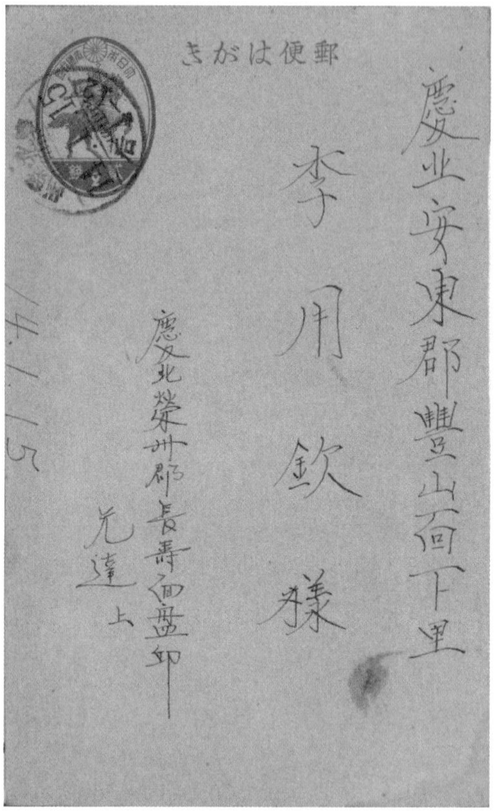

경북 영주

1919년(소하 14) 1월 15일

4-12

한국형 통신일부인의 시각 표시를 그대로 사용하였고, 최고 사용 예는 1922년(대정 11)부터이고, 최신 사용 예는 1940년(소호 15) 5월까지 사용되었을 것으로 추정한다.

1935·1939

시각(時刻) 표시 소인 개요

2. 시각 표시 종류

한국 II 형

한국 II 형은 일부인 국명에 도명이 삽입된 형은 우편소에서만 나타나는데, 간혹 한국 II-a형을 우편소에서 사용된 예외적인 경우도 있다.

우편소 시각 표시 기본형(한국 II형) 한국 II형을 사용한 예외적인 경우

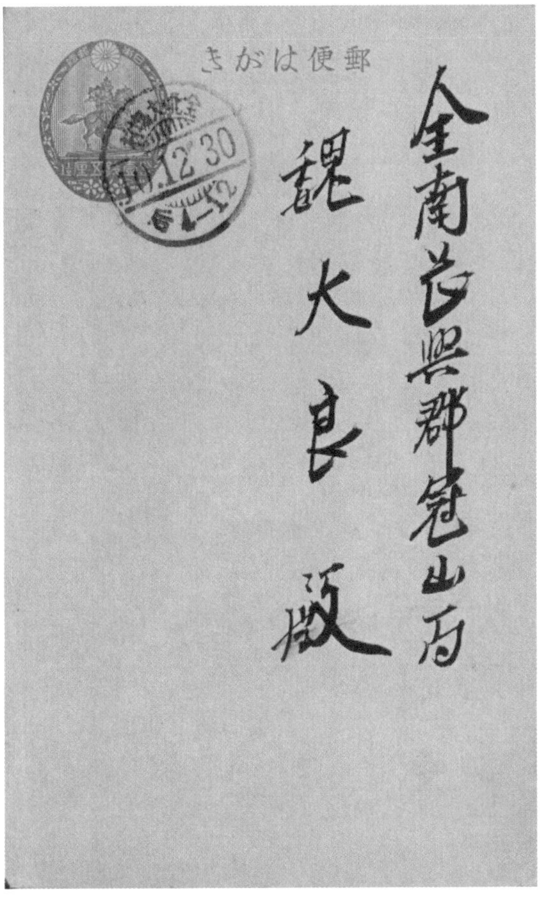

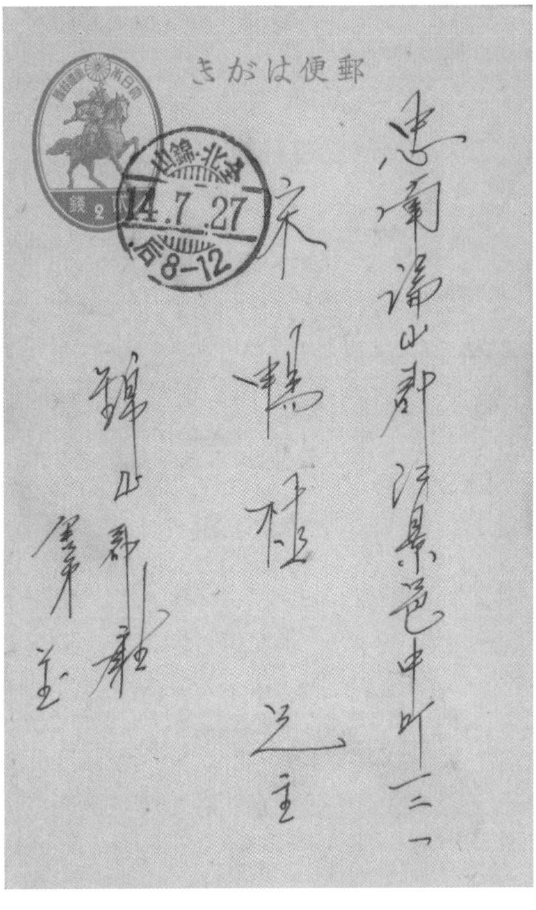

전북 대장촌
1935년(소화 10) 12월 30일
후 4-12

전북 금산
1939년(소화 14) 7월 27일
후 8-12

연도 앞에 ●이 있는 변종

시각(時刻) 표시 소인 개요

2. 시각 표시 종류

한국 II-a 형

전 0-8, 전 8-12, 후 0-4, 후 4-8, 후 8-12

한국 II-a형은 우편국에서 사용된 것으로 1927년(대정 11)부터 후기 빗형 일부인서만 사용되었다.

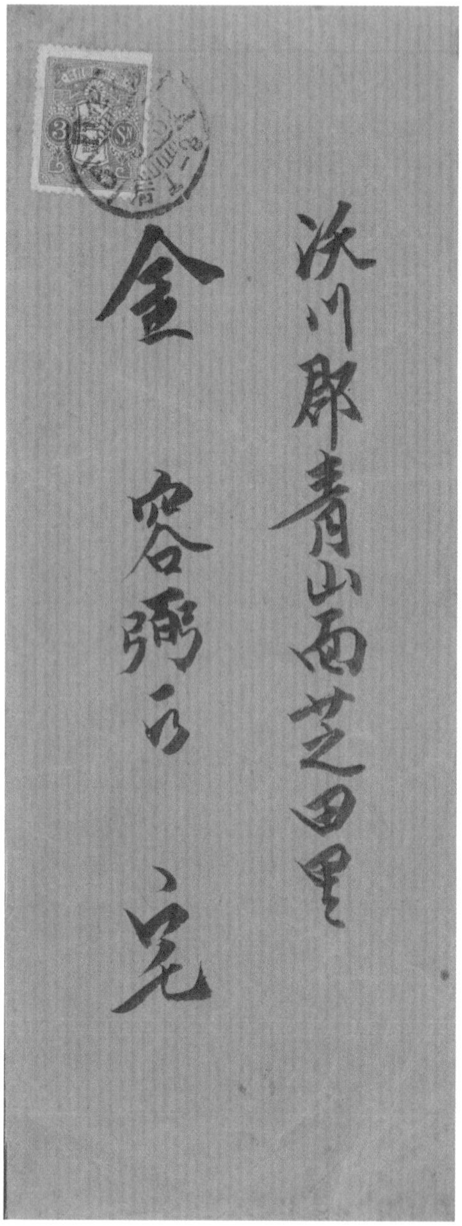
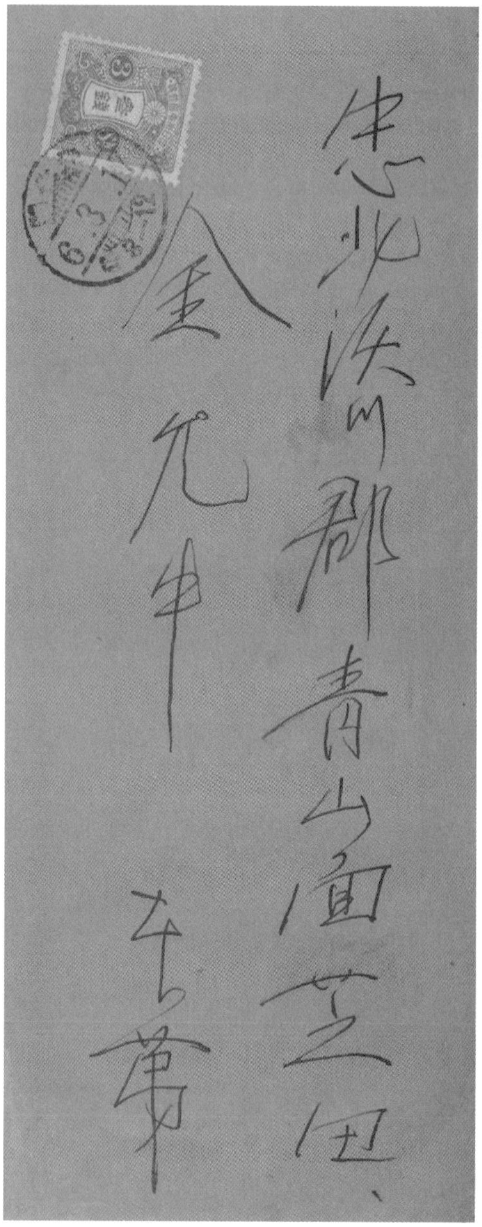

광화문, 1930년(소화 5) 5월 31일 후 1-3(나 형) 광화문, 1931년(소화 6) 3월 17일. 후 8-12(한국 II-a형)

광화문우편국은 1930년(소화 5) 5월에서 1931년(소화 6) 사이에 시각 표시가 바뀌었다.

시각(時刻) 표시 소인 개요

2. 시각 표시 종류

한국 II–a 형

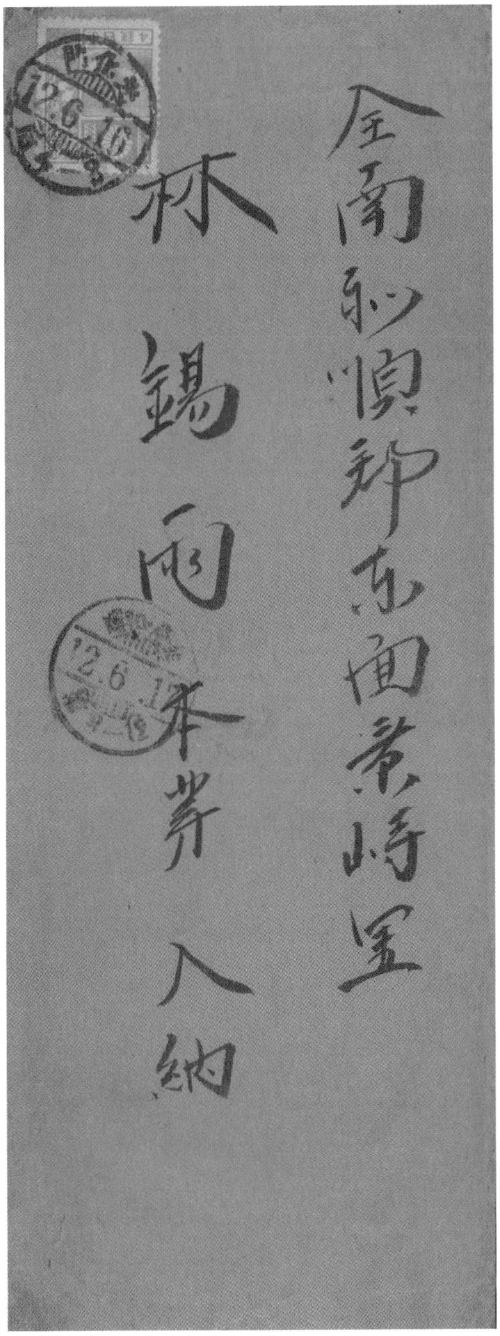

광화문

1937년(소화 12) 6월 16일
전남 화순행
1937년 6월 17일 도착
전 8-12

송금선(宋今璇, 福澤玲子(후쿠자와 레이코))

1905 ~ 1987

덕성여자대학교 초대 학장을 지낸 한국의 교육자이다. 본관은 여산(礪山)이며, 아호는 남해(南海)이다.

1919년 숙명여고보를 졸업하고 일본으로 유학했다. 도쿄여자고등사범학교를 졸업한 뒤 귀국하여 모교와 진주일신여자고등보통학교, 동덕여자고등보통학교 교사를 거쳐 1934년 이화여자전문학교 교수가 되었다.

1937년 조선부인문제연구회에 가입하여 순회 강연을 다니면서부터 친일 활동을 시작했다. 그해 조선총독부의 방송선전협의회에서 친일 강좌를 맡았고, 조선귀족 부인들과 여성계 친일 인사들이 공동 조직한 애국금차회에도 가담했다.

전시체제 하에서 송금선의 친일 행적은 국민정신총동원조선연맹, 국민총력조선연맹에서 활동하고 친일 잡지 《신시대》에 기고하는 등으로 계속된다. 친일 단체의 총본산격인 임전대책협의회, 조선임전보국단에 가입하였고, 학병으로 지원할 것을 독려하는 연설 활동에도 적극 참가했다. 《매일신보》에는 "이제 어디를 가든지 정말로 황국신민이 되었다는 자랑과 의무를 느낀다."라고 하였고 이어 "여학생의 생도들도 어디까지나 군국의 어머니로서 교육되어야 한다."라고 했다. 종전 직전 패전이 가시화되자 본토에서 최후의 1인까지 싸울 것을 독려하기 위해 조직된 조선언론보국회 평의원이 되기도 했다.

1940년 총독부의 지지 하에 차미리사의 뒤를 이어 덕성여자실업학교(현 덕성여자고등학교의 전신) 교장이 되었고, 1950년에는 현 덕성여대의 전신인 덕성여자초급대학을 세우고 초대 학장에 취임했다.

2002년 발표된 친일파 708인 명단에 포함되었고, 2008년 민족문제연구소에서 친일인명사전에 수록하기 위해 정리한 친일인명사전 수록예정자 명단에도 선정되었다. 2009년 친일반민족행위진상규명위원회가 발표한 친일반민족행위 705인 명단에 포함되었다.

출처: 위키백과

1923·1936

시각(時刻) 표시 소인 개요

3. 빗선 수 종류와 변환

D란 빗선 10개, E란 빗선 9개. D란 빗선 9개, E란 빗선 9개

초기의 후기 빗형 통신일부인 빗선은 전기 빗형 것과 같이 기본형은 D란 빗선 9개, E란 빗선 9개와 D란 빗선 10개, E란 빗선 9개 등 2가지 빗선 수가 1922년(대정 11)부터 1928년(소화 3) 사이에서 많이 나타난다.

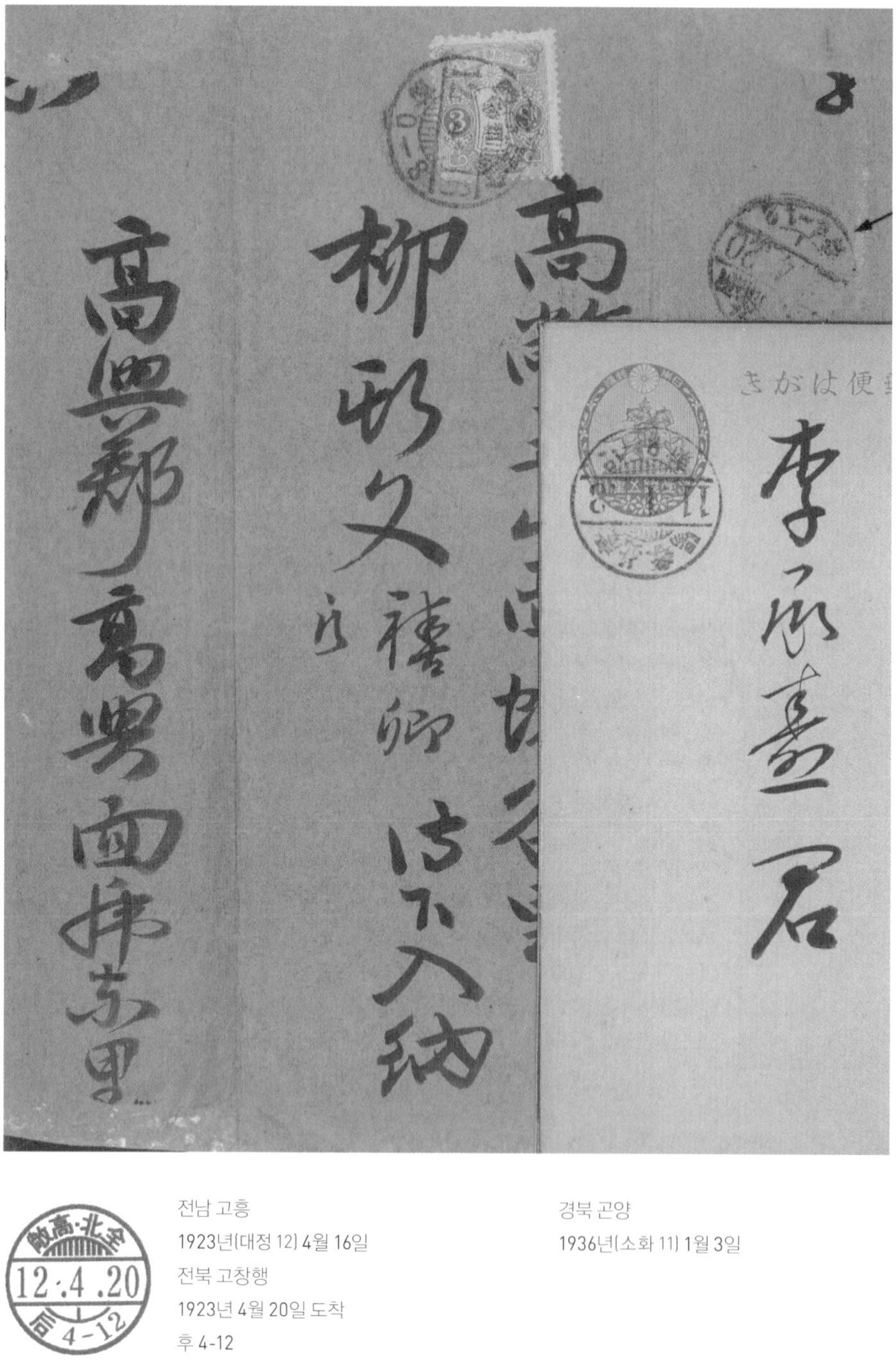

전남 고흥
1923년(대정 12) 4월 16일
전북 고창행
1923년 4월 20일 도착
후 4-12

경북 곤양
1936년(소화 11) 1월 3일

1924

시각(時刻) 표시 소인 개요

3. 빗선 수 종류와 변환(일시적인 빗선 수 변종)

후기 빗형 일부인으로 교체 초기에 D란 6개, E란 8개 및 D란 9개 등 변종이 나타나고 있는데, 1923년(대정 12) 광동 대지진으로 일부인 보급이 정상적으로 이루어지지 않은 것으로 추정된다.

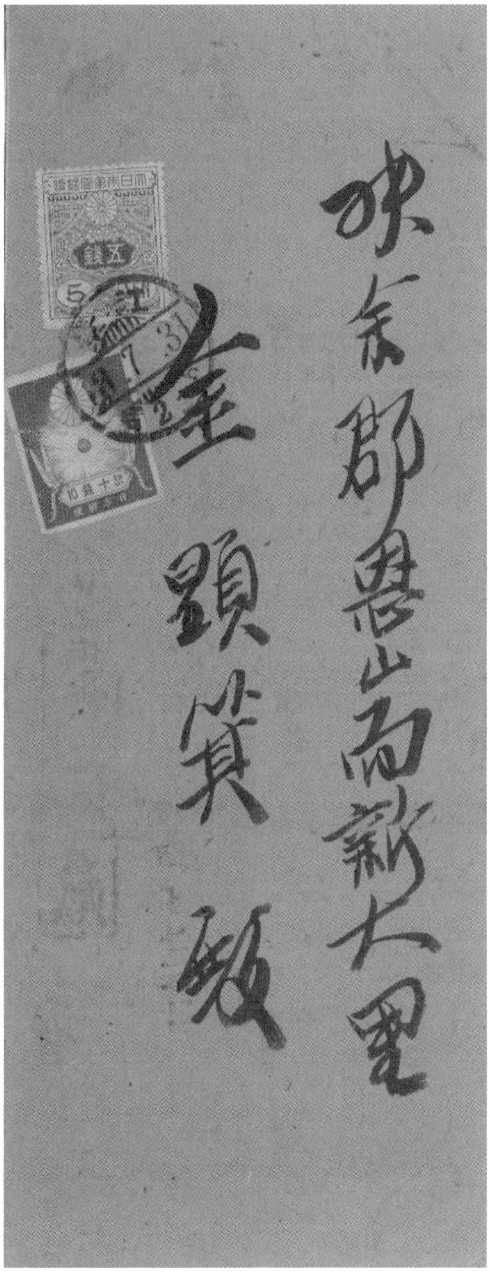

강경. 1924년(대정 13) 7월 31일, 후 2-5 진주.

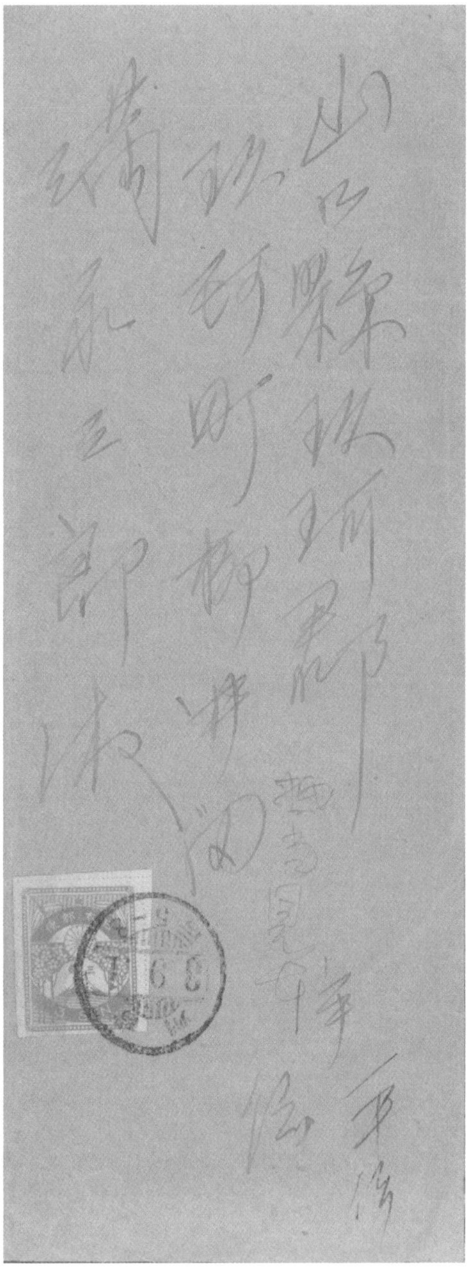

1924년(대정 13) 9월 1일, 후 5-8

1924

시각(時刻) 표시 소인 개요

3. 빗선 수 종류와 변환

D란 빗선 8개, E란 9개 후기 빗형 일부인의 빗선 수 D란 8개, E란 9개와 D란 8개, E란 8개 등 2가지가 기본형이다.

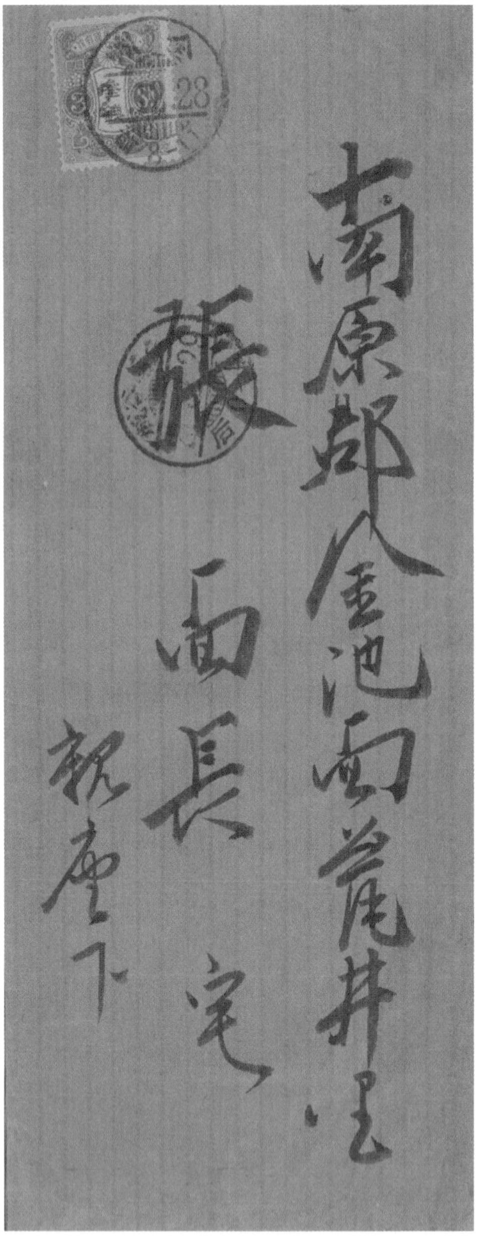

전주 1923년(대정 2) 12월 28일, 전 8-11.
전남 곡성. 1923. 12. 29. 후 0-4

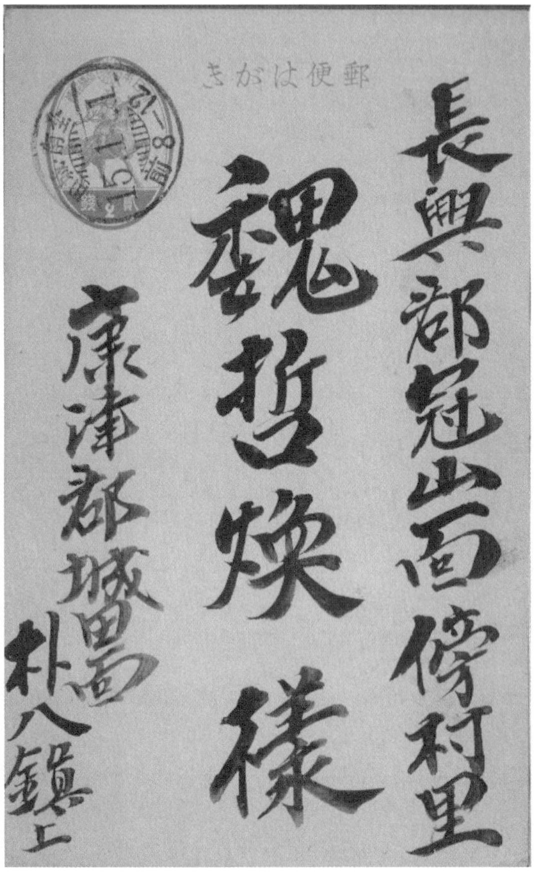

전남 성전. 1940년(소화 15) 1월 1일, 전 8-12

1926

시각(時刻) 표시 소인 개요

3. 빗선 수 종류와 변환

D란 빗선 8개, E란 빗선 8개
안동우편국의 경우에는 D란 8개, E란 9개에서 D란 8개, E란 8개로 교체된 것이 소화 14년 1월에 시행되었다.

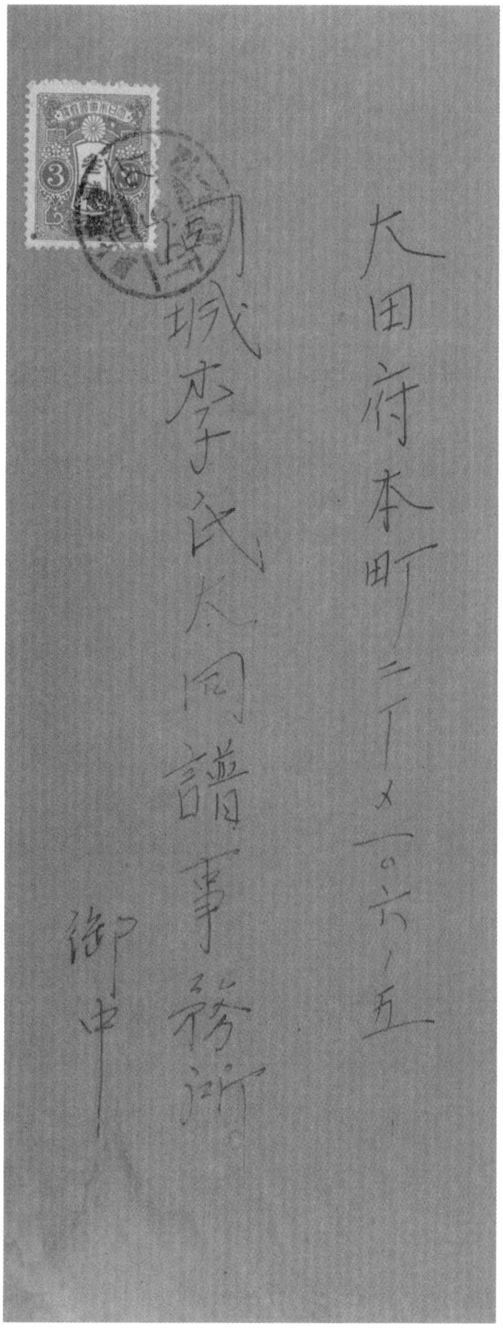

경남 상리. 1926년(대정 15) 5월 27일, 전 8-12

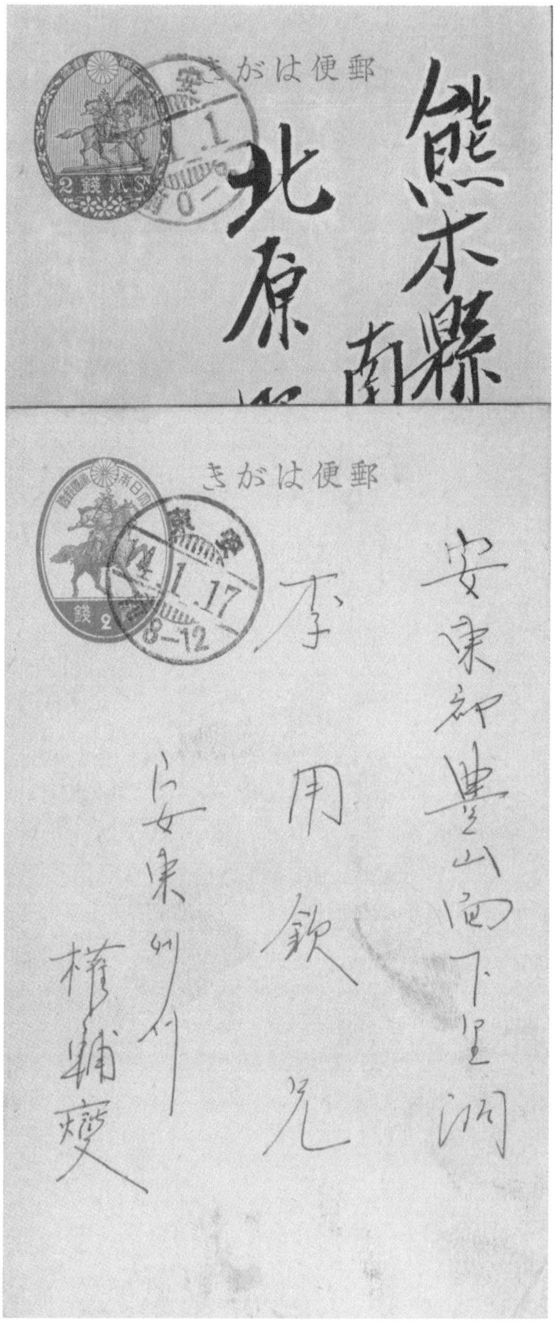

안동. 1939년(소화 14) 1월 1일,

1930

시각(時刻) 표시 소인 개요

한국형 통신일부인과 혼합형

한국형 통신일부인 잔재가 대대적으로 1930년(소화 5)까지 나타나고 있다.

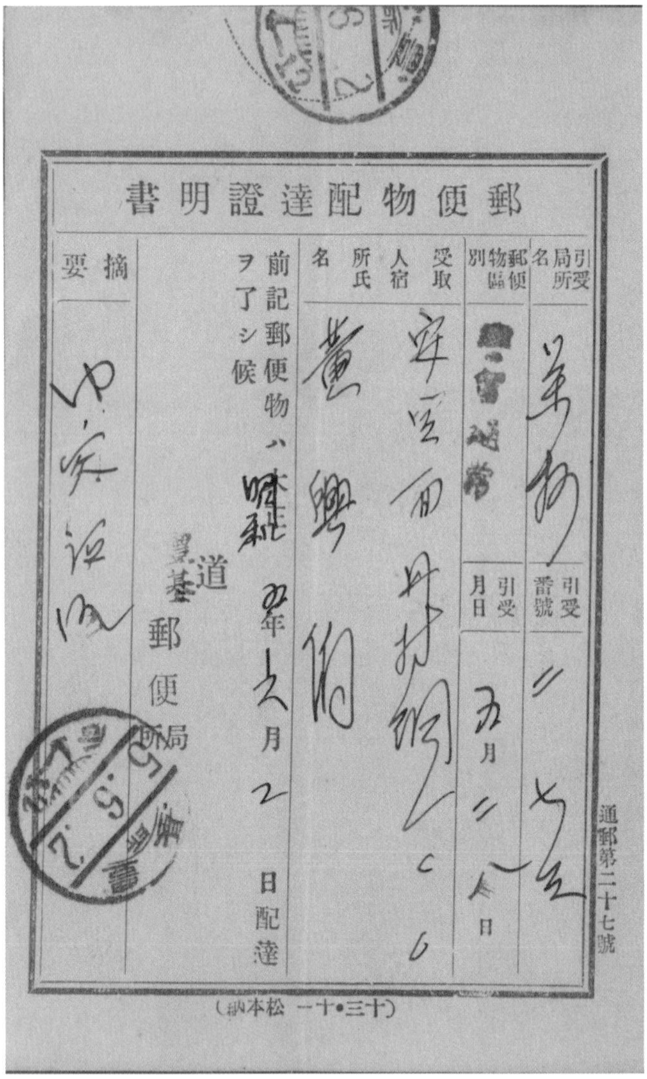

풍기(소)

1930년(소화 5) 6월 2일

후 4-12

1909

시각(時刻) 표시 소인 개요

3. 철도우편인(시각 표시 입 한국형)

1910년(명치 43) 1월 29일 조선통감부 고시 제12호 철도인과 실제 사용된 일부인 형식이 상이하다.

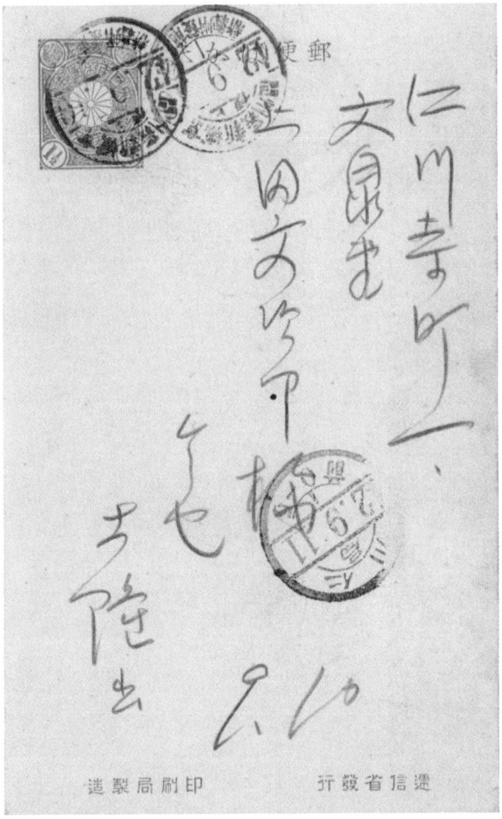

경성·신의주 간(상편), 1909년(명치 42) 9월 10일
신의주 발 전8.00

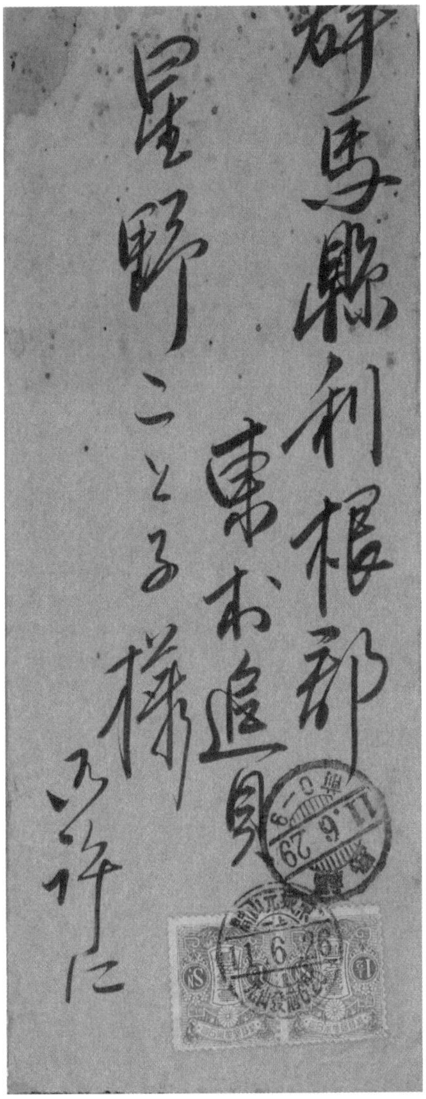

경성·원산 간(상 1편). 1922년(대정 11) 6월 26일
원산 발 전6.20

1924

시각(時刻) 표시 소인 개요

4. 철도일부인(E란 시각 표시 입)

빗형 시각 표시 입 철도일부인은 1922년(대정 11)부터 1928년(소화 3)까지 사용되었는데, 노선은 경성·부산 간, 경성·원산 간, 경성·신의주 간, 대전·목포 간, 원산·함흥 간, 원산·북청 간 등 총 6개 구간이 있었다.

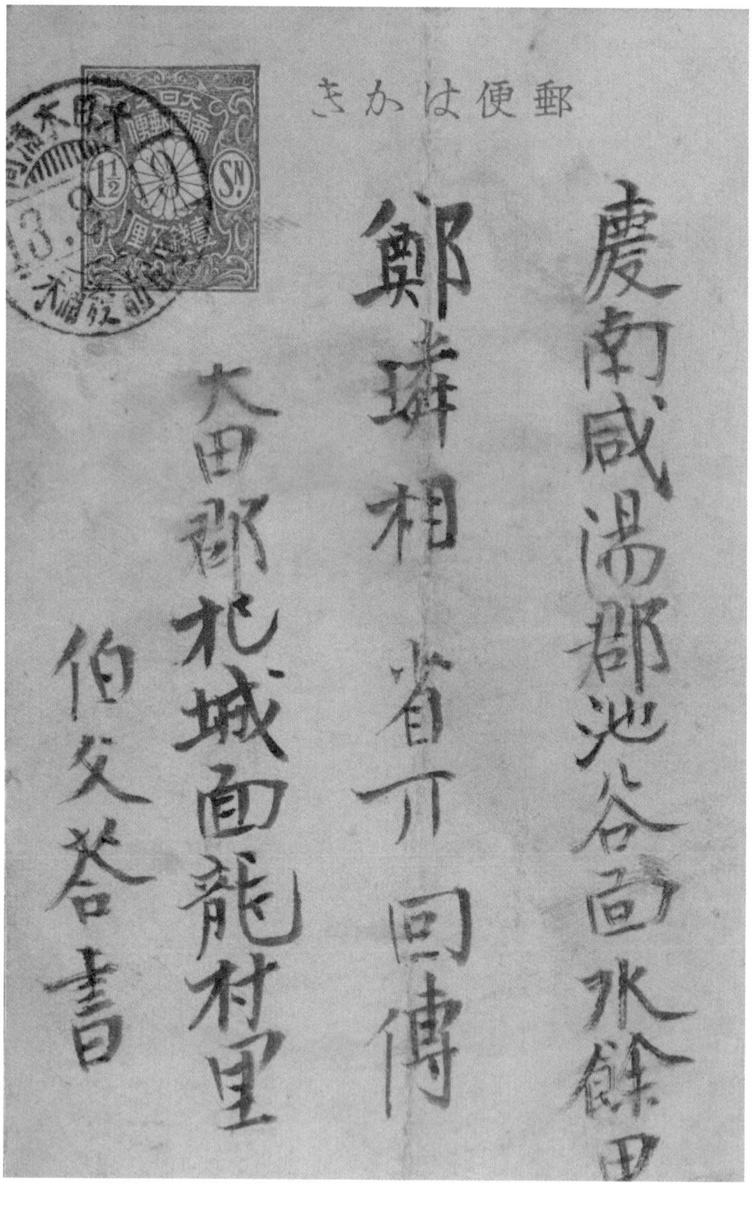

대전-목포 간 철도우편인

1924년(대정 13) 8월 19일

목포 발 전 6.00

1931

시각(時刻) 표시 소인 개요

4. 철도일부인(C란 편명)

본 철도인은 조선총독부 고시 제334호(소화 3년 8월 23일)로 1928년 9월 1일부터 개정하였는데, 노선은 총 25개가 있었다.

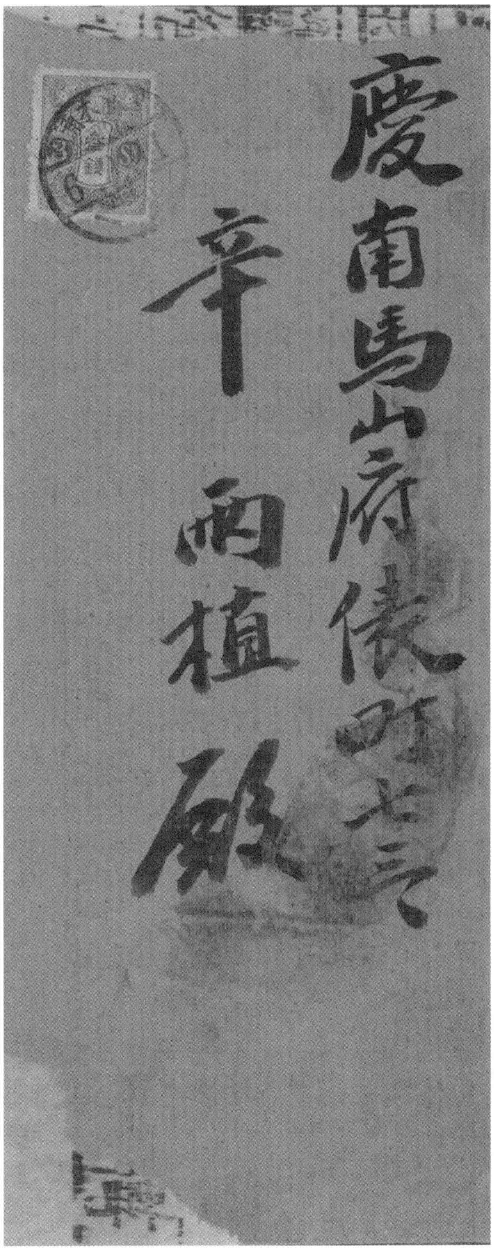

대전-목포 간

1931년(소화 6) 9월 11일

상 一편

1929

시각(時刻) 표시 소인 개요

5. 비우편인

삼성인(三星印)

후기 빗형 일부인 사용시기 비우편인은 C란에 별 3개가 삽입되어 철인 및 고무인 등 2가지가 있다.

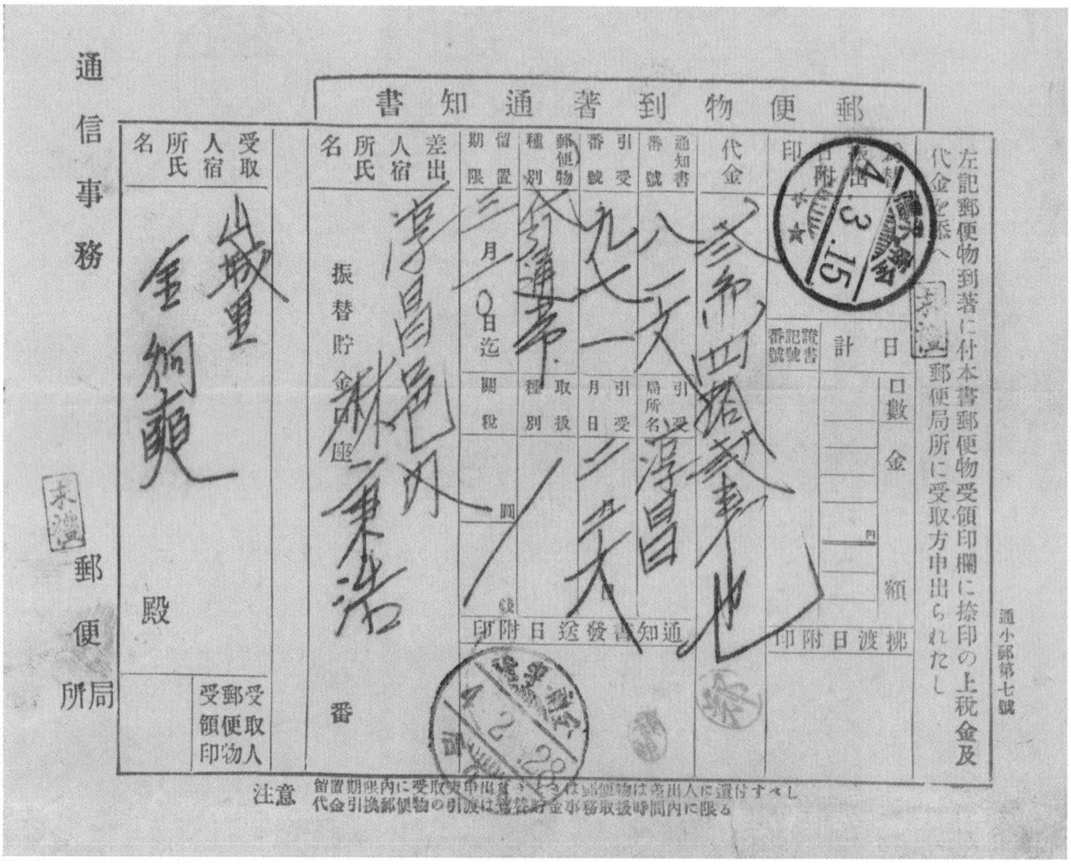

通信事務 郵便局所

郵便物到著通知書

左記郵便物到著に付本書郵便物受領印欄に捺印の上税金及代金を添へ郵便局所に受取方申出られたし

注意 留置期限内に受取方申出なきときは郵便物は差出人に還付すべし
代金引換郵便物の引渡は振替貯金事務取扱時間内に限る

通小郵第七號

우편물 도착 통지서

전남 순창
1929년(소화 4) 2월 28일
통지서 발송

전남 구례
1929년(소화 4) 3월 15일

1910~1945

본 자료는 조선총독부 관보 제1호(1910.8.29/명치42.8.29)~제5567호(1945.8.30/소화28.8.30) 까지 총172,510건을 검색하여 발췌하였음

일제강점기 특수통신 일부인

조선총독부 시정 1주년 기념

조선총독부 관보 제316호
명치 44년(1911) 9월 15일 발행
사용 기일 명치 44년(1911) 10월 1일
사용 방법 제2종 우편물 날인
사용 기일 3일 경과 후에는 1전 5리 이상 우표 첩부

조선총독부 시정 2주년 기념

조선총독부 관보 제32호
대정 원년(1912) 9월 17일 발행
사용 기일 대정 원년(1912) 10월 1일
사용 방법 제2종 우편물 날인
사용 기일 3일 경과 후에는 1전 5리 이상 우표 첩부

조선총독부 시정 3주년 기념

조선총독부 관보 제338호
대정 2년(1913) 9월 30일 발행
사용 기일 대정 2년(1913) 10월 1일
사용 방법 제2종 우편물 날인
사용 기일 3일 경과 후에는 1전 5리 이상 우표 첩부

사용 우편국 고시, 사용 우편국명

경성우편국	광화문우편국	용산우편국	경성우편국	광화문우편국	용산우편국	경성우편국	광화문우편국	용산우편국
남대문우편국	서대문우편국	인천우편국	남대문우편국	서대문우편국	인천우편국	남대문우편국	서대문우편국	인천우편국
개성우편국	수원우편국	용산우편국	개성우편국	수원우편국	용산우편국	개성우편국	수원우편국	용산우편국
공주우편국	대전우편국	강경우편국	공주우편국	대전우편국	강경우편국	공주우편국	대전우편국	강경우편국
목포우편국	광주우편국	청주우편국	목포우편국	광주우편국	청주우편국	목포우편국	광주우편국	청주우편국
전주우편국	대구우편국	군산우편국	전주우편국	대구우편국	군산우편국	전주우편국	대구우편국	군산우편국
마산우편국	진주우편국	부산우편국	마산우편국	진주우편국	부산우편국	마산우편국	진주우편국	부산우편국
해주우편국	평양우편국	춘천우편국	해주우편국	평양우편국	춘천우편국	해주우편국	평양우편국	춘천우편국
진남포우편국	원산우편국	鏡城우편국	진남포우편국	원산우편국	鏡城우편국	진남포우편국	원산우편국	鏡城우편국
신의주우편국	함흥우편국	회령우편국	신의주우편국	함흥우편국	회령우편국	신의주우편국	함흥우편국	회령우편국
의주우편국	청진우편국	나남우편국	의주우편국	청진우편국	나남우편국	의주우편국	청진우편국	나남우편국

조선총독부 시정 4주년 기념

조선총독부 관보 제636호
대정4년(1914) 9월 14일 발행
사용 기일 대정 4년(1915) 10월 1일
사용 방법 제2종 우편물 날인
사용 기일 3일 경과 후에는 1전 5리 이상 우표 첩부

조선총독부 시정 5주년 기념

조선총독부 관보 제231호
대정 4년(1915) 9월 16일 발행
사용 기일 대정 4년(1912) 10월 1일
사용 방법 제2종 우편물 날인
사용 기일 3일 경과 후에는 1전 5리 이상 우표 첩부

조선총독부 8주년 기념

조선총독부 관보 제1883호
대정 7년(1918) 9월 14일 발행
사용 기일 대정 7년(1918) 10월 1일
사용 방법 제2종 우편물 날인
사용 기일 3일 경과 후에는 1전 5리 이상 우표 첩부

1910~1945

일제강점기 특수통신 일부인

조선총독부 시정 9주년 기념

조선총독부 관보 제2130호
대정 8년(1919) 9월 15일 발행
사용 기일 대정 8년(1919) 10월 1일
사용 방법 제2종 우편물 날인
사용 기일 3일 경과 후에는 1전 5리 이상
우표 첩부

조선총독부 시정 10주년 기념

조선총독부 관보 제2434호
대정 9년(1920) 9월 20일 발행
사용 기일 대정 9년(1920) 9월 20일
사용 방법 제2종 우편물 날인
사용 기일 3일 경과 후에는 1전 5리 이상
우표 첩부

조선총독부 시정 25주년 기념

조선총독부 관보 제2612호
소화 102년(1915) 9월 25일 발행
사용 기일 소화 10년(1935) 10월 1일
사용 방법 제2종 우편물 날인
사용기일3일경과후에는1전5리이상
우표 첩부

사용 우편국 고시, 사용 우편국명

경성우편국	광화문우편국	용산우편국	경성우편국	광화문우편국	용산우편국	경성우편국	광화문우편국	용산우편국
남대문우편국	서대문우편국	인천우편국	남대문우편국	서대문우편국	인천우편국	남대문우편국	서대문우편국	인천우편국
개성우편국	수원우편국	용산우편국	개성우편국	수원우편국	용산우편국	개성우편국	수원우편국	용산우편국
공주우편국	대전우편국	강경우편국	공주우편국	대전우편국	강경우편국	공주우편국	대전우편국	강경우편국
목포우편국	광주우편국	청주우편국	목포우편국	광주우편국	청주우편국	목포우편국	광주우편국	청주우편국
전주우편국	대구우편국	군산우편국	전주우편국	대구우편국	군산우편국	전주우편국	대구우편국	군산우편국
마산우편국	진주우편국	부산우편국	마산우편국	진주우편국	부산우편국	마산우편국	진주우편국	부산우편국
해주우편국	평양우편국	춘천우편국	해주우편국	평양우편국	춘천우편국	해주우편국	평양우편국	춘천우편국
진남포우편국	원산우편국	鏡城우편국	진남포우편국	원산우편국	鏡城우편국	진남포우편국	원산우편국	鏡城우편국
신의주우편국	함흥우편국	회령우편국	신의주우편국	함흥우편국	회령우편국	신의주우편국	함흥우편국	회령우편국
의주우편국	청진우편국	나남우편국	의주우편국	청진우편국	나남우편국	의주우편국	청진우편국	나남우편국

애국 조선호 비행 기념

조선총독부 관보 제1672호
소화 7년(1914) 8월 3일 발행
사용 우편국 명 대구우편국
.. 부산우편국
사용 기일 애국조선호 명명식 당일
사용 방법 기념 소인 날인
우편 회 엽서 특수통신 일부인 사용
.조선총독부 고시제 422호.
소화 7년 8월 3일

국폐소사 평양신사 어열격봉축림시대제 기념

조선총독부 관보 제3108호
소화 12년(1937) 5월 28일 발행
사용 우편국 명 평양우편국
사용 기일 소화 12년(1937) 5. 30~6. 1
사용 방법 인수 소인, 기념 소인
우편 회 엽서 특수통신 일부인 사용
조선총독부 고시 제350호.
소화 12년 5월 28일

항공 애국주간 기념

조선총독부 관보 제3109호
소화 12년(1937) 5월 29일 발행
사용 우편국 각 우편국
사용 기일 소화 12년(1937) 6. 1~7
사용 방법 인수 소인, 기념 소인
우편 회 엽서 특수통신 일부인 사용
조선총독부 고시 제354호
소화 12년 5월 30일

1910~1945

일제강점기 특수통신 일부인

사단대항 연습 기념

조선총독부 관보 제1128호
소화 5년(1930) 10월 6일 발행
사용 우편국 각 우편국
사용 기일 소화 5년(1930) 10. 7~12
용산 및 경성 통감부 내 각 우편국
사용 방법 기념 소인 날인
우편 회 엽서 특수통신 일부인 사용
조선총독부 고시 제398호
소화 5년 10월 6일

일본제국 통신사업 창시 50주년 기념

조선총독부 관보 제2604호
대정 10년(1921) 4월 19일 발행
사용 우편국
경성우편국 광화문우편국 용산우편국
남대문우편국 서대문우편국 인천우편국
용산우편국 개성우편국 수원우편국
강경우편국 청주우편국 공주우편국
대전우편국 목포우편국 군산우편국
천안우편국 충주우편국 광주우편국
부산우편국 대구우편국 진주우편국
마산우편국 진해우편국 해주우편국
평양우편국 겸이포우편국 의주우편국
춘천우편국 진남포우편국 원산우편국
함흥우편국 신의주우편국 청진우편국
회령우편국 나남우편국

부산 개항 50년 기념

조선총독부 관보 제4255호
대정 15년(1926) 10월 27일 발행
사용 우편국 부산우편국
사용 기일 대정 15년(1926) 11월 1일
기념 소인 날인
우편 회 엽서 특수 통신 일부인 사용
조선총독부 고시 제 325호
대정 15년 10월 27일

신궁식년 환궁 기념 우편진체저금관리소

조선총독부 관보 제820호
소화 4년(1929) 9월 24일 발행
사용 우편국명
각 우편국(철도우편국 제외)
사용 기일 소화 4년(1929) 4. 2~5
사용 방법 기념 소인, 날인
우편 회 엽서 특수통신 일부인 사용
.조선총독부 고시 제341호.
소화 4년 9월 24일

항공우편 개시 기념

사용 우편국명 각 우편국(철도우편국 제외)
사용 기일 소화 4년(1929) 4월 1일~3일
사용 방법 조선총독부 구내
우편 회 엽서 특수통신 일부인 사용
기념 소인 날인
조선총독부 고시 제109호.
소화 4년 3월 29일

우편진체저금관리소

우편진체저금관리소
우편진체저금관리소 특수통신 일부인 개정
조선총독부 관보 제228호
소화 2년(1927) 9월 30일 발행
조선총독부 고시 제312호
소화 2년(1927) 9월 30일

1910~1945

일제강점기 특수통신 일부인

대구비행장 개설 기념

조선총독부 관보 제3010호
소화 12년(1937) 1월 29일 발행
사용 우편국 명 대구우편국
사용 기일 소화 12년(1937) 1. 31 당일
사용 방법 기념 소인 날인
우편 회 엽서 특수통신 일부인 사용
조선총독부 고시제 42호.
소화 12년 1월 29일

국폐소사 용두산신사 어열격봉축림시

조선총독부 관보 제2925호
소화 11년(1936) 10월 12일 발행
사용 우편국 부산우편국
사용 기일 소화 12년(1937) 6. 1~7
사용 방법 인수 소인, 기념 소인
우편 회 엽서 특수통신 일부인 사용
조선총독부 고시 제557호.
소화 11년 10월 12일

경성~이리간 정기 항공 개시 기념

조선총독부 관보 제2925호
소화 11년(1936) 10월 12일 발행
사용 우편국 경성우편국 광화문우편국
서대문우편국 용산우편국
이리우편국 전주우편국
군산우편국
사용 방법 인수 소인, 기념 소인
우편 회 엽서 특수통신 일부인 사용
조선총독부 고시 제558호
소화 11년 10월 12일

청주신사 환좌 기념

조선총독부 관보 제2936호
소화 11년(1936) 10월 13일 발행
사용 기일 소화 11년(1936) 10.13~15
사용 방법 인수 소인, 기념 소인
우편 회 엽서 특수통신 일부인 사용
조선총독부 고시 제559호
소화 11년 10월 13일

국폐소사 경성신사 어열격봉축림시

조선총독부 관보 제2927호
소화 11년(1936) 10월 14일 발행
사용 우편국 경성우편국 광화문우편국
서대문우편국 용산우편국
사용 기일 소화 11년(1936) 10. 15 ~19
조선총독부 고시 제561호.
소화 11년 10월 14일
사용 기일 3일 경과 후 에는 1전 5리 이상

명승사적(천안)

조선총독부 관보 제1883호
대정 7년(1918) 9월 14일 발행
사용 기일 대정 7년(1918) 10월 1일
사용 방법 인수소인, 기념소인
우편 회 엽서 특수통신 일부인 사용

함흥 지나사변박람회 기념

조선총독부 관보 제 3447호, 소화 13년 7월 14일
사용 우편국 함흥우편국
사용 기간 소화 13년 7. 15 ~8. 9일까지
사용 방법 인수소인, 기념소인, 우편 회 엽서 특수통신 일부인 사용
조선총독부 고시 제574호. 소화 13년 7월 14일

가스젠코겐기(항연기)호 세계일주 대비행 기념

조선총독부 관보 제3776호, 소화 14년 8월 21일
사용 우편국 경성우편국
사용 기간 출발식 거행일부터 동경비행장 귀착일까지
사용 방법 인수소인, 기념소인, 우편 회 엽서 특수통신 일부인 사용
조선총독부 고시 제678호. 소화 14년 8월 21일

대동아전쟁 기념

경성중앙, 소화 18년(1943) 12. 8
조선총독부 관보 제5042호, 소화 18년 11월 22일
사용 우편국 조선총독부 체신관서에서 지정하는 우편국
사용 기간 소화 18년 12. 8 ~10. 4일까지
사용 방법 인수소인, 기념소인, 우편 회 엽서 특수통신 일부인 사용
조선총독부 고시 제1352호. 소화 18년 11월

싱가포르(신가파) 함락 기념

조선총독부 관보 제4509호, 소화 17년 2월 9일 발행
사용 우편국 소선총독부 체신관서에서 지정하는 우편국
사용 기간 싱가포르 함락 공포일부터 7일간
사용 방법 인수소인, 기념소인, 우편 회 엽서 특수통신 일부인 사용
조선총독부 고시 제212호. 소화 17년 2월 9일

전남 신안 암태도 소작쟁의(巖泰島小作爭議)

1923년 8월부터 1924년 8월 사이에 전라남도 무안군 암태면(오늘날의 신안군 암태면) 암태도의 소작농들이 벌인 농민항쟁이다. 암태도는 조선시대 때부터 정명공주 같은 왕실 인물들의 사유지로 수탈되어 온 땅으로서, 일제시대에 들어서는 조선인 지주인 문재철 · 천후빈 그리고 일본인 지주인 나카시마 세이타로 세 지주가 암태도 땅을 삼분하고 있었다. 그 중 문재철은 중추원 직책까지 맡는 친일파로 친일을 통해 사업을 불린 신흥 자본가였다. 문재철은 암태도 뿐 아니라 자은도 등 오늘날의 신안군 지역 도서와 전라도 본토 고창군 등지에 755정보의 대토지를 소유했다. 그 중 암태도에 소유한 땅은 논이 98정보, 밭이 42정보였다. 1920년대에 총독부 저미가정책으로 손해를 본 지주들은 소작료를 올려 손해를 벌충하려 했고, 특히 문재철은 암태도 소작료를 보통 5할에서 7~8할까지 끌어올려 원성이 컸다. 암태도 소작농들은 1923년 8월 추수를 앞두고 서태석이 주도로 암태소작인회를 조직하고 소작류를 4할 이하로 인하할 것을 요구했다. 요구가 거절되자 소작농들은 추수 거부, 소작료 불납으로 맞섰다. 지주측은 목포경찰서의 일본 경찰들을 동원해 강제로 소작료를 징수하려 들었으나 큰 성과가 없자 소작농들을 개별 회유, 협박하였다. 소작인회는 자체 순찰대를 조직해 대항하며 1924년 봄까지 소작료 불납을 계속했다. 1924년 3월 27일, 소작인회는 면민대회를 열어 5월 15일까지 문재철이 요구에 불응할 경우 암태도의 문재철 아버지 송덕비를 파괴하기로 결의했다. 문재철은 폭력배를 동원해 면민대회를 마치고 귀가하는 소작농들을 습격하는 것으로써 이 요구를 묵살했다. 지주와의 싸움으로만 문제를 해결할 수 없다고 판단한 소작인회는 섬 박의 언론, 노동단체에 호소하였고 1924년 4월 15일 전조선노동대회에 대표를 파견하기도 했다. 하지만 일제 탄압으로 모두 실패하고, 분개한 소작농들이 4월 22일 송덕비를 파괴했다. 송덕비 파괴 과정에서 지주측 청년들과 소작인회가 대규모 충돌이 일어나 소작농 50여 명이 일본경찰에 잡혀갔다. 그러자 그동안 뒤에 빠져 있던 암태청년회와 암태부인회가 쟁의에 참여하여 소작쟁의가 암태도 전 주민 일로 발전했다.

일제강점기 특수통신 일부인

명승사적지 특수통신 일부인

대정 10년(1921) 조선총독부 고시 제500호
사용 개시일: 소화 6년(1931) 10월 20일

개성(開城) 6.10. 20
개성인삼과 선죽교 문양
경기도

경주(慶州) 6. 10. 20
첨성대와 거북 문양
경상북도

불국사(佛國寺) 6. 10. 20
다보탑 문양
경상북도

동래 동래온천(東萊溫泉) 6. 10. 20
동래온천 풍경 문양
경상남도

스키장과 스키 타는 모습 문양
함경남도
원산(元山) 6.10.20

주을온천(朱乙溫泉) 6. 10. 20
주을온천 풍경 문양
함경북도 경성군

울산(蔚山) 7. 10. 5
항구, 선박, 경비행기, 광산
풍경 문양

해주(海州)
백새 청풍 비석, 고택 풍경 문양
황해도

군산(群山) 7. 10. 5
항구, 공장
전라북도

일제강점기 특수통신 일부인

명승사적지 특수통신 일부인

소화 13년(1938) 조선총독부 고시 제593호
사용 개시일: 소화 13년(1938) 7월 27일

남원(南原) 13. 7. 27
남원 광한루
전라북도 남원우편국

남양(南陽) 13.7.27
남양만 염전
경기도 남양우편국(현 화성시)

안주(安州) 13. 7. 27
고려시대 누정, 청천강변, 안주성
평안남도 안주우체국

강릉(江陵) 13.7.27
강릉 경포대 해안
강원도 강릉우편국

삭주(朔州) 13. 7. 27
수풍댐 주변 자연 경관
평안북도 삭주우편소

용산(龍山) 7. 10. 5
한강, 한강철교, 건물 문양
경성

황주(黃州) 13. 7. 27
황주 읍성(월파루)
황해도 황주우편소

청주(清州) 7. 10. 5
매화, 성벽, 공장 굴뚝 문양
충청북도

최인규(崔仁圭1881~1942) 신사참배와 한국기독교

최인규(崔仁圭)는 조선총독부(朝鮮總督府) 신사참배(神社參拜) 강요(强要) 정책에 저항하다가 투옥되어 옥사한 일제강점기 개신교 종교인이다. 한국기독교 100년에 있어서 가장 쓰라린 아픔 사건은 일제 군국주의자들에 의해 강요된 신사참배 사건이다. 이 사건은 한국교회에 아직도 아물지 않은 깊은 상처를 주었고 지금도 때마다 거론되어서 신앙의 정통시비를 일으키기도 한다. 신사참배 문제는 한국 기독교의 걸림돌로써 시원하게 해결치 못하고 서로 반목하고 공격하는 근거가 되곤 한다. 일본 치하에 있어서 신사참배는 조선의 일본인들에 의해서 시행되어 왔다. 1912년부터 조선신사가 계획되었고 1918년 서울 남산에 공사를 착수하여 1928년 6월 조선신궁을 완공하였다. 신사참배는 일본인들에 의해 시행되어 오다가 1936년 8월 미나미 총독에 부임하면서 조선통치 수단과 조선 민족 말살 정책으로 본격적으로 강요되었다. 초기에는 기독교계 학교에 강요되었고, 1937년 7월 7일 중일전쟁이 일어나면서부터 더욱 강화되어 1938년부터는 교회 지도자들에게 까지 강요되었다. 장로교회는 1938년 2월 9일 평양노회에서 최초로 신사참배를 국가의식으로 인정하고 참배 결의하였고, 평서와 안주노회가 뒤따라갔으며 9월 9일 제27회 총회 때까지 전국 23개 노회 중에서 이미 17개 노회가 신사참배를 실시하였다. 제27회 총회의 둘째날인 9월 10일에 장로교 총회는 일경 감시 속에 신사참배 동의안을 통과시키고 즉시 23개 노회장들이 교회를 대표하여 평양 신사에 참배하였다.

일제강점기 발행 우표 · 엽서

일제강점기에 발행된 우표

1939년 대산급뢰호내해국립공원풍경

채신성 고시 제1006호 **2전, 4전, 10전, 20전** 소화 14년 4월 20일 발행

2전 다갈색, 종22모, 횡39모

4전 녹색, 종22모, 횡39모

10전 홍색, 종22모, 횡39모

20전 청색, 종22모, 횡39모

대산급뢰호내국립공원풍경 시트

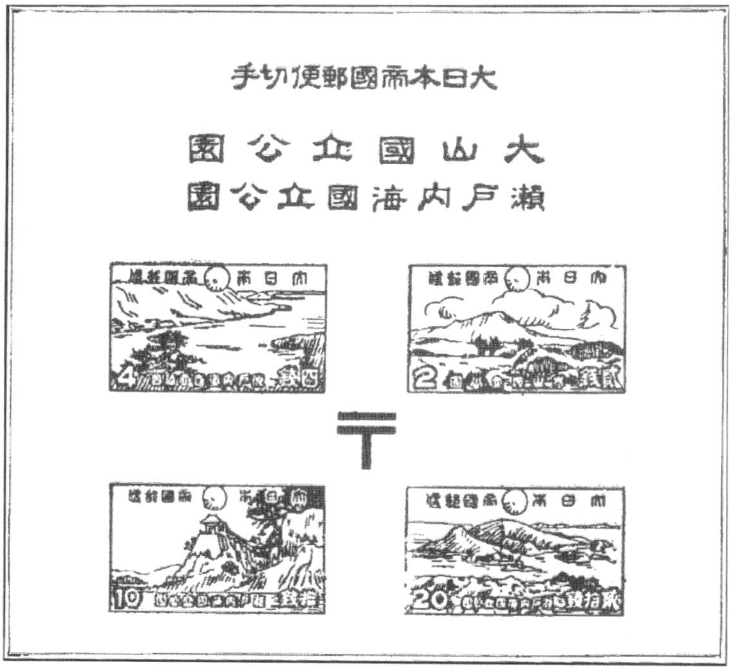

채만식(蔡萬植)

1902년 7월 21일 ~ 1950년 6월 11일

일제 강점기와 대한민국의 소설가, 극작가, 문학평론가, 수필가이다.

전라북도 임피군 군내면 동상리(현 전라북도 군산시 임피면 동상리)의 부농 가정에서 출생하였다. 그는 1920년 중앙고등보통학교에 재학 중에 은선흥(殷善興)과 결혼하며 그 후 일본 와세다 대학교 문과에 들어갔다가 간토 대지진으로 학업을 다 마치지 못하고 귀국했다. 한국인들을 일본인들이 학살하는 집단 학살을 피해서였다. 1년 후에 장기 결석으로 퇴학 처분되었다. 강화도 사립학교에서 교원으로 일했으며 1924년부터 1936년까지 동아일보, 개벽, 조선일보의 기자로 근무하면서 창작 활동을 시작했다.

대표작인 탁류(濁流)는 1941년 조선일보 에 연재된 채만식 의 대표 장편소설로, 내용은 여주인공 초봉의 유전하는 기구한 운명을 통하여 풍자적인 수법으로 세속적인 인정 세태를 그린 작품이다. 시대 현실을 분석하고 비판하려는 데 주제를 두고 시정(市井)적인 풍속 세태의 분해 과정을 그려 박태원의 장편 천변풍경과 함께 대표적인 세태소설을 이루며 그 비판적인 리얼리즘은 문학사적으로 크게 평가되고 있다. 2002년 발표된 친일 문학인 42인 명단과 민족문제연구소가 2008년 발표한 친일인명사전 수록 예정자 명단 문학 부문에 선정되었다.

일제강점기 전국 우편국, 우편소, 취급소, 무선전신소 명단

※조선총독부 관보 제1호(1910.8.29/명치42.8.29)~제5567호(1945.8.30/소화28.8.30)까지 총172,510건을 검색하여 발췌한 명단임.

우편국

국(소)명	소재지	설치연도	참고사항
京城郵便局	경기도 경성부 본정 1정목	1895.5.27	한성우체사 설치
		1905.7.1	경성우편국으로 개칭
		1911.3.30	총독부 고시 제87호/우편위체사무취급 개시
			총독부 고시 제39호/우편진체저금취급 개시
		1913.10.19	경성우편국 준공(1915.9.15)
		1939.10.1	경성중앙우편국으로 개칭
京城中央郵便局	경기도 경성부 본정 1정목	1939.10.1	총독부 고시 제804호/경성우편국을 개칭
京城郵便局飛行場分室	경기도 고양군 용강면여울리	1931.6.16	총독부 고시 제318호/분실 설치
			경성비행장 내
京城中央郵便局古市町分室	경기도 경성부 고시정 12-25번지	1940.12.5	총독부 고시 제1338호/분실 설치
京城中央郵便局飛行場分室	경기도 경성부 여의도정 경성비행장내	1939.10.1	총독부 고시 제804호/경성우편국비행장을 개칭
京城中央郵便局驛前分室	경기도 경성부 광화문통	1940.12.10	총독부 고시 제1363호/경성중앙우편국으로 개칭
京城鐵道郵便局	경기도 경성부 본정 1정목	1921.4.16	총독부 고시 제72호/우편국 설치
京城郵便局驛前分室	경기도 경성부 고시정	1932.3.21	총독부 고시 제127호/분실 설치
京城中央郵便局驛前分室	경기도 경성부 고시정	1939.10.1	총독부 고시 제804호/경성우편국역전분실을 개칭
京城齊洞町郵便局	경기도 경성부 제동정	1942.3.30	총독부 고시 제442호/우편국 설치
京城新村郵便局	경기도 경성부 대현정	1942.3.30	총독부 고시 제442호/우편국 설치
京城往十里郵便局	경기도 경성부 하왕십리정	1942.11.30	총독부 고시 제1418호/경성중앙전신국신당정분실.승계
京城麻浦郵便局	경기도 경성부 도화정	1942.11.30	총독부 고시 제1418호/서대문우편국으로 승계
京城鷺梁津郵便局	경기도 경성부 본동정	1942.11.30	총독부 고시 제1418호/용산우편국으로 승계
京城大島町郵便局	경기도 경성부 대도정	1941.3.29	총독부 고시 제347호/우편국 설치
朝鮮博覽會郵便局	경성부 경복궁 내	1929.9.7	총독부 고시 제298호/우편국 설치
朝鮮統監部內郵便局	경기도 경성부 한강통 조선군사령부내	1930.7.7	총독부 고시 제397호/우편국 설치
京城帝國大學病院內郵便局	경기도 경성부 종로구 연건정	1943.12.1	총독부 고시 제1371호/우편국 설치
朝鮮物産共進會郵便局	경기도 경성부 덕수궁 공진회장 내	1915.9.6	총독부 고시 제215호/시정5주년기념 통신일부인 사용
光化門郵便局	경기도 경성부 종로 1정목	1911.3.30	총독부 고시 제87호/우편위체사무취급 개시
南大門郵便局	경기도 경성부 고시정	1911.3.30	총독부 고시 제87호/우편위체사무취급 개시
		1932.3.20	총독부 고시 제129호/우편국 폐지
西大門郵便局	경기도 경성부	1911.3.30	총독부 고시 제87호/우편위체사무취급 개시
龍山郵便局	경기도 경성부 한강통	1911.3.30	총독부 고시 제87호/우편위체사무취급 개시
		1922.2.28	총독부 고시 제42호/송전보취급 폐지/경성우편국.승계
仁川郵便局	경기도 인천부 본정 2정목	1911.3.30	총독부 고시 제87호/우편위체사무 취급 개시
仁川郵便局保險分室	경기도 인천부 본정 2정목	1940.12.19	총독부 고시 제35호/보험분실 설치
仁川鶴翼町郵便局	경기도 인천부 학익정	1944.3.30	총독부 고시 제465호/우편국 설치
仁川白馬町郵便局	경기도 인천부 백마정	1944.6.10	총독부 고시 제860호/우편국 설치
開城郵便局	경기도 개성부 동본정	1911.3.30	총독부 고시 제87호/우편위체사무 취급 개시
開城郵便局保險分室	경기도 개성부 동본정	1938.4.1	총독부 고시 제302호/분실 설치
永登浦郵便局	경기도 경성부 영등포구 영등포정	1911.3.30	총독부 고시 제87호/우편위체사무 취급 개시
永登浦驛前郵便局	경기도 경성부 영등포구 영등포정	1944.3.6	총독부 고시 제312호/우편국 설치
水原郵便局	경기도 수원군 수원읍	1911.3.30	총독부 고시 제87호/우편위체사무 취급 개시
水原郵便局保險分室	경기도 수원군 수원읍 신풍정	1939.5.16	총독부 고시 제421호/보험분실 설치
汶山郵便局	경기도 파주군 칠정면 문산포	1911.2.25	총독부 고시 제38호/전신사무 개시
		1911.3.21	총독부 고시 제70호/전화통화 사무 개시
		1923.3.15	총독부 고시 제60호/우편국폐지 後 문산우편소로 승계
振威郵便局	경기도 진위군 진위읍	1911.2.1	총독부 고시 제14호/전신사무 개시
		1911.3.21	총독부 고시 제70호/전화통화사무 개시
廣州郵便局	경기도 광주군 광주읍	1911.3.27	총독부 고시 제81호/전신사무, 전화통화 사무 개시
		1921.3.20	총독부 고시 제46호/우편국폐지 後 광주우편소로 개칭
楊坪郵便局	경기도 양평군 양평읍	1911.3.27	총독부 고시 제81호/전신사무, 전화통화 사무 개시

국(소)명	소재지	설치연도	참고사항
		1912.5.31	총독부 고시 제235호/우편국 폐지 후 우편소로 설치
水原郵便局	경기도 수원군 수원읍	1911.7.15	총독부 고시 제193호/전화가입신청, 전화교환 사무 개시
金浦郵便局	경기도 김포군 김포읍	1912.5.31	총독부 고시 제235호/우편국 폐지 후 우편소로 개칭
抱川郵便局	경기도 포천군 서면 호병동	1914.9.5	총독부 고시 제348호/군내면 서변리로 이전
	경기도 포천군 군내면 구읍리	1921.3.15	총독부 고시 제36호/우편국 개칭, 포천우편소로 개칭
長淵郵便局	경기도 장연군 군내면 읍내리	1921.3.15	총독부 고시 제36호/우편국개칭, 장연우편소로 개칭
江華郵便局	경기도 강화군 부내면 관청리	1923.3.25	총독부 고시 제71호/우편국폐지 후 강화우편소로 승계
砥平郵便局	경기도 양평군 지제면 지평리	1941.3.29	총독부 고시 제346호/우편국 설치
水色郵便局	경기도 고양군 은평면 수색리	1941.7.11	총독부 고시 제1015호/우편국 설치
加南郵便局	경기도 여주군 가남면 태평리	1942.3.16	총독부 고시 제320호/우편국 설치
富平驛前郵便局	경기도 인천부 소화정	1942.7.13	총독부 고시 제973호/전신, 전화교환업무 개시
清平郵便局	경기도 가평군 외서면 청평리	1942.7.13	총독부 고시 제973호/전신, 전화교환업무 개시
德亭郵便局	경기도 양주군 회천면 덕정리	1943.3.10	총독부 고시 제257호/전신전화 통화사무 개시
永北郵便局	경기도 포천군 영북면 운천리	1943.5.21	총독부 고시 제616호/전신전화통화사무 개시
新長郵便局	경기도 광주군 동부면 신장리	1941.3.26	총독부 고시 제312호/우편국 설치
瑞興郵便局	황해도 서흥군 서흥읍	1911.3.21	총독부 고시 제70호/전화통화사무 개시
		1923.3.25	총독부 고시 제71호/우편국 폐지 후 서흥우편소로 승계
殷栗郵便局	황해도 은율군 은율면 홍문리	1918.9.25	총독부 고시 제217호/우편국 폐지, 은율우편소로 승계
海州郵便局	황해도 해주군 해주읍	1911.3.30	총독부 고시 제87호/우편위체사무 취급 개시
海州郵便局保險分室	황해도 해주군 해주읍 남본정	1937.1.17	총독부 고시 제35호/보험분실 설치
海州郵便局港電話分室	황해도 해주군 해주읍 동지리	1937.12.25	총독부 고시 제907호/분실 설치
平山郵便局	황해도 평산군 평산읍	1912.3.1	총독부 고시 제50호/전신, 전화통화사무 개시
兼二浦郵便局	황해도 황주군 송림면 겸이포리	1918.11.1	총독부 고시 제242호/우편국 설치
黃州郵便局	황해도 황주군 황주면 황강리	191810.6	총독부 고시 제235호/우편국 이전, 황주면 제안리로 이전
		1932.2.29	총독부 고시 제93호/우편국 폐지 후 황주우편소로 승계
甕津郵便局	황해도 옹진군 마산면 하구리	1911.10.1	총독부 고시 제40호/옹진읍-마산면 하구리로 이전
沙里院郵便局	황해도 봉산군 사원면 사리원동리	1919.10.1	총독부 고시 제269호/전화가입, 전화교환사무 개시
沙里院郵便局保險分室	황해도 봉산군 사리원읍 동리	1939.3.10	총독부 고시 제189호/보험분실 설치
松和郵便局	황해도 송화군 송화면 읍내리	1921.4.10	총독부 고시 제87호/우편국폐지 후 송화우편소로 승계
谷山郵便局	황해도 곡산군 곡산면 적성리	1921.5.20	총독부 고시 제117호/우편국 폐지 후 곡산우편소로 개칭
新溪郵便局	황해도 신계군 신계면 향교리	1921.5.31	총독부 고시 제125호/우편국 폐지 후 신계우편소로 개칭
瓮津郵便局	황해도 분진군 마산면 온천리	1923.3.20	총독부 고시 제68호/우편국 폐지 후 분진우편소로 승계
延安郵便局	황해도 연일군 연안면 관천리	1923.3.25	총독부 고시 제71호/우편국 폐지 후 연안우편소로 승계
沈村郵便局	황해도 황주군 청룡면 소관리	1931.2.26	총독부 고시 제87호/전신전화사무 개시
載寧郵便局	황해도 재령군 재령읍 국화리	1940.11.3	총독부 고시 제1131호/우편국 이전
長壽郵便局	황해도 재령군 장수면 장국리	1941.2.21	총독부 고시 제152호/우편국 설치
多美郵便局	황해도 신계군 다미면 추천리	1941.2.26	총독부 고시 제171호/우편국 설치
馬洞郵便局	황해도 봉산군 토성면 마산리	1941.4.3	총독부 고시 제401호/전신전화통화사무 취급 개시
竹川郵便局	황해도 벽성군 장곡면 동봉리	1942.3.6	총독부 고시 제285호/우편국 설치
海城郵便局	황해도 연백군 해성면 구룡리	1942.3.6	총독부 고시 제285호/우편국 설치
松禾溫泉郵便局	황해도 송화군 연정면 온수리	1942.3.25	총독부 고시 제386호/송화온천전신취급소폐지 후 승계
平安南北道地域			
新義州郵便局	평안남도 안주군 안주면 북문리	1923.3.11	총독부 고시 제48호/전화교환업무 개시
		1911.3.30	총독부 고시 제87호/우편위체사무취급 개시
		1911.10.28	총독부 고시 제224호/압록강교량낙성기념 특수통신기념일부인 사용
順川郵便局	평안남도	1911.3.21	총독부 고시 제70호/전화통화사무 개시
		1921.3.15	총독부 고시 제36호/순천우편소로 개칭
鎭南浦郵便局	평안남도	1911.3.30	총독부 고시 제87호/우편위체사무취급 개시
平壤郵便局	평안남도 평양부 외천방1리	1911.3.30	총독부고시제87호/우편위체사무취급개시
		1911.12.10	총독부 고시 제360호/우편국 이전 평양부 평양대동문통에서 외천방1리로 이전

국(소)명	소재지	설치연도	참고사항
平壤郵便局秋乙分室	평안남도 평양부 송신정	1943.8.5	총독부 고시 제877호/전신전화통화사무 개시
平壤上需町郵便局	평안남도 평양부 상수정	1942.5.6	총독부 고시 제642호/평양상수리우편국을 개칭
平壤西城町郵便局	평안남도 평양부 서성정	1942.5.6	총독부 고시 제642호/평양서성리우편국을 개칭
平壤船橋町郵便局	평안남도 평양부 선교정	1942.5.6	총독부 고시 제642호/평양선교리우편국을 개칭
平壤箕林郵便局	평안남도 평양부 기림정	1942.11.30	총독부 고시 제1418호/평양우편국으로 승계
平壤郵便局黃金町電話分室	평안남도 평양부 황금정7번지	1938.7.31	총독부 고시 제594호/전화분실 설치
平壤遞信分場局構內郵便局電信局			
平壤遞信分場局構內郵便電信局			
平壤郵便局船橋里電信分室	평양부 선교리	1940.12.5	총독부 고시 제1338호/전신분실 설치
中和郵便局	평안남도 중화군 중화읍	1911.1.1	총독부 고시 제93호/전신사무 개시
		1911.3.21	총독부 고시 제70호/전화통화사무 개시
		1921.3.25	총독부 고시 제50호/우편국 폐지 후 중화우편소로 승계
順安郵便局	평안남도 순안군 순안읍	1911.1.1	총독부 고시 제93호/전신사무 개시
		1911.3.21	총독부 고시 제70호/전화통화사무 개시
甑山郵遞局	평안남도 증산군 증산읍	1911.3.27	총독부 고시 제81호/전신사무, 전화통화사무 개시
			총독부 고시 제15호/우체소를 우편소로 개칭
江西郵便局	평안남도 강서군 강서읍	1912.1.1	총독부 고시 제385호/전신, 전화통화사무 개시
		1921.4.15	총독부 고시 제90호/우편국 폐지 후 강서우편소로 승계
德川郵便局	평안남도 덕천군 덕천읍 읍북리	1921.4.25	총독부 고시 제102호/우편국 폐지, 덕천우편소로 승계
		1941.5.17	총독부 고시 제712호/전화교환업무 개시
陽德郵便局	평안남도 양덕군 양덕면 하석리	1921.8.11	총독부 고시 제168호/우편국 이전 개칭
破邑郵便局	평안남도 양덕군 구룡면 용계리	1921.8.11	총독부 고시 제168호/양덕우편국, 파읍우편국으로 개칭
成川郵便局	평안남도 성천군 성천면 상부리	1923.3.20	총독부 고시 제68호/우편국 폐지 후 성천우편소로 승계
殷山郵便局	평안남도 순천군 은산면 은산리	1941.2.16	총독부 고시 제128호/전신전화통화사무 취급
三德郵便局	평안남도 성천군 삼덕면 신덕리	1941.2.26	총독부 고시 제171호/우편국 설치
柴足郵便局	평안남도 대동군 시족면 노산리	1941.2.26	총독부 고시 제171호/우편국 설치
陵中郵便局	평안남도 성천군 능중면 남양리	1942.3.6	총독부 고시 제284호/우편국 설치
雙龍郵便局	평안남도 강서군 쌍용면 다족리	1944.3.28	총독부 고시 제462호/우편국 설치
院里郵便局	평안남도 개천군 북면 원리	1944.3.28	총독부 고시 제464호/우편사무 취급
安州郵便局	평안북도 정주군 읍부면 성내동	1917.9.1	총독부 고시제188호/우편국이전/읍부면성외동으로 이전
新義州郵便局飛行場分室	신의주군광성면풍사동신의주비행장내	1935.9.1	총독부 고시 제473호/분실 설치
新義州郵便局保險分室	평안북도 신의주부 영정	1940.1.20	총독부 고시 제22호/보험분실 설치
新義州麻田洞郵便局	평안북도 신의주부 마전동	1941.3.31	총독부 고시 제373호/우편국 설치
新義州郵便局電信分室	신의주부랑정1정목신의주측후소구내	1941.7.31	총독부 고시 제1143호/우편국분실 설치
義州郵便局	평안북도 의주군 의주읍	1911.3.30	총독부 고시 제87호/우편위체사무취급 개시
		1911.5.15	총독부 고시 제127호/특설전화가입신청수리/전화교환
昌城郵便局	평안북도 창성군 창성읍	1911.3.21	총독부 고시 제70호/전화통화사무 개시
		1932.2.29	총독부 고시 제93호/우편국 폐지 후 창성우편소로 승계
渭原郵便局	평안북도 위원군 위원면 서성내동	1919.8.19	총독부 고시 제211호/우편국 설치
宣川郵便局	평안북도 선천군 읍내면 천남리	1915.10.1	총독부 고시 제248호/전화통화사무 개시
中江鎭郵便局	평안북도 자성군 궁정면 중평리	1913.10.6	총독부 고시 제473호/전화통화사무 개시
雲山金鑛郵便局	평안북도 운산군		
富興郵便局	평안북도 후창군 남신면 부흥동	1920.3.11	총독부 고시 제56호/우편국 설치
		1920.9.15	총독부 고시 제224호/우편국 폐지, 후창우편국으로 승계
厚昌郵便局	평안북도 후창군 남신면 부흥동	1920.9.15	총독부 고시 제224호/우편국 폐지, 후창우편국으로 승계
滿浦鎭郵便局	평안북도 강계군 문옥면 문흥동	1920.9.26	총독부 고시 제225호/우편국 설치
龜城郵便局	평안북도 구성군 구성면 좌부리	1921.3.15	총독부 고시 제36호/구성우편소로 개칭
東興郵便局	평안북도 후창군 동흥면 고읍동	1921.7.16	총독부 고시 제149호/우편국 설치
碧丹郵便局	평안북도 벽동군 송서면 사서리	1922.6.1	총독부 고시 제32호/우편국 설치
平安南北道地域			
江界郵便局	평안북도 강계군 강계면 동부동	1923.2.1	총독부 고시 제13호/전화교환업무 개시
		1923.3.1	총독부 고시 제42호/탁송전보취급 개시

국(소)명	소재지	설치연도	참고사항
江界榮町郵便局	평안북도 강계군 강계읍 영정	1942.3.28	총독부 고시 제413호/우편국 설치
江界郵便局保險分室	평안북도 강계군 강계읍 동부동	1938.5.14	총독부 고시 제420호/보험분실 설치
碧潼郵便局	평안북도 벽동군 벽동면 1동	1923.3.1	총독부 고시 제43호/전화통화사무 개시
	평안북도 용천군 용천면 용암동	1923.3.11	총독부 고시 제48호/전화교환업무 개시
定州郵便局	평안북도 정주군 정주면 성외동	1923.5.26	총독부 고시 제163호/전화교환업무 개시
淸城鎭郵便局	평안북도 의주군 광평면 청성동	1932.2.29	총독부 고시 제93호/우편국폐지후청성진우편소로승계
前川郵便局	평안북도 강계군 전천면 장흥동	1932.2.29	총독부 고시 제93호/우편국폐지 후 전천우편소로승계
高山鎭郵便局	평안북도 강계군 고산면 춘산동	1932.2.29	총독부 고시 제93호/우편국폐지, 고산진우편소로 승계
熙川郵便局	평안북도 희천군 희천면 읍상동	1932.10.6	총독부 고시 제522호/전화교환업무 개시
北鎭郵便局	평안북도 운산군 북진면 교동	1933.10.11	총독부 고시 제524호/전화교환업무 개시
北鎭郵便局保險分室	평안북도 운산군 북진면 교동	1939.9.10	총독부 고시 제795호/보험분실 설치
完豊郵便局	평안북도 창성군 신창면 완풍동	1941.2.26	총독부 고시 제171호/우편국 설치
獨山郵便局	평안북도 영변군 독산면 능흥동	1941.3.26	총독부 고시 제317호/우편국 설치
郭山郵便局	평안북도 정주군 곽산면 조내동	1941.4.25	총독부 고시 제584호/전화교환업무 개시
批峴郵便局	평안북도 웅천군 양광면 구룡동	1941.5.5	총독부 고시 제642호/전화교환업무 개시
水豊郵便局	평안북도 삭주군 구곡면 수풍동	1941.6.3	총독부 고시 제781호/전화교환업무 개시
靑水郵便局	평안북도 의주군 광평면 청수동	1942.3.28	총독부 고시 제411호/우편국 설치
八院郵便局	평안북도 영변군 팔원면 천양리	1942.612	총독부 고시 제869호/전신,통화사무 개시
車螢館郵便局			
化京郵便局	평안북도 강계군 화경면 고인동	1944.3.20	총독부 고시 제423호/우편사무 취급
多煇島郵便局	평안북도 운천군 부나면 원성동	1944.3.28	총독부 고시 제464호/우편국 설치
外貴郵便局	평안북도 강계군 외귀면 전하동	1941.3.26	총독부 고시 제312호/우편국 설치
北中郵便局	평안북도 용천군 북중면 가성동	1944.4.3	총독부 고시 제533호/우편사무 취급
會寧郵便局	함경북도 회령군 회령읍	1911.3.30	총독부 고시 제87호/우편위체사무취급 개시
		1911.5.15	총독부 고시 제127호/특설전화가입신청수리/전화교환
		1911.11.1	총독부 고시 제225호/전화교환업무개시, 전보 취급
淸津郵便局	함경북도 청진수도정3정목	1910.10.1	총독부 고시 제209호/우편물, 전화교환업무 개시
		1911.3.30	총독부 고시 제87호/우편위체사무취급 개시
淸津郵便局明治町分室	함경북도 청진부 명치정	1934.3.16	총독부 고시 제131호/우편분실 설치
淸津郵便局大和町分室	함경북도 청진부 대화정	1934.3.22	총독부 고시 제132호/우편소분실 설치
淸津郵便局高秣山出張所	함경북도 청진부 목하전정	1938.5.1	총독부 고시 제368호/출장소 설치
淸津郵便局保險分室	함경북도 청진부 포항정	1940.7.22	총독부 고시 제754호/보험분실 설치
淸津郵便局電信分室	함북 청진부 천마정 청진측후소 구내	1941.1.16	총독부 고시 제26호/전신분실 설치
淸津驛前郵便局	함경북도 청진부 포항정(신역전)	1941.3.31	총독부 고시 제373호/우편국 설치
淸津新岩洞郵便局	함경북도 청진부 신암정	1941.5.16	총독부 고시 제633호/청진신암정우편국으로 개칭
淸津新岩町郵便局	함경북도 청진부 신암정	1941.5.16	총독부 고시 제633호/청진신암동우편국을 개칭
淸津水南洞郵便局	함경북도 청진부 서수남정	1941.5.16	총독부 고시 제633호/청진동수남정우편국으로 개칭
淸津東水南洞郵便局	함경북도 청진부 서수남정	1941.5.16	총독부 고시 제633호/청진동수남정우편국을 개칭
靑津康德町郵便局	함경북도 청진부 강덕정	1942.3.30	총독부 고시 제410호/우편국 설치
羅南郵便局	함경북도 나남본정 2정목	1910.10.1	총독부 고시 제209호/우편물, 전화교환업무 개시
			1910.9.30부로 특설전화교환업무 폐지/고시 제210호
		1911.3.30	총독부 고시 제87호/우편위체사무취급 개시
城津郵便局	함경북도 성진군 성진각국거류지	1911.1.1	총독부 고시 제82호/특설전화교환, 전보업무 개시
		1911.10.1	총독부 고시 제292호/전화교환업무 개시
城津郵便局保險分室	함경북도 성진군 성진읍 욱정	1941.1.10	총독부 고시 제18호/보험분실 설치
鏡城郵便局	함경북도 경성군 경성읍	1911.3.30	총독부 고시 제87호/우편위체사무취급 개시
沔川郵便局	함경북도 면천군	1911.10.1	총독부 고시 제292호/전화교환업무 개시
明川郵便局	함경북도 명천군 하운면 중하리	1916.10.11	총독부 고시 제246호/전화통화사무 개시
北蒼坪郵便局	함경북도 은성군 충동면 창평	1912.9.10	총독부 고시 제271호/우편국 폐지
			은성우편국으로 승계
新阿山郵便局	함경북도 경원군 신아산면1리 성동	1912.9.16	총독부 고시 제272호/우편국 설치
慶興郵便局	함경북도 경흥군 경흥읍	1912.9.16	총독부 고시 제274호/전화통화사무 개시

국(소)명	소재지	설치연도	참고사항
慶源郵便局	함경북도 경원군 경원면 성내동	1931.4.1	총독부 고시 제172호/우편국 설치
穩城郵便局	함경북도 은성군 은성면 서흥동	1931.4.1	총독부 고시 제172호/우편국 설치
穩城郵便局南陽出張所	함경북도 은성군 유포면 남양동	1934.4.16	총독부 고시 제180호/출장소 설치
		1935.9.30	총독부 고시 제530호/출장소폐지 후 남양우편국으로 승계
鐘城郵便局	함경북도 종성군 종성읍	1912.9.16	총독부 고시 제274호/전화통화사무 개시
蒼坪郵便局	함경북도 부령군 서상면 창평동	1916.5.16	총독부 고시 제111호/우편국 설치
		1918.9.20	총독부 고시 제206호/우편국 폐지
富寧郵便局			부영우편국으로 승계
漁大津郵便局	함경북도 경성군 어랑면 하송동	1916.7.16	총독부 고시 제166호/우편국 설치
		1916.10.1	총독부 고시 제245호/전신전화통화사무 개시
西水羅郵便局	함경북도 경흥군 노서면 서수라동	1916.7.16	총독부 고시 제166호/우편국 설치
泗浦郵便局	함경북도 명천군 하가면 사포동	1919.9.21	총독부 고시 제224호/우편국 설치
		1919.10.16	총독부 고시 제279호/전신전화통화사무 개시
惠山鎭郵便局	함경북도 혜산군		
雄基郵便局	함경북도 경흥군 웅기면 웅기동	1922.9.2	총독부 고시 제208호/전화교환업무 개시
雄基郵便局羅津出張所	함경북도 경흥군 신안면 안동	1933.5.6	총독부 고시 제205호/전신전화통화사무 개시
雄基郵便局保險分室	함경북도 경흥군 웅기읍 웅기동	1939.3.10	총독부 고시 제172호/보험분실 설치
三長郵便局	함경북도 무산군 삼장면 삼상동	1922.5.1	총독부 고시 제101호/우편국 설치
訓戒郵便局	함경북도 은성군 훈계동 금화동	1923.2.21	총독부 고시 제31호/우편국 설치
延社郵便局	함경북도 무산군 연사면 사지동	1929.10.26	총독부 고시 제383호/전신전화통화사무 개시
三峰郵便局	함경북도 종성군 남산면 삼봉동	1933.8.16	총독부 고시 제384호/전화교환업무 개시
南陽郵便局	함경북도 은성군 유포면 남양동	1935.10.1	총독부 고시 제529호/우편국 설치
南陽郵便局保險分室	함경북도 은성군 유포면 남양동	1939.8.18	총독부 고시 제659호/보험분실 설치
義州郵便局保險分室	평안북도 의주군 의주읍 남문동	1939.5.10	총독부 고시 제422호/보험분실 설치
灰岩郵便局	함경북도 경흥군 아오지읍 회암동	1941.5.16	총독부 고시 제633호/아오지우편국으로 개칭
阿吾地郵便局	함경북도 경흥군 아오지읍 아오지동	1941.5.16	총독부 고시 제633호/아오지역전우편국으로 개칭
阿吾地驛前郵便局	함경북도 경흥군 아오지읍 아오지동	1941.5.16	총독부 고시 제633호/아오지우편국을 개칭
洛山郵便局	함경북도 부령군 관해면 산진동	1941.6.15	총독부 고시 제844호/전전전화통화사무취급 개시
吉州郵便局	함경북도 길주군 길주읍	1941.7.21	총독부 고시 제1091호/장곡전신취급소업무 승계
羅津郵便局	함경북도 경흥군 나진읍 남안동	1935.3.16	총독부 고시 제157호/우편국 설치
羅津鐵道郵便局	함경북도 나진철도정차장		
高嶺鎭郵便局	함경북도 회령군 화풍면 인계동	1942.3.16	총독부 고시 제320호/우편국 설치
業億郵便局	함경북도 학성군 학서면 업억동	1942.3.16	총독부 고시 제322호/우편국 설치
龍臺郵便局	함경북도 학성군 학남면 금산동	1942.10.1	총독부 고시 제1267호/전신, 통화사무 개시
龍德郵便局	함경북도 경원군 용덕면 용북동	1943.2.6	총독부 고시 제75호/고건원우편국을 개칭
古乾院郵便局	함경북도 경원군 용덕면 용북동	1943.2.6	총독부 고시 제75호/용덕우편국으로 개칭
延上郵便局	함경북도 무산군 연상면 상창동	1944.3.6	총독부 고시 제311호/우편국 설치
富潤郵便局	함경북도 경성군 경성면 부윤동	1944.5.6	총독부 고시 제650호/우편국 설치
元山郵便局	함경남도 원산부 천정2정목	1911.3.30	총독부 고시 제87호/우편위체사무 취급 개시
		1913.5.15	총독부 고시 제167호/호도우편국 승계
		1920.10.6	총독부 고시 제247호/원산부행정으로우편국 이전
咸興郵便局	함경남도 함흥주길정	1911.3.30	총독부 고시 제87호/우편위체사무 취급 개시
		1911.9.29	총독부 고시 제298호/전화교환업무 개시
咸興郵便局飛行場分室	함남함주군운남면궁서리함흥비행장내	1938.10.1	총독부 고시 제760호/우편국분실 설치
咸興郵便局保險分室	함경남도 함흥부 지영정	1940.12.3	총독부 고시 제1356호/보험분실 설치
永興郵便局	함경남도 영흥군 영흥읍	1911.5.15	총독부 고시 제127호/특설전화가입신청수리/전화교환
虎島郵便局	함경남도 영흥군 녕고면 방구미리	1911.12.21	총독부 고시 제369호/전신전화사무 개시
		1913.5.15	총독부 고시 제167호/호도우편국 폐지
松田郵便局	함경남도 문천군 명효면 북구미리	1911.12.21	총독부 고시 제370호/전화통화사무 개시
		1912.7.5	총독부 고시 제206호/우편국 이전
			함남 문천군 명호면 번좌리-명효면북구미리로 이전

국(소)명	소재지	설치연도	참고사항
新興郵便局	함경남도 신흥군 동고천면 흥량리	1913.7.1	총독부 고시 제226호/우편국 설치
		1914.8.11	총독부 고시 제314호/전신전화통화사무 개시
豊山郵便局	함경남도 풍산군 이인면 직동	1913.7.1	총독부 고시 제226호/우편국 설치
		1915.10.20	총독부 고시 제265호/우편국 이전
			함경남도 풍산군 이인면 신풍리로 이전
		1932.2.29	총독부 고시 제93호/우편국 폐지 후 풍산우편소로 승계
三水郵便局	함경남도 삼수군 삼남면 중평장리	1918.10.26	총독부 고시 제245호/우편국 설치
		1932.2.29	총독부 고시 제93호/우편국 폐지 후 삼수우편소로 승계
大新里郵便局	함경남도 서천군 북두일면 대신리	1918.11.1	총독부 고시 제242호/우편국 설치
新乫坡鎭郵便局	함경남도 삼수군 강진면 신갈파리	1919.6.16	총독부 고시 제155호/우편국 설치
端川郵便局	함경남도 단천군 단천읍	1912.2.21	총독부 고시 제41호/전화통화사무 개시
銅店郵便局	함경남도 갑산군 진동면 동점	1915.3.1	총독부 고시 제39호/우편국 설치
元山地方遞信局構內郵便電信局			
元山遞信局構內特定郵便所			
間島郵便局	함경남도		
下碣隅郵便局	함경남도 장진군 신남면 하갈리	1922.2.26	총독부 고시 제30호/전신사무 개시
北靑郵便局	함경남도 북청군 노덕면 내리	1923.3.11	총독부 고시 제48호/전화교환업무 개시
大新里郵便局	함경남도 단천군 북두일면 대신리	1932.2.29	총독부 고시 제93호/우편국 폐지 후 대신리우편소 승계
長津郵便局	함경남도 장진군 군내면 읍상리	1932.2.29	총독부 고시 제93호/우편국 폐지 후 장진우편소 승계
培花郵便局	함경남도 안변군 배화면 형천리	1941.3.21	총독부 고시 제278호/우편국 설치
宣興郵便局	함경남도 영흥군 선흥면 성리	1941.3.31	총독부 고시 제378호/전신전화통화 업무 취급
連浦郵便局	함경남도 함주군 연포면 신흥리	1941.5.22	총독부 고시 제717호/전신전화통화사무 취급
群仙郵便局		1942.1.31	총독부 고시 제76호/군선전신취급소를 승계
扶桑郵便局	함경남도 성주군 덕산면 부상리	1942.3.16	총독부 고시 제320호/우편국 설치
俗厚郵便局	함경남도 북청군 속후면 서호리	1942.3.16	총독부 고시 제324호/우편국 설치
興南郵便局	함경남도 함주군 흥남읍 흥남리	1942.3.20	총독부 고시 제358호/우편국 설치
豊上郵便局	함경남도 문천군 풍상면 마한리	1942.6.16	총독부 고시 제876호/전신, 통화사무 개시
陽化郵便局	함경남도		
興南雲城里郵便局	함경남도 함주군 흥남읍 은성리	1942.11.30	총독부 고시 제1418호/흥남우편국으로 승계
梨上郵便局	함경남도 장진군 북면 이상리	1943.2.6	총독부 고시 제82호/전화통화사무 취급
荏子郵便局	함경남도 북청군 하차서면 임자동리	1943.5.25	총독부 고시 제622호/전신전화통화사무개시
羅興郵便局	함경남도 이원군 연호읍 창흥리	1944.3.30	총독부 고시 제463호/우편국 설치
興南里郵便局	함경남도 함주군 흥남읍 흥남리	1942.3.20	총독부 고시 제358호/우편국 설치
興南柳町郵便局	함경남도 함주군 흥남읍 유정리	1944.3.30	총독부 고시 제465호/우편국 설치
春川郵便局	강원도 춘천군 춘천읍	1911.5.15	총독부 고시 제127호/특설전화가입신청수리/전화교환
高城郵便局	강원도 고성군 고성읍	1911.1.1	총독부 고시 제93호/전신사무 개시
淮陽郵便局	강원도 간성군 신북면 내온정리	1915.8.16	총독부 고시 제190호/고시 제150호 개정
	강원도 회양군 회양면 읍내리	1921.4.5	총독부 고시 제75호/우편국 폐지 후 회양우편소로 승계
淮陽郵便局長安寺分室	강원도 회양군 장안면 장안사내	1918.10.31	총독부 고시 제250호/우편국분실 폐지
淮陽郵便局末揮里分室		1918.10.31	총독부 고시 제250호/우편국분실 폐지
溫井里淮陽局分室	강원도 회양군장양면내장안사내일원	1915.8.13	총독부 고시 제190호/고시 제150호 개정
三陟郵便局	강원도 삼척군 부내면 성내리	1917.9.16	총독부 고시 제191호/우편국 설치
		1923.3.25	총독부 고시 제83호/우편국 폐지 후삼척우편소로 승계
宋輝軍兼內金剛郵便局			
通川郵便局	강원도 통천군 통천면 중리	1921.3.25	총독부 고시 제50호/우편국 폐지 후 통천우편소로 승계
杆城郵便局	강원도 고성군 간성면 하리	1921.3.25	총독부 고시 제50호/우편국 폐지 후 간성우편소로 승계
襄陽郵便局	강원도 양양군 양양면 성내리	1921.3.25	총독부 고시 제50호/우편국 폐지 후 양양우편소로 승계
平昌郵便局	강원도 평창군 평창면 중리	1921.3.25	총독부 고시 제50호/우편국 폐지 후 평창우편소로 승계
楊口郵便局	강원도 양구군 양구면 중리	1921.4.10	총독부 고시 제87호/우편국 폐지 후 양구우편소로 승계
伊川郵便局	강원도 이천군 이천면 향교리	1921.4.15	총독부 고시 제90호/우편국 폐지 후 이천우편소로 승계
元山郵便局長安寺分室	강원도 회양군 장장면 장안사내	1921.7.1	총독부 고시 제136호/우편국분실 설치
元山郵便局末輝里分室	강원도 회양군 장장면 말휘리	1921.7.1	총독부 고시 제136호/우편국분실 설치
江陵郵便局	강원도 강릉군 가릉면 본정	1922.2.16	총독부 고시 제24호/전화교환업무 개시

국(소)명	소재지	설치연도	참고사항
江陵郵便局電信分室	강원도 강릉군강릉읍강릉측후소구내	1940.4.11	총독부 고시 제361호/전신분실 설치
鐵原郵便局	강원도 철원군 철원면 관전리	1922.2.16	총독부 고시 제24호/전화교환업무 개시
鐵原郵便局保險分室	강원도 철원군 철원읍 중리	1939.7.1	총독부 고시 제522호/보험분실 설치
洪川郵便局	강원도 홍천군 홍천면 진리	1923.3.25	총독부 고시 제71호/우편국 폐지 후 홍천우편소로 승계
蔚珍郵便局	강원도 울진군 울진면 진리	1923.3.25	총독부 고시 제71호/우편국 폐지 후 울진우편소로 승계
大浦郵便局	강원도 양양군 속초면 대포리	1941.3.1	총독부 고시 제190호/우편국 설치
內金剛郵便局	강원도 회양군 장양면 말휘리	1941.11.20	총독부 고시 제1807호/내금강역전신취급소를 승계
廷淵郵便局	강원도 평강군 남면 정연리	1941.3.24	총독부 고시 제289호/우편국 설치
新東郵便局	강원 도정선군 신동면 예미리	1941.3.27	총독부 고시 제340호/우편국 설치
上長郵便局	강원도 삼척군 상장면 장성리	1941.3.27	총독부 고시 제315호/우편국 설치
大光郵便局	강원도 철원군 신서면 도신리	1942.1.31	총독부 고시 제76호/대광우편취급소를 승계
蓬坪郵便局	강원도 평창군 봉평면 탑동리	1942.3.2	총독부 고시 제274호/우편국 설치
乃村郵便局	강원도 홍천군 내촌면 도관리	1942.3.26	총독부 고시 제383호/우편국 설치
內金剛郵便局溫井嶺出張所	강원도 회양군 내금강면 신풍리	1942.6.1	총독부 고시 제758호/출장소 사무 개시
內金剛郵便局毘盧峯出張所	강원도 회양군 내금강면 신풍리	1942.6.1	총독부 고시 제758호/출장소 사무 개시
外金剛郵便局神溪寺出張所	강원도 고성군 외금강면 창대리	1942.6.1	총독부 고시 제758호/출장소 사무 개시
外金剛郵便局六花岩出張所	강원도 고성군 외금강면 온정리	1942.6.1	총독부 고시 제758호/출장소 사무 개시
磨磋里郵便局	강원도 영월군 북면 마차리	1942.7.11	총독부 고시 제1431호/전화교환업무 개시
寅目郵便局	강원도 철원군 인목면 도밀리	1943.12.24	총독부 고시 제1442호/우편국 설치
箕城郵便局	강원도 울진군 기성면 직산리	1944.3.20	총독부 고시 제450호/우편국 설치
陽德院郵便局	강원도 홍천군 남면 양덕원리	1944.2.1	총독부 고시 제62호/우편국 설치
公州郵便局	충청남도 공주군	1911.3.10	총독부 고시 제54호/전화교환, 전화가입, 전보취급
大田郵便局	충청남도 대전군 대전면 영리	1911.3.10	총독부 고시 제54호/전화교환, 전화가입, 전보취급
		1911.3.30	총독부 고시 제87호/우편위체사무 취급 개시
		1922.10.6	총독부 고시 제231호/대전면 본정 1정목으로 이전
大田本町郵便局	충청남도 대전부 본정 2정목	1941.3.27	총독부 고시 제316호/우편국 설치
全義郵便局	충청남도 전의군 전의읍	1911.3.21	총독부 고시 제70호/전화통화사무 개시
		1914.5.25	총독부 고시 제136호/우편국 폐지 후 우편소로 개칭
瑞山郵便局	충청남도 서산군 서산읍	1911.3.21	총독부 고시 제70호/전화통화사무 개시
		1923.3.25	총독부 고시 제71호/우편국 폐지 후 서산우편소로 승계
鹽浦郵便局	충청남도 염포군 염포읍	1911.3.21	총독부 고시 제70호/선화통화사무 개시
定山郵便局	충청남도 정산군 정산읍	1912.5.31	총독부 고시 제235호/우편국 폐지 후 우편소로 개칭
牙山郵便局	충청남도 아산군 아산읍	1911.1.1	총독부 고시 제93호/전신사무 개시
		1911.3.21	총독부 고시 제70호/전화통화사무 개시
		1920.2.10	총독부 고시 제22호/우편국 폐지 후 이산우편소로 승계
洪州郵便局	충청남도 홍성군 홍양면 오관리	1917.9.16	총독부 고시 제191호/홍성우편국으로 우편국명 개정
洪城郵便局	충청남도 홍성군 홍양면 오관리	1917.9.16	총독부 고시 제191호/홍주우편국을 홍성우편국으로개정
		1923.3.11	총독부 고시 제44호/전화교환업무 개시
		1932.2.29	총독부 고시 제93호/우편국 폐지 후 홍성우편소로 승계
沔川郵便局	충청남도 당진군 면천면 성상리	1921.3.15	총독부 고시 제36호/면천우편소로 개칭
鴻山郵便局	충청남도 부여군 홍산면 북촌리	1921.3.25	총독부 고시 제50호/우편국 폐지 후 홍산우편소로 승계
鳥致院郵便局	충청남도 연기군 조치원면 조치원리	1921.3.26	총독부 고시 제51호/우편국 설치
報恩郵便局	충청남도 보은군 보은면 삼산리	1923.3.20	총독부 고시 제68호/우편국 폐지 후 보은우편소로 승계
江景郵便局	충청남도 논산군 강경읍 서정	1911.3.30	총독부 고시 제87호/우편위체사무 취급 개시
江景郵便局保險分室	충청남도 논산군 강경읍 서정	1939.6.21	총독부 고시 제505호/보험분실 설치
鶴山郵便局	충청북도 영동군 학산면 서산리	1941.2.21	총독부 고시 제151호/우편국 설치
新下郵便局	충청남도 대덕군 동면 신하리	1941.2.21	총독부 고시 제152호/우편국 설치
天宣郵便局	충청남도 서산군 정미면 천선리	1942.3.2	총독부 고시 제274호/우편국 설치
聖淵郵便局	충청남도 서산군 성연면 도천리	1942.11.25	총독부 고시 제1473호/우편국이전
成歡郵便局	충청남도 천안군		
鷄龍郵便局	충청남도 공주군 계룡면 월암리	1944.3.1	총독부 고시 제252호/우편사무 취급
笠浦郵便局	충청남도 부여군 양화면 부포리	1944.3.1	총독부 고시 제252호/우편사무취급

국(소)명	소재지	설치연도	참고사항
余美郵便局	충청남도 서산군 운천면 용취리	1944.3.1	총독부고시제252호/우편사무 취급
清州郵便局	충청북도 청주군 청주읍	1911.3.30	총독부 고시 제87호/우편위체사무 취급 개시
清州郵便局保險分室	충청북도 청주군 청주읍 본정 1정목	1940.12.16	총독부 고시 제1428호/보험분실 설치
		1911.7.1	총독부 고시 제207호/언문전보 취급 개시
鎭川郵便局	충청북도 진천군 진천읍	1911.2.1	총독부 고시 제14호/전신사무 개시
		1911.3.21	총독부 고시 제70호/전화통화사무 개시
		1921.4.5	총독부 고시 제75호/우편국 폐지 후 진천우편소로 승계
槐山郵便局	충청북도 괴산군 괴산읍	1912.2.21	총독부 고시 제40호/전신, 전화통화사무 개시
		1923.3.25	총독부 고시 제71호/우편국 폐지 후 괴산우편소로 승계
永同郵便局	충청북도 영동군 영동면	1923.5.11	총독부 고시 제153호/전화교환업무 개시
內秀郵便局	충청북도 청주군북일면 내수리	1941.3.1	총독부 고시 제189호/우편국 설치
鶴山郵便局	충청북도 영동군 학산면 서산리	1941.5.16	총독부 고시 제633호/서산우편국을 개칭
德山郵便局	충청북도 진천군 덕산면 용몽리	1942.1.31	총독부 고시 제76호/덕산우편취급소를 승계
伊院郵便局			
甫川郵便局	충청북도 음성군 원남면 보천리	1944.3.1	총독부 고시 제252호/우편사무 취급
鳳陽郵便局	충청북도 제천군 봉양면 주포리	1944.3.1	총독부 고 시제252호/우편사무 취급
內秀郵便局	충청북도 청주군 북일면 내수리	1944.3.1	총독부 고시 제252호/우편사무 취급
光州郵便局	전라남도 광주군 광주읍	1910.12.11	총독부 고시 제64호/전화교환업무 개시
		1911.3.13	총독부 고시 제63호/전화교환업무 폐지
麗水郵便局	전라남도 여수군 현내면 장동	1911.10.25	총독부 고시 제67호/우편국 이전
			전라남도 여수군 여수읍-현내면 장동으로 이전
咸平郵便局	전라남도 함평군 기성면 누각리	1913.1.26	총독부 고시 제21호/우편국 이전
			전라남도 함평군 기성면 동하주리로 이전
		1923.3.25	총독부 고시 제71호/우편국 폐지 후 함평우편소로 승계
濟州郵便局	전라남도 제주도 제주면 삼도리	1915.6.1	총독부 고시 제133호/전신전화사무 개시
興陽郵便局	전라남도 고흥군 고흥면 옥상리	1915.11.1	총독부 고시 제275호/우편국 이전
			전라남도 고흥군 고흥면 악동리로 이전
		1917.9.16	총독부 고시 제191호/고흥우편국으로 개정
高興郵便局	전라남도 고흥군 고흥면 옥하리	1917.9.16	총독부 고시 제191호/흥양우편국을 고흥우편국으로 개정
		1923.3.25	총독부 고시 제71호/우편국 폐지 후 고흥우편소로 승계
綾州郵便局	전라남도 화순군 능주면 석고리	1918.9.25	총독부 고시 제217호/우편국 폐지 후 능주우편소로 승계
谷城郵便局	전라남도 곡성군 곡성면 읍내리	1921.3.25	총독부 고시 제50호/우편국 폐지 후 곡성우편소로 승계
長城郵便局	전라남도 장성군 장성면 성산리	1922.3.20	총독부 고시 제68호/우편국 폐지 후 장성우편소로 승계
順天郵便局	전라남도 순천군 순천면 행정	1922.3.26	총독부 고시 제76호/전신전화통화사무 개시
順天郵便局保險分室	전라남도 순천군 순천읍 본정	1940.4.5	총독부 고시 제362호/보험분실 설치
莞島郵便局	전라남도 완도군 완도면 군내리	1923.3.25	총독부 고시 제71호/우편국 폐지 후완도우편소로 승계
珍島郵便局	전라남도 진도군 진도면 성내리	1923.3.25	총독부 고시 제71호/우편국 폐지 후 진도우편소로 승계
潭陽郵便局	전라남도 담양군 담양면 객사리	1923.3.25	총독부 고시 제71호/우편국 폐지 후 담양우편소로 승계
靈岩郵便局	전라남도 영암군 영암면 서남리	1923.3.25	총독부 고시 제71호/우편국 폐지 후 영암우편소로 승계
木浦郵便局	전라남도 목포부		
木浦郵便局保險分室	전라남도 목포부 대화정 1정목	1939.5.25	총독부 고시 제460호/보험분실 설치
靑山島郵便局	전라남도 완도군 청산면 도청리	1941.2.21	총독부 고시 제151호/우편국 설치
別良郵便局	전라남도 순천군 별양면 봉림리	1941.2.21	총독부 고시 제152호/우편국 설치
槐木郵便局	전라남도 순천군 황전면 괴목리	1942.1.31	총독부 고시 제76호/괴목우편취급소를 승계
梨陽郵便局	전라남도 화순군 이양면 이양리	1942.1.31	총독부 고시 제76호/이양우편취급소를 승계
別良郵便局	전라남도 순천군 별양면 봉림리	1942.3.21	총독부 고시 제360호/우편물집배사무 취급
公山郵便局	전라남도 나주군 공산면 영곡리	1942.3.26	총독부 고시 제383호/우편국 설치
安島郵便局	전라남도 여수군 남면 안도리	1942.10.1	총독부 고시 제1250호/전신사무 취급 개시
一老郵便局	전라남도 무안군일노면 월암리	1942.10.8	총독부 고시 제1291호/전신, 전화, 통화사무 개시
磁恩郵便局	전라남도 무안군 자은면 유각리	1944.3.6	총독부 고시 제311호/우편국 설치
飛禽郵便局	전라남도 무안 군비금 면수대리	1942.3.29	총독부 고시 제312호/우편국 설치
古今郵便局	전라남도 완도군 고금면 덕동리	1944.3.6	총독부 고시 제311호/우편국 설치

국(소)명	소재지	설치연도	참고사항
群山郵便局	전라북도	1911.3.30	총독부 고시 제87호/우편위체사무취급 개시
全州郵便局	전라북도 전주군 전주읍	1910.10.1	총독부 고시 제209호/우편물, 전화교환업무 개시
泰仁郵便局	전라북도 정읍군태인면 상1리	1914.7.15	총독부 고시 제262호/우편국 폐지, 태인우편소로 승계
咸悅郵便局	전라북도 함열군 함열읍	1912.3.28	총독부 고시 제140호/전신, 전화통화 사무 개시
古阜郵便局	전라북도 정읍군 고부면 고부리	1921.3.25	총독부 고시 제50호/우편국 폐지 후 고부우편소로 승계
鎭安郵便局	전라북도 진안군 진안면 군상리	1921.4.5	총독부 고시 제75호/우편국 폐지 후 진안우편소로 승계
高敞郵便局	전라북도 고창군 고창면 읍내리	1921.4.5	총독부 고시 제75호/우편국 폐지 후 고창우편소로 승계
裡里郵便局	전라북도 익산군 익산면 이리	1921.4.6	총독부 고시 제76호/우편국 설치
龍潭郵便局	전라북도 진안군 용담면 옥과리	1921.4.10	총독부 고시 제87호/우편국 폐지 후 용담우편소로 승계
南原郵便局	전라북도 남원군 남원면 하징리	1922.2.16	총독부 고시 제24호/전화교환업무 개시
		1922.4.1	총독부 고시 제84호/탁송전보취급 개시
錦山郵便局	전라북도 금산군 금산면 상리	1923.3.20	총독부 고시 제68호/우편국 폐지 후 금산우편소로 승계
淳昌郵便局	전라북도 순창군 순창면 정화리	1923.3.25	총독부 고시 제71호/우편국 폐지 후 순창우편소로 승계
平地郵便局	전라북도 진안군 마령면 평지리	1941.2.21	총독부 고시 제151호/우편국 설치
鳳東郵便局	전라북도 완주군 봉동면 장기리	1941.3.1	총독부 고시 제193호/우편집배사무 개시
馬靈郵便局	전라북도 진안군 마령면 평지리	1941.5.16	총독부 고시 제633호/평지우편국을 개칭
臨陂郵便局	전라북도 임피군 군내면 성내리	1941.7.21	총독부 고시 제1091호/임피전신취급소 업무 승계
金池郵便局	전라북도 남원군 금지면 신월리	1941.9.25	총독부 고시 제1516호/우편국 이전
沃構郵便局	전라북도 옥구군 옥구면 옥봉리	1942.3.16	총독부 고시 제327호/우편국 설치
大山郵便局	전라북도 고창군 대산면 매산리	1942.3.23	총독부 고시 제355호/우편국 설치
七寶郵便局	전라북도 정읍군 칠보면 시산리	1943.8.9	총독부 고시 제885호/전신전화통화사무 개시
珍山郵便局	전라북도 금산군 진산면 읍내리	1944.3.28	총독부 고시 제464호/우편사무 취급
釜山郵便局	경상남도 부산부 부산행정 1정목	1911.3.30	총독부 고시 제87호/우편위체사무취급 개시
		1911.6.25	총독부 고시 제176호/부산우편국 이전
釜山郵便局飛行場分室	경남울산군울산읍삼산리울산비행장내	1938.9.30	총독부 고시 제759호/우편국 분실 설치
釜山本町郵便局	경상남도 부산부 부산본정 1정목	1911.6.24	총독부 고시 제177호/부산본정우편국 폐지 후 부산우편국으로 합병
釜山郵便局分室	경상남도 부산부 부산대창정	1911.6.24	총독부 고시 제177호/부산우편국분실 폐지 후 부산우편국으로 합병
釜山郵便局蔚山分室	경상남도 울산군 울산읍 북정동	1938.9.30	총독부 고시 제759호/우편국분실 설치
釜山西町郵便所	경상남도 부산부 부산서정 4정목	1911.6.25	총독부 고시 제178호/우편소 설치
釜山郵便局牧島電話分室	경상남도 부산부 진선정	1930.4.1	총독부 고시 제175호/분실 설치
釜山西大新町郵便局	경상남도 부산부 서대신정 2정목	1941.3.11	총독부 고시 제251호/우편국 설치
釜山貯金管理所			
釜山遞信分場局構內郵便所			
釜山遞信分場局構內郵便電信局			
釜山牧島郵便局	경상남도 부산부 한선정	1942.11.30	총독부 고시 제1418호/부산우편국으로 승계
釜山釜田里郵便局	경상남도 부산부 부전리	1942.11.30	총독부 고시 제1418호/북부산전신분실로 승계
馬山郵便局		1911.3.30	총독부 고시 제87호/우편위체사무취급 개시
晋州郵便局	경상남도 진주군 진주읍	1911.3.30	총독부 고시 제87호/우편위체사무취급 개시
晋州郵便局保險分室	경상남도 진주부 영정	1941.7.15	총독부 고시 제1072호/보험분실 설치
靈山郵便局	경상남도 영산군 영산읍	1911.2.1	총독부 고시 제14호/전신사무 개시
固城郵便局	경상남도 고성군 고성읍	1911.3.21	총독부 고시 제70호/전화통화사무 개시
巨濟郵便局	경상남도 거제군 거제읍	1911.12.21	총독부 고시 제369호/전신전화사무 개시
		1921.4.5	총독부 고시 제75호/우편국 폐지 후 거제우편소로 승계
鎭海郵便局	경상남두 마산부 진해양화정 2정목	1912.1.15	총독부 고시 제10호/우편국 설치
鎭海郵便局縣洞分室	경상남도 창원군 진해읍 현동	1943.6.11	총독부 고시 제706호/전신전화통화사무 개시
密陽郵便局	경상남도 밀양군 부내면 마곡동	1913.7.11	총독부 고시 제257호/전화통화사무 개시
陜川郵便局	경상남도 합천군 합천면 합천동	1921.3.25	총독부 고시 제50호/우편국 폐지 후 합천우편소로 승계
南海郵便局	경상남도 남해군 남해면 북변동	1921.3.25	총독부 고시 제50호/우편국 폐지 후 남해우편소로 승계
統營郵便局	경상남도 통영군 통영면 수국정	1922.4.1	총독부 고시 제86호/탁송전보취급 개시
茂林郵便局	경상남도 남해군 이동면 무림리	1941.2.21	총독부 고시 제159호/우편국 설치
蔚山郵便局	경상남도 울산군 울산면 북정동	1923.3.11	총독부 고시 제48호/전화교환업무 개시

국(소)명	소재지	설치연도	참고사항
蔚山郵便局保險分室	경상남도 울산군 울산읍 성남동	1940.1.14	총독부 고시 제40호/보험분실 설치
咸陽郵便局	경상남도 함양군 함양면 상동	1923.3.25	총독부 고시 제71호/우편국 폐지 後 함양우편소로 승계
居昌郵便局	경상남도 거창군 거창면 상동	1923.3.25	총독부 고시 제71호/우편국 폐지 後 거창우편소로 승계
河東郵便局	경상남도 하동군 하동면 읍내리	1924.3.1	총독부 고시 제46호/전화교환업무 개시
		1932.2.29	총독부 고시 제93호/우편국 폐지 後 하동우편소로 승계
		1928.9.11	총독부 고시 제2053호/우편국분실 설치
岳陽郵便局	경상남도 하동군 악양면 정서리	1941.2.21	총독부 고시 제151호/우편국 설치
大南郵便局	경상남도 함양군 서상면 대남리	1942.3.16	총독부 고시 제320호/우편국 설치
舊助羅郵便局	경상남도 통영군 일운면 구조라리	1942.3.16	총독부 고시 제320호/우편국 설치
馬山上南里郵便局	경상남도 마산부 상남리	1942.3.30	총독부 고시 제442호/우편국 설치
馬山新町郵便局	경상남도 마산부 신정	1943.12.1	총독부 고시 제1370호/마산상남리 우편국을 개칭
舊馬山郵便局			
馬山元町郵便局	경상남도 마산부 원정	1943.12.1	총독부 고시 제1370호/구마산우편국을 개칭
龜浦郵便局			
昌原郵便局			
郡北郵便局			
露梁郵便局	경상남도 하동군 금남면 노량리	1944.2.5	총독부 고시 제125호/우편사무 취급
大合郵便局	경상남도 창녕군 대합면 십이리	1944.3.11	총독부 고시 제363호/우편국 설치
城浦郵便局	경상남도 통영군 사등면 성포리	1944.3.28	총독부 고시 제462호/우편국 설치
水東郵便局	경상북도 함양군 수동면 화산리	1944.3.28	총독부 고시 제464호/우편사무 취급
大邱郵便局	경상북도 대구부 대구금정 1정목	1911.3.30	총독부 고시 제87호/우편위체사무취급 개시
	(경상북도 대구부 대구원정 1정목)	1911.12.16	총독부 고시 제367호/위치명칭 개정
大邱郵便局飛行場分室	경북달성군해언면입석동대구비행장내	1937.1.31	총독부 고시 제41호/비행장분실 설치
大邱郵便局保險分室	경상북도 대구부 경정 1정목	1940.6.1	총독부 고시 제539호/보험분실 설치
大邱七星町郵便局	경상북도 대구부 칠성정	1944.3.30	총독부 고시 제465호/우편국 설치
金泉郵便局	경상북도 김천군 본정	1911.3.21	총독부 고시 제70호/전화통화사무 개시
		1911.8.1	총독부 고시 제268호/우편국 이전
			김천본정에서 경상북 도금산군 김천면 하신기로 이전
永川郵便局	경상북도 영천군 영천면 창구동	1923.2.28	총독부 고시 제41호/우편국 폐지 後 영천우편소로 승계
金泉郵便局保險分室	경상북도 김천군 김천읍 금정	1943.3.31	총독부 고시 제465호/보험분실 폐지
善山郵便局	경상북도 선산군 선산읍	1911.3.21	총독부 고시 제70호/전화통화사무 개시
		1923.3.25	총독부 고시 제71호/우편국 폐지 後 선산우편소로 승계
慶州郵便局	경상북도 경주군 경주면 서부리	1911.5.15	총독부 고시 제127호/특설전화가입신청 수리/전화교환
		1912.3.21	총독부 고시 제107호/특설전화교환, 전화가입, 전보 취급
浦項郵便局	경상북도 영일군 북면 포항	1911.5.15	총독부 고시 제127호/특설전화가입신청수리/전화교환
		1912.3.1	총독부 고시 제52호/특설전화교환, 전화가입, 전보 취급
聞慶郵便局	경상북도 문경군 문경읍	1912.2.26	총독부 고시 제33호/전신, 전화통화사무 개시
		1923.3.25	총독부 고시 제71호/우편국 폐지 後 문경우편소로 승계
尙州郵便局	경상북도 상주군 상주읍	1912.2.16	총독부 고시 제34호/전화통화사무 개시
		1921.7.1	총독부 고시 제147호/전화교환업무 개시
榮川郵便局	경상북도 영주군 영주면 영주리	1917.9.16	총독부 고시 제191호/영주우편국으로 개정
榮州郵便局	경상북도 영주군 영주면 영주리	1917.9.16	총독부 고시 제191호/영천우편국을 영주우편국으로 개정
		1921.3.25	총독부 고시 제50호/우편국 폐지 後 영주우편소로 승계
軍威郵便局	경상북도 군위군 군위면 서부동	1921.3.11	총독부 고시 제62호/우편국 폐지 後 군위우편소로 승계
靑松郵便局	경상북도 청송군 청송면 월막동	1921.3.11	총독부 고시 제62호/우편국 폐지 後 청송우편소로 승계
安東郵便局	경상북도 안동군 안동면 동부동	1922.2.16	총독부 고시 제24호/전화교환업무 개시
盈德郵便局	경상북도 영덕군 영덕면 남석동	1923.3.25	총독부 고시 제71호/우편국 폐지後 영덕우편소로 승계
醴泉郵便局	경상북도 예천군 예천면 서본동	1923.3.25	총독부 고시 제71호/우편국 폐지 後 예천우편소로 승계
義城郵便局	경상북도 의성군 의성면 한죽동	1923.3.25	총독부 고시 제71호/우편국 폐지 後 의성우편소로 승계
瓮泉郵便局	경상북도 안동군 북후면 분천리	1941.3.6	총독부 고시 제204호/우편국 설치
丑山郵便局	경상북도 영덕군 축산면 축산동	1941.4.4	총독부 고시 제403호/전신전화통화사무 취급 개시
金井郵便局	경상북도 봉화군 춘양면 우구치리	1941.11.28	총독부 고시 제1857호/전신, 전화, 통화사무 개시

국(소)명	소재지	설치연도	참고사항
縣東郵便局	경상북도 청송군 현동면 도평동	1942.2.26	총독부 고시 제256호/우편국 설치
塔里郵便局	경상북도 의성군 의성면 탑리동	1942.2.26	총독부 고시 제256호/우편국 설치
一直郵便局	경상북도 안동군 일직면 안산동	1942.3.26	총독부 고시 제383호/우편국 설치
淸道郵便局			
東魯郵便局	경상북도 문경군 동노면 적성리	1944.3.28	총독부 고시 제462호/우편국 설치
牟東郵便局	경상북도 상주군 모동면 용호리	1944.3.28	총독부 고시 제462호/우편국 설치
延日郵便局	경상북도 영일군 연일면 생지동	1944.3.28	총독부 고시 제464호/우편사무 취급
舊助羅郵便局	경상북도 통영군 일운면 구조나리	1942.3.16	총독부 고시 제323호/우편국 설치

우편소 명단

京畿道地域			
京城昌德宮前郵便所	경기도 경성부 와룡정	1939.3.1	총독부 고시 제141호/우편소 설치
京城本町2丁目郵便所	경기도 경성부 본정 2정목	1914.3.26	총독부 고시 제76호/전신, 전화통화사무 개시
京城本町4丁目郵便所	경기도 경성부 본정 2정목	1914.8.1	총독부 고시 제273호/경성본 정2정목우편소로 개정
京城本町6丁目郵便所	경기도 경성부 본정 3정목	1914.8.1	총독부 고시 제273호/경성본정 3정목우편소로 개정
京城本町9丁目郵便所	경기도 경성부 본정 5정목	1914.8.1	총독부 고시 제273호/경성본정 5정목우편소로 개정
京城東大門通郵便所	경기도 경성부 종로 3정목	1913.7.11	총독부 고시 제252호/우편소명 개칭
京城明治町郵便所	경기도 경성부 경성명치정 2정목	1914.3.14	총독부 고시 제72호/전신사무 및 전화통화사무 개시
京城南大門內郵便所	경기도 경성부 남대문통 4정목	1932.5.1	총독부 고시 제231호/경성남대문우편소로 개칭
京城永樂町郵便所	경기도 경성부 경성황금정 3정목	1912.7.7	총독부 고시 제203호/우편소 이전
			경성부 경성영락정 3정목-황금정 3정목으로 이전
京城寺洞郵便所	경기도 경성부 사동	1911.3.25	총독부 고시 제80호/경성사동우편소를 경성원사정우편소로 개칭
京城元寺町郵便所	경기도 경성부 관훈동	1914.8.1	총독부 고시 제273호/경성관훈동우편소로 개정
京城鍾路郵便所	경기도 경성부 남대문통 1정목	1910.9.21	총독부 고시 제212호/우편물, 집배사무 개시
		1920.7.14	총독부 고시 제192호/경성부 견지동으로 이전
		1922.8.1	총독부 고시 제190호/경성부 종로1정목으로 이전
		1927.10.1	총독부 고시 제297호/경성부 종로 2정목으로 이전
		1931.8.16	총독부 고시 제402호/경성부 공평동으로 이전
京城鍾路3丁目郵便所	경기도 경성부 종로 3정목	1913.7.11	총독부 고시 제252호/우편소명 개칭
			경성 동대문통우편소-경성 종로 3정목우편소로 개칭
京城黃橋通郵便所	경기도 경성부 원남동	1914.8.1	총독부 고시 제273호/경성원남동우편소로 개정
京城鍾路5丁目郵便所	경기도 경성부 종로 5정목		
京城太平町郵便所	경기도 경성태평정 2정목	1910.9.21	총독부 고시 제212호/우편물, 집배사무 개시
京城靑葉町郵便所	경기도 경성부 청엽정	1910.9.21	총독부 고시 제212호/우편물, 집배사무 개시
京城竹園町郵便所	경기도 경성부 경성누정정	1912.3.1	총독부 고시 제53호/우편소 설치
		1914.8.1	총독부 고시 제273호/경성황금 3정목우편소로 개정
京城大平町郵便所	경기도 경성부 정동	1914.9.1	총독부 고시 제343호/우편소명칭, 이전
京城大平通郵便所	경기도 경성부 황금정 1정목	1914.9.1	총독부 고시 제343호/경성대평정우편소 개정 이전 승계
京城黃橋通郵便所	경기도 경성부 경성황교통 1정목	1910.10.21	총독부 고시 제17호/우편소 설치
京城黃金町3郵便所	경기도 경성부 황금정 4정목	1926.9.6	총독부 고시 제267호/경성황금정4우편소로 개칭
京城黃金町4郵便所	경기도 경성부 황금정 4정목	1926.9.6	총독부 고시 제267호/경성황금정3우편소를 개칭
京城黃金町7郵便所	경기도 경성부 황금정 7정목	1934.3.26	총독부 고시 제122호/우편소 설치
京城東大門外郵便所	경기도 경성부 창신동	1930.6.1	총독부 고시 제247호/우편소 설치
京城驛前郵便所	경기도 경성부 고시정	1932.3.11	총독부 고시 제128호/우편소 설치
京城惠化洞郵便所	경기도 경성부 혜화동	1932.3.26	총독부 고시 제135호/우편소 설치
京城三坂通郵便所	경기도 경성부 삼판통	1933.3.16	총독부 고시 제82호/우편소설치
京城通義洞郵便所	경기도 경성부 통의동	1932.7.10	총독부 고시 제350호/우편소 이전
京城峴底洞郵便所	경기도 경성부 현저동	1934.3.21	총독부 고시 제110호/우편소 설치
京城淸凉郵便所	경기도 경성부 청량리정	1936.4.1	총독부 고시 제209호/청량우편소를 개칭
京城蓬萊町郵便所	경기도 경성부 봉래정 3정목	1928.3.1	총독부 고시 제57호/우편소 설치

국(소)명	소재지	설치연도	참고사항
京城安國郵便所	경기도 경성부 관훈동	1931.7.6	총독부 고시 제344호/우편소 이전
京城往十里郵便所	경기도 경성부 하왕십리정	1936.4.1	총동부 고시 제209호/왕십리우편소를 개칭
京城鷺梁津郵便所	경기도 경성부 본동정	1936.4.1	총동부 고시 제209호/노량진우편소를 개칭
京城元町2郵便所	경기도 경성부원정 2정목	1936.4.1	총동부 고시 제209호/용산원정2우편소를 개칭
京城元町3郵便所	경기도 경성부 원정 3정목	1936.4.1	총동부 고시 제209호/용산원정3우편소를 개칭
京城漢江通郵便所	경기도 경성부 한강통	1936.4.1	총동부 고시 제209호/용산한강통우편소를 개칭
京城阿峴町郵便所	경기도 경성부 아현정	1936.4.1	총동부 고시 제209호/경성아현리우편소를 개칭
京城阿峴里郵便所	경기도 고양군 용강면 아현리	1932.2.16	총독부 고시 제58호/우편사무 개시
京城峴底町郵便所	경기도 경성부 현저정	1936.4.1	총동부 고시 제209호/경성현저동우편소를 개칭
京城通義町郵便所	경기도 경성부 통의정	1936.4.1	총동부 고시 제209호/경성통의동우편소를 개칭
京城苑南町郵便所	경기도 경성부 원남정	1936.4.1	총동부 고시 제209호/경성원남동우편소를 개칭
京城惠化町郵便所	경기도 경성부 혜화정	1936.4.1	총동부 고시 제209호/경성혜화동우편소를 개칭
京城新設町郵便所	경기도 경성부 신설정	1937.3.6	총독부 고시 제127호/우편소 설치
京城敦岩町郵便所	경기도 경성부 돈암정	1938.3.6	총독부 고시 제163호/우편소 설치
京城樓丘郵便所	경기도 경성부 신당정	1938.3.23	총독부 고시 제220호/우편소 설치
京城麻浦郵便所	경기도 경성부 도화동	1933.4.1	총독부 고시 제99호/마포우편소로 개칭
京城孝子町郵便所	경기도 경성부 효자정	1939.2.1	총독부 고시 제59호/우편소 설치
京城孔德町郵便所	경기도 경성부 공덕정	1939.2.16	총독부 고시 제96호/우편소 설치
龍山元町郵便所	경기도 경성부 원정 2정목	1913.6.21	총독부 고시 제217호/우편소명 개칭
龍山元町2丁目郵便所	경기도 경성부 원정 2정목	1913.6.21	총독부 고시 제217호/용산원정2정목우편소로 개칭
龍山漢江通郵便所	경기도 경성부 한강통		
龍山元町4丁目郵便所	경기도 경성부 원정 4정목	1913.6.21	총독부 고시 제216호/우편소 설치
仁川花町郵便所	경기도 인천부 인천화정 2정목	1911.3.16	총독부 고시 제64호/인천부인천화정 1정목으로 이전
仁川花房町郵便所	경기도 인천부 화방정		
仁川京町郵便所	경기도 인천부 내리	1914.8.1	총독부 고시 제273호/인천내리우편소로 개정
上仁川驛前郵便所	경기도 인천부 용강정	1926.11.1	총독부 고시 제327호/우편소 설치
仁川金谷里郵便所	경기도 인천부 금곡정	1936.10.20	총독부 고시 제560호/인천금곡정우편소로 개칭
仁川金谷町郵便所	경기도 인천부 금곡정	1936.10.20	총독부 고시 제560호/인천금곡리우편소를 개칭
仁川内里郵便所	경기도 인천부 서경정	1936.10.20	총독부 고시 제560호/인천서경정우편소로 개칭
仁川西京町郵便所	경기도 인천부 서경정	1936.10.20	총독부 고시 제560호/인천내리우편소를 개칭
仁川大和町郵便所	경기도 인천부 화정 3정목	1940.3.30	총독부 고시 제291호/우편소 설치
麻浦郵便所	경기도 경성부 서부도화동	1910.12.6	총독부 고시 제66호/우편소 이전
			한성부 서서용산방마포에서 경기도 경성부로
始興郵遞所	경기도 시흥군 시흥읍	1910.12.15	우편소 폐지 후 영등포우편국에 업무 승계
楊坪郵便所	경기도 양평군 읍내면 관문리	1912.6.1	총독부 고시 제236호/우편소 설치
高陽郵便所	경기도 고양군 사리대면 읍내리	1911.5.16	총독부 고시 제133호/우편소 설치
		1911.5.15	총독부 고시 제134호/우체소 폐지 후 우편소로 개칭
安山郵便所	경기도 안산군 군내면 수암동	1911.5.16	총독부 고시 제133호/우편소 설치
		1911.5.15	총독부 고시 제134호/우체소 폐지 후 우편소로 개칭
		1915.7.1	총독부 고시 제148호/우편소 이전 개칭-안양우편소
安養郵便所	경기도 시흥군 서이면 안양리	1914.7.1	총독부 고시 제148호/안산우편소를 안양우편소로 개칭
富平郵便所	경기도 부평군 군내면 상동	1911.5.16	총독부 고시 제133호/우편소 설치
		1911.5.15	총독부 고시 제134호/우체소 폐지 후 우편소로 개칭
		1912.3.16	총독부 고시 제118호/전신, 전화통화사무 개시
果川郵便所	경기도 과천군 군내면 관문동	1911.6.1	총독부 고시 제156호/우편소 설치
竹山郵便所	경기도 죽산군 부일면 읍내리	1911.6.1	총독부 고시 제156호/우편소 설치
		1911.5.31	총독부 고시 제157호/우체소 폐지 후 우편소로 개칭
陰竹郵便所	경기도 음죽군 남면 장호원 평촌	1911.6.16	총독부 고시 제167호/우편소 설치
		1911.6.15	총독부 고시 제168호/우체소 폐지 후 우편소로 개칭
		1914.8.1	총독부 고시 제273호/장호원우편소로 개정
陽智郵便所	경기도 양지군 읍내면 교동리	1911.7.1	총독부 고시 제191호/우편소 설치
		1911.6.30	총독부 고시 제192호/우체소 폐지 후 우편소로 개칭
永平郵便所	경기도 영평군 군내면 상동	1911.8.1	총독부 고시 제240호/우편소 설치

국(소)명	소재지	설치연도	참고사항
		1911.7.31	총독부 고시 제241호/우체소 폐지 후 우편소로 개칭
麻田郵便所	경기도 마전군 군내면 읍부리	1911.8.1	총독부 고시 제240호/우편소 설치
		1911.7.31	총독부 고시 제241호/우체소 폐지 후 우편소로 개칭
		1912.3.11	총독부 고시 제81호/전신, 전화통화사무 개시
通津郵便所	경기도 통진군 군내면 하리	1911.8.1	총독부 고시 제240호/우편소 설치
		1911.7.31	총독부 고시 제241호/우체소 폐지 후 우편소로 개칭
		1912.3.16	총독부 고시 제118호/전신, 전화통화사무 개시
陽城郵便所	경기도 양성군 읍내면 동리	1911.8.1	총독부 고시 제240호/우편소 설치
		1911.7.31	총독부 고시 제241호/우체소 폐지 후 우편소로 개칭
龍仁郵便所	경기도 용인군 수여면 소학동	1911.9.16	총독부 고시 제274호/우편소 설치
		1911.9.15	총독부 고시 제275호/우체소 폐지 후 우편소로 개칭
		1912.2.21	총독부 고시 제40호/전신사무, 전화통화 사무 개시
朔寧郵便所	경기도 삭령군 군내면 서변리	1911.10.16	총독부 고시 제304호/우편소 설치
		1911.10.15	총독부 고시 제305호/우체소 폐지 후 우편소로 개칭
		1912.3.1	총독부 고시 제50호/전신, 전화통화 사무 개시
豊德郵便所	경기도 풍덕군 군중면 읍내리	1911.10.16	총독부 고시 제304호/우편소 설치
		1911.10.15	총독부 고시 제305호/우체소 폐지 후 우편소로 개칭
鷺梁津郵便所	경기도 과천군 하북면 노량진	1911.12.21	총독부 고시 제369호/전신, 전화 사무 개시
喬桐郵便所	경기도 교동군 읍동면 읍내동	1911.11.1	총독부 고시 제315호/우편소 설치
		1911.10.31	총독부 고시 제316호/우체소 폐지 후 우편소로 개칭
平澤郵便所	경기도 진위군 내파면 통벌리	1912.1.1	총독부 고시 제385호/전신, 전화통화 사무 개시
		1923.5.11	총독부 고시 제153호/전화교환 업무 개시
陽川郵便所	경기도 양천군 군내면 가양동	1912.1.16	총독부 고시 제1호/우편소 설치
		1912.1.15	총독부 고시 제2호/우체소 폐지 후 우편소로 개칭
陽智郵便所	경기도 양지군 읍내면 교동리	1912.2.21	총독부 고시 제40호/전신, 전화통화 사무 개시
開城南本町郵便所	경기도 개성군 송도면 남본정	1923.6.16	총독부 고시 제182호/우편소 설치
議政府郵便所	경기도 양주군 파아면 의정부	1912.3.28	총독부 고시 제140호/전신, 전화통화 사무 개시
金浦郵便所	경기도 김포군 군내면 북변리	1912.6.1	총독부 고시 제236호/우편소 설치
驪州郵便所	경기도 여주군 주내면 홍문동	1912.8.1	총독부 고시 제301호/우편소 설치
		1912.7.31	총독부 고시 제302호/우편국 폐지 후 우편소로 개칭
安城郵便所	경기도 안성군 동이면 동리	1912.4.21	총독부 고시 제196호/우편소 설치
高浪浦郵便所	경기도 장단군 장서면 고랑포	1912.3.11	총독부 고시 제81호/전신, 전화통화 사무 개시
交河郵便所	경기 도교하군 교하읍	1910.12.25	총독부 고시 제78호/우편소 설치
加平郵便所	경기도 가평군 가평읍	1911.3.1	총독부 고시 제40호/우편소 설치
積城郵便所	경기도 적성군 적성읍	1911.3.1	총독부 고시 제40호/우편소 설치
東豆川郵便所	경기도 양주군 이첨면 동두천리	1911.10.11	총독부 고시 제308호/우편소 설치
官廳里郵便所	경기도 부천군 구읍면 관청리	1913.3.26	총독부 고시 제78호/우편소 설치
松坡郵便所	경기도 광주군 중대면 송파리	1914.7.21	총독부 고시 제272호/우편소 설치
通義洞郵便所	경기도 경성부 통의동	1914.8.26	총독부 고시 제328호/우편소 설치
一山郵便所	경기도 고양군 중면 일산리	1917.2.21	총독부 고시 제27호/우편소 설치
長湍郵便所	경기도 장단군 군내면 읍내리	1938.7.1	총독부 고시 제423호/군내우편소로 개칭
郡內郵便所	경기도 장단군 군내면 읍내리	1938.7.1	총독부 고시 제423호/장단우편소를 개칭
長湍停車場前郵便所	경기도 장단군 청남면 동장리	1920.9.21	총독부 고시 제39호/우편소 설치
長湍驛前郵便所	경기도 장단군 청남면 동장리	1935.7.25	총독부 고시 제410호/전화교환 업무 개시
		1938.7.1	총독부 고시 제423호/장단우편소로 개칭
發安郵便所	경기도 수원군 향남면 발안리	1920.3.16	총독부 고시 제60호/우편소 설치
金谷郵便所	경기도 양주군 미금면 금곡리	1920.11.1	총독부 고시 제265호/우편소 설치
西井里郵便所	경기도 진위군 송탄면 서정리	1921.3.16	총독부 고시 제34호/우편소 설치
		1923.4.1	총독부 고시 제84호/전신, 전화통화 사무 개시
抱川郵便所	경기도 포천군 군내면 구읍리	1921.3.16	총독부 고시 제35호/우편소 설치
長淵郵便所	경기도 장연군 군내면 읍내리	1921.3.16	총독부 고시 제35호/우편소 설치

국(소)명	소재지	설치연도	참고사항
廣州郵便所	경기도 광주군 경안면 경안리	1921.3.21	총독부 고시 제45호/우편소 설치
白岩郵便所	경기도 용인군 외사면 백암리	1922.3.6	총독부 고시 제49호/우편소 설치
淸凉郵便所	경기도 고양군 숭인면 전농리	1922.3.6	총독부 고시 제49호/우편소 설치
		1922.10.26	총독부 고시 제230호/우편집배 사무 개시
松隅郵便所	경기도 포천군 소걸면 송우리	1923.3.16	총독부 고시 제56호/우편소 설치
汶山郵便所	경기도 파주군 임진면 문산리	1923.3.16	총독부 고시 제59호/우편소 설치
江華郵便所	경기도 강화군 부내면 관청리	1923.3.26	총독부 고시 제70호/우편소 설치
内松郵便所	경기도 광주군 중대면 가락리	1925.7.23	총독부 고시 제218호/우편소 이전
利川郵便所	경기도 이천군 읍내면 창전리	1926.3.26	총독부 고시 제85호/전화교환 업무 개시
文鶴郵便所	경기도 부천군 다주면 사충리	1929.11.1	총독부 고시 제399호/주안우편소로 개칭
朱安郵便所	경기도 부천군 다주면 사충리	1929.11.1	총독부 고시 제399호/문학우편소를 개칭
龍頭郵便所	경기도 양평군 청운면 용두리	1928.3.1	총독부 고시 제56호/우편소 설치
開城京町郵便所	경기도 개성부 경정	1937.3.26	총독부 고시 제177호/우편소 설치
發安郵便所	경기도 수원군 향남면 발안리	1928.3.16	총독부 고시 제82호/전신, 전화통화 사무 개시
九化郵便所	경기도 장단군 강상면 구화리	1929.3.31	총독부 고시 제73호/우편소 설치
梨浦郵便所	경기도 여주군 금사면 이포리	1932.3.6	총독부 고시 제98호/우편소 설치
安仲郵便所	경기도 진위군 오성면 안중리	1934.2.1	총독부 고시 제23호/우편소 설치
溫水郵便所	경기도 강화군 길상면 온수리	1936.3.1	총독부 고시 제102호/전신, 전화통화 사무 개시
淸平郵便所	경기도 가평군 외서면 청평리	1935.3.6	총독부 고시 제124호/우편소 설치
烏山郵便所	경기도 수원군 성호면 오산리	1935.7.6	총독부 고시 제373호/전화교환업무 개시
素砂郵便所	경기도 부천군 소사면 심곡리	1935.7.6	총독부 고시 제376호/전화교환업무 개시
朝巖郵便所	경기도 수원군 우정면 조암리	1936.2.6	총독부 고시 제44호/우편소 설치
孔道郵便所	경기도 안성군 공도면 만정리	1936.11.1	총독부 고시 제595호/전신, 전화통화 사무 개시
軍浦場郵便所	경기도 시흥군 남면 당리	1937.2.1	총독부 고시 제11호/군포우편소로 개칭
軍浦郵便所	경기도 시흥군 남면 당리	1937.2.1	총독부 고시 제11호/군포우편소를 개칭
榛接郵便所	경기도 양주군 진접면 장현리	1937.2.16	총독부 고시 제71호/우편소 설치
兩水郵便所	경기도 양평군 양서면 양수리	1938.2.6	총독부 고시 제78호/우편소 설치
始興郵便所	경기도 시흥군 동면 시흥리	1938.2.16	총독부 고시 제101호/우편소 설치
磨石郵便所	경기도 양주군 화도면 마석우리	1938.3.21	총독부 고시 제215호/우편소 설치
永北郵便所	경기도 포천군 영북면 운천리	1939.2.5	총독부 고시 제71호/우편소 설치
沙江郵便所	경기도 수원군 송산면 사강리	1939.2.20	총독부 고시 제113호/전신, 전화통화 사무 취급
德亭郵便所	경기도 양주군 회천면 덕정리	1940.3.21	총독부 고시 제241호/우편소 설치
樂生郵便所	경기도 광주군 낙생면 판교리	1940.3.28	총독부 고시 제281호/우편소 설치
富平驛前郵便所	경기도 인천부 소화정	1940.7.1	총독부 고시 제662호/우편소 설치
洪原郵便所	함경남도 홍원군 홍원읍	1910.9.21	총독부 고시 제213호/우편물, 전신사무 개시
		1911.3.21	총독부 고시 제70호/전화통화사무 개시
利原郵便所	함경남도 이원군 이원읍	1910.12.16	총독부 고시제60호/우편소 설치
		1911.1.1	총독부 고시 제93호/전신사무 개시
		1911.3.21	총독부 고시 제70호/전화통화사무 개시
安邊郵便所	함경남도 안변군 학성면 문내리	1911.3.1	총독부 고시 제40호/우편소 설치
		1912.2.1	총독부 고시 제17호/전신, 전화통화 사무 개시
銅店郵便所	함경남도 갑산군 진동면 서동점	1911.3.21	총독부 고시 제70호/전화통화 사무 개시
		1915.2.28	총독부 고시 제38호/우편소 폐지, 동점우편국으로개칭
高原郵遞所	함경남도 고원군 고원읍	1911.3.25	총독부 고시제78호/우체소 설치
		1911.3.29	총독부 고시 제79호/우체소를 우편소로 개칭
定平郵便所	함경남도 정평군 부남면 중흥리	1911.8.16	총독부 고시 제254호/우편소 설치
		1911.8.15	총독부 고시 제255호/우체소 폐지 후 우편소로 개칭
		1915.9.30	총독부 고시 제251호/우편소 이전
			함경남도 정평군부내면 풍양리로 이전
文川郵便所	함경남도 문천군 군내면 남양리	1911.11.1	총독부 고시 제315호/우편소 설치
		1911.10.31	총독부 고시 제316호/우체소 폐지 후 우편소로 개칭
		1921.10.21	총독부 고시 제205호/문천군 군내면 옥평리로 이전

국(소)명	소재지	설치연도	참고사항
鎭興場郵便所	함경남도 영흥군 진평면 진흥리	1912.3.20	총독부 고시 제139호/우편소 설치
龍池院郵便所	함경남도 안변군 위익면 신용지원동	1911.10.1	총독부 고시 제43호/우편소 설치
三水郵便所	함경남도삼수군관남면중평장	1912.3.1	총독부 고시 제37호/우편소 설치
		1912.2.29	총독부 고시 제38호/우체소 폐지 후 우편소로 개칭
		1911.9.16	총독부 고시 제22호/전신, 전화통화 사무 개시
		1918.10.21	총독부 고시 제18호/삼수우편국으로 승계
新昌里郵便所	함경남도 북청군 하보청면 신창리	1912.3.16	총독부 고시 제84호/우편소 설치
		1911.9.16	총독부 고시 제22호/전신, 전화통화 사무 개시
新乫坡鎭郵便所	함경남도 삼수군 신농면 신갈파진	1911.9.16	총독부 고시 제22호/전신, 전화통화 사무 개시
		1919.6.15	총독부 고시 제156호/우편소 폐지 후 우편국으로승계
德源郵便所	함경남도 덕원군 부내면 성동	1913.2.17	총독부 고시 제93호/우편소 설치
遮湖郵便所	함경남도 이원군 남면 상차호리	1914.11.1	총독부 고시 제538호/전신, 전화통화 사무 개시
元山新町郵便所	함경남도 원산부 행정	1914.8.1	총독부 고시 제273호/원산행정우편소로 개정
元山幸町郵便所	함경남도 원산부 행정	1914.8.1	총독부 고시 제273호/원산신정우편소로 개정
		1920.10.16	총독부 고시 제248호/우편소, 소재지 이전
			원산본정우편소로 개칭, 원산부본정1정목으로 이전
元山陽地洞郵便所	함경남도 원산부 양지동	1930.3.11	총독부 고시 제100호/전신, 전화통화 사무 개시
汝海津郵便所	함경남도 단천군 이중면 문암리	1920.3.21	총독부 고시 제70호/우편소 설치
興南郵便所	함경남도 흥남군 운전면 호남리	1928.9.1	총독부 고시 320호/우편소 설치
五老郵便所	함경남도 함흥군 상기천면 오로리	1921.4.2	총독부 고시 제60호/우편소 설치
三湖郵便所	함경남도 홍원군 보청면 신덕리	1922.3.21	총독부 고시 제72호/우편소 설치
		1923.3.26	총독부 고시 제74호/전신, 전화통화 사무 개시
釋王寺郵便所	함경남도 안변군 문산면 오산리	1922.7.1	총독부 고시 제160호/우편소 설치
靈武郵便所	함경남도 홍원군 용원면 영덕리	1924.11.1	총독부 고시 제215호/전신, 전화통화 사무 개시
三岐郵便所	함경남도 북청군 니곡면 초리	1925.3.6	총독부 고시 제31호/전신, 전화통화 사무 개시
好仁郵便所	함경남도 삼수군 호인면 보성리	1927.7.26	총독부 고시 제222호/우편소 설치
川内郵便所	함경남도 문천군 도초면 천내리	1928.7.16	총독부 고시 제260호/우편소 설치
把撥郵便所	함경남도 풍산군 안산면 내중리	1929.3.26	총독부 고시 제86호/우편소 설치
水下郵便所	함경남도 단천군 수하면 고성리	1930.3.26	총독부 고시 제127호/우편소 설치
旺場郵便所	함경남도 영흥군 인흥면 왕상리	1931.3.11	총독부 고시 제110호/우편소 설치
新北靑郵便取扱所	함경남도 북청군 양가면 중리	1931.3.26	총독부 고시 제151호/우편취급소 설치
豊山郵便所	함경남도 풍산군 이인면 신풍리	1932.3.1	총독부 고시 제91호/우편소 설치
三水郵便所	함경남도 삼수군 삼남면 중평장리	1932.3.1	총독부고시제91호/우편소설치
大新里郵便所	함경남도 단천군 북두일면 대신리	1932.3.1	총독부고시제91호/우편소설치
長津郵便所	함경남도 장진군 군내면 읍상리	1932.3.1	총독부고시제91호/우편소설치
下碣郵便所	함경남도 장진군 신남면 하갈우리	1932.3.1	총독부고시제91호/우편소설치
大坪郵便所	함경남도 영흥군 횡천면 대평리	1933.3.26	총독부 고시 제95호/우편소 설치
新浦郵便所	함경남도 북청군 신포면 신포리	1933.7.3	총독부 고시 제296호/전화교환업무 개시
普天堡郵便所	함경남도 갑산군 보혜면 보전리	1934.3.16	총독부 고시 제101호/우편소 설치
秀山郵便所	함경남도 고원군 산곡면 수산리	1935.3.21	총독부 고시 제165호/우편소 설치
赴戰高原郵便所	함경남도 신흥군 동상면 원풍리	1936.3.11	총독부 고시 제129호/우편소 설치
鳳頭郵便所	함경남도 갑산군 운흥면 봉두리	1936.3.21	총독부 고시 제142호/우편소 설치
上通郵便所	함경남도 함주군 하기천면 상통리	1937.3.1	총독부 고시 제115호/우편소 설치
豊上郵便所	함경남도 덕원군 풍상면 마전리	1937.3.16	총독부 고시 제147호/우편소 설치
宣興郵便所	함경남도 영흥군 선흥면 선리	1937.3.16	총독부 고시 제147호/우편소 설치
大五是川郵便所	함경남도 갑산군 운흥면 대오시천리	1937.3.26	총독부 고시 제176호/우편소 설치
咸興黃金町郵便所	함경남도 함흥부 황금정 2정목	1937.3.26	총독부 고시 제177호/우편소 설치
興南雲城里郵便所	함경남도 함주군 흥남읍 운성리	1937.3.26	총독부 고시 제178호/우편소 설치
群仙郵便所	함경남도 이원군 동면 상선리	1938.2.1	총독부 고시 제86호/전화교환업무 개시
新興郵便所	함경남도 신흥군 신흥면 흥양리	1938.2.6	총독부 고시 제79호/전화교환업무 개시
同仁郵便所	함경남도 갑산군 동인면 신흥리	1938.3.6	총독부 고시 제160호/우편소 설치
元山場村洞郵便所	함경남도 원산부 장촌동	1938.3.21	총독부 고시 제217호/우편소 설치
文坪郵便所	함경남도 덕원군 북성면 수달리	1938.3.26	총독부 고시 제244호/우편소 설치

국(소)명	소재지	설치연도	참고사항
俗厚郵便所	함경남도 북청군 속후면 서호리	1938.3.26	총독부 고시 제246호/우편소 설치
陽化郵便所	함경남도 북청군 양화면 동리	1938.4.1	총독부 고시 제272호/전신, 전화통화사무 취급
洪君郵便所	함경남도 풍산군 천남면 홍군리	1938.10.7	총독부 고시 제813호/전신, 전화통화사무 취급
馬場郵便所	함경남도 영흥군 덕풍면 신풍리	1939.2.26	총독부 고시 제128호/우편소 설치
六抬郵便所	함경남도 북청군 신포읍 육태속리	1939.3.16	총독부 고시 제197호/우편소 설치
端川郵便所	함경남도 단천군 단천읍 주남리	1940.2.4	총독부 고시 제68호/우편소 이전
荏子郵便所	함경남도 북청군 하차서면 임자동리	1940.3.6	총독부 고시 제173호/우편소 설치
熊耳郵便所	함경남도 풍산군 웅이면 인평리	1940.3.21	총독부 고시 제235호/우편소 설치
連浦郵便所	함경남도 함주군 연포면 신흥리	1940.3.21	총독부 고시 제242호/우편집배사무 취급
晋天堡郵便所	함경남도 갑산군 진천보면 보전리	1940.3.21	총독부 고시 제243호/전신, 전화통화사무 취급
新上郵便所	함경남도 정평군 신상면 신하리	1940.11.15	총독부 고시 제1209호/전화통화업무 개시
朱乙郵便所	함경북도 경성군 주을온면 온천동	1922.3.26	총독부 고시 제74호/우편소 설치
臨溟郵便所	함경북도 성진군 학중면 임면동	1923.3.26	총독부 고시 제72호/우편소 설치
良化郵便所	함경북도 명천군 서면 양화동	1924.9.1	총독부 고시 제181호/우편소설치
城津旭町郵便所	함경북도 성진군 성진면 욱정	1925.3.26	총독부 고시 재47호/우편소 설치
		1928.2.10	총독부 고시제23호/우편소 폐지 후 성진우편국에 승계
錦川郵便所	함경북도 길주군 덕산면 금천동	1925.4.16	총독부 고시 재81호/우편소 설치
清津浦項洞郵便所	함경북도 청진부 포항동	1925.6.30	총독부 고시 제176호/우편소 설치
清津水南洞郵便所	함경북도 청진부 수남동	1938.3.23	총독부 고시 제219호/우편소 설치
錦川郵便所	함경북도 길주군 덕산면 금천리	1926.3.31	총독부 고시 제104호/우편소 폐지, 길주우편소로 승계
古茂山郵便所	함경북도 부령군 부령면 유평동	1928.4.11	총독부 고시 제131호/전신, 전화통화사무 개시
清津新岩洞郵便所	함경북도 청진부 암동	1928.2.16	총독부 고시 제31호/우편소 설치
清津明治町郵便所	함경북도 청진부 부도정	1935.8.1	총독부 고시 제426호/우편소 이전 개칭
清津부島町郵便所	함경북도 청진부 부도정	1935.8.1	총독부 고시 제426호/청진명치정우편소를 개칭
輸城郵便所	함경북도 경성군 용성면 수성동	1921.3.26	총독부 고시 제48호/우편소 설치
行營郵便所	함경북도 종성군 고읍면 행영동	1929.3.16	총독부 고시 제62호/우편소 설치
潼關郵便所	함경북도 종성군 종성면 동관동	1930.3.21	총독부 고시 제120호/우편소 설치
富居郵便所	함경북도 부령군 부거면 부거동	1930.3.26	총독부 고시 제127호/우편소 설치
行營郵便所	함경북도 종성군 고읍면 행영동	1930.3.6	총독부 고시 제92호/전신, 전화통화 사무 개시
錦川郵便取扱所	함경북도 길주군 덕산면 금천동	1931.3.26	총독부 고시 제151호/우편취급소 설치
楡津郵便取扱所	함경북도 경흥군 풍해면 대유동	1931.3.26	총독부 고시 제151호/우편취급소 설치
永安郵便所	함경북도 명천군 서면 삼향동	1932.3.30	총독부 고시 제154호/우편소 설치
合水郵便所	함경북도 길주군 양사면 양흥동	1933.8.1	총독부 고시 제342호/우편소 설치
		1938.10.31	총독부 고시 제850호/함북 백암우편소에 승계
朱乙溫泉郵便所	함경북도 경성군 주을온면 중향동	1935.3.16	총독부 고시 제147호/우편소 설치
羅津港町郵便所	함경북도 경흥군 나진읍 문의동	1935.3.18	총독부 고시 제154호/우편소 설치
羅津濱町通郵便所	함경북도 나진부 빈정통 3정목	1936.11.1	총독부 고시 제591호/나진항정우편소를 개칭
新站郵便所	함경북도 무산군 동면 차수동	1936.3.1	총독부 고시 제78호/우편소 설치
延岩郵便所	함경북도 무산군 삼사면 연암리	1936.3.21	총독부 고시 제142호/우편소 설치
新昌郵便所	함경남도 북청군 신창면 신창리	1936.9.11	총독부 고시 제487호/전화교환업무 개시
楡津郵便所	함경북도 경흥군 풍해면 대유동	1937.3.11	총독부 고시 제134호/우편소 설치
錦川郵便所	함경북도 길주군 덕산면 금천동	1937.3.21	총독부 고시 제160호/우편소 설치
咸北白岩郵便所	함경북도 길주군 장사면 장흥동	1937.3.21	총독부 고시 제162호/우편소 설치
黃谷郵便所	함경북도 명천군 아문면 황곡리	1937.3.21	총독부 고시 제163호/우편소 설치
灰岩郵便所	함경북도 경흥군 상하면 회암동	1937.3.26	총독부 고시 제176호/우편소 설치
古乾原郵便所	함경북도 경원군 용덕면 용현동	1937.3.26	총독부 고시 제176호/우편소 설치
城津旭町郵便所	함경북도 성진군 성진읍 욱정	1937.3.26	총독부 고시 제179호/우편소 설치
鳳岡郵便所	함경북도 경성군 어랑면 봉강동	1938.2.11	총독부 고시 제81호/우편소 설치
阿吾地郵便所	함경북도 경흥군 상하면 태양동	1938.2.11	총독부 고시 제81호/우편소 설치
承良郵便所	함경북도 경원군 안농면 승량동	1938.2.11	총독부 고시 제81호/우편소 설치
楡坪郵便所	함경북도 무산군 삼사면 유편동	1938.2.21	총독부 고시 제123호/우편소 설치
仲坪郵便所	함경북도 명천군 상고면 중평동	1938.3.11	총독부 고시 제136호/우편소 설치

국(소)명	소재지	설치연도	참고사항
龍臺郵便所	함경북도 성진군 학남면 금산면	1939.2.26	총독부 고시 제127호/우편소 설치
洛山郵便所	함경북도 영변군 관해면 산진동	1939.3.16	총독부 고시 제197호/우편소 설치
鹿野郵便所	함경북도 종성군 화방면 녹야리	1939.3.21	총독부 고시 제222호/우편소 설치
城津雙浦町郵便所	함경북도 성진군 성진읍 쌍포정	1940.3.26	총독부 고시 제266호/우편소 설치
龍坪郵便所	함경남도 고원군 운곡면 원평리	1940.3.29	총독부 고시 제284호/우편소 설치
平壤大同門郵便所	평안남도 평양부 평양남문통 3정목	1911.12.10	총독부 고시 제362호/우편소 설치
		1920.5.6	총독부 고시 제137호/평양부 이문리로 이전
平壤停車場前郵便所	평안남도 평양부 평양정차장	1912.4.14	총독부 고시 제187호/우편소이전, 평양부 북대수통
		1917.6.11	총독부 고시 제37호/우편소이전, 평양부죽원정으로 이전
平壤南門通郵便所	평안남도 평양부 전구리	1916.2.14	총독부 고시 제31호/우편소 개정, 이전
平壤西門通郵便所	평안남도 평양부 신양리	1924.1.21	총독부 고시 제13호/전신, 전화통화 사무 개시
平壤西城里郵便所	평안남도 평양부 서성리	1932.3.6	총독부 고시 제89호/우편소 설치
平壤上需里郵便所	평안남도 평양부 상수리	1930.3.26	총독부 고시 제129호/우편소 설치
平壤船橋里郵便所	평안남도 평양부 신리	1940.11.7	총독부 고시 제1241호/우편소 이전
平壤慶上里郵便所	평안남도 평양부 경상리	1940.3.6	총독부 고시 제175호/우편소 설치
平壤驛前郵便所			
平壤柳町郵便所			
平壤貯金管理所	평안남도 평양부 산수정 12번지	1939.10.1	총독부 고시 제796호/저금관리소 설치/번지 첫 사용
廣梁郵便所	평안남도 삼화부 내곡면 우등리	1910.9.21	총독부 고시 제214호/특수전화교환 업무 및 전신사무, 전화통화업무 개시
新安州郵便所	평안남도 안주군 청산면 원흥리	1910.12.16	총독부 고시 제62호/전신사무 개시
寧遠郵便所	평안남도 영원군 영원읍	1911.2.21	총독부 고시 제32호/우편소 설치
祥原郵遞所	평안남도 상원군 상원읍	1911.3.16	총독부 고시 제61호/우편소 설치
		1911.3.15	총독부 고시 제62호/우체소 폐지 후 우편소로 개칭
江東郵遞所	평안남도 강동군 강동읍	1911.3.16	총독부 고시 제61호/우편소 설치
		1911.3.15	총독부 고시 제62호/우체소 폐지 후 우편소로 개칭
		1911.12.21	총독부 고시 제369호/전신, 전화통화 사무 개시
寺洞郵遞所	평안남도 평양부 추을미면 상1리	1911.3.25	총독부 고시 제78호/우체소 설치
		1911.3.29	총독부 고시 제79호/우체소를 우편소로 개칭
永柔郵便所	평안남도 영유군 동부면 감정당	1911.6.16	총독부 고시제167호/우편소 설치
		1911.6.15	총독부 고시 제168호/우체소 폐지 후 우편소로 개칭
		1912.11.1	총독부 고시 제350호/전신, 전화통화 사무 개시
孟山郵便所	평안남도 맹산군 군내면 수정동	1911.7.1	총독부 고시 제191호/우편소 설치
		1911.6.30	총독부 고시 제192호/우체소 폐지 후 우편소로 개칭
龍岡郵便所	평안남도 용강군 산남면 홍문동	1911.7.16	총독부 고시 제225호/우편소 설치
		1911.7.15	총독부 고시 제226호/우체소 폐지 후 우편소로 개칭
价川郵便所	평안남도 개천군 군내면동변리	1912.4.21	총독부 고시 제196호/우편소 설치
		1912.4.20	총독부 고시 제195호/우편국을 우편소로 개칭
石岩郵便所	평안남도 순안군 용흥면 북일동	1911.11.1	총독부 고시 제66호/우편소 설치
		1912.7.21	총독부 고시 제224호/우편소이전, 용흥면북2동으로 이전
了波郵便所	평안남도 성천군 유동면 신덕리	1912.10.1	총독부 고시 제298호/우편소 설치
		1915.10.21	총독부 고시 제270호/전신, 전화통화사무 개시
漢川郵便所	평안남도 평원군 한천면 불삼리	1914.1.26	총독부 고시 제15호/우편소 설치
		1914.10.21	총독부 고시 제270호/전신, 전화통화사무 개시
鎭南浦三和通郵便所	평안남도 진남포 부용정리	1914.8.1	총독부 고시 제273호/진남포 용정리우편소로 개정
鎭南浦龍井里郵便所	평안남도 진남포 부용정리	1914.8.1	총독부 고시 제273호/진남포 삼화우편소 승계
		1921.9.22	총독부 고시 제189호/진마포부용정리로 이전
鎭南浦碑石里郵便所			
眞池郵便所			
中和郵便所	평안남도 중화군 중화면 악민리	1932.10.1	총독부 고시 제512호/우편업무 개시
石陽郵便所			
藥田郵便所	평안남도 평원군 용호면 약전리	1940.3.1	총독부 고시 제149호/우편소 설치

국(소)명	소재지	설치연도	참고사항
勝湖郵便所	평안남도 강동군 만달면 승호리	1924.3.1	총독부 고시 제38호/전신, 전화통화사무 개시
元灘郵便所	평안남도 강동군 원탄면 고비리	1938.3.21	총독부 고시 제216호/우편소 설치
長林郵便所	평안남도 성천군 사가면 장림리	1931.3.11	총독부 고시 제110호/우편소 설치
江西郵便所	평안남도 강서군 강서면 덕흥리	1921.4.16	총독부 고시 제89호/우편소 설치
德川郵便所	평안남도 덕천군 덕천면 읍북리	1921.4.26	총독부 고시 제101호/우편소 설치
甑山郵便所			
北倉郵便所	평안남도 맹산군 옥천면 북창리	1921.4.21	총독부 고시 제96호/우편소 설치
順川郵便所	평안남도 순천군 순천면 관상리	1921.3.16	총독부 고시 제35호/우편소 설치
社倉郵便所			
陽德郵便所	평안남도 양덕군 양덕면 용계리	1932.5.1	총독부 고시 제231호/구룡우편소를 양덕우편소로 개칭
龍岡溫泉郵便所	평안남도 용강군 해운면 온정리	1936.3.1	총독부 고시 제73호/우편소 설치
慈山郵便所	평안남도 순천군 자산면 자산리	1936.2.15	총독부 고시 제49호/우편소 설치
三登郵便所	평안남도 강동군 삼등면 문명리	1922.3.1	총독부 고시 제38호/우편소 설치
舍人郵便所	평안남도 순천군 사임면 사인리	1923.3.26	총독부 고시 제71호/우편소 설치
瑤浦郵便所	평안남도 중화군 해조면 요포리	1937.3.22	총독부 고시 제169호/우편소 설치
白石郵便所	평안남도 양덕군 화촌면 백석리	1933.2.26	총독부 고시 제61호/우편소 설치
雲谷郵便所	평안남도 안주군 운곡면 용복리	1938.3.16	총독부 고시 제200호/우편소 설치
萬城郵便所			
咸從郵便所			
大代郵便所	평안남도 용강군 대대면 덕동리	1939.2.21	총독부 고시 제117호/우편소 설치
殷山郵便所	평안남도 순천군 은산면 은산리	1939.1.26	총독부 고시 제34호/우편소 설치
金祭郵便所	평안남도 대동군 금제면 원장리	1937.3.16	총독부 고시 제148호/우편소 설치
溫和郵便所	평안남도 영원군 온화면 온양리	1937.3.16	총독부 고시 제147호/우편소 설치
崇仁郵便所	평안남도 성천군 숭인면 창인리	1934.3.16	총독부 고시 제105호/우편소 설치
岐陽郵便所	평안남도 강서군 동진면 기양리	1920.3.21	총독부 고시 제70호/우편소 설치
松亭郵便所	평안남도 덕천군 풍덕면 송정리	1938.3.25	총독부 고시제238호/우편소설치
東陽郵便所	평안남도 양덕군 동양면 하석리	1930.2.1	총독부 고시 제31호/전신, 전화통화 사무 개시
肅川郵便所	평안남도 평안군 숙천면 관동리	1935.7.30	총독부 고시제422호/전화교환업무 개시
佳龍郵便所	평안남도 용강군 오신면 가용리	1924.6.1	총독부 고시 제122호/우편소 설치
看東郵便所	평안남도 중화군 간동면 간동장리	1929.3.16	총독부 고시 제66호/우편소 설치
成川郵便所	평안남도 성천군 성천면 상부리	1923.3.21	총독부 고시 제67호/우편소 설치
順安郵便所	평안남도 평원군 순안면 군상리	1919.7.1	총독부 고시 제172호/우편소 설치
新里郵便所	평안남도 안주군 입석면	1915.10.11	총독부 고시 제260호/우편소 설치
新倉郵便所	평안남도 순천군 신창면 신창리	1931.4.1	총독부 고시 제197호/우편소 설치
大平郵便所	평안남도 대동군 고평면 관탄리	1928.1.1	총독부 고시 제487호/전신, 전화통화 사무 개시
院里郵便所	평안남도 개천군 북면 원리	1939.1.26	총독부 고시 제34호/우편소 설치
船橋里郵便所	평안남도 대동군 대동강면 선교리	1921.2.1	총독부 고시 제13호/우편소 설치
平壤船橋理郵便所	평안남도 평양부 선교리	1933.6.1	총독부 고시 제222호/선교리우편소를 개칭
箕林郵便所	평안남도 평양부 기림동	1931.6.15	총독부 고시 제308호/우편소 폐지 후 평양우편국에 승계
九龍郵便所	평안남도 양덕 군양덕면 용계리	1932.5.1	총독부 고시 제231호/양덕우편소로 개칭
慈山郵便所	평안남도 순천군 자산면 자산리	1937.12.26	총독부 고시 제914호/전신, 전화통화 사무 취급
朔州郵便所	평안북도 삭주군 삭주읍	1910.9.28	총독부 고시 제226호/우편물, 전신사무 개시
平安南北道地域			
北下洞郵便所	평안북도 의주부 위북면 북하동	1911.3.21	총독부 고시 제70호/전화통화사무 개시
泰川郵便所	평안북도 태천군 동읍내면 관중리	1911.6.16	총독부 고시 제167호/우편소 설치
		1911.6.15	총독부 고시 제168호/우체소 폐지 후 우편소로 개칭
		1915.10.21	총독부 고시 제270호/전신, 전화통화사무 개시
雲川郵便所	평안북도 운산군 읍면 상리	1911.7.16	총독부 고시 제225호/우편소 설치
嘉山郵便所	평안북도 가산군 군내면 동변리	1911.8.16	총독부 고시 제254호/우편소 설치
		1911.8.15	총독부 고시 제255호/우체소 폐지 후 우편소로 개칭
鐵山郵便所	평안북도 철산군 고성면 중부리	1911.9.1	총독부 고시 제265호/우편소 설치
		1911.8.31	총독부 고시제266호/우체소 폐지 후 우편소로 개칭
		1914.4.16	총독부 고시 제99호/전신, 전화사무 개시

국[소]명	소재지	설치연도	참고사항
渭原郵便所	평안북도 위원군 군내면 성하리	1911.10.1	총독부 고시 제290호/우편소 설치
		1911.9.30	총독부 고시 제291호/우체소 폐지 후 우편소로 개칭
		1919.8.19	총독부 고 시제212호/우편소 폐지, 위원우편국에 승계
雲山郵便所	평안북도 운산군 운산읍 명상리	1911.9.28	총독부 고시 제308호/우편소 이전
滿浦鎭郵便所	평안북도 강계군 문옥면 문흥리	1912.3.1	총독부 고시 제37호/우편소 설치
古城郵便所	평안북도 영변군 고성면 마전리	1912.6.16	총독부 고시 제247호/우편소 설치
車輦館郵便所	평안북도 철산군 첨면[동부동]차련관	1912.7.14	총독부 고시 제277호/첨면동천촌-첨면차련관으로 이전
		1914.4.16	총독부 고시 제99호/전신, 전화통화사무 개시
大楡洞郵便所	평안북도 창성군 동창면 이목리	1911.11.1	총독부 고시 제66호/우편소 설치
塔洞郵便所	평안북도 구성군 천마면 탑동리	1912.3.16	총독부 고시 제54호/우편소 설치
		1914.10.1	총독부 고시 제247호/전신, 전화통화사무 개시
楊市郵便所	평안북도 용천군 양하면 시남동	1913.2.16	총독부 고시 제20호/우편소 설치
		1915.10.21	총독부 고시 제270호/전신, 전화통화사무 개시
府羅郵便所	평안북도 용천군 부나면 중단리	1931.3.31	총독부 고시제196호/우편소 설치
新廷郵便所			
价古介郵便所	평안북도 희천군 북면 개고개동	1934.9.16	총독부 고시 제459호/우편소 설치
淸亭郵便所	평안북도 정주군 마산면 청정동	1922.3.1	총독부 고시 제38호/우편소 설치
中之島郵便所			
龍林郵便所	평안북도 강계군 용림면 용림동	1940.3.3	총독부 고시 제161호/우편소 설치
梨坪郵便所	평안북도 자성군 이평면 진송동	1939.3.6	총독부 고시 제163호/우편소 설치
柔院鎭郵便所	평안북도 희천군 신풍면 서동	1923.3.26	총독부 고시 제72호/우편소 설치
妙香郵便所	평안북도 영변군 북신현면 하향동	1938.2.25	총독부 고시 제141호/우편소 설치
龍岩浦郵便所	함경북도 용천군 용천면 용암동	1932.3.1	총독부 고시 제90호/우편소 설치
龜城郵便所	평안북도 구성군 구성면 좌부리	1921.3.16	총독부 고시 제35호/우편소 설치
新市郵便所			
昌城郵便所	평안북도 창성군 창성면 성풍동	1932.3.1	총독부 고시 제90호/우편소 설치
溫井郵便所			
大楡洞郵便所			
七坪郵便所	평안북도 후창군 칠평면 중흥동	1930.3.21	총독부 고시 제106호/우편소 설치
雲田郵便所	평안북도 정주군 대전면 운전동	1929.10.26	총독부 고시 제382호/우편소 설치
博川郵便所			
古邑郵便所	평안북도 정주군 갈산면 광동리	1935.3.24	총독부 고시 제167호/전신, 전화통화사무 개시
淸城鎭郵便所	평안북도 의주군 광평면 청성동	1932.3.1	총독부 고시 제91호/우편소 설치
大館郵便所	평안북도 삭주군 외남면 대관동	1920.3.16	총독부 고시 제60호/우편소 설치
高山鎭郵便所	평안북도 강계군 고산면 춘산동	1932.3.1	총독부 고시 제91호/우편소 설치
碧團郵便所	평안북도 벽단군 송서면사서동	1924.3.26	총독부 고시 제50호/전신, 전화통화사무 개시
鶴松郵便所	평안북도 창성군 청산면 학송동	1983.3.16	총독부 고시 제200호/우편소 설치
兩江郵便所	평안북도 초산군 송면 양강동	1983.3.16	총독부 고시 제200호/우편소 설치
揚西郵便所	평안북도 용천군 양서면 용연동	1937.3.30	총독부 고시 제211호/우편소 설치
淸溪郵便所	평안북도 삭주군 외남면 청계리	1937.3.6	총독부 고시 제125호/우편소 설치
多獅島郵便所	평안북도 용천군 부나면 원성동	1940.3.28	총독부 고시 제282호/우편소 설치
新義州常盤町郵便所			
新義州彌勒洞郵便所	평안북도 신의주부 미륵동	1934.3.16	총독부 고시 제104호/우편소 설치
八院郵便所	평안북도 영변군 입원면 천양동	1932.3.11	총독부 고시 제102호/우편소 설치
郭山郵便所	평안북도 정주군 곽산면 조산동	1940.11.15	총독부 고시 제1209호/전화교환업무 개시
古揚郵便所	평안북도 초산군 길면 부평동	1927.8.1	총독부 고시 제228호/우편소 설치
東村郵便所			
長土郵便所	평안북도 자성군 장토면 토성동	1937.3.26	총독부 고시 제176호/우편소 설치
永山郵便所	평안북도 의주군 길령삭면 구창동	1931.3.11	총독부 고시 제110호/우편소 설치
雲時郵便所	평안북도 벽동군 우시면 우하동	1930.3.26	총독부 고시 제127호/우편소 설치
陳坪郵便所	평안북도 자성군 여정면 만흥리	1934.3.26	총독부 고시 제127호/우편소 설치
枇峴郵便所	평안북도 의주군 비현면 채마리	1940.11.15	총독부 고시 제1209호/전화교환업무 개시

국(소)명	소재지	설치연도	참고사항
造岳郵便所	평안북도 구성군 관서면 조악동	1931.3.1	총독부 고시 제76호/우편소 설치
吏西郵便所	평안북도 강계군 이서면 송학동	1937.3.26	총독부 고시 제181호/우편소 설치
玉尙郵便所	평안북도 의주군 옥상면 하강동	1937.3.26	총독부 고시 제176호/우편소 설치
化京郵便所	평안북도 강계군 화경면 우인동	1938.3.6	총독부 고시 제160호/우편소 설치
路下郵便所	평안북도 선천군 동면노하동	1938.2.21	총독부 고시 제123호/우편소 설치
別河郵便取扱所	평안북도 강계군 성천면 별하동	1931.3.26	총독부 고시 제151호/우편취급소 설치
嶺美郵便所	평안북도 박천군 우가면 영미동	1936.4.16	총독부 고시 제249호/전화통화업무 개시
和昌郵便所	평안북도 위원군 화창면대안동	1936.3.26	총독부 고시 제165호/우편소 설치
南市郵便所			
寧邊郵便所	평안북도 영변군 영변면 동부동	1926.3.21	총독부 고시 제78호/전화교환업무 개시
水豊郵便所	평안북도 삭주군 구곡면 수풍동	1938.3.30	총독부 고시 제253호/우편소 설치
球場郵便所			
方峴郵便所	평안북도 방현면 하단동	1925.7.1	총독부 고시 제170호/우편소 설치
白馬郵便所			
崇正郵便所	평안북도 위원군 숭정면 용연동	1940.3.3	총독부 고시 제161호/우편소 설치
時中郵便所	평안북도 강계군 시중면 외서천동	1940.3.1	총독부 고시 제148호/우편소 설치
孟中郵便所			
平安南北道地域			
前川郵便所	평안북도 강계군 전천면 장흥동	1932.3.1	총독부 고시 제91호/우편소 설치
東林郵便所	평안북도 선천군 심천면 우군영동	1930.3.16	총독부 고시 제102호/우편소 설치
遂安郵便所	황해도 수안군 수안읍	1910.10.18	총독부 고시 제24호/우편소 설치
		1910.10.31	총독부 고시 제25호/ 수안우체소에서 우편소로 개칭
金川郵便所	황해도 김천군 김천읍	1911.9.5	총독부 고시 제21호/우편소이전, 김천군 군내면 교동
長淵郵便所	황해도 장연군 설산면 형후동	1911.7.1	총독부 고시 제191호/우편소 설치
		1911.6.30	총독부 고시 제192호/우체소 폐지 후 우편소로 개칭
		1912.2.1	총독부 고시 제17호/전신, 전화통화사무 개시
信川郵便所	황해도 신천군 읍내면 2리 관문전	1911.7.1	총독부 고시 제191호/우편소 설치
		1911.6.30	총독부 고시 제192호/우체소 폐지 후 우편소로 개칭
長連郵便所	황해도 은율군 장연면 서리	1911.6.16	총독부 고시 제167호/우편소 설치
		1911.6.15	총독부 고시 제168호/우체소 폐지 후 우편소로 개칭
		1912.3.1	총독부 고시 제50호/전신, 전화통화사무 개시
白川郵便所	황해도 백천군 동촌면 상1리	1911.7.16	총독부 고시 제225호/우편소 설치
		1911.7.15	총독부 고시 제226호/우체소 폐지 후 우편소로 개칭
兎山郵便所	황해도 김천군 월성면 당리	1911.10.1	총독부 고시 제290호/우편소 설치
		1911.9.30	총독부 고시 제291호/우체소 폐지 후 우편소로 개칭
		1915.10.1	총독부 고시 제236호/우편소 이전과 우편소명 개정 시변리우편소로 개정, 황해도 김천군 서천면 시변리
市邊里郵便所	황해도 김천군 서천면 시변리	1915.10.1	총독부 고시 제236호/토산우편소를 개정
南川郵便所	황해도 평산군 보상면 남천	1912.1.1	총독부 고시 제380호/우편소 설치
夢金浦郵便所	황해도 장연군 해안면 조미동	1912.1.1	총독부 고시 제380호/우편소 설치
興水郵便所	황해도 봉산군 구연면 2리	1912.3.16	총독부 고시 제54호/우편소 설치
東倉浦郵便所	황해도 안악군 용문면 용정동	1912.2.21	총독부 고시 제29호/우편소 설치
苔彈郵便所	황해도 장연군 태호면 태탄동	1912.10.1	총독부 고시 제298호/우편소 설치
黑橋郵便所	황해도 황주군 흑교면 장사리	1913.10.21	총독부 고시 제509호/전신, 전화통화 사무 개시
楠渟郵便所	황해도 수안군 대천면 차산동	1914.3.21	총독부 고시 제60호/우편소 설치
龍湖島郵便所	황해도분진군 동남면 용호도	1915.4.30	총독부 고시 제122호/전신, 전화통화 사무 개시
苔彈郵便所	황해도 장연군 속달면 태탄동	1914.7.21	총독부 고시 제164호/전신, 전화 사무 개시
笏洞郵便所	황해도 수안군 대천면 1리	1915.10.21	총독부 고시 제270호/전신, 전화통화 사무 개시
楠渟郵便所	황해도 수안군 대천면 차산동	1915.3.21	총독부 고시 제60호/우편소 설치
		1915.10.21	총독부 고시 제270호/전신, 전화통화 사무 개시
兼二浦郵便所	황해도 황주군 송림면 겸이포리	1918.10.31	총독부 고시 제243호/우편소 폐지, 겸이포우편국 승계
新院郵便所	황해도 제령군 하유면 신원리	1919.4.1	총독부 고시 제57호/우편소 설치

국(소)명	소재지	설치연도	참고사항
		1920.9.11	총독부 고시 제222호/전신, 전화통화 사무 개시
積岩郵便所	황해도 평산군 적암면 온정리	1920.3.16	총독부 고시 제60호/우편소 설치
金山浦郵便所	황해도 은율군 북부면 금산리	1920.3.21	총독부 고시 제70호/우편소 설치
谷山郵便所	황해도 곡산군 곡산면 적성리	1921.5.21	총독부 고시 제116호/우편소 설치
新溪郵便所	황해도 신계군 신계면 향교리	1921.6.1	총독부 고시 제124호/우편소 설치
遠泉郵便所	황해도 신천군 초리면 원천리	1922.3.1	총독부 고시 제38호/우편소 설치
蘇江郵便所	황해도 옹진군 서면 읍저리	1922.3.21	총독부 고시 제72호/우편소 설치
瓮津郵便所	황해도 분진군 마산면 온천리	1923.3.21	총독부 고시 제67호/우편소 설치
瑞興郵便所	황해도 서흥군 서흥면 화곡리	1923.3.26	총독부 고시 제70호/우편소 설치
延安郵便所	황해도 연일군 연안면 관천리	1923.3.26	총독부 고시 제70호/우편소 설치
靑丹郵便所	황해도 해주군 추화면 월학리	1923.3.26	총독부 고시 제72호/우편소 설치
內宗郵便所	황해도 재령군 북율면 내종리	1923.4.1	총독부 고시 제84호/전신, 전화통화 사무 개시
九味浦郵便所	황해도 장연군 대구면 구미리	1923.7.1	총독부 고시 제193호/우편소 설치
		1937.3.10	총독부 고시 제138호/몽금포우편소로 승계
聚野郵便所	황해도 해주군 가좌면 취야리	1924.2.1	총독부 고시 제21호/전신, 전화통화 사무 개시
陵里郵便所	황해도 서흥군 도면 능리	1924.5.26	총독부 고시 제111호/우편소 설치
銀波郵便所	황해도 봉산군 와면 은파리	1925.4.1	총독부 고시 제89호/우편소 설치
山野郵便所	황해도 해주군 가좌면 금호리	1921.5.6	총독부 고시 제109호/우편소 설치
新幕郵便所	황해도 서흥군 화회면 신막리	1926.3.21	총독부 고시 제78호/전화 교환 업무 개시
沙里院北里郵便所	황해도 봉산군 사리원면 북리	1926.9.16	총독부 고시 269호/전신, 전화통화 사무 개시
沈村郵便所	황해도 황주군 청용면 소천리	1928.2.16	총독부 고시 제29호/우편소 설치
文岩郵便所	황해도 곡산군 멱미면 문암리	1929.3.26	총독부 고시 제86호/우편소 설치
水橋郵便所	황해도 송화군 봉래면 수교리	1930.3.21	총독부 고시 제105호/우편소 설치
靑石頭郵便所	황해도 제령군 상성면 청석두리	1930.3.26	총독부 고시 제127호/우편소 설치
濯纓郵便所	황해도 연일군 목단면 탁영리	1931.3.16	총독부 고시 제126호/우편소 설치
黃州郵便所	황해도 황주군 황주면 제안리	1932.3.1	총독부 고시 제90호/우편소 설치
文區郵便所	황해도 평산군 문무면 문구리	1932.3.26	총독부 고시 제134호/우편소 설치
海州南旭町郵便所	황해도 해주군 해주읍 남욱정	1933.3.21	총독부 고시 제86호/우편소 설치
栗里郵便所	황해도 수안군 연암면 율리	1935.2.27	총독부 고시 제86호/전신, 전화통화 사무 개시
文化郵便所	황해도 신천군 문화면 동각리	1935.3.1	총독부 고시제87호/우편소 설치
寶光郵便所	황해도 수안군 수구면 보광리	1935.3.26	총독부 고시 제178호/우편소 설치
松禾郵便所	황해도 송화군 송화면 읍내리	1936.4.16	총독부 고시 제249호/전화, 통화 업무 개시
德隅郵便所	황해도 황주군 구각면 덕우리	1937.2.24	총독부 고시 제105호/덕우우편소를 개칭
紅峴郵便所	황해도 연일군 유곡면 영성리	1937.3.1	총독부 고시 제113호/우편소 설치
信川溫泉郵便所	황해도 신천군 온천면 온천리	1937.3.1	총독부 고시 제107호/우편소 설치
松川郵便所	황해도 장연군 대구면 구미리	1937.3.11	총독부 고시 제137호/우편소 설치
石灘郵便所	황해도 송화군 천동면 석탄리	1937.3.26	총독부 고시 제180호/우편소 설치
殷栗郵便所	황해도 은율군 은율면 홍문리	1938.1.1	총독부 고시 제929호/전화 교환 업무 개시
安岳溫泉郵便所	황해도 안악군 은강면 온정리	1938.2.21	총독부 고시 제124호/우편소 설치
海州港郵便所	황해도 해주군 해주읍 용당리	1938.2.25	총독부 고시 제139호/우편소 설치
泉谷郵便所	황해도 수안군 천곡면 평원리	1938.3.6	총독부 고시 제160호/우편소 설치
馬洞郵便所	황해도 봉산군 토성면 마산리	1938.3.21	총독부 고시 제216호/우편소 설치
天臺郵便所	황해도 연일군 용도면 옥야리	1938.3.24	총독부 고시 제222호/우편소설 치
石塘郵便所	황해도 신천군 북부면 서호리	1938.3.25	총독부 고시 제239호/우편소 설치
延安溫泉郵便所	황해도 연백군 온정면 금성리	1938.3.26	총독부 고시 제246호/우편소 설치
丁峰郵便所	황해도 신계군 고면 정봉리	1939.2.26	총독부 고시 제126호/우편소 설치
龍淵郵便所	황해도 장연군 용연면 석교리	1939.3.6	총독부 고시 제164호/우편취급소 설치
新換浦郵便所	황해도 제령군서허면신환포리	1940.1.30	총독부 고시 제52호/전신, 전화통화 사무 취급
百年郵便所	황해도 곡산군 이령면 거리소리	1940.3.31	총독부 고시 제295호/우편소 설치
高城郵便所	강원도 고성군 고성면 서리	1910.12.16	총독부 고시 제60호/우편소 설치
		1910.12.15	총독부 고시 제61호/우체소를 우편소로 개칭
		1911.3.21	총독부 고시 제70호/전화통화 사무 개시
平康郵遞所	강원도 평강군 평강읍	1911.3.16	총독부 고시 제61호/우편소 설치

국(소)명	소재지	설치연도	참고사항
		1911.3.15	총독부 고시 제62호/우체소 폐지 후 우편소로 개칭
麟蹄郵遞所	강원도 인제군 인제읍	1911.3.16	총독부 고시 제61호/우편소 설치
		1911.3.15	총독부 고시 제62호/우체소 폐지 후 우편소로 개칭
		1912.1.1	총독부 고시 제385호/전신, 전화통화 사무 개시
旌善郵便所	강원도 정선군 군내면 하동	1912.7.15	총독부 고시 제286호/우편소 이전
		1914.8.11	총독부 고시 제314호/전신, 전화통화 사무 개시
橫城郵便所	강원도 횡성군 군내면 상동리	1912.2.26	총독부 고시 제33호/전신, 전화통화 사무 개시
竹邊郵便所	강원도 울진군 근북면 죽변동	1912.3.21	총독부 고시 제117호/우편소 설치
平海郵遞所	강원도 평해군 북하리면 하성저리	1912.2.29	총독부 고시 제38호/우체소 폐지 후 우편소로 개칭
		1912.3.11	총독부 고시 제81호/전신, 전화통화 사무 개시
華川郵便所	강원도 화천군 군내면 읍내리	1911.6.1	총독부 고시 제156호/우편소 설치
		1911.5.31	총독부 고시 제157호/우체소 폐지 후 우편소로 개칭
橫城郵便所	강원도 횡성군 군내면 상동리	1911.6.1	총독부 고시 제156호/우편소 설치
		1911.5.31	총독부 고시 제157호/우체소 폐지 후 우편소로 개칭
寧越郵便所	강원도 영월군 군내면 영흥리	1911.6.16	총독부 고시 제167호/우편소 설치
		1911.6.15	총독부 고시 제168호/우체소 폐지 후 우편소로 개칭
		1912.8.1	총독부 고시 제233호/전신, 전화통화 사무 개시
歙谷郵便所(흡곡우편소)	강원도 통천군 학이면 신읍리	1911.9.16	총독부 고시 제274호/우편소 설치
		1911.9.15	총독부 고시 제275호/우체소 폐지 후 우편소로 개칭
注文津郵便所	강원도 강릉군 신리면 주문리	1912.1.1	총독부 고시 제139호/우편소 설치
注文津郵便所電信分室	강원도 강릉군 주문진 등대구 내	1941.1.1	총독부 고시 제1476호/분실 설치
洗浦郵便所	강원도 평강군 고삽면 토성리	1911.10.16	총독부 고시 제52호/우편소 설치
金城郵便所	강원도 금성군 금성읍	1911.9.27	총독부 고시 제42호/금성읍-금성군 군내면 경파리
庫底郵便所	강원도 통천군 순원면 고저리	1913.2.21	총독부 고시 제32호/우편소 설치
大浦郵便所	강원도 양양군 도천면 대포리	1914.2.26	총독부 고시 제21호/우편소 설치
		1915.6.16	총독부 고시 제145호/전신, 전화통화 사무 개시
束草郵便所	강원도 양양군 도천면 속초리	1938.6.26	총독부 고시 제479호/대포우편소를 개칭
溫井里郵便所	강원도 간성군 신북면 온정리	1915.8.16	총독부 고시 제185호/우편소 설치
厚浦郵便所	강원도 울진군 평남면 후포리	1935.3.25	총독부 고시 제169호/우편소 설치
梅花郵便所	강원도 울진군 원남면 매화리	1933.3.26	총독부 고시 제94호/우편소 설치
蔚珍郵便所	강원도 울진군 울진면 읍내리	1923.3.26	총독부 고시 제70호/우편소 설치
屯內郵便所			
城山郵便所	강원도 홍천군 화촌면 성산리	1931.3.26	총독부 고시 제150호/우편소 설치
臨溪郵便所	강원도 정선군 임계면 송계리	1933.3.26	총독부 고시 제95호/우편소 설치
畫岩郵便所	강원도 정선군 동면 화암리	1935.3.26	총독부 고시 제172호/우편소 설치
文登郵便所	강원도 양구군 수입면 문등리	1938.3.16	총독부 고시 제200호/우편소 설치
酒泉郵便所	강원도 영월군 서변면 주천리	1923.3.26	총독부 고시 제81호/우편소 설치
大和郵便所	강원도 평창군 대화면 대화리	1924.6.21	총독부 고시 제127호/우편소 설치
文幕郵便所	강원도 원주군 건등면 문막리	1922.2.26	총독부 고시 제29호/전신, 전화통화 사무개시
楊口郵便所	강원도 양구군 양구면 중리	1921.4.11	총독부 고시 제86호/우편소 설치
洪川郵便所	강원도 홍천군 홍천면 진리	1923.3.26	총독부 고시 제70호/우편소 설치
平昌郵便所	강원도 평창군 평창면 중리	1921.3.26	총독부 고시제48호/우편소 설치
蒼村郵便所	강원도 인제군 내면 창촌리	1938.3.16	총독부 고시 제200호/우편소 설치
自隱郵便所	강원도 홍천군 두촌면 자은리	1938.3.16	총독부 고시 제200호/우편소 설치
瑞和郵便所	강원도 인제군 서화면 서화리	1938.3.16	총독부 고시 제200호/우편소 설치
梅日郵便所	강원도 횡성군 갑천면 매일리	1937.2.16	총독부 고시 제73호/우편소 설치
安興郵便所	강원도 횡성군 안흥면 하안흥리	1937.6.1	총독부 고시 제326호/정곡우편소를 개칭
珍富郵便所	강원도 평창군 진부면 하진부리	1929.3.31	총독부 고시 제95호/우편소 설치
內坪郵便所	강원도 춘천군 북산면 내평리	1937.3.21	총독부 고시 제163호/우편소 설치
麒麟郵便所	강원도 인제군 인제면 현리	1940.3.10	총독부 고시 제187호/우편소 설치
磨磋里郵便所	강원도 영월군 북면 마차리	1940.12.26	총독부 고시 제1478호/전신, 전화 언문 전보 취급
史北郵便所	강원도 춘천군 사북면 지촌리	1939.3.26	총독부 고시 제245호/우편소 설치

국(소)명	소재지	설치연도	참고사항
神林郵便所	강원도 원주군 신림면 신림리	1939..226	총독부 고시 제126호/우편소 설치
上東郵便所	강원도 영월군 상동면 녹전리	1938.3.26	총독부 고시 제245호/우편소 설치
瑞石郵便所	강원도 홍천군 서석면 풍암리	1934.3.21	총독부 고시 제106호/우편소 설치
原州郵便所			
佳陽郵便所			
三陟郵便所	강원도 삼척군 삼척면 성내리	1923.3.26	총독부 고시 제82호/우편소 설치
近德郵便所	강원도 삼척군 근덕면 교하동	1932.3.1	총독부 고시 제79호/우편소 설치
仁邱郵便所	강원도 양양군 현남면 인구리	1938.3.1	총독부 고시 제150호/우편소 설치
安峽郵便所			
湖山郵便所	강원도 삼척군 원덕면 호산리	1940.3.21	총독부 고시 제245호/우편소 설치
歼城郵便所	강원도 통천군 통천면 중리	1921.3.26	총독부 고시 제48호/우편소 설치
里湖郵便所			
通口郵便所	강원도 김화군 통구면 현리	1938.2.21	총독부 고시 제123호/우편소설치
金北郵便所			
慈谷郵便所			
沙川郵便所	강원도 강릉군 사천면 미노리	1935.3.11	총독부 고시 제127호/우편소 설치
外金剛郵便所			
外金剛郵便所九龍淵出張所	강원도 고성군 외금강면 창대리	1938.5.1	총독부 고시 제369호/출장소 설치
內金剛郵便所	강원도 회양군 장양면 말휘리	1922.7.16	총독부 고시 제180호/우편소 설치
內金剛郵便所四仙橋出張所	강원도 회양군 내금강면 장연리	1939.5.1	총독부 고시 제355호/출장소 설치
內金剛郵便所溫井嶺出張所	강원도 회양군 내금강면 신풍리	1939.5.14	총독부 고시 제399호/출장소 설치
月井郵便所	강원도 철원군 어운면 중강리	1931.3.29	총독부 고시 제164호/우편소 설치
鐵原驛前郵便所			
福溪郵便所	강원도 평강군 평강면 복계리	1922.3.21	총독부 고시 제72호/우편소 설치
昌道郵便所			
襄陽郵便所	강원도 양양군 양양면 성내리	1921.3.26	총독부 고시 제48호/우편소 설치
平康郵便所			
巨津郵便所			
蘭谷郵便所	강원도 회양군 남곡면 현리	1921.4.1	총독부 고시 제60호/우편소 설치
道溪郵便所	강원도 삼척군 소달면 도계리	1938.3.26	총독부 고시 제244호/우편소 설치
江羅郵便所			
通川郵便所	강원도 통천군 통천면 중리	1921.3.26	총독부 고시 제48호/우편소 설치
臨院郵便所			
支下郵便所	강원도 이천군 약양면 지하리		
伊川郵便所	강원도 이천군 이천면 향교리	1921.4.15	총독부 고시 제89호/우편소 설치
長箭郵便所			
束草郵便所			
佳麗州郵便所	강원도 이천군 방장면 가여주리	1938.3.20	총독부 고시 제263호/전신, 전화통화 사무 취급
玉溪郵便所	강원도 강릉군 옥계면 현내리	1927.1.16	총독부 고시 제8호/우편소설치
北平郵便所	강원도 삼척군 북삼면 북평리	1928.3.28	총독부 고시 제92호/우편소 설치
淮陽郵便所	강원도 회양군 회양면 읍내리	1921.4.6	총독부 고시 제74호/우편소 설치
松和郵便所	황해도 송화군 송화면 읍내리	1921.4.11	총독부 고시 제86호/우편소 설치
長安寺郵便所	강원도 회양군 장양면 장연리	1922.7.16	총독부 고시 제181호/우편소 설치
井谷郵便所	강원도 횡성군 정곡면 하한홍리	1930.3.26	총독부 고시 제128호/우편소 설치
		1937.6.1	총독부 고시 제326호/안홍우편소로 승계
墨湖郵便所	강원도 강릉군 망상면 발한리	1938.3.6	총독부 고시 제161호/우편소 설치
內坪郵便所	강원도 춘천군 북산면 내평리	1940.12.15	총독부 고시 제1419호/전신, 전화통화 사무 취급
大田春日町3郵便所	충청남도 대전부 춘일정 3정목	1938.3.16	총독부 고시 제203호/우편소 설치
燕岐郵遞所	충청남도 연기군 연기읍	1911.10.10	총독부 고시 제303호/연기우체소 폐지 후 조치원우편소에 합병
結城郵便所	충청남도 결성군 현내면 교촌	1911.10.16	총독부 고시 제304호/우편소 설치
		1911.10.15	총독부 고시 제305호/우체소 폐지 후 우편소로 개칭

국(소)명	소재지	설치연도	참고사항
木川郵便所	충청남도 목천군 읍내면 서지리	1911.7.1	총독부 고시 제191호/우편소 설치
		1911.6.30	총독부 고시 제192호/우체소 폐지 후 우편소로 개칭
		1915.10.1	총독부 고시 제236호/이전 개칭
			병천우편소로 개칭. 천안군 갈전면 서병천리로 이전
德山郵便所	충청남도 덕산군 현내면 서문리	1911.7.1	총독부 고시 제191호/우편소 설치
		1911.6.30	총독부 고시 제192호/우체소 폐지 후 우편소로 개칭
		1912.3.28	총독부 고시 제140호/전신, 전화통화 사무 개시
唐津郵便所	충청남도 당진군 군내면 동문리	1911.7.1	총독부 고시 제191호/우편소 설치
		1911.6.30	총독부 고시 제192호/우체소 폐지 후 우편소로 개칭
		1911.12.16	총독부 고시 제369호/전신, 전화통화 사무 개시
庇仁郵便所	충청남도 비인군 군내면 관청동	1911.7.1	총독부 고시 제191호/우편소 설치
		1911.6.30	총독부 고시 제192호/우체소 폐지 후 우편소로개칭
懷德郵便所	충청남도 회덕군 회덕읍	1910.10.31	총독부 고시 제34호. 우편소 폐지 후 대전우편국에 통합
恩津郵遞所	충청남도 은진군 은진읍	1911.1.25	총독부 고시 제20호/은진우체소 폐지, 강경우편소로 합병
鳥致院郵便所	충청남도 연기군 북일면 조치원	1911.5.15	총독부 고시 제127호/특설전화 가입 신청 수리, 전화교환
		1921.3.25	총독부 고시 제52호/우편소 폐지 후 조치원우편국 승계
魯城郵便所	충청남도 노성군 읍내면 홍문리	1911.6.1	총독부 고시 제156호/우편소 설치
		1911.5.31	총독부 고시 제157호/우체소 폐지 후 우편소로 개칭
		1912.1.1	총독부 고시 제140호/전신, 전화통화 사무 개시
舒川郵便所	충청남도 서천군 개곡면 서변리	1911.6.1	총독부 고시 제156호/우편소 설치
		1911.5.31	총독부 고시 제157호/우체소 폐지 후 우편소로 개칭
泰安郵便所	충청남도 태안군 군내면 남문리	1911.6.1	총독부 고시 제156호/우편소 설치
		1911.5.31	총독부 고시 제157호/우체소 폐지 후 우편소로 개칭
鎭岺郵便所	충청남도 진령군 북면 내동	1911.6.16	총독부 고시 제167호/우편소 설치
		1911.6.15	총독부 고시 제168호/우체소 폐지 후 우편소로개칭
		1916.8.14	총독부 고시 제186호/유성우편소로 개정, 이전
			충청남도 대전군 진령면 내동리-대전군 유성면 장대리
		1912.3.16	총독부 고시 제118호/전신, 전화통화 사무 개시
延豊郵便所	충청북도 연풍군 현내면 행정동	1911.7.16	총독부 고시 제225호/우편소 설치
		1911.7.15	총독부 고시 제226호/우체소 폐지 후 우편소로 개칭
		1913.1.16	총독부 고시 제2호/전신, 전화통화 사무 개시
大興郵便所	충청남도 대흥군 읍내면 서북리	1911.7.16	총독부 고시 제225호/우편소설치
		1911.7.15	총독부 고시 제226호/우체소 폐지 후 우편소로 개칭
林川郵便所	충청남도 임천군 속변면 군사리	1911.8.1	총독부 고시 제240호/우편소 설치
		1911.7.31	총독부 고시 제241호/우체소 폐지 후 우편소로 개칭
海美郵便所	충청남도 해미군 동면 성내리	1911.8.16	총독부 고시 제254호/우편소 설치
		1911.8.15	총독부 고시 제255호/우체소 폐지 후 우편소로 개칭
新昌郵便所	충청남도 신창군 군내면 홍문리	1911.9.16	총독부 고시 제274호/우편소 설치
		1911.9.15	총독부 고시 제275호/우체소 폐지 후 우편소로 개칭
石城郵便所	충청남도 석성군 현내면 연하리	1911.10.1	총독부 고시 제290호/우편소 설치
		1911.9.30	총독부 고시 제291호/우체소 폐지 후 우편소로개칭
靑陽郵便所	충청남도 청양군 읍내면 서부리	1911.11.1	총독부 고시 제315호/우편소 설치
		1911.10.31	총독부 고시 제316호/우체소 폐지 후 우편소로 개칭
稷山金鑛郵便所	충청남도 직산군 이동면 양전	1912.3.29	총독부 고시 제155호/이동면 삼곡리에서 우편소 이전
		1926.11.1	총독부 고시 제330호/우편소 폐지, 입장우편소에 승계
稷山郵便所	충청남도 천안군 입장면 하장리	1926.11.1	총독부 고시 제328호/직산우편소를 입장우편소로 개칭
笠場郵便所	충청남도 천안군 입장면 하장리	1926.11.1	총독부 고시 제328호/직산우편소를 입장우편소로개칭
定山郵便所	충청남도 정산군 읍내면 서정리	1912.6.1	총독부 고시 제236호/우편소 설치
禮山郵便所	충청남도 예산군 군내면 광안리	1911.8.28	총독부 고시 제25호/우편소 이전, 예산군 예산읍
新灘津郵便所	충청남도 회덕군 북면 석봉리	1912.9.16	총독부 고시 제286호/전신, 전화통화 사무 개시
米院郵便所	충청북도 청주군 산내1면 미원리	1913.3.2	총독부 고시 제57호/우편소 설치
大川郵便所	충청남도 보령군 대천면 대천리	1913.10.11	총독부 고시 제459호/우편소 설치
全義郵便所	충청남도 연기군 전의면 읍내리	1914.5.26	총독부 고시 제137호/우편소 설치

국(소)명	소재지	설치연도	참고사항
竝川郵便所	충청남도 천안군 갈전면 서병천리	1915.10.1	총독부 고시 제236호/목천우편소를 개정
維鳩郵便所	충청남도 공주군 신상면 석남리	1917.1.15	총독부 고시 제6호/전신, 전화통화 사무 개시
新昌郵便所	충청남도 아산군 신창면 읍내리	1918.9.21	총독부 고시 제210호/우편소 이전 개칭
溫陽郵便所	충청남도 아산군 온양면온천리	1928.6.22	총독부 고시 제234호/전화교환, 탁송전보업무 개시
仙當郵便所	충청남도 아산군 선당면 군덕리	1918.9.21	총독부 고시 제210호/신창우편소를 선당우편소로 개칭
牙山郵便所	충청남도 아산군 영인면 아산리	1920.2.11	총독부 고시 제21호/우편 소설치
恩山郵便所	충청남도 부여군 은산면 은산리	1920.2.21	총독부 고시 제39호/우편소 설치
廣川郵便所	충청남도 홍성군 광천면 광천리	1920.5.21	총독부 고시 제148호/광천면 신진리로 이전
無極郵便所	충청북도 음성군 금왕면 무극리	1920.7.1	총독부 고시 제182호/우편소 설치
沔川郵便所	충청남도 당진군 면천면 성상리	1921.3.16	총독부 고시 제35호/우편소 설치
鴻山郵便所	충청남도 부여군 홍산면 북촌리	1921.3.26	총독부 고시 제48호/우편소 설치
錦南郵便所	충청남도 연기군 금남면 대평리	1921.4.1	총독부 고시 제60호/우편소 설치
燕岐郵便所	충청남도 연기군 남면 연기리	1929.3.21	총독부 고시 제67호/우편소 설치
聖淵郵便所	충청남도 서산군 성연면 평리	1938.2.16	총독부 고시 제101호/우편소 설치
鎭川郵便所	충청북도 진천군 진천면 읍내리	1921.4.6	총독부 고시 제74호/우편소 설치
合德郵便所	충청남도 당진군 합덕면 운산리	1922.3.11	총독부 고시 제50호/우편소 설치
洪城郵便所	충청남도 홍성군 홍주면 오관리		
陽村郵便所	충청남도 논산군 양촌면 인천리	1923.3.21	총독부 고시 제66호/우편소 설치
瑞山郵便所	충청남도 서산군 서산면 읍내리	1923.3.26	총독부 고시 제70호/우편소 설치
大田春日町郵便所	충청남도 대전군 대전면 춘목정	1924.10.1	총독부 고시 제219호/우편소 설치
水東郵便所	충청남도 서천군 마동면 수동리	1931.3.30	총독부 고시 제192호/우편소 설치
洪城郵便所	충청남도 홍성군 홍주면 오관리	1932.3.1	총독부 고시 제90호/우편소 설치
梨仁郵便所	충청남도 공주군 목동면 이인리	1932.3.11	총독부 고시 제108호/우편소 설치
上村郵便所	충청남도 홍성군 고도면 상촌리	1932.3.16	총독부 고시 제114호/우편소 설치
豆溪郵便所	충청남도 논산군 두마면 두계리	1933.3.21	총독부 고시 제87호/우편소 설치
小井里郵便所	충청남도 연기군 전의면 소정리	1934.3.26	총독부 고시 제123호/우편소 설치
安眠郵便所	충청남도 서산군 안면면 승언리	1936.2.1	총독부 고시 제26호/우편소 설치
板橋郵便所	충청남도 서천군 동면 현암리	1935.3.6	총독부 고시 제123호/우편소 설치
機池郵便所	충청남도 당진군 송악면 기지시리	1937.3.16	총독부 고시 제145호/우편소 설치
古德郵便所	충청남도 예산군 고덕면 대천리	1937.3.16	총독부 고시 제149호/우편소 설치
鷄龍郵便所	충청남도 공주군 학룡면 월암리	1937.3.16	총독부 고시 제149호/우편소 설치
窺岩里郵便所	충청남도 부여군 규암면 규암리	1938.7.1	총독부 고시 제423호/규암우편소로 개칭
窺岩郵便所	충청남도 부여군 규암면 규암리	1938.7.1	총독부 고시 제423호/규암리우편소를 개칭
笠浦郵便所	충청남도 부여군 양화면 입포리	1939.1.30	총독부 고시 제51호/우편소 설치
夫餘郵便所	충청남도 부여군 부여면 구형리	1940.3.25	총독부 고시 제239호/전화교환 업무 개시
淸州本町郵便所	충청북도 청주군 청주읍 본정4정목	1938.3.16	총독부 고시 제203호/우편소 설치
陰城郵便所	충청북도 음성군 음성면 읍내리	1910.10.21	총독부 고시 제21호/전신사무 개시
		1911.3.21	총독부 고시 제70호/전화통화 사무 개시
窺岩里郵便所	충청북도 부여군 천을면 규암리	1910.9.26	총독부 고시 제221호/우편물, 전화통화 사무 개시
靑山郵便所	충청북도 청산군 군내면 상지전리	1911.10.16	총독부 고시 제304호/우편소 설치
		1911.10.15	총독부 고시 제305호/우체소 폐지 후 우편소로 개칭
		1915.10.19	총독부 고시 제270호/전신, 전화통화 사무 개시
淸安郵便所	충청북도 청안군 읍내면 장산리	1911.7.16	총독부 고시 제225호/우편소 설치
		1911.7.15	총독부 고시 제226호/우체소 폐지 후 우편소로 개칭
懷仁郵便所	충청북도 회인군 읍내면 마근동	1911.9.16	총독부 고시 제274호/우편소 설치
		1911.9.15	총독부 고시 제275호/우체소 폐지 후 우편소로 개칭
永春郵便所	충청북도 영춘군 군내면 상리	1912.1.16	총독부 고시 제1호/우편소 설치
		1912.1.15	총독부 고시 제2호/우체소 폐지 후 우편소로 개칭
		1912.1.21	총독부 고시 제4호/전화교환 업무 개시
		1915.10.21	총독부 고시 제270호/전신, 전화통화 사무 개시
淸安郵便所	충청북도 청안군 읍내면 장곡리	1912.2.21	총독부 고시 제40호/전신, 전화통화 사무 개시
		1923.5.26	총독부 고시 제162호/증평우편소로 이전 개칭

국(소)명	소재지	설치연도	참고사항
深川郵便所	충청북도 영동군 서일면 심천	1912.3.16	총독부 고시 제84호/우편소 설치
白雲郵便所	충청북도 제천군 백운면 평동리	1922.3.6	총독부 고시 제49호/우편소 설치
報恩郵便所	충청북도 보은군 보은면 삼산리	1923.3.21	총독부 고시 재67호/우편소 설치
槐山郵便所	충청북도 괴산군 괴산면 서부리	1923.3.26	총독부 고시 제70호/우편소 설치
曾坪郵便所	충청북도 괴산군 증평면 증평리	1923.5.26	총독부 고시 제162호/청안우편소를 증평우편소로 개칭
上芼郵便所	충청북도 괴산군 상모면 온천리	1925.8.6	총독부 고시 제198호/전화통화 사무 개시
		1932.5.1	총독부 고시 제231호/수안보우편소로 개칭
沃川郵便所	충청북도 옥천군 옥천면 금구리	1926.3.26	총독부 고시 제85호/전화교환 업무 개시
廣惠院郵便所	충청북도 진천군 만아면 광혜원리	1931.3.21	총독부 고시 제142호/우편소 설치
靑川郵便所	충청북도 괴산군 청천면 청천리	1931.3.30	총독부 고시 제192호/우편소 설치
寒水郵便所	충청북도 제천군 한수면 황강리	1932.3.21	총독부 고시 제121호/우편소 설치
水安堡郵便所	충청북도 괴산군 상모면 온천리	1932.5.1	총독부 고시 제231호/상모우편소를 수안보우편소로 개칭
靑川郵便所	충청북도 괴산군 청천면 청천리	1933.9.1	총독부 고시 제396호/우편사무 개시
廣惠院郵便所	충청북도 진천군 만아면 광혜원리	1935.5.26	총독부 고시 제315호/전신, 전화통화 사무 개시
黃澗郵便所	충청북도 영동군 황간면 마산리	1936.4.16	총독부 고시 제249호/전화교환 업무 개시
成歡郵便所	충청남도 천안군 성환면 성환리	1936.4.16	총독부 고시 제249호/전화교환 업무 개시
浦川郵便所	충청북도 음성군 원남면 포천리	1937.2.21	총독부 고시 제92호/우편소 설치
梧倉郵便所	충청북도 청주군 오창면 장대리	1937.3.16	총독부 고시 제145호/우편소 설치
仰城郵便所	충청북도 충주군 앙성면 용포리	1937.3.21	총독부 고시 제164호/우편소 설치
丹陽郵便所	충청북도 단양군 단양면 하방리	1938.1.1	총독부 고시 제916호/전화교환 업무 개시
鎭川郵便所	충청북도 진천군 진천면 읍내리	1938.1.1	총독부 고시 제916호/전화교환 업무 개시
牧渡郵便所	충청남도 괴산군 불정면 목도리	1938.2.21	총독부 고시 제127호/우편사무 취급
馬老郵便所	충청북도 보은군 마노면 관기리	1938.3.16	총독부 고시 제200호/우편소 설치
元南郵便所	충청북도 보은군 삼아면 원남리	1938.3.16	총독부 고시 제200호/우편소 설치
林山郵便所	충청북도 영동군 상촌면 임산리	1938.3.26	총독부 고시 제244호/우편소 설치
水山郵便所	충청북도 제천군 수산면 수산리	1939.2.6	총독부 고시 제70호/우편소 설치
鳳陽郵便所	충청북도 제천군 봉양면 주포리	1940.3.10	총독부 고시 제186호/우편소 설치
梅浦郵便所	충청북도 단양군 매포면 매포리	1940.3.10	총독부 고시 제187호/우편소 설치
光陽郵便所	전라남도 광양군 광양읍	1910.9.16	총독부 고시 제204호/우편소 설치
		1911.3.21	총독부 고시 제70호/전화통화 사무 개시
寶城郵便所	전라남도 보성군 보성읍	1910.10.21	총독부 고시 제17호/우편소 설치
		1910.10.20	일부 보성우체소를 우편소로 개칭
康津郵便所	전라남도 강진군 강진읍	1910.12.25	총독부 고시 제78호/우편소 설치
		1912.3.11	총독부 고시 제81호/전신, 전화통화 사무 개시
求禮郵便所	전라남도 구례군 구례면 봉동리	1910.12.25	총독부 고시 제78호/우편소 설치
		1915.11.1	총독부 고시 제275호/우편소 이전
			전라남도 구례군 구례면 봉동리로 이전
突山郵便所	전라남도 돌산군 돌산읍	1911.2.21	총독부 고시 제32호/우편소 설치
同福郵遞所	전라남도 화순군 동복읍	1911.3.25	총독부 고시 제78호/우체소 설치
		1911.3.29	총독부 고시 제79호/우체소를 우편소로 개칭
		1911.12.21	총독부 고시 제369호/전신, 전화통화 사무 개시
南平郵便所	전라남도 남평군 남평읍	1911.5.15	총독부 고시 제127호/특설전화가입신청수리, 전화교환
羅州郵便所	전라남도 나주군 나주읍	1911.5.15	총독부 고시 제127호/특설전화가입신청수리, 전화교환
		1912.1.1	총독부 고시 제378호/전화교환업무, 전화가입, 전보취급
榮山浦郵便所	전라남도 나주군 지량면 교항촌	1911.5.15	총독부 고시 제127호/특설전화가입신청수리, 전화교환
		1912.1.1	총독부 고시 제378호/전화교환업무, 전화가입, 전보취급
		1912.4.25	총독부 고시 제124호/우편소 이전
			전남 나주군 지량면 영산포-지량면 교항촌으로 이전
巨文島郵便所	전라남도 돌산군 삼산면 거문도	1911.7.1	총독부 고시 제207호/언문 전보 취급 개시
昌平郵便所	전라남도 창평군 현내면 기동리	1911.8.16	총독부 고시 제254호/우편소 설치
		1911.8.15	총독부 고시 제255호/우체소 폐지 후 우편소로 개칭

국(소)명	소재지	설치연도	참고사항
		1912.3.11	총독부 고시 제81호/전신, 전화통화 사무 개시
		1912.7.20	총독부 고시 제5호/우편소 이전, 군내면 읍리
智島郵便所	전라남도 지도군 현내면 읍내동	1911.11.1	총독부 고시 제315호/우편소 설치
		1911.10.31	총독부 고시 제316호/우체소 폐지 후 우편소로 개칭
		1915.10.21	총독부 고시 제270호/전신, 전화통화 사무 개시
南平郵便所	전라남도 남평군 남평읍	1912.2.1	총독부 고시 제21호/특설전화교환, 전선탁송전보 사무
木浦南橋洞郵便所	전라남도 목포부내면 남교동	1912.2.16	총독부 고시 제25호/우편소 설치
木浦榮町郵便所	전라남도 목포부 영정1정목	1934.3.16	총독부 고시 제102호/우편소 설치
木浦昌平町郵便所			
木浦巡邏船內郵便所	전라남도 수산회소속순라선 내	1934.3.15	총독부 고시 제103호/우편소 설치
旌義郵便所	전라남도 정의군 좌면 성읍리	1912.2.26	총독부 고시 제25호/우편소 설치
		1914.1.13	총독부 고시 제8호/우편소 이전 개칭
金寧郵便所	전라남도 제주군 구좌면 김녕리	1914.1.13	총독부 고시 제8호/정의우편소-김녕우편소로 이전 개칭
摹瑟浦郵便所	전라남도 대정군 우면 모슬포	1912.3.1	총독부 고시 제37호/우편소 설치
		1914.6.1	총독부 고시 제132호/전신, 전화통화 사무 개시
大靜郵遞所	전라남도 대정군 대정읍	1912.2.29	총독부 고시 제38호/우체소 폐지 후 모슬포우편소합병
城山浦郵便所	전라남도 정의군 좌면 성산리	1912.2.21	총독부 고시 제29호/우편소 설치
箕佐島郵便所	전라남도 지도군 기좌면 읍동	1912.3.16	총독부 고시 제54호/우편소 설치
松汀郵便所	전라남도 광주군 소지면 신덕리	1912.3.21	총독부 고시 제55호/우편소 설치
和順郵便所	전라남도 능주군 읍내면 훈동	1913.1.24	총독부 고시 제20호/우편소 설치
楸子島郵便所	전라남도 제주군 추자면 대서리	1913.3.26	총독부 고시 제78호/우편소 설치
西歸浦郵便所	전라남도 제주군 우면 서귀포	1914.1.21	총독부 고시 제7호/우편소 설치
右水營郵便所	전라남도 해남군 문내면 동내리	1914.3.6	총독부 고시 제43호/우편소 설치
羅老島郵便所	전라남도 고흥군 봉래면 신금리	1915.10.1	총독부 고시 제247호/전신, 전화통화 사무 개시
		1914.9.23	총독부 고시 제394호/고흥군 봉락면 신금리로 이전
城山浦郵便所	전라남도 제주도 정의면 성산리	1914.6.1	총독부 고시 제132호/전신, 전화통화 사무 개시
羅山郵便所	전라남도 함평군 평릉면 삼축리	1917.1.26	총독부 고시 제10호/우편소 설치
水門郵便所	전라남도 장흥군 안량면 수문리	1919.9.21	총독부 고시 제232호/전신, 전화통화 사무 개시
務安郵便所	전라남도 무안군 금성면 성내리	1935.3.21	총독부 고시 제162호/우편소 설치
光州大正町郵便所	전라남도광주부 궁정	1938.3.6	총독부 고시 제163호/우편소 설치
光州須奇屋町郵便所	전라남도 광주군 광주면 수기옥정	1926.10.26	총독부 고시 제321호/우편소 설치
光州本町郵便所			
光州錦町郵便所	전라남도 광주군 광주읍 금정	1934.3.26	총독부 고시 제122호/우편소 설치
鳥城院郵便所	전라남도 보성군 조성면 조성리	1929.3.26	총독부 고시 제85호/우편소 설치
鶴橋郵便所	전라남도 함평군 학교면 학교리	1920.2.21	총독부 고시 제41호/우편소 설치
石谷郵便所	전라남도 곡성군 석곡면 석곡리	1934.3.26	총독부 고시 제125호/우편소 설치
翰林郵便所			
麗水東町郵便所	전라남도 여수군 여수읍 동정	1940.3.26	총독부 고시 제267호/우편소 설치
安島郵便所	전라남도 여수군 남면 안도리	1939.10.11	총독부 고시 제772호/심장우편소를 개칭
一老郵便所	전라남도 무안군 일노면 월암리	1939.2.26	총독부 고시 제126호/우편소 설치
順天驛前郵便所	전라남도 순천군 순천읍 주곡리	1938.3.6	총독부 고시 제163호/우편소 설치
順天郵便所	전라남도 순천군 순천면 행정	1922.2.16	총독부 고시 제24호/전화교환 업무 개시
石橋郵便所			
新月郵便所	전라남도 장흥군 대덕면 신월리	1938.3.17	총독부 고시 제196호/전신, 전화통화 사무 취급
海南郵便所	전라남도 해남군 해남면 대정	1928.1.6	총독부 고시 제489호/전화교환 업무 개시
飛鵝郵便所	전라남도 광산군 비아면 비아리	1937.3.6	총독부 고시 제129호/우편소 설치
過驛郵便所	전라남도 고흥군 과역면 과역리	1938.3.1	총독부 고시 제138호/우편소 설치
長興郵便所	전라남도 장흥군 장흥면 남동리	1925.6.6	총독부 고시 제145호/전화교환, 탁송전보업무 개시
小鹿島郵便所	전라남도 고흥군 금산면 소록리	1938.3.11	총독부 고시 제177호/우편소 설치
城田郵便所	전라남도 강진군 성전면 성전리	1938.2.11	총독부 고시 제90호/우편소 설치
靈光郵便所	전라남도 영광군 영광읍 무령리	1926.4.1	총독부 고시 제89호/전화교환업무 개시
新北郵便所	전라남도 영암군 신북면 월평리	1939.2.26	총독부 고시 제126호/우편소 설치
谷城郵便所	전라남도 곡성군 곡성면 읍내리	1921.3.26	총독부 고시 제48호/우편소 설치

국(소)명	소재지	설치연도	참고사항
康津郵便所	전라남도 강진군 강진면 남성리	1927.2.26	총독부 고시 제44호/전화교환업무 개시
鹿洞郵便所			
犢川郵便所			
松旨郵便所			
林谷郵雨便所	전라남도 광주군 임곡면 임곡리	1932.3.11	총독부 고시 제108호/우편소 설치
玉果郵便所			
福内郵便所	전라남도 보성군 복내면 복내리	1933.3.6	총독부 고시 제72호/우편소 설치
潭陽郵便所	전라남도 담양군 담양면 객사리	1923.3.26	총독부 고시 제70호/우편소 설치
濟州高山郵便所	전라남도 제주도 구좌면 고산동	1932.7.1	총독부 고시 제338호/우편소 설치
涯月郵便所			
住巖郵便所	전라남도 순천군 주암면 광천리	1921.3.26	총독부 고시 제48호/우편소 설치
法聖浦郵便所			
兵營郵便所	전라남도 강진군 고군면 성동리	1920.3.21	총독부 고시 제70호/우편소 설치
		1921.9.16	총독부 고시 제185호/전신, 전화통화 사무 개시
咸平郵便所	전라남도 함평군 함평면 함평리	1923.3.26	총독부 고시 제70호/우편소 설치
筏橋郵便所			
長城郵便所	전라남도 장성군 장성면 영천리	1922.3.21	총독부 고시 제68호/우편소 설치
珍島郵便所	전라남도 진도군 진도면 성내리	1923.3.26	총독부 고시 제70호/우편소 설치
四街郵便所			
大峙郵便所	전라남도 담양군 대전면 대치리	1923.3.26	총독부 고시 제72호/우편소 설치
綾州郵便所	전라남도 화순군 능주면 관수리	1931.8.19	총독부 고시 제403호/우편소 이전
靈巖郵便所	전라남도 영암군 영암면 서남리	1923.3.26	총독부 고시 제70호/우편소 설치
表善郵便所	전라남도 제주도 동중면 표선리	1927.10.11	총독부 고시 제302호/우편소 설치
森溪郵便所	전라남도 장성군 삼계면 사창리	1931.3.29	총독부 고시 제165호/우편소 설치
浦川郵便所	전라남도 영광군 남면 포천리	1936.3.2	총독부 고시 제77호/우편소 설치
長平郵便所	전라남도 장흥군 장평면 양촌리	1932.3.26	총독부 고시 제136호/우편소 설치
望雲郵便所	전라남도 무안군 망운면 목동리	1932.2.16	총독부 고시 제57호/우편소 설치
北平郵便所			
莞島郵便所	전라남도 완도군 완도면 군내리	1923.3.26	총독부 고시 제70호/우편소 설치
高興郵便所	전라남도 고흥군 고흥면 옥하리	1923.3.26	총독부 고시 제70호/우편소 설치
朝天郵便所	전라남도 제주도 신좌면 조천리	1925.6.21	총독부 고시 제160호/우편소 설치
竹橋郵便所	전라남도 장흥군 고읍면 죽교리	1921.3.26	총독부 고시 제48호/우편소 설치
德陽郵便所	전라남도 여수군 소라면 덕양리	1930.3.30	총독부 고시 제134호/우편소 설치
黑山島郵便所	전라남도 무안군 흑산면 이리	1939.3.11	총독부 고시 제176호/우편소 설치
蟾居郵便所	전라남도 광양군 진상면 섬거리	1931.3.26	총독부 고시 제150호/우편소 설치
西倉郵便所	전라남도 영암군 곤일종면 서창리	1922.5.1	총독부 고시 제107호/우편소 설치
南倉郵便所	전라남도 해남군 북평면 남창리	1929.3.20	총독부 고시제92호/우편소 설치
心張郵便所	전라남도 여수군 남면 심장리	1937.3.21	총독부 고시제164호/우편소 설치
和順郵便所	전라남도 능주군 읍내면 훈동	1914.1.24	총독부 고시 제20호/우편소 설치
全州本町郵便所	전라북도 전주군 전주면 본정2정목	1925.6.26	총독부 고시 제162호/우편소 설치
全州高砂町郵便所	전라북도 전주부 고사정	1940.3.30	총독부 고시 제291호/우편소 설치
裡里榮町郵便所	전라북도 익산군 이리읍 영정1정목	1938.3.16	총독부 고시 제203호/우편소 설치
大場村郵便所	전라북도 익산군 동일면 대장촌	1910.9.26	총독부 고시 제70호/전화통화 사무 개시
大場郵便所	전라북도 익산군 춘포면 대장촌리	1938.7.1	총독부 고시 제423호/대장촌우편소를 개칭
扶安郵便所	전라북도 부안군 부령면 동중리	1940.12.11	총독부 고시 제1410호/우편소 이전
井邑郵便所	전라북도 정읍군 정읍읍	1910.9.26	총독부 고시 제219호/우편소 설치
		1911.3.21	총독부 고시 제70호/전화통화 사무 개시
		1922.4.6	총독부 고시 제97호/탁송전보취급 개시
茂朱郵便所	전라북도 무주군 무주읍	1910.10.21	총독부 고시 제21호/전신사무 개시
		1910.10.21	총독부 고시 제21호/전신사무 개시
		1911.3.21	총독부 고시 제70호/전화통화사무 개시
任實郵遞所	전라북도 임실군 임실읍	1911.2.1	총독부 고시 제15호/우편소 설치

국[소]명	소재지	설치연도	참고사항
			총독부 고시 제15호/우체소를 우편소로 개칭
茂長郵便所	전라북도 무장군 이동면 니동리	1911.6.1	총독부 고시 제156호/우편소 설치
		1911.5.31	총독부 고시 제157호/우체소 폐지 후 우편소로 개칭
		1912.3.11	총독부 고시 제81호/전신, 전화통화사무 개시
金溝郵便所	전라북도 금구군 동도면 신교리	1911.6.16	총독부 고시 제167호/우편소 설치
		1911.6.15	총독부 고시제168호/우체소 폐지 후 우편소로 개칭
		1912.3.28	총독부 고시 제140호/전신, 전화통화사무 개시
礪山郵便所	전라북도 여산군 군내면 영전리	1911.7.1	총독부 고시 제191호/우편소 설치
		1911.6.30	총독부 고시 제192호/우체소 폐지 후 우편소로 개칭
益山郵便所	전라북도 익산군 군내면 원촌리	1911.7.1	총독부 고시 제191호/우편소 설치
		1911.6.30	총독부 고시 제192호/우체소 폐지 후 우편소로 개칭
		1911.10.20	총독부 고시 제311호/남일면 이리로 우편소 이전
		1912.11.1	총독부 고시 제328호/익산우편소를 이리우편소로 개정
	전라북도 익산군 금마면 동고도리	1923.4.1	총독부 고시제85호/전신전화통화 사무 개시
裡里郵便所	전라북도 익산군 군남일면 이리	1912.11.1	총독부 고시제328호/익산우편소를 이리우편소로 개정
		1919.10.1	총독부 고시 제269호/전화가입, 전화교환사무 개시
		1920.7.6	총독부 고시 제187호/전화교환업무개시, 탁송전보취급
雲峰郵便所	전라북도 운봉군 남면 서천리	1911.7.1	총독부 고시 제191호/우편소 설치
		1911.6.30	총독부 고시 제192호/우체소 폐지 후 우편소로 개칭
臨陂郵便所	전라북도 임피군 군내면 성내리	1911.7.16	총독부 고시 제225호/우편소 설치
		1911.7.15	총독부 고시 제226호/우체소 폐지 후 우편소로 개칭
		1912.3.28	총독부 고시 제140호/전신, 전화통화사무 개시
興德郵便所	전라북도 흥덕군 현내면 동부리	1911.7.16	총독부 고시 제225호/우편소 설치
		1911.7.15	총독부 고시 제226호/우체소 폐지 후 우편소로 개칭
		1912.3.28	총독부 고시 제140호/전신, 전화통화사무 개시
長水郵便所	전라북도 장수군 수내면 상비리	1911.9.16	총독부 고시 제274호/우편소 설치
		1911.9.15	총독부 고시 제275호/우체소 폐지 후 우편소로 개칭
		1913.10.6	총독부 고시 제472호/전신, 전화통화사무 개시
珍山郵便所	전라북도 진산군 군내면 읍내북리	1911.9.1	총독부 고시 제265호/우편소 설치
		1911.8.31	총독부 고시 제266호/우체소 폐지 후 우편소로 개칭
		1912.10.1	총독부 고시 제309호/전신, 전화통화사무 개시
東之山郵便所	전라북도 만경군 북일도면 동지산	1911.12.21	총독부 고시 제369호/전신전화사무 개시
金堤郵便所	전라북도 김제군 읍내면 옥리	1912.6.16	총독부 고시 제247호/우편소 설치
		1912.6.15	총독부 고시 제248호/우편국 폐지 후 우편소로 개칭
		1922.2.16	총독부 고시 제24호/전화교환업무 개시
		1922.4.6	총독부 고시 제97호/탁송전보취급 개시
		1925.8.25	총독부 고시 제209호/김제면 소촌리로 이전
龍安郵便所	전라북도 용안군 군내면 하동리	1912.1.25	총독부 고시 제13호/전신, 전화통화사무 개시
		1916.8.16	총독부 고시 제186호/우편소명 개정, 이전
			함열정차장전우편소로 개정 후 이전
咸悅停車場前郵便所	전라북도 익산군 함열면 와리	1916.8.16	총독부 고시 제186호/용안우편소를 개정,이전
大井洞郵便所	전라북도 군산부 북면 대정동	1912.11.1	총독부 고시 제328호/군산영정우편소로 개정
群山榮町郵便所	전라북도 군산부 북면 대정동	1912.11.1	총독부 고시 제328호/대정동우편소,영정우편소로 개정
泰仁郵便所	전라북도 정읍군 태인면 상1리	1914.7.16	총독부 고시 제263호/우편소 설치
泰仁停車場前郵便所	전라북도 정읍군 용정면 신태인리	1919.4.1	총독부 고시 제46호/우편소 개칭, 태인우편소로 개칭
長溪郵便所	전라북도 장수군 계내면 장계리	1919.7.1	총독부 고시 제158호/우편소 설치
古阜郵便所	전라북도 정읍군 고부면 고부리	1921.3.26	총독부 고시 제48호/우편소 설치
鎭安郵便所	전라북도 진안군 진안면 군상리	1921.4.6	총독부 고시 제74호/우편소 설치
高敞郵便所	전라북도 고창군 고창면 읍내리	1921.4.6	총독부 고시 제74호/우편소 설치
裡里郵便所	전라북도 익산군 익산면 이리	1921.4.5	총독부 고시 제77호/우편소 폐지, 이리우편국으로승계
東山郵便所	전라북도 전주군 조촌면 동산리	1921.4.11	총독부 고시 제85호/우편소 설치

국(소)명	소재지	설치연도	참고사항
龍潭郵便所	전라북도 진안군 용담면 옥과리	1921.4.11	총독부 고시 제86호/우편소 설치
益山郵便所	전라북도 익산군 금마면 동길도리	1922.3.11	총독부 고시 제50호/우편소 설치
禾湖郵便所	전라북도 정읍군 용북면 화호리	1922.3.11	총독부 고시 제50호/우편소 설치
錦山郵便所	전라북도 금산군 금산면 상리	1923.3.21	총독부 고시 제67호/우편소 설치
淳昌郵便所	전라북도 순창군 순창면 정화리	1923.3.26	총독부 고시 제70호/우편소 설치
新泰仁郵便所	전라북도 정읍군 용북면 신태인리	1925.3.21	총독부 고시 제45호/전화교환업무 개시
芙溶郵便所[부용]	전라북도 김제군 백학면 월봉리	1928.3.28	총독부 고시 제91호/우편소 설치
館村郵便所	전라북도 임실군 조천면 선천리	1929.3.21	총독부 고시 제94호/우편소 설치
參禮郵便所	전라북도 전주군 삼례면 삼례리	1930.4.1	총독부 고시 제136호/전화교환업무 개시
群山新興洞郵便所	전라북도 군산부 신흥동	1931.3.28	총독부 고시 제156호/우편소 설치
		1932.10.16	총독부 고시 제536호/군산천대전정우편소로 개칭
群山千代田町郵便所	전라북도 군산부 신흥동	1932.10.16	총독부 고시 제536호/군산신흥동우편소로를 개칭
川原郵便所	전라북도 정읍군 입암면 천원리	1936.3.26	총독부 고시 제172호/우편소 설치
院坪郵便所	전라북도 김제군 수류면 원평리	1934.3.21	총독부 고시 제111호/우편소 설치
鳳東郵便所	전라북도 완주군 봉동면 장기리	1936.3.21	총독부 고시 제161호/우편소 설치
院坪郵便所	전라북도 김제군 금산면 원평리	1937.2.21	총독부 고시 제90호/우편소 설치
新安城郵便所	전라북도 무주군 안성면 장기리	1937.3.1	총독부 고시 제114호/우편소 설치
葛潭郵便所	전라북도 임실군 강진면 갈담리	1938.3.16	총독부 고시 제200호/우편소 설치
咸悅郵便所	전라북도 익산군 함나면 함열리	1938.7.1	총독부 고시 제423호/함나우편소로 개칭
咸悅驛前郵便所	전라북도 익산군 함열면 와리	1938.7.1	총독부 고시 제423호/함열우편소로 개칭
七寶郵便所	전라북도 정읍군 칠보면 시산리	1939.2.16	총독부 고시 제94호/우편소 설치
金池郵便所	전라북도 남원군 금지면	1940.3.16	총독부 고시 제203호/우편소 설치
龜林郵便所	전라북도 순창군 구림면 운남리	1940.3.21	총독부 고시 제235호/우편소 설치
釜山草場町郵便所	경상남도 부산부 부산초장정1정목	1912.3.16	총독부 고시 제84호/우편소 설치
釜山鎭郵便所			
釜山鎭驛前郵便所			
釜山寶水町郵便所			
釜山草梁郵便所	경상남도 부산부 초량정	1936.3.26	총독부 고시 제175호/초량우편소를 개칭
釜山辯天町郵便所	경상남도 부산부 부산변천정1정목	1911.8.16	총독부 고시 제254호/우편소 설치
釜山大新洞郵便所	경상남도 부산부 중도정	1925.3.26	총독부 고시 제47호/우편소 설치
釜山榮町郵便所	경상남도 부산부 영정2정목	1929.3.26	총독부 고시 제84호/우편소 설치
釜山幸町郵便所	경상남도 부산부 행정1정목	1929.3.26	총독부 고시 제84호/우편소 설치
釜山西町郵便所			
釜山郵便局分室		1919.8.20	총독부 고시 제214호/분실·폐지 후 부산우편국에 승계
釜山中島町郵便所			
釜山釜田里郵便所	경상남도 부산부 부전리	1937.3.1	총독부 고시 제139호/우편소 설치
釜山本町郵便取扱所			
釜山牧島郵便所	경상남도 부산부 개선동	1930.3.31	총독부 고시 제176호/우편소 폐지, 부산우편국에 승계
釜山牧島東郵便所	경상남도 부산부 숙선정	1936.3.26	총독부 고시 제176호/우편소 설치
釜山土城町郵便所			
絶影島郵便所	부산부 사중면 절영도	1910.11.1	총독부 고시 제36호/우편특설전화업무 개시
三良津郵便所	경상남도 밀양군 하동면 삼랑진	1912.1.1	총독부 고시 제140호/전신, 전화통화사무 개시
安義郵便所	경상남도 안의군 현내면 당본동	1912.3.11	총독부 고시 제81호/전신, 전화통화사무 개시
彌勒島郵便所	경상남도 용남군 서면 강산촌	1912.3.1	총독부 고시 제37호/우편소 설치
欲知島郵便所	경상남도 용남면 원삼면 욕지도 읍동	1912.3.1	총독부 고시 제37호/우편소 설치
慶和洞郵便所	경상남도 마산부 진해면 경화동	1912.6.16	총독부 고시 제247호/우편소 설치
		1913.2.2	총독부 고시 제29호/우편물집배사무 개시
		1932.5.1	총독부 고시 제231호/경화우편소로 개칭
慶和郵便所	경상남도 마산부 진해면 경화동	1932.5.1	총독부 고시 제231호/경화동우편소를 경화우편소로 개칭
		1933.4.30	총독부 고시 제173호/우편소 폐지, 진해우편국에 승계
鎭海慶和郵便所	경상남도 창원군 진해읍 경화동	1933.5.1	총독부 고시 제174호/경화우편소를 개칭
三嘉郵便所	경상남도 삼가군 현내면 홍문동	1912.7.21	총독부 고시 제284호/우편소 설치
		1912.7.20	총독부 고시 제285호/우편국 폐지 후 우편소로 개칭

국(소)명	소재지	설치연도	참고사항
固城郵便所	경상남도 고성군 고성면 성내리	1925.1.26	총독부 고시 제9호/전화교환, 탁송전보 개시
草梁郵便所	경상남도 부산부 숙선정	1936.3.26	총독부 고시 제175호/부산초량우편소로 개칭
知世浦郵便所	경상남도 거제군 일연면 대동	1912.3.16	총독부 고시 제84호/우편소 설치
壯佐郵便所	경상남도 고성군 난국면 하장동	1912.3.16	총독부 고시 제84호/우편소 설치
鎭東郵便所(鎭海郵便所)	경상남도 마산부 진동 하동촌리	1912.1.21	총독부 고시 제6호/진해우편소의 명칭 변경 진동우편소로 개칭
縣洞郵便所	경상남도 마산부 진해면 현동	1912.1.25	총독부 고시 제12호/현동우편소를 진해우편국에 합병
		1912.3.16	총독부 고시 제61호/전보배달, 통화료전납증서 발행
縣洞郵便所	경상남도 창원부 운서면 현동	1910.12.15	총독부 고시 제76호/특설전화교환, 전보업무 개시
機張郵便所	경상남도 기장군 기장읍	1911.12.21	총독부 고시 제369호/전신전화사무 개시
彦陽郵便所	경상남도 언양군 상북면 로동	1911.4.30	총독부 고시 제117호/우체소 폐지
		1911.5.1	총독부 고시 제115호/우체소를 우편소로 설치
方魚津郵便所	경상남도 울산군 동면 방어진	1911.3.21	총독부 고시 제70호/전화통화사무 개시
	경상남도 울산군 울산면 북정동	1923.3.11	총독부 고시 제48호/전화교환업무 개시
昆陽郵便所	경상남도 곤양군 곤양읍	1910.9.16	총독부 고시 제204호/우편소 설치
		1911.3.21	총독부 고시 제70호/전화통화사무 개시
咸安郵便所	경상남도 함안군 함안읍	1910.9.16	총독부 고시 제204호/우편소 설치
咸安驛前郵便所	경상남도 함안군 가야면 말산리	1931.3.28	총독부 고시 제157호/우편소 설치
宜寧郵便所	경상남도 의령군 의령읍	1910.12.16	총독부 고시 제60호/우편소 설치
馬川郵便所	경상남도 마산부 웅동면 소사리	1911.5.10	총독부 고시 제130호/경남 마산부 웅동면 관남리에서 마산부 웅동면 소사리로 이전
熊川郵便所	경상남도 창원군 웅읍면 성내리	1913.2.23	총독부 고시 제45호/이전 개칭 마천우편소-웅천우편소로 개칭
丹城郵便所	경상남도 단성군 현내면 성내동	1911.5.16	총독부 고시 제133호/우편소 설치
		1911.5.15	총독부 고시 제134호/우체소 폐지 후 우편소로 개칭
昌寧郵便所	경상남도 창녕군 읍내면 교상동	1911.5.16	총독부 고시 제133호/우편소 설치
		1911.5.15	총독부 고시 제134호/우체소 폐지 후 우편소로 개칭
		1912.1.1	총독부 고시 제140호/전신, 전화통화사무 개시
梁山郵便所	경상남도 양산군 읍내면 북안동	1911.9.1	총독부 고시 제265호/우편소 설치
		1911.8.31	총독부 고시 제266호/우체소 폐지 후 우편소로 개칭
草溪郵便所	경상남도 초계군 댁정면 교촌동	1911.10.16	총독부 고시 제304호/우편소 설치
		1911.10.15	총독부 고시 제305호/우체소 폐지 후 우편소로 개칭
船津郵便所	경상남도 사천군 중남면 화계동	1912.11.1	총독부 고시 제342호/우편소 설치
		1913.1.21	총독부 고시 제8호/전신, 전화통화 사무 개시
辰橋郵便所	경상남도 곤양군 금양면 진교리	1912.11.1	총독부 고시 제350호/전신, 전화통화사무 개시
昌原郵便所	경상남도 창원군 부내면 서상동	1913.4.25	총독부 고시 제140호/우편소 이전 경상북도 창원군 부내면 중동리로 이전
泗川郵便所	경상남도 사천군 읍내면 의인동	1913.5.31	총독부 고시 제180호/우편소 이전
密陽郵便所			
密陽城内郵便所	경상남도 밀양군 부내면 남부동	1913.7.11	총독부 고시 제251호/우편소 설치
下端郵便所	경상남도 동래군 사하면 하단리	1913.10.1	총독부 고시 제416호/전신, 전화통화 사무 개시
		1914.10.1	총독부 고시 제416호/전신, 전화통화 사무 개시
進永郵便所	경상남도 김해군 하계면 진영리	1914.7.1	총독부 고시 제234호/전신, 전화통화 사무 개시
塘洞郵便所	경상남도 고성군 거류면 하연동	1915.2.15	총독부 고시 제29호/전신사무, 전화통화사무 개시
絲里郵便所	경상남도 산청군 시천면 사리	1917.2.1	총독부 고시 제20호/전신, 전화통화 사무 개시 경상남도 사천군 읍내면 화신동으로 이전
海雲臺郵便所	경상남도 동래군 남면 중리	1919.9.1	총독부 고시 제319호/전신, 전화통화사무 개시
南旨郵便所	경상남도 창녕군 남곡면 남지리	1919.9.21	총독부 고시 제235호/우편소 설치
三千浦郵便所	경상남도 사천군 삼천포면 서리	1928.1.6	총독부 고시 제488호/전화교환업무 개시
彌助郵便所	경상남도 남해군 삼동면 미조리	1921.10.1	총독부 고시 제197호/전신전화통화사무 개시
馬山本町郵便所			
東萊溫泉郵便所			

국(소)명	소재지	설치연도	참고사항
東來郵便所			
中橋郵便所	경상남도 의령군 전곡면 중교리	1928.7.16	총독부 고시 제267호/우편소 설치
上里郵便所	경상남도 고성군 상리면 조정리	1934.3.26	총독부 고시 제126호/우편소 설치
熊川郵便所			
山南郵便所			
長承浦郵便所	경상남도 통영군 장승포읍 장승포리	1939.4.15	총독부 고시 제273호/입자촌우편소를 개칭
南海郵便所	경상남도 남해군 남해면 북변동	1921.3.26	총독부 고시 제48호/우편소 설치
丹城郵便所			
鎭海郵便所			
居昌郵便所	경상남도 거창군 거창면 상동	1923.3.26	총독부 고시 제70호/우편소 설치
三壽郵便所			
鎭海縣洞郵便所	경상남도 창원군 진해읍 현동	1933.5.1	총독부 고시 제174호/현동우편소를 개칭
郡北郵便所	경상남도 함안군 군북면 중암리	1923.3.26	총독부 고시 제72호/우편소 설치
巨濟島郵便所	경상남도 통영군 거제면 동상리	1921.4.6	총독부 고시 제74호/우편소 설치
冶爐郵便所	경상남도 합천군 야로면 치로리	1930.3.21	총독부 고시 제115호/우편소 설치
咸陽郵便所	경상남도 함양군 남양면 상동	1923.3.26	총독부 고시 제70호/우편소 설치
龜浦郵便所	경상남도 동래군 구포면 구포리	1925.1.14	총독부 고시 제9호/전화교환, 탁송전보취급 개시
新反郵便所	경상남도 의령군 부림면 신반리	1924.7.1	총독부 고시 제146호/우편소 설치
守山郵便所	경상남도 밀양군 하남면 수산리	1923.3.16	총독부 고시 제44호/우편집배사무 개시
金海郵便所	경상남도 김해군 김해면 북내리	1930.4.1	총독부 고시 제136호/전화교환업무 개시
靈山郵便所	경상남도 창녕군 영산면 성내리	1923.1.16	총독부 고시 제2호/전신전화통화사무 개시
漆原郵便所	경상남도 함안군 칠원면 구성리	1922.4.1	총독부 고시 제86호/우편소 설치
虎溪郵便所	경상남도 울산군 농서면 호계리	1940.3.26	총독부 고시 제265호/우편소 설치
渭川郵便所	경상남도 거창군 위천면 장기리	1938.3.1	총독부 고시 제147호/우편소 설치
西生郵便所	경상남도 울산군 서생면 신암리	1920.3.1	총독부 고시 제48호/우편소 설치
武安郵便所	경상남도 밀양군 무안면 무안리	1936.3.20	총독부 고시 제136호/우편소 설치
上男郵便所	경상남도 창원군 상남면 토월리	1927.1.16	총독부 고시 제7호/우편소 설치
長有郵便所	경상남도 김해군 장유면 무계리	1939.2.26	총독부 고시 제126호/우편소 설치
晋州錦町郵便所	경상남도 진주군 진주읍 금정	1938.3.6	총독부 고시 제163호/우편소 설치
佐川郵便所	경상남도 동래군 장안면 좌천리	1938.2.11	총독부 고시 제92호/우편소 설치
加祚郵便所	경상남도 거창군 가상면 장기리	1938.2.11	총독부 고시 제90호/우편소 설치
能陽郵便所	경상남도 거창군 웅양면 노현리	1937.2.16	총독부 고시 제74호/우편소 설치
船津郵便所			
溫山郵便所	경상남도 울산군 온산면 방도리	1936.3.11	총독부 고시 제132호/우편소 설치
長生浦郵便所			
陜川郵便所	경상남도 협천군 협천면 협천동	1921.3.26	총독부 고시 제48호/우편소 설치
亭子郵便所	경상남도 울산군 강동면 정자리	1937.3.6	총독부 고시 제128호/우편소 설치
班城郵便所	경상남도 진주군 반성면 창촌리	1930.3.26	총독부 고시 제128호/우편소 설치
勿禁郵便所			
西倉郵便所	경상남도 양산군 웅상면 삼호리	1935.3.21	총독부 고시 제165호/우편소 설치
文山郵便所	경상남도 밀양군 하남면 수산리	1921.3.26	총독부 고시 제48호/우편소 설치
南倉郵便所			
河東郵便所	경상남도 하동군 하동면 읍내동	1932.3.1	총독부 고시 제90호/우편소 설치
丹溪郵便所	경상남도 산청군 신등면 단계리	1932.3.11	총독부 고시 제108호/우편소 설치
蔚山兵營郵便所	경상남도 울산군 하상면 남외리	1931.3.28	총독부 고시 제157호/우편소 설치
生草郵便所	경상남도 산청군 생초면 서어서리	1929.8.1	총독부 고시 제269호/우편소 설치
青屯郵便所	경상남도 고성군 회화면 배둔리	1921.3.26	총독부 고시 제48호/우편소 설치
		1922.3.1	총독부 고시 제35호/우편집배사무 개시
		1923.6.11	총독부 고시 제176호/전신, 전화통화사무 개시
松眞郵便所			

국(소)명	소재지	설치연도	참고사항
水東郵便所	경상남도 함양군 영동면 화산리	1938.3.6	총독부 고시 제160호/우편소 설치
斗西郵便所	경상남도 울산군 두서면 인보리	1938.3.16	총독부 고시 제201호/우편소 설치
統營吉野町郵便所	경상남도 통영군 통영읍 길야정	1937.3.6	총독부 고시 제127호/우편소 설치
統營郵便所	경상남도 통영군 통영면 수도정	1922.5.20	총독부 고시 제128호/우편소 폐지, 통영우편국에 승계
舊馬山郵便所	경상남도 마산부 원정	1930.2.23	총독부 고시 제62호/우편소 폐지 후 마산우편국에 승계
馬山郵便所	경상남도 마산부 본정2정목	1930.2.24	총독부 고시 제63호/마산부정우편소 이전 개칭
入佐村郵便所	통영군 이운면 장승포리	1933.10.11	총독부 고시 제494호/전화교환업무 개시
山淸郵便所	경상남도 산청군 산청면 옥동	1936.4.16	총독부 고시 제249호/전화교환업무 개시
慶南南倉郵便所	경상남도 울산군 온양면 남창리	1938.3.7	총독부 고시 제170호/전신, 전화통화사무 취급
露梁郵便所	경상남도 하동군 금남면 노량리	1939.3.11	총독부 고시 제173호/우편소 설치
河陽郵便所	경상북도 하양군 읍내면 금락리	1911.5.15	총독부 고시 제134호/우체소 폐지 후 우편소로 개칭
		1911.5.16	총독부 고시 제133호/우편소 설치
		1912.1.1	총독부 고시 제140호/전신, 전화통화사무 개시
比安郵便所	경상북도 비안군 군내면 창하리	1912.2.26	총독부 고시 제25호/우편소 설치
龜尾郵便所	경상북도 선산군 구미면 원평동	1935.6.29	총독부 고시 제373호/전화교환업무 개시
咸昌郵便所	경상북도 함창군 함창읍	1912.2.26	총독부 고시 제33호/전신, 전화통화사무 개시
洛東郵便所	경상북도 상주군 외동면 진상리	1912.2.16	총독부 고시 제34호/전화통화사무 개시
大邱南龍岡町郵便所	경상북도 대구부 대구남용강정	1912.5.16	총독부 고시 제222호/우편소 설치
大邱允町郵便所			
大邱德山町郵便所	경상북도 대구부 덕산정	1924.3.1	총독부 고시 제37호/우편소 설치
大邱幸町郵便所			
大邱三笠町郵便所	경상북도 대구부 삼립정	1931.3.31	총독부 고시 제195호/우편소 설치
大邱市場町郵便所	경상북도 대구부 시장정	1924.3.29	총독부 고시 제56호/전신, 전화통화사무 개시
大邱錦町郵便所	경상북도 대구부 시장정	1932.3.1	총독부 고시 제79호/우편소 설치
淸道郵便所	경상북도 대구부 시장정	1912.6.16	총독부 고시 제247호/우편소 설치
		1912.6.15	총독부 고시 제248호/우편국 폐지 후 우편소로 개칭
惠仁郵便所	경상북도 혜인군 읍내면 서부동	1912.7.2	총독부 고시 제270호/우편소 설치
		1912.7.2	총독부 고시 제271호/우편국 폐지 후 우편소로개칭
眞寶郵便所	경상북도 진보군 하리면 읍동	1912.2.1	총독부 고시 제14호/우편소 설치
		1912.1.31	총독부 고시 제15호/우체소 폐지 후우편소로 개칭
倭館郵便所	경상북도 칠곡군 파미면동	1912.1.1	총독부 고시 제385호/전신, 전화통화사무 개시
若木郵便所	경상북도 인동군 약목면 약목	1912.1.1	총독부 고시 제385호/전신, 전화통화사무 개시
漆谷郵便所	경상북도 칠곡군 팔궁면 읍내동	1911.6.16	총독부 고시 제167호/우편소 설치
		1911.6.15	총독부 고시 제168호/우체소 폐지 후 우편소로 개칭
義興郵遞所	경상북도 의흥군 의흥읍	1911.3.25	총독부 고시 제78호/우체소 설치
		1911.3.29	총독부 고시 제79호/우체소를 우편소로 개칭
奉化郵便所	경상북도 봉화군 춘양면 현동	1911.4.30	총독부 고시 제117호/우체소 폐지
		1911.5.1	총독부 고시 제115호/우체소를 우편소로 설치
		1912.1.1	총독부 고시 세385호/전신, 전화통화사무 개시
玄風郵便所	경상북도 현풍군 현내면 부동	1911.5.16	총독부 고시 제133호/우편소 설치
		1911.5.15	총독부 고시 제134호/우체소 폐지 후 우편소로 개칭
知禮郵便所	경상북도 지례군 하현면 교동	1911.5.16	총독부 고시 제133호/우편소 설치
		1911.5.15	총독부 고시 제134호/우체소 폐지 후 우편소로 개칭
寧海郵便所	경상북도 영해군 읍내면 노하	1911.5.16	총독부 고시 제133호/우편소 설치
		1911.5.15	총독부 고시 제134호/우체소 폐지 후 우편소로 개칭
		1912.3.11	총독부 고시 제81호/전신, 전화통화사무 개시
絕影島郵便所	경상북도 부산부 사중면 절영도	1910.10.28	특설전화교환, 전선, 탁송 전보업무 취급 개시
		1919.4.1	총독부 고시 제46호/목도우편소로 개칭
牧島郵便所	경상북도 부산부 미선동	1919.4.1	총독부 고시 제46호/절영도우편소를 목도우편소로 개칭
淸河郵便所	경상북도 청하군 현내면 동문리	1911.7.16	총독부 고시 제225호/우편소 설치
		1911.7.15	총독부 고시 제226호/우체소 폐지 후 우편소로 개칭
		1912.3.11	총독부 고시 제81호/전신, 전화통화사무 개시
星州郵便所	경상북도 성주군 용산면 서전동	1911.8.16	총독부 고시 제254호/우편소 설치

국(소)명	소재지	설치연도	참고사항
		1911.8.15	총독부 고시 제255호/우편국 폐지 후 우편소로 개칭
		1912.1.1	총독부 고시 제385호/전신, 전화통화사무 개시
開寧郵便所	경상북도 개령군 부곡면 화전리	1911.9.16	총독부 고시 제274호/우편소 설치
		1911.9.15	총독부 고시 제275호/우체소 폐지 후 우편소로 개칭
		1912.1.1	총독부 고시 제140호/전신, 전화통화사무 개시
英陽郵便所	경상북도 영양군 읍내면 서부동	1911.9.16	총독부 고시 제274호/우편소 설치
		1911.9.15	총독부 고시 제275호/우체소 폐지 후 우편소로 개칭
豊基郵便所	경상북도 풍기군 동부면 성내동	1911.10.1	총독부 고시 제290호/우편소 설치
		1911.9.30	총독부 고시 제291호/우체소 폐지 후 우편소로 개칭
興海郵便所	경상북도 흥해군 동부면 서성동	1911.10.1	총독부 고시 제290호/우편소 설치
		1911.9.30	총독부 고시 제291호/우체소 폐지 후 우편소로 개칭
		1912.1.1	총독부 고시 제140호/전신, 전화통화사무 개시
		1912.9.20	총독부 고시 제301호/우편소 이전
			경상북도 흥해군 동부면 북성동으로 이전
龍宮郵便所	경상북도 용궁군 신읍면 동부리	1911.10.16	총독부 고시 제304호/우편소 설치
		1911.10.15	총독부 고시 제305호/우체소 폐지 후 우편소로 개칭
九龍浦郵便所	경상북도 영일군 창주면 구룡포리	1911.10.11	총독부 고시 제308호/우편소 설치
	(경상북도 장기군 외북면 사나리)	1914.4.16	총독부 고시 제99호/전신, 전화사무 개시
仁同郵便所	경상북도 인동군 읍내면 교동	1912.11.1	총독부 고시 제350호/전신, 전화통화사무 개시
甘浦郵便所	경상북도 경주군 양화면 감포리	1914.4.16	총독부 고시 제99호/전신, 전화사무 개시
		1923.5.11	총독부 고시 제153호/전화교환 업무 개시
春陽郵便所	경상북도 봉화군 춘양면 선양리	1919.3.16	총독부 고시 제33호/우편소 설치
東村郵便所	경상북도 달성군 해안면 검사리	1921.3.26	총독부 고시 제48호/우편소 설치
琴湖郵便所	경상북도 영천군 금호면 교대동	1929.3.31	총독부 고시 제96호/우편소 설치
新寧郵便所			
店村郵便所	경상북도 문경군 호서남면 점촌리	1933.3.11	총독부 고시 제73호/우편소 설치
豊四郵便所	경상북도 안동군 풍산면 안교동	1929.3.26	총독부 고시 제86호/우편소 설치
浦項川口郵便所			
丑山郵便所	경상북도 영덕군 축산면 축산동	1938.3.1	총독부 고시 제147호/우편소 설치
義城郵便所	경상북도 의성군 의성면 죽동	1923.3.26	총독부 고시 제70호/우편소 설치
安康郵便所	경상북도 경주군 강서면 안강리	1934.9.1	총독부 고시 제437호/전화교환업무 개시
風角郵便所	경상북도 청도군 풍각면 송서동	1929.7.11	총독부 고시 제241호/우편소 이전
吉安郵便所	경상북도 안동군 길안면 천지동	1938.3.21	총독부 고시 제204호/우편소 설치
竹長郵便所	경상북도 영일군 죽장면 입암리	1938.3.11	총독부 고시 제176호/우편소 설치
金井郵便所	경상북도 봉화군 춘양면 우구치동	1937.3.6	총독부 고시 제128호/우편소 설치
金泉驛前郵便所			
花田郵便所	경상북도 의성군 봉양면 화전동	1938.2.11	총독부 고시 제90호/우편소 설치
延日郵便所	경상북도 영일군 연일면 생지동	1936.3.20	총독부 고시 제158호/우편소 설치
臨東郵便所	경상북도 안동군 임동면 중평동	1937.2.24	총독부 고시 제105호/임동우편취급소를 개칭
長川郵便所			
多仁郵便所	경상북도 의성군 다인면 서능동	1938.3.1	총독부 고시 제147호/우편소 설치
小川郵便所	경상북도 봉화군 소천면 현동리	1938.3.1	총독부 고시 제150호/우편소 설치
陽男郵便所	경상북도 경주군 양남면 하서리	1926.10.1	총독부 고시 제280호/우편소 설치
鬱陵島郵便所			
聞慶郵便所	경상북도 문경군 문경읍 상리	1923.3.26	총독부 고시 제70호/우편소 설치
軍威郵便所	경상북도 군위군 군위면 서부동	1921.4.1	총독부 고시 제61호/우편소 설치
花園郵便所			
醴泉郵便所	경상북도 예천군 예천면 서본동	1923.3.26	총독부 고시 제70호/우편소 설치
善山郵便所	경상북도 선산군 선산면 동부동	1923.3.26	총독부 고시 제70호/우편소 설치
榮州郵便所	경상북도 영주군 영주면 영주리	1921.3.26	총독부 고시 제48호/우편소 설치
順興郵便所			
盈德郵便所	경상북도 영덕군 영덕면 남석동	1923.3.26	총독부 고시 제70호/우편소 설치

국(소)명	소재지	설치연도	참고사항
九龍浦郵便所	경상북도 영일군 창주면 구룡포리	1925.7.1	총독부 고시 제171호/전화교환업무 개시
浮石郵便所	경상북도 영주군 부석면 소천리	1938.3.1	총독부 고시 제149호/소천우편소를 개칭
安溪郵便所			
倉泉郵便所	경상북도 성주군 가천면 창천동	1931.4.1	총독부 고시 제174호/우편소 설치
高靈郵便所			
都邱郵便所	경상북도 영일군 동해면 도구동	1931.3.1	총독부 고시 제68호/우편집배사무 개시
江口郵便所			
東谷郵便所	경상북도 청도군 금천면 동곡동	1940.3.21	총독부 고시 제241호/우편소 설치
靑松郵便所	경상북도 청송군 청송면 월막동	1921.4.1	총독부 고시 제61호/우편소 설치
籠岩郵便所	경상북도 문경군 농암면 농암리	1939.3.11	총독부 고시 제173호/우편소 설치
孝令郵便所	경상북도 군위군 효령면 중구동	1939.2.26	총독부 고시 제126호/우편소 설치
杞溪郵便所	경상북도 영일군 기개면 현내동	1930.3.26	총독부 고시 제128호/우편소 설치
楡川郵便所	경상북도 청도군 대성면 유호리	1931.3.26	총독부 고시 제150호/우편소 설치
海平郵便所	경상북도 선산군 해평면 낙성동	1937.3.6	총독부 고시 제128호/우편소 설치
慶山郵便所			
龜尾郵便所	경상북도 선산군 구미면 원평동	1935.7.6	총독부 고시 제373호/전화교환 업무 개시
慈川郵便所	경상북도 영천군 화북면 자천동	1935.3.26	총독부 고시 제178호/우편소 설치
入室郵便所	경상북도 경주군 외동면 입실리	1933.3.26	총독부 고시 제94호/우편소 설치
乾川郵便所	경상북도 경주군 서면 건천동	1931.3.29	총독부 고시 제166호/우편소 설치
和睦郵便所	경상북도 청송군 현서면 구산동	1928.3.28	총독부 고시 제90호/우편소 설치
禮安郵便所			
大德郵便所	경상북도 김천군 대덕면 관기리	1939.2.26	총독부 고시 제126호/우편소 설치
阿火郵便所	경상북도 경주군 서면 아화리	1925.10.16	총독부 고시 제263호/전신, 전화통화사무 개시
長鬐郵便所			
玉山郵便所	경상북도 상주군 공성면 옥산리	1934.3.26	총독부 고시 제124호/우편소 설치
化寧郵便所	경상북도 상주군 화서면 신봉동	1930.3.30	총독부 고시 제135호/우편소 설치
永川郵便所	경상북도 영천군 영천면 창구리	1923.3.11	총독부 고시 제48호/전화교환업무 개시
大甫郵便所			
冶爐郵便所	경상북도 합천군 야로면 야로리	1935.3.30	총독부 고시 제183호/전신, 전화통화사무 개시
韶川郵便所	경상북도 영주군 부석면 소천리	1938.3.1	총독부 고시 제149호/부석우편소로 개칭
豊角郵便所	경상북도 청도군 풍각면 송서동	1938.3.10	총독부 고시 제175호/전신, 전화통화사무 취급
取扱所			
安仲郵便取扱所	경기도 진위군 오성면 안중리	1934.3.1	총독부 고시 제24호/안중우편소로 승계
榛接郵便取扱所	경기도 양주군 진접면 장현리	1937.2.15	총독부 고시 제72호/우편소 폐지 후 진접우편소로 승계
藥生郵便取扱所	경기도 광주군 약생면 판교리	1938.3.26	총독부 고시 제245호/우편취급소 설치
新長郵便取扱所	경기도 광주군 동부면 신장리	1936.3.6	총독부 고시 제36호/우편취급소 설치
永北郵便取扱所	경기도 포천군 영북면 운천리	1937.3.26	총독부 고시 제181호/우편취급소 설치
加南郵便取扱所	경기도 여주군 가남면 태평리	1940.3.21	총독부 고시 제235호/취급소 설치
安岳溫泉郵便取扱所	황해도 안악군 은홍면 온저리	1938.2.20	총독부 고시 제125호/취급소폐지 후 안악온천우편소 승계
長壽郵便取扱所	황해도 제령군 장수면 장국리	1939.2.21	총독부 고시 제116호/취급소 설치
多美郵便取扱所	황해도 신계군 다미면 추천리	1939.2.26	총독부 고시 제126호/취급소 설치
德隅郵便取扱所	황해도 황주군 구락면 덕우리	1934.3.26	총독부 고시제128호/우편소 설치
延安溫泉郵便取扱所	황해도 연백군 온정면 금성리	1936.3.26	총독부 고시 제164호/우편취급소 설치
德隅郵便取扱所	황해도 황주군 구각면 덕우리	1937.2.24	총독부 고시 제106호/덕우우편소로 승계
丁峯郵便取扱所	황해도 신계군 고면 정봉리	1937.3.6	총독부 고시 제130호/우편취급소 설치
竹川郵便取扱所	황해도 벽성군 장곡면 동봉리	1940.3.10	총독부 고시 제187호/우편소 설치
自隱郵便取扱所	강원도 홍천군 두촌면 자은리	1936.3.26	총독부 고시 제173호/우편취급소 설치
墨湖郵便取扱所	강원도 강릉군 망상면 발한리	1937.3.1	총독부 고시 제112호/우편취급소 설치
神林郵便取扱所	강원도 원주군 신림면 심림리	1937.3.11	총독부 고시 제136호/우편취급소 설치
湖山郵便取扱所	강원도 삼척군 원덕면 호산리	1938.3.6	총독부 고시제160호/취급소 설치
墨湖郵便取扱所	강원도 강릉군 망상면 발한리	1938.3.5	총독부 고시 제162호/취급소 폐지 후 묵호우편소로 승계
大浦郵便取扱所	강원도 양양군 도천면 대포리	1938.6.26	총독부 고시 제480호/우편취급소 설치
自隱郵便取扱所	강원도 홍천군 두촌면 자은리	1938.3.15	총독부 고시 제202호/취급소 폐지 후 자은우편소로 승계

국(소)명	소재지	설치연도	참고사항
通口郵便取扱所	강원도 김화군 통구면 현리	1938.2.20	총독부 고시 제125호/취급소 폐지 후 통구우편소로 승계
蓬平郵便取扱所	강원도 평창군 봉평면 창동리	1940.3.21	총독부 고시 제235호/취급소 설치
大光郵便取扱所	강원도 철원군 신서면 도신리	1940.3.26	총독부 고시 제263호/취급소 설치
荏子郵便取扱所	함경남도 북청군 하차서면 임자동리	1938.3.11	총독부 고시 제176호/우편소 설치
上通郵便取扱所	함경남도 함주군 하기천면 상통리	1937.3.1	총독부 고시 제106호/취급소 폐지 후 상통우편소로 승계
扶桑郵便取扱所	함경남도 함주군 덕산면 부상리	1940.3.21	총독부 고시 제235호/취급소 설치
培花郵便取扱所	함경남도 안변군 배화면 형천리	1941.3.21	총독부 고시 제280호/취급소 폐지 후 배화우편국으로 승계
阿吾地郵便取扱所	함경북도 경흥군 상하면 태양동	1935.3.21	총독부 고시 제166호/우편취급소 설치
楡津郵便取扱所	함경북도 경흥군 풍해면 대유동	1937.3.10	총독부 고시 제135호/유진우편소로 승계
錦川郵便取扱所	함경북도 길주군 덕산면 금천동	1937.3.20	총독부 고시 제161호/우편소 폐지 후 금천우편소로 승계
龍臺郵便取扱所	함경북도 성진군 학남면 용대동	1937.3.26	총독부 고시 제181호/우편취급소 설치
長岡郵便取扱所	함경북도 경성군 어랑면 봉강동	1938.2.11	총독부 고시 제91호/취급소 폐지 후 장강우편소로 승계
阿吾地郵便取扱所	함경북도 경흥군 상하면 태양동	1938.2.11	총독부 고시 제91호/취급소 폐지, 아오지우편소로 승계
承良郵便取扱所	함경북도 경원군 안농면 승량동	1938.2.11	총독부 고시 제91호/취급소 폐지 후 승량우편소로 승계
高嶺鎭郵便取扱所	함경북도 회령군 화풍면 인계동	1940.3.29	총독부 고시 제283호/우편소 설치
馬場郵便局	함경남도 영흥군 덕흥면 신풍리	1941.3.21	총독부 고시 제281호/우편국 설치
順川郵便取扱所	평안남도 순천군 순천읍	1910.9.26	총독부 고시 제218호/우편물, 전신사무 개시
慈山郵便取扱所	평안남도 순천군 자산면 자산리	1934.3.26	총독부 고시 제128호/우편소 설치
紫足郵便取扱所	평안남도 대동군 자족면 노산리	1939.3.6	총독부 고시 제36호/우편취급소 설치
院里郵便取扱所	평안남도 개천군 북면원리	1937.3.11	총독부 고시 제136호/우편취급소 설치
殷山郵便取扱所	평안남도 순천군 은산면 은산리	1937.2.25	총독부 고시 제107호/우편취급소 설치
藥田郵便取扱所	평안남도 평원군 용호면 약전리	1938.3.20	총독부 고시 제254호/우편소 설치
三德郵便取扱所	평안남도 성천군 삼덕면 신덕리	1939.2.21	총독부 고시 제116호/취급소 설치
陵中郵便取扱所	평안남도 성천군 능중면 남양리	1940.3.10	총독부 고시 제187호/우편취급소 설치
路下郵便取扱所	평안북도 선천군 동면 노하동	1938.2.20	총독부 고시 제125호/취급소 폐지 후 노하우편소로 승계
淸溪郵便取扱所	평안북도 삭주군 외남면 청계동	1937.3.5	총독부 고시 제126호/취급소 폐지 후 청계우편소로 승계
淸溪郵便取扱所	평안북도 삭주군 외남면 청계동	1935.3.26	총독부 고시 제179호/취급소 설치
史西郵便取扱所	평안북도 강계군 사서면 송학동	1937.3.26	총독부 고시 제181호/우편취급소 설치
時中郵便取扱所	평안북도 강계군 시중면 외시천동	1938.3.26	총독부 고시 제245호/우편취급소 설치
完豊郵便取扱所	평안북도 창성군 신창면 완풍동	1939.3.1	총독부 고시 제143호/우편취급소 설치
金美郵便取扱所	충청남도 서산군 운산면 용위리	1938.3.16	총독부 고시 제200호/우편취급소 설치
新下郵便取扱所	충청남도 대덕군 동면 신하리	1939.3.11	총독부 고시 제176호/우편취급소 설치
余美郵便取扱所	충청남도 서산군 운산면 용장리	1940.2.29	총독부 고시 제147호/여미우편소로 개칭
笠浦郵便取扱所	충청남도 부여군 양화면 입포리	1937.2.26	총독부 고시 제109호/우편취급소 설치
機池市郵便取扱所	충청남도 당진군 송악면 기지시리	1937.3.15	총독부 고시 제146호/기지시우편소로 승계
天宣郵便取扱所	충청남도 서산군 정미면 천선리	1940.3.21	총독부 고시 제235호/취급소 설치
鋤山郵便取扱所	충청북도 영동군 학산면 서산리	1941.2.20	총독부 고시 제154호/서산우편국으로 승계
內秀郵便取扱所	충청북도 청주군 북일면 내수리	1939.3.21	총독부 고시 제225호/취급소 설치
鋤山郵便取扱所	충청북도 영동군 학산면 서산리	1936.3.6	총독부 고시 제36호/우편취급소 설치
梅浦郵便取扱所	충청북도 단양군 매포면 매포리	1938.3.26	총독부 고시 제245호/우편취급소 설치
鳳陽郵便取扱所	충청북도 제천군 봉양면 주포리	1928.3.21	총독부 고시 제214호/우편취급소 설치
馬老郵便取扱所	충청북도 보은군 마노면 관기리	1938.3.15	총독부 고시 제202호/취급소 폐지 후 마노우편소로 승계
元南郵便取扱所	충청북도 보은군 삼아면 원남리	1938.3.15	총독부 고시 제202호/취급소 폐지 후 원남우편소로 승계
永同郵便取扱所	충청북도 영동군 영동읍	1910.9.26	총독부 고시 제218호/우편물, 전신사무 개시
梧倉郵便取扱所	충청북도 청주군 오창면 장대리	1935.6.11	총독부 고시 제338호/취급소 설치
元南郵便取扱所	충청북도 보은군 삼아면 원남리	1935.3.26	총독부 고시 제179호/취급소 설치
水山郵便取扱所	충청북도 제천군 수산면 수산리	1937.3.6	총독부 고시 제130호/우편취급소 설치
梧倉郵便取扱所	충청북도 청주군 오창면 장대리	1937.3.15	총독부 고시 제146호/오창우편소로 승계
德山郵便取扱所	충청북도 진천군 덕산면 용몽리	1940.3.21	총독부 고시 제235호/취급소 설치
新月郵便取扱所	전라남도 장흥군 대덕면 신월리	1935.3.25	총독부 고시 제170호/우편취급소 설치
城田郵便取扱所	전라남도 강진군 성전면 성전리	1936.3.23	총독부 고시 제162호/우편취급소 설치
新北郵便取扱所	전라남도 영암군 신북면 월평리	1937.2.25	총독부 고시 제107호/우편취급소 설치

국(소)명	소재지	설치연도	참고사항
一老郵便取扱所	전라남도 무안군 일노면 월암리	1937.2.21	총독부 고시 제93호/우편취급소 설치
城田郵便取扱所	전라남도 강진군 성전면 성전리	1938.2.10	총독부 고시 제91호/취급소 폐지 후 성전우편소로 승계
靑山島郵便取扱所	전라남도 완도군 청산면 도청리	1939.3.21	총독부 고시 제225호/취급소 설치
別良郵便取扱所	전라남도 순천군 별양면 봉림리	1939.3.21	총독부 고시 제225호/취급소 설치
槐木郵便取扱所	전라남도 순천군 황전면 괴목리	1940.3.21	총독부 고시 제235호/취급소 설치
梨陽郵便取扱所	전라남도 화순군 이양면 이양리	1940.3.21	총독부 고시 제235호/취급소 설치
葛潭郵便取扱所	전라북도 임실군 강진면 갈담리	1938.3.15	총독부 고시 제202호/취급소 폐지 후 갈담우편소로 승계
珍山郵便取扱所	전라북도 금산군 진산면 진산리	1938.3.16	총독부 고시 제200호/우편취급소 설치
龜林郵便取扱所	전라북도 순창군 구림면 운남리	1938.3.16	총독부 고시 제200호/우편취급소 설치
金堤郵便取扱所	전라북도 김제군 김제읍	1910.9.26	
葛潭郵便取扱所	전라북도 임실군 강진면 갈담리	1935.3.26	총독부 고시 제179호/취급소 설치
院坪郵便取扱所	전라북도 김제군 금산면 원평리	1937.2.20	총독부 고시 제91호/취급소 폐지 후 원평우편소로 승계
川原郵便取扱所	전라북도 정읍군 입암면 천원리	1931.6.1	총독부 고시 제292호/우편소 설치
		1936.3.25	총독부 고시 제174호/취급소 폐지 후 천원우편소로 승계
七寶郵便取扱所	전라북도 정읍군 칠보면 시산리	1937.2.26	총독부 고시 제109호/우편취급소 설치
大山郵便取扱所	전라북도 고창군 대산면 매산리	1940.3.30	총독부 고시 제292호/우편취급소 설치
扶安郵遞所	전라북도 부안군 부안읍	1910.9.26	총독부 고시 제219호/우편소 설치
平地郵便取扱所	전라북도 진안군 마령면 평지리	1941.2.20	총독부 고시 제154호/평지우편국으로 승계
岳陽郵便取扱所	경상남도 하동군 악양면 정서리	1939.3.21	총독부 고시 제225호/취급소 설치
老玄郵便取扱所	경상남도 거창군 능양면 노현리	1935.3.26	총독부 고시 제179호/취급소 설치
武安郵便取扱所	경상남도 밀양군 하서면 무안리	1931.3.28	총독부 고시 제158호/우편취급소 설치
		1936.3.19	총독부 고시 제157호/취급소 폐지 후 연일우편소로 승계
加尙郵便取扱所	경상남도 거창군 가상면 양기리	1938.2.11	총독부 고시 제91호/취급소 폐지 후 가상우편소로 승계
水東郵便取扱所	경상남도 함양군 수동면 화산리	1940.3.10	총독부 고시 제198호/수동우편소로 승계
渭川郵便取扱所	경상남도 거창군 위천면 장기리	1940.3.10	총독부 고시 제198호/위천우편소로 승계
大南郵便取扱所	경상남도 함양군 서상면 대남리	1940.3.21	총독부 고시 제235호/취급소 설치
大山郵便取扱所	전라북도 고창군 대산면 매산리	1942.3.22	총독부 고시 제355호/취급소 폐지 후 대산우편국으로 승계
醴泉郵便取扱所	경상북도 예천군 예천읍	1910.9.26	(영동, 김제, 예천, 순천우편전신취급소)
		1911.3.21	총독부 고시 제70호/전화통화사무 개시
臨東郵便取扱所	경상북도 안동군 임동면 중평동	1935.3.28	총독부 고시 제180호/취급소 설치
加祚郵便取扱所	경상북도 거창군 가조면 장기리	1935.3.24	총독부 고시 제164호/우편취급소 설치
臨東郵便取扱所	경상북도 안동군 임동면 중평동	1937.2.24	총독부 고시 제106호/취급소 폐지 후 임동우편소로 승계
大德郵便取扱所	경상북도 김천군 대덕면 관기리	1937.2.21	총독부 고시 제93호/우편취급소 설치
孝令郵便取扱所	경상북도 군위군 효령면 중구동	1937.2.21	총독부 고시 제93호/우편취급소 설치
長有郵便取扱所	경상북도 김해군 장유면 무계리	1937.2.21	총독부 고시 제93호/우편취급소 설치
花田郵便所	경상북도 의성군 봉양면 화전동	1938.2.11	총독부 고시 제91호/취급소 폐지 후 화전우편소로 승계
長川郵便取扱所	경상북도 선산군 장천면 상장동	1938.3.16	총독부 고시 제200호/우편취급소 설치
丑山郵便取扱所	경상북도 영덕군 축산면 축산동	1940.3.10	총독부 고시 제198호/축산우편소로 승계
多仁郵便取扱所	경상북도 의성군 다인면 서능동	1940.3.10	총독부 고시 제198호/다인우편소로 승계
懸東郵便取扱所	경상북도 청송군 현동면 도평리	1940.3.21	총독부 고시 제235호/취급소 설치
塔里郵便取扱所	경상북도 의성군 금성면 탑리동	1940.3.26	총독부 고시 제263호/취급소 설치
新洞郵便局	경상북도 칠곡군 지천면 신동	1941.2.26	총독부 고시 제174호/우편국 설치
瓮泉郵便取扱所	경상북도 안동군 북후면 분천리	1941.3.6	총독부 고시 제204호/분천우편국으로 승계
電信取扱所			
京城無線電信局	경기도 경성부 한강통	1923.6.11	총독부 고시 제172호/전신국 설치
京城中央電信局	경기도 경성부 본정1정목	1939.10.1	총독부 고시 제802호/전신국 설치
京城中央電話局東分局	경기도 경성부 신당정264번지의13	1942.3.29	총독부 고시 제362호/분국 설치
京城中央電信局飛行場分室	경기도 경성부 여의도경성비행장 내	1939.10.1	총독부 고시 제802호/비행장분실 설치
京城中央電信局新堂町	경기도 경성부 신당정293번지	1940.12.5	총독부 고시 제1338호/전신국분실 설치
京城中央電信局惠化町分室	경기도 경성부 혜화정111번지	1940.12.5	총독부 고시 제1338호/전신국분실 설치
京城中央電信局氣像分室	경성부 송월정기상대경성출장소 구내	1941.2.15	총독부 고시 제143호/전신국분실 설치
京城無線電信局飛行場分室	경기도 경성성부 여의도정	1938.6.15	총독부 고시 제484호/전신국 설치

국(소)명	소재지	설치연도	참고사항
京城無線電信局富平送信所	경기도 부천군 부내면 마분리	1939.9.1	총독부 고시 제691호/송신소 설치
京城無線電信局氣象臺分室	경기도 인천부 산근정	1939.9.1	총독부 고시 제691호/기상대 설치
京城無線電信局廣場受信所	경기도 고양군 뚝도면 자마장리	1941.4.1	총독부 고시 제376호/수신소 설치
京城鐵道電信取扱所		1941.11.1	총독부 고시 제1694호/용산전신취급소를 승계
京城航空無線取扱所	경성부 여의도정 경성제2비행장 구내	1943.12.1	총독부 고시 제1412호/전신취급소 설치
汶山電信取扱所	경기도 문산철도정차장	1911.2.26	총독부 고시 제39호/전보 취급 제한
		1931.9.30	총독부 고시 제461호/취급소 폐지 후 문산우편소로 승계
平澤電信取扱所	경기도 평택철도정차장	1912.1.1	총독부 고시 제386호/전신, 전보취급제한통 개정
清凉里電信取扱所	경기 도청량리철도정차장	1912.3.11	총독부 고시 제80호/전신취급소 설치
	고양군 숭인면 청량리정차장구내	1924.7.15	총독부 고시 제152호/취급소 폐지 후 청량우편소로 승계
議政府電信取扱所	경기도 의정부철도정차장	1912.3.11	총독부 고시 제80호/전신취급소 설치
永登浦電信取扱所	경기도 영등포철도정차장	1912.5.1	총독부 고시 제210호/전신취급소 설치
漣川電信取扱所	경기도 연천철도정차장	1911.8.21	총독부 고시 제7호/전신취급소 설치
烏山電信取扱所	경기도 오산철도정차장	1920.9.1	총독부 고시 제217호/전보 취급시간 개정
京城無線電信局龍山送信所	경기도 경성부 한강통	1927.8.1	총독부 고시 제243호/분실 설치
京城無線電信局清凉里受信所	경기도 고양군 숭인면 청량리	1927.8.1	총독부 고시 제243호/분실 설치
京城無線電信局清凉里分室	경기도 고양군 숭인면 청량리	1941.4.1	총독부 고시 제377호/수신소를 폐지 후 분실로 개칭
京城遞信分場局構內郵便所			
京城遞信分場國郵便電信電話局			
京城郵便局龍山電話分局	경기도 경성부 한강통	1922.3.5	총독부 고시 제41호/우편국분실 설치
京城郵便局龍山電信分室	경기도 경성부 한강통	1923.4.1	총독부 고시 제96호/분실 설치
		1923.6.10	총독부 고시 제173호/분실 폐지 후 경성무선전식에 승계
京城中央電話局	경기도 경성부 본정	1923.7.1	총독부 고시 제188호/전화국 설치
	경기도 경성부 광화문통	1923.7.1	총독부 고시 제188호/전화국분실 설치
京城中央電話局龍山分局	경기도 경성부 한강통	1923.7.1	총독부 고시 제188호/전화국분실 설치
		1928.4.1	총독부 고시 제89호/분국 폐지
龍山電信取扱所		1941.11.1	총독부 고시 제1694호/경성철도전신취급소로 승계
杻峴電信取扱所		1926.5.6	총독부 고시 제146호/상인천전신취급소로 개칭
上仁川電信取扱所		1926.5.6	총독부 고시 제146호/유현취급소, 상인천전신취급소개칭
一山電信取扱所	경기도 일산철도정차장	1928.4.10	총독부 고시 제130호/전신취급소 폐지, 일산우편소, 승계
仁川電信取扱所	경기도 인천철도정차장	1931.9.30	총독부 고시 제461호/취급소 폐지 후 인천우편국에 승계
清平郵便取扱所	경기도 가평군 외서면 청평리	1935.3.5	총독부 고시 제125호/취급소 폐지 후 청평우편소로 승계
富平電信取扱所		1940.6.30	총독부 고시 제664호/부평역전우편소로 승계
龍門電信取扱所	경기도 용문철도정차장		
殷栗郵便電信取扱所	황해도 은율군 은율읍	1910.9.26	총독부 고시 제221호/우편물, 전화통화사무 개시
松禾郵便電信取扱所	황해도 송화군 송화읍	1910.9.26	총독부 고시 제221호/우편물, 전화통화사무 개시
黃州電信取扱所	황해도 황주철도정차장	1917.3.26	총독부 고시 제65호/전보취급 제한
瑞興電信取扱所	황해도 서흥철도정차장	1919.3.1	총독부 고시 제24호/전신취급소 설치
兼二浦電信取扱所	황해도 겸이포철도정차장	1912.4.1	총독부 고시 제163호/전신전보 취급
龍塘電信電話所	황해도 해주군 서변면 용당리	1922.3.6	총독부 고시 제47호/전신전화소 설치
龍塘電信電話取扱所	황해도 해주군 서변면 용당리	1923.6.1	총독부 고시 제164호/전보취급 개시
興水電信取扱所	황해도 흥수철도정차장	1928.4.10	총독부 고시 제130호/취급소 폐지, 흥수우편소로 승계
金郊郵便所	황해도 금교철도정차장	1928.4.10	총독부 고시 제130호/취급소 폐지 후 금천우편소로 승계
黑橋電信取扱所	황해도 흑교철도정차장	1929.3.10	총독부 고시 제65호/전신취급소 폐지, 흑교우편소로 승계
信川溫泉電信電話取扱所	황해도 신천군 온천면 온천리	1931.2.26	총독부 고시 제65호/전신소 개칭
		1937.2.28	총독부 고시 제108호/취급소 폐지, 신천온천우편소로 승계
汗浦電信取扱所	황해도 오포철도정차장	1933.9.10	총독부 고시 제424호/취급소 폐지 후 오포우편소로 승계
安岳溫泉郵便取扱所	황해도 안악군 은홍면 온정리	1935.3.11	총독부 고시 제128호/우편취급소 설치
		1938.2.20	총독부고시제125호/취급소 폐지 후 안악온천우편소로 승계
安岳溫泉電信電話取扱所	황해도 안악군 은홍면 온정리	1936.4.3	총독부 고시 제215호/전신취급소 설치
		1938.2.20	총독부 고시 제125호/취급소 폐지, 안악온천우편소.승계
龍塘電話取扱所	황해도 해주군 해주읍 용당리	1938.2.24	총독부 고시 제140호/취급소 폐지 후 해주항우편소로 승계
九龍里電信電話取扱所	황해도 연백군 해성면 구룡리	1942.3.5	총독부 고시 제288호/취급소 폐지 후 해성우편국으로 승계

국(소)명	소재지	설치연도	참고사항
天臺郵便局	황해도 연백군 용도면 송학리	1943.12.16	총독부 고시 제1439호/전신사무 취급
鎭南浦電信取扱所	평안남도 진남포철도정차장	1910.12.16	총독부 고시 제71호/전신취급소 설치
中和電信取扱所	평안남도 중화철도정차장	1911.1.1	총독부 고시 제94호/전보취급 제한
順安電信取扱所	평안남도 순안철도정차장	1911.1.1	총독부 고시 제94호/전보취급 제한
+岐陽電信取扱所	평안남도 기양철도정차장	1911.10.1	총독부 고시 제295호/전신취급소 설치
		1912.5.16	총독부 고시 제149호/전보취급시간 고시
車輦館電信取扱所	평안북도 차련관철도정차장	1914.4.16	총독부 고시 제102호/전신취급소 설치
平壤大和町郵便電信取扱所			
平壤無線電信局	평안남도 대동군 용연면 삼정리	1939.11.1	총독부 고시 제879호/무선국 설치
平壤郵便局船橋町電信分室	평안남도 평양부 선교정	1942.5.6	총독부 고시 제642호/선교리전신분실을 개칭
平壤無線電信局小新里送信所	평안남도 대동군 용연면 소신리	1939.11.1	총독부 고시 제880호/송신소 설치
平壤無線電信局三井里受信所	평안남도 대동군 용연면 삼정리	1940.9.16	총독부 고시 제972호/수신소 설치
平壤航空無線電信取扱所	평안남도 평양부	1943.12.1	총독부 고시 제1412호/전신취급소 설치
新義州無線電信局	평안북도 의주군 광성면 풍서동	1941.4.1	총독부 고시 제359호/전신취급소 설치
新義州荷扱所內電信取扱所	평안북도 신의주철도하급소	1911.8.21	총독부 고시 제7호/전신취급소 설치
新義州無線電信局飛行場分室	평안북도 의주군 광성면 풍서동	1941.3.31	총독부 고시 제360호/분실 폐지, 신의무선전신에 승계
新義州航空無線電信取扱所	평북의주군광성면풍사동신의주비행장구내	1943.12.1	총독부 고시 제1412호/전신취급소 설치
漁波電信取扱所	평안남도 어파전신취급소	1920.9.1	총독부 고시 제217호/전보취급시간 개정
肅川電信取扱所	평안남도 숙천철도정차장	1920.9.1	총독부 고시 제217호/전보취급시간 개정
萬城電信取扱所	평안남도 만성철도정차장	1920.9.1	총독부 고시 제217호/전보취급시간 개정
嶺美電信取扱所	평안북도 영미철도정차장	1920.9.1	총독부 고시 제217호/전보취급시간 개정
東林電信取扱所	평안북도 동림철도정차장	1920.9.1	총독부 고시 제217호/전보취급시간 개정
枇峴電信取扱所	평안북도 비현전신취급소	1920.9.1	총독부 고시 제217호/전보취급시간 개정
白馬電信取扱所	평안북도 백마철도정차장	1920.9.1	총독부 고시 제217호/전보취급시간 개정
		1929.3.10	총독부 고시 제65호/전신취급소 폐지, 백마우편소로승계
南市電信取扱所	평안북도 남시철도정차장	1920.9.1	총독부 고시 제217호/전보취급시간 개정
順安電信取扱所	평안남도 순안철도정차장	1920.9.1	총독부 고시 제217호/전보취급시간 개정
船橋里電信取扱所	평안남도 선교리철도정차장	1920.10.15	총독부 고시 제249호/전신취급소 설치
新島電信電話所	평안북도 초산군 초산면 앙토동	1926.6.1	총독부 고시 제175호/전신전화소 설치
郭山電信取扱所	평안북도 곽산철도정차장	1929.3.10	총독부 고시 제65호/전신취급소 폐지, 곽산우편소로승계
朔州溫泉電信電話取扱所	평안북도 삭주군 삭주면 온풍동	1930.9.10	총독부 고시 354호/전화소 설치
新倉電信取扱所	평안남도 신창철도정차장	1930.11.1	총독부 고시 제421호/전신소 설치
古邑電信取扱所	평안북도 고읍철도정차장	1930.11.1	총독부 고시 제421호/전신소 설치
路下電信取扱所	평안북도 노하철도정차장	1930.11.1	총독부 고시 제421호/전신소 설치
		1938.2.20	총독부 고시 제125호/취급소 폐지 후 노하우편소로승계
舍人場電信取扱所	평안남도 사인장철정차장	1931.1.15	총독부 고시 제5호/전신소 폐지 후 사인우편소로 승계
新島場電信電話取扱所	평안북도 초산군 초산면 앙토동	1931.2.26	총독부 고시 제65호/전신소 개칭
古邑電信取扱所	평안북도 고읍철도정차장	1935.3.23	총독부 고시 제168호/전신취급소 폐지 후 설치
雲田電信取扱所	평안북도 운전철도정차장	1935.3.23	총독부 고시 제168호/전신취급소 폐지 후 설치
新義州無線電信局	평안북도 신의주부 민포동	1936.1.15	총독부 고시 제6호/전신국 설치
慈山郵便取扱所	평안남도 순천군 자산면 자산리	1936.2.15	총독부 고시 제50호/취급소 폐지 후 자산우편소로 승계
八院郵便取扱所	평안북도 영변군 팔원면 천양동	1936.2.15	총독부 고시 제50호/취급소 폐지 후 팔원우편소로 승계
吏西電信電話取扱所	평안북도 강계군 동서면 송학동	1938.10.4	총독부 고시 제783호/취급소 설치
藥田電信電話取扱所	평안남도 평원군 용호면 약전리	1939.2.11	총독부 고시 제89호/전신전화취급소 설치
九龍里電信電話取扱所	황해도 연백군 해성면 구룡리	1939.3.1	총독부 고시 제139호/취급소 설치
陽德電信取扱所			
熙川電信取扱所			
江界電信取扱所			
路下電信取扱所	평안북도 노하철도정차장	1940.11.20	총독부 고시 제1254호/노하우편소로 승계
元山電信取扱所	함경남도 원산철도정차장	1912.9.1	총독부 고시 제266호/전신취급소 설치
釋王寺電信取扱所	함경남도 석왕사철도정차장	1917.3.1	총독부 고시 제39호/전신취급소 설치
輸城電信取扱所	함경남도 수성철도정차장	1917.4.1	총독부 고시 제64호/전신취급소 설치

국(소)명	소재지	설치연도	참고사항
豊山電信取扱所	함경북도 풍산철도정차장	1917.9.21	총독부 고시 제210호/전신취급소 설치
永興電信取扱所	함경남도 영흥철도정차장	1920.8.1	총독부 고시 제197호/전보취급시간 개정
咸興電信取扱所	함경남도 함흥철도정차장	1920.8.1	총독부 고시 제197호/전보취급시간 개정
咸興電信取扱所分室	함경남도 함흥지방철도국 구내	1941.8.25	총독부 고시 제1273호/분실 설치
咸興無線電信局	함경남도 함주군 천원면 상중리	1939.11.1	총독부 고시 제882호/무선국 설치
咸興無線電信局新興里送信所	함경남도 함주군 천원면 신흥리	1939.11.1	총독부 고시 제883호/송신소 설치
咸興郵便局飛行場分室	함경남도 성주군 천원면 상중리	1941.3.31	총독부 고시 제359호/분실 폐지 후 함흥무선전신국에 승계
咸興航空無線電信取扱所	함남함주군천원면상중리함흥비행장구내	1943.12.1	총독부 고시 제1412호/전신취급소 설치
高山電信取扱所	함경남도 고산철도정차장	1913.2.1	총독부 고시 제15호/전신취급소 설치
文川電信取扱所	함경남도 문천철도정차장	1915.8.1	총독부 고시 제182호/전신취급소 설치
鏡城電信取扱所	함경북도 경성철도정차장	1920.10.1	총독부 고시 제239호/전신취급소 설치
		1932.3.9	총독부 고시 제106호/취급소 폐지 후 경성우편국 승계
會寧電信取扱所	함경북도 회령철도정차장	1920.10.1	총독부 고시 제240호/전보취급시간 개정
古茂山電信取扱所	함경북도 고무산정차장	1922.3.16	총독부 고시 제60호/전신취급소 설치
		1928.4.10	총독부 고시 제130호/취급소 폐지 후 고무산우편소로 승계
朱乙溫泉電信電話取扱所	함경북도 경성군 주을면 중항동	1931.2.26	총독부 고시 제65호/전신소 개칭
新北靑電信取扱所	함경남도 신북청철도정차장 구내	1927.1.26	총독부 고시 제11호/전신취급소 설치
新北靑郵便取扱所	함경남도 북청군 양가면 중리	1935.3.10	총독부 고시 제133호/취급소 폐지 후 신북청우편소로 승계
龍洞電信取扱所	함경북도 용동철도정차장	1927.8.1	총독부 고시 제229호/전신취급소 설치
古站電信取扱所	함경북도 고참철도정차장	1929.3.11	총독부 고시 제64호/전신취급소 설치
淸津無線電信局	함경북도 청진부 포항동	1929.8.16	총독부 고시 제281호/무선전신국 설치
淸津無線電信局飛行場分室	함경북도 청진부 서송향정	1941.4.1	총독부 고시 제358호/전신국분실 설치
淸津航空無線電信取扱所	함북 청진부 서송향정청진비행장구내	1943.12.1	총독부 고시 제1412호/전신취급소 설치
上龍田電信取扱所	함경북도 상용전철도정차장	1929.10.11	총독부 고시 제362호/전신취급소 설치
潼關電信電話所	함경북도 종성군 종성면 동관동	1930.3.21	총독부 고시 제121호/전신소 폐지 후 동관우편소로 승계
雄基電信取扱所	함경북도 웅기철도정차장	1930.6.11	총독부 고시 제257호/전신취급소 설치
旺場電信取扱所	함경북도 왕장철도정차장	1930.11.1	총독부 고시 제421호/전신소 설치
楡津電信電話取扱所	함경북도 경흥군 풍해면 대유동	1931.2.26	총독부 고시 제65호/전신소 개칭
		1937.3.10	총독부 고시 제135호/유진우편소로 승계
會文電信取扱所	함경북도 회문철도정차장	1932.5.1	총독부 고시 제240호/전신취급소 설치
上三峰電信取扱所	함경북도 상삼봉철도정차장	1932.5.1	총독부 고시 제240호/전신취급소 설치
何吾地電信取扱所	함경북도 아오지철도정차장	1932.5.1	총독부 고시 제240호/전신취급소 설치
承良電信取扱所	함경북도 승양철도정차장	1932.5.1	총독부 고시 제240호/전신취급소 설치
慶源電信取扱所	함경북도 경원철도정차장	1932.5.1	총독부 고시 제240호/전신취급소 설치
南陽電信取扱所	함경북도 남양철도정차장	1933.2.16	총독부 고시 제51호/전신취급소 설치
新浦電信取扱所	함경남도 신포철도정차장	1933.2.15	총독부 고시 제52호/신모우편소에 승계
鳳岡郵便取扱所	함경북도 경성군 어랑면 봉강동	1935.3.16	총독부 고시 제146호/우편취급소 설치
豊山電信取扱所	함경북도 풍산철도정차장	1934.5.6	총독부 고시 제232호/전보취급시간 개정
阿吾地電信取扱所	함경북도 아오지철도정차장	1934.5.6	총독부 고시 제232호/전보취급시간 개정
新阿山電信取扱所	함경북도 신아산철도정차장	1934.5.6	총독부 고시 제232호/전보취급시간 개정
承良電信取扱所	함경북도 승양철도정차장	1934.5.6	총독부 고시 제232호/전보취급시간 개정
慶源電信取扱所	함경북도 경원철도정차장	1934.5.6	총독부 고시 제232호/전보취급시간 개정
調我電信取扱所	함경북도 조아철도정차장	1935.6.1	총독부 고시 제306호/전신취급소 설치
高嶺鎭電信取扱所	함경북도 고령진철도정차장	1935.6.1	총독부 고시 제306호/전신취급소 설치
遊仙電信取扱所	함경북도 유선철도정차장	1938.6.10	총독부 고시 제458호/계림전신취급소를 개칭
鶴林電信取扱所	함경북도 학림철도정차장	1935.6.1	총독부 고시 제306호/전신취급소 설치
羅津電信取扱所	함경북도 나진철도정차장	1936.1.16	총독부 고시 제8호/전신취급소 설치
新站郵便取扱所	함경북도 무산군 동면 차수동	1936.2.29	총독부 고시 제29호/취급소 폐지 후 신참우편소로 승계
新站電信電話取扱所	함경북도 무산군 동면 차수동	1936.2.29	총독부 고시 제29호/취급소 폐지 후 신참우편소로 승계
承良郵便取扱所	함경북도 경원군 안농면 승량동	1936.3.11	총독부 고시 제131호/우편취급소 설치
惠山鎭電信取扱所	함경남도 혜산진철도정차장	1938.1.1	총독부 고시 제935호/전신취급소 설치
淸津舊驛電信取扱所	함경북도 청진원철도정차장	1938.1.1	총독부 고시 제935호/전신취급소 설치

국(소)명	소재지	설치연도	참고사항
羅津鐵道電信取扱所	함경북도 나진철도정차장	1938.1.1	총독부 고시 제935호/전신취급소 설치
陽化電信取扱所	함경남도 북청군 양화면 동리	1938.3.31	총독부 고시 제273호/취급소 폐지 후 양화우편소로 승계
四倉電信取扱所	함경북도 사창철도정차장	1938.7.22	총독부 고시 제588호/전신취급소 설치
洪儀電信取扱所	함경북도 홍의철도정차장	1938.7.22	총독부 고시 제588호/전신취급소 설치
馬場電信電話取扱所	함경남도 영흥군 덕흥면 신풍리	1938.10.6	총독부 고시 제802호/취급소 설치
清津無線電信局班竹洞送信所	함경북도 부령군 청곡면 반죽동	1938.10.21	총독부 고시 제839호/무선국분실 설치
細川溫泉電信電話取扱所	함경남도 성진군 학내면 세천동	1939.2.6	총독부 고시 제78호/전신전화취급소 설치
業億電信電話取扱所	함경북도 성진군 학서면 업억동	1940.2.1	총독부 고시 제54호/취급소 설치
三防電信取扱所			
居山電信取扱所			
鳳頭里電信取扱所			
曾山電信取扱所			
極洞電信取扱所			
前津電信取扱所			
端川電信取扱所			
群仙電信取扱所	함경남도 군선철도정차장	1942.1.31	총독부 고시 제76호/취급소 폐지 후 군선우편국으로 승계
旺場電信取扱所			
仁興電信取扱所			
羅津埠頭電信取扱所	함경북도 나진부두선객대합소	1940.6.21	총독부 고시 제590호/전신취급소 설치
羅津鐵道電信取扱所出張所	함경북도 나진부두선객대합소	1940.6.20	총독부 고시 제591호/나진부 두전신취급소로 승계
雲谷電信取扱所	함경남도 운곡철도정차장	1941.4.1	총독부 고시 제361호/취급소 설치
長谷電信取扱所	함경북도 길주군	1941.7.21	총독부 고시 제1091호/길주우편국으로 승계
末輝里電信電話所	강원도 유양군 장양면 말휘리	1915.10.31	총독부 고시 제278호/전신전화소 폐지 후 유양우편국으로 승계
福溪電信取扱所	강원도복계철도정차장	1912.9.1	총독부 고시 제266호/전신취급소 설치
鐵原電信取扱所	강원도 철원철도정차장	1912.2.11	총독부 고시 제26호/전신취급소 설치
金剛山電信電話取扱所	강원도 회양군 장양면 장연리	1931.9.16	총독부 고시 제433호/취급소 설치
平康電信取扱所	강원도 평강철도정차장	1932.3.9	총독부 고시제106호/취급소 폐지 후 평강우편소 승계
金剛山萬物相電信電話取扱所	강원도 고성군 신북면 온정리	1932.10.1	총독부 고시 제513호/취급소 설치
外金剛電信取扱所	강원도 외금강철도정차장	1932.10.15	총독부 고시 제538호/전신취급소 설치
束草電信電話取扱所	강원도 양양군 도천면 속초리	1935.10.16	총독부 고시 제594호/전신취급소 설치
墨湖電信電話取扱所	강원도 강릉군 망상면 발한리	1936.3.11	총독부 고시 제137호/전신취급소 설치
		1938.3.5	총독부 고시 제162호/취급소 폐지 후 묵호우편소로 승계
通口郵便取扱所	강원도 김화군 통구면 현리	1936.3.16	총독부 고시 제137호/우편취급소 설치
		1938.2.20	총독부 고시 제125호/취급소 폐지 후 통구우편소로 승계
江陵無線電信局	강원도 강릉군 강릉읍 홍제리	1938.9.1	총독부 고시 제691호/선신국 설치
內金剛驛電信電話取扱所	강원도 유양군 장양면 장연리	1939.4.16	총독부 고시 제323호/금강산전신전화취급소를 개칭
襄陽電信取扱所			
高城電信取扱所			
大浦電信電話取扱所	강원도 양양군 속초면 대포리	1941.2.28	총독부 고시 제192호/대포우편국으로 승계
固城郵便電信取扱所	경상남도 고성군 고성읍	1910.9.21	총독부 고시 제213호/우편물, 전신사무 개시
			고성우편소를 고성우편전신취급소로 개칭
倭館電信取扱所	경상북도 왜관철도정차장	1912.1.1	총독부 고시 제386호/전신, 전보취급제한 통 개정
郡北電信電話所	경상남도 함안군 북면 중암리	1914.9.11	총독부 고시 제216호/전신전화소 설치
		1923.3.25	총독부 고시 제73호/전화소 폐지 후 군북우편소로 승계
佛國寺電信電話取扱所	경상북도 경주군 내동면 마동리	1930.3.6	총독부 고시 제93호/전신전화소 설치
慶州電信取扱所	경상북도 경주철도정차장	1930.6.11	총독부 고시 제257호/전신취급소 설치
蔚山無線電信局	경상북도 울산군 울산면 북정동	1930.7.1	총독부 고시 제284호/무선국 설치
蔚山無線電信局校洞受信所	경상남도 울산군 울산면 교동	1930.7.1	총독부 고시 제284호/무선국 설치
舊助羅電信電話取扱所	경상남도 통영군 일운면 구조라리	1931.2.26	총독부 고시 제65호/전신소 개칭
晋州電信取扱所	경상남도 진주철도정차장	1931.10.1	총독부 고시 제459호/취급소 설치
鳳陽郵便取扱所	경상북도 의성군 봉양면 화전동	1936.3.6	총독부 고시 제119호/우편취급소 설치
大邱無線電信局	경상북도 달성군 수성면 신암동	1937.6.21	총독부 고시 제391호/전신국 설치

국(소)명	소재지	설치연도	참고사항
大邱無線電信局新岩洞送信所	경상북도 달성군 수성면 신암동	1937.6.21	총독부 고시 제392호/전신국분실 설치
大邱航空無線電信取扱所	경북 달성군 동촌면 대구비행장 구내	1943.12.1	총독부 고시 제1412호/전신취급소 설치
龜浦電信取扱所	경상남도 구포철도정차장	1943.8.31	총독부 고시 제933호/취급소 폐지 후 구포우편국으로 승계
洛東江電信取扱所			
浦項電信取扱所	경사북도 포항철도정차장	1943.8.31	총독부 고시 제933호/취급소 폐지 후 포항우편국으로 승계
永川電信取扱所			
釜山電信取扱所			
釜山鐵道電信取扱所			
釜山電信取扱所出場所		1941.11.1	총독부 고시제1694호/부산철도전신취급소출장소에 승계
慶北安東電信取扱所	경상북도 경북안동철도정차장	1942.8.15	총독부 고시 제1718호/전신취급소 설치
淸道電信取扱所	경상북도 청도철도정차장	1943.8.31	총독부 고시제933호/취급소 폐지 후 청도우편국으로 승계
密陽電信取扱所	경상남도 밀양철도정차장	1943.8.31	총독부 고시제933호/취급소 폐지 후 밀양우편국으로 승계
昌原電信取扱所	경상남도 창원철도정차장	1943.8.31	총독부 고시제933호/취급소 폐지 후 창원우편국으로 승계
郡北電信取扱所	경상남도 군북철도정차장	1943.8.31	총독부 고시제933호/취급소 폐지 후 군북우편국으로 승계
蔚山電信取扱所	경상남도 울산철도정차장	1943.8.31	총독부 고시제933호/취급소 폐지 후 울산우편국으로 승계
蔚山航空無線電信取扱所	경상남도 울산군 울산읍 북정동	1943.12.1	총독부 고시 제1412호/전신취급소 설치
連山電信取扱所	충청남도 연산철도정차장	1912.3.11	총독부 고시 제80호/전신취급소 설치
		1912.5.16	총독부 고시 제149호/전보취급시간 고시
論山電信取扱所	충청남도 논산철도정차장	1911.8.21	총독부 고시 제7호/전신취급소 설치
		1912.5.16	총독부 고시 제149호/전보취급시간 고시
		1933.9.10	총독부 고시 제424호/우편소 폐지 후 논산우편소로 승계
豆溪電信取扱所	충청남도 두계정차장	1922.3.16	총독부 고시 제60호/전신취급소 설치
		1933.9.10	총독부 고시 제424호/우편소 폐지 후 두계우편소로 승계
永東電信電話取扱所	충청남도 서천군 마동면 수동리	1923.6.11	총독부 고시 제175호/전화소 설치
永同電信取扱所	충청북도 영동철도정차장	1928.4.10	총독부 고시제130호/전신취급소폐지, 영동우편소로 승계
儒城溫泉電信電話取扱所	충청남도 대전군 유성면 봉명리	1931.2.16	총독부 고시 제65호/전신전화소 개칭
水東電信電話取扱所	충청남도 서천군 마동면 수동리	1931.3.29	총독부 고시 제194호/수동우편소로 승계
秋風嶺電信取扱所	충청북도 추풍령철도정차장	1941.7.31	총독부 고시 제1078호/취급소폐지, 추풍령우편국으로 승계
伊院電信取扱所	충청북도 인원철도정차장	1943.8.31	총독부 고시제933호/취급소폐지후이원우편국으로 승계
成歡電信取扱所	충청남도 성환철도정차장	1943.8.31	총독부 고시제933호/취급소폐지후성환우편국으로 승계
裡里電信取扱所	전라북도 이리철도정차장	1912.3.11	총독부 고시 제80호/전신취급소 설치
群山電信取扱所	전라북도 군산철도정차장	1912.3.11	총독부 고시 제80호/전신취급소 설치
泰仁電信取扱所	전라북도 태인철도정차장	1914.2.1	총독부 고시 제218호/전신취급소 설치
新泰仁電信取扱所	전라북도 태인철도정차장	1919.4.1	총독부 고시 제47호/태인전신취급소를 개칭
禾湖電信電話所	전라북도 정읍군 용북면 화호리	1922.3.10	총독부 고시 제51호/전신전화소 폐지
江景電信取扱所	전라북도 강경철도정차장	1912.3.11	총독부 고시 제80호/전신취급소 설치
金堤電信取扱所	전라북도 김제철도정차장	1912.2.11	총독부 고시 제26호/전신취급소 설치
井邑電信取扱所	전라북도 정읍철도정차장	1912.2.11	총독부 고시 제26호/전신취급소 설치
泰仁電信取扱所	전라북도 태인철도정차장	1913.6.21	총독부 고시 제218호/전신취급소 설치
木浦電信取扱所	전라남도 목포철도정차장	1912.7.1	총독부 고시 제188호/전신취급소 설치
全州電信取扱所	전라북도 전주철도정차장	1930.6.11	총독부 고시 제257호/전신취급소 설치
南原電信取扱所			
臨陂電信取扱所		1941.7.21	총독부 고시 제1091호/임피우편국으로 승계
鶴橋電信取扱所	전라남도 학교철도정차장	1912.7.1	총독부 고시 제188호/전신취급소 설치
羅州電信取扱所	전라남도 나주철도정차장	1912.9.1	총독부 고시 제266호/전신취급소 설치
		1916.8.31	총독부 고시 제202호/전신소 폐지 후 나주우편소에 승계
松汀里電信取扱所	전라남도 송정리철도정차장	1911.10.1	총독부 고시 제312호/전신취급소 설치
新興里電信取扱所	전라남도 신흥리철도정차장	1913.2.1	총독부 고시 제15호/전신취급소 설치
長城電信取扱所	전라남도 장성철도정차장	1913.2.1	총독부 고시 제15호/전신취급소 설치
木浦無線電信局	전라남도 목포부 항정	1925.5.1	총독부 고시 제101호/무선국 설치
濟州無線電信局	전라남도 제주도 제주면 삼도리	1925.5.1	총독부 고시 제101호/무선국 설치
南鵬丸無線電信取扱所	전라남도 수산회소속 취급소	1929.5.26	총독부 고시 제179호/전신취급소 설치

국(소)명	소재지	설치연도	참고사항
		1933.4.25	총독부 고시 제185호/취급소 폐지 후 목포우편국에 승계
全南光州電信取扱所	전라남도 광주철도정차장	1930.6.11	총독부 고시 제257호/전신취급소 설치
		1938.4.30	총독부 고시 제368호/광주전신취급소로 개칭
務安郵便取扱所	전라남도 무안군 금성면 성내리	1935.3.20	총독부 고시 제163호/취급소 폐지 후 무안우편소로 승계
麗水港電信取扱所	전라남도 여수항철도정차장	1938.2.26	총독부 고시 제134호/전신취급소 설치
麗水電信取扱所出場所	전라남도 여수항철도정차장	1938.2.25	총독부 고시 제135호/출장소폐지, 여수항전신취급소로 승계
濟州無線電信局三徒里送信所	전라남도 제주도 제주읍 삼도리	1938.4.16	총독부 고시 제333호/전신국분실 설치
和順電信取扱所			
寶城電信取扱所			
光州電信取扱所			

선박 내 전신취급소

국(소)명	소재지	설치연도	참고사항
盛京丸無線電信取扱所	조선郵船주식회사소속기선 성경환-청진	1938.9.1	총독부 고시 제704호/전신취급소 설치
會寧丸無線電信取扱所	조선郵船주식회사소속기선 회령환-인천	1938.9.16	총독부 고시 제738호/전신취급소 설치
釜山丸無線電信取扱所	조선郵船주식회사소속기선 부산환-인천	1938.9.16	총독부 고시 제738호/전신취급소 설치
漢江丸無線電信取扱所	조선郵船주식회사소속기선 한강환-인천	1938.9.16	총독부 고시 제738호/전신취급소 설치
櫻島丸無線電信取扱所	조선郵船주식회사소속기선 앵도환-인천	1938.9.16	총독부 고시 제738호/전신취급소 설치
金泉丸無線電信取扱所	조선郵船주식회사소속기선 김천환-인천	1938.9.16	총독부 고시 제738호/전신취급소 설치
京畿丸無線電信取扱所	조선郵船주식회사소속기선 경기환-인천	1938.9.16	총독부 고시 제738호/전신취급소 설치
江原丸無線電信取扱所	조선郵船주식회사소속기선 강원환-인천	1938.9.16	총독부 고시 제738호/전신취급소 설치
錦江丸無線電信取扱所	조선郵船주식회사소속기선 금강환-인천	1938.9.16	총독부 고시 제738호/전신취급소 설치
新義州丸無線電信取扱所	조선郵船주식회사소속기선 신의주환-인천	1938.9.16	총독부 고시 제738호/전신취급소 설치
興西丸無線電信取扱所	조선郵船주식회사소속기선 흥서환-인천	1938.9.16	총독부 고시 제738호/전신취급소 설치
興東丸無線電信取扱所	조선郵船주식회사소속기선 흥동환-인천	1938.9.16	총독부 고시 제738호/전신취급소 설치
漢城丸無線電信取扱所	조선郵船주식회사소속기선 한성환-인천	1938.9.16	총독부 고시 제738호/전신취급소 설치
定州丸無線電信取扱所	조선郵船주식회사소속기선 정주환-인천	1938.9.16	총독부 고시 제738호/전신취급소 설치
咸鏡丸無線電信取扱所	조선郵船주식회사소속기선 함경환-인천	1938.9.16	총독부 고시 제738호/전신취급소 설치
清津丸無線電信取扱所	조선郵船주식회사소속기선 청진환-청진	1938.9.16	총독부 고시 제738호/전신취급소 설치
慶安丸無線電信取扱所	조선郵船주식회사소속기선 경안환-청진	1938.9.16	총독부 고시 제738호/전신취급소 설치
金剛山丸無線電信取扱所	조선郵船주식회사소속기선 금강산환-청진	1938.9.16	총독부 고시 제738호/전신취급소 설치
安州丸無線電信取扱所	조선郵船주식회사소속기선 안주환-청진	1938.9.16	총독부 고시 제738호/전신취급소 설치
入神丸無線電信取扱所	조선郵船주식회사소속기선 입신환-부산	1938.9.16	총독부 고시 제738호/전신취급소 설치
京城丸無線電信取扱所	조선郵船주식회사소속기선 경성환-인천	1940.6.23	총독부 고시 제640호/전신취급소 설치
長壽山丸無線取扱所	조선郵船주식회사소속기선 장수산환-청진	1940.10.15	총독부 고시제1076호/전신취급소 설치
平壤丸無線電信取扱所	조선郵船주식회사소속기선평양환-인천	1941.5.29	총독부 고시 제744호/전신취급소 설치
光靜丸無線電信取扱所	조선총독부체신국장소속기선광정환-진남포	1941.7.1	총독부 고시 제965호/전신취급소 설치
光暎丸無線電信取扱所	조선총독부체신국장소속기선광영환-부산	1941.7.1	총독부 고시 제965호/전신취급소 설치
光華丸無線電信取扱所	조선총독부체신국장소속기선광화환-신의주	1941.7.1	총독부 고시 제965호/전신취급소 설치
第5春光丸無線電信取扱所	조선총독부체신국장소속기선제5춘광환-군산	1941.7.1	총독부 고시 제965호/전신취급소 설치
海雲丸無線電信取扱所	조선총독부체신국장소속기선해운환-인천	1941.7.1	총독부 고시 제965호/전신취급소 설치

순라선 내 우편소

국(소)명	소재지	설치연도	참고사항
鎮南浦巡邏船内郵便所	조선해수산조합진남포지부 소속 순라선 내	1911.3.16	총독부고시제61호/우편소 설치
釜山巡邏船内郵便所	조선해수산조합순라선 내	1912.5.15	총독부 고시 제221호/우편소 폐지 후 부산우편국에 합병
馬山巡邏船内郵便所	조선수산조합 경상남도지부 소속순라선	1912.6.15	총독부 고시 제248호/우편소 폐지 후 마산우편국에 합병
大川巡邏船内郵便所	조선수산조합 충청남도지부 소속순라선	1922.5.31	총독부 고시 제134호/우편소 폐지 후 대천우편소로 승계
木浦巡邏船内郵便所	전라남도 목포항	1932.4.12	조선총독부 고시 제209호 우편집배사무 폐지 후 목포우편국으로 승계

『일제강점기 전·후 그림엽서』

Japanese Colonial Era

1906

단기 4239년/광무 10년/고종 43년

이등박문(이토히로부미) 착임 기념

이등박문(이토히로부미)

출생 1841. 10. 16일 일본 야마구치현

사망 1909. 10. 26일 중국 하얼빈시

학력 쇼카손 주쿠, Univ. London

경력 일본제국 제 1대 내각 총리대신(1885. 12. 22~1888. 4. 30)

일본제국 제5대 내각 총리대신(1892. 8. 8~1896. 8. 31)

일본제국 제7대 내각 총리대신(1898. 1. 12~1898. 6. 30)

일본제국 제1대 조선통복부통감(1906. 3. 3~1909. 6. 14)

이토히로부미(伊藤博文.1841. 10. 16~1909. 10. 26) **에도시대 후기 무사**(조슈 번사)**이자, 일본제국 정치가**

초대 일본제국의 내각총리대신이자 조선통감부의 통감이었다.

메이지유신 이후에 정부의 요직을 거쳤으며, 일본 제국 헌법의 기초를 마련하고, 초대·제5대·제7대·제10대 일본제국의 내각 총리대신을 역임하였으며, 또한 초대·제3대·제8대·제10대 추밀원의장, 조선통감부 초대통감, 귀족원의장, 관선 효고 현 지사 등을 지냈다. 입헌정우회를 결성해 원로로 활동, 대훈위 종일위(從一位)를 받고, 작위는 백작이며, 사후 공작으로 추증되었다. 영국 런던대학교 유니버시티 칼리지 런던(University College London, Univ. of London)에 유학하여 화학을 공부하였으며, 훗날 미국 예일대학교에서 명예 법학박사 학위를 수여받았다. 1887년부터 1889년 2월까지 약 3년 간에 걸쳐 일본제국 헌법 제정 작업에 참여하고, 1886년부터는 여성 교육의 필요성을 역설하여 일본내에서 각 학교에서 여학생을 받아들이고, 여자대학을 창설하는 계기를 마련하였다. 아명은 도시스케(利助), 스케(俊輔, 春輔, 舜輔)로 불렸다. '보'(春畝)나 '창랑각주인'(滄浪閣主人 '보공'(春畝公)이라 불리웠음. 대한제국에서는 을사늑약과 관련해 일본의 제국주의적 침략과 대한제국의 식민지화를 주도한 인물로, 일반적인 일본인의 시각에서는 초기 근대 정치인의 한 사람이자 일본의 근대화에 있어 기여한 주요 인물로 기억된다. 대한제국을 강제로 병합하기 위한 전략으로 1909년 6월 14일 통감직을 사퇴하고 추밀원의장에 임명됐다. 1909년 10월 26일 하얼빈역에서 안중근 의사에게 총탄 3발을 맞고 피격 20여 분만에 사망하였다. 사후 메이지 천황으로부터 충정군(忠貞君)에 추봉되었고, 융희제는 그에게 문충(文忠)이라는 시호를 내렸다.

출처: 위키백과

추밀원(樞密院): 일본의 추밀원은 추밀고문으로 조직되는 일본 천황의 자문기관이다.

통감부(統監府): 일본제국이 을사보호조약을 체결한 뒤 대한제국 한성부에 설치했던 기관. 조선통감부라고도 했다.

1906

단기 4239년/광무 10년/고종 43년

이등박문(이토히로부미) 착임 기념

이토히로부미 통감 착임 기념 증정용 엽서

통감 착임 기념 소인, 명치 39년 3월 28일. 국화와 이화

경성, 통감착임 기념 소인, 명치 39년 3월 28일 조선통감부 청사

조선 통감

제1대 이토히로부미 1906. 3. 2 취임

제2대 소네아라스케 1909. 6. 14 취임

제3대 데라우치마사타케 1910. 5. 30 취임

통감부의 설치: 을사조약에서는 대한제국 황제 밑에 일본의 대표자 1명의 통감을 두어, 한일의정서 이후 대한제국의 외교권을 통감이 지휘 감독하게 하였다. 통감은 오로지 외교에 관한 사항만을 관리한다는 명분으로써 한성에 주재하도록 하였으며, 개항장 및 타 지역에 이사관을 두어 통감 지휘하에 일본영사가 관장하던 일제의 직권 및 협약을 실행하는 데 필요한 일체의 사무를 관리하게 하였다.

출처: 위키백과

일제 대한제국 국정 병합 시기 연표

1905년 5월 28일	경부선 철도 개통식
1905년 11월 17일	제1차 한일협약(을사조약) 체결
1906년 2월 1일	한국통감부 설치
1907년 6월 25일	헤이그특사사건
1907년 7월 20일	고종 퇴위, 순종 즉위. 다음 해에 항일의용군 1만 4천 명은 일본군과 1774 건의 전투를 벌였다.
1907년 8월 1일	대한제국 군대 해산
1908년 12월 18일	동양척식회사 설립
1909년 7월 6일	일본, 한국병합 방침을 결정
1909년 10월 26일	안중근 의사, 하얼빈에서 이토히로부미 사살

ㅁ 병탄(竝呑): 남의 재물이나 다른 나라의 영토를 한데 아울러서 제 것으로 만듦

1906

단기 4239년/광무 10년/고종 43년

이등박문(이토히로부미) 착임 기념

이토히로부미 통감 착임 기념 증정용 엽서

그림엽서 전면
통감 착임 기념 소인, 명치 39년 3월 28일, 기념 그림엽서 중 최초 것이나 제조, 발행처의 표시가 없음.
일본우표 1전5리1매 첩부

제1대 이토히로부미
취임 1906. 3. 2

제2대 소네아라스케
취임 1909. 6. 14

제3대 데라우치마사타케
취임 1910. 5. 30

조선통감부 Resident-General of Korea

통감부(統監府. Resident-General)는 일본제국이 을사조약을 체결한 뒤 대한제국 한성부에 설치했던 정치와 군사 관련 업무를 보는 관청이다. 형태는 대한제국 정부에 자문 또는 섭정을 하는 형식이었다. 한국통감부(韓國統監府) 또는 조선통감부(朝鮮統監府. Resident-General of Korea)라고도 한다. 조선총독부의 모체가 되었다.

출처: 위키백과

통감부 설치 배경

1905년 11월 을사조약에서는 대한제국 황제 밑에 일본제국 정부의 대표자로 1명의 통감을 두어, 한일의정서 이후 제한되던 대한제국의 외교권을 통감이 지휘·감리하게 하였다. 통감은 '오로지 외교에 관한 사항'만을 관리한다는 명분으로 서울에 주재하도록 하였으며, 개항장 및 기타 지역에 이사관을 두어 통감 지휘 하에 일본 영사가 관장하던 일체의 직권 및 협약을 실행하는 데 필요한 일체의 사무를 관리하게 하였다. 1905년 11월 22일에 '통감부 및 이사청 설치에 관한 칙령 240호'를 공포하였다. 이후 통감은 외교에 관한 사항만 관리한다고 을사조약에 명시되었지만, 일본은 을사조약 이전에 한일 양국 간에 체결된 기존의 조약은 을사조약과 저촉되지 않는 한 유효하다는 조약이다.
내용에 종래의 양국 간의 조약 시행을 담임할 수 있다는 해석을 제시하여 통감의 직권 확장을 도모하였다.

1906

단기 4239년/광무 10년/고종 43년

영국 지나 함대사령장관 MOORE 중장 환영기념회 엽서

1906년
Japan-Britich China
Squadron Cencel Seoul-

Marquis ITO & Vice Admiral Moore
영국 지나 함대사령관
MOORE중장 환영기념회엽서
Vice-Admiral Sir Arthur William
Moore K. C. B.

영국 지나 함대사령장관 MOORE 환영기념회 엽서
조선총독부 발행

길선주(吉善宙)

1869년 3월 25일 ~ 1935년 11월 26일, 한국의 장로교 목사이며 독립운동가이다.

젊은 시절부터 종교에 관심이 많아 무(巫)와 선도에 심취하며 입산 수도하다가, 선교사의 전도를 통해 1897년 개신교에 입문했다. 같은 해 안창호가 독립협회 평양 지부를 설립할 때 발기인이 되는 등 기독교 계열 인사들과 함께 사회 활동을 시작했다. 입교 전 관우를 섬기는 무속인으로서 한 무리의 제자들을 거느릴 정도로 신통력을 인정 받았었던 그는 타고난 영적 감응 능력을 갖추고 있어서 부흥회를 이끄는 데 자질을 보였다. 그러다 1907년 1월 6일 평양 장대현교회에서 사경회를 위한 새벽기도회를 인도하던중에 길선주는 다음과 같은 내용의 회개를 대중 앞에 하게 된다. 당시 길선주는 목사 안수를 받기 바로 직전이었다. 알려진 바에 의하면 이 회개를 시작으로 다른 사람들의 회개도 빗발쳐 나오면서 이것이 평양대부흥의 시점이 되었다고 한다.

"나는 아간과 같은 자입니다."
"나 때문에 하나님께서는 복을 주실 수가 없습니다."
"약 1년 전에 친구가 임종시에 나를 자기 집으로 불러서 말하기를 '길 장로, 나는 이제 세상을 떠나니 내 집 살림을 돌보아 주시오.'라고 부탁했습니다."
"나는 잘 돌보아 드릴 터이니 염려하지 말라고 말했습니다."
"그러나 그 재산을 관리하며 미화 100달러 상당을 훔쳤습니다."
"내가 하나님의 일을 방해한 것입니다."
"내일 아침에는 그 돈을 죽은 친구의 부인에게 돌려 드리겠습니다.""
- 길선주, 1907년 1월 6일 장대현 교회에서

출처: 위키백과

1906

단기 4239년/광무 10년/고종 43년

영국 지나 함대 사령장관 MOORE 중장 환영기념회 엽서

영국 지나 함대사령장관 MOORE 환영 기념회 엽서 조선총독부 체신국 발행
Vice - Admiral Sir Arthur william Moore & ITO
Japan-Britich China Squadron Cencel Seoul-Marquis ITO & Vice Admiral Moore

1906. 9. 12 경성(京城) 기념인 영국 지나해 함대 환영 기념
Commemoration Of The Reception to The British China Squadron H.I.J.M.S Residency General. SEOUL
영국 국기와 일본 국기

주시경(周時經)

1876. 12. 22 ~ 1914. 7. 27

조선의 언어학자이자 국문학자이다. 본관은 상주, 자는 경재(經宰), 호는 한힌샘이다.

독립협회 활동을 하던 도중 한글 표기법 통일의 필요성을 절감하고 한국어 문법을 정리하였다. 독립신문 발행과 각종 토론회, 만민공동회의 자료를 민중이 쉽게 접근할 수 있게 한글로 써야 했기 때문이었다. 한글이라는 낱말을 만들어 현대 한글 체계를 정립하고 보급하였으며, 한국어 연구에 공헌하였다. 민족주의 사상을 지녀 한글 교육에도 힘썼으며, 개신교에서 대종교로 개종한 것 또한 민족적인 정체성 추구 때문이었을 거라 추측된다. 근현대 한글 연구에 있어 최현배와 함께 가장 큰 영향을 주었다.

출처: 위키백과

1906

단기 4239년/광무 10년/고종 43년

명치 37, 38년 전몰 육군 개선 관병식 기념

Japan Army Review After RUSSO-Japanese War.

1906 Japan Army Review After Russo-Japanese War.

KYOTO(경도)기념소인

Kuroki Tamemoto

1844~1923
일본제국 육군
육군 대장
작위: 백작

Nozu Michitsura

1840~1908
일본제국 육군
원수,육군 대장
작위: 후작

Yamagata Aritomo

1838~1922
일본제국 육군
원수,총리(2)
'일본군국주의 아버지'

OyamaIwao

1842~1916
일본제국 육군
육군 대장

Kawamura Sumiyoshi

1836~1904
일본제국 해군
해군 중장

Okamura Yasushi

1884~1956
지나파견군총사령관

Yamashita Tomoyuki

1885~1946
육군대장
'말라야의 호랑이'

Honma Masaharu

1887~1946
육군
필리핀 주둔사령관

일본의 항복 이후 전범들

미 군정청은 전범으로 혼마를 체포 후 필리핀에 압송, 전범재판에서 미국, 필리핀 연합군의 항복 이후 포로들에 대한 가혹행위인 '바탄 죽음의 행진'의 실행을 명령한 죄목으로 기소. 1946년 4월 3일 마닐라 교외에서 맥아더의 명령에 의해 통상적인 전범에 대한 처형 방식인 교수형 대신 총살형으로 집행되었다.(다른 전범들은 대부분 교수형으로 처형되었다.)

출처: 위키백과

1906

단기 4239년/광무 10년/고종 43년

명치 37, 38년 전몰 육군 개선 관병식 기념

Japan Army Review After RUSSO-Japanese War.

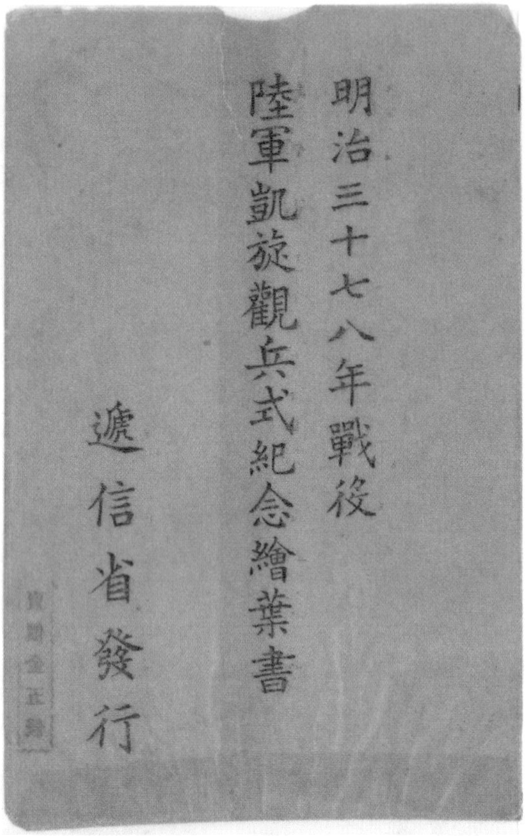

명치 37, 38년 전몰 육군개선관병식 기념 봉투
체신성 발행

Yamashita Tomoyuki
- '말라야의 호랑이'

Yamashita Tomoyuki 山下奉文, 1885. 11, 8 ~ 1946 2 .23

항복할 당시에는 포로로 취급받았지만, 곧 전범으로 필리핀의 마닐라에서 군사재판을 받았다. 야마시타는 충칭대학살과 마닐라대학살 등의 책임을 물어 사형을 언도받았다. 이 두 사건 모두 각각 츠지 마사노부, 이와부치 산지가 야마시타의 지시를 듣지 않고 독단적으로 저지른 일이었으나, 너무 많은 사람이 죽었기에 누군가는 책임을 져야 하므로 총사령관이었던 야마시타가 사형장으로 끌려갔다. 사형 판결 후에 미국 육군의 법무 장교가 중심이 된 야마시타의 변호인단은 판결에 불복해 필리핀 최고재판소, 미연방최고재판소에 사형 집행을 금지하는 인신보호령을 청원하였다. 그러나, 미국 최고재판소는 6 대 2의 투표로 소청을 기각하고 야마시타는 교수형에 처해졌다. 처형은 그가 원하던 군복을 착용하는 것이 인정되지 않고, 죄수복을 입은 채 이루어졌다. 그는 다른 B, C급 전범들과 함께 야스쿠니신사에 합사되었다.

출처: 위키백과

1907

단기 4240년/광무 11년/고종 44년/순종 원년

일본 황태자 한국 방문 기념인(인천)

일본 황태자 한국 방문 기념 1907. 4. 20 인천- 28. 10. 7 YOKOHAMA-1907. 11. 23 London

일본 황태자 한국 방문 기념 사진, 경복궁 경회루
가운데 의민태자(영친왕)가 보인다.

황제 양위식(讓位式)과 즉위식(卽位式)이 이어서 행해지자, 일본과 한국 황제 간에 돈독한 예사(禮辭)가 교환되고, 양국 황제의 교환(交驩)은 더욱 친밀해져 갔다.
이 때 일본 황태자 요시히토(嘉仁) 친왕(親王)은 메이지천황의 성의(聖意)를 받들어 한국 황실을 방문하기 위하여, 아리 스가와 노미야 다케히토(有栖川宮威仁) 친왕, 육군 대장 카츠라 타로(桂太郎), 해군 대장 도고 헤이하치로 등을 데리고 10월 10일에 도쿄를 출발하여, 13일에 오군(吳軍)항에서 군함 가토리(香取)에 탑승하여, 이와테(磐手)와 죠반(常磐) 등의 여러 군함들의 경비를 받으면서, 16일만에 인천에 도착하였으며, 곧바로 경성으로 들어갔다. 이때 한국 황제는 황태자와 함께 인천에 나와 맞이하였다. 황태자 요시히토 친왕은 통감관저(官邸)를 여관(旅館)으로 하여 체류한 것이 5일 인데, 이 사이에 한국 황실을 방문, 각 황족들에게 훈장과 금품을 수여하였으며, 한국 각 대신들을 접견하고 일·한 문·무관들 및 외국 영사 등도 알현하였으며, 그 밖에 조선의 사정을 자세히 살폈다. 이리하여 같은 달 20일에 귀환의 길에 오르자, 한국 황제는 남대문역에 나왔고, 황태자 및 각 황족들은 인천으로 가서 송별하였다.

출처: 위키백과

1909

단기 4242년/융희 3년/순종 3년

통감 경질(이 · 취임) 기념

이토히로부미·소네아라스케

전 통감 이등박문과 취임 통감 소네아라스케

회미자조(會彌煮助-소네 아라스케)

출생 1849. 2. 20일 일본 야마구치현

사망 1910. 9. 13일 일본 동경

프랑스 유학

대한제국 제2대 통감(1909. 6. 14)

임기 1909. 6. 14~1910. 5. 30

추밀원 고문(1890년)

1909. 7. 12. 기유각서 체결

순종황제의 실권을 자신의 권력으로 전격 탈취

한일합방 성명서

대한제국 말기인 1909년에 일진회가 한일병합의 실현을 촉구하며 발표한 성명서이다. 일진회 합방성명서 또는 합방성명서라고도 한다. 1909년 12월 3일에 서울 종로구에 위치한 상업회의소에서 일진회와 대한협회의 정견위원회가 개최되었다. 이날 정견위원회에서는 양측의 합동을 논의했으나 결렬되었고, 저녁 늦게 일진회의 임시 총회가 열렸다. 이용구는 '나라와 백성의 형세가 절박하여 황실 존영과 인민 복리를 위해 정합방을 성립시켜야 한다'는 내용으로 시국에 대한 자신의 인식을 설명하고, 일진회 회원들은 이를 만장일치로 가결했다.

출처: 위키백과

을사조약

을사조약(乙巳條約) 또는 제 2차 한일협약은 1905년 11월 17일 대한제국의 외부대신 박제순과 일본 제국의 주한 공사 하야시 곤스케에 의해 체결된 불평등 조약이다.

불평등한 내용·일제의 강압(强壓)을 비판하여 을사늑약(乙巳勒約)이라고 부르기도 한다.

1965년에 대한민국 정부와 일본 정부는 한일국교를 정상화하는 한일 기본조약의 제 2조를 통해 이 조약이 무효임을 상호 확인하였다.

출처: 위키백과

1909

단기 4242년/융희 3년/순종 3년

통감 경질(이 · 취임) 기념

통감기와 통감 관저

통감기와 통감 관저

대한제국 내 일제 통감부

통감부(統監府)는 일본 제국이 을사조약을 체결한 뒤 대한제국 한성부에 설치했던 관청. 한국통감부 또는 조선통감부라고도 한다.

고종황제 퇴위

통감부 설치 초기에 고문통치를 통해 정부와 내각을 어느 정도 장악하게 되었으나, 광무 초기를 중심으로 강화된 대한제국 황제의 권한과 궁내부의 권한을 완전히 차단할 수는 없었다. 일본은 이러한 상황에 대해 끊임없는 불만을 드러내어 황제권에 대한 해체를 시도하였고, 고종황제는 친일 내각의 붕괴를 시도했다. 이토는 1907.5.22일에 박제순 내각을 해체, 고종의 퇴위를 주장한 이완용을 참정대신으로 발탁했다. 꾸준히 시도해 오던 '내각 관제'를 발포했다. 이는 황제권의 제한을 위한 것이었다. 1907년 7월 19일에 고종의 황태자 대리 조칙이 발표되었고, 일제는 7월 20일에 양위식을 진행하여 대리가 아닌 양위로 몰아갔다. 이와 함께 고종과 순종의 격리, 병력의 증강 등을 통해 정국의 경색을 가져왔고, 7월24일에는 제3차 한일협약, 이른바 정미7조약의 체결을 강요했다. 6월 14일에는 갑오개혁 및 을미개혁 이후에 일본의 내각을 모델로 한 새 내각 총리대신은 의정부의 참정 대신에 비해 훨씬 더 많은 권한을 부여하고, 이어 일본은 헤이그 밀사 파견으로 정치적 입지가 좁아진 고종의 퇴위를 단행했다.
정미 7조약의 체결, 본 조약은 제 1조에서 '한국 정부는 시정 개선에 관해 통감의 지도를 받는다'고 규정하여 통감의 내정 관여를 공식화했다.

출처: 위키백과

1909

단기 4242년/융희 3년/순종 3년

통감 경질(이 · 취임) 기념

이토히로부미-소네아라스케

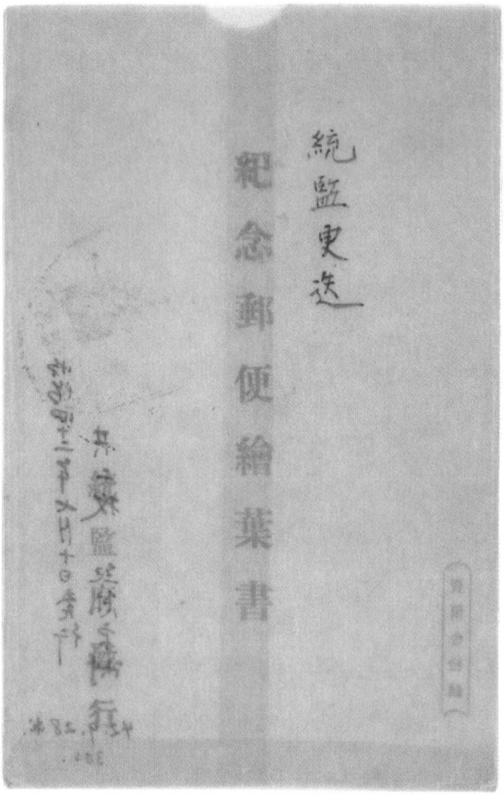

통감부 발행 통감 경질기념 우편 엽서 봉피
본 엽서, 봉피와 함께 매가 금 10전임.

일진회: 친일 매국단체

일진회(一進會)는 1904년 8월 송병준과 독립협회 출신 윤시병·유학주, 동학교·이용구 등이 조직한 대한제국의 대표적인 친일적인 성격을 띠고 있는 단체이다. 1904년 8월 18일 한성부에서 송병준이 일본군을 배경으로 '유신회'를 조직하였다가 8월 20일에 다시 '일진회'로 회명을 개칭하고 그해 9월에 동학의 잔존세력을 조직한 이용구의 '진보회'를 매수 흡수하여 일진회에 통합, 이후 이용구와 송병준 주도하에 통합하였다.

1910년 대한제국이 일제에 강제 병탄될 때까지 일제 군부, 통감의 배후 조종하에 일제의 침략, 병탄의 앞잡이 행각을 벌였다.

일진회장 이용구
1868~1912
경북 상주 출생

출처: 위키백과

일진회가 남대문 앞에 세운 대형 아치

일진회가 일본 제국 황태자 '다이쇼'의 대한제국 방문 때 경성 남대문 앞에 세운 대형 아치. 사진에는 일진회의 이름이 담긴 대형아치 위에 태극기와 일장기가 교차해 있고, 아치의 중간에 '받들어 맞이한다'는 의미의 '봉영(奉迎)' 이라는 문구와 함께 중앙에 일본 왕실을 상징하는 국화 문양이 새겨져 있다.

일진회 핵심 회원: 이용구·송병준·윤시병·홍긍섭, 이완용·유학주·홍긍섭

일진회 고문 일본인 우치다료헤이.

출처: 위키백과

1909

단기 4242년/융희 3년/순종 3년

통감 경질(이 · 취임) 기념

전 통감 소네 아라스케 자작과 신임 3대 통감 데라우치 마사타케 자작

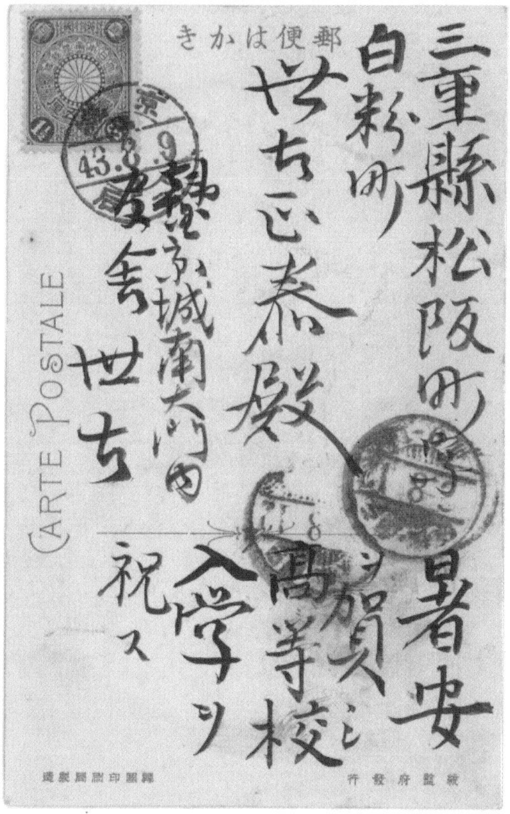

본 엽서, 봉피와 함께 매가 금 10전임.

1910년(명치 43) 실체 엽서

한국 인쇄국 제조. 통감부 발행
경성 43. 8. 9일 후5-7 소인
명치 43. 8. 12일 도착한
일본 삼중현 송판정으로 체송된 실체엽서
일본우표 일전오리 첩부
경성 소인. 삼중현 소인
한성에 거주하는 내지인이 일본 삼중현 송판정에 살고 있는 가족의 한 사람이 고등학교 입학을 한데 대하여 축하 서신을 보낸 것으로 보이며, 통감 경질 기념 우편엽서를 사용한 것.

통감부 발행 통감 경질 기념 우편엽서
통감 경질 기념 우편엽서 후면

오세창(吳世昌)

1864. 8. 6 ~ 1953. 4. 16

조선 말기와 대한제국 문신, 정치인이자 계몽 운동가이자, 일제 강점기 한국 언론인, 독립운동가, 서화가, 대한민국 정치인, 서화가이다. 조선 말기에는 개화파 정치인이었고, 일제 식민지 시대에는 3.1 만세 운동에 참여하였으며, 서화와 고미술품 감정 등의 활동도 하였다. 한국의 역대 왕조의 서화가 인명사전인 《근역서화징(槿域書畫徵)》(1928년)의 저자이다. 1918년 설립된 조선인 미술가, 서예가, 조각가 단체인 서화협회 창립 발기인이기도 하다.

개화파 중인 역관 오경석의 아들로 조선 말기에는 개화운동에 동참했고, 을미사변으로 일본으로 망명했다가 귀국했으나 1902년 다시 일본으로 건너갔다. 귀국 후 만세보, 대한민보의 대표이사로 언론 활동을 하였고, 일제 강점기에는 독립운동과 천도교 사역 활동에 종사하였으며, 1918년 말부터는 만세 운동 계획에 참여, 1919년 3월의 3.1 운동 당시 민족 대표 33인의 한사람이기도 했다. 예술 다방면에 조예가 깊은 서예가이기도 했다.

1945년 광복 이후에도 독립촉성중앙회, 민주의원 등에 참여하였다. 서예가로도 전서, 예서, 초서에 능하고 조각도 하였으며, 둥그스름한 형태의 독특한 서체를 창안하여 위창체, 오세창체라 부른다. 본관은 해주, 자는 중명(仲銘), 아호는 위창(葦滄), 천도교 도호는 한암(閒菴)이다.

1910년(융희 4년) 10월 1일 한일 병합 조약이 체결되자 남작 작위와 은사금이 내려졌지만 거절하고 받지 않았다.

출처: 위키백과

1910

단기 4243년/융희 4년/순종 4년/명치 43년

경성 주요 4개처

삼법원, 조선은행, 경성신사, 식산은행

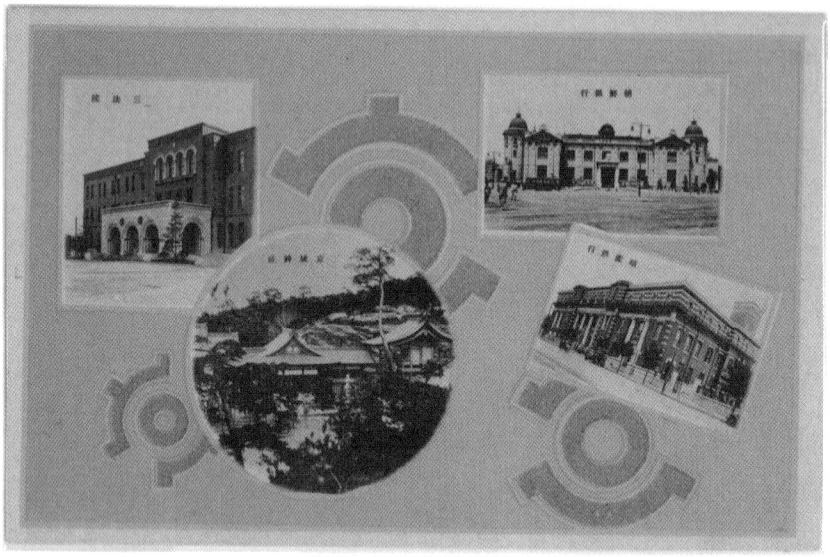

삼법원, 조선은행, 식산은행 ,경성신사

삼법원 조선총독부 재판소(朝鮮総督府裁判所)는 일제강점기에 조선총독부 관할 재판소이다.

1912년(메이지 45년) 3월 18일의 개정 이후 기구에 큰 변경은 없었다.

고등법원 경성

복심법원 경성, 평양, 대구

지방법원 경성·공주(대전))·함흥·청진, 평양·신의주·해주, 대구·부산·광주·전주

검사는 재판소 검사국의 소속이다.

고등법원 검사국 지방법원 검사국

복심법원 검사국 지방법원지청 검사분국

출처: 위키백과

조선은행권

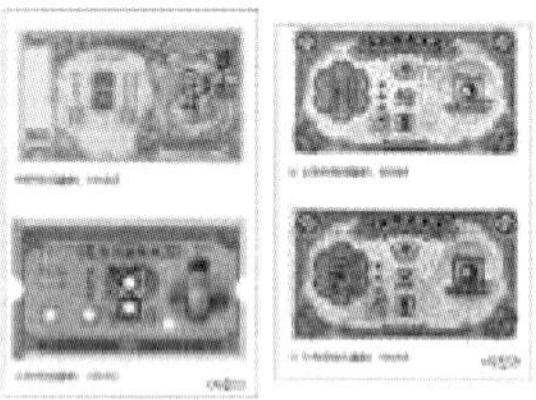

설립 1910년

조선은행은 일본제국이 1911년에 '조선은행법'에 따라 설립한 정부계 특수 은행이다.

약칭은 鮮銀이다. 조선은행은 일본의 중앙은행인 일본은행을 보조하는 대표적인 식민지 금융기구로, 일반 상업은행 업무도 겸하면서 조선인 일반은행이 성장하는 것을 차단하였다. 조선은행권 발행으로 조선에서 식민통치 비용을 조달하고, 일제의 대륙침략정책 수행을 위한 도구로 이용했다.

출처: 위키백과

조선식산은행

조선식산은행(朝鮮殖産銀行)은 일제 강점기의 특수은행이다.

조선총독부의 산업 정책을 금융 측면에서 뒷받침했던 핵심 기관 중 하나이다.

1918년 10월에 대한제국 말기에 설립된 한성농공은행 등 농공은행 6개를 합병해 설립되었으며, 일본제국의 식민지 경제 지배에서 동양척식주식회사와 함께 중요한 축이 되었다. 1920년부터 1934년까지 실시된 산미증식계획에서 자금 공급을 담당하는 기관으로서의 역할을 했다. 중일전쟁 이후에 약 8년 동안의 전시 체제 속에서 채권 발행과 강제 저축을 통해 일본 정부와 전쟁 수행을 위한 군수산업 부문에 이를 공급하는 역할을 담당했다. 조선의 자금을 흡수하여, 태평양 전쟁 종전 후에 한국식산은행으로 개칭되었고, 한국식산은행은 1954년에 한국산업은행을 발족하였다.

출처: 위키백과

1910

단기 4243년/융희 4년/순종 4년/명치 43년

8월22일 한일병합조약 체결/8월29일 한일병합 조약을 공포함으로 대한제국이 멸망하고 한국은 일본제국의 식민지가 되었다. 9월25일 일제강점기 부산에 수도개통/10월15일 인천에 상수도개설/11월1일 한성고등학교,한성여학교가 총독부립일본인학교로 전환

일제 한일병합 기념엽서

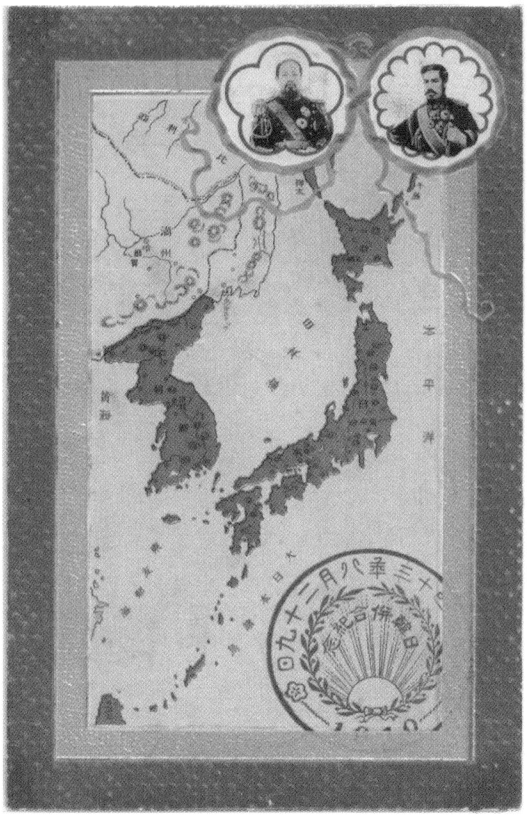

國恥日 1910년 8월 29일.

경술국치, 국권피탈

1910. 08. 22 체결(한일병합조약 체결)

1910. 08. 29 공포(한일병합조약 공포)

일제의 한반도 침탈 과정

1876. 2. 27(조일수호조규·강화도조약)

▼ 간섭기 34년

1910. 8. 29(한일병합조약)

▼ 강점기 34년

1945. 8. 15(해방)

▼

1945. 9. 8 미군정기 3년

1948. 8. 15 일본 항복·해방

일제는 1910년 8월 29일 한일병합의 기념엽서를 발행하여 기념하였다.

한일병합조약(韓日併合條約)–[1]

1910년 8월 22일에 조인되어 8월 29일 발효된 대한제국과 일본 제국 사이에 강압적인 위력에 의하여 이루어진 한일합방조약(韓日合邦条約)이라고도 불린다. 대한제국의 내각총리대신 이완용과 제3대 한국 통감인 데라우치 마사타케가 형식적인 회의를 걸쳐 조약을 통과시켰으며, 조약의 공포는 8월 29일에 이루어져 대한제국은 일본 제국의 식민지가 되었다. 한국에서는 국권피탈(國權被奪), 경술국치(庚戌國恥) 등으로 호칭한다. 을사조약 이후 급격하게 기울던 대한제국은 허무하게 국권을 상실하고 결국 일본 제국에 강제 편입되어 일제식민지라는 역사적 수치를 안고 가야만 했다. 한편 병탄조약 직후 민영환, 한규설, 이상설 등 일부 지식인과 관료층은 이에 극렬히 반대하여 자결하거나 독립운동을 전개하였다. 한일병탄 직후 14만여 명이 독립운동에 참여했다.

출처: 위키백과

1910

단기 4243년/융희 4년/순종 4년/명치 43년

한일합방 기념 엽서

제3대 통감 데라우치 마사타케

한일병합조약–[2]

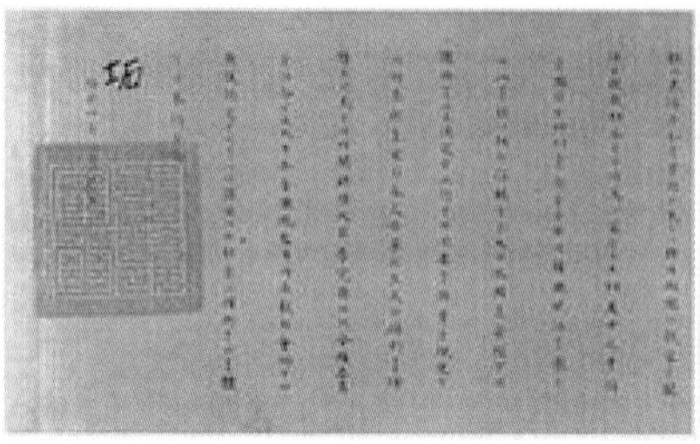

한일병탄조약 시 전권 위임장. 관례와는 다르게 순종의 이름(坧)이 서명에 들어갔다. 그러나 '坧'은 순종의 친필이 아니다.

출처: 위키백과

융희(隆熙)

1907년부터 사용된 대한제국 마지막 연호.

대한제국 마지막 왕인 순종 즉위로 연호가 광무(光武)에서 융희로 바뀌어 1907년부터 1910년 국권상실 때까지 쓰였다.

1905년 을사조약에 따라 통감정치가 시작되자 고종은 특사를 헤이그만국평화회의에 파견하여 국제 정의에 한반도정세를 호소하여 자주독립을 되찾으려는 헤이그특사사건을 일으켰으나 실패하였다.

그리하여 일제와 친일정객들에 의하여 강제로 순종에게 양위하였다. 이에 내각총리대신 이완용(李完用)은 새 연호로 융희와 태시(太始)를 놓고 내각에서 논의한 뒤 융희로 결정하여 1907년 8월 12일에 공포하였다.

이때 김인욱(金寅旭)·윤태상(尹泰相)·이우영(李宇永) 등 15명은 유년기원법(踰年紀元法)을 내세우며 전위(傳位)의 절차가 폐립이나 방축(放逐)과 다를 바 없다고 반대하였지만, 원안대로 새 연호가 선포되고 순종의 융희황제 즉위식이 강행되었다.

출처: 한국민족문화대백과사전

1910

단기 4243년/융희 4년/순종 4년/명치 43년

창덕궁 대조전에 있는 흥복헌

1910년 8월 22일.
이곳에서 한일병합조약을 찬성하는 마지막 어전회의가 열렸다.
옛 건물은 1917년 화재로 소실되었고 현 건물은 1920년 중건한 것.

매국 시나리오

일본제국은 병탄의 방침을 1909년 7월 6일 내각회의에서 이미 확정해 놓고 있던 상태였다. 다만 부작용을 최소화하고 국제적 명분을 얻는 일만 남겨두었다. 일본 제국 정부는 일진회 고문 스기야마 시게마루(杉山茂丸)에게 '병합청원'의 시나리오를 준비시키고 있었다. 송병준은 이에 앞서 1909년 2월 일본제국으로 건너가 매국흥정을 벌였다. 여러 차례 이토 히로부미에게 '합병'을 역설한바 있었으나 일본제국 측의 병탄 계획 때문에 일이 늦어지게 되자 직접 일본제국으로 건너가서 가쓰라 다로(桂太郎) 수상 등 일본 제국의 조야 정객들을 상대로 '합병'을 흥정하기에 이른 것이다.한편 이완용은 송병준의 이런 활동을 눈치채고 통감부 외사국장 고마쓰 미도리(小松緑)와 조선 병탄 문제의 교섭에 나섰다. 이완용은 일본어를 할 줄 모르기 때문에 일본 제국에 유학했던 이인직을 심복 비서로 삼아 미도리와 교섭에 나서도록 했다. 이 무렵 통감부에서는 이완용 내각을 와해시키고 그와 대립 관계에 있던 송병준으로 하여금 내각을 구성하도록 할 것이라는 소문을 퍼뜨리고 있었다. 두 사람의 충성 경쟁을 부추기려는 전술이었다. 송병준 내각이 성립된다면 보복당할 우려가 있을 뿐만 아니라, 합방의 주역을 빼앗길 것을 두려워한 이완용은 '현 내각이 붕괴되어도 그보다 더 친일적인 내각이 나올 수 없다.'면서 자기 휘하의 내각이 조선 합방 조약을 맺을 수 있음을 자진해서 통감부에 알렸다. 이런 시나리오를 연출하면서 일본제국은 점차 '병탄'의 시기가 무르익어가고 있다고 판단, 시게마루를 내세우고 이용구·송병준 등을 이용하여 '합방청원서'를 만들도록 부추겼다.

출처: 위키백과

朝鮮譯文

詔書

御名 御璽

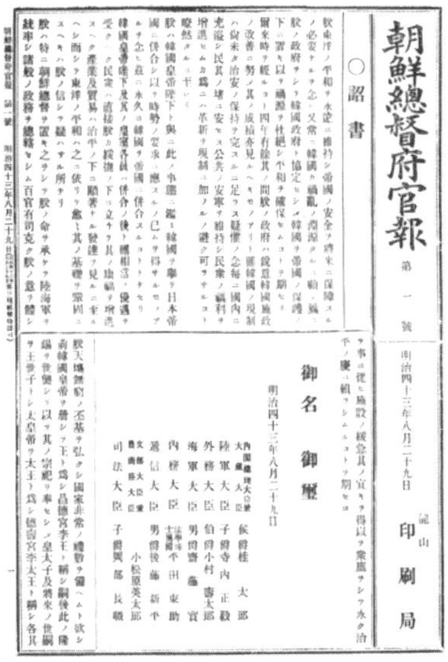

朝鮮總督府官報

詔書

御名 御璽

印刷局

● 1910년 8월 29일에 발행된 **조선총독부 관보**에 게재된 한일병합조약의 **일본어** 원문
● 1910년 8월 29일에 발행된 **조선총독부 관보**에 게재된 한일병합조약의 **한국어** 원문

1910

단기 4243년/융희 4년/순종 4년/명치 43년

Maquis Ito's Special Mission to the Korean Court

후작 이토와 그 각료 및 한국인 친일 협력자들

출처: 위키백과

한일병합조약-[2]

또한 일본 제국은 조약이 누출되어 조약에 반대하는 소요가 일어날 것에 대비하여 나남·청진·함흥·대구 등에 주둔한 일본군을 밤을 틈타 한성으로 이동시켰다. 조약 체결일인 8월 22일 응원 병력과 용산에 주둔한 제 2 사단이 경비를 섰다.

창덕궁 흥복헌으로 불려온 대신들 중 학부대신 이용직은 조약을 반대하다 쫓겨났고, 이후 이른바 경술국적이라고 불리는 내각총리대신 이완용·시종원경 윤덕영·궁내부대신 민병석·탁지부대신 고영희·내부대신 박제순·농상공부대신 조중응 친위부장관 겸 시종무관장 이병무·승녕부총관 조민희 8명 친일파 대신은 조약 체결에 찬성, 협조하였다. 이 8명은 한일병탄 조약 체결 이후 공을 인정받아 조선귀족 작위를 수여받았다.

한일병합조약 전문 韓日倂合條約 全文

한국 황제 폐하와 일본국 황제 폐하는 두 나라 사이의 특별히 친밀한 관계를 고려하여 상호 행복을 증진시키며 동양의 평화를 영구히 확보하자고 하며 이 목적을 달성하고자 하면 한국을 일본국에 병합하는 것이 낫다는 것을 확신하고 이에 두 나라 사이에 합병 조약을 체결하기로 결정하였다. 이를 위하여 한국 황제 폐하는 내각총리대신(內閣總理大臣) 이완용(李完用)을, 일본 황제 폐하는 통감(統監)인 자작(子爵) 사내정의(寺内正毅, 데라우치 마사타케)를 각각 그 전권 위원(全權委員)으로 임명하는 동시에 위의 전권 위원들이 공동으로 협의하여 아래에 적은 모든 조항들을 협정하게 한다.

1.한국 황제 폐하는 한국 전체에 관한 일체 통치권을 완전히, 또 영구히 일본 황제 폐하에게 양여함.
2. 일본국 황제 폐하는 앞 조항에 기재된 양여를 수락하고, 완전히 한국을 일본 제국에 병합하는 것을 승락함.
3. 일본국 황제 폐하는 한국 황제 폐하, 태황제 폐하, 황태자 전하와 그들의 황후, 황비 및 후손들로 하여금 각기 지위를 응하여 적당한 존칭, 위신과 명예를 누리게 하는 동시에 이것을 유지하는데 충분한 세비를 공급함을 약속함.
4. 일본국 황제 폐하는 앞 조항 이외에 한국 황족 및 후손에 대해 상당한 명예와 대우를 누리게 하고, 또 이를 유지하기에 필요한 자금을 공여함을 약속함.
5. 일본국 황제 폐하는 공로가 있는 한국인으로서 특별히 표창하는 것이 적당하다고 인정되는 경우에 대하여 영예 작위를 주는 동시에 은금(恩金)을 줌.
6. 일본국 정부는 앞에 기록된 병합의 결과로 완전히 한국의 시정을 위임하여 해당 지역에 시행할 법규를 준수하는 한국인의 신체 및 재산에 대하여 전적인 보호를 제공하고 또 그 복리의 증진을 도모함.
7. 일본국 정부는 성의 충실히 새 제도를 존중하는 한국인으로 적당한 자금이 있는 자를 사정이 허락하는 범위에서 한국에 있는 제국 관리에 등용함.

본 조약은 한국 황제 폐하와 일본 황제 폐하의 재가를 받은 것이므로 공포일로부터 이를 시행함.

위 증거로 삼아 양 전권위원은 본 조약에 기명 조인함.

융희 4년 8월 22일 내각 총리 대신 이완용　　메이지 43년 8월 22일 통감 자작 데라우치 마사타케

1910

단기 4243년/융희 4년/순종 4년/명치 43년

일한협약으로 표기된(일어판) 엽서

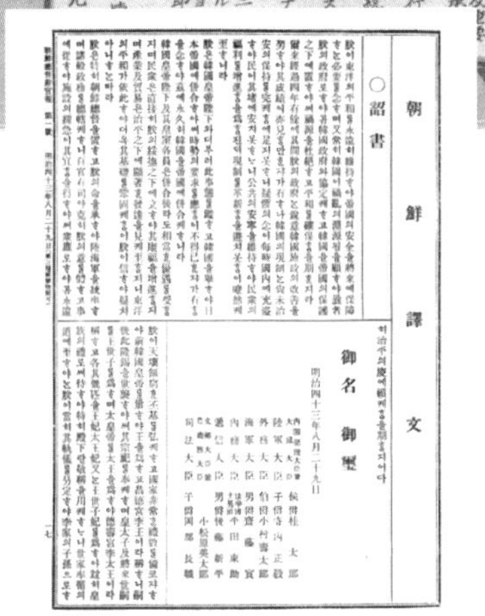

1907년 한일신협약(정미 7 조약)

일본정부 및 한국정부는 속히 한국의 부강을 도모하고 한국민의 행복을 증진하고저 하는 목적으로 좌개 조관(左開條款)을 약정함.

제1조 한국정부는 시정개선에 관하여 통감의 지도를 수할 사.

제2조 한국정부의 법령의 제정 및 중요한 행정상의 처분은 예히 통감의 승인을 경할 사.

제3조 한국의 사법부는 보통 행정 사무와 차(此)를 행할 사.

제4조 한국 고등관리의 임면은 통감의 동의로서 차를 행할사.

제5조 한국정부는 통감이 추천한 일본인을 한국관리에 임명할 사.

제6조 한국정부는 통감의 동의없이 외국인를 고빙(雇聘)아니할사.

제7조 명치 37년 8월 22일 조인한 일한협약 제1항을 페지할 사, 우위 증거하므로 하명은 각본 국정부에서 상당한 위임을 수하여 본 협약에 기명 조인함이라.

명치 40년 7월 24일

통감 후작 이토 히로부미

광무 11년 7월 24일

내각총리 대신 훈 2등 이완용

출처: 위키백과

1910. 8. 29일에 발행된 조선총독부 관보에 게재된 한일병합조약의 한국어 원문

대한민국과 일본은 을사조약 무효 재확인

대한민국 과 일본은 1965년 한일기본조약에서 한일 병탄 조약을 포함하여 대한제국과 일본제국 간에 체결된 모든 조약 및 협정이 이미 무효임을 한 번 더 확인하였다. 단, 이에 관한 해석은 양자에 있어서 서로 다르다. 대한민국 측에서는 '체결부터 원천적 무효임을 주장한 반면, 일본 측에서는 '대한민국 정부 수립으로 인해 현 시점(1965년) 에서는 이미 무효'라고 주장한 것이다. 대부분의 대한민국 법학자들은 한일병탄 늑약이 불법이라고 주장한다. 불법론자들은 이 조약에는 순종 황제의 최종 승인 절차에 결정적인 결함이 있는 것으로 나 타났다고 주장한다. 즉 이완용에게 전권을 위임한다는 순종의 위임장은 강제로 받아낼 수 있었으나 가장 중요한 최종 비준을 받는 절차가 생략되었다는 것이다. 불법론자들은 그 증거는 조약문 안에 고스란히 남아 있다고 주장한다. 조항 제8조에는 '양국 황제의 결재를 받 았다'라고 적고 있으나, 조약문의 어떤 내용도 최종 비준 이전에는 효력을 발휘할 수 없다는 점을 상기할 때 재가 사실을 미리 명시하는 것은 상식 밖의 일이라는 주장이다. 또한 병탄을 최종적으로 알리는 조칙에 옥새는 찍혀 있지만 순종의 서명이 빠졌다는 점이다. 불법론자들은 조약이 성립하려면 옥새와 함께 서명이 들어가야 하는데, 결국 한일병탄 조약이 불법적이라는 것은 옥새와 그에 따르는 의전 절차가 무시되었다는 것을 통해서도 입증할 수 있다고 주장한다. 서울대 이태진 교수는 '한일합방조약을 알리는 황제의 칙유가 일본정부에 의해 작성됐으며, 순종이 이에 대한 서명을 거부했거나 하지 않은 사실이 자료로 확인됐다'고 주장했다. 이 교수는 그 근거로 8월 29일 공포된 황제칙유에는 대한국새가 아닌 1907년7월, 고종황제 강제 퇴위 때 일본이 빼앗아간 칙명지보가 찍혀 있다는 점을 들었다. 국가간의 조약에는 국새가 찍혀야 하는데, 칙명지보는 행정결제용 옥새이기 때문에 순종의 정식 제가가 이루어졌다고 보기 힘들다는 것이다. 또, 1907년 11월 이후 황제의 조칙문에 날인해온 황제의 서명 '척(拓)'(순종의 이름)이 빠져 있는 점을 들었다. 당시 순종은 일본제국 측의 병탄에 직면해 전권위원위임장에는 국새를 찍고 서명할 수밖에 없었으나 마지막 비준절차에 해당하는 칙유 서명은 완강히 거부했다.

출처: 서울대학교 이태진 교수 논설 중에서 발췌

1910

단기 4243년/융희 4년/순종 4년/명치 43년

한일통신사업 합동 5주년 기념

통감부 통신관리국과 원 한국통신원 전경
원래 한국통신원 건물은 대한제국 우정총국 건물로서 사적 제213호로 지정되어 있다.

우정총국(사적 제 213호)

우정총국

우정총국은 대한제국 후기 우체업무를 담당하던 관청으로 한국 역사상 최초의 우체국이다. 1882년 12월 통리교섭통상사무아문(統理交涉通商事務衙門) 내에 우정사(郵政司)가 설치되었다. 조선정부는 처음으로 일본, 영국, 홍콩 등 외국과 우편물 교환 협정을 체결하고, 1884년 11월 18일(음력 10월 1일) 최초로 근대적인 우편 활동을 시작하였다. 우정총국은 조선 말기 우체 업무를 담당하던 관청이었다. 우정총국은 고종 21년(1884년) 4월 22일(음력 3월 27일)에 재래의 역전법(驛傳法)을 근대식 우편제도로 고쳐 설치되어 4월 23일(음력 3월 28일) 책임자로 홍영식(洪英植,1855~1884)이 임명되어 법령을 마련하는 등 개국 준비를 하였으며, 같은 해 11월 18일(음력 10월1일) 처음으로 우체업무를 시작하였다. 12월 4일(음력10월 17일) 우정총국 청사의 낙성 및 개설 축하연을 이용해 개화파들이 갑신정변(甲申政變)을 일으켰으나 실패하여 12월 8일 폐지되었다. 폐지된 이후에도 우체업무는 계속되다가, 실제로 우체 업무가 폐쇄된 것은 1885년 1월 5일(1884년 음력 11월 20일)이었다. 우정총국 낙성식을 대비하여 다섯 종류의 우표(오문·십문·이십오문·오십문·백문)를 발행하기도 하였지만, 갑신정변으로 사용하지 못하였다. 우정총국 건물은 지하철 안국역 서쪽의 안국동 사거리에서 남쪽의 종각 방향으로 난 우정국로를 따라 내려가면 오른쪽에 위치하고 있다. 조선시대 궁중에서 쓰이는 의약을 제조하고 약재를 재배하던 전의감(典醫監)이 있던 자리다. 이 건물은 근대식 우편제도를 처음으로 국내에 도입한 개화기의 한 상징물로, 원래 여러 동의 건물이 있었던 것으로 추측된다. 현재의 건물은 도리칸 5칸, 보칸 3칸 규모이며, 향은 남향이다. 내부 천정은 내진 부분을 소란우물반자로, 외진을 연등천장으로 향하고 있다. 현재 지붕의 합각면이 있는 처마 아래에는 '郵征總局' 현판이 걸려있고, 도로면을 향하고 있다. 건물의 남쪽 양 모서리와 북쪽 면의 기둥은 모두 원기둥이고, 나머지는 사각기둥이다. 정면 가운데 칸에는 두 짝 문을 나머지 칸에는 모두 사분 합창을 내었으며, 상부는 모두 빛살 광창을 설치했다. 처마는 홑처마이고, 단청을 했다. 무출목 초익공계 건물이며, 지붕은 팔작지붕이고 합각면은 전벽돌로 처리되었다. 이곳에는 한어학교(漢語學校)가 들어서기도 했으며 1972년 12월 4일 체신부가 인수하여 우정총국 체신기념관으로 개관하였으며, 1987년 5월 건물의 대대적인 보수공사를 하고 현재의 모습으로 건물과 주변이 조성되었다. 지금의 건물은 기념관의 기능에 따라 일부가 고쳐진 것으로 원래의 형상은 아니다.

출처: 위키백과

1910

단기 4243년/융희 4년/순종 4년/명치 43년

한일통신사업 합동 5주년 기념

우편·전신·전화 교환실의 현업 집무 실황도

한일합동통신 시기

1905년 4월 1일 한일간에 체결된 통신 관계 조약. 이 협정으로 한국의 통신 시설은 일본의 관할로 넘어가게 되었다.

강화도조약 이후 한국에 진출하기 시작한 일본은 대한 침략을 뒷받침하기 위해 한국에 불법적으로 자신들의 통신망을 구축하면서 대한제국의 통신 주권을 서서히 빼앗기 시작했다. 특히 청일전쟁과 러일전쟁을 치르면서 전쟁 수행상의 필요에 의해 일본은 한국의 거의 전역을 포괄하는 통신망을 구축했으며, 이를 바탕으로 한국의 통신망을 강압적으로 흡수·통합해 나갔다. 1904년의 제 1차 한·일협약 체결 후 일본은 한국의 통신 사업이 적자를 면하지 못한다는 구실로 한국의 통신사업을 일본에 위탁할 것을 주장했다. 하야시곤스케 [林權助]의 조인으로 한일통신협정이 체결되었다. 이 협정의 체결로 일본은 궁내부 전화를 제외한 모든 통신 사업권을 강탈하고, 통신에 관련된 기존의 모든 설비를 넘겨 받으며, 통신 기관의 확장이라는 명목으로 토지와 건물을 마음대로 사용할 수 있게 되었고, 물자 수입에 있어 면세 특권을 누리게 되었다. 그리고 통신 기관의 운영과 관리는 일본이 독자적으로 행한다고 하여 한국의 통신 주권을 완전히 강탈했다.

출처: 위키백과

하야시 곤스케[林權助]

1860년 3월 23일 ~ 1939년 6월 27일

일본의 외교관, 남작이다. 1904년 1월 러일전쟁 중 한일의정서를 체결하고, 이어 같은 해 8월 제1차 한일 협약, 이듬해 1905년 을사늑약까지 모두 그의 주도하에 체결되었다.

출처: 위키백과

1910

단기 4243년/융희 4년/순종 4년/명치 43년

한일통신사업 합동 5주년 기념

통감부 발행

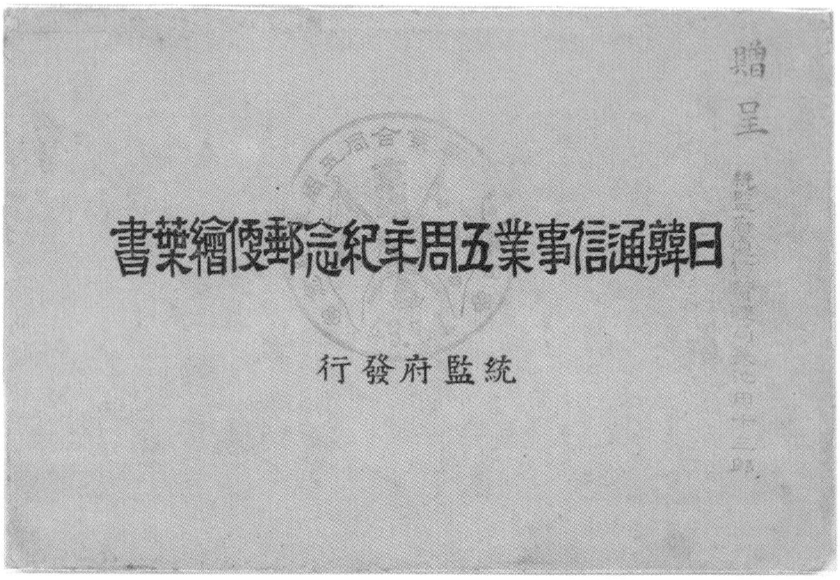

日韓通信事業五周年紀念郵便繪葉書
統監府發行
贈呈

한일통신사업 5주년 기념 우편 회 엽서 봉투. 본 엽서는 엽서, 봉투 포함하여 정가 금 십오 전임.

한일통신협정 조약 내용

제 1조 한국 정부는 국내의 우편·전신·전화 업무(궁내부에 전속된 전화는 제외한다)의 관리를 일본국 정부에 위탁한다.

제 2조 한국 정부는 이미 설치된 통신 사업에 관련된 토지·건물·기구·기계·기타 등의 모든 설비를 본 조약에 의해 일본국 정부가 보관하도록 이속한다. 전항의 토지·건물·기타 설비에 관해서는 양국의 관헌 회동에서 재산 목록을 작성해 훗날의 증거로 삼는다.

제 3조 한국의 통신 기관 확장을 위해 일본국 정부가 필요로 하는 경우 국가가 소유하는 토지 및 건물은 무상으로 사용하며, 개인이 소유하는 토지 및 건물은 유상으로 취득하여 사용한다. 전(電), 우(郵)의 양사를 제외한 궁내부 소관의 토지, 각 능·원·묘·종묘·사직 부근의 땅 및 각 관청은 앞 조항 국유 토지 및 건물의 무상사용의 범위에 포함되지 않음(광무 9년 4월 20일 조회하여 삽입함)

제 4조 통신기관의 관리 및 재산의 보관에 관해서는 일본국 정부는 자기가 판단하기에 선량한 관리인에 책임을 맡긴다. 통신 기관의 확장에 필요한 비용 역시 일본국 정부의 부담으로 한다. 일본국 정부는 통신 기관의 관리에 관한 재정 상황을 한국 정부에 공시하기로 한다.

제 5조 일본국 정부가 통신 기관의 관리나 확장 상 필요로 하는 설비나 물건에 대해서는 일절 과세를 면제하기로 한다.

제 6조 일본국 정부의 관리권 및 업무 확장에 방해가 되지 않는 범위 내에서 현재의 통신원을 존치할지의 여부는 한국 정부의 임의로 하기로 한다. 일본국 정부는 관리 및 확장 업무에 관해 가능한 한 많은 한국 관사 또는 사용인을 쓰기로 한다.

제 7조 우편·전신 및 전화에 관해 기존에 한국 정부가 외국 정부와 협정한 사항에 대해 일본국 정부가 대신 그 권리를 행사하고 그 의무를 이행하기로 한다. 통신 기관에 관련해 종래에 새로이 한국 정부와 외국 정부 간에 협정을 맺을 필요가 있는 경우에는 일본국 정부가 한국 정부를 대신하여 그 협정에 책임을 맡기로 한다.

제 8조 일본국 정부와 한국 정부 사이 기존에 성립된 통신 기관에 관한 각종 협정은 본 조약에 의해 당연히 고치거나, 폐기하거나, 변경하기로 한다.

제 9조 앞으로 한국 통신사업의 발달을 위해 일본 정부가 이미 설치한 설비의 관리·보관 및 새로운 사업의 확장에 필요한 자금에 대해, 충분히 수익을 만들어낼 수 있을 때에는 일본 정부는 그 이득의 상당한 부분을 한국 정부에 교부하기로 한다.

제 10조 앞으로 한국 정부의 재정에 충분히 여유가 생길 경우, 양국 정부의 협의를 거쳐 통신 기관의 관리를 한국 정부에게 환부하기로 한다.

광무 9년 4월 1일 외부대신 이하영 메이지 38년 4월 1일 특명전권대사 하야시 곤스케

출처: 위키백과

1910

단기 4243년/융희 4년/순종 4년/명치 43년

통감 착임(이 · 취임) 기념

통감부 발행

전 통감 소네아라스케 자작과 신임 3대 통감 데라우치마사타케 자작

제2대 통감 소네 아라스케

소네아라스케
출생 1849. 2. 20일 일본
사망 1910. 9. 13일 동경
학력 프랑스 유학
대한제국 제2대 통감
추밀원 고문
1909. 7. 12
기유각서 체결
임기 1909. 6. 14~1910. 5. 30

제3대 통감 데라우치 마사타케

데라우치 마사타케
출생1852. 2. 5일 일본
사망1919. 11. 3일 동경
일본 국방부 육군담당 대신
내각총리 대신
1910~1916까지
초대 조선총독부 총독
1916년 일본제국 총리대신

소네 아라스케

현재의 야마구치현(구 나가토국) 출신이다. 조슈 번 무사의 아들로 태어났으며, 소네 가문의 양자가 되었다.

보신전쟁(戊辰戰爭)에는 존왕파로 참전하였고, 프랑스에 유학하여 공부했다.

1890년대 초에 중의원 서기관장. 1892년 제2회 총선거에 당선, 같은 해 중의원 부의장에 올랐다. 1893년 주 프랑스공사에 임명 되었으며, 사법상·농상무상·일본 대장성 장상 등을 역임했다. 1900년부터 귀족원 칙선 의원을 지냈다. 1906년 추밀고문관, 한국부통감을 거쳐 1909년 이토 히로부미(伊藤博文) 후임으로 대한제국 통감에 임명되었다. 통감으로 재직중일 때 이토가 안중근(安重根)에게 살해 당하자 데라우치 마사타케가 이듬 해 5월에 제 3대 통감 부임. 1년 동안 통감 1910년 5. 30일 조선 통감 직위를 사직. 일본으로 귀국. 요양하다가 끝내 건강을 회복하지 못하고 그 해 9월 13일 사망하였다.

출처: 위키백과

데라우치 마사타케

일본 제국의 육군 군인·정치가·외교관이다. 제 18대 내각총리대신을 지냈다.

1910년 5월부터는 제 3대 한국통감이었고, 한일합방 이후부터 1916년 10월 14일까지 초대 조선총독이 되었다.

호는 앵보 또는 로안이다. 조슈 번 하급 무사의 아들로 태어나 외가의 양자가 되었으며, 메이지 유신시대에 군인으로 임관한 뒤 보신전쟁과 세이난전쟁에 출정하였다.

출처: 위키백과

1910

단기 4243년/융희 4년/순종 4년/명치 43년

통감 착임(이 · 취임) 기념

통감부 발행

야마가타 이사부로 부통감과 통감부 전경

야마가타이사부로(山縣伊三郞)

1858. 2. 6 ~ 1927. 9. 24

야마가타이사부로(山縣伊三郞 1858년 2월 6일~1927년 9월 24일)는 일본의 관료이다.

원로(元老) 야마가타아리토모(山縣有朋)의 양자가 되어 공작의 작위를 습작하였다. 옛 성은 가쓰(勝津)이다. 메이지 유신의 유훈자인 야마가타아리토모는 야마가타 가문을 이어야 할 아이가 없었기 때문에 누나의 차남인 이사부로를 양자로 삼았다. 독일 유학 이후에 내무 관료로서 도쿠시마 현·미에 현 지사, 지방국장, 내무차관 등을 역임하였다. 1906년에 제1차 사이온지 내각에서 체신대신으로 입각. 1908년에 체신대신을 사임. 귀족원의원에 칙선. 1910년에는 한국통감부 부통감. 한일합방조약 이후에는 조선총독부 정무총감·중추원 의장도 역임하였다. 1922년에 추밀원 고문관을 거쳐서 1925년에 답례사로서 프랑스령 인도차이나에 파견되었다. 1996년부터 규슈 여객철도 히사쓰선에서 운행되고 있는 관광 열차 이사부로·신페이호는 야마가타 이사부로의 이름에서 유래하였다. 당시 철도는 체신성의 관할이었는데, 그가 체신대신에 재임하던 중에 히사쓰선이 건설되었고, 야타케 제일 터널의 편액을 그의 휘호로 만들었기 때문이다.

출처: 위키백과

이사부로 신페이호

전국의 철도 팬을 모으는 관광열차

히토요시(人吉)-요시마쓰(吉松)간을 하루에 두 번 왕복하는「이사부로호」(요시마쓰행)·「신페이호」(히토요시행)이다.

1891년에 개통한 구 가고시마 본선의 35km 구간을 1시간여 운행한다. 고대 옻색의 차체에 금색 엠블럼을 치장했으며, 좌석은 목제의 벤치 시트. 이 구간은 표고차 430.3m를 올라가기 때문에 2개소의 스위치백과 반경 300m의 루프선을 겸용하고 있다. 이러한 노선은 국내에서 유일하며, 난공사를 거쳐 완성한 산길 노선으로 이 노선의 가장 긴 야타케(矢岳) 제 1터널의 요시마쓰측에는 당시의 철도원 총재였던 고토 신페이(後藤新平)의 이시가쿠인 〈인주치엔(引重到遠)〉이 있으며 히토요시 측에는 체신성 대신인 야마가타 이사부로의 이시가쿠인 〈텐켄자쿠이(天險若夷)〉가 있다. '험준한 고지에서도 마치 평지와 같이 무거운것을 운반한다'는 의미이다. 열차의 이름은 두 사람의 이름을 따서 지은 것. 터널을 통과하면 사쿠라지마(桜島) 기리시마 연봉(霧島 連峰), 이코마 고원(生駒 高原) 등 미야자키, 가고시마의 웅대한 경치가 한 눈에 들어오며 「일본 2대 차창」을 자랑한다.

출처: 위키백과

1910

단기 4243년/융희 4년/순종 4년/명치 43년

통감 착임(이 · 취임) 기념

통감부 발행

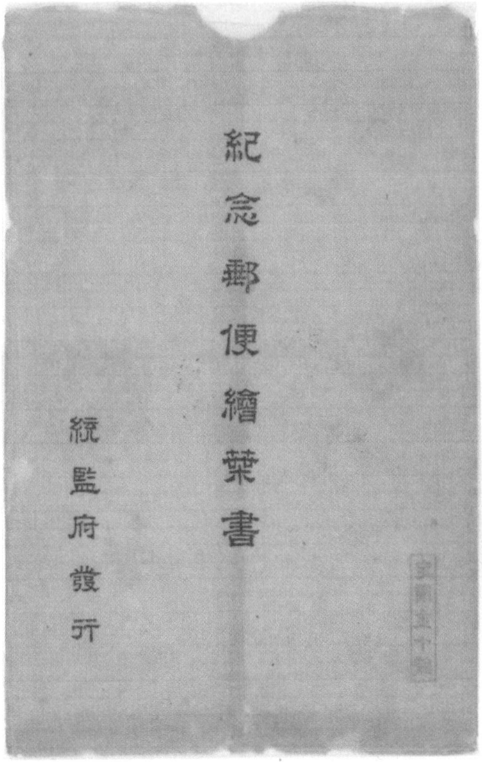

통감부

통감부는 현재 서울특별시 중구 예장동 서울 유스호스텔 주변 공원 근처에 위치하였다.

이토히로부미

조선통감부

1906년[광무10] 2월부터 10년[융희4] 8월까지 일제가 한국을 병탄할 예비공작을 위해 서울에 설치한 기관이다.

1905년 11월 체결한 을사조약[乙巳條約]의 규정에 따라 1906. 1. 31일자로 일제의 공사관이 폐쇄되고 2월 1일 임시통감 하세가와요시미치[長谷川好道]가 취임함으로 통감부의 업무가 개시되었다. 러일전쟁에서 승리한 일제는 조선을 완전한 식민지로 삼고자 했다. 1905년 11월 9일 당시 추밀원 의장이었던 이토히로부미를 왕의 특사로 파견하여 동양의 평화와 조선의 임시 통감 하세가와가 보호조약의 체결을 대한제국 정부에 강요했다. 결국 일제의 강압에 의한 것이지만, 형식상으로는 대한제국의 내각회의를 거쳐 11월 17일 내용은 '일본국 정부는 그 대표자로서 한국 황제 아래에 1명의 통감을 두며, 통감은 전적으로 외교에 관한 사항을 관리하기 위하여 한성에 주재하면서 직접 한국 황제를 만날 권리를 가진다. 또한 각 개항장과 일본국 정부가 필요하다고 인정하는 지방에 이사관을 둘 권리를 가지며, 이사관은 통감의 지휘 밑에 종래의 일본 영사에게 속하던 일체 직권을 집행하며 동시에 본 협약의 조항을 실행하는 데 일체 사무를 처리한다는 것으로, 대한제국의 실질적인 주권 행사의 주체가 통감이라고 규정했다. 1905년 11월 22일 일본국 칙령 제 240호 통감부 및 이사청을 설치하는 건이 발표되었는데, 여기에는 통감부를 서울에, 이사청을 한성·인천·부산 ·원산·진남포·목포·마산 기타 필요한 곳에 두어 을사조약에 의한 여러 사무를 관장하게 할 것이 규정되었다. 부칙에는 당분간 통감부와 이사청의 업무를 일본 대사관과 영사관에서 집행할 것으로 되어 있다. 이어서 같은 해 12월 20일 일본국 칙령 제 267호 통감부 및 이사청 관제가 전 33조로서 반포되었다. 이에 의하면 한국 경성에 통감부를 두고[제 1조], 통감부에는 친임관[親任官]인 통감을 두는데, 그는 일본왕에 직속하고 외교에 관해서는 일본 외무대신을 거쳐 내각 총리대신을, 기타 사무에 관해서는 내각 총리대신을 거쳐 상주하고 재가를 받게 되어 있었다.[제 2조]. 또한 통감은 한국에 대해 일본 정부를 대표하는 존재로서, 일본 주차 외국 대표자를 제외한 한국에서의 외국 영사관 및 외국인에 관한 사무를 통할하고, 한국에서의 일본 관리 및 관청이 시행하는 여러 업무를 감독하는 지위였다. 아울러 통감은 한국의 안녕 질서를 유지하기 위하여 필요하다고 인정할 때에는 한국 수비군 사령관에 대하여 병력 사용을 명할 수 있으며, 통감부령을 발하고 금고 1년 이하 또는 벌금 200원 이내의 벌칙을 부과할 수 있는 권리가 규정되었다. 이러한 통감부 체제로 인해 대한제국은 외교권을 박탈 당하고, 명목상 보호국이었지만 실질적으로는 일제의 식민지 지배를 받게 되었다

1911

단기 4244년/명치 44년

조선총독부 시정 1주년 기념

백운동 식림 제1년, 백운동 식림 제4년, 인삼·양잠

The First Arbor-Day, April 3, 1911, held under auspices of the Governor-General.

일제강점기 제1회 기념 식수일 광경

조선총독부주관, 총독관저 후정(後庭)

1910~1911. 경성 백운동(현 청운동) 시범 조림지
신무천황의 제일(祭日)이라고 하면 빼놓을 수 없는
행사 중 하나가 바로 기념식수이다
식민통치의 개시와 더불어 총독부가 시행한 행사

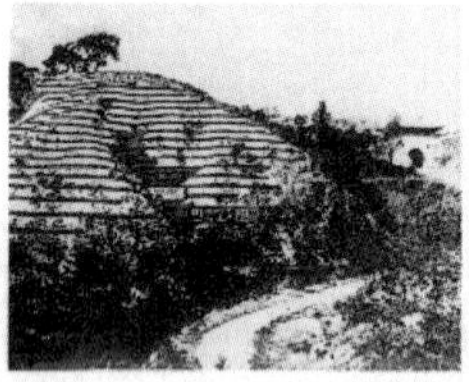

The First Year of Afforestation in a Model Forest

경성 백운동 시범 조림지

현 종로구 청운동으로 총독부가 시범적 홍보로
내세운 식목과 사방공사가 처음으로 행해진 곳.
지금의 식목일의 기원이나 다름없다.
연례행사처럼 산으로 들로 나무심기 행사에 대거
동원되는 대상은 주로 학생들이었다

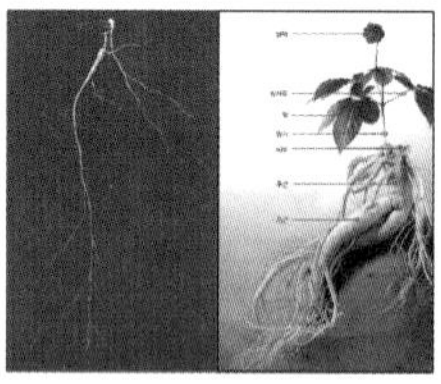

당시 인삼은 조선시대의 반도체였다.

1903년도 경성 무악재 주막과 민둥산 풍경

1894년 초 비숍이 받은 경성의 첫 인상은 산으로 둘러싸여 있고, 여기저기에 소나무 그늘이 있으나 거의 벌거벗었다는 것이었다.
1889년 함경북도를 여행한 러시아인 베벨리는 이곳의 숲은 완전히 파괴되었으며, 통행이 힘들고 벤 나무를 반출하기도 불가능한 산간벽지에만 겨우 숲이 남아있다고 하였다.

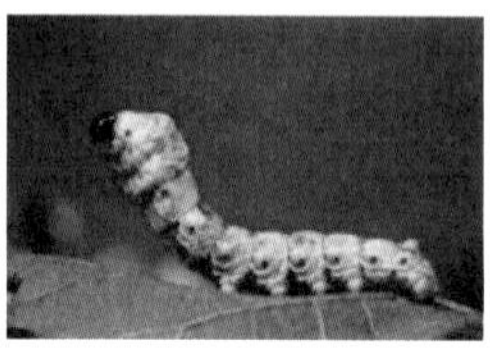

양잠업(養蚕業, Sericulture)

누에(蚕)를 길러 그 누에고치에서 생사를 추출하여 비단을 만드는 산업누에를 키워서 양잠을 한 것은 양사오 문화기인 기원 전 5000년에서 기원 전 10000년에 이르지만, 실크제품의 발견은 기원 전 2700년경까지 거슬러 올라간다. 중국의 고서《잠경(蠶經)》에는 황제비 서릉씨가 누에 키우는 것을 시작했다. '(황제왕비서능씨시잠)'라는 기록 이 있어, 기원 전 2650년경에 누에치기가 시작되었음을 알 수 있다.

1911

단기 4244년/명치 44년

조선총독부 시정 1주년 기념

2007.10.5일자 '데일리 한국'

기자 기사 내용

'조선선총독부가 1911년 독도를 한국의 영토로 간주했음을 입증하는 엽서가 발견됐다. 서울 노원중 국어교사 성낙주(成樂胄)씨는 1911년 조선총독부가 발행한 '시정(始政) 1주년 기념엽서'를 입수해 27일 공개했다. 이 엽서 전면에는 한강철교의 그림을 배경으로 3개의 사진이 대각선 방향으로 담겨 있다. 맨 위의 사진으로 독도 등대(표기는 일본식 호칭인 죽도등대)가 등장하고……'

위 엽서의 '죽도등대'는 전남 진도군 조도면 맹골도리 126번지에 설치된 등대로 독도에 설치된 등대가 아니다.

인천 수도 수원지·죽도 등대·광양만 염전

죽도 등대(竹島 燈臺)

등대 관리 번호	3025/M4248	
위치	전라남도 진도군 조도면 맹골도리 126	
경·위도	34*13'28.3" N	125*50'51.6" E
인접 항구	맹골항, 죽도항	등고85m 높이8.5m
점등 일시	1907. 12. 1	관활 기권 죽도항로 표지 관리소
		광파 표지·광달 거리10초 1백섬광. 26해리(48.1Km).(1해리: 1.852Km)

죽도 등대는 전라남도 진도군 조도면 맹골도리 126번지에 위치한 등대로 일제강점기인 1907년 초점등한 등대이다. 이 등대는 맹골군도 지역의 초입으로 인천항에서 제주항 방향으로 향하는 선박들이 지나 가는 맹골수도의 육지 초안 표지 역할을 하는 등대로 태평양전쟁 중 시설물 대부분이 폭격으로 파괴되었으나, 해방 후 복구된 등대로 본래 항로 표지 관리원이 상주하는 유인등대. 2009년부터 무인화된 등대. 전파표지인 레이콘 장비, 음파표지인 에어싸이렌이 설치됨. 등대가 위치한 죽도를 포함한 인근의 섬들을 맹골군도, 이 섬들의 북동 방면 수로를 맹골수도라고함. 인천항-제주항으로의 섬들을 맹골군도, 이 섬들의 북동방면 수로를 맹골수도라고 함. 인천항-제주항으로 그 중 가장 규모가 큰 사고인 세월호 참사가 발생한 세월호 참사 위치도 이 수역이다.

광양만 염전

평안남도 온천군 남부와 남포특별시 와우도구역 사이에 있는 만.

만 동쪽 연대봉과 남서쪽 반도의 사이에 끼어 있고, 남포직할시에서 북서쪽으로 12㎞ 해상에 위치. 해안선의 길이는 39.3㎞, 만 어귀의 너비는 0.5㎞이다. 만 어귀는 좁으나 만입은 깊어 약 8㎞에 이름. 부근 일대는 연 평균 강수량이 700㎜ 안팎으로 비가 적게 오는데, 특히 여름에 고온 건조하여, 청천일수(晴天日數)·증발량·일조량 등이 많은데다 조석간만의 차도 5~7m. 이러한 자연 조건을 이용하여 일찍부터 염전으로 개발되었으며, 북한의 대규모 염전 가운데 하나인 광양만 제염소가 있다. 일제는 검토 끝에 1906년 천일염전의 적지로 인천의 주안과 진남포항의 광양만을 선택하게 된다. 주안과 광양만 염전의 뒤를 이어 1925.3월 군자에,1935년 12월과 1937년 6월 두 차례에 걸쳐, 소래에 천일염전이 들어서게 된다. 경인선과 수인선이 지나는 이곳에 염전지대가 들어선 것은, 간만의 차이가 커 염전 구축이 용이하였고, 강우량이 적고 건조한 바람이 많았으며, 노동이나 수송 등 환경적인 면에서 뛰어난 경쟁력을 지니고 있었기 때문이다. 광양만에는 여러 개의 물곬이 나무가지 모양으로 뻗어 있다.

1911

단기 4244년/명치 44년

조선총독부 시정 1주년 기념

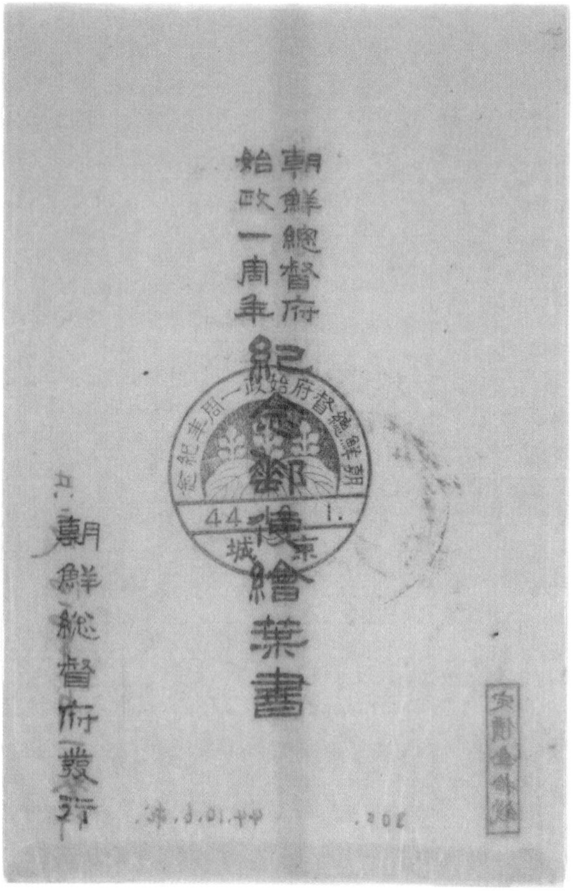

조선총독부 발행. 조선총독부 인쇄국 제조
본 엽서는 2매 정가 10전임.

조선총독부 시정 1주년 기념
특수통신 일부인

조선총독부 시정 1주년 기념 특수통신 일부인
조선총독부 관보 제316호
명치 44년(1911) 9월 15일 발행

사용 우편국 고시
사용 우편국 명

경성우편국	광화문우편국	용산우편국
남대문우편국	서대문우편국	인천우편국
개성우편국	수원우편국	용산우편국
공주우편국	대전우편국	강경우편국
목포우편국	광주우편국	청주우편국
전주우편국	대구우편국	군산우편국
마산우편국	진주우편국	부산우편국
해주우편국	평양우편국	춘천우편국
진남포우편국	원산우편국	鏡城우편국
신의주우편국	함흥우편국	회령우편국
의주우편국	청진우편국	나남우편국

사용 기일 명치 44년(1911) 10월 1일
사용 방법 제2종 우편물 날인
조선총독부 시정 1주년 기념 우편회 엽서 봉피
사용 기일 3일 경과 후에는 1전 5리 이상 우표 첩부

우장춘(禹長春) 박사 [I]

1898년 4월 8일 ~ 1959년 8월 10일 일본 도쿄에서 출생한 대한민국 농생물과학자· 식물학자· 원예육종학자이며 농학박사 및 예비역 대한민국 해군 소령이다.

1945년 8·15 광복 이후 일본에서 대한민국으로 건너왔으며, 아버지의 오류가 그에게 일평생토록 짐이 되었지만 대한민국의 식물학과 농학(農學)을 종합 과학으로 활성화로 이끌었다. 특히 아직도 부산광역시에는 그의 업적을 기리는 우장춘 기념관이 있다. 을미사변 당시 명성황후 살해에 적극적으로 가담했던 조선인 우범선(禹範善)과 일본인 어머니 사카이 나카(酒井ナカ) 사이에서 2남 중 장남으로 1898년 일본 도쿄에서 태어났다. 명성황후의 원한을 갚고자 했던 고영근(高永根, 1853~1923)에 의해 그의 아버지 우범선이 살해됐고, 과부가 된 그의 일본인 어머니는 우장춘을 잠시 보육원을 거쳐 사찰에 맡겼다. 그의 아버지 우범선은 조선에서 훈련대대장을 역임하던 중 일본인 자객들과 함께 공모하여 명성황후를 살해했으며, 그 이후 일본으로 도망쳤다. 우범선은 1903년 고영근에 의해 암살되었으며 이후 보육원에서 잠시 지냈고 보육원 시절 일본 본토 원생들에게 핍박을 받기도 했는데 그 후 보육원을 거쳐 도쿄 회운사라는 사찰(寺刹)로 옮겨 회운사 주지승(아라이 선사), 그리고 동자승들과는 비교적 돈독히 지내었으며 그 후 가내 사정이 완화되자 사찰을 떠나며 어머니의 손에 자라게 되었다. -877, 880 페이지에 이어짐-

1912

단기 4245년/명치 45년/대정 원년

조선총독부 시정 2주년 기념

조선총독부 발행

조선총독부시정 2주년기념 우편 회 엽서 동경인쇄주식회사 인행

평양고등보통학교

평양고등보통학교는 대한제국 말기 1909년 평양에 설립된 근대교육기관 줄여서 평양고보로 흔히 지칭한다.

1909년 관립 평양고등학교로 개교 경성 제일고등보통학교의 전신인 한성부의 한성고등학교는 4년제였으나, 평양고등학교는 3년제 학교로 출범, 대구의 대구고등보통학교, 한성의 경성제이고등학교보다 먼저 설립되어 두 번째로 생겨난 관립학교였다.

학생들은 교모에 가는 백선 2개를 둘러 두 번째 설립된 '제 2고'임을 내세웠다. 이후 평양고등보통학교로 개칭하여 일제강점기 동안 명문학교로 꼽히면서 많은 인재를 배출했다. 1924년 경성제국대학 예과가 처음으로 신입생을 뽑았을 때 조선인 합격자는 44명이었다.

이중 경성제일고등보통학교가 가장 많은 15명을 합격시켰고, 평양고보는 6명으로 2위, 대구고등보통학교가 5명으로 3위, 평양 제2중학교로 개칭했다가 한국전쟁 이후 사라지고 제 39회 졸업생이 마지막이다.

출처: 위키백과

유명 졸업생

길영희/독립운동가	황산덕/헌법학자	함석헌/독립운동가
황장엽/전 노동당 비서	길옥윤/작곡가	조경철/천문학자
노신영/전 국무총리	이종환/전 축구협회장	양주동/국문학자
현승종/전 국무총리	김사량/소설가	김동길/교육자
홍종인/언론인	안병욱/교육자	윤덕선/의료인

서당(書堂)

서당은 고려 시대·조선 시대에 걸쳐 계속된 비형식적인 사설 교육기관.

설립에 있어서 인가를 위한 기본 재산이 필요하지 않았고, 뜻있는 자는 자유로이 설립할 수 있었다. 서당은 사학(四學)과 향교에 입학을 위한 준비 및 널리 서민 대중의 자제들을 위한 교육기관이 되어 한때 극히 성행하여 전국 방방곡곡에 널리 퍼졌다. 조선 후기에는 점차 내용이나 질이 저하됨에 따라 궁유(窮儒)·한사(寒士)의 걸식처로 변하여 자연히 쇠퇴하게 되었다. 서당의 학도는 7세부터 16세의 아동들이 중심이었으며, 20~25세 이상의 성인이 있는 경우도 많았다

일제의 식민지 정책은 서구열강의 식민지 정책과 달랐다. 서구의 식민지 정책은 기본적으로 식민지를 본국 부강을 위해 식민지를 단순하게 이용하는 것에 그치는 것이었으나, 일제는 식민지 주민의 민족의식과 민족문화를 말살, 식민지와 본국을 하나의 나라로 통합하려 했다. 일제는 이를 위해 교육을 효과적으로 활용했으며 때와 목적에 따라 교육 기회를 억제하여 민족 의식의 고취를 방지하기도 하고, 교육의 기회를 확대하여 일제의 황국의식을 교육하기도 하는 양면적 교육정책을 구사했다. 일제는 총독부의 교육령을 통해 조선의 교육정책을 운용. 조선교육령은 1911년 공포된 이후 총3회(1922년, 1938년, 1943년)에 걸쳐 개정, 강점기의 교육의 흔적은 21세기 대한민국과 조선민주주의인민공화국의 교육사태에도 여전히 잔존하고 있으며, 이는 학벌주의, 학력차별, 학교 간 서열, 중앙집권적 교육정책 등으로 드러나고 있다.(사진: 평양 고등보통학교 전경)

출처: 위키백과

1912

단기 4245년/명치 45년/대정 원년

북만주 일본군 낙농부대

나남 로울러 인

소화 7년(1932) 나남 로울러 인 - 일본행 검열제 우편엽서

관동군사령부(만주국 장춘시 뤼순커우 구)

이시이 시로 중장
731부대장.
마루타 : 통나무

관동군(関東軍)은 일본제국이 세운 괴뢰정권이었던 만주국에 상주(常駐)한 일본 제국 육군의 주력을 이루는 부대 가운데 하나다. 용어 자체는 산해관(山海關)의 동쪽에 주둔한 일본군이라고 해서 붙여진 이름이다. 일본제국은 중국을 침공하는 전진기지로 만주를 활용하고 관동군은 그 주변지에서 일본이 지배하는 지역을 확대하고 중국을 침략하는 선봉으로서 다양한 음모 공작과 작전을 수행했으며, 중국인과 조선인을 대상으로 하여 끔찍하고 반인륜적인 생체실험을 자행한 100 부대와 731부대 운영을 위시해 수많은 전쟁 범죄를 저지르기도 했다.

초대 사령관: 다치바나 고이치로(立花小一郎) 중장　말기사령관 2019-04-03 다치바나 고이치로(立花小一郎) 중장

출처: 위키백과

무카이토시아키 소위. 노다츠요시 소위

일본제국 100부대 사건- 百人斬り競争. Contest to kill 100 people using a sword

1937년, 난징대학살사건 당시 일본의 두 장교가 전쟁 포로와 민간인을 누가 더 많이 살해하는 지를 겨룬 사건. 일본군 무카이토 시아키(向井敏明)소위와 노다츠요시(野田毅) 소위가 일본도(日本刀)로 누가 먼저 100인을 참수시키는 지를 겨뤘다. 〈1937년 11월 30일자 도쿄 일일신문 조간 - 제 1보〉

상열(常熱), 무석(無錫)간의 40km를 6일간에 답파한 ㅇㅇ부대의 쾌속은 이것과 동일한 거리의 무석, 상주(常州)구간을 3일만에 돌파했다. 이것은 신속, 쾌진격, 그 제일선에 선 카타키류(片桐)부대에 〈백인참수경쟁〉을 꾀한 두 명의 청년 장교가 있다. (제목) 100인 참수경쟁! 양 소위, 빨리도 80명. 무석 출발 후 재빠르게도 한 사람은 56명을 베었고, 한 사람은 50명을 베었다고 한다. 한 사람은 도야마부대의 무카이 토시아키 소위(26세), 야마구치 출신, 또 다른 이는 같은 부대의 노다 츠요시 소위(25세), 가고시마 출신, 총검도(銃劍道)3단, 무카이 소위가 허리에 찬 보도〈세키노 마고로쿠〉를 휘두른다면 노다 소위는 무명검이지만 선조 대대로의 보도라 한다. 무석출발 후 무카이 소위는 철로를 따라 16,7km를 따라 대이동하며 전진, 노다 소위는 철도 노선 앞에서 전진하면서 일단 둘은 헤어졌다. 출발 다음 날 노다 소위는 무석에서 80km 떨어진 무명부락에서 적 토치카에 돌입해 4명을 베면서 선진의 이름을 떨쳤다. 무카이 소위는 분연히 야간에 적진에 부하와 함께 뛰어들어 55명을 베어 넘겼다. 그 후 노다 소위는 횡림진에서 9명, 위 관진에서, 19일 상주에서 6명, 합계 15명을 베었다. 무카이 소위는 그 후 상주역 부근에서 4명을 베고 기자가 역에 갔을 때 두 사람이 역전에 서 있는 광경과 마주쳤다. 무카이 소위는 남경과 단양에서 백 명을 넘게 베었다고 해서 노다의 패배였다. 무카이의 칼은 56명을 베었지만 날이 상한 곳이 한 군데도 없었다. 노다 소위는 두 놈이 달아나 버려 베지 못했다고 하며 대신 고관을 처치했으니 내가 성적이 더 위가 아닌가 하고 단양까지 대기록을 세우겠다고 했다.

출처: 위키백과

1912

단기 4245년/명치 45년/대정 원년

1912년 우편물 체송(인편) 그림엽서

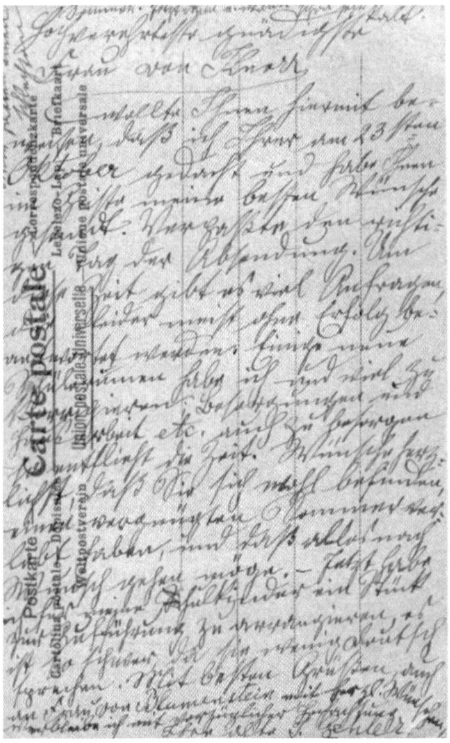

인편으로 체송하는 서찰 그림엽서

대한제국의 집배원과 전배원의 모습

U.P.U

만국우편연합(Union postale universelle)은 우편물에 대한 유엔 산하 국제기구이다.

《만국우편연합》은 회원국 간 우편 업무를 조정하고 국제우편 제도를 관장한다.

가장 오래된 유엔 전문 기관이며, 1874년 10월 9일 국제우편조약에 의해 설립되었다.

본부는 스위스 베른에 위치하고 있다.

만국우편연합 설립에 따라 다음 세 가지가 합의되었다.

- 지구상의 거의 모든 지역에서 고정 가격에 가까운 형태로 우편물을 보낼 것.
- 국제우편, 국내우편(국내 우편물) 모두 같은 취급을 할 것.
- 국제우편 요금은 해당 국가에서 징수하여 사용할 수 없다.

특히 우표를 붙인 우편물은 어느 나라의 우표도 국제적으로 통용하는 만국우편연합헌장(U.P.U. 헌장)으로 정하고 있다.

유엔의 설립 후, 유엔 전문기구의 하나가 되었다. 현재 회원국은 2003년 11월 현재 191개국이다. 안도라, 팔라우, 타이완 등은 회원국으로 활동하지 않고 있다.

만국우편연합의 공식 언어는 프랑스어이다.

출처: 위키백과

1912

단기 4245년/명치 45년/대정 원년

조선총독부 시정 2주년 기념

1. 남대문시장(남대문 곡물시장, 남대문시장의 중국인 채소 가게)

1) 조선시대에 관용 물자의 출납을 맡았던 선혜청(宣惠廳) 주변에 상인이 모여들면서 남대문시장이 생겨났다.
2) 1894년 관제 개형으로 선혜청이 없어지자, 상인을 받아들여 영업하게 함으로써 관설시장이 되었다
3) 남대문시장은 조선말까지 '남문 안장' '신창(新倉) 안장' 이라고 불렀다. 선혜청 창고가 있던 자리였기 때문이었다
4) 남대문시장은 예전에는 경기도 충청도·강원도·황해도 등에서 물산이 모여드는 곳이었다.
철도가 생기고 교통이 발달하면서 전국의 물자가 생산지에서 소비지로 직접 공급되자, 남대문시장의 역할이 크게 줄어들었다.

1-1. 남대문시장 경영권의 변동

1) 1911년 12월 남대문 시장에 큰 불이 난 뒤에 상인들이 스스로 건물을 복구할 형편이 못 되자, 1912년 송병준이 세운 농업 부동산 회사인 '조선농업주식회사' 가 경영 허가를 받았다. 송병준은 이완용 내각의 내부대신을 한 사람이었다.
2) 남대문시장은 1921년 10월과 12월에 또 큰 불이나 시장이 모두 불탔다.
그 뒤 1922년에 남대문시장의 경영권이 일본인 회사인 중앙물산주식회사' 로 넘어갔다.
3) 1936년 3월에 일본인들은 남대문시장의 이름을 '중앙물산시장'으로 바꾸었지만, 사람들은 그냥 남대문시장이라고 불렀다.
4) 남대문시장은 경영자와 상인 가운데 일본인이 꽤 많았다. 그러나 대부분의 고객과 상인은 조선 사람이었고, 팔고 사는 물건들도 조선인이 즐겨 쓰는 것이 많았다.

2. 동대문시장

1) 동대문시장의 전신은 조선시대부터 종로 3가 도로 양쪽에서 날마다 열리던 배우개시장이다.
2) 1905년에 이곳 상인들은 광장회사(대표 박승직)를 만들어 예지동에 점포를 짓고 대한제국정부의 허가를 받아 영업을 시작했다.
3) 광장주식회사가 설립된 1905년 무렵에는 동대문시장 또는 '광장시장'으로 불렀다.
4) 동대문시장 상인들과 광장회사 사이에 갈등이 없었던 것은 아니지만, 그래도 일본인회사가 경영하던 남대문시장보다는 덜했다.
5) 동대문시장은 남대문시장에 견주어 소매시장의 성격이 더 강했다.
6) 동대문시장에서는 미곡, 어류, 채소, 과일, 잡화 등 서울 주민이 쓰는 일상생활용품을 팔았다.
7) 동대문시장은 1939년 4월 경성중앙도매시장이 개점한 뒤에도 소매시장으로 계속 살아남았지만, 상권이 줄어드는 것은 피할 수 없었다.

1913

단기 4246년/대정 2년

조선총독부 시정 3주년 기념

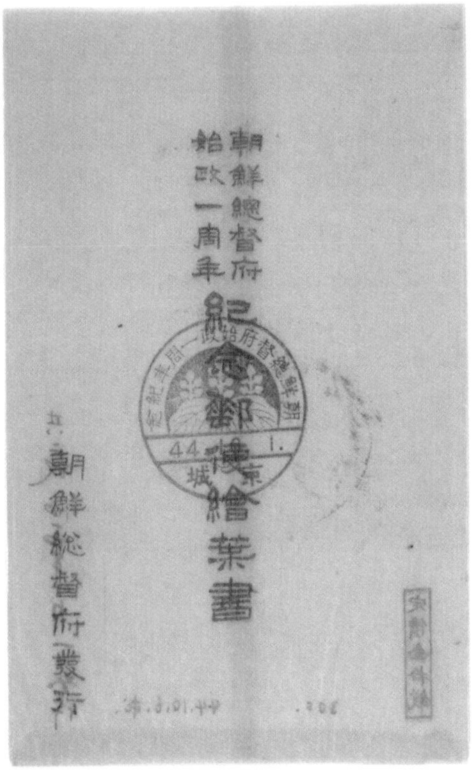

조선총독부 시정 3주년 기념 소인

조선총독부 시정 1주년 기념
특수통신 일부인

조선총독부 시정 3주년 기념 특수통신 일부인
조선총독부 관보 제338호
대정 2년(1913) 9월 30일 발행

사용 우편국 명

경성우편국	광화문우편국	용산우편국
남대문우편국	서대문우편국	인천우편국
개성우편국	수원우편국	용산우편국
공주우편국	대전우편국	강경우편국
목포우편국	광주우편국	청주우편국
전주우편국	대구우편국	군산우편국
마산우편국	진주우편국	부산우편국
해주우편국	평양우편국	춘천우편국
진남포우편국	원산우편국	鏡城우편국
신의주우편국	함흥우편국	회령우편국
의주우편국	청진우편국	나남우편국

조선총독부 시정 3주년 기념 봉함봉투
부산(2. 10. 1) - 평양(2. 10. 1)

사용 기일 대정2년(1913) 9월 30일
사용 방법 제2종 우편물 날인
사용 기일 3일 경과 후 에는 1전 5리 이상 우표 첩부

1913년 일제강점기 출생·사망 현황

출생 약 450,000명
사망 약 280,000명

경성유치원(京城幼稚園)

일제 강점기 조선 경성부 내 조선인을 대상으로 1913년 설립된 사립 교육시설.

1913

단기 4246년/대정 2년

조선총독부 시정 3주년 기념

부산우편국·부산정차장

부산우편국

개국일시 1911. 3. 30 총독부고시 제87호. 우편 위체 사무 취급 개시

1911. 6. 25 총독부 고시 제176호. 부산우편국 이전

위치　　경상남도 부산부 부산행정 1정목

일제가 유럽에서 배운 건축기술로 지은 우리나라 건축물: 한국은행·화폐박물관·서울시청(구 京城府廳)·중앙청(구 조선총독부)·경성우편국·부산역사(釜山驛舍)·부산우편국·부산세관·

우리은행 종로지점.

경성역

1913년 당시 부산정차장

용산역

서평양역

신의주역

함흥정차장

ㅁ 경성역(鏡城驛) - 함경북도 경성군의 철도역이다. 원래의 역명은 '주을역'이었다

1913

단기 4246년/대정 2년

조선총독부 시정 3주년 기념

재령 철산(載寧鐵山)

재령 철산과 평양 무연탄광

황해도 재령군 재령읍에 있는 광산. 갈철석, 적철석이 난다. 지방민은 마타리광산이라 부른다.
재령군 북쪽 2.5km 거리에 있다. 광상(鑛床)은 상원계(祥原系), 조선계(朝鮮系)의 석회암, 고회암(苦灰岩) 및 상부대동계(上部大同系)의 사암. 셰일층에 개재한 교대광상(交代鑛床)으로, 갈철석(褐鐵石)을 중심으로 적철광이 혼재하며, 함철 품위는 55%이다. 이 광산은 고려중기부터 재령 수철(水鐵)광산이라 부르면서, 지방민에 의해 채굴되어 농기구 및 생활용구 제작에 사용되어 오다가, 조선 후기 이후 폐기되었다. 조선 후기에 궁내부(宮內部) 소관으로 다시 개발에 착수하였 으나, 1907년부터 일본인이 채굴권을 위임받아 8·15광복 전까지 미쓰비시(三菱)제철이 관리, 운영하였다. 철광석은 노천굴로 채굴되어 재령강 수로로 송림(松林)제철소로 수송되었다.

출처: 위키백과

노두탄층 40개소 발견

1590년 평양 등지에 무연탄 언급
1730년 러시아인에게 함경북도 경원 및 중성지역 석탄 채굴권 허가(외국인 최초)
1904년 전남 화순군 구암에서 박현경에 의해 석탄 발견 및 개발 부과
1906년 조선 광업법 제정
1911년 일제 전국 석탄 산출지 조사
1925년 문경탄광(문경군 호서남면)개발 착수, 1927년 첫 출하: 300톤
1933년 문경군 가은면과 마성면에서 조선총독부 지질 기사
1938년 일본광업(주) 문경군 가은면 왕릉리에 은성무연탄광 개발 착수

1913

단기 4246년/대정 2년

조선총독부 시정 3주년 기념

압록강안의 벌목 조재, 압록강 상류의 나무몰이와 뗏목

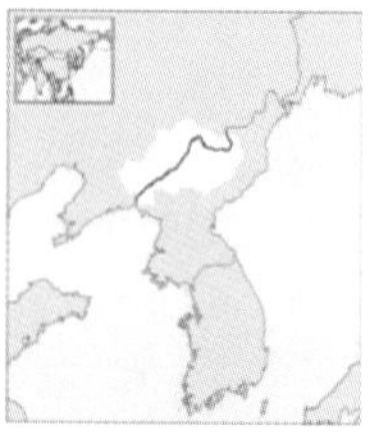

압록강의 위치도

압록강(鴨綠江)
야루장은 조선 민주주의인민공화국과 중화인민공화국의 국경, 한반도 북서부
발원지 백두대간 백두산의 칼데라벽 남쪽 외사면 동파·남파 등산로 사이의 계곡.
위치 양강도 삼지연군 백두산 밀영로동자구, 중국 랴오닝성 둥강시
단둥시에서 바라본 조·중 우의교 길이 803.3Km 면적 31,226Km^2

압록강 개요

압록강이라는 이름은 1060년 송나라에서 편찬된 《신당서(新唐書)》〈고구려전(高句麗傳)〉에 물빛이 오리의 머리 색과 같아 압록수라 불린다(色若鴨頭 號鴨淥水)고 기록되어 있다. 이에 대해서는 이백의 시 양양가(襄陽歌) 중 요간한수압두록(遙看漢水鴨頭綠, 멀리 보이는 한수는 오리의 머리처럼 푸르다.)에서 연상해 멋대로 해석한 것이라는 견해가 유력하다. 압록강은 예로부터 한반도, 중국 대륙, 만주의 전략적 요충지였다. 삼국시대에는 중상류 지역에 고구려가 국내성과 위나암성을 건설하였다.

러일전쟁 때는 일본과 러시아가, 한국전쟁 때에는 미군, 영국군, 터키군, 그리스군 등 국제 연합군과 소련, 중공, 인민군이 전투를 벌였다. 일제강점기에는 일본이 중상류에 수풍댐을 세웠는데, 이 댐은 당시 아시아에선 가장 큰 댐이었다 이 댐을 통해 수력 발전이 이루어졌다. 수풍댐에서 생산된 전력은, 지금도 조선민주주의인민공화국의 중요 전력원으로 공급되고 있지만, 현재는 시설의 80% 이상이 노후화되어 발전소로서의 제 구실을 하지 못하고 있는 실정이다. 압록강의 길이 803 km이며, 유역 면적 6만3160 ㎢이다. 백두산의 해발 2500 m 위치에 있는 수원(水源)에서 발원해서, 한반도와 중국 대륙의 경계를 따라 흐르다가 신의주와 단동 사이를 지나, 서쪽의 황해로 흘러나간다. 중화인민공화국의 지린성과 랴오닝성이 압록강과 인접하며, 조선민주주의인민 공화국은 평안북도, 자강도·양강도가 접한다. 강에는 비단섬·위화도·황금평 등의 하중도가 있다.

'그래도 압록강은 흐른다'의 작가

이미륵(李彌勒, Mirok Li, 1899년 3월 8일~1950년 3월 20일)은 황해도 해주 출생의 망명 작가이다.
본명은 이의경(李儀景)이며 독일식 이름은 Mirok Li(미로크 리)이다.
출처: 위키백과

1914

단기 4247년/대정 3년

조선총독부 시정 4주년 기념

금강산 기승, 만물상과 사자봉

금강산(金剛山)

위치 태백산맥 북부 강원도 금강군, 고성군, 통천군에 걸쳐 광범위하게 펼쳐진 산

높이 1,638m

문화재 표훈사, 보덕암, 아미타여래좌상(묘길상), 마애삼존불 동서 길이 약 40km,

남북길이 약 60km, 면적은 약 530㎢이다.

최고봉인 비로봉(1,638m)을 중심으로 북쪽에는 오봉산·옥녀봉·상등봉·선창산·금수봉, 서쪽에는, 영랑봉·용허봉, 남쪽에는 월출봉 · 일출봉·차일봉·백마봉, 동쪽에는 세존봉이 솟아 있다.

1952년 북한의 행정구역 개편 전에는 회양(淮陽), 통천(通川), 고성(高城), 인제(麟蹄)의 4개군에 걸쳐 있다.

봄-금강산

새싹이 돋아나고 만물이 소생하며 880여 종의 식물이 꽃피는 향기 그윽한 봄철의 이름, 보석에 비유하여 금강산

여름-봉래산

녹음이 우거지고 흰구름과 안개가 감도는 금강산은 마치 신선, 선녀가 사는 산이라 하여 봉래산

가을-풍악산

기기묘묘한 바위틈에 흰눈이 덮힌 풍악을 들리는 듯하다 하여 풍악산

겨울-개골산, 설봉산

기암절벽과 단풍이 어우러져 한 곡의 멋진 겨울철의 풍경을 개골산, 혹은 설봉산이라 한다.

1914

단기 4247년/대정 3년

조선총독부 시정 4주년 기념

이민(移民)의 주택과 논 농사

1914년도의 결혼식 후 가족사진

1914년 조선 인구 약 1600만명

출생 약 430,000명 사망 약 340,000명

철도	1,046리	1914년(대정3) 조선 철도/호남선	
도로	2,390리	도로연장	175리6분
		토공	1,001,000여 평
1914년도		축도 연장	6,537척3
수출	26,256천엔	교량 연장	17,060척
수입	32,436천엔	구교	280개소

1914년은 목요일로 시작되는 평년이다.

제1차 세계대전이 발발한 비극적인 해이다. 이를 기점으로 모든 것이 좋아질거라던 벨에포크 시대가 막을 내린다.

조선총독부 통치하의 식민지 조선에서는 일제가 부·군·면 통폐합을 실시하여 여러 군과 면이 통폐합되어 사라졌으며, 현재 대한민국의 행정구역 명칭과 영역의 기반이 되었다.

- 4월 1일 부·군·면 통폐합이 단행되었다.
- 5월 29일 캐나다 퀘벡에서 출발해 영국 리버풀로 도착할 예정이던 임프레스 오브 아일랜드(Empress of Ireland) 호가 세인트로렌스강 하구에서 Storstad 호와 충돌하여 침몰했다. 탑승 인원 1477명 중 1012명이 사망.
- 7월 28일 오스트리아, 헝가리제국이 세르비아에 선전포고를 했다
- 8월 1일 독일제국이 러시아에 선전포고를 했다
- 8월 3일 독일제국이 프랑스에 선전포고를 했다
- 8월 4일 영국이 독일제국에 선전포고를 했다
- 8월 15일 파나마운하가 개통되었다
- 8월 16일 경원선이 개통되었다
- 8월 23일 일본제국이 독일제국에 선전포고를 했다
- 8월 30일 독일, 파리에 최초의 항공기 공습 폭격
- 9월 1일 미국 신시내티 동물원에 남아 있던 마지막 여행 비둘기가 오후 1시에 죽으면서 멸종되었다.

1914

단기 4247년/대정 3년

조선총독부 시정 4주년 기념

경성 조선호텔, 철도국 직영. 진남포 축항 예선벽(방파제)

경성 조선호텔(기공 1913. 9. 30 완공 1914. 10. 10)

위치 경성부 장곡천정(長谷川町), 현재 중구 소공동

1910년 한일병합 조약 체결로 한반도를 직접 통치하게 된 일본 조선 총독부는, 수도인 경성부에 일본이나 기타 외국에서 귀빈객을 맞을 수 있는 숙박시설의 정비를 구상했다. 그리고 조선총독부 철도의 부속기관으로, 조선 국왕이 제례를 행하던 환구단의 일부를 헐고, 1914년 10월 10일에 인천의 대불호텔(1888), 손탁호텔(1902) 다음으로 한반도에서 세 번째 서양식 호텔인 조선호텔을 개업했다. 조선호텔은 조선총독부와 경성역의 중간 지점이었고, 맞은편에는 경성부청사가 있었고, 조선은행과도 300미터 거리로 가까워 편리한 위치였다. 일본에 거주하던 독일 건축가 게오르크 데 랄란데가 설계한 호텔로 내부에 오티스가 제작한 엘리베이터 시설을 갖추고 있었다. 일본의 건축회사 시미즈구미가 건축을 시행하였다. 호텔에는 일본에 의해 많은 서양 문물이 들어왔고, 그 후에도 도쿄의 데이코쿠호텔 등과 같이 한반도의 영빈관 기능도 겸비한 호텔이 되었다.

출처: 위키백과

진남포항

평안남도 진남포시(현 남포직할시)에 있는 항구. 현재는 남포항이라고 한다.

대동강 어귀에서 상류로 30 km 떨어진 곳, 평양의 문호이자 관서(關西)지방의 해상 관문이다. 고려 말 증남포(甑南浦)라고 불러오다가 청일전쟁(1894~95) 때 일본군의 대병력이 상륙하여, 병참기지가 되었으며, 1908년 진남포부가 설치되면서 진남포항이 되었다. 이후 8·15광복 전까지 중국, 일본 등과 무역이 이루어졌다. 1952년 남포항으로 이름이 바뀌고, 평양공업지구를 배후에 지리적 이점에 힘입어 황해안 최대의 무역항, 군항으로 발전하였다. 항만시설로는 4개의 부두와 석탄 전용부두, 시멘트 전용부두(전체길이 1,890 m)가 있으며, 하역 능력 700만 t, 접안능력 2만t이다.

출처: 위키백과

1914

단기 4247년/대정 3년

조선총독부 시정 4주년 기념

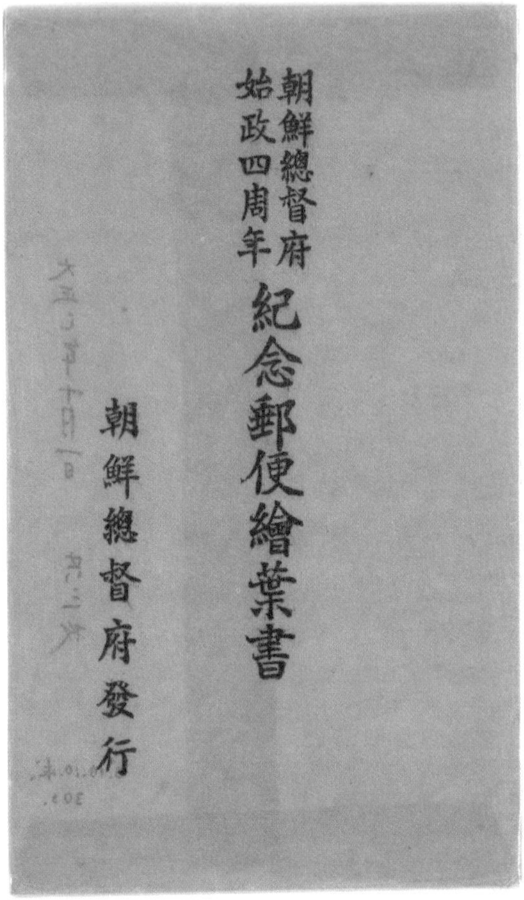

조선총독부 시정 4주년 기념회 엽서 봉피 조선총독부 발행

조선총독부 시정 4주년 기념

특수통신 일부인

조선총독부 관보 제636호

대정 3년(1914) 9월 14일 발행

사용 우편국 고시

사용 우편국 명

경성우편국	광화문우편국	용산우편국
남대문우편국	서대문우편국	인천우편국
개성우편국	수원우편국	용산우편국
공주우편국	대전우편국	강경우편국
목포우편국	광주우편국	청주우편국
전주우편국	대구우편국	군산우편국
마산우편국	진주우편국	부산우편국
해주우편국	평양우편국	춘천우편국
진남포우편국	원산우편국	鏡城우편국
신의주우편국	함흥우편국	회령우편국
의주우편국	청진우편국	나남우편국

사용 기일 대정 4년(1915) 10월 1일

사용 방법 제2종 우편물 날인

사용 기일 3일 경과후에는 1전 5리 이상 우표 첩부

1914년도 일제강점기의 경주 기생들

'청춘' 창간호(1914. 10)

한글학자 주시경

1914

단기 4247년/대정 3년

7월28일/제1차 세계대전 오스트리아,헝가리가 세르비아에 선전 포고/ 8월15일 파나마운하 개통/8월16일 경원선 전 구간 개통(용산-원산)/8월30일/독일제국 공군기 파리에 폭탄 투하(세계 최초의 공습)/10월17일 전라선 개통/10월18일 독일 프랑크푸르트 대학교 설립되었다.

경성 조선호텔

대한제국 국권 피탈 과정

1897년 강화도조약

1904년 한·일의정서

한일의정서(韓日議定書) 또는 조일공수동맹은 러시아와의 전쟁을 일으킨 일본이 중립을 주장하는 한국을 세력권에 넣기 위해 1904년 1월 대한제국 황성을 공격하여 황궁을 점령한 뒤 같은 해 2월 23일 강제로 체결한 조약이다. 일본이 한국을 협박하여 이지용과 하야시곤스케 명의로 공수동맹을 전제로 6개의 조항으로 한일의정서가 만들어졌다.

1904년 제1차 한일늑약

제1차 한일늑약(第一次韓日協約, 일본어: 第一次日韓協約)은 러일 전쟁이 한창 진행 중이던, 1904년 8월 22일에 대한제국과 일본 제국 사이에 체결된 협약이다. 협약의 정식 명칭은 한일 외국인 고문 용빙에 관한 협정서(韓日外國人顧問傭聘에 關한 協定書)이다.

1905년 을사조약(제2차 한일늑약)

을사늑약(乙巳條約) 또는 제2차 한일협약(第二次韓日協約)은 1905년 11월 17일 대한제국의 외부대신 박제순과 일본 제국의 주한 공사 하야시 곤스케에 의해 체결된 불평등 조약이다.

1907년 한일신협약

한일신협약(韓日新協約)은 1907(융희 1)년 7월 24일 대한제국과 일본제국 사이에 체결된 불평등 조약이다.

1909년 기유각서

기유각서(己酉覺書)는 융희 2년(1909년) 7월 12일, 대한제국과 일본 제국 사이에 체결된 조약이다.

기유각서의 공식 명칭은 대한제국 사법 및 교도행정 위탁에 관한 각서로서, 공식 명칭 그대로 대한제국의 사법권과 교도행정에 관한 업무를 일본에게 넘겨준다는 내용을 담고 있는 조약이다

1910년 한일병합

1915

단기 4248년/대정 4년

조선총독부 시정 5주년 기념

경성우편국

경성의 중심지인 조선은행 광장. 부근에 경성우편국이 자리하고 있다

경성우편국

경성우편국은 현재의 서울 중앙우체국 자리에 일제강점기에 현대식으로 신축한 우편국 건물이다. 당시 경성우편국의 청사는 1913년 10월에 착공하여 1915년 9월 15일에 준공되었 고 설계자는 미상이다. 지하 3층의 연건평 1,320평 넓이로 지어진 이 건물은 구조 양식이 르네상스식으로 웅장하고 화려했으며 외양은 붉은 벽돌과 석조로 혼합하여 건축되었다. 조선은행, 경성부청사, 총독부청사와 같이 중앙에는 근대적인 돔을 얹었고 창틀은 아치 형식으로 꾸몄다. 6.25전쟁 이후 반파되었고, 이후 철거되었다.

출처: 위키백과

1915

단기 4248년/대정 4년

조선총독부 시정 5주년 기념

명태 어장, 함경남도 신포, 부산 어시장

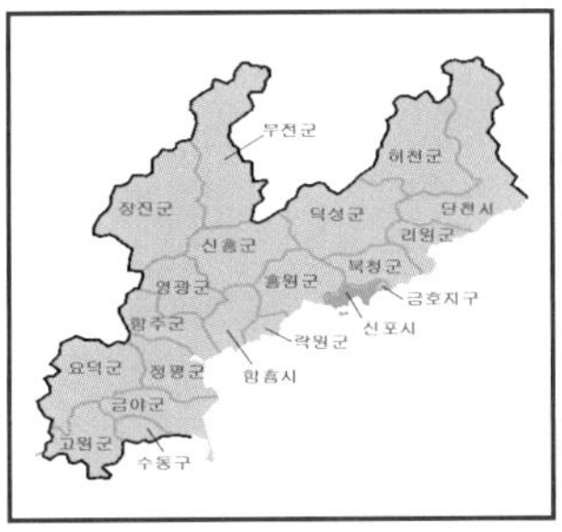

함경남도 신포시

신포시(新浦市)는 함경남도 동해안 중부에 위치한 도시이다

남쪽은 동해에 접해 있다. 해안에는 여러 섬들이 위치해 있으며, 특히 동 조선만에 접해 있다. 1월 평균 기온은 -4.1℃, 8월 평균기온은 22.6℃이고 연평균 강수량은 688mm이다. 북위 40° 05′·동경 128° 15′·북위 40.083°·동경 128.250°

동해안의중요한수산업기지이며, 특히 원양어업 기지이다. 신포 수산연합기업소와 수산협동조합 등이 있다.

KEDO가 건설하고 있는 경수로는 금호지구에 위치해 있다.

면적: 43Km2 인구: 152,759명(2008년기준) 동: 16개 리: 6개

1915년 수산물 생산 총액: ,600만 엔 어획고: 21,030천 엔

출처: 위키백과

부산어시장

1911년 수산물 수출입장으로 개장한 중앙어시장은 카시이 겐타로우가 설립한 부산수산주식회사에서 운영했다.

얼음 공장과 냉장 시설을 비롯해, 소금창고·수산물 염장고·건어물 창고를 갖추고 있었다. 경매장에서는 수산물 도매시장의 역할을 하여 밤낮으로 붐볐다.

자갈치 건어물 시장

1934년 11월 영도다리가 개통되면서 바로 옆에 조성된 시장이다. 2층 건물들이 일본식 건물(적산가옥)의 형태를 아직도 간직하고 있는데, 눈썹 지붕처럼 좁은 처마를 달아내거나 꽃모양을 넣은 철제 보호 난간을 창문마다 달아 놓았다

1915

단기 4248년/대정 4년

조선총독부 시정 5주년 기념

군산항 미곡 집적 상황·목포항 면화 집적 상황

일제강점기 군산항 미곡 집하장

군산항

전라북도 군산시, 개항 일시 1899년 5월

조선시대에 군산포진으로 불리는 조운 중심지였으며, 여객 부두와 화물 부두가 운영되고 있다. 청일전쟁 이후인 1899년 5월에 개항하였다. 이 곳은 개항 이전에도 조선의 중심지로서 군산창을 중심으로 7개 읍의 미곡 집산지·군산포영을 중심으로 군사·통신 기지, 조선3대 시장의 강경과 연결, 구한말 인천세관이 군산 앞 바다에서의 밀어획을 감시하기 어려워 강경시장과 교역하고 있었던 밀무역선을 단속해야 했기 때문에, 조정에서는 군산항 개항을 서두르게 되었다. 일본은 자국에서의 쌀 수요 증대로 호남 평야에서 생산되는 쌀을 반출하기 위해 개항을 요구, 일제의 수출품은 다른 개항장에서 볼 수 없었던 미곡이 약 90%를 차지하였다

출처: 위키백과

일제강점기 년도별 군산항 미곡 생산 및 수 · 이출량

년도	대정 원년(1911)	대정 2년(1913)	대정 3년(1914)
작부 반별	981,943정보	1,046,047정보	1,079,341정보
수확고	8,982,000석	10,090,645석	12,159,177석
수이출 수량	577,930석	874,583석	133,870석

1915

단기 4248년/대정 4년

조선총독부 시정 5주년 기념

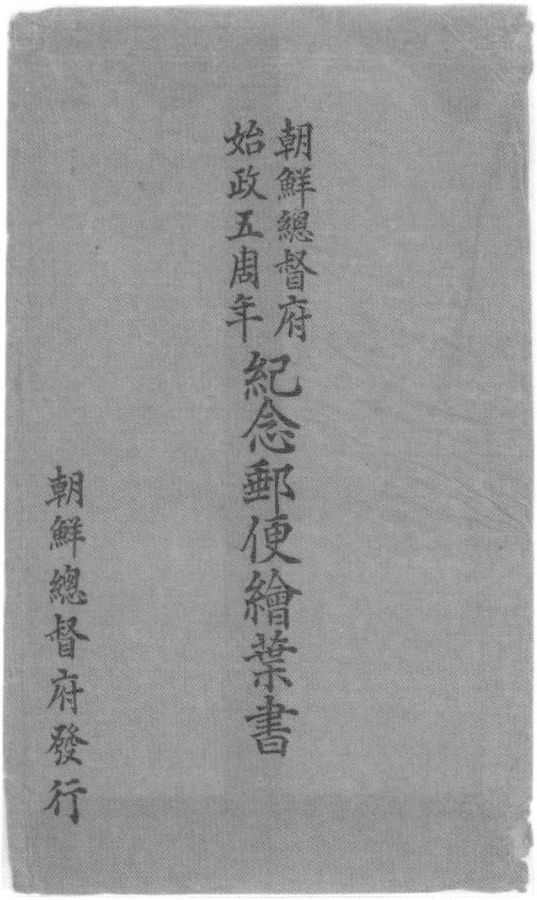

조선총독부 발행

1915. 10. 1

조선총독부 시정 5주년 기념

특수통신 일부인

조선총독부 관보 제 231호
대정 4년(1915) 9월 16일 발행

사용 우편국 고시

사용 우편국 명

경성우편국	광화문우편국	용산우편국
남대문우편국	서대문우편국	인천우편국
개성우편국	수원우편국	용산우편국
공주우편국	대전우편국	강경우편국
목포우편국	광주우편국	청주우편국
전주우편국	대구우편국	군산우편국
마산우편국	진주우편국	부산우편국
해주우편국	평양우편국	춘천우편국
진남포우편국	원산우편국	鏡城우편국
신의주우편국	함흥우편국	회령우편국
의주우편국	청진우편국	나남우편국

사용 기일 대정 4년(1915) 10월 1일
사용 방법 제2종 우편물 날인
사용 기일 3일 경과 후 에는 1전 5리 이상 우표 첩부

조선총독부 시정 5주년 기념 우편회 엽서 봉피
일제강점기에 최초의 전시회 '조선물산공진회'가 열렸다.

1915년은 금요일로 시작하는 평년이다

2월 11일 미국 수학자 리처드 해밍 탄생
3월 5일 프랑스의 수학자, 필즈상 수상자 로랑 슈와르츠 탄생
3월 26일 대한민국의 소설가 황순원 탄생
4월 15일 미국 워싱턴 D. C.의 첫 흑인 시장 월터 워싱턴 탄생
5월 18일 대한민국 시인 서정주 탄생
8월 17일 대한민국 기업가 김인득 탄생
9월 16일 대한민국 아동문학가 강소천 탄생
11월 25일 대한민국의 기업가 정주영 출생

이춘근 신부

이춘근 라우렌시오 신부는 덕원 성 베네딕도 수도원 소속 성직수사였다.
1915년 3월 8일, 서울 대목구의 유명한 교우촌 신암리(경기도 양주군 남면 신암리)에서 아버지 이공명(李公明, 바오로)과 어머니 홍 베로니카 슬하의 3남 4녀 가운데 차남으로 태어났다.
왜관 수도원의 이근재 부르노 수사(1925. 8. 6~2006. 7. 18)가 이춘근 신부의 동생이다.
출처: 위키백과

1915

단기 4248년/대정 4년

조선총독부 시정 5주년 기념

조선총독부 시정 5주년 기념 조선물산공진회 기념엽서

일제강점기 훈기장

일제강점기 훈기장(日帝强占期의勳記章)

소화 3년(1928)에 조선총독부가 친일파 수훈자에게 수여한 대례기념장

러일전쟁 이후 일제강점기 동안 일본제국이 조선인에게 수여한 훈장과 기장. 일제강점기에게 조선인에게 많이 수여된 기장으로는 한국병합 기념장과 대례 기념장이 있다.

일제 강점기의 훈장 서훈 내역은 대한민국에서 알려지지 않다가, 2005년에 한국방송공사가 일본 내각이 보유한 자료를 찾아내 서훈자 명단을 발표했다.

한국병합 기념장(韓國併合 記念章)

1910. 8월의 한일병합조약 체결과 한일병합을 기념하기 위하여 1912년에 수여한 기장이다. 한일병합에 관계한 관리, 대한제국의 왕족을 비롯하여 광범위하게 받았다. 우치다료헤이도 병합에 기여한 일본인도 이 기장을 수여받았다.

대례기념장(大禮記念章)

다이쇼(大正) 일왕과 쇼와(昭和) 일왕 때 수여된 것으로 구분되며, 다이쇼 대례기념장은 1912년의 다이쇼 일왕 즉위를 기념하여 즉위식에 초대한 사람들에게 수여한 기장이며, 쇼와 대례기념장은 1926년의 쇼와 일왕 즉위를 기념하여 즉위식에 초대한 사람들에게 수여되었다.

서훈자(敍勳者)

약 3천 3백 명의 명단을 입수하여 방송하였다. 서훈자 가운데는 대한민국 검찰총장, 대법원장, 참모총장 등 요직을 지낸 인물들이 포함되어 있었다. 3천 3백 명을 직업별로 분류하면, 교육자(684명), 군수(499명), 군속(268명), 육군 군인(192명) 경찰(154명), 총독부 공무원(141명), 판사(55명), 검사(18명) 순이었고, 서훈을 받은 군수 499명 중 147명은 태평양전쟁 종전 후에도 계속 군수로 일했다.

출처: 위키백과

1915

단기 4248년/대정 4년

대례 기념회 엽서
즉위예시신전어식장

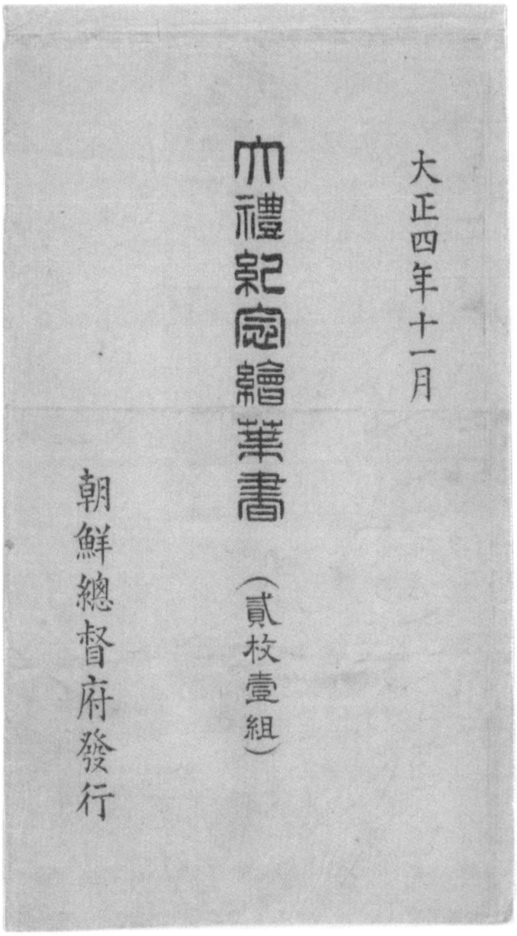

조선총독부 발행
대례기념 국산 진흥 동경박람회기념

특수통신 일부인

조선총독부 관보 제175호
소화 3년(1928) 3월 2일 월요일 발행
사용 우편국 대례기념 국산진흥 동경박람회 우편국
사용 기간소화 3년(1928) 3. 24 ~ 5. 22일까지
사용 방법 영수소인, 기념 소인 우편 회 엽서 특수 통신 일부인 사용

조선총독부 고시 제696호. 소화 3년 3월 20일

친일 매국노 분류

1. 매국: 21명
2. 수작·습작: 137명
3. 중추원: 337명
4. 제국의회: 11명
5. 관료: 1,207명
6. 경찰: 880명
7. 군: 387명
8. 사법: 228명
9. 친일단체: 487명
10. 종교: 202명
11. 문화·예술: 174명
12. 교육·학술: 62명
13. 언론·출판: 44명
14. 경제: 55명
15. 지역 유력자: 69명
16. 해외: 908명
17. 기타: 김명학·김진국

민족문제연구소 친일인명사전 수록자 명단

출처: 민족문제연구소 친일인명사전

민족문제연구소가 2009년 11월 8일에 편찬한 친일인명사전에 수록된 자들에 관한 명단이다.
전체 인원은 중복 분류된 인물을 제외하면 4,776명이며 여러 분야에 중복 수록된 인물 431명을 포함하면 총 5,207명이다.

을사오적

권중현(權重顯) - 수작·습작, 중추원
박제순(朴齊純) - 수작·습작, 종교
이근택(李根澤) - 수작·습작, 중추원
이완용(李完用) - 수작·습작, 중추원
이지용(李址鎔) - 수작·습작, 중추원

정미칠적(1906-1907)

고영희(高永喜) - 수작·습작, 중추원
송병준(宋秉畯) - 수작·습작, 중추원
이병무(李秉武) - 수작·습작
이완용(李完用) - 수작·습작, 중추원
이재곤(李載崑) - 수작·습작, 중추원
임선준(任善準) - 수작·습작, 중추원
조중응(趙重應) - 수작·습작, 중추원

경술국적

고영희(高永喜) - 수작·습작, 중추원
민병석(閔丙奭) - 수작·습작, 중추원
박제순(朴齊純) - 수작·습작, 종교
윤덕영(尹德榮) - 수작·습작, 중추원,
이병무(李秉武) - 수작·습작
이완용(李完用) - 수작·습작, 중추원
이재면(李載冕)
조민희(趙民熙) - 수작·습작, 중추원
조중응(趙重應) - 수작·습작, 중추원

1915

단기 4248년/대정 4년

조선총독부 시정 5주년 기념

조선물산공진회 기념엽서

조선총독부 시정 5주년 기념 조선물산공진회 기념엽서 시정 5년 기념 조선물산공진회 경성 협찬회 발행

▲ 매일신보에 보도한 공진회 회장 조감도

▲ 세종로에서 광화문까지 석탑으로 장식한 도로

▲ 장식한 남대문

시정 5년 기념 조선물산공진회

시정 5년 기념 조선물산공진회(始政五年記念朝鮮物産共進會)는 1907년 조선 최초로 개최된 경성박람회(京城博覽會)의 뒤를 이어, 1915년 개최된 본격적인 대규모 박람회였다. 회기는 1915년 9월 11일 부터 10월 31일까지로 50일 간이었고, 장소는 경성부의 경복궁이었다. 회장의 건축물은 경복궁의 일부 전각을 허물고 신축되었으며, 근정전 주위의 회랑을 포함하여 일부 경복궁의 건축물들도 전시장으로 이용되었다. 그 전시장의 총규모는 5,226평으로 경성박람회(1907년)에 비하면 10배 가까이 커진 것이었다. 한편, 회장 전체 부지의 면적은 72,800평이었으며, 출품된 진열품의 수는 48,760여 점이었다. 전시 내용은 총 13개 부문으로 나뉘어 조직되었다. 분류는 상품별이 아닌 산업이나 행정 부문에 따라 이루어졌으며, 이는 상품의 선전뿐만 아니라, 식민통치의 성과를 전시하는 목적이 있었음을 보여주는 것이다. 공진회는 치밀하게 계획되었다. 산업, 교육, 위생, 토목 건축, 교통 등 모든 분야를 전시하도록 되어 있었고, 산업은 다시 농업, 임업, 수산업으로 세분되어 있었다. 한국의 경제뿐 아니라 일본의 경제도 소개했음은 말할 것도 없다. 매일신보는 원래 1904년 영국인 배설(裵說. Ernest T. Bethel) 이 창간해서, 국·영문, 한글판, 한문과 한글 판으로까지 발전한 대한매일신보(大韓每日申報)를 합병한 뒤 매일신보(每日申報)로 이름을 바꾸었다. 매일신보는 유일한 조선어 일간신문으로 조선총독부 기관지로 만든 이 신문은 연일 공진회 보도를 했고, 아울러 부록도 발행했다. 전시회장인 경복궁의 조감도와 평면도를 자세히 보도했다. 9월11일 오전9시 경복궁 근정전에서 조선총독의 개회선언으로 공진회가 개막. 관람은 주간과 야간에도 있었다. 밤하늘을 환하게 비친 공진회장은 틀림없는 구경거리였을 것인데, 매일신보는 '채광의 용궁(採光의 龍宮)'이라 했다. 이 신문에는 연일 공진회 기사와 사진 보도가 있었고, 아울러 여러 회사, 상점들의 축하 광고가 즐비했다.

출처: 위키백과

1915

18세 영친왕

Latest Photograph of Heir to Prince Yi, Jr.

이은(李垠) 1897-1970 출처: 대정 4년 8월 1일 발행 역사사진 8월호 부록에 실린 사진
대한제국 황태자(의민태자, 영친왕)
1915년 5월 28일 중앙 유년학교 우등 졸업 후 근위 제 2연대 입영 당시 기념

1915

1915년 당시 경성우편국 신축 현장 모습

竣工近き京城郵便局

경성우편국 신축 현장　대정 4년 8월 1일 발행 역사 사진 8월호 부록에 실린 사진
당시 경성우편국의 청사는 1913년 10월에 착공하여 1915년 9월 15일에 준공되었다.
지하 3층의 연건평 1,320평 넓이로 지어진 이 건물은 구조 양식이 르네상스식으로 웅장하고 화려했으며,
외양(外樣)은 붉은 벽돌과 석조로 혼합하여 건축되었다.
본 사진 자료에 의하면 남대문통 조선은행 앞에 공사비 약 3만원이 들었다고 기록하고 있다.

1915년 9월 15일에 준공된 경성우편국
New Post Office, Seoul

New Post Office, Seoul.

대정 4년 8월 1일 발행 역사사진 8월호 부록에 실린 사진

1915

경복궁 근정전

景福宮の勤政殿

1915년 당시 경복궁 근정전 모습 대정 4년 8월 1일 발행 역사 사진 8월호 부록에 실린 사진
사진 기록에 의하면 520년 전에 세워진 경복궁 내 최대 외관을 자랑하는 건물이라 소개하고 있다.

경복궁·근정전(勤政殿)

근정전(勤政殿)은 경복궁의 정전으로, 정면 5칸에 측면 5칸인 다포계 팔작 지붕의 중층 건물이다.

현재 근정전은 국보 223호로 지정되어 있는 현존하는 한국 최대의 목조 건축물이다.

근정전은 조선 시대 궁궐의 법전 가운데 유일하게 상월대와 하월대에 난간을 두르고 복을 가져다주는 돌짐승들을 조각해 놓았는데, 이는 경복궁이 법궁으로서 갖는 위상을 근정전의 격식을 통해 잘 보여주고 있는 것이다. 상월대의 난간에는 방위신에 해당하는 사방신(四方神)을 동서남북의 방향에 맞게 조각해 놓았고, 상월대와 하월대의 난간 곳곳에는 십이지신(十二支神)과 상서로운 동물(瑞獸)들을 조각해 근정전을 화려하게 장식했다. 또한 임진왜란 이전에는 지붕이 용 문양으로 장식된 청자기와로 지어져서 푸른 유리 지붕처럼 아름다웠다고 한다.

출처: 위키백과

우장춘(禹長春) 박사 [II]

1916년 4월 동경제국대학 농학실과에 입학했다. 대학교를 나온 후 일본 농림성 농사시험장 고원(雇員)으로 취직했고, 그를 아꼈던 데라오 박사의 도움으로 농사시험장 기수(技手)가 됐다. 1936년 5월 4일에는 그의 모교에서 '종(種)의 합성'이라는 논문으로 농학박사 학위를 받았다. 1949년에 한국농업과학연구소를 창설한 이승만 정부는 우장춘에게 연구소의 운영을 부탁했고, 그는 1950년 3월 8일 대한민국에 귀국했다. 우장춘은 일본인 부인과 자녀들을 일본에 남겨두었을 뿐만 아니라 그들에게 한국어 교육을 전혀 시키지 않았기 때문에 아직도 이승만 정부는 우장춘을 믿지 못했고, 차라리 급기야는 그의 출국마저도 금지했다. 모친상을 당했을 때도 그는 아직도 일본으로의 출국이 금지되었기 때문에 원예시험장의 강당에서 어머니의 위령제를 지냈으며, 그 당시에 받았던 조의금을 개인적으로 사용한 것이 아니라 원예시험장에 물이 부족했기에 '자유천'이라는 우물을 파내도록 하고 사용하게 하였다. 채소종자의 육종 합성에 성공하고 벼의 수도이기작(水稻二期作)을 연구하였다. 우장춘 박사는 씨 없는 수박을 만들기도 했는데 이는 농업과학협회에서 개발된 여러 작물 종자들을 보급하기 위해 홍보용으로 만든 것이었다. 씨 없는 수박을 처음 만든 사람은 일본인이며 기하라 히토시가 1947년에 만들었다.

-880 페이지에 이어짐-

1915

조선공론사 주최 용산 철도국 · 오성구락부 야구대회

대정 4년 8월 1일 발행 역사 사진 8월호 부록에 실린 사진

대한민국 야구 역사

1904년 필립 질레트의 주도로 창설된 황성 YMCA 야구단의 탄생을 시작으로 대한민국 야구의 역사가 시작되었다.

1913년, 황성 YMCA 야구단과 호각을 다투던 일본인 야구팀인 성남구락부가 해체된 후, 성남구락부의 주축 멤버들이 철도국에 모여 용산철도국이 창단하게 되었고, 이어 오성학교 출신들과 황성 YMCA 야구단 출신들이 중심이 되어 만든 오성구락부가 조선야구 최강자에 도전하는 팀으로 떠올랐다. 오성구락부는 홍준기(투수), 장두칠(투수), 박천병(포수), 이상호(포수), 이원용(1루수), 이운호(2루수), 이석찬(3루수), 황영일(유격수), 방한용(좌익수), 이태훈(좌익수), 박승철(중견수), 이관수(우익수)로 구성되어 있는데, 이들은 1914년에 방문한 제3차 동경유학 야구팀을 상대로 첫날 경기는 19:12로 패배, 둘쨋날에는 9:8로 승리를 거두며 1승 1패를 기록해 자신들의 실력을 만천하에 알렸다.

이어 11월 10일 당대 최강의 야구팀으로 불리던 용산철도국과의 훈련원에서 가진 경기에서 14:13으로 1점차 승리를 거두며 당대 최강이라는 이름을 오성구락부가 가져가게 되었다. 이후 용산철도국은 자존심을 되찾기 위해 오성구락부에 도전장을 냈으나 또다시 9:5로 승리를 거두며 당시 나라를 잃은 한국인들에게 통쾌한 승리를 안겨주었다. 그러나 이 두번의 승리 이후 오성구락부는 용산철도국과의 대결에서 승리하지 못했다. 1915년 6월 13일, 용산철도구장에서 열린 조선공론사 주최 전조선야구대회에서 4:1로 7회 콜드게임을 당했으며, 10월 31일에 철도구락부가 개최한 경룡추계야구대회에서도 아쉬운 패배를 맞이했다. 1917년 이후 오성구락부를 비롯한 실업야구팀들은 경제적인 여건이 열악해 실업야구의 힘은 대폭 빠지게 되었고, 중학교 야구팀들만이 한반도의 야구의 주축을 담당했다.

출처: 위키백과

1915

1915년 다동 기생조합

대정 4년[1915] 2월 8일 다동기생조합 제2회 기념

妓生の舞踊姿

대정 4년 8월 1일 발행 역사사진 8월호 부록에 실린 사진

다동기생조합[茶洞妓生組合]

1913년에 서울 다동에 설립된 기생조합.

무부기조합으로 불리기도 했다. 다동기생조합이라는 이름은 서울 중구 다동에 있는 기생조합이라는 뜻이다.

그러나 다동기생조합이라는 이름은 설립 초부터 불렸던 이름은 아니었다. 다동기생조합 설립 초기에 세간에서는 이 조직을 무부기조합이라고 불렀다. 그러나 무부기는 다동조합 설립 이전에도 있었고, 또, 다동조합 설립 이후부터 모든 기생 조합은 무부기 조합이었다. 그럼에도 불구하고 이들을 무부기 조합이라고 부른 이유는 다동기생조합이 무부기를 명분 삼았던 기생들이 주동하여 만든 집단이기 때문이다. 1910년대 이후부터 1920년대까지 서울에서는 지방 출신 기생들이 상경하여 장안의 기생 수가 꾸준히 늘어났다. 지방 기생의 상경 및 서울 정착은 서도 출신 기생을 선두로 시작되었다. 그러나 지방 기생의 서울 정착은 서울 토박이 기생들 때문에 쉽지 않았다. 20세기 이후 서울 출신 기생들은 새로운 제도에 적응하면서 자신들의 활동 영역을 개척했지만, 한편으로는 조선 후기의 시정음악계로부터 이어져 내려왔던 오랜 전통을 기반으로 활동하기도 했기 때문이다. 따라서 타 지역 출신 기생들이 집단적으로 서울에 근거지를 갖기 위해서는 이들 서울 출신 기생들에 대응할 만한 새로운 전략이 필요했다. 다동기생조합은 설립 초기에는 무부기조합으로 불렸고, 1915년부터는 다동조합이라고 불렸으며, 1918년는 대정권번으로 변화되었다.

출처: 위키백과

1915

1915년 논산 관촉사 미륵보살입상

역사 사진 대정 4년 8월호에 게재된 관촉사 전경

논산 관촉사 배례석(論山灌燭寺 拜禮石)

충청남도 논산시 관촉사 석등에서 약 10m 동쪽으로 떨어진 화단 안에 있는 것으로, 절을 찾은 불자들이 부처님께 합장하고 예를 갖추는 장소로 사용되는 석물이다. 부처님께 예(禮)를 올리던 곳에 놓은 직사각형의 받침돌(臺石)로 바닥에서 2단의 직각 괴임을 새기고, 그 사방의 면석(面石)에는 안상(眼象)을 새겼다. 윗면에는 가운데 커다란 연꽃을 중심으로 좌우에 그보다 작은 연꽃 두 송이를 돋을 새김하였다. 연꽃은 단판(單瓣) 8엽(葉)이며 중앙에는 커다란 둥근 자리(圓座)가 있고, 그 안에는 가운데 1개와 그 주위에 8개의 자방(子房 이 연주문(蓮珠文)처럼 돌려져 있는데 음각(陰刻)으로 새겼다. 연꽃의 잎 끝이 뾰죽하며 그 사이에 다시 중판(重瓣)의 연꽃잎을 뾰죽하게 돋을 새김하였다. 제작 연대에 대한 이설(異說)이 많으나 제작기법으로 보아 관촉사 석조미륵보상입상과 같은 시대에 만들어진 것으로 생각되어 진다

출처: 위키백과

우장춘(禹長春) 박사 [III]

우장춘 박사는 이것을 대한민국에서 처음으로 만들어 시연하였기 때문에 우장춘 박사가 씨 없는 수박을 최초로 만든 것으로 인식되기도 하였었다. 우장춘은 1957년 부산시 제1회 문화상 과학부문상을 받았다. 1958년 농림부 농사원 원예시험장 대표 수장이 되고, 1959년 두 번째로 대한민국 문화포장을 받았다. 그의 연구소는 학생들의 수학여행 견학코스가 되기도 하였고 연구소에서는 늘 고무신 차림이었기에 '고무신 박사'라고 불리기도 하였다. 한국에 온 지 9년이 되던 우장춘은 1959년 8월 10일, 향년 62세의 나이로 아내 와타나베 고하루(한국명 우소춘) 여사가 지켜보는 가운데 병사하였다. 그의 묘소는 경기도 수원 농촌진흥청 내 여기산에 있으며, 2003년 4월 21일 과학기술인 명예의 전당에 헌액됐다.

우장춘 박사의 연구 성과(研究成果)

- 연구 성과바이러스 감염에 취약한 강원도 감자를 개량했다.
- 코스모스를 길거리를 아름답게 하는 꽃으로 권했다.
- 일본 재래 배추와 양배추를 교배, 한국 환경에 맞는 배추를 개발했다.
- 제주도 환경에 적합한 감귤 재배를 권했다.
- 페튜니아를 화초로 가꿀 수 있도록 겹꽃 개량종을 개발했다.
- 종의 합성이론을 제창하여 진화론의 새지평을 이루었으며, 이 내용은 현대 유전학 교과서에서도 중요한 내용으로 소개되고 있다.
- 유채를 일본으로부터 도입하여 제주도에서 재배할 수 있는 계기를 제공했다.
- 대한민국 문화포장

1915

1915년 경성 파고다(탑골) 공원

Pagoda Park, SEOUL

1915년 당시 파고다공원 풍경 대정 4년 8월 1일 발행 역사 사진 8월호 부록에 실린 사진

탑골공원(塔谷公園)은 대한민국 서울특별시 종로구 종로2가에 있는 공원이다.

뼈모양의 탑이 있어 탑골(塔骨) 공원으로 불리기도 한다.

사적 제354호로 지정되어 있는 탑골공원은 국내 최초의 도심 내 공원으로 1919년 일제에 항거하는 3·1운동이 일어났던 곳이다.

1919년 3월 1일 민족대표 33인의 이름으로 독립선언서가 낭독되었는데, 이곳은 고려시대 흥복사가 있던 자리였는데 탑이 생기면서 탑동(塔洞)으로 불리다가 탑동공원(塔洞公園)·파고다공원이 되었다. 원래는 파고다공원으로 불렸으며, 면적은 19,599 m²이다. 수도권 전철 1, 3, 5호선이 만나는 종로3가역과 가깝고 근처에는 낙원 악기상가가 위치해 있다. 서울에 마련된 최초의 공원이며, 한국에서 한국인을 위해 처음으로 만들어진 공원이다.

탑골 공원은 고종 때 원각사 터에 조성한 최초의 공원이다.

탑골이라고 불린 것은 최근의 일이고 이전에는 탑이 있는 공원이라고 해서 영어식 발음으로 파고다라고 했다.

원각사지 10층 석탑은 현존하는 대한민국 국보 지정 석탑 가운데 가장 후대에 속하는 것으로 그 형태와 평면이 특수하며, 모두 대리석으로 만들어졌다. 또한 수법이 세련되고 화려해 조선시대 석탑 중 가장 우수한 작품으로 손꼽힌다. 최근에는 노인들의 휴식처로도 알려져 있고, 관광객들의 발걸음을 찾아보기 힘들 정도가 되었다.

출처: 위키백과

1915

1915년 창덕궁 인정전과 돈화문

Reception Room in and Gate to Changtok Palace

1915년 당시 창덕궁 인정전과 돈화문의 모습 대정 4년 8월 1일 발행 역사 사진 8월호 부록에 실린 사진

창덕궁 인정전(昌德宮仁政殿)

창덕궁의 정전으로 왕이 외국 사신을 접견하고 신하들로부터 조하를 받는 등 공식적인 국가행사를 치르던 곳이다.

창덕궁 인정전은 태종 5년 창덕궁 창건 때 지은 건물로, 임진왜란 때 소실되었다가 광해군 즉위년에 복구되었다.

이후 순조 3년 선정전 서행각에서 난 화재로 다시 소실되고, 이듬 해에 중건된 후, 철종 7년 해체·보수공사를 하여 현재에 이르고 있다. 인정전 앞뜰의 품계석은 정조 6년에 설치된 것이다.

인정전 좌·우로는 동행각 36칸과 서행각 38칸이 딸려 있다.

출처: 위키백과

심훈(沈熏, 1901~ 1936)

일제강점기 독립운동가, 소설가, 시인, 언론인, 영화배우, 영화 감독, 각본가

친일 성격을 띄었던 가족들과는 달리 1919년 3·1 운동에 참여하였고, 이로 인해 감옥에 투옥되고 학교선 퇴학 처분이 되었다. 이후 중국에서 잠시 체류하기도 했으며, 귀국 후에는 동아일보 기자로 활동하였다. 1927년에는 일본으로 건너가 영화 공부를 하여 영화 먼동이 틀 때를 제작하기도 하였다. 동아일보에서 브나로드 운동을 진행할 때에는 장편 소설 상록수를 집필해 당선되었으며, 이듬해 장티푸스에 사망하였다. 1920년에는 중국 상하이로 건너가 세인트 존스 대학교 철학과에 입학하였다. 그러나 이듬해 1921년 결국 중퇴한 뒤, 중국 항저우로 가서 저장대학교 극문학과로 재입학했다. 하지만 이마저도 이듬해 1922년에 중퇴하고, 극문회를 조직하였다. 중국에 망명하는 동안 베이징에서 신채호와 이회영 등과 교우하며 열정적으로 독립운동을 부르짖었다.

1915

1915년 국내 최장 철근 콘크리트 다리

Longest Bridge in Chosen at Hekiteikwan, not far from Seoul, Built of Iron and Concrete

Longest Bridge in Chosen at Hekiteikwan, not far from Seoul, Built of Iron and Concrete. (10)

1915년 당시 국내 최장 철근콘크리트 다리 대정 4년 8월 1일 발행 역사 사진 8월호 부록에 실린 사진

길이 63.6m

폭 5.4m

위치 경기도 고양군 벽제면 대자리

대한제국에서 제정한 도량형에 따르면, 1간(間)은 6자, 약 181.8cm이다.

국권회복단(國權恢復團)

1915년 경상북도 달성(지금의 대구광역시 달성군)에서 조직된 독립운동단체.
박상진(朴尙鎭)이 1915년 1월 동지들과 함께 국권회복운동과 단군봉사(檀君奉祀)를 목적으로 조직하였다.

출처: 한국민족문화대백과사전

1915

1915년 토지조사사업

Goverument Land Survey Work

1915년 토지조사사업 대정 4년 8월 1일 발행 역사 사진 8월호 부록에 실린 사진

경기도 여주지방 지형 측량, 토지조사국 정리과 토지대장 제작, 토지조사국 제도과 면적 계산, 전라남도 무안군 측량 광경

조선토지조사사업(朝鮮土地調査事業)은 1910년부터 1918년까지 일본이 한국의 식민지적 토지 소유 관계를 확립하기 위하여 시행한 대규모의 조사 사업이다. 한국의 토지 제도는 원칙적으로 국유제로서 각 관청이나 관리에게 준 사전도 토지의 수조권을 이양한 데 불과하며 경작권도 농민이 가지고 있어서 토지의 근대적인 소유 관계는 없었다. 따라서 수조권을 가진 지배 계급과 경작권의 소유자인 농민은 다같이 그 토지를 자기의 소유로 생각하였고 특히 토지가 공동체의 소유인 경우에는 공동체의 구성원 전체가 자기의 토지라는 생각을 가지고 있었다. 이러한 현상은 우리 상호간에는 큰 문제가 되지 않았으나 자본주의의 세례를 받은 일본인에게는 곤란한 일이었으니, 토지를 사려 해도 소유자가 명확치 않아 누구를 상대해야 할지를 몰랐고, 더욱이 소유를 증명할 문서가 구비되지 않았으며 면적 단위와 경계선도 명백하지 않았다. 이와 같이 애매하고 혼란한 재래의 토지 소유의 관계를 정리개편함은 일본이 한국에서 식민지 정책을 수행하는 데 무엇보다도 앞서야 할 필수 조건이었다. 따라서 근대적 토지소유권의 확립을 목표로 일본은 이미 1905년 통감부 정치의 출현과 더불어 그 기초 사업을 착수하는 한편 이듬해부터는 외국인의 토지 소유를 법적으로 확인하는 '토지가옥증명규칙·토지가옥저당규칙'을 반포, 토지 가옥의 매매 저당 ·교환·증여에 대한 법적 기초를 만들었다. 이러한 준비를 거친 후 1910년 초에는 우리 정부 내에 토지조사국을 설치, 토지 조사 사업의 단서를 확립하고 한일병합이 되자 토지조사국을 조선총독부 임시 토지조사국으로 개칭하여 본격적인 사업을 시작하였다.

출처: 위키백과

1915

1915년 첨성대(瞻星臺)

Ancient Astronomical Observatory at Kyoungju

Ancient Astronomical Observatory at Kyongju.

1948.10.1
제1차 보통우표

19.12.18
우문마크투문용지보통

1980.3.15
제3차 그라비아보통

1915년 통감 일행 기념 사진
대정 4년 8월 1일 발행 역사 사진 8월호 부록에 실림.

첨성대(瞻星臺)

경주시 반월성 동북쪽에 위치한 신라 중기 석조 건축물로, 선덕여왕 때에 세워진, 현존하는 동양 최고(最古)의 천문대로 알려져 있다. 첨성대는 신라의 왕궁이 있었던 월성 북쪽에 위치하고 있다. 362개의 화강암 벽돌을 사용하여 원통형으로 축조하였다. 높이는 9.17미터. 돌로 27층을 쌓았으며, 꼭대기에는 다시 우물 정(井) 모양의 2층의 천장돌이 있다. 13층에서 15층에 이르기까지 정남향의 네모난 문이 있고, 이 문의 아래로 12층이 있고, 위로 13층이 있으므로 첨성대 위아래의 중간에 문이 위치한다. 내부에는 12단까지 흙이 채워져 있고, 여기에 사용된 돌의 수는 362개이다. 내부에 19단과 20단, 25단과 26단이 장대석을 이루고 있다.

출처: 위키백과

1915

1915년 불국사의 황폐한 모습

Bulkuk-Sa Monastery at Kyongju

1915년 당시 황폐한 모습의 불국사, 우측에 다보탑이 보인다. 대정 4년 8월 1일 발행 역사 사진 8월호 부록에 실린 사진

불국사(佛國寺)

불국사(佛國寺)는 대한민국 경상북도 경주시 동쪽 토함산에 있는 대한불교 조계종 소속 사찰이다.
신라시대인 경덕왕에서 혜공왕 시대에 걸쳐 대규모로 중창되었다.
신라 이후 고려와 조선시대에 이르기까지 여러 번 수축되었으며, 임진왜란 때에는 불타버렸다.
불국사고금창기에 따르면 불국사는 신라 법흥왕 15년 528년에 왕모 영제 부인의 발원으로 지어졌고, 574년에 진흥왕의 어머니인 지소부인이 중건하면서 비로자나불과 아미타불을 주조해 봉안하였다고 적고 있다. 문무왕 10년 670년에는 무설전을 새로 지어 이곳에서 화엄경을 가르쳤다고 한다. 그러나 현재와 같은 모습, 오늘날 불국사의 상징물로 알려진 석탑(석가탑·다보탑)이나 석교 등의 축조를 포함한 대규모 중창불사가 이루어진 것은 신라의 재상 김대성에 의해서였다. 삼국유사 권 제5 효선9 대성효이세부모에는 김대성을 신라 신문왕 때, 혹은 경덕왕 때의 사람이라고 기록하였으나, 오늘날에는 경덕왕 때의 사람이며 불국사의 창건도 경덕왕 10년의 일로 보고 있다. 삼국유사에는 십이연기 불교의 윤회설에 따라 김대성 자신의 전생의 부모님을 위해 석굴암 석불사를, 현생의 부모를 섬긴다는 뜻에서 불국사를 창건하였으며, 공사를 마치기 전에 죽자 국가에서 나서서 완성시켰다고 한다.

출처: 위키백과

1915

1915년 볏짚 가마니 짜는 모습과 공판장

Manufacture and Pu'Chaso of Straw Bags at Yeizanpo

1915년 전라남도 영산포 가마니 제조 판매 조합 공판장 모습과 가마니 짜는 모습
대정 4년 8월 1일 발행 역사 사진 8월호 부록에 실린 사진

풍기광복단(豊基光復團)

1910년대에 경상북도 풍기에서 채기중(蔡基中)이 결성한 항일운동단체.
1913~1915년 해외독립운동기지 건설과 관련하여 독립군 군자금 모집과 국내외 연락활동을 전개하였고, 1915년 박상진(朴尙鎭)의 조선국권회복단(朝鮮國權回復團)의 일부 인사와 함께 대한광복회(大韓光復會)를 결성하여 친일인사, 악질 부호 처단에서 큰 성과를 거두었다.

출처: 한국민족문화대백과사전

1915

1915년 황해도 신천 지방 혼례식 후 다과상 광경

A Korean Bridal Procession

대정 4년 8월 1일 발행 역사 사진 8월호 부록에 실린 사진

폐백(幣帛)

신부가 혼례를 마치고 시댁에 와서 시부모를 비롯한 여러 시댁 어른들에게 드리는 첫인사.
신부는 미리 친정에서 준비해 온 대추·밤·술·안주·과일 등을 상 위에 올려놓고 큰절을 올림.
요즈음 신식 혼례에서는, 식을 마치자마자 그 날로 예식장 또는 시댁에서 행하는 경우가 많음.

1915

1915년 포박과 수갑을 찬 의병장 채응언 장군과 일본 헌병 상등병

Tsai Eungwon, the Notorious Bandit Chief Recently Captured I and His Captor Gendarma Tanaka

대정 4년 8월 1일 발행 역사 사진 8월호 부록에 실린 사진

최후의 의병장 채응언(蔡應彦) 장군 모습

1915년 체포된 국내 최후의 의병장 채응언 장군의 모습

형 집행 전 가혹한 구타와 고문을 당한 모습이다.

의병장 채응언(蔡應彦. 1879-1915년11월4일. 평안남도 심천 출생)

1907년 항일 의병 투쟁에 뛰어든 채응언은 황해도를 중심으로 함경남도, 강원도, 평안남도에서 활동했다.

당시 그는 백년산 호랑이라 불리며 전설적인 의병장으로 불렀다. 주로 일본의 헌병부대와 경찰서를 습격했다고하며 그의 목숨에 현상금이 내걸렸다고 한다.

1915년 그는 고향 심천에서 누군가의 밀고로 인해 위치가 노출되어 일본 헌병들에게 추적당했고 격투 끝에 일본 헌병에게 체포되었다고 한다.

그는 평양 형무소에서 사형 선고를 받고 형장의 이슬로 사라지며 순국하였다.

출처: 위키백과

1915

1915년 경성 불란서 교회당과 수녀와 고아

French Cathedal in Seoul and Korean Girl Orphans under care of French Nuns.

대정 4년 8월 1일 발행 역사 사진 8월호 부록에 실린 사진

1915년 인천 월미도 가스제조소

Gas Generating House on Wolmi Island, Chemulpo

대정 4년 8월 1일 발행 역사 사진 8월호 부록에 실린 사진

1915

1915년 단원 김홍도 과로기마독서도

Painting by Korean Artist Dan-eu

단원 김홍도의 과로기마독서도 일본인 소장
대정 4년 8월 1일 발행 역사 사진 8월호 부록에 실린 사진

김홍도(金弘道, 1745년 ~ 1806년)

조선 후기 화가이다.

본관은 김해, 자는 사능(士能), 호는 단원(檀園)·단구(丹邱)·서호(西湖)·고면거사(高眠居士)·취화사(醉畵士)·첩취옹(輒醉翁)이다. 경기도 안산시 단원구는 그의 호 단원을 따온 이름이다.

정조 시대 때 문예부흥기의 대표적인 화가로 여겨진다. 그는 산수화, 풍속화에서 큰 비중을 차지하는 화가였지만 고사 인물화 및 신선도, 화조화, 불화 등 모든 분야에서 독창적인 회화를 구축한 화가이다.

출처: 위키백과

1915

1915년 금강산 보덕굴 · 만물상 풍경

Futoku-Kutsn Monastery in Diamond Mountain

Manmulsang in Diamond Mountain

대정 4년 8월 1일 발행 역사 사진 8월호 부록에 실린 사진

금강산 보덕굴 전설

보덕은 가난한 집 딸이었다. 그녀는 어렸을 때부터 아버지와 함께 걸식을 하면서 떠돌아다니다가 금강산으로 들어와 절벽에 있는 굴에 거처를 정하고 둘이 살고 있었다. 이들은 가난한 살림 속에서도 불법을 매우 숭상하였다. 하루는 보덕이 성글게 짠 베로 주머니를 만들더니 아버지에게 주면서 그것을 폭포 옆에 걸어 두고 물을 퍼서 가득 채우라는 것이었다. 아버지가 의아하게 생각하자 보덕은 다만 "물이 가득 차면 도리를 알게 될 것입니다. 하고 말할 뿐이었다.

이 때 금강산에서 수도하던 스님이 보덕의 아름다운 모습에 반해서 항상 사모하는 마음을 가지고 있었다. 그러던 어느 날 스님은 보덕에게 자신의 연정을 고백하자 보덕은 자신이 모셔 둔 부처님 그림을 가리키면서 스님을 준열히 꾸짖었다. "그림으로 그린 부처님도 공경히 모시는데, 하물며 살아있는 부처에게 어찌 그런 생각을 품을 수 있겠습니까." 말이 끝나자 마자 보덕은 금빛 찬란한 관세음보살로 변하는 것이었다. 스님은 진심으로 빌면서 불도에 매진하겠노라고 맹세하였다. 보덕은 다시 아버지에게 삼베 주머니에 물을 채웠느냐고 물었다. 아버지는 성근 삼베 주머니에 어찌 물을 채울 수 있겠느냐며 시큰둥하게 대답하였다. 그러자 딸은 "무엇이든 한 가지로 마음을 먹으면 도가 이루어지는 것입니다. 아버지는 지금까지 삼베주머니에는 물을 채울 수 없다는 마음으로 부었으니 어찌 물을 채울 수 있었겠습니까?" 하였다. 이에 아버지는 온 마음을 다해 물을 부었더니 삼베주머니에 물이 가득 차는 것이었다. 이 이야기를 들은 사람들은 후일 그 굴에 세 사람의 조각상을 만들어 모셔 두었으며, 이 굴을 보덕굴이라고 불렀다.

출처: 위키백과

1915

1915년 창덕궁 창경원 수정 풍경

Small lake in the garden of Changtok Palace

대정 4년 8월 1일 발행 역사 사진 8월호 부록에 실린 사진

1915년 광화문과 남대문 야간 조명 풍경

Kangwha and South Gates Illuminated

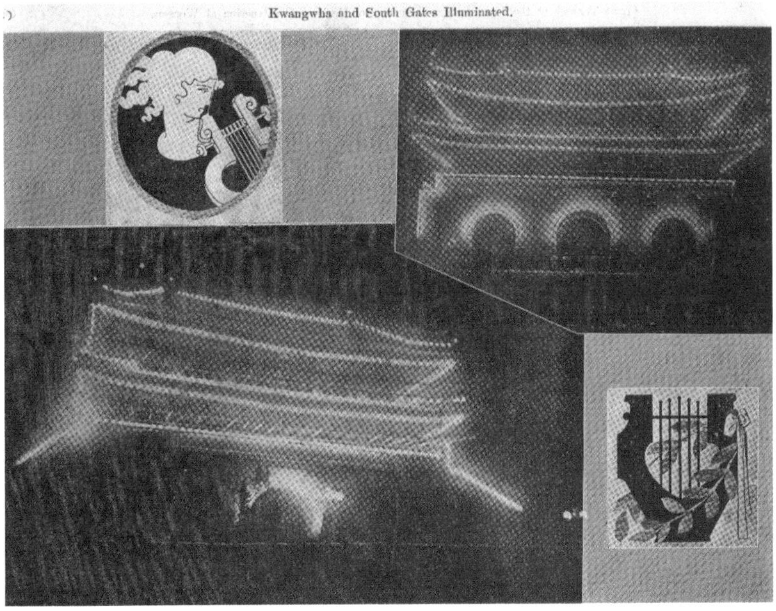

대정 4년 8월 1일 발행 역사 사진 8월호 부록에 실린 사진

1915

1915년 경성 대호우로 침수된 시가지

Recent Floads in Seoul

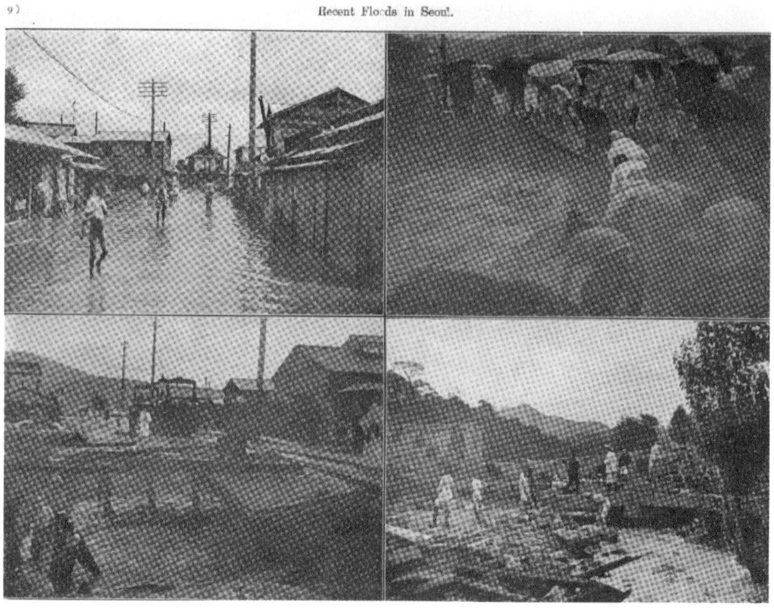

대정 4년 8월 1일 발행 역사 사진 8월호 부록에 실린 사진

1915년 경성 한강 하류 서빙고 수영장 풍경

Swimming Berth on Han River

대정 4년 8월 1일 발행 역사 사진 8월호 부록에 실린 사진

1915

1915년 이왕비 전하 조모 군수안당 정경부인 장의 행렬

Funeral of Grand-mother of Princess Yi Junior

대정 4년 8월 1일 발행 역사 사진 8월호 부록에 실린 사진

덕혜옹주

덕혜옹주(德惠翁主, 1912년 5월 25일 ~ 1989년 4월 21일)는 조선의 제26대 왕이자, **대한제국**의 초대 황제였던 **고종**과 **귀인 양씨** 사이에서 태어난 고명딸이다. 황녀로서 덕혜라는 호를 하사받기 전까지 '복녕당 아기씨'로 불렸고, 1962년 '이덕혜'(李德惠)로 **대한민국**의 국적을 취득하였다. **일제 강점기 경기도 경성부 덕수궁**에서 태어나 **경성일출공립심상소학교** 재학 중에 **일본**의 강제적인 요구에 따라 유학을 명분으로 **도쿄**로 보내져 일본 황족들이 공부하는 학교인 **여자 가쿠슈인**에서 수학하였다. 1931년 옛 **쓰시마 번주** 가문의 당주이자 **백작 소 다케유키**와 정략 결혼을 하여 1932년 딸 **소 마사에**를 낳았다. 그러나 이즈음 **조울증**, **우울장애**, 반복성 우울 장애와 더불어 **정신장애**인 **조현병**(정신분열증) 증세를 처음 보였으며, 결혼 이후 병세가 악화되었다. 1946년부터 마쓰자와 도립 정신병원에 입원하였고, 1955년 이혼하였다. **대한제국**의 멸망 이후에 태어났으므로 엄밀히 황족은 아니며, **일본**의 왕공족 신분이었다. 1962년 기자 **김을한**과 영친왕의 부인 **이방자**의 협조로 **대한민국**으로 영구 귀국하여 **창덕궁 낙선재** 내의 수강재에서 거주하다가 1989년 뇌졸중으로 사망하였다. 유해는 **경기도 남양주시 금곡동**의 **홍유릉** 부속림에 안장되었다

출처: 위키백과

1915

1915년 조선 귀족 사립 경성유아원

Kindergarten in Seoul for Korean Children

대정 4년 8월 1일 발행 역사 사진 8월호 부록에 실린 사진

1915년 조선 소학 아동 체조 광경

대정 4년 8월 1일 발행 역사 사진 8월호 부록에 실린 사진

1915

조선 각 도 장관회의 기념 촬영

總督官邸に於ける晩餐會の記念寫眞

1915년(대정 4년) 조선 각 도 장관회의 기념 촬영
대정 4년 8월 1일 발행 역사 사진 8월호 부록에 실린 사진
조선 각 도 장관회의
1915년(대정 4년) 6월 15일~19일
재 경성총독부 개회
앞줄 중앙 데라우치 마사타케 제 1대 총독

신한혁명당(新韓革命黨)

41915년 중국 상하이(上海)에서 조직되었던 독립 운동 단체.

1915년 3월 북경에 있던 성낙형(成樂馨)·유동열(柳東說) 등 독립 운동가들이 상해로 가서 박은식(朴殷植)·신규식(申圭植) 등 동제사 간부와 이상설(李相卨)·이춘일(李春日)·유홍렬(劉鴻烈) 등을 만나 신한혁명당의 조직을 협의하였다.

그들은 제1차 세계대전이 독일의 승리로 끝날 것이고, 종전 뒤 독일은 연합국의 일원인 일본을 공격할 것이며, 이때 일본과 원한이 깊은 중국은 독일과 함께 일본을 공격할 것이라고 향후의 세계정세를 전망하였다. 그리고 바로 그 시기를 조선이 독립할 기회로 보았다.

출처: 한국민족문화대백과사전

1915

1915년 조선공론사(公論社) 주최 하계강연회

Summer Lecture Meeting held in Seoul under auspices of the Chosen Korea

Summer Lecture Meeting held in Seoul under auspices of the Chosen Korea.

대정 4년 8월 1일 발행 역사 사진 8월호 부록에 실린 사진

시정 5주년 기념 조선물산공진회(始政 五周年 記念 朝鮮物産共進會)

일제강점기인 1915년에 열린 행사로, 일본 제국이 조선 식민 지배를 정당화하기 위해 5주년 기념, 축하 사업으로 벌인 일종의 지역구 박람회이다. 1915년 9월 11일부터 10월 31일까지 진행되었으며, 개최 장소는 경복궁이었다.

'함께 나아간다'는 뜻의 '공진(共進)'이라는 명칭에서도 알 수 있듯이, 일제의 무단 강점 통치 5년을 마치 '같이 발전했다'는 식으로 날조하려는 것이 이 박람회의 주요 목적이었다.

일제는 1913년부터 자신들의 무단통치를 다른 나라에 합리적인 수단인 것처럼 홍보할 장기적인 계획을 세우고 실행에 옮겼는데, 그 중 대표적인 사업 중 하나가 바로 이 조선물산공진회이다. 한반도 산업을 진흥시키고 문명을 개화했다는 명분을 내세워 당시 조선인들의 자주성을 흐리게 하고, 나아가서 식민 지배의 성과를 대내외적으로 홍보함과 동시에 장기 식민지화의 정당성을 부여하는 데 그 목적이 있었다.

최종적으로 대대적인 박람회 개최로 방향을 잡은 일제는 당시 '정궁'이라 불리며 조선 왕조의 근간이 되었던 경복궁을 행사 장소로 잡고, 1913년 9월부터 미술관과 진열관 2동의 시설물 공사를 시작으로 본격적인 행사장 공사를 시작한다. 약 2년에 걸친 공사 기간 동안 경복궁의 수많은 건물들이 멋대로 이전되거나 아예 철거되는 등 많은 수난을 겪었는데, 최종적으로 약 4000칸 정도의 건물이 사라졌으며 행사가 끝난 뒤 제자리에 살아남은 건물은 근정전, 경회루, 교태전 등 극히 일부였다.

행사장에 진열된 물품들은 대부분 한반도 각지에서 생산된 것이었으나, 당시 직거래 루트가 확보된 도쿄, 오사카, 나가사키 등에서 생산된 일본의 상품들도 병행 전시되었다. 이들 병행 전시된 상품들은 일본의 우수한 생산력과 품질을 앞세워 조선인들의 자존심을 꺾는 주요 수단이 되었으며, 나아가서 일제에 대한 경외심을 만들려 하는 목적도 내포되어 있었다. 자연스럽게 대부분 식민통치 당시의 성과를 일본 제국의 입맛에 맞게 미화한 자료들로 구성되었는데, 이를 위해 일반적인 생산품과 시설물 이외에도 각종 통계 자료를 추가해 조선통감부에 정당성을 부여하려 온갖 노력을 기울였다.

출처: 위키백과

1915

1915년 공진회장 내 철도 특별관

Railway Building of the Seoul Industrial Exhibition

대정 4년 8월 1일 발행 역사 사진 8월호 부록에 실린 사진

조선물산공진회(朝鮮物産共進會)

1915년 9월 11일부터 10월 30일까지 일제가 일부 건물을 훼손하거나 수축하여 경복궁에서 전국의 물품을 수집·전시한 대대적인 박람회.

일제는 한국을 강제로 병합한 이후, 한국인에게 군사력과 경찰력으로 철저한 물리적 통제를 가하였다.

그들은 또 한편으로는 지배의 합법성을 창조하고 유지하기 위해 문화와 역사를 교묘하게 왜곡하거나 조작하면서 한국민의 상대적 열등성을 과학적으로 증명하는 작업을 병행하였다.

또한 1910년대에 무단정치를 실시하면서 일제는 동시에 동화주의를 표방하였다. 그들은 총독정치가 조선인민의 복리를 증진하는 데 기여한다고 강변하면서 병합으로 한국민은 큰 혜택을 입고 있다고 선전하였다.

일제는 병합의 정당성을 합리화하고 이른바 조선의 진보와 발전을 한국민에게 전시하려는 의도에서, 시정(施政) 5년을 기념한다는 명분으로 조선물산공진회를 개최하여 전국의 농민들까지 강제동원하며 관람하게 하였다.

이 박람회에 출품된 품목들은 한국에서 생산된 물품뿐만 아니라 일본의 생산품으로서 한국민에게 필요하다고 생각되는 품목과 외국의 수입품 중에서 판로 확장이 필요하다고 인정되는 품목들이 추가로 전시되었다.

동시에 박람회에는 산업, 교육, 위생, 토목, 교통, 경제 등에 관한 시설 및 통계를 망라한다는 전시원칙이 정해졌다.

전시내용을 구체적으로 보면 다음과 같다. 농업부(農業部)에는 오곡(五穀), 연초, 인삼, 대마(大麻), 과실, 채소, 양잠, 가축, 비료, 농구, 농작법 및 성적 등이 포함되어 있다. 척식부(拓植部)는 이민 모집, 배치, 보호, 감독 방법 및 성적으로 구성되어 있다.

출처: 한국민족문화대백과사전

1915

조선 엄비 장례 행렬

대정 4년 8월 1일 발행 역사 사진 8월호 부록에 실린 사진

순헌황귀비(純獻皇貴妃)

순헌황귀비 엄씨(純獻皇貴妃 嚴氏, 1854.2.2/음1.5~1911.7.20)는 대한제국 황제 고종의 후궁이다. 대한제국 성립 이후 황비로 책봉되었다.

8세에 입궐하여 을미사변 직후 고종의 시중을 들다 총애를 받아 영친왕(은)을 출산하고 이후 상궁에서 귀인으로, 순빈을 거쳐 순비가 되었다가 1903년에는 황귀비가 된다. 일설에는 계비란 말을 쓰기도 하는데 계비란 정식으로 책봉된 두 번째 정궁(正宮)을 가리키는 말이므로 황후가 아닌 황귀비에 책봉된 순헌황귀비에게는 옳지 않은 칭호이다.

본관은 영월이며, 1854년 1.5일 서울에서 증찬정(贈贊政) 엄진삼(嚴鎭三)의 맏딸로 태어났다 1905년 양정의숙(양정고등학교)을, 1906년 사립 명신여학교(明新女學校)를 용동궁[현 서울특별시 종로구 수송동 79번지]에 설립하였다. 초대 교장에 이정숙 여사가 취임하였고, 1909년 5월 1일 숙명고등여학교로, 1911년 사립 숙명여자고등보통학교로 교명을 변경했다. [현 숙명여자중학교 · 숙명여자고등학교]

출처: 위키백과

1915

이준공 전하(李埈公殿下)

H. H. Prince Yi Chun

대정 4년 8월 1일 발행 역사 사진 8월호 부록에 실린 사진

영선군 이준용(永宣君 李埈鎔, 1870년 7월 23일(음력 6월 25일) ~ 1917년 3월 22일(양력))은 조선의 왕족, 문신, 군인, 친일파이자, 대한제국의 황족, 군인, 교육인으로, 고종황제의 형 흥친왕 이재면의 아들이자, 흥선대원군의 적장손이다.

본관은 전주로, 자(字)는 경극(景極), 호는 석정(石庭) 또는 송정(松亭). 별칭은 무루공자(無淚公子). 영선군(永宣君)의 작위를 받았으며, 고종의 조카이자 정치적 라이벌이었다. 초기에는 반일적 성향이었으나, 만년에는 신궁봉경회 총재를 지냈다. 1894년 김학우(金鶴羽) 암살 사건의 배후로 몰려 체포, 투옥 후 고문을 받았으며 특사로 석방되었다.

석방된 뒤 주차일본공사(駐箚日本公使)와 그해 11월 27일 육군참장(陸軍參將) 등을 지냈다. 이에 아울러 그는 을미년 왕세자 작위 선양 파동 사건에도 간접 연루되었지만 고종의 다른 대안자와는 달리 그는 적극적으로 왕위에 오르려는 시도를 하여 고종을 긴장시켰다 을사조약 체결 이후 교육, 왕위 계승을 단념하고 계몽운동의 중요성을 역설하였다. 1912년 이희공으로 강등된 아버지 흥친왕이 죽자 준(埈)으로 개명한 뒤 공(公)의 지위를 상속받아 '이준공'(公)이 되었다.

출처: 위키백과

1916

단기 4249년/대정 5년

조선총독부 시정 6주년 기념

임익수리조합 제언익류언 태천관개사업 천방강제언

임익수리조합 제언익류언(臨益水利組合 提堰溢流堰)

1909년 2월1일자로 탁지부에서 인가를 얻은 임익(臨益)수리조합이었다. 임익조합은 2군(임피·익산군) 6면(황등·북일·오산·서수·임피·대야) 등의 18리였다. 임피군은 군산시의 이전 행정 구역 명칭이다.

임익수리조합과 동양척식주식회사 관개사업

조합명칭	소재지	공사비	준공 연월	관개반별
임익수리조합	전라북도 옥구군, 익산군	387,000원	명치 44년(1911) 5월	월3천 정보
동양척식주식회사	평안북도 구성군, 태천군	460,000원	대정 4년(1915) 12월	1천9백 정보

동양척식주식회사, 일제 경제 수탈 사령부

수탈기관인 동양척식주식회사 경성지사

동양척식주식회사는 일본 제국이 조선의 경제 독점과 토지·자원의 수탈을 목적으로 세운 국책회사이다. 동양척식주식회사는 대영제국의 동인도회사를 본뜬 식민지 수탈기관으로 1908년 제정한 동양척식회사법에 의해 세워졌다.

형태	국책 주식회사	주요 주주	조선총독부
창립	1908년	자회사	남양흥발주식회사
창립자	이토 히로부미		동아권업주식회사
해체	1945년		만몽모직주식회사
사업 지역	일본제국		천도경편철도회사
자본금	2천만엔		북만전기주식회사

조선청년 항일투쟁

1926년 12월 28일 오후 2시 서울시내 한복판에서 한 조선 청년이 조선식산은행과 동양척식주식회사에 폭탄을 던지고 일경과 동양척식회사 직원을 비롯하여 7명을 살상시킨 항일투쟁 사건이다.

출처: 위키백과

1916

단기 4249년/대정 5년

조선총독부 시정 6주년 기념

조선피혁주식회사 공장·동아연초주식회사 공장

연도별 축우두수 · 우피산액 · 엽연초 작부반별 및 산액

연도별	축우 두수	우피 산액	작부반별(연초)	산액(연초)
대정 2년(1913)	122,011 마리	4,152,834 근	211,708 정보	4,507,657 관
대정 3년(1914)	1,338,401 마리	4,881,204 근	110,771 정보	4,370,682 관
대정 4년(1915)	1,353,531 마리	7,211,880 근	113,604 정보	4,841,805 관

한상룡(韓相龍)

1880 ~ 1947

일제강점기의 관료 겸 금융인, 기업인

조선총독부 중추원의 참의와 고문을 지냈으며 본관은 청주이다.

이완용과 이윤용이 그의 외삼촌이며 조선귀족 한창수와도 친척 관계인, 유력한 친일파 집안 출신으로 한관수(韓觀洙)의 아들로 서울 재동에서 태어났다. 관립 영어학교를 졸업한 뒤 1898년 일본 제국으로 유학했고, 이때부터 일본 제국의 고위 인사들과 친분을 맺을 수 있었다.

2002년 발표된 친일파 708인 명단과 2008년 민족문제연구소에서 친일인명사전에 수록하기 위해 정리한 친일인명사전 수록예정자 명단에 모두 포함되었다. 2009년 친일반민족행위진상규명위원회가 발표한 친일반민족행위 705인 명단에도 포함되었다.

출처: 위키백과

1916

단기 4249년/대정 5년

조선총독부 시정 6주년 기념

해인사 고려대장경판전·석왕사

합천 해인사(海印寺)

경상남도 합천군 가야면 치인리 10번지.

해인사는 대한민국 경상남도 합천군 가야면 치인리 가야산 중턱에 있는 사찰로서 팔만대장경이 세계기록유산·팔만대장경을 보관하는 장경판전이 세계문화 유산으로 지정. 대한불교 조계종 제 12교구 본사로 150여 개의 말사를 거느리고 있다. 불교의 삼보사찰 중 법보 사찰로 유명하다.

대적광전의 본존불은 비로자나불이다.

국보 제 32호 합천 해인사 대장경판

국보 제 52호 합천 해인사 장경판전

고려대장경판전(高麗大藏經版殿)

경상남도 합천군 가야산에 있는 해인사(海印寺) 장경판전(藏經板殿)은 13세기에 제작된 팔만대장경(八萬大藏經)을 봉안하기 위해 지어진 목판 보관용 건축물이다. 주불전 뒤 언덕 위에 세워진 단층 목조건물로 15세기에 건립된 것으로 추정된다. 처음부터 대장경을 보관하기 위한 건물로 지어졌고 창건 당시의 원형이 그대로 보존되어 있다. 대장경 자체도 중요한 기록 유산이지만 판전 또한 아름답고 건축사적 가치가 높은 유산이다. 장경판전은 두 개의 긴 중심 건물 사이에 작은 두 개의 건물이 하나의 마당을 가운데 두고 마주보도록 배치되어 있다. 건물 자체는 장식적 의장이 적어 간결, 소박하며 조선 초기의 목구조 형식을 보여준다.

국보 제94호

석왕사(釋王寺)

강원도 금강군 설봉리

석왕사(釋王寺)는 강원도 금강군 설봉산 기슭에 있는 사찰로 고려 말 또는 조선 초기에 건립. 조선 시대와 일제강점기 동안에는 함경남도 안변군에 속해 있었다. 광복 당시의 행정구역은 함남 안변군 석왕사면 사기리(沙器里)였다.

1916

단기 4249년/대정 5년

조선총독부 시정 6주년 기념

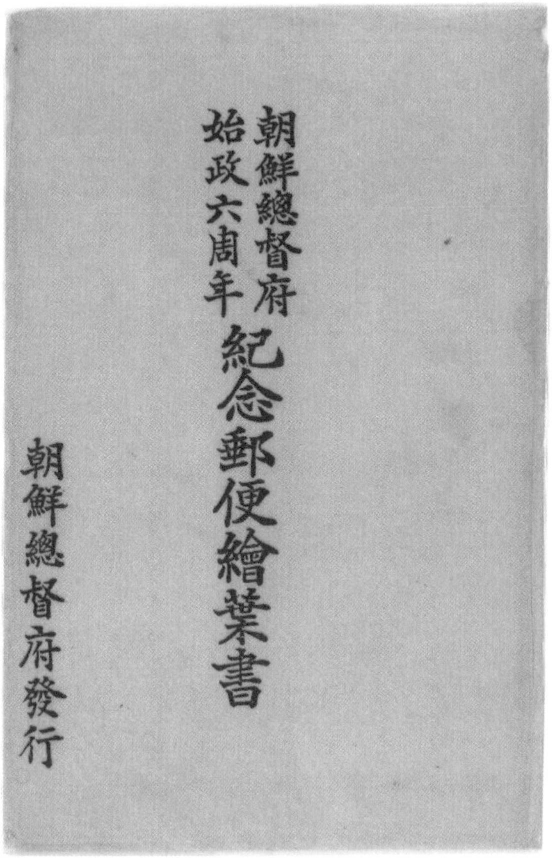

조선총독부 시정 6주년 기념 우편회 엽서 봉투 조선총독부 발행

나철[羅哲] 1863년 전남 보성 출생

나철은 1863년 전라남도 보성에서 태어났다.

원래 이름은 '인영'이고 호는 '홍암'이다. 21살 때 과거에 장원 급제하여 많은 사람들의 기대를 한 몸에 받았다. 그러나 부정자라는 아주 낮은 벼슬을 했을 뿐이다. 당시는 일본의 간섭이 매우 심했던 시기라, 그래서 나철처럼 일본에 대항하던 사람들은 높은 벼슬에 오를 수 없었다. 그는 결국 벼슬에서 물러나 '유신회' 라는 비밀체를 구성, 독립운동을 했다. 일본으로 건너간 그는 일본 왕과 대신들에게 한국의 독립을 주장, 그러자 그들은 오히려 그에게 뇌물을 주어 꾀려고 했다. 그는 국내에 있는 친일파를 제거하겠다는 생각으로 이듬해 귀국했다. 그러나 1년 후인 1905년 우리나라가 일본에 외교권을 빼앗긴 을사조약이 체결되었다. 나철은 그 조약에 찬성한 5명의 대신들[을사 오적]에 대해 암살할 계획을 세웠지만 실패 후 체포되었다. 재판에서 10년의 유배를 선고받고 귀양살이를 하던 중 병이나 귀양에서 풀려났다. 1909년 단군을 믿고 따르는 '단군교'를 만들어 항일 투쟁을 펼쳐 나갔다. 일제가 대종교를 법으로 금지하자 이에 분노한 그는 구월산으로 들어가 유언장 한 장만을 남겨둔 채 자결했다. 이후 단군교는 그 이듬 해 '대종교'로 이름이 바뀌었다.

출처: 위키백과

대정실업친목회[大正實業親睦會]

1916년 서울에서 조직되었던 친일 단체.

일명 대정친목회. 1910년 일제가 강제로 우리나라를 병탄한 뒤 모든 결사를 금지시켰던 무단정치기의 유일한 단체로 1916년 11월에 설립되었다.

출처: 한국민족문화대백과사전

1916

단기 4249년/대정 5년

19세 영친왕

Heir to Prince Hi, Jr., at his Risidence at Torii Zaka, Tokyo

鳥居坂御用邸に於ける李王世子殿下

영친왕(앞 중앙) 1916년 1월 28일 19세 당시 육군 중앙 유년학교 졸업 후 근위 제 2연대 입대 입영전 (육군 보병 소위 군복 착용 모습)기념 사진 출처 대정 4년 8월 1일 발행 역사 사진 8월호 부록에 실린 사진

의민태자(懿愍太子) 1897. 10. 20~1970. 5. 1

의민태자(懿愍太子, 1897년 10월 20일~1970년 5월 1일)는 대한제국의 황태자이자 일본 제국의 군인이다.

휘는 은(垠), 아명은 유길(酉吉), 자는 광천(光天), 아호는 명휘(明暉), 명신재(明新齋)이며, 본관은 전주. 사후에 전주이씨 대동종약원에서 문인무장지효명휘의민황태자(文仁武莊至孝明暉懿愍皇太子)라는 시호를 올렸으나 정식 시호가 아닌 사시이다. 황태자로 책봉되기 이전의 작호인 영친왕(英親王)으로도 알려져 있다.

조선의 제26대 왕이자 대한제국의 초대 황제 고종의 일곱째 아들이며, 어머니는 순헌황귀비 엄씨이다. 순종과 의친왕, 덕혜옹주와는 이복 형제이다. 1897년에 경운궁 숙옹재에서 태어나 의친왕을 제치고 병약하여 아들이 없었던 순종의 황태자로 책봉되었다. 1907년에 이토 히로부미에 의하여 강제로 일본 유학을 떠났다. 1910년에 한일병합으로 대한제국 황제가 왕으로 격하되면서 왕세자가 되었으며, 1920년에 일본 황족 나시모토노미야 마사코 내친왕과 정략혼인을 하였다. 1926년에 순종이 승하하자 왕위를 계승하여 제2대 창덕궁 이왕(李王)이 되었다. 육군사관학교와 육군대학교를 졸업하였고, 제국 육군에 입대하여 계급이 중장에 이르렀다. 1963년에서야 혼수상태인 채 대한민국에 영구 귀국하여 병상에서 생활하다가 1970년에 창덕궁 낙선재에서 사망하였다. 유해는 경기도 남양주시 금곡동의 홍유릉에 안장되었으며, 원호는 영원(英園)이다. 이은이 대한제국의 황태자였음에도 불구하고 제국 육군에 복무하였고, 일본 황족과 결혼하였으며, 그에 준하는 대우를 받았다는 것에 대해서 친일 논란이 있다. 2009년에 《친일인명사전》을 발간한 민족문제연구소는 사실상 볼모의 처지였다는 사실을 감안하여 인명사전 명단에서 제외하였다.

출처: 위키백과

1916

서향각 이왕세자비

Princess Yi Jr., and Countess Kodama

昌德宮宙合樓に於ける李王妃殿下

1916년 6월 16일 이왕세자비와 사내감독 부인, 총독 식녀 등과 함께 창덕궁 주합루 서향각에서 기념 촬영
대정 4년 8월 1일 발행 역사 사진 8월호 부록에 실린 사진

주합루(宙合樓)

주합루는 정조 원년(1776)에 창건된 2층 누각건물이다.
아래층에는 왕실 직속 기관인 규장각을, 위층에는 열람실 겸 누마루를 조성했다.
규장각은 정조의 개혁 정치를 뒷받침하기 위해 정책 개발과 이를 위한 도서 수집 및 연구기관으로 설립되었다.
정조는 세손시절부터 정적들로부터 끊임없는 질시와 위협에 시달렸는데, 이에 굴하지 않고 학문 연구와 심신 단련에 힘을 써 위대한 계몽군주가 될 수 있었다. 주합루로 오르는 길에 작은 어수문이 있다. '물고기가 물을 떠나 살 수 없다'는 격언과 같이 통치자들은 항상 백성을 생각하라는 교훈이 담겨진 문으로, 정조의 민본적인 정치 철학을 보여준다.

출처: 문화재청

서향각(書香閣)

창덕궁의 후원 주합루의 서쪽에는 이름이 아름다운 건물이 있는데 '책의 향기'의 뜻을 가진 건물.
이 건물은 동향하고 있으며, 주합루의 부속건물이며, 정조가 이 지역을 대대적으로 개발할 때 같이 세워졌다.

1917

단기 4250년/대정 6년

조선총독부 시정 7주년 기념

제1대
데라우치마사타케
(寺内正毅)
1910~1916

제3대
사이토마코토
(齋藤實)
1919~1927

임시
우가키 가즈시게
(南次郎)
1931~1936

조선총독부 시정 7주년 기념 우편회 엽서
제2대 조선총독 하세가와 요시미치(長谷川)

제4대
야마나시 한조
山梨半造
1927~1929

제5대
사이토마코토
(齋藤實)
1919~1927

제6대
우가키 가즈시게
(南次郎)
1931~1936

제8대
고이소 구나아키
1942~1944

제9대
아베 노부유키
1944~1945.9.28

제 7대
미나미 지로
(南次郎)
1936~1942

하세가와 요시미치(長谷川)

조선총독부 제2대 조선총독
하세가와 요시미치는 일본의 군인, 정치인, 외교관이다.
일본 제국 육군 원수를 역임했고,1916~1919년까지 제 2대 조선총독
하급 군인출신으로 보신전쟁에 참전하였으며, 오사카 군사학교를 졸업 후 세이난전쟁과 청일전쟁에 참전. 러일전쟁에도 참여하여 압록강 회전과 라오양 회전에서 승리하고 남작이 되었으며 1904년 육군대장으로 진급하였다.
일제강점기에는 조선주둔 일본군사령관을 역임했다.

1917

단기 4250년/대정 6년

조선총독부 시정 7주년 기념

용강 쌍영총 선도벽화(龍岡 雙楹塚 羨道壁畫)

위치 : 평안남도 용강군 지운면 안성리

조선총독부 시정 7주년 기념 우편 회 엽서
조선총독부 발행

쌍영총(雙楹塚)은 평안남도 용강군 지운면(池雲面) 안성리(安性里)에 있는 고구려 시대의 흙무덤(土塚 토총)이다.

고구려 벽화 고분기 제1기의 분묘로 전실과 현실 사이의 통로에 좌우로 팔각돌기둥이 하나씩 서 있어 쌍영총(두 기둥이 있는 무덤)으로 명명되었다.

쌍석주(雙石柱) 석실의 형식은 중국의 원강석굴(雲岡石窟)을 모방한 것으로 보인다.

이 분묘는 고구려 후기 건축의 호화를 보인 것으로 석실의 구조가 아주 기발한 것 외에도 고구려 고분 중에도 당시의 풍속을 말해 주는 남녀거마(男女車馬)의 그림이 많아 고구려 고분 중에서도 특히 귀중한 자료로 평가되고 있다.

이와 같은 고분은 통구의서강(西岡)61, 62호, 삼실총(三室塚), 평양 근교의 강서 우현리 고분(江西遇賢里古墳) 매산리 사신총(梅山里四神塚) 등이 있다.

용강 쌍영총 선도벽화(龍岡 雙楹塚 羨道壁畫)

출처: 위키백과

장정수(張正秀)-3·1운동

1902~1965 경상남도 창녕 출생

1919년 3월 13일 청녕군 영산읍(靈山邑)에서 남경명(南景明)·장철희(張哲熙) 등과 함께 동리 뒷산에 모여 시위하기로 계획하고, 마을 청년 30여명을 동리 뒷산에 모여 시위군중과 함께 독립만세를 고창하다가 일경에 피체되었다. 5월 24일 대구지방법원에서 소위 보안법 위반으로 징역 1년형을 언도받고 공소하여, 6월 25일 대구복심법원에서 징역 8월로 감형되어 다시 상고하였다가, 9월 8일 고등법원에서 기각당하여 8월의 옥고를 치렀다.

출처: 공훈전자사료관

1917

단기 4250년/대정 6년

조선총독부 시정 7주년 기념

개성 인삼 재배

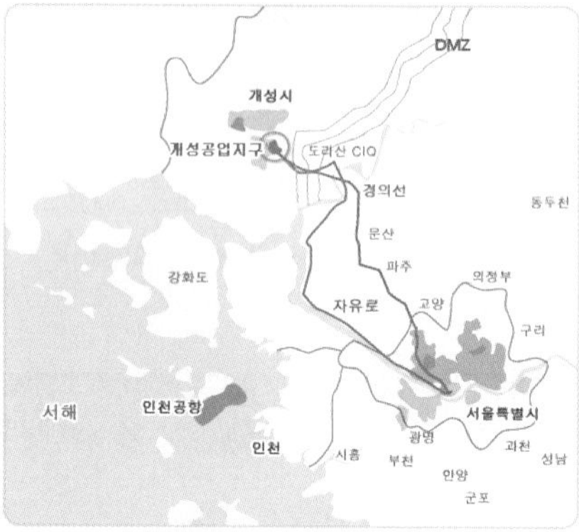

개성시

동쪽은 장단군, 서·남·북쪽은 개풍군과 접하고 있다.

고려의 옛 도읍지로 문화유적이 많은 역사 도시이며, 서울에서 북서쪽으로 78㎞ 떨어져 있다. 동경 126°31′~126°35′, 북위 37°57′~38°에 위치, 동서 길이 8.3㎞, 남북 길이 6.8㎞, 면적 약 82㎢, 인구 7만 2000명(1940년)

일제강점기는 한국의 역사에서 한국의 근·현대사를 시대별로 주요 시대 중 하나로 한반도와 그 부속도서가 일본제국의 직접적 지배 아래 놓였던 시기이다. 한일병합 이후 형식적으로, 비록 옛 대한제국의 황제에게 일본제국이 주는 이왕직이 존재하였지만, 조선은 대한제국 황제가 통치하는 것이 아니라, 일본 천황이 조선총독부를 통해 직접 통치하던 식민지로, 정치·외교적으로나 독자권한이 박탈되었고, 정식 명칭은 일본 제국주의 강제점령기(日本 帝国主義 強制占領期)이다.

개성 인삼

인삼(人蔘, Panax ginseng)은 두릅나무과에 속하는 여러해살이풀이다

한자로는 '삼'(蔘)이라고 쓴다.

중국 고대 문헌에서 인삼을 나타내는 한자는 參, 蔘, 浸, 侵, 寑 등이 있었다.

한국에서도 처음에는 '人參'으로 표기했으나 조선 시대 이후에는 모두 '人蔘'으로 표기했다.

고유 한국어로는 '심'이라고 하는데, '심'이 가장 먼저 등장하는 문헌은 성종 20년(1489년)에 편찬된 『구급간이방언해』(救急簡易方諺解)이다. 문헌에 '人蔘'으로 쓰고, 언해할 때는 '심'으로 번역해 기록했다. 그리고 어학 교재인 『노걸대언해』(老乞大諺解)에서도 인삼을 '심'으로 언해하고, 허준의 『동의보감(東醫寶鑑)』 '인삼조'에서도 '人蔘' 바로 밑에 한글로 '심'이라고 표기했다. 유희가 지은 『물명고』(物名攷)에서도 심으로 표기했다.

학명 *Panax ginseng* C. A. Mey. 1909

출처: 위키백과

1917

단기 4250년/대정 6년

조선총독부 시정 7주년 기념

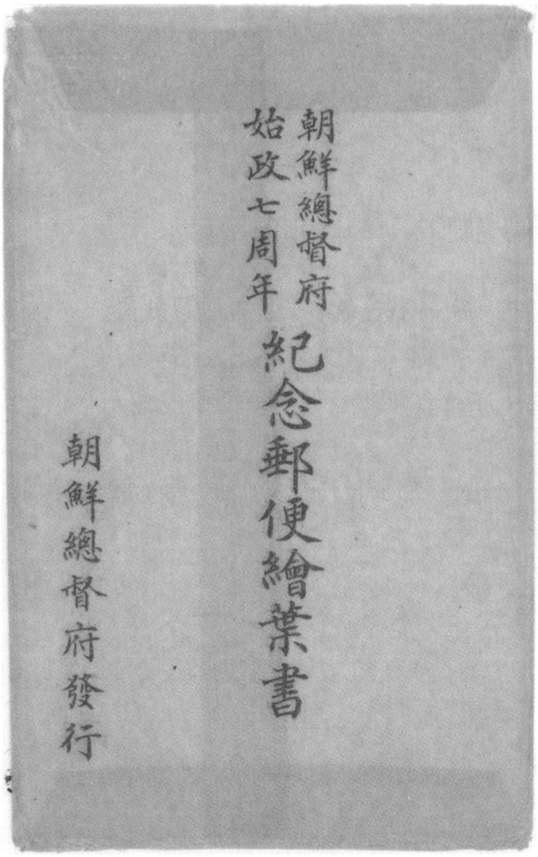

조선총독부 시정 7주년 기념 우편 회엽서 봉투

야마모토, 일본 황태자에게 호랑이 기증

야마모토 타다사부로(山本唯三郎)는 1917년야마모토 정호군(일제의 호랑이 원정대)을 구성하여, 한반도에서 대대적인 호랑이(虎) 사냥을 벌였던 2마리의 호랑이를 포획한 일본 기업가이다. 1917년 함경도 신창에서 조선호랑이 두 마리를 포획한 일본인 야마모토. 1마리는 자신의 모교인 도지샤대학에 기증하고 다른 한 마리는 일본 황태자에게 기증했다.

출처: 위키백과

1917년 창간호 '학생'

1917년 우편사 및 세계 역사

6월 진체저금불출증서의 편의불 개시
7. 15 맹인용 점자 우편물 요금 저감(30돈중 2전을 50동중 2전으로)
8. 1 경성우편국 위체저금계 설치
12. 1 조선과 남양군도(남양군도)간 전신위체 취급 개시
2월 미국 대독(對獨) 국교 단절
2월 러시아 2월 혁명
4월 소록도 자혜의원(慈惠醫院) 설립
5월 세브란스 연합 의학전문학교 설립
7. 31 조선국유철도 경영권을 남만주철도주식회사에 위탁
9월 세계 약소민족대표회의 박용만이 한국 대표로 참석(뉴욕)
10. 17 한강 인도교 완공
11. 7 러시아 10월 혁명
11. 25 함경선 일부 개통(청진-회령간)
12월 노령(露領), 쌍성(雙城)에서 전로한족회(前露韓族會)중앙회 조직(민족주의 단체로 구성)

1918

단기 4251년/대정 7년

조선총독부 시정 8주년 기념

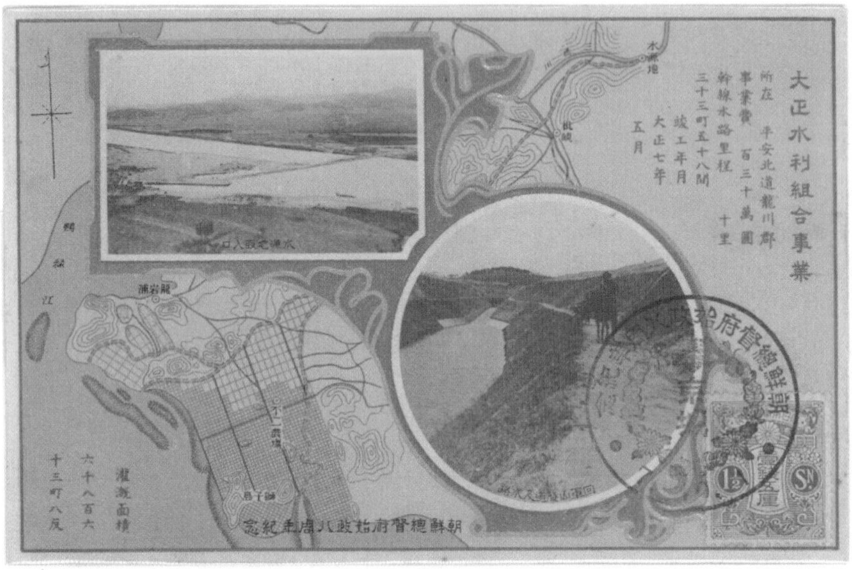

대정수리조합 사업 개요와 수원지 취입구·회군산 수로 터널과 수로

조선총독부 '시정기념' 엽서를 장식한 불이농장과 수리조합

조선총독부 시정6주년 기념엽서. 1909년 후지이가 설립을 주도한 최초의 수리조합, 임익수리조합

조선총독부 시정8주년 기념엽서. 평북 용천군 서선농장과 대정수리조합

「불이농장의 사업」(불이흥업주식회사, 1917)

평북 용천군 서선농장 간척사업 경과와 성과

사람의 손으로 일일이 흙을 파서 나르고 돌을 ·를 소개한 책자

1918

단기 4251년/대정 7년

조선총독부 시정 8주년 기념

황해도 겸이포 삼능제철소 전경, 용광로·해탕로
조선총독부 시정 8주년 기념 소인(7. 10. 1), 조선토지조사 사업 종료 기념 소인(7. 11. 2)

황해도 겸이포 삼능(미쓰비시)제철소

황해제철연합기업소(黃海製鐵聯合企業所)는 조선민주주의인민공화국 황해북도 송림시에 있는 제철소이다. 공장의 부지 면적은 330만㎡(약 100만 평)이다. 황해제철연합기업소는 김책제철연합기업소(함경북도 청진시), 성진제강연합기업소(함경북도 김책시), 천리마제강연합기업소(평안남도 남포시)와 함께 북한의 4대 철강기업소로 꼽힌다. 일제 강점기인 1918년에 미쓰비시 계열의 미쓰비시 제철이 건설하였고, 후에 일본제철이 운영한 '겸이포제철소'(兼二浦製鉄所)가 전신이다. 제철 설비와 제강 설비를 갖추어 연간 약 25만 톤의 선철과 약 5.9만 톤의 강철을 생산했다.

출처: 위키백과

겸이포 제철소 폭파 의거

1920년 정인복·김예호의 제철소 폭파 의거

재만독립운동단체인 광복군 총영의 국내 특파 결사대원 정인복(鄭仁福)이 황해도 겸이포의 미쓰비시제철소(三菱製鐵所)를 폭파한 의거.

1920년 8월 미국의 상원·하원의원 9명과 그 가족 등 일행 38명이 극동 시찰을 목적으로 필리핀 홍콩, 중국 본토·만주를 거쳐 한국을 방문하게 되었다. 소식을 접한 민족지도자들은 일본의 한국통치 부당성과 야만성을 폭로하고 한국 국민의 독립 정신을 알리고, 광복군 총영의 영장(營長) 오동진(吳東振)은 미의원단이 통과하는 지역의 일본 식민통치기관을 폭파함으로써 그들에게 한국인의 독립운동 전개 양상을 알리고자 하였다. 오동진은 독립군 가운데 안경신(安敬信)·장덕진(張德震)·박태열(朴泰烈)·문일민(文逸民)·정인복(鄭仁福)·임용일(林龍日)·이학필(李學弼)·김영철(金榮哲)·김최명(金最明)·김성택(金聖澤) 등 정예 대원을 선발하여 결사대를 조직하였다. 그리고 임시 정부에서 보내온 폭탄 10개 중 3개를 안경신 이하 3명에게 주어 평양으로, 정인복과 김예호(金禮浩) 등 2명에게는 2개를 주어 신의주로, 임용일·이학필에게 2개를 휴대시켜 선천으로, 김영철 등은 서울로 각각 파견하였다. 평양으로 파견된 대원은 평안남도청 안에 있는 경찰부를, 그리고 선잔으 로 파견된 대원은 선천경찰서를 각각 폭파시켰으나 서울과 신의주로 파견된 대원은 거사 전날 일본 경찰에 붙잡힘으로써 실패하였다. 신의주역에 폭탄을 던진 정인복·김예호 대원은 역 건물의 일부분만 파괴시킨 데 불만을 느끼고 더 큰 거사를 하기로 결심하고 겸이포로 향하였다. 거사를 성공시킨 정인복은 용천에 피신해 있다가 경찰에게 잡혔으나 용암포(龍巖浦)로 압송 중 자동차에서 경찰을 때려 떨어뜨리고 탈출에 성공, 무사히 만주의 본부로 돌아왔다. 그 후 그는 일본의 통치기관을 파괴하고 친일파를 숙청하는 등 많은 활동을 전개하였다. 그러나 1921년 3월 만주 안동현 삼도구(三道溝)에서 활동 중 일본 경찰의 밀정인 김윤옥(金允玉)에 의해 정체가 탄로나자 일본 경찰 30여 명에게 포위되어 끝까지 교전하다가 동지들과 같이 전사하였다.

출처: 위키백과

1918

단기 4251년/대정 7년

1918년 1월 15일 고종황제의 모습
삼전에 참배하기 위해 영친왕과 함녕전을 나서는 고종의 모습

고종황제가 영친왕 귀국 소식을 듣고 외출을 나서고 있다. 영친왕이 조선 방문을 마치고 당시 남대문역(현 서울역)에서 도쿄행 열차를 타기 직전 모습. 수행원들과 함께 거수경례를 하며 플렛폼을 걷고 있다.

1918. 1. 26일 촬영
출처: 위키백과

영친왕

고종황제

김산(金山)

1905 ~ 1938

사회주의 혁명가, 항일독립투사, 아나키스트, 국제주의자이자 민족주의자이며, 본명은 장지학(張志鶴) 또는 장지락(張志樂)이다. 만주, 일본, 북경, 광동 등을 누비며 독립운동을 전개하다 희생된 독립운동가로 님 웨일즈의 '아리랑'에선 장지락으로 쓰여 있으며, 일본측의 문서에는 장지학으로 쓰여 있다.

본관은 인동이다. 평안북도 용천 출생으로 11살 때인 1916년에 집을 나와 1919년부터 이듬해까지 아나키스트 활동을 전개하고, 1921년 일본을 거쳐 중국으로 건너가 도산 안창호 선생의 주선으로 난카이 대학에 입학하였으나 중국 학생과의 갈등으로 자퇴 하였다.[1]이후 쑨원이 세운 황포 군관학교와 중산 대학 경제학과에서 수학하였다. 1922년 중국 공산당에 입당한 뒤, 이듬해 공산청년동맹에 가입해 공산주의 잡지《혁명》을 간행하고 1925년 중국 혁명에 참가, 다음해 조선혁명청년동맹 조직위원회의 기관지《혁명동맹》부주필을 맡아 선언문을 작성하고, 동양민족연맹을 결성하였다.

1928년부터 1930년까지 홍콩, 상해, 베이징 등지에서 활동하다 베이징 경찰에 체포되어 일본 영사관으로 넘겨진 뒤 조선에서 심문을 받다 다음해 4월 풀려났다. 이후 다시 베이징으로 가서 사범학교 및 소학교 교사로 생활하다가 1933년 4월 중국 경찰에 붙잡혀 다음해 1월에 탈출하였다.

이어 공산당 북부지구위원회에서 활동하던 중 결혼해 잠시 철도 노동자로 일했고, 1936년 7월에는 상하이에서 조선민족해방동맹을 창설하고, 8월에는 조선 혁명가 대표로 선발되었다. 1937년에는 항일 군정대학에서 물리학, 화학, 수학, 일본어, 한국어를 강의하였다.

그러나 그 다음해인 1938년, 캉성(康生)의 지시로 '트로츠키주의자이자 일본의 간첩'이라는 누명을 쓰고 캉성의 지시를 받은 중국 당국에 체포되어 처형당했다. 조직 보호를 위해 한동안 출판을 미뤄달란 약속을 지키기 위해 님 웨일스는 1941년에 미국에서 '아리랑'을 펴냈다. 김산이 '아리랑'에서 혁명가의 전범으로 꼽은 사람은 박영이다.

대한민국 정부는 2005년 건국훈장을 추서하였고, 아들 고영광이 아버지의 건국훈장 애국장을 받기 위해 대한민국을 방문했다.

출처: 위키백과

1918

단기 4251년/대정 7년

조선총독부 시정 8주년 기념

강원도 세포관립면 양목장·경북 안동군 누에고치 공동판매

일제강점기 강원도 세포군(江原道 洗浦郡)

강원도(江原道, 북한) 중부에 자리 잡고 있는 군.

북쪽은 법동군·고산군, 남쪽은 김화군·평강군, 동북쪽은 회양군, 서쪽은 판교군과 마주하고 있는 하고 있는 세포군은 동경 127°03′~127°36′, 북위 38°30′~38°53′ 사이에 위치하며, 면적은 956.06㎢, 인구는 6만 1,113명(2008년 기준)이다.

1952. 12월 평강군의 세포면·유진면 전부와 회양군의 난곡면, 안변군의 신고산면의 일부를 분리, 세포(洗浦)'라는지명은 '씻개(싯개)'를 한자화한 것, 태봉국(泰封國, 901~918년)을 세웠던 궁예가 고려 태조 왕건의 공격을 피하여 철원에서 달아나 원남리 근방에 이르러 많은 사람들을 죽이고 피 묻은 칼을 씻은 개울가에 붙여진 것이라고 전해진다.

일제강점기 안동 향교

일제강점기 경상북도 안동군

일제강점기 안동군 행정구역

안동읍(安東邑)·와룡면(臥龍面)·북후면(北後面)·서후면(西後面)·풍산면(豊山面)·풍천면(豊川面)·일직면(一直面)·남후면(南後面)·남선면(南先面)·임하면(臨河面)·길안면(吉安面)·임동면(臨東面)·월곡면(月谷面)·예안면(禮安面)·도산면(陶山面)·녹전면(祿轉面).

일제 농업 정책

일제의농업정책은 당시 안동인구의 82%가 농업을 생계수단으로 하는 상황에서 영향을 끼쳤다.

농업 부문에서 일제가 가장 먼저 실시한 정책은 토지 조사 사업이었다. 일제는 1912년 토지조사령을 공포하고 본격적인 토지 수탈 작업에 들어갔다. 안동군도 1920년 삼림·지주 조합·양잠조합·면작조합을 통합하여 임의 단체 안동군농회를 결성 이어 일제는 1926년 제2차 산미 증식을 계획하면서 이를 뒷받침해 줄 더욱 강력한 통치 체제를 확립할 필요성에 따라 기존의 군과 도(島)의 농회를 정비, 농회의 계통 체제를 구축해 나갔다. 안동에서는 농회령이 발표되자 1926년 삼림조합을 제외한 지주조합·면작조합·양잠조합을 정비. 체계 안동농회를 조직하였다. 이 후 안동의 농민들은 농회의 영향력 아래 놓이게 되었다. 여기에다 금융조합의 설립은 금융 수탈로 이어졌다

출처: 위키백과

1918

단기 4251년/대정 7년

조선총독부 시정 8주년 기념

1918. 10. 1

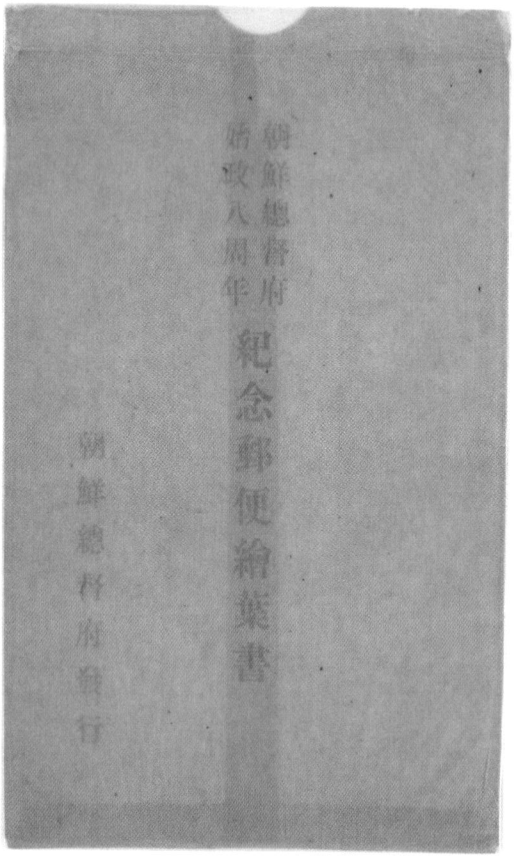

사용 기일　대정 7년(1918) 10월1일
사용 방법　제2종 우편물 날인
조선총독부 시정 8주년 기념 우편 회 엽서 봉투
사용 기일 3일 경과 후 에는 1전 5리 이상 우표 첩부

조선총독부 시정 8주년 기념
특수통신 일부인

조선총독부 관보 제1883호
대정 7년(1918) 9월 14일 발행
사용 우편국 고시
사용 우편국 명

경성우편국	광화문우편국	용산우편국
남대문우편국	서대문우편국	인천우편국
개성우편국	수원우편국	용산우편국
공주우편국	대전우편국	강경우편국
목포우편국	광주우편국	청주우편국
전주우편국	대구우편국	군산우편국
마산우편국	진주우편국	부산우편국
해주우편국	평양우편국	춘천우편국
진남포우편국	원산우편국	鏡城우편국
신의주우편국	함흥우편국	회령우편국
의주우편국	청진우편국	나남우편국

1919

단기 4252년/대한민국임시정부 원년/대정 8년

평화 기념

평화기념 우편 회 엽서 1919년 남훈 그림

1919년 대한민국임시정부 수립일을 건국일로

국민 63.9% '대한민국의 건국, 1919년 임정수립으로 봐야'되는 것으로 인식하고 있다. 국민 10명 중 6명은 대한민국 건국시기를 3·1운동과 임시정부가 수립된 1919년으로 인식하는 것으로 조사됐다. 최근 광복 70주년 맞이하여 대한민국의 건국을 남한정부가 수립된 해를 기준으로 해야 한다는 이인호 KBS 이사장의 주장이 논란이 되고 있는 가운데, 여론조사 전문기관 리얼미터(대표: 이택수)가 대한민국의 건국시점에 대한 국민인식을 조사한 결과, '3·1운동과 임시정부가 수립된 1919년'이라는 응답이 63.9%로, '남한정부가 수립된 1948년'이라는 응답(21.0%)의 3배로 나타났다. '잘 모름' 은 15.1%.

출처: 위키백과

1919

단기 4252년/대한민국임시정부 원년/대정 8년

평화 기념

조선총독부 발행

평화기념 우편 회 엽서. 소년, 소녀, 비둘기

1919. 2. 8~1919. 3. 1

【2 · 8독립선언. 1919년】

1919년 2월 8일에 일본의 도쿄에서 우리 나라의 유학생들이 선포한 독립선언. 일본의 도쿄에 있던 조선 기독 청년 회관에서 유학생 600여 명이 친목회 명목으로 모여서 독립 선언서와 결의문을 채택하여, 그것을 일본 의회에 전달했다. 한편, 일본에 있던 외국 외교 기관, 언론 기관에 배 포한 항일 투쟁 사건. 사건이후 대표자 60여 명은 일본 경찰에 붙잡혔고, 국내외에 큰 반향을 불러 일으켰다 2·8 독립 선언은 사전에 국내 각계 지도자들에게 은밀히 알려져 있었던 일로서 그 뒤에 일어난 3. 1 운동의 촉진제가 되었다.

선언문을 기초한 사람은 이광수로 알려져 있다.

출처: 위키백과

【3 · 1 운동. 1919년】

유관순(柳寬順)

1902~1920

충남 병천 출생

만세운동을 천안에서 주도하다가 체포되어 서대문형무소에서 운명하였다.

학력: 이화학교

출처: 위키백과

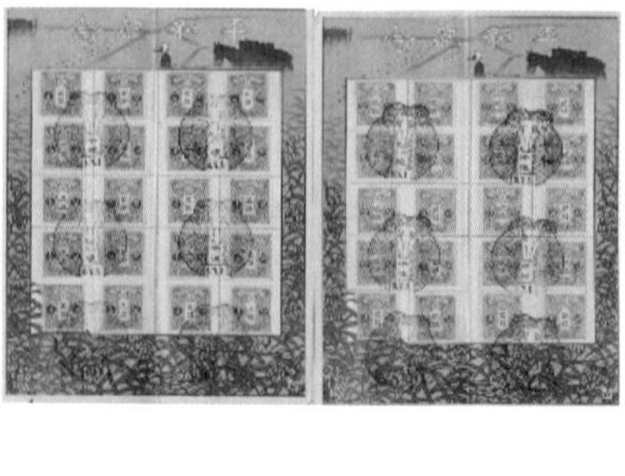

일제강점기 평양저금관리소 발행 저금관리 대지(통장)

일제강점기 우편저금(日帝强占期 郵便貯金)은 일본제국이 일제강점기하의 식민지 주민에게 저금하게 한 뒤 돌려주지 않은 예금을 말한다. 이 예금은 일본의 우편저금·간이생명보험 관리기구에 의하여 관리되고 있다. 2009년 일본의 언론사인 교도통신(共同通信)의 보도에 따르면 일본이 한반도와 만주, 타이완, 식민지 주민들에게 저금하게 하고 돌려주지 않은 우편저금의 계좌수는 약 1천900만 개이고, 저금의 액면 금액은 이자를 포함하여 약 43억 엔에 이르는 것으로 나타났다.

출처: 위키백과

1919

단기 4252년/대한민국임시정부 원년/대정 8년

평화 기념

조선총독부 발행

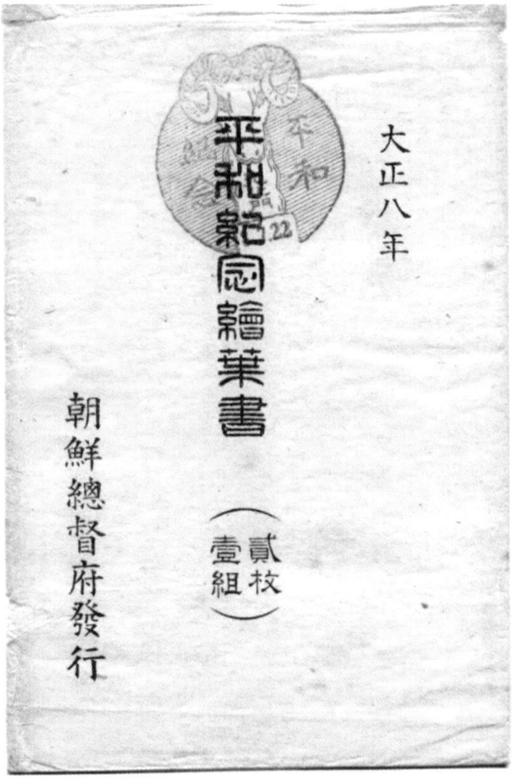

고종황제 장례 행렬

1919년 1월 21일 고종황제의 승하 1919년 1월 20일 밤, 덕수궁 함녕전.

저녁 수라(水剌·임금의 식사)를 마친 고종(1852~1919)은 잠자리에 들었다.

결혼을 앞둔 대한제국의 마지막 황태자 영친왕이 생각났다. 침략국 일제에 볼모로 잡혀가 그 곳에서 일제 왕실 출신의 여인과 결혼을 하게 된 아들의 얼굴을 떠올리며 상념에 젖었다.

자정이 넘은 1월 21일 새벽, 창덕궁에 있는 순종에게 급한 전갈이 왔다.

'고종황제가 잠자리에 드신 지 한 시간도지나지 않아 뇌일혈 증세가 나타났고 지금은 매우 위독하다'는 내용이었다 순종은 서둘러 덕수궁을 찾아 함녕전으로 들었다. 잠시 후 함녕전에서 흐느끼는 소리가 들렸다. 1919년 1월 21일 새벽, 고종황제가 승하했다

고종황제 사망과 독살설

'구라토미 유자부로 일기'가 언급한 고종 독살 상황도에 등장하는 인물들. 데라우치마사타케, 하세가와요시미치, 민병석 윤덕영, 송병준, 구라토미유자부로(총감궁내성 재실회계심사국 장관)

출처: http://blog.daum.net/gil779/18350901

일제강점기 지명 표기

한국어	한문	영문표기	한국어	한문	영문표기
경기도	京畿道	Keikido	경상북도	慶尙北道	Keisho-hokudo
강원도	江原道	Kogendo	경상남도	慶尙南道	Keisho-nando
충청북도	忠淸北道	Chusei-hokudo	평안북도	平安北道	Heian-hokudo
충청남도	忠淸南道	Chusei-nando	평안남도	平安南道	Heian-nando
전라북도	全羅北道	Zenra-hokudo	황해도	黃海道	Kokaido
전라남도	全羅南道	Zenra-nando	함경북도	咸鏡北道	Kankyo-hokudo
			함경남도	咸鏡南道	Kankyo-nando

1919

단기 4252년/대한민국임시정부 원년/대정 8년

조선총독부 시정 9주년 기념

대한해협 횡단 항로 사용선 입신환, 청진항 이출채 두 집적, 성진항 이출 생우 집적

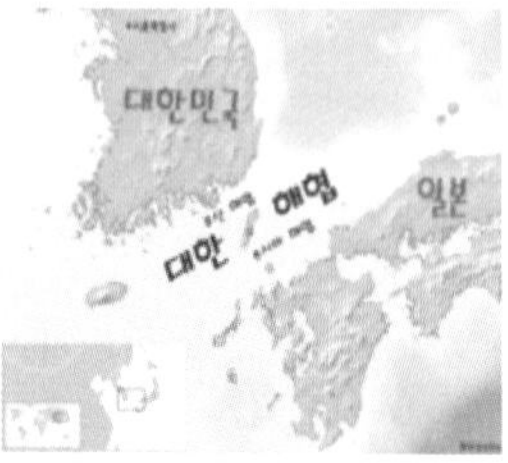

대한해협 Korea Strait

좌표 북위 34° 35′ 58″ 동경 129° 47′ 48″ / 북위 34.59944° 동경 129.79667° / 34.59944; 129.79667대한해협(大韓海峡)은 동해와 동중국해를 잇는 한반도와 규슈 사이의 해협을 말한다. 쓰시마섬을 사이에 두고 동·서수로로 나뉘며, 쓰시마섬·규슈사이 동수로는 '쓰시마해협'이라 한다.

구분	해협 전역	부산–쓰시마섬 간 해협	쓰시마섬–규수 간 해협
국제적 명칭	Korea Strait	Korea Strait Western	Tsushima Strait
대한민국	대한해협(大韓海峡)	부산해협(釜山海峡)서수로	쓰시마해협(對馬海峡)동수로
북한	조선해협(朝鮮海峡)	부산해협(釜山海峡)	쓰시마해협(對馬海峡)
일본	쓰시마해협(對馬海峡)	조선해협(朝鮮海峡)	쓰시마해협(對馬海峡)

중국의 북한 항구 진출 상황

일제강점기 청진항

함북 중부의 청진시는 동해에 면해 있으며, 경성만의 최북단.

무역총액 4,600만원 면적 1,855Km2 개항일 1908년 행정구역 7개구역

1933년도 중요 수,이출품 곡물 100만석 목재 40만 석(나남·부윤·송평·수남·신암·청암·포항) 어유 170만 톤 어파 30만 석 하역 능력 800만 톤(수심12m) 청진 총 인구수 4만 5천 명

일제강점기 성진항

함경북도 성진시에 있는 항구로 1899년에 개항되었다.

본래 쌍포동의 어촌이었는데, 청일전쟁 이후 1899년 5월에 개항되었다.

원산과 블라디보스토크 간의 기항지 요지로서, 일본, 러시아 역시 개항의 중요성을 간파, 1899년 무역의 수출액은 5만 9,400원이었으며 수입액은 6만7,800원이었으나, 1903년에는 무역액이 59만 7,978원으로 증가되었다. 러일전쟁이 일어나면서 상선 왕래가 두절되었다가, 1905년부터 무역항으로 구실을 되찾게 되었으며, 1910년 무역액은 99만 7,193원이었다. 주요수출품은 콩·해산물·소가죽 등이었고, 수입품은 생활 잡화였다. 1931년 5월에 길주~혜산진간의 철도가 기공된 뒤부터 목재 수출항으로 각광을 받게 되었다. 1944년 현재 주요 항만시설은 안벽이 408m, 물량장이 856m, 방파제가 440m, 정박면적이 18만㎡이다. 만구는 넓으나 동쪽에 교구반도(交龜半島)가 있고 북쪽에 쌍포동 산기슭이 돌출하여 남동풍을 막아주고 있다.

1919

단기 4252년/대한민국임시정부 원년/대정 8년

조선총독부 시정 9주년 기념

인천 축항 선거내, 입거선 갑문 통과 모습

일제강점기의 제물포항 하역장 모습

증기선에서 검은 연기가 뿜어져 나오고 행인과 화물의 모습에서 활기가 느껴지며 수탈한 미곡이 선적을 기다리고 있는 모습

일제강점기 제물포(인천)

제물포(濟物浦)는 구한말 개항장으로 지정되었던 인천의 별칭

인천광역시는 해방 직후인 1945년 10월 10일부터 10월 27일 사이에 제물포시(濟物浦市)로 불린 적이 있다. 제물포조약(濟物浦條約)은 1882년 8월 30일(고종 19년) 임오군란의 이후 조선과 일본제국 사이, 체결된 불평등 조약이다. 일본제국은 임오군란 때의 피해 보상을 요구한다는 명목으로 하나부사요시모토 공사를 파견, 유력한 육·해군의 시위 아래 제물포에 상륙했다. 일본의 출병소식에 가장 신경을 곤두세운 것은 청나라였다. 청나라는 영선사 김윤식의 의견을 청취하고 속국을 보호한다는 대의명분을 내세워 오장경으로 하여금 군사를 거느리고 재빨리 출동했다. 이 때 청나라에서는 사태가 확대되는 것을 우려해 일본 공사를 자중시키고, 조선정부의 태도를 완화시켜 양국 사이에 제물포에서 회담을 열어 〈제물포조약〉을 맺었다. 이에 따라 조선 정부는 배상금을 지불하고, 일본 공사관에 일본 경비병을 주둔시키게 되었다.

제물포(濟物浦)

수도의 관문으로 조선 시대에는 수군만호(水軍萬戶)를 두었다.

한말 개항 당시에는 구미열강(歐美列强) 및 일본 등의 함선이 여러 번 입항하여 조선 정부와의 개국 교섭이 행하여졌다.

1882년(고종 19) 7월에는 임오군란(壬午軍亂)에 대한 사후 처리 문제로 조선의 이유원(李裕元) ·김홍집(金弘集) 등과 일본공사 하나부사 요시모토[花房義質]가 여기에서 만나 제물포조약을 체결하였다.

1919

단기 4252년/대한민국임시정부 원년/대정 8년

조선총독부 시정 9주년 기념

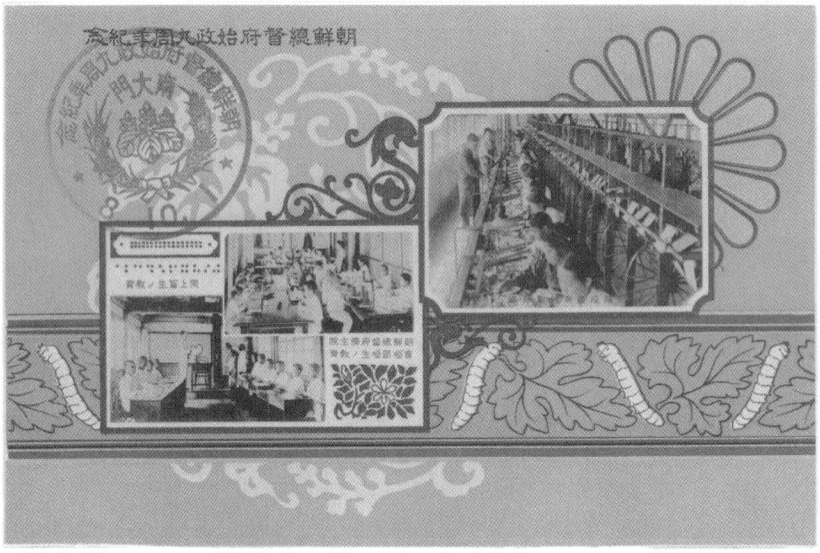

은장원산·경성제사장, 조선총독부 제생원·맹아부아생과 맹생의 교육
조선총독부 시정 9주년 기념 남대문 기념 소인

경성 제사장(京城製絲場)

가내공업 수준 소규모 제사공장에 조선 여성들이 작업하는 모습

조선총독부 제생원(현 고아원)

출처: 위키백과

조선총독부 제생원 규칙

[시행 1913. 4. 11] [조선총독부령 제41호, 1913. 4. 11 제정]

제1조 조선총독부 제생원에 맹아부·육아부 및 서무과를 둔다.

제2조 이 부는 부양자가 없는 고아를 교양, 보육하고 생활에 필요한 지식, 기능을 교수하여 자활의 길을 얻게 하는 것을 목적으로 한다

제3조 ① 원아는 원내에 수용하여 양육하여야 한다. 다만, 양육상 필요하다고, 인정되는 때에는 위탁하여 양육할 수 있다.

② 보육료 및 위탁 양육의 조건은 원장이 정한다.

제4조 연령이 8세 이상인 원아에게는 학업을 교수한다.

제5조 수업 과목은 수신·실업에 관한 과목·국어·조선어·산술·수예 등으로 한다.

제6조 ① 수업 연한은 4년으로 한다.

②과정·교수일수 및 매주 수업시간 수는 원장이 정한다.

제7조 학년은 4월 1일에 시작하여 익년 3월 31일에 종료한다.

제8조 학년을 나누어 다음의 3학기로 한다.

제1학기 4월 1일부터 8월 31일까지 제2학기 9월 1일부터 12월 31일까지 제3학기 1월 1일부터 3월 31일까지.

1919

단기 4252년/대한민국임시정부 원년/대정 8년

조선총독부 시정 9주년 기념

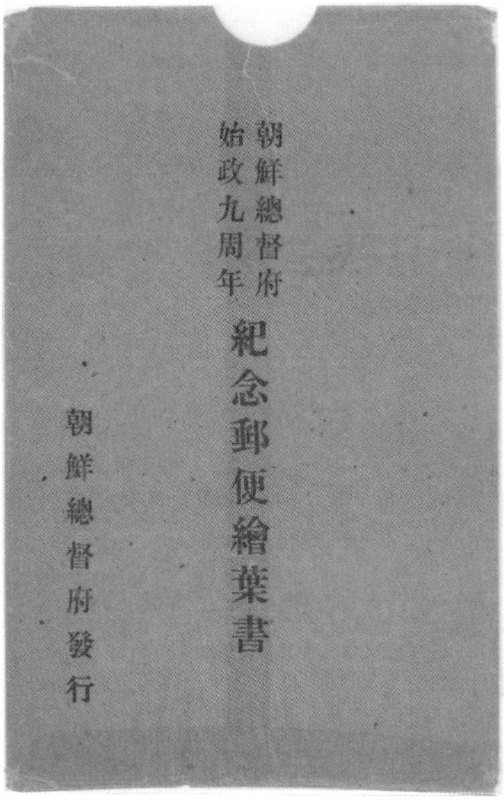

사용 기일 대정 8년(1919) 10월 1일
사용 방법 제 2종 우편물 날인
사용기일 3일 경과 후 에는 1전 5리 이상 우표 첩부
조선총독부 시정 9주년 기념 우편 회엽서 봉투

조선총독부 시정 9주년 기념

특수통신 일부인

조선총독부 관보 제 2130호
대정 8년(1919) 9월 15일 발행

사용 편국 고시. 사용 우편국 명

경성우편국	광화문우편국	용산우편국
남대문우편국	서대문우편국	인천우편국
개성우편국	수원우편국	용산우편국
공주우편국	대전우편국	강경우편국
목포우편국	광주우편국	청주우편국
전주우편국	대구우편국	군산우편국
마산우편국	진주우편국	부산우편국
해주우편국	평양우편국	춘천우편국
진남포우편국	원산우편국	鏡城우편국
신의주우편국	함흥우편국	회령우편국
의주우편국	청진우편국	나남우편국
진해우편국	겸이포우편국	

신석우(1894 ~ 1953)

'대한민국' 국호 제정 1919년

'대한민국' 국호의 산파 신석우 1919년 4월 11일에 열린 대한민국 임시정부 임시의정원 회의가 열렸다. 특히 중요한 것은 '대한민국'이라는 '국호'가 결정되었다는 데 있다. 그 날 회의에서 '대한민국' 국호를 처음 제안한 사람은 신석우(1894~1953)였다. 그는 나중에 경영난에 빠진 조선일보사를 인수, 이상재를 사장에 추대하고 자신은 부사장으로 물러나 있으면서 조선일보를 민족지로 키우는 데 힘썼던 인물이다.

1920

단기 4253년/대한민국임시정부 2년/대정 9년

조선총독부 시정 10주년 기념

한강 인도교·사이토 마코토총독·미즈노 랜타로 정무총감
조선총독부 시정 10주년 기념 진남포 기념 소인

사이토 마코토(斎藤実) 1858~1936

제3대 조선총독

일본의 군인(해군 대장), 정치인. 최장기 조선 총독과 총리를 지냈다.

사이토 마코토는 일본의 해군 군인이자, 관료, 정치가이다. 해군병학교를 졸업한 후 미국에서 유학한 자수성가형 인물로, 해군 대장과 해군 대신을 지냈다. 1919년부터 1927년까지 제 3대, 1929년부터 1931년까지 제 5대 조선총독부 총독으로 근무했다. 1919년 9월 조선 총독으로 부임하러 조선의 남대문역에서 내리다가 강우규 등의 폭탄 습격을 받았으나 구사일생으로 죽음을 면하였다.

사이토 총독 저격 사건

사이토 총독 저격 사건은 1919년 9월 2일 신한촌노인단의 65세 독립운동가 강우규가 서울역에서 새로 부임하는 조선 총독 사이토 마코토에게 폭탄을 던져 죽이려고 한 사건이다. 그러나 폭탄은 사이토 마코토 총독에겐 맞지 않고 주위에 있던 일본 경찰 및 일부 외국인 등 37명이 죽거나 다쳤다. 당시 사이토 마코토는 전 조선 총독 하세가와 요시미치의 뒤를 이어 제3대 조선 총독으로 부임하고 있었다. 사이토 마코토는 문화통치를 실시하려고 공표했으나 실제로 그는 해군대장 출신이었고, 문화통치는 거짓이었다. 이것에 분노한 독립단 신한촌노인단의 65세 노인이자 독립운동가인 강우규는 사이토 총독의 암살을 계획, 1919년 8월 러시아 블라디보스토크에서 연락선을 타고 원산을 거쳐 서울로 잡입하여 서울 안국동의 이도제의 집에서 은거하며 수류탄 1발을 가지고 사이토 총독의 부임을 기다렸다. 1919년 9월 2일 오후 5시 사이토가 탄 열차가 서울역에 도착했다. 서울역에 도착한 일본 관리들과 기자들의 마중을 받으며 사이토 마코토는 대기하고 있던 마차에 올랐다. 강우규는 사이토가 마차에 오르는 순간 수류탄을 던졌다. 그러나 폭발이 사이토에게는 미치지 못하여 사이토는 아무런 피해나, 상처도 입지 않고 의복만 약간 탔고 주위에 있던 경무총감 미즈노 렌타로 ,미국 뉴욕 시장 존 프랜시스 하일런(John Francis Hylan)의 딸 이었던 해리슨 부인, 경기도 경시 스에히로, 육군소장 무라다 등 30명이 부상당했고 2명의 일본인 기자가 즉사하는 등 총 37명이 죽거나 다쳤다. 사건 후 재거사를 위해 도주하던 강우규는 임재화의 집으로 피신 했으나, 1919년 9월 17일 조선인 형사 김태석에 의해 체포되었다.

1920년 4월 25일 사형이 언도되어 1920년 11월 29일 서대문 형무소에서 교수형으로 순국했다.

그리고 공범으로 최자남, 허형, 오태영 등 10명이 투옥되었고, 장익규와 한인곤은 심한 고문 끝에 옥사했다.

최자남 - 징역 3년 선고　　허형 - 징역 1년 6개월 선고　　오태영 - 구속
장익규 - 고문 끝에 옥사　　한인곤 - 고문 끝에 옥사　　강우규 - 1920년 11월 29일 처형

출처: 위키백과

1920

단기 4253년/대한민국임시정부 2년/대정 9년

조선총독부 시정 10주년 기념

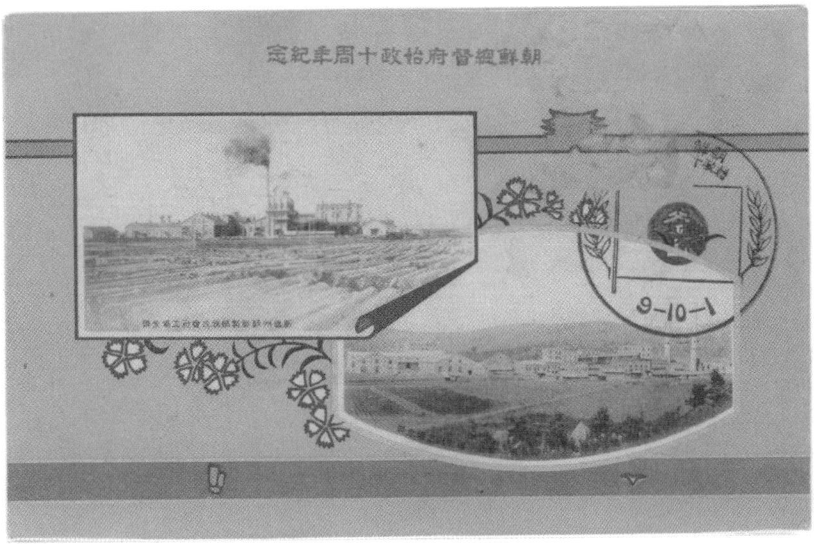

신의주 조선제지주식회사, 평안남도 승호리 고노다(小野田)시멘트제조주식회사 평양지사 공장
조선총독부 시정 10주년 기념 부산 기념 소인

일제강점기 신의주역
면적: 180Km^2, 인구: 약 33.4만명(2008년 기준, 유엔)

일제강점기 신의주

신의주시는 조선민주주의인민공화국 평안북도 서북부에 있는 시이자, 평안북도청 소재지이다. 북쪽으로 압록강을 경계로 중화인민공화국 단둥시와 국경을 이룬다. 압록강이 서조선만으로 유입되며 하구에 삼각주를 형성하면서 신의주평야가 발달하였다. 일제가 경의선 철도를 개설하면서 의주읍 인근에 급격히 발전한 도시이다. 1914년 신의주부로 승격하였다. 신의주시를 포함한 부근 일대에 신의주특별행정구가 설치되어 있다.

'눈물과 한' 철도 이야기-〈경부선〉

출처: 위키백과

1905년에 개통되어 지난 100년 동안 우리의 동맥 역할을 했던 경부선 건설에 얽힌 이야기 한 부분.
당시 조선인들이 일본과 썩을 대로 썩어버린 조선의 관리 혹은 친일파들에게 얼마나 수탈당하고 짓밟혔는지를 여실하게 보여주고 있다. 그런데 이는 경기도 시흥군, 경부선 건설 실정에 그치지 않는다.
경부선에 이어 개통된 경의선(서울~신의주,1906)과 경원선(용산~원산,1914)의 실정도 마찬가지. 당시 의지할 곳 없이 핍박받는 조선인들의 신세를 한탄하는 노래가 불렸단다.
'힘깨나 쓰는 장정 철도 역부로 끌려가고, 얼굴 반반한 계집 갈보로 간다'는….

1904년 7월 시흥군에 철도역부 8,000명을 동원하라는 관찰사의 명령이 내려왔다. 약 8,000명은 어마어마한 숫자였다. 7월 9일 시흥군청에는 도민 수천 명이 운집하여 명령을 거두라고 요구했다. 군중의 기세는 흉흉했다. 이들 기세에 놀란 시흥군수는 관찰사에게 달려가 동원 숫자를 줄여 달라고 청하여 3,000명을 할당 받았다. 군수는 각 동(부락 단위의 작은 마을)마다 역부 10인씩 차출하라는 명을 내렸다. 게다가 역부에 드는 비용마저 마을에서 공동 부담 하라고 해서 그러잖아도 흉흉한 민심을 들끓게 만들었다. 일본은 역부에게 주는 노임이나 동원비용을 주지 않았다. 일본 토건 회사는 이를 관청에 떠 넘겼고, 관청은 다시 마을에 넘긴 것이다. 군수, 서기까지 줄줄이 횡령하여, 안 그래도 적은 임금으론 한 끼 식사조차 할 수 없는 지경에 이르렀다.

1920

단기 4253년/대한민국임시정부 2년/대정 9년

조선총독부 시정 10주년 기념

조선총독부 발행

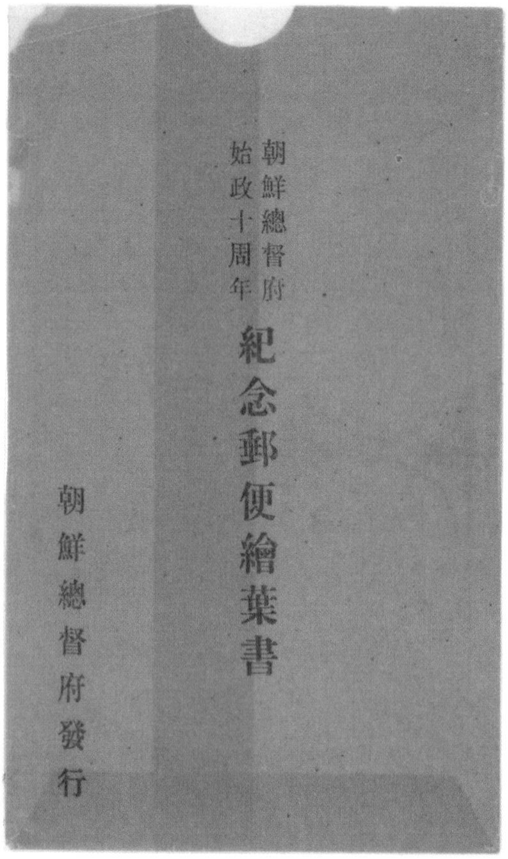

조선총독부 시정 **10**주년 기념

1920년 호주 선교사가 촬영한 첨성대

첨성대(瞻星臺)

신라 중기의 석조 건축물로, 선덕여왕 때에 세워진, 현존하는 동양에서 가장 오래된 천문대로 알려져 있다

1962년 12월 20일 국보 제31호로 지정.

1920년대 일제강점기에 일어났던 주요 사건

1920년은 목요일로 시작되는 윤년이다.

2월 민주 광복군사령부를 만듦

3월 〈조선일보〉 창간

4월 〈동아일보〉 창간

6월 독립군이 봉오동전투에서 승리

10월 독립군이 청산리전투에서 대승

조선총독부 시정 10주년 기념 우편 회 엽서 봉투

오성규(吳成奎)-광복군

평북 선천(宣川) 출생. 선천 신성(信聖) 중학교를 졸업한 후 중국으로 건너가 만주 봉천(奉天) 소재 동광중학(東光中學)을 중심으로 이영순(李英淳)·조승희(趙昇熙) 등과 함께 비밀 조직망을 형성하고 항일활동을 전개하였다. 그러던 중 일제에게 조직망이 노출되자 동지들과 함께 일군 점령 만주지역을 탈출하여 북평(北平)을 경유, 안휘성 부양(阜陽) 광복군 제3지대에 입대하였다. 그는 광복군 제3지대 1구대 1분대에 소속되어 1945년 5월 한국광복군과 미군 협정에 따라 국내에 진공하여 일본군을 교란하는 특수공작을 수행할 목적으로 김영일(金永逸)·이창도(李昌道)·김하진(金夏鎭) 등과 함께 한미합작특수훈련(O.S.S)을 받았으나 8·15광복으로 국내에 진공하지는 못하였다. 광복 후에는 교민보호와 선무공작을 위해 조직된 한국광복군 군사특파단 상해지구 특파단원으로 활동하기도 하였다.

출처: 공훈전자사료관

1920

1920년대 부산 골프장

진해만 요새 사령부 허가제

1920년대 수영비행장과 일본인 사업가가 세운 해운대골프장으로 추정된다.

골퍼는 고위층과 경찰관으로 보이는 2명, 경찰 복장을 하고 있는 보조원 2명이 핀을 들고 있으면서 퍼팅하는 모습을 쳐다보고 있다. 뒷편에도 1팀이 진행중이다. 골프장 옆면에는 키 큰 송림이 우거져 있다. 수영비행장은 1940년대 태평양전쟁이 한창일 때 일제가 골프장을 밀어내고 활주로를 만들었다.

최능진(崔能鎭,1899~1951)

일제강점기 친일 청산을 위해 일생을 바친 한국 독립운동가이자 민족주의 경찰.

독립운동가 최능진, 대구 인근 야산에서 전격적으로 처형되다. 한국전쟁이 한창이던 1951년 2월 11일 경북 달성군 가창면에 있는 야산. 조용한 산중에 갑자기 '탕~탕~탕' 총소리가 울렸다. 독립운동가이자 미 군정청 경무부 수사국장을 지낸 52세의 최능진의 심장을 향한 총성이었다. 최능진은 가족들에게 한 장의 유서를 남겼다. '정치 사상은 혈족인 민족을 초월해 있을 수 없다. 아버지의 금일의 운명은 정치적 모략에서 비롯된 것인 바, 너희는 조금도 누구에게 반감을 갖지 말고 또한 아버지의 원수를 갚을 생각도 하지 마라'

해방 정국에서 국립 경찰의 간부이자 대표적인 민족주의자인 최능진은 왜 형장의 이슬로 사라진 것일까? 해방 후 조만식선생이 이끄는 건국준비위원회의 치안부장으로 활동, 공산당의 탄압을 피해 38선을 넘어 월남했다. 남쪽으로 향하던 중 그는 부하들로부터 어처구니없는 소식을 듣는다. '남조선에서는 아직도 친일 부역 경찰 출신이 그대로 치안을 맡고 있는 모양입네다' '아니~ 어떻게 그럴 수 있단 말인가?' '다른 건 몰라도 북조선에서는 친일파 청산 하나는 확실히 하고 있지 않습네까?' '내~ 이 놈들을 그냥 두지 않어' 1945년 9월 15일 해주에 도착해 남조선 신문을 처음으로 구해 본 최능진은 친일 경찰들이 요직을 차지하고 있는 남한을 보고 격분했다. 서울에 도착한 그는 일제시대에 독립운동가들을 탄압했던 자들이 경찰의 요직에 있는 것을 보고 곧바로 경찰에 투신한다. 그는 그 시절을 이렇게 회고했다. "제가 경찰관 강습소에서 제일 먼저 한 일은 이 곳에 남아 있던 조선총독부 경찰 출신으로부터 사표를 받아낸 일이었습니다." 1945년 경찰관강습소를 창설하여 경찰관을 단기 양성하는 책임자, 미군정이 오늘의 경찰청인 경무부를 창설하자 수사국장으로 옮겼다. 최능진은 이 곳에서 이승만과 한민당 일파가 친일파를 경찰의 요직에 앉히는 것을 보고 격분했다. 수없이 많은 독립운동가를 고문하고 죽였던 노덕술이 수도경찰청 수사국장에 취임한 것을 비롯 이익흥·최운하·최연 등 악명 높은 친일 경찰들이 속속 중용됐다.

'일본 경찰 출신이라고 모두 Pro-JAP(친일파)가 아니라 Pro-JOB이었다'

최능진은 경찰 수뇌부에게 친일 경찰 퇴진을 주장했다. 돌아온 대답은 어처구니없는 논리였다.

"경찰은 기술직이라 어쩔 수 없다"(장택상 수도경찰청장의 말). 친일경찰 청산을 둘러싸고 최능진과 조병옥·장택상이 정면으로 충돌한 계기가 1946년 10월에 대구 일원에서 발생한 소요 사태였다. 조병옥은 '좌익 세력의 불순한 파괴적 정치활동' 이라고 발표했지만, 현지에 다녀온 최능진은 이를 반박했다. '좌익도 문제지만, 일제 시대의 고등계 형사들이 해방 후에도 버젓이 경찰에 몸담고 있어 일반 양민들의 원성을 사고 있는 것도 큰 원인' 이라고 주장했다. 결국 최능진은 경찰 수뇌부의 압력에 친일 경찰이 장악한 경찰을 떠나게 된다. 그는 사퇴 성명을 통해 '조병옥·장택상씨가 경찰 행정을 한민당의 책동에 의해 자행해온 것은 사실이다. 일제 주구가 일조일석에 애국자가 되어 민중의 지휘자가 될 수 없다'고 일갈했다.

출처: 위키백과

1920

단기 4253년/대한민국임시정부 2년/대정 9년

1920년 조선 경성 창덕궁박물관

창덕궁 박물관 전경과 한복 입은 두 소녀

일제강점기 미술관과 박물관

1. 창덕궁 박물관
2. 조선총독부 박물관
   1) 조선총독부 박물관과 경주분관
   2) 부여 분관
   3) 공주 분관
   4) 개성부리 박물관
   5) 평양 부립 박물관
3. 이왕가 미술관, 박물관
4. 조선총독부 미술관

이왕가박물관

이왕가 박물관은 민족자주정신이 고양되고 일제에 저항하는 국민들이 증가하여 1926년 순종의 인산일(因山日)을 기해 6.10 만세사건이 일어나자, 일제는 망국의 시대에 국민의 정신적 구심점의 역할인 이왕가 박물관을 운영경비 등 재정상의 이유를 들어 총독부박물관에 흡수 통합하려 시도하였다. 하지만 이러한 계획은 민족의 끈질긴 저항으로 인하여 무산, 오히려 계기가 되기도 하였다.

창덕궁은 일제의 홍보, 식민 지배의 찬양을 하는 장소로 변질되었고, 조선물산공진회가 열렸다.

출처: 위키백과

장조민(張朝民)-광복군

1907~1967 평안북도 선천 출생

광복군 제3지대에 입대하여 한광반(韓光班) 조직요원을 역임하였으며, 제3지대 본부의 비서실장으로 임명되어 적 점령지구내의 교포에 대한 초모, 선전, 반정(反正) 등의 공작을 수행하였다.

출처: 공훈전자사료관

1920

조선 풍속

씨름

가마 행렬

가마는 조그만 집 모양의 탈 것으로, 그 안에 사람을 태우거나 물건을 싣고 앞뒤에서 둘 또는 네 사람이 가마에 연결된 손잡이를 잡거나 멜빵을 걸어 메고 옮기는 것이다. 현대에도 동아시아의 관광지에서는 다양한 형태의 가마가 운용되고 있다 조선시대에는 주로 신분이 높은 사람이 타고 다니던 주요한 이동 수단이었다

1920

조선 풍속

인천 소월미도(小月尾島) 전경

MINER GETSUBI ISLAND CHEMULPO, COREA.
韓國仁川港小月尾島燈臺

파고다공원(탑골공원)

서울특별시 종로구 종로 99(종로2가)에 있는 서울 도심의 공원. 유명한 석탑인 원각사지 십층석탑이 있어 탑골(탑곡塔谷)이라고 불렀으며, 탑이 길쭉한 뼈 모양이라 탑골(塔骨)이라는 이야기도 있다. 별칭으로는 '파고다공원'이라 불렀는데, 파고다(pagoda)는 탑파(塔婆)라는 뜻이니 마찬가지로 탑을 뜻한다

원래는 공원이 아닌 사찰이 있었던 자리였다. 고려 왕조 때는 흥복사(興福寺)라는 절이, 조선 왕조 때는 세조가 건립한 원각사(圓覺寺)가 있던 자리였다. 그런데 조선 10대 임금이자 폭군이었던 연산군이 원각사를 없앴고, 11대 임금인 중종 때 건물이 철거되어 한동안은 원각사지 십층석탑만 홀로 선 공터로 남았다.

그 이후 1897년(광무 1년)에 영국인 고문이 이곳을 대한제국 최초의 근대공원으로 조성한다는 구성을 세워 대한민국 최초의 근대공원이 되었고, 원각사지 십층석탑이 있기 때문에 '동양의 불탑'이라는 뜻의 '파고다(Pagoda)'라는 이름으로 지어졌다. 야사에는, 총독부가 원각사지 십층석탑을 부수기 위해 공작을 했으나, 실패하자 '빠가야로 공원'이라고 욕했고 이게 파고다 공원으로 바뀌었다는 얘기가 돈다.

1919년 3.1 운동 때는 만세운동 참가자들이 운집하여 만세운동의 발상지가 되었고, 공원 내 팔각정은 기미독립선언서를 낭독한 곳으로도 유명하다.

1920

조선 풍속

평양 목단대(牧丹臺) 기생 유희 장면

평양 대동강 철교와 목단대(牧丹臺) 전금문(轉錦問)

1941년도에 조선총독부의 목단대 응급 복구관련 서류

정윤관(鄭允官)-광복군

1910~1981 평안북도 신천 출생
남경 상해 등지에서 광복군 활동을 도와 많은 공작자금을 조달한 사실이 확인됨.

출처: 공훈전자사료관

1920

조선 풍속

(朝鮮風俗) 妓生の舞踊姿 "Dancing Style of a ''Kiisan''" (美32)(複製不許)

기생[妓生] 혹은 기녀[妓女]는 춤·노래·풍류 등으로 주연석이나 유흥장의 흥을 돋우는 일을 직업으로 삼는 관기[官妓]·민기[民妓]·약방기생·상방기생 등 예기[藝妓]의 총칭이다.

천인 신분이었지만, 춤, 노래, 시[詩] 등에 능한 예인[藝人]이었으며, 대표적인 기녀로는 16세기 사람인 황진이가 있다.

기생제도는 조선시대에 발전하여 자리를 굳히게 되어 기생이라 하면 일반적으로는 조선시대의 기생을 지칭하기도 하며, 유교적 질서를 중시했던 당대 사회계급상으로는 천민에 속해 사회적 대우를 받지는 못했으나, 시와 글에 능한 지식인으로서 대접받는 특이한 계층이었다.

일제강점기에 살았던 기녀 중에는 노동조합을 결성하여, 권번의 착취와 일본 제국주의에 항쟁한 김향화 같은 기녀도 있다.

1920

조선 풍속

기생(妓生)

조선시대(朝鮮時代)의 기생

1920년대의 기생(妓生)
이은송(李銀松), 유금도(柳錦挑)

조선은 기생을 일종의 제도로 정착시켜 국가가 직접 기생들을 관리, 감독하였다. 기생은 기본적으로 관기로서, 관가에 등록이 된 기생만이 기생 활동을 할 수 있었다. 기생들을 등록한 대장인 '기적'(妓籍)에 한번 오르면 천인 신분을 벗어날 수 없었다.

관노비의 정년은 50세까지였으나, 자식을 낳더라도 신분은 대물림되었다. 기생은 교양이 있는 지식인이었다. 이들은 노래, 춤, 악기, 학문, 시, 서화(글과 그림)를 알고, 말씨나 행동이 고상하여야 했다. 장악원에 들어가서 몇 년에 걸쳐 교육받고 훈련을 받아야 하였다. 교육은 일정 나이가 지나거나, 출산 등의 이유로 은퇴한 퇴기들이 주로 맡았다. 기생은 선배인 퇴기로부터 기본적인 춤과 노래, 시조 등을 배웠으며, 높은 관리를 대하는 예의도 배웠다.

출처 위키백과

1920

조선 풍속

남대문 전경

숭례문(崇禮門)은 조선 수도인 한양 4대문(大門) 중 하나로 남쪽의 대문이다.

흔히 남대문(南大門)이라고도 부르는데, 이는 일제 강점기 시절에 일본이 붙인 명칭이 아니라 조선 초기부터 불린 이름이다.

서울 4대문 및 보신각(普信閣)의 이름은 오행사상을 따라 지어졌는데, 이런 명칭은 인(仁: 동), 의(義: 서), 예(禮: 남), 지(智: 북), 신(信: 중앙)의 5덕(五德)을 표현한 것이었으며, 숭례문의 '례(예)'는 여기서 유래한 것이다. 숭례문의 편액은 《지봉유설》에 따르면 양녕대군이 썼다고 알려져 있으나 이설이 많다.

1396년(태조 5년)에 최유경이[출처 필요] 축성하였다. 1447년(세종 29년)과 1479년(성종 10년) 고쳐 지었다.

출처 위키백과

1920

조선 풍속

경복궁 광화문 전경

현재 광화문 전경

광화문(光化門)은 경복궁 남쪽에 있는 정문이다.

'임금의 큰 덕(德)이 온 나라를 비춘다'는 의미이다. 1395년에 세워졌으며, 2층 누각인 광화문 앞의 양쪽에는 한 쌍의 해치 조각상이 자리잡고 있다. 광화문의 석축부에는 세 개의 홍례문이 있다. 가운데 문은 임금이 다니는 문이고, 나머지 좌우의 문은 신하들이 다니던 문이었다. 광화문의 천장에는 주작의 그림이 그려져 있다. 광화문은 한국 전쟁으로 두 차례 소실되었으며, 월대와 해태 등을 제외한 일부 복원공사가 완료되어 2010년 8월 15일에 공개되었다.

1920

조선 풍속

일제강점기 명동 입구

甲
本
目丁一町本（城京）
The street of Hommachi 1-chome, Keijo.

일제강점기 남대문로2가 전경

박금룡(朴金龍)-광복군

1925~2019 전라남도 강진 출생

일본군 헌병대에 군속(軍屬)으로 근무하다가 탈출하여 한국광복군 제2지대에 입대하였다. 그 후 한미합작특수훈련(O.S.S)에 참여하였다.

출처: 공훈전자사료관

1920

조선 풍속

청진항(淸津港) 어유(魚油) 야적장

포구(浦口)에서 선적을 기다리는 사람들과 항아리

최진우(崔鎭禹)-광복군

1913~1995 서울 출생

부친 최희관(崔喜觀)을 쫓아 중국으로 건너가 남경(南京)에서 중국 중앙육군군관학교를 졸업한 뒤 공병보충단(工兵補充團)에 근무하였다. 그 후 조선의용대(朝鮮義勇隊)에 가담하였다가, 1942년 5월에 조선의용대가 광복군 제1지대로 편입됨에 따라 광복군에 입대하여 지대본부 요원으로 복무하던 중 광복을 맞이하였다.

출처: 공훈전자사료관

1920

조선 풍속

조선 상류 가정(貴族)

1937.7.16. Chemulpo, Corea 일부인

한강철교 부근 얼음낚시 풍경

이정헌(李廷憲)-광복군

1927~1970 충청남도 대전 출생

1943년 7월 일본 동경(東京)의 전수대학(專修大學) 재학 중 학병(學兵)으로 징집되었다가 동년 12월 일본군을 탈출하여 중국으로 망명한 후 1945년 2월 부양(阜陽)에서 한국광복군(韓國光復軍) 제3지대에 입대하여 일본군 주둔지역에 투입되어 공작대로 활동하던 중 해방을 맞이하였다.

출처: 공훈전자사료관

1920

조선 풍속

경복궁 경회루(慶會樓) 전경

경회루(慶會樓)는 경복궁에 있는 누각으로, 조선 시대에 연회하던 곳이다.
대한민국 국보 제224호로 지정되어 있다.
경복궁에 있는 경회루는 조선 시대에 나라의 경사가 있을 때마다 연회를 베풀었던 누각이다.
공포에 출목(出木)이 없는 이익공계로 팔작지붕에 2층으로, 규모는 남북으로 113m, 동서로 128m, 인공방지(方池)에 정면 7칸, 측면 5칸로 총 35칸이다.
연못 속에는 4개의 장방형의 인공 섬들이 있다.
방지의 물은 지하에서 샘이 솟아나고 있으며, 북쪽 향원지(香遠池)에서 흐르는 물이 배수로를 타고 동쪽 지안(池岸)에 설치된 용두의 입을 통하여 폭포로 떨어진다.

시장 풍경(市場 風景)

1920

조선 풍속

덕수궁 석조전(石造殿) 전경

덕수궁 석조전 본관은 1898년 영국인 하딩이 설계하여 1909년에 건립된 서양식 건축물이다.

변천 과정을 살펴보면, 고종황제의 처소 및 접견 등의 공간으로 사용되다, 일제강점기인 1933년에 이왕가 미술관으로 전용, 석조전 서관 준공에 맞추어 1938년부터 1945년까지 이왕가 미술관 근대미술품 진열관으로 사용, 해방이후에는 미소공동위원회 및 유엔 한국위원단이 사용하기도 하였다.

또한 한국전쟁때 훼손된 것을 육군공병단이 수리하여 1955년부터 1972년까지 국립박물관, 1987년부터 2004년까지는 궁중유물전시관 등으로 사용되었다.

1910

경성 조선총독부의 대한의원(大韓醫院)

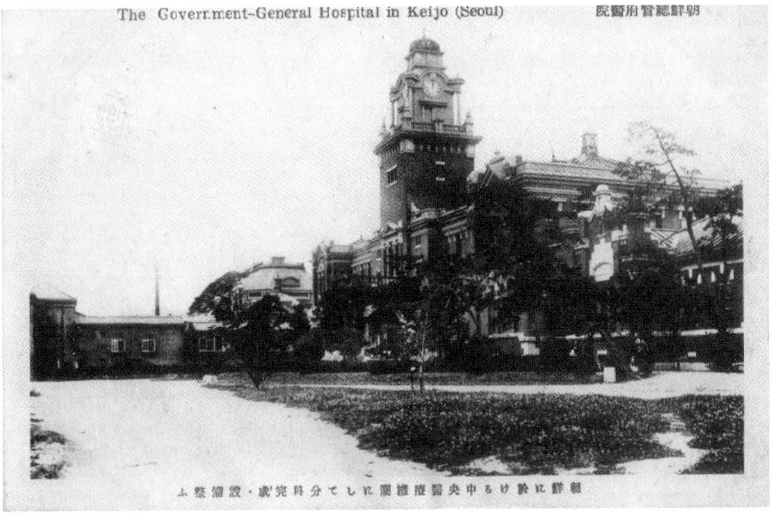

대한의원(大韓醫院)은 1907년에 대한제국 내부 소관의 서양식 병원인 광제원학부 소관인의학교부속병원, 그리고 궁내부 소관인 대한국 적십자병원을 통합, 설립되었으며, 의정부 직속으로 운영된 국내 최고의 의료기관이었다.

대한의원의 편제는 치료부, 의육부, 위생시험부로 구성되어, 지금의 대학병원(University Hospital)의 기능을 대신했다.

1920

조선 풍속

경성 丁子屋(미도파)백화점 전경

1920

조선 풍속

경성시가지 전경

조선총독부 신 청사, 백양관, 현 서울시청, 조선호텔, 한국은행, 중앙우체국의 건물들

1920

조선 풍속

부산 용두산(龍頭山)공원 전경

한강 하류지역 빨래터

마포나룻터로 추정

1920

조선 풍속

논산 반약산 관촉사 석불

충청남도 논산 반약산(盤藥山) 관촉사(灌燭寺) 석불

지게꾼(行商)

논산 관촉사 석조미륵보살입상(論山 灌燭寺 石造彌勒菩薩立像)은
충청남도 논산시 관촉동 관촉사 경내에 동남방을 향하여 서 있는 고려시대 최대 석조 미륵보살 입상이다.
968년(고려 광종 19년)부터 37년에 걸쳐 완성되었다.

출처 위키백과

이옥진(李玉珍)-광복군

1923~2003 평안북도 용천 출생
1941년 임정의용대 및 광복군 제1지대 간부로써 활약중 상해, 남경, 중경 등지로써 광복군 초모공작 선전공작에 활약 중 1945년 해방을 맞이함.

출처: 공훈전자사료관

1920

조선 풍속

결혼식 장면

전남 광주 제사(製絲)공장(광복 後 전남방직)

전방(全紡)은 대한민국 섬유 전문 제조업 기업이자 면방 생산 업체이다.

일제강점기이던 1935년, 가네보방적을 설립하던 것을 시초로 기원하여, 1953년 2월 기존 가네보방적을 자본금 84억원으로 승계하는 형태로 정식으로 설립되었다. 설립 당시 사명은 전남방직(全南紡織)이었으나, 1970년 현재의 상호로 사명이 변경되었다.

본사는 서울특별시 서대문구 충정로(서소문로)에 있으며, 공장은 경기도 시흥시, 충청남도 천안시, 광주광역시(광주공장, 평동공장), 전라남도 영암군, 전라북도 익산시 등 6곳에 공장을 두고 있으며, 과거에는 인천광역시 부평구 청천동에도 공장터가 있었다.

출처 위키백과

1920

조선 풍속

어머니와 자식들

당나귀 탄 노인

조선호텔

1920

단기 4253년/대한민국임시정부 2년/대정 9년

경성(京城) 동대문 거리 전경

(京130) THE TODAIMON STREET SEOUL 通門大東城京 (所名鮮朝)

1920년대 동대문 거리, 기와집·전차·초가집이 어우러진 동대문 거리 풍경

선우순(鮮于旬) 1891 ~ 1933

일제강점기 대동동지회 회장, 중추원 참의 등을 역임한 개신교인. 친일반민족행위자.

일본 조합교회 전도사 및 부협의회 의원, 언론인으로 일제의 식민지배에 협력한 '직업적인 친일분자'이다.

선우순의 일제강점기 활동은 「일제강점하 반민족행위 진상규명에 관한 특별법」 제2조 제5·9·13호에 해당하는 친일반민족행위로 규정되어 「친일반민족행위진상규명 보고서」 Ⅳ-8: 친일반민족행위자 결정이유서(pp.379~397)에 관련 행적이 상세하게 채록되었다.

출처: 한국민족문화대백과사전

선우갑(鮮于甲) 1893 ~ ?

일제 강점기에 언론인으로 활동하면서 일본 경찰의 밀정으로 근무했다.

친일 단체 대동동지회(大東同志會) 회장, 조선총독부 중추원 참의를 지낸 선우순의 친동생이다. 평양 출신으로 일본 경찰 고등계 형사로 일했다.

1919년 2·8 독립 선언 당시에 일본 도쿄에 파견되어 유학생들을 감시하는 역할을 하였다. 도쿄 YMCA 본부 급습을 지휘한 선우갑은 송계백, 최팔용을 비롯한 사건의 주동자들을 밀고하여 체포하는 데에 큰 공을 세웠다. 이를 계기로 선우갑은 일본 제국의 큰 신임을 받았다.

일본 경시청 경부보로 재직 중이던 1919년에는 중국 상하이에서 안창호를 비롯한 대한민국 임시 정부 요인들에 대한 정보를 수집했고, 1920년에는 미국에서 활동 중이던 독립운동가에 대한 정보를 수집했다. 선우갑은 외국에서 기자로 파견되어 재외 독립 운동을 감시하고 국제 여론을 조선 독립에 부정적인 쪽으로 유도하는 일을 맡았다.

출처: 위키백과

1921

단기 4254년/대한민국임시정부 3년/대정 10년

통신사업 창시 50년 기념

1871년(명치 4년)역체국, 창업시대 동서양 경과 오사카 시내에 설치된 우편함과 집배인

'조선통신사 상륙 엄류의 땅' 기념비

조선통신사

혼슈(本州) 서쪽 끝에 있는 시모노세키(下關) 부산을 출발한 통신사가 처음 도착한 곳.

규슈와 혼슈 사이를 흐르는 폭1.5㎞의 간몬 해협에 접한 시모노세키는 예로부터 일본의 육·해 교통의 중심지로 교통, 상업이 발전한 곳. 조선, 중국과 같은 북방국가와 교류하는 길목이었던 시모노세키는 조선통신사 이외에도 우리나라와 얽힌 역사가 많은 곳이다. 조선 전기에는 시모노세키에 조선 상인들이 거주할 정도로 양국의 교역이 활발했으나, 임진왜란이 터지자 시모노세키는 전국에서 동원된 군사와 말, 전쟁 물자를 조선으로 실어 나르는 병참기지로 변했다. 근대에 '시모노세키조약'을 맺으면서 조선 침략을 본격화했고, 일제강점기 때에는 시모노세키와 부산을 연결하는 부관연락선을 통해 강제 징용이 이뤄졌다. 시모노세키는 역사적으로 교류의 통로이자 침략의 관문이었다.

출처 위키백과

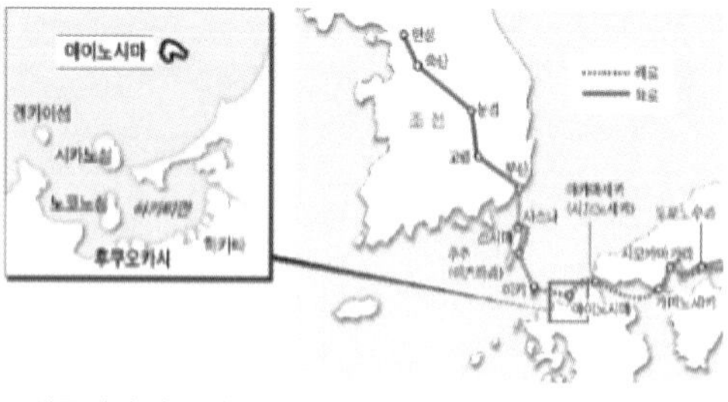

조선통신사 이동 경로

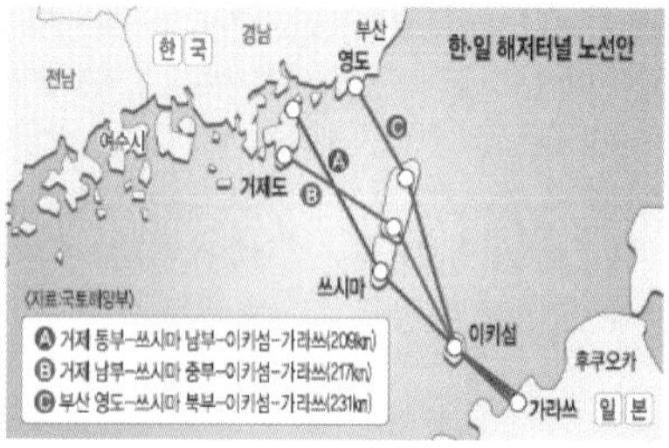

한일 해저 터널 노선 안

1882년 조정은 우정사를 두어 근대화 통신의 첫 발을 내디뎠다. 1883년에는 시찰단 보빙사가 미국의 통신제도와 문명을 둘러본 후 근대식 통신제도의 도입이 시급함을 조정에 알렸다. 마침내 1884년 11월 서울 종로구 견지동에 우정총국이 세워지고 근대식 우편업무가 시작되었다. 그러나 개국한 지 17일만에 일어난 갑신정변으로 우편 사업은 문을 닫았고, 갑오경장으로 재개될 때까지 10년이나 걸렸다

1921

단기 4254년/대한민국임시정부 3년/대정 10년

통신사업 창시 50년 기념

1871년(명치 4) 일본 최초 우표와 우편 엽서

일본 최초 우표(1871)

일본 최초 우표 용문 절수 4종

일본은 최초 우표를 4종류의 시리즈로 발행했다. 최초의 우표는 48문, 100문, 200문, 500문이다

당시 우표 제작은 손으로 만들었다고 한다. 종이 종류는 2종류 한지와 양지 철도자료 안에서 발견된 작은(2cm)최초 우표 발견.

1871년 4월 20일(음력3월1일) 발행 일본 최초 우표 전 500문

출처 위키백과

송식(宋植)-광복군

1900~1947 전라남도 화순 출생

1924년 8월 중국 호남성립(湖南省立) 제일중학교(第一中學校) 3학년에 입학하여 1학기를 수업하였고, 1925년 중국 호남(湖南) 장사(長沙) 평민대학(平民大學) 예과 1학년에 입학하여 1927년까지 수학하였다. 1925년 9월 중국 무창(武昌)에서 무한한인청년회(武漢韓人靑年會) 결성에 참여하였고 1941년 10월 임시의정원(臨時議政院) 전라도(全羅道) 의원(議員)에 선출되어 해방 당시까지 의정원 의원으로 활동하였다. 1942년 2월 민족혁명당원(民族革命黨員)으로 조선의용대(朝鮮義勇隊) 통신처(通訊處) 계림(桂林) 지역 주임으로 활동하였고, 중국중앙군사학교 무한분교(武漢分校)를 졸업하였다. 한국광복군(韓國光復軍)에 참여하여 총사령부(總司令部)에서 근무하였다.

출처: 공훈전자사료관

1921

단기 4254년/대한민국임시정부 3년/대정 10년

통신사업 창시 50년 기념

조선총독부 발행

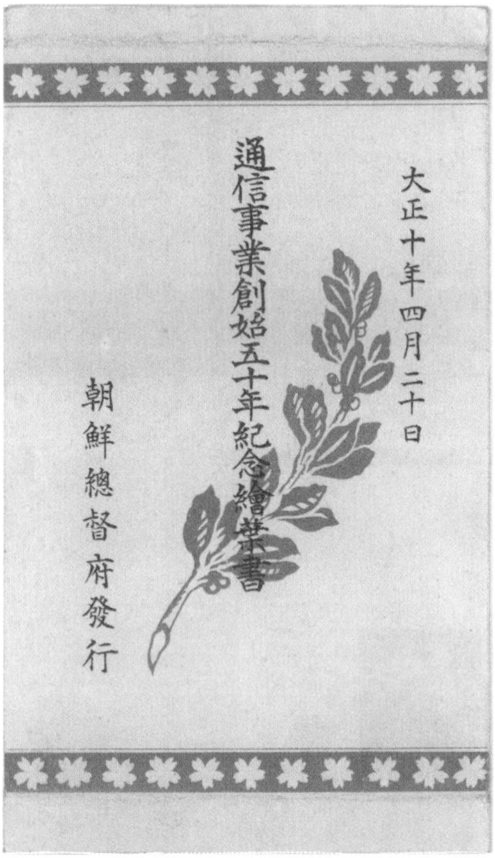

통신 사업 창시 50년 기념 회 엽서 봉투

갑신정변(甲申政變)

출처 위키백과

1884년 12월 4일(고종 21년) 김옥균·박영효·서재필·서광범·홍영식 등 개화당이 청나라에 의존하려는 척족 중심의 수구당을 몰아내고 개화정권을 수립하려 한 무력 정변(쿠데타)이다. 갑신난, 갑신전란으로 불리다가 대한민국 임시정부에서는 '갑신혁명당의 난'(甲申革命黨의 亂)이라 불렀다.

1894년 12월 4일 우정국(郵政局) 낙성식을 계기로 정변을 일으켜 고종과 왕비를 경우궁으로 피신시킨 뒤 민씨 척족들을 축출하거나 일부 처형하고, 12월 6일 중국 간섭 배제, 문벌과 신분제 타파, 능력에 따른 인재 등용, 인민 평등권 확립, 조세 제도 등의 개혁 정책을 내놓았다.

개화파가 당시에 내놓은 정책 중 현재 전하는 기록은 14개 조항이나, 80개 조항이 있었다는 견해도 있다.

그러나 12월 4일 민씨 정권은 이미 청나라군에게 구원을 요청하여 군대를 불러들였고, 명성황후는 창덕궁으로 되돌아갈 것을 주장하여 창덕궁으로 환궁했다. 1884년 12월 7일 오후 청나라 군대가 들어왔고, 치밀하지 못한 준비로 3일만에 진압되었다.

이근우와 강릉 선교장

이근우(李根宇, 1877. 9. 20 ~ 1938. 5. 13)

일제 강점기 강원도지역 유지이며 조선총독부 중추원 참의를 지냈다. 강원도 강릉군의 양반 가문 출신으로, 서당에서 한학을 공부하였다. 1908년에는 현재의 강릉시 운정동에는 교육 기관을 세워 신학문을 교육하는 등, 일찍부터 이 지역의 유력자로 활동하였다. 1910년에 한일병합 조약이 체결되어 조선총독부 체제가 출범한 뒤로는 각종 공직에 임명되었다. 1911년 도지사 자문역할인 강원도 참사에 임명된 데 이어, 강릉금융조합감사, 강릉산림회평의원, 강릉농회평의원, 도평의원등을 두루 지냈다. 1919년 9월 사이토 마코토 조선총독의 각 도 대표 소집에 응하여 조선총독부 주최로 열린 시국강연에서 강원도 대표로 참석했다. 1923년 6월에는 강원도 지사의 추천에 의해 중추원 참의로 발탁되어 장기간 재직하였다. 중추원 참의로 있던 1935년에 총독부가 시정 25주년을 기념, 표창한 표창자 명단에 들어 있다. 이때 정 7위에 서위되어 있었다.

2002년 발표된 친일파 708인 명단과 2008년 민족문제연구소가 정리한 친일인명사전 수록예정자 명단의 중추원 부문에 모두 포함되고 2009년 친일 반민족 행위 진상규명위원회가 발표한 친일 반민족 행위 704인 명단에도 포함되었다.

출처: 위키백과

1921

단기 4254년/대한민국임시정부 3년/대정 10년

대혼 25년 기념

조선총독부 발행

총칭
대혼 25주년 기념 우편 회 엽서 봉투
철판인쇄주식회사 HB 제판 인쇄

백야 김좌진 장군

이범석 장군

홍범도 장군

청산리전투(靑山里戰鬪) 또는 청산리대첩(靑山里大捷)은,

1920년 10월 김좌진, 나중소(羅仲昭), 서일, 이범석 등이 지휘하는 북로군정서군(北路軍政署軍), 홍범도가 지휘하는 대한독립군, 대한 신민단 예하 신민단독립군 등 주축으로 활약한 만주독립군 연합 부대가 만주 지린성 화룡현 청산리, 백운평(白雲坪)·천수평(泉水坪)·완루구(完樓溝) 등지에서 10여 차례에 간도에 출병한 일본제국 육군과 전투를 벌인

출처: 위키백과

청산리 전투의 승리

청산리 전투 승리 후 기념 사진

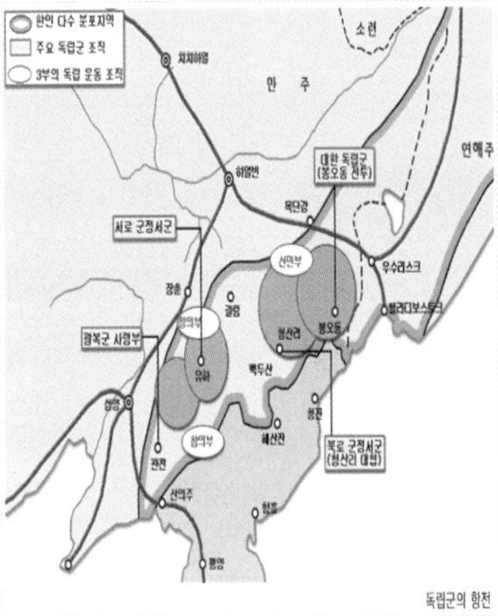

청산리 지역 전투 상황도

1925

단기 4258년/대한민국임시정부 7년/대정 14년

조선총독부 시정 15주년 기념

조선총독부 시정 15주년 기념 포항기념 소인 조선신궁과 신전의 배전

일제가 세운 조선신궁

일제 조선신궁

일제가 지금의 서울특별시 남산 중턱에 세웠던 일본식 신사(神社). 1920년에 '조선신사(朝鮮神社)'라는 이름으로 세워져 1925년에 '신궁(神宮)'으로 올려졌다가 1945년 일제로부터 해방이 되면서 철거되었다. 일제는 조선총독부를 통해서 '신사정책(神社政策)'을 수립하여 조선총독부의 예산을 통해 경기도 경성부(京城府), (지금의 서울)를 비롯한 전국 각지에 일본식 신사(神社)를 설립하기로 하고 그 중 경성부의 경우 '한양공원(남산공원)'에 신사를 세우기로 결정하고 여기에 일본을 건국했다는 주신(主神) 아마테라스 오오카미(天照大神)와 1912년에 사망한 메이지 덴노를 제신(祭神)으로 결정하였다. 이 과정에서 서울 남산의 국사당(國師堂)이 자기들이 조선신궁을 짓기로 정한 곳보다 높이 있다면서 트집을 잡았고, 결국 국사당은 원래 위치인 현 서울 남산에서 지금의 위치인 인왕산으로 옮겨졌다. 현재 남산에 국사당이 있던 곳에는 팔각정이 있다.

출처: 위키백과

인왕산 자락에 위치한 국사당

국사당(國師堂), 남산 목멱대왕(木覓大王)을 모시는 민속 신앙 사당

서울 종로구 무악동 인왕산 자락에 위치한 국사당(國師堂)이다.

전통 신앙과 관련된 사당인 인왕산 국사당은 원래 남산 팔각정 자리에 있었다. 조선 왕조실록에 의하면, 남산을 목멱대왕(木覓大王)으로 봉하고, 호국신으로 삼았고, 국가의 공식 행사인 기우제(祈雨祭)와 기청제(祈晴祭)를 지냈다고 한다. 국사당에는 고려 공민왕, 무학대사, 나옹선사를 비롯한 여러 신상이 걸려 있었으며, 민간 신앙에서 숭상하는 다양한 신상을 걸어 놓고 기도를 올렸다고 하며, 국가적으로도 이를 억제할 수 없었다고 한다. 목멱산(木覓山)은 서울 남산南山의 다른 명칭이며, 남산을 인경산引(慶山) 이라고도 했다. 『조선왕조실록朝鮮王朝實錄』에 따르면 태조太祖 4년(1395년) 12월 29일에 이조(吏曹)에 명해 남산을 목멱대왕(木覓大王)으로 봉하고, 경대부(卿大夫) 및 선비와 서민들은 제사하지 못하게 했다.

『신증동국여지승람新增東國輿地勝覽』에 따르면 목멱신사木覓神祀는 목멱 산木覓山 꼭대기에 있었고, 해마다 봄과 가을로 초제醮祭를 행했다.

출처: 위키백과

1925

단기 4258년/대한민국임시정부 7년/대정 14년

조선총독부 시정 15주년 기념

조선총독부와 경성시가지 조선총독부 시정 15주년 기념 포항기념 소인

조선총독 제3대, 5대 총독

사이토 마코토(齋藤 實) 1858. 12. 2 ~ 1936. 2. 26

일본의 해군 군인이자 관료, 정치가이다.

해군병학교를 졸업한 후 미국에서 유학한 자수 성가형 인물로, 해군 대장과 해군 대신을 지냈다.

1919년부터 1927년까지 제3대, 1929년부터 1931년까지 제5대 조선총독부 총독으로 재직했다.

1919년9월 조선총독으로 부임하러 남대문역에서 내리다가 강우규(姜宇奎) 등의 폭탄 습격을 받았으나 구사 일생으로 죽음을 면하였다. 3·1운동 이후 조선 총독으로서 종전의 '무단정치'에서 문화정치'로 통치 방법을 전환시켜 식민지 반발을 무마하려 노력했다. 1925년에 자작(子爵)이 되고,1932년-1934년까지 총리대신,1932년부터1933년까지 겸임 외무대신을 지냈다. 1933년 겸임 문부대신을 지내다가 1934년 사퇴하였다. 이후 내대신으로 재직 중 1936년 2월 26일에 발발한 2·26사건 당시 반란을 일으킨 황도파 청년장교들에게 도쿄 자택에서 78세의 나이로 살해당했다

출처: 위키백과

조선총독부 건물

조선총독부 건물 보존이냐, 철거냐-결국 폭파되었다.

조선총독부 건물을 폭파 철거했다고 일제강점기의 잔재가 없어진 것일까?.

조선총독부는 일본 제국이 1910년 10월 1일 한일병합조약 체결일부터 1945년 9월 2일까지 한반도에 대한 통치를 위해 운영하던 직속기관이었다. 광복 50주년 경축식에서 중앙돔의 해체를 시작, 70년간 우리 땅에 버티고 있던 조선총독부 청사는 철거에 들어갔다. 1996년 11월 13일 조선총독부 건물의 지상 부분 철거가 완료되었고,1998년 8월 8일 독립기념관은 중앙돔과 건축부재로 '조선총독부 철거부재 전시 공원'을 개원하여 일반에 공개하였다.

출처: 위키백과

1925

단기 4258년/대한민국임시정부 7년/대정 14년

조선총독부 시정 15주년 기념

조선왕가(이왕가) 수견식/ 누에고치 따기, 경성 제사장. 조선총독부 시정 15주년 기념 포항 기념 소인

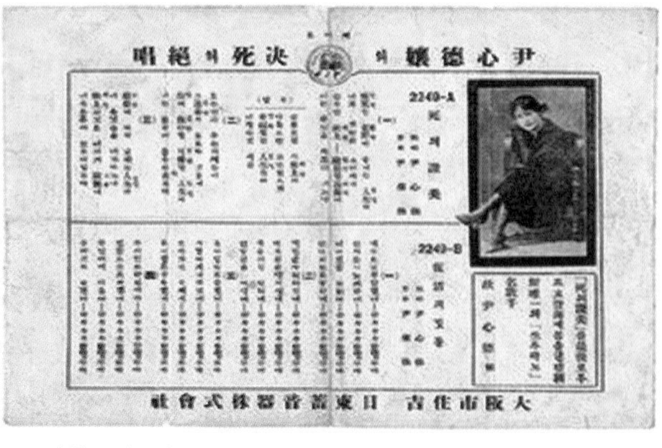
尹心德孃의 決死의 絶唱

大阪市住吉 日東蓄音器株式會社

1926년 한국 최초의 소프라노가수 윤심덕이 발표한 음반 '사의 찬미'

'사의 찬미' 윤심덕(尹心德)

광막한 광야에 달리는 인생아
너의 가는 곳 그 어데이냐.
쓸쓸한 세상 적막한 고해에
너는 무엇을 찾으려 하느냐.
눈물로 된 이 세상에 나 죽으면 고만일까.
행복찾는 인생들아 너 찾는 것 허무.
웃는 저 꽃과 우는 저 새들이
그 운명이 모두 다 같구나.
삶에 열중한 가련한 인생아.
너는 칼 위에 춤추는 자도다.
눈물로 된 이 세상이 나 죽으면 고만일까
행복 찾는 인생들아 너 찾는 것 허무.
허영에 빠져 날뛰는 인생아
너 속였음을 너 아느냐.
세상에 것은 너에게 허무니
너 죽은 후는 모두 다 없도다.
눈물로 된 이세상이 나 죽으면 고만일까
행복 찾는 인생들아 너 찾는 것 허무.

출처: 위키백과

1925

단기 4258년/대한민국임시정부 7년/대정 14년

조선총독부 시정 15주년 기념

대훈 25주년 기념 우편 회 엽서 봉투
철판인쇄주식회사 HB 제판 인쇄

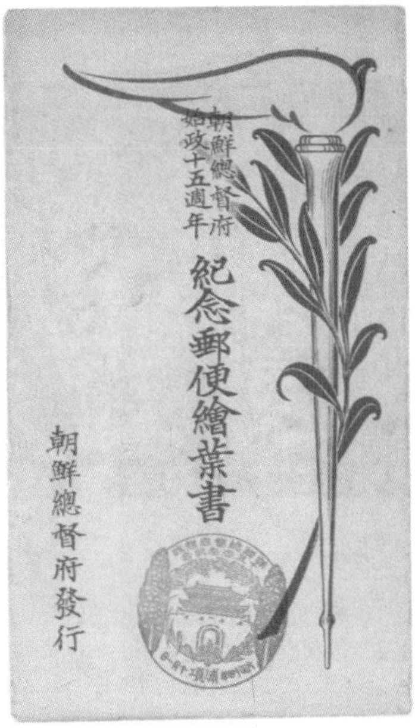

수표교 근처의 모습, 저 멀리 제창국이 보인다.

1925년 청계천.

친일파 708인 명단(1948 반민족행위처벌법에 의거)

출처: 위키백과

친일파 708인 명단(**親日派 708人 名單**)은 2002년 2월 28일 대한민국 국회의 민족 정기를 세우는 국회의원 모임(**회장 김희선**)이 발표한 주요 친일 인사 708명에 관한 명단이다. 이들 명단은 1948년 대한민국 제헌국회에서 제정된《반민족행위처벌법》에 근거하여 작성되었다. 이 모임은 광복회(**회장 윤경빈**)와 함께 심사하여 명단을 공개했으며 이 가운데 692명은 광복회와 합의하에, 사회, 문화, 예술 분야에서 공이 커서 친일파 규정에 논란이 많은 나머지 16명은 별도로 발표했다.

1. 을사오적: 5명 이완용·이근택·이지용·박제순·권중현
2. 정미칠적: 7명 이완용·송병준·이병무·고영희·조중응·이재곤·임선준
3. 일진회: 9명 김명준·서상윤·송병준·양재익·염중모·윤갑병·윤길병·윤시병·이용구
4. 경술국적: 8명 이완용·, 윤덕영·민병석·고영희·박제순·조중응·이병무·조민희
5. 조선귀족: 115명
6. 일본귀족원 의원 및 제국의회 의원: 9명
7. 중추원: 561명
8. 도지사: 43명
9. 도 참여관: 103명
10. 조선총독부 국장: 6명 김시명·어윤적·엄창섭·유맹·이진호·, 한동석
11. 조선총독부 사무관: 85명
12. 조선총독부 판검사: 4명
13. 조선총독부 판사: 16명
14. 조선총독부 군인: 7명 김석원·김창룡·박두영·어담·이병무·정훈·조동윤
15. 애국자 살상자: 22명 노덕술·김극일·김대형·김덕기·김영호·김우영·김태석·노기주·도헌·양병일(**밀정**)외
16. 밀정: 16명 배정자·강낙원·김동한·김인승·박두영·박석윤·선우갑·양병일·오현주·이준성·장문재
17. 경시: 103명
18. 고등계 형사: 10명 김병태·김석기·김영기·배만수·심량체·오세윤·이대우·이종하·장인환·홍사묵
19. 군수산업 관련자: 12명
20. 친일 단체: 21명
21. 기타: 74명
22. 사회·문화·예술계: 16명(**집중 심의 대상**)

1928

단기 4261년/대한민국임시정부 10년/소화 3년

대례 기념

대례기념, 기념우표, 일부인등 발행 안내장
제비와·나비 문양 도안
조선총독부 발행
1928년은 일요일로 시작되는 윤년이다.

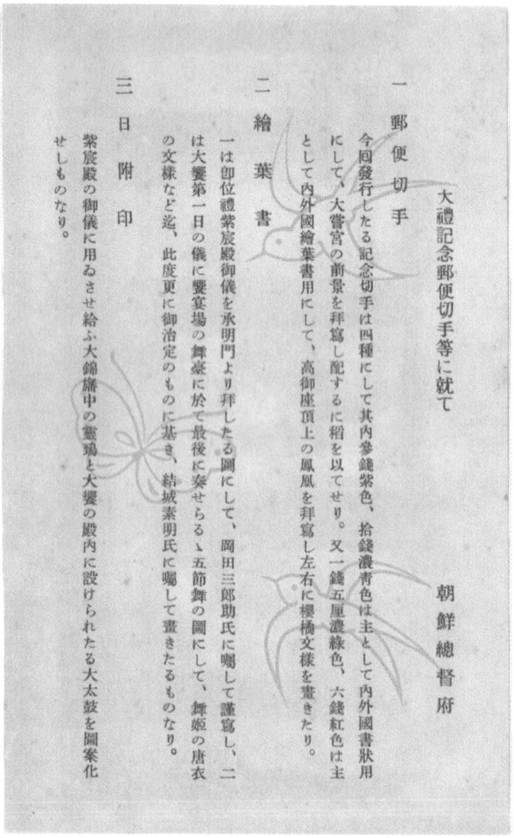

大禮記念郵便切手等に就て

朝鮮總督府

一 郵便切手

今回發行したる記念切手は四種にして其内參錢紫色、拾錢濃青色は主として內外國書狀用にして、大嘗宮の前景を拜寫し配するに稻を以てせり。又一錢五厘濃綠色、六錢紅色は主として內外國繪葉書用にして、高御座頂上の鳳凰を拜寫し左右に櫻橘文樣を畫きたり。

二 繪葉書

一は卽位禮紫宸殿御儀を承明門より拜したる圖にして、岡田三郎助氏に囑して謹寫し、二は大饗第一日の儀に饗宴場の舞臺に於て最後に奏せらるゝ五節舞の圖にして、舞姬の唐衣の文樣など迄、此度更に御治定のものに基き、結城素明氏に囑して畫きたるものなり。

三 日附印

紫宸殿の御儀に用ゐさせ給ふ大錦旛中の靈鵄と大饗の殿內に設けられたる大太鼓を圖案化せしものなり。

원산 총파업

일제강점기 노동자 저항의 분출과 좌절

원산 총파업은 일제 식민지기 발생한 최대의 파업이었다. 3,000여 명이라는 당시 가장 큰 규모의 파업대오를 형성한 투쟁이었다는 점, 그리고 한 지역 단위의 노동자가 모두 참여하여 총자본 대 총노동의 대결로 전개되었다는 점,

이 때를 계기로 일제의 노동정책과 국내 노동운동의 활동 방식 및 노선이 크게 변한다는 것이 원산 총파업의 중요한 사건이다. 원산 총파업의 직접적인 발단은 1928년 9월 원산 인근의 문평제유 공장에서 발생한 파업이었다. 이 공장의 일본인 감독이 조선인 노동자들에게 욕설과 횡포가 심해 원성을 사고 있던 중, 9월 7일 구타사건이 발생하자 분노한 노동자들이 일본인 감독의 파면을 요구하고, 더불어 노동조건에 대한 교섭을 요구. 사측의 거부로 문평제유노조는 원산지역 노동조합 조직인 '원산노동연합회'(원산노련)의 지도 아래 9월 16일 파업을 단행했다.

출처: 위키백과

선우완(鮮于琓)

1925~1968

1943년 8월 중국 안휘성(安徽省)에서 조선민족혁명당(朝鮮民族革命黨)에 입당하였고 조선의용대 제2지대 제2대(후에 韓國光復軍으로 개편)에서 복무하였다. 1944년 12월 제5전구 유격지역인 호북성 담현(潭縣)을 전방 기지로 하여 무한삼진(武漢三鎭) 일대를 지하 공작 대상으로 삼아 활동하던 공작대의 대원으로 활동하였다. 1945년 3월에 일본군이 담현(潭縣), 노하구(老河口),남양(南陽) 등지를 침공하여 옴에 따라 김주(金俊), 권준(權畯)을 비롯한 30여 명 대원과 함께 제5전구 휘하의 정예 부대인 제5사단과 합류하여 침공해 온 일본군에 대항하여 맹렬한 반격 작전을 수행하였다. 선우완은 1945년 8월까지 중국 중경(重慶)에서 한국광복군(韓國光復軍) 제1지대 제1구대에 소속되어 활동하였으며, 1945년 10월부터 1946년 4월까지 조선민족혁명당 중경 남안구(南安區) 당부(黨部) 조직부장 및 구당부(區黨部) 서기, 분당부(分黨部) 서기, 선전부장 등으로 활동하였다.

출처: 국가보훈처

1928

단기 4261년/대한민국임시정부 10년/소화 3년

대례 기념

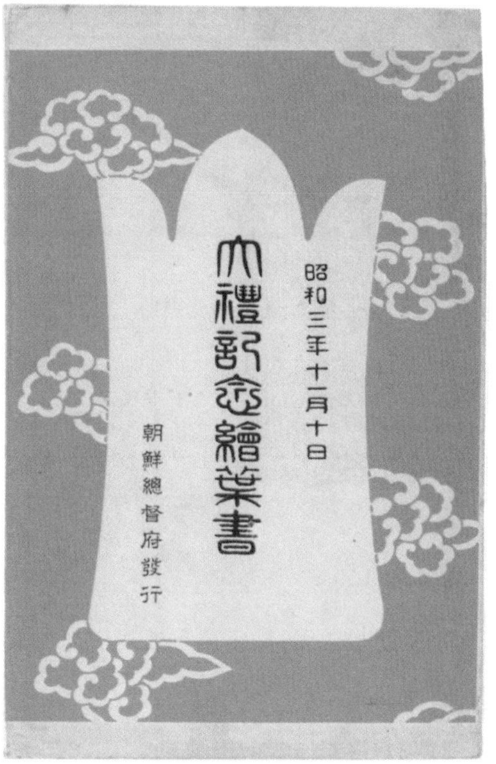

708 & 195

출처: 위키백과

김명규(金命圭,1877. 9. 4 ~ 1930. 12. 11)는 대한제국 관료, 일제강점기 조선총독부 중추원 참의
백윤화(白允和,白川允和,1893. 5. 11~1956. 10. 17)는 일제강점기와 대한민국 건국 초기의 법조인
김완진(金完鎭,1877. 2. 17~1948. 2. 17)은 일제강점기의 관료
김창두(金昌斗,金谷昌斗 ,1884년 ~?)는 일제강점기의 관료
김서규(金瑞圭,1875~1935)는 대한제국과 일제강점기의 관료
백완혁(白完赫) 1856. 9. 13~1938. 1. 12. 강점기 무신, 금융, 기업가
김종흡(金鐘滃) 1869. 10 .8~1944. 7. 9 일제강점기 관료
박영철(朴英喆) 1879. 2. 9~1939. 3. 10 일제강점기 관료, 경제인
이강원(李康元) 1863. 10. 4~1944. 5. 16 일제강점기 관료

2002년 발표된 친일파 708,
2008년 민족 문제 연구소 친일파 인명 사전,
2007년 대한민국 친일 반민족 행위 진상 규명 위원회 친일 반민족 행위
195인(708, 195, 친일 인명 사전)

대례기념 회 엽서 봉투 조선총독부 발행
철판인쇄주식회사 HB 제판 인쇄
1928년은 일요일로 시작되는 윤년이다.

대한민국 친일 반민족 행위 진상 규명 위원회

출처: 위키백과

(대한민국 친일반민족행위진상규명위원회, 약칭 반민규명위)는 일제강점하 반민족행위 진상규명에 관한 특별법이 2004년 3월 22일 공포되면서, 이 법률의 시행령에 따라 2005년 5월 31일 대통령 소속으로 발족한 기구이다. 반민규명위는 일제강점기를 세 부분으로 나눠 친일 반민족 행위 대상자를 조사해 왔다.

△ 제1기(1904년 러일 전쟁~1919년. 3·1 운동)

△ 제2기(1919년. 3·1 운동~1937년 중일전쟁)

△ 제3기(1937년. 중일전쟁~1945년 해방)

2009년 11월 27일, 반민규명위는 제3기 친일 반민족 행위자(1937년 중일전쟁~1945년 해방) 705인 명단을 발표한 이후 해단식을 가졌으며, 일제 강점하 반민족 행위 진상 규명에 관한 특별법에 따라 4년간의 임무를 완수하고 2009년 11월 30일 위원회 활동이 종료되었다. 초대 위원장은 강만길이 맡았으며, 2008년부터 성대경 전 성균관대 명예교수가 역임했다. 2006년 12월 7일 노무현 대통령과 국회에 조사보고서를 제출하면서 친일 반민족 행위 106인 명단을 확정해 발표했다.

친일 반민족 진상 규명 위원회 주요 활동

출처: 위키백과

2006년 12월 6일, 친일 반민족 행위 진상 규명 위원회(이하 반민규명위)는 이완용 등 제1기 친일 반민족 행위자(1904년. 러일전쟁~1919년. 3·1 운동) 106명을 공개했다.

2007년 12월 6일에는 민영휘, 송병준 등 제2기 친일 반민족 행위자(1919년. 3·1 운동~1937년. 중일전쟁) 195명을 공개했다.

2009년 11월 9일에는 반민규명위(위원장 성대경)가 2009년 11월 30일 활동 종료를 앞두고 조만간 '친일반민족행위자'로 결정된 705명의 명단을 2009년 11월 25일쯤에 발표하기로 하였다. 발표에는 친일 행적 논란이 일던 박정희 전 대통령과 장지연 〈황성신문〉 주필은 제외되었다. 명단을 2009년 11월 25일쯤에 발표하기로 하였다.

2009년 11월 27일, 반민규명위는 제3기 친일 반민족 행위자(1937년. 중일전쟁~1945년. 해방) 705인 명단을 발표했다.

발표에는 이전의 보도 내용대로 박정희 대통령과 장지연 〈황성신문〉 주필, 지휘자 안익태는 제외되었으나, 김성수 〈동아일보〉 창업주와 방응모 전 〈조선일보〉 사장, 김활란 전 이화여대 총장 등은 그대로 발표 내용에 포함되었다

1929

단기 4262년/대한민국임시정부 11년/소화 4년

신궁식년 천궁 기념

천어지도·천궁의식 조선총독부 천궁식년 천궁기념 청진우편국 기념 소인

식년천궁(式年遷宮)

일정 기간이 지나면 건물을 다시 짓고 신을 옮기는 의식이다.
이세 신궁은 20년 주기로 이루어지고 있으며 2013년 10월에 62번째 천궁이 있었다.
이를 위해 200년, 300년 뒤에 사용할 나무를 미리 심고 있다.

1929년대 경복궁, 광화문, 조선총독부 건물, 민초들의 초가집들.

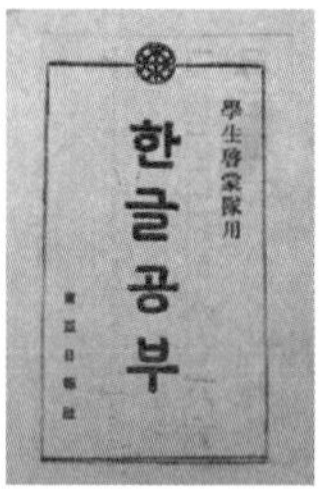

김단야

앞줄 왼쪽에서 두번째부터 김단야, 박헌영, 양명.

김단야(金丹冶)

김단야(金丹冶,1899.1.16-1938.2.13)는 조선의 독립운동가이며, 일제 강점기 해외에서 주로 활동했던 사회주의 계열 독립운동가. 1920년대 박헌영·임원근과 더불어 삼인당(三人黨)이라고 불리면서 공산주의 활동을 하였다.
2005년 대한민국의 독립유공자로 복권되었다. 본명은 김태연(金泰淵)이다.
국적 대한제국 경상북도 김천 사인, 처형(총살)
1929년 모스크바 국제 레닌학교 재학
1937년, 김단야는 당 재건 운동에 뛰어들 기회를 맞게 되는데, 코민테른이 김단야를 조선에 파견, 당 사업에 나서게 할 계획을 가지고 있었다. 소련 정보기관에서 우리가 갖고 있는 정보자료에 따르면 당 사업을 위해 그를 조선에 파견 하는것은 권고할 만한 일이 아니라고 통보했다. 그리고 1937년 11월 5일, 소련 내무인민부는 김단야를 느닷없이 체포했다. 그를 '간첩'이라고 투서한 자는 '김춘성'이란 가명의 조선인이다. 김춘성은 조선공산당 간부 김철수가 만든 조선공산당 제3차 집행부의 일원이던 제주도 출신 이성태라고 추측되고 있다. 투서에는 김단야 뿐만 아닌 박헌영·조봉암·김찬·김한 등 당대 공산주의 최고 지도자들이 모조리 일제의 간첩이라고 매도당했었던 때였다.

출처: 위키백과

1929

단기 4262년/대한민국임시정부 11년/소화 4년

신궁식년 천궁 기념

황대신궁(皇大神宮), 풍수대신궁(豊受大神宮) 조선총독부 천궁식년천궁 기념 청진우편국 기념 소인

신궁(神宮)

신궁(일본어: 神宮 진구은 일본의 천황이나 그 시조를 모시는 제단을 이르는 용어로 통용되나 엄밀히 말하자면 일본에서의 '진구'(神宮)는 미에현 이세시에 있는 이세신궁(伊勢神宮)의 정식 명칭. 엄밀히 말하자면 일본에서의 '진구'(神宮)는 미에현 이세시에 있는 이세신궁(伊勢神宮)의 정식 명칭또는'~神宮'이라는 이름을 가진 신사를 의미하며, 반드시 천황 및 황족을 모시는 것은 아니다. 1945년 이전에는 '진구'란 이름을 쓰기 위해서는 칙허 등이 필요하였으나, 현재는 정교분리의 원칙에 의거하여, 특별한 허가 없이도 격이 높은 신사의 경우 '신궁'이라는 이름을 쓰는 것이 가능.

야스쿠니신사(전범들의 제사를 지내는 사당)

야스쿠니신사 또는 때때로 조슈신사는 일본 도쿄도 지요다구 황궁 북쪽에 있는 신사로 주변국 침략을 위해 싸우다 목숨을 잃은 군인들을 신으로 알고 제사를 지내는 곳이다. 총 면적 93,356㎡로 일본에 있는 신사 중에서 가장 규모가 크다. 영·미권의 언론에서는 "전쟁신사"란 용어를 주로 사용하고 있다. 1869년, 침략 앞잡이의 넋을 달래기 위해 설립한 도쿄 초혼사가 그 전신이다. 주소: 3 Chome-1-1 Kudankita, Chiyoda, Tokyo 102-8246 일본

A급 전범

출처: 위키백과

도쿄 전범 재판에 따르면 국제조약을 위반, 침략전쟁을 기획, 시작, 수행한 사람들(평화에 대한 죄)이다.
스가모형무소에 수감, 8명이 교수형을 당했다.

1. 도조히데키(1884.12. 30.~1948.12.23.) : 일본 제40대 총리. 진주만을 습격하여 태평양 전쟁을 일으킨 인간 쓰레기다.
2. 이타가키세이시로(1885.1.21.~1948.12.23.) : 만주사변을 기획하였으며 일제의 중국 침략에 관여하였다.
3. 도이하라겐지(1883.8.8.~1948.12.23.) : 관동군 사령관(1938~1940). 중국의 화북 분리 공작 관여하였으며, 포로 및 피억류자들에 대하여 야만적으로 대우하였다.
4. 마츠이이와네(1878~1948) : 1937년 상하이 파견군 사령관 당시 난징대학살을 자행했다고 하는데, 이쪽은 억울할 수도 있다.
   왜냐면 그 당시에는 폐결핵 앓고 있었고, 오히려 난징대학살 당시 충격받고 자기 부하들을 통제하려고 노력했다.
5. 기무라헤이타로(1888~1948) : 왜 야스쿠니 신사가 그토록 심각한 문제인지 알 수 있는 항목. 그나마 다른 전범들은 그래도 제노사이드와는 직접적인 연관이 없었지만, 이 자는 제노사이드(집단 학살)를 직접 주도했다.
   관동군참모장(1940~1941),육군대신(1941~1943), 육군최고고문(1943), 버마 파견군 사령관(1944~1945). 그냥 사람이 아니다. 이 자가 저지른 학살은 난징대학살, 싱가포르 학살, 바탄의 행진, 산다칸 행진, 마닐라 학살을 다 더해도 모자를 지경. 오죽하면 같은 A급 전범들한테도 사람 취급을 못 받았다. 참고로 이 자의 별칭이 '버마의 도살자'다.
6. 무토아키라(1892~1948) 중국파견군 참모장(1937), 육군성 국무국장(1939~1942), 수마트라의 일본군 사단장, 필리핀 방면군 참모장(1944~1945). 광범한 지역의 침략과 난징대학살과 중국의 일련 사건들까지 폭 넓은 책임을 물었다.
7. 우메즈요시지로(1882~1949) : 관동군사령관, 육군참모총장 등을 지냈고, 전후 종신형을 선고받고 복역 중 사망.
   1945년 9월 2일 도쿄만의 미주리호 선상에서 시게미츠 마모루와 함께 항복 문서에 서명한 인물이다.
8. 마츠오카요스케(1880.3.3.~1946.6.26.) : 일본제국의 전 외무대신(1940~1941). 국제연맹의 탈퇴를 주도적으로 이끌며1937년 남만주철도 총재, 나치독일 이탈리아 왕국과의 삼국동맹을 주도적으로 이끌고 1941년 소련-일본 불가침 조약을 체결
9. 히라누마기이치로(1867.9.28.~1952.8.22.) : 추밀원 의장(1936, 1945), 수상(1938), 내무대신(1940~1941) 히로히토의 고문 역할을 담당하였다. 국가신토를 장려하였으며 태평양전쟁 기간 중 영향력을 행사하였다. 국가주의 우익 단체 '국본사'를 조직하였다.

1929

단기 4262년/대한민국임시정부 11년/소화 4년

신궁식년 천궁 기념

조선총독부 발행

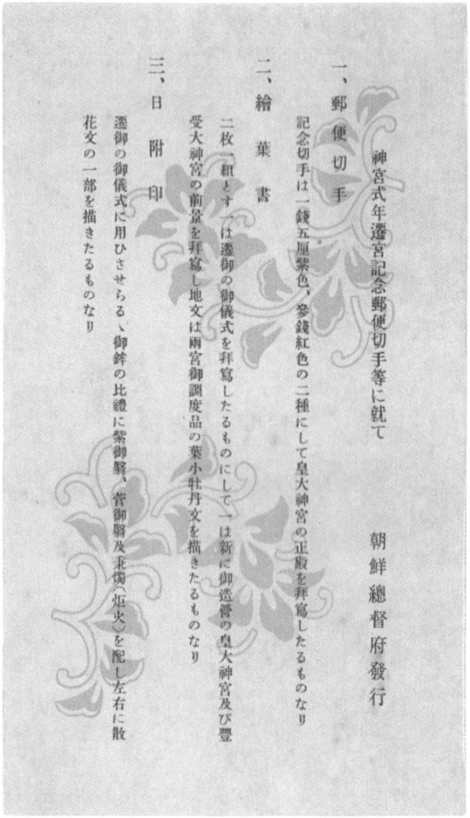

神宮式年遷宮記念郵便切手等に就て

朝鮮總督府發行

一、郵便切手

記念切手は一錢五厘紫色、參錢紅色の二種にして皇大神宮の正殿を拜寫したるものなり

二、繪葉書

二枚一組とす一は遷御の御儀式を拜寫したるものにして一は新に御造營の皇大神宮及び豐受大神宮の前景を拜寫し地文は兩宮御調度品の葉小牡丹文を描きたるものなり

三、日附印

遷御の御儀式に用ひさせらる、御鉾の比禮に紫御翳、菅御翳及秉燭(炬火)を配し左右に散花文の一部を描きたるものなり

신궁식년 천궁 기념엽서 기념우표, 그림엽서, 일부인 등 발행 안내장

호송되는 A급 전범들 출처: 위키백과

A급 전범(Class-A War Criminal)

포츠담 선언 6항에 근거, 극동국제군사재판소 조례 제5조항에 정의된 전쟁 범죄에 관해 극동국제군사재판을 통해 유죄판결을 받은 전범들. 1952년 4월 28일 샌프란시스코 강화조약의 발효로 일본이 주권을 회복한 직후인 5월 1일, 기무라도쿠타로(木村篤太郎) 일본 법무총재로부터 전범에 대한 일본 법상의 해석 변경이 통지되었다.

전범 구금 중 사망자는 모두 공무사로, 전범 체포자는 억류 또는 체포된 사람으로 취급되었고, 전범으로 여겨진 사람들을 위해 여러 차례에 걸쳐 일본 국회에서 결의가 이루어졌다.

또한, 기소된 사람을 포함해 A급 전범이라고 부른다.

출처: 위키백과

극동국제군사재판(極東國際軍事裁判) International Military Tribunal for the Far East, IMTFE

전후 A급 전범으로 기소된 기무라는 극동군사재판에서 사형을 선고받았다.

그의 죄목은 제 3차 고노에 내각, 도조 내각에서 육군차관을 지낸 일이었다.

당시 일본의 육군장관은 총리대신이 겸했기에 실질적인 군사책임자로서 그가 지목된 것이었다.

그러나 버마 방면군 사령관으로서의 행동은 기소되지 않았다. 기무라는 어디까지나 육군차관 재직 시의 책임으로 기소된 것이었다.

재판 당시 버마에서 민간인을 학살했다는 증언이 나왔고, 이에 기무라는 오히려 훈장을 받아야 한다고 망언을 하는 바람에 변호사들마저 변호를 포기했으며, 검찰에서는 그를 격렬하게 비난했다. 기무라에 대한 11명의 판사 투표는 인도인 판사를 제외한 10명이 유죄로 인정했고, 미국, 영국, 중국, 필리핀, 뉴질랜드, 캐나다, 네덜란드의 7명 판사들이 사형에 찬성했다.

출처: 위키백과

1929

단기 4262년/대한민국임시정부 11년/소화 4년

신궁식년 천궁 기념

조선총독부 발행

신궁식년 천궁 기념 엽서 봉투

International Military Tribunal for the Far East

극동국제군사재판(極東國際軍事裁判)재판관들

극동국제군사재판(極東國際軍事裁判) 재판관

국가	재판관	비고
호주	재판장 윌리엄 웹 경	오스트레일리아 퀸즐랜드 대법원장
캐나다	에드워드 스튜어트 맥더걸	Former Judge, King's Bench Appeal Side
중화민국	중장 매여오	Attorney and Member, Legislative Yuan
프랑스	앙리 베르나르	Chief Prosecutor, First Military Tribunal in Paris
인도	라다비노드 팔	캘거타 대학교 법대 강사; 반대 의견 제시.
네덜란드	교수 베르트 뢸링	위트레흐트 대학교 법학 교수
뉴질랜드	하비 노스크로프트	뉴질랜드 대법원 판사
필리핀	대령 델핀 하라니야	변호사장, 대법원 판사
영국	Hon 로드 패트릭	판사(스코틀랜드인), Senator of the College of Justice
미국	존 P. 히긴스	매사추세츠주 대법원장
	소장 마이런 C. 크레이머	Replaced Judge Higgins in July 1946
소련	소장 이반 미헤예비치 자랴노프	Member, Military Collegium of the Supreme Court

1929

단기 4262년/대한민국임시정부 11년/소화 4년

일제강점기 일제 발행 조선 풍광

Life Of KISAN in CHOSEN

기생 김향화(金香花)

일제강점기 민족해방운동의 절정이었던 3⊠1운동이 일어났을 때, 고종의 돌아가심을 누구보다도 슬퍼하며 곡을 하고, '대한독립만세'를 소리 높여 외친 수원 기생 30여 명이 있다. 이 수원 기생들을 이끌었던 인물이 수원 기생의 꽃 '의기(義妓) 김향화(金香花, 金杏花)'이다. 김향화는 1896년 7월 16일 생으로 본명이 순이(順伊)였다. 향화는 기명으로 꽃과 같이 아름다운 그녀의 명성에 걸맞는 이름이었다. 원래 서울에서 태어나 어느 때 부터인지 수원에 내려와 기생으로 이름을 떨쳤다. 김향화는 당시 1918년 발행된 『조선미인보감(朝鮮美人寶鑑)』이라는 홍보 책자에 수원예기조합 기생 32명과 함께 다음과 같이 소개되었다.

○ 김향화(金杏花/22세)

百計留春하되 春不留人하고 萬金惜花하되 花不惜人하야 把我綠鬢紅袖하야

一直蹉跎了兩十光陰이로다. 誰道歌曲이 能解愁오 歌曲是一生的業寃이로다.

온갖 계책으로 봄을 머무르게 하되 봄은 사람을 머무르게 하지 못하고 만금은 꽃을 애석해 하지만 꽃은 사람을 애석해 하지 않아, 주홍 소매를 쥐고서 한번 넘어지면, 이십 광음이 끝나도다. 누가 가곡이 근심을 능히 풀 수 있다 말하는가. 가곡은 일생의 업원(전생에서 지은죄로 이승에서 받는 괴로움)이로다.

출처: 위키백과

1929

단기 4262년/대한민국임시정부 11년/소화 4년

5월5일/조선비행학교 개교/5월16일 제1회 아카데미시상식이 열리다/10월3일 염상섭, 장편〈광분〉조선일보에 연재/10월8일/제1회 경평 축구 대회 개최/10월24일 암흑의 목요일/11월3일 광주학생항일운동/8월11일 미 베이브 루스가 500개의 홈런을 친 첫 선수가 되다.

목재(Wood)인쇄 그림엽서

일제강점시 경성/京城 - Scotland

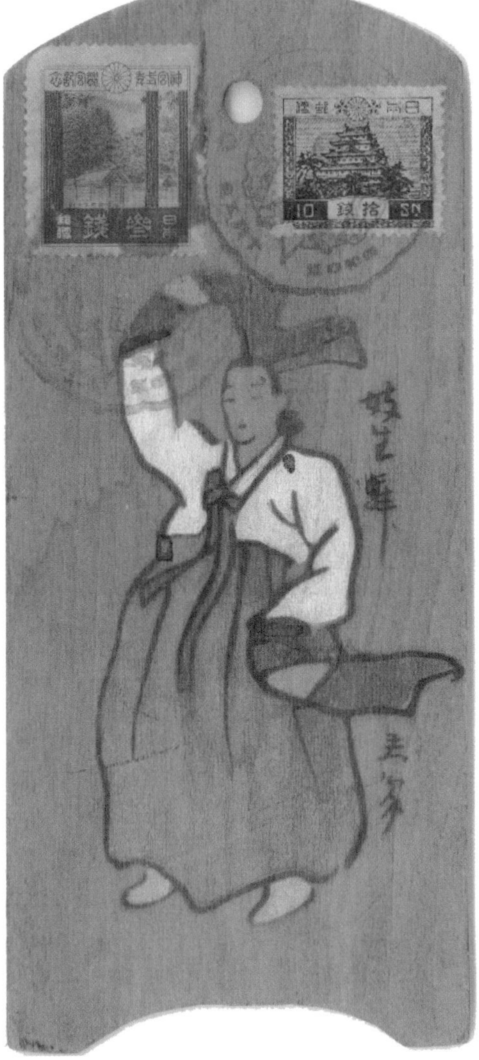

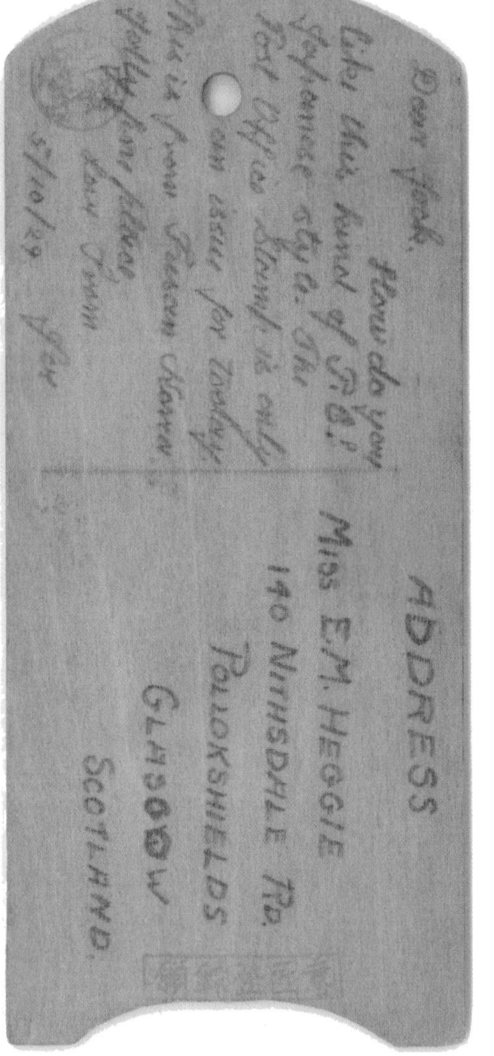

1929년 10월 5일 경성-Scotland행
일본우표 3전+10전첩부
크기: 67mm x 152mm x 두께 2.2mm

김용(金湧)-광복군

1919~1994-01-16 본적 평안남도 평원 출생

광복군 제2지대 제2구대에 입대하여 활동하였으며, 1945년 8월 초 O.S.S 훈련 무전반을 수료하고 광복군 국내정진군 평안도반 제2조에 편성되어 국내진입을 기다리던 중 광복을 맞이하였다.

출처: 공훈전자사료관

1929

단기 4262년/대한민국임시정부 11년/소화 4년

일제강점기 일본 발행 경성 관광 엽서

The Views Of KEIJO

The Views of Keijo경성 명승 회 엽서 제1집
The Views of Keijo경성 명승 회 엽서 제2집

1929

단기 4262년/대한민국임시정부 11년/소화 4년

일제강점기 일본 발행 경성 관광 엽서

The Views Of KEIJO

권동진(權東鎭)

1861 ~ 1947

조선 말기 무신, 군인이며 한국의 독립운동가이며 정치인이다. 아호는 애당(愛堂), 우당(憂堂)이며, 천도교에서 받은 도호(道號)는 실암(實菴)이다. 본관은 안동(安東)이다.

그는 조선 말기에 함안 군수, 육군 참령으로 있다가 그 뒤, 개화당에 들어가 구한말의 개혁운동에 참가하였다. 1882년 임오군란으로 손병희 등과 함께 일본으로 망명한 뒤, 일본 체류 중 손병희의 권고로 천도교에 입도하였고, 도사가 되었다. 1895년 10월 을미사변 당시에는 명성황후 암살에 가담했다가 일본으로 망명했다. 이후 1907년까지 일본에서 망명 생활을 하였다.

남궁억의 대한협회 설립에도 참여하여 동 실업부장을 역임했다. 1919년 3.1 운동 때에는 민족대표 33인의 한 사람으로 독립운동을 지도하다가 일본 경찰에 붙잡혀 3년간 수감당했다. 출옥 후 1927년에는 신간회를 조직하는 데 참여, 부회장에 피선되었다. 뒤에 광주 학생 운동에 관련되어 다시 1년간 수감됐다가 풀려났다. 1945년 광복 이후에는 신한민족당 당수가 되어 우파 정치인으로 활동했다.

그는 을미사변 당시 일본인 낭인들, 조선인 길 안내자들 외에 명성황후를 척살하기 위해 행동한 조선인 행동대의 한 사람이었다. 권동진에 의하면 자신과 자신의 형 권형진 외에도 정난교, 조희문, 이주회, 유혁로 등도 왕비 암살에 가담한 직접 행동파라고 증언하였다.

> 이 음모에 간여한 사람은 일본 사람 강본류지조(오카모토 류노스케) 외 일본인 30여 명이 있었으며, 우리 사람으로는 개혁파의 관계자는 무조건 참가하였지. 우리 정부 대신을 비롯하여 훈련대 제1대대 제2중대장 내 백형(맏형) 권형진(사변 후 경무사로 임명) 등도 획책에 가담하였으며, 직접파로는 훈련대 외에 일본사관학교생도이던 우리 여덟 명이 활동하였는데 그 성명은 정난교, 조희문, 이주회, 유혁로, 구연수 외 김모였다.

그러나 일본 낭인들이 먼저 명성황후를 발견하여 사살한다.

1895년 10월 을미사변 직후 오세창, 정난교 등과 함께 화를 피해 일본으로 망명했다. 그러나 그는 곧 비밀리에 귀국했다.

1900년 6월 1일 의정부 참정(議政府參政) 김성근(金聲根)이 을미사변 관련자들에 대한 탄핵 상소를 올릴 때 그도 가담자로 지목되었으며, 6월 4일 법부 대신 임시서리 의정부찬정(法部大臣臨時署理議政府贊政) 민종묵(閔鍾默) 역시 그를 탄핵하는 상소를 올렸다.

대한민국 정부는 고인의 공헌을 기리기 위하여 1962년 건국공로훈장 복장(複章, 건국훈장 대통령장)을 추서하였다.

출처: 위키백과

1929

단기 4262년/대한민국임시정부 11년/소화 4년

일제강점기 일본 발행 평양 명승 관광 엽서

Fine Views Of HEIJO

광주학생항일운동(光州學生抗日運動)

사진
광주학생항일운동 주역 박준채

광주학생독립운동(光州學生獨立運動)또는 광주학생항일운동(光州學生抗日運動)

1929년 11월 3일부터 광주시내에서 빚어진 한일 중학생 간 충돌과 11월 12일 광주지역 학생 대시위 운동을 거쳐, 한편으로는 호남지역 일대로 확산되고, 다른 한편으로 서울을 거쳐 전국 시가지로 확산된 항일운동으로 1929년 11월말에서 1930년 3월이나 5월까지 전국적으로 확산된 학생독립운동을 말한다. 12월에는 경성과 평양, 함경도 등지와 같은 국내 지역과 만주벌에 위치한 간도 등으로 확산되었고 1930년 5월까지 전국적인 동맹휴학, 학생 항일시위로 변모, 발전했다. 1929년 10월 30일 나주역에 도착한 광주발 통학 열차에서 내린 일본인 중학생들은 광주여자고등보통학교 학생인 박기옥·암성금자·이광춘의 댕기머리를 잡아당기며 희롱하였다. 이 광경을 목격한 박기옥의 사촌 동생 박준채는 분노해 항의했으나 말을 듣지 않자 난투극이 벌어졌다 이 난투극은 일본인 학생 50명과 한국인 학생 30명이 싸웠는데 한국인 학생 30명이 사기면에서는 더 유리하였다. 이를 본 일본 경찰들이 일본인 학생 편을 들고 광주고보 학생들은 차별에 대해 집단 항의하였다. 이에 일본인 기업인들이 동인도회사를 모방한 식민지 수탈기관인 동양척식주식회사를 설립하고 수탈하는 것에 대해 쌓여오던 분노가 겹쳐서 폭발하게 된다. 이를 접한 1929년 11월 3일 허정숙은 광주로 내려와 이들 학생들을 면담하고 경성 지역의 여학생들 여성 운동가들을 찾아다니며 시위할 것을 촉구하였다

출처: 위키백과

1929

단기 4262년/대한민국임시정부 11년/소화 4년

일제강점기 일본 발행 목단대 관광 엽서

Views Of Botandai HEIJO

복녕당 귀인 양씨(福寧堂 貴人梁氏, 1882년 ~ 1929년)

조선 제26대 왕이자 대한제국 제1대 황제 고종 후궁이며, 덕혜옹주(德惠翁主) 생모이다.

1882년 9월 27일 양언환(梁彦煥)의 딸로 태어났다.

1905년 3월 10일 덕수궁에 궁인(宮人)으로 입궁하였고, 이후 승은을 입어 1912년 4월 9일에 복녕(福寧)이라는 당호(堂號)를 받고 귀인에 책봉되었으며 같은 해 5월 25일 덕혜옹주(德惠翁主)를 낳았다.

이날 고종은 옹주를 낳았다고 함녕전(咸寧殿) 복녕당(福寧堂)에 왕림하였고, 같은 해 5월 27일 함녕전 복녕당에서 고종이 흥친왕 이재면 이하 종척(宗戚)들을 인견하여 옹주 탄생을 축하하였다고 한다.

출처: 위키백과

1929

단기 4262년/대한민국임시정부 11년/소화 4년

일제강점기 일본 발행 평양, 해금강 명승 관광 엽서

Fine Views Of HEIJO

금강산 해금강(海金剛)

금강산 삼일포 주변 바다이다.

이 지역은 세상에 알려진 지 300년밖에 되지 않았는데, 숙종 24년(1698년) 고성군수로 있던 남택하(南宅夏)가 찾아내고, 금강산의 얼굴빛과 같다하여 해금강이라 이름 붙였다. 본래 해안 암벽, 바위섬, 자연호, 모래사장, 하천이 어우러진 경승지다. 이중 개방된 곳은 삼일포와 향로봉이며, 관동팔경의 하나인 총석정은 개방되어 있지 않다. 삼일포는 남한의 화진포와 송지호 같이 석호(潟湖)이며, 총 넓이는 0.79㎢에 달한다. 이 호수에는 전설에 따르면 신선 또는 화랑들이 경치가 너무 좋아 3일 동안 머물고 갔기 때문에 삼일포라 한다. 봉래대에서 삼일포 전경을 볼 수 있다. 소가 누운 모양이라고 해서 와우섬이라 이름 붙은 큰 섬을 비롯해, 3개의 작은 섬이 떠 있다. 또한 삼일포 기슭에는 4명의 신선이 놀고 간 것을 기념해 세웠다는 사선정터가 있다. 향로봉은 바다의 해만물상이라 불리며, 바닷가에 육지와는 거리를 두고 홀로 솟아 있는 봉우리이다. 비바람에 씻기고 바닷물에 깎이어 독특한 모양을 지니고 있다.

출처: 위키백과

거제도 해금강(海金剛)

거제 해금강은 경상남도 거제도 남동쪽 갈곶 부근의 바다이다.

1971년 대한민국 명승 제2호로 지정되었으며, 보통 북한 금강산의 해금강과 구분을 하기 위해 거제 해금강이라고 부른다.

1929

단기 4262년/대한민국임시정부 11년/소화 4년

일제강점기 일본 발행 풍속 만화경, 관광 엽서

The Manners Of COREA

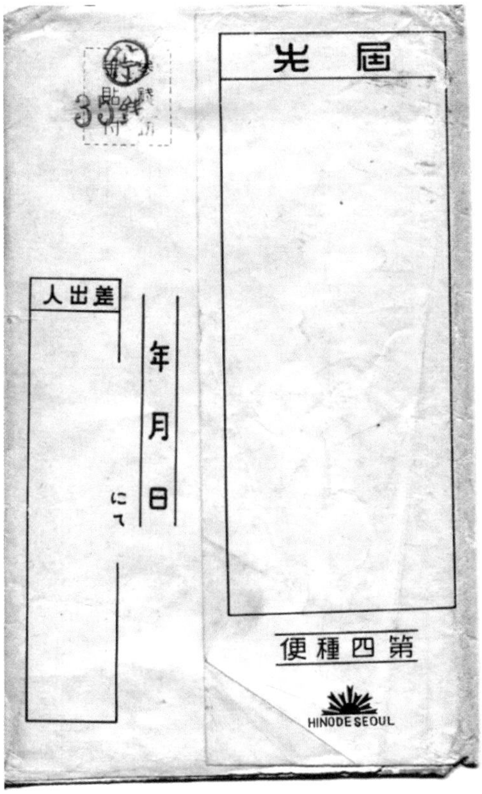

여성독립운동가 안경신(安敬信)

1888년 평안남도 대동군 출생

안경신은 3·1만세의거에 참여했다가 일본 경찰에 체포되어 29일간 유치장에 구금되었다고 한다. 이후 평양에 본부를 둔 대한애국부인회에 합류, 모금한 군자금을 상해 임시정부로 전달하는 교통부원으로 활동했다. 당시 모금된 돈은 2400원. 쌀 한 가마에 1원 하던 시절이니 엄청난 금액이었다. 안경신은 이처럼 중대한 일을 맡을 정도로 확고한 독립의지가 강한 인물이었다. 안경신이 체포된 것은 도피생활 7개월 째인 이듬 해 1921년 3월 20일. 피신처에서 아기를 낳은 지 2주도 채 지나지 않았을 때였다. 평양경찰서 고등계 형사들에게 체포된 그는 원산을 거쳐 3월 26일 평양 지방법원 검사국으로 이송되었다.

품에는 태어난 지 12일 정도 된 핏덩이가 안겨 있었다. 여성 독립운동가 가운데는 남자현 의사처럼 항일무장투쟁에 나선 이가 전혀 없지는 않다. 그러나 폭탄 투척 거사와 같은 남성의 열사들도 함부로 결단하기 어려운 일에 나선 여성 투사는 안경신이 유일하다. 거사 직후 언론은 그를 두고 '여자 폭탄범'이라며 대대적으로 보도했다. 그의 동지 최매지는 이렇게 증언했다.

"독립 투쟁가가 많이 있고 여성 투쟁가도 수없이 있다. 그러나 안경신 같이 시종일관 무력적 투쟁에 앞장서 강렬한 폭음과 함께 살고 죽겠다는 야멸찬 친구는 처음 보았다."

출처: 정운현의 〈조선의 딸, 총을 들다〉에서.

1929

단기 4262년/대한민국임시정부 11년/소화 4년

일제강점기 일본 발행 신라 예술품 전람회 엽서

The Exhibition Of Works Of ART in SHIRAGI

여성독립운동가 오광심(吳光心)

오광심(吳光心, 1910.3.15~1976.4.7)은 한국 광복군에서 활약한 한국 여성 독립운동가이다.
평안북도에서 태어난 그녀는 중국 만주로 이주해 성장하고 그 곳에서 두번의 결혼을 했다.
동명학교 교사로 일하며 조선혁명단에 가담했던 오광심은 만주사변 이후 같은 동명학교 교사였던 재혼한 남편이 전근을 간 사이 동명학교 교장인 김학규와 함께 집을 떠나 전업 독립운동가가 되어 1939년에는 청년공작대를 조직했다.
이듬 해에는 광복군 창설에 관여했고, 이후 일본군을 탈영한 학도병의 광복군 가담을 적극 추진했다.

출처: 위키백과

1929

단기 4262년/대한민국임시정부 11년/소화 4년

일제강점기 일제 발행 조선 풍광

Romantic Chosen

서대문형무소(西大門刑務所)

서대문형무소(西大門刑務所), 서대문감옥(西大門監獄)은 1907년(융희 1년) 대한제국을 점령한 한국통감부가 서울에 세운 형무소이다. 1908년 의병 탄압을 위해 만들어졌다. 일본제국주의에 의해 세워졌던 경성감옥을 시초로 하고 있으며, 1923년 서대문형무소로 개칭되었다. 이후 해방 뒤에도 교도소, 구치소로 활용되다가 1987년 교도소 시설은 경기도 의왕시로 옮기고, 박물관, 문화재 형식으로 운영하고 있으며, 현재 그 건물에 독립공원의 서대문형무소 역사관이 설치되어 있다. 대한제국 말기에 지어져 일제강점기 때의 독립운동뿐만 아니라 광복 이후 정치적 격변과 민주화 운동에 이르기까지 근·현대사의 고난과 아픔을 간직한 역사의 현장이다. 다른 이름은 서대문구치소였다. 경성감옥으로 불리기도 한다.

조선통감부가 침략의 일환으로, 미구에 있을 조선인 범죄자 및 식민통치에 저항하는 조선인 애국지사들을 투옥하기 위하여 융희(隆熙) 원년(1907년) 감옥을 건축하였다. 일본인에게 설계를 맡겨 500여 명의 기결수(旣決囚)를 수용할 수 있는 560여 평의 목조건물을 지었다. 이때 전국의 감옥 총면적이 1,000제곱미터였는데, 새로 지은 감옥의 규모는 전체 감옥 면적의 두 배가 넘었다.

1938년 당시 서대문형무소 외곽 모습

1908년 10월 21일 정미 의병장 허위가 서대문형무소 제1호 사형수로 교수형을 당하였다. 1908년 10월 21일, 500년 간 사용된 종로(鐘路)의 전옥서(典獄署) 감옥에 수감되어 있던 기결수를 옮겨와 경성감옥(京城監獄)이라 하였다. 한국의 독립 운동가들을 많이 투옥하면서 수용할 공간이 부족하자 1912년에 현재의 서울 마포구 공덕동 자리에 다른 감옥을 짓고 경성감옥이라고 이름을 붙이면서 9월 3일 구(舊) 경성감옥을 서대문감옥으로 개칭하였다. 1918년부터 서대문감옥은 형무관(刑務官)을 양성하는 곳도 겸하게 되었다. 1911년 105인 사건으로 많은 독립운동가들이 수감, 김좌진은 1911년 독립운동 자금을 모집하다 일경에 체포되어 2년 6개월 형을 받아 수감. 1919년 3.1운동이 발발하였을 때 수감자의 수가 폭증했는데, 손병희와 유관순을 포함한 3,000명의 조선인이 한꺼번에 서대문형무소에 수용되었다. 1923년 5월 5일에는 서대문형무소(西大門刑務所)로 개칭하였다. 서대문형무소는 1935년에 미결수(未決囚)를 구금하는 구치감(拘置監) 시설도 갖추었는데, 광복 직전인 1944년에는 2,890명이 수용되어 있었다. 일제 때 이 곳은 여느 감옥과는 달리 18세 미만의 한국 소녀수(少女囚)를 모두 수감(收監)하고 있었기 때문에 3.1운동 때 유관순 열사도 구금되어 악형(惡刑)에 시달린 끝에 순국하였고, 전국의 10년 이상이나 무기형(無期刑)을 언도받은 기결수가 수감되어 있었던 점도 특색이었다. 1919년 3·1운동 때에는 민족대표 33인을 비롯하여 수많은 애국시민과 학생들이 이곳에 투옥되었다.

출처: 위키백과

1930

단기 4263년/대한민국임시정부 12년/소화 5년

사단 대항 연습 기념(증정용)

통감부 전경과 각 병과의 금장, 19사단과 20사단 표시 　　　조선총독부 체신국 발행

소화 10년(1934) 12월 군산일보사가 〈榮光輝湖南〉(영광휘호남)이란 제목으로 발행한 '조선 사단대항 연습' 기념사진첩을 보면 그해 10월 일본군 제19사단과 제20사단이 군산역에 도착하는 장면과 열병식 그리고 군산, 장항, 익산, 전주, 정읍 등지에서 개시한 합동군사훈련 장면이 수록돼 있다.

일제강점기 일본제국 육군 사단

출처: 위키백과

일본제국 일본군은 근위사단 3개와 제1사단~제355사단, 전차사단과 고사(高射)사단, 비행(飛行)사단으로 구성되었다.

일본제국 조선주둔군(日本帝國 朝鮮軍)

일본제국 조선군(朝鮮軍) 또는 조선 주둔 일본군은 일제 강점기에 일본군이 조선 지역을 수비하기 위한 일환으로 창설한 부대이다.

조선군사령부 구성

제19사단, 함경북도 나남, 1916년 4월 16일~1931년 12월

제20사단, 경성 용산, 1915년 12월 24일~1931년

영흥항 요새 사령부 - 원산

진해항 요새(부산요새) 사령부 - 진해

조선헌병대(朝鮮憲兵隊)

주둔기간 1904년 3월 11일~1945년 9월 9일

사령관 하라구치겐사이(原口兼済) 중장 1904. 3. 11~1904. 9. 8

하세가와요시미치(長谷川好道) 대장 1904. 9. 8~1908. 12. 21

오쿠보하루노(大久保春野) 대장 1908. 12. 21~1911. 8. 11

고즈키요시오(上月良夫) 중장 1945. 4. 7~1945. 9. 9일 항복

19사단	함경북도 나남	30사단	평양	79사단	나남
20사단	경성	48사단	대만	134사단	만주 흑룡강성
24사단	만주 하얼빈	49사단	경성	135사단	만주
25사단	만주 동녕	50사단	타이페이	136사단	만주
28사단	만주 신경	66사단	대만	137사단	나남
138사단	만주	139사단	만주	148사단	만주
149사단	만주	150사단	경성	160사단	평양
320사단	경성				

1930

단기 4263년/대한민국임시정부 12년/소화 5년

간도특설대(間島特設隊) 또는 간도특설부대는 일본 제국의 괴뢰국인 만주국이 동북항일연군· 팔로군 (중국 혁명군)· 조선의용군 (김두봉이 일원) 등 중국 공산당 휘하의 조직 등 만주에 존재하던 기타 항일 조직을 공격하기 위해 1938년 조선인 중심으로 조직하여 1939년부터 본격적인 작전을 수행하였으며 일제가 패망할 때까지 존속한 800~900여 명 규모의 대대급 부대였다.

출처: 위키백과

간도특설대(間島特設隊)

일본 제국 괴뢰국인 만주국이 동북항일연군(김일성이 일원)·팔로군(중국 혁명군)·조선의용대(김원봉이 일원) 등 중국 공산당 휘하의 조직을 공격하기 위해 1938년 조선인 중심으로 조직하여 1939년부터 본격적인 작전을 수행하였으며, 일제가 패망할 때까지 존속한 800~900여 명 규모의 대대급 부대였다.

간도 특설대는 당시, 간도(間島)에서 중국공산당 휘하의 동북항일연군 등의 반일-반만주국 투쟁에 의해 곤경에 빠진 만주국-일본 당국에 의해 설립되었다. 만주국(滿洲國)의 참의원을 지낸 이범익이 '조선 독립군은 조선인이 다스려야 한다'며 설립하여 대대장 등 몇몇 직위를 제외하고 조선인으로 채워졌다. 명칭도 이에 유래하였고, 일본군이 아닌 만주국군에 소속되었다.

동북항일연군(東北抗日聯軍) 등 다수의 항일조직은 군대, 관헌 등의 단속과 집단주거 마을건설에 의해 주민과 격리된 채 은신하면서 게릴라전을 전개하였다. 이에 맞서 간도 특설대는 게릴라전에 특화된 부대로 육성되었다. 간도특설대는 1939년에서 1942년까지는 만주국 내에서 항일운동을 하는 동북항일연군(1940~1941부터 동북항일연군 잔여병력 상당수 소련으로 퇴각, 1942년 소련적군88특별저격여단 개편, 여단장 주보중 저우바오중 중국공산당. 김일성 제1영장. 조선)과 전투를 수행하였다. 1944년과 1945년에는 열하성과 하북성에서 팔로군과 전투를 수행하였다.

1939년 5월 특설부대는 일본수비대를 배합하여 안도현 서북차에서 야간 토벌을 진행하던 중 산림 속에서 불빛을 발견하고 체포를 하고 보니, 산나물을 뜯는 부근 마을의 백성이었다. 그런데도 염천 대대장과 산천 중대장은 무고한 백성들을 죽여서 불에 태워버렸다.

1939년 7월 1일 특설부대는 천보산 광산이 항일연군의 습격을 받았다는 급보를 받고, 도문 일본군 수비대와 협동 작전을 하여 천보산을 토벌했다. 교전 중 항일연군 전사 한 명이 희생되었는데, 특설부대는 특설부대의 충혼비에 제를 지내기 위해 항일연군 전사자의 배를 가르고 간장을 꺼내 빈 통조림통에 넣었다. 그런데 그것을 메고 가던 민부가 허기를 달래려고 통조림인 줄로 알고 훔쳐서 먹다가 생고기인지라 버렸다고 한다.

1941년 겨울 특설부대의 3개 중대는 원부시 대대장의 지휘 아래 안도, 돈화, 화전 등 3개 현에 대한 토벌을 진행, 제2중대와 기포중대의 3명 대원이 변복한 항일군 2명을 체포하였다. 하나는 제1중대의 취사반에서 잡일을 하게 하고, 하나는 기포련에서 말을 먹이게 하였는데, 취사반에 있던 사람이 도망을 한 것을 도목구에서 다시 붙잡아다가 부대를 명월구 공동묘지 앞에 집합 시키고, 총부의 부관 옥량 중위가 군도로 머리를 베고 시체 옆에서 목을 들고 기념 사진을 찍었다.

1941년 1월 특설부대는 안도현 대전자에서 동쪽으로 약 30리 떨어진 산림에서 항일연군 여전사 4명을 체포, 압송 도중 강간을 시도하려다 실패하자 살해하였다.

출처: 위키백과

1930

단기 4263년/대한민국임시정부 12년/소화 5년

사단 대항 연습 기념(증정용)

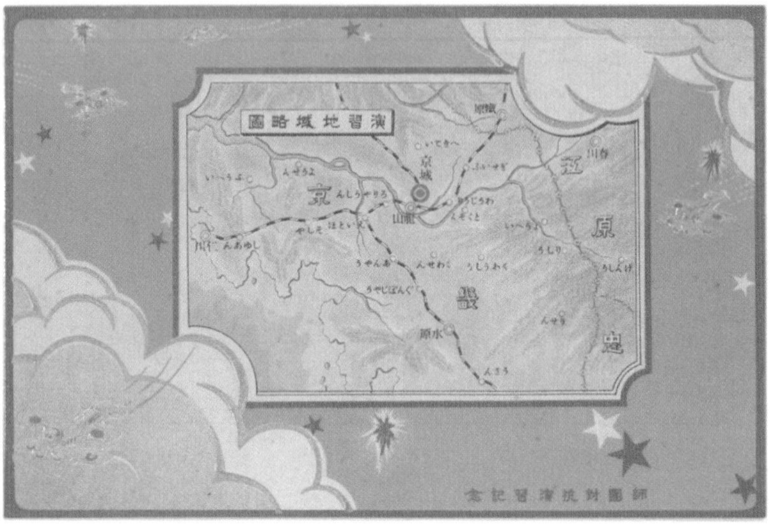

연습지역 약도와 공중전 실황(경기도, 강원도지역) 조선총독부 체신국 발행

일본 황군 항공대 함상전투기가 미국 전함(IOWA급)을 타격하는 상황

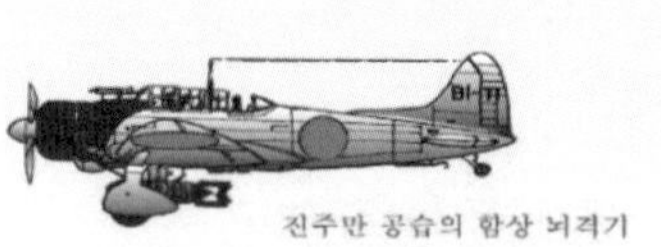

진주만 공습의 함상 뇌격기

영식함상전투기(零式艦上戦闘機, Mitsubishi A6M Zero)는
1940~1945년까지의 일본제국 해군항공대의 경량급 전투기 줄여서 영전(제로센)이라고 불렀다. 호리코시 지로가 설계했고, 미쓰비시중공업이 생산. A6M이라는 제식번호는 전투기를 의미하는A6번째 모델을 의미하는, 미쓰비시에서 생산되었다는 것을 의미하는 M이 결합된 것이다.
A6M은 제2차세계대전 당시 연합군에게서는 주로 제로로 불리웠다.

출처: 위키백과

옛 일본군인 추정 2명 필리핀 남부서 발견

사진: 필리핀 민다나오 섬에서 발견된 나카우치 스즈키 상병

옛 일본군 장교와 사병 등 80대 2명이 필리핀남부의 민다나오섬 산악지대에서 발견돼 일본행을 희망하고 있는 것으로 27일 전해졌다. 일본 언론에 따르면 옛 일본군 육군 제30사단 소속 중대장(87)과 상병(83)이 현지의 목재관련 사업을 하는 일본인에 의해 최근 발견됐다. 이들은 옛 일본군임을 증명하는 소지품을 갖고 있는 것으로 알려졌다. 현재 필리핀 수사당국에 의해 보호받고 있으며, 일본으로 귀국하기를 희망하고 있다. 전쟁 당시 이들이 소속된 일본군 30사단은 필리핀에서 미군 전투기의 공습을 받아 뿔뿔이 흩어졌으며 이들은 이후 종전 직후 사단이 철수할 때 합류하지 못한 것으로 보인다고 산케이(産經)신문은 전했다 이들은 마닐라 산악지대에 자신들 외에도 40여 명의 일본군이 살고 있다고 필리핀 당국에 밝힌 것으로 전해졌다. 이들이 옛 일본군으로 확인돼 귀국할 경우 지난 1972년 미국 괌에서 생환한 옛 일본군 육군 군조(당시 56세 1997년 사망)와 1974년 필리핀에서 생환한 옛 육군 소위 오노다히로(小野田寛郎 당시 51세)에 이어 31년만이다. 오노다히로의 경우 일본정부가 수색대를 보내고 스스로 패전을 알리는 전단을 보았는데도 종전을 믿지 않고, 1945년 직속 상관으로부터 투항 명령서를 받고 나서야 필리핀 정글을 나왔다. 오노다의 이른바 '군인정신'은 일본인의 군국주의에 대한 향수를 자극해 열광을 불러 일으켰다.

출처: 위키백과(2005. 5. 28-도쿄 연합뉴스)

1932

단기 4265년/대한민국임시정부 14년/소화 7년

애국조선호 비행 기념

애국조선호(愛國朝鮮號) 92식 전투기, 88식 경폭격기 조선총독부 체신국 발행

일제강점기 당시 조선인 후원자가 '헌납'한 애국기 출처: 위키백과
헌납 날짜-1932. 04. 07. 기종-88식 정찰기 2형. 애국 10호(조선호)
헌납자- 조선인 협력자. 헌납식 장소- 여의도 비행장

애국기(愛國機) 운동

출처: 위키백과

1930년대 초반부터 일제는 애국적인 국민들이 성금을 모아 자발적으로 전투기를 바친다는 명목으로 애국기 사업을 시작. '애국기'는 육군 측 비행기를 말했고, 해군 측에 갖다 바친 비행기는 '보국기(報國機)'라고 했다.

애국 10호

애국 20호

애국 21호

1932

단기 4265년/대한민국임시정부 14년/소화 7년

애국조선호 비행 기념

조선지도, 애국호비행기, 조선애국부
조선총독부 발행

문명기가 바친 애국 120호

최창학(崔昌學, 松山昌学)1891~1959

精神總動員聯盟에
基金선뜻十萬圓
崔昌學氏의愛國壯擧

國家的運動에
多少援助
崔昌學氏 談

地下工作首魁
李載裕公判
出廷한被告七名

일제 강점기 및 광복 후 대한민국의 광공업 분야의 대표적 친일 기업인. 일제 때 금광개발로 부를 축적했고, 광복 후 대한민국 임시 정부 주석을 지낸 김구에게 자신의 별장인 죽첨장(경교장)을 제공하기도 했다.

평안북도 구성군 출신이며, 본적은 평안북도 정주군 곽산면이다.

愛國翁
『文明琦一』氏

문명기(文明琦) 1878년. 평남 안주 출생. 친일 광기파

문명기가 바친 애국120호(문명기호가 선명하다)

평남 안주에서 출생 후 제지회사와 경북 영덕에서 금광개발로 일약 거부가 된 자로 광신적인 친일 행각자이다.

애국옹으로 불린 문명기/매일신보1940.1.5)

조선총독부가 시정 25주년 기념으로 1935년에 펴낸〈조선공로 자명감〉에 따르면, 문명기는 29세 때인 1907년경 제지사업을 시작한 것으로 돼 있다. 제지업을 통해 자본을 축적한 그는 1932년 금광 업에 손을 댔는데 바로 이 광산에서 '노다지'가 터졌다.

졸지에 거부가된 문명기는 큰 돈을 쓴 곳은 국방헌금. 1935년 육·해군기 각 1대씩의 비용,10만원을 광산 매각대금 12만원 중에서 10만원을 냈는데 요새 돈으로 치면 10억 원에 달하는 거금이었다.

출처: 위키백과

1932

단기 4265년/대한민국임시정부 14년/소화 7년

애국조선호 비행 기념

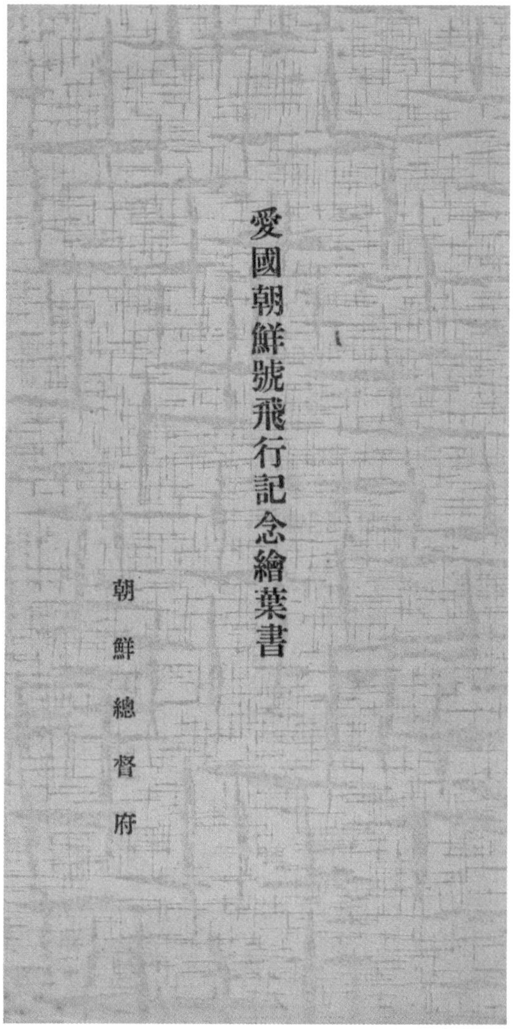

애국조선호 비행 기념 봉투
조선총독부 체신국 발행

군용 비행기 헌납자 명단

연 도	이 름	헌납액	종 목	직업·경력 또는 출신지
1942	김연수	100,000	비행기	경성방직 경영, 김성수의 동생
1940	최창학	40,000	애국기	금광경영
1935	문명기		애국기 / 보국기	중추원 참의, 조선신문 사장
1941	임 훈	120,000	비행기	중추원 참의
1942	손창식	400,000	비행기	중추원 참의
1944	김룡섭	200,000	비행기	
1937	김정호	10,000		개성전기 사장
1942	민대식	20,000	애국경성 2호기	국민총력조선연맹 평의원
1942	민규식	50,000	국방비	
1942	손홍준	10,000		임전보국단 발기인
1943	손주성		애국기 1대	공흥자동차 경영 등
1943	방의석		애국기 2대	중추원 참의, 임전보국단 상무이사
1941	김일남	10,000		
1942	남정구	53,000		
1942	임수보	16,000		
1942	배영춘			
1944	이현희	30,000		
1937	김원근	5,000		
1937	김홍기	1,000	애국기 충북호	
1938	문윤수		애국기	
1937	이석구	2,000	애국기	임전보국단 발기인
1937	백낙승		애국기 1대	
1937	최주성		애국기 1대	
1939	최해필	30,000		비행기 헌납 운동
1937	정태석	10,188		진주향교의 진사
1937	김기태	10,000		중추원 참의
1937	강위수	10,000		진주 부호
1937	김봉철	10,000	병기구입	중추원 참의
1937	김두하	100,000		영일수리조합장
1937	이영구	10,000		
1937	임상호	10,000	애국1호	
1937	한인수	10,000	국방금품	
1937	장지필	10,000	국방금품	
1937	장 황	10,000	국방금품	

연 도	단 체 명	헌납액	비 고
1941	지주봉공회	100,000	
1937	총후지성회	10,000	대표 이상구(진주)
1942	국민총력조선예수교장로회 총회연맹	150,000	보국기 조선장로호
1942	이종욱	53,000	친일승려(2대 국회의원)
1942	감리교단		

*민족문제연구소 발표본(2005)에서 발췌

출처: 위키백과

1932년은 금요일로 시작되는 윤년이다.

1. 8일 이봉창, 도쿄에서 일왕을 폭살시키려다 실패한 의거가 일어남.

4. 29일 윤봉길, 중국 상하이의 홍커우 공원에서 '물통 폭탄'을 던져 의거.

10. 10일 히로히토 일본 천황에게 폭탄을 투척한 이봉창 의사가 처형됨.

12. 19일 윤봉길 의사 가나자와 육군 형무소에서 사형 집행.

1933

단기 4266년/대한민국임시정부 15년/소화 8년

경성 부근 방공 연습 기념

조선총독부 체신국 발행

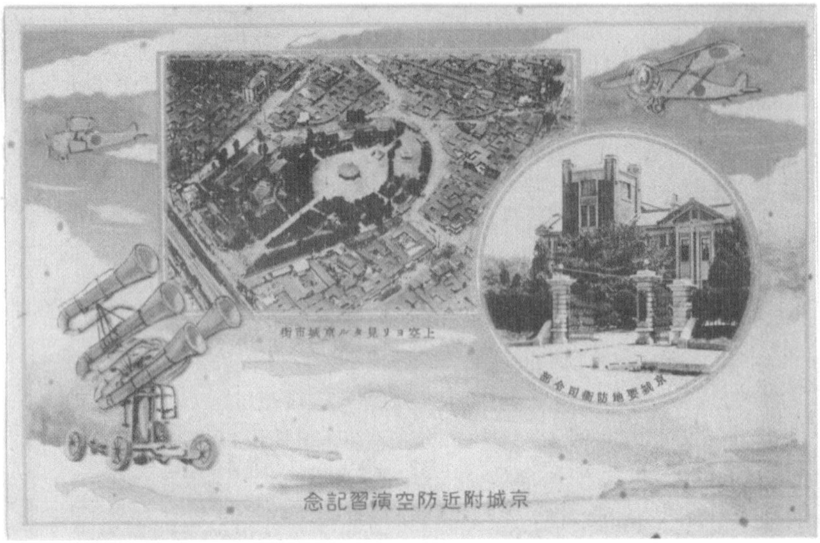

경성부근 방공 연습 기념(증정용)/상공에서 본 경성 시가지, 경성 요지 방위사령부

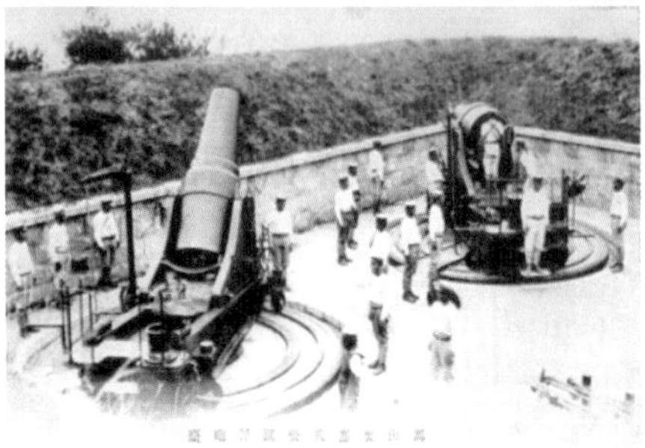

7식 11인치 280mm 공성 곡사포

일제강점기 마산 요새 병영 연습 포대

일본 군대가 마산에 진출한 시기는 마산선 철도가 건설되던 1905년경. 본격적인 진출은 1909년 7월 일본 육군의 중포병 대대[重砲兵大隊]가 진해에서 마산 월영동[현 월영동 아파트 단지]로 이전하고, 1909년 12월 대구 헌병 분견소[大邱憲兵分遣所]가 신마산에 설립되면서 부터였다.

일본군은 1908년부터 병영 건설에 착수하여 1909년 7월 완공되었고, 진해만 요새 사령부와 '진해만 중포병 대대'를 마산으로 이동시켰다.

그 후 1913년 진해만 요새 사령부는 진해 좌천리로 이동을 시키고, 중포병대대는 해방 때까지 마산 월영동에 주둔시켰다.

출처: 위키백과

'사령부발상지지' 라는 요새사령부 건립비

280mm 공성 곡사포가 설치된 외양포에 남아 있는 포진지

탄약고(외양포)

탄약고 내부

건립비. 명치 38년(1905) 4월 21일

일제는 1905년 광무9년 때부터 본격적인 침략이 시작된 것으로, 그 이전에 대한제국 병탄이 이미 시작된 것이다.

1933

단기 4266년/대한민국임시정부 15년/소화 8년

경성 부근 방공 연습 기념

조선총독부 발행

방공 연습 지역 약도

요지방위사령부 경성
지구방공감시대 본부 인천·수원·이천·천안·홍성·춘천·철원·개성·해주

일제 1644 부대

일본 제국 육군 소속 비밀 생물학전 연구 및 개발 기관으로, 중국 난징에 있던 부대였다.

난징 대학살 이후 일본군은 1939년 4월에 의학 연구 기관을 설치하고 난징에 있는 시민들을 대상으로 '마루타(통나무)'라는 실험 대상을 모아 연구했다. 일본군은 양쯔강 인근의 동중산대로에 있는 6층 짜리 병원을 개조해 실험실로 꾸민 다음 '1644 부대'라고 이름 붙이고 유행성 질환을 연구한 것으로 시작했다.

이 건물은 군용 비행장, 일본 게이샤 구역, 영화관 등을 비롯해 일본군 헌병 본부, 난징 점령군 지휘본부등과 가까웠지만, 일본군 헌병들이 배치되어 경계가 삼엄해 무슨 일을 하는지, 어떤 곳인지 알 수 없어 비밀로 남아있었다.

1644 부대원들은 중국인 죄수나 포로들에게 독극물, 세균, 독가스를 주입하면서 생체실험을 자행했으며, 아세톤, 비소, 시안, 질산, 청산가리를 비롯해 코브라 등 독사에서 추출한 독도 사용해서 생체 실험 연구 등에 행해왔다.

매주 10여 명의 사람들이 생체 실험에 의해 희생당하고, 그 사체는 '1644부대'의 소각로에서 처리되었다.

1945년 일본이 패망하면서 1644부대는 중국군이 난징에 입성하기 전 모든 실험도구와 데이터를 파괴하고 실험실을 폭파한 뒤 퇴각하였다.

이곳에서 일한 1644부대원 출신들이 뒷날 미국 심문관들에게 이 실험실의 존재를 알리면서 그곳에서 있었던 일이 알려지게 되었다.

출처: 위키백과

1933

단기 4266년/대한민국임시정부 15년/소화 8년

경성 부근 방공 연습 기념

조선총독부 발행

경성부근 방공 연습 기념(증정용)/ 방공통감부

일제의 방공 연습, 전승 기원, 병기 헌납, 국기(일장기)운동, 유가족 위문, 농번기 탁아소 등 정신문화의 침탈 행위목적으로 이루워졌다.

일제 대한제국 내에서 방공 연습

일제가 태평양전쟁에 대비하여 경성을 비롯한 전국 각지에 인공적인 동굴인 방공호를 수없이 만들어 전시 대비 방공훈련과 등화관제를 실시한 것. 현재에도 일제가 남기고 간 수많은 방공호가 주택가 근처에서 발견되고 있다.

출처: 위키백과

1935

단기 4268년/대한민국임시정부 17년/소화 10년

조선총독부 시정 25주년 기념

조선총독부 발행

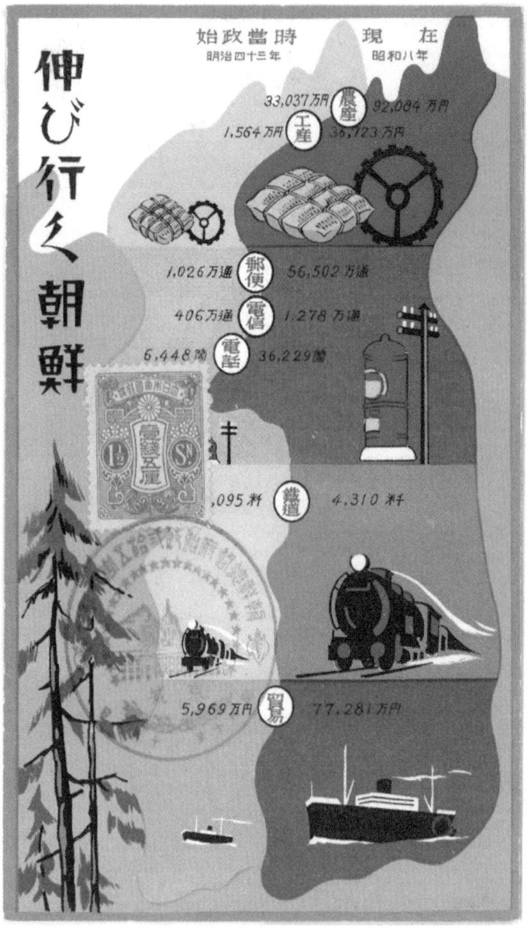

시정 25주년 기념장 수훈자(일부)
이택규(1875) 이선호(1874),
박제륜(1886) 유진순(1881),
김윤복(1870) 김종흡(1861),
박영철(1879) 정관조(1860),
장직상(1883) 이깅원(1863) 외 다수

시정 당시(1910년) 경제 지표

명치 43년(1935)
농산물 33,037만엔
공산품 1,564만엔
우편물 1,026만통
전신 406만통
전화 6,448회선
철도 1,095리
무역 5,969만엔

1933년(소화 8년)

농산물 92,084만엔 2.7배 증가
공산품 38,723만엔 24배 증가
우편물 56,502만통 55배 증가
전신 1,278만통 3.1배 증가
전화 36,229회선 5.6배 증가
철도 4,310리 3.9배 증가
무역 77,281만엔 12.9배 증가

시정 당시(1910)와 1933년 경제 비교

시정(1910) 당시와 1933년의 신장하는 조선의 경제성장을 선전하는 관제엽서.
일제 식민통치에 의한 근대화를 강조해 통치의 정당성과 업적을 선전하기 위한 목적으로 발행.

1935

단기 4268년/대한민국임시정부 17년/소화 10년

조선총독부 시정 25주년 기념

조선총독부 발행

금강산(金剛山), 만물상(萬物相), 옥녀봉(玉女峯)
조선총독부 시정 25주년 기념 회 엽서. 김천 기념인

금강산 옥녀봉의 장관

집선봉의 동북 능선(1910년 촬영)

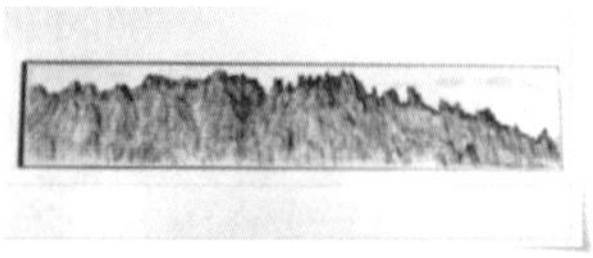

금강산 만물상 전경

살아서 다시 보지 못한다면, 죽어서 넋이라도 가고 싶은 곳

금강산.

이 세상엔 명산(名山)이 많기도 하다더라.

그러나 너, 금강산을 한 번 보고 난 후엔

모두 범산(凡山)으로 되어 버린다 하니,

금강산아, 익은 벼가 고개를 숙이듯,

그렇게 해도 좋으리라.

출처: 위키백과, 작자 미상

1935

단기 4268년/대한민국임시정부 17년/소화 10년

사단 대항 연습 기념(증정용)

전투기와 전차 조선총독부 발행

일제의 기갑부대

일제의 전투기

일본제국 전쟁 범죄

731부대는 일본제국 육군 소속 관동군 예하 비밀 생물전 연구개발 기관으로, 중국 헤이룽장성(黑龍江省) 하얼빈에 있던 부대이다. 공식 명칭은 관동군 검역급수부이다.

1932년에 설립되어 초기에는 '관동군 방역급수부', '동향부대'로 불리다가 향후에는 '731부대'로 개명하였다. 중일전쟁(1937~1945년)을 거쳐 1945년까지 생물·화학 무기의 개발 및 치명적인 생체 실험을 행하였다. 공식적으로는 '헌병대 정치부 및 전염병 예방 연구소', '방역과 급수에 대한 임무'로 알려졌으며, 실제로 이시이 시로는 731부대의 진짜 목적을 위장하기 위해 휴대용 야전 정수기를 개발하기도 하였다. 원래는 태평양전쟁 전 정치 및 이념 부서로 설립되어 적에 대한 사상, 정치적 선전과 일본군의 사상 무장이 임무였다. 첫 부임자였던 의사 이시이 시로(石井四郎)의 이름을 따라, '이시이 부대'(石井部隊)라고도 불린다. 731부대는 또한 히로히토의 칙령으로 설립한 유일한 부대이며, 히로히토의 막내 동생인 미카사노미야 다카히토가 부대의 장교(고등관)로 복무하였다

일본 제국 관동군 소속의 '마루타' 라는 암호명으로 특별계획을 실행한 731부대는 생화학 무기 개발·연구 과정에서 1만 명에 가까운 식민지 주민 및 전쟁 포로를 반인륜적인 생체 실험을 통해 살해하였다. 중국과 동남아시아 지역의 일본군 특수부대에서도 생체 실험이 이루어졌다. 731부대에서 개발한 무기로 수십 만의 중국인이 대량으로 학살되었다. 전후 일본 제약 산업 기술의 원동력이 되었다.

출처: 위키백과

1935

단기 4268년/대한민국임시정부 17년/소화 10년

사단 대항 연습 기념(증정용)

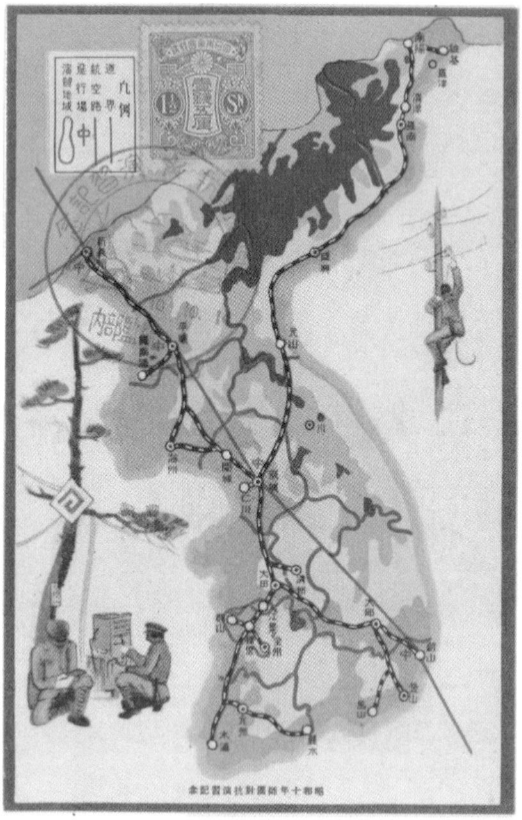

한반도 지도에 표시된 연습도, 범례와 연습 모습
조선총독부 발행

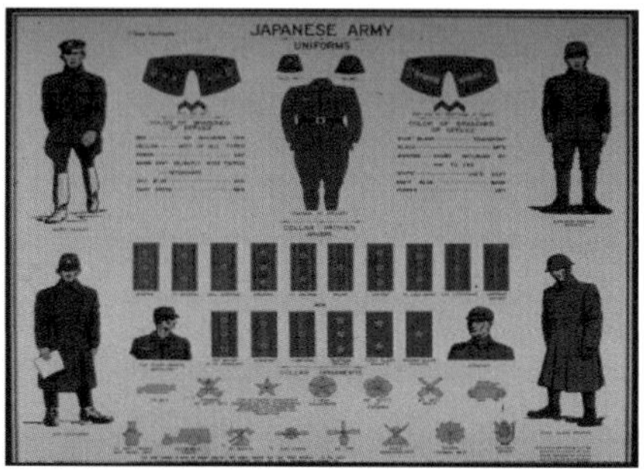

일본제국 군대의 복장과 계급장

일본제국 군대의 전투 복장

일제 731부대 생체 해부와 의학 실험

암호명 '마루타'의 특별계획은 실험할 때 인간을 사용하였다. 실험 대상은 주위 인구 집단에서 징용되었고 이들은 완곡어법으로 '통나무'(마루타)라 불리었다. 마루타란 용어는 구성원 중 일부의 농담에서 유래했다. 이 시설을 지역 당국에는 제재소라고 했기에 그런 농담이 생겼다. 실험에는 남녀노소를 불문하였고, 심지어 임산부까지 동원되었다. 수많은 실험과 해부가 살아있는 상태에서 마취없이 이뤄졌고, 이는 부패 등이 실험결과에 영향을 끼치는 것을 막기 위해서였다

- 5월 17일 포로 2명의 한쪽 폐를 전부 적출
- 5월 22일 포로 2명 중 1명에게 위 전 적출 수술. 대동맥을 압박해 지혈하고 심장 정지시킨 후 개흉 심장 마사지, 심장 수술, 나머지 1명은 상복부 절개하고 담낭을 적출, 간장의 편엽을 절제5월 25일 포로 1명에게 뇌수술(3차 신경 차단)
- 6월 2일 포로 3명 가운데 1명에게 오른쪽 대뢰동맥에서 약 500cc를 채혈한 후 대용 혈액약 300cc 주사. 1명에게 폐동격 수술, 나머지 1명에게 담낭 적출, 대용 혈액 200cc 주사, 간장 절제, 개흉 심장 마사지, 심근 절개 및 봉합, 대동맥 압박 지혈
- 일부 수용자는 질식할 때까지 걸리는 시간을 알아보기 위하여 목을 매달았다.
- 일부 수용자는 색전이 생기는 시간을 결정하기 위하여 동맥(또는 심장)에 공기가 주입되었다.
- 일부 수용자는 신장에 말의 소변이 주입되었다.
- 일부 수용자는 사망할 때까지 걸리는 시간을 결정하기 위하여 물과 음식을 전혀 주지 않았다.
- 일부 수용자는 사망할 때까지 저기압의 방에 놓였다.

출처: 위키백과 부분 발췌

1935

단기 4268년/대한민국임시정부 17년/소화 10년

사단 대항 연습 기념(증정용)

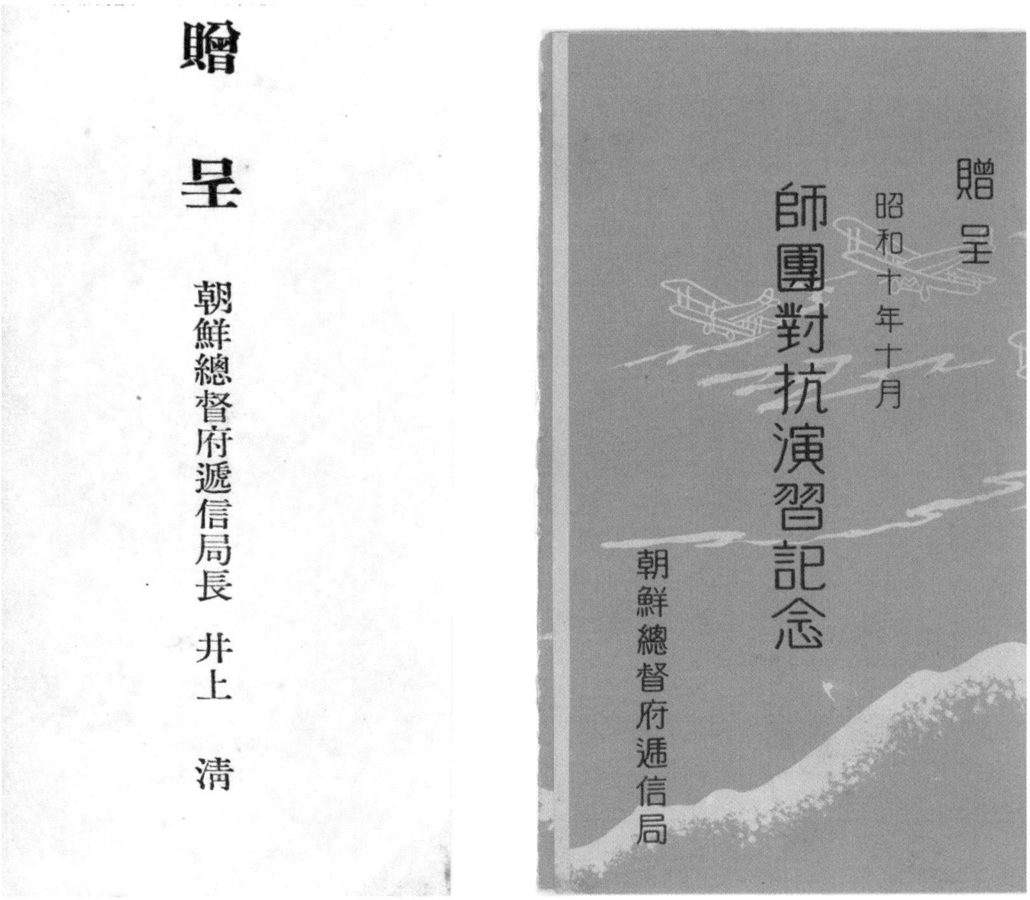

조선총독부 체신국

일본제국 전쟁 범죄

일본의 전쟁 범죄(**일본어**: 日本の戦争犯罪)는 19세기 말에서 20세기 중반 **일본제국**에 의해 자행된 일련의 전쟁 범죄를 지칭한다. 일본 내에서는 우익정권의 영향으로 극동 국제 군사 재판(IMTFE)만을 한정하여 의미를 축소 해석하기도 한다. 영미권을 비롯한 서구권에서는 '아시안 홀로코스트'란 표현을 사용한다. 몇몇 전쟁 범죄는 19세기 말 **일본 제국**의 군 인사들에 의해 자행됐으며, 대부분이 **쇼와시대** 초에 일어났고, 1945년 **일본이 항복**할 때까지 계속되었다

1938년 쉬저우에서 일본군에 의해 학살된 중국인들

포로 취급

제2차세계대전 당시 일본군의 연합군 포로 대우는 매우 잔인했다. 특히 인도차이나 전선에서는 대다수의 포로들이 교량 건설, 기지 건설 등의 노동에 동원되었다. 이 점에서 일본군은 단순한 재미로 포로들을 처형하기도 했다. 한 영국인 참전 군인은 다음과 같이 당시를 회상했다

"미얀마 정글에서 있었던 행진은 죽음의 행진이었다. 다리 건설에 동원되기 위해 현장으로 이동하던 중 한 일본인 장교는 곧 있을 검술대회 연습을 위해 포로 몇 명을 모았다. 키가 작았던 그는 영국군 포로들에게 우월감을 표시하기 위해 큰 나무 상자 위에 올라섰다. 그리곤 포로들의 목을 베었고 매우 흡족해했다. 다리 건설에 투입되기 전에 이미 수많은 나의 전우들이 재미로, 혹은 아무런 이유없이 살해되었다."

출처: 위키백과

1935

단기 4268년/대한민국임시정부 17년/소화 10년

조선총독부 시정 25주년 기념

조선총독부 시정 25주년 기념
특수통신 일부인

조선총독부 관보 제2612호
소화 10년(1935) 9월 25일 발행
사용 우편국 고시
사용 우편국 명 각 우편국 및 우편소
사용 기일 소화 10년(1935) 10월 1일
사용 방법 인수소인,기념소인
우편 회 엽서 특수통신 일부인 사용

조선총독부 고시 제519호. 소화 10년(1935) 9월 25일
조선총독부 시정 30주년 기념 회 엽서 봉투 조선총독부 체신국
편저자 주: 본 엽서는 '조선체신연혁사' 발간 이후 발행된 것으로 모든 자료에 누락된 엽서임.

변설호(卞雪醐, 星下榮次, 1888~ 1976)

한국의 불교 승려이다. 법명은 영세(榮世), 호는 초우(草牛)이다.

1937년 중일 전쟁이 발발했다. 전쟁으로 인해 중국에서 전사한 일본군 전사자가 속출하여 서울로 유골이 운반되어 오기 시작했는데, 변설호는 용산 조선군사령부에 가서 독경과 분향을 했다. 이런 일은 전쟁이 지속되면서 계속되었고, 일본군 승리를 기원하는 제사를 올리고 국방헌금을 헌납하였으며 출정하는 일본군을 직접 송영하는 등 전쟁 지원에 적극 참여하여 공을 인정받았다. 당시 합천 해인사가 선거를 통해 주지를 선출하고도 두 차례나 총독부 인가를 받지 못해 주지직이 공석으로 남아 있었다. 총독부는 1938년 경찰관을 배석시켜 해인사 주지 선거를 실시하였고, 이 절과는 아무런 연고가 없는 변설호가 출마하여 당선되었다. 총독부 비호로 주지지에 당선된 변설호는 국방헌금 모금에 적극 나섰으나, 사찰 부채를 정리하고 건물을 수리하여 신도를 모으는 데 노력도 기울여 1941년 주지 선거에서 재선되었다. 그러나 두 번째 임기 중인 1943년에 해인사에서는 두 가지 불미스러운 사건이 벌어졌다. 첫 번째는 변설호 이전에 해인사 주지 선거에 당선되었으나 총독부 인가를 얻지 못했던 이고경 옥사 사건이다. 이고경과 임환경은 해인사 강원에서 강의하며 학승들에게 불교경전 외에 역사와 같은 다른 과목을 가르쳤는데, 변설호가 이를 항일 교육이라며 일제 경찰에 밀고한 것이었다. 이는 다음 주지 선거를 1년 앞두고 해인사에서 신망이 두터운 두 사람을 경쟁자로 여긴 변설호의 무고로 추정된다. 《임진록》 등 불온 서적을 갖고 있던 이들은 제자들과 함께 연행되어 심한 고문을 받았고, 이 중 이고경은 생명이 위독해져 풀려난 직후 사망했다. 두 번째는 해인사 홍제암에 세워져 있던 사명대사 표충비가 일본 형사들에 의해 파괴된 사건이다. 이들은 사명대사 표충비에 새겨진 사명대사와 가토 기요마사의 대화 부분 등을 문제 삼아 표충비를 정과 망치로 깨어뜨리고, 부서진 비석을 경찰주재소의 디딤돌로 사용했다. 이런 일이 벌어진 데에는 변설호의 사전 음모가 있었던 것으로 알려졌다. 두 사건으로 많은 원한을 산 변설호는 1944년 주지 선거에서 낙선했다. 광복 직후에는 이고경 옥사 사건 때 체포되었던 승려 한 명에게 칼을 맞는 일도 있었다. 1946년 조선 불교계는 사명대사 표충비 파괴 사건의 책임을 물어 변설호의 승권을 빼앗고 절에서 내쫓는 중징계를 내렸다. 반민족행위처벌법이 시행된 1949년에 변설호도 밀고자로 기소되었으나 반민특위가 해체되면서 처벌을 받지 않았다.

1936

단기 4269년/대한민국임시정부 18년/소화 11년

3월14일 중국 뤼순감옥에서 단재 신채호 선생 옥사/5월21일 평양에서 전조선축구대회개최/6월 안익태 애국가 작곡/6월3일 장항제련소 준공/7월4일 지리산 쌍계사 지진 발생/7월20일 경춘선 철도 개통/8월9일 베를린올림픽 손기정 마라톤 우승/8월25일 일장기 말소사건, 동아일보가 손기정선수의 사진에서 일장기를 지우고 보도하여 무기정간 당함/10월 이효석 메밀꽃필무렵 발표/10월23일 한강인도교 개통

1894년 청일전쟁, 일본군 경성 점거도

(일본) 전몰화첩 御國之譽에 게재된 일제강점기의 '일청 전쟁 일본군 경성 점거도'

소화 11년(1936) 10월 30일 발행
발행소 성문사(일본 동경)
발행인 죽내성오

청일전쟁(淸日戰爭) 1894.7.25~1895.4

청나라와 일본제국이 조선의 지배권을 놓고 1894년 7월 25일부터 1895년 4월까지 벌인 전쟁이다.

중화인민공화국에서는 갑오년에 일어났다고 하여 중일갑오전쟁(중국어 간체: 中日甲午战争, 정체: 中日甲午戰爭), 일본에서는 일청전쟁(日淸戰爭), 서양에서는 제1차 중일전쟁(First Sino-Japanese War)이라고도 부른다.

일본은 아편전쟁 이후 청나라의 약체화를 목격하고, 만주를 비롯한 대륙 침략의 전진기지로, 또한 러시아의 남하를 대응하기 위해 조선을 병합, 식민지화하려고 하였다. 사이고다카모리를 중심으로 강경파는 정한론을 주장하였으나, 이토히로부미를 중심으로 주류의 반대로 좌절되었으며, 조선에 대해 포함외교를 통한 통상요구로 방향을 전환하였다. 일본은 운요호 사건을 구실로 조선에 통상을 요구하였으며, 1876년 2월 27일(음력 2월 3일) 강화도조약을 체결하였으며, 조선에 부산, 원산, 인천 3개 항구를 개항시키며 경제 침략의 발판을 마련하였다.

출처: 위키백과

1936

단기 4269년/대한민국임시정부 18년/소화 11년

일제강점기 공원의 각국 아이들

(일본)전몰화첩 어국지예에 게재된 일제강점기의 각국의 어린이들의 모습을 풍자한 그림
소화 11년(1936) 10월 30일 발행
발행소 성문사(일본 동경)
발행인 죽내성오

2차 세계대전 원자탄 꼬맹이(Little boy)와 뚱보(Fat man)

리틀 보이(Little boy)

1945년 8월 6일, 살상용으로 사용된 최초 핵무기 리틀 보이가 일본 히로시마에 투하된 날.
길이 3 m, 지름 71 cm, 무게가 4톤이며, TNT 2만톤의 파괴력을 가지고 있다.

팻 맨(Fat man)

리틀보이 투하 3일 후인, 8월 9일 분류번호 mk.3 코드네임 Fat man이라고 불리는 또 하나의 원자폭탄이 나가사키에 투하되었다. 사망자 73,900명, 부상자 74,900를 남긴 이 핵폭탄은 폭탄 피해 뿐만 아니라 엄청난 수의 피폭 피해자들을 만든 주범이 된다.

팻맨의 경우, 리틀보이에 사용했던 우라늄-235가 아닌 플루토늄 - 239와 우라늄 - 238이 사용되었다.

1940

단기 4273년/대한민국임시정부 22년/소화 15년

조선총독부 시정 30주년 기념

조선총독부 발행

조선총독부 시정 30주년 기념/무역항과 연도별 통계 지표

조선총독부 시정 30년 현황

예산총액	1911년	48,741천엔	1940년 866,641천 엔
무역	1910년	수출	약 천만 엔 정도
		수입	약 3천만 엔 정도
	1919년	수출	약 천만 엔 정도
		수입	약 3천만 엔 정도
	1929년	수출	약 3억4천만 엔 정도
		수입	약 4억2천만 엔 정도
	1939년	수출	약 10억 엔 정도
		수입	약 11억 엔 정도
저금	1910년	약 1.59엔	
(인구 1인당)	1939년	약 66.24엔	

이명구(李明求, 牧原廣定)

1892년 12월 11일~1975년 2월 27일 일제 강점기의 의사 겸 관료로, 조선총독부 중추원 참의를 지냈으며, 본적은 충청북도 청주시 상당구 남문로 1가이다.

1911년 청주사립보성중학교를 졸업했으며, 1916년 조선총독부의원 부속의학강습소를 졸업했다.

1916년부터 1919년까지 충청북도 도립병원에서 근무했고,1919-1921년까지 충청남도 태안군에서 공의(公醫)로 근무했다.

1921년 청주에서 신명의원을 개업하고 병원장을 지냈으며, 1924년 10월 12일 청주 면협의원을 지냈다.

1922년부터 1925년까지 청주청년회 교육부장을 맡은 이래 청주에 있던 여러 학교에서 후원회장을 맡았다. 1911년 청주사립보성중학교를 졸업했으며, 1916년 조선총독부 의원 부속 의학강습소를 졸업했다.

1928년 11월 16일 일본 정부로부터 쇼와대례 기념장을 받았으며, 1930년 4월 1일 충청북도 관선 도평의회원으로 선출되었다. 1932년 10월 1일 일본 정부로부터 조선쇼와 5년 국세 조사 기념장을 받았고, 1933년 5월 10일 충청북도 민선 도회의원으로 선출되었다.

1933년 6월 3일부터 1936년 6월 2일까지 조선총독부 중추원 참의를 지냈다. 조선총독부 시정 30주년 기념장을 받았다. 친일파 708인 명단의 중추원 부문, 민족문제연구소의 친일인명사전 수록자 명단의 중추원 부문, 친일반민족행위 705인 명단에 포함되었다.

출처: 위키백과

1940

단기 4273년/대한민국임시정부 22년/소화 15년

조선총독부 시정 30주년 기념

조선총독부 발행

조선총독부 시정 30 주년 기념. 공장 배경 및 통계 지표

조선총독부 시정 30년

총 생산액	1910년	272,478천 엔
	1939년	3,073,958천 엔
철도 연장 거리	1910년	1,096리
	1939년	5,929리

1925년도

특별 회계 세입 예산		173,392,638 엔
특별 회계 세출 결산		173,392,683 엔
정부 보조금		15,124천 엔
세입	재산 수입	96,710,643 엔
	조세	35,621,628 엔
	보충금	15,123,913 엔
	공채금	10,000,000 엔
	인지수입	9,115,479 엔
	고유물 불하대	3,927,526 엔
	기타	3,893,448 엔
세출	철도 작업비	42,165,520 엔
	지방청	28,934,262 엔
	전매국	16,972,163 엔
	국채 정리 기금	14,188,235 엔
	보조비	12,680,244 엔
	체신비	11,023,887 엔
	총독부	3,930,087 엔
	형무소	3,783,779 엔
	재판소	3,173,351 엔
	이왕가 세비	1,800,000 엔
	확장비	3,869,434 엔
	기타	30,870,355 엔

도쿄대공습(東京大空襲, Bombing of Tokyo)

제2차 세계 대전이 막바지로 치닫던 1945년 3월 10일 일본을 무력화시키고 전쟁의 조기 종결을 위하여 미군이 일본 수도인 도쿄와 그 주변 일대에 대량의 소이탄을 투하한 공습

1940

단기 4273년/대한민국임시정부 22년/소화 15년

조선총독부 시정 30주년 기념

조선총독부 발행

조선총독부 시정 30주년 기념 회 엽서 조선총독부 체신국 발행

조선총독부 시정 30년

인구	1910년(명치 43) 13,313천 명	1939년(소화 14)	22,800천 명
학교 및 학생수	년도	학교수	학생수
	1910년	2,179곳	121,496명
	1919년	1,790곳	184,676명
	1929년	2,796곳	644,621명
	1939년	5,399곳	1,572,540명

연도/구분		일제강점기	광복 70년 후(2015년)		
1924년	교육				
학교수	초등	1,703곳	유치원	8,930개	682,553명
	중등	145곳	초등학교	5,978개	2,714,610명
	전문	10곳	중학교	3,204개	1,585,951명
	각종	425곳	고등학교	2,344개	1,788,266명
	서당	18,510곳	특수학교	167개	25,536명
학생수	초등	463,662명	전문대학	138개	720,466명
	중등	34,499명	종합대학교	201개	2,173,939명
	전문	2,060명	대학원	1,197개	333,478명
	각종	75,099명			
	서당	231,754명			
취학 아동	남자	345,516명	취학 아동	332.248명(유치원)	
	여자	62,589명		455,679명(초등학교)	

일제식민지시대(日帝植民地時代) 연표(年表)

'식민지' 뜻은,

"정치적으로 다른 나라에 예속되어 국가로서의 주권을 상실한 나라로서 종속국이 된다."
"경제적으로는 식민지 본국에 대한 자원 공급지, 상품 시장, 자본 수출지의 기능을 한다"
라고 국어사전에는 명기하고 있다.

'강점기' 뜻은,

"남의 물건, 영토, 권리 따위를 강제로 차지한 시기"로 강제로 점령당한다는 뜻으로 되어 있다.
우리 민족이 국권 피탈이라는 수치스러운 역사를 지우지 못하고 '일제 강점기'를 논할 수밖에 없는 것이 바로 수치의 시작이다. 우리가 안고 가야 될 식민지의 본격적인 태동은 1876년 강화도약 체결에서부터 시작되었다고 본다. 그리고 암울한 식민지 시대는 1905년 4월 1일 한일통신협약이 강압에 의하여 체결되고 통신권을 피탈 당하면서부터 단계적으로 차근차근 잠식되어 가다 1910년 8월 29일 국권을 상실하게 된다. 유추하면, 국권 피탈 기간은 식민지와 강점기로, 1876년부터 시작해 1945년까지 69년 동안 암울했던 역사라고 단정할 수 있다.

일제강점기 주요 우편사 및 사건

1907년(고종 11, 융희 1)

▲전명운 ▲장인환

위로부터
「만국평화회의담보」. 이준·이상설·이위종.
더럼 화이트 스티븐스(Durham White Stevens). 미국의 외교관으로 한국식 이름은 수지분(須知芬).
전명운, 장인환

1월 궁중소방대(宮中消防隊) 설치 [소방대의 창시]. 1월 16일 대한매일신보, 한일조약 부인의 칙서 게재. 2월 경부선 철도 연선지의 특별취급 실시. 3월 조선인 앞 전신 위체의 수취인 거소 성명의 역자(譯字) 중국전보신편(中國電報新編)에 의거 실시. 도서(島嶼) 등 교통 불편 지역 수배 집배 실시. 대한의원(大韓醫院) 관제 설치. 통감부 관측소(觀測所) 설치. 3월 11일 우편수취소 및 우편, 전신 수취소 폐지, 우편소 신설. 4월 22일 시위연대(侍衛聯隊) 및 보병연대 창설. 5월 22일 박제순(朴齊純) 내각 경질. 6월 14일 이완용(李完用) 내각 총리 대신 임명. 6월 29일 헤이그밀사사건(海牙密使事件) [제1회 국제 평화회의 개최]. 중국 영토 보전에 관한 불일협약. 7월 일반 우편국, 가격 표기, 통상 우편물직배 취급. 7월 20일 융희황제 즉위(隆熙皇帝卽位) 양위식(讓位式) 거행 7월 24일 한일신협약(韓日新協約) 체결. [정미(丁未) 조약] 일본인의 한국 관리 임용(任用). 7월 31일 대한제국 군대 해산. 학부(學部)에 국문연구소(國文硏究所) 설치. 보안법·신문지법(保安法新聞紙法) 공포. 일반 우편국, 가격 표기, 통상 우편물. 8월 2일 연호를 '융희(隆熙)'로 고침. 8월 11일 강화도(江華島)를 일본군이 점령. 8월 27일 기념우표, 그림엽서(한국황제폐하 즉위 기념) 발행. 9월 1일 경성(京城)박람회 개최. 10월 29일 한일 간의 경무(警務) 사무 집행에 관한 취급서 조인. 소포우편물 유치 기간 10일 내로 단축 개정. 11월 중앙 각 부 관제 및 지방 관제 개정. 12월 24일 오산학교(五山學校) 설립. 재판소구성법(裁判所構成法) 제정 공포

1908년(융희 2)

1월 9일 청진항(淸進港) 개항. 경기·강원 등 각지에서 항일 봉기.

광무 6년 당시 백동화(白銅貨)

2월 13일	관상소를 폐지하고 관측소 설치.
3월 20일	한일(韓日) 간의 일시 대부금에 교환.
4월 1일	원산·청진·평양·신의주 각 우체국 통신괘(通信掛), 서무괘(庶務掛) 설치. 경성, 부산우체국에 우편괘(郵便掛). 목포우체국에 통신괘(通信掛) 설치. 체신이원 양성(遞信吏員 養成) 개시. 경성·인천·목포·군산·평양·의주·원산·, 각 우편국 외국우편 위체교환 지정. 고등여학령(高等女學令) 공포.
5월	박물관·동물원 설립.. 어업법(漁業法) 공포.
6월	경성우편국 공전식 및 복식 교환기 설치. [한국 최초].
8월	고액 전신환 진출 개시.
10월 1일	신의주·청진우체국 분장우체국(分掌郵遞局)으로 지정(의주 폐지). 광화문우체국 우편저금의 국·대 불취급.
6월	백동화(白銅貨) 사용 금지[조선 말기의 화폐].
7월	홍삼(紅蔘) 전매법 공포. 형법대전(刑法大典) 개정.
8월 1일	대심원(大審院) 이하 각급 재판소 개청 사립학교령 공포. 9월 30일 한일와사회사(韓日瓦斯會社) 설립.
10월 31일	한일통어업협정서(韓日通漁業協定) 조인.
11월	국문(한글) 전보 취급개시. 대한의원(大韓醫院) 청사 준공.
12월	일본동양척식회사(日本東洋拓式會社) 설립. 구세군 대한본영(救世軍 大韓本營) 설치

1909년(융희 3)

2월 1일 주재 집배 실시.

2월 13일 가옥·담배·주세(酒稅) 등 신 세법 공포. 출판법(出版法) 공포. 상하이(上海) 만국아편회의 개최.

3월 민적법(民籍法) 공포.

4월 실업학교령 공포.

5월 매팔소에서 수입인지 매팔 실시(賣捌實施)(경성 외 65개소).

7월 12일 '기유각서(己酉覺書)' 사법권 및 감옥사무를 일본에 위임.

7월 30일 군부 폐지, 궁중에 친위부(親衛府) 설치.

8월 31일 구 한국정부 우표류 사용 금지. 9월 21일 도량형법(度量衡法) 공포.

10월 29일 한국은행 설립. 법무(法務) 폐지.

12월 3일 일진회장(一進會長) 이용구(李容九) 한일합방을 정부에 건의 제창함.

12월 5일 대한협의회(大韓協議會), 흥사단(興士團) 등, 일진회(一進會) 및 회장 이용구를 일제히 성토(聲討). 연하우편 특별 취급 개시. 덕수궁(德壽宮) 석조전(石造殿) 준공. 청국초상국세관(淸國招商局稅關) 및 전보국(西路電線) 차관 완제(完濟)

안중근 의사

1909년 12월 24일자 황성신문. 이완용(李完用)이 12월 22일 낮에 명동성당에서 이재명 의사에게 칼에 찔려 병원으로 이송되었다고 보도한 기사 내용

주시경(周時經)

1910년(융희 4). 경술국치의 해

1월 1일 학교조합령(學校組合令) 공포, 우편진체 저금제도 도입 시행.

2월 재미 한인(在美韓人), 대한인국민회(大韓人國民會) 조직 [센프란시스코우].

3월 안중근(安重根)의사 여순(旅順) 감옥에서 운명.

3월 15일 국고지변(國庫支辨)에 속하는 연금은급(年金恩給)의 지급 사무 취급.

4월 15일 주시경(周時經) '국어문법' 간행. 이화학당(梨花學堂) 대학과 설치.

5월 30일 데라우찌(寺内正毅) 통감 겸임. 6월 24일 경찰권을 일본 통감부에 위탁. 7월 우편위체금(郵便爲替金) 및 취립금(取立金) 등 교환불의 개시.(京城). 우편위체금 거택불(居拂) 개시(경성 외 20개소).

데라우찌(寺内正毅) 통감 착임. 제2차 러일협약(露日協約) 체결. 제4차 범 미주(汎美州) 회의 개최. 8월 22일 한일합방조약(韓日合邦條約) 조인.

8월 29일 한일합방조약 발포 [양국 조서(兩國詔書) 내림].

9월 10일 통감부 이사청(統監府理事廳) 폐지. 조선주차(朝鮮駐箚) 헌병 조령(憲兵條令) 공포. 9월 30일 목포, 청진, 신의주 우체국관리 분장사무 취급 폐지. 조선총독부 통신관서관제 공포. 10월 1일 원산, 평양우체국, 우편, 전신, 전화 공사, 회계, 서무의 6계로 지정. 보험국(保險局) 폐지. 우편 및 전신취급소 139개소 우편국으로 개정. 조선총독부' 통신국 설치. 분장 우편국을 경성·평양·원산·부산으로 개정.(4 국으로). 조선총독부 우편위체 저금관리소 설치[주계. 원부과(主計原簿課)]. 우편환법 제정. 우편위체저금관리소 개설. 조선총독부관제 공포.

친일파 일진회장 이용구(李容九)

11월 한국인이 저술한 각급 학교 교과서 몰수.

11월 31일 군사우편위체 업무 취급 개시. 광화문, 서대문, 용산우편국에 속달우편 제도 실시. 안악사건(安岳事件) 발생. 군사우편물 취급 제한

※ 안악사건(安岳事件): 1910년 11월 안명근(安明根)이 서간도(西間島)에 무관학교(武官學校)를 설립하기 위한 자금을 모집하다가 황해도 신천지방에서 관련 인사 160명과 함께 검거된 사건

1911년(단기 4244년. 명치 44년)

1월 마산항(馬山港) 폐쇄. 2월 9일 우편규칙 제정(3월 1일 시행). 3월 경성, 부산, 인천우체국 통상우편 시내 특별 취급 개시. 3월 23일 조선사업공채법(朝鮮事業公債法) 공포.

3월 29일 조선은행법(朝鮮銀行法) 공포. 우편구를 보통구(시내) 특별구(시외)로 개정.

4월일 철도우편 계원 배달 실시. 조산의학회(朝鮮醫學會) 창립.

5월일 내용증명 우편 취급 개시.(경성 외 46개소 우편국). 우편위체금 거택불(居宅拂) 개시, (영등포우편국 외 10개 국소). 거치우편저금(据置郵便貯金) 거치. 기간 내 분려(分戾) 개시. 인천축항(仁川築港) 기공.

6월 3일 어업령(漁業令)·삼림령(森林令)·사찰령(寺刹令) 공고. 재생원(齋生院) 설립.

8월 23일 조선교육령(朝鮮教育令) 공포. 10월 21일 진남포(鎭南浦)우편국 준공. 압록강(鴨綠江) 철교 완성. 11월 10일 평양(平壤)우편국 준공. 신파 극단 '혁신당' 창립

1912년(단기 4245년, 명치 45년, 대정 원년)

1월 1일 중화민국(中華民國) 성립. 2월 서류(등기) 및 가격 표기 우편물의 배달증명 취급 개시. 수산조합, 어업조합 규칙 발포. 3월 18일 조선민사령. 형사령(民事刑事令) 공포. 3월 22일 조선부동산등기령, 증명령 공포. 우편 집배 국소의 전신위체증서 발행 실시. 소위체증서(小爲替證書) 확인불 개시. 전신위체증서, 유치 제도 실시.

조선우선주식회사(朝鮮郵船株式會社) 설립. 진체저금거택불 개시. 전신환증서 유치 제도 실시.

4월 1일 통신국(通信局)을 체신국(遞信局)으로 개칭. 도 지부 소관, 해사사무(海事事務)를 체신국으로 이관(인천·부산·원산 진남포·용암포). 요금 후납 우편 취급 개시.

5월 15일 봉함엽서 형식 개정. 우편저금통장 개정(한·일인 공용). 6월 15일 조선경편철도령(朝鮮輕便鐵道令) 발표.

105인 사건 발생. 7월 30일 일제 연호를 명치 45년에서 대정 원년으로. 8월 21일 총포화약취제령(銃砲火藥取啼令) 공포. 10월 24일 은행령(銀行令) 공포. 제1차 발칸전쟁 발발. 11월 우편위체금 및 취립금 등 교환불 개시(부산·진해). 12월 발칸제국 터어키와 휴전

※ 총독부 체신국 설치로 '통신'을 '체신'으로 개칭

1913년(단기 4246년)

2월 내용증명 우편 취급 개시(진해 우편국 외 13개소).

3월 17일 조선공증령(公證令) 공포. 조선기병대(騎兵隊) 해산.

5월 13일 안창호(安昌浩)·송종익(宋種翊) 등 센프란시스코에서 흥사단(興士團)조직.

9월 독립의군부사건(獨立義軍府事件).

10월 체신업무'견습생'양성규칙 발표(감리과 양성계 설치)

12월 경성-도오쿄 간 전신 업무 취급 개시

위로부터 안창호(安昌浩). 송종익(宋種翊)

※ 독립의군부사건(獨立義軍府事件): 일제강점기 1912년에 임병찬이 고종황제의 밀명을 받아 만든 비밀 결사단체 조직이다

1914년(단기 4247년. 대정 3년)

1월 호남선(湖南線) 개통

3월 1일 부·군·면(府郡面) 폐합(97군을 폐합)

3월 16일 연초세령(煙草稅令) 공포

4월 7일 조선선박령(朝鮮船泊令) 공포

4월 25일 토지대장규칙 공포.

7월 28일 세계 제1차 대전 발발

8월 11일 경원선(京元線) 개통

8월 11일 파나마운하 개통

9월 조선호텔 낙성(10월 3일 개관)

10월 함경선(咸鏡線) 착공

1915년(단기 4248년. 대정 4년)

1월 15일 조선국권회복단(朝鮮國權回復團) 조직

2월 17일 미곡검사규칙(米穀檢査規則) 공포

3월 20일 민권법(民權法) 실시

3월 24일 전문학교규칙 공포

3월 진남포 축항공사(鎭南浦築港工事) 준공

4월 체신국 서기관을 체신 사무관으로, 체신사무관을 체신국 사무관으로 개칭

5월 조선총독부관제 개정

7월 15일 조선상업회의소령 공포

9월 경성우편국(京城郵便局) 청사 준공. 9월 21일 조선수세령(水稅令) 공포

10월 18일 남양제도(南洋群島)간 우편물 취급 개시(조선과 일본, 대만, 화태(樺太) 및 지나(支那) 간 우편 규칙에 의거). 조선(朝鮮)과 남양군도(南洋群島) 간 우편위체 취급 개시

12월 1일 경성박물관 개관

12월 24일 조선광업령(朝鮮廣業令) 공포

1916년(단기 4249년)

3월 18일 진해 군항에 요항부(要港部) 설치
4월 11일 우편 취립금 거택불(居宅拂) 개시
7월 25일 총독부 청사 기공
8월 1일 무료 우편물 취급 범위 확대(무선·전신·전화·연금·은급 지급, 국고금 수불 및 수입 인지 매팔 업무 포함)
9월 원산(元山)·영흥(永興) 간 철도 개통
10월 하세가와(長谷川好道) 총독 취임. 일본 육군 조선 상주 2개 사단 편성
10 월 광복회(光復會)를 광복단(光復團)으로 개칭

1917년(단기 4250년. 대정 6년)

2월 미국 대독(對獨) 국교 단절
3월 러시아 2월 혁명
4월 소록도(小鹿島) 자혜의원 설립
5월 세브란스연합의학전문학교 설립
6월 진체저금불출증서의 편의불 개시
7월 15일 맹인용 점자우편물 요금 저감(30돈중 2전을 50돈중 2전으로)
7월 31일 조선 국유철도 경영권을 남만주철도 주식회사에 위탁
8월 1일 경성우편국 위체저금계 설치
9월 세계약소민족대표회의 박용만(朴容晩)이 한국 대표로 참석(뉴욕)
10월 17일 한강 인도교 완성
11월 7일 러시아 10월 혁명
11월 25일 함경선 일부 개통(청진-회령 간)
12월 1일 조선과 남양군도(南洋群島) 간 전신위체 취급 개시
12월 노령(露領)·쌍성(雙城)에서 전로한족회(前露韓族會) 중앙회 조직(民族主義團體)로 구성)

1918년(단기 4251년. 대정 7년)

1월 8일 윌슨 미 대통령 '민족 자결' 제창
1월 21일 체신이원양성소 설치
3월 7일 서당(書堂) 규칙 공포
4월 1일 화폐법(貨幣法) 시행
6월 8일 토지 조사 사업 완료
6월 겸이포(兼二浦) 제철소, 조업 개시
8월 염포(鹽浦)·북만(北滿)·시베리아 방면, 군사우편 취급 개시
9월 대구·포항 간 경편철도 개통
9월 상해에서 대한청년단 조직
10월 1일 식산은행 설립
11월 15일 우편엽서 표면 기재 방법 제한
12월 1일 뉴욕 화교 대표 이승만(李承晩)·정한경(鄭翰景) 등 파리회의 파견 결의

1919년(단기 4252년. 대한민국 임시정부 1년. 대정 8년)

1월 파리평화회의 개최(국제연맹 창립 결정)
2월 8일 동경유학생 2·8 독립 선언
2월 26일 독립선언문을 보성사(普成社)에서 21,000매 인쇄
3월 1일 3·1 독립만세운동 발발
3월 1일 상해 대한민국임시정부 수립
4월 1일 용산에 일본군 제26사단 창설
4월 10일 상해에서 제 1회 임시의정원회의 임시정부 주관(국호를 '대한민국'으로)
5월 4일 중국 5. 4운동, 베이징(北京) 학생 반일(反日) 데모
6월 대한민국 애국부인회 결성
7월 17일 미 상원(美上院)에서 한국 사정 보고서 체택

대한민국 임시정부 수립하다.

유관순(柳寬順)

7월 18일 일제, 남산에 조선신궁(朝鮮神宮) 세움
8월 12일 조선총독에 사이또오(齊藤實) 취임
9월 임시정부 헌법 개정 공포
10월 만주에서 대한정의군(大韓正義軍) 조직
12월 26일 국제 찬집(國際纂集) 매출 및 원리금 지불 우편위체지급특별취급규정 별정

1920년(단기 4253년. 대한민국 임시정부 2년. 대정 9년)

1월 1일 위체저금사무취급일 중 축제일을 휴일로 결정 변경(종전 무휴)
1월 6일 동아일보(東亞日報)·조선일보(朝鮮日報). 시사신문(時事新聞) 발행 인가
1월 10일 국제연맹 정식 성립
1월 16일 은사공채이자지불(恩賜公債利子支拂) 통상 위체 특별 취급 폐지
2월 8일 경남철도주식회사(慶南鐵道株式會社) 창립
2월 대동단(大同團)·유도진흥회(柔道振興會) 상무연구회(尙武硏究會) 등 결성
3월 5일 조선일보 창간
4월 1일 동아일보(東亞日報) 창간
5월 16일 함경선(咸鏡線) 철도 개통
6월 1일 조선내 발착 소포 우편 요금 인상(평균 2할)
6월 7일 봉오동전역(鳳梧洞戰鬪)에서 재만(在滿) 독립군이 일제군에 대승
7월 15일 웅기항(雄基港) 개항
7월 29일 조선학교비령(朝鮮學校費令) 공포
7월 31일 조선소득세법 공포
8월 16일 우편사서함 사용 규정 개정
8월 26일 조선출항세령(朝鮮出港稅令) 공포
9월 25일 동아일보(東亞日報) 정간 [사설 제사(祭祀) 문제 재론]
10월 6일 체신국 기구 개정(감리과를 서무과로, 통신과를 감리과로, 계리과를 경리과로 개정. 위체 저금과 폐지)
10월 16일 경성우편국 과제 실시(감독, 전신, 전화 공사, 회계, 우편 위체, 저금과). 청진우편국 분장국 승격 (특수 구역 함경북도 일원) 원산, 평양우편국 과제 실시(감독, 우편. 전신, 전화, 공사, 회계과)
11월 9일 보통학교 수업 연한을 4년에서 6년으로 개편
11월 국제연맹 제1회 총회 개최
12월 31일 구한국 화폐 통용 금지(이 후 5년 간 총독부에서 인환)

1921년(단기 4254년. 대한민국 임시정부 3년. 대정 10년)

1월 2일 서재필(徐載弼) 미 대통령과 한국 문제 요담
2월 독립군 고려혁명군단 조직하고, 고려혁명군단학교 창설
4월 1일 25전 신주동화(25錢 新鑄銅貨) 유통
4월 16일 경성철도우편국(京城鐵道郵便局) 설치
6월 28일 흑하(黑河) 사변(무장 해제 불응, 독립군 노병(露兵)과 교전. 전멸적인 타격)
7월 25일 전매국 개청
7월 중국공산당 성립
8월 17일 이승만(李承晩)·정한경(鄭翰景) 등 통평양회의 참석
8월 방정환(方定煥) 천도교 소년회 창립 [소년 운동 시초]
10월 재만(在滿) 독립 단체 합류하여 대한국민당(大韓國民黨) 조직. 나진항(羅津港) 개항
11월 17일 약속우편물 및 절수 별납 우편물도 연하 우편물로 취급 개시
11월 워싱톤군축회의 개최
12월 3일 조선어연구회(朝鮮語學會) 설립. 중국 비방 정부(손문. 孫文) 대한민국 임시정부 승인

방정환(方定煥)

1922년(단기 4255년. 대한민국 임시정부 4년. 대정 11년)

1월 1일 마드리드 만국우편조약 실시(이후 조선은 단독 우정청 설치)
1월 18일 외국위체교환국 및 소괄구역 개정. 칸느 구주경제부흥회의 개최
1월 26일 마드리드 만국우편조약에 의하여 외국 우편엽서는 4전, 8전, 20전의 우표 및 봉함엽서 형식 개정
1월 31일 만국우편조약에 기(基)한 한국에 단독 우정청 설치.
2월 6일 조선교육령 공포.
2월 16일 우편 요금 및 외국 전보료 인상
2월 헤이그(海牙) 상설 국제재판소 개설
3월 28일 총독부, 제 학교 관제 조선공립학교 관제 공포
4월 1일 조선우선회사(朝鮮郵船會社)에서 조선 북지나 간 보조 항로 개설
6월 16일 광화문, 서대문, 남대문, 용산, 대구, 평양. 원산 각 우편국 통상 우편 시내 특별 취급 개시. 경성·원산 간 직통 전화 개통
7월 26일 전국 기자연맹(記者聯盟) 결성
8월 재만(在滿) 독립군 통합하여 대한통의부(大韓統義府)로 신발족
9월 1일 임정(臨政), 국민 대표자 대회 소집
9월 4일 진주에서 최초로 소작 노동자 대회 개최
10월 28일 김구(金九)·여운형(呂運亨) 등 상해에서 한국학병회(韓國學兵會) 조직

1923년(단기 4256년. 대한민국 임시정부 5년. 대정 12년)

1월 1일 중일간 우편약정(郵便約定) 체결(1922.12.31) 중국 주재 일본 우편국 철폐
1월 1일 중일 간 우편 약정 실시(경성·부산. ·인천·회령 및 경원 교환국) 지정. 파산법(破産法) 및 화의법(和議法) 시행
1월 13일 조선수산회령 공포
3월 1일 체신국 사무분장규정 개정. 제5차 범미주(汎美州) 회의 개최
3월 21일 취립금(聚立金) 거택불(居宅拂) 폐지, 무집배 우편소의 외국우편위체취급 폐지
3월 우편사서함 집배 사무 취급 우편국에 제한 실시
4월 1일 경성우편국 용산전신분실 설치
4월 2일 조선종두령(朝鮮種痘令) 공포
5월 1일 제1회 '어린이 날' 기념식
5월 연길현(延吉縣) 명월구(明月構)에서 고려혁명군(高麗革命軍) 조직
6월 11일 각 우편국 전화 교환 업무 분리
6월 30일 우편위체저금관리소에 급무과(給務課) 외 3과 증설
6월 경성무선전신국(京城無線電信局) 설치(공중 통신 취급 개시)

1924년(단기 4257년. 대한민국 임시정부 6년. 대정 13년)

1월 1일 신형사소송법(新刑事訴訟法) 공포
1월 4일 의열단원(義烈團員) 김지섭(金趾燮) 도오꾜오 일제 궁성 이중교(日宮城二重橋)에 폭탄 투척 후 체포당함
3월 11일 군산우편국 수형 교환(手形交換) 참가
3월 31일 시대일보(時代日報) 창간
4월 5일 조선청년총동맹 성립(상해)
4월 17일 조선노동총연맹 결성
5월 1일 목포, 제주무선국 설치
6월 14일 전조선육상경기대회 개최
7월 21일 무집배 우편국, 외국 위체 취급 실시
10월 조선문단(朝鮮文壇) 창간
11월 16일 경성·봉천(京城奉天) 간 장거리 전화 개통
12월 12일 총독부 국장에 조선인 등용 [학무국장에 이진호(李珍鎬) 임명]
12월 〈상해평론(上海評論)〉

時代報創刊號

시대일보 발행 안내문

1925년(단기 4258년. 대한민국 임시정부 7년. 대정 14년)

1월 1일 우편위체금거택불 폐지
1월 재만(在滿) 독립운동 단체, 정의부(正義府)로 통합 조직
3월 23일 임정, 임시 대통령에 박은식(朴殷植) 선출
3월 30일 임정, 헌법 개정(대통령을 국무령으로)

4월 10일 원산우편국 수형 교환 참가
4월 17일 박헌영(朴憲永)·조봉암(曺奉巖) 등 조선공산당 조직
4월 각 도청 소재지 우편국 중·일 간(中日) 우편물 교환 업무 개시.
5월 신의주우편국 중·일 간 우편물 교환 업무 개시
5월 12일 조선에 치안유지법(治安維持法) 공포
5월 30일 중(中) 5. 30 운동
7월 8일 을축(乙丑) 대수해(水害) 발생
7월 경성 지방 수재민을 위한 저금비상불 취급
9월 8일 조선일보 제3차 정간
10월 1일 외국우편위체규칙 개정(스토크호름서 체결, 만국우편연합위체약정 시행에 의거)
10월 15일 경성운동장 개장
10월 구주안전보장회의(歐洲安全保障會議) 개최(로잔스)

1926년(단기 4259년, 대한민국 임시정부 8년, 대정 15년, 소화 원년)

김구(金九).

1월 1일 대구, 진남포우편국 외국전신위체 취급 개시
1월 6일 도량형령(度量衡令) 반포(미터법 전용)
3월 1일 최초의 발성 영화(發聲映畵) 상영, 우미관
5월 12일 임정 국무령 안창호(安昌浩) 자퇴
6월 10일 6. 10만세사건(六十萬歲) 발생
6월 14일 세제조사위원회(稅制調査委員會) 창설
7월 7일 임정, 국무령에 홍진(洪震) 취임
7월 중국 장개석(蔣介石) 국민혁명총사령관이 됨(북벌 개시)
9월 항공 비행(航空飛行) 우편 취급 개시, 봉함엽서 형식 개정
10월 3일 최초의 한글기념식 거행
10월 9일 스웨덴 황태자 내한
11월 15일 시대일보 폐간, 중외일보(中外日報) 발간
11월 경성방송국 설립
12월 14일 임시정부 국무령에 김구(金九) 취임
12월 25일 일제, 대정 천황(大正天皇). 히로히토(裕仁) 즉위(대정 15년, 소화 원년)

홍진(洪震)

1927년(단기 4260년. 대한민국 임시정부 9년. 소화 2년)

1월 19일 체신국 항공 사무 주관
3월 14일 조선농회(朝鮮農會) 설립
4월 7일 체신국 사무분장규정세칙 개정
4월 12일 중국 장개석 남경(南京)에서 국민정부 수립.
5월 과학관(科學館) 개관. 흥남질소비료주식회사(興南窒素肥料株式會社) 설립
6월 미·영·일 군축회의 개최(주네브)
8월 19일 임정, 국무령을 주석(主席)으로 변경, 초대 주석 김구(金九)
8월 재만 독립단체 통합으로 군민회의와 한국독립단(韓國獨立團) 설치
9월 9일 평양보통교(普通橋) 준공
10월 1일 경성저금관리소로 명칭 변경.
10월 조선총독부 우편위체저금관리소 설치
11월 한국유일독립당(韓國唯一獨立黨) 촉성회 각지 대표 연합회 개최(상해)
12월 1일 한강철교 복선 운행 개시
12월 10일 신임 총독 야마나시(山梨半造) 임명
12월 20일 부산저금관리소 신설

1928년(단기 4261년. 대한민국 임시정부 10년. 소화 3년)

1월 1일 정의부(正義府)·신민부(新民府)·고려혁명단(高麗革命團) 합작하여 의혈단(義血團) 조직
2월 11일 진남포무선전신국 개청
3월 한국독립당 조직(상해). 제3차 공산당 사건
4월 22일 경성 부영(府營) 버스 운행

5월 9일 조선일보 4차 정간(만주 출병 반대 사설 게제로 인하여)
5월 21일 중국 방면 군사우편 취급 개시(동년 6월 1일 취급 중지)
9월 1일 함경선 철도 완성
10월 중국 장개석(蔣介石) 국민정부 주석에 취임
11월 3부 대표 일부 국민부(國民府) 조직. 지급 신문 전보 제도 실시
12월 2일 울산비행장 개장

1929년(단기 4262년. 대한민국 임시정부 11년. 소화 4년)

1월 26일 신어업령 공포
3월 국민부를 모태로한 조선혁명당 조직
3월 29일 항공우편규칙 공포
4월 1일 항공우편 선로 개설.(울산·따렌(大連) 간
4월 여의도 및 울산비행장 개장
5월 4일 조선 간이 생명보험사업에 관한 우편물 무료 취급 개시. 보험 사무 우편물 무료 취급 개시
5월 5일 조선비행학교 개교
6월 21일 한·일·만 간이 항공 우편물 취급 개시
6월 28일 조선 간이 생명보험사업 취급(서무과 보험계 설치)
7월 1일 저축은행 설립
8월 16일 청진무선전신국 개국
8월 17일 총독부 사이또오 총독 재 취임
9월 12일 조선박람회 개최(1929. 9. 12~10. 30)
7월 1일 진남포우 편국 수형 교환 참가
9월 17일 체신국 비행장을 주관
10월 1일 체신국에 보험 관리과 보험 업무과를 설치(보험계 폐지). 소송심판 및 심사서류 우편 규칙 제정
10월 9일 〈한글 사전〉 편찬회 조직
11월 3일 광주학생사건(光州學生事件) 발발
12월 1일 경남철도(京南鐵道) 광천-남포간 개통

1930년(단기 4263년. 대한민국 임시정부 12년. 소화 5년)

1월 25일 상해에서 한국독립당 결성
1월 런던(倫敦) 해군군축회의 개최
4월 19일 울산무선전신국 설치
5월 10일 조선상공회의소령 공포
5월 30일 간도(間島) 5. 30사건
7월 1일 만국우편조약(萬國郵便條約) [런던 조약(倫敦條約)] 실시
11월 15일 조선미곡창고주식회사 창립
12월 3일 여수 - 광주 간 철도 완성
12월 3일 여수 - 시모노세끼(麗水, 下關) 정기 항로 개설

1931년(단기 4264년. 대한민국 임시정부 13년. 소화 6년)

1월 31일 대구약령시(大邱藥令市) 개시
2월 4일 상해에서 한·중·인도등 동방약소 민족동맹(東邦弱小民族同盟) 조직
3월 상해에 국우회(國友會) 및 공평 사회(公平社會) 조직 됨
4월 외국우편 진체 업무 개시
4월 8일 조선보병대(步兵隊) 해산
6월 17일 총독부, 우가끼(宇垣一成) 총독 임명
6월 일제, 제16 사단 남산으로 이주(移駐)
6월 30일 청진우편국 관리사무분장취급 폐지, 수특구역(受特區域) 원산우편국에
7월 1일 청진우편국 분장우편국에서 제외
7월 2일 만보산(萬寶山) 사건 발생
8월 1일 우편 제도에 미터법 적용, 미터법 실시에 의한 제 법규 개정, 우편 집배에 미터법 실시. 경남철도(慶南鐵道), 장호원(長湖院) 천안(天安), 장항 간 완전 개통
9월 18일 만주사변(滿洲事變) 발발

9월 반제(反帝) 경성도시학생협의회 조직
10월 20일 명승사적(名勝事蹟) 삽입(插入) 일부인 사용(개성·경주·동해·원산·주을)
11월 1일 경성·광화문·인천·향장·평양·신의주 일부인 사용
11월 3일 만주 방면 군사우편 취급 개시
11월 10일 목포우편국 수형 교환 참가
11월 개성박물관(開城博物館) 개관
12월 1일 부산, 내금강, 외금강, 고성, 강서, 석왕사 명승 사적 일부인 사용
12월 18일 특별우편 절수지 첩부 우편 절수의 발행(경성·인천·원산·진남포·평양·부산·목포·대구·군산·신의주)
※ 약령시(藥令市): 조선시대 효종 때부터 열린 청주·대전·공주·대구·전주·원주 등에서 한약재를 전문적으로 유통·판매하는 재래시장

1932년(단기 4265년. 대한민국 임시정부 14년. 소화 7년)

1월 8일 이봉창 의사(李奉昌義士) 의거(義擧)
1월 18일 일제군(日帝軍) 상해에 출병(出兵)
2월 17일 조선전기사업령(朝鮮電氣事業令) 공포
3월 1일 만주국(滿洲國) 정부 수립
4월 1일 경성중앙우편국 통상우편과, 소포우편과, 보험과 신설. 부산우편국 우편과, 보험과 신설
4월 6일 간도지방(間島地方) 군사우편 취급
4월 11일 조선방송협회(朝鮮放送協會) 창립
4월 29일 윤봉길(尹奉吉) 의사(義士) 의거
4월 30일 선내 우편소(船內郵便所) 집배 폐지
5월 1일 서대문 총독부 구내, 수원, 수원역전, 신천(信川)·신천 온천·장안사·경성 남대문우편국 명승 고적 일부인 사용
5월 9일 1944년도부터 조선에 징병제(徵兵制) 실시 결정
5월 상해 임정(上海臨政) 항주(杭州)로 이전
5월 1일 서대문 총독부 구내, 수원, 수원역전, 신천(信川)·신천 온천·장안사·경성 남대문우편국 명승 고적 일부인 사용
5월 31일 간도지방 출근 군인 군속에 발수(發受)하는 우편위체 및 우편저금특별 취급 개시
6월 10일 압록강 대안지방(鴨綠江對岸地方) 군사우편 취급 개시
6월 30일 외국 송금 취체 실시(자본 도피 방지를 위함)
7월 10일 유성·유성온천·진해·해운대·대구 ·함흥 명승 일부인 사용
7월 상해 한인독립운동청년단(上海韓人獨立運動靑年團) 조직
9월 19일 제1차 쌍성보(雙城堡) 전투
9월 30일 충청남도청을 대전에서 공주로 이전
10월 5일 용산·청주·군산·울산·해주 명승 일부인 사용
11월 3일 신의주·장춘(新義州. 長春) 간 항공 우편 선로 개설
11월 7일 제2차 쌍성보(雙城堡) 전투
11월 20일 논산·부여·정읍·통영·의주 명승
12월 25일 경박호(鏡泊湖) 전투
※ 쌍성보(雙城普) 전투: 1932년 9월 중국 흑룡강성 쌍성보에서 한국독립군이 일본군과 벌인 전투
※ 경박호(鏡泊湖) 전투: 1933년 한국독립군이 길림구국군(吉林救國軍)과 연합, 일본군과 만주국군 연합부대를 만주의 경박호 연변에서 섬멸한 전투
11월 21일 울산·평양우편국 일·만(日滿) 간 외국 항공우편 교환 업무 취급개시
12월 5일 우편 절수류 열차 내 매팔 개시
12월 26일 우편위체증서 용지의 양식 개정

1933년(단기 4266년. 대한민국 임시정부 15년. 소화 8년)

1월 14일 경성·오오사까(대판) 간 전화 개통
1월 18일 상해사변(上海事變) 일어남
2월 이승만 주네브 국제 연맹 참석(일제 만주 침략 공박)
3월 27일 일제(日帝), 국제연맹 탈퇴를 선언
3월 31일 여의도비행장 준공
4월 1일 부산. 신의주 간 급행 열차 운행
4월 흥남(興南)제련소 개설
5월 장진강수력전기회사 설립
6월 26일 영등포 및 대전우편국에 전화 중개소 설치
7월 1일 경성·도오꾜오 간 전화 개통

8월 1일 경성·웅기(京城. 雄基) 간 직통 열차 운행 개시
8월 조선혁명군 총사령 장세봉(朝鮮革命軍總司令張世奉) 일경에 피살
10월 1일 지방 분국장을 조선총독부 체신 분국장으로 개칭
11월 14일 만포선(滿浦線) 철도 개통
11월 25일 금강교(錦江橋) 준공
12월 6일 소양교(昭陽橋) 설립

1934년(단기 4267년. 대한민국 임시정부 16년. 소화 9년)

1월 12일 간이학교(簡易學校) 설립
1월 20일 벽제(碧蹄)·마산·진주·여수·회령·겸이포·배천 등 명승 일부인 사용
4월 조선농지령(朝鮮農地令) 공포
5월 1일 조선보물고적보존령 공포
6월 2일 여자기독청년회관(女子基督青年會館洛成) 낙성
8월 1일 혜산선(惠山線)철도 [합수(合水)-백암(白岩) 간] 개통
8월 금강산 무료 전화 통화 개통
11월 1일 부산·장춘(釜山. 長春) 간 직통 열차. 체신분장국(遞信分場局) 설치(체신국 관리사무분장국의 개칭) 원산, 평양우편국 우편, 전신, 전화, 보험 4과로 개정. 목포우편국 1계 2과 설치. 대구우편국 1계 3과 설치

1935년(단기 4268년. 대한민국 임시정부 17년. 소화 10년)

1월 1일 카이로 만국우편조약 및 부속 약정 실시
1월 12일 외국 우편물 도착 통신 일부인 실시
3월 18일 나진우편국 자동 전화 교환국 설치
4월 산업박람회 개최(경복궁 원내에서)
8월 1일 사설우체함 제도 실시
10월 1일 남양(南洋)우편국 설치. 경성중앙전화국 자동 전화 교환기 설치
11월 1일 나남(羅南) 개항

1936년(단기 4269년. 대한민국 임시정부 18년. 소화 11년)

1월 무집배 우편소의 진체저금집금서 수리 개시
1월 15일 신의주무선전신국 개국
5월 조선미술전람회 개최(제15회)
6월 장항(長項)제련소 준공
6월 21일 원산우편국 공전식 전화 업무 개시
8월 1일 베르린 마라톤 손기정(孫基禎) 우승, 동아일보(東亞日報) 일장기말소사건(日章旗抹消事件) 발생.
10월 11일 한강 인도교(漢江人道橋) 개통
12월 1일 경조전보제도(慶弔電報制度) 제정

1937년(단기 4270년. 대한민국 임시정부 19년. 소화 12년)

2월 일어(日語)의 사용을 강요 제도화함
2월 백백교사건(白白敎事件)
5월 보천교사건(普天敎事件)
6월 6일 수양동우회사건(修養同友會事件) 안창호(安昌浩) 투옥
6월 2일 대구무선전신국 개국
7월 7일 중일전쟁(中日戰爭) 발발
7월 9일 신포(新浦)무선국 개국
7월 10일 장고봉사건(張鼓峯事件)

※ 백백교사건(白白敎事件): 1920~30년대 일제강점기에 존재한 사이비 종교 집단이다. 교주의 지시에 따라 300여 건이 넘는 살인사건이 자행되었다

※ 보천교사건(普天敎事件): 차경석(車京石)이 창시한 증산교(甑山敎) 계열의 신종교

※ 수양동우회사건(修養同友會事件): 1926년 1월에 수양동맹회(修養同盟會)와 동우구락부(同友俱樂部)를 연합하여 안창호가 조직한 흥사단의 조직

1937년(단기 4270년. 대한민국 임시정부 19년)

9월	압록강수력발전주식회사(鴨綠江水力發展株式會社) 설립
10월	국제연맹(國際聯盟) 일본을 침략자로 규정
11월	혜산진선(惠山鎮線) 철도 개통

1938년(단기 4271년. 대한민국 임시정부 20년. 소화 13년)

2월	조선육군특별지원병제도 창설됨
3월	조선교육령(朝鮮教育令) 개정
3월	안창호(安昌浩) 서거
4월 2일	경성철도우편국 과제 실시(서무·송무·부산·청진 출장소)
4월 25일	유편규칙 전면 개정(부령 130호 폐지)
7월 1일	평양우편국 자동 교환기 설치.(SH식)
9월 1일	강릉무선전신국 개국
11월 1일	평양·함흥무선전신국 개국

1939년(단기 4272년. 대한민국 임시정부 21년. 소화 14년)

1월 1일	울릉도무선전신국 개국
3월	임시정부 이전(中國 四川省 綦江縣)
4월	경성광산전문학교 및 숙명여자전문학교 개설
10월	만포선(滿浦線) 철도 완성
11월 1일	국제전화규칙 제정

1940년(단기 4273년. 대한민국 임시정부 22년. 소화 15년)

1월 10일	경성저금관리소 총무과를 서무과로 개칭
2월	창씨제도(創氏制度) 시행
3월	임시정부 건국강령(臨時政府建國綱領) 제정
5월	한국독립당 조직(3당 통합)
8월 1일	경성 중앙, 대구, 부산, 원산, 평양, 청진우편국에 서무과 신설
8월	동아일보·조선일보 폐간
10월	국민총력연맹(國民總力聯盟) 조직(황국 신민화 운동 강행)
11월 13일	대금인환 취급 중지. 집배 우편 제도
11월 30일	지방 체신국 사무분장규정 제정
12월 1일	체신 분장국을 지방 체신국으로 개칭

1941년(단기 4274년. 대한민국 임시정부 23년. 소화 16년)

4월 1일	우편연금 제도 실시
5월 1일	원산무선전신국 개국
6월 30일	함흥우편국 자동 전화 교환 업무 개시
6월	중앙선(中央線) 완전 개통
7월 1일	한글 전보 폐지
8월	백백교사건(白白教事件) 사형 언도
10월 4일	임시우편취급령(臨時郵便取扱令) 제정(전시 국방상 우편물 차출을 금함)
12월 1일	조·몽(朝. 蒙) 간 우편 취급 개시
12월 1일	별사배달(別使配達) 및 부선 배달(艀船配達) 취급 제한
12월 8일	태평양전쟁(太平洋戰爭) 발발(일본, 대 미국·영국 선전 포고)
12월	독일, 미국에 선전 포고

1942년(단기 4275년. 대한민국 임시정부 24년. 소화 17년)

3월 14일	대전, 광주우편국 과제 실시(서무·통신·보험 3과)
3월 29일	경성중앙전화국 개국
4월	대한민국 임시정부 승인안 통과(중국 국민정부 국방 최고위원회에서)
7월	중국 정부와의 사이에 광복군에 관한 협정 성립함
9월	영군 포로 경성 및 인천수용소 도착
9월	조선어학회(朝鮮語學會) 사건
9월	조선청년특별연성령(朝鮮靑年特別錬成令) 공포

1943년(단기 4276년. 대한민국 임시정부 25년)

3월 6일	연금 업무 우편물 무료 취급 개시
5월 14일	전시, 사변, 비상 재해 시의 우편 업무 취급 정지 실시
5월	조선해군특별지원병제 실시
8월	징병제(徵兵制) 시행
9월	진단학회(震檀學會) 일제 탄압으로 일시 해산

1944년(단기 4277년. 대한민국 임시정부 26년. 소화 19년)

1월 1일	특별 지급 전보 취급 개시
1월 1일	조선학도지원병제(朝鮮學徒志願兵制) 실시
1월	지방 체신국 현업국(現業局)의 과 분국 사무분장규정 개정
1월 1일	특별 지급 전보 취급 개시
1월 1일	조선학도지원병제(朝鮮學徒志願兵制) 실시
2월	임정 의정원(臨政議政院) 임시회의에서 개헌안(改憲案) 통과
2월	일제, 결전비상조치요강(決戰非常措置要綱) 실시
3월	임시국내공작특파위원회(臨時國內工作特派委員會) 및 군사 외교단 조직
4월	대한민국임시헌장(大韓民國臨時憲章) 수정 공포
4월	독립신문을 임정기관지(臨政機關紙)로 속간
6월	불(佛) 및 파 정부(波政府) 임시정부의 승인 통보
8월	한국청년회 조직 [중경 광복 전신 청년회(重慶光復陣線靑年會)]
10월 20일	임시 통신 요원(臨時通信要員) 징용 실시

1945년(단기 4278년. 대한민국 임시정부 27년)

2월	임정(臨政), 대 일·독(對日獨) 선전 포고
2월	미·영·소(美英蘇) '얄타비밀협정' 체결
4월	재미한족연합위원회(在美韓族聯合委員會) 대표 세계안전보장대회 파견(센프란시스코우)
4월	미군, 오끼나와 상륙
5월	독일군 항복
6월	국제연합헌장(國際聯合憲章) 조인
7월	미·영·중(美英中) '포츠담선언' 발표.
8월	소련 '포츠담선언' 가입 대 일본 선전 포고
8월 6일	히로시마 원폭 투하
8월 9일	나가사끼 원폭 투하
8월	일제 항복
8월 15일	해방

일제강점기 통계엽서

Japanese Colonial Era

일제강점기 통계 그림엽서(1910~1945)

제1회 국세조사

통계의 정의: 국어사전에서 통계는 어떤 현상을 종합적으로 한눈에 알아보기 쉽게 일정한 체계에 따라 숫자로 나타낸다고 정의하고 있다. 본 사료집에는 일제강점기 시 조선총독부가 1920년 10월 1일 일본 본토와 강점지인 조선과 대만을 포함하여 제1회 국세 조사를 실시한 후, 1910년 국권 강탈 이후 1945년 해방되기까지 34년간의 강점기에 우리나라를 식민지배 및 수탈할 목적으로 각종 국세조사(國勢調査)를 아래와 같이 실시하였다.

(1) 1925. 10. 1　　간이 국세조사(최초의 인구 센서스)
(2) 1930. 10. 1　　조선 국세조사(최초로 직업 등 경제 지표를 포함)
(3) 1935. 10. 1　　국세조사
(4) 1939. 8. 1　　임시 국세조사
(5) 1940. 10. 1　　국세조사

1920년 발행

1920년 10월 1일 제1회 국세조사기념 그림엽서.
임시국세조사국 발행 인쇄국 조양회 제작
우편 엽서 요금: 내지인 1전 5리, 외국인 4전

국세조사를 실시한 통계 지표는 조선총독부에서 식민 지배의 발전상을 홍보할 목적으로 각종 그림과 그래프를 도안화하여 그림엽서를 제작하여 배포하였다. 또 조선총독부 산하 조직과 각 도·부 조직과 각 도·부 및 단체에서도 통계 도안 그림 엽서를 발행하였다. 본 자료는 일제강점기 동안 발행한 통계 그림엽서와 광복 70년 후 현재를 비교 정리하였다.

1949. 4. 25 발행
제1회 총인구조사 기념
우표번호 C26
발행량 10만 매
액면가 15원
조사결과
남한인구 2016만명.
서울인구 140만명

1960년 11월 15일 발행
국세조사 기념우표
우표번호 C143
발행량 50만매
디자인 강춘환
액면가 40원
조사결과

일제강점기 통계 그림엽서(1910~1945)

본 사료집에는 일제강점기 시 일제의 조선총독부가 1920년 10월 1일 일본 본토와 강점지인 조선과 대만을 포함 하여 제1회 국세조사를 실시한 후, 1910년의 국권 강탈 이후 1945년 해방되기까지 34년간의 강점기에 우리나라를 식민지배 및 수탈을 목적으로 각종 국세조사를 아래와 같이 실시하였다.

조선 국세조사 기념인(부산)

1930년 10월 1일 조선 국세조사 기념 부산 일부인

1966. 9. 1일 발행
총인구조사
우표 번호 C289
액면가 7원
디자인 전희한
발행량 50만 매

1970. 10. 1일 발행
총 인구 및 주택조사
우표 번호 C640. 액면가 10원
디자인 홍원숙. 발행량 100만 매

※ 출생 · 사망 현황

1930년 당시 약 76만 4천명의 한국인 출생.
인구 천 명당 출생아 수를 나타내는 조출생률은 평균 38.6명. 같은 기간 조사망률은 19.0명으로 37만4천 명이 사망하였다.
같은 기간 19만 7천 쌍이 결혼하였고, 조혼인율(**인구 천 명당 혼인 건수**)은 100건. 9천 쌍 정도가 이혼하여, 조이혼율(**인구 천 명당 이혼 건수**)은 0.5건을 나타내고 있다.
※ 신고 누락, 지연 신고 등이 상당수 있었을 것으로 예상되나, 나타난 통계 수치로는 인구 천 명당 10쌍이 결혼하고, 인구 만 명당 5쌍이 이혼한 셈이다.

출처: 위키백과

일제강점기 통계 그림엽서(1910~1945)

호구 조사(인구, 호수)(1910~1922), 연도별 통계 현황

조선총독부 발행

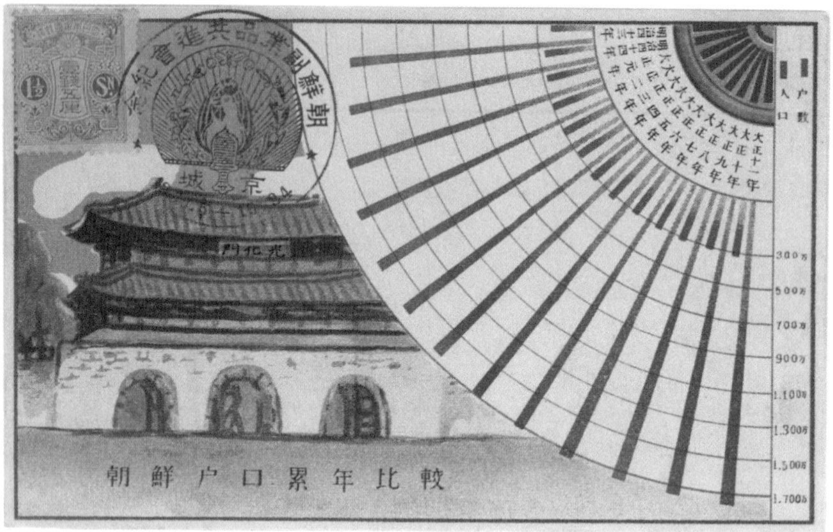

조선의 호구 누년 비교 그림 통계엽서

광화문 도안

통계(인구·세대수) 비교 지표

연도	일제강점기	
1910년	인구	약 1,320만여 명
	호수	약 270만여 호
1922년	인구	약 1,720만여 명
	호수	약 301만여 호
1945년	인구	약 1,600만여 명(자동차 등록 대수 : 7,386대)

호수(세대수)

2015년	인구	51,156,168명(남 : 25,594,655명, 여 : 25,561,515명)
광복 70년	호수(세대수)	200,466,884호
조선(태조 2년)	인구	557만여 명
1393년	호수	30만여 호

서울특별시	10,022,181명	경기도	12,522,606명	경상북도	2,702,826명
부산광역시	3,513,777명	강원도	1,549,507명,	경상남도	3,364,702명
인천광역시	2,925,815명	충청북도	1,583,952명	제주특별자치도	624,395명
대구광역시	2,487,829명	충청남도	2,077,649명		
광주광역시	1,472,199명	전라북도	1,869,711명	총 인구수 51,529,338명	
울산광역시	1,173,534명	전라남도	1,908,996명	(세계 26위)	

1934년 일제 조선인 호구조사

"1934년, 서울의 최하위 행정 단위였던 정(町)과 동(洞)의 직업별 민족 별 호구를 담아낸 각 정, 동 직업별 호구, 조사 현황. 혜화동과 창신동, 계동 등 지금도 사용 중인 지명이 고스란히 담겨 있습니다. 각 동 별로 조선인과 일 본, 외국인의 수와 이들의 직업까지 자세한 인구 통계가 나와있습니다. 당시 경성 인구는 모두 39만 4천 525명, 이중 조선인은 27만 9천명입니다. 즉 전국의 단 3%가 외국인이었던 데 반해, 경성에서는 30%가 외국인이었습니다. 조선인들은 주로 북촌에, 일본인들은 남촌에 살았는데 청계천이 아닌 황금정, 지금의 을지로가 기준선이었습니다. 직업 역시, 전국 조선인의 75%가 농 · 임 · 목축업에 종사한 반면, 경성의 조선인들은 상업과 교통업 종사자가 32%로 가장 많고, 농업 등에 종사한 경우는 0.2%에 불과했습니다." "1936년 이전에 유일한 인구 자료입니다. 전국적으로 조선은 농업 위주 사회였다면, 호구 조사에 나온 서울 사람의 직업은 상업이 가장 높은 비중을 차지하고 있다. 서울의 도시적 성격을 잘 보여주는 부분입니다." 〈황선희 서울역사박물관 학예연구사〉

출처: 연합TV

일제강점기 통계 그림엽서(1910~1945)

조선 주요 통계

조선총독부 발행

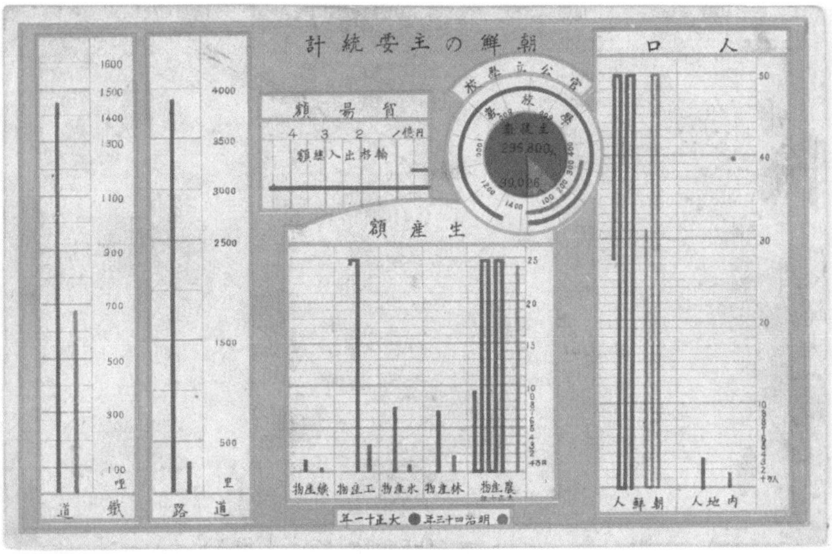

조선의 인구· 관공립학교· 무역액· 생산액· 도로· 철도 비교 그림 통계엽서

통계(인구, 학교, 무역, 생산, 도로, 철도망) 비교 지표

연도 · 구분	일제강점기		광복 70년 후(2015년)	
1910년	인구 약 1,320만여 명		51,156,168명(남: 25,594,653명, 여: 25,561,515명)	
관. 공립학교	학생 수 :39,026명		9,342,246명/ 22,159개(유치원-대학원)	
	학교 수 :330여 개		9,640억 달러(약 1,135조원)	
무역액	약 6천만엔		1,392,952 억불(약 306조원)	
생산액	약 2억4천만엔		약 105,700Km	
도로	약 300리		약 3,500Km	
철도	약 690리		무역액	약 4억6천만불
1922년	인구 약1,720만여명	도로 3,800리		
관·공립학교	학생 수 : 296,800명	철도 1,450리		
	학교 수 : 1,230여개			
생산액	약 5억9 천만엔			

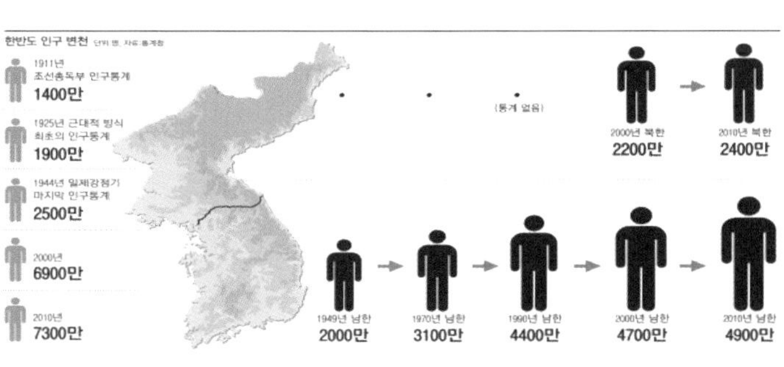

출처: 경향신문 & 경향닷컴.

조선 인구

1905년, 대한제국 내무부 인구 조사에 의하면, 조선 인구는 5,793,976명이었다. 그러나 대한제국 인구 조사는 부정확했다. 1905년에 체결된 제 2차 한일협약에 의해 그 이후부터 조선 인구 조사는 일본이 실행하였다. 일본 통치가 시작된 1910년의 조사에 따르면 조선 인구는 13,128,780명이었다. 일반적으로 이것도 상당수 인구가 누락된 숫자로 본다. 학계에서는 1910년 무렵에는 1,742만명 정도였을 것으로 추정한다. 일본 통치가 끝나기 전의 해(1944년)에는 25,120,174명이었다.

출처: 위키백과

일제강점기 통계 그림엽서(1910~1945)

생산(1911년, 1922년)

조선총독부 발행

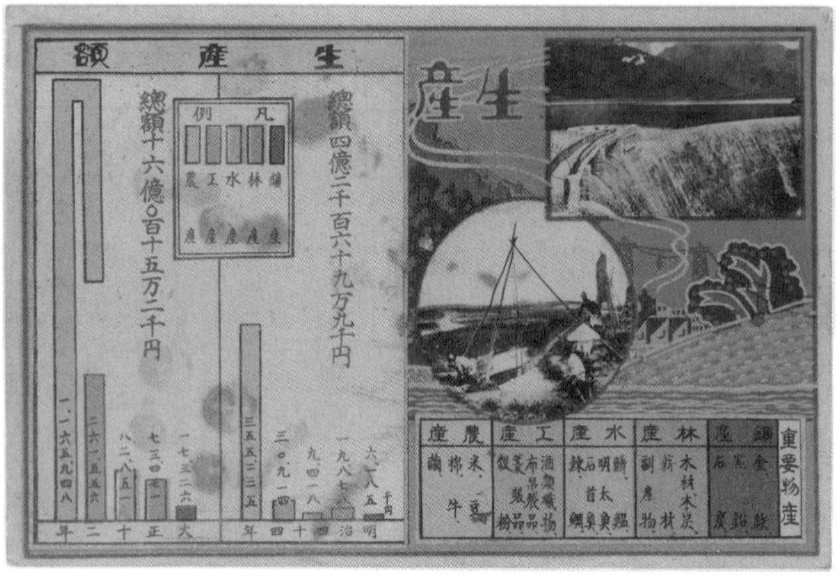

통계 비교 지표

연도 · 구분	일제강점기	광복 70년 후(2015년)
1911년	광산(금철, 흑연, 석탄) 총액 4억21,699천엔	14,104억 달러(약 1,435조 원)-세계 11위
	임산(목재, 목탄, 신재, 부산물)	1인당 GDP : $27,513-(세계 28위)
	수산(청어, 명태어, 석수환, 연강)	
	공산(주류직물, 포면제품, 몽제품, 곡분)	
	농산(미, 면, 치, 두, 우)	
1922년	임산(목재, 목탄, 신재, 부산물)	
	수산(청어, 명태어, 석수환, 연강)	
	공산(주류직물, 포면제품, 몽제품, 곡분)	
	농산(미, 면, 치, 두, 우)	

2014년 수출입 동향 및 평가

출처: 한국무역협회

[동향] 2014년 수출은 전년 대비 2.9% 증가한 5,760억 달러, 수입은 2.4% 증가한 5,750달러, 흑자 추정 수입은 2.4 % 증가한 5,750달러 흑자 추정

◦ [수출] IT 제품의 선전 및 대미 • 대 EU 수출 증가로 전년 대비 증가. ◦ [수입] 소비재 수입은 증가했으나, 원자재 수입 증가세는 다소 둔화

◦ [무역수지] 전년 대비 무역 흑자가 확대된 가운데 흑자 기조 지속

세계 GDP 순위(2015년 기준) 백만 US$			세계 1인당 국민 소득 순위(2014년 기준)		
1위	미국	19,417,144-	1위	룩셈부르크	$116,134-
2위	중국	11,795,297-	2위	노르웨이	$99,573-
3위	일본	4,841,211-	3위	카타르	$96,635-
4위	독일	3,423,287-	4위	리히텐슈타인	$89,400-
5위	프랑스	2,574,857-	5위	스위스	$86,145-
6위	영국	2,565,058-	6위	모나코	$77,000-
7위	인도	2,439,040	7위-	덴마크	$61,888-
8위	브라질	2,140,940-	8위	호주	$61,137-
9위	이탈리아	1,807,425	9위 -	스웨덴	$59,726-
10위	캐나다	1,600,265-	10위	싱가포르	$55,568-
11위	대한민국	1,529,756	11위	미국	$54,979-
12위	러시아	1,469,374	33위-	대한민국	$25,931-
13위	호주	1,359,723-	185위	부룬디	$315-

일제강점기 통계 그림엽서(1910~1945)

무역 현황(수입, 수출)

조선총독부 발행

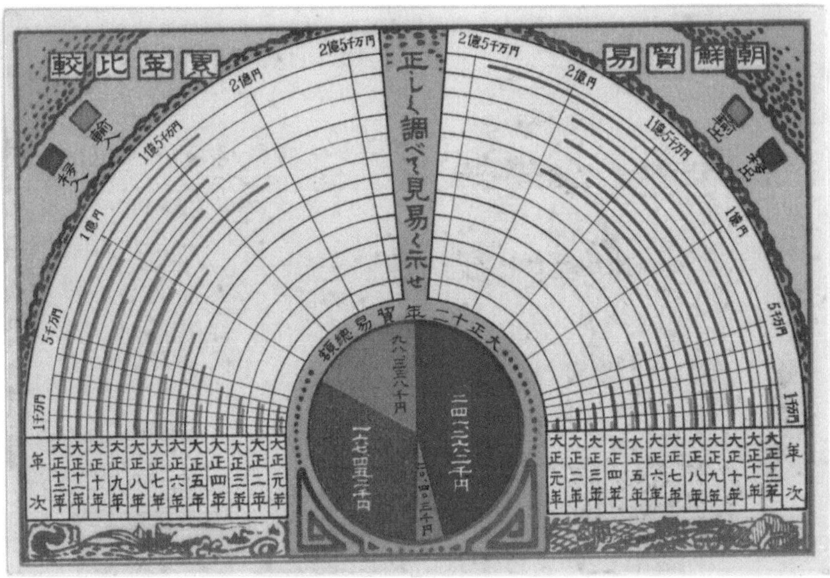

조선 무역 누년 비교(이출, 수출, 수입, 이입) 그림엽서. 1912년, 1923년

통계 비교 지표

연도 · 구분	일제강점기	광복 70년 후(2015년)	
1912년		수출	5,320억달러
이출	약 2천만엔	수입	4,400억달러
수출	약 1천만엔	무역 수지	920억달러
수입	약 4천만엔	이입	약4천5백만엔
1923년			
이출	2억 4천1백2십6만2천엔		
수출	2천 4십만3천엔		
수입	9천 8백3십3만8천엔		
이입	1억 6천7백4십5만2천엔		

1977년 12월 22일 발행
100억 불 수출의 날기념우표
Topping $100 Billion in Exports
우표번호 C771
발행량 330만매
액면가 20원
디자인 안성경

세계 수출국 순위(2015년 기준)

1위 중국 $1조8,986억 2위 독일 $1조5,430억 3위 미국 $1조5,110억 6위 한국 $5,588억

한국 10대 무역국(2015년 기준)

1위 중국 2위 미국 3위 베트남 4위 홍콩 5위 일본 6위 싱가포르 7위 인도 8위 대만 9위 마셜제도 10위 멕시코

둘리틀 공습(Doolittle Raid, 1942. 4. 18)

제임스 해롤드 둘리틀 중령이 지휘하는 B-25 미첼의 경폭격기 편대가 항공모함 USS CV-8 호넷을 출발하여 진주만 공습에 대한 복수로 일본 본토를 폭격한 사건이다. 지미 둘리틀 중령 지휘하에 도쿄 · 요코하마 · 요코스카 · 가와사키 · 나고야 · 고베 · 욧카이치 · 와카야마 · 오사카 등 일본 각지를 B-25 미첼 폭격기 16대로 폭격하였다. 이 공습으로 사상자 363명, 군 시설과 공장 등 약 350동의 손해를 주었다. 피해는 크지 않았지만 불침의 하늘이라 호언장담하던 일본 군부, 특히 일본 해군 상부에 준 충격은 엄청났고, 미국은 비록 일본에 큰 피해를 입히진 않았지만 이 사건은 미국인들에게 큰 희망을 주었다.

일제강점기 통계 그림엽서(1910~1945)

일제강점기 통계 그림엽서

조선총독부 발행

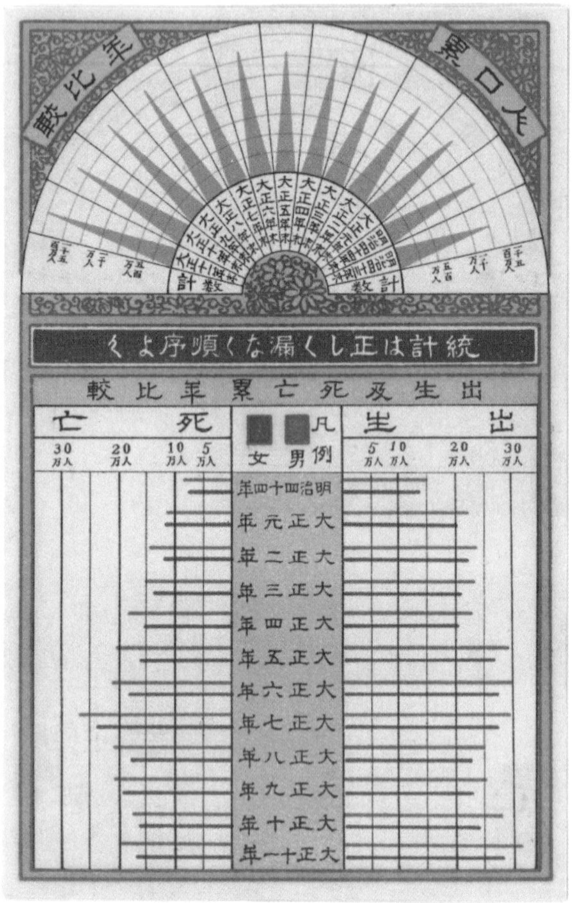

인구 누년 비교 그림엽서

통계(인구) 비교 지표

연도 · 구분		일제강점기
1910년	출생	약290,000명
	사망	약150,000명
1911년	출생	약430,000명
	사망	약220,000명
1912년	출생	약470,000명
	사망	약270,000명
1913년	출생	약450,000명
	사망	약280,000명
1914년	출생	약430,000명
	사망	약340,000명
1922년	출생	약600,000명
	사망	약360,000명

광복 70년 후(2015년)

연도 · 구분		
2015년	출생	438,700명
	사망	275,700명

일제강점기 조선 내 인구

출처 KOSIS, 통계청/1994

연도	국세조사 인구(천명)	호구조사 인구(천명)	추정치 (명)
1910년	13,128명	16,540,663명	
1920년	16,916명	17,854,109명	
1925년	19,020명	18,543명	19,020,000명
1930년	20,438명	19,686명	20,438,000명
1935년	22,208명	21,249명	22,208,000명
1940년	23,547명	22,955명	23,547,000명
1945년 8월		25,266,258명	

지역별 인구 분포

출처: 위키백과

- 1920년 당시 인구가 가장 많은 지역은 경상북도(대구부 포함 211만 2천명, 전국 인구의 12.2%)였고, 다음이 전라남도(광주군, 제주도 포함) 195 만 5천명, 전국 인구의 11.3% 차지, 경상남도(부산부 포함), 경기도(경성부 포함) 순이었음.
- 1920~30년대 경북 인구 가장 많았다.
- 1940년부터 경기도가 1위, 1940년은 경기도가 12.0%로 가장 많았고, 전라남도, 경상북도 순으로 인구가 많았음.

인구별 직업 분포

- 1930년엔 한국인 80.5%가 농림목축업 종사, 상업 및 교통업에 의존하는 인구는 6.4%, 작업장인부, 막노동, 날품팔이 등 기타 직업 인구는 4.8%로 나타남.
- 반면, 당시 내지인(일본인) 가운데 농림목축업을 하는 비율은 8.4%에 불과했으며, 공무원 및 자유업이 35.2%로 가장 많았고, 상업 및 교통업이 29.4%, 광공업이 14.4% 순이었음.

일제강점기 통계 그림엽서(1910~1945)

1922년 생산액 누년 비교(GDP)

1923년 발행

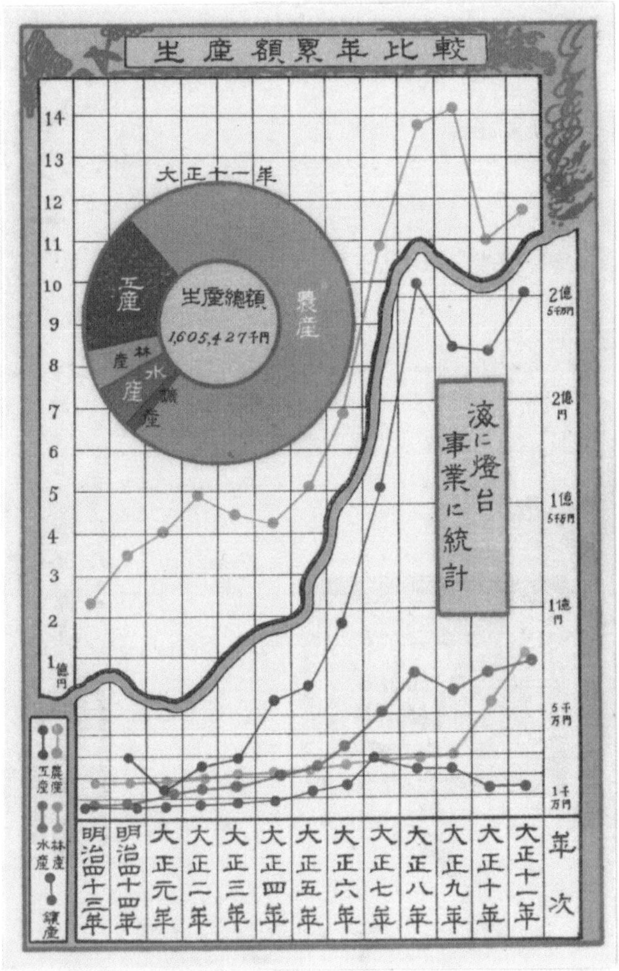

생산액 누년 비교 그림엽서

2015 GDP 순위: 억 $

1위	미국	179,682-
2위	중국	113,848-
3위	일본	41,162-
4위	독일	33,710-
5위	영국	28,649-
6위	프랑스	24,226-
7위	인도	21,826-
8위	이탈리아	18,190-
9위	브라질	17,996-
10위	캐나다	15,728-
11위	대한민국	13,930-

GDP

Gross Domestic Product

국내총생산(國內總生産)은 일정 기간 동안 한 국가에서 생산된 **재화**와 **용역**의 시장 가치를 합한 것을 의미하며 보통 1년을 기준으로 측정한다.

GNP

Grand National Party

국민 총생산은 1년 동안 국민들이 국내와 국외에서 새로 생산한 모든 재화와 서비스의 시장가치를 합산한 것이다. 어느 나라에서 생산했느냐는 상관 않고, 생산 주체의 국적을 따진다.

통계(1922년 생산총액/농, 공, 임, 수, 광산) 비교 지표

연도 · 구분	일제강점기					광복 70년 후(2015년)
1922년	생산총액	1,605,427,000엔				1,485,078십억 원
1921년	광산	15,000,000엔	1910년	광산	8,000,000엔	
	임산	51,000,000엔		임산	12,000,000엔	
	수산	52,000,000엔		수산	8,000,000엔	
	공산	220,000,000엔		공산	0	
	농산	240,000,000엔		농산	220,000,000엔	
1915년	광산	10,000,000엔				
	임산	10,000,000엔				
	수산	10,000,000엔				
	공산	51,000,000엔				
	농산	120,000,000엔				

일제강점기 통계 그림엽서(1910~1945)

조선총독부 발행

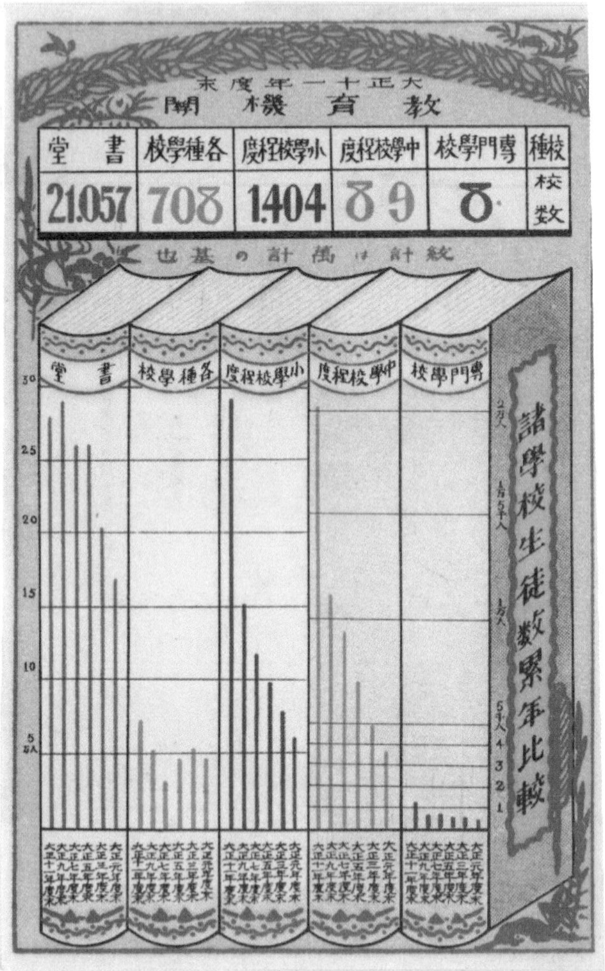

1922년 교육기관

통계(각종 학교) 비교 지표

연도 · 구분	일제강점기
1922년 교육 기관	
전문학교	8개
중학교	89개
소학교	1,404개
각종학교	708개
서당	21,057개

광복70년 후(2015년)

유치원	8,930개/682,553명
초등학교	5,978개/2,714,610명
중학교	3,204개/1,585,951명
고등학교	2,344개/1,788,266명
특수학교	167개/25,536명
전문대학	138개/720,466명
종합대학교	201개/2,173,939명
대학원	1,197개/333,478명

1960. 8. 3 발행
신교육제도 실시 제75주년 기념
75th Anniv.of Modern Education
우표번호 C132
액면가 40원
발행량 50만 매
디자인 강춘환

외국 선교사가 설립한 학교

출처: 위키백과

설립년도	학교명	교파	소재지	설립년도	학교명	교파	소재지
1885년	광혜원(廣惠院)		한성	1885년	배재학당(培材學堂)	감리회	한성
1886년	이화학당(梨花學堂)	감리회	한성	1886년	경신학교(儆新學校)	장로회	한성
1887년	정신여학교(貞信)	장로회	한성	1892년	영화여학교(永化)	감리회	제물포
1894년	광성학교(光成學校)	감리회	평양	1894년	숭덕학교(崇德學校)	감리회	평양
1894년	정의여학교(正義)	감리회	평양	1895년	일신여학교(日新)	장로회	부산진
1896년	정진학교(正進學校)	감리회	평양	1897년	공옥학교(攻玉學校)	감리회	한성
1897년	숭실학교(崇實學校)	장로회	평양	1897년	신군학교(信軍學校)	감리회	한성
1898년	배화여학교(培花)	감리회	한성	1898년	맹아학교(盲啞學校)	감리회	평양
1898년	명신학교(明信學校)	장로회	재령	1901년	장로회신학교	장로회	평양
1903년	숭의여학교(崇義)	장로회	평양	1903년	원산여학교(元山)	감리회	원산
1904년	정명여학교(貞明)	장로회	목포	1904년	덕명학교(德明學校)	감리회	원산
1904년	호수돈여학교(好壽敦)	감리회	개성	1904년	진성여학교(進誠)	장로회	원산
1905년	의창학교(懿昌學校)	감리회	해주	1906년	영명학교(永明學校)	감리회	공주
1906년	계성학교(啓聖學校)	장로회	대구	1906년	신성학교(信聖學校)	장로회	선천
1906년	보성여학교(保聖)	장로회	선천	1906년	의명학교(義明學校)	안식교	순안
1906년	한영서원(韓英書院)	감리회	개성	1906년	미리흠학교(美理欽)	감리회	개성
1907년	약현학교(藥峴學校)	천주교	한성	1907년	수피아여학교(須彼亞)	장로회	광주
1907년	신명여학교(信明)	장로회	대구	1907년	기전여학교(紀全)	장로회	전주
1908년	신흥학교(新興學校)	장로회	전주	1908년	창신학교(昌信學校)	장로회	마산
1909년	의정학교(懿貞學校)	감리회	해주				

일제강점기 통계 그림엽서(1910~1945)

1922년 도로망(철도· 선박 및 도로)

1923년 발행

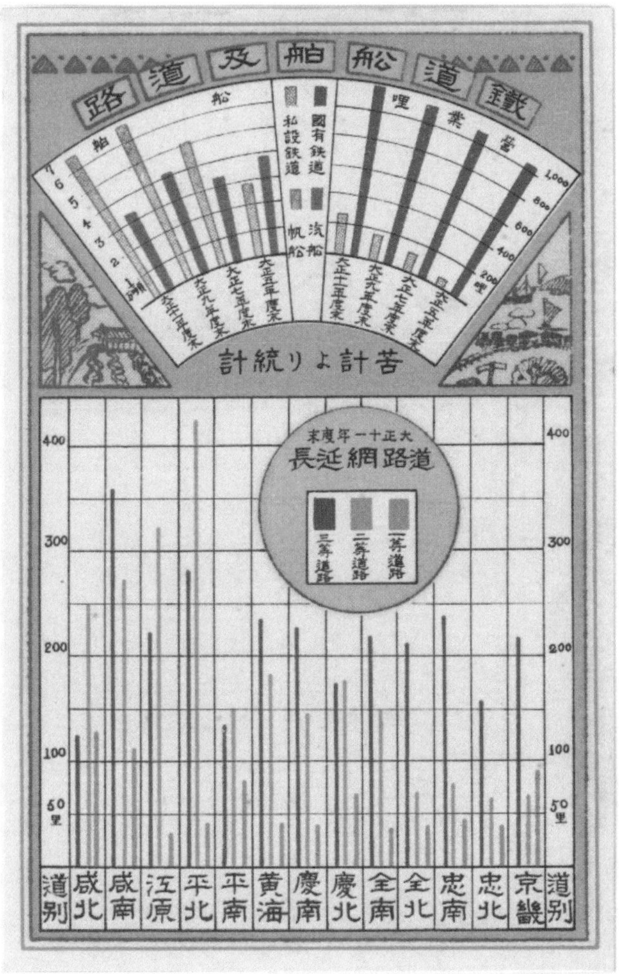

도로망 연장 누년 비교 그림엽서

통계(도로망 연장) 비교 지표

연도 · 구분	일제강점기
1922년	
철도	약 1200리
선박	32,000톤

도로망	
1등도로	약 900리
2등도로	약 2,400리
3등도로	약 2,900리

광복 70년 후(2015년)

철도	약 3,000Km
선박	약 4,239척
도로망	약 105,700Km
고속도로	2,637Km
일반국도	14,264Km
특별광역시도	17,810Km
지방도	16,704Km
시도	17,633Km
군도	23,468Km

1974. 8. 15 발행
서울지하철(종로선) 개통 기념
Opening of Seoul Subway
우표번호 C620
액면가 10원
발행량 300만 매
디자인 김용배

조선도로령(朝鮮道路令)

조선도로령(朝鮮道路令)은 일제강점기이던 1938년에 조선총독부에서 제정한 도로와 관련된 제령이다. 1938년 4월 4일에 조선총독부 제령 제15호로 제정되어, 같은 해 12월 1일부터 시행에 들어갔다. 근대 이후의 대한민국 최초의 정식 도로법으로, 미군정기를 거쳐 대한민국 건국 수립 이후에도 계속 사용되어 왔다. 이후 1961년 12월 27일에 이를 대한민국의 실정에 맞게 재반영한 '도로법'이 새롭게 제정되면서 조선도로령은 1962년 1월 1일자로 폐지되었다. 제 2조 1항에 따르면 도로의 부속물은 다음과 같이 규정하고 있었다. 도로를 접속하는 교량· 세월· 도선장 및 삭도, 도로에 부속하는 지벽· 암거· 배수· 측구· 가로수· 선반· 도로원표· 이정표· 보수담당구역표· 도로경계표 및 도로표지, 도로에 근접하는 도로 보수용 재료의 상치장 위의 각 호 이외에 조선 총독이 도로의 부속물로 정한 것이다.

출처: 위키백과

일제강점기 통계 그림엽서(1910~1945)

호남선 전통 통계 그림엽서

1914년 발행

조선총독부 발행

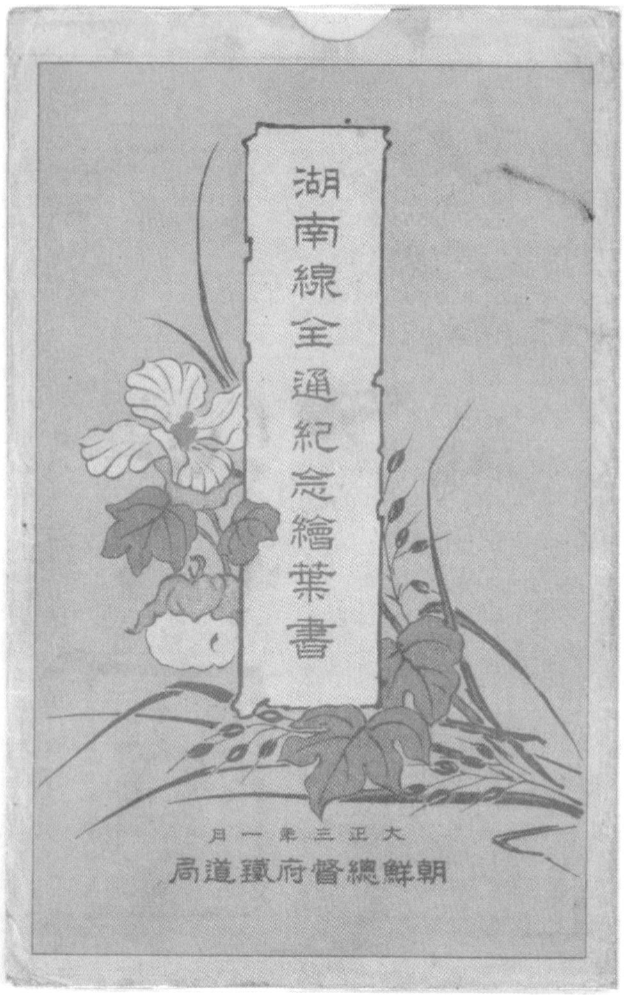

호남선 전통 기념 조선총독부 철도국

1914년 조선 철도 호남선

연도 · 구분	일제강점기		
1914년		호남선의 개요	
도로 연장	175리6분	기점	대전조차장역
토공	1,001,000여평	종점	목포역
축도	연장 6,537척3	영업 거리	252.5Km
교량 연장	17,060척	역수	48개
구교	280개소	개통일	1914년 1월 11일

일제강점기 통계 그림엽서(1910~1945)

호남선 전통 통계 그림엽서

1914년 발행 조선총독부 발행

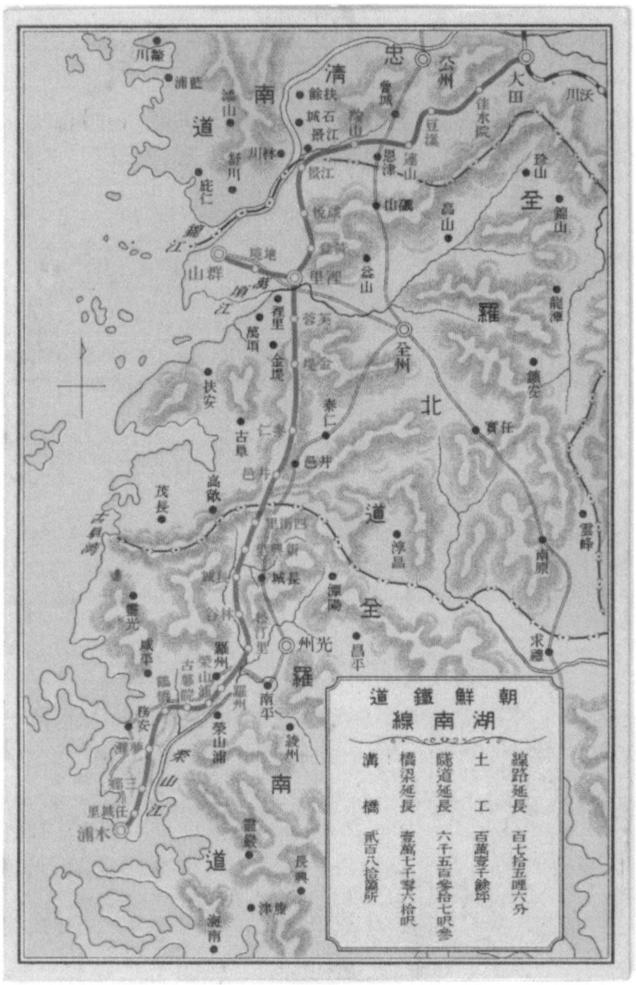

호남선

호남본선(湖南本線)은 대한민국 대전광역시 대덕구의 대전조차장역과 전라남도 목포시 목포역을 잇는 한국 철도공사의 간선 철도 노선이다. 일반적으로는 호남본선만을 가리켜 '호남선'이라 부르는 경우가 많으나, 정식 명칭은 호남 본선이며, 노선 번호는 204이다

광무 연간의 대한제국 정부는 서울에서 목포에 이르는 철도를 부설하려고 하였으나, 수원에서 천안, 대전을 거쳐 영남으로 향하는 경부선 철도의 부설권이 일본제국 측에 넘어가 독자적인 간선 철도 부설에 실패한다. 이후 조선총독부의 주관하에 경부선의 지선 형식으로 호남선이 1914년 전구간 개통되었다.

출처: 위키백과

호남 고속철도 노선도

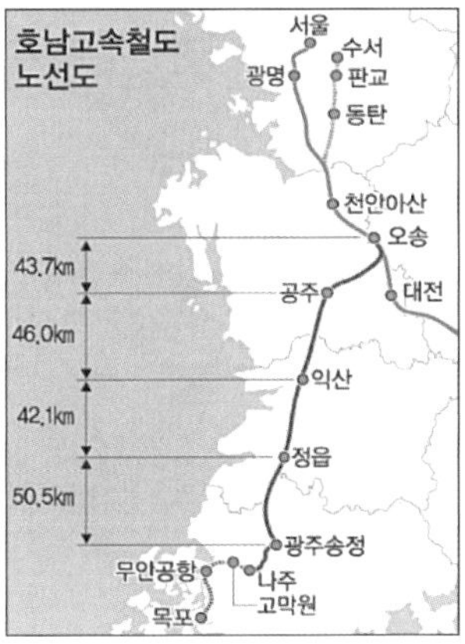

호남고속철도

행신역, 용산역, 인천국제공항역, 수서역에서 목포역, 익산역, 여수엑스포역을 잇는 한국고속철도의 운행 계통이다. 2004년 4월 1일에 경부고속철도의 개통과 함께 기존 호남선에도 KTX를 투입했지만 고속선이 아니기 때문에 사실상 KTX가 제 속도를 내지 못했다. 11년 뒤 2015년 4월 2일 호남고속철도 1단계 구간인 오송역에서 광주송정역 구간을 개통하여 정식 운행되고 있다. 전라선은 익산역에서 분기하여 순천역을 거쳐 여수 엑스포역으로 연결된다. 호남고속철도 차량은 수도권 철도차량정비단과 호남고속차량정비센터에서 관리한다.

2009년 7월 23일 호남고속철도 착공식 거행

2015년 4월 2일 호남고속철도 개통

출처: 위키백과

1910년, 1924년

국·사 철도(국영, 사설) 현황

조선총독부 발행

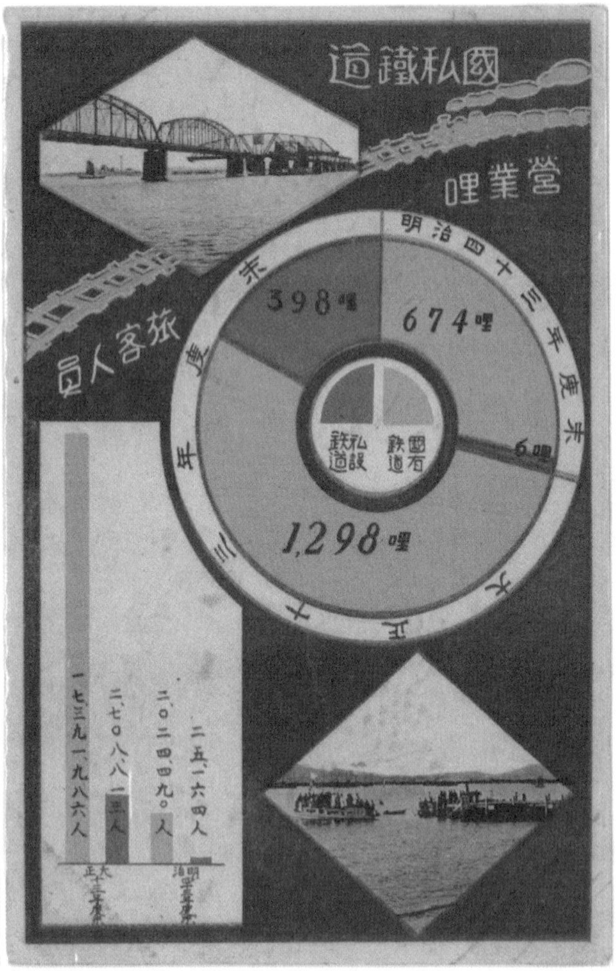

1910년도와 1924년도 국·사설 철도 현황

1910년(명치 43년)		여객 인원
국유 철도(리)	674리	2,024,490명
사설 철도(리)	6리	25,164명

1924년(대정 13년)		여객 인원
국유 철도(리)	1,298리	2,024,490명
사설 철도(리)	398리	2,708,813명

대한민국 철도 애환

한국 철도 출발은 멀리 1899년으로 거슬러 올라간다.

그 해 9월 18일에 인천(제물포)에서 노량진 사이 경인선 철도가 개통되었다. 서울과 인천 사이를 완전히 연결하지 못하고 한강 이남의 노량진까지만 철길로 연결했다. 그러다가 이듬해인 1900년 7월 5일에 한강철교가 준공되고 그 해 11월 12일에 드디어 완전 개통해 서울까지 들어갈 수 있었다. 최초의 철도인 경인선이 개통된 그 1899년 5월에는 서울 서대문에서 청량리 간 전차궤도를 완공, 시운전을 거쳐 처음으로 서울 시내를 전차가 달리기도 했다. 철길에 의한 궤도교통의 혁명이 시작된 셈이었다. 그러나 이 모두는 일본이 관련되어 있거나 일본이 한반도에서 이득을 남길 속셈으로 벌인 사업이었다. 특히 철도는 일본이 대륙으로 진출하고 한반도의 물산들을 수탈해가는 교통 대륙으로 진출하고 한반도의 물산들을 수탈해가는 교통 수단으로 이용되었다. 일제 강점기에 먹고 살기 힘들어 고향을 떠나 북간도 등지로 이주해 가는 사람들이 뿌린 눈물의 철길이기도 했다. '시커먼 연기를 내뿜으며 기차 화통을 삶아먹은' 목 메인 기적 소리와 함께 밤새도록 어둠 속을 씩씩거리며 달리던 열차였다. 객차 안에서는 이따금씩 쫓기는 변장한 독립 투사와 뒤 쫓는 일본 형사들의 추격전이 마치 영화의 한 장면처럼 펼쳐지기도 하던 시절이었다. 이렇게 한국철도의 역사는 출발부터 숱한 애환과 이별과 만남, 누군가, 무언가를 피해서 어디론가 멀리 떠나는 느낌으로 다가왔다. 1905년 5월에 경부선이 개통되고, 이어서 임진강철교, 대동강철교, 낙동강철교가 속속 준공되면서 1906년에는 서울에서 신의주 간의 경의선도 개통되었다. 그리고 1914년에 호남선과 경원선이 개통되면서 비로소 한반도 전역으로 기차가 달리기 시작했다. 1928년에 함경선, 1937년에 혜산선, 1939년에 만포선, 1942년에 중앙선이 속속 개통됐다. 당시로서는 멀리 갈 수 있는 유일한 교통수단이었고, 일제는 이 철도를 이용해 온갖 것을 실어 날랐다. 목재, 광물, 놋그릇과 옷감, 식량이 될 만한 농수산물, 집집마다의 고물과 수저, 심지어는 군대 위안부에 징용과 징병 등 사람까지 철도로 실어 날랐다. 광복이 되어 미 군정청이 38선 이남의 철도 행정을 담당하다가 6.25전쟁 때는 전시 수송 체제로 1955년까지 그 운영권이 유엔군 산하로 넘어가기도 했다. 그때 200여 만 명 이상의 피란민들을 실어 나르느라 철도는 또 한 번 홍역을 치렀다. 달리는 기차 지붕에 매달리기도 하고, 한강다리 폭파로 인해 수많은 사람들이 목숨을 잃기도 했다. 그렇게 달리던 기차는 38선 부근에서 빗발치는 총탄을 맞고 '철마는 달리고 싶다'며 지금도 비무장지대 풀숲에 누운 채 녹슬어 가고 있다. 남북 간의 철도는 그 때 끊겼다. 광복 당시 철도의 총 길이는 6,362km로 이 가운데 약 3분의 2가 38선 이북에 있었다. 전쟁 통에도 철도는 많은 물자와 사람들을 실어 날랐다. 피란살이 설움을 겪고 서울로 돌아가는 사람들의 노래 '이별의 부산정거장'도 그 때 나왔다. 그 후로도 한 동안 한국의 철도는 사람들의 가슴에 이별의 슬픔과 애환으로 남았다.

출처: 기록으로 만나는 70년

드레스덴 폭격(Bombing of Dresden)

제 2차 세계 대전 유럽 전선에서 마지막 몇 달 간 미국과 영국이 독일 작센주 주도인 드레스덴 시를 대규모 폭격한 사건이다. 1945년 2월 13일에서 15일까지 네 번 공습에서 영국 공군(RAF) 소속 중폭격기 722대와 미국 육군 항공대(USAAF) 소속 중폭격기 527대가 드레스덴 시에 3,900톤 이상 고폭탄 및 소이탄을 투하했다. 폭격과 그로 인해 발생한 화염폭풍으로 드레스덴 도심의 40 km^2가 파괴되었으며, 22,700명에서 25,000명이 사망한 것으로 추정된다. 미국 육군 항공대 공습은 이후로도 세 번 더 이어졌다. 각각 3월 2일과 4월 17일에 있던 두 번 공습은 철도 조차장을, 4월 17일에 있던 적은 규모 공습은 산업 지역을 표적으로 삼았다.

일제강점기 통계 그림엽서(1910~1945)

충청북도 통계 그림엽서

1923년 발행

충청북도 농회 주최 잠사 품평회 기념

1923년 발행

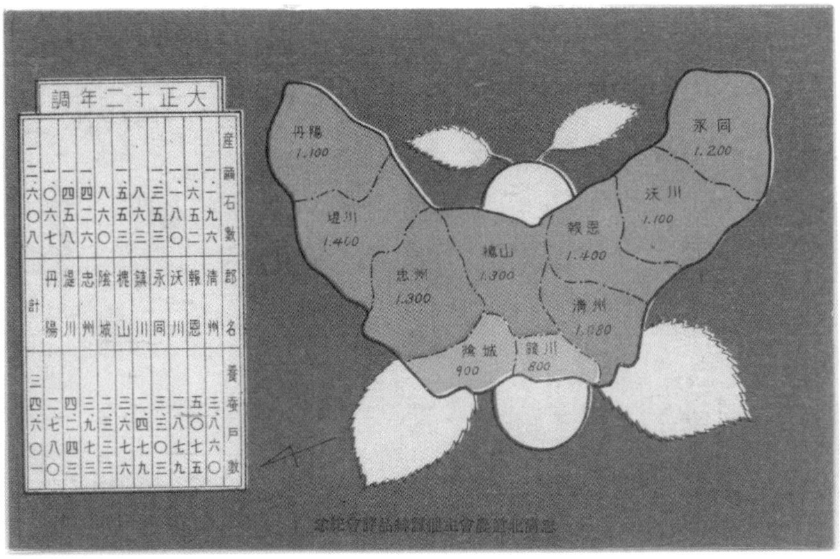

군별 산 마석 수 및 양잠 호 수의 그림 엽서

산 마석 수 및 양잠 호 수(1923년)

군별		일제강점기	광복 70년 후(2015년)
청주	1,196개	3,860호	2011년도 기준
보은	1,652개	5,075호	양잠 생산액: 약800억원
옥천	1,180개	2,879호	
영동	1,353개	3,303호	
진천	863개	2,479호	
괴산	1,553개	3,678호	
음성	860개	2,333호	
충주	1,426개	3,973호	
제천	1,458개	4,243호	
단양	1,067개	2,780호	
합계	12,608개	34,601호	

1923년 일제강점기 우편사 및 시대 상황

1월 1일	중·일간 우편약정(郵便約定) 체결 [1922.12.31 중국 주재 일본우편국 철폐] 파산법(破産法) 및 화의법(和議法) 시행. 중·일간 우편약정의 실시 [경성, 부산, 인천, 회령 및 경원교환국]
1월 13일	조선수산회령(朝鮮水産會令) 공포
3월 1일	체신국 사무분장규정(事務分掌規定) 개정
3월	제5차 범미주(汎美州)회의 개최
3월 21일	취립금(聚立金) 거택불(居宅拂) 폐지, 무집배 우편소의 외국 우편 위체 취급 폐지.
3월	우편사서함 집배사무 취급 우편국에 제한 실시
4월 1일	경성우편국(京城郵便局) 용산전신분실(龍山電信分室) 설치
4월 2일	조선종두령(朝鮮種痘令) 공포
5월	연길현(延吉縣) 명월구(明月構)에서 고려혁명군(高麗革命軍) 조직
6월	경성무선전신국(京城無線電信局) 설치 [공중 통신 취급 개시]

일제강점기 통계 그림엽서(1910~1945)

1924년 무역 조선총독부 발행

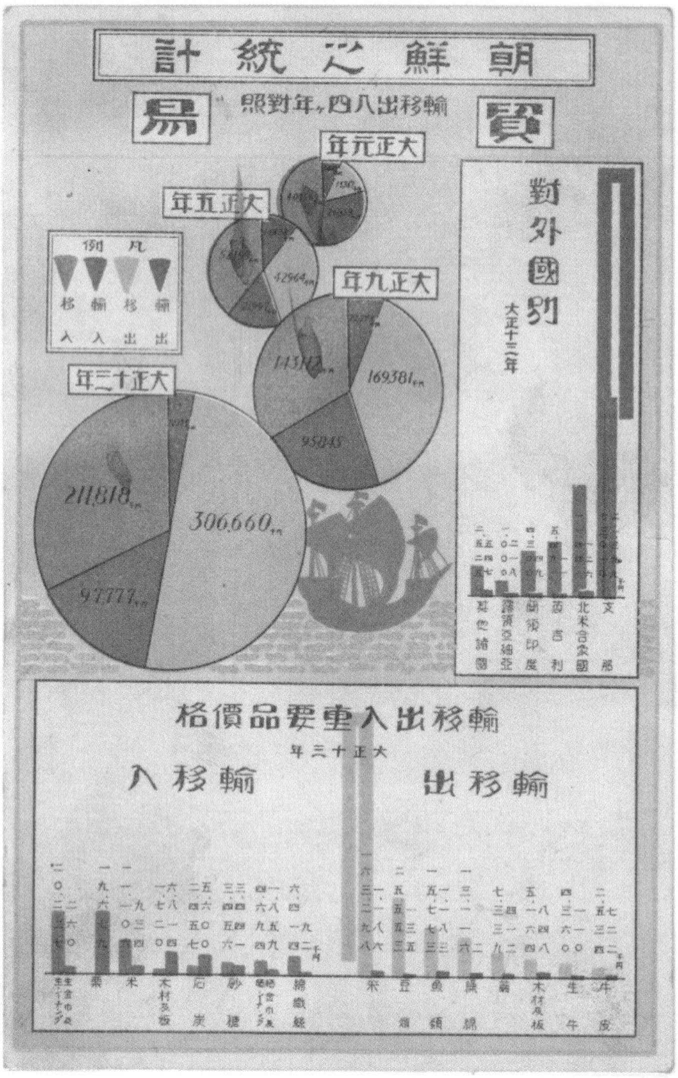

조선의 통계(무역) 그림엽서. 수입·수출 1925년 발행

통계(무역) 비교 지표

연도 · 구분		일제강점기
수출	1912년	5,618천엔
	1917년	13,838천엔
	1920년	22,379천엔
	1924년	22,379천엔
수입	1912년	26,359천엔
	1917년	21,997천엔
	1920년	95,845천엔
	1924년	97,777천엔
대외 국별(1924)		
지나/支那	수출	21,399천엔
	수입	73,010천엔
북미합중국	수출	126천엔
	수입	11,448천엔
기타 영길리, 인도, 로령 아세아		

광복 70년 후(2015년)

2015년	수출	5,320백억달러
	수입	4,400백억달러

2012. 6. 14 발행
한국무역 KOTRA 50주년 기념
50 years of KOTRA & Korean Trade Commemorative
우표번호 C2274-2275
액면가 270원
발행량 각 50만 매 디자인 신재용

국가별 수출입 현황

출처: 위키백과

순위	코드	국가명	수출 금액	비중	수입금액	비중	무역수지 금액
		총 계	555,213,655,843	100.00%	524,413,089,854	100.00%	30,800,565,989
1	CN	중국	134,185,008,602	24.17%	86,432,237,597	16.48%	47,752,771,005
2	US	미국	56,207,702,746	10.12%	44,569,029,258	8.50%	11,638,673,488
3	JP	일본	39,679,706,291	7.15%	68,320,170,434	13.03%	-28,640,464,143
4	HK	홍콩	30,968,404,666	5.58%	2,315,073,243	0.44%	28,653,331,423
5	SG	싱가포르	20,839,004,731	3.75%	8,966,683,338	1.71%	11,872,321,393

일제강점기 통계 그림엽서(1910~1945)

1924년 교통

조선총독부 발행

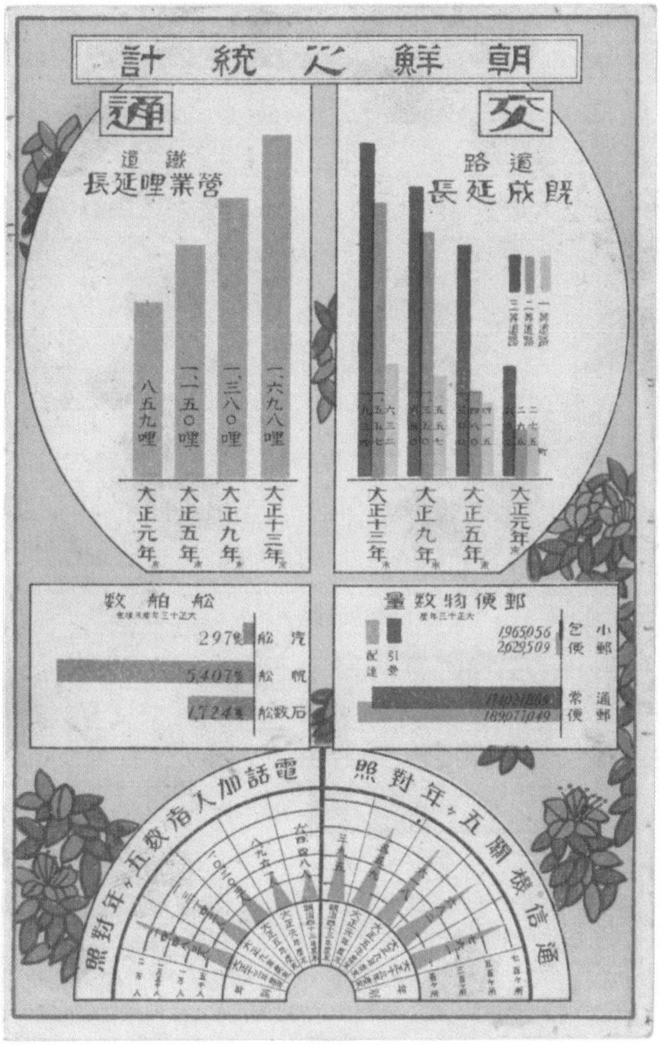

조선의 통계(교통) 그림엽서. 도로, 철도, 우편물, 선박, 통신, 전화 1925년 발행

통계(교통) 비교 지표

연도 · 구분	일제강점기
1924년	
도로 길이	4,123리
철도	1,698리
우편물	수량
소포우편	2,629,509통
통상우편	189,077,049통
선박수	기선 297척
범선	5,407척
석수선	1,724척
통신 기관	700개소
전화 가입자 수	24,000여명

광복 70년 후(2015년)

도로 길이	약105,700Km
철도	약3,000Km
선박수	약4,239척 (10,731,223톤)
KT지사 79개, KT지점	181개
우체국	3,630개소
무선	57,208명
유선	16,940회선

1973. 12. 10 발행
제1차 선장 보통시리즈
1st Campaign Series
우표번호 282
액면가 10원
디자인 전희한

구한말 첫 자동차 사고

1901년 봄, 미국 시카고대학 교수이며 백만장자였던 버튼 홈즈가 세계를 여행하다가 조선을 구경하기 위해 서울로 들어왔다. 며칠 후 홈즈 일행은 한강을 구경하기 위해 자동차 한 대를 빌려 커다란 사진기를 차에 설치한 다음 마포로 향했다. 그런데 서대문을 막 빠져나가다가 마주오던 소달구지를 피하지 못하고 그만 들이받아 사고를 내고 말았다. 다행히 소와 농부는 다치지 않았으나, 수레는 망가져 바퀴가 빠져버렸다. 이것이 우리나라에서 일어난 최초의 자동차 대물사고였다. 이후 자동차시대가 본격적으로 개막되던 1910년대 초 최초 자동차 대인사고가 일어났다. 당시 총리대신이던 이완용의 아들이며, 왕실 고급 관리로 있던 이항구와 역시 이완용 사위인 홍운표가 어울려 요정에서 흥청거린 다음 택시를 불러타고 기생들과 놀러 나가다가 7살짜리 사내아이를 치어 다리를 절단낸 사고였다. 기생들과 대절 택시 드라이브는 주지육림에 빠진 세도가 자식들이 즐기던 망국의 풍습이었다. 나는 새도 떨어뜨린다던 당대 최고 세도가 이완용 아들과 사위라서 막 피어나는 어린 자식의 다리를 망쳐 놓아도 감히 달려 들어 손해 배상 청구를 못하던 백성 정씨는 땅을 치며 통곡할 수밖에 없었다. 자가용 28대, 영업용 53대 등 자동차가 80여 대로 늘어난 1915년에는 자전차가 자동차와 경쟁하다가 60대 노인에게 중상을 입힌 사고가 일어났다. 이 사고에 대해 매일신보는 위와 같이 보도했다

출처: 자동차생활, 2001.10.9

일제강점기 통계 그림엽서(1910~1945)

1924년 광산

조선총독부 발행

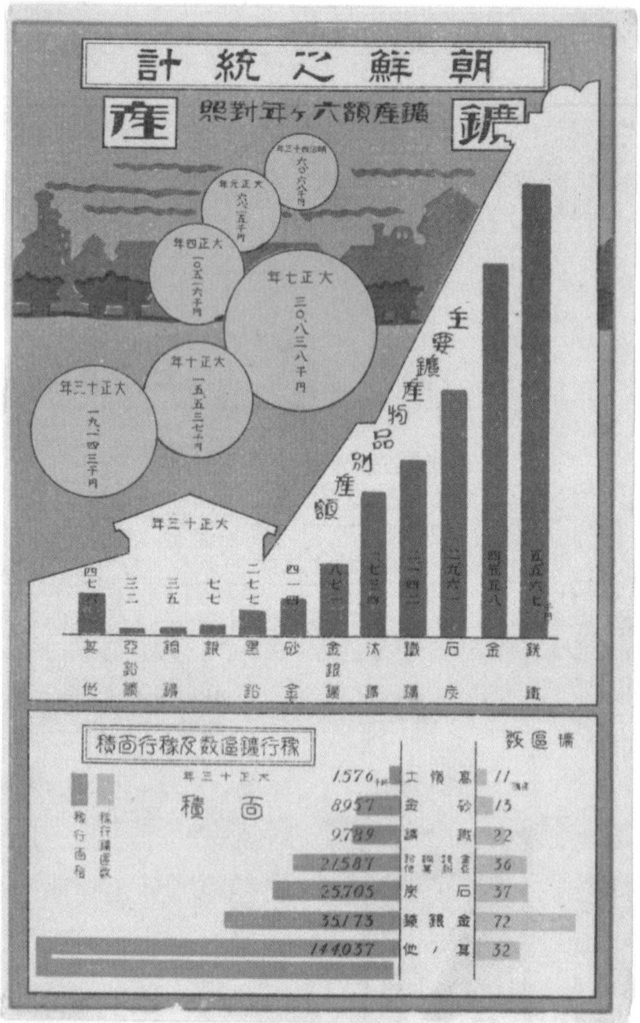

조선의 통계 그림엽서. 광산액 6개년 비교, 주요 광산물 품별산액
1925년 발행

통계(광업) 비교 지표

연도 · 구분		일제강점기
광산액	1910년(명치 43)	6,068천엔
	1915년	10,516천엔
	1921년	15,537천엔
	1924년(대정 13)	19,143천엔
광산물	2014년	
	철	5,567천엔
	금	4,558천엔
	석탄	2,961천엔
	흑연	277천엔
	은	77천엔
광구수	광산	203개

광복 70년 후(2015년)

2012년 기준 광산 총 생산액	2조1915억원
광물 자원 총매장량	약 175억톤
	416개소

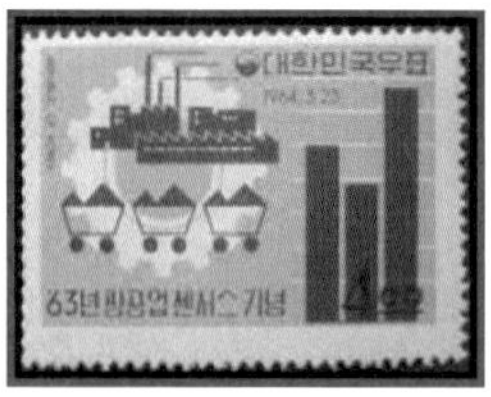

1964. 3. 23 발행
1963년 광공업 센서스 기념
Mining and Manufacturing Census
우표번호 C206

해남군 황산면 옥매광산 일제강점기 광물 창고

- ㅇ 황산 옥매광산은 일본 아사다화학공업주식회사가 1924년부터 명반석, 납석, 고령토 등 광물자원을 채굴했던 곳이며, 명반석은 태평양전쟁 당시 알루미늄으로 쓰이면서 비행기 제조에 사용됐다.
- ㅇ 현재 이곳에는 광물창고 2기와 다이너마이트 저장창고 등이 잘 남아있다. 특히 선창가에 있는 광물창고는 보존 상태가 양호하고 건물형태가 독특해 눈길을 끈다.
- ㅇ 특히 이곳 옥매광산은 1945년 3월, 이곳에서 일하던 광부 225명이 제주도로 강제 끌려가 군사시설에 동원됐고, 해방과 함께 고향으로 돌아오던 중 추자도 앞바다에서 118명이 집단 수몰된 비운의 역사 현장이다.
- ㅇ 이곳 광물창고 앞은 광부들이 제주도로 끌려갈 때 배를 탔던 곳이고, 살아 돌아온 광부들이 첫 발을 내딛은 곳이라 지역에서는 비운의 장소로 더 알려져 있다.

출처: 위키백과

일제강점기 통계 그림엽서(1910~1945)

1924년 상공업

조선총독부 발행

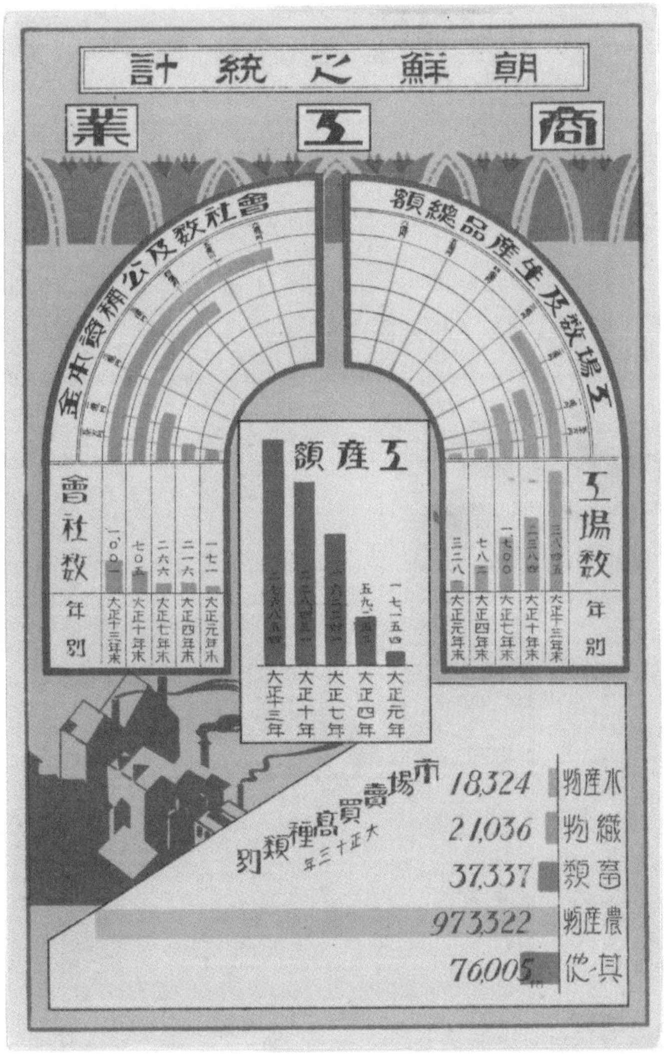

조선의 통계(상공업) 그림엽서. 공장수 및 생산품 총액, 회사수 및 자본금
1925년 발행

통계(상공업) 비교 지표

연도 · 구분		일제강점기
1924년		
공산액		276,854천엔
공장수		3,845개
회사수		1,001곳
시장매매고		
수산물		18,324천엔
직물		21,036천엔
축류		37,337천엔
농산물		973,322천엔
기타		76,005천엔

광복 70년 후(2015년)

2014년		
공장수		168,126개
회사수		168,043개
대기업	1,041개	832,839명
중기업	9,234개	886,032명
소기업	157,768개	1,803,580명

1949. 7. 1 발행
제1차보통우표
1st "WON" Series

경성제국대학/게이조제국대학(Keijō Imperial University)

경성부에 있었던 대학으로, 1924년에 일본 제국 6번째 제국대학으로 설립되었다. 일본 제국 패망과 함께 한국이 광복된 후 경성대학으로 전환되었다가, 미 군정에 의해 폐교되었다. 이후 서울대학교 설립과정에서 경성제국대학 시설들을 활용하였다. 학부(學部)는 법문학부, 의학부, 이공학부로 구성되었다. 법문학부는 경기도 경성부 종로구 동숭정(**현 종로구 동숭동 마로니에공원 자리**)에, 의학부는 그 맞은 편인 연건정(**현 종로구 연건동 서울대학교병원 자리**)에 있었으며, 이공학부는 경기도 양주군 노해면 공덕리(**현 노원구 공릉동 서울과학기술대학교 자리**)에 있었다. 현재 이공학부 본관과 교사는 다산관과 창학관이라는 이름으로 관리되고 있다. 한편 합격생들은 학부에 진학하기 위해서 대학 예과(**大學 豫科**)에서 2년(**1934년 이후부터는 3년**)간 공부해야 했다. 예과 교사는 현재 동대문구 청량리역 인근에 있었고, 청량리 미주상가 뒤 편에 본관 건물의 일부가 남아있었으나 2015년 4월 철거되었다.

출처: 위키백과

일제강점기 통계 그림엽서(1910~1945)

일제강점기 통계 그림엽서

1924년 수산

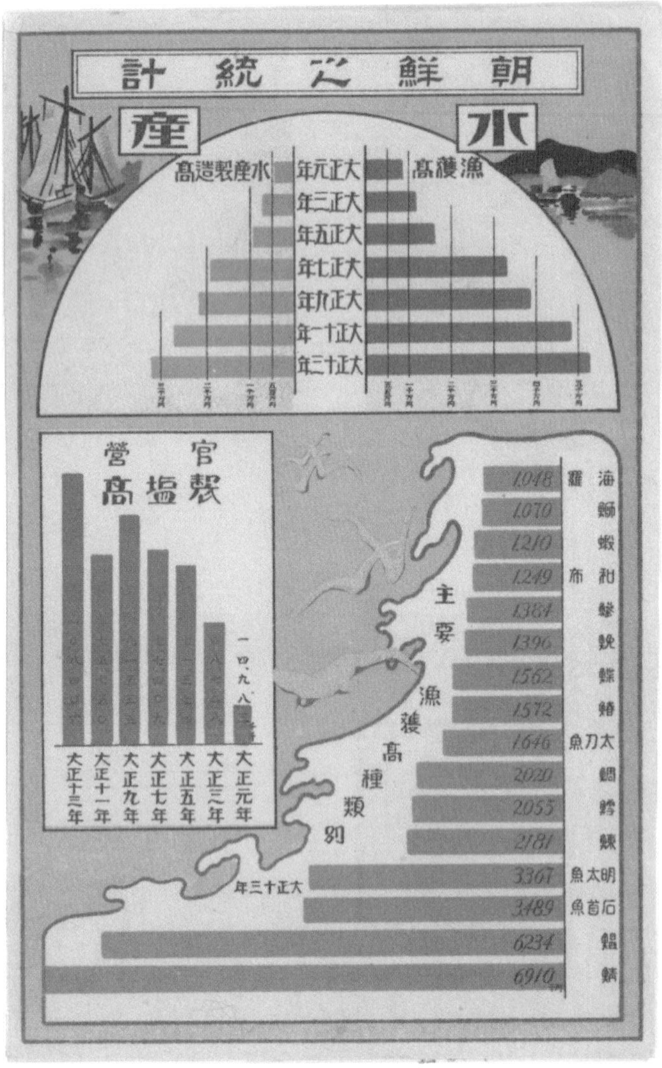

조선의 통계(수산) 농산 총액 그림엽서 1925년 발행

통계(수산물) 비교 지표

연도 · 구분	일제강점기
어획고	
1912년	900만엔
1915년	1,600만엔
1919년	3,900만엔
1921년	4,900만엔
1924년	5,200만엔

광복 70년 후(2015년)

어획고	
원양선망어업(참치)	287,037톤
원양연스어업(참치)	38,439톤
오징어	119,959톤
해외트롤어업	162.323톤
북양트롤어업	31,663톤
꽁치	23,432톤

1981. 3. 13-11. 10 발행, 선박시리즈 제1집~제5집

제1집 C874,875

1981.3.13/액면가, 30원, 90원/700,400만매

제2집 C876,877

1981.5.10/액면가 30원, 90원/700,500만매

제3집 C878,879

1981.7.10/액면가 40원, 100원/600,400만매

제4집 C880,881

1981.8.10/액면가 40원, 100원/600,400만매

제5집 C882,883

1981.11.10/액면가 40원,100원/600,400만매

일제강점기 통계 그림엽서(1910~1945)

1924년 농업

조선총독부 발행

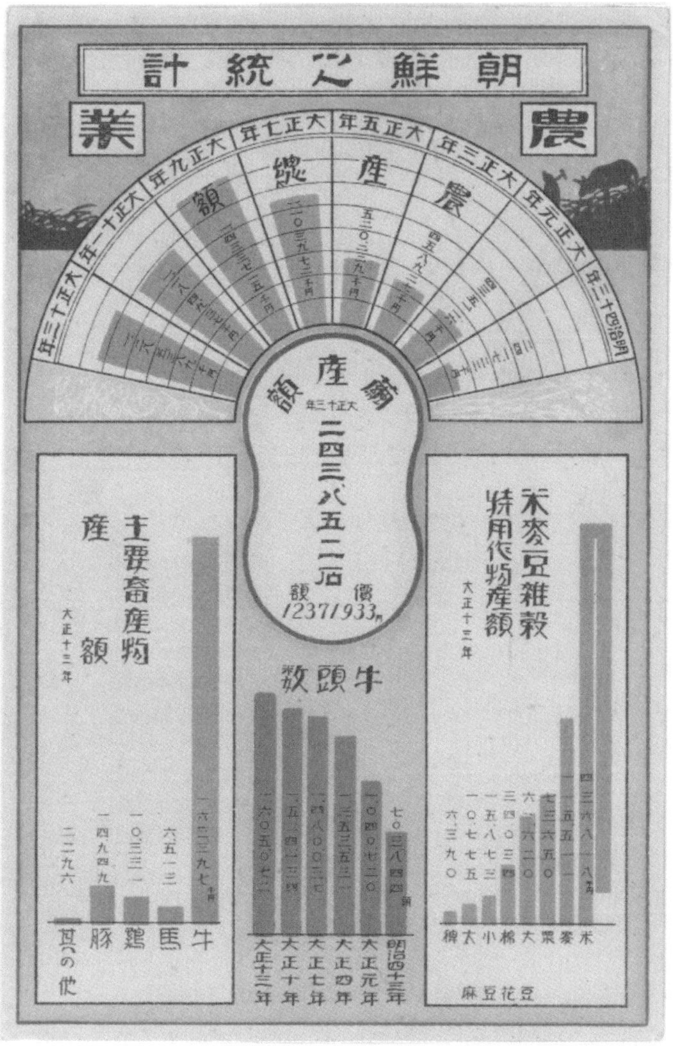

조선의 통계(농업) 농산 총액 그림엽서 1925년 발행

통계(농업 · 축산) 비교 지표

연도 · 구분	일제강점기
농산 총액	
1910년(명치 43)	242,722천엔
1913년	459,927천엔
1919년	1,433,715천엔
1924년	1,285,389천엔
주요 축산물 산액	
우/牛	163,397천엔
마/馬	6,513천엔
계/鷄	10,331천엔
돈/豚	14,949천엔

광복 70년 후(2015년)

농업	43,423십억원
쌀	8,105십억원
채소류	9,086십억원
과실루	3,831십억원
한육우	3,562십억원
양돈	5,272십억원
육계	2,216십억원

1965. 5. 1 발행
식량 증산 7개년계획 기념
Food Production Plan
우표번호 C246
액면가 4원
발행량 100만매
디자인 전희한 강춘환

산미 증식 계획(産米 增殖 計劃)

일제강점기인 1920년~1941년까지 몇 차례에 걸쳐 일제가 식민지 조선을 식량 및 원료 공급지로 만들기 위해 실시한 농업정책. '산미 증산 계획'이라는 명칭으로도 불린다. 증산량보다 많은 쌀이 일본으로 유출되는 등 일본의 조선에 대한 수탈 중 일부로 소개되기도 한다. 그러나, 태평양전쟁기처럼 강제로 뜯어가는 형식으로 이루어지지는 않았고, 상업적 교역의 형태로 이출(수출)되었다. 일본의 쌀 시세가 조선 쌀 시세보다 더 비싸기 때문에 지주들과 일부 부농들이 조선 내부 시장보다는 일본에 파는 것을 선호하기 시작한 것이다. 개항기때부터 일본은 조선의 쌀 수출국이었다. 또한 일본이 당시 다른 식민 지배지역 외에 특히 조선미를 원했던 것은, 일본의 주된 쌀 수요가 집 중된 품종은 동북아시아에서 주로 소비되는 '자포니카' 쌀이고. 이 쌀은 한국과 일본, 그리고 중국 북부 일부에서 생산되는 것이 전부였기 때문이다. 더욱이 일본에서는 식민지인 조선을 본격적인 식량기지로 키우고자 했다. 거기에 더해, 제1차 세계대전 이후인 1918년 일본 농촌인구의 이농(移農) 현상과 도시집중 현상으로 인해 쌀 재고량이 바닥나며, '쌀 소동(米騷動)'을 겪게 되었고, 일본 정부의 쌀 재고 확보 계획, 그리고 동일한 엔 통화권 내의 쌀 유통 촉진에 따른 외화 부담 절감의 일환으로 조선총독부는 '산미 증식 계획'을 발표한다.

출처: 나무위키

일제강점기 통계 그림엽서(1910~1945)

1924년 교육

조선총독부 발행

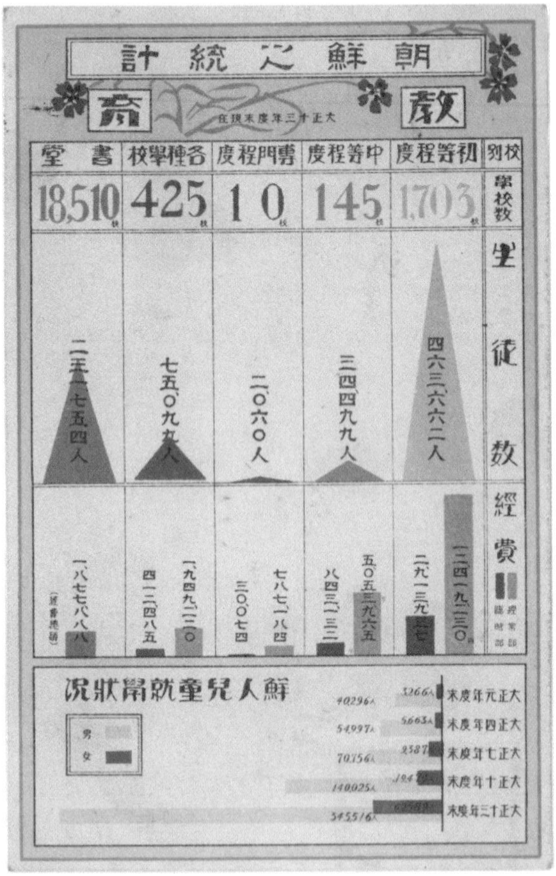

통계(교육) 비교 지표

연도 · 구분		일제강점기
1924년		
학교수	초등	1,703교
	중등	145교
	전문	10교
	각종	425교
	서당	18,510교
학생수	초등	463,662명
	중등	34,499명
	전문	2,060명
	각종	75,099명
	서당	231,754명
취학아동	남자	345,516명
	여자	62,589명

광복 70년 후(2015년)

유치원	8,930개(682,553명)
초등학교	5,978개(2,714,610명)
중학교	3,204개(1,585,951명)
고등학교	2,344개(1,788,266명)
특수학교	167개(25,536)
전문대학	138개(720,466명)
종합대학교	201개(2,173,939명)
대학원	1,197개(333,478명)
취학아동	332.248명(유치원)
	455,679명(초등학교)

조선의 통계(교육) 누년 비교 그림엽서

2011. 6. 10 발행
신흥무관학교 설립 100주년 기념
100th Anniv.of the Establishment of Shinheung Military Academy.
우표번호 C2219
액면가 250원
발행량 100만매
디자인 김소정

일제강점기 교육 실태

일제 강점기 한국 교육은 1910년 8월 29일 한일합방조약부터 1945년 8월 15일 해방 사이에 있었던 교육 현상과 교육 기관의 양상을 의미한다. 1910년 8월 29일, 일본제국은 한일병합조약이 체결된 직후 종전의 통감부를 총독부로 승격 개편하고, 헌병과 비밀경찰을 동원한 무단 통치를 실시하였다. 조선총독부는 1911년 8월 조선 교육령을 제정하여 전형적인 식민지 교육 정책을 펼치기 시작했다.

출처: 위키백과

일제강점기 통계 그림엽서(1910~1945)

1925년 10월 1일 국세조사 결과

통계 그림엽서 봉투

1960. 11. 15 발행
국세조사기념우표
1960 Sensus
우표번호 C143
액면가 40원
발행량 50만매
디자인 강춘환

일제강점기 화폐 환율 자료

조선은행 1원과 일본 제일은행 1엔과 동가(同價)로 유통 일제강점기에 조선은행권과 일본은행권은 1대1로 교환되었다. 조선은행권은 일본제국의 전역에서 자유로이 유통되었다. 해방되던 날 조선은행권의 총액 가운데 약 40%인 37억원이 북한과 태평양 지역에 유통되었던 것으로 추정된다. 그러나 해방 이후 대부분의 조선은행권이 귀향민에 의해서 남한으로 들어왔다고 보여진다.

출처: 위키백과

일제강점기 통계 그림엽서(1910~1945)

1925년 지방비 및 부면비 조선총독부 발행

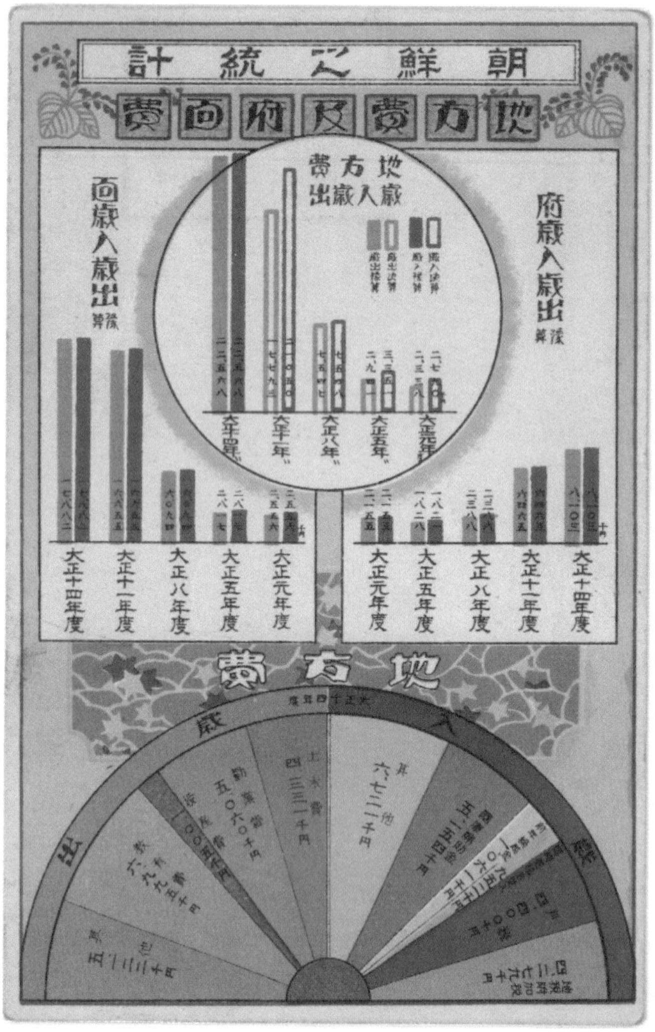

지방비 과목별 세입, 세출예산 그림엽서 1925년 발행

통계(지방비) 비교 지표

연도 · 구분		일제강점기
1925년		
지방비	세입 예산	22,568천엔
	세출 예산	22,568천엔
지방비 세입		
	지세부가세	4,279천엔
	호세	4,400천엔
	임시은양금 수입	952천엔
	전년 이월금	1,061천엔
	국고 보조금	5,154천엔
	기타	6,721천엔
지방세 세출		
	토목비	4,331천엔
	근업비	5,060천엔
	접산비(授産費)	1,005천엔
	교육비	6,995천엔
	기타	5,122천엔

광복 70 년후(2015년)

지방 행정 예산	58조원
지방 세입	198조원
지방 세출	243조원

'선풍기세·전봇대세·개(犬)세' 일제강점기·광복 직후 이색 지방세

재정난에 허덕이던 지방 자치 단체들이 지방 세목 신설 요구 등 새로운 세원을 발굴하기 위해 안간힘을 쓴다. 행정자치부의 지방세 연혁집에 등장한 과거의 다양한 지방세가 주목된다. 일제강점기부터 도세로 가옥세, 호별세 등과 함께 입정세(入亭稅)라는 것이 있었다. 이는 요정과 같은 유흥 음식점을 출입할 때 내는 세금으로, 업주들이 손님에게 1인당 일정액을 받아 한 사람당 1원이던 이 세금은 광복 직후 7원, 이후 30원으로 대폭 인상됐다.

또 일제강점기 때 차량세는 리어카와 인력거에도 부과됐다. 이 세금은 6·25 전쟁 중인 1951년 6월 지방세법이 개정되면서 폐지되고 특별 행위세로 대체됐다. 특별행위세에는 '접객인세'라는 세목이 있었는데 '접대부와 땐서(댄서) 또는 이와 유사한 자에 대해 부과한다' 고 나와 있다. 일제강점기 말부터 광복 직후까지 읍· 면세로 '잡종세'라는 세목도 있었다. 이 잡종세 부과 대상에는 금고, 선풍기, 전봇대, 피아노 등이 포함됐다. 이뿐만 아니라 지금의 연예인들과 같은 업종에 종사하던 사람들은 배우세를 내야 했고, 기생들에게 물리는 기생세도 있었다. 개도 지방세 부과 대상이었다. 이 세금은 축견(畜犬)세, 또는 견(犬)세로 불렸다. 1947년 당시 개 한 마리당 30원이 부과되던 견세는 얼마 뒤 지방세법이 개정되면서 100원으로 인상 되었다. 이러한 잡종세는 대부분 광복 이후 군정 및 과도정부를 거치면서 폐지됐다.

출처: http://news.chosun.com/site/data/html_dir/2016/07/21/2016072100572.html
위키백과

일제강점기 통계 그림엽서(1910~1945)

1925년 재정 조선총독부 발행

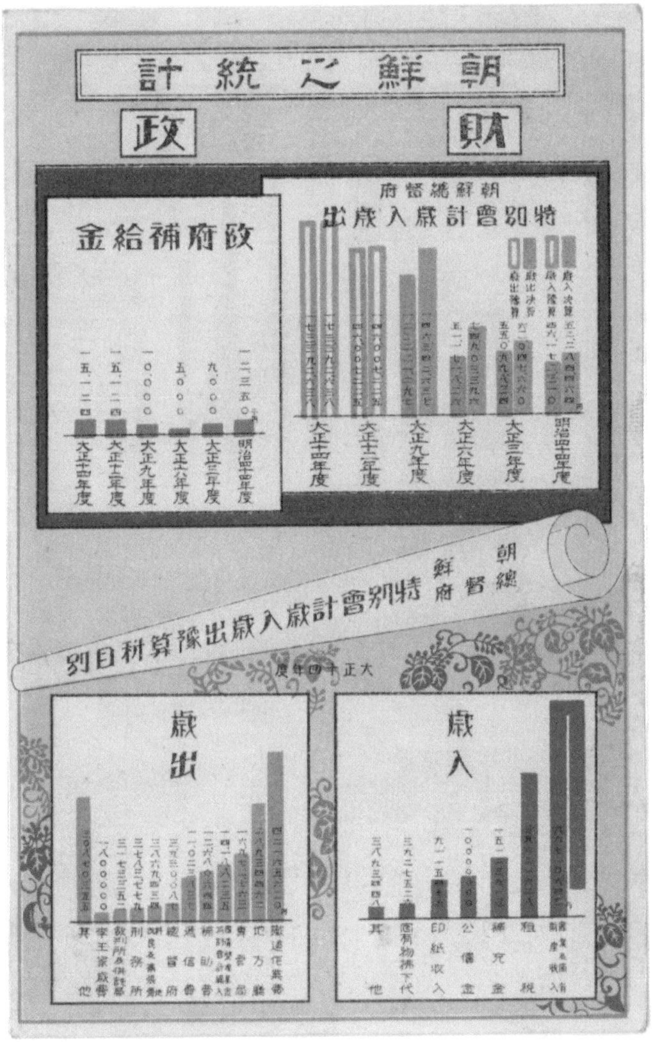

조선총독부 특별회계 세입, 세출예산 과목별

통계(재정) 비교 지표

연도 · 구분		일제강점기
1925년도		
특별회계 세입 예산		173,392,638엔
특별회계 세출 결산		173,392,683엔
정부 보조금	15,124천엔	
세입	재산 수입	96,710,643엔
	조세	35,621,628엔
	보충금	15,123,913엔
	공채금	10,000,000엔
	인지 수입	9,115,479엔
	고유물 불하대	3,927,526엔
	기타	3,893,448엔
세출	철도 작업비	42,165,520엔
	지방청	28,934,262엔
	전매국	16,972,163엔
	국채 정리 기금	14,188,235엔
	보조비	12,680,244엔
	체신비	11,023,887엔
	총독부	3,930,087엔
	형무소	3,783,779엔
	재판소	3,173,351엔
	이왕가 세비	1,800,000엔
	확장비	3,869,434엔
	기타	30,870,355엔

광복 70년 후(2015년)

2015년도 정부 예산	375조4천억원
국방	37조5천억원
보건 복지	115조7천억원
교육	52조9천억원

일제 이왕가 격하

이왕가(李王家)는 1910년 한일병합조약 이후 대한제국 황실을 왕공족의 일개 가문으로 격하하여 부르는 명칭이다. 대한제국의 고종과 순종의 가족을 이르는 말이다. 1910년 8월 29일에 창설되었으며, 1947년 5월 3일까지 유지되었다.

이왕가(李王家) 구성원

고종(李㷩, 덕수궁 이태왕, 1910년 8월 29일 ~ 1919년 1월 21일)

순종(李坧, 창덕궁 이왕, 1910년 8월 29일 ~ 1926년 4월 25일)

순정효황후(尹, 이왕비, 1910년 8월 29일~1926년 4월 25일, 이왕대비, 1926년 4월 25일~1947년 5월 3일)

황태자 이은(李垠, 이왕세자, 1910년 8월 29일~926년 4월 25일, 이왕, 1926년 4월 25일~1947년 5월 3일)

이진(李晉, 이왕세손, 1921년 8월 18일 ~ 1922년 5월 11일)

이구(李玖, 이왕세자, 1931년 12월 29일 ~ 1947년 5월 3일)

덕혜옹주(德惠, 1912년 5월 25일 ~ 1931년 5월 8일)

출처: 위키백과

일제강점기 통계 그림엽서(1910~1945)

일제강점기 통계 그림엽서

1925년 발행 호구(세대수), 출생, 사망

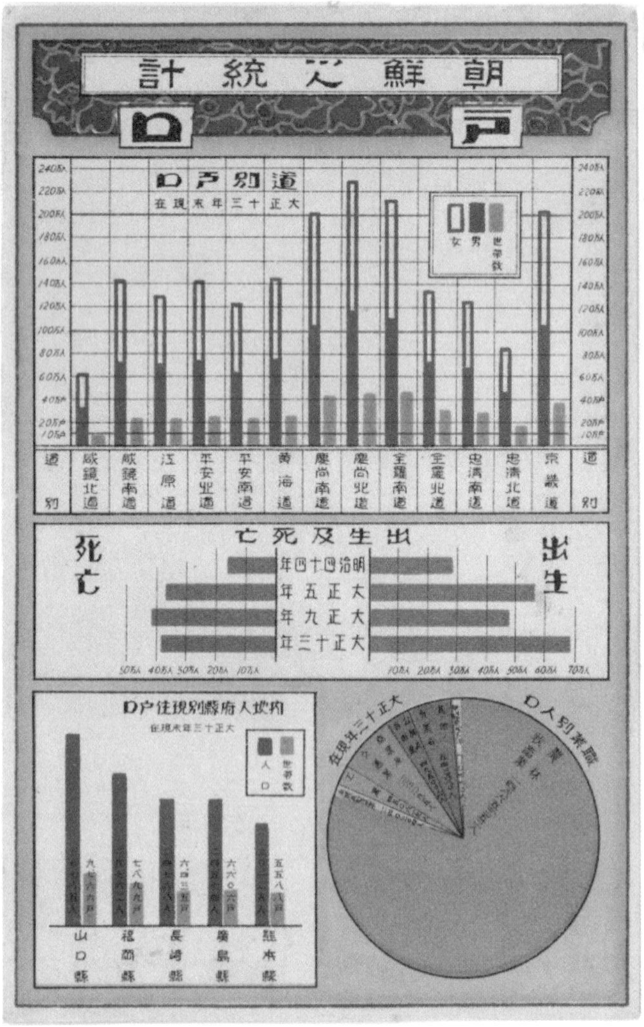

조선의 통계(호구, 출생, 사망, 일본인) 누년 비교 그림엽서

통계(호구/세대수) 비교 지표

연도 · 구분	일제강점기
1924년(대정 13년)	
호구	3,180,000호
출생	약69만명
사망	약39만명
직업별인구	
농림, 목축업	14,865,352명
공업	450,619명
상업, 교통업	321,195명
어업	240,304명
공무, 자유업	495,006명
무직자	620,760명
기타, 유업자	543,880명

광복 70년 후(2015년)

세대수	21,057,262(2016.2월 현재)
출생	438,700명
사망	275,700명
직업별 인구(2013년 기준)	
농림, 어업	152만명
광업	420만명
제조업	418만명
건설업	175만명
도소매, 음. 숙박업	563만명
전기, 운수, 통신, 금융	305만명
사업, 개인, 공공서비스업	890만명
상용근로자	1171만명
임시근로자	489만명
일용근로자	159만명
자영업	565만명
무급가족종사자	122만명

광복 70년 후(2013년 기준)

실업자 80만명	
15세 이상 인구	4200만명
경제 활동 인구	2550만명
비경제 활동 인구	1622만명

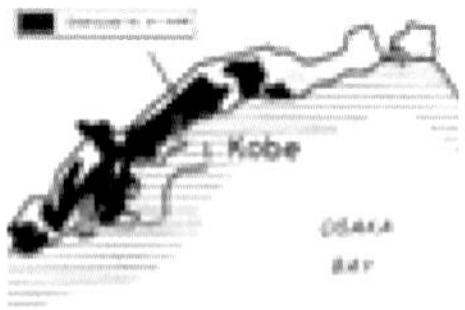

고베(Kobe) 대공습

제2차 세계 대전 기간 고베 폭격은 고베 대공습이라고도 부르며, 제2차 세계 대전 기간 중 일본 전역 수행 기간에 있었던 미국 공군 일본 효고현 고베시에 대한 전략폭격 작전이다. 미군 최초 고베 폭격은 1942년 4월 18일 둘리틀 공습으로, 효고구 중앙시장에 폭탄이 떨어졌으나 큰 피해는 입지 않았다. 본격적인 공습은 1945년 이후 시작되었다.

일제강점기 통계 그림엽서(1910~1945)

1925년 조선의 통계 / 토지 조선총독부 발행

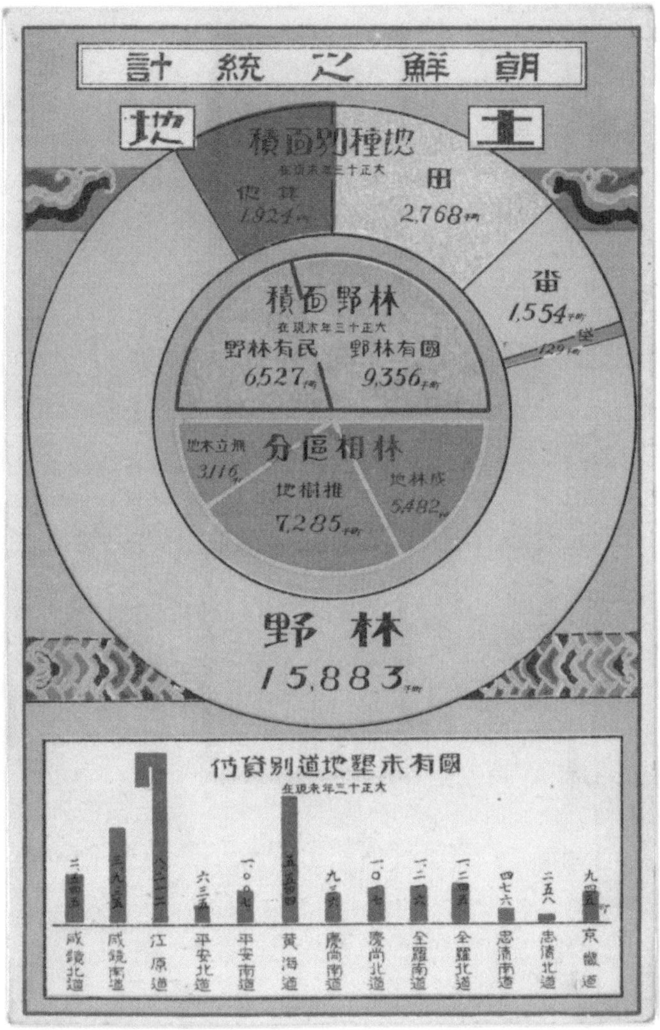

1925년 통계 그림엽서 /토지, 지종별 면적, 각 도별 현황

1정보: 3,000평
1단/段: 300평
1무/畝: 30평
1헥타르(ha): 3,000평
1제곱킬로미터(Km2): 100ha/30만평
1마지기: 150~200평
임야: 정, 단, 무, 보.
토지: 평, 洽(홉), 작, 재

통계(토지) 비교 지표

연도 · 구분	일제강점기
1924년 토지	
대지	129,000정보
전	2,768,000정보
답	1,554,000정보
1924년 임야	
	국유림 9,356,000정보
	사유임 6,527,000정보

광복 70년 후(2015년)

국토 면적	100,283Km2
	(약 30,084,900,000평)
전	7,716Km2
답	11,518Km2
임야	64,081Km2
대지	2,930Km2
	(약 879,000,000평)
도로	3,093km2
하천	2,849Km2
기타	8,098Km2

일제 조선 토지조사 사업

조선 토지조사 사업은 1910년부터 1918년까지 일본이 한국의 식민지적 토지 소유 관계를 확립하기 위하여 시행한 대규모의 토지조사 사업이다. 한국의 토지 제도는 원칙적으로 국유제로서 각 관청이나 관리에게 준 사전(私田)도 토지의 수조권을 이양한데 불과하며 경작권도 농민이 가지고 있어, 토지의 근대적인 소유 관계는 없었다. 따라서 수조권을 가진 지배 계급과 경작권의 소유자인 농민은 다 같이 그 토지를 자기의 소유로 생각하고, 특히 토지가 공동체의 소유인 경우에는 공동체의 구성원 전체가 자기의 토지라는 생각을 가지고 있었다. 이러한 현상은 우리 상호간에는 큰 문제가 되지 않았으나, 자본주의의 세례를 받은 일본인에게는 곤란한 일이었으니, 토지를 사려 해도 소유자가 명확치 않아 누구를 상대해야 할 지를 몰랐고, 더욱이 소유를 증명할 문서가 구비되지 않았으며, 면적의 단위와 경계선도 명백하지 않았다. 이와 같이 애매하고 혼란한 재래의 토지 소유의 관계를 정리, 개편함은 일본이 조선에서 식민지 정책을 수행하는 데 무엇보다도 앞서야 할 필수 조건이었다. 따라서 근대적 토지 소유권의 확립을 목표로 일본은 이미 1905년 통감부 정치의 출현과 더불어 그 기초 사업을 착수하는 한편 이듬해부터는 외국인의 토지 소유를 법적으로 확인하는 토지 가옥 증명 규칙, 토지 가옥 저당 규칙을 반포, 토지 가옥의 매매, 저당, 교환, 증여에 대한 법적 기초를 만들었다. 이러한 준비를 거친 후 1910년 초에는 우리 정부 내에 토지 조사국을 설치, 토지 사업의 단서를 확립하고 한일병합이 되자 토지조사국을 조선총독부 임시 토지조사국으로 개칭하여 본격적인 사업을 시작했다.

출처: 위키백과

일제강점기 통계 그림엽서(1910~1945)

1925년 발행 조선총독부 발행

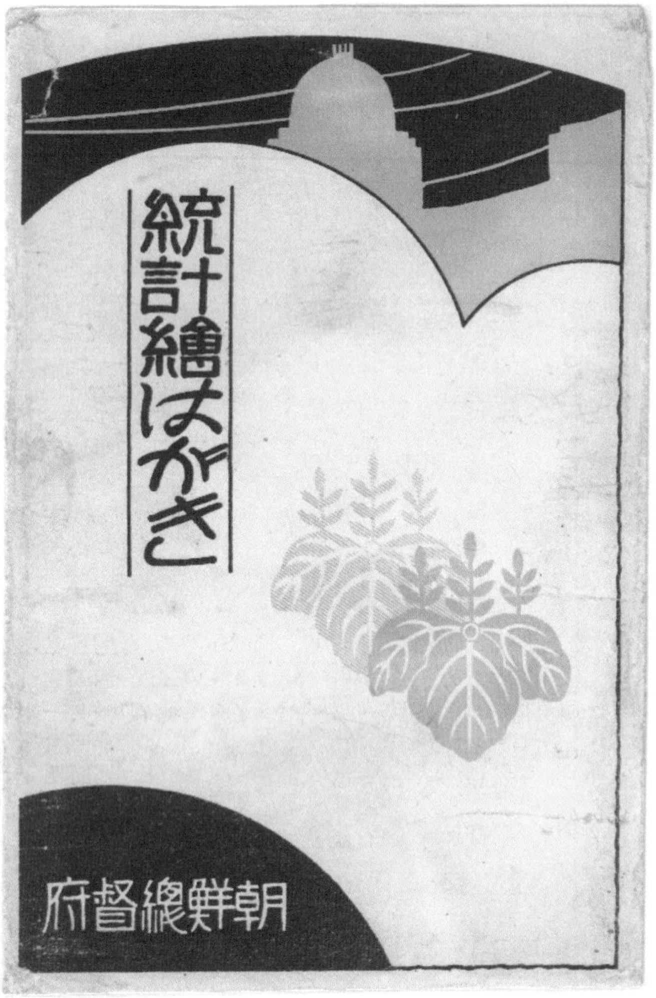

1925년 통계 그림엽서 봉투

1966. 8. 20 발행
제2차 국산백지 보통우표 산업도안
The 2nd Granite Paper Series
우표번호 245
액면가 7원
발행량 200만매
디자인 김순득

1966. 11. 10 발행
제1차 재해구제모금우표
Disaster Relif Fund(1st Issue)
우표번호 S8
액면가 7+2원
발행량 501만매
디자인 김순득

조선총독부

조선총독부는 일본제국이 1910년 10월 1일 한일병합조약 체결일부터 1945년 9월 2일까지 한반도에 대한 통치를 위해 운영하던 직속기관이었다. 본부의 소재지는 당시 경기도 경성부(현재의 대한민국 서울특별시)에 있었다. 1905년(광무 8년) 대한제국 시기에 설치된 조선통감부(韓國統監府)를 전신으로 하여 1910년 한일병합조약 직후에 출범하였으며, 초대 조선총독으로 데라우치 마사타케(寺内正毅)가 취임하였다. 1914년 3월 1일에 조선총독부령 제111호(1913년 12월29일 공포)를 통하여 지방 행정 조직을 대대적으로 개편하였는데, 훗날 대한민국과 조선민주주의인민공화국의 행정 체계의 기본 골격에 영향을 주었다. 조선총독부는 제2차 세계대전에서 일본제국이 공식적으로 패전한 이후에도 당분간 한반도 지역을 계속 통치하였고, 1945년 9월 3일부로 미군정에게 인계하며 해체되었다.

출처: 위키백과

일제강점기 통계 그림엽서(1910~1945)

1925년 10월 1일 국세조사 결과

1925년도 인구 조선총독부 발행

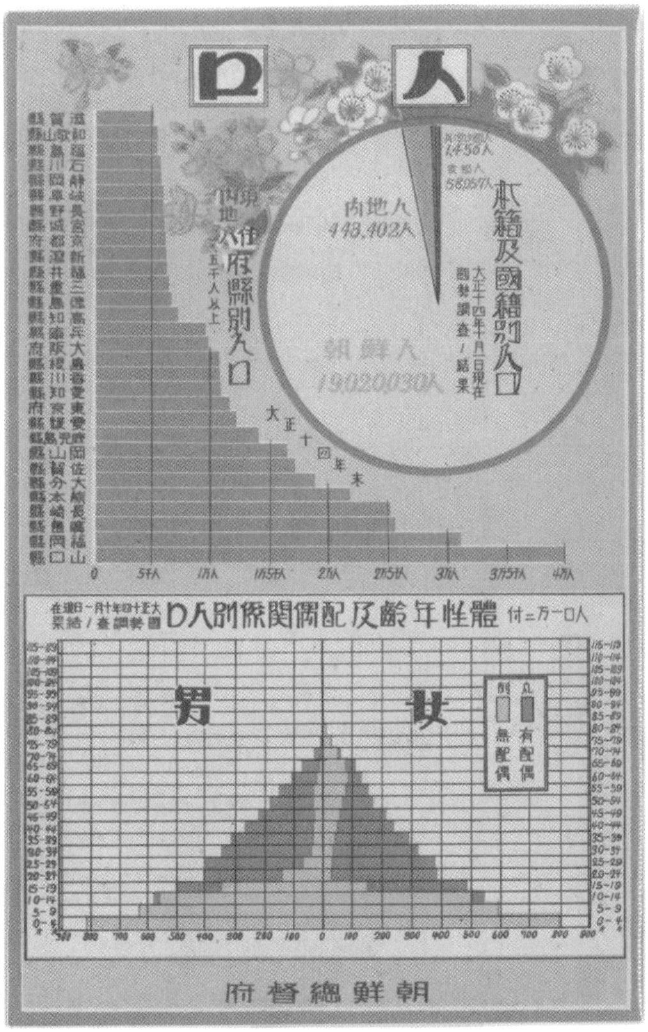

1925년 10월 1日 국세조사 결과 인구 남·여 비교

통계(인구) 비교 지표

연도 · 구분	일제강점기
1925년	
본적 및 국적별 인구	
조선인	19,020,030명
내지인	443,402명
지나인	58,057명
기타 외국인	1,456명

광복 70년 후(2015년)

2016년 2월 현재	51,555,409명
남자	25,769,138명
여자	25,786,271명
2014년 기준 외국인	1,797,618명
장기 체류	1,377,945명
단기 체류	419,673명
불법 체류	208,778명

내지인

일제강점기 때 우리나라에 거주하고 있었던 일본인을 내지인(內地人/來地人)이라 하였다.

지나인 支那人

중국인 및 중국 국적을 가진 자.

인구의 연도별 변화

1911년	1,406만명
1925년	1,902만명
1935년	2,189만명
1943년	2,666만명
2007년	남한 4,846만명
	북한 2,320만명

※ 1911년에 비해 5.1배 증가(남, 북한 2007년 기준)

한국인과 일본인 및 외국인 비율은 1911년에 한국인이 98.4%, 일본인이 1.5%, 외국인이 0.1%였으며, 1925년에는 한국인이 97.5%, 일본인이 2.2%, 외국인이 0.3%로 일본인 비율이 증가하였음. 1943년에는 한국인이 96.9%, 일본인 2.8%, 외국인 0.3%의 구성비를 보인다

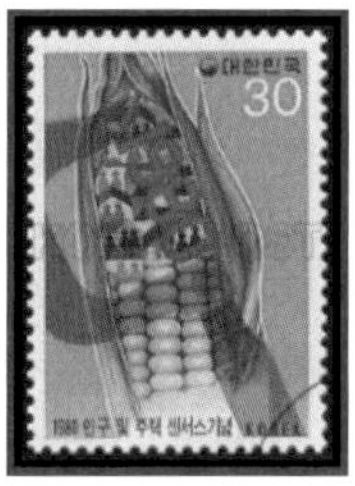

1980. 10. 20 발행
1980 인구 및 주택 센서스기념우표
Census of Population and Houses
우표번호 C869
액면가 30원
발행량 500만 매 디자인 김성실

일제강점기 통계 그림엽서(1910~1945)

1925년 10월 1일 국세조사 결과

농업

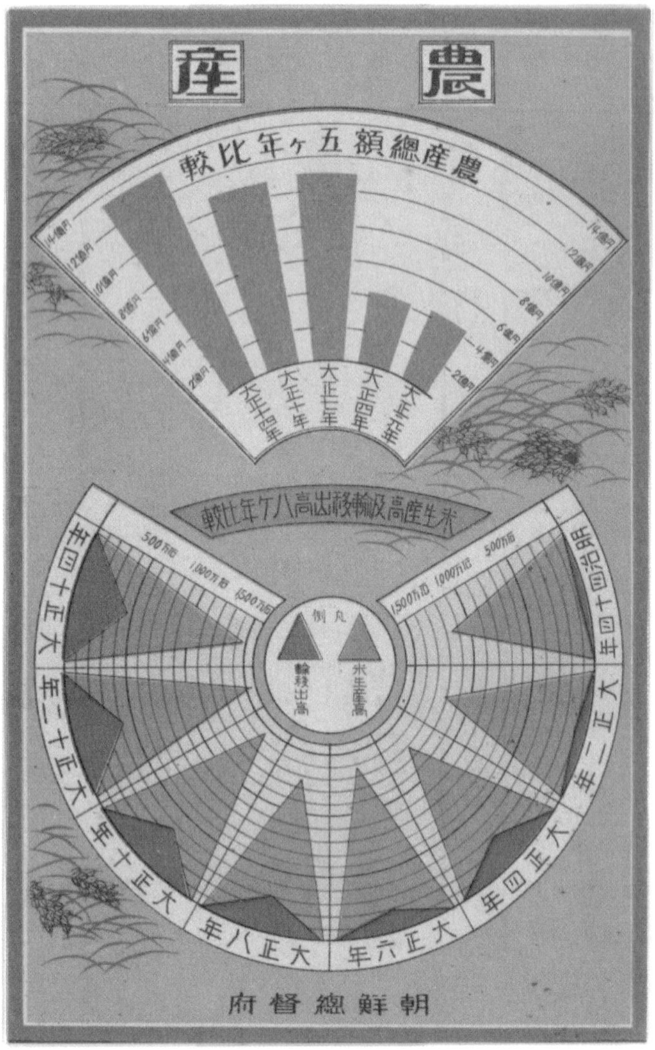

조선의 통계(농산) 그림엽서. 농산 총액 5개년 비교

통계(농산) 비교 지표

연도 · 구분	일제강점기
농산 총액 5개년 비교	
1912년	4.1억엔
1915년	4.0억엔
1918년	11억엔
1921년	10억엔
1925년	13.8억엔

광복 70년 후(2015년)

2014년 농산물 생산 총액	47조2922억원
농업	44조9168억원
임업	2조3754억원

2015년 농가 평균 소득과 소득원

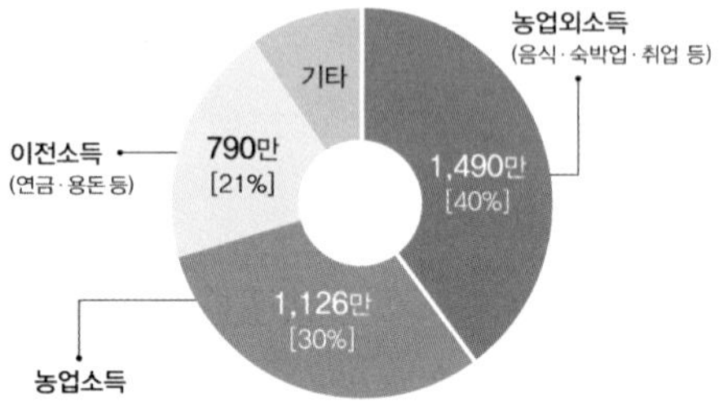

출처: 위키백과

1925년 일제강점기 주요 우편사 및 시대 상황

1월 1일	우편 위체금 거택불 폐지
1월	재만(在滿) 독립운동 단체, 정의부(正義府)로 통합 조직
3월 23일	임시정부, 임시 대통령에 박은식(朴殷植) 선출
3월 30일	임시정부, 헌법 개정.(대통령을 국무령으로)
4월 10일	원산우편국(元山郵便局) 수형 교환 참가
4월 17일	박헌영(朴憲永), 조봉암(曺奉巖) 등 조선 공산당 조직
4월	각 도청 소재지 우편국 중일간(中日間) 우편물 교환 업무 개시
5월	신의주우편국(新義州郵便局) 중일간(中日間) 우편물 교환 업무 개시
10월 1일	외국우편 위체 규칙 개정(스토크호름서 체결, 만국 우편연합 위체 약정 시행에 의거)

일제강점기 통계 그림엽서(1910~1945)

1925년 10월 1일 국세조사 결과

수산

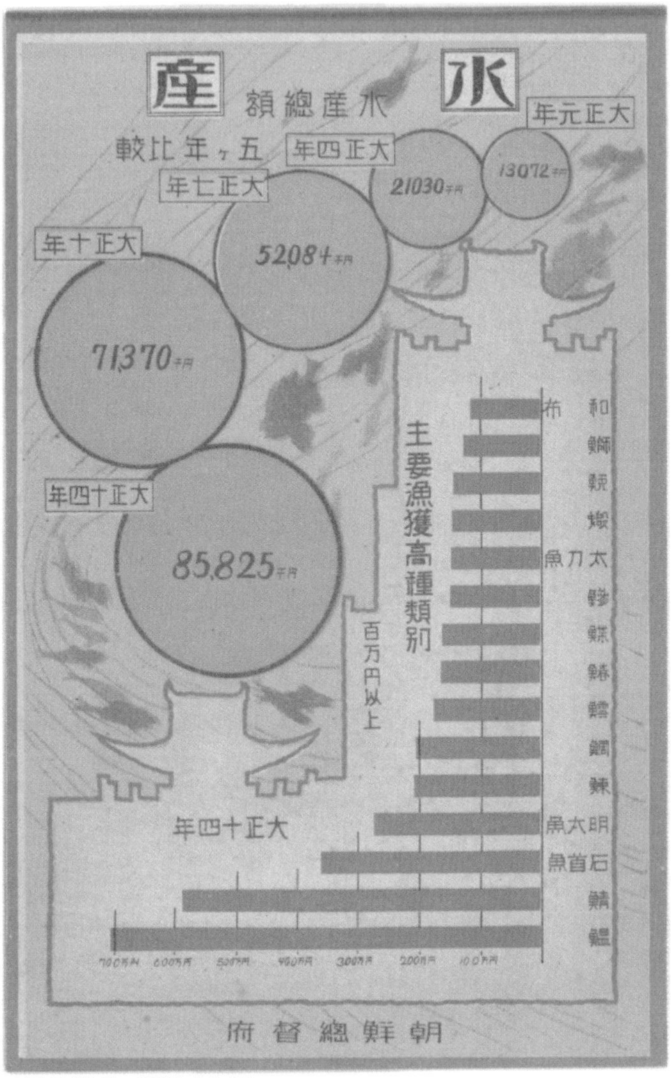

조선의 통계(수산) 그림엽서. 수산 총액

통계 비교 지표

연도 · 구분	일제강점기
수산 총액 5개년 비교	
1912년	13,072천엔
1915년	21,030천엔
1918년	52,084천엔
1921년	71,370천엔
1925년	85,825천엔

주요 어획고(1925)

연도 · 구분	일제강점기
鰛(온)	710만엔
鯖(청)-청어, 고등어	580만엔
石首魚-조기	360만엔
명태	280만엔
鰊(동)-가물치	210만엔
鱈(설)	180만엔

광복 70년 후(2015년)

2015년 어업 생산액	7조1,688억원
	333만1천톤
2015년 종류별 어획고	
멸치	264,506백만원
고등어	217,747백만원
갈치	244,135백만원
참조기	256,948백만원
청어	26,219백만원

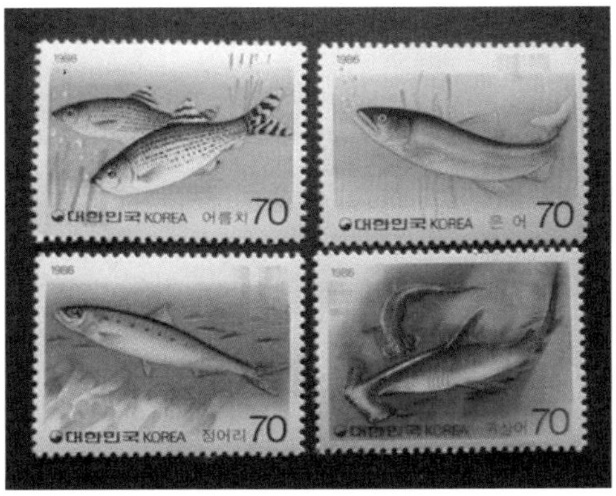

1986. 7. 25 발행
어류시리즈 제2집
Fish Series(2nd Issue)
우표번호 C1099-1102
액면가 70원
발행량 각 300만 매
디자인 김성실

일제강점기 통계 그림엽서(1910~1945)

1925년 10월 1일 국세조사 결과

교통

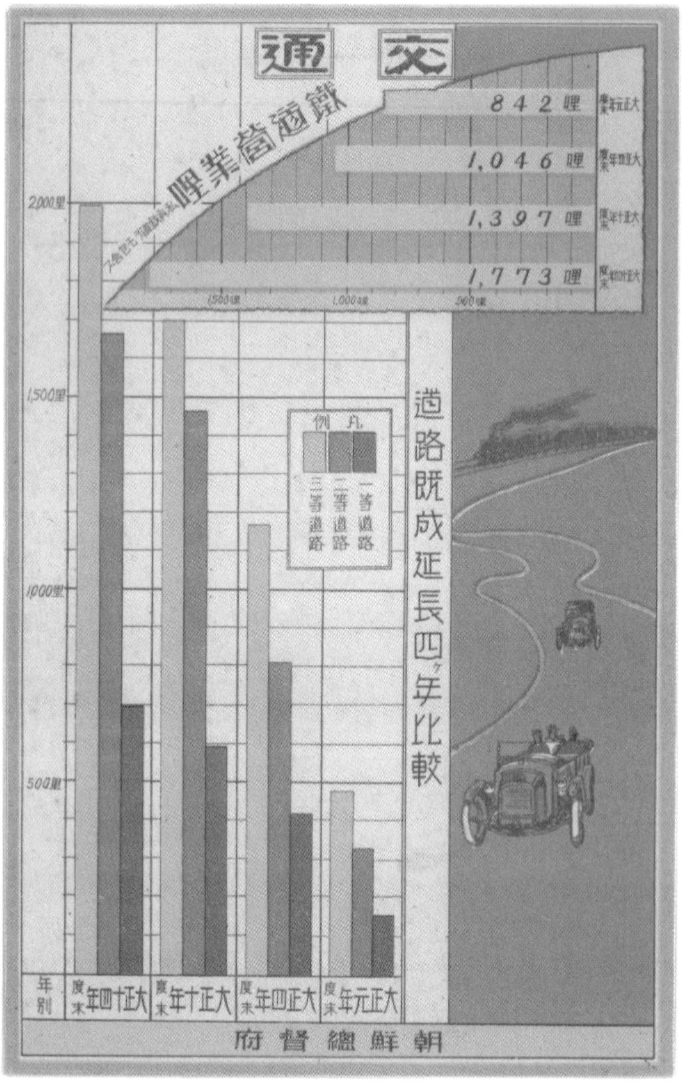

조선의 통계(교통) 그림엽서. 철도, 도로

통계(교통) 비교 지표

연도 · 구분		일제강점기
철도	1911년	842리
	1914년	1,046리
	1921년	1,397리
	1925년	1,773리
도로	1911년	950리
	1914년	2,390리
	1921년	3,780리
	1925년	4,123리

광복 70년 후(2015년)

도로	약105,700Km
철도	약3,000Km
고속도로	4,139Km
일반국도	13,950Km
특별, 광역시도	20,154Km
지방도	
시. 군. 도	49,372Km

1949. 9. 18 발행
교통 50주년 기념우표
50th Anniv.of Nat'l Railroad
액면가 15원
우표번호 C29
발행량 10만 매

1959. 9. 18 발행
철도 창설 제60주년 기념우표
60th Anniv. Of Nat,l Railroad
우표번호 C124
발행량 50만 매

조선철도주식회사

일제강점기 조선에서 사설 철도 사업을 주축으로 여객자동차, 화물자동차, 창고업, 숙박업 등을 경영하던 회사이다.

1923년 9월 1일에 조선총독부의 요청으로 당시 조선에 존재했던 사철 회사 중 조선중앙철도(朝鮮中央鐵道), 남조선철도(南朝鮮鐵道), 서선식산철도(西鮮殖産鐵道), 조선삼림철도(朝鮮森林鐵道), 조선산업철도(朝鮮産業鐵道), 양강척림철도(兩江拓林鐵道) 이상 6개사가 자본금 5,450만엔으로 합병해서 발족했다. 사장에는 제지왕(製紙王)이라 불린 오오카와 헤이사부로(大川平三郎)가 취임하는 한편 조선총독부 철도국으로부터 중역으로 계속 인재가 들어오는 등, 총독부와의 유착이 강한 회사였다. 건설한 노선과 지역적인 확대를 포함, 당시 조선에 있던 최대의 사설철도 회사였다. 조선총독부 철도가 '선철(鮮鐵)'이라 불린데 반해, 조선철도는 '조철(朝鐵)'이라 불렸다.

출처: 위키백과

일제강점기 통계 그림엽서(1910~1945)

1925년 10월 1일 국세조사 결과

무역

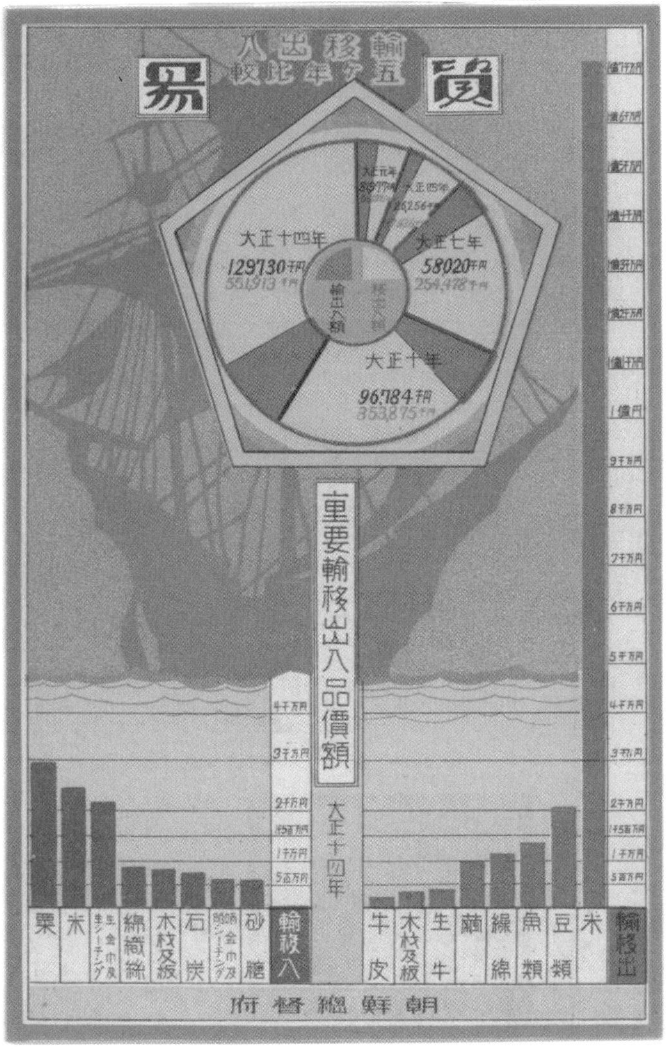

조선의 통계(무역) 그림엽서. 수출입

통계(무역) 비교 지표

연도 · 구분		일제강점기
수출	1911년(대정 원년)	31,977천엔
	1914년	26,256천엔
	1918년	58,020천엔
	1921년	96,784천엔
	1925년	129,730천엔
수입	1911년(대정 원년)	56,125천엔
	1914년	32,436천엔
	1918년	254,478천엔
	1921년	353,875천엔
	1925년	551,913천엔

광복 70년 후(2015년)

2015년			
수출	5,320백억달러	수입	4,400백억달러
반도체	62,916백만불		38,278백만불
자동차	45,794백만불		10,784백만불
선박 해양	40,107백만불		0
무선통신	32,587백만불		12,365백만불
자동차부품	25,550백만불		0
디스플레이	30,088백만불		0
석유제품	32,002백만불		15,348백만불
원유	0		55,120백만불
천연가스	0		18,779백만불
컴퓨터	0		9,145백만불

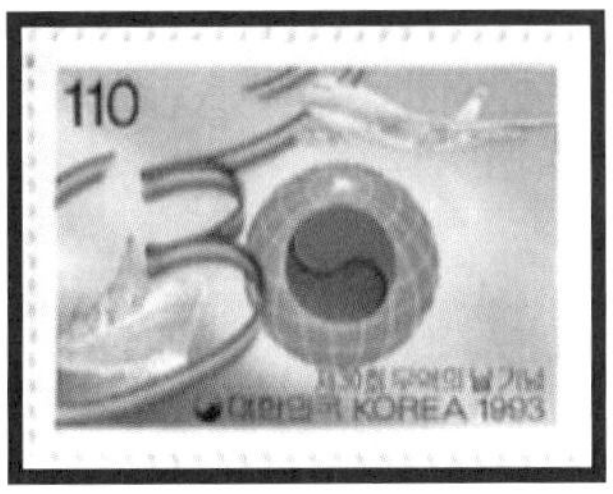

1993. 11. 30 발행
제30회 무역의 날 기념
The 30th Anniv. Of Trade Day
우표번호 C1325
액면가 110 원
발행량 300만 매
디자인 최미

일제강점기 통계 그림엽서(1910~1945)

조선 지도와 철도 노선도 조선총독부 발행

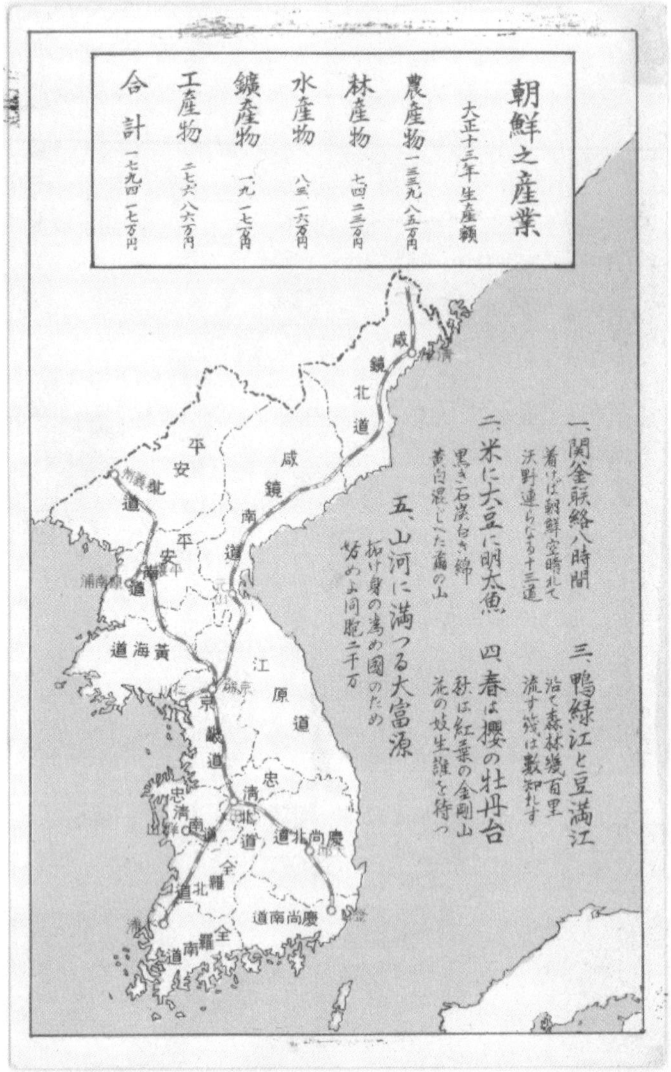

조선의 통계(산업) 그림엽서 1925년 발행

1924년 조선 산업

연도 · 구분	일제강점기
1924년도 총생산액	179,417만엔
농산물	133,985만엔
임산물	7,423만엔
수산물	8,316만엔
광산물	1,917만엔
공산물	27,686만엔

광복 70년 후(2015년)

국민 총 생산액 (2014년 기준)	1,485,078십억 원
어업	7조1,688억 원

1975. 12. 5 발행
국토횡단 전철개통 기념
Opening of Cross-Country Electric Railway
우표 번호 C693
액면가 20원
발행량 500만 매
디자인 전희한

1924년 일제강점기 우편사 및 시대 상황

1월 1일 신형사소송법(新刑事訴訟法) 공포
1월 4일 의열단원(義烈團員) 김지섭(金祉燮) 도꾜 일궁성 이중교(日宮城二重橋)에 폭탄 던지고 체포되다.
3월 11일 군산우편국(群山郵便局) 수형 교환(手形交換) 참가.
3월 31일 시대일보(時代日報) 창간
4월 5일 조선청년총동맹(朝鮮青年總同盟) 성립(상해)
4월 17일 조선노동총연맹(朝鮮勞動總聯盟) 결성
5월 1일 목포, 제주무선국 설치
11월 16일 경성(京城)-봉천(奉天) 간 장거리 전화 개통
12월 12일 총독부 국장에 조선인 등용. [학무국장에 이진호(李珍鎬) 임명]
12월 29일 광고우편제도 폐지. 조선인 판임관(朝鮮人判任官) 견습생 양성 개시

일제강점기 통계 그림엽서(1910~1945)

곡물대회사무소 발행

조선의 미 · 두 1925년 발행

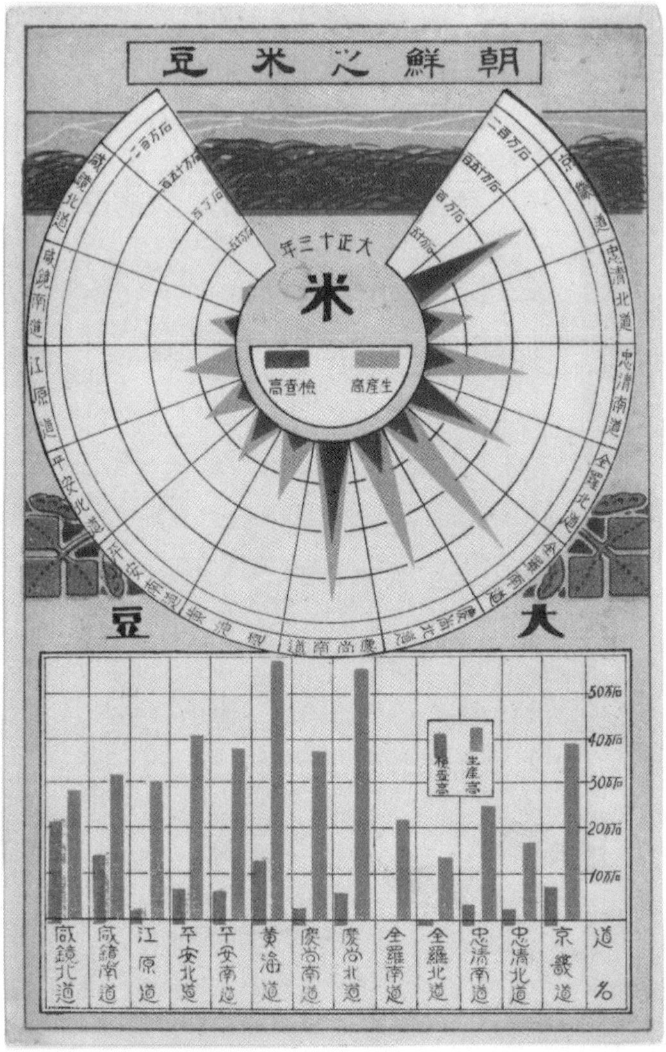

1924년 미·대두의 도별 생산고와 검사고

1924 미 · 대두 도별 생산고와 검사고

연도 · 구분		일제강점기
미의 도별 생산고		대두의 생산고
경기도	149만석	39만석
충청북도	51만석	16만석
충청남도	102만석	230만석
전라북도	103만석	12만석
전라남도	190만석	21만석
경상북도	150만석	57만석
경상남도	153만석	37만석
황해도	70만석	59만석
평안남도	60만석	38만석
평안북도	60만석	41만석
강원도	65만석	30만석
함경남도	30만석	31만석
함경북도	10만석	28만석

광복 70년 후(2015년)

연도 · 구분	
2015년도 쌀 생산량	432만7천 톤 작년 대비 2.0% 증가

쌀 개방(관세화) 선언한 한국

연도 · 구분	
1994년	UR협상 타결, 모든 농산물에 대해 관세화 합의 한국은 2004년까지 쌀 관세화 유예
1999년	일본, 쌀 관세화 결정
2003년	대만, 쌀 관세화 결정
2004년	한국, 쌀 관세화 유예기간 2014년까지 연장하되, 의무수입 물량 매년 증가
2014년 6월	필리핀, 관세화 유예기간 2017년까지 연장 타 상품 관세 인하, 의무수입 증량 조건
7월 18일	이동필 농림축산식품부 장관 "2015년 쌀 관세화" 공식 선언

마리아나 제도 작전

사이판 전투를 통해 일본제국 본토 폭격을 위한 전진기지가 확보되자 미국은 즉시 공장에서 막 뽑아낸 B-29들을 사이판으로 보내기 시작했다. 전투가 채 종료되기도 전에 미군은 공병대를 투입하여 B-29용 비행장과 정비소를 건설하고 있었고, 이렇게 건설된 활주로로 B-29들이 하나둘씩 착륙하기 시작했다. Main Base 역할을 하는 사이판 이외에, 티니언· 괌 등 탈환된 다른 섬에도 B-29를 위한 예비 비행장이 건설되었다. 나중에는 사이판 섬 비행장에 착륙하려 보니, 이륙하는 폭격기들이 너무 많아서 다른 섬 비행장에 착륙해야 하는 경우가 생길 정도로 또한 보급 문제도 거의 완벽에 가까운 수준으로 해결되었다. 중국 기지에서 항공편으로 찔끔찔끔 보급받던데 비해 여기에서는 미 해군 수송선이 무제한에 가까운 수준의 보급품을 쌓아놓았기 때문에 일본 폭격을 맡은 제21폭격기사령부는 10월부터 본격적으로 활동에 돌입했다. 먼저 일본 본토를 폭격하기 전, 개구리 작전으로 건너뛴 중부 태평양의 일본군이 점령한 섬들을 대상으로 연습에 가까운 폭격을 시작했고, 11월 1일에는 B-29 편대가 도쿄 상공에 출현, 주요 타겟들의 항공사진을 촬영한 뒤 돌아갔다. 출처: 위키백과

일제강점기 통계 그림엽서(1910~1945)

조선 무역 현황 1925년

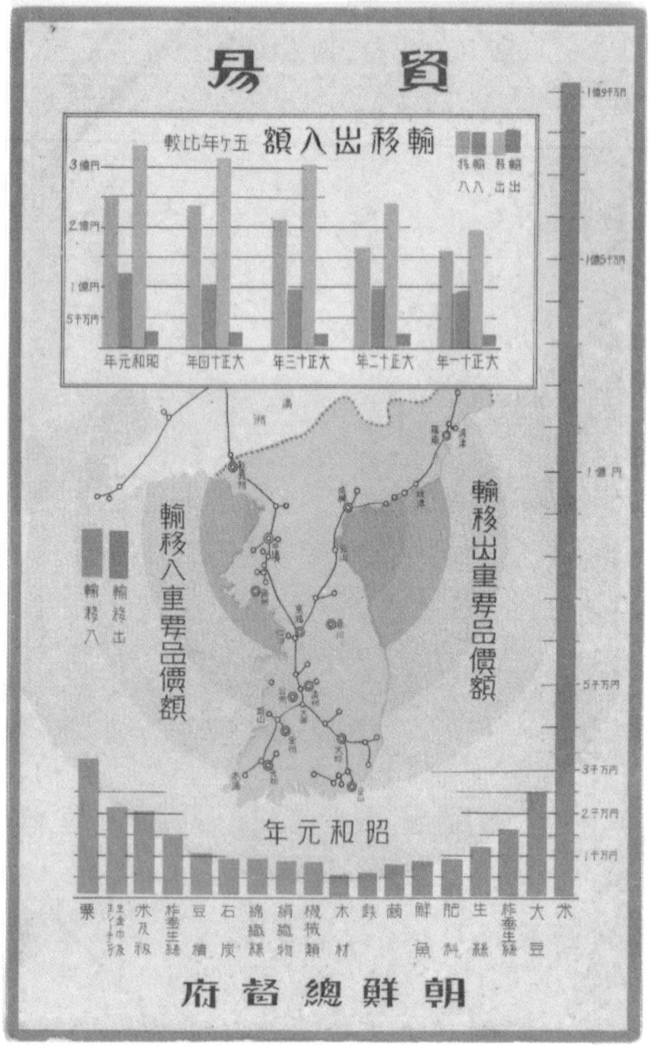

통계(수출입) 비교 지표

연도 · 구분		일제강점기
1921년	수입	8천만엔
	수출	2천만엔
1922년	수입	9천만엔
	수출	2억3천만엔
1923년	수입	9천만엔
	수출	3억엔
1924년	수입	1억엔
	수출	4억엔
1925년	수입	1억2천만엔
	수출	4억엔

1925년 중요 생산품 가액

미(쌀)	1억9천3백만엔
대두(콩)	2천5백만엔
잠사	1600만엔
생사	1200만엔
비료	900만엔
선어	800만엔
철	600만엔
목재	600만엔
기계류	800만엔
견직물	900만엔
면직사	900만엔
석탄	900만엔
밤	3천5백만엔

조선농민사(朝鮮農民社)

1925년 10월에 서울에서 조직된 농민운동단체.

조선 농민의 교양과 훈련을 목적으로 하여 서울 종로의 기독교청년회관에서 창립하였다.

천도교청년당(天道敎靑年黨)의 김기전(金起田)·조기간(趙基□)·이돈화(李敦化)·박사직(朴思稷) 등과, 농민운동에 관심이 많은 이성환(李晟煥, 동경유학생)·선우전(鮮于全, 동아일보사촉탁)·이창휘(李昌輝, 변호사)·박찬희(朴瓚熙, 동아일보기자)·김준연(金俊淵, 조선일보기자)·유광렬(柳光烈, 조선일보기자)·김현철(金顯哲, 시대일보기자)·최두선(崔斗善) 등이 창립 인사들이다.

출처: 한국민족문화대백과사전

일제강점기 통계 그림엽서(1910~1945)

1924년~1934년 운수성적

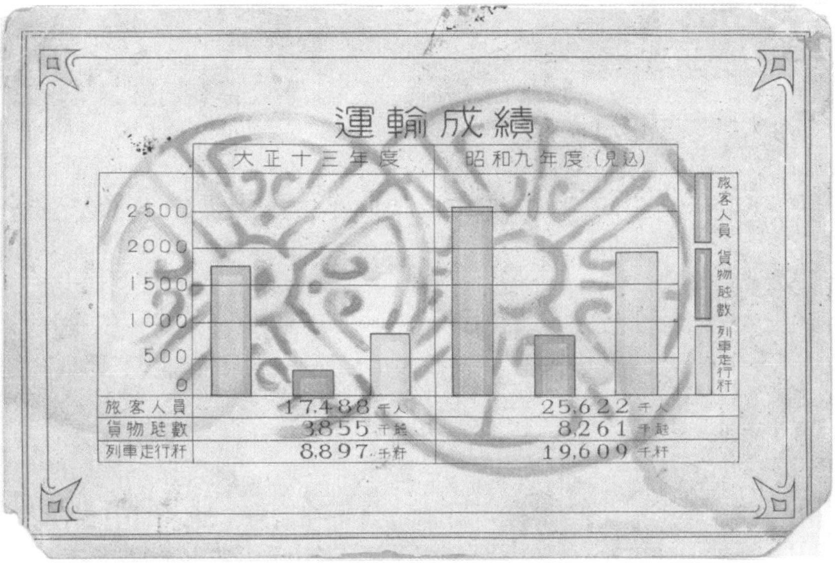

연도 · 구분	1924년(대정 13)	1934년(소화 9)
여객 인원(수송)	1,748만명	2,562만명
화물 수송량	385만톤	826만톤
열차 주행거리	889만Km	60만Km

일제강점기 통계 그림엽서(1910~1945)

경성부 통계그림 엽서

인구 연령별, 성별 및 배우 관계별

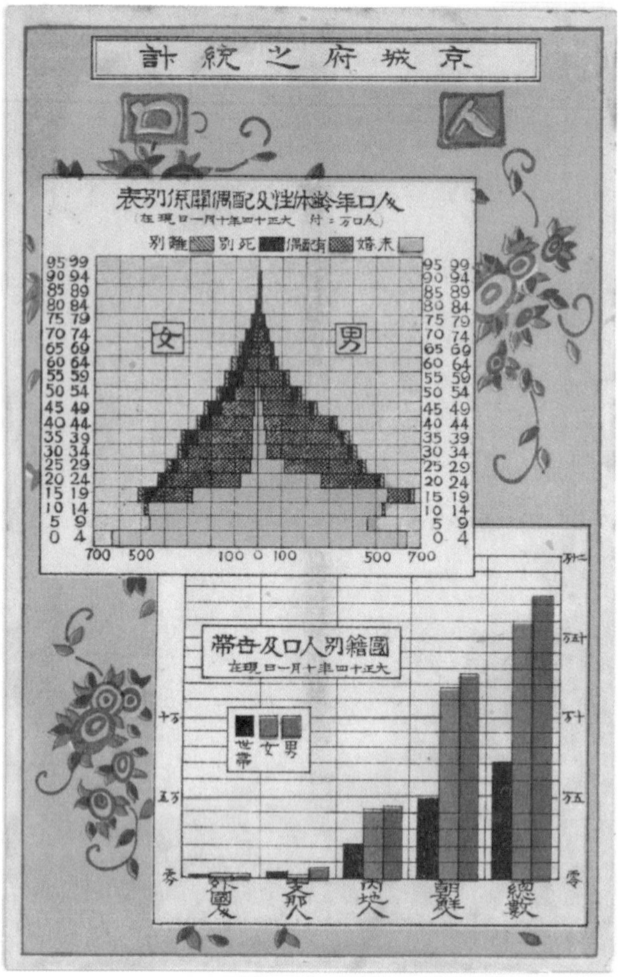

1925연말 경성부 인구

연도 · 구분		일제강점기
남자	0-4세	590만명
	5-9세	460만명
	10-14세	520만명
	15-19세	530만명
	20-24세	260만명
	25-29세	105만명
	30-34세	3만명
	35-39세	2만명
	40-44세	1만5천명
	45-49세	1만명
	50-54세	5천명
여자		
	0-4세	520만명
	5-9세	480만명
	10-14세	485만명
	15-19세	290만명
	20-24세	8천명
	25-29세	1천명
	30-34세	500명
	35-39세	500명
	40-44세	500명
	45-49세	300명
	50-54세	300명
국적별 인구 및 세대수		
조선인	남 12만9천명	
	여 11만9천명	
내지인	남 4만5천명	
	여 4만3천명	
지나인	남 7천명	
	여 5천명	
외국인	남 200명	
	여 150명	

2015년도 2분기 서울특별시 인구 현황

총인구 10,349,492명(약30배 증가) 한국인 10,078,850명
남자 5,094,448명 등록 외국인 270,642명
여자 5,255,044명 (91일 이상 체류 외국인)

서울시 연도별 인구 변동

연도	2015년	2014년	2013년	2012년	2011년
총 인구	10,356,202명	10,369,593명	10,388,055명	10,442,426명	10,528,774명
세대수	4,197,478세대	4,194,176세대	4,182,351세대	4,177,970세대	4,192,752세대

서울시 구별 인구 현황(2015년 기준)

강남구	581,256명	서초구	451,697명	송파구	671,984명	강동구	470,572명	관악구	531,912명	동작구	418,520명	금천구	258,462명
영등포	421,351명	양천구	490,276명	구로구	457,560명	강서구	595,148명	마포구	400,367명	서대문	318,206명	용산구	249,517명
성동구	305,969명	광진구	376,620명	동대문	375,254명	중랑구	422,597명	중 구	135,200명	종로구	164,291명	강북구	336,681명
성북구	473,642명	은평구	504,055명	도봉구	582,799명	노원구	582,799명						

출처: 위키백과

일제강점기 통계 그림엽서(1910~1945)

경성부 통계 그림엽서

교육

경성부 발행

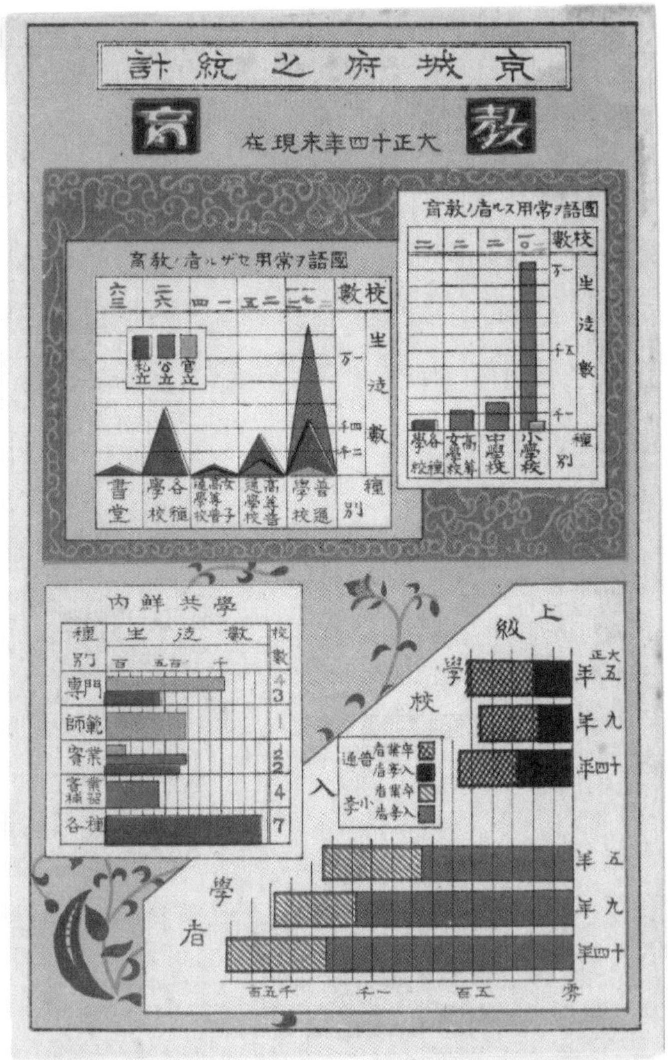

1925년 경성부 현황

통계(교육) 비교 지표

상급학교 입학자

연도 · 구분		일제강점기
보통학교	1916년	510명
	1920년	490명
	1925년	520명
소학교	1916년	1210명
	1920년	1490명
	1925년	1710명
1925년	전문학교	1050명
	사범학교	690명
	실업학교	130명
	기타	1320명

광복 70년 후(2015년)

유치원	8,930개(682,553명)
초등학교	5,978개(2,714,610명)
중학교	3,204개(1,585,951명)
고등학교	2,344개(1,788,266명)
특수학교	167개(25,536)
전문대학	138개(720,466명)
종합대학교	201개(2,173,939명)
대학원	1,197개(333,478명)
취학아동	332.248명(유치원) 455,679명(초등학교)

※ 한국인 고등교육 비율

전문학교 한국인 비율 57.5%, 대학 예과는 28.7%

o 1943년 당시 전문학교는 관립 7, 공립 2, 사립 11개교로 모두 20개교였으며, 학생수는 7,051명으로, 이 중 한국 학생수는 57.5%인 4,054명이었음.
  단 관공립 전문학교의 한국 학생수는 전체의 1/3 정도였고, 나머지 2/3는 일본 학생이었음. 사립전문학교의 경우에는 한국 학생이 압도적으로 많았음

o 고등보통교육을 실시하는 수업 연한 2년의 대학 예과의 학생수는 697명, 한국 학생은 200명으로 28.7% 해당함

o 1943년 자료에 의하면 인구 만 명당 고등교육 학생수는 한국인 1.8명, 일본인 51.9명으로 나타남

출처: 위키백과

일제강점기 통계 그림엽서(1910~1945)

경성부 통계 그림엽서

생산과 무역 경성부 발행

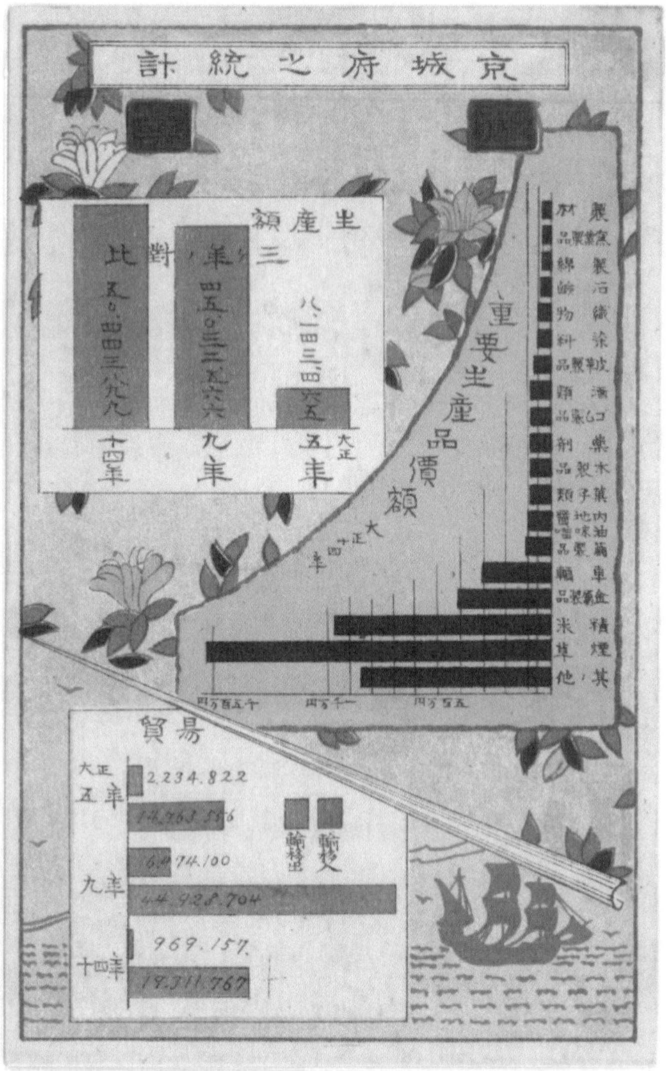

1925연말 경성부 현황

통계(생산액, 무역) 비교 지표

연도 · 구분			일제강점기
생산액	1916년		8,143,565엔
	1920년		45,032,566엔
	1925년		50,433,899엔
무역	1916년	수출	2,234,822엔
		수입	14,763,556엔
	1920년	수출	6,474,100엔
		수입	44,928,704엔
	1925년	수출	969,157엔
		수입	19,311,767엔
주요 생산품	목재		100만엔 이내
	차량		300만엔
	금속제품		410만엔
	정미		980만엔
	연초		1600만엔

광복 70년 후(2015년)

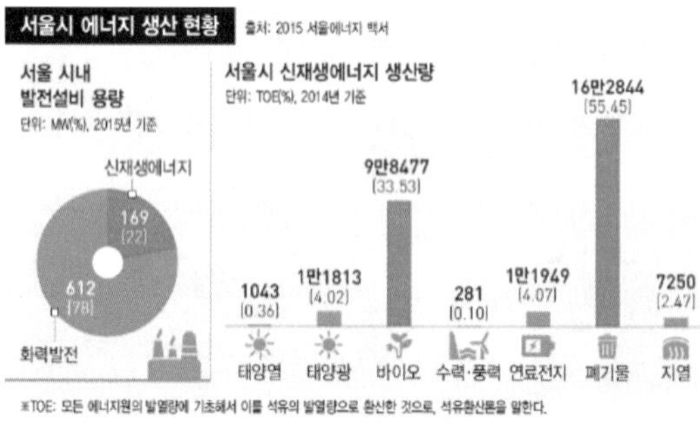

출처: 2015 서울에너지 백서

전조선농민사(全朝鮮農民社)

1930년 서울에서 조직되었던 농촌운동단체.

1930년 4월 6일조선농민사(朝鮮農民社) 제3차 전국대표자대회에서 천도교청년당측이 제안한 법적관계 3개조안이 통과되어, 조선농민사는 자주적 임원선출권·결의권·운영권을 상실하고 천도교청년당 농민부 산하단체가 되었다.

출처: 한국민족문화대백과사전

일제강점기 통계 그림엽서(1910~1945)

경성부 통계 그림엽서

재정

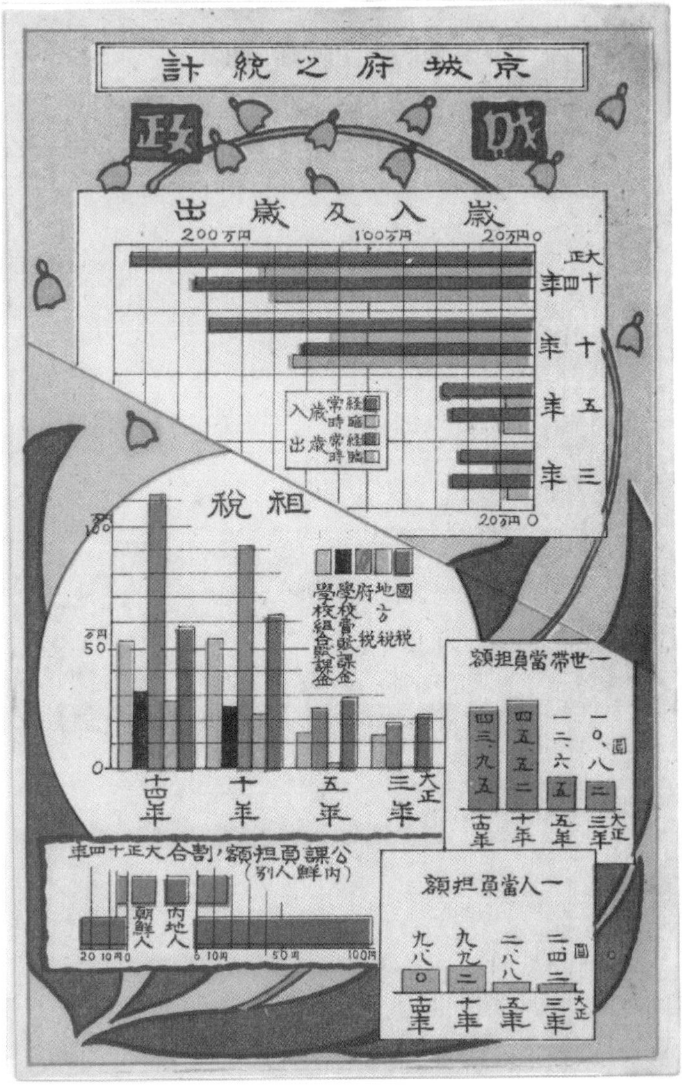

1925연말 경성부 현황

통계(재정) 비교 지표

연도 · 구분		일제강점기
1914년	경상세입	42만엔
	경상세출	48만엔
1916년	경상세입	58만엔
	경상세출	57만엔
1921년	경상세입	200만엔
	경상세출	141만엔
1925년	경상세입	245만엔
	경상세출	210만엔
조세		
1914년	국세	21만엔
	부세	29만엔
	학교 조합 부과금 12만엔	
1916년	국세	30만엔
	지방세	2만엔
	부세	25만엔
	학교비 부과금	25만엔
	학교 조합 부과금	15만엔
1921년	국세	61만엔
	지방세	21만엔
	부세	91만엔
	학교비 부과금	25만엔
	학교 조합 부과금	53만엔
1925년	국세	59만엔
	지방세	29만엔
	부세	112만엔
	학교비 부과금	31만엔
	학교 조합 부과금	51만엔
1세당 부담액		1인당 부담액
1914년	10.8엔	2.42엔
1916년	12.6엔	2.88엔
1921년	45.52엔	9.9엔
1925년	43.95엔	9.8엔

2015년도 서울특별시 예산 총액

사회 복지	7조8,349억	교육청 지원	2조4,523억	공원, 환경	1조7,272억	자치구 지원	3조5,023억	행정운영비	1조4,872억
도로교통	1조8,514억	예비비	1천722억	산업 경제	4천723억	연구개발비 예산 편성 없음			

출처: 위키백과

일제강점기 통계 그림엽서(1910~1945)

경성부 통계 그림엽서

조선의 각 도별 미(米) · 대두(大豆)

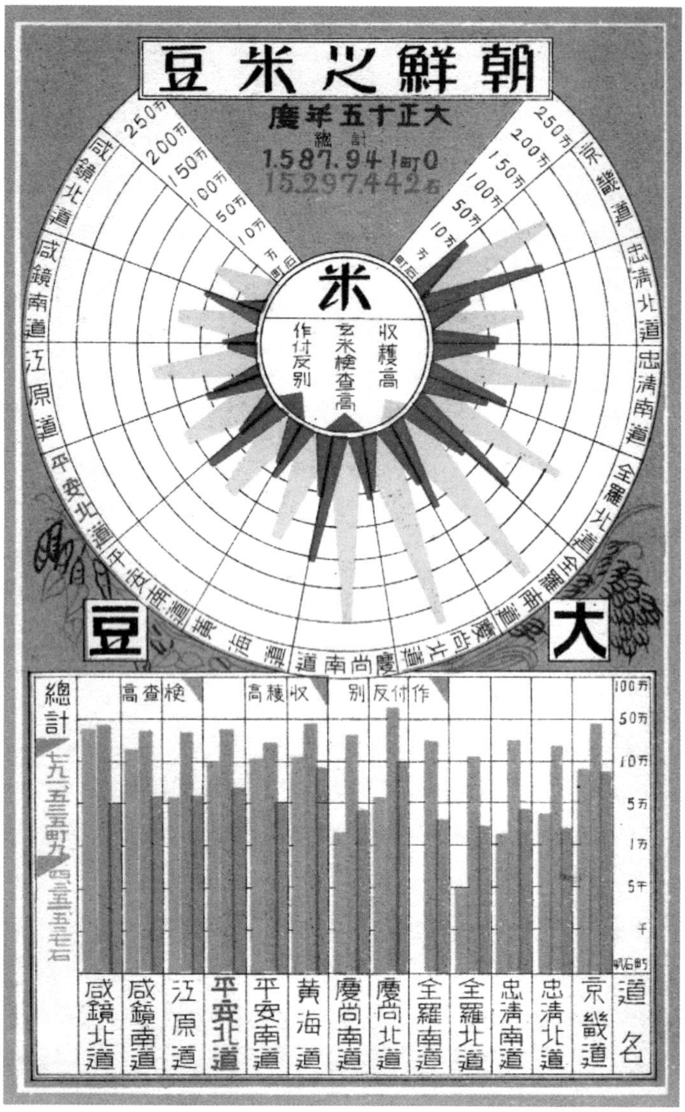

각 도별 미·대두 수확량. 1926년

도별	수확고	검사고
경기도	49만석	9만석
충청북도	13만석	8만석
충청남도	14만석	1.2만석
전라북도	11만석	5천석
전라남도	15만석	
경상북도	52만석	5.1만석
경상남도	40만석	12만석
황해도	49만석	10만석
평안남도	12만석	10만석
평안북도	40만석	10만석
강원도	40만석	5만석
함경남도	40만석	12만석
함경북도	40만석	39만석

이유필(李裕弼)

1885년 11월 28일~1945년 11월 29일

일제 강점기 독립운동가이자 정치가이다. 호는 춘산(春山). 본관은 경주.

1900년대 초 안창호·전덕기·양기탁 등이 조직한 비밀결사 신민회(新民會)에 가입해 활동하였다. 1912년 일본 정부가 한인 독립운동가들을 탄압할 목적으로 날조한 105인사건으로 체포되어 재판을 받고 유배형에 처해져 1년간 진도에 유배되었다.

1919년 3·1 만세 운동이 발생하자 평안북도 의주 등지에서 독립만세 시위를 주도하고 상하이(上海)로 망명했다.

출처: 위키백과

일제강점기 통계 그림엽서(1910~1945)

평안북도 통계 엽서

평안북도 농산물 통계

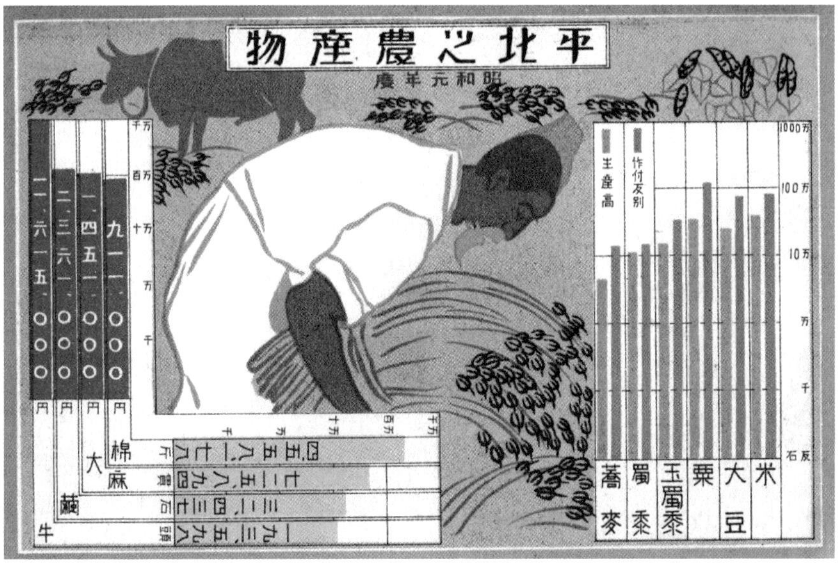

1926년 평안북도 농산물 통계

미(米) 쌀 생산량 99만석
대두(大豆) 콩 생산량 97만석
율(栗) 밤 생산량 101만석
옥촉맥(玉燭麥) 옥수수 생산량 11만석
촉맥(蜀麥) 생산량 11만석
면(綿) 생산량 4,558,178근
대마(大麻) 생산량 725,894관
우(牛) 생산량 193,598마리

현천묵(玄天默)

한국 독립운동가이다. 본관은 연주(延州)이며, 함경북도 경성군(鏡城) 출신이다.

1910년 일제에 의하여 국권이 피탈되자 만주로 망명하여 1912년 북간도지역에 동일학교(東一學校)를 설립하고 청소년들에게 민족의식을 고취시켰다. 1919년 8월 서일(徐一), 김좌진(金佐鎭) 등과 함께 길림성 왕청현 서대파구(吉林省汪淸縣西大波溝)에 군정부를 조직하고 부총재에 선임되어 활동하였다. 1920년 청산리독립전쟁에 참가하여 전쟁을 승리로 이끄는 데 일익을 담당하였으며, 임시정부의 지휘 감독을 받는 간북북부총판부(墾北北部總辦部) 부총판으로서 왕청(汪淸), 혼춘(琿春), 동녕(東寧), 영안(寧安), 목릉(穆稜) 일대를 관장하였다. 1923년 김좌진이 영고탑(寧古塔)에서 독립단 대회를 개최하였을 때 대한독립군정서 대표로 이중장(李仲裴)과 함께 참가하였다.

출처: 위키백과

일제강점기 통계 그림엽서(1910~1945)

평안북도 통계 엽서

1926년

평안북도 신의주 인쇄회사에서 발행한 통계 회엽서 봉투

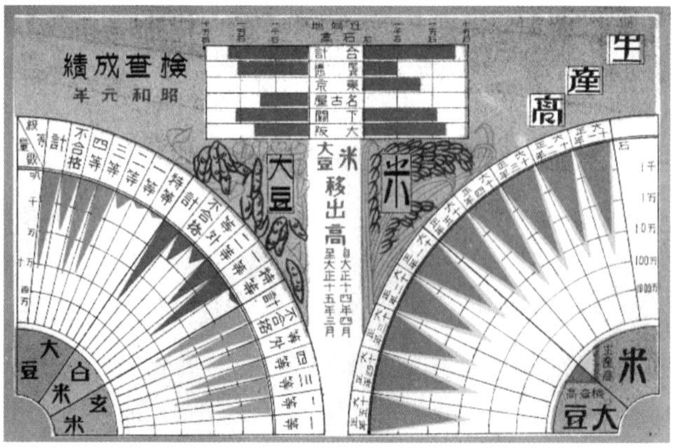

평안북도 신의주 인쇄회사에서 발행한 1926년의 일본 동경, 나고야, 하관, 대판의 미(米), 대두(大豆)의 검사성적 이·출고(移出高) 통계표

유일한(柳一韓)

1895년 1월 15일 ~ 1971년 3월 11일

일제 강점기와 대한민국 기업인이자 독립운동가로, 자는 천여(天汝), 본관은 진주이다. 한국사람들 보건을 해결하기 위해 유한양행을 설립하여, 정직한 기업활동을 했다. '자신의 전 재산을 교육하는 데에다가 기증하라.'고 유언으로 남겼으며 유한공업전문대학을 설립하였다. 현재 유한공업고등학교와 경기도 부천시 괴안동 사이에 유일한로라는 이름이 붙여진 자동차 도로가 있다.

출처: 위키백과

일제강점기 통계 그림엽서(1910~1945)

1926년 인구 조선총독부 발행

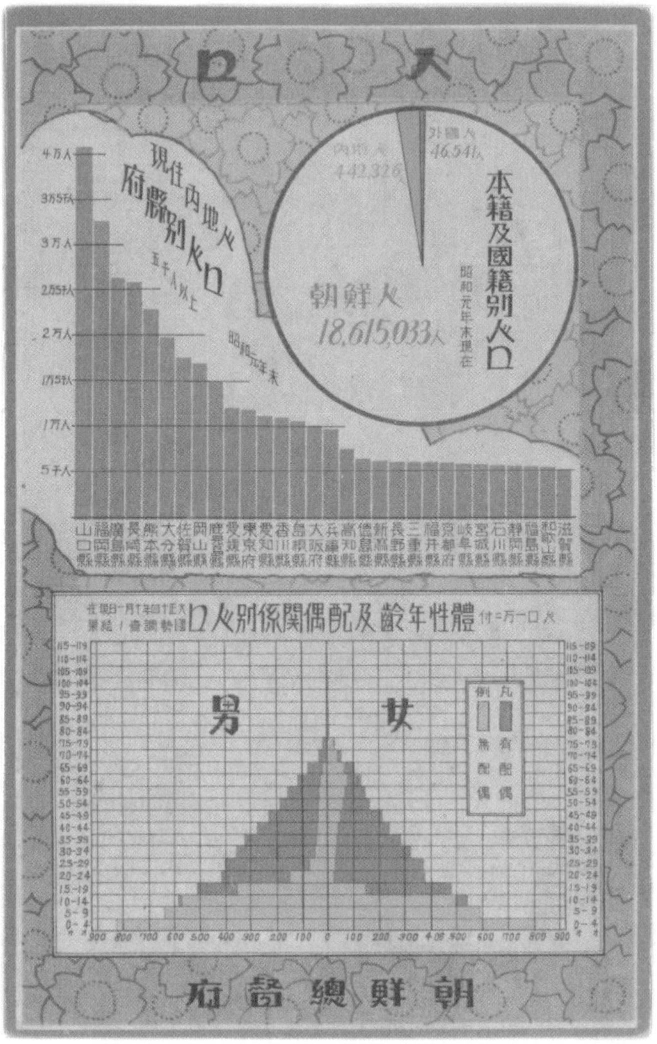

조선의 통계(인구) 그림엽서. 본적 및 국적별 인구
1927년 발행

통계(인구) 비교 지표

연도 · 구분	일제강점기
본적 및 국적별 인구	
소화 원년 말 현재(1926)	
조선인 18,615,033명	
내지인	442,320명
외국인	46,541명
동경	13,000여명
대판	10,000여명
산구	41,000여명
장기	26,000여명
복강	35,000여명
경도	6,000여명
자하	5,000여명

광복 70년 후(2015년)

2016년 2월 현재 51,555,409명	
남자	25,769,138명
여자	25,786,271명
2014년 기준 외국인	
장기체류	1,377,945명
단기체류	419,673명
불법체류	208,778명
1945년 해방 당시 인구	약 2,500만 명

1995. 10. 20 발행
1995 인구주택 총조사 기념
1995 Population and Housing Census
우표번호 C1395
발행량 300만 매
액면가 150원
디자인 조성진

나고야(Nagoya)를 잿더미로 만들어버렸다

도쿄 성공에 자신감을 얻은 르메이는 일본측이 정신차리고 방공망을 재조정하기 전에 재빨리 타격할 계획을 세운다. 3월 11일에 310기의 B-29를 투입하여 나고야를 잿더미로 만들어버렸다. 나고야 공습은 폭격을 가한 범위가 도쿄보다 광범위한 덕에 피해는 적은 편이었지만 어디까지나 상대적이며, 실제로는 5.3km²에 해당하는 도시 면적이 소각되었고, 더군다나 폭격기 피해가 전무했다. 도쿄 대공습 이후 3월 전략폭격은 다음과 같다.

- 3월 9~10일 도쿄: 279기 투입. 사망자 8~10만. 건물 267,000여 채 파괴. 도시면적 41km² 전소.
- 3월 11일 나고야: 310기 투입. 도시면적 5.3 km² 전소.
- 3월 13~14일 오사카: 274기 투입. 도시면적 21 km² 전소. 사망자 4000여 명, 행방불명자 500여명
- 3월 16~17일 고베: 331기 투입. 도시면적 18 km². 사망자 8천. 이재민 65만여 명.
- 3월 18~19일 나고야 2차: 도시면적 7.6 km² 전소.

일제강점기 통계 그림엽서(1910~1945)

곡물대회사무소 발행

조선 전매국 사업 1926년 발행

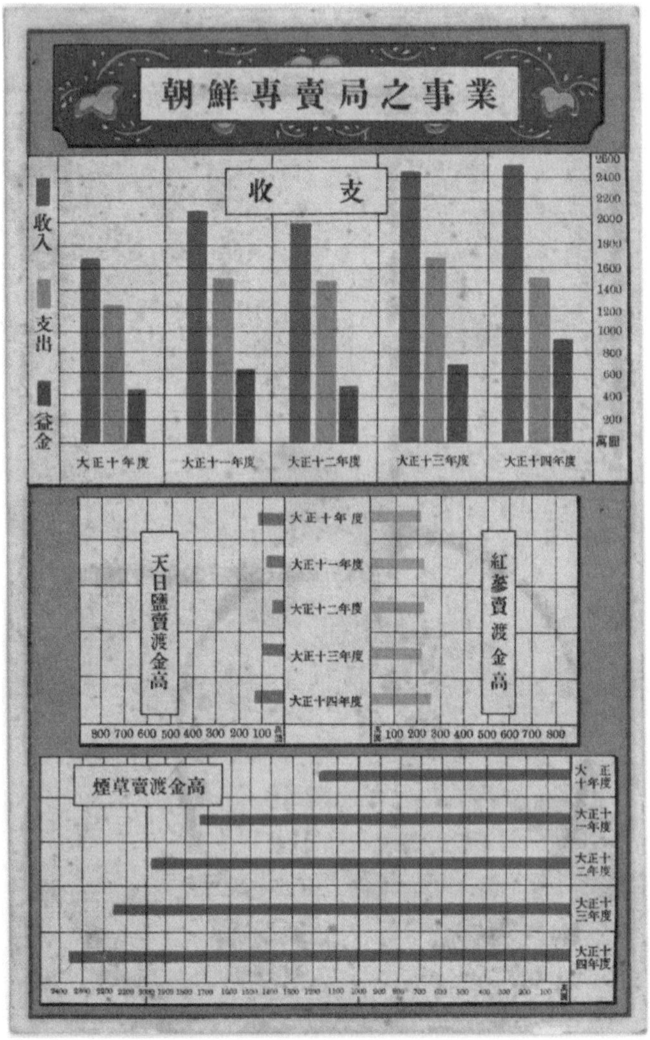

1926년 조선 전매국의 사업

조선 전매국 사업

연도 · 구분		일제강점기
1925년도		
수지	수입	2400만엔
	지출	1500만엔
	이익	900만엔
홍삼 매도금액		250만엔
천일염 매도금액		120만엔
연초 매도금액		2350만엔

광복 70년 후(2015년)

2013년 건강 기능 식품 총생산액
1조4,820억 원

[KT&G, 담배제조에 사용되는 원료 잎담배 연도별 사용 현황]

(단위: %)

구분	2001년	2006년	2007년	2008년	2009년	2010년	2014년
국산 잎담배	75	67	60	57	50	40	37
수입산 잎담배	25	33	40	43	50	60	63
계	100	100	100	100	100	100	100

[담배판매가 및 잎담배 생산면적 추이]

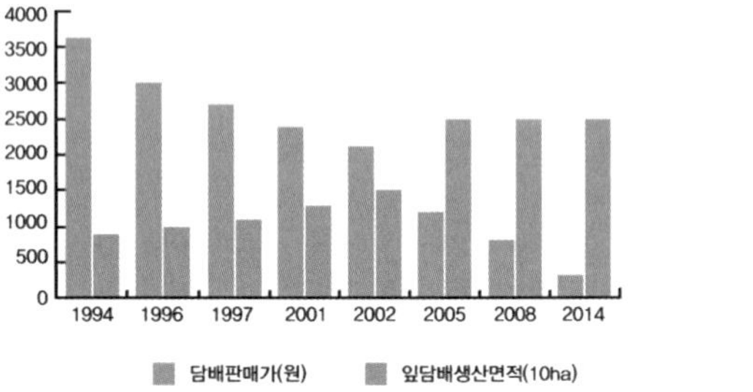

담배제조에 사용되는 원료 잎담배 연도별 사용 현황
출처: 담배인삼공사 통계 자료

1926년 일제강점기 우편사 및 시대 상황

1월 1일 대구, 진남포우편국 외국 전신 위체 취급 개시
1월 6일 총독부(總督府) 신청사 낙성 이전
2월 27일 도량형령(度量衡令) 반포 [미터법 전용]
3월 1일 최초의 발성영화(發聲映畵) 상영, 우미관
5월 12일 임시정부, 국무령 안창호(安昌浩) 사퇴
6월 10일 6.10만세사건(六十萬歲事件) 발생
7월 7일 임시정부, 국무령에 홍진(洪震) 취임
7월 중국 장개석(蔣介石) 국민혁명총사령관(國民革命總司令官)이 됨(북벌 개시)
9월 항공비행(航空飛行) 우편 취급 개시. 봉함(封函)엽서 형식 개정
10월 9일 스웨덴 황태자 내한
12월 14일 임시정부, 국무령에 김구(金九) 취임

일제강점기 통계 그림엽서(1910~1945)

평양부 통계 그림엽서

1927년 발행

평양부 그림엽서 앞면

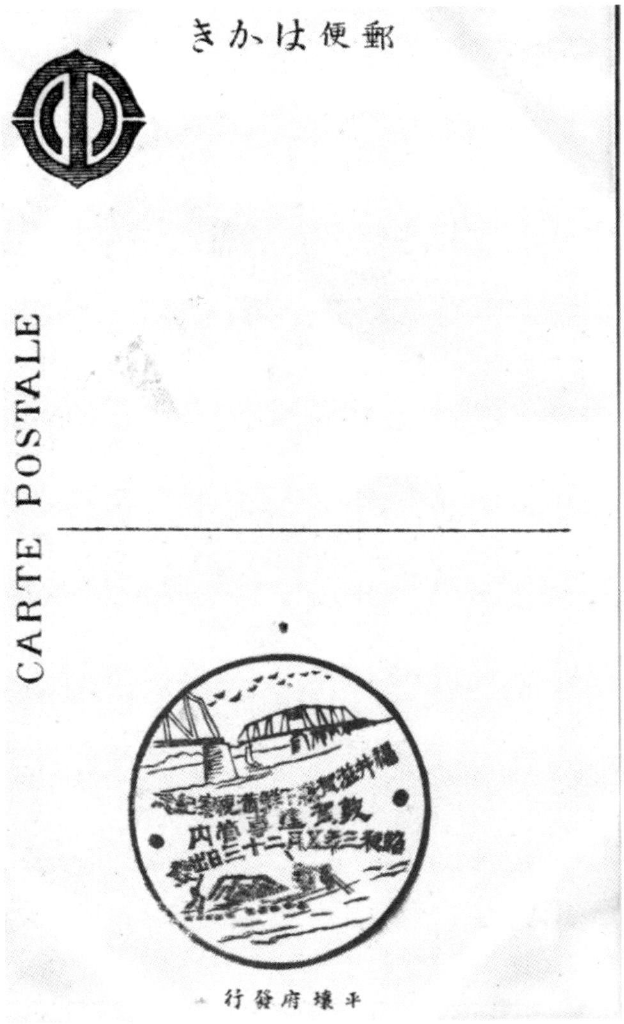

소화 3년 월 23일 출발 기념소인

천주교 평양교구

천주교 평양교구(天主敎 平壤敎區, 라틴어: Dioecesis Pyeongyangensis)는 평안도를 관할하는 한국 로마 가톨릭교회 교구. 현재의 교구는 형식적으로만 존재하고 있으며, 천주교 서울대교구에서 관할을 대행하고 있다.

연혁

1895.	파리외방전교회 최창근(Le Gendre) 신부 평양성 밖 산명모루에 공소 개설
1900.	파리외방전교회 르메르(Le Merre) 신부 장대현에 평양성당을 건립.
1902.	평남 영유본당 창설
1922.	평북 신의주본당 창설
1927. 3. 17.	평양지목구 설정, 초대 지목구장에 방파트리치오 신부 임명
1931.	평남 서포본당 창설과 교구 본부 준공, 평남 숙천본당 창설.
1936. 9.	목요한 지목장의 사임으로 부 신부가 지목구장직 대행
1938. 10.	제4대 지목장에 오세아오신부 임명
1939. 10. 29.	평양지목구가 대목구로 승격되고 오교구장이 로마에서 주교로 서품
1942. 1.	서울교구 노기남 바오로 교구장이 평양대목구 장서리를 겸임
1942. 2.	홍용호 신부가 대목구장 대리로 임명되고 경성대목구 신부들이 파견됨
1943. 3.	대목구장대리 홍용호 프란치스코 신부, 제5대 대목구장에 임명
1944. 2. 27.	관후리성당을 일본군에 징발 당하고, 계리 산정현 개신교 예배당으로 이전
1944. 4. 17.	교황 비오 12세, 홍용호 대목구장을 주교로 임명
1944. 12.	서울대목구 신부들, 소속 대목구로 복귀
1949. 5. 14.	홍용호 주교 피납, 평양인민교화소에 수감
1950. 10. 13.	홍용호 주교, 북방으로 이송된 후 행방 불명
1950. 11. 20.	교구장 서리에 캐롤 안신부가 임명

출처: 위키백과

9만 톤에 가까운 폭탄 일본에 투하

1945년 3월부터 7월까지 4개월 간 미국은 9만 톤에 가까운 폭탄을 일본에 투하했고, 도시 26개, 총면적 330 km²를 초토화했다. 건물 250만 동이 소실되었으며, 산업생산량은 1944년에 비해 약 40% 수준으로 떨어졌다. 석탄생산량은 절반, 정유량은 15%, 항공기 엔진은 25%, 총포· 화약은 45%, 알루미늄은 9%로 생산량이 떨어졌다. 그 동안 약 50만 명이 폭격으로 죽었고, 1300만 명이 집을 잃었다. 반딧불 묘처럼 옥외생활 및 식량부족 때문에 죽은 사람은 파악되지 않는다. 그렇기에 최대 사망자가 100만명 대로 추산되기도 한다.

일본이 항복을 하지 않자 8월 1일 B-29 836대가 동원되면서 2차대전 중 가장 많은 항공기가 동원된 공습 기록으로 남게 되었다. 다수의 폭탄과 기뢰가 부설되었고, 하치오지· 미토· 나가오카· 토야마가 초토화되었으며, 특히 토야마는 99.5%의 건물이 파괴되는 수준의 문자 그대로 지도 상에서 지워지는 수준의 피해를 입었다. 8월 5일, 이마바리· 마에바시· 니시노미야 사가지에 공습이 가해졌다.

일제강점기 통계 그림엽서(1910~1945)

평양부 통계 그림엽서

평양부 호구 1927년 발행

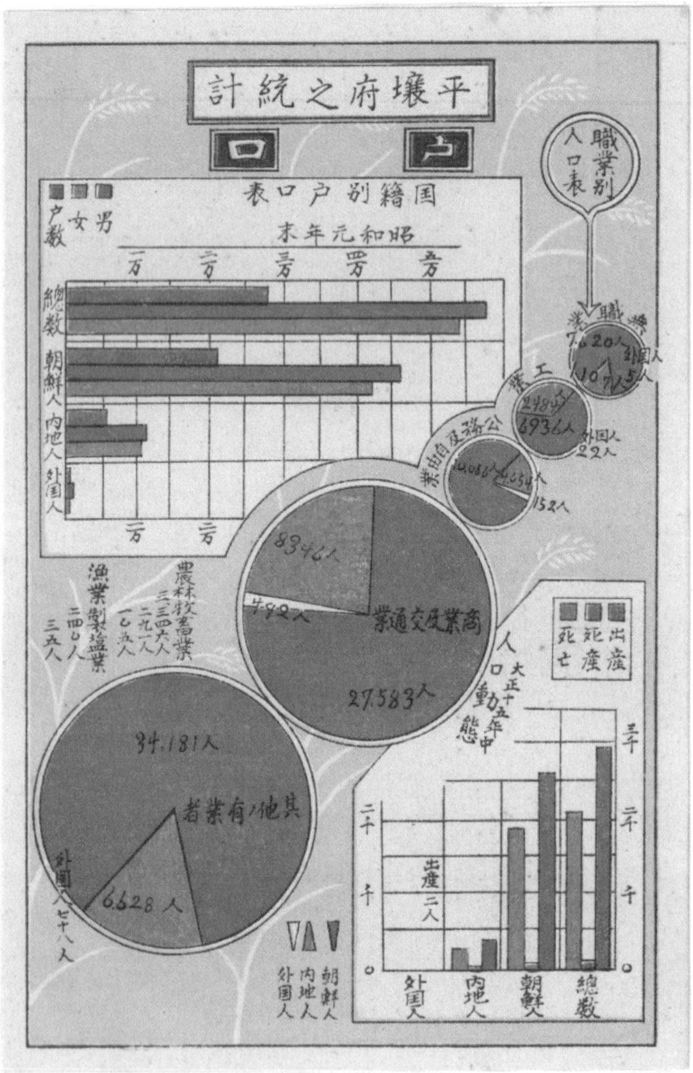

평양부 통계

(국적별 호구표, 직업별 인구표, 인구 동태)

연도 · 구분		일제강점기
1925년 평양부의 통계		
인구		
조선인	남	46,000명
	여	42,000명
	호구	21,000호
내지인	남	11,000명
	여	10,500명
	호구	5,500호
외국인	남	약1,000여명
	여	약800여명
	호구	약200여호
직업별	무직자	7,620명
	공업	6,936명
	공무원	10,066명
	상업	27,583명
	기타업	34,181명
출산	조선인	2,600여명
	내지인	400여명
	외국인	2명

광복 70년 후(2015년)

평양인구 3,434,000명(39배 증가)
함흥 75만명
청진 65만명

마지막 대단위 공습

일본이 항복하기 전날인 8월 14일에는 아키타시에 B-29 134기가 동원되어 전쟁 마지막 대단위 공습을 가했다. 아키타의 소규모 유전과 정유시설을 목표로 한 공습이었고 유전, 정유시설, 항만이 완전 파괴되었고 이에 인접한 시가지가 모조리 전소되었으며 250명 이상이 폭격과 이로 인하 화재로 사망했다. 그리고 이렇게 일본 전역이 박살나는 와중에도 몇몇 도시들은 이상할 정도로 폭격을 맞지 않았는데, 교토· 니기타· 고쿠라 그리고 히로시마와 나가사키였다. 이들 중에서도 특히 군수공업 중심지였던 히로시마와 나가사키가 멀쩡했던 까닭을 많은 사람들이 무척 궁금해 했는데, 일본인들 뿐 아니라 미군의 커티스 르메이 역시 이 도시들을 폭격하지 않는 까닭을 따지고 들었을 정도였다. "교토야 말로 최고 목표인데 대체 왜 못 때리게 하는지 모르겠다"며 몇 번이고 육군부 장관 헨리 스팀슨(Henry L. Stimson)에게 격렬하게 항의하였다. 하여간 이유가 무엇인지도 모른 채 이 행운의 도시들은 피난민들로 북새통을 이루었는데, 그들은 전쟁이 끝나기 직전에야 그 숨은 까닭을 알게 된다.

일제강점기 통계 그림엽서(1910~1945)

평양부 통계 그림엽서

1927년 발행 평양부 재정

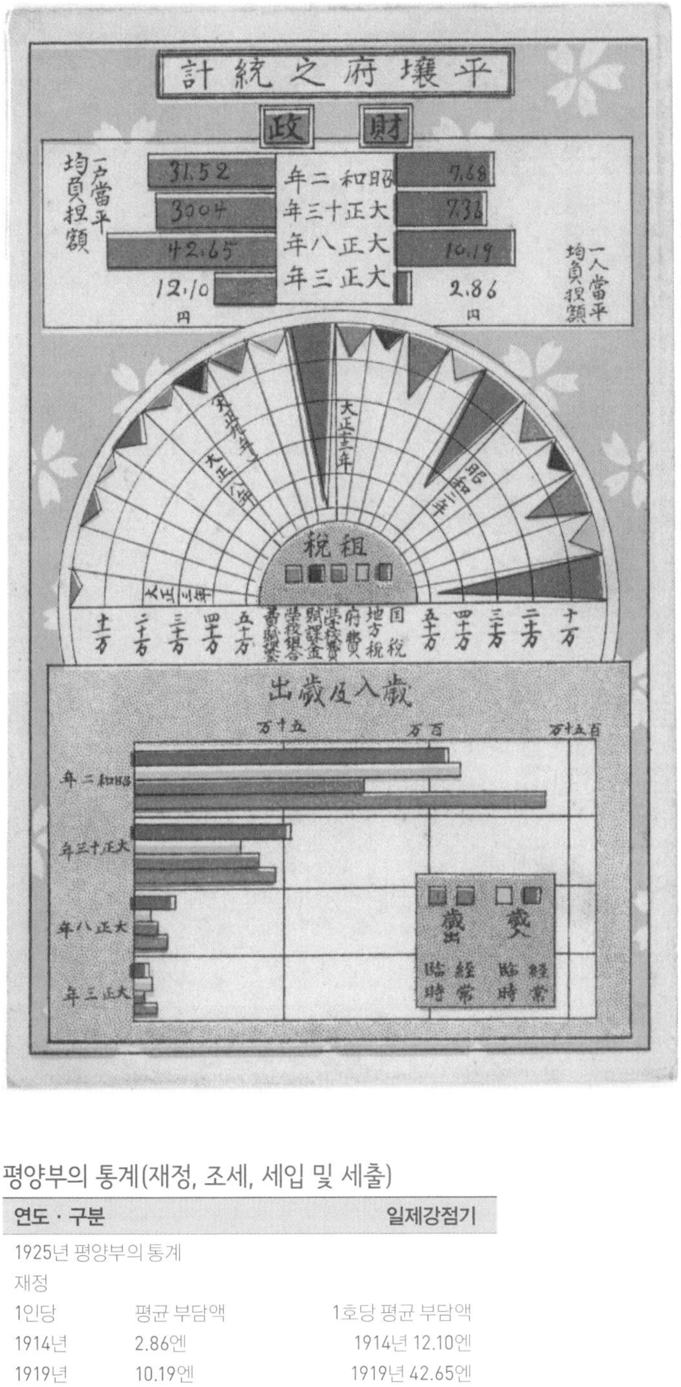

평양 조왕리교회 1927년

평양 조왕리교회

평양 대동군에 세워진 조왕리교회는 1900.3.13일 평양 점동교회에서 분립된 장로교회다. 대동군 남곶면 조왕리에 설립된 이 교회는 한국 최초의 순교자로 알려진 영국 선교사 토마스를 기념하기 위해 1927. 5.7일 토마스기념교회로 개명됐다. 토마스 선교사는 1840년 영국 회중교회 목사 아들로 태어났다. 1863년 런던 선교회 소속으로 중국 선교사로 파송됐지만, 1866년 9월 '제너럴셔먼호 사건'으로 대동강변에서 순교했다. 순교 직전 건네진 성경으로 인해 최치량, 박영식이 예수를 영접하고 박영식의 집이 '평양 널다리골교회' 예배 처소가 된다. 평안도 최초의 교회로 알려진 이 교회는 장대재 교회 후에는 장대현교회가 돼 1907년 평양 대부흥의 시발점이 된다. 토마스 선교사의 순교를 기억하자는 취지로 창립된 '토마스 목사 순교기념 전도회'라는 단체는 평양 대동강변의 '조왕리 교회'를 '토마스 기념교회'로 삼자고 제의했다. 1933년에는 토마스 선교사의 묘소 가까운 곳에 토마스의 이름 영문 첫 자를 따서 'T자형' 모형으로 교회당을 신축해 조왕리교회는 'T자형 교회'라는 별칭이 생기기도 했다. 조왕리교회가 세워졌던 평양 대동군 남곶면 조왕리는 현재 평양시 낙랑구역에 해당된다. 남북간의 이념 대립과 연이은 전쟁으로 조왕리교회는 역사 속에서 사라졌다. 그런데 2002년 6월 남북 교류협력 일환으로 추진된 평양 과학기술대 캠퍼스 부지 조성 공사 중 인부에 의해 종탑을 비롯한 교회 유물들이 발견됐다. 역사 속에서 사라진 '토마스 기념교회'인 조왕리교회 관련 유물이었다. 종탑에는 '토마스 선교사 기념 교회'라는 글구가 씌어 있어 공사 관계자들을 깜짝 놀라게 했다.

출처: 위키백과

평양부의 통계(재정, 조세, 세입 및 세출)

연도 · 구분		일제강점기
1925년 평양부의 통계		
재정		
1인당	평균 부담액	1호당 평균 부담액
1914년	2.86엔	1914년 12.10엔
1919년	10.19엔	1919년 42.65엔
1924년	7.36엔	1924년 30.04엔
1927년	7.68엔	1927년 31.52엔

일제강점기 통계 그림엽서(1910~1945)

평양부 통계 그림엽서

1927년 발행

평양부 산업, 무역

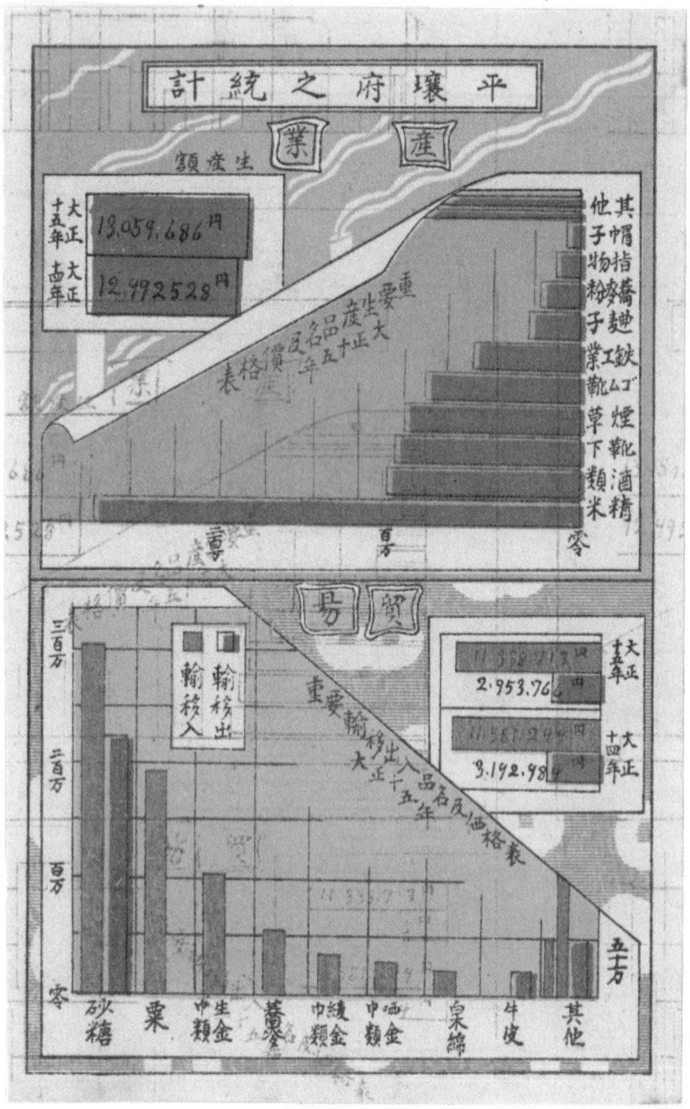

평양부의 통계(산업 생산액, 중요 생산품 가격, 수출입 총액 등)

연도 · 구분		일제강점기
산업 생산액		
1925년	총액	12,992,528엔
1926년	총액	13,059,686엔
무역		
1925년	수이출	3,292,184엔
	수이입	11,581,240엔
1926년	수이출	2,953,766엔
	수이입	11,398,713엔

신간회(新幹會)

1927년 2월 15일에 사회주의, 민족주의 세력들이 결집해서 창립한 항일단체로, 1931년 5월까지 지속한 한국의 좌우합작 독립운동단체이다. 이 단체는 전국구는 물론 해외 지부까지 두고 있는 단체로 회원 수가 3~4만여 명 사이에 이르렀던 대규모 단체였다. '민족단일당 민족협동전선'이라는 표어 아래 조선민족운동의 대표 단체로 발족했다. 사회주의계, 천도교계, 비타협 민족주의계, 기타 종교계 등 각계각층이 참여했으나, 자치운동을 주장하던 민족개량주의자들은 한 사람도 참여하지 않았다.

창립총회에서 회장 이상재, 부회장 권동진, 그리고 안재홍, 신석우, 문일평을 비롯한 간사 35명을 선출하고, 조직 확대에 주력, 1928년 말경에는 지회 수 143개, 회원 수 2만 명에 달하는 전국적 조직으로 성장했다. 회원 중 농민의 숫자가 가장 많아, 1931년 5월 4만 9천여 회원 중 농민이 2만여 명, 54%를 차지했다.

출처: 위키백과

일제강점기 통계 그림엽서(1910~1945)

평양부 통계 그림엽서

1927년 발행

평양부 종교, 교육

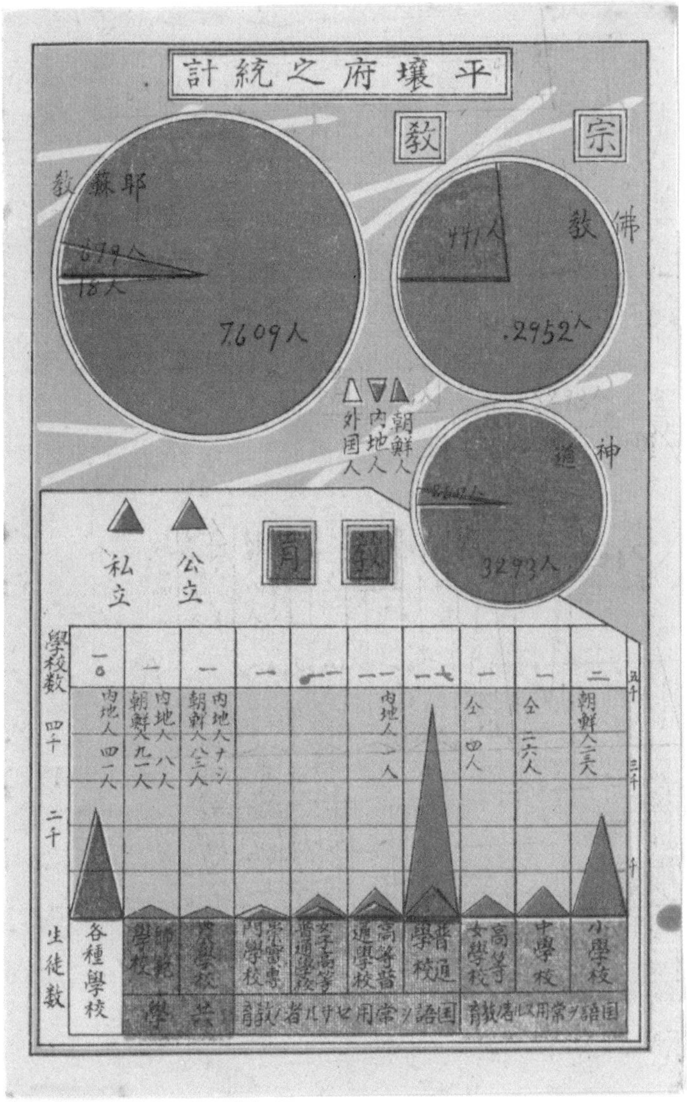

연도 · 구분		일제강점기
종교		
불교	조선인	2,952명
	내지인	441명
耶蘇教	조선인	7,609명
(예수교)	내지인	699명
외국인	18명	
신도	조선인	887명
	내지인	3,293명
교육		조선인
공립소학교		238명
공립중학교		26명
공립고등여학교		4명

조선방송협회(朝鮮放送協会)

대한민국 최초의 무선 방송을 시작했던 방송국으로 현재의 한국방송공사의 전신이다. 미국에서 1920년 세계 최초의 라디오 정규방송(KDKA(AM)) 이후 7년 만이었으며, 당시 일본 제국에서는 도쿄(JOAK), 오사카(JOBK), 나고야(JOCK)에 이어 4번째 방송국이었다. 1926년 11월 30일, 사단 법인 경성방송국의 설립이 허가되어, 12월 9일에 방송용 사설 무선 전화 시설이 허가되었다(호출부호 JODK, 사용 전파장: 367m(주파수: 817kHz), 공중선 전력 1kW). 1927년 1월 20일에 시험 방송을 시작했지만, 다른 방송국과의 혼신을 피하기 위해서, 전파장을 345m(주파수: 870kHz)로 변경하고, 2월 16일에 본방송을 시작했다. 장비는 영국산 마르코니 6Q형 방송송신기와 15kW급 변압기 4개, 14kW급 충전용 전동발전기 3대, 6kW급 송신기용 전동 교류발전기 2대 등이었다.

출처: 위키백과

일제강점기 통계 그림엽서(1910~1945)

1927년 수산　　　　　　　　　　　　　　　　조선총독부 발행

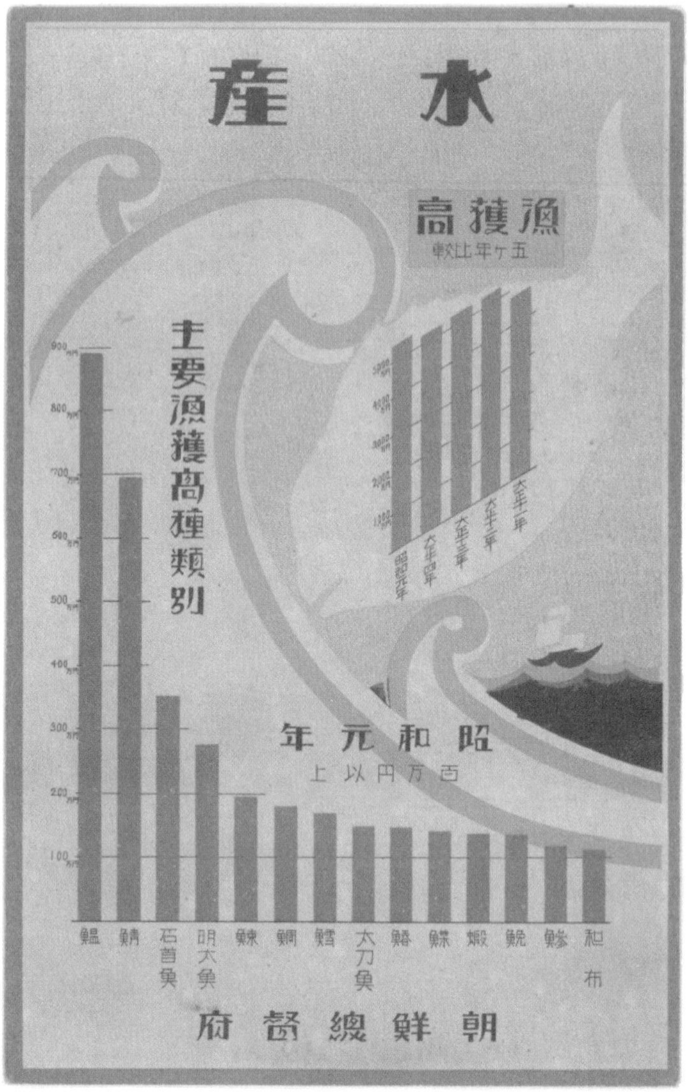

조선의 통계 수산 그림엽서. 미(米) 생산고　　　　　　　　1927년 발행

통계(수산) 비교 지표

연도 · 구분	일제강점기
어획고	
1921년	4800만엔
1922년	5300만엔
1923년	5200만엔
1924년	5100만엔
1925년	5200만엔
1925년도	주요 어획고
鰮(온)	890만엔
鯖(청)-고등어	690만엔
석수어(石首魚-조기) 350만엔	
명태	280만엔
鰊(동)-가물치	190만엔
鱈(설)	180만엔

광복 70년 후(2015년)

2015년	
어업 생산액	7조1,688억원
	333만1천톤
종류별 어획고	
멸치	264,506백만원
고등어	217,747백만원
갈치	244,135백만원
참조기	256,948백만원
청어	26,219백만원

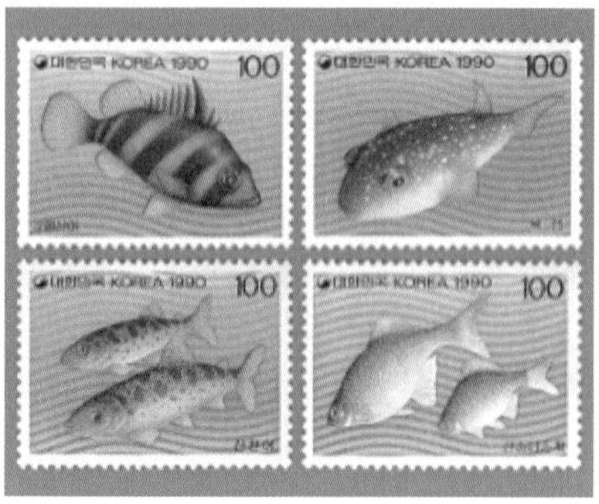

1990. 7. 2 발행
어류시리즈 제5집
Fishes Series(5th Issue)
우표번호 C1281-1221
액면가 100원
발행량 각 300만 매
디자인 원인재

일제강점기 통계 그림엽서(1910~1945)

1927년 교통

조선총독부 발행

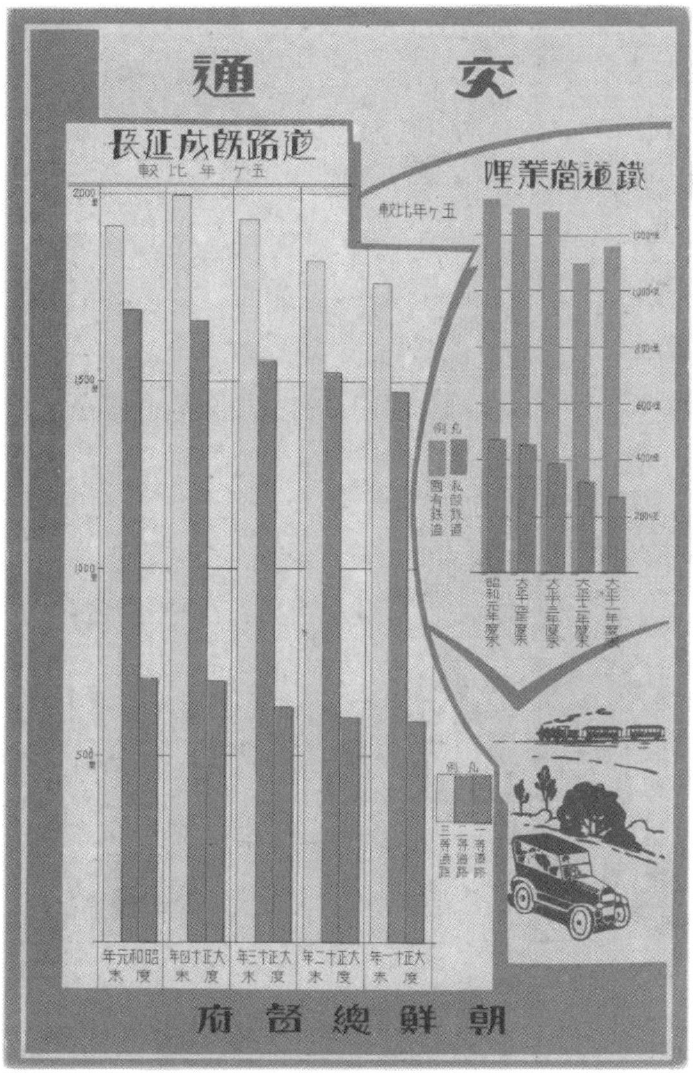

조선의 통계(교통) 그림엽서. 도로· 철도 1927년 발행

통계(도로·철도) 비교 지표

연도 · 구분		일제강점기
도로		
1921년	1등 도로	510리
	2등 도로	1450리
	3등 도로	1750리
1925년	1등 도로	700리
	2등 도로	1700리
	3등 도로	1800리
철도		
1921년	국유 철도	1170리
	사유 철도	280리
1925년	국유 철도	1250리
	사유 철도	420리

광복 70년 후(2015년)

도로		약105,700Km
고속도로		4,139Km
일반국도		13,950Km
특별· 광역시도		20,154Km
지방도		18,058Km
시. 군도		49,372Km
철도		3,590Km(역수: 671개)
기관차	디젤	309대
	전기	200대
동차	디젤	204대
	전동	2,458대
ITX		64대
객차		958대
화차		11,413대

1999. 9. 18 발행
한국철도 100주년 기념
Centernary of the Korean National Railroad
우표번호 C1520 액면가 170원
발행량 220만 매
디자인 이기석

일제강점기 통계 그림엽서(1910~1945)

1927년 무역

조선총독부 발행

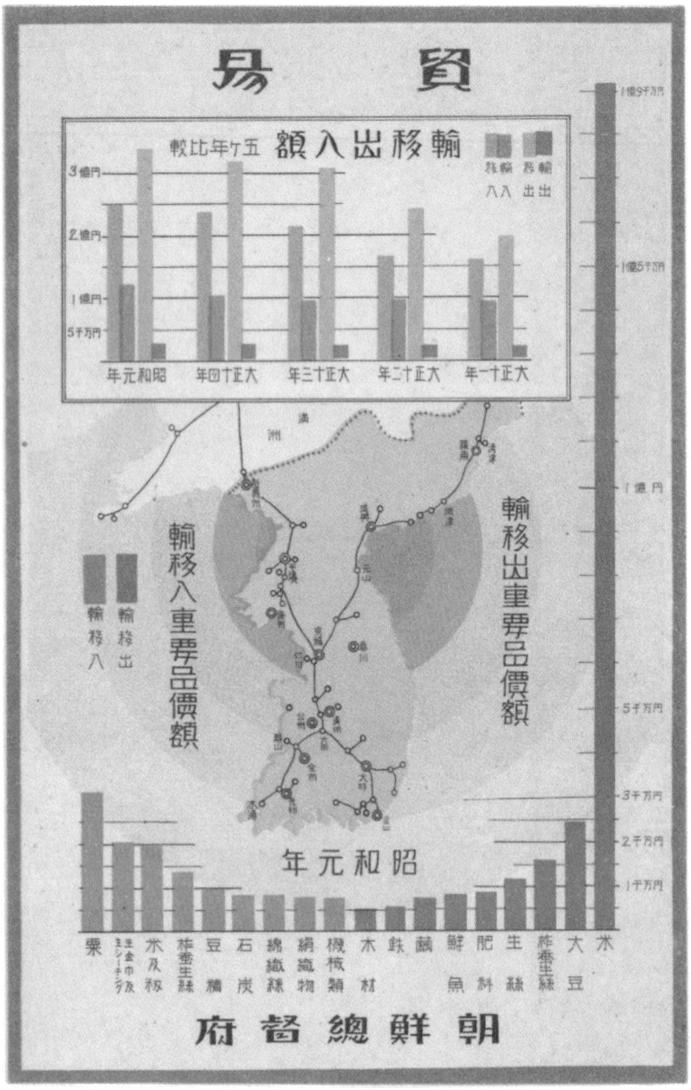

통계(무역) 비교 지표

연도 · 구분		일제강점기
수출		
1921년		약2천만엔
1922년		약2천만엔
1923년		약2천만엔
1924년		약2천만엔
1925년		약 2천5백만엔
수입		
1921년		약9천만엔
1922년		약 9천5백만엔
1923년		약 9천5백만엔
1924년		약1억엔
1925년		약 1억2천만엔
1925년	쌀 수출액	약 1억9천만엔
	콩 수출액	약 2천5백만엔

광복 70년 후(2015년)

수출	5,320백억달러
수입	4,400백억달러
쌀 생산량	432만톤

조선의 통계(무역) 그림엽서. 수출입 1927년 발행

2006. 1. 27 발행
한국의 8대 주력 수출 산업 특별우표
Korea's Top Eight Export Industries Special
우표번호 C1926,1928 액면가 220원
발행량 각32만 매 디자인 이기석

일제강점기 통계 그림엽서(1910~1945)

1927년 농산

조선총독부 발행

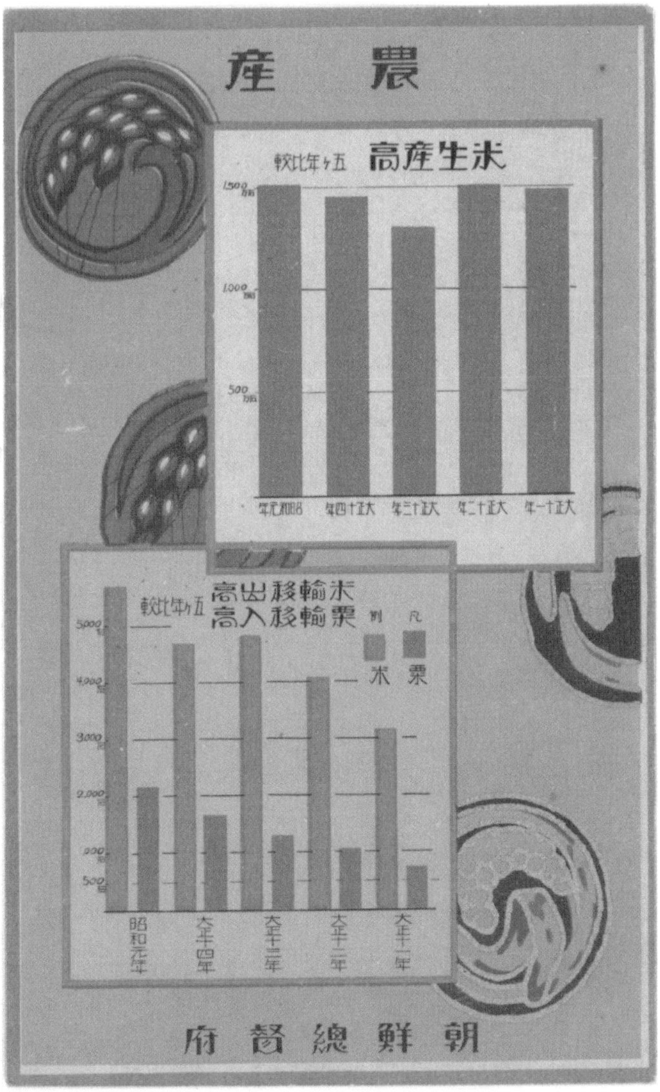

조선의 통계(농산) 그림엽서. 미(米) 생산고 1927년 발행

통계(농산) 비교 지표

연도 · 구분		일제강점기
米(쌀) 생산고		
1921년		1,490만석
1922년		1,500만석
1923년		1,300만석
1924년		1,480만석
1925년		1,500만석
미(米) 수·이출		율(栗) 수· 이출
1921년	3,100만석	70만석
1922년	4,050만석	1,050만석
1923년	4,800만석	1,200만석
1924년	4,600만석	1,700만석
1925년	5,500만석	2,100만석

광복 70년 후(2015년)

2015년(쌀)	432만톤
2014년	4,24만톤
2015년(밤)	136만7천톤

1962. 5. 27 발행
백지 환화 보통우표
White Paper Series

김법린(金法麟)

1899년 9월 27일 ~ 1964년 3월 14일

일제 강점기의 불교 승려이자 독립운동가, 대한민국의 정무직 공무원이었다.

1919년 3·1 운동때 경성부에서 한용운으로부터 독립선언서를 받아 동래 범어사에서 만세운동을 주도하였다. 그는 3·1 운동이 일어나기 직전 범어사의 대표 자격으로 서울로 올라갔으며, 3월 4일 서울에서 만세운동이 일어나는 것을 보면서 범어사로 내려와 만세운동을 계획해 갔다. 그리하여 3월 18일 동래읍 장날을 기해 만세운동을 일으켰다.

출처: 위키백과

일제강점기 통계 그림엽서(1910~1945)

1927년 재정

조선총독부 발행

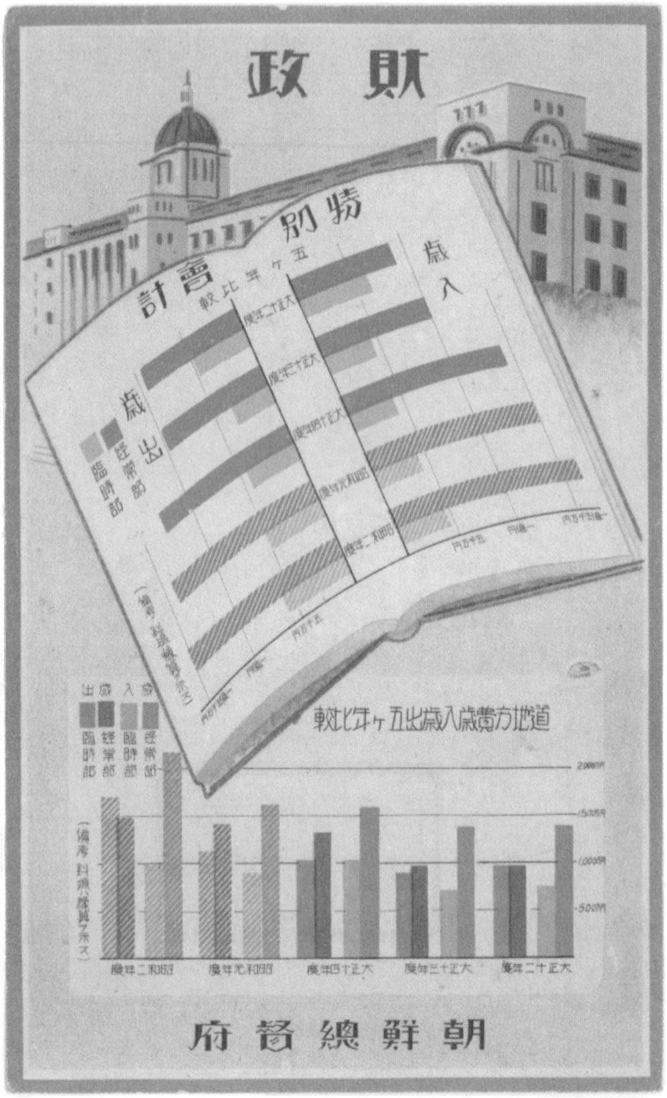

조선의 통계(재정) 그림엽서. 특별 회계 1927년 발행

통계(재정) 비교 지표

연도 · 구분		일제강점기
특별 회계 5개년 비교		
세입	1923년	8,000만엔
	1924년	1억엔
	1924년	1억4천만엔
	1925년	1억5천만엔
	(소화 원년)	
	1927년	1억7천만엔
세출	1923년	9,000천만엔
	1924년	9,500만엔
	1924년	1억2천만엔
	1925년	1억4천만엔

광복 70년 후(2015년)

2015년도 총 예산액	375조원
1946년 예산	288,583,368원
2015년 서울시 예산	1조7,580억원
(광복 70년 후 6,092배 상승)	
1927년(소화 원년)	1억 7천만엔

1965. 6. 1 발행
제1차 경제개발 5개년 계획 제4집
1st Five-Year Economic Development
우표번호 C176,177
액면가 4원
발행량 각 100만 매
디자인 강춘환

일제강점기 통계 그림엽서(1910~1945)

1927년 발행 조선총독부 발행

1927년 통계 그림엽서 봉투

경성 동양당 인쇄

조선총독부(朝鮮總督府)

1910년- 1945년까지 일제 강점기 조선에서 일본 제국의 식민 통치의 최고 행정 관청인 조선총독부가 사용한 건물. 조선총독부 관사(朝鮮總督府官舍)는 조선총독부와 유관 기관의 관리들을 위해 지어진 주택이다. 1910년 한일병합 이후 35년의 식민통치 기간 동안에 조선총독부는 남산 왜성대와 경복궁의 총독부 청사 2곳과 남산 왜성대와 용산, 경무대의 총독 관저 3곳을 비롯하여 다수의 관사를 건립하였다. 조선총독부 청사는 한일병합조약에 의해서 조선총독부가 설치되자, 1907년에 건립된 남산 왜성대의 통감부 청사를 총독부 청사로 전용했다가 사무 공간의 부족으로 1926년에 경복궁 흥례문 구역을 철거한 터에 신청사를 건립하였다. 조선 총독의 관저는 남산 왜성대의 통감 관저를 1910년부터 관저로 사용, 1908년에 건립된 용산의 관저를 별도로 운용, 1937년에 경복궁 신무문 밖 후원 지역에 총독 관저를 신축하였다. 1910년 이후 식민 통치 기구가 정비되면서 조선에 체류하는 일본인의 수가 증가, 이들의 관사가 대량으로 건설되어 보급되었다. 1945년 제2차 세계대전에서 일본제국이 패망하자 조선총독부 청사와 관사는 미군정청에 인계되고, 1948년에 정부가 수립되자 대한민국 정부가 청사와 관사를 다시 인계받아 대통령 관저, 정부 청사, 박물관 등으로 활용, 1950년 한국전쟁을 거치면서, 청사와 관사의 일부가 파괴되었고, 1995년에 일제강점기의 잔재 청산을 이유로 그 때까지 현존하던 청사와 관사를 철거하였다.

초대 총독: 데라우치 마사타케(寺內正毅)

조선총독부 건물

건축 1916~1926 기공 1916. 7. 10

완공 1926. 10. 1 철거 1995~1996

출처: 위키백과

일제강점기 통계 그림엽서(1910~1945)

1929년 조선총독부 발행

1929년 통계 그림엽서 봉투

1965. 9. 28 발행
9.28 수도 탈환 15주년 기념
15th Anniv.of Recapture of Seoul
(중앙청과 태극기)
우표번호 C259
액면가 3원
발행량 100만 매
디자인 전희한

장제스(蔣介石)

1887년 10월 31일 ~ 1975년 4월 5일

중화민국의 군인, 정치·군사 지도자이자, 중화민국 국민정부의 제2, 4대 총통 및 국부천대 이후 제1, 3대 총통(1925년 ~ 1975년)이었다. 제스는 자(字)이며 흔히 불린다. 본명은 장중정(중국어: 蔣中正). 아명은 루이위안(瑞元), 족보명은 저우타이(周泰), 학명은 즈칭(志清)으로 종교는 감리교이며, 황푸군관학교 교장, 국민혁명군사령관, 중화민국 국민정부 주석, 중화민국 행정원장, 국민정부군사위원회위원장, 중국 국민당 총재, 삼민주의 청년단 단장 등을 역임하였다.

1906년 바오딩 군관학교에 입학하고 다음해 일본 육군사관학교로 유학갔다. 일본 유학시기에 중국동맹회에 가입하고 1911년 신해혁명에 참가하였다. 쑨원의 신임을 받아 1923년 제1차 국공합작때는 소련으로 군사시찰을 갔으며, 귀국 후 황푸군관학교 교장에 취임했다. 1926년 국민혁명군 총사령관에 취임하여 북벌을 시작하였으며 1927년 4월에는 상하이 쿠테타를 일으켜 공산당을 축출하고 1928년에 베이징을 점령하여 북벌 완수를 선언했다.

1948년 5월 20일부터 1949년 1월 21일까지는 중화민국의 초대 총통인 국가원수를 지냈고 1950년 3월 1일부터 1975년 4월 5일까지 초대~5대(리쭝런의 직무대행기간 및 사망으로 인한 옌자간의 직무승계기간 제외) 중화민국 총통을 역임했다. 1930년대 대한민국 임시정부의 활동을 적극 후원하기도 했다.

출처: 위키백과

일제강점기 통계 그림엽서(1910~1945)

1929년 재정 조선총독부 발행

1929년 발행

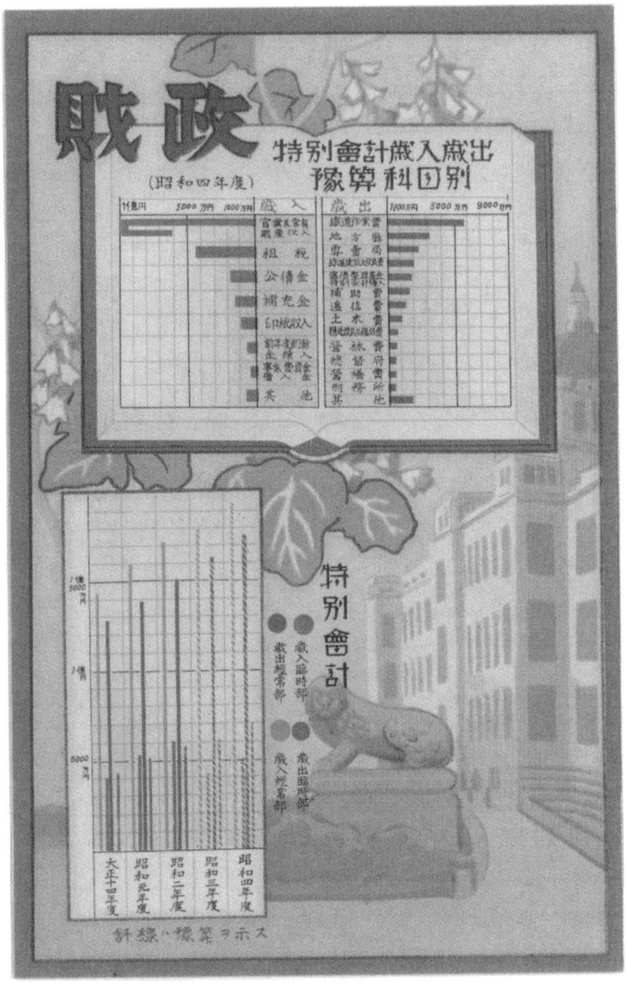

조선의 통계(재정) 그림엽서. 특별회계 세입, 세출 예산 과목별

통계(재정) 비교 지표

연도 · 구분	일제강점기
1929년 특별 회계	
세출· 철도 작업비	5900만엔
지방청	3100만엔
전매국	2200만엔
철도 건설	2000만엔
국채 정리금	1900만엔
보조비	1800만엔
통신비	1200만엔
토목비	1000만엔
경지 정리	800만엔
영림비	700만엔
총독부	500만엔
영선비	300만엔
형무소	300만엔
기타	2000만엔

광복 70년 후(2015년)

2015년도 추경 예산	17조3천억원

정부 예산 추이(2013년-2017년)

추가 경정 예산(追加 更正 豫算, Supplementary budget)

국가의 1년 예산이 일단 성립하여 유효하게 된 후에 나중에 발생한 부득이한 사유로 인하여 이미 성립된 예산에 변경을 가하는 예산을 말한다.

대한민국의 경우 헌법 제56조에 근거를 두고 있다.

제8공군 폭격

유럽 전역에서 폭격임무를 담당하던 제8공군은 독일 항복 직후 재배치되어 1945년 7월 16일부터 오키나와에 전개되어 일본 폭격에 가세했다. 독일을 상대하던 미군 주력부대가 태평양 전선으로 재배치되는 첫 단계였다.

제8공군이 1945년 7월에야 배치된 것엔 독일이 5월에 항복하고, 유럽에서 지구 반대편인 태평양까지 재배치해야 하는 거리, 시간상 장애물도 물론 있었다. 하지만 항속거리 자체 문제도 있었다. 제8공군 주력 폭격기인 B-17, B-24들은 사이판, 티니안과 같은 기존 마리아나 제도 기지에서 출격하기엔 다소 항속거리가 짧았기 때문이다. 그래서 오키나와 전투로 오키나와를 함락한 뒤에 이곳을 전진기지로 활용하면서 비로소 제8공군이 배치될 수 있었다. 오키나와에서는 제8공군 주력 폭격기들도 일본 본토까지 충분히 왕복할 수 있기 때문이다.

오키나와에 전개된 제8공군은 주로 규슈 일대에서 제공권 제압에 나서면서 소규모 폭격작전에 투입되었다. 이들은 몰락 작전을 전후로 B-17 및 B-24 폭격기를 대대적으로 투입할 예정이었으나, 일본이 조기 항복하면서 약 1달여 짧은 태평양 전쟁 참전을 끝냈다.

일제강점기 통계 그림엽서(1910~1945)

1929년 농업

조선총독부 발행

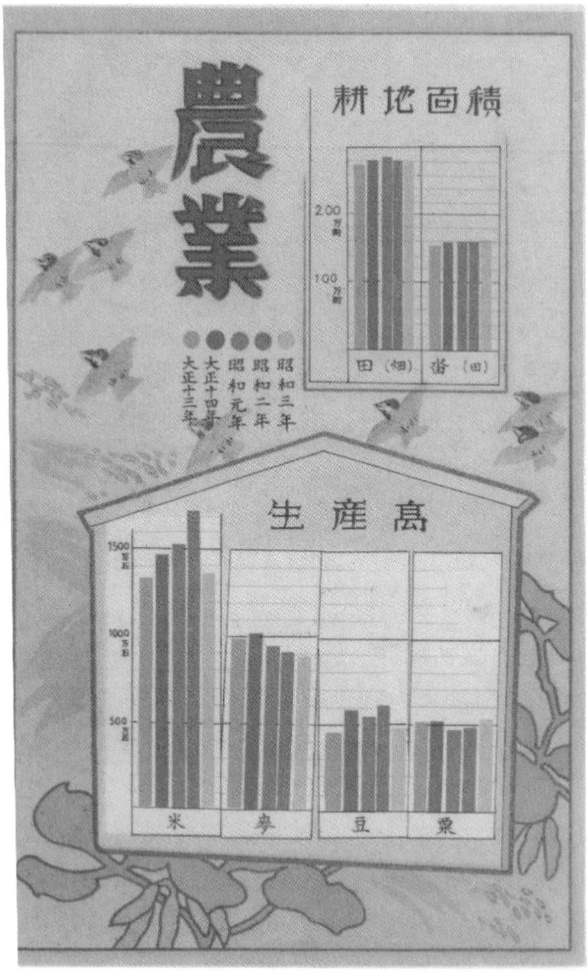

조선의 통계(농업)그림엽서. 경지 면적, 생산고 1929년 발행

통계(농산) 비교 지표

연도 · 구분		일제강점기
1923년(대정 13)		
경지 면적	전	239만정보
	답	158만정보
생산고	미	1400만석
	맥	1000만석
	두	470만석
	율	510만석

광복 70년 후(2015년)

2014년도 경지 면적		1,691ha
2015년도		
쌀	432만7천톤	
보리	130,712톤	
콩	104,000톤	

* 경지 면적과 생산량이 감소 추세임.

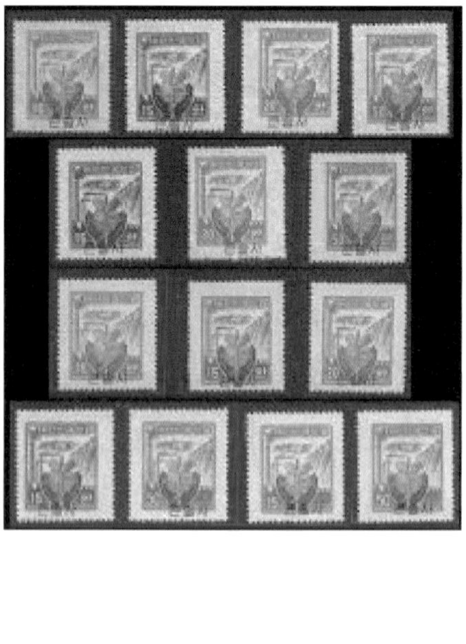

1955~1997 발행
산업도안 보통우표
물결무늬투문용지 발행량: 200,300,600만 매
두터운발살무늬용지 발행량: 200,2500,400만 매
엷은발살무늬용지 발행량: 500,400,2200만 매
지그재그투문용지 발행량 각 200만 매
우정마크투문용지 200,300만 매
우표번호 128-141
액면가 10, 15, 20 50환
디자인 정성자

일제강점기 통계 그림엽서(1910~1945)

충청남도 통계 그림엽서

1929년 발행

충청남도 생산 총액

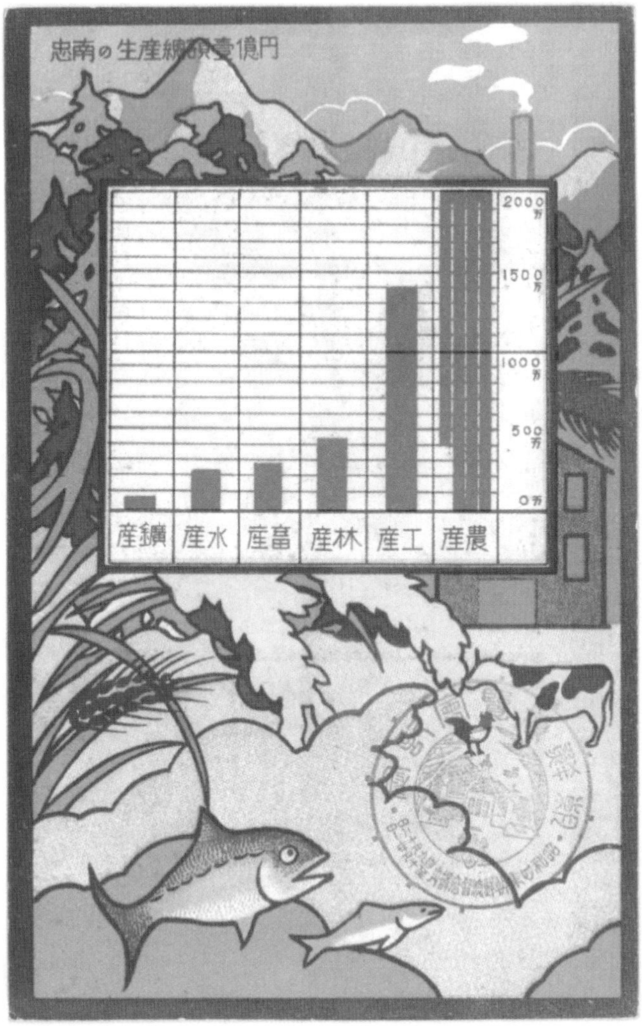

충청남도 협찬회 발행

충청남도 생산총액(1929년) :1억엔

연도 · 구분	일제강점기
농산	7,600만엔
공산	1,400만엔
임산	450만엔
축산	290만엔
수산	210만엔
광산	60만엔

충청북도 인구 현황

1925년 839,422명
1930년 890,877명
1940년 935,111명
1944년 970,623명

1936년에 실시된 인구 조사에서는 다음과 같은 인구가 분포했다.
전체 인구: 907,055명
조선인 897,736명
내지인 8,598명

일제강점기 시대의 충청북도청 청사

전투기들 폭격

P-51로 대표되는 장거리 전투기가 배치되고, 일본과 가까운 도서지역들이 미군에게 점령되면서 미 육군항공대 전투기들도 일본 폭격에 가세하기 시작했다. 본래 이들 임무는 B-29 호위였으나, 1945년 5월이 지나면 폭격기들에 도전할 일본 전투기가 존재하지 않았으므로 이들 전투기들도 로켓발사기를 주렁주렁 매달고 소규모 공습에 나섰다.

공군 전투기들은 주로 일본군 소규모 비행장과, 융단폭격에서 살아남은 주요 공장들, 철도역 등을 타겟으로 폭격에 나섰으며 가끔 움직이는 연안 수송선이나 기관차들이 제일 먼저 얻어터졌다. 한편, 육군과는 별개로 미 해군 항모기동부대도 일본 연안까지 진출하였다. 7월 14일, 항모 함재기들이 도호쿠 일대 폭격을 시작으로 7월 15일에는 그동안 폭격에서 제외된 홋카이도가 항모 함재기 공습을 받았다. 이후 항모기동부대는 일본 동해안을 따라 움직이며 보름여 동안 일본 주요 항구도시를 타격했다. 그중 최대 폭격은 구레 군항 공습이었다.

일제강점기 통계 그림엽서(1910~1945)

1928년 교통

조선총독부 발행

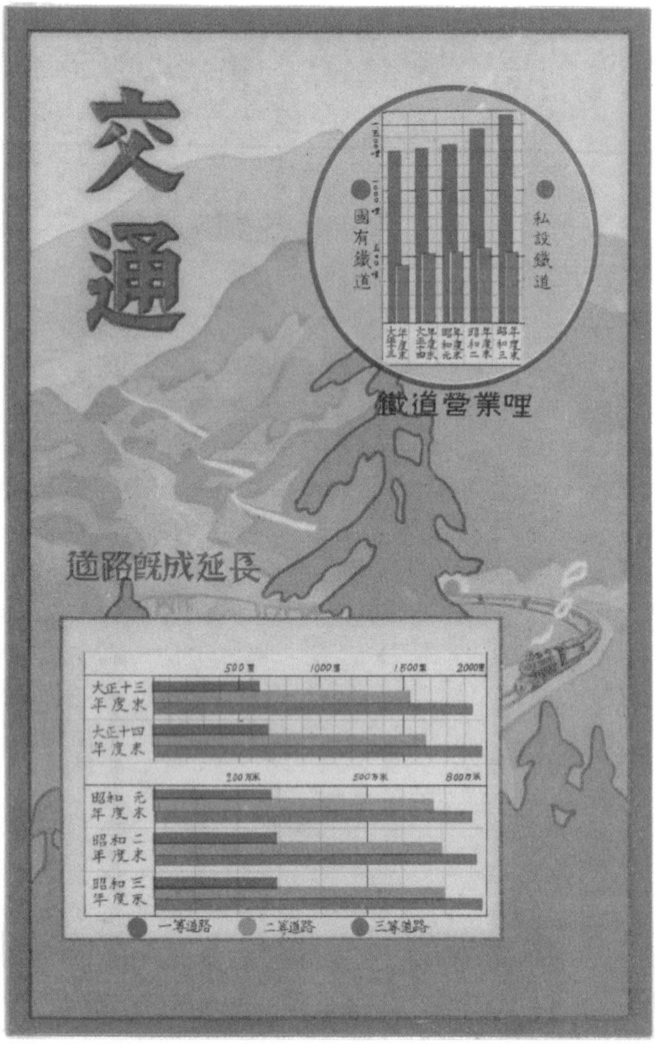

조선의 통계(교통) 그림 엽서. 철도, 도로

1929년 발행

통계(교통) 비교 지표

연도 · 구분	일제강점기
국유 철도	
1924년	1300리
1925년	1250리
1926년	1350리
도로	
1927년	2150리
1928년	4300리

광복 70년 후(2015년)

도로	약105,700Km
고속도로	4,139Km
일반국도	13,950Km
특별, 광역시도	20,154Km
지방도	18,058Km
시. 군 도	49,372Km
철도	3,590Km(역 수:671개)

1970. 5. 20 발행
교통수단
Transportation Facilities
순종황제 어차

구레항 공습(Bombing of Kure)

제2차 세계 대전 말기인 1945년 3월 19일, 7월 24일, 7월 25일, 7월 28일, 7월 29일 등 여러 차례에 걸쳐 진행되었다. 미국 해군을 중심으로 한 연합군 항공모함 기동 부대 항공대와 오키나와 미국 육군 항공대에 의한 구레 군항과 내륙 서부 공습 작전을 펼쳤다. 이 공습과는 별도로 1945년 5월 5일에 인접 지역에 있는 넓은 조병창 공습, 6월 22일에 군항 내에 있는 구레 해군공창 조병부 공습이 있었고, 구레시가 7월 1일 자정부터 2일 새벽까지 전략적 폭격을 당했다.

일제강점기 통계 그림엽서(1910~1945)

1928년 무역

조선총독부 발행

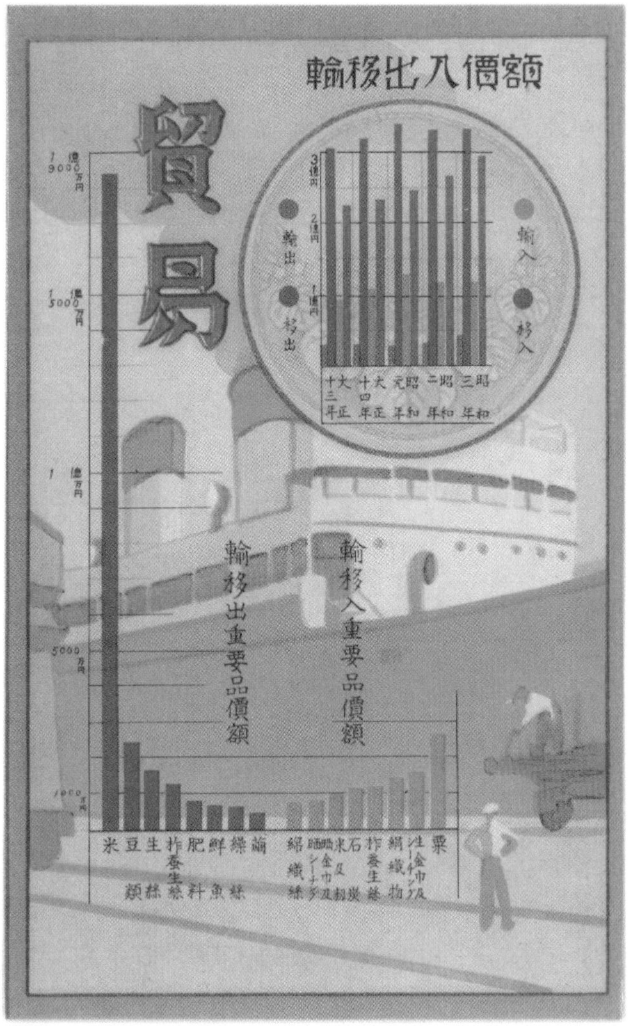

조선의 통계(무역) 그림엽서. 수출입

1929년 발행

통계(무역) 비교 지표

연도 · 구분		일제강점기
1924년	수출	2000만엔
	수입	1억엔
1925년	수출	2500만엔
	수입	1억2천만엔
1926년	수출	2500만엔
	수입	1억천만엔
1928년	수출	4천만엔
	수입	1억3천만엔

광복 70년 후(2015년)

연도 · 구분	
수출	5,267백억달러
수입	4,364백억달러

무역 현황 2016년 11월/백만불

연도	수출액	수입액
2016년	450,471$	367,648$
2015년	526,757$	436,499$
2014년	572,665$	525,515$
2013년	559,632$	515,586$
2012년	547,870$	519,584$
2011년	555,214$	524,413$
2010년	466,384$	425,212$

1928년 일제강점기 우편사 및 시대 상황

1월 1일 정의부(正義府), 신민부(新民府), 고려혁명단(高麗革命團) 합작하여 의혈단(義血團) 조직.

2월 11일 진남포(鎭南浦) 무선전신국 개청.

3월 한국독립당 조직(상해), 제 3차 공산당 사건 발생

4월 22일 경성(京城) 부영(府營) 버스 운행 개시.

5월 9일 조선일보(朝鮮日報) 4차 정간.(만주 출병 반대 사설 게재로 인하여)

5월 21일 중국방면 군사우편 취급 개시

일제강점기 통계 그림엽서(1910~1945)

1928년 수산

조선총독부 발행

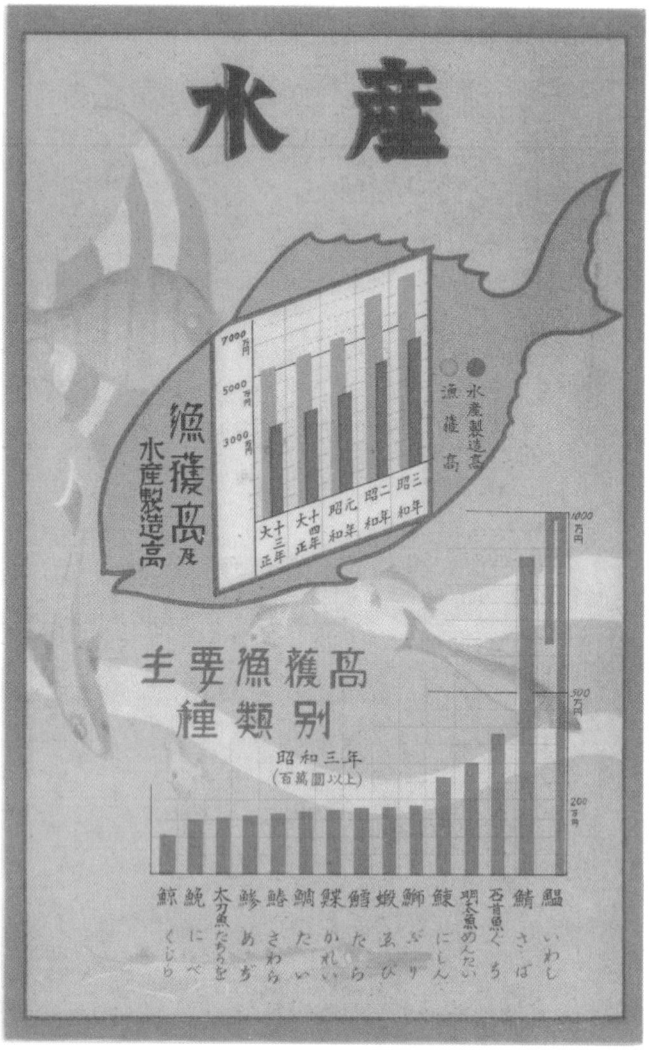

통계(수산) 비교 지표

연도 · 구분		일제강점기
1925년	어획고	5100만엔
	수산제조	3000만엔
1928년	온(鰮)	1700만엔
주요 어획고	청(鯖)	890만엔
종류별	석수어(石首魚) 380만엔	
	명태어	300만엔
	동(鰊)	260만엔
	사(鰤)	180만엔
	충은(虫殷)	170만엔
	설(鱈)	170만엔
	춘(鰆)	170만엔
	삼	160만엔

광복 70년 후(2015년)

어업 생산액	7조1,688억원 (333만1천톤)
종류별 어획고	
멸치	264,506백만원
고등어	217,747백만원
갈치	244,135백만원
참조기	256,948백만원
청어	26,219백만원

조선의 통계(수산) 그림엽서. 경지 면적, 생산고

1989. 9. 30 발행
어류시리즈 제4집
Fishes Series(4th Issue)
우표번호 C1202~1205
액면가 80원
발행량 각 300만 매
디자인 김성실

일제강점기 통계 그림엽서(1910~1945)

1928년 인구

조선총독부 발행

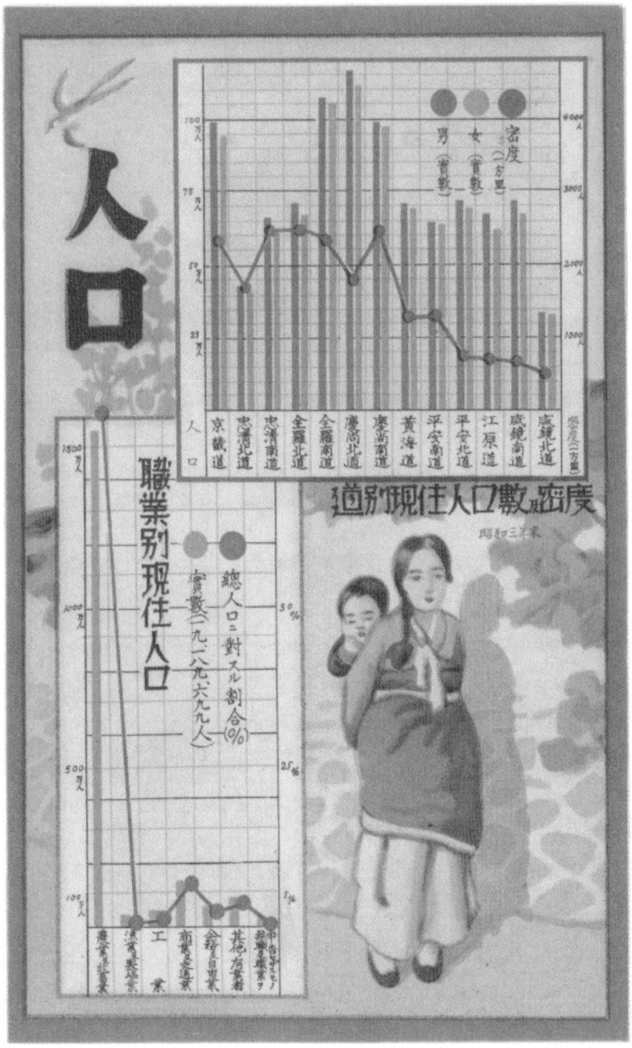

통계(인구) 비교 지표

연도 · 구분		일제강점기
1928년		
함경북도	남자 29만	여자 28만
함경남도	남자 72만	여자 62만
강원도	남자 67만	여자 62만
평안북도	남자 72만	여자 69만
평안남도	남자 65만	여자 68만
황해도	남자 71만	여자 69만
경상남도	남자 99만	여자 98만
경상북도	남자 116만	여자 111만
전라남도	남자 107만	여자 105만
전라북도	남자 71만	여자 67만
충청남도	남자 66만	여자 62만
충청북도	남자 36만	여자 38만
경기도	남자 99만	여자 94만

광복 70년 후(2015년)

2016년 2월 현재	51,555,409명
남자	25,769,138명
여자	25,786,271명
서울	10014261명
경기도	12,551,398명
강원도	1,548,016명
충청남도	2,080,030명
충청북도	1,583,781명
전라남도	1,905,700명
전라북도	1,867,534명
경상북도	2,701,055명
경상남도	3,364.695명
제주도	627,442명

조선의 통계(인구) 그림엽서. 도별 현재 인구수

일제강점기 1930년~1935년 인구 증감 현황

	1930	1935년	증감
경성부	394,240	444,098	49,858명 증가
고양군	199,683	286,608	86,925명 증가
제주도	208,331	207,220	1,111명 감소
부산부	146,098	182,503	36,405명 증가
수원군	159,504	173,187	13,683명 증가
창원군	152,223	155,048	2,825명 증가
울산군	145,904	151,685	5,781명 증가
대구부	93,319	107,414	14,095명 증가
인천부	68,137	82,997	14,860명 증가
광주부	134,843	54,607	80,236명 감소
대전부	113,136	39,061	74,075명 감소

출처: 국가통계포털

일제강점기 통계 그림엽서(1910~1945)

충청북도 통계 그림엽서

1930년 발행

충청북도 곡물상조합연합회 발행

충청북도 통계 그림엽서 봉투

윤백남(尹白南)

1888년 11월 7일 ~ 1954년 9월 29일

일제 강점기부터 활동한 대한민국의 예술가이다.

배우, 극작가, 소설가, 언론인, 영화감독, 연극연출가, 영화제작자 등을 다양한 직업을 겸했다. 본명은 윤교중(尹敎重)이다.

전 서라벌예술초급대학 학장

충청남도 공주군 출신으로 어릴 때는 한학을 공부했다. 한성부로 올라와 신학문을 익힌 뒤 1904년에 일본으로 건너갔다. 대한제국 관비 유학생으로 와세다 대학에 입학하기도 했으나, 학비 지원이 끊겨 중퇴 후 일본 도쿄 고등상업학교로 옮겨 전문학사 학위 취득에 성공했다.

귀국 후 보성전문학교 강사가 되었고, 한일 합방 조약이후로 매일신보 기자가 되어 문필 생활을 시작했다. 1912년에는 조중환과 함께 한국에서 두 번째 신파극 극단인 문수성(文秀星)을 창단하여 1916년 해산될 때까지 번안 신파극을 공연하고 배우로도 활동했다. 문수성이 해체된 후 반도문예사(半島文藝社)를 설립하여 월간 잡지《예원(藝苑)》을 발간하였다. 이기세, 이범구 등과 극단 예성좌(藝星座)를 조직하고, 1917년에는 백남(白南) 프로덕션을 창립, 여러 편의 영화를 제작·감독하여 영화계에 선구적인 활동을 펼치기도 했다. 1923년에는 한국 최초의 극영화《월하의 맹서》를 촬영했다. 윤백남은 이 영화의 각본과 감독을 맡았으며, 민중극단 배우였던 이월화를 출연시키기도 했다. 영화《운영전》,《심청전》등을 연이어 발표하였으나 흥행에 성공하지 못하였다.

한때는 경남 김해에 내려가 합성학교(合成學校)의 교장을 지내기도 했다. 1920년《동아일보》창간 때 입사하여《수호지》를 번역·연재했다.

연극론과 희곡을 발표하고 극단을 조직하여 자신의 희곡을 무대에 올리기도 했다.

1922년에 개량신파극단인 민중극단(民衆劇團)을 조직·주재했고, 1931년 극예술연구회(劇藝術硏究會)의 창립동인으로서 신극운동의 선구자 역할을 했다.

《매일신보》에 단편소설《몽금》을 발표하였고, 1920년대 후반부터는 소설창작에 몰두했다. 1930년에 동아일보에 한국 최초의 대중소설인《대도전(大盜傳)》을 연재하였고, 큰 인기를 끌면서 인기 작가 반열에 올랐다. 1930년대에는 야담 운동에 뛰어들어 많은 야담 작품을 발표했고, 1934년 10월 월간지《야담》을 창간하였으며, 1937년에 만주로 이주해 역사 소설을 썼다.

태평양 전쟁 종전 후 귀국하여 조선영화건설본부 본부장 겸 대표위원장으로 취임하였다. 1953년에는 서라벌예술대학 학장을 맡고 대한민국예술원 초대 회원을 지냈다.

연극, 영화, 문학 등 여러 분야에서 근대 문화의 발전에 중추적 역할을 한 계몽가로 평가된다.

출처: 위키백과

일제강점기 통계 그림엽서(1910~1945)

충청북도 통계 그림엽서

1930년 발행

충청북도 중요 농산물

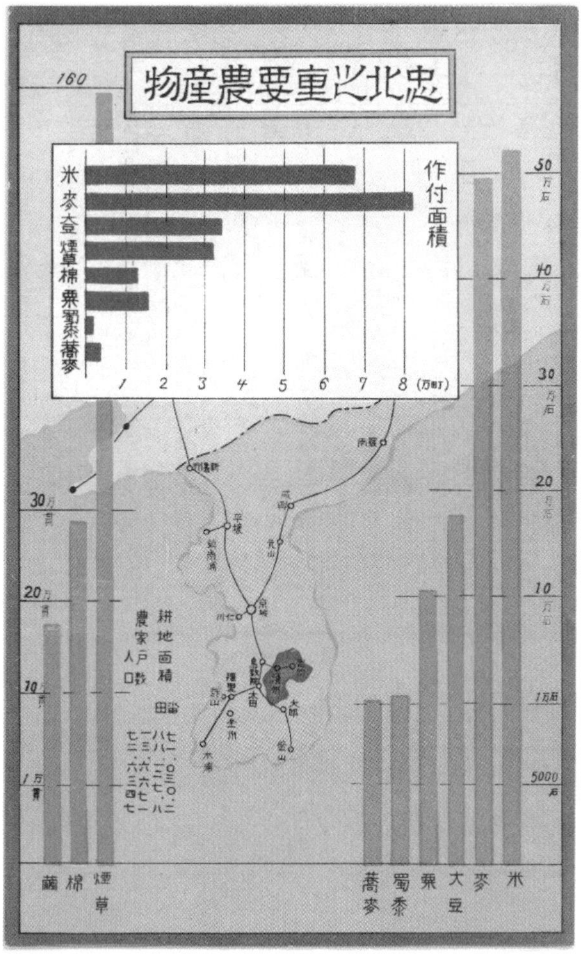

충청북도 곡물상조합연합회 발행

통계(농업) 비교 지표

구분		일제강점기
경지 면적		
	답	71,030만정
	전	88,127만정
농가 호수		13,667호
인구		72,634명
생산량	미	52만석
	맥	49만석
	대두	18만석
	연초	159만관
	면	28만관
작부 면적	미	6.8만정
	맥	8.2만정
	대두	3.2만정
	연초	3.1만정
	면	1.2만정

광복 70년 후(2014년)

생산량	미	215,456톤
	맥	233톤
	대두	23,143톤
작부 면적	미	42,893ha
	맥	27ha

전함부대 본토 포격

항모 기동부대가 공습을 가하는 동안 미 해군 전함 부대 또한 일본 본토 포격에 투입되었다. 이는 당연한 일이였는데 전함부대 지상 화력투사가 비행기에 비해 월등하고 파괴력도 무시무시하기 때문이었다. 예를 들자면 과달카날 전투가 격화된 10월에 일본전함 공고와 하루나는 53분간 868발의 14인치 포탄을 쏟아부었는데 이와 동급 공격을 비행기로 실행하려면 이론적으로 1식 육공 900대가 필요했다. 항모기동부대가 공습을 개시한 7월 14일에는 고속전함 3척이 이와테현 카마이시시 제철소를 포격하였다. 다음날인 7월 15일에는 홋카이도 무로란에 아이오와급 3척이 포격을 가하였으며, 17일에는 이바라키현 히타치시에 킹 조지 5세를 포함한 고속전함 6척이 대규모 포격을, 7월 29일에는 시즈오카현 하마마츠에 고속전함 4척이 포격을 가하였다. 8월 7일에는 다시 카마이시시에 출현하여 포격을 가해 확인 사살을 가하였으며 일본군 항공대는 여기에 접근할 엄두도 내지 못하였고 16인치 포탄에 얻어맞은 공장지대들은 철저하게 괴멸당하였다.

일제강점기 통계 그림엽서(1910~1945)

충청북도 통계 그림엽서

1930년 발행

충청북도의 미·두 충청북도 곡물상조합연합회 발행

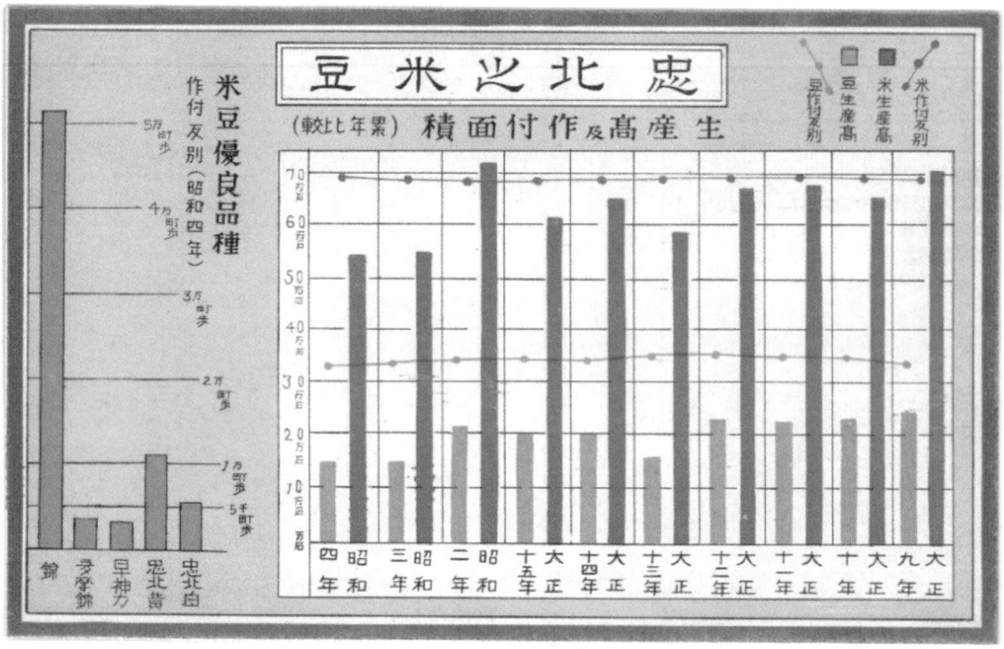

충청북도의 미·두 생산고 및 작부 면적

충청북도 미·두 생산고 및 작부 면적(1910~1929년)

연도 · 구분	일제강점기		광복 70년 후(2015년)	
생산고	미(米)	두(豆)		
1920년	71만석	22만석	2014년	215,456 톤
1921년	65만석	22만석		
1922년	68만석	21만석		
1923년	67만석	21만석		
1924년	59만석	17만석		
1925년	63만석	20만석		
1926년	61만석	20만석		
1927년	71만석	21만석		
1928년	53만석	13만석		
1929년	51만석	12만석		

전후에도 이어진 작전

잘 알려지지 않았지만 전후에도 일본 본토에서 항공 작전은 이어졌다. 물론 폭격이 아니라 정찰과 같은 비전투 임무였다. 8월 17일과 18일, B-32 폭격기가 도쿄 상공에서 정찰 임무를 수행했다. 그 과정에서 일본 해군항공기 공격을 받아 피해를 입기도 했다. 이는 태평양 전쟁 마지막 항공전으로 기록되었다. 8월 27일 부터 10일 간 일본 · 한반도 · 중국에 대규모 보급이 투하되었다. 소이탄을 무자비하게 투하하던 B-29들은 이제 보급물자를 투하했고 자그마치 4500톤의 보급물자가 투하되었다. 작전 도중 한반도에서 소련 공군기 공격을 받아 손상을 입기도 했다. 9월 2일 일본 외무대신 시게미츠 마모루가 도쿄만의 미주리(전함)에서 항복서명을 할 때 하늘을 가득 메우는 수준의 수백대 미해군 전투기들이 미주리 상공을 비행했다. 이는 축하 세레모니이자 동시에 다시는 허튼 짓을 할 생각을 하지 말라는 메시지를 전달할 의도의 무력시위였다. 통상적인 상황이었다면 외교적 결례를 넘는 선전포고 수준이었지만, 일본은 패전국이었고 항복 서명을 하러 나온 일본측도 할 말이 없었다. 이후에도 미공군 일본 열도 및 한반도 항공 정찰 작전이 한동안 진행되었다.

일제강점기 통계 그림엽서(1910~1945)

충청북도 통계 그림엽서

1930년 발행

충청북도 미·두 이출·반출

충청북도 곡물상조합연합회 발행

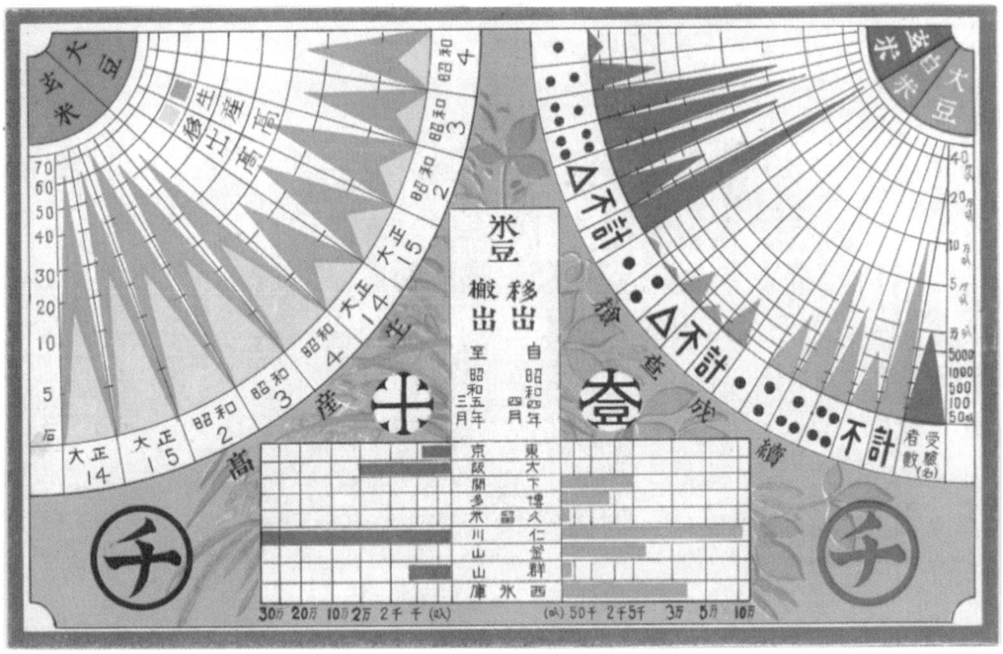

동경, 대판, 인천, 부산, 군산 미·두 이출·반출

연도 · 구분		일제강점기
1929년4월 ~ 1930년3월		
	이출	반출
동경	미	9백입
대판	미	2만입
하관	미 5천입	
인천	미 11만입	30만입
부산	미 5100입	
군산	미 50입	1200입

충청북도 연도별 쌀 생산량/재배 면적

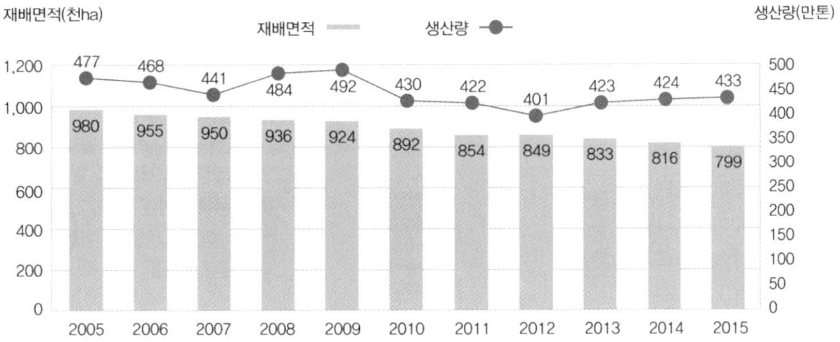

출처: 통계청 자료

일제강점기 통계 그림엽서(1910~1945)

인천항 통계 그림 엽서

1930년 발행

인천 미두취인소 취인원조합 발행

인천항 미 최근 5개년간 매매고

주식회사인천미두취인소 건물 전경

연도 · 구분	일제강점기
미(米) 최근 5개년 간 매매고	
1924년	26,172,600석
1925년	17,554,000석
1926년	12,014,000석
1927년	11,151,000석
1928년	12,709,100석

하루 동안 인천에서 무슨 일이 일어나고 있을까요? 통계로 알아본 인천의 하루입니다.

통계 기준일: 2015. 12. 31
출처: 통계청

출생 70명 사망 37명 혼인 47쌍 이혼 19쌍 시세징수 82억원 수산물 어획고 70MT

시민교통량 6,217천명 차량증가 295대 인구이동 2,567명 유류소비량 26,411kℓ 쓰레기수거 1,934.1톤 전력사용 63,352MWh

일제강점기 통계 그림엽서(1910~1945)

인천항 통계 그림엽서

1930년 발행 인천 미두취인소취인원조합 발행

인천 축항 하역 실황

인천항 부두 전경

연도 · 구분	일제강점기		광복 70년 후(2014년)	
최근 5개년 간 인천항 수·이출 미			2014년 인천의 통계지표	
	현미	백미	총생산량	69,500,613백만원
1924년	379,374석	726,170석	제조업	17,441,525백만원
1925년	294,070석	828,230석	건설업	3,442,523백만원
1926년	350,428석	839,087석	농림. 어업	252,184백만원
1927년	326,243석	1,007,076석	광업	126,745백만원
1928년	469,829석	1,163,832석	도·소매업	4,584,523백만원

일본국민에게 고함

미군 폭격 사전 경고 삐라.

"일본인들은 궐기해서 독재자들을 몰아내라"는 내용도 쓰여 있다. 이 삐라를 줍는 자는 징역 3개월형에 처해졌다. 그러나 원자폭탄을 매개로 한 히로시마 경고문 자체는 도시전설이지만, 공습 대상 도시들 리스트를 나열해 놓고 그 도시들을 골라서 해당 도시 거주민들에게 폭격 경고 삐라를 날린 후, 리스트에 적힌 도시들을 정말로 모조리 폭격한 것은 절대 도시전설이 아니었다.

유럽에서의 경험에 따라, 일본에서 시가전도 가급적 회피하려고 했던 미군 측은 '공업지대 겸 일본 본토에서 일본 제국 육군의 군사적 거점'이라고 할 수 있는 일본 도시 리스트를 정해 놓고서, 그 리스트에 따라 하나씩 도시를 소거해 나갔다. 그리고 그 리스트를 전단으로 만들어서 일본 본토에 뿌리기까지 했다.

하지만, 일본군이 국민들 피난을 막았기 때문에 민간인 희생을 막지 못했다.

일제강점기 통계 그림엽서(1910~1945)

강원도 통계 그림엽서

1930년 발행 강원도 협찬회 발행

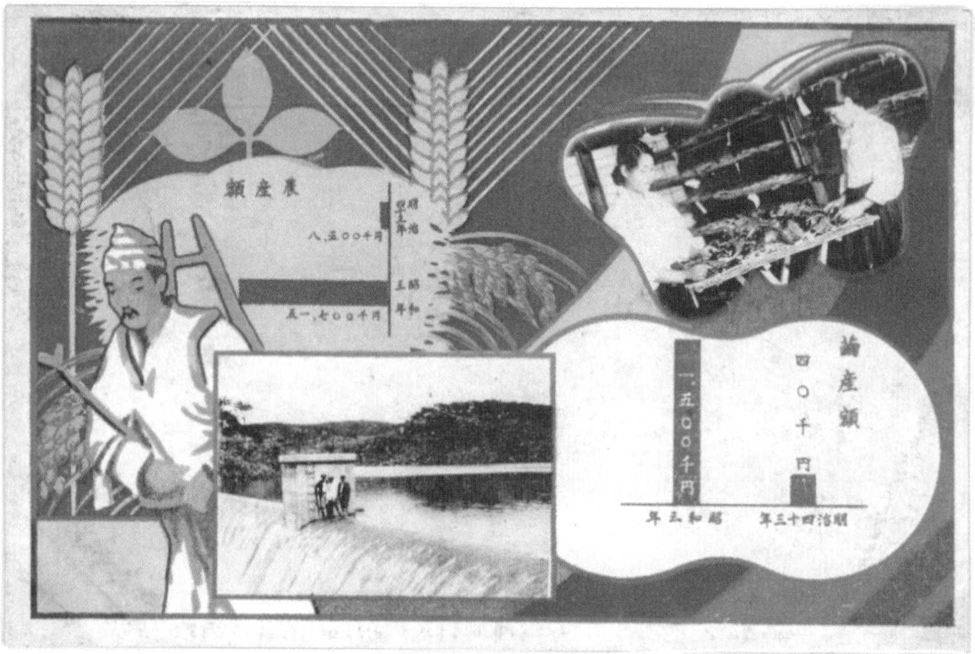

강원도의 농산, 마산액

강원도의 농산액과 마산액 비교

연도 · 구분	일제강점기
농산액	
1910년	850만엔
1928년	5,170만엔
마산액	
1910년	4만엔
1928년	150만엔

폭격이 제외된 교토

교토가 제외됐던 이유는 대외적으로는 문화재 보호 차원으로 알려져 있으나, 다른 의견도 있었다. 일단 문화재 보호 차원이었다는 이유의 실제 언급은 원자폭탄 표적선정 위원회의 1945년 5월 30일 회의. 맨해튼 계획 책임자 그로브스 장군의 회고록에 남아 있다. 당시 헨리 스팀슨 육군장관은 당대 미국인 중에선 보기 드물게 일본 경험이 꽤 많은 사람이었고(젊을 적 신혼여행지가 교토였다.), 특히 교토의 학구적이고 정적인 분위기를 진심으로 사랑했다. 이 때문에 핵폭격 표적 관련 논의 현장에서도 아름다운 교토를 파괴하지 말자고 주장했고, 이에 대해 다른 과학자들이 "일본인들은 야만인이기 때문에 그나마 문화인인 교토 시민들이 아니면 핵폭격 의미조차 못 깨달을 거다"라고 반론할 정도였다. 결론적으로 교토가 핵폭격 대상에서 벗어난 건 스팀슨 개인의 강력한 독단 탓이었다. 그는 교토를 지키기 위해, "맨해튼 계획에서 내가 최고 책임자였던 일은 아직 없지만, 이 일만은 내가 결정권자다. 당신들은 내게 보고서만 가지고 오면 된다."라고 말하는 초강수를 두었고, 이후 투하 직전까지 그로브스와 거의 매일같이 교토 핵폭격 문제로 싸움을 거듭했다. 그래서 훗날 교토부지사와 교토시장이 스팀슨의 무덤에서 눈물을 흘리며 감사의 참배를 올렸다 한다.

일제강점기 통계 그림엽서(1910~1945)

강원도 통계 그림엽서

1930년 발행 강원도 협찬회 발행

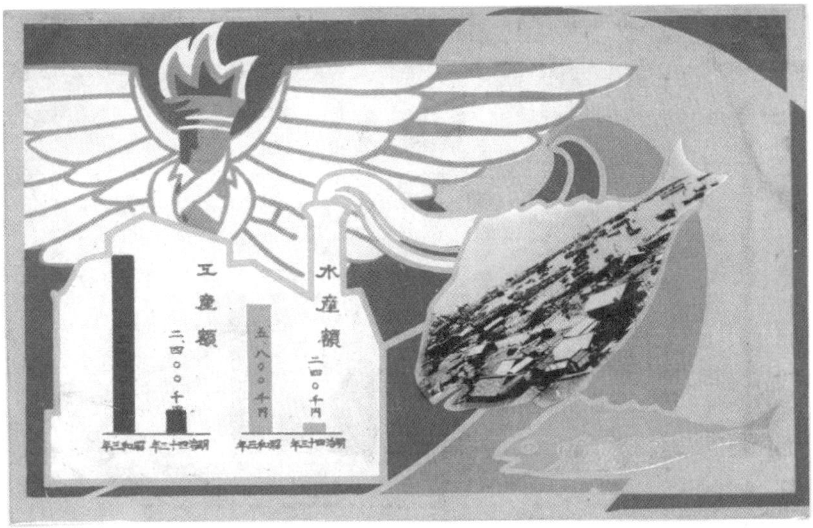

강원도 수산·공산액 엽서 앞면

강원도 축산·임산액

강원도 수산액과 공산액 비교

연도 · 구분		일제강점기	
수산액		축산액	
1910년	240천엔	1910년	1,500천엔
1928년	5,800천엔	1928년	10,000천엔
공산액		임산액	
1910년	2,400천엔	1929년	2,200,000정보
1928년	13,000천엔		

일제강점기 통계 그림엽서(1910~1945)

1933년 조선 무역

조선총독부 발행

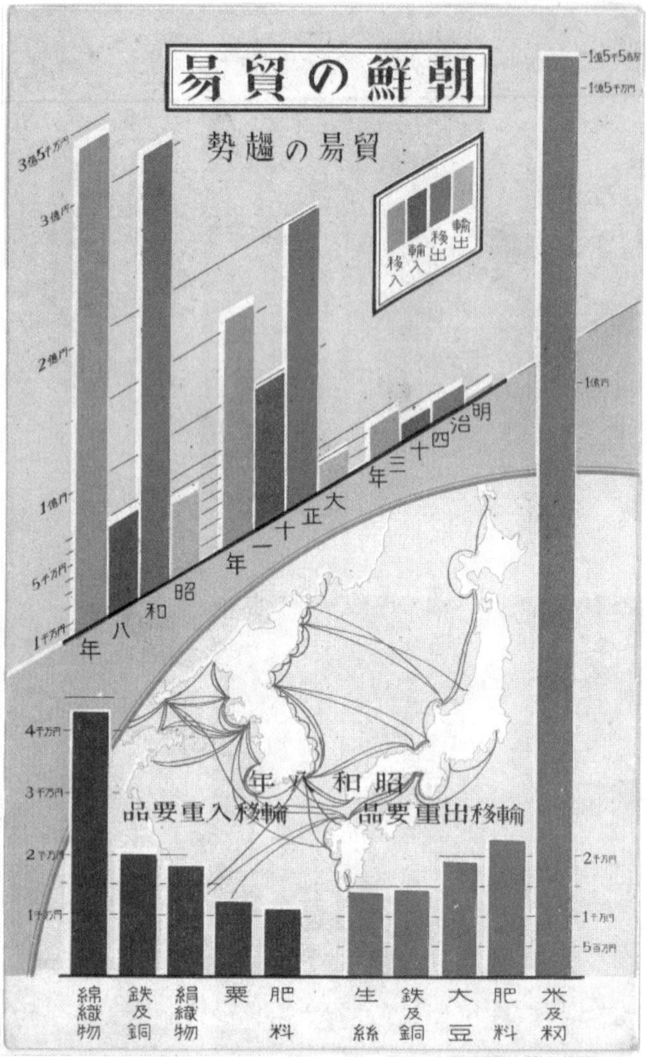

1935년 발행

1933년 조선 무역

연도 · 구분	일제강점기
수· 이출 중요품	
미	1억55백만엔
비료	2100만엔
대두	1900만엔
철. 동	1450만엔
생사	1400만엔
1910년 수출·수입	
수출	약400만엔
수입	약1000만엔
1933년 수출·수입	
수출	약5000만엔
수입	약6500만엔

광복 70년 후(2015년)

2013년	수출	559,632백만불
	수입	515,585백만불
2015년	수출	526,756백만불
	수입	436,498백만원

한반도 공격

일제강점기에 한반도에도 소규모 공습이 있었다. 물론 커티스 르메이가 고안한, 도시에 대한 저고도 융단폭격은 아니었고 원산· 함흥· 부산 등에 있는 산업 시설· 군사 시설에 대한 정밀폭격이나 소규모 기뢰 살포 작전을 시행했다. 또한 중국을 기지로 한 폭격기대가 일본 본토로 향할 때 한반도를 통과하면서 조선 주둔군 대공포나 항공대가 폭격기를 추격한 사례도 있으나 폭격기가 격추된 사례는 전무하다. 당시 일반 시민들 중엔 이런 소규모 폭격과 일본으로부터 들은 대규모 폭격에 대한 소문 때문에 미군이 한반도 또한 폭격을 하지 않을까 걱정하는 사람도 있었으나, 이미 2년 전에 연합군 수장들이 한국은 일본과 별개 국가로 보아 일본 항복 후 독립시키기로 공식적으로 합의하여 선포한 상황였기 때문에 국제 사정을 아는 사람들이 '미군이 우리를 공격하진 않을 것이다'라며 안심시켰다고 한다.

일제강점기 통계 그림엽서(1910~1945)

1933년 조선 총생산액

조선총독부 발행

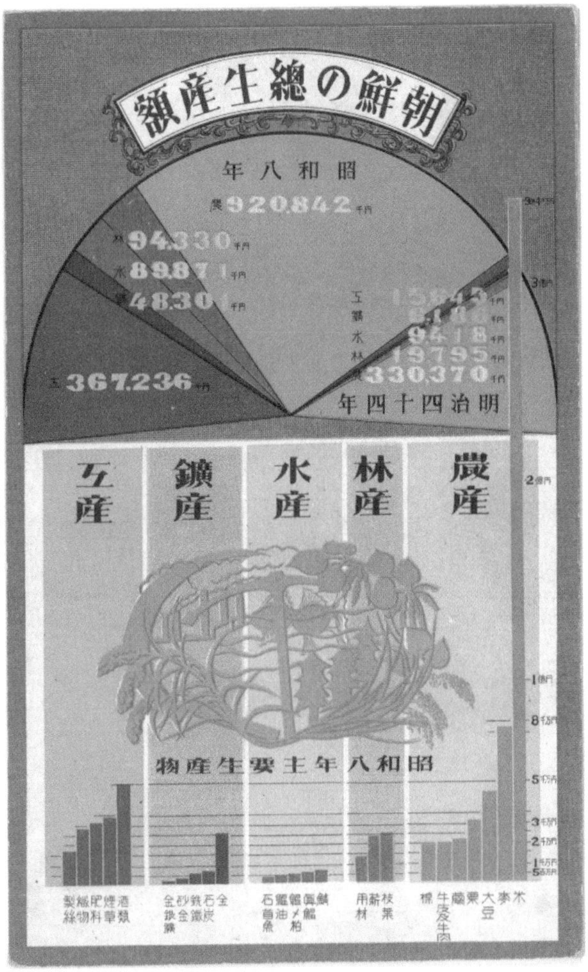

1933년 조선 총생산액

연도 · 구분	일제강점기
농업	920,842천엔
공업	367,236천엔
광업	48천엔
수산	89천엔
임업	94천엔

1933년(소화 8년) 주요 생산물

연도 · 구분		일제강점기
농산	미	3억4천만엔
	맥	7500만엔
	대두	4500만엔
	임산기엽	2500만엔
수산	청어	750만엔
광산	금	2500만엔
공산	주류	5000만엔
	연초	3200만엔
	비료	3000만엔

광복 70년 후(2015년)

국민 총 생산액	1,485,078십억원 (2014년 기준)
어업 생산액	7조1,688억원

포츠담 선언 체결

1945년 8월 15일 한반도가 일본제국으로 부터 해방을 맞이하여 독립했으나 결국 조선 민족이 일본제국을 탄핵소추되어 경술국치 재확인으로 일본과 단절되었다. 그리고 항복 선언 3일 뒤인 8월 17일에는 일본 군정하에 있었던 인도네시아에서 독립 선언이 나왔다. 그리고 8월 18일에는 괴뢰 국가인 만주국이 결국 무너졌다. 그리고 포츠담 선언은 1945년 9월 2일 체결 즉시 발효되었다. 포츠담 선언 조인식에서는 해리 S. 트루먼 미국 대통령은 "이 9월 2일을 '대일 승전 기념일(VJ 일)'라고 한다"라고 선언했다. 그리고 이 포츠담 선언 체결일, 호치민이 베트남 민주 공화국 성립을 선언하고, 바오다이가 이끄는 베트남 제국은 붕괴했다.

일제강점기 통계 그림엽서(1910~1945)

청진항 통계 그림엽서

1933년 발행 청진상공회의소 발행

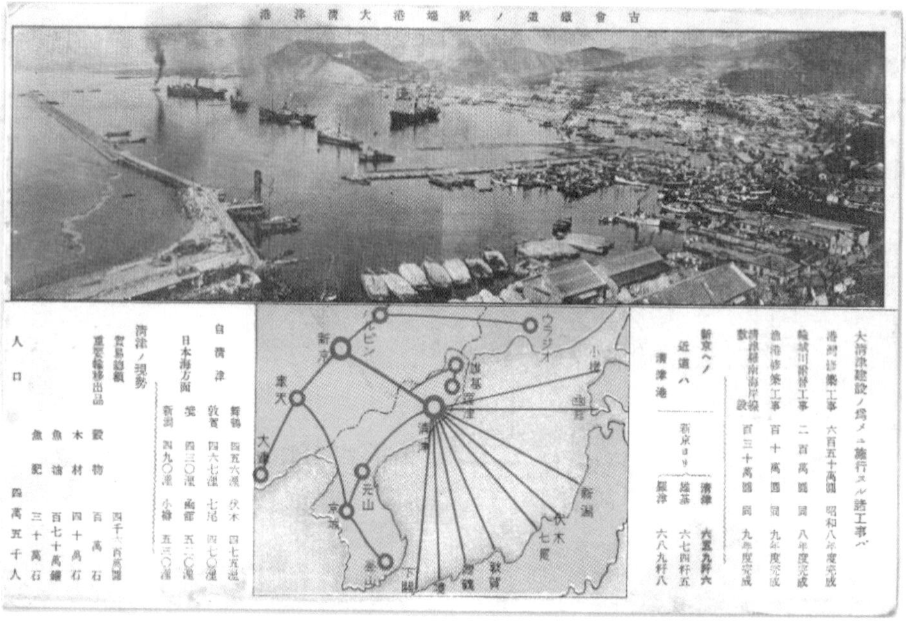

길회철도·종단항 대 청진항

청진항 부두 전경

연도 · 구분	일제강점기	광복 70년 후(2015년)
대청진 건설 개요(1933년)		
항만 수축 공사비	650만원(1933년도 완성)	
수성천 부체 공사비	200만원(1933년도 완성)	
어항 수출 공사비	110만원(1934년도 완성)	
청진 나남 해안선 수설	130만원(1934년도 완성)	

거리	면적 1,855Km2	청진–서울 직선 거리 570Km
청진-일본 무학	456리	개항일 1908년
청진-일본 돈하	467리	행정 구역 7개구역
청진-신조 490리	(나남, 부윤, 송평, 수남, 신암, 청암, 포항구역)	
청진-복목 475리	하역 능력 800만톤(수심12m)	
청진-칠미 470리	청진출신 유명인	
	신상옥 영화감독	
청진-함관 520리	건축가 김수근, 연예인 리설주, 정치인 장성택	
청진-소존 530리		

청진의 현세		
무역 총액	4,600만원	
중요 수·이출품	곡물 100만석	
목재	40만석	
어유	170만톤	
어파	30만석	
청진 총인구수	4만5천명	67만명

일제강점기 통계 그림엽서(1910~1945)

청진항 통계 그림엽서

1933년 발행 청진상공회의소 발행

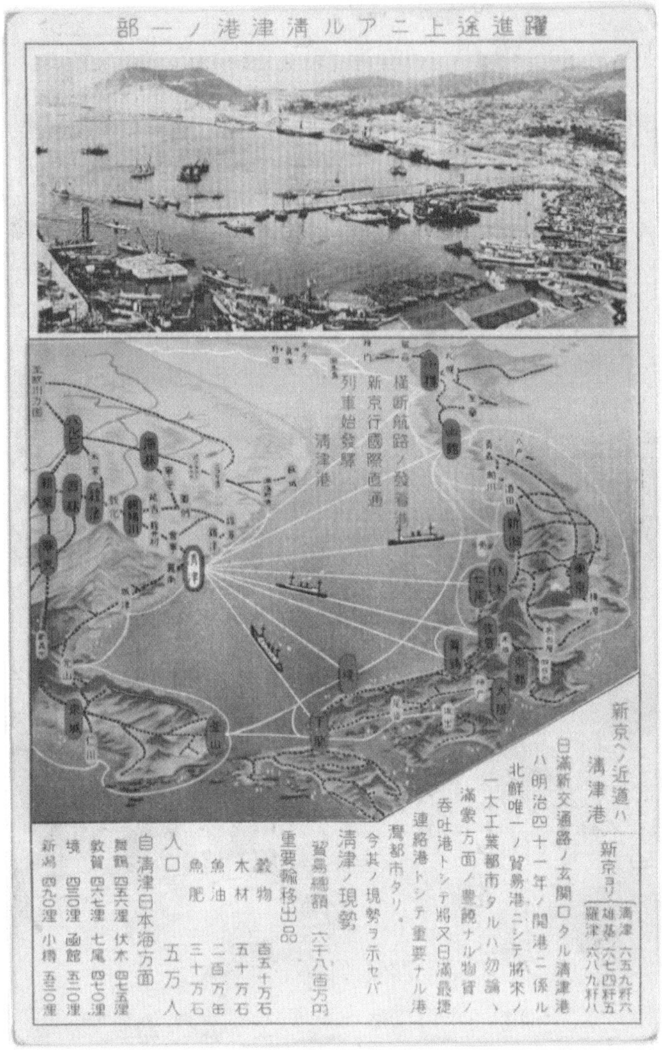

약진도상의 청진항

함경북도 청진시 위치도

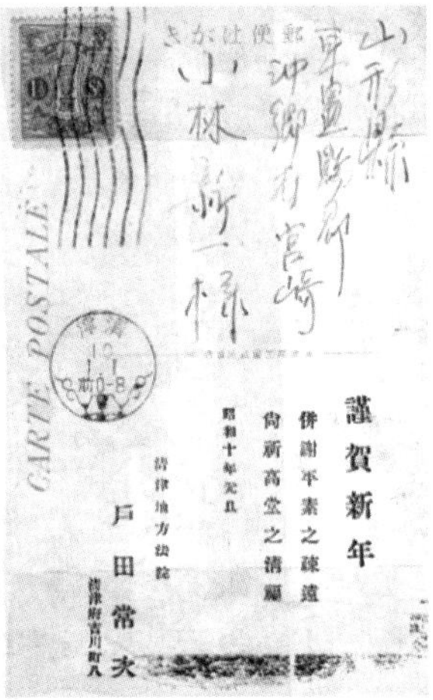

청진 로울러인

서춘(徐椿) 1894 ~ 1944

일제강점기 조선일보사 주필, 매일신보 주필 등을 역임한 언론인. 친일반민족행위자.

1919년 2·8독립선언 당시 실행위원 11인 중 한사람으로 조선청년독립단[朝鮮青年獨立團] 명의로 발표된 독립선언서에 서명하고 독립시위를 전개하다 체포되어 금고 9월형을 받았다. 출옥 후 도요대학[東洋大學] 철학과를 거쳐 1926년 교토제국대학[京都帝國大學] 경제학부를 졸업하였다.

서춘은 1919년 2·8 독립선언에 참여했지만 훗날 총독부 기관지 매일신보의 주필 등을 지내며 일제의 침략전쟁을 미화했다. 서훈을 심사한 독립운동유공자 상훈심의회가 이런 사실을 몰랐을 리 없었다. 하지만 심의회는 서춘의 친일 행적을 외면하고 그를 독립유공자로 인정했다. 이는 친일파가 같은 친일파를 챙겨 주고자 서훈 제도를 악용한 것으로 의심받는 사례 가운데 하나다. 1996년 서훈이 취소되었다.

출처: 한국민족문화대백과사전, 위키백과

일제강점기 통계 그림엽서(1910~1945)

함경남도 통계 그림엽서

1935년 발행 함경남도 농산물

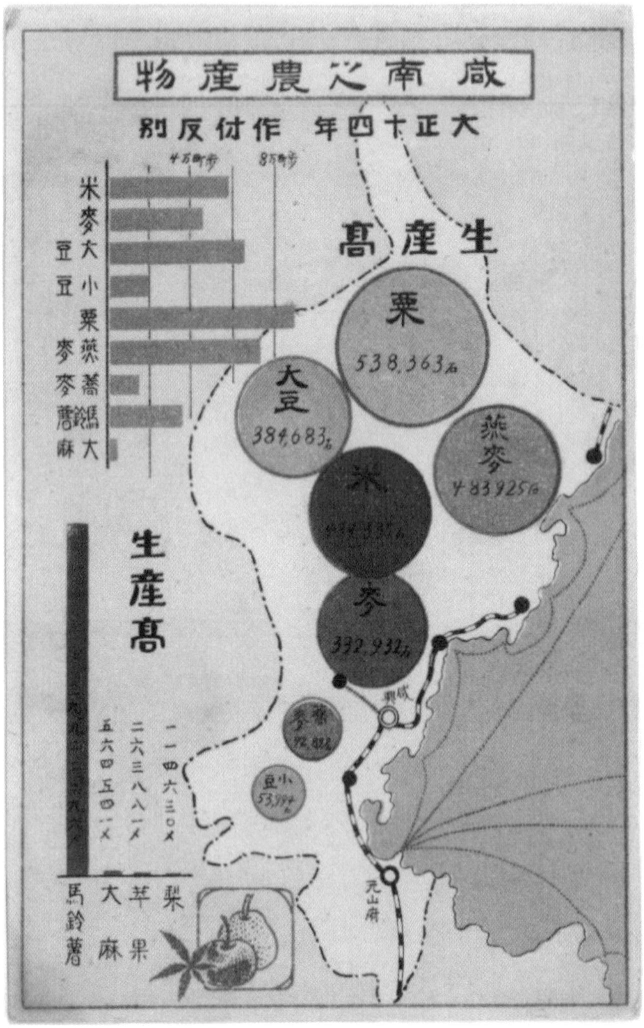

1925년 작부반 별 생산고 및 작부 면적

연도 · 구분	일제강점기
함경남도의 농산물	
1925년	
작부반별 생산고	
미	59만정보 434,337석
맥	42만정보 332,932석
대두	61만정보 384,683석
소두	2만정보 53,994석
율	83만정보 538,363석
자맥	70만정보 483,925석
고맥	18만정보 72,899석
대마	2만정보

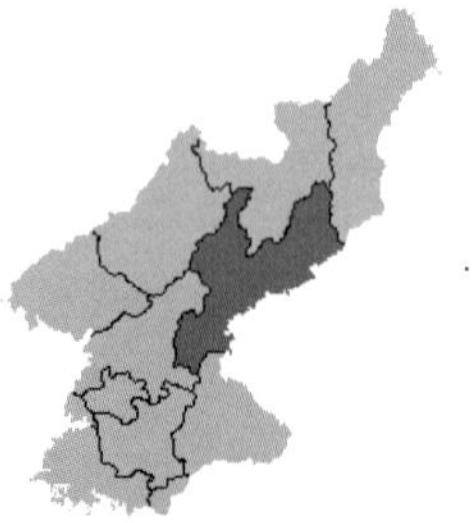

함경남도 위치(갈색 부분)

진학문(秦學文) 1894 ~ 1974

일제강점기 만주국참사관, 중추원참의 등을 역임한 관료. 언론인, 친일반민족행위자.

1937년 7월 만주국 내무국 참사관에 임명되었으며, 이후 만주국 총무청 참사관을 지내며 오족협화를 내건 최대 친일조직인 만주국 협화회 간부로 활동했다. 1939년 만주국 국무원 총무청 감찰관을 지냈으며, 1940년 5월 만주국 국책회사인 만주생활필수품주식회사 상무이사, 8월 만주국 협화회가 설립한 재만조선인교육후원회의 신징[新京]지역 위원, 1944년 6월 국민총력조선연맹 평의원 등을 맡았다. 1945년 2월 윤치호·박춘금·이광수·손영목·주요한 등과 함께 대화동맹(大和同盟)을 결성해 이사로 활동했으며, 1945년 6월 그간의 공로를 인정받아 조선총독의 자문기구인 중추원 참의에 임명되었다. 해방 후, 반민족행위자로 지목되어 반민특위의 조사가 시작되자, 일본으로 도피했다가 귀국해 불구속 송치되었으며, 이후 경제계에 투신해 한국전쟁 중인 1952년 한국무역진흥공사 부사장, 1955년 한국무역협회 일본지사장, 1963년 전국경제인연합회 상임부회장 등을 지냈다.

출처: 한국민족문화대백과사전

일제강점기 통계 그림엽서(1910~1945)

함경남도 통계 그림엽서

1935년 발행 함경남도 미·두

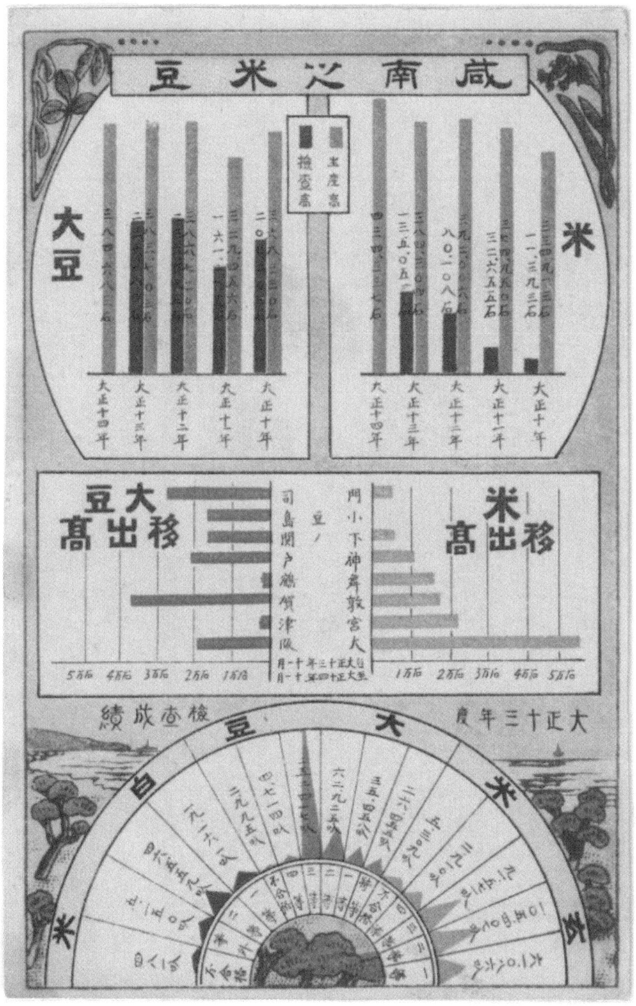

미· 대두의 연도별 생산고와 검사고(1921~1925)

연도 · 구분		일제강점기
함경남도의 미·두		
미 생산고 검사고		
1921년	334,913석	11,393석
1922년	374,950석	32,655석
1923년	392,006석	80,108석
1924년	384,304석	135,053석
대두 생산고 검사고		
1921년	368,230석	207,203석
1922년	329,456석	161,251석
1923년	386,720석	236,385석
1924년	383,703석	236,180석
1925년	384,683석	

함경남도 2014년도 쌀 생산량 추이
2014년 쌀 생산량은 4,241천 톤
재배면적: 816천 ha
단위면적(10a)당 생산량: 520kg
총 생산량: 4,241천 톤

양익현(梁益賢)

일본식 이름: 梁川益賢(1900년 11월 ~ ?)
일제 강점기의 경찰 겸 관료. 함경남도 원산부 출생 경찰, 관료 부문, 친일 반민족 행위 진상 규명 위원회가 발표한 친일반민족행위 705인 명단에 포함되었다.

최주성(崔周星)

일본식 이름: 大山博正(1910년 2월 8일 ~ ?)
일제 강점기의 기업인 겸 함경남도 지역 유지로, 함경남도 함흥군 흥남읍 출신이다.
1941년 12월 8일 태평양 전쟁 당시 일본의 진주만 공격을 기념하기 위한 차원에서 함경남도 흥남경찰서에 애국기 1대 구입 자금을 헌납했다.
이러한 경력으로 인해 친일파 708인 명단의 군수산업 관련자 부문, 민족문제 연구소의 친일 인명 사전 수록자 명단의 지역유력자 부문에 포함되었다.
1942년 함남수산주식회사 이사를 역임했으며, 1942년 5월 29일 함경남도양곡(咸鏡南道糧穀)주식회사 이사를 역임했다.

출처: 위키백과

일제강점기 통계 그림엽서(1910~1945)

1934년도 조선 인구

조선총독부 발행

1935년 발행

1935년 통계 그림엽서 봉투

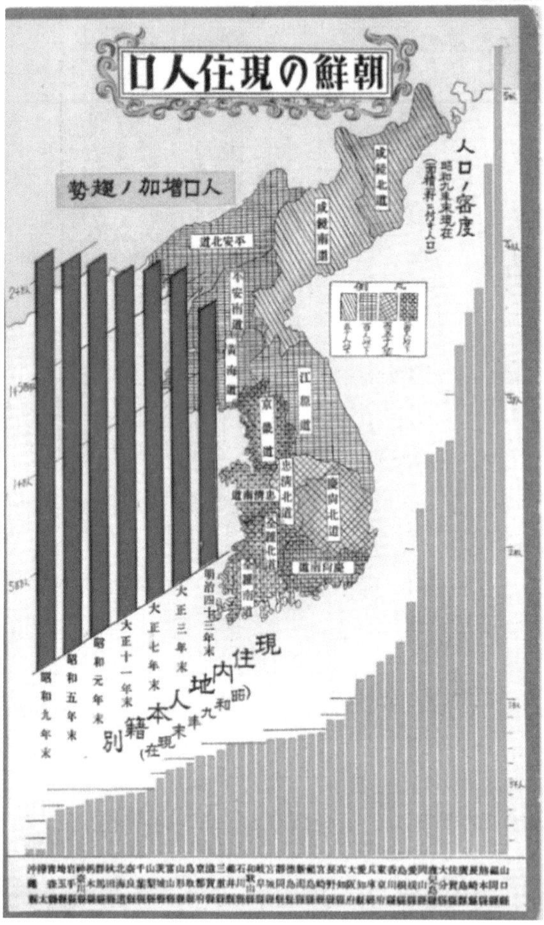

조선의 현재 인구

1934년도 조선 인구

연도 · 구분	일제강점기	광복 70년 후(2016년)
1910년	약 1350만명	2016년 2월 현재 51,555,409명
1914년	약 1600만명	
1918년	약 1700만명	
1922년	약 1750만명	
1926년	약 1900만명	
1930년	약 2000만명	
1934년	약 2100만명	

모윤숙(毛允淑) 1909~1990

일제강점기 『옥비녀』·『정경』·『빛나는 지역』 등을 저술한 시인. 친일반민족행위자1909년 함경남도 원산에서 출생했다. 1925년 함흥 영생보통학교(永生普通學校), 1927년 개성 호수돈여자고등보통학교(好壽敦女子高等普通學校)를 졸업하고, 1927년 이화여자전문학교 예과에 입학했다. 1931년 영문과를 졸업했으며, 4월 북간도 용정(龍井)에 위치한 명신여학교(明信女學校)에 교사로 재직했다. 1942년 2월 조선임전보국단 부인대의 군복 수리 근로와 조선임전보국단과 국민총력 경성부연맹이 주최한 '저축강조 전진 대강연회' 연사, 5월 조선임전보국단 부인대 주최 '군국의 어머니 좌담회', 12월 '대동아전(大東亞戰) 1주년 기념 국민시 낭독회'에 참여했다. 1943년 3월과 8월 작사한 군국 가요 「군국의 어머니」와 「어머니의 희망」이 방송되었고, 8월 경성부와 대일본부인회 경성지부가 공동 개최한 부인계발강연회에 '시국에 처한 부인의 각오'란 주제로 강연했다.

일제강점기 통계 그림엽서(1910~1945)

경상북도 통계 그림엽서

1935년 발행 경상북도농회 발행 전국 특산품 진열대회 기념

경상북도의 산업 대구인쇄합자회사 인행

주요농산물

일제강점기	광복 70년 후(2015년)
미 233만석	589,466톤
맥 180만석	1,902톤
두류 75만석	17,731톤
호과 30만관	397,427톤

김용제(金龍濟)

일제강점기 「압록강」·「사랑하는 대륙이여」 등을 저술한 시인. 비평가·친일반민족행위자.

김용제의 일제 강점기 활동은 2004년 10월 29일 공포된 대통령령 제18571호 「일제강점하 친일반민족행위 진상규명에 관한 특별법」에 해당하는 친일반민족행위로 규정되어 친일반민족행위진상규명위원회의 「친일반민족행위진상규명 보고서」에 친일 행적이 상세하게 채록되었다.

출처: 한국민족문화대백과사전

일제강점기 통계 그림엽서(1910~1945)

조선총독부 체신국 발행

우편위체 1935년 발행

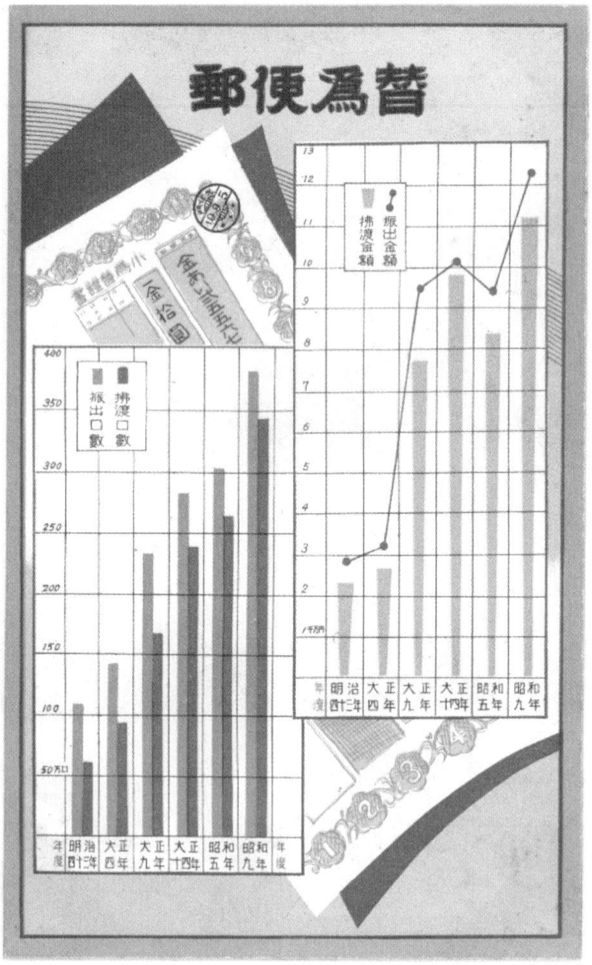

조선의 통계[우편위체] 그림엽서

1934년 우편위체

연도 · 구분		일제강점기
1934년	진출금액	1억2천3백만엔
	불도금액	1억1천1백만엔
1930년	진출금액	9천5백만엔
	불도금액	8천2백만엔
1925년	진출금액	1억1천만엔
	불도금액	9천9백만엔
1920년	진출금액	9천7백만엔
	불도금액	7천9백만엔
1915년	진출금액	3천1백만엔
	불도금액	3천1백만엔
1910년	진출금액	2천2백만엔
	불도금액	2천9백만엔

1978. 4. 1 발행
저축장려
Encouraging Savings
우표번호 C785
액면가 20원
발행량 300만 매
디자인 안성경

1934년 일제강점기 우편사 및 시대 상황

1월 12일 간이학교(簡易學校) 설립
1월 20일 벽제(碧蹄), 마산(馬山), 진주(晋州), 여수(麗水), 회령(會寧), 겸이포(兼二浦), 배천(配天) 등 명승지 일부인 사용
4월 조선농지령(朝鮮農地令) 공포
5월 1일 조선 보물 고적 보존령 공포
6월 2일 여자기독청년회관(女子基督靑年會館) 낙성
8월 1일 혜산선(惠山線) 철도 개통 [합수(合水)-백암(白岩) 간]
8월 금강산(金剛山) 무료 전화, 통화 개통
11월 1일 부산 -장춘(長春) 간 직통열차 운행 개시. 체신분장국(遞信分場局) 설치(체신국 관리 사무분장국의 개칭)
원산, 평양우편국 우편, 전신, 전화, 보험 4과로 개정
목포우편국 1계 2과 설치
대구우편국 1계 3과 설치

일제강점기 통계 그림엽서(1910~1945)

조선총독부 체신국 발행

우편 저금 1935년 발행

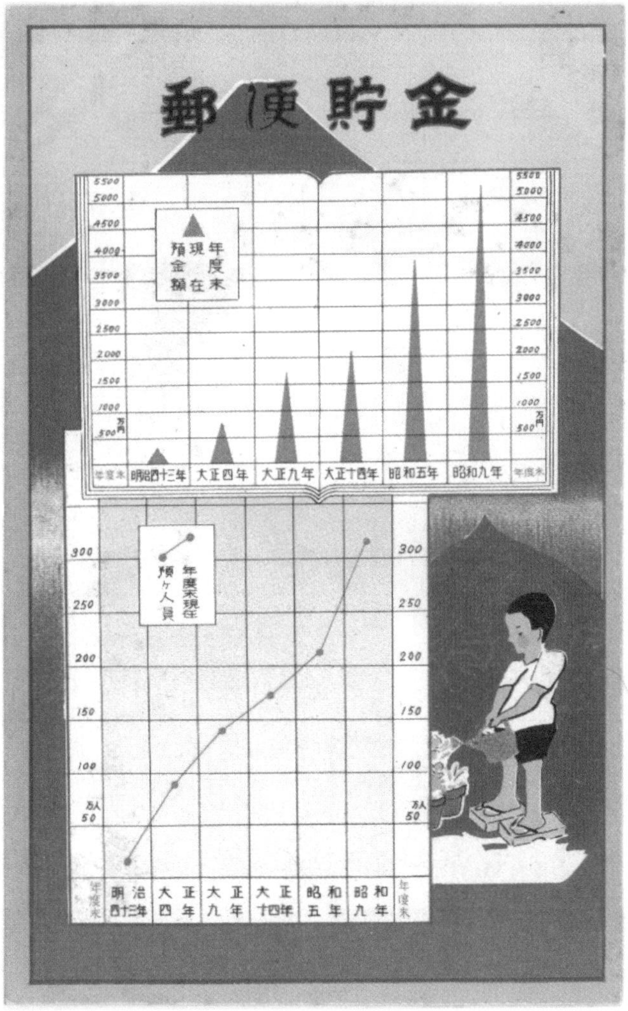

조선의 통계(우편저금)그림엽서

1934년 우편저금
예금액 및 예금자수

연도 · 구분		일제강점기
1934년	예금액	5300만엔
	예금자수	320만명
1930년	예금액	3800만엔
	예금자수	220만명
1925년	예금액	2100만엔
	예금자수	175만명
1920년	예금액	1700만엔
	예금자수	140만명
1915년	예금액	700만엔
	예금자수	90만명
1910년	예금액	400만엔
	예금자수	20만명

1997. 2. 19 발행
한국 근대금융 100주년 기념
The Centennial of the Inception of Korea's
Modern Financial Industry
우표번호 C1438
액면가 150원
발행량 300만 매
디자인 이기석

물자절약운동(1970년대)

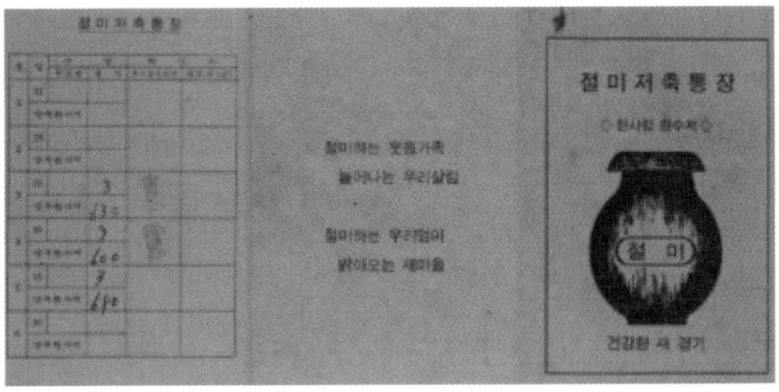

절미하는 웃음가족 '늘어나는 우리살림'
절미하는 우리엄마 '밝아오는 새마을',
너도나도 절미저축 '부자되는 우리마을'

일제강점기 통계 그림엽서(1910~1945)

조선총독부 체신국 발행

전화 1935년 발행

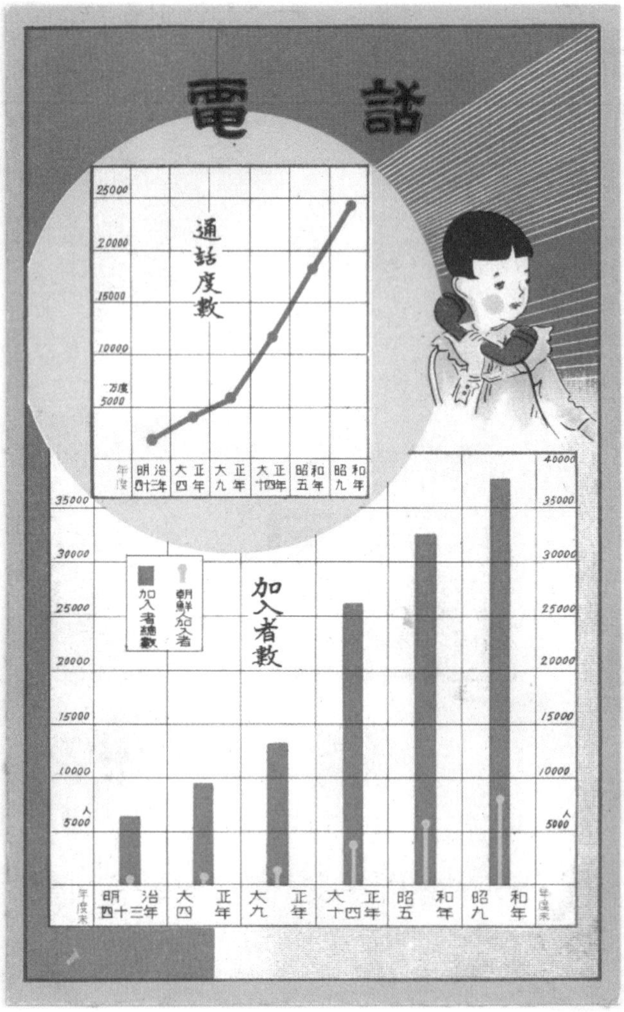

조선의 통계(전화) 그림엽서

1934년 전화 통화수 및 가입자 수

연도 · 구분		일제강점기
1934년	통화수	2억4천9백만통
	가입자 수	3만7천명
	한국인	8000명
1930년	통화수	1억8천만통
	가입자 수	3만5천명
1925년	통화수	1억2천만통
	가입자 수	2만6천명
1920년	통화수	5100만통
	가입자 수	1만3천명
1915년	통화수	4천만통
	가입자 수	9천명
1910년	통화수	2천만통
	가입자 수	6천명
	한국인	약 1천명

광복 70년 후(2015년)

무선	57,208천명
유선	16,940천회선

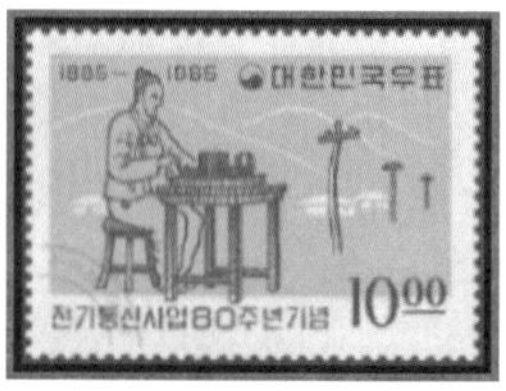

1965. 9. 28 발행
전기통신사업 80주년 기념
80th Anniv.of Tele-Communication

히로시마 · 나가사키에 원자폭탄 투하

1945년 7월 26일 미국· 영국· 중화민국 정부 수뇌들이 모여 일본 민주화를 요구하는 포츠담 선언을 발표했다. 그러나 일본 제국 정치가들은 포츠담 선언을 묵살했다. 그 결과 일본에 8월 6일 히로시마, 8월 9일 나가사키에 각각 원자폭탄 투하가 이루어졌다. 이 원자폭탄 이외에 8월 9일에는 소련군이 일본 제국이 세운 괴뢰 국가인 만주국을 침공했다. 그리고 대한민국 임시 정부에서는 1945년 9월에 정식으로 제2차 세계대전에 참가하여 일본을 공격할 것이라고 예정되어 있었으나 일본이 예상보다 빨리 항복하는 바람에 실패하였으며, 연합국측에서는 9월에 일본을 독일처럼 분할 점령하려고 했으나 이 역시 일본이 항복하는 바람에 무산되어 결국 미국이 단독 점령을 하였다. 그 2발의 원자폭탄은 일본 제국군이 점령한 동북 아시아와 동남 아시아에서 독립 운동을 야기하며, 제2차 세계 대전을 종식시켰다. 제2차 세계대전의 뚜껑을 끈 사건이 8월 13일 발발한, 호치민의 8월 혁명이었다. 이 후 8월 14일 쇼와 천황이 포츠담 선언을 수락 하였다.

일제강점기 통계 그림엽서(1910~1945)

전화통 수

조선총독부 체신국 발행

1935년 발행

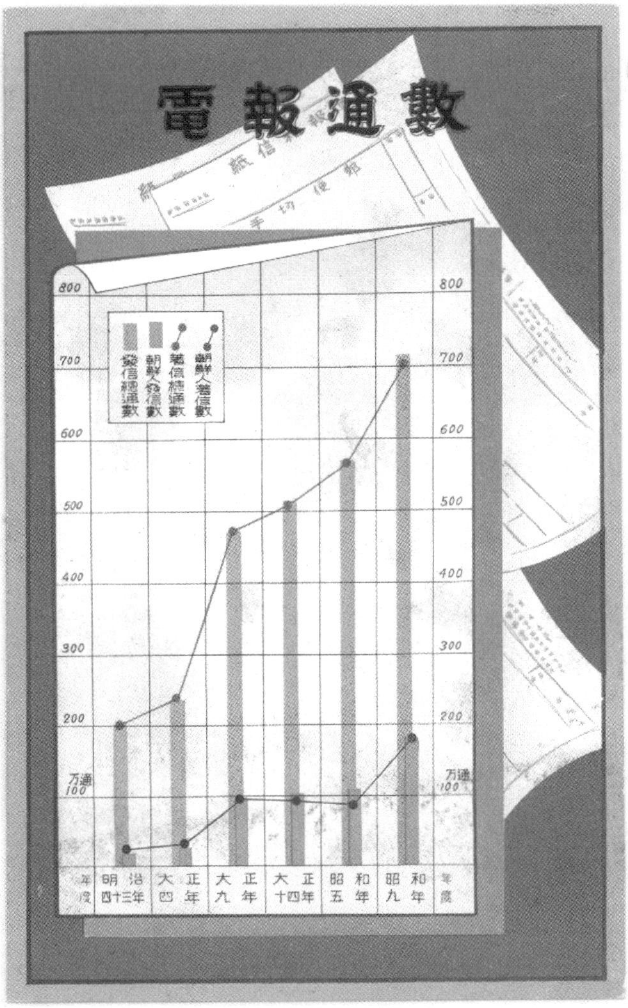

조선의 통계(전보) 그림엽서

전보, 통화수 및 가입자수

1930년
발신 530만통
한국인 110만통
1915년
발신 220만통
한국인 20만통
1910년
발신 210만통
한국인 15만통

광복 70년 후(2011년)

2011년 현재
전보 착신 건수는 한달 평균 20만 건.

1968. 5. 31 발행
제1회 집배원의 날 기념
1st Postman's Day

1974. 4. 22 발행
제19회 체신의날기념
19th Communications Day

이산연(李山衍)

1917 ~ 1950

일제 강점기에 한국인 최초의 신직(神職)을 맡은 친일 인물이다.

이산연은 경찰로 근무하던 아버지 이원우를 통하여 충청북도 도지사인 김동훈의 추천장을 받아 1938년 이 기관에 입학했고, 조선인 2명, 일본인 4명과 함께 총 7명이 근 1년간 교육을 받았다. 1939년 조선황전강습소를 졸업하고 청주신사에 첫 발령을 받았고, 2년 후에는 조선인 최초의 신직에 올랐다.

2002년 민족정기를 세우는 국회의원모임에서 발표한 친일파 708인 명단에 선정되었다. 이산연의 아버지인 이원우는 2008년 발표된 민족문제연구소의 친일인명사전 수록예정자 명단 경찰 분야에 포함되어 있다.

출처: 위키백과

일제강점기 통계 그림엽서(1910~1945)

우편물 수

조선총독부 체신국 발행

1935년 발행

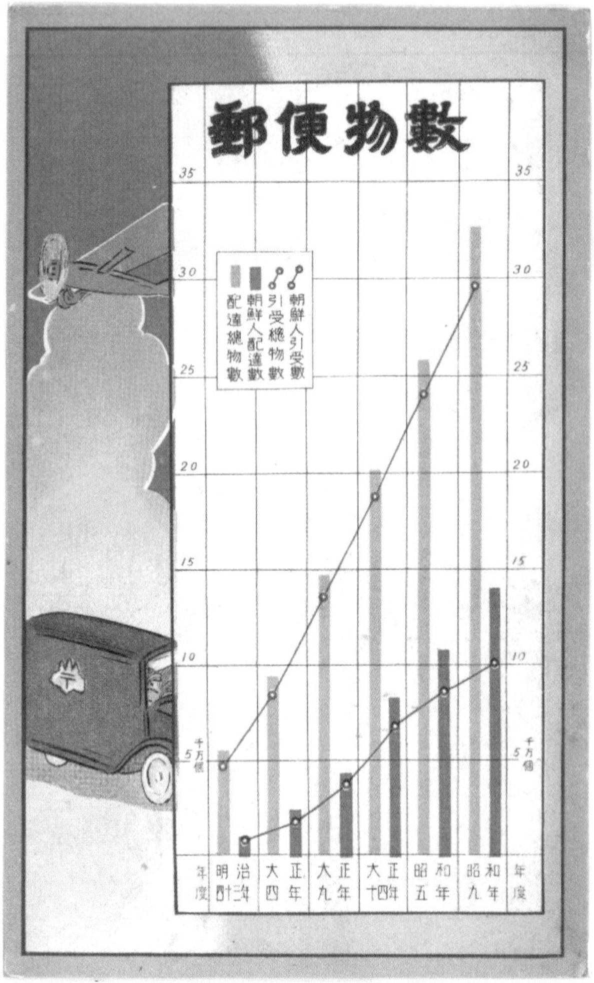

일제강점기 우편저금

일본제국이 일제 강점기 하의 식민지 주민에게 저금하게 한 뒤 돌려주지 않은 예금을 말한다. 이 예금은 일본의 우편저금·간이생명보험 관리기구에 의하여 관리되고 있다. 2009년 일본의 언론사인 교도통신(**共同通信**)의 보도에 따르면 일본이 한반도와 만주, 타이완 등 옛 식민지 주민들에게 저금하게 하고 돌려주지 않은 우편저금의 계좌수는 약 1천900만 개이고, 저금의 액면 금액은 이자를 포함하여 약 43억엔에 이르는 것으로 나타났다고 보도하였다. 이 저금과 관련하여 대한민국의 일제강점하 강제동원 피해 진상규명위원회가 2005년 6월과 9월 두 차례 일본에 우편저금과 노무자 공탁금 등 미수금 자료를 요구하는 공문을 보내었으나, 당시 일본은 노무자 공탁금 관련 자료만 제공하고, 우편저금에 대해서는 '잘 모르겠다'거나 '확인할 수 없다'는 답변으로 일관한 바 있다

우편물 수

1934년 1억4천만통
1930년 1억1천만통
1925년 8천만통
1920년 4천만통
1915년 3천만통
1910년 1천만통

일본 항복

1945년 5월 8일 나치 독일 항복에 이어 1945년 9월 2일에 일본 제국 항복(**포츠담 선언 서명**)으로 제2차 세계 대전은 종결되었다. 20세기 세계사 세계 대전 시대 종결과 냉전 시대 시작을 선포하는 큰 전환이 된 사건 이기도 하다. 연합군 최고사령부(GHQ)에 의한 점령 통치 시작이며, 1868년 1월 3일 메이지 유신(**"왕정 복고의 큰 호령"**)에 의하여 성립된 일본 제국은 성립으로부터 77년 후에 붕괴했다. 천황을 기축으로 하는 '일본제국'(**日本帝國**)에서, 일본국 헌법과 미일 안보 조약을 기축으로하는 '일본국'(**日本國**)으로 바뀌었다. 일본 역사상 1603년 도쿠가와 막부 성립과 1868년 메이지 유신과 나란히 큰 전환점의 히나이다.

일제강점기 통계 그림엽서(1910~1945)

경상북도 통계 그림엽서

1937년 발행 경상북도농회 발행 전국 특산품 진열 대회 기념

어판장 상황 사진과 주요 어류 및 주요 제품 현황

경상북도 상품 진열소 및 도청의 일부 사진과 주요 공산품 현황

경상북도 주요 어류 및 주요 제품

어획고 552만엔

수산 제품 162만엔

공산액 2570만엔

일제강점기 인구 현황

(단위 : 천명, %)

연도	인구수			성비	조선인	구성비	일본인	구성비	기타	구성비
	전체	남	여	(여=100)						
1910	13,313	7,057	6,256	112.8	13,129	98.6	171	1.3	13	0.1
1911	14,056	7,398	6,658	111.1	13,832	98.4	211	1.5	13	0.1
1912	14,827	7,732	7,095	109	14,567	98.2	244	1.6	17	0.1
1913	15,459	8,033	7,426	108.2	15,170	98.1	272	1.8	17	0.1
1914	15,930	8,259	7,671	107.7	15,621	98.1	291	1.8	18	0.1
1915	16,278	8,371	7,907	105.9	15,958	98	304	1.9	17	0.1
1916	16,648	8,575	8,073	106.2	16,309	98	321	1.9	18	0.1
1917	16,969	8,747	8,222	106.4	16,617	97.9	332	2	19	0.1
1918	17,057	8,790	8,267	106.3	16,697	97.9	337	2	23	0.1
1919	17,150	8,836	8,314	106.3	16,784	97.9	347	2	20	0.1
1920	17,289	8,909	8,380	106.3	16,916	97.8	348	2	25	0.1
1921	17,453	8,998	8,455	106.4	17,059	97.7	368	2.1	26	0.1
1922	17,627	9,089	8,538	106.4	17,208	97.6	386	2.2	32	0.2
1923	17,885	9,214	8,671	106.3	17,447	97.6	403	2.3	35	0.2
1924	18,068	9,294	8,774	105.9	17,620	97.5	412	2.3	37	0.2
1925	19,016	9,729	9,286	104.8	18,543	97.5	425	2.2	47	0.3
1926	19,104	9,780	9,324	104.9	18,615	97.4	442	2.3	47	0.2
1927	19,138	9,793	9,345	104.8	18,631	97.4	455	2.4	51	0.3
1928	19,190	9,809	9,381	104.6	18,667	97.3	469	2.4	53	0.3
1929	19,331	9,871	9,460	104.4	18,784	97.2	488	2.5	58	0.3
1930	20,257	10,320	9,936	103.9	19,686	97.2	502	2.5	69	0.3
1931	20,263	10,321	9,942	103.8	19,710	97.3	515	2.5	38	0.2
1932	20,600	10,483	10,117	103.6	20,037	97.3	523	2.5	39	0.2
1933	20,791	10,582	10,210	103.6	20,206	97.2	543	2.6	43	0.2
1934	21,126	10,744	10,381	103.5	20,514	97.1	561	2.7	51	0.2
1935	21,891	11,116	10,775	103.2	21,249	97.1	583	2.7	59	0.3
1936	22,048	11,206	10,842	103.4	21,374	96.9	609	2.8	65	0.3
1937	22,355	11,352	11,003	103.2	21,683	97	630	2.8	43	0.2
1938	22,634	11,489	11,145	103.1	21,951	97	633	2.8	50	0.2
1939	22,801	11,541	11,260	102.5	22,098	96.9	650	2.9	52	0.2
1940	23,709	11,976	11,733	102.1	22,955	96.8	690	2.9	65	0.3
1941	24,704	12,454	12,250	101.7	23,913	96.8	717	2.9	74	0.3
1942	26,361	13,249	13,113	101	25,525	96.8	753	2.9	83	0.3
1943	26,662	13,324	13,338	99.9	25,827	96.9	759	2.8	76	0.3

일제강점기 가구수 현황

연도	총 수	한국인	일본인	기타 외국인
1910	2,804,103	2,749,956	50,992	3,155
1920	3,292,979	3,191,153	94,514	7,312
1930	3,821,564	3,679,463	126,312	15,789
1940	4,409,950	4,231,617	165,900	12,433
1943	4,878,901	4,679,899	183,029	15,973

일제강점기 연도 및 지역별 평균기온 변화

(단위 : ℃)

연도	경성	부산	대구	인천	목포
1910	10.5	13.1	12.3	10.2	12.6
1915	11	13.9	13.1	10.7	13.3
1920	11.6	14	12.8	11.2	14
1925	10.9	13.6	12.1	10.7	13.1
1930	11.9	14.3	13	11.4	13.8
1935	11.4	13.8	13.2	11.6	13.7

일제강점기 지역별 인구 분포

(단위 : 명, %)

지역별	1920년 인구수	구성비	1930년 인구수	구성비	인구수	구성비
전국	17,288,989	100	17,288,989	100	23,709,057	100
경기도	1,785,675	10.3	1,785,675	10.1	2,834,404	12
충청북도	777,333	4.5	777,333	4.3	898,872	3.8
충청남도	1,139,707	6.6	1,139,707	6.7	1,535,519	6.5
전라북도	1,220,088	7.1	1,220,088	7.2	1,557,190	6.6
전라남도	1,954,568	11.3	1,954,568	11.1	2,558,903	10.8
경상북도	2,112,379	12.2	2,112,379	11.5	2,413,501	10.2
경상남도	1,796,273	10.4	1,796,273	10.2	2,222,456	9.4
황해도	1,280,595	7.4	1,280,595	7.4	1,769,383	7.5
평안남도	1,082,467	6.3	1,082,467	6.4	1,598,221	6.7
평안북도	1,204,737	7	1,204,737	7.4	1,719,636	7.3
강원도	1,181,994	6.8	1,181,994	7	1,703,220	7.2
함경남도	1,229,283	7.1	1,229,283	7.3	1,833,075	7.7
함경북도	523,890	3	523,890	3.5	1,064,677	4.5

1930년 일제강점기 한국인 출생, 사망, 혼인, 이혼 추이

(단위 : 명, ‰)

1930년	출생(명)	조출생	사망(명)	조사망	혼인(건)	조혼	이혼(건)	조이혼
합계	764,212	38.6	373,722	19	197,563	10	8,894	0.5

1930년 일제강점기 한국인과 일본인 직업별 인구

	조선인				일본인			
	인구수	구성비	주업자	구성비	인구	구성비	주업자	구성비
총수	19,686	100	8,970	100	502	100	179	100
농림목축업	15,853	80.5	7,772	86.6	42	8.4	18	10.2
어업제렴업	313	1.6	114.233	1.3	13	2.5	5	2.7
공업	449	2.3	142.997	1.6	72	14.4	26	14.7
상업 및 교통업	1,254	6.4	445.099	5	147	29.4	55	31
공무원.자유업	523	2.7	148.345	1.7	177	35.2	63	35.1
기타유직자	948	4.8	347.789	3.9	32	6.4	11	6.3
무직 및 신고미필자	345	1.8	-	-	19	3.7	-	-

주 : 주업자는 일정한 직업을 생업으로 하는 자를 말함

일제강점기 은행대출금 연말 현재고

(단위:천원)

	대출						
	계	연부 및 정기대부		일반대출	%	당좌대월	할인어음
1910	22,990	-		8,688	37.8	1,578	12,724
1935	768,280	266,971		406,076	52.9	17,995	77,238
1940	1,898,950	493,814		1,223,978	64.5	65,398	115,760
1943	3,031,617	711,283		1,759,502	58	401,932	158,900

일제강점기 주요 농산물 수확량

(단위 : 천 정보, 천 석)

연도	미(米)작			맥(麥)작			두(豆)류		
	식부면적	수확고	단보당 수확고	식부면적	수확고	단보당 수확고	식부면적	수확고	단보당 수확고(석)
1920	1,555.40	14,882.40	0.957	1,232.50	9,860.80	0.8	1,087.60	6,256.60	0.575
1930	1,662.00	19,180.70	0.982	1,318.10	9,964.00	0.689	1,096.30	5,628.00	0.513
1935	1,694.50	17,884.70	1.055	1,366.30	12,311.30	0.901	1,085.60	5,576.80	0.514
1940	1,641.70	21,527.40	1.311	1,529.90	12,505.50	0.817	909.4	4,214.90	0.464
1943	1,517.20	18,718.90	1.234	1,471.30	8,418.80	0.537	829.3	2,825.20	0.403

연도	조			옥수수			면(綿)		
	식부면적	수확고	단보당 수확고	식부면적	수확고	단보당 수확고	식부면적	수확고	단보당 수확고(석)
1920	773.4	6,036.50	0.781	91.2	626.1	0.687	146.4	114,717.60	78.4
1930	790.8	5,573.30	0.705	108	655.7	0.607	192.9	168,770.70	87.5
1935	794.4	4,860.70	0.612	119.2	715.3	0.6	209.6	213,749.00	102
1940	682.2	4,260.90	0.625	167	811.7	0.486	293.5	186,840.60	63.6
1943	657.7	4,009.90	0.61	200.3	1,177.50	0.588	316.7	324,196.30	102.4

일제강점기 주요국 수출입 구성비

(단위:원)

국가별	1932년 수출액(원)	구성비 (%)	수입액 (원)	구성비 (%)
총 계	311,354,050	100	320,356,016	100
일 본	282,144,296	90.6	258,670,063	80.7
만 주	27,205,449	8.7	42,202,351	13.2
중 국	947,840	0.3	3,772,679	1.2
미 국	406,897	0.1	5,076,486	1.6
영 국	2,693	0	1,548,638	0.5
기 타	646,875	0.2	9,085,799	2.8

일제강점기 은행예금 연말 현재고

(단위 : 천 원)

	총액	정기예금		당좌예금	특별당좌	기타예금
			%			
1910	16,889	4,066	24.1	7,294	3,721	1,808
1935	411,116	203,022	49.4	61,015	58,904	88,175
1940	1,139,895	400,862	35.2	275,718	200,727	262,588
1943	2,551,267	1,007,553	39.5	471,240	413,762	658,712

일제강점기 산짐승 피해로 인한 인명 사상자

(단위 : 명, 마리)

	인명사상자				가축사상피해				
	계	이리	검	호랑이 표범	계	이리	표범	곰	호랑이
1933	77	62	3	12	2,229	1,893	200	22	19
1934	41	24	6	11	1,869	1,730	115	1	4
1936	63	50	2	11	2,203	2,053	78	2	28
1941	61	27	14	20	2,445	2,119	185	34	30
1942	48	26	9	13	2,285	1,947	146	40	29
1943	37	24	4	9	1,795	1,488	80	115	24

1933년 일제강점기 민족별 고등교육기관 재학생 현황

(단위 : 명, %)

		1933년				
		학생	조선인	비율	일본인	비율
계		4,710	2,345	49.8	2,365	50.2
전문 학교	관공립전문학교	1,716	553	32.2	1,163	67.8
	사립전문학교	2,071	1,493	72.1	578	27.9
	소계	3,787	2,046	54	1,741	46
대학 예과		314	97	30.9	217	69.1
대학		609	202	33.2	407	66.8

일제강점기 주요 사인별 사망자

(단위 : 명, %)

연도별		총사망자	신경계병	소화기병	호흡기병	감기	전염병	노쇠
1921	사망자	337,934	69,404	48,242	39,667	28,598	50,813	17,322
	(구성비)	-100	-20.5	-14.3	-11.7	-8.5	-15	-5.1
1930	사망자	373,722	73,926	68,186	52,900	34,758	28,242	24,442
	(구성비)	-100	-19.8	-18.2	-14.2	-9.3	-7.6	-6.5

일제강점기 병원 현황

(단위 : 개소, 명)

	병원							병원당 인구수(명)
	총수	관립	공립	사립				
				계	조선인	일본인	기타 외국인	
1935	136	4	46	86	12	51	23	160,965
1945	181	6	59	116	40	76	-	147,305

일제강점기 우편·전신 현황

	일반우체국	특정우체국	전신국	전신취급소	전화국	전화분국
1910	194	142	-	59	-	-
1935	104	751	8	104	1	2
1943	93	1,010	13	150	1	3

일제강점기 국적별 전화 가입자 수

(단위 : 개소, 명)

	전화취급국	전화가입자수			
			조선인	일본인	기타 외국인
1910	217	6,448	254	6,114	80
1935	766	39,763	8,746	30,431	586
1941	894	61,682	17,620	43,502	560
1943	923	66,510	…	…	…

미군정기
1945-1948
美軍政期

U.S. military government era

미군정기
美軍政時期
이승만의 친위부대, 서북청년단

태평양 미 계엄군 총사령부 포고 제1호

1945년 일본 항복으로 38선(한반도 북위 38°선) 이남 지역에 미군이 진주하여 1945년 9월 8일 부터 1948년 8월 15일까지 남한 단독 정부가 수립되기까지 3년 동안 미군이 실시한 군사통치기

포고령 원문 내용

조선 주민에 포고함. 1945년 9월 7일.
태평양미계엄군총사령관으로서 다음과 같이 포고함.
일본국 천황과 정부의 대본영을 대표하야 서명한 항복문서의 조항에 의하야
본관 각하의 계엄군은 태일 북위 38도 이남의 조선 영역을 점령함.
오랫동안 조선인의 노예화된 사실과 적당한 시기에 조선을 해방 독립시킬
결심을 명심한 결과 조선 점령의 목적이 항복문서 조항 수행과 조선인의 인권 및
종교상의 권리를 보호함에 있음을 조선인은 보장할 줄로 확신하고 이 목적을 위하야
적극적 협조와 노력을 요구함.
본관은 본관에게 부여된 태평양미국육군최고지휘관의 권한을 가지고 일로부터
조선 북위三十八度 이남의 지역과 현지의 주민에 대하야 군정을 설립함에 따라서
점령에 관한 조건을 좌기와 공히 포고함.

제1조 조선 북위 38도 이남의 지역과 동주민에 대한 모든 행정권은 당분간 본관의 권한하에서 수행함.

제2조 정부, 공공 시설 또는 기타의 명예종원의 고용과 또는 공익 사업, 공중 위생을 포함한 공공 사업에 종사하는 종원과 고용인은 유급 무급을 불문하고 단기타 제반 중요한 사업에 종사하는 자는 별명잇쓸야아지 종래의 직무에 종사하고 또한 모든 기록과 재산의 보관에 임할 사.

제3조 주민은 본관 및 본관의 각항 하에서 발포한 명령에 즉속히 복종할 사 점령군에 대하여 반항 행동을 하거나 또는 질서 보안을 위반하는 행위을 하는 자는 용서업시 엄벌에 처함.

제4조 주민의 소유권은 민을 존중함. 주민은 본관의 별명이 잇쓸때아지 일상의 업무에 종사할 싸.

제5조 군정기간 중 영어를 가지고 모-든 목적에 사용하는 공용어로 함. 영어와 조선어 또는 일본어문에 해석 차는 정의가 불명 또는 부동이 생길 때는 영어를 기본으로 함.

제6조 이후 공포하게되는 포고, 법령, 규약, 고시, 지시 및 조례는 본관차는 본관의 지휘하에서 발포하야 주민의 수행하여야 될 사항을 명기함.

우 포고함.

일천구백사십오 년 구월 칠일
어분위

태평양 미국 육군 최고 지휘관
미국 육군 대장
떠글러쓰 맥아떠

G.H.Q. U.S. ARMY FORCE, PACIGIC OFFICE OF THE COMMANDING GENERAL.
YOKOHAMA, JAPAN. 7 SEPTEMBER 1945. DOUGLAS MacARTHER
General of the Army of the United States
Commender-in-Chief, United States Army Force, Pacific.

출처: 위키백과

1946

단기4279년/대한민국임시정부 28년
1월15일 남조선 국방경비대 창설/1월16일 서울 덕수궁에서 제1차 미소공동위원회 개최/2월3일 통화건/6월3일 정읍 발언/7월4일 필리핀독립/8월22일 유럽에 흩어져 살던 유대인들, 팔레스타인으로 이주 시작/9월17일 수도청 발족(청장 장택상)/9월24일 남한철도 종업원들총파업 신문 창간/10월13일 청년민족운동단체인 조선민족청년단발족(단장 이범석)/10월16일 뉘른베르크전범재판소 나치핵심전범9명교수형집행

미군정청 발행 보통우표

광화문

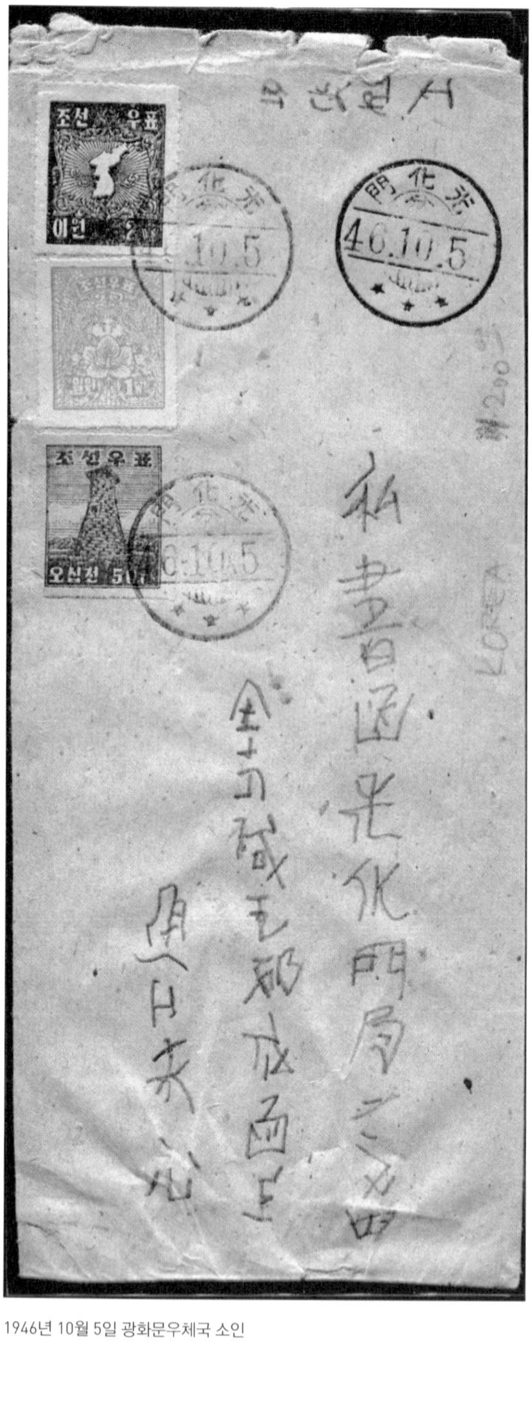
1946년 10월 5일 광화문우체국 소인

광화문 삼성인 일부인

광화문우체국
1905년 9월 11일
경성우편국 출장소로 발족
1906년1월15일
광화문우체국으로 독립
1950년1월15일
광화문우체국으로 개칭
광화문우편국(일제강점기)
경기도 경성부 종로1정목
1911. 3. 30
총독부고시 제87호
우편 위체 사무 취급 개시

No. 51

No. 52

No. 53

미군정청 발행 보통우표
U.S. Military Government Office "Won" Series

발행 년도	1946년
우표 명칭	한국지도,첨성대,무궁화
액면가	2원,50전,1원
인쇄처	경화인쇄소
도안자	오주환
발행일/량	51 1946. 10. 5 4000만매 52 1946. 11. 10 2000만매 53 1946. 10. 5 1000만매

1946

단기4279년/대한민국임시정부 28년

미군정청 가쇄 10전 첩부

제2대 부통령을 역임한 인촌 김성수가 경남 거창 신도성에게 보낸 실체

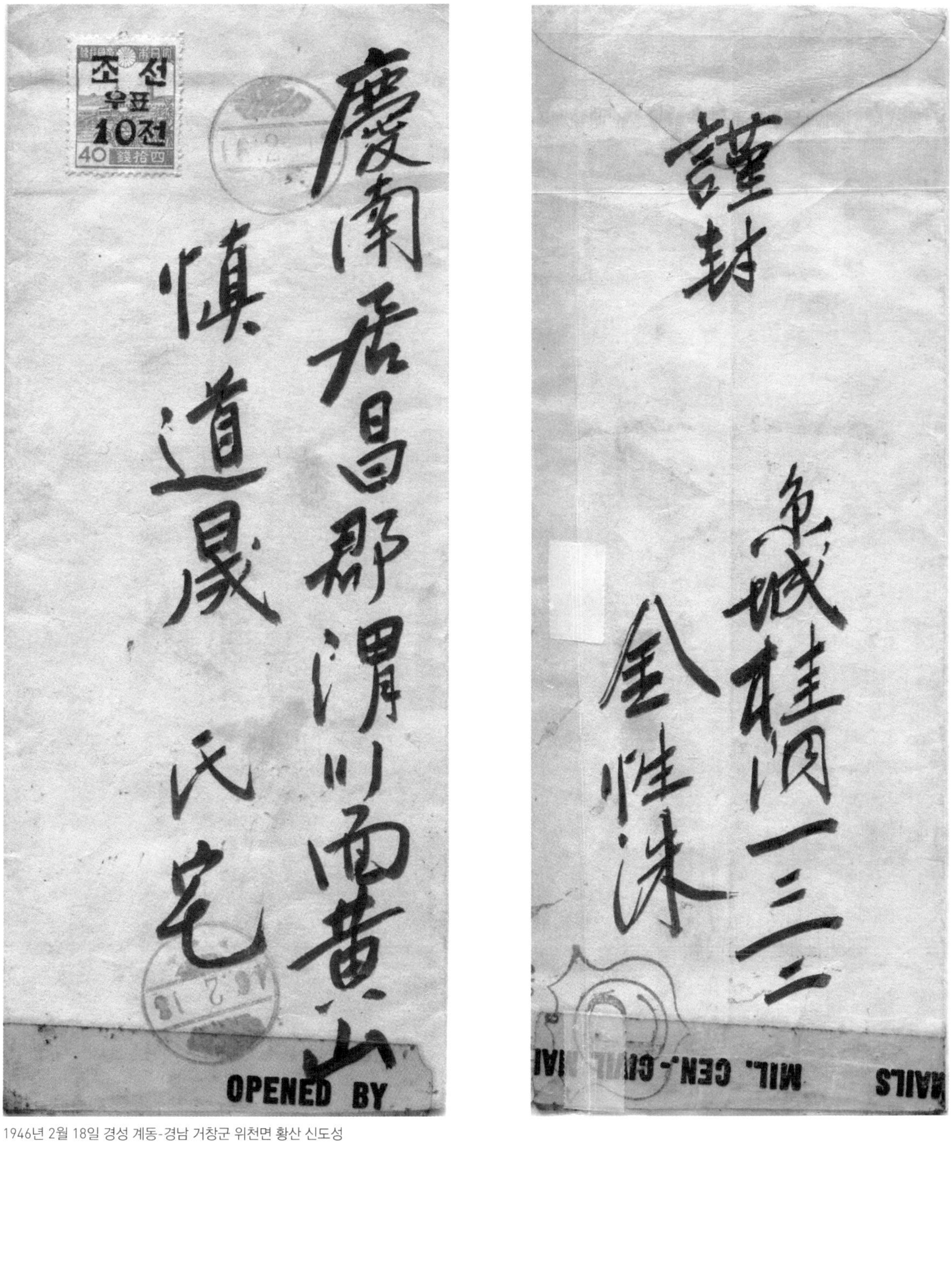

1946년 2월 18일 경성 계동-경남 거창군 위천면 황산 신도성

1946

단기4279년/대한민국임시정부 28년

미군정청 가쇄 보통우표

U.S. Military Government Office Overptint Series

우표명칭	미군정청 가쇄 보통우표	
발행일시	1946년 2월 1일.	
Pt.	석판가쇄	
Ps.(가쇄)	체신부 인쇄공장	
액면	발행량	인쇄처
5전	120,000매	내각인쇄국 제조
5전	560,000매	내각인쇄국 제조
10전	680,000매	내각인쇄국 제조
20전	320,000매	내각인쇄국 제조
30전	320,000매	내각인쇄국 제조
5원	120,000매	내각인쇄국 제조

미군정청 가쇄 보통우표

1905년 4월 1일 한일통신합동조약 체결로 우리의 우편업무가 일본제국에 넘어간 후 우리 우표 대신 일본우표를 사용해 오다가 1945년 8월 15일 일본의 패망으로 우리 민족이 일본으로부터 해방이 되어 우리 우표를 사용할 수 있게 되었으니, 사전 준비 없이 일본우표를 그대로 사용해 오다가 전국에 남아 있는 일본우표를 모아 한글로 국호와 액면을 가쇄하여 새로운 우표가 발행 될 때까지 잠정적으로 사용한 우표가 미군정청 보통우표다. 이 우표는 일본우표 5전에 5전, 14전에 5전, 40전에 10전, 6전에 20전, 27전에 30전, 17전 에 5원의 액면과 '조선우표'를 흑색으로 가쇄하여 1946년 2월 1일부터 사용해 오다가 3개월 후인 5월 1일 '해방조선'우표가 발행됨에 따라 1946년 4월 30일 까지만 사용하고 동년 5월 1일부터 사용 금지되었다.

출처: 한국우표도감

이승만, 김구 선생, 하지중장

재조선 미육군사령부 군정청(朝鮮 美軍政)

United States Army Military Government in Korea, USAMGIK)

1945년 8월 15일 독립한 한반도 남부를 미군 제24군단이 1945년 9월 8일부터 1948년 8월 15일까지 통치하던 기간이었다. 한국의 역사에서 이 기간을 미군정기라고 부른다. 태평양 전쟁 후반 미국은 단독으로 일본제국과 대치할 계획이었으나 1944년 소련의 도움을 청하였다.

그러나 소련의 참전 후 한 달도 되지 않아 1945년 8월 15일 일본제국은 항복하였고 소련은 청진 등에서 일본 제국과 전쟁을 계속하고 있었을 뿐 아니라 소련은 자신들의 몫으로 한반도를 요구했고, 미국은 소련 세력의 팽창과 일본의 공산화를 우려하여 스탈린의 요구를 거절했다. 그러나 소련은 자신들도 엄연한 참전국 및 승전국, 연합국이며 소련군 사상자와 부상자의 존재를 내세워 한반도 통치를 요구하였다. 결국 미국과 소련은 1945년 8월 25일 북위 38°선 한반도 분할 점령을 발표하고 미군의 한반도 상륙을 결정한다.

미군정청 한국인 관료

법무부장 : 이인, 운수부장 : 민희식, 인사처장 : 정일형, 재무부 재산처분국장 : 윤치영, 군정청 대법원장 : 김용무, 통위부장(국방부장) : 류동렬

미군정청 문장

1946

단기4279년/대한민국임시정부 28년

미군정청 가쇄 보통우표

U.S. Military Government Office Overptint Series

적산 불하(敵産 拂下)

광복 이후 미군정과 이승만 정부에 의해 일제 강점기 일본인들이 한국내에 설립한 부동산 또는 반입 후 되가져가지 못한 한국 내의 기업 동산등의 자산이 한국내의 기업, 또는 개인에게 불하된 것을 가리킨다.

적산(敵産)은 귀속재산(歸屬財産)이라고도 하며, 미군정 법령에 의해 미군정에 귀속된, 국·공유재산 및 일제강점기 일본인들에 의해 축적된 재산을 말한다. 토지나 가옥 등의 부동산, 각종 기업체, 그와 관련된 차량 외 기계류 등이다. 맞설 적(敵) 낳다 산(産), 즉 적의 산업을 말한다. 여기서 적은 일본을 칭한다. 적산은 일본인들의 회사를 말하고 패망하면서 버려진 재산을 적산이라한다.

적산 기업(敵産 企業)

미군정기, 이승만 정부 시기를 통틀어 불하 된 적산 기업은 2700여 개에 달했다. 그 중 2013년 현재도 존속하고 있는 기업은 50여 개 이내이며, 대기업으로 성장한 경우가 많다.

적산 기업을 불하 받아 대기업으로 성장한 주요 사례

- 소화기린맥주는 당시 관리인에게 불하되어 국내 굴지의 맥주회사가 되었다.
- 삿포로맥주는 명성황후의 인척에게 불하되어 국내 굴지의 맥주 회사가 되었다.
- 조선유지 인천공장(조선화약공판)은 직원이었다가 관리인이 된 관리인에게 불하되어 대기업의 모태가 되었다.
- 섬유, 직물은 직원이던 관리인에게 불하되어 대기업의 모태가 되었다.
- 나가오카제과(영강제과, 永岡製菓)는 직원이던 관리인 등에게 불하되어 제과 합명회사가 되었다.
- 오노다시멘트 삼척공장은 관리인에게 불하되어 국내 굴지의 시멘트 회사가 되었다.
- 한국저축은행은 정수장학회의 설립 멤버에게 불하되었다.
- 미쓰코시백화점 경성점은 관계자에게 불하되어 국내 굴지의 백화점이 되었다.
- 조지야(丁子屋) 백화점은 무역협회에 불하되고 미도파라는 회사명으로 개명하였으나, 추후 대기업에서 운영하였다.

이승만 정부 적산 불하

미군정은 전체 적산 기업 중 15%정도만을 불하하고 나머지를 1948년 정부 수립과 함께 대한민국 정부에 인계한다.

이승만 정부는 미군정 불하 원칙을 그대로 승계하여 적산 기업을 불하했다. 즉 해당 기업과 관계 있는 사람에게 우선 불하하며, 매각 대금 중 1/5 이상을 일시납 하고 나머지를 10년간 연리 7%로 납부하도록 하는 것이었다. 이러한 조건 하에서 정경유착은 미군정기 못지 않았다. 대한민국 정경유착의 시작인 것이다.

당시 이 적산 기업 불하를 둘러싸고 조속히 처분하여 정권의 토대를 만들고자 했던 정부와, 이에 반대하는 국회 사이 갈등도 컸다. 결국 정부 측 입장이 관철되어 1949년 12월에 '귀속재산처리법'이 제정· 공포되었고, 한국 전쟁으로 인해 불하가 지연되기는 했으나, 국· 공유로 지정된 일부를 제외하고는 모두 불하되었다

출처: 위키백과

1946

단기 4279년/대한민국임시정부 28년

미군정청 가쇄 보통우표

U.S. Military Government Office Overptint Series

미군정청 보통우표 발행 일람표

우표번호	발행일	발행량	인쇄처/디자인
51	1946.10.5	4000만매	경화인쇄소. 오주환
52	1946.11.10	2000만매	경화인쇄소. 오주환
53	1946.10.5	1000만매	경화인쇄소. 오주환
54	1946.9.10	150만매	경화인쇄소. 오주환
55	1946.9.10	100만매	경화인쇄소. 오주환
51.첨성대/52.무궁화/53.지도/54.금관/55.이순신			

연도별 우편요금

연월일	1종서장	4종인쇄물	등기요금	비고
1946. 8. 12	50전	50전	1원	50전부달 제10호/1946. 8. 10
1947. 4. 1	1원	1원	4원	부달 제24호/1947. 3. 15
1947. 10. 1	2원	2원	5원	부달 제109호/1948. 10. 30
1948. 8. 1	4원	2원	10원	부달 제56호/1948. 7. 27
1949. 4. 1	15원	10원	10원	1949. 5. 115원10원10원
1949. 5. 15	15원	10원	50원	법률 제26호/대통령령 104호
1950. 5. 1	30원	20원	50원	법률 제136호
1950. 12. 1	100원	50원	200원	법률 제169호
1951. 11. 6	300원	200원	700원	대통령령 515호
1952. 9. 20	1,000원	500원	2,000원	법률 제222호

김수임(金壽任, 1911년~1950년 6월 15일)

경기도 개성 출생

일제 강점기와 미군정 시대의 공산주의자이며 대한민국에서 조선민주주의인민공화국 간첩혐의로 사형당한 여성이다. 미군정청 직원과 주한미국대사관 통역 등을 지냈으며 각종 기밀을 북한 초대 외무부장관을 지낸 첫사랑 애인 이강국과 남로당에 제공하였다가 체포되어 사형당했다. 미군정 시기에 주한 미군 사령부 헌병부장 존 베어드 대령과 옥인동에서 동거생활을 했다. 1946년 말 이강국에 대한 체포령이 내려지자 그를 미국인 고문관의 집에 숨겨두었다가 1947년 월북시키는 데 도움을 주었다.

이강국(李康國, 1906년~1955년)은 조선민주주의인민공화국의 정치인이다.

출처: 위키백과

1946

단기 4279년/대한민국임시정부 28년

미군정청 발행 가쇄 보통우표

暫用郵票(잠용우표)

사용기간 1946년 2월 1일-1946년 6월 30일

경성 앵구 일부인/1946. 6. 30

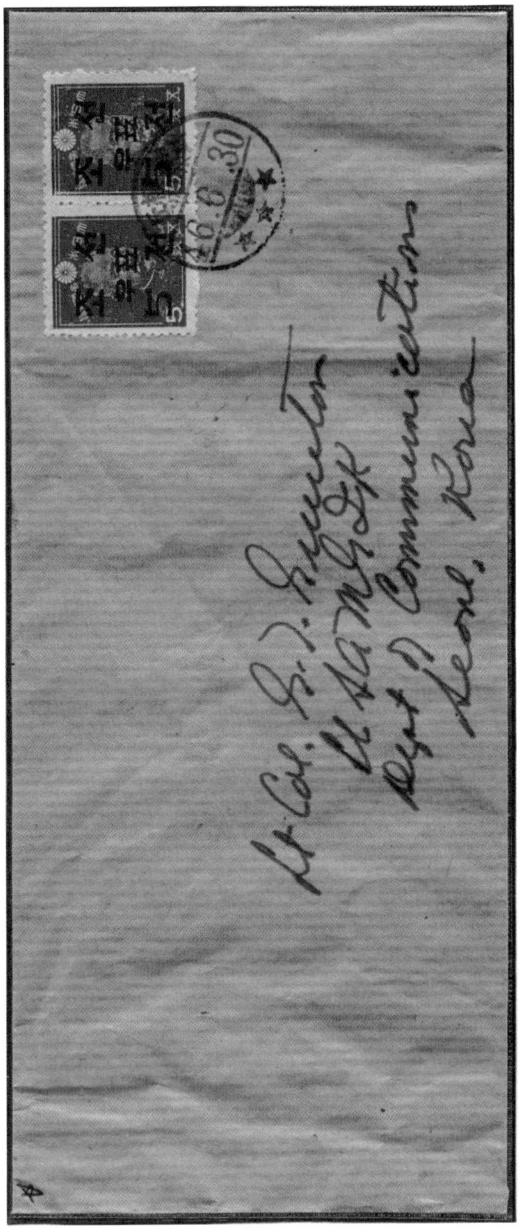

1946. 6. 30 경성 앵구 일부인/국내 서장 우편요금 10전/통상 서장 20g

경성 앵구 일부인
1946. 6. 30
경성앵구우편소
경기도 경성부 신당정
1938. 3. 23
조선총독부 고시 제220호
우편소 설치

1946

단기 4279년/대한민국임시정부 28년

영수증

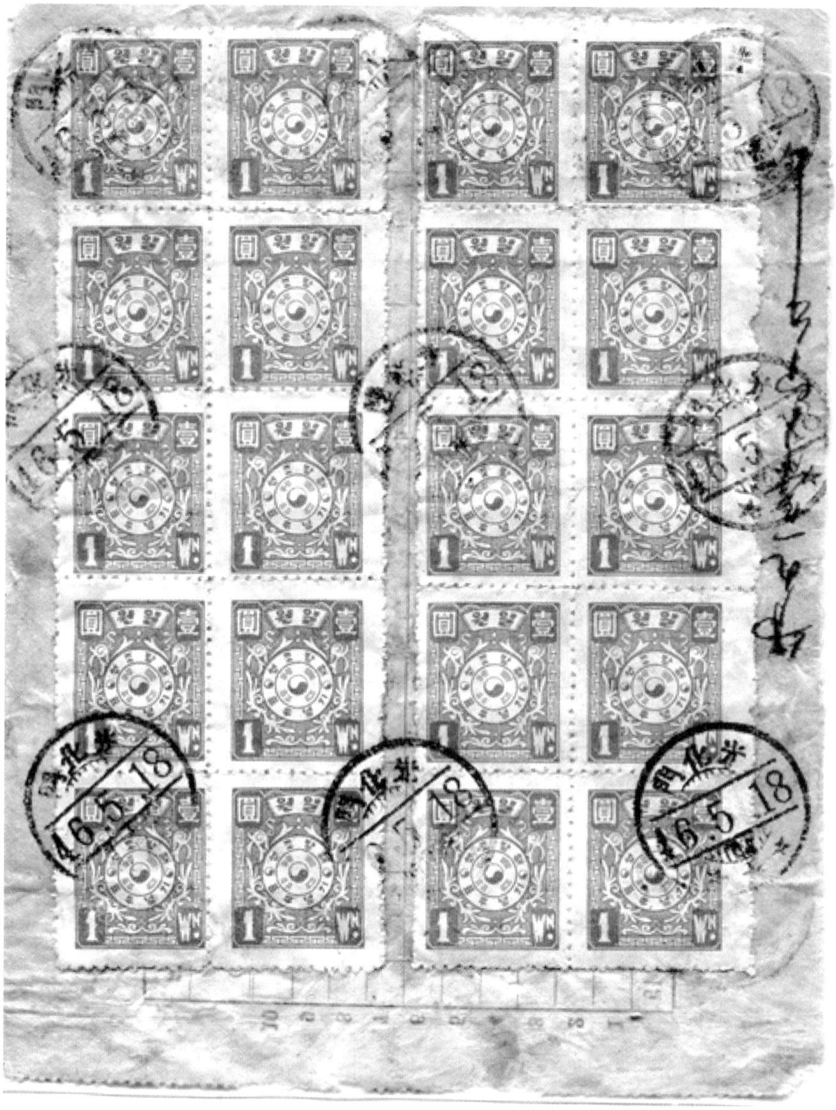

1946. 5. 18 광화문

1947

단기4280년/대한민국임시정부 29년

3월1일 대한민국 서울 남대문에서 좌,우익세력 집회 도중 충돌, 30여 명의 사상자 발생/3월1일 제주 3.1절 발포사건 발생하다. 5월21일 서울 덕수궁에서 제2차 미소공동위원회개최/6월21일 대한민국 국제올림픽위원회(IOC)가입/8월14일 파키스탄, 인도로부터 분리 독립/9월17일 유엔총회 한국 문제 정식 상정/9월21일 청년단체인 대동청년단 결성(단장 지청천)

미군정청 발행 보통우표. 기념우표

항공우편(서울▶미국)

1947. 8. 7 서울 중앙 -미국행 항공우편

조·미간 항공우편 재개 기념 소인

1947. 8. 1
서울중앙
만국우편연합(U.P.U.)
가입일 1900년 1월 1일

만국우편 교환 재개 기념우표

Resumotion of Intern'l Mail Sevice
발행일 1947. 8. 1
액면가 10원
인쇄 조선서적인쇄주식회사
디자인 오주환
우표번호 C11

1947

단기 4280년/대한민국임시정부 29년

미군정청 발행 보통우표

미군정청시기 광주 등기 실체

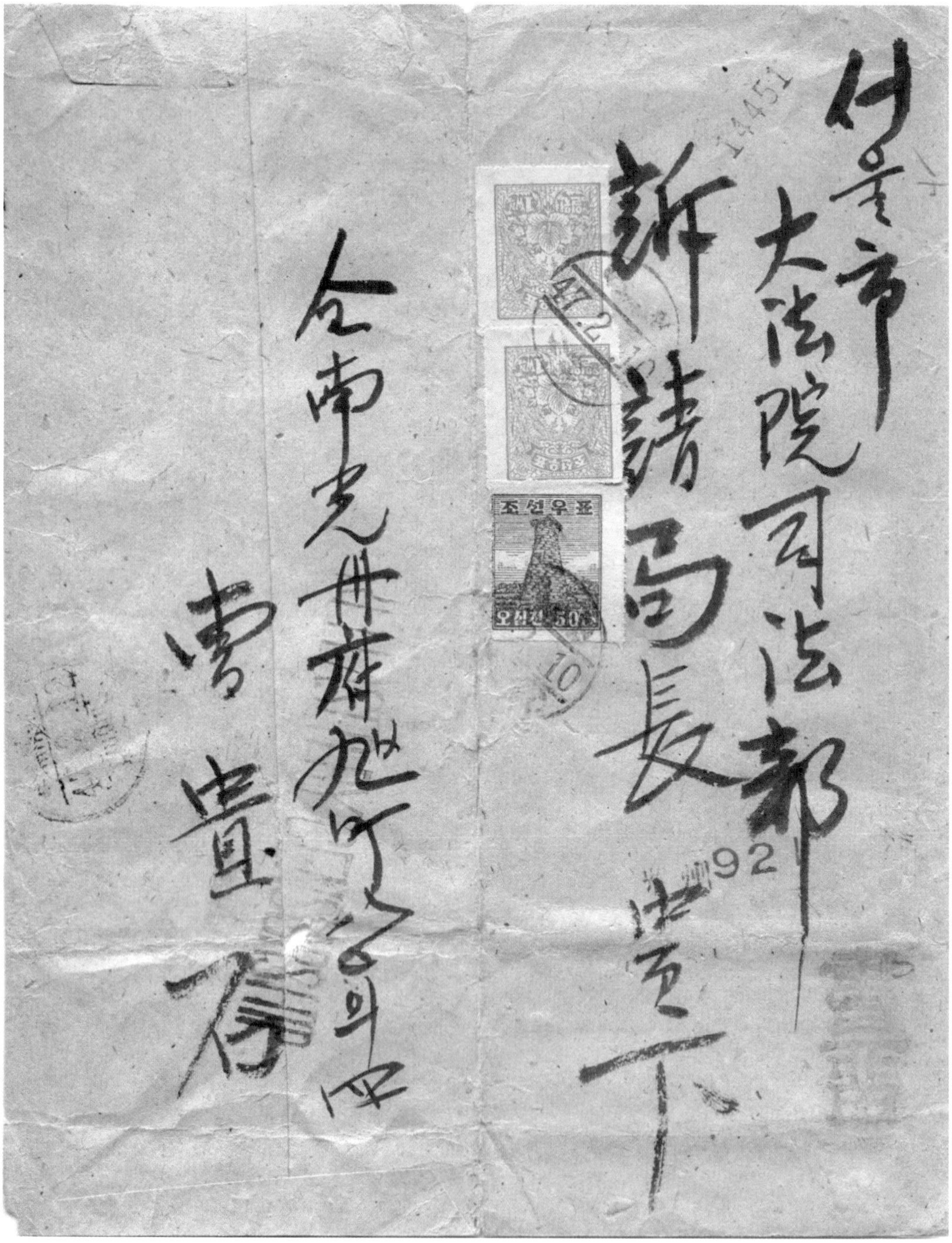

1947. 2. 10 광주 등기 - 서울대법원 사법부 소청국장에게 보낸 등기 실체
해방 이후에도 강점시기 일제의 행정구역 주소를 사용한 실례

1947

단기 4280년/대한민국임시정부 29년

올림픽 참가 기념

서울중앙. 1948. 6. 1

1948년 하계올림픽

1948년 하계 올림픽(1948 Summer Olympics, Games of the XIV Olympiad)은 영국 런던에서 1948년 7월 29일부터 8월 14일까지 개최되었다. 2차 세계대전의 영향으로 1936년 베를린 올림픽 이후 12년 만에 열린 대회였고, 런던에서 개최된 두 번째 올림픽이기도 하다. 1944년 개최하기로 했던 대회였으나, 제2차 세계 대전으로 인해 4년 연기되어 1948년에 열리게 되었다. 독일, 일본은 제2차 세계 대전을 일으킨 책임을 물어 참가가 금지되었다.

대한민국, 영국령 기아나(현재의 가이아나), 버마(현재의 미얀마), 실론(현재의 스리랑카), 이란, 이라크, 자메이카, 레바논, 파키스탄, 푸에르토리코, 싱가포르, 시리아, 트리니다드 토바고, 베네수엘라 14개국이 처음으로 하계 올림픽에 참가했다.

대한민국이 최초로 태극기를 앞세우고 하계 올림픽에 출전하여 복싱 플라이급의 한수안 선수, 역도 미들급의 김성집 선수가 각각 동메달을 획득하여 종합 32위에 올랐다. 손기정씨가 개막식에서 대한민국의 기수로 나섰다

출처: 위키백과

1948년 하계 올림픽 메달 집계

순위	국가	금	은	동	합계
1	미국	38	27	19	84
2	스웨덴	16	11	17	44
3	프랑스	10	6	13	29

1947

단기 4280년/대한민국임시정부 29년

만국우편 재개 기념

조·미 간 항공우편 재개 기념

조·미 간 항공우편 재개 기념. 서울중앙. 1947. 8. 6
만국우편 재개 기념. 조선 서울중앙. 1947. 8.

미·소군정기(美蘇軍政期)

1945년부터 1948년까지 한반도 38도선을 경계로 미국과 소련이 남한과 북한을 각각 통치했던 기간

일본제국주의에 의하여 정치·사회·경제·문화 전반에 걸쳐 억압과 수탈을 당했던 한국은 1945년 8월 15일 제2차 세계대전 종전으로 광복을 맞게 되었다. 그러나 이 광복이 곧 식민시기에 변질된 사회상의 원상회복을 의미하는 것은 아니었다. 광복을 맞은 우리 국민에게는 식민지시기 질곡에서 벗어나 새로운 사회를 건설해야 하는 새로운 시대적 과제가 부여되어 있었다. 한국인들은 자신 힘으로 광복을 쟁취한 것이 아니라, 타율적인 힘에 의해 광복을 맞았다. 국내외 독립운동이 연합국 측에 의해 정당하게 인정받지 못한 상태에서 한국은 연합국 제2차 세계대전 승전으로 광복을 맞게 되었다. 해방 직후 한국 정치세력은 좌·우익을 막론하고 미국을 진보적 민주주의국가로, 그리고 장차 진주할 미군을 해방군으로 규정하고 환영했다. 또 소련에 대해서도 한국인들은 상당한 호감을 가지고 있었다. 그러나 미군과 소련군이 한반도에 진주하여 마련한 일련 정책은 해방군이라기 보다는 점령군 입장에서 작성되었다. 이것은 미·소 양국이 한국을 일본이나 독일과 같은 제2차 세계대전 패전국들과 동일시하였음을 의미한다. 여기에서 한국과 미·소 양국 기본적인 인식 차이가 나타나기 시작하였다. 한반도 진주 당시 미국이 한국에 대한 인식은 루스벨트(Franklin D. Roosevelt) 대통령과 미국 정부가 주도한 전후처리 구상에서 기인한다. 루스벨트는 전후 탄생하게 될 한국을 포함한 신생독립국가들에 대하여 신탁통치를 적용하려는 의도를 가지고 있었다. 그런데 이는 신생독립국가들이 자치능력을 결여하고 있다는 인식을 전제로 한 것이었다.

출처: 한국민족문화대백과사전

1948

단기4281년/대한민국임시정부 30년

1월7일 UN한국임시위원단 방한/2월7일 2.7사건 발생/2월26일 UN의 감시가 가능한 38선 이남 지역에서만의 선거 결의/4월3일 제주4.3사건 발발/5월10일 남한에서 제헌국회 구성을 위한 첫 총선거 실시/5월14일 이스라엘 건국/7월17일 대한민국 제헌헌법 공포/7월29일 1948년 하계올림픽 개막/8월4일 제헌국회의장 신익희 선출/8월15일 대한민국 제1공화국 정부수립/8월16일 정권 이양/9월7일 대한민국 국회 반민족행위처벌법 통과/9월22일 대한민국 국회 친일파 단죄를 위한 반민족행위처벌법 공포/10월19일 여수·순천사건 발생/11월26일 반민법개정안 국회 통과.

미군정청 발행 보통우표

서울▶미국행 외체인 실체

1948. 3. 10 서울-미국행

제주 4·3 사건(濟州 四三事件)

1947년 3월 1일을 기점으로 1948년 4월 3일 발생한 소요사태 및 1954년 9월 21일까지 제주도에서 발생한 무력충돌과 진압과정에서 제주도민들이 희생당한 사건.

제주도 인구는 해방 전해인 1944년 21만 9천여 명에서 1946년 27만 6천여 명으로 2년 새 5만 6천 명 이상 늘어났다. 인구의 급증은 전국적인 대흉년과 맞물려 사회경제적으로 제주 사회를 압박하는 요인이 됐다. 1946년 제주도의 보리 수확량은 해방 이전인 1943년과 1944년에 견줘 각각 41%, 31%에 그쳤다. 제조업체의 가동 중단과 높은 실업률, 미곡 정책의 실패 등으로 제주 경제는 빈사 상태에 빠졌다. 게다가 기근이 심했던 1946년 여름 제주도를 휩쓴 콜레라는 2개월여 동안 최소 369명의 사망자를 냈다.

1948년 미군정에 의해 불법화된 남로당과 민주주의민족전선은 남한 단독 총선거 일정이 발표되자 단선단정을 반대하며 전국적인 대규모 파업을 일으켰다. 이것이 2·7 사건이다. 이 파업 중 일부가 과격화 되어 경찰과 물리적 충돌을 일으켰다. 이 사건은 제주 4·3 사건과 여수순천 사건의 전초전이 되었다.

제주 4·3 사건으로 인한 인명 피해는 25,000~30,000명으로 추정된다.

출처: 위키백과

1948

단기 4281년/대한민국임시정부 30년

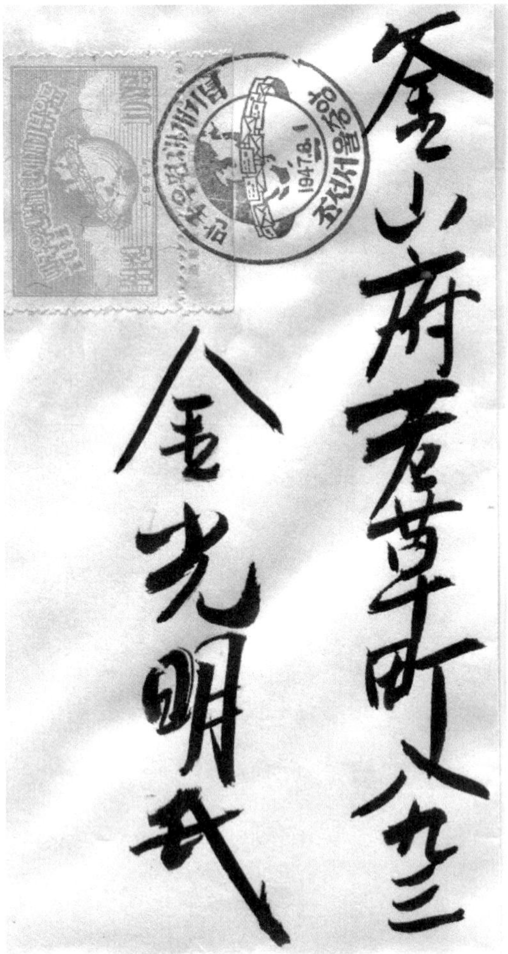

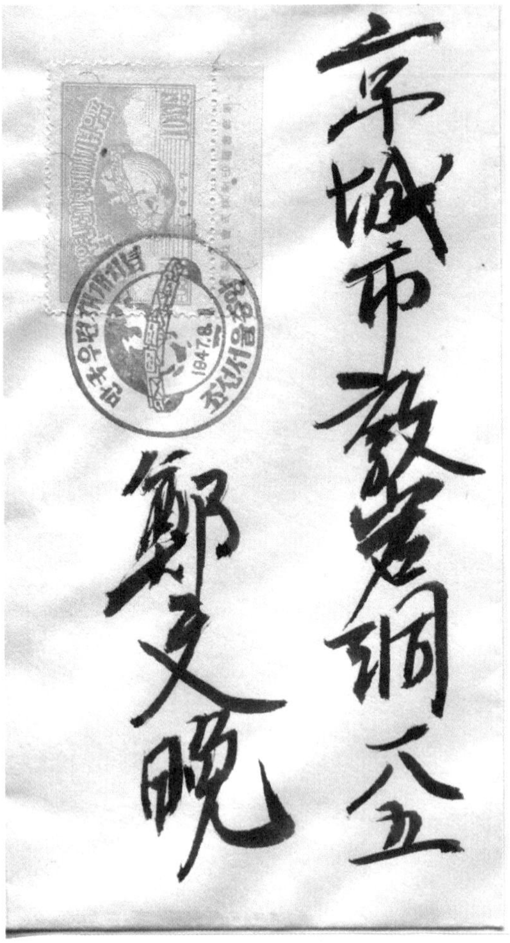

조선 서울중앙. 1948. 8. 1

대한민국 제1공화국(大韓民國第一共和國)

대한민국 제헌 헌법에 의해 1948년 8월 15일 이승만 정부가 수립되어 1960년 4·19 혁명으로 대한민국 제2공화국이 탄생하기 전까지 지속된 첫 번째 공화 헌정 체제이다. 집권 여당은 자유당이다.

남한만의 정부 수립은 1946년 6월 3일 이승만의 정읍 발언으로 촉발되었고, 1948년 2월 26일에 이루어진 유엔 소총회의 결의에 따라 남한에서만 5·10 총선거가 실시되어 대한민국 제헌 국회가 구성되었다. 1948년 7월 17일 국회에서 국호를 대한민국으로 정하고 대한민국 임시 정부의 법통을 계승한 민주공화국 체제의 헌법을 제정하였다.

1948년 7월 20일 국회에서 대통령 이승만, 부통령 이시영이 선출되었고, 8월 15일 이승만은 정부 구성을 국내외에 선포하였다.

출처: 위키백과

미군정기 연표

연대	주요사항	부수사항
1945년 (단기 4278년)	8월 16일 통신과 방위계 폐지. 재경 한인종업원대회 개최. 체신확보위원회 조직. 8월 26일 해주(海州)에 입성한 소련군 정치 장교단 서울 - 해주 간의 유선을 단절. (최초로 남북 통화가 두절됨) 9월 14일 이또오 체신국장 파면. 하리스 미 육군 중령 취임. 9월 20일 조선인 과장 임명 [총무 : 길원봉(吉元鳳), 통신 : 이동환(李東煥), 회계 : 나맹기(羅孟綺), 저금 보험 : 김의창(金義昌), 공무 : 이재곤(李載坤). 10월 27일 일본인 과장 파면. 11월 13일 미 군정청 체신 관리부 폐지. 11월 14일 체신사업조사위원회 설치. 12월 1일 체신관리공제조합 부활. 12월 체신국 일본인 직원 700만원 횡령 사건 발생. 1월 1일 통신 부호 등 우리말 사용. 체신이원양성소를 체신학교로 개칭 군정청 체신국 사무분장규정 세칙 개정 실시.	8월 15일 일본제국, 연합군에 무조건 항복. 8월 27일 일본인 인천 등대 폭파. 9월 2일 일본 미조리함상에서 항복 문서에 조인. 맥아더사령부 북위 38도 선을 경계로 미·소 양국군 분할 점령 발표. 9월 6일 거문도우체국 고정 무선 업무 개시. 9월 11일 아놀드 미 군정 장관 취임. 9월 30일 일반 회계 제도를 폐지하고 미 군정청 예산 제도를 체택. 10월 24일 일본인 철퇴령 발표. 11월 15일 공문서에 일문(日文)을 폐지하고 한글사용. 11월 30일 전시 특례로 가입이 취소된 전화 부활. 12월 1일 강릉무선전신국 고정 무선 업무 개시 12월 6일 미국 국제전기주식회사(RCA社) 한국에 분실 설치하고 한 -미간 직통 무선전화 개통. 12월 17일 모스코바 3상 회의 개최. 12월 18일 러취 군정장관 취임. 12월 27일 모스코바 3상회의 한국 5개년 간 신탁통치안 의결. 1월 1일 국·구문(國歐文) 전보 부활. 1월 16일 미·소회담 개최. 1월 22일 조선인 전화 가입자 씨명 변경. 2월 6일 국문 무선 전보 부활.
1946년 (단기 4279년)	3월 1일 체신 휘장 제정. 3월 15일 라디오 방송에 '체신시간' 설정. 남북간 우편물 교환. 4월 8일 체신국 기구 개편. 5월 1일 체신부 사무분장규정세칙 공포. 6월 30일 특정우체국 폐지. 7월 4일 한미 우편 통신 개시. 9월 1일 조선체신공사(朝鮮遞信工司) 설치. 10월 31일 우체국출장소 및 분실 폐지. 11월 19일 대일 우편물 정식 인가. 11월 20일 대일 우편물 교환 개시. 12월 20일 체신사업 사찰실 설치.	2월 21일 동양척식회사를 '신한공사'로 개편 2월 22일 미 군정청 저금령 공포. 2월 북조선 체신청 설치. 3월 29일 군정 실시 이래 통화 4억 2천만 원 발행. 4월 11일 군정청 예산 발표(세입 : 80억, 세출 : 118억) 5월 1일 재 조선 미 육군사령부 군정청 인사행정규정 제정 공포. 5월 6일 전신전화건설국 설치.(경성, 대전, 군산, 부산, 대구, 광주) 5월 23일 38선 무허가 월경 금지. 7월 2일 소련, 서울영사관 철수. 7월 18일 서울 시내 전화 5할 감축 발표. 8월 12일 조선-일본 간 발착 신문 전보 취급중지 8월 15일 '경성부'를 '서울시'로 개칭 9월 18일 서울시를 특별시로 승격. 9월 28일 중앙전신전화국원 파업.(식량 배급과 봉급 인상 조건). 10월 23일 창씨개명 수속에 관한 법령 발표. 12월 12일 과도입법위원 개원.(의장에 김규식(金奎植) 피선)
1947년 (단기 4280년)	2월 18일 체신사업 타개회 개최.	2월 4일 서울중앙방송국 50Kw 방송 재개. 2월 5일 초대 민정장관에 안재홍(安在鴻)취임 3월 15일 미군정청 인사 행정권을 한국인에게 이양. [법령 135호]

연대	주요사항		부수사항	
1948년	4월	체신부 직원 1,200명 감원.	6월 28일	국어를 공용어로 하는 행정 명령 공포
(단기 4281년)		(인사조정위원회 결정)	8월 20일	남로당 세포인 체신분회원 검거.
	8월 15일	윤석구(尹錫龜) 초대 장관 취임.	9월 3일	국제 무선 부호 'HL'로 결정
		백홍균(白泓均) 차관 취임.	2월 7일	2. 7사건으로 통신 시설 대파.
		대한민국 체신부 탄생.	4월 3일	제주도 소요 사건 발발.
		(남조선 과도정부 체신부를 인수)	4월 8일	구조선 은행권 교환 회수.
	11월 14일	체신부 직제 공포.	6월 1일	군정재판 폐지.
	12월 1일	임시우편단속법 공포.	7월 1일	국회에서 국호를 '대한민국'으로 결정
			7월 17일	헌법 및 정부 조직법 공포.
			8월 15일	'대한민국' 정부 선포식.
			9월 5일	육. 해군 창설.
			9월 8일	국회, 연호를 '단기(檀紀)'로 결정
			9월 13일	신 정부 미군정청으로부터 행정권을 완전 인수.
			10월 1일	환율 450 : 1로 인상.
			10월 20일	여·순(麗順)반란사건 발발.
			12월 12일	UN총회 한국 정부 승인.
				한·미경제협정 체결.

※ 1950. 1. 12 "우편국(郵便局)을 우체국(郵遞局)으로 개칭.
※ 1948. 10. 1 환율을 450 : 1로 개정.
※ 1951. 7. 14 환율을 600 : 1로 개정.

부 록
附 錄

Supplement

의열단(義烈團)

1919~1928

의열단원/단장 김원봉

의열단(義烈團)은 약산 김원봉을 단장으로 하는 아나키스트 성격의 무장독립운동단체로 1919년 11월 9일 설립됐다. 이들은 프랑스 조계지역(외국인 치외법권지역)인 중국 상하이에서 무력항쟁으로 일본제국의 대한제국에 대한 식민통치에 대항하는 독립운동을 했다. 이들이 상하이에서 활동한 이유는 프랑스와 일본의 대립으로 인해, 프랑스 경찰이 조선인 독립운동가들을 보호했기 때문이다. 의열단은 비폭력투쟁인 3.1운동이 일본의 폭력으로 실패한 것을 보았으므로 광복을 위해 무력만을 수단으로, 암살만을 정의로 삼아 5개소의 적 기관 파괴와 7악의 제거를 위해 파괴 활동을 벌였다. 이 때 5개소의 적 기관은 조선총독부·동양척식주식회사·매일신보사·경찰서·기타 중요 기관이며, 7악은 총독부 고문·군 수뇌·타이완총독·친일파 거물·밀정·반민족적 토호·열신(劣紳)이다. 말하자면 의열단에서는 폭력투쟁으로 일본의 지배, 착취, 친일파들의 일본과의 결탁에 맞선 것이다.

출처: 위키백과

의열단 주요 투쟁

1920년 9월 14일	박재혁이 부산 경찰서에 들어가 경찰서장을 폭사시켰다.
1920년 12월 27일	최수봉이 밀양경찰서 소속 모든 경찰이 모인 가운데 폭탄을 투척하였다.
1921년 9월 12일	김익상이 조선총독부 청사에 들어가 폭탄을 던졌다. 폭발로 청사 일부가 부서졌다.
1922년 3월 28일	김익상· 이종암· 오성륜이 상해 황포탄 부두에서 일본 육군대장 다나카 기이치를 암살하려다 체포되었다. 오성륜 의사는 가까스로 탈옥하고, 김익상 의사는 1943년 처형되었다.
1923년 1월 12일	김상옥이 종로경찰서에 폭탄을 투척하였다.
1924년 1월 5일	김지섭이 도쿄의 궁성 정문 앞 이중교에서 폭탄을 던졌으나 불발하였다.
1924년 6월 1일	김병현· 김광추· 박희광이 친일파 정갑주와 가족을 사살하였다.
1924년 6월	김병현· 김광추· 박희광이 이토 히로부미 수양녀이자 독립운동가들의 정보를 일본경찰에 넘기던 밀정 배정자에 대한 암살을 시도하였으나 실패함(배정자가 은퇴하게 된 사건임), 친일파 조직인 일진회 이용구 회장 암살 시도 중 부상만 입힌 채 실패함
1924년 6월 7일	김병현· 김광추· 박희광이 봉천성 일본 총영사관 폭탄을 투척하였으나 불발로 실패, 대서관, 금정관에서 군자금 탈취하다 현장에서 김광추는 총에 맞아 순국, 김병현과 박희광은 체포되었다.
1926년 12월 28일	나석주가 동양척식주식회사와 조선식산은행을 습격하였다.

의열단의 의열투쟁은 김지섭의 도쿄거사로 사실상 막을 내렸다. 김원봉 단장은 무장투쟁이 단원들만 희생된 채 큰 성과를 내지 못함에 따라, 의열단의 투쟁노선을 재정립하고 방향을 전환할 것을 검토했다. 이후의 활동들은 의열단 지휘부의 체계적인 투쟁이 아닌, 개별적인 투쟁이었다. 1928년 의열단은 '창립 9주년에 즈음하여'라는 성명서를 내고, 향후 대중의 지지에 기반한 투쟁에 역점을 두어 활동하겠다는 점을 밝혔다.

의열단 창립단원

김원봉· 윤세주· 이성우· 곽경· 강세우· 이종암· 한봉근· 한봉인· 김상윤· 신철휴· 배동선· 서상락· 권준· 이수택· 이낙준· 나석주 등 1923년 상해 일본 총영사가 일본 외무대신에게 보낸 보고서에 의하면, 당시 의열단 단원이 천여 명에 이르렀다고 한다. 1926년 이후 많은 수의 의열단원들은 중국 국민당 정부의 북벌을 위한 학교였던 황포군관학교에 입학하여 군사정치교육을 받았다. 이후 이들은 의열단을 조선민족혁명당으로 개편하였다. 그러나 조선민족혁명당이 각 파벌의 권력투쟁으로 인하여 이루어지지 않아 의열단은 조선민족독립당으로 새출발을 하고 11명의 위원을 선출했다.

주요 사건을 일으킨 대표적인 단원

박재혁· 최수봉· 김익상· 이종암· 오성륜· 김상옥· 김시현· 김지섭· 김병현· 김광추· 박희광· 나석주 등이 있다.

의열단 공약 10조

1. 천하에 정의로운 일을 맹렬히 실행하기로 한다.
2. 조선의 독립과 세계의 평등을 위하여 몸과 목숨을 희생하기로 한다.
3. 충의(忠義)의 기백과 희생의 정신이 확고한 자라야 단원으로 한다.
4. 단의 뜻을 우선하고 단원의 뜻을 실행하는데 속히 한다.
5. 의백(義伯), 올바른 성품을 가진 지도자) 한 사람을 선출하여 단체를 대표하게 한다.
6. 언제 어디서든지 매월 일차씩 상황을 보고한다.
7. 언제 어디서든지 모이도록 요청하면 꼭 응한다.
8. 죽지 않고 살아있어 단의 뜻을 이루도록 한다.
9. 한 사람은 다수를 위하여, 다수는 한 사람을 위하여 헌신한다.
10. 단의 뜻에 배반한 자는 척살한다.

주요 의열단원

황상규

김대지

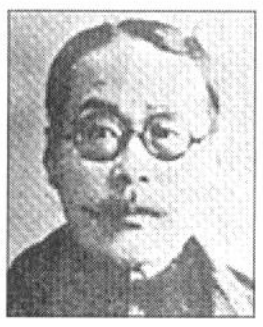
곽재기

김원봉

윤세주

이종암

최수봉

김익상

박재혁

오성륜

류자명

김상옥

황옥

김시현

김지섭

나석주

현계옥

김원봉(金元鳳) 1898~1958. 밀양 출생. 배우자: 박차정
김상옥(金相玉) 1890~1923. 한성 출생
황옥(黃玉) 1895~ 한성 출생
김시현(金始顯) 1883~1966 2. 5대 국회의원
나석주(羅錫疇) 1892~1926. 황해도 재령 출생

조선혁명선언

약산 김원봉 선생은 1923년 북경을 방문하여 당시 임시정부의 외교 우선론에 반대하고 무장투쟁론을 주장하던 단재 신채호 선생을 만나 의열단의 정신을 글로 써 달라는 요청을 했다. 신채호는 김원봉을 따라 상해로 와서 폭탄 만드는 시설을 살펴보고, 약 한 달 동안 여관방에 앉아 한국독립운동사에서 중요한 위치를 차지하는 의열단선언을 집필했다. 그들은 의열단선언을 인쇄하여 살포하였고, 단원의 필독서로 지정하였다. 의열단원들은 거사 후에 본 선언문을 남겨 거사의 뜻을 전달하였다.

> '민중은 우리 혁명의 대본영(大本營)이다.
> 폭력은 우리 혁명의 유일 무기이다.
> 우리는 민중 속에 가서 민중과 손을 잡고 끊임없는 폭력 - 암살· 파괴·폭동으로써,
> 강도 일본의 통치를 타도하고,
> 우리 생활에 불합리한 일체 제도를 개조하여,
> 인류로써 인류를 압박치 못하며,
> 사회로써 사회를 수탈하지 못하는 이상적 조선을 건설할지니라.'
>
> - '조선혁명선언 제 5장' 마지막 문장

신흥무관학교(新興武官學校)

1911~1920

신흥무관학교(新興武官學校)는 1911년 서간도(길림성 류하현)에서 개교한 독립군 양성 기관으로, 현 경희대학교(慶熙大學校)의 전신이다. 신흥무관학교의 졸업생들은 서로군정서 의용대, 조선혁명군, 대한독립군, 대한민국 임시정부 한국 광복군 등에 참여해 무장 독립운동의 한 축을 차지하며 민족 해방에 크게 기여했다.

신흥무관학교는 1911년 이상룡을 주축으로 윤기섭, 이시영, 이회영 형제와 김형선, 이장녕, 이장직, 이동녕 등 군인 출신이 중심이 되어 신흥강습소란 이름으로 설립하였다. 신흥무관학교는 일제의 눈을 피하고 중국 당국의 양해를 얻기 위해 신흥강습소란 이름을 내걸었으나 초기부터 독립군을 양성하기 위한 군사학교의 성격을 지니고 있었다. 신흥이란 이름은 신민회의 신자와, 부흥을 의미하는 흥자를 합쳐 만든 것. 중학교 과정과 군사과를 두어 군인을 양성했다. 이 때문에 학생들은 합니하 학교를 '신흥 중학교' 또는 '신흥 무관 학교'로 부르거나 인식하기도 했다. 공식 명칭은 어디까지나 '신흥강습소'였다. 신흥강습소는 1919년 삼일운동 이후 신흥무관학교로 이름을 변경하였다. 신흥무관학교는 유하에서 동쪽으로 40 km 정도 떨어진 대두자(大肚子)에 위치해 있다. 학교 터는 현재 마을 뒷산의 밭으로 변해 있다. 1911년 4월(음력)에 유하현 추가가 대고산에서 노천대회를 열어 경학사를 결성하였고, 한 달 후, 대고산 아래 토착민들의 옥수수 창고를 빌려 신흥강습소를 세웠다. 이후 1912년 통화현 합니하로 학교를 옮겼다. 1919년 3.1운동 이후 조선의 젊은이들이 몰려와 더 이상 수용할 수 없자, 다시 유하현 대두자로 학교를 옮겼다. 그래서 대두자가 본교, 기존의 합니하는 분교의 형태를 띄게 되었다. 대두자 학교터에서는 2~3,000여명(추산)의 학생이 교육을 받았다.

출처: 위키백과

이상룡(李相龍)

이상룡은 안동 유림의 명문가 출신으로 양기탁, 이시영 등의 신민회 운동가의 권유에 따라 만주에 독립군 기지를 건설하기로 결심하고 서간도로 이주하였다. 그는 노비문서를 불태워 자신의 노비들을 해방시킨 뒤 가산을 모두 정리하여 식솔을 이끌고 만주로 이주하였으며, 경학사라는 결사를 조직하여 서간도에 정착촌을 건설하고 신흥무관학교를 설립하여 초대 교장으로 역임하였다. 이상룡은 후일 대한민국 임시정부 국무령을 역임하기도 하였다. 외부의 눈을 피하며 독립군을 길러내기 위해 학교의 이름을 대외적으로는 '신흥강습소' 또는 '신흥중학'으로 불렀으나, 학생들과 이주민 특히 군사과에 다니는 학생들은 자연스럽게 우리 '무관학교', '신흥무관학교'로 불렀다. 이때부터 '신흥'의 이름은 곧 독립군 무관을 양성하는 기지로 떠오르기 시작했다

신흥무관학교 6대 정신

1. 임무에 희생한다.	신흥무관학교는 1920년 서로군정서 창립의 모태가 되었다.
2. 체련에 필승한다.	서로군정서는 경학사의 후신인 한족회의 독자적인 정치 군사 조직이었다.
3. 간고에 인내한다.	대한민국 ww 수립되자 서로군정서는 독립운동의 대의를 위해
4. 사물에 염결한다.	임시정부에 합류하기로 하고 윤기섭을 상해로 파견하였다.
5. 건설에 창의한다.	서로군정서는 후일 청산리 전투에서 일본군을 상대로 대승을 거둔다.
6. 불의에 항거한다.	

독립운동을 위한 비밀결사였던 의열단의 많은 단원들과 김좌진 장군 등이 신흥무관학교 출신이었다. 김좌진 장군이 신흥무관학교 졸업생이라는 기록은 보이지 않는다. 다만 신흥무관학교가 일제에 의해 폐교된 이후 졸업생들이 김좌진, 홍범도 부대를 찾아가 합류하였고, 청산리 전투를 함께 치렀다. 광복 후에는 1947년 서울 종로에 신흥무관학교의 역사와 전통을 계승한 신흥전문학원(新興專門學院)이 설립되었고, 1949년 신흥초급대학(新興初級大學)으로 인가받았다. 이후 1952년에 4년제인 신흥대학(新興大學)으로 전환되었고, 1955년에는 종합대학인 신흥대학교(新興大學校)로 승격이 되며 교사를 서울 회기동(현 경희대학교 서울캠퍼스)으로 이전한 후, 1960년대에 '신흥대학교'였던 교명을 현재의 경희대학교로 바꾸었다. 참고로 민족무예인 택견을 국가무형문화재 제76호로 지정시키고 본인도 제1호 태껸 무형문화재가 된 신한승(辛漢承)은 신흥대학(新興大學) 체육학과 1기생이다. 항일투쟁을 한 것은 존중받아 마땅하나 신흥무관학교 졸업생 대부분은 광복 후에 월북하여, 북한인민군 군관, 장성, 장령이 되어서 우리 대한민국을 침략한 전범이 되었다. 이는 치명적인 과오로 자유민주주의를 수호하는 국민으로서 이런 역사적사실을 알아야 할 것이다.

출처 : 신인균의 국방TV

신흥무관학교(新興武官學校)

1912년 독립군지도자양성을 목적으로 신흥강습소(新興講習所, 신흥무관학교의 전신)를 설립하였다. 1912년 경학사를 만주 통화현(通化縣) 합니하반(哈泥河畔)으로 옮겼다가, 경학사를 모체로 신흥무관학교(新興武官學校)를 건립하여 독립군 병사 양성을 도모하였다. 그러나 이 해 흉작으로 경학사를 해산하고 국내로 들어와 독립군 기지 건설을 위한 군자금 모집에 진력했다. 1913년부터 1919년까지 이회영은 극비리에 국내에 잠입하여 여러 인사와 접촉하였으나, 극비리에 추진된 탓에 현재까지 이 기간 동안 그의 자세한 행적이 전해져 내려오지 않고 있다. 1917년 아들 이규학(李圭鶴)이 고종황제의 조카딸과 신부례를 올리는 기회를 엿보아 고종 망명을 시도했다. 비록 망국이기는 하나 궁중의 신부례는 매우 장엄하고 절차가 복잡하여 축제 분위기였다고 한다. 이 기회를 틈타 고종과 비밀리에 접촉하는데 성공했고, 민영달은 이 거사에 5만원의 자금을 내 놓았으나 고종의 갑작스러운 사망으로 계획은 무위로 돌아갔다.

고종 망명 계획 시도와 실패

1918년 1월 미국 대통령 우드로우 윌슨(Woodrow Wilson)의 민족자결주의의 제창 소식을 접하고 자극받아, 이때 국내·외에서의 독립기운이 활발해지자, 그는 오세창(吳世昌), 한용운(韓龍雲), 이상재(李商在) 등과 만나 밀의한 뒤 고종의 망명을 계획한다. 그는 시종원 시종(侍從) 이교영(李喬永)을 통해 고종에게 승락을 얻었고 그 뒤 김가진 등과도 비밀리에 연락하여 고종의 중국 망명을 도모하였지만, 1919년 1월 고종의 갑작스러운 사망으로 그 계획은 실패하게 된다. 국내에서 가지고 온 자금이 바닥나면서 가족들은 극도로 어려운 생활을 하였으나, 이회영은 블라디보스토크, 베이징, 상하이 등지를 돌며 독립 운동을 계속했다.

임시의정원 의원

1919년, 상하이에서 대한민국 임시정부가 수립되었을 때 이회영은 임시정부 수립에 반대하는 입장이었다. 그 이유는 임시정부내 지휘를 놓고 서로 다투거나 분쟁이 일어날 것이라는 생각 때문이었다. 그럼에도 불구하고 1919년 4월 11일 상하이에서 열린 대한민국임시의정원 회의에 동생 이시영과 함께 의원으로 참가했다. 그러나, 이회영의 예상은 적중하였고 이 때부터 이미 독립 운동단체 사이에 내분과 조직 간의 알력이 심화되고 있었다. 1919년 4월 대한민국 임시정부가 상하이(上海)에 수립되었으나, 결국 의견의 차이로 상하이를 떠나 베이징(北京)으로 건너갔다. 그 해 베이징에 체류하면서 활동을 계속하였다. 1921년에는 상하이의 대한민국 임시정부에 내분이 일어났는데, 이때 신채호와 함께 조정 역할을 맡았다. 이해 4월에 유자명은 이회영을 만났는데, 이미 이회영은 일본의 유명한 아나키스트 오스기 사카에(大杉栄)의 저술을 읽고 감명을 받은 후였다. 임정이 창조파, 개조파, 임정 고수파로 나뉘자 그는 임시정부를 떠났다. 1923년 중국 후난 성(湖南省) 한수이현(漢水縣)에 토지를 매입하고 한중합작 이상농촌인 양도촌(洋濤村) 건설을 추진하였으나 실패했다.

흑색공포단 조직

1931년 9월 이회영은 정화암· 백정기· 김성수(金性壽), 그리고 중국인 왕아초(王亞樵)· 화균실(華均實)· 일본인 출신 아나키스트 전화민(田華民 일본명 佐野)· 오수민(吳秀民 일본명 伊藤) 7인과 함께 상하이의 어느 건물 지하에 모여 항일구국연맹을 결성하였으며, 일본측 기관 기물의 파괴를 목적으로 하며 기획· 선전· 연락· 행동 등 부서를 두는 비밀행동조직 흑색공포단(黑色恐怖團)을 조직하였다. 이회영은 흑색공포단을 지휘하고, 흑색공포단의 단원들인 천리방, 백정기, 원심창(元心昌), 이강훈(李康勳), 유기문(柳基文) 등은 중국 국민당 당내의 친일 그룹의 리더인 왕정위(汪精衛)를 암살하려고 했으나 실패하고 대신 그의 부관을 사살하였으며, 아모이(厦門)에 있던 일본 영사관을 폭파했다. 1932년 1월 흑색공포단원을 텐진에 파견, 이들은 텐진부두에 일본 군수물자를 적재한 일본 기선을 텐진 앞바다에서 폭파시키고, 텐진 일본영사관에 폭탄을 투척하여 영사관 건물과 시설 일부를 파괴시킨 뒤, 한 명도 잡히지 않고 도주했다.

체포와 옥사

1932년 중국국민당과 교섭하여 지원 약속을 받아냈다. 상해사변이 일어나자 그는 행동강령으로 일본군 기관 및 수송기관 파괴, 일본요인 및 친일파 숙청, 일본외교기관 폭파, 파괴 등에 대한 구체적인 계획을 결정하고, 중국 국민당에게도 협조를 구하여 자금과 무기 지원을 확약받았다. 9월 중국 국민당 요인 이석증(李石曾), 오유휘(吳稚暉), 호한민(胡漢民) 등의 지원을 받아 중국 동북부에 새로운 거점 확보와 동시에 관동군 사령관 무토(武藤)대장 암살 계획을 정하고 북행을 결정하였다. 1932년 11월 만주의 연락 근거지 확보와 지하공작망 조직, 주만 일본군사령관 암살 등 아나키스트의 활동 범위를 넓히기 위해 상하이에서 다롄(大連)으로 이동을 결심하였다. 당시 만주는 일본의 강력한 영향 아래에 있어 대단히 위험했으므로 주위의 동지들이 말렸으나 그의 고집을 꺾지 못했다. 그러나 그해 11월 조선인들의 제보와 일본 밀정의 첩보, 그와 사상이 달랐던 조카 이규서 등의 밀고로 이동 중 다롄 항구에서 일본 경찰과 중국수상서원에게 체포되었고, 일본 영사관 감옥에 수감되었다. 11월 17일 이 때 이미 노인이었던 그는 혹독한 고문을 이기지 못하고 옥사했다. 연락을 받고 시신을 찾으러 간 유가족에게 다롄 수상경찰은 그가 자살하였다고 했으나 믿지 않았다. 당시 그의 나이 향년 65세였다.

독립운동가 이회영(李會榮) 1867~1932

신흥무관학교 설립자
이회영

이회영(李會榮, 1867년 4월 21일(음력 3월 17일)~1932년 11월 17일)은 대한제국의 교육인, 사상가이자 일제 강점기 독립운동가이다.
장훈학교, 공옥학교에서 교편을 잡다 신민회 창립 멤버였고, 서전서숙을 설립하였으며, 일가 6형제와 함께 유산을 처분하고 만주로 망명하여 신흥무관학교를 설립, 독립군 양성과 군자금 모금 활동을 했다. 그 뒤 신흥무관학교가 일제의 탄압으로 실패하자, 상하이에서 아나키즘 사상에 심취하였으며 1928년 재중국조선무정부공산주의자연맹, 1931년 항일구국연맹등의 창설을 주도하였으며, 국내외 단체와 연대하여 독립운동을 하였다.
1931년 9월에는 흑색공포단을 조직하여 일본과 일본 관련 시설의 파괴, 암살을 지휘하였으나, 1932년 11월 상하이 항구에서 한인 교포들의 밀고로 체포되어 고문 후유증으로 인하여 옥사하였다. 1962년 건국공로훈장 독립장이 추서되었다.
삼한 거족인 경주 이씨 백사공파로 조선 선조 때 의정부 영의정을 지낸 오성 이항복의 10대손이었다.
아호는 우당(友堂). 종교는 감리교, 7형제 중 넷째 아들이며, 대한민국 초대 부통령을 지낸 이시영의 형이다.
해공 신익희와는 사돈간이며, 정치인 이종찬, 이종걸은 그의 손자이다.

출처: 위키백과

독립운동

1905년 을사늑약 체결 이후 일본의 국권 침탈이 차츰 가시화되자, 이회영은 그의 형제들과 함께 해외에서 독립 운동을 하기로 결정하여 1906년 10월, 만주에 서전서숙을 세우고 무력항쟁 기지를 설립할 구상을 하여 전 재산을 처분하였다. 그는 서전서숙의 교장으로 이상설을 초빙하여 동지 획득과 교포 교육에 주력하게 했다.
1907년 그는 네덜란드 헤이그에서 열린 만국평화회의에 밀사를 파견해 을사 늑약 체결의 억지, 강압성을 폭로하려는 계획을 세워 고종에게 건의하였다. 고종은 그의 건의를 받아들여 헤이그로 밀사를 보내지만, 일본의 조선통감부 경찰에 적발되면서 이는 고종 퇴위의 빌미를 제공하게 된다. 이준, 이상설이 특사로 파견되자 서전서숙의 경영을 위해 여준을 만주로 파견했다.
그러나 자금난과 일제의 간섭으로 서전서숙은 1907년 10월 경 문을 닫고 말았다. 그 뒤 헤이그 특사로 갔다 온 이상설을 만나기 위해 1908년초 비밀리에 만주에 다녀왔다. 1908년 이상설과 운동 방책을 협의하여 이상설은 국외에서 활동하고 국내 활동은 자신이 담당하기로 하고 귀국하였다. 그는 교육진흥운동이 무엇보다 시급하다고 판단, 동지들을 평양 대성학교, 안동 협동학교, 정주 오산학교 등 각 학교에 파견하고, 자신도 상동청년학원(尙洞靑年學院)의 학감으로 취임, 교육사업에 힘을 쏟았다.
1908년10월 18일 경성부의 상동교회에서 한산 이씨 이은숙(李恩淑)과 재혼하였다.
이는 한국 최초의 신식 결혼 중의 하나로 기록된다. 후일 이은숙은 자서전《서간도 시종기》를 남기기도 했다.
1909년 그는 양기탁의 집에서 김구, 이동녕, 주진수(朱鎭洙), 안태국, 양기탁, 윤치호, 이승훈, (李昇薰), 이동휘, 이동녕, 이시영, 김도희(金道熙) 등과 함께 신민회 간부 총회의를 소집하여 만주에 독립운동기지를 건설할 것을 결의하고 류허현(柳河縣) 삼원보(三源堡)의 추가가(鄒家街)를 후보지로 결정했다.
1910년 7월 이동녕, 장유순, 이관직과 남만주 시찰 후 독립운동기지 건설을 구상하고 되돌아왔다.
1910년 경술국치를 전후하여 12월, 6형제는 조선 안의 명성을 포기하고 겨울에 60명에 달하는 대가족을 이끌고 만주로 망명했다. 이 망명을 주도했던 인물이 넷째였던 이회영이라 한다. 이때 국내에 있던 재산은 처분하였으며, 대가족이 함께 만주로 이주했다. 이상룡, 허위의 집안과 함께 기득권을 버리고 온 가족이 독립 운동에 나선 대표적인 가문이다.
이회영 일가는 지린에 정착하여 경학사, 신흥강습소를 설치하고 독립 운동을 위한 기반 닦기에 들어갔다.
당시 위안스카이가 이회영 일가와 개인적인 친분이 있어 한인 토지 매매를 후원했다고 한다.
이때까지도 남아있던 가솔과 노비를 해방하였으나, 수행을 자청한 일꾼까지 합하여 40여 명도 그들 일가족을 따라 만주로 망명하였다.
그러나 그가 출국한 직후 신민회에서 독립운동 자금을 모금하여 만주의 군관학교로 보내기로 결의한 사실이 일본의 정보망에 접수되고, 자금을 모금하던 안명근의 행보가 탄로나면서(안악 사건 참조) 무관학교 설립에 차질을 빚게 된다. 만주 통화현 광화진의 합니하 강가에 일시 정착하며, 이상룡(李相龍), 김동삼(金東三) 등과 함께 주변 황무지를 개간하며, 국내에 잠입하여 모금활동 등을 하는 등 독립운동가 양성 기지 건설에 매진했고, 1911년 간도 용정촌(龍井村)에 최초의 재만한인 자치기관인 경학사(耕學社)를 조직하였다.

출처: 위키백과

독립운동가 홍범도(洪範圖)장군 1868~1943

홍범도(洪範圖, 1868년 10월 12일(음력 8월 27일)~1943년 10월 25일)는 조선 말기 의병장이며, 일제 강점기 조선 독립운동가, 군인이다. 사냥꾼으로 활동하여 사격술에 능하였으며, 1910년 한일병합조약 이후에는 만주에서 독립군을 이끌었다. 평북 자성에서 출생하였으며 머슴, 건설현장 노동자, 종이공장 노동자, 사냥꾼, 광산 노동자 등을 전전하였다.

의병과 독립군 활동

1895년경부터 의병에 뛰어들어 함경북도 갑산, 무산 등지 일대를 중심으로 활동하기 시작하였다. 1907년 전국에서 일어난 의병에 자극을 받아 갑산에서 의병을 일으켰다. 삼수· 갑산 등지에서 유격전을 펼쳤다. 만주 간도로 건너가 독립군을 양성하였다. 1910년 한일병합 후 만주로 망명하여 독립군 양성에 힘썼으며, 1919년 간도 국민회의 대한독립군 사령관이 되어 국내로 들어와서 일본군을 습격하였다. 1920년 일본군이 봉오동을 공격해 오자, 3일 간의 봉오동 전투에서 120명을 사살하고 최대의 전과를 올렸다. 이후 청산리전투에서 김좌진의 북로군정서군과 함께 일본군을 대파하였다.

후에 독립군의 통합운동을 벌여 대한독립군단을 조직하여 김좌진과 함께 부총재가 되었다. 1927년에 소련 공산당에 입당하였으나, 1937년 스탈린의 한인강제이주정책에 의해 카자흐스탄 크질오르다로 강제 이주 당했고, 그곳에서 집단 농장을 운영하였다. 1943년 카자흐스탄 크질오르다에서 향년 76세의 나이로 사망하였다. 1963년에 건국훈장 대통령장이 추서되었다.

출처: 위키백과

홍범도 장군 연보

1886년	어렸을 적에 일찍 부모를 여의고, 여러가지 막노동을 전전. 제지공장에서 일하던 중, 친일파였던 공장주가 7개월 동안 품삯을 주지 않고서는 도리어 먹고 입고 잠잔 값을 받아야겠다고 하자, 공장장을 살해하고 금강산으로 들어 감. 사격술과 검술은 이때 산 생활에서 익혔다고 함.
1895년	을미사변으로 전국에서 의병운동이 일어나자, 홍범도도 강원도 철령에서 봉기.
1896년	14명의 부하들을 이끌고 함경남도로 이동하여 유인석 의병부대에 합류. 을미의병 해산 후 포수로 위장하고 일제의 추적을 피함.
1907년	군대 해산을 계기로 정미의병 발발. 홍범도는 함경도 갑산 신포계 신포수 중심으로 의병 조직. 12월에 삼수 전투에서 일본군 함흥/북청/갑산 수비대를 궤멸시키는 등 대소 37회의 전투에서 승리를 거두었으나, 국내에서 무력 투쟁에 한계를 느끼고 블라디보스토크로 망명함.
1919년 10월	평안북도 강계 만포진을 공략하여 일본군과 3일 간 격전을 치르면서 70여 명을 살상.
1920년 6월 7일	봉오동에서 일본군 19사단 소속 야스가와 소좌 휘하 부대를 격멸.(봉오동 전투)
1920년 10월	청산리 대첩 참가. 김좌진과 공동 작전.
1921년 6월	러시아 자유시에서 소련의 해산 명령을 계기로 독립군 조직 간에 분열이 발생하여 동족 상잔(자유시 참변) 이후 대한독립군은 러시아 적군 소속으로 편입되어 이르쿠츠크로 이동하다.
1937년	카자흐스탄의 크질오르다로 강제 이주.
1943년 10월	사망.

ㅁ 삼수(三水) 갑산(甲山): 함경남도에 있는 삼수와 갑산지방, 오지에 있는 산골로 조선시대의 귀양지. 개마고원에 인접해 있는 지역

지청천(池靑天) 장군 1888~1957

지청천(池靑天, 1888년 2월 15일 ~ 1957년 1월 15일)은 일제 강점기 조선 항일 독립운동가 겸 군인이었으며, 만주에서 독립군 활동을 지휘하다가 대한민국 임시정부 예하 광복군 창설에 참여하여 광복군사령관·광복군 총사령관 등을 역임하였고, 대한민국 정부 수립 이후에는 정치가 겸 정당인으로 활동하였다.

지청천은 1888년 국운(國運)이 기울어질 무렵, 지금의 서울특별시 종로구 삼청동 30번지에서 지재선(池在善)의 막내 아들로 태어났다.

대한제국 육군무관학교 입교

구한말 1906년 배재학당을 졸업하고 1908년 대한제국 육군무관학교에 입교했다. 당시 대한제국 육군무관학교는 1907년 여름에 군대 해산으로 간신히 폐교를 면하고 축소된 형태로 존속했던 상태였다. 그래서 여기에 입교한다는 것은 당시 굉장히 까다로워 유력한 사람의 보증이나 추천이 필요했었다. 지청천이 입교할 수 있었던 데에는 그의 모친이 집안사람을 통해 엄귀비에게 손을 쓴 결과 가까스로 입교할 수 있게 되었다. 그러나 이듬해 1909년 8월, 2학년때 통감부의 압력으로 군부가 폐지되면서 동시에 무관학교도 폐교처분을 받았다.

이 때 일본 측은 선심을 써서 재학 중인 1, 2학년 생도 50여 명을 일본의 동경육군중앙유년학교로 유학을 보내 위탁하기로 했다. 이에 따라 지청천은 동기생 및 후배들과 함께 일본 유학길에 오르게 된다. 이 때까지는 본명인 지대형을 사용했다. 유학 도중 한일합방이 되자, 일본 육군사관학교 보병과로 편입되었고, 1914년에 26기생으로 졸업하였다. 중위로 진급한 후 1919년에 만주로 망명하여 신흥무관학교 교성대장이 되어 독립군 간부 양성에 진력하였다. 이때 망명하면서 일본군의 병서(일종의 전술교범)와 군용지도를 가지고 갔다고 한다. 그는 독립군에서 유일하게 정규 육군사관학교를 졸업한 사람이었고, 지청천의 가치는 독립군에게 아주 중요하였을 것이다.

출처: 위키백과

지청천 장군 혼인 일화

그 후 지청천은 어머니의 명에 따라 파평 윤씨 집안의 여인 윤용자(尹容慈)와 혼인을 하였다.
신부(新婦)와 합환주(合歡酒)를 마신 지청천은 그날 밤, 아내와 합방(合房)을 하는 자리에서 이런 말을 하였다.

> "나는 어머니의 명에 따라 그대를 아내로 맞았지만 이미 세운 뜻이 있어 아내와 더불어 안락한 생활을 누릴 수 있는 몸이 아니오. 나는 이미 군인의 길로 들어서서 나라와 겨레를 위망에서 튼튼히 지키려고 결심 하였은 즉, 언제 죽을지도 모르는 몸이오. 그러니 내가 그대에게 바라는 바는 나와 뜻을 같이 하겠다면 고생을 마다 않고 늙으신 어머니를 나 대신 잘 모셔주며 만약에 혈육이 생긴다면 잘 교육시켜주는 일이오. 만일 이것이 나의 무리한 요구라고 생각한다면 나를 따라 시집오지 않아도 좋소. 당신의 생각은 어떻소? 뜻을 분명히 해 주시오."

아무리 구식 중매 결혼이라지만 꿈 많은 18세 꽃다운 신부가 결혼 초야에 신랑으로부터 들어야 했던 말이기엔 미처 상상도 못하고 감당하기조차 어려운 발언이었다. 그러나 윤용자는 자신도 모르게 조용히 고개를 끄덕이는 수밖에 없었다.

독립군 활동

1920년 지청천은 상하이 임시정부에 있었고 곧 상해 대한민국 임시정부 산하의 만주군 정부로 건너갔다가 초빙을 받고 서로군정서로 건너가 서로군정서 간부에 취임, 활동하였다. 그러나 청산리대첩 이후 일본군의 한국인에 대한 대대적인 보복을 피하여 신흥무관학교를 폐교하고 병력을 간도로 이끌고 건너가, 서일, 홍범도, 김규식, 김좌진 등과 대한독립군단을 조직했다. 1921년 6월 자유시 참변 이후 이르쿠츠크로 이동했고, 그곳에서 오하묵 등과 고려혁명군(1921.8)을 결성했다. 김규식, 이범석이 만든 길림성 소재의 고려혁명군(1923.5)과는 별개의 단체이다. 같은 해 10월 고려혁명군관학교 교장에 취임하였다. 1922년 4월경 군관학교 교육방침과 소련 당국의 규정이 대립되어 체포되었으나 7월 임시정부의 노력으로 석방되었다. 양기탁, 오동진 등과 정의부, 후에 새로이 통합된 혁신의회를 조직했으며, 김좌진이 저격당한 후인 1930년 7월에는 한국독립당 창당에 참여하고, 별도로 한국독립군을 만들어 독립군의 총사령관에 취임하였다. 만주에서 중국 호로군과 연합해 한중연합작전을 벌였고(쌍성보전투), 1933년 5~6월경 중 지청천과 이범석은 100여 명의 장정들을 이끌고 중국 본토로 건너왔다. 1933년 후반 김구 세력과 합류하였으나 1934년 지청천은 탈당, 신한독립당을 창설하여 따로 나갔다. 1957년 1월 15일 오후 6시 30분, 서울 성동구 신당동 자택에서 급서하였다. 1962년 건국훈장 대통령장이 추서되었다.

이범석(李範奭) 장군 1900~1972

이범석(李範奭, 1900년 10월 20일 ~ 1972년 5월 11일)은 일제 강점기 독립운동가 겸 군인이자 대한민국 정치가 겸 저술가이다. 고등보통학교 재학 당시 중화민국으로 망명하여 독립운동에 참여했다. 1919년 만주에서 신흥무관학교와 북로군정서 등지에서 항일독립활동을 하였으며, 북로군정서 연성대장으로 청산리 전투에 참전하기도 했다. 그 뒤 소련과 만주에서 활동하던 중 중국으로 건너가 대한민국 임시정부 광복군의 중장으로 광복군 참모장과 제2지대장 등을 지냈다. 1945년 조선 광복 직후 귀국을 시도했지만 강제로 상하이에 억류 조치 처분되었다가 이듬해 1946년 귀국하였다. 귀국 후 안호상과 함께 조선민족청년단을 결성하여 활동하였고 반공주의 정치 활동을 하였다. 김구의 남북협상에 반대하여 이승만에 협력, 단독 정부 수립에 동참하여 1948년 7월 31일에서 1950년 4월20일까지 제1대 대한민국 국무총리를 역임하였고, 8월 15일부터는 국방부장관도 겸임하였다. 이후 중화민국 주재 대사와 내무부장관을 거쳐 1952년 제2대 부통령 후보에 출마했고, 1956년 제3대 부통령 후보로 출마하였으나, 이승만의 견제로 낙선하였다. 1960년 이후에는 야당 정치가로 활동하다가 탈당, 국토통일원 고문 등을 역임했다.

출처: 위키백과

청산리대첩(靑山里大捷)

1920년 3월 그는 북로군정서 총사령관 김좌진의 부름을 받고 수 천리를 도보로 강행군하여 왕청현(汪淸縣)에 있는 북로군정서로 가서 연성대장(研成大長)으로 부임하였다. 이 때 중국은 중일(中日) 외교상 부득이 독립군을 간섭하게 되자, 길림성의 행정관장은 중국군 영장(營長) 맹부덕(孟富德)을 시켜 1923년 10월에 독립군 부대 및 항일 단체에 대하여 국도(國道)변에서 멀리 옮기라고 교섭함에 그들과 타협하여 앞으로 국내 진입전 전개에 편리한 장백산(長白山) 산속으로 이동해가기로 했다.

8월 23일 북로군정서(北路軍政署) 사관연성소(士官鍊成所) 학생 3백 수십 명을 졸업시키고 그 중 150명과 사령부 경비대원 및 새로 모집한 병사들로 북로군정서 보병 1개 대대를 조직하여 이동했다. 9월 7일 이범석과 김좌진은 병력을 이끌고 청산리로 이동했다.

탄띠와 소총으로 무장 옥수수 가루와 콩가루로 만든 떡과 추위를 견디고 이동 중 천보산(天寶山) 근교에서 일본인 광산을 지키는 광산수비대대를 만났으나 더 큰 적을 섬멸하기 위해 그들을 살려 두고 진격하였다. 훈춘 일본영사관 습격 당시 도와주었던 마적 대엄귀(戴嚴鬼)의 연락과 정찰대의 보고로 일본군 동지대의 이동 경로와 동정을 접하였다.

산맥을 타고 1개월 간의 도보 이동으로 20년 10월 5일 길림성 화룡현(和龍縣) 삼도구(三道溝) 청산리(靑山里)에 도착하였다.

이 때 북로군정서의 정보를 입수한 일본군의 토벌군이 청산리 주위를 포위하여 오자, 북로군정서와 대한독립군은 임시 전투조직을 개편하고 총사령관 김좌진, 군정서 참모장 나중소(羅仲昭), 사령관 부관 박영희(朴英熙) 등으로 개편 편성되었으며, 이때 이범석은 다시 북로군정서 연성대장(研成隊長) 겸 중대장이 되어 본대인 보병부대 1개 대대를 송림평의 진을 쳤다가 운평(白雲平) 숲속의 지형에 매복시켰다.

첩보원으로부터 왜병이 도착한다는 전갈을 받은 이범석은 산꼭대기에 올라 망원경으로 일본군의 이동을 지켜봤다. 정탐군을 보내 보병, 포병, 기병, 공병을 합친 병력이 1만 명으로 5만 대군의 선발대라고 하였다.

이범석은 근처 한인 교포와 사냥꾼을 모은 뒤 마을의 부녀자와 노인들에게는 독립군은 수가 얼마되지 않고 총을 가진 병사 수가 적어서 몇 안되고 굶주려 지쳤다 고 증언하도록 사전에 지시했다. 소총, 중기관총, 수류탄 80만 발의 탄환을 집결한 뒤 10월 20일 새벽 그는 우진 이민화(李敏華), 좌진 한근량(韓根凉) 중우 진의 김동(金動), 중좌진의 이교성(李驕成)에게 각각 2백 발의 탄환을 직접 분배하였다.

10월 20일 9시경부터 청산리 백운평에서 일군과 교전이 시작되어 그 날 저물도록 격전을 전개하고 일본군의 선봉부대를 기습 공격하여 섬멸시켰다. 오래된 말똥을 뿌린 뒤, 일본군의 척후병이 나타나 말똥을 채취하여 오래전에 지나간 것으로 알고 일본군 주력부대 5만이 골짜기에 다다랐을 때, 집중사격을 가했다.

1차 선발대와 2차 선발대가 전멸하고 3차 선발대가 나타났다가 우왕좌왕 흩어질 때 이범석은 마상에서 독전 연설을 했다.

10월 21일부터 10월 23일 화룡현내 천수동(泉水洞), 어랑촌(漁郎村), 만록구(萬鹿溝) 등으로 부대를 이동하면서 일본군을 습격, 독립군 전사자는 20여명이었으나, 일본군 수백 명의 사상자를 내는 전과를 올렸다.

김좌진(金佐鎭) 장군 1889~1930

김좌진(金佐鎭, 1889년 12월 16일 ~ 1930년 1월 24일)은 일제 강점기 군인이자 독립운동가이다. 대한제국 육군무관학교를 졸업했다. 청산리 전투를 승리로 이끈 지휘관이었으며, 김동삼, 오동진 등과 3대 맹장(猛將)으로 불리기도 하였다. 1930년 공산주의자 박상실에 의해 피살되었다. 호는 백야(白冶)이다.

나이 17세에 집안의 가노를 해방 및 땅을 분배하였고 민족적 자립을 위한 한국의 무장 독립운동의 선봉에 서는 동시에 국가의 미래를 위한 교육사업도 활발히 펼쳐 노블레스 오블리주를 실천한 인물 중 한 명이다.

1905년 대한제국 육군무관학교에 입학하였고 같은 해, 가노 해방 및 전답을 무상 분배한 뒤 1907년 호서(충청도) 지방을 밝게 한다는 즉 개화한다는 뜻인 호명학교를 설립하였다. 가산을 정리한 뒤 학교 운영에 충당하게 하고 90여 칸으로 된 자신의 집을 학교 교사로 제공했다.

홍성에 대한협회 지부와 기호흥학회를 조직하여 애국 계몽 운동을 전개하였다. 1909년 기호흥학회 장학재단을 설립하였고 한성신보 이사를 역임하였다. 안창호· 이갑 등과 서북학회를 세우고 산하 교육기관으로 오성학교를 설립하여 교감을 역임하는 한편, 청년학우회 설립에도 협력하였다.

항일투쟁 길을 걷다

1911년 북간도에 독립군 사관학교를 설립하기 위하여 자금조달 차 돈의동에 사는 족질 김종근을 찾아간 것이 원인이 되어, 2년 6개월간 서대문형무소에 투옥되었다. 복역 중 김구와 조우한다. 1913년 서대문형무소에서 출소한 김좌진은 "사나이가 실수하면 용납하기 어렵고 지사가 살려고 하면 다시 때를 기다려야 한다."라는 시를 지었다. 1917년 대한광복단을 조직하여 박상진 등과 활동하다 1918년 만주로 망명하면서,

> "칼 머리 바람에 센데 관산 달은 밝구나 칼끝에 서릿발 차가워 고국이 그립도다 삼천리 무궁화 동산에
> 왜적이 웬 말이냐 진정 내가 님의 조국을 찾고야 말것이다."

라는 시를 지었다. 대한정의단에 합류한 군사부문 책임자가 되었고 동 단체를 군정부로 개편한 후 사령관으로 추천되었다. 한편, 1918년 박상진이 체포되어 사형선고를 받았을 때 박상진을 구하기 위해 파옥계획을 세웠으나 실현은 하지 못했다. 1918년 무오 독립선언에 서명하였다. 1919년 북로군정서 사단장과 사관연성소 소장을 겸임했다.

1920년 10월 21일 청산리 전투를 지휘하여 일본군을 대파하였다.

김좌진은 1921년 대한독립군단을 결성했다. 1921년 우수리강을 넘어 이만까지 갔다가, 다시 만주로 돌아왔기 때문에 자유시참변은 겪지 않았다. 1925년 군사위원장 겸 사령관직 겸임한 신민부를 창건하였다. 또한 성동사관학교를 세워 부교장으로서 정예사관 양성에 심혈을 기울였다. 이 때 대한민국 임시정부가 국무위원으로 임명했으나, 취임하지 않고 독립군 양성에만 전념하였다.

1928년 한국유일독립당을 조직하였고 1929년 한족총연합회 주석이 되었다. 이 과정에서 민족주의계열과 공산주의계열 독립운동가 사이에 갈등이 격화되었고, 공산주의 선동에 방해되는 이유로 1930년 1월 24일 김일성(金一星, 본명 김봉환)의 사주를 받은 고려공산청년회 회원 박상실(朴尙實, 일명 : 尙範, 金信俊)에게 피살되었다.

김일성은 사건 직후 이붕해(李鵬海,1899~1950)에게 살해되었으며, 박기봉(朴奇峰)에 의하면 만주 공산주의 단체의 기관지인 「적기(赤旗)」지(誌) 1930년 3월호에 암살 교사범 김일성(金一星·김봉환)의 죽음을 추도하는 기사가 실렸다고 한다.

한편 중외일보 1930년 2월 24일자 기사「배후(背後)에서 권총(拳銃)으로 김좌진(金佐鎭)에 하수(下手)한 김일성(金一星)」에 나오는 김일성은 단순한 성행불량자로 김봉환과 다른 인물로 보이며, 그가 단독으로 암살을 실행한 것으로 나온다. 또 암살범 박상실(朴尙實, 일명 崔永錫)이 체포되어 사형을 선고받고 집행을 위해 봉천으로 이송 중이라는 1931년 9월 11일자 동아일보 기사가 있으므로, 그도 무사하지 못했던 것으로 보인다. 근래에 중국 연변의 학계에서는 김좌진 암살범은 『조선공산당 아성(阿城)총국에서 파견한 무장공작대원 공도진(公道珍)』이라고 말한다. 공도진(公道珍)은 이복림(李福林,1907~1937)의 본명이며, 그는 중국공산당 만주성위 산하 동북항일연군 제3로군 총사령 자오상지(趙尙志, Zhao Shangzhi, 1908~1942)의 신임을 받던 최측근 인사였는데, 1937년 전사했다. 박상실이 공도진(이복림)이라는 주장도 있으나 확실하지 않다. 김좌진은 사망하기 직전 "할 일이…. 할 일이 너무도 많은 이 때에 내가 죽어야 하다니. 그게 한스러워서…."란 말을 남겼다. 사후 3년 뒤, 아내 오숙근이 유해를 수습하여 고향 홍성에 임시로 매장하였다가 해방 후 김두한에 의해 정식으로 안장되었다

출처: 위키백과

ㅁ 노블레스 오블리주[Noblesse Oblige] 높은 사회적 신분에 상응하는 도덕적 의무를 뜻하는 말.

김동삼(金東三) 1878~1937

김동삼(金東三, 1878년 6월 23일 ~ 1937년 4월 13일)은 한국 항일 독립 운동가이다.
본관은 의성. 아명(兒名)은 김긍식(金肯植)이며 아호는 일송(一松)이다. 1910년 마침내 한일병합조약이 체결되자, 항일투쟁 계획을 구체화하여 1911년 서간도로 망명했다. 이시영, 이동녕, 이상룡, 윤기섭 등과 함께 간도 지방에 경학사와 신흥강습소를 설립하는 데 참가했다. 경학사는 자치 조직, 신흥강습소는 훗날 신흥무관학교로 발전하는 교육기관이었다. 무장 투쟁의 중요성을 인식하고 간도 지역에서 군정부를 설립하여 독립군 양성에 힘썼고, 1919년 서로군정서(독판 이상룡)로 조직을 개편하고 참모장을 맡았다.
3·1 운동의 단초 중 하나를 제공한 무오독립선언에 39인 대표로 참가하기도 했다.
1919년경, 김동삼은 상하이로 가서 자리를 잡았다. 1922년에 만주 지역 독립군 단체가 통합한 대한통의부에 가담했고, 1923년에는 국민대표회의에 서로군정서 대표 및 의장으로 참가하였으며, 1925년 정의부 참모장에 취임했다. 1931년 하얼빈에서 이원일과 함께 일본 경찰에 체포되어 징역 10년형을 선고받고 복역하다가 서대문형무소에서 옥사했다. 시신은 한용운이 수습하여 장례를 치렀다

출처: 위키백과

오동진(吳東振) 1878~1937

오동진(吳東振, 1889년 ~ 1944년)은 한국 독립운동가이다. 아호는 송암(松菴)이다.
평안북도 의주 출생이다. 안창호가 세운 평양 대성학교를 졸업한 뒤 고향으로 내려와 민족주의 사학 일신학교를 설립하여 교육 계몽 운동을 벌였다. 1919년 3·1 운동때는 일신학교 설립자인 유여대가 민족대표 33인 중 한 사람으로 참가하면서 의주 지역에서 경성부와 동시에 만세 시위가 일어났다. 그는 이 운동에 참가했다가 체포령을 피해 만주로 망명했다.

출처: 위키백과

나중소(羅仲昭) 장군 1866~1928

나중소(羅仲昭, 1866년 ~ 1928년)는 경기도 고양 출신의 독립운동가.
자는 영훈(泳薰), 호는 포석(抛石), 아명(雅名)은 나봉길(羅奉吉), 본관은 나주이다.
'나비장군'이라는 별명을 갖고 있다. 만주벌에서 무장투쟁을 전개한 노병(老兵) 나중소 장군은 대한제국 진위대 부위(副尉)로서 활동 중 군대가 해산되자, 1910년대 50대 장년의 나이에 만주로 망명하여 대한군정서(북로군정서), 신민부 등에서 무장투쟁을 전개한 대표적인 항일독립운동가이다.
특히, 나중소는 대한군정서 사관연성소 교수부장으로서 독립군 장교 양성에 큰 기여를 한 대표적인 인물이다.
1928년 8월 나중소가 만주 돈화현에서 순국하자 동아일보 1928년 10월 11일자에서는 〈나중소씨 영면〉이라는 제목으로 다음과 같이 기술하고 있다.

"현적을 만주 길림성 돈화현에 둔 평안도 출신 나중소(羅仲昭)장군은
구한국시대 육군부위(副尉)를 지내다가 정국의 변함을 따라, 만주로 이거하야 북만 일대에서 00단의
군정서 장교로 있든 중, 군대에 쫓기여 돈화현 산중에서 여생을 보내다가 지난 8월 18일에 세상을
떠났다는데, 슬하에는 자녀도 없이 단신으로 망명 중, 별세한 가련한 형편이라더라."

청산리대첩의 숨은 영웅 나비장군, 건국훈장 독립장 1963(독립운동가)이 추서되었다.

출처: 위키백과

임시정부 피눈물 역사…3,000Km 추적하다

3.1운동. 임시정부 100주년 독립견문록, 임정을 순례하다

대한민국 독립의 뿌리 찾아 상하이. 난징. 충칭. 시안….

매경, 중국 대륙 대장정

출처: 매일경제 2019년 2월 13일자 인용

지난달 25일 오후 7시. 중국 상하이 황쭈강 유람선.

와이탄(外灘) 일대로 시선을 돌리자 옛 일본영사관 건물이 황금빛 조명을 쬐는 중이었다.

휘황찬란한 야경으로 유명한 상하이 밤거리, 와이바이두다리 옆 황푸르 106 건물은 100년 전 일본영사관으로 사용됐다. 채소 쓰레기 더미에서 배추 껍질을 주워 시래깃국을 끓여 연면하던 대한민국 임시정부 요인들의 한 세기 전 풍찬노숙을 떠올리니, 황금빛으로 분칠한 붉은 벽동 건물은 여전히 일장기 태양을 은유하는 부표 같았다. 식민지에서 망명한 '조센진(朝鮮人)'과 '왕궈누(亡國奴. 한국인을 멸시하던 일부 중국인의 은어)'는 골방의 찬 이불 속에서 숨죽인 채 어둠을 붙들고 있었을 것이다. 모든 한국인은 '조센진이자 왕궈누'의 후예다. 대한민국 독립은 하늘에서 뚝 떨어진 선물이 아니다. 기억은 사라져가도 누군가의 눈물과 핏물 위에 대한민국은 세워졌다.

올해 '3.1운동. 대한민국 임시정부 수립 100주년'을 맞아 매일경제신문은 중국내 대한민국 임시정부 전(前) 청사와 유적지를 1-2월 2회에 걸쳐 탐방했다. 대한민국 임시정부라하면 1919년 프랑스 조계지에서 태어난 상하이 임시정부와 1945년 광복 소식을 접한 충칭 임시정부만을 떠올리기 쉽다. 한데 대한민국 임시정부는 대륙의 초라한 골목, 노지, 산청, 강가에서 가느다란 점선처럼 명맥을 이어왔다. 중국은 당시 한국인의 염원이 집결된 항일투쟁 요람이었다. 매일경제신문은 임정 요인들이 대한민국 임시정부의 보이지 않는 간판을 어깨에 걸머지고 걸었던 총 3000Km를 승합차와 기차로 이동해 대한민국의 옛 그림자를 쫓았다. 중국 상하이에서 항저우, 창사, 광저우, 류저우, 치장, 충칭 등 임시정부와 자싱, 하이옌, 전창, 난징, 쭌이, 시안까지 백범 김구와 임시정부 요인들이 사선을 넘나들며 거쳤던 13개 도시의 독립운동 현장이다. 일부 유적지는 흔적도 찾아보기 힘든 지경에 이른 곳도 적지 않았다. 심지어 중국 내 임시정부청사가 7곳인지, 8곳인지 아직도 경에 이른 곳도 적지 않았다. 학계에서는 의견이 분분하다. 임시정부 100주년을 맞은 우리의 씁쓸한 현주소다.

대한민국임시정부기념사업회와 공동으로 추진한 이번 르포에는 홍소연 대한민국임시정부기념관건립추진위원회 자료실장이 동행했다. 주 상하이대한민국총영사관, 한국언론진흥재단도 이번 취재를 지원했다. 홍실장은 "독립운동이란 당대의 시대정신을 자신의 모든 삶을 바쳐 실천한 것이고, 그들의 실천은 우리가 현재의 시대정신으로 살 것을 요구한다"고 말했다.

'임시정부 27년사'는 망각의 물결 속에서 펄떡펄떡 살아 숨쉬던 한민족이란 생물(生物)의 역사였다.

왕궈누의 명예를 쓰다듬는 긴 가시밭길의 궤적을 추적해 연재 보도한다.

대한민국 독립운동가에게 보내는 뒤늦은 전보이자, 후대가 띄우는 부끄러운 제문(祭文)이다. 상하이/김유태 기자

'대한민국' 국호 만든 곳도 못찾고….임정청사 골목엔 빨래만 널려

●상하이/ 임정청사

'가스 안전검사가 무료로 진행됩니다. 1월 20일까지 우리 회사로 연락 주세요. 상하이대중가스유한공사영업소' 상하이 황푸구 쇼핑가 신텐디(新天地) 앞 2차선 도로 바로 건너편의 마당로 방향을 바라보자 '상하이 대한민국 임시정부 청사' 현판이 눈에 띄었다. 한국인 눈에도 제법 익은 이곳은 흔히 '마당로 청사' 혹은 '보경리 청사'라고 불린다. 청사가 마당로란 길가에 위치해서고, 보경리 건물의 4호가 청사로 쓰여 붙여진 이름이다. 현재 3. 4. 5호가 모두 대한민국 임시정부 상하이 청사 기념관으로 사용되고 있다. 지금도 이 건물에 중국인이 산다는 소문은 익히 들었던 터. 지난달 24일. 막상 마당로에 들어서자 묘한 기분이 휘감았다. 바로 옆집인 보경리 1. 2호는 상하이대중가스유한공사의 때늦은 A4용지 통지서가 붙은, 진짜 가정집이었기 때문이다. 한 세기 전 대한민국의 요람은 지금도 매립 안 된 전깃줄로 뒤엉켜 입구가 어지러웠고, 당당한 태극기 대신 이불과 속옷 빨래가 나부꼈다. 안내원의 귀띔이 묘한 충격을 건넨다. "신텐디 개발 때 청사 용지도 밀릴 뻔했어요. 구(區) 단위의 문물보호 단위로 지정되며 명맥을 유지한 거죠. 왜 가정집이 아직 있느냐고요?. 건물에 사는 대부분이 노인인데 중국 정부에서 30평대 아파트 서너 채를 준다고 해도 안 나가요. 나중에 물려주는 거죠. 평당 시세요? 한화로 7000만원이 넘습니다."

사진: 대한민국 임시정부가 1926년부터 '윤봉길 의거'가 터진 1932년까지 6년간 사용한 '마당로 청사'의 안내 간판.

3·1운동 후 상하이 임정 수립

13년 간 머무르며 독립운동, 간신히 명맥 이어온 청사기념관

1919년 3월 1일 독립이 선언되자, 한반도의 민족 지도자들은 상하이로 모였다. 조계(租界)에 임시정부를 세우기 위해서였다. 민족 외적으로는 김규식(1881-1950)이 파리강화회의에서 3.1운동과 자주독립을 알리며 외교에 치중할 때, 민족 내적으로는 임시정부 건립이 시급했다. 조계는 외국인 출입과 거주가 허용되고 치외법권을 누릴 수 있는 개항장 인근 지역을 뜻했다. 불평등조약의 결과였을지언정, 조계는 나라 잃은 백성 입장에선 국제 여론 형성에 적합했다.
백범 김구(1876-1949)의 표현대로 '왜(倭)'의 마수'에서 자유로웠다.

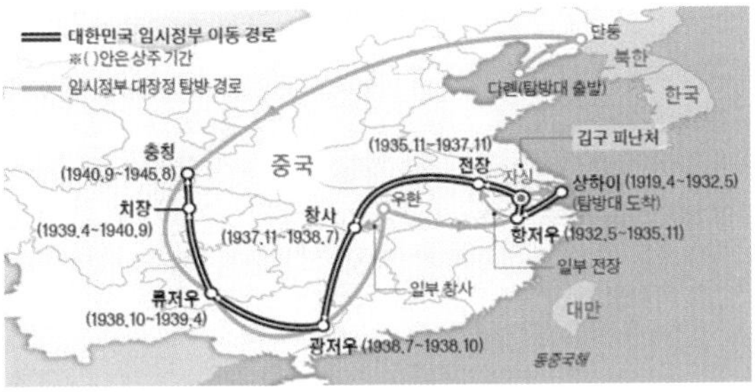

1919년 4월 이동녕을 임시의정원의장으로 선출하는 제헌국회가 조직됐고 대한민국임시헌장이 제정. 공포됐다. 이후 대한민국 임시정부는 고무줄 달린 투명 비닐 덧신으로 양발을 감싸야 입장이 가능했다. 훼손을 막기 위한 조치였지만 너무 바닥과 계단은 이미 속살을 드러내기 시작한 상태였다. 14.8평짜리 회의실 1층에 들어서니 대각선으로 엇댄 태극기 사이로 주름살 가득한 백범의 동상이 관람객을 맞는다. 2층은 백범이 사용한 집무실이다. '백범일지' 상권이 여기서 쓰였다. 점심시간 2시간 30분전(오전 11시-오후 1시 30분)을 제외하면 항상 인산인해를 이룬다. 조승희 주상하이대한민국총영사관 영사는 "상하이 임정청사 방문객 수는 중국 측에서 매년 20만명 정도로 추정한다"고 설명했다. 단순 계산하면 하루 방문객이 500명을 넘는 셈이다.

1932년 윤봉길 의거 이후 항저우로 피신하기까지 대한민국 임시정부는 마당로 청사를 임정청사 중 최장 기간인 6년간 사용했다. 하지만 마당로 청사는 임시정부의 첫 청사가 아니고 유일한 청사도 아니다. 21세기에 상하이 시절 임정의 유일한 상징으로 남은 이유는 대한민국의 태동지가 어디인지, 다른 청사의 정확한 지점은 어디인지를 역설적으로 아무도 모르는 현실도 작용했다. 안타깝게도 '대한민국(大韓民國)'이란 국호를 만든 위치를 특정하지 못하는 상태다. 국호가 처음 탄생한 자리는 상하이 김신부로(金神父路)다. 지금은 서금2로(瑞金2路)로 지명이 바뀌었다. 서금2로로 발걸음을 옮겨 살펴보니 대한민국 임시정부와 관련된 표식을 발견할 수 없었다. 교차로에선 무단횡단하는 행인들로 가득해 일국의 근엄한 요람과는 거리가 멀었다. 임정 요인들의 집으로 쓰인 '영경방 10호'로 이동했다. 백범 일가가 머물렀던 자리에는 '그레이하운드'란 이름의 태국 음식점이 영업 중이었다. 외부 뼈대만 옛 모습 그대로고 내부 구조는 모두 현대식이었다. 백범 모친 곽낙원 여사(1859-1939)가 중국인들이 쓰레기통에 버린 '배추 껍질'을 주워다가 소금물에 담가 우거지 김치를 담그던 자리였고, 백범의 처 최준례 여사(1889-1924)를 사망에 이르게 한 사고 지점이기도 했다. 최준례 여사는 산후조리를 못해 시어머니 수발을 받다 '오늘은 어머님 대신 세숫물을 버리겠다'며 이곳 계단을 내려서다 낙상한 뒤 생긴 늑막염이 폐질환으로 번져 작고했다. 이날은 마침 상하이 쉐이크쉑버거 신텐디점이 개점하는 날이었다. 영경방 10호에서 28위안짜리 아메리카노를 시키고 통유리창을 바라보니 수제 햄버거를 먹으려 몰려든 중국인 인파가 눈에 띄었다.

상하이 김유태 기자

대륙 놀라게 한 윤봉길 의거 현장…지금은 꽃구경 온 관광객뿐

① 상하이/ 루쉰공원내 윤봉길기념관

"한국인이오? 버스 댈 곳 없다고 안 오는데…"
신텐디에서 차로 30분 간 떨어진 상하이 루쉰공원. 중국의 '정신적 지주'로 통하는 소설가 루쉰의 석관이 놓여 있었다. 한국인은 기자 혼자였다. 루쉰공원은 1932년 매헌(梅軒) 윤봉길 의사(1908-1932)가 '물통 폭탄'을 던진 장소로도 한국에 의미가 깊은 장소다. 지난달 25일 루쉰공원의 한가운데 위치한 '윤봉길 의사 생애사적 전시관'에는 입장료 15위안(약 2500원)을 내고서라도 홍매화를 찍으려고 출사한 중국인 열댓 명뿐이었다. 슬쩍 물으니 '기념관 방문객 수는 하루 40명 수준이고, 매년 감소세'라고 매표소 직원이 귀띔했다. 도로 경계석의 노란 페인트칠은 불법주차 단속 경고선인데, 루쉰공원 입구 도로가 온통 정차금지구역이라 관광버스를 세울 수 없다는 이유란다. 게다가 마당로 청사처럼 인근에 신텐디 같은 관광지도 없어 여행사들이 굳이 오려 하지 않는다고 했다.

'하루 관광객 수 40명 안팎'
물통폭탄 전시품만 쓸쓸히 기념품점도 문 닫은 지 오래
中소설가 루쉰 묘 이장한 후 홍커우 공원서 명칭 바뀌어 붉디붉은 홍매화만 눈부셔

그래서인지 윤봉길의 시문(詩文)이 적힌 부채, 술잔 따위의 기념품도 전시만 돼 있을 뿐, 간판만 남겨진 기념품점은 셔터가 닫힌 지 오래인 듯했다. 2000년대 초반엔 하루 300-400명이 꾸준히 들렀던 상하이의 필수 코스였다. 임시정부의 상징처럼 굳어버린 대한민국 임시정부 마당로 청사와 달리 매헌은 한국과 중국 여행사의 이해 타산과 한국인의 무지, 무관심 속에서 서서히 망각의 행로에 접어든 듯했다. 윤봉길 의거는 임시정부 위상을 높이고, 한중 항일투쟁의 향배를 가른 상징적 사건이었다. 공원에 던져진 폭탄에 5억 명의 중국인이 희열을 느낀 대사건이었다. 침체일로였던 임정 활동은 윤봉길 의사 의거 뒤 당시 한국인 2000만 명의 열렬한 지지로 탈바꿈하는데 성공했다. 중국 총통 장제스는 '중국 백만 대군도 못한 일을 일개 조선 청년이 해냈다'며 윤 의사의 행동을 극찬했다. 이후 장제스는 백범과 교류하며 대한민국임시정부를 전폭적으로 지원했다. 돌계단을 오르니 2층짜리 붉은 정자(亭子)가 보였다. 정자 이름은 '매헌'으로 윤 의사의 호를 그대로 따왔단다. 매정(梅亭)으로 불리다 한국 정부 측 요구로 매헌(梅軒)으로 개명했다. 당초 공원 명칭도 홍커우공원이었으나 루쉰의 묘가 1956년 이곳으로 이장하며 루쉰공원으로 간판을 바꿔 달았다. 〈중략〉 윤의사가 던진 건 우리가 알고 있던 '도시락 폭탄'이 아니라 '물통형 폭탄'이었다. 홍소연 대한민국민국임시정부기념관건립추진위원회 자료실장은 '도시락 폭탄은 자경용이었으나 물통 폭탄 투척 후 일본군의 제지로 뜻을 이루지 못했다'고 설명했다. 윤 의사가 두 아들에게 생전에 남긴 유촉시(遺囑詩. 죽은 뒤의 일을 부탁하는 시)도 선명했다. '너희도 피가 있고 뼈가 있다면 반드시 조선을 위해 용감한 투사가 되어라. 태극의 깃발을 높이 드날리고 나의 빈 무덤 앞에 찾아와 한 잔 술을 부어 놓으라.'

('강보에 싸인 두 병정에게')

〈중략〉 이봉창과 윤봉길, 그리고 백범이 처음 걸은 길에서 대한민국은 유유히 흘러가고 있었다. 상하이/김유태 기자

백범 "윤군, 후일 지하에서 만납시다."
5시간 후 오전 11시40분 홍커우 '굉음'
윤봉길 거사 직전 행적, 김구와 의거 당일 고깃국 조찬

홍커우공원 의거 현장

〈중략〉

상하이기독교청년회관은 백범 김구와 매헌 윤봉길이 의거 하루 전날인 1932년 4월 28일 거사를 논의한 장소다. 그해 4월, 윤 의사의 일정과 동선은 다음과 같았다.

26일, 한인애국단에 가입하고 선서식을 거행했다.

27일, 홍커우공원을 사전 답사하며 연단이 서는 자리와 사열대 방향을 염탐했다. 이날 저녁, 양복을 입은 채 한인애국단 선서문을 가슴에 부착한 뒤 카메라 앞에 서서 기념촬영을 했다. 28일, 상하이기독교청년회관에서 백범과 '최후의 오찬'을 거행했다. 당시 건물로선 상하이 조계지 내 최고 식당에서 한 끼니를 해결하며 민족의 앞날을 모색했다. 식사 뒤 매헌은 홍커우공원에 들고 갈 일장기를 구입해 숙소로 돌아왔다. 윤봉길 의거 당일인 29일 아침의 행적까지 더듬고자 '원창리 13호'로 발걸음을 재촉했다. 본명이 김정묵인 원창리 13호의 김해산 집에서 백범과 매헌은 '고깃국'을 사이에 두고 마주한다. 백범 부탁으로 상하이 중국군 병공창의 병기주임 김홍일이 비밀리에 준비한 폭탄 두 개가 전달된 장소도 바로 이곳이다. 굳이 폭탄 모양이 도시락과 물통이었던건 일제가 행사에 참석하는 사람은 도시락과 물통, 일장기만 가져오라고 했기 때문이다.

윤봉길 의거 현장 기념비

29일 오전 7시, 김해산의 집에서 나와 도로로 향하는 길, 택시에 오르려던 매헌은 백범에게 회중시계를 맞바꾸자고 제안한다. "이 시계는 어제 선서식 후에 6원을 주고 산 시계인데, 선생님 시계는 2원짜리이니 저하고 바꿉시다, 제 시계는 앞으로 한시간밖에 쓸 데가 없으니까요." 원창리 13호에서 가장 가까운 거리의 도로에 우두커니 섰다. 홍커우공원 방향으로 향하는 택시 한 대가 지나갔다. 매헌도 그날 아침 이 길 위의 택시 안에서 방금 들은 백범의 마지막 한마디를 곱씹었을 것이었다.

"윤군, 후일 지하에서 만납시다…"

그 뒤 다섯 시간이 지난 오전 11시 40분께 홍커우공원 연단은 굉음과 비명에 휩싸였고, 역사의 물줄기는 역류하기 시작했다.

1919년

'구라토미유자부로 일기'에 언급된 고종 독살 상황도

출처: 위키백과

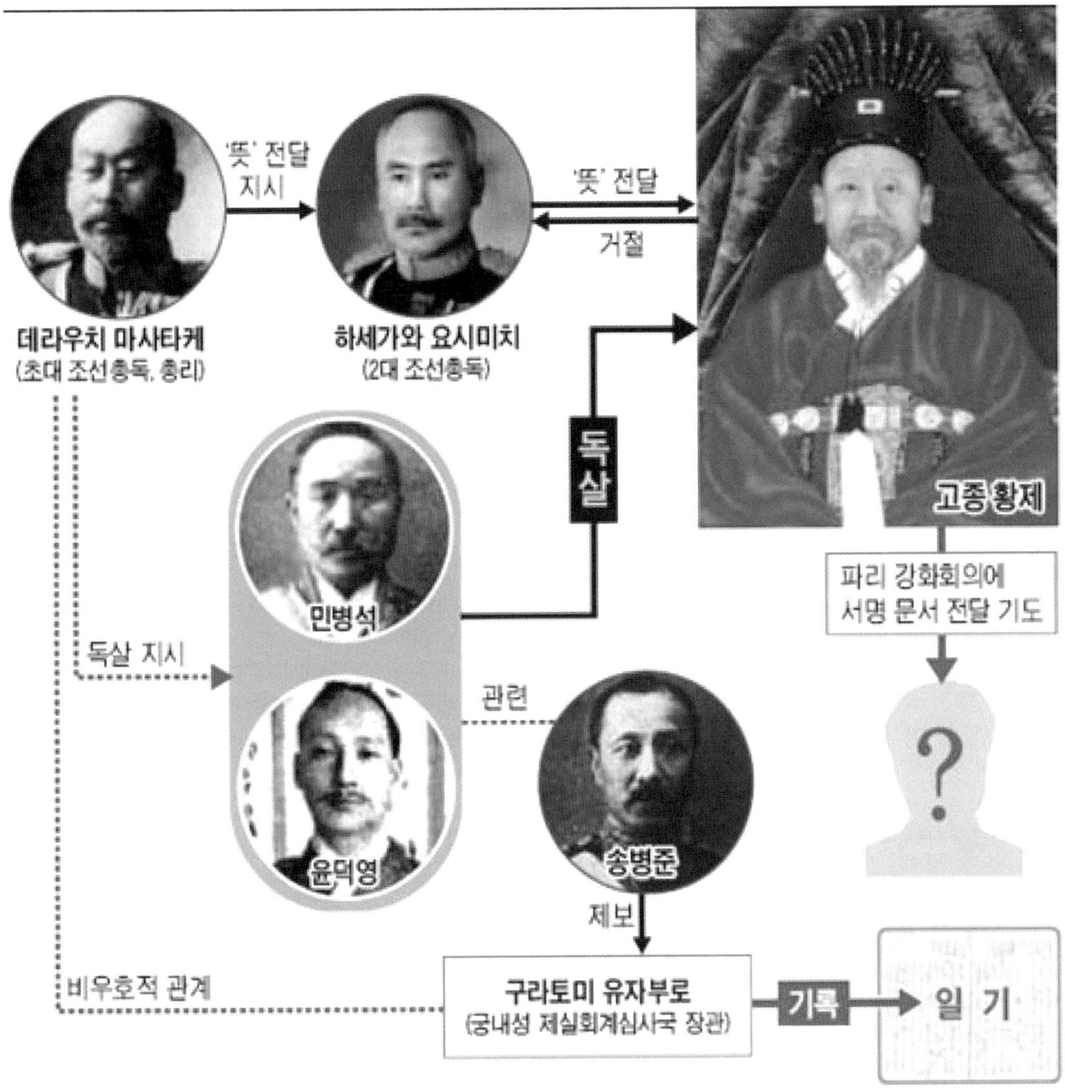

고종황제 사망과 독살설

'구라토미 유자부로 일기'가 언급한 고종 독살 상황도에 등장하는 인물들: 데라우치마사타케·하세가와요시미치·민병석·윤덕영·송병준·구라토미유자부로(총감 궁내성 재실회계심사국 장관)

구라토미유자부로(倉富勇三郎 1853~1948)

1919년 당시 일본 궁내성(宮內省) 제실(帝室) 회계심사국 장관

출처: http://news.chosun.com/site/data/html_dir/2009/02/27/2009022701131.html / http://blog.daum.net/gil779/18350901

대한제국·1897~1910·The Daehan Empire Definitives

1895년 을미사변 - [I]

명성황후 민비 -대한제국 국모 1851. 11. 17~1895. 10. 8

출처: 위키백과

조선의 제 26대 왕이자 대한제국 초대 황제인 고종(高宗) 왕비이자 추존황후.
1895년 음력 8월 20일(양력 10월 8일) 경복궁(景福宮)에서 명성황후 민비가 조선 주재 일본 공사 미우라고로(三浦梧樓)의 지휘 아래 일본군 한성 수비대 '미야모토 다케타로'(宮本竹太郎) 등에게 암살된 사건이다.
이를 명성황후 암살사건(明成皇后暗殺事件, 혹은 참살사건(慘殺事件))이라고 부르며, 명성황후 시해사건(明成皇后弑害事件, 또는 시해참변(弑害慘變))이라 부르기도 한다. 당시에는 을미의 변(乙未之變) 또는 을미팔월의 변(乙未八月之變)이라고 불렀으며, 일제와 조선인 협력자들의 작전 암호명은 '여우사냥'이었다.

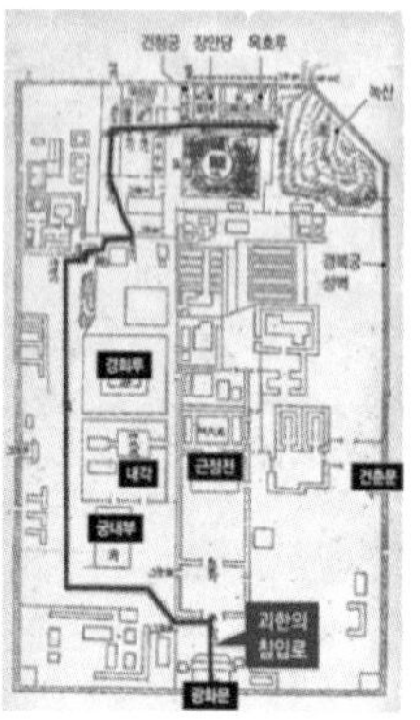

명성황후 시해 사건 1895년 10월 8일

일본제국은 조선을 침략하는 데 가장 큰 걸림돌인 명성황후를 살해하려 했고, 조선 측에서도 흥선대원군·우범선(禹範善)·이두황(李斗璜)· 이진호(李軫鎬)·전 군부협판 이주회(李周會)·개화파 문신 유길준· 친일파 송병준의 사위 구연수(具然壽) 등 다양한 계층의 조선 관료가 정치적 목적으로 내통, 협조했다. 사전 치밀한 계획 하에 일본인 낭인들은 조선인 군관들의 비호와 길 안내로 경복궁까지 3~5시간 내에 진입했다.
홍계훈이 이끄는 근위대와 함께 기습적으로 경복궁에 진입한 이들은 궁녀 복장으로 위장한 왕비를 찾아내 살해한 뒤, 미우라의 지시로 시신에 석유를 뿌려 소각한 뒤 연못에 던졌다. 사후 100년 넘는 동안 일본은 조선의 분쟁에 일본 낭인들이 개입한 사건이라고 억지 주장해 왔지만, 을미사변 사건 두 달 뒤에 일본 영사 우치다 다쓰지가 작성하고 일본 천황이 결재한 보고서가 2005년 공개되었다. 을미사변의 범행은 당시 일본공사 미우라 일당이 저질렀지만, 그 동안의 연구 결과에 따르면, 그 배후 주동자는 미우라 직전에 공사를 지낸 이노우에가오루(井上馨)를 비롯한 일본 정계의 최고위 원로(元老)들 및 이토히로부미 총리를 비롯한 내각의 각료들이었다. 당시 을미사변 실행자들이 일본 정부의 실권자인 원로들에게 보호받았는지는 그들의 사후 출세 가도를 살펴보면 쉽게 알 수 있다. 심지어 미우라는 재판을 받고 석방되자 일본 메이지 천황이 직접 시종을 보내 치하하기까지 했다. 일본은 기록을 조작, 황후 살해 책임을 흥선대원군과 조선인 훈련대에게 돌리려 했지만, 범인이 일본인이라는 사실이 서양 각국에 알려졌다. 사건의 범행자들이 일본인이라는 사실은 당시의 목격자인 궁녀, 환관, 태자 이척 등이 증언한다. 또한 러시아인 건축기사 아파나시 세레딘 사바틴(士巴津, Sabatin,)과 시위대 지휘관인 미국 인 다이(W. M. Dye) 장군이 현장을 목격하였다.

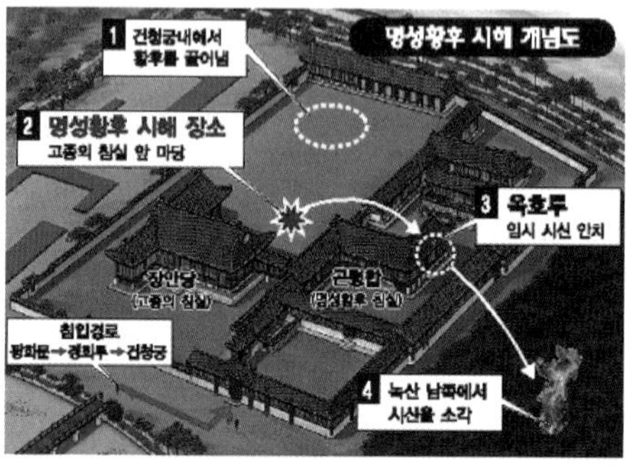

명성황후 시해 계략

당시 일본은 조선에 대해 기본적으로 당근과 채찍을 준비하였다. 당근으로는 왕실을 회유 혹은 매수하여 반일 감정을 누그러뜨리 고 경계심을 풀게 하는 것이었으며, 채찍은 바로 황후 시해였다.
을미사변은 매우 치밀하게 준비되었다.
《한국통사》 등에 따르면, 주한 일본공사 이노우에 가오루 부부는 을미사변이 있기 한 달 전 일본을 다녀온 뒤 왕궁을 방문하여 조선 왕실의 안전을 확보한다고 약속하면서 고종과 명성황후에게 9천원에 상당하는 선물을 바쳤다고 한다. 당시 내각에서 논의하고 있던 조선 정부에 대한 차관을 지급하기로 이미 결정했다고 거짓말까지 한다. 고종은 이노우에가 너무 진지하여 예방을 소홀히 했다고 한다. 이 때의 이노우에의 행동은 일본에 대한 고종과 황후의 경계심을 풀게 하려는 계산된 연극이었다는 주장이 있다. 《매천야록》과 《대한계년사》에 따르면, 일본은 고무라(小村室)의 딸을 명성황후의 양녀로 삼게 하였는데, 뒤에 그녀는 명성황후의 신원을 확인하는 일을 맡았다고 한다. 또한 고무라의 딸과 명성황후가 궁중 연희(演戲)를 보고 있을 때 배우 가운데 종왜(從倭, 일본을 따르는 사람)로 하여금 초상화를 그리게 했다고 한다. 황후 시해 계획을 세운 이노우에가 일본으로 돌아간 때는 사건 20일 전이었다.
1895년 9월 1일(음 7월 15일) 육군 중장 출신 미우라 고로가 새 공사로 부임한다.우익 군인 세력의 거두였던 미우라는 조선에 온 뒤 두문불출하고 불경을 외우면서 지냈는데, 그래서 붙여진 별명이 '염불 공사'였고, '수도승 같다'라는 평을 들었는데, 이는 경계심을 풀기 위한 위장술이었다는 주장이 있다.

대한제국·1897~1910·The Daehan Empire Definitives

1895년 을미사변 - [II]

명성황후 살해 계획과 준비 과정

《대한계년사》에 따르면, 세부 계획이 세워진 때는 10월 3일이었고, 장소는 일본 공사관 지하 밀실이었다. 그때 미우라의 참모는 시바시로(柴四郎)였는데, 하버드 대학과 펜실베이니아 대학에서 경제학을 공부한 고급 지식인이었다. 그는 조선에 나와 있는 일본의 극우 낭인 단체인 천우협(天佑俠)과 현양사(玄洋社) 일인들과 긴밀하게 협의하면서 미우라를 보좌하였다. 일본의 낭인들은 목적을 이루기 위해서는 수단과 방법을 가리지 않았고, 동경제국대학 출신 등 고급 지식인들이 많았다. 따라서 이들은 직업적 정치깡패가 아니라 고도로 의식화된 지식인 테러 분자였다는 주장도 있다. 모의에 참여한 사람은 공사관 일등서기관 스기무라후카시(杉村 濬)와 궁내부 및 군부 고문관으로서 평소 흥선대원군과 친분이 두터운 소좌 출신 오카모토류노스케(岡本 柳之助), 영사관보 호리구치구마이치(堀口九萬一), 그리고 공사관 무관이자 포병 중좌인 구스노세유키히코(楠瀨 幸彦)였다. 그 밖의 직원에게는 기밀 유지를 위해 일체 알리지 않았다. 우치다사다쓰치(內田 定侈槌) 일등영사도 이 모의에서 제외되었다.

당시 모의한 내용은, 첫째, 시해의 범행은 일본낭인들이 맡고, 외관상 흥선대원군과 조선인 훈련대의 반란으로 꾸민다. 이 일은 청일전쟁 직후 갑오경장 때 일본 군인의 궁궐 점령을 지휘한 오카모토에게 맡겨졌다. 둘째, 일본인 가담자는 낭인 자객, 일본 수비대 군인, 일본 공사관 순사들로 구성한다. 이 때 낭인 자객들의 동원은 한성에서 발행하는 일본 신문(新聞)인 한성신보의 사장 아다치겐조가 맡았다. 구마모토와 후쿠오카 등 큐슈 출신 낭인 30여 명과 한성신보 주필 구니토모 게아키, 편집장 고바야가와히데오, 기자 히라야마이와히코, 사사키마사유키, 기쿠치겐조 등의 민간인들을 동원하였다. 셋째, 일본 수비대와 순사, 조선인 훈련대를 움직이는 일은 일본 공사관 소관이다.

그래서 황후 시해에 구스노세유키히코 등이 참여한다. 넷째, 거사일은 10월 10일 새벽으로 한다는 것이었다. 미우라는 황후 시해를 위한 음모를 '여우사냥'이라고 불렀으며, 예상보다 일찍 훈련대가 해산되자, 거사 일시를 10월 8일 새벽 4시로 앞당기게 된다. 그러나 바뀐 계획도 차질이 생긴다. 새벽 4시에 작전을 끝내려면 늦어도 새벽 3시까 지는 흥선대원군과 낭인들이 경복궁에 진입해야 한다. 그러나 대원군이 공덕리 별장을 떠난 때는 새벽 3시였고, 경복궁에 도착한 때는 새벽 5시가 넘었으며, 명성황후가 시해된 때는 6시경이었다. 그래서 많은 목격자들이 나타나게 된다. 1896년 4월 15일 고등재판소 판사 권재형이 법부에 제출한 〈권재형 보고서〉에 따르면, 흥선대원군은 입궐하던 날 간사한 무리를 몰아낸다는 요지의 유시를 내렸다고 한다. 《한국통사》에서는 대원군이 입궐하는 일본인들에게 '오늘의 일은 단지 왕실을 호위하는 것뿐이다. 궁중에서 폭거를 행하지 말라.'고 했다고 한다. 이를 종합하면, 흥선대원군이 황후 시해에 동의했는지 매우 의문이다. 한편 일본으로서도 흥선대원군의 정치 참여는 바라지 않았다. 그래서 서기관 스기무라가 4개조 약조문을 초안하고, 10월 6일 오카모토가 이를 가지고 공덕리에 가서 대원군의 서약을 받았다. 주된 내용은 대원군이 정치에 참여하지 않는다는 것이었다.

대원군 이하응
1820~1898
조선후기의 왕족
정치가, 화가
고종 황제의 아버지

유길준
1856~1914
문신, 외교관, 정치가
을미사변 협력자

우범선(1대대장)
1857~1903
을미사변 협력자
일본 망명후 암살됨
우장춘 박사의 아버지

이두황(2대대장)
1858~1916
을미사변 협력자
일제강점기 관료
도성 2대대장

구연수(송병준의 사위)
1866~1925
을미사변 협력자
일제강점기 경찰 간부
친일파 송병준의 사위

유길준은 흥선대원군을 명성황후 암살의 조선인 최고 지휘자로 지목했다. 대원군은 장손 이준용이 교동에 유폐된 이래 불만을 품고 공덕리의 별장 아소정(我笑亭)에 칩거하고 있었다. 그러나 뒤에 오카모토가 대원군을 찾아 설득하였다. 유길준이 미국인 은사 모스에게 보낸 편지에서 유길준은 명성황후를 '세계에서 가장 나쁜 여성'이라고 혹평하였으며, 명성황후를 개화당 살해의 배후로 보았다. 유길준은 민비가 도움을 청하기 위해 러시아 공사와 비밀 접촉하였고, 1894년 가을 개화당 모두를 살해하려는 계획을 꾸미다가 대원군에게 발각되었으며, 대원군은 일본 공사 오카모토 류노스케와 협의 끝에 일본인들로부터 도움을 얻어 그녀를 죽이기로 결정하였다고 진술하였다. 편지에서 유길준은 또 명성황후 암살은 실행되었지만 흥선대원군이 명성황후 암살 문제를 일본공사와 협의하고 일본측에 약간의 도움을 요청한 것은 큰 실수였다고 지적하였다. 그러나 유길준은 '도움을 얻기 위해서는 달리 방법이 없었다.'는 의견도 덧붙였다. 윤치호는 암살의 협력자이자 일본 낭인들의 지휘자 중 한 사람으로 유길준을 지목하였다. 흥선대원군과 유길준 외에 1대대장 우범선(禹範善)· 2대대장 이두황(李斗璜)· 3대대장 이진호(李軫鎬)등과, 전 군부협판 이주회(李周會), 국왕 친위대 부위(副尉) 윤석우(尹錫禹), 일본공사관 통역관 박선(朴銑), 문신 구연수(具然壽) 등이 협력했고, 궁궐수비대의 구식군대 출신 조선인 병사들도 자발적으로 협력했다. 송병준의 사위이기도 했던 구연수는 일본 낭인들이 민비 시신을 소각하는 것을 도왔다.

대한제국·1897~1910·The Daehan Empire Definitives

1895년 을미사변 - [III]

명성황후가 거처했던 경복궁 건청궁 곤녕합 옥호루

조선인 병력들 길 안내로 경복궁 침투

당일 새벽 4시 30분경 일본인 교관에게 훈련받은 조선군 약 250~300명이 일본인 교관 4~5명의 인솔을 받으며 뭔가 상의하였다. 그 뒤 한 조선인이 큰소리로 대문을 열어 달라고 몇 번 외쳤다. 광화문을 지키던 경비병과 순검들이 저항, 총격전이 벌어졌다. 새벽 5시 무렵 흥선대원군 일행이 광화문 앞에 이르자, 미리 대기하고 있던 일본 수비대 제3중대가 미리 준비한 긴 사다리를 건네고, 일본 순사들이 담을 넘어 빗장을 풀었다. 광화문이 열리자 일본군과 조선인 근위대 병력이 소리를 지르며 경복궁을 향해 돌진했다. 일본인 낭인과 조선병력들은 광화문을 넘어 경복궁 앞에 이르렀다. 담을 넘은 일본 폭도들이 궁궐 경비병에게 발포하자, 경비병은 무기와 군복상의를 벗어던져 버리고 초소를 떠나 어디론가 달아나기도 했다. 한편 폭도들은 남쪽의 광화문, 동북쪽의 춘생문, 서북쪽의 추성문 등 3개의 문으로 침입하였다. 경복궁 입구에는 미국인 지휘관 윌리엄 다이가 지휘하는 조선 경비대 500여 명이 지키고 있었으나, 이들의 존재를 사전에 알고 있었던 일본 낭인들과 조선인 병력은 쉽게 경비대를 격퇴했다. 수많은 사상자를 낸 다이는 경비대를 이끌고 도망쳤고, 낭인들과 조선인 길 안내자들은 쉽게 경복궁으로 들어갈 수 있었다. 러시아인 건축기사 사바틴이 고종을 호위하고 있었는데, 궁전 뜰에서 일본인의 행패를 목격했다. 시위대 교관이던 러시아인 건축 기사 세레딘 사바틴은 궁궐 안에서 수비하던 도중 폭도와 환관(宦官), 벼슬아치, 궁노(宮奴) 등에게 떠밀렸다가 일본인 대장으로 보이는 사람에게 말을 걸어 자신의 신분을 밝히고 호위를 요청했다. 그 뒤 그곳에서 서서 사건을 목격 중 명성황후 시해 직전 두들겨 맞고서 현장에서 쫓겨난다. 미국인 다이(Dye)도 시위대를 지휘하면서 궁 안에서 이 참상을 목격했다. 사바틴과 다이는 둘 다 일본 군인들에게 폭행을 당했는데, 훗날 일본인들의 만행을 세계에 폭로하는 증언을 하였다. 법부협판 권재형의 보고서(〈권재형 보고서〉)에 따르면, 고종은 흉도들의 주의를 따돌려 명성황후의 피신을 돕기 위해 밀실의 뒷문을 열고 흉도들이 잘 보이는 방 문 앞에 나와서 있었는데, 흉도들은 칼날을 휘두르며 그 방에 들어가 고종의 어깨와 팔을 끌고 다니기도 하고, 고종 옆에서 권총을 쏘고 궁녀들을 난타하며 이리저리 끌고 다녔다. 또한 무단 침입을 꾸짖는 고종의 어깨에 무례하게 손을 얹어 주저앉혔으며, 태자도 다른 방에서 붙잡혀 머리채를 휘둘리고 관이 벗겨지고 칼 등으로 목줄기를 얻어맞는 수모를 당했다.

건청궁 진입

경복궁에 왕비가 없음을 안 낭인과 조선인 협력자들은 경복궁 북쪽인 건청궁으로 향한다. 일본인들을 막으려고 나왔던 홍계훈과 시위대는 일본군과 교전하였으나, 이들의 화승총은 일본의 개량된 총을 당해내지 못했다. 일설에는 홍계훈이 일본인에게 호통을 치다가 일본 수비대가 쏜 총탄에 맞아 쓰러졌다고도 한다. 명성황후가 기거하던 건청궁까지 다가온 흉도들은 대오를 지어 합문(閤門)을 포위하고 파수를 보았다. 자객들은 전당으로 들어가 밀실을 수색하기 시작했고 흥선대원군은 근정전 뒤 강녕전(康寧殿) 옆에서 기다렸다. 3백~4백여 시위대가 연대장 현흥택(玄興澤)과 교관 다이 장군의 지휘를 받으며 총격전을 벌였으나, 훈련대 군인들은 건청군 앞마당에서 쉬며 황후 시해에는 가담하지 않았다.

명성황후 살해 과정

흉도들은 궁녀들의 머리채를 잡아끌고 명성황후의 처소를 대라고 윽박지르는 등 난폭하게 행동했다. 그러나 궁녀들은 두들겨 맞고 내던져짐에도 신음조차 내지 않았다. 건청궁 동쪽 곤녕합에서 황후를 찾아냈는데, 궁내부 대신 이경직이 두 팔을 벌려 황후 앞(또는 황후가있는 방문 앞)을 가로막고 나서다가 권총을 맞고 쓰러졌으며, 이어 신문 기자 히라야마 이와히코(平山岩彦)가 다시 칼로 두 팔을 베었다. 그러나 버둥대며 일행에 저항하던 이경직은 낭인들에 의해 허리가 베여 죽게 된다. 곤녕합에 진입한 낭인과 조선인 협력자들은 궁녀와 상궁들을 일일이 확인하고 누가 왕후인지 색출하던 중 변복한 왕후를 찾아내자 살해한다. 낭인들은 궁녀들 사이에 숨었다가 피하는 명성황후를 쫓아가 그녀를 마룻바닥에 넘어뜨려 내동댕이친 뒤 구둣발로 짓밟고 여러명이 칼로 찔렀다. 〈에조 보고서〉를 근거로, 일본 군인들은 황후를 죽이기에 앞서 능욕했다는 주장이 있다.

— 이시즈카 에조(石塚英藏) , 〈에조 보고서〉

" 특히 무리들은 안으로 깊숙이 들어가 왕비(王妃)를 끌어내어 두세 군데 칼로 상처를 입혔다(處刃傷). 나아가 왕비를 발가벗긴(裸體) 후 국부 검사(局部檢査)(웃을(笑)일이다. 또한 노할(怒)일이다를 하였다. 그러고는 마지막으로 기름(油)을 부어 소실(燒失)시키는 등 차마 이를 글(筆)로 옮기기조차 어렵도다".

영국 데일리메일의 기자이자 조선주재 특파원인 프레드릭 매킨지(Frederick Mckenzie)에 의하면 오카모토 류노스케가 방 한 구석에 숨은 여인을 발견하고 머리채를 붙잡고 왕후가 아니냐고 물었다. 그러나 왕후는 이를 부인하고 몸을 피해 마루 아래로 달아나려는 순간 일격을 당했다고 한다. 한편 일본인 낭인과 조선인 앞잡이들 앞에서 당당하게 나는 조선의 국모라고 호통쳤다는 공식 기록과는 달리 암살 직전 목숨을 구걸했다는 기록이 있다. 황현은 낭인들이 왕비의 정체를 확인하자 '살려달라고 애걸했으나 일본인들이 칼로 내리쳤다고 하였다. 명성황후가 절명한 시각은 새벽 5시50분 이후인 10월 8일 아침 6시 직전, 또는 직후로 여겨지나, 절명한 곳이 어디인지는 분명하지 않다. 방 안에서 황후의 시신을 보았다는 증언은 많다. 흉도 가운데 황후를 죽인 사람으로 자주 지목되는 사람은 데라자키 다이키치(寺崎泰吉)이다.

대조선국·1884~1897·kingdom Of Corea

1886년

단기 4219·고종 23년

1월1일 영국,미얀마를 식민지로 합병 선언함/6월4일 조불수호조약 체결/8월9일 고종이 청나라 간섭에 벗어나고자 러시아에 보호를 요청하는 조회문을 러시아 공사 베베르에게 전달함(한허밀약설)/1월25일 한성주보 창간/5월31일 이화학당 설립(최초의 여성교육기관)

Port Hamilton

거문도(巨文島)

참고 자료: 미즈하라의 조선근대우편사 61페이지 자료 발췌

On reverse, Transit c.d.s.

Port Hamilton은 거문도(巨文島)를 영국인이 붙인 이름이다.

거문도(巨文島)

거문도는 전남 여수시 삼산면 거문리에 위치하고 있으며, 여수와 제주도의 중간에 있는 다도해의 최남단의 섬으로, 고도, 동도, 서도의 3개 섬으로 이루어져 있다. 거문도는 3개의 섬이 병풍처럼 둘러쳐 있어 도내해(島內海)라고 불리기도 한다. 거문도항은 옛날부터 빈번하게 열강의 침입을 받아왔다. 러시아의 남하정책과 이를 막으려는 영국 간의 갈등이 있을 무렵, 영국은 대한해협에서 대만해협으로 가려면 거문도를 거치지 않으면 안되는 문호에 해당함으로 1845년 답사 후 Port Hamilton이라고 명하였으며, 1885년(고종 22년) 4월 15일 동양 함대에 명령하여 거문도를 불법으로 점거하였다. 그 후 외교적인 노력 끝에 영국 함대는 1887년(고종 24년) 2월 27일 물러났다. 이 사건을 '거문도사건' 이라고 한다.
영국 함대가 거문도를 해군기지로서 22개월이라는 장기적으로 점령함으로써 서신 왕래의 필요성에 자국의 우표와 일부인을 들여와 사용하여 사실상의 재조선(在朝鮮) 영국우체국의 역할을 하였다.

출처: 위키백과

15년 원한, 7통의 협박 편지, 우표에 묻은 DNA

화천 70대 할머니 살인사건
1993년 1월
상관인 연대장 박씨의 문책성 인사에 불만을 품고 부사관 조씨 전역
2007년 10월24일
박씨의 노모를 화천 집으로 찾아가 둔기 살해
2007년 11월~2011년 1월
7통의 협박성 편지를 화천, 춘천 등지에서 발송
2012년 1~2월
우표 타액 DNA조사로 조씨 검거. 범행 일체 자백

출처: 조선일보

2007년 10월 강원도 화천군의 산골 마을에서 최모 씨(당시 77세) 할머니가 둔기에 머리를 맞아 숨진 채 발견됐다. 당시 사건 현장은 이웃 주민이 '보기 흉하다'며 할머니를 이불로 덮고 핏자국이 있는 곳엔 흙을 뿌려 훼손해 용의자를 특정할 만한 단서가 없었다. 유일하게 발견한 머리카락 2가닥은 모근이 없어 DNA 감정도 불가능했다. 사건은 미궁에 빠졌지만 이후 이해하기 어려운 일이 일어났다. 사건 발생 12일 만에 범인으로 추정된 용의자가 한 통의 편지를 이 집으로 보냈다. 피해자가 아닌 아들 박모(60)씨 앞으로 보낸 편지에는 '괘씸한 놈아 나중에 한번 보자. 못된 녀석아. 니 에미 생각이 난다'는 등의 저주와 협박이 가득했다. 편지는 1년에 한두 번씩 지난 해 1월까지 모두 7통이 전달됐다. 춘천· 화천 등지였고, 편지 내용에는 '휴양소, 연대, 군바리, 간부' 등 군 관련 용어가 많은 점이 특이했다.
지난 해 11월 강원지방경찰청 미제 사건 전담팀이 편지를 유일한 단서로 수사를 재개하면서 미제로 묻힐 뻔한 사건의 실체가 드러나기 시작했다. 경찰은 군에서 지휘관을 지낸 아들 박씨를 상대로 다섯 차례나 조사한 끝에 박씨가 지난 1993년 모 부대 연대장으로 근무할 당시명령 불복종으로 부사관인 조모(64)씨에 대해 문책성 인사를 하자, 조씨가 이에 반발해 사표를 제출했고 그대로 수리한 기억을 떠올린 것이다. 경찰은 7장의 협박 편지 우표에 묻은 타액에서 DNA를 확보한 뒤 조씨를 미행하기 시작했고, 10일만에 춘천의 한 경로당에서 나오던 조씨가 무심코 버린 음료수 캔을 수거해 국립과학수사연구원에 분석을 의뢰했다. 경찰은 지난 10일 DNA 분석 결과가 조씨와 일치한다는 내용을 통보받아 15일 그를 검거했다. 전역한 조씨는 2007년에 군 동료를 춘천에서 우연히 만나 박씨의 어머니가 화천에 살고 있다는 얘기를 듣고 찾아가 범행을 저지른 것으로 조사됐다. 조씨는 '아들의 행방을 물어보려고 했는데 최씨가 말을 험하게 하고 졸병 취급을 했다'고 진술했다. 경찰은 자신을 무시한다고 생각한 조씨가 범행을 저지른 것으로 보고 있다. 조씨가 소지했던 수첩 메모는 글씨도 반듯하고 맞춤법도 틀리지 않았다는 것이 경찰의 설명이다. 검거 당시 범행을 완강히 부인했던 조씨는DNA 조사 결과를 들이대자 범행 일체를 자백했다.

우표수집(郵票收集, Stamp Collecting)

우표의 미사용이나 사용제, 그리고 그와 관련된 물품 즉 실체(우표가 붙은 봉투 혹은 커버), 엽서, 서간 등과 같은, 우표와 우편 배송과 관련된 물품과 자료를 수집하는 행위를 일컫는 단순한 합성단어이다. 몇몇 우표수집가들은 우표수집을 투자 수단으로 이용하기도 한다.
우표수집은 시대가 진행하면서 퇴조기를 보이고 있지만 여전히 전 세계적으로 인기있고 보편적인 취미 중 하나이다. 현재 세계적으로 최소 4800만 명에서 2억 정도가 우표수집을 하고 있는 것으로 추산되며, 세부적으로 미국에 약 1800만 명에서 2천만 명, 전통적인 우취 국가 독일에 750만 명 정도의 우표수집 인구가 있는 것으로 추산되고 있다. 우표 전문 딜러, 용품 제조사, 관련서적 출판사만 해도 12만 5천개 소 정도로 추산되고 있으며, 여기에 수많은 대규모 펜팔클럽과 우취연합이 형성되어 있고, 우표박람회, 작품전시회 등이 개최되고 있다.
우표수집과 우취(Philately)를 혼동해 사용하는 경향이 있지만 이 둘은 상반된 차이를 지닌다. 우표수집은 단순히 우표를 수집하는 행위이지만, 우취는 우표수집에 일종의 심층적 연구가 포함된 행위이며, 이 둘은 구분해서 사용해야 한다.

한국 우표수집 역사

한국 최초의 우표 수집가는 아직 확실한 바는 없지만 이상재나 남궁억이 시초라고 인식되고 있다. 이상재는 홍영식의 권유로 1884년 11월 18일 우정총국이 창설될 당시 인천분국 주사(국장)을 역임하던 때 문위우표를 수집했다고 알려져 있지만 확실한 증거는 남겨져있지 않다. 그 후 갑신정변의 실패로 우편제도가 중단되고 1895년에 을미개혁으로 다시 재개된 당시에 발행된 태극우표를 수집용으로 구입한 사람이 남궁억이다. 1905년 한일우편조약으로 한국우편이 강제로 일본으로 흡수되기 전까지 발행된 우표 20여 매를 수집했고, 한일합방 후 한때 이를 홍천 자택 뒤에 묻어 두었다가 1931년 연희전문학교(연세대학교)에 기증하면서 현재까지 계속 보존되고 있다.
우표수집이 처음 한국에 소개된 것은 이 구한말~대한제국 시대로, 사업이나 국가 외교업무 등으로 대한제국으로 건너온 많은 외국인들이 그 시초라고 파악되고 있으며 이에 관한 많은 증거와 사례가 발견되었지만, 한국 사람으로서 우표수집을 본격적으로 행했다는 흔적은 남겨져 있지 않으며, 그저 소개만 된 정도였을 것으로 인식되고 있다.

출처: 위키백과

76년간 세계 여행한 '편지 한 장' 드디어 배달되다

1936년 ▶ 2012년

체송 경로 Paquebot(Swedish American Line▶Swedev▶America)▶

Paquebot(Gripsholm-New York▶Sweden▶Rissia▶New York)▶ Stockholm, Visby

1936년에 출발한 편지 한 장이 76년 간 전 세계를 떠돌다가 며칠 전 배달된 일이 화제가 되고 있다고 스웨덴 현지언론이 지난 1일 보도했다. 스칸디나비아 반도 발트해 고틀란드 섬의 항구도시 비스비에 사는 치과의사 '아그네타 하트버그'는 지난달 28일 수술을 마친 뒤 우편함을 확인하고 자신의 눈을 의심할 수밖에 없었다. 1936년 8월15일 집하됐다고 적힌 편지가 있었던 것. 하트버그는 '편지더미에 들어있었는데(너무 많은 우표가 붙어 있어) 멋진 편지라고 생각했다'고 말했다. 특히 이 편지에 스웨덴과 미국을 운항하던 해운회사(Swedish American Line)의 로고가 적혀 있는 것으로 미뤄 이 편지는 그간 전 세계를 돌아다닌 것으로 추측된다. 편지가 처음 집하된 곳은 스톡홀름이다. 편지 뒤편에는 러시아어와 프랑스어로 찍힌 우표도 있다. 또 '뉴욕- 바이킹의 나라-러시아-뉴욕'을 거쳤다는 여객선 '그립스홀름'(Gripsholm)의 우표도 있다.

고틀란드 우체국 측은 76년 전 편지가 최근 갑자기 나타난 게 놀라웠다고 전했다. 고틀란드 우체국장은 '이 사건은 평범하지 않다. 편지를 배달하는 데 너무 오랜 시간이 걸렸다. 물론 매우 흥분되는 일이기도 하다'고 말했다. 고틀란드 우체국은 편지를 발견한 뒤 이 편지의 수취인 '아그레 로그렌'을 찾아 나섰고, 그의 친척인 치과의사 하트버그에게 편지를 배달했다. 편지는 76년이 지났음에도 보존상태가 매우 좋았다. 스웨덴 현지 언론은 편지가 아직 개봉되지 않아 편지 발송인을 알 수 없다고 전했다.

VISBY: 스칸디나비아 반도(Scandinavian Peninsula 발트해 고틀란드 섬의 항구도시
출처: mss@heraldm.com/민상식 인턴기자

대조선국·1884~1897·kingdom Of Corea

우리나라 최초 우표 수집가

남궁억(南宮檍) 1863년 12월 27일 ~ 1939년 4월 5일, 한성 출생

남궁억(南宮檍)은 독립운동가, 교육자. 자는 치만(致萬), 호는 한서(翰西)이다.
1884년 영어 학교인 동문학(同文學)을 수료하였다.
이후 내아문 부주사, 칠곡군수 등으로 일하였다.
1894년 내부 토목국장으로 중용되어 한성부 종로와 정동 일대 및 육조 앞 ~ 남대문 사이의 도로를 정비하고 파고다공원(현 탑골공원)을 세웠다.
1896년 2월 아관파천 후에 관직을 사임하고, 그 해 7월 서재필, 이상재 등 과 독립협회를 창립하여 간부로 활동하였다. 독립협회 활동 중 체포되었다. 1898년 9월 나수연(羅壽淵), 유근(柳瑾) 등과『황성신문(皇城新聞)』을 창간하고 사장에 취임, 국민 계몽과 독립협회 활동을 지원하는 데 힘을 쏟았다.
대한제국의 정치체제를 전제군주제에서 입헌군주제로 개혁, 의회를 설립하고 대대적 개혁을 단행하려는 독립협회 운동 지도자로 활동하다, 1898년 11월 17명의 지도자와 함께 붙잡혔다. 1905년 3월 고종의 간곡한 요구로 다시 관직을 맡아 성주군수로 부임했다. 그러나 그 해 10월 일본이 강제로 을사조약을 체결하고 국권을 박탈하자 사임하고 서울로 돌아왔다. 1906년 2월 다시 양양군수에 임명되자 애국계몽운동에 참가하였다. 1907년 일본이 헤이그 밀사사건을 이유로 고종을 강제 퇴위시키고 정미7조약을 체결, 침략정책을 강화하자 사임하고 애국 계몽운동에 주력하였다. 1910년 8월 한일합방 이후 교육을 통한 구국운동에 노력하여 그 해 10월 배화학당 교사가 되었다. 1918년 건강이 악화되자 강원도 홍천군으로 내려갔다. 1919년 9월 모곡학교를 설립하고, 나라꽃인 무궁화를 전국에 보급하기 위해 노력하였다. 1933년 11월 개신교 계열 독립운동 비밀결사인 '십자당'을 조직, 활동하다 일본 경찰에 붙잡혀 8개월 간 투옥되었지만 노령이 참작되어 석방되었으나 고문 후유증으로 사망하였다.
강원도 홍천군 서면 모곡리에는 그가 설립한 한서 감리교회와 한서초등학교 등이 있으며, 교회 옆에는 기념관이 건립되어 있다. 초등학교 뒷편에는 선생의 묘역이 있고, 초등학교 주변에는 좀처럼 보기 힘든 무궁화 나무가 무리지어 있다.
"우리나라 최초의 우표 수집가가 누군지 아세요?"
자칭 국내 우취 칼럼니스트 2호라는 시인 여해룡씨가 나를 만나자 불쑥 던진 질문이다.
수십 년 간 우표를 연구해 온 전문가답게 그는 나 같은 사람이 모르는 우취 상식을 훤히 꿰고 있다.
국가에서 공인한 것은 아니지만, 그에 따르면 국내 최초의 우표 수집가는 독립운동가 남궁억(南宮檍)이다.
여씨의 말을 듣고 남궁억의 생애를 찾아보니, 그보다 앞선 우표 수집가는 있을 것 같지 않다.
국내 최초의 문위우표를 발행하던 1884년 남궁억은 21살의 나이로 1년짜리 영어학교를 막 마쳤고, 갑신정변으로 중단한 우표 발행을 1895년 재개했을 때 독립협회 수석 총무였다. 태극우표, 대한제국 우표 등 역사적인 우표가 쏟아지던 때 근대 우정의 의미를 누구보다 잘 알 수 있는 지위에 있었던 셈이다. 새 우표가 나올 때마다 그는 하나씩 구입· 보관했고, 이렇게 해서 1895~1904년 발행한 우표 20매를 모을 수 있었다.
그렇다면 세계 최초의 우표 수집가는 누구일까. 영국 왕실이다.
1840년 세계 최초의 우표 페니 블랙을 발행한 나라답게 영국의 왕실은 자국 우표는 물론 세계적인 희귀 우표를 틈날 때마다 구입했다. 제임스왕은 즉위하기 전인 1904년 런던 필라텔리 소사이어티 회장으로서 모리셔스의 미사용 우표를 당시 최고가인 1450파운드에 구입해 세계 기록을 세우기도 했다.
1900년대 들어 이름을 날린 우표 수집가는 전 세계 체스 챔피언 아나톨리 카르포프다.
그는 영국 식민지 우표는 물론 아메리카에서 아프리카까지, 동·식물에서 올림픽에 이르기까지 역사적으로 의미있고 귀한 우표를 대거 수집했다. 이 우표들을 유럽 등 여러 나라의 은행 금고에 분산시켜 넣어 놓고 그 나라로 여행 갈 때마다 꺼내보면서 즐기곤 했다. 그는 '우표 수집은 나에게 개인적 취미가 아니라 비밀스런 취미'라고 말하기도 했다. 현재 세계적으로 유명한 우표 수집가로는 후안 안토니오 사마란치 국제올림픽위원회(IOC) 명예위원장. 그는 올림픽 개최국이 여는 문화행사에 우표 전시회를 포함시킨 당사자다.
올림픽 헌장 40조에는 "개최국은 올림픽 기간 중 선수촌에서 반드시 문화행사를 열어야 하며, 행사 프로그램은 사전에 IOC 집행위에 제출해 승인받아야 한다"고 돼 있다. 이 규정에 따라 1988년 서울올림픽 때 처음으로 우표 전시회가 열렸다. 사마란치는 현재 IOC 수집분과위 위원장이다. 여기서 수집이란 물론 우표를 말한다. 그는 1993년 제네바 호숫가에 올림픽박물관이 세워질 때 자신이 소장하고 있던 우표 1만2000점을 기증한 전력이 있다. 정치적 편력 때문에 이런저런 구설에 오른 사마란치지만, 우취 세계에선 무시할 수 없는 업적을 쌓은 것이다.

출처: 〈경향신문 논설위원 이종탁〉 jtlee@kyunghyang.com

천하명기 '황진이' 우표

황진이(黃眞伊, 1506년? ~ 1567년?). 개성 출생 출처: 위키백과

조선 중기의 시인, 기녀, 작가, 서예가, 음악가, 무희

중종·명종 때(16세기 초, 중순경) 활동했던 기생으로, 다른 이름은 진랑(眞娘)이고 기생 이름인 명월(明月)로도 알려져 있다.

중종 때 개성의 황씨 성을 가진 진사의 서녀(庶女)로 태어났으며, 생부에 대해서는 전해지지 않는다.

시와 그림, 춤 외에도 성리학적 지식과 사서육경에도 해박하여 사대부, 은일사들과도 어울렸다.

성리학적 학문적 지식이 해박하였으며 시를 잘 지었고, 그림에도 능하였다. 많은 선비들과 이런 저런 인연과 관계를 맺으면서 전국을 유람하기도 하고 그 가운데 많은 시와 그림을 작품으로 남기기도 했다. 그러나 임진왜란과 병자호란 등으로 대부분 실전되었고 남은 작품들도 그가 음란함의 대명사로 몰리면서 저평가되고 제대로 보존되지도 않아 대부분 인멸되었다.

당시 생불이라 불리던 지족선사를 10년 동안의 면벽 수도에서 파계시키는가 하면, 호기로 이름을 떨치던 벽계수라는 왕족의 콧대를 꺾어놓기도 하고, 당대 최고의 은둔학자 서경덕을 유혹하기도 했다. 뛰어난 재주와 함께 출중한 용모로 더욱 유명하였다. 신분 특성상 황진이라는 이름이 정사(正史)에 등장하지는 않으며 여러 야사(野史)들을 통해 그에 대한 내용이 전해 내려온다. 성리학 지식도 해박하였으며, 학자 화담 서경덕을 유혹하려 하였다가 실패했다고도 한다.

서경덕, 박연폭포와 함께 송도 3절로도 불렸으며, 대표작으로《만월대 회고시》,《박연폭포시》등이 있다.

조선시대 내내 음란함의 상징으로 여겨져 언급이 금기시되었으나 구전과 민담의 소재가 되어왔다

황진이의 대표적 시

[청산리 벽계수(靑山裏 碧溪水)야]

靑山裏碧溪水(청산리벽계수) / 청산리 벽계수야
莫誇易移去(막과이이거) / 쉽게 떠나감을 자랑하지 마라.
一到滄海不復還(일도창해부복환) / 일도창해로 떠나면
다시 오기 어려워라
明月滿空山(명월만공산) /명월(明月) 이 만공산할 때
暫休且去奈何 (잠휴차거나하) / 잠시 쉬어간들 어떠리.

[朴淵瀑布(박연폭포)]

[詠半月(영반월) / 반달]

一派長天噴壑壟 / 한 줄기 물줄기 하늘에서 골짝에 떨어져
龍湫百仞水叢叢 / 용추못 백 길되는 물줄기 용솟음 치는구나
飛泉倒瀉疑銀漢/날아 오른 샘물은 거꾸로 쏟아진 은하수인듯
怒瀑橫垂宛白虹/성난 듯 한 물결이 흰 무지개처럼 드리웠구나
雹亂霆馳彌洞府/ 날리는 우박, 치닫는 우레소리 골짝에 가득 차고
珠聳玉碎徹晴空/ 구슬같이 치솟아 옥같이 부서져 하늘까지 이른다
遊人莫道廬山勝/ 나그네여, 여산의 폭포만 좋다고 말하지 말라
梅花入 笛香(매화입적향) / 매화는 피리에 서려 향기로워라
明朝相別後(명조상별후) / 내일 아침 님 보내고 나면
情與碧波長(정여벽파장) / 정은 물결따라 끝이 없이 가리.

裁成織女梳(재성직녀소) / 직녀의 빗을 만들어 주었던고
牽牛離別後(견우이별후) / 직녀는 견우님이 떠나신 뒤에
愁擲碧空虛(수척벽공허) / 시름하며 허공에 던져 두었네

[동짓달 기나긴 밤을]

동짓달 기나긴 밤을 한 허리를 버혀 내어
봄바람 이불 아래 서리서리 넣었다가
어른님 오신 날 밤이어든 굽이굽이 펴리라.

送別蘇陽谷(송별소양곡)

遊人莫道廬山勝/ 나그네여, 여산의 폭포만 좋다고 말하지 말라

月下庭梧盡(월하정오진) / 달빛 아래 뜨락 오동잎 모두 지고
霜中野菊黃(상중야국황) / 서리 맞아도 들국화는 노랗게 피었구나.
樓高天一尺(루고천일척) / 누각은 높아 하늘과 지척의 거리
人醉酒千觴(인취주천상) / 사람은 취하고, 남겨진 술잔은 천이라.
流水和琴冷(유수화금냉) / 흐르는 물은 차가운데 거문고는 화답하고

황진이가 기생이 된 사유

그녀가 기생이 된 이유는 확실하지 않다.

시각장애인이던 어머니가 기녀 출신이었다는 설과 짝사랑하던 남성의 존재를 알게 되었기 때문이라는 설, 서녀 출신임을 비관하여 스스로 기녀가 되었다는 설 등이 있다. 그녀를 짝사랑하던 한 남성이 혼자 연모하다 어머니 진현금을 찾아가 청혼을 하였으나 어머니의 반대로 무산되었고, 남성은 상사병에 걸려 죽게 되었다. 뒤에 이 사실을 접하고 기생이 되었다 한다.

다른 설에 의하면 어머니는 기생 또는 천인 출신으로, 서녀 출신임을 비관하여 스스로 기녀가 되었다고 한다.

통신수단 변천

솟대 / 立木 / Sotdae

솟대는 새를 상징하는 조각목을 나무로 만들어 마을 입구에 세워놓은 것으로, 이를 중심으로 정월 대보름날 마을의 제관이나 무당이 통신의 중계자가 되어 마을 사람들의 기원을 솟대를 통하여 하늘에 전하고 그 뜻을 받아 마을 사람들에게 전달했다.

용고 / 龍鼓 / Dragon Drum

북은 고대로부터 소리를 내는 대표적 기구로 사용되어 왔다. 악기로써의 쓰임은 물론이고, 통신의 수단으로 중요한 역할을 하였는데, 특히 전시에 많이 사용되었다. 고대 중국의 병법을 보면 진군 시에는 북을 치고, 후퇴 시에는 징을 울린다는 것이 통례로 되어 있으며, 이는 북소리가 앞으로 나아가는 의미를 갖는 통신의 수단이었음을 알 수 있다.

봉수 / 烽燧 / Beacon System

고대 통신방식 중 가장 과학적이며 체계적으로 사용되었던 것이 봉수제도이다.
이는 낮에는 연기, 밤에는 불꽃에 정보의 내용을 변화시켜 원거리까지 신속하게 전달할 수 있도록 한 제도로써, 산악 국가였던 우리나라는 남해안에서 함경도 종성까지 전국을 연결하는 완벽한 봉화통신망이 존재하였다.

파발 / 擺撥 / Official Messenger System

파발제도는 긴급한 군사정보와 변경(邊境)의 급보, 화급한 공문서를 전달하는 임무를 수행하기 위하여 시행되었다. 이 제도는 운영상 경비가 많이 들고 봉수보다 전달속도가 느리지만, 문서로 전달되어 그 보안유지가 쉽기 때문에 군사정보 전달이나 행정 전용수단으로 활용되었다.

우역 / 郵驛 / Post Station

통신의 방법 중 가장 편리한 인편을 활용한 통신수단을 우역(郵驛)이라 하며, 직접 걸어서 전하는 것과 말을 타고 전하는 것으로 구분된다. 이 제도는 신라때부터 발전하였는데, 중앙의 명령을 지방에 하달하고 지방에서 중앙으로의 보고사항을 전달하는 통신수단 이외에도 공물(貢物)을 중앙으로 이송하는 수송 기능까지 겸하는 등 다양한 역할을 수행하였다.

신호연 / 信號 / Signal Kite

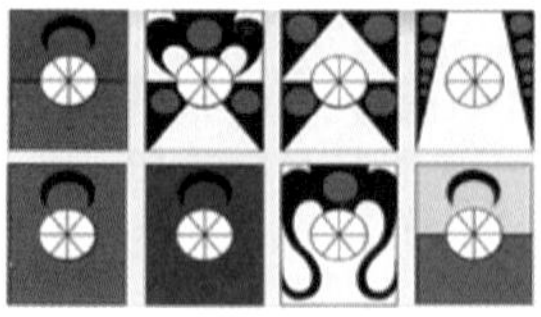

신호연은 일종의 통신위성의 역할을 했던 것으로 전투신호를 위한 암호 전달에 중요한 수단으로 활용되었다고 하며, 충무공 이순신 장군이 직접 고안해 낸 것이라 하여, 일명 '충무연'이라 부르기도 한다.

대한민국 우정(郵政) 변천

1. 우정사업 개시

우정총국 (1884)

한성우체사(1895)

통신원(1900)

부산전보사(1903)

구한국 전화교환원

1883~1945

1884. 04. 22	우정총국 설치, 홍영식 총판 임명
1884. 09. 11	대조선국우정총국 직제장정 및 사무장정 제정
1884. 10. 01	대조선국우정규칙 제정
1884. 10. 21	최초의 우표인 문위우표 2종(5문, 10문) 발행
1884. 11. 18	한성~인천 간 근대우편업무 개시
1884. 12. 08	우정총국 폐쇄(갑신정변)
1885. 09. 28	한성전보총국 개국(서울 ↔ 인천 간)
1893. 09. 26	전보총국을 전우총국으로 개편
1894. 08. 20	전우총국을 역체국과 전신국으로 개편
1895. 07. 22	우편업무 재개(농상공부 소관)
1895. 07. 26	한성, 인천우체사 개국
1897. 06. 15	제5차 UPU총회 대표 파견(조약서명)
1900. 01. 01	국제우편업무 개시, 만국우편연합(U.P.U.)가입
1900. 03. 23	농상공부 통신국 폐지, 통신원 설치
1900. 05. 10	최초 우편엽서 사용
1902. 03. 20	한성 - 인천 간 전화업무 개시
1902.10.18	최초 기념우표 발행(고종 즉위 40주년 기념)
1904. 11. 01	우편물 철도운송 시행
1905. 04. 01	〈한·일통신기관협정〉 강제.체결로 통신권 일본에 피탈, 우체사와 전보사를 우편국으로 개편
1905. 07.	우편환 및 저금업무 개시

2. 우정 사업 중단 시기

경성우편국(1908)

조선총독부 체신국(1910)

평양우편국(1911)

체신이원양성소(1918)

인천우편국(1923)

1906~1945

1906. 01. 10	통감부 통신관리국 설치
1906. 07. 27	통신원 폐지
1908. 10. 01	사서함제도 및 약속우편제도 실시
1909. 02. 08	주재집배원 제도 실시
1910. 10. 01	조선총독부 통신국 설치
1910. 1.	우편대체저금 및 속달우편제도 실시
1911. 5.	내용증명 우편제도 실시
1912. 04.	요금후납제도 실시
1912. 04. 01	조선총독부 통신국을 체신국으로 개편
1918. 01. 31	체신이원양성소 설치
1921. 04. 16	경성철도우편국 설치
1929. 10. 01	조선간이생명보험 업무개시
1931	외국 우편대체업무 개시
1935. 08. 01	사설우체함제도 실시
1938. 03.	체신박물관 개관

3. 우정 사업의 재건기

1945~1961

1946. 03. 15	남북 간 우편물 교환환 업무 개시
1946. 04. 08	미군정청 체신국을 체신부로 개편(군정청법령 64호)
1946. 05.	체신이원양성소를 체신학교로 개칭
1947. 01. 01	경성을 서울로 하여 서울지방체신국 및 서울중앙우편국으로 개정
1948. 04. 08	미군정청 체신국을 체신부로 개편
1948. 08. 15	대한민국 체신부 탄생(법률 1호)
1949. 08.	지방체신국은 체신청으로, 우편국은 우체국으로 개칭
1950. 09. 22	군사우편제도 실시
1952. 12. 16	우편연금법 및 국민생명보험법 제정
1954. 08. 25	제1회 우표전시회 개최(대한우표회 주최)
1959. 03. 01	야간업무 개시(서울중앙우체국)
1960. 02. 01	우편법 및 우편물운송법 제정(동년 6월 1일터 시행)
1961. 08. 17	별정우체국설치법 제정
1961. 11. 01	우편환법 제정

대조선국·1884~1897·kingdom Of Corea

우정 선구자

홍영식 1855~1884 Hong Yeongsik

1884년 4월 22일(음력 3월27일) 우정총국(郵征總局)을 설립하고 초대 총판이 되었다.

1881년(고종18년) 신사유람단의 일원으로 일본에 다녀왔고, 1883년에는 부사 자격으로 미국의 우정성과 뉴욕 우체국 등을 시찰하였으며, 귀국 후 우편제도의 필요성을 고종 황제에 진언하여, 1884년 4월 22일 칙명으로 우정총국(郵征總局)을 설립하고 초대 총판(總辦)이 되었다.

HONG YEONGSIK

established the Directorate General of Communications(Ujeongchongguk).
He was appointed as the first president of the Directorate General of Communications

홍철주 1834~1891 Hong Cheolju

고종 24년(1887년)에는 조선전보총국(朝鮮電報總局) 초대 총판(總辦)으로 전선가설(電線架設)에 공을 세웠으며, 고종 25년(1888년)11월과 27년(1890년) 6월 두 차례에 걸쳐 또다시 한성부 판윤(漢城府判尹)에 취임함으로써 한성부 판윤(漢城府判尹)을 5번이나 역임하였다.

후에 형조판서에 이르렀으며, 시호는 효헌(孝獻)이다.

He established the Joseon Directorate General of Telegram, and he was appointed as the first director general of it. He devoted himself to develop the telegram service in Korea.

민상호 1870~1933 Min Sangho

유럽 6개국의 공사관, 참사관, 제 5차 만국우편연합총회(UPU) 전권대표를 역임하였으며, 1900년 3월 23일 설립된 대한제국 통신원의 초대 총판으로 임명되었다.

2002년 발표된 친일파 708인 명단과 2008년 민족문제연구소에서 친일인명사전에 수록하기 위해 정리한 친일인명사전 수록예정자 명단에 자신의 작위를 물려받은 민영욱과 함께 선정되었다. 2007년 대한민국 친일반민족행위진상규명위원회가 발표한 친일반민족행위 195인 명단에도 들어 있다.

He consecutively filled various government posts such as Director of delegations to 6 European countries and plenipotentiary of the 5th UPU congress. He also contributed to expanding and developing communication services in Korea as the 1st Director General of Communications.

장화식 1852~1938 Jang Hwasik

고종13년(1876년) 의금부 도사로 입사한 이래 한성부 판윤, 육군참장, 통신원 회판을 거쳐 총판에 임명되었다.

한일통신기관협정 체결을 반대하여 통신권 피탈에 저항하였으나, 뜻을 이루지 못하고, 예천으로 낙향하여, 거하다가 1938년 일생을 마쳤다.

He worked as an officer of Uigeumbu(Government office which inquired criminals),
vice mayor of Seoul, brigadier general of army, vice president of DGC(Directorate General of Communications). He, however, tragically experienced the deprivation of communications right by Japan.

대조선국·1884~1897·kingdom Of Corea

우정 변천사

조선시대 체전부

집배원(우리는 그 옛날 체전부 ·우체부·체부라 불렀다)

개화기를 타고 도입된 근대 우정은 집배원들의 수난과 인고의 애환속에서 성장 발전했다.

당시 체전부라 불린 오늘날의 집배원은 완고한 양반들로부터 천시와 멸시 속에서 개화기의 기수역할을 해왔다. 갑신정변 후 10여년만에 우편이 재개되었을 때만 해도 서울 장안에서 접수된 우편물은 보름동안 137통 정도였을 만큼 그 당시 널리 이용되지는 않았으나, 차츰 우편의 편리함을 알게 되면서 이용량이 증대되었고, 체전부는 체부, 혹은 소중하다고해서 체주사, 체대감이란 호칭으로 부르기도 했으며, 1967년 현대에 들어 집배원의 날 제정 후 집배원으로 불려지고 있다.

대한제국기
우전부와 전전부

일제시대의 집배원

1941년 평안북도 개성우편국의 우체물 적재모습

우체국 심볼 변천

현재의 우체국 심볼 마크는 제비를 소재로 한 것으로 새로운 우체국의 이미지를 부각시킨 것이다.

제비는 옛날부터 익조(益鳥)로 알려져 우리의 생활 감정과 친숙하며 또 속도가 빠른 새이다.

힘차게 비상하는 제비의 날개는 국민의 가슴에 희망과 행복을 전하는 우체국의 역할, 미래로 전진하는 제비의 꼬리는 첨단 IT 기술과 고품질 서비스로 지속 성장하는 우체국의 발전상을 상징하고 있으며, 제비꼬리에 미래 우정을 대표하는 우편, 예금, 보험 3개 분야의 조화로운 화합을 색상으로 강조하고 있다.

1900~1905 | 1946-1957 | 1957~1983 | 1984~2010.6 | 2010.7~현재

대한제국·1897-1910·The Daehan Empire Definitives

위조품(FAKE)으로 추정되는 일부인과 봉피

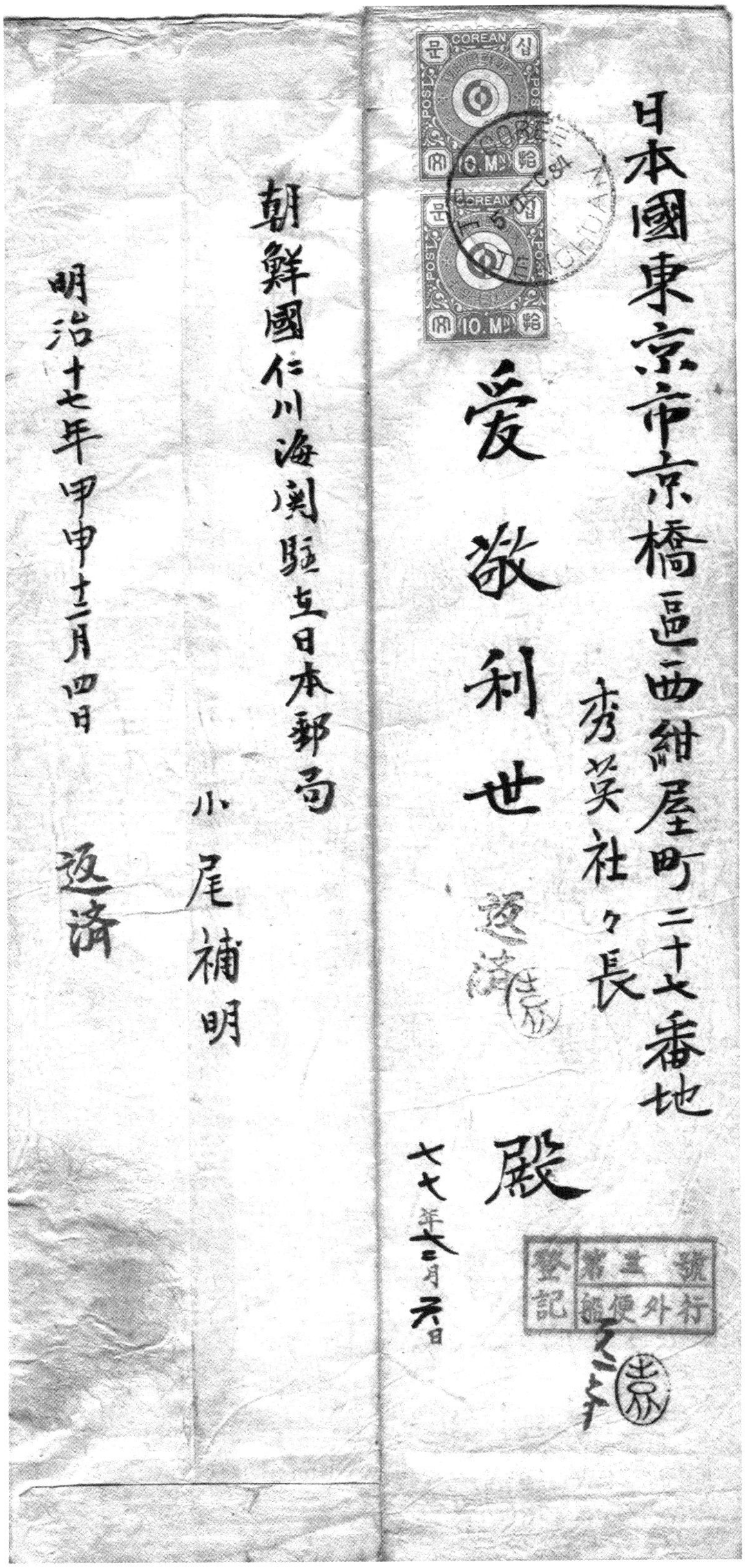

I.J.P.O COREE JENCHUAN 5 DEC. 84

대조선국 우정총국에서 고용한 일본인 오노(小尾補明)

본 자료는 1884년 12월 5일 朝鮮國 仁川 海關 駐在 日本郵局(조선국인천해관주재일본우국) 小尾補明가(오노) 明治十七年甲申十二月四日에(명치17년갑신12월 4일) 日本國 東京市 京橋區 西紺屋町 二十七番地 愛敬利世 앞으로 보낸 등기우편으로 되어 있다.

등기인은 등기. 제 5호. 선편외행으로 주색 명판이 날인되어 있다.

문위우표 십전(10M) 2매가 첩부되었으며, 일부인은 JENCHUAN I.J.P.O COREE이다.

오노가 갑신정변 발발로 인천에 잠시 피신한 시기에 일본 동경으로 지인에게 서신을 보냈다고 하는 가정을 해 보지만, JENCHUAN이라는 일부인을 재한 인천 일본 우편국에서 사용하였는지가 의문이다.

동경우편국의 도착인이 날인되어 있었다면 정상적인 해외 선편우편물이 확실했을 것이다.

서체가 정교하게 나열된 것으로 보아 극히 의도적이고 조작된 우편물이라는 느낌을 배제할 수 없다.

오노는 1884년 7월 1일 대조선국 우정총국으로부터 오노와 미야자끼를 고용 계약을 체결했다. 그러나 1884년 10월 21일 우정총국이 철폐되면서 1884년 12월 21일 우정총국 고원인 오노와 미야자끼는 5개월분 월급을 지급받고 해고되었다.

우표 세상에서도 홀대 받는 독립운동가

일제강점기 독립군의 이야기를 그린 영화 '암살'이 최근 흥행하면서 독립운동가들에 대한 관심이 커지고 있다. 우리 현대사는 항일 투쟁 중 최후를 맞거나 살아서도 정당한 대우를 받지 못한 수많은 독립운동가와 그의 후손들을 외면해 왔다. '국가의 역사와 문화를 표현하고 있어 동시대의 사실적인 자료로 인정받는다'는 우표의 소재로서도 독립운동가들은 홀대를 받았다.

본보 멀티미디어부가 우정사업본부의 '한국우표포털서비스(K-stamp)'에서 제공되는 국내 발행 우표 3,058종을 일일이 살펴봤더니 독립운동가를 소재로 한 우표는 겨우 17종, 등장인물도 8명에 불과했다. 그 중 백범 김구 선생이 4종으로 가장 많았고 안중근의사와 이준 열사가 각각 3종, 윤봉길 의사(2종), 안창호 선생(2종)이 그 뒤를 이었다. 유관순 열사, 이봉창 의사, 서재필 박사가 등장한 우표는 단 1종씩이다. 이는 전두환 전 대통령이 30종, 박정희와 이승만 전 대통령이 각각 23, 10종의 우표에 등장한 것에 비하면 매우 초라한 수준이다. 역사 속 위인 중 세종대왕은 13종, 이순신 장군은 5종의 우표에 등장했다.

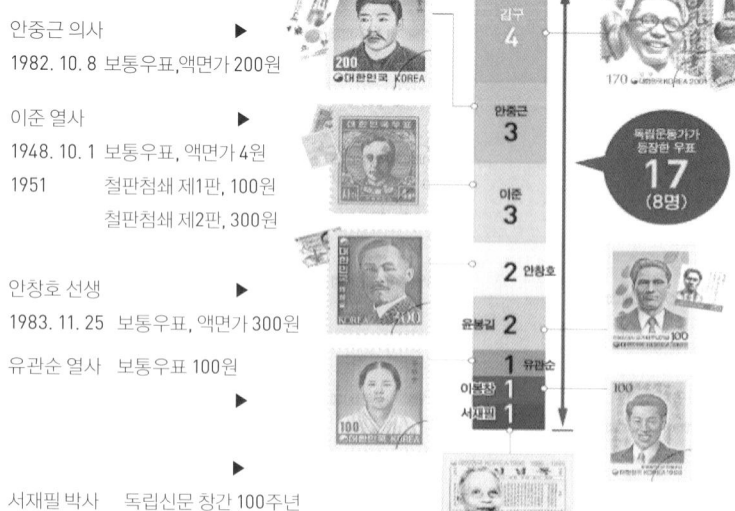

안중근 의사 ▶
1982. 10. 8 보통우표,액면가 200원

이준 열사 ▶
1948. 10. 1 보통우표, 액면가 4원
1951 철판첨쇄 제1판, 100원
철판첨쇄 제2판, 300원

안창호 선생 ▶
1983. 11. 25 보통우표, 액면가 300원

유관순 열사 보통우표 100원 ▶

▶
서재필 박사 독립신문 창간 100주년 기념우표, 액면가 150원

◀
김구 선생
1986. 6. 10 보통우표 액면가 450원
1986. 12. 10 보통우표 액면가 550원
2001. 4. 2 밀레니엄시리즈 제10집, 액면가 170원
2015. 8. 4 광복 70년 기념우표, 액면가 영원우표

◀
윤봉길의사 의거 60주년
1992. 4. 29 기념우표, 액면가 100원

◀
이봉창의사 순국 60주년
1992. 4. 29 기념우표, 액면가 100원

출처: 한국일보 박서강 기자
2015.8.18일

전지 부위별 명칭과 용어

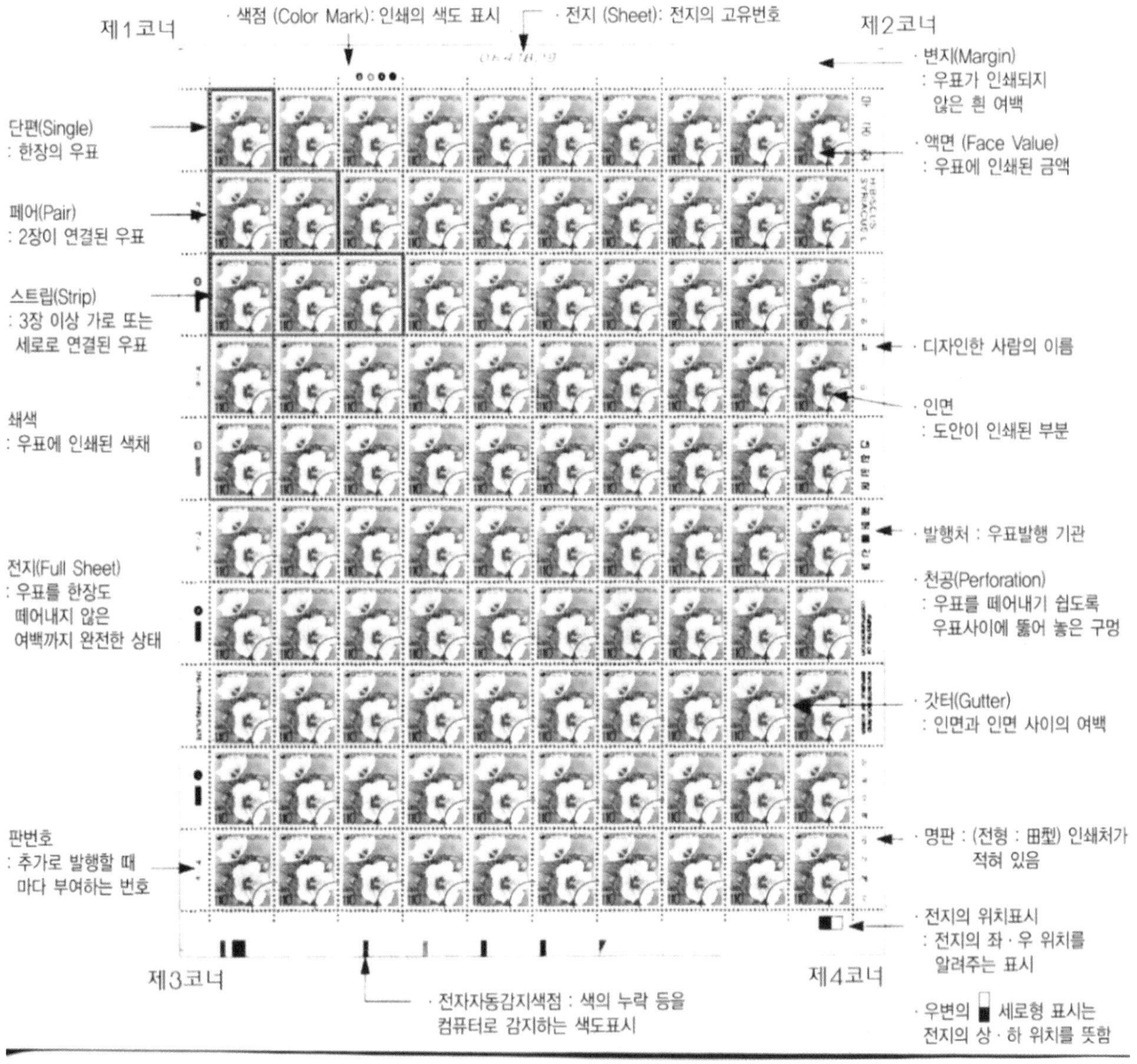

출처: 2010년 발행 우표문화길잡이

단편(Single): 한장의 우표　페어(Pair): 2장이 연결된 우표　**쇄색**: 우표에 인쇄된 색채

전지(Full Sheet): 우표를 한 장도 떼어내지 않은 여백까지 완전한 상태

판번호: 추가로 발행할 때마다 부여하는 번호　**색점**(Color Mark): 인쇄의 색도 표시

변지(Margin): 우표가 인쇄되지 않은 흰 여백　**일련 번호**: 전지의 고유번호

인면: 도안이 인쇄된 부분　**스트립**(Strip): 3장 이상 가로 또는 세로로 연결된 우표

갓터(Gutter): 인면과 인면 사이의 여백　**액면**(Face Value): 우표에 인쇄된 금액

명판: 인쇄처가 적혀 있음　**천공**(Perforation): 우표를 떼어내기 쉽도록 우표 사이에 뚫어 놓은 구멍

발행처: 우표를 발행한 기관　**전지 위치 표시**: 제1 코너, 제2 코너, 제3 코너, 제4 코너

일제강점기·1910~1945·Japanese Colonial era

독립선언서(부분 수록)

중학교 학습 교재용

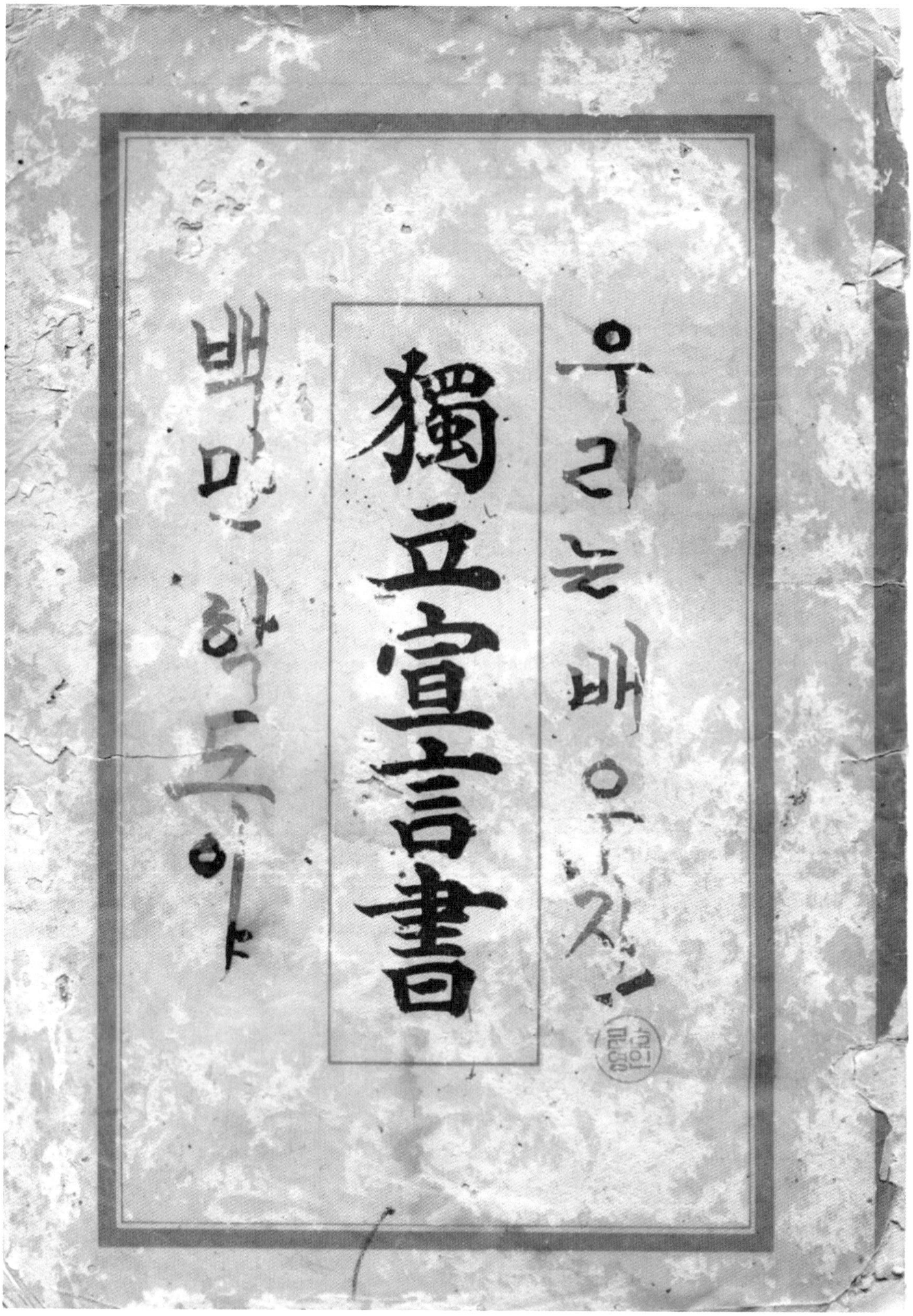

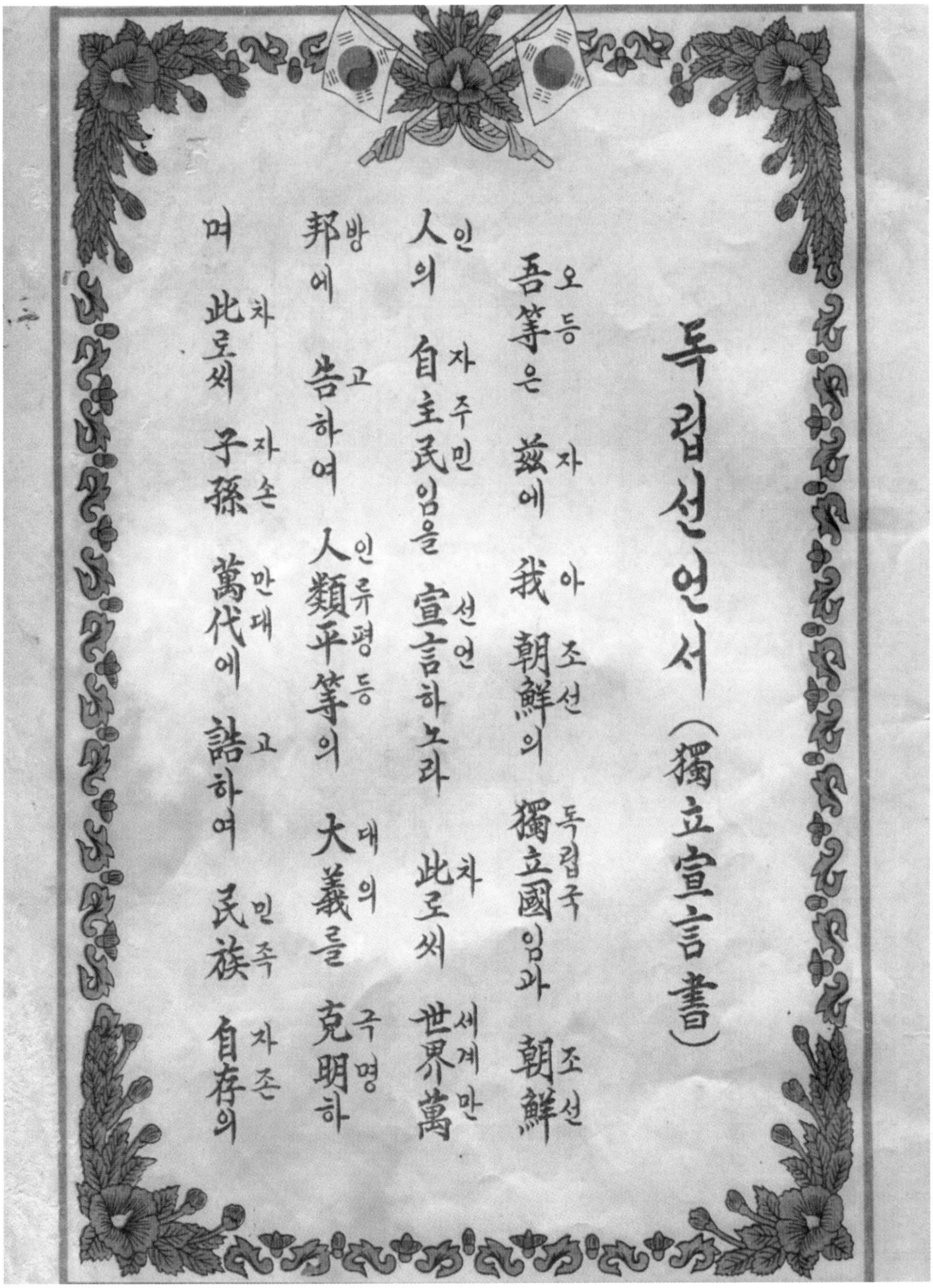
독립선언서(獨立宣言書)

吾等은 玆에 我 朝鮮의 獨立國임과 朝鮮
人의 自主民임을 宣言하노라 此로써 世界萬
邦에 告하여 人類平等의 大義를 克明하
며 此로써 子孫萬代에 誥하여 民族 自存의

기미독립선언문(己未獨立宣言文). 조선민족대표 삼십삼인(朝鮮民族代表 三十三人)

오등(吾等)은 자(慈)에 아(我) 조선(朝鮮)의 독립국(獨立國)임과 조선인(朝鮮人)의 자주민(自主民)임을 선언(宣言)하노라, 차(此)로써 세계만방(世界萬邦)에 고(告)하여 인류평등(人類平等)의 대의(大義)를 극명(克明)하며, 차(此)로써 자손만대(子孫萬代)에 고(誥)하여 민족자존(民族自存)의

오등(吾等) : 우리들 자(慈) : 사랑 아(我) : 나 차(此) : 이에 고(誥) : 가르칠 민족자존(民族自存): 민족이 스스로의 힘으로 삶을 누려 나감

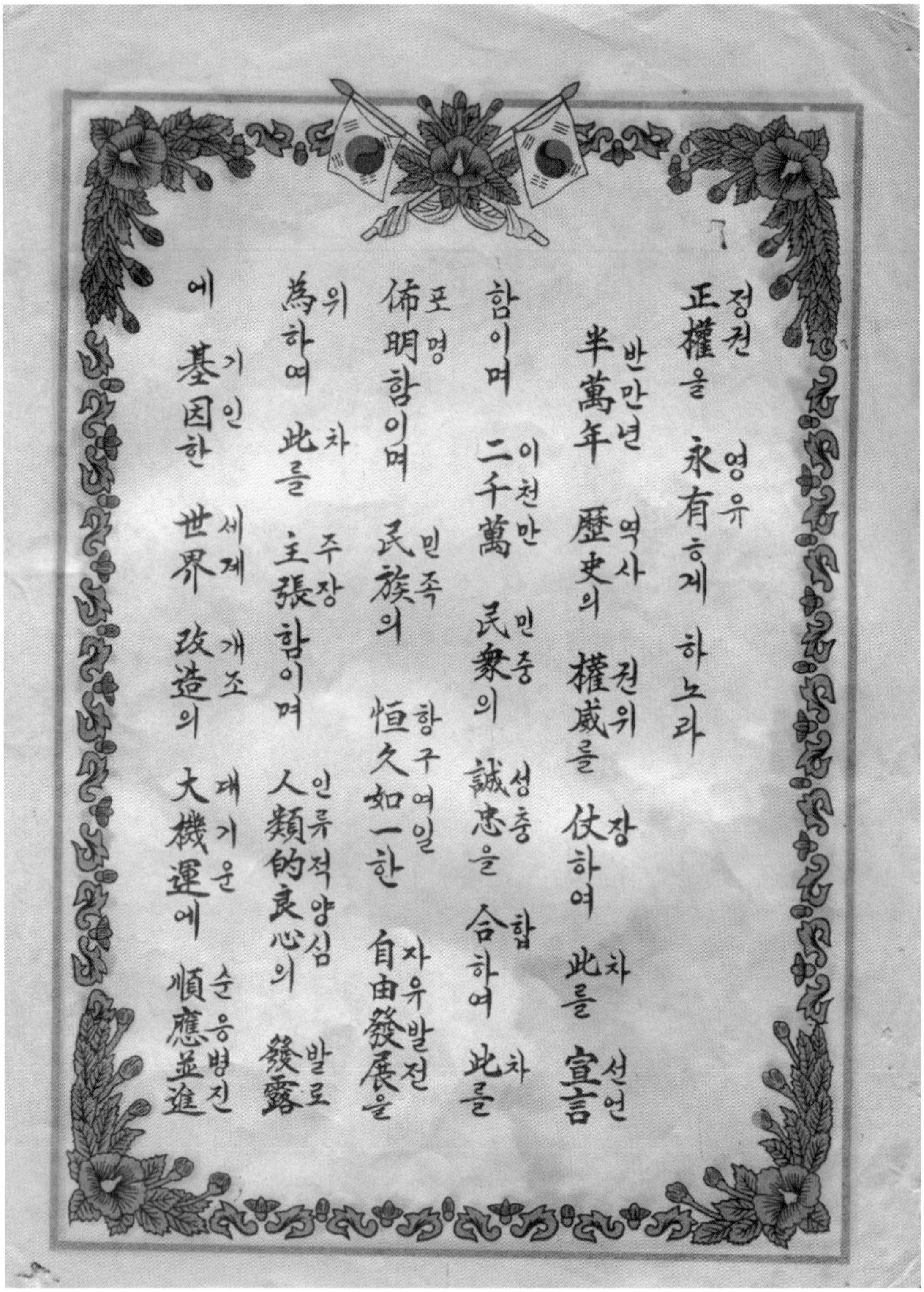
正權을 永有케 하노라
半萬年 歷史의 權威를 仗하여 此를 宣言
함이며 二千萬 民衆의 誠忠을 合하여 此를
佈明함이며 民族의 恒久如一한 自由發展을
爲하여 此를 主張함이며 人類的良心의 發露
에 基因한 世界改造의 大機運에 順應並進

정권[正權]을 영유[永有]케 하노라. 반만년[半萬年] 역사[歷史]의 권위[權威]를 장[仗]하여 차[此]를 선언[宣言]함이며, 이천만[二千萬] 민중[民衆]의 성충[誠忠]을 합[合]하여 차[此]를 포명[佈明]함이며, 민족[民族]의 항구여일[恒久如一]한 자유발전[自由發展]을 위[爲]하여 차[此]를 주장[主張]함이며, 인류적[人類的] 양심[良心]의 발로[發露]에 기인[基因]한 세계개조[世界改造]의 대기운[大機運]순응병진[順應并進]

정권[正權]: 정부를 조직하여 정치를 담당하는 권력 영유[永有]: 영원히 차지하여 가짐 장[仗]: 호위[護衛], 의지하다
성충[誠忠]: 충성[마음에서 우러나는 정성] 포명[佈明]: 널리 밝힘 항구여일[恒久如一]: 오래도록 변함 없음
발로[發露]: 숨은것이 겉으로 드러나거나 숨은 것을 겉으로 드러냄.
순응병진[順應并進]: 변화에 적응하여 체계 따위에 적응하여 따름

중학교 학습 교재로 추정되는 독립선언문
삼견중학교(三梘中學校) 1학년 1반 문영호(文榮鎬)
연대는 단기 4290년(1957) 9월 26일 추정

일제강점기 항일 여성 독립운동가

출처: 한국민족문화대백과사전 · 위키백과

강영파(姜暎波)

한국의 독립운동가. 2019년 건국훈장 애족장을 추서받았다.
1930년 8월 중국 상하이에서 상해여자청년회 창립대회주비위원 및 임시위원을 맡았고, 1932년 4월 상해여자청년회 총무부장을 역임했다. 이후 임시정부를 따라 중국 각지를 전전하던 그녀는 간호사로서 근무하다가 1940년경 **김구**의 중매에 따라 독립운동가 **유진동**과 결혼했다.

강주룡(姜周龍 1901~1931. 8. 13)

노동운동가이자 항일운동가, 최초의 고공농성자. 21세 되던 해 5살 어린 남편과 함께 독립군부대에 입대해 무장 투쟁을 벌이다 남편이 사망한 뒤 귀향했다. 1926년 평양 고무공장에 입사하여 노동조합에 가입한 후 1930년 임금을 삭감하려는 고용주 측에 맞서 평양 고무공장 노동자 조합 소속 11개 공장 1800여명 노동자들과 파업에 돌입하였다. 1931년 5월 16일 평양 고무공장의 일방적인 임금 인하 통보로 평양 시내 고무공장 노동자 2300여명 임금까지도 삭감 위기에 몰려 5월 28일 사측이 49명 전원 해고를 외치며 경찰 병력을 동원해 단식 투쟁 중이던 노동자들을 강제 해산시켰다. 노조 간부 강주룡은 평양 을밀대에서 목을 메어 자살할까 하다가 마음을 바꿔 고공 농성을 시작했다. '우리 49명 파업단의 임금 감하로 끝나는 게 아니라 평양 2300여명 고무공장 직공의 임금 감하로 이어질 것이다. 죽음을 각오하고 올라왔다. 임금 감하를 취소하지 않으면 근로 대중을 대표하여 죽음을 명예로 알 뿐.' 몰래 올라온 소방관에게 떠밀려 그물 위로 떨어지면서 8시간만에 고공 농성이 종료된 후 검속 기간인 29일 저녁부터 6월 1일 새벽 2시 동안 밥 한 술 안 뜨고 단식 투쟁을 이어갔다. 석방되자마자 파업 본부로 복귀해 파업을 독려하고 6월 8일 사측의 임금 삭감을 저지하고 임금을 동결시켰다. 단 파업 참가자 전원 복직은 이루지 못해 강주룡은 해고 노동자가 되어, 다음날 평양 최초의 적색노조인 평양지역 혁명적 노동조합 설립에 함께 참여했다는 이유로 긴급 체포됐다. 1년간 옥중 투쟁 중 병을 얻어 병보석으로 석방. 1932년 8월 13일 평양 빈민굴에서 투병 끝에 사망하였다.

곽낙원(郭樂園 1859. 2. 26~1939. 4. 26)

구한말 여성 독립운동가. 백범 김구의 어머니로서 1859년 황해도 장연군에서 태어났다.
1876년 황해도 해주에서 백범을 출산하게 되어서 아명을 창암이라 지어주었고, 어머니로서 아들인 백범을 키워왔다. 1896년 백범이 20세 때 치하포 주막에서 일본군 장교를 살해한 혐의로 투옥되자 아들을 걱정하며 자주 면회를 가며 찾아가 아들에게 힘을 주었으며, 백범이 탈옥하게 되자 탈옥자 부모라는 이유로 남편이자 백범의 아버지 김순영과 함께 체포되어 옥고를 치렀다. 1910년 일제에 의해 국권이 피탈되고 남편인 김순영이 옥고 후유증으로 사망하게 되면서 가난한 환경과 가정생활을 견디며 백범을 키워왔고, 백범이 중국 상해로 건너가 대한민국 임시정부를 수립하자, 임정 식모를 자처하며 가정부 노릇을 하였다가 1926년 귀국하였고, 1934년 백범이 이봉창 · 윤봉길 의거의 배후로 일제가 지목하자 다시 상해로 건너와서 백범을 격려하였으며, 백범이 생일 비용으로 주었던 돈을 독립군자금 및 무기 비용으로 충당하며 독립운동을 지원하였다. 한국 역사상으로 율곡 이이의 어머니 신사임당, 안중근의 어머니 조마리아 등과 함께 조국을 빛낸 어머니상으로도 평가받고 있다.
1930년대 상하이에서 촬영된 **김구** 가족 단체 사진. 가운데(곽낙원).

곽영선(郭永善 1902. 3. 1~1980. 4. 8)

1902년 3월 1일 황해도 신천군 신천읍 사직리에서 **곽임대**의 딸로 태어났다. 그녀는 1919년 숭의학교에 재학 중 전국 각지에서 **3.1 운동**이 전개되자, 그녀는 신천읍에서 독립만세 시위를 벌이기로 결심하고 3월 24일 태극기를 준비한 뒤 3월 27일 무정리 장터에서 군중에게 태극기를 나눠주고 독립만세를 외치다 일경에 체포되었다. 이후 그녀는 해주지방법원에서 징역 8개월을 선고받고 옥고를 치렀다.

구순화(具順和 1896~1990)

황해도 신천(信川)출생.
1919년 신천군에서는 문화면(文化面)에서 3월 11일 독립만세 시위운동이 전개되었고 그 다음날인 3월 12일 신천읍으로 이어졌다. 그녀는 이날 경신학교(儆信學校)에서 학생과 주민 다수와 함께 독립만세 시위를 벌이다가 일경에 체포되었다. 이해 9월 11일 평양복심법원에서 소위 보안법 위반으로 징역 6월형을 언도받아 1년간의 옥고를 치렀다.

권기옥(權基玉 1901. 1. 11~1988. 4. 19.)

한국 최초의 여성 비행사이며, 대한민국 최초 여성 출판인이기도 하다. 평안남도 평양 출생.
17살 때 미국인 아트스미스의 곡예비행을 보고 비행사의 꿈을 품었던 권기옥은 숭의여학교 시절 3·1운동에 가담하는 등 독립운동에 나섰다가 중국으로 망명한다. 비행기를 타고 조선총독부에 폭탄을 안기겠다는 투지로 상해임시정부의 추천장을 받아 중국 윈난항공학교에 입학하고, 1925년 2월 중국과 한국의 최초 여성비행사가 된다. 임시정부가 독립군 항공대를 창설할 여력이 없어 중국 공군에 투신, 항일전선에서 싸우고 무공훈장까지 받는다. 해방 이후 공군 창설에 기여해 '대한민국 공군의 어머니'로 불렸던 그녀는 '빼앗긴 들에도 봄은 오는가'를 쓴 일제 저항시인 이상화의 형인 독립운동가 이상정의 부인이기도 하다.

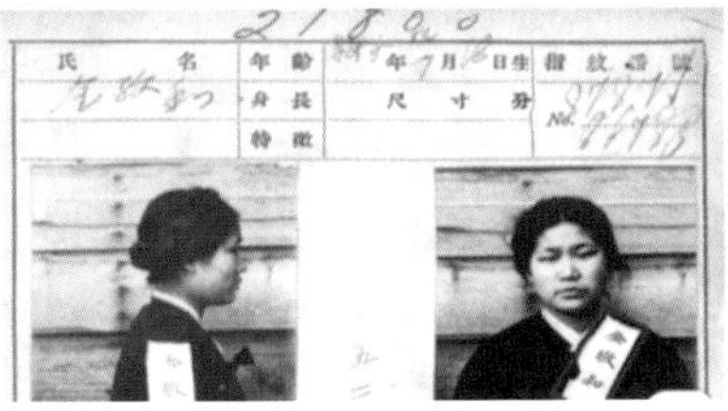

김경화(金敬和 1919. 7. 20~2007. 1. 21)

경북 문경 출생. 1939년 12월 한국청년전지공작대에 입대하여 활동하다가, 다음 해 4월에 중국 섬서성(陝西省) 서안(西安)의 중앙간부훈련단 학원대에 입대. 그는 1940년 9월 광복군이 창립되면서 광복군 제1지대에 입대하였으며, 1942년 9월 중국 제9전구지역인 호남성(湖南省)에 파견되어 광복시까지 활동했다. 1944년에는 한국독립당(韓國獨立黨)에 입당하여 당원이 되었다.

김경희(金慶喜 1888~1919)

일제강점기 송죽회 제1대 회장을 역임한 독립운동가
1888년 평안남도 평양에서 태어나 숭의여학교(崇義女學校)를 졸업한 뒤 모교 숭의여학교(崇義女學校) 교사로 근무하면서 1913년 비밀결사대인 송죽회를 조직, 활동하였다. 1919년 3·1운동을 주도하였으며, 상해임시정부에 참여했으나, 숙환으로 귀국, 1919년 9월 19일에 작고하였다

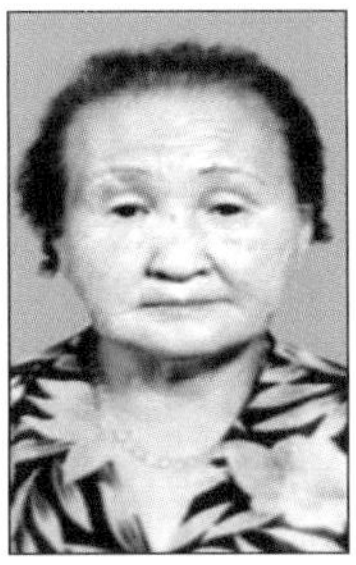

김두석(金斗石 1915. 11. 17~2004. 1. 7)

경남 마산 출신인 김두석은 1939년 마산 사립 의산여학교 교사 때 일제의 신사참배 강요를 거부하다 해임됐다. 1940년 5월 17일부터 이듬해 7월 30일까지 일제 식민정책에 반대하다 다섯차례나 구금당했으며, 1942년 8월에도 같은 혐의로 체포돼 옥고를 치렀다.

김락(金洛 1863. 1. 21~1929. 2. 12)

독립운동가 3대를 지켜낸 겨레의 딸. 3·1만세운동 당시 김락은 56세 였다.
우국지사 시아버지의 단식과 남편의 순국에 이은 두 아들의 독립운동을 몸소 겪은 김락은 친정 집안 역시 대단한 독립운동가 집안이다. 1911년 1월 전 가족을 이끌고 서간도 유하현(柳河縣)으로 망명한 친정 오라버니 김대락은 이상룡 · 이동녕 · 이시영 등과 뜻을 같이하여 항일투쟁을 전개한 인물이다.

김마리아(金瑪利亞 1891. 6. 18~1944. 3. 13)

1919년 도쿄여자학원 졸업을 앞두고 도쿄 유학생들이 중심이 되어 2·8 독립 선언이 일어나자, 황애덕 등과 함께 적극 참가했다. 곧 이어 3·1 운동이 일어났을 때도 미리 귀국하여 황해도 지역의 운동에 관여했다가 체포, 구금되었다. 이때 고문을 당해 몸을 상한 뒤 평생 건강 문제로 고생하게 된다. 1919년 대한민국애국부인회 사건으로 징역 3년형을 선고받았으나 고문 후유증으로 인한 병보석으로 풀려난 사이, 1920년 미국인 선교사의 도움으로 상하이로 탈출하여 대한민국 임시정부의 황해도 대의원이 되었으며, 난징의 진링(金陵) 대학에서 수학하였다. 1923년에는 미국으로 유학하여 파크대학교와 시카고 대학교에서 공부하여 석사학위를 받은 뒤 뉴욕에서 신학을 공부하였다. 그는 뉴욕에서 다시 만난 황애덕 · 박인덕 등과 함께 재미 대한민국애국부인회(근화회)를 조직하고 회장을 맡았다.

김명시(金命時 1907~1949)

조선의용군에서 활동하였으며 백마를 타고 전장을 누빈다 하여 '백마 탄 여장군'이라 불렸다.
해방 후 귀국하여 대중의 열렬한 지지를 받았지만, 남한에서 공산주의 활동이 금지된 후에도 지하에 숨어 활동하다 체포되어 옥중에서 사망하였다. 1927년 공산대학을 졸업하고 상해로 파견되어 중국 공산주의청년단에 가입하여 활동하였다. 이후 다양한 사회주의 운동과 항일 운동을 하다 1932년 인천에 잠입하여 '콤퓨니스트', '태평양노조' 등 비밀기관지를 인쇄, 배포하였다. 같은 해 일본 경찰의 수배를 피해 만주로 망명하던 중 배신자가 생겨 신의주에서 체포되어 7년 징역을 받았다. 1939년 형이 끝나자 중국으로 망명하여 조선의용대에 들어가 일본군과 무장투쟁을 벌였다.

김보원(金寶源 1888~1971)

1919년 6월 경 평양에서 대한애국부인회에 참여하여 군자금 모금 활동을 하다 체포되어 옥고를 치렀다

김순애(金順愛 1889. 5. 12~?)

대한애국부인회를 조직하여 독립운동을 전개하였다. 간호원을 양성했고, 독립운동 자금을 마련하기 위해 동분서주하였으며, 자유한국인대회에 참가하는 등 다방면으로 항일운동을 전개하였다. 한 평생 나라를 위해 바쁘게 달려온 김순애 선생이다.

김신희(金信熙 1899~1993)

전북 전주(全州)에서 기전여학교(紀全女學校) 재학 중 임영신(任永信) · 김공순(金恭順) 등과 함께 만세운동을 주도하였다.
1919년 3월 13일 오후 1시경 김신희를 비롯한 11명의 여학생들은 수백명의 군중과 함께 전북 전주군 전주면(全州面) 남문(南門) 밖 시장 부근에서부터 태극기를 흔들며 '대한독립만세'를 부르면서 남문을 거쳐 대정정(大正町) 우편국 부근까지 만세운동을 전개하다가 일제 경찰에 체포되었다.
3개월간 고초를 치르다 1919년 6월 보석된 김신희는 같은 해 9월 3일 대구복심법원에서 소위 보안법 위반으로 징역 6월, 집행유예 3년을 받았다.

김알렉산드라(알렉산드라 페트로브나 김 1885~1918).

제정 러시아 출신의 공산주의 혁명가이며, 대한민국 독립운동가
한국 최초의 공산주의자로 꼽힌다. 그녀는 한국의 공산주의 독립운동가 중에서도 굉장히 이른 시간대에 활동하였다. 고려인 거주지 중 하나였던 시넬니코보에서 태어난 이후 아버지 김두수와 함께 러시아로 이민을 갔는데, 아버지가 독립운동을 하기 위해 만주로 돌아가자 10살의 나이로 따라 갔다가 아버지가 사망한다. 이후 아버지의 러시아인 친구였던 표트르 스탄케비치라는 사람에게 입양되었는데, 블라디보스토크에서 여학교를 졸업하고 스탄케비치의 아들과 결혼한 후 교사 생활을 하게 되었다. 블라디보스토크에서 독립운동에 종사하게 된 그녀는 결국 스탄케비치의 아들과 이혼하게 된다. 그리고 우랄산맥 일대로 이주했는데, 1916년에 한 정당에 가입하게 된다. 이 정당이 다름아닌 러시아 사회민주노동당. 이후의 행보도 비범하기 짝이 없다. 공산주의 혁명의 1 인자 블라디미르 레닌과 협력 관계가 된 그녀는 극동 지역으로 떠나게 된다. 먼저 독일의 밀정으로 오해받아 체포되어 있던 이동휘를 구명 운동으로 석방시킨 그녀는 김립 · 이동휘와 함께 한인사회당을 결성하게 되는데, 그게 1918년이다. 이때의 직위는 '극동인민공화국 외무위원'. 비록 짧은 시간 존속했던 정권이었지만, 그녀는 한국계 최초의 외국 장관이되었다. 볼셰비키 측에서 '인터내셔널리스트'로 분류했던 인물이기도 하다. 그러나 단 5개월 만에 멘셰비키와 일본군에게 체포되었고, 1918년 9월 16일에 처형당하게 된다. 그녀가 사형당할 때 마지막 소원이 '8보(步)만 걷게 해다오' 였다고 한다. '왜 하필 8보냐? 고 물으니, '비록 가보진 못했지만 우리 아버지 고향이 조선인데 8도라고 들었다. 내 한발 한발에 조선에 살고 있는 민중들, 노동자들의 미래에 대한 희망, 새로운 사회가 실현되기를 바라는 마음을 담는다'고 하면서 죽었다.

출처: 성공회대 한홍구 교수

김온순

평양 숭의여학교출신이며 1919년 3·1독립운동에 참가하여 독립만세를 부르다가 체포되어, 해주(海州) 감옥에서 옥고를 치른 후 중국으로 망명하였다.

김윤경(金允經 1894~1969)

경성 출생
1921년 12월 조선어연구회(朝鮮語硏究會)의 창립위원이 되어 국어·국문의 연구와 보급에 진력하였다. 1929년에 조선어연구회의 조선어사전 편찬위원으로 선임되었으며, 1930년에는 '한글 맞춤법 통일안'의 제정위원으로 선임되어 활동하였고, 1936년에는 조선어연구회를 확대 개편한 조선어학회(朝鮮語學會)의 조선어 표준어사정위원회(朝鮮語標準語査定委員會)의 위원으로 선출되어 활동하였다. 1931년에는 동아일보사의 지원으로 조선어학회의 전국순회 조선어강습회에 강사로 참가하여 1천 6백여명의 지도층 청년에게 국문법을 강의하고 민족의식을 고취시켰다.

김점순(金点順 1861. 4. 28~1941. 4. 30)

종로경찰서에 폭탄을 던진 항일투사 김상옥 의사(1890~1923)의 어머니, 그는 김상옥 의사의 의열 투쟁을 지원하면서 항일 투쟁을 전개하였다. 1919년 11월경 김상옥이 서울에서 암살단(暗殺團)을 조직하여 활동하다가 체포되자 인쇄용 등사판을 파괴하여 증거를 인멸하였으며, 1921년 김상옥이 임시정부 군자금 모집을 위해 국내에 들어와 활동할 때 일경에 탐지되자 김상옥을 피신시키고 대신에 전가족과 함께 구금되어 고초를 치렀다. 1923년에 김상옥이 종로경찰서에 투탄 의거를 결행할 때 거사에 필요한 권총을 은닉해 주고 또한 무기를 전달하는 등 적극적으로 지원하였다. 당시 김상옥은 의거에 필요한 폭탄을 어머니 김점순으로 부터 건네 받아 의거를 결행하였다. 이로 인하여 그는 일경에 체포되어 옥고를 치렀다.

김향화(金香花 1897. 7. 16 ~?)

한국의 기생, 독립운동가
3.1운동 당시 수원에서 만세운동을 주도했다. 김향화 선생은 1896년 7월 16일 서울에서 출생.
어릴 적 이름은 순이였으나, 가정 형편으로 인해 15살에 기적에 이름을 올리고 김향화라는 이름을 얻고 수원에서 기생 생활을 시작했다. 스무살이 넘은 이후 부터는 수원 군내의 최고의 기생으로 자리잡아 유학생들, 지식인들과 교분을 쌓으며 조선 독립에 대한 마음을 키워가게 되었다. 유관순 열사와 함께 서대문형무소 여옥사 8호 감옥에 수감됐던 7인의 여성독립운동가 중 한 명이다.

나은주(羅恩周 1890~1978)

황해도 금천(金川) 출생
1919년 4월 23일에 걸쳐 현내면 송정리(縣內面 松亭里) 일대의 독립만세시위를 주동하였다.
그는 3월 2일 오후 1시경, 그의 고향으로 시위 행진 해 온 80여명의 백마면(白馬面)의 기독교인들과 함께 만세시위를 전개하였는데, 이때 출동한 일본 헌병대에 의해 강제 해산되고, 30여명의 시위 군중이 체포되었다.
이에 그는 이튿날 오후 2시경, 3백여명의 시위 군중과 함께 전날 체포된 동지들의 석방을 요구하기 위하여 헌병주재소 앞에서 시위를 벌였는데, 이미 그들이 금천읍의 헌병분견대로 이송되었음을 알고 해산하였다. 그후 일본 헌병의 주동자 검거 때 체포되었으며, 이해 8월 21일 평양복심법원에서 소위 보안법 위반 혐의로 징역 1년형을 받고 옥고를 치렀다

나혜석(羅蕙錫 1896. 4. 28~1948. 12. 10)

시인 · 조각가이자, 여성운동가· 사회운동가· 언론인이다. 본관은 나주(羅州)이고 아명(兒名)은 나아지(羅兒只), 나명순(羅明順)이며, 아호는 정월(晶月)이다. 일본 도쿄여자미술학교 유화과에서 서양화를 공부한 뒤 1918년 귀국하여 화가, 작가로 활동하였으며, 여성운동가 · 사회운동가로도 활동하였다. 1918년에 미술학교를 졸업하고 경성부로 돌아와 잠시 정신여학교 미술교사를 지냈다. 윌슨의 민족자결주의 이후 1918년 12월부터 박인덕 등과 함께 만세 운동을 준비, 1919년 3·1 만세 운동에 참가하여 5개월간 투옥되었다가 풀려났다. 그 뒤 1920년 김우영과 결혼, 그를 따라 만주와 프랑스 등을 여행하였으며 그림 · 조각 · 언론 · 문필 · 시 등에서 활동했다. 1919년 3·1운동 때는 여학생들을 만세운동에 참가시키기 위해 김활란 · 박인덕· 신준려 · 김마리아 등과 함께 이화학당에서 비밀 회합을 가진 죄목으로 수형생활을 하기도 했으며, 중국 단둥에서 외교관 부인 신분을 이용해 독립운동가들을 비밀리에 지원한 민족주의자였다. 특히 나혜석은 여성도 인간이라는 주장을 글로 썼을 뿐만 아니라 그런 주장을 생활 속에서 온몸으로 실천해 나간 진보적인 여성 해방의 사상가였다. 1927년 유럽과 미국 시찰을 가게 된 남편을 따라 여행길에 올라 '조선 최초로 구미 여행에 오른 여성'이라는 칭호를 얻게 됐다. 프랑스에 체류하던 중 야수파 · 인상주의 · 표현파 등의 영향을 받기도 했다. 작품 활동에 매진하던 중, 외교관 최린과의 염문으로 이혼하게 된다. 3.1운동 때는 독립선언서를 사전에 입수, 비밀리에 배포하다 일경에 체포된다. 그는 이화학당 학생들이 만세를 부른 사건의 배후로 지목되어, 3월 5일의 만세운동 참여, 사주혐의로 서대문 형무소에 투옥되었다. 그 뒤 3월 25일 다시 이화학당에서 만세 사건이 터지면서 '3·25 이화학당 학생 만세사건'의 핵심인물로 지목되면서 경성법원에서 징역 6개월형을 선고받고 그해 9월 풀려났다. 김마리아 등과 함께 3·1 운동에 여학생 참가를 주도했다는 혐의로 체포되어 재판을 받기도 했다. 그때 변호사 김우영이 나혜석의 변론을 맡아서 두 사람은 가까워졌다.

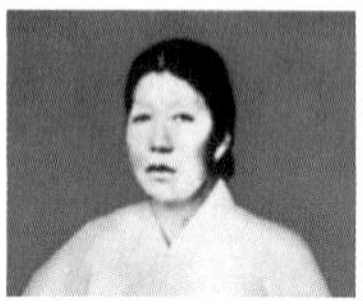

남자현(南慈賢 1872. 12. 7~1933. 8. 22)

안동 출생. 김영주와 결혼했으나, 김영주는 1895년 을미사변 때 의병을 일으켰다가 사망하였다. 유복자 김성삼을 낳아 기르면서 평범한 전업주부로 살다가 1919년 3·1 운동에 참여한 것을 계기로 아들과 함께 만주로 망명하면서 본격적으로 독립운동에 뛰어들었다. 김동삼의 서로군정서에 가입, 군자금 모집, 독립운동가 옥바라지 등으로 만주지역 독립운동의 대모로 불리게 되었다. 편강렬 · 양기탁 · 손일민 등이 만주 지역 무장 독립운동 단체의 통합을 추진할 때 참가했으며, 무장투쟁이나 테러 위주의 독립운동을 적극 후원하고 참여했다. 한국 내에는 두 차례 잠입했다. 1922년 참의부의 채찬과 함께, 1926년에는 박청산· 이청수와 함께 한국 내로 들어왔고, 두 번째 잠입은 사이토마코토 총독의 암살을 목적으로 한 것이었다. 1928년 만주 길림에서 김동삼 · 안창호 등 47명의 독립 운동가들이 일본의 사주를 받은 중국 경찰에 검거되자, 석방 운동에 힘써 보석으로 풀려나게 했다. 1931년 김동삼이 일본 경찰에 체포되었을 때도 탈출시키기 위해 온갖 노력을 한 것으로 알려져 있다. 1932년 만주국 수립으로 영국인 리튼이 이끄는 국제연맹의 조사단이 하얼빈에 오자 손가락을 잘라 '한국독립원(韓國獨立願)' 이라는 혈서를 써서 보낸 일화가 잘 알려져 있다. 영화 '암살'의 주인공인 안옥윤(배우 전지현)의 모델이 되었다.

노순경(盧順敬 1902~1979)

황해도 송화(松禾) 출생

1919년 12월 2일 세브란스병원 간호원으로 근무하던 중 서울 훈정동 대묘(大廟)앞에서 만세시위를 전개하였다. 그는 독립운동가 노백린(盧伯麟) 장군의 차녀로 평소부터 독립을 염원하면서 항일의식을 길러 왔다. 3·1운동 이후 그는 독립운동에 투신하기로 결심하고 재차 만세운동의 기회를 기다리던 중, 12월 2일에 20여 명의 동지들과 함께 태극기를 제작하여 일제 총독부에 정면으로 대항하는 독립만세시위를 일으켰다. 이로 인하여 그는 만세현장에서 체포되었으며, 1919년 12월 18일 경성지방법원에서 소위 제령(制令) 제7호 위반으로 징역 6월을 받아 옥고를 치렀다.

동풍신(董豊信 1904~1921)

1919년 3월 함경도 길주의 화대장터에서 독립 만세를 부른 소녀이다. 장터에 모인 군중이 만세를 부르자, 일본 경찰들은 마구 총을 쏘아 장터 일대는 피바다가 되었다. 그 때 일본 경찰이 겨누고 있던 총구를 조금도 두려워하지 않고 나선 그녀가 죽은 아버지를 들쳐 업고 대한독립 만세를 부르자, 일본 경찰은 '미친 소녀'라 하여 총을 쏘지 않고 사로잡았다. 함흥재판소로 잡혀간 동풍신은 '만세를 부르다 총살된 아버지를 대신하여 만세를 불렀다.'고 말할 뿐 갖은 고문에도 애국심을 굽히지 않다가 감옥에서 순국하였다.

문재민(1903~1925)

1919년 4월 1일 동료 기생들을 모아 손가락을 깨물어 흐르는 피로 그린 태극기를 들고 해주읍에서 독립만세운동을 주도하였다. 3·1만세운동은 남녀노소 직업의 귀천을 불문하고 거족적으로 일어난 것이었지만, 특히 기생들의 참여는 3·1만세운동의 의미를 더욱 값지게 하였다. 치마폭 속에 독립의 염원을 적은 서화를 그려 넣고 만세를 부른 어린 기녀이다.

민옥금(閔玉錦 1905~1988)

충남 천안(天安) 출생

1919년 3월 10일경 충남 천안군(天安郡) 입장면(笠場面) 양대리(良垈里)에 소재한 사립광명여학교(私立光明女學校)에 재학 중 학우인 한이순(韓二順) 등과 함께 독립만세시위를 계획하고 태극기를 준비하여 3월 20일 10시경 동교학생 80여명을 규합하여 양대리 장터에서 독립만세시위를 하고, 이어 입장면 장터로 진출하여 장터에 모인 300여 명의 군중과 같이 독립만세시위를 하다가 체포되었다.

박금녀(朴金女 1926~1992)

광복군 제3지대 1구대 본부 구호대(救護隊)에 입대하여 활동하던 중 광복을 맞이하였다.

박애순(朴愛順 1896.12. 23~1969. 6. 12)

광주학생만세운동의 주동자

매일신보 1919년 4월 17일 자에는 광주지역 3.1운동 관련자 공판 기사가 다음과 같이 실려 있다. "광주지방법원에서 3·1독립운동 관련자 김복현 · 김강 · 최한영 · 서정희 · 박길상 · 박애순 등 80여 명에 대한 공판이 열렸다. 독립만세운동 혐의로 광주관헌(光州官憲)에 검거된 자는 3월 11일 이후 99명에 달하였고, 관련자 김복현은 나주에서 왔으며 기타는 광주예수교학교(光州耶蘇敎學校) 졸업자이고 박애순(朴愛順)은 예수교학교 여교사이다." 박애순 애국지사는 수피아학교 고등과 제1회 졸업생으로서, 수피아학교 교사로 재직 중에 광주 3·1 만세운동을 주도했는데, 특히 수피아 여학생 60명을 데리고 만세운동을 선도하다 체포돼 1년 6월의 징역형을 선고받았다.

박원희(朴元熙 1896~1926)

일제강점기 경성여자청년회 대표, 근우회 창립준비위원 등을 역임한 독립운동가.

사회주의 여성운동가로서 조선여성동우회(朝鮮女性同友會)와 근우회(槿友會) 등을 창립하여 민족해방, 여성해방의 이상사회를 실현하고자 헌신하였다.

박자혜(朴慈惠 1895. 12. 11~1943. 10. 16)

단제 신채호 선생의 부인. 1895년 12월 11일 경기도 고양군 숭인면 수유리(서울 수유동)에서 출생하였다 1910년 경술국치 이후 궁녀 신분을 벗어난 후 숙명여학교 기예과에 입학해 근대교육을 받고, 졸업 후 사립 조산부양성소를 다녔다. 졸업 후 경제적인 독립을 위해 조선총독부의원 산부인과의 간호부로 취업하였다. 1919년, 간호부 근무 당시 3·1 만세 운동으로 병원에 부상 환자들이 줄을 잇자, 많은 부상자들을 치료하던 과정에서 민족의 울분을 느끼고 함께 근무하는 간호사들을 모아 만세 시위에 참여할 것을 주도하였다. 그 후 일제 산하 기관에서 산파로 일하고 있는 자신이 부끄러워져 직접 행동에 나서기로 하고 3·1 만세 운동에 참여하기 위해 '간우회'를 조직하였으며, 병원의 의사들과도 긴밀한 관계를 갖고 간호사들에게 동맹파업에 참여할 것을 주창하였고, 이로 인해 일경에 체포되었다가 병원장의 신병 인도로 풀려났으며, 이후 북경으로 건너갔다. 북경에서 1919년 봄 회문(匯文)대학 의예과(1927년 연경대학으로 대학 개칭 후 연경대 의예과, 1949년 북경협화의원(北京協和醫院)에 전입)에 입학한 박자혜 선생은 북경 생활 1년여를 지낸 1920년 봄, 평생의 반려자 신채호 선생을 만나 결혼하였고, 대학을 중퇴, 이듬 해 첫 아들 신수범(신채호의 차남) 선생을 출산하였다. 그러나 1922년 둘째를 임신한 채 경제적 어려움으로 인해 남편과 헤어져 국내로 들어오고 말았다. 한편 신채호는 1923년 김원봉을 만나 의열단 활동에 가담하였고, 박자혜도 남편 신채호와 연락을 계속하면서 국내에서 가능한 독립운동을 지원하였다. 나석주 의사의 폭탄 투척 당시에도 서울의 길 안내를 자원한 것이 박자혜였다. 또한 신채호가 체포되어 1936년 2월 21일 여순감옥에서 운명을 달리하기까지 옥바라지는 물론 자녀 교육, 생계를 모두 떠맡아야만 했다. 신채호 선생이 세상을 떠난 후 둘째 아들 신두범(신채호의 삼남)도 1943년 병고로 홀로 세상을 떠났다.

박차정(朴次貞 1910. 5. 7~1944. 5. 27)

부산 출생. 부친은 일제에 항거하여 자결했고, 숙부 박일형과 외가의 친척들, 오빠들이 항일 운동에 뛰어든 집안에서 자랐다. 일제의 침탈에 항거하여 자결, 순국한 아버지와 독립운동가 김두전(金枓全) · 김두봉(金枓鳳)과 어머니, 사회주의계열 독립운동가 숙부 박일형(朴日馨) 등의 영향을 받았다. 박차정은 김두봉의 조카딸이었고, 독립운동가 김두봉은 해방 후 북한의 초대 국가원수 겸 초대 최고인민회의 상임위원장이 된 인물이었다. 이러한 집안 분위기 때문에 신간회· 의열단 등에서 활동한 큰오빠 박문희, 둘째 오빠 박문호 등과 함께 독립운동에 투신하게 되었다.

박현숙(朴賢淑 1896~1980)

일제강점기 평양의 3·1만세운동 당시 여성만세운동을 주도한 독립운동가

1913년 평양 숭의여학교(崇義女學校)를 졸업한 뒤 전주 기전여학교(紀全女學校) 교사로 있으면서 비밀리에 학생들에게 한국사를 가르치며 항일의식과 민족정신을 고취시켰다. 1915년 항일비밀결사인 송죽결사대를 조직, 활동하였고, 1919년 3·1운동 때에는 평양에서 여성만세운동을 주도하다가 잡혀, 징역 1년을 선고받았다. 평양형무소에서 복역 중 신병으로 출옥하자 다시 비밀결사인 대한애국부인회의 결성에 참가하여 독립운동자금을 임시정부에 송금하였으나, 이듬해 일본경찰에 잡혀 징역 2년6월이 언도되었다. 1922년 가출옥한 뒤에도 계속 여성운동을 주도하였고, 1927년 여성민족유일당인 근우회(槿友會)가 결성되자 중앙집행위원이 되었다.

방순희(方順熙 1904. 1. 30 ~ 1979. 5. 4)

함경남도 원산 출신이며, 본관은 온양이다. 대한민국 임시정부 의정원, 대한민국애국부인회 부주석 등을 역임했다. 대한민국 임시의정원 의원으로 가장 오랜 기간 의정 활동을 전개한 여성 독립운동가이다. 여성 운동가로 활동하면서 일제의 경계가 극심해지자, 그녀는 만주를 경유하여 상해로 탈출하였고 1931년 만주에서 활동하다가 일제에 검거되어 신의주형무소에 복역 중 병보석을 기화로 탈출한 현익철(玄益哲, 1890~1938)과 결혼하였다. 1932년 4월 29일 홍구(虹口)공원에서 윤봉길(尹奉吉) 의사의 의거가 일어나자 프랑스 조계지 일대에 독립운동가에 대한 일본경찰의 검거 선풍이 몰아치면서 임시정부는 피난 생활에 들어갔다. 임시정부 요인들은 가흥(嘉興) · 남경(南京) 등지로 흩어졌으며, 1938년에 임시정부는 광동성 장사(長沙)에 자리하게 되었다. 그러나 1938년 5월 6일 창사 남목청(楠木廳) 6호의 임시정부 청사에서는 '남목청사건'이 벌어졌다. 조선혁명당· 한국독립당· 한국국민당 3당의 통일회의가 열린 자리에 갑자기 난입한 이운한(李雲漢)이 권총을 난사한 것이다. 이 사건으로 김구선생이 중상을 입었고, 방순희의 남편 현익철이 사망하였다. 갑작스러운 남편과 사별로 인한 슬픔을 이기고 방순희는 1939년 대한민국 임시 정부의 의정원 함경남도 대의원으로 선출되었다. 대한민국 임시의정원 제31회 정기의회에서 새로 선출된 18인을 포함, 재적의원 총 33인 중 방순희가 유일한 여성이었다. 본 임시의정원회의에서는 1940년도 임시정부 세입· 세출안을 통과시키고 3년 간 독립운동의 총 역량을 집중시킬 조직 · 군사 · 외교 · 선전 · 재정 등 5개 항에서 독립운동의 계획을 세워 독립을 준비하였다.

백신영(白信永 1889~?)

기독교 전도사로 있던 그녀는 1919년 비밀결사 대한민국애국부인회(大韓民國愛國婦人會)에 가입하여 항일 독립운동을 폈다.

대한민국애국부인회는 1919년 3~4월 오현주(吳玄洲) · 오현관(吳玄觀) · 이정숙(李貞淑) 등이 주도하여 조직한 혈성단애국부인회(血誠團愛國婦人會)와 최숙자(崔淑子) · 김원경(金元慶) · 김희열(金熙烈) · 김희옥(金熙玉) 등이 중심이 된 대조선독립애국부인회(大朝鮮獨立愛國婦人會)가 동년 6월 대한민국청년외교단(大韓民國靑年外交團) 총무 이병철(李秉澈)의 주선으로 통합하여 결성되었다. 동회는 이후 기독교회· 학교· 병원 등을 이용하여 조직을 전국적으로 확대하면서 회원들의 회비와 수예품 판매를 통해 독립운동 자금을 수합하여 상해 임시정부를 지원하였다.

부춘화(夫春花 1908년~?)

제주도 구좌읍 하도리 출생

1931. 6. 제주 해녀들은 부당한 착취에 대항하여 일어섰다. 당시 해녀조합이 있었지만, 일본인 도지사가 조합장을 맡고 있을 만큼, 이는 해녀를 위하는 조합이 아니라 해녀를 착취하기 위한 조합이었다. 당시 해녀들은 이것 저것 떼고 나면 자기들이 바다에서 잡은 것의 겨우 2할만 가져갈 수 있었다. 강인한 생명력의 제주 해녀들은 한 번 일어섰다 하면 불같이 일어났다. 해녀들은 자기들의 정당한 주장이 받아들여지지 않고 오히려 항의를 주도한 해녀들이 구속되자, 구속자들을 호송하려는 자동차를 습격하면서까지 격렬하게 저항했다.

송계월(宋桂月 1910~1933)

한국의 독립운동가, 여성주의 운동가, 기자, 소설가, 여성해방운동가이다. 고등학교 재학 중 가부장제와 현모양처 반대 운동과 **1930년 경성 여학생 만세운동**을 주도하였다.

보수적인 가정환경에 반발하여 가출, 노동으로 학비를 조달하며 **경성여자상업고등학교**에 다녔다. **경성여상** 재학 중 현모양처 교육에 반발하여 동맹휴학과 교내 시위를 주도하였다. **1930년 광주**에서의 일본인의 조선인 여학생 성추행에 반발하여 **허정숙** 등과 함께 서울에서의 학생 만세운동을 일으켰다. **1931년**부터는 잡지 **'신여성'과** '제일선지' 기자가 되고 **조선 프롤레타리아 예술가 동맹**의 회원으로도 활동했다. **신여성**지와 **제일선**지의 기자로 일하던 중 **폐결핵**으로 사망하였다. 다른 이름은 송계옥이다.

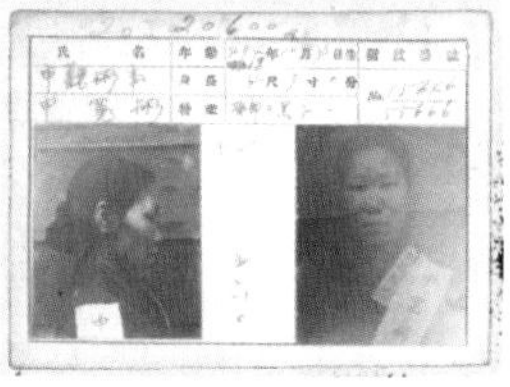

신관빈(申寬彬 1885~?)

경기도 개성군(開城郡) 일대에 조선독립선언서를 배포하는 활동을 하였다.

1919년 2월 26일 기독교 남감리교 여성 전도사 어윤희(魚允姬)는 개성읍내 성경학원 기숙사에서 민족대표 33인의 조선독립선언서 2,000여 매를 배포하라는 부탁을 받았다.

3월 1일 어윤희는 동료 여성 전도사 신관빈에게 이 사실을 알려 도움을 청하였다.

이에 신관빈과 어윤희는 오후 2시경 개성읍 내 만월정(滿月町) · 북본정(北本町) · 동본정(東本町) 거리에서 주민들과 행인들에게 배포하였다.

이 일로 체포된 신관빈은 1919년 4월 11일 경성지방법원에서 소위 보안법 위반으로 징역 1년을 받고 서대문형무소에서 옥고를 치렀다.

신정숙(申貞淑 1910~1997)

여자 광복군 1호

철저한 항일 독립투사 집안에서 태어난 신정숙은 독립운동을 하던 남편을 찾아 세살짜리 아들을 업고 혈혈단신 압록강을 건너 중국으로 갔다. 중국군 포로수용소에 수감되는 등 우여곡절을 겪다가 백범 김구를 만나 그의 개인 비서로 일하게 된다. 상해에서 임정의 주석으로 독립운동 세력을 결집시키는 일에 바빠 일제 밀정에 의한 총상과 모친의 죽음이라는 개인적인 시련을 돌볼 겨를도 없었던 백범 선생 곁에서 그를 돕다가 조국에 대한 사랑에 눈을 뜨게 됐다. 1939년 광복군이 창설 준비를 시작하던 때부터 신정숙은 광복군 여군 군번 1번으로 참여해 훈련을 받았다.

심명철(沈明哲 1896~1983)

1919년 3·1운동 주동의 죄목으로, 유관순 열사와 함께 서대문형무소 여옥사 8호 감옥에 수감됐던 7인의 여성독립운동가 중 한 명이다. 수감자 중 심명철 지사를 포함한 권애라 · 어윤희 · 신관빈 4명은 개성 출신으로 개성 지역의 독립만세운동을 주도했다. 심명철 지사는 개성의 호수돈여학교 졸업생이었고, 당시 호수돈 학생들의 결기는 대단했다고 알려져 있었다. 독립운동사 편찬위원회의 독립운동사 제10권은 '여자 만에 의해서 만세시위운동이 전개되었던 곳이 적지 않았다. 3월 3일 개성에서 있었던 만세시위는 권애라 · 어윤희 등에 의하여 호수돈여학교를 중심으로 전개됐다.'고 기술되었다.

심영식(沈永植 1887~1983)

경기도 개성(開城) 출생

1919년 당시 개성군 송도면(松都面)에 거주하고 있었으며 시각장애인으로서 호수돈여학교(好壽敦女學校) 졸업생이었다.

그녀는 1919년 3월 3일 송도면에서 모교인 호수돈여학교 학생들과 함께 부자유한 몸을 무릅쓰고 군중대열의 선두에서 독립만세를 외치며 시위 행진하다가 일경에 체포되었다.

1919년 5월 6일 경성지방법원에서 소위 보안법 위반으로 징역 10월형을 언도받아 1년여의 옥고를 치렀다.

안경신(安敬信 1888. 7. 22일 ~ ?)

평안남도 대동에서 출생하였으며, 1919년 3·1운동이 일어나자 평양에서 군중을 선동, 만세를 부르다 체포되어 20여 일 동안 구류를 살았다. 이 해 11월 오신도 · 안정석과 '대한애국부인회'를 조직하여 활약하다가 1920년 초 상하이로 건너가 임시정부 요인들과 가깝게 지냈다. 그 해 미국 의원단이 한국에 오자, 평안남도 안주에서 경찰 1명을 쏘아 죽인 후 평안남도 도청에 폭탄을 던졌다. 이 때 안경신은 임신 5개월된 임산부의 몸이었다. 1921년, 체포되어 사형 선고를 받았으나 대한민국 임시정부의 노력으로 10년으로 감형되었다. 1962년 대한민국 건국공로훈장단장이 수여되었다.

안맥결(1901~1976)

도산 안창호 선생 조카로서 광복 이후 1952년 제3대 서울여자경찰서장을 지낸 안맥결은 1919년 평양 3·1운동과 숭의여학교 10·1 만세운동에 참여했다가 구금됐고, 대한민국 임시정부 군자금 모금을 담당한 여성독립운동단체 결백단 임원으로 활동했다. 1937년 일제가 조선 지식인과 명망가의 독립의지를 꺾기 위해 표적 수사를 벌인 '수양동우회 사건'으로 6월 28일부터 11월 9일까지 종로경찰서에서 수사를 받으며 고문을 당했고, 이후 서대문형무소에 수감됐다. 1개월여 만인 같은 해 12월 20일 만삭이라는 이유로 가석방됐다.

안인대

1920년 2월 평남 강서군에서 국민향촌회 여자부를 조직하여 군자금 모집 등을 계획하고, 동년 4월 대한애국여자청년단을 조직하여 서기로 활동하며 상해 임시정부에 군자금을 보내다 체포되어 징역 1년을 선고받았다

안정석(安貞錫)

1913년 김경희(金敬喜) · 황애덕(黃愛德) 등과 함께 여성들의 항일구국의식 함양을 목적으로 비밀결사 송죽회(松竹會)를 조직하였다. 동회는 이후 중년 여성(松兄弟)과 젊은 여성(竹兄弟)을 고루 포섭하여 조직을 확대하는 한편 회비와 자수 등을 통해 군자금을 모금하여 국외 독립운동 기지에 전달하였다. 1919년 3·1독립운동이 일어나자 그는 평양에서 만세 시위를 준비하던 광성(光成)· 숭의(崇義)여학교 학생들에게 자신의 집을 모의 장소로 제공하고 항일격문· 태극기 등의 제작에 필요한 경비도 부담하였다가 일경에 체포되어 3주일에 걸친 가혹한 고문을 당하였다. 1919년 11월 감리파와 장로파의 애국부인회(愛國婦人會)가 통합하여 확대· 조직된 대한애국부인회(大韓愛國婦人會)의 회장에 선임되어 주도적으로 활동하였다. 동회는 재무부· 교통부· 적십자부의 부서를 갖추고 평양을 비롯한 서북지역의 부인회 조직을 동회의 지회 조직으로 흡수하였으며 본부는 지회의 연합체적 성격을 띠었다. 동회는 이후 항일 독립사상의 고취와 독립운동자금 모집에 힘써 2천 백여원의 군자금을 모금하여 상해 임시정부에 전달하였다. 이와 같은 활동을 펴던 중 그는 일경에 체포되어 1921년 2월 평양복심법원에서 징역 2년형을 언도받고 옥고를 치렀다.

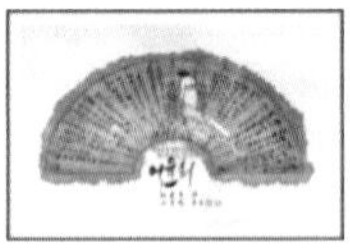

어윤희(魚允姬 1877~1961)

개성 3.1 만세운동을 주도하였다. 43살 되던 해에 3월 만세운동이 전국적으로 일어나자, 개성지역 3·1만세운동을 이끌었다. 기숙사 사감을 하고 있던 상황에서 독립선언서 2,000 장을 개성 읍내 만월정 · 북본정 · 동본정 등 각 거리에서 손수 뿌리면서 독립만세운동을 주도해 나갔다

연미당(延薇堂 1908~1981)

연미당 또는 연충효는 **일제강점기 독립운동가**
독립운동가인 남편을 대신하여 실질적인 가장의 역할과 항일투쟁 전선에 직접 나선 독립운동가로서의 다중적 역할을 묵묵히 수행했다. 한국 독립운동이 깊이 뿌리내리고 열매를 맺을 수 있도록 봉헌한 헌신적인 독립운동가이다.

오광심(吳光心 1910. 3. 15~1976. 4. 7)

평안북도에서 태어난 그녀는 중국 만주로 이주해 성장하고 그곳에서 두 번의 결혼을 했다.
동명학교 교사로 일하며 조선혁명단에 가담했던 오광심은 만주사변 이후 같은 동명학교 교사였던 재혼한 남편이 전근을 간 사이 동명학교 교장인 김학규와 함께 집을 떠나 전업 독립운동가가 되어 1939년에는 청년공작대를 조직했다. 이듬해에는 광복군 창설에 관여했고, 이후 일본군을 탈영한 학도병의 광복군 가담을 적극 추진했다. 1945년 해방 후에는 동명학교 교사시절부터 함께 독립운동을 했던 김학규와 함께 상하이 주재 한국인들의 귀국을 도왔으며, 이후 센양 등지에서 활동하다 1948년 4월에 귀국해 김학규와 세 번째 결혼을 했다. 사망 후인 1977년에 건국훈장 독립장이 추서되었다.

오정화(1899~1974)

경기도 동막 사립 흥영학교 교사로 재직 중인 1919년 3월 5일 교직원과 학생들을 이끌고 거리 행진을 하면서 맨 앞에 서서 만세운동을 주도하다 체포되었으며, 한국의 대표적인 여성독립운동가인 유관순열사와 함께 옥고를 치렀다.

오희영(吳熙英 1924~1969)

한국광복진선청년공작대(韓國光復陣線青年工作隊)에 입대하였다가 1940년 한국광복군이 창설되자 오광심(吳光心) · 김효숙(金孝淑) 등과 함께 여군으로 입대하여 제3지대 간부로 활동하였다.
1942년에는 김학규(金學奎) 제3지대장의 인솔하에 일군의 점령지구를 돌파하여 오광심(吳光心) · 이복영(李復榮) · 신송식(申松植) 등과 함께 중국군 유격부대가 자리잡고 있는 부양(阜陽)에서 활동하였다.

오희옥(吳姬玉1926. 5. 7~?)

경기도 용인 출신. 오광선 선생의 둘째 딸로, 1939년 열 네 살에 중국 유주에서
한국광복진선청년공작대에 입대했고, 광복군 제5지대와 한국독립당 당원으로 활동했다.
오희옥의 집안은 할아버지(오인수 의병장), 부모(아버지 오광선 장군과 어머니 정현숙 선생)에 이어 3대가 독립운동을 이어왔다. 언니인 고 오희영도 독립운동가이다. 1905년 을사늑약 이후 국권 회복의 일념으로 의병활동을 전개한 할아버지 오인수 의병장, 서로군정서 별동대장과 경비대장으로 활동한 아버지 오광수 장군 그리고 한국혁명여성동맹을 결성해 활동을 한 어머니 정현숙(정정산으로도 부름)선생은 물론, 한국광복군 총사령부 광복군 참령으로 복무한 형부 신송식 선생에 이어 오희옥 애국지사의 언니 오희영 열사도 함께 한국광복진선청년공작대, 한국광복군 제3지대 대원으로 활동했다. 어머니 정현숙, 언니 오희영 그리고 오희옥 지사에 이르는 한 가족 여성들이 당당한 광복군이었다는 사실이다.

우봉운(禹鳳雲 1899~?)

일제강점기 간도애국부인회 회장, 철혈광복단원 · 블라디보스크 부인독립단원 등을 역임한 독립운동가.
1924년 5월 창립된 조선여성동우회(朝鮮女性同友會)에 발기 단계부터 참여하여 사회주의 여성운동가로 활동하였다.

유예도(柳禮道 1896~1989)

충청남도 천안(天安) 출생
1919년 3월 1일 서울의 파고다공원에서 있은 독립선언문 선포식에 사촌 동생 유관순(柳寬順)과 함께 참가하고, 이어 독립만세 시위에 가담하였다. 3월 13일에는 유관순과 함께 귀향하여 갈전면(葛田面) 아우내장터에서 4월 1일을 기하여 독립만세시위를 계획하고 동리 어른들과 상의하였다.

윤희순(尹熙順 1860. 8~1935. 8. 1)

한국 최초의 여성 의병 지도자
1907년 일제가 고종황제를 폐위시키고 대한제국 군대를 해산하자 의사는 군자금을 모아 가정리 여의내골에서 놋쇠와 구리를 구입하고 탄환, 유황 등으로 화승총에 쓸 화약을 직접 제작· 공급하는 탄약제조소를 운영하였다. 또한 여자 의병 30여 명을 모집하여 다른 의병을 뒷바라지하거나 의병 훈련에 참여하였다. 비록 직접 의병 전투에 참가하지는 못했지만, 후방에서 그들을 적극 지원하며 의병운동에 힘을 쏟았다. 특히 관군과 일본군의 앞잡이 노릇을 하던 밀고자를 꾸짖었고, 그런 가운데 8편의 의병가와 4편의 경고문을 남겼으며, 이는 최초의 한글 의병가이자 민족 저항 시가이다. 1932년에 무순에서 항일 운동을 하다가 계획이 사전에 발각되어 실패하자 봉성현 석성 등지로 옮겨 지속적으로 항일운동을 전개하였다.
1935년 혜성현 묘관둔에서 8월 1일 숨을 거두었다.

이병희(李丙禧 1918~2012. 8. 2)

조국 독립을 위해 열일곱 번이나 투옥한 저항시인 이육사 선생과 함께 경성감옥(서대문형무소)에 투옥되었다. 이병희 애국지사. 경성감옥에서 옥사한 이육사 선생의 시신을 직접 거둔 장본인이다. 이육사 시인과 함께 옥살이를 한 이병희 애국지사는 지난 1944년 1월 11일 석방됐고 바로 며칠 뒤인 1월 16일 이육사 시인이 순국을 하게 돼 유품과 시체를 수습하였다. 최근 경기 부평 사랑마을요양원에서 투병생활을 하고 있을 때, 이병희 애국지사는 이윤옥 시인과의 만남에서 마흔살의 나이로 생을 마감한 이육사 시인의 죽음과 관련한 진솔한 이야기를 털어놓았다. 이병희 애국지사는 "그날 형무소 간수로부터 육사가 죽었다고 연락이 왔어, 저녁 5시가 되어 달려갔더니 코에서 거품과 피가 나오는 거야, 아무래도 고문으로 죽은 것 같아. 내가 출옥할 때만 해도 멀쩡하던 사람이 죽었다는 것이 믿어지지 않아."라고 회고했다고 '서간도에 들꽃 피다' 시집 저자인 이윤옥 시인은 밝히고 있다.

이성실(李成實 1892~1920)-

중국 주하현(珠河縣)에서 독립운동단체에 가입하여 항일활동을 하던 중 석두하자(石頭河子)에서 일군에게 체포되어 1920년 10월 22일 총살당해 순국하였다.

이소제(李少悌 1875~1991)

충청남도 천안(天安) 출생. 유관순(柳寬順)의 어머니

1919년 4월 1일 갈전면(葛田面) 아우내장터에서 전개된 대대적인 독립만세 시위 운동에 참여하였다.

이날 오후 1시경 3,000여명의 시위 군중 앞에서 조인원(趙仁元)이 태극기와 '대한독립'이라고 쓴 큰 깃발을 세우고, 독립선언서를 낭독한 후 대한독립만세를 선창하자, 장터는 독립만세소리로 온 천지가 진동하였다.

이때 그녀는 남편 유중권(柳重權), 딸 유관순과 함께 독립만세 시위 군중에 휩싸여 헌병주재소로 달려가 독립만세를 부르다가 포악 무도한 일본 경찰이 주재소에서 난사한 기총과, 무자비하게 휘두르는 총검에 맞아, 남편과 함께 현장에서 순국하였다.

이신애(李信愛 1891~1982)

일제강점기 혈성부인회 간부, 대동단원 등을 역임한 독립운동가.

1913년 결핵 발병으로 개성 호수돈여숙(好壽敦女塾) 3학년을 중퇴, 1914년 원산성경학교(元山聖經學校)를 졸업한 뒤 원산 루씨여학교 두산리분교(樓氏女學校斗山里分校)에서 교편을 잡았다.

1918년 손정도(孫貞道) 목사의 지도하에 조국 광복 운동에 투신할 것을 맹세, 루씨여학교를 사직한 뒤 상경하여 1919년 3·1운동에 가담하였다. 같은 해 5월 혈성부인회(血誠婦人會) 간부에 취임, 장선희(張善禧)와 더불어 상해임시정부 군자금 모금에 주력하였다.

이애라(李愛羅1894.1~1922)

1894년 1월에 한성 출생

이화학당을 졸업한 후에 동교 교사로 근무하던 중 독립운동가였던 이규갑선생을 만나 결혼을 하였다. 결혼한 후에는 공주에 있는 영명학교와 평양 정의여학교에서 교편을 잡았다. 이후 선생이 스물다섯 살이었던 1919년에는 전국적인 3·1만세운동이 일어나게 되었는데, 이 때 남편 이규갑 선생과 한남수 · 김사국 · 홍면희 등과 비밀 연락을 취하면서 '한성정부'로 알려진 임시정부를 수립하기 위한 국민대회 소집에 직접 관여하게 된다. 하지만 이 때 선생은 적극적인 독립운동으로 인해 평양 경찰서에 구금되기도 하였고, 석방이 되자, 곧 바로 동지들과 애국부인회에 참여하였고 독립지사 후원 모금운동을 벌였다.

이옥진(李玉珍 1923~2003)

1941년 임정의용대 및 광복군 제1지대 간부로서 활약 중 상해, 남경, 중경 등지로써 광복군 초모공작 선전공작에 활약 중에 1945년 해방을 맞이하였다.

이은숙(李恩淑 1889~1979)

충남 공주에서 태어나 1908년 이회영 선생과 혼인했다. 결혼 2년 만인 1910년 남편과 함께 만주 서간도로 이주하면서 본격적으로 독립운동 전선에 나섰다. 이미 이회영 선생은 1896년 항일의병 활동자금을 마련하기 위해 풍덕에 인삼농장을 운영했고, 만주 용정촌 '서전서숙' 설립에도 참여했다. 1907년엔 '신민회' 발족과 '헤이그 특사' 파견 등을 주도해 왔다. 1910년 12월 이회영 선생은 동생 시영(훗날 대한민국 초대 부통령) 등 6형제와 가족, 노비 등 40여 명의 일가족 전체 규모로 만주로 망명했다. 이 때 형제들은 전 재산(현 가치 약 650억원)을 팔아 독립운동 자금으로 썼다.

출처: 인천일보(http://www.incheonilbo.com)

이혜경(李惠卿)

함남 원산(元山) 출생
진성여학교 교사로 있던 그는 1919년 비밀결사 대한민국애국부인회(大韓民國愛國婦人會)에 가입하여 항일독립운동을 폈다.
대한민국애국부인회는 1919년 3~4월 오현주(吳玄洲) · 오현관(吳玄觀) · 이정숙(李貞淑) 등이 주도하여 조직한 혈성단애국부인회(血誠團愛國婦人會)와 최숙자(崔淑子) · 김원경(金元慶) · 김희열(金熙烈) · 김희옥(金熙玉) 등이 중심이 된 대조선독립애국부인회(大朝鮮獨立愛國婦人會)가 동년 6월 대한민국청년외교단(大韓民國靑年外交團) 총무 이병철(李秉澈)의 주선으로 통합하여 결성되었다. 이후 동회는 기독교회 · 병원 · 학교 등을 이용해 조직을 전국적으로 확대하면서 회원들의 회비와 수예품 판매를 통해 독립운동 자금을 모금하여 상해 임시정부를 지원하였다.

이화림(李華林 1906~1996).

백범 김구 선생의 비서로 조선의용대 대원으로 활약했다. 1906년 평양에서 태어났다. 14세에 3·1운동에 참여하였으며, 원래 어릴 적의 꿈은 유치원 선생님이었다고 한다. 1930년 3월 24세에 상하이 임시정부에 건너가 김구 주석의 비서가 되었다. 당시 그녀는 공산당에 가입한 후 그녀는 사상과 독립운동은 상관이 없다고 생각해서 임시정부에 들어간 것이다. 8년이나 비서로 있으면서 이봉창· 윤봉길의 의거를 지원했다. 1939년 3월 계림(桂林)으로 가서 조선의용대여자복무단(朝鮮義勇隊婦女服務團)의 부대장으로 임명되어 활동했으며, 1941년 여름에는 화북(華北) 팔로군 근거지로 이동하였다. 1996년 91세에 세상을 떠났다.

이효덕(李孝德 1895~1978)

일제강점기 태화 여자관 성경학교 교감, YWCA 초대회장 등을 역임한 개신교인 전도사
1908년 평양 숭의여학교에 입학, 황신덕(黃信德)의 집에 기거하며 학교를 다녔는데, 이때 애국애족 사상을 인생의 지표로 삼게 되었다. 졸업 후, 황해도 삼화읍 교회학교를 거쳐 1913년부터 1914년까지 모교인 숭의여학교에 교사로 재직하였다. 이 때 선배 교사 황신덕과 함께 비밀 항일결사단체 송죽 형제회를 조직하고 독립군 군자금을 모으며 독립정신을 고취하였다.

이희경(李喜敬 1894~1947)

이역만리에서 분투한 하와이 이민 1세로서 일제강점기 미주 하와이 영남부인실업동맹회 회장,
대한부인구제회 호놀룰루 대표 등을 역임하였다.
1912년 하와이 여자청년회에 마더클럽을 조직하였다. 1918년말 10만불의 자금을 만들어 4살 난 딸을 동반하고 친정 방문을 목적으로 한국에 입국하였다. 그러나 세관에서 미화를 소지한 사실이 적발되어 일본 경찰에 체포, 투옥되었다. 옥중에서 3·1운동의 소식을 들었으며, 1920년에 석방되어 하와이로 돌아갔다. 1919년 3월 21일에 하와이 호놀룰루에서 창설된 대한부인구제회 회원으로 가입하여 매주 떡과 잡채, 산적 등 한식을 만들어 팔아서 독립운동을 후원하였다.

임명애(林明愛 1886. 3. 25 ~ 1938. 8. 28)

한국의 **구세군 사령부** 소속 **독립운동가**이다. 본적은 경기도 파주군 와석면 교하리이다.
1919년 3월 10일과 26일, 파주 와석에서 남편 염규호 · 김수덕 · 김선명 등과 격문을 배포하고 700여명을 모아 만세운동을 두 차례 주도했다. 와석면사무소를 부수고 주재소로 향하던 중 일본경찰의 발포로 붙잡혔다. 6월 3일 경성지방법원에서 1년 6개월 징역을 받아 임신한 상태로 입소했다.
출산이 임박하여 1919년 10월에 보석으로 풀려났다가 출산하고 11월에 아기와 함께 재 입소했다. **서대문형무소** 8호실 동료들과 **유관순**은 지극정성으로 아기를 돌보아 주었다.

임봉선(林鳳善 1897~1923)

경상북도 칠곡군 인동면 진평동 517에서 태어났으며 대구 신명여학교(信明女學校) 교사로 있으면서 1919년 3월 8일 대구 서문외(西門外) 시장에서 일어난 만세시위를 주도하였다.

장선희(張善禧 1893~1970)

해방 이후 이화여자대학교 예림원 미술학과 초대 과장 및 교수를 역임한 교육자· 미술가.
1905년 안악 안신소학교에 입학하였다. 장선희는 어릴 때부터 그림에 소질을 보여, 1907년 국채보상운동이 일어났을 때 언니와 함께 자수 소품을 팔아 그 이익금으로 의연금을 낼 정도였다. 안신소학교를 졸업한 1908년부터 3년간 모교인 안신소학교에서 교사생활을 했다. 교사로 근무하며 받은 월급과 틈틈이 수예품을 제작해 판매한 돈을 모아 둘째 오빠 장인석(張仁錫)의 학비(서울 세브란스의학전문학교 입학)를 보태기도 하였다. 자신도 자수 제품을 팔아 학비를 모아서 1911년 평양 숭의여학교에 진학하였고, 1912년 봄 오빠의 권유로 서울 정신여학교 2학년에 편입하였다. 1914년 3월 정신여학교를 졸업하고 특기인 자수를 더 연마하고자 경성여자고등보통학교 기예과 3학년에 편입하여, 1년 동안 자수와 편물 및 조화 만드는 실력을 쌓았다. 1915년 경성여고보를 졸업한 후 정신여학교 교사로 근무하였다.

사진=뒷줄 왼쪽에서 두 번째 장성심 열사 / 국사편찬위원회

장정심(1906~1981)

1920년 4월 황해도 봉산군에서 사립 왕성학교 교사로 재직 중 여자청년회 활동으로 일경에 체포되어 조사를 받고 1921년 중국 남경으로 건너가 1924년 5월 흥사단에 입단, 이듬해 상해에서 활동하다 귀국했다.
1938년 10월 봉산군에서 수양동우회 사건으로 다시 체포되어 고초를 겪었다.
장선생은 이후 상해로 다시 건너가 1940년까지 흥사단 단원으로 활동했다

전월순(全月順 1923. 2. 6~2009. 5. 25)

조선의용대 처녀 독립군
경북 상주(尙州) 출생. 1939년 9월 중국 귀주성(貴州省) 계림(桂林)에서 조선의용대(朝鮮義勇隊)에 입대하여 일본군에 대한 정보수집과 병사초모 등의 공작활동을 전개하다 1942년 4월 20일 개최된 대한민국임시정부 제28차 국무회의의 결의에 따라 광복군으로 편입되었다. 그 뒤 1942년 4월 20일부터 1945년 8월 14일에 이르는 기간에 광복군 제1지대(第一支隊) 대원으로 활동하였다. 한편, 백범 김구의 소개로 광복군인 김근수(金根洙)와 결혼하여 부부가 함께 항일운동을 전개하였으며, 남편은 한국광복군 제1지대에 입대하여 산서 · 화북지구에서 지하공작을 하였다. 부부 독립지사인 전월순 · 김근수의 큰 아들인 김원웅(金元雄)씨는 제14·16·17대 국회의원을 지낸 3선 의원이며, '조선왕실의궤환수위원장'으로 약탈된 문화재 환수를 위해 힘썼다. 특히 친일파 청산에 앞장서서 부모님의 애국 독립 정신을 실천한 보기 드문 전력의 국회의원으로 알려졌다.

전흥순(田興順 1919~2005)

1943년 4월 한국광복군 제3지대 입대, 특수공작자금조달 지하공작 전후방 공작의 일원으로 활약했다.

정정화(鄭靖和 1900. 8. 3~1991. 11. 2)

한성부에서 태어나 1910년 어린 나이에 김의한과 결혼했다. 남편은 구한말 고위 관료인 김가진의 아들이었다. 김가진은 1919년 상하이의 대한민국 임시정부로 전격 망명했고, 정정화는 시아버지와 남편을 따라 1920년 역시 상하이로 망명했다. '연로하신 시아버지를 모셔야 한다'는 일념 때문이었다. 그녀는 감시가 덜한 여성이라는 점을 이용하여 임시정부의 독립운동 자금을 모금하는 역할을 맡아서 중국과 국내를 오가면서 10여 년간 자금 모금 연락책으로 활동했다. 또한 중국 망명 27년 동안 자신의 가족뿐 아니라 이동녕 · 백범 김구 등 임정요인 및 그 가족들을 돌보며 임시정부의 안 살림꾼으로서 임정 요인들이 지속적으로 독립운동을 할 수 있도록 뒷바라지하였다.
1940년 한국혁명여성동맹(韓國革命女性同盟)을 조직하여 간부를 맡았고 충칭의 3·1 유치원 교사로도 근무했다. 1943년 대한애국부인회 훈련부장이 되는 등 임시정부를 대표하는 여성 독립운동가로 활동했다.

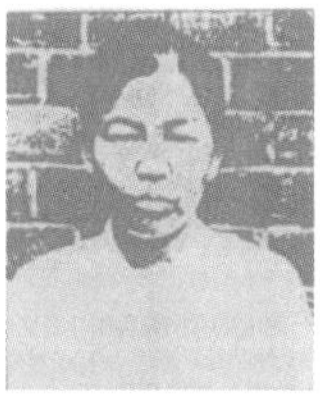

정종명(鄭鍾鳴 1896~미상)

전라남도 목포 출생. 1922년 4월 1일 동지 김영준(金永俊) · 전유덕(田有德) · 유현숙(劉賢淑) · 이완구(李玩昫) 등 20여 명의 신여성과 함께 서울에서 여자고학생상조회(女子苦學生相助會)를 조직하였다.
일제강점기 근우회 지명 집행위원, 의장 등을 역임한 독립운동가 · 간호사.

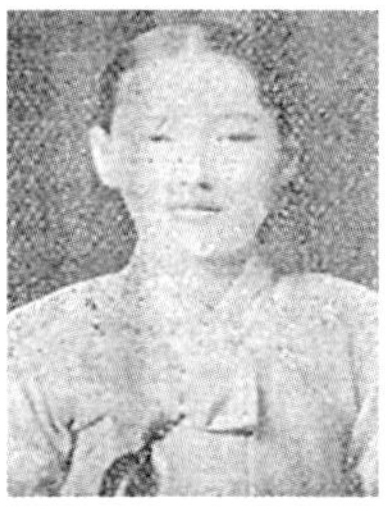

정칠성(丁七星 1897~1958)

유년 시절에 기녀가 되어 '금죽'이라는 예명으로 활동하였고, 후일 필명이자 아호로 사용하였다.
기생학교에서 수료한 후 한남권번의 기생으로 있다가 1919년 3·1 만세 운동을 계기로 사회운동에 참여하였고, 여성주의 운동에도 참여하였다. 1924년 허정숙(許貞淑) · 정종명(鄭鍾鳴) · 오수덕(吳壽德) 등과 함께 사회주의자와 공산주의 여성들의 여성단체인, '조선여성동우회'를 창립하였고, 일본 유학 중 1925년 도쿄에서 여자유학생단체인 '삼월회'를 조직했다. 1927년에는 신간회와 근우회의 창립에 참여하였고, 여성 계몽 강연 활동과 칼럼, 논설 발표, 편물과 수자수 강사 등으로도 활동했다. 이후 근우회의 중앙집행위원, 선전조직부원 등으로 활동했다. 1929년 광주학생운동에 가담하였다. 1930년 제2차 경성학생시위사건
(일명 근우회사건) 주동 혐의로 투옥당하였다

정현숙(鄭賢淑, 정정산, 1900. 3. 13~1992. 8. 3)

"도쿄에서 홀로 삼남매를 키우느라 늘 궁색한 처지로 형편 필 날이 없었고 백범은 오광선의 가족들이 그렇게 고생하는 것을 안쓰럽게 생각하여 늘 관심을 가지고 지켜보았다. 영걸어머니(정현숙 애국지사)는 고생이 심했다. 내가 다른 이들보다 특히 영걸 어머니에 정을 쏟고 희영이나(큰따님) 희옥에게(작은 따님) 좀 더 잘해주려 한 것은 이런 이유에서였다. 영걸어머니는 만주에서 농사 경험도 있고 몸도 건강해서 내 밭일을 많이 도와주었으며 나는 그 대신 그 집 삼남매의 옷가지 손질이며 이부자리 등 주로 바느질일을 도왔다."
이 말은 정정화 애국지사의 '장강일기'에 나오는 정현숙 애국지사에 대한 이야기다.

조마리아(조성녀 趙姓女 1862~1927. 7. 25)

안중근의사의 어머니. 국채보상운동에 참여하여 활동하였다. 아들 안중근이 이토히로부미를 사살한 뒤 일제에 의해 사형 판결을 받자 항소하지 말라고 권했다는 일화가 널리 알려져 있다. 아들이 결국 처형된 뒤 중국 상하이에서 당시 임시정부 인사들에게 여러가지로 도움을 주며 독립운동의 정신적 지주로 불렸다. 대한민국 정부는 2008년 8월 조마리아 여사에게 건국훈장 애족장을 수여했다. 아래 글은 조마리아가 감옥의 아들에게 보낸 편지라고 알려진 내용으로 이를 두고 시모시자(是母是子, 그 어머니에 그 아들로 위대한 사람 뒤에 위대한 어머니가 있다는 의미)라고 평가하는 사람들도 있다. "네가 만일 늙은 어미보다 먼저 죽는 것을 불효라 생각한다면 이 어미는 조소 거리가 된다. 너의 죽음은 너 한사람의 것이 아니라 한국인 전체의 공분을 짊어지고 있는 것이다. 네가 공소를 한다면 그것은 목숨을 구걸하고 마는 것이 되고 만다. 네가 국가를 위하여 이에 이르렀을 즉 죽는 것이 영광이다. 모자가 이 세상에서는 다시 상봉치 못하겠으니 그 심정을 어떻다 말할 수 있으리 ...천주님께 기원할 따름이다."

조순옥(趙順玉 1923~1973)

1940년 9월 17일 광복군이 창설됨에 따라 오광심(吳光心) · 김정숙(金貞淑) · 이복영(李復榮)과 함께 여군으로 광복군에 입대하였다.
1940년 10월부터 1942년 3월까지 광복군 총사령부가 서안(西安)으로 이동하게됨에 따라 서안으로 가서 총사령부 총무처에 배속되어 근무하였다.

조신성(趙信聖 1867~1952)

대한독립청년단 총참모를 지냈다. 평안북도 의주 출생. 19세에 남편과 사별하자 기독교인이 된 이후, 이후 미국 선교사들의 주선으로 일본에 유학하여 요코하마여자전문학교(橫濱女子專門學校)에서 교육학을 전공하였다. 귀국 후 이화학당 교사로 재직 중 돈을 모아, 평양 진명여학교 경영권을 인수하고 교장에 취임하였다. 3·1만세운동에 가담하였다가, 이 일로 인해 교장직에서 물러났다. 그후 더욱 적극적으로 항일민족운동을 전개하였다. 1920년 11월, 영원 · 덕천 · 맹산 지방에서 청년 다수를 모아 중국 관전현(寬甸縣)의 항일독립운동단체인 대한독립청년단연합회에 가입시켰다. 그리고 다이너마이트 도화선· 권총· 인쇄기와 활자 등을 사들여 맹산의 선유봉(仙遊峰) 호랑이굴에 감추어 놓고 사형 선고문을 인쇄해 일본 관헌과 친일파들에게 보내 심리적 위협을 하였다. 대한독립단 청년을 구하기 위해 불심 검문하는 일본 순경을 껴안고 뒹굴어 공무집행방해죄로 6개월 징역형을 받고 평양감옥에서 복역하였으며, 만기 출옥할 즈음 맹산 선유봉의 독립운동 활약 사실이 밝혀져 또다시 복역하게 되었다. 군자금을 조달하기 위해 우체부를 습격, 3,000원을 빼앗아 임시정부에 보내기도 하였다. 1927년 민족유일당운동 일환으로 근우회(槿友會)가 조직되고 1928년 평양에 근우회 지회가 설립되자 지회장에 추대되어, 근우회의 민족주의 운동과 여성 해방 운동을 추진하였다. 1930년에는 근우회 전국회장에 추대되었다. 안창호(安昌浩)와 의남매를 맺었으며 수양동우회(修養同友會)에도 가담했다.

조화벽(趙和壁 1895~1975)

강원도 양양(襄陽) 출생

조화벽은 양양군내의 감리교회에 많은 청년을 포섭하여 활발히 독립만세운동을 주도한 조영순(趙英淳) 전도사의 딸이다. 전국적으로 3·1독립운동이 일어나자 당시 개성 호수돈여학교(開城好壽敦女學校) 학생으로서 선배인 권애라(權愛羅) 등 수명과 함께 독립만세운동 계획을 세우고 독립선언서를 인쇄하여 나누어 준 뒤, 헌병대에서 독립만세를 높이 외치며 만세운동을 주도하였다. 그후 1925년 4월 18일 교직생활을 하던 중 유우석(柳愚錫: 柳寬順의 오빠)과 결혼하였는데, 이후 유우석의 가족을 모두 양양에 은신시켰고, 유관순의 동생인 관복(寬福)과 관석(寬錫)을 양육하였다.

주세죽(朱世竹 1901. 6. 2~1953)

언론인이며 국외에서 활동한 사회주의 운동가이다. 신분 위장을 위해 한세죽이라는 가명을 사용하기도 하고 소련에서는 한베라 · 코레예바 등의 가명을 활용하기도 했다. 사회주의 여성 단체인 조선여성동우회, 조선여성해방동맹 등을 조직 및 결성하였으며, 조선 공산당에 입당하여 활동하다가 투옥당하기도 했다. 또 신간회와 근우회에도 가입하여 회원으로 활동하였다. 유학 중 중국 상하이에서 박헌영 · 김단야 등과 조선공산당 재건운동을 했다. 1928년 소비에트 연방으로 정치적 망명을 한 이후로 귀국하지 못하였다. 1928년 일제의 체포를 피해 소련으로 피신하여 생활하다 일제 밀정이라는 누명을 쓰고 1938년부터 5년간 유형당하였다. 소련의 불허로 광복 후에도 귀국하지 못하였고 사후 러시아에서 복권되었다. 대한민국에서도 독립운동가로 인정받아 2007년 건국훈장이 추서되었다.

1927년 5월 김활란(金活蘭) · 박순천 · 유영준(劉英俊) · 최은희(崔恩喜) · 박원민(朴元玟) · 박차정 · 정종명 등과 함께 항일 여성 운동 단체인 근우회(槿友會)의 결성에 참여하여 항일 구국 운동과 여성 지위 향상 운동을 벌였다. 박헌영의 아내이기도 하다.

지복영(池復榮, 李復榮, 1920~2007)

독립군 지청천 장군의 딸, 서울 종로 출신으로 둘째 딸로 태어나 일찌기 아버지를 따라 중국으로 건너가 수학하였다. 1938년에 광서성 유주에서 한국광복진선청년공작대 대원으로 활동하였으며, 1940년 9월 17일 광복군이 창설됨에 따라 오광심 · 김정숙 · 조순옥 등과 함께 여군으로 광복군에서 활약하였다. 지복영 선생은 아버지는 지청천(池靑天) 장군, 어머니는 윤용자씨로, 1924년 어머니를 따라 중국으로 갔다. 아버지 지청천 장군은 조선 말기 무관학교에 입교, 1913년 일본 사관학교 제26기생으로 졸업하였다. 1919년 3.1만세운동 이후 만주로 망명하였는데, 이때 이름을 이석규에서 이청천으로 고쳤다. 일본군 현역 군인 출신으로서 탈출하였기 때문에 잡히면 총살이었다. 그래서 성도 모성인 이씨를 따라 이청천으로 고친 것이다.

"너는 대한의 잔다르크가 되어라"

서안총사령부 설치 후 광복군은 적 후방 공작 사업을 구체적으로 수행하기 위하여 처음에 3개 지대로 편성하였다. 그 후 1941년 1월 서안에서 무정부 계열의 한국청년전지공작대가 제5지대로 편입하여 4개 지대로 편제되었다. 다시 김원봉의 조선의용대 편입으로 지대가 편제되었다. 제 1지대장 김원봉, 제2지대장 이범석, 제 3지대장 김학규, 제5지대는 2지대와 합편하였다. 각 지대에는 지대장과 그 수하에 7~8명의 간부 대원들이 소속되어 있었다

차미리사(車美理士, 金미리사, 1880. 8. 21~1955. 6. 1)

조선 여성을 무지 속에서 일깨운 '차미리사'
'살되 네 생명을 살아라! 생각하되 네 생각으로 하여라! 알되 네가 깨달아 알아라
"조선 여자에게는 지금 무엇보다도 직업적 교육이 필요하다고 생각합니다.
부인 해방이니 가정 개량이니 하지만은 다 제 손으로 제 밥을 찾기 전에는 해결이 아니 될 것입니다. 그것이 영구적이 아니라 하더라도 적어도 지금 조선 여자로서는 그렇게 해야 할 줄 압니다. 그러므로 나는 새해부터는 꼭 조선 여자에게 실업교육을 할 기관을 조선여자교육회 안에 두고 싶습니다."
-동아일보 1926년 1월 3일자-
"우리는 다 나가서 죽더라도 독립을 해야 한다. 죽는 것이 사는 것이다. 나라 없는 설움은 당해 본 사람만이 안다. 내 한 목숨이 죽고 나라를 찾으면 대대손손이 다 잘살 것이 아닌가!"
-배화학교 사감 시절-
차미리사는 일제 강점시기에 민족의 독립을 쟁취하려면 무엇보다도 교육 운동이 시급하다고 보았다. 특히 여성교육이 중요하다는 사실을 자각하고 실천한 근대 민족교육운동의 선구자이다.
첫째, 독립운동가이며 통일운동가였다. 차미리사는 국권 회복과 통일 정부 수립을 위해 일생을 바친 민족주의자였다.
둘째, 여성운동가였다. 차미리사는 민족의 독립을 되찾으려면 여성들의 자각이 필요하다고 생각하였다.
차미리사는 여성의 인격이 무시되는 시대에 태어나 여권 신장과 양성 평등을 위해 일생을 노력하였다.
셋째, 교육운동가였다. 차미리사는 여성들이 인격적으로 존중받으려면 남성처럼 교육을 받아야 한다고 생각하였다. 이를 위해 3·1 민족 정신을 계승하여 조선여자교육회를 세워 조선 최초의 여성 야학을 시작하였다. 학교법인 덕성학원의 설립은 차미리사 교육 운동의 최종 결실이었다.
넷째, 청각 장애를 극복하여 가난한 이웃을 위해 봉사하고, 교육의 기회로부터 소외된 가정 부인들을 교육한 사회운동가였다. 차미리사는 독립운동, 교육운동, 여성운동의 세 흐름을 주도한 보기 드문 여성 선각자였다

채혜수(蔡惠秀 1896~1978)

서울 마포구 염리동에서 태어났고, 평양으로 이주했다. 1919년 3월 1일, 그녀는 평양 남산현교회의 독립만세운동 집회에 참석하여 전날 직접 제작한 태극기 100여 장을 배포하고 혈성가(血誠歌)를 부르며 독립만세를 외쳤다. 이 일로 체포된 그녀는 1919년 7월 21일 평양복심법원에서 징역 6개월을 선고받고 공소했지만 9월 29일 고등법원에서 기각되어 옥고를 치렀다.
이후 전영택과 결혼하고 남편을 보필했으며, 1968년 1월 16일 남편이 교통사고로 사망한 뒤 미국으로 이주해 오하이오주에서 여생을 보내다 1978년 12월 17일에 별세했다.

최금봉(崔錦鳳 1896~1983)

사립학교 선생으로 있던 그녀는 1913년 9월에 조직된 비밀결사대 송죽회(松竹會)에 가입하여 항일 독립 의식의 고취와 독립지사 가족들의 후원활동을 폈으며 1916년 송죽회가 지방 조직을 결성할 때 남포지역 책임자로 선임되어 조직 확대에 힘썼다.
1919년에는 비밀 결사 애국부인회(愛國婦人會)에 가입하여 항일 독립운동을 계속하였는데 동회는 1919년 6월 박승일(朴昇一) · 이성실(李誠實) · 손진실(孫眞實) 등이 평양(平壤)에서 기독교 감리파의 부인 신도들을 규합하여 결성했다.
애국부인회는 대한민국임시정부 지원 단체였다.

최수향(崔秀香 1903~1984)

광주(光州) 출생
1919년 3월 10일 광주지역의 독립만세시위를 위하여 교사인 박애순(朴愛順) · 진신애(陳信愛) 등의 지휘를 받으며 태극기와 독립선언문 등을 준비하고 시위 당일에 시위하기 위하여 모여든 군중에게 배포하여 주면서 같은 학교 학생들과 함께 시내를 행진하며 열광적으로 독립만세를 외치며 활동하다가 체포되어 1919년 4월 30일 광주지방법원에서 징역 4월, 집행유예 2년형을 받았다. 1920년부터 1924년에 이르는 기간동안 서울 정신여학교(貞信女學校)에 재학하고 있을 때 춘·추계방학을 이용하여 광주흥학관(光州興學館)에서 야학을 지도하며 청소년에 대한 계몽과 독립정신의 고취에 이바지하였다. 1928년부터 1940년 8월까지 동아일보(東亞日報) 광주지국장인 남편과 함께 동지국 총무 겸 기자로 임명되어 민족정신 계몽과 민족지 보급을 위하여 활동하는 등 구국운동에 기여하였다.

최순덕(崔順德 1911~2013)

1911년 광주에서 아버지 최봉학과 어머니 형연옥 사이에 1남 2녀 중 둘째로 태어났다. 1920년 당시 관직에 있던 아버지의 손을 잡고 등교하는 친구의 모습에 반해 아버지의 반대에도 불구하고 어머니를 설득하여 광주 서석학교에 입학하고, 1926년 집안의 이사로 전학한 목표여자공립보통학교 3회로 졸업한다. 1927년 광주여고보에 입학, 3학년이던 1929년 11월 광주학생독립운동 현장에 나가 돌멩이를 나르는 등 항일운동에 적극 가담하고 같은 달 11일 광주여고보의 '백지동맹' 투쟁을 주도, 무기정학에 이어 강제 퇴학을 당한다.

서슬 퍼런 일제에 맞서 '백지동맹'을 주도했던 학생 최순덕의 기상은 통일운동으로 이어진다. 할머니는 양심과 신념을 지키며 수십 년을 감옥에서 보낸 비전향 장기수 선생들과의 인연도 각별하다.

광주학생독립운동의 한 축인 광주여고보의 '백지동맹' 투쟁. 일제의 황민화 교육과 민족 차별에 항의하며 일어난 광주학생들의 시위와 동맹휴업이 한창이던 1929년 11월 10일 밤 광주의 어느 하숙집, 젊은 학생들이 속속 모였다. 이들은 광주고보와 농고 등 광주지역 학교의 대표들로 계속되는 학생들의 항일투쟁을 더욱 확산시킬 계획을 논의하기 위해 모인 것이다. 이들 중에 유독 하얀 저고리에 검은 치마를 입은 여학생이 눈에 띄었다. 다름 아닌 광주공립여자고등보통학교(현 전남여고) 학생 대표이다. 남자학교는 대부분 동맹휴업에 들어간 상태, 이들은 아직 수업을 하고 있는 이 여학교의 투쟁 방향에 대해 논의한 뒤 '중간고사 거부'로 결정한다. 바로 내일부터 중간고사가 시작되기 때문이다. 이 여학생은 이들과 헤어져 집에 들어가지 않고 동급생인 친구 집으로 향했다. 둘은 밤을 새워 150여 장의 전단지를 만들었다. 다음 날, 학교에 일찍 도착한 이들은 등교생들에게 전단지를 나눠주고 시험이 시작되기 앞서 각 학급을 돌며 칠판에 '시험 거부' 투쟁에 대해 적었다. 얼마 후 한 학급에서 함성과 함께 학생들이 운동장으로 뛰어나가자 모든 학급으로 이어졌다. 운동장에 모인 학생들은 '구속 학생 석방하라' '식민지 교육 철폐하라' '중간고사 거부한다' '일본인은 일본으로 돌아가라' 등을 외치며 항의했다. 항일애국지사 최순덕선생 명예회복추진위원회와 전남여고 총동창회, 광주학생독립운동기념사업회 등 단체와 각계 인사들의 탄원서와 호소문이 제출됐다. 또한, 당시 투쟁으로 국가로부터 서훈을 받은 인사들의 증언도 이어졌으나, 끝내 인정이 안 되고 경찰 조사 대상자가 아니었다는 이유 등으로 국가유공자로 등록되지는 않았다.

최순덕(崔順德 1897~1926)

평남 평양(平壤) 출생.

3·1운동 직후인 1919년 6월 독립운동을 구체적으로 전개하기 위하여 평양에서 박승일(朴昇一) · 이성실(李誠實) · 손진실(孫眞實) 등 감리파 부인 신도들과 함께 비밀결사 애국부인회(愛國婦人會)를 조직하고 항일투쟁을 전개하였다.

동회는 상해(上海)의 대한민국임시정부에 대한 지원 및 독립정신의 고취· 군자금 모집 등을 주요 활동 지침으로 삼았으며, 그는 동지 규합과 군자금 모집에 힘을 쏟았다. 그런데 이 무렵 감리파 중심의 애국부인회와 별도로 평양지역 장로교 부인 신도들이 조직한 애국부인회가 활동하고 있었으므로, 최순덕 등은 이들 여성단체의 통합에 크게 노력하였다. 그 결과 동년 11월에 이들 두 여성단체는 대한애국부인회(大韓愛國婦人會)로 통합 발전하였으며, 최순덕은 연합회 본부의 교통부장(交通部長)에 선임되었다.

또한 그는 동년 11월 말 대한애국부인회의 대표 자격으로 대한청년단연합회(大韓青年團聯合會)에 참가하여 다른 독립운동 단체와도 긴밀한 연락을 이루며 항일투쟁을 전개하였다. 그러던 중 1920년 10월 대한애국부인회의 조직이 발각되어 중심인물이 체포될 때, 일경의 포위망을 피하여 만주로 망명하였다. 망명 생활 중 병을 얻어 귀국한 그는 1926년 8월 25일 29세의 젊은 나이로 평남 의주(義州)에서 서거하였다.

최은희(崔恩喜 1904~1984)

일제 강점기에 **대한민국 언론인**, 독립운동가로 활동했던 한국 최초 여기자이다.

황해도 연백군에서 태어나 **니혼 여자대학** 3년 재학 중 **조선일보** 기자가 되었다. **일본 와세다대학교** 법과 통신 강의 2년을 수료하고, **근우회**를 창설하여 선전부장을 지냈다. 서울 보건인회 창설 회장·여권 옹호회 창립 선전부장·재건 국민운동 중앙위원·조국 수호 협의회 여성 대표 집행위원·3·1 국민회의 대표위원 등을 역임하였다. 친구로는 **서양화**가 **나혜석** 화백이 있었다. 이덕일 작가의, **여인열전**에 의하면 최은희 기자는 나혜석의 집을 방문하여 나혜석이 **그림**공부를 더 하려고 한다는 인터뷰 기사를 썼었다.

최형록

평남 평양(平壤) 출생, 평양 숭의여학교 졸업. 그녀는 1914년 상해의 박달학원(博達學院)을 수료하고, 독립운동에 투신한 뒤 1940년 한국여성동맹회, 애국부인회 등 중국관내 여성독립운동단체에서 활약하는 한편 대한민국 임시정부 외무부 총무과 과원으로 활동하였다. 1910년 중국으로 망명한 최형록은 1914년 박은식 · 신규식 등이 상해에서 설립한 박달학원에서 수학하며 민족의식을 키워 나갔다. 그리고 1918년 4월 중국 상해에서 독립운동가 조소앙(趙素昻)과 결혼하면서 본격적으로 독립운동계에 투신하였다. 1940년 최형록은 한국여성동맹회(韓國女性同盟會)를 조직하여 감찰위원으로 활동하는 한편, 1943년에는 애국부인회(愛國婦人會)의 간부로 활동하였다.

하란사(河蘭史/김난사 1875~1919)

이화학당에서 교사로 재직하면서 학생들에게 민족의식을 고양시키는 데 앞장섰다.
그녀는 이화학당을 거쳐 일본 동경(東京)의 경응의숙(慶應義塾)에서 1년간 유학한 뒤, 1900년 남편 하상기(河相驥)와 함께 다시 미국으로 유학하여 오하이오주 웨슬렌대학에서 수학하고 귀국하여 이화학당에서 교편을 잡았다. 그 후 이화학당을 중심으로 민족 교육운동을 전개하는 한편 성경학원(聖經學院)을 설립하여 기독정신 보급과 아울러 민족 의식을 고취시키는데 힘을 기울였다. 유관순 열사의 스승이자 고종의 비밀특사, 김란사는 1913년 평양 숭의여학교에서 그는 뜻이 통하는 여성들과 함께 '송죽비밀결사단'을 조직했다. 출처: 이대학보(http://inews.ewha.ac.kr

한이순(韓二順 1906~1980)

충남 천안(天安) 출생
천안군 입장면 양대리(笠場面 良垈里)에 거주하고 있었으며 이곳의 여학교(女學校)에 재학중 독립만세운동을 계획하였다. 그는 1919년 3월 20일 양대리 장날을 기하여 학교 학생· 교사· 주민 등 약 70여명과 함께 태극기를 흔들며 독립만세시위를 벌였다. 이어 6~7백명으로 증가된 군중은 태극기를 흔들며 독립선언서를 배포하고 독립만세를 부르며 하장리(下場里)에 있는 입장 장터를 향하여 시위 행진을 벌였다. 그는 이날 군중에게 태극기를 배포하여 독립만세를 외치며 시위행진 하다가 일경에 체포되었다.

함귀래(1911년~?)

강원 강릉 출생
강릉에서 항일운동에 참여한 후 검거되어 서대문형무소에 수감되었다.
신상카드의 사진은 1934년 4월 5일 촬영된 것이다.
출처: 강원도민일보(http://www.kado.net)

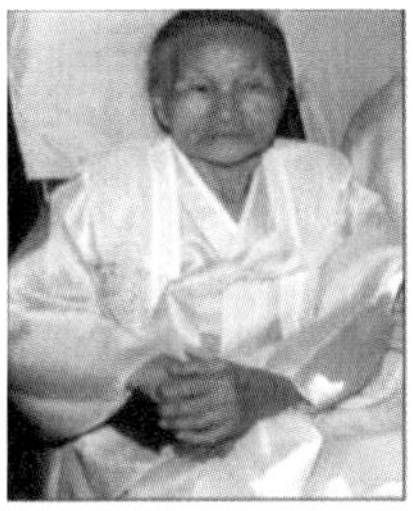

허은(許銀 1907. 1. 3~1997. 5. 19)

"서간도 추위는 참으로 엄청나다. 공기도 쨍하게 얼어붙어 어떤 날은 해도 안보이고 온천지에 눈서리만 자욱하다. 하늘과 땅 사이엔 오로지 매서운 바람소리만 가득할 뿐이다." 만주벌 혹한을 기억해 내는 허은 여사가 남긴 '아직도 내 귀엔 서간도 바람소리가'에는 빼앗긴 나라를 되찾고자 만주 일대에서 추위와 배고픔에도 굴하지 않고 고군 분투하던 수많은 애국지사와 동포들의 이야기가 꺾이지 않는 생명력의 들풀처럼 잔잔히 펼쳐져 있다. 허은여사는 대한민국임시정부의 초대국무령(대통령)인 석주 이상룡 선생의 손자 며느리이자, 한말 의병장이던 왕산(旺山) 허위 집안의 손녀로 1907년 경북 선산군 구미면 임은동에서 아버지 허발과 어머니 영천 이씨 사이에 3남 1녀 중 외동딸로 태어났다. 8살 때인 1915년 음력 3월 15일 가족들은 고향을 떠나 배고픔과 굶주림이 기다리는 서간도로 긴 여정에 올랐다. 그것은 독립운동을 위한 투쟁의 첫걸음이었지만, 여덟 살 소녀가 이해하기에는 많은 시간이 흘러야 했다.
)

허정숙(許貞淑 1902~1991)

일제강점기 독립운동가이며 여성운동가, **사회주의**자이다. **조선민주주의인민공화국**의 정치인, 법관이다. **일제 강점기** 당시 언론 활동과 **사회주의** 운동, **신간회**와 **근우회**의 조직 등에 참여했다.
1928년 당시 허정숙은 조신성과 함께 23명의 근우회 중앙집행위원이었고, 그때 위원장은 정종명이었다

현계옥(玄桂玉)

대구에서 태어나 가난한 집안에서 성장하였다. 일찍 부모를 여의고 17세 때 대구기생조합에 들어가 기생이 되었고 타고난 미모에다 풍류가무에 뛰어났다고 한다. 대구 기생집에서 근무하던 중 손님으로 온 현정건을 만났고 현정건의 영향으로 독립운동가의 길을 가게 되었다. 대구가 고향이었던 현정건은 소설가 **현진건**의 사촌 형이자 일본과 중국 등에서 유학한 지식인이었고 상하이에서 독립운동을 하였다. **3·1운동** 이후 독립자금을 확보하기 위해 한국에 잠시 들린 현정건을 따라 21세의 나이로 만주를 거쳐 상하이로 떠나 **의열단**에 가입하면서 본격적인 항일 무장 투쟁의 길에 들어섰다. 의열단장 **김원봉**으로부터 폭탄 제조법과 육혈포 놓는 법을 배웠고, 만주와 상하이를 오가며 목숨을 건 비밀 공작 활동을 수행하였다. 외국어에 능통하여 영어뿐 아니라 일본어 · 중국어까지 유창하게 해 폭탄을 운반하는 데 중요한 역할을 하였다. **1928년 시베리아**로 망명하였고 **모스크바**로 가서 공산대학을 졸업했다.

황마리아(1865~1937)

사탕수수 농장에서 펼쳐진 독립운동의 길

1903년 1월 13일 하와이 호놀룰루항에 도착한 갤릭호에는 101명의 한인이 타고 있었는데 일본의 제지로 이민이 중단된 1905년까지 총 7226명의 한인들이 하와이 사탕수수밭 노동을 위해 건너왔다. 첫 이민선이 뜬 지 2년 뒤인 1905년 4월, 여성독립운동가 황마리아(1865~ 1937)지사도 고국 평양을 떠나 아들과 딸을 데리고 도릭선편으로 하와이 노동이민의 첫발을 내딛었다. 강혜원 지사는 어머니 황마리아 지사와 함께 하와이로 건너와 가피올라니(Kapiolani) 농장에 배치된 뒤 일과 병행하여 하와이 마노아벨리(Manoa Valley) 여학교를 다녔다. 그 뒤 북미 중가주 롬폭(Lompoc)에 거주하는 김성권과 약혼하고 1913년 10월에 북미 캘리포니아(California)로 이주해 12월 9일 혼인, 다뉴바(Dinuba)에 정착하였다.

황애덕(黃愛德 1892. 4. 19~1971. 8. 24)

이름은 '에스터(Esther)'를 음차한 것이다. 황애시덕(黃愛施德) · 황에스터로도 불린다. 평양 숭의여학교 출신 여성운동가 황신덕은 그의 여동생이다. 이후 미국으로 유학하여 김마리아 · 박인덕 등과 함께 근화회를 조직해 활동했고, 귀국한 뒤로는 경성여자소비조합을 결성했다. 광복 후 우익 정치인으로 활동했고, 미국으로 건너갔을 때는 6.25 전쟁의 구호 물품을 조달하여 대한민국으로 보내주었다. 휴전 후 귀국하여 전쟁 고아와 부상자· 장애인· 과부 등을 구호하는 사업을 했다. 3·1여성동지회 초대 회장을 지냈다. 황애덕은 평안남도 평양 태생이며 유학자인 아버지 황석청(黃錫淸)의 딸로 태어났다. 고향에서 한학을 배우다가 13세 때 평양 정진여학교(正進女學校) 3학년에 편·입학하였다. 1905년 정진여학교를 졸업한 후 경성부로 올라와 이화학당(梨花學堂) 중등부에 입학하여 1910년(융희 4년) 이화학당 중등부를 졸업하였다. 이화학당을 졸업하고 평양의 숭의여학교(崇義女學校) 교사로 근무하였으며, 그 해 한일합방이 터지자 학생들에게 민족정신을 고취하였고, 1913년 비밀결사 '송죽회'를 구성해 운영했다.

□ **의사(義士)**: 나라와 민족을 위해 항거하다가 의롭게 돌아가신 분들을 일컫는다. 성패와 상관없이 무력을 통해 적에게 대항한 인물이다. 대표적인 인물로 안중근 · 윤봉길 · 이봉창 의사가 있다.

□ **열사(烈士)**: 나라를 위해 저항하다 의롭게 돌아가신 분들을 일컫는다. 주로 맨몸으로 싸우다 돌아가신 분들을 가리킨다. 강력한 항의의 뜻으로 자결을 선택한 분들도 포함된다. 유관순 · 이준 열사 등이 있다.

□ **지사(志士)**: 나라와 민족을 위해 일하려는 굳은 의지와 뜻을 품은 분들을 가리킨다. 의사 · 열사와 달리 살아있는 분들에게도 쓸 수 있다.

※ 2019년 말 정부가 인정하는 독립운동가 1~3등급 947명 중 여성 독립운동가는 12명으로 전체의 1.26%이다.

※ 전체 독립유공자 15,511명 중에서 여성 독립유공자는 432명이다.

출처: 국가보훈처 발표 자료 발췌

항일 여성 독립운동가(3.1운동)

조인애 · 이살눔 · 김반수 · 김애련 · 심순의 · 전창신 · 최은희 · 최정숙 · 곽진근 · 김응수 · 김공순 · 박유복 · 최정철 · 하영자 · 김현경· 최요한나 · 김종진 · 조옥희 · 윤형숙 · 김나현 · 이아수 · 조충성 · 왕경애 · 신분금 · 윤악이 · 김독실 · 이소선 · 정막래 · 김덕순 · 박원경 · 김인애 · 박자선 · 김신희 · 함연춘 · 김성일 · 윤응순 · 옥윤경 · 이벽도 · 김안순 · 박우말례 · 탁명숙 · 유점선 · 박순애 · 김순이 · 노예달 · 신득실 · 김복선 · 김봉애 · 김난줄 · 박연이 · 박정수 · 송명진 · 김해중월 · 송금희 · 임진실 · 황금순 · 이도신 · 김효순 · 김화용 · 김경순 · 이소희 · 홍순남 · 김화순 · 박성순 · 양순희 · 이태옥

항일 여성 독립운동가(광복군)

윤경열 · 김봉식 · 민영숙 · 민영주 · 정영순 · 임소녀 · 신순호 · 장경숙 · 김정숙 · 김효숙 · 송영집 · 안영희 · 김영실 · 한영애 · 김숙영 · 박기은 · 최이옥 · 백옥순 · 이월봉 · 유순희 · 김정옥 · 김옥선

항일 여성 독립운동가(국내 항일)

이신애 · 백신영 · 안정석 · 유인경 · 김영순 · 신의경 · 박지은 · 윤진복 · 최금봉 · 홍애시덕 · 이정숙 · 이혜경 · 이성완 · 최갑순 · 조애실 · 윤선녀 · 이석담 · 최봉선 · 한영신 · 최용신 · 박원희 · 김치현 · 김옥련 · 부덕량 · 이효정 · 박재복 · 안애자 · 오신도 · 박정선 · 신정균 · 신경애 · 이금복 · 김조이 · 주순이 · 김필수 · 김태복 · 심계월 · 고수복 · 이선경 · 황보옥 · 양진실 · 김성심 · 박승일 · 송수은 · 김용복 · 이겸양 · 함용완 · 정수현 · 백운옥 · 송미령·

항일 여성 독립운동가(독립운동 지원)

미네르바 루이즈 타펠 · 두쥔훼이 · 이숙진

항일 여성 독립운동가(만주 지역)

이애라 · 최예근 · 오항선 · 이인순 · 김숙경 · 박신원 · 장태화 · 김죽산

항일 여성 독립운동가(미주지역)

강원신 · 강혜원 · 박신애 · 심영신 · 공백순 · 전수산 · 이혜련 · 김덕세 · 신마실라 · 권영복 · 양제현 · 이성례 · 한성선 · 김연실 · 김도연 · 임메불 · 차보석 · 김낙희 · 박영숙 · 황마리아 · 차인재 · 정월라

항일 여성 독립운동가(의병)

윤희순 · 양방매

항일 여성 독립운동가(의열투쟁)

이혜수 · 임수명

항일 여성 독립운동가(임시정부)

김원경 · 김순애 · 신정완 · 고수선 · 이국영 · 김윤경 · 최선화 · 이화숙 · 최서경 · 조계림 · 최혜순

항일 여성 독립운동가(중국 지역)

이순승 · 조용제 · 연미당 · 송정헌 · 노영재 · 정영 · 엄기선 · 김순도 · 이의순 · 오영선 · 김수현 · 윤용자 · 이헌경 · 오건해 · 김병인

항일 여성 독립운동가(학생운동)

장경례 · 장매성 · 윤천녀 · 박계남 · 김귀선 · 문복금 · 김금연 · 고순례 · 김귀남 · 이광춘 · 김옥실 · 박복술 · 박음전 · 이남순 · 김나열 · 곽희주 · 주유금 · 남협협 · 박채희 · 최복순 · 임경애 · 최윤숙

7인 단지 동맹(7人 斷指 同盟) 결사대

1909년 3월 초 안중근 등 항일 투사 등 7명이 러시아연해주 연추(Ian'chikhe, 煙秋·延秋)에서 이토 히로부미(伊藤博文)와 을사오적(乙巳五賊)을 처단하기 위해 손가락을 잘라 결의한 동맹.

1909년 3월 러시아 연해주 연주에서 안중근을 비롯한 항일투사 7명이 조선 침략의 원흉인 이토히로부미와 매국노 이완용에 대한 암살 계획을 세우고, 3년 이내에 이를 성사시키지 못하면 자결함으로서 국민에게 속죄하겠다며 왼손 네 번째 손가락 한 마디를 잘라 피로서 항일투쟁의 의지를 결의한 동맹이다.
안중근 · 유동하 · 우덕순 · 조도선 · 유승렬 · 김성화 · 탁공규 등 단지 동맹에 참여한 이들은 중국 상해 대한민국임시정부 초대 재무총장을 지낸 최재형 밑에서 지원과 훈련을 받았으며, 1909년 3월 일명 단지회(斷指會)라는 비밀 결사를 조직하였다.
안중근은 이해 10월 26일 하얼빈역에서 이토히로부미를 저격한 후, 그 자리에서 체포되어 뤼순의 일본 감옥에 수감되었다가 1910년 3월 26일 순국했다.
안중근은 자신 외에 단지 동맹 가담자가 11명이 더 있다고 한 바 있다. 출처: 세계한민족문화대전
(김기룡 · 강기순 · 정원주 · 박봉석 · 유치홍 · 조순응 · 황길병 · 백남규 · 김백춘 · 김천화 · 강계찬)

안중근(安重根)1879~1910

황해도 해주 출생
대한의군 참모 중장 · 대한의군 특파독립대장 겸 아령지구 사령관
1909년 10월 26일 하얼빈역에서 이토히로부미 사살

유동하(劉東夏)
1892~1918

우덕순(禹德淳)
1880~1950

조도선(曹道先)
1879~ 미상

탁공규(卓公圭)
1874~미상

최재형(崔在亨)1860~1920

함경도 경원 출생
대한제국과 **러시아 제국** 항일 독립운동가 겸 군인
의병장 **류인석**(柳麟錫)이 **13도의군**을 조직할 때 최재형은 의병들의 총기 구입 등 무장을 도왔다. 옛 **소비에트 연방**이 **제2차 세계 대전** 때까지 사용할 정도로 성능이 뛰어난 소총으로 의병군을 무장시킨 것이다. 의병부대 대한의군 참모중장으로 국내진공작전을 하는 안중근의 뒤에는 항상 최재형이 있었다. 의병군의 숙식은 최재형의 집에서 했다. 대한의병군은 신아산전투등 국내진공작전에 연전연승 하고 영산전투에서는 참패했다. 참패의 원인은 포로를 석방하여 대한의군의 비밀 루트가 발각된 때문이었다. 당시 하얼빈은 중국의 영토였지만 러시아가 조차해서 다스렸다. 하얼빈에 이토히로부미가 오니 최재형은 **이토 히로부미** 사살 장소를 히로부미가 방문하는 **하얼빈**으로 정하고 안중근은 최재형의 집에서 사격 연습을 했다. 최재형은 안중근에게 권총을 사주고 안중근 거사 후 **일본**이 관할하지 않는 **러시아** 법정에서 재판받도록 계획하고, 변호사인 미하일로프 주필을 안중근의 변호인으로 준비했다. 그러나 안중근이 **1910년 일본** 법정의 불법 재판 끝에 순국하자, 최재형은 자신이 안중근을 지켜주지 못했다고 자책감을 느끼며 안중근의 처자들을 정성으로 보호하였다. 그 후 최재형은 **우수리스크**의 한 초라한 집에서 지내다가, **1920년 러시아**에 거주하는 **일본인**들을 보호한다는 명분으로 연해주에 침입한 **일본군**에 의해 **총살**당하고 말았다. 그가 거주했던 **우수리스크**의 유럽풍 벽돌집은 러시아인에게 넘어 갔었는데 대한민국 정부가 2014년 러시아 한인 이주 150주년을 기하여 매입하였다.

출처: 위키백과

우리 민족 마중물 도산 안창호 선생

사진 출처: 위키백과/ 코이네로 말하라

1902년 나이 25세 때 안창호는 배를 타고 2달여만에 미국 센프란시스코에 도착했다.

도산은 일제의 종살이에서 벗어 나기 위해서는 우리 민족의 교육이 절실히 필요하다고 느꼈왔다.

어느날 센프란시스코 변화가인 다운타운에서 상투를 튼 두명의 조선인 인삼장사가 뒤엉켜 싸우는 모습을 군중들이 재미있게 구경하고 있는 모습을 본 안창호는 얼굴에 오물을 뒤집어쓴 것처럼 부끄럽고 수치스런 마음으로 싸움을 말렸다. '동포여, 우리가 일제에 종살이하는 처지에 이래서야 되겠느냐, 정신들 차려라'하고 눈물로 하소연하며 싸움을 말렸다. 센프란시스코의 인근 오랜지 밭에서 노동하며 살아 가는 조선인들이 있었는데, 그들은 받은 일당으로 밤이면 술판을 벌이고 노름으로 허송 세월을 보내고 있을 때 안창호는 그들을 찾어가 '동포여, 이렇게 살면 우리가 언제 일제의 종살이에서 벗어날 수가 있겠는가' 하며 눈물로 호소하고 또 설득하였다. '오렌지 하나 하나를 딸때도 우리의 독립을 위하는 마음으로 하자' 그러던 중 오렌지 농장주가

'야, 저 사람이 너희 지도자냐'

그러자, 조선 노동자가 그렇다고 하니까,

'요즘 너희들이 많이 변했어' '내가 그 사람을 만나보고 싶다'

안창호가 농장주를 만나게 됐는데, 농장주가 젊은 안창호에게

'내가 너에게 무엇을 해주면 좋겠는가'

'저에게 2만불만 빌려 주십시요. 꼭 갚겠읍니다'

그러자 농장주가 넌지시 수표를 건네면서,

'갚지 않아도 된다'

그러자 안창호는,

'꼭 갚아야지요.'

그 후 안창호는 그 돈으로 조선 노동자들이 살고 있는 인근에 큰 창고 건물을 빌렸다.

낮에는 노동하고, 밤에는 술판이나 노름판을 벌이던 동포들을 그 건물 안에서 역사 교육과 성경 공부를 가르쳤다. 안창호는 빌린 2만불을 한 달만에 갚았다.

출처: 김진홍 목사 설교 내용 중에서 발췌(기독교방송)

서울 강남구 신사동 소재 도산공원에 세워진 도산 안창호 기념비 출처: 위키백과

"도산 안창호는 일제의 침략에서 민족의 자주와 독립을 쟁취하기 위하여 60평생을 구국 운동에 바친 위대한 애국자, 한국 민족을 인류의 모범이 되는 최고의 민족으로 완성하기 위하여 부단한 자아 혁신과 국민의 품격 향상을 힘쓴 민중 교화의 교육자, 무실역행과 인격 혁명과 대공주의의 사상으로 민족의 지표와 역사의 진로를 밝힌 탁월한 사상가, 이상촌 건립과 사회개혁과 산업 진흥과 교육 건설로 백년 대계의 경륜을 보여 준 훌륭한 선각자, 진실과 사랑의 실천으로 위대한 인격을 갈고 닦아 국민의 사표가 된 뛰어난 지도자, 그는 겨레의 등불이요, 이 나라의 자랑이다."

도산 안창호(島山 安昌浩)

1878년 11월 9일	평안남도 강서군 초리면 도롱섬에서 출생
1938년 3월 10일	경성제국대학병원에서 간경화 · 간장염 · 폐질환 등의 합병증으로 사망하였다. 향년 61세
1938년	망우리 공동묘지에 안장
1962년 3월 1일	건국공로훈장 중장(후에 대한민국장으로 변경)이 추서되었다.
1973년	정부의 지시로 서울 강남구 도산공원으로 묘소를 이장하고, 부인 이혜련 여사의 유해와 합장되었으며 성역화가 시작되었다.

훈장(勳章) 없는 항일 독립운동가 김시현(金始顯)1883 ~ 1966

출처: 위키백과

안동 출생
대한민국 독립운동가이며 정치인. 자는 구화(九和), 호는 하구(何求)이다.
의열단원으로 김원봉과 항일투쟁 동지였다.
부인 권애라(건국훈장 애국장), 동생 김정현(건국훈장 애국장)
학력 메이지대학 법학부

19년 동안 6차례 투옥

의열단원으로 군자금 마련과 단원 모집을 위해 국내외를 드나들며 거사를 벌이고 체포 투옥되는 생활을 광복때까지 반복한 독립투사다. 일제에 체포되어 혹독한 고문을 받으면서도 비밀을 지키기 위해 자신의 혀를 깨물기까지 했다.

19년 동안에 무려 6차례의 투옥을 당했다.

거사 · 체포 · 투옥 · 석방을 수 차례 거듭했음에도 불구하고 일제 치하에서 변절하지 않고 해방될 때까지 항일투쟁을 벌였다. 의열단에서 폭탄 전문가를 지휘하였고 의열단장 김원봉이 가장 신임하는 투사였다. 그의 소원은 친일파를 모조리 제거하는 것이었다.

중국 베이징에서 투옥 중이던 1945년 8.15 광복을 맞았다. 광복 이후 귀국하여 고려동지회 회장, 전보통신사 회장을 역임했다. 그리고 민주국민당에 입당하여 고문으로 있었다. 1950년 제2대 국회의원 선거에서 민주국민당 후보로 경상북도 안동군 갑 선거구에 출마하여 당선되었다. 1952년 발췌 개헌 등 이승만 대통령의 독재 정치에 반발하여 유시태와 함께 이승만 암살을 시도했으나, 유시태가 겨눈 권총이 불발하는 바람에 미수에 그치며, 체포되어 사형 선고를 받았으나 이후 무기징역으로 감형되었다.**(이로 인해 포상에서 제외됨)** 이후 1960년 4.19 혁명 이후 석방되었다. 같은 해 치러진 제5대 국회의원 선거에서 무소속으로 같은 선거구에 출마하여 당선되었다. 부인 또한 독립운동가로 유명한 권애라 지사다. 유관순 열사 등과 함께 서대문형무소 8호 감방에 수감됐었으며, 그 당시 불렀다는 '8호 감방의 노래'의 작사자로 추정된다. 1920년대 애국 강연으로 유명했고, 1922년에는 김규식 등과 함께 러시아에서 열린 극동인민대표대회의에 한국 여성대표로 참석했다. 취조하는 형사의 뺨을 때렸다는 소리가 있을 정도로 강직했다고 한다.

권애라(權愛羅 1897~1973)

한국의 유치원 교사, 전도사, 독립운동가. 본관은 안동이며 유관순의 이화학당 2년 선배이며, 1919년 2월 26일 경기도 개성에 위치한 호수돈여자고등학교 기숙사에서 어윤희에게 독립선언서 80매를 전해주어 주요 인사에게 배포하였다. 3·1 운동이 일어나자 3월 3일에 어윤희 · 신관빈 · 심영식(심명철) 등과 함께 경기도 개성에서 일어난 독립 만세 운동을 주도하였다. 5월 30일에 경성지방법원에서 열린 1심 재판에서 '보안법' 위반 혐의로 징역 6개월을 선고받았고 7월 4일에 열린 경성복심법원에서 열린 항소심 재판에서도 징역 6개월을 선고받으면서 9개월 동안 수감되었다.

지난 2016년 개봉한 영화 '밀정'은 1923년에 있었던 '황옥경부폭탄사건'을 모티브로 만들어진 영화다. 일제 경찰이던 황옥이 1920년에 의열단원 김시현을 만나 의열단원이 된 후, 1923년 종로경찰서에 폭탄을 던진 범인을 체포하기 위해 중국 톈진으로 향했고 이곳에서 의열단장인 김원봉을 만났다. 황옥은 김원봉으로부터 일제 주요기관과 요인 · 친일파를 암살하는 작전을 위해 의열단 단원과 함께 고성능 폭탄 36개와 권총 5자루를 경성까지 운반하라는 지령을 받았다.

이에 황옥은 김시현 · 권동산 · 김재진 등과 함께 단둥 · 신의주를 거쳐 경성까지 폭탄을 운반했으나 김재진의 밀고로 모든 작전이 발각되고 작전에 투입된 황옥을 포함해 10여 명의 독립운동가들이 검거된 사건이 바로 '황옥경부폭탄사건'이다. 이 사건에서 의열단원의 핵심 인물 2명이 등장하는데 바로 김시현 선생과 김지섭 선생이다.

출처: newbc뉴비씨(http://www.newbc.kr)

김시현은 영화 아나키스트의 주인공 상구(김인권), '밀정'의 주인공 김우진(공유)의 모델이 된 인물이다.
김시현과 유시태는 이승만 대통령 암살 미수 사건으로 1953년 12월 사형선고를 받았으나 이듬해 무기징역으로 감형되어 복역하다 1960년 '4·19 혁명' 후 과도정부에서 국사범 제1호로 출소했다. 그 후 5·16군사혁명 뒤 정계에서 은퇴하였다.

김지섭(金祉燮 1885~1928)

일제강점기 동경 니주바시 투탄 의거와 관련된 독립운동가

사서삼경에 능통하였고, 일어를 자습해 21세 때에 상주보통학교 교원과 금산지방법원 서기 겸 통역으로 재직하였다. 1910년 일본이 한국을 강점하자 사직하고 고향으로 돌아와서, 김원봉(金元鳳) · 곽재기(郭在驥) · 김시현(金始顯) 등과 무력에 의한 독립운동을 기도하였다.

독립투쟁을 목적으로 국경을 넘어 만주 · 상해 · 시베리아 등 각지를 돌아다니다가, 1922년 상해에서 의열단에 입단하였다. 러시아로부터 독립운동 자금을 충당하고자 1922년 11월 모스크바에서 개최된 극동민족대회에 참가하였다. 그 뒤 국민대표대회에도 참석하였다.

같은 해 12월에 거사자금을 마련하기 위해 당시 판사였던 백윤화(白允和)에게 5만원을 요청하였다. 그러나 배신당하고 동지 윤병구(尹炳球)마저 붙잡히고 말았다.

국내에서 파괴공작을 실행하고자 1923년 3월에 폭탄 36개를 상해로부터 톈진[天津]으로 수송해 국내로 들여오기 위해 안동현(安東縣)에 중개소까지 설치하였다. 그 폭탄을 김시현 · 유석현(劉錫鉉) · 황옥(黃鈺) 등에게 서울로 가져오게 해 3월 15일을 기해 조선총독부 · 경찰서 · 동양척식주식회사 · 매일신보사 등을 파괴하려 하였다. 그러나 조선총독부 경찰에 사전에 탐지되어 실패하였다. 이 무렵 일본에서 관동대지진이 일어나 한국인 학살이 심하다는 소식을 듣고 보복하겠다는 결의를 굳혔다. 1924년 초 일본 동경에서 소위 제국의회(帝國議會)가 열려 일본의 총리대신을 비롯해 여러 대신들과 조선총독이 참석한다는 소식을 들었다. 이를 보복의 기회로 결심하고 동경에 가기로 하였다. 이듬해 1월 4일 동경으로 가던 중, 오사카[大阪]에서 제국의회가 휴회하였다는 소식을 들었다. 계획을 바꾸어 침략의 아성인 황성(皇城)에 투탄하기로 결정하고 1월 5일 황성 정문에 접근하였다. 호위경관이 저지하자 폭탄 한 개를 던지고 재빨리 궁성 쪽으로 달려갔다. 호위경관들이 달려 오므로 나머지 폭탄은 니주바시[二重橋] 한복판에 던지고 붙잡혔다. 1925년 8월 동경공소원에서 무기징역을 언도받고 이치가야형무소[市谷刑務所]에 수감되어 있던 중, 1927년 20년 징역으로 감형되었으나 이듬해 옥사하였다.

1962년 건국훈장 대통령장이 추서되었다.

출처: 위키백과

유시태(柳時泰 1890~1965)

사진: 원 안, 단상 뒤에서 이대통령에게 권총을 겨누기 직전의 모습

일제강점기 의열단에서 군자금 모금 활동을 전개한 독립운동가

안동 출신. 1919년 3·1운동 때 충청남도의 당진 · 예산 등지에서 선전부원으로 활약하였으며, 1921년 항일운동 단체인 의열단(義烈團)에 들어가 군자금을 모집하는 임무를 수행하였다. 1923년 2월 권정필(權正弼) · 남영득(南英得) 및 동향 출신의 유병하(柳丙夏) 등과 함께 의병 투쟁에 필요한 자금을 마련하기 위하여 서울 내자동에 살던 부호 이인희(李麟熙)의 집을 찾아가 5,000원을 요구하며 3차례에 걸쳐 독립자금의 출연을 강요하던 중 3월 3일 잠복중이던 일본 경찰에게 잡히고 말았다. 1923년 8월 경성지방법원에서 7년형을 선고받았다. 1931년 시국비방죄로 다시 1년간 복역하였다. 광복 후에는 이승만(李承晩) 독재 정권에 불만을 품고 1952년 김시현(金始顯)과 6·25기념식장에서 이승만대통령을 저격하였다. 그러나 권총의 불발로 실패하여 이듬해 사형 선고를 받았으나 그 뒤 무기징역으로 감형되어 복역하던 중 1960년 4·19혁명으로 석방되었다.

출처: 위키백과

서대문형무소 여옥사 '8호 감방 노래'

1919년 3·1 운동을 주동하여 서대문형무소 여옥사 8호 감방에 수감되었던 유관순 등 수감자들이 부른 창가의 총칭이다

3·1 운동 직후, 유관순 · 심명철 · 어윤희 · 권애라 · 신관빈 · 임명애 · 김향화 등 7명의 독립운동가는 서대문형무소 여옥사 8호 감방에 수감되어 있었다. 이들은 옥고를 치르는 두려움을 이겨내고자 창가를 지어 자주 불렀다고 한다. 심명철은 이 노래를 하도 많이 부르자 간수들이 시끄럽다고 제지하였다고 증언하였다. 가사는 7명 중 가장 학식이 있던 권애라가 지었을 것으로 추정되나, 불확실하다. 원래 불리던 노래를 개사한 것으로 추정되나, 심명철 사후 곡조는 전해지지 않고 있다. 현재 남아 있는 창가는 모두 두 곡으로, 심명철이 생전에 아들 문수일에게 구술하였다.

두 노래는 '선죽교 피다리'(1991, 장수복 저)라는 소책자에 실린 바 있으나, 해당 책자는 소량만 발간되어 현재 실체를 확인할 수 없으며, 노래가 본격적으로 대중에게 공개된 것은 2019년 2월이다.

두 곡의 제목은 '선죽교 피다리'와 '대한이 살았다'로, 심명철이 문수일에게 알려준 제목으로 추정된다.

8호 감방에서 붙은 제목인지는 알 수 없다.

출처: 위키백과

서대문형무소 여옥사 8호 감방 구성원 (3 · 1운동 관련 선고 형량 · 포상훈격)
김향화(1897~미상)
징역 6개월
대통령표창
권애라(1897~1973)
징역 6개월
애국장
신관빈(1885~미상)
징역 1년
애족장
심명철(1896~1983)
징역 10개월
애족장
임명애(1886~1938)
징역 1년6개월
애족장
어윤희(1880~1961)
징역 1년6개월
애족장
유관순(1902~1920)
징역 3년
독립장
노순경(1902~1979)
징역 6개월
대통령표창
노순경 지사의 8호 감방 수감 여부는 미확정, 형량에 3 · 1운동 이후 독립운동 내역은 미포함.
자료: 국가보훈처 독립유공자공훈록, 서대문형무소 역사관

'8호 감방 노래' 가사 전문

전중이 일곱이 진흙색 일복 입고
두 무릎 꿇고 앉아 주님께 기도할 때
접시 두 개 콩밥 덩이 창문 열고 던져줄 때
피눈물로 기도했네
피눈물로 기도했네
대한이 살았다
대한이 살았다
산천이 동하고 바다가 끓는다
에헤이 데헤이 에헤이 데헤이
대한이 살았다
대한이 살았다
산천이 동하고 바다가 끓는다
에헤이 데헤이 에헤이 데헤이

자료: 국가보훈처 독립유공자공훈록, 서대문형무소 역사관

박소영기자 sosyoung@hankookilbo.com

일제강점기 항일 독립운동가

강우규(姜宇奎 1855~1920)

일제 강점기 한의사이자 독립운동가
1905년, 을사늑약 체결로 국운이 기울어짐을 보고 만주 북간도로 망명하여 독립운동가 세력들과 연계하여 조선의 독립을 의논했고 4년 후 라오허현으로 이사하여 독립운동을 모의하였다. 1919년 9월 2일, 내외 정세와 총독의 동정을 살피던 중, 하세가와 요시미치의 후임으로 사이토 마코토가 임명되어 부임한다는 것을 알고, 사이토의 내한 당일 현재의 서울역인 남대문역에서 조선 총독으로 부임한 사이토마코토를 폭살하기 위해 폭탄을 던졌다. 폭탄은 터졌으나 빗나갔고, 빗나간 폭탄으로 인해 수명의 구경꾼들이 부상을 당했다고 한다. 강의사가 던진 폭탄은 엄청난 위력을 발휘하여 신임 총독 사이토를 환영 나온 일제 관헌 및 그 추종자들 37명에게 중경상을 입혔다. 그는 즉시 현장에서 몸을 피했으며 거사 뒤 현장에서 빠져나와 오태영(吳泰泳)의 소개로 장익규(張翊奎), 임승화(林昇華) 등의 집에 숨어다니다가, 도피 중 독립운동 탄압으로 악명높은 총독부 고등계 형사인 친일파 김태석(金泰錫)에게 붙잡혀 9월 17일 수감되었다. 이후 총독부 고등법원에서 재판을 받고 최종 판결에서 총독 암살미수혐의와 민간인 사상 혐의로 사형을 구형받고 1920년 11월 29일 서대문감옥에서 순국하였다.

구춘선(具春先 1857~1944)

일제강점기 만주 봉오동전투, 청산리전투 등과 관련된 독립운동가

권동진(權東鎭 1861~1947)

일제강점기 민족대표33인으로 대한협회 부회장, 신간회 부회장 등을 역임한 독립운동가

김경천(金擎天 1888~1942)

일본군 장교 출신으로 망명하여 일제강점기에 무장 독립 운동을 벌인 독립 운동가이다. 일본 육사 졸업 후 김광서(金光瑞)로 개명하였다. 독립운동을 시작하면서 김경천(金擎天) · 김응천(金應天) 등 여러 이름을 썼다. 별칭은 '조선의 나폴레옹'. 만주와 연해주 일대에서는 백마 탄 김장군으로 더 유명했다. 1998년 건국훈장 대통령장이 추서됐다.

김남수(金南洙 1899~1945)

일제강점기 안동지방에서 동아일보 안동지국 총무, 조선노동연맹회 중앙집행위원 등을 역임한 사회주의운동가
독립운동가
일제강점기 미국에서 한인 노동자의 권익옹호와 항일민족운동을 전개한 독립운동가

김병조(金秉祚 1877~1948)

일제강점기 임시의정원 평안도대표, 상해거류민단의사회 의원 등을 역임한 독립운동가

김성숙(金星淑 1898~1969)

일제강점기 조선의용대 정치부장, 임시정부 국무위원 등을 역임한 독립운동가

김인전(金仁銓 1876~1923)

대한민국 독립운동가이자 목사

김산(金山 1905~1938)

평안북도 용천 출생
사회주의 혁명가, 항일독립투사, 아나키스트, 국제주의자이자 민족주의자이며, 본명은 장지학(張志鶴) 또는 장지락(張志樂)이다. 만주. 일본. 북경. 광동 등을 누비며 독립운동을 전개하다 희생된 독립운동가로 님웨일즈의 아리랑에선 장지락으로 쓰여 있으며, 일본측의 문서에는 장지학으로 쓰여 있다.

김중건(金中建 1889 - 1933)

일제강점기 한국 독립 운동가

김철(金澈, 1886 ~ 1934)

일제 강점기 독립운동가

김철수(金喆壽 1896~1977)

일제강점기 조선청년회연합회 상무위원, 조선물산장려회 경리부원 등을 역임한 독립운동가.
1919년 1월, 2·8학생독립운동 준비를 위한 11인 대표위원으로 선출되어 1919년 2월 8일 동경 조선기독교청년회관에서 거행된 조선독립선언식을 주동하다가, 일본경찰에 체포되어 지방재판소에서 금고 9월을 언도받고 동경형무소에서 복역, 1920년 4월에 출옥하였다.

김학규(金學奎 1900~1967)

일제강점기 한국광복군 주상해판사처처장, 한국독립당 만주특별단 부위원장 등을 역임한 독립운동가

김혁(金爀 1875~1936)

일제강점기 남만주의 3, 1만세운동, 청산리전투 등과 관련된 독립운동가

나운규(羅雲奎 1902~1937)

1926년 10월 1일 조선키네마프로덕션에서 제작한 나운규(羅雲奎)의 영화 '아리랑'이 단성사(團成社)에서 개봉되었다. '마치 어느 의열단원이 서울 한구석에 폭탄을 던진 듯한 설렘을 느끼게 했다'는 이경손(李慶孫)의 회고처럼 관객들의 반응은 폭발적이었다. '아리랑'의 열기는 단성사에서 상영이 끝난 이후에도 사그라지지 않았다. 일제강점기 내내 전국 방방곡곡에서 상영되었던 이 영화는 1942년 조선인들이 징용으로 끌려와 있던 홋카이도의 탄광에서도 상영되어 조선인 노무자들의 심금을 울리기도 했다.

나창헌(羅昌憲 1896~1936)

평안북도 희천 출생
1922년 상해로 망명, 임시정부 외곽지원단체로 김구(金九) 등이 설립에 참여하여 임시정부의 기반을 공고히 다져나가는 데 기여한 한국노병회(韓國勞兵會) 창립에 참여하고 이사에 취임하였다.
같은 해 11월에는 교육부원(敎育部員)으로 활동하였다. 1924년 6월에는 임노공부원(任勞工部員)으로 노병(勞兵)을 모집하고 훈련시키는 데 앞장섰다.

남정각(南廷珏 1897~1967)

일제강점기 장춘에서 의열단원으로 국내 일제기관 파괴와 요인 암살활동을 전개한 독립운동가

노백린(盧伯麟 1875~1926)

일제강점기 대한민국 임시정부, 군무총장, 국무총리 등을 역임한 독립운동가
1919년 3·1운동이 일어나자 중국 상해(上海)로 건너가서 대한민국 임시정부 군무총장 중책을 맡았다. 독립전쟁의 필요성을 설파하기 위해 1919년 후반부 미국으로 건너가 여러 도시를 순방하며 한인사회의 단결을 호소하였고, 1920년 미국 캘리포니아에 도착하여 재미 동포인 김종림(金鍾林)의 지원을 얻어 항공학교를 설립하고 공군 용사를 육성하였다. 그 뒤 1922년 대한민국 임시정부 국무총리에 취임하였다.

노태준(盧泰俊 1911~1970)

일제강점기 민족청년단조직부장, 국무총리비서실장 등을 역임한 독립운동가
임시정부 군무총장 노백린(盧伯麟) 차남이다.

명도석(明道奭 1885~1954)

일제강점기 대한민국 독립운동가

민종식(閔宗植 1861~1917)

대한제국기 을사조약 체결 후 연합의병의 대장으로 활약한 의병장

민창식(閔昌植 1899~1938)-

1920년대 들어 연우사(鉛友社) 동인, 신흥청년동맹(新興靑年同盟) 회원, 혁청당(革靑黨) 당원으로 활동하며 화요회 회원이 되었다. 1925년 서울에서 경성인쇄직공조합(京城印刷職工組合)을 결성한 민창식은 상무집행위원으로 활동하며 인쇄직공 등의 노동자 권익 확보를 위해 힘쓰며 대동인쇄주식회사(大東印刷株式會社)·창신인쇄주식회사(倉新印刷株式會社) 파업 등에 참여했다. 당시 대동인쇄주식회사의 직공 파업은 인쇄소 직공들의 불합리한 처우를 개선하기 위해 일어난 것으로, 회사 측은 직공 측의 요구를 들어주기로 해놓고는 오히려 주모자 등을 해고하였다. 이에 다시 들고 일어난 인쇄소 직공들의 투쟁은 직공들의 승리로 끝난 바 있었다. 이러한 때에 그는 직공들과 함께 동맹 휴업을 벌이는 등 지원을 아끼지 않았다. 그리고 같은 해 12월 부산직공파업 때에도 이를 원조코자 '착취계급과 피착취계급'을 강연하기도 했다.

박승환(朴昇煥 1869~1907)

대한제국기 육군 참령, 시위대 제1연대 제1대대장 등을 역임한 군인, 지사

박시창(朴始昌 1903~1986)

일제강점기 조선의용대와 조선광복군 참모 등을 역임한 독립운동가, 군인
1926년경 황포군관학교 동문인 진공목 · 진갑수 · 안재환 · 김영재 · 송욱동 · 장기준 등과 중국군 기술교관으로 있었던 백득림 · 홍의균 · 권준 · 전창무 · 노세방 등과 같이 의열단 무창지부의 전신인 무한한인혁명청년회(武漢韓人靑年會)를 조직하고 군사훈련과 독립운동의 선전사업을 펼치며 항일 투쟁을 전개하였다.

박용신(朴龍信 1916~미상)

1941년 경성 중앙방송국 아나운서로 재직하고 있었다. 송진근 등과 함께 해외 단파방송을 비밀리에 청취하고 이를 녹취(錄取)하여 임시정부 소식과 구미외교위원부의 활동, 연합국의 승전, 광복군의 활약, 그리고 국제정세의 추이 등을 문서로 작성하여 송진우·김병로 등에게 전달하는 등의 활동을 벌였다.

박재혁(朴載赫 1895~1921)

일제강점기 의열단에서 부산경찰서장 하시모도에게 폭탄을 던진 독립운동가

박준승(朴準承 1865~1927)

일제강점기 민족대표 33인의 한 사람으로 3, 1만세운동에 참여한 독립운동가

송학선(宋學先 1893~1926)

일제강점기 금호문의거와 관련된 독립운동가.
1926년 3월 잠시 사진관에서 일하면서 양식도(洋食刀)를 손에 넣게 되었는데, 그 칼을 품고 과자행상을 가장해 사이토를 노렸다. 그 해 4월 26일 순종이 죽자, 사이토가 조문하기 위해 창덕궁으로 올 것을 기대하고 4월 28일 금호문(金虎門) 앞에 나아가 대기하였다. 오후 1시 30분경 일본인 3명이 탄 자동차가 금호문으로 들어오는 것을 보고 비호같이 자동차에 뛰어올라 이들을 찔렀다. 그러나 이들은 총독 일행이 아니라 경성부회 평의원인 다카야마[高山孝行]·사토[佐藤虎次郎]·이케다[池田長次郎] 등이었다. 현장에서 붙잡혀 1926년 11월 10일 사형이 확정, 순국하였다.

신언준(申彦俊 1904~1938)

일제강점기 조선일보사 기자, 신민부 중앙간부 등을 역임한 언론인, 독립운동가

신팔균(申八均 1882~1924)

일제강점기 육군 참위, 대한통의부 총사령관 등을 역임한 항일운동가, 관료

신홍식(申洪植 1872~1939)

일제강점기 민족대표 33인 중의 한 사람으로 독립선언서에 서명한 독립운동가, 목사

안희제(安熙濟 1885~1943)

일제강점기 백산무역주식회사를 통해 상해임시정부의 독립운동 자금을 조달한 독립운동가
1909년 10월 윤세복(尹世復) · 서상일(徐相日) · 신성모(申性模) · 남형우(南亨祐) · 박중화(朴重華) 등 80여 명의 동지들과 비밀 청년단체인 대동청년당(大東青年黨)을 조직해 국권회복운동을 전개하였다. 1911년 만주와 시베리아를 유랑하며 독립운동가들과 접촉하였다.

양기하(梁基瑕 1878~1932)

일제강점기 국민부 중앙사판소장, 조선혁명당 정치부위원장 등을 역임한 독립운동가

양세봉(梁世奉 1896~1934)

일제강점기 조선혁명군 군관학교 교장, 건국훈장 독립장 등을 역임한 독립운동가

양우조(楊宇朝 1897~1964)

일제강점기 대한민국임시정부 선전위원, 광복군 총사령부 참사 등을 역임한 독립운동가

염온동(廉溫東 1898~1945)

일제강점기 대한민국임시정부 군무부 총무과장, 선전부 군사학 편찬위원회 간사 등을 역임한 독립운동가

오동진(吳東振 1989~1944)

일제강점기 대한청년단연합회 교육부원, 광복군총영 총영장, 정의부 군사부위원장 등을 역임한 독립운동가. 1925년 대한통의부 · 의성단(義成團) · 대한독립단(大韓獨立團) · 광정단(光正團) 등 10여 개 단체를 규합하여 정의부(正義府)를 결성하고, 군사부위원장 겸 사령장으로 소속 독립군을 지휘하여 국경지방의 일본경찰관서를 습격, 파괴하였다. 주요 활동은 평안북도 초산경찰서의 추목주재소(楸木駐在所)외 연주재소(外淵駐在所) 및 벽동경찰서 여해주재소(如海駐在所) 습격사건과 1925년 차련관주재소(車輦館駐在所) 습격사건 등이었다.

오성술(吳成述 1884~1910)

대한제국 김태원 의병부대에서 활동한 의병장

유림(柳林 1896~1961)

일제강점기 임시정부 국무위원, 독립노농당 초대 당수 등을 역임한 독립운동가

유자명(柳子明 1894~1985)

일제강점기 독립운동가이자 아나키스트이다. 남과 북에서 유일하게 훈장을 받은 독립운동가

윤낙세(尹乐世 1877~1929)

함경북도 회령 출생
권업회원(회장 최재형, 부회장 홍범도)
1918년 경, 윤낙세는 훈춘현 왕팔발자(王八脖子)에 거주하면서 흑룡강성 애훈현의 반일단체와의 연락 및 반일인사들의 규합에 힘썼으며 이르크츠크로부터 총기 수백정을 구입 하여 향후의 반일 무장 투쟁을 준비하였다.

출처: 동북아신문(http://www.dbanews.com)

윤세주(尹世胄 1900~1942)

일제강점기 만주에서 항일 비밀 결사 단체인 의열단에 입단하여 활동한 독립운동가
1919년 3·1운동 때 밀양에서 만세운동을 주도하였으며, 만주 길림(吉林)으로 망명, 궐석재판에서 징역 1년 6월을 선고받았다. 1937년 김원봉(金元鳳)과 조선민족혁명당을 조직하여 중앙위원 겸 선전부장으로 활동하였고, 그 해 김원봉과 조선의용대를 편성하여 항일 투쟁을 전개하였다.

이관술(李觀述 1902~1950)

일제강점기 경성반제동맹 사건, 조선공산당재건운동 등과 관련된 독립운동가
1929년 4월 동덕여자고등보통학교 교사가 되었고, 1931년 학생자치 및 교내 경찰출입 반대 등을 내건 학생들의 동맹휴학을 지도했다. 1932년 10월 재학생과 졸업생으로 구성된 독서회를 지도했으며, 11월 '반제동맹 경성지방결성준비위원회'를 조직했다. 1933년 1월 '경성반제동맹 사건'으로 검거되었고, 1934년 3월 31일 병보석으로 가출옥 했는데, 그해 12월 징역 2년, 집행유예 4년형을 선고받았다.

이남규(李南珪 1855~1907)

대한제국기 중추원의관, 궁내부특진관 등을 역임한 관료, 의사(義士)

이명하(李命夏 1878~1921)

일제강점기 대한독립군에 가담하여 활동한 독립운동가
1919년 3·1운동 이후 만주로 망명하여 안동현 삼도구(安東縣三道溝)의 대한독립군에 가담하였다. 1921년 삼도구의 한 중국인 집에서 유숙하다가 일본경찰의 습격을 받아 교전중 다수의 일본경찰을 살상하였다.
그러나 안용봉(安龍鳳)·박완식(朴完植)·안중석(安重錫)·정인복(鄭仁福)·백학원(白學源)·김근배(金根培) 등 15명과 함께 전사하였다.

이용상(李容相 1924~1990)

1942년 4월에 보성전문학교(寶成專門學校)에 재학하던 중 항일사상으로 인해 일본 헌병에게 체포되어 수감된 지 3개월만에 석방되었으며, 1943년 9월에는 경기도(京畿道)경찰부에 다시 체포되어 일본 군대에 강제로 입대하도록 강요당한 끝에 1944년 1월 일군에 들어가 중국으로 이동하였다.

이원대(李元大 1911~1943)

일제강점기 중국군 제21사단 제122연대에 배속되어 항일무장투쟁을 전개한 독립운동가

이윤재(李允宰 1888~1943)

일제강점기『성웅 이순신』,『문예독본』,『표준한글사전』등을 저술한 학자, 국어학자, 독립운동가
1913년부터 마산의 창신학교(昌信學校)·의신여학교(義信女學校)에서 교편을 잡다가 평안북도 영변의 숭덕학교(崇德學校) 교사로 재직 중 3·1운동에 관련되어 평양 감옥에서 3년간 옥고를 치렀다. 1921년 중국에 건너가 북경대학 사학과에서 수업한 뒤 1924년 귀국하여 정주의 오산학교(五山學校)를 거쳐 협성(協成)·경신(儆新)·동덕(同德)·배재(培材)·중앙(中央) 등의 학교에서 교편을 잡았다. 1927년계명구락부(啓明俱樂部)의 조선어사전 편찬위원이 되었고, 민족정신의 보전·계승을 위한 잡지『한빛』을 편집, 발행하였다.

이종건(李鍾乾 1906~1960)

일제강점기 한인청년당원, 의열단원, 임시의정원 충청남도 대의원 등을 역임한 독립운동가

이종일(李鍾一)

1858년 충남 태안 출생
조선 말 문신, 개혁운동가이자 **한국**의 언론인이며 독립운동가, 국문학자이다. **3.1 운동** 당시 **민족대표 33인**의 한 사람이며, **보성사**에서 3만 5천 부의 독립선언문을 인쇄하였다

이창영(李昌英 1883~1903)

대한제국 의병장
1906년 음력 3월 경북 영양군에서 신돌석의진에 들어가 집사 및 의병소모관이 되어 동년 음력 4월 영양 · 영해 · 울진군 일대에서 군자금과 군수품을 모집하고 울산읍에서 일군과 교전하는 등 투쟁하다 체포되어 교수형을 받고 순국하였다.

임치정(林蚩正 1880~1932)

일제강점기 데라우치총독암살음모사건과 관련된 독립운동가
1904년 미국에 건너가 안창호(安昌浩) 등과 교포단체인 공립협회(共立協會)를 조직하여 간사로 활동하며 기관지인 『공립신보(共立新報)』를 간행하였다. 하와이 교포들이 1903년에 조직한 신민회(新民會)에도 가입하였다.
1907년 겨울 귀국하여 『대한매일신보(大韓每日申報)』에서 회계사무를 맡아 보았다. 1907년에 조직된 비밀결사 신민회에 가입하여 활동하다 일제가 애국인사들을 탄압하기 위해 조작한 '양기탁 등 보안법위반사건'과 '105인사건', 즉 '데라우치[寺內正毅] 총독모살미수사건'에 연루되어 1911년 일본 경찰에 잡혔다.
혹독한 고문 끝에 주모자 6인 중 한 사람으로 지목되어 1912년 9월 경성지방법원에서 윤치호(尹致昊)·양기탁(梁起鐸)·이승훈(李昇薰)·안태국(安泰國)·유동열(柳東說) 등과 함께 징역 10년을 선고받았다. 이듬해 7월 2심인 경성복심법원에서 징역 6년을 선고받고 복역중 1914년 특사로 석방되었다. 이후 진남포에서 광무소를 경영하며 광산 개발을 지도하였다

장건상(張建相 1883~1974)

일제강점기 상해임시정부 외무차장, 임시정부의정원의원 등을 역임한 독립운동가

장석진(張錫鎭1892~1927)

1925년 12월 24일 순령면 신정리에서 마을의 유지, 청년들과 함께 농군회(農軍會)를 조직하고 집행위원으로 선임되었다. 농군회는 조선에서 모든 문제는 경제로 귀결되며, 경제 문제는 역시 농촌에 귀착되므로 모든 운동의 핵심이 곧 농민운동이라는 인식에 근거하여, 농민의 단결과 다수한 무산대중의 교양에 전력을 기울인다는 목표로 창립되었다. 그는 1926년 3월 말 김영환(金永煥)의 집에서 '조선농회령를 추종하는 농군회는 농민에게 이익이 되는 단체가 아니므로 그 설립에 반대한다'는 취지의 선전문 약 50매를 등사했다. 그리고 이를 사립 창송(昌松) 학교의 학생으로 하여금 순령면 각 리의 구장 등에게 배포했다. 그러나 이 일로 경찰에 체포된 그는 1926년 5월 14일 구류된 뒤 10월 4일 경성복심법원에서 치안유지법과 출판법 위반 혐의로 징역 6개월을 선고받고 함흥형무소에서 옥고를 치렀다. 1927년경에 출옥했지만 고문의 후유증으로 순국했다.

장진홍(張鎭弘 1895~1930)

일제강점기 조선보병대원, 광복단원으로 활동한 독립운동가

장태수(張泰秀 1841~1910)

대한제국기 중추원의관, 시종원부경 등을 역임한 관료, 순국지사

정용선(鄭溶璿 1883~1928)

한국의 **독립운동가**, 일제시대 경성형무소(현 서대문형무소)에서 옥사한 독립투사

정이형(鄭伊衡 1897~1956)

일제강점기 대한통의부 제5중대장, 정의부 사령부관, 고려혁명단 위원 등을 역임한 독립운동가

조동호(趙東祜 1892~1954)

1919년 4월 상하이[上海]에서 대한민국임시정부가 수립될 때 임시의정원(臨時議政院) 충청도의원(忠淸道議員)과 국무위원을 겸직

조성환(曺成煥 1875~1948)

일제강점기 임시정부 군무부차장, 북로군정서 군사부장, 임시정부 군사특파단장 등을 역임한 독립운동가

조완구(趙琬九 1881~1951)

일제강점기 임시의정원 의원, 대한민국임시정부 내무장, 내무부장, 재무총장 등을 역임한 독립운동가

주기철(朱基徹 1897~1944)

일제강점기 마산 문창교회, 평양 산정현교회 등에서 목회한 목사, 순교자
1921년 평양의 장로회신학교에 입학, 1926년 졸업하였다. 1926년 부산 초량교회의 목사로 부임하였고, 경남성경학원을 세워 후진교육에 힘썼다. 1931년 9월 마산 문창교회의 위임 목사로 부임, 전국에 이름이 난 저명한 목사로 부각되기 시작하였다. 그가 평양의 산정현교회에 부임한것은 1936년 여름, 송창근(宋昌根)의 후임으로서였다. 그때 그 교회에는 민족주의자 조만식(曺晩植) · 유계준(劉啓俊) · 오윤선(吳胤善) 등이 출석하고 있었다. 일제의 신사참배 강요는 그가 평양에 부임하기 1년 전부터 평양교회와 신학교를 괴롭혔고, 결국 평양의 숭실학교나 평양신학교는 1938년에 각각 폐쇄되었다. 신사참배에 대한 강한 반대 입장을 표명한 그는 1939년 7월 경상북도 의성의 농우회사건(農友會事件)에 연루되어 검속되었다가 1940년 2월에 석방되어 평양으로 돌아온 뒤, 산정현교회에서 '다섯 종목의 나의 기도'를 최후로 교인들에게 전하였다. 감옥에서 5년간 고생하다가 1944년 4월 13일 병감(病監)으로 옮겨지고 4월 20일 부인 오정모와 마지막 면회를 한 뒤 4월 21일 감옥에서 병사하였다.

채기중(蔡基中 1873~1921)

일제강점기 대한광복회 경상도 책임자로 활약한 독립운동가

최용덕(崔用德 1898~1969)

일제강점기 대한민국 독립운동가

한창걸(韓昌傑 1892~1938)

1919년 이후 연해주 수청에서 한인 빨치산 부대인 수청군대를 조직하여 수청과 올가 등지에서 일본군과 일본군의 지원을 받은 러시아 백군(白軍)과 전투를 벌였다.

현익철(玄益哲 1890~1938)

일제강점기 통의부 위원장, 조선혁명당 중앙책임비서, 상해임시정부 군사학편수위원회위원 등을 역임한 독립운동가

후세 다쓰지(布施辰治 1880~1953)

미야기현 이시노마키시 출생. **미야기현 이시노마키시** 출신의 **일본**의 **인권변호사**, 사회운동가
1919년, 재일 조선 유학생들이 선포한 **2.8 독립선언**의 주역인 **최팔용**, **송계백**등 **조선청년독립단**의 변호를 맡았다. 1920년대에는 **의열단원**으로 일본황궁의 **니쥬바시**에 **폭탄**을 던진 이중교 투탄의거를 일으킨 **김지섭**의사의 변호를 맡았다. 그는 또한 **관동대지진**시 **조선인 학살사건**이 일본군 계엄사령부와 경찰에 의한 "조선인 폭동조작"이었음을 비판하다가 치안당국에 의해 요주의 인물로 지목되었다. 1926년에는 천황가 암살을 기획한 이른바 대역사건의 모의로 체포된 **박열**과 **가네코 후미코**의 변론을 맡기도 하였고 박열을 옹호하는 글을 **나카니시 이노스케**와 함께 쓰기도 했다. 또한 일본 제국이 **동양 척식 주식 회사**를 설립하여 토지 조사 행위를 명분으로 조선농민들의 **토지**를 빼앗을 때에는 **나주**지역 농민들을 위해 510만평 토지반환소송을 제기하여, **총독부**의 토지조사행위를 합법을 가장한 **사기**로 규정하였다. 2004년 대한민국 건국훈장 애족장을 수여받았다.

일제강점기 한국 독립운동 단체

□ 13도 의군(十三道 義軍): 대한제국 항일의병 조직이다.
주요인물: 유인석 · 이갑 · 이범윤 · 이상설 · 이진룡 · 최재형 · 홍범도

□ 13도 창의군(十三道 倡義軍): 대한제국 항일 의병 조직이다.
주요인물: 문태수 · 민긍호 · 이강년 · 이은찬 · 이인영 · 허위

□ 건국동맹(建國同盟): 일제강점기 말기였던 1944년 8월 10일에 조직된 한국의 비밀결사로서 광복을 맞이할 당시 한국 안에서 조직적 실체를 유지했던 유일한 독립운동 단체였다. 1945년 8월 16일 조직된 조선건국준비위원회의 모체 역할을 하였고, 1945년 10월 정당으로 탈바꿈했으며, 11월에는 군소단체들을 통합해 조선인민당으로 확대, 발전했다. 건국동맹을 조직, 향도한 인물은 여운형과 조동호 · 황운 · 이석구 · 현우현 · 김진우 등 6인이다.

□ 경성콤그룹(京城): 일제 강점기 말기에 조직된 독립운동단체이자 비밀결사 조직이다. 1939년부터 1941년 사이에 경성부를 중심으로 조선공산당을 재건하기 위해 활동한 조직으로 1930년대 초반에 있었던 각 콤그룹의 당재건운동과 그 후 1930년대 중반에 있었던 경성의 이재유 그룹과 원산의 이주하 그룹의 당재건운동을 계승한 1930년대 후반 대표적인 당재건운동 단체다. 일제강점기 국내파 사회주의,공산주의 운동가들의 최후 집결체로 평가받고 있다. 명칭은 경성 코뮤니스트 그룹을 줄여 부른 것이다. 박헌영 · 이현상 · 이관술 · 이재유 · 김태준 등이 주로 활동하였다.

□ 경성 트로이카: 1933년 일제강점기에 경성에서 조직된 이현상 · 이재유 · 김삼룡을 주축으로 한 사회주의단체이다. 이들은 경성부지역에서 노동운동과 학생운동을 조직하였다. 이후 변홍대와 안병춘이 합류하였다. 여성으로는 이효정, 이경선과 박진홍이 활동을 하였다. 백육십 명이 넘는 활동가로 이루어진 경성 트로이카는 반제국주의 운동, 학생 운동, 노동조합 운동 · 독서회 · 농민운동으로 활동을 나누었다. 1934년 1월 대부분의 활동가들이 체포되었는데 이백오십여 명의 구속자들이 발생하였다.

□ 경학사(耕學社): 1909년 봄 국내 비밀 항일운동단체인 신민회 간부들이 서울 양기탁(梁起鐸)의 집에 모여, 국내에서의 항일운동의 한계성을 절실히 느끼고, 제2 독립운동기지를 선정할 것과 독립군 양성기관으로 무관학교를 설립할 것을 결의한 독립운동 단체

□ 고려공산당(高麗共産黨): 1921년에 중국 상해에서 조직되었던 독립운동 단체

□ 고려공산청년회(高麗共産青年會): 1925년 조선 사회주의 청년운동의 총 지도기관으로 조직되었던 비밀지하단체.

□ 고려혁명당(高麗革命黨): 1926년 만주에서 조직되었던 독립운동 정당

□ 국민부(國民府): 1929년 4월 만주에서 조직되었던 항일독립 운동 단체

□ 권업회(勸業會): 1911년 러시아 블라디보스토크에서 조직되었던 독립운동 단체

□ 근우회(勤友會): 1927년에 조직되었던 광복운동 후원 여성 단체

□ 남화한인청년연맹(南華韓人青年聯盟): 1930년 4월 20일 중국 상하이[上海]에서 조직되었던 무정부주의운동 단체

□ 대한광복군정부(大韓光復軍政府): 1914년 러시아 블라디보스토크에 세워졌던 망명 정부

□ 대한국민의회(大韓國民議會): 1919년 러시아 블라디보스토크에 세워졌던 임시정부 성격의 단체

□ 대한독립단(大韓獨立團): 1919년 만주에서 조직되었던 독립운동단체

□ 대한민국임시정부(大韓民國臨時政府): 1919년 중국 상하이에서 한국 독립운동가들이 수립했던 임시정부. 정부 수립일은 1919년 4월 11일

□ 독립협회(獨立協會): 1896년 서울에서 조직되었던 사회정치단체
1896년 7월부터 1898년 12월에 걸쳐 열강에 의한 국권 침탈과 지배층에 의한 민권 유린의 상황 속에서, 자주국권· 자유민권· 자강개혁사상에 의해 민족주의 · 민주주의 · 근대화운동을 전개한 우리 나라 최초의 근대적인 사회 정치 단체이다.

□ 부민단(扶民團): 1912년 만주 통화(通化)에서 조직되었던 자치 기관

□ 북로군정서(北路軍政署): 1919년 만주에서 결성되었던 독립군 단체

□ 서로군정서(西路軍政署): 1919년 만주에서 조직되었던 독립군 정부

□ 성명회(聲明會): 1910년 러시아의 블라디보스토크에서 조직되었던 독립 운동 단체

□ 송죽회(松竹會): 1913년경 평양 숭의여학교 조직되었던 여성독립운동단체
명칭은 절개의 상징인 소나무와 대나무의 합칭이며, '송죽결사대'라고도 하였다.
독립군의 자금 지원, 망명지사의 가족 돕기, 독립을 위한 회원들의 실력 양성을 목적으로 하였다. 송죽회는 숭의여학교의 교사 김경희(金敬熙) · 황에스터, 졸업생 안정석(安貞錫) 등 3명이 재학생 중 애국심이 투철한 박현숙(朴賢淑) · 황신덕(黃信德) · 채광덕(蔡光德) · 이마대(李馬大) · 송복신(宋福信) · 이효덕(李孝德) · 김옥석(金玉石) · 최자혜(崔慈惠) · 서매물(徐梅勿) · 최의경(崔義卿) · 이혜경(李惠卿) 등 20명을 선발해 조직하였다.

□ 수양동우회(修養同友會): 1926년 안창호가 서울에서 조직한 흥사단 계열의 개량주의적 민족 운동 단체

□ 신간회(新幹會): 1927년 2월 민족주의 좌파와 사회주의자들이 연합하여 서울에서 창립한 민족 협동 전선

- 신민부(新民府): 1925년 만주에서 조직되었던 독립 운동 단체
- 신한청년단(新韓青年團): 1918년 중국 상해(上海)에서 조직된 독립운동 단체
- 신흥무관학교(新興武官學校): 1919년 5월 3일 만주에 설립되었던 독립군 양성학교
- 의군부(義軍府): 1919년 만주에서 조직되었던 독립운동 단체
- 의열단(義烈團): 1919년 11월 만주에서 조직되었던 독립운동단체
  의열단 창단 당시의 단원은 대체로 신흥무관학교 출신이 중심이 되었고, 그 명단은 자료에 따라 한결같지 않으나, 김대지(金大池)·황상규(黃尙奎)가 고문으로서 지도하였고, 단원은 김원봉(金元鳳)· 윤세주(尹世胄) · 이성우(李成宇) · 곽경(郭敬) · 강세우(姜世宇) · 이종암(李鍾岩) · 한봉근(韓鳳根) · 한봉인(韓鳳仁) · 김상윤(金相潤) · 신철휴(申喆休) · 배동선(裵東宣) · 서상락(徐相洛) · 권준(權俊) 등 13명이며, 단장에는 김원봉이 선출되었다.
- 재만조선무정부주의자연맹(在滿朝鮮無政府主義者聯盟): 1929년 7월 만주에서 결성된 무정부주의 운동 단체
- 정의부(正義府): 1924년 만주에서 조직되었던 독립 운동 단체
- 조선공산당(朝鮮共産黨): 1925년 경성부에서 조직된 사회주의 운동 단체
- 조선독립동맹(朝鮮獨立同盟): 1942년 화북조선청년연합회를 개편하여 결성된 사회주의 단체
- 조선민족전선연맹(朝鮮民族戰線聯盟): 1937년 중국 난징(南京)에서 조직된 항일민족연합전선 단체
- 조선청년전위동맹(朝鮮青年前衛同盟): 1938년 중국 한커우(漢口)에서 조직되었던 독립 운동 단체
- 조선민족혁명당(朝鮮民族革命黨): 상해 대한민국 임시정부 내의 좌익 정당
- 조선여성동우회(朝鮮女性同友會): 1924년 서울에서 조직되었던 사회주의 여성 단체
- 조선의용대(朝鮮義勇隊): 1938년 중국의 한커우[漢口]에서 조직된 독립 운동 단체
- 조선혁명군정부(朝鮮革命軍政府): 1934년 조선혁명당(朝鮮革命黨)의 행정 조직인 국민부(國民府)와 군사 조직인 조선혁명군(朝鮮革命軍)의 기능을 통합한 군정부
- 조선혁명당(朝鮮革命黨): 1930년대 만주에서 활약한 대표적인 독립 운동 단체
- 대한통의부(大韓統義府): 1922년 8월 만주에서 조직된 독립 운동 단체
- 한국노병회(韓國勞兵會): 1922년 중국 상해(上海)에서 조직되었던 독립 운동 단체
- 한국독립군(韓國獨立軍): 일제강점기 북만주 지역에서 창립, 활동한 **한국독립당**의 당군(黨軍)이다. 한편, **1929년**부터 **1934년** 사이 남만주에서는 **조선혁명당** 예하에 **조선혁명군**이 별도 편성되어 활동하였다. 이후 조선혁명군정부(1934.11 ~ 1938.9)가 수립되었다
- 한국독립당(韓國獨立黨): 1930년 1월 25일 중국 상해(上海)에서 민족주의 계열의 인사들이 창립한 독립 운동 단체이자 광복 이후 건국 운동에 참여하고 제1공화국 때 몰락하였다가 1962년에 재건된 보수 정당
- 한성정부(漢城政府): 1919년 4월 서울에서 세워진 임시정부. 1919년 3월 초 이교헌(李敎憲) · 윤이병(尹履炳) ·윤용주(尹龍周) · 최전구(崔銓九) · 이용규(李容珪) · 김규(金奎) 등이 이규갑(李奎甲)에게 임시정부의 수립을 제의하였다. 이들의 권유로 각 방면의 대표들이 4월 2일 인천 만국공원에 모여 임시정부를 수립, 선포할 것을 결정하였다. 여기에 참석한 사람은 천도교 대표 안상덕(安商德) · 예수교대표 박용희(朴用熙) · 장붕(張鵬) · 이규갑 · 유교대표 김규 · 불교대표 이종욱(李鍾郁) 등 20명이다.
- 흑로회(黑勞會): 1923년 서울에서 조직되었던 무정부주의 운동 단체
- 흑색공포단(黑色恐怖團): 항일구국연맹 산하에 조직된 무력 투쟁 단체이다. **일본 제국**의 요인을 암살하고 기관을 파괴하며 친일분자를 살해하는 등의 활동을 계획했다. 이 단체는 **백정기**의 주거지에서 결성되었으며, 중국인과 일본인도 포함된 연합 단체이지만 핵심은 남화한인청년연맹 단원들이었다. 흑색공포단은 **왕징웨이**의 저격을 시도하였을 뿐만 아니라, 일본 영사관에 폭탄을 여러 차례 투척하였고, **1933년**에는 중국 주재 일본 대사를 암살하려다 미수에 그쳤다. 이 사건으로 백정기와 **원심창 · 이강훈**이 체포되어 백정기는 옥사하였다.
- 흑우연맹(黑友聯盟): 박렬(朴烈)의 정신을 계승한 무정부주의 운동 단체로서, 불령사(不逞社)를 전신으로 삼아 1928년 1월 일본 동경(東京)에서 출범한 단체
- 흑우회(黑友會): 1920년대 관서· · 관북지방에 조직되었던 무정부주의 운동 단체
- 흥사단(興士團): 민족 통일, 민주주의 발전, 시민사회 성장, 건전한 청소년 육성을 위한 사회교육·국민훈련기관
  1913년 5월 13일 미국 샌프란시스코에서 안창호(安昌浩)의 주도로 경기도 홍언(洪焉) · 강원도 염만석(廉萬石) · 충청도 조병옥(趙炳玉) · 황해도 민찬호(閔燦鎬) · 경상도 송종익(宋鍾翊) · 평안도 강영소(姜永韶) · 함경도 김종림(金宗林) · 전라도 정원도(鄭源道) 등 8도 대표에 의하여 창립되었다.
  서울에 수양동맹회(1922), 평양에 동우구락부(1923)를 결성하여 국내에서 일제치하의 합법적인 민족운동을 전개하였다. 국내의 두 단체는 수양동우회(1925)로 통합되었고, 그 뒤 동우회로 개칭하였다가 이른바 동우회사건(1937)으로 안창호를 비롯한 200여 명의 회원이 검거, 투옥된 가운데 강제 해산당하였다.

- 대한애국부인회(大韓愛國婦人會): 1919년 6월 평양에서 각각 조직된 북장로교파 애국부인회와 감리교파 애국부인회가 대한민국임시정부의 김정목(金貞穆)과 김순일(金淳一)의 권유에 따라 같은 해 11월 연합, 독립군자금을 모금하여 대한민국임시정부에 보내기 위해 조직하였다. 회원 및 동지들로부터 2,400여 원의 군자금을 모금하였는데, 일부 임원은 가지고 있던 금·은가락지를 희사하기도 하였다. 이 가운데 2,100여 원은 김정목과 김순일을 통해 두 차례로 나누어 대한민국임시정부로 보냈으며, 나머지 300여 원은 회의 경비로 사용하였다. 1920년 10월 일제에 발각되어 임원들이 붙잡혔다.

□ 혈성단애국부인회(血誠團愛國婦人會): 1919년 서울에서 조직되었던 여성독립운동단체

정신여학교 동창인 장선희(張善禧) · 이정숙(李貞淑) · 오현주(吳玄洲) · 오현관(吳玄觀) · 이성완(李誠完) 등이 중심이 되어 정신여학교 생도들과 뜻을 같이하는 동지를 규합하여 3·1운동으로 수감된 민족지도자들의 사식 차입과 그 가족들의 생활 구제를 위하여 3·1운동 후 첫 비밀여성단체를 조직, 활약하였다.

□ 여자고학생상조회(女子苦學生相助會): 1922년 서울에서 조직되었던 여성단체

정종명(鄭鍾鳴) · 김영준(金永俊) · 전유덕(田有德) · 유현숙(劉賢淑) 등 20여 명의 신진 여성들이 중심이 되어 향학열에 불타는 여자고학생을 서로 도와주고 구제하자는 취지로 창립되었다. 여자고학생상조회운동은 여성교육의 대중적 확대에 기여하였으며, 또한 사회주의적인 무산부인의식(無産婦人意識)을 가지게 하였다. 그 결과 1924년 이후의 사회주의여성단체운동을 추진할 수 있게 한 선행운동(先行運動)으로서의 발판 구실을 하기도 하였다.

청년들이 가슴 속 깊이 새겨야 할

항일 독립투사 37인 유언록

안창호(安昌浩)

일제강점기 이토히로부미 암살사건, 상해 훙커우공원 폭탄사건 등과 관련된 독립운동가, 교육자

'재판관: 앞으로 독립운동을 할 작정인가?.
안창호: '나는 밥을 먹어도, 잠을 자도, 민족을 위해 먹고 잤으니,
앞으로 민족을 위해 일하고자함은 변함이 없다'
-1932년 일경에 체포된 후 경성지방법원에서-

남자현(南慈賢)

일제강점기 만주에서 군사기관과 농어촌을 순회하며 독립정신을 고취시킨 독립운동가

'사람이 죽고 사는 것이 먹는데 있는 것이 아니고 정신에 있다.
독립은 정신으로 이루워지느리라'

노백린(盧伯麟)

일제강점기 대한민국 임시정부, 군무총장, 국무총리 등을 역임한 독립운동가

'국가와 민족을 사랑하라'

양진여(梁振汝)

대한제국 군대해산 후 전라남도 광주에서 모병하여 의진을 편성한 의병장

'이 한 목숨은 아깝지 않으나 뜻을 이루지 못하고 죽으니 유감이다'

이동녕(李東寧)

일제강점기 신흥무관학교 소장, 대한민국임시정부 주석, 한국국민당 이사 등을 역임한 독립운동가

'여러 학생들!
제군들은 어디에 서 있는가.
우리는 왜 나라를 빼앗겼는가.
곰곰히 생각 할 때가 있노라.
오늘의 시련과 고통이 곧 내일의 영광과 희열로 탈바끔 할 것이 분명한 이때 한 몸의 안위를 돌봄틈이 없다고 본다.
제군들!
그대들의 두 어깨는 곧 대한의 운명이 걸려있고 2천만 동포의 희망이 넘실거리고 있는 것이다.
꾹 참고 조국을 다시 찾을 때까지 조그만 고통은 눌러 인내하고 분골쇄신하여 이 나라 겨레 안녕을 지켜야 할 것이다.
내 자신도 이미 조국 광복의 경건한 제단 앞에 몸 바친 지 오래 되었다.
오늘 따라 불현듯 조국이 그립고, 민족이 생각나고 있어 내 자신에게 용기를 주기 위하여 제군들 앞에 내 심경을 털어 놓는 바이다.'

-신흥강습소에서-

박용만(朴容萬)

일제강점기의 독립운동가

'첫째, 독립운동의 실제 일꾼은 극동에 사는 동포들이다.
미주 동포들은 그들을 재정 지원 해야된다. 미국에는 자녀 교육과 총본 활동에 집중해야 된다.
둘째, 독립단은 만주에 독립운동의 군사 기지를 만들기 위해 땅을 사야 한다.
군사 작전이 전개 될 만주에 보낼 군인들을 훈련시킬 기지가 필요하기 때문이다.'

권인규(權仁圭)

대한제국 관동구군도창의소를 설치하여 관동방면의 의진을 규합한 의병장

'아!. 우리 오백년 대소 신민들아,
저 왜놈의 극악함은 어찌 차마 다 말 할 수 있겠는가.
강산에는 아직도 두 능(陵)의 원수가 남아 있고,
현지에는 또 8월의 변고가 일어났으니
설사 그 놈들의 배를 쪼개고, 그 놈들의 간을 씹지 못 할 망정 또 고개를 숙이고 머리를 깍으며 그 놈들의 호령을 따른 단 말이냐.
원통하고 원통하도다.' -창의 포고문 중에서-

김태원(金泰元)

대한제국 전남 장성 호남창의회맹소에서 선봉장으로 활약한 의병장

'나라의 안위가 경각에 달렸거늘 의기 남아가 어찌 앉아서 죽기를 기다리겠는가.
온 힘을 쏟아 충성을 다하는 것이 의(義)에 바탕한 일이니 백성을 건지려는 뜨일 뿐 명예를 위하는 것은 아니라네.'

기산도(奇山度)

대한제국 을사조약 당시 의병

'너희 오적을 죽이려는 것이 어찌 나 한 사람 뿐이더냐,
단지 나는 너를 죽이려는 것이 서툴러 탄로나게 된 것만이 한스럽다.
오적을 모두 죽이려고 시일을 지연시켜 오늘에 이르렀다.
성공하고 실패하는 것은 오로지 하늘에 달렸으니 어찌 묻느냐.
너 역적이 오늘 나를 쾌히 죽이겠구나.'

김한종(金漢鍾)

일제강점기 대한광복회 충청지부장, 대한광복회 전라지부장 등을 역임한 독립운동가

'우리 4천년 종사는 회진(회진)되고 우리 2 천만 민족은 노예가 되었다.
섬 오랑캐의 악정폭행은 일가월증(日加月增)하니 이것을 생각하면 피눈물이 끓어올라 조국을 회복하고자 하는 염(念)을 금할 수 없다.'

남궁억(南宮檍)

일제강점기 황성신문 사장, 대한협회 회장, 배화학당 교사 등을 역임한 독립운동가, 교육자, 언론인

'나는 독립을 못 보아도 너희들은 꼭 볼 것이다.
몸은 과일나무 아래 묻어 거름이 되게 하라.
내가 우리 조선땅에 마지막으로 할 수 있는 일이다.'

김창숙(金昌淑)

조선후기 『심산만초』, 『벽옹만초』, 『벽옹칠십삼년회상기』 등을 저술한 유학자. 독립운동가, 정치인

'지금은 비상 수단이 필요할 때이다.
민족 정신을 깨우지 못하면 우리들은 장차 돌아갈 곳을 잃고 말것이다.
일제의 기관을 습격하고, 친일파를 박멸해서 잠잠해진 민족혼을 일깨우는 것이 급한 일이다.
지금은 겨레의 사기를 고무시키는 일부터 해야 한다.'

안희제(安熙濟)

일제강점기 백산무역주식회사를 통해 상해임시정부 독립운동 자금을 조달한 독립운동가, 실업가

'일제가 패망 할 날이 목전에 왔으니 지금에 나는 아무 여한이 없다.'

손병희(孫秉熙)

일제강점기 3, 1만세운동의 주역인 천도교인. 천도교지도자, 독립운동가, 교육사업가

'우리가 만세를 부른다고 당장 독립이 되는 것은 아니오.
그러나, 겨례의 가슴에 독립정신을 일깨워 주어야 하기 때문에 이번 기회에 꼭 만세를 불러야 하겠소.'
-3.1 운동 거사를 앞두고-

이승훈(李昇薰)

일제강점기 오산학교 교장, 민족대표33인 기독교대표, 동아일보사 사장 등을 역임한 독립운동가, 교육가

'낙심하지 말고 겨레의 광복을 위해 힘쓰라.
내가 죽거던 땅에 묻지 말고, 뼈를 표본으로 만들어 학생들의 의학 연구에 쓰게 하여라.
이것이 내가 나라를 위해서 할 수 있는 마지막 일이다.'
-오산학교 이사장에 취임한 후 지병으로 돌아가시기 전에 제자들에게-

강우규(姜宇奎)

일제강점기 신한촌노인단 길림성지부장을 역임한 독립운동가

'내 평생 나라를 위해 한 일이 아무것도 없음이 도리어 부끄럽다.
내가 자나깨나 잊을 수 없는 것은 우리 청년들의 교육이다.
내가 죽어서 청년들의 가슴에 조그마한 충격이라도 줄 수 있다면 그것은 내가 소원하는 일이다.
언제든지 눈을 감으면 쾌활하고 용감히 살려는 전국 방방곡곡의 청년들이 눈앞에 선하다'

이상설(李相卨)

일제강점기 헤이그특사, 권업회 회장, 신한혁명단 본부장 등을 역임한 독립운동가

'동지들은 합세하여 조국 광복을 기필코 이룩하라.
나는 조국 광복을 이루지 못하고 이 세상을 떠나니 어찌 고혼인들 조국에 돌아 갈 수 있으랴.
내 몸과 유품은 모두 불태우고 그 재도 바다에 날린 후 제사도 지내지 말라.'

지청천(池靑天)

일제강점기 한국독립당 군사위원장, 한국독립군 총사령관, 광복군 총사령부 사령관 등을 역임한 독립운동가. 정치인. 군인

'조국 광복을 위해 싸웁시다.
싸우다 싸우다 힘이 부족할 때에는 이 넓은 만주 벌판을 베개삼아 죽을 것을 맹세합시다'

백정기(白貞基)

일제강점기 동방무정부주의자연맹 한국대표를 역임한 독립운동가

'나의 구국 일념은
첫째, 강도 일제로부터 주권과 독립을 쟁취함이요.
둘째는 전세계 독재자를 타도하여 자유 · 평화위에 세계 일가의 인류 공존을 이룩함이니, 왜적 거두의 몰살은 나에게 맡겨 주시오'

이준(李儁)

구한말의 검사이자 외교관이다. 1907년 **만국평화회의**가 개최된 **헤이그**에 특사로 파견되어 외교 활동 중 순국하였다.

'천하에 제일 위험한 것은 무식(無識)이요.
또 천하에 제일 위험한 것은 불학(不學)이니라
위대한 인물이 많아야 위대한 민족이 될 수 있으니, 우리 겨레도 인물을 기르고 인물을 존중히 여기는 국민이 되어야 한다.'

안중근(安重根)

여순감옥에서 사형 집행에 앞서 '노적 이토의 죄악을 성토한다'는 명선언문

'노적(老賊) 이등을 성토한다'
하늘이 백성으로 내셨으니 온 세상 모두 형제이다.
각각 자유를 지키며 삶을 좋아하고 죽음을 싫어하니 인간의 본성이다.
오늘날 세상사람들이 문명시대라고 하니 우리만이 그렇지 못하다고 한탄하고 있다.
문명이란 동서양의 똑똑한 사람, 어리석은 사람, 남녀노소를 막론하고 각자 천부의 본성을 지키며 도덕을 숭상하고 경쟁심을 없애며 편안한 땅에서 직업을 즐기며, 태평을 함께 누리는 것, 이것이 문명이니, 지금의 시대는 이렇지 못하다.
상등사회의 고등인물들은 논하는 것이 경쟁이요, 탐구하는 것이 살인기계이므로 동서양 육대주가 포탄의 연기와 빗발치는 탄환으로 어느 날이고 편안한 날이 없으니 어찌 개탄치 않겠는가. 지금 동양대세로 말해보면 참상이 극심하여 진실로 기록하기가 어렵다. 이등박문이란 놈은 천하의 대세를 헤아리지 못하여 잔혹한 정책을 남용하니 동양 전역이 짓밟히고 깨어지는 장소로 변할 것이다. 슬프구나. 천하대세를 깊고 멀리 생각해야 할 뜻 있는 청년들이 어찌 속수무책으로 앉아서 죽기를 기다림이 옳은가?. 이 한탄스러운 생각이 계속되었기 때문에 하얼빈 만인의 눈앞에서 한 방 쏘아 늙은 적 이등의 죄악을 성토하고 뜻 있는 동양청년의 정신을 경고하고 각성시키려고 했다…. '

이강(李剛)

일제강점기 공립신문 주필, 대동공보 편집책임, 대한민국임시정부 의정원 의장 등을 역임한 독립운동가

'이제 선생님이 안계시매 깜박이는 이 나라 정기의 등불마저 꺼져버렸습니다.
구십 평생을 선생님은 일편단심 이 나라와 이 겨레를 위하여 꿈을 바쳤습니다.
꿈 많은 청춘을 풍토가 다른 이억만리 태평양 건너 미주에서, 강풍설한이 휘몰아치는 만주 · 시베리아 · 중국 벌판에서
팔베개와 굶주림 속에서도 오직 조국광복 일념으로 악전 고투하셨습니다.
독립전선에서 뿌리신 순국(殉國)과 지성(至誠)과 또한 겨레에 남겨준 그 유덕(遺德)을 추모하는 감회 한층 더 애절합니다.
…..이제 선생님은 비록 가시었으나 선생의 정신은 영원히 한반도 삼천만 겨레 혈맥속에 길이길이 흐르고 있습니다.'

이봉창(李奉昌)

일제강점기 일왕 투탄의거와 관련된 독립운동가

이봉창 의사 일본왕 처단 선서문

'나는 적성으로서 조국의 독립과 자유를 회복하기 위하야 한인애국단의 일원이되야 적국 수괴를 도륙하기로 맹세하나이다'
거사 전에 하신 말씀
'나는 이 세상 모든 종류에 쾌락을 맛보았다….
하지만 이제 영원한 쾌락을 맛보기 위해 거사를 치른다'

허위(許蔿)

구한말 의병장

안중근 의사의 허위 선생에 대한 평

'우리 이천만 동포에게 허위와 같은 진충갈력(盡忠竭力) 용맹의 기상이 있었던들 오늘과 같은 국욕(國辱)을 받지 않았을 것이다.
본시 고관이란 제 몸만 알고 나라는 모르는 법이지만, 허위는 그렇지 않았다'.

권기옥(權基玉)

일제강점기 남경 국민정부 항공서 부비항원, 대한애국부인회 사교부장 등을 역임한 독립운동가, 비행사

'지금 우리 민족해방운동은 공전의 혁명 고조를 타고 활발하게 전개하게 되었다.
30여 개 동맹국이 모두 우리의 우군이 되어 원수 일제를 타도하고 있다.
정히 이러한 시기에 있어서 임시정부 소재지에 있는 혁명 여성들은 당파별이나 사상별을 묻지 않고 일치단결하여 애국부인회를 재건함으로써 국내와 세계 만방에 산재한 우리 일천오백만 애국 여성의 총단결의 제일성이며,
삼천만 대중이 쇠와 같이 뭉쳐서 원수 일제를 타도하고 대한 독립과 민족해방 완성에 제일보를 삼으려 한다.'

조만식(曺晩植)

일제강점기 조선물산장려회 회장, 신간회회원 등을 역임한 독립운동가, 정치인

'내가 죽은 뒤 비석을 세우려거든,
거기에 비문을 쓰지 말고 큰 눈을 두 개 새겨다오.
저승에 가서라도 한 눈으로 일제가 망하는 것을 보고,
다른 한 눈으로는 조국의 자주독립을 지켜볼 것이다'

심훈(沈熏)

일제강점기 독립운동가 · 소설가 · 시인 · 언론인 · 영화 배우 · 영화 감독

-어머님에게 올린 옥중 서신 중에사-

'어머님!.
우리가 천번 만번 기도를 올리기로서니 굳게 닫힌 옥문이 저절로 열려질 리는 없겠지요.
우리가 아무리 목을 놓고 울며 부르짖어도 크나큰 소원(민족독립)이 하루아침에 이루워질 리도 없겠지요.
그러나 마음을 합하는 것처럼 큰 힘은 없습니다.
한데 뭉쳐 행동을 같이 하는 것처럼 무서운 것은 없습니다.
우리들은 언제나 그 큰 힘을 믿고 있습니다.
생사를 같이 할 것을 누구나 맹세하고 있으니까요.'

김규식(金奎植)

일제강점기 대한제국 시위대부교, 육군연성학교 조교 등을 역임한 독립운동가

'민족의 독립과 통일을 위해서서로 하해하고 화합하고 합작해야 한다.
우리나라는 강대국으로 둘러싸인 지정학적 조건으로 우리민족을 위해서는 좌도 우도 아닌 중간 노선 · 중립 노선을
확고히 견지해야만 나라의 진정한 독립도 보장하고 통일도 이룩할 수 있다'
-1950년 12월 10일 북한 만포 군병원에서 서거하기 몇시간전에 권태양 독립지사에게(김규식 박사 유언)-

김구(金九)

일제강점기 안명근사건, 안중근 하얼빈 의거, 모스크바3상회의 등과 관련된 독립운동가

'세상에서 가장 현실적인 방법과 수단이 어찌 한 두가지에 그칠 것인가.
땀을 흘리고 먼지를 무릅쓰며 노동을 하는 것보다 은행 창고를 뚫고 들어가 금품을 도취하면서 안일한 생활을 하는 것도 현실적이라고 할 수 있고, 청빈한 선비의 정실이 되어 곤궁과 싸우기보다 차라리 모리배나 수전노의 애첩이 되어서 호사스러운 생활을 하는 것도 가장 현실적인 길일지 모를 것입니다. 그러나 우리는 현실적이냐 비현실적이냐가 문제가 아니라 그것이 정도(正道)냐 사도(邪道)냐가 생명이라는 것을 명기하여야 하는 것입니다. 비록 구절양장(九折羊腸)일지라도 그것이 정도라면 그 길을 택하여야 하는 것이요, 진실로 이것만이 인도(人道)인 것이니 여기에 있어서는 현실적이니 비현실적이니 하는 것은 전연 문제 외의 문제인 것입니다.'
-김구 선생 말씀 중에서-

홍범도(洪範圖)

일제강점기 대한독립군 총사령관, 대한독립군단 부총재 등을 역임한 독립운동가

'천도(天道)가 순환하고 민심이 응합하야,
아(我) 대한독립을 세계에 선포한 후 상(上)으로 임시정부가 유하야 군국대사를 주하며,
하(下)로 민중이 단결하야 만세를 제창할 새 어시호(於是呼) 아(我)의 공전절후(空前絶後)한 독립군이 출동되었도다.
(중략) 당당한 독립군으로 신(臣)을 탄연포우 중에 투하야 반만년 역사를 광명케 하며, 국토를 회복하야 자손만대에 행복을 여(如)함이 아(我) 독립군의 목적이오, 또한 민족을 위하는 본의라.'

차미리사(車美理士)

일제강점기 근화여학교 교장, 근화학원 재단이사장 등을 역임한 교육자, 여성운동가

'조선여자의 교육!. 이것이야 말로 우리 사회에서 가장 큰 문제올시다.
지금 우리 사회에는 여러 가지 할 일이 많이 있고 해결해야 할 문제가 허다하지만 교육 문제처럼 큰 문제는 없는 줄로 생각합니다. 그리고 교육문제에서도 가장 급한 것은 여자 교육으로 생각합니다…..사람의 사회라 하는 것은 본래 사나이와 계집 두 가지로 된 것인데 종래에는 계집은 아무 사람다운 값이 없이 살아오지 아니하였습니까. 어떤 사람은 말하기를 이것은 여자의 큰 수치라고 하나 나는 말하기를 온 인류의 큰 수치라 하겠습니다. 수레 두 바퀴와 같은 남녀의 관계가 종래와 현재에는 한 쪽으로 기울어졌으니까.'

나철(羅喆)

일제강점기 대종교의 초대 교조, 독립운동가

'여러 의사(義士)들이여, 여러 의사들이여!
금일지사는 실로 대한독립을 유지하기 위한 유일한 길이요,
우리 2천만 중생의 생사문제다.
여러분, 진실로 자유를 사랑할 수 있는가.
청컨데 결사 의지로 이 오적을 죽이고 국내의 병폐를 소제하면 우리들 및 우리 자손들이 영원히 독립된 천지에서 숨을 쉴 수 있으니 그 성패가 오늘의 일에 달려 있으며 여러분의 생사 또한 여러분에게 달려 있습니다.
재주 없는 인영(寅永)이 이러한 의무를 주창함에 눈물을 흘리며 피가 스미는 참담한 마음으로 엎드려, 피가 뛰며 지혜와 용기를 갖춘 여러분들의 면전에 이 의(義)를 제출합니다.
여러분, 각자 순결한 애국심을 불러 일으켜 흉악한 매국노를 처형하고, 우리나라의 독립을 전 세계에 드높이 선포하면, 인영이 비록 18의 지옥에 들어가도라도, 지독한 고통을 당하더라도, 기쁘고 즐겁기 한량없겠습니다.
이완용은 러시아 · 일본에 붙어서 조약 체결의 선두에 섰으니 꼭 죽여야 함.
권중현은 이미 조약 체결을 인정했고 농부의 일국을 왜놈에게 양보했으니 꼭 죽여야 함.
이하영은 조약 체결이 그 손에서 나왔는데도 속으로는 옳다 하고 겉으로는 그르다 하여 백성을 속였으니 꼭 죽여야 함.
민영기는 조약 체결이 안으로는 옳고 밖으로는 그르다 하여 전국 재정을 모두 왜놈에게 주어 버렸으니 꼭 죽여야 함.
이지용은 갑신년의 의정서, 을사년의 신조약이 모두 그 손에서 나왔고, 매관매직하며 나라를 망하게 했으니 꼭 죽여야 함.
박재순은 외무대신으로 조약을 맺어 나라를 팔고 또 참정대신으로 정권을 양도했으니 꼭 죽여야 함.
이근택은 이미 조약 체결을 허락하고 공을 세운다 하여 폐하를 위협하고 백성들에게 독을 뿌렸으니 꼭 죽여야 함.'

김좌진(金佐鎭)

일제강점기 만주의 청산리대첩(백운평전투 · 천수평전투 · 어랑촌전투) 등과 관련된 독립운동가

'칼 머리에 바람부는 관산의 밝은 달 밤
칼 끝에 맺힌 서리는 고국 생각 일으킨다.
삼천리 금수강산에 왜놈이 무슨 일이더냐
내 쉬지 않고 이 먼지들을 쓸어버리리라.'

윤봉길(尹奉吉)

일제강점기 홍커우공원 투탄의거와 관련된 독립운동가, 의사(義士)

-두 아들 모순과 담에게-

'너희도 만일 피가 있고 뼈가 있다면
반드시 조선을 위하여 용감한 투사가 되어라
태극에 깃발을 높이 휘날리고
나의 빈 무덤 앞에 찾어와 한 잔 술을 부어놓으라.'

유관순(柳寬順)

일제강점기 아우내장터 3·1만세운동을 주도한 독립운동가

'내 손톱이 빠져 나가고,
내 귀와 코가 잘리고,
내 손과 다리가 부러져도.
그 고통은 이길 수 있으나
나라를 잃어버린 그 고통만은 견딜 수가 없다.
그리고 마지막 유언은
'나라에 바칠 목숨이 오직 하나밖에 없는 것만이 이 소녀의 유일한 슬픔이다.'

김마리아(金瑪利亞)

일제강점기 대한민국애국부인회 회장, 상해애국부인회 의정원 의원 등을 역임한 독립운동가, 교육자

-마지막 재판 당시-

'재판관: 너는 조선의 독립을 언제부터 생각해 왔나.
김마리아: 한시도 독립을 생각하지 않은 일은 없었다.
재판관: 어째서 남자들과 함께 운동을 했나.
김마리아: 세상이란 모두 남녀가 협력해야만 성공하는 것이다. 좋은 가정은 부부가 협력해서 만들어지고, 좋은 나라도 또한 남녀가 협력하는 것만으로 만들어지는 것이다.
재판관: 어째서 독립이 필요하다고 생각하는가.
김마리아: 나는 조선인이기 때문에 스스로 조선의 독립을 바라는 것이다.
재판관: 한일합방과 일본의 정책을 어떻게 생각하나.
김마리아: 조선은 결코 일본에게 합병된 것이 아니고 일본이 조선을 통치하는 것은 마치 독일이 그들의 속지에 대해서 하는 것과 같은 것으로, 그야말로 정의와 인도에 반하는 것이다.
재판관: 조선의 독립을 이루려고 하는 것은 그 밖에 다른 이유가 있었나.
김마리아: 첫째는, 조선의 행복을 위하는 것. 조선과 일본은 역사와 풍속, 언어가 다르기 때문에 일본에 동화할 수 없고, 둘째는, 일본의 행복을 위한 것. 우리 민족은 일본의 지배를 바라지 않기 때문에, 일본이 어떤 압제를 가하더라도 끝까지 반항할 것이며, 일본의 안전을 위해서도 조선의 독립이 최선의 길이다.
셋째는 세계의 행복을 바라는 것이다. 조선과 일본의 두 나라가 아웅다웅하고 있는 동안은 동양의 평화는 있을 수 없고, 세계의 평화를 위해서도 조선은 독립하지 않으면 안 된다.'

신채호(申采浩)

일제강점기『조선상고사』,『조선상고문화사』,『조선사연구초』등을 저술한 학자, 언론인, 독립운동가

'강도 일본이 우리의 국호를 없이하며, 우리의 정권을 빼앗았으며, 우리의 생존적 필요 조건을 다 박탈하였다.
경제의 생명인 산림 · 철도 · 광산 · 어장 내지 소공업 원료까지 다 빼앗으며,
일체의 생산 기능을 칼로 베며, 도끼로 끊고, 토지세 · 가옥세 · 인구세 · 가축세 · 지방세 · 주초세 · 비료세 · 종자세 · 영업세 · 청결세 · 소독세…기타 각종 잡세는 날로 증가하여 혈액은 있는 대로 다 빨아 가고…
대다수 인민 곧 일반 농민들은 피땀을 흘려 토지를 갈아 그 해의 소득으로 가족이 입에 풀칠할 수도 없을 정도이고, 일본 강도에게 바쳐 그 살을 찌워 주는 소나 말이 될 뿐이며, 나중에는 그 소나 말의 생활도 못하게 일본에서 오는 이민자들이 증가하여 '딸깍발이' 등쌀에 우리 민족은 발디딜 땅이 없어 산으로 들로 서간도로 북간도로, 시베리아의 황야로 몰리어 가 굶주리는 귀신이나 떠돌아 다니는 귀신이 될 뿐이며, 강도 일본이 헌병정치를 단행하여 우리 민족이 한걸음의 행동도 임의로 못하고, 언론 · 출판 · 결사 · 집회의 일체의 자유가 없이 고통과 분한이 있으면 벙어리의 가슴이나 만질 뿐이요, 행복과 자유의 세계에는 눈뜬 소경이 되고, 자녀를 나면 '일어를 국어라, 일문을 국문이라'하는 노예 양성소 학교로 보내고, 조선 사람으로 혹 조선역사를 읽게된다 하면… '삼한시대 한강 이남을 일본 영토'라 한 일본놈들이 적은 대로 읽게 되며, 신문이나 잡지를 본다 하면 강도 정치를 찬미하는 반(半) 일본화한 노예적 문자뿐이며, 똑똑한 자제가 난다하면 환경의 압박에서 염세 절망의 타락자가 되거나 그렇지 않으면 '음모사건'의 명칭하에 감옥에 억류되어 주뢰 · 가쇄 · 담근질 · 전기질 · 바늘로 손톱밑 · 발톱밑을 쑤시는, 수족을 달아매는, 콧구멍에 물붓는, 생식기에 심지를 박는 모든 악형을 당하고, 죽거나 요행히 살아서 옥문을 나온대야 종신 불구의 폐질자가 될 뿐이더라….'

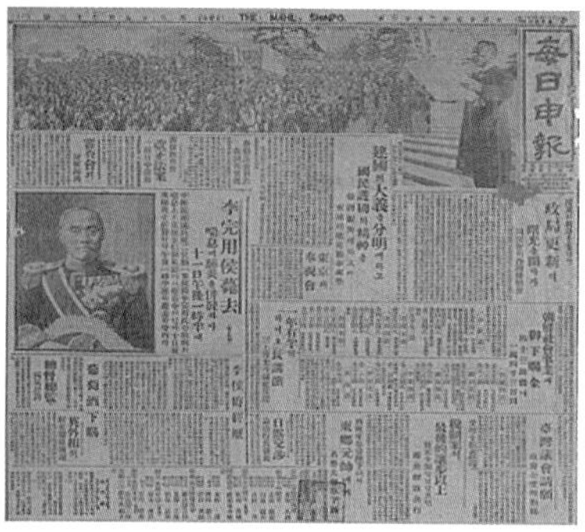

이완용의 부고가 실린 당시 매일신문

매국노 이완용(李完用 1858~1926) 유언

대한제국의 관료다. 그는 매국노이다. **을사조약** · **기유각서** · **정미7조약** · **한일합방조약**을 체결하여 **을사오적**을 포함한 친일파이다.

이완용이 죽기 직전 그 아들에게 남긴 유언

"내가 보니까 앞으로 미국이 득세할 것 같으니 너는 친미파가 되거라."

부정축재(不正蓄財) 대명사 이완용

이완용은 사망 직전 지금의 재산으로 환산할 경우 600억 원에 이르는 엄청난 재산을 갖고 있었던 것으로 파악되고 있다. 경술국치가 일어난 1910년 당시 이완용의 재산은 지금의 가치로 200억 원에 이르는 100만원을 갖고 있었는데 1907년 고종 강제 퇴위와 정미7조약의 대가로 10만원(20억 원) 한일병합 조약 체결의 대가로 15만원(30억 원)을 챙겼다. 무상으로 빌린 국유지를 제3자에게 팔아넘기는 파렴치한 수법으로 막대한 수익을 올렸으며, 이런 재산을 이용해 군산 · 김제 · 부안 등의 비옥한 논을 집중 매입해 일제 초기 이완용이 보유한 토지 규모가 여의도의 두 배에 이를 정도였다고 한다. 이완용은 이 토지를 1915년에서 1917년 사이 일본인 대지주에게 처분해 현금을 보유하면서 당시 경성에서 '현금왕'으로 불리며 사채놀이를 했던 것으로 알려져 있다. 그러나 친일재산조사위원회가 이완용의 후손으로부터 환수한 토지는 공시지가로 7,000만원 수준밖에 되지 않았다. 이완용의 증손자 되는 이윤형은 1992년 '조상 땅 찾기' 소송으로 서울 서대문구 일대의 땅2,372m(712평 - 당시 시가 30억 원) 되찾은 뒤 팔고 나서 캐나다로 이주했다.

출처: 위키백과(인스티즈)

독립운동을 지원한 외국인 선교사

로제타 셔우드 홀(Rosetta Sherwood Hall, 1865~1951)

의료 **선교사**이며 **교육자**이다. 여성 의과대학으로서는 세계 최초로 1850년에 설립된 **미국 필라델피아 드렉설대학교** 의과대학(옛 펜실베니아 여자의과대학)을 1889년 3월에 졸업하였고 1890년부터 조선 최초의 여성전문병원인 **이화여자대학교**의료원(옛 보구녀관)에서 이화학당 학생 5명에게 의학 교육을 시작하면서 후학을 양성했다. 조선 최초의 양의(洋醫)이자 여의사로 **에스더 박**을 미국 유학 지원을 통해 성장시켰다. **메리 스크랜턴**(Mary F. Scranton)이 설립한 이화여대 의료원에서 의료 사역에 힘쓰며 43년간 조선 여성의 건강권 보장에 선구자 역할을 하였다. 평양맹아학교(平壤盲啞學校)를 설립하는 등 평양에서도 많은 활약을 하였다.

배유지(Eugene Bell 1868-1925)

'전남지역 선교 아버지'로 불리는 선교사 배유지. 그는 1895년 미국 남장로교 선교사로 한국에 파송되어 목포선교부와 광주선교부를 창설하였다. 또한 광주·전남지역에 수많은 교회를 설립하고 복음을 전하였다. 이와 함께 목포에 정명학교와 영흥학교, 광주에 숭일학교와 수피아여학교 그리고 광주 최초 병원인 제중병원(현 광주기독병원) 설립에 관여하였다. 그 아내 배로티는 함께 사역하다 33세 나이에 한국에서 숨졌으며 현재 서울 양화진 선교사 묘지에 잠들어 있다.
Eugene Bell은 현 광주숭일고등학교 제1·3대 교장을 역임하였다.

시메옹프랑수아 베르뇌(Siméon-François Berneux, 1814~1866)

파리 외방전교회 소속의 프랑스인 **선교사**로 **조선**의 **천주교 박해** 때에 **순교**한 **한국 천주교**의 **103위 성인** 중에 한 사람이다.
한국 이름은 장경일(張敬一)이다.
1866년 병인박해로 **1866년 2월 23일**에 **한양**에서 **체포**되어 순교하였다.

어니스트 토머스 베델(Ernest Thomas Bethell, 1872~1909)

1904년에서부터 **1909년**까지 **대한제국**에서 활동한 **영국** 출신의 **언론인**, 신문기자이다.
한국명인 '배설(裵說)'이라는 이름 또한 사용하였다. **대한매일신보**를 창간하여 조선의 항일운동 발생에도 꽤 지대한 영향을 주었다. **일본제국**의 침략을 보도하던 베델은 **데일리 크로니클**에서 사직하고 **1904년 7월 18일 양기탁**과 **대한매일신보**와 **코리아데일리뉴스**를 창간하였다.
1905년에는 코리아데일리뉴스의 국한문판 또한 발행하였다. 이때 일본제국 **검열**관의 사전 검열을 피하고자 영국인 베델의 명의로 발행하였다. **양기탁**, **신채호**, **박은식** 등 민족주의자들은 **치외법권**으로 보호받던 대한매일신보에 모여 일본제국에 대한 비판을 전개했다. **1907년 대한매일신보**의 발행 부수는 1만부를 넘어 최대 신문사가 되었고 대한제국이 일본제국에 합병된 **1910년**까지 여섯 해 동안 일본제국에 침략당하는 **조선**의 실상을 알리고 **을사조약**이 무효라고 주장하는 등 항일 사상을 고취하였으며 **고종**의 친서를 대한매일신보를 비롯한 여러 신문에 실어 일제 침략을 해외 여러 나라에 알려지게끔 노력하였다.

윌리엄 제임스 홀 (William James Hall, 1860~1894)

평양을 중심으로 의학 및 종교 선교사였다.
1891년 12월 15일 윌리엄 제임스를 위해 한국에서 봉사하며 선교 사업에 직업생활을 바쳤다. 한국에 3년간 체류하는 동안 홀은 감리교 선교사업을 대폭 확대하여 **제1차 중일전쟁**당시 한국 군인과 평양 주민들에게 의료, 정서적, 영적 보살핌을 제공했다. 홀은 정치적 범법의 희생자였으며, 결국 1894년 11월 24일 **대동강** 유역에서 부상당한 사람들을 돌보며 장**티푸스로** 사망했다.

조지 새넌 맥큔(George Shannon McCune,1873~1941 미국, 독립장 1963)

1905 년 선교사로 입국
1919 년 3.1운동 지원
1928 년 평양 숭실학교 교장 취임
1935 년 숭실학교 학생들에 대한 신사참배 요구 거절

조지 애쉬모어 피치(George Ashmore Fitch 費吾生, 1883~1979. 미국)

한국독립의 숨은 조력자. 임시정부를 지원한 선교사
건국훈장 독립장 1968
1920년 한인구제회 이사를 역임하고 1932년 윤봉길 의거를 지원했으며, 1940년 중국 국민당 정부의 대한민국 임시정부 승인을 위해 활동

프랭크 윌리엄 스코필드(Frank William Schofield, 1889~1970)

영국 태생의 **캐나다 감리교 선교사**이자, 수의학자이며 세균학자이다. **일제강점기 및 조선의** 독립 후 **대한민국**에서 활동하였으며, **제암리학살사건**의 참상을 보도한 그의 활동을 기념하는 뜻에서 "**3·1 운동**의 제34인"이라고 부르기도 한다. 그가 만든 한국식 이름인 석호필(石好必)은 오늘날 Schofield, Scofield 또는 이와 비슷한 이름을 쓰는 외국인의 별칭이 되었다. 한국의 독립과 인권에 관련하여 대한민국에서 가장 존경받는 선교사이다. **1919년 2월 5일 3·1운동** 거사 준비로 **이갑성**(李甲成) 씨와 몰래 만났으며, 3.1운동을 위한 해외 정세 파악일을 맡게 된다.
또한 **3월 1일 탑골공원**에서 만세 시위를 하는 **민중**들과 일본의 시위자에 대한 탄압을 세브란스 제약부에 근무하던 이갑성씨의 의뢰에 따라 사진으로 찍고, 글로 적어 해외에 알리기도 하였으며, 4월에는 수원군 **제암리**에 가서 일본군이 제암리 주민들을 제암리교회에 몰아넣고 **학살**한 **제암리학살사건**으로 잿더미가 된 현장을 스코필드 자신의 표현대로 '(일본의 만행에 대한 분노로)떨리는 손'으로 촬영, 〈제암리/수촌리에서의 잔학 행위에 관한 보고서〉를 작성하였다. 당시 스코필드는 사진을 찍고 보고서를 작성하여 일제의 만행을 고발하는 일과 함께, 학살에서 살아남은 이들을 위로하는 일도 했다.

프레더릭 아서 매켄지(Frederick Arthur McKenzie, 1869~1931)

한국에서의 활동으로 유명한 스코틀랜드계 캐나다인 언론인이자, 저술가이다. 1919년에 조선의 경기도 수원군에서 발생한, 일본 제국 군대에 의해 일어난 제암리 학살 사건의 진상을 폭로한 것으로 잘 알려져 있다. 1908년에는 '대한제국의 비극'이라는 책을 집필하여 간행하였다. 1919년에 당시 한반도 전역에서 벌어지고 있던 3·1 운동을 목격하였고, 특히 그 해 4월에 있었던 제암리학살사건에 주목해, 당시 그 현장을 목격한 캐나다인 선교사인 프랭크 윌리엄 스코필드의 증언을 토대로 일본 제국이 일으킨 학살 사건의 진상을 세상에 폭로하였다.

헨리 거하드 아펜젤러(Henry Gerhard Appenzeller, 1858~1902)

1885년 조선에 입국하여 활동한 미국 감리교(북감리회) 선교사이다. 한국어로는 아편설라(亞篇薛羅)라는 이름을 썼다. 그는 선교사가 설립한 최초의 근대 사학인 배재학당(현 배재중학교, 배재고등학교, 배재대학교를 세운 설립자이며, 구한말 한반도에 기독교를 전파하는 데 큰 업적을 남겼다.
그의 자녀들인 아들 헨리 도지 아펜젤러는 미국에서 공부한 뒤 아버지를 이어 배재학당에 교장으로 취임해 학생들의 교육에 헌신했고, 딸 엘리스 레베카 아펜젤러 역시 이화학당(현 이화여자고등학교, 이화여자대학교)을 발전시키는 데 큰 업적을 남겼다.

호러스 그랜트 언더우드(Horace Grant Underwood, 1859~1916)

미국의 장로교 선교사이다.
언더우드 선교사라는 이름으로 잘 알려져 있으며, 한국어 이름은 원두우(元杜尤)이다.
1884년 7월 28일 조선 최초의 장로교 선교사로 선정되었다. 하지만 조선은 개화파들이 일으킨 정변인 갑신정변으로 사회가 혼란하였기 때문에 일본에 머물러야 했다. 일본에 머무는 동안 조선기독교인으로서 마가복음서를 번역한 문서 선교사인 이수정(李樹廷)에게서 한국어를 배우면서 조선에서의 개신교 선교를 준비하였다.

호머 베절릴 헐버트(Homer Bezaleel Hulbert, 1863~1949)

미국의 감리교회 선교사이자, 목사로 육영공원 교수로 근무하여 영어를 가르쳤던 교육인으로 대한제국의 항일운동을 적극 지원하였다.
그의 한국어 이름은 헐벗 또는 흘법(訖法) . 허흘법(許訖法) . 할보(轄甫) . 허할보(許轄甫)였다.
대한민국 정부로부터 외국인으로서는 최초로 건국공로훈장 태극장(독립장)이 추서됐다.
대한제국에서 감리교 선교사, 목사, 교육자, 항일운동가로 활약하기도 한 그는 고종 황제의 최측근 보필 역할 및 자문 역할을 하여 미국 등 서방 국가들과의 외교 및 대화 창구 역할을 해왔다. 고종 황제로부터 두터운 신임을 얻은 외국인으로 고종황제의 특사를 세 번 받았다. 대한제국의 분리 독립 운동을 지지하고 지원하였으며, 1907년 헤이그 비밀밀사에 적극 지원하여 밀사 활동을 하였다.
1919년 3.1운동을 지지했다. 그는 한국어도 매우 유창하게 하였으며, 오늘날 대한민국에서는 대한제국 시대 언론인으로 활동했던 어니스트 배델(영국 출신)과 아울러 한국인들이 가장 좋아하는 외국인 1위로 꼽히기도 했다. 안중근 의사가 존경한 인물이기도 하다.

일제 침략에 대항한 대한제국 의병들

정의를 위해 자발적으로 조직된 민병
창의군(倡義軍)으로도 불린다

● 사진은 일제의 국권 침탈 기도에 맞서 총을 들고 일어났던 의병 부대의 모습이다. 캐나다인 종군기자였던 프레드릭 맥켄지(F. A. Mckenzie, 1869~1931)가 1907년 접전지였던 양근에서 의병들을 직접 만나보고 찍은 사진으로, 그의 저서인 '대한제국의 비극'(1908)에 실려 있다. 저서의 내용에 '처음 보기에도 양근은 황량한 곳 이었다.(중간 생략) '선생님 의병이 나타났습니다' 그 순간 5~6명의 의병들이 뜰에 들어서더니 내 앞에 열을 지어 서서 인사를 했다. 그들은 모두가 18세에서 26세의 청년들이었다. 그 가운데 한 사람은 얼굴이 준수하고 훤칠한 청년이었는데…..'(대한제국의 비극(F. A. 메캔지 지음/신복룡 역주). 사진의 오른쪽 두 번째가 얼굴이 준수하고 훤칠한 청년으로 추정된다.
● 나무위키 독립운동가 프로젝트에도 사진의 촬영 장소가 양근리 인근이라고 기록하고 있다.

이인영(李麟榮, 1868~1909)

구한말의 의병장
경기도 여주에서 출생하여 유학을 익히다가, **1895년 을미사변**이 일어나자 여주를 기반으로 거병하였다.
13도 창의군 총대장

출처: 인물한국사, 문화콘텐츠닷컴

이석용(李錫庸, 1878~1909)

1906년 임실 · 장수 · 진안 · 남원 · 함양 · 순창 · 곡성 등지에서 동지를 얻고, 조정을 비롯하여 전국의 동포, 그리고 일본정부와 세계 열강들에게 격문 · 통고문 · 규탄문 · 건의문 등을 선포하면서 민족의 주권 확립에 노력하였다.

출처: 한국민족문화대백과사전

허위(許蔿, 1854~1908)

구한말의 의병장
1895년 을미사변이 발생하고 **단발령**이 내려지면서 전국에서 이에 반발하는 의병 운동이 일어났다. 이때 허위도 일본의 명성황후 시해에 분개해 경북 김천에서 의병을 일으켜 독립운동에 나섰으며, 경상도에서 **이기찬 · 이은찬** 등과 함께 두 차례 의병을 일으켰다. **대한제국 고종**은 그를 등용하여 **성균관** 등에 기용하였고, **1904년**에는 사법 기관인 **평리원**의 재판장 서리가 되었다. 이후 **한일의정서** 강제 체결 사건이 일어나자 **이상천 · 박규병** 등과 함께 격문을 살포하면서 저항했다. **1907년** 고종이 강제로 퇴위당하고 군대가 해산되어 또 다시 의병 운동이 일어났다. 허위는 이번에는 **경기도 연천**에서 의병을 일으켰다. 전국에 흩어진 의병부대들이 **양주**에 집결하여 서울 진공을 노렸을 때 **이인영**을 총대장을 삼아 출범한 의병 연합군 **13도 창의군**에서 진동창의대장을 맡았다. 허위의 부대는 서울 근교까지 진군하였지만 패퇴하고 말았다. 그러나 **조인환 · 권준** 등과 연합하여 계속해서 유격전을 벌이면서 계속 저항했고, 거듭되는 여러 회유책에도 굽히지 않았다. **이강년 · 유인석** · 박정빈 등과 함께 결사 항전을 주창한 강경파로 활동하며 한일 강제 병합을 추진 중이던 일본을 끈질기게 괴롭혔다. 결국 **1908년** 6월 11일 **양평** 유동골짜기에서 일본군에게 체포되었고, 10월 21일 **일제강점기** 동안 많은 독립운동가들을 가두고 사형시킨 **서대문형무소**, 당시 경성감옥의 제1호 사형수로 교수형이 집행되어 순국하였다.

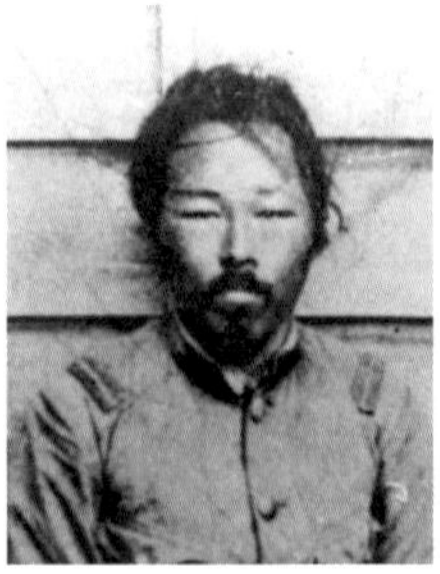

채응언(蔡應彦, 1879 ~ 1915)

의병장이자 **일제강점기 독립 운동가**

1907년 의병대에 들어가 항일 항쟁에 뛰어들었다. **황해도** 출신인 **이진룡**의 의병대나 **경기도** 북부 지역을 기반으로 한 **김진묵** 의병대, 또는 **서태순**· **전병무**의 의병대 등에 합류하여 처음 의병을 개시한 것으로 보고 있다 이후 황해도를 중심으로 **강원도** · **함경남도** · 평안남도 등에서 항일전을 펼쳤다. 수하에는 수십 명에서 수백 명 가량의 의병들을 이끌었으며, 주로 일본군 헌병부대와 경찰서 등을 습격하여 군경을 살해하는 활동을 했다. 현상금이 걸려 있던 그는 **1915년** 성천에서 밀고로 인해 일본군에게 위치가 노출되었고, 격투 끝에 체포되었다. 이 때 체포된 채응언이 일본 헌병과 함께 맨발에 수갑을 찬 모습으로 찍은 사진이 남아 있다. 그는 **평양형무소**로 압송되어 사형 선고를 받았고, 곧 사형이 집행되었다. 이때 그의 나이 37세였다. '최후의 의병장'으로 불리는 채응언의 체포 이후 국내 의병 운동은 명맥이 거의 끊겼기에 **1895년 을미사변** 때부터 시작된 20년 가량의 의병 항쟁 시기가 마감되었고 무장 항일투쟁의 주도 세력과 무대가 크게 전환되는 상징적인 사건으로 간주된다

출처: 위키백과

노응규(盧應奎, 1849~1907)

조선말기 문신, 유학자이며 구한말 의병장

동학농민운동에 가담하였고, **을미사변** 당시에는 일본의 만행에 분개하여 의병을 일으킨 공로로 **규장각** 주사와 **동궁시종관** 등을 역임하였다. **대한민국** 제16대 대통령 **노무현**의 종증조부이기도 하다.

기우만(奇宇萬, 1846~1916)

개항기 을미사변 후 호남창의 총수로 활약한 의병장

전라남도 장성 출신. 참봉벼슬을 하였으므로 기참봉으로 불렸다. 호남에서 명성이 높았던 참판 기정진(奇正鎭)의 손자로서 학업을 이어받아 일찍이 문유(文儒)로 추앙받았다. 1895년 명성황후가 시해되고 이어 단발령이 내려지자 머리를 깎는 욕은 나라가 망하는 것보다 더한 일이라며, 머리를 깎고 사느니 차라리 머리를 안 깎고 죽는 편이 낫다는 통분의 상소를 하였다. 1908년 2월 순천 조계산의 암자에서 동지 · 문인들과 재 거사를 꾀하던 중에 고종이 강제 퇴위당하였다는 소식을 듣고 북쪽을 향하여 통곡한 후 해산하고 은둔하였다

출처: 한국민족문화대백과사전

이강년(李康秊, 1858~1908)

대한제국 용소동전투 · 갈기동전투 · 백담사전투 등에 참전한 의병장

1895년 명성황후가 시해되고 단발령이 내려지자, 1896년 1월 11일 가산을 털어 문경에서 의병을 일으켰다. 1907년 일본의 침략이 더욱 노골화하여 헤이그특사사건으로 고종이 강제로 퇴위하고 정미칠조약으로 한국 군대가 해산당하자, 영춘(永春)에서 다시 의병을 일으켜, 때마침 원주진위대를 이끌고 봉기한 민긍호(閔肯鎬) 부대와 합세해 충주를 공격하였다.

1907년 7월 7일 제천에서 일본군과 교전한 것을 비롯해 9월 16일에는 싸릿재[杻峙], 9월 27일에는 죽령, 10월 5일에는 고리평(故里平), 10월 23일에는 백자동(柏子洞)에서 큰 전과를 올렸다. 이 해 12월에 전국의 의병들이 서울을 공격하기 위해 각도 의병장을 따라 양주에 집결해 13도연합의병부대를 편성하자, 호서창의대장(湖西倡義大將)으로 이에 참석하였다.

1908년 6월 4일 청풍(淸風) · 작성(鵲城)에서 벌어진 일본군과의 결전에서 발목에 총알을 맞고 일본군에게 붙잡혔다. 1908년 9월 22일에 교수형을 선고받고 순국하였다.

민종식(閔宗植, 1861~1917)

을사조약 체결 후 연합의병의 대장으로 활약한 의병장
1905년 강제로 을사조약이 체결되자 정산에서 의병을 일으켰으며, 각처의 의병들로 조직된 연합의병의 대장으로 추대되었다. 1906년 5월 의병들을 홍산(鴻山)에 집결시켰고, 여기서 부터 서천(舒川) · 비인(庇仁) · 판교(板橋) · 남포(藍浦) · 보령(保寧) · 청양(靑陽) 등 충청남도 서부 일대를 점령한 뒤, 서부의 중심지인 홍주(洪州)를 공략해 점거하였다. 이렇듯 왜병과 싸워 크게 이김으로써 을사의병 중 경상북도의 신돌석(申乭石) 진영, 정용기(鄭鏞基) · 정환직(鄭煥直) 진영과 3대 전투의병으로 손꼽힌다.

신돌석(申乭石, 1878~1908)

개항기 을미사변 후 19세 나이로 경상북도 영해에서 모병한 평민 출신의 의병장
1895년 명성황후의 시해사건과 단발령을 계기로 각처에서 의병이 봉기하자, 19세의 젊은 나이로 1896년(고종 33) 3월 13일 영해에서 100여 명의 의병을 이끌고 거사를 일으켰다. 1905년 을사조약을 계기로 전국 각지에서 의병운동이 재개되자, 1906년 3월 13일 의병 100여 명을 모아 신돌석이 사는 마을에서 영릉의병장(寧陵義兵將)이라는 기치를 내걸고 재차 의병운동을 전개하였다.

정용기(鄭鏞基) 1862~1907. 대한제국 입암전투에 참전한 의병장
이한구(李韓久) 1870~1907. 대한제국 신성전투 · 자양전투 · 영일 입암리전투 등에 참전한 의병장
임병찬(林炳瓚) 1851~1916. 대한제국 낙안군수 겸 순천 진관병마동첨절제사 등을 역임한 의병
차도선(車道善) 대한제국 산포대를 조직하여 활동한 의병장. 항일운동가
김수민(金秀敏) 대한제국 경기도 장단에서 모병하여 13도총도독으로 활약한 의병장
민긍호(閔肯鎬) 1865~1908. 대한제국 군대 해산 후 강원도 · 충청도 · 경상도에서 활동한 의병장
박정빈(朴正斌) 1907년 8월 황해도 평산에서 의병을 일으켜 해주(海州) · 재령(載寧) 등지에서 활동
방인관(方仁寬) 조선 후기 13도창의군 결성 후 관서창의대장으로 연합의진에 동참한 의병장
문태수(文泰洙) 1880~1913. 대한제국 군대 해산 후 13도연합의병부대의 호남창의대장으로 활약한 의병장
한계석(韓桂錫) 1888~1939. 대한제국 민종식의병대 소속으로 홍주성전투에 참전한 의병
김용구(金容球) 대한제국 전남 장성의 호남창의맹소에서 도통령으로 활약한 의병장
한봉수(韓鳳洙) 1872~1970. 대한제국 괴산 · 횡성 · 장호원 등지에서 게릴라전을 수행한 의병장
이춘영(李春永) 1869~1896. 개항기 충주성 공방 당시의 의병장
신태식(申泰植) 1864~1932. 대한제국 충북 단양에서 수백 명을 모병하여 도대장으로 활약한 의병장, 독립운동가
임학규(林鶴奎) 대한제국 항일 의병장
조경환(曺京煥) 1907년 8월 대한제국 군대가 강제 해산되며 일본의 국권 침탈이 본격화되자 국권 수호를 위한 활동을 결심했다. 당시 호남지역 의병전쟁을 이끌던 김준 의병장은 조경환을 찾아와 시국 현안을 논의, 이 과정에서 조경환이 의병 참여를 결정했다. 1907년 김준 의진에 합류해 좌익장을 맡고, 호남지역에서 벌어진 수많은 전투를 주도했다. 또 의병이 연합한 전투에서도 선봉장을 맡아 활약을 펼쳤다
김태원(金泰元) 대한제국 전남 장성의 호남창의회맹소에서 선봉장으로 활약한 의병장
기삼연(奇參衍) 개항기 호남창의맹소의 대장으로 활약한 의병장

'The Tragedy Of Korea' 1908

저자: 프레데릭 아서 매켄지(Frederick Arthur McKenzie)
1869~1931 Canada 출생
한국에서 활동으로 유명한 **스코틀랜드계 캐나다**인 언론인이자, 저술가이다. 1919년에 **조선**의 **경기도 수원군**에서 발생한 **일본제국** 군대에 의해 일어난 **'제암리학살사건'**의 진상을 폭로한 것으로 잘 알려져 있다.

The Tragedy of Korea' 1908

'대한제국의 비극' 1908

캐나다 퀘벡 주에서 태어나서, 1900년에 영국의 일간지인 '데일리메일'에 입사하여 기자 생활을 시작하였다. 1904년에는 러일전쟁의 취재를 위해 대한제국을 방문하였고, 당시 그는 일본 제국 육군의 종군기자로 활동하였다. 그 뒤에는 러시아 제국의 영토를 거쳐서 영국으로 돌아갔고, 1905년에 그 때까지의 기록을 '도쿄에서 트빌리시까지 - 검열 받지 않은 편지'라는 저서로 간행하였다. 1906년에 대한제국을 다시 방문하였고, 1907년에는 당시에 있었던, 조선 통감부에 의한 대한제국 군대의 해산 명령에 항의하여 대한제국 각지에서 일어난 의병의 활약상을 취재해, 이를 사진으로 남겼다. 같은 해에 출판한 저서 '베일을 벗은 동양'의 부록에서 매켄지는 한국인은 일본의 통치에 반대하고 있다는 글을 올렸다. 1908년에는 '대한제국의 비극'이라는 책을 집필하여 간행하였다. 1910년부터는 영국의 일간지인 런던 타임스로 이직하여 1914년까지 그곳에서 근무했다. 이후, 일제 강점기를 맞은 한국을 다시 방문하였다. 그 동안에 매켄지는 1919년에 당시 한반도 전역에서 벌어지고 있던 3·1 운동을 목격하였고, 특히 그 해 4월에 있었던 제암리학살사건에 주목해, 당시 그 현장을 목격한 캐나다인 선교사인 프랭크 윌리엄 스코필드의 증언을 토대로 일본 제국이 일으킨 학살 사건의 진상을 세간에 폭로하였다. 이 때의 경험을 바탕으로 1920년에는 '한국의 독립운동'이라는 책을 집필하였다. 1921년에는 미국의 일간지인 '데일리뉴스'로 이직하고, 1926년까지 근무하면서 유럽 각국에서 강연을 하였다. 1931년에 캐나다에 있는 자택에서 사망했다.

출처: 위키백과

A Company of Korean Rebels

Photograpy by F. A. Mckenzie

사진 출처: 대한제국의 비극. 1908

1952년 단기4285년/한국전쟁 시기

2월1일 대한민국재향군인회 창설/4월24일 서민호의원, 순천에서 서창선대위를 총으로사살하다, 이 사건에서 유명한 정당방위가 성립되다.
5월7일 거제도포로수용소 폭동사건 발생/5월25일 부산, 경상남도, 전라남북도에 계엄령 선포/5월26일 부산정치파동(개헌파동) 일어나다.

한국전쟁 기간 중 신익희 국회의장에게 체송된 배달증명 실체

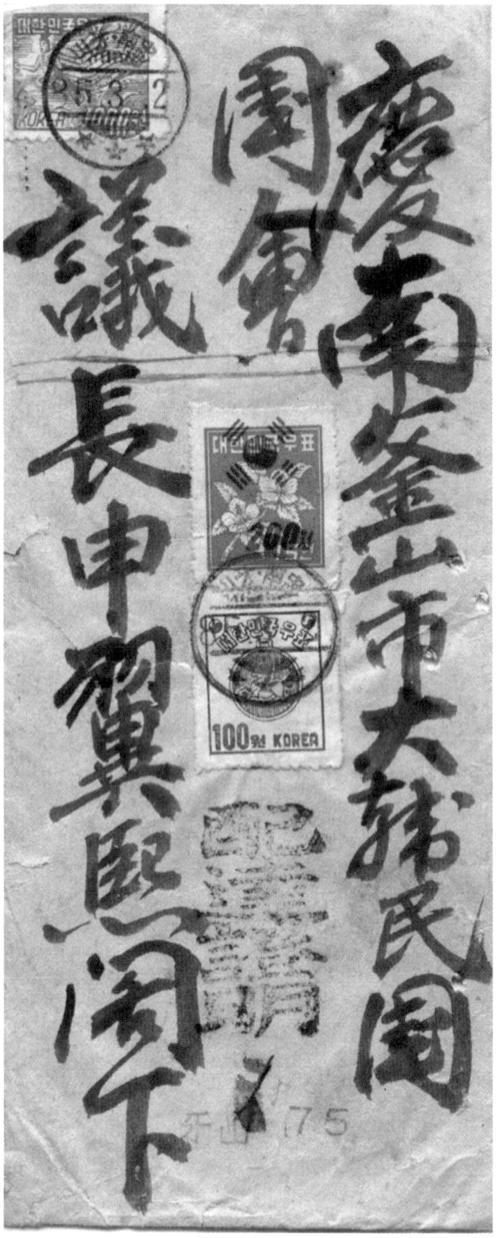

1952년 3월 2일 충남 아산군 영인면 아산리1구 정원서방 민병덕이 보낸 등기실체

1952년(단기4285) 충남 아산 배달증명 실체
한국전쟁 중
경남 부산시 대한민국 국회의장 신익희에게 보낸 배달증명
등기 실체

경남도청 무덕전
한국전쟁 기간 중 경남 부산시 경남도청 무덕전은 대한민국 국회 임시 청사로 사용되었다.
1951.6.27일부터 1953년 정부 환도 전까지 임시국회의사당으로 사용되었다.

본 실체는 한국전쟁기간 중 경남 부산시 경남도청 무덕전에 대한민국 국회 의사당이 임시로 사용되던 중 국회의장 신익희에게 배송된 배달증명 등기 실체로서 입법부의 피난 시절에도 우체업무가 중단되지 않았다는 것을 입증하여 주는 귀중한 실체임.

한국조폐공사 물결무늬 보통우표
우표번호 91
발행일 1952년 5월
액면가 1000원
발행처 조폐공사
도안 선녀

평판첨쇄
우표번호 94
발행일 1951년 6월 5일.
액면가 200원

발행처 동양정판인쇄사
도안 무궁화

한국조폐공사 물결무늬
우표번호 82
발행일 1952년 5월
액면가 100원

1952년

군사우편

이승만대통령 대한민국 제2차 대통령 취임 기념. 대구 4285.8.15. 한국군 수도사단
대한민국 사변 제2주년 기념일 4285.6.25. 대한민국 국방부장관실. 육군참모총장

1958년

이승만대통령 친필서명, Dr. John Moore에게 보낸 서신 실체

4. APR. 1958 Kwanghwamun, Korea-U.S.A 행

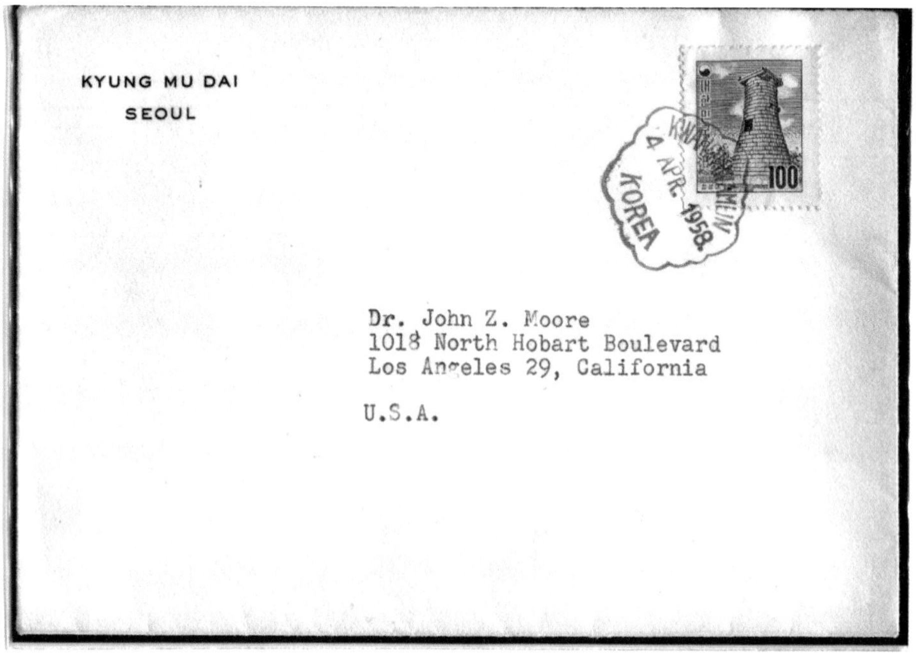

Dr. John Z. Moore

미국 선교사. 1874~?

한국명 문요한 박사

현재 마포구 소재 기독교학교 광성중학교 설립자(개교 일시: 1894년 4월 6일) 기독교학교 교육을 위한 사숙의 형태로 시작되어(William James Hall, 1860-1894, Canada) 1903년 5월 평양성 서문밖 가맛골에 '격물학당'이라는 현대식 2층 양옥을 건립하고 광성소학교와 광성고등보통학교를 설립하였다.

격물(格物): 유교 경전인 '대학'에 나오는 '격물치지(格物致知)'에서 비롯된 말로 사물의 이치를 궁극에까지 이르러 나의 지식을 극진하게 이른다는 뜻으로 사물의 이치를 알아 실제생활에 적용하는 학문을 원했던 것이 설립 취지이다.

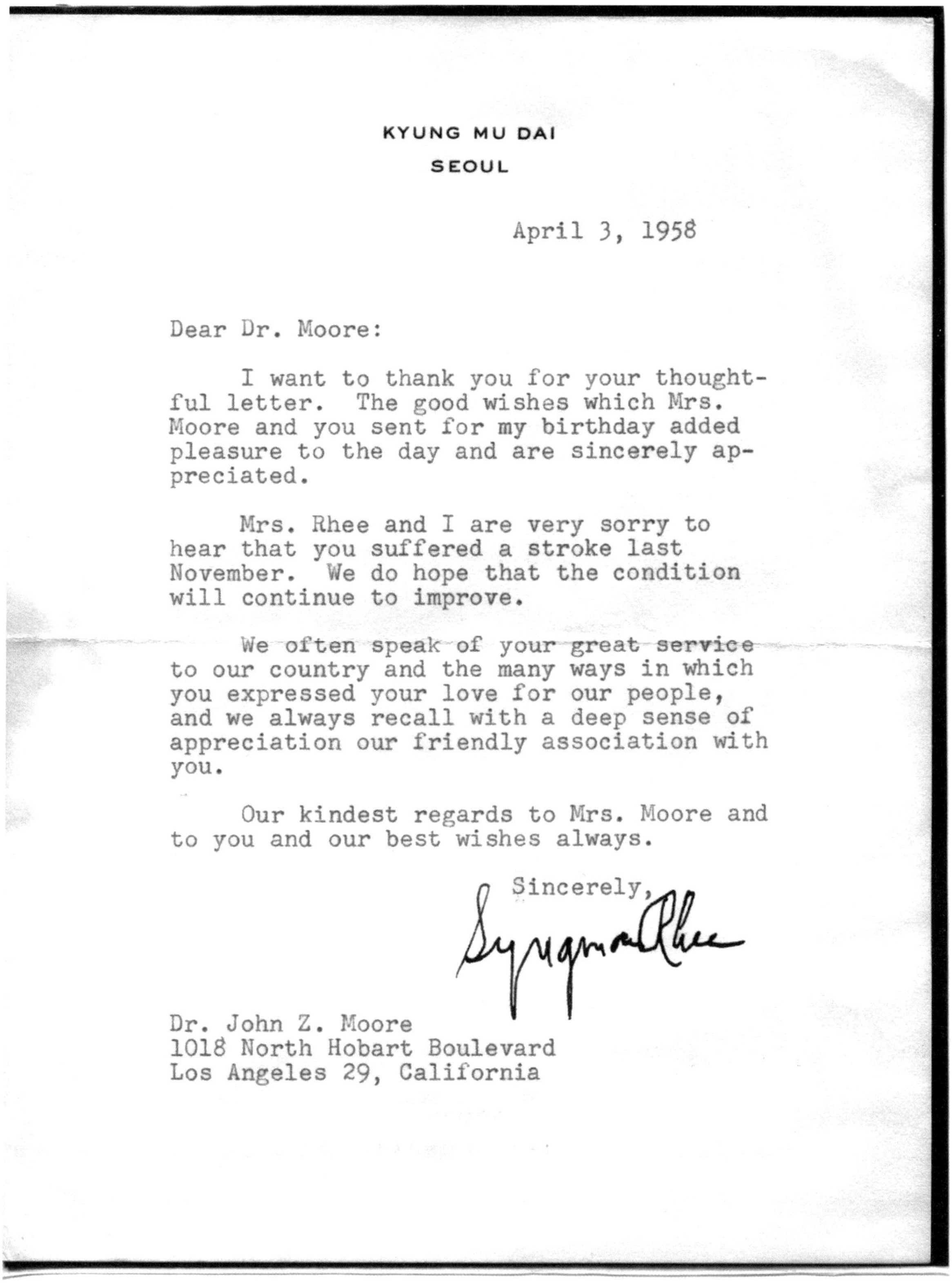

KYUNG MU DAI
SEOUL

April 3, 1958

Dear Dr. Moore:

I want to thank you for your thoughtful letter. The good wishes which Mrs. Moore and you sent for my birthday added pleasure to the day and are sincerely appreciated.

Mrs. Rhee and I are very sorry to hear that you suffered a stroke last November. We do hope that the condition will continue to improve.

We often speak of your great service to our country and the many ways in which you expressed your love for our people, and we always recall with a deep sense of appreciation our friendly association with you.

Our kindest regards to Mrs. Moore and to you and our best wishes always.

Sincerely,

Syngman Rhee

Dr. John Z. Moore
1018 North Hobart Boulevard
Los Angeles 29, California

이승만 대통령의 친필 서명. April 3, 1958

광복 직전 '독립작전'은 이미 시작됐다

1940년 9월 중국 충칭 가릉빈관에서 한국광복군 총사령부 성립 전례식 뒤 열린 오찬 모습. 태극기를 배경으로 왼쪽에 서 있는 이가 김구다.
독립기념관 제공

1945년 8월 한반도 진격 작전을 위해 합동 훈련에 나선 한국광복군 제2지대 대원들과 미국 정보기구 육군정보전략본부(OSS) 대원들이 함께 찍은 기념사진. 맨 앞줄 가운데가 이범석 광복군 제2지대장이다.
독립기념관 제공

한국광복군의 사열식 모습. 김원봉이 조선의용대 300여명과 합류 1942년 이후로 추정된다.

"일본은 오늘 정오를 기해 미국에 항복한다."

1945년 8월 15일 일왕 히로히토(1901~1989)가 떨리는 목소리로 종전을 선언했다. 광복을 기뻐하는 국민 만세 소리가 거리에 가득했다. 그러나 이날 저녁 중국군으로부터 일본 항복 소식을 전해 들은 김구(1876~1949)는 크게 낙담했다. 그는 회고록에 다음과 같이 적었다. "일본의 항복은 하늘이 무너지는 듯한 일이었다."

2차 세계대전을 일으킨 독일은 이미 연합군에 항복했다. 포츠담 선언 당시 일본은 혼자서 연합군과 싸우고 있었다. 사실상 승패는 정해져 있었다. 일본이 항복하지 않고 버티고 있었을 뿐이다. 결국 미국은 일본 도심에 원자폭탄을 떨어뜨렸다. 8월 6일 일본 히로시마에 코드명 '리틀보이'가, 9일 나가사키에 '팻맨'이 투하됐다. 10일 일본은 스위스에 있던 국제연맹(유엔의 전신) 본부에 포츠담 선언 수락 의사를 전달했다.

일본이 항복한 직접적 이유는 원자폭탄이라고 할 수 있다. 히로히토가 발표한 종전 방송에도 "적국은 잔학한 원자폭탄을 사용해 수많은 국민들을 살상하고 있다. 그 참상의 범위는 상상할 수 없는 상황"이라고 밝혔다. 그는 "더이상 교전을 계속한다면 결국 우리 민족의 멸망을 초래하고 인류 문명까지 파멸시킬 것"이라고 말했다. 원자폭탄의 위력을 짐작할 만한 구절이다.

민중운동가 함석헌(1901~1989)은 원자폭탄 투하 뒤 찾아온 광복에 대해 "도둑같이 뜻밖에 왔다"고 했다. 그만큼 예상하지 못한 일이었다는 뜻이다. 이 때문에 '뉴라이트' 계열 일부 학자는 "우리 광복은 미국의 원자탄 두 발 덕분"이라고 말한다. 그렇다면 정말로 우리는 미국의 폭탄이 없었다면 나라를 되찾지 못했을까.

● 독립단체 "광복 위한 결정적 시기 온다" 확신

1930년대 후반부터 국내외 독립운동 세력은 일제가 패망하고 한국이 독립하는 '결정적 시기'가 다가오고 있다고 느꼈다. 1941년 일본이 미국의 진주만을 기습 공격하며 태평양전쟁이 시작되자 이 생각은 확신으로 바뀌었다. 자신의 능력을 벗어난 전쟁을 일으킨 일본을 상대로 국외 무장운동 세력과 연합군이 한반도에 진격하고 동시에 국내에서도 폭동과 무장봉기에 나서면 충분히 독립을 쟁취할 수 있을 것으로 본 것이다.

대한민국 임시정부는 1932년 윤봉길(1908~ 1932)의 중국 상하이 훙커우공원 의거 뒤 중국 각지를 떠돌다가 1940년 충칭에 터를 잡았다. 김구는 이때부터 한국광복군을 훈련시키며 국내에 진입할 준비를 했다. 광복군은 지청천(1888~1957)을 총사령관으로 1940년

"일본은 오늘 정오를 기해 미국에 항복한다."

1945년 8월 15일 일왕 히로히토(1901~1989)가 떨리는 목소리로 종전을 선언했다. 광복을 기뻐하는 국민 만세 소리가 거리에 가득했다. 그러나 이날 저녁 중국 군으로부터 일본 항복 소식을 전해 들은 김구(1876~1949)는 크게 낙담했다. 그는 회고록에 다음과 같이 적었다. "일본의 항복은 하늘이 무너지는 듯한 일이었다."

2차 세계대전을 일으킨 독일은 이미 연합군에 항복했다. 포츠담 선언 당시 일본은 혼자서 연합군과 싸우고 있었다. 사실상 승패는 정해져 있었다. 일본이 항복하지 않고 버티고 있었을 뿐이다. 결국 미국은 일본 도심에 원자폭탄을 떨어뜨렸다. 8월 6일 일본 히로시마에 코드명 '리틀보이'가, 9일 나가사키에 '팻맨'이 투하됐다. 10일 일본은 스위스에 있던 국제연맹(**유엔의 전신**) 본부에 포츠담 선언 수락 의사를 전달했다.

일본이 항복한 직접적 이유는 원자폭탄이라고 할 수 있다. 히로히토가 발표한 종전 방송에도 "적국은 잔학한 원자폭탄을 사용해 수많은 국민들을 살상하고 있다. 그 참상의 범위는 상상할 수 없는 상황"이라고 밝혔다. 그는 "더이상 교전을 계속한다면 결국 우리 민족의 멸망을 초래하고 인류 문명까지 파멸시킬 것"이라고 말했다. 원자폭탄의 위력을 짐작할 만한 구절이다.

민중운동가 함석헌(1901~1989)은 원자폭탄 투하 뒤 찾아온 광복에 대해 "도둑같이 뜻밖에 왔다"고 했다. 그만큼 예상하지 못한 일이었다는 뜻이다. 이 때문에 '뉴라이트' 계열 일부 학자는 "우리 광복은 미국의 원자탄 두 발 덕분"이라고 말한다. 그렇다면 정말로 우리는 미국의 폭탄이 없었다면 나라를 되찾지 못했을까.

9월 결성된 임정 최초의 정규군이다. 초기에는 장교 30여명으로 이뤄진 '사병 없는 부대'였다. 1942년 김원봉(1898~1958)이 조선의용대 300여명을 이끌고 합류한 것이 큰 힘이 됐다. 광복군은 1945년 4월쯤 340여명, 같은 해 8월 700여명 정도였다. 아무리 많아도 1000명을 넘지는 않았다는 것이 학계의 공통된 견해다.

2차 세계대전에 참전한 일본군은 군속을 포함해 최대 750만명으로 추산된다. 임정이 일대일로 맞붙어 이길 상대가 아니었다. 일부 언론에서 "원자탄이 없었어도 김원봉 등 걸출한 혁명가들이 일본을 몰아냈을 것"이라고 주장하는데, 이는 우리의 역량을 지나치게 과장한 것이다. 장세윤 동북아역사재단 수석 연구위원은 "광복군의 규모와 전투 능력을 아무리 높게 쳐도 일본을 몰아내기는 어려웠다. 광복군은 그저 항일투쟁의 상징적 존재였다고 봐야 한다"고 설명했다.

● 일본군 750만… "광복군이 몰아내긴 힘들어"

그렇다고 임정이 절망적인 현실 앞에서 체념에만 빠져 있었을까. 아니다. 이들은 2차 세계대전 승전국 지위를 확보해 우리 스스로 독립을 얻어내고자 노력을 아끼지 않았다. 1944년에는 버마(**현 미얀마**) 임팔전투에 참가해 1945년 7월 일본군이 패배해 철수할 때까지 영국군을 도왔다. 1945년 8월 중국에 있던 미국 정보기구 육군정보전략본부(OSS)에서 광복군 38명이 특수요원 훈련을 마치고 국내 잠입을 기다렸다. 미군과 함께 한반도 진공 작전도 추진했다. 역사소설 전문 이원규(72) 작가는 "일본이 일주일만 늦게 항복해 광복군이 한반도에서 독립전쟁을 수행했다면 대한민국의 역사가 달라졌을 수도 있지 않았을까 생각한다"고 말했다.

1943년 11월 이집트 카이로에서 전후 일본 처리 문제를 두고 국제회담이 열렸다. 여기서 장제스(1887~1975) 중국 국민당정부 총통은 프랭클린 루스벨트(1882~1945) 미국 대통령과 윈스턴 처칠(1874~1965) 영국 총리 반대를 물리치고 한국 독립을 명문화했다. 김구 등 임정 수뇌부의 간절한 청원을 받아들인 것이다. 애초 한국은 카이로 회담의 논의 대상이 아니었지만 장제스가 예외 조항까지 만들어 우리를 도왔다. 독립을 갈망하는 우리 민족의 염원을 높이 샀기 때문이다.

인도 독립운동가로 훗날 총리가 되는 자와할랄 네루(1889~1964)는 한국을 "아시아 식민지 국가 가운데 열강에게 독립을 보장받은 유일한 나라"라고 부러워했다. 장 연구위원은 "미국이 원자폭탄을 투하하지 않았어도 일본은 소련의 참전 등으로 결국은 패했을 것이다. 어찌됐든 당시 한반도는(**임정의 다각적 노력 등이 맞물려**) 광복을 맞이했을 것"이라고 덧붙였다.

● "연합국 덕에 해방? 독립노력 폄하해선 안돼"

일부 학자들은 "연합국이 해방을 가져다 줬다"고 말한다. 한국이 독자적으로 일제를 이길 힘이 없었고 국제사회도 임정의 노력을 인정하지 않았기 때문이다. 하지만 세계 제패를 꿈꾸며 전 세계로 세를 넓혀 가던 강대국 일본을 우리 혼자 막지 못했다고 해서 독립을 위한 선조들의 노력을 폄하할 이유는 없다는 지적이 나온다.

또 연합국이 임정을 승인하지 않았던 것은 일본이 항복한 뒤 전리품을 더 많이 차지하려는 복잡한 정치적 이해관계 때문이기도 하다. 과거 제국주의 국가들의 시각을 무비판적으로 받아들여서는 안 된다는 반론이 제기된다. 한시준(65) 단국대 사학과 교수는 "해방은 거저 얻어진 것이 아니다. 우리는 전 세계에서 어느 나라보다도 오래 그리고 치열하게 일제와 싸웠다. 대한민국은 임정이 중심이 된 독립운동 세력의 길고 긴 투쟁의 산물"이라고 강조했다.

하지만 안타깝게도 광복 이후 우리를 기다린 것은 '한반도 분단'이었다. 당시 소련은 8월 9일 일본에 선전포고한 뒤 거침없이 한반도로 진격했다. 당시 미군은 일본 오키나와에 주둔하고 있어 한반도로 바로 들어오기 어려웠다. 결국 미국은 소련에 "북위 38도선을 경계로 한반도에 나눠 들어오자"고 제안했다. 당시 임시로 친 철조망이 지금까지도 한반도를 반으로 갈라놨다. 역사에 '만약'은 없다지만 우리가 좀더 주도적으로 독립을 얻어냈다면 해방 이후 한반도 분단과 전쟁, 이념 갈등 등은 없었을 수도 있다.

출처 서울신문 2019-04-03. 위키백과

김기중 기자 gjkim@seoul.co.kr
류지영 기자 superryu@seoul.co.kr

색인(索引)

[인명편]

[ㅊ]

[ㅌ]

[ㅎ]

[영문]

[우편사·역사·문화·사건·지명 기타]

[ㄱ]

[ㄴ]

[ㅈ]

[ㅊ]

[숫자]

[영문]

편저자 발문(跋文)

체부(遞夫)를 마감하며

원고를 정리하던 지난 6년여 동안 조선에서 국호를 바꾼 대한제국과 일제 식민지 치하 우편 역사를 다듬으면서, 140여년 전부터 시작하여 혼돈에 빠져든 한국 역사 현장을 두루 살펴본 셈이 되었다.

조선 말기 운요호사건을 빌미로 일제와 제물포조약을 체결한 이후 대한제국을 경유하여 오던 중 개화파 공신들이 서구 문물을 받아들여 개혁을 시도하여 우정총국이라는 최초 우편업무 기관을 국왕 칙령으로 설치하였으나, 갑신정변이 실패하여 청국 군사 칼에 개화파 주도 관료들이 처참하게 북한산 기슭에서 살해당하였다.

이럴 즈음 며느리와 시아버지 권력 투쟁 소용돌이 속에서 왕권은 무너지고 있었고, 조정은 분파되어 외세 힘을 끌여들여 권력 쟁취에 혈안이 되어 가고 있을 때, 이웃 열강들은 호시탐탐 조선을 집어 삼키려고 온갖 계략을 세워 조선 정부를 압박했다. 청국은 국왕 아버지를 납치하였고, 일제는 군대를 제물포에 상륙시켜 침략 야욕을 드러냈다. 일제 낭인들에 의하여 국모가 처참하게 살해당하고, 고종황제는 일제와 친일 관료들 겁박에 신변 위협을 느껴 러시아공사관으로 아관파천하는 수모를 겪었다. 헤이그밀사사건을 빙자 삼아 국왕이 일제 사주를 받은 일본 공사와 친일 각료들 공갈, 협박에 왕권을 박탈당한 후 일제에게 독살당했다는 소문이 경향 각처에 떠돌았다. 한 독립국가 자주권이 이렇게 처참하게 유린된 것이다.

이 계기로 분개한 우리 민족 항일 의병과 3.1독립만세운동이 일어났고, 대한민국임시정부가 수립되고, 영친왕이 강제로 일본으로 볼모로 잡혀 갔다는 소식이 나돌았다. 그리고 영국함대는 러시아를 견제하기 위하여 거문도를 불법 점거하였고, 러시아 · 청국 · 일본은 조선 주도권을 잡기 위하여 각각 청일전쟁과 러일전쟁을 일으켰다. 한반도는 열강들 각축장이 되었고, 양대 전쟁에서 승리한 일본은 표현 그대로 승승장구한 것이다.

안중근의사가 하얼빈역에서 조선 침략 원흉인 이등박문을 사살하고 체포되었으며, 그 후로 일제는 본격적인 침략 야욕으로 대한제국 군대를 해산시키고, 통신권마저 빼앗고 군대를 앞세워 온갖 강압으로 한일병합하여 식민지 시대로 전개되었다. 청산리대첩 승리 이후 일본 땅에 원자폭탄이 떨어져 일본 천황이 항복했다는 기쁜 소식을 들으며, 애국지사들이 속속 귀국하니 군중 속에서 해방조선이라는 플랜카드가 펼쳐졌다. 이도 잠시 미군정청 포고령이 나돌 때 국내외에서 독립투쟁을 벌이다 갖은 고초를 겪었던 애국지사들은 조국 광복 영광 아래 그늘 속으로 가려지고, 일제 수탈 현장에서 부화뇌동하여 선량한 동포를 괴롭히고 항일투사들을 잡아 들이고 고문하며, 친일행각에 치부해오던 무리들이, 민족 앞에 죄인들이, 해방 조국 반전 역사 속에서 애국자로 둔갑하여 권력을 행사하고 있었다.

나는 우편사료들을 넘기며 우리나라 근 · 현대 역사 속으로 긴 시간 여행을 하는 도중 때로는 격한 감정에 사로 잡힐 때가 한두 번이 아니었다. 왜곡되고 굴절된 비참한 시대 속에서도 현실을 직시하고 응전하는 애국선열들 그림자는 결코 지워지지 않았다.

우리는 묻히고 잊혀져가는 이름 모를 항일 의병과 독립운동가들을 잊어서는 안 된다. 또한 을미사변 참담한 실상도 결코 잊어서는 안 된다.

환언하건대 역사를 잊은 민족에게 미래는 없다. 단재 신채호 선생은 이국 땅 만주 감옥에서 죽을 때까지 왜놈이 만든 호적에 내 이름을 올릴 수 없다고 끝까지 무국적자로 생을 마감했다. 이 땅에 광복이 있기까지 항일 독립 투쟁을 벌이다 순국한 수많은 그들을 기리며, 이러한 암울한 역사 소용돌이 속에서도 체부아저씨는 체송과 체전 업무를 묵묵히 수행해 왔다.

나는 역사학자도 아니며, 문필가도 아니고 또한 우취연구가도 아니다.

어릴 적부터 우표를 수집하다가 성인이 되어서는 삶 현장에 부대끼다 보니 우표 수집과는 거리가 멀어졌다. 그러던 중 지난 시절 빛바랜 앨범을 펼치듯 어느 순간 우표에 대한 연민과 애착이 수십 년 후에 다시 살아났다. 처음에는 부족한 지식에다 문필력도 없는 본인으로서 한 권 책을 만들겠다는 생각은 언감생심 전혀 없었다. 그저 첫 시작은 우표모음집 정도로 생각했다. 그러나 원고를 한 자 한 자, 우편봉투를 한 장 한 장 다루다 보니 거기에서 지난 100여 년 전 역사 숨결이 느껴지기 시작하면서부터 생각이 변화되기 시작했다. 마침내 결단을 내려 한 권 책으로 묶어 낸 것이다. 누가 해도 해야 할 작업이 아닌가 싶어 매달리고 매달렸다.

그래저래 새벽부터 밤늦게까지 원고를 작성하다 보니 내가 어느 순간 민족주의자가 되어가는 것 같기도 하고 독립운동가가 되어가는 듯하였다. 원고를 작성하면서 격한 감정에 가슴이 스러지고 눈시울이 적셔질 때도 한두 번이 아니었다. 그리고는 우리 민족이 앞으로는 어떻게 해야 되지 않겠느냐는 그 해법을 얻을 수가 있었다. 향후 미래를 위한 새로운 디딤돌이라 생각하며 1,500여 페이지의 체부 원고를 마쳤다. 실로 수년 넘는 오랜 세월이었다. 특히 일제강점기 우체국 명단은 조선총독부 관보 170,000여 건을 장장 6개월여에 걸쳐 검색, 발췌하여 작성한 것이 가장 힘든 작업이었다.

본 사료집 원제는 '한국 근현대우편사징비사료집'이라고 앞서 밝혔듯이, 제목에서 오는 중압감때문에 고심하든 차 어릴 적 우체부아저씨에 대한 감사한 마음을 표하기 위하여 '체부'로 바꾸었다.

한동안 이 책을 만들어야 되느냐 마느냐 갈등이 고조되고 있던 차 우남일 선생 격려사를 받아본 후 그 분 응원이 나에게 확신을 주었다.

처음부터 원고 교정과 지도 편달하여 주신 우남일 선생께 깊은 감사를 드린다.

칠십을 넘긴 나이에 필부(匹夫)의 위치에서 이 책을 유산으로 남긴다.

추천 글은 칭찬 일변도 지위 높은 분들 추천사는 생략하였고, 우남일 선생 '이 책을 안내하며', 호레이스 N. 알렌(미국인 선교사) 일기장을 근거로 게재한 Robert Neff의 '1884 대한제국 우정총국 출범'으로 대신하였다

문장력이 없는 필자가 투박한 어투 그대로 쓰여진 필체를 내놓는다.

차후, 숨겨진 미공개된 수많은 사료들을 발굴하여 세상에 널리 알리는 것은 후자들 과제이다.

전거(典據)는 한국우정사(체신부. 1970) · 조선통신사업연혁소사(조선총독부 체신국.1914) · 우표 도감 · 구한국시대 우표와 우정(진기홍. 1964) · 한국민족문화대백과사전 · 대한제국의 비극(F. A. 매켄지) · 위키백과 · 친일인명사전(친일인명사전편찬위원회 민족문제연구소). 조선총독부 관보(국가기록원) · 신문기사 등에서 인용 발췌하였고, 일부 내용 중에 사전 사용 허락을 득하지 못한 것에 대하여는 지면으로나마 심심한 사의로 말씀을 드린다.

이 책 편저는 구한말과 일제강점기에 발행된 우표와 체송된 실체 봉피 · 엽서 · 문서등을 연도별로 나열하여 해당 연도에 발생한 당시 주요 우편사, 구한말 · 일제강점기 역사적 사건과 문화 · 풍습 · 인물들 기록을 접목시켜 잊혀저 가는 역사를 일깨워 주는 데 중점을 두었기에 재미있게 읽을 수 있는 수필이나 소설이 될 수 없었다.

'역사를 잊은 민족에게 미래는 없다'를 재차 상기하면서 역사는 쉼표가 없다. 반복됨을 명심해야 된다.

이 책을 편저하는 동안 일제식민지 시절 수많은 독립투사들을 프로필로 만나게 되었고, 광복 이후 그 독립운동가와 그 후손들을 우리는 과연 얼마나 관심을 갖고 대접했는지 반성하지 않을 수 없었다. 그래서 뜬금없이 항일투쟁의 사실들을 여백이 생기는 대로 우편 역사 속에 끼워 넣고, 부록에 독립운동가들을 담은 것도 필자가 안타까움에서 비롯한 것이다. 특히 여성 홀대 시대 속에서 가정 울타리를 넘어 이 민족 독립을 위해 분연히 항일투쟁 대열에 나선 여성독립운동가들에게 고개 숙여 경의를 표한다.

이 한 권 책이 민족혼을 저버린 이들에게는 각성하고 성찰하는 계기가 되고, 우리 젊은이들에게는 잊혀져가는 역사를 깊이 통찰하는 마중물이 되어 다시는 쓰라린 역사가 되풀이되지 않도록 철저한 대비가 이루워지기를 바라면서 피곤했던 긴 여정을 마치고자 한다.

2021년 10월

나 봉 주

편저자(編著者) 프로필

4291. 8. 3(1958) 촬영
사진 뒷면에 '4291. 8. 3 brother and elder sister'로 적혀 있다.

나봉주(羅奉柱)

1947년
전남 영광 법성 출생

본시
산과
자연을 벗삼아
여행과 고산 등반을 즐기며,
1남 1녀의 가장으로 생업에 종사하고 있습니다..
평소 법과 질서는 지키는 것이 편하다는 신조로
극히 평범하게 살고 있으며,
가족과 함께 자연을 사랑하고,
마음의 안식처는
무등산, 히말라야, 그리고 남미 안데스산맥 파타고니아를 꼽습니다..

탈고 후
물길 따라 2백리 독도는 우리 땅,
독도(獨島)에 입도하여
지인들과 함께 태극기 휘날리는 물결 속에 점을 찍고 왔습니다.

당시 11세 소년,
어른이 되어 보니
어느 성현 말씀대로,
노각인생 만사비(老覺人生 萬事非)라,
즉, 늙어서 생각하니 만사가 아무것도 아니며,
우환여산 일소공(憂患如山 一笑空) 이라.
즉, 걱정이 태산 같으나, 한번 소리쳐 웃으면 그만인 것을….

앞서, 그 해법은 오만과 편견의 망념에서 벗어나 서로 신뢰하고 협력하는 것입니다.
후회와 아쉬움이 교차되는 일생을 살아오면서
부끄러운 마음에 앞서 과분(過分)하게 이 책을 남깁니다.

체부

초판발행 2022년 3월 1일

편저자 나봉주
펴낸이 안종만 · 안상준

편　집 한두희
기획/마케팅 조성호
표지디자인 박현정
제　작 고철민 · 조영환

펴낸곳 (주) 박영사
서울특별시 금천구 가산디지털2로 53, 210호(가산동, 한라시그마밸리)
등록 1959.3.11. 제300-1959-1호(倫)

전 화 02)733-6771
f a x 02)736-4818
e-mail pys@pybook.co.kr
homepage www.pybook.co.kr
ISBN 979-11-303-1129-6 96900

정 가 120,000원